2nd Edition
Volume 1

제2판

주해친족법

제1권

편집대표 윤진수

박영사

제2판 머리말

주해친족법 초판이 2015년 처음 나온 지 10년이 지나 제2판을 출간하게 되었다. 초판은 그때까지의 친족법에 대한 연구 결과를 집대성한 것으로서 상당한 호평을 받았다. 그러나 10년 동안 제·개정된 법령이 많고, 많은 판례가 집적되었을 뿐만 아니라 학문적인 연구 결과도 쌓여 있으므로 개정판이 절실히 요청되었다. 그리하여 몇 년 전부터 개정 작업을 서둘렀으나, 여러 가지 사정으로 이제야 제2판이 나오게 되었다.

집필의 기본 방침은 초판과 마찬가지이다. 다만 집필진에 다소 변경이 있었는데, 초판에 참여하였던 권재문 교수 대신 이봉민 판사가 새 집필자가 되었고, 김수정 교수가 현소혜 교수와 함께 공동집필자가 되었다.

끝으로 주해친족법 제2판의 발간을 쾌히 수락하여 주신 박영사 안종만 회장님과 안상준 대표님, 여러 가지 사무를 처리하여 주신 조성호 이사님, 교정을 훌륭하게 마쳐 주신 장유나 차장님과 윤혜경 대리님께 감사의 뜻을 표한다.

2025년 2월

편집대표 **윤진수**

머리말

　종전에는 친족법과 상속법 분야에 관하여는 민법의 다른 분야에 비하여 판례도 많지 않았고, 연구의 절대량도 부족하였다. 그러나 근래에는 친족법과 상속법에 관하여 많은 판례가 나오고 있고, 연구도 늘어나고 있다. 뿐만 아니라 이에 관하여는 여러 차례 법률의 개정이 이루어져서 중요한 변화가 있었고, 헤이그 아동탈취협약에도 가입하였다. 이는 과거에는 가족문제를 둘러싼 분쟁이 많지 않았는데, 사회가 변화함에 따라 분쟁이 늘어남으로 인하여 생기는 자연스러운 현상이다. 그리하여 이처럼 크게 변화된 친족법과 상속법의 상황을 쉽게 파악할 수 있는 주석서가 필요하게 되었다. 전에도 주석서가 있기는 하였으나, 이제는 또 다른 스타일의 주석서가 나와야 할 시점이라고 판단된다. 주해친족법은 이러한 필요에 부응하기 위하여 발간되었다. 현재의 계획으로는 우선 주해친족법을 내고, 이어서 주해상속법을 내려고 한다.

　이 책은 민법의 친족편 외에도 입양에 관하여 민법의 특별법이라고 할 수 있는 입양특례법과, 근래 국제적인 교류가 늘어남에 따라 많이 문제되고 있는 국제친족법을 같이 다루고 있다. 특히 입양특례법과 국제친족법에 관하여는 아직 본격적인 주석서가 없어서, 이 책이 최초의 주석서가 된다.

　그 집필방침으로는 국내의 학설과 판례는 되도록 빠짐없이 다루려고 하였고, 외국에서의 논의도 필요한 경우에는 소개하였다. 그러나 장황한 학설상의 논의는 되도록 줄이고, 어디까지나 실무에 도움이 될 수 있는 내용을 담으려고 하였다. 집필자의 개인적인 견해도 여러 군데 개진하였으나, 객관성을 잃지 않으려고 노력하였다.

　이 책의 집필자들로서는 이 책이 연구자는 물론 법관이나 변호사뿐만 아니라 그 외에도 가족법 관계 업무에 종사하는 실무자들에게 많은 참고가 될 것을 희망한다. 그러나 아직 내용이 잘못되었거나 부족한 부분이 많을 것으로 생각된다. 이러한 부분은 앞으로 판을 거듭하면서 고쳐 나가려고 한다.

　끝으로 주해친족법의 발간을 쾌히 수락하여 주신 박영사 안종만 회장님과 여러 가지 사무를 처리하여 주신 조성호 이사님, 교정을 훌륭하게 마쳐 주신 문선미 대리님께 감사의 뜻을 표한다.

2015년 4월
편집대표 윤진수

친족편 집필자

김수정(金水晶) 명지대학교 사회과학대학 부교수
석광현(石光現) 전 서울대학교 법학전문대학원 교수
윤진수(尹眞秀) 서울대학교 법학전문대학원 명예교수
이동진(李東珍) 서울대학교 법학전문대학원 교수
이봉민(李鳳敏) 서울고등법원 고법판사
최준규(崔竣圭) 서울대학교 법학전문대학원 교수
현소혜(玄昭惠) 성균관대학교 법학전문대학원 부교수

(가나다순. 현직은 2025년 2월 1일 기준)

친족편 집필 내용

범 례

1. 집필요령

가. 해당 조문의 모든 쟁점에 관하여 빠짐없이 망라적으로 서술하되, 판례와 실무를 중시하고, 학설에 관하여 지나치게 세세한 언급 또는 논평은 삼간다. 필요한 경우에는 구체적인 실무 현황에 관하여도 언급한다.

나. 해당 조문의 연혁, 비교법적 검토(외국에서의 논의 포함)는 필요한 최소한으로 줄이고, 우리 법상 해석론을 중심으로 간결하게 서술함을 원칙으로 한다. 과거의 법은 지금까지도 문제가 되거나 지금의 법 상태를 이해하기 위하여 필요한 경우를 중심으로 다룬다. 각 해당 부분의 주석에서 관련된 민법 부칙도 함께 다룬다.

다. 쟁점에 대하여 학계 및 실무계에서 견해가 나뉘는 경우 각 견해의 요지를 서술하고, 각주에서 각각의 견해를 지지하는 국내의 교과서와 논문의 해당 면수를 표시한다. 집필자 자신의 개인적 견해를 지나치게 강조하는 것은 삼가기로 한다.

라. 외국에서 우리나라와 동일한 쟁점에 관하여 논의가 있고, 우리의 논의에 참고가 되는 경우에는 이를 간략하게 소개하되, 우리 법상 해석론으로 수용될 수 있는지를 검토하여 명기한다.

마. 우리나라의 판례는 중요 하급심 판결을 포함하여 가능한 한 광범위하게 반영함을 원칙으로 하되, 판례는 선고일자 및 사건번호를 기재하여 요지로 인용하고 원문 그대로 장황하게 인용하는 것은 가급적 삼가기로 한다.

바. 관련 판례에 대한 평석이 있는 경우 매우 중요한 몇몇 판례를 제외하고는 평석의 요지만을 설명하고, 평석의 상세한 내용은 각주에서 그 평석의 출처를 표시하여 이를 통하여 필요한 사람으로 하여금 찾아볼 수 있게 한다.

사. 한자는 독자층을 고려하여 각 항목의 제목이나 내용 중 중요 단어, 한자로 표기하지 아니하면 의미 전달에 문제가 생기는 경우 등에 제한적으로 사용하고 가급적 괄호 안에 병기하며, 한글 사용을 원칙으로 한다.

2. 범례(안)

가. 조문은 원문 그대로 인용함을 원칙으로 한다. 한자가 포함되어 있는 경우에
도 같다.

나. 조문별 주석내용은 I. 1. 가. (1), (가), 1), 가)의 순으로 배열한다. 주석내용
중 집필자의 판단에 따라 "보론"과 같은 항목이 들어가야 하는 경우에도 같
다. 복수의 조문의 주석이 서로 관련되어 있는 경우에도 원칙적으로 개별 조
문별로 주석하되, 해당 부분에서 앞 또는 뒤의 조문의 주석내용을, 「§○○ 註
釋 I. 3. 나. (2) 참조」와 같이 지시하는 것으로 갈음할 수 있다. 그러나 집필
자가 여러 조문을 한 번에 주석하는 것이 적절하다고 판단한 경우에는 그러
하지 아니하다.
특정한 조문의 주석에 해당하지 아니하는 경우에는 관련 조문의 앞, 뒤에
「[前註] 제목」, 「[後註] 제목」으로 넣는다.

다. 각 절의 제목 또는 각 조문의 앞에 「참고문헌: ○○○○○, ○○○○○. …」
의 형태로 권두의 참고문헌 약어표에 기재되어 있지 아니한 참고문헌으로서
당해 절 또는 조문에서 인용될 참고문헌을 일괄적으로 적고, 이후 이들 문헌
을 「저자명(연도), 면수」, 「저자명(연도a), 면수」(같은 연도에 발간된 문헌이
여럿인 경우)로 간략히 인용한다. 필요한 때에는 한 절 또는 한 조문의 주석
을 둘 이상으로 나누어 별도의 참고문헌 목록을 붙일 수도 있다. 권두 참고
문헌 목록과 각 절 또는 조문 참고문헌 목록에 없는 문헌은 아래 문헌 인용
방법에 따라 정식으로 인용하고, 그 뒤에 「저자(주 ○), 면수」와 같이 앞의
주를 지시하는 방법으로 인용한다.

라. 각주번호는 조문별로 새로 붙이되, 하나의 조문의 주석 내에서 새로 시작하
지는 아니한다. 같은 조문의 앞, 뒤의 각주를 인용할 때에는 「저자(주 ○)」으
로 인용한다.

마. 법령의 인용

(1) 법령의 명칭 인용은 원문 그대로 하되, 원문이 한자로 되어 있는 경우에도
한글로 표기함을 원칙으로 한다. 원문이 띄어쓰기가 되어 있는 등으로 구분해두지 아
니하면 혼동의 우려가 있을 때에는 따옴표(" ")로 인용한다. 다만, 집필자의 판단에
따라 법령약어표의 약어를 사용하거나(이때에는 한자를 씀을 원칙으로 한다), 당해
조문의 주석에서만 사용하는 약어를 만들어 쓸 수 있다. 이때에는 「(이하 "…"라고
한다)」의 형식으로 인용한다.

민법은 법명을 적지 아니하고 인용함을 원칙으로 한다.

(2) 과거의 법령을 인용할 때에는 법명 앞에 "舊" 또는 "구"를 붙이고, 법명 뒤에 괄호를 열어 "(연. 월. 일. 개정전)"으로 인용한다.

(3) 조문의 일부를 인용하는 경우에는 「부칙 § 3−2 Ⅲ ⅱ 가. 본문」(부칙 제3조의 2 제3항 제2호 가.목 본문)의 형식으로 한다.

(4) 다만, 판결, 논문 등을 원문 그대로 인용하는 경우에는 위 (2), (3)을 적용하지 아니하고, 그 원문에 표기된 대로 한다.

(5) 대법원 예규, 선례는, 「등기예규/호적예규/재일/재민/재판예규/호적선례 제 ○호」 등으로 표기한다. 제목은 필요에 따라 적을 수도 있고, 적지 않을 수도 있다. 다만, 가족관계등록예규와 가족관계등록선례는 각 등록예규, 등록선례로 표기한다.

(6) 외국법령은 한글로 국가명을 붙인 뒤 한 칸 띄우고, 법명을 생략 없이 적는다. 법명은 통용되는 한글 번역어를 적고 괄호 안에 원어를 병기하나, 각국 민법(스위스채무법 포함)은 원어를 병기하지 아니하고 "독일 민법", "오스트리아 민법", "스위스 채무법" 등으로 적는다.

원어를 병기하기 곤란하거나 통용되는 번역어가 없는 경우에는 원어만 적고, 국가명은 적절한 방법으로 표시하며, 그 후 같은 조문의 주해에서 같은 법이 반복되는 경우에는 번역어 또는 약어로 인용한다. 이처럼 외국어 표기로 인용하는 경우에는 (3) 대신에 그 나라에서 통용되는 표기방법을 따를 수 있다.

이때 붙일 국가명은 다음과 같다.

<다음>

미국, 영국, 캐나다, 오스트레일리아, 뉴질랜드, 독일, 오스트리아, 스위스, 프랑스, 벨기에, 룩셈부르크, 이탈리아, 스페인, 네덜란드, 스웨덴, 튀르키예, 일본, 중국, 대만

예: 독일 민법 제2289조.

　　독일의 등록된 생활동반자법(Lebenspartnerschaftsgesetz; LPartG) § 1

　　독일의 Wohn− und Betreuungsvertragsgesetz(WBVG).

　　WBVG § 2 I.

바. 판례인용 및 출처의 약어표기

(1) 우리나라 판례

정식으로 전부 인용한다.

예: 서울중앙지방법원 2011. 5. 6. 선고 2007가합49582 판결.

　　대법원 2012. 6. 7.자 2012므768 결정.

　　＜다음＞

대법원판례집 29권 2집, 민사편 226면 → 집29－2, 민226

판례공보(법원공보), 1982년, 66면 → 공1982, 66

각급법원(제1, 2심) 판례공보 제18호(2005. 2. 10), 215면 → 각공2005, 215

고등법원판례집 1976년 민사편 제3권 85면 → 고집1976민3, 85

하급심판결집 2002년 제1권, 287면 → 하집2002－1, 287

判例總覽, 第11卷 2號, 1042－2면 → 총람11－2, 1042－2

法律新聞 第1656號, 10면 → 신문1656, 10

* 대법원 종합법률정보 등에서 검색할 수 있는 판례는 원칙적으로 출처를 표기
　　하지 아니한다. 미공간 판례로서 위의 방법으로만 검색할 수 있는 판례는 출처
　　표기를 하지 아니한다. 위 약호 이외의 문헌으로 인용하는 판례의 출처 표기는
　　아래 문헌 인용방법에 따라 적절하게 표시한다.

사건번호가 복수인 경우에는 가장 대표적인 것 하나만 적고, 칸을 띄우지 아니한
채 바로 뒤에 "등"을 붙일 수 있다.

(2) 외국판례

외국판례를 인용할 때에는 각 그 나라의 표기방법(출처 표기 포함)에 따르되, 일
본의 판례는 앞에 "日"을 붙이고, 서기연도를 표시한 후 괄호 안에 다음과 같이 축약
한 연호를 표기한다.

　　＜다음＞

明治 → 明, 大正 → 大, 昭和 → 昭, 平成 → 平

* 메이지 원년은 1868년, 다이쇼 원년은 1912년, 쇼와 원년은 1926년, 헤이세이
　　원년은 1989년이므로 가령 쇼와 50년은 1975년이 된다.

예: 日最判 1974(昭 49). 4. 26. 民集28－3, 503.

사. 참고문헌 및 논문 인용

(1) 참고문헌 약어표에 있는 국내 교과서를 인용하는 경우에는,

「저자명(한자로 되어 있는 경우에는 한글), 면수」

로 한다. "제○판", "면", "쪽", "p" 등은 따로 표시하지 아니한다.

예: 김주수·김상용, 450.

참고문헌 약어표에 기재된 교과서의 구판을 인용하는 경우에는 저자명 뒤 괄호

안에 "(○판, 출간연도)"를 덧붙인다.

예: 김주수·김상용(제8판, 2006), 347.

(2) 국내 저서를 인용하는 경우에는,

「저자명(한자로 되어 있는 경우에도 한글화함을 원칙으로 한다), 제목(출간연도), 면수」로 한다. "면", "쪽", "p" 등은 따로 표시하지 아니한다. 부제도 원칙적으로 생략한다. 그러나 참고문헌 약어표에 기재된 저서를 인용하는 경우는 저자명 뒤에 참고문헌 약어표에 기재된 약호를 적고, 출간연도를 따로 적지 아니한다.

예: 법원공무원교육원 간, 2024 가족관계등록실무(2024), 120면. → 등록실무, 120.

양현아, 한국 가족법 읽기. 전통, 식민지성, 젠더의 교차로에서, 창비(2011), 300면. → 양현아, 한국 가족법 읽기(2011), 300.

권재문, 親生子關係의 決定基準, 景仁文化社(2011), 200면~201면. → 권재문, 친생자관계, 200−201.

(3) 국내 논문을 인용하는 경우에는 다음의 구분에 따른다.

<다음>

출처가 정기간행물인 경우에는

「저자명(한자로 되어 있는 경우에는 한자), "논문제목", 간행물 명/약호 권수−호수(발간연도), 면수」의 순으로 표기한다. "제", "권", "호"의 표시는 생략하고 숫자로만 적되, 통권으로 적는 것이 편한 경우에는 통권으로 적을 수 있다. 대법원판례해설의 논문제목이 너무 길 때에는 적절히 생략 또는 축약할 수 있다. 그 이외의 논문의 부제(副題)도 같다.

출처가 기념논문집인 경우에는,

「저자명(한자로 되어 있는 경우에는 한자), "논문제목", ○○○화갑기념/○○○정년기념(출간연도), 면수」

의 순으로 표기한다.

편집자와 논문집 고유의 제목은 적지 아니한다.

출처가 그 이외의 논문집인 경우에는

「저자명(한자로 되어 있는 경우에는 한자), "논문제목", 논문집제목(출간연도), 면수」의 순으로 표기한다. 이때에는 기타 저서와 같이 부제를 생략하고, 특별히 필요한 경우가 아닌 한 논문집의 편집자도 생략한다.

어느 경우든 "면", "쪽", "p" 등은 따로 표시하지 아니한다.

예: 郭東憲, "相續의 根據와 그 機能", 경북대학교 法學論考 제11집(1995), 15면 이하.

→ 곽동헌, "상속의 근거와 그 기능", 경북대 법학논고 11(1995), 15 이하.

尹眞秀, "相續回復請求權의 性質과 그 除斥期間의 起算點", 金容俊 憲法裁判所長華甲紀念論文集 刊行委員會 編, 金容俊 憲法裁判所長華甲紀念 裁判의 한 길, 博英社(1998), 478면. → 윤진수, "상속회복청구권의 성질과 그 제척기간의 기산점", 김용준 화갑기념(1998), 478.

尹眞秀, "婚姻의 自由", 民法論攷Ⅳ. 親族法, 博英社(2009), 176면 이하. → 윤진수, "혼인의 자유", 민법논고[Ⅳ](2009), 176 이하.

이화숙, "약혼예물 수수의 법적 성질 및 혼인해소의 경우 그 소유권의 귀속관계", 김상용·문흥안·민유숙·신영호·윤진수·이경희·이은정·이화숙·전경근·최금숙·최진섭·한웅길, 가족법 판례해설, 세창출판사(2009), 11면 이하 → 이화숙, "약혼예물 수수의 법적 성질 및 혼인해소의 경우 그 소유권의 귀속관계", 가족법 판례해설, 11 이하.

(4) 외국 교과서·저서·논문을 인용할 때에는 각 그 나라에서 통용되는 방법에 의한다. 저자의 姓 이외에 이름까지 적을 필요가 없다고 판단되는 경우에는 이름을 생략하거나 대문자로 그 첫 글자만 적는다. 약호도 그 나라에서 통용되는 것이면 쓸 수 있다. 인터넷자료는 앞서 본 문헌인용방식 그대로 하되, 출처 대신에 뒤에 「<http://···> (최종방문: 연. 월. 일.)」을 덧붙이는 것으로 한다.

어느 경우이든 "면", "쪽", "p" 등은 따로 표시하지 아니하나, Rdnr., n° 등으로 특정 하는 경우에는 Rdnr., n°을 표시한다. ff.나 et s.는 쓸 수 있다.

예: Margaret F. Brinig, "Contracting around No-Fault Divorce", in F. H. Buckley ed., The Fall and Rise of Freedom of Contract, 1999, Durham and London: Duke University Press, pp. 275-279. = Brining, "Contracting around No-Fault Divorce", The Fall and Rise of Freedom of Contract (1999), 275-279.

Margaret F. Brinig and Steve M. Crafton, "Marriage and Opportunism", The Journal of Legal Studies, Vol. 23, 1994, pp. 869ff. → Brinig and Crafton, "Marriage and Opportunism", 23 J. Leg. Stud. 869 ff. (1994).

Finger, Anmerkung zu BGH Urteil von 10. 11. 1982, JZ 1983, 608.

Dieter Schwab, Familienrecht, 13., neu bearbeitete Aufl., München: Verlag C.H. Beck, 2005, S. 43. → Schwab, Familienrecht (2005), 43.

Rainer Frank, Erbrecht, 3. Aufl., München: Verlag C.H. Beck, 2005, Rdnr. 77. → Frank, Erbrecht (2005), Rdnr. 77.

Alain Bénabent, Droit civil. Droit de la famille, Paris: Montchrestien, 2010, pp. 199 et

s. → Bénabent, Droit civil. Droit de la famille (2010), 199 et s.

Christian Jubault, Droit civil. Les successions. Les libéralités, 2e édition, Paris: Montchrestien, 2010, n° 300－312. → Jubault, Droit civil. Les successions. Les lib－éralités (2010), n° 300－312.

(5) 국내의 주석서는 다음과 같이 인용한다.

＜다음＞

郭潤直 編輯代表 民法注解[XII], 博英社(1992), 214면(池元林 執筆部分). → 구 주해XII, 214(지원림).

註釋民法[債權總則(1)], 第3版 韓國司法行政學會(2000), 390면(李銀榮 執筆部分). → 주석채총(1)(3판), 390(이은영).

독일법권의 주석서는 「MünchKomm/집필자 姓, ○. Aufl., 연도, § 1657, Rdnr. 5」와 같이 인용한다.

(6) 같은 조문의 주석 중 이미 인용한 문헌을 다시 인용할 때에는 「저자명(주○), 면수」의 형식으로 인용함을 원칙으로 한다.

3. 법령약호표

다음의 법령은 다음 약호에 의하여 인용할 수 있다. 다음 약호의 시행령, 시행규칙 등은 (아래에 해당 약호가 없더라도) 약호 뒤에 "令", "規"를 붙여 인용할 수 있다.

＜다음＞

가사소송법 ································ 家訴
가사소송규칙 ··························· 家訴規
가사재판, 가사조정 및 협의이혼
　절차의 상담에 관한 예규
　································ 상담예규
가족관계의 등록 등에 관한 법률 家登
가족관계의 등록 등에 관한 규칙家登規
국적법 ································ 國籍
국제사법 ································ 國私
민사 및 가사소송의 사물관할
　에 관한 규칙 ········· 사물관할규칙
민법(필요한 경우에 한함) ············· 民

민사소송법 ································ 民訴
민사소송규칙 ··························· 民訴規
민사조정법 ································ 民調
민사집행법 ································ 民執
법원조직법 ································ 法組
비송사건절차법 ··························· 非訟
상가건물임대차보호법 ················· 商賃
상속세 및 증여세법 ···················· 相贈
소득세법 ································ 所得
소송촉진등에관한 특례법 ············ 訴促
신탁법 ································ 信託
인사소송법(폐) ··························· 人訴

주택임대차보호법 ·························· 住賃

채무자회생 및 파산에 관한

  법률 ······················· 債務回生

헌법 ································ 憲

형법 ································ 刑

형사소송법 ························· 刑訴

호적법(폐) ························· 戸籍

§ 779 ① ⅰ : 민법 제779조 제1항 제1호

§ 842-2 : 민법 제842조의2

家訴 § 2 ① ⅰ 가. : 가사소송법 제2조 제1항 제1호 가목

* 국제친족법, 국제상속법에서는 민법 앞에 "民"을 붙여 인용하고 국제사법 앞의 "國私"를 생략한다.

4. 집필항목 및 집필자

가. 친족

분담부분	집필자
총설	윤진수
총칙(767−777)	최준규
가족의 범위와 자의 성과 본(778−799)	최준규
약혼(800−806)	윤진수
혼인의 성립(807−814), 사실혼	윤진수
혼인의 무효와 취소(815−825)	윤진수
혼인의 효력(826−833)	이동진
이혼(834−843)	이동진
친생자(844−865)	이봉민
양자(866−908의8), 입양특례법	현소혜
친권(909−927)	이봉민
후견(928−959의20)	현소혜, 김수정
부양(974−979)	최준규
국제친족법	석광현

나. 상속

분담부분	집필자
총설	윤진수
총칙(997-999)	
상속인(1000-1004)	
상속의 효력(1005-1018)	이봉민
상속의 승인 및 포기(1019-1044)	이동진
재산분리(1045-1052)	
상속인의 부존재(1053-1059)	
유언(1060-1111)	현소혜
유류분(1112-1118)	최준규
남북 사이의 가족관계 및 상속에 관한 특례법	이동진
국제상속법	장준혁

5. 참고문헌 약호표

다음 참고문헌은 약호로 인용할 수 있다.

<교과서·체계서류>

고정명, 韓國家族法: 親族相續法, 敎文社(1983) → 고정명

고정명·조은희, 친족·상속법, 제주대학교출판부(2011) → 고정명·조은희

郭潤直, 相續法[民法講義IV], 改訂版, 博英社(2004) → 곽윤직, 상속법

권대우 외, (로스쿨) 가족법, 세창출판사(2010) → 권대우 외

권재문, 민법강의: 친족상속법, 박영사(2023) → 권재문

김민중 외, 로스쿨 가족법, 청림출판(2007) → 김민중 외

김연·박정기·김인유, 국제사법, 제4판, 법문사(2022) → 김연 외, 국제사법

金容漢, 親族相續法論, 補訂版, 2003 → 김용한

김용한·조명래, 전정판 국제사법, 정일출판사(1998) → 김용한 외, 국제사법

김주수·김상용, 친족·상속법 -가족법-, 제19판, 法文社(2023) → 김주수·김상용

金辰, 新國際私法, 法文社(1962) → 김진, 국제사법

김현선·정기웅, 친족·상속·가사실무, 박영사(2007) → 김현선·정기웅

박동섭·양경승, 친족상속법, 제5판, 박영사(2020) → 박동섭·양경승

박동섭, 가사소송실무 1, 2, 법률문화원(2022) → 박동섭, 가사소송(1), (2)

박동섭, 주석 가사소송법, 3정판, 박영사(2003) → 박동섭, 주석

朴秉濠, 家族法, 韓國放送通信大學敎 出版部(1999) → 박병호

박종찬, 친족상속법, 진원사(2019) → 박종찬

박정기·김연, 가족법: 친족상속법, 탑북스(2013) → 박정기·김연

박희호·이동건, 친족상속법, 2020 → 박희호·이동건

裵慶淑·崔錦淑, 親族相續法講義: 家族財産法, 改訂增補版(2006) → 배경숙·최금숙

백성기, 친족상속법, 제3판, 진원사(2015) → 백성기

법무부, 국제사법 해설, 법무부(2001) → 법무부, 해설

서희원, 국제사법강의, 일조각(1998) → 서희원, 국제사법

석광현, 국제사법 해설, 박영사(2013) → 석광현, 해설

석광현, 국제민사소송법: 국제사법(절차편), 박영사(2012) → 석광현, 국제민소

석광현, 국제재판관할법, 박영사(2022) → 석광현, 관할법

소성규, 가족법, 2판, 동방문화사(2014) → 소성규

송덕수, 친족상속법, 제7판, 박영사(2024) → 송덕수

신영호·김상훈·정구태, 로스쿨 가족법강의, 제4판, 세창출판사(2023) → 신영호·김상훈·정
    구태

신창선·윤남순, 신국제사법, 제2판, fides(2016) → 신창선·윤남순, 국제사법

신창섭, 국제사법, 제5판, 세창출판사(2022) → 신창섭, 국제사법

안춘수, 국제사법, 2판, 법문사(2023) → 안춘수, 국제사법

양수산, 친족상속법: 가족법, 한국외국어대학교출판부(1998) → 양수산

양형우, 친족상속법, 제15판, 정독(마인드탭(MindTap)(2024) → 양형우

吳始暎, 親族相續法, 제2판, 학현사(2011) → 오시영

윤대성, 가족법강의, 전정판, 한국학술정보(2013) → 윤대성

윤종진, 개정 현대 국제사법, 한올출판사(2003) → 윤종진, 국제사법

윤진수, 친족상속법 강의, 제5판, 박영사(2023) → 윤진수

이경희·윤부찬, 가족법, 10정판, 法元社(2021) → 이경희·윤부찬

이영규, (새로운)가족법 강의, 제4전정판, 大明出版社(2008) → 이영규

이호정, 국제사법, 경문사(1983) → 이호정, 국제사법

이희배, (判例·參考·整理)親族·相續法 要解: 家族法, 第一法規(1995) → 이희배

林正平, 現代家族法, 法律文化比較學會(2003) → 임정평

鄭光鉉, 新親族相續法要論, 修正增補4版, 法文社(1961) → 정광현, 요론

조승현·김재완, 친족상속법, 한국방송통신대학교출판문화원(2017) → 조승현·김재완

千宗淑, (新)韓國家族法論: 親族·相續法, 東民出版社(1997) → 천종숙

崔錦淑, 로스쿨 親族法(1), (2), 第一法規(2010) → 최금숙, 친족(1), (2)

최문기, 가족법상의 권리와 의무, 박영사(2019) → 최문기

최흥섭, 한국 국제사법 – 법적용법을 중심으로, 한국학술정보(2019) → 최흥섭

한복룡, 家族法講義, 제2개정판, 충남대학교출판부(2012) → 한복룡

한복룡, 국제사법, 수정판, 충남대학교출판문화원(2013) → 한복룡, 국제사법

한봉희·백승흠, 가족법, 정독(2024) → 한봉희·백승흠

한삼인·김상헌, 친족상속법, 제2판, 화산미디어(2018) → 한삼인·김상헌

黃山德·金容漢, 新國際私法, 第9版, 博英社(1977) → 황산덕 외, 국제사법

<판례교재류>

金疇洙 編著, (註釋)判例 家族法, 三英社(1978) → 김주수, 판례

이희배, (註釋)家族法判例研究, 三知院(2007) → 이희배, 판례

김상용·문흥안·민유숙·신영호·윤진수·이경희·이은정·이화숙·전경근·최금숙·최진섭·
    한웅길, 가족법 판례해설, 세창출판사(2009) → 가족법 판례해설
  * 해당 부분 제목과 집필자 표기

<연구서·논문집류>

권재문, 親生子關係의 決定基準, 景仁文化社(2011) → 권재문, 친생자관계

金相瑢, 家族法研究 I, II, III, IV → 김상용, 연구[I], [II], [III], [IV]

김상훈, 미국상속법, 세창출판사(2012) → 김상훈, 미국상속법

金疇洙, 婚姻法研究: 婚姻 및 離婚의 自由와 관련하여, 法文社(1969) → 김주수, 혼인

문숙자, 조선시대 재산상속과 가족, 경인문화사(2004) → 문숙자

박동섭, 유류분 청구의 이론과 실무, 법률정보센터(2011) → 박동섭, 유류분

석광현, 국제재판관할에 관한 연구 – 민사 및 상사사건에서의 국제재판관할의 기초이론
    과 일반관할을 중심으로 –, 서울대학교출판부(2001) → 석광현, 관할연구

申榮鎬, 공동상속론, 나남출판사(1997) → 신영호, 공동상속

申榮鎬, 가족관계등록법, 세창출판사(2009) → 신영호, 등록

양현아, 한국 가족법 읽기 - 전통, 식민지성, 젠더의 교차로에서, 창비(2011) → 양현아

윤진수, 民法論攷 I, II, III, IV, V, VI, VII, VIII → 윤진수, 민법논고[I], [II], [III], [IV], [V],
    [VI], [VII], [VIII]

윤진수·현소혜, 2013년 개정민법 해설, 법무부 민법개정총서(5)(2014) → 윤진수·현소혜,
    2013년개정민법

李庚熙, 遺留分制度, 三知院(1995) → 이경희, 유류분

李光信, 우리나라 民法上의 姓氏制度 硏究, 法文社(1973) → 이광신, 성씨

이화숙, 비교부부재산관계법, 세창출판사(2000) → 이화숙, 부부재산관계

李和淑, (2005년)改正家族法 해설 및 평가, 세창출판사(2005) → 이화숙, 2005년개정가족법

이화숙, 가족, 사회와 가족법, 세창출판사(2012) → 이화숙, 가족법

李羆培, 民法上의 扶養法理: 私的 扶養法理의 三原論的 二元論, 三英社(1989) → 이희배,
    부양

임채웅, 상속법연구, 박영사(2011) → 임채웅, 상속법연구

鄭光鉉, 姓氏論考: 朝鮮家族法論考, 東光堂(1940) → 정광현, 성씨

鄭光鉉, 韓國家族法硏究, 서울大學校出版部(1967) → 정광현, 연구

鄭肯植, 韓國近代法史攷, 博英社(2002) → 정긍식, 근대법사고

정동호, 한국가족법의 개변맥락, 세창출판사(2014), 정동호, 한국가족법

천종숙, 裁判上 離婚에 관한 硏究, 敎文社(1975) → 천종숙, 이혼

崔鎭涉, 離婚과 子女, 三知院(1994) → 최진섭, 이혼과 자녀

현소혜, 유언의 해석, 景仁文化社(2010) → 현소혜, 유언

* 논문집은 해당 논문의 제목 이외에 가급적 초출(初出)을 표기

<주석서류>

金疇洙 編, 註釋相續法(上), (下), 韓國司法行政學會(1996) → 주석상속(1996)(상), (하)

민유숙 편집대표, 주석 민법 친족1, 2, 제6판, 韓國司法行政學會(2020) → 주석친족(1), (2)

민유숙 편집대표, 주석 민법 상속, 제5판, 韓國司法行政學會(2020) → 주석상속

郭潤直 編輯代表 民法注解[I]~[XIX], 博英社 → 주해[권호], 면수(분담집필자)

양창수 편집대표, 민법주해 [1]-[IV], 제2판, 박영사 → 주해 2판, [권호], 면수(분담집필자)

<기타>

법원공무원교육원 편, 2024 가족관계등록실무, 2024 → 법원공무원교육원 등록실무

법원행정처 편, 법원실무제요 가사[1], 2021 → 제요[1]

법원행정처 편, 법원실무제요 가사[2], 2021 → 제요[2]

법원행정처 편, 가족관계등록실무 [Ⅰ], 2018 → 법원행정처 등록실무 [Ⅰ]

법원행정처 편, 가족관계등록실무 [Ⅱ], 2018 → 법원행정처 등록실무 [Ⅱ]

법원행정처 편, 상속등기실무, 2012 → 상속등기실무

법원행정처 편, 성년후견해설, 2013 → 성년후견해설

법원공무원교육원 편, 2016 국제가족관계등록 → 국제가족관계등록

법무부 편, 2013년 개정민법자료집(상), 2012 → 2013년 개정자료집

6. 기타

가. 쉼표의 위치는 따옴표 뒤로 통일하기로 함. → "유언의 해석", 가족법연구

나. 판례 및 법령은 2024. 8. 11.자를 기준으로 함.

다. 개정이므로, 참고문헌을 신판으로 업데이트하고 법령과 판례의 추가, 변경 (외국법을 소개한 경우는 외국법 포함) 및 새로운 문헌을 반영하는 것을 원 칙으로 함.

차 례

[제 1 권 차례]

친족법 총설

第 1 章 總則

第 2 章 家族의 範圍와 子의 姓과 本

第3章 婚姻

第 4 章 父母와 子

입양특례법

[제 2 권 차례]

第 4 章 父母와 子

第5章 後見

第6章

第7章　扶養

第8章

第9章　國際親族法

*『주해친족법』1권과 2권의 본문 페이지는 연결됩니다(2권은 1157면에서 시작합니다).
판례색인과 사항색인의 내용은 1, 2권 모두 동일합니다(단, 1권과 2권의 페이지 서체를 달리하
여 1권에 나오는 색인과 2권에 나오는 색인을 구분하였습니다).

친족법 총설

[前註]

▌**참고문헌:** 김경동(1997), 현대의 사회학, 신정판; 김인겸(2006), "개명허가의 기준", 대법원판례해설 58; 김주수(1963), "법정분가제도에 관하여", 법정 154호; 김주수(1993), 주석친족상속법 제2전정판; 김주희(2008), "고려시대 친족의 특성: 친족용어 분석을 토대로", 가족과 문화 제20집; 마르티나 도이힐러(2003), 이훈상 옮김, 한국 사회의 유교적 변화; 명순구(2001), "이혼청구권이 형성권인가?" 저스티스 34-3; 박동진(2005), "신의칙과 권리남용금지원칙의 가족법관계에의 적용", 가족법연구 19-1; 박병호(1996), "일제하의 가족정책과 관습법형성과정", 가족법논집; 박병호(2012), 한국법제사; 박영규(2007), "가족법상의 법률행위의 특수성 문제", 민사법학 38; 범여성 가족법개정촉진회(1974), 민법 제4편 친족, 제5편 상속 개정법안 및 이유서; 법원행정처(1985), 친족상속에 관한 구관습, 재판자료 29집; 사법발전재단(2008), 사법부의 어제와 오늘 그리고 내일(下); 서정우(1991), "가사소송법안 해설", 가족법연구 5; 심희기(2003), "일제강점 초기 '식민지관습법'의 형성", 법사학연구 28호; 양창수(1998), "헌법제정 후 일정법령의 효력", 민법산고; 양창수(2001), "우리나라 최초의 헌법재판논의", 민법연구 6; 양창수(2005), "가족법상의 법률행위의 특성", 민법연구 8; 윤진수(2007), "개명허가의 요건", 가족법연구 21-2; 윤진수(2009a), "헌법이 가족법의 변화에 미친 영향", 민법논고[Ⅳ]; 윤진수(2009b), "검사를 상대로 하는 사실상혼인관계 존재확인청구", 민법논고[Ⅳ]; 윤진수(2009c), "허위의 친생자 출생신고에 의한 입양에 관한 몇 가지 문제", 민법논고[Ⅳ]; 윤진수(2009d), "여성차별철폐협약과 한국가족법", 민법논고[Ⅳ]; 윤진수(2009e), "아동권리협약과 한국 가족법", 민법논고[Ⅳ]; 윤진수(2009f), "민법 시행 전에 이성양자가 시행되었는지 여부 및 …", 민법논고[Ⅳ]; 윤진수(2009g), "전통적 가족제도와 헌법", 민법논고[Ⅳ]; 윤진수(2015a), "혼인과 이혼의 법경제학", 민법논고[Ⅶ]; 윤진수(2015b), "재산법과 비교한 가족법의 특성", 민법논고[Ⅶ]; 윤진수(2021a), "헌법재판소의 민법에 대한 위헌심사", 서울대학교 법학 62-2; 윤진수(2021b), "한국민법학에 대한 서울대학교의 기여", 민법논고[Ⅷ]; 윤진수·현소혜(2013), "부모의 자녀 치료거부 문제 해결을 위한 입법론", 법조 62-5; 이동수(2021), "현행 법질서에서의 가족법의 위상과 과제", 비교사법 28-2; 이동진(2012), "혼인관념, 인적 혼인의무 및 그 위반에 대한 제재",

서울대 법학 53 - 3; 이상욱(1991), "일제하 전통가족법의 왜곡", 박병호환갑기념(Ⅱ); 이상욱(2000), "가족법 제정의 경위와 주된 쟁점", 가족법연구 14; 이승일(2003), "조선총독부의 법제정책에 대한 연구", 한양대 박사논문; 이주윤(2021), "양육권을 갖는 미성년후견인의 양육비심판 청구인적격 인정 여부", 대법원판례해설 127호; 이창우(2012), "출생연월일 정정에 확정판결이 필요한지 여부", 법조 2012. 12; 이태영(1992), 가족법개정운동 37년사(1992); 이홍민(2011), "현행민법 시행 전 이성양자 및 서양자의 허용여부", 가족법연구 25-3; 이화분(2009), 가족법개정운동 60년사; 이화숙(2005), 2005년 개정가족법 해설 및 평가; 이화숙(2012), "한국가족의 변화와 가족법", 가족, 사회와 가족법; 이희배(1994), "현대가족법의 가족보호법성", 가족법연구 8; 정긍식 편역(2000), 개역판 관습조사보고서; 정긍식(2009), "식민지기 관습법의 형성과 한국가족법", 법사학연구 40; 정인섭(1999), "대한민국의 수립과 구법령의 승계 - 제헌헌법 제100조 관련 판례의 분석", 국제판례연구 1; 조대현(1990), "판결로 인한 호적정정", 司論 21; 주석민법 총칙 (2)(2019), 제5판; 최금숙(2005), "상속법-가족법인가, 재산법인가?", 가족법연구 19-1; 최재석(2009), 한국의 가족과 사회; 허영(1984), "헌법과 가족법", 연세대 법률연구 3; 현소혜(2010), "혼인의 무효와 가족관계등록부의 정정", 사법 14; 홍양희(2005), "식민지시기 친족관습의 창출과 일본민법", 정신문화연구 28-3.

內田 貴(2004), 民法 Ⅳ, 補訂版; 大村敦志(2010), 家族法, 第3版; 二宮周平(2018), 家族法, 第5版; 朝鮮總督府中樞院(1933), 民事慣習回答彙集; 中川善之助(1939), 身分法の基礎理論; 中川善之助(1941), 身分法の總則的課題; 中川善之助(1942), 日本親族法; 泉 久雄(1984), "身分行爲", 民法講座 7; 泉 久雄, 親族法(1997); Abbott, Wallace and Tyler(2005), An Introduction to Sociology, Feminist Perspective, 3rd ed.; Homer H. Clark Jr.(1998), Domestic Relations, 2nd ed.; Gilian Douglas(2001), An Introduction to Family Law; John Eekelaar(1978), Family Law and Social Policy; Michael Freeman(2007), Understanding Family Law; Gernhuber/Coester-Waltjen(2020), Familienrecht, 7. Aufl.; Jonathan Herring(2013), Family Law, 6th ed.; Hofer/Schwab/Henrich(2004), From Status to Contract? - Die Bedeutung des Vertrages im europäischen Familienrcht; MünchKommBGB(2022), 9. Aufl.;Karlheinz Muscheler(2017), Familienrecht, 4. Aufl.; Eric Posner(2000), Law and Social Norms; Rebbeca Probert(2006), Cretney's Family Law, 6th ed.; Carl E. Schneider(1992), "The Channelling Function in Family Law", 20 Hofstra L. Rev.; Carol Weisbrod(1988), "On the Expressive Functions of Family Law", 22 U.C. Davis L. Rev.

Ⅰ. 친족법의 의의

1. 친족법의 개념

친족법이란 형식적인 의미에서는 민법 제4편, 즉 §767에서 §979까지를 가리킨다. 그러나 실질적으로는 「친족관계」를 사법(私法)적으로 규율하는 법의 총체가 곧 친족법이라고 할 수 있다. 이러한 친족관계의 중심에 있는 것은 부부(夫婦)관계 및 부모와 자녀관계1)이다. 그 외의 친족 사이에서는 주로 부양이 문제된다. 다른 한편 사실혼

---

1) 민법의 "친자관계(親子關係)"라는 말은 일본식 표현이다. 또 민법에는 아들딸을 표현하는 용어로서 "子"라는 말이 쓰이고 있으나, 이 말에는 남녀차별적인 함의가 있다. 근래 개정된 조문은 "자녀"로 바꾸고 있다.

배우자는 민법상으로는 친족은 아니지만 특별법상 친족과 마찬가지로 다루는 경우가 많다.

한편 §779는 배우자, 직계혈족 및 형제자매 외에도 생계를 같이하는 직계혈족의 배우자, 배우자의 직계혈족 및 배우자의 형제자매를 가족으로 규정하고 있는데, 이 규정은 2005년 개정법이 호주제를 폐지하면서 가족 해체 등에 대한 우려를 고려하여 만들어진 것으로서, 법적으로 별다른 의미를 가지지 않는다. 다만 §940−5는 "제779조에 따른 후견인의 가족은 후견감독인이 될 수 없다"고 규정하고 있다. 상세한 것은 §779의 주석 참조.

혼인신고특례법, 입양특례법(人養特, 구 입양촉진 및 절차에 관한 특례법) 등이 친족법 중 중요한 특별법이다. 2012년에 제정된 남북 주민 사이의 가족관계와 상속 등에 관한 특례법(南北特)은 남북 주민 사이의 가족관계에 대하여 여러 가지 특례를 규정하고 있다. 이들 법에 대하여는 각 관련되는 부분에서 별도로 설명한다.

2. 친족법과 상속법의 관계

일반적으로 친족법과 상속법을 아울러 가족법이라고 부르고 있다. 그런데 근래에는 상속법은 가족법이 아니고, 재산법에 속한다는 견해도 유력하게 주장되고 있다.[2] 서구에서는 가족법(family law, Familienrecht, droit de la famille)은 친족법만을 말하고, 친족법과 상속법을 포함하여 가족법이라고 부르지는 않는다. 친족법과 상속법을 가족법이라고 부르게 된 것은 일본에서 호주제도와 家 제도가 친족법과 상속법에 의하여 같이 규율되고 있었던 데서 유래된 것이다. 생각건대 상속법은 그 요건 면에서는 친족법과 밀접한 관련이 있고, 효과 면에서는 재산법적인 요소가 많다.[3] 이러한 상속법의 성격을 전제로 한다면 친족법과 상속법을 묶어 가족법이라고 부르는 것도 반드시 잘못이라고 할 수는 없다.[4] 실제로는 친족법의 개정과 상속법의 개정은 같은 배경에서 이루어지는 등 연관성이 크므로 여기서도 양자를 아울러 표현할 때에는 가족법이라는 용어를 사용한다. 다만 친족법상의 법률행위와 상속법상의 법률행위를 묶어 신분행위라고 부르는 것은 바람직하지 않다(아래 IV. 1. 참조).

그리고 친족법과 재산법의 관계에 관하여는 아래 III. 4. 참조.

---

2) 곽윤직, 상속법, 26−29; 최금숙(2005), 425−426.
3) 윤진수(2015b), 25−27.
4) 이경희·윤부찬, 7 참조.

Ⅱ. 가족관계의 등록 등에 관한 법률과 가사소송법

위 두 법률은 순수한 실체법은 아니지만 친족법과 밀접한 관련이 있다.

1. 가족관계의 등록 등에 관한 법률

이 법(家登)은 호적제도가 폐지됨에 따라 종전의 호적법(戶籍)을 대치하여 2007년에 제정되었다. 이 법은 종전의 가(家) 단위 편제 대신 개인별 편제를 채택하였다. 이 법은 친족관계의 공시라는 절차적 사항뿐만 아니라 친족관계의 성립에 관한 실체적 내용도 담고 있다.

여기서는 주로 실체적인 내용과 관련되는 신고에 관한 부분과, 등록의 정정에 관한 부분을 간단히 살펴본다.

가. 신고

家登은 여러 가지 신고에 대하여 규정하고 있다. 이러한 신고는 여러 가지 기준에 의하여 분류할 수 있다. 즉 보고적 신고와 창설적 신고, 재판을 요하는 신고와 재판을 요하지 않는 신고, 독립적 신고와 부가적 신고, 단순신고와 복합신고, 일반신고와 특종신고 등이다.[5] 그러나 여기서는 실체법적인 관점에서 중요한 의미를 가지는 보고적 신고와 창설적 신고에 대하여만 살펴본다.

보고적 신고란 출생신고나 사망신고와 같이 신고와 관계없이 이미 효력이 발생한 일정한 사실과 이미 성립된 법률관계에 관한 신고를 말한다. 반면 창설적 신고란 혼인신고나 입양신고와 같이 신고의 수리에 의하여 가족관계의 발생, 변경, 소멸의 효력을 생기게 하는 신고를 말한다. 따라서 결혼식을 올리고 사실혼 관계를 오래 지속하여도 혼인신고를 하지 않으면 법률혼은 성립하지 않는다. 보고적 신고의 경우에는 신고의무자와 신고기간이 정하여져 있으나, 창설적 신고의 경우에는 신고 여부가 당사자의 의사에 맡겨져 있다.

보고적 신고에 해당하는 것으로는 출생신고(§44 이하), 인지된 태아의 사산신고(§60), 후견개시신고(§80), 후견인 경질신고(§81), 후견종료신고(§83), 사망신고(§84 이하) 등이 있다. 보고적 신고 가운데에는 본래 창설적 신고 사항이지만, 가족관계 변동 사유가 재판 등 특별한 사정에 의하여 이미 효력이 발생한 경우에 이를 신고하는 보고적 신고가 있다. 재판에 의한 인지신고(§58), 재판상 파양신고(§66), 친양자 입양신고(§67), 친양자 파양신고(§69), 혼인 취소신고(§73), 재판상 이혼신고(§78), 실종선고와 실

---

5) 등록실무[Ⅰ], 259 이하.

종선고 취소신고(§92) 등이 있다.6) 이외에 국적 상실신고(§97), 개명신고(§99), 성본변경신고(§100)도 보고적 신고이다.

창설적 신고에 해당하는 것으로는 인지신고(§55 이하), 입양신고(§61 이하), 파양신고(§63 이하), 혼인신고(§71), 이혼신고(§74) 등이 있다. 사실상혼인관계 존재확인의 재판이 확정된 경우에 하는 신고(§72)는 보고적 신고라는 주장이 있으나,7) §72는 보고적 신고인 재판에 의한 인지신고에 관한 §58를 준용하고 있지 않으므로 창설적 신고라고 보아야 한다.8)

그리고 부가 혼인외의 자녀에 대하여 친생자출생의 신고를 한 때에는 그 신고는 인지의 효력이 있는데(§57), 이는 보고적 신고와 창설적 신고의 성질을 같이 가지고 있다.9)

나. 가족관계 등록부의 정정

가족관계 등록부의 정정이란, 등록부의 기록이 법률상 허가될 수 없는 것 또는 그 기재에 착오나 누락이 있는 경우에 이를 바로잡는 것을 말한다(家登 §104 참조). 그러므로 기록 당시에는 문제가 없었는데, 사후의 사정 변경으로 인하여 기록이 현실과 일치하지 않는 경우에는 정정의 대상이 될 수 없다. 그런데 대법원 2006. 6. 22. 자 2004스42 전원합의체 결정은, 당시의 戶籍 §120에 의한 호적정정 사유 중 호적의 기재가 법률상 허용될 수 없는 경우의 해석에 관하여, 호적 기재 후의 법령의 변경 등 사정의 변경에 의하여 법률상 허용될 수 없음이 명백하게 된 경우를 반드시 배제하여야 할 필요가 있다고 보기 어렵다고 하여, 성전환자에 해당함이 명백하다고 증명되는 경우에는 戶籍 §120의 절차에 따라 그 전환된 성과 호적의 성별란 기재를 일치시킬 수 있다고 하였다.10)

---

6) 김주수·김상용, 322; 송덕수, 9; 신영호, 등록, 112 등은 유언에 의한 인지(§859 ②)는 유언자가 사망하여 유언의 효력이 발생하면 효력이 생기므로 그 신고(家登 §59)는 보고적 신고라고 주장한다. 등록실무 [1], 260도 유언에 의한 인지신고는 전래의 보고적 신고라고 한다. 그러나 §859 ②은 유언으로도 인지를 할 수 있지만, 그 신고는 유언집행자가 하여야 한다고 규정하므로, 인지의 효력은 신고가 있어야만 하는 것으로 보아야 하고, 이 경우의 인지신고를 다른 경우의 인지신고와 달리 보아야 할 이유도 없다. 家登 §59도 유언집행자가 창설적 인지신고에 관한 규정인 §55, §56에 따라 신고하도록 규정하고 있고, 보고적 인지신고에 관한 §58를 따라 신고하도록 규정하지는 않는다. 윤진수, 198 참조.

7) 김주수·김상용, 279(조정이 성립된 경우); 송덕수, 9, 36 등.

8) 대법원 1973. 1. 16. 선고 72므25 판결; 윤진수(2009b), 266 – 267; 등록실무[Ⅰ], 674 참조.

9) 김주수·김상용, 58. 대법원 1993. 7. 27. 선고 91므306 판결은 부가 혼인외의 자에 대하여 친생자 출생신고를 하였다가 그 신고로 인한 친자관계의 외관을 배제하고자 하는 때에도 그 신고가 인지신고가 아니라 출생신고인 이상 인지에 관련된 소송이 아니라 친생자관계부존재확인의 소를 제기하여야 한다고 보았다. 반대: 김주수, "친생자출생신고에 의한 인지의 효력을 다투는 방법", 판례월보 94 – 7, 8 이하.

10) 이 결정에 따라서 성전환자의 성별정정허가신청사건 등 사무처리지침(제정 2007. 12. 10. 가족관계등록예규 제256호, 최종 개정 2020. 2. 21. 가족관계등록예규 제550호)이 만들어졌다.

그 정정 절차에는 직권에 의한 정정, 허가에 의한 정정 및 판결에 의한 정정의 3
가지가 있다. 직권에 의한 정정은 당사자의 신청 없이도 등록업무를 담당하는 시·
읍·면의 장이 직권으로 하는 것이다. 시·읍·면의 장은 등록부의 기록이 법률상 무
효인 것이거나, 그 기록에 착오 또는 누락이 있음을 안 때에는 지체 없이 신고인 또
는 신고사건의 본인에게 그 사실을 통지하여야 하고, 그러한 통지를 할 수 없거나, 통
지를 하였으나 정정신청을 하는 사람이 없는 때 또는 그 기록의 착오 또는 누락이
시·읍·면의 장의 잘못으로 인한 것인 때에는 시·읍·면의 장은 감독법원의 허가를
받아 직권으로 정정할 수 있다. 다만 대법원규칙으로 정하는 경미한 사항인 경우에는
시·읍·면의 장이 직권으로 정정하고, 감독법원에 보고하여야 한다(家登 §18).

허가에 의한 정정은 이해관계인의 신청에 의하여 가정법원의 허가를 받아 이루
어지는 것을 말한다(§104). 다만 창설적 신고의 경우에는 그 신청을 할 수 있는 사람이
신고인 또는 신고사건의 본인에 한정된다(§105).

직권에 의한 정정과 허가에 의한 정정은 그 사유는 동일하고, 다만 절차상으로만
차이가 있을 뿐이다. 그런데 판결에 의한 정정(§107)을 필요로 하는 경우에는 직권에
의한 정정이나 허가에 의한 정정은 허용될 수 없다.

주로 문제되는 것은 허가에 의한 정정사유와 판결에 의한 정정사유의 구별이다.
이 점에 관하여는 종래부터 논란이 많았다.[11] 호적법 시행 당시의 판례는, 정정하려
고 하는 호적기재사항과 관련된 신분관계의 존부에 관하여 직접적인 쟁송방법이 家
訴 §2에 규정되어 있는지의 여부를 기준으로 하여, 가사소송사건으로 판결을 받게 되
어 있는 사항에 관하여는 戸籍 §123에 따라 확정판결에 의하여서만 호적정정의 신청
을 할 수 있고, 家訴 §2에 의하여 판결을 받을 수 없는 사항에 관한 호적기재의 정정
은 戸籍 §120에 따라 법원의 허가를 얻어 정정을 신청할 수 있다고 하였다.[12] 이는
호적법을 대체한 家登 시행 이후에도 마찬가지이다.[13] 구체적으로는 사건이 家訴 §2
의 가류 및 나류 가사소송사건과 마류 가사비송사건에 해당하면 확정판결(또는 심판)
에 의하여서만 등록부의 정정을 할 수 있다. 반면 家訴 §2의 다류 가사소송사건[14]과
라류 및 마류 가사비송사건은 이에 해당하지 않는다.[15]

---

11) 조대현(1990), 507 이하; 현소혜(2010), 73 이하 참조.
12) 대법원 1993. 5. 22. 자 93스14, 15, 16 전원합의체 결정.
13) 등록실무[II], 338.
14) 약혼 해제 또는 사실혼 관계 부당 파기, 혼인의 무효·취소, 이혼의 무효·취소 또는 이혼, 입양의 무효·
    취소, 파양의 무효·취소 또는 파양을 원인으로 하는 손해배상청구(제3자에 대한 청구를 포함한다) 및
    원상회복의 청구와 재산분할청구권 보전을 위한 사해행위) 취소 및 원상회복의 청구.
15) 등록실무[II], 340-341 이하.

허가에 의한 정정사항에 해당하는 것으로는 사람이 사망하였는지 여부나 사람이 사망한 일시에 관한 정정,16) 실재하지 않은 자의 출생신고 정정,17) 호적중 부모란에 허무인의 성명이 기재되어 있는 경우 그 정정18) 등이다.19) 그런데 판례20)는 신고로 인하여 효력이 발생하는 행위에 관한 가족관계등록부상 기재사항의 경우에 그 행위가 확정된 형사판결(약식명령 포함)에 의하여 무효임이 명백하게 밝혀진 때에는 가정법원의 허가를 받아 정정할 수 있다고 하였다.21)

그리고 대법원 2024. 6. 13. 자 2024스536 결정은, 자녀의 가족관계등록부에 부의 출생연월일과 본이 기록되지 않은 경우 이를 부의 제적부 기재내용과 동일하게 기록하는 것은 가족관계등록법 제107조에 따라 확정판결에 의하여 이루어져야 하지만, 자신이 북한에서 유효하게 성립한 혼인관계 중에 출생한 자녀임을 주장하며 부와의 사이에 친생자관계존재확인의 확정판결을 받아 가족관계등록부 정정을 신청하는 경우에는 비록 가족관계등록부 등에 부모의 혼인관계가 기록되어 있지 않아도 북한에서 부모의 혼인관계 성립 여부 또는 이와 관련한 신분관계를 소명하여 가족관계등록법 제104조에 따른 가정법원의 허가를 받아 정정신청을 함으로써 가족관계등록부를 정정할 수 있다고 하였다. 그 이유는 북한에서 유효하게 성립한 혼인관계가 가족관계등록부에 기록되기 어려운 점, 가사소송법 등에 혼인관계가 유효하게 존속한다거나 특정인이 그 혼인중에 출생한 자녀임을 확인받을 수 있는 직접적인 쟁송방법이 없는 점, 앞서 살펴본 관련 법률의 취지 등을 고려하면, 위와 같은 경우에도 가정법원의 허가를 받아 가족관계등록부를 정정할 수 있는 법적 가능성을 부여할 필요가 있기 때문이라는 것이다.

2. 가사소송법

가사사건에 관한 절차법이 가사소송법(家訴)이다. 가사소송법의 전신은 인사소송법(1961. 12. 6. 법률 제803호)과 가사심판법(1963. 7. 31. 법률 제1375호)인데, 1990년 이 두

---

16) 대법원 1993. 5. 22. 자 93스14, 15, 16 전원합의체 결정.
17) 대법원 1995. 4. 13. 자 95스5 결정. 등록선례 제201003－1호 참조.
18) 서울가정법원 1993. 7. 27. 선고 93드9624 판결.
19) 대법원 2012. 4. 13. 자 2011스160 결정의 원심은, 출생연월일을 과거로 정정하면 모의 이혼한 전 남편의 자녀로 친생추정되게 되므로, 친생자관계부존재확인의 소 등의 절차를 거쳐 위 추정을 번복한 후 등록부 정정을 허가하여야 한다는 이유로 정정신청을 기각하였다. 그러나 대법원은 이는 정정을 불허할 사유가 될 수 없다고 하였다. 평석: 이창우(2012), 204 이하.
20) 대법원 2009. 10. 8. 자 2009스64 결정. 이 사건은 중국 국적의 조선족 여성과 혼인한 것으로 신고한 자가, 혼인할 의사가 전혀 없음에도 그 여성을 한국에 입국시킬 목적으로 혼인신고를 하여 공전자기록에 불실의 사실을 기재하게 하였다는 등의 범죄사실로 유죄판결을 받아 확정된 경우였다.
21) 반대: 현소혜(2010).

법이 통합되어 가사소송법이 제정되었다. 가사소송법은 일정한 사건을 가사사건으로 하여 가정법원이 관할하게 하고, 민사소송법 및 비송사건절차법에 대한 특칙을 규정하고 있다.

가정법원이 설립되게 된 것은 가사사건의 전문법원이 필요하다는 주장이 받아들여진 때문인데, 1963년 처음 서울가정법원이 생겼고, 2011년 부산가정법원이 생겼으며, 2012년에는 대전, 대구, 광주가정법원이 생겼다. 현재에는 인천, 수원, 울산에도 가정법원이 설치되어 있고, 2025년에는 창원가정법원이 설치될 예정이다.[22]

가사소송법은 가사사건을 가사소송사건과 가사비송사건으로 나누고 있는데, 가사소송사건에는 다시 가류, 나류, 다류가 있고, 가사비송사건에는 마류와 바류가 있다. 가사사건에 대하여는 가정법원이 전속관할을 가진다(家訴 §2).

가류 사건은 혼인무효, 입양무효 등 확인소송에 속하는 사건들이다. 이는 조정의 대상이 되지 않는다. 나류 사건은 사실상혼인관계존재확인 사건을 제외하고는 혼인 취소, 재판상 이혼 등 형성소송 사건이다. 그 재판의 결과에 따라 가족관계가 형성되거나 해소된다. 다류 사건은 약혼 해제 또는 사실혼 관계 부당 파기로 인한 손해배상 청구 및 원상회복의 청구와 같은 이행소송 사건이다.

라류 가사비송사건은 부재자 재산의 관리에 관한 처분, 친양자 입양의 허가와 같이 원칙적으로 상대방이 없는 이른바 비대심적 사건으로서, 법원의 후견적 허가나 감독처분을 요구하는 것이므로 조정의 대상이 되지 못한다. 마류 사건은 재산분할과 같이 상대방의 존재를 전제로 하는 대심적 분쟁사건으로서, 조정의 대상이 된다.

가사사건의 범위를 정하는 가사소송법의 규정은 제한적 열거규정이므로,[23] 여기에 열거되지 않은 사항은 성질상 가사사건과 비슷하다고 하더라도 해석 또는 유추에 의하여 가사사건으로 처리할 수는 없다. 대법원 2012. 12. 27. 선고 2011다96932 판결은, 부부의 일방에 대한 상대방의 부양료 청구는 家訴 §2 ① ii 나. 마류 제1호의 가사비송사건이고, 친족의 일방에 대한 상대방의 부양료 청구는 마류 제8호의 가사비송사건이지만, 부부간의 부양의무를 이행하지 않은 부부의 일방에 대하여 상대방의 친족이 구하는 부양료의 상환청구는 마류사건의 어디에도 해당하지 아니하여 민사소송사건이라고 하였다.

다만 이를 그대로 관철하면 지나치게 경직될 수 있으므로, 家訴 §2 ②은 대법원규칙에서 별도로 가사사건을 정할 수 있도록 하였다.

---

22) 가사재판과 가정법원의 연혁, 현황과 입법론에 관하여는 사법발전재단(2008), 547 이하 참조.
23) 대법원 1993. 5. 22. 자 93스14, 15, 16 전원합의체 결정; 서정우(1991), 179 등.

　　그런데 대법원 2021. 5. 27.자 2019스621 결정은, 가정법원이 §924의2에 따라 부모의 친권 중 양육권만을 제한하여 미성년후견인으로 하여금 자녀에 대한 양육권을 행사하도록 결정한 경우에 §837를 유추적용하여 미성년후견인은 비양육친을 상대로 家訴 §2 ① ⅱ (나) 3) 에 따른 양육비심판을 청구할 수 있다고 봄이 타당하다고 하였다.[24]

　　가사사건이 일반 민사사건과 다른 점으로 중요한 것은 다음의 몇 가지를 들 수 있다. 첫째, 가류 및 나류 가사소송에 대하여는 가정법원이 후견적 기능을 발휘하기 위하여 순수한 변론주의 아닌 직권주의에 의하여 심리한다(家訴 §§12, 17 등). 둘째, 나류, 다류 및 마류 사건에 대하여는 조정전치주의가 적용된다(家訴 §50). 셋째, 가류 또는 나류 가사소송사건의 청구를 인용한 확정판결은 제3자에게도 효력이 있다(家訴 §21 ①).

Ⅲ. 친족법의 기능과 특성

1. 가족의 기능과 기능변화

　　친족법의 기능에 대하여 살펴보려면 먼저 가족의 기능을 따져 보아야 한다.[25] 이른바 구조기능주의의 관점에서는 제도로서의 가족은 일반적으로 다음과 같은 기능을 가진다고 보고 있다. 즉 성행위의 규제, 사회 구성원의 재생산, 자녀의 양육과 사회화, 사회적 보호와 정서적 지원, 사회적 정체 부여와 지위 귀속, 경제적 기능 등이다.[26] 우선 종래 성행위는 부부 사이에서만 허용되는 것으로 보았고, 부부 이외의 사람이 성행위를 하는 것은 허용되지 않았다. 그리고 출산에 의하여 자녀를 생산하고 양육하며 사회화하는 것은 예나 지금이나 가족의 핵심적인 기능이라고 할 수 있다. 가족의 사회적 보호기능은 가족의 구성원이 병이나 장애 또는 고령 등의 사유로 스스로 자신의 문제를 해결할 수 없을 때 다른 가족이 이러한 사람을 보호하는 기능을 한다는 것을 말한다. 다른 한편 어떤 사람이 어떤 가족에 속하였는가는 그 사람의 사회적 정체 부여와 지위 귀속에서 중요한 의미를 가진다. 그리고 경제적 기능으로서는 우선 가족들이 함께 협력하여 농업에 종사하거나 또는 가게를 경영하는 것과 같은 생산적 기능을 들 수 있다. 뿐만 아니라 가족들의 경제적 필요를 충족시킴에 있어서 가족 구성원들이 가사를 분업한다는 것도 중요한 기능이다. 종래 많이 예로 들었던 것은 가령 남편이 돈을 벌어오는 대신 아내는 전업주부로서 자녀를 양육하고 가사노동

---

24) 판례해설: 이주윤(2021).
25) 윤진수(2015a), 126 이하 참조.
26) 김경동(1997), 217-218.

을 전담한다는 것이다.

근래에는 이른바 갈등이론 또는 여성주의(feminism)적인 관점에서 이러한 구조기
능주의적인 설명을 비판하는 주장이 늘어가고 있다. 이에 따르면 가족관계에서는 남
녀가 불평등하고, 남편이 아내를 억압한다는 것이다.[27]

그러나 이러한 두 가지 관점 중 어느 한 가지가 맞고 다른 한 가지는 틀리다고
이분법적으로 생각할 필요는 없다. 가족제도가 이제까지 존속하여 온 것은 앞에서 열
거한 순기능을 수행하고 있기 때문이다. 그러나 가족제도가 이러한 순기능만을 수행
하는 것은 아니며, 가족 구성원들 사이에서는 한 사람의 행동으로 인하여 다른 사람
이 고통을 겪는 일도 자주 발생한다. 가정 폭력(domestic violence)과 같은 것은 그 극단
적인 예라고 할 수 있다. 그러므로 친족법의 목적은 가족의 순기능을 조장하고 역기
능을 억제하며, 불가피한 경우에는 가족관계를 해소시키는 데 있다고 할 수 있다.

그런데 이러한 가족의 기능도 시대에 따라 변화하여 왔다. 특히 현대에 이르러서
는 가족의 순기능이 점차 약화되는 경향이 있다. 먼저 성행위는 더 이상 부부 사이에
서만 이루어져야 한다고 보지 않게 되었다. 이는 피임 기술의 발달로 인하여 성관계
가 반드시 출산으로 이어지지 않는다는 점과도 관계가 있다. 그리고 자녀의 출산과
양육이 가족의 핵심적인 기능이라는 것은 예전과 마찬가지이지만, 여기에도 변화가
있다. 오늘날에는 어린이집이나 유치원과 같이 부모의 양육을 도와주는 시설도 늘어
나고 있고, 사회화의 기능도 학교와 같은 교육기관이 상당 부분을 담당한다. 또한 가
족의 사회적 보호 기능 내지 부양적 기능은 오늘날 국가의 사회보장 기능이 증대함에
따라 상대적으로 줄어들게 되었다. 가족의 경제적 기능도 가정과 일터가 분리됨에 따
라 오늘날은 그다지 의미를 가지지 못한다. 다른 한편 남편과 아내의 역할 분담도 이
전처럼 현저하지는 않다. 현대에는 여성도 직업을 가지고 가사노동 외의 다른 일을
맡는 것이 흔하기 때문이다. 이처럼 가족의 기능이 약화됨에 따라 가족제도가 각 개
인에게 가지는 중요성도 줄어들게 되었다. 현재 혼인이 줄어들고, 이혼이 늘어나는
현상이 나타나게 된 것도 이처럼 가족제도의 중요성이 줄어든 때문이라고 설명할 수
도 있다. 그리하여 과거에는 가족 구성원보다는 가족 그 자체의 성립과 유지가 더 중
요하다고 하는 인식이 지배적이었던 반면, 근래에는 가족 구성원 개개인의 행복 내지
복리를 더 중요시하는 경향이 늘어나고 있다.[28]

---

27) Abbott, Wallace and Tyler(2005), 147 이하 등.
28) 윤진수(2015a), 127. 또한 Douglas(2001), 10 참조.

2. 친족법의 기능

가. 친족법의 기능 일반론

친족법의 기능에 대하여는 국내외에서 그다지 많은 논의가 없다. 그러나 미국의 슈나이더는 친족법의 기능을 보호적 기능, 촉진적 기능, 분쟁해결 기능, 표현적 기능 및 유도적 기능으로 분류한다.[29] 그리고 영국의 에클라는 친족법의 기능을 보호적 기능, 조정적 기능 및 지원적 기능으로 분류한다.[30]

이처럼 친족법을 기능적으로 접근하는 데 대하여는 비판론도 있다. 즉 많은 경우 법은 한 가지 목적만을 가지는 것은 아니며, 법은 가족관계에서 사람들이 행동하는 데 영향을 미치는 것 중 하나에 불과하고, 법이 추구하는 목적이 바람직한가를 묻지는 않으며, 법이 무엇을 하려고 하지 않는가는 묻지 않는다는 것이다.[31] 그러나 위와 같은 비판도 친족법의 기능에 대하여 지나치게 단순하게 접근하여서는 안 된다는 것일 뿐, 기능에 대한 논의 자체가 무의미하다는 것은 아니다.[32]

여기서는 친족법의 기능을 가족제도의 설정 및 승인기능, 분쟁해결기능, 보호기능 및 부양기능으로 나누어 살펴본다.[33] 앞의 두 가지는 법의 일반적인 기능이라고 할 수 있지만, 친족법에는 다른 법과는 다른 특수성이 있다. 그리고 뒤의 두 가지는 친족법에 특유한 기능이라고 할 수 있다.

나. 가족제도의 설정 및 승인기능

친족법은 가족관계에 관하여 혼인제도, 후견제도 등을 법적 제도로서 설정한다. 부모와 자녀 관계도 단순히 출생으로 성립하는 것이 아니라, 친생자의 추정(§§844 이하)이나 인지(§§855 이하)의 규정에 의하여 법적으로 인정받을 수 있게 된다. 입양(§§866 이하)도 마찬가지이다. 이러한 친족법의 제도 설정에 의하여 다양한 생활관계 가운데 특정한 것만이 법률적인 가족관계로 승인을 받는 것이다. 가족제도의 설정과 승인은 당연히 그 내용이 어떠한 것인지를 규정하게 된다. 여기서 언급하는 가족제도의 설정은 분쟁이 있는 경우가 아니라, 일상적인 가족관계에 관한 것이다. 이혼제도도 친족법이 설정하는 가족제도의 하나라고도 할 수 있지만, 이는 기본적으로 분쟁 해결을

---

29) Carl E. Schneider(1992), 495, 497 이하.

30) John Eekelaar(1978), .

31) Herring(2013), 15 이하. 또한 Michael Freeman(2007), 5 이하 참조.

32) Herring(2013), 16.

33) 윤진수(2015a), 127-128은 친족법의 기능은 크게 가족관계의 승인기능과 분쟁해결기능 두 가지로 나누어 설명하였다. 二宮周平(2018), 1 이하는 가족법의 의의를 분쟁해결의 기준과 가족의 제도화로 설명하고 있다.

위한 것이라고 할 수 있다. 물론 친족법이 가족제도를 임의적으로 창설한다고 할 수는 없고, 그 바탕이 되는 사회적 사실관계가 존재하는 경우에 이를 법적으로 승인하는 경우가 많다. 그러나 예컨대 친양자 제도에서 보듯이, 친족법이 완전히 새로운 제도를 창설하는 경우도 있다. 나아가 친족법은 어떠한 경우에 이러한 혼인, 친생자관계, 입양, 후견 등의 관계가 성립할 수 있는가 하는 요건을 규정하는 승인기능을 수행한다.

이러한 설정기능에서 파생되는 것이 이른바 표현적 내지 상징적 기능이다.[34] 이는 가족제도가 어떤 특정한 도덕적 가치를 상징한다는 의미로 이해할 수 있다. 과거의 호주제도나 동성동본 불혼제도는 남성 우위의 가족제도를 나타내는 것으로서, 일반인의 가족관계에 대한 인식에 중요한 역할을 하고 있었다. 부성주의(父姓主義)도 마찬가지이다. 2005년 민법 개정 당시 호주제도를 폐지함으로써 가족 해체 등이 가속화될 것을 우려하여 가족에 관한 §779가 신설된 것도 이러한 의미에서 이해할 수 있다. 그러나 친족법이 법외적인 도덕적 가치를 표상하는 것은 현대에 이르러서는 줄어들고 있으므로,[35] 이러한 상징적 기능의 중요성은 점차 감소하고 있다.

이러한 승인기능의 반대 측면은 일종의 배제기능이다.[36] 즉 친족법이 가족제도로서 인정하지 않고 있는 것은 가족제도에서 배제되는 것이다. 예컨대 혼인의 법적인 요건을 갖추지 않으면, 아무리 오래 부부처럼 살고 있더라도 이는 사실혼에 불과할 뿐 법률적인 혼인으로는 인정받지 못한다.

이러한 친족법의 배제기능은 친족법의 강행적 성질과 연결된다(아래 3. 다. 참조). 그러나 이러한 배제는 평등에 어긋난다고 느껴질 수 있고, 종래 가족제도로부터 배제되고 있던 생활관계도 시간이 지남에 따라 가족관계에 편입될 수 있다. 현재 사실혼 관계는 많은 경우에 법률혼에 준하는 취급을 받고 있고, 외국에서는 동성결합(同性結合)도 혼인에 준하여 보호하려는 흐름이 있다.

다른 한편 친족법은 다른 법과 마찬가지로 행위규범을 제시하는 기능을 하는데, 이 또한 제도의 설정과 승인기능의 일부로 볼 수 있다. 그러나 이러한 기능은 매우 제한되어 있다. 이에 대하여는 아래에서 따로 살펴본다.

---

34) 이화숙(2012)은 가족법의 기능을 상징적 기능과 분쟁해결적 기능으로 분류한다. 또한 Carol Weisbrod(1988), 991 이하 참조. Herring(2013), 27 이하는 가족법이 일반인에게 메시지를 보낸다고 표현하고 있다.

35) Herring(2013), 26 이하

36) Douglas(2001), 3 참조.

다. 친족법의 분쟁해결기능

친족법은 가족 사이에 분쟁이 생긴 경우에 그 분쟁 해결을 위한 규범으로서의 역할을 한다. 가정폭력,[37] 이혼, 친권자와 양육자 지정 등에 관한 분쟁, 파양 등이 그 전형적인 예이다. 여기서는 특히 가족 구성원의 보호 문제가 중요하다.

종전에는 국가나 사회에서도 가족 그 자체의 유지에 주로 관심을 기울였고, 가족 사이의 분쟁은 되도록 국가가 개입하지 않고 가족 내에서 해결하도록 하려는 경향이 있었다. 2012년 폐지 전의 §828가 부부간의 계약은 혼인중 언제든지 부부의 일방이 취소할 수 있다고 규정하고 있었던 것도, 부부 사이의 문제에는 법이 되도록 개입하지 않겠다는 생각에 기인한 것이었다.

그러나 현대에 이르러서는 가족의 기능이 약화됨에 따라 가족 구성원들의 행복 내지 복리가 보다 중요한 문제로 떠올랐고, 따라서 가족법에서도 이러한 관점에서 사전에 가족 구성원들 사이에 분쟁이 생기지 않도록 하고, 생긴 경우에는 구성원들의 복리가 최대화되거나 아니면 그에 대한 피해가 최소화될 수 있는 방향으로 해결하여야 할 필요가 크다.

현재에도 학설상으로는 자녀가 부모를 상대로 불법행위에 기한 손해배상을 청구하는 행위가 공서양속에 반한다는 주장이 있으나, 이는 재판청구권의 부당한 제약이다.[38] 부부간의 계약취소권을 규정하였던 §828가 2012년 폐지된 것도 이러한 것과 무관하지 않다. 과거에는 처에 대한 강간은 성립하지 않는다는 견해도 많았으나, 대법원 2013. 5. 16. 선고 2012도14788, 2012전도252 전원합의체 판결은, 혼인관계가 실질적으로 유지되고 있더라도 남편이 폭행이나 협박을 가하여 아내를 간음한 경우 강간죄가 성립한다고 하였다.

다만 친족법상의 분쟁에 국가가 과도하게 개입하는 것은 그 자체 가정의 유지에 부정적인 영향을 미칠 우려가 있으므로 신중을 요한다. 또한 친족법상의 분쟁해결 방법은 다른 법과는 다른 특성이 있다. 그 중 한 가지는 법관에게 넓은 판단의 재량이 인정된다는 것이다.[39] 이에 대하여는 아래 3. 라. 참조.

다른 한편 친족법의 영역에서는 조정과 같은 대체적 분쟁해결 제도(ADR)가 강조되고 있는 것도 친족법 규정의 추상성과 무관하지 않다. 즉 명확한 규칙(rule)이 없기

---

37) 가정폭력의 문제는 주로 공법에 의하여 규율되고 있으나(가정폭력범죄의 처벌 등에 관한 특례법; 가정폭력방지 및 피해자보호 등에 관한 법률 등), 외국에서는 이 또한 가족법에서 다루고 있는 경우가 많다.

38) 주석민법 총칙 (2)(2019), 483(이동진) 참조. 미국법상 부부 상호간 및 부모자녀 상호간의 불법행위로 인한 제소 금지 규정이 없어지게 된 과정에 대하여는 Homer H. Clark Jr.(1998), 370 이하 참조.

39) Rebbeca Probert(2006), 9; 泉 久雄,(1997), 21 참조.

때문에, 당사자가 재판에 의한 일도양단적 해결방식을 쉽게 승복하기 어렵고, 따라서 당사자들의 합의에 의한 해결이 바람직한 경우가 많은 것이다.

그리고 친족법상의 분쟁해결에 있어서는 의무의 강제 이행은 원칙적으로 허용되지 않는다. 이에 대하여는 아래 3. 마.에서 살펴본다.

라. 친족법의 보호기능과 부양기능

친족법의 특유한 기능으로서는 보호기능과 부양기능을 들 수 있다.[40] 대법원 1991. 1. 15. 선고 90므446 판결은, 가정은 단순히 부부만의 공동체에 지나지 않는 것이 아니고 그 자녀 등 이에 관계된 모든 구성원의 공동생활을 보호하는 기능을 가진 것이라고 하였다.

친족법이 가족 구성원의 보호기능을 달성하는 데에는 두 가지 방법이 있다. 그 하나는 가족 구성원에게 다른 가족 구성원에 대한 보호의무를 부과하는 방법이다. 대법원 2008. 2. 14. 선고 2007도3952 판결은, 부부 사이의 법률상 보호의무는 부부간 부양의무에 포함된다고 보았다. 또한 미성년인 자녀는 친권자가 보호하고 교양할 권리의무가 있다(§913). 그리고 친권자가 없는 미성년자나 피성년후견인 또는 피한정후견인은 후견인이 보호하여야 한다.

다른 한 가지는 법이 직접 개입하는 것이다. 가령 미성년자를 입양하려면 법원의 허가를 받아야 하고(§867 ①), 친양자 입양을 위하여는 법원의 심판이 있어야 하는데(§908-2), 이는 양자가 될 사람의 이익을 보호하기 위한 것이다. 또한 배우자 상호간에 협의상 이혼을 하기로 하는 합의가 있었더라도, 가정법원의 확인을 받아야 하고(§836), 또 확인을 받기 위하여는 1개월 또는 3개월의 숙려기간을 기다려야 한다(§836-2). 이는 이른바 후견주의(paternalism)[41]의 발로이다. 이처럼 가족법에서 후견주의가 작용하고 있는 것은, 가족관계에서는 가족 구성원이 서로 대등한 지위에 있다고 볼 수 없는 경우가 많기 때문이다.

또 배우자 상호간에는 부양의무가 있고(§826 ①), 부모는 미성년 자녀에 대하여 부양의무를 부담하며(§913 참조), 직계혈족과 그 배우자간 및 생계를 같이하는 그 밖의 친족 사이에도 부양의무가 있다(§974).

이러한 보호의무와 부양의무는 민법 중 재산법이나 다른 사법에서는 보이지 않는 친족법의 특유한 기능이기는 하지만, 사회복지 관련 법률들도 이와 같은 기능을

---

40) 친족법을 가족보호법으로 파악하는 견해로는 이희배(1994), 25 이하가 있다. 이 견해는 주로 일본의 누마 세이야(沼 正也)의 이론에 의존하고 있다.
41) 가부장적 간섭주의 또는 온정적 개입주의라고도 한다.

수행한다. 미성년인 아동의 보호를 위하여는 아동복지법이 제정되어 있고, 국민기초
생활 보장법은 부양의무자가 없거나, 부양의무자가 있어도 부양능력이 없거나 부양
을 받을 수 없는 사람으로서 최저생계비 이하의 소득을 얻는 사람에 대하여 공적인
부양을 하도록 규정하고 있다(§5 ①). 따라서 국가의 사회복지적 기능이 확대되면 친
족법에 의한 보호의무나 부양의무의 영역은 그만큼 줄어들게 된다.

3. 친족법의 특성

가. 종래의 설명과 그에 대한 비판

(1) 종래의 설명

종래 친족법을 포함한 가족법의 특성을 주로 재산법과 대비하여 다음과 같이 설
명하는 예가 많았다.[42]

첫째, 가족법은 혼인이나 친자관계와 같은 감정적·혈연적 관계를 규율하는 법이
기 때문에, 타산적·합리적인 재산법과는 대조적으로 비타산적이고 비합리적이다.[43]
둘째, 가족법은 습속·전통에 지배되는 경향이 강하기 때문에 보수적이고 진보성이
결핍되어 있다. 셋째, 재산법은 대체로 임의법규인데, 가족관계는 국가의 질서와 도
덕감정에 영향이 있고 공익적 성격을 가지기 때문에 공익적 견지에서 사회적 통제가
불가피하므로 강행법규적, 비자치적이다.

(2) 비판

위와 같은 설명이 전혀 근거가 없는 것은 아니지만, 이를 그대로 받아들이는 것
은 문제가 있다.[44]

첫째, 친족법 관계가 재산법 관계에 비하여 더 비합리적이라고 볼 근거는 없다.
재산법 관계에서는 행위자가 이기적 동기에 의하여 지배된다고 상정할 수 있는 반면,
가족관계에서는 이타적인 행위가 중요하다는 면에서 양자의 차이를 부정할 수는 없
다. 종래의 설명이 비타산적이라고 하는 것은 이러한 면을 지적한 것이다. 그러나 이
타적이라고 하여 반드시 비합리적인 것은 아니다.[45] 또한 친족관계에서는 사랑이나
증오와 같은 감정적 요소가 작용하는 경우가 많지만, 이것만을 이유로 하여 비합리적

42) 김용한, 13 이하; 박정기·김연, 9−11; 신영호·김상훈·정구태, 7 이하; 이경희·윤부찬, 4 이하 등. 한
봉희·백승흠, 5−7은 대체로 같은 취지지만, 가족법의 비합리성·비타산성은 언급하지 않는다. 양수
산, 7−10은 가족법상의 관계의 특성과 가족법의 특성을 나누어, 전자의 특성으로는 숙명성, 비타산성
및 보수성을 들고, 후자의 특성으로는 강행법규성과 인간의 존엄 및 남녀평등에의 지향을 들고 있다.
43) 김주수·김상용, 친족·상속법(제8판, 2006), 22도 같다. 제9판 이하에서는 이러한 설명이 삭제되었다.
44) 윤진수, 7−8 참조.
45) 윤진수(2015b), 16 이하.

이라고 할 수는 없다. 이러한 감정적 요소는 일반 계약관계나 불법행위 등에서도 고려되어야 할 요소이다. 뿐만 아니라 가족법관계에서의 합리성을 따질 때에는 개인의 합리성과 가족법 자체의 합리성을 구별하여 논할 필요가 있다. 가족법관계에서 개인이 합리적인지 여부와, 가족법 자체가 합리적인지 여부는 별개의 문제이기 때문이다.[46)]

둘째, 친족법이 보수적이라는 설명도 반드시 적절하지 않다. 친족법이 보수적이라는 이미지를 가지게 된 것은, 과거에는 가족제도에 도덕적인 가치판단을 결부시키는 경우가 많았고, 그로 인하여 친족법의 개정에 대하여는 상당한 저항이 따랐기 때문으로 보인다. 과거 동성동본금혼이나 호주제 폐지를 둘러싼 논쟁도 그러한 관점에서 이해할 수 있다. 외국에서는 이혼법이 유책주의에서 파탄주의로 전환할 때나, 동성결합을 법적으로 보호하려고 할 때에도 그와 같은 저항이 따랐다. 그러나 친족법이 법외적인 도덕적 가치를 표상하는 것은 현대에 이르러서는 줄어들고 있다. 법의 변화라는 측면에서 보더라도, 민법 제정 후 재산법은 그다지 많이 바뀌지 않았으나, 친족법과 상속법의 내용에는 커다란 변화가 있었다. 물론 앞으로 친족법이 도덕적 판단과 전혀 무관하게 될 것이라고 말할 수는 없지만, 현재에는 과거와 같이 친족법이 보수적이라고 말할 수는 없게 되었다. 다만 아래에서 보는 것처럼, 친족관계가 법규범보다는 관습과 같은 비공식적인 사회적 규범에 의하여 규율되는 면이 많다는 것은 사실이다.

셋째, 친족법이 재산법과 비교하여 강행법규적 성질이 좀더 두드러진다는 것은 어느 정도 수긍할 수 있다. 즉 가족제도는 혼인, 부모자녀 관계, 입양 등 법으로 정하여진 것에 한하여 인정되고(한정적 열거), 그 내용도 당사자가 임의로 바꿀 수는 없다(유형강제). 나아가 친족관계의 중요한 사항에 관하여 당사자들이 법에 어긋나게 계약을 하는 것은 공서양속 위반(§103)으로 무효가 되기 쉽다. 예컨대 1부1처의 제도에 어긋나는 축첩계약은 무효이고,[47)] 부첩관계의 종료를 해제조건으로 하는 증여계약은 무효이며,[48)] 혼인외의 자녀의 인지청구권 포기는 효력이 없고, 이를 내용으로 하는 재판상 화해도 무효이다.[49)] 이에 대하여는 아래에서 다시 언급한다.

그러나 친족법이 일반적으로 비자치적이라고 할 수는 없다. 물론 친족법에서는

---

46) 그러나 Herring(2013), 21는 친족법은 일관성이 없고 의존할 수 없는 사람들의 관계를 다루기 때문에, 친족법도 이러한 특성을 나타낸다고 한다.
47) 대법원 1998. 4. 10. 선고 96므1434 판결 등.
48) 대법원 1966. 6. 21. 선고 66다530 판결.
49) 대법원 1982. 3. 10. 선고 81므10 판결(판례월보 1982. 11, 73); 대법원 1987. 1. 20. 선고 85므70 판결. 그러나 판례는 그 근거를 인지청구권은 포기할 수 없다는 데서 구하고 있다.

사적 자치가 어느 정도 제한되는 면이 있는 것은 사실이지만, 그렇다고 하여 근대법
의 기본 원리인 사적 자치 그 자체가 친족법에서 인정되지 않는다고 말할 수는 없다.
가령 혼인을 할 것인지 여부는 당사자들이 자유로 선택할 수 있다. 입양의 경우에도
사정은 마찬가지이다. 따라서 친족법에서도 근대 법의 기본 원리인 사적 자치는 여전
히 인정되고, 다만 그것이 다른 법에 비하여 상대적으로 제한되어 있을 뿐이다.[50] 역
사적으로도 "신분에서 계약으로(From Status to Contract)"라고 하는 메인(Maine)의 유명한
공식이 보여주는 것처럼 친족법에서 사적 자치의 원리는 강화되는 방향으로 진행되
어 왔다.[51]

나. 친족법의 이타성

친족법의 특수성은 이타성과 강행성, 행위규범으로서의 제한적 영향력 및 분쟁
해결방식의 특수성에서 찾아야 한다. 우선 친족법이 재산법과 다른 점은 친족관계에
서는 사람들이 이타적으로 행동한다는 점을 고려하여야 한다는 점이다.[52] 가령 부모
는 반드시 어떤 보답을 바라지 않고서 자녀를 양육하고, 극단적인 상황에서는 부모가
자신의 목숨을 희생하면서까지 자녀의 목숨을 구하기도 한다. 부부관계에서도 이타
주의가 발현되는 예를 쉽게 찾아 볼 수 있다. 가령 부부 중 일방이 회복될 수 없는 병
에 걸렸다고 하여도 다른 일방은 그 간호를 위하여 최선을 다하는 것과 같다.

나아가 법도 이처럼 개인이 가족관계에서 이타적으로 행동할 것을 전제하고, 또
이를 명하기도 한다. 다시 말하여 가족 사이에는 서로 돕고 보호할 의무가 있다는 것
이다. §913는 친권자는 자를 보호하고 양육할 권리의무가 있다고 규정하고 있다. 또
부부 사이에도 돕고 보호할 의무가 있음은 당연하다.[53]

이러한 이타주의의 근거에 관하여는 부모와 자녀와 같은 혈족 사이의 이타주의
와, 부부 사이의 이타주의를 구분할 필요가 있다.[54] 먼저 혈족 사이의 이타주의는 혈
족선택(kin selection)의 이론에 의하여 설명될 수 있다. 이 이론에 따르면 자신과 공통
의 유전자를 가진 혈족에 대하여 도움을 주면 그 유전자가 후대에 전해질 확률이 높
아지기 때문에 그처럼 도움을 주게 되는 이타적 성향이 진화하게 되었다고 설명한다.

---

50) 이동수(2021), 40-41도 참조.
51) Herring(2013), 25 이하는 친족법에서 자치(autonomy)의 역할이 점점 더 현저해지고 있다고 설명한다.
    또한 Hofer/Schwab/Henrich(2004), From Status to Contract?-Die Bedeutung des Vertrages im euro-
    päischen Familienrcht; Douglas(2001), 12 이하 참조
52) 윤진수(2015b), 12 이하 참조.
53) 대법원 2008. 2. 14. 선고 2007도3952 판결은, 부부 사이의 법률상 보호의무는 부부간 부양의무에 포
    함된다고 보았다.
54) 상세한 것은 윤진수(2015b), 8 이하 참조.

그런데 자신과 공통의 유전자를 가진 사람은 반드시 자신의 직계 가족일 필요는 없다는 것이다. 이는 일반인이 가지는 상식에도 대체로 부합한다. 반면 부부 사이의 이타주의는 호혜적 이타주의(reciprocal altruism)의 이론에 의하여 설명될 수 있다. 호혜적 이타주의란 한 사람이 다른 사람을 도우면, 나중에 도움을 받은 사람이 도움을 준 사람을 도울 수 있고, 따라서 처음에 도움을 준 사람도 나중에 도움을 받은 사람으로부터 도움을 받을 수 있다는 것을 예상하면서 도움을 준다는 것이다. 부부 사이의 이타주의도 이러한 호혜적 이타주의의 이론에 의하여 설명될 수 있다.

다. 친족법의 강행성

앞에서 언급한 것처럼 친족법의 강행성은 친족법의 중요한 특질이다. 이 문제는 물권법에서의 물권법정주의와 대비하여 생각할 수 있다. 물권법정주의에서는 법률 또는 관습법이 규정하지 않는 물권은 인정되지 않으며, 또 당사자들이 물권에 관하여 법률과는 다른 내용을 인정하는 것도 허용되지 않는다. 마찬가지로 친족법에서도 법률이 규정하지 않는 생활관계를 가족제도로서 인정할 수는 없고(가족제도의 한정적 열거), 또 가족제도의 내용을 법과는 달리 당사자들이 임의로 정할 수도 없다(유형강제).[55] 그러나 이러한 강행성도 예컨대 사실혼이 법적으로 보호되는 범위가 확장되고 있는 점에서 알 수 있듯이, 다소 약화되는 경향이 없지 않다. 또한 자녀의 양육에 관한 협의(§837)와 같이 법이 당사자들의 합의를 존중하는 경우도 많다.

라. 행위규범으로서의 제한적인 영향력과 사회규범에의 의존

친족법은 당사자에게 가족관계 내에서 어떻게 행동하여야 하는가 하는 행위규범을 제시하는 기능을 수행한다. 그리하여 민법은 부부 사이에는 동거, 부양 및 협조의무가 있음을 규정하고(§826 ①), 친권자는 자를 보호하고 교양할 권리의무가 있으며(§913), 친권을 행사함에 있어서는 자의 복리를 우선적으로 고려하여야 한다(§912 ①)고 규정하고 있다. 그러나 행위규범을 제시하고 있는 친족법의 규정은 추상적이고 일반조항적인 성격을 가지고 있어서, 실제로 당사자들이 행위함에 있어서 충분한 참고가 되기는 어렵다.[56] 이는 가족관계는 극히 다양하고 복잡하여, 몇 개의 조문으로 정식화하기 어렵기 때문이다.[57]

그렇다고 하여 친족법의 행위규범성이 법적으로 전혀 의미가 없는 것은 아니다.

---

55) Muscheler(2017), Rdnr. 156, 157도 한정적 열거(numerus clausus) 및 유형강제(Typenzwang)를 친족법의 기본원칙으로 들고 있다.

56) 윤진수(2015a), 132; 이동진(2012), 489 이하 참조.

57) 泉 久雄(1997), 20−21; Gernhuber/Coester−Waltjen(2020), 12−13. 이는 혼인과 같은 계속적 계약 또는 관계적 계약(relational contract)의 일반적인 특성이라고 할 수 있다. 윤진수(2015a), 132 참조.

예컨대 이혼사유로서 배우자의 심히 부당한 대우가 있었는가(§840 iii) 하는 점은 배우자들이 친족법이 규정하는 행위규범을 어느 정도 준수하였는가 하는 판단에 달려 있다. 그런데 그러한 행위규범의 추상성으로 말미암아 이는 결국 법관의 판단에 따르게 된다(위 2. 다. 참조). 친권상실 사유로서 부 또는 모의 친권남용, 현저한 비행 기타 친권을 행사시킬 수 없는 중대한 사유가 있는가(§923)의 판단도 마찬가지이다.

그런데 이러한 일반조항적 행위규범을 구체화하는 것은 결국 법관에게 달려 있고, 따라서 법관에게 넓은 범위의 판단 재량이 인정된다. 예컨대 혼인을 계속하기 어려운 중대한 사유가 있는가(§840 vi) 하는 점을 판단하기 위하여는 혼인계속의사의 유무, 파탄의 원인에 관한 당사자의 책임유무, 혼인생활의 기간, 자녀의 유무, 당사자의 연령, 이혼 후의 생활보장, 기타 혼인관계의 제반 사정을 두루 고려하여야 한다.[58] 또 부모가 이혼하는 경우에 누구를 미성년자의 양육자로 지정할 것인가를 정함에 있어서는 자(子)의 복리를 우선적으로 고려하여야 한다(§912 ②). 그런데 이를 판단하기 위하여는 미성년인 자의 성별과 연령, 그에 대한 부모의 애정과 양육의사의 유무는 물론, 양육에 필요한 경제적 능력의 유무, 부 또는 모와 미성년인 자 사이의 친밀도, 미성년인 자의 의사 등의 모든 요소를 종합적으로 고려하여야 한다.[59]

이처럼 법관에게 넓은 재량이 인정되는 것은 구체적인 사건에서 타당한 결론을 얻기 위하여 어느 정도 불가피한 것이기는 하지만, 재판의 결과를 예측하기 어렵게 만들고, 법관이 누구인가에 따라 결론이 달라질 우려가 있으므로 되도록 명확한 기준을 확립할 필요가 있다.[60] 그 한 예로서, 서울가정법원은 2012. 5. 31. 양육비 산정기준을 만들어 공표하였고, 2021년까지 몇 차례에 걸쳐 개정하였다.

다른 한편 이러한 친족법상 행위규범의 추상성으로 인하여 가족관계 내에서의 사람들의 행위는 법규범보다는 사회관념이나 관습 또는 관행과 같은 사회규범(social norms)에 의하여 규율되고 있다.[61] 예컨대 결혼식을 올리는 것은 법률상 혼인의 성립요건은 아니지만, 많은 사람들은 혼인에 이르는 과정의 일부로서 결혼식을 올리는 것을 당연하게 생각한다. 또 시부모나 장인 장모와 같은 인척에 대하여 어떻게 행동하여야 하는가 하는 점도 법보다는 관습에 의하여 정하여진다.

이러한 관습이나 관행은 친족법의 적용에서 중요한 의미를 가질 수 있다.[62] 판례

---

58) 대법원 1991. 7. 9. 선고 90므1067 판결.
59) 대법원 2010. 5. 13. 선고 2009므1458, 1465 판결.
60) Herring(2013), 31; Douglas(2001), 16 이하; Gernhuber/Coester-Waltjen(2020), 12 등.
61) Eric Posner(2000), Ch. 5("Family Law and Social Norms") 참조.
62) 大村敦志(2010), 27 이하 참조.

는 결혼식을 올렸는지 여부를 사실혼이 성립하였는지 여부를 판단함에 있어서 고려하고 있다.[63] 또 §840 iii, iv는 배우자의 직계존속에 의한 부당한 대우나 배우자의 직계존속에 대한 부당한 대우를 이혼사유로 인정하고 있는데, 이는 관습상 이러한 당사자 사이에 서로를 존중할 의무가 있음을 법적으로도 승인한 것이라고 할 수 있다.

그런데 이러한 현상을 설명하기 위하여, 가족법관계는 법에 선행한다고 하는 주장도 있다. 즉 신분법관계는 자연적 관계이고, 사실이 선행하며, 만들어진 관계가 아니라 주어진 관계로서, 가족법관계는 습속과 전통에 따라 성문법을 무시하고서도 이루어진다고 한다. 그러므로 재산법에 비하여 신분법은 실생활을 유도한다고 하는 점에 있어서는 심히 무력하고, 재산법은 재산법관계를 전부 규율하지만, 신분법은 신분법관계의 일부밖에 지배할 수 없고, 다른 대부분은 도덕이나 습속의 규율에 맡겨져 있다는 것이다.[64]

그러나 이러한 주장을 그대로 받아들이기는 어렵다. 친족법이 가족제도를 임의로 창설한 것이라고는 할 수 없고, 다양한 생활관계 가운데 일부를 선택적으로 가족법상의 가족제도로 승인한 것은 사실이다. 그러나 그렇다고 하여 법이 친족관계에 가지는 중요성을 부정할 수는 없다. 이러한 주장은 이른바 신분행위의 요식성은 제3자를 위하여 공시하는 역할을 하는 데 불과하므로, 예컨대 혼인신고는 큰 의미가 없고, 내연(內緣, 사실혼)도 법률혼과 마찬가지로 보호하여야 한다는 주장[65]과 연결되지만, 사실혼을 어느 정도 보호할 것인가는 입법정책적인 판단사항이지, 신분법의 본질과 같은 거대담론으로부터 이끌어낼 수 있는 것은 아니다.

마. 친족법상 분쟁 해결 방법의 특수성

친족법상의 분쟁에 국가가 개입하는 것은 친족관계에 있지 않은 사람들 사이의 분쟁과는 여러 가지로 차이가 있다.[66]

우선 국가는 혼인이나 부모자녀 관계가 어느 정도 유지되고 있을 때에는 분쟁이 있더라도 그에 대하여 개입하는 것을 자제한다. 가령 §826 ②은 부부의 동거장소에 관하여 협의가 이루어지지 않으면 당사자의 청구에 의하여 가정법원이 이를 정한다고 규정하고 있지만, 이러한 동거의무의 강제집행은 허용되지 않는다.[67]

---

63) 대법원 1984. 8. 21. 선고 84므45 판결 등 참조.
64) 中川善之助(1939), 79 이하, 156 이하; 中川善之助(1941), 2-3, 15 이하, 95-196; 中川善之助(1942), 26-27 등. 헌법재판소 2005. 12. 22. 선고 2003헌가5, 6 결정에서 권성 재판관의 반대의견은 가족제도, 그 중에도 부성주의(父姓主義) 같은 것은 분명히 헌법에 선행하는 문화의 하나라고 하였다.
65) 中川善之助(1942), 39 등.
66) 윤진수(2015a), 137 이하; 윤진수, 8-9 참조.
67) 대법원 2009. 7. 23. 선고 2009다32454 판결.

법이 부부관계에 개입할 필요성이 있는 것은 주로 부부관계가 파탄되었을 때이다. 그런데 이때에도 법이 제공할 수 있는 구제수단은 제한되어 있다.[68] 즉 당사자의 의무 위반이 있어도 그 의무의 강제이행은 원칙적으로 허용되지 않고, 다만 금전지급이나 손해배상 등의 금전적 보상만이 허용된다. 법경제학적인 용어로는 동의규칙(property rule)에 의한 구제는 배제되고, 보상규칙(liability rule)에 의한 구제만이 고려될 수 있는 것이다. 여기서 동의규칙이란, 그 권리를 권리자로부터 취득하고자 하는 자는 그 권리의 가치가 당사자 사이의 합의에 의하여 결정되는 자발적인 거래에 의하여서만 권리를 취득할 수 있는, 그러한 권리의 보호방법을 말한다. 그러므로 채무자가 채무를 이행하지 않으려면 채권자의 동의를 받아야 하고, 그렇지 않으면 채권자가 강제이행을 청구할 수 있는 것도 동의규칙에 의한 보호에 해당한다. 반면 보상규칙이란, 권리자 아닌 타인이 그 권리에 대하여 객관적으로 결정되는 가격만을 지급하면 그 권리를 침해할 수 있는, 그러한 권리의 보호방법을 말한다.[69]

예컨대 약혼은 강제이행을 청구하지 못하지만(§803),[70][71] 당사자가 정당한 이유 없이 약혼을 해제하였다면 손해배상의무는 부담하여야 한다(§806). 또한 동거의무 불이행에 대한 구제수단으로서 동거의무 그 자체를 강제하는 것은 허용되지 않지만, 손해배상을 청구할 수는 있다.[72] 간통은 과거에는 형법상 범죄(§241)였으나, 헌법재판소 2015. 2. 26. 선고 2009헌바17 등 결정은 이를 위헌이라고 하였다. 그리고 자녀도 부모에 대하여 면접교섭권을 가지지만(§837-2 ①), 부모가 면접교섭을 거부할 때에는 이를 강제하기는 어렵다.[73]

왜 부부관계에서는 동의규칙 아닌 보상규칙이 적용되어야 하는가? 이 점에 대하여는 다음과 같이 설명할 수 있다. 즉 부부관계가 원만히 유지되려면 협조와 신뢰가 중요한데, 이는 자발적인 의사에 기하여서만 가능하고, 강제이행에 의하여는 그러한 협조와 신뢰를 얻는 것이 불가능하다. 그러므로 강제이행의 결과는 권리자에게도 만족스러운 것이 되지 못한다. 다른 한편 부부관계에서는 상대방이 부담하여야 할 의무를 구체적으로 특정하기 어려우므로, 그 의무를 제대로 이행하였는가를 제3자가 판정

---

68) 윤진수(2015a, 137 이하 참조.
69) 윤진수(2015a), 137 참조.
70) Muscheler(2017), Rdnr. 111은 가족관계 설정적 법률행위를 하거나 하지 않을 의무에 대한 재판상 청구는 허용되지 않는다고 한다.
71) 헌법재판소 2009. 11. 26. 선고 2008헌바58, 2009헌바191 결정은 刑 §304가 "혼인을 빙자하여 음행의 상습없는 부녀를 기망하여 간음한 자"를 처벌하는 것은 위헌이라고 하였다.
72) 대법원 2009. 7. 23. 선고 2009다32454 판결.
73) 家訴 §64 ① iii는 자녀와의 면접교섭 허용 의무에 대하여만 이행을 명할 수 있다고 규정하고 있다.

하는 것도 쉽지 않다.[74]

그런데 현행법이 이혼에 관하여 유책주의의 입장에 서서 유책배우자의 이혼청구를 원칙적으로 허용하지 않고 있는 것[75]은 실질적으로 혼인관계의 강제이행을 허용하는 것과 마찬가지이다. 이는 당사자들의 기회주의적인 행동을 억제하는 의미를 가질 수는 있지만, 이미 파탄된 혼인을 되살리지는 못한다는 점에서 문제가 있다. 그러므로 재산분할이나 이혼 후 부양과 같은, 이혼에 따르는 보상 제도를 제대로 갖추면, 유책배우자의 이혼청구라 하더라도 허용하는 것을 검토할 필요가 있다.[76]

4. 친족법과 재산법

가. 일반론

친족법과 재산법의 관계에 관한 학설을 독자성설과 통합설 및 사적 보호설로 나누어 설명하는 견해가 있다. 독자성설에 의하면 재산법은 이성적·합리적·Gesellschaft적 결합관계를 규율하며, 개체적·비정형적·임의법적 특질을 지니고, 가족법은 감정적·비합리적·Gemeinschaft적 결합관계를 규율하며, 통제적·정형적·강행법적 특질을 지닌다고 한다. 반면 통합설은 재산법과 가족법은 다같이 상품교환사회인 근대시민사회의 법원리에 기초하게 된다고 한다. 그리고 사적 보호법설은 가족법과 재산법의 차이를 가족법은 불완전한 사람을 보호하기 위한 사적 보호법이라는 데에서 찾는다는 것이다.[77]

그러나 가족법(친족법)과 재산법의 관계를 양자가 같은 원리에 입각해 있는가 아닌가 하는 관점에서 접근하는 것은 별다른 실익이 없다. 오히려 이 문제는 재산법의 규정이 친족법에 얼마나 적용될 수 있는가 하는 구체적인 관점에서 살펴볼 필요가 있다.

나. 민법총칙의 친족법에의 적용 범위

재산법과 친족법의 관계에서는 주로 민법총칙이 친족법에 어느 정도 적용되는가 하는 점이 문제된다.

(1) 종래의 통설

종래의 지배적인 견해는 일반적으로는 민법총칙은 재산법의 총칙일 뿐 가족법의 총칙은 아니라고 한다.[78]

---

74) 윤진수(2015a), 139 참조.
75) 물론 근래에 이르러서는 대법원이 유책배우자의 이혼청구가 허용되는 범위를 넓히고 있다. 대법원 2015. 9. 15. 선고 2013므568 전원합의체 판결 등 참조.
76) 윤진수(2015a), 148 이하 참조.
77) 신영호·김상훈·정구태, 9 이하; 이희배(1994), 30 이하.
78) 김주수·김상용, 18 이하 등. 송덕수, 21은 친족법상의 행위에는 원칙적으로 총칙규정이 적용되지 않

구체적으로는 다음과 같다.[79]

㈎ 미성년자·피성년후견인·피한정후견인·피특정후견인에 관한 규정은 거의 재산법적인 제도로서, 신분행위 능력은 재산법의 경우와 같이 획일적인 행위능력을 요구하는 것이 아니고, 의사능력을 중심으로 해서 결정된다.

㈏ 주소, 실종, 물건의 규정은 약간 통칙성이 있으나, 법인의 장은 전혀 관계가 없다.

㈐ 법률행위에 관한 규정도 적용되지 않는다. 다만 §103은 친족법에 적용된다.

㈑ 기간에 관한 규정은 통칙성이 있으나, 친생추정에 관한 §843의 기간은 출생 당일부터 계산하여야 한다.

㈒ 소멸시효에 관해서도 총칙편의 규정은 적용되지 않는다.

이외에 신의성실의 원칙(§2 ①)과 권리남용 금지의 원칙(§2 ②)은 친족법에 적용된다.[80]

(2) 검토

생각건대 민법총칙의 규정이 친족법에 적용될 수 있는 범위가 그다지 넓지 않은 것은 사실이다. 왜냐하면 친족법에는 민법총칙에 대한 특별규정이 많이 존재할 뿐 아니라, 성질상 총칙 규정이 적용될 수 없는 경우도 있기 때문이다. 그러므로 종래의 통설의 설명은 그 결과를 놓고 볼 때에는 그다지 잘못이 없다. 그러나 그렇다고 하여 총칙의 규정이 친족법에는 적용되지 않는다고 단언할 필요는 없다.[81]

우선 통설도 총칙의 규정 가운데 친족법에도 적용되는 것이 있음은 인정하고 있다. 그 외에도 자연인의 권리능력에 관한 §3는 당연히 친족법에 적용된다.[82] 그리고 미성년자·피성년후견인·피한정후견인 제도도 당연히 친족법에 적용되며, 다만 친족법은 그들의 행위능력에 관하여 총칙과는 달리 규정하는 경우가 많다.

고, 상속법상의 행위에는 원칙적으로 총칙규정이 적용된다고 한다. 그러나 박영규(2007), 383은 민법총칙의 규정은 형식적으로뿐만 아니라 실질적으로도 각칙, 즉 물권, 채권, 친족 및 상속법에 원칙적으로 적용된다고 한다.

79) 여기서는 친족법에의 적용 여부만 살펴본다.

80) 이에 대하여는 박동진(2005) 참조.

81) MünchKommBGB/Koch(2022), Einleitung zum Familienrecht, Rdnr. 76 f.는 민법총칙 규정은 친족법에도 원칙적으로 적용될 수 있지만, 친족법의 특별규정이 존재하지 않는지를 따져 보아야 하고, 또 친족법상의 법률관계와 법률행위의 人法(Personenrecht)이라는 특성이 총칙 규정의 적용과는 상충되지 않는가를 따져 보아야 한다고 본다.

82) 대법원 1991. 8. 13. 자 91스6 결정; 대법원 1995. 11. 14. 자 95므694 결정은 사망자 간이나 생존한 자와 사망한 자 사이의 혼인은 인정되지 아니하므로, 사망자와의 사실혼 관계존재확인의 심판이 있다 하더라도, 이미 당사자의 일방이 사망한 경우에는 그 혼인신고의 효력을 소급하는 특별한 규정이 없는 한 혼인신고는 받아들여질 수 없다고 한다.

가장 문제되는 것은 법률행위 규정이 친족법에 어느 정도 적용될 수 있는가 하는 점인데, 이에 대하여는 별도로 살펴본다.

Ⅳ. 친족법상의 법률행위

1. 신분행위 개념에 대하여

종래의 통설은 친족법 및 상속법 전반에 대하여 신분행위라는 개념을 인정하고 있었다. 이 설에서는 신분행위를 형성적 신분행위·지배적 신분행위 및 부수적 신분행위의 3가지로 나누고 있다. 형성적 신분행위란 혼인, 입양, 인지 등과 같이 직접 신분의 창설·폐지·변경을 지향하는 법률행위를 말하고, 지배적 신분행위란 친권자로서의 행위 등과 같이 자기의 신분에 기하여 타인의 身上에 신분적 지배를 하는 행위를 말하며, 부수적 신분행위란 부부재산계약·이혼에 있어서의 재산분할이나 자의 감호자에 관한 합의·상속의 승인포기 등과 같이 신분행위에 부수한 행위를 말한다고 한다.[83] 판례도 신분행위라는 용어를 쓰고 있다.[84]

그러나 이러한 포괄적인 신분행위 개념을 인정할 실익은 없다.[85] 우선 친족법상의 법률행위와 상속법상의 법률행위를 하나의 범주에 묶을 수 있는가, 지배적 신분행위와 형성적 신분행위 사이에 어떠한 공통점이 있는가 하는 의문이 제기된다. 신분행위 개념의 창시자인 나카가와 젠노스케(中川善之助)는, 형성적 신분행위는 언제나 선언적이고 창설적인 것은 아니며, 혼인적 사실이 존재하지만 혼인체결행위가 결여된 경우에 이는 무(無)는 아니고 실체는 존재하며, 총칙의 무효·취소 이론은 신분법에는 거의 적용될 수 없다고 한다.[86] 그러나 친족법상의 법률행위에는 재산법상의 법률행위와 다른 특성이 있어서 친족법이 총칙 규정을 배제하는 특칙을 두고 있거나, 또는 성질상 총칙의 규정이 적용될 수 없는 경우가 많기는 하지만, 이를 설명하기 위하여 반드시 신분행위라는 개념이 필요한 것은 아니다. 이는 신고와 같은 법이 요구하는 형식적 요건의 의미를 매우 경시하는 것이다.

그리고 재산법상의 법률행위에 관한 규정을 배제할 수 있는 근거가 없다면 당연히 재산법의 법률행위에 관한 규정은 친족법에도 적용된다. 예컨대 이혼시의 재산분

---

83) 김용한, 10; 신영호·김상훈·정구태, 18−19; 양수산, 11−12 등. 또한 이동수(2021), 46 이하도 신분행위 개념을 인정한다. 원래 신분행위 개념을 체계적으로 제창한 것은 일본의 나카가와 젠노스케(中川善之助)이다. 中川善之助(1942), 21 이하 참조.
84) 대법원 1991. 12. 27. 선고 91므30 판결; 대법원 2004. 11. 11. 선고 2004므1484 판결 등.
85) 같은 취지, 양창수(2005), 321 이하 참조.
86) 中川善之助(1942), 34 이하. 그리하여 이른바 內緣도 보호되어야 한다는 결론을 이끌어내고 있다.

할합의도 사해행위로서 채권자취소권(§405)의 행사 대상이 될 수 있고,[87] 착오를 이유로 취소할 수 있다.[88]

2. 친족법상 법률행위의 특성

친족법상 법률행위의 특성도 그것이 가족관계 설정적 법률행위[89]인지, 아니면 가족관계 해소적 법률행위[90]인지, 또는 그 밖의 법률행위인지[91]에 따라 달리 살펴볼 필요가 있다.[92] 친족법상 법률행위로서 주로 문제되는 것은 가족관계 설정적 법률행위와 가족관계 해소적 법률행위이다. 전자는 계속적 관계인 가족관계를 성립시키려는 것으로서, 그 법률행위가 있으면 당사자 사이에 계속적인 관계가 성립한다. 반면 후자의 경우에는 계속적인 관계가 해소되므로, 당사자 사이에 더 이상의 법률관계는 존재하지 않는다. 판례는 예컨대 가장혼인과 가장이혼의 효력을 다르게 보고 있는 등 양자를 달리 취급하고 있는 경우가 많다.

그 밖의 법률행위는 다양하여 그 특성을 일률적으로 논하기 어려우나, 재산법상의 법률행위와는 다른 점이 많다.

가. 요식성

친족법상 법률행위의 상당 부분은 대체로 신고가 있어야만 효력이 인정된다. 예컨대 혼인신고(§812), 협의이혼신고(§836), 인지신고(§859), 입양신고(§878), 파양신고(§904에 의한 §878의 준용) 등이다. 이처럼 신고를 요하도록 한 것은 공시가 필요하기 때문이다. 사람의 신분은 사회생활에서 기본적인 요소이므로 이를 명확하게 할 필요가 있고, 이를 위하여는 신고와 같은 객관적인 요소에 의하여 행위의 존부를 확실하게 할 필요가 있다.[93] 그런데 학설상으로는 이러한 신고는 제3자를 위한 공시의 역할을 하는 데 지나지 않아서, 혼인신고가 없다고 하여 혼인의 실체가 불완전한 것이 아니므로, 신분행위의 요식성도 적당히 완화하여 해석하여야 한다는 주장이 많다.[94] 대법원

---

87) 대법원 2000. 9. 29. 선고 2000다25569 판결 등 다수.
88) 日最裁判 1989(平 1). 9. 14.(判例時報 1136, 93) 참조.
89) 혼인, 인지, 입양 등. 미성년후견인의 선임(§931)과 후견계약(§959의14 이하)도 이에 포함시킬 수 있다.
90) 혼인 취소, 이혼, 파양 등.
91) 혼인, 입양 등에 대한 동의, 부부재산계약(§829), 양육에 관한 사항의 협의(§837), 재산분할의 협의(§839-2), 협의에 의한 친권자의 결정(§909 ④), 후견감독인의 동의(§950), 부양순위에 관한 협정(§976) 등.
92) Muscheler(2017), Rdnr. 87 이하는 가족관계 설정적 법률행위(statusbegründendende Rechtsgeschäft)와 가족관계 해소적 법률행위(statuslösende Rechtsgeschäft)로 나누어 설명한다.
93) 김주수·김상용, 16 이하 등. Muscheler(2017), Rdnr. 158도 같은 취지이다.
94) 김주수·김상용, 17-18. 같은 취지, 박동섭·양경승, 7. 이러한 주장은 中川善之助(1942), 39에서 유래한 것으로 보인다.

1991. 12. 27. 선고 91므30 판결은, 신분행위는 신분관계를 형성하는 것을 목적으로 하는 법률행위로서 신분관계의 형성이 그 본질적인 내용이고 신고 등 절차는 그 신분 행위의 창설을 외형적으로 확정짓는 부차적인 요건일 뿐이라고 하였다. 그러나 신고 를 요하는 경우에는 신고가 없으면 법률행위 자체가 성립하였다고 할 수 없는 것이므로, 위와 같은 주장은 신고의 의미를 지나치게 축소하는 것으로서 문제가 있다. 이 문제는 주로 혼인의사를 실질적 의사로 볼 것인지, 형식적 의사로 볼 것인지, 사실혼을 어떻게 파악하여야 할 것인지와 관련하여 문제된다(아래 §815 주석 Ⅱ. 참조).

그리고 미성년자의 후견인 지정은 요식행위인 유언에 의하여야 하고(§931), 후견 계약은 공정증서로 체결하여야 하는데(§959-14 ②), 이 또한 요식성에 기한 것으로 이해할 수 있다.

나. 계속적 가족관계의 창설

혼인이나 입양과 같은 가족관계 설정적 법률행위에 의하여 창설되는 가족관계는 계속적인 성질을 가진다.[95] 따라서 이러한 경우 당사자의 의사는 그러한 가족관계에서 나오는 개개의 법률효과를 원하는 것이 아니고, 부부관계 또는 부모자녀 관계와 같은 가족관계 그 자체의 성립을 원하는 것이다.[96]

다. 가족관계 해소적 법률행위에서의 형성판결의 필요성

혼인이나 입양의 취소, 이혼이나 파양과 같은 가족관계를 해소하는 법률행위는 원칙적으로는 당사자의 형성권 행사라고 보아야 하겠지만, 당사자 일방의 형성적 의사표시만으로는 가족관계가 해소되지 않고, 법원의 형성판결이 있어야 한다.[97] 이처럼 가족관계 해소적 법률행위에서 형성판결을 요하도록 한 것은 그 중대성에 비추어 가족관계 해소 여부를 명확하게 함으로써 법적 안정성을 꾀하려는 데 있다.[98] 물론 이혼이나 파양의 경우에는 당사자의 합의에 의한 가족관계의 해소도 인정된다.

라. 진의의 존중

가족법상 법률행위의 특징으로서 진의의 존중을 드는 견해가 있다. 즉 가족법상의 행위에 있어서는 행위의 외형을 신뢰한 상대방의 보호나 거래의 안전보다는 당사자의 진의가 절대적으로 존중되어야 하고, 따라서 가족법상의 행위에 있어서는 의사주의가 철저하게 지배한다고 한다.[99]

---

95) 혼인의 계속적 또는 관계적 성질에 대하여는 윤진수(2015a), 130 이하 참조.
96) Muscheler(2017), Rdnr. 111 참조. 大村敦志(2010), 143은 신분행위에 있어서는 효과가 법정되어 있어서 그 효과가 일괄하여 발생한다고 한다.
97) 당사자에게 형성권의 일종인 형성소권(Gestaltungsklagerecht)을 인정한 것이다. 그러나 명순구(2001), 261 이하는 이혼청구권은 형성권이 아니라고 한다.
98) 이것이 일반적으로 형성소권을 인정하는 이유이다. 주석 민사소송법 4, 제8판(2018), 12(강영수) 등 참조.

일반적으로 가족관계 설정적 법률행위와 해소적 법률행위의 경우에는 아래에서
보는 것처럼 상대방이나 제3자의 신뢰를 보호하는 규정이 없으므로, 이 한도에서는
상대방의 신뢰보호보다는 당사자의 참된 의사가 더 중시된다고 할 수 있다. 그러나
판례가 가장혼인과 달리 가장이혼을 유효로 보고 있는 것에서 알 수 있듯이, 당사자
의 참된 의사가 무엇인가를 파악하는 것은 어려운 문제이다. 이에 대하여는 아래
§815 Ⅱ. 참조.

　다른 한편 가족관계의 설정 또는 해소를 위한 것이 아니라도 가족법상의 법률행
위에는 일반적으로 진의의 존중 내지 의사주의가 적용되어야 한다는 견해도 있다. 대
법원 1991. 11. 26. 선고 91도204 판결은 刑 §241 ②에 의한 간통죄의 유서(宥恕)를 하
였는지의 여부를 판단함에 있어서는, 다른 가족법관계에 있어서와 마찬가지로 당사
자의 진실한 의사가 절대적으로 존중되어야 한다고 판시하였다. 그러나 우선 형사법상
의 유서도 가족법상의 법률행위에 포함시킬 수 있는지 문제일 뿐만 아니라, 법에 특별
한 근거가 없음에도 일반적으로 의사주의가 적용된다고 말하기는 어려울 것이다.[100]

3. 총칙 규정의 적용 여부

　친족법에는 총칙의 적용을 배제하는 특별규정들이 많이 있으나, 그러한 특별규
정이 없는 경우에도 성질상 적용이 배제되는 경우가 적지 않다.[101]

가. 공서양속 위반, 불공정행위

　학설상으로는 공서양속 위반에 관한 §103는 친족법상 법률행위에도 적용된다고
하는 설[102]과, 적용되지 않는다는 설[103]이 대립한다. 불공정한 법률행위에 관한 §104
의 경우에는 적용을 부정하는 견해가 많다.[104]

　생각건대 혼인, 이혼, 입양, 인지 등과 같이 친족법에 그 무효사유를 규정하고 있
는 경우에는 그러한 무효사유에 해당하지 않는 §§103, 104의 적용은 인정될 수 없
다.[105] 다만 그러한 경우가 아닌 경우, 예컨대 이혼을 이유로 하는 위자료 지급약정
이나 재산분할의 합의 등에는 §§103, 104가 적용될 수 있을 것이다.[106]

---

99) 양수산, 12-13. 또한 김용한, 19-20; 김주수·김상용, 19 등도 같은 취지이다.
100) 같은 취지, 오세빈, "간통에 대한 고소와 유서의 요건 및 효력", 형사재판의 제문제 2(2000), 52 이하.
101) Muscheler(2017), Rdnr. 231 이하는 독일의 하자 있는 혼인에 관하여 재산법과의 차이를 설명하고 있다.
102) 김주수·김상용, 19; 박동섭·양경승, 9; 박정기·김연, 20; 이경희, 11; 한봉희·백승흠, 9 등.
103) 김용한, 20
104) 박동섭·양경승, 10; 박정기·김연, 20; 한봉희·백승흠, 9 등.
105) 그러나 이은영, 민법총칙, 제5판(2009), 411은 배우자의 무경험을 이용해 이혼동의를 얻는 경우에는
　　 §104가 적용된다고 한다.
106) 대법원 1969. 8. 19. 선고 69므18 판결은 어떤 일이 있어도 이혼하지 않겠다는 의사표시는 공서양속에

나. 비진의표시, 허위표시

비진의표시에 관한 §107나 허위표시에 관한 §108는 친족법상의 법률행위에는 적용이 없고, 따라서 비진의표시는 상대방이 이를 알 수 없었더라도 항상 무효이며, 통정허위표시는 그 무효를 선의의 제3자에 대하여도 주장할 수 있다고 보는 견해가 일반적이다. 판례는 당사자 일방에게만 참다운 부부관계의 설정을 바라는 효과의사가 있고 상대방에게는 그러한 의사가 결여된 경우, 혼인은 무효라고 하고,[107] 가장혼인도 무효라고 한다.[108] 학설은 그 근거로서, 친족관계에서는 당사자의 진정한 의사가 절대적으로 존중되어야 하기 때문이라고 설명한다.[109] 그러나 §§107, 108도 가족법상 법률행위에 적용되고, 따라서 일방이 혼인할 의사가 없었는데 상대방이 이에 관하여 선의무과실이었다면 유효한 혼인이 성립하고, 선의의 제3자 보호규정도 적용된다는 견해도 있다.[110]

이 문제는 제1차적으로는 민법이 친족법상 법률행위의 무효사유로 들고 있는 "당사자의 합의가 없는 때"(§815 i, §883 i)의 해석에 의하여 해결될 수 있다. 이 규정이 비진의표시와 허위표시를 포함하는 것이라고 한다면 §107와 §108의 특칙이므로 위 규정은 적용이 배제될 것이다. 보다 실질적인 이유는, 부부관계와 같은 계속적인 가족관계에 있어서는 당사자들의 의무 이행은 당사자들의 의사에 의하여 뒷받침될 수밖에 없으므로, 당사자들의 진정한 의사에 의하여 뒷받침되지 않은 가족관계는 의미가 없어서 법률적으로 승인되어서는 안 된다는 점에서 찾아야 한다.[111]

그러나 친족법상의 법률행위에 관하여는 항상 당사자의 의사가 절대적으로 존중되어야 한다고 말할 수는 없다. 가령 가족관계 해소적 법률행위인 이혼의 경우에는 판례는 협의상 이혼이 가장이혼으로서 무효로 인정되려면 누구나 납득할 만한 특별한 사정이 인정되어야 한다고 하여, 가장이혼을 이유로 하는 무효를 거의 인정하지 않고 있다.[112] 이 점은 혼인의 의사나 이혼의 의사를 어떻게 파악하는가 하는 점에 달려 있다. 이에 대하여는 아래 §815 Ⅱ. 참조.

위배하여 무효라고 한다.

107) 대법원 2010. 6. 10. 선고 2010므574 판결.

108) 대법원 1985. 9. 10. 선고 85도1481 판결; 대법원 1996. 11. 22. 선고 96도2049 판결 등.

109) 김용한, 21; 김주수·김상용, 19; 이경희·윤부찬, 10 등. 박동섭·양경승, 12은 당사자의 진정한 내심의 의사가 없는 신분관계 창설은 신분행위의 본질상 허용될 수 없다고 한다.

110) 박영규(2007), 388 이하.

111) 윤진수(2015a), 139. 또한 양창수(2005), 88 참조.

112) 대법원 1975. 8. 19. 선고 75도1712 판결 등. 김용한, 22은 신분관계를 소멸시키는 신분행위에 대하여는 신의성실의 원칙에 의하여 무효의 주장을 제한할 수 있을 것이라고 한다.

다. 착오

학설상으로는 착오를 이유로 하는 취소에 관한 §109도 가족법상의 법률행위에는 적용되지 않는다고 한다. 그 효과에 관하여 1설은 착오로 인한 법률행위는 항상 무효이고, 표의자의 중대한 과실 여부도 묻지 않는다고 하는 견해가 있는 반면,[113] 이에 대하여는 언급하지 않는 것들도 있다.[114]

우선 착오로 인한 친족법상의 법률행위라 하여 취소사유 아닌 무효사유로 볼 근거는 없다. 일본 민법 §95는 착오로 인한 의사표시를 무효로 보고 있지만, 우리 민법에서는 이를 취소사유로만 보고 있다.

나아가 착오를 이유로 친족법상의 법률행위를 취소할 수 있는지는 개별적으로 따져 보아야 한다. 민법은 가족관계 설정적 법률행위와 가족관계 해소적 법률행위에 관하여는 그 취소사유를 구체적으로 정하고 있다. §861는 중대한 착오로 인하여 인지를 한 때에는 가정법원에 그 취소를 청구할 수 있다고 규정하고 있으므로, 이때에는 §109의 적용은 배제되고, 인지한 사람에게 중대한 과실이 있다고 하여도 취소를 청구할 수 있다. 그리고 §816 ii, §884 ① ii는 악질 기타 중대 사유 있음을 알지 못한 때를 혼인이나 입양의 취소사유로 보고 있으므로,[115] §109의 적용은 배제된다.[116] 그리고 §838는 이혼의 취소사유를, §854는 친생자 승인의 취소사유를 각 사기 또는 강박으로 제한하고 있으므로, 착오를 이유로 하는 취소는 허용되지 않는다. 친양자 입양 취소의 경우(§908-4)에도 착오는 취소사유가 아니다.

이 밖의 경우에는 이론적으로 §109의 적용을 배제할 근거는 없다. 예컨대 이혼하면서 재산분할 약정을 할 당시에 중요한 착오가 있었다면, 이를 이유로 그 약정을 취소할 수 있다.[117] 그러나 그 행위의 성질에 비추어 착오를 이유로 하는 취소를 인정하지 않거나, 또는 중대한 과실이 있는 경우에도 취소를 인정할 것인가 하는 점은 구체적인 경우에 개별적으로 따져 보아야 할 것이다.

113) 박동섭·양경승 11-12; 박정기·김연, 21; 한봉희·백승흠, 9. 김주수·김상용, 19-20은 다른 사람의 자를 잘못 인지한 경우에는 §862에 의하여 무효가 되며, §109에 의하여 취소할 수 있는 것으로 되는 것은 아니라고 한다.
114) 김용한, 21; 이경희·윤부찬, 10.
115) 不知(Unkenntnis, ignorance)도 착오와 마찬가지로 취급하여야 한다.
116) 그러나 박영규(2007), 392은 §816 ii는 §109 1문을 구체적으로 표현한 것일 뿐, §109 2문의 적용을 배제하는 것은 아니므로, 착오로 혼인의 의사표시를 한 자에게 중대한 과실이 있는 경우에는 취소할 수 없다고 한다.
117) 日最判 1989. 9. 14.(判例時報 1136, 93) 참조. 이 사건에서는 남편이 아내와 이혼하면서 자신의 재산을 양도해 주었고, 당시에 남편은 아내에게 세금이 부과될 것이 염려된다고 하는 이야기를 하였는데, 남편에게 다액의 양도소득세가 부과되자 남편이 착오를 이유로 위 재산 양도 계약의 무효를 주장하였고, 최고재판소는 이 주장을 받아들였다.

라. 사기·강박

민법은 혼인(§816 iii), 이혼(§838), 친생자의 승인(§854), 인지(§861), 입양(§884 ① iii)
에 관하여는 사기·강박을 원인으로 하여 취소할 수 있다는 별도의 규정을 두고 있
다. 그러므로 이 경우에는 §110는 적용되지 않고, 제3자가 사기나 강박을 행한 경우
에도 상대방이 그 사실을 알 수 있었는지를 묻지 않고 언제나 취소할 수 있으며, 선
의의 제3자에 대하여도 대항할 수 있다. 그리고 친양자 입양의 취소에 관하여는 민법
이 그 취소사유를 제한하고 있으면서 사기나 강박은 취소사유로 들고 있지 않으므로
(§908의4), 사기·강박이 취소사유가 될 수 없다.

이러한 특별규정이 없는 경우, 예컨대 부부재산분할의 합의와 같은 경우에는 사
기·강박에 관한 민법총칙의 규정이 적용될 수 있을 것이다.

마. 대리

종래 일반적인 학설은, 신분행위는 대리를 허용하지 않는 것이 원칙이기 때문에,
대리의 규정은 거의 적용될 여지가 없고, 다만 미성년자의 이익을 보호하기 위하여
예외적으로 법정대리를 인정하고 있다고 설명한다.[118] 그러나 이와 같은 설명은 반드
시 정확하지 않다. 확실히 가족법상의 법률행위, 그 중에서도 가족관계 설정적 법률
행위와 가족관계 해소적 법률행위를 할 것인지 여부는 제1차적으로는 본인의 의사에
의하여야 할 것이고, 이 점에서는 일신전속적인 성격이 강하다.[119] 그리하여 이에 관
하여 임의대리는 인정되지 않는다.[120]

그러나 본인이 가족법상의 법률행위를 할 행위능력이 없는데, 본인의 이익을 위
하여는 그러한 법률행위가 필요한 경우에는 법정대리는 비교적 폭넓게 인정되고 있
으며,[121] 이를 반드시 예외적인 것이라고 보기는 어렵다. 판례는 의사능력이 없는 금
치산자의 경우에 법정대리인이 본인을 위하여 이혼을 청구할 수 있다고 본다.[122]

---

118) 김용한, 25; 김주수·김상용, 20; 양수산, 24. 이경희·윤부찬, 11는 대리에 관한 규정은 가족법상의 법
률행위에는 적용이 없다고만 하고 있다.
119) 대법원 1976. 4. 13. 선고 75다948 판결은 임의인지는 사실상의 부 또는 모, 즉 인지자 자신의 의사에
의하여야 하고 그 외의 타인은 어떠한 방법으로도 인지할 수 없다고 한다.
120) Gernhuber/Coester–Waltjen(2020), 12 참조.
121) 인지청구의 소 제기(§863), 13세 미만인 자를 위한 입양의 대락(§869), 입양의 취소(§885), 파양청구의
소 제기(§906 ①) 등.
122) 대법원 2010. 4. 8. 선고 2009므3652 판결은, 의사무능력자인 금치산자의 경우에는 후견인이 금치산자
를 대리하여 그 배우자를 상대로 재판상 이혼을 청구할 수 있고, 그 후견인이 배우자인 때에는 家訴
§12, 民訴 §62에 따라 수소법원에 특별대리인의 선임을 신청하여 그 특별대리인이 배우자를 상대로 재
판상 이혼을 청구할 수 있다고 하였다. 또한 대법원 1987. 11. 23. 자 87스18 결정; 대법원 2010. 4. 29.
선고 2009므639 판결 참조.

바. 무효행위의 전환

무효행위의 전환에 관한 규정(§138)은 친족법상의 법률행위에도 적용되어야 한다고 보는 것이 일반적인 견해로서, 허위의 출생자 신고에 대하여 입양신고로서의 효력을 인정하는 것123)을 그 예로 든다.124) 생각건대 친족법상의 법률행위에 대하여 무효행위 전환을 일반적으로 부정할 이유는 없다. 그러나 허위의 출생신고를 한 경우에 양친자 관계를 창설하려는 명백한 의사가 있고 입양신고를 제외한 입양의 다른 성립요건이 모두 구비되었더라도 형식적 요건인 입양신고는 갖추지 못했으므로 이를 무효행위의 전환을 인정한 예라고는 할 수 없고, 이는 법원에 의한 법형성(Rechtsfortbildung)이라고 보아야 할 것이다.125)

사. 무효행위의 추인

현재 학설은 모두 무효인 친족법상 법률행위의 추인이 가능하다고 보고 있다.126) 판례도 무효인 혼인의 추인127)과 무효인 입양의 추인128)을 인정하고 있다. 그러나 추인의 소급효를 부정하는 §139가 친족법상의 법률행위에도 적용되는가에 관하여는 다소 엇갈리고 있다. 한 판결은 무효인 혼인의 추인은 §139에 의하여 소급효가 없다고 하였으나,129) 다른 판결은 무효인 혼인이나 입양의 추인은 소급효가 있다고 하였다. 즉 무효인 신분행위 후 그 내용에 맞는 신분관계가 실질적으로 형성되어 쌍방 당사자가 이의 없이 그 신분관계를 계속하여 왔다면, 그 신고가 부적법하다는 이유로 이미 형성되어 있는 신분관계의 효력을 부인하는 것은 당사자의 의사에 반하고 그 이익을 해칠 뿐 아니라 제3자의 이익도 침해할 우려가 있기 때문에, 소급적으로 신분행위의 효력을 인정함으로써 신분관계의 형성이라는 신분관계의 본질적 요소를 보호하는 것이 타당하다는 것이다.130) 학설로서는 소급효를 인정하는 설131)과 소급효를 부정하는 설132) 및 표시의사가 흠결되었던 경우에는 소급효를 인정하여야 하지만, 효과의사가 흠결된 경우에는 소급효를 인정할 수 없다는 설133)로 나누어진다.134)

---

123) 대법원 1977. 7. 26. 선고 77다492 전원합의체 판결 등.
124) 김주수·김상용, 20 등.
125) 윤진수(2009c), 280.
126) 일본에서의 논의에 대하여는 泉 久雄(1984), 38 이하 참조.
127) 대법원 1965. 12. 28. 선고 65므61 판결; 대법원 1995. 11. 21. 선고 95므731 판결 등.
128) 대법원 1990. 3. 9. 선고 89므389 판결; 대법원 1997. 7. 11. 선고 96므115 판결 등.
129) 대법원 1983. 9. 27. 선고 83므22 판결.
130) 대법원 1991. 12. 27. 선고 91므30 판결; 대법원 2000. 6. 9. 선고 99므1633, 1640 판결; 대법원 2004. 11. 11. 선고 2004므1484 판결.
131) 김주수·김상용, 21; 박동섭·양경승, 10; 한봉희·백승흠, 10.
132) 박영규(2007), 405 이하.
133) 김용한, 23.

생각건대 혼인이나 입양과 같은 계속적인 가족관계가 문제되는 경우에는 추인의 효력을 신고가 있은 때로 소급하여 인정하는 것이 타당하다. 소급효를 부정하게 되면, 혼인신고가 된 후에 사실상 동거를 하고 있었음에도 불구하고 추인이 있을 때까지는 혼인의 효력이 인정되지 않는 것이 되어 연속적인 생활관계를 분할하는 것이 되고, 묵시적 추인의 경우와 같이 추인의 시기가 불분명한 경우에는 법적인 불안정성을 가져오게 된다.[135] 다만 학설상으로는 이미 존재하는 사실상의 관계를 인정하여야 한다는 점에서 그 근거를 찾는 견해도 있으나,[136] 이는 반드시 적절한 이유가 될 수 없다.

반면 협의이혼과 같이 가족관계를 해소하는 법률행위의 경우에는 굳이 추인의 소급효를 인정할 필요는 없을 것이다.[137]

아. 조건 및 기한

가족관계 형성적 및 해소적 법률행위의 경우에는 조건과 기한을 붙일 수 없다.[138] 이러한 경우에는 특히 법적 안정성을 위하여 법률관계의 명확성이 요구되기 때문이다.[139] 그러나 그 외에는 조건이나 기한을 붙이는 것이 불가능한 것은 아니다. 판례는 아직 이혼하지 않은 당사자가 장차 협의상 이혼할 것을 약정하면서 이를 전제로 하여 위 재산분할에 관한 협의를 하는 경우에는, 특별한 사정이 없는 한 장차 당사자 사이에 협의상 이혼이 이루어질 것을 조건으로 하여 조건부 의사표시가 행하여지는 것이라고 보고 있다.[140]

---

134) 日最判 1972(昭 47). 7. 25.(民集 26-6, 1263)는 추인의 소급효를 인정하지만, 반대설도 있다. 二宮周平(2018), 43 등.
135) 윤진수, 58-59 참조.
136) 김주수·김상용, 21.
137) 內田 貴(2004), 84 참조.
138) 김용한, 25; 김주수·김상용, 20 등.
139) Muscheler(2017), Rdnr. 168은 친족법상의 많은 법률행위에 조건을 붙일 수 없는 것은 법적 안정성과 명확성을 위한 것뿐만 아니라, 당사자가 자신의 인적인 책임을 스스로 떠맡고 조건의 성취나 불성취에 의존하지 않게 하기 위하여, 자신에게 중요한 결정을 확정적이고 완전하게 내릴 수 있도록 하기 위한 것이기도 하다고 설명한다.
140) 대법원 1995. 10. 12. 선고 95다23156 판결; 대법원 2001. 5. 8. 선고 2000다58804 판결 등.

V. 친족법과 다른 법률과의 관계

1. 헌법

헌법상 가족관계에 대하여 직접 규정하고 있는 조항은 혼인과 가족생활은 개인의 존엄과 양성의 평등을 기초로 성립되고 유지되어야 하며, 국가는 이를 보장한다고 규정하고 있는 §36 ①이다. 이 조항뿐만 아니라 인간으로서의 존엄과 가치 및 행복추구권을 규정하고 있는 §10 ①, 평등의 원칙을 규정하고 있는 §11 ①이 헌법재판소에서 가족법의 위헌 여부를 판단함에 있어 주된 준거가 되고 있다.

헌법은 모든 국가질서의 바탕이 되고 한 국가사회의 최고의 가치체계이므로 가족제도나 가족법이 헌법의 우위로부터 벗어날 수 있는 특권을 누릴 수는 없다.[141] 그러나 과거에는 남녀평등은 가정의 윤리에는 적용될 수 없다거나,[142] 가족제도, 그 중에도 부성주의(父姓主義) 같은 것은 헌법에 선행하는 문화라는 주장[143]도 있었다.[144] 민법 제정과정에서도 친족상속법을 어떻게 만들 것인가에 관하여, 이른바 관습존중론과 헌법정신존중론 및 점진적 개혁론이 대립하였으나, 제정된 민법은 결국 관습존중론 내지 점진적 개혁론에 입각한 것이었다.[145]

그러나 민법 제정 후에는 특히 헌법상의 남녀평등을 근거로 하는 가족법 개정운동이 활발하게 전개되었고, 그 영향으로 헌법에 어긋나는 가족법의 여러 규정들이 고쳐지게 되었다. 특히 1990년대 후반 이래 헌법재판소가 친족법의 여러 규정들을 위헌이라고 함으로써 친족법이 개정되는 데 주된 동력이 되었다.[146]

친족법에 관한 헌법재판소의 중요한 결정은 다음과 같다.[147]

(1) 헌법재판소 1997. 3. 27. 선고 95헌가14, 96헌가7(병합) 결정

이 결정은 친생부인에 관하여 "부인의 소는 子 또는 그 친권자인 모를 상대로 하여 그 출생을 안 날로부터 1년 내에 제기하여야 한다"고 규정하고 있던 당시의 §847 ①은 인간의 존엄과 가치, 행복추구권을 보장한 憲 §10와 혼인과 가족생활의 보호를

---

141) 헌법재판소 2005. 2. 3. 선고 2001헌가9 결정.
142) 당시 대법원장이자 법전편찬위원회 위원장이었던 김병로의 1957. 11. 6.의 국회 본회의 발언, 제3대국회 제26회 제30차 국회본회의(1957년 11월 6일) 회의록 11.
143) 헌법재판소 2005. 12. 22. 선고 2003헌가5, 6 결정 중 권성 재판관의 반대의견.
144) 허영(1984), 419은 혼인가족관계처럼 헌법외적 현상을 헌법이 그 인식의 영역으로 끌어들이려는 데 있어서는 반드시 혼인과 가족관계가 지녀온 전통적인 의미와 존재형식을 존중하지 않으면 안 된다고 하면서, 이곳에 혼인과 가족관계에 미치는 헌법의 규범적 효력의 한계가 있다고 한다.
145) 이상욱(2000), 290 이하 참조.
146) 윤진수(2009a), 11 이하 참조.
147) 윤진수(2021a), 277 이하 참조.

규정한 憲 §35에 위반된다고 하여 헌법불합치 결정을 선고하였다.

(2) 헌법재판소 1997. 7. 16. 선고 95헌가6 내지 13 결정

이 결정은 동성동본인 남녀 사이의 혼인을 금지하고 있던 당시의 §809 ①은 憲 §10, §11 ①, §36 ①에 위반된다고 하여 헌법불합치 결정을 선고하였다. 동성동본 금혼 규정은 민법 제정 당시부터 치열한 논쟁의 대상이 되었는데, 이 헌법재판소 결정에 의하여 결국 2005년에 완전히 폐지되기에 이르렀다.

(3) 헌법재판소 1997. 10. 30. 선고 96헌바14 결정

이 결정은, 이혼시 재산분할을 청구하여 상속세 인적공제액을 초과하는 재산을 취득한 경우, 그 초과부분에 대하여 증여세를 부과하도록 규정하고 있는 상속세법 규정은 조세법률주의 및 조세평등주의에 위반되므로 위헌이라고 하였다. 이 결정은 직접적으로는 상속세법에 관한 것이지만, 재산분할제도의 성격을 명확히 밝힌 점에서 중요한 의미를 가진다.

(4) 헌법재판소 2001. 5. 31. 선고 98헌바9 결정

이 결정은 부 또는 모가 사망한 경우의 인지청구의 소의 제소기간에 관한 당시의 §864 중 §863의 경우에 "부 또는 모가 사망한 때에는 그 사망을 안 날로부터 1년 내" 부분이 위헌이 아니라고 하였다.[148]

(5) 헌법재판소 2005. 2. 3. 선고 2001헌가9 내지 15, 2004헌가5 결정

이 결정은 호주제에 대하여 헌법불합치결정을 선고하였다.

(6) 헌법재판소 2005. 12. 22. 선고 2003헌가5·6 결정

이 결정은 자녀가 부의 성을 따르게 하는 부성주의 자체는 위헌이 아니라고 하면서도, 당시의 §781 ① 본문이 부성주의의 예외를 지극히 좁게 인정하고 있었던 것은 憲 §§10, 36 ①에 위반되어 위헌이라고 하면서, 헌법불합치결정을 선고하였다.

(7) 헌법재판소 2010. 7. 29. 선고 2009헌가8 결정

이 결정은 §818가 중혼의 취소청구권자로 직계존속과 4촌 이내의 방계혈족을 규정하면서도 직계비속을 제외한 것은 憲 §11에 위반된다고 하여 헌법불합치결정을 선고하였다.

(8) 헌법재판소 2015. 4. 30. 선고 2013헌마623 결정

이 결정은, 당시의 §844 ② 중 "혼인관계종료의 날로부터 300일 내에 출생한 자"에 관한 부분은 헌법에 합치되지 아니하지만, 위 법률조항 부분은 입법자가 개정할

---

148) 헌법재판소 2009. 12. 29. 선고 2007헌바54 결정은, 2005년 개정된 민 §864가 인지청구의 제소기간을 종전의 '사망을 안 날로부터 1년 내'에서 '사망을 안 날로부터 2년 내'로 개정하면서 이를 소급적용하지 않은 것도 위헌이 아니라고 하였다.

때까지 계속 적용된다고 하는 결정을 선고하였다.

(9) 헌법재판소 2022. 10. 27. 선고 2018헌바115 결정

이 결정은, 8촌 이내의 혈족 사이의 혼인을 금지하는 것은 위헌이 아니지만, 8촌 이내의 혈족 사이의 혼인을 일률적·획일적으로 혼인무효사유로 규정한 것은 위헌이라고 하였다.

다른 한편 헌법의 규정은 법원이 법률을 해석하거나 적용함에 있어서도 충분히 고려되어야 한다. 대법원 2005. 11. 16. 자 2005스26 결정은, 개명을 엄격하게 제한할 경우 헌법상의 개인의 인격권과 행복추구권을 침해하는 결과를 초래할 우려가 있으므로 개명을 허가할 만한 상당한 이유가 있다고 인정되고, 범죄를 기도 또는 은폐하거나 법령에 따른 각종 제한을 회피하려는 불순한 의도나 목적이 개입되어 있는 등 개명신청권의 남용으로 볼 수 있는 경우가 아니라면, 원칙적으로 개명을 허가함이 상당하다고 하였다.[149]

그리고 대법원 2006. 6. 22. 자 2004스42 결정은 성전환자의 호적상 성별정정을 허가하여야 한다고 하면서, 그 근거로서 헌법상의 인간으로서의 존엄과 가치, 행복추구권과 인간다운 생활을 할 권리를 들고 있다.

2. 국제조약

우리나라가 가입한 국제조약 가운데 친족관계에 관하여 중요한 의미가 있는 것으로는 여성차별철폐협약(여성에 대한 모든 형태의 차별철폐에 관한 협약, Convention on the Elimination of All Forms of Discrimination against Women, CEDAW)[150]과 아동권리협약(아동의 권리에 대한 협약, Convention on the Rights of the Child, CRC)이 있다. 이 협약들은 국내적 실시를 위한 별도의 입법적 조치가 없이도 바로 국내에서 적용될 수 있는 자기집행적 조약은 아니어서, 법원의 재판규범이라기보다는 국가에 입법하여야 하는 의무를 부과하는 근거가 된다.[151] 그렇지만 이러한 협약은 법의 해석에 관하여도 참고가 될 수 있다.[152] 실제로 친족법의 여성차별적 조항이 개선된 데에는 헌법뿐만 아니라 여성차별철폐협약의 영향도 있었다고 할 수 있다. 또 2007년의 개정 §837-2가 면접교섭권

---

149) 김인겸(2006), 39 이하; 윤진수(2007), 85 이하 참조.
150) 이에 대하여는 윤진수(2009d), 147 이하 참조.
151) 윤진수(2009e), 320 이하 참조.
152) 대법원 2005. 7. 21. 선고 2002다1178 전원합의체 판결은 종중 구성원의 자격을 성년 남자만으로 제한하는 종래의 관습법의 효력을 부정하는 근거의 하나로서 여성차별철폐협약을 들고 있다. 또 대법원 2021. 12. 23.자 2018스5 전원합의체 결정에서는 조부모가 손자녀를 입양할 수 있는지가 쟁점이 되었는데, 다수의견과 반대의견이 모두 아동권리협약을 원용하였다.

을 부모뿐만 아니라 자녀의 권리로도 인정한 것, 2011년의 입양특례법과 2012년의 민법 중 입양 부분 개정에서 미성년자 입양을 위하여는 법원의 허가를 받도록 한 것은 아동권리협약 때문이다.[153)]

그리고 2012년에는 우리나라가 헤이그 아동탈취협약(국제적 아동탈취의 민사적 측면에 관한 협약, Convention on the Civil Aspects of International Child Abduction)에 가입하여 2013. 3. 1.부터 발효되었다. 이 협약은 16세 미만 아동이 국외로 불법적으로 이동되거나 유치된 경우, 아동의 상거소국(常居所國)으로의 신속한 반환 확보를 목적으로 하는 것이다. 그 이행을 위하여 제정된 헤이그 국제아동탈취협약 이행에 관한 법률[154)]은 협약에 따른 아동반환 지원 등의 역할을 수행하는 중앙기관을 법무부로 지정하고, 그 재판절차를 규정하고 있다.

한편 헤이그 국제입양협약(국제입양에서의 아동의 보호 및 협력에 관한 협약, Convention on Protection of Children And Co-Operation in Respect of Intercountry Adoption)에 대하여는 정부가 2017. 10. 18. 국회에 비준동의안을 제출하였으나, 20대 국회의 임기 만료로 폐기되었다. 그러나 2023. 7. 18. 제정되어 2025. 7. 19.부터 시행될 예정인 국제입양에 관한 법률은 위 협약의 이행을 위하여 제정되었다.

VI. 친족법의 연혁

1. 조선시대까지의 친족법

가. 고려시대까지의 친족법

고려시대까지의 가족법에 관하여는 자료 부족 등의 사유로 연구가 많지 않고, 견해도 통일되어 있지 않다. 현재까지 알려진 바로는 개인이 부와 모의 친족집단 중 어디에 속하는가를 정하는 출계율(出系律)에 관하여는 부계 아닌 비부계 또는 부계와 모계에 다 속하는 공계(共系)였다는 주장과, 기본적으로는 부계였으며 다만 비부계적 요소가 있다는 주장이 대립하고 있으나, 특히 조선 후기만큼 부계적 요소가 강하지 않았다는 점은 일반적으로 인정되고 있다.[155)] 혼인에 따르는 거주율로는 남자가 혼인하면 처가에 거주하다가 낳은 자녀가 성장하면 본가로 돌아오는 이른바 서류부가(壻留婦家) 또는 솔서혼(率壻婚)이 일반적이었다.[156)] 근친혼도 성행하였고, 일부다처제도 인

---

153) 면접교섭권에 관하여는 아동권리협약 §9 ③; 입양허가에 관하여는 아동권리협약 §21 (a) 참조.
154) 2012. 12. 11. 제정 법률 제11529호,
155) 논의의 상황은 김주희(2008), 117 이하 참조. 그러나 김주수·김상용, 21-22은 원래 우리 민족의 친족제도는 부계와 모계를 동등하게 존중하는 양측적 친족제도라고 한다.

정되었다.157)

나. 조선시대의 친족법

고려 말 이후 성리학의 도입과 함께 중국의 종법제(宗法制)가 친족법의 기본원리로 받아들여지게 되었다.158) 종법이란 가계 계승에 관하여 적장자로 이어지는 대종(大宗)과 적장자의 동생을 시조로 하는 소종(小宗)을 구별하여, 대종이 소종보다 우위에 서고, 적장자가 차자보다 우위에 서는 제도이다. 그리하여 제사는 부계(父系)의 적장자가 주관하고, 상속에 있어서도 우대를 받으며, 동성동본끼리는 혼인할 수 없고(同姓不婚),159) 양자는 동종(同宗)의 남자 가운데에서만 들여야 하는데(異姓不養), 반드시 양부의 아들 서열에 해당하는 사람이어야 하였다(昭穆之序). 그러나 이러한 종법제 가족제도가 조선 초기에는 제대로 정착되지 않아서, 제사도 자녀들이 돌아가며 지내는 윤회봉사(輪回奉祀)가 행해졌고, 솔서혼(率壻婚)의 풍속도 나라에서는 종법제에 어긋난다는 이유로 없애려고 하였음에도 불구하고 여전히 유지되었다. 그렇지만 조선 후기에는 점차 이러한 종법제가 강화되어 제사도 장자가 주관하게 되었고, 상속에서도 남녀균분상속에서 장자우대의 경향이 강화되었으며, 동성불혼, 이성불양의 제도도 엄격하게 시행되었다.160)

이혼에 관하여는 남편만이 처와 이혼할 수 있었는데(棄妻), 이혼사유로서 이른바 七去之惡161)이 있어야 하였고, 이러한 칠거지악이 없는데도 이혼을 하면 처벌하고 다시 결합시키도록 되어 있었다. 그러나 칠거지악에 해당되더라도 이른바 三不去162)에 해당할 때에는 이혼이 허용되지 않았다. 그렇지만 실제로는 양반 계층의 경우에는 이혼을 엄격하게 제한하여, 이혼사유가 있더라도 이혼이 잘 허용되지 않았다.163)

2. 일제 강점기의 친족법

일제시대에는 1912년에 조선민사령(朝鮮民事令)이 시행되어 민사에 관하여는 일본 법률을 의용하게 하였지만, 친족상속에 관하여는 관습에 의하도록 규정하였으므로

---

156) 박병호(2012), 226 이하 등.
157) 최재석(2009), 14 이하; 박병호(2012), 229 이하.
158) 종법제의 수용에 대하여는 마르티나 도이힐러(2003), 187 이하 참조.
159) 중국에서는 본(本)의 관념이 없으므로 동성불혼이었으나, 한국에서는 동성동본이라야만 혼인할 수 없었다.
160) 박병호(2012), 225 이하.
161) 無子(아들을 낳지 못하는 것), 不事舅姑(시부모를 섬기지 않는 것), 淫佚(부정행위), 妬忌, 惡疾, 口舌(多言), 盜竊.
162) 經持舅姑之喪(시부모의 상을 치른 경우), 娶時賤後貴(혼인할 때에는 천하였으나 그 후 귀하게 된 경우), 有所娶無所歸(처가 돌아갈 곳이 없는 경우).
163) 박병호(2012), 243 이하.

38   친족법 총설

(§11), 관습을 조사하고, 그에 따라 재판을 하였다. 관습조사의 결과를 모은 것으로는 통감부 시절에 조사되어 1913년까지 간행된 관습조사보고서(慣習調査報告書)164)와 중추원(中樞院)이 조회에 대하여 회답한 민사회답휘집(民事慣習回答彙集)165)이 있다.

그러나 일본의 법원이 실제로 적용한 관습은 반드시 종래의 관습과 일치하지 않았다.166) 호주제도를 관습으로서 인정한 것이 대표적이다. 즉 관습조사보고서에서는 호주는 가족의 거소를 지정할 수 있고, 가족이 혼인 또는 입양을 하는 경우에는 호주의 동의를 얻어야 하며, 그 외에도 호주는 가족에 대해 교육, 감호, 징계 등의 권리가 있다고 하는 등 일본 민법과 유사한 호주의 권리가 있다고 하고, 한국에서의 상속은 제사상속, 재산상속과 호주상속의 세 종류가 있다고 하였다.167) 그러나 한국에는 전통적으로는 가장(家長)은 있었어도, 관념적인 조직인 가(家)의 우두머리로서의 호주는 존재하지 않았다.168)

이러한 현상에 대하여는 일본법에의 동화를 위하여 한국의 전통적인 관습을 왜곡한 것이었다는 비판이 많았으나,169) 근래에는 사회변동에 따른 관습의 변화에 대하여 신관습을 법인화(法認化)하려는 것이었다는 견해170)나, 식민지 권력이 유도한 식민지 관습법의 형성이었다는 견해171) 등도 주장되고 있다.

일제가 인정한 전통관습법의 주요한 특징은 남계를 우선시키는 것이었다.172) 우선 남계혈족은 넓은 범위에서 친족으로 되는 반면, 모계혈족은 제한된 범위 내에서만 친족이며, 부(夫)와 처의 혈족 사이는 친족이 아닌 반면 처는 부(夫)의 혈족과 친족관계에 있었다. 혼인하면 처가 부가(夫家)에 입적하게 되었고, 자녀의 성은 부(父)의 성을 따라야 했다. 동성동본 사이의 혼인은 인정되지 않았고, 양자는 양부와 동성동본이라야 하였는데, 남자 1인만을 양자로 할 수 있었으며, 양녀는 허용되지 않았다. 다른 한편 계모와 계자 사이에는 친자관계를 인정한 반면, 계부와 계자 사이에는 이를 인정하지 않았다. 또 父와 이혼한 모(出母)나 父 사망 후 재혼한 모(嫁母)와 자녀 사이에는 친족관계가 존재하지 않는 것으로 보았다.

광복 후에도 한국의 법원은 일제가 조사, 인정한 관습의 존재를 인정하여 그대로

164) 정긍식 편역(2000).
165) 朝鮮總督府中樞院(1933).
166) 홍양희(2005), 121 이하 참조.
167) 정긍식 편역(2000), 제122-제124항(306-307면); 제158항(346면 이하).
168) 박병호(1996), 103 이하 참조.
169) 예컨대 이상욱(1991), 371 이하.
170) 이승일(2003), 81 이하, 151 이하 등.
171) 심희기(2003), 25 이하; 홍양희(2005), 125; 정긍식(2009), 63 이하.
172) 법원행정처(1985) 참조.

적용하고 있다. 예컨대 대법원 1999. 9. 3. 선고 98다34485 판결은, 1921년 이전에는 양친이 양자에 대하여 재판 외에서 파양의 의사표시만으로 파양하는 것이 인정되었으나, 그 이후에는 파양을 청구할 수 있는 사유가 있는 때에는 당사자 일방이 소로써 법원에 파양의 재판을 구하고, 이에 대하여 법원이 파양을 선언하는 판결을 선고하여 그 판결이 확정된 때 파양의 효력이 생기는 것으로 하는 관습이 형성되었다고 하면서, 그 근거로서 조선고등법원의 판결을 들고 있다.

다른 한편 1940. 2. 11.부터 시행된 조선민사령은 §11-2를 신설하였는데, ①은 "조선인의 양자연조(養子緣組)에 있어서 양자는 양친과 성을 같이할 것을 요하지 않는다. 단 사후양자(死後養子)의 경우에는 그러하지 아니하다"라고 규정하였고, ② 이하에서는 사위를 양자로 삼는 서양자(婿養子) 제도를 규정하였다.

그런데 미군정 당시인 1947. 11. 18.의 사법부장 통첩[173]은, 이성양자입양은 조선 관습상의 이성불양 및 조선성명복구령 입법취지에 비추어 타당하지 않으므로 이성양자 건에 관하여는 수리할 수 없다고 하였다. 그리고 대법원 1949. 3. 26. 선고 4281민상348 판결[174]은, 개정 조선민사령 §11-2 ②에 기하여 1942. 4. 1. 신고한 서양자 입양에 대하여, 이러한 만이적(蠻夷的) 서양자제도는 왜정퇴각과 동시에 자연소멸되었고, 이에 의하여 성립된 서양자관계는 공서양속에 위반되므로 그 성립 당초부터 무효라고 하였다. 그리하여 1952. 5. 10. 대법원장 통첩[175]은 이성양자 및 서양자제도는 대법원판례에 의하여 기히 무효로 되었다고 하여, 호적상 위 이성양자의 기재사항은 법원의 허가를 얻어 이를 말소함과 동시에 실가에 복적 또는 1가창립을 하도록 시장 또는 구청읍면장에게 지시하여 조속히 정리하라고 하였다.

그 후의 판례도 개정 조선민사령 시행 후의 이성양자는 무효라고 하였다.[176] 이들 판례에 대하여는, 조선민사령 §11-2가 추가되었으므로, 1940. 2. 11.부터 우리나라에도 이성양자가 명문상 허용되게 되었다고 하는 비판이 있었다.[177]

그러던 중 대법원 1994. 5. 24. 선고 93므119 전원합의체 판결은, 1940. 2. 11.부터 시행된 조선민사령 §11-2는 사후양자가 아니면 양친과 성을 달리하는 이성의 자도 양자로 하는 것이 허용됨을 명백히 하였으므로, 1940. 2. 11.부터는 사후양자가 아닌 한 이성의 자도 양자로 할 수 있게 되었다고 하여 종래의 판례를 변경하였다.

---

173) 한국 호적 및 기류예규전집(1954), 83.
174) 법조협회잡지 제1권 3호 95-100; 4호 93-95.
175) 한국 호적 및 기류예규전집, 1954, 173.
176) 대법원 1967. 4. 24. 자 65마1163 결정; 대법원 1967. 10. 31. 자 67마823 결정 등.
177) 김주수(1993), 966 이하.

이 전원합의체 판결에 대하여는, 위 대법원 1949. 3. 26. 선고 4281민상348 판결은 헌법질서를 포함하는 공공의 사회질서에 서양자제도가 부합하지 않는다는 판단을 하였다고 보거나,[178] 조선성명복구령 §4[179]에 의하여 위 조선민사령 §11-2가 실효되었다고 하는 비판[180]이 있다. 그러나 서양자제도가 헌법의 어느 조문에 부합하지 않는지 알 수 없고, 조선성명복구령은 일정시대의 창씨가 무효임을 선언하고 창씨한 일본식 이름을 조선성명으로 복구할 것을 규정하였을 뿐 서양자제도나 이성양자제도와는 직접 관계가 없다.[181] 뿐만 아니라 법률이 다른 법을 폐지한다고 하면서도 그 폐지된 법률을 명시하지 않고 있다면, 어느 법이 폐지되었는지 여부에 관하여는 엄격하게 판단하여야 할 것이다.[182]

3. 민법의 제정

가. 제정 경위[183]

1948년에 법률 제정을 위하여 법전편찬위원회가 구성되었는데, 여기서 친족상속법을 담당한 사람은 장경근(張暻根)이었고, 장경근의 사안(私案)[184]을 토대로 하여 친족상속편 원요강이 작성되었다.[185] 장경근의 안은 기본적으로 종래의 관습을 존중하면서도 점진적으로 개혁을 꾀하려는 이른바 점진적 개혁론의 입장이라고 할 수 있다. 그런데 실제로 1957년 국회에 제출된 민법안[186]은 친족상속편 원요강과는 많은 차이가 있었다. 이 민법안은 기본적으로 종래의 관습을 존중하여야 한다는 관습존중론이었다. 이 민법안에 대하여 국회 법제사법위원회는 1956년 9월에 정부안을 수정하는 요강을 만들었는데,[187] 이 요강은 최초의 장경근 위원의 사안과 비슷한 점이 많았

---

178) 양창수(1998), 48.
179) 조선성명복구령 §4는 본령에 배치되는 모든 법령, 훈령 및 통첩은 그 창초일부터 무효로 한다고 규정하고 있었다.
180) 정인섭(1999), 288-297; 양창수(2001), 73 이하; 이홍민(2011), 118 이하.
181) 윤진수(2009f), 299-300 참조. 위 대법원 1949. 3. 26. 선고 4281민상348 판결에서 원고는 서양자제도가 무효라는 근거로서 조선성명복구령을 들었으나, 원심은 서양자제도는 조선성명복구령에 의하여도 영향을 받지 않는다고 하였고, 원고는 상고 이유로 조선성명복구령을 원용하였는데, 대법원은 이 점에 대하여는 언급하지 않았다.
182) 미국연방대법원은 "명시적이 아닌 법률의 폐지는 선호되지 않는다(Repeals by implication are not favored)"라고 보고 있고(Rodriguez v. United States, 480 U.S. 522, 524, 1987), 이는 영미법상 확립된 법해석의 원칙이다. 정인섭(1999), 293도 조선성명복구령을 단지 이름에 관한 것으로만 한정해석을 하는 것도 법해석의 기술상 전연 성립할 수 없는 것은 아니라고 한다.
183) 이에 대하여는 정광현, 연구, 325 이하, 부록편 1 이하; 이태영(1992), 21 이하; 이상욱(2000), 275 이하; 이화분(2009), 34 이하 참조.
184) 장경근, "친족상속법 입법방침 급 친족상속법기초요강사안", 정광현, 연구, 부록편 1 이하 게재.
185) 장경근, "민법친족상속편 원요강해설", 정광현, 연구, 부록편 12 이하 게재.
186) 정광현, 연구, 부록편 46 이하.

다.[188] 정부안과의 중요한 차이점 중 하나는 정부안에 있던 동성금혼의 규정을 폐지하는 것이었다.

다른 한편 정일형 의원 외 33인은 친족상속편 수정안을 제출하였는데,[189] 이는 당시 서울대학교 법과대학의 정광현 교수가 주장하고 있던 헌법존중론[190]에 입각한 것이었다.[191]

그러나 최종적으로 1957. 12. 17. 의결된 민법안에서는 정일형 의원의 수정안은 반영되지 못하였고, 정부안을 수정한 법사위 안[192]이 거의 대부분 채택되었다. 그렇지만 법사위 수정안 중 동성동본이라도 혼인할 수 있도록 하였던 부분은 채택되지 않았고, 동성동본 금혼을 규정한 정부 원안이 받아들여졌다. 의결된 민법은 1958. 2. 22. 공포되어 1960. 1. 1.부터 시행되게 되었다.

나. 중요한 내용

이하에서는 제정 민법 가운데 후에 개정된 부분을 중심으로 살펴본다.

(1) 친족의 범위

친족의 범위에 관하여는 부계(父系)와 모계, 부계(夫系)와 처계 사이에 차이를 두었다. 즉 부계혈족(父系血族)은 8촌 이내를 친족으로 하는 반면 모계혈족은 4촌 이내로 하고, 처에 대하여는 부(夫)의 8촌 이내의 부계혈족(父系血族)과 4촌 이내의 모계혈족을 친족으로 하는 반면, 부(夫)에 대하여는 처의 부모만을 친족으로 하였으며(§777), 자기의 형제의 직계비속과 자기의 직계존속의 형제의 직계비속은 방계혈족으로 규정하는 반면, 자기의 자매의 직계비속이나 자기의 직계존속의 자매의 직계비속은 방계혈족에서 제외하였다(§768).

그리고 계모자와 적모서자 관계를 인정하여 처의 의사에 관계없이 법정혈족 관계가 인정되게 하였으나(§§773, 774), 계부자 사이에는 법정혈족 관계를 인정하지 않았다.

(2) 호주제

호주제의 인정 여부에 대하여는 여성계를 중심으로 하는 반대 주장이 있었으나,[193] 입법 과정에서는 호주제를 인정하는 데 큰 논란이 없었다.[194] 부(夫)가 혼인외

187) 정광현, 연구, 부록편 87 이하.
188) 장경근이 법제사법위원회에서 민법안의 심의를 담당한 민법심의소위원회의 위원장이었다.
189) 정광현, 연구, 부록편 111 이하.
190) 정광현, "친족상속편의 요강과 초안에 대한 분석과 관견", 연구, 330 이하.
191) 정광현, "정일형 의원의 수정안 이유서", 연구, 부록편 115. 이에 대하여는 윤진수(2021b), 966 이하 참조.
192) 정광현, 연구, 부록편 76 이하.

의 자를 자신의 호적에 입적시킴에 있어서는 처의 동의를 요하지 않는 반면(§782 ①),
처가 전남편 소생의 자녀를 자신의 호적에 입적시키려면 호주와 夫의 동의를 받아야
하였다.

(3) 동성동본 금혼

정부안은 동성동본 금혼을 규정하였으나(§802), 법사위 수정안은 이를 규정하지
않았다. 그러나 최종적으로 의결된 §809는 동성동본 금혼 규정을 되살렸다.

(4) 자녀의 친권자와 양육자

미성년자인 자녀의 친권자는 원칙적으로 父가 되고(§909 ①), 부모가 이혼한 경우
에는 모는 친권자가 될 수 없었으며(§909), 이혼한 경우 자녀의 양육책임은 제1차적으
로 父에게 있었다(§837).

(5) 이혼시 재산분할청구권의 부정

정일형 의원의 수정안은 이혼시 재산분할청구권을 인정하는 것으로 하였으나,[195]
채택되지 않았다.

(6) 양자

미성년자에 대하여도 법원의 관여 없이 당사자들의 합의에 의하여 입양할 수 있
는 것으로 하였고, 호주의 직계비속 장남자는 본가의 계통을 계승하는 경우 외에는 양자
가 되지 못하며(§875), 가의 계승을 위하여 사후양자(死後養子)(§867), 서양자(婿養子)
(§876) 및 유언에 의한 양자(§880)를 인정하였다.

그리고 미성년자에 대하여도 협의상 파양을 인정하였다(§900).

(7) 후견

미성년자에 대하여 친권자가 후견인을 지정하는 경우를 제외하고는, 피후견인이
될 자와 일정한 친족관계에 있는 자가 당연히 후견인이 되는 법정후견제도를 채택하
였다(§§932-935).

(8) 친족회

후견인을 감독하기 위한 기구로서 친족회를 두었다(§960 이하).

4. 친족법의 개정

친족법의 중요한 개정은 모두 10차례이다.

---

193) 전국여성단체연합회 의견서 및 여성문제연구원 의견서 등. 정광현, 연구, 부록편 146 이하, 158 이하.
194) 정일형 의원의 수정안에서도 호주제는 두는 것을 전제로 하여, 그 상속 순위에 관하여만 다른 의견을
     냈다(§988).
195) §830-2. 여기서는 재산분여청구권으로 표현하고 있다.

가. 1962년 개정

1962. 12. 29. 법률 제1237호에 의하여 개정된 민법은 종전의 임의분가 외에 혼인에 의한 법정분가를 새로이 도입하였다(§789). 이는 호주제도 존치 주장과 폐지 주장이 맞선 가운데 타협책으로 도입된 것이다.[196]

나. 1977년 개정

1977. 12. 31. 법률 제3051호에 의하여 개정된 민법은 당시 벌어졌던 가족법개정운동의 결과였다. 1973년에 결성된 범여성가족법개정촉진회는 호주제도의 폐지, 친족범위 결정에 있어서의 남녀평등, 동성동본 불혼 폐지 등의 가족법개정요강 10개항을 제출하였고, 이를 바탕으로 하여 1974. 8. 가족법 개정안을 발표하였다.[197] 이 개정안은 다소의 우여곡절 끝에 1975년 국회에 제출되었으나, 호주제 및 동성동본 금혼 폐지 등의 주장은 받아들여지지 않았고, 다만 다음과 같은 소폭의 개정이 있었다.[198]

(1) 혼인에 대한 부모의 동의

개정 전에는 남자 27세, 여자 23세 미만인 자가 혼인할 때에는 부모의 동의가 있어야 하였으나(§808 ①), 개정법에서는 미성년자의 혼인에 한하여 부모의 동의를 얻도록 하였다(§808 ①).

(2) 혼인성년제도의 신설

미성년자라도 혼인적령에 도달한 자가 혼인하면 성년자가 되도록 하였다(§826-2).

(3) 소유불명인 부부재산에 대한 부부의 공유추정

개정 전에는 소유불명인 부부재산에 대하여 부의 특유재산으로 추정하였으나(§830 ②), 개정법은 부부의 공유로 추정하였다(§830 ③).

(4) 협의이혼의 가정법원 확인

구법상의 협의이혼은 당사자 간의 협의와 신고라는 간단한 방법으로 효력이 발생하였는데, 개정법에서는 「가정법원의 확인을 받아」 신고하도록 하였다(§836 ①).[199]

(5) 부모의 친권공동행사

개정 전에는 친권자는 미성년자인 자녀와 동일한 가에 있는 부가 제1차로 친권

---

196) 김주수(1963), 59 이하.
197) 범여성 가족법개정촉진회(1974). 이 개정안에는 김용한·김주수·박병호·이태영·한봉희 교수가 참여하였다.
198) 그 경위에 관하여는 이태영(1992), 143 이하 참조.
199) 민법이 개정되기 전에는 1963. 7. 31. 개정된 戸籍 §79-2가 협의이혼신고는 그 서면의 진정성립의 여부를 확인한 후에 수리하여야 한다고 규정하여, 같은 해 10. 1.부터는 호적공무원이 당사자의 이혼의사를 확인하는 절차를 거치고 있었다.

자가 되고, 부가 없거나 기타 친권을 행사할 수 없을 때 제2차로 자녀와 가를 같이하는 모가 친권자로 된다고 규정하고 있었다(§909 ②). 개정법은 이 규정을, 미성년자인 자에 대한 친권은 부모가 공동으로 행사하되, 부모의 의견이 일치하지 아니하는 경우에는 부가 행사하며, 부모의 일방이 친권을 행사할 수 없을 때에는 다른 일방이 이를 행사하는 것으로 바꾸었다.

그리고 상속법에 관하여는 법정상속분이 처 및 동일가적 내에 있는 여자에게 유리하게 바뀌었고(§1009), 유류분 제도가 도입되었다(§1112 이하).

다. 1990년 개정

1990. 1. 13. 법률 제4199호에 의하여 개정된 민법은 김장숙 의원 등의 발의로 제출되었던 개정안을 바탕으로 한 것이다. 이 개정안에는 호주제도 폐지, 동성동본불혼 규정의 삭제 등이 포함되어 있었다. 그러나 위 개정안에 대하여 법제사법위원장이 제안한 대안이 받아들여져서, 원래의 개정안은 폐기되었다. 의결된 대안은 호주제도 폐지와 동성동본 불혼 삭제는 받아들이지 않았으나, 나머지는 대부분 원안의 내용을 받아들여, 큰 폭의 개정이 이루어졌다.200)

(1) 호주상속을 호주승계로 변경

개정법은 개정 전의 호주상속 제도를 호주승계 제도로 바꾸었다(§980 이하). 종래의 남자 우선의 원칙은 유지되었지만, 승계권의 포기를 인정하는(§991) 등의 변화가 있었다.

(2) 친족관계의 변경

친족의 종류와 범위는 남녀평등의 원리에 충실하게 개정되었다. 그리하여 친족의 범위를 부계(父系), 모계의 차별 없이 8촌 이내의 혈족으로 하고(§777), '직계존속의 자매의 직계비속'을 방계혈족에 포함시켰으며(§768), 혈족의 배우자의 혈족'을 인척에서 제외하고(§769), 계모자관계와 적모서자관계를 종래의 법정친자관계로부터 단순한 인척관계로 바꾸었다(§§773, 774의 삭제).

(3) 이혼

이혼시 자녀양육에 관하여 부에게 일차적 책임을 인정하고 있던 것을 부부쌍방의 협의에 의하여 정하는 것으로 바꾸었고(§837), 미성년자녀에 대한 면접교섭권을 신설하였으며(§837-2), 이혼배우자의 경제적 보호를 위하여 재산분할청구권을 도입하였다(§839-2). 그리고 혼인생활비용에 관해서는 종래의 부(夫) 부담으로부터 부부공동부담으로 바꾸었다(§833).

---

200) 개정의 경위에 대하여는 이태영(1992), 585 이하 등 참조.

(4) 양자

종래의 가를 위한 양자 제도를 위하여 인정되었던 서양자(婿養子) 제도, 유언양자 제도, 사후양자제도 등을 폐지하는 한편, 후견인이 입양의 동의를 할 때에는 가정법원의 허가를 얻도록 하였다(§871 단서).

(5) 친권

친권 행사에 관하여 부모의 의견이 일치하지 않는 경우에는 가정법원의 결정에 따르도록 하였다(§909 ②). 그리고 부모가 이혼하거나 부의 사망후 모가 친가에 복적 또는 재혼한 때에는 그 모는 전 혼인중에 출생한 자의 친권자가 되지 못하던 것(§909 ⑤)을, 부모의 협의로 친권자를 정하고, 협의가 이루어지지 않으면 가정법원이 정하도록 하였다.

라. 2005년 개정[201]

2005. 3. 31. 법률 제7427호에 의한 민법 개정은 민법 제정 후 가장 큰 폭의 것으로서, 친족법의 구조를 전면적으로 바꾸었다고 할 수 있다. 개정 규정 중 대부분은 2008. 1. 1.부터 시행되었다. 이 중 중요한 것을 살펴본다.

(1) 호주제의 폐지

민법 제정 후 가장 논란이 되었던 것 중의 하나인 호주제는 폐지되었다.

(2) 혼인법의 개정

헌법재판소가 헌법불합치결정을 내렸던 동성동본 금혼 규정은 삭제되고, 금혼범위가 8촌 이내의 혈족, 6촌 이내의 혈족의 배우자, 배우자의 6촌 이내의 혈족, 배우자의 4촌 이내의 혈족의 배우자인 인척과, 6촌 이내의 양부모계(養父母系)의 혈족이었던 자와 4촌 이내의 양부모계의 인척이었던 자로 바뀌었다(§809). 그리고 여자의 재혼금지기간은 없어졌다(§811).

(3) 친생부인, 인지 등

친생부인권자를 종전의 부(夫)에서 부부의 일방으로 함으로써 처인 모의 친생부인권을 인정하였고(§846), 그 제소기간을 개정 전의 "출생을 안 날로부터 1년"에서 "그 사유가 있음을 안 날부터 2년"으로 바꾸었다(§847). 제소기간의 개정은 헌법재판소의 헌법불합치 결정 때문이다.

그리고 부 또는 모가 사망한 경우에 인지를 청구할 수 있는 기간이 개정 전에는 "사망을 안 날로부터 1년"이었는데 이를 2년으로 늘렸고(§864), 인지된 자의 양육책임과 면접교섭에 관한 규정을 신설하였으며(§864-2), 친생자관계존부확인의 소의 제소

---

201) 이화숙(2005) 참조.

기간을 그 사망을 안 날로부터 1년에서 2년으로 늘렸다(§865).

(4) 양자

양자가 될 자가 15세 미만인 경우에 후견인이 대락을 하려면 법원의 허가를 받도록 하였다(§869 단서). 그리고 친양자 제도를 신설하였다(§908-2에서 §908-8까지)

(5) 친권

개정 전에는 미성년자인 자는 부모의 친권에 복종한다고 하던 것을, 부모는 미성년자의 친권자가 된다고 바꾸었고(§908 ①), 혼인의 취소, 재판상 이혼 또는 인지청구의 소의 경우에는 법원이 직권으로 친권자를 정하도록 하였다(§908 ⑤). 그리고 친권을 행사함에 있어서는 자의 복리를 우선적으로 고려하여야 한다는 규정을 신설하였다(§912).

(6) 후견

후견인의 변경을 인정함으로써(§940), 법정후견제가 피후견인의 이익을 위하여 불충분하였던 점을 보완하였다.

마. 2007년 개정

2007. 12. 21. 법률 제8720호에 의하여 개정된 민법은 협의이혼에 관하여 이른바 이혼숙려제를 신설하여, 협의이혼의 확인을 받으려면 양육하여야 할 자가 있는 경우에는 3월, 그렇지 않은 경우에는 1월을 기다리도록 하였고(§836-2), 또 양육하여야 할 자가 있으면 양육자의 결정, 양육비용의 부담 및 면접교섭권의 행사여부 및 그 방법에 관하여 협의하여야 하도록 규정하였다(§837). 그리고 면접교섭권을 부모뿐만 아니라 子의 권리인 것으로 바꾸었고(§837-2), 재산분할청구권의 보전을 위한 채권자취소권 규정도 신설하였다(§839-3).

이외에 종전에 약혼과 혼인적령이 남자 18세, 여자 16세로 되어 있던 것을 모두 18세로 통일하였다(§§801, 807).

바. 2009년 개정

2009. 8. 9. 법률 제9650호에 의하여 개정된 민법은 가정법원은 당사자가 협의한 양육비부담에 관한 내용을 확인하는 양육비부담조서를 작성하도록 함으로써, 이를 집행권원으로 할 수 있도록 하였다(§836 ⑤ 신설).

사. 2011년 성년후견제 도입[202]

2011. 3. 7. 법률 제10429호에 의하여 개정된 민법은 종래의 금치산 및 한정치산 제도를 갈음하는 성년후견제를 도입하였다. 그리하여 후견제도로서는 성년후견, 한정

---

202) 이에 대하여는 윤진수·현소혜 참조.

후견, 특정후견 및 임의후견의 네 가지가 인정되게 되었다. 개정법은 2013. 7. 1.부터 시행되었다.

아. 2011년 친권법 개정[203]

2011. 5. 19. 법률 제10645호에 의하여 친권법이 개정되었다. 종래에는 미성년 자녀를 둔 부모 중 일방만이 친권자였다가 그 후 그 친권자가 사망하면 다른 일방이 당연히 친권자가 되는가, 아니면 이 경우에는 후견이 개시되는가에 관하여 논쟁이 있었고, 판례나 실무에서는 당연히 친권이 당연히 부활한다는 친권부활설을 따르고 있었다. 그러나 개정법은 자녀의 복리를 위하여 일방이 사망하는 등 친권을 행사할 수 없게 되더라도 다른 일방의 친권이 당연히 부활되는 것은 아니고, 법원에 의하여 친권자 지정을 받아야 하며, 그러한 지정이 없을 때에는 법원이 후견인을 선임할 수 있는 것으로 내용을 바꾸었다. 이 개정법은 2013. 7. 1.부터 시행되었다.

자. 2012년 입양법 개정[204]

2012. 2. 10. 법률 제11300호로 개정된 민법은 주로 입양에 관한 부분이 달라졌다. 종래에는 친양자 아닌 일반양자의 입양에 관하여는 후견인이 피후견인을 양자로 하는 등 특수한 경우 외에는 법원이 입양 절차에 관여하지 않았는데, 개정법은 미성년자를 입양하는 경우에는 가정법원이 허가를 하도록 하였다. 또한 미성년자의 경우에는 재판상 파양만이 가능하도록 하고, 협의상 파양은 허용되지 않는 것으로 하였다. 그리고 친양자의 경우에도 종래에는 15세 미만인 사람만이 친양자가 될 수 있었는데, 개정법은 미성년자는 친양자가 될 수 있도록 하는 등 다소의 변화가 있었다. 이 개정법은 2013. 7. 1.부터 시행되었다.

이외에 중혼취소청구권자를 직계비속에서 직계혈족으로 넓히고(§818), 부부 사이의 계약취소권을 없애 버리는 등(§828 삭제), 다른 조문도 일부 개정되었다.

차. 2014년 친권법 개정

2014. 10. 15. 법률 제12777호로 개정된 민법은 자녀의 복리 보호를 위하여 친권의 일부정지, 제한 및 친권자의 동의를 갈음하는 재판 제도를 신설하였다. 이는 친권 상실 또는 대리권과 재산관리권 상실 제도만으로는 미성년 자녀의 이익을 효율적으로 보호하기에 불충분하다고 보아 도입되었다.[205] 이 법은 2015. 10. 16.부터 시행되었다.

---

203) 윤진수·현소혜 참조.
204) 윤진수·현소혜 참조.
205) 개정 배경에 대하여는 윤진수·현소혜(2013) 참조.

그리고 2014. 1. 28. 법률 제12341호로 제정된 아동학대범죄의 처벌 등에 관한 특례법은 아동학대범죄가 있으면 검사가 친권자나 후견인인 아동학대행위자에 대하여 친권상실선고나 후견인의 변경심판을 청구할 수 있도록 하고(§9), 친권자나 후견인인 아동학대행위자에 대한 임시조치 및 보호처분으로서 판사가 친권 또는 후견인 권한 행사의 제한 또는 정지를 할 수 있게 하며(§19 ① iv, §36 ① iii), 이 경우 후견인의 임무를 수행할 사람을 정하도록 하였다(§23, §36 ④).

카. 2016. 12. 2. 개정

이 개정은 조부모의 손자녀에 대한 면접교섭권을 인정하는 내용이다. 개정규정은 2017. 6. 3.부터 시행되었다.

타. 2016. 12. 20. 개정

이 개정은 피후견인의 직계비속은 그 직계혈족이 피후견인을 상대로 소송을 하였거나 하고 있더라도 후견인 결격사유에 해당되지 않도록 하려는 것이다. 이 개정규정은 바로 시행되었다.

파. 2017. 10. 31. 개정

이 개정은 §844 ②에 대하여 헌법불합치를 선고한 헌법재판소 2015. 4. 30. 선고 2013헌마623 결정으로 인한 것이다. 그리하여 혼인관계가 종료된 날부터 300일 이내에 출생한 자녀에 대하여 어머니와 어머니의 전(前) 남편은 친생부인의 허가 청구를, 생부(生父)는 인지의 허가 청구를 할 수 있도록 하여 친생부인(親生否認)의 소(訴)보다 간이한 방법으로 친생추정을 배제할 수 있도록 하였다. 이 개정규정은 2018. 2. 1.부터 시행되었다.

하. 2021. 1. 26. 개정

이 개정은 친권자의 징계권을 규정하고 있던 §915가 체벌 등 아동학대를 정당화하는데 악용될 우려가 있다고 하여 이를 삭제하는 것이다. 개정규정은 바로 시행되었다.

第 1 章　總則

第 767 條 (親族의 定義)
配偶者, 血族 및 姻戚을 親族으로 한다.

▌**참고문헌**: 양현아(2011), 한국 가족법 읽기; 전경근(2011), "형법에 있어서의 친족의 범위", 경찰법연구 9-1.

Ⅰ. 배우자의 의의

배우자는 법률상 부(夫) 또는 처를 뜻한다. 따라서 사실혼의 부부1)나 첩은 친족이 아니다. 다만 사실혼의 부부는 개별 법령2)이나, 판례3)에 따라 배우자에 준하는 보호를 받는 경우가 있다. 배우자 관계는 혼인의 성립으로 발생하고 당사자 일방의 사망, 혼인 취소, 이혼으로 소멸한다. 부부 일방의 사망은 배우자 관계의 소멸사유이지만, 인척관계의 소멸사유는 아니다.

---

1) 따라서 통역인이 피해자의 사실혼 배우자라 하여도 통역인에게 刑訴 §25 ①, §17 ii(§17 ii는"법관이 피고인 또는 피해자의 친족 또는 친족관계가 있었던 자인 때에는 직무집행에서 제척된다"고 규정하고 있고, §25 ①은 위 규정을 통역인에게 준용하고 있다)에서 정한 제척사유가 있다고 할 수 없다. 대법원 2011. 4. 14. 선고 2010도13583 판결.

2) 공무원연금법 §3 ① iv, 국민연금법 §3 ②, 군인연금법 §3 ① iv, 산업재해보상보험법 §5 iii, 국가유공자 등 예우 및 지원에 관한 법률 §5 ②, 보훈보상대상자 지원에 관한 법률 §3 ②, 어선원 및 어선 재해보상보험법 §2 iii, 주택임대차보호법 §9 ①, ②, 근로기준법 시행령 §48 ① i등 참조.

3) 대법원 1995. 3. 28. 선고 94므1584 판결(재산분할에 관한 민법 규정은 사실혼 관계에도 준용 또는 유추적용할 수 있다), 대법원 2008. 2. 14. 선고 2007도3952 판결(사실혼의 경우에도 형법상 유기치사죄의 요건으로서 법률상 보호의무의 존재를 긍정해야 한다) 참조.

배우자를 친족에 포함시키는 것에 입법론상 의문을 제기하는 견해도 있지만, 민법 및 기타 법률에 배우자가 포함되어야 하는데 '친족'이라고만 규정한 경우가 많으므로, 민법상 친족에 배우자를 포함시키는 것은 현실적으로 필요하다.[4]

Ⅱ. 혈족의 의의

혈족은 직계혈족/방계혈족 또는 자연혈족/법정혈족으로 나눌 수 있다. 혈족으로서 친족관계로 인한 법률상 효력이 미치는 범위는 민법 또는 다른 법률에 특별한 규정이 없는 한 8촌 이내의 혈족에 한정된다(§777 i).

자연혈족은 부모와 자녀, 형제자매와 같이 자연적인 혈연으로 연결되는 친족을 뜻한다. 자연혈족관계는 원칙적으로 출생 또는 인지(그 효과는 자녀의 출생시로 소급한다. §860)에 의하여 발생하고, 사망에 의하여 소멸한다. 태아는 일정한 경우 이미 출생한 것으로 보아 권리능력이 인정되고(§1000 ③, §762) 인지의 대상이 되므로(§858), 그 한도 내에서 태아도 혈족관계에 있는 자의 지위를 가지고 있다.[5] 자연혈족관계에 있는 일방이 사망하더라도, 사망자를 통하여 연결된 생존자 사이의 혈족관계는 이에 영향을 받지 않는다. 따라서 부모가 사망하더라도 조부모와 손자녀 사이의 혈족관계는 유지된다. 혼인외 출생자의 경우 인지의 취소, 인지에 대한 이의로 부계혈족관계가 소멸한다(§861, §862).

법정혈족은 법률에 의해 인정된 혈족관계로서, 현재 입양에 의한 양친자관계가 법정혈족관계로 인정되고 있다.[6] 1990년 개정 전 민법은 적모서자(嫡母庶子, 호적상 모와 인지된 혼인외 출생자) 관계와 계모자(繼母子, 계모와 전처자식) 관계도 법정혈족관계로 규정하고 있었으나 1990년 개정 민법은 이를 전근대적인 것이고 남녀평등에 반하는 것이라는 이유로 폐지하였다.[7] 현행법상 이들 관계는 혈족의 배우자 또는 배우자의 혈족으로서 인척에 해당한다.[8] 위 개정 민법의 시행일인 1991. 1. 1.부터 그 이전에

---

4) 송덕수, 296.
5) 박동섭·양경승, 36–37.
6) 우리나라의 양자제도는 그 법적 근거에 따라 세 가지 즉, 민법에 의한 보통양자제도, 친양자제도, 입양촉진 및 절차에 관한 특례법에 의한 양자제도로 나누어 볼 수 있다.
7) 양현아(2011), 377은 이러한 개정에서 "낳아준 모성(생모)의 '피'가 아버지의 부인이라는 '법'보다 우선시되는 경향이 시작되었다"고 진단한다.
8) 대법원 1997. 2. 28. 선고 96다53857 판결은 1990년 민법 개정에 따라 계모는 더 이상 법률상의 모가 아니지만, 자동차종합보험의 가족운전자 한정운전 특별약관상 "기명피보험자와 그 부모, 배우자 및 자녀 이외의 자가 피보험자동차를 운전하던 중에 발생된 사고에 대하여는 보험금을 지급하지 아니합니다"라는 조항의 취지에 비추어, 피보험자의 계모가 부(父)의 배우자로 실질적으로 가족의 구성원으로 가족공동체를 이루어 생계를 같이 하고 피보험자의 어머니의 역할을 하면서 피보험자동차를 이용하고

성립된 계모자 사이의 법정혈족관계는 소멸한다[민법(1990. 1. 13. 법률 제4199호) 부칙 §4].9)10)

　양친자관계는 입양의 성립으로 발생하고, 입양의 취소, 파양, 사망으로 소멸한다. 입양한 때부터, '양부모와 그 혈족, 인척'과 '양자' 사이에 혼인중 출생자와 같은 친족관계가 발생한다(§772 ①, §882-2 ①, §908-3). 양자의 직계비속은 그 출생이 입양 성립 전인지 후인지를 묻지 않고 법정혈족이 된다.11) 입양 후 양부모 중 일방이 사망하여 생존자가 재혼한 경우, 당사자 사이에 새로 입양신고를 하지 아니하는 이상 인척관계가 생길 뿐이고, 양친자관계가 발생하지 않는다.12) 양자는 양친측과 친족관계가 발생하더라도 친생부모측과의 친족관계는 소멸하지 않는다(§882-2 ②). 다만 친양자의 경우, 친양자가 된 자와 친생부모와의 친족관계는 원칙적으로 종료한다(§908-3 ②). 양자가 파양하지 않고 다른 사람의 양자가 된 경우 원래의 양친족관계는 소멸하지 않는다.13)

　양친 또는 양자의 사망으로 양친자관계는 소멸하지만, 사망자를 제외한 나머지 생존자들 사이의 친족관계는 그대로 유지되고, 따라서 양자의 직계비속은 양조부모 및 그 혈족과의 법정혈족관계로부터 벗어날 수 없다. 이는 자연혈족의 경우와 마찬가지이다. 부부공동입양 후 양부모가 이혼하더라도 법정혈족관계에는 변동이 없다.14)

　있다면, 위 약관상의 모에 해당한다고 보았다. 한편, 대법원 2009. 1. 30. 선고 2008다68944 판결은 가족운전자 한정운전 특별약관상 기명피보험자의 모에 기명피보험자의 부(父)의 사실상의 배우자는 포함되지 않는다고 보았다.

9) 아내의 계모가 사망한 경우, 민법 개정 전에 계모자관계가 형성되었더라도 민법 개정에 따라 친족관계가 소멸되었으므로, 군인연금법상 사망조위금 지급요건인 "배우자의 직계존속이 사망한 경우"에 해당하지 않는다는 판례로는 대법원 2012. 2. 9. 선고 2011두19871 판결 참조. 같은 취지에서, 계모는 국민연금법상 유족연금 수급권자인 모에 해당하지 않는다는 판례로는 서울고등법원 1998. 11. 27. 선고 97구52518 판결 참조.

10) 헌법재판소는 위 부칙조항에 대하여, "계모자 사이의 법정혈족관계를 폐지한 것은, 계모자관계는 당사자의 의사를 고려하지 않고 법률로써 모자관계를 의제하여 계자가 불이익을 받는 경우가 많았고 이는 가부장적 제도의 산물로서 양성평등의 원칙에 반한다는 등의 근거에 의하여 사회적 공익을 유지하기 위한 결단에 따른 것으로 입법목적의 정당성 및 수단의 적합성이 인정되고, 계모자관계 당사자는 입양신고로써 친생자관계와 동일한 효과를 얻을 수 있고 가족공동생활을 유지하고 있는 경우 상호 부양의무가 인정되므로 기본권 제한의 정도가 과도하지 아니하며, 사회 전체에 통용되는 가족질서를 형성한다는 관점에서 유사한 정도의 효과를 가지는 적정한 대체수단을 찾기도 어려우므로 피해최소성의 원칙에도 반하지 않으며, 법익의 균형성도 인정된다"면서, 헌법 §36 ①에 위반되지 않는다고 판단하였다[헌법재판소 2011. 2. 24. 2009헌바89, 248(병합) 결정].

11) 다만, 15세 미만인 자만 친양자가 될 수 있으므로, 입양당시 친양자에게 직계비속이 있는 경우는 상상하기 쉽지 않다. 양부모와 양자의 친생부모나 혈족 사이에는 혈족관계가 발생하지 않는다.

12) 박동섭·양경승, 37-38.

13) 송덕수, 294.

14) 대법원 2001. 5. 24. 선고 2000므1493 전원합의체 판결.

Ⅲ. 인척의 의의

인척은 배우자 이외에 혼인에 의하여 비로소 친족이 되는 사람을 말한다. 인척에는 혈족의 배우자(사위, 형제의 처, 자매의 남편, 삼촌의 처 등), 배우자의 혈족(장인장모, 시부모, 형수, 처제 등), 배우자의 혈족의 배우자(배우자의 형제의 처, 배우자의 백숙모 등)가 포함된다(§769). 1990년 민법 개정 전까지는 혈족의 배우자의 혈족(형수의 부모 등)도 인척에 포함되었으나, 1990년 민법 개정으로 인척의 범위에서 제외되었다. 인척으로서 친족관계로 인한 법률상 효력이 미치는 범위는 민법 또는 다른 법률에 특별한 규정이 없는 한 4촌 이내의 인척에 한정된다(§777 ⅲ).

인척관계는 혼인의 성립으로 발생하고, 혼인의 취소나 이혼으로 소멸한다(§775 ①). 혼인이 무효인 때에는 인척관계는 처음부터 생기지 않는다. 부부 일방이 사망하였다고 해서 인척관계가 당연히 소멸하지는 않고,15) 생존배우자가 재혼한 경우에 종료한다(§775 ②). 민법은 배우자에게도 대습상속권을 인정하고 있는데(§1003 ②, §1001), §775 ②에 비추어 재혼한 생존배우자에게는 대습상속이 인정되지 않는다. 법정혈족관계가 입양의 취소나 파양으로 인하여 소멸하는 경우, 그 입양으로 성립되었던 인척관계도 동시에 소멸된다. 다만, 개별 법률관계에 따라 과거의 인척관계가 현재의 인척관계와 마찬가지로 다루어질 수 있다(§815 ⅲ등).

---

15) 따라서 상속권이 인정되고, 친족간 부양의무가 여전히 문제된다. 배우자가 사망한 후 그 배우자의 직계존속을 살해하려고 한 경우 존속살인미수죄가 적용될 수 있는지에 관하여, 刑 §250 ②상 '배우자의 직계존속'에 '현재 사망하여 배우자 관계가 종료한 자의 직계존속'은 포함되지 않는다고 보아 부정하는 학설이 많다. 이재상, 형법각론(2008), 27 참조[과거 존속살인죄가 존재하던 시기의 일본 최고재판소 판례[日最判 1957(昭32). 2. 20. 刑集 11·2·824]도 같은 결론을 취하고 있었다]. 이에 대하여 인척관계가 유지되고 있으므로 존속살인죄가 적용된다는 반론으로는 전경근(2011), 199 참조.

第 768 條 (血族의 定義)

自己의 直系尊屬과 直系卑屬을 直系血族이라 하고 自己의 兄弟姉妹와 兄弟姉妹의 直系卑屬, 直系尊屬의 兄弟姉妹 및 그 兄弟姉妹의 直系卑屬을 傍系血族이라 한다.

I. 직계혈족의 의의

직계혈족에는 직계존속과 직계비속이 있다. 혈연이 수직으로 올라가서 연결되는 친족으로서 부모, 조부모 등 부모 이상의 항렬에 속하는 친족을 직계존속이라 하고, 혈연이 수직으로 내려가서 연결되는 친족으로서 자녀, 손자녀 등 자신보다 낮은 항렬에 속하는 친족을 직계비속이라 한다.

존속과 비속이라는 개념은 '혈족'에 한한 것이고 '인척'에서는 있을 수 없다. 따라서 '배우자의 직계존속'은 법률상 가능한 개념이지만, '인척인 직계존속'은 법률상 있을 수 없는 개념이다.[1]

II. 방계혈족의 의의

공동선조에서 혈통이 내려와 갈라지는 친족을 방계혈족이라 한다. 1990년의 민법 개정 전에는 "형제자매 및 형제의 직계비속, 직계존속의 형제자매 및 그 형제의 직계비속"만을 방계혈족으로 규정하고 있었으나, 이는 여계혈족을 부당하게 차별하는 것이라는 비판에 따라 현행 민법은 자매의 직계비속, 직계존속의 자매의 직계비속도 방계혈족에 포함시켰다. §768의 형제자매에는 부계 및 모계의 형제자매를 모두 포함하므로, 이복형제와 이성동복형제도 형제자매에 포함된다.[2]

---

1) 新注民(21), 124(中川高男).
2) 대법원 2007. 11. 29. 선고 2007도7062 판결(이복형제는 민법 §768에서 말하는 형제자매에 해당하므로 그들 사이에 정치자금 수수가 있더라도 정치자금법 §45 ① 단서에 따라 책임이 조각된다); 대법원 1997. 11. 28. 선고 96다5421 판결(이성동복의 형제자매도 민법 §1000 ① iii 소정의 "피상속인의 형제자매"에 포함된다); 대법원 1997. 3. 25. 선고 96다38933 판결(이성동복의 형제자매도 산업재해보상보험법상 유족급여 수급권자인 형제자매에 포함된다) 참조.

第 769 條 (姻戚의 系源)

血族의 配偶者, 配偶者의 血族, 配偶者의 血族의 配偶者를 姻戚으로 한다.

∥참고문헌: 김은아(2008), "민법상 인척의 지위에 관한 검토", 법학연구 30.

Ⅰ. 혈족의 배우자

가령, 사위, 며느리, 계부, 계모, 적모, 형제의 처, 자매의 남편, 손자며느리, 손자 사위, 고모나 이모의 남편, 조카의 처 등이 해당한다.

Ⅱ. 배우자의 혈족

가령, 배우자의 부모, 조부모, 형제자매, 형제자매의 자녀, 백숙부 등이 해당한다.

Ⅲ. 배우자의 혈족의 배우자

가령, 배우자의 아버지의 처인 적모나 계모, 배우자의 어머니의 남편인 계부, 배우자의 형제자매의 처나 남편, 배우자의 백숙부, 고모, 이모의 처나 남편 등이 해당한다.

Ⅳ. 혈족의 배우자의 혈족의 경우

1990년의 민법 개정 전에는 혈족의 배우자의 혈족도 인척의 계원에 포함되었는데, 이러한 사람은 관습상으로 사돈이며 겹사돈이 가능하였던 점을 고려하여, 인척에서 삭제하였다.[1] 따라서, 의붓손녀는 혈족의 배우자의 혈족의 관계에 있어 인척에 해

---

1) 박동섭·양경승, 39. 혈족의 배우자의 혈족에는 계모나 계부의 자녀도 포함될 수 있는데, 재혼한 부부

당하지 않으므로, 구 성폭력범죄의 처벌 및 피해자보호 등에 관한 법률 §7상 '친족'에 해당하지 않고,[2] 사기죄의 피고인과 피해자가 사돈지간에 있어도 이는 혈족의 배우자의 혈족관계로 민법상 친족으로 볼 수 없어 친족상도례가 적용되지 않는다.[3]

가 전배우자와의 사이에서 출생한 자녀가 있을 경우 그 자녀들 간의 혼인이 가능하다고 보는 것은 부당하다는 비판으로는 김은아(2008), 123 참조.

2) 제주지방법원 2004. 12. 22. 선고 2004고합183 판결.

3) 대법원 2011. 4. 28. 선고 2011도2170 판결.

第770條 (血族의 寸數의 計算)

① 直系血族은 自己로부터 直系尊屬에 이르고 自己로부터 直系卑屬에 이르러 그 世數를 定한다.

② 傍系血族은 自己로부터 同源의 直系尊屬에 이르는 世數와 그 同源의 直系尊屬으로부터 그 直系卑屬에 이르는 世數를 通算하여 그 寸數를 定한다.

Ⅰ. 조문의 의의

촌수란 친족관계의 멀고 가까움을 측정하는 척도의 단위를 뜻한다. 민법에서는 촌과 같은 뜻으로서 친등이라는 말도 사용하고 있다(§1000 ②). 세수란 친족관계를 발생하게 하는 출생의 수를 뜻하는데, 우리 민법은 세수를 기준으로 촌수를 결정하고 있다.

Ⅱ. 촌수의 계산법

직계혈족의 경우 서로를 연결하는 친자의 세수를 계산하면 된다. 즉, 부모와 자는 1촌이고, 조부모와 손자녀는 2촌이며, 증조부모와 증손자녀는 3촌이 된다.

방계혈족의 경우 그 일방으로부터 쌍방의 공동시조에 이르는 세수와 공동시조로부터 다른 일방에 이르는 세수를 합하여 이를 촌수로 한다. 즉, 부모를 공동시조로 하는 형제자매는 2촌이고, 조부모를 공동시조로 하는 백숙부와 조카는 3촌이 된다. 혼인중 출생자와 혼인외 출생자는 아버지는 같고, 어머니만 다를 뿐이므로 서로 2촌의 방계혈족간이다.[1]

배우자의 경우에는 촌수가 없다.

---

1) 박동섭·양경승, 46.

第 771 條 (姻戚의 寸數의 計算)

姻戚은 配偶者의 血族에 대하여는 配偶者의 그 血族에 대한 寸數에 따르고 血族의 配偶者에 대하여는 그 血族에 대한 寸數에 따른다.

Ⅰ. 배우자의 혈족의 경우

가령, 처나 부(夫)의 부모는 인척 1촌, 부(夫)의 형제자매는 인척 2촌이다.

Ⅱ. 혈족의 배우자의 경우

가령, 백숙모는 3촌인 백숙부와 같은 촌수의 인척 3촌이고, 종형제수는 4촌인 종형제와 같은 촌수의 인척 4촌이다.

第 772 條 (養子와의 親系와 寸數)

① 養子와 養父母 및 그 血族, 姻戚 사이의 親系와 寸數는 入養한 때로부터 婚姻 中의 出生子와 同一한 것으로 본다.

② 養子의 配偶者, 直系卑屬과 그 配偶者는 前項의 養子의 親系를 基準으로 하여 寸數를 定한다.

▌참고문헌: 見目明夫(2002), "相続人の範囲と順位", 判例タイムズ1100.

양친의 혈족은 자연혈족과 법정혈족을 포함한다. 즉, 양친의 형제는 3촌의 법정 혈족이고 양친의 다른 양자는 2촌의 법정혈족이다. 친족을 양자로 입양한 경우, 기존 친족관계에 따른 촌수와 입양 후 계산된 새로운 촌수가 다를 수 있고, 이에 따라 친족관계나 상속자격이 중복, 경합할 수 있다. 이 경우 원칙적으로 각 친족관계나 상속 자격은 그 고유의 효과를 갖는다고 봄이 타당할 것으로 사료된다.[1] 가령 손자가 조부의 양자인데 손자의 친부가 먼저 사망하고 조부가 사망한 경우, "조부의 양자로서의 상속인 자격"과 "친부의 대습상속인으로서의 자격"이 경합하는데, 이에 대해서는 두 지위를 모두 주장할 수 있다.[2] 다만, 손자가 조부의 양자인데 조부가 먼저 사망하고 친부가 사망한 경우, "친부의 자녀로서의 상속인 자격"과 "친부의 형제자매로서의 상속인 자격"이 경합하나 후자가 후순위이므로 전자의 상속인 자격만 인정될 것이다. 동생이 형의 양자인데 형이 사망한 경우 "형의 양자로서의 상속인 자격"과 "형의 형제자매로서의 상속인 자격"이 경합하나, 마찬가지로 전자만 인정될 것이다. 이처럼 서로 다른 순위의 상속자격이 중복되는 경우 상속포기의 의사표시가 있다면 상속포기의 대상이 되는 상속자격을 무엇으로 볼 것인지 문제될 수 있다. 이는 상속포기자의 의사해석의 문제이다. 상정할 수 있는 견해로는 ① 어느 일방의 자격만을 포기한 경우 다른 자격에 의한 상속은 가능하다는 견해, ② 선순위자격의 포기는 당연히 후순위 자격의 포기도 포함한다는 견해, ③ 선순위 자격의 포기가 있는 경우 후순위자

---

[1] 윤진수, 345; 新注民(21), 98(中川高男). 참고로 독일 민법 §1927는 각각의 자격에서 상속권을 중복하여 인정한다.

[2] 그러나 박동섭·양경승, 598은 손자를 양자로 삼는 것 자체가 공서양속위반이라 무효가 될 우려가 있다고 한다.

격을 포기하지 않는다는 표시가 없는 한 후순위 자격도 포기한 것으로 보는 견해 등
이 있다.[3] 논란의 여지는 있지만 ③과 같이 보는 것이 합리적이지 않을까 사료된다.

입양 후 양친이 혼인한 경우에, 당사자 사이에 새로 입양신고를 하지 않는 한 양
자와 양친의 배우자 사이에는 양친자관계가 생기지 않고, 인척 1촌관계가 발생한다.

양친의 혈족이 사망한 이후 입양이 이루어졌다 하더라도, 입양된 때부터 법정혈
족 관계가 발생하는 것을 부정할 수 없다. 즉, A가 사망한 이후, A의 아버지가 B를 양
자로 입양한 경우 B(死後養弟)는 §772에 따라 입양된 때로부터 A의 형제의 지위를 갖
게 되고, 따라서 태평양전쟁 전후 국외 강제동원희생자 등 지원에 관한 법률상 위로
금 등의 지급대상인 A의 유족으로서의 '형제'에 해당한다.[4]

---

3) 일본 학설로는 見目明夫(2002), 315 참조.
4) 대법원 2010. 11. 25. 선고 2010두16127 판결.

第 773 條 ~ 第 774 條

削除

第 775 條 (姻戚關係 等의 消滅)

① 姻戚關係는 婚姻의 取消 또는 離婚으로 因하여 終了한다.

② 夫婦의 一方이 死亡한 경우 生存配偶者가 再婚한 때에도 第1項과 같다.

■**참고문헌**: 차성안(2011), 국민연금법의 유족연금 수급권자, 서울대학교박사논문.

Ⅰ. 입법의 경위

1990년 민법 개정 전에는 부(夫)가 사망한 경우에 처가 친가에 복적하거나 재혼한 경우에 인척관계가 종료한다고 규정하여, 처가 사망한 경우에는 부(夫)가 재혼하더라도 인척관계는 종료하지 않는 것으로 되어 있었다. 그러나 이 규정은 명백히 부부평등의 원칙에 반하는 것이었으므로, 1990년 민법 개정을 통해 위와 같은 내용으로 개정되었다.

Ⅱ. 인척간 부양의무 및 대습상속

부부일방이 사망한 경우에도 생존배우자가 재혼하기 전까지는 여전히 인척관계가 유지되므로, 생존배우자와 사망배우자의 직계존속 또는 직계비속 사이에 친족간 부양의무가 문제될 수 있다. 또한, §1003 ②에 따라 생존배우자에게는 대습상속권이 인정되는데 생존배우자가 재혼한 경우에는 §775 ②에 비추어 대습상속권을 인정할 수 없을 것이다.

부(父)가 사망한 경우 전처의 자식들과 계모 사이에 §974 i에 따른 부양의무가 인정될 수 있는지 여부와 관련하여, 하급심 판례[1] 중에는 §974 i에 규정된 직계혈족의 배우자는 "직계혈족과 부부공동생활을 하는 배우자로 제한해석해야 하고", 그러한 제한해석을 할 수 없더라도 위 조항이 "직계혈족 및 그 배우자간" 부양의무가 있다고

---

1) 서울가정법원 2007. 6. 29.자 2007브28 결정.

규정하고 있지 "직계혈족 및 직계인척간" 부양의무가 있다고 규정하고 있지 않은 점을 들어, 직계혈족이 생존해 있다면 부양의무자와 부양권리자가 생계를 같이 하는지와 관계없이 부양의무를 인정하고, 직계혈족이 사망하면 부양의무자와 부양권리자가 생계를 같이 하는 경우에 한하여(§974 iii) 부양의무를 인정하며, 생존배우자가 재혼함으로써 인척관계가 종료되면 부양의무를 부담시키지 않는 것으로 봄이 타당하다고 판시한 것이 있다.[2][3] → §974 주석 Ⅰ. 참조.

---

2) 시아버지가 사망한 아들의 며느리에게 부양청구를 한 경우, 배우자 일방의 사망으로 배우자관계는 소멸하므로 위 며느리는 §974 i에서 정한 '배우자'에 해당하지 않는다는 판례로는 대구지법 가정지원 2008.7.29.자 2008느단801 심판; 대법원 2013. 8. 30.자 2013스96결정(배우자 사망으로 배우자관계가 종료하므로 타방 배우자는 배우자였던 자에 불과하여 §974 i에 해당하지 않고, 그가 재혼하지 않는 한 생계를 같이 하는 경우에만 §974 iii에 의하여 부양의무가 인정된다) 참조.

3) 그러나 차성안(2011), 29는 이혼율·재혼율의 증가로 친생부모 사망시 계부모에 의한 계자녀 부양의 필요성이 크게 존재하는 점, 생계를 같이 하는 경우에 한하여 부양의무를 부담하게 되면 계부모에 의한 계자녀의 유기가 가능해질 수 있는 점 등을 이유로 계부모자녀 관계는 §974 i의 부양의무를 지는 친족으로서 생계유지를 같이 하는지 여부와 상관없이 부양의무가 인정된다고 보아야 한다고 주장한다.

第 776 條 (入養으로 因한 親族關係의 消滅)

入養으로 因한 親族關係는 入養의 取消 또는 罷養으로 因하여 終了한다.

　　파양이나 입양의 취소로 인하여 양친 및 그 혈족과 양자 사이의 모든 법정혈족
관계는 종료·소멸된다. 부부공동입양제를 채택하고 있는 현행 민법 하에서는 양부모
가 이혼하였더라도 양부자관계와 양모자관계는 존속한다.[1] 양자 또는 양친이 사망하
면, 법정혈족관계인 양친자관계도 소멸하지만, 사망자를 제외한 나머지 생존자들 사
이의 친족관계는 변함이 없다. 이 점에서 파양이나 입양의 취소와는 차이가 있다. 양
자가 사망한 경우 양자의 배우자는 재혼함으로써 §775 ②에 따라 인척관계를 종료시
킬 수 있으나, 양자의 직계비속은 양부모와 그 혈족에 대한 법정혈족관계로부터 벗어
날 수 없다.

　　양부모 중 일방이 사망하거나 양부모가 이혼한 경우, 생존한 양친이나 이혼한 양
친 중 일방은 '단독으로' 파양을 할 수 있다.[2] 이 경우 생존한 양친이나 이혼한 양친
중 파양을 청구한 당사자 및 그 혈족과의 관계에서만 친족관계가 소멸한다. 사망한
양친이나 이혼한 양친 중 파양을 청구하지 않은 당사자 사이의 친족관계는 존속한다.

---

1) 대법원 2001. 5. 24. 선고 2000므1493 전원합의체 판결.
2) 대법원 2001. 8. 21. 선고 99므2230 판결; 대법원 2009. 4. 23. 선고 2008므3600 판결.

第 777 條 (親族의 범위)

親族關係로 인한 法律上 效力은 이 法 또는 다른 法律에 특별한 規定이 없는 한 다음 各號에 해당하는 者에 미친다.

1. 8寸 이내의 血族
2. 4寸 이내의 姻戚
3. 配偶者

▌참고문헌: 박병호(1996), "친족범위의 조정과 그 문제점", 가족법논집; 박종연(1995), "성폭력법상 의붓아버지의 처벌가부(하)", 新聞 2435; 심희기(1996), "의붓아버지와 성폭력법상의 사실상의 관계에 의한 존속, 그리고 친족강간의 범주획정문제", 판례월보311; 이경희(1991), "개정민법상 친족의 범위에 관한 일고찰", 배경숙화갑기념; 이상욱(2002), "친족편 제1장 총칙·제6장 친족회의 개정 필요성과 개정방향", 家研16-2; 이재성(1994), "친족의 범위에 관한 법제의 변천", 諸問題 8.

Ⅰ. 의의 및 취지

1990년 개정 전 민법은 ① 8촌 이내의 부계혈족, ② 4촌 이내의 모계혈족, ③ 부(夫)의 8촌 이내의 부계혈족, ④ 부(夫)의 4촌 이내의 모계혈족, ⑤ 처의 부모, ⑥ 배우자로 규정하고 있었다. 그러나 1990년 민법 개정을 통해 부계혈족과 모계혈족 사이의 차이를 없애고 8촌의 모계혈족까지 친족범위를 확대하였고, 인척의 범위 관련하여 부와 처의 차이 및 부계혈족과 모계혈족의 차이를 없앴다.

우리 민법은 §777에서 총괄적으로 최대한도의 친족의 범위를 규정하는 방식을 취하고 있는데, 구체적인 관계에 대하여 개별적으로 친족관계를 정의하는 규정을 두는 것이 바람직하다는 견해가 있다.[1]

---

1) 박동섭·양경승, 42.

Ⅱ. 친족관계의 효과

친족은 민법뿐만 아니라 여러 법률에서 법률요건이 된다. 가령 형법상 범인은닉죄나 증거인멸죄에서는 일정한 친족관계가 인적 처벌조각사유가 되며, 친족상도례 등에서는 형 면제사유가 된다. 소송법에서는 증언거부권, 법관 등의 제척사유가 된다. 이 외에 각종 특별법에서 친족이라는 사실에 기하여 특별한 효과를 인정하고 있다.

Ⅲ. "사실상의 관계에 의한 친족"의 개념

구 성폭력범죄의 처벌 및 피해자보호 등에 관한 법률 §7는 사실상의 관계에 의한 친족을 (준)강간, (준)강제추행한 경우 이를 처벌하고 있었다. 현행 성폭력범죄의 처벌 등에 관한 특례법 §5 ⑤도 마찬가지이다. 판례는 ① 자연혈족의 관계에 있으나 법정 절차의 미이행으로 인하여 법률상의 혈족으로 인정되지 못하는 자(인지 전의 혼인 외의 출생자의 생부) 또는 법정혈족관계를 맺고자 하는 의사의 합치 등 법률이 정하는 실질관계는 모두 갖추었으나 신고 등 법정절차의 미이행으로 인하여 법률상의 혈족으로 인정되지 못하는 자(예컨대, 사실상의 양자의 양부),[2] ② 법률이 정한 혼인의 실질관계는 모두 갖추었으나 법률이 정한 방식, 즉 혼인신고가 없기 때문에 법률상 혼인으로 인정되지 않는 이른바 사실혼으로 인하여 형성되는 인척[3]이 '사실상의 관계에 의한 친족'에 포함된다고 본다. 따라서 피고인이 피해자의 생모의 동의를 얻어 피해자를 입양할 의사로 데려왔으나 자신의 처의 동의 없이 피해자를 자신과 처 사이의 친생자로 출생신고를 한 경우도 사실상 친족에 해당한다.[4] 반면, 의붓손녀는 인척이 아니고 위 조항이 민법이 정한 인척 내지 친족 개념 자체를 확대할 수는 없으므로 '사실상의 관계에 의한 친족'에 해당하지 않는다.[5]

---

2) 대법원 1996. 2. 23. 선고 95도2914 판결[피해자의 모와 사실상 부부관계에 있는 자는 사실상의 관계에 의한 '존속'에 포함되지 않는다고 보았다. 이 결론에 동의하는 견해로는 박종연(1995); 반대하는 견해로는 심희기(1996), 39 이하 참조. 그러나 이러한 의붓아버지는 사실상 관계에 의한 '친족'에 포함된다].
3) 대법원 2000. 2. 8. 선고 99도5395 판결(중혼적 사실혼도 포함한다. 대법원 2002. 2. 22. 선고 2001도5075 판결).
4) 대법원 2006. 1. 12. 선고 2005도8427 판결.
5) 제주지방법원 2004. 12. 22. 선고 2004고합183 판결.

第 2 章　家族의 範圍와 子의 姓과 本

第 778 條
削除

第 779 條 (가족의 범위)
① 다음의 자는 가족으로 한다.
　　1. 배우자, 직계혈족 및 형제자매
　　2. 직계혈족의 배우자, 배우자의 직계혈족 및 배우자의 형제자매
② 제1항 제2호의 경우에는 생계를 같이 하는 경우에 한한다.

▌참고문헌: 김민지(2020), "다양한 가족 유형의 확산에 따른 「민법」의 개선 과제 검토", 家硏 34-1; 윤진수(2005), "고씨 문중의 송사를 통해 본 전통 상속법의 변천", 家硏 19-2; 이은정(2006), "가족의 범위", 家硏 20-1; 전경근(2011), "형법에 있어서의 친족의 범위", 경찰법연구 9-1.

Ⅰ. 입법배경

　　2005년 민법 개정 전에는 호주제도를 전제로, 호주와 가족이 가를 구성하는 것으로 규정하고 있었다. 이러한 가 개념은 현실적인 생활공동체로서 가족이 아니라 추상적인 법적 공동체를 의미하였다. 그러나 2005년 개정으로 호주제도를 없애면서 §779에 가 대신의 가족의 범위에 관한 규정을 신설하였다. 원래 2003년 법무부 산하 가족법개정위원회의 제안에는 이러한 규정이 없었는데, 국무회의에서 호주제도를 폐지하면 '가족의 해체'가 우려된다고 하여 그 대안으로 가족 규정을 넣게 된 것이다.[1]

---

1) 이은정(2006), 213-214은 부모와 자녀를 제외한 직계혈족, 형제자매는 생계를 같이하는 경우에만 가

종래 호주제에 관하여는 남녀평등 원칙에 위배되고 일제식 가부장제도의 산물로
서 우리의 전통적 제도라고 볼 수 없다[2]는 등 많은 비판이 있었다. 헌법재판소는, 호
주제는 "호주를 정점으로 가(家)라는 관념적 집합체를 구성하고, 이러한 가를 직계비
속남자를 통하여 승계시키는 제도", 달리 말하면 남계혈통을 중심으로 가족집단을 구
성하고 이를 대대로 영속시키는데 필요한 여러 법적 장치로서, 성역할에 관한 고정관
념에 기초한 차별로서, 호주승계 순위, 혼인 시 신분관계 형성, 자녀의 신분관계 형성
에 있어서 정당한 이유없이 남녀를 차별하는 제도이고, 당사자의 의사나 복리와 무관
하게 남계혈통 중심의 가의 유지와 계승이라는 관념에 뿌리박은 특정한 가족관계의
형태를 일방적으로 규정·강요함으로써 개인을 가족 내에서 존엄한 인격체로 존중하
는 것이 아니라 가의 유지와 계승을 위한 도구적 존재로 취급한다고 보면서, 호주제
는 헌법 §36 ①에 위반되고, 심판대상 조항인 민법 §778, §781 ① 본문 후단, §826 ③
본문은 호주제가 지닌 위헌성을 고스란히 지니고 있다고 하여 위헌이라고 하면서, 다
만 호주제를 전제하지 않는 새로운 호적체계로 호적법을 개정할 때까지 심판대상조
항들을 잠정적으로 계속 적용케 하기 위하여 헌법불합치결정을 선고하였다.[3]

II. 규정의 실익

§779가 갖는 법률적 의미 내지 실익은 크지 않다. 가족 사이의 부양의무나 상속
권 등은 별도 규정에서 정하고 있기 때문이다(§826, §974 이하, §1000 등). 현행 민법 중
가족에 따른 법률효과가 인정되는 예로는 "제779조에 따른 후견인의 가족은 후견감
독인이 될 수 없다"고 규정하고 있는 §940−5를 들 수 있다(§959−5 ②, §959−10 ②,
§959−15 ⑤는 이를 준용한다).

刑 §151 ②, §155 ④은 "친족 또는 동거의 가족이 본인을 위하여 전항의 죄를 범
한 때에는 처벌하지 아니한다"고 규정하고 있는데, 여기서 '가족'이 §779의 가족과 같
은 의미라면, 굳이 '동거의 가족'을 추가로 기재할 이유가 없다. §779의 가족은 모두
친족이기 때문이다.[4] 형법 학설 중에는 사실혼 배우자도 "친족 또는 동거의 가족"에
포함된다는 주장이 있으나,[5] 판례는 사실혼 관계에 있는 자는 刑 §151 ② 및 §155 ④

족으로 봄이 타당하다면서, §779 ① i를 '배우자, 부모, 자녀'로 개정하자고 주장한다.
2) 우리 민법상 호주제도는 일본이 일제 치하에서 우리나라의 관습상 호주제도가 존재한다는 명분하에
일본의 추상적인 가제도와 호주제도를 강제로 인식한데 기원하였다는 점에 관해서는 윤진수(2005),
346−349.
3) 헌법재판소 2005. 2. 3. 2001헌가9 내지 15, 2004헌가5 결정.
4) 전경근(2011), 200.

소정의 '친족'이 아니라고 한다.[6] 또한, 刑 §328에서는 직계혈족, 배우자, 동거친족, 동거가족 또는 그 배우자간에는 서로의 권리행사를 방해한 경우에도 그 형을 면제한다고 규정하고 있으나, 여기서의 가족을 §779의 가족과 동일한 개념으로 보면, 동거친족과 별도로 동거가족 또는 그 배우자를 규정할 필요가 없다.[7] 친족상도례가 적용될 수 있는 친족 또는 가족의 범위는 민법에 따라 정하여진다.[8]

참고로 건강가정기본법은 가족을 "혼인·혈연·입양으로 이루어진 사회의 기본단위"로 정의하고 있고(§3 i), 가정을 "가족구성원이 생계 또는 주거를 함께 하는 생활공동체로서 구성원의 일상적인 부양·양육·보호·교육 등이 이루어지는 생활단위"로 정의하고 있다(§3 ii).

한편, §779가 장기간의 위탁양육을 통해 자연스럽게 형성된 위탁부모와 위탁아동과의 관계를 가족관계에서 제외한 것은 비판의 소지가 있다. 보다 근본적으로는 가족의 범위를 혼인·혈연 관계에 한정하는 것이 바람직한지에 대하여 진지한 재검토가 필요하다.

---

5) 이재상, 형법각론(2008), 770.
6) 대법원 2003. 12. 12. 선고 2003도4533 판결.
7) 전경근(2011), 201.
8) 이재상, 형법각론(2008), 290.

第 780 條

削除

第 781 條 (자의 성과 본)

① 자는 부의 성과 본을 따른다. 다만, 부모가 혼인신고시 모의 성과 본을 따르기로 협의한 경우에는 모의 성과 본을 따른다.

② 부가 외국인인 경우에는 자는 모의 성과 본을 따를 수 있다.

③ 부를 알 수 없는 자는 모의 성과 본을 따른다.

④ 부모를 알 수 없는 자는 법원의 허가를 받아 성과 본을 창설한다. 다만, 성과 본을 창설한 후 부 또는 모를 알게 된 때에는 부 또는 모의 성과 본을 따를 수 있다.

⑤ 혼인외의 출생자가 인지된 경우 자는 부모의 협의에 따라 종전의 성과 본을 계속 사용할 수 있다. 다만, 부모가 협의할 수 없거나 협의가 이루어지지 아니한 경우에는 자는 법원의 허가를 받아 종전의 성과 본을 계속 사용할 수 있다.

⑥ 자의 복리를 위하여 자의 성과 본을 변경할 필요가 있을 때에는 부, 모 또는 자의 청구에 의하여 법원의 허가를 받아 이를 변경할 수 있다. 다만, 자가 미성년자이고 법정대리인이 청구할 수 없는 경우에는 제777조의 규정에 따른 친족 또는 검사가 청구할 수 있다.

▌참고문헌: 김종국(2009), "성과 본의 변경에 따른 소속 종중의 변경 여부에 관한 소고", 家研 23−3; 서경환(2010), "자의 성과 본의 변경허가 판단기준", 판례해설81; 석광현(2016), "국제가사사건을 다루는 법률가들께 드리는 고언", 家研 30−1; 신한미(2011), "자의 성·본변경 제도에 관한 실무적 고찰", 가사재판연구 Ⅱ; 윤진수(2007), "개명허가의 요건", 家研 21−2; 윤진수(2009), "여성차별철폐협약과 한국가족법", 민법논고[Ⅳ]; 이은정(2003), "성의 변경", 재판자료 102; 이현재(2008), "자의 성과 본의 변경심판에 있어서 자의 복리", 家研 22−2.

I. 자녀의 성(姓) 결정 기준 및 절차

2005. 3. 31. 법률 제7427호로 개정되기 전 민법 §781 ① 본문은 "자는 부의 성과 본을 따르고 부가에 입적한다"고 규정하고 있었다. 그러나 헌법재판소 2005. 12. 22. 선고 2003헌가 5, 6결정은 위 법률조항이 헌법에 합치하지 아니한다고 판단하였고,[1] 2005년 개정된 §781 ①은 부성주의(父性主義) 원칙을 완화하여 자는 부의 성과 본을 따르는 것을 원칙으로 하면서도, 부모가 혼인신고시 모의 성과 본을 따르기로 협의한 경우에는 모의 성과 본을 따르는 것으로 하였다(§781 ①).[2]

'여성에 대한 모든 형태의 차별철폐에 관한 협약(Convention on the Elimination of All Forms of Discrimination against Women)' §16 ①(사)는 여성에게 가족성(姓)을 선택할 권리를 보장하도록 규정하고 있고, 위 규정은 처 자신의 성 선택 권리뿐만 아니라 자녀의 성 선택까지 보장하는 취지로 이해된다.[3] 우리나라는 위 협약에 가입하면서 이 조항에 대하여 유보를 하였으나, 유엔여성차별철폐위원회는 2차례나 이 유보조항에 대하여 재검토할 것을 권고한 바 있다. 학설 중에는, 현행 §781 ①이 여전히 부성주의를 원칙으로 규정하고 있는 점에 비추어, 이 조항이 위 협약이나 혼인과 가족생활은 양성의 평등을 기초로 성립되고 유지되어야 한다는 헌법 §36 ①에 부합하지 않는다고 보는 견해가 있다.[4] 현재 헌법재판소에는 §781 ①에 대한 헌법소원 사건이 계속되어 있다(2021헌마262). 사견으로는 부모의 협의로 자녀의 성을 정하는 것을 원칙으로 하고 성을 정하는 시기도 혼인신고시가 아니라 자녀 출생시로 함이 타당하다.

부모 사이에 자녀는 모의 성과 본을 따르기로 협의가 이루어진 경우, 혼인신고시 이에 관한 협의서를 제출해야 하고 혼인신고 이후에는 위 협의서를 제출할 수 없다(등록예규 518호 §4 ②). 혼인신고 이후 출생신고시에 비로소 모의 성과 본을 따르기로

---

1) 재판관 5인은 위 법률조항이 부성주의를 원칙으로 규정한 것 자체는 헌법에 위반되지 아니하나, 부성주의를 강요하는 것이 부당한 경우(출생 직후의 자에게 성을 부여할 당시 부가 이미 사망하였거나 부모가 이혼하여 모가 단독으로 친권을 행사하고 양육할 것이 예상되는 경우, 혼인외의 자를 부가 인지하였으나 여전히 모가 단독으로 양육하는 경우, 입양이나 재혼 등과 같이 가족관계의 변동과 새로운 가족관계의 형성에 있어서 구체적인 사정들에 따라서는 양부 또는 계부 성으로의 변경이 개인의 인격적 이익과 매우 밀접한 관계를 가지는 경우)에 대해서도 예외를 규정하지 않은 것이 헌법에 위반된다고 판단하였고, 재판관 2인은 부성주의를 원칙으로 규정하고 있는 것이 헌법에 위반된다고 판단하였다.
2) 친양자는 부부의 혼인중의 출생자로 보므로(§908-3 ①), 입양성립과 동시에 친양자는 양부의 성과 본을 따르게 되고, 친양자의 가족관계등록부에 기존의 성과 본을 양부의 성과 본으로 변경기록한다. 그러나 부부가 §781 ① 단서에 따라 혼인신고시에 자녀의 성과 본을 모의 성과 본으로 따르기로 협의한 후 친양자 입양을 하는 경우, 그 친양자의 성과 본에 관한 사무처리는, 가족관계등록예규 518호 §3 ① 및 §5 ①을 준용한다(등록예규 518호 §6 ①).
3) 윤진수(2009), 170.
4) 윤진수(2009), 172-173.

하는 협의서를 작성하여 제출한 경우, 이러한 협의서 및 협의서의 취지에 따른 출생신고는 수리되지 않는다(등록예규 518호 §5 ②). 혼인신고시 협의하지 아니하였던 부부가 이혼 후 동일한 당사자끼리 다시 혼인하는 경우에도 §781 ① 단서에 따른 협의를 할 수 있다(등록예규 518호 §3 ① 2문).[5] 이러한 협의는 그 협의 이후 협의당사자 사이에서 태어나는 모든 자녀에 대하여 효력이 있으며, 협의당사자가 이혼 후 동일한 당사자끼리 재혼하여 다시 혼인신고를 하는 경우에도 효력이 있다(등록예규 518호 §3 ②). 출생신고가 위와 같은 협의 있는 혼인신고와 동시에 접수된 경우에는 그 자녀에 대하여도 협의의 효력이 미친다(등록예규 518호 §3 ③). 혼인신고의 수리 이후에는 혼인 당사자들의 합의로 위 협의내용을 철회할 수 없다(등록예규 518호 §4 ③). 이는 남성우월적 지위를 이용한 철회종용에 밀려 어쩔 수 없이 합의하게 되는 경우를 염두에 둔 규정이다. 혼인의 당사자가 혼인신고시 그들 사이의 여러 자녀의 성과 본에 대하여 각 자녀마다 따를 성과 본을 달리 협의하여 협의서를 제출한 경우, 실무상 그 협의서를 반려하고, 당사자로 하여금 부 또는 모 어느 하나의 성과 본을 따르는 것으로 통일시켜 제출하도록 하고 있다(등록예규 518호 §4 ④).

Ⅱ. 부가 외국인인 경우 자녀의 성(姓) 결정

0. 선결문제로서 자녀의 성에 관한 준거법 결정: 자녀의 성에 관한 준거법 결정 기준으로는 ① 자녀의 국적에 연결하는 견해, ② 친자관계의 준거법에 따르는 견해를 생각해 볼 수 있다.[6] §781는 자녀의 성에 관한 준거법이 한국법인 경우 비로소 적용되는 조항이다.[7] 자녀의 성과 본의 변경허가 판단 기준도 자녀의 성의 준거법에 따라서 결정된다.

1. 혼인중 출생자의 부가 외국인이고 모가 대한민국 국민인 경우, 그 자녀는 §781 ②에 따라 모의 성과 본을 따를 수 있다. 즉, 출생신고 당시 신고의무자가 적법한 절차에 따라 출생자의 성과 본을 모의 성과 본으로 결정하여 신고하였다면, 그 이후에는 그 자녀가 친양자 입양되거나 자녀의 복리를 위한 성과 본의 변경절차에 의하지 않는 한 이를 변경할 수 없고, 외국인 부가 귀화 등을 원인으로 대한민국국적을

---

5) 이로 인해, 전혼에서 태어난 자는 부의 성과 본을 따랐으나, 후혼에서 출생한 자는 혼인신고시의 협의에 의하여 모의 성과 본을 따르는 경우가 생길 수 있다.
6) 석광현(2016), 120(자녀의 성에 관한 준거법과 배우자의 성에 관한 준거법은 일치시키는 것이 바람직하다고 지적한다); 등록실무[Ⅱ], 654.
7) 석광현(2016), 122.

취득한 사실 또는 그 후 성과 본을 창설한 사실에 영향을 받지 않는다. 다만, 자녀의 성을 결정하는 것은 부 또는 모가 친권자의 입장에서 친권을 행사하는 행위이므로[8] 부모 중 일방이 타방의 의사에 반하여 자녀의 성을 결정하여 출생신고를 하였다면, 家登 §104에 따라 관할 가정법원의 허가를 받아 이를 바로잡을 수 있다(등록예규 518호 §11 ④). 자녀는 모의 성과 본을 따르기로 외국인 부와 한국인 모가 협의하여 결정한 경우, 그 결정의 효력은 모의 성과 본을 따라 출생신고된 해당 자녀에 한정된다(등록예규 518호 §11 ⑤). 혼인외 출생자의 부가 외국인이고, 모가 대한민국 국민인 경우, 그 자녀는 모의 성과 본을 따른다(등록예규 518호 §11 ①).

2. 國籍 §2 ① i는 부모양계혈연주의를 채택하고 있으므로, 외국인 부와 한국인 모 사이에서 태어난 자는 일단 이중국적자가 되고, 만 22세가 되기 전까지 하나의 국적을 선택해야 한다(國籍 §12 ①). 자가 출생시 외국인 부의 성을 따랐는데 후에 모의 국적인 한국국적을 선택한 경우, 자는 부의 성을 계속 유지할 수도 있고 원하는 경우에는 §781 ⑥에 따라 모의 성으로 성을 변경할 수 있다. 한국인 모가 외국인 부와 재혼한 경우에도 자의 복리를 위하여 외국인 부의 성으로 변경할 수 있다고 보이나, 한국의 전통적인 성과 본으로 변경하는 경우에 비하여, 외국 성으로 변경하는 것이 자녀에 미칠 영향력이 더 크므로 재혼가정이 안정되었는지 여부, 계부와 자녀의 친밀도, 장래의 거주지, 자녀의 성본변경 희망 여부 등에 대하여 좀 더 자세히 심리하여 허가 여부를 판단할 필요가 있다.[9]

3. 한국인 부와 외국인 모 사이의 혼인중 자녀의 경우 한국인 간에 출생한 혼인중의 자녀와 동일하게 처리한다(등록예규 518호 §13).

Ⅲ. 부를 알 수 없는 자녀의 성(姓) 결정

부를 알 수 없는 자는 모의 성과 본을 따른다(§781 ③). 등록예규 518호 §2 ③은 "부를 알 수 없는 자녀란 모가 부라고 인정할 사람을 알 수 없는 자녀를 말하므로, 혼인외의 자라도 부의 성과 본을 알 수 있는 경우에는 부의 성과 본을 따라 가족관계등록을 할 수 있다. 그러나 그 자녀가 인지되기 전에는 가족관계등록부상 부란에 부의

---

8) 부모의 자녀에 대한 명명행위의 근거에 관하여 일본에는 부모의 친권 자체의 권능에 기한 작용이라는 견해와 자녀의 이름을 짓는 것은 본질적으로 자녀의 고유 권한이지만, 출생시점에서 자녀 스스로 이름을 짓는 것은 불가능하기 때문에 사무관리의 법리에 근거하여 친권자가 명명행위를 대행하는 것이라는 견해가 있다. 윤진수(2007), 898.
9) 신한미(2011), 373.

성명을 기록할 수 없다"고 규정하고 있다.10)

Ⅳ. 부모를 알 수 없는 자녀의 성(姓) 결정

자녀가 부모 모두를 알 수 없는 때에는 가정법원의 허가를 받아 성과 본을 창설한다(§781 ④ 본문). §781 ④의 부모를 알 수 없는 자란 家登 §52가 규정한 기아이거나, 그 이외의 부모를 알 수 없는 고아(친생자관계 부존재 확인판결의 확정으로 그 친생부모를 알 수 없게 된 경우 포함)를 말한다(등록예규 105호).

기아에 대한 가족관계등록부 작성은 家登 §52에 따라 시·읍·면의 장이 §781 ④에 따라 관할법원의 성·본창설 허가를 받아11) 직권으로 기록한다. 다만, 성과 본을 창설한 후 부 또는 모를 알게 된 때에는 부 또는 모의 성과 본을 따를 수 있다. 부 또는 모가 기아를 찾은 때에는 1개월 이내에 출생의 신고를 하고 등록부의 정정을 신청하여야 하고(家登 §53 ①), 이 경우 시·읍·면의 장이 이를 확인해야 한다(家登 §53 ②). 기아 아닌 고아 등이 부모를 찾은 경우에는 家登 §104에 따른 등록부정정절차를 취해야 한다(등록예규 105호 ⑤).

기아 아닌 고아 등은 본인 또는 법정대리인(보호시설에 있는 고아의 후견직무에 관한 법률에서 후견직무를 행할 사람으로 지정된 사람 및 법원의 선임후견인 등이 포함된다)이 가사소송법(라류 4호 사건)에 따라 관할 가정법원에 성·본 창설을 청구할 수 있다(등록예규 105호 ①). 부모를 알 수 없는 자로서 가족관계등록이 되어 있지 않은 사람이 家登 §101에 따라 가족관계등록 창설 허가신청을 하려면, 가정법원의 성본 창설 허가심판서를 제출하여야 한다(등록예규 287호 §3). 성년이 된 후 본인이 성·본창설 신청을 할 수 있음은 물론이고, 실무상 미성년자 중에서도 의사능력이 있는 경우(약 15세 이상)에는 독자적으로 성·본 창설 허가청구를 할 수 있다는 견해가 유력하다.12) 家登 §44 ③ 및 家登規 §37에 따른 인명용 한자의 제한은 출생신고서에 기재하는 출생자의 이름에만 적용되고, 출생자의 성과 본에는 적용되지 않으므로(등록예규 111호 §1), 성과 본을 창설하는 경우 위 제한은 적용되지 않는다.13) 가족관계등록부가 있고 성도 있으나, 본

---

10) 다만 대한민국 국민인 모의 혼인외의 자는 대한민국 국민이므로, 그 모가 부라고 인정하는 사람이 외국인인 경우, 그 부가 인지하기 전에는 외국인의 성을 따르게 하여 가족관계등록부에 기록을 하게 할 수는 없고, 모의 성과 본을 따라 기록해야 한다(등록예규 518호 §11 ②).
11) 제요[2], 914는 이 경우 엄밀하게는 라류 4호의 비송사건이라기보다 다른 법률에서 가정법원의 권한에 속하게 한 사건에 해당한다고 설명한다(§781 ④은 기본적으로 청구권자가 본인일 것을 전제로 한다).
12) 제요[2], 915(民訴 §62를 유추하여 특별대리인 선임을 받아 청구를 할 수도 있다).
13) 제요[2], 916-917.

이 공란으로 되어 있거나 미상으로 되어 있는 경우 본만을 창설하는 것도 가능하다.[14]

성·본창설 허가심판에 대하여는 그 내용을 불문하고 불복할 수 없고, 청구를 기각한 심판에 대하여는 청구인이 즉시항고를 할 수 있다(家訴規 §27).

V. 혼인외 자녀가 인지된 경우

혼인외 출생자는 부의 인지를 받으면 원칙적으로 부의 성과 본을 따른다(등록예규 518호 §8 ① 본문). 다만, 인지신고시 부모의 협의에 의하여 종전의 성과 본을 계속 사용하기로 하는 협의서를 제출한 경우 종전의 성과 본을 그대로 사용할 수 있고(§781 ⑤ 본문), 이 경우 자녀의 가족관계등록부에는 종전 성과 본을 유지한다는 취지를 기록하여야 한다(등록예규 518호 §8 ① 단서). 부모가 협의할 수 없거나 협의가 이루어지지 아니한 경우에는 법원의 허가를 받아 종전의 성과 본을 계속 사용할 수 있다(§781 ⑤ 단서). 이 경우 시(구)·읍·면의 장은 자녀의 가족관계등록부의 자녀의 성과 본을 인지신고의 효력에 따라 §781 ① 본문에 따라 일단 부의 성과 본으로 변경·기록하여야 하며, 그 후 종전 성과 본 계속사용허가심판서 등본 및 확정증명서를 첨부하여 성·본 계속사용신고가 있을 경우에, 부의 성과 본으로 기록한 자녀의 성과 본을 다시 종전의 성과 본으로 변경·기록한다(등록예규 518호 §8 ③). 그러나 이는 피인지자 입장에서 불편한 것이므로, 처음부터 성이 변경되지 않고 종전의 성을 계속 사용할 수 있게 해 주는 제도적 보완이 필요하다.

외국인인 부가 한국인인 혼인외의 자를 인지한 경우 그 자녀의 성과 본에 관하여는 위 규정을 준용한다(등록예규 518호 §12).

자녀의 종전 성과 본의 계속사용허가를 청구할 수 있는 사람은 인지의 대상이 된 자녀이고, 이 경우 가정법원은 부, 모 및 자녀(13세 이상인 때)의 의견을 들을 수 있다(家訴規 §59-2 ①). 성과 본의 계속사용허가심판이 확정되면 그 청구인은 재판의 확정일로부터 1개월 이내에 재판서의 등본 및 확정증명서를 첨부하여 그 취지를 신고하여야 한다(家登 §55 ②, §58).

---

14) 제요[2], 917.

VI. 성과 본의 변경

1. 개관

자의 복리를 위하여 자의 성과 본을 변경할 필요가 있을 때에는 부, 모15) 또는 자의 청구에 의하여 법원의 허가를 받아 이를 변경할 수 있다(§781 ⑥ 본문). 자가 미성년자이고 법정대리인이 청구할 수 없는 경우에는 §777의 규정에 따른 친족 또는 검사가 청구할 수 있다(§781 ⑥ 단서). 재판을 청구한 당사자는 재판확정일로부터 1월 이내에 재판서의 등본 및 확정증명서를 첨부하여 성본변경신고를 하여야 한다(家登 §100). 이는 주로 재혼가정에서 자라는 자녀들이 실제로 아버지의 역할을 하고 있는 계부16)나 양부17)와 성이 달라서 고통을 받는 문제를 해결하기 위한 것이나, 그 밖의 경우에도 이용될 수 있다.18)

가정법원은 성과 본의 변경허가청구가 있는 경우, 부, 모 및 자녀(13세 이상인 때)의 의견을 들을 수 있고, 자녀의 부모 중 자녀와 성과 본이 같은 사람의 사망 그 밖의 사유로 의견을 들을 수 없는 경우에는 자녀와 성과 본이 같은 최근친 직계존속의 의견을 들을 수 있다(家訴規 §59-2 ②). 여기서 '그 밖의 사유'에는 생사불명, 소재불명 또는 심신상실 등이 포함된다.19) 이 규정과 관련하여, ① 부의 친권의 내용 중에 자녀의 성을 결정하는 것이 포함되어 있다고 볼 수 있는 점, ② 부계혈통주의에 따라 전통적으로 자녀의 성이 부계혈통을 표시하였다는 점, ③ 이혼 후 친부와 유대관계가 단절된 것이 친모의 귀책사유에 의한 것일 수도 있는 점 등에 비추어 보면, 성·본 변경 허가로 인해 변경되는 성을 가진 친부의 의견을 법원이 반드시 들어야 한다고 규

---

15) 양부와 양모도 포함되지만, 계부와 계모는 포함되지 않는다. 부만 친권자이더라도 모가 단독으로 성·본 변경을 청구할 수 있다. 친권자인 친부가 양육비를 전혀 지급하지 않았고 면접교섭도 하지 않아 자녀와 유대관계가 없는 경우, 친부가 변경에 부동의하더라도 성·본 변경을 허가할 수 있지만, 신중하게 판단할 필요가 있고 친권자 변경심판이 선행될 필요도 있다는 견해로는 신한미(2011), 358 참조.

16) 계자녀가 계부의 성과 본으로 변경한 경우, 종중은 자연발생적인 종족집단인 점에 비추어 계자녀가 계부가 속한 종중의 종중원이 되기 어렵고(다만, 입양이 되고 성과 본도 변경되었다면 종중원이 된다고 한다), 종중은 공동선조와 '성과 본'을 같이하는 후손으로 구성되므로 계자녀는 종전 종중원의 지위를 상실한다는 견해로는 김종국(2009), 14-15 참조. 또한, 김종국(2009), 12은 양친의 성과 본으로 변경하지 않은 양자는 양부의 소속 종중원이 될 수 없다고 한다.

17) 친양자가 아닌 양자의 경우 별도의 규정을 마련하여 좀 더 간편하게 성을 변경할 수 있도록 하는 것이 타당하다는 견해로는 이은정(2003), 746; 신한미(2011), 384 참조. 친양자 입양의 경우 입양 전 친족관계가 종료되므로 가령 계부가 배우자의 자를 친양자로 입양하는 경우 자와 부 사이는 물론 자와 부계 친족간의 친족관계까지 모두 소멸되는데, 당사자가 이러한 결과까지 원하지 않는 경우가 있을 수 있으므로, 일반입양+계부의 성으로 자의 성을 변경하는 선택지가 실익이 있을 수 있다.

18) 제요[2], 922. 부의 파렴치한 범죄행위나 가정폭력 등을 이유로 부모가 이혼한 경우에 자가 부의 성을 계속해서 사용하는 것을 거부하고 모의 성을 따르고자 하는 경우를 생각해 볼 수 있다.

19) 제요[2], 923-924.

정함이 타당하다는 견해가 있다.[20]

　　개명의 경우 家登 §99 ④에 범죄경력조회를 요청할 수 있는 법적 근거를 두고 있지만, 성·본 변경의 경우 사건본인에 대한 범죄경력조회를 요청할 수 있는 법적 근거가 없다. 입법적 개선이 필요하다.[21]

　　성과 본의 변경을 허가하는 심판에 대하여는 불복할 수 없고, 기각한 심판에 대하여는 청구인이 즉시항고를 할 수 있다(家訴規 §27). 이에 대하여 성과 본 변경으로 인하여 자와의 유대관계가 단절되기를 바라지 않는 친부의 재판받을 권리를 보호하기 위하여, 친부의 즉시항고권 등이 인정되어야 한다는 견해가 있다.[22] 청구인 적격 등과 같은 일반적 적법요건의 흠결을 이유로 하여 청구를 각하한 심판도 기각 심판에 준하여 즉시항고의 대상이 된다.[23]

2. 변경요건

가. 일반론

　　판례는, §781 ⑥에 정한 '자의 복리를 위하여 자의 성과 본을 변경할 필요가 있을 때'에 해당하는지 여부에 관하여, "자의 나이와 성숙도를 감안하여 자 또는 친권자·양육자의 의사를 고려하되, 먼저 자의 성·본 변경이 이루어지지 아니할 경우에 내부적으로 가족 사이의 정서적 통합에 방해가 되고 대외적으로 가족 구성원에 관련된 편견이나 오해 등으로 학교생활이나 사회생활에서 겪게 되는 불이익의 정도를 심리하고, 다음으로 성·본 변경이 이루어질 경우에 초래되는 정체성의 혼란이나 자와 성·본을 함께 하고 있는 친부나 형제자매 등과의 유대 관계의 단절 및 부양의 중단 등으로 인하여 겪게 되는 불이익의 정도를 심리한 다음, 자의 입장에서 위 두 가지 불이익의 정도를 비교형량하여 자의 행복과 이익에 도움이 되는 쪽으로 판단하여야 한다. 이와 같이 자의 주관적·개인적인 선호의 정도를 넘어 자의 복리를 위하여 성·본의 변경이 필요하다고 판단되고, 범죄를 기도 또는 은폐하거나 법령에 따른 각종 제한을 회피하려는 불순한 의도나 목적이 개입되어 있는 등 성·본 변경권의 남용으로 볼 수 있는 경우가 아니라면, 원칙적으로 성·본 변경을 허가함이 상당하다"고 판시하고 있다.[24][25] 구체적으로는 친부 등 부계친족과의 교류정도, 친부가 자녀에게 양

---

20) 이현재(2008), 57－58; 신한미(2011), 382.

21) 제요[2], 924.

22) 신한미(2011), 382－383.

23) 제요[2], 927.

24) 대법원 2010. 3. 3.자 2009스133 결정: 이혼 후 부가 친권자로 지정되었으나 부가 그 양육을 책임지지 아니하여 모가 자녀들을 양육하여 왔고, 모가 새로운 사실혼 관계를 형성해 나가면서 그 사람도 자녀들

육비를 지급하거나 면접교섭권을 행사하였는지, 자녀가 계부나 양부와 함께 생활하여 온 기간, 자녀가 계부나 양부의 친족들에게 가족구성원으로서 인식되고 받아들여졌는지, 어머니와 계부나 양부 사이에 출생한 다른 자녀가 있는지, 자녀가 학교생활이나 사회생활에서 계부나 양부의 성을 자신으로 성으로 사용하여 왔는지, 친부가 성과 본의 변경에 동의하는지 여부 등이 고려요소가 될 수 있다.26)

개명허가의 경우 본인이 즉흥적, 일시적인 생각으로 신청한 것이 아니고, 탈법적 수단으로 남용되는 것이 아니라면, 필수적으로 개명허가를 하여주는 방향으로 법리가 형성되고 법원 실무가 운용되고 있으나, 성·본 변경허가의 경우 단순한 개인적·주관적 사유만으로 변경을 허가하기는 어렵다.27)

한편 판례 중에는 부모의 이혼 당시 성년(22세)이었던 자녀의 성과 본의 변경을 허가할지 여부를 판단함에 있어 본인의 의사뿐만 아니라 성과 본의 변경이 장기간에 본인의 학력 및 교우관계 형성에 기초가 되었던 인격의 동일성에 변화를 낳게 되어 사회생활에서 커다란 불편 내지 혼란을 주게 되는 등 본인의 정체성 유지에 영향을 미칠 수 있는 개연성 등의 불이익도 함께 고려하여 허가 여부를 신중하게 판단해야 한다고 본 것이 있다(판례1).28) 또한 최근 판례 중에는 "성·본 변경을 청구하는 부, 모 중 일방이 단지 이를 희망한다는 사정은 주관적·개인적인 선호의 정도에 불과하며 이에 대하여 타방이 동의를 하였더라도 그 사정만으로는 성·본 변경허가의 요건

과 함께 살며 양육을 분담해 왔고 이후 친권자가 모로 변경되었으며, 자녀들은 이혼 후 부를 만난 적이 없어 얼굴조차 기억나지 않는다고 하는 반면 모의 사실혼 배우자를 아버지라 부르며 잘 따르고 있고 주변에서도 친부로 알고 있으며 친부도 변경에 동의하고 있는 사안에서, 사실상 계부의 성이자 모의 성이기도 한 성과 본에 따른 변경청구를 긍정하였다(사건본인들이 성과 본을 변경할 경우 기존의 성을 사용해 오던 교우관계 및 학교생활에서 다소의 혼란과 불편을 겪을 것으로 예상되나, 이러한 불이익은 성과 본의 변경 여부에 따른 앞서 본 이익·불이익의 여러 사정과 종합·비교해 볼 때 그 변경의 필요성을 부정할만한 정도의 것이라고 보기 어려울 뿐 아니라, 전학·이사 등의 적절한 배려와 조치를 통해서 상당 부분 해결될 수도 있는 문제라고 판단하고 있다).

25) 대법원 2009. 12. 11.자 2009스23 결정: 모가 이혼하면서 오빠는 남편이 여동생은 자신이 각 양육하다 재혼한 이후 3인 가족이 함께 생활하고 있고, 계부가 모의 딸을 입양하였으며, 친부와 딸 사이에 별다른 교류가 없고 양육비 등을 지원한 바도 없고, 친부는 성과 본의 변경에 반대하고 있고, 성년인 딸 본인은 이를 희망하고 있으며, 오빠는 친부의 성과 본을 그대로 유지하고 있는 사안에서, 계부의 성과 본으로의 변경을 허가하였다. 실무상 동성형제들의 양육자가 분리되어 있거나 그 중 한 명에 대해서만 성·본 변경을 청구하는 경우 가급적 성본·변경을 청구하지 않는 다른 형제의 동의서나 의견서를 제출받고 있다고 한다. 신한미(2011), 364.

26) 제요[2], 925-926.

27) 서경환(2010), 641; 신한미(2011), 356은 성은 이름과 달리 자녀가 어느 가족에 속해 있는가를 나타내는 기능과 혈통표시의 기능이 있으므로, 성·본변경은 개명보다 엄격한 기준에 의해 허가되어야 할 것이라고 한다.

28) 대법원 2016. 1. 26.자 2014으4 결정(갑이 아버지 을과 어머니 병의 이혼 후 병과 함께 생활하였는데, 취업과 결혼을 앞둔 마음의 안정을 갖고 싶다는 이유로 병의 성과 본으로 성·본 변경허가 청구를 한 사안에서 청구를 인용한 원심결정을 파기하였다).

을 충족하였다고 보기 어렵다. 특히 미성년 자녀를 둔 부부가 이혼한 후 부 또는 모
가 자의 성·본 변경허가를 청구하는 경우, 성·본 변경허가 청구에 이르게 된 경위에
관하여 설령 청구인이 표면적으로는 자녀의 복리를 내세우더라도 비양육친이 미성년
자녀에 대해 당연히 지급하여야 할 양육비의 지급 여부나 그 액수 혹은 비양육친과
미성년 자녀가 상호 간 지닌 면접교섭권 행사에 관련한 조건이 연계된 것은 아닌지,
양육비의 지급이나 면접교섭권의 행사를 둘러싼 갈등 상황에서 이를 해결하기 위해
마련된 법적 절차(家訴 §64의 이행명령 및 그 위반 시 같은 법 §67 ①의 과태료, 같은 법 §68 ①의
감치 등)를 거치지 않고 상대방을 사실상 압박하기 위함이 주요한 동기는 아닌지, 자
녀의 성과 본을 변경함으로써 비양육친과 미성년 자녀의 관계 자체를 차단하려는 의
도가 엿보이는지, 이혼 당사자가 스스로 극복하여야 하는 이혼에 따른 심리적 갈등,
전 배우자에 대한 보복적 감정 기타 이혼의 후유증에서 벗어나기 위한 수단으로 여겨
지는 등 미성년 자녀가 아닌 청구인의 관점이나 이해관계가 주로 반영된 측면은 없는
지, 나아가 이혼 이후의 후속 분쟁에서의 유불리를 고려한 것은 아닌지 역시 살펴보
아야 한다."고 하면서, 미성년 자녀(5세, 7세)의 성·본을 친모의 성·본으로 변경하는
청구를 기각한 것이 있다(판례2).[29] 판례2의 경우 미성년 자녀가 문제된 사안이고, 양
육친의 비양육친에 대한 보복 수단 내지 비양육친과 자녀와의 관계를 단절시키기 위
한 방법의 일환으로 성·본변경을 신청할 수 있다는 점에서 법원의 신중한 태도에 공
감이 간다. 그러나 판례1의 경우 법원이 후견적 관점에서 성·본 변경을 신중하게 인
정하는 것이 타당한지 의문이다.[30]

    §781 ⑥에 따라 자녀의 성과 본이 모의 성과 본으로 변경된 경우 성년인 그 자녀
는 모가 속한 종중의 공동선조와 성과 본을 같이 하는 후손으로서 당연히 종중의 구
성원이 된다.[31]

---

29) 대법원 2022. 3. 31.자 2021스3 결정.
30) 서울가정법원 2018. 4. 13.자 2017브30060 결정은 청구인이 가족관계등록부상의 부(父)와 친생자관계
   부존재확인판결이 확정될 때까지 약 50년 동안 살아왔으나, 위 판결의 확정으로 성·본이 모(母)의 성과
   본으로 바뀌게 되어 불편함을 겪고 있다는 이유로 청구인의 성과 본을 종래 사용하던 것으로 변경해야
   한다고 주장한 사안에서, ① 성과 본을 변경하지 않을 경우 현재 및 장래 가정생활이나 사회생활 등에
   있어 큰 어려움을 겪을 것이라는 뚜렷한 근거는 없고, ② 계부나 양부, 어머니의 성과 본이 아닌 제3자
   의 성과 본으로의 변경은 궁극적으로 자의 복리에 바람직하지 않은 점 등을 이유로 변경신청을 불허하
   였다.
     그러나 이 경우에도 법원의 후견주의적 태도가 바람직한지는 의문이다. 윤진수, 192은 청구인의 성과
   본을 변경하지 않으면 큰 어려움이 있을 것이 명확하므로, 종전의 성과 본을 사용할 수 있도록 함이 타
   당하다고 지적한다.
31) 대법원 2022. 5. 26. 선고 2017다260940 판결.

나. 개별론

(1) 정상적인 가정에서의 성과 본 변경 신청

이혼 등의 문제가 없는 정상적인 가정에서 성·본 변경 신청을 하여 오는 경우 이를 허가할 것인지와 관련하여, 서울가정법원 하급심 실무에 따르면 '변'씨 성의 경우 정상적인 가정에서도 자녀가 놀림을 받는다는 이유로 성·본 변경허가 청구를 한 사례가 1달에 1건 정도 있고 거의 인용해주고 있다고 한다.[32) 그러나 이러한 입장이 성·본 변경제도를 만든 입법자의 의사와 부합하는지 의문이고, 다만, 민법이 개정되기 전에는 부의 성·본을 따르도록 하였으므로, 자녀가 부의 성인 변씨 성을 모의 성으로 바꾸어 달라고 신청하는 경우는 다른 관점에서 논의의 여지가 있다는 주장도 있다.[33)

(2) 친부의 동의 문제

친부가 양육비를 정기적으로 지급하고 있었으나 모가 재혼을 하면서 자의 성과 본을 계부의 성과 본으로 변경하겠다고 할 때 친부가 이에 대해 동의를 하는 사건의 경우, 친부와 친모 사이에 자녀의 성·본변경을 위해 경제적 거래가 있었는지 살필 필요가 있다. 즉, 친부가 자의 성·본변경에 동의를 해 주는 대가로 양육비를 감액하거나 지급하지 않겠다고 하여 친모가 양육비지급청구권을 포기하는 경우가 있을 수 있으므로, 자녀의 성·본변경에 친부의 동의가 있더라도 신중하게 판단해야 한다.[34)

또한 이혼 후 얼마 지나지 않아 모의 성으로 변경해 줄 것을 청구하면서 친부의 동의서를 제출한 경우, 부모 사이의 감정악화로 인해 친부가 자녀와의 인연을 끊겠다는 취지에서 동의를 해준 경우가 종종 있으므로, 친부의 동의가 있더라도 자의 복리

---

32) 서경환(2010), 641.

33) 서경환(2010), 641; 울산지방법원 2008. 3. 6.자 2008느단98 심판: "민법 제781조 제6항에서 규정하는 자의 성과 본의 변경제도는 주로 재혼가정에서 자라는 자녀들이 실제로 부의 역할을 하고 있는 계부와 성이 달라서 고통을 받는 경우의 문제를 해결하기 위해 도입된 것이라고 할 것이나, 그 요건을 구체적으로 한정하지 않고 '자의 복리를 위하여 성과 본을 변경할 필요가 있는 경우'라고 폭넓게 해석될 여지가 있게 규정한 것에 비추어 볼 때, 가족관계의 변동이나 새로운 가족관계의 형성이 있는 경우에만 자의 성과 본의 변경을 허가할 수 있다고 볼 수 없고, 비록 가족관계의 변동이나 새로운 가족관계의 형성이 없더라도 민법이 취하는 부자동성주의 원칙 아래 신중히 심사한 결과 자의 복리를 위하여 성과 본을 변경하는 것이 필요하다고 인정되는 경우에는 자의 성과 본의 변경을 허가할 수 있다고 할 것이다"고 하면서 위 사건의 경우 ① 사건본인들이 친구들에게 "변"이라는 성에서 연상되는 여러 별명으로 불리는 등 성으로 인해 많은 놀림을 받고 있는 점, ② 청구인 및 사건본인들은 사건본인들의 성과 본이 변경되기를 원하고 있는 점, ③ 심지어 성인인 청구인까지도 성으로 인해 많은 괴로움을 겪고 있다며 자신의 성과 본까지도 변경하고 싶다고 진술하고 있는 점, ④ 청구인과 사건본인의 모가 혼인신고를 할 당시에는 §781 ①이 개정되기 전이어서 극히 예외적인 경우를 제외하고는 자는 부의 성과 본을 따르는 것이 원칙이었으므로, 민법이 개정되기 전에 혼인신고한 청구인으로서는 자의 성과 본의 선택권이 없었던 점, ⑤ 사건본인들은 제3의 성과 본이 아닌 모의 성과 본으로 변경을 원하고 있는 점, 등을 고려하여 사건본인들의 복리를 위해 성과 본을 변경할 필요가 있다고 보았다.

34) 신한미(2011), 363.

를 위한 것인지 여부를 심사숙고할 필요가 있다.35)

(3) 모의 성으로의 변경시 모의 재혼가능성 문제

모의 성으로 변경되기 위해서는 모의 단독양육상황이 지속가능해야 한다는 견해가 있다. 모의 재혼가능성이 있다면, 계부와 친모 사이에 자녀가 생기거나 계부와 항구적인 생활관계가 형성된 경우 계부의 성과 본으로 다시 변경해야 할 필요가 있을 수 있기 때문이다.36) 그러나 이에 대해서는 모의 혼인의 자유를 침해하는 것으로서 양성평등의 원칙에도 위배되므로, 모에게 재혼의사가 있더라도 여러 가지 사정을 살펴 모의 성과 본으로의 변경을 허가할 수 있다는 견해가 있다.37)

(4) 자녀 본인이 동의하지 않고 있는 경우

모가 이혼 후 오랫동안 자녀를 혼자 양육하였고 부는 양육비나 면접교섭을 전혀 이행하지 않고 있어 모가 자녀의 성과 본을 자신의 성과 본으로 변경해달라고 청구하였으나 자녀가 이를 원하지 않는 경우, 모와 자녀 중 누구의 의사를 더 존중할 것인지 문제된다.

이에 대하여, 자의 의사는 법관의 고려사항 중 하나일 뿐 그 의사에 구속되는 것은 아니므로 모의 헌법상 이익(모의 개인의 존엄, 양성의 평등)을 무시하는 근거로 사용해서는 안 되고, 따라서 양자택일적 강요상황이라면 모의 이익을 우선해야 한다는 견해가 있다.38) 그러나 자의 자신의 성명에 대한 의사는 가급적 존중함이 타당하지 않을까 사료된다.39)

(5) 부모의 성본변경에 대한 자녀의 동의 요부

결혼하여 자녀가 있는 사람이 성·본변경 청구를 하여 허가된 경우, 시·읍·면의 장은 그 부 또는 모의 성을 따르는 자녀의 성과 본을 직권으로 정정 또는 변경기록하고 그 사유를 등록부에 기록하여야 한다(家登規 §55 ③). 즉, 친부의 성과 본이 변경된 경우 그 자녀의 성과 본도 자동적으로 변경되는 것이다. 이에 대하여, 자녀의 성명권 보호 등을 위하여 성(姓)에 대한 인식능력이 있는 나이의 자녀가 있는 경우 부의 성과 본의 변경을 위해 자녀의 동의가 필요하다고 보는 견해가 있다.40) 근본적으로 이러한

---

35) 신한미(2011), 368.
36) 이현재(2008), 68.
37) 신한미(2011), 369.
38) 이현재(2008), 40.
39) 신한미(2011), 369는 자녀의 성명권과 모의 친권이 충돌하는 경우, 헌법상 보장되는 인격권에서 도출되는 기본권인 자의 성명권이 우선해야 하므로, 자의 의사에 반하는 모의 성변경 청구는 불허함이 타당하다고 한다.
40) 신한미(2011), 385.

성·본 변경청구를 허가함에는 신중을 기해야 할 것으로 사료된다.[41]

(6) 재변경 청구의 경우[42]

이미 변경된 성과 본에 대하여 다시 변경허가를 청구하는 경우, 성과 본이 갖는 의미와 사회적 기능에 비추어 볼 때 신중을 기해야 한다는 견해도 가능하다. 그러나 이혼한 모가 자녀의 성을 모의 성으로 변경하고 재혼하여 계부의 성으로 변경하였으나 다시 이혼하여 모의 성으로 환원하고 싶어하는 경우, 어머니의 청구에 의하여 계부의 성과 본으로 변경된 자녀가 그 후 성장하여 친부의 성과 본으로 다시 변경하기를 원하는 경우, 부모의 이혼으로 모의 성으로 변경하였는데 부모가 다시 재결합 경우 등에는 재변경을 허가할 필요가 있을 수 있다.[43]

3. 장차 새로 사용할 성(姓)과 관련된 문제

부모의 성을 결합한 형태의 성으로 변경하는 경우, 전통적인 성이 아닌 제3의 성을 임의로 만들어내어 전통을 급격히 변화시킬 필요는 없는 점 등을 들어 신중히 생각할 필요가 있다는 견해가 있다.[44] 하급심 판례 중에는 실질적으로 부모성을 함께 쓰는 효과를 누리기 위해 어머니의 성을 원래 이름 앞에 추가하여 새로운 이름으로 바꾸는 개명신청을 불허한 사례가 있다.[45]

계부(양부) 또는 모의 성이 아닌 제3자의 성과 본으로 변경해 달라고 청구하는 경우(가령 성이 다른 두 자녀를 모가 홀로 양육하고 있는데 모가 재혼해서 낳은 자녀의 성과 본을 첫번째 혼인에서 낳은 자녀의 성과 본으로 변경해 달라고 청구하는 경우), 제3자의 성으로 변경하는 것이 자의 복리에 부합한다면 허가할 수 있다고 사료된다.[46]

4. 친양자입양 또는 입양특례법에 따른 입양시 성본변경 절차

친양자는 부부의 혼인중 출생자로 본다(§908–3). 따라서 친양자는 양친의 성을 따르게 된다. 친양자를 입양하고자 하는 사람은 친양자 입양재판의 확정일부터 1개월 이내에 재판의 등본 및 확정증명서를 첨부하여 친양자 입양신고를 하여야 한다(家登 §67, §61). 친양자 입양신고가 있으면 시(구)·읍·면의 장은 친양자의 가족관계등록부를 폐쇄하고 친양자에 대하여 가족관계등록부를 재작성해야 한다(등록예규 제291호 §3 ①).

---

41) 제요[2], 924.
42) 제요[2], 926–927.
43) 이현재(2008); 이은정(2003), 761–762; 신한미(2011), 362.
44) 신한미(2011), 371.
45) 서울남부지방법원 2008. 3. 6.자 2008호파887 결정.
46) 신한미(2011), 372.

친양자의 가족관계등록부를 재작성함에 있어 친양자는 양부의 성과 본을 따른다. 다만, 양부모가 혼인신고시 자녀가 모의 성과 본을 따르기로 협의한 경우에는 모의 성과 본을 따른다(§781 ①, 등록예규 제291호 §4 및 등록예규 518호 §6 ①).

입양특례법에 따라 입양된 아동은 민법상 친양자와 동일한 지위를 가진다(입양특례법 §14). 따라서 입양된 아동은 양친의 성을 따르고, 구체적인 성본변경 절차도 위와 동일하다(등록예규 제353호 §2, §3 ①, §4).

第 782 條 ～ 第 799條

削除

第 3 章 婚姻

[前註]

▌**참고문헌:** 곽병훈(2010), "성전환자가 강간죄의 객체인 '부녀'에 해당한다고 한 사례", 대법원판례해설 82호; 김선일(2011), "미성년자인 자녀를 둔 성전환자의 성별정정신청을 허용할 것인지 여부", 이용훈재임기념 정의로운 사법; 김진하(2022), "동성동반자에 대한 사회적 인정 및 사회보장과 혼인신고", 재판자료집 143집; 노길명·정태환·김응렬·서용석·현택수(1998), 문화인류학의 이해; 마르티나 도이힐러(2003), 이훈상 옮김, 한국 사회의 유교적 변환; Robert H. Lowie(2008), 정동호·김은아·강승묵 옮김, 원시사회; 조지 피터 머독(2004), 조승연 옮김, 사회구조; 루이스 헨리 모건(2000), 최달곤·정동호 옮김, 고대사회; 박병호(2012), 한국법제사, 2012; 민유숙(2006), "성전환자에 대한 호적정정의 가부(可否)", 대법원판례해설 60호; 박은영(2019), "신원 관리에 있어 간성(間性, intersex)의 법적 인식에 대한 고찰", 이화젠더법학 11-3; 박한희(2021), "트랜스젠더의 법적 성별정정제도에 대한 입법적 제안", 인권과 정의 498호; 성중탁(2017), "동성(同性)혼에 관한 법적 쟁점과 전망", 가족법연구 31-1; 손명지(2019), "동성혼에 대한 재고", 가족법연구 33-3; 신윤주(2023a), "미성년 자녀가 있는 성전환자의 성별(性別)정정 허가 및 판단 기준", 사법 63호; 신윤주(2023b), "성전환자의 성별정정 허가 요건에 관한 대법원 전원합의체 결정의 의미와 한계", 사법 64호; 윤진수(2009a), "혼인의 자유", 민법논고[Ⅳ]; 윤진수(2009b), "혼인 성립에 관한 민법의 개정방향", 민법논고[Ⅳ]; 윤진수(김수인 역)(2015a), "성전환자의 인권 보호에 있어서 법원의 역할", 민법논고[Ⅶ]; 윤진수(2015b), "혼인과 이혼의 법경제학", 민법논고[Ⅶ]; 윤진수(2015c), "성별정정 허가가 있기 전의 성전환자의 법적 지위", 민법논고[Ⅶ]; 윤진수(2021a), "유럽에서의 동성혼인 및 동성결합에 관한 최근의 동향", 가족법연구 35-2; 윤진수(2021b), "미성년 자녀를 둔 성전환자의 성별정정", 민법논고[Ⅷ]; 윤진수(2023a), "동성(同性) 동거인의 주택임차권 승계", 민사법학 104; 윤진수(2023b), "동성결합에 대한 유럽인권재판소의 페도토바 대 러시아 판결", 가족법연구 37-3; 이동진(2012), "혼인관념, 인적 혼인의무 및 그 위반에 대한 제재", 서울대학교 법학 53-3; 이보연(2019), "'제3의 성'의 법적 인정", 인하대 법학연구 22-1; 이재희(2018), "헌법 제36조 제1항을 중심으로 한 혼인의 헌법적 보장에 대한 검토", 헌법학연구 24-4; 이상민(2024), "성별정정의 허용요건에 관한 비교법적 연구", 한양대 법학논총 41-1; 이준호(2022), "성전환자에 대한 성별정정 허가 사건의 법리적 검토", 서울법학 29-4; 최재석(1983), 한국가족제도사연구; 황미정(2019), 성전환자의 성별 변경과 생식능력 상실", 재판자료 138집; 헌법재판연구원(2018), "제3의 성(性)을 신분기록에 적절히 표시할 권리", 최신 세계헌법판례, 2018. 8. 30.

Gernhuber/Coester-Waltjen(2020), Familienrecht, 7. Aufl.; Jens M. Scherpe ed.(2015), The Legal Status of Transsexual and Transgender Persons.

I. 혼인의 개념과 의의

1. 혼인의 개념

혼인은 일반적으로 법률적으로 승인된 남녀의 생활공동체적 결합관계를 말한다고 정의되고 있다.[1] 그러나 법률적으로 승인되었다는 말의 의미는 다소 모호하다. 법률혼 아닌 사실혼도 오늘날에는 어느 정도 법적으로 승인되어 있다고 할 수 있다. 그러므로 여기서는 혼인을 당사자가 일방적으로는 해소할 수 없는, 법률적으로 승인된 남녀의 생활공동체적 결합관계라고 정의하고자 한다. 혼인을 해소하려면 당사자 쌍방의 합의가 있거나(협의상 이혼), 판결이 있어야 한다(재판상 이혼 또는 혼인의 취소). 이 점에서 당사자가 일방적으로 해소할 수 있는 사실혼과는 구별된다. 이처럼 당사자가 일방적으로 해소할 수 없도록 하는 것은 혼인 당사자 사이에 생기기 쉬운 기회주의적 행동을 방지하기 위한 것이다.[2] 물론 법률적으로 승인되었다는 것을 민법이 그 제도를 인정하고, 그 요건과 효과를 규정하고 있다는 것을 의미한다고 본다면, 혼인을 어떻게 정의하는가에 따라 실질적인 차이가 있는 것은 아니다.

그리고 혼인은 남녀의 결합관계이다. 이 점에 대하여는 아래 III.에서 좀더 자세히 살펴본다. 나아가 생활공동체적 결합관계란 부부가 정신적 및 육체적으로 결합하여 생활한다는 것을 말한다. 그러므로 가장혼인의 경우에는 이러한 혼인의 요건을 갖추지 못한 것이므로 유효한 혼인이라고 할 수 없다. 아래 §815의 주석 참조.

다른 한편 혼인은 양 당사자 사이의 의사의 합치에 이루어지므로, 계약의 일종이다. 나아가 혼인은 계속적 계약 또는 관계적 계약(relational contract)이라고 할 수 있다. 관계적 계약이란 재화의 교환이 아니라, 계약 당사자들 사이의 관계 그 자체가 중요한 계약을 말한다. 그런데 혼인은 원칙적으로 당사자 일방이 사망할 때까지 계속되는 것을 목적으로 하고 있고, 경제적인 것보다는 매우 복잡한 인간관계가 주된 내용이 된다. 또한 혼인관계가 유지되려면 외부적인 제재보다는 관계 자체에 의존하여야 한다. 그리고 혼인에서의 제1차적인 초점은 혼인관계를 어떻게 맺고 유지하는가에 달려 있다. 다른 한편 혼인관계의 유지를 위하여는 부부의 협력이 필수적이고, 혼인의 이익과 부담은 공유하여야 한다. 마지막으로 혼인계약에서 발생하는 의무는 구체적으로 특정하기 어렵고, 의무와 제재는 이혼하게 되는 상태에 이르지 않는 한 별다른 의

---

1) Gernhuber/Coester-Waltjen(2020), 25 참조. 이경희·윤부찬, 44-45은 혼인을 자발적 의사, 영속적 결합, 이성 사이의 결합 및 일부일처혼으로 정의하고 있다.
2) 윤진수(2015), 134 이하.

미가 없으며, 부부 상호간에는 이타적인 행동이 기대된다.3)

2. 법체계 내에서의 혼인의 지위

혼인제도는 모든 사회에서 인정되는 것으로, 가족과 사회 형성의 기초가 된다. 앞에서 살펴본 가족제도의 기능(친족법 총설 III. 1.)도 주로 혼인제도가 수행하고 있다. 다시 말하여 혼인은 사회 구성원의 재생산, 자녀의 양육과 사회화, 부양과 같이 사회를 유지하기 위하여 필수적인 기능을 수행한다. 그리하여 혼인은 부모와 자녀 관계와 함께 친족법의 중심 요소이고, 국가도 혼인제도 또는 혼인의 당사자를 여러 가지 형태로 보호하고 있다.

예컨대 배우자는 항상 제1순위의 상속인이다(§1003). 그리고 국민연금법이나 공무원연금법 또는 산업재해보상보험법과 같은 사회보장 관련 법률에서는 배우자는 최우선순위의 유족연금 수급권자이고(국민연금법 §73, 공무원연금법 §28, 산업재해보상보험법 §63), 세법상으로도 배우자공제와 같은 혜택을 누린다.

헌법재판소는 "혼인과 가족생활은 개인의 존엄과 양성의 평등을 기초로 성립되고 유지되어야 하며, 국가는 이를 보장한다."라고 규정하고 있는 憲 §36 ①은, 적극적으로는 적절한 조치를 통해서 혼인과 가족을 지원하고 제삼자에 의한 침해 앞에서 혼인과 가족을 보호해야 할 국가의 과제를 포함하고, 소극적으로는 불이익을 야기하는 제한조치를 통해서 혼인과 가족을 차별하는 것을 금지해야 할 국가의 의무를 포함한다고 보고 있다. 그리하여 부부의 자산소득을 합산하여 소득세를 과세하는 것은 헌법에 어긋나고,4) 종합부동산세법이 과세표준인 부동산 가액을 정함에 있어 세대별로 합산하는 것도 위헌이라고 하였다.5)

또한 혼인의 자유는 헌법상으로 보장되는 기본권에 속한다.6) 그러므로 혼인의 자유에 대한 과도한 제한은 위헌이 될 수 있다. 반대로 혼인의 강제 또한 혼인의 자유를 침해하는 것이다. 구체적인 것은 개별 조문의 주석에서 살펴본다.

---

3) 윤진수(2012), 130 이하 참조. 이동진(2012), 483 이하는 혼인의무 위반에 대한 법적 제재가 실효성이 없다는 점을 지적하고 있다.
4) 헌법재판소 2002. 8. 29. 선고 2001헌바82 결정.
5) 헌법재판소 2008. 11. 13. 선고 2006헌바112 등 결정.
6) 헌법재판소 1997. 7. 16. 선고 95헌가6 내지 13 결정; 윤진수(2009a), 176 이하 등 참조.

Ⅱ. 혼인제도의 역사

1. 혼인의 형태

혼인의 형태는 문화에 따라 다르다. 우리 민법은 일부일처제(單婚, monogamy)만을 인정하고 있다. 그러나 인류학적 연구에 의하면, 일부일처제보다는 일부다처제(polygyny)를 인정하는 문화가 더 많았고, 극히 드물게는 일처다부제(polyandry)가 인정되는 경우도 있다.7) 일부다처와 일처다부제를 합하여 복혼(polygamy)이라고 한다.

19세기 미국의 모건(Morgan)은, 혼인제도가 난혼(亂婚) - 혈연혼8) - 푸날루아(punalua)혼9) - 대우혼10) - 일부다처혼 - 일부일처혼으로 진화하여 왔다고 주장하였다.11) 국내의 친족법 교과서 가운데에도 이러한 모건의 주장을 인용하고 있는 것들이 있다.12) 그러나 현재 인류학자들은 모건의 주장은 오해에 기인한 것으로, 난혼이나 혈연혼 등은 존재하지 않았다고 보고 있다.13)

그리고 복수의 남성이 복수의 여성과 혼인관계에 있는 집단혼(group marriage)이 존재하는 문화가 있다는 보고가 있기는 하지만, 머독은 이러한 집단혼에는 진정한 혼인에 필수적인 요소인 경제적 책임은 결여되어 있고, 인류사회에서 집단혼이 혼인의 일반적인 유형으로 존재하거나 존재해 왔다는 증거는 없다고 한다.14)

2. 한국 혼인제도의 역사15)

고려시대까지의 혼인제도에 관하여는 자료가 풍부하지 않으나, 대체로 일부다처제가 행하여졌다고 보는 것이 일반적이다. 또 왕족 사이에는 근친혼이 행해졌다.16)

조선시대에는 성리학의 영향으로 혼인제도도 변화를 겪었다.17) 우선 태종 13년 (1413)에 처가 있는 남자가 다시 처를 맞는 중혼이 명시적으로 금지되어 법률적으로는

---

7) 머독(2004), 49 이하 참조.
8) 남매가 혼인하는 것.
9) 여러 자매와 각자의 남편과 혼인관계가 인정되거나 여러 형제와 각자의 처와의 혼인이 인정되는 것.
10) 한 쌍의 남녀 사이의 혼인이지만 배타적인 동거를 하지는 않는 것.
11) 루이스 헨리 모건(2000), 437 이하.
12) 신영호·김상훈·정구태, 690; 김주수·김상용, 친족·상속법(제8판, 2005), 73 이하(제9판 이하에서는 이 부분은 삭제되었다).
13) 노길명·정태환·김응렬·서용석·현택수(1998), 146 이하 참조.
14) 머독(2004), 51.
15) 친족법 총설 Ⅵ.도 참조.
16) 최재석(1983), 208 이하 참조.
17) 조선시대의 혼인법에 대하여는 박병호(2012), 225 이하 참조. 성리학이 조선시대의 혼인제도에 관하여 미친 영향에 대하여는 마르티나 도이힐러(2003), 321 이하 참조.

일부일처제가 확립되었다. 그러나 처가 아닌 첩을 맞는 것은 허용되었다. 그런데 첩 소생의 자녀인 서얼(庶孼)에 대하여는 여러 가지 차별이 있었다. 또한 근친혼이 금지되었고, 이는 동성동본 금혼제도에까지 이어졌다.

혼인은 이른바 육례(六禮)[18]에 따라야만 성립하였는데, 실제로는 주자가례(朱子家禮)에 따라 의혼(議婚),[19] 납채(納采), 납폐(納幣), 친영(親迎)이 행해졌다. 그런데 혼례식 당일에 남자가 여자 집에 가서 여자를 데리고 오는 친영 대신에, 실제로는 처가에서 혼례식을 거행하고 남자가 처가에서 살다가 자녀를 낳고 자녀가 성장하면 본가로 돌아오는 솔서혼속(率壻婚俗)이 일반적으로 행해져서, 조선 후기에까지 이르렀다. 그러나 조정에서는 친영을 강력하게 권장하였다.

이혼에 관하여는 남편만이 처와 이혼할 수 있었는데(棄妻), 이혼사유로서 칠거지악(七去之惡)[20]이 있어야 하였고, 이러한 칠거지악이 없는데도 이혼을 하면 처벌하고 다시 결합시키도록 되어 있었다. 그러나 칠거지악이 있더라도 三不去[21]에 해당할 때에는 이혼이 허용되지 않았다. 그렇지만 실제로는 이혼이 쉽게 허용되지 않았고, 이혼사유가 없는데도 처를 내쫓는 것은 처벌 대상이 되었다.

일제 강점기에는 혼인에 관하여는 관습에 따랐기 때문에 조선시대와 크게 달라지지는 않았다. 다만 1922. 11. 7. 조선민사령이 개정되어 1923. 7. 1.부터는 재판상 이혼이 인정되고, 혼인과 협의이혼은 신고하여야만 효력이 발생되게 되었다.

제정민법에서는 동성동본 금혼이 명문으로 규정된 것이 가장 큰 특징이었다. 그 후에 개정된 것 가운데 중요한 것으로는 동성동본 금혼 규정의 폐지와 이혼시 재산분할청구권 제도의 신설을 들 수 있다. 자세한 것은 총설, VI. 참조.

III. 동성혼인과 성전환 및 간성

1. 동성혼인(同性婚姻)

혼인이 남녀 사이의 결합이어야 한다는 점에 관하여는 민법에 직접적인 규정이

---

18) 납채(納采, 혼인을 신청하기 위하여 여자 집에 재물을 보내는 것), 문명(問名, 여자의 생년월일을 묻는 것), 납길(納吉, 생년월일을 점쳐서 길조가 나타나면 여자 집에 알리는 것), 납폐(納幣, 청혼의 징표로 빙재(聘財)를 여자 집에 보내는 것), 청기(請期, 혼인날짜를 정하여 여자 집에 지장이 없는지를 묻는 것), 친영(親迎, 혼례식 당일에 남자가 여자 집에 가서 남자 집으로 데리고 오는 것).

19) 혼담이 오고간 뒤 혼인에 합의를 보고 허혼하기까지의 과정.

20) 무자(無子, 아들을 낳지 못하는 것), 불사구고(不事舅姑, 시부모를 섬기지 않는 것), 음일(淫佚, 부정행위), 투기(妬忌), 악질(惡疾), 구설(口舌, 多言), 도절(盜竊).

21) 經持舅姑之喪(시부모의 상을 치른 경우), 娶時賤後貴(혼인할 때에는 천하였으나 그 후 귀하게 된 경우), 有所娶無所歸(처가 돌아갈 곳이 없는 경우).

없으나, 이제까지는 별다른 의문 없이 당연한 것으로 받아들여져 왔다. 굳이 법적인 근거를 찾자면 憲 §36 ①이 "혼인과 가족생활은 개인의 존엄과 양성의 평등을 기초로 성립되고 유지되어야 하며"라고 규정하고 있는 것을 들 수 있다.[22]

그런데 근래에서는 동성간의 결합을 혼인(same sex marriage) 또는 그에 유사한 동성결합(same sex partnership)으로 보호하려는 나라가 늘어나고 있다. 시기적으로 먼저 인정되었던 것은 혼인과는 구별되는 동성결합이다. 동성결합을 최초로 법률적으로 승인한 나라는 덴마크(1988년)이고, 이어서 노르웨이(1991년), 스웨덴(1994년) 등 북구의 여러 나라가 뒤를 따랐다. 프랑스에서는 1999. 11. 15. 민사연대협약법(loi relative au pacte civil de solidarité)에 의하여 동성이건 이성이건 공동생활을 영위하는 두 사람이 민사연대협약 또는 공동생활약정을 맺으면, 그에 대하여 법적인 보호를 하는 것으로 규정하였다. 독일도 2001년 "동성공동체의 차별 종료를 위한 법률"을 공포하여, 동성인 사람이 등록을 하면 상속권 등 혼인한 부부에 준하는 법률효과를 인정하고 하였다. 그러나 이 법률은 2017년 독일도 동성혼인을 인정하면서 폐기되었다.

그런데 네덜란드는 2000년 민법을 개정하여 혼인을 이성뿐만 아니라 동성 사이에도 할 수 있는 것으로 규정하였고, 그 후에는 동성혼인 자체를 인정하는 나라도 늘어나고 있다. 캐나다, 미국, 남아프리카, 대만에서는 법원 또는 헌법재판소가 동성혼인을 인정하지 않는 것은 위헌이라고 하였다.[23]

우리나라에서는 동성결합 또는 동성혼인을 인정하여야 하는가가 본격적으로 문제되고 있지는 않다. 다만 동성 사이의 동거관계가 해소된 경우에 사실혼과 마찬가지로 재산분할이나 위자료를 청구할 수 있는가가 문제되고 있다. 인천지법 2004. 7. 23. 선고 2003드합292 판결은 동성(同性)간의 사실혼에 유사한 동거관계를 사실혼으로 인정하여 법률혼에 준하는 보호를 할 수는 없다고 하였다.

그러나 근래에는 민법의 해석상 동성혼인은 허용된다고 하는 주장도 있다. 즉 우리 민법은 동성혼에 대해서는 근친혼이나 중혼과 달리 직접적인 금지 또는 제한 규정을 두지 않고 있으므로, 혼인 당사자에 동성 간을 포함한다고 하여 문리해석에 직접적으로 반하는 것은 아니라는 것이다.[24] 나아가 민법의 해석상 동성혼인이 허용되지 않는다면 이는 위헌이라는 주장이 있다.[25]

그러나 민법의 입법자는 혼인의 당사자로 이성만을 생각했음이 분명하고, 민법

---

22) 윤진수(2009a), 189; 윤진수(2021a), 1 이하; 윤진수(2023b), 1 이하.

23) 윤진수(2021a), 1 이하 참조.

24) 성중탁(2017), 240-241; 손명지(2019), 11 이하; 김진하(2022), 402 이하 등.

25) 이재희(2018), 90 등.

의 부부(夫婦)라는 용어도 민법의 혼인 당사자는 남자와 여자임을 전제로 한다(§§180, 775 ②, 816 ii, 826, 827, 829–834, 839–3, 840, 846 등). 그리고 우리나라가 동성 사이의 혼인을 인정하지 않고 있는 것 자체를 위헌이라고 하기는 어렵다. 헌법 제정자는 혼인이란 남자와 여자가 하는 것으로 생각하였지, 동성혼인은 전혀 생각하지 않았으며, 단지 시대변화가 있다는 이유만으로 헌법 제정자가 의도하였던 것과는 달리 헌법상 혼인에 동성혼인도 포함된다고 말할 수는 없다.[26] 서울서부지방법원 2016. 5. 25. 자 2014호파1842 결정도 같은 취지이다.

그러나 법률을 개정하여 동성혼인을 인정할 필요가 있다. 그렇게 하더라도 헌법에 어긋난다고는 할 수 없다.[27]

그리고 동성 사이의 사실혼 유사의 동거관계(동성결합)를 사실혼과 동일하게 취급할 수는 없다고 하더라도, 재산분할이나 위자료와 같은 구제까지 거부할 이유가 있는지는 다소 의문이다. 이 문제는 뒤에서 살펴볼 중혼적 사실혼과도 유사하다.

마찬가지로 사실혼 배우자의 임차권 승계(주택임대차보호법 §9)와 같은 규정도 동성결합에 관하여 유추적용하는 것도 검토할 필요가 있다.[28] 대법원 2024. 7. 18. 선고 2023두36800 전원합의체 판결은, 사실상 혼인관계 있는 사람 집단에 대하여는 국민건강보험 피부양자 자격을 인정하면서도, 동성 동반자 집단에 대해서는 피부양자 자격을 인정하지 않은 것이 합리적 이유 없이 원고에게 불이익을 주어 그를 사실상 혼인관계에 있는 사람과 차별하는 것으로 헌법상 평등원칙을 위반한 것이라고 하였다.

2. 성전환

출생 당시에 남성 또는 여성이었는데, 나중에 성전환 수술을 받는 등으로 외견상 반대의 성으로 바뀐 경우에 이 사람의 법적인 성의 변경을 인정하여, 자신의 종전의 성과 같은 성을 가진 사람과 유효하게 혼인할 수 있는가? 이러한 성전환의 문제는 혼인뿐만 아니라 가족관계등록의 변경, 강간죄의 피해자 등 여러 가지 면에서 문제가 된다. 외국에서는 많은 나라가 법률이나 판례에 의하여 이러한 성의 변경을 인정하고 있다.[29]

대법원 1996. 6. 11. 선고 96도791 판결에서는 남성에서 여성으로 성전환수술을 받은 사람이 강간죄의 피해자가 될 수 있는가가 문제되었다. 대법원은 성의 판단 기

26) 윤진수(2021a), 29 이하.
27) 윤진수(2021a), 29 이하 참조.
28) 윤잔슈(2023a), 289 이하 참조.
29) 윤진수(김수인 역)(2011), 299 이하; Jens M. Scherpe ed.(2015) 참조.

준에 관하여는, "형법 제297조에서 말하는 부녀, 즉 여자에 해당하는지의 여부도 위
발생학적인 성인 성염색체의 구성을 기본적인 요소로 하여 성선, 외부성기를 비롯한
신체의 외관은 물론이고 심리적, 정신적인 성, 그리고 사회생활에서 수행하는 주관
적, 개인적인 성 역할(성전환의 경우에는 그 전후를 포함하여) 및 이에 대한 일반인의 평가
나 태도 등 모든 요소를 종합적으로 고려하여 사회통념에 따라 결정하여야 할 것이
다"라고 판시하였다. 그리하여 그 사건에서는 결론적으로 피해자를 여자로 볼 수 없
다고 하여 강간죄의 성립을 부정하였다.

　　그런데 대법원 2006. 6. 22.자 2004스42 전원합의체 결정은 성전환수술을 받은
사람의 호적상 성을 변경할 수 있다고 하였다. 이 결정의 다수의견은, 당시의 호적법
에는 출생시 호적에 기재된 성별란의 기재를 전환된 성에 따라 수정하기 위한 절차
규정이 따로 마련되어 있지 않지만, 성전환자에 해당함이 명백한 사람에 대하여는 호
적정정에 관한 戶籍 §120의 절차에 따라 호적의 성별란 기재의 성을 전환된 성에 부
합하도록 수정할 수 있도록 허용함이 상당하다고 하였다. 위 다수의견에 대한 보충의
견은 이를 호적법의 헌법합치적 해석이라고 설명하였다.[30] 이 결정의 타당성은 수긍
할 수 있으나, 이는 호적법의 해석의 범주를 넘어서는 헌법합치적 유추라고 보아야
할 것이다.[31] 위 2006년 전원합의체 결정 이후 대법원의 예규인 성전환자의 성별정정
허가신청사건 등 사무처리지침이 만들어졌다.[32]

　　또한 대법원 2009. 9. 10. 선고 2009도3580 판결은 남자에서 여자로 성전환 수술
을 받았으나 아직 성별정정 허가를 받지 않은 사람도 강간죄의 피해자가 될 수 있다
고 판시하였다.[33] 그러나 성전환수술을 받은 사람이라 하여도 바로 법률적으로 성이
바뀌는 것은 아니고, 법원의 성별정정허가를 받고, 그에 따라 실제로 가족관계등록부
상 성별정정이 이루어져야만 성이 바뀐다고 보아야 할 것이다.[34]

　　그리고 대법원 2011. 9. 2. 자 2009스117 전원합의체 결정은, 혼인하였다가 이혼

---

30) 이 결정에 대한 재판연구관의 상세한 해설로는 민유숙(2006), 559 이하가 있다.
31) 윤진수(김수인 역)(2011), 310 이하 참조. 그러나 이준호(2022), 88 이하는 이러한 판례는 삼권 분립을
　　비롯한 헌법의 질서에 부합하지 않는다고 한다.
32) 2006. 9. 6. 호적예규 제716호. 당시의 예규는 성별정정의 허가요건으로서 남자에서 여자로의 성전환
　　(MTF)인 경우에는 신청인이 병역법 제3에 따른 병역의무를 이행하였거나 면제받았어야 한다고 규정하
　　고 있었으나, 위 예규가 2009. 1. 20. 등록예규 제293호로 개정되면서 국가인권위원회의 권고에 따라 이
　　요건은 삭제되었다.
33) 곽병훈(2010), 705 이하 참조.
34) 윤진수(2015c), 250 이하 참조. 당시의 등록예규 제293호 §7도 성전환증을 이유로 한 성별정정허가의
　　효력은 법원이 그 결정을 고지한 때로부터 장래에 향하여 발생한다고 규정하고 있었다. 다만 2012. 12.
　　18. 개정된 형법 제297조는 "폭행 또는 협박으로 사람을 강간한 자는 3년 이상의 유기징역에 처한다"고
　　규정하여, 강간죄의 객체를 부녀에서 사람으로 바꾸었으므로, 강간죄에 관한 한 이 판례는 더 이상 선
　　례로서의 기능을 잃어버렸다.

하였으며 미성년 자녀가 있는 남자가 여자로 성전환수술을 받고 성별정정허가신청을
한 사안에서 성별정정이 허용될 수 없다고 보았다.[35] 다수의견은 현재 혼인중에 있는
성전환자는 전환된 성을 법률적으로 그 사람의 성이라고 평가할 수 없으므로 가족관
계등록부의 성별정정도 허용되지 않지만,[36] 현재 혼인중이 아니라면 과거 혼인한 사실
이 있다고 하더라도 성별정정을 불허할 사유가 되지 아니한다고 하였다. 그렇지만 성
전환자에게 미성년자인 자녀가 있음에도 성별정정을 허용한다면 미성년자인 자녀는 정
신적 혼란과 충격에 노출될 수 있으므로 성별정정을 허용할 수 없다고 하였다.[37]

생각건대 혼인중에 있는 사람의 성전환으로 인한 성별정정 허가를 허용하게 되
면 결과적으로 동성혼(same-sex marriage)을 허용하는 것이 되므로, 성별정정 허가를
하기는 어려울 것이다.[38] 반면 성별정정허가를 신청하는 사람에게 미성년인 자녀가
있다는 이유만으로 성별정정을 불허할 사유가 될 수는 없다. 성별정정 허가가 있더라
도 미성년자가 반드시 정신적 혼란과 충격을 겪을 것이라고는 단정할 수 없을 뿐만
아니라, 설령 정신적 혼란과 충격이 있을 수 있더라도 이는 부 또는 모가 성전환수술
을 받아 성전환이 더 이상 돌이킬 수 없는 기정사실이 되었을 때 이미 발생하는 것이
고, 성별정정 허가로 인한 추가적인 정신적 혼란과 충격은 성별정정 자체를 불허할
정도로 중요한 의미가 있다고는 생각되지 않는다.[39] 따라서 미성년 자녀가 있음을 이
유로 하여 성별정정을 불허하는 판례는 변경되어야 한다.

대법원 2022. 11. 24. 자 2020스616 전원합의체 결정의 다수의견은 이러한 비판
을 받아들여, 성전환자에게 미성년 자녀가 있다는 사정만을 이유로 성별정정을 불허
하여서는 아니 된다고 하였다.[40] 그러나 다수의견이 미성년 자녀가 있다는 사정을 성
별정정 허가 여부를 고려함에 있어서 하나의 고려사유가 될 수 있는 것으로 설시한
점은 수긍하기 어렵다. 다수의견의 설시에 따르더라도, 성전환자의 성별정정을 허가
하는 것이 미성년 자녀의 복리에 부정적인 영향을 주기 때문에 성별정정을 불허해야
하는 경우는 없을 것으로 보인다.[41]

---

35) 김선일(2011), 698 이하 참조.
36) 대법관 3인의 반대의견은 이러한 경우에도 특별한 사정이 있으면 성별정정을 허가할 수 있다고 하였다.
37) 대법관 5인은 이 점에 관하여 다수의견에 반대하였다.
38) 그러나 신윤주(2023b), 85는 혼인중인 성전환자에 대하여 혼인을 유지하는 한 절대적으로 성별정정을 불허가할 것이 아니라 성별정정 허가의 하나의 고려 사유로 삼아 성전환자와 배우자 및 가족 등이 처한 여러 사정을 고려하여 성별정정 허가 여부를 결정하는 것이 합리적이고 구체적 타당성에 부합한다고 주장한다.
39) 윤진수(2021b), 578 이하; 박한희(2021), 498 참조.
40) 위 전원합의체 결정에 대한 재판연구관의 판례해설로는 신윤주(2023a)가 있다. 또한 신윤주(2023b)도 참조.

현재 성전환자의 성별정정허가신청사건 등 사무처리지침은 개정되어 법원이 다음과 같은 사항을 조사하여 성별정정허가를 하도록 하였다.[42]

1. 신청인이 대한민국 국적자로서 19세 이상의 행위능력자인지, 현재 혼인중인지, 신청인에게 미성년인 자녀가 있는지 여부

2. 신청인이 성전환증으로 인하여 성장기부터 지속적으로 선천적인 생물학적 성과 자기의식의 불일치로 인하여 고통을 받고 오히려 반대의 성에 대하여 귀속감을 느껴왔는지 여부

3. 신청인에게 상당기간 정신과적 치료나 호르몬요법에 의한 치료 등을 실시하였으나 신청인이 여전히 수술적 처치를 희망하여, 자격있는 의사의 판단과 책임 아래 성전환수술을 받아 외부성기를 포함한 신체외관이 반대의 성으로 바뀌었는지 여부

4. 성전환수술의 결과 신청인이 생식능력을 상실하였고, 향후 종전의 성으로 재전환할 개연성이 없거나 극히 희박한지 여부

5. 신청인에게 범죄 또는 탈법행위에 이용할 의도나 목적으로 성별정정허가신청을 하였다는 등이 특별한 사정이 있는지 여부

그리고 서울서부지법 2013. 11. 19. 자 2013호파1406 결정[43]은, 반대 성의 외부성기를 구비하지 아니하였다는 이유로 성별정정을 불허하는 것은 당사자의 인간으로서의 존엄성과 인간다운 생활을 할 권리 및 행복추구권을 침해하는 것이라는 이유로, 그러한 사람의 성별정정 허가를 인용하였다. 이 사건은 여자가 남자로 성별정정을 한 경우였고, 그 이래 이러한 경우에는 성전환수술 없이도 성별정정을 허용하는 예가 많다. 그런데 청주지법 영동지원 2017. 2. 14. 자 2015호기302 결정은, 남자에서 여자로의 성별정정도 외부성기의 형성 없이도 허용된다고 하였다.[44]

---

41) 그렇지만 신윤주(2023b), 73은, 위 2020스616 결정이 미성년 자녀의 구체적이고 예외적인 어떠한 사정이 있고 이를 극복하거나 회복할 수 없는 특별한 경우에는 성별정정을 불허가하는 고려사유로 고려할 수 있다는 취지이므로, 미성년 자녀가 있다는 사정을 성별정정 허가 여부를 고려함에 있어서 고려사유가 될 수 없다는 견해와 크게 다르지 않다고 한다.

42) 등록예규 제550호, 개정 2020. 2. 21., 시행 2020. 3. 16.

43) 법률신문 홈페이지(http://www.lawtimes.co.kr/LawPnnn/Pnnpr/PnnprContent.aspx?serial=3945&kind=1) 참조. 다만 여기서 사건번호가 2030호파1406으로 기재되어 있는 것은 오기이다.

44) 독일연방헌법재판소 2011. 1. 11. 결정
(BVerfGE 128, 109)은 동성애적 성향을 가진 성전환자가, 변경하려고 하는 성(性)과 같은 성을 가진 사람과 동성애자에게 허용되는 생활동반자관계(Lebenspartnerschaft)를 맺기 위하여는 성전환수술을 받아 생식능력이 없어야 할 것을 요구하는 성전환자법의 규정은 헌법에 합치되지 않는다고 하였다. 또 유럽인권재판소(European Court of Human Rights)는 2017. 4. 6. Case of A.P., Garçon and Nicot v. France 판결에서, 성별정정의 요건으로서 불가역적(不可逆)인 외관의 변화, 즉 불임수술이나 불임의 가능성이 높은 의학적 치료를 요구하는 것은 유럽인권협약 8조의 사생활의 존중(respect for the private life)에 위배된다고 하였다. 황미정(2019), 101 이하 참조. 일본 최고재판소 2023(令和 5). 10. 25. 결정(民集 77卷 7号 1792頁)은 성별변경을 인정하는 요건으로서 생식선(生殖腺)의 제거를 요구하는 법률 규정은 위헌이라고 하였다.

한편 대법원 2022. 11. 24. 자 2020스616 전원합의체 결정이, 성전환자의 전환된 성으로서 평가받기 위한 신체적 태양을 전환된 성으로서의 외관을 평가하는 여러 요소 중 하나로만 파악하였고, 성전환수술에 대한 언급은 하지 않았는데, 이는 성전환수술이 성별정정 허가의 필수적인 요건이 아니라는 방향을 제시하였다고 보는 견해가 있다.[45] 그러나 위 사건에서는 당사자가 성전환수술을 받은 경우이므로, 이와 같이 볼 수 있는지는 의문이다.

이러한 성전환의 문제를 판례나 대법원의 예규로 해결하는 데에는 한계가 있고, 궁극적으로는 이를 위한 입법이 제정되어야 한다.

3. 간성(間性)

한편 사람의 성(性)에는 남성 또는 여성으로 분류될 수 없는 제3의 성(間性, inter-sex)이 있다. 종래에는 이러한 사람의 성을 가족관계 공부에 등재할 수 있는 방법이 없었으나, 근래에는 각국에서 이를 허용하여야 한다는 주장이 많다.[46] 오스트레일리아나 뉴질랜드에서는 입법적으로 이를 허용하고 있다. 독일연방헌법재판소는 2017. 10. 10. 이를 허용하지 않는 것이 위헌이라고 하여 2018년 이러한 사람을 'divers'라고 표시할 수 있도록 신분등록법(Personenstandsgesetz)이 바뀌었고,[47] 오스트리아 연방헌법재판소는 2018. 6. 15. 이러한 사람의 성도 가족관계 공부에 표시할 수 있다고 관련 법률을 헌법합치적으로 해석할 수 있다고 하였다.[48]

독일에서는 2024. 6. 21. "성별등록에 대한 자기결정 및 기타 법률의 개정을 위한 법률"(Gesetz über die Selbstbestimmung in Bezug auf den Geschlechtseintrag und zur Änderung weiterer Vorschriften)이 제정되어, 객관적인 확인절차 없이도 자신의 의사표시만에 의하여 성별의 등록을 정정할 수 있는 제도가 마련되었다. 이는 간성뿐만 아니라 성전환의 경우에도 적용된다.

이상민(2024), 95 이하 참조.
45) 신윤주(2023b), 57.
46) 박은영(2019), 179 이하 참조.
47) 이보연(2019), 437 이하 참조.
48) 사건번호 G 77/2018-9. 헌법재판연구원(2018).

第 1 節 約婚

第 800 條 (約婚의 自由)
成年에 달한 者는 自由로 約婚할 수 있다.

▎**참고문헌**: 김성숙(2001), "약혼법과 이혼법 정비를 위한 검토", 가족법연구 15−1; 정용신(2018), "약혼 해제와 손해배상의 실무적 고찰", 가사재판연구 (3), 서울가정법원 가사소년재판연구회; 한복룡(1990), "우리나라의 약혼법상 근대적 약혼법제의 계수", 김용한화갑.
Coester−Waltjen and Coester(1997), International Encyclopedia of Comparative Law Ⅳ Ch. 3; Gernhuber/Coester−Waltjen(2020), Familienrecht, 6. Aufl.;

Ⅰ. 약혼의 의의

　약혼은 장차 혼인을 하기로 하는 남녀 간의 계약을 말한다.[1] 그런데 약혼을 하는 것이 혼인을 하기 위한 요건은 아니고, 약혼을 하더라도 혼인을 할 것을 강제하지는 못하기 때문에(§803), 약혼제도가 가지는 실제상의 중요성은 그다지 크지 않다.[2] 실제로 문제되는 것은 약혼이 해제되는 경우의 손해배상과 예물반환 정도이다.

Ⅱ. 약혼의 성립요건과 효력발생요건

1. 성립요건

　약혼이 성립하기 위하여는 혼인을 하기로 하는 당사자 사이의 의사 합의만 있으

---

[1] 민법상 약혼 제도의 성립 과정에 대하여는 한복룡(1990), "우리나라의 약혼법상 근대적 약혼법제의 계수", 김용한화갑, 541 이하 참조.
[2] 다른 나라에 관하여는 Coester−Waltjen and Coester(1997), sec. 95 참조.

면 되고, 약혼식과 같은 특별한 방식을 따라야 하는 것은 아니다. 명시적인 합의뿐만 아니라, 묵시적인 합의만으로도 약혼이 성립할 수 있다.[3] 어느 때에 합의가 있었는가 하는 것은 사실 판단의 문제이다.[4] 이 점에 관한 한 문헌은, 하급심 판례들을 소재로 하여, 약혼의 성립 여부에 대한 실무상 판단 기준으로서 교제의 경위 및 교제기간, 양 가의 교류 정도(상견례 유무) 및 결혼 날짜 지정과 예식장 예약, 약혼예물의 교환 및 비 용부담주체 등을 들고 있다. 그러나 성관계의 유무는 성관계가 반드시 약혼을 전제로 행하여지는 것은 아니므로, 성관계가 있었다거나 임신을 하였다는 것만으로 약혼관 계가 증명된다고 할 수는 없다고 한다.[5]

약혼의 의사표시는 일신전속적인 행위로서 대리가 허용되지 않는다.[6] 그러나 혼 인과는 달리 조건이나 시기를 붙이는 것은 가능하다.[7] 하자가 있는 의사표시의 경우 에 민법총칙의 이에 관한 규정이 적용되는가? 이에 대하여는 이를 부정하고, 엄격한 의사주의가 적용되어야 한다는 견해가 있다. 즉 일방에게 의사능력이 없는 약혼은 언 제나 무효이고, 사기 또는 강박에 의한 약혼이나 약혼 당시 당사자 일방에게 혼인할 수 없는 악질(惡疾) 등의 사유가 있으면 언제나 해제할 수 있으며, 그 무효와 해제는 누구에게나 대항할 수 있다고 한다.[8]

2. 효력발생요건

§§801, 802는 약혼의 요건에 관하여 따로 규정하고 있다. 배우자 있는 자가 하는 약혼은 원칙적으로 공서양속에 반하여 무효이지만,[9] 배우자 있는 자의 혼인이 사실 상 이혼상태에 있다는 등의 특별한 사정이 있는 경우에는 유효하다고 볼 수 있다.[10] 이는 사실혼 배우자가 있는 자의 약혼에도 마찬가지로 적용될 수 있다.[11] 이미 약혼

---

3) 서울가법 1995. 7. 13. 선고 94드37503 판결.
4) 대법원 1965. 7. 6. 선고 65므12 판결은, 상대방이 내연의 처가 있고 그 사이에 4남매의 자녀를 둔 남 자이어서 정식으로 혼인하기 어려운 사정임을 알고 있었다면 그 남자의 꾀임에 빠져 동거생활중 그 사 이에 아들을 분만하였다 하여도 진실한 혼인예약이 성립될수 없다고 하였다. 서울가법 1998. 2. 26. 선 고 97드7305 판결도 약혼의 합의가 없다고 하여 그 성립을 부정하였다.
5) 정용신(2018), 58−63 참조.
6) Gernhuber/Coester-Waltjen(2020), 55 참조.
7) 김주수·김상용, 20, 78; 이경희·윤부찬, 143 등. 독일에서도 이와 같이 본다. Gernhuber/Coester-Waltjen(2020), 55 등. 그러나 종기를 붙이는 것은 허용되지 않을 것이다. 이경희·윤부찬, 143은 해제조 건도 허용되지 않는다고 보지만, 반드시 그와 같이 볼 이유는 없다.
8) 주석민법 친족(1), 제5판(2016), 170. 독일의 학설도 대체로 이와 같다. Gernhuber/Coester-Waltjen(2020), 56 참조.
9) 현재의 배우자와의 이혼 또는 그의 사망을 조건으로 하는 것도 무효라고 보아야 한다.
10) 김주수·김상용, 78; 박정기·김연, 81; 송덕수, 24; 신영호·김상훈·정구태, 73; 이경희·윤부찬, 144 등.
11) 김용한, 103. 대법원 1965. 7. 6. 선고 65므12 판결은 이러한 경우에는 진실한 혼인예약이 성립할 수 없다고 하는데, 그 사실관계에 비추어 보면 이중의 사실혼이 있는 경우에 뒤의 사실혼은 무효라는 취지

한 자가 다른 사람과 약혼한 경우에도 마찬가지로 보아야 할 것이다.[12]

3. 사실혼과의 구별

약혼은 사실혼과는 구별된다. 약혼은 단순히 혼인하기로 하는 합의만 있는 경우인데 반하여, 사실혼은 혼인과 같은 외관을 갖춘 경우이므로 차이가 있다. 그러나 과거에는 사실혼을 혼인예약이라고 부르기도 하여, 다소 양자의 구별이 모호하였다.

그런데 실제로 약혼만이 성립하였는지, 아니면 사실혼이 성립하였는지 판단이 애매한 경우도 있다. 대법원 1998. 12. 8. 선고 98므961 판결은, 당사자가 결혼식을 올린 후 신혼여행까지 다녀온 경우라면 약혼의 단계는 이미 지났지만, 부부공동생활을 하기에까지 이르지 못하였다면 사실혼으로서도 아직 완성되지 않았다고 하였다. 그러나 이러한 경우에는 약혼과 사실혼을 구별하는 것이 큰 의미를 가지지는 않는다. 약혼이나 사실혼을 이유 없이 파기하는 것은 모두 손해배상 책임의 발생 사유가 된다. 다만 사실혼에 이르기 전에 약혼이 해소되면 약혼예물의 반환을 청구할 수 있지만, 사실혼에 이르면 반환청구가 인정되지 않는다는 점을 양자의 차이로 들 수 있지만, 사실혼이 매우 짧은 기간 내에 해소되면 약혼예물의 반환청구가 인정되어야 하므로,[13] 양자를 구별할 큰 실익이 없다. 그런데 판례가 이 사건에서 사실혼으로서 완성되지 않았다고 본 것은, 부부공동생활로서의 동거가 없었다는 점을 중요시한 것으로 보인다.

Ⅲ. 약혼의 자유

본조는 성년에 달한 자가 약혼의 자유를 가진다는 점을 규정하고 있다. 따라서 부모의 동의를 받을 필요는 없다. 다만 피성년후견인의 경우에는 그러하지 아니하다 (§802).[14]

약혼 당사자가 혼인이 금지되는 친족관계(§809)에 있을 때에 관하여는 민법이 규정을 두지 않았다. 당사자가 혼인 무효사유에 해당하는 친족관계(§815 ii-iv)에 있을

로 이해된다.

12) 김주수·김상용, 78; 배경숙·최금숙, 42; 송덕수, 24-25; 한봉희·백승흠, 72. 그러나 이경희·윤부찬, 144은 이중약혼은 원칙적으로 유효하다고 본다. 김용한, 102-103은 배우자가 있는 자가 하는 약혼이나 이중약혼은 무효이지만, 일방 당사자가 선의인 경우에는 선의의 당사자로서는 언제나 유효한 약혼이 있는 것으로 해석하여야 한다고 주장한다.

13) §806 Ⅱ. 2. 참조.

14) 김성숙(2001), 24-25은 §§801, 802가 있으므로 본조는 무의미하여 삭제되어야 한다고 주장한다.

때에는 약혼은 무효라고 보는 것이 일반적인 견해이다. 혼인 취소사유에 해당하는 경우(§816)에는 약혼은 무효는 아니고, 취소할 수 있을 뿐이라고 해석하여야 한다.[15]

---

15) 이경희·윤부찬, 144.

第801條 (약혼연령)

만 18세가 된 사람은 부모나 미성년후견인의 동의를 받아 약혼할 수 있다. 이 경우 제808조를 준용한다.

본조는 혼인에 관한 §807와 §808 ①에 대응하는 규정이다. 그러므로 약혼할 수 있는 연령은 혼인적령(§807)과 같고, 부모나 미성년후견인의 동의를 받아야 하는 것도 혼인의 경우(§808 ①)와 마찬가지이다. §808가 준용되므로 부모의 일방 또는 쌍방이 동의권을 행사할 수 없는 경우에는 §808 ①에 의하여 동의권자가 결정된다.

약혼연령에 미달한 자의 약혼이나 부모 또는 미성년후견인의 동의 없이 한 약혼의 효력에 관하여는 민법이 규정하고 있지 않으나, 혼인 취소에 관한 §816를 유추하여 취소사유가 된다고 보아야 한다.[1] 다만 취소의 소를 제기할 필요는 없고, 재판 외에서 취소의 의사표시를 하면 된다.[2] 취소청구권자와 취소청구권의 소멸에 관한 규정(§817, §820)도 유추되어야 한다. 다만 혼인 취소의 불소급을 규정한 §824는 성질상 유추될 수 없을 것이다.

---

[1] 대구고법 1966. 7. 13. 선고 66르72, 73 판결은, 혼인연령 미달자의 혼인예약이 무효는 아니고, 혼인연령에 도달한 때에 혼인할 의무를 부담한 것으로 보아야 한다고 판시하여, 정지조건부 혼인예약으로 보았다. 그러나 여기서 말하는 혼인예약은 실제로는 사실혼이었다.

[2] 일반적인 견해이다. 다만 주석민법 친족(1), 제5판, 2016, 180; 송덕수, 24은 약혼연령미달자의 약혼은 무효라고 한다.

第 802 條 (성년후견과 약혼)

피성년후견인은 부모나 성년후견인의 동의를 받아 약혼할 수 있다. 이 경우
제808조를 준용한다.

본조는 혼인에 관한 §808 ②에 대응하는 규정이다.[1] 그런데 본조가 §808를 준용
하고 있는 것은 의미가 없다. §802의 규정을 바로 적용하는 것과 §808 ②을 준용하는
것은 아무런 차이가 없기 때문이다.[2]

본조를 위반한 경우에는 이는 취소사유가 된다(§816 유추). 취소청구권자 및 취소
청구권자의 소멸에 관한 규정(§§817, 819)도 유추적용될 수 있다는 것은 §801와 같다.

피한정후견인은 약혼을 할 때 부모나 성년후견인의 동의를 받을 필요가 없다.[3]

---

[1] 윤진수·현소혜, 73은, 피성년후견인의 의사능력이 회복되어 있으면 단독으로 약혼 등 각종 가족법상
의 법률행위를 할 수 있도록 하되, 의사능력이 결여되어 있으면 성년후견인의 동의 또는 대리가 있더라
도 이를 할 수 없도록 하여야 한다고 주장한다.

[2] 본조 개정 전에는 §808 ③이 부모 또는 후견인이 없거나 동의할 수 없는 때에는 친족회의 동의를 얻
도록 하였으므로 §808를 준용하는 것이 의미를 가졌다.

[3] 윤진수·현소혜, 73.

第 803 條 (約婚의 强制履行禁止)

約婚은 强制履行을 請求하지 못한다.

▎참고문헌: Coester—Waltjen and Coester(1997), International Encyclopedia of Comparative Law Ⅳ Ch.3.

본조는 약혼을 하였더라도 그 이행으로 혼인을 강제하지 못한다는 것을 규정하고 있다. 이는 혼인은 강제할 수 없다는 원칙의 표현으로서, 다른 나라에서도 일반적으로 인정되고 있다.[1] 혼인의 강제는 혼인의 자유에 대한 침해이고, 혼인의 합의가 없는 때를 혼인 무효사유로 하고 있는 것(§815 i)과도 합치되지 아니한다. 뿐만 아니라 강제된 혼인은 원래대로의 혼인의 기능을 발휘할 수도 없다.[2] 독일 민법 §1297 ②은 혼인을 하지 않는 데 대한 손해배상의 예정도 무효로 하고 있다. 다만 정당한 사유 없이 혼인을 거부하는 것은 손해배상의 사유이다(§806).

그런데 家登 §72는 사실상 혼인관계 존재확인의 재판에 의하여 일방적으로 혼인신고를 할 수 있도록 규정하고 있다. 그러나 이처럼 일방에 의한 혼인신고를 허용하는 것은 이러한 강제이행 금지의 원칙에 어긋나므로 문제가 있다. 아래 사실혼 Ⅵ. 1. 참조.

---

1) Coester—Waltjen and Coester(1997), sec. 95.
2) 헌법재판소 2009. 11. 26. 선고 2008헌바58, 2009헌바191 결정은 혼인빙자간음죄를 위헌이라고 하면서, 장차 결혼생활의 불행이 예상됨에도 불구하고 남성이 혼인빙자간음죄에 의한 처벌이 두려워 혼인한다면 결국 형법이 파탄이 자명한 혼인을 강요하는 것과 다름이 없으므로, 이를 법률로 강제하는 것은 부당하다고 하였다.

第 804 條 (약혼해제의 사유)

당사자 한쪽에 다음 각 호의 어느 하나에 해당하는 사유가 있는 경우에는 상대방은 약혼을 해제할 수 있다.

1. 약혼 후 자격정지 이상의 형을 선고받은 경우
2. 약혼 후 성년후견개시나 한정후견개시의 심판을 받은 경우
3. 성병, 불치의 정신병, 그 밖의 불치의 병질(病疾)이 있는 경우
4. 약혼 후 다른 사람과 약혼이나 혼인을 한 경우
5. 약혼 후 다른 사람과 간음(姦淫)한 경우
6. 약혼 후 1년 이상 생사(生死)가 불명한 경우
7. 정당한 이유 없이 혼인을 거절하거나 그 시기를 늦추는 경우
8. 그 밖에 중대한 사유가 있는 경우

▌**참고문헌**: 김천수(2018), "약혼해제에 관한 해석론과 입법론", 가족법연구 32-2; 박동진(2005), "약혼 예물의 교부와 그 반환청구권의 법리", 가족법연구 19-2; 정용신(2018), "약혼해제와 손해배상의 실무적 고찰", 가사재판연구 (3), 서울가정법원 가사소년재판연구회.

I. 본조의 의의

본조는 약혼 해제의 정당한 사유를 규정하고 있다. 그러나 약혼의 강제이행은 금지되기 때문에(§803), 정당한 사유가 있어야만 약혼을 해제할 수 있는 것은 아니고, 정당한 사유가 없는데도 약혼을 해제하면 §806에 따라 손해배상책임을 지게 될 뿐이다.[1] 반대로 본조에 해당하는 사유가 있어 약혼을 해제하는 사람은 손해배상책임을

---

[1] 박동진(2005), 238은 정당한 사유가 없는 약혼 해제는 엄밀히 말하여 파혼으로서 약혼 해제와 구별하

지지 않는다.[2]

약혼 해제에 대하여는 이를 소급효가 있는 해제 대신 장래효만 있는 해지로 보아야 한다는 주장도 있다.[3]

II. 약혼 해제의 정당한 사유

1. 약혼 후 자격정지 이상의 형을 선고받은 경우

자격정지 이상의 형에는 사형, 징역, 금고, 자격상실, 자격정지가 있다(刑 §41). 이러한 사유가 있으면 약혼 상대방에 대한 신뢰가 유지될 수 없기 때문이다.

형을 선고받으면 확정되지 않더라도 해제사유가 된다고 하는 견해가 있으나,[4] 무죄추정의 원칙에 비추어 볼 때 확정되어야만 해제사유가 된다고 보아야 한다.[5]

2. 약혼 후 성년후견개시나 한정후견개시의 심판을 받은 경우

이때에도 성년후견개시나 한정후견개시의 심판을 선고받은 것만으로는 충분하지 않고, 확정되어야만 약혼 해제 사유가 될 수 있다고 보아야 할 것이다.[6]

3. 성병, 불치의 정신병, 그 밖의 불치의 병질(病疾)이 있는 경우

이러한 질병의 발생시기는 약혼 전이건 후이건 관계 없이 약혼 해제의 정당한 사유가 된다. 다만 당사자가 이를 알고 약혼한 경우에는 원칙적으로 해제 사유가 될 수 없고, 다른 사정과 결합하여서만 제8호의 사유에 해당할 수 있을 것이다.[7]

정신병과 기타의 악질은 불치임을 요하지만, 성병은 불치임을 요하지 않는다. 성병에 걸린 후 현재는 치유된 상태인 경우에도 약혼 해제 사유가 된다는 견해가 있으나,[8] 수긍하기 어렵다. 다만 이는 상황에 따라 제8호의 사유가 될 수는 있을 것이다.

여야 한다고 주장한다.

2) 김천수(2018), 131 이하는 본조를 삭제하여 약혼 해제 사유의 법정화를 폐기함으로써, 파혼의 자유를 인정하는 법해석이 가능하도록 법을 개정하는 것이 필요하지만, 약혼자의 손해배상청구는 인정하여야 한다고 주장한다.

3) 김천수(2018), 135 – 137.

4) 김주수·김상용, 80; 박동섭·양경승, 81; 송덕수, 26; 주석친족(1), 65(이민수).

5) 박정기·김연, 83.

6) 주석친족(1), 65(이민수)는 심판을 받은 사실이 있으면 해제 사유가 발생하고, 심판이 확정될 것까지 요하지는 않는다고 한다.

7) 주석친족(1), 66(이민수).

8) 김주수·김상용, 79.

서울가정법원 2005. 9. 1. 선고 2004드합7422 판결은, 저시력증은 약혼해제를 정당화할 만한 불치의 악질에 해당한다고 볼 수 없다고 하였다.

1990년 개정 전에는 정신병 대신 폐병이 약혼 해제 사유로 열거되어 있었으나, 의학의 발전에 따라 폐병(폐결핵)은 더 이상 불치의 질병이라고 보기 어렵게 되었으므로 정신병으로 대치되었다.

4. 약혼 후 다른 사람과 약혼이나 혼인을 한 경우

약혼한 자가 타인과 이중으로 약혼을 하면 두 번째 약혼에 관하여는 무효사유이지만, 첫 번째 약혼에 관하여는 해제 사유가 된다. 그리고 또 다른 해제 사유인 다른 사람과의 혼인에는 사실혼도 포함된다.9)10)

5. 약혼 후 다른 사람과 간음(姦淫)한 경우

여기서 간음은 이혼사유인 "부정한 행위"(§840 i)보다는 좁은 개념이다. 즉 부정한 행위는 간통은 물론 배우자로서의 정조의무에 충실하지 못한 일체의 행위를 포함하는데,11) 간음이란 성교와 같은 성적 교섭만을 의미하는 것이다.12) 이 규정은 약혼 당사자 사이의 성적 성실의무(性的 誠實義務)를 전제로 한 것으로 볼 수 있다.13)

다른 한편 판례는 혼인 전 약혼단계에서 부정한 행위를 한 때에는 §840 i의 이혼사유에 해당한다고 할 수는 없다고 보고 있다.14)

6. 약혼 후 1년 이상 생사(生死)가 불명한 경우

생사 불명이 이혼 사유인 경우에는 3년 이상이어야 하지만(§840 v), 약혼을 해제하기 위하여는 1년 이상 생사 불명이면 된다.

7. 정당한 이유 없이 혼인을 거절하거나 그 시기를 늦추는 경우

여기서 말하는 혼인에는 사실혼이 포함된다는 견해가 있다.15) 그러나 이러한 견

---

9) 김주수·김상용, 81; 박동섭·양경승, 82; 주석친족(1), 66(이민수).
10) 송덕수, 26-27은 사실혼은 여기의 혼인에는 해당하지 않고, 제8호의 「그 밖에 중대한 사유가 있는 경우」에 해당하여 해제할 수 있다고 한다.
11) 대법원 1992. 11. 10. 선고 92므68 판결 등.
12) 동성애자 사이의 성행위도 여기에 포함시킬 수 있다.
13) 김천수(2018), 129 이하. 그러나 그는 입법론으로는 성적 성실의무를 법적 의무로 인정하지 말아야 한다고 주장한다.
14) 대법원 1991. 9. 13. 선고 91므85, 92 판결.
15) 김주수·김상용, 81.

해는 오해의 소지가 있다. 위 설명대로라면 약혼 상태에서 상대방이 혼인은 하지 않고 사실혼 관계만을 맺겠다고 하는 것은 약혼 해제 사유가 되지 않는다고 볼 염려가 있기 때문이다. 따라서 여기서의 혼인은 법률혼만을 의미하는 것으로 해석하여야 한다.16)

혼인을 거절하거나 그 시기를 늦추는 데 정당한 이유가 있으면 해제사유가 되지 않는다. 예컨대 남자가 여자에게 혼인하면 직장을 그만두라고 요구하여 여자가 혼인을 거절하는 것은 정당한 사유가 있는 때에 해당한다.17)18)

8. 그 밖에 중대한 사유가 있는 경우

어느 경우가 중대한 사유에 해당하는지는 일반적으로 말할 수 없고, 구체적인 상황에 비추어 결정하여야 한다. 판례는 民 §840 vi 소정의 이혼사유인 '혼인을 계속하기 어려운 중대한 사유가 있을 때'를 혼인의 본질에 상응하는 부부공동 생활관계가 회복할 수 없을 정도로 파탄되고, 그 혼인생활의 계속을 강제하는 것이 일방 배우자에게 참을 수 없는 고통이 되는 경우를 말한다고 보고 있다.19) 이에 비추어 보면 약혼 당사자 사이의 신뢰관계가 회복할 수 없을 정도로 파괴되고, 혼인을 요구하는 것이 사회관념상 무의미하다고 판단될 때에는 중대한 사유가 있는 것으로 보아야 할 것이다. 예컨대 약혼 후 상대방이 심한 장애인이 된 경우, 상대방으로부터 부당한 대우를 받은 경우, 상대방의 재산상태가 심각하게 악화된 경우 등이다.20)

사기나 기망에 의한 약혼은 혼인의 취소에 관한 §816 iii를 유추하여 취소사유가 된다고 볼 수도 있으나, 약혼의 취소와 해제는 실질적으로 별다른 차이가 없다. 대법원 1995. 12. 8. 선고 94므1676, 1683 판결은 약혼 상대방이 학력과 직장에서의 직종·직급 등을 속인 것은 중대한 사유에 해당한다고 하였다.21) 그러나 임신불능은 약혼 해제의 정당한 사유가 될 수 없다.22)

---

16) 윤진수, 35. 결과에 있어서 같은 취지, 송덕수, 27.
17) 김주수·김상용, 81.
18) 하급심 판례의 소개는 정용신(2018), 64–66; 주석친족(1), 67–68(이민수) 참조.
19) 대법원 1991. 7. 9. 선고 90므1067 판결 등.
20) 박정기·김연, 84. 그러나 처녀성을 속인 것은 약혼 해제 사유라고 볼 수 없다고 한다.
21) 하급심 판례의 소개는 정용신(2018), 66–67; 주석친족(1), 68–69(이민수) 참조.
22) 대법원 1960. 8. 18. 선고 4292민상995 판결.

第 805 條 (約婚解除의 方法)

約婚의 解除는 相對方에 對한 意思表示로 한다. 그러나 相對方에 對하여 意思表示를 할 수 없는 때에는 그 解除의 原因있음을 안 때에 解除된 것으로 본다.

민법상 해제의 의사표시는 상대방에 대한 의사표시로 하는 것이므로, 본조 전문은 특별한 의미가 없다. 굳이 의미를 찾자면 이혼과 같은 특별한 절차는 필요하지 않다는 점을 선언하고 있다고 볼 수 있다. 해제의 의사표시는 묵시적으로도 할 수 있다. 이 규정은 §804에 의한 정당한 사유 있는 경우뿐만 아니라 정당한 사유가 없는 해제에도 적용된다.

본조 후문은 상대방에 대하여 의사표시를 할 수 없는 때에는 그 해제의 원인 있음을 안 때에 해제된 것으로 본다고 규정하고 있다. 그러나 이러한 규정도 특별한 의미를 가지는지 명확하지 않다. 약혼 자체에 중요한 법률적 효과가 인정되지 않으므로, 본조 후문과 같은 규정을 두어서까지 약혼 해제의 시기를 명확하게 할 필요가 크지는 않다.

第 806 條 (約婚解除와 損害賠償請求權)

① 約婚을 解除한 때에는 當事者 一方은 過失있는 相對方에 對하여 이로 因한 損害의 賠償을 請求할 수 있다.

② 前項의 境遇에는 財産上 損害外에 精神上 苦痛에 對하여도 損害賠償의 責任이 있다.

③ 精神上 苦痛에 對한 賠償請求權은 讓渡 또는 承繼하지 못한다. 그러나 當事者間에 이미 그 賠償에 關한 契約이 成立되거나 訴를 提起한 後에는 그러하지 아니하다.

▌참고문헌: 김성숙(2001), "약혼법과 이혼법 정비를 위한 검토", 가족법연구 15-1; 김천수(2018), "약혼해제에 관한 해석론과 입법론", 가족법연구 32-2; 민유숙(1996), "이혼과 관련된 재산상 청구의 관할과 이혼소송의 계속중 당사자 사망의 효과", 무등춘추 4; 박동진(2005), "약혼예물의 교부와 그 반환청구권의 법리", 가족법연구 19-2; 박영규(1998), "약혼(혼인)예물 반환청구권", 민판 20; 오종근(1990), "약혼예물의 반환에 관한 일고찰", 판례월보 232; 정용신(2018), "약혼해제와 손해배상의 실무적 고찰", 가사재판연구 (3), 서울가정법원 가사소년재판연구회; 지대운(1996), "약혼예물수수의 법적 성질 및 혼인해소의 경우 그 소유권의 귀속관계", 대법원판례해설 26.
Coester-Waltjen and Coeste(1997), International Encyclopedia of Comparative Law Ⅳ Ch.3.

　　본조는 약혼 해제의 효과로서 손해배상청구권이 있음을 규정하고 있다. 다른 한편 약혼 해제로 인한 약혼 예물의 반환에 관하여는 민법에 따로 규정이 없다. 이하에서는 양자를 아울러 살펴본다.

Ⅰ. 손해배상청구권

1. 손해배상청구권 일반

　　본조는 약혼 해제에 관하여 과실 있는 당사자의 손해배상책임을 인정한다. 외국에서는 이를 인정하는 나라도 있지만(예컨대 독일), 이는 혼인의 자유에 대한 간접적인

침해라는 이유로 이를 인정하지 않는 나라들(미국, 영국 등)도 있다.[1]

이러한 손해배상책임의 성질에 관하여는 채무불이행책임설, 불법행위책임설 등의 대립이 있다.[2] 그러나 약혼 당사자에 대한 손해배상청구는 채무불이행책임과 불법행위책임을 모두 물을 수 있다고 보아야 할 것이다. 다만 제3자가 약혼 해제에 관하여 책임이 있는 경우에는 그 제3자에 대하여는 불법행위책임만을 물을 수 있다.[3]

2. 요건

약혼 해제로 인하여 손해배상책임을 부담하려면 그 사람에게 과실이 있어야 한다. 누가 해제하였는지는 문제되지 않는다. 법문에는 과실이라고만 되어 있으나, 고의가 있는 경우도 포함된다. 과실의 유무는 구체적인 사정에 따라 판단하여야 할 문제이다. 그러나 §804의 약혼 해제의 정당한 사유를 참고할 수 있다.

우선 약혼 후 다른 사람과 약혼이나 혼인을 한 경우(iv), 약혼 후 다른 사람과 간음(姦淫)한 경우(v),[4] 정당한 이유 없이 혼인을 거절하거나 그 시기를 늦추는 경우(vii)에는 특별한 사정이 없는 한 과실이 있는 것으로 보아야 할 것이다. 그러나 불치의 정신병이나 불치의 병질이 있는 경우(iii)에는 특별한 사정이 없는 한 과실을 인정하기 어렵다.[5] 그 외에 자격정지 이상의 형을 선고받은 경우는 과실 유무를 구체적으로 따져 보아야 한다.

쌍방에게 모두 과실이 있는 경우에는 과실의 다과를 따져 과실이 큰 사람이 손해배상책임을 부담하여야 한다.[6] 이때에는 과실상계를 할 수 있다. 쌍방의 과실이 대등하다면 누구의 손해배상책임도 인정되지 않는다.[7]

약혼당사자 쌍방에게 과실이 없는데 일방이 약혼을 해제하였다면 정당한 사유 없는 약혼 해제가 되므로, 상대방에 대하여 손해배상책임을 진다는 주장이 있으나,[8] 정당한 사유 없이 약혼을 해제하는 것 자체가 과실이 있는 것으로 보아야 한다.

합의에 의하여 약혼을 해제한 경우에, 손해배상 문제에 관하여 따로 약정이 없었다면 당사자가 묵시적으로 손해배상청구권을 포기하였다고 인정할 수 있는지를 따져

---

1) Coester—Waltjen and Coeste(1997), International Encyclopedia of Comparative Law Ⅳ Ch.3, sec. 95.
2) 김성숙(2001), 28 이하 참조.
3) 사실혼의 부당파기에 관한 대법원 1970. 4. 28. 선고 69므37 판결 참조.
4) 약혼 후 성병에 걸린 경우는 대체로 다른 사람과 간음한 경우와 중복될 것이다.
5) 김주수·김상용, 83.
6) 주석친족(1), 72(이민수).
7) 이혼으로 인한 위자료에 관한 대법원 1994. 4. 26. 선고 93므1273, 1280 판결; 사실혼 파기로 인한 위자료에 관한 대법원 2003. 11. 14. 선고 2000므1257, 1264 판결 참조.
8) 김주수·김상용, 83.

보아야 할 것이다.9)

약혼을 해제하는데 원인을 제공한 제3자도 과실이 있을 때에는 손해배상책임을 부담하여야 한다. 예컨대 제3자가 약혼 사실을 알면서 약혼자 중 일방과 간음을 하였거나, 약혼 또는 혼인을 한 경우이다. 이때에는 대체로 약혼자 중 일방과 공동불법행위책임을 지게 될 것이다. 이 경우의 제3자의 책임은 불법행위책임이다.

3. 손해배상의 범위

가. 재산상 손해

손해배상의 범위에 관하여는 민법이 별도로 규정하지 않고 있다. 독일 민법 §1298는 혼인을 기대하고 지출한 비용이나 부담한 채무, 재산이나 수입을 얻을 수 있는 지위에 대하여 처분함으로써 입는 손해를 배상하도록 규정하고 있다. 우리나라에서도 대체로 그와 같이 해석될 수 있다. 구체적으로는 약혼식 비용, 혼인준비비용, 혼수품비용, 중매인에게 지출한 비용, 혼인을 위하여 직장을 사직함으로써 수입을 얻지 못하게 된 것 등이다.10)11) 그런데 지출한 비용을 손해로서 청구할 때에는 그 지출은 상당한 것으로서 과다하여서는 안 된다(§393; 독일 민법 §1298 ② 참조).

손해배상책임의 성질을 채무불이행으로 본다면, 혼인을 하였더라면 얻을 수 있었을 이익(이행이익)의 배상도 청구할 수 있을 것처럼 보이지만, 그러한 손해액을 파악하기도 어려울 뿐만 아니라, 이는 혼인의 강제가 인정되지 않는 점에 비추어 불합리하다. 그러므로 여기서의 손해배상은 신뢰이익에 한정된다.12)

나. 정신적 손해

위와 같은 재산상 손해 외에 정신적 고통에 대한 위자료도 청구할 수 있다(②).13)

---

9) 그러나 김주수·김상용, 83은 손해배상에 관하여 아무런 합의가 없었다면 손해배상청구권을 포기한 것으로 볼 수 있다고 한다.

10) 하급심 판례의 소개는 정용신(2018), 68–70; 주석친족(1), 72–73(이민수) 참조.

11) 대법원 2003. 11. 14. 선고 2000므1257, 1264 판결은, 원·피고 사이의 사실혼 관계가 불과 1개월만에 파탄된 경우, 혼인생활에 사용하기 위하여 결혼 전후에 원고 자신의 비용으로 구입한 가재도구 등을 피고가 점유하고 있다고 하더라도 이는 여전히 원고의 소유에 속하므로 이로 인하여 원고에게 어떠한 손해가 발생하였다고 할 수 없다는 이유로 그 구입비용 상당액의 손해배상청구를 받아들이지 않았다. 그러나 정용신(2018), 69은 혼수품 등은 혼인이 단기간에 해소된 경우라 하더라도 그 교환가치나 사용가치가 떨어지므로, 이 부분에 소요된 비용도 손해라고 볼 수 있다고 한다. 같은 취지, 주석친족(1), 73(이민수).

12) 김천수(2018), 138–140은 이행이익의 전보를 신뢰이익의 전보로 대체하여 청구할 수 있으되 그 한계는 이행이익이지만, 피고가 이행이익의 총액을 증명하지 못하는 경우, 신뢰이익 전부의 배상을 받을 수 있다고 설명하지만, 기본적으로 여기서 문제되는 것은 신뢰이익이고, 이행이익이 아니다.

13) 김주수·김상용, 84은 한 번 약혼했었다는 사실이 장래 혼인에 장애요소로 작용할 수 있다는 정신적 고통도 위자료 청구의 근거가 된다고 본다. 그러나 일반적으로 한 번 약혼했었다는 사실이 장래 혼인에 장애요소가 된다고는 할 수 없으므로, 특별한 사정이 없는 한 이는 고려되어서는 안 된다.

논란이 될 수 있는 것은 약혼기간 동안의 성행위가 있었음을 이유로 하여 위자료를 청구할 수 있는가 하는 점이다. 서울가정법원 판례14)는 처녀성 상실을 원인으로 하여 위자료를 청구한 데 대하여, 약혼당사자 사이의 성행위는 각자의 의사에 의하여 각자의 위험부담 하에 스스로 저지른 결과이므로 위자료 청구를 할 수 없다고 하였다.

생각건대 약혼당사자 사이에 성행위가 있었다고 하더라도, 이른바 처녀성 상실이라는 손해를 인정하기 어려운 이상, 그로 인하여 손해가 발생하였다고 보기는 어려울 것이다.15) 과거의 독일 민법 §1300는 여자의 경우에 한하여 손해배상을 인정하고 있었다. 그러나 이에 대하여는 제정 당시부터 논란이 많았고, 웃음거리일 뿐만 아니라 남녀 평등에 어긋나므로 위헌이라는 비판이 있었다. 그리하여 위 규정은 1997년에 폐지되어 버렸다.16)

정신적 손해로 인한 손해배상청구권은 행사상의 일신전속권으로서 양도 또는 승계하지 못한다. 그러나 당사자 간에 이미 그 배상에 관한 계약이 성립되거나 소를 제기한 후에는 그러하지 아니하다(본조 ③). 본조는 재판상 이혼에 준용되는데(§843), 대법원 1993. 5. 27. 선고 92므143 판결은 본조 ③을 근거로 하여, 부부 중 일방이 이혼과 함께 위자료의 지급을 구하는 소송을 제기하였다가 소송 계속 중에 사망한 경우에, 위자료청구권은 행사상의 일신전속권이고 귀속상의 일신전속권은 아니며, 그 청구권자가 위자료의 지급을 구하는 소송을 제기함으로써 그 청구권을 행사할 의사가 외부적 객관적으로 명백하게 된 이상 양도나 상속 등 승계가 가능하다고 하였다.17)

다. 관할법원

약혼 해제를 원인으로 하는 손해배상청구는 다류 가사소송사건으로서 제3자에 대한 청구를 포함하여 가정법원의 전속관할에 속한다(家訴 §2 ① 1. 다. 1)).

Ⅱ. 예물반환청구

1. 반환청구의 근거

민법은 약혼이 해소된 경우의 약혼 예물 반환청구에 관하여 따로 규정하고 있지 않으나,18) 판례와 학설은 모두 반환청구를 할 수 있다고 보고 있다. 여기서 약혼 예

---

14) 선고연월일, 사건번호 불명. 법률신문 662호(1966. 2. 7. 자).
15) 같은 취지, 김주수·김상용, 84.
16) 독일연방헌법재판소 1993. 2. 5. 결정(FamRZ 1993, 662)은 이 규정이 위헌이라고 한 AG Münster, 1992. 12. 8. 판결(FamRZ 1993, 707)에는 별다른 잘못이 보이지 않는다고 하여 재판에 대한 헌법소원을 수리하지 않았다.
17) 그러나 민유숙(1996), 76 이하는 이 판결에 대하여 비판적이다.

물이란 약혼의 성립을 증명하고, 혼인이 성립한 경우 당사자 내지 양가의 정리를 두텁게 할 목적으로 교부되는 것을 말한다.[19] 약혼 성립 후라도 혼인 성립 전까지 교부되는 것은 모두 약혼 예물이다. 그렇지만 혼인 성립시 또는 그 이후에 교부되는 것은 혼인 예물이고, 약혼 예물이라고는 할 수 없다. 혼인 예물의 반환은 손해배상이나 재산분할의 문제로 다루어져야 하고, 약혼 예물의 반환과는 구별되어야 한다. 그리고 혼인생활에 사용하기 위하여 구입한 가재도구와 같은 이른바 혼수도 약혼 예물과는 다르다.[20]

판례는 약혼 예물의 반환청구를 할 수 있는 근거를, 약혼 예물의 수수는 혼인의 불성립을 해제조건으로 하는 증여와 유사한 성질을 가지는 것이므로, 혼인이 성립하지 않으면 해제조건이 성취되어 반환을 청구할 수 있다고 보고 있다(해제조건부 증여설).[21] 다수설은 판례와 마찬가지로 해제조건부 증여설을 따르고 있다.[22]

반대설로서는 목적적 증여설과 약혼계약 부수설이 있다. 목적적 증여설은, 약혼 예물의 수수는 장래 성립할 혼인생활을 목적으로 하는 목적적 증여이므로, 혼인이 성립하지 않게 되면 목적부도달에 의한 부당이득 반환을 청구할 수 있다고 한다. 이 설에서는 해제조건부 증여설에 대하여, 약혼 당사자가 약혼 예물수수에 혼인의 불성립이라는 불길한 상황까지 예상하여 이러한 해제조건의 특약의 의사표시를 한다는 것은 이례적이라고 비판한다.[23] 그리고 약혼계약 부수설은, 약혼 예물의 수수 자체는 약혼계약과 독립된 계약이 아니라 약혼계약에 수반하여 수수되는 것이므로, 약혼계약이 효력이 없게 되면 부당이득 또는 원상회복의 문제로 처리해야 한다고 주장한다.[24]

사견으로는 해제조건부 증여설에 특별한 문제가 없다고 생각한다. 목적적 증여설에 대하여는 과연 목적부도달에 의한 부당이득이라는 것을 인정할 수 있는지 문제가 되고,[25] 약혼계약 부수설에 대하여는 약혼 예물의 수수가 과연 약혼계약과 독립된

---

18) 독일 민법 §1301는 혼인이 이루어지지 않으면 약혼 예물의 반환은 부당이득 반환에 관한 규정에 의하여 이루어져야 하고, 약혼이 약혼자의 사망에 의하여 해소되면 반환청구는 원칙적으로 배제되는 것으로 규정하고 있다.

19) 대법원 1996. 5. 14. 선고 96다5506 판결.

20) 대법원 2003. 11. 14. 선고 2000므1257, 1264 판결 참조.

21) 대법원 1976. 12. 28. 선고 76므41, 76므42 판결; 1994. 12. 27. 선고 94므895 판결; 1996. 5. 14. 선고 96다5506 판결.

22) 김용한, 105; 김주수·김상용, 84; 신영호·김상훈·정구태, 76; 이경희·윤부찬, 147; 박동진(1995), 235 이하; 지대운(1996), 43 등.

23) 오종근(1990), 24 이하. 같은 취지, 김천수(2018), 140-144.

24) 박영규(1998), 360 이하.

25) 민법주해 XVII(2005), 176(양창수)은 목적부도달에 의한 부당이득은 법률행위의 조건이나 착오 또는

계약이 아니라고 볼 수 있는지가 의심스럽다. 특히 약혼 예물을 준 사람이 약혼 당사자가 아닌 경우에 이를 독립된 계약이 아니라 약혼계약에 부수하는 것으로 보기는 어렵다.

2. 반환청구의 요건

약혼 예물의 반환청구권이 발생하기 위하여는 혼인이 성립하지 않은 채로 약혼계약의 효력이 소멸되어야 한다. 그러므로 혼인이 성립한 경우에는 나중에 혼인이 해소되더라도 반환청구권은 생기지 않는다.[26] 여기서 말하는 혼인에는 사실혼도 포함되므로, 사실혼이 성립하였다가 그 상태에서 해소된 경우에는 반환청구권이 없다고 보는 것이 일반적이다.[27] 그러나 사실혼이나 법률혼이 성립하였더라도, 매우 짧은 기간 내에 해소되었다면 반환청구권을 인정하여야 한다.[28]

그리고 일단 유효하게 약혼이 성립하였다가 해제된 경우뿐만 아니라, 취소되거나 처음부터 약혼이 무효인 경우에도 반환청구권은 인정된다.[29] 당사자의 사망으로 약혼이 해소된 경우에도 반환청구권을 인정할 수 있는가에 대하여는 견해가 갈린다.[30]

다른 한편 판례는, 약혼 해제에 관하여 책임이 있는 당사자는 예물의 반환을 청구할 수 없다고 본다.[31] 그 근거는 조건의 성취로 인하여 이익을 받을 당사자가 신의성실에 반하여 조건을 성취시킨 때에는 상대방은 그 조건이 성취하지 아니한 것으로

사정변경의 법리에 의하여 해결될 수 있다고 한다.

26) 대법원 1996. 5. 14. 선고 96다5506 판결은 혼인이 성립한 후에는 혼인이 해소되어도 그 반환을 구할 수는 없으므로, 혼인이 상당 기간 계속된 이상 혼인 파탄의 책임이 있는 사람이라도 약혼 예물의 소유권은 그 사람에게 있다고 한다. 같은 취지, 대법원 2014. 6. 12. 선고 2014므329, 336, 343 판결.

27) 대구고등법원 1978. 4. 7. 선고 77르18 판결; 서울가정법원 2003. 6. 5. 선고 2001드합15354,2002드합656 판결; 주석친족 (1), 75(이민수); 지대운(1996), 46 등. 반대: 박영규(1998), 364. 서울고등법원 1980. 2. 11. 선고 79르104 판결이 반대취지인지는 명확하지 않다.

28) 김주수·김상용, 85; 박정기·김연, 86; 송덕수, 29–30; 신영호·김상훈·정구태, 76; 이경희·윤부찬, 148 등. 대법원 1996. 5. 14. 선고 96다5506 판결은, 혼인 성립 후에도 예물의 수령자측이 혼인 당초부터 성실히 혼인을 계속할 의사가 없고 그로 인하여 혼인의 파국을 초래하였다고 인정되는 등 특별한 사정이 있는 경우에는 신의칙 내지 형평의 원칙에 비추어 혼인 불성립의 경우에 준하여 예물반환의무를 인정하여야 한다고 보았다. 반대: 박영규(1998), 366 이하.

29) 박동진(2005), 238 이하.

30) 긍정설: 오종근(1990), 28; 김천수(2018), 146–147(그러나 입법론으로는 반환청구를 원칙적으로 부인하되 예외적으로 유형에 따라 반환청구를 긍정하는 명문규정을 두는 것이 바람직하다고 한다). 박동진(2005), 244는 증여자인 피상속인의 상속인은 적극적으로 예물의 반환을 청구하지 못하지만, 생존한 약혼자는 사망 약혼자에게 교부한 예물의 반환을 청구할 수 있다고 본다. 반대: 이경희·윤부찬, 148(예물이 조상전래의 상징물인 경우에만 반환청구를 인정하여야 한다고 본다). 독일민법 §1301는 반환청구권을 원칙적으로 부정한다.

31) 대법원 1976. 12. 28. 선고 76므41, 76므42 판결.

주장할 수 있다는 §150 ②을 들 수 있다.32)

예물을 준 사람이 약혼 당사자의 부모와 같은 제3자일 때 반환을 청구할 수 있는 사람은 누구인가? 이러한 경우에 제3자는 약혼 당사자의 대리인 혹은 제3자 변제를 하는 자로 보아 약혼 예물의 반환청구권자는 약혼 당사자라고 하는 견해가 있다.33) 그러나 이러한 제3자가 약혼 당사자의 대리인이나 제3자 변제를 하는 사람인지는 사실인정의 문제로서, 언제나 그렇다고는 볼 수 없다. 오히려 그러한 점이 증명되지 않으면 원칙적으로 그러한 제3자가 반환청구권자가 되어야 한다.34) 약혼 당사자만이 반환청구권을 가진다는 견해에서는 예물 반환을 받은 약혼 당사자는 그 제3자에게 다시 예물을 반환하여야 하고, 약혼 당사자가 반환청구를 하지 않으면 제3자가 당사자를 대위하여 반환청구를 할 수 있다고 주장하지만,35) 제3자를 반환청구권자로 본다면 그와 같은 문제가 처음부터 생기지 않는다.

약혼 예물의 반환청구는 가사소송법이 규정하는 약혼 해제로 인한 원상회복의 청구로서, 가정법원의 전속 관할에 속하는 다류 가사소송사건이다(家訴 2 ① i. 다. 1)).36)

---

32) 반대: 송덕수, 29; 오종근(1990), 26 이하; 박영규(1998), 368 이하; 김천수(2018), 144 이하. 박동진(2005), 246-247은 약혼해제로 인한 손해배상에서 요구되는 유책성보다는 더 강한 파탄의 책임이 있는 경우에 §150 ②이 적용될 수 있다고 한다.

33) 오종근(1990), 28. 대구고등법원 1978. 6. 16. 선고 77르49, 50 판결은 그러한 취지로 보인다. 박영규(1998), 371은 약혼 예물의 수수는 약혼계약에 수반된다는 전제 하에 그와 같은 결론을 내린다.

34) 같은 취지, 박동진(2005), 250. 다만 여기서는 파혼에 유책한 당사자의 예물반환청구권을 부정하는 경우에도 예물교부자가 약혼당사자의 부모 등 제3자인 경우에는 그 예물의 반환을 청구할 수 있다고 보지만, 의문이다.

35) 박영규(1998), 372.

36) 다만 제3자에 대한 청구는 민사사건이다. 제요[1], 775.

第2節 혼인의 성립

[前註]

∎**참고문헌**: 권순한(1999), "혼인의사와 혼인신고", 가족법연구 13; 김계순(2007), "혼인의사와 혼인무효에 대한 재고", 중앙법학 9-4; 김영신(2011), "혼인의사의 의미에 관한 고찰", 외법논집 36-4; 박희호(2011), "혼인의 성립요건에 대한 소고", 가족법연구 25-1.

혼인의 요건은 보통 형식적 요건과 실질적 요건으로 분류한다. 형식적 요건은 가족관계의 등록 등에 관한 법률에 따른 신고이다(§812). 실질적 요건은 다시 ① 혼인연령에 달하였을 것(§807), ② 미성년자나 피성년후견인은 부모의 동의를 얻을 것(§808), ③ 혼인당사자가 동성동본이거나 기타 당사자 사이에 일정한 친족관계가 존재하는 등의 금혼사유가 없을 것(§809), ④ 중혼에 해당하지 않을 것(§810)이다. 이 이외에 가장 중요한 요건으로는 당사자 사이에 혼인의 합의가 있었을 것(§815)이다.

그런데 형식적 요건과 실질적 요건을 비교하여 본다면, 형식적 요건인 혼인신고는 혼인의 성립요건이고, 실질적 요건은 혼인의 효력발생요건이라고 보아야 할 것이다. 즉 혼인신고가 없는 경우에는 비록 가족관계등록부 등에 혼인한 것으로 기재되어 있더라도 그 혼인은 성립하지 않은 것으로 보아야 한다. 반면 일단 혼인신고가 있었다면 혼인은 일단 성립하는 것이고, 혼인의 의사가 없는 것과 같이 실질적 요건을 갖추지 않은 것은 혼인의 무효 또는 취소사유가 될 뿐이다.

이와는 달리 혼인의 의사도 혼인의 성립요건이라고 보아야 한다는 주장이 있다. 즉 혼인의 합의가 전혀 존재하지 않는 경우에는 혼인이 무효가 아니라 혼인이 성립하지 않은 것이고, §812가 혼인의 의사가 없는 때를 혼인 무효사유로 규정한 것은 혼인의 의사표시는 존재하지만 의사표시의 하자로 인하여 그 효력을 인정할 수 없는 경우를 말하는 것이라고 한다.[1] 그러나 혼인의 성립요건은 혼인신고 그 자체이고, 혼인의

---

1) 박희호(2011), 9. 김계순(2007), 50 이하; 송덕수, 31-32은 혼인의 성립요건은 혼인신고와 당사자의 혼인의 합의라고 한다. 김영신(2011), 354도 같은 취지로 보인다.

의사는 성립요건 아닌 효력발생요건이라고 보아야 한다. 외형적인 혼인의 합의가 있어야 혼인이 성립한다고 보게 되면, 당사자가 일방적으로 혼인신고를 한 때에는 혼인이 무효가 아니라 부존재하는 것이라고 보게 될 것이다. 그러나 이때에는 혼인신고가 무효이고 따라서 혼인도 무효가 되는 것이지, 혼인이 성립하지 않았다고 볼 수는 없다.[2] 혼인신고 여부는 제3자가 객관적으로 쉽게 판단할 수 있지만, 혼인의 합의가 있었는지 여부는 그렇지 않다.

2005년 개정 전 §811는 여자의 경우에는 혼인관계가 종료한 날부터 6월을 경과하여야만 다시 혼인할 수 있도록 하였다. 이러한 규정을 둔 취지는, 혼인성립의 날로부터 200일 후, 또는 혼인관계 종료의 날로부터 300일 이내에 출생한 자는 혼인중에 포태한 것으로 추정되는데, 가령 이혼 후 7일만에 혼인하여 280일만에 아이를 낳았다면, 이는 전혼의 남편의 자로도 추정되고, 후혼의 남편의 자로도 추정되는 사태가 발생하기 때문에, 이러한 친생추정의 중복을 막기 위한 것이었다. 그러나 이러한 규정에 대하여는 비판이 많았다. 부성추정의 확보를 위하여는 100일만으로도 충분하고, 이러한 규정만으로 당사자의 사실상 혼인을 막을 수는 없으며, 불필요하게 사실혼을 조장하는 것이 된다는 것이다. 그리하여 2005년 개정 민법은 §811를 폐지하였다. 그러나 친생추정이 겹치는 경우에는 현재와 같이 법원이 아버지(父)를 결정하게 하는 것(§845)보다는, 후혼 남편(夫)의 자녀로 추정하는 입법이 바람직할 것이다(독일 민법 §1593 ① 참조).

이러한 혼인의 요건을 갖추지 못한 것이라고 하여도 반드시 당연무효로 되는 것은 아니며, 혼인의 무효사유(§815)에 해당하는 경우만 혼인이 무효로 되고, 그 나머지 경우에는 취소사유에 불과하다.

---

2) 그러나 권순한(1999), 87은 혼인신고가 명백히 무효여서 가정법원의 허가에 의하여 호적정정을 할 수 있는 경우에는 혼인이 성립하지 않은 것이고, 호적정정에 가정법원의 확정판결을 필요로 하는 경우에는 혼인의 유효 여부를 논하여야 한다고 주장한다.

第 807 條 (혼인적령)
18세가 된 사람은 혼인할 수 있다.

▮ **참고문헌**: 박복순(2006), "혼인적령에 관한 소고", 법조 55-6; 윤진수(2009), "여성차별철폐협약과 한국가족법", 민법논고[Ⅳ].
  Coester-Waltjen and Coester(1997), International Encyclopedia of Comparative Law Ⅳ Ch.3

성년에 달하지 않더라도 18세가 되면 혼인을 할 수 있다.[1] 2007년 개정 전에는 혼인적령이 남자 만 18세, 여자 만 16세였다. 이는 남자는 가족을 부양하여야 하기 때문에 여자보다 나이가 많아야 한다는 전통적인 관념에서 유래한 것이지만, 혼인을 할 동일한 권리를 보장하도록 규정하고 있는 여성차별철폐협약 §16 ① (a)에 어긋나고, 평등의 원칙에도 반한다.[2] 그리하여 2007. 12. 21. 개정에서는 남녀의 혼인적령을 모두 18세로 하였다.

혼인 적령에 달하지 않은 자의 혼인이라도 무효는 아니고, 취소사유이다(§816). 그 취소청구권자는 §817가 규정한다. 그런데 혼인당사자의 연령이 혼인적령에 달하였을 때에도 취소할 수 있는가에 관하여는 민법이 규정하지 않고 있다. 그러나 동의가 없는 혼인에 관한 §819를 유추적용하여 동의권자의 동의가 있는 한 3월이 경과하면 취소권이 소멸되고(일본 민법 §745 ② 참조),[3] 혼인중 임신한 때에도 취소할 수 없다고 해석하여야 할 것이다.[4]

---

1) 혼인 적령에 관한 각국의 입법례에 대하여는 박복순(2006), 139 이하; Coester-Waltjen and Coester(1997), sec. 24 이하 참조. 박복순(2006), 156은 혼인적령과 성년을 원칙적으로 일치시켜야 하고, 다만 혼인적령에 이르지 아니한 자의 혼인에 관하여는 특별면제 제도를 두어야 할 것이라고 주장한다.
2) 윤진수(2009), 174.
3) 박동섭·양경승, 117; 윤진수, 60; 주석친족(1), 139(박상인). 그러나 김주수·김상용, 122; 송덕수, 37은 혼인당사자의 연령이 혼인적령에 달하였을 때에는 바로 취소청구권이 소멸한다고 본다.
4) 주석친족(1), 139(박상인); 김주수·김상용, 122; 송덕수, 37; 윤진수, 60 참조.

第 808 條 (동의가 필요한 혼인)

① 미성년자가 혼인을 하는 경우에는 부모의 동의를 받아야 하며, 부모 중 한쪽이 동의권을 행사할 수 없을 때에는 다른 한쪽의 동의를 받아야 하고, 부모가 모두 동의권을 행사할 수 없을 때에는 미성년후견인의 동의를 받아야 한다.

② 피성년후견인은 부모나 성년후견인의 동의를 받아 혼인할 수 있다.

Ⅰ. 미성년자의 혼인

민법제정 당시에는 남자 27세, 여자 23세 미만이면 부모나 후견인의 동의를 얻어야 하였다. 그러나 성년자의 혼인에 부모나 후견인의 동의를 요구하는 것은 불합리하므로, 1977년 개정에 의하여 미성년자인 경우에만 동의를 요하는 것으로 하였다.

동의권자인 부모는 반드시 친권자임을 요하지 않는다. 따라서 부모가 이혼하여 그 중 한 사람만 친권을 행사하는 경우에도 다른 부모 일방의 동의까지 받아야 한다.[1] 그러나 미성년자의 혼인에 부모의 동의를 얻게 하는 것은 미성년자의 복리를 위한 것이므로, 친권자 아닌 부모의 동의를 얻도록 하는 것은 합리적이 아니다. 따라서 법정대리인과 친권자가 다른 경우에는 법정대리인의 동의만을 얻도록 개정하는 것이 바람직하다.[2]

일반입양이 된 경우에는 양부모의 동의만 받으면 된다.[3] 양부모가 모두 사망하였을 때는 친부모의 동의를 받아야 하는지에 관하여는 견해가 나누어지고 있지만,[4] 입양에 의하여 생활관계를 같이 하지 않게 된 친부모의 동의까지 받도록 할 필요는 없을 것이다.

---

1) §924에 의하여 친권을 상실한 부모도 동의권이 있는 것처럼 설명하는 견해가 있으나(김주수·김상용, 94; 이경희·윤부찬, 52), 동의권을 행사할 수 없는 것으로 보아야 할 것이다. 같은 취지, 김용한, 109.
2) 김주수·김상용, 94; 이경희·윤부찬, 52.
3) 미성년자 등의 혼인신고에 관한 사무처리지침(등록예규 417호), 2.
4) 불요설: 김용한, 109; 김주수·김상용, 94(친생부모가 친권자로 지정된 경우에만 친생부모의 동의를 받아야 한다). 필요설: 신영호·김상훈·정구태, 80.

부모의 동의를 모두 받아야 하는 경우에 부모의 의사가 일치하지 않으면 동의가 없는 것으로 보게 된다. 부모 중 한쪽이 동의권을 행사할 수 없을 때에는 다른 한쪽의 동의를 받아야 한다. 여기서 동의권을 행사할 수 없는 때란 부모의 일방이 행방불명이거나 심신상실인 경우를 말한다.[5] 부모 중 한쪽이 사망하였거나 부모를 알 수 없는 때에도 다른 한쪽의 동의만 있으면 된다. 부모 중 한쪽이 피성년후견인인 때에는 동의권이 없다고 보아야 할 것이다.[6] 그러나 피한정후견인은 동의권을 가진다.[7]

부모가 모두 동의권을 행사할 수 없을 때에는 미성년후견인이 동의권을 가진다. 2011년 개정 전 ③은 후견인도 없을 때에는 친족회의 동의를 얻도록 규정하였으나, 2011년 개정에 의하여 친족회가 폐지되면서 이 규정은 삭제되었다.

부모나 후견인이 부당한 이유로 동의를 거부하는 경우에, 동의의 거부가 동의권의 남용이라는 것을 입증하여 동의에 갈음하는 재판을 청구할 수 있다는 견해가 있다.[8] 그러나 이는 법 해석의 범위를 넘는 주장이다.[9] 그렇지만 이러한 경우에는 입양에 관한 §870 ②과 같은 규정을 둘 필요가 있다.

동의의 방식에 대하여는 민법이 직접 규정하고 있지 않으나, 家登 §32 ①은 신고 사건에 있어서 부·모 또는 다른 사람의 동의 또는 승낙이 필요한 경우에는 신고서에 그 동의 또는 승낙을 증명하는 서면을 첨부하여야 하도록 규정하고 있다.

Ⅱ. 피성년후견인의 혼인

피성년후견인이 혼인하기 위하여는 부모나 성년후견인의 동의를 받아야 한다. 그러나 성년후견제도의 취지를 생각한다면 피성년후견인이라고 하여 언제나 부모나 성년후견인의 동의를 받도록 하는 것은 문제가 있다.[10] 그리고 동의를 받을 필요가 있는 경우에도 현행과 같이 부모와 성년후견인 중 어느 한쪽의 동의만 받으면 된다고 하기보다는, 부모 아닌 성년후견인의 동의를 받도록 하여야 할 것이다.

피한정후견인이 혼인하기 위하여 부모나 한정후견인의 동의를 받을 필요는 없다.

---

5) 김주수·김상용, 95.
6) 김주수·김상용, 95.
7) 김주수·김상용, 95.
8) 김용한, 109; 김주수·김상용, 96−97.
9) 부모가 성년인 자녀의 입양에 대한 동의를 거부하는 경우에 관한 서울고등법원 2007. 10. 2. 선고 2007나11080 판결 참조.
10) 윤진수·현소혜, 73 참조.

Ⅲ. 동의가 없는 경우의 효력

동의를 요하는 혼인임에도 동의 없이 혼인신고가 되었으면 그 혼인은 무효는 아니고, 취소할 수 있음에 그친다(§816).[11] 그 청구권자에 관하여는 §817가 규정하고, 취소청구권의 소멸에 관하여는 §819가 규정한다.

---

11) 대법원 1966. 5. 31. 선고 66므1 판결.

第 809 條 (근친혼 등의 금지)

① 8촌 이내의 혈족(친양자의 입양 전의 혈족을 포함한다) 사이에서는 혼인하지 못한다.

② 6촌 이내의 혈족의 배우자, 배우자의 6촌 이내의 혈족, 배우자의 4촌 이내의 혈족의 배우자인 인척이거나 이러한 인척이었던 자 사이에서는 혼인하지 못한다.

③ 6촌 이내의 양부모계(養父母系)의 혈족이었던 자와 4촌 이내의 양부모계의 인척이었던 자 사이에서는 혼인하지 못한다.

▌참고문헌: 양수산(1996), "친족관계를 사유로 하는 금혼범위에 관한 입법론적 고찰", 외법논집 3; 윤진수(2009a), "혼인의 자유", 민법논고[Ⅳ]; 윤진수(2009b), "혼인 성립에 관한 민법의 개정방향", 민법논고[Ⅳ]; 윤진수(2009c), "혼인 성립에 관한 독일 민법의 개정에 관한 고찰", 민법논고[Ⅳ]; 윤진수(2021), "민법상 금혼규정의 헌법적 고찰", 민법논고[Ⅷ]; 최행식(1997), "동성동본불혼 및 근친혼금지를 둘러싼 문제", 원광법학 14; 현소혜(2012), 「근친혼적 사실혼」 관계의 보호, 民判硏 34(2012); 한상복·이문웅·김광억(2011), 문화인류학; 현소혜(2020), "현행 민법상 근친혼 제도의 위헌성", 가족법연구 34-3 Coester-Waltjen and Coester(1997), International Encyclopedia of Comparative Law Ⅳ Ch.3.

Ⅰ. 본조의 취지

본조는 특정한 관계에 있는 사람들 사이의 혼인을 금지하는 이른바 금혼(禁婚)의 범위에 관한 규정이다. 즉 일정한 범위 내의 혈족이나 인척 또는 혈족이나 인척이었던 자와의 혼인은 금지된다. 이처럼 특정한 관계에 있는 사람들 사이의 혼인을 금지하는 것은 모든 문화에서 찾아볼 수 있는 보편적인 현상이다. 그러나 그 범위에는 많은 차이가 있다.

일반적으로 특정인과 친족관계가 있음을 이유로 혼인을 금지하는 데에는 다음과 같은 3가지의 근거가 있다고 한다. 첫째, 친족 사이의 혼인은 유전적 질병의 발현 위험을 높인다. 둘째, 가까운 친족 사이의 혼인은 가정의 안전을 해칠 수 있다. 셋째, 친족 사이의 혼인 금지는 그에 대한 본능적인 도덕적 거부에 기인한다.[1]

혈족 사이의 혼인을 금지하는 것은 근친상간의 금기(incest taboo)에 뿌리를 두고 있다. 왜 근친상간의 금지가 나타나게 되었는가에 대하여는 이제까지 여러 가지의 이론이 주장되었다. 웨스터마크(Westermark)는 형제자매들은 유아기부터 함께 양육하고 생활해 왔기 때문에 이들 사이에는 성적 매력을 잃게 된다고 설명하였다. 또 프로이트(Freud)는 인간은 근친간의 성관계를 가지고 싶은데, 아들은 아버지에 대한, 딸은 어머니에 대한 보복의 두려움 때문에 성감정을 억제하게 되었다고 설명한다(오이디프스 콤플렉스, 일렉트라 콤플렉스). 말리노프스키(Malinowski)나 타일러(Tylor)와 같은 인류학자들은 가족성원 사이에 성적인 경쟁관계를 가지게 되면 가족성원 사이의 긴장과 가족을 분열시킨다는 이유에서 근친간 성관계를 금지시키게 되었다고 보았다.[2] 그러나 어느 한 가지 이론만으로는 이러한 현상을 모두 설명하지는 못한다.[3] 그렇지만 근친혼인 경우에 유전적인 질병이 발현될 확률이 높다는 점은 일반적으로 인정되고 있다.

인척간의 혼인 금지도 비교적 많은 나라에서 찾아볼 수 있으나, 대체로 혈족 사이의 금혼보다는 그 범위가 좁다.[4]

본조가 규정하는 금혼 범위는 혈족 사이의 금혼(제1항), 인척 사이의 금혼(제2항), 양부모계의 혈족 또는 인척이었던 자 사이의 금혼(제3항)의 3가지이다.

II. 혈족 사이의 금혼

1. 동성동본 금혼

2005년 개정 전의 본조 ①은 "同姓同本인 血族 사이에서는 婚姻하지 못한다"라고 하여 동성동본 금혼의 원칙을 선언하고 있었다. 이러한 동성동본 금혼의 원칙은 원래 남계혈족 즉 本宗은 100대에 이르더라도 일가로 대한다는 중국의 종법제에서 유래한 것으로서, 우리나라에서는 고려 후기부터 문제되기 시작하여 조선시대에 이르러 본격적으로 시행되게 되었다.[5]

민법 제정 당시에도 동성동본 금혼 규정을 둘 것인가가 뜨거운 논쟁거리였는데,

---

1) 윤진수(2021), 616.
2) 윤진수(2021), 608-609 참조.
3) 한상복·이문웅·김광억(2011), 123 이하.
4) 현소혜(2012), 589 이하; Coester-Waltjen and Coester(1997), sec. 82 이하; 윤진수(2021), 612 이하 참조.
5) 헌법재판소 1997. 7. 16. 선고 95헌가6 내지 13 결정 참조.

결국은 이 규정을 두게 되었다. 그 후 가족법개정운동의 중요한 쟁점 중의 하나가 동성동본 금혼 폐지의 문제였다. 그러나 1977년, 1987년 및 1995년 세 차례에 걸쳐 "혼인에 관한 특례법"이라는 명칭으로 동성동본인 사람 사이의 혼인을 허용하는 한시적 특별법을 두었을 뿐, 민법의 동성동본 금혼 규정은 여전히 유지되었다.

그런데 헌법재판소 1997. 7. 16. 선고 95헌가6 내지 13 결정은, 동성동본금혼 규정은 "인간으로서의 존엄과 가치 및 행복추구권"을 규정한 헌법이념 및 "개인의 존엄과 양성의 평등"에 기초한 혼인과 가족생활의 성립·유지라는 헌법규정에 배치될 뿐 아니라 남계혈족에만 한정하여 성별에 의한 차별을 함으로써 헌법상의 평등의 원칙에도 위반되며, 또한 그 입법목적이 이제는 혼인에 관한 국민의 자유와 권리를 제한할 "사회질서"나 "공공복리"에 해당될 수 없다는 점에서 憲 §37 ②에도 위반된다고 하여, 헌법불합치결정을 선고하였다.

헌법재판소가 동성동본 금혼 규정을 헌법 위반이라고 한 것은 타당하지만, 단순위헌의견이 5인이었으나 위헌결정 정족수인 6인에 이르지 못하여 결국 헌법불합치결정에 그치게 된 것은 문제가 있다. 그러나 실제로는 위 위헌결정이 있은 다음날부터 동성동본인 사람들 사이의 혼인신고도 허용되게 되어, 단순위헌 결정과 차이가 없게 되었다.

2. 8촌 이내의 혈족 사이의 금혼

가까운 혈족 사이의 혼인을 금지하는 것은 의학적·유전학적으로 합리적인 근거를 가진다. 즉 이러한 경우에는 혼인 당사자가 모두 유전적인 질병의 열성 유전인자를 보유하고 있을 확률이 높아지고, 그 결과 그 혼인에서 출생하는 자녀가 유전적인 질병을 가지고 태어날 확률이 높다.[6] 서구에서는 대체로 직계혈족과 3촌 이내의 방계혈족 사이의 혼인을 금지하고 있는 경우가 많다.[7]

그러나 근래 이런 우생학적 목적은 혈족 간의 혼인 금지 조항을 정당화하기 위한 근거가 될 수 없다는 주장이 제기되었다. 즉 과학적 연구 결과들에 따르면 근친혼과 후손의 유전적 질환 발병 확률 상승 간에는 직접적인 인과관계가 없고, 근친혼으로부터 출생한 자녀에게 어떠한 유전적 질환 기타 건강에 문제가 있더라도 이는 그 부모가 스스로 각오하고 감당할 위험이며, 그 외에 방법의 적절성, 피해의 최소성 및

---

6) 최행식(1997), 133 이하; 윤진수(2021), 611 참조.
7) 양수산(1996), 1 5 이하; Coester-Waltjen and Coester(1997), sec. 85 이하 참조. 김용한, 114은 혈족 사이에서는 5촌까지를 금혼범위로 한정하는 것이 타당하다고 한다.

법익의 균형성 등 비례의 원칙의 요건을 모두 갖추지 못하였다는 것이다. 그러므로 8촌 이내의 방계혈족 간의 혼인을 일률적으로 금지하는 §809 ①은, 그 금지의 범위가 4촌을 넘어서는 한도에서, 또는 그 예외를 인정하지 않는 한도에서, 헌법에 위반된다고 한다.[8]

한편 헌법재판소 2022. 10. 27. 선고 2018헌바115 결정은, 8촌 이내의 혈족 사이의 혼인을 금지하는 것은 근친혼으로 인하여 가까운 혈족 사이의 상호 관계 및 역할 지위와 관련하여 발생할 수 있는 혼란을 방지하고 가족제도의 기능을 유지하기 위한 것이므로 그 입법목적이 정당하고 하면서, 위 조항이 위헌이 아니라고 하였다.

여기서의 혈족은 우선 출생에 의하여 맺어지는 자연혈족을 말한다. 이부동모(異父同母)도 여기에 포함된다. 그리고 부계혈족이건 모계혈족이건 마찬가지이다.[9] 친양자관계가 성립되면 친양자의 입양 전의 친족관계는 종료되지만(§908-3 ②), 본조의 경우에는 친양자의 입양 전의 혈족도 금혼 범위에 포함된다. 혈족 사이의 금혼의 근거를 유전적인 점에서 찾는다면 그와 같이 보지 않을 수 없다.[10]

그리고 입양에 의하여 맺어지는 법정혈족도 8촌 이내라면 혼인이 금지된다. 본조 ③은 현재 아닌 과거의 양부모계(養父母系)의 혈족과의 혼인을 금지하지만, 현재의 법정혈족과의 혼인은 본조 ①에 의하여 금지된다.

Ⅲ. 인척 사이의 금혼

본조 ②은 인척 사이의 금혼을 규정한다. 인척 사이의 혼인을 금지하는 것은 혈족 사이의 혼인을 금지하는 것과는 달리 사회윤리 내지 도덕관념에 어긋난다는 것이다. 그런데 이러한 사회윤리나 도덕관념이 어떤 것인지가 반드시 명확하지 않고, 또 사회윤리나 도덕관념은 시대에 따라 달라질 수 있으므로 혈족 사이의 혼인을 금지하는 것보다는 정당성이 약하다. 특히 직계인척이 아닌 방계인척의 경우에 혼인을 금지하여야 한다는 강력한 사회윤리나 도덕관념이 존재하는지는 의문이고, 그러한 이유만으로 헌법상의 기본권인 혼인의 자유를 제한하는 것은 위헌이라고 보아야 한다.[11]

---

8) 현소혜(2020), 152 이하.

9) 그런데 김주수·김상용, 98은 모계혈족에 대해서는 우리 전통적 관습을 고려하여 모계의 부계혈족만을 의미한다고 주장한다. 같은 취지, 송덕수, 38. 그러나 문언상 근거가 박약하다.

10) 김주수·김상용, 99은 인지되지 않은 혼인외의 출생자의 경우에 사실상의 부계혈족(생물학적인 의미에서의 부계혈족)도 여기서 말하는 혈족에 포함된다고 해석하여야 한다고 주장하지만, 해석론으로 받아들이기는 어렵다. 같은 취지, 주석친족(1), 81(이민수). 입법론으로는 혼인 후 나중에 인지 등이 있으면 혼인 취소사유로 하는 것은 고려할 수 있다.

11) 윤진수(2009a), 193 이하; 윤진수(2009b), 229 이하; 윤진수(2021), 613-615; 현소혜(2012), 593-594

따라서 인척 사이의 금혼은 직계인척의 경우로 한정하도록 법을 개정할 필요가 있다.12)13)

인척 중 혈족의 배우자는 6촌 이내여야 한다. 예컨대 형제의 처, 고모의 부(夫), 당숙모(堂叔母) 등이다. 배우자의 혈족도 마찬가지로 6촌 이내여야 한다. 예컨대 처제나 시숙과의 혼인이 이에 해당한다. 특히 형부와 처제의 혼인이 금혼 사유에 해당하는지에 관하여는 과거에 논란이 많았다. 구 관습상으로는 형부와 처제의 혼인은 금지되는 것이 아니었다. 제정민법 시행 후에도 그 혼인이 금지되는지, 금지되더라도 그 혼인이 무효인지 취소사유인지에 관하여 견해의 대립이 있었다. 그런데 1990년 개정민법이 §777에서 처족 인척의 범위를 '처의 부모'에서 '4촌 이내'로 확대한 결과, 형부와 처제 사이의 혼인이 금지되는 것임이 명확하여졌다. 그리고 당시에는 당사자간에 부(夫)의 8촌 이내의 혈족인 인척관계가 있거나 또는 있었던 것도 혼인의 무효사유였으므로, 이러한 사람들의 혼인은 무효였다. 그런데 2005년 개정민법은 직계인척 사이의 혼인만을 무효로 하고, 방계인척 사이의 혼인은 취소사유로 바꾸었다.14)

배우자의 4촌 이내의 혈족의 배우자도 혼인할 수 없다. 예컨대 배우자의 형제의 처, 배우자의 고모의 부(夫) 등이다.

반면 혈족의 배우자의 혈족과의 혼인은 금지되지 않는다. 종전에는 혈족의 배우자의 혈족도 친족관계에 있는 인척에 해당되었지만, 1990년 개정에 의하여 이러한 사람은 친족에서 제외되었다. 그리하여 계부 또는 계모의 자녀와의 혼인이나, 형수의 여동생과의 혼인은 허용된다.

이러한 인척관계로 인한 금혼사유는 현재의 인척뿐만 아니라 인척이었던 경우도 포함한다. 예컨대 처와 이혼하여 인척관계가 소멸한 처제와 혼인하려는 경우와 같다.

참조.

12) 김용한, 114; 양수산(1996), 17도 같은 취지이다.
13) 직계인척 사이의 금혼을 유지할 것인지도 논란이 될 수 있다. 독일은 1998년 혼인법 개정에 의하여 직계인척 사이의 금혼규정도 폐지하여 인척관계로 인한 금혼은 존재하지 않게 되었다. 윤진수(2009c), 204-205 참조. 영국은 직계인척 사이의 혼인을 금지하는 것이 유럽인권협약 위반이라는 유럽인권재판소의 판결(B v UK, [2005] 3 FCR 353)로 인하여 법을 개정하여 직계인척 사이의 혼인도 허용하게 되었다. 윤진수(2021), 618-619 참조.
14) 대법원 2010. 11. 25. 선고 2010두14091 판결; 현소혜(2012), 582 이하 참조.

Ⅳ. 6촌 이내의 양부모계(養父母系)의 혈족이었던 자, 4촌 이내의 양부모 계의 인척이었던 자

입양관계가 존속하는 한은 양자는 그 양부모의 혈족이나 인척과도 혈족 또는 인 척관계가 맺어지므로, ①과 ③에 의하여 규율된다. 그러나 파양 또는 입양의 취소에 의하여 입양관계가 해소되면 그러한 혈족관계나 인척관계도 해소되는데, ③은 그러 한 경우에도 혈족은 6촌, 인척은 4촌의 범위 내에서 혼인을 제한한다.

이는 일종의 사회윤리적 고려에서 금지하는 것이라고 설명할 수 있을 것이다.[15] 그러나 이러한 제한이 타당한지는 다소 의문이다. 이 경우에도 입양에 의하여 직계가 족이 되었던 사람과의 혼인만을 제한하는 것이 합리적일 것이다.[16]

Ⅴ. 위반의 효과

본조에 위반된 혼인은 무효인 경우도 있고, 취소될 수 있는 혼인이 되는 경우도 있다. 우선 8촌 이내의 혈족 사이의 혼인(①), 직계인척관계가 있거나 있었던 사람들 사이의 혼인 및 양부모계의 직계혈족관계가 있었던 사람들 사이의 혼인은 무효이다 (§815 ii-iv). 다만 헌법재판소 2022. 10. 27. 선고 2018헌바115 결정은, 8촌 이내의 혈 족 사이의 혼인을 일률적·획일적으로 혼인무효사유로 규정한 것은 위헌이라고 하였 다. 이에 대하여는 아래 제3절 前註 및 §815의 주석 참조.

그 나머지의 경우는 혼인 취소사유이다(§816 i). 따라서 제2항 중 직계인척 아닌 인척 사이의 혼인이나, 제3항 중 양부모와 자녀의 혼인이 아닌 경우는 모두 취소할 수 있는 혼인에 그친다.

---

15) 김주수·김상용, 101.
16) 윤진수(2021), 624. 양수산, 19도 같은 취지이다. 일본 민법 §736은 파양에 의하여 양친자관계가 종료 하더라도 양자, 그 배우자, 직계비속 또는 그 배우자와 양친 또는 그 직계존속 사이에는 혼인을 할 수 없다고 규정한다. 영국에서는 양부모 자녀 관계에 있던 사람들 사이의 혼인은 금지되지만, 입양으로 인 하여 친족 관계에 있던 다른 사람들의 혼인은 금지되지 않는다.

第 810 條 (重婚의 禁止)

配偶者있는 者는 다시 婚姻하지 못한다.

참고문헌: 고상룡(2005), 민법총칙; 김대정(2012), 민법총칙; 김상용(2011), "남북 주민 사이의 중혼 등 가족관계 문제 해결", 법무사 523; 김증한·김학동(2013), 민법총칙 제10판; 명순구(2005), 민법총칙; 문홍안(2012), "남북이산가족의 재결합에 따른 중혼문제의 해결방안", 통일과 법률 9; 윤진수(2009), "혼인의 자유", 민법논고[Ⅳ]; 이은영(2005), 민법총칙.

Ⅰ. 중혼의 의의

배우자 있는 사람이 다시 다른 사람과 혼인을 한 경우에 뒤의 혼인(後婚)은 앞의 혼인(前婚)과의 관계에서 중혼이 된다. 일부일처제 하에서는 중혼은 법률상 적법한 혼인으로 인정될 수 없다. 이러한 일부일처제의 원리는 혼인에 있어서 개인의 존엄과 양성의 평등을 기초로 하여야 한다고 규정하고 있는 憲 §36 ①에서 도출될 수 있다. 즉 일부일처제 아닌 일부다처제 또는 일처다부제의 가정에서는 그 가정 내에서 양성의 평등이나 개인의 존엄이 유지된다고 볼 수는 없는 것이다.[1] 그리하여 본조는 중혼이 허용될 수 없음을 선언하고 있다.

배우자 있는 사람이 다른 사람과 사실혼 관계를 맺은 경우에는 중혼은 아니지만, 이러한 사실혼 관계를 중혼적 사실혼이라고 부른다. 이 경우에는 당사자들의 법률관계가 어떻게 되는가에 대하여 논란이 있다. 상세한 것은 아래 後註(사실혼) Ⅴ. 참조.

---

1) 윤진수(2009), 185.

Ⅱ. 중혼이 성립하는 경우

통상적인 경우에는 중혼이 성립하기 어렵다. 혼인신고를 접수하는 가족관계등록
공무원은 중혼인 것을 알면 그 수리를 거부할 것이기 때문이다(§813). 그러나 가족관
계등록공무원의 잘못으로 이중의 혼인신고를 수리하여 중혼이 성립할 가능성을 전혀
배제할 수는 없다. 중혼이 성립하는 것은 실제로는 다음과 같은 경우이다.

1. 이중가족관계등록(이중호적)

중혼은 가족관계등록(과거의 호적)이 이중으로 만들어진 경우에 생길 수 있다. 이
중호적은 위법한 것이므로 뒤의 호적은 말소되어야 하지만, 혼인은 호적공무원이 그
신고서를 수리함으로써 발생하는 것이고 호적부의 기재는 그 효력요건이 아니므로,
두 번째의 호적이 이유로 말소되더라도 그 호적에 기재된 혼인의 효력에는 아무런 영
향이 없고, 따라서 두 번째 호적에 기재된 혼인은 중혼이 된다.2)

2. 가족관계등록부상 전혼이 종료된 것으로 기재된 경우

가족관계등록부(과거의 호적부)상 전혼이 종료된 것으로 기재되어 있어서 후혼의
신고가 되었는데, 실제로는 전혼의 효력이 계속되고 있거나 또는 전혼이 소급하여 부
활하는 경우에는 후혼이 중혼으로 취급된다.

예컨대 위조된 협의 이혼서에 의하여 이혼신고를 한 후 새로 혼인신고를 하면
그 혼인은 중혼이 된다.3) 그리고 비교적 많은 것이 재판상 이혼판결을 받고 이혼신고
를 한 다음 혼인하였으나, 그 이혼판결이 재심 등에 의하여 취소되어 전혼의 효력이
소급하여 부활하는 경우이다. 이때에는 이혼신고 다음의 혼인이 중혼이 된다.4) 전혼
의 협의이혼이 기망을 이유로 취소된 경우도 마찬가지이다.5)

3. 국내와 국외에서 이중으로 혼인한 경우

국제사법 §63 ②에 의하면 혼인의 방식은 혼인을 한 곳의 법 또는 당사자 중 한
쪽의 본국법에 따르므로, 외국에서 혼인거행지법에 따라 혼인하면 국내에서 혼인신

---

2) 대법원 1988. 5. 31. 자 88스6 결정. 또한 대법원 1986. 6. 24. 선고 86므9 판결; 대법원 1991. 12. 10.
   선고 91므344 판결 등.
3) 대법원 1964. 4. 21. 선고 63다770 판결; 대법원 1970. 7. 21. 선고 70므18 판결.
4) 대법원 1985. 9. 10. 선고 85므35 판결; 대법원 1987. 1. 20. 선고 86므74 판결; 대법원 1991. 5. 28. 선
   고 89므211 판결; 대법원 1994. 10. 11. 선고 94므932 판결 등.
5) 대법원 1984. 3. 27. 선고 84므9 판결.

고를 하지 않더라도 유효하게 혼인이 성립한다. 따라서 국내에서 혼인한 사람이 외국에서 외국의 법에 따라 혼인한 경우에는 국내의 가족관계등록부상 혼인 사실이 기재되지 않아도 후혼이 성립하므로 중혼이 생기게 된다.[6]

4. 실종선고가 취소된 경우

전혼의 일방 당사자가 실종선고를 받아 다른 당사자가 재혼하였는데, 그 후 실종선고를 받은 사람이 생환하여 실종선고가 취소된 경우에 관하여는 여러 가지의 견해가 대립하고 있다. §29 ①이 실종선고의 취소는 실종 선고 후 그 취소전에 선의로 한 행위의 효력에 영향을 미치지 아니한다고 규정하고 있기 때문이다. 부재선고에 의한 특별조치법에 의하여 부재선고를 받은 경우에도 혼인에 관하여는 실종선고를 받은 것으로 보므로(위 법 §4), 부재선고가 취소된 때에는 마찬가지 문제가 생긴다.

다수설은, 후혼의 당사자 쌍방이 선의인 때에는 비록 실종선고가 취소되더라도 신혼인의 효력에 영향을 미치지 않으므로 실종자와 재혼한 배우자와의 전혼은 부활하지 않고, 반면 재혼한 당사자가 모두 악의라면 신혼인은 취소할 수 있게 되고, 구혼에는 이혼사유가 있게 되며, 재혼당사자 중 일방만이 악의라도 역시 §29 ① 단서는 적용되지 아니하여 취소할 수 있게 된다고 본다.[7] 다만 이러한 경우에 전혼에 관하여는 이혼 사유가 있게 되므로 전혼이 이혼에 의하여 종료하면 중혼상태는 해소된다.

반면 언제나 전혼이 부활하여 중혼이 된다고 하는 설도 유력하다. 이 설에서도 후혼의 해결에 대하여는 전혼이 이혼으로 해소되지 않는 한 후혼이 취소되어야 한다는 견해[8], 후혼의 효력은 3자 협의에 맡겨야 한다는 견해[9] 등이 있다.[10] 그리고 경우를 막론하고 전혼은 부활하지 않는다는 견해도 주장된다.[11]

그러나 이러한 학설의 대립은 현재에는 어느 정도 입법적으로 해결되었다고 볼 수 있다. 南北特 §7 ①은 정전협정이 체결되기 전에 혼인하여 북한에 배우자를 둔 사람이 그 배우자에 대하여 실종선고를 받고 남한에서 다시 혼인을 한 경우에는 실종선

---

6) 대법원 1991. 12. 10. 선고 91므535 판결.

7) 김주수·김상용, 102-103; 이경희·윤부찬, 62; 김증한·김학동(2013), 171 등, 등록예규 제418호도 이러한 입장에 서면서, 잔존배우자가 실종선고의 취소전에 재혼을 한 경우에는 일단 재혼당사자가 모두 선의인 것으로 추정하여 실종선고가 취소되어도 전혼관계는 부활하지 않는 것으로 보아 처리하도록 하고 있다.

8) 김대정(2012), 280.

9) 고상룡(2005), 108.

10) 이은영(2005), 208은 후혼의 배우자가 선의인 경우에는 전혼이 중혼으로서 취소되어야 하고, 후혼의 배우자가 악의인 경우에는 후혼이 중혼으로서 취소되어야 한다고 보고 있으나, 전혼이 중혼으로 취소되어야 하는 근거를 알 수 없다.

11) 명순구(2005), 155.

고가 취소되더라도 전혼은 부활하지 않지만,[12] 혼인당사자의 일방 또는 쌍방이 실종선고 당시 북한에 있는 배우자의 생존 사실을 알고 있었던 경우에는 전혼이 부활하여 중혼이 성립한다고 규정한다. 이는 특례법이기는 하지만, 중혼의 성립 여부에 관하여 종래 논란이 있던 문제를 입법자가 명확하게 규정한 것으로서, 일반 혼인의 경우에도 이와 달리 볼 특별한 이유가 없다.

위 법은 실종선고의 취소로 중혼이 성립하더라도 후혼은 원칙적으로 취소할 수 없는 것으로 하고 있다.[13] 다만 §7 ③은 북한에 거주하는 전혼의 배우자도 다시 혼인을 한 경우에는 실종선고가 취소되더라도 전혼은 부활하지 아니한다고 규정한다. 이러한 경우에는 전혼의 배우자를 보호할 필요성이 없기 때문이다.

위 법은 부재선고가 취소된 경우에 관하여는 따로 규정하고 있지 않으나, 이 경우도 실종선고가 취소된 경우와 마찬가지로 보아야 할 것이다.[14]

5. 남북 이산가족의 경우

남북 이산가족의 경우에는 중혼의 사례가 많이 발생하였다.[15] 그리하여 이 문제의 해결을 위하여 南北特 §6가 특별규정을 두게 되었다. 즉 6·25 정전협정 체결 전에 북한에 배우자를 둔 사람이 남한에서 다시 혼인한 경우에는 후혼에 대하여 혼인 취소를 청구할 수 없다.[16] 다만 후혼 배우자 사이에 중혼취소에 대한 합의가 이루어진 경우에는 그렇지 않다. 그리고 북한에 거주하는 전혼의 배우자도 다시 혼인을 하였으면 부부 쌍방에 대하여 중혼이 성립한 때에 전혼은 소멸한 것으로 보고 있다.

이처럼 후혼을 취소할 수 없게 한 이유는, 주로 후혼이 취소된다면 후혼의 배우자는 상속권을 가질 수 없게 되는데, 이는 부당하므로 전혼의 배우자와 후혼의 배우자에게 공동상속인의 지위를 인정하기 위함이다.[17]

---

12) 문흥안(2012), 51−52은 전혼의 부활을 인정하는 것이 타당하다고 한다.
13) §7 ②에 의한 §6 ②항의 준용. 아래 5. 참조.
14) 문흥안(2012), 52−53 참조.
15) 헌법재판소 2010. 7. 29. 선고 2009헌가8 결정 참조.
16) 문흥안(2012), 58은 북한이탈주민이 가족단위로 가족관계등록 창설(취적)을 할 수 있게 된 2003. 3. 18. 이전에 취적한 자가 남한에서 재혼한 경우의 중혼에 대하여는 후혼을 취소할 수 없게 하여야 한다고 주장한다. 반면 김상용(2011), 43은 이런 경우에는 후혼을 보호할 필요가 없다고 한다.
17) 김상용(2011), 41−42 참조.

Ⅲ. 중혼의 효과

중혼이 성립하더라도 후혼이 당연 무효는 아니고, 판결에 의하여 취소될 때까지는 유효하다. 입법정책상 중혼을 당연 무효로 규정할 수도 있겠으나, 민법이 중혼을 취소할 수 있는 것으로 한 것은 후혼이 이미 성립하였다는 사실상태를 존중하기 위한 것으로 이해할 수 있다. 중혼의 취소에 대하여는 §816와 §818가 규정하고 있다.

중혼이 성립하는 경우에도 전혼이나 후혼은 이혼 등에 의하여 종료될 수 있고,[18] 이때에는 중혼관계는 해소된다. 따라서 이 경우에는 후혼의 취소를 구할 수 없다. 혼인 취소는 소급효가 없기 때문이다(§824).[19] 중혼자가 사망하거나, 전혼 또는 후혼의 배우자가 사망하면 역시 중혼은 종료한다.[20] 대법원 1991. 2. 12. 선고 90다10827 판결은, 원고가 배우자 있는 국가유공자와 혼인하여 중혼의 상태에 있었는데, 국가유공자가 사망한 경우에는 전혼의 배우자가 국가유공자 유족으로 가지는 연금수급권에 있어서 우선순위에 있지만, 전혼 배우자가 사망하기까지 중혼이 취소되지 않았다면 전혼 배우자의 사망 후에는 원고가 유일한 배우자로서 제1의 순위에 있다고 하였다.

그러나 중혼자가 사망한 경우에는 家訴 §24 ②에 의하여 전혼의 배우자가 후혼의 배우자를 상대로 하여 혼인 취소를 구할 수 있다.[21]

후혼의 배우자가 중혼인 사실을 알고 있었다면 그는 전혼의 배우자에 대하여 손해배상책임을 져야 할 것이다.

---

18) 후혼에 관하여 대법원 1991. 12. 10. 선고 91므344 판결.

19) 주석친족 (1), 87(이민수); 제요[1], 659.

20) 대법원 2010. 9. 30. 선고 2010두9631 판결은, 중혼적 사실혼일지라도 전 혼인의 배우자가 사망한 경우에는 사실상 혼인관계에 있던 자가 군인연금법 §3 ① iv에 규정된 배우자로 볼 수 있다고 하였다.

21) 대법원 1986. 6. 24. 선고 86므9 판결; 대법원 1991. 12. 10. 선고 91므535 판결. 그런데 이 경우에는 혼인 취소의 비소급효(§824)와 관련하여 소의 이익이 문제된다. 아래 §816의 주석 참조.

第 812 條 (婚姻의 成立)

① 婚姻은 「가족관계의 등록 등에 관한 법률」에 定한 바에 依하여 申告함으로써 그 效力이 생긴다.

② 前項의 申告는 當事者 雙方과 成年者인 證人 2人의 連署한 書面으로 하여야 한다.

▌참고문헌: 권순한(1999), "혼인의사와 혼인신고", 가족법연구 13; 김두년(2012), "혼인신고의 법적 문제와 개선방안", 한국법학회 법학연구 46; 김현선(2013), "사실혼 관계에서 혼인신고시 상대방이 의사무능력 상태에 있는 경우 그 혼인의 효력", 가족법연구 27-2; 박희호(2011), "혼인의 성립요건에 대한 소고", 가족법연구 25-1; 윤진수(2009), "검사를 상대로 하는 사실상혼인관계 존재확인청구", 민법논고 [Ⅳ]; 이화숙(2007), "가족법상 법률행위에 있어서 의사와 신고", 민사법학 36; 전원열·현소혜(2017), "혼인신고에서의 쌍방출석주의와 공증", 가족법연구 31-3; 정광현(1963), "혼인신고의 강제이행문제", 법정 1963. 6; 정범석(1980), "혼인무효확인에 관한 건", 판례평석: 판지에 이의있다; 조미경(1996), "혼인의사와 신고", 가족법연구 10.

Ⅰ. 민법의 신고혼주의

혼인의 성립을 인정함에 있어서 국가가 이를 당사자에게만 맡겨놓지 않고 당사자가 법률로 정하는 일정한 형식적 요건을 갖추어야만 혼인의 성립을 인정하는 것을 법률혼주의라고 하고, 그러한 형식 없이도 당사자들이 관습상 인정되는 요건을 갖추기만 하면 혼인의 성립을 인정하는 것을 사실혼주의라고 한다.[1] 민법은 법률혼주의 가운데 신고를 요구하는 신고혼주의를 취하고 있다. 따라서 혼인신고가 있어야만 법률상 혼인이 성립하고, 혼인신고를 마치기 전까지는 혼인당사자들이 혼인의 의사를 가지고 실제로 부부와 같이 동거하고 있더라도 사실혼에 그친다. 우리나라에서는 1923. 6. 30.까지는 이른바 의식혼주의에 따라 혼례식을 거행하면 법률혼이 성립하였

---

1) 김용한, 118 참조.

다.[2] 그러던 중 1922. 12. 7. 조선민사령(朝鮮民事令)이 혼인은 신고하여야만 효력을 발생하는 것으로 개정되고(§11 ②), 그에 따라 조선호적령이 만들어져서 1923. 7. 1.부터 시행되면서[3] 혼인은 신고하여야만 효력이 발생되게 되었다.[4]

이처럼 혼인신고라는 요건을 요구하고 있는 것은, 그에 의하여 혼인이 과연 성립하였는지, 성립하였다면 언제부터 성립한 것인지 하는 점을 밝힘으로써 법률관계를 명확하게 하려는 것이다. 반면 이러한 요건을 요구함으로써 혼인신고를 하지 않는 사실혼이 증가한다는 비판이 있으나, 현대 사회에서 사실혼 관계만 있으면 법률적인 혼인의 성립을 인정한다는 것은 비현실적이다.

외국의 입법례 가운데에서는 당사자의 신고가 아니라 혼인을 하려는 쌍방 당사자가 신분공무원 앞에 출석할 것을 요구하는 경우도 있으나,[5] 우리나라는 당사자들이 쉽게 혼인을 성립시킬 수 있도록 신고만을 요구하고 있다. 그러나 이처럼 절차가 간편하기 때문에 일방이 상대방의 승낙 없이도 혼인신고를 함으로써 문제를 야기하는 경우가 많다. 특히 근래에 외국에서 혼인을 위하여 국내로 이주하는 여성과의 혼인에서 분쟁이 생기는 경우가 많아서, 혼인신고를 담당하는 공무원에게 실질적 심사권을 부여하여야 한다는 주장이 제기되고 있다.[6] 또한 혼인신고는 창설적 신고이므로 혼인 당사자 쌍방에게 출석을 강제하여 혼인신고의 의사가 있는지 여부를 공무원이 직접 확인하는 쌍방출석주의를 채택해야 한다는 제안도 있다.[7]

혼인신고가 혼인의 성립요건인가 아니면 효력발생요건인가 하는 점에 대하여 과거에는 논의가 있었으나, 현재에는 이를 성립요건으로 보는 데 별다른 이견이 없다.[8]

혼인의 요건으로서의 혼인신고는 민법이 규정하는 것 외에, 가사소송법에 따른 사실상혼인관계 존재확인의 재판에 근거하여 하는 신고와, 혼인신고특례법에 의하여 하는 신고가 있다. 민법에 의한 혼인신고는 당사자 쌍방이 하여야 하는 것인데 반하여, 다른 두 가지는 일방이 할 수 있다.

2) 대법원 1988. 4. 12. 선고 87므104 판결 참조.
3) 1922. 12. 18. 조선총독부령 제154호.
4) 대법원 1987. 10. 13. 선고 86므129 판결은 조선호적령 시행일을 1923. 7. 5.라고 하였으나, 오류이다.
5) 프랑스 민법 §75, §165; 독일 민법 §1310; 스위스 민법 §97 등.
6) 김두년(2012), 46, 92 이하.
7) 전원열·현소혜(2017), 11 이하.
8) 정광현(1963), 48 이하는 혼인의사가 합치하면 혼인은 성립하고, 혼인신고는 혼인의 효력발생요건이라고 한다. 이 견해는 혼인신고의 강제이행을 인정하기 위하여 주장된 것이지만, 혼인신고의 강제이행은 허용될 수 없으므로(§803의 주석 참조), 이와 같이 주장할 실익은 없다.

II. 민법에 의한 혼인신고

1. 혼인신고의 의의 및 방식

일반적으로 家登에 의한 가족관계등록신고는 국민의 신분에 관한 사항을 내용으로 하여 등록사무처리권한을 가진 시(구)·읍·면의 장에 대하여 가족관계등록부에 일정한 신분사항을 기록하는 것을 요구하는 공법상의 행위를 말한다.[9] 혼인신고는 혼인을 성립시키기 위하여 하는 신고로서, 혼인신고에 의하여 비로소 혼인이 성립하므로 창설적 신고이다.

그런데 이와 구분하여야 할 것이, 가호적을 취적하면서 혼인신고를 하지 않은 사람들이 이미 혼인한 부부인 것처럼 신고한 경우이다. 가호적제도는 1948. 4. 1. 군정법령 제179호로 제정된 "호적의 임시조치에 관한 규정"에 의하여 인정된 것으로서, 북위 38도 이북에 본적이 있었으나 당시 북위 38도 이남 지역에 거주하는 사람이 그 거주지를 가(假)히 본적지(假本籍地)로 정하여 취적신고를 할 수 있게 하는 제도였다. 1960. 1. 1.부터 시행된 호적법(법률 제535호)은 위 군정법령을 폐지하면서 미수복지구에 본적을 가진 사람은 가호적의 신고를 할 수 있도록 하였다가, 1962. 12. 29. 개정된 호적법 부칙이 가호적을 본적으로 보도록 하였다. 그런데 원래의 본적에 혼인신고를 하지 않았던 사람들이 가호적 취적신고를 할 때 이미 혼인한 것으로 신고한 경우에, 판례는 혼인의 효력이 없다고 보고 있다.[10] 이러한 경우에는 혼인이 무효라기보다는 혼인으로서 성립하지 않은 이른바 비혼인(非婚姻, Nichtehe)이라고 보아야 할 것이다.[11]

그리고 혼인신고와 혼인의사와의 관계에 관하여는 다소 논의가 있다. 1설은 혼인신고를 혼인의사가 표시되는 방식으로 이해한다.[12] 그러나 혼인신고는 혼인의사와는 독립된, 혼인의 성립을 위한 별개의 요건으로 이해하여야 할 것이다.[13]

家登 §71는 혼인신고서에는 당사자의 성명·본·출생연월일·주민등록번호 및 등록기준지(당사자가 외국인인 때에는 그 성명·출생연월일·국적 및 외국인등록번호)와, 당사자의 부모와 양부모의 성명·등록기준지 및 주민등록번호를 기재하여야 한다고 규정한다. 그리고 부모가 자의 성과 본을 모의 것을 따르기로 한 경우(§781 ① 단서)에는 이를 기

9) 신영호, 등록, 69.
10) 대법원 1969. 2. 18. 선고 68므19 판결; 대법원 1970. 7. 28. 선고 70므9 판결; 대법원 1992. 1. 21. 선고 91므238 판결; 대법원 1998. 2. 7. 자 96마623 결정 등.
11) 정범석(1980), 131 이하는 이러한 경우에 유효한 혼인의 성립을 인정하여야 한다고 주장한다.
12) 김주수·김상용, 108은 당사자가 신고하는 방식에 따라서 혼인의사를 표시하여 이를 합치시킴으로써 혼인이 성립한다고 해석하여야 한다고 주장한다.
13) 조미경(1996), 75 이하; 권순한(1999), 82 이하; 이화숙(2007), 627; 박희호(2011), 11 이하 등.

재하고, 또 당사자 사이에 §809 ①에 따른 근친혼에 해당되지 아니한다는 사실도 기
재하여야 한다. 이러한 신고는 당사자 쌍방과 성년자인 증인 2인이 연서한 서면으로
하여야 한다.[14]

다른 한편 家登 §23 ①은 일반적으로 신고는 서면이나 말로 할 수 있다고 규정하
고, §31 ③은 혼인신고의 경우에는 대리인이 말로 신고하는 것은 허용되지 않는 것으
로 규정하고 있으므로, 혼인 당사자 본인은 말로도 혼인신고를 할 수 있다고 보아야
할 것이다.[15] 그러나 증인의 참여 등을 규정하는 것은 민법보다는 절차법인 家登에
맡겨야 할 사항이다.

또한 혼인신고는 대리인에 의하여 할 수는 없으나,[16] 혼인당사자 쌍방이 혼인신
고서를 작성하여 우편으로 발송하거나 사자를 시켜 제출하는 것은 무방하다.[17]

2. 신고의 효력

가. 혼인의 성립

혼인은 공무원이 그 신고를 수리함으로써 유효하게 성립하고, 가족관계등록부에
의 기재는 그 유효요건이 아니어서, 호적에 적법하게 기재되는지 여부는 혼인성립의
효과에 영향을 미치지 않는다.[18] 그러나 혼인의 성립시기는 수리시가 아니고, 신고한
때로 소급한다.[19] 가족관계공무원이 부당하게 수리를 거부하면 법원에 불복의 신청
을 할 수 있다(家登 §109).

---

14) 학설상 家登 §14(증명서의 교부 등) ② ii와 §71(혼인신고의 기재사항 등) iv를 근거로 하여, 누구나 혼
    인신고 전에 자신이 친양자로 입양되었는지를 확인하고, 친양자로 입양된 사실이 확인된 경우에는 혼인
    신고시에 친양자입양관계증명서를 제출하여야 한다는 주장이 있다(김주수·김상용, 414-416). 그러나
    위 규정들로부터 그러한 결론이 도출될 수는 없다. 실무상으로도 혼인신고시에는 기본증명서, 혼인관계
    증명서 및 가족관계증명서 각 1통을 혼인신고서에 첨부하도록 하고 있으나(이 또한 가족관계등록관서
    에서 전산으로 그 내용을 확인할 수 있는 경우에는 첨부를 생략한다), 친양자입양관계증명서를 첨부하
    도록 요구하고 있지는 않다. 등록예규 제585호(가족관계등록사무의 문서 양식에 관한 예규) 양식 제10
    호 참조.
15) 김주수·김상용, 108; 송덕수, 34; 이경희·윤부찬, 56 등.
16) 家登 §31 ③은 말로 하는 신고의 경우에 신고인이 질병 또는 그 밖의 사고로 출석할 수 없는 때에는
    대리인으로 하여금 신고하게 할 수 있다고 규정하지만, 혼인신고(§71)에 대하여는 적용이 배제된다. 그
    외에 서면에 의한 대리인의 신고는 허용되지 않는 것으로 해석된다. 등록실무 (1), 666 참조.
17) 등록실무 (1), 269.
18) 대법원 1988. 5. 31. 자 88스6 결정; 대법원 1991. 12. 10. 선고 91므344 판결은 이와 같은 이유에서,
    호적의 기재가 무효인 이중호적에 의하였다고 하더라도 혼인은 유효하게 성립하였다고 보았다. 대법원
    1981. 10. 15. 자 81스21 결정도 같은 취지이나, 여기서는 혼인의 신고는 호적공무원이 그 신고서를 접
    수함으로써 그 효력이 발생하는 것이라고 하였다. 그러나 수리와 접수는 다른 개념으로서, 접수는 가족
    관계공무원 등이 신고서류를 수취하여 관리하는 사실행위를 말하고, 수리는 적법·유효한 것으로 인정
    하여 그 처리를 인용하는 행정처분이다. 등록실무 (1), 305 참조.
19) 주석친족(1), 99(이민수).

나. 신고의 무효

혼인의 실질적 요건을 갖추지 못하였다면 신고가 있더라도 혼인이 무효가 되거나 또는 취소될 수 있음은 물론이고, 신고 자체가 무효라면 혼인은 당연히 무효가 된다. 다음과 같은 경우에 신고가 유효한 것인가가 문제된다.

첫째, 당사자 쌍방 아닌 일방만이 한 신고. 이때에는 원칙적으로 혼인신고는 무효이다.[20] 그러나 판례는 사실혼 관계에 있는 당사자 중 일방만이 혼인신고를 한 때에는, 상대방의 혼인의사가 불분명하더라도 혼인의 관행과 신의성실의 원칙에 따라 사실혼 관계를 형성시킨 상대방의 행위에 기초하여 그 혼인의사의 존재를 추정할 수 있으므로, 혼인의사를 명백히 철회하였다거나 당사자 사이에 사실혼 관계를 해소하기로 합의하였다는 등의 사정이 인정되지 않는 경우에는 그 혼인을 무효라고 할 수 없다고 보고 있다.[21] 사실혼 관계에 있던 당사자 일방이 의사무능력 상태에 빠져 있는데 다른 일방이 단독으로 혼인신고를 한 경우에 관하여는 판례는 처음에는 그러한 혼인은 무효라고 하였으나,[22] 최근의 판례는 이러한 혼인도 유효라고 하는 취지로 보여서,[23] 양자의 관계가 문제된다.[24] 그러나 이처럼 사실혼 관계에 있는 당사자 일방에 의한 혼인신고를 원칙적으로 유효한 것으로 인정하려는 판례는 문제가 있다. 이 문제는 혼인의 의사를 다루면서 자세히 살펴본다(§815 Ⅱ. 1. 다. (2)). 이와는 구별되는 것은 당사자가 혼인신고서를 작성할 당시에는 의사능력이 있었는데, 혼인신고서를 제출할 당시에는 의사능력이 없었던 경우이다. 이때에는 당사자가 혼인신고서를 제출할 때까지 혼인의사를 철회하는 등의 특별한 사정이 없었던 한 그 혼인신고는 유효하다고 보아야 할 것이다.[25]

둘째, 혼인신고 당시에 양 당사자가 생존하고 있어야 함은 당연하다. 따라서 당사자 일방이 사망한 후 이루어진 혼인신고는 원칙적으로 무효이다.[26] 그런데 家登 §41는 신고인의 생존 중에 우송한 신고서는 그 사망 후라도 시 · 읍 · 면의 장은 수리하여야 하고, 그 신고서가 수리된 때에는 신고인의 사망시에 신고한 것으로 본다고 규정하고 있으므로, 당사자 생존 중에 혼인신고를 우송하였으면, 사망시에 혼인이 성

---

20) 대법원 1983. 9. 27. 선고 83므22 판결.
21) 대법원 2000. 4. 11. 선고 99므1329 판결. 같은 취지, 대법원 1980. 4. 22. 선고 79므77 판결; 대법원 1994. 5. 10. 선고 93므935 판결
22) 대법원 1996. 6. 28. 선고 94므1089 판결.
23) 대법원 2012. 11. 29. 선고 2012므2451 판결.
24) 김현선(2013), 413 이하는 뒤의 판결을 지지한다.
25) 日最判 1969(昭 44). 4. 3. 民集 23-4, 503; 日最判 1970(昭 45). 4. 21. 判時 596-43 참조.
26) 대법원 1983. 4. 12. 선고 82므64 판결; 대법원 1987. 4. 28. 선고 86므130 판결.

립한 것으로 된다.

셋째, 당사자가 혼인의사를 철회하거나 또는 혼인신고수리불가신고서가 제출된 경우. 혼인의사의 합치는 혼인신고서를 작성할 때는 물론이고 실제로 신고할때에도 존재하여야 한다. 따라서 일단 의사가 합치되어 신고서를 작성하였더라도, 그 제출 전에 혼인의사를 철회한 경우나 호적공무원에게 혼인의사를 철회하였으므로 그 수리를 하지 말도록 한 경우에는 혼인의 의사합치가 없기 때문에, 그 신고서가 제출되었더라도 그 혼인은 무효이다.[27] 이러한 경우를 대비하여 대법원 등록예규 제519호는 혼인신고수리불가신고서를 제출할 수 있도록 하였다.[28] 이에 따르면 혼인수리불가신고인은 6개월 이내의 범위(접수일부터 기산)에서 혼인신고수리불가 취급을 요하는 기간을 정하여 수리불가신고서를 제출할 수 있는데, 그 상대방은 특정된 1명이어야 하고, 불특정 다수를 상대로 한 수리불가신고서는 제출할 수 없다. 수리불가 취급 기간 내에 혼인신고서가 제출되었을 때는 그 혼인신고서는 수리할 수 없으나, 혼인신고서가 먼저 접수된 경우에는 혼인신고서에 의하여 가족관계등록부를 정리한 후, 빠른 시간 내에 그 정리한 등록사항별 증명서를 첨부하여 수리불가신고서를 제출한 당사자에게 그 뜻을 통지한다. 혼인신고서와 수리불가신고서의 접수일이 같은 경우에는 접수 선·후를 비교하여 처리하되, 그 선·후의 판명을 할 수 없을 때에는 수리불가신고서가 먼저 접수된 것으로 처리한다.

넷째, 신고의 당사자에 대한 착오가 있는 경우에도 혼인은 무효이다. 가령 A와 혼인신고를 할 의사였는데 착오로 A의 동생과 혼인한 것으로 신고가 이루어진 경우에는 A의 동생과의 혼인신고 의사는 없었으므로, 혼인은 무효이다.[29]

다섯째, 사소한 혼인신고 절차 위반이 있었는데 혼인신고가 수리된 경우에는, 당사자의 혼인신고 의사 및 동의가 있었음이 인정되면 혼인은 유효하게 성립한다. 즉 당사자 일방 또는 동의권자의 서명날인이 누락되었거나 권한 없이 작성된 혼인신고서가 수리된 때(등록예규 제146호), 또 혼인신고서에 성년증인 2명의 연서가 있어야 한다는 규정을 위반하였다 하더라도 수리된 때(등록예규 제144호) 등이다.

---

27) 대법원 1983. 12. 27. 선고 83므28 판결.
28) 등록예규 제519호. 원래 이는 2003. 10. 14. 제정된 호적예규 제656호에서 인정되었다.
29) 서울가정법원 1971. 10. 29. 선고 71드1233 심판(주석친족 (1), 265).

Ⅲ. 사실상혼인관계존재확인 재판에 의한 혼인신고

가사소송법은 사실상혼인관계 존재확인 사건을 나류 가사소송사건으로 정하고
있고(§2 ① i. 나. 1)), 家登 §72는 사실상 혼인관계 존재확인의 재판이 확정되면 소를
제기한 사람이 재판의 확정일부터 1개월 이내에 재판서의 등본 및 확정증명서를 첨
부하여 혼인신고를 할 수 있도록 규정하고 있다. 이 혼인신고는 민법에 의한 혼인신
고와는 달리 소를 제기한 사람이 일방적으로 할 수 있다.

사실상 혼인관계 존부확인의 재판은 혼인신고를 하지 못한 사실혼 배우자가 혼
인신고를 할 수 있도록 하기 위하여 1963. 7. 31. 제정된 가사심판법이 도입한 제도이
다. 그러나 이는 약혼은 강제하지 못한다는 원칙에 어긋나므로, 일방이 혼인신고를
할 수 있도록 한 입법적인 타당성 자체에 의문이 있다. 현실적으로는 사실상 혼인관
계는 당사자 일방의 의사에 의하여 해소될 수 있으므로,[30] 사실혼 관계 존재확인청구
가 된 단계에서는 이미 사실혼 관계가 해소된 경우가 대부분일 것이고, 따라서 위와
같은 재판에 의하여 혼인신고를 하는 경우는 거의 없다. 실제로 사실혼 관계 존재확
인청구가 이용되는 것은 사실혼 당사자 일방이 사망한 후, 그 상대방이 산업재해보상
보험법이나 공무원연금법 등 사회보장 법률상의 연금 등 수급권 확인을 위하여 검사
를 상대로 청구하는 경우이다.[31] 그러나 이때에는 사망자와의 사실혼 관계존재확인
의 심판이 있더라도 혼인신고를 수리할 수 없다.[32]

사실혼 관계 존재확인 청구는 조정의 대상이 되므로, 조정이나 확정된 조정을 갈
음하는 결정이 있으면 그 조정조서에 기하여도 신고를 할 수 있다.

사실혼 관계 존재확인의 청구는 확인의 소이고, 그 확인의 재판에 의하여 하는 혼
인신고는 보고적 신고 아닌 창설적 신고이다.[33] 이에 대하여는 後註 Ⅴ. 2. 가. 참조.

Ⅳ. 혼인신고특례법에 의한 혼인신고

혼인신고특례법(제정 1968. 12. 31. 법률 제2067호)은 혼인 당사자 중 어느 한쪽이 전
쟁이나 사변(事變)으로 전투에 참가하거나 전투 수행을 위한 공무(公務)에 종사함으로

---

30) 대법원 1977. 3. 22. 선고 75므28 판결; 대법원 2009. 2. 9. 자 2008스105 결정.
31) 대법원 1995. 3. 28. 선고 94므1447 판결 참조.
32) 대법원 1991. 8. 13. 자 91스6 결정; 대법원 1995. 11. 14. 선고 95므694 판결. 대법원 1987. 9. 22. 선고
    87다카1164 판결은 호적공무원이 위와 같은 확정판결(심판)이 있어 그 혼인신고를 수리하고 사망한 당사
    자의 제적부에 혼인을 기재한 것이 직무집행상의 과실이 아니라고 하였으나, 그 타당성은 의심스럽다.
33) 대법원 1973. 1. 16. 선고 72므25 판결; 윤진수(2009), 265 이하 참조.

인하여 혼인신고를 하지 못하고 사망한 경우에, 다른 일방이 단독으로 혼인신고를 할
수 있도록 하기 위하여 만든 법이다. 이 경우에는 생존한 당사자가 가정법원의 확인
을 받아 단독으로 혼인신고를 할 수 있다(§2). 가정법원의 확인은 라류 가사비송사건
이다(家訴 §2 ③). 이 법에 따라 혼인신고를 한 때에는 신고 의무자 어느 한쪽의 사망시
에 신고가 있었던 것으로 본다(§4).

第 813 條 (婚姻申告의 審査)

婚姻의 申告는 그 婚姻이 第807條 乃至 제810조 및 제812조제2항의 規定
其他 法令에 違反함이 없는 때에는 이를 受理하여야 한다.

Ⅰ. 가족관계등록 공무원의 심사권

본조는 가족관계등록 공무원이 혼인신고를 심사하여 법령 위반이 없으면 이를
수리하도록 규정하고 있다. 그 심사의 대상은 우선 혼인의 실질적 요건에 관한 §807
부터 §810까지와, 혼인신고의 방식에 관한 §812 ②이다. 이외에 家登 §71에 의한 혼
인신고의 기재사항이 갖추어졌는지를 심사하여야 함은 물론이다.

가족관계등록 공무원의 심사권은 형식적 심사권이고, 실질적 심사권은 아니다.
따라서 신고인이 제출하는 법정의 첨부서류만에 의하여 법정의 요건을 구비하고 있
는지, 절차에 부합하는지의 여부를 형식적으로만 심사하는 것이고, 그 신고사항의 실
체적 진실과의 부합여부를 탐지하여 심사하여야 하는 것은 아니다.[1] 그러나 형식적
심사권의 대상에는 그 혼인의 당사자가 생존하였는지 여부를 조사하는 것도 당연히
포함된다.[2]

Ⅱ. 혼인신고의 수리

가족관계등록 공무원은 신고를 심사한 결과 법령 위반이 없으면 이를 수리하여
야 한다. 혼인신고의 수리는 접수와는 구별된다. 접수는 가족관계공무원 등이 신고서
류를 수취하여 관리하는 사실행위를 말하고, 수리는 신고를 적법·유효한 것으로 인
정하여 그 처리를 인용하는 행정처분이다.[3]

혼인신고의 효력은 공무원이 수리하기만 하면 효력이 발생하고, 가족관계등록부

---

1) 대법원 1987. 9. 22. 선고 87다카1164 판결.
2) 대법원 1991. 8. 13. 자 91스6 결정.
3) 등록실무 (1), 305 참조.

에의 기재는 효력 발생 요건이 아니다.4) 따라서 어떤 사정으로 가족관계등록부에 혼인신고 사실이 기재되지 않았더라도 혼인은 유효하게 성립한다. 혼인신고가 수리되면 접수일에 소급하여 혼인이 성립한다.5) 사소한 혼인신고 절차 위반이 있더라도 혼인신고가 수리된 경우에는 당사자의 혼인신고 의사 및 동의가 있었음이 인정되면 혼인은 유효하게 성립한다(위 §812 Ⅱ. 2. 참조).

가족관계등록 공무원이 신고를 심사한 결과 법령위반이 있으면 수리를 거부하여야 한다. 부당하게 수리를 거부한 경우에는 법원에 불복의 신청을 할 수 있다(家登 §109).

---

4) 대법원 1988. 5. 31. 자 88스6 결정 참조.
5) 주석친족(1), 99(이민수).

第 814 條 (外國에서의 婚姻申告)

① 外國에 있는 本國民사이의 婚姻은 그 外國에 駐在하는 大使, 公使 또는 領事에게 申告할 수 있다.

② 제1항의 申告를 受理한 大使, 公使 또는 領事는 遲滯없이 그 申告書類를 本國의 등록기준지를 관할하는 가족관계등록관서에 送付하여야 한다.

Ⅰ. 외국에 거주하는 한국인의 혼인 방법

외국에 거주하는 한국인 두 사람이 혼인을 하는 방법은 몇 가지가 있다. 첫째, 본조에 의하여 그 외국에 주재하는 대사, 공사 또는 영사에게 신고하는 것이다. 둘째, 그 외국의 법의 방식에 따라 혼인을 하는 것이다. 셋째, 국내에 거주하는 사람과 마찬가지로 혼인신고서를 가족관계등록 공무원에게 우송하거나(가족관계등록예규 제30호), 국내에서 직접 혼인신고를 하는 것이다. 셋째의 방법은 따로 설명할 필요가 없고, 첫째 및 둘째의 방법만을 살펴본다.

그리고 한국인과 외국인간의 국제혼인에 대하여는 민법에서는 규정하지 않고, 국제사법이 규정하고 있다.

Ⅱ. 영사혼(領事婚)

본조 ①은 외국에 있는 한국인 사이의 혼인은 그 외국에 주재하는 대사, 공사 또는 영사에게 신고할 수 있다고 규정한다. 이러한 업무는 영사가 수행하므로 보통 이를 영사혼(consular marriage, Konsularehe)이라고 부른다.

그 신고의 방식이나 영사의 심사권 등은 국내에서의 신고 절차와 다를 것이 없다. 그리고 본조 ②은 신고를 수리한 영사 등은 지체없이 그 신고서류를 본국의 등록기준지를 관할하는 가족관계등록관서에 송부하여야 한다고 규정하고 있다.

그런데 실제로 본조의 존재 이유는 별로 없다. 家登 §34는 가족관계등록 일반에 관하여 대한민국재외공관의 장에게 신고할 수 있다고 규정하고, §36는 재외공관의 장이 서류를 수리하면 1개월 이내에 외교부장관을 경유하여 본인의 등록기준지 시·읍·면의 장에게 송부하여야 한다고 규정하고 있기 때문이다.

Ⅲ. 혼인을 한 곳의 법에 따른 혼인

國私 §63 ②은 혼인의 방식은 혼인을 한 곳의 법에 따를 수 있는 것으로 규정되어 있으므로, 외국에 있는 한국인들이 그 나라의 법이 정하는 방식에 따른 혼인절차를 마친 경우에는 혼인이 유효하게 성립하고, 별도로 우리 나라의 법에 따른 혼인신고를 하지 않더라도 혼인의 성립에 영향이 없다.[1] 따라서 우리나라 사람들이 혼인 거행지인 일본국의 호적법에 따른 혼인신고를 마친 후 그 중 한 사람이 국내에서 다른 사람과 혼인신고를 하였다면, 국내에서 한 혼인은 중혼이 되어 취소사유가 있게 된다.[2]

그리고 외국에서 그 나라 방식에 따라 혼인을 하였으나, 다시 우리나라 방식에 따라 혼인신고를 한 경우에는 혼인의 효력발생일은 외국에서 혼인한 날짜가 되므로, 가족관계등록부상의 혼인일자는 외국에서 혼인한 날짜로 기재되어야 한다(호적선례 제1-167호).

---

[1] 대법원 1994. 6. 28. 선고 94므413 판결. 이 판결은 그러한 당사자가 당시의 호적법에 따라 혼인신고를 하더라도, 이는 창설적 신고가 아니라 이미 유효하게 성립한 혼인에 관한 보고적 신고에 불과하다고 하였다. 또한 대법원 1983. 12. 13. 선고 83도41 판결; 대법원 1991. 12. 10. 선고 91므535 판결 참조.
[2] 대법원 1991. 12. 10. 선고 91므535 판결.

第 3 節 婚姻의 無效와 取消

[前註]

▌참고문헌: 김상용(2011), "형부와 처제간의 사실혼은 법률상 보호받을 수 있는가?", 新聞 3967; 윤진수 (2009), "혼인 성립에 관한 독일민법의 개정에 관한 고찰", 민법논고[Ⅳ]; 현소혜(2012), 「근친혼적 사실혼」 관계의 보호", 民判硏 34.
　Coester－Waltjen and Coester(1997), International Encyclopedia of Comparative Law Ⅳ Ch.3

　　혼인의 요건을 제대로 갖추지 못한 때에는 그 사유에 따라 혼인이 무효로 될 수도 있고, 일단은 유효한 혼인이 성립하지만 취소됨으로써 그 효력을 상실할 수도 있다.

　　혼인이 무효라면 그 혼인은 처음부터 효력이 발생하지 않고, 혼인이 무효라는 재판에 의하여 비로소 무효가 되는 것은 아니며, 혼인 무효의 판결은 무효임을 확인하는 것에 불과하다. 반면 혼인의 취소는 그에 의하여 유효하게 성립한 혼인의 효력을 소멸시키는 것이다. 특히 혼인의 취소는 소급효가 없다는 점(§824)에서 일반적인 법률행위의 취소와는 다르다.

　　개념상으로는 혼인의 무효와 취소 외에 혼인의 불성립 또는 비혼인(Nichtehe)을 생각할 수 있다. 혼인의 무효나 취소는 일단 혼인이 성립한 것임을 전제로 하는 반면, 비혼인은 혼인신고와 같은 혼인의 형식적 요건을 갖추지 못하였음에도 혼인한 것과 같은 외관만을 가지고 있는 경우이다. 예컨대 원래 혼인하지 않았음에도 불구하고 가호적을 취적함에 있어 원래의 호적에 혼인신고가 되었던 것으로 신고한 경우에, 판례는 이를 무효라고 보고 있다. 이러한 경우는 혼인신고 자체가 없었던 것이므로 엄밀히 말하면 비혼인 내지 부존재하는 혼인이라고 말할 수 있을 것이나, 이러한 경우에 그 혼인의 효력을 다투기 위하여는 결국 혼인의 무효를 주장하는 방법밖에는 없으므로,[1] 비혼인과 무효인 혼인을 엄격히 구별할 실익은 없다.[2] 다른 한편 혼인신고는 있

---

[1] 대법원 1969. 2. 18. 선고 68므19 판결; 대법원 1970. 7. 28. 선고 70므9 판결 등.
[2] 일본 민법 §742는 당사자가 혼인신고를 하지 않은 때를 혼인무효사유로 규정하고 있다.

었지만, 당사자의 일방적인 신고로서 혼인신고에 관하여 의사의 합치가 없었던 경우에는 혼인이 성립하지 않은 것은 아니고, 일단 성립하였지만 무효라고 보아야 할 것이다.3)

혼인의 무효와 취소를 구별하는 것은 일본, 대만, 중국, 영국 등 다른 나라에서도 찾아볼 수 있다. 종전의 독일 민법은 혼인의 무효(Nichtigkeit der Ehe)와, 혼인의 취소 (Aufhebung der Ehe)를 구별하고 있었으나,4) 1998년 민법 개정에 의하여 소급효 없는 혼인의 취소만을 인정하게 되었다.5)

혼인의 무효사유와 취소사유는 일단 하자의 중대성 여부에 따라 구별된다고 말할 수 있다. 원래 혼인은 일종의 계속적 계약이므로, 일단 혼인이 성립한 다음에 이를 무효로 보아 처음부터 효력이 없다고 하는 것은 여러 가지 문제를 가져오게 된다. 따라서 하자가 있다고 하더라도 이는 소급효가 없는 취소사유로 보는 것이 원칙일 것이다. 그렇지만 하자가 중대한 경우에는 처음부터 효력이 없는 것으로 할 필요가 있다. 그러나 실제로 어떻게 양자를 구별할 것인가는 입법정책의 문제이다.

그런데 헌법재판소 2022. 10. 27. 선고 2018헌바115 결정은, §815 ii가 8촌 이내의 혈족 사이의 혼인을 일률적·획일적으로 혼인무효사유로 규정한 것은 위헌이라고 하여 헌법불합치결정을 선고하면서, 위 법률조항은 2024. 12. 31.을 시한으로 개정될 때까지 계속 적용된다고 하였다.

2005년 개정 전의 §815는 당사자간에 직계혈족, 8촌 이내의 방계혈족 및 그 배우자인 친족관계가 있거나 또는 있었던 때와 당사자간에 직계인척, 부의 8촌 이내의 혈족인 인척관계가 있거나 또는 있었던 때를 혼인 무효사유로 규정하고 있었다.6) 그런데 2005년 개정된 §815는 직계인척과의 혼인만을 무효사유로 하고, 방계인척과의 혼인은 무효사유에서 제외하여 취소사유가 되었다. 대법원 2010. 11. 25. 선고 2010두14091 판결은, 2005년 민법개정 전에 성립한 형부와 처제와의 사실혼 관계에 대하여, 민법이 정하는 혼인법질서에 본질적으로 반하는 사실혼 관계에 있는 사람은 공무원연금법상의 유족연금 수급권자인 배우자에 해당한다고 할 수 없고, 혼인할 경우 그 혼인이 무효로 되는 근친자 사이의 사실혼 관계라면 원칙적으로 혼인법질서에 본질

---

3) 제2절 前註 참조.
4) 양자는 모두 법원의 판결을 필요로 하지만, 전자의 경우에는 판결에 소급효가 인정된다는 점에서 소급효가 없는 후자와 구별되었다.
5) 윤진수(2009), 208 이하.
6) 김상용(2011), 13은 1990년 개정 당시 이 규정을 개정하지 않은 것은 입법처리과정에서 생긴 오류라고 한다.

적으로 반하는 사실혼 관계라고 추단할 수 있지만, 2005년 민법 시행 이후에는 1990
년 민법이 시행되던 당시의 형부와 처제 사이의 사실혼 관계에 대하여 이를 무효사유
있는 사실혼 관계라고 주장할 수 없다고 하였다.7)

---

7) 현소혜(2012), "「근친혼적 사실혼」 관계의 보호", 民判硏 34, 600 이하는 혼인무효와 취소사유를 구분
하여 혼인무효사유에 해당하는 근친혼적 사실혼은 전혀 보호받을 수 없다는 것은 부당하다고 한다.

第 815 條 (婚姻의 無效)

婚姻은 다음 각 호의 어느 하나의 境遇에는 無效로 한다.

1. 當事者間에 婚姻의 合意가 없는 때
2. 혼인이 제809조제1항의 규정을 위반한 때
3. 당사자간에 직계인척관계(直系姻戚關係)가 있거나 있었던 때
4. 당사자간에 양부모계의 직계혈족관계가 있었던 때

▌참고문헌: 곽윤직·김재형(2012), 민법총칙; 권민재(2024), "혼인관계가 이혼으로 해소된 이후에도 과거 일정기간 존재하였던 혼인관계의 무효 확인을 구할 확인의 이익이 있는지 여부", 사법 69호; 권순한(1999), "혼인의사와 혼인신고", 가족법연구 13; 권오상(2024), "이혼 후 혼인무효 확인의 소에서의 확인의 이익", 연세법학 45호; 김계순(2007), "혼인의사와 혼인무효에 대한 재고", 중앙법학 9-4; 김성숙(2004), "혼인의 무효, 취소규정의 정비를 위한 검토", 가족법연구 18-2; 김세준(2023), "혼인의사의 합치에 대한 재평가", 가족법연구 37-1; 김영신(2011), "혼인의사'의 의미에 관한 고찰", 외법논집 36-4; 김유미(1991), "가장혼인의 효력", 사법행정 32-1; 김증한·김학동(2013), 민법총칙; 김현선(2012), "사실혼배우자 한쪽이 일방적으로 한 혼인신고의 효력", 한양법학 23-3; 김현선(2013), "사실혼 관계에서 혼인신고시 상대방이 의사무능력 상태에 있는 경우 그 혼인의 효력", 가족법연구 27-2; 류일현(2018), "'졸혼(卒婚)'과 혼인제도", 가족법연구 32-2; 박동진(2005), "신의칙과 권리남용금지원칙의 가족법관계에의 적용", 가족법연구 19-1; 박동섭(1997), "가사소송의 몇가지 문제점", 인권과 정의 246; 박동섭(2002), "권리남용금지의 원칙 – 가족법판례를 중심으로 –", 변호사 32; 박수영(2024), "이혼 후 청구된 혼인무효 확인의 소", 가족법연구 38-2; 박영규(2007), "가족법상의 법률행위의 특수성 문제", 민사법학 38; 박영목(2010), "혼인계약에서의 효과의사", 민사법학 51; 박희호(2011), "혼인의 성립요건에 대한 소고", 가족법연구 25-1; 양창수·김재형(2024), 계약법; 윤진수(2009), "혼인 성립에 관한 독일 민법의 개정에 관한 고찰", 민법논고[Ⅳ]; 윤진수(2015), "사실혼배우자 일방이 사망한 경우의 재산문제", 민법논고[Ⅶ]; 이영준(2007), 민법총칙; 이진기(2010), "사실혼제도에 대한 비판적 접근", 가족법연구 24-3; 이화숙(2007), "가족법상 법률행위에 있어서 의사와 신고", 민사법학 36; 조미경(1996), "혼인의사와 신고" 가족법연구 10; 조은희(2011), "가장혼인의 법률문제에 대한 고찰", 한양법학 22-2; 한숙희(2010), "국제혼인의 파탄사유에 관한 실증적 고찰", 가족법연구 24-1; 현소혜(2010), "혼인의 무효와 가족관계등록부의 정정", 사법 14.
內田 貴(2004), 民法 Ⅳ, 補訂版; 中川善之助(1942), 日本親族法.

I. 혼인 무효의 의의

혼인의 무효사유가 있으면 그 혼인은 처음부터 무효로서 아무런 효력을 발생하지 않는다. 반드시 소에 의하여 무효를 주장하거나, 무효판결을 받아야만 무효가 되는 것은 아니며, 소 외의 다른 방법에 의하여 무효를 주장하더라도 상관없고, 또 무효를 주장할 수 있는 자가 제한되지도 않는다.[1] 판례는 혼인 무효에 관하여, 원래 무효인 행위는 그 효과가 발생하지 않는 것으로 확정되어 있는 것이라고 하고,[2] 무효인 위장결혼을 하고 그 혼인신고를 하면 공정증서원본불실기재죄가 된다고 하며,[3] 혼인 의사의 합치가 결여되어 혼인이 무효임이 확정된 형사판결에 의하여 명백하면, 혼인 무효판결을 받지 않더라도 家登 §105에 따라 가정법원의 허가를 받아 가족관계등록부를 정정할 수 있다고 한다.[4]

민법은 따로 혼인 무효를 주장하는 방법에 관하여 규정하고 있지 않으나, 가사소송법은 혼인 무효의 소를 가류 가사소송사건으로 규정하고 있는데(家訴 §2 ① i가. 1)), 이 소의 성질은 확인의 소이다. 그런데 혼인은 무효라는 판결이 있어야 비로소 무효가 되고, 그 전에는 누구도 무효를 주장할 수 없으며, 혼인 무효의 소는 형성소송이라고 주장하는 견해도 있다.[5] 그러나 민법이 혼인 취소는 법원에 소송을 제기하는 방법으로 주장하도록 규정하고 있는 점에 비추어 보면(§816), 혼인 무효를 주장하는 방법에 관하여 민법이 따로 규정을 두지 않고 있는 것은 무효인 혼인은 처음부터 무효이고, 판결에 의하여 비로소 무효가 되는 것은 아니라는 생각에 터잡은 것으로 봄이 타당하다.[6] 가사소송법의 혼인 무효의 소에 관한 규정은 혼인 무효의 소를 가사사건으로 하려는 데 의미가 있을 뿐이고, 이것에 의하여 혼인 무효의 소를 형성의 소로 하려는 의도가 있었다고는 볼 수 없다.

혼인 무효의 소는 가사조정의 대상은 되지 않는다(家訴 §50 참조).

---

1) 김용한, 124; 김주수·김상용, 117; 배경숙·최금숙, 83 이하; 한봉희·백승흠, 99.
2) 대법원 1983. 9. 27. 선고 83므22 판결.
3) 대법원 1985. 9. 10. 선고 85도1481 판결; 대법원 1996. 11. 22. 선고 96도2049 판결.
4) 대법원 2009. 10. 8. 자 2009스64 결정.
5) 박정기·김연, 103; 송덕수, 46; 이경희·윤부찬, 73; 김계순(2007), 58 등. 김성숙(2004), 27은 입법론으로 민법에 혼인무효는 당사자, 이해관계인, 검사가 혼인 후 1년 이내 이를 청구할 수 있다는 규정을 두자고 제안한다.
6) 김주수·김상용, 117−118; 윤진수, 58; 주석친족 (1), 120(박상인) 등. 권재문, 32도 같은 취지이다.

Ⅱ. 當事者間에 婚姻의 合意가 없는 때

당사자 사이에 혼인의 의사가 있어야 하는 것은 혼인의 가장 중요한 실질적 요건이지만, 민법은 이를 적극적으로 혼인의 요건으로 규정하지 않고, 본조 i에서 소극적으로 혼인의 합의가 없는 때를 혼인의 무효사유로 규정하고 있다. 그런데 혼인의 의사를 어떻게 파악할 것인가는 학설이나 판례상 다툼이 많다. 효과의사를 어떻게 파악할 것인가에 따라 가장혼인을 유효하다고 인정할 것인가, 사실혼 관계에 있는 일방 당사자가 단독으로 혼인신고를 하면 유효하다고 볼 것인가 등에 관하여 결론이 달라지게 된다.

1. 학설

가. 실질적 의사설

혼인의 의사란 부부로서 정신적·육체적으로 결합하여 생활공동체를 형성할 의사라고 한다. 따라서 신고는 하더라도 당사자 사이에 부부공동생활을 할 의사가 전혀 없는 경우에는 혼인은 허위표시로서 무효라고 한다.[7] 이 설에서는 대체로 혼인의 의사에는 혼인신고 의사가 포함되어 있다고 본다.[8] 따라서 이 설에 따를 때에는 사실혼 관계에 있을 때에는 혼인신고의사를 포함하는 혼인의사가 있는 것이고, 사실혼 관계에 있는 당사자 일방이 일방적으로 혼인신고를 하는 경우에도 혼인은 유효하게 성립하게 된다.

나. 형식적 의사설

혼인신고를 함으로써 가족관계등록부상 혼인으로 기재되게 하려는 의사가 있으면 혼인의 의사가 있는 것으로 보는 설이다. 이 설에 따르면 이른바 가장혼인이라고 하더라도 유효한 것으로 보게 된다.[9] 하급심 판결 가운데에는 형식적 의사설을 따른 것이 있다.[10]

---

7) 김주수·김상용, 87 이하; 송덕수, 40-41; 박정기·김연, 87; 배경숙·최금숙, 53; 한봉희·백승흠, 81; 이화숙(2007), 627 이하; 주석친족(1), 105(박상인).

8) 김주수·김상용, 10판(2011), 86 주 26); 이화숙(2007), 628-629 등. 김용한, 108은 현행 신고혼제도 아래서 혼인의사는 혼인의사와 신고의사가 합체된 것으로 이해하여야 하고, 따라서 효과의사 속에 신고의사가 당연히 내포되어 있다고 하면서, 이를 절충설이라고 하는데, 실질적 의사설과 차이가 없다고 보인다.

9) 조은희(2011), 380, 389은 혼인의 성립요건으로서 필요한 의사표시의 합의는 외형적인 의사표시의 일치로서 충분하므로 가장혼인의 경우 혼인신고의사의 합치가 있는 이상 이 혼인은 유효하지만, 입법론적으로는 이를 혼인 취소사유로 규정하여야 한다고 주장한다.

10) 서울지법 1996. 7. 12. 선고 96노3403 판결은, 혼인에 관한 엄격한 형식주의를 취하는 우리 나라의 법제하에서는, 혼인 당사자 사이에 어떤 다른 목적을 가지고 혼인하였다고 하더라도 그와 같은 혼인신고 자체에 대한 의사의 합치가 있었다면, 적어도 혼인 당사자 사이에 일시적이나마 법률상 부부관계를 맺

다. 형식적 의사 및 실질적 의사설

이 학설은, 혼인의사는 신고의사와 효과의사가 합체된 것으로 이해해야 하고, 신고의사 속에 효과의사가 포함되어 있는 것으로 해석함이 원칙이며, 예외적으로 사실혼과 같은 경우에는 효과의사 가운데 신고의사가 포함되어 있는 것으로 보아야 한다고 주장한다.11)

그리고 혼인을 성립시키기 위한 의사표시의 합의는 형식적 의사표시의 일치로 충분하지만, 혼인의 효력요건에서는 혼인의 실질적인 합의가 있어야 한다는 주장도 있다.12)

라. 구체적 가치판단설

혼인관념의 변화와 가치의 다양화에 대응하기 위해서는 그 사회습속적 유형과 법정책적 가치판단을 종합적으로 고려하여 혼인의사를 판단하는 것이 타당하다고 한다. 이 설을 주장하는 논자는 가장혼인의 유효 여부는 구체적 사안에 따라 혼인의 사회습속적 유형과 법정책적 가치판단을 종합적으로 고려하여 판단하여야 한다고 본다.13)

마. 법적 의사설

법적 의사설도 논자에 따라 내용에 차이가 있다. 1설은, 혼인의 효과로 법정되어 있는 법률효과의 발생에 향하여진 효과의사의 합치가 있고, 또한 신고의사에 기한 신고가 행하여진 때에 혼인이 성립하고 효력이 발생한다고 본다.14) 이 설에서는 혼인신고를 혼인의사와는 별도의 독립된 혼인의 요건이라고 보면서, 혼인의사와는 별도로 혼인신고의사가 있어야 한다고 한다. 그리하여 가장혼인은 무효라고 한다.

반면 법률상 유효한 혼인을 성립시키려는 의사로서의 혼인의사는 당연히 신고의사도 포함한다고 하는 견해도 있다. 그런데 이와 같이 보는 학자 중에도 구체적인 결론이 항상 같은 것은 아니다. 한 논자는 사실혼의 요건으로 당사자에게 혼인의사가 있다는 것은 신고의사도 있는 것이 되어, 타방 당사자의 일방적인 혼인신고로도 유효한 법률혼이 성립할 수 있다고 한다. 그리고 혼인의 효과인 동거의무와 협력의무, 정조의무 등을 배제하려는 합의가 있더라도 상대방에 대한 법률상의 배우자의 지위를 취득하겠다는 효과의사는 그대로 인정된다고 하면서, 가장혼인의 문제는 혼인의사

고자 하는 의사의 합치가 있었다고 보아야 하므로, 그 혼인신고 그 자체는 유효하다고 하였다. 그러나 이 판결은 대법원 1996. 11. 22. 선고 96도2049 판결에 의하여 파기되었다.

11) 김유미(1991), 93-94.
12) 김계순(2007), 50 이하; 송덕수, 33, 40.
13) 이경희·윤부찬, 50.
14) 조미경(1996), 65 이하.

혹은 그 내용의 문제가 아니라 법률행위의 효력에 영향을 주는 불법의 동기에 관한 문제로서, 당사자의 불법적 동기에 근거한 신분행위이거나 가장신분행위로 인하여 불법적인 결과가 발생하는 경우에만 선별적으로 무효를 선언하여야 한다고 본다.[15]

다른 한편 혼인의사에는 당연히 신고의사도 포함된다고 보면서, 혼인의 전형적 요소 내지 결과가 전부 결여된 경우까지 혼인이라고 할 수는 없지만, 가장혼인이 혼인의 합의가 없는 것으로 되려면 혼인의 전형적 요소 가운데 적어도 "상당한 부분"이 결여되어 있거나, 불법이나 반사회적 동기가 있는 경우에 한한다는 설도 있다. 이 설에서는 사실적 결합관계의 혼인의사는 혼인신고와 결합된 혼인의사와 분리되어야 하고, 사실혼에서 요구되는 의사는 혼인의사라기보다는, 남녀의 결합관계를 계속하여 장래에도 유지하려는 자연적 의사로 보아야 한다고 주장한다.[16]

그리고 혼인의 '기본적 부분'에 관한 사항에 대해서만 효과의사가 있어도 혼인의사가 있어 유효한 혼인이라고 인정할 수 있고, 기본적 부분은 §826가 규정하는 동거 · 부양 · 협조의무라는 설도 있다.[17]

바. 승인의사설

이 설에서는 혼인의사를 혼인의 법률효과와 결부시켜서 혼인에 따른 여러 가지 권리의무 가운데 당사자가 승인하고 수용하고자 하는 권리의무가 점점 많아지다가 일정한 기준에 도달하면 혼인의 의사가 있는 것으로 평가받게 되고, 이때에 비로소 혼인의 일반적 효과가 당사자에게 전면적으로 발생한다고 하면서, 혼인의사는 혼인의 효과의사와 혼인신고의사를 모두 포함하고 있고, 이 둘은 가치의 면에서 우열을 가릴 수 있는 것이 아니라, 단순히 분량적인 일부를 구성한다고 본다. 그리고 혼인의 효과만을 편취하려는 혼인은 무효이고, 혼인식을 거행하고 혼인공동생활 도중 일방이 혼인신고를 한 경우 이는 일반적으로 혼인의 효과를 수용하겠다는 의사가 있는 상태에서 한 것이므로 유효라고 보아야 한다고 주장한다.[18]

사. 효과의사설

최근에 주장된 견해는, 혼인의사는 유효한 법률혼을 하고자 하는 의사로서, 실질적 의사설과 결론에서 달라지지 않지만, 신고의사는 포함되지 않는다고 한다. 이 견해에 따르면 효과의사가 있고, 혼인신고가 있었으나 신고에 수반되는 합의는 없었던

---

15) 박희호(2011), 20 이하.
16) 김영신(2011), 359 이하. 다만 신고의사 내지 법적 혼인의사는 명시적으로 혼인신고를 유보하는 의사가 없는 한 혼인공동생활의 객관적 실체로부터 추단할 수 있으므로, 사실혼 배우자 일방이 한 혼인신고는 유효하다고 한다.
17) 류일현(2018), 180 - 183.
18) 권순한(1999), 90 이하.

경우에도 혼인은 유효하다고 한다.[19]

2. 판례

이제까지 판례상 주로 문제되었던 것은 주로 가장혼인의 효력과, 일방이 일방적으로 한 혼인신고의 유효 여부였다.

가. 가장혼인

판례는 가장혼인은 실질적 의사가 없는 경우로 보아 무효라고 한다. 즉 혼인무효사유인 '당사자간에 혼인의 합의가 없는 때'는 당사자간에 사회관념상 부부라고 인정되는 정신적, 육체적 결합을 생기게 할 의사를 갖고 있지 않은 경우를 가리키므로, 당사자 사이에 비록 혼인의 계출 자체에 관하여 의사의 합치가 있어 일응 법률상의 부부라는 신분관계를 설정할 의사는 있었다고 인정되는 경우라도 그것이 단지 다른 목적을 달성하기 위한 방편에 불과한 것으로서 그들 간에 참다운 부부관계의 설정을 바라는 효과의사가 없을 때에는 그 혼인은 민법 §815 i의 규정에 따라 그 효력이 없다고 해석하여야 한다는 것이다.[20]

또 대법원 2015. 12. 10. 선고 2014도11533 판결은, 사기죄를 범하는 자가 금원을 편취하기 위한 수단으로 피해자와 혼인신고를 한 것이라면 그 혼인은 참다운 부부관계의 설정을 바라는 효과의사가 없어서 무효이고, 피해자에 대한 사기죄에서는 친족상도례를 적용할 수 없다고 하였다.

그런데 대법원 1975. 11. 25. 선고 75므26 판결[21]은 이와 다른 취지로 보인다. 여기서는 청구인이 법률상 처와 이혼신고를 하고 피청구인과 혼인신고를 하였는데, 그때 피청구인과의 사이에서 출생한 두 아들에 대한 출생신고가 끝나면 다시 이혼하기로 하여 이혼신고서를 작성하였으나, 피청구인이 담당호적공무원에게 위 이혼신고를 철회한다는 서신을 보내서 이혼신고는 접수되지 않았던 사안에서, 청구인과 피청구인간의 혼인신고가 적법한 절차를 밟아서 이루어졌으므로 적법유효하다고 보았다.

그리고 대법원 2010. 6. 10. 선고 2010므574 판결은, 당사자 일방에게만 그와 같은 참다운 부부관계의 설정을 바라는 효과의사가 있고 상대방에게는 그러한 의사가

---

19) 김세준(2023), 9 이하.
20) 대법원 1985. 9. 10. 선고 85도1481 판결: 외국 이주를 목적으로 형식상 혼인하기로 한 경우. 같은 취지, 대법원 1980. 1. 29. 선고 79므62,63 판결: 피청구인으로 하여금 국민학교의 교사직으로부터 면직당하지 않게 혼인신고가 이루어진 경우; 대법원 1996. 11. 22. 선고 96도2049 판결: 외국인의 국내 취업을 위한 입국을 가능하게 할 목적으로 형식상 혼인하기로 한 경우. 대법원 1975. 5. 27. 선고 74므23 판결은, 청구인과 피청구인 사이에 출생한 자가 혼인외 자로 알려질 것을 염려하여 오로지 호적상 청구인과 피청구인이 부부가 되는 것만을 가장하기 위한 방법으로 혼인신고를 한 경우 무효라고 하였다.
21) 김주수, 주석 판례가족법(1978), 48.

결여되었다면 비록 당사자 사이에 혼인신고 자체에 관하여 의사의 합치가 있어 일응 법률상의 부부라는 신분관계를 설정할 의사는 있었다고 하더라도 그 혼인은 당사자 간에 혼인의 합의가 없는 것이어서 무효라고 보아야 한다고 보았다.

참고로 판례는 가장이혼의 경우에는 원칙적으로 이를 유효라고 보고 있다. 즉 이혼의 효력발생 여부에 관한 형식주의 아래에서의 이혼신고의 법률상 중대성에 비추어 보면 당사자 간에 일시적이나마 법률상의 부부관계를 해소할 의사가 있었다면 그 이혼신고는 유효하고,[22] 협의상 이혼이 가장이혼으로서 무효로 인정되려면 누구나 납득할 만한 특별한 사정이 인정되어야 하고, 그렇지 않으면 이혼당사자 간에 일시적으로나마 법률상 적법한 이혼을 할 의사가 있었다고 보는 것이 이혼신고의 법률상 및 사실상의 중대성에 비추어 상당하다고 한다.[23]

나. 일방적인 혼인신고

종전의 판례는 일방적인 혼인신고는 무효이지만,[24] 사실혼 관계에 있는 당사자들이그 혼인에 만족하고 그대로 부부생활을 계속한 경우에는 무효인 혼인을 추인한 것으로 보아 유효하게 되는 것으로 보았다.[25]

그런데 그 후의 판례는 사실혼 관계에 있는 당사자들에 대하여는 혼인의 의사가 있음을 추정하고 있다. 즉 혼인의 합의란 법률상 유효한 혼인을 성립하게 하는 합의를 말하므로, 비록 사실혼 관계에 있는 당사자 일방이 혼인신고를 한 경우에도 상대방에게 혼인의사가 결여되었다고 인정되는 한 그 혼인은 무효이지만, 상대방의 혼인의사가 불분명한 경우에는 혼인의 관행과 신의성실의 원칙에 따라 사실혼 관계를 형성시킨 상대방의 행위에 기초하여 그 혼인의사의 존재를 추정할 수 있으므로, 혼인의사를 명백히 철회하였다거나 당사자 사이에 사실혼 관계를 해소하기로 합의하였다는 등의 사정이 인정되지 아니하는 경우에는 그 혼인을 무효라고 할 수 없다는 것이다.[26][27]

다른 한편 대법원 1996. 6. 28. 선고 94므1089 판결은, 혼인의 합의는 혼인신고를

---

22) 대법원 1981. 7. 28. 선고 80므77 판결; 대법원 1993. 6. 11. 선고 93므171 판결.

23) 대법원 1997. 1. 24. 선고 95도448 판결 등. 같은 취지, 대법원 1975. 8. 19. 선고 75도1712 판결.

24) 대법원 1983. 9. 27. 선고 83므22 판결 등.

25) 대법원 1965. 12. 28. 선고 65므61 판결은, 협의이혼한 후 배우자 일방이 일방적으로 혼인신고를 하였더라도 그 사실을 알고 혼인생활을 계속한 경우, 상대방에게 혼인할 의사가 있었거나 무효인 혼인을 추인하였다고 인정하였다.

26) 대법원 1995. 11. 21. 선고 95므731 판결. 그 밖에 사실혼 배우자 일방이 한 혼인신고가 유효하다고 한 것으로는 대법원 1980. 4. 22. 선고 79므77 판결; 대법원 1984. 10. 10. 선고 84므71 판결이 있다.

27) 김현선(2012), 218 주 2)는 혼인의사의 추정과 무효인 혼인의 추인은 결과적으로 같다고 하나, 수긍하기 어렵다.

할 당시에도 존재하여야 한다고 하면서, 혼례식을 거행하고 사실혼 관계에 있었으나 일방이 뇌졸증으로 혼수상태에 빠져 있는 사이에 혼인신고가 이루어졌다면 특별한 사정이 없는 한 위 신고에 의한 혼인은 무효라고 보았다. 그러나 대법원 2012. 11. 29. 선고 2012므2451 판결은 혼인의사 존재의 추정에 관한 종래의 판례를 인용하면서, 사실혼 관계인 피고들 사이에 혼인신고가 이루어질 때에 피고 중 한 사람이 의사무능력 상태에 있었다 하더라도 그 이전에 그 피고에게 혼인의사가 결여되어 있었다거나 혼인의사를 철회하였다는 등의 사정이 인정되지 아니하므로, 그 피고의 혼인의사의 존재는 추정되고, 따라서 다른 피고의 혼인신고에 따른 피고들 사이의 혼인은 유효하다고 보았다.[28]

3. 소결

가. 혼인의 법적 의사

혼인도 법률행위인 계약이므로, 그 유효요건인 혼인의 의사는 곧 혼인의 효과의 사이고, 그 효과의사를 파악함에 있어서는 다른 법률행위의 효과의사와 달리 볼 이유가 없다. 그런데 일반적인 법률행위의 경우에는 효과의사는 단순한 사실적인 의사가 아니라 일정한 법률효과의 발생을 원하는 의사, 즉 법적인 의사로 보아야 하므로,[29] 혼인의 의사도 법적인 의사로 보아야 한다. 일반적인 법률행위에 관하여는 법적 효과가 아니라 특정한 경제적 또는 사실적 효과를 지향하려는 의사라고 보는 견해가 있기는 하지만, 혼인의 경우에는 혼인신고가 있어야만 혼인이 성립하므로, 혼인의 의사에는 혼인을 성립시키려는 법적 의사, 즉 혼인신고의사가 당연히 포함된다. 그러므로 혼인의사는 혼인을 성립시키려는 혼인신고의사와, 혼인의 효과를 발생시키겠다는 혼인효과의사로 나누어 볼 수 있다. 혼인신고의사는 종래 학설상의 형식적 의사에 대응하고, 혼인효과의사는 실질적 의사에 대응한다고 말할 수도 있으나, 혼인신고를 하지 않은 채로 혼인의 효과를 발생시킬 수는 없으므로, 혼인신고의사와 혼인효과의사를 별개로 분리하여 생각할 수는 없다. 반대로 양자를 구분할 필요 없이 단일한 혼인의사로 파악할 수도 있으나, 가장혼인과 같이 혼인신고의사는 있지만 혼인의 효과를 발생시키려는 의사는 없는 경우도 있으므로, 양자를 구별하여 설명하는 것이 편리하다.[30]

종래 실질적 의사설이 강력하게 주장되었던 배경에는, 사실혼 관계에 있는 당사

---

28) 김현선(2013), 413 이하는 이 판결을 지지한다.
29) 김증한·김학동(2013), 307; 이영준(2007), 126; 곽윤직·김재형(2012), 250 등.
30) 윤진수, 50−51.

자들이 혼인신고를 하여야 혼인이 성립한다는 것을 잘 모르고 있거나, 또는 혼인신고를 하려고 하여도 하기 어려워서 혼인신고를 하지 못하고 있다고 보아서, 이러한 당사자를 보호하기 위하여는 사실혼 관계에 있으면 당연히 혼인신고의사를 포함한 혼인의사는 있는 것으로 취급하여야 한다는 생각이 바탕에 깔려 있었다고 생각된다. 그러나 현재 혼인신고를 하여야 혼인이 성립한다는 것을 모르는 사람이 얼마나 있을지 의문이고, 또 혼인신고를 하려고 하여도 하기 어려운 경우란 생각하기 어렵다는 점에서, 종래의 실질적 의사설의 전제는 더 이상 유지될 수 없게 되었다.[31]

나. 혼인신고의사

혼인이 성립하기 위하여는 혼인신고가 있어야 하므로, 혼인의사에는 혼인신고에 의하여 혼인을 성립시키려는 혼인신고의사가 당연히 포함된다. 민법은 혼인이 성립하기 위하여는 혼인신고를 하도록 요구하고 있으므로, 법률적인 혼인관계를 창설하려고 하는 당사자가 혼인신고를 하지 않겠다고 하는 것은 혼인의 의사가 없다고 보지 않을 수 없다.[32] 판례가 혼인의 합의란 법률상 유효한 혼인을 성립하게 하는 합의를 말한다고 하는 것도 이러한 의미로 이해된다.

그리고 여기서 말하는 혼인신고의사는 당사자 쌍방의 합치된 의사를 말한다. 따라서 당사자 일방에게만 혼인신고의사가 있었다면 그러한 일방만의 의사에 의하여 이루어진 혼인신고는 무효이고, 따라서 혼인도 무효이다. 다만 혼인신고 자체는 일방에 의하여만 이루어졌지만, 그러한 혼인신고에 상대방도 사전에 동의를 하였다면 쌍방에게 모두 혼인신고 의사가 있는 것으로서, 혼인은 유효하게 성립한다. 물론 이러한 혼인신고에 대한 동의는 묵시적으로 이루어져도 무방하다.

그런데 판례는 사실혼 당사자 일방만에 의하여 혼인신고가 이루어진 경우에는 혼인의사의 존재를 추정할 수 있다고 하지만, 사실혼 관계에 있다는 것만으로 혼인신고의 의사가 있는 것이라고는 할 수 없다. 종래의 학설은 사실혼의 성립요건으로서 혼인의 의사가 있을 것을 들고 있으나, 사실혼의 요건으로서 요구되는 합의는 법률혼의 합의와는 다른 것으로 보아야 하고, 사실혼 관계에 있다는 것만으로 당연히 혼인의 의사 내지 혼인신고의사가 있는 것으로 볼 수는 없다.[33] 사실혼 관계를 유지하면

---

31) 근래에는 사실혼을 반드시 혼인에 유사한 준혼관계로 파악할 필요는 없고, 혼인을 의도적으로 거부하는 자발적 사실혼(선택적 사실혼) 등 여러 가지 유형으로 나누어 살펴 보아야 한다는 견해가 유력하여지고 있다. 아래 後註(사실혼) I. 2. 나. 참조.

32) 박희호(2011), 20. 반대: 김세준(2023), 14 이하.

33) 서울가정법원 1996. 12. 11. 선고 96드61197 판결은, 원고와 피고는 서로 동거하던 사이로서 혼인신고를 하기로 약속한 바는 없는데 피고가 원고의 의사에 반하여 일방적으로 혼인신고를 하였고, 원고는 이를 알고 즉시 피고에게 항의하고 혼인무효의 소를 제기한 경우에 그 혼인은 무효라고 하였다.

서도 혼인신고는 하지 않겠다는 경우도 얼마든지 생각할 수 있기 때문이다.34) 오히려
사실혼의 일방 당사자가 장기간 사실혼 관계를 유지하고 있으면서도 혼인신고를 하
지 않고 있는 경우에는 혼인신고를 하지 않은 상당한 이유가 있다고 보아야 할 것이
다. 사실혼 당사자가 일방적으로 혼인신고를 하게 된 것은 다른 일방의 동의를 받지
못하였기 때문일 것이므로, 적어도 일방 당사자에게는 혼인신고를 하려는 의사가 없
는 것으로 추정하는 것이 경험칙에 부합할 것이다.35) 그러므로 사실혼 관계에 있는
당사자 일방이 한 혼인신고가 유효하다고 보기 위하여는, 다른 일방이 그 혼인신고에
동의하였음이 증명되어야 하고, 사실혼 관계에 있다는 것만으로 혼인의사의 존재를
추정하여, 혼인의사를 명백히 철회하였다거나 당사자 사이에 사실혼 관계를 해소하
기로 합의하였다는 등의 사정이 없는 한 혼인은 유효하다고 보아서는 안 된다. 혼인의
성립은 당사자의 합의된 의사에 기하여 이루어져야 하므로, 당사자가 사실혼 관계에
있다는 것만으로 혼인의사를 추정하는 것은 혼인은 강제될 수 없다는 원칙에도 어긋
난다.36)

　　물론 경우에 따라서는 사실혼 관계에서 상대방 당사자의 묵시적인 동의가 있었
다고 인정하는 것과, 사실혼 관계가 있으면 혼인의사가 있다고 추정하는 것은 동일한
결과가 될 수도 있다. 그러나 전자의 입장을 취한다면 혼인의 유효를 주장하는 사람
이 상대방의 동의가 있었다는 것을 주장, 증명하여야 하는 반면, 후자의 입장에 설 때
에는 혼인의 무효를 주장하는 사람이 혼인의사를 명백히 철회하였다거나 당사자 사
이에 사실혼 관계를 해소하기로 합의하였다는 것을 증명하여야 하므로 양자 사이에
는 이론적으로뿐만 아니라 실제적으로도 중요한 차이가 있다.

　　특히 일방적인 혼인신고 당시에 상대방이 의사무능력자였던 경우에는 사실혼 관
계에 있다는 것만으로 혼인신고의 의사가 있었다고 추정할 것은 아니고, 적극적으로
혼인신고에 상대방이 묵시적으로라도 동의하였다고 볼 만한 증거가 있어야 할 것이다.

　　그러나 당사자가 혼인신고서를 작성할 당시에는 의사능력이 있었는데, 혼인신고
서를 제출할 당시에는 의사능력이 없었던 경우에는, 당사자가 혼인신고서를 제출할
때까지 혼인의사를 철회하는 등의 특별한 사정이 없었던 한 그 혼인신고는 유효하다

---

34) 윤진수(2015), 165 이하. 이에 대하여는 아래 後註(사실혼)에서 좀더 상세하게 살펴본다.
35) 윤진수(2015), 165 주 11)은 외형적으로 부부처럼 보이는 공동생활이 존재하면 혼인신고를 하겠다는
　　형식적 의사의 존재는 추정될 수 있다고 하였으나, 견해를 바꾼다.
36) 이경희·윤부찬, 71는 사실혼의 법적 효과가 확대되고 사회적 의미가 재평가되고 있으므로 사회습속
　　적 의미의 부부관계를 반드시 법률혼에만 국한하여 동거의 실체로부터 곧바로 신고의사를 추단할 수
　　있을지는 의문의 여지가 있다고 한다. 같은 취지, 한봉희·백승흠, 98. 이진기(2010), 300은 당사자의 내
　　심의 의사를 절대적으로 존중하여야 하는 가족법관계의 특성을 고려하면 '혼인의사의 추정'은 받아들이
　　기 어렵다고 한다. 김영신(2011), 360도 같은 취지이다.

고 보아야 할 것이다.[37]

다만 이러한 일방적인 혼인신고로서 무효인 경우에도 사후의 추인에 의하여 혼인이 유효하게 될 수는 있다.[38] 이에 대하여는 아래 V. 2. 참조.

다. 혼인의 효과의사

그리고 혼인의 의사가 있다고 인정하기 위하여는 당사자들이 혼인으로 인한 법률효과를 발생시킬 것을 의욕하는 효과의사가 있어야 한다. 종래의 학설이 실질적 의사라고 표현하고 있는 것이 이에 해당한다. 혼인으로 인한 법률효과에는 여러 가지가 있겠으나, 기본적으로는 부부 사이의 동거·부양·협조의무를 들 수 있다. 따라서 쌍방의 의사 합치에 의한 혼인신고가 이루어졌더라도, 이러한 부부 사이의 의무를 전적으로 배제하는 경우에는 이는 허위표시로서 무효라고 보아야 한다.[39] 혼인을 법이 제도로서 인정하고 보호하는 것은 혼인이 사회 구성원의 재생산, 자녀의 양육과 사회화, 부양과 같이 사회를 유지하기 위하여 필수적인 기능을 수행하기 때문이다. 따라서 당사자들이 그러한 혼인으로서의 기능 발휘를 처음부터 배제하기로 하는 경우에는 법이 보호할 만한 가치가 없으므로 이를 유효로 인정할 이유가 없다.

그러므로 외국인이 국내 입국만을 목적으로 하여 내국인과 혼인하는 경우에는, 이러한 사람들을 내국인의 배우자라고 하여 특별히 보호할 이유가 없다. 내국인의 배우자는 한국의 국적을 취득함에 있어서도 일반귀화 아닌 간이귀화의 방식에 의하여 상대적으로 빠르고 쉽게 국적을 취득할 수 있는 점에 비추어 보아도 그러하다(국적법 §6). 독일에서도 종전에는 가장혼인은 혼인의 효력에 영향을 주지 않는 것으로 보았으나, 1998년 혼인법 개정에 의하여 독일 민법 §1314 ② v는 혼인의 양당사자가 혼인을 함에 있어 혼인에 따른 의무를 발생시키지 않는다는 합의를 한 때를 혼인의 취소 사유로 규정하게 되었다.

그런데 반대설은, 가장혼인의 문제는 그들이 신분행위를 한 목적이 법률혼을 통하여 다른 목적을 이루려고 하였다는 동기에 있으므로, 동기가 불법적이거나 반사회적인 경우에만 예외적으로 무효라고 주장한다.[40] 그러나 혼인의 기본적인 효과를 배제하기로 하는 것이 단순히 동기의 문제라고 할 수는 없을 것이다.

그런데 어느 경우에 실질적 혼인의사가 있는지가 반드시 명확하지는 않다. 가령

---

37) 日最判 1969(昭 44). 4. 3. 民集 23－4, 503; 日最判 1970(昭 45). 4. 21. 判時 596－43 등. 위 §812 Ⅱ. 2. 나. 참조.
38) 대법원 1965. 12. 28. 선고 65므61 판결 등.
39) 같은 취지, 류일현(2018), 182－183.
40) 박희호(2011), 24－25. 같은 취지, 박영규(2007), 403.

대법원 1990. 12. 26. 선고 90므293 판결은, 당사자 사이에 이후 동거하기로 하는 합의가 따로 없이 혼인신고 후에도 계속 별거하면서 왕래하려는 의사만 있었다 하더라도 혼인의 실질적 합의가 없었다고는 할 수 없다고 보았다. 또한 대법원 1994. 5. 10. 선고 93므935 판결은, 원고가 피고와 결혼식을 올린 지 얼마 되지 않아 잦은 부부싸움을 한 끝에 서로 별거를 하게 되고, 별거 후 1년도 채 못 되어 다른 여자와 동거생활을 하여 오면서 그 사이에 자녀까지 출산하였으며, 피고와는 별거하는 상태가 계속되어 왔다고 하더라도, 이러한 사정만으로는 원고가 피고와의 혼인의사를 철회하였다고 단정할 수 없다고 하여, 원고와 피고의 혼인신고는 유효하다고 하였다.

그리고 대법원 2010. 6. 10. 선고 2010므574 판결에서는 혼인의 의사 유무에 관하여 원심과 대법원의 판단이 달랐다. 이 사건에서는 외국인인 피고가 한국인인 원고와 혼인하고 2008. 11. 1. 한국에 입국하여 원고와 혼인생활을 시작하였으나, 2008. 12. 4.경 가출하였다. 원심은, 피고가 한국에 입국한 후 한 달 동안 원고와 정상적인 부부로 함께 생활하였고 가출 직전에는 제주도로 여행까지 다녀온 점, 피고가 남겨놓은 편지를 보더라도 피고가 혼인관계의 계속과 외국의 가족에 대한 부양의무 사이에서 갈등하다가 가출에 이르게 된 것으로 여겨지는 점 등을 종합하면, 피고가 처음부터 혼인의 의사 없이 단지 한국에 입국하여 돈을 벌기 위한 목적으로 원고와 혼인하였다고 보기는 어렵다고 판단하였다. 그러나 대법원은, 피고는 원고와 사이에 참다운 부부관계를 설정하려는 의사가 없음에도 단지 한국에 입국하여 취업하기 위한 방편으로 혼인신고에 이르렀다고 보아야 하고, 설령 피고가 한국에 입국한 후 한 달 동안 원고와 계속 혼인생활을 해왔다고 하더라도 이는 피고가 진정한 혼인의사 없이 위와 같은 다른 목적의 달성을 위해 일시적으로 혼인생활의 외관을 만들어 낸 것이라고 보일 뿐이라고 하여 그 혼인은 무효라고 하였다.[41]

그런데 대법원 2021. 12. 10. 선고 2019므11584, 11591 판결은, 사실관계는 위와 비슷한데 달리 보았다. 이 판결의 원심은, 외국에서 온 여자인 피고가 자신의 부모 이름을 다르게 알려준 점, 원고와 동거한 기간이 40일에 불과하고 외국인 등록증을 발급받은 직후 가출한 점 등을 이유로 원고와 피고의 혼인이 무효라고 하였다. 그러나 대법원은, 가정법원은 상대방 배우자에게 혼인신고 당시 혼인의사가 없었던 것인지, 혼인 이후에 혼인을 유지할 의사가 없어진 것인지에 대해서 구체적으로 심리·판단하여야 하고, 혼인의사라는 개념이 다소 추상적이고 내면적인 것이라는 사정에 기대어

---

41) 그러나 박영복(2010), 73 이하는 이러한 경우 피고에게 진정한 혼인의사가 있는 것으로 보아야 한다고 주장한다.

상대방 배우자가 혼인을 유지하기 위한 노력을 게을리 하였다거나 혼인관계 종료를 의도하는 언행을 하는 등 혼인생활 중에 나타난 몇몇 사정만으로 혼인신고 당시 혼인의사가 없었다고 추단하여 혼인무효사유에 해당한다고 단정할 것은 아니며, 우리나라 국민이 외국인 배우자에 대하여 혼인의 의사가 없다는 이유로 혼인무효 소송을 제기한 경우, 가정법원은 위 법리에 더하여 통상 외국인 배우자가 자신의 본국에서 그 국가 법령이 정하는 혼인의 성립절차를 마친 후 그에 기하여 우리나라 민법에 따른 혼인신고를 하고, 우리나라 출입국관리법령에 따라 결혼동거 목적의 사증을 발급받아 입국하는 절차를 거쳐 비로소 혼인생활에 이르게 된다는 점, 언어장벽 및 문화와 관습의 차이 등으로 혼인생활의 양상이 다를 가능성이 있는 점을 고려하여 외국인 배우자의 혼인의사 유무를 세심하게 판단할 필요가 있다고 하여 원심판결을 파기하였다. 생각건대 당사자가 진정한 혼인의 의사가 없이 가장혼인을 하였다고 인정하는 것은 신중하여야 하고, 당사자가 혼인의 효과를 전적으로 배제하였다고 보이는 경우에만 가장혼인으로서 무효라고 하여야 한다.[42] 즉 동거·부양·협조 의무 가운데 어느 한 가지를 배제한다고 하여 그것만으로 가장혼인이라고 할 것은 아니다. 또 생식능력이 없는 사람들이 혼인하였다거나, 임종을 앞둔 사람과 혼인하였다고 하여 당연히 혼인이 무효인 것은 아니며, 본래의 혼인의사가 아닌 별개의 목적이 있다 하더라도 그것이 본래의 혼인의사와 모순되어 본래의 혼인의사 내지 목적의 존재를 부인하게 되는 경우가 아닌 이상, 당연히 가장혼인이라고 볼 것은 아니다.[43]

위 대법원 1990. 12. 26. 선고 90므293 판결의 경우에는, 당사자 사이에 이후 동거하기로 하는 합의가 따로 없이 혼인신고 후에도 계속 별거하면서 왕래하려는 의사만 있었다고 하더라도, 그것만으로는 혼인의 효과의사 내지 혼인의 실질적 합의가 없었다고 하기는 어렵다.

반면 대법원 1994. 5. 10. 선고 93므935 판결의 경우에는, 원고와 피고의 혼인 동기가 원고와 피고 사이에 출생한 자녀의 혼인신고를 위한 것으로 보이므로 혼인의 효과의사가 결여된 가장혼인으로서 무효라고 보아야 할 것이다.[44] 이 경우에 원

---

42) 김영신(2011), 358도 같은 취지로 보인다.
43) 서울북부지법 2009. 2. 19. 선고 2008노1702 판결. 법원의 실무에서는 외국 여성과 한국 남성과의 국제혼인에서 외국 여성이 피고가 상당한 금원을 송금받고 행방불명되었거나 입국을 거부하였다고 주장하는 때에는 피고에 대한 송금내역, 가장혼인이 의심되어 비자가 기각되었다는 내용의 비자기각통지서, 피고가 입국하자마자 가출하였음을 인정할 수 있는 가출신고서 등이 제출되거나 피고에게 혼인의사가 없음을 추정할 수 있는 간접상황에 대한 입증이 이루어진 경우에 혼인무효청구를 받아들이고, 그 외의 경우에는 청구취지를 이혼으로 변경하도록 한 뒤 이혼청구를 받아들이고 있다고 한다. 한숙희(2010), 124.
44) 청구인과 피청구인 사이에 출생한 자가 혼인외 자로 알려질 것을 염려하여 혼인신고를 한 것은 무효

고가 피고와 별거한 후 다른 여자와 동거생활을 하면서 그 사이에 자녀까지 출산하였다면 도저히 원고와 피고 사이에 혼인의사가 유지되었다고 볼 수는 없고, 판례의 혼인의사 추정 이론에 의하더라도 원고가 피고와의 혼인의사를 철회하였다고 보아야 할 것이다.

그리고 혼인의 의사가 존재하였는지 여부의 판단은 원칙적으로 혼인 당시를 기준으로 판단하여야 하고, 혼인신고 후의 사정, 예컨대 혼인 성립 이후 동거기간이 짧았다는 것을 이유로 혼인의 의사가 없었다고 결론을 내리는 데에는 신중할 필요가 있다. 또한 외국인이 국내에 입국하여 취업할 목적이 있었다고 하여 혼인의 의사가 없었다고 단정하기도 어렵다. 물론 피고가 혼인을 할 당시에 이미 일시적으로만 원고와 동거하려고 마음먹고 있었다면 이는 진정한 혼인의 의사라고 볼 수는 없고, 따라서 그 혼인은 의사의 합치가 없는 것으로서 무효라고 보아야 할 것이지만,[45] 그와 같이 판단하는 데에는 신중할 필요가 있다.

라. 가장이혼과의 비교

종래 판례가 이혼 당사자 간에 일시적이나마 법률상의 부부관계를 해소할 의사가 있었다면 그 이혼신고는 유효하다고 하여 이른바 가장이혼도 유효하다고 보는 것에 대하여는, 판례가 가장혼인과는 달리 가장이혼의 경우에는 형식적 의사설을 따르는 것이 아닌가 하는 논란이 있었다.[46] 그러나 이 문제도 혼인의 의사에 혼인신고의사가 포함된다고 보면 쉽게 설명할 수 있다. 즉 이혼신고를 하는 것은 쌍방이 혼인신고의사를 철회하는 것과 마찬가지이고, 따라서 당사자들이 종전과 마찬가지로 공동생활관계를 유지할 의도가 있었다고 하더라도, 종전의 혼인관계는 법적으로 소멸하고, 공동의 생활관계는 사실혼으로 바뀌는 것으로 된다. 따라서 이러한 경우에는 당사자에게는 법률혼을 사실혼으로 바꾸려는 의사가 있는 것이고, 가장이혼이라는 용어 자체도 들어맞지 않는다.

마. 당사자의 착오가 있는 경우

신고의 당사자에 대한 착오가 있는 경우에도 혼인은 무효이다. 가령 A와 혼인신고를 할 의사였는데 착오로 A의 동생과 혼인한 것으로 신고가 이루어진 경우에는 A의 동생과의 혼인신고 의사는 없었으므로 혼인의 합의가 없는 것으로서 혼인은 무효이다.[47]

라고 한 대법원 1975. 5. 27. 선고 74므23 판결 참조.

45) 이 경우에 혼인이 무효가 되는 것은 비진의표시(§107)이기 때문이 아니라, 본조가 혼인의 의사가 없는 때를 혼인 무효사유로 하고 있기 때문이다. 그러나 박영규(2007), 390은 상대방의 청혼을 받고 진실로 혼인할 생각이 없었지만 승낙을 하였다면, §107에 의하여 상대방이 선의 무과실인 한 유효한 의사표시가 있는 것이므로, 유효한 혼인의 합의가 있다고 한다.

46) 예컨대 김용한, 144–145; 김주수·김상용, 175; 박정기·김연, 130 등.

Ⅲ. 당사자 사이에 금혼사유가 있는 때

본조 ⅱ에서 ⅳ까지는 당사자 사이에 §809의 금혼사유가 있는 경우 중 일정한 경우만을 혼인무효사유로 규정하고 있다.

1. §809 ① 위반(본조 ⅱ)

§809 ①은 8촌 이내의 혈족 사이의 혼인을 금지하고 있는데, 이에 위반된 혼인은 무효이다(본조 ⅱ). 인척이나 양부모계의 혈족이었던 자 사이의 혼인은 원칙적으로는 취소사유이고, 예외적으로만 무효사유인데 반하여 제2호는 8촌 이내의 혈족 사이의 원인은 모두 무효로 하고 있다. 자연혈족 사이의 혼인을 금지하는 것은 우생학적인 근거가 있으므로, 다른 경우와는 달리 취급하는 것이다. 법정혈족도 법률상 자연혈족과 같이 취급되므로 혼인무효사유로서도 자연혈족과 같게 다루어진다. 금지되는 혈족의 범위에 관하여는 §809의 주석 참조.

그런데 헌법재판소 2022. 10. 27. 선고 2018헌바115 결정은, §815 ⅱ가 8촌 이내의 혈족 사이의 혼인을 일률적·획일적으로 혼인무효사유로 규정한 것은 위헌이라고 하여 헌법불합치결정을 선고하면서, 위 법률조항은 2024. 12. 31.을 시한으로 개정될 때까지 계속 적용된다고 하였다. 이 결정은, 혼인 당사자가 서로 8촌 이내의 혈족임을 우연한 사정에 의하여 사후적으로 확인하게 되는 경우도 있을 수 있는데, 그럼에도 아무런 예외 없이 일방당사자나 법정대리인 또는 4촌 이내의 친족이 언제든지 혼인무효의 소를 제기할 수 있는 것은 당사자나 그 자녀들에게 지나치게 가혹한 결과를 초래할 수 있다고 하면서, §815 ⅱ의 입법목적은 근친혼이 가까운 혈족 사이의 신분관계 등에 현저한 혼란을 초래하고 가족제도의 기능을 심각하게 훼손하는 경우에 한정하여 무효로 하더라도 충분히 달성 가능하다고 하였다. 다만 위 결정도, 근친혼이 가까운 혈족 사이의 신분관계 등에 현저한 혼란을 초래하고 가족제도의 기능을 심각하게 훼손하는 경우에는 무효로 할 수 있다고 하였다.

2. 당사자간에 직계인척관계(直系姻戚關係)가 있거나 있었던 때(본조 ⅲ)

인척 사이의 혼인을 금지하는 것은 사회윤리 내지 도덕관념에 어긋나기 때문인데, 직계인척 사이의 혼인은 방계인척의 경우와 비교하면 그러한 반윤리성이 높다고

---

47) 서울가정법원 1971. 10. 29. 선고 71드1233 심판(주석친족 (1), 265).

보아 제3호는 이를 무효사유로 하고 있다. 이에 해당하는 직계인척은 시아버지와 며느리, 시어머니와 사위, 계부와 계자, 계모와 계자 등이다.

2005년 개정 전에는 당사자간에 직계인척, 부의 8촌 이내의 혈족인 인척관계가 있거나 또는 있었던 때에는 모두 무효사유여서 무효로 되는 범위가 넓었으나, 2005년 개정에 의하여 위와 같이 무효로 되는 범위가 좁아졌다(혼인의 무효와 취소 전주 참조).

3. 당사자간에 양부모계의 직계혈족관계가 있었던 때(본조 iv)

당사자 사이에 현재 8촌 이내의 법정혈족관계가 있으면 그 당사자 사이의 혼인은 본조 제1호에 의하여 무효이다. 반면 법정혈족관계가 해소된 때에는 직계혈족관계가 있었던 경우, 즉 양부모와 양자 관계에 있었던 사람들 사이의 혼인만 무효가 된다. 이론적으로는 양조부모와 양손과의 혼인도 무효가 될 것이다.

본호의 반대해석에 의하면 양부모계의 직계인척이었던 사람들 사이의 혼인은 무효사유가 아니고 취소사유에 해당한다.[48]

Ⅳ. 그 밖의 경우

민법이 따로 규정하지는 않고 있지만 혼인이 무효로 되는 경우가 있다.

첫째, 사망한 사람은 혼인할 능력이 없으므로, 그와의 혼인은 당연히 무효이다.[49]

둘째 혼인신고 자체가 없음에도 불구하고 가족관계등록부 등에 혼인한 것으로 기재되어 있는 경우. 가호적을 취적하면서 원래 혼인신고를 하지 않았던 사람들이 이미 혼인하고 있는 부부인 것처럼 가장 신고한 경우나,[50] 호적공무원과 공모하여 혼인신고가 없었음에도 불구하고 혼인신고가 있었던 것처럼 호적부를 꾸민 경우[51] 등이 이에 해당한다. 이러한 경우에는 혼인이 무효라기보다는 혼인으로서 성립하지 않은 이른바 비혼인(非婚姻, Nichtehe)이라고 보아야 할 것이지만, 실제로는 혼인이 무효인 경우와 마찬가지로 다루어지고 있다.[52]

48) 이경희·윤부찬, 75.
49) 대법원 1983. 4. 12. 선고 82므64 판결; 대법원 1987. 4. 28. 선고 86므130 판결 참조. 이른바 영혼결혼(靈魂結婚)은 혼인신고를 하지 않는 것으로서 법적인 효과를 가지지 못한다.
50) 대법원 1969. 2. 18. 선고 68므19 판결; 대법원 1970. 7. 28. 선고 70므9 판결; 대법원 1992. 1. 21. 선고 91므238 판결; 대법원 1998. 2. 7. 자 96마623 결정 등.
51) 서울고등법원 1986. 3. 12. 선고 85나4365 판결.
52) §812 Ⅱ. 1. 참조.

V. 무효인 혼인관계의 청산

혼인이 무효라고 하여도, 가족관계등록부상 혼인한 것으로 기재되어 있는 이상 이를 정정하여야 하는 등 여러 가지의 법률문제가 생긴다.

1. 혼인무효의 소

가. 성질

혼인의 무효사유에 해당할 때에는 그 혼인은 처음부터 무효이고, 법원의 혼인무효 판결이 있을 때 비로소 무효가 되는 것은 아니다. 따라서 소송 외에서도 이해관계 있는 사람은 언제나 혼인의 무효를 주장할 수 있다. 가사소송법은 혼인무효의 소를 가사소송 사건으로 규정하고 있다(家訴 §2 ① i가. 1)). 이 소는 확인의 소이다(위 I. 참조).

나. 정당한 당사자

(1) 원고

확인소송의 원고적격을 가지는 사람은 그 확인에 관하여 이익을 가지는 사람이다. 그런데 家訴 §23는 당사자, 법정대리인 또는 4촌 이내의 친족은 언제든지 혼인무효의 소를 제기할 수 있다고 규정하고 있으므로, 이 사람들은 구체적인 확인의 이익이 있음을 밝히지 않고서도 혼인무효의 소를 제기할 수 있다. 반면 그 외의 제3자는 확인의 이익이 있어야만 소를 제기할 수 있다.

혼인의 당사자 가운데 미성년자도 혼인무효의 소를 제기할 수 있는가는 혼인으로 인한 성년의제의 효과가 혼인무효의 경우에도 발생하는가와 관련하여 문제된다. 성년의제의 효과는 혼인이 무효인 경우에도 발생하므로 미성년자가 단독으로 혼인무효의 소를 제기할 수 있다는 견해도 있으나,[53] 혼인이 무효이면 성년의제의 효과는 처음부터 발생하지 않는 것으로 보아야 할 것이다.

혼인무효의 소를 제기할 수 있는 혼인의 당사자가 피성년후견인으로서 스스로 소를 제기할 수 없고, 배우자가 성년후견인인 경우에는 家訴 §12에 의하여 준용되는 民訴 §62에 근거하여 법원에 특별대리인의 선임을 신청하여 그 특별대리인이 소송을 수행할 수 있다.[54]

그리고 家訴 §23에 규정되어 있지 않은 제3자도 확인의 이익이 있는 때에는 혼

---

53) 주석친족(1), 120(박상인); 제요[1], 578 등. 박동섭·양경승, 107은 혼인당사자가 전혀 모르는 사이에 혼인신고가 된 경우는 성년의제의 효과가 발생하지 않으므로 친권자가 대리하여야 제소할 수 있다고 보고 있다.

54) 의사무능력자인 금치산자의 이혼청구에 관한 대법원 2010. 4. 8. 선고 2009므3652 판결 참조.

인무효의 소를 제기할 수 있다.[55]

(2) 피고

부부 중 어느 한쪽이 혼인의 무효의 소를 제기할 때에는 배우자가 상대방이 되고, 제3자가 원고인 경우에는 부부를 상대방으로 하며, 부부 중 어느 한쪽이 사망한 경우에는 생존자가 상대방이 된다. 그리고 상대방이 될 사람이 모두 사망한 경우에는 검사를 상대방으로 한다(家訴 §24). 배우자의 어느 한쪽만이 사망한 경우에는 생존배우자와 검사가 공동으로 피고가 되는 것은 아니다.

다. 확인의 이익

혼인이 이혼으로 이미 해소된 경우에도 일정한 경우에는 확인의 이익이 인정된다. 판례는, 혼인, 입양과 같은 신분관계의 경우에는 그것이 과거의 것이라 해도 현재의 법률상태에 영향을 미치고 있는 한, 과거의 법률관계 그 자체의 확인을 구하는 편이 직접적이고도 획일적인 해결을 기대할 수 있다고 하면서, 협의이혼으로 혼인이 해소된 경우에도 혼인무효확인의 소를 제기할 수 있다고 하였다.[56]

그런데 대법원 1984. 2. 28. 선고 82므67 판결은 이혼한 배우자의 일방이 혼인하였다가 이혼한 것처럼 호적상 기재되어 있어 불명예스럽다는 사유만으로는 혼인무효의 소를 제기하는 것은 확인의 이익이 없다고 하였으나, 그 타당성은 의심스럽다.[57] 결국 대법원 2024. 5. 23. 선고 2020므15896 전원합의체 판결은, 특별한 사정이 없는 한, 특별한 사정이 없는 한 혼인관계가 이미 해소된 이후라고 하더라도 혼인무효의 확인을 구할 이익이 인정된다고 보아야 한다고 판시하여 위 82므67 판결 등을 변경하였다.[58]

부부의 일방 또는 쌍방이 사망한 경우에도 혼인무효의 소를 제기할 수 있다는 것은 家訴 §24에 의하여 명백하다.

라. 확정판결의 효력

혼인무효의 청구를 인용(認容)한 확정판결은 제3자에게도 기판력이 미친다. 그리고 그 청구를 배척한 판결이 확정된 경우에는 다른 제소권자는 사실심의 변론종결 전에 참가하지 못한 데 대하여 정당한 사유가 있지 아니하면 다시 소를 제기할 수 없다(家訴 §21).

---

55) 박동섭·양경승, 107은 당사자와의 촌수가 5촌 이상이거나 법률상 이해관계가 없는 제3자는 혼인무효의 소를 제기할 수 없다고 한다.
56) 대법원 1978. 7. 11. 선고 78므7 판결.
57) 윤진수, 59; 박동섭(1997), 62 이하; 주석친족(1), 122(박상인).
58) 판례해설: 권민재 (2024). 판례지지: 권오상(2024). 판례반대: 박수영(2024)

마. 권리남용

신의칙과 권리남용 금지의 원리는 가족법에도 적용되므로,[59] 혼인무효의 주장을 하거나 혼인무효의 소를 제기하는 것이 권리남용에 해당될 때에는 허용될 수 없다. 대법원 1983. 4. 12. 선고 82므64 판결은, 청구인이 갑과 혼인신고를 마치고 혼인생활을 하던 중 을과 내연관계를 맺고 집을 나가 을과 2중으로 혼인신고까지 하고 있다가, 갑과 내연관계를 맺고 살던 피청구인이 갑 사망후 청구인의 사망신고를 하고 갑과의 혼인신고를 하자, 청구인이 피청구인과 갑 간의 혼인이 무효의 것이라고 주장함은 결과적으로 자기와 갑, 을 간의 두 개의 혼인관계가 모두 유효하다고 주장하는 것이 되어 신의에 좇은 권리행사라고 볼 수 없어 이는 권리남용에 해당한다고 하여 이를 배척하였다.[60]

2. 무효인 혼인의 추인

혼인이 무효인 경우에도 추인의 요건을 갖추면 추인에 의하여 유효하게 될 수 있다. 이는 주로 혼인의 의사가 없었는데 혼인신고가 된 경우에 사후 추인하는 경우에만 문제되고, 혼인이 무효가 되는 다른 사유가 있는 경우에는 추인이 허용될 여지가 없다.[61][62]

판례는, 사실혼 관계가 있는 경우에 혼인신고가 한쪽 당사자의 모르는 사이에 이루어짐으로서 그것이 무효라 할지라도, 그 후 양쪽 당사자가 그 혼인에 만족하고 그대로 부부생활을 계속하였으면 그 혼인이 추인에 의하여 유효하게 된다고 보고 있다.[63] 그러나 무효인 위조서류에 의한 혼인신고 후에 몇차례 육체관계가 있다고 하여 이를 무효인 혼인의 추인으로 볼 수는 없다.[64] 또한 무효인 혼인신고행위에 상응하는

---

59) 박동섭(2005), 71 이하; 박동진(2005), 27 이하 참조.
60) 대법원 1987. 4. 28. 선고 86므130 판결에서는 위 사건 청구인과 갑의 아들인 병이 청구인이 되어 다시 갑과 피청구인 사이의 혼인무효확인의 소를 제기한 것도 권리남용이라고 하였다. 그런데 당시의 인사소송법 §32는 혼인의 무효의 소에 대한 확정판결은 제삼자에 대하여 그 효력이 있다고 규정하고 있었으므로, 병의 청구가 권리남용인지를 별도로 따져볼 필요는 없었을 것이다. 현재의 家訴 §21 ②에 따르더라도, 혼인무효의 청구를 배척한 판결이 확정된 경우에는 다른 제소권자는 사실심의 변론종결 전에 참가하지 못한 데 대하여 정당한 사유가 있지 아니하면 다시 소를 제기할 수 없다.
61) 日最判 1972(昭 47). 7. 25(民集 26-6, 1263)은 무효인 혼인의 추인이 인정되는 근거로서, 취소사유 있는 혼인의 추인이 인정된다는 것과, 타인의 권리를 처분하는 경우에 무권대리의 추인의 유추적용이 인정된다는 것을 근거로 들고 있다.
62) 양창수·김재형(2024), 842–843은 무효인 혼인의 추인을 무효행위의 추인으로 설명하는 것은 무리가 있고, 신분행위에 특유한 요건인 신고에 존재하는 하자의 치유의 문제로서, 「실체관계에 부합하는 등기」의 법리를 연상시킨다고 한다.
63) 대법원 1965. 12. 28. 선고 65므61 판결; 대법원 1995. 11. 21. 선고 95므731 판결.
64) 대법원 1983. 9. 27. 선고 83므22 판결.

신분관계가 실질적으로 형성되어 있지도 아니하고 또 앞으로도 그럴 가망이 없는 경우에는 무효인 신분행위에 대한 추인의 의사표시가 있었어도 추인에 의하여 무효인 혼인이 유효로 될 수는 없다.[65]

그리고 판례는 이 경우의 추인은 총칙상 무효인 법률행위의 추인(§139)과는 달리 원칙적으로 소급효가 인정되므로, 혼인은 혼인신고가 된 때로 소급하여 유효하게 된다고 보고 있다.[66] 판례는 그 근거를 다음과 같이 설명한다. 즉 신분행위의 본질적인 내용은 신분관계의 형성이고 신고 등 절차는 그 신분행위의 창설을 외형적으로 확정 짓는 부차적인 요건일 뿐인데, 무효인 신분행위가 있은 후에 그 내용에 맞는 신분관계가 실질적으로 형성되어 쌍방 당사자가 아무런 이의 없이 그 신분관계를 계속하여 왔다면 그 신고가 부적법하다는 이유로 이미 형성되어 있는 신분관계의 효력을 부인하는 것은 당사자의 의사에 반하고 그 이익을 해칠 뿐 아니라 그 실질적 신분관계의 외형과 호적의 기재를 믿은 제3자의 이익도 침해할 우려가 있기 때문에 추인에 의하여 소급적으로 신분행위의 효력을 인정함으로써 신분관계의 본질적 요소를 보호하는 것이 타당하다는 것이다.[67]

이러한 판례는, 혼인적 사실이 존재하지만 혼인체결행위가 결여된 경우에 이는 무(無)는 아니고, 실체는 존재하며, 신고는 제3자를 위한 공시의 역할을 하는 데 지나지 않는다는, 일본의 나카가와 젠노스케(中川善之助)가 주장하는 신분행위 이론의 영향을 받은 것으로 보인다.[68] 그러나 이러한 사실의 선행을 전제로 하는 신분행위 이론을 그대로 받아들이기 어려운 이상,[69] 이러한 설명은 문제가 있다. 일본에서는 근래 무효인 혼인 추인의 소급효를 인정하여서는 안 된다는 견해도 유력하게 주장되고 있다.[70]

다만 실제로는 사실혼 관계가 존속 중에 묵시적인 추인이 행해진 경우에는 언제부터 혼인이 유효하게 되는지를 판단하기가 어려울 수 있고, 이러한 측면에서는 혼인신고 시점을 기준으로 하여 혼인이 유효하게 된다고 보는 것도 이해할 수 있다.[71]

---

65) 대법원 1991. 12. 27. 선고 91므30 판결.
66) 대법원 1965. 12. 28. 선고 65므61 판결. 입양의 무효에 관한 대법원 1991. 12. 27. 선고 91브30 판결; 대법원 2000. 6. 9. 선고 99므1633, 1640 판결 등 참조. 그러나 대법원 1983. 9. 27. 선고 83므22 판결은, 무효인 혼인의 추인에는 원칙적으로 소급효가 인정되지 않는다고 하여 다른 판례와는 다른 취지이다.
67) 대법원 1991. 12. 27. 선고 91므30 판결.
68) 中川善之助(1942), 39 등. 日最判 1972(昭 47). 7. 25(民集 26-6, 1263)이 무효인 혼인의 추인에 대하여 소급효를 인정한 것도 그 영향을 받은 것으로 보인다.
69) 이에 대하여는 친족법 총설, Ⅳ. 1. 참조.
70) 內田 貴(2004), 84 등.
71) 박영규(2007), 404-405은 타인을 해할 우려가 없는 경우에 한하여 소급효를 인정하여야 한다고 주장한다.

3. 가족관계등록부의 정정

가족관계등록부에 혼인한 것으로 기록되어 있으나 그 혼인이 무효인 때에는 이를 정정하여야 한다. 가족관계등록부의 정정 방법에는 가정법원의 허가에 의한 정정(家登 §§104, 105)과 확정판결에 의한 정정(家登 §107)의 두 가지가 있다.[72] 혼인이 무효인 때에는 그 정정은 친족법 및 상속법상 중대한 영향을 미치므로 가정법원의 허가를 받아 정정할 수는 없고, 확정판결에 의하여서만 정정할 수 있다.[73]

그런데 대법원 2009. 10. 8. 자 2009스64 결정은, 신고로 인하여 효력이 발생하는 행위에 관한 가족관계등록부상 기재사항의 경우에 그 행위가 확정된 형사판결(약식명령 포함)에 의하여 무효임이 명백하게 밝혀진 때에는 가정법원의 허가를 받아 가족관계등록부를 정정할 수 있다고 하여, 혼인할 의사가 전혀 없음에도 다른 사람의 한국 입국을 목적으로 혼인신고를 하여 공전자기록에 불실의 사실을 기재하게 하였다는 등의 범죄사실로 기소되어, 유죄의 확정판결을 받은 경우에는 가정법원의 허가를 받아 가족관계등록부를 정정할 수 있다고 하였다. 이 결정이 인용하고 있는 가족관계등록선례 200906-3이 이미 그와 같이 규정하고 있었다.[74]

혼인무효의 판결이 확정되면 가정법원의 법원사무관등은 지체없이 당사자 또는 사건본인의 등록기준지의 가족관계등록사무를 처리하는 자에게 그 뜻을 통지하여야 한다(家訴規 §7 ①). 그리고 혼인무효의 소를 제기한 사람은 판결확정일부터 1개월 이내에 가족관계등록부의 정정신청을 하여야 하므로(家登 §107), 가족관계등록사무를 처리하는 자는 신청의무자에게 정정의 신청을 최고하고(家登 §§108, 38), 통지를 할 수 없거나 통지를 하였음에도 신청을 하지 아니하는 때에는 감독법원의 허가를 받아 직권으로 정정을 할 수 있다(家登 §18).

---

72) 과거의 戶籍 §§120, 121, 123이 같은 내용을 규정하고 있었다.

73) 대법원 1991. 7. 23. 자 91스3 결정; 대법원 1998. 2. 7. 자 96마623 결정 등. 그러나 김주수·김상용, 120은 제3자가 등록부를 정정하려면 판결에 의하여야 하지만, 혼인당사자는 판결 없이도 법원의 허가를 받아 등록부를 정정할 수 있는 것으로 해석할 수 있다고 한다.

74) 현소혜(2010), 74 이하는 이 결정이 가사소송법에 규정되어 있는 가사소송사건으로 판결을 받게 되어 있는 사항은 모두 친족법상 또는 상속법상 중대한 영향을 미치는 것으로 보아 그와 같은 사항에 관하여는 戶籍 §123에 따라 확정판결에 의하여서만 호적정정의 신청을 할 수 있다고 한 대법원 1993. 5. 22. 자 93스14, 15, 16 전원합의체 결정과 어긋난다고 하면서, 혼인의 무효 여부가 문제되는 경우에는 원칙적으로 확정판결에 의해 가족관계등록부를 정정하여야 하고, 다만 그 무효 여부가 가족관계등록부의 기재 자체로부터 명백한 때에는 법원의 허가를 받아 이를 정정할 수 있다고 보아야 한다고 주장한다.

4. 손해배상책임

§806의 규정은 혼인의 무효에 준용되므로, 무효인 혼인의 일방은 과실있는 상대방에 대하여 이로 인한 손해의 배상을 청구할 수 있다(§825). 이에 대하여는 §825의 주석 참조.

第 816 條 (婚姻取消의 事由)

婚姻은 다음 각 호의 어느 하나의 境遇에는 法院에 그 取消를 請求할 수 있다.

1. 婚姻이 제807조 내지 제809조(제815조의 규정에 의하여 혼인의 무효사유에 해당하는 경우를 제외한다. 이하 제817조 및 제820조에서 같다) 또는 제810조의 規定에 違反한 때
2. 婚姻當時 當事者 一方에 夫婦生活을 繼續할 수 없는 惡疾 其他 重大事由있음을 알지 못한 때
3. 詐欺 또는 强迫으로 因하여 婚姻의 意思表示를 한 때

▌참고문헌: 김성숙(2004), "혼인의 무효, 취소규정의 정비를 위한 검토", 가족법연구 18−2; 김영훈(2007), "나류 가사소송에 있어서의 소의 이익", 가사재판연구 1; 김유진(2021), "출산경력의 불고지와 혼인 취소사유", 가족법연구 35−2; 장다혜(2018), "혼인 취소를 둘러싼 젠더 폭력의 중층적 구성", 페미니즘연구 18−2; 정현미(2015), "아동성폭력으로 인한 출산경력과 혼인 취소의 법적 쟁점과 정책적 과제", 이화여대 법학논집 20−1; 조은희(2017), "사기에 의한 혼인 취소에 있어서 고지의무", 법과 정책 23−1; 최준규(2017), "출산 경력의 불고지가 혼인취소사유에 해당하는지 여부", 가족법연구 31−2.
　東條 宏(1998), "婚姻の取消し", 現代 裁判法大系 20.

Ⅰ. 혼인 취소의 의의

혼인의 요건에 하자가 있으나 혼인 무효사유에 해당하지 않을 때에는 그 혼인은 일단 유효하게 성립하지만, 법원의 재판에 의하여 취소할 수 있다. 따라서 취소사유가 있는 혼인이라도 재판상 이혼의 대상이 될 수 있다.[1] 민법은 혼인 취소청구권이라는 용어를 쓰고 있지만, 그 성질은 청구권이 아니라 형성권이다.

---

1) 대법원 1991. 12. 10. 선고 91므344 판결.

다만 혼인의 취소는 총칙상의 취소와는 다소 차이가 있다. 첫째, 혼인의 취소는 재판 외에서 당사자가 취소의 의사표시를 하는 것만으로 이루어지는 것은 아니고, 법원의 재판이 있어야 한다. 둘째, 총칙상의 취소는 원칙적으로 소급효를 가지지만(§141), 혼인 취소의 효력은 소급하지 않는다(§824).

민법은 본조에서 혼인 취소의 사유를 규정하고 있고, §§817, 818에서는 취소청구권자를 규정하고 있으며, §819에서 §823까지는 혼인 취소청구권의 소멸사유를 규정한다. 그리고 §824에서 §825까지는 혼인 취소의 효과를 규정하고 있다.[2]

II. 혼인 취소의 사유

1. §807 내지 §810 위반(본조 i)

만 18세의 혼인적령에 달하지 않은 사람의 혼인(§807)은 취소할 수 있다. 민법은 이 경우의 취소청구권의 소멸에 관하여 특별한 규정을 두고 있지 않으나, 혼인당사자의 연령이 혼인적령에 달하였을 때에는, 동의가 없는 혼인에 관한 §819를 유추하여, 동의권자의 동의가 있는 한 3개월이 경과하면 취소권이 소멸되고, 혼인중 포태한 때에도 취소할 수 없다고 보아야 한다.[3] 입법론적으로는 혼인적령에 달하면 바로 취소할 수 없도록 규정하여야 할 것이다.

그리고 미성년자나 피성년후견인이 부모나 후견인의 동의를 받지 않고 혼인한 때(§808)에도 취소할 수 있다.

§809가 규정하고 있는 혼인할 수 없는 사람들 사이의 혼인중에서 §815에 의한 혼인무효사유에 해당하지 않는 경우에는 모두 취소할 수 있다. 구체적으로는 6촌 이내의 혈족의 배우자, 배우자의 6촌 이내의 혈족, 배우자의 4촌 이내의 혈족의 배우자인 인척이거나 이러한 인척(§809 ②) 가운데 직계인척 아닌 방계인척 사이의 혼인은 취소할 수 있고, 6촌 이내의 양부모계의 혈족이었던 자 중 직계혈족 아닌 방계혈족 사이의 혼인과, 4촌 이내의 양부모계의 인척이었던 자 중 직계인척 아닌 방계인척 사이의 혼인(§809 ③)도 취소할 수 있다. 2005년 개정 전에는 직계인척뿐만 아니라 夫의 8촌 이내의 혈족인 방계인척관계가 있거나 또는 있었던 때도 무효로 하고 있었으나,

---

2) §825는 혼인 무효에 관하여도 적용된다.
3) 박동섭·양경승, 117. 일본 민법 §745는 혼인 부적령자의 혼인은 부적령자(不適齡者)가 적령에 달한 때에는 취소를 청구할 수 없고, 다만 부적령자 본인은 적령에 달한 후 3개월 내에는 취소를 청구할 수 있다고 규정한다. 그러나 김주수·김상용, 122; 송덕수, 37; 신영호·김상훈·정구태, 91은 혼인당사자의 연령이 혼인적령에 달하였을 때에는 바로 취소청구권이 소멸한다고 본다.

개정 법은 직계인척 사이의 혼인만을 무효로 바꾸었다.

그리고 배우자 있는 자가 다시 혼인하는 중혼(§810)도 취소사유이다.

구체적인 내용에 대하여는 관련 조문들을 참조하면 된다.

2. 혼인당시 당사자 일방에 부부생활을 계속할 수 없는 악질 기타 중대사유있음을 알지 못한 때(본조 iii)

본조 제2호는 위와 같은 경우를 혼인 취소사유로 들고 있다. 그러나 이러한 사유는 재판상 이혼 사유인 "혼인을 계속하기 어려운 중대한 사유가 있을 때"(§840 vi)에도 해당하게 되므로, 입법론적으로는 이를 별도로 혼인 취소사유로 하고 있는 것이 타당한지는 의문이다.[4]

어떤 경우가 이에 해당하는지에 관하여는 재판상 이혼 사유인 "혼인을 계속하기 어려운 중대한 사유가 있을 때"(§840 vi)를 참조하여 판단할 수 있다. 다만 본조는 "혼인을 계속할 수 없는" 중대한 사유라고 하여, "혼인을 계속하기 어려운" 중대한 사유라고 하는 재판상 이혼사유보다는 더 엄격한 요건을 요구하는 것처럼 보인다. 판례[5]도 '부부생활을 계속할 수 없는 중대한 사유'는 '혼인을 계속하기 어려운 중대한 사유'에 관한 §840 vi의 이혼사유와는 다른 문언내용 등에 비추어 엄격히 제한하여 해석함으로써 그 인정에 신중을 기하여야 할 것이라고 하였다. 기본적으로는 혼인 전에 당사자 일방에게 그러한 사유가 있음을 알았더라면 상대방이 혼인하지 않았을 것인지 여부에 따라 판단하여야 한다. 그러나 혼인 당시에 이러한 사유가 있음을 알았다면 취소를 청구할 수 없다.[6] 또한 이러한 사유는 혼인 취소 청구 당시에도 존속하고 있어야 한다.[7]

하급심 판례 가운데에는 혼인 전에 극심한 조울증을 앓았고, 혼인 후에도 그러한 조울증이 지속된 경우,[8] 동성애자로서 배우자와의 성관계를 거의 거절한 경우[9]를 혼인 취소사유라고 본 예가 있다. 반면 임신가능 여부는 부부생활을 계속할 수 없는 악질 기타 중대한 사유에 해당한다고 볼 수 없다.[10]

---

4) 윤진수, 62; 김성숙(2004), 36 이하.
5) 대법원 2015. 2. 26. 선고 2014므4734, 4741 판결.
6) 김주수·김상용, 124.
7) 주석친족(1), 131(박상인).
8) 서울가정법원 2007. 10. 10. 선고 2007드합4035 판결.
9) 서울가정법원 2017. 11. 16. 선고 2016드합36263 판결.
10) 대법원 2015. 2. 26. 선고 2014므4734, 4741 판결.

취소권자에 대하여는 법이 따로 규정하고 있지 않으므로, 혼인 당사자만이 취소를 청구할 수 있다고 해석된다.

3. 사기 또는 강박에 의한 혼인(본조 iii)

사기가 취소사유가 되기 위하여는 당사자가 사기에 의하여 착오에 빠지지 않았더라면 혼인하지 않았을 것이라고 인정되는 경우라야 한다. 어떤 경우가 이에 해당하는지는 개별적으로 판단하여야 한다. 예컨대 자신의 직업, 수입 등을 허위로 이야기한 경우에도, 다소의 과장에 불과하다면 취소사유가 되기 어려울 것이다.[11]

'사기'에는 혼인의 당사자 일방 또는 제3자가 소극적으로 고지를 하지 아니하거나 침묵한 경우도 포함되지만, 혼인의 당사자 일방 또는 제3자가 출산의 경력을 고지하지 아니한 경우에 그것이 상대방의 혼인의 의사결정에 영향을 미칠 수 있었을 것이라는 사정만을 들어 일률적으로 고지의무를 인정하고 혼인 취소사유에 해당한다고 하여서는 아니 된다.[12]

사기를 한 사람이 제3자인 경우에 혼인 상대방이 사기를 몰랐고 알 수도 없었다고 하더라도, §110와는 달리 취소할 수 있다.[13]

판례가 사기를 이유로 혼인을 취소할 수 있다고 한 사례로는 정신병이 있다는 사실을 숨긴 경우(대법원 1977. 1. 25. 선고 76다2223 판결), 당사자의 동일성에 관한 착오를 일으킬 정도로 자신의 가족관계, 학력 등에 대하여 거짓말한 경우(서울가법 2004. 1. 16. 선고 2002드단69092 판결)가 있다.

근래 문제되었던 것으로는 혼인 전에 다른 사람과 혼인하였거나, 다른 사람과 자녀를 낳았다는 사실을 고지할 의무가 있는가 하는 점이다. 우선 혼인 경력에 대하여는 이를 긍정하는 견해가 있다.[14] 그리고 여성의 출산 경력에 관하여는 고지의무를 인정하는 견해[15]와, 혼인의 일방 당사자가 과거에 출산한 자녀가 아직 미성년으로서 향후 동거 또는 부양을 해야 하는 상황이 아니라면 출산경력에 대한 고지의무가 인정되어서는 안 된다는 견해[16]가 있다.

11) 김용한, 127; 박동섭·양경승, 121. 서울가정법원 2004. 1. 16. 선고 2002드단69092 판결은, 혼인의 성립에 있어서는 혼인의 성립을 희망한 나머지 사실을 과장하거나 불리한 사실을 은폐하거나 거짓약속을 하는 경우가 종종 있으므로, 사기를 이유로 혼인을 취소하려면 혼인의 본질적 내용에 관한 기망이 있어야 한다고 보았다.
12) 대법원 2016. 2. 18. 선고 2015므654, 661 판결.
13) 김용한, 127; 김주수·김상용, 125; 송덕수, 53 등. 대법원 1977. 1. 25. 선고 76다2223 판결은 제3자의 기망에 의하여 혼인한 경우에 혼인의 취소가 가능한 것을 전제로 하여 판단하였다.
14) 최준규(2017), 333(다만 사실혼의 경우에는 신중하고 제한적으로 고지의무를 인정해야 한다고 본다).
15) 최준규(2017), 335 이하.
16) 김유진(2021), 346-347.

하급심 판례로서는 2차례 혼인하여 자녀가 있는 사람이 미혼이라고 하고, 상업전수학교만을 졸업하였음에도 대학을 졸업하고 교사생활을 하였다고 거짓말한 경우에 혼인 취소를 인정한 예가 있다.[17]

또한 서울가정법원 2014. 7. 9. 선고 2013드단83889 판결은, 피고가 혼인 당시까지 제3자와 사실혼 관계를 유지하고 있었음에도 원고에게 이를 알리지 아니한 경우 혼인 취소를 인정하였다.[18]

그런데 대법원 2016. 2. 18. 선고 2015므654, 661 판결은, 혼인의 당사자 일방 또는 제3자가 출산의 경력을 고지하지 아니한 경우에 일률적으로 고지의무를 인정하고 제3호 혼인 취소사유에 해당한다고 하여서는 아니 되고, 출산의 경위와 출산한 자녀의 생존 여부 및 그에 대한 양육책임이나 부양책임의 존부, 실제 양육이나 교류가 이루어졌는지 여부와 그 시기 및 정도, 법률상 또는 사실상으로 양육자가 변경될 가능성이 있는지, 출산 경력을 고지하지 않은 것이 적극적으로 이루어졌는지 아니면 소극적인 것에 불과하였는지 등을 면밀하게 살펴보아 신중하게 고지의무의 인정 여부와 그 위반 여부를 판단하여야 한다고 하였다. 특히 당사자가 아동성폭력범죄 등의 피해를 당해 임신을 하고 출산까지 하였으나 이후 그 자녀와의 관계가 단절되고 상당한 기간 동안 양육이나 교류 등이 전혀 이루어지지 않은 경우라면, 단순히 출산의 경력을 고지하지 않았다고 하여 그것이 곧바로 혼인 취소사유에 해당한다고 보아서는 아니 된다고 하였다. 다시 말하여 아동이 성폭력으로 임신, 출산을 하였다면 그러한 경우에까지 고지의무를 인정할 수는 없다는 것이다.[19]

그러나 위 사건을 환송받은 항소심 법원은, 베트남의 소수민족인 따이(Tày)족인 피고가 베트남에서 만 13세의 나이에 다른 남자에게 납치되어 3일을 지낸 뒤 피고의 부모에게 혼인 허락을 받았으며[20] 이후 혼인 생활을 시작하다가 자녀를 출산하였다고 인정하고, 이와 같은 경우에는 피고에게 고지의무가 있다고 보아 원고의 혼인 취소 청구를 인용하였으며,[21] 이 판결에 대한 피고의 상고는 심리불속행으로 기각되었다.[22]

---

17) 서울가정법원 2006. 8. 31. 선고 2005드합2103 판결.
18) 이 판결은 피고가 원고에게 자신이 애견샵을 운영하고 있다고 말하였으나, 아울러 남자 유흥접객원을 유흥업소에 공급하는 속칭 보도사무실도 운영하고 있었다는 사실을 알리지 않은 것도 취소사유로 보았다.
19) 조은희(2017)은 이 판결을 지지한다. 정현미(2015)도 혼인 취소를 인정한 파기환송 전의 항소심 판결을 비판한다.
20) 이와 같은 '빳버(bắt vợ)'혼(婚)이라는 약탈혼의 풍습이 있다고 한다.
21) 전주지법 2017. 1. 23. 선고 2016르210, 227 판결.
22) 사건의 경과에 대하여는 최준규(2017), 307 이하 참조.

생각건대 일반론으로는 부부 일방의 혼인 전력이나 자녀 출산 전력은 부부의 혼인 생활에도 중대한 영향을 줄 개연성이 많으므로 일반론으로는 그에 대한 고지의무를 인정할 필요가 있다. 그러나 혼인 전력이나 자녀 출산 전력이 부부의 혼인 생활에 영향을 미칠 우려가 없는 예외적인 경우에는 고지의무를 인정할 필요가 없을 것이다. 위 대법원 2016. 2. 18. 선고 2015므654, 661 판결의 경우에는 피고가 약탈혼의 피해자로서 임신을 하고 출산까지 하였으나 이후 그 자녀와의 관계가 단절되고 상당한 기간 동안 양육이나 교류 등이 전혀 이루어지지 않았으므로, 비록 임신과 출산이 혼인을 전제로 하는 동거기간 중에 이루어졌다고 하여 출산의 경력을 고지하지 않은 것을 혼인 취소사유에 해당한다고 볼 이유는 없을 것이다.[23)]

한편 대법원 2007. 10. 15. 선고 2007므1058 판결은, 원·피고 모두 전남편, 전부인과 오랫동안 별거 중인 상태에 있음을 잘 알면서 교제를 시작하였던 점 등에 비추어, 피고가 과거에 전부인이 아닌 여자와 동거를 하였다거나 다른 여자와 사이에 자식을 둔 바 있다는 사정만으로는 혼인 당시 피고에게 '부부생활을 계속할 수 없는 중대한 사유'가 있었던 것이라고 할 수 없고, 원고가 피고의 사기로 인하여 혼인한 것이라고 할 수도 없다고 본 원심판결을 수긍하였다.

강박이란 혼인 당사자에게 해악을 고지함으로써 공포심을 일으켜 혼인하게 하는 것을 말한다. 사기의 경우와 마찬가지로 강박자가 제3자인 경우에도 취소를 할 수 있다.

서울가정법원 2005. 3. 10. 선고 2004르910 판결은, 의사결정능력 및 판단력에 심각한 장애가 있는 상태에서 혼인의 의사표시가 이루어진 경우에는 사기 또는 강박에 의한 혼인 취소 규정을 유추하여 혼인의 취소를 허용하여야 한다고 하였다. 그러나 이 사건에서는 혼인 취소를 주장하는 당사자가 의사결정능력 등에 심각한 장애가 있는 사람 본인이었으므로, 혼인 상대방의 사기 또는 강박을 원인으로 혼인 취소를 인정하는 본조 iii와 유사하다고 보기는 어렵다.

취소청구권자는 따로 규정되어 있지 않으므로 혼인 당사자에 한정된다.

Ⅲ. 혼인 취소의 청구

1. 혼인 취소청구권

혼인의 취소사유가 있더라도, 그 취소청구권자가 혼인 취소청구를 하여 혼인 취

---

23) 최준규(2017), 343 이하도 같은 취지이다. 또한 장다혜(2018), 47 이하; 김유진(2021), 342 이하도 참조. 김유진(2021), 351-353은 이 사건에서 혼인 취소청구가 권리남용에도 해당한다고 주장한다.

소의 판결이 선고, 확정되어야만 혼인은 취소된다. 법문은 혼인 취소청구권이라고 표현하고 있으나, 그 성질은 본래 의미의 청구권이 아니라 그 행사에 의하여 법률관계가 변경되는 형성권이고, 권리를 소로써만 행사하여야 한다는 점에서 이른바 형성소권(Gestaltungsklagerecht)에 속한다. 혼인 취소의 소는 나류 가사소송사건으로서(家訴 §2), 가사조정의 대상이 될 수 있다(家訴 §50) 그러나 혼인 취소는 성질상 당사자의 임의처분이 허용되지 않으므로, 혼인을 취소하기로 하는 조정은 무효이고(家訴 §59 ②),[24] 다만 혼인관계를 유지시키기로 합의하여 소 또는 조정신청을 취하하게 하거나 협의이혼하도록 하는 것과 같은 간접적이고 우회적인 조정은 가능하다.[25]

2. 혼인 취소의 당사자

혼인 취소의 청구권자는 그 사유에 따라 다르다. 혼인적령 위반(§807)과 동의권자의 동의를 얻지 않은 혼인(§808)의 경우에는 당사자 또는 그 법정대리인이 청구권자이고, 금혼사유가 있는 경우(§809)에는 당사자, 그 직계존속 또는 4촌 이내의 방계혈족이 취소를 청구할 수 있다(§817). 중혼(§810)의 경우에는 당사자 및 그 배우자, 직계혈족, 4촌 이내의 방계혈족 또는 검사가 그 취소를 청구할 수 있다(§818). 상세한 것은 §§817, 818의 주해 참조.

부부생활을 계속할 수 없는 중대한 사유 있음을 알지 못한 경우와 사기 또는 강박으로 인한 혼인의 경우에는 민법이 따로 그 취소청구권자를 규정하고 있지 않으므로, 혼인 당사자만이 취소를 청구할 수 있다고 해석된다.

혼인 취소 청구의 상대방은 家訴 §24가 규정하고 있다. 이에 따르면 부부 중 어느 한쪽이 혼인 취소의 소를 제기할 때에는 배우자를 상대방으로 하고, 제3자가 소를 제기할 때에는 부부를 상대방으로 하며, 부부 중 어느 한쪽이 사망한 경우에는 그 생존자를 상대방으로 한다. 상대방이 될 사람이 사망한 경우에는 검사를 상대방으로 한다(家訴 §24 ③). 검사가 취소청구의 상대방이 되는 것은 부부가 모두 사망한 경우이고, 부부 어느 한쪽만이 사망한 경우에는 다른 한쪽이 상대방이 되며, 검사는 상대방이 될 수 없다. 혼인 취소소송에서 일방 또는 쌍방이 사망한 경우에 소의 이익이 인정될 수 있는가에 관하여는 아래 3. 참조.

---

24) 친생부인의 조정에 관한 대법원 1968. 2. 27. 선고 67므34 판결 참조.
25) 제요[1], 657; 박동섭·양경승, 122-123.

3. 소의 이익

혼인 취소청구를 할 수 있으려면 다른 소의 경우와 마찬가지로 소의 이익이 있어야 한다. 우선 혼인 당사자나 민법상 취소청구권자로 규정되어 있는 사람들은 다른 특별한 사정이 없는 한 당연히 소를 제기할 이익을 가진다.[26] 소의 이익이 특별히 문제되는 것은 혼인이 이혼이나 당사자의 사망으로 해소된 경우이다.

혼인이 이혼으로 해소된 후에 다시 혼인 취소청구를 할 수 있는가에 관하여는 견해의 대립이 있다. 그러나 혼인의 취소는 혼인관계의 해소를 목적으로 하는 것이고, 혼인이 취소되더라도 소급효가 없다는 점에서 이혼과 효과상 차이가 없으므로, 이 경우에는 혼인 취소청구를 할 소의 이익이 없다고 보아야 할 것이다.[27] 이에 대하여는 후혼의 처가 후혼의 취소로 남편에 대하여 이익반환이나 손해배상을 청구할 수 있는 경우에는 후혼이 이미 이혼으로 해소된 경우에도 후혼 취소를 청구할 이익이 있다고 하는 반대설이 있다.[28] 그러나 손해배상을 청구할 사유가 있으면 후혼이 이혼으로 해소되었더라도 손해배상을 청구하는데 지장이 없으므로,[29] 이러한 경우에도 후혼 취소를 청구할 이익은 없다.[30]

혼인이 사망으로 인하여 해소된 경우는 어떠한가? 이는 중혼의 경우에 주로 문제된다. 판례는 중혼자의 사망으로 중혼관계가 해소되었다 하여도 家訴 §24 ②[31]등을 근거로 하여, 전혼의 배우자는 생존하는 중혼 당사자의 일방을 상대로 혼인 취소를 구할 수 있다고 한다.[32] 대법원 1991. 12. 10. 선고 91므535 판결은 그 이유를, 중혼자가 사망한 후에라도 그 사망에 의하여 중혼으로 인하여 형성된 신분관계가 소멸하는 것은 아니라는 점에서 찾고 있다.

그러나 중혼으로 인하여 형성된 신분관계를 소멸시키기 위하여 혼인의 취소를 인정한다는 것에는 의문이 있다. 혼인 취소는 유효하게 성립한 혼인관계를 해소시키기 위한 것이므로, 일단 혼인이 해소되었다면 또다시 혼인을 해소시키기 위하여 혼인의 취소를 청구할 이익은 없다고 보아야 한다. 판례가 중혼으로 인하여 형성된 신분

---

26) 친생자관계 부존재확인의 소에 관한 대법원 1981. 10. 13. 선고 80므60 전원합의체판결; 대법원 1991. 5. 28. 선고 90므347 판결 참조.
27) 주석친족(1), 136(박상인).
28) 박동섭, 주석, 188.
29) 대법원 1977. 1. 25. 선고 76다2223 판결 참조. 이 사건에서는 상대방 배우자 아닌 제3자에게 손해배상을 청구한 경우였다.
30) 제요 [1], 659; 김영훈(2007), 619 참조.
31) 가사소송법 제정 전에는 인사소송법 §27 ②.
32) 대법원 1986. 6. 24. 선고 86므9 판결 등.

관계를 소멸시킨다는 것은 인척관계가 혼인의 취소로 인하여 종료한다(§775)는 것을 염두에 둔 것으로 보인다. 그러나 인척관계의 해소는 혼인 취소로 인한 부수적인 효과에 불과하다. 또한 민법은 현재의 인척관계뿐만 아니라 과거의 인척관계도 금혼사유로 다루고 있으므로(§809), 사망한 사람과의 혼인으로 인하여 발생한 인척관계를 해소시킨다는 것이 법적인 이익으로서 보호될 수 있는지 의문이다.[33]

그럼에도 불구하고 가사소송법이 당사자가 사망한 경우에도 혼인 취소를 인정하고 있는 것은, 혼인 취소의 비소급효를 규정하고 있는 §824에도 불구하고, 이 경우에는 혼인 취소로 인한 혼인 해소의 효과가 사망시에 소급하여 발생하는 것으로 보아야 하기 때문으로 생각된다. 이러한 경우에는 혼인의 취소가 상속에 관하여 영향을 줄 수 있다. 자세한 것은 §824의 주해 참조.

또한 혼인의 당사자 쌍방이 모두 사망한 경우에는 제3자가 검사를 상대방으로 하여 소송을 제기할 수 있다(家訴 §24). 그러나 혼인의 소급효가 전혀 인정될 수 없다면, 이러한 경우에는 상속 등의 문제에 관하여 어떤 변동을 가져오지 않으므로, 혼인의 취소를 인정할 필요는 없을 것이다.[34]

그리고 중혼의 경우에 전혼의 배우자가 사망한 경우에는 후혼의 하자가 치유되어 취소할 수 없다고 봄이 타당하다.[35] 그러나 대법원 1993. 8. 24. 선고 92므907 판결은, 중혼자가 먼저 사망하고, 이어 전혼 배우자가 사망한 경우에, 중혼자의 이복 동생이 제기한 후혼 취소 청구가 그 자체로는 소의 이익이 있다는 전제 하에, 혼인 취소청구가 권리남용이라고 하였다.[36]

4. 혼인 취소 판결의 효력

혼인 취소 청구를 인용한 확정판결은 제3자에게도 효력이 있다. 반면 이를 배척한 판결이 확정된 경우에는 다른 제소권자는 사실심의 변론종결 전에 참가하지 못한 데 대하여 정당한 사유가 있지 아니하면 다시 소를 제기할 수 없다(家訴 §21).

혼인 취소의 재판이 확정된 경우에는, 소를 제기한 사람은 재판의 확정일부터 1개월 이내에 재판서의 등본 및 확정증명서를 첨부하여 등록사무의 처리를 담당하는

---

33) 다만 배우자가 대습상속을 할 수 있는 경우에는 사망한 배우자와의 혼인을 취소하면 배우자의 대습상속은 막을 수 있으므로, 이 한도에서는 의미가 있을 수 있다.
34) 박동섭, 주석, 87. 반대: 김영훈(2007), 618.
35) 일본에서의 논의상황에 대하여는 박동섭, 주석, 187; 東條 宏(1998), 38 참조.
36) 또한 대법원 1991. 2. 12. 선고 90다10827 판결은, 중혼자가 먼저 사망하고 이어서 전혼의 배우자가 사망한 후, 중혼자의 친족이 후혼의 배우자를 상대로 후혼의 취소를 청구하여 인용된 것을 정당한 것으로 전제하여 판단하고 있다.

시·읍·면의 장에게 그 취지를 신고하여야 하고, 이때에는 신고서에 재판확정일을 기재하여야 한다. 그 상대방도 마찬가지로 신고할 수 있다(家登 §73에 의한 §58의 준용). 이때의 신고는 보고적 신고이다. 다른 한편 혼인 취소의 판결이 확정되면, 법원사무관 등은 지체없이 당사자 또는 사건본인의 등록기준지의 가족관계등록사무를 처리하는 자에게 그 뜻을 통지하여야 한다(家訴規 §7 ①).

5. 혼인 취소청구와 권리남용

혼인 취소청구도 그것이 신의칙에 위반되거나 권리남용에 해당하면 허용되지 않는다. 대법원 1993. 8. 24. 선고 92므907 판결은 혼인 취소청구가 권리남용이라고 하여 이를 받아들이지 않았다. 이 사건에서는 A가 B와 혼인하였다가 사실상 이혼상태에 들어간 후 C와 혼인신고를 하였다가, A가 먼저 사망하고 이어 B도 사망한 경우에, B의 이복동생이 C를 상대로 혼인 취소의 청구를 한 사건에서, 취소청구권이 실효(失效)의 법리에 따라 소멸된 것은 아니지만, 혼인 취소에 의하여 C와 그 자녀가 혼인외의 출생자로 되어 불이익을 입는 점, 이에 비해 원고는 별다른 불이익을 입을 것으로 보이지 아니하는 점, B나 B의 소생 자녀도 A와 C의 혼인을 인정하고 있는 점, A와 B 모두 사망한 지금에 와서 구태여 A와 C의 혼인을 취소하여야 할 공익상 필요도 없으므로 원고의 청구는 권리 본래의 사회적 목적을 벗어난 것으로 권리의 남용에 해당한다고 하였다.[37) 그러나 이 사건에서는 1차적으로 원고의 혼인 취소청구의 소의 이익이 있는지를 따져 볼 필요가 있었다.

반면 대법원 1991. 5. 28. 선고 89므211 판결은, 중혼을 이유로 하는 혼인 취소청구에 관하여, 취소청구를 한 전혼 배우자가 실제로는 혼인생활을 계속할 의사가 없다든가, 선의의 제3자인 후혼 배우자나 그 자녀들의 이익이 크게 침해된다는 등의 사유만으로는 중혼의 취소를 구하는 심판청구가 권리남용이라고 할 수는 없다고 보았다. 그리고 대법원 1991. 12. 10. 선고 91므535 판결은, 중혼으로 인한 후혼 취소청구에 관하여, 외국에서 혼인한 전혼의 배우자가 사망한 상대방과 이미 사실상 이혼상태에 있었다든가, 그 혼인사실을 뒤늦게 공관장에게 신고하였다는 사정만 가지고 전혼의 배우자가 생존한 중혼의 일방 당사자를 상대로 제기한 혼인 취소청구가 오로지 피청구인을 괴롭히기 위한 소송으로 권리남용에 해당하거나 신의칙에 반하여 위법한 것이 된다고 할 수 없다고 하였다.

---

37) 그러나 위 판결이 C의 자녀가 혼인 취소로 인하여 혼인외의 출생자로 된다고 한 것은 명백한 잘못이다.

第 817 條 (나이위반 혼인 등의 취소청구권자)

婚姻이 第807條, 第808條의 規定에 違反한 때에는 當事者 또는 그 法定代理
人이 그 取消를 請求할 수 있고 第809條의 規定에 違反한 때에는 當事者, 그
直系尊屬 또는 4촌 이내의 傍系血族이 그 取消를 請求할 수 있다.

▍**참고문헌**: 김시철(2002), "민법 제817조 등의 해석 및 개정에 관한 소고", 법률신문 3050.

Ⅰ. 혼인적령 미달, 동의권자의 동의를 얻지 않은 혼인

혼인적령에 미달한 사람이 혼인하였음을 이유로 하는 혼인 취소(§807 위반)의 경
우에 혼인 취소청구권자는 당사자와 그 법정대리인이다. 그런데 미성년자가 혼인한
경우에는 성년의제(§826-2)에 의하여 성년이 되기 때문에, 친권자나 미성년후견인은
더 이상 법정대리인이 될 수 없다. 따라서 이 경우에 취소권자인 법정대리인은 성년
후견인이 선임된 경우의 성년후견인이다(§938 참조).[1]

동의권자의 동의를 얻지 않은 혼인(§808 위반)의 경우에도 청구권자는 당사자와
그 법정대리인이다. 이때에도 법정대리인은 성년후견인에 한한다.

Ⅱ. 금혼사유 위반

금혼사유를 위반한 혼인중 혼인 취소사유에 해당하는 경우[2]에는 당사자와 그 직
계존속 또는 4촌 이내의 방계혈족이 그 취소를 청구할 수 있다. 당사자 외에 직계존

---

1) 주석친족(1), 139(박상인); 제요[1], 656. 그러나 김시철(2002); 송덕수, 48-49은 혼인 당시의 법정대
리인이라고 한다.
2) 6촌 이내의 혈족의 배우자, 배우자의 6촌 이내의 혈족, 배우자의 4촌 이내의 혈족의 배우자인 인척이
거나 이러한 인척(§809 ②) 가운데 직계인척 아닌 방계인척 사이의 혼인, 6촌 이내의 양부모계의 혈족
이었던 자 중 직계혈족 아닌 방계혈족 사이의 혼인, 4촌 이내의 양부모계의 인척이었던 자 중 직계인척
아닌 방계인척 사이의 혼인(§809 ③).

속이나 4촌 이내의 방계혈족까지 취소를 청구할 수 있도록 한 것은 금혼사유를 규정한 것이 공익을 위한 것임을 고려한 것으로 생각된다. 그러나 방계혈족에게까지 취소권을 인정하는 것은 직접 이해관계가 없는 제3자가 혼인관계에 부당하게 간섭할 수 있게 할 우려가 있으므로 바람직하지 않다.3) 그리고 직계혈족 가운데 직계비속은 청구권자에서 제외되어 있는데, 직계비속을 중혼의 취소청구권자에서 배제한 것이 평등원칙 위반이라는 헌법재판소 2010. 7. 29. 선고 2009헌가8 결정에 비추어 보면 문제가 없지 않다.

---

3) 헌법재판소 2010. 7. 29. 선고 2009헌가8 결정에서 조대현 재판관의 반대의견 참조.

第 818 條 (중혼의 취소청구권자)

당사자 및 그 배우자, 직계혈족, 4촌 이내의 방계혈족 또는 검사는 제810조를 위반한 혼인의 취소를 청구할 수 있다.

▎**참고문헌**: 이준희(2011), "민법 제818조 위헌제청", 헌법재판소결정해설집 9(2010).

본조는 중혼의 취소청구권자를 규정한다. 당사자란 후혼의 당사자, 즉 중혼자와 그 상대방 배우자를 말한다. 그리고 배우자란 중혼의 직접 피해자라고 할 수 있는 중혼자의 전혼 배우자를 말한다.

중혼의 당사자와 전혼의 배우자 외에 직계혈족, 4촌 이내의 방계혈족 또는 검사도 후혼의 취소를 청구할 수 있다. 이는 중혼은 당사자의 사적인 이익을 침해할 뿐만 아니라 일부일처제라는 가족법의 기본 질서를 깨뜨린다는 점에서 공익상으로도 용인할 수 없다는 생각에 근거한 것이다. 헌법재판소 2010. 7. 29. 선고 2009헌가8 결정은, 중혼의 경우는 혼인적령위반 등 다른 혼인 취소사유와 달리, 특별히 검사를 취소청구권자의 하나로 둔 점, 취소청구권의 소멸기간에 대한 규정이 없는 점 등에 비추어 보면, 비록 취소할 수 있는 혼인이라고 하여도 반사회성·반윤리성이 다른 혼인 취소사유에 비하여 무거운 것으로 평가할 수 있다고 보고 있다. 그리하여 중혼을 무효사유로 볼 것인가, 아니면 취소사유로 볼 것인가, 나아가 취소사유로 보는 경우 취소청구권자로 어느 범위까지 인정할 것인가 하는 문제는 중혼의 반사회성·반윤리성과 혼인생활의 사실상 보호라는 공익과 사익을 어떻게 규율할 것인가의 문제로서 기본적으로 입법형성의 자유가 넓게 인정되는 영역이라고 하였다.[1]

그러나 과연 4촌 이내의 방계혈족이나 검사까지 취소를 청구할 수 있게 하는 것이 합리적인지는 다소 의문이다. 위 헌법재판소 결정 중 조대현 재판관의 반대의견은 혼인의 취소에 관하여는 혼인당사자의 의사를 존중하여야 한다고 하면서, 중혼의 경우에 후혼당사자나 전혼의 배우자가 아닌 제3자에게 혼인 취소권을 인정하려면 혼인당사자의 혼인관계상 권리를 부정하게 하여도 좋을 만큼 정당한 사유가 있어야 한다고 보았다. 그리하여 직계존속이나 4촌 이내의 방계혈족에게 중혼 취소청구권을 인정

---

1) 이준희(2011), 298 참조.

하는 당위성과 합리성을 찾아보기 어렵고, 오히려 2012년 개정 전의 본조가 직계존속과 4촌 이내의 방계혈족을 중혼 취소청구권자로 규정한 부분은 중혼당사자의 혼인관계상의 권리와 혼인관계에 대한 자기결정권을 부당하게 침해하는 것으로서 헌법에 위반된다고 하였다.

　　직계혈족은 당사자 및 그 배우자의 직계혈족을 말한다. 2012년 개정 전에는 직계혈족 가운데 직계존속만이 취소청구를 할 수 있었고, 직계비속은 청구권자에서 제외되어 있었다. 그런데 위 헌법재판소 결정은 직계비속을 중혼의 취소청구권자에서 배제한 것이 평등원칙 위반이라는 이유로 헌법불합치결정을 선고하였다.[2] 그리하여 2012년 개정에서는 직계존속과 직계비속을 포함하는 직계혈족을 청구권자로 하였다.

　　검사가 공익의 대표자라는 이유로 혼인 취소청구권을 인정하는 것은 중혼의 경우에 한정된다.[3]

　　중혼의 경우에는 취소기간의 제한이 따로 없다. 헌법재판소 2014. 7. 24. 선고 2011헌바275 결정은 중혼으로 인한 혼인 취소청구권의 소멸사유나 제척기간을 두지 아니한 것이 위헌이 아니라고 하였다. 다만 대법원 1993. 8. 24. 선고 92므907 판결은, 중혼 성립 후 10여 년간 혼인 취소청구권을 행사하지 않다가 취소청구를 한 것이 권리남용에 해당한다고 한 것이 있다. 이 사건에서는 A가 B와 혼인하였다가 사실상 이혼상태에 들어간 후 C와 혼인신고를 하였는데, 그 후 A가 사망하고 이어 B도 사망하자 A의 이복동생이 C를 상대로 혼인 취소의 청구를 한 사건에서, 취소청구권이 실효(失效)의 법리에 따라 소멸된 것은 아니지만, 혼인 취소에 의하여 C와 그 자녀가 혼인 외의 출생자로 되어 불이익을 입는 점, 이에 비해 원고는 별다른 불이익을 입을 것으로 보이지 아니하는 점, B나 B의 소생 자녀도 A와 C의 혼인을 인정하고 있는 점, A와 B 모두 사망한 지금에 와서 구태여 A와 C의 혼인을 취소하여야 할 공익상 필요도 없으므로 원고의 청구는 권리 본래의 사회적 목적을 벗어난 것으로 권리의 남용에 해당한다고 하였다.[4]

---

2) 그리하여 헌법불합치결정이 선고된 후 위 사건의 위헌제청법원인 서울가정법원은, 직계비속인 원고는 혼인 취소청구소송의 당사자적격이 없다고 하여 소를 각하하였다. 이준희(2010), 312 참조.
3) 헌법재판소 2010. 7. 29. 선고 2009헌가8 결정 중 조대현 재판관의 반대의견은, 검사도 중혼이 당사자나 그 배우자의 법익을 침해하여 사회질서를 해치는 지경에 이른 경우에만 취소청구할 수 있다고 보아야 한다고 주장하였다.
4) 그러나 위 판결이 혼인 취소에 의하여 C의 자녀가 혼인외의 출생자로 된다고 한 것은 명백한 잘못이다(§824 참조).

第 819 條 (동의 없는 혼인의 취소청구권의 소멸)

제808조를 위반한 혼인은 그 당사자가 19세가 된 후 또는 성년후견종료의 심판이 있은 후 3개월이 지나거나 혼인중에 임신한 경우에는 그 취소를 청구하지 못한다.

본조는 우선 동의를 얻어야 하는 혼인에서 당사자가 동의 없이 혼인하였더라도, 혼인 당시 미성년자였던 당사자가 성년연령인 19세가 되었거나 성년후견종료의 심판이 있은 후 3개월이 지나면 취소할 수 없도록 하였다. 그 취지는, 이러한 때에는 당사자는 동의 없이도 혼인할 수 있는 상태에 이르게 되므로, 더 이상 이미 성립한 혼인을 취소할 필요는 없게 되었다고 보아 혼인 성립의 하자가 치유되는 것을 인정한 것이다.

그리고 혼인중에 임신한 경우에 취소를 청구하지 못하도록 한 것은 태아의 보호를 위한 것이다. 물론 혼인의 취소는 소급효가 없으므로 혼인중에 임신된 자녀가 혼외자로 되는 것은 아니지만, 혼인의 취소는 자녀에게 불리한 결과를 가져온다.

취소권이 소멸하는 시점은 우선 성년연령인 19세가 된 후 또는 성년후견종료의 심판이 있은 후 3개월이 지난 때이다. 19세가 되거나 성년후견종료의 심판이 있기만 하면 취소권을 소멸시키지 않는 것은, 당사자로 하여금 3개월이라는 숙고할 수 있는 기간을 부여하기 위한 것이다.

그리고 혼인중에 임신한 때에는 바로 취소청구권이 소멸한다. 임신한 태아가 유산 등으로 출생하지 못한 경우에도 취소청구권이 부활하는 것은 아니라고 보아야 할 것이다.

본조는 혼인적령에 미달한 사람이 혼인한 후 혼인적령에 달한 경우에도 유추적용되어야 한다. 따라서 그가 혼인적령에 달한 후 3개월이 지나거나 혼인중에 임신하면 혼인의 취소를 청구하지 못한다. 위 §816 Ⅱ 1. 참조.

第 820 條 (근친혼등의 취소청구권의 소멸)

第809條의 規定에 違反한 婚姻은 그 當事者間에 婚姻中 포태(胞胎)한 때에는 그 取消를 請求하지 못한다.

§809에 위반한 혼인중 무효사유 아닌 취소사유에 해당하는 경우에는 그 당사자 사이에 혼인중 포태한 때에는 취소하지 못한다. 이 또한 §819와 마찬가지로 포태된 태아의 보호를 위한 것이다. 2005년 개정 전에는 당사자 사이에 혼인중 자를 출생한 때에 취소를 청구하지 못하도록 하였는데, 이는 태아의 보호에 충분하지 못하다고 보아, §809와 마찬가지로 혼인중 포태하면 취소를 청구하지 못하도록 한 것이다. 일단 취소청구권이 소멸한 후에는 태아가 출생하지 못하게 된 경우에도 취소청구권이 부활하는 것은 아니라고 보아야 할 것이다.

第 821 條

삭제 〈2005. 3. 31.〉

第 822 條 (惡疾 等 事由에 依한 婚姻取消請求權의 消滅)

第816條第2號의 規定에 該當하는 事由있는 婚姻은 相對方이 그 事由 있음을 안 날로부터 6月을 經過한 때에는 그 取消를 請求하지 못한다.

혼인을 계속할 수 없는 중대한 사유 있음을 알지 못하였다는 것을 이유로 하는 혼인 취소청구권은 상대방이 그 사유 있음을 안 날부터 6개월이 지나면 소멸한다. 6개월의 기간은 제척기간으로 보아야 한다.

총칙상의 취소권의 제척기간은 추인할 수 있는 날부터 3년, 법률행위를 한 날부터 10년이지만, 혼인관계의 안정을 위하여는 이 기간은 지나치게 길다고 보아 6月의 제척기간이 경과하면 취소를 청구하지 못하도록 한 것이다.

第 823 條 (詐欺, 强迫으로 因한 婚姻取消請求權의 消滅)
詐欺 또는 强迫으로 因한 婚姻은 詐欺를 안 날 또는 强迫을 免한 날로부터 3
月을 經過한 때에는 그 取消를 請求하지 못한다.

　　본조는 총칙상의 사기 또는 강박에 의한 법률행위 취소권의 제척기간인, 추인할
수 있는 날부터 3년, 법률행위를 한 날로부터 10년(§146)은 계속적 계약관계인 혼인의
특성에 비추어 너무 길다고 보아, 이를 사기를 안 날 또는 강박을 안 날부터 3개월로
단축하고 있다. 사기 및 강박의 의의에 대하여는 §817 Ⅱ. 3.의 설명 참조.

第 824 條 (婚姻取消의 效力)

婚姻의 取消의 效力은 旣往에 遡及하지 아니한다.

■**참고문헌**: 남효순(1998), "혼인(중혼)취소의 소급효와 재산상의 법률관계", 民判硏 20; 박종용(2003), "혼인 취소의 효과", 가족법연구 17-2; 윤진수(2009a), "혼인 성립에 관한 독일 민법의 개정에 관한 고찰", 민법논고[Ⅳ]; 윤진수(2009b), "혼인 성립에 관한 민법의 개정방향" 민법논고[Ⅳ]; 윤진수(2015), "혼인과 이혼의 법경제학", 민법논고[Ⅶ].

Ⅰ. 불소급의 원칙

혼인 취소의 기본적인 효과는 일단 유효하게 성립하였던 혼인을 해소시키는 것이다. 이는 혼인 취소 판결의 확정에 의하여 발생한다. 혼인 취소의 효과는 당연히 제3자에게도 미친다.

그런데 본조는 그 취소의 효력이 과거로 소급하지 않는 것으로 규정하고 있다. 혼인의 취소는 혼인 성립 과정에서의 하자를 원인으로 하는 것이므로, 일반 원칙에 따르면 혼인이 처음부터 성립하지 않았던 것과 마찬가지로 다루어야 할 것이다(§141). 그러나 일단 성립한 혼인을 처음부터 없었던 것으로 한다는 것은 실제로 여러 가지 문제를 일으킨다. 가령 혼인중에 출생한 자녀가 소급하여 혼인외의 자녀로 되고, 또 일상가사대리행위의 효력도 소급하여 소멸하게 된다. 그리하여 법은 하자가 중대한 혼인 무효사유의 경우에는 혼인이 처음부터 없었던 것과 같이 다루지만, 그렇지 않은 경우에는 혼인이 취소되더라도 취소되기까지의 혼인관계는 유효하게 존재하는 것으로 취급하는 것이다. 혼인관계도 일종의 계속적 계약관계로 파악할 수 있는데,[1] 일반적으로 계속적 계약관계의 경우에는 채무불이행이 있더라도 소급효를 가지는 해제 아닌 소급효가 없는 장래효만이 인정되는 등, 기존의 상태는 되도록 존중하는 것이 원칙이다.[2][3]

---

[1] 윤진수(2015), 130 이하.
[2] 대법원 1985. 4. 9. 선고 83다카2202 판결 등 일련의 판례는, 계속적 계약인 근로계약의 경우에, 근로

이처럼 혼인 취소의 효과가 소급하지 않는다는 점에서 혼인 취소는 이혼과 큰
차이가 없다.

Ⅱ. 구체적인 적용

1. 성년의제

혼인이 취소되더라도 혼인으로 인하여 일단 발생한 성년의제(§826-2)의 효력은
소멸하지 않으며, 혼인 당사자가 19세 미만이라도 여전히 성년으로 의제된다. 그러나
그렇게 되면 미성년자가 아무러 어리더라도 성년으로 생활할 수 있다는 문제가 발생
하므로, 그 미성년자에게 자녀가 있는 경우에 한하여 제한적으로 성년의제의 효과가
유지된다는 견해가 있다.[4]

2. 인척관계의 종료

혼인이 취소되면 인척관계는 소멸한다(§775 ①). 그러나 혼인이 취소되더라도 혼
인으로 인하여 발생하였던 인척관계가 소급하여 소멸하는 것은 아니므로, 인척이었
던 자 사이의 금혼사유(§809 ②, ③)는 여전히 적용된다. 그런데 사기 또는 강박으로 인
한 혼인 취소의 경우에는 혼인의사의 결정 그 자체가 불완전하고, 부부공동생활체도
성립하지 않았을 가능성이 높기 때문에 금혼사유가 적용되지 않는다고 보는 견해가
있으나,[5] 근거가 박약하다.[6]

3. 자녀에 대한 효과

혼인이 취소되더라도 혼인중에 출생한 자녀는 여전히 혼인중의 자녀이고, 혼외
자로 되는 것은 아니다.[7] 그리하여 이러한 자녀는 친권자의 결정(§909 ⑤), 자녀의 양
육책임과 면접교섭권(§824의2) 등에 관하여 대체로 이혼한 부부 사이의 자녀와 마찬가

자가 취업시 이력서에 그 경력을 은폐하거나 사칭한 것을 사기에 의한 취소의 문제로 보지 않고 징계해
고사유가 되는가 하는 관점에서 다루고 있다.
3) 1998년 개정된 독일 민법은 소급효가 있는 혼인의 무효(Nichtigkeit der Ehe)와 소급효가 없는 혼인의
취소(Aufhebung der Ehe)를 더 이상 구별하지 않고, 모두 혼인의 취소로 통일하였다. 윤진수(2009a),
207 이하.
4) 주석친족(1), 147(박상인).
5) 주석친족(1), 제5판(2016), 364(김주수·김상용).
6) 같은 취지, 주석친족(1), 148(박상인).
7) 대법원 1993. 8. 24. 선고 92므907 판결이 취소된 혼인중에 출생한 자녀가 혼인외의 출생자로 된다고
한 것은 명백한 오류이다.

지로 다루어진다.

III. 상속에 미치는 영향

당사자의 일방이 사망한 후에도 혼인 취소의 소가 인정된다(家訴 §24 ②). 그러면 이러한 경우에 혼인이 취소되면 사망한 당사자의 상속에는 어떠한 영향을 미치는가? 대법원 1996. 12. 23. 선고 95다48308 판결은 이러한 불소급의 원칙을 상속의 경우에도 그대로 적용하여, 혼인중에 부부 일방이 사망하여 상대방이 배우자로서 망인의 재산을 상속받은 후에 그 혼인이 취소되었다는 사정만으로 그 전에 이루어진 상속관계가 소급하여 무효라거나 또는 그 상속재산이 법률상 원인 없이 취득한 것이라고는 볼 수 없다고 보고 있다.

학설상으로는 민법상 혼인 취소에 예외적으로라도 소급효를 인정하는 규정이 없다는 점에서 판례를 지지하는 견해가 있다.[8] 그러나 일정한 범위 내에서는 소급효를 인정하여야 한다는 견해도 주장되고 있다. 그 중 한 견해는, 부부의 일방이 사망한 후에 혼인이 취소된 경우에는 그 사망한 때에 혼인이 소멸한 것으로 보아야 하고, 따라서 생존배우자는 상속권을 가지지 않는다고 한다.[9] 다른 설은 혼인 당시 취소 원인이 있음을 알고 있는 당사자는 혼인에 의하여 얻은 이익을 전부 반환하여야 한다고 주장한다.[10] 그리고 혼인은 사망에 의하여서가 아니라 혼인 취소에 의하여 사망시까지 소급하여 해소되므로 생존배우자는 상속자격을 상실하고, 이때에는 실종선고의 취소에 관한 §29 ②을 유추하여, 생존배우자가 선의이면 재산을 현존이익의 범위에서 반환하고, 악의이면 그 받은 이익에 이자를 붙여서 반환하고 손해가 있으면 이를 배상하여야 한다고 보는 견해도 있다.[11]

생각건대 당사자의 일방이 사망한 후에도 소급효를 전혀 인정하지 않는 것은 문제가 있다. 혼인 취소의 1차적인 효과는 혼인관계를 해소시키는 것이다. 그런데 판례대로라면 이러한 경우에 혼인의 해소를 목적으로 하는 혼인 취소의 소의 이익을 인정하기 어렵다. 대법원 1991. 12. 10. 선고 91므535 판결은 중혼자가 사망한 후 중혼 취소의 소의 이익을 인정하는 이유로서, 중혼자가 사망한 후에라도 그 사망에 의하여

---

8) 남효순(1998), 377 이하; 박동섭·양경승, 123; 배경숙·최금숙, 101; 송덕수, 54; 이경희·윤부찬, 77; 주석친족(1), 147(박상인) 등.
9) 곽윤직, 57; 한봉희·백승흠, 106; 가족법 판례해설, 62(이화숙); 윤진수(2009b), 237-239.
10) 김주수·김상용, 128; 김용한, 128은 신의칙을 근거로 하여 이와 같이 주장한다. 일본 민법 §748 참조.
11) 박종용(2003), 16 이하.

중혼으로 인하여 형성된 신분관계가 소멸하는 것은 아니라는 점에서 찾고 있다. 그러나 단순히 중혼으로 인하여 형성된 인척관계를 소멸시킨다는 것은 혼인의 취소를 인정할 소의 이익으로는 충분하지 못하다. 인척관계의 해소는 혼인 취소로 인한 부수적인 효과에 불과할 뿐만 아니라, 민법은 현재의 인척관계뿐만 아니라 과거의 인척관계도 금혼사유로 다루고 있으므로(§809), 사망한 사람과의 혼인으로 인하여 발생한 인척관계를 해소시킨다는 것이 법적인 이익으로서 보호될 수 있는지 의문이다.

그러므로 이러한 가사소송법의 규정과 민법의 규정을 체계적으로 해석한다면, 혼인 취소로 인한 혼인 해소의 효과가 사망시에 소급하여 발생하는 것으로 보지 않을 수 없다.12) 다만 이처럼 혼인 취소의 소급효를 인정하는 경우에도, 혼인 당사자가 취소사유가 있음을 몰랐던 경우에는 실종선고의 취소에 관한 §29 ②을 유추하여, 그 상속재산을 그 받은 이익이 현존하는 한도에서 반환할 의무가 있다고 보아야 할 것이다.

---

12) 윤진수, 67. 독일 민법은 혼인 취소의 소급효를 인정하지 않고, 혼인이 사망 등으로 인하여 해소된 경우에는 혼인 취소를 청구할 수 없도록 하면서도(§1317 ③), 생존 배우자가 혼인 취소사유 있음을 알았던 경우에는 배우자로서의 상속권을 인정하지 않는다(§1318 ⑤). 스위스 민법 §109 ①은 혼인의 무효(Ungültigkeit der Ehe)는 원칙적으로 소급효가 없는 것으로 규정하면서도, 생존 배우자의 상속권은 인정하지 않는다.

第 824 條의2 (혼인의 취소와 자의 양육 등)

제837조 및 제837조의2의 규정은 혼인의 취소의 경우에 자의 양육책임과 면접교섭권에 관하여 이를 준용한다.

본조는 이혼 후의 자녀의 양육책임과 면접교섭권에 관한 규정을 취소된 혼인에 의하여 출생한 자녀들에 대하여도 준용하고 있다. 혼인 취소의 효과는 소급하지 않으므로, 실질적으로는 이혼과 다를 바 없고, 따라서 자녀의 양육책임과 면접교섭권에 관하여도 이혼에 관한 규정을 준용할 필요성이 있다.

우선 부부는 그 자녀의 양육에 관한 사항을 협의에 의하여 정하여야 하는데, 그 협의는 양육자의 결정, 양육비용의 부담에 관한 사항을 포함하여야 한다(§837 ①, ②). 가정법원은 미성년자인 자녀가 있는 부부의 혼인의 취소나 재판상 이혼의 청구를 심리할 때에는 그 청구가 인용될 경우를 대비하여 부모에게 미성년자인 자녀의 친권자로 지정될 사람과, 그 자녀에 대한 양육과 면접교섭권에 관하여 미리 협의하도록 권고하여야 한다(家訴 §25 ①). 그 협의가 자녀의 복리에 반하는 경우에는 가정법원은 보정을 명하거나 직권으로 그 자(子)의 의사(意思)·연령과 부모의 재산상황, 그 밖의 사정을 참작하여 양육에 필요한 사항을 정하여야 한다. 양육에 관한 사항의 협의가 이루어지지 아니하거나 협의할 수 없으면 가정법원은 직권으로 또는 당사자의 청구에 따라 이에 관하여 결정한다.[1] 또한 가정법원은 자(子)의 복리를 위하여 필요하다고 인정하는 경우에는 부·모·자(子) 및 검사의 청구 또는 직권으로 자(子)의 양육에 관한 사항을 변경하거나 다른 적당한 처분을 할 수 있으며, 이러한 규정은 양육에 관한 사항 외에는 부모의 권리의무에 변경을 가져오지 않는다(§837 ③, ④, ⑤, ⑥).

그리고 혼인이 취소된 경우에 자녀를 직접 양육하지 않는 부모의 일방과 자녀는 상호 면접교섭할 수 있는 권리를 가지는데, 가정법원은 자녀의 복리를 위하여 필요한 때에는 당사자의 청구 또는 직권에 의하여 면접교섭을 제한하거나 배제할 수 있다(§837-2).

---

1) §909 ⑤은 가정법원이 친권자를 직권으로 정하도록 규정하고 있다.

第 825 條 (婚姻取消와 損害賠償請求權)
第806條의 規定은 婚姻의 無效 또는 取消의 境遇에 準用한다.

▌**참고문헌**: 박동진(2005), "약혼예물의 교부와 그 반환청구권의 법리", 가족법연구 19-2.
일본 新注釋民法(17)(2017).

Ⅰ. 손해배상청구권

본조는 약혼 해제로 인한 손해배상청구권에 관한 §806를 혼인의 무효와 취소에
준용한다. 본조의 표제는 혼인 취소와 손해배상청구권이라고 되어 있으나, 실제로는
혼인 무효로 인한 손해배상청구권에 관하여도 규정하고 있다.

우선 손해배상의 발생 사유가 문제되는데, 당사자의 일방이 혼인 당시에 혼인이
무효이거나 취소사유가 있음을 알았을 때에는 상대방에 대하여 손해배상책임을 부담
한다. 이 경우에 상대방은 선의여야 하는가? 일반적으로는 상대방이 선의여야 하지
만, 강박을 이유로 하여 혼인이 취소된 경우에는 상대방이 악의여도 손해배상을 청구
할 수 있다고 보아야 할 것이다.[1] 혼인의 무효 또는 취소사유에 관하여 선의였지만
이를 알지 못한 데 과실이 있는 당사자도 손해배상책임을 부담하는가? §806의 문언
에 따르면 이 경우에도 손해배상책임을 부담하여야 하는 것으로 보이지만, 일단 혼인
관계를 맺었던 당사자에게 지나치게 무거운 책임을 지게 하는 것이 아닌가 하는 의문
이 있다. 혼인의 무효 또는 취소에 제3자가 관여한 경우에는 그 제3자도 책임을 질
수 있다.[2]

그 손해배상의 범위는 재산상 손해[3] 외에 정신상 고통에도 미친다(§806 ②의 준

---

[1] 같은 취지, 주석친족(1), 150. 일본에서는 이 문제에 관하여 견해의 대립이 있다. 일본 新注釋民法
(17)(2017), 159, 160(高橋朋子) 참조.
[2] 제3자의 사기로 인한 혼인에 관한 대법원 1977. 1. 25. 선고 76다2223 판결. 다만 이 사건에서는 혼인
이 이혼에 의하여 해소되었다.
[3] 서울가정법원 2006. 8. 31. 선고 2005드합2103 판결은, 혼인이 취소된 경우에 과거 혼인생활이 유효한
이상 결혼식 비용이나 생활비 등은 원고와 피고 1의 유효한 혼인생활을 유지하기 위하여 필요한 비용이
므로 재산상 손해라고 볼 수 없다고 하였다.

용). 그리고 정신상 고통으로 인한 손해배상청구권은 양도 또는 승계하지 못하지만, 당사자 사이에 이미 그 배상에 관한 계약이 성립되거나 소를 제기한 후에는 그러하지 아니하다(§806 ③의 준용).

다른 한편 중혼의 후혼 배우자가 상대방이 배우자 있는 사람이라는 것을 혼인 당시에 알고 있었다면, 그는 전혼의 배우자에 대하여 손해배상책임을 져야 할 것이다.

이러한 손해배상 사건은 제3자에 대한 청구를 포함하여 다류 가사사건이다(家訴 ② i. 다. 2)).

Ⅱ. 재산분할, 약혼예물의 반환

민법은 혼인이 취소된 경우에 이혼과 같이 재산분할청구권을 인정한다고 규정하고 있지 않으나, 혼인 취소의 효과를 이혼과 같이 본다면, 재산분할을 인정하지 않을 이유가 없다. 가사소송법은 혼인 취소로 인한 재산분할을 마류 가사사건으로 규정한다(家訴 ② ii. 나. 4)).

혼인이 취소된 경우에는 그 취소는 소급효가 없으므로, 특별한 사정이 없는 한 약혼 예물을 반환할 필요는 없다.[4] 하급심 판례[5] 가운데에는, 원고와 피고의 혼인이 취소된 경우에 원고와 피고의 혼인이 사회적으로 부부공동체로서 공동생활을 하였다고 보기 어려울 정도의 단기간 내에 해소되었다거나 당초부터 혼인을 계속할 의사가 없어 그로 인하여 파국을 초래하였다고 할 수 없으므로, 결혼식 등 혼인생활을 위하여 지출한 비용 및 예물·예단 등 상당액의 손해배상을 구하는 청구는 이유 없다고 한 것이 있다. 혼인이 무효인 경우에는 약혼 예물의 반환을 인정하여야 할 것이다.[6]

---

4) 주석친족(1), 151(박상인). 그런데 박동진(2005), "239−240은 혼인을 원인으로 하여 재산상 이익을 얻은 당사자는 혼인당시 취소원인을 알고 있었다면 그 이익의 전부를 반환하여야 하므로, 약혼 예물도 반환될 수 있다고 하지만, 혼인 취소는 원칙적으로 소급효가 없으므로 그와 같이 볼 수는 없다.
5) 서울가정법원 2017. 11. 16. 선고 2016드합36263 판결.
6) 주석친족(1), 151(박상인); 박동진(2005), 239.

第 3 章 婚姻

[後註]

사실혼

■ 참고문헌: 참고문헌: 고상룡(1985), "임차권의 승계(하)", 사법행정 1985. 2; 고창현(1979), "사실혼의 해소에 관한 재론", 민사법학 2; 고형석(2010), "사실혼 배우자의 주택임차권의 승계에 관한 연구", 한양법학 21-2; 권순한(2000), "상속법의 미래의 과제", 가족법연구 14; 김무신(2012), "사실혼 관계의 해소와 재산분할청구", 민사재판의 제문제 21; 김미경(2010), "사실혼 배우자에 대한 보호", 부산대학교 법학연구 51-4; 김미경(2023), "사실혼 증명절차에 대한 제언(提言)", 재산법연구 39-4; 김상용(2007), "사실혼 배우자의 상속권에 관한 시론(試論)", 중앙법학 9-2; 김상용(2010), 사실혼의 해소와 재산분할청구, 민사판례연구 32; 김상용(2014), "형부와 처제간의 사실혼은 법률상 보호받을 수 있는가?", 가족법연구 Ⅳ; 김상준(1996), "혼외가족의 법률문제", 민사판례연구(18); 김시철(2006), "일방 당사자의 사망으로 인하여 사실혼 관계가 종료된 경우 그 상대방에게 재산분할청구권을 인정할 수 있는지", 대법원판례해설 61; 김영신(2012), "사실혼의 요건에 관한 소고", 가족법연구 26-3; 김인유, "사실혼이 일방의 사망으로 해소된 경우 생존 사실혼 배우자의 보호방안", 경북대 법학논고 52집, 2015; 김준모(2003), "재산분할제도의 성격" 재판자료 101; 문흥안(2012), "사실혼 배우자 일방의 사망과 재산의 청산", 일감법학 21; 박인환(2007), "사망에 의한 사실혼의 해소와 재산분할의 유추" 가족법연구 21-3, 161 이하; 박인환(2009), "사실혼보호법리의 변천과 과제", 가족법연구 23-1, 133 이하; 박철(1997), "사실혼의 성립요건", 민판연 19; 부구욱(1995), "당사자일방이 사망한 경우의 사실혼 관계존부확인청구", 대법원판례해설 23호; 서인겸(2016), "혼인의 실질적 요건을 흠결한 사실혼의 가족법상 보호에 관한 소고", 경희법학 51-3; 손승온(2003), 사실혼 관계 해소와 관련한 문제점", 재판자료 101; 안영하(2008), "주택임대차보호법 제9조에 의한 임차권의 승계", 비교사법 15-2; 윤인성(2011), "중혼적 사실혼 관계가 법률혼

배우자의 사망으로 통상적인 사실혼 관계로 된 경우, 법률혼 배우자의 사망 후에는 사실상 혼인관계에 있던 사람을 군인연금법 제3조 제1항 제4호 (가)목에 규정된 배우자로 볼 수 있는지 여부", 대법원판례해설 85; 윤진수(2009), "검사를 상대로 하는 사실상혼인관계 존재확인청구", 민법논고[Ⅳ]; 윤진수(2015), "사실혼배우자 일방이 사망한 경우의 재산문제", 민법논고[Ⅶ]; 이동진(2024), "부부 일방의 사망과 재산분할·상속 그리고 사실혼", 가족법연구 38-2; 이봉림(2020), "사망에 의한 사실혼 해소 시 재산분할에 관한 소고", 사법행정 2020. 12; 이소은(2023), "중혼적 사실혼 배우자의 산업재해보상보험법상 유족급여 수급권", 법조 72-5; 이지원(2017), "사망으로 인한 사실혼 관계의 해소에 따른 재산귀속에 관한 연구", 중앙대 법학논문집 41-2; 이진기(2010), "사실혼제도에 대한 비판적 접근", 가족법연구 24-3, 291 이하; 임성근(1998), "사실혼의 보호와 그 한계" 판례연구 8(부산판례연구회); 임영수(2010a), "부동산임차권의 승계에 따른 사실혼배우자의 주거권보호", 중앙법학 12-4; 임영수(2010b), "인적결합에 있어 사실혼과 연대적 결합체의 상관관계에 관한 고찰", 가족법연구 24-3; 임영수(2011), "사실혼배우자의 상속권 보장 방법에 관한 일고", 동아법학 53; 장창민(2003), "사실혼과 혼외동거에 관한 일고" 가족법연구 17-2; 정 원(2002), "재산분할과 관련한 몇가지 실무상 문제점", 실무연구 Ⅷ; 정현수·임영수(2009), "사실혼 보호 법리의 재검토", 법학연구 20-2; 주선아(2011), "중혼적(중혼적) 사실혼의 보호범위", 저스티스 127; 지원림(2008), "사실혼에 관한 약간의 비판적 고찰", 가족법연구 22-3, 461 이하; 진선미의원실(2014), 생활동반자에 관한 법률 토론회; 차성안(2012), "배우자의 유족연금 수급권", 노동법연구 32; 최진갑(1998), "중혼적 사실혼 배우자의 재산분할청구권", 판례연구 8(부산판례연구회); 현소혜(2012), "「근친혼적 사실혼」 관계의 보호", 민판연 34.
二宮周平(1984), "內緣", 民法講座 7; 中川善之助(1926), "婚姻の儀式 (5)", 法學協會雜誌 44-6.

Ⅰ. 사실혼 서론

1. 사실혼의 의의

부부와 마찬가지로 공동으로 생활을 하고 있는 사람들 중에는 혼인신고는 하지 않았기 때문에 법률혼은 아닌 경우가 있다. 이를 보통 사실혼이라고 부른다. 민법은 사실혼에 대하여 규정하고 있지 않지만, 민법 외의 각종 법률에서는 사실혼 내지 사실상 혼인관계라는 용어를 쓰면서 이에 대하여 법적 효과를 부여하고 있어서,[1] 현재는 실정법적으로 승인된 제도라고 할 수 있다.

2. 사실혼에 대한 이론

사실혼을 이론적으로 어떻게 파악할 것인가에 관하여는 여러 가지 견해가 주장되고 있다.

---

1) 家訴 §2 ① 1. 나. 1; 家登 §72; 공무원연금법 §3 ① 3. 가.; 산업재해보상보험법 §5 3.; 住賃 §9 등.

가. 준혼이론

과거에는 판례가 사실혼을 혼인예약이라고 부르면서 약혼과 같은 것으로 취급하기도 하였으나,[2] 현재의 학설상으로는 사실혼을 혼인에 준하는 이른바 준혼(準婚)으로 파악하는 것이 일반적이다.[3] 그리하여 사실혼을 "사실상 부부로서 혼인생활을 하고 있으면서 단지 혼인신고만을 하지 않았기 때문에 법률혼으로 인정되지 않는 부부관계"[4] 또는 "부부로서의 사회적 실체가 존재함에도 불구하고 혼인신고를 하지 아니하여 법률적으로는 부부로서의 신분관계가 없는 것"[5]이라고 정의하고 있다. 준혼이론은 사실혼을 혼인의 다른 요건은 모두 갖추었으나 혼인신고만을 하지 않은 것으로 이해하며, 특히 혼인의 의사가 있어야만 사실혼으로 인정할 수 있다고 보고 있다. 판례도 "사실혼이란 당사자 사이에 혼인의 의사가 있고, 객관적으로 사회관념상으로 가족질서적인 면에서 부부공동생활을 인정할 만한 혼인생활의 실체가 있는 경우"라고 정의하고 있다.[6]

준혼이론은 원래 일본의 나카가와 젠노스케(中川善之助)가 제창한 것이다. 그는 혼인은 생활을 협동하기로 하는 영속적인 성결합으로서, 혼인신고는 혼인의 성립을 확증하는 방법에 그치고, 혼인의 성립 자체에는 영향이 없으며, 신고 없는 혼인(內緣)도 법률적 혼인의 효과 중의 일부는 부여하여야 한다고 보았다.[7] 이러한 나카가와의 견해는 신분법관계는 자연적 관계이고, 사실이 선행한다고 하는 자신의 가족법관계에 대한 이론에 터잡은 것이다.[8]

나. 유형론

그런데 이러한 준혼이론의 전제는, 사실혼 관계를 맺고 있는 사람들도 혼인의 의사를 가지고 있지만, 법률혼이 성립하려면 혼인신고를 하여야 한다는 것을 모르고 있거나, 그 밖의 법률적 또는 사실상의 이유로 혼인신고를 하지 못하고 있으므로, 이러한 사람들을 보호하기 위하여는 사실혼을 법률혼에 준하여 보호하여야 한다는 것이다.[9] 그러나 이에 대하여는 현재 혼인신고를 하여야만 법률혼이 성립한다는 것을 모

---

2) 대법원 1963. 11. 7. 선고 63다587 판결(주석친족 (2), 533); 대법원 1965. 7. 6. 선고 65므12 판결; 대법원 1966. 7. 26. 선고 66므10 판결 등.
3) 김용한, 166-167; 김주수·김상용, 274; 박동섭·양경승, 222; 박정기·김연, 187; 배경숙·최금숙, 218; 송덕수, 132; 신영호·김상훈·정구태, 107; 이경희·윤부찬, 150; 한봉희·백승흠, 130 등.
4) 김주수·김상용, 273.
5) 신영호·김상훈·정구태, 107.
6) 대법원 1979. 5. 8. 선고 79므3 판결; 대법원 1987. 2. 10. 선고 86므70 판결; 대법원 1995. 3. 10. 선고 94므1379, 1386 판결; 대법원 1995. 3. 10. 선고 94므1379, 1386 판결 등.
7) 中川善之助(1926), 1117 이하. 일본에서의 준혼이론의 전개에 대하여는 二宮周平(1984), 55 이하 참조.
8) 친족법 총설 Ⅲ. 3. 라. 참조.
9) 二宮周平(1984), 71 참조.

르는 사람은 극히 드물 것으로 보이고, 또 법률적 또는 사실상의 이유로 혼인신고를 하지 못하는 사람이 있다고 하여도 많지는 않을 것이라는 반론이 있다. 그리하여 현재에는 사실혼 관계를 맺는 사람들 중에는 여러 가지 유형이 있다고 보는 유형론이 등장하였다.

1설은 사실혼을 우선 전통적 사실혼과 현대적 사실혼으로 나눈다. 전통적 사실혼은 무지, 전통적 인습, 경제적 빈곤 등의 사유에 사실혼인데 이는 이제 상당히 감소되었다고 한다. 그리고 현대적 사실혼은 혼인장애사유나 사실상의 이유에 기한 비자발적 유형, 실체형성이나 지식(擧式)과 혼인신고 사이의 시차에 기한 일시적 유형 및 당사자의 의사에 기한 자발적 유형으로 나눌 수 있다고 한다.[10]

다른 설은 전통적 사실혼과 현대적 사실혼의 구분은 채택하지 않고, 사실혼을 당사자들이 법률혼을 창설할 의사는 있으나 사실상의 이유 혹은 우연적 사정으로 인하여 법률혼에 이르지 못한 사실적 우연적 사실혼[11]과, 혼인신고를 하려 해도 법률적 장애 등 때문에 혼인신고를 할 수 없는 법률적 필연적 사실혼 및 적극적으로 법률혼을 거부하고 자신들의 혼인생활의 한 양식으로서 의도적으로 사실혼을 선택하는 의도적 선택적 사실혼으로 나눈다.[12] 외부의 간섭 없이 자신의 의지로 선택한 사실혼(즉, 의지적 사실혼)과 여타의 사정으로 어쩔 수 없이 선택한 사실혼(즉, 비의지적 사실혼), 그리고 혼인 등의 방법 또는 당사자의 관계가 공인된 사실혼(즉, 일시적 사실혼)으로 유형화하는 견해[13]도 대체로 이와 같은 취지라고 할 수 있다.

또 다른 견해는 법률혼이 아닌 남녀의 동거관계를 준혼적 보호를 허여하는 사실혼과, 혼인의 의사가 없거나 사회적 정당성의 요건을 갖추지 못하여 사실혼으로서 보호받지 못하는 혼외동거관계로 나누고, 혼외동거관계에도 어느 정도 보호를 할 필요가 있다고 주장한다.[14]

이러한 유형론에서는 대체로 사실혼 또는 혼외동거를 당사자가 혼인의 의사를

---

10) 지원림(2008), 466 이하.
11) 이는 다시 법률혼의 의미를 잘 알지 못하고 전통적 혼인 예식의 거행으로 충분하다고 여기거나 게으름 때문에 혼인신고를 차일피일 미루는 소극적 우연적 사실혼과, 혼인예식의 거행 후 혼인신고 사이에 의도적으로 시간적 간격을 두어 혼인신고 전까지 일종의 배우자로서의 시험기간을 두는 적극적 우연적 사실혼으로 나누어진다.
12) 박인환(2009), 153 이하.
13) 정현수·임영수(2009), 27−28.
14) 박철(1997), 336 이하. 장창민(2003), 57 이하도 사실혼과 당사자들에게 혼인의사가 없는 혼외동거를 구분하면서, 혼외동거의 경우에도 재산분할은 인정하여야 한다고 보고 있다. 임영수(2010b)도 사실혼과 혼인의사 없는 비혼적 결합체(혼외동서)를 구분한다. 한봉희·백승흠, 143 이하는 혼외동서(婚外同棲)는 사실혼과 다르며 혼인의사 없이 남녀가 혼인과 유사하게 살아가는 동서 현상을 지칭한다고 하면서 주로 미국에서의 논의를 소개하고 있다.

가졌는가 아닌가에 따라 분류하면서, 그 유형에 따라 보호의 정도가 차이가 있을 수 있다고 본다.[15]

다. 사실혼 개념 무용론

더 나아가 사실혼 개념이 무용하다고 보는 견해도 있다. 즉 사실혼은 결합관계가 해소되거나 종료된 경우 이제는 더 이상 존재하지 않는 결합관계 당사자의 재산적 권리관계를 중심으로 비로소 현실화되는 법률문제인데, 이는 민법의 조합규정에 의한 규율이나, 공유규정의 유추적용 등 재산법상의 법리로 해결될 수 있으므로 사실혼 개념은 무용하다고 한다.[16]

라. 소결

우선 사실혼 개념 무용론에 대하여는, 사실혼이 결합관계가 해소되거나 종료된 경우의 재산적 권리관계뿐만 아니라, 결합관계가 존속하고 있던 동안에도 발생하는 법률문제를 해결하기 위하여도 필요하다는 점을 지적할 수 있다. 또한 각종 특별법에서는 사실혼에 대하여 일정한 법률적 효과를 부여하고 있다. 가령 住賃 §9는 사실혼 배우자의 임차권 승계를 인정하고 있고, 공무원연금법이나 산업재해보상보험법 등 각종의 사회보장 관련 법률에서는 사실혼 배우자를 수급권자로 규정하고 있다.[17]

그리고 준혼이론은 혼인신고는 혼인의 성립을 확증하는 방법에 그치고, 혼인의 성립 자체에는 영향이 없다고 보고 있는데, 이는 법률혼주의에 따라 요구되는 혼인신고의 의미를 지나치게 축소시킨다. 이 이론은 가족법관계에서 사실이 선행한다고 하는 거대담론을 전제로 하고 있으나, 과연 이러한 거대담론을 과연 받아들여야 하는지도 의문이다. 나아가 현실의 사실혼 내지 남녀의 공동생활관계는 유형론이 지적하는 것처럼 매우 다양할 수 있는데, 준혼이론은 이를 간과하여 지나치게 단순화하고 있다. 준혼이론에서는 사실혼 관계로 인정받기 위하여는 당사자들에게 혼인의사가 있어야 한다고 보지만, 혼인의사가 없는 사실혼 관계 내지 남녀의 공동생활관계는 전혀 보호할 필요가 없다고 말할 수는 없다. 물론 준혼이론은 사실혼에도 법률혼과 마찬가지로 혼인의 의사가 있을 것을 요구함으로써, 재산분할과 같은 법률혼에 인정되는 제도를 사실혼에도 유추적용할 수 있다는 근거를 쉽게 제시할 수 있다. 그러나 반드시

---

15) 지원림(2008), 473 이하는 자발적 사실혼에서는 당사자들에게 사실혼으로부터의 이탈의 자유가 인정되어야 한다고 하면서, 이 경우 사실혼의 존속은 원칙적으로 보장되지 않는다고 한다.

16) 이진기(2010), 291 이하.

17) 이에 대하여 사실혼 개념 무용론에서는 특별법규정의 근거를 일반화하여 사실혼개념과 연결할 당위성은 없고, 특별법이 규정하는 법률효과도 굳이 사실혼이론을 원용함이 없이 가정공동체에 의하여 형성된 특별한 신뢰관계에서 그 근거를 찾을 수 있다고 한다. 그러나 사실혼 개념에 관하여 민법과 특별법을 구분하여 이해할 필요는 없을 뿐만 아니라, 여기서 말하는 가정공동체에 의하여 형성된 특별한 신뢰관계와 사실혼 개념의 실질적인 차이가 무엇인지 알기 어렵다.

혼인의 의사를 매개로 하여야만 그러한 결론을 도출할 수 있는 것은 아니다.[18]

유형론은 여러 가지 다양한 유형이 있다는 점을 지적하고 있는 점에서는 의미가
있다. 그러나 그 유형에 따라 반드시 법률효과 내지 법적 보호에 관하여 전혀 다르게
취급하여야 하는지는 의문이다. 실제로도 사실혼이 어느 유형에 속하는 것인지를 판
단하는 것도 쉽지 않다. 다만 혼인의사 유무는 구체적으로 사실혼을 어떻게 보호할
것인가 하는 점에서는 고려 요소의 하나로 작용할 수 있을 것이다.[19]

그러므로 사실혼을 반드시 혼인에 준하는 이른바 준혼관계로 파악함으로써 혼인
과 마찬가지로 혼인의 의사를 요구할 필요는 없고, 이를 혼인과는 다른 독자적인 생
활형태로 이해하여 그 동거관계의 실태를 중요시할 필요가 있다. 즉 사실혼에서 문제
되는 것은 경제적으로나 사회적으로 약자의 지위에 있는 일방 당사자를 어떻게 보호
할 것인가 하는 점이고, 이 점은 반드시 혼인의 의사 유무에 따라 달라지는 것은 아
니므로, 사실혼의 개념은 객관적, 외형적으로 보아 법률혼과 마찬가지의 공동생활을
영위하는 것으로 이해하면 충분하다고 보인다.[20] 예컨대 住賃 §9는 사실혼 배우자의
거주권 보호를 위하여 사망한 주택임차인의 사실혼 배우자가 그 주택임차인의 임차
권을 승계하는 것을 인정하고 있는데, 이때 임차인과 동거하면서 가정공동생활을 하
고 있던 사람이 혼인의사가 없었다고 하여 임차권의 승계를 인정하지 않는다는 것은
합리적이라고 할 수 없다. 다만 처음부터 단기간의 공동생활만을 의도하는 경우는 사
실혼에서 배제되어야 한다.[21]

그러므로 사실혼은 법률적으로 혼인하고 있지는 않으나 객관적으로 보아 혼인과
같은 공동생활을 상당 기간 유지하고 있는 상태로 정의하면 되고, 혼인의 의사 유무는
원칙적으로 고려할 필요가 없다.[22] 따라서 혼인의사를 가진 사실혼과 혼인의사 없는
혼외동거(혼외동서)를 개념상 구별할 필요도 없고, 실제로 그 구별은 불가능하다.

마. 사실혼 보호의 필요성과 한계

사실혼의 문제는 결국 사실혼을 왜 보호하여야 하는가, 법률혼에 주어지는 법률

---

18) 일본에서도 근래에는 준혼이론에 대한 비판이 많다. 윤진수(2015), 167 주 14)의 소개 참조.
19) 윤진수(2015), 168.
20) 二宮周平(1984), 144 이하는 혼인의사와 부부공동생활의 실체가 있는 것을 內緣이라고 하고, 주체적
   인 의사를 가지고 혼인신고를 하지 않은 채 공동생활을 선택하는 것을 사실혼이라고 하여 양자를 구분
   하면서도, 사실혼의 경우에도 관계해소시의 재산분할의 유추적용이라든지, 부당파기에 대한 손해배상,
   사회보장상의 권리에 관하여는 내연과 마찬가지의 법적 보호를 하여야 한다고 주장한다. 그 근거로서는
   그와 같은 보호가 없으면 사실혼이라는 생활형태를 선택할 자기결정권이 보장되지 않는다고 하는 점을
   든다. 그러나 자기결정권을 그 근거로서 제시하는 것은 의문이다. 위와 같은 보호를 받지 않는 생활형
   태를 선택하는 것도 자기결정권의 발현일 수 있다.
21) 윤진수(2015), 166-167 이하 참조.
22) 윤진수, 159; 윤진수(2015), 168.

상의 보호를 어느 범위에서 사실혼에도 인정할 것인가 하는 점으로 귀착된다.23)

사실혼을 보호하여야 한다는 근거로서는 다음 몇 가지를 생각할 수 있다. 첫째, 사실혼과 법률혼은 기능적으로 동일하다. 둘째, 사실혼과 법률혼을 달리 취급하는 것은 사실혼 부부 사이에서 태어난 자녀들을 차별하는 것이 된다. 셋째, 사실혼을 법률혼과 달리 취급하면 사실혼 부부 가운데 약한 사람이 보호되지 못한다. 반대로 사실혼을 법률혼과 달리 취급하여야 한다는 주장의 논거로서는 사실혼은 부도덕하다는 점, 사실혼은 법률혼보다 깨지기 쉬워서 불안정하므로 당사자로 하여금 법률혼을 하도록 유도하여야 한다는 점, 사실혼 당사자들은 그 의사에 따라 법률혼을 선택하지 않았고, 법률관계의 명확성을 위하여는 법률혼제도가 필요하다는 점이 제시된다.

생각건대 사실혼이 부도덕하다는 주장은 오늘날 더 이상 받아들여지지 않고 있고, 사실혼이 불안정하다는 점도 과연 사실혼이기 때문에 불안정한지는 확실하지 않다. 그러나 다른 한편 사실혼과 법률혼이 기능적으로 동일하다는 점만으로 양자를 같이 취급한다면, 법이 법률혼을 인정하기 위하여는 혼인신고와 같은 형식을 요구하고 있는 것은 의미가 없게 될 것이다. 또 사실혼 부부 사이에서 태어난 자녀 차별의 문제는 다른 방법으로 해결할 수 있다.

그러므로 사실혼 보호를 위한 가장 설득력 있는 논거는 사실혼 부부 가운데 약한 사람을 보호하여야 한다는 것이다. 그러나 다른 한편으로 사실혼을 법률혼과 전혀 똑같이 취급할 수는 없다. 사실혼 보호에 제한을 두어야 하는 이유는, 법률관계의 명확성을 위하여는 혼인신고와 같은 법적 절차를 거치게 할 필요가 있고, 부수적으로는 당사자들이 혼인신고를 함으로써 법률혼에 의한 보호를 받을 수 있었음에도 불구하고 그렇게 하지 않았다는 점이다. 헌법재판소 2010. 12. 28. 선고 2009헌바400 결정은, 부동산 실권리자명의 등기에 관한 법률 적용의 예외를 인정하는 위 법 §8가 법률혼 배우자에게만 적용되고, 사실혼 배우자에게는 적용되지 않는 것이 위헌이 아니라는 이유로, 사실혼 배우자 사이에서도 특례를 인정한다면 공부상으로나 외관상으로 쉽게 확인이 안 되는 사실혼 관계를 가장하여 명의신탁을 행하는 탈법행위를 막기가 어렵고, 자발적으로 사실혼을 선택한 당사자는 법적 구속을 받지 않으려는 스스로의 적극적인 의사에 따라 국가의 개입을 거부하는 것이라고 하였다.

그러므로 사실혼을 어느 정도로 보호할 것인가를 고려함에 있어서는 이러한 두 가지 측면을 모두 고려하여야 한다.

---

23) 이에 대하여는 윤진수(2015), 189 이하 참조.

바. 이른바 생활동반자법 논의

2014년에 당시 진선미 국회의원이 프랑스의 민사연대협약(pacte civil de solidarité, PACS) 제도를 참고하여 「생활동반자관계에 관한 법률안」을 발의하고자 하였다. 이 법안에 따르면 이성 또는 동성의 당사자 쌍방이 가정법원에 신고함으로써 생활동반자관계가 성립하고, 생활동반자 사이에는 동거, 부양, 협조의무가 인정되며, 일상가사대리권도 인정되지만, 신분상의 효과는 인정되지 않는다. 또 당사자에게 사회보장법과 세법상의 혜택이 인정되며, 의료법에 관하여도 특례가 인정된다. 생활동반자관계는 당사자가 일방적으로 해소할 수 있도록 하였다. 사실혼 관계가 해소되면 재산분할청구권이 인정된다.[24] 그러나 이 법안은 결국 발의되지 못하였다.

그 후 2023년 두 개의 「생활동반자관계에 관한 법률안」이 발의되었다.[25] 그 내용은 대체로 위와 같다. 그러나 위 법안들은 모두 2024년 제21대 국회의 임기 만료로 폐기되었다.

Ⅱ. 사실혼의 요건

1. 주관적 요건과 객관적 요건

가. 종래의 논의

앞에서도 언급한 것처럼, 종래의 판례는 사실혼의 요건으로서 혼인할 의사가 있다는 주관적 요건과, 부부공동생활이라고 인정될 만한 혼인생활의 실체가 존재한다는 객관적인 요건을 요구하고 있다.[26] 종래의 학설도 대체로 이를 지지하고 있는 것으로 보인다.

그러나 판례는 실제로는 주로 객관적 요건을 중요시하고 있다. 즉 객관적인 동거사실이 있으면 대체로 혼인의 의사도 있었다고 보아 사실혼의 성립을 인정한다.[27] 그리고 사실혼 관계의 성립을 부정함에 있어서 주로 객관적 요건이 존재하지 않는다고 하거나, 양자가 모두 존재하지 않는다고 하고 있고, 객관적 요건은 존재하지만 주관적 요건이 결여되었다고 하여 사실혼 관계의 성립을 부정하는 경우는 찾기 어렵다.

대법원 1979. 5. 8. 선고 79므3 판결은, 정교관계가 있어 자녀를 출산하였지만 동

---

24) 진선미의원실(2014) 참조.
25) 2023. 4. 26. 용혜인 의원 등 11인; 2023. 5. 31. 장혜영 의원 등 14인.
26) 대법원 1979. 5. 8. 선고 79므3 판결; 대법원 1987. 2. 10. 선고 86므70 판결; 대법원 1995. 3. 10. 선고 94므1379, 1386 판결 대법원 등.
27) 대법원 1987. 2. 10. 선고 86므70 판결. 김영신(2012), 348은 판례가 혼인의사를 혼인의 실체라는 객관적 요건과 분리하여 검토하고 있지 않다고 본다.

거생활을 하거나 혹은 약혼식, 결혼식 등을 거행하였다거나 객관적으로 부부공동생활을 영위하지 않았다면, 설사 혼인의 의사가 있더라도 사실혼 관계를 인정할 수 없다고 하였다.[28] 그리고 대법원 1984. 8. 21. 선고 84므45 판결은, 청구인과 피청구인이 몇 차례에 걸쳐 동침하였지만, 주위의 이목을 염려한 나머지 그 교제가 떳떳하지 못한 상태에서 계속되어 왔으며, 피청구인의 부모에게 이 사실을 알린다거나 결혼승낙도 받지 아니하고 더구나 결혼식도 올린 일이 없는 경우에는, 비록 그들 사이의 간헐적인 정교관계에 의하여 자식이 태어났다 하더라도 서로 혼인의사의 합치가 있었다고 보여지지 아니할뿐더러, 혼인생활의 실체가 존재한다고도 보여지지 아니하여 사실상의 혼인관계가 성립되었다고는 볼 수 없다고 하여 주관적 요건과 객관적 요건이 다같이 부존재한다고 보고 있다.[29] 여기서 판례가 주로 고려하고 있는 것은 동거 사실의 유무, 부모 등 다른 사람에게 알렸는지 여부, 결혼식을 올렸는지 여부 등이다.[30]

대법원 1998. 12. 8. 선고 98므961 판결은, 당사자가 결혼식을 올린 후 신혼여행까지 다녀온 경우라면 단순히 장래에 결혼할 것을 약속한 정도인 약혼의 단계는 이미 지났지만, 부부공동생활을 하기에까지 이르지 못하였다면 사실혼으로서도 아직 완성되지 않았다고 하였다.

다른 한편 동거기간의 장단도 고려하고 있는 것으로 보인다. 대법원 2001. 1. 30. 선고 2000도4942 판결은, 국가유공자의 처가 국가유공자 외의 자와의 사이에 자식을 출산하고 그 출산을 전후한 약 2개월 동안 동거 또는 간헐적인 정교관계가 있는 경우에, 그것만으로는 서로 혼인의사의 합치나 혼인생활의 실체가 존재한다고 보여지지 않는다는 이유로 사실상의 혼인관계의 성립을 부정하여, 다른 사람과 사실혼 관계에 있었던 사실을 숨기고 국가유공자 유족등록 신청을 하여 보상금을 지급받았다는 요지의 이 사건 공소사실에 관하여 무죄라고 하였다. 이 사건에서 동거사실이 있었음에도 불구하고 혼인생활의 실체가 부존재한다고 본 이유는 그 동거기간이 짧았다는 점을 고려하였다고 추측된다.[31]

그런데 대법원 2008. 2. 14. 선고 2007도3952 판결은, 사실혼 관계에 있는 경우에도 유기죄(刑 §271)의 구성요건인 법률상 보호의무의 존재를 긍정하여야 하지만, 사실혼에 해당하여 법률혼에 준하는 보호를 받기 위하여는 단순한 동거 또는 간헐적인 정

28) 대법원 1986. 3. 11. 선고 85므89 판결은 간헐적 정교관계로 자식이 태어났더라도 그것만으로는 사실혼 관계를 인정할 수 없다고 한다.
29) 대법원 2001. 4. 13. 선고 2000다52943 판결도 대체로 같은 취지이다.
30) 박인환(2009), 161은 부부공동생활의 실체는 일반적으로 상당한 기간의 계속적 동거 사실로부터 추단된다고 한다.
31) 김영신(2012), 353은 판례가 사실혼이 성립하기 위하여 객관적 요건을 엄격히 요구하고 있고, 이는 어떤 면에서는 법률혼보다 더 강화된 것이라고 보고 있다.

교관계를 맺고 있다는 사정만으로는 부족하고, 그 당사자 사이에 주관적으로 혼인의
의사가 있고 객관적으로도 사회관념상 가족질서적인 면에서 부부공동생활을 인정할
만한 혼인생활의 실체가 존재하여야 한다고 하면서, 4년여 동안 동거하기도 하면서
내연관계를 맺어왔다는 사정만으로는 이 관계를 사실혼 관계라고 볼 수 없다고 하여,
혼인의 의사가 없었음을 이유로 사실혼 관계를 부정한 것으로 보이는데, 왜 혼인의
의사가 없었다고 본 것인지 명확하지 않다.32)33)

나. 검토

종래의 판례에 비추어 보면 사실혼의 성립요건으로서 혼인의 의사를 요구하는
것은 사실혼 성립 여부의 판단을 위하여 실질적인 기준으로 작용하지 못하고 있다.
뿐만 아니라 과연 남녀의 공동생활관계를 혼인의 의사가 없다는 이유로 사실혼이 아
니라고 하여 보호하지 않는 것이 타당한지도 의문이다.34) 최근의 하급심 판결35)은,
원고와 피고가 9년 가까이 동거하였는데, 그 사이에 여자인 피고가 일기나 소셜 네트
워크 서비스에 원고와의 결혼에 대하여 회의를 나타낸 점을 들어, 원·피고 사이에
주관적으로 혼인의사의 합치가 있었다거나 객관적으로 부부공동생활이라고 인정할
만한 혼인생활의 실체가 존재하였음을 인정하기에 부족하다고 하였다. 그러나 이 사
건에서 피고가 사실혼 관계의 성립을 주장하였더라도 법원이 이를 부정하였을 것인
지는 의문이다.

결국 사실혼 성립의 주관적 요건은, 혼인의 의사는 아니지만 혼인과 같은 공동생
활을 상당 기간 계속하여 유지할 의사로 이해하여야 할 것이다.36) 그러므로 처음부터
단기간의 공동생활만을 의도하는 경우는 사실혼에서 배제되어야 한다. 외국에서도

---

32) 같은 취지, 김영신(2012), 345. 여기서는 사실혼의 성립이 범죄 인정의 요건 사실이므로 엄격한 입증
    을 요하는 것으로 볼 여지는 있을 것이라고 한다.
33) 한편 박동섭·양경승, 222은 판례가 혼인의사에 혼인신고의사가 필요하지 않다는 소극설을 취한다고
    하면서, 대법원 2000. 4. 11. 선고 99므1329 판결을 예로 들고 있다. 그러나 이 판결은 사실혼 관계에 있
    는 당사자 일방이 혼인신고를 한 경우에도 상대방에게 혼인의사가 결여되었다고 인정되는 한 그 혼인
    은 무효이지만, 상대방의 혼인의사가 불분명한 경우에는 혼인의 관행과 신의성실의 원칙에 따라 사실혼
    관계를 형성시킨 상대방의 행위에 기초하여 그 혼인의사의 존재를 추정할 수 있으므로 이와 반대되는
    사정, 즉 혼인의사를 명백히 철회하였다거나 당사자 사이에 사실혼 관계를 해소하기로 합의하였다는 등
    의 사정이 인정되지 아니하는 경우에는 그 혼인을 무효라고 할 수 없다고 한 것으로서, 사실혼의 성립
    요건으로서 혼인신고의사가 필요하지 않다고 판시한 것은 아니다.
34) 윤진수(2015), 166 이하. 같은 취지, 박인환(2009), 160; 김미경(2010), 70; 김영신(2012), 357 등. 지원
    림(2008), 468−469; 이진기(2010), 301 등도 동거생활관계를 혼인의 의사가 없음을 이유로 보호하지 않
    는 것에 대하여 반대한다.
35) 부산가정법원 2013. 7. 4. 선고 2012르857 판결.
36) 윤진수(2015), 168. 이진기(2010), 301은 남녀의 결합관계를 장래에도 계속하여 유지하려는 자연적 의
    사, 즉 사실적 결합관계의 유지의사라고 표현하고 있다. 같은 취지, 김영신(2012), 358. 김미경(2023),
    276은 혼인 신고 의사나 혼인 의사는 사실혼의 성립요건이 아니고, 사실혼은 '남녀'와 '동반자'와 '공동
    생활'이라는 요소를 포함하는 개념으로 정의하는 것이 타당하다고 주장한다.

일본을 제외하면 사실혼의 성립요건으로서 혼인의 의사를 요구하는 경우는 찾기 어렵다.[37]

　근래에는 사실혼의 요건으로서 혼인의 의사는 필요하지만, 혼인신고의 의사 합치는 필요하지 않다거나,[38] '사회관념상 부부라고 인정되는 정신적·육체적 결합을 생기게 할 의사'를 의미하는 혼인의 실질적 의사는 필요하지만, 혼인신고의사는 필요하지 않다는 견해[39]도 주장되고 있다. 근래의 하급심 판례 가운데에는 당사자 사이에 사회관념상 가족질서적인 면에서 부부공동생활을 인정할 혼인생활의 실체가 있는 경우라면 사실혼 관계가 성립하고, 별도로 당사자 사이에 혼인신고의 의사가 합치될 필요는 없다고 하는 것들이 있다.[40] 이러한 견해는 결과적으로 사견과 일치한다.

　그런데 이에 대하여는, 家登 §72가 사실상 혼인관계 존재확인의 재판을 받으면 혼인신고를 할 수 있도록 규정하고 있는 점에 비추어 보면, 현행법상은 사실혼의 요건으로서 혼인의 의사가 요구되는 것으로 보아야 한다는 반론이 있을 수 있다. 그러나 뒤에서 보는 것처럼 위 규정은 혼인은 강제이행을 청구하지 못한다는 근대법의 원리에 어긋날 뿐만 아니라, 현실적으로도 위 규정에 의하여 혼인신고가 가능한 경우는 거의 없다고 할 수 있다. 그러므로 위 규정의 존재만을 들어 사실혼의 요건으로서 혼인의 의사가 요구된다고 말할 수는 없을 것이다.[41]

　그리고 객관적 요건으로서는 공동생활의 실체가 존재하여야 한다. 그런데 구체적으로 어떤 경우에 공동생활의 실체가 존재하는가를 판단하는 것은 쉽지 않은 문제이다. 그러나 상당한 기간 동거생활이 있었는지 여부, 동거를 다른 사람에게 알렸는지 여부 등이 중요한 고려 요소가 될 것이다.[42]

2. 혼인장애사유가 있는 경우

　사실혼 당사자 사이에 적법한 혼인이 성립할 수 없는 혼인장애사유가 있는 경우, 예컨대 일방 당사자에게 따로 법률상 배우자가 있는 경우에도 유효한 사실혼의

---

37) 윤진수(2015), 167－168 참조. 프랑스에 관하여는 김미경(2010), 58 이하 참조.

38) 주석친족(1), 116(박상인).

39) 주석친족(1), 310－312(임종효).

40) 전주지방법원 2017. 11. 30. 자 2016느단334 심판. 같은 취지, 대전가정법원 2014. 10. 2. 선고 2014르493 판결; 의정부지방법원 2018. 8. 14. 자 2017느단30057 심판; 의정부지방법원 2019. 5. 20.자 2018브1043 결정.

41) 주석친족(1), 312(임종효)은 혼인신고의사는 사실혼의 성립요건이 아니지만, 사실혼 관계 존재확인의 소가 혼인신고를 목적으로 하는 경우에는 당사자 쌍방의 혼인신고 의사가 입증되거나 추정될 필요가 있다고 한다.

42) 프랑스 민법 §515－8은 "혼외동거(concubinage)란 이성 또는 동성의 2인 사이에 짝을 이루어 생활하는 안정적이며 지속적인 공동생활에 의하여 특징지어지는 사실상의 결합"이라고 정의하고 있다.

성립을 인정할 수 있는가? 학설상으로는 사실혼의 경우에는 혼인 성립에 관한 실질적 요건의 구비를 엄격히 요구할 수 없다고 하여, 혼인적령 미만인 사람의 사실혼, 부모 등의 동의를 결여한 사실혼 등은 법률상 혼인으로서의 요건은 갖추지 못했다 하더라도 사실혼으로서는 법률상의 보호를 받을 수 있고, 금혼범위를 위반한 혼인의 경우에도 무효혼에 해당하지 않는 한 사실혼으로서는 보호받을 수 있다고 하는 것이 통설이다.43)44) 다만 선량한 풍속과 사회질서에 위반되는 사실혼은 보호받을 수 없다고 한다.45)

반면 법률혼의 장애사유는 모두 사실혼에도 장애가 된다고 하는 견해도 있다.46)

대법원 2010. 11. 25. 선고 2010두14091 판결은, 2005년 민법 개정 전에 공무원이던 형부와 사실혼 관계에 있었던 처제가 공무원연금법상 유족연금 수급권자인 배우자에 해당하는가에 관하여, 다음과 같이 판시하였다. 즉 민법이 정하는 혼인법질서에 본질적으로 반하는 사실혼 관계에 있는 사람은 유족연금 수급권자인 배우자에 해당한다고 할 수 없고, 혼인할 경우 그 혼인이 무효로 되는 근친자 사이의 사실혼 관계라면 원칙적으로 혼인법질서에 본질적으로 반하는 사실혼 관계라고 추단할 수 있지만, 민법에 의하여 혼인이 무효로 되는 근친자 사이의 사실혼 관계라고 하더라도, 그 반윤리성·반공익성이 혼인법질서 유지 등의 관점에서 현저하게 낮다고 인정되는 경우에는 근친자 사이의 혼인을 금지하는 공익적 요청보다는 유족의 생활안정과 복리향상이라는 유족연금제도의 목적을 우선할 특별한 사정이 있고, 이와 같은 특별한 사정이 인정되는 경우에는 그 사실혼 관계가 혼인무효인 근친자 사이의 관계라는 사정만으로 유족연금의 지급을 거부할 수 없다고 하였다.

---

43) 이경희·윤부찬, 151. 같은 취지, 김용한, 166; 박동섭·양경승, 225; 박정기·김연, 188-9; 윤진수, 160.

44) 주석친족(1), 316-317(임종효)은 부모의 동의를 받지 않은 사실혼은 보호되지만, 혼인적령 위반의 경우에는 개별적 사정을 종합하여 사실혼으로 보호될지 여부를 논하되, 혼인적령을 위반한 사실혼이 혼인적령 후까지 지속된 경우에는 처음 사실혼이 성립되었을 때부터 보호되고, 근친혼적 사실혼은 무효사유가 있는 경우에는 원칙적으로 보호범위에서 제외하되, 혼인이 금지된 역사적·사회적 배경과 아울러 사실혼 관계의 개별적 사정을 종합하여 사실혼으로 보호되는 경우가 있을 수 있고, 그 외 취소사유에 불과한 경우에는 사실혼으로 보호된다고 한다.

45) 한봉희·백승흠, 132. 배경숙·최금숙, 219-210은 중혼적 사실혼은 선량한 풍속 기타 사회질서에 위반되므로 법률상 보호되는 사실혼이 아니라고 하면서도, 다른 한편 무효혼이 되는 혈족간 또는 친족간의 혼인은 사실혼으로서는 인정받을 수 없지만, 취소의 대상이 되는 혼인은 취소 후 사실혼으로 보호받을 수 있다고 본다. 그리고 김용한, 166은 사회질서에 반하는 남녀의 결합은 보호할 수 없으므로 근친혼이나 중혼이 되는 사실혼은 보호할 수 없지만, 선의의 당사자는 상대방에 대하여 손해배상을 청구할 수 있다고 한다.

46) 송덕수, 133; 서인겸(2016), 299.

또 서울가정법원 2013. 3. 26. 선고 2012드합7526, 2011느합319 판결은 위 대법원
판결을 인용하면서, 처제와 형부 사이였던 두 사람이 1997년 무렵 사실혼 관계를 시
작하였다가 2011년 무렵 사실혼 관계가 해소된 경우에, 원고와 피고의 사실혼 관계가
혼인법질서에 본질적으로 반하는 것으로서 법률혼에 준하는 보호가 허용될 수 없는
것은 아니라고 하여, 재산분할을 명하였다.

생각건대 일반론으로서는 혼인장애사유가 있는 사람들 사이의 사실혼이라고 하
여 일률적으로 사실혼으로서 보호를 받지 못한다고 할 수는 없고, 구체적으로 따져
보아야 한다. 그런데 이 경우에 혼인장애 사유가 혼인 무효사유인가 아니면 취소사유
인가는 이러한 판단에서 반드시 중요한 것은 아니고, 개별적으로 따져야 한다.[47] 혼
인 무효사유와 혼인 취소사유의 구별은 절대적인 것은 아니고, 입법정책에 따라 달라
질 수 있기 때문이다.[48] 가령 중혼은 혼인 취소사유이지만, 판례는 중혼적 사실혼의
경우에는 원칙적으로 보호를 받을 수 없다고 보고 있다(아래 V. 참조). 위 대법원 2010.
11. 25. 선고 2010두14091 판결은, 2005년 민법 개정 전에는 혼인 무효사유였던 형부
와 처제 사이의 사실혼도 그 반윤리성·반공익성이 혼인법질서에 본질적으로 반할 정
도라고 할 수는 없다고 하였다.[49][50]

구체적으로는 혼인적령 미만인 사람의 사실혼, 부모 등의 동의를 결여한 사실혼
등은 보호를 받을 수 있을 것이다. 중혼적 사실혼의 경우에는 일부일처제가 민법의
대원칙인 점에 비추어 보호를 받을 수 없지만, 특히 재산분할과 같은 경우에는 구체
적인 사실관계에 따라 보호를 받을 여지가 있다. 그리고 혈족 또는 직계인척 사이의
사실혼은 보호를 받을 수 없겠지만, 방계인척 사이의 사실혼은 방계인척 사이의 금혼
을 인정하는 것이 입법론적으로 부당한 점에 비추어, 보호를 하여야 할 필요가 있다.
이 문제는 주로 중혼적 사실혼과 관련하여 문제되므로 아래 V.에서 별도로 좀더 자
세히 살펴본다.

---

47) 현소혜(2012), 594 이하.
48) 제3장 제3절 前註 참조.
49) 당시의 공무원연금법 §3 ① ii 가.목에 의하면 유족연금을 받을 수 있는 배우자는 공무원 재직 당시
    혼인신고를 마친 법률상의 배우자이거나 사실상 혼인관계에 있던 자이어야 하는데, 사실혼 관계에 있었
    던 형부가 공무원에서 퇴직한 것은 2005년 민법이 개정되기 전인 2003년이었다.
50) 판례지지: 현소혜(2012); 김상용(2014). 그러나 서인겸(2016), 317은, 위 대법원 판례는 근친혼적 사실
    혼 배우자 사이에 준혼관계를 인정하여 가족법상 법률관계를 인정한 것이 아니고, 공무원연금법상 유족
    연금의 수급권자인 사실혼 배우자에 포함되는지 여부와 가족법상 보호를 받는 사실혼 배우자에 해당하
    는지 여부는 각기 그 법의 목적과 규정의 취지에 따라 달리 정하여야 한다고 주장하면서, 위 서울가정
    법원 2013. 3. 26. 선고 2012드합7526, 2011느합319 판결에는 반대한다.

Ⅲ. 사실혼의 효과

여기서 살펴보는 것은 사실혼이 존속되고 있는 동안의 효과이다. 사실혼이 해소된 경우의 법적 문제에 대하여는 아래 Ⅳ.에서 다룬다.

일반적으로는 혼인신고를 전제로 하는 것은 사실혼에서는 인정되지 않는다고 한다. 그러나 어느 경우가 혼인신고를 전제로 하는 것인지는 구체적으로 판단하여야 한다. 특히 제3자와의 관계에서는 사실혼 당사자들이 제3자에게 불리하게 사실혼 관계를 주장하는 것은 허용되지 않는다고 보아야 할 것이다. 물론 제3자의 행위가 불법행위를 구성하는 것과 같은 특별한 사유가 있을 때에는 달리 보아야 할 것이다.

1. 일반적 효과

사실혼 당사자들에게도 법률상 부부와 마찬가지로 동거, 부양 및 협조의무(§828 ①)가 인정된다.[51] 일방이 이러한 의무를 이행하지 않으면 다른 일방은 그 사실혼 해소에 관하여 정당한 이유를 가지므로, 사실혼을 해소하더라도 손해배상책임을 지지 않게 될 뿐만 아니라 상대방에게 손해배상을 청구할 수 있게 된다.[52] 나아가 가령 일방이 상대방에 대한 부양의무를 이행하지 않는다면 상대방은 재판상 그 부양료를 청구할 수도 있다.[53]

그리고 사실혼 당사자에게도 정조의무가 인정된다. 대법원 1967. 1. 24. 선고 66 므39 판결은, 사실혼 관계에서 그중 한 쪽이 다른 남자 또는 여자와 연애를 하며 혼인관계를 더 계속할 수 없는 부도덕한 행위를 하였다면 혼인의 순결성을 저버린 행위로서, 상대편은 이러한 사유를 들어 사실혼의 부당 파기에 대한 책임을 묻고 나아가 그 부당 파기로 인하여 생한 위자료를 청구할 수 있다고 하였다. 이 경우에 제3자가 사실혼 당사자와 간음하였다면 제3자도 불법행위책임을 질 수 있다.[54] 이때 제3자에게 불법행위책임을 지우는 것은 혼인신고 없이도 제3자에게 사실혼 관계를 주장하는 것이 된다는 의문이 있을 수 있다. 그렇지만 이른바 제3자의 채권침해로 인하여 불법행위가 성립할 수 있다는 점에 비추어 보면, 제3자의 불법행위책임을 인정하는 것이 무리한 것은 아니다. 그렇지만 사실혼의 일방 당사자가 제3자와 성관계를 맺었다고

---

51) 대법원 1998. 8. 21. 선고 97므544, 551 판결; 김주수·김상용, 279 등. 대법원 2008. 2. 14. 선고 2007 도3952 판결은, 사실혼의 경우에도 유기죄의 성립에 필요한 '법률상 보호의무'의 존재가 인정된다고 하였다.

52) 대법원 1998. 8. 21. 선고 97므544, 551 판결.

53) 같은 취지, 주석친족(1), 323(임종효).

54) 대법원 1961. 10. 19. 선고 4293민상531 판결[주석친족 (2), 600].

하여, 간통죄가 성립하는 것은 아니다.[55]

그러나 사실혼 당사자 사이에 법률상 친족관계가 성립하는 것은 아니다.[56] 따라서 혼인에 의한 인척관계는 성립되지 않고, 사실혼 배우자는 친족상도례에서의 배우자에도 해당하지 않는다.[57] 사실혼 당사자 일방과 상대방의 친족 사이에 §974 iii에 의한 부양의무가 인정되는가? 이에 대하여는 이를 부정하는 견해[58]와, 사실혼 배우자가 타방 배우자의 직계존속 또는 비속과 가족으로서 공동생활을 하여 온 경우에는 부양의 권리와 의무가 있다고 주장하는 견해[59]가 있다. 최근에는 노인복지법 §1-2가 직계비속의 사실혼 배우자를 부양의무자로 규정하고 있는 점 등을 근거로 하여 사실혼 배우자가 상대 배우자의 직계존속에 대하여 부양의무를 부담한다는 주장이 제기되었다.[60] 또한 사실혼 관계가 성립하였다고 하여 성년의제(§826-2)의 효과가 인정되는 것은 아니다.

2. 재산적 효과

사실혼 당사자 사이에 부부재산계약(§829)을 맺을 수 있는지에 관하여는 이를 부정하는 견해[61]와, 이를 맺을 수는 있으나 등기는 할 수 없으므로 제3자에게 대항할 수 없다는 견해[62]가 대립한다. 생각건대 사실혼 당사자 사이에서 부부재산계약과 같은 내용의 계약을 맺는 것은 민법의 규정과는 관계없이 얼마든지 가능하지만, 사실혼 당사자 사이의 부부재산계약을 등기할 수는 없는데, 민법의 부부재산계약 규정이 의미를 가지는 것은 등기함으로써 제3자에 대하여 대항할 수 있기 때문이므로, 두 학설 사이에 실제적인 차이는 존재하지 않는다.[63]

사실혼 당사자도 일상가사대리권(§827)을 가지고,[64] 일상가사의 연대책임 규정(§832)도 사실혼 관계에 유추적용될 수 있다. 공유의 추정 규정(§830)도 사실혼 관계에

---

55) 대법원 1975. 8. 19. 선고 75도1712 판결 참조.
56) 대법원 2003. 12. 12. 선고 2003도4533 판결; 대법원 2011. 4. 14. 선고 2010도13583 판결.
57) 대법원 2015. 8. 27. 선고 2015도8314 판결.
58) 주해친족(초판, 1권, 2015), 534(윤진수).
59) 박인환(2009), 171.
60) 주석친족(1), 323-324.
61) 김용한, 167. 송덕수, 134도 같은 취지로 보인다.
62) 김주수·김상용, 280; 박정기·김연, 191; 이경희·윤부찬, 152; 한봉희·백승흠, 137. 배경숙·최금숙, 221-222도 같은 취지로 이해된다. 박동섭, 219은 사실혼부부도 부부재산계약을 할 수 있으나, 등기할 수 없어서 제3자에게 대항할 수 없으므로, 부부재산계약은 사실혼부부에게는 인정되지 않는다고 한다.
63) 그러나 주석친족(1), 326(임종효)은 부부재산계약으로 이혼시 재산분할의 비율 기타 분할방법을 정할 수 있다는 견해에 의하면 사실혼 부부가 부부재산계약을 체결할 수 있는지는 등기 여부를 떠나 중요한 의미를 갖게 된다고 한다.
64) 대법원 1980. 12. 23. 선고 80다2077 판결. 이 사건은 중혼적 사실혼의 경우였다.

유추 적용된다. 대법원 1994. 12. 22. 선고 93다52068, 52075 판결은, 법률혼과 마찬가지로 사실혼 관계에 있는 부부의 일방이 사실혼 중에 자기 명의로 취득한 재산은 그 명의자의 특유재산으로 추정되지만, 실질적으로 다른 일방 또는 쌍방이 그 재산의 대가를 부담하여 취득한 것이 증명된 때에는 특유재산의 추정은 번복되어 그 다른 일방의 소유이거나 쌍방의 공유라고 보아야 한다고 판시하였다. 그리고 채무자와 그 배우자의 공유로서 채무자가 점유하거나 그 배우자와 공동으로 점유하고 있는 유체동산은 채무자에 대한 집행권원에 기하여 압류할 수 있다는 民執 §190도 사실혼에 유추적용된다.[65] 그러나 명의신탁에 관하여 부동산 실권리자 명의 등기에 관한 법률이 적용되지 않는 배우자에는 사실혼 배우자가 포함되지 않는다.[66]

사실혼 관계의 일방이 제3자의 불법행위로 인하여 상해를 입거나 사망한 경우에는 사실혼 관계의 다른 일방도 그 제3자에 대하여 정신적 손해로 인한 손해배상을 청구할 수 있다.[67] 그러나 사실혼 당사자는 다른 일방이 불법행위로 사망한 경우에 그로 인한 재산상 손해배상청구권을 상속받았다고 하여 손해배상청구를 하지는 못한다.[68]

3. 사실혼 부부 사이에 출생한 자녀의 지위

사실혼 부부 사이에 출생한 자녀는 혼인외의 자녀이고, 따라서 父와의 관계에서는 인지가 있어야만 친자관계가 성립한다. 다만 그 부모가 혼인하면 준정에 의하여 혼인중의 자녀가 된다(§855 ②).

사실혼 중에 포태하여 혼인이 성립한 날부터 200일이 되기 전에 출생한 자녀라도 사실혼 성립의 날부터 200일 후에 출생한 때에는 친생자의 추정을 받는다고 하는 설이 있으나,[69] 해석론의 한계를 벗어난 무리한 주장이다.[70] 친생추정 규정(§844)은 법적 안정성을 위하여 객관적으로 명백한 혼인 성립시를 기준으로 하여 친생추정 여부를 정하고 있다. 그런데 사실혼 성립의 날이 언제인지는 명백하지 않고, 당사자로

---

65) 대법원 1997. 11. 11. 선고 97다34273 판결.
66) 대법원 1999. 5. 14. 선고 99두35 판결. 헌법재판소 2010. 12. 28. 선고 2009헌바400 결정은 이것이 위헌이 아니라고 하였다.
67) 대법원 1969. 7. 22. 선고 69다684 판결; 대법원 1975. 12. 23. 선고 75다413 판결(김주수, 주석판례가족법, 601) 등.
68) 김주수·김상용, 279~280은 대법원 1967. 1. 31. 선고 66다2216 판결(김주수, 주석판례가족법, 601)을 사실혼의 부(夫)를 살해한 자가 사실혼의 처의 물질적·정신적 손해를 배상할 책임이 있다고 본 것이라고 소개하고 있으나, 이 판결은 사실혼 배우자를 §752에 의한 위자료청구권자라고 인정한 것이다.
69) 김용한, 168; 김주수·김상용, 282.
70) 같은 취지, 박동섭·양경승, 227~228; 송덕수, 134; 주석친족(1), 326(임종효). 다만 박동섭·양경승, 227~228은 대법원 1983. 7. 12. 선고 82므59 전원합의체 판결이 부정설이라고 하나, 위 판결은 그러한 취지가 아니다.

하여금 반드시 제소요건이 엄격한 친생부인의 소에 의하여야 한다는 것은 바람직하지 않기 때문이다. 이 설은 대법원 1963. 6. 13. 선고 63다228 판결이 이러한 태도라고 설명하고 있으나, 이 판결은 민법 시행 전의 관습법에 관한 것이므로, 현행법 해석에 관하여는 선례가 될 수 없다.

사실혼 부부 사이에서 태어난 자녀를 父가 인지한 경우에는 §909에 의하여 친권자가 정해지게 된다. 그리고 자녀의 양육과 면접교섭에 관하여는 §864−2에 의하여 이혼에 관한 §§837, 837−2가 준용된다.[71]

Ⅳ. 사실혼의 해소

사실혼은 당사자 쌍방이 생존하고 있는 사이에도 해소될 수 있고, 또 당사자 일방의 사망에 의하여도 해소될 수 있다.

1. 쌍방 생존 중의 해소

가. 해소사유

우선 사실혼이 당사자 쌍방의 합의에 의하여 해소될 수 있음은 당연하다. 뿐만 아니라 사실혼은 당사자 중 일방이 임의로 해소할 수도 있다. 이 경우에 이혼의 경우와 같이 이혼사유가 있어야만 해소할 수 있는 것은 아니며, 다만 정당한 사유없이 해소된 때에는 유책자가 상대방에 대하여 손해배상의 책임을 질 뿐이다.[72]

그런데 이처럼 일방적으로 해소하기 위하여 상대방에 대한 의사표시나 상대방의 그 수령이 필요한가가 문제될 수 있는데, 대법원 2009. 2. 9. 자 2008스105 결정은 이를 부정하였다. 이 사건에서는 사실혼의 일방이 의식불명이 된 상태에서 상대방이 일방적으로 사실혼 관계의 해소를 주장하였는데, 이 결정은 상대방이 의사능력이 없거나 생사가 3년 이상 불명인 경우 등에서의 재판상 이혼과의 균형상으로도 굳이 상대방에 대한 의사표시 및 그 수령 등을 그 해소의 요건으로 할 필요는 없다고 보았다.[73]

그 외에 당사자 사이에 법률혼이 성립한 경우에도 사실혼이 해소됨은 당연하다.

---

71) 이전의 대법원 1979. 5. 8. 선고 79므3 판결은 혼외자인 경우에 양육자 지정신청이 허용되지 않는다고 하였다.

72) 대법원 1977. 3. 22. 선고 75므28 판결; 대법원 2009. 2. 9. 자 2008스105 결정. 그러나 고창현(1979), 81 이하는 §840의 유책사유가 있을 때에 한하여 당사자 일방은 유책한 상대방의 의사에 반하여 일방적으로 사실혼해소를 할 수 있고, 그렇지 않으면 해소할 수 없다고 한다.

73) 김상용(2010), 567−568은 약혼해제의 방법에 관한 민법 §805를 근거로 이 결정을 지지한다. 또한 김무신(2012), 371 이하 참조.

나. 해소의 효과

(1) 손해배상

당사자 일방이 정당한 사유 없이 사실혼 관계를 해소하면, 그는 약혼의 경우와 마찬가지로(§806) 상대방에 대하여 손해배상책임을 져야 한다.[74] 이때 정당한 사유의 유무는 재판상 이혼사유에 관한 §840를 참조하여 판단하여야 한다. 이 책임은 채무불이행책임일 수도 있고, 불법행위 책임일 수도 있다.[75] 나아가 제3자가 사실혼 부당파기에 가담하면 그는 불법행위로 인한 손해배상책임을 져야 하지만, 그에게 채무불이행책임을 물을 수는 없다.[76] 다만 당사자가 사전에 임의로 사실혼 관계를 해소할 수 있다고 명시적 또는 묵시적으로 약정한 바 있다면, 사실혼의 부당해소를 이유로 하는 손해배상청구는 인정될 수 없을 것이다.

사실혼 성립 전에 사실혼 성립을 위하여 지출한 결혼식 비용 등도 청구할 수 있는가? 일단 사실혼이 성립하였다면, 그 성립 전에 지출한 비용은 원칙적으로 배상을 청구할 수 없고, 다만 결혼식을 올렸더라도 부부공동체로서 실태를 갖추어 공동생활을 하는 것이라고 사회적으로 인정될 수 없는 단시일내에 사실혼에 이르지 못하고 그 관계가 해소된 경우에만 결혼식 비용의 배상을 청구할 수 있다고 보아야 할 것이다.[77] 그런데 대법원 1989. 2. 14. 선고 88므146 판결은, 사실혼의 부당파기로 인한 손해배상에는 재산적 손해와 정신적 손해가 포함되고 그 재산적 손해에는 그 사실혼 관계의 성립유지와 인과관계있는 모든 손해가 포함된다고 하면서, 혼인을 원만하게 성립시키기 위하여 결혼전에 지급한 금액도 배상하여야 한다고 보았으나, 이 판결이 일반적으로 사실혼 성립 전에 지급한 금액의 배상을 인정할 수 있다는 것이라면 타당성에 의문이 있다.

이러한 손해배상청구는 다류 가사소송사건으로서 가정법원의 전속관할에 속한다[家訴 §2 ① i 다. 1)].

(2) 원상회복

또한 한쪽 배우자가 혼인생활에 사용하기 위하여 결혼 전이나 후에 자신의 비용으로 구입한 물건은 상대방 배우자가 이를 점유하고 있다고 하더라도 여전히 구입한

---

74) 대법원 1965. 5. 31. 선고 65므14 판결; 대법원 1967. 1. 24. 선고 66므39 판결 등.
75) 대법원 1994. 11. 4. 선고 94므1133 판결은, 외국의 국적을 가진 자에 대하여 사실혼 부당파기로 말미암아 입게 된 정신적 손해의 배상을 구하는 위자료 청구는 불법행위로 인한 손해의 배상을 구하는 것으로서 당시의 섭외사법 §13 ①의 규정에 따라 그 불법행위의 발생지인 우리 나라의 민법이 적용된다고 하였다.
76) 대법원 1970. 4. 28. 선고 69므37 판결.
77) 대법원 1984. 9. 25. 선고 84므77 판결 참조.

배우자의 소유에 속하므로, 소유권에 기하여 그 반환을 구하거나 원상회복으로 그 반환을 구할 수 있으나, 손해배상을 청구할 수는 없다.[78]

약혼 예물은 사실혼이 성립하면 원칙적으로 반환할 필요가 없지만, 사실혼이 성립하였더라도, 매우 짧은 기간 내에 해소되었다면 반환청구권을 인정하여야 한다.[79]

한편 대법원 2005. 5. 27. 선고 2004다50303 판결은, 결혼식을 올렸으나 혼인신고도 이루어지지 않은 상태에서 주말에만 동거하다가 서로 불화가 계속되어 그 사실혼 관계가 6개월 만에 파탄에 이른 경우에, 사실혼 아내의 부모가 사실혼 남편에게 주었던 전세금 1억 1천만원은 상당한 기간 내에 법률상 혼인이 불성립할 것을 해제조건으로 하는 증여이고, 상당한 기간의 여부는 혼인의 발단 및 경위, 부부공동체의 형태, 공동생활의 기간 및 상황, 자녀의 유무, 부부로서의 대외적 관계 등 여러 가지 사정을 종합하여 판단하여야 한다고 보면서, 이 사건에서는 상당한 기간 내에 법률상 혼인이 불성립한다는 해제조건은 확정되었다고 하였다.

(3) 재산분할

사실혼 관계가 쌍방 생존 중에 해소되면 이혼에 의한 재산분할청구에 관한 §839-2가 유추적용되어, 일방이 상대방에 대하여 재산분할을 청구할 수 있다고 보는 것이 판례[80]이고 일반적인 견해이다. 이러한 결론은 수긍할 수 있으나, 그 근거에 대하여는 검토를 요한다.

종래의 학설은 사실혼을 준혼으로 보는 견지에서, 사실혼 해소의 경우에 재산분할이 인정될 수 있다는 것을 당연하게 받아들이고 있다. 그러나 준혼이론을 받아들일 수 없다면, 사실혼 해소의 경우에 재산분할이 인정되는 근거는 별도로 생각해 보아야 한다.[81] 이 문제는 재산분할제도가 왜 인정되는가 하는 점에서부터 따져 보아야 한다. 만일 재산분할제도가 없다면, 혼인이 해소되는 경우에 당사자 사이의 재산문제 청산은 사실상 조합의 청산이라든지, 공유물분할 또는 부당이득 등의 법리에 의하여 해결을 모색할 수밖에 없다.[82] 그러나 이러한 경우에 당사자가 실제로 조합관계의 성립이나 부당이득 등을 입증하기 어렵고, 또 자신의 기여를 정당하게 평가받기도 쉽지 않다. 그러므로 재산분할제도는 법률상 부부의 경우에는 이러한 난점 없이 재산 형성

---

78) 대법원 2003. 11. 14. 선고 2000므1257, 1264 판결.
79) 대법원 1996. 5. 14. 선고 96다5506 판결 참조.
80) 대법원 1995. 3. 10. 선고 94므1379, 1386 등.
81) 실제로 외국에서는 사실혼 해소의 경우에 재산분할을 인정하는 나라가 많지 않다. 윤진수(2015), 171 이하 참조.
82) 이 점에 관한 외국에서의 논의에 대하여는 윤진수(2015), 173 이하 참조. 또한 이진기(2010), 307 이하도 참조.

에 기여한 데 대한 보상으로서 재산을 청산할 수 있도록 마련한 제도라고 할 수 있다. 그러므로 재산분할제도는 법률혼에 주어지는 일종의 특혜라고 할 수 있다.[83]

그런데 이러한 특혜는 반드시 혼인의 의사를 전제로 하여 인정된다고 할 필요는 없다. 다시 말하여 혼인신고를 하지 않았고, 또 혼인의 의사가 없었던 경우에도, 당사자들이 사회관념상 부부처럼 보이는 공동생활을 하면서 재산 형성에 기여를 하였다면 재산분할은 그 기여에 대한 정당한 보상으로서 인정되어야 할 것이다. 사실혼으로서 보호할 필요가 있는가 하는 점은 객관적으로 부부와 같은 공동생활을 하고 있는가, 상호간에 얼마나 기여를 하는가 하는 점이 기준이 되어야 하지, 단순히 혼인신고를 하겠다는 의사가 있었는가의 유무에 따라 당사자들의 보호가 달라져서는 안 된다.[84] 이러한 관점에서 반드시 준혼이론을 전제로 하지 않고서도 사실혼이 해소된 경우에 재산분할을 인정할 수 있다. 이러한 논의는 특히 아래에서 보는 것처럼 중혼적 사실혼의 경우에 재산분할을 인정할 수 있는가 하는 점과 관련하여 더 의미를 가진다.

2. 사망으로 인한 해소

가. 상속 여부

사실혼 당사자 중 일방이 사망하더라도 다른 일방은 상속인인 법률상 배우자에 해당하지 않으므로, 상속을 받을 수는 없다.[85] 상속권이 있는지 여부는 가족관계등록부의 기재와 같은 명확한 기준에 의하여 쉽게 판단할 수 있어야 하는데, 사실혼은 그 존부를 그와 같이 쉽게 확정하기 어렵기 때문이다.[86] 헌법재판소 2014. 8. 26. 선고 2013헌바119 결정; 헌법재판소 2024. 3. 28. 선고 2020헌바494 등 결정은 사실혼 배우자에게 상속권을 인정하지 않는 것이 위헌이 아니라고 하였다. 다만 다른 상속인이 없는 경우에는 사실혼 배우자는 §1057-2에 의하여 특별연고자로서 상속재산의 전부 또는 일부를 분여받을 수 있다.

나. 주택임차권의 승계

사실혼 배우자는 상대방 배우자를 상속하지는 못하지만, 住賃 §9가 정하는 경우에는 상대방 배우자의 주택임차권을 승계할 수 있다. 엄밀히 말하면 임차인의 권리뿐만 아니라 의무도 포함하여 임차인의 지위 자체를 승계한다. 이처럼 사실혼 배우자에게 주택임차권의 승계를 인정하는 것은 사실혼 배우자의 거주권을 보호하기 위한 것

---

83) 또한 지원림(2008), 485, 특히 주 90) 참조.
84) 윤진수(2007), 168 참조.
85) 그러나 이경희·윤부찬, 376; 배경숙·최금숙, 518은 상속을 인정하여야 한다고 주장한다.
86) 곽윤직, 상속법, 55.

이다. 승계를 인정하지 않으면 사실혼 배우자는 거주하고 있던 주택에서 나가야 하는
어려운 처지에 빠질 것이기 때문이다.

(1) 요건

사실혼배우자가 임차권을 승계할 수 있는 경우는 다음 두 가지이다.

첫째, 임차인이 상속인 없이 사망하였고, 사실혼 배우자는 임차인과 그 주택에서
가정공동생활을 한 경우(住賃 §9 ①). 이때에는 사실혼 배우자가 임차인의 권리와 의무
를 단독으로 승계한다.

둘째, 임차인이 사망한 때에 사망 당시 상속인이 그 주택에서 가정공동생활을 하
고 있지 아니하였고, 사실혼 배우자는 그 주택에서 가정공동생활을 한 경우(住賃 §9 ②).
이때에는 사실혼 배우자가 임차인의 2촌 이내의 친족과 공동으로 임차권을 승계한다.

그런데 여기서 말하는 임차인의 2촌 이내의 친족이 누구를 말하는지에 관하여
는 견해의 대립이 있다. 한 견해는 가정공동생활을 하지 않는 상속인 중 2촌 이내의
친족이라고 본다.[87] 반면 다른 견해는 가정공동생활을 하지 않는 상속인은 임차권
을 승계할 수 없고, 가정공동생활을 하고 있던 사실혼배우자 및 2촌 이내의 친족만
이 승계한다고 본다. 이 설은 현행 규정이 상속인이 임차인과 가정공동생활을 하던
경우에는 상속권을 우선 적용하여 주택임대차보호법이 적용되지 않도록 규정하고,
상속인이 가정공동생활을 하지 않던 경우에는 가정공동생활을 하던 자들의 주거권
을 보호하는 것이라고 한다. 따라서 이 설에 따르면 2촌 이내의 친족은 상속인이 아
닌 친족만을 의미하게 된다.[88] 또 다른 설은 임차인과 사실혼배우자 및 상속인이 가
정공동생활을 해온 경우에도 사실혼배우자가 다른 상속인과 공동으로 임차권을 승
계받을 수 있다고 한다.[89]

원래 1983. 1. 6. 정부가 국회에 제출한 주택임대차보호법 개정안 §9 ① 본문은
"임차인이 사망한 경우에 사망당시 그 주택에서 가정공동생활을 하던 배우자(사실상의
혼인관계에 있던 자를 포함한다)와 2촌 이내의 친족은 공동으로 임차인의 권리와 의무를
승계한다"고 규정하여, 사실혼 배우자를 포함하는 배우자와 2촌 이내의 친족은 임차
인과 가정공동생활을 하고 있기만 하면 상속인인지 여부를 불문하고, 임차권을 승계
하도록 하고 있었다.[90] 이 개정안에 의하면 임차권 승계의 요건으로서는 임차인과 가

---

87) 고형석(2010), 109－110; 주해(15), 283(민일영) 등.
88) 안영하(2008), 236 이하; 주석친족(1), 334(임종효).
89) 임영수(2010), 67 이하.
90) 2촌 이내의 친족이 가정공동생활을 하지 않는 경우라면, 상속인이 아닌 경우에도 임차권을 승계하게

정공동생활을 하고 있을 것이 요구되었다. 따라서 상속권이 있는 법률상 배우자라도 가정공동생활을 하지 않으면 임차권을 승계할 수 없는 반면, 상속권이 없는 사실혼 배우자라도 가정공동생활을 하면 임차권을 승계할 수 있었다. 마찬가지로 2촌 이내의 친족도 상속권이 없더라도 가정공동생활을 하기만 하면 임차권을 승계할 수 있었다. 그런데 국회 법사위 소위원회의 심사 결과, 사망한 임차인에게 상속권자가 있는 경우에는 그 임차주택에서 동거하고 있는 상속인이 없는 경우에 한하여 동거하는 사실혼 배우자에게 2촌 이내의 친족과 공동으로 임차권을 승계하도록 정부안을 전면 수정하였다.91) 그리하여 ②이 "임차인이 사망한 때에 사망 당시 상속인이 그 주택에서 가정공동생활을 하고 있지 아니한 경우에는 그 주택에서 가정공동생활을 하던 사실상의 혼인 관계에 있는 자와 2촌 이내의 친족이 공동으로 임차인의 권리와 의무를 승계한다"라는 것으로 바뀌었다.

이러한 개정 경과에 비추어 보면, 원래의 정부안은 상속인인지 여부와는 관계없이 현실의 동거 여부만을 기준으로 하여 임차권 승계 여부를 정하려고 한 반면, 실제로 개정된 법은 상속인의 상속권을 배려하여야 한다고 보아 위와 같이 개정된 것으로 보인다. 그러므로 住賃 §9 ②은 상속인이 임차인과 동거하고 있었으면 상속인만이 임차권을 승계하는 것으로 하고, 2촌 이내의 상속인이 임차인과 동거하고 있지 않은 경우에 비로소 그러한 상속인이 사실혼 배우자가 공동으로 임차권을 승계하도록 한 것으로 해석하여야 할 것이다. 다만 이렇게 해석하는 경우에 구태여 "상속인" 또는 "2촌 이내의 상속인"이라고 규정하지 않고 "2촌 이내의 친족"이라고 규정하였는지 다소 의문이기는 하지만, 정부 원안의 표현을 받아들인 것으로 이해할 수 있다.

그리고 학설상으로는 사실혼 배우자 아닌 사실상 양자도 住賃 §9를 유추하여 임차권을 승계할 수 있다고 보는 견해가 있다.92) 그러나 사실혼 배우자는 법률에 의하여 승인된 개념이지만, 사실상의 양자는 법률이 인정하고 있지 않은 개념으로서, 그와 같은 유추를 쉽게 인정할 것은 아니다.93)

그리고 임차권의 승계 대상자가 임차인이 사망한 후 1개월 이내에 임대인에게 승계하지 않겠다는 반대의사를 표시한 경우에는 승계가 이루어지지 않는다(住賃 §9 ③).

할 이유가 없었을 것이다.

91) 법제사법위원회, 1983. 12. 15. 주택임대차보호법중개정법률안 심사보고서, 6.

92) 주해(15), 282(민일영); 안영하(2008), 233; 고형석(2010), 118 등.

93) 일본의 借地借家法 §36은 혼인신고뿐만 아니라 입양신고를 하지 않은 사람도 임차인의 권리의무를 승계할 수 있도록 규정하고 있다.

(2) 효과

위 규정에 따라 사실혼 배우자는 임차인의 권리와 의무를 아울러 승계한다. 여기서 승계되는 임차인의 권리와 의무는 임대차 관계에서 생긴 채권·채무이다(§9 ④). 따라서 임대인에 대한 전세금이나 보증금 반환청구권도 승계인에게 귀속된다.[94] 승계하는 의무 또한 차임지급채무와 같이 임대차 관계에서 생긴 채무에 한정되고, 그 외의 채무는 승계하지 않는다. 임차인 사망 전에 발생한 차임지급채무도 승계인에게 승계된다.[95]

그리고 임차인의 사실혼 배우자와 상속인이 공동으로 승계하는 경우에 그들 사이의 관계를 어떻게 볼 것인지가 문제되는데, "공동으로"의 의미를 "연대하여"라고 해석하는 견해가 있다.[96]

다. 재산분할

대법원 2006. 3. 24. 선고 2005두15595 판결은 사실혼이 일방 당사자의 사망으로 해소된 경우에 생존 사실혼배우자의 재산분할청구권을 부정하고 있다. 즉 법률상 혼인관계가 일방 당사자의 사망으로 인하여 종료된 경우에도 생존 배우자에게 재산분할청구권이 인정되지 아니하고, 단지 상속에 관한 법률 규정에 따라서 망인의 재산에 대한 상속권만이 인정된다는 점 등에 비추어 보면, 사실혼 관계가 일방 당사자의 사망으로 인하여 종료된 경우에는 그 상대방에게 재산분할청구권이 인정된다고 할 수 없다는 것이다. 이 판결은, 사실혼 관계가 일방 당사자의 사망으로 인하여 종료된 경우에 생존한 상대방에게 상속권도 인정되지 아니하고 재산분할청구권도 인정되지 아니하는 것은 사실혼 보호라는 관점에서 문제가 있다고 볼 수 있으나, 이는 사실혼 배우자를 상속인에 포함시키지 않는 우리의 법제에 기인한 것으로서 입법론은 별론으로 하고 해석론으로서는 어쩔 수 없다고 하는 말을 덧붙였다.[97][98]

---

94) 고상룡(1985), 65은 승계되는 것은 거주를 계속할 수 있다는 거주권뿐이고 전세금이나 보증금 등 재산상의 이익인 재산권은 포함하지 않는다고 주장하지만, 법문에 어긋날 뿐만 아니라 전세금 등의 반환청구권이 승계되지 않으면 승계인의 거주권도 제대로 보장될 수 없다. 주해(15), 284(민일영); 안영하(2008), 240 이하; 고형석(2010), 111 주 13); 임영수(2010), 69 이하 등.
95) 주해(15), 285(민일영).
96) 주해(15), 286(민일영); 주석 채권각칙(3), 489(최준규).
97) 이는 대체로 日最裁判 2000(平成 12). 3. 10. 판결(民集 54-3, 1040)과 같은 태도이다.
98) 다른 한편 대법원 2009. 2. 9. 자 2008스105 결정은 사실혼 일방이 의식불명에 빠진 상태에서 상대방이 사실혼 관계 해소를 주장하고, 그 후 일방이 사망한 경우에 사실혼 관계는 사망이 아니라 상대방의 의사에 의하여 해소되었으므로 재산분할청구가 인정된다고 하면서, 판례는 당사자의 사망으로 인한 사실혼 관계 해소의 경우에 재산분할청구권을 부인하는 태도를 취하고 있는데, 이러한 법상태를 전제로 하더라도 재산분할청구제도의 제반 취지를 살릴 방도는 무엇인지를 강구할 필요가 있다는 점도 고려되어야 한다고 덧붙이고 있다.

이 판결에 대한 재판연구관의 해설은 이러한 경우에 재산분할청구를 인정할 수 없는 근거로서 다음과 같은 점을 들고 있다. 첫째, 법률상 배우자에게도 인정되지 아니하는 권리를 명시적 법률규정 없이 사실혼 배우자에 대해서는 인정하는 것은 현행법 체계에 부합하지 않는다. 둘째, 사실혼 관계가 이혼이 아닌 사망으로 종료된 경우에 유추할 수 있는 법률효과는 '상속'이고 '재산분할'이 아니기 때문에, 이러한 사안에서 상속권이 아닌 재산분할청구권을 인정하는 유추해석은 현행법의 전체적인 체계에 배치된다. 셋째, 民 §1057-2는 특별연고자에 대한 분여제도를 규정하고 있기 때문에, 현행법상으로도 망인의 법정상속인이 없는 사안에서는 사실혼 배우자가 실질적으로 상속권과 유사한 권리를 인정받을 수 있다. 넷째, 명문의 법률규정이 없는 상태에서 법원이 유추해석 등의 방법으로 사실혼 배우자에게 재산분할청구권을 인정하는 경우, 법원이 자의적인 법률해석을 통하여 법률상 보장된 상속인이나 수유자(受遺者)와 같은 제3자의 권리를 침해한다는 비판을 피하기 어렵다. 다섯째, 사실혼 관계를 유지하고 있는 당사자들에게 법률혼 관계를 선택할 수 있는 기회가 충분히 보장되므로, 이러한 선택을 하지 아니하고 사실혼 관계를 유지하고 있는 당사자들에 대하여 법률혼의 경우와 다른 법적 규율을 하는 것이 오히려 당사자들의 주관적 의사 등에 합치되는 결론이다.[99]

반면 이러한 경우에 재산분할청구를 인정하여야 한다고 보는 견해는 다음과 같이 주장한다. 즉 실질적 부부 공유재산관계의 청산이나 혼인관계 해소 후 부양이라는 재산분할의 실질적 근거는 생존 중 혼인관계 해소의 경우나 사망에 의한 해소의 경우나 모두 동일하게 충족되어 있고, 다만 법률혼의 경우에는 재산분할청구권은 배우자상속권에 의해 배제되지만, 사망에 의한 사실혼 해소의 경우에는 배우자상속권과 같은 재산분할을 방해하는 체계상의 장애요소는 존재하지 않는다. 또한 재산분할청구권은 원래 생존 사실혼 배우자의 것을 그에게 되돌리는 것일 뿐, 상속인이나 수증자에게 돌아갈 것을 실질적으로 침해하는 것은 아니다. 사실혼 당사자가 법률혼을 선택할 수 있었음에도 그러한 선택을 하지 않았다고 하더라도, 사실혼 부부가 협력하여 쌓아 올린 재산을 재산형성에 아무런 기여도 하지 않은 상속인에게 독점시키는 것이 타당하다고 할 수는 없다.[100][101]

---

99) 김시철(2006), 492 이하. 그 외에 재산분할청구권을 인정할 수 없다는 견해로는 지원림(2008), 484; 정원(2002), 104 이하; 김준모(2003), 248; 손승온(2003), 341 이하가 있다.

100) 박인환(2007), 187 이하; 박인환(2009), 180 이하. 또한 정현수·임영수(2009), 37 이하; 권순한(2000), 378도 재산분할청구를 긍정한다.

101) 헌법재판소 2024. 3. 28. 선고 2020헌바494 등 결정에서의 3인 재판관의 반대의견은, 재산분할청구권 조항이 일방의 사망으로 사실혼이 해소된 경우 생존 사실혼 배우자에게 재산분할청구권을 인정하지 않

생각건대 재산분할청구 인정설이 지적하는 점, 즉 재산분할청구를 부정하면 생존 중 사실혼 관계가 해소되는 경우와 사망으로 인하여 사실혼 관계가 해소되는 경우에 불균형이 생긴다는 점은 수긍할 수 있다. 그러나 후자의 경우에 해석론으로서 재산분할청구를 인정할 수 있다고 보는 데에는 난점이 있다. 사실혼의 생전해소의 경우에 재산분할청구를 인정하는 것은 법률혼의 경우를 유추하는 것인데, 사실혼이 사망으로 인하여 해소된 경우에도 재산분할청구를 인정하자고 하는 것은 이러한 유추의 결과를 다시 유추하려는 것이다. 그러나 이처럼 유추의 결과를 다시 유추할 수 있는지는 신중한 검토를 요한다. 나아가 일방 당사자의 사망으로 사실혼 관계가 해소되는 경우를 법률혼의 경우와 비교한다면, 그 재산 청산에 관하여는 재산분할보다는 상속이 더 유사하다.[102] 그러나 사실혼의 경우에는 당사자 일방이 사망하더라도 상속은 인정되지 않는다. 결국 재산분할 긍정설은 이러한 경우에 상속이 인정되지 않는다는 문제점을 재산분할청구를 인정함으로써 해결하려고 하는 것이지만, 이는 사실혼의 경우에는 상속을 인정할 수 없다는 민법의 체계에 어긋난다고 보지 않을 수 없다.[103]

라. 다른 방법에 의한 구제

이처럼 사망으로 인한 사실혼 해소의 경우에 상속도 인정되지 않고, 재산분할도 인정되지 않는 데 대하여 해석론상 또는 입법론적인 대안을 제시하려는 논의가 있다. 우선 해석론상으로는 이러한 경우에 민법상 조합의 청산에 의하거나 또는 공유물 분할의 유추적용에 의하여야 한다는 주장[104] 또는 사실혼 당사자들 사이에 명의신탁관계를 인정하여야 한다는 주장[105]이 있다.

생각건대 사실혼 부부 사이에 묵시적인 조합계약이 있었던 것으로 보아 그 청산을 인정하는 것은 이론적으로 불가능한 것은 아니다. 그러나 묵시적인 조합계약이 있었다고 인정될 수 있는 경우는 그다지 많지 않을 것으로 보일 뿐만 아니라, 그에 의하여 구제가 인정될 수 있는 범위도 한정될 것으로 여겨진다.[106] 또한 이러한 경우에

는 것은 실질적인 부부 공동재산의 청산·분배를 위하여 도입된 재산분할제도의 본질을 훼손하는 것으로서, 재산분할청구권조항은 입법형성에 관한 한계를 일탈하여 생존 사실혼 배우자의 재산권을 침해한다고 하였다. 이동진(2024), 416 이하는, 사실혼 해소에 재산분할청구권을 유추하는 것이 헌법상 평등의 요청이라고 할 수는 없지만, 사실혼 배우자에게 생전 결별시 재산분할을 인정하는 한 사망으로 인한 해소시에도 인정하여야 한다고 주장한다.

102) 이경희, "사실혼배우자 일방의 사망과 재산분할", 고시계 53-2(2008), 103 참조.
103) 윤진수(2015), 197-198.
104) 이진기(2010), 307 이하; 박종용, "사실혼배우자의 보호", 가족법연구 21-3(2007), 153 이하. 이진기 교수는 사망의 경우뿐만 아니라 사실혼 관계가 해소된 경우 일반에 관하여 재산분할 대신 이와 같은 재산법적 해결을 주장한다.
105) 지원림(2008), 489.
106) 윤진수(2015), 199 참조. 박인환(2007), 192 이하; 박인환(2009), 175 이하도 비슷한 취지이다.

부당이득이 성립한다거나 공유관계를 인정할 수 있는지는 의문이다.[107] 그리고 명의신탁이 있었던 것으로 보자는 견해에 대하여는, 과연 당사자 사이에 명의신탁의 합의가 있었다고 인정할 수 있는지도 의심스럽고, 또 사실혼 부부 사이에는 명의신탁이 허용되지 않는다[108]는 비판이 가능하다.[109]

마. 입법론

입법론으로서는 우선 사실상 혼인관계에 있었던 자의 일방이 사망한 때에는, 다른 일방은 그 사망을 안 날로부터 2년 내에 검사를 상대로 하여 사실상 혼인관계 존재확인의 소를 제기하여 그 재판이 확정되면 상속개시시로 소급하여 상속권을 인정하자는 제안이 있다.[110] 그러나 이렇게 되면 사실혼 배우자와 법률혼 배우자가 상속에 관하여 차이가 없게 되어, 민법이 법률혼주의를 채택한 것과는 맞지 않는다.[111] 실제로도 당사자 일방이 사망한 후 다른 일방으로 하여금 사실혼 관계 존재확인을 받도록 하여 상속권을 인정한다는 것은, 제3자가 사실혼 관계에 있었는지 여부를 쉽게 판단할 수 없기 때문에, 거래의 안전에도 위험을 가져올 뿐만 아니라, 분쟁을 조장하는 결과가 되고,[112] 또 사망한 사람과 사실혼 관계가 존재한다는 것을 검사를 상대로 하여 확인을 청구하는 경우에는 실체적 진실을 파악하기 어렵다.[113]

또 법률혼이 사망으로 해소된 경우에도 상속에 앞서서 우선 부부재산관계를 청산하고 이어서 나머지 재산이 상속재산이 되도록 법을 바꾼다는 전제에서, 사실혼이 사망으로 해소된 경우에는 법률혼 해소의 경우와 마찬가지로 부부재산관계를 청산하도록 하자는 주장이 있다.[114] 그러나 법정상속제도의 장점은 피상속인이 사망한 후 객관적으로 명백한 신분관계를 기준으로 하여 상속재산을 분배한다는 점에 있는데, 피상속인이 사망한 후 부부재산관계의 청산을 위하여 재산분할을 하도록 하자는 것

---

107) 박인환(2009), 176-177 참조.
108) 대법원 1999. 5. 14. 선고 99두35 판결 참조.
109) 윤진수(2015), 199.
110) 김상용(2007), 512 이하. 임영수(2011), 245 이하도 이를 지지한다. 그리고 배경숙·최금숙, 518; 문흥안(2012), 382 이하는 해석론으로도 이것이 가능하다고 본다. 헌법재판소 2014. 8. 28. 선고 2013헌바119 결정에서 조용호 재판관의 보충의견은, 입법을 통하여 사실혼 관계에 있는 배우자에 대하여도 일정한 경우 상속권을 인정하되, 상속인인지 여부를 대외적으로 명확히 하기 위해서 재판을 통하여 사실혼관계가 인정된 경우에만 상속권을 취득하도록 하여야 한다고 주장하였다.
111) 곽윤직, 상속법, 55-56.
112) 윤진수(2015), 200.
113) 박인환(2009), 178은 사실혼 배우자에게 획일적으로 상속권을 부여하는 것이 실무적으로는 사실혼 인정에 보다 신중을 기하도록 함으로써 오히려 사실혼의 인정 범위를 축소시키는 결과를 초래할 염려가 있고, 고의적 선택적 사실혼의 경우에는 그 배우자에게 상속권을 부여하는 것이 당사자의 의사에 반하는 경우가 적지 않을 것이라고 한다.
114) 김상용(2010), 579 이하.

은 분쟁을 조장할 우려가 있어 바람직하지 않다.

　　다른 한편 사실혼이 사망으로 해소된 경우에는 생존 사실혼 배우자에게 재산분할청구권을 인정하여야 한다는 주장도 있다.115)

　　사견으로는 포르투갈, 캐나다의 몇몇 주 및 영국 등과 같이 사실혼 배우자가 상속인들에 대하여 기본적으로 부양을 위한 청구권을 행사할 수 있도록 하는 방법이 무난할 것으로 보인다. 부양을 필요로 하는 사람이 부양을 받아야 한다는 것은 인간으로서의 기본적인 생존을 위한 최소한의 요구이며, 어떤 면에서는 재산상의 손실을 입었기 때문에 이를 보상받아야 한다는 것보다 더 절실한 문제이다. 그런데 사실혼 배우자에게 인정되어야 할 청구권이 원칙적으로 부양적인 성격의 것이라고 하여도, 이 배우자가 상대방 배우자에게 현저한 재산적 기여를 하였을 때 이를 전혀 고려하지 않는다는 것은 형평에 어긋난다. 이러한 때에는 청산적인 성격도 가미되어야 할 것이다. 결국 여기서 제안하는 제도는 부양적 요소가 제1차적이고, 청산적 요소는 부수적인 것이라고 할 수 있다.116)

　　그런데 이에 대하여는 이는 상속인과 아무런 친족관계도 없는 생존한 사실혼 배우자에 대한 부양의무를 상속인에게 부담시키는 것이 되어 친족 간의 부양을 원칙으로 하는 현행법체계와 조화될 수 없다는 비판이 있다.117) 그러나 이러한 입법론은 사망한 사실혼 당사자의 상대방 당사자에 대한 부양의무를 상속재산의 범위 내에서 계속 인정하려는 것일 뿐, 상속인의 사실혼 배우자에 대한 독자적인 부양의무를 인정하는 것은 아니다.118)

　　다른 한편 이와 같이 청산적 요소를 포함한다면, 제도의 실제 운영에 있어서 사실혼배우자 사망의 경우에 재산분할청구를 인정하는 것과 별 차이가 없지 않을까 하는 의문이 있을 수 있다. 그러나 재산분할청구의 경우에는 분할의 대상이 되는 당사자 雙方의 협력으로 이룩한 재산의 범위, 협력의 정도 등이 주로 문제가 되고, 이를 제대로 밝혀내기 위하여는 상당한 노력이 필요하다. 반면 부양적 청구의 경우에는 부

---

115) 김인유(2015), 92 이하. 같은 취지, 이지원(2017), 18 이하; 이봉림(2020), 55.

116) 윤진수(2015), 201 이하 참조. 헌법재판소 2024. 3. 28. 선고 2020헌바494 등 결정에서 이영진 재판관의 보충의견은, 입법자는 사실혼이 일방의 사망으로 종료된 경우 생존 사실혼 배우자의 재산청산 내지 부양에 관한 권리가 적절히 담보될 수 있도록, 현행법의 규율 체계 및 학계의 관련 논의, 외국의 사례 등을 종합적으로 검토하여, 관련 제도를 조속히 정비할 필요가 있다고 하였다.

117) 김상용(2010), 577.

118) 영국에서는 피상속인이 사망하기 직전 2년 동안 피상속인의 처 또는 夫와 마찬가지로 생계를 같이 하고 있었던 사람은 부양을 위하여 법원에 상속재산으로부터 돈을 지급하거나 재산을 이전하라는 등의 명령을 청구할 수 있다고 규정하고 있다. Inheritance(Provision for Family and Dependants) Act 1975 s. 1, 2. 이에 대하여는 윤진수(2015), 181－183 참조.

양을 필요로 하는 정도, 현저한 기여의 유무 등 객관적으로 쉽게 파악할 수 있는 사항이 심리의 대상이 될 것이므로, 심리에 많은 부담을 주는 것은 아니고, 당사자 사이에 분쟁이 생길 우려도 그다지 크지 않다.

V. 중혼적 사실혼

1. 판례

판례는 중혼적 사실혼은 원칙적으로 보호를 받지 못한다고 보고 있다. 우선 대법원 1993. 7. 27. 선고 93누1497 판결은, 공무원연금법상 유족으로서 연금수급권자인 "사실상 혼인관계에 있던 배우자"에 법률상 배우자 있는 자의 사실혼 배우자가 포함되는가에 관하여, 사실상 배우자 외에 법률상 배우자가 따로 있는 경우에는, 법률상 배우자 사이에 이혼의사가 합치되어 법률혼은 형식적으로만 존재하고 사실상 혼인관계가 해소되어 법률상 이혼이 있었던 것과 마찬가지로 볼 수 있는 등의 특별한 사정이 없는 한, 법률상의 배우자가 유족으로서 연금수급권을 가지고, 사실상 배우자는 위 법에 의한 유족으로 보호받을 수는 없다고 하였다.[119] 그리고 판례는 이러한 경우 법률혼 관계가 사실상 이혼상태라는 등의 특별한 사정이 없는 한, 재산분할청구나 사실혼 파기로 인한 손해배상 등 법률혼에 준하는 보호를 할 수는 없다고 하였다.[120] 다만 중혼적 사실혼의 경우에도 나중에 법률혼이 해소되면 그 때부터는 다른 사실혼과 마찬가지로 보호될 수 있다고 한다.[121]

그런데 대법원 2009. 12. 24. 선고 2009다64161 판결은, 기명피보험자의 사실혼 관계 배우자를 승낙피보험자에 포함시키고 있는 자동차종합보험의 부부운전자한정운전 특별약관의 해석상 기명피보험자의 사실혼 배우자로서 법률상 배우자가 있는 사람도 피보험자에 해당하는가가 문제되었다. 대법원은, 중혼에 해당하는 혼인이라도 취소되기 전까지는 유효하게 존속하는 것이고, 이는 중혼적 사실혼이라 하여 달리 볼 것이 아니며, 비록 중혼적 사실혼 관계일지라도 법률혼인 전 혼인이 사실상 이혼상태에 있다는 등의 특별한 사정이 있다면 법률혼에 준하는 보호를 할 필요가 있을 수 있

---

119) 같은 취지, 대법원 2007. 2. 22. 선고 2006두18584 판결. 서울행정법원 2007. 10. 24. 선고 2007구합 18246 판결은, 법률상 배우자와의 사이에 이혼 의사가 있었다고 보아, 중혼적 사실혼 배우자의 공무원 연금법상의 연금수급권을 인정하였다.

120) 대법원 1995. 7. 3.자 94스30 결정; 대법원 1995. 9. 26. 선고 94므1638 판결; 대법원 1996. 9. 20. 선고 96므530 판결 등. 또한 대법원 2001. 4. 13. 선고 2000다52943 판결도 같은 취지이다.

121) 대법원 1995. 9. 26. 선고 94므1638 판결; 대법원 2010. 9. 30. 선고 2010두9631 판결. 뒤의 판결에 대하여는 윤인성(2011), 825 이하 참조.

고 하면서, 사실혼 배우자의 법률상 배우자가 집을 나가 행방불명됨으로써 그들의 혼인은 사실상 이혼상태에 이르렀고, 사실혼 당사자들은 부부공동생활을 인정할 만한 혼인의 실체를 갖춘 사실혼 관계에 있다면, 사실혼 관계가 법률혼에 준하는 보호를 받을 수 있다고 하여, 법률상 배우자가 있는 사실혼 배우자라도 위 약관상의 사실혼 배우자에 해당할 수 있다고 하였다. 그러나 이 판결은 종래의 판례가 법률상 배우자 사이에 이혼의사가 합치된 경우에 비로소 혼인이 사실상 이혼상태에 이르렀다고 본 것과는 대조된다.122)

　　그리고 대법원 2010. 3. 25. 선고 2009다84141 판결은, 자동차종합보험의 부부운전자한정운전 특별약관은 보험자의 면책과 관련되는 중요한 내용에 해당하는 사항으로서 일반적으로 보험자의 구체적이고 상세한 명시·설명의무의 대상이 되는 약관이지만, 법률상 혼인을 한 부부가 별거하고 있는 상태에서 그 다른 한쪽이 제3자와 혼인의 의사로 실질적인 부부생활을 하는 경우를 상정하여 '사실혼 관계에 있는 배우자'에 해당하는지 여부까지 명시·설명의무의 대상이 된다고 볼 수는 없다고 하였다. 그렇지만 다른 한편으로는 피고들이 각자 법률상 혼인을 한 배우자와 별거하고 있는 상태에서 혼인의 의사로 실질적인 부부생활을 하는 경우이므로, 각자 특별한 사정이 있다는 점을 입증한다면, 피고 중 1인은 위 특별약관에서 규정하는 '사실혼 관계에 있는 배우자'에 해당하여 보상을 받을 수 있다고 하였다.

　　한편 대법원 1977. 12. 27. 선고 75다1098 판결은, 산업재해보상보험법상의 유족보상일시금의 수급권자에 관하여, 법령에 의하면 근로자의 사망 당시 그 근로자에 의하여 부양되고 있던 배우자(사실상 혼인관계에 있던자를 포함한다)가 유족보상일시금의 제1순위 수급권자이고 그렇지 않은 배우자는 후순위 수급권자라는 이유로 법률상의 처가 아니라 사망한 근로자와 중혼적 사실혼 관계에 있던 사람이 수급권자라고 하였다.123)

　　하급심 판례 가운데 서울고등법원 2021. 9. 8. 선고 2020누48149 판결은, 법률상 배우자가 산업재해보상보험법상의 유족급여의 수급권자라고 주장하였으나, 사망한 근로자의 중혼적 사실혼 배우자가 검사를 상대로 사망한 근로자와의 사이에 사실혼 관계 존재가 존재하였다는 확인 청구를 하여 법원으로부터 인용판결을 받은 것을 이유로 하여,124) 법률상 배우자가 아니라 사실혼 배우자가 유족급여의 수급권자라고 하였다.125)

---

122) 주선아(2011), 522은 대상판결은 사실상 이혼상태를 인정하기 위하여 묵시적인 이혼의사의 합치가 있어야 한다고 판단하였다고 해석한다.
123) 이 사건에서는 법률상의 처가 근로자와 사실상 이혼하여 다른 사람과 혼인신고까지 마쳤다.
124) 사실혼 관계 존재확인 사건에서 법률상 배우자가 보조참가를 하였고, 위 판결에 대하여 항소하지 않았다.
125) 위 판결에 대하여 법률상 배우자가 상고하였으나, 대법원은 2022. 1. 27. 심리불속행으로 기각하였다

그리고 대법원 2002. 2. 22. 선고 2001도5075 판결은, 중혼적 사실혼으로 인하여 형성된 인척도 성폭력범죄의 처벌 및 피해자보호 등에 관한 법률 §7 ⑤ 소정의 '사실상의 관계에 의한 친족'에 해당한다고 하였다.

2. 학설

중혼적 사실혼의 효력에 관하여는 일본에서 논의되는 무효설, 유효설 등이 소개되기도 하였으나,[126] 현재 우리나라의 학설은 거의 대부분 중혼적 사실혼은 원칙적으로 보호를 받을 수 없지만, 법률혼이 사실상 이혼상태에 있는 경우에는 사실혼의 성립을 인정할 수 있다고 하는 이른바 상대적 유효설을 지지하고 있다.[127] 그런데 어떤 경우에 법률혼이 사실상 이혼상태에 있는 것으로 볼 것인가에 관하여는 견해가 나누어진다. 우선 법률혼 당사자에게 이혼 의사의 합의가 있어야 된다고 보는 견해[128]가 있다. 그런데 이혼 의사의 합의가 명시적이어야 하는지, 아니면 묵시적인 것으로도 충분한지에 관하여는 의견의 대립이 있다.[129] 또 다른 견해는 법률혼에서 이혼에 관한 합의가 없기는 하지만, 장기간 별거 등으로 인하여 부부로서의 공동생활이 사실상 종료된 경우에도 중혼적 사실혼이 보호될 수 있다고 한다.[130] 나아가 중혼적 사실혼의 경우에도 상대방이 법률혼 상태에 있다는 사실을 알지 못했거나 또는 사실상 이혼상태에 있다고 믿은 선의의 당사자의 재산분할청구는 인정되어야 한다는 견해도 있다.[131]

그리고 중혼적 사실혼이라고 하여 재산분할청구나 위자료 청구를 부정하고 있는 판례들에 대하여는, 그러한 경우에는 법률혼에 묵시적인 이혼의사의 합의가 있었다고 보아야 한다거나,[132] 위자료청구는 몰라도 재산분할은 인정하여야 한다는 견해[133] 등의 비판이 있다.[134]

(2021두55036 사건). 판례지지: 이소은(2023).

126) 예컨대 김상준(1997), 546 이하 참조.

127) 다만 서인겸(2016), 310 이하는 중혼금지규정에 반하는 중혼적 사실혼은 가족법상 보호받을 수 없으므로 준혼관계로 인정할 수 없다고 한다.

128) 김주수·김상용, 287 등.

129) 지원림(2007), 470은 명시적인 합의가 있어야 한다고 보는 반면, 주선아(2011), 525−516; 최진갑(1998), 479은 이혼의사의 합치가 묵시적으로라도 있으면 충분하다고 본다.

130) 박인환(2009), 164.

131) 김주수·김상용, 288 등.

132) 최진갑(1998), 479.

133) 임성근(1998), 508 이하.

134) 그러나 주석친족(1), 320−321(임종효)은 일반적으로 중혼적 사실혼의 해소로 인한 재산분할은 불허하되, 법률혼 상대 배우자의 기여가 전혀 없다는 점이 입증된 경우에 한하여 사실혼 해소에 따른 재산분할을 허용하고, 사실혼 상대 배우자 명의의 재산에 대하여는 특별한 사정이 없는 이상 사실혼 해소에 따른 재산분할을 허용하여야 한다고 주장한다.

3. 검토

이 문제의 해결은 우선 중혼적 사실혼을 어떤 관점에서 볼 것인가 하는 점에 달려 있다. 중혼적 사실혼이 일부일처제를 채택하고 있는 우리나라의 혼인법 질서에 어긋난다는 점은 명백하다. 그러나 그렇다고 하여 중혼적 사실혼 관계를 맺은 사람은 일률적으로 공서양속에 어긋나므로 보호할 필요가 없다고 단정할 수는 없다. 중혼적 사실혼 관계라고 하여도, 법률혼 배우자와의 혼인이 파탄되었을 뿐만 아니라, 당사자 사이에 이혼의 합의도 존재하지만, 이혼신고만을 하지 않은 상태라면, 구태여 사실혼 배우자의 보호를 거부할 이유는 없다. 학설이나 판례도 이 점에 관하여는 견해가 일치한다. 반대로 법률상 배우자와 공동생활을 여전히 유지하면서 다른 사람과 사실혼 관계를 맺고 있는 경우라면, 이러한 사실혼 관계를 보호할 필요가 없다는 점도 명백하다.

문제는 법률혼 배우자와의 혼인이 파탄되어 실제 공동생활을 하고 있지는 않으나 아직 이혼의 합의에까지 이르지 않은 경우에, 중혼적 사실혼을 보호할 필요가 있는가, 보호한다면 어느 정도까지 보호할 수 있는가 하는 점이다. 이는 일률적으로 가부를 논하기보다는 개별적으로 문제되는 법률관계의 성격 내지 목적을 따져서 결정하여야 한다.

우선 재산분할청구에 관하여는, 재산분할 제도는 당사자들이 사회관념상 부부처럼 보이는 공동생활을 하면서 재산 형성에 기여를 한 경우에 그 보상으로서 인정되는 것이므로, 중혼적 사실혼이라고 하여 이를 부정할 이유는 없다. 만일 이를 부정한다면 일방의 기여로 형성된 재산을 상대방에게 아무런 대가 없이 취득하게 하는 것으로서 부당하다.[135] 이 경우에 재산분할을 허용하면 불법원인급여의 반환을 인정하는 것이어서 문제가 있다는 주장이 있을 수 있으나, 중혼적 사실혼 기간 동안에 재산을 형성한 것이 불법원인급여에 해당하는지도 명백하지 않을 뿐만 아니라, 설령 불법원인급여에 해당한다고 하더라도, 그 상대방인 법률상 배우자 있는 자의 불법성이 재산분할청구를 하는 사람보다 현저하게 크다고 판단된다면 재산분할이 거부되어서는 안 될 것이다.[136]

135) 지원림(2007), 471은 중혼적 사실혼의 유효성이 부정되더라도 그 과정에서 형성된 재산관계의 청산은 긍정되어야 한다고 보고 있다.
136) 대법원 1993. 12. 10. 선고 93다12947 판결 등 일련의 판례는, 불법원인급여의 수익자의 불법성이 급여자의 그것보다 현저히 크고, 그에 비하면 급여자의 불법성은 미약한 경우에도 급여자의 반환청구가 허용되지 않는다고 하는 것은 공평에 반하고 신의성실의 원칙에도 어긋나므로, 이러한 경우에는 민법 §746 본문의 적용이 배제되어 급여자의 반환청구는 허용된다고 하였다.

　　반면 중혼적 사실혼의 파기로 인한 손해배상청구에 관하여는 달리 볼 필요가 있다. 중혼적 사실혼을 맺는 것은 현행법상 위법하게 평가되는 간통에 해당한다. 따라서 법률상 배우자 있는 자가 사실혼 관계를 해소하겠다고 주장하더라도 이는 위법한 상태를 종결시키겠다는 것이므로 그 자체로는 위법하다고 할 수 없고, 따라서 이를 이유로 하는 손해배상청구는 원칙적으로 허용되어서는 안 될 것이다. 다만 사실혼의 상대방이 선의였던 것과 같이 특별한 사정이 있는 경우에는 손해배상청구를 인정할 수 있을 것이다.137)

　　그리고 각종 연금법이나 사회보장관련 법률에서 법률상 배우자 아닌 중혼적 사실혼의 배우자가 급여수급권자인 유족으로 인정될 수 있는가 하는 점은 당해 법률들을 구체적으로 살펴보아야 한다. 이러한 법률들의 유족급여는 기본적으로 유족의 생활보장을 위한 것으로서, 중혼적 사실혼 배우자라고 하여도 생활보장의 필요성을 부정할 수는 없다. 다른 한편 개별적인 법률규정을 본다면, 급여수급권자인 배우자(사실혼 배우자 포함)를 사망할 당시 공무원 등이 부양하고 있던 사람138) 또는 근로자가 사망할 당시 그 근로자와 생계를 같이 하고 있던 유족139)과 같이 한정하고 있다. 따라서 법률상 배우자라도 사망 당시 실제로 부양을 받고 있지 않거나 생계를 같이하고 있지 않았다면 배우자로서 급여수급권을 주장할 수는 없다. 그러므로 이러한 경우에는 중혼적 사실혼의 배우자라고 하여도 급여수급권을 인정하는 데 특별한 문제가 있다고 보이지는 않는다.140)

　　끝으로 자동차책임보험에서 중혼적 사실혼 배우자가 약관상의 승낙피보험자인 사실혼 배우자에 해당하는가 하는 점은 기본적으로는 약관의 해석 문제이고, 중혼적 사실혼의 유무효와 직접 연결되는 문제는 아니다. 그런데 이 경우 보험계약자의 의사는 현재의 사실혼 배우자를 승낙피보험자로 생각하였을 것이고, 이러한 사실혼 배우자를 승낙피보험자로 인정한다고 하여 보험회사에게 특별히 불이익을 주는 것은 아니며, 또 이것이 공서양속에 반한다고 할 수는 없으므로, 현재의 사실혼 배우자도 승낙피보험자로 인정될 수 있을 것이다.

---

137) 日最判 1969(昭 44). 9. 26.(民集 23-9, 1727)은, 여자가 남자에게 처가 있음을 알았어도 정교의 동기가 주로 남성의 거짓말을 믿었기 때문으로서, 여성의 불법성이 남성의 위법성에 비하여 현저히 크다고 평가되는 경우에는 부당파기로 인한 위자료를 청구할 수 있다고 하였다.

138) 공무원연금법 §3 ① 3. 가.; 군인연금법 §3 ① 4. 가. 등

139) 산업재해보상보험법 §63 ①.

140) 같은 취지, 주석친족(1), 322(임종효). 그러나 사실혼 배우자를 포함하는 배우자를 권리자로 규정하면서 부양 또는 동일 생계일 것을 요구하지 않는 법률에서는 그와 같이 볼 수 없다고 한다. 반면 차성안(2012), 332은 중혼적 사실혼에 있어 법률혼이 이혼의사의 합치로 사실상 해소되어 형식적으로만 존재하는 것과 같은 특별한 사정 없이 사실혼 배우자를 보호하는 것은 쉽지 않은 문제라고 한다.

VI. 사실혼 관계 존부확인청구제도

1. 제도의 의의

家訴 §2 ① i. 나. 1은 사실상 혼인관계 존부확인을 나류 가사소송사건으로 규정하고, 家登 §72는 사실상 혼인관계 존재확인의 재판이 확정되면 소를 제기한 사람이 재판의 확정일부터 1개월 이내에 혼인신고를 할 수 있다고 규정하여 사실혼 관계 존부확인청구제도를 인정한다. 원래 이 제도는 1963년 가사심판법을 제정하면서 「사실상 혼인관계 존부확인청구」를 가사심판법의 병류사건에 포함시키고(§2 ① 병류 나.), 이에 따라 호적법을 개정하여 사실혼 존재확인의 심판이 확정된 경우에는 심판을 청구한 자 단독으로 혼인신고를 할 수 있게 규정함으로써(§76-2) 처음으로 인정되게 된 제도이다.141)

이 제도는 사실혼 관계에 있는 일방이 혼인신고를 기피하는 경우에 상대방 당사자가 일방적으로 혼인신고를 할 수 있도록 마련되었다. 그러나 이는 혼인은 강제이행을 청구할 수 없다는 민법의 원칙(§803)과는 잘 조화되지 않는다.142)

2. 소의 성질, 확인의 이익과 당사자적격

가. 소의 성질

사실혼 관계 존재확인의 소를 형성의 소라고 보는 견해가 있으나,143) 확인의 소라고 보아야 한다.144) 이 문제는 家登 §72에 의한 혼인신고를 창설적 신고로 볼 것인지, 아니면 보고적 신고로 볼 것인지와 직결된다. 존재확인의 소를 확인의 소라고 본다면 그에 기한 혼인신고는 창설적 신고가 되고, 형성의 소라고 본다면 그에 기한 신고는 보고적 신고가 된다. 그런데 家登은 형성적 재판에 의한 보고적 신고의 전형적인 예인 재판상 인지에 관하여, 인지의 재판이 확정된 경우에 소를 제기한 사람은 재판의 확정일부터 1개월 이내에 재판서의 등본 및 확정증명서를 첨부하여 그 취지를 신고하여야 하는데, 이 신고서에는 재판확정일을 기재하여야 한다고 규정하고(§58), 이를 다른 형성적 재판에 의한 보고적 신고에 관하여 준용하고 있다(§§65 ②, 66, 68, 73, 78 등). 그러나 §72는 사실상 혼인관계 존재확인의 재판이 확정된 경우에는 소를 제기한 사람은 재판의 확정일부터 1개월 이내에 재판서의 등본 및 확정증명서를 첨부하

---

141) 정광현(1966), 5 이하 참조.
142) 방순원, 민사소송법(1984), 184 주 2) 참조.
143) 이시윤, 민사소송법(2020), 205 등.
144) 윤진수(2009), 267; 주석친족(1), 341(임종효).

여 §71의 신고를 하여야 한다고 규정하고, 신고서에 재판확정일을 기재하지 않으며, §58도 준용하고 있지 않다. 이러한 점에서 §72에 의한 신고는 창설적 신고이고, 사실혼 관계 존재확인의 소도 그 명칭과 같이 확인의 소라고 보아야 할 것이다.

대법원 1973. 1. 16 선고 72므25 판결도 사실혼 관계 존재확인의 재판에 의하여 혼인신고를 하여야만 혼인이 성립한다고 보고 있고, 대법원 1995. 3. 28. 선고 94므1447 판결은 사실혼 당사자 일방이 사망한 경우에 다른 일방이 검사를 상대로 하여 사실혼 관계 존재확인 청구를 하는 것을 확인의 소로 보고 있다.

그리고 사실혼 관계 부존재확인의 소가 확인의 소라고 하는 점에 대하여는 이견이 없다. 다만 실제로 사실혼 관계 부존재확인의 소가 제기되는 경우는 찾아보기 어렵다. 이하에서는 존재확인의 소에 대하여만 설명한다.

나. 당사자적격과 확인의 이익

사실혼 관계 존재확인의 소에서 누가 당사자적격을 가지는가 하는 문제는 결국 누가 누구에게 그 존재확인을 구할 이익이 있는가 하는 문제로 귀착된다. 그리하여 사실혼 관계의 존재에 관하여 확인의 이익을 가지는 사람에게 원고적격이 있고, 반대의 이익을 가지는 사람에게 피고적격이 있다. 사실혼 당사자 쌍방이 생존하고 있을 때에는 그 중 일방이 상대방을 상대로 하여 청구하는 것이 보통일 것이다. 제3자가 사실혼 관계에 있는 부부 두 사람을 상대로 하여 존재확인을 청구하거나 부부 두 사람이 제3자를 상대로 하여 청구하는 것도 가능하다는 견해가 있으나,145) 존재확인의 소에 관한 한 제3자가 존재확인을 받더라도 그에 의하여 혼인신고를 할 수는 없으므로, 실제로 제3자에게 확인의 이익이 인정될 수 있는 경우는 생각하기 어렵다.146)

현실적으로는 당사자 쌍방이 생존하고 있는 경우에 확인의 이익이 인정되어 청구가 인용되는 경우는 거의 없다. 왜냐 하면 사실혼은 당사자 중 한 사람이 일방적으로 해소할 수 있기 때문이다.147) 또 사실혼 당사자 중 일방이 사망한 때에는 사실혼 관계 존재확인 심판이 있더라도 그에 기하여 혼인신고를 할 수도 없다.148) 따라서 혼인신고를 목적으로 하여 사실혼 관계 존재확인의 소를 제기하는 것은 거의 실효성이 없다.

---

145) 박동섭·양경승, 236; 제요[1], 645-646. 이 경우에는 부부 양쪽은 필수적 공동소송인이 된다고 한다.
146) 주석친족(1), 343-344(임종효)은 제3자가 사실혼 부부 사이의 혼인신고를 위하여 그 부부를 상대로 사실혼 관계 존재확인의 소를 제기할 당사자적격이 없으나, 그 외의 목적으로 제기된 경우에는 확인의 이익을 부정할 이유가 없다고 한다.
147) 대법원 1977. 3. 22. 선고 75므28 판결; 대법원 2009. 2. 9. 자 2008스105 결정.
148) 대법원 1991. 8. 13. 자 91스6 결정; 대법원 1995. 11. 14. 선고 95므694 판결.

실제로 사실혼 관계 존재확인의 소가 많이 이용되는 것은, 사실혼 당사자 일방이 사망한 경우에 다른 일방이 산업재해보상법 등 각종 사회보장관련 법률에서 규정하고 있는 유족급여 등을 청구하기 위하여 검사를 상대로 청구하는 것이다. 대법원 1995. 3. 28. 선고 94므1447 판결은 이처럼 검사를 상대로 하여 사실혼 관계 존재확인 청구를 하는 것이 소의 이익을 가진다고 보았다. 즉 사실혼 관계에 있던 당사자 일방이 사망하였더라도, 현재적 또는 잠재적 법적 분쟁을 일거에 해결하는 유효 적절한 수단이 될 수 있는 한, 그 사실혼 관계 존부확인청구에는 확인의 이익이 인정되고, 이러한 경우에는 친생자관계 존부확인청구에 관한 民 §865와 인지청구에 관한 民 §863의 규정을 유추적용하여, 생존 당사자는 그 사망을 안 날로부터 1년 내에 검사를 상대로 과거의 사실혼 관계에 대한 존부확인청구를 할 수 있다는 것이다.149) 그러나 이러한 경우에는 한 사실혼 당사자의 사망으로 인하여 여러 가지의 분쟁이 생기는 것은 아니므로 다른 일방은 직접 유족급여 등의 지급의무자에 대하여 지급을 청구하고, 지급의무자가 그에 응하지 않으면 바로 지급의무자를 상대로 소송을 제기하면 충분하며, 구태여 검사를 상대로 하여 사실혼 관계 존재확인 청구를 하게 할 필요는 없을 것이다.150)

---

149) 부구욱(1995), 315 이하 참조.
150) 윤진수(2009), 264 이하 참조. 주석친족(1), 348-349(임종효)은, 사실혼 관계의 존부 외에 다른 쟁점이 있음이 확인되거나 이를 배제할 수 없는 경우 과연 사실혼 관계 존재확인 소송에 확인의 이익이 있다고 볼 수 있는지 의문이고, 실체적 진실의 발견이 어렵다는 문제가 있다고 한다.

第4節 婚姻의 效力

[前註] 總說

▌**참고문헌**: 김성숙(1996), "부부계약취소권의 문제점", 가족법연구 10; 박동섭(2002), "부부재산계약의 취소", 서울지방변호사회 판례연구 16-상; 이동진(2012), "혼인관념, 인적 혼인의무 및 그 위반에 대한 제재", 서울대 법학 53-3; 이수경(1995), "부부간의 계약취소권", 서울지방변호사회 판례연구 8; 이화숙(2012), "부부계약취소권", 가족, 사회와 가족법; 전효숙(2002), "신분법상의 불법행위", 최병욱정년기념; 정광현(1967), "처의 능력제한을 인정하지 아니한다는 대법원판결", 연구(初出: 법정 2-10); 정상현(1999), "부부간의 계약취소권에 관한 일고찰", 가족법연구 13; 조은희(2008), "부부간 증여의 해소와 반환청구의 문제", 가족법연구 22-3.

Ⅰ. 혼인의 효력 일반

1. 규율대상과 그 구분

본절은 「혼인의 효력」이라는 표제 아래에 일련의 규정을 두고 있다. 이들 규정은 혼인 존속 중 부부 상호간 법률관계를 규율할 것으로 예정되어 있지만, 규정마다 구체적인 요건에 차이가 있어, 유효한 법률혼 이외에 실질적인 혼인생활도 있어야 적용되는 규정이 있는가 하면 법률혼이 유효하게 유지되고 있기만 하면 적용되는 규정도 있고, 사실혼에 유추되어 사실상 혼인생활의 실질만 있으면 혼인신고 유무에 관계없이 적용되는 규정도 있다.

본절은 혼인의 효력을 일반적 효력(제1관)과 재산적 효력(제2관)으로 구분하여, 일반적 효력으로 부부간의 의무(§826), 성년의제(§826-2), 부부간의 가사대리권(§827)을,

재산적 효력으로 부부재산제(§§829~831)와 일상가사로 인한 채무의 연대책임(§832), 생활비용(§833)을 규정한다.[1] 그러나 이러한 법전편제상의 구별과 달리 신분상 내지 인격적 의무와 재산상 의무로 구분하고 §827를 후자로 분류하는 견해도 있다.[2] 본절의 규정 중 상당수는 인격과 재산 두 측면 모두에 관계하고 있고, 혼인의「일반적 효력」과「부부재산제」의 준거법을 달리 정하는 國私 §§37, 38를 제외하면 양자를 구별할 실익도 별로 없다.

2. 혼인관념과 혼인의 효력에 관한 규정의 변천

혼인법은 일정한 혼인의 모습(婚姻像), 혼인관념을 전제·반영한다. 이러한 점은 혼인의 효력에 관한 본절의 규정에서 특히 두드러진다. 가령 제정 민법은 처로 하여금 부(夫)의 주소 또는 거소에서 동거하도록 하고(§826 ①), 부(父)를 단독친권자로 정하고 있었는데(§909 ①). 이는 호주(戶主)와 가(家) 제도와 함께 부(夫·父)가 가장(家長)이 되는 가부장적(家父長的) 가족질서를 반영한다. 또한 부부 누구에게 속한 것인지 분명하지 않은 재산은 부(夫)의 특유재산으로 추정하고(§830 ②), 공동생활에 필요한 비용도 당사자 사이에 특별한 사정이 없으면 부(夫)가 부담하는 것으로 하였는데(§833), 이는 부(夫)가 소득활동을 하고 처는 가사를 돌보는 전통적인 성역할관념에 기초하고 있다. 이러한 태도는, 부부 각자에게 서로를 위한 일상가사대리권과 일상가사채무의 연대책임을 인정한 점(§§827, 832)을 제외하면, 근대 초기 여러 민법전의 그것과 일치한다.

그러나 1977년 부부의 협의로 동거장소를 정하고[다만, 협의가 이루어지지 아니하면 부(夫)가 정한다], 부부 누구에게 속한 것인지 분명하지 아니한 재산은 공유로 추정하는 개정이(§§826 ②, 830 ②), 1990년 부부 사이에 동거 장소에 관하여 협의가 이루어지지 아니하면 당사자의 청구로 가정법원이 정하고, 생활비용은 특별한 약정이 없는 한 부부가 공동으로 부담하는 개정이 이루어졌고(§§826 ②, 833), 2012년에는 부부간 계약취소권에 관한 §828도 삭제되었다. 이로써 가부장적인 가족제도와 성역할분담론은 일소(一掃)된 셈이다. 현행법은 양성평등과 부부 각자의 존엄 및 자율(憲 §36 ①)에 터잡고 있다.[3]

그 이외에 1977년 개정으로 성년의제에 관한 §826-2가 신설되었고, 2005년 개

---

1) 이러한 분류체계에 따라 설명하는 것으로 김주수·김상용, 129.
2) 송덕수, 55; 한봉희·백승흠, 107(다만, 앞의 것을 일반적 효과라고 한다). 또한, 大村敦志, 40.
3) 이에 관하여는 이동진(2012), 503-506, 509 이하.

정으로 호주 및 가(家) 제도가 폐지되면서 처의 부가입적(夫家入籍) 및 그 예외로서 입
부혼(入夫婚)에 관한 §826 ③, ④이 삭제되었다. 이는 규율의 중심이 호주를 정점으로
하는 관념적인 가(家)에서, 부부와 그 자녀로 이루어진 현실적인 가족 및 그 구성원
개개인으로 옮겨가고 있음을 보여준다.

Ⅱ. 본절(本節)에 규정되어 있지 아니한 혼인의 효력

혼인의 효력에 관하여 상세한 것은 각 조문의 註釋에 맡기고, 여기에서는 본절에
규정되어 있지 아니한 혼인의 효력에 관하여 살펴본다.

1. 규정되어 있지 아니한 혼인의 효력

가. 부부별성(夫婦別姓)

미국이나 유럽, 일본 등 다른 나라에는 여성이 혼인하면 부(夫)의 성(姓)을 따르는
관습 내지 법이 많은데, 이를 부부성(夫婦姓)이라고 한다. 부부성에 관하여는 근래 그
결정에 있어 어떻게 양성평등을 실현할 것인가에 관하여 논의가 분분하다. 그러나 우
리 민법은 부부성 제도는 두고 있지 아니하다. 우리 법상 부부는 혼인하더라도 본래
의 성(姓)을 유지한다.

나. 처의 권리능력 · 행위능력 · 소송능력과 부부간 계약

(1) 처의 권리능력 · 행위능력 · 소송능력

나아가 부부는 혼인하더라도 본래의 권리능력 및 행위능력을 유지한다.

처의 권리능력 및 행위능력은 역사적으로는 결코 자명한 것이 아니었다. 로마법
상 처는 외부적으로는 행위능력을 부여받지 못하였고, 내부적으로는 처의 특유재산
이 인정되지 아니하거나, 인정되더라도 이를 관리할 수 없어, 그에 갈음하여 부(夫)가
관리권을 가졌다. 이러한 규율은 1947년 개정 전 일본 민법을 포함한 다수의 근대 민
법전에까지 이어졌다. 그러나 이후 양성평등이 실현되는 과정에서 이러한 규정들이
폐지되고, 나아가 처의 독자적인 직업 활동의 자유를 명문으로 선언하는 법률개정이
이루어지기도 하였다.[4] 우리 민법은 처의 행위능력을 제한하는 의용민법(1947년 개정
전 일본 민법) §14 ⅰ를 받아들이지 아니하고 오히려 부부는 특유재산을 각자 관리 · 사
용 · 수익함을 명시하는 한편(§831), 민법 시행 전 혼인으로 인하여 부(夫)가 처의 재산
을 관리, 사용 또는 수익하는 경우에도 민법의 시행일부터 부(夫)는 그 권리를 잃는다

---

4) 김용한, 124–125; 이동진(2012), 504–505, 509.

는 규정을 두어(제정 민법 부칙 §17) 그 적용범위를 의용 민법하의 혼인에까지 확장함으로써 이러한 세계적 조류에 동참하였다. 나아가 대법원 1947. 9. 2. 선고 4280민상88 판결은,5) 1945년 해방 후 1960년 민법 시행 이전까지의 기간에 대하여도 의용 민법 §14 i에 따른 처의 능력제한을 부정하였다.

이처럼 처가 혼인에도 불구하고 권리능력·행위능력을 유지하게 됨에 따라 종전에는 인정되지 아니하던 소송능력도 인정되게 되었다.

(2) 부부간 계약취소권

그러나 다른 한편, 2012년 개정 전 §828는 "夫婦間의 契約은 婚姻중 언제든지 夫婦의 一方이 이를 取消할 수 있다. 그러나 第3者의 權利를 害하지 못한다"고 정하여 여전히 부부 사이의 법률행위를 특별취급하고 있었다.

이 규정은 로마법상 부부간 증여금지에서 유래한다. 로마법상 부부간 증여는 무효로서 처는 언제든지 증여재산의 반환을 구할 수 있었는데(D.24.1), 이것이 프랑스·일본 민법을 거쳐 우리 민법에 들어온 것이다.6) 이 법리는 당초에는 처의 법인격이 부(夫)의 그것에 흡수되고 행위능력이 부인되어 부부간 계약을 관념조차 할 수 없었던 데 따른 당연한 귀결로 인정되었으나, 처의 독자적 권리능력과 행위능력이 인정된 뒤에도 혼인의 자유와 순수성의 유지, 애정·압력에 의한 경솔한 증여로부터의 보호, 처가(妻家) 가산(家産)의 부가(夫家)에의 유입 방지, 채권자에 대한 사해의 방지를 위한 제도로 정당화되어 유지되었다.7)

그러나 오늘날 법적으로는 물론 현실적으로도 부부 사이의 평등과 처의 부(夫)에 대한 독립성이 승인됨에 따라 더는 이를 유지할 이론적·현실적 근거를 찾기 어려워져, 이 법리는 프랑스 민법과 그 영향을 받은 일본 및 우리 민법을 제외한 다수의 근대민법에서 명시적으로 거부되었다. 심지어 일본에서도 판례·학설상 혼인관계가 파탄된 뒤에는 위 규정에 의한 취소를 할 수 없다고 하여 그 적용범위를 제한하는 해석론이 통용되었고,8) 우리의 학설·판례도 처음부터 이를 따라 혼인관계가 형식적으로

---

5) 정광현(1967), 272–274. 평석: 양창수, "우리 나라 최초의 헌법재판논의", 민법연구 6(2001), 37 이하.
6) 민법 제정 당시에도 이미 이 법리는 받아들여서는 아니 된다는 주장이 있었고[정광현, "친족상속편의 요강과 초안에 대한 분석과 관견", 법정 57/3, 57/6, 57/11 = 연구(1967), 375–376], 정일형 의원 외 33인이 제26회 정기국회에 제출한 수정안에서도 위 규정의 삭제를 제안하였으나[국회사무처, 제이십육회 국회정기회의속기록 제사십이호(부록), 107], 이와 같은 주장은 부부간 계약의 강제이행을 구할 수 있다면 부부간 情誼에도 반한다는 등의 이유로 결국 받아들여지지 아니하였다.
7) Schlei, Schenkungen unter Ehegatten (1993). 김성숙(1996), 109; 이화숙(2012), 187 이하; 정상현(1999), 101.
8) 그 근거에 관하여는 이때의 취소권의 행사는 권리남용이라는 견해, 이혼합의와 불가분의 관계에서 체결된 계약은 재산분할적 성질을 가지므로 같은 조의 「부부간 계약」에 해당하지 않는다는 견해, 같은 조의 「혼인중」은 혼인관계가 형식적으로는 물론 실질적으로도 원만하게 계속되고 있는 경우를 가리킨다

계속되고 있다 하더라도 실질적으로 파탄에 이른 때에는 위 규정에 의한 취소는 할 수 없다고 하였다.9) 그 결과 이 규정은 실제 문제되는 때에는 거의 적용될 수 없는 규정이 되었다. 위 규정에 대하여는 입법론적으로는 폐지하여야 한다는 주장이 제기되어오다가10) 2012년 결국 폐지되었다.

이제 처는 대외적으로 제3자와 사이에서뿐 아니라 대내적으로 부(夫)와 사이에서도 법적으로 유효한 계약 기타 법률행위를 할 수 있게 되었고, 부(夫)도 대내적으로 처와 사이에서 법적으로 유효한 계약 기타 법률행위를 할 수 있게 되었다. 이는 부부 각자의 자유와 독립성을 법적으로 확보시켜주었으나, 혼인의 공동체성과 갈등 내지 긴장을 빚는 측면도 없지 아니하다.

(3) 부부간 계약의 특수성

이러한 갈등 내지 긴장으로 말미암아 부부간 계약에는 제3자와의 계약과는 다른 특성이 나타나게 된다.

(가) 재산관계에 관한 계약부터 본다.

부부간 혼인을 전제로 하는 재산관계 전반에 대하여는 계약법 일반에 앞서 §829의 특칙이 적용된다. 부부가 혼인중 부부재산제에 관하여 약정을 하였다 하더라도 이는 무효이다[제829조 註釋 Ⅱ. 2. 나. (2)]. 문제는 §829의 적용을 받지 아니하는 개별 계약 [제829조 註釋 Ⅱ. 2. 가. (2) 참조], 특히 부부간 증여 또는 보증 등에서 생긴다.

먼저, 혼인을 전제로 재산을 증여하거나 기타 무상의 출연을 하는 당사자로서는 혼인이 단기간 내에 파탄되는 경우를 예견하지 아니하거나 예견하였다 해도 그 후의 청산에 관하여 미리 협의하지 못하는 경우가 적지 아니하다. 그러나 이때의 출연은 혼인을 전제로 이루어진 것이므로, 적어도 혼인이 단기간 내에 파탄에 이르러 그 출연의 목적 내지 전제가 전혀 충족되지 아니하였다면 출연재산을 반환받을 수 있다고 봄이 옳다. 대법원 2003. 11. 14. 선고 2000므1257, 1264 판결도, 원고가 결혼 후 동거할 주택을 구입하는 데 쓰도록 피고에게 금원을 교부하여 피고가 그 명의로 주택을 취득하였는데 이후 결혼생활이 단기간 내에 파탄되었다면 형평의 원칙상 위 금원은

는 견해 등이 있다. 상세는 정상현(1999), 124-125.

9) 대법원 1979. 10. 30. 선고 79다1344 판결; 대법원 1993. 11. 26. 선고 93다40072 판결[평석: 박동섭(2002), 256; 이수경(1995), 192].

10) 김성숙(1996), 114 이하; 이화숙(2012), 207 이하; 정광현(1967), 376-377 등. 프랑스 민법도 증여와 매매만을 무효로 하였을 뿐이고(매매를 무효로 한 것은 가장매매를 통해 증여금지를 잠탈할 우려가 있다는 점 등으로 정당화되었다), 그나마 부부간 매매를 무효로 한 §1596는 1985년 개정으로, 현존재산에 대한 무제한적인 증여취소는 2004년 개정으로 각 삭제되었다. 일본 민법이 증여만이 아닌 모든 계약에 대하여 취소권을 인정한 것 자체가 비교법적으로 유례를 찾아보기 어려운 것이다. 新注民(21), 383(中川高男).

원상회복으로 특별한 사정이 없는 한 전액 반환되어야 한다고 한다.11)

또한, 부부간에는 무상행위라고 볼 수는 없으나, 구체적 법률관계가 매우 불분명한 거래가 종종 일어난다. 부부가 각자의 고유재산을 보태 주택을 취득하면서 편의 또는 세제상의 혜택을 위하여 일방 명의로 등기하거나, 공동으로 사업을 관리·운영하면서 그 명의는 일방 앞으로 하는 경우, 부부 일방이 타방의 사업에 종업원과 같은 지위에서 조력하는 경우, 혼인관계가 존속하는 한 그 결과를 부부가 공동으로 누리게 될 것이고, 거래 당사자인 부부도 이를 당연히 전제하였을 것임에 비추어 보면 단순한 무상행위라고 하기는 어렵지만, 제3자와 사이에 그와 같은 관계가 있었더라면 당연히 체결되었을 명시적·구체적인 합의가 이루어지는 예는 매우 드문 것이다. 이때 혼인이 실제로 파탄에 이르게 되면 어떤 법률관계에 터잡아 이를 청산할 것인지가 문제된다. 판례가 부부가 부동산 등을 취득하는 과정에서 명의인을 그 출연자와 전적 또는 부분적으로 달리하는 경우 비교적 쉽게 부부간 명의신탁을 인정하는 것은 이 문제를 해결하기 위함이다(제830조·제831조 註釋 Ⅱ. 2. 참조). 비교법적으로도 판례·학설상 부부간 묵시적 내지 사실적(내적) 조합(Ehegatteninnengesellschaft), 사실적 근로관계 등을 너그러이 인정하는 예를 쉽게 찾아볼 수 있다.12)

그 이외에 부부 사이에서는 채권자를 해할 의도로 가장(假裝)의 재산이전이 이루어질 위험도 크다. 대법원 1978. 4. 25. 선고 78다226 판결은 특별한 사정이 없이 부(夫)가 처에게 토지를 매도하고 소유권이전등기를 마쳐주는 것은 가장매매로 추정함이 경험칙상 타당하다고 하고 있고, 사해행위취소소송에서도 수익자가 배우자라는 사정은 그에게 악의(§406 ① 단서)가 있었음을 뒷받침하는 중요한 근거 중 하나로 작용한다.13) 다만 부부간 명의신탁으로 인정되는 재산이 부부 사이에 이전된 경우는 명의신탁재산의 신탁자에의 환원으로 사해행위가 되지 아니한다. 제830조·제831조 註釋 Ⅱ. 2. 나. (2) 참조.

---

11) 조은희(2008), 399 참조. 대법원 2005. 5. 27. 선고 2004다50303 판결은 원고(장모)가 피고(사위)에게 결혼 당시 전세금으로 1억 1천만 원을 교부하였는데, 결혼 후 반년여 만에 사실혼 관계가 파탄에 이른 사건에서, 위 전세금을 교부한 것은 상당한 기간 내에 법률혼이 불성립할 것을 해제조건으로 하는 증여인데 이 조건이 성취되었으므로 원상회복으로 전세금전액을 반환하여야 하고, 이러한 경우 전액 반환이 형평의 원칙에도 부합한다고 한다. 대법원 2003. 11. 14. 선고 2000므1257, 1264 판결과 달리 형평의 원칙보다도 해제조건부 증여라는 법적 구성을 앞세운 점이 주목된다.

12) 이동진, "재산분할과 채무", 가족법연구 26-3(2012), 318 이하. 오스트리아 일반민법 §98 및 스위스 민법 §165는 부부간 별다른 약정 없이 배우자의 사업 등에 노무를 제공한 경우 법률상 "적절한 보상"을 청구할 수 있도록 하고 있다. 부부간 노무제공에 관하여 이와 같은 규정을 두고 있지 아니한 독일 민법에서 보상청구권의 법적 구성 내지 제공된 노무의 가치청산 문제에 대하여는, Lieb, Die Ehegattenmitarbeit im Spannungsfeld zwischen Rechtsgeschäft, Bereicherungsausgleich und gesetzlichen Güterstand (1970) 참조.

13) 그 이외에 채권자에 대한 사해행위는 아니지만, 부부간 양도를 증여로 추정하는 相贈 §44 ①도 비슷한 취지로 볼 수 있다.

다른 한편, 부부 사이에서는 배우자의 경제활동을 위하여 자신의 재산 및 소득수준에 비추어 자칫 독자적 경제활동기회를 상실할 수 있는 과도하게 부담이 되는 보증계약 등을 체결할 가능성이 있다. 독일 판례는 이러한 경우 보증계약이 양속(良俗)에 반한다고 보아 무효로 한다.[14]

(내) 부부 사이에 비재산적 내지 인(격)적 관계에 관한 계약은 부부관계의 고도의 윤리성과 계속성 등에 비추어 그 법적 구속력이 부정되거나 완화되어야 한다[제826조 註釋 I. 2. 나. 참조].

다. 부부관계와 불법행위

(1) 부부관계는 제3자에 대하여 일정한 보호를 받는다.

먼저, 부부 일방이 제3자의 고의·과실에 의한 위법행위로 사망하였거나, 중한 상해를 입어 그 일방과의 교제를 침해당한 경우 다른 일방은 이에 대하여 위자료의 지급을 구할 수 있다(§752 참조). 다만, 판례·통설이 생명침해로 인한 손해배상에 관하여 이른바 상속구성을 취하므로 상당한 상속을 받을 수 있는 한 부양기대의 침해에 대하여 재산상 손해배상을 따로 구할 수는 없을 것이다[부양 前註 VIII. 1. 참조]. 그리고 논란이 있지만 일반적으로 제3자가 부부 사이의 혼인의무 위반에 가공하거나 기타 부부관계를 파탄에 이르게 한 때에도 그 제3자는 위자료 지급의무를 진다고 보고 있다[제826조 註釋 III. 1. 나. (1) 참조]. 나아가 판례는 - 중혼적 사실혼이 아닌 한 - 사실혼 관계의 부부 일방에 대하여도 같은 보호를 인정한다.[15]

(2) 처의 소송능력이 인정됨에 따라 부부 사이에 불법행위책임 등을 물을 수 있는지의 문제가 제기되게 되었다. 학설로는 부부 사이에서는, 제3자가 한 일이었다면 불법행위가 성립하였을 행위라 하더라도 가정의 평화와 안정을 위하여 면책되거나 책임이 제한될 수 있다는 견해도 있으나,[16] 오늘날에는 부부 사이라 하더라도 인격침해 등에 대하여는 일반적으로 책임을 물을 수 있다고 보는 경향이 훨씬 강하다.[17] 심지어 배우자 강간[제826조 註釋 III. 2. 가. (2) 참조]이나 가정폭력과 같이 전적으로 가정 내부의 문제로 여겨져왔던 일에 대하여도 법질서의 개입이 강화되고 있다.

혼인관계로 인하여 부부 각자가 상대방에 대하여 지는 이른바 혼인의무 위반이 불법행위 또는 채무불이행이 되는가 하는 점에 대하여는 제826조 註釋 I. 2. 가. 참조.

---

14) BVerfGE 89, 214. 안춘수, "보증 등 재산없는 가족원에 대한 채무의 인수", 비교사법 5-2(1998), 285 이하.

15) 전효숙(2002), 380 이하.

16) 이경희·윤부찬, 84; 전효숙(2002), 372-373.

17) 각국의 발전경향에 관하여는 Labrusse, Les actions en justice intentées par un époux contre son con-joint, RIDC 19 (1967), 431.

2. 본절(本節) 밖에 규정되어 있는 혼인의 효력

본절 밖에도 혼인의 효력을 정한 규정이 여럿 있다.

① 부부 일방은 타방에 대한 성년 및 한정후견의 개시와 종료, 피성년 및 피한정후견인의 권한범위의 변경, 특정후견, 후견계약의 효력발생을 위한 임의후견감독인의 선임 및 후견인의 대리권의 범위의 변경의 심판을 구할 수 있다(§§9~14, 14-2, 938, 959-4, 959-15).

② 부부 일방의 타방에 대한 재산권은 혼인관계가 종료된 때부터 6개월 내에는 소멸시효가 완성되지 아니한다(§180).

③ 부부 일방은 타방에 대한 생명침해에 대하여 원칙적으로 비재산적 손해가 있는 것으로 본다(§752).

④ 부부는 「가족」이자(§779), 친족이고(§777 iii), 부부 일방과 타방의 혈족 및 그 배우자와 사이에는 인척관계가 생긴다(§§767, 769). 부부 사이에 친족관계를 인정하는 것은 비교법적으로 일반적이라고 할 수 없다.[18]

⑤ 중혼(重婚)을 하지 못하고, 전혼(前婚) 해소 후에도 전혼 배우자와 사이에 일정 범위의 친족관계에 있는 자와는 혼인하지 못하며, 이를 위반한 혼인에 대하여는 무효확인 내지 취소청구의 소를 제기할 수 있다(§§809, 810, 818, 家訴 §23).

⑥ 처가 일정한 요건하에 출산한 자녀는 그 부(夫)의 친생자로 추정된다. 부부는 일정한 요건하에 각자 친생부인의 소를 제기할 수 있다(§§844, 846, 850). 부부 사이에 혼인외의 출생자가 있었던 경우 혼인하면 그때부터 혼인중의 출생자로 본다(§855 ②).

⑦ 부부 일방이 다른 사람을 양자로 하거나 다른 사람의 양자가 될 때에는 타방의 동의를 받아야 한다(§874). 부부는 친양자 입양을 할 수 있다(§908-2 ① i).

⑧ 부부는 그 자녀에 대하여 공동으로 친권을 행사한다(§909 ②).

⑨ 부부 상호간 및 일정 범위의 인척과 부양관계가 생긴다(§974).

⑩ 배우자가 사망하는 경우 법정상속권, 대습상속권, 유류분권을 가진다(§§1003, 1009 ②, 1111).

⑪ 피상속인의 배우자에 대한 일정한 행위는 상속결격 사유가 된다(§1004).

---

18) 김용한, 51; 오시영, 385; 최금숙, 친족(2), 99; 한봉희·백승흠, 108. 이에 대하여 민법 기타 다른 법에 배우자를 명시하여야 함에도 친족만 언급하고 배우자를 명시하지 아니한 규정이 다수 있어 이러한 규정에 의미가 있다는 것으로, 송덕수, 55-56, 295-296(그 예로 §§936 ②, 940, 940-4, 954, 959-5 ①, 959-10 ①, 959-15 ③, 959-17 ②, 1053 ①, 刑 §151 ②, 155 ④, 家登 §§85, 97 ①을 든다). 입법론으로는 이러한 규정을 검토하여 필요한 경우 배우자를 추가하고 부부 사이의 친족관계는 일반적으로는 부정함이 타당하다.

⑫ 유언으로 이익을 받을 자의 배우자는 그 유언의 증인이 될 수 없다(§1072 ① iii).

이 외에 민사소송법, 민사집행법, 형법, 형사소송법, 세법 등 여러 법률이 부부에 관한 특별 규정을 두고 있다. 예를 들어본다.

ⓐ 배우자에 대하여 공소가 제기되거나 유죄판결을 받을 염려가 있는 사항이나 그에게 치욕이 될 사항에 관하여는 민·형사소송에서 그 증언을 거부할 수 있고(刑訴 §148, 民訴 §314), 배우자와 현저한 이해관계가 있는 사항에 관하여 민사소송에서 증언을 할 때에는 선서를 거부할 수 있다(民訴 §324).

ⓑ 배우자의 형사나 징계사건에 관한 증거를 인멸, 은닉, 위조 또는 변조하여도 처벌받지 아니한다(刑 §155 ④).

ⓒ 피의자나 피고인이 된 배우자를 위하여 변호인을 선임할 수 있고(刑訴 §30), 체포·구속된 배우자를 위하여 체포·구속적부심사 또는 보석을 신청할 수 있으며(刑訴 §§94, 214-2), 형사절차에서 유죄판결을 받은 배우자를 위하여 상소할 수 있다(刑訴 §341).

ⓓ 종전에는 배우자가 있는 자가 다른 사람과 간음하면 범죄가 되었다(구 刑 §241, 간통죄). 그러나 이 규정은 헌법재판소 2015. 5. 26. 선고 2009헌바17 등 결정에 의하여 위헌으로 선언되어 효력을 상실하였다.

ⓔ 낙태를 하려면 낙태 적응사유가 있다 하더라도 배우자의 동의를 받아야 한다(모자보건법 §14 ①).

ⓕ 배우자에 대한 상해 등 일정한 범죄(가정폭력범죄)에 대하여는 경찰이 응급조치를 하거나 검사 등이 임시조치를 할 수 있고, 적절하다고 인정되는 때에는 형사절차가 아닌 가정보호절차에 의하여 처리될 수 있다(가정폭력범죄의 처벌 등에 관한 특례법).

ⓖ 배우자에게 소득이 없는 경우 등에는 소득세 부과의 기준이 되는 소득금액에서 인적 공제를 받을 수 있고(所得 §50 ① ii), 자신이 지출한 배우자의 의료비도 소득금액에서 공제받을 수 있다.

ⓗ 국민연금가입자의 경우 소득이 없는 배우자가 있으면 그 연금액이 증액된다(국민연금법 §52 ① i).

ⓘ 배우자에 대한 증여는 6억 원까지 증여세 과세가액에서 공제된다(相贈 §53 i).

ⓙ 채무자와 배우자의 공유로 채무자가 단독으로 또는 배우자와 공동으로 점유하고 있는 유체동산은 그 전부를 압류할 수 있다(民執 §190). 제830조·제831조 註釋 참조.

ⓚ 채무자의 재산이라 하더라도 동거하는 배우자의 생활에 필요한 필수품 등에 대하여는 압류가 금지된다(民執 §195).

ⓛ 배우자가 사망하면 각종 사회보장법상 유족연금 등 수급권을 취득한다(공무원 연금법 §§3 ① ii 가., 31, 32, 54 이하, 국민연금법 §73 ① i 등).

ⓜ 대한민국국민의 배우자는 「F−6 사증(査證)」을 발급받아 대한민국에 입국하여 장기체류할 수 있다(출입국관리법 §§7 ①, 17, 같은 법 시행령 §10 별표1의2. 27 결혼이민).[19]

ⓝ 배우자가 대한민국 국민인 외국인은 혼인한 상태로 대한민국에 2년 이상 계속하여 주소를 두고 있거나 그 배우자와 혼인한 후 3년이 지나고 혼인한 상태로 대한민국에 1년 이상 계속하여 주소가 있으면 간이귀화의 방법으로 대한민국 국적을 취득할 수 있다(國籍 §6 ② i, ii).[20]

---

[19] 그 외에 국민과 혼인관계(사실상의 혼인관계를 포함한다)에서 출생한 자녀를 양육하고 있는 부 또는 모로서 법무부장관이 인정하는 사람과 국민인 배우자와 혼인한 상태로 국내에 체류하던 중 그 배우자의 사망이나 실종, 그 밖에 자신에게 책임이 없는 사유로 정상적인 혼인관계를 유지할 수 없는 사람으로서 법무부장관이 인정하는 사람도 같다.

[20] 그 외에 대한민국 국민인 배우자와 혼인한 상태로 대한민국에 주소를 두고 있던 중 그 배우자의 사망이나 실종 또는 그 밖에 자신에게 책임이 없는 사유로 정상적인 혼인생활을 할 수 없었던 사람으로서 위 2년 또는 3년 및 1년의 잔여기간을 채웠고 법무부장관이 상당하다고 인정하는 사람과 國籍 §6 ② i, ii의 요건 중 어느 것도 충족하지 못하였으나 그 배우자와의 혼인에 따라 출생한 미성년의 자녀를 양육하고 있거나 양육하여야 할 사람으로서 國籍 §6 ② i, ii의 기간을 채웠고 법무부장관이 상당하다고 인정하는 사람에 대하여도 간이귀화를 허가할 수 있다(國籍 §6 ② iii, iv).

第 1 款   一般的 效力

第 826 條 (夫婦間의 義務)

① 夫婦는 同居하며 서로 扶養하고 協助하여야 한다. 그러나 正當한 理由로 一時的으로 同居하지 아니하는 경우에는 서로 忍容하여야 한다.

② 夫婦의 同居場所는 夫婦의 協議에 따라 정한다. 그러나 協議가 이루어지지 아니하는 경우에는 當事者의 請求에 의하여 家庭法院이 이를 정한다.

▌**참고문헌**: 강승묵(2009), "별거와 이혼시 혼인주택이용에 관한 소고", 한양대 법학논총 26−2; 김기영·소재선(2009), "신체침해의 보호범위와 가족계획권으로서 인격권침해: 정자폐기로 인한 위자료청구사건을 중심으로", 외법논집 33−2; 김동원(2023), "부정행위에 따른 위자료의 산정에 관한 실무상 몇 가지 문제에 관하여", 사법 64; 김시철(2008), "부부간의 과거의 부양료 지급의무에 관하여", 사법 5; 김영철(1996), "출산거부의 자유에 대한 형법적 고찰: 피임, 낙태의 문제와 관련하여", 이명구화갑기념[III]; 김학태(2010), "아내강간에 대한 법이론적 논쟁과 판례분석에 관한 연구", 외법논집 34−1; 남효순(2019), "프랑스민법상의 별거제도", 경희법학 54−5; 류일현(2018), "'졸혼(卒婚)'과 혼인제도, 가족법연구 32−2; 박병호(1995), "우리 가족법의 현대적 과제", 숭실대 법학논총 8; 박선영(2005), "'개인의 존엄과 양성평등'으로 본 '부부간 성폭력'", 공법연구 34−2; 서종희(2021), "배우자 일방과 간통한 상간자의 타방 배우자 및 그 자녀에 대한 불법행위책임에 대한 소고−일본의 학설과 판례에 대한 소개를 중심으로−", 일감법학 48; 오종근(2018), "부부간 부양청구권과 양육비청구권", 이화여대 법학논집 64; 윤진수(2012), "혼인과 이혼의 법경제학", 법경제학연구 9−1; 이동국(2007), "제3자의 부정행위 가담으로 인한 불법행위의 성립", 저스티스 97; 이동수(2020), "별거와 이혼의 경우 혼인주택의 이용관계: 독일 가족법의 경우", 가족법연구 34−2; 이동진(2012), "혼인관념, 인적 혼인의무 및 그 위반에 대한 제재", 서울대 법학 53−3; 이동진(2013), "부부관계의 사실상 파탄과 부정행위(不貞行爲)에 대한 책임", 서울대 법학 54−4; 이민걸(2006), "간통한 부녀 및 상간자가 부녀의 자녀에 대한 관계에서 불법행위 책임을 부담하는지 여부(소극)", 대법원판례해설 54; 이인영(2004), "모자보건법 제14조의 재구성과 입법방향", 의료법학 12−2; 이화숙(2012), "별거제도 도입을 위한 입법정책적 연구", 법조 57−3＝가족, 사회와 가족법; 임채웅(2000), "가족간의 접근금지처분방안에 관한 연구", 실무연구[VI]; 전효숙(2002), "신분법상의 불법행위", 최병욱정년기념; 정구태·배소현(2016), "부부간 과거의 부양료청구의 인정 여부", 인문사회 21; 조국(2001), "아내강간의 성부와 강간죄에서의 폭행·협박의 정도에 관한 재검토", 형사정책 13−1; 조은희(2019), "독일의 별거제도와 시사점", 제주대 국제법무 11−1; 최민수(2014), "부부간 과거 부양료청구와 미성년자녀의 과거 양육비청구", 가족법연구 28−1; 최신섭(2008), "별거 중 친권행사−독일법을 중심으로−", 가족법연구 22−2; 최신섭(2007), "별거 중 혼인주택의 분할 또는 단독사용권", 가족법연구

21-2; 최진섭(2004), "'계획혼인'의 법적 평가-부부계약의 법적 구속력-", 가족법연구 18-2; 표계학(1995), "영국에서의 이혼시 혼인주택(Matrimonial Home)의 분할 문제", 가족법연구 9; 홍춘의(2011), "가정폭력관련법제의 개혁", 가족법연구 25-2; 홍춘의(1994), "간통과 손해배상", 가족법연구 8; 홍춘의·송문호·태기정(2017), "부부의 일방과 성적인 행위를 한 제3자의 손해배상책임", 전북대 법학연구 51.

Ⅰ. 개설

1. 본조의 의의: 인적 혼인의무에 관한 기본규정

본조는 부부간 서로 동거·부양·협조할 의무가 있음을 선언하고, 동거의무의 한계와 동거장소의 결정방법을 정한다. 본조는 직접적으로는 일본 및 중화민국 민법에, 간접적으로는 프랑스 민법과 독일 민법에 소급한다. 그러나 그 이외에도 다수의 근대 민법전이 특히 동거 및 부양의무에 관하여 비슷한 취지의 규정을 두고 있다.[1]

본조가 열거하고 있는 동거·부양·협조의무는 부부관계 중 비재산적 내지 인(격)적 측면에 해당한다. 본조를 혼인법상 인(격)적 의무, 즉 인적 혼인의무(persönliche Ehepflichten)에 관한 기본규정이라고 할 수도 있다. 그러나 인적 혼인의무가 동거·부양·협조에 그치는 것은 아니다. 성적 충실의무, 임신 및 출산에 관한 의무도 이에 포함될 수 있다. 자녀 양육은 부부가 함께 처리해야 할 가장 중요한 사무 중 하나이므로, 이 또한 인적 혼인의무, 특히 부부간 협조의무와 관계가 없다고 할 수 없다. 본조 註釋에서는 이들 모두를 다룬다.

2. 인적 혼인의무의 성격과 그 내용규정

가. 법규화

본조는 기본적으로 인적 혼인의무를 법적 의무로 고양(高揚)함으로써, 혼인 내부관계를 법규화(法規化)하였다는 점에 그 의의가 있다. 그러나 그 구체적인 의미와 당부(當否)에 관하여는 미묘한 문제가 있다.

근대민법은 인적 혼인의무를 법전에 규정함으로써 어떤 삶의 모범을 제시하고자 하였다. 그러나 인적 혼인의무의 기능이 이러한 교육 내지 정치적 기능에 그친 것은 아니다. 유책주의 이혼법에서 인적 혼인의무 위반은 재판상 이혼사유이자 위자료 지급책임의 성립요건이기도 하였다. 이것이 일단 법적 의무(Rechtspflicht)로 규정되자, 곧

[1] 국회사무처 편, 민법안심의록(1957), 490-491. 또한 이동진(2012), 503.

그 위반에 대하여 독자적인 법적 제재가 인정되었다. 프랑스와 일본에서 한때 동거의무 위반에 대하여, 심지어 혼인존속 중에도, 강제이행과 손해배상을 인정한 것이 그 예이다.[2] 이 당시 인적 혼인의무 규정은 모든 면에서 법규범이었다.

그러나 부부관계를 애정에 터잡은 자율적·윤리적 공동체로 보는 오늘날의 혼인관념하에서 이러한 인적 혼인의무의 법적 강제는, 그 의무의 본질과 합치하지 아니하여 「권리자」에게 급여의 만족을 가져다주지도 못하면서 「의무자」의 인격을 과도하게 침해할 위험을 낳게 되었다.[3] 그 결과 프랑스와 일본을 포함한 대부분의 나라에서 부부간 동거의무는 그 성질상 강제이행이 허용되지 아니하는 것으로 재해석되었다.[4] 금전급여로 전화(轉化)되지 아니한 본래의 의미의 부양 및 협조의무 일반도 마찬가지로 해석되고 있다. 부부 내부관계에 대한 법적 규율과 오늘날의 혼인관념 사이의 긴장이 강제이행을 배제시킨 것이다.[5]

이와 달리 우리의 판례·통설은 손해배상청구권, 특히 인적 혼인의무 위반자체를 원인으로 하는 위자료지급청구권을 인정하고 있다. 가령 판례는 부부 일방이 간통을 한 경우 혼인존속 중에도 위자료의 지급을 구할 수 있고,[6] 이에는 부정(不貞)으로 인한 재판상 이혼청구에 관한 §841의 제척기간이 아니라,[7] 간통을 안 날로부터 3년(§766 ①)의 단기소멸시효가 적용된다고 한다.[8] 간통 이외의 인적 혼인의무 위반에 관하여는, 배우자가 직계존속으로부터 심히 부당한 대우를 받았음을 이유로 하는 위자료 청구가 인용되려면 그 전제로서 그 직계존속으로부터 심히 부당한 대우를 받았음을 이유로 한 이혼판결이 있어야 한다는 재판례도 있으나,[9] 근래 대법원 2009. 7. 23. 선고 2009다32454 판결은, "부부의 일방이 상대방에 대하여 동거에 관한 심판을 청구한 결과 그 심판절차에서 동거의무의 이행을 위한 구체적인 조치에 관하여 조정이 성립한 경우에 그 조치의 실현을 위하여 서로 협력할 법적 의무의 본질적 부분을 상대방이 유책하게 위반하였다면 부부의 일방은 바로 그 의무의 불이행을 들어 그로 인하

---

2) 이동진(2012), 506-507.
3) 윤진수(2012), 48; 이동진(2012), 520-523.
4) 우리 판례로는, 대법원 2009. 7. 23. 선고 2009다32454 판결[평석: 김상용, "2000년대 민사판례의 경향과 흐름: 가족법", 民判 33-하(2012), 605 이하].
5) 김주수·김상용, 132; 윤진수(2012), 48; 제요[2], 486.
6) 대법원 1998. 4. 10. 선고 96므1434 판결. 다만 당해 사안은 처가 부첩관계를 수년간 수인해오다 이혼을 청구한 사안이었다. 이혼을 청구하지 아니한 채 상간자(相姦者)에 대하여 위자료만을 구하는 것을 허용한 예로는 대법원 1967. 4. 25. 선고 67다99 판결[홍춘의(1994), 250]; 대법원 1967. 10. 6. 선고 67다1134 판결.
7) 대법원 1985. 6. 25. 선고 83므18 판결.
8) 대법원 1967. 4. 25. 선고 67다99 판결.
9) 대법원 1969. 8. 19. 선고 69므17 판결. 같은 취지: 서울고등법원 1986. 12. 8. 선고 86르180, 181 판결.

여 통상 발생하는 비재산적 손해의 배상을 청구할 수 있고, 그에 반드시 이혼의 청구가 전제되어야 할 필요는 없다"고 함으로써, 원칙적으로 위자료 책임을 인정할 것임을 분명히 하였다. 학설도 대체로 인적 혼인의무 위반이 불법행위임과 동시에 채무불이행에도 해당한다고 함으로써10) 인적 혼인의무 위반에 대하여 혼인존속 중에도 독자적으로 위자료 등의 제재를 가할 수 있음을 시사해왔다. 위 대법원 2009. 7. 23. 선고 2009다32454 판결에 명시적으로 찬성하는 견해도 보인다.11)

혼인관계가 파탄에 이르러 그 청산만이 문제되는 이혼 등의 경우는 별론으로 하고, 실질이 유지되고 있는 혼인관계에서 인적 혼인의무 위반 자체에 대하여 일반적으로 위자료 지급을 인정하여야 하는지는 의문이다. 이는 증언의무나 증거를 인멸하지 아니할 의무조차 면제시켜줄 정도로 고도로 윤리화된 오늘날의 혼인관념에 들어맞지 아니하고, 부부 사이의 내부관계를 지나치게 법규화하여 강제이행을 허용하였을 때와 비슷한 문제를 야기하게 된다. 간통으로 배우자에게 성병을 옮긴 경우처럼 별개의 독자적인 법익이 침해되었을 때, 혼인이 파탄에 이르러 위자료가 혼인관계를 청산하는 청산급여에 그치는 때 및 별거로 부양의무가 금전급여로 전화된 때를 제외하면, 원칙적으로 인적 혼인의무 위반 자체에 대하여 위자료지급의무를 인정할 것은 아니다.12) 우리와 같이 인적 혼인의무를 법적 의무로 규정하고 있는 여러 다른 나라의 해석도 대체로 그러하다.13)

물론 이처럼 오늘날의 혼인관념을 인적 혼인의무 규정에 관철시키는 경우, 인적 혼인의무의 법 규범성은 매우 희박해지게 된다.

나. 내용규정의 방법과 강행규정성

(1) 내용규정의 방법

인적 혼인의무의 내용은 어떻게 규정할 수 있는가. 민법은 동거·부양·협조의무를 선언하고 있을 뿐, 그 내용과 방법을 구체적으로 규정하고 있지는 않다. 동거·부양·협조의무를 위반하였는지 여부는 개별사안과 고도로 평가적인 기준 내지 이념의 상호작용 속에서 판단되어야 한다. 본조는 이러한 의미에서 혼인법상 일반조항(eherechtlicher Generalklausel)이라고 할 수 있다.

판단기준으로 가장 중요한 것은 「혼인의 본질」이다. 판례14)는 동거·부양·협조

---

10) 박순성, "이혼을 원인으로 하는 손해배상 청구권의 법적 성격", 재판자료 62(1993), 532 이하; 이홍민, "이혼급부에 대한 검토", 가족법연구 24(2010), 50. 그러나 소극적인 것으로 전효숙(2002), 373-374.
11) 김상용(주 4), 605 이하.
12) 이동진(2012), 520 이하. 또한 윤진수(2012), 46-47도 참조.
13) 이동진(2012), 517 이하.
14) 대법원 1992. 2. 12. 선고 97므612 판결. 성관계가 혼인의 본질적 요소라고 한 대법원 2009. 12. 24. 선

의무는 애정과 신뢰를 바탕으로 일생에 걸친 공동생활을 목적으로 하는 「혼인의 본질」이 요청하는 바라고 하고, 학설15)도 부부는 정신적·육체적·경제적인 평생에 걸친 협동체이므로 동거하고 부양하고 협조하는 것은 「그 본질」이 요청하는 바라고 한다. 그러나 한 사회, 한 시대의 사실적 사회관념을 고려한 것처럼 보이는 재판례도 있다. 대법원 1999. 11. 26. 선고 99므180 판결16)은 피고가 원고에게 생활비를 적게 주고 가부장적 권위로 원고를 대하여오다가 고령이 되어 원고를 이유 없이 의심하는 언행을 보이자 원고가 피고를 상대로 이혼을 구한 사건에서 청구를 기각하면서 그 이유 중 하나로 "혼인 당시의 가치기준과 남녀관계"를 들고 있다.17)

(2) 강행규정성과 부부간 협의

다른 한편 부부간 동거·부양·협조의무 등 인적 혼인의무는 강행규정으로 해석된다.18) 판례는 이른바 첩(妾)계약은 본처의 동의 유무를 불문하고 선량한 풍속에 반하는 사항을 내용으로 하는 법률행위로서 무효이므로19) 사전승인이 있었다 하더라도 불법행위가 된다고 하고,20) 부부 사이에 부양의무를 면제하는 계약은 혼인의 본질에 반하여 무효라는 학설도 있다.21)

문제는 동거·부양·협조의무를 포함한 인적 혼인의무 일반이 널리 부부간 협의에 의하여 구체화된다는 점이다. 이미 본조 ②, §909 ②은 동거장소 및 공동의 자녀양육의 방법을 제1차적으로 부부간 협의로 정하도록 하고 있고, 명문의 규정이 없는 경우에도 제1차적으로 부부간 협의가 우선된다는 점에는 이론(異論)이 없다.22) 이는 가부장적 가족제도와 전통적 성역할관념에 터잡은 구체적인 혼인관념이 해체되고 그 빈 자리를 양성평등과 개인의 존엄, 자율이라는 형식적인 원리가 대신한 데 따른 것으로, 비교법적으로도 보편적인 현상이고, 그 자체는 타당하다고 할 수 있다.23) 문제는 이때 첫째, 부부간 협의로도 배제할 수 없는 인적 혼인의무의 핵심이 존재하는가,

고 2009므2413 판결도 참조.

15) 김주수·김상용, 130−131, 134; 이홍민(주 10), 50.
16) 평석: 김상용, "만 75세의 처가 만 83세의 남편을 상대로 제기한 이혼청구 사례", 가족법 판례해설, 127 이하; 이화숙, "소위 '황혼이혼'과 재판상 이혼원인, 그리고 별산제의 한계", 연세법학연구 9(2000), 1 이하; 최창열, "혼인을 계속할 수 없는 중대한 사유", 가족법연구 15−2(2001), 195 이하.
17) 이동진(2012), 486−490.
18) 박병호(1995), 232 이하. 비교법적으로도 대체로 그렇게 보고 있다. 이동진(2012), 491 주 32 참조.
19) 대법원 1998. 4. 10. 선고 96므1434 판결. 그러나 대법원 2014. 11. 20. 선고 2011므2997 전원합의체 판결 중 대법관 이상훈, 박보영, 김소영의 별개의견은 부부 일방의 명시적·묵시적 의사표시로 성적 성실의무를 면제할 수 있다고 한다.
20) 대법원 1967. 10. 6. 선고 67다1134 판결.
21) 김주수·김상용, 134; 박동섭·양경승, 129.
22) 김주수·김상용, 133−134(협조의무에 관하여); 박병호(1995), 233 이하; 한봉희·백승흠, 112.
23) 이동진(2012), 509−512.

둘째, 부부간 협의가 있다고 인정되는 경우 그 협의는 어느 정도로 당사자를 구속하는가 하는 점이다.

첫째 문제는 가령 성관계나 임신, 출산, 동거, 나아가 정조 내지 성적 충실의무를 배제하는 혼인이 가능한가, 혼인이 유효하게 성립한 뒤에 이러한 협의가 이루어졌다면 그 협의에 따랐다는 것만으로 책임을 면할 수 있는가의 문제이다. 위 대법원 1998. 4. 10. 선고 96므1434 판결 및 1967. 10. 6. 선고 67다1134 판결(주 19, 20)은 뒤의 문제에 관하여 부정적인 태도를 취한 것으로 이해된다.[24] 혼인이라는 제도를 유지하는 한 무엇이 혼인인가에 관한 최소한도의 규정까지 포기하고 구체적인 내용의 전부를 당사자의 손에 맡길 수는 없으므로, 이러한 태도에는 수긍할 점이 있다. 그러나 그러한 핵심이 존재한다 하더라도 점차 그 범위가 축소되고 있음은 부인하기 어렵다. 한편, 혼인 성립 당시에 이와 같은 협의가 이루어졌다면, 이것이 가장혼인(假裝婚姻)에 해당하여 무효인가, 아니면 혼인은 일응 유효하게 성립하지만 협의에도 불구하고 법률이 정하는 바에 따른 인적 혼인의무를 부담한다고 보아야 하는가 하는 문제가 제기된다.[25] 무효가 된 부분을 제외하고 그 부분을 혼인법이 정하는 바로 보충하더라도 여전히 그러한 혼인을 할 의사가 있었는가가 기준이 되어야 할 것이다(§137).

둘째 문제는 위 인적 혼인의무의 핵심에 해당하지 아니하는 사항에 대하여 부부간 협의가 이루어진 경우 그 위반에 대하여 책임을 물을 수 있는가와 관련되어 있다. 가령 부부가 동거장소에 관하여 협의하였거나, 매주 특정 종교행사를 함께 하기로 하였거나, 일방이 특정 직업활동을 하기로 또는 아예 직업활동을 하지 아니하고 가사와 육아에 전념하기로 협의하였는데 그 후 이를 위반한 경우 유책이혼사유가 되는가 하는 것이다. 학설상으로는 당사자가 명시적으로 그 법적 구속을 의도하여 이른바 부부계약을 체결한 경우 법적 구속력을 인정하는 견해도 있다.[26] 이러한 「계약」의 법적 구속력을 범주적으로 아예 부정할 근거는 없을 것이다. 그러나 그 대상이 되는 부부간 인(격)적 관계에는 배우자나 가족에게 영향을 주기는 하지만 개인관련성이 훨씬

---

24) 朝高判 1918(大 7). 7. 5, 民上181(朝鮮高等法院民事判決錄 5, 585)는 처가 부(夫)의 유럽 유학을 위한 별거에 동의해주었다가 그 후 부(夫)를 상대로 동거청구의 소를 제기한 사안에서 영구적 별거합의는 공서양속에 반하여 무효이지만 영업이나 질병 등 정당한 사유를 원인으로 한 별거합의는 유효라고 한다. 무기한 별거합의가 무효라는 것으로, 박동섭·양경승, 128; 오시영, 116; 조승현, 81; 지원림, 민법강의(제19판, 2022), 1951.
25) 별거결혼이나 동거 가능성이 없는 상대방과의 결혼에 관하여, 신영호·김상훈·정구태, 96. 大村敦志, 44, 129 이하도 참조. 판례 중에는 동거의 합의 없이 별거하면서 왕래할 의사만 있었던 경우에 혼인의사를 인정한 예가 있다. 대법원 1990. 12. 26. 선고 90므293 판결. 혼인의 법률효과 중 일부를 배제하기로 하는 합의만을 무효로 한 예로 대법원 1975. 11. 25. 선고 75므26 판결. 독일에서의 논의는 Eisfeld, Die Scheinehe in Deutschland im 19. und 20. Jahrhundert (2005), 190−191.
26) 최진섭(2004), 53 이하.

더 커서 사적 자치에 의한 자기구속조차도 허용되어서는 아니 되는 사항도 포함되어 있고, 이러한 경우에는 그 계약 내지 협의에 구속력이 없음에 유의하여야 한다. 비교법적으로도 직업활동에서 가족생활을 배려할 의무는 별론으로 하더라도, 부부 각자에게 직업을 단독으로 정할 권한을 부여하는 예가 많고, 부부간 인(격)적 관계에 대한 계약은 무효라고 본다.27) 판례도 부부관계에서 종교의 자유를 비교적 넓게 인정한다.28)

특히 부부계약처럼 명시적으로 법적 구속을 의도하지 아니한 부부간 협의에 법적 구속의사를 인정함에는 신중할 필요가 있다. 이러한 협의는 대개 그때그때의 부부관계의 형성 내지 구체화에 지향되어 있고,29) 장래를 구속할 것을 의도하고 있지 아니하며, 상대 배우자가 갖는 그 준수에 대한 기대 내지 신뢰의 보호가치도 반드시 높다고 할 수 없다. 법적 구속의사가 인정된다 하더라도 혼인관계가 갖는 계속적 계약으로서의 성격에 비추어 일방적인 철회 내지 사정변경을 원용할 가능성이 넓게 인정되어야 한다.30)

결국 본조 내지 인적 혼인의무가 강행규정이라는 설명은 주로 그 최소한도의 핵심영역에 한하여 적용될 뿐이다.

3. 적용범위

본조와 기타의 인적 혼인의무가 법률혼에 대하여 적용됨에는 의문이 없다. 나아가 판례·통설은 사실혼에 대하여도 동거·부양·협조의무 및 정조 내지 성적 충실의무를 인정하고 있다.31)

동거·부양·협조 및 기타 인적 혼인의무는 법률혼이든 사실혼이든 혼인이 유효하게 성립하여야 발생한다. 약혼만으로는 이러한 의무가 생기지 아니한다.32) 법률혼

---

27) 이동진(2012), 514-516.
28) 대법원 1981. 7. 14. 선고 81므26 판결; 대법원 1990. 8. 10. 선고 90므408 판결.
29) Lüke, Grundsätzliche Veränderungen im Familienrecht durch das 1. EheRG, AcP 178 (1978), 13.
30) 이동진(2012), 512-514. 朝高判 1918(大 7). 7. 5(주 24)는 처가 부(夫)의 유럽 유학을 위한 별거에 동의해주었다가 그 후 부(夫)를 상대로 동거청구의 소를 제기한 사안에서 별거동의가 유효하다 하더라도 처는 언제라도 이를 취소할 수 있다고 한다. 오스트리아 일반민법 §92 ②은 이러한 철회권을 명문으로 인정하고, 독일 민법에는 명문의 규정은 없으나 상당기간의 경과 또는 사정변경만으로, 견해에 따라서는 단순한 주관적 의사의 변경만으로 일방적으로 철회할 수 있다는 것이 지배적인 견해이다. Hepting, Ehevereinbarungen (1984), 70ff., 222ff. 근래 논의되는 이른바 '졸혼(卒婚)'도 이러한, 부부간 협의의 변경이라는 관점에서 이해할 수 있다. 류일현(2018), 171 이하.
31) 대법원 1961. 10. 19. 선고 4293민상531 판결[요집-민상사 I-2, 1213: 사실혼 관계를 혼인예약으로 구성하여 사실혼의 처와 성관계를 가진 자에 대한 사실혼부(夫)의 불법행위를 원인으로 하는 손해배상청구를 인정한 사례]; 김주수·김상용, 279; 신영호·김상훈·정구태, 109.
32) 대법원 1991. 9. 13. 선고 91므85, 92 판결은 혼인 전의 행위는 약혼단계에서의 교제라 하더라도 §840 i의 '부정한 행위'에 해당하지 아니한다고 한다.

관계의 당사자 사이에서 법률혼 관계가 당사자 일방의 사망, 이혼 및 혼인 취소 등으로 해소되거나,33) 사실혼 관계의 당사자 사이에서 사실혼 관계가 당사자 일방의 사망, 일방적 내지 협의에 의한 파기 등으로 해소되는 경우 동거·부양·협조 기타 인적 혼인의무가 비소급적으로 소멸한다는 점에도 별 의문이 없다. 다만 혼인이 법률상 해소되지는 아니하였으나, 그 실질이 파탄에 이른 경우는 문제인데, 인적 혼인의무가 그때그때의 부부관계에 근거하고 있는 이상 그 기초가 되는 부부관계 자체가 파탄에 이르러 실질을 잃게 되면 원칙적으로 인적 혼인의무 중 특히 인격적 성격을 갖는 의무는 함께 소멸하지만,34) 인격적 성격을 갖는다 하더라도 소극적·배제적인 성적 충실의무는 그 범위가 축소될지언정 소멸하지는 아니한다고 봄이 옳다.35) 제834조·제835조 註釋 Ⅲ. 2. 참조.

Ⅱ. 동거·부양·협조의무

1. 동거의무

가. 동거의무의 내용과 그 한계

(1) 동거는 전통적으로 혼인의 핵심표지이자, 그 기초를 이루어왔다. 부부는 보통 한 집에 살고, 혼인생활도 대부분 그 안에서 이루어진다. 이러한 의미에서 동거의무는 단순히 동일한 거소에 머무른다는 공간적 개념에 그치지 아니한다. 동일한 거소에서 함께 혼인생활공동체를 형성하여 생활할 의무로서 시간적 및 기능적 요소를 포함한다. 그러므로 같은 집에 살더라도 부부로서의 공동생활을 종료하고 각자 생활을 엄격히 분리한 이상 동거라고 할 수 없다. 이들 요소가 어떤 형태로 어느 정도로 결합되어야 하는가는 그때그때 다를 수 있다. 구체적인 형태는 부부간 협의에 의하여 결정되어야 한다. 그러나 영구적으로 별거하기로 하는 협의까지 허용되기는 어렵다 (주 24, 25 참조).

민법은 특히 동거장소에 관하여 제1차적으로 부부간 협의로 정하되, 협의가 이루어지지 아니하는 경우 「당사자」의 청구에 의하여 가정법원이 이를 정할 수 있도록 규정하고 있다(본조 ②). 이러한 사건은 부(夫)가 처를 상대로, 또는 처가 부(夫)를 상대로 제기하는 마류 가사비송사건에 해당한다[家訴 §2 ① ⅱ 나. 1)]. 사건은 상대방의 보통

33) 무효인 혼인은 처음부터 효력이 없어 본조를 포함하는 혼인의무가 발생할 여지가 없다.
34) 일반적으로 이동진(2012), 522.
35) 이동진(2013), 97 이하.

재판적이 있는 곳의 가정법원 단독판사가 관할하고, 조정전치주의가 적용된다. 마류 가사비송사건이므로 청구취지는 "상대방과의 동거에 관한 적당한 처분을 구한다" 정도로도 충분하다.[36] 나아가 동거 시기, 태양 등도 가정법원의 심판의 대상이 된다. 家訴 §2 ① ii 나. 1)이 동거장소뿐 아니라 '동거·부양·협조의무에 관한 처분' 일체를 가사비송사건으로 하고 있으므로 동거의무에 관한 처분이 동거장소의 결정만을 뜻한다고 제한하여 해석할 까닭이 없는 것이다.[37] 이처럼 동거의무의 존부를 넘어 동거장소 기타 동거방법 등을 가정법원이 보충·형성할 수 있도록 하는 것은, 일본 민법을 제외하면, 비교법적으로 유례를 찾기 어렵다. 부부간 협의 노력이 교착상태에 빠졌을 때 법원이 후견적으로 개입하여 이를 타개하고자 하는 것이나, 협의에 실패한 이상 가정법원의 심판을 받는다 하여 얼마나 실효성이 있을지 의문이다. 실천적인 의미는 제한적일 것으로 보인다.[38]

가정법원의 동거에 관한 처분은 동거에 관한 부부간 협의에 갈음하는 효력을 갖는다. 따라서 그 효력도 부부간 협의가 갖는 효력을 뛰어넘을 수 없다.[39]

(2) 부부가 늘 한 집에서 함께 살기를 기대하기는 어렵다. 이에 본조 ① 단서는 "정당한 이유로 일시적으로 동거하지 아니하는 경우 서로 인용"하여야 한다고 규정한다. 학설은 일반적으로 부부 일방의 직업(지방 또는 해외근무, 연수 등)·자녀교육 및 건강상(입원치료, 요양 등)의 필요가 있는 경우와 수형(受刑)이나 군복무 등을 위한 일시적 별거의 경우에는 정당한 이유가 있다고 보고 있다. 부부 한쪽의 폭행, 학대, 구금, 부정행위 등을 정당한 이유에 포함시키거나, 부부 사이의 갈등조정을 위한 별거, 이혼소송 중일 때 등에도 동거하지 아니할 수 있다는 견해도 있다.[40] 그러나 위와 같은 사유에 해당한다 하더라도 곧바로 일시적 별거가 가능하다고 볼 것은 아니고, 제반 사정을 두루 살펴 별거를 정당화할 정도에 이르렀는지를 따져야 한다. 이때 고려되는 제반 사정에는 부부간 협의가 이루어졌는지, 협의를 위하여 어떠한 노력을 얼마나 하

36) 제요[2], 1427-1430.
37) 제요[2], 1422.
38) 고정명·조은희, 71.
39) 이동진(2012), 521.
40) 김주수·김상용, 131; 박동섭·양경승, 128; 송덕수, 56; 최금숙, 친족(2), 104; 한봉희·백승흠, 113; 제요[2], 1422-1423. 이혼숙려기간 중 별거에 관하여는 강승묵(2009), 229-230, 246-247; 최신섭(2007), 51-52, 79-81. 징역형 집행으로 동거하지 못하여도 악의의 유기가 아니라는 취지로 대구고등법원 1966. 10. 21. 선고 66르161 판결, 노부부를 자식이 모시고 봉양하는 것이 우리 나라의 전통적인 미풍양속인 점 등을 종합하여 참작하면, 다시 혼인을 할 당시 이미 65세가 넘은 노인으로서 원고와 이혼한 후 전처 소생의 장남 및 며느리와 손자들과 함께 생활하여 온 피고가 원고에게 자신의 주소에서 동거하자고 요구하는 것이, 동거청구권의 남용에 해당한다고는 보여지지 아니하므로 피고의 전처 소생의 장남과 원고의 사이가 과거에 좋지 않았다는 사유만으로는 동거요구를 거절할 수 있는 정당한 이유가 있었다고 볼 수 없다는 것으로 대법원 1991. 12. 10. 선고 91므245 판결.

였는지도 포함된다. 정당한 사유가 있는 때에는 동거의무가 없다.

그 밖에 부부관계가 이미 파탄에 이르러 적어도 일방에게 동거할 생각이 전혀 없을 때에도 동거의무의 보충·형성 및 그 강제는 무의미하다. 일본에서도 부부관계가 이미 파탄에 이른 경우에는 동거청구를 할 수 없다고 보고 있다.[41]

나. 동거의무 위반의 효과 일반

(1) 동거의무는 그 자체 강제이행이 허용되지 아니하지만, 그렇다고 당연히 그 소구(訴求) 가능성까지 부정되는 것은 아니다. 동거의무가 존재하는 한 부부 일방은 타방을 상대로 동거의무존재확인 또는 그 이행을 구하는 소 또는 심판을 제기할 수 있다.[42] 그러나 강제집행이 허용되지 아니하므로, 동거의 거절이 위법한지 여부를 확인하여 추후 이혼, 위자료 등 동거의무 위반을 원인으로 하는 책임을 물을 때 참작되도록 하는 데 쓰일 수 있을 뿐이어서 실천적 의의는 매우 제한적이다.[43] 이러한 소 내지는 심판이 민사본안사건인지 가사소송사건인지 가사비송사건인지에 관하여도 논란의 소지가 있는데, §826 ②과 가사소송법이 가사비송사건으로 가정법원에서 동거의무의 구체적인 태양을 후견적으로 보충·형성할 수 있도록 하고 있고, 그 판단과 동거의무의 존부 판단을 엄격하게 구별하기 어렵다는 점에 비추면, 이를 가사비송사건으로 보아도 별 문제 없을 것이다.[44]

(2) 동거의무를 위반하는 경우 재판상 이혼사유가 될 뿐 아니라, 협의상 또는 재판상 이혼하는 경우 이혼 위자료의 지급(§§843, 806 ②)도 구할 수 있다. 판례도 재판상 이혼사유로서 배우자가 악의로 다른 일방을 유기한 때(§840 ii)라 함은 배우자가 정당한 이유 없이 동거·부양·협조하여야 할 부부로서의 의무를 포기하고 다른 일방을 버린 경우를 말한다고 한다.[45] 그 외에 이혼시 재산분할청구에서 그러한 사정이 고려되는가가 문제인데, 이른바 청산적 요소에 영향을 주지 아니한다는 점에 관하여는 다툼이 없으나, 부양적 요소에 영향을 주는지에 관하여는 다투어지고 있다. 제839조의2

---

41) 이경희·윤부찬, 81; 한봉희·백승흠, 112. 大阪高判 1960(昭 35). 1. 14.(家月 12-4, 95); 東京高決 1982(昭 57). 10. 8.(判時 1061, 48). 高橋朋子, "夫婦同居を命じる審判の性質及びその判斷基準", 民商法雜誌 122-3(2000), 123 이하; 新注民(21), 359(黑木三郞).

42) 한봉희·백승흠, 112. 日最判 1965(昭 40). 6. 30.(民集 19, 4, 1089). 평석: 高橋宏志, "夫婦同居に關する審判の合憲性", 別冊 ジュリスト 家族法判例百選 (第六版, 2002), 10 이하. 오스트리아 일반민법 §92 ③은 명문으로 이러한 비송사건을 허용하고 있다. 우리 실무의 예로는 주석친족(1), 163(신정일). 제요 [2], 1422도 이를 비송사건으로 심판할 수 있다는 취지이다.

43) 오스트리아 일반민법 §92 ③의 절차도 그러한 기능을 할 뿐이고, 별도의 제재를 정하고 있지도 아니하다. RummelKomm/Strabentheiner (3. Aufl., 2000), §92 Rz. 7.

44) 일본 최고재판소 다수의견은 가사비송으로 동거의무의 존부를 판단하여도 헌법에 위반되지 아니한다고 하고(주 42의 판결), 제요[2], 1422도 비슷한 취지로 보인다.

45) 가령 대법원 1998. 4. 10. 선고 96므1434 판결.

註釋 Ⅱ. 1., 4. 가. (2) 참조.

　　혼인존속중 이혼하지 아니한 채 동거의무를 위반한 배우자에 대하여 제재를 가할 수 있는가. 동거의무 위반에 대하여 직접강제는 물론 간접강제도 허용되지 아니한다는 데는 별 다툼이 없다. 동거의무를 위반하면 부양청구가 부정되고 부양의무를 면하나(아래 2.), 이는 부부간 부양의 법리상 당연한 것일 뿐 동거의무 위반에 대한 제재라고 볼 수 없다. 판례(주 4)는 일반적으로 위자료 청구권을 인정하는 듯 하나, 그 당부에 관하여는 논란의 소지가 있고, 그나마도 1회의 위자료 청구만을 인정하는 취지로 보인다.

다. 동거의무와 영구적 별거

　　동거의무 위반은 원칙적으로 혼인이 해소·청산되는 단계에서, 혼인의 해소를 통하여 제재된다. 그렇다면 부부가 이혼하지 아니한 채 계속 별거(別居; separation)하는 때에는 어떠한가? 일시적 별거는 §826 ① 단서의 문제이므로, 문제되는 것은 영구적 별거의 경우이다.

　　영구적 별거가 이루어지는 이유는 다양하다. 판례상 이른바 유책배우자의 이혼청구가 허용되지 아니함에 따라 혼인관계가 사실상 파탄에 이르렀음에도 불구하고 재판상 이혼이 이루어지지 못하는 경우나 종교 기타의 이유로 별거는 하되 이혼만은 하지 아니하기로 하는 경우를 생각할 수 있다. 비교법적으로는 재판상 별거제도(judi-cial separation)를 두는 예가 제법 있다. 중세 교회법은 이혼을 금지하는 대신 간통, 유기, 학대와 같은 일정한 유책사유가 있는 경우 재판상 별거의 일종인 이른바 "침대와 식탁의 분리"를 인정하였고, 영국 혼인사건법(Matrimonial Causes Act 1973)과 프랑스 민법 §296도 상호합의에 의한 재판상 별거를 인정하고 있으며 2019년 개정 프랑스 민법 §298는 상호합의에 의한 화해적 별거를 이에 추가하였다. 별거재판을 받으면 부양이 행해지고, 배우자 상속이 가능하며, 중혼은 금지되나, 동거의무 등 여러 인적 혼인의무가 소멸하여 이를 위반하여도 유책사유가 되지 아니하고, 법원에 공동의 자녀의 양육자 지정 등을 청구할 수 있게 되며, 더러는 혼인중 재산분할까지 구할 수 있다. 한편 독일 민법은 별거 자체를 제도화한 것은 아니나 혼인관계가 사실상 파탄되어 별거에 이른 경우 가재도구와 혼인주거의 이용관계를 정리할 수 있게 한다.[46]

　　민법에는 재판상 별거제도가 없다. 그러나 사실상의 별거라 하더라도 혼인의 파탄에 이른 이상 비슷한 효과가 인정될 수 있다.[47] 판례도[48] 이른바 아내 강간죄의 성

---

46) 이화숙(2012), 406 이하. 또한, 남효순(2019), 46 이하; 이동수(2020), 221 이하; 조은희(2019), 108 이하.
47) 이를 입법론으로 주장하는 것으로 이화숙(2012), 415 이하.
48) 대법원 1970. 3. 10. 선고 70도29 판결; 대법원 2009. 2. 12. 선고 2008도8601 판결. 다만, 최근의 대법

립에 관하여 실질적으로 부부관계가 있는지 여부를 고려하고, 혼인 파탄 뒤의 유책행위는 유책행위로 고려하지 아니하며,49) 또 실무상 별거 중인 부부도 공동의 자녀에 대하여 양육자의 지정을 구할 수 있다고 본다.50) 그러나 정조 내지 성적 충실의무는 예외이다. 간통죄 폐지 전 판례는 이러한 상황에서도 정조 내지 성적 충실의무는 존속함을 전제로 간통죄를 인정해왔고, 지금도 불법행위책임을 전적으로 배제하지는 아니하고 있다.

한편, 사실상 별거에 대하여 위자료의 제재를 가하는 것은 별개의 문제로, 허용될 수 있다고 보인다. §§843, 806는 이미 이혼 위자료를 인정하고 있다. 혼인이 파탄에 이르렀으나 이혼 대신 영구적 별거를 선택한 경우 이혼 위자료에 갈음하여 동거의무 위반에 대한 위자료를 명하더라도 체계 위반적이라고 할 수는 없다. 실제로 동거의무 위반에 대하여 일반적으로 위자료 청구를 인정한 위 대법원 2009. 7. 23. 선고 2009다32454 판결이 바로 그러한 사안이었다.51)

라. 동거의무와 가정폭력

부부 일방이 타방에게 폭력을 행사하는 경우, 피해자는 동거의무를 면할 뿐 아니라 가해자에게 적극적으로 일시적 별거를 청구할 권리를 갖는다고 봄이 상당하다. 가정폭력범죄의 처벌 등에 관한 특례법 §29 ①은 가해자에게 피해자 등의 주거로부터의 격리 및 접근금지 등을 명할 수 있도록 한다. 가사비송사건 또는 가사보전처분(접근금지가처분)으로 일시적 별거를 구하는 것도 가능할 것으로 생각된다.52) · 53) 이때의

원 2013. 5. 16. 선고 2012도14788, 2012전도252 전원합의체 판결의 다수의견은 혼인관계가 파탄된 경우뿐만 아니라 혼인관계가 실질적으로 유지되고 있는 경우에도 아내 강간이 성립할 수 있다고 하면서, 폭행·협박이 반항을 불가능하게 하거나 현저히 곤란하게 할 정도인지 여부를 판단함에 있어 다른 여러 요소들과 함께 혼인생활의 형태와 부부의 평소 성행을 고려하여야 한다고 한다. 반드시 분명하지는 아니하나, 혼인관계의 사실상 파탄 내지 별거사실이 폭행·협박의 유무 판단에 영향을 줄 것으로 보인다.

49) 대법원 1988. 4. 25. 선고 87므9 판결; 대법원 2004. 2. 27. 선고 2003므1890 판결.

50) 제요[2], 1469. 아직 이혼하지 아니한 경우이므로 부부의 동거·부양·협조 또는 생활비용의 부담에 관한 처분[家訴 §2 ① ii 나. 1)]으로 이를 구할 수 있다는 것이 실무이다. 반면 이혼한 부부의 양육자 지정은 §837, §837-2에 따른 자녀의 양육에 관한 처분(家訴 §2 ① ii 나. 3)으로 처리한다. 물론 적용법조가 달라질 뿐 실질적으로 달라지는 바는 없다.

51) 윤진수(2012), 47; 이동진(2012), 523. 위 판결도 간접강제가 허용되지 아니한다 하더라도 "1회의" 위자료 지급을 명하는 것은 허용될 수 있음을 강조하여 그 후 계속 동거의무를 위반하더라도 다시 위자료의 제재를 가할 수는 없음을 시사하고 있다.

52) 임채웅(2000), 261 이하(협조의무 위반); 전보성, "가사소송과 이행확보제도", 재판실무연구(3): 보전소송(2008), 474-476. 반면, 사전처분을 활용하면 되고 가처분을 할 수는 없다는 견해로, 원정숙, "가사보전처분의 피보전권리", 가사재판연구[I](2007), 812 이하. 미국·일본의 가정폭력에 대한 민사보호명령에 관하여는 홍춘의(2011), 343 이하(위 제도의 도입을 주장한다). 그 피보전권리에 대하여는 박동섭, 가사소송(1), 167.

53) 독일 민사소송법 §620 v는 잠정처분으로 부부의 별거를 명할 수 있다고 규정하나, 이는 형성소송으로서 별거소송을 인정하거나 독자적 법적 효과를 부여하는 규정이 아니고, 그 기능도 별거의 요건충족 여부를 확인하거나 별거를 명하는데 있는 것이 아니라, 배우자의 편지를 뜯어보지 못하게 하는 등 혼인공동생활

처분은 사사(私事)이자 윤리적 영역인 부부생활에 관한 것이 아니라, 그 영역 내에서도 지켜져야 할 각자의 인격 보호를 위한 것이므로, 강제이행도 배제될 까닭이 없다.[54] 그 결과 혼인주거의 소유 기타 권리자는 일시적으로 사용·수익권을 박탈당하고 타방이 이를 갖는 일도 생길 수 있다.[55]

마. 동거의무와 주거이용권

동거의무가 인정되는 한 부부 일방은 타방이 소유하고 있거나 소유자에게 대항할 수 있는 물권적·채권적 이용권을 갖고 있는 혼인주거를 사용·수익할 수 있고, 그것이 주거 목적의 이용인 이상 그의 사용·수익은 통상 소유자에 대한 의무위반이 되지 아니한다. 그 타방이 일시적으로 별거 중일 때에도 그러하다. 법적 구성에 관하여는 제830조·제831조 註釋 I. 2. 참조. 비교법적으로는 별거하는 부부 일방이 타방이 소유하거나 이용할 권리를 갖고 있는 혼인주거의 전부 또는 그 일부를 사용·수익할 수 있게 해주는 예가 있고(독일 민법 §1361b), 이를 우리나라에 도입할 필요가 있다는 견해도 있다.[56]

2. 부양의무

가. 본조와 다른 규정의 관계

본조 ①은 부부는 서로 부양하여야 함을 정한다. 통설은, 부부간 부양은 본조에 터잡아 인정되는 것으로 부모의 미성년 자녀에 대한 부양과 함께 제1차적 부양에 해당하고 생활유지적 부양이라는 점에서 제2차적·생활부조적 부양인 기타 친족간 부양(§974 이하)과 다르다고 한다(이른바 부양이분론).[57] 이에 따르면 §974 이하는 원칙적으로 부부 상호간 부양의무에는 적용이 없고, 부양은 부부의 생활수준을 같게 하는 정도여야 한다. 최근 대법원 2012. 12. 27. 선고 2011다96932 판결도 부모가 성년의 자녀에 대하여 직계혈족으로서 부담하는 부양의무는 제2차적 부양의무이고, 부부간 상호부양의무는 부양을 받을 자의 생활을 부양의무자의 생활과 같은 정도로 보장하는 제1차적 부양의무라면서 제2차적 부양의무자인 부모가 부양을 한 경우에는 제1차적 부양의무자인 처에 대하여 그 소요비용의 상환을 청구할 수 있다고 한다.[58] 이러한

의 구체적인 모습을 정하는 데 있다고 한다. MünchKommZPO/Finger (3. Aufl., 2007), §620 Rn. 67ff.
54) 대법원 2013. 5. 16. 선고 2012도14788, 2012전도252 전원합의체 판결 참조.
55) 관련된 영국법의 소개로, 표계학(1995), 497-498.
56) 강승묵(2009), 246-247; 박동섭·양경승, 129; 조은희(2019), 132-133; 최신섭(2007), 79-81.
57) 김시철(2008), 273 이하; 김주수·김상용, 132; 오시영, 118; 이경희·윤부찬, 84-85; 최금숙, 친족(2), 104; 한복룡, 85; 한봉희·백승흠, 114-115; 한삼인·김상헌, 61; 주석친족(1), 158-160(신정일).
58) 비교법적으로는 법률 또는 해석상 부부 사이의 부양의무를 선순위로 하는 예가 많다. 최준규, "다수

구별은 법률상 근거 및 부양의 정도와 부양의 순위에 관하여 특히 의미가 있는 것이다. 반면 근래에는 본조와 §974 이하의 부양은 서로 다른 것이 아니고, 부부 상호간 및 부모의 미성년자녀에 대한 부양과 친족 사이의 부양은 정도의 차이에 불과하다는 견해(일원설, 부양규정 전면적용설)도 유력하다.59) 이에 따르면 본조는 부부 상호간 부양의무가 있음을 밝히고 있을 뿐 그 구체적인 정도와 방법에 관하여는 원칙적으로 §974 이하가 적용된다. 대법원 1976. 6. 22. 선고 75므17, 18 판결은 부부 상호간 부양의무의 근거를 §974에서 찾은 바 있다. 부양이분론에 따르더라도 상황에 따라 부양의 정도에 차등을 두는 것이 불가능하지 아니하고 일원설에 따르더라도 원만한 혼인생활을 영위해온 부부 사이의 부양을 그렇지 아니한 경우와 똑같이 볼 수는 없으며, 부양구상에서 부양순위는 제1차적 부양의무자들 사이 또는 제2차적 부양의무자들 사이에서도 문제되므로 두 견해가 실천적으로 크게 다른 결론에 이르는 일은 거의 없다. 그러나 그러한 점에서는 오히려 일원설이 더 유연한 해결을 가능하게 한다는 장점이 있다.

본조와 생활비용분담(§833)의 관계에 관하여는 제833조 註釋 I. 2. 참조.

나. 부부간 부양의무의 내용과 그 위반에 대한 제재

(1) 부부가 서로 부양하여야 함 역시 혼인의 가장 기본적인 기능에 속한다. 혼인은 개인이 삶에서 겪는 여러 위험을 상호 부양의무를 통하여 보완해준다.

부부간 부양의 본래적 형태 내지 방법은 동거부양·현물부양이다. 부부에게 동거의무가 있고, 혼인생활공동체를 이루는 이상 부부 상호간 부양도 동거생활의 틀 안에서 이루어지는 것이 자연스럽다. 부양의 정도가 부부간 동일한 생활수준을 보장하는 데 이르러야 한다는 점 또한 혼인공동생활의 자연스러운 귀결이다. 기본적으로 두 사람의 공동생활이 나뉘지 아니하므로 그 수준 또한 공유할 수밖에 없다. 그러나 이러한 의미의 부양은 그 성질상 직접 재판의 대상이 되기 어렵고, 인(격)적인 의무로서 강제이행의 대상이 되지도 아니한다(주 5). 적극적·윤리적 성격을 갖고 있어 그 위반에 대하여 위자료의 지급을 구하거나 재판상 이혼을 청구한 예도 찾기 어렵다. 법적인 의미가 크지 아니한 것이다. 기여분(§1008-2) 청구의 요건으로서 「특별한 기여」가 있었는지 여부의 판단에 참고가 될 수 있을 뿐이다. 대법원 1996. 7. 10.자 95스30, 31 결정은 처가 교통사고를 당한 망인을 간병하였다 하더라도 특별한 기여는 아니라면

당사자 사이의 부양관계에 관한 고찰", 가족법연구 26-3(2012), 7 이하.

59) 임종효, "양육비청구권에 관한 기초 이론 및 실무상 쟁점", 司論 51(2011), 231 이하; 정귀호, 부양에 관한 연구 (서울대 법학박사학위논문, 1987), 18 이하 등. 오종근(2018), 11-12도 비슷하다.

서, 이는 부부간 부양의무 이행의 일환에 불과하다는 점을 그 근거로 들고 있다.[60]

(2) 부양의무가 중요한 의미를 획득하는 것은 부부가 별거하는 경우이다. 이때에는 부부의 생활이 나뉘므로 부양도 공동생활에 흡수되지 아니한다. 물론 별거한다 하더라도 현물부양이 불가능하지는 아니하나 현물부양을 재판상 청구하고 집행하기 어려우므로, 실제로는 거의 예외 없이 금전부양을 구하고 있다. 이때의 부양은 부양료라는 금전급여의 형태로 전화(轉化)되게 마련이다.

부부 일방이 타방에게 부양료의 지급을 구하려면, 부부가 별거하고 있고, 부양권리자에게 부양의 능력이, 부양의무자에게 부양의 필요가 있으며(§§975, 976 참조), 부양권리자가 정당한 이유 없이 동거를 거부한 때가 아니어야 한다. 다만, 부부 사이의 관계를 고려할 때 앞의 두 요건은 상관적으로 해석하여야 한다. 즉, 별거 중이라 하더라도 원칙적으로 부양권리자는 부양의무자의 생활을 충분히 배려하여야 하고, 부양능력과 부양의 필요의 판단과 관련하여서도 이들 사이의 (아직 존속하는) 공동체성을 고려할 필요가 있다. 별거가 장기간 이어져 고착되면 그러한 사정 또한 고려될 수 있을 것이다. 끝의 요건은 대법원 1991. 12. 10. 선고 91므245 판결이[61] "부부간 동거·부양·협조의무는 서로 독립된 별개의 의무가 아니"므로, 부부의 일방이 정당한 이유 없이 동거를 거부함으로써 자신의 협력의무를 스스로 저버리고 있다면 상대방에게 부양료의 지급을 청구할 수 없다고 한 데 따른 것이다. 결론은 수긍할 만하나, 그 근거에는 문제가 있다. 이때 부양료 지급의무를 부정하는 것은 동거·부양·협조의무가 서로 관련되어 있는 의무이기 때문이 아니라, 부부간 부양은 동거·현물부양이 원칙이므로 스스로 동거의무를 위반함으로써 이를 금전급여로 바꾸어 청구하는 것은 허용할 것이 아니기 때문이다.[62] 부양권리자가 동거장소에서 나왔다 하더라도 그것이 가령 부양의무자의 폭력을 피하기 위함이라는 등 별거에 정당한 이유(본조 ① 단서)가 있을 때에는 당연히 부양료의 지급을 구할 수 있다. 혼인관계가 파탄되거나 이혼청구의 소가 제기된 경우도 같다. 대법원 2023. 3. 24.자 2022스771 결정은 이를 확인하면서 이는 부양받을 자의 생활을 부양의무자의 생활과 같은 정도로 보장하는 것이어야 한다고 한다. 그러나 일률적으로 그렇게 말할 수 있을지는 의문이다. 파탄에 주된 책

60) 결론적으로 같은 취지, 대법원 2019. 11. 21.자 2014스44, 45 전원합의체 결정.
61) 평석: 최금숙, "동거의무를 거부한 배우자 일방의 부양료 청구", 가족법 판례해설, 73 이하(처가 사이가 좋지 않은 전처의 장남과 같이 살 수 없다는 이유로 동거를 거절한 것은 부당하므로 부양료를 청구할 수 없다고 한 점을 비판한다). 같은 취지로 오시영, 120; 이경희·윤부찬, 82; 한봉희·백승흠, 113–114. 그 전에 이미 대법원 1976. 6. 22. 선고 75므17, 18 판결도 같은 입장을 취한 바 있다.
62) 이동진(2012), 499. 다만, 이때에도 생활보장적 의미의 부양료는 지급하여야 한다는 것으로, 최금숙, 친족(2), 106.

임이 있는 자는 신의칙상 부양료의 지급을 구할 수 없다는 견해도 있으나63) 찬성하기 어렵다.

대법원 1991. 10. 8. 선고 90므781, 798 판결은, §826의 부부간 상호부양의무는 부부 중 일방에게 부양의 필요가 생겼을 때 발생하는 것이기는 하지만 이에 터잡아 부양료의 지급을 구함에 있어서는 그 성질상 부양의무자가 부양권리자로부터 그 재판상이나 재판 외에서 부양의 청구를 받고도 이를 이행하지 않음으로써 이행지체에 빠진 이후의 분에 대한 부양료의 지급을 구할 수 있음에 그치고 그 이행청구를 받기 전의 부양료에 대하여는 이를 청구할 수 없다고 해석함이 형평에 맞는다고 하여, 과거의 부양료 청구에 제한을 가하고 있다.64) 이러한 판례는 과거의 부양료 청구의 법리 일반을 따른 것이고, 비교법적으로도 어느 정도 보편적이지만, 민법에는 명문 규정이 없음에도 이와 같이 일률적으로 제한할 수 있는 것인지, 또 그것이 바람직한지에 대한 의문도 제기되고 있다.65) 다른 한편, 판례는 부양의무의 성질이나 형평의 관념상 이를 허용해야 할 특별한 사정이 있는 경우에도 예외적으로 과거의 부양료 청구가 가능하다면서, 아들이 의식이 혼미한 상황에서 그 부(父)가 병원비 등을 지출한 경우에는 아들 본인은 의사소통이 불가능하다는 등의 이유로 당시 그 처에게 부양을 청구하기 곤란하였으므로 그 처는 아들로부터 "부양의무의 이행청구를 받기 이전의 과거 부양료도 지급할 의무가 있다고 볼 만한 사정이 있다고 볼 여지가 많다"는 이유를 들어 부(父)의 그 처, 즉 자신의 며느리에 대한 과거의 부양료 상환청구를 기각한 원심을 파기하였다.66) 그러나 이 사안은 과거의 부양료 청구가 아니라 이를 그 당시에 대위변제한 부(父)의 구상청구이므로 과거의 부양료 청구에 관한 법리의 적용을 논할 필요가 없었다.67)

(3) 부양료액은 원칙적으로 부부간 협정으로 정하지만, 협정이 이루어지지 아니하면 부부 일방의 청구에 의하여 법원이 정한다(§977). 이는 마류 가사비송사건인 부양에 관한 처분[家訴 §2 ① ii 나. 1)]에 해당한다. 상대방의 보통재판적이 있는 가정법원 단독판사가 관할하고, 조정전치주의가 적용된다. 다만 재산상 청구이므로 금액을 특

---

63) 송덕수, 58.
64) 이러한 판례는 과거의 양육비 상환청구를 허용한 대법원 1994. 5. 13.자 92스21 전원합의체 결정에도 불구하고 유지되고 있다. 대법원 2008. 6. 12.자 2005스50 결정[평석: 김시철(2008); 정구태·배소현(2016)]. 찬성하는 것으로, 박동섭·양경승, 129.
65) 오종근(2018), 20−21; 정구태·배소현(2016), 7 이하; 최금숙, 친족(2), 105−106; 최민수(2014), 87−92; 한봉희·백승흠, 115−116.
66) 대법원 2012. 12. 27. 선고 2011다96932 판결.
67) 양육비 구상에 관한 것이지만 이동진, "부모 일방의 타방에 대한 과거의 양육비 상환청구와 소멸시효", 가족법연구 26−2(2012), 134−138.

정하여 청구하여야 한다. 가정법원은 부양료 결정에 특히 필요하다고 인정하는 경우 직권 또는 당사자의 신청에 의하여 당사자에게 재산상태를 구체적으로 밝힌 재산목록을 작성하여 제출하도록 명할 수 있고, 법원이 그것만으로는 부족하다고 인정할 경우에는 직권 또는 당사자의 신청에 의하여 당사자 명의의 재산을 조회할 수 있다(재산명시 및 재산조회, 家訴 §§48-2, 48-3). 부양료액을 결정함에 있어서는 부부 각자의 소득 및 재산, 각자의 부양의 필요, 부부가 동거생활을 할 당시 그들의 생활형태 이외에 별거에 이르게 된 원인, 사실상 혼인이 파탄에 이른 경우인지 여부, 별거기간 등을 고려하여야 한다. 현재 및 장래의 부양료의 지급을 명할 때에는 정기금의 형태로 명하는 것이 보통인데, 이때 주문에 "부양료로"라는 문구를 적어 양육비와 구별하는 것이 일반적이다. 또한 "별거상태 또는 혼인관계 해소일까지"로 종기(終期)도 명시하고 있다. 아울러 가집행선고도 한다. 판례는 과거의 부양료 청구도 가사비송사건으로 함께 청구할 수 있다고 보는데, 이 부분은 일시금으로 지급을 명하고 심판확정일 이후 연 5%의 비율에 의한 지연손해금도 붙이는 예가 많다고 한다.[68] 반면 ― 당사자가 아예 달라지는 ― 제3자의 부양구상청구, 예컨대 부(父)가 자신의 아들의 처, 즉 며느리에 대하여 하는 과거의 부양료 상환청구는 일반민사사건이라는 것이 판례이다.[69]

(4) 부양의무는 혼인관계가 사실상 파탄된 것만으로는 소멸하지 아니하고, 그것이 법률상 해소되어야 비로소 소멸한다. 이 점에서 다른 인적 혼인의무와 다르다.[70] 비교법적으로는 이혼 후 부양을 인정하는 예도 많으나, 민법은 별도의 제도로 이혼 후 부양은 인정하지 아니하고 있다.

(5) 금전급여로 전화된 부양료 청구권에 대하여는 재판상 청구와 강제집행이 모두 가능하다. 협정이 이루어지지 아니하였을 때 재판상 청구가 가사비송사건임은 물론이지만('부양에 관한 처분'), 협정이 이루어졌으나 이행되지 아니하여 그 이행을 구하는 경우에도 ― 가정법원에 변경권이 있으므로 ― 가정법원이 관할한다는 것이 실무의 태도이다.[71] 여타 협정 내지 약정이행청구가 일반 민사사건인 것과 다르다. 같은 이유로 부양료의 임시의 지급을 구하는 가처분 신청사건도 가정법원이 관할하며, 이를 가사소송법상 사전처분(家訴 §62 ①)으로 구할 수도 있다.[72] 이러한 심판에는 집행력이

---

68) 제요[2], 1427-1431.

69) 대법원 2012. 12. 27. 선고 2011다96932 판결. 이러한 판례에 대하여는 (가사비송사건으로 함이 타당하다는) 비판도 있으나, 현행법상 가사비송사건의 당사자가 아니라는 점에서 부양권리자와 부양의무자 사이의 과거의 부양료 청구 사건과 같지는 아니하다.

70) 대법원 2023. 3. 24.자 2022스771 결정도 "혼인이 사실상 파탄되어 부부가 별거하면서 서로 이혼소송을 제기하는 경우라고 하더라도, 특별한 사정이 없는 한 이혼을 명한 판결의 확정 등으로 법률상 혼인관계가 완전히 해소될 때까지는 부부간 부양의무가 소멸하지 않는다"고 한다.

71) 제요[2], 1425, 1427.

72) 전보성(주 52), 451, 472.

있으므로(家訴 §41) 민사집행법상의 집행절차에 의하여 집행하는 것도 가능하다. 그 밖에 금전을 임치하게 할 수 있고(家訴 §65), 그 이행을 명하고 이에 위반하면 1천만원 이하의 과태료에 처하거나, 3기 이상 지급하지 아니하면 30일 이내의 감치를 명할 수 있다(家訴 §§64 ① i, 68 ① i).

3. 협조의무

마지막으로 본조는 부부간 협조의무를 정하고 있다. 부부는 혼인공동생활체를 이루므로 일방의 행위가 타방에 영향을 미치는 경우가 많다. 이들이 서로 협조하는 것 또한 혼인의 본질상 당연한 요청이다.

협조의무는 인적 혼인의무 중 가장 기본적이고 포괄적인 의무이다. 대법원 1991. 12. 10. 선고 91므245 판결도 부부간 동거·부양·협조의무는 정상적이고 원만한 부부관계의 유지를 위한 광범위한 협력의무를 구체적으로 표현한 것이라고 한다. 협조의 대상에는 가사(家事)에 속하는 일체는 물론, 그 자체 가사에 속하지는 아니하나 혼인공동생활에 영향을 주는 개인사도 포함된다. 가령 부부는 직장생활을 영위함에 있어 혼인공동생활을 배려할 의무가 있다. 판례도 처가 신앙생활에만 전념하고 가사와 육아를 소홀히 한 탓으로 혼인이 파탄되었다면 부부 사이의 협력의무 위반이 된다고 한다.73) 부부간 협의에 이르도록 성실히 노력할 의무도 협조의무의 중요한 내용을 이룬다. 부부가 상호 존중할 의무, 가령 상대방의 편지를 뜯어보지 아니할 의무 등도 이에 포섭될 수 있다. 협조의무의 구체적인 내용결정과 강제이행의 문제에 관하여는 동거 및 부양의무에 관하여 설명한 바가 대체로 타당하다.

4. 부부간 상호 동거·부양·협조의무 사이의 관계

부부간 상호 동거·부양·협조의무 등 개개의 인적 혼인의무는 모두 단일한 혼인공동생활의 여러 측면 내지 현상 형태이고, 서로 별개의 것이라고 할 수 없다. 대법원 1991. 12. 10. 선고 91므245 판결도 부부간 동거·부양·협조의무는 서로 독립된 별개의 의무가 아니라고 한다. 그러나 부부 각자의 동거·부양·협조의무가 쌍무적 견련관계에 있는 것은 아니므로, 부부 일방이 혼인의무를 위반하였다 하여 타방이 자신의 혼인의무 이행에 관하여 동시이행의 항변(§536)을 할 수는 없다.

---

73) 대법원 1989. 9. 12. 선고 89므51 판결; 1996. 11. 15. 선고 96므851 판결[해설: 길기봉, "신앙생활과 혼인을 계속하기 어려운 중대한 사유", 대법원판례해설 26(1996), 146 이하. 김상용, "지나친 신앙생활로 인한 혼인파탄은 이혼사유가 된다", 가족법 판례해설, 135 이하; 최행식, "이혼사유로서의 과도한 종교생활", 가족법연구 13(1999), 215 이하].

Ⅲ. 기타 중요한 인적 혼인의무

명문의 규정은 없으나, 포괄적인 협조의무에 포함시켜 논하기에는 민법에 구체적인 단서가 있고, 또 어느 정도 독자적인 법리가 형성된 인적 혼인의무가 있다. 정조(貞操), 성관계 및 임신, (공동의) 자녀양육에 관한 의무가 그것이다.

1. 정조(貞操) 내지 성적 충실의무

가. 개념과 법적 근거, 시적 한계

(1) 부부는 서로에 대하여 정조를 지켜야 한다. 이를 정조의무 내지 성적 충실의무 또는 성적 성실의무라고 한다. 민법에 정면에서 규정되어 있지는 아니하나, 배우자의 부정(不貞)행위를 재판상 이혼사유로 하고(§840 i), 이에 대하여 손해배상책임을 물으며(§§843, 806), 중혼을 금지하는(§810) 우리 법질서 전체에 비추어 이러한 의무가 도출될 수 있다.[74] 정조의무는 혼인의 핵심적인 표지이자, 가장 기본적인 인적 혼인의무이기도 하다.

배우자 이외의 자와의 성교, 즉 간통이 정조의무 위반에 해당한다는 데는 의문이 없다. 그러나 간통에 이르지 아니하였다 하더라도 배우자간 통상 기대되는 성적 성실을 벗어나는 한 정조의무 위반이 인정될 수 있다. 그 위반 여부를 판단함에 있어서는 각 구체적 사안에 따라 그 정도와 상황,[75] 정조의무를 위반한 부부 일방, 그 상대방 및 위반당한 타방 배우자 각자의 인식 내지 이해는 물론, 변화하는 사회관념도 고려하여야 한다. 또 정조의무에 위반하였다고 하려면 그 위반행위가 자신의 의사에 터잡아 이루어졌어야 한다. 강제로 또는 의식이 없는 상태에서 이루어진 행위는 정조의무 위반을 구성할 수 없다.[76]

(2) 법률혼 또는 사실혼이 유효하게 성립하면 정조 내지 성적 충실의무가 발생함은 앞서 본 바와 같다. 문제는 그 종기(終期)인데, 간통죄 폐지 전 판례는 사실상 혼인이 완전히 파탄에 이른 경우에도 법률혼이 해소되지 아니한 이상 간통죄의 성립을 인정해왔다.[77] 이는 법률혼 부부 사이에서는 사실상 혼인파탄으로는 족하지

---

74) 이동진, "불륜관계의 상대방에 대한 유증과 공서양속", 비교사법 13-4(2006), 13-14. 또한 박동섭·양경승, 130. 반면 김용한, 128; 신영호·김상훈·정구태, 99은 협조의무에, 한봉희·백승흠, 112, 116-117은 동거의무에 포함시키고 이경희·윤부찬, 83은 혼인의 본질과 이혼사유로부터 도출한다. 프랑스 민법 §212는 이를 명문으로 정하고 있다. 이는 비교법적으로 널리 인정되는 혼인의 핵심표지 중 하나이다. 이동진(2013), 73 이하. 대법원 2014. 11. 20. 선고 2011므2997 전원합의체 판결은 동거의무 내지 부부공동생활의 유지의무의 한 내용이라고 한다.

75) 가령 대법원 1992. 11. 10. 선고 92므68 판결.

76) 대법원 1976. 12. 14. 선고 76므10 판결.

77) 대법원 1999. 5. 14. 선고 99도826 판결. 1988년경 혼인이 파탄에 이르러 그 무렵 집을 나와 동거생활

아니하고 법률혼이 해소되어야 비로소 정조의무가 소멸한다는 취지로 볼 수 있다. 정조의무가 소극적인 부작위를 요구할 뿐이라는 점에서 그 밖의 인적 혼인의무와 다르기는 하나 이미 혼인의 실질이 소멸한 뒤 이루어진 다른 사람과의 애정관계를 법적으로 제재하는 데는 가혹한 점이 있다.[78] 뒤에서 볼 법적 제재는 물론, 부정행위의 범위와 관련하여서도 사실상 혼인관계가 파탄에 이르렀다는 사정이 고려되어야 할 것이다.[79]

대법원 2014. 11. 20. 선고 2011므2997 전원합의체 판결의 다수의견은 성적(性的) 성실의무 위반에 대하여 불법행위책임을 진다고 하면서도, "제3자가 부부의 일방과 부정행위를 하여서는 아니 되는 것은 혼인의 본질에 해당하는 부부공동생활이 보호되고 유지되어야 하기 때문"인데, "민법 제840조는 '혼인을 계속하기 어려운 중대한 사유가 있을 때'를 이혼사유로 삼고 있으며, 부부간의 애정과 신뢰가 바탕이 되어야 할 혼인의 본질에 해당하는 부부공동생활 관계가 회복할 수 없을 정도로 파탄되고 그 혼인생활의 계속을 강제하는 것이 일방 배우자에게 참을 수 없는 고통이 되는 경우에는 위 이혼사유에 해당할 수 있"는바, "부부가 장기간 별거하는 등의 사유로 실질적으로 부부공동생활이 파탄되어 실체가 더 이상 존재하지 아니하게 되고 객관적으로 회복할 수 없는 정도에 이른 경우에는 혼인의 본질에 해당하는 부부공동생활이 유지되고 있다고 볼 수 없"으므로 "제3자가 부부의 일방과 성적인 행위를 하더라도 이를 두고 부부공동생활을 침해하거나 그 유지를 방해하는 행위라고 할 수 없고 또한 그로 인하여 배우자의 부부공동생활에 관한 권리가 침해되는 손해가 생긴다고 할 수도 없"다고 한다. 이 판결에 대하여는 성적 성실의무의「소멸」시점에 관한 판시라고 이해하는 예가 많으나,[80] 위 판결이 충분히 그와 같이 논리구성을 할 수 있었음에도 불구하고 의무의 부존재 또는 소멸을 언급하지 아니하고 오히려 피침해법익과 손해를 부정하고 있음에 유의할 필요가 있다.[81]

에 들어가 자녀를 둘이나 낳은 피고인을 법률상 배우자가 1996년 고소한 사안에 대하여 간통죄를 인정하였다.

[78] 과거 간통죄(刑 §241) 일반에 대하여도 그러한 취지의 비판이 제기되었다. 가령 허일태, "간통죄의 위헌성", 저스티스 104(2008), 118 이하.

[79] 이동진(2013), 96-97.

[80] 현소혜, "2010년대 가족법 판례의 경향과 흐름", 안암법학 63(2021), 56. 주석친족(1), 232-233(임종효).

[81] 이러한 접근은 비교법적으로도-이 경우 책임을 제한 또는 부정하는 한-쉽게 찾아볼 수 있는 것이다. 가령 스위스, 일본이 그러하다. BGE 83 Ⅱ 329; 日最裁判 1996(平 8). 3. 26. 民集50, 4, 993. 이동진(2013), 91-92, 94-95 참조. 이혼에 이르지 아니한 이상 가장 소극적인 의무인 성적 성실의무의 핵심조차 소멸된다고 해석할 '법적' 근거가 무엇인지 알 수 없기 때문이다. 그러나 주석친족(1), 232(임종효)은 이러한 "기교적인 이론구성의 실익이 무엇인지" 의문이라고 한다.

대법원 2023. 12. 21. 선고 2023다265731 판결은 이러한 법리는 제3자가 실질적
으로 부부공동생활이 파탄되어 회복할 수 없을 정도의 상태에 이르게 된 원인을 제공
한 경우에도 같다고 하였다. 당해 사안은 부정행위와 파탄이 수십 년 전에 있었으나
이혼하지 아니한 채 법률혼이 사망으로 해소되어 이혼위자료가 아닌 독자적 위자료
청구를 한 경우였음에 유의할 필요가 있다. 나아가 사실혼관계해소로 인한 위자료, 이
혼소송 중 당사자 일방이 사망한 경우와의 균형 등 여러 의문이 제기될 수 있다.

나. 제재

(1) 정조의무 위반은 재판상 이혼사유(§840 i)가 되고, 이혼 위자료도 인정된다.
특히 간통은 판례상 다른 재판상 이혼사유보다 엄격한 이른바 절대적 이혼사유로 취
급되고 있고, 위자료액도 좀 더 높은 편이다.[82] 제840조 · 제841조 · 제842조 註釋 Ⅱ.
2. 나. (1) 및 제843조 註釋 Ⅰ. 참조.

나아가 판례는 부정행위로 인하여 혼인관계가 파탄에 이르지 아니하였고, 심지
어 여전히 유지되고 있는 경우에도 위자료 지급청구권을 인정하고 있다. 대법원
1985. 6. 25. 선고 83므18 판결이 §841의 제척기간은 부정행위를 원인으로 한 이혼청
구권의 소멸에 관한 것이고 위자료의 지급을 구하는 사건에는 적용될 수 없다고 한
것과 대법원 1998. 4. 10. 선고 96므1434 판결이 부첩관계에 있는 부(夫)의 본처에 대
한 위자료 지급의무가 성립하기 위하여 반드시 부첩관계로 인하여 혼인관계가 파탄
에 이를 필요는 없다고 한 것은 모두 이를 전제하여야 비로소 이해될 수 있다.

또한 판례 · 통설은 상간자(相姦者)나[83] 간통을 교사 · 방조한 시모(媤母)[84] 등 정조
의무 위반에 가담한[85] 제3자에 대하여도 공동불법행위책임(§760)을 인정하여 위자료
지급을 명한다. 혼인관계가 해소되지 아니하였어도 같다.[86] 배우자와 상간자는 부진
정연대책임을 진다.[87] 그러므로 어느 한 사람으로부터 위자료를 지급 받았다면 다른

---

[82] 이정엽, "이혼으로 인한 위자료 산정기준에 관한 소고-2006년 서울가정법원 판결을 중심으로-", 가
사재판연구(Ⅰ)(2007), 762 이하 참조.

[83] 대법원 1959. 11. 5. 선고 4291민상771 판결; 대법원 1960. 9. 29. 선고 4293민상302 판결; 대법원 1981.
7. 28. 선고 80다1295 판결; 대법원 1985. 6. 25. 선고 83므18 판결; 대법원 1998. 4. 10. 선고 96므1434
판결; 대법원 2005. 5. 13. 선고 2004다1899 판결[해설: 이민걸(2006), 328 이하]; 윤진수, 72.

[84] 서울고등법원 1999. 7. 30. 선고 99르75 판결.

[85] 제3자가 혼인관계를 알지 못하였고 알 수도 없었다면 부정행위에 가담하였다고 할 수 없다. 배우자의
존재 여부를 확인하지 아니하였다는 점만으로는 과실이 있다고 할 수 없다. 대법원 1987. 8. 18. 선고 87
므19 판결.

[86] 대법원 1967. 4. 25. 선고 67다99 판결(혼인관계가 사망으로 종료한 사안); 대법원 1967. 10. 6. 선고
67다1134 판결(혼인관계가 존속 중이고 간통은 이미 종료한 사안).

[87] 이와 관련하여 특히 혼인계속 중에는 상간자를 상대로 전책임을 지우는 경우 상간자가 배우자를 상
대로 다시 부분구상을 할 것이라는 점이 실무상 문제되고 있다. 조정을 통하여 책임비율에 상응하는 부
분만 지급하되 구상을 포기시키거나 아예 분할책임을 인정하는 예 등이 있으나, 원칙은 아니다. 김동원

사람은 그 범위에서 면책된다.[88] 다만 학설로는 제3자에 대한 위자료 지급청구는 인정하지 아니하는 견해도 있다.[89] 부부 일방의 정조요구권은 배우자에 대하여만 미치고 제3자에게는 미치지 아니하는 채권적 상대권이며, 간통은 배우자 일방의 자유로운 의사로 행해지는 것이어서 제3자의 행위에는 위법성이 없고, 위자료 지급을 명하더라도 위자료의 만족 및 예방기능을 하지 못한다는 것이다. 근래 들어서는 배우자에 대한 불법행위책임을 극히 제한적으로 인정하는 견해도 주장되고 있다.[90]

그 이외에 부부 일방이 상간자 등에 대하여 방해배제, 가령 혼인주거에서의 퇴거를 구할 수 있는가? 부산지방법원 1998. 6. 2. 선고 97드582 판결은 방론이지만, "남편은 처에 대하여 이른바 부권(夫權)을 가지고 있어 처의 정조를 독점적으로 요구하거나 다른 남자로부터 침해받거나 받을 염려가 있는 행위의 배제 또는 예방을 요구할 권리가 있다"고 한다. 독일 판례도 이러한 권리를 인정하는데, 그 이론구성에 관하여는 논란이 있다.[91]

또 하나 문제되는 것은 부부 일방이 아닌 그들 사이의 자녀가 정조의무를 위반하여 혼인관계를 파탄시킨 타방(자녀의 입장에서는 부모 일방) 및 상간자를 상대로 위자료 지급을 구할 수 있는가 하는 점이다. 판례는 원칙적으로 이를 부정한다. 한때 판례[92]는 부모가 그 자녀에 대하여 애정을 품고 감호교육을 행하는 것은 그 스스로의 의사에 의하여 이루어지는 것이므로 상간자의 행위와 상당인과관계가 없다는 점을 근거로 든 바 있으나, 이후에는[93] 별다른 근거를 들지 아니한 채 같은 결론을 유지해 오고 있다. 결론에는 수긍할 점이 있으나, 상당인과관계의 존부와 관련시킨 점은 의문이다. 간통 등으로 이혼한 부부의 자녀가 정신적 고통을 받는 것은 일반적으로 예견할 수 있는 일이기 때문이다. 이른바 정조요구권이 상대방 배우자에게만 귀속한다

(2023), 32-35.

88) 대법원 2024. 6. 27. 선고 2023므13723 판결. 이혼과정에서 위자료 이외에 재산분할금과 양육비까지 합쳐져 지급한 경우 그러한 사정을 상간자 등 제3자의 위자료 산정 과정에서 참작할 수 있다. 대법원 2024. 6. 27. 선고 2023므12782 판결.

89) 신영호·김상훈·정구태, 99; 홍춘의(1994), 259 이하. 기본적으로 비슷한 취지이나 제3자의 책임요건을 좀 더 엄격하게 제한하는 것으로 이동국(2007), 71 이하.

90) 서종희(2021), 164 이하(유혹을 포함하여 강제적, 반강제적인 행위가 있을 때에 한하여 책임을 물을 수 있다고 한다). 같은 문헌은 자녀에 대한 불법행위책임과 관련하여서는 일반원칙의 반복적 설시를 지양하고 위법성 평가를 적극적으로 하여야 한다고 한다. 홍춘의·송문호·태기정(2017), 422-427도 이른바 상대권적 구성을 통하여 비슷한 결론에 이른다.

91) BGHZ 6, 360. Lipp, Die eherechtlichen Pflichten und ihre Verletzung (1998), 169ff. 그 밖에 비교법에 관하여는 이동진(2013), 73 이하 참조.

92) 대법원 1998. 4. 10. 선고 96므1434 판결.

93) 대법원 2005. 5. 13. 선고 2004다1899 판결. 이민걸(2006), 338은 "자녀들에 대한 원만한 가정(혼인관계)의 유지"가 보호이익인지 여부의 문제라고 한다.

는 점에 주목하여야 할 것이다.94)

부부 일방과 제3자 사이에 부정행위를 유인하거나 부정행위에 대하여 보상하는 내용의 계약 또는 유증은 공서양속에 반하여 무효가 된다.95)

(2) 대법원 1965. 11. 9. 선고 65다1582, 1583 판결은 강간미수가 피해자의 부(夫)의 "남편으로서의 권리"를 침해한다는 이유로 부(夫)의 강간미수범에 대한 위자료 지급청구를 인정한 바 있다. 학설 중에도 이를 긍정하면서 심지어 피해자에게 부(夫)가 있다는 점을 가해자가 알았는지 여부도 문제되지 아니한다는 견해가 있다.96) 강간 또는 강간미수는 처의 정조의무 위반에 해당하지 아니하므로 위 판결은 혼인의무로서 정조의무와 별개로 부부의 배우자에 대한 성적 독점권에 대하여 절대적 내지 대세적 효력을 인정한 셈이 된다. 그러나 극히 인격적인 법익인 성적 자기결정권에 관하여 본인이 아닌 배우자에게 독자적인 권리가 인정될 수 있는지는 의문이다.

2. 성관계, 임신 및 출산

가. 성관계

(1) 정조의무 내지 성적 충실의무가 부부 상호간 성적 독점을, 즉 배우자 이외의 제3자와 이성관계를 가지지 아니할 소극적 의무를 가리킨다면, 성관계의 문제는 그 적극적 측면, 즉 부부 상호간 성적 교섭을 할 의무 내지 관계를 뜻한다. 이에 관하여 명문의 규정을 두고 있는 입법례는 찾아보기 어렵지만,97) 부부 사이에 이러한 의무 내지 관계가 있다는 점 자체는 대개의 나라에서 인정되고 있다. 대법원 2013. 5. 16. 선고 2012도14788, 2012전도252 전원합의체 판결의 다수의견은 동거의무에 배우자와 성생활을 함께 할 의무가 포함된다고 하고, 대법원 2009. 12. 24. 선고 2009므2413 판결도 "성관계는 혼인의 본질적 요소"라고 한다.

이에 위반하는 경우 재판상 이혼사유가 된다는 점은 일반적으로 인정되고 있다. 판례는 이를 이혼사유로 보므로,98) 정당한 이유 없이 성관계를 거부하여 이혼에 이르게 되었다면 이혼 위자료도 인정될 소지가 있다. 그 밖에 혼인존속 중 위자료나 강제이행의 허부에 대하여는 동거의무에 관한 Ⅱ. 1. 나. 참조.

(2) 특히 문제는 혼인존속 중 배우자에 대한 강간이 강간죄를 구성하는가 하는

94) 김상용(주 4), 618−619; 이동진(2012), 502 주 85.
95) 이동진(주 74), 7 이하 참조.
96) 김주수·김상용, 269−272.
97) 이동진(2012), 505−506.
98) 대법원 2010. 7. 15. 선고 2010므1140 판결.

점이다. 대법원 1970. 3. 10. 선고 70도29 판결은 "실질적으로 부부관계도 없[어] 서로 정교승낙이나 정교권포기의 의사표시를 철회한 상태에 있었다고 단정하기는 어려울 것임에도 불구하고, 만연 피고인에게 정교청구권이 없다는 것을 전제로 하여 피고인의 본건 간음행위로 강간으로 다스린 것"은 위법하다고 하여 이를 부정한 바 있다. 그러나 대법원 2009. 2. 12. 선고 2008도8601 판결은 "혼인관계가 존속하는 상태에서 남편이 처의 의사에 반하여 폭행 또는 협박으로 성교행위를 한 경우 강간죄가 성립하는지 여부는 별론으로 하더라도, 적어도 당사자 사이에 혼인관계가 파탄되었을 뿐만 아니라 더 이상 혼인관계를 지속할 의사가 없고 이혼의사의 합치가 있어 실질적인 부부관계가 인정될 수 없는 상태에 이르렀다면, 법률상의 배우자인 처도 강간죄의 객체가 된다"고 함으로써 실질적으로 파탄된 부부관계에서 강간죄의 성립을 인정하였고, 대법원 2013. 5. 16. 선고 2012도14788, 2012전도252 전원합의체 판결의 다수의견은 "혼인관계가 파탄된 경우뿐 아니라 실질적으로 유지되고 있는 경우에도" 아내 강간이 성립할 수 있다면서 위 대법원 1970. 3. 10. 선고 70도29 판결을 폐기하였다.[99] 성적 자기결정권은 그 자체 법적 구속이 허용되지 아니하고 오히려 보호가 특히 필요한 고도로 인격적인 법익이다. 혼인이 성관계를 수반한다고 본다 하더라도 폭행·협박에 의한 강간까지 이에 포함된다고 할 수는 없으며, 부부관계와 그들 사이의 성관계가 내밀한 사생활의 영역에 속하기는 하나 강간은 이에 속한다고 할 수 없다. 형법 해석상 배우자를 강간죄의 객체에서 제외할 근거도 없다. 혼인이 실질적으로 파탄에 이르지 아니한 때에도 강간죄의 성립을 인정함이 옳다.[100] 과거 배우자 강간을 면책하거나, 배우자를 강간죄의 객체에서 제외하는 입법이나 선례를 갖고 있던 미국, 영국, 독일, 프랑스, 네덜란드 등도 이를 원칙적으로 인정하는 입장으로 전환한 바 있다.[101]

나. 임신 및 출산

혼인이 성관계를 수반한다면, 성관계는 임신 및 출산 가능성을 수반한다. 근대 초기까지만 해도 재생산과 자녀의 양육은 혼인의 가장 중요한 목적 내지 기능이었다.[102] 피임 및 낙태는 금지되었고, 더러는 형사처벌의 대상이 되기도 하였다.[103] 합리적 이유 없는 임신의 거부를 절대적 이혼사유로 한 예도 있었다(1938년 독일·오스트

---

99) 이 판결에는 부부관계가 파탄에 이른 경우에 한하여 강간죄를 인정하여야 한다는 취지의 대법관 2인의 반대의견이 있다.
100) 김학태(2010), 149 이하; 박선영(2005), 59 이하.
101) 조국(2001), 9 이하 참조.
102) 이동진(2012), 504−505.
103) 가령 김영철(1996), 525 이하.

리아 혼인법 §48. 오스트리아에서는 1999년 개정 전까지 효력을 유지하였다). 그러나 오늘날 피임은 더는 불법이 아니고, 낙태도 (태아의 생명과 형량이 필요하기는 하나) 부분적으로 허용되고 있으며, 나아가 의학 등의 도움을 받아 적극적으로 가족계획을 하는 것이 권리로 승인되고 있다.[104]

그럼에도 임신 및 출산이 혼인관계의 부부 공통의 사무이고, 혼인생활에서 통상 기대되는 바에 속한다는 점은 부인할 수 없다. 문제는 혼인중인 부부의 임신 및 출산에 대한 통제권이 누구에게 어떻게 분배되는가이다. 부(夫)가 일방적으로 이를 결정하여 관철시킬 수 없음은 분명하나, 처 단독으로 결정할 수 있는지, 부(夫)의 동의나 협의가 필요한지는 논란의 소지가 있다. 판례·학설은 부당하게 일방적으로 피임을 한 점을 이혼사유의 판단에서 고려하고 있고,[105] 모자보건법 §14 ①은 인공임신중절수술을 하려면 배우자(사실혼 배우자를 포함한다)의 동의를 받아야 한다고 한다.[106] 그러나 임신 및 출산이 여성에게 미치는 직·간접적인 영향이 그 강도와 지속기간에 있어 심대함에 비추면 낙태의 적응사유가 있음에도 배우자의 동의가 없다는 이유로 낙태할 수 없다는 것은 납득하기 어렵다.[107] 이러한 영역에서 부부 각자의 자유 및 독립성과 혼인의 공동체성이 충돌하여 그 갈등을 해소할 수 없는 경우에는 전자(前者)를 우선하는 수밖에 없을 것이다. 이 규정에는 위헌의 의심이 있다. 울산지방법원 2013. 7. 4. 선고 2011드단3879 판결도, 처가 부(夫)와 상의 없이 수회 낙태를 하였다 하더라도 그들 사이에 이미 2명의 자녀가 있고, 계획된 임신이었다고 볼 증거가 없으며, 계획하지 아니한 임신이었다면 임신은 피고의 건강과 사회생활에 지대한 영향을 미치므로 신중하였어야 할 것임에도 여러 번이나 피임을 제대로 하지 아니한 점 등을 들어 재판상 이혼사유를 부정한 바 있다.

3. 자녀양육

가. 공동양육

부부는 공동의, 즉 그들이 부모가 되는 미성년의 자녀를 공동으로 양육할 권한과 의무가 있다(§909 ②). 부부가 자녀를 공동으로 양육하는 이상, 그들 간의 협의와 협력

---

104) 김기영·소재선(2009), 379 이하. Griswold v. Connecticut, 381 US. 479 (1965); Roe et al. v. Wade, District Attorney of Dalls County, 410 U.S. 113 (1973). 그러나 Dobbs v. Jackson Women's Health Organization, 597 US. 215(2022)로 폐기.), 또한 BVerfGE 88, 203 254; BGH NJW 1995, 2407, 2409.
105) 서울가정법원 1997. 9. 11. 선고 96드96056, 97드50989 판결. 한봉희·백승흠, 180.
106) 헌법재판소 2019. 4. 11. 선고 2017헌바127 결정으로 2021. 1. 1.부터 낙태죄에 관한 刑 §§ 269 ①, 270 ①이 실효하였다. 그러나 모자보건법은 여전히 효력이 유지되고 있다.
107) 이인영(2004), 22 이하.

이 불가피하다. 이는 부부 사이에 자녀양육에 관한 협조의무가 있음을 뜻한다. §909
② 단서가 부모의 의견이 일치하지 아니하는 경우 당사자의 청구에 의하여 가정법원
이 정할 수 있도록 하고 있는 것도 이러한 취지에서 이해할 수 있다. 그러나 다른 한
편, 자녀양육은 요(要)보호자인 제3의 자녀에게 영향을 미치므로 부부의 자율에 전적
으로 맡길 수 없고 부부의 자율도 자녀의 최선의 복리(the best interest of the child)에 구
속되어 있어 여타 협력의무와는 다른 점도 있다. 오늘날 자녀양육에 관하여 가정법원
내지 국가의 개입이 증가하고 있는 것도 그 때문이다.

부부 일방만의 미성년의 자녀로서 자신의 부모의 배우자와 동거하는 경우 부모
아닌 부부 일방, 즉 계친(繼親)이 당연히 그 친권자가 될 수 없음은 분명하다. 양육권
자의 지위를 취득한다고 할 수도 없다. 그러나 이때에도 다른 일방의 자녀양육이 부
부의 혼인공동생활에 영향을 미치는 한 상호 협조의무는 인정되어야 한다.

자녀 부양책임도 마찬가지이다. 본래 부(夫)의 자녀부양의무는 역사적으로 혼인
합의의 효력으로 인정되었던 것이다. 이후 혼외자에 대한 부양의무 등이 승인되는 과
정에서 오히려 혈연이 경합하거나 우선하는 근거가 되었지만, 이것이 혼인의무이기
도 하다는 점까지 부정할 수는 없다.108) 혼인공동생활이 지속되는 한 부부 공동의 미
성년의 자녀가 아니라 부부 일방의 미성년의 자녀로서 부부와 동거하는 자녀의 양육
비도 「생활비용」에 포함될 수 있는 것(제833조 註釋 Ⅱ. 1. 나.)은 이러한 사정과 관계되
어 있다.

나. 별거 중 양육

부부가 이혼하지 아니한 채 별거하는 경우 자녀의 양육에 관하여는 양육자의 결
정과 그 변경, 양육비용의 부담, 면접교섭권 등 여러 문제가 생긴다. 이혼에 관하여는
§§836-2, 837 등 규정이 있으나, 이들 규정은 별거에 직접 적용될 수 없다는 문제가
있다.109) 학설과 재판실무는 이 경우에도 - 이혼시와 대체로 같은 내용의 - 양육자
결정 또는 변경과 양육비용부담, 면접교섭권을 인정하고, 그 재판상 청구를 절차적으
로는 家訴 §2 ① ii 나. 1)의 '민법 제826조 및 제833조에 따른 부부의 동거·부양·협
조 또는 생활비용의 부담에 관한 처분'에 해당하는 것으로 본다.110) 이러한 해석은
실체법적으로 이때의 양육 문제가 부부간 협조 등 의무에 포섭됨을 전제하는 셈이다.

---

108) Kraus, Grundlagen des Unterhaltsrechts. Überlegungen für eine Harmonisierung des Verwandten-,
    Betreuungs- und Geschiedenenunterhalts (2011), 49 ff.
109) 별거 중 자녀양육에 관하여 따로 규정을 두고 있는 입법례도 있다. 독일 민법 §1672. 최신섭(2008),
    223 이하.
110) 그러나 분쟁의 실체에 더 가깝다는 이유에서 §§836-2, 837 등의 규정을 유추하여야 한다는 견해로,
    주석친족(1), 248(임종효). 김주수·김상용, 238도 비슷하다.

이때에는 부부 사이의 윤리적 의무가 문제된다기보다는 자녀의 복리가 문제되므로, 의무 위반에 대하여 강제집행 기타 법적 강제도 가능하다. 그 구체적인 내용에 관하여는 제836조의2 註釋 Ⅱ. 2. 및 제837조 註釋 Ⅳ. 참조.

第 826 條의2 (成年擬制)

未成年者가 婚姻을 한 때에는 成年者로 본다.

Ⅰ. 본조의 의의

본조는 1977년 개정 당시 신설된 규정으로, 미성년자가 혼인을 한 때에는 성년자로 볼 것을 명한다. 1977년 개정 전에는 미성년자(20세 미만, §4)여도 남자는 18세, 여자는 16세가 되면 부모 등의 동의를 얻어 혼인할 수 있었으나(§807, 1977년 개정 전 §808 ①, ②), 미성년인 남자는 여전히 그 부(父)의 친권에 복종하였고(§909 ①), 미성년인 여자에 대하여는 후견이 개시되어 부(夫), 부(夫)의 직계혈족, 3촌 이내의 방계혈족, 호주의 순위로 법정후견인이 되었으며[다만, 혼인관계의 종료 후 친가에 복적(復籍)한 때에는 그렇지 아니하였다. 1990년 개정 전 §934], 미성년인 남자가 처의 재산을 관리하는 경우에는 법정대리인인 친권자가 자(子)에 갈음하여 그 재산을 관리하였다(1990년 개정 전 §917). 미성년인 남녀는 혼인하여도 독립된 생활을 누리지 못하고 호주 내지 부(夫)의 친권자의 친권에 복종하였고, 처만이 미성년인 경우에는 그 부(夫)의 후견 하에 놓였던 셈이다. 그러나 1977년 본조의 신설로 미성년자도 혼인하면 성년으로 간주되게 되어 대외적으로는 단독으로 법률행위를 할 수 있고, 대내적으로는 부모의 친권으로부터 해방되게 되었다.[1] 이는 부부가 각자 자신 및 서로의 부모로부터 독립하여 독자적으로 혼인공동생활을 영위하도록 하고, 특히 처만이 미성년자인 경우에는 부부 사이의 평등을 실현하기 위함이다.[2] 이와 같은 상황은 1947년 개정 전후 일본 민법의 그것과 비슷하고, 실제로 성년의제에 관한 일본 민법 §753의 취지에 대하여도 대체로 비슷한 설명이 행해지고 있다.[3]

그런데 다른 한편, 미성년 내지 행위능력제도가 미성년자를 보호하기 위한 것이

---

1) 1990년 개정 전 §§917, 934는 이미 이로써 그 적용대상을 사실상 잃었으나, 당시 개정되지 못하고 1990년에 이르러서야 §917은 삭제되고 §934는 규율대상에서 "미성년"이 제외되었다.
2) 김용한, 126−127; 최금숙, 친족(2), 109; 주석민총(1) (제4판), 296(민유숙). 그러나 박동섭·양경승, 131은 남녀평등의 이념과는 무관하다고 한다.
3) 新注民(21), 375−377(中川高男).

고, 혼인을 한다 하여 판단능력이 더 나아진다고 보기 어려운 점에 비추면, 같은 연령의 사람에 대하여 혼인하였다는 이유만으로 성년으로 보는 것은 평등의 원칙에 반한다는 비판도 있을 수 있다.[4] 입법론적으로는 총칙상의 성년기준과 혼인적령기준을 일치시키고,[5] 성년의제는 폐지하는 것이 바람직하다.[6] 비교법적으로도 혼인만으로 성년으로 의제하는 예는 드물다. 성년의제를 인정하는 몇 안 되는 예 중 하나인 스위스 민법도 2000년 성년기준을 남녀 모두 18세로 낮추고 혼인적령을 이에 맞추는 개정을 하면서 성년의제를 정한 §14 ②을 삭제하였다.[7] 성년의제를 인정하는 또 다른 예인 프랑스 민법의 경우 혼인적령과 성년기준이 다를 뿐만 아니라(§§144, 388), 혼인에 의한 성년의제(§476) 이외에 후견법관에 의한 친권해제(§§477ff.)도 인정하므로,[8] 우리와 사정이 같지 않다.

Ⅱ. 요건과 효과

1. 요건

본조가 적용되기 위해서는 혼인, 즉 법률혼이 성립하여야 한다.[9] 혼인신고가 접수된 때부터 성년으로 의제된다. 혼인에 무효사유가 있는 경우에는 성년으로 의제되는 효력이 생기지 아니한다. 혼인은 취소사유가 있다 하더라도 취소되기 전까지는 유효하고, 혼인 취소에는 소급효가 없으므로(§824), 혼인신고 후 혼인이 취소될 때까지의 기간에 대하여는 본조가 적용된다. 나아가 명문의 규정은 없으나, 일단 유효하게 혼인이 성립한 이상 그 뒤 혼인이 해소되더라도 본조에 의한 성년의제의 효력은 소멸하지 아니한다는 것이 통설이다. 따라서 혼인이 취소되거나 이혼, 사망에 의하여 해소되었는데 그 당시 여전히 배우자 일방이 19세에 달하지 못한 때에도 다시 미성년자

---

4) 그러나 혼인을 하면 일반적으로 판단이 더 신중해지므로 이것이 평등의 원칙에 반하지 아니한다고 하는 것으로 新注民(21), 377-378(中川高男).

5) 우리 법의 혼인적령은 남녀 모두 18세이나(§807), 2013. 7. 1. 시행되는 개정 민법의 성년은 19세이다(§4). 이는 일본 민법이 아직 20세를 기준으로 하고 있는 점, 18세로 낮출 경우 고등학교 3학년에 미성년자와 성년자가 혼재하는 점 등을 고려한 것이다. 주석민총(1) (제4판), 295(민유숙).

6) 이 제도에 대하여 비판적인 것으로, 한봉희·백승흠, 118. 일본에서의 입법제안에 관하여는 新注民(21), 378(中川高男).

7) 1896년 독일 민법은, 여성은 16세가 되면 미성년자라 하더라도 혼인할 수 있도록 규정하고(§1303), 18세가 되면 후견법원의 결정으로 성년선고를 받아 성년이 될 수 있게 하였으나(§§3 ②, 4), 1975년 성년기준을 18세로 낮추면서 이들 제도를 모두 폐지하였다.

8) 성년의제 및 성년해방에 관한 역사적 전개 및 비교법적 개관으로는 이진기, "프랑스민법에서 미성년자 후견과 성년해방", 민사법학 54-2(2011), 379 이하.

9) 가령 박동섭·양경승, 131. 그러나 사실혼에도 본조를 유추하여야 한다는 견해로, 고상룡, 민법총칙(제3판, 2003), 122; 이은영, 민법총칙 (제4판, 2005), 162.

가 되지는 아니한다.[10] 그러나 혼인이 취소된 사유가 미성년자의 혼인으로서 동의권자의 동의를 받지 못하였다는 점에 있거나(§816 i) 적어도 그러한 취소사유가 있었던 혼인에 대하여도 이와 같은 법리가 적용되는지에 대하여는 논란이 있다. 일본에서는 여러 견해가 주장되고 있지만,[11] 적어도 미성년자가 동의 없이 혼인하였음을 이유로 혼인이 취소된 때에는 성년으로 의제되지 아니한다는 견해가 유력하다. 이때에도 본조가 적용된다고 하면 그는 이를 이유로 혼인이 취소되자마자 바로 부모 등의 동의 없이 혼인할 수 있고, 그렇다면 나아가 혼인존속 중에도 그가 혼인 취소에 동의하지 아니하는 이상 그 부모가[12] 혼인 취소를 구하는 것을 허용할 까닭이 없어진다. 이는 민법이 예정하는 바가 아니다. 적어도 미성년자가 부모 동의 없이 혼인하여 그 혼인이 취소된 경우에는 성년으로 의제되지 아니한다고 보아야 할 것이다.[13]

1977년 개정 민법 시행 전 혼인한 자가 미성년자인 때에는 1977년 개정 민법 시행일(1979. 1. 1.)부터 성년자로 한다(1977년 개정 민법 부칙 ④).

사실혼에 대하여는 본조가 적용되지 아니한다.[14]

2. 효과

본조는 혼인한 미성년자를 사법(私法)상 성년으로 의제한다.

먼저, 미성년자는 혼인함으로써 부모의 친권에서 해방되고(§909 ① 참조), 이에 따라 그 부모나 후견인의 법정대리권도 소멸한다(§§911, 928 참조).[15] 미성년자에게 자녀가 있다면 미성년자는 그에 대하여 직접·단독으로 친권을 행사할 수 있게 된다(§910 참조).[16] 단독으로 이혼 및 이에 따르는 각종 협의 등을 할 수 있음은 물론이다(§835는 이러한 관점에서 §808 ①을 준용대상에서 제외하고 있다). 문언상으로는 양자(養子)를 할 수 있고(§866 참조), 부모 등의 허가 없이 다른 사람의 양자가 될 수 있다고 해석함이 상당해 보이지만(§871 참조), 이러한 행위에 대하여는 그 성질상 성년의제의 효과가 미치지

---

10) 김주수·김상용, 136; 박동섭·양경승, 132; 최금숙, 친족(2), 111. 그러나 혼인공동생활의 연장선상에 있는 자녀에 대한 친권행사, 혼인중 매입한 주택의 부금납입 등에 대하여만 성년으로 의제하여야 한다는 견해로 이영규, 가족법(2002), 88.
11) 新注民(21), 381−382(中川高男).
12) §817도 혼인이 §808의 규정에 위반한 때에는 당사자 이외에「그 법정대리인」이 취소를 청구할 수 있다고 규정한다.
13) 결론에 있어 같은 취지: 한봉희·백승흠, 117−118. 혼인적령위반을 이유로 혼인이 취소된 경우에는 성년의제의 효과가 소멸한다는 것으로, 송덕수, 60.
14) 송덕수, 59−60. 그러나 사실혼에도 본조가 적용된다는 견해로 고상룡, 민법총칙 (제3판, 2003), 122.
15) 따라서 친권자 내지 후견인은 친권의 소멸 내지 후견의 종료에 따른 절차, 가령 관리의 계산을 하여야 한다(§§923, 957 등 참조).
16) 그러므로 §910에 따라 친권자가 그 친권에 따르는 자에 갈음하여 그 자(子)에 대한 친권을 행사하는 경우는 그 친권에 따르는 자가 혼인하지 아니한 경우뿐이다.

아니한다고 보는 견해가 유력하다.[17] 다른 사람의 후견인이 되거나(§937 i 참조), 유언의 증인이나 유언집행자가 될 수 있는지에 관하여도(§§1072 ① i, 1098 참조) 논란의 소지가 있다.[18]

미성년자는 성년으로 의제됨에 따라 재산법상의 행위에 관하여도 성년으로, 즉 행위능력자로 취급된다. 부모의 동의 없이 법률행위를 하더라도 이를 사후에 취소할 수 없으며(§5 참조), 법률행위가 무효이거나 취소되는 경우 선·악의를 불문하고 현존이익만 반환하면 되는 특전(§141 단서)도 누리지 못한다. 비교법적으로는 미성년자가 혼인하여도 재산법상 완전한 행위능력을 인정하지 아니하고 제한의 범위만을 축소하는 예가 있고,[19] 행위무능력제도가 미성년자를 보호하기 위한 것임에 비추면 이러한 입법태도에도 수긍할 바가 있으나, 현행법의 해석상으로는 그와 같은 구분을 인정할 근거가 없다.

또한 가족 내지 신분관계는 물론, 재산법상의 행위에 대하여도 일반적으로 소송능력을 갖게 된다(民訴 §51).

그러나 그 이외의 법률관계, 가령 국회의원선거법, 미성년자보호법, 청소년기본법, 근로기준법, 건설근로자의 고용개선 등에 관한 법률, 소년법 등에서는 여전히 미성년자로 취급된다. 상속세 납부시 미성년자 공제를 받을 수도 있다(相贈 §20 ① ii). 구체적으로는 개별규정의 입법목적 등을 고려하여 판단하여야 할 것이다.[20]

---

17) 김주수·김상용, 135-136; 이경희·윤부찬, 80; 지원림, 민법강의 (제19판, 2022), 1954-1955; 한복룡, 86. 그러나 이를 긍정하는 견해로, 김용한, 178; 박동섭·양경승, 132; 박병호, 91; 송덕수, 60; 오시영, 121. 일본에서의 논의에 관하여는 新注民(21), 379(中川高男).

18) 후견인이 될 수 있다는 것으로, 이경희, 85, 유언의 증인 및 유언집행자가 될 수 있다는 것으로, 박동섭·양경승, 132. 일본에서의 논의에 관하여는 新注民(21), 379(中川高男) 참조.

19) 역사적·비교법적인 개관으로는, 이진기(주 8), 403 이하. 친권 내지 성년해방이 완전한 행위능력을 의미하는 것은 비교법적으로는 오히려 이례적이다.

20) 적용되지 아니한다는 것으로, 박동섭·양경승, 131; 이경희·윤부찬, 80.

第 827 條 (夫婦間의 家事代理權)

① 夫婦는 日常의 家事에 관하여 서로 代理權이 있다.

② 前項의 代理權에 加한 制限은 善意의 第3者에게 對抗하지 못한다.

참고문헌: 권오승(1983), "민법 제126조의 표현대리와 일상가사대리권", 民判 5; 김주수(1971), "일상가사대리권과 가사로 인한 채무의 연대책임", 경희법학 9−2; 성위석(1999), "일상가사에 관한 법률행위의 범위", 가족법연구 13; 오병철(2007), "일상가사대리권과 일상가사채무 연대책임과의 관계", 가족법연구 21−2; 이화숙(2012), "부부별산제와 일상가사대리권, 그리고 표현대리의 긴장관계", 가족, 사회와 가족법; 이희배(1991), "부부간 일상가사대리권의 범위", 배경숙화갑기념; 이희배(1989a), "재산법상의 대리와 일상가사대리에서의 월권행위와 표현대리의 적용(상)", 판례월보 230; 이희배(1989b), "재산법상의 대리와 일상가사대리에서의 월권행위와 표현대리의 적용(하)", 판례월보 231; 임성권(2000), "일상가사대리권과 표현대리", 인하대 법학연구 2; 최봉경(2005), "일상가사대리권과 그로 인한 부부연대책임의 상호관계에 관한 해석론: 남북문제에 관한 국제사법적 관점을 겸하여", 서울대 법학 46−4; 홍춘의(2000), "일상가사의 범위", 판례월보 355.

Ⅰ. 총설

1. 본조의 의의·연혁 및 기능

(1) 본조는 부부가 일상(日常)의 가사(家事)에 관하여 서로 대리권을 가짐을 정한다. 이러한 부부 각자의 권한을 일반적으로 「일상가사대리권」이라고 한다.

이 제도는 일반적으로 게르만법상 이른바 '열쇠의 권능(Schlüsselgewalt)'에서 유래하였다고 설명되고 있다. 당시에는 원칙적으로 처에게 독립적 법주체성과 행위능력이 인정되지 아니하고 그 재산이 부(夫)에게 흡수되었으므로, 처가 그의 책임이자 권한인 가사(家事)를 돌보기 위하여 필요한 거래를 하려면 법주체성을 가진 부(夫) 내지 가족공동체를 대리·대표할 권능이 필요하였던 것이다.[1] 근대 민법은 일반적으로 이

---

1) 현승종·조규창, 게르만法 (제3판, 2001), 212−213. 이러한 관념은 뒤에서 볼 스위스 민법상 일상가사

러한 가족공동체 관념을 포기하고, 처의 법주체성과 행위능력을 인정하였으나, 전업주부혼(專業主婦婚)하의 처는 부(夫)의 재산과 소득에 기초하여 가사(家事)를 돌보아야 하므로 현실적으로는 여전히 부(夫)의 신용을 이용할 필요가 있었다. 영미 보통법은 물론, 독일, 오스트리아, 스위스, 프랑스, 일본 민법 등이 모두 처에게 일정 범위의 가사에 관하여 부(夫)를 법적으로 구속시킬 권한은 인정하면서도2) 그 역, 즉 부(夫)가 처를 대리할 권한은 고려하지 아니한 것은 이러한 사정에서 비롯한다.3) 아울러 이 제도에는 부수적으로 생활비를 부담하지 아니하는 등 부양의무를 다하지 아니한 부(夫)에 대하여 부양청구권을 관철하는 측면도 있었다.4)

그러나 각국의 부부재산제가 흡수귀일제(吸收歸一制)에서 별산제, 나아가 공동제로 발전하고(제829조 註釋 I. 2. 가. 참조), 여성 취업이 증가하며, 법적인 측면에서도 양성평등이 관철됨에 따라 이러한 규정은 현실에 부합하지 아니할 뿐 아니라 평등의 원칙(憲 §11)에 반한다는 비판을 받게 되었다. 이에 각국은 이 규정을 폐지하는 대신 오히려 「부부의 일상가사채무에 대한 연대책임」 등으로 양성 모두에게 확대함으로써 대응하였다. 본조는 민법 제정 당시부터 이 단계의 일상가사대리권 제도를 받아들여 입법되었다.5)

(2) 부(夫)가 소득활동을 하고 처가 가사(家事)를 전담하는 혼인관념을 전제할 때 일상가사대리권은 대부분의 가정의 전형적 이익과 가장(家長)의 추정적 의사에 부합할 뿐 아니라, 부양청구권의 실현을 위하여 강제할 필요마저 있는 제도였다.6) 그러나 이러한 혼인관념이 법적으로나 현실적으로나 더는 당연히 전제되지 아니하게 되면서 이

대리권에 그 흔적을 남기고 있다. 한편 가부장적 관념이 지배적이었던 로마법에서는 이에 해당하는 제도를 찾아볼 수 없다고 한다.

2) 다만, 프랑스 민법의 경우 1947년 개정 전까지는 판례상 묵시적 위임이론으로 처리하고 있었고, 1947년에 비로소 일상가사대리권에 관한 명문 규정(§220)이 도입되었다. 홍춘의(2000), 14 이하.

3) 김주수·김상용, 146-147. 이 제도의 연혁과 비교법에 관하여는 오병철(2007), 4 이하; 이화숙(2012), 243 이하 참조.

4) 이러한 측면은 특히 영국의 필수대리(wife's agency of necessity)의 법리와 관련하여 강조되고 있다. 오병철(2007), 7; 이화숙(2012), 247. 그리하여 오늘날 미국 다수의 주에서는 주 제정법으로 이러한 권한 내지 책임이 부양청구권자인 미성년의 자녀에게까지 확장되어 있다. Harris, Teitelbaum, and Carbone, Family Law (4th ed., 2010), 86ff., 467.

5) 대표적으로 1947년 개정 일본 민법 §761, 1965년 개정 프랑스 민법 §220[다만 위 두 법은 모두 (상호) 대리권 대신 연대책임으로 전환하였다], 1976년 개정 독일 민법 §1357는 부부 일방이 일상가사에 관하여 한 행위로 인한 권리와 의무가 타방에게도 귀속한다고 규정하고, 1984년 개정 스위스 민법 §166는 각 배우자가 혼인공동체를 대리한다고 규정한다. 오병철(2007), 4 이하; 이화숙(2012), 243 이하. 본조는 그 제정 후의 입법인 1976년 개정 독일 민법, 특히 1984년 개정 스위스 민법과 비슷한 셈이다. 일제시대에는 관습상 처의 일상가사대리권이 존재하는 것으로 인정되었으나, 그와 같은 관습이 실제로 존재하였는지는 의문이라고 한다. 오병철(2007), 8.

6) 오스트리아 일반민법 §96는 지금도 소득활동을 하지 아니하고 가사를 돌보는 부부 일방에 한하여 일상가사대리권을 인정하고 있다.

제도의 근거 내지 그 정당성에 의문이 생겼다. 예컨대 오늘날에는 부부 각자가 소득활
동을 하고 각자 소비하며 다만 가사에 소요되는 공통의 비용을 매월 일정금액 갹출하
여 지출하는 경우가 있는데 이러한 부부에게는 대외적으로 상호 대리할 권한을 인정할
의사도 필요도 인정하기 어렵다. 오히려 이 제도는 별산제와 갈등관계에 있게 되는 것
이다.7) 근래 이 제도의 근거 내지 목적과 관련하여 혼인공동생활의 필요 이외에 제3자
의 일상가사대리권에 대한 신뢰 내지 거래안전이 강조되는 것도 이와 관련되어 있다.8)

민법은 일상가사대리권을 인정하는 본조 외에 일상가사의 연대책임을 인정하는
§832도 두고 있다. 학설 중에는 본조는 혼인공동생활의 편의를 위한 제도이고, 채권
자 보호는 §832의 기능이라고 하는 견해가 있다.9) 그러나 두 제도의 적용대상이 부분
적으로 다르다 하여 두 제도가 서로 다른 기능을 한다고 볼 수는 없다. 본조와 §832
모두 혼인생활의 편의, 부양청구권의 관철, 제3자 내지 채권자 보호를 위하여 기능하
고 있다고 봄이 옳다.10)

2. 일상가사대리권의 법적 성격, 일상가사의 연대책임과의 관계

(1) 민법은 일상가사대리권에 관한 본조 이외에 일상가사에 관한 채무의 연대책
임에 관한 §832를 두고 있다. 이는 일상가사대리권만 인정하다가 1947년 개정으로 폐
지하고 일상가사의 연대책임으로 대치한 일본 민법과 다를 뿐 아니라, 그 이외의 입
법례에서도 유례를 찾아볼 수 없다. 그리하여 두 제도의 상호관계에 관하여 논란이
생기게 되었다.

종래부터 학설로는 일상가사대리권과 일상가사에 관한 채무의 연대책임을 구별
할 이유가 없다거나 같은 제도라는 견해가 유력하였다. 부부 일방의 가사에 관한 행
위의 효과가 일상가사대리권에 터잡아 다른 일방에게 확장된 것이 일상가사채무의
연대책임이고, 이처럼 일상가사대리는 그 효과가 대리법적인 의미에서 본인에게만
귀속되는 것이 아니라 부부 모두에게 귀속된다는 점에서 실은 「대리」가 아니라 「가
족공동체」를 「대표」하는 것이라거나(대표설),11) 자기를 위한 법률행위와 상대방 배우

7) 이화숙(2012), 252 이하.
8) Käppler, Familiäre Bedarfsdeckung im Spannungsfeld von Schlüsselgewalt und Güterstand, AcP 179
(1979), 246, 251ff.
9) 오병철(2007), 18 이하.
10) 대법원 2016. 6. 9. 선고 2014다58139 판결에서는 피고가 그 처의 위임을 받아 그 처의 부동산을 임대
하여 생활비를 조달한 것이 일상가사에 해당한다고 하면서, 그 결과 (계약 당사자가 아닌) 피고도 §832
에 따라 연대책임을 진다고 함으로써 계약 당사자 및 대리와 연대책임을 구별한다.
11) 김주수(1971), 52 이하; 김주수·김상용, 155; 오시영, 140; 이화숙(2012), 256 이하; 임성권(2000),
208. 최봉경(2005), 73 이하; 홍춘의(2000), 10-11도 비슷하다.

자를 위한 대리행위가 복합된 것이라고 한다(복합행위설).[12]

그러나 근래에는 두 제도가 명확히 구별된다는 견해도 유력하다.[13] 판례는 본조는 배우자 명의로 행위한 경우에, §832는 본인 명의로 행위한 경우에 적용하여 그 적용영역을 명확히 구분하고 있고, 다른 입법례와 달리 「대리」로 규정하고 있는 이상 그러한 해석이 타당하며, 그렇게 보는 한 본조와 §832 사이에 원인과 결과관계도 인정될 수 없다고 한다(법정대리설).

(2) 이 문제는 뒤에 볼 현명(顯名)의 요부와도 관련되어 있는데, 재판실무는 뒤의 견해를 따르고 있는 것처럼 보이고, 「대리」로 규정한 이상 이 견해가 좀 더 설득력이 있다고 생각된다. 이 견해가 부부 양쪽에게 좀 더 많은 자율권을 부여하는 것이기도 하다.

Ⅱ. 일상가사대리의 요건과 그 효과

1. 요건

가. 「부부 상호간」

일상가사대리권은 법률혼 부부 각자에게 법률상 당연히 인정된 권한이다. 그러나 사실혼 관계의 부부에 대하여도 일상가사대리권을 인정하는 것이 판례·통설이다.[14] 또한 통설은 이혼에 이르지 아니하여 법률혼 관계가 아직 존속중일 때에도 혼인이 사실상 파탄되어 부부가 별거하고 있다면 일상가사대리권은 소멸한다고 한다.[15]

나. 「일상(日常)의 가사(家事)에 관하여」

(1) 대리권의 범위는 일상(日常)의 가사(家事)에 한하여 미친다. 그 구체적 의미가 문제인데, 판례는 §832에 관하여 "일상의 가사에 관한 법률행위라 함은 부부의 공동생활에서 필요로 하는 통상의 사무에 관한 법률행위를 말하는 것으로, 그 구체적인 범위는 부부공동체의 사회적 지위·직업·재산·수입 능력 등 현실적 생활 상태뿐만

---

12) 이경희·윤부찬, 88; 조승현, 87. 대표로 보는 데는 유보적이나 일상가사대리가 일상가사채무의 연대책임의 전제라고 설명하는 것으로, 신영호·김상훈·정구태, 105-106.

13) 배경숙·최금숙, 91; 송덕수, 64-65; 오병철(2007), 10 이하. 박동섭·양경승, 139도 법정대리라고 한다. 그 밖에 묵시적 수권에 터잡은 대리라는 견해(임의대리설)로, 고상룡, 민법총칙 (제3판, 2003), 582. 윤진수, 81도 두 제도를 구별한다.

14) 대법원 1980. 12. 23. 선고 80다2077 판결; 대법원 1984. 6. 26. 선고 81다524 판결. 김주수·김상용, 147; 박동섭·양경승, 139; 한봉희·백승흠, 126.

15) 김주수·김상용, 156; 박동섭·양경승, 139; 한봉희·백승흠, 126. 그러한 사정을 모르고 거래한 제3자는 표현대리의 법리에 의하여 보호된다고 한다. 좀 더 자세한 설명으로는 이희배(1991), 122 이하.

아니라 그 부부의 생활 장소인 지역 사회의 관습 등에 의하여 정하여지나, 당해 구체적인 법률행위가 일상의 가사에 관한 법률행위인지 여부를 판단함에 있어서는 그 법률행위를 한 부부공동체의 내부 사정이나 그 행위의 개별적인 목적만을 중시할 것이 아니라, 그 법률행위의 객관적인 종류나 성질 등도 충분히 고려하여 판단하여야 한다."고 한다.16)

먼저 가사(家事), 즉 부부의 공동생활에 필요로 하는 사무에 관한 것이어야 한다. 가족부양과 관련된 사무, 가령 양식이나 의복의 구입, 주택임차나 구입, 차임 등의 지급, 연료 및 가재도구 등의 구입, 전기·가스·수도공급계약의 체결 및 그 비용지급 등 가족의 의식주에 관한 것은 당연히 이에 포함된다. 그 외에 가족의 치료 등을 위한 의료계약의 체결 및 비용지급, 자녀양육 및 교육에 소요되는 비용지출 및 계약체결, TV 수신료와 같은 가족의 오락·여가에 관한 비용, 가사사용인(家事使用人)·가정교사의 고용과 그 비용지출, 경조사준비와 그 비용지출 및 세금납부도 포함될 수 있다.17) 반면, 가사(家事)와 무관한 교회헌금, 가게인수, 이미 별도의 생활공동체를 이루고 있는 장남(長男)의 교회 및 주택 임대차보증금의 보조,18) 부부 일방의 순수한 사업상의 채무변제 등을 위한 행위,19) 부부 일방의 사업상 채무에 대한 보증,20) 배우자의 재산의 처분21) 등은 그 자체 이미 가사(家事)에 해당하지 아니한다.22) 대법원 1985. 3. 26. 선고 84다카1621 판결은 자가용 자동차 구입을 위한 차금행위도 일상가사에 속하지 아니한다고 한다. 부부 일방의 전문적 활동을 위한 교육 등 투자에 소요되는 비용, 각종 보험계약체결과 그 보험료의 지출이 가사에 포함되는지에 관하여는 논란의 소지가 있다.23) 전자(前者)는 그 성질상 가사라고 보기 어려우나, 후자(後者)는 그 피보험이익이 가사의 범위에 포함되는 한 아래에서 볼 일상성이 인정되는지는 별론, 일단 가사에는 포함될 수 있다 할 것이다.

---

16) 대법원 1997. 11. 28. 선고 97다31229 판결; 대법원 1999. 3. 9. 선고 98다46877 판결[평석: 성위석(1999), 임성권(2000), 홍춘의(2000)]; 대법원 2000. 4. 25. 선고 2000다8267 판결; 대법원 2009. 2. 12. 선고 2007다77712 판결.

17) 김주수·김상용, 148; 박동섭·양경승, 139-140; 송덕수, 66; 이희배(1991), 118 이하.

18) 대법원 1997. 11. 28. 선고 97다31229 판결.

19) 대법원 1966. 7. 19. 선고 66다863 판결; 대법원 2000. 4. 25. 선고 2000다8267 판결.

20) 대법원 2000. 4. 11. 선고 2000다8786 판결; 대법원 1998. 7. 10. 선고 98다18988 판결.

21) 대법원 2013. 4. 25. 선고 2012다111180 판결; 대법원 2009. 4. 23. 선고 2008다95861 판결; 김주수·김상용, 149. 그러나 예외적으로 곤경에 처한 긴급한 상황에서 상대방 배우자의 동의를 구할 수 없어 배우자의 물건을 처분한 경우에는 그 목적과 당시의 상황을 고려하여 일상가사의 범위에 포함되는 것으로 해석하여야 한다고 한다.

22) 그러나 부부재산에 관하여 부부가 각 1/2 지분을 취득하여야 하는 이상 사업상 채무에 대하여도 1/2씩 책임을 져야 한다는 견해로, 최금숙, 친족(2), 130-131, 133, 135-136.

23) 프랑스에서 이를 둘러싼 논의에 관하여는 홍춘의(2000), 15.

다음 그것이 일상(日常)적인, 즉 통상의 범위 안에 있어야 한다.[24] 이 개념은 별산제 및 부부 각자의 독립성과 제3자 보호 및 혼인공동체성 사이의 균형을 확보하는 기능을 한다. 어떤 것이 통상의 범위인지는 그때그때 사안에 따라 달리 판단하는 수밖에 없다. 부부의 재산 및 소득수준과 혼인공동생활의 구체적인 모습에 따라 부부 일방에게 가사(家事)에 관한 한 상당한 금액의 지출도 단독으로 결정하고 다른 일방을 법적으로 구속할 권한이 주어져 있다고 보아야 하는 경우가 있는가 하면, 그와 같은 권한이 매우 좁은 범위에서만 주어졌다고 보아야 하는 경우도 있는 것이다. 판례가 현실적 생활 상태와 부부간 내부사정을 드는 것은 이러한 취지로 이해된다.[25] 그러나 이러한 개별·구체적인 사정이 언제나 확인되고 확정될 수 있는 것은 아니므로 어느 정도 규범적 판단이 불가피하고, 나아가 당해 부부 사이에서는 일상가사에 해당하지 아니하는 행위라 하더라도 통상적으로 일상가사에 포함된다고 보이는 경우에는 일상가사로 인정함이 상당하다. 그렇게 해석하여야 이 제도의 제3자 보호기능과 부합할 뿐 아니라, 본조 ②「제한」에 의미를 부여할 수 있게 된다. 판례도 부부의 생활 장소인 지역 사회의 관습이나 법률행위의 객관적인 종류, 성질 등을 함께 고려하고 있다.[26]

그 판단에서 특히 중요한 기능을 하는 것은 당해 거래의 규모 내지 거래액이다. 대법원 1997. 11. 28. 선고 97다31229 판결이 부부공동체를 유지하기 위하여 필수적인 주거공간을 마련하는 것은 일상의 가사에 속한다고 볼 여지가 있다고 하면서도, 고가(高價)의 대형 주택이나 아파트를 구입하는 것은 일상의 가사에 속한다고 볼 수 없다고 한 것을 이러한 취지에서 이해할 수 있다.[27]

프랑스 민법 §220 ③은 할부매매에 일상가사의 연대책임을 적용하지 아니하고 있고,[28] 독일과 일본에서도 이러한 거래가 갖는 특별한 위험에 착안하여 일상가사성을 부정하여야 하는 것은 아닌지가 논의되고 있다.[29] 그러나 명문의 규정이 없는 이상 당해 거래가 할부매매의 형태를 띠었다는 점만으로 곧바로 일상가사의 범주에서

---

24) 최금숙, 친족(2), 130 참조. 이와 같은 요건을 두고 있지 아니한 프랑스에서는 필요와 유지(ménage)의 구별을 통하여 같은 결과를 도출한다. 홍춘의(2000), 15.

25) 일상가사의 연대책임에 관한 판례이지만, 대법원 2016. 6. 9. 선고 2014다58139 판결의 사안이 그러한 예에 해당한다. 이 사안에서는 피고 소유 부동산의 임대소득 이외에 일정한 소득이 없는 상태에서 부부 공동생활에 필요한 생활비를 마련하기 위하여 피고의 처의 부동산을 임대하였고, 그 돈을 생활비 계좌로 송금받아 생활비로 사용하였다면 피고의 처의 부동산을 임대한 것도 일상가사에 해당한다고 하면서, 나아가 피고가 그 처로부터 대리권을 수여받아 임대차계약을 대리하였다는 점도 지적하고 있다.

26) 이에 관한 일본의 판례·학설(주관설·객관설)에 관하여는 홍춘의(2000), 12-14.

27) 프랑스 민법 §220 ②은 명백하게 과다한 비용에 대하여는 부부간 연대성을 배제한다. 홍춘의(2000), 16.

28) 홍춘의(2000), 16-17. 같은 문헌은 우리 법에서도 할부매매나 카드 등을 이용한 매매 등은 원칙적으로 일상가사채무에서 배제된다고 한다.

29) 일본에서의 논의에 관하여는 이희배(1991), 127 이하, 독일에서의 논의에 관하여는 Witte-Wegmann, Schlüsselgewalt bei Teilzahlungsgeschäften?, NJW 1979, 749.

제외할 근거는 없을 것이다.[30)]

(2) 재판실무상 가장 문제되는 것은 가사(家事)상 필요한 자금조달 등을 위하여 돈을 빌리(고 부동산에 저당권, 가등기담보권 등을 설정해주)거나 부동산을 처분하는 경우와 같이 당해 행위의 객관적인 종류 내지 성질만으로는 일상가사에 속하는지 여부를 가리기 어렵고, 행위자의 주관적 의도 내지 목적, 실제 사용내역 등을 고려하여야 비로소 가사에 관한 행위가 될 수 있는 경우이다.

이러한 경우에 대하여 학설상으로는 그때그때 목적을 고려하여 일상가사에 포함시킬 수 있다는 견해가 유력하고,[31)] 종래 판례는 일반적으로 부동산 등의 처분, 담보제공 및 금원차용은 일상가사에 해당하지 아니한다고 보았으나,[32)] 근래에는 특히 금원차용과 관련하여 그 목적이 - 위 (1)의 기준에 따른 - 일상가사에 포함될 수 있는지를 고려하는 경향을 보인다. 그러나 차용목적 내지 그 용도와 대외적으로 내세운 명목 및 실제 사용처 중 어떤 요소가 고려되는지는 분명하지 아니하다. 가령 대법원 1997. 11. 28. 선고 97다31229 판결은 차용행위가 자녀들의 학비 등을 포함한 피고 가족 생활비에 충당하기 위한 것이라면 일상가사에 속하는 것이라고 볼 수 있다고 하고 있고(당해 사안에서는 부인), 대법원 1999. 3. 9. 선고 98다46877 판결은 보다 일반적으로 "금전차용행위도 금액, 차용 목적, 실제의 지출용도, 기타의 사정 등을 고려하여 그것이 부부의 공동생활에 필요한 자금조달을 목적으로 하는 것이라면 일상가사에 속한다고 보아야 할 것이"라면서 처가 부(夫) 명의로 분양받은 45평 아파트의 분양대금을 납입한다는 명목으로 돈을 빌려 분양대금, 생활비 등에 썼으며, 당해 아파트가 부(夫)의 유일한 부동산으로 가족들이 거주하고 있음을 전제로 일상가사성을 인정한 반면,[33)] 대법원 2000. 4. 25. 선고 2000다8267 판결과[34)] 대법원 2009. 2. 12. 선고 2007

---

30) 독일의 통설도 §1357는 소비자보호규정이 아니라는 이유로 할부매매 등도 일상가사로 본다. PalandtBGB/Brudermüller (72. Aufl., 2012), §1357 Rn. 11. 스위스의 통설도 같다. BaslerKommZGB/Hasenböhler (2. Aufl., 2002), Art. 166 N. 9.

31) 가령 김주수·김상용(주 21)은 이를 전제하고 있다고 보인다. 명시적인 것으로 송덕수, 66. §832에 관한 것이지만 성위석(1999), 138 이하도 참조.

32) 부동산의 처분 및 담보제공: 대법원 1967. 8. 29. 선고 67다1125 판결; 대법원 1968. 8. 30. 선고 68다1051 판결; 대법원 1968. 11. 26. 선고 68다1727 판결; 대법원 1969. 6. 24. 선고 69다633 판결; 대법원 1970. 3. 10. 선고 69다2218 판결; 대법원 1970. 10 30. 선고 70다1812 판결; 대법원 1981. 6. 23. 선고 80다609 판결; 대법원 1993. 9. 28. 선고 93다16369 판결; 대법원 1995. 12. 22. 선고 94다45098 판결; 대법원 1997. 4. 8. 선고 96다54942 판결; 대법원 1998. 7. 10. 선고 98다18988 판결. 금원차용: 대법원 1984. 6. 26. 선고 81다524 판결; 대법원 1985. 3. 26. 선고 84다카1621 판결. 대법원 2009. 4. 23. 선고 2008다95861 판결은 명시적으로 부동산을 처분하는 행위는 특별한 사정이 없는 한 일상가사에 해당하지 아니한다고 한다.

33) 평석: 최금숙, "일상가사의 법률행위: 아파트 구입자금 차용시", 가족법 판례해설, 95 이하(찬성취지). 그러나 거래 규모가 매우 컸다는 점에서 '일상'의 가사에 해당한다고 할 수 있을지 의문이 없지 아니하다.

34) 평석: 최금숙, "계금채무와 일상가사의 법률행위", 가족법 판례해설, 101 이하(반대취지).

다77712 판결에서는 차금이 실제로 생활비로 사용되었음이 증명되지 아니하였음을 이유로 일상가사성을 부정하였다.

금원차용에 관한 한 목적과 실제 사용처를 고려하여 일상가사에 포함할 수 있다고 봄이 상당하다. 금액 등에 관하여 일상가사성의 판단을 엄격하게 하는 한,[35] 금원차용을 범주상 일상가사에서 배제할 필요가 없다. 이때 고려되어야 할 것은 목적과 실제 사용처 양쪽이다. 둘 다 일상가사에 해당하는 경우에 한하여 일상가사로 인정할 수 있다. 대주(貸主)에게 내세운 명목은 - 그러한 것이 늘 있는 것도 아니므로 - 일반적인 기준이 될 수 없고, 단지 표현대리의 성부와 관련하여 고려될 수 있다고 보면 족할 것이다.[36]

그러나 부동산 처분 및 담보제공은 목적이나 사용처에도 불구하고 원칙적으로 일상가사에서 배제함이 옳다. 특정재산을 그 소유자가 아닌 부부 일방이 처분할 권한까지 인정하는 것은 별산제에 반하기 때문이다.[37]

(3) 본조 ②은 (일상가사)대리권에 관한 제한은 선의의 제3자에게 대항하지 못한다고 규정함으로써, 일단 본인이 이를 제한할 수 있음을 전제한다.

제한은 위 (2)와 같은 방법으로 확정된 일상가사대리권의 범위를 본인의 의사표시에 의하여 다시 한정하는 것이다. 일상가사로 대리할 수 있는 금액의 한도를 정하거나, 살 수 있거나 없는 물건의 종류를 한정하는 것 등이 전형적인 예이다. 일상가사대리권을 전부 배제하는 것은 규정에 반하고 부부생활의 본질에 비추어도 허용될 수 없다는 것이 통설이다.[38] 그러나 비교법적으로는 이를 허용하는 예도 있고(독일 민법 §1357 ②. 권한을 유월한 일이 있거나 이를 행사할 능력이 없는 경우에 한하여 스위스 민법 §174), 법 문언이나 법 정책적으로도 반드시 이를 금지하여야 할 근거를 찾기 어렵다. 일상가사대리가 부부생활의 본질과 관계된다는 주장도 납득하기 어렵다. 전면제한도 가능하다고 볼 것이다.[39]

일상가사대리권을 제한한 경우에도 그 제한은 선의의 제3자에게 대항할 수 없다. 일상가사대리권의 통상의 범위를 넘은 경우 표현대리를 주장하는 사람이 그 요건을 증명하여야 하는 것과 달리, 통상의 범위 안에 있으나 본인이 추가로 제한하였던

---

35) 홍춘의(2000), 17 이하 등.
36) 新注民(21), 451 이하(伊藤昌司). 스위스의 해석도 대체로 그러하다. Hasenböhler(주 30), N. 9.
37) 이화숙(2012), 251－252; 홍춘의(2000), 17. 연대책임을 인정하는 프랑스에서 재산처분이 이에 포함될 수 없음은 물론이고, 대리권 내지 타인에게 귀속시킬 권한을 인정하는 독일에서도 일상가사에 관한 권한이 처분행위를 포함하지는 아니한다고 보고 있다. Brudermüller(주 30), Rn. 5, 19ff.
38) 김주수·김상용, 155; 송덕수, 67; 오시영, 141.
39) 같은 취지로, 윤진수, 75.

경우에는 본인이 대리권 제한과 상대방이 악의라는 점을 주장·증명하여야 한다.

다. 대리행위: 특히 현명(顯名)

부부 일방이 일상가사의 범위 내에서 다른 일방을 대리하여 (법률)행위를 하여야 한다. 대리행위와 관련하여 특히 문제되는 것은 현명(顯名)이다.

종래의 다수설은 일상가사대리의 경우 엄격한 현명은 필요하지 아니하다고 보았다. 단지 처분행위의 경우 그 권리자의 이름으로 처분하는 수밖에 없다고 하고 있을 뿐이다.[40] 이는 일상가사대리와 일상가사채무의 연대책임을 구별할 필요가 없고, 양자가 원인과 결과의 관계에 있다는 해석의 근거이기도 하다.

그러나 이러한 해석이 옳은지 의문이다. 과거 처의 부(夫)를 위한 일상가사대리권만 인정되고, 생활비용을 부(夫)가 부담하고 있을 때에는 처의 일상가사에 관한 행위는 명시적인 현명이 없어도 일반적으로 부(夫)에게 귀속된다고 봄이 당사자의 추정적 의사와 거래관념에 부합하였다. 또 일상가사대리권과 일상가사채무의 연대책임을 구별하지 아니하고 부부가 공동으로 책임을 지는 하나의 제도만을 두고 있는 나라(일본, 프랑스, 독일, 스위스)에서는 어차피 부부가 함께 책임을 질 수밖에 없으므로 현명이 중요시되지 아니할 수 있다. 그러나 우리 법은 일상가사대리권과 일상가사채무의 연대책임을 구별하고, 전자(前者)를 스위스나 독일과 달리 명백히 「대리」로 규정하고 있다. 따라서 본조를 적용하기 위해서는 묵시적으로라도 현명이 필요하다고 봄이 상당하다.[41] 재판실무도 대체로 그와 같은 태도를 취하고 있는 것으로 보인다.

2. 효과

부부 일방이 다른 일방을 위하여 일상가사에 관하여 제3자와 대리행위를 한 경우 그 효과는 본인인 다른 부부 일방에게 귀속된다.

학설 중에는 본인뿐 아니라 대리인도 책임을 진다고 설명하거나, 심지어는 가령 부부 일방이 주택임대차계약을 체결한 경우 주택임차는 일상가사에 포함되므로 차임 지급채무에 대하여 부부 쌍방이 연대책임을 지는 것은 당연하고, 임대차계약의 당사자가 아닌 다른 일방에게 임차권도 귀속한다고 주장하는 예까지 있다.[42] 그러나 본조에 터잡아 부부 일방의 행위의 효과가 본인에게 귀속되는 것과 그로 인한 채무가 일상가사에 해당하여 §832에 터잡아 배우자(즉, 대리인)에게 확장되는 것은 논리적으로

---

40) 김주수·김상용, 155; 신영호·김상훈·정구태, 106; 박동섭·양경승, 138−139; 오시영, 140.
41) 송덕수, 65; 오병철(2007), 21. 이에 관한 일본에서의 논의는 新注民(21), 449−450(伊藤昌司).
42) 김주수·김상용, 156−157; 오시영, 142.

구별되는 문제로서, 뒤의 것까지 본조의 효력으로 파악할 필요가 없다. 또한 금원차용 이외의 문제, 가령 위 학설이 말하는 임차권 등의 취득에 §832가 확장될 수 없음은 물론,[43] 심지어는 금원차용의 경우조차도 본조가 적용되는 경우(즉, 현명이 있었던 경우)에는 대체로 §832에 따른 연대책임을 배제하려는 묵시적 의사표시가 있다고 봄이 상당하므로, 실제로도 대리인이 책임지는 결과는 잘 생기지 아니한다.

Ⅲ. 일상가사대리의 표현대리

1. 이처럼 일상가사대리권이 인정되는 범위는 결코 넓지 아니하고, 대개는 금액이 소액에 그치거나 현실매매 등에 해당하여 법적 분쟁의 대상으로는 잘 되지 아니하는 것들이다. 그리하여 판례상으로는 일상가사대리에는 해당하지 아니하나, 일상가사대리권을 기본대리권으로 하여 표현대리가 인정되는 경우에 해당하는 것은 아닌가 하는 점이 오히려 자주 문제되고 있다.

가. 먼저 §126의 표현대리를 본다.

학설은 갈린다. 통설은 일상가사대리권이 §126의 표현대리의 기본대리권이 된다고 본다.[44] 문제는 어떤 경우 "제삼자가 그 권한이 있다고 믿을 만한 정당한 이유가 있는"지인데(§126), 상대방에게 일상가사의 범위 내라고 믿을 만한 정당한 이유가 있는 때여야 한다는 견해,[45] 월권행위의 신뢰에 정당한 이유가 있어야 한다는 견해,[46] 자기의 고유재산 및 특유재산의 처분에 관하여 배우자에게 위임 및 수권행위를 하는 경우와 부부 공유재산을 처분하는 경우 및 부부 중 일방이 채무를 부담하는 경우를 나누어, 첫째와 셋째는 §126의 기본대리권이 되고, 둘째는 권한 내의 행위로서 부부 간 연대책임이 발생한다는 견해가[47] 있다. 그러나 일상가사대리권은 표현대리의 기본대리권이 될 수 없다는 견해도 유력하다. 일상가사대리권은 일종의 대표권이므로 §126의 표현대리가 성립할 수 없고, 부부가 공동생활을 영위함에 있어 개별·구체적인 일상가사의 범위가 일반·추상적 일상가사의 범위와 일치하는 아니하는 경우에 한

---

43) 오병철(2007), 18-19. 특히 위 학설이 언급한 임차권의 귀속에 관한 일본의 판례·학설에 관하여는 新注民(21), 456-457(伊藤昌司). 판례와 학설이 모두 갈리고 있으나, 별산제의 취지에 비추어 임차권은 명의인에게 귀속한다고 보아야 한다고 한다.

44) 가령 김용한, 137; 송덕수, 68; 양창수·김재형, 민법 I (제3판, 2020), 199, 205. 다만 정당한 사유의 판단을 엄격히 하여 부부의 재산적 독립이 손상되지 않도록 하여야 한다고 한다.

45) 곽윤직, 민법총칙, 400; 권오승(1983), 18; 박동섭·양경승, 140-141; 한삼인·김상헌, 70.

46) 고상용, 민법총칙, 592; 김광년, "권한을 넘은 표현대리에 있어서 소위 기본대리권에 관한 소고(3)", 사법행정 200(1977), 72; 김승진, "권한을 넘는 표현대리", 司論 8(1977), 329.

47) 이은영, 민법총칙 (제5판, 2009), 643.

하여 §126의 표현대리의 취지를 유추, 일상가사의 범위 내라고 믿을 만한 정당한 이유가 있다면 (일상가사의 표현대리가 아니라) 일상가사대리가 성립하는 것이라고 한다.48)

학설대립의 실익은 반드시 분명하지 아니하다. 일상가사대리권을 §126의 기본대리권으로 긍정하는 견해에 따르더라도 일상가사대리권은 그 범위가 일상가사에 한정되어 있어 월권이 있는 경우 상대방은 그것이 월권행위임을 마땅히 알았어야 하고, 따라서 그의 신뢰는 언제나 정당한 이유가 없어 이를 §126의 기본대리권으로 삼더라도 그 의도는 거의 유명무실해지기 쉽기 때문이다.49)

나. 다음으로 §§125, 129의 표현대리를 본다. 일상가사대리권은 혼인관계의 실질이 존속하는 한 - 따로 제한할 수 있음은 별론 - 자동적으로 인정되고, 그 종료와 함께 소멸하며, 수권(授權)행위나 수권(授權)의 표시를 요하지 아니한다. 이 점을 들어 법정대리에 §§125, 129의 표현대리를 일률적으로 부정하는 견해도 많다. 그러나 이에 대하여 가족관계등록 등과 같은 신분공시가 본인이 가공(加功)하여 현출되었고 상대방도 이에 터잡아 대리권이 있다고 믿었다면 §125가 적용될 수 있고,50) 혼인관계가 파탄되어 부부가 별거 중으로 일상가사대리권이 소멸한 때에도 그러한 사정을 모르고 거래한 제3자에 대하여는 일반적·객관적으로 보아 일상가사의 범위에 속하는 것으로 인정될 수 있는 행위에 대하여는 표현대리의 법리를 적용할 수 있다는 견해도 있다.51)

2. 판례는 일상가사대리권이 §126의 기본대리권이 될 수 있음을 부정하지는 아니한다. 그러나 정당한 사유와 관련하여서는 부부 일방이 다른 일방에게 당해 행위에 관하여 대리권을 수여하였으리라고 믿을 만한 정당한 객관적 사정이 있었어야 한다고 하여,52) 매우 엄격하게 판단하고 있다.

즉 판례는, 처가 부(夫)의 인장, 인감증명서, 등기권리증을 임의로 가지고 나와 부동산을 처분한 경우는 물론,53) 그 전에 같은 방법으로 부(夫)의 재산을 무단으로 처

---

48) 김주수·김상용, 154−155; 오시영, 136−137; 이경희·윤부찬, 88; 이희배(1989a), 29; 한복룡, 91. 이화숙(2012), 261−270도 대체로 같은 취지이나, 부부 일방 명의의 재산을 다른 일방이 처분하는 것은−이른바 비상가사대리권이 인정되는 때가 아닌 한−원칙적으로 무권대리가 될 뿐임을 강조하고 있다.

49) 김증한·김학동, 민법총칙 (제9판, 1995), 451. 임성권(2000), 206도 비슷하다.

50) 김상용, 민법총칙 (제3판, 2014).

51) 김주수·김상용, 156.

52) 대법원 1968. 11. 26. 선고 68다1727, 1728 판결; 대법원 1969. 6. 24. 선고 69다633 판결; 대법원 1970. 3. 10. 선고 69다2218 판결; 대법원 1971. 1. 29. 선고 70다2738 판결; 대법원 1981. 8. 25. 선고 80다3204 판결; 대법원 1998. 7. 10. 선고 98다18988 판결; 대법원 2009. 4. 23. 선고 2008다95861 판결. 대법원 1980. 12. 23. 선고 80다2077 판결은 이러한 제한을 가하고 있지 아니한 것처럼 보이기도 하나, 단지 원심의 판단을 승인한 것이어서 단정하기는 어렵다.

53) 대법원 1970. 3. 10. 선고 69다2218 판결; 대법원 1971. 1. 29. 선고 70다2738 판결; 대법원 1981. 8. 25. 선고 80다3204 판결; 대법원 1984. 6. 26. 선고 81다524 판결.

분한 일이 있을 때에도[54] 정당한 사유를 인정하기에 충분하지 아니하다고 한다. 또한, 부부 일방이 다른 일방을 대리하여 보증을 하는 일은 극히 이례적이고, 부부 일방은 다른 일방의 도장을 쉽사리 입수할 수 있고 채권자도 이러한 사정을 쉽게 알 수 있었음에 비추어 보면 정당한 사유가 없다고 하여, 인감 및 인감증명서의 소지사실만으로는 표현대리가 성립하기 어렵다는 입장을 취하고 있다.[55] 그리하여 표현대리는 부부 일방으로부터 당해 행위에 관하여 수권이 있었다고 의심되는 사안에서 대리를 인정하면서 가정적·예비적 근거로 원용되거나,[56] 실제로 별도의 수권(授權)이 있었으나 대리행위가 수권의 범위를 일탈한 경우 당해 수권에 터잡은 표현대리로서 인정되고 있다.[57] 다만, 판례 중에는 처가 부(夫) 명의의 인감도장과 인감증명서를 소지하고 돈을 빌리면서 부(夫) 명의의 부동산에 담보를 설정해준 경우에 처가 부(夫)를 대리할 권한이 있다고 믿음에 정당한 사유가 있다고 한 예,[58] 전처(前妻)와 동거 중 그로부터 부동산의 처분에 관한 대리권을 수여받으면서 교부받은 인감도장과 사용용도가 보증보험연대보증용으로 기재되어 있고 이면의 인감증명서발급신청 위임장에 사용용도가 보증용으로 기재된 인감증명서를 제출, 전처와 공동으로 할부판매보증보험계약상의 채무를 연대보증한 경우 표현대리의 성립가능성을 인정한 예[59] 등이 있는데, 이들은 어느 것이나 인감증명서가 본인에 의하여 발급된 것이었을 뿐 아니라, 그 이외에 개별적인 수권이 있었다고 볼 만한 특별한 사정이 있는 경우였다. 요컨대 판례가 일상가사대리권을 기본대리권으로 인정한다 하더라도 그 의미는, 실제로 별도의 수권행위가 없었을 때에도 제3자가 보기에 별도의 수권행위가 있었고 당해 행위가 그 수권행위의 범위 안에서 행해진 행위라고 믿을 만한 정당한 이유가 있었다면 표현대리를 인정할 수 있다는 뜻에 그칠 뿐이고, 나아가 수권행위가 있었거나 적어도 상대방의 입장에서 수권행위가 있었다고 믿을 만한 사정이 있었다고 보려면 인감증명서 등을 쉽게 입수할 수 있는 부부관계의 특성상 인감증명서 등의 소지를 넘는 보다 구체적인 정황이 뒷받침되어야 한다는 것이다.[60]

---

54) 대법원 1969. 6. 24. 선고 69다633 판결.
55) 대법원 1997. 4. 8. 선고 96다54942 판결. 같은 취지: 대법원 1998. 7. 10. 선고 98다18988 판결. 다만 대법원 1968. 8. 30. 선고 68다1051 판결은 다소 다른 취지이다.
56) 대법원 1968. 8. 30. 선고 68다1051 판결; 대법원 2009. 12. 10. 선고 2009다66068 판결.
57) 대법원 1972. 11. 28. 선고 72다1534 판결.
58) 대법원 1981. 6. 23. 선고 80다609 판결[평석: 권오승(1983); 이희배(1989a, 1989b)]; 대법원 1995. 12. 22. 선고 94다45098 판결.
59) 대법원 1998. 7. 10. 선고 98다16586 판결.
60) 이는 일반적인 재산법상의 대리의 경우 거래에 필요한 일체의 서류, 가령 인감증명서, 인감 및 등기 권리증 등을 갖추고 있다는 점이 표현대리의 정당한 사유의 판단에 매우 중요하게 고려되는 것과 구별된다. 관련 재판례는 주석민총(3) (제4판), 155(이균용).

정당한 사유는 당해 행위시를 기준으로 판단하여야 하고, 그 이후의 사정은 원칙적으로 고려되지 아니한다.[61]

처가 제3자를 부(夫)로 가장하여 대출을 받은 경우 일상가사대리권에 기한 표현대리를 주장할 수 없다.[62]

Ⅳ. 이른바 비상(非常)가사대리권

1. 학설상으로는 부부 일방이 장기 부재하거나 전쟁 등으로 교통·통신이 불가능한 경우 일반적으로 부부 일방이 다른 일방에게 후사(後事)를 부탁하고 특별한 사정이 없는 한 비상(非常)가사의 처리 및 그 부(夫)의 재산관리를 위탁하는 것이 보통이므로 다른 일방의 가사에 관한 권한이 확대되고, 부(夫)가 첩과 동거하는 중 본처가 부(夫)의 도장 등을 이용하여 부(夫) 소유의 토지에 대하여 담보권을 설정한 경우에도 같은 이유에서 유효하다고 보아야 하며, 그 이외에 예외적으로 가족공동체가 곤경에 처한 긴급한 상황에서 상대방 배우자의 동의를 구할 수 없는 경우에는 비상가사처리에 관한 권한이 주어졌다고 보아야 한다는 견해가 주장되고 있다.[63] 스위스 민법 §166 ② ii는 이를 명문으로 규정한다(ausserordentliche Vertretung).

그러나 판례는 일반적으로 이러한 권한을 인정하지는 아니하고 있다. 가령 대법원 1953. 2. 21. 선고 4289민상122 판결은 5년 전에 해상에서 파선으로 행방불명되어 지금까지 생사불명중인 부(夫)의 부재중 처가 부(夫) 소유 부동산에 대하여 행한 관리행위는 유효하다 할지라도 처분권한은 없으므로, 처가 그 부(夫)의 부재중 그 소유의 부동산에 관하여 체결한 매매계약은 무효라고 하고 있고, 대법원 1956. 6. 21. 선고 4289민상168 판결은 부(夫)가 장기간 출타 부재중이어도 일상의 가사가 아닌 사항에 관하여 처가 당연히 부(夫)를 대리할 권한이 있다고 할 수 없다고 한다. 다만, 대법원 1970. 10. 30. 선고 70다1812 판결은 부(夫)가 정신이상으로 10개월이나 입원해있었고, 그동안 처의 면회도 금지되어 있었던 경우, 만일 당시 부(夫)가 사리판단능력이 없어 가사상담에 응할 처지가 못 되었고, 입원 전후에 입원비나 가족 생활비·교육비 등도 준비 내지 강구해둔 바가 없었다면 처가 부(夫) 소유의 가대(家垈)를 매도한 것은 표현대리가 성립한다고 한 바 있다.[64]

---

61) 대법원 1999. 3. 9. 선고 98다46877 판결. 임성권(2000), 200-201.
62) 대법원 2002. 6. 28. 선고 2001다49814 판결.
63) 김주수·김상용, 153-155; 오시영, 139; 이화숙(2012), 267-268; 이희배(1991), 122 이하; 최금숙, 친족(2), 133. 반대하는 것으로, 신영호·김상훈·정구태, 106; 박동섭·양경승, 140.

2. 이러한 권리 내지 권한을 일반적으로 인정하기는 어려울 것이다. 이미 대법원
1953. 2. 21. 선고 4289민상122 판결도 지적하고 있듯이, 부부 일방이 장기간 부재중
으로 교통·통신이 곤란할 경우 민법이 예정하고 있는 해결책은 부재자 재산관리에
관하여 필요한 처분이다(§22 이하).[65] 그 외에 생활비용의 부담(§833)에 관한 재판을 신
청할 수도 있다. 혼인관계가 사실상 파탄에 이른 경우에는, 부(夫)의 수권(授權)이 있다
고 볼 만한 사정이 없는 한 일상가사대리권은 소멸하는 것이 원칙이다. 그 이외에 부
(夫)를 위하여 긴급한 사무처리를 해야 하는 때에는 사무관리의 법리를 통하여 부(夫)
에게 책임을 지울 수 있다(§739). 이러한 법리를 넘어 부부 일방이 다른 일방의 재산을
처분하는 것을 허용하는 것은 실정법적인 근거가 없을 뿐 아니라, 반드시 타당하다고
할 수도 없다. 대법원 1970. 10. 30. 선고 70다1812 판결과 같이 표현대리를 인정하는
것도 적절하지 아니하다. 다른 일방의 처분이 무효가 된다 하더라도, 채권자는 부당
이득반환청구권이나 손해배상청구권을 가질 뿐 아니라, 이에 터잡아 그 일방의 다른
일방에 대한 부양 청구권 내지 비용상환청구권, 구상권 등을 압류하여 만족을 얻을
수 있다.[66]

---

64) 그 이외에 이화숙(2012), 268; 이희배(1991), 122 이하는 부(夫)가 부첩관계로 처와 별거중일 때 본처
   가 부(夫) 재산을 처분할 수 있다면서 그에 해당하는 예로 대법원 1968. 8. 30. 선고 68다1051 판결을 인
   용하고 있다.

65) 그 신청권자인「이해관계인」에는 배우자 및 부양청구권을 갖는 친족이 포함된다. 주석민총(1) (제4
   판), 390(민유숙).

66) 나아가 대법원 1970. 10. 30. 선고 70다1812 판결과 같은 사안에서는 무권대리 주장이 신의칙에 어긋
   난다고 볼 수 있다는 것으로, 윤진수, 75.

第 828 條

삭제 〈2012. 2. 10.〉

第 2 款　財産上 效力

第 829 條 (夫婦財産의 約定과 그 變更)

① 夫婦가 婚姻成立前에 그 財産에 관하여 따로 約定을 하지 아니한 때에는 그 財産關係는 本款中 다음 各條에 정하는 바에 의한다.

② 夫婦가 婚姻成立前에 그 財産에 관하여 約定한 때에는 婚姻중 이를 變更하지 못한다. 그러나 正當한 事由가 있는 때에는 法院의 許可를 얻어 變更할 수 있다.

③ 前項의 約定에 의하여 夫婦의 一方이 다른 一方의 財産을 管理하는 경우에 不適當한 管理로 인하여 그 財産을 危殆하게 한 때에는 다른 一方은 自己가 管理할 것을 法院에 請求할 수 있고 그 財産이 夫婦의 共有인 때에는 그 分割을 請求할 수 있다.

④ 夫婦가 그 財産에 관하여 따로 約定을 한 때에는 婚姻成立까지에 그 登記를 하지 아니하면 이로써 夫婦의 承繼人 또는 第三者에게 對抗하지 못한다.

⑤ 第2項, 第3項의 規定이나 約定에 의하여 管理者를 變更하거나 共有財産을 分割하였을 때에는 그 登記를 하지 아니하면 이로써 夫婦의 承繼人 또는 第3者에게 對抗하지 못한다.

▌참고문헌: 강승묵(2010), "독일법상 부부재산계약의 내용규제에 관한 소고", 가족법연구 24-3; 김병두(2004), "별산제의 한계와 그 극복으로서 부부재산계약", 성균관법학 16-3; 김병두(2002), "부부재산계약론", 가족법연구 16-1; 김용욱(1993), "부부재산제에 대한 검토", 가족법연구 7; 김은아(2021), "부부재산제의 과거, 현재, 그리고 미래-일본민법과의 비교를 중심으로-", 가족법연구 35-3; 박현정(2016), "부부재산계약상의 계약자유원칙", 재산법연구 32-4; 신영호(2007), "한국부부재산제의 현상과 과제", 연세대 법학연구 17-3; 신한미(2007), "혼인과 그 해소에 관련된 조세문제", 가사재판연구[I]; 윤진수(2007), "민법개정안 중 부부재산제에 관한 연구", 민법논고[IV]; 이강원(2003), "부부재산계약", 재판자료 101; 이동진(2023), "기업경영자의 이혼과 재산분할-특유재산의 분할대상성에 대한 검토를 겸하여-", 가족법연구 37-2; 이승우(1989), "부부재산계약", 가족법연구 3; 이혜리(2019), "미국의 부부

재산계약 제도에 나타난 자율과 후견의 조화-혼인중 계약을 중심으로-", 가족법연구 33-3; 이화숙
(2000), 부부재산관계; 이화숙(2012), "부부재산제의 이상에 비추어 본 입법론과 개정안", 가족, 사회와
가족법; 전경근(2006), "부부재산제 개정안에 관한 연구", 가족법연구 20-3; 전경근(2005), "현행 민법
상 부부재산제의 문제점과 개선방안", 가족법연구 19-1; 전혜정(2006a), "등기례에 나타난 부부재산계
약의 내용", 가족법연구 20-1; 전혜정(2006b), "부부간의 계약과 소득의 귀속", 중앙법학 8-3; 정상현
(2008), "부부재산계약과 약정등기의 활용방안", 성균관법학 20-3; 차선자(2011), "혼인계약에서 정의
의 원칙", 가족법연구 25-2; 하승완(2009), "부부재산약정등기에 관한 고찰", 민사법학 46; 홍윤선
(2019), "독일에서의 부부재산계약의 내용통제", 가족법연구 33-2.

Ⅰ. 부부재산제 총설

1. 의의와 우리 부부재산제의 특징

가. 의의

부부재산제는 부부의 재산관계에 관한 규율의 총체를 말한다.[1] 본조 ①은 "夫婦
가 婚姻成立前에 그 財産에 관하여 따로 約定을 하지 아니한 때에는 그 財産關係는
本款중 다음 各條에 정하는 바에 의한다"고 하여, 부부 재산 내지 부부 재산관계라는
표현을 쓰고 있고, 특히 國私 §38는 「부부재산제」에 관하여 「혼인의 일반적 효력」의
준거법에 관한 §37를 준용하되(① 당사자의 합의에 의하여 준거법을 선택할 수 있도
록 함으로써(② 부부재산제에 관하여 별도의 준거법을 지정하고 있다.[2] 나아가 본조
②~⑤은 부부가 재산에 관하여 한 약정을 통상의 약정과 달리 취급하여 일정한 특칙
을 마련하여두고 있다. 그러므로 우리 법에서 무엇이 부부재산제인가 하는 점은 단순
한 강학상의 편의의 문제가 아니라 본조와 國私 §38의 적용범위의 문제이기도 하다.

그런데 본조 ①은 약정이 없으면 '본관의 규정'에 의한다고 하여 부부재산제의
규율대상을 간접적으로 지시하고 있다. '본관의 규정'에 비추면 부부 사이의 재산의
귀속(§830) 및 그 관리·사용·수익(§831), 그리고 명문규정은 없으나 그 처분에 관한
사항이 부부재산제에 포함됨에는 의문의 여지가 없다. 규정상으로는 일상가사채무에
대한 연대책임(§832)과 생활비용의 부담(§833)도 일응 여기에 포함된다고 해석된다.

그러나 부부재산에 관한 규율은 이에 그치지 아니한다. 먼저 일상가사채무와 밀

---

1) 이화숙, 부부재산관계, 1(부부의 재산에 관한 권리의무) 참조.
2) 각국 국제사법의 입법주의에 대하여는 이호정, 349-351. 대륙법계의 입법주의에 관하여는 최봉경,
   "일상가사대리권과 그로 인한 부부연대책임의 상호관계에 관한 해석론: 남북문제에 관한 국제사법적
   관점을 겸하여", 서울대 법학 46-4(2005), 62 이하 참조. 이른바 개별준거법(Einzelstatut)주의를 취하는
   영미법에서는 「부부재산제」라는 개념 자체가 낯설다.

접한 관련이 있는 일상가사대리권이 문제가 된다(§827).3) 비교법적으로는 혼인존속중
뿐 아니라 혼인이 해소되는 국면, 특히 이혼과 부부 일방의 사망시에도 부부재산제의
효력이 미치도록 하는 예가 많다. 이러한 관점에서 이혼시 재산분할청구권(§§839−2,
839−3)과 부부 일방의 사망시 배우자 상속(§1003)도 부부재산제에 포섭될 가능성이 있
다. 부부공유 유체동산의 압류(民執 §190)도 재산의 귀속·처분과 관련이 있으므로, 부
부재산제와 무관하다고 할 수는 없다(넓은 의미의 부부재산제).4)

그러나 종래 부부재산제를 별산제와 공동제 등으로 분류해온 준거는 무엇보다도
재산의 귀속, 처분, 관리와 그 청산에 관한 규율이다(§§830, 831, 839−2). 그 밖의 요소,
가령 생활비용의 부담의 경우 재산관계보다는 부부의 인(격)적 관계와 더 밀접한 관
련을 맺고 있다고 볼 수도 있다. 일상가사대리와 일상가사의 연대책임도 마찬가지이
다. 강학상 '부부재산제'라고 할 때에는 주로 재산의 귀속·처분·관리와 그 청산에
초점이 맞추어져 있음에 주의하여야 한다(좁은 의미의 부부재산제).

나. 우리 부부재산제의 특징

본조 ①이 분명히 하고 있듯, 본조는 부부 사이의 약정에 의하여 성립하는 이른
바 약정부부재산제를 규정하고, §830 이하는 그러한 약정이 없는 경우에 적용되는 이
른바 법정부부재산제를 규정한다. 즉, 우리 부부재산제는 약정부부재산제와 법정부부
재산제를 모두 인정하고 있다.

그런데 본조 ②~⑤은, ③과 그에 관한 ⑤ 중 일부 규율을 제외하면, 약정부부재
산제의 재산의 귀속·처분·관리와 그 청산에 관하여 실질적 내용을 제시하는 것이
아니라 단지 그 형식적 틀을 정하고 있을 뿐이다. 즉, 민법의 약정부부재산제는 다른
나라들과 달리 몇 가지 - 변형 가능한 - 구체적인 유형을 설정하여 선택지를 주지 아
니한 채 전적으로 부부의 계약내용형성에 맡기는 이른바 자유선택주의를 취하고 있
다.5) 다른 한편, §§830, 831는 일반적으로 법정부부재산제로 별산제를 채택한 것으로
이해되는데(제830조·제831조 註釋 I. 참조), 1990년 개정으로 §839−2가 신설되어 이혼시
재산분할청구가 가능해졌으므로, 엄밀히 말하면 엄밀히는 일종의 절충형이라고 할
수 있다.6)

비교법적으로는 이처럼 약정부부재산제와 법정부부재산제를 모두 인정하는 예

3) 이에 관하여 상세한 것은 최봉경(주 2). 포함된다는 취지이다.
4) 이화숙, 부부재산관계는 이처럼 넓게 파악된 부부재산법 개념을 채택하고 있다.
5) 전경근(2005), 181−182. 비선택적 계약제라는 설명으로, 이승우(1989), 85(같은 문헌은 전형적 약정부
부재산제 몇 가지를 규정하되 그에 국한되지 아니하고 당사자가 자신이 원하는 부부재산제를 자유로이
설계할 수도 있게 하는 경우를 자유선택주의라고 한다).
6) 전경근(2005), 187−188.

가 많다.[7] 다만, 자유선택주의형 약정부부재산제와 별산제에 이혼시 채권적 청산을 결합한 법정부부재산제의 조합은 주로 일본 민법의 영향이다.

2. 부부재산제의 역사적 발전과 그 이념

가. 부부재산제의 역사적 발전경향

古時 로마법상으로는 가장(家長)에게 가족과 그 재산에 대한 일방적·법적 지배권이 인정되었고, 처는 혼인하면 부(父)의 권한에서 벗어나 부(夫)의 지배하에 들어가는 것으로 관념되었다. 그러므로 처에게 독자적인 재산이 인정되지 아니하였다. 그러나 고전기 자유혼에서는 처에게 종래의 소유권, 처분권이 유지되는 별산제가 채택되었고, 다만 이와 별개로 처가(妻家)에서 혼인 전 계약으로 혼인시 부(夫)에게 일시금[이른바 가자(家資; dos)]을 증여하는 관습이 있어 그 돈은 부(夫)에게 귀속하였다. 그런데 이 돈은 혼인이 무효이거나 해소되면 반환받을 수 있었고, 이러한 잠재적 반환권을 보전하기 위하여 점차 부(夫)는 혼인중 가자(家資)를 사용·수익할 수는 있으나 처분은 할 수는 없다는 법리가 발전하였다. 유스티니아누스 황제 때부터는 부부 일방이 사망하면 배우자 상속도 인정되었다.[8]

중세 유럽에서는 로마법의 영향을 받아 별산제를 취하는 지역[이들은 대개 가자(家資)제도를 유지하였다]과 게르만법의 영향을 받아 부부가 재산을 공동으로 소유하는 이른바 공동제를 취하는 지역이 병존하였다. 어느 쪽이든 그 재산의 관리책임과 용익권은 기본적으로 부(夫)에게 귀속하였고, 단지 부동산 등에 한하여 처분권이 제한되었을 뿐이다. 독일 민법이 제정 당시 부(夫)의 관리책임과 용익권을 전제한 별산제, 즉 이른바 관리공동제를 법정부부재산제로 하고, 그 밖에 순수한 별산제와 공동제, 소득공동제, 동산공동제 등을 약정부부재산제로 도입한 것이나(한정적 선택주의), 프랑스 민법이 제정 당시 동산·소득공동제를 법정부부재산제로 하고, 일반적으로 부부재산약정을 허용한 것(자유선택주의)은[9] 모두 이러한 법 분열 상황하에서 불가피한 선택이었다. 영국 보통법은 별도의 부부재산법을 두지 아니하였으므로 결과적으로 별산제를 취한 셈이었으나, 처의 능력이 인정되지 아니한 결과 이는 일종의 관리공동제가 되었다. 특히 동산의 경우 부(夫)에게 아예 흡수·귀속되었다. 이로 인한 보호의 흠결은 부부재산약정(따로 제도가 있었던 것은 아니고 신탁을 이용하였다)을 통하여 부(夫)의 처분을 막

---

7) 오래전의 문헌이지만, 이승우(1989), 76.

8) 이화숙, 부부재산관계, 17-31; 최병조, 로마법강의 (중판, 2007), 305-306.

9) §1497. 제1항은 제1387조 내지 제1390조에 반하지 아니하는 일체의 변형을 허용하면서 제2항에서 가능한 변형 몇 가지를 예시하고 있고 선택부부재산제 유형을 따로 정하지 아니한다.

고, 혼인해소시 청산관계를 규율함으로써 메워졌다.[10]

각국의 부부재산법은 지난 세기, 특히 제2차 세계대전 이후 커다란 변화를 겪었다. 먼저, 각국에서 처의 행위능력이 인정되면서 부(夫)가 처의 재산이나 공동재산을 단독으로 관리·처분할 수 없게 되었다. 그 결과 관리공동제는 순수한 별산제가 되었고(영국), 공동제의 경우 단독처분제한이 비로소 의미를 획득하게 되었다. 이때 부부가 일일이 협의하여야만 부부재산을 처분할 수 있다고 하면 지나치게 번잡하였으므로, 부부가 각자 독립적으로 관리·처분할 수 있는 재산의 범위가 확장되고 공동재산의 범위가 축소되었다(프랑스). 또한, 이혼이 증가하여 이혼시 처에게 부부재산의 일부를 분배해줄 필요가 커졌다. 그리하여 별산제하에서도 혼인해소시, 특히 부(夫)의 재산형성에 재산적 기여를 하지는 아니한 전업주부에게 부(夫)의 재산 일부를 분배해주는 법률(독일) 및 판례(영국 형평법)가 발전되었다. 이는 처의 재산적 기여 외에 비재산적 기여, 특히 가사노동(家事勞動)의 가치를 인정함을 뜻하는 것이기도 하였다. 특히 노르웨이를 제외한 스칸디나비아 국가들은 물권법적으로는 별산제에 기초하면서 이혼시 채권법적 청산청구권을 인정하는 이른바 유예공동제(deferred community)를 발전시켰는데, 이는 독일의 법정부부재산제인 부가이익공동제, 스위스의 소득참가제 등 여러 나라의 선택부부재산제에 영향을 주었다. 특히 이 제도하에서는 이혼 후 잠재적 청산청구권을 보전하기 위하여 일정 범위에서 실질적 부부공동재산의 단독처분을 금지하는 경우가 나타났다. 그 결과 별산제(내지 혼합재산제)와 공동제 사이의 차이가 상당히 줄어들게 되었다.[11]

나. 부부재산제의 이념

오늘날 부부재산제는 부부 각자의 자유와 독립성을 존중하고 양성평등을 실현하면서도 혼인공동체의 특성을 적절히 반영하는 것을 그 이념으로 한다.[12] 나아가 부부 각자가 제3자와 거래할 수 있게 된 이상 거래의 안전도 고려해야 할 것이다. 실제로 약정부부재산제, 일상가사대리, 일상가사채무의 연대책임 등과 관련하여 거래의 안전이 중요한 고려요소로 꼽히고 있다.

이들 이념은 서로 긴장관계에 있다. 과거 가부장적 가족관념하에서 처를 무능력자로 하고 부(夫)에게 처 재산의 관리·처분권까지 부여하던 때에는 혼인공동체성은

---

10) 이화숙, 부부재산관계, 31-54; 현승종·조규창, 게르만法 (제3판, 2001), 216 이하.
11) 김용욱(1993), 48 이하; 이화숙, 부부재산관계, 54 이하. 또한 M.A. Glendon 원저, 한복룡 역, 전환기의 가족법(1996), 169 이하도 참조.
12) 미국도 많은 주에서 별산제에 재산분할을 결합하고 있고, 일부 공동제를 채택하는 주의 경우 프랑스와 비슷한 발전을 보이고 있다. 이화숙, 부부재산관계, 4, 13 이하.

별 문제 없이 실현될 수 있었으나, 처의 자유와 독립성, 양성평등이 전적으로 희생되어야 했다. 처의 자유와 독립성을 실현하는 가장 간단한 방법인 별산제는 혼인공동체성을 희생시킨다. 이 점을 보완하기 위해 일상가사대리, 일상가사채무의 연대책임 등을 인정하고 있으나, 이들은 별산제와 긴장관계에 있다. 또한 실질적 양성평등을 위하여, 특히 전업주부의 비경제적 기여를 재산분할청구권 등으로 고려할 필요가 있는데, 이 또한 별산제와 긴장관계에 있다. 별산제를 취하면서 혼인공동체성과 양성평등을 고려하는 경우 제3자와의 거래의 안전을 해할 가능성이 높고, 이를 배려하는 경우 부부 각자의 자유와 독립성이 제한되기 쉬운 것이다. 반면 공동제는 혼인공동체성을 반영하고 양성평등을 실현하는 데 별 문제가 없고, 일관되게 적용되는 한 제3자와의 거래의 안전에도 문제가 없지만, 부부 각자의 자유와 독립성을 상당히 제한할 수밖에 없다.

　　오늘날 혼인생활의 형태가 다양해졌다. 외벌이 – 전업주부혼이 있는가 하면, 맞벌이 부부도 흔하다. 맞벌이 부부도 양쪽의 소득을 합쳐 함께 관리·사용하는 경우가 있는가 하면, 일정한 생활경비를 출연하고 나머지 소득은 각자가 관리·사용하며 심지어 상대방의 총 소득수준을 알지 못하는 경우도 제법 있다. 혼인생활의 다양성은 부부재산관계의 다양성을 뜻하는 것이기도 하다. 약정 내지 선택부부재산제가 필요한 까닭이다. 그런데 이는 부부 각자와 거래하는 제3자에게 상당한 불확실성 내지 위험을 뜻하는 것이기도 하다. 앞서 언급한 바와 같이 각각의 부부재산제는 제3자에게 서로 다른 영향을 미치기 때문이다. 혼인중 부부재산제를 변경하는 경우도 마찬가지이다. 이러한 경우에는 제3자의 이익을 더욱 특별히 배려할 필요가 있게 된다. 나아가 약정부부재산제에서는 계약의 성립 여부와 내용이 불분명하기 쉽고, 애정 등의 영향을 받아 불리한 계약을 체결할 가능성이 높다는 등 부부간 계약 고유의 문제도 모두 발생할 수 있다. 이들에 대한 배려도 필요하다.

　　끝으로, 점차 국제혼인이 증가하고 있다는 점도 문제가 된다. 각국의 부부재산제가 도달한 전체적인 균형점이 서로 근접해가고 있음은 사실이나, 구체적·세부적인 점에서는 여전히 상당한 편차가 있다. 특히 공동제는 이를 채택한 나라들 사이에서도 서로 다른 형태로 나타난다. 이로 인한 문제를 국제사법적인 접근만으로 해결하는 데는 한계가 있다. 실질법적인 관점에서 다른 나라의 부부재산제와 쉽게 조화될 수 있는 제도설계가 논의되고 있는 까닭이다.[13]

---

13) EU에서 부부재산제의 통일화 논의에 대하여는 조은희, "유럽 부부재산제의 통일화에 대한 전망", 중앙대 법학논문집 31-2(2007), 7 이하. 독일과 프랑스는 2010. 2. 4. 선택부부재산제에 관한 협약을 체결하였다. 이 협약은 두 나라 법에 선택부부재산제로 독일의 부가이익공동제 및 프랑스의 소득참여제와

이러한 부부재산제의 이념은 법정부부재산제와 선택부부재산제의 입법과 해석·
운용은 물론, 우리 법처럼 약정부부재산제에서 계약자유가 널리 인정되고 있는 경우
부부재산약정을 설계함에 있어서도 고려되어야 한다.

Ⅱ. 약정부부재산제: 부부재산약정

전통법은 법정부부재산제만을 인정하였고, 이러한 상태는 일제 강점기까지 계속
되었다. 약정부부재산제는 현행 민법의 제정으로 비로소 도입된 것이다.[14)

1. 부부재산약정의 요건

가. 부부재산약정의 대상과 그 의의

본조 ①은 부부재산법의 총칙에 해당하는 규정이자, 약정부부재산제 내지 부부
재산약정의 총칙에 해당하는 규정이기도 하다.[15) 본조는 단지 "그 재산에 관하여",
"그 재산관계는"이라고 하고 있을 뿐이나, 무엇이 부부의 재산관계에 속하는지는 반
드시 분명하다고 할 수 없다. 특히 본조는 부부재산약정에 관하여 일정한 제한을 가
함과 동시에 특별히 보호하고 있으므로, 그 범위를 확정할 필요가 있다. 이는 부부재
산약정의 대상과 의의의 문제이기도 하다.

(1) 부부 사이에 혼인중 취득하는 재산의 귀속 및 관리관계, 즉 각자 그 명의대
로 단독으로 소유할 것인지 아니면 일정한 지분비율로 공유 또는 합유할 것인지, 부
부가 각자 관리할 것인지 공동으로 관리할 것인지 아니면 부부 중 한쪽이 다른 한쪽
의 재산까지 관리할 것인지를 규율하는 합의가 부부재산약정에 해당한다는 점에는
이론(異論)이 없다. 부부재산약정이 없을 때 보충적으로 적용되는 §§830, 831의 규율
대상이기도 하다. 나아가 혼인 전부터 각자 갖고 있었거나 혼인중 증여·상속 등으로
일방이 취득하는 「고유재산」[구체적 의미는 제839조의2 註釋 Ⅱ. 3. 가. (1) 참조]의 귀속을
정하는 합의도 부부재산약정에 해당한다고 봄이 옳다. 비교법적으로도 공동제와 혼
합재산제 중 이를 포함하는 예가 있다.[16) 공동재산의 처분제한도 부부재산약정의 대
상에 들어간다.[17)

유사한 공통의 혼합재산제를 추가하여 두 나라 국민 사이의 국제결혼의 당사자가 이를 선택할 수 있게
해주는 것인데, 독일 연방의회는 이를 승인하였으나, 프랑스에서 승인하지 아니하여 발효되지 못하고
있다. 발효 후에는 다른 EU 국가들도 이 협약의 당사국으로 참여할 수 있다.
14) 신영호(2007), 292-293. 프랑스 민법을 본받은 것이라는 설명으로 고정명·조은희, 86.
15) 이러한 규정 체계를 취한 경위에 관하여는 新注民(21), 403 이하(依田精一).
16) 이강원(2003), 38(이러한 약정은 사실상 증여계약에 가깝다고 한다); 이승우(1989), 86.
17) 박현정(2016), 185-186; 이강원(2003), 41-42.

다른 한편 부부 사이에 혼인중 각자 명의로 또는 공동으로 부담하게 된 채무에 관한 규율도 부부재산약정에 속한다. 나아가 부부 한쪽이 혼인 전부터 단독으로 부담하고 있었거나 혼인중 혼인공동생활과 무관하게 단독으로 부담하게 된 이른바「고유채무」[제839조의2 註釋 Ⅱ. 3. 가. (6) 참조]를 공동으로 부담하기로 하는 약정도 부부재산약정의 대상이 된다.18)

통설은 일상가사대리권(§827)과 일상가사채무의 연대책임(§832)은「혼인의 본질」에서 도출되는 것으로 부부공동생활의 원만한 유지·운영을 위하여 필요한 대외적인 책임을 규율하므로 그 범위를 조정하는 것은 별론, 부부재산약정으로도 이를 완전히 배제할 수는 없다고 한다.19) 그러나 §827 ②과 §832는 위 각 법리의 적용을 언제든 개별적으로 제한할 수 있음을 전제하고 있으므로, 위 두 법리는 처음부터 본조의 의미의 부부재산제에 해당하지 아니한다고 봄이 옳다. 부부재산약정에 이에 관한 규율이 포함되어 있는 경우에도 그 약정은 §§827 ②, 832 단서의 규율을 받을 뿐이다. 또한 통설은 생활비용의 부담(§833)도 부부재산약정의 대상이 된다고 하나,20) §832에서 이미 당사자의 약정으로 언제든 생활비용의 부담을 규율할 수 있음을 정하고 있으므로 본조의 의미의 부부재산제에는 포함되지 아니한다고 봄이 옳다.

가장 중요한 문제는 부부재산약정으로 부부재산의 청산관계를 규율할 수 있는가 하는 점이다. 이혼의 경우에 대하여는 견해가 갈린다. 본관은 혼인중 부부재산관계만을 규율하고 있고, 그 청산관계를 규율하는 규정은 본관 밖에 있으며, 부부재산약정은 원칙적으로 혼인해소로 종료한다고 해석되고 있다. 또 재산분할청구권에 관한 §839-2는 강행규정으로서 사전에 포기할 수 없다. 그리하여 한 견해는 부부재산약정으로 이혼시 재산분할 등을 규율할 수 없고 규율하더라도 무효라고 한다.21) 재산분할에 참고가 될 뿐이라는 의미에서 그 효력이 제한된다는 견해도 비슷한 취지이다.22) 그러나 어차피 혼인중 재산관계를 규율함으로써 간접적으로 그 청산관계에 영향을 미칠 수 있고, 비교법적으로도 부부재산약정의 가장 중요한 기능 가운데 하나가 이혼시 청산관계의 규율이며, 재산분할청구권을 미리 포기할 수 없다고 새기는 까닭은 경솔한 포기를 방지하기 위함인데, 부부재산약정의 경우 - 그 실효성은 별론 - 경솔하

---

18) 박현정(2016), 186; 이강원(2003), 40-41(이러한 약정은 사실상 채무인수계약에 가깝다고 한다); 이승우(1989), 86.
19) 김병두(2002), 145; 김주수·김상용, 155-156; 박동섭·양경승, 145; 박현정(2016), 186; 이강원(2003), 41.
20) 김병두(2002), 146; 이강원(2003), 42; 이승우(1989), 87.
21) 김주수·김상용, 139; 박동섭·양경승, 135 주 1. 혼인종료 후의 재산관계를 정할 수 없다는 것으로, 송덕수, 71.
22) 이강원(2003), 43-44.

게 체결하는 것을 방지하기 위한 제도적 장치도 별도로 마련해두고 있으므로, 청산관
계도 포함된다고 봄이 옳을 것이다. 오늘날은 이러한 견해가 유력하다.[23] §839−2는
본관의 규정은 아니지만 본조의 의미의 부부재산제에는 해당하는 것이다. 다만 재산
분할을 완전히 배제하는 합의는 부부재산약정으로도 할 수 없다는 것이 통설이다. 제
839조의2 註釋 IV. 1. 참조. 반면 우리 법이 상속계약(Erbvertrag)을 인정하지 아니하는
한 배우자 상속분 등의 지정은 부부재산약정의 대상이 될 수 없다고 보는 데 이론(異
論)이 없다.[24] 비교법적으로도 상속계약을 인정하는 독일 민법상으로는 부부재산약정
으로 이를 정할 수 있으나(§§2274ff.), 상속계약을 인정하지 아니하는 프랑스 민법에서
는 부부재산약정으로 이를 정할 수 없다(§1389). 그러나 부부재산약정에 사인처분(死因
處分)을 포함시키는 것이 배제되는 것은 아니다(§1390).[25]

　　그 이외에 가령 부부간 동거·부양·협조의무, 이혼시 친권·양육권 및 면접교섭
권 등의 결정, 이혼의 요건에 관한 제한 등은 모두 부부재산약정의 대상이 되지 아니
한다.[26] 실제 등기된 부부재산약정례를 보면 이러한 사항을 규율하는 조항이 포함되
어 있는 경우가 적지 않은데,[27] 일반 사법상 계약으로서의 효력은 별론, 부부재산약
정으로서의 효력은 없다.[28]

　　법정부부재산제에서 아예 규율하고 있지 아니한 사항도 부부재산관계에 속하는
이상 부부재산약정의 대상이 될 수 있다.[29]

　　(2) 부부재산약정은 혼인을 원인으로 발생하는 재산상 권리·의무(의 변동)에 관
한 계약이다. 부부 사이에 개별적으로 행해지는 소비대차, 보증 등은 부부재산약정이
아니다. 혼인을 전제로 발생하는 부부의 재산법상의 권리·의무에 관한 계약도 당사
자의 특별한 합의에 의하여 비로소 혼인이 당해 권리·의무의 발생조건이 되는 경우,
가령 약혼이나 혼인중 한 개개의 증여는 부부재산약정이 아니다.[30] 비교법적으로는

---

23) 김병두(2002), 145−146; 박현정(2016), 187(혼인중 재산분할), 192−193(이혼 시 재산분할); 이승우
　　(1989), 87; 전혜정(2006a), 255−256; 지원림, 민법강의 (제19판, 2022), 1957.

24) 이강원(2003), 45; 이승우(1989), 88; 전혜정(2006a), 255 등.

25) 그 이외에 유언방식을 갖추어 유증을 할 수 있으나, 일방적으로 철회할 수 있다. 다만, 신탁법상 유언
　　대용신탁은 신탁행위로 달리 정하는 경우 수익자를 변경할 권한을 제한할 수 있다(信託 §59).

26) 학설 중에는 혼인의 본질적 요소나 남녀평등, 사회질서에 반하는 부부재산약정은 무효라면서 부부 사
　　이의 부양의무를 면제하거나 혼인비용 일체를 부부 일방이 부담하거나 처가 부와 별개의 직업을 갖는
　　권리를 제한하는 것을 그 예로 드는 것도 있다. 박동섭·양경승, 134; 이승우(1989), 88. 그러나 이들은
　　이미 부부재산약정의 대상 내지 범위에 포함되지 아니한다.

27) 구체적인 예는 전혜정(2006a), 256 이하.

28) 김주수·김상용, 139은 법적인 효력이 없다고 하나, 부부재산약정으로서의 효력이 없을 뿐이고, 그 자
　　체 법적인 효력이 없는지는 별도로 따져야 한다.

29) 이승우(1989), 86; 전혜정(2006a), 253.

30) 이강원(2003), 38; 新注民(21), 406(依田精一).

부부간 증여를 부부재산약정에 의하여 하도록 한 예도 있으나(오스트리아 일반민법 §1217, 스웨덴 혼인법 제8장 제2호), 우리 법에는 그러한 규정이 없다.31) 이러한 계약에 관하여는 혼인의 효력 前註 II. 1. 나. (3) 참조.

나. 당사자, 성립시기, 방식 및 기타 요건

(1) 본조 ①, ②, ④은 부부재산약정의 당사자를 '夫婦'로 규정하고 있다. 그러나 우리 법상 부부재산약정은 혼인신고 전에 체결되어야 하므로, 엄밀히 말하면 '장차 혼인을 하려고 하는 남녀'가 계약 당사자가 된다. 약혼하였을 것을 요하지는 아니한다.32)

부부재산약정의 당사자에게 (재산상) 행위능력이 있어야 하는가? 비교법적으로 (재산법적) 행위능력을 요구하거나(독일 민법 §1411 ①), 판단능력을 요구하는 경우(스위스 민법 §180 ①)도 있으나, 우리 법은 아무런 규정도 두고 있지 아니하여 다툼이 있다. 과거에는 미성년자가 부모 등의 동의를 얻어 혼인하는 경우 부부재산약정을 체결할 능력도 있다고 보아도 좋고 별도의 동의를 받을 필요가 없다는 견해가33) 지배적이었으나, 근래는 (재산상) 행위능력이 없는 한 - 부부재산계약은 혼인 전에 체결되므로 성년 의제는 아직 미치지 아니한다 - 법정대리인의 동의를 받아야 하고 동의를 받지 아니한 채 부부재산약정을 체결한 경우 이를 취소할 수 있다는 견해가 유력하다.34) 우리처럼 명문의 규정을 두고 있지 아니할 뿐 아니라 우리 약정부부재산약정법에 큰 영향을 준 프랑스 민법에서는 혼인능력만 있으면 부부재산약정도 체결할 수 있으나, 법정대리인 등의 동의를 받지 아니한 채 체결한 부부재산약정은 상대적 무효(우리 민법의 취소)라고 본다.35) 피성년후견인의 경우, 성년후견인의 동의를 받아 혼인할 수 있는 이상 같은 요건하에 부부재산약정을 체결할 수 있다는 견해와36) 아예 부부재산계약을 할 수 없다는 견해가37) 대립한다. 행위능력에 관한 일반 법리가 적용된다고 봄이 옳다.

신분계약이므로 타인이 대리하여 체결할 수 없다는 견해가 있으나,38) 부정할 까

---

31) 전혜정(2006a), 252.
32) 이강원(2003), 35; 이승우(1989), 78.
33) 김용한, 131; 김주수·김상용, 137; 이경희·윤부찬, 91; 지원림, 민법강의 (제19판, 2022), 1957. 이 견해는 결국 부모 등이 혼인에 동의할 때 부부재산약정에 대하여도 동의하였다고 보는 셈이다. 新注民(21), 408(依田精一).
34) 김병두(2002), 134; 박현정(2016), 182-183; 오시영, 127; 윤진수, 78; 이강원(2003), 36; 이승우(1989), 78.
35) "habilis ad nuptias, habilis ad pacta nuptialia." Cabrillac, Droit des régimes matrimoniaux (7e éd., 2011), 280 et s.
36) 이강원(2003), 36-37.
37) 김병두(2002), 134. 같은 취지의 일본 학설로, 新注民(21), 409(依田精一).
38) 김병두(2002), 146.

닭이 없다.[39]

(2) 본조 ①, ②은 부부재산약정을 혼인이 성립하기 전, 즉 혼인신고 전에 체결하여야 함을 규정하고 있다. ②, ③은 혼인중 이를 변경할 수 있음을 전제하지만, 혼인성립 전 부부재산약정을 체결하지 아니하였다가 그 후 새삼 부부재산약정을 체결하는 것을 인정하지는 아니한다. 이는 프랑스 민법(§1395)과 일본 민법(§755)의 태도를 따른 것으로, 배우자, 특히 처를 보호하는 데 그 취지가 있다. 혼인중에도 부부재산약정의 체결을 허용하면 처는 부(夫)의 압박에 눌리거나 애정에 휩쓸려 경솔하게 불리한 부부재산약정체결에 응할 수 있다는 것이다.[40] 그러나 비교법적으로는 혼인성립 후 부부재산약정체결을 인정하는 예가 많고(독일 민법 §1408, 스위스 민법 §179 ①, 미국[41] 등), 입법론적으로도 이쪽이 합리적이다. 처가 부(夫)의 압박이나 애정으로 불리한 부부재산약정에 응하는 일은 혼인성립 전에도 생길 수 있고, 혼인성립 전에는 부부재산약정을 체결할 필요를 느끼지 아니하다가 혼인중 부부재산약정을 체결할 필요를 느끼게 되는 경우도 많은데, 이러한 경우에 부부재산약정체결 가능성을 배제하면 그 실효성이 크게 떨어지기 때문이다. 2006년 최순영 의원이 대표발의한 민법 중 개정법률안(부부재산제 개정안)은 법원의 허가를 받아 혼인중 부부재산약정을 체결할 수 있도록 정하고 있었고,[42] 이에는 찬성하는 견해가 많았으나,[43] 개정에 이르지 못하였다.

혼인성립 후에 부부재산약정의 대상이 되는 사항에 관하여 합의한 경우 그 합의의 효력에 관하여는 별다른 논의가 없으나, 부부재산약정의 성립시기에 관한 제한이 - 그 법 정책적 당부는 별론 - 계약 당사자를 보호하기 위한 것인 이상, 그러한 약정은 당연 무효로 봄이 옳을 것이다.

(3) 본조는 부부재산약정의 방식에 관하여 아무런 규정도 두고 있지 아니하므로, 부부재산약정은 무방식의 계약이다. 따라서 서면은 물론, 구두로 부부재산약정을 체결하는 것도 가능하다는 데 이론(異論)이 없다. 부부재산약정 등기를 하기 위하여 서면을 작성할 필요가 있을 뿐이다. 비교법적으로는 법원이나 공증인의 면전에서 재판

---

[39] Cabrillac(주 35), 280. 이 점에서 혼인과는 다르다.

[40] 김병두(2002), 135; 이강원(2003), 37; 이승우(1989), 79-80; 정상현(2008), 656. 삭제된 부부간 계약 취소권(§828)의 입법취지와 통하는 점이 있다. 그 이외에 제3자의 이익을 해할 위험이 있다는 점을 들기도 하나, 이미 민법이 부부재산약정의 변경을 인정하고 있는 이상, 부부재산약정을 혼인성립 전으로 제한하는 근거는 되기 어렵다.

[41] 이혜리(2019), 117 이하.

[42] 전경근(2006), 50-52.

[43] 가령 이화숙(2012), 225. 일반적으로 김은아(2021), 94-95(다만, 가정법원의 변경허가를 조건으로 한다); 한봉희·백승흠, 121.

또는 공증방식으로 체결하도록 하는 것이 오히려 보편적이고,[44] 일본도 구 민법 재산
취득편 §422는 그러한 취지였는데, 어차피 그 당시 일본의 공증인이 부부재산약정의
당부를 심사하고 그 내용에 관하여 적절히 조언할 것으로 기대할 수 없었기 때문에
이를 삭제하고 부부재산약정의 등기에 관한 규정을 삽입하는 것으로 하였고,[45] 그것
이 우리 법까지 이어졌다. 그러나 적법·유효하고 적절한 부부재산약정을 체결하는
것은 결코 간단한 일이 아니므로 법률전문가가 개입하는 것이 바람직하며, 부부간 계
약에서 흔히 그러하듯 분쟁이 생겼을 때 부부재산약정의 내용을 확인하는 것이 반드
시 쉽지도 아니하므로, 입법론적으로는 공정증서에 의하도록 함이 타당하다.[46] 비교
법적으로도 독일 민법 §1434, 프랑스 민법 §1395, 스위스 민법 §181 등이 재판이나 공
증방식을 채택하고 있다.

(4) 별로 논의되고 있지 아니하나, 부부재산약정은 다른 재산법상의 계약과 마찬
가지로 총칙의 의사표시의 흠에 관한 규정의 적용을 받는다. 비진의표시·허위표시는
무효이고, 착오·사기·강박에 의한 경우는 취소할 수 있다(§§107~110).[47] 제3자 보호
규정도 적용된다고 봄이 옳을 것이다. 하나의 부부재산약정 중 일부에 흠이 있는 경
우, 그것이 부부재산약정의 대상이 되는 다른 조항이나 부부재산약정의 대상이 되지
아니하나 그 계약에 편입된 다른 조항의 효력에 어떤 영향을 미치는지는 일부무효
(§137)의 법리에 따라 결정된다.[48] 혼인성립 전 체결되어야 하고, 그것이 혼인중 체결
된 부부재산약정이 당사자의 진정한 의사와 이익에 부합하는지에 대한 일반적인 의
심에서 비롯된 것인 이상 무효인 부부재산약정의 추인도 혼인성립 전에만 할 수 있다
고 봄이 옳을 것이다.

부부재산약정은 장차 법률혼을 할 부부에 한하여 체결할 수 있다.[49] 부부재산약
정의 대상이 되는 사항에 관하여 약정을 한 다음 사실혼 관계에 들어간 경우에는 본
조가 적용되지 아니한다. 이러한 약정은 - 부부간계약의 특수성을 고려하되 - 일반
재산법상의 계약과 같이 취급되어야 한다.

다. 부부재산약정의 내용과 그 한계

(1) 민법은 부부재산약정의 내용에 관하여 개별적으로 제한하고 있지 아니하므

---

44) 입법례에 관하여는 이승우(1989), 81−82.
45) 新注民(21), 410−411(依田精一).
46) 공정증서는 요구하지 아니하더라도 서면에 의하게는 하여야 한다는 것으로, 김주수·김상용, 137; 송
   덕수, 61.
47) 이는 총칙상의 취소에 해당한다. 그러나 여기에 §816 iii를 유추하여야 한다는 것으로, 송덕수, 62.
48) Cabrillac(주 35), 280−282.
49) Cabrillac(주 35), 7−10.

로 널리 계약내용형성의 자유가 인정된다. 폐지된 구법이나 외국법을 인용하는 것도 가능하다.

가령 부부가 혼인중 취득한 실질적 공동재산을 법적으로도 각 1/2 지분씩 공유하거나 같은 지분으로 합유하기로 하는 합의, 부동산, 특히 주택 등의 처분 및 담보제공에 상대방의 동의를 받도록 하는 합의, 부부 각자의 고유재산을 실질적 공동재산으로 삼거나(재산분할에서 고려될 수 있다) 나아가 법적으로 공유 또는 합유재산으로 변경하기로 하는 합의, 부부재산의 관리책임을 부부 일방에게 부여하거나 일정한 조건하에 관리권을 양도하는 합의 등을 생각할 수 있고, 일정한 조건하에 혼인중 부부재산을 분할하기로 하는 합의도 가능하다. 부부 각자가 혼인중 단독으로 부담하게 된 실질적 공동채무에 관하여 연대하여 책임을 지기로 하는 합의, 부부 일방이 채무를 부담하는 경우 상대방의 동의를 받도록 하는 합의, 일정범위의 실질적 공동채무를 부부 일방의 고유채무로 하는 합의(재산분할에서 고려될 수 있다)도 있을 수 있다. 이혼시 재산분할의 비율 기타 분할방법 등에 관하여 정할 수도 있다.[50]

(2) 부부재산약정은 실제로는 거의 이용되고 있지 아니한 것 같다.[51] 이러한 현상은 비교법적으로도 - 미국 등의 예를 제외하면 - 대체로 보편적인 것처럼 보인다. 이러한 현상은 부분적으로 법정부부재산제가 꾸준히 합리화되어 부부재산약정을 체결할 필요가 크지 아니하고, 특히 가장 중요한 이혼 후 청산에 관하여 우리 법은 법관이 상당한 재량을 발휘할 수 있는 유연한 재산분할청구권 제도를 갖고 있으며, 나아가 애정에 기초한 혼인관계에서 혼인성립 전에 재산관계, 특히 이혼하게 되는 경우를 가정한 재산관계에 관하여 약정을 체결하기가 쉽지 아니하다는 점에 기인한다. 그러나 부부재산약정의 내용형성을 전적으로 계약자유에 맡김으로써 당사자로서는 오히려 부부재산약정에 어떤 내용을 어떻게 넣을지 알기 어려워졌다는 점도 이용이 저조한 원인 중 하나로 꼽히고 있다. 비교법적으로도 부부재산약정에 관하여 계약자유의 원칙을 취해온 프랑스도 지금은 당사자가 선택하기만 하면 포괄적으로 편입되는 선택부부재산제 유형을 법률에 규정하고 있다. 2006년 최순영 의원이 대표발의안 민법 중 개정법률안(부부재산제 개정안)은 완전별산제, 수정별산제, 완전공유제의 세 가지 선택부부재산제를 규정함으로써 당사자가 전혀 새로운 부부재산제를 설계하는 것 이외에 이들 중 하나를 선택하거나 선택·수정할 수 있게 하는 부부재산제 개정안을 국회에 제출한 바 있으나,[52] 입법에 이르지 못하였다. 이러한 입법에 바람직한 측면이

---

50) 이강원(2003), 38 이하; 전혜정(2006a), 256 이하 참조.
51) 이승우(1989), 76, 88–89; 전혜정(2006a), 256–257.
52) 전경근(2006), 50 이하.

있음은 부정할 수 없다. 그러나 부부 사이의 여러 이해를 조정하고 제3자에게 부당한
불이익을 입히지 아니하려면 각각의 선택부부재산제를 섬세하게 설계할 필요가 있는
데,53) 그러한 복잡한 입법을 할 준비는 충분하지 아니하였다. 현재는 그 대신 부부재
산약정에 관한 표준안을 마련하여 이용하도록 하는 안이 제안되고 있다.54)

(3) 강행법규 또는 공서양속에 반하는 부부재산약정은 무효가 된다.55)

먼저, 부부재산약정에 조건이나 기한을 붙일 수 없다는 데에 대부분 견해가 일치
한다.56) 부부재산약정은 혼인성립과 함께 효력이 발생하고 혼인해소와 함께 종료하
도록 정해져 있으므로, 부부 일방에게 혼인해소 전 (약정)해제권을 부여하는 조항도
무효라고 본다. 본조가 명문으로 인정하는 부부재산약정의 변경을 배제하는 약정도
무효이다.

또한, 물권법정주의에 반하는 권리관계, 가령 공유, 합유, 총유 중 어느 것에도
해당하지 아니하는 공동소유관계나 법률에 규정되지 아니한 법정담보물권을 창설하
는 부부재산약정도 무효이다.57)

특히 부부재산약정에서 공동제를 규정하는 경우 부부 사이의 이해관계는 물론,
제3자의 이해관계에도 상당한 영향을 미친다. 예컨대 부부재산을 합유로 규정하면서
부부가 부담하는 채무는 각자의 채무로 두면, 부부 일방의 채권자로서는 자기 채권의
책임재산을 확보하기 어려워진다. 비교법적으로 공동제를 법정 또는 선택부부재산제
로 두는 나라는 어디에서나 제3자의 이해를 배려하기 위한 복잡한 규정들을 두고 있
다. 부부재산약정이 제3자의 이해를 적절히 배려하지 아니하는 경우 우리 법에서는
공서양속에 반할 가능성이 있다.

또한 부부재산약정이 혼인의 본질과 양성평등에 반하는 때에도 공서양속 위반으
로 무효가 될 수 있다. 가령 처의 재산을 모두 부(夫)의 소유로 하거나 처가 부(夫)의 동
의를 받지 아니하면 일체의 재산상 행위를 할 수 없게 하는 등의 합의는 무효이다.58)

---

53) 윤진수(2007), 261-262. 선택부부재산제를 인정하는 나라의 부부재산법은 보통 100개 이상의 조
   문을 두고 있다.
54) 전경근(2005), 183-184; 전경근(2006), 50 등.
55) 프랑스 민법 §1387는 부부재산약정에 관하여 이를 별도로 정하고 있고, 2006년 국회에 제출된 최순영
   의원의 부부재산제 개정안에도 공서양속에 관한 명문규정이 있다. 그러나 프랑스 민법은 우리와 달리
   계약, 유언 등 개개의 행위 유형별로 별도의 공서양속 규정을 두고 있다는 점도 염두에 둘 필요가 있다.
56) 김주수·김상용, 139; 오시영, 129; 이승우(1989), 88. 그러나 "의문이 없지 않다"고 하는 것으로, 지원
   림, 민법강의 (제19판, 2022), 1957.
57) 이승우(1989), 88.
58) 김용한, 131; 오시영, 129; 이승우(1989), 88; 전혜정(2006a), 254-255.

나아가 부부 일방이 반드시 사기, 강박에 이르지는 아니하였다 하더라도 혼인하
려고 하는 당사자의 상황상 내지 심리적 약점을 이용하여 일방에게 부당하게 불리한
내용의 부부재산약정을 체결하게 한 때에도 공서양속에 반할 수 있다. 독일, 미국 등
의 판례는 이러한 부부재산약정이 (일부)무효라고 한다.[59]

　　(4) 내용이 특정되지 아니한 부부재산약정은 당연히 효력이 없다. 부부재산약정
이 물권적 공동권리귀속을 정하면서 지분비율을 정하지 아니하였다면 해당 조항이
무효가 될 수 있다. 그 외에 부부재산약정의 내용이 채권자를 해하여 사해행위로 취
소되거나,[60] 유류분권자의 유류분권을 침해하여 부부재산약정에 의한 급부가 반환되
어야 하는 경우도 있을 수 있다.[61] 그러나 부부간 무상출연이 사해행위 또는 유류분
침해의 요건을 충족하기 위해서는 제3자에 대한 무상출연보다 더 엄격한 요건을 충
족하여야 하므로, 실제로 인정되는 경우는 많지 아니할 것이다.

2. 부부재산약정의 효력

가. 대내적 효력

부부재산약정은 부부 쌍방을 구속한다. 가령 부부가 혼인중 취득한 실질적 공동
재산을 법적으로도 각 1/2 지분씩 공유 또는 합유하기로 하였다면 각자는 자기 명의
로 재산을 취득할 때마다 적어도 1/2 지분을 이전해줄 (채권적) 의무를 진다. 약정의
두 당사자인 부부 사이에서는 이러한 채권적 효력만으로도 물권적 귀속이 바뀐 것과
다를 바 없다. 또한 부부재산의 관리책임을 부부 일방에게 부여하기로 합의하였다면
다른 일방이 재산을 취득할 때마다 일방은 다른 일방으로부터 (채권법상) 재산을 관리
할 권한과 의무를 당연히 부여받았다고 볼 수 있다. 부부 각자가 혼인중 단독으로 부
담하게 된 실질적 공동채무에 관하여 연대책임을 지기로 하는 경우 일방은 다른 일방
이 제3자에 대하여 채무를 질 때마다 이를 병존적으로 인수할 의무를 지게 된다. 각
자 명의로 된 재산이라도 상대방의 동의를 받아야 처분할 수 있다거나 상대방의 동의
없이 자기 명의로 채무를 부담할 수 없다고 약정한 경우 부부는 서로에 대하여 상대
방의 동의 없이 처분하거나 채무를 부담하지 아니할 의무를 진다. 부부 일방의 고유

---

59) 독일법에 관하여는 강승묵(2010), 99 이하; 전혜정(2006a), 255; 홍윤선(2019), 230 이하, 미국법에 관
하여는 Fields, Forbidden Provisions in Prenuptial Agreement, Journal of the American Academy of
Matrimonial Lawyers, Vol. 21, 413 (2008). 프랑스법에 관하여는 Niboyet, L'ordre public matrimonial
(2008), 306 et s. 보다 일반적인 것으로 이동진(2023), 25; 차선자(2011), 16 이하. 서울가정법원 2011. 6.
1. 선고 2010드합2138, 5120 판결은 재산분할청구권을 포기하는 부부재산약정은 무효라고 한다. 그러나
일률적으로 말하기는 어려울 것이다.

60) 김주수·김상용, 140; 오시영, 129; 이강원(2003), 51−52.

61) 이 점에 대한 일본에서의 논의는 新注民(21), 409−410(依田精一).

채무도 공동채무로 하기로 약정한 경우 일방이 이를 변제하면 다른 일방에게 그 비용을 분담할 것을 청구할 수 있다. 이혼시 재산분할에 관하여 약정한 때에는 이혼과 함께 약정에 따른 재산분할청구권이 발생한다.

나. 대외적 효력과 부부재산등기(본조 ④)

(1) 본조 ④은 나아가 "夫婦가 그 財産에 관하여 따로 約定을 한 때에는 婚姻成立까지에 그 登記를 하지 아니하면 이로써 夫婦의 承繼人 또는 第三者에게 對抗하지 못한다."고 규정한다. 이때 「승계인」은 이러한 부부 일방의 포괄승계인, 즉 상속인과 포괄수유자를, 「제3자」는 부부재산에 관하여 이해관계를 맺은 부부와 승계인을 제외한 모든 사람을 가리킨다.[62]

그렇다면 부부재산약정으로 부부의 승계인이나 제3자에게 대항하여야 하는 경우란 어떤 경우이고, 또 대항할 수 있다는 것은 어떠한 의미인가? 본래 등기요건은 이 규정의 모법(母法)인 일본 민법 §756의 입법과정에서 방식요건(공정증서)을 포기하면서 그 대신 도입되었다. 당시의 입법자료를 보면 家督相續人과 피상속인의 처 사이에 「家」에 속하는 상속재산과 제외되는 부부재산(처의 특유재산)의 구별을 둘러싼 다툼이 생기는 경우, 부부재산약정이 없으면 부(夫)가 갖고 있던 재산은 「家」에 속하는 재산으로 추정되게 마련이므로 결국 부부재산약정의 존재를 증명하는 것이 문제인데, 부부재산약정을 등기하게 하여 이 경우에 대응하겠다는 의도를 밝히고 있다.[63] 이와 같이 보면 마치 본조 ④의 「대항」이 약정의 존재를 주장·증명할 가능성을 가리키는 것처럼 읽힌다. 그러나 앞서 언급한 실질적 공동재산과 특유재산의 구분 문제를 제외하면, 일반적으로 약정의 효력이 채권적이라고 하면서 이를 제3자에게 「대항」하는 것이 문제되는 경우를 생각하기 어렵다. 본디 이 규정은 물권변동 등에 관하여 의사주의(意思主義)를 취하는 일본 민법에서 온 규정이기도 하다. 결국 이 규정은 부부재산약정이 물권적 효력을 갖고 있어, 부부가 각자 명의로 취득한 재산을 1/2 지분씩 공유 또는 합유하기로 하면 각자 명의로 부동산을 취득하자마자 그 부동산이 법률상 공유 또는 합유로 전환되고(§187), 단독으로 처분할 수 없다고 약정하였다면 처분권한이 제한되어 상대방의 동의 없는 처분은 무권리자의 처분이 된다고 하여야 이해될 수 있다. 비교법적으로도 부부재산약정과 그 등기(독일 민법 §1412, 스위스 민법 §181 ③)에는 대체로 물권변동의 효력이 있다.[64]

---

62) 新注民(21), 414(依田精一). 다만, 법률의 규정에 따라 법정채권 등을 취득하는 제3자에 대하여는 등기 유무에 관계없이 별산제가 적용된다는 견해로, 김병두(2002), 152.

63) 新注民(21), 410-411(依田精一).

64) 김병두(2002), 125 이하; 김병두(2004), 23-24; 정상현(2008), 662.

　　그렇다면 제3자의 신뢰 내지 거래의 안전은 어떻게 보호되는가? 부부재산등기제
도가 이를 보호하기 위한 것임은 물론이다. 그러나 부부재산등기는 인적 편성주의를
취하고 있고 또 누구나 부부재산약정을 체결하는 것은 아니므로 그 존재 자체를 예상
하기 어렵다. 부부재산등기의 존부를 확인하여 거래할 것을 기대하기는 어려운 것이
다. 그러므로 부부재산등기에도 불구하고 개별적 제3자 보호법리는 여전히 적용되어
야 한다. 가령 부부재산약정에 의하여 부부가 공유 또는 합유 중인 동산이라 하더라
도 일방이 단독점유상태에서 이를 제3자에게 양도한 경우 그 제3자는 선의취득(§249)
을 할 수 있다. 또한 채권이 준공유 또는 준합유되었음을 알지 못한 채 부부 일방에
게 변제한 경우 채권준점유자의 변제(§470) 법리로 보호받을 수 있다. 부부재산등기가
제3자 내지 거래보호에서 가지는 한계에 비추어 보면, 등기하면 제3자에게 대항할 수
있다는 말을 개별적 제3자 보호법리를 배제하는 취지로 해석할 수는 없다.

　　문제는 (일본과) 우리의 경우 독일 민법과 달리 부동산에 대하여 등기의 공신력을
인정하지 아니하는 결과 이에 대하여는 – 취득시효(§245)를 제외하면 – 제3자 보호법
리가 없다는 데 있다. 그리하여 부동산에 관하여는 부부재산등기 이외에 부동산등기
도 마쳐야 제3자에게 대항할 수 있다는 견해도 있다(개별적 대항절차 필요설).[65] 그러나
근래에는 부동산등기가 없더라도 부부재산등기만으로 이미 물권변동의 효과가 발생
한다는 견해(개별적 대항절차 불요설)가 좀 더 유력한데, 다만, 이때에는 거래의 안전을
위하여 촉탁등기 등 부동산등기부와 부부재산등기부를 일치시킬 방안이 필요하다는
지적이 이루어지고 있다.[66]

　　부부재산등기가 이루어진 이상, 제3자의 선의·악의는 묻지 아니한다.

　　본조 ④은 대항할 수 없다고 하고 있을 뿐이므로 등기하지 아니하였어도 승계인
이나 제3자가 부부재산약정의 효력을 주장·원용하는 것은 가능하다.[67] 가령 단독명
의의 채무에 대하여 연대책임을 지기로 하는 부부재산약정은 등기하지 아니하였다
하더라도 제3자가 이를 원용(제3자를 위한 계약에서 수익의 의사표시에 해당한다. §539 ②)함
으로써 효력이 발생하게 된다.

　　(2) 부부재산약정의 등기는 부(夫)가 될 자의 주소지를 관할하는 지방법원, 그 지
원 또는 등기소가 관할한다(非訟 §68 ①). 당사자 쌍방이 공동으로(非訟 §70 본문) 혼인성
립 이전, 즉 혼인신고 전이나 적어도 혼인신고와 동시에 신청하여야 한다(본조 ④). 신

　65) 이강원(2003), 47; 이승우(1989), 83.
　66) 김병두(2002), 146, 161; 김병두(2004), 24－26; 정상현(2008), 665－669; 전혜정(2006a), 280.
　67) 新注民(21), 413(依田精一).

청서에는 등기목적, 등기원인 및 그 연월일, 약정자의 성명, 주소 및 주민등록번호와 약정내용 등을 기재하고, 이에 부부재산약정서와 혼인신고를 하지 아니한 것을 증명하는 서면 등을 첨부한다(부부재산약정등기규칙 §§2, 3). 그 절차에는 부동산등기법과 부동산등기규칙이 준용된다(非訟 §71, 부부재산약정등기규칙 §6). 부부재산약정등기부는 약정자부와 약정사항부로 구성되어 있고, 약정자별로 인적 편성주의를 취한다(부부재산약정등기규칙 §1, 별지 제1호 양식 참조). 등기관은 부부재산약정등기신청서를 조사함에 있어 부부재산약정서에 기재된 약정재산이 신청인의 소유인지의 여부, 약정 내용의 범위, 약정 사항의 효력 유무에 대하여는 판단하지 아니하고, 약정서에 기재된 내용과 동일하게 등기하게 되어 있다[부부재산약정등기 사무처리 지침(등기예규 제1416호)]. 부부재산약정은 비정형적이어서 등기관이 심사하기 어렵다는 점을 고려한 것이다.[68]

다. [補論] 부부재산약정과 세법(稅法)

부부의 소득을 과세하는 방식에는 각자의 소득을 분리하여 과세하는 방식과 각자의 소득을 합산하여 또는 합산 후 균분하여 과세하는 방식이 있다.[69] 우리 법은 양자를 모두 활용하고 있지만, 원칙은 분리과세이다.[70] 우리 세법은 부부재산제가 공동제인지 여부에 따라 별도의 과세방식을 도입하고 있지 아니하므로,[71] 가령 부부재산약정으로 공동제를 취한다 하여 과세방식이 바뀌지는 아니한다. 문제는 부부재산약정으로 사법(私法)상 이득의 귀속이 바뀌는 결과 조세부담이 달라질 수 있는가 하는 점이다. 예컨대 부부재산약정으로 일방의 소득 중 1/2 지분을 상대방이 공유하는 것으로 약정하는 경우 세법상 부부에게 당초의 소득이 귀속하였다가 부부재산약정에 의하여 무상이전되어, 소득발생과 부부 사이의 무상이전이라는 2개의 과세계기와 당초의 소득액과 무상이전액이라는 두 과세표준액이 생기는 것인지, 아니면 처음부터 부부가 1/2씩의 소득을 원시취득하였다고 보아 그에 대하여만 직접 과세하여야 하는 것인지 논란이 있을 수 있다. 일본 판례 중에는 앞의 견해를 취한 예가 있다.[72] 이러한 접근이 타당할 것이다.

---

68) 그러나 "사건이 등기할 것이 아닌 경우"(부등 §29 ii)에 해당하여 각하하여야 한다는 견해로, 박현정(2016), 193−196; 하승완(2009), 615−617.

69) 개별 입법례에 관하여는 헌법재판소 2002. 8. 29. 선고 2001헌바82 전원재판부 결정 참조.

70) 신한미(2007), 206 이하.

71) 미 연방대법원은 공동제를 취하는 주(州)의 소득세는 부부 소득을 합산, 균분한 금액을 대상으로 과세하여야 한다고 한다. Poe v. Seaborn, 282 U.S. 101(1930).

72) 상세는 전혜정(2006b), 209 이하; 新注民(21), 414−415(依田精一).

3. 부부재산약정의 변경(본조 ②, ③, ⑤)

가. 부부재산약정의 변경합의(본조 ②, ⑤)

부부재산약정은 혼인중에는 이를 변경하지 못함이 원칙이다. 다만 정당한 사유가 있는 때에는 당사자 쌍방이 변경에 합의하고, 가정법원의 허가를 얻어 이를 변경할 수 있다(본조 ②). 이 규정은 일본 민법에는 없다.

가정법원의 허가는 라류 가사비송사건이므로 부부가 미리 한 재산약정변경약정에 대한 인가(認可)에 해당한다.[73] 변경약정은 가정법원의 허가가 있기 전에는 그 효력이 없다.

변경허가는 부부 쌍방이 공동으로 청구하여야 한다(家訴規 §60). 부부가 같은 가정법원의 관할구역 내에 보통재판적이 있을 때는 그 가정법원, 부부가 마지막으로 같은 주소지를 가졌던 가정법원의 관할구역 내에 부부 중 어느 한쪽의 보통재판적이 있을 때에는 그 가정법원이 관할법원이 된다(家訴 §§44 iii, 22). 어느 경우에도 해당하지 아니하는 경우에는 家訴 §22 iii가 준용되는 점에 비추어 부부 중 어느 한쪽의 보통재판적이 있는 곳의 가정법원이 관할한다.[74] 정당한 사유의 판단기준에 관하여는 별 논의가 없으나, 변경된 사정 등을 전제할 때 부부 일방에게 부당하게 불리한지, 기존의 부부재산약정을 전제로 이해관계를 맺은 제3자에게 부당하게 손해를 가하는지 여부 등을 고려하여야 할 것이다.[75] 부부재산약정을 해지하는 내용의 변경도 가능하다.[76] 인용심판이 확정되면 부부 사이에서는 그 재산약정이 변경되나, 부부의 승계인과 제3자에 대한 관계에서는 등기하여야 대항할 수 있다(본조 ⑤).[77] 부부재산약정 변경등기도 부부가 공동으로 신청하여야 한다. 변경등기신청서에는 허가심판서의 등본을 첨부해야 한다(非訟 §70 ②, 부부재산약정등기규칙 §4).

나. 재산관리자의 변경, 공유재산의 분할(본조 ③, ⑤)

부부가 부부재산약정에 따라 부부의 한쪽이 다른 한쪽의 재산을 관리하는 경우에, 부적당한 관리로 인하여 그 재산을 위태하게 한 때에는 다른 한쪽은 자기가 관리할 것을 청구할 수 있고, 그 재산이 부부의 공유인 때에는 그 분할을 청구할 수 있다(본조 ③). 그가 파산선고를 받은 경우도 같다(債務回生 §345). 이는 마류 가사비송절차이

---

73) 제요[2], 1433 참조. 이강원(2003), 48은 재산관리자의 변경 및 공유재산의 분할청구 사건이 마류 비송사건인 점과 비교하여 볼 때 문제라고 한다.

74) 제요[2], 1434–1435.

75) Cabrillac(주 35), 106 et s. 참조.

76) 이강원(2003), 48–49.

77) 제요[2], 1432.

고, 부부 쌍방에게 청구인 및 상대방적격이 있으며(家訴規 §96), 제3자는 당사자적격이 없다. 상대방의 보통재판적이 있는 곳의 가정법원 단독판사가 관할한다. 부부재산약정의 목적이 된 재산의 관리자 변경이나 분할만이 이 절차의 대상이 되고, 그 밖의 부부 공유재산의 분할청구는 일반 민사사건이다. 조정전치주의가 적용되고, 조정이 성립하지 아니하는 때에는 부적당한 관리로 인하여 재산을 위태롭게 하였는지 여부에 따라 심판을 하여야 한다. 부적당한 관리라 함은 고의 또는 과실로 혼인공동생활의 유지에 관한 공통의 신뢰와 이해에 반하는 관리를 한 경우를, 재산을 위태하게 한다 함은 단순히 재산의 과실을 수취하지 못하게 한 정도를 넘어서 소유권을 상실하게 할 우려가 있는 경우를 말한다. 이러한 사유가 인정된다면 관리자를 변경하거나 공유재산분할을 할 수 있다. 공유재산분할을 구하는 경우 관리자의 변경청구와 동시에 하여야 하는지, 분할청구만 따로 할 수 있는지에 관하여는 문언상 다툼의 여지가 있다. 집행보전을 위하여 사전처분(家訴 §62 ①)으로 현재의 재산관리자인 부부 일방에게 재산의 일반적 처분을 금지할 수 있으나, 집행력은 없다.[78] 분할방법에는 별다른 제한이 없다. 家訴規 §98는 공유재산 분할에 관하여 민법 §269 ②을 준용하나 현물분할과 가액분할에 국한된다는 뜻은 아니다. 심판이 확정되면 그 내용에 따라 당사자의 권리의무가 변경되나, 등기하지 아니하면 부부의 승계인 기타 제3자에게 대항하지 못한다. 심판에서 공유재산분할의 방법으로 이전등기 등을 명한 때에는 등기를 따로 해야 한다.[79]

　부부재산약정은 부부관계가 해소되면 당연히 종료되므로 절차계속 중 부부 일방이 사망하면 절차는 수계 없이 종료된다.[80]

4. 부부재산약정의 종료
가. 부부재산약정의 종료 사유와 종료 후의 법률관계
(1) 혼인중의 종료

　부부재산약정이 착오, 사기, 강박에 의한 계약 등으로 취소되었을 때에는 부부재산약정이 종료한다.[81] 이때에는 제3자 보호규정도 적용된다고 봄이 옳을 것이다. 제3자 보호규정 등에 의하여 보호되지 아니하여 부부재산약정이 효력이 없게 되는 경우

---

78) 전보성, "가사소송과 이행확보제도", 재판실무연구(3) 보전소송(2008), 44-45.
79) 제요[2], 1435-1436.
80) 제요[2], 1434.
81) 사해행위취소의 효과는 부부 자신에게는 미치지 아니하므로(상대적 무효) 부부재산약정의 당연종료 사유라고 할 수 없다(改說).

에는 자동적으로 법정재산제가 적용된다. 또한 법원의 허가를 받아 재산관리자를 변경하고 공유재산을 분할함으로써 부부재산계약이 종료되는 경우도 있을 수 있다.[82]

(2) 혼인관계해소로 인한 종료

부부재산약정은 혼인관계가 이혼 또는 사망으로 종료하면 그와 함께 당연히 종료한다.[83] 재산분할청구권 등 그 후의 청산을 규율하는 약정이 있다면 그에 따라 청산하면 되고, 그러한 약정이 없다면 §839-2에 따라, §839-2를 배제하는 약정이 있었다면 재산법의 일반원칙에 따라(가령 공유 또는 합유인 경우 분할 등) 청산하면 된다.

나. 부부재산약정 소멸등기

부부는 위와 같은 사유로 부부재산약정이 종료하면 소멸등기를 공동으로 신청하여야 한다. 다만, 사망에 의하여 종료하는 경우에는 생존 배우자가 사망사실을 증명하는 서류를 첨부하여 단독으로 신청한다(非訟 §70 단서, 부부재산약정등기규칙 §5). 소멸등기는 등기기록을 폐쇄하는 방법으로 한다.[84]

---

82) 김주수·김상용, 139. 그러나 같은 곳이 사기·강박에 의한 부부재산계약의 취소의 근거를 §816 iii의 유추에서 찾는 것은 찬성하기 어렵다. 이는 이른바 신분행위라는 독자적 범주를 인정하고 이에 총칙 규정의 적용을 범주적으로 배제하며, 나아가 부부재산약정을 신분행위로 파악함을 전제하고 있다고 보인다.

83) 김주수·김상용, 140; 윤진수, 789.

84) 변경과 이혼에 의한 소멸에서 쌍방신청주의에 비판적인 것으로 하승완(2009), 600-602.

第 830 條 (特有財産과 歸屬不明財産)

① 夫婦의 一方이 婚姻전부터 가진 固有財産과 婚姻중 自己의 名義로 取得한 財産은 그 特有財産으로 한다.

② 夫婦의 누구에게 속한 것인지 分明하지 아니한 財産은 夫婦의 共有로 推定한다.

第 831 條 (特有財産의 管理등)

夫婦는 그 特有財産을 各自 管理, 使用, 收益한다.

참고문헌: 강승묵(2009a), "독일법상 부부재산의 처분제한에 관한 소고", 가족법연구 23-3; 강승묵(2009b), "혼인주택이용권의 법적 근거에 관한 소고-독일법을 중심으로-", 한양대 법학논총 26-1; 김원태(2005), "일제강점초기 처의 특유재산에 관한 관습법", 법사학연구 31; 김인택(2010), "혼인중 부부 일방이 취득한 부동산의 특유재산 추정 번복과 부부간 명의신탁의 기준", 안대희재임기념; 김은아(2021), "부부재산제의 과거, 현재, 그리고 미래-일본민법과의 비교를 중심으로-", 가족법연구 35-3; 김정식(2005), "부부단위 과세제도의 입법론적 연구-상속세 및 증여세를 중심으로-", 조세법연구 11-2; 민유숙(1995), "부부재산제도와 재산분할제도의 관계", 司論 26; 성기창(1987), "부부의 일방이 혼인중 자기명의로 취득한 재산이 부부의 공유로 인정되는 경우", 대법원판례해설 6; 소재선(1997), "가족주택의 처분제한에 관한 소고-프랑스민법과 이태리민법을 중심으로-", 가족법연구 11; 소재선(1998), "영국의 판례법과 불란서민법상 가족주택의 처분제한에 관한 고찰", 김병대화갑기념; 서종희(2013), "이혼시 '가재도구(Haushaltsgegenstände)' 분할-신설된 독일민법 제1568b조를 참조하여-", 가족법연구 27-2; 신영호(2007), "한국부부재산제의 현상과 과제", 연세대 법학연구 17-3; 신한미(2007), "혼인과 그 해소에 관련된 조세문제", 가사재판연구[I]; 윤진수(2007), "민법개정안 중 부부재산제에 관한 연구", 민법논고[IV]; 이연이·김제완(2021), "캐나다 부부재산제도와 혼인주택(matrimonial home)-우리나라 부부재산법제에 주는 몇 가지 시사점-", 이화젠더법학 13-1; 전경근(2006), "부부재산제 개정안에 관한 연구", 가족법연구 20-3; 정다영(2018), "프랑스 민법상 부부간 및 피후견인의 법정저당권에 대한 특칙", 가족법연구 32-1; 조미경(1990), "혼인중 취득한 재산과 가사노동", 판례월보 240; 조미경(1993), "혼인중 취득한 재산의 귀속", 민법학의 회고와 전망; 최신섭(2007), "별거 중 혼인주택의 분할 또는 단독사용권-독일법을 중심으로-", 가족법연구 21-2; 최행식(2002), "부부재산의 귀속에 관한 일고찰", 한국법학회 법학연구 18; 한일환(1992), "부부의 특유재산과 공유재산", 서울지방변호사회 판례연구 5; 허만(1995), "부부간의 명의신탁해지청구와 재산분할청구의 관계", 民判 17.

Ⅰ. 법정부부재산제: 별산제

1. 재산의 귀속·처분(§830)

가. 별산제와 재산분할청구권

§830 이하는 부부재산약정이 없는 경우 적용되는(§829 ①) 법정부부재산제를 규율한다. §830 ①은 부부 일방이 자기 명의로 취득한 재산을 그의 특유재산으로 함으로써 공동제를 배제한다. 공동제의 핵심표지는 (물권법상) 부부 공동의 재산으로 삼는데 있기 때문이다. 그럼에도 불구하고 민법의 법정부부재산제가 무엇인지에 관하여는 학설이 갈린다.

조선 후기 이래 우리의 (법정)부부재산제는 관리공동제였다.[1] 그러나 광복 후 처의 행위능력이 인정되고 제정 민법에서 §831를 개정하여 각자의 특유재산의 관리권을 그 소유자에게 부여함에 따라(혼인의 효력 前註 I. 2. 참조) 자연스럽게 별산제로 전환되었다.[2] 일본 민법과 달리 1990년 이전까지는 재산분할청구권(§839–2)도 인정하지 아니하였으므로 이 점을 의심하는 견해는 찾아보기 어려웠다.

1990년 재산분할청구권에 관한 §839–2가 신설되면서, 우리 법의 법정부부재산제가 일종의 공동제로 전환되었다는 견해가 주장되었다.[3] 이 견해는, 부(夫) 명의로 된 재산이라 하더라도 처의 가사노동 기타 협력의 결과인 이상 부(夫)의 특유재산이 아니라 §830 ②의 공유로 추정함이 타당하고, 신설된 §839–2의 「협력」에 처의 가사노동도 포함됨에 비추어 가사노동에만 종사한 처에게도 지분이 명문으로 인정되었다고 보아야 한다고 한다. 나아가 이 견해는 이와 같이 확장 해석된 §830 ②은 §187의 「법률」에 해당하므로 부부는 등기 없이 물권법상 합유관계로 된다면서, 그 결과 제3자의 이익을 해할 수 있으나, 거래안전보다 처의 권리가 더 중요한 법익인 이상 현행법에서는 어쩔 수 없는 일이고, 궁극적으로는 입법으로 해결하여야 한다고 한다.

그러나 처의 가사노동 기타 기여가 반드시 물권법적인 권리귀속을 통하여 반영되어야 하는 것은 아니고, §839–2는 이혼의 효과에 관한 규정이므로 혼인중 재산 귀속에 직접 영향을 주는 것은 아니다. 우리 법은 공동제에 필수적인 여러 규율도 갖추고 있지 아니하다. 통설도 우리 법의 법정부부재산제는 별산제 내지 별산제에 채권적 청산청구권을 결합시킨 혼합재산제로 보고 있고,[4] 이것이 타당하다.

---

[1] 민유숙(1995), 236–239; 신영호(2007), 292–293. 다른 견해로 김원태(2005), 197 이하.
[2] 이 점은 당시의 입법자들도 분명히 인식하고 있었던 바이다. 신영호(2007), 293–294.
[3] 조미경(1990), 39 이하; 조미경(1993), 891 이하.
[4] 민유숙(1995), 240–252; 윤진수, 7980 등.

나. 재산의 귀속

(1) § 830 ①, ②의 의미와 그 적용범위

본래 §830 ①, ②의 모법(母法)인 일본 구 민법 §807는 "① 처 또는 입부(入夫)가 혼인 전부터 갖고 있던 재산 및 혼인중 자기의 명의로 취득한 재산은 그 특유재산으로 한다. ② 부부의 누구에게 속하는지 분명하지 아니한 재산은 부(夫) 또는 여호주의 재산으로 추정한다."고 규정하고 있었다. 부부는 동거하며 생활공동체를 이루고 있어 재산도 공동점유하에 혼재되어 있게 마련이다. 그 결과 가령 상속과 관련하여 어떤 재산이 부(夫) 내지 호주의 재산이고 어떤 재산이 처의 재산인지 구별하기 어려울 수 있다. 증명책임의 소재도 반드시 분명하지 아니하다. 일본 구 민법 §807는 호주가 아닌 부부 일방이 혼인 전부터 가지고 있었거나 혼인중 자기 명의로 취득한 재산임을 증명하지 못하면 호주의 재산으로 추정함으로써 이러한 문제를 해결한 것이다.

1977년 §830 ② 개정으로 부부 누구에게 속하는지 분명하지 아니한 재산을 부부의 공유로 추정하게 되었으나, 그 기본취지는 여전히 같다. §830 ①은 부부가 혼인 전부터 가지고 있었거나 혼인중 자기 명의로 취득하였음을 증명한 재산은 혼인중에도 여전히 그의 재산('고유재산', '특유재산'은 재산을 가리키는 말일 뿐이다)이라는, 즉 실체법적으로는 혼인 자체는 재산변동의 원인이 아니고 별도의 재산변동원인이 없는 한 혼인 전의 재산귀속관계와 재산취득당시의 그 귀속자가 그대로 유지된다는 점을, 증거법적으로는 혼인 전에 갖고 있었다거나 혼인중 자기명의로 취득하였음을 증명할 책임은 일방에의 귀속을 주장하는 사람에게 있다는 점을 확인하는 규정이 되었고, §830 ②은 이를 보충하여 결과적으로 누구의 귀속도 증명되지 아니한 경우에는 부부공유로 추정함을 확인한 것이다.

그러나 §830 ②이 개정된 이후, 학설상으로는 이 규정에 그 이상의 특별한 의미를 부여하려는 시도가 이루어져, 오히려 다수를 점하게 되었다. 가령 §830 ①의 특유재산임이 증명되었다고 하려면 혼인 전부터 갖고 있었음을 증명하거나 혼인중 취득한 재산으로서 그것을 얻기 위한 대가 등이 자기의 것이라는 등 실질적으로도 그 재산이 자기의 것임이 증명되어야 하고, 그렇지 아니한 이상 부부 사이의 내부관계에서는 공유로 추정된다거나,5) 본조 ②이 적용되어 내부적으로 공유재산으로 추정된다는6) 견해가 많고, 나아가 본조 ②이 적용되어 외부적으로도 합유재산을 구성한다는 견해도

---

5) 김용한, 132; 김주수·김상용, 143. 이 견해는 이러한 이른바 실질적 공유를 §830 ①의 틀 안에서 인정하고, §830 ②은 가재도구 등 동산에 한하여 적용하려고 한다.
6) 이화숙, 부부재산관계, 317 이하. 오시영, 132-133; 최금숙, 친족(2), 123도 비슷하다.

있다.[7] 마지막 견해는 앞서 본 바 있고, 그 밖의 견해는 외부관계에서는 명의를, 내부
관계에서는 실질을 중요시하여 §830(또는 §830 ①)의 요건을 이중적으로 해석하는 데
그 특징이 있다. 그러나 이는 결국 기본적으로 판례상의 제도인 부부간 명의신탁관계
의 성립요건에 관한 문제로[8] §830와 직접 관계가 없고, §830와 결부시켜 논할 필요도
없다. §830는 (대외적인) 권리귀속만을 규율한다고 봄이 이론적으로 간명하다.[9]

(2) 재산 유형별 귀속

㈎ 부동산, 예금 등 채권 및 채무

부동산의 경우 법률행위에 의하여 취득하는 이상 반드시 등기하여야 하고, 등기
한 것과 다른 내용의 권리를 취득할 수는 없으므로(§186), 거의 언제나 §830 ①에서 말
하는 「명의」가 존재한다. 다만, 명의인의 소유를 전제로 부부간 명의신탁이 인정될
수 있을 뿐이다.

예금 기타 채권의 경우도 마찬가지이다. 지명채권이 존재함을 증명하기 위해서
는 통상 그 발생원인, 가령 예금계약 등을 증명하여야 하는데, 이미 이러한 계약의
「해석」을 통하여 「명의인」, 즉 권리자가 확정될 수 있다. 계약 당사자의 확정에 다소
간 불확실성이 있다 하더라도 이는 법률문제이므로 증명책임에 관한 §830 ②이 적용
되는 경우는 쉽사리 생각하기 어렵다.[10] 채권의 반면인 채무도 마찬가지로 「명의」인
이 단독으로 부담한다. §830 ①이 재산법상의 권리귀속을 변경하지 아니하는 취지를
선언하고 있는 이상 채무 귀속에 대하여도 같은 원칙이 타당하다.

㈏ 동산과 주식 등

동산은 경우를 나누어 보아야 한다. 먼저, 혼인 전부터 갖고 있었던 동산이거나
혼인중 취득한 동산으로 그 취득경위가 증명된 때에는 그 취득행위를 해석하여 권리

7) 조미경(1993), 894 이하.
8) 민유숙(1995), 249 이하.
9) 그러나 판례 중에는 부부간 명의신탁의 문제에 관하여 본조를 언급한 예가 종종 보인다. 가령 대법원
1992. 7. 28. 선고 91누10732 판결은 "제830조는 부부의 일방이 혼인 전부터 가진 고유재산과 혼인중 자
기의 명의로 취득한 재산은 그 특유재산으로 한다고 규정하고 있으므로 위 ○○○의 명의로 있던 이 사
건 각 부동산은 그 취득시기가 동인과 원고와의 혼인 전후인가를 불문하고 위 ○○○의 소유로 추정된
다고 할 것"이라고 하고, 대법원 2008. 9. 5. 선고 2006두8068 판결은 "제830조 제1항 소정의 '특유재산
의 추정'을 번복하기 위하여는 다른 일방 배우자가 실제로 당해 부동산의 대가를 부담하여 그 부동산을
자신이 실질적으로 소유하기 위해 취득하였음을 증명하여야 하므로(대법원 1998. 12. 22. 선고 98두
15177 판결 등 참조), 단순히 다른 일방 배우자가 그 매수자금의 출처라는 사정만으로는 무조건 특유재
산의 추정이 번복되어 당해 부동산에 관하여 명의신탁이 있었다고 볼 것은 아니고, 관련 증거들을 통하
여 나타난 모든 사정을 종합하여 다른 일방 배우자가 당해 부동산을 실질적으로 소유하기 위하여 그 대
가를 부담하였는지 여부를 개별적·구체적으로 가려 명의신탁 여부를 판단하여야" 한다고 한 바 있다.
위 두 사건은 모두 증여세 등 부과처분 취소사건으로 뒤에 보는 바와 같이 물권법적 귀속이 문제된 것
이 아니라 명의신탁의 존부가 문제되었다.
10) 최행식(2002), 168－169.

자를 정하고, 그 후 권리가 이전되었다는 등의 사정이 증명되지 아니하는 이상 그가 계속 권리를 보유하고 있다고 추정함이 옳다. 대법원 2003. 11. 14. 선고 2000므1257, 1264 판결은, 원·피고 사이의 사실혼 관계가 1개월 만에 파탄된 사안에서 혼인공동생활에 사용하기 위해 결혼 전후에 원고 자신의 비용으로 구입한 가재도구 등은 피고가 점유하고 있다고 하더라도 여전히 원고의 소유에 속하므로, 소유권 또는 원상회복으로 그 반환을 구함은 별론, 손해배상청구는 할 수 없다고 하고,[11] 서울지방법원 1997. 9. 3. 선고 96가합38730 판결[12]은, 부부 일방이 혼인중에 자신의 노력으로 취득한 금전을 소지하고 그에 관하여 사용·수익·처분할 수 있는 배타적 지배권을 보유하고 있었다면 이는 그 일방의 특유재산으로 봄이 상당하다고 한다. 법률에 의하여 부부 일방에게 귀속된 권리의 경우에도 같다(스위스 민법 §198 ii 참조). 다음, 동산이 그 특성상 오직 부부 일방만 사용하도록 되어 있는 경우에는 취득경위가 증명되지 아니한 때에도 그의 특유재산으로 보아야 한다(스위스 민법 §198 i 참조).[13] 그 이외에 특유재산임이 증명된 재산의 대체물로 취득된 재산도 본래의 권리자의 특유재산으로 추정된다(스위스 민법 §198 iv 참조). 이러한 사정이 있는 이상 부부 일방이 가사노동 등으로 간접적으로 그 재산의 형성에 기여하였다거나 보다 구체적으로 취득명의는 부(夫) 앞으로 하였지만 자금은 처가 조달하였다 하여 명의인 등의 (물권법적) 소유가 부정될 수는 없다.[14] 반면 위와 같은 사정 중 어느 하나도 증명되지 아니하는 경우에는 §830 ②이 적용되어 부부의 공유로 추정된다.[15] 이와 같이 §830 ②을 법률관계가 전혀 증명

---

11) 또한 헌법재판소 2002. 7. 18. 선고 2002헌마202 결정(혼수품을 신부가 친정으로 가져간 것은 불법영득의사가 없다). 박동섭·양경승, 136.
12) 부(夫)가 처를 상대로 부당이득반환을 구한 사건이다.
13) 최행식(2002), 167–168. 대법원 1977. 4. 12. 선고 76다521 판결은 부부공동생활의 영위에 필요한 가재도구는 그것들의 용도와 종류 등으로 보아 우리의 경험칙상 일응 부(夫)의 재산으로 봄이 상당하므로 처의 소유재산으로 인정하려면 그 구입경위와 자금의 출처 등을 밝혀보아야 한다면서, 처의 채권자가 한 압류에 대한 부(夫)의 제3자 이의의 소를 기각한 원심을 파기하였다. 평석: 장경학, "남편이 준 생활비로 구입한 가재도구의 압류", 新聞 1229(1977. 11). 8. 이는 처의 특유재산이 아닌 한 그 성질상 당연히 부(夫)의 재산임을 전제하나, 어쨌든 그 성질상 부부 일방의 재산에 속하는 동산이 있음을 보여준다.
14) 대법원 2007. 8. 28.자 2006스3, 4 결정은 혼인생활에 있어 내조의 공이 있었다는 것만으로 혼인 전부터 갖고 있던 고유재산과 혼인중 자기 명의로 취득한 재산이 그의 특유재산이라는 추정을 번복할 수는 없으나, 실질적으로 다른 일방 또는 쌍방이 그 재산의 대가를 부담하여 취득한 것이 증명된 때에는 특유재산의 추정이 번복되어 다른 일방의 소유 또는 쌍방의 공유라고 보아야 한다고 한다. 그러나 당해 사안은 부부 일방이 그 명의로 취득하였음이 증명된 재산에 대하여 그 자금을 다른 일방이 대었다는 점을 들어 공유 또는 다른 일방의 소유를 인정한 것이 아니라, 제반 사정에 비추어 다른 일방이 (그 명의로) 취득하였으므로 그 소유라는 점을 인정한 것으로, 위 추상론과 잘 들어맞지 아니한다. 이미 부부 일방이 사망하여 그 취득경위를 구체적으로 밝히기 어려운 경우 증명도를 다룬 판례라고 할 수 있다[서울고등법원 2006. 6. 2. 선고 2005나4828 판결(미간행)은 이와 같이 「오래전 과거에 있었던 일로서 오랜 기간의 경과에 따른 증거의 산일(散逸)로 주요사실의 입증이 현실적으로 어려운 사실관계」의 경우, 그 입증의 정도를 완화하여 주요사실을 뒷받침할 간접사실의 입증만으로 주요사실을 추인할 수밖에 없다고 한다]. 한편 위 결정이 그 추상론을 설시하면서 인용한 재판례는 모두 명의신탁에 관한 것이다.

되지 아니한 경우 적용되는 규정으로 이해하는 이상 그 지분관계도 증명될 수 없으므로 지분도 1/2로 추정하여야 한다(§262 ②).[16]

주식의 경우 판례는 명의에 관계없이 그 취득자금을 누가 부담하였는지 등에 따라 귀속을 정하고 있다(실질설). 가령 대법원 1987. 2. 24. 선고 86누747 판결[17]은 부 (夫)가 처 모르게 회사의 주주명부에 처 명의로 등재하였고 처가 국세납세의무성립일까지 이를 몰랐다면 처는 형식상 회사의 주주명부에 등재된 사람으로서 국세기본법 §39 ii 소정의 과점주주에 해당하지 아니한다고 하여, 부(夫)를 - 대외적으로 - 주주로 보고 있다. 주식의 경우에는 이미 재산법적으로도 자금부담의 주체를 증명함으로써 명의와 다른 권리귀속을 인정할 수 있는 것이다.[18]

그 이외에 대법원 1962. 3. 29. 선고 4294민상962 판결은 포목상을 해온 부(夫)를 상대로 가옥명도청구를 한 사건에서 피고와 그 처가 점포는 처의 명의로 임차하고 납세명의자는 피고로 하여 포목상을 공동경영하여 온 사실을 인정하고도 위 영업이 피고와 피고의 처 중 누구에게 속하는지 분명하지 아니하다면서 §830 ②에 의하여 남편인 피고가 경영하는 것으로 추정하고 이를 전제로 피고에 대한 첨포명도청구를 인용한 원심을 확정하였다. 위 판결은 공동경영사실 등만으로는「영업」이 공동으로 또는 처에게 귀속한다는 점이 증명되었다고 보기 어렵다는 취지로 보인다. 그러나 명도청구의 상대방은 사실상의 점유를 가지고 있는 자이고, 공동경영사실을 인정하는 한 오늘날의 혼인관념상 처를 부(夫)의 점유보조자로 볼 수는 없으므로,[19] 부부의 공동점유를 인정하여야 한다.

⑷ 일상가사대리·일상가사에 관한 채무의 연대책임과의 관계

일상가사대리권이나 일상가사에 관한 채무의 연대책임(§§827, 832)이 인정되는 경우 그에 대응되는 권리도 부부가 (법률상) 공동으로 취득한다는 견해가 있으나, 타당하다고 할 수 없다. 제827조 註釋 Ⅱ. 2. 및 제832조 註釋 Ⅲ. 2. 나. 참조.

다. 재산의 처분

(1) §830 ① 등에 따라 재산의 귀속이 밝혀진 때에는 그 처분도 그 재산의 귀속

---

15) 이에 관한 독일법의 규율에 관하여는 서종희(2013), 48 이하, 57-58.
16) 박동섭·양경승, 136. §830 ②과 같은 내용의 스위스 민법 §200 ②도 그와 같이 해석되고 있다. BaslerKommZGB/Hausheer (2. Aufl., 2002), Art. 200 N. 19.
17) 최행식(2002), 169.
18) 대법원 2017. 3. 23. 선고 2015다248342 전원합의체 판결 중 대법관 박병대, 김소영, 권순일, 김재형의 별개의견은 이러한 종래 판례와 달리 명의인만이 주주라는 입장을 취한다. 그러나 다수의견은 이 점에 대하여는 언급하지 아니한 채 회사에 대하여는 주주명부에 기재된 명의인만이 주주라고 한다.
19) 주석물권(1) (제4판), 299(김형석).

형태에 따른다. 부부 일방의 단독소유인 경우에는 그가 단독으로, 쌍방이 공유하는 때에는 각자 그 지분에 관하여는 단독으로, 공유물 자체는 공동으로 처분할 수 있고, (준)합유인 경우에는 합수적으로만 이를 처분할 수 있다. §830 ②에 따라 공유로 추정되는 경우에는 공유법에 따라 각자 그 지분은 단독으로, 공유물 자체는 공동으로 처분할 수 있다. 스위스 민법 §201 ②은 부부가 물건을 공유하는 경우 달리 합의하지 아니하는 한 그 지분조차도 상대방의 동의 없이 처분할 수 없다고 하나, 우리 법에는 그와 같은 규정이 없다.

(2) 그런데 이처럼 부부 각자 명의의 재산을 단독으로 처분할 수 있다고 하면 몇 가지 문제가 생긴다.

먼저, 부부재산 중에는 §830의 의미에서 부부 일방의 특유재산에 속하나 §839−2의 의미에서 실질적 공동재산으로 재산분할청구권의 대상이 되는 재산이 있을 수 있다. 그러나 단독 소유라는 이유로 자유로이 처분할 수 있게 하면 재산분할청구권이 행사될 때에는 이미 그 대상을 잃어버릴 위험이 있다. 독일 민법 §§1365ff., 특히 §1367는 부가이익공동제가 적용되는 부부의 경우 다른 배우자의 동의 없이 자신의 전 재산이나 가재도구에 대하여 한 처분을 무효로 함으로써 혼인중 공동생활의 기초와 혼인해소시 장래의 부가이익청산청구권을 보전한다.[20] 민법에는 부부 일방의 처분을 사전에 제한하는 규정은 없고, 재산분할청구권을 보전하기 위한 사해행위취소에 관한 §839−3이 부분적으로 이러한 기능을 담당하고 있을 뿐이다. 입법론적으로는 우선 혼인중 재산분할청구를 허용할 필요가 있다.[21]

다음, 특히 혼인주거는 가족생활의 공간적 기초를 이루므로, 그것이 일방의 명의로 되어 있다 하더라도 함부로 처분할 위험으로부터 보호할 필요가 크다. 비교법적으로도 부부 일방의 혼인주거의 처분을 제한하는 예가 많다.[22] 2007년 민법 개정안에는 같은 취지에서 혼인중 부부의 주거용 건물에 대한 권리 및 그 임차보증금반환청구권의 처분에 상대방의 동의를 요하는 것으로 하고, 동의 없는 처분에 대하여는 일정한 기간 내에 취소할 수 있도록 하는 §831−2 개정안이 포함되어 있었으나,[23] 입법에 이르지 못하였다.

---

20) 강승묵(2009a), 19 이하. 프랑스에서는 약정부부재산제 중 하나인 취득재산참가제를 택하는 경우 그 권리보전을 위한 법정저당권설정청구권이 인정된다. 프랑스 민법 §2042. 정다영(2018), 242 이하.

21) 이동진, "배우자의 특별수익, 기여분, 유류분", 사법 56(2021), 320. 그러나 이에 반대하는 것으로 김은아(2021), 97.

22) 소재선(1997), 207 이하; 소재선(1998), 541 이하; 윤진수(2007), 245−246; 이연이·김제완(2021), 54−55.

23) 윤진수(2007), 242 이하. 당시 논의된 관련 개정안들에 관하여는 전경근(2006), 56 이하. 이에 반대하는 것으로 김은아(2021), 96−97.

2. 재산의 관리 · 사용 · 수익(§831)

§831는 부부가 각자 자신의 특유재산을 관리, 사용, 수익한다고 규정한다. 관리공동제하에서는 처의 특유재산도 제1차적으로는 부(夫)가 관리, 사용, 수익하도록 정하고 있었는데, 처의 행위능력이 인정되면서 부부 각자 자기의 특유재산을 단독으로 관리, 사용, 수익하는 것으로 바뀐 것이다.

이 규정의 규율내용은 재산법적 관점에서는 당연한 것에 불과하다. 그러나 가족법적인 관점에서는 오히려 불합리한 경우가 생긴다. 부부 일방의 명의로 되어 있어 §830에 따라 그 일방의 특유재산으로 보는 혼인주거 기타 재산도 혼인공동생활 내지 가족생활에 필수적일 때에는 다른 배우자의 관리 · 사용 · 수익을 인정할 필요가 있다.[24] §826의 부부간 협조의무에 터잡아 이러한 권리를 인정함이 옳을 것이다. 나아가 부부가 이혼하지는 아니한 채 별거중일 때 혼인주거의 사용 문제도 같은 규정에 터잡아 해결하여야 할 것이다.[25]

3. 책임재산으로서의 기능

가. 부부 각자의 재산은 원칙적으로 그들 각자의 채권자를 위한 책임재산을 구성할 뿐이다. 가령 부(夫)의 채권자가 그 채권에 터잡아 처 명의의 재산을 압류 · 집행하는 것은 허용되지 아니한다. 民執 §195 i, ii, iii, xiv, xv가 부부 일방 명의의 재산이라 하더라도 다른 일방의 생활에 필요한 것이라면 압류금지물건으로 하고 있을 뿐이다.[26]

같은 조 i가 분명히 하고 있듯, 이 법리는 사실혼 관계에도 적용된다.

어떤 물건이 부부 공유로 판단되는 때에는 공유지분압류의 방법에 의하여 집행하는 수밖에 없다. 다만, 부부가 공유하는 유체동산으로서 채무자인 부부 일방이 단독 또는 공동점유하는 경우에는 지분 대신에 유체동산 전부를 압류할 수 있다(民執

---

24) 독일에서도 대체로 그와 같이 해석하고 있다. 강승묵(2009b), 547 이하.
25) 독일 민법 §1361b는 이에 관하여 별도의 규정을 두고 있다. 최신섭(2007), 61 이하.
26) 民執 §195(압류가 금지되는 물건) 다음 각 호의 물건은 압류하지 못한다.
  1. 채무자 및 그와 같이 사는 친족(사실상 관계에 따른 친족을 포함한다. 이하 이 조에서 "채무자등"이라 한다)의 생활에 필요한 의복 · 침구 · 가구 · 부엌기구, 그 밖의 생활필수품
  2. 채무자등의 생활에 필요한 2월간의 식료품 · 연료 및 조명재료
  3. 채무자등의 생활에 필요한 1월간의 생계비로서 대통령령이 정하는 액수의 금전 (…)
  13. 채무자등이 학교 · 교회 · 사찰, 그 밖의 교육기관 또는 종교단체에서 사용하는 교과서 · 교리서 · 학습용구, 그 밖에 이에 준하는 물건
  14. 채무자등의 일상생활에 필요한 안경 · 보청기 · 의치 · 의수족 · 지팡이 · 장애보조용 바퀴의자, 그 밖에 이에 준하는 신체보조기구
  15. 채무자등의 일상생활에 필요한 자동차로서 자동차관리법이 정하는 바에 따른 장애인용 경형자동차

§190).[27] 그러나 이때에도 채권자는 매각대금 중 채무자가 아닌 부부 일방의 공유지분에 상당액으로부터 배당받을 수 없다. 해당 부분은 그 부부 일방에게 지급된다(民執 §221 ①, ②). 만일 채권자가 공유가 아님을 주장하여 이의한 때에는 배우자를 상대로 소(배당이의의 소)를 제기하여 공유가 아님을 확정하여야 한다(民執 §221 ③, ④). 이 법리도 사실혼에 유추된다.[28] 그 이외에 부동산 공유지분이 매각되는 경우 다른 공유지분권자가 매각기일까지 최고매수신고가격을 제공하고 우선 매수할 수 있는 것처럼(民執 §140), 위 규정에 따라 유체동산 자체가 매각된 경우에도 그는 매각기일에 출석하여 최고매수신고가격을 제공하고 우선 매수할 수 있다(民執 §206).

나. 그러나 이러한 책임재산으로서의 기능은 재산분할청구권과 관련하여 사실상 제한되고 있다. 제839조의2 註釋 Ⅲ. 1. 나. 참조.

Ⅱ. [補論] 별산제와 세법, 이른바 부부간 명의신탁

1. 별산제와 세법

소득세와[29] 상속세·증여세의[30] 입법주의에는 개인단위 과세주의와 가족단위 과세주의가 있다. 개인단위 과세주의는 사법(私法)상 부부재산의 귀속형태인 별산제와 잘 들어맞고, 혼인 내지 법률혼 여부에 따라 조세부담이 달라지지 아니하는 장점이 있지만, 가족이 경제적으로도 공동체를 이룬다는 점에서 조세부담이 경제적 실질과 달라져 과세의 형평을 깨뜨리고, 나아가 부부 사이에 조세부담경감을 위한 비효율적인 재산거래가 나타날 수 있다는 단점이 있다. 가족단위 과세주의의 장·단점은 대체로 이와 반대라고 할 수 있다.

우리 세법은 대체로 개인단위 과세주의를 취하면서 부분적으로 세대 내지 가족단위 과세주의를 결합하고 있다.[31]

---

27) 헌법재판소 1999. 3. 25. 선고 96헌바34 전원재판부 결정은 이 규정이 헌법에 반하지 아니한다고 한다.
28) 대법원 1997. 11. 11. 선고 97다34273 판결.
29) 김남욱, "소득세법상의 과세원칙", 공법연구 31-3(2003), 685 이하.
30) 김정식(2005), 383 이하.
31) 우선, 신한미(2007), 206 이하.

2. 이른바 부부간 명의신탁

가. 요건

(1) 앞서 언급한 바와 같이 다수의 학설은 §830의 특유재산과 공유재산의 구별을 물권법적인 귀속이 아닌 「내부관계」에 적용하려고 한다(주 5, 6). 이는 판례가 인정하는 이른바 부부간 명의신탁의 법리와 관련되어 있다. §839-2 신설 전 대법원 1986. 9. 9. 선고 85다카1337, 1338 판결이[32] 처가 부(夫) 명의로 매수하여 부(夫) 명의로 등기를 마친 부동산에 관하여 이후 자기 앞으로 무단으로 소유권이전청구권가등기를 하자 부(夫)가 그 말소를 구한 사건에서 이른바 실체관계에 부합하는 등기의 항변을 배척하면서도 (방론으로) 부부 일방이 혼인중 그 명의로 취득한 부동산은 부부 각자가 대금의 일부씩을 분담하여 매수하였다거나 부부가 연대채무를 부담하여 매수하였다는 등의 실질적 사유가 주장·입증되는 경우에 한하여 부부의 공유로 인정할 수 있다고 판시함으로써 부부간 명의신탁의 가능성을 인정한 이래, 판례는 "부부의 일방이 혼인중 그 단독 명의로 취득한 재산은 그 명의자의 특유재산으로 추정되나, 다른 일방이 실제로 당해 재산의 대가를 부담하여 취득하였음을 증명한 경우에는 그 추정이 번복되어, 그 대가를 부담한 다른 일방이 실질적인 소유자로서 편의상 명의자에게 이를 명의신탁한 것으로 인정할 수 있다"고 한다. 그리하여 매수자금을 분담하여 갹출한 때에는 그 분담비율에 따른 내부적 공유를,[33] 각자의 소득활동 또는 처의 반복되는 재산처분 및 매수 등을 통하여 형성된 공동의 재산으로 매수한 경우에는 제반사정을 고려하여 (흔히 각 1/2씩 지분의) 내부적 공유를 인정하고 있다.[34] 1995년 제정된 不實法 §8 ii도 "배우자 명의로 부동산에 관한 물권을 등기한 경우"를 같은 법의 주요 규정의 적용대상에서 제외하여 이 법리를 간접적으로 승인한 바 있다. 다만, 근래 대법원 2008. 9. 25. 선고 2006두8086 판결은,[35] 경험칙에 비추어 과세요건사실이 추정되는 사실이 밝혀지면 상대방이 그 경험칙 적용의 대상이 되지 아니하는 사정을 입증

---

32) 해설: 성기창(1987), 109 이하, 평석: 조미경(1990). 위 판결의 판시에는 명의신탁에 관한 언급이 없으나 피고는 명의신탁해지를 원인으로 하는 소유권이전등기청구권에 터잡아 실제관계에 부합하는 등기의 주장을 하고 있었다.

33) 대법원 1994. 12. 22. 선고 93다52068, 52075 판결(이 사건의 당사자들은 사실혼 관계에 있었다). 다만 판례는 부부 중 명의자 아닌 일방이 자금 전부를 부담한 때에는 그의 단독소유라고 한다. 대법원 1986. 11. 25. 선고 85누67 판결; 대법원 1992. 8. 14. 선고 92다16171 판결.

34) 대법원 1990. 10. 23. 선고 90다카5624 판결[평석: 한일환(1992)]; 대법원 1995. 2. 3. 선고 94다42778 판결; 대법원 1995. 10. 12. 선고 95다25695 판결[평석: 전경근, "혼인중 취득한 재산의 귀속관계", 가족법 판례해설, 82 이하]. 최근의 것으로는 대법원 2007. 4. 26. 선고 2006다79704 판결.

35) 앞의 사건이 대부분 혼인중 부부간 명의변경이 있었던 사건임에 비하여 이 사건은 그렇지 아니하였다는 점에서 차이가 있다.

하여야 하므로, 부동산의 취득자금의 출처가 명의자가 아닌 다른 일방 배우자임이 밝혀졌다면 명의자가 배우자로부터 「취득자금」을 증여받은 것으로 추정할 수 있고, 당해 부동산이 다른 일방 배우자로부터 명의신탁된 것이기 때문에 취득자금을 증여받은 것으로 볼 수 없다는 점에 대하여는 납세자가 이를 주장·입증해야 한다고 한다. 대법원 2010. 9. 30. 선고 2010다46329 판결도,36) 다른 일방 배우자가 그 매수자금의 출처라는 사정만으로 무조건 특유재산의 추정을 번복하고 당해 부동산에 관하여 명의신탁이 있었다고 볼 것은 아니고, 관련 증거들을 통하여 나타난 모든 사정을 종합하여 다른 일방 배우자가 당해 부동산을 실질적으로 소유하기 위하여 대가를 부담하였는지 여부를 개별·구체적으로 가려야 한다고 하여, 위 증명에 좀 더 엄격한 태도를 취한다.

그러나 다른 한편 판례는37) 부동산을 취득하는 데 일방이 협력하였다거나 혼인생활에 있어 내조(內助)의 공이 있다는 것, 즉 가사노동(家事勞動)만으로는 위 특유재산의 추정을 번복하기 어렵다고 하여, 그 성립범위에 관한 한 다수의 학설과는 다른 입장을 취한다.

(2) 이러한 판례는 대체로 수긍할 만하다고 생각된다. 명의신탁관계는 원칙적으로 당사자의 합의, 즉 약정으로 성립하므로, 명의신탁관계가 성립하였는지 여부는 결국 당사자의 의사해석의 문제이다.38) 부동산을 부부 각자가 대금의 일부씩을 분담하여 매수하였다거나 부부가 연대채무를 부담하여 매수한 경우, 자금의 전부 또는 일부를 부담하면서도 자기 명의로 재산을 취득하지 아니한 부부 일방에게 증여 등 무상출연의 의도가 있었다고 보기는 어렵다[혼인의 효력 前註 Ⅱ. 1. 나. (3) 참조]. 이러한 경우 당사자의 합리적 의사를 재구성하면 - 다소간 의제적인 점이 있음을 부인하기는 어려우나 - 명의신탁의사를 인정할 여지가 있다.39) 대법원 2008. 9. 25. 선고 2006두8086 판결은 당사자의 의도와 관계없는 출연사실만으로 명의신탁관계가 인정되는 것이 다소간 의제적임을 고려하여 당사자에게 당해 목적물 자체에 대한 권리 내지 이익을 취하려는 의사가 있었는지를 구체적 사정에 비추어 판단할 것을 명하고 있다. 이 또한 이러한 해석과 부합한다.

---

36) 해설: 김인택(2012).
37) 대법원 1986. 9. 9. 선고 85다카1337, 1338 판결; 대법원 1998. 12. 22. 선고 98두15177 판결. 이에 반대하는 것으로 조미경(1990), 36 이하; 한일환(1992), 261.
38) 양창수, "부동산실명법의 사법적 규정에 의한 명의신탁의 규율", 민법연구 5(1999), 135 이하.
39) 이동진, "재산분할과 채무", 가족법연구 26-3(2012), 314.

반면 재산형성에 가사노동 등을 통하여 간접적으로 기여한 경우에는 이와 같은 의사적 계기를 찾기 어려우므로, 부부간 명의신탁을 인정하는 것은 과도한 의제라는 비판을 면하기 어렵다.[40] 학설은 재산분할청구에서 가사노동 등을 고려하는 것과 부부간 명의신탁에서 이를 고려하지 아니하는 판례 법리 사이에 모순이 있다고 하나(주 5, 6), 두 제도의 근거가 다르고(제839조의2 註釋 I. 2. 가. 참조) 그 효과도 다른 이상 타당한 비판이라고 할 수 없다.

한편, 판례는 不實法 §8 ii의 특례를 법률혼에 한하여 적용하므로,[41] 사실혼 부부 사이의 부부간 명의신탁은 무효이고(不實法 §4), 그 후 법률혼을 하여야 효력이 생기게 된다.

나. 효과

(1) 부부간 명의신탁이 인정되면, 부부 일방은 언제든지 다른 일방에게 그 환원을 구할 수 있다. 이 범위에서 부부간 명의신탁은 재산분할청구권(§839-2)과 그 기능이 겹친다. 그러나 부부 사이에서도 제3자와 사이에서처럼 법률행위를 할 수 있는 이상 재산분할청구권 제도가 있다 하여 명의신탁관계를 부정할 수는 없고, 재산분할청구의 경우 그 대상과 방법 등이 법관의 재량에 맡겨져 있으나 명의신탁재산의 환원은 특정 재산의 반환을 강제할 수 있다는 점에서 실익도 있으므로, 양자의 병존을 인정함이 옳다. 다만, 혼인관계가 해소된 이후 반환을 구하는 때에는 재산분할청구의 틀 안에서 명의신탁재산의 반환을 함께 주장할 수 있다고 보아도 무방하므로 현행법상 명의신탁재산반환청구가 직접 문제되는 경우는 혼인중 재판상 반환을 구하는 예외적인 경우에 한하게 된다. 재산분할청구가 널리 활용된 이후 이러한 유형의 사건을 거의 찾아볼 수 없게 된 것은 이와 같은 사정과 관련되어 있다고 보인다.[42]

다만, 부부 일방이 무단으로 명의신탁재산의 명의를 그 앞으로 환원시키는 경우 실체관계에 부합하는 등기 등의 법리가 적용될 수는 있을 것이다.

(2) 부부간 명의신탁의 법리가 자주 문제되는 것은 오히려 혼인중 부부간 명의변경이 있는 경우이다. 부부간 명의신탁이 인정되는 한 이는 명의신탁재산의 환원에 불

---

40) 물론 구체적으로 재산형성에 직접 기여한 경우와 가사노동을 통하여 간접적으로 기여한 경우 사이의 경계가 반드시 분명한 것은 아니다. 민유숙(1995), 271 이하.

41) 대법원 1999. 5. 14. 선고 99두35 판결; 대법원 2002. 10. 25. 선고 2002다23840 판결 등.

42) 이동진(주 39), 314-319. 허만(1995), 203 이하도 참조. 정원, "재산분할과 관련한 몇 가지 실무상 문제점", 실무연구[Ⅷ](2002), 98은 부부간 명의신탁관계에 있다고 주장되는 재산의 대부분은 그 명의인이 재산형성에 일부라도 기여하였거나 최소한 그 유지와 감소방지에 기여한 실질적 공유재산으로 재산분할의 대상이 된다면서도, 예외적으로 명의신탁인의 특유재산으로 명의수탁인의 기여를 전혀 인정할 수 없는 경우라면 분할대상에서 제외된다고 하나, 뒤의 경우라 하더라도 재산분할에 관한 심판에서 그 환원을 명하지 못할 까닭은 없다고 생각된다.

과하므로, 사해행위가 되지 아니할 뿐만 아니라,[43] 부부간 증여에도 해당하지 아니하여 증여세부과의 대상이 되지도 아니한다.[44] 근래 부부간 명의신탁이 문제된 분쟁의 대부분은 이러한 사안유형에 해당한다.

---

43) 대법원 2007. 4. 26. 선고 2006다79704 판결.
44) 대법원 1986. 11. 25. 선고 85누67 판결; 대법원 1998. 12. 22. 선고 98두15177 판결; 대법원 1999. 5. 14. 선고 99두35 판결.

第 832 條 (家事로 인한 債務의 連帶責任)

夫婦의 一方이 日常의 家事에 관하여 第三者와 法律行爲를 한 때에는 다른 一方은 이로 인한 債務에 대하여 連帶責任이 있다. 그러나 이미 第三者에 대하여 다른 一方의 責任없음을 明示한 때에는 그러하지 아니하다.

▌**참고문헌:** 김주수(1971), "일상가사대리권과 가사로 인한 채무의 연대책임", 경희법학 9-2; 성위석(1999), "일상가사에 관한 법률행위의 범위", 가족법연구 13; 오병철(2007), "일상가사대리권과 일상가사채무 연대책임과의 관계", 가족법연구 21-2; 임성권(2000), "일상가사대리권과 표현대리", 인하대 법학연구 2; 홍춘의(2000), "일상가사의 범위", 판례월보 355.

I. 총설

본조는 부부 일방이 일상의 가사에 관하여 제3자와 법률행위를 하여 부담하게 된 채무에 대하여 다른 일방이 연대하여 책임을 짐을 선언한다. 본조의 의의, 연혁, 기능 및 일상가사대리권(§827)과의 관계에 관하여는 제827조 註釋 I. 2. 참조. 본조의 책임은 법정책임에 해당한다.

II. 일상가사로 인한 채무의 연대책임의 성립요건

1. 「부부의 일방이」

본조의 책임이 성립하기 위해서는 법률행위를 한 사람과 책임을 지는 사람 사이에 부부관계가 존재하여야 하고, 그 부부 일방과 제3자 사이에 법률행위가 있어야 한다. 부부 쌍방이 행위한 경우에는 본조의 법정책임이 아닌 당해 행위의 해석에 의하여 연대책임 등이 인정될 수 있다. 본조의 의미에서 「부부」의 구체적인 내용은 일상가사대리에 관한 제827조 註釋 Ⅱ. 1. 가. 참조.

2. 「일상(日常)의 가사(家事)에 관하여」

가. 또한 본조의 책임은 일상의 가사에 관한 법률행위에 한하여 인정된다. 본조는 연대책임을 인정하는 규정으로서 주로 금전채무, 특히 금원차용의 경우에 문제되고 있다. 차금행위 자체는 중립적이어서 그 성질상 가사에 포함 또는 제외된다고 할 수 없으므로, 가사에 해당하는지 여부를 판단함에 차용의 목적과 차용금의 실제 사용처를 고려하여야 한다. 대법원 1997. 11. 28. 선고 97다31229 판결은 일반적으로, §832에서 말하는 일상의 가사에 관한 법률행위라 함은 부부의 공동생활에서 필요로 하는 통상의 사무에 관한 법률행위를 말하는 것으로, 그 구체적인 범위는 부부공동체의 사회적 지위·직업·재산·수입 능력 등 현실적 생활 상태뿐 아니라 그 부부의 생활 장소인 지역 사회의 관습 등에 의하여 정하여지나, 당해 구체적인 법률행위가 일상의 가사에 관한 법률행위인지 여부를 판단함에 있어서는 그 법률행위를 한 부부공동체의 내부 사정이나 그 행위의 개별적인 목적만을 중시할 것이 아니라, 그 법률행위의 객관적인 종류나 성질 등도 충분히 고려하여 판단하여야 한다면서, 교회건축헌금, 가게의 인수대금, 장남의 교회 및 주택임대차보증금의 보조금, 거액의 대출금에 대한 이자 지급 등의 명목으로 금원을 차용한 행위는 일상가사에 속한다고 볼 수 없고, 주택 및 아파트 구입비용 명목으로 차용한 경우 그 주택 및 아파트의 매매대금이 거액에 이르는 대규모의 주택이나 아파트라면 그 구입 또한 일상의 가사에 속하는 것이라고 보기는 어렵다고 하였다. 그리고 대법원 1999. 3. 9. 선고 98다46877 판결은[1] 금전차용행위도 금액, 차용 목적, 실제 지출용도, 기타의 사정 등에 비추어 부부의 공동생활에 필요한 자금조달을 목적으로 하는 것일 때에는 일상가사에 속한다고 보아야 할 것이므로, 아파트 구입비용 명목으로 차용한 경우 그와 같은 비용의 지출이 부부공동체 유지에 필수적인 주거 공간을 마련하기 위한 것이라면 일상가사에 속한다고 볼 수 있다고 하였다. 그러나 일상성의 판단에는 거래규모도 중요하게 고려되어야 하는데, 뒤의 사안의 경우 일상적인 한도를 넘었다고 보인다는 점에서 당부에 의문이 없지 않다.[2] 다른 문제로, 부부 일방의 예금계좌를 결제계좌로 하여 타방에게 현금카드를 발

---

1) 평석: 성위석(1999), 129 이하; 임성권(2000), 208 이하; 홍춘의(2000), 14 이하; 같은 취지: 대법원 2000. 4. 25. 선고 2000다8267 판결(평석: 최금숙, "계금채무와 일상가사의 법률행위", 가족법 판례해설, 101 이하); 대법원 2009. 2. 12. 선고 2007다77712 판결.
2) 다만, 처가 차용한 돈으로 부(夫) 명의의 부동산을 취득하였고, 부부 사이에 별도의 재산이전의 원인이 있다기보다는 혼인공동생활 안에서 처가 그 혜택을 누릴 수 있으리라는 기대 하에 무상으로 차용금이 분양금 등으로 지출되었다는 점(§747② 참조)에 비추어 전용물소권(actio in rem verso)을 주장해볼

급한 경우 대리권이 부여되었다고 볼 수 있고, 신용카드를 발급한 경우 포괄적 채무인수를 인정할 수 있으므로 카드를 사용한 법률행위에 본조가 적용될 여지는 적다는 견해가 있다.[3] 최근 판례는 피고 소유 부동산의 임대소득 외에는 일정한 소득이 없는 상태에서 생활비 등을 마련하기 위하여 피고가 그 처의 위임을 받아 그 처 소유의 부동산을 임대하였고, 보증금 등을 생활비 계좌로 송금받아 생활비로 사용하였다면 피고의 처의 부동산의 임대도 본조의 일상가사에 해당한다고 한다.[4] 부부의 구체적인 생활이 고려되어야 함을 보여주는 예이다. 그 밖에 일상가사의 범위 일반에 관하여는 제827조 註釋 Ⅱ. 1. 나. 참조.

나. 본조 단서는 제3자에 대하여 다른 일방의 책임 없음을 명시한 때에는 본조의 연대책임이 배제된다고 정한다. §827 ②과 달리 부부 일방이 제3자에게 면책을 명시하여야 한다. 제3자 일반에 대하여 명시하는 것으로는 족하지 아니하고, 거래 상대방인 제3자에 대하여 명시하여야 한다.[5] 우리나라에서는 논의가 없으나, 연대책임을 지는 일방이 아닌 법률행위를 하는 다른 일방의 명시에 의하여 연대책임을 배제하는 것도 허용된다고 봄이 상당하다.[6] 본조의 책임은 제3자를 보호하기 위한 것이므로 부부재산계약으로도 일반적으로 배제할 수는 없다.[7]

3. 「법률행위를 한 때」

가. 끝으로 법률행위로 인한 채무여야 한다. 일상가사에 관한 채무여도 그것이 법률규정에 의한 채무인 경우에는 본조가 적용되지 아니한다.[8]

나. 통설은 일상가사대리에 관한 §827와 본조의 연대책임을 매우 밀접하게 관련시켜 파악하고 있고, 그런 만큼 본조의 법률행위에 관하여도 명의를 문제 삼지 아니한다.[9] 그러나 근래에는 §827는 부부 일방이 다른 일방 명의로 법률행위를 한 경우에 적용되고, 본조는 부부 일방이 자기 명의로 법률행위를 한 경우에 적용된다고 하여 본조에 관하여도 명의를 문제 삼는 견해도 있다.[10]

여지가 있다. 윤진수, "부당이득법의 경제적 분석", 서울대 법학 55-3(2014), 144-146; 윤진수, 82.

3) 이경희·윤부찬, 90.

4) 대법원 2016. 6. 9. 선고 2014다58139 판결.

5) 김주수·김상용, 157; 박동섭·양경승, 144; 송덕수, 71; 한삼인·김상헌, 71. 박동섭·양경승, 144; 한삼인·김상헌, 71은 나아가 채무의 종류·액을 명시하지 아니하여도 무효라고 하나, 의문이다.

6) 新注民(21), 457(伊藤昌司).

7) 송덕수, 71; 윤진수, 81.

8) 가령 PalandtBGB/Brudermüller (72. Aufl., 2012), §1357 Rn. 22. 이 경우 그 의무의 귀속형태는 각 의무발생 근거규정의 해석에 의하여야 할 것이다.

9) 가령 김주수·김상용, 155-156; 오시영, 140.

10) 송덕수, 70; 오병철(2007), 21.

§827는 대리를 규정하고 있으므로, 이 규정은 부부 일방이 상대방의 명의로 법률행위를 한 경우에 적용되어야 한다. 반면 본조는 부부 일방이 자기명의로 법률행위를 한 경우에 한하여 적용된다고 볼 필요가 없다. 특히 부부 일방이 제3자와 금전거래를 하였으나, 자기를 위하여 한 것인지 상대방을 위하여 한 것인지 분명하지 아니한 경우 굳이 계약해석을 통하여 당사자를 확정한 후 거기에 본조를 적용할 것 없이 곧바로 본조를 적용하여 연대책임을 인정해도 좋다. 다른 한편, 법률행위에 직접 참여하지 아니하는 부부 일방만이 아니라 법률행위에 직접 참여하는 부부 일방도 본조 단서의 면책을 통지할 수 있다고 보는 이상(주 6), 부부 일방이 명시적으로 자기 명의로 법률행위를 하는 경우 묵시적 면책의 통지가 있다고 해석될 가능성이 크다. 본조가 적용되는 경우는 부부 일방이 명시적으로 자기명의로 법률행위를 한 경우보다는 오히려 부부 중 누구의 명의로 법률행위를 한 것인지 어느 정도 분명하지 아니한 경우라는 뜻이다. 본조에 따른 연대책임을 인정한 재판례도 대개 이러한 경우에 해당한다고 보인다.11) 부부 일방 명의의 재산처분에 관하여 본조가 원용되기 힘든 것도 같은 이유에서이다. 이때에도 그 재산 명의인에게만 귀속한다는 묵시적인 표시가 있다고 보아야 한다.12) 그러나 반대로 누구의 명의로 법률행위를 하였는지 분명하다 하여, 별도의 면책의 의사표시가 없음에도, 본조의 적용이 배제되는 것은 아니다.13)

Ⅲ. 일상가사로 인한 채무의 연대책임의 내용 내지 효과

1. 외부관계

본조가 적용되는 경우 부부 사이에는 연대책임이 발생한다. 학설로는 이때의 연대책임은 부부공동생활의 일체성에 비추어 §413 이하의 연대책임보다 더 밀접한 관계에 있어, 부담부분에 관한 §§418 ②, 419, 421는 여기에 적용되지 아니하고, 따라서 일방은 다른 일방의 채권으로 무제한으로 상계할 수 있으며, 면제의 효과는 전면적으로 생기고, 일방에 대한 채권의 시효소멸은 다른 일방의 채무도 소멸시킨다는 견해가

---

11) 대법원 1997. 11. 28. 선고 97다31229 판결; 대법원 1999. 3. 9. 선고 98다46877 판결. 또한 대법원 2003. 1. 24. 선고 2002다64377 판결도 참조.

12) 독일 민법도 일상가사에 관하여 엄격한 현명을 요구하지 아니하나, 묵시적 면책구성을 통하여 비슷한 결론을 도출한다. Brudermüller(주 8), Rn. 18. 스위스 민법에서도 현명은 요구되지 아니하나, 제3자와 면책합의를 통하여 그 책임을 일방 당사자로 집중시킬 수 있다. BalserKommZGB/Hasenböhler (2. Aufl., 2002), Art. 166 N. 21.

13) 위 대법원 2016. 6. 9. 선고 2014다58139 판결(주 4)의 경우 피고의 처의 명의로 법률행위가 이루어졌음이 분명함에도 본조에 의하여 대리인에게 연대책임을 지웠다.

있다. 다만, 혼인이 해소되면 보통의 연대채무로 돌아간다고 한다.[14] 그러나 혼인공동체성만 가지고 이러한 예외를 인정할 수는 없다. 부부 일방이 상대방의 채권으로 자기의 채무와 상계할 수 있다고 하는 것은 별산제에 정면으로 반하고,[15] 면제의 효과가 전면적으로 생긴다는 것은 채권자의 의사에 반할 뿐만 아니라 불필요한 구상 순환을 방지하고자 하는 이 규정의 취지도 뛰어넘게 된다. 부부 일방에 대한 채권의 시효소멸이 다른 일방에 대한 채권도 소멸시킨다면 채권자는 부부 양쪽에 대하여 시효를 중단시켜야 하는데, 이 또한 채권자를 위한 법 정책인 본조의 취지에 반한다. 특별한 취급을 할 까닭이 없다. 원칙적으로 연대책임에 관한 규율이 적용된다고 보아야 한다.[16]

2. 내부관계

가. 내부관계에서는 구상권이 인정된다. 이를 부정하는 견해도 있으나,[17] 이를 부정할 근거가 없다. 부부 사이의 구상비율에 관하여는 - 별다른 사정이 없는 한 - §833의 기준이 적용된다.[18] 제833조 註釋 Ⅱ. 2. 참조.

나. 학설 중에는 본조에 의하여 연대책임을 지는 이상, 권리도 공동으로 취득한다면서, 가령 부부 일방이 주택임대차계약을 체결하는 경우 그 차임지급채무에 관하여 본조가 적용되므로, 임차권도 공동 귀속한다는 견해가 있다.[19] 그러나 본조는 채무의 확장을 규정하고 있을 뿐이고, 권리귀속의 확장을 인정하고 있다고 볼 수는 없다. 제827조 註釋 Ⅱ. 2. 참조.[20]

---

14) 고정명·조은희, 82-83; 김용한, 132; 김주수(1971), 54; 김주수·김상용, 156; 박동섭·양경승, 144; 송덕수, 70; 오시영, 140-141; 이경희·윤부찬, 90; 조승현, 93; 지원림, 민법강의 (제19판, 2022), 1960; 한삼인·김상헌, 71.

15) 오병철(2007), 22-23.

16) 최금숙, 친족(2), 136이 이러한 견해로 보인다.

17) 황승태, "재산분할에 있어 채권, 채무의 처리에 관한 고찰", 재판자료 101(2003), 283-284.

18) 이동진, "재산분할과 채무", 가족법연구 26-3(2012), 317-318. 독일, 스위스의 해석론도 같다. Mehdorn, Der Gesamtschuldnerausgleich unter Ehegatten (2004), 65 ff.; Hasenböhler(주 12), N. 25.

19) 김주수(1971), 55; 김주수·김상용, 156-157.

20) 송덕수, 71. 이 문제는 독일에서도 다투어진 바 있다. 물권법적 공동 귀속을 주장하는 견해는 일상가사에 관한 권리의 공동귀속, 의무의 공동부담을 통하여(독일 민법 §1357) 사실상 공동재산제를 달성하려고 하였다. 그러나 통설은 이러한 시도를 받아들이지 아니하였다. Käppler, Familiäre Bedarfsdeckung im Spannungsfeld von Schlüsselgewalt und Güterstand, AcP 179 (1979), 245, 256 ff.; Brudermüller(주 8), Rn. 20.

第 833 條 (生活費用)

夫婦의 共同生活에 필요한 費用은 當事者間에 特別한 約定이 없으면 夫婦가 共同으로 負擔한다.

▌참고문헌: 강현중(1981), "미성숙 자녀의 양육과 부양", 司論 12; 엄경천(2018), "부부간 부양의무와 부부 공동생활비용 부담의 관계", 2017년 가족법 주요 판례 10선; 윤여헌·김용찬(1993), "부부의 생활비용분담", 재판자료 62; 이동진(2012), "부모 일방의 타방에 대한 과거의 양육비 상환청구와 소멸시효", 가족법연구 26−2; 전혜정(2006), "민법상 부부공동생활비용의 부담에 관한 연구", 가족법연구 20−2.

Ⅰ. 총설

1. 본조의 의의

본조는 부부의 공동생활에 필요한 비용의 분담에 관하여 정한다. 1990년 개정 전에는 가부장적 가족관념과 전통적 성 역할관념에 따라 당사자간 특별한 약정이 없으면 생활비용은 부(夫)가 부담하도록 정하고 있었으나, 1990년 개정으로 부부가 공동으로 부담하는 것으로 하였다.

2. 본조와 부부간 부양의무(§826)의 관계

민법에는 본조 이외에도 부부간 상호 부양을 정하는 §826가 있다. 家訴 §2 ① ii 나. 1)도 '제826조 및 제833조에 따른 부부의 동거·부양·협조 또는 생활비용의 부담에 관한 처분'을 마류 가사비송사건으로 규정한다. 본조의 생활비용 부담과 §826의 부양의무 사이에 어떤 관계가 있는가가 문제된다.

학설로는 양자는 본질적으로 유사하다는 견해,[1] 양자는 사실상 동일하지만 §826

---

1) 이경희·윤부찬, 85; 한봉희·백승흠, 115.

는 모든 부부에 대하여, 본조는 법정재산제에 따르는 부부에 대하여 적용된다는 견해,[2] 본조는 부부관계가 원만할 때에, §826는 부부가 별거하는 경우에 적용된다고 구별하는 견해, §826의 이행 내지 그 실현에 필요한 비용부담 또는 그 기준을 정한 것이 본조라는 견해[3] 등이 주장되고 있다.

　　본래 부부간 부양의무와 구별되는 생활비용부담규정은 가부장적 가족관념과 전통적 성 역할관념에 따라 부양의무는 부부가 서로 부담하였으나 생활비용은 전적으로 부(夫)의 부담으로 되어 있던 시대의 산물이다. 독일 민법의 경우 1957년 개정으로 부양의무규정만 두고 생활비용부담규정은 삭제하였고,[4] 우리와 같이 두 규정을 모두 존치시키고 있는 프랑스와 스위스에서도 점차 두 의무가 본질적으로 동일한 사항을 규율하고 있다는 견해가 유력해지고 있다.[5] 家訴 §2 ① ⅱ 나. 1)이 두 의무에 관한 처분을 구분하지 아니하고 한 규정에서 함께 정하는 이상 양자를 구별할 실익도 별로 없다.[6] 굳이 구분하자면 부양의무가 재산적 및 비재산적 의무를 포괄하는 반면 생활비용의 부담에 관한 규정은 그 중 재산적 부분의 구체적 이행방식을 규정하고 있다고 봄이 타당할 것이다.[7] 별거중일 때 본조가 적용될 수 없다는 주장은 본조가 「공동생활」이라고 하고 있다는 점에 착안한 듯하나, 별거중일 때 오히려 생활비용의 지급을 구할 권리를 인정할 필요가 있고, 家訴 §2 ① ⅱ 나. 1)도 이를 정하고 있다는 점에서 설득력이 없다.[8] 분담에 관한 약정을 부부재산약정으로 하여야 하는 것은 아니므로 본조가 법정부부재산제에 한하여 적용된다고 할 수도 없다. 다만, 그간 부부간 부양에는 – 암묵적으로 – 미성년 자녀의 양육비를 제외한 채 논의하였다는 점에 유의하여야 한다.

2) 신영호·김상훈·정구태, 97-98(본조와 §826가 원칙적으로 동일한 내용을 규정한다는 전제하에 §826에 양육비 청구권까지 포함시키고 있다).

3) 김주수·김상용, 133; 박병호, 99; 한삼인·김상헌, 67. 윤진수, 84; 최금숙, 친족(2), 104도 대체로 비슷하다.

4) 전혜정(2006), 38 이하.

5) Philippe, Le devoir de secours et d'assistance entre epoux (1981), 36 et s.; Jent, Die immaterielle Beistandspflicht zwischen Ehegatten unter dem Gesichtspunkt des Persönlichkeitsschutzes (1985), 41ff.

6) 윤여헌·김용찬(1993), 290 이하.

7) 같은 취지로 주석친족(1), 206(신정일). 대법원 2017. 8. 25.자 2014스26 결정은 "제826조 제1항은 부부간의 부양·협조의무의 근거를, 제833조는 위 부양·협조의무 이행의 구체적인 기준을 제시한 조항"이라고 한다. 이에 대하여 §826은 강행규정이고 §833은 임의규정이며 §833에는 생계를 같이 하는 친족의 부양비용도 포함될 수 있으므로 §833과 §826을 같은 성격의 권리로 본다면 미성년 자녀 양육을 위하여 지출한 비용도 이행청구를 한 이후의 것만 청구할 수 있게 된다는 비판으로, 엄경천(2018), 16-32.

8) 전혜정(2006), 57-60.

3. 본조의 적용범위

본조는 법률혼 관계의 부부 사이에 적용된다. 별거 중이거나 부부재산약정이 있다 하여 당연히 적용이 배제된다고 할 수는 없다. 나아가 본조는 사실혼부부에 대하여도 유추된다. 중혼적 사실혼에 대하여는 다툼이 있으나, 유추된다고 봄이 옳을 것이다.[9]

II. 생활비용부담의 내용

1. 「생활비용」의 범위와 액수

생활비용의 부담은 분담대상이 되는 생활비용의 범위 내지 액수를 정하는 단계와 그 분담비율을 정하는 단계로 나뉜다. 먼저 생활비용의 범위를 본다.

가. 본조는 생활비용을 부부의 공동생활에 필요한 비용이라고 규정한다. 이때 생활비용은 부부 각자의 자산, 수입, 사회적 지위에 상당하는 통상의 생활을 유지하기 위하여 필요한 비용으로서, 구체적으로는 일상생활에 필요한 의식주 비용을 비롯하여 교육비, 오락비, 교제비, 출산[10] 및 의료비, 장례비 등이 포함된다.[11] 공동생활의 수단이 되는 부부 한쪽의 직업 관련 채무(부부 한쪽의 사업상 채무 등)도 생활비용에 포함된다는 견해가 있으나,[12] 찬성하기 어렵다.[13]

나. 특히 문제는 부부 각자의 생활비가 아닌 다른 동거가족, 가령 공동의 자녀, 일방의 자녀 기타 근친의 생활비가 이에 포함되는가 하는 점이다.

(1) 먼저 부부 공동의 자녀의 생활비는 여기에 당연히 포함된다는 데 이론(異論)이 없다. 자녀가 독립하여 생계를 하지 아니하는 한 그 의식주, 교육 및 의료, 오락, 교제비 등을 그 부모가 부담할 수밖에 없다. 이 비용 부담은 자녀에 대한 관계에서는 친권에 대응하는 부모의 부양 내지 양육의무에 해당하지만 부부 사이에서는 그들의 협력의무의 한 내용이므로(§826 註釋 III. 3. 가. 참조) 공동생활비용이기도 한 것이다. 그러므로 본조에 터잡아 생활비용으로 구할 수도 있고, 자녀의 이름으로 자녀를 대리하여 부양료로 구할 수도 있다. 부부가 별거중일 때 양육친이 양육비를 본조에 의하여

---

9) 윤여헌·김용찬(1993), 294; 전혜정(2006), 48–49.

10) 부(夫)가 친자관계를 다투고 있는 경우에도 출산비용은 생활비용에 포함되고, 부자관계의 부존재가 확정되면 부당이득의 반환을 구할 수 있을 뿐이다. 전혜정(2006), 47.

11) 윤여헌·김용찬(1993), 294–295; 전혜정(2006), 45.

12) 제요[2], 1424.

13) 이동진, "재산분할과 채무", 가족법연구 26–3(2012), 319 이하; 新注民(21), 434(伊藤昌司).

청구하는 것은 자녀를 절차의 당사자로 끌어들이지 아니하고, 자녀에 대하여 법정대리권을 갖고 있지 아니한 양육친도 부양료 청구권을 관철할 수 있다는 점에서 본래의 부양청구와 구별되나, 그럼에도 그 실질은 양육친이 부양청구권을 자기 이름으로 대신 행사하는 것으로 보아야 한다. 다만, 과거의 양육비를 청구하는 때에는 자녀의 과거의 부양청구권을 양육친이 대신 행사하는 경우 이외에 양육친이 비양육친 대신 자기 분담부분을 넘는 기여를 하여 부양하였음을 이유로 고유의 구상권을 행사하는 경우도 있을 수 있다. 두 경우의 규율에는 몇 가지 점에서 차이가 있다.14)

　자녀 양육비는 자녀가 미성년일 때에 한하여 생활비용에 포함되는가? 학설은 일반적으로 이를 미성숙의 자녀이면 족한지, 미성년의 자녀여야 하는지의 문제로 다루고 있다. 통설은 성년이라 하더라도 미성숙 자녀인 이상 그 양육비가 생활비용에 들어갈 수 있다고 보는 반면,15) 실무는 이혼시 양육비 부담에 관한 한 미성년인 자녀의 양육비만을 청구할 수 있다고 본다. 양육권이 친권의 일부이고 미성년자만이 친권에 복종하기 때문이다. 이러한 논리는 혼인중 양육비에 대하여도 그대로 적용되는 것이므로, 실무상 성년인 미성숙 자녀의 양육비는 본조의 생활비용으로 인정되지 아니할 가능성이 높다.16) 이에 대하여는 비교법적으로도 다양한 태도가 관찰된다.

　부부 일방이 생활비용 분담의무를 이행하지 아니하여 다른 일방이 그 지급을 구하는 경우와 이미 지출이 된 생활비용을 사후에 정산하는 경우를 구분할 필요가 있다. 전자의 경우 부부 일방이 성년에 이른 자녀에 대한 양육비용의 지출에 동의하지 아니하고 있는 한, 그 비용이 당연히 생활비용에 포함된다고 할 수는 없다. 그러나 후자의 경우 묵시적 또는 추정적으로 당해 비용을 부부 공동의 비용으로 지출하는 데 동의하였다고 볼 수 있는 한 생활비용이 된다고 본다. 어디까지 생활비용인가는 – 미성년자녀에 대한 양육과 같이 부부의 자율에 맡겨져 있지 아니한 경우를 제외하면 – 결국 혼인공동생활의 구체적인 모습과 부부의 명시적·묵시적 및 계속적 협의에 달려 있기 때문이다.17)

　(2) 부부가 공동으로 양육해온 부부 한쪽의 미성년의 자녀의 양육비 기타 부부와 생계를 같이 하며 동거생활을 해온 부부 한쪽의 친족의 생계비도 생활비용에 포함된

14) 이동진(2012), 139 이하. 이에 대하여 아예 양육친이 법정대리인으로서 자녀를 대리하여 청구하는 것이라는 견해로 김주수·김상용, 213. 그러나 민법은 양육비 청구권을 명백히 양육친의 권리로 인정하고 있고 '양육비'라는 표현 자체가 양육친의 관점에서 이를 파악한 것이므로 이 견해는 타당하지 아니하다.
15) 강현중(1981), 41 이하; 고정명·조은희, 78; 윤여헌·김용찬(1993), 294–295; 전혜정(2006), 45.
16) 제요[2], 1424 참조.
17) 대법원 1979. 6. 12. 선고 79다249 판결은 자녀의 아버지라는 사유만으로 성년자녀들에 대한 혼인비용을 지급할 법률상 의무가 있다고 할 수 없다고 한다.

다.18) 그러나 자신이 부양의무를 지지 아니하는 배우자의 자녀 또는 그 친족에 대한 양육비 내지 생활비는 결국 부부간 명시적·묵시적 협의에 근거하여 부담하는 것이므로, 부부 한쪽이 이에 반대하거나 별거하게 된 때에는 더는 생활비용에 포함되지 아니한다.

다. 본조의 생활비용은 §§827, 832의 가사(家事)와 비슷하나, 이들과 달리 일상(日常)적일 것을 요하지 아니한다. 그리하여 주택융자금과 같이 일상가사에 속한다고 보기 어려운 돈도 생활비용에는 포함된다.19) 그러나 본조의 생활비용도 부부의 자산, 수입 기타 사정에 따라 범위가 달라질 수 있다. 자녀의 대학·대학원교육비, 부부 각자의 자가용 구입비, 별장, 요트 구입비 등이 생활비용에 들어가는지 여부는 부부의 자산 및 소득수준, 사회적 지위와 관련이 있다.20)

(1) 부부가 혼인공동생활 중일 때에는 그들 사이의 혼인의 구체적인 모습이 중요하다. 부부가 그들의 자산 및 수입에 비추어 과다한 지출을 하고 있다 하더라도 그것이 그들의 혼인공동생활인 이상 그 비용은 생활비용에 포함된다.

그러나 부부가 혼인공동생활 중이라 하더라도 생활비용의 지출범위 등에 관하여 다툼이 있을 때에는 이를 객관적·규범적으로 정하는 수밖에 없다. 이때 가장 중요한 고려요소는 부부의 수입이다. 이에는 근로 등의 대가로 받은 이익, 자산에서 발생한 과실, 연금 등이 포함된다. 총 수입만이 아니라 공과금 등을 공제한 처분가능액도 중요하다. 부부의 자산은 쌍방의 노동 및 자산의 과실만으로 생활비에 부족한 경우에 한하여 보충적으로 고려된다. 그러나 일단 자산도 생활비용에 충당하여야 하는 상황에 이르면, 공동재산인지 특유재산인지는 문제되지 아니한다고 한다. 한편, 생활보호 등 공적 부조는 고려되지 아니한다. 비재산적 요소로는 부부의 사회적 지위가 고려될 수 있다.21)

(2) 별거중인 부부의 경우 앞서 든 요소 외에 파탄의 경위와 정도 및 별거의 정당성 유무 등도 고려한다.22) 특히 정당한 이유 없이 동거를 거부한 부부 한쪽은 다른 한쪽의 동거청구가 권리남용 등에 해당한다는 특별한 사정이 없는 이상 부양료를 청

---

18) 윤여헌·김용찬(1993), 296-297; 전혜정(2006), 49-50. 윤여헌·김용찬(1993), 267은 처의 양친, 조부모 및 형제자매의 생활비는-부(夫)의 친족의 생활비와 달리-부부의 생활비용에 포함되지 아니한다고 하나, 이는 가부장적 가족질서를 전제한 견해로서 받아들일 수 없다.

19) 이동진(주 13), 308-309.

20) 전혜정(2006), 47-48. 특히 고등교육비에 관하여 같은 취지로, 한봉희·백승흠, 124.

21) 제요[2], 1429; 윤여헌·김용찬(1993), 298-299; 전혜정(2006), 51-52.

22) 제요[2], 1426. 이 점에서 부양의무를 이른바 생활유지의무와 생활부조의무로 이원적으로 구분하는 것보다 오히려 그때그때의 구체적 사정에 따른 연속적인 차이를 인정하는 것이 더 실제와 부합한다.

구할 수 없으므로[제826조 註釋 Ⅱ. 2. 나. (2) 참조]23) 그의 별거생활비용도 본조의 공동
생활비용에 해당한다고 할 수 없다. 다만 이때에도 양육비 상당의 생활비용은 부담하
여야 한다.24)

　별거중인 부부, 특히 그중 한쪽이 자녀를 양육하고 있는 경우 미리 양육비 기타
생활비용을 받아야 비로소 양육 및 생계가 가능할 수 있다. 이러한 의미에서 별거 중
양육친의 비양육친에 대한 양육비 청구는 본조의 문제이다.25) 그 구체적인 범위 기타
법리에 관하여는 제836조의2 註釋 Ⅱ 및 제837조 註釋 Ⅱ. 1. 나. 참조.

2. 생활비용분담의 방법과 비율

　부부는 총 생활비용을 적절히 분담하여야 한다. 1990년 개정 전에는 생활비용을
모두 부(夫)의 부담으로 하였으나, 개정법은 공동으로 부담한다는 취지만 밝히고 있을
뿐, 구체적인 분담방법과 비율을 정하지 아니하므로,26) 제반 사정에 비추어 적절히
분담방법과 비율을 정하여야 한다. 일반적으로 부(夫)만 소득활동을 하고 처는 가사에
전념하는 경우 처의 생활비용부담은 가사와 양육의 방법으로 이행되는 것으로 봄이
상당하므로, 금전적인 생활비용은 전적으로 부(夫)가 부담하게 될 것이나, 맞벌이 부
부의 경우에는 그들의 수입의 액 내지 그 비율이 중요하게 고려될 것이다.27) 양육비
에 관한 것이지만, 서울가정법원의 양육비 산정기준표도 총 양육비에 양육자와 비양
육자의 소득비율를 곱하여 산출된 금액을 비양육자가 지급할 양육비로 하고 있는바,
비슷한 사고라고 할 수 있다.

3. 생활비용의 범위, 분담방법과 비율의 결정

　가. 생활비용의 범위, 분담방법과 비율은 당사자, 즉 부부가 약정으로 정할 수 있
다. 이러한 약정은 혼인공동생활이 원만히 유지되는 때에는 §826의 혼인공동생활에
관한 협의에 포함되고, 그것과 분리되기 어렵다(제826조 註釋 Ⅱ. 2. 나. 참조). 그러나 혼
인공동생활이 사실상 파탄에 이르거나 별거한 뒤에 한 약정은 일반적인 재산법상의

---

23) 대법원 1991. 12. 10. 선고 91므245 판결 등. 이에 대하여 위와 같은 사정은 부양료 산정에서 고려하면
　족하고, 아예 부양료(또는 생활비용의 부담) 청구를 부정할 필요는 없다는 비판으로, 윤여헌·김용찬
　(1993), 303-304.
24) 김주수·김상용, 145; 한봉희·백승흠, 124; 제요[2], 1426.
25) 제요[2], 1424.
26) 균분 또는 재산비율에 따라 부담시키는 입법례도 있다. 전혜정(2006), 39-40.
27) 김주수·김상용, 145; 박동섭·양경승, 138; 송덕수, 63; 이경희·윤부찬, 85-86; 전혜정(2006), 51; 한
　봉희·백승흠, 124 참조.

금전급여약정에 해당한다.

나. 부부가 협의하지 아니하는 경우에는 가정법원에 생활비용의 부담에 관한 처분을 구할 수 있다. 이에 관하여는 아래 Ⅲ. 1. 가. 참조.

Ⅲ. 생활비용부담의 효과

1. 생활비용 청구권

가. 생활비용 청구

(1) 부부 한쪽이 다른 한쪽에게 생활비용을 지급하지 아니하는 경우 그 한쪽이 다른 한쪽을 상대로 생활비용의 지급을 구할 수 있다. 재판상 청구할 수 있음은 물론이다. 부부 사이에 협의가 이루어졌으나 이행되지 아니하고 있는 경우에는 민사소송으로 협의의 내용에 따른 급부를 청구할 수 있고(이는 일반적인 계약이행청구소송에 해당한다), 협의가 이루어지지 아니한 경우에는 가사비송사건으로 생활비용의 부담에 관한 처분과 그 이행을 명하는 재판을 구할 수 있다[家訴 §2 ① ii 마. 1)]. 협의가 없었던 이상 과거의 생활비용의 부담을 구하는 경우에도 가사비송사건에 해당한다는 것이 실무의 태도이다.

(2) 뒤의 것에 한하여 본다. 먼저, 당사자는 부부이다. 부부 일방이 상대방을 상대로 청구할 수 있고, 제3자는 당사자가 될 수 없다(家訴規 §96). 사실혼 부부도 청구할 수 있으나, 이미 이 단계에 이른 사실혼은 해소되었다고 보아야 하는 경우가 많다. 당사자 일방이 사망한 경우에도 절차를 수계할 수 없다는 것이 통설이다. 토지관할은 상대방의 보통재판적이 있는 곳의 가정법원에 있고 임의관할이며 사물관할은 단독판사에게 속한다(家訴 §46, 사물관할규칙 §3 ii). 마류 가사비송사건이므로 조정전치주의가 적용된다(家訴 §50). 재산적 청구인 이상 청구취지에서 금액을 특정하여야 한다는 것이 실무의 태도이다. 이 한도에서 처분권주의가 적용되어 초과인용할 수 없다.

법원은 생활비용의 범위와 금액, 비율을 정하여 생활비용의 지급을 정하고 이를 전제로 그 지급을 명하여야 한다. 2009년 개정으로 직권 또는 당사자의 신청으로 재산명시·재산조회를 할 수 있게 되었다.[28]

주문에서는 생활비용의 지급을 명한다. 일시금의 지급을 명할 수도 있으나 장래의 생활비용은 대개 정기금 지급의 방법으로 한다. 과거의 생활비용은, 그 중 부부 한쪽의 부양료에 해당하는 부분은 협의, 심판 또는 이행청구로 지체에 빠진 이후의 것

---

28) 제요[2], 1428.

만 청구할 수 있는 반면, 공동의 자녀의 양육비용의 경우 과거의 양육비용이라 하더라도 원칙적으로 그 지급을 구할 수 있다. 생활비용으로 청구하더라도 그 배후에는 부부간 부양청구권이나 미성년 자녀에 대한 양육비 청구권이 존재한다고 보기 때문이다. 종기(終期)는 별거상태 또는 혼인관계가 해소될 때이다. 지연손해금의 지급을 명할 수 있는지, 만일 가능하다면 訴促이 정하는 이율을 적용하여야 하는지에 관하여는 논란이 있다.

부부 한쪽에게 생활비용의 지급을 명하는 재판에는 가집행명령을 붙인다(家訴 §42 ①). 그러나 비송재판이므로 결정에 기판력은 없다.[29]

(3) 부부 상호간 생활비용 청구 이외에 그 중 부부 자신의 부양료 청구에 대하여는 家訴 §2 ① ii 마. 1)의 부부 상호간 부양의무에 관한 처분으로 구할 수 있고, 양육비 상당의 청구에 대하여는 자녀의 이름으로 같은 목 8)의 친족간 부양에 관한 처분으로 구할 수 있다. 두 청구를 모두 허용하되, 두 청구를 모두 한 때에는 하나의 소송물로 다루어도 된다는 것이 판례이다.[30]

(4) 즉시항고할 수 있는 재판이므로, 非訟 §19 ①에 따른 취소·변경심판을 할 수는 없다. 다만 심판 이후 이를 그대로 유지할 수 없는 중요한 사정변경이 있는 때에는 사정변경의 원칙에 따라, 또는 부양에 관한 §978를 유추, 당사자의 청구가 있으면 심판내용을 변경할 수 있다.[31]

나. 사전처분, 집행 및 그 보전

(1) 가정법원에 의한 집행력 있는 심판이 있기 전에도 생활비용의 지급을 명하는 사전처분을 할 수 있다(家訴 §64).

(2) 집행력 있는 심판이 내려진 경우에는 민사집행법상의 집행절차에 따라 강제집행할 수 있다. 가사소송법에는 양육비의 집행과 관련하여 일련의 특칙을 마련하여 두고 있으나[양육비 직접지급명령(家訴 §63-2), 담보제공명령 및 일시금 지급명령(家訴 §63-3)], 이들 특례는 이혼시 양육비 지급을 명하는 경우에 한하여 적용된다고 해석하는 것이 실무이므로, 생활비용의 부담에 관한 재판의 집행에 쓸 수 없다. 두 경우를 구별하기 위해서 생활비용의 부담에 관한 심판주문에는 '부양료로'라는 문구를 넣는다.[32]

---

29) 제요[2], 1431; 윤여헌·김용찬(1993), 315-316.

30) 대법원 2017. 8. 25.자 2014스26 결정. 두 청구가 서로 "무관한 별개의 청구원인에 기한 청구라고 볼 수" 없으므로 주위적 청구와 예비적 청구로 병합하였음에도 두 청구를 합쳐 단순청구로 판단하고 나머지 청구를 기각하지 아니하였어도 위법하지 아니하다고 한다. 합리적인 태도라고 보인다. 이로써 구판의 두 청구액을 적절히 조정하여 이중계상되지 아니하도록 조정하는 수밖에 없다는 설명을 변경한다. 다만, 이 결정만으로는 단순청구로 다루어야만 하는지, 아니면 단순청구로 다루어도 위법하지 아니한 것인지가 분명하다고 하기는 어렵다. 한편, 위 판례에 반대하는 것으로 엄경천(2018), 16 이하.

31) 제요[2], 1432; 윤여헌·김용찬(1993), 310-311.

32) 제요[2], 1430.

(3) 나아가 생활비용에 관한 처분 사건을 본안으로 하여 가압류·가처분 등 보전
처분을 할 수 있다(家訴 §63). 가사비송재판에 의하여 정해지므로 재산분할청구권을
피보전권리로 하는 경우(제839조의3 註釋 참조)와 마찬가지로 협의 또는 심판이 있기 전
의 생활비용 분담청구권을 피보전권리로 채권자대위권이나 채권자취소권을 행사할
수 있는지 다투어지고 있다.[33]

다. 제3자에 의한 침해

제3자가 부부의 생활비용 지급 등을 방해한 때에는 불법행위를 구성할 수 있다.
그 배상을 구하는 사건은 일반민사사건이다. 다만 제3자가 부부 한쪽을 사망에 이르
게 하여 생활비용 지급의 기대를 좌절시킨 때에는, 생활비용 지급청구권을 침해한 것
이기는 하나 판례, 통설이 생명침해로 인한 손해배상에 관하여 이른바 상속구성(相續
構成)을 취하고 있는 이상 원칙적으로 자신의 부양청구권 침해를 원인으로 하는 손해
배상을 주장할 수는 없다.

2. 기타

가. 재산분할과 생활비용의 부담

부부가 각자 지출한 생활비용은 이혼시 재산분할비율을 정함에 있어 고려된
다.[34] 나아가 생활비용과 관련하여 부담한 채무는 재산분할의 기초가 되는 부부 공동
재산에 산입된다. 재산분할과 관련하여서는 과거의 생활비용으로서 이행청구를 하지
아니하였다는 등의 이유로 별도로 청구할 수 없는 것도 고려될 수 있다. 제839조의2
註釋 Ⅱ. 3. 나. (6) 및 4. 가. (3) 참조.

나. 생활비용과 관련하여 제3자에 대하여 부담한 채무와 구상권

부부 한쪽이 생활비용과 관련하여 제3자에 대하여 부담한 채무를 이행한 때에는
당연히 다른 한쪽에게 그 중 생활비용 분담비율 상당액의 구상을 청구할 수 있다.[35]
그밖에 대법원 2013. 6. 20. 선고 2010므4071, 4088 전원합의체 판결의 다수의견은 아
직 채무가 이행되지 아니한 상태에서 재산분할의 방법으로 채무를 분할할 수도 있다
고 한다. 제839조의2 註釋 Ⅱ. 3. 나. (6) 참조. 재산분할의 방법을 선택하는 경우에는
사실상 증명부담이 적어진다는 이점이 있다.

---

33) 윤여헌·김용찬(1993), 319－321; 전혜정(2006), 56－57.
34) 이경희·윤부찬, 86 참조.
35) 이동진(2012), 319 이하.

第5節 離婚

[前註] 혼인의 해소

▌**참고문헌**: 각국의 이혼제도[외국사법제도연구(4)](2008); 김대규(2008), "실종선고의 취소", 원광법학 24−4; 김상용(2006), "협의이혼제도의 개정방향", 법무부 편, 민법(친족·상속편) 공청회 자료집; 김성숙(1988), "조선전기이혼법", 숭실대 법학논총 4; 김형석(2023), "이혼법의 사상사", 서울대 법학 64−1; 남윤봉(2006), "실종선고 취소의 효과에 대하여−실종선고 후 그 취소전 잔존배우자의 재혼을 중심으로−", 재산법연구 23−2; 박복순·이여봉(2013), "의식조사를 통한 파탄주의 도입 가능성 모색", 가족법연구 27−1; 명순구(2001), "프랑스 이혼법", 판례실무연구[Ⅴ]; 송승현(2017), "협의상 이혼제도(규정)에 있어 가정법원의 개입의 타당성 문제", 고려법학 85; 윤부찬(2014), "잔존배우자의 재혼과 실종선고의 취소", 가족법연구 28−1; 윤진수(2012), "혼인과 이혼의 법경제학", 법경제학연구 9−1; 이화숙(2001), "영국의 이혼법 개정과 민법 제840조의 해석론·입법론", 판례실무연구[Ⅴ]; 정광수(2005), "미국의 이혼법에 관한 연구", 강원법학 20; 정광현(1967), "혼인 및 이혼법사", 연구; 정지원(2013), "조선시대 이후 한국의 이혼제도에 대한 일고찰", 가족법연구 27−2; 조경애(2018), "파탄주의 이혼원인 입법례에 관한 약간의 고찰", 가족법연구 32−2; 조은희(2007), "이혼의 자유와 그 한계: 협의이혼제도와 협의이혼제도 개정법안을 중심으로", 가족법연구 21−1; 한복룡(2001), "미국 파탄주의 이혼법의 전개", 판례실무연구[Ⅴ]; 한복룡·김진현(2007), "독일의 이혼법에 관한 연구", 비교사법 14−3; 한복룡·김진현(2008), "영국의 이혼법(Ⅰ)", 안암법학 26; 한삼인(1984), "이혼에 관한 연구, 이혼법의 변천·내용·문제점 1", 제주대 논문집 19.

Ⅰ. 혼인의 해소

혼인은 부부 일방의 사망 또는 이혼으로 해소된다.[1] 그 결과 부부 사이의 신분 및 재산관계가 해소·청산되고, 공동의 자녀와의 관계도 조정되어야 한다.

---

1) 김주수·김상용, 157; 박동섭·양경승, 145. "혼인의 해소"는 일단 완전히 유효하게 성립한 혼인이 종료되는 것이므로 혼인의 성립에 하자가 있어 혼인이 취소에 의하여 종료되는 경우와는 다르다고 한다.

1. 사망

가. 사망에 의한 혼인해소

먼저, 혼인은 부부 일방의 사망으로 해소된다. 민법에는 이를 명시한 규정이 없다. §775 ②이 부부의 일방이 사망한 경우 생존 배우자가 재혼한 때 사망 배우자의 친족과의 인척관계가 소멸한다고 규정하고 있을 뿐이다. 그러나 혼인은 부부가 생존 중일 때에 한하여 존속할 수 있고, 부부 일방이 사망하면 법률상 당연히 해소된다는 데에는 이론(異論)이 없다.

부부 일방이 사망하면 생존 배우자는 재혼을 할 수 있게 되고(§810), 공동의 자녀에 대하여 공동친권을 행사하고 있었다면 단독친권자가 되며, 망인의 재산도 상속받는다(이른바 배우자 상속). 그러나 사망한 배우자를 매개로 한 인척관계는 사망만으로 곧바로 종료하지 아니하고 생존 배우자가 재혼하여야 비로소 종료한다(§775). 그 결과 그 전까지는 사망한 배우자의 혈족과 일정한 요건 아래에 서로 부양할 의무가 있고(§974) 대습상속도 할 수 있다(§1003 ②). 일상가사로 인한 책임도 존속한다.[2]

나. 실종선고

한편, 부부 일방이 실종선고를 받으면 실종기간이 만료한 때에 사망한 것으로 보므로(§28) 혼인도 그 시점에 해소된다. 따라서 생존 배우자는 재혼을 할 수 있고, 공동의 자녀에 대하여 단독 친권을 행사하며, 타방 배우자의 재산도 상속받는다. 실제로 실종기간이 만료한 때 사망하지 아니하여도 관계없다.

그러나 그 후 실종자의 생존한 사실 또는 실종기간 만료시와 상이한 때에 사망한 사실을 증명하여 실종선고를 취소할 수 있다(§29 ① 본문). 실종선고가 취소되면 그 효력이 소급적으로 소멸하므로,[3] 혼인관계와 공동의 자녀에 대한 친권이 소급하여 부활하고, 상속된 재산도 소급하여 복귀한다.[4]

실종선고 후 그 취소 전에 새로운 이해관계를 맺은 제3자가 있는 경우에는 어떠한가. §29 ① 단서는 취소의 효력이 실종선고 후 그 취소 전에 선의로 한 행위의 효력에 영향을 미치지 아니한다고 정한다. 이 규정이 재산관계에 적용된다는 데는 이론(異論)이 없다. 가령 부부 일방이 상대방의 재산을 상속하여 제3자에게 처분한 경우 실종선고가 취소되면 위 처분은 무권리자의 처분으로 선의취득이나 취득시효 등 별

---

2) 박동섭·양경승, 146; 송덕수, 72; 한삼인·김상헌, 74.
3) 주석민총(1) (제4판), 437(민유숙).
4) 주석민총(1) (제4판), 443 이하(민유숙).

도의 법리로 보호받지 못하는 한 효력이 없으나,5) 선의인6) 때에는 단서에 의하여 처분이 유효해지는 것이다. 그러나 신분관계, 특히 재혼을 한 때에 이 규정이 적용되는지에 관하여는 다툼이 있다. 이 경우에는 실종선고가 취소되어 전혼(前婚)이 부활한다 하더라도 상속과 달리 후혼(後婚)이 당연 무효가 되지 아니하고 중혼(重婚)관계가 성립한다. 그리하여 전혼에는 이혼사유(§840 i)가, 후혼에는 취소사유(§§810, 816 i, 818 전단)가 각각 발생한다.7) 한 견해는, 전혼의 부활과 후혼의 존속 모두 막을 수 없으므로 재혼 당사자의 선·악의와 관계없이 위와 같은 결과를 피할 수 없고, 결국 §29 ① 단서는 재혼의 경우에는 적용되지 아니한다고 한다.8) 그러나 통설은 재혼 당사자 쌍방이 모두 선의인 경우 후혼이 중혼으로 취소될 수 있다면 §29 ① 단서의 취지가 완전히 몰각되는바, 이를 피하기 위하여 전혼이 부활하지 아니한다고 보는 수밖에 없다고 한다.9) 중혼에 관한 가족관계등록사무 처리지침(등록예규 155호)도 같은 취지로, 일응 쌍방 선의로 추정하여 전혼관계를 자동으로 부활시키지 아니하고, 예외적으로 재혼 당사자 쌍방 또는 일방이 악의임이 증명된 때에 한하여 등록부정정절차를 거쳐 전혼관계를 부활시키는 것으로 하고 있다. 근래에는 이 문제에 관하여 특별한 입법조치가 필요하다는 주장이 유력하다.10) 南北特 §6는 북한에 배우자를 둔 사람이 그와의 혼인이 해소되지 아니한 상태에서 남한에서 다시 혼인을 한 경우 중혼이 되지만 중혼을 사유로 혼인을 취소할 수 없고, 북한에 거주하는 전혼(前婚)의 배우자도 다시 혼인을 한 경우에는 부부 쌍방에 대하여 중혼이 성립한 때에 전혼이 소멸한 것으로 보며, 정전협정이 체결되기 전에 남한에 배우자를 둔 사람이 그 혼인이 해소되지 아니한 상태에서 북한에서 다시 혼인한 경우에도 그와 같이 취급하도록 하고 있다.

　생존 배우자가 실종선고 후 그 취소 전 제3자와 사실혼 관계에 들어간 경우 학설은 사실혼 당사자 쌍방의 선의 여부와 관계없이 혼인이 부활한다고 보는 수밖에 없다

---

　5) 주석민총(1) (제4판), 438(민유숙).

　6) 부부 일방이나 제3자 중 어느 한쪽만 선의여도 족한지, 아니면 부부 일방과 제3자 모두가 선의여야 하는지에 관하여는 다툼이 있다. 주석민총(1) (제4판), 441-443(민유숙).

　7) 김주수·김상용, 159; 박동섭·양경승, 146; 송덕수, 72(다만 실종자의 배우자가 선의인 때 이혼원인은 §840 vi라고 한다. 타당하다 할 것이다).

　8) 김대규(2008), 389. 이와 달리 재혼한 경우는 언제나 후혼만 유효하고 전혼은 부활하지 않는다는 견해도 주장되고 있다. 남윤봉(2006), 78-82.

　9) 김용한, 134-135; 김주수·김상용, 159; 박동섭, 박동섭·양경승, 146; 송덕수, 72. 또한 윤부찬(2014), 217 이하. 그러나 후혼 당사자 중 일방이라도 악의이면 재혼은 무효라는 견해[김증한·김학동, 민법총칙(제10판, 2013), 170]도 있다.

　10) 김주수·김상용, 159; 주석민총(1) (제4판), 443(민유숙). 스위스 민법 §102는 '배우자의 일방이 실종으로 선고된 경우 다른 배우자는 전혼이 재판상 해소된 후가 아니면 재혼을 할 수 없다. 다른 배우자는 실종선고와 동시에 또는 특별한 재판절차에 의하여 혼인의 해소를 청구할 수 있다. 이 절차는 이혼의 경우와 동일한 규정에 따른다'고 규정한다.

고 한다. 이러한 사실혼을 파기하는 것은 불법행위도 의무불이행도 되지 아니하나, 일방만이 악의인 경우 타방은 사실혼부당파기 또는 사기에 의한 사실혼으로 책임을 물을 수 있다.[11]

다. 인정사망

선박의 침몰, 항공기의 추락, 광산의 폭발, 수해, 화재 등으로 사망이 거의 확실하지만 사체가 발견되지 아니한 경우 家登 §87는 이를 조사한 책임 있는 관공서의 사망보고에 의하여 사망한 것으로 인정하도록 하고 있다. 이를 인정(認定)사망이라 한다. 그러나 인정사망에는 가족관계등록부가 갖고 있는 일반적 추정력 이상의 실체법적 의미가 없다.[12] 즉, 사망으로 인정되었다는 점 자체만으로는 법적으로 혼인을 해소시키는 효력을 갖지 아니한다. 혼인이 해소되는지 여부는 실제로 사망하였는지 여부에 달려 있을 뿐이다.

그러므로 사망으로 인정되어 가족관계등록부에 기재되었으나 실제로 사망하지 아니하였다면 혼인해소의 효과도 생기지 아니한다. 재혼하면 후혼이 중혼(重婚)이 되고 전혼에 이혼사유가 생길 뿐 재혼 당사자 쌍방이 선의여도 전혼의 부활을 막지 못하며, 배우자가 상속받은 재산의 처분도 무효이다. 이 경우 제3자의 신뢰를 보호하기 위하여 실종선고의 취소와 같이 취급하자는 견해가 있으나,[13] 입법은 별론,[14] 해석론으로는 무리라고 보인다.[15]

라. 부재선고

그 밖에 不在特措에 의하여 부재선고를 받은 때에도 혼인이 해소된다(不在特措 §4). 부재선고의 취소는 실종선고의 취소와 같이 다루어진다(不在特措 §5 ① 단서).

2. 이혼

혼인은 이혼으로도 해소된다. 부부가 이혼하면 혼인관계가 해소되어 각종 혼인의무가 소멸하고, 재혼을 할 수 있으며[6개월의 재혼금지기간(§811)은 2005년 개정으로 폐지되었다], 공동의 자녀에 대한 친권자·양육자를 정하여야 하고(§§837, 909 ④), (사망과는 달리) 이혼한 배우자를 매개로 한 인척관계도 곧바로 소멸한다(§775 ①). 나아가 부부 일방은 다른 일방에 대하여 재산분할을 구할 수 있고(§839-2), 이혼 위자료도 청구할

11) 김주수·김상용, 159; 박동섭·양경승, 147.
12) 주석민총(1) (제4판), 386(민유숙).
13) 김주수·김상용, 159-160; 박동섭·양경승, 147; 오시영, 146; 이경희·윤부찬, 96.
14) 주석민총(1) (제4판), 387(민유숙).
15) 같은 취지로 송덕수, 73(다만, 전혼이 부활하고 중혼이 되는지는 실종선고가 취소된 경우처럼 다루어도 무방할 것이라고 한다); 주석친족(1), 210(송인우).

수 있다(§§843, 806). 다만, 이혼으로 인척관계가 소멸한 뒤에도 (전)배우자의 6촌 이내의 혈족이었던 자 또는 (전)배우자의 4촌 이내의 혈족의 배우자였던 자와의 혼인은 계속해서 금지된다(§809 ②).

그러나 이미 해소된 혼인관계를 다시 해소하는 것은 불가능하므로, 이미 사망으로 해소된 혼인관계에 대한 이혼은 허용되지 아니하고, 이혼한 부부 중 일방이 사망하더라도 이로 인하여 - 공동의 자녀에 대한 친권 문제를 제외하면(§909-2) - 새삼 법률관계가 발생하는 것은 아니다. 그리하여 혼인관계가 사망과 이혼 중 어떤 사유로 해소되었는지에 따라 재산관계의 청산방법 및 그 내용은 물론, 조세부담과 관련하여서도 차이가 생긴다.

Ⅱ. 이혼 총설

1. 이혼제도의 발전과 이혼의 자유

가. 이혼제도의 발전

(1) 로마에서는 공화정 중기 이래 이혼의 자유가 널리 인정되고 있었다.[16] 그러나 후기법에서는 이미 기독교의 영향으로 일방적 이혼이 제재되었고[17] 중세법에는 혼인사건이 교회의 관할이 됨에 따라 원칙적으로 이혼이 허용되지 아니하였다. 대신 성적 불능을 비롯하여 인적 혼인의무의 (원시적·주관적) 불능에 해당하는 사유가 있는 경우 혼인을 무효로 하거나, 일종의 별거제도인 '식탁과 침대의 분리'를 통하여 사실상 파탄에 이른 혼인을 구제하였을 뿐이다(별거에 관하여는 제826조 註釋 Ⅱ. 1. 나. 참조).[18]

(2) 18, 19세기의 근대 민법은 혼인사건의 관할권을 교회법원에서 빼앗아 국가재판권에 귀속시켰다.[19] 프로이센 일반란트법은 인적 혼인의무를 개별적으로 세세하게 규정한 다음 대체로 그 위반이 있는 때에 한하여 재판상 이혼을 인정하였다. 그러나 다른 한편 이 법은 협의상 이혼도 인정하고 있었다.[20] 프랑스도 1792년 법률로 일정한 개별·구체적 유책사유가 있을 때 재판상 이혼을 인정하면서, 그 밖에 성격불일치를 원인으로 하는 이혼과 특히 협의상 이혼을 인정하였다. 특히 이때 협의상 이혼은

---

16) 김형석(2023), 97-98.

17) 최병조, 로마법강의 (증판, 2007), 306-308. 또한, 조경애(2018), 249-250도 참조.

18) 김형석(2023), 99 이하.

19) 이는 혼인을 성사(聖事)가 아닌 계약으로 관념함으로써 뒷받침되었다. 김형석(2023), 102 이하.

20) 이러한, 당시로서는 상당히 독특한 제도의 근거는, 계약적 혼인관념보다는 주로 완전히 파탄되어 이혼에 합의할 정도라면 가사(家事)와 육아도 방치할 것이라는 점에 있었다. Dörner, Industrialisierung und Familienrecht (1974), 58ff.

민적관에 등록하기만 하면 되는, 우리의 그것과 비교할 만한 간이한 것이었다.[21]

이혼에 너그러운 태도는 곧 변화를 겪었다. 1804년 프랑스 민법은 일정한 범위의 간통, 학대, 형사처벌을 원인으로 하는 유책이혼(§§229~232)과 협의상 이혼(§233)만을 인정하였고, 1884년에는 협의상 이혼을 폐지하기까지 하였다. 영국도 1857년 혼인사건법(Matrimonial Causes Act)으로 이혼사건의 관할권이 교회에서 세속법원으로 옮겨왔으나, 당시 인정된 유일한 이혼사유는 간통이었다. 이와 같이 혼인과오 내지 유책사유가 있을 것을 요건으로 하여 재판상 이혼을 인정하는 태도를 유책주의(有責主義, Verschuldenprinzip, fault-based divorce)라고 한다. 이러한 유책주의 이혼법은 대체로 유책이혼사유를 개별·구체적으로 특정하고 있었다.[22] 당시는 미국법도 기본적으로 같은 태도였다.[23]

한편, 1896년 독일 민법은 재판상 이혼사유를 좀 더 넓혀 간통, 배우자에 대한 살인미수, 악의의 유기 이외에 일정한 정신병(§§1565~1569)이 있는 경우에도 이혼을 인정하였고, 1938년 독일·오스트리아 혼인법도 간통과 임신거부 내지 피임, 중대한 혼인과오 이외에 정신병, 전염병, 불임을 이혼사유로 들었다(§§46~59). 1907년 스위스 민법은 간통, 학대, 범죄, 악의의 유기 및 정신병 외에 중대한 혼인파탄을 이혼사유로 추가하였고(§§137~142), 1946년 개정 독일 혼인법 §50도 위 1938년 혼인법에 혼인파탄을 일반적 이혼사유로 추가하였다. 정신병, 불임, 혼인파탄 등의 이혼사유는 부부 일방의 책임으로 돌릴 수 없는 사정이므로 이때의 이혼원인은 일방의 유책한 혼인과오에 있지 아니하고 혼인파탄 자체에 있는 것으로 이해되었다. 이처럼 혼인파탄을 요건으로 하여 재판상 이혼을 허용하는 태도를 파탄주의(破綻主義, Zerrüttungsprinzip, no-fault divorce)라고 한다. 위 초기의 파탄주의 이혼법은 유책이혼과 파탄이혼을 결합함과 동시에 개별·구체적 이혼사유 이외에 일반·추상적 이혼사유를 도입하였다는 특징이 있다. 그 밖에 일반·추상적 파탄이혼을 허용한 1907년 스위스 민법(§142 ②)과 1946년 개정 독일 혼인법(§50 ②)은 모두 명문 규정으로 유책배우자의 이혼청구를 배제하는 이른바 소극적 파탄주의를 취하였다.

(3) 20세기 들어 여성의 지위가 크게 향상되고, 경제구조가 농업 중심에서 산업 중심으로 전환되면서 가족의 기능이 축소되었다. 혼인 내지 가족의 정서적·윤리적인 결합으로서의 성격이 점차 강해졌다. 그 결과 혼인이 파탄되는 일이 많아졌고, 파탄

---

21) 명순구(2001), 275 이하.

22) Dörner(주 20)는 이를 당시의 사회가 농업에 기반을 두고 있었다는 점과 관련짓는다.

23) 조경애(2018), 251 이하; 각국의 이혼제도(2008), 4-15, 322 이하, 411 이하, 487 이하; M.-A. Glendon 원저·한복룡 역, 전환기의 가족법(1996), 223 이하, 272 이하.

된 혼인의 존속을 강제할 방법도, 그 필요성도 줄어들었다.[24] 심지어 파탄에 이른 부부가 유책주의 이혼법하에서 재판상 이혼을 하기 위하여 통모하여 일방의 유책사유를 가장하는 일도 심심치 않게 벌어졌고, 연방국가인 미국에서는 이혼이 용이한 주로 이주하여 이혼하는 이른바 이주이혼(migratory divorce)도 있었다.[25] 이러한 상황은 많은 나라에서 유책주의 이혼법을 아예 포기하게 하였다. 영국은 1969년, 프랑스는 1975년, 독일은 1977년 개정으로 혼인이 회복할 수 없을 정도로 파탄된 이상 재판상 이혼을 할 수 있도록 하고 여기에 별다른 제한을 붙이지 아니하는 이른바 적극적 파탄주의로 전환하였다. 미국 여러 주도 1960년대부터 모두 다 파탄주의 이혼법으로 전환하였다. 혼인파탄과 성격차이만을 이혼사유로 하거나, 일정 기간 이상의 별거만을 이혼사유로 하거나 그 밖에 정신병 등을 추가하거나 이들을 결합하는 형태였다.[26] 특히 프랑스, 독일과 미국 다수의 주는 혼인의 회복할 수 없는 파탄이라는 단 하나의 일반·추상적 이혼사유만을 인정하고 있다.

(4) 근래에는 부부가 이혼에 동의하면 혼인이 파탄되었는지 여부조차 심리하거나 증명하지 아니하고 곧바로 이혼을 인정하는 일종의 협의상 이혼이 확대되고 있다. 1975년 개정 프랑스 민법이 이미 이러한 요건을 갖추는 것을 전제로 판사의 개입하에 이혼할 수 있게 하였고(§§230ff.), 2016년 개정 이후에는 판사의 개입 없이, 즉 재판 없이 하는 이혼도 가능해졌으며(§§229-1ff.), 1978년 개정 오스트리아 혼인법(§55a)과 2000년 개정 스위스 민법(§§111, 112)도 이러한 이혼방식을 인정하였다. 그 밖에도 이와 비교할 만한 이혼방식을 도입한 나라가 여럿 있다. 이러한 이혼제도는 파탄주의 이혼법에서 파탄 여부 심리가 갖는 문제를 피하는 기능을 할 것으로 기대되었다.

(5) 그러나 파탄주의 이혼법은 가족 내의 약자, 전형적으로 여성과 미성년의 자녀에게 불리하게 작용하고 있고, 혼인의 안정성을 떨어뜨리며, 이혼율을 높인다는 비판에도 직면하여 있다. 이러한 비판의 당부는 판단하기 쉽지 아니하고 논란이 있는 문제이지만,[27] 이혼으로 인한 당사자와 미성년의 자녀 등에 대한 불이익을 적절히 배려할 필요가 있음은 분명하다. 이는 한편으로는 뒤에 볼 이혼과정에서의 상담과 각종 이혼급여의 재정비로 이어졌다. 그러나 다른 한편으로 루이지애나, 애리조나, 아칸소

---

24) 윤진수(2012), 38. Dörner(주 20)는 파탄주의로의 전환 이전의 상황을 전제로 이러한 사회변화의 영향을 분석하고 있다.

25) 조경애(2018), 246; 각국의 이혼제도(2008), 5-6; M.-A. Glendon 원저·한복룡 역(주 23), 223 이하.

26) 김주수·김상용, 160 이하; M.-A. Glendon 원저·한복룡 역(주 23), 227 이하; 명순구(2001), 275 이하; 이화숙(2001), 196 이하; 정광수(2005), 129 이하; 한복룡(2001), 235 이하; 한복룡·김진현(2007), 747 이하; 한복룡·김진현(2008), 119 이하.

27) 윤진수(2012)의 문헌 소개 참조.

등 미국의 몇몇 주에서는 이른바 서약혼인(covenant marriage)이라 하여 당사자가 혼인
당시 이러한 혼인방식을 채택하기로 약정을 하면 유책이혼으로 되돌아갈 수 있는 대
안을 마련하게 하는 동기가 되기도 하였다.[28]

나. 이혼의 자유

이상에서 본 바와 같이 이혼법의 역사는 전체적으로는 이혼의 자유의 확장의 역
사였다고 할 수 있으나, 그 확장이 완성단계에 이른 지금 오히려 부작용이 우려되고
그에 대한 보완책이 모색되고 있기도 하다.[29]

혼인은 「종생(終生)에 걸쳐」 부부로서 공동생활을 영위하기로 하는 내용의 이성
(異性)간 결합이다. 그러나 이러한 약속이 늘 지켜지는 것은 아니다. 많은 수의 부부가
결국 파탄에 이른다. 그럼에도 불구하고 이들을 이제 허울만 남은 혼인관계에 구속시
킨다면 이들의 행복추구를 막는 것이 된다. 이혼은 이러한 경우 부부로 하여금 혼인
으로부터 벗어날 수 있도록 해준다. 파탄에 이른 부부에게 이혼할 자유를 인정하지
아니한다면 개인의 행복추구 가능성이 침해되게 된다.[30] 여러 나라에서 이혼의 자유
가 점차 확대되어온 것도 이러한 취지이다.

그러나 다른 한편, 이혼은 부부 일방과 제3자, 특히 공동의 자녀에게 큰 영향을
준다. 가사(家事)에 전념해온 부부 일방은 경제·사회적 지위가 현저하게 떨어지게 된
다. 공동의 자녀가 큰 정신적 타격을 입을 뿐 아니라, 비양육친의 경제적·사회적·정
서적 지원을 잃게 되기 쉽다.[31] 이는 국가에도 부담이 된다. 따라서 이혼의 자유는
혼인의 자유와 같은 정도로 보호될 수는 없다. 이혼제도를 설계함에 있어서는 파탄된
혼인에서 벗어나고자 하는 부부 일방 또는 쌍방의 이익뿐 아니라, 이혼으로 부부 일
방이 입게 될 경제적·사회적 손실과 공동의 자녀가 입게 될 경제적·정서적 손실도
적절히 배려되어야 한다. 이는 현행 이혼법에서 때로는 이혼의 요건 내지 절차에 대
한 통제(재판상 이혼에서 유책주의, 엄격한 파탄요건,[32] 협의상 이혼에서 숙려기간 및 상담제도 등)

---

28) 이에 관하여는 김수정, 미국 혼인법상의 Covenant Marriage (2003년 서울대 법학석사학위논문) 참조.
29) 물론 고찰의 범위를 좀 전으로 넓혀보면, 이혼의 자유의 확장이 단선적으로 이루어진 것이 결코 아니
    고 여러 부침을 겪었음을 알 수 있다. 김형석(2023), 112 이하 참조.
30) 윤진수(2012), 40, 52. 이혼의 자유가 헌법상 보장된 기본권인지 여부에 관하여는, 윤진수, "혼인의 자
    유", 민법논고[Ⅳ](2009), 198 참조. 그러한 관점에서 협의이혼을 제한하는 현행법의 규정이 대체로 위
    헌이라는 주장으로, 송승현(2017), 212 이하.
31) 각국의 이혼제도(2008), 71 이하. 미국에서 파탄주의로 전환한 이래 처와 자녀의 경제적 지위의 하락
    에 관하여는 Weitzman, The Divorce Revolution (1985), 318ff., 이혼이 자녀에게 미치는 정서적 영향에
    관하여는 Wallerstein and Lewis, The Long-term impact of divorce on children, 36 Family Review 368
    (1998).
32) 독일연방헌법재판소는 독일 기본법은 유책주의와 파탄주의 사이에서 중립적이고, 파탄주의를 취한
    독일 민법 §§1564ff.는 기본법에 합치된다고 한다. BVerfGE 53, 224.

의 형태로, 때로는 이혼효과에 대한 국가의 개입(재산분할청구권, 양육비부담조서 기타 양육비청구권의 집행확보, 면접교섭권 등)의 형태로 나타나고 있다.33)

2. 우리 이혼법의 위치

민법은 이혼방법으로 협의상 이혼(제5절 제1관)과 재판상 이혼(제2관)의 두 가지를 규정하고 있다. 그 밖에 가사소송법이 조정이혼을 인정하고 있다(家訴 §§49ff.). 이는 형식적으로는 재판상 이혼의 일종이지만 실질적으로는 이혼사유를 묻지 아니하고 당사자의 의사에 의하여 이혼이 이루어진다는 점에서 오히려 협의상 이혼과 비슷하다는 특성을 갖는다.

가. 협의상 이혼

(1) 먼저, 민법은 부부가 협의에 의하여 이혼하는 것을 인정한다(§834). 이를 협의상 이혼 또는 협의이혼이라고 한다. 실체적으로는 혼인과오나 파탄과 같은 별도의 객관적 이혼사유 없이 부부의 주관적 이혼의사의 일치만 요구하고 절차적으로는 재판을 거칠 필요 없이 신분공무원에 대한 의사표시만으로 할 수 있다는 점에 그 특징이 있다.

이러한 의미의 협의상 이혼은 비교법적으로는 드문 편이다. 프로이센 일반란트법과 프랑스법이 이러한 제도를 인정한 바 있으나, 지금도 이를 인정하는 나라는 우리와 일본, 대만, 중국 이외에 덴마크, 러시아, 멕시코 정도에 그친다. 재판상 이혼의 틀 안에서 부부의 이혼합의가 있으면 그 요건과 절차를 완화해주거나[미국 캘리포니아 주법(Sec. 2400ff. Cal. Family Code), 스코틀랜드법, 2000년 개정 스위스 민법],34) 부부 쌍방이 이혼청구를 하거나 이혼청구 상대방이 이혼에 동의하면 파탄을 간주하거나(독일 민법 §1566),35) 자백진술만으로 파탄을 인정하고 이를 비송절차에 맡기는 등(오스트리아 혼인법 §§55a, 111) 이혼의사의 일치를 전제로 이혼절차를 간이화하고 파탄 요건을 사실상 무의미하게 한 예도 있으나, 이들은 이혼뿐 아니라 그 효과도 합의하게 하고 있을 뿐 아니라, 재판상 이혼의 틀 안에서 이를 고려함으로써 법원이 이혼을 통제할 길을 열어두고 있다는 점에서36) 어떻든 우리의 협의상 이혼보다는 엄격하다.

---

33) 김상용(2006), 2-3; 김주수·김상용, 161-162; 윤진수(주 30), "혼인의 자유", 199.
34) 스위스 민법은 2000년 개정 당시 이혼효과에 관하여 완전한 합의가 이루어진 때에는 법원의 재판절차를 거치지 아니하고 신분공무원에게 의사표시를 함으로써 이혼을 할 수 있도록 하는 협의이혼 제도의 도입이 논의되었으나, 이혼과 그 효과가 모두 공평하게 되게 하려면 법원의 개입이 필요하다는 반대의견에 부딪혀 법원의 재판을 거치게 하는 것으로 하였다. 김상용(2006), 9-12, 27-29.
35) Gernhuber/Coester-Waltjen, §24 Ⅲ 4.는 이 규정에도 불구하고 독일 민법은, 이론적으로는, 협의이혼을 인정하지 아니한다고 설명한다. 다만, 그 근거는 합의 이외에 1년의 별거기간을 요구하고 있다는 점에 있다. 오스트리아 혼인법 §55a(6개월), 영국 1973년 이혼사건법 Sec. 1(2)(d)(2년)도 별거를 요구한다.
36) 1973년 영국 이혼사건법에는 부부가 이혼에 합의하면 파탄을 추정하는 규정이 있으나[Sec. 1(2)(d)

(2) 우리 전통 이혼법에도 사정파의(事情罷議)라 하여 일종의 협의이혼이 있었으나, 양반층에서 이를 하는 일은 매우 적었고 서민층에서 이러한 관습은 실제로는 부(夫)의 기처(棄妻)에 지나지 아니하였다.[37] 일제강점 초기에는 협의이혼을 인정하지 않았으나(1914. 4. 9.자 政務摠監 回答), 불과 1년 뒤 입장을 바꾸어 협의이혼의 관습이 있다고 하였고(1915. 4. 19.자 政務摠監 回答),[38] 1922년 朝鮮民事令 §11 ②으로 "협의이혼은 이를 시장·구청장 또는 읍면장에게 신고함으로써 그 효력이 생긴다"는 규정을 추가하였다(制令 제13호). 그리하여 1923. 7. 1.부터 우리나라에서도 협의이혼 제도가 실시되게 되었다.

그러나 우리나라에서 협의상 이혼제도가 정착할 수 있었던 것은 전통 이혼법이 협의이혼을 인정하였기 때문이라기보다는 오히려 일본 민법이 협의이혼을 인정하고 있었기 때문이다.[39] 일본에서는 메이지(明治) 민법 이래로 협의이혼이 인정되었는데, 전통법 등을 받아들인 것이 아니고 프랑스법을 참고하여 입법자가 창안한 것이다. 이처럼 새로운 제도를 도입한 것은, 집안일에 국가가 간섭하는 것은 바람직하지 아니하고, 집안의 치부(恥部)를 드러내지 아니한 채 혼인을 해소할 방법을 마련할 필요가 있다고 보았기 때문이었다.[40] 제정 민법의 협의이혼제도에 신중하게 준비된 이혼이나 이혼 당사자와 미성년의 자녀를 보호하기 위한 이혼은 고사하고 당사자의 진의(眞意)에 의한 이혼을 담보하기 위한 장치도 미흡하였던 것은 이러한 제도 도입의 맥락에 비추면 오히려 당연한 일이었다.

(3) 이처럼 협의상 이혼은 비교적 새로운 제도이지만, 2007년까지는 전체 이혼건수 중 협의이혼의 비율이 줄곧 80% 이상을 차지해왔고, 이후 지금까지도 75%를 넘는다.[41] 현실적으로 이혼건수의 압도적인 다수는 협의상 이혼이고, 전체 이혼건수에서 재판상 이혼이 차지하는 비중은 상당히 낮은 편이다.

MCA}, 이는 추정에 그쳐 법원이 실제 파탄이 있는지를 심리하여 이를 번복할 수 있게 하고 있다. 김상용(2006), 19 이하.

37) 정광현(1967), 99. 좀 더 상세한 것으로 정지원(2013), 140 이하.

38) 이승일, "일제시대 친족관습의 변화와 조선민사령 개정에 관한 연구―조선민사령 제11조 제2차 개정안을 중심으로―", 한국학논집 33(1999), 176; 정지원(2013), 153 이하.

39) 김주수·김상용, 164 이하; 주석친족(1), 216(임종효). 협의이혼의 역사적 변천 일반에 관하여 김상용(2006), 4―8; 조은희(2007), 136 이하.

40) 新注民(22), 3, 41 이하(岩志和一郎).

41) 2010년까지의 추이는 우선, 박복순, "협의이혼제도의 운용실태 및 개선방안―이혼숙려기간제도 및 상담권고제도를 중심으로―", 가족법연구 26―1(2012), 1―4.

나. 재판상 이혼

(1) 민법은 배우자의 부정행위(不貞行爲), 악의의 유기(遺棄), 배우자 또는 그 직계존속으로부터의, 또는 배우자의 자기의 직계존속에 대한, 심히 부당한 대우, 3년 이상의 생사불명(生死不明) 등 일정한 개별·구체적 이혼사유가 있을 때에 재판상 이혼을 인정한다. 그중 3년 이상의 생사불명을 제외한 나머지(§840 i~iv)는 넓은 의미의 유책사유에 해당한다. 판례는 그중 §840 i의 경우 비교적 엄격한 절대적 이혼사유로 운용하고 있다. 반면 3년 이상 생사불명(§840 v)은 개별·구체적 파탄주의 이혼사유이다. 그 밖에 §840 vi는 "기타 婚姻을 繼續하기 어려운 重大한 事由가 있을 때"를 이혼사유로 들고 있는데, 이는 유책사유와 관계없이 결과적으로 혼인을 계속하기 어렵게 되었을 때, 즉 파탄을 뜻한다. 판례도 그와 같이 이해하고 있다. 결국 우리 재판상 이혼법은 4개의 개별·구체적 유책이혼사유와 1개의 개별·구체적 파탄이혼사유, 1개의 일반·추상적 파탄이혼사유를 규정하고 있는 셈이다. 그 밖에 판례·통설은 이른바 유책배우자의 이혼청구를 원칙적으로 배척한다. 이는 유책주의 이혼법에서는 흔히 볼 수 있는 것이고, 파탄주의 이혼법 중에서도 비교적 초기의 파탄주의 이혼법(이른바 소극적 파탄주의)에서 볼 수 있는 제한이다.[42]

우리 재판상 이혼사유는 의용민법(1947년 개정 전 일본 민법)과 1947년 개정 일본 민법을 절충한 것으로 보인다. 본래 우리 전통 이혼법은 七去라는 개별·구체적 이혼사유가 있을 때에 한하여 이혼을 인정하였다. 이들 이혼사유에는 오늘날의 관점에서 볼 때 유책주의 이혼사유에 해당하는 것과 파탄주의 이혼사유에 가까운 것이 혼재되어 있었다. 그리고 三不去라 하여 이혼사유가 있더라도 일정한 사정(상대방에 대한 가혹함)이 있으면 이혼을 허용하지 아니하는 예외도 인정되었다. 그리고 이혼의 주체가 원칙적으로 부(父), 보충적으로 부(夫)로서 가부장적 성격을 강하게 드러내고 있었다.[43] 이러한 전통 이혼법은 일제강점기 초반까지도, 다소간 변화를 겪기는 하였으나, 유지되었다. 朝鮮民事令 §11가 조선인 사이의 친족에 관하여는 조선의 관습에 의한다고 정하고 있었기 때문이다. 상황은 1923년의 朝鮮民事令 개정으로 변하였다. 이로써 당시 일본의 현행법이었던 1947년 개정 전 일본 민법이 조선에 의용되었는데, 이는 개별·구체적 이혼사유를 열거하고 있는 유책주의 이혼법이었고, 남녀평등에 반하거나 가

---

42) 다만 이들 입법례가 그 당시 그 나라에서도 파탄주의 이혼법으로 이해되었고, 오늘날에 그 나라에서도 이미 파탄주의 이혼법이었다고 이해되고 있다는 점에 유의하여야 한다. 우리나라에는 특히 이른바 유책배우자의 이혼청구 제한 법리를 들어 §840가 전체적으로 유책주의에 입각하고 있다고 설명하는 견해가 많으나, 이는 유책주의와 파탄주의의 개념을 오해한 것이다.
43) 김성숙(1988) 참조.

부장적 색채가 짙은 규정도 일부 포함하고 있었으나, 부부를 이혼의 당사자로 한 점에서 이미 근대적 이혼법에 속하였다.44) 1960년 민법의 재판상 이혼사유는 나아가 1947년 개정 일본 민법의 이혼사유를 상당부분 수용하여 남녀평등에 반하는 규정들을 일소(一掃)하고 파탄주의를 받아들였다.

　(2) 특히 파탄이혼을 인정한 것은 적어도 1960년 당시에는 선진적인 측면이 있었다. 그러나 앞서 본 바와 같이 대략 1960년대 이후 이루어진 파탄주의 개혁은 대체로 일반·추상적 파탄이혼사유만을 두고 있는 데 비하여, 우리 민법은 개별·구체적 유책이혼사유와 개별·구체적 파탄이혼사유를 일일이 규정하고, 이를 보충하는 형태로 일반·추상적 파탄이혼사유를 인정한다는 특징이 있다. 좀 더 중요한 것은 명문 규정 없이 판례·학설상 인정되어온 이른바 유책배우자의 이혼청구 배제의 법리이다. 1960년대부터 이루어진 일련의 파탄주의 개혁입법은 대체로 적극적 파탄주의를 취하여, 이른바 가혹조항을 둘 것인지는 별론, 이와 같은 법리는 인정하지 아니하는 것이다.45) 나아가 우리 재판상 이혼법에는, 역시 1960년 당시의 법 이론과 실무, 법 관념을 반영하여, 이혼 위자료가 명문 규정으로 도입되어 있고, 그 밖에 재산분할청구권(§839-2는 1990년 개정에 의하여 비로소 도입되었다)과 이혼 후 부양 등 이혼 급여는 일체 인정하지 아니하였다. 이 점에서 우리 재판상 이혼법은 다른 나라에 비하여 다소 엄격할 뿐 아니라, 유책주의적 요소도 상당부분 갖고 있다고 할 수 있다. 제840조·제841조·제842조 註釋 Ⅱ. 1.참조.

다. 협의상 이혼과 재판상 이혼의 균형

　결국 민법은 협의상 이혼은 제법 너그럽게 허용하는 반면, 재판상 이혼은 다소 까다롭게 허용하고 있다. 그런데 이러한 불균형은 의도되지 아니한 효과를 발생시킬 가능성이 있다. 이혼을 원하는 부부 일방, 특히 유책배우자로서는 타방으로부터 협의상 이혼에 대한 동의를 받기 위하여 재산분할과 공동의 자녀에 대한 친권·양육권 등을 대상으로 교섭하지 않을 수 없는 것이다. 이는 한편으로는 (지금은 폐지된 간통죄와 함께) 혼인관계 청산과정에서 대개는 유책배우자가 아닌 처의 교섭력을 높여줌과 동시에 재판상 이혼에 관하여 파탄주의로의 전환의 필요성 내지 압력을 줄여주는 결과를 가져왔다. 그러나 다른 한편으로는 재산분할과 공동의 자녀에 대한 친권·양육권자의 결정 등에 관하여 민법이 예정한 가치가 관철되지 못할 위

---

44) 한삼인(1984) 참조.
45) 이 법리는 최초로 파탄주의 이혼사유를 도입한 1907년 스위스 민법과 독일의 1946년 혼인법에 있었고, 일본에서도 판례상 인정되어 왔다. 그러나 오늘날 일본 판례는—법률개정 없이—더는 이러한 엄격한 유책배우자 이혼청구의 배제법리를 인정하지 아니하고 있다.

험을 초래한다. 근래 일련의 민법 개정을 통하여 협의상 이혼의 절차가 엄격해지는 한편(§§836-2, 837 참조), 판례상으로는 재판상 이혼의 요건을 완화하는 경향이 나타나고 있는데(제840조·제841조·제842조 註釋 Ⅱ. 3. 나. 참조),[46] 이는 이러한 측면에서 바람직한 발전방향이라고 보인다.

---

46) 나아가 전문가의견과 국민의식 모두 (전면적) 파탄주의를 수용할 만큼 성숙되어 있다는 주장으로, 박복순·이여봉(2013), 317 이하.

第 1 款 協議上 離婚

第 834 條 (協議上離婚)

夫婦는 協議에 의하여 離婚할 수 있다.

第 835 條 (성년후견과 협의상 이혼)

피성년후견인의 협의상 이혼에 관하여는 제808조제2항을 준용한다.

▌**참고문헌**: 고연금(2005), "정신질환과 이혼", 實務研究[X]; 권재문(2017). "가장이혼으로 인한 재산분할과 사해행위 취소", 법조 66-3; 김민규(2001), "이혼실태와 가장이혼의 법리", 아세아여성법학 4; 김용한(1960), "신분행위의 무효와 취소", 법정 60/4; 김주수(1972), "협의이혼에 관하여", 경희법학 10-1; 류일현(2018), "'졸혼(卒婚)'과 혼인제도, 가족법연구 32-2; 박근웅(2018), "가장이혼과 재산분할에 따른 증여세", 동아법학 79; 박기동(1997), "가장혼인신고가 공정증서원본불실기재죄에 해당하는지 여부", 대법원판례해설 27; 박병호(1979), "가장이혼의 효력", 民判 1; 변진장(1994), "신분행위의 무효와 취소", 司論 25; 양창수(2005), "「가족법」상의 법률행위의 특성", 가족법연구 19-1; 어인의(1998), "사실상의 이혼에 관한 연구", 청주대 법학논집 13; 이동진(2013), "부부관계의 사실상 파탄과 부정행위(不貞行爲)에 대한 책임", 서울대 법학 54-4; 이화숙(2012), "가족법상 법률행위에 있어 의사와 신고", 가족, 사회와 가족법; 정광현(1967), "협의이혼무효확인 및 부양료청구사건", 법조 12-11·12=연구; 정범석(1984), "이혼합의후 위자료지급과 재판상 이혼사유", 판례월보 171; 조미경(1998), "가족법상의 법률행위의 특수성", 이호정화갑기념; 차선자(2004), "영주권 취득을 위한 가장이혼의 효력과 재산분할의 효력", 전남대 법학논총 24; 한상원(1996), "신분판결의 대세적 효력과 제삼자의 지위", 가족법연구 10; 한수(1979), "가장이혼에 관한 소고", 법조 28-4.

I. 총설

§834는 부부가 협의에 의하여 이혼할 수 있음을 선언하고, §835는 특히 피성년후견인의 경우 §808 ②을 준용함을 밝힌다. 여기에 '詐欺 또는 强拍으로 인하여 離婚의

意思表示를 한 者는 그 取消를 家庭法院에 請求할 수 있다'고 규정한 §838를 보태어 보면, 협의상 이혼이 부부를 당사자로 하는 법률행위임이 드러난다. 즉, §834가 말하는 '협의'는 당사자의 일치된 이혼의 의사표시를 뜻한다.

　협의상 이혼은 혼인이라는 신분관계의 해소에 지향된 법률행위이다. 종래 학설은 일본의 나카가와 젠노스케(中川善之助)의 이른바 신분행위이론에 따라 이를 형성적 신분행위로 분류하고, 총칙상의 법률행위법과는 달리 규율하여야 한다고 하였으나,[1] 지금은 이러한 개념을 인정할 실익이 없고, 각 행위의 특성에 비추어 필요한 경우에 한하여 법률행위법의 규율을 수정하면 족하다는 견해가 오히려 유력하다.[2] 친족법 총설 註釋 IV. 1. 참조.

　본조 註釋은 이러한 관점에서 협의이혼의 실질적 요건과 그 흠을 다룬다. 다만, 그중 사기·강박을 이유로 하는 취소는 제838조 註釋 참조.

II. 협의상 이혼의 실질적 요건과 그 흠

1. 협의상 이혼의 실질적 요건

가. 「혼인중인 부부」

　협의이혼의 실질적 요건은[3] 혼인관계에 있는 부부가 이혼에 합의할 것이다 (§834). 법률혼 관계에 있는 부부만이 협의상 이혼을 할 수 있다. 법률혼이 무효이거나 이미 취소되는 등으로 효력을 잃은 경우 협의상 이혼을 할 수 없고[4] 이를 간과하고 협의이혼신고가 이루어졌다 하더라도 협의이혼의 효력은 없다.[5] 또 부부가 아닌 제3

---

[1] 김용한, 10 이하; 박동섭·양경승, 6 이하; 박병호(1979), 6. 변진장(1994), 7 이하; 조미경(1998), 352 이하도 대체로 비슷하다.

[2] 양창수(2005), 71 이하. 일본에서도 지금은 신분행위론에 비판적인 견해가 오히려 유력하다. 平井宜雄, "いわゆる『身分法』の概念に關する一考察", 四宮古稀記念民法·信託法理論の展開(1996), 273; 水野紀子, "中川理論－身分法學の體系と身分行爲理論－に關する一考察", 山正·五十嵐·藪古稀記念 民法學と比較法學の諸相[II](1998), 279 이하.

[3] 이와 달리 법률행위법의 분류를 적용하여 성립요건과 효력요건으로 구분하여야 한다는 것으로 송덕수, 73~74. 이에 따르면 혼인의사의 존부는 효력요건이다. 이러한 구분은 혼인신고 전 단계, 가령 가정법원의 협의이혼의사 확인 단계에 이르러 효력요건에 해당하는 사유를 심사할 수 없어 이혼신고가 이루어진 뒤 혼인무효 또는 혼인 취소의 방법으로만 다툴 수 있을 때에만 의미가 있을 터인데, 그와 같이 볼 것은 아니다. 본 註釋에서는 이와 같은 분류를 채택하지 아니한다.

[4] 다만 아직 가족관계등록부에 혼인한 부부로 기재되어 있는 이상 사실상 협의이혼절차를 진행할 수는 있을 것이다. 주석친족(1), 216(임종효)이 무효사유가 있을 뿐 혼인무효판결이 확정되지 아니한 부부는 협의이혼으로 혼인을 해소할 수 있다고 설명하는 것은 이러한 경우를 염두에 둔 것으로 보인다. 그러나 이때에도 무효인 혼인은 처음부터 당연히 무효이고 혼인무효의 확정판결로 비로소 무효가 되는 것이 아니므로, 협의이혼으로 해소될 수도 없다는 점에서 이러한 설명은 정확하지 아니하다.

[5] 그러나 취소사유가 있는 혼인관계를 협의이혼으로 해소할 수는 있다. 등록예규 제169호 「중혼인 경우에도 협의이혼할 수 있는지 여부」 참조.

자가 한 협의이혼도 효력이 없다.

나. 「이혼합의」

(1) 의사능력, 행위능력 및 대리

나아가 협의이혼이 법률행위인 이상 부부에게 의사능력이 있어야 한다.[6]

행위능력은 어떠한가. 새로운 성년후견법에서 행위무능력자로는 미성년자와 피성년후견인이 있다. 먼저, 피성년후견인은 부모 또는 성년후견인의 동의를 받아야 이혼할 수 있다(§§835, 808 ②). 그러나 미성년자의 혼인에 관한 §808 ①은 협의이혼에 준용되지 아니한다. 유효한 혼인이 성립한 이상 성년으로 의제되므로(§826-2) 더는 행위무능력자가 아니기 때문이다. 협의이혼은 대리에 친하지 아니하므로,[7] 임의대리가 허용되지 아니함은 물론 성년후견인 등의 법정대리권도 이에 미치지 아니한다.

피성년후견인이 행위능력이 없는 데 그치지 아니하고, 또는 행위능력 유무와 관계없이 의식불명 기타 의사무능력 상태인 경우에는 동의를 받아 협의이혼을 할 수 없으므로, 법정대리도 부정한다면 협의이혼 가능성이 아예 배제되게 된다. 이때 예외적으로 성년후견인이 대리하여 협의이혼을 할 수 있는지 문제가 된다. 이는 한편으로는 성년후견인에게 이혼 여부를 대리하여 정할 권한이 있는가, 있다면 어떤 요건하에 가능한가와, 다른 한편으로는 이혼방법으로서 협의이혼절차가 적합한가와 관계되어 있는데,[8] 앞의 문제에 대하여 긍정적으로 답한다 하더라도 가정법원이 협의이혼과정에서 개입할 수 있는 것은 협의이혼의사 확인절차뿐인바, 이는 성년후견인의 결정의 당부를 심리·판단하기에 적당하다고 할 수 없으므로 뒤의 문제에 대하여 긍정적으로 답하기는 어렵다. 결국 의식불명이거나 기타 의사무능력일 때에는 재판상 이혼절차에 의하는 수밖에 없다. 의식불명자 등의 재판상 이혼에 관하여는 제840조·제841조·제842조 註釋 II. 2. 다. (2) (가), 3. 가. 참조.

(2) 합의의 내용

이혼합의란 혼인을 해소하기로 하는 내용의 합의를 말한다. 두 당사자, 즉 부부가 모두 이혼의사를 표시하여야 이혼에 합의하였다고 할 수 있다.

먼저 이혼의사를 본다. 혼인, 특히 법률혼에는 사회관념상 혼인이라고 인정할 만한 실체와 법률혼의 요건으로서 혼인신고의 두 요소가 있다. 혼인을 해소하기로 하는

---

6) 박동섭·양경승, 149; 이원범, "의사무능력 상태에 있는 금치산자의 재판상 이혼 청구의 가부 및 금치산자의 이혼의사를 객관적으로 추정하기 위하여 고려할 사항", 대법원판례해설 83(2010), 714-715; 新注民(22), 49(岩志和一郎).

7) 김주수·김상용, 20; 박동섭·양경승, 150; 구 주해[III], 4(손지열).

8) 고연금(2005), 26-29; 이원범(주 6), 715 이하.

의사도 이 두 요소 각각과 관련될 수 있다. 그리하여 혼인의사에 관하여 실질적 의사설, 형식적 의사설, 법적 의사설 등이 대립하는 것과 같이(제815조 註釋 Ⅱ. 참조) 이혼합의에 관하여도 실질적 의사설과 형식적 의사설이 대립하고 있다. 실질적 의사설은 사실상의 혼인관계의 실체를 해소하려는 의사가 이혼합의이고, 따라서 혼인관계의 실체를 해소할 의사 없이 채권자의 집행을 면하거나 혼인외의 자를 혼인중의 자로 하기 위하여 협의이혼을 하는 경우 그러한 협의이혼은 무효라고 한다.9) 이 견해를 취하면서도 협의이혼 신고에는 강력한 추정력이 인정되므로, 이를 번복하려면 합리적이고도 강력한 반증이 있어야 한다는 견해,10) 협의이혼 당사자가 제3자와 재혼한 경우 등에는 그 무효를 주장함이 신의칙에 반하여 허용되지 아니한다고 보아야 한다는 견해도11) 있다. 반면 형식적 의사설은 이혼신고를 하려는 의사가 있는 이상 이혼의사가 있다고 보아야 한다고 주장한다.12)

　　판례는 한때 서자(庶子)를 적자(嫡子)로 하기 위한 전제로 형식상 이혼신고를 하였다 하더라도 신고당시의 쌍방 또는 일방에 이혼의 의사가 없었을 경우에는 협의이혼은 효력이 생기지 아니한다거나,13) 혼인파탄의 사실 없이 부부가 종전과 다름없이 부부생활을 계속하면서 통모하여 형식상으로만 협의이혼신고를 하고 있는 것이라면 신분행위의 의사주의적 성격에 비추어 무효한 협의이혼이라고 하여,14) 실질적 의사설을 취한 바 있다. 그러나 이후 태도를 바꾸어, 당사자 간에 혼인생활을 실질상 폐기하려는 의사 없이 단지 강제집행의 회피 등 다른 목적을 위한 방편으로 일시적으로 이혼신고를 하기로 하는 합의가 있었음에 불과하다고 하려면 누구나 납득할 만한 충분한 증거가 있어야 하고 그렇지 아니하면 이혼 당사자 간에 일응 일시적으로나마 법률상 적법한 이혼을 의사가 있다고 인정함이 이혼신고의 법률상 및 사실상의 중대성에 비추어 상당하고,15) 이는 협의이혼에 다른 목적이 있다 하더라도 같다고 한다.16) 그

---

9) 고정명, 한국가족법(1993), 152; 김용한, 친족상속법(1964), 161–162; 송덕수, 78; 오시영, 149; 이근식·한봉희, 신친족상속법(1965), 121; 한삼인·김상헌, 75.

10) 김주수(1972), 25–28(修正意思主義라고 한다). 김주수·김상용, 168, 175은 최근 판례가 형식적 의사설을 취한다고 할 뿐이나, 176는 설례 해설에서 형식적 의사설에 입각하여 이혼무효를 부정한 것을 비판하고 있어, 실질적 의사설로 보인다.

11) 김용한(1960), 41. 그 밖에 협의이혼의 유형에 따라 사회적 현실과 법정책적 가치판단을 종합적으로 고려하여야 한다는 견해(구체적 가치판단설)로, 이경희·윤부찬, 97.

12) 고정명·조은희, 95; 김용한, 140(개설하였다); 박병호(1972), 168 이하; 정광현(1967), 753 이하; 최금숙, 친족(2), 157–158.

13) 대법원 1961. 4. 27. 선고 4293민상536 판결[정광현(1967), 735 이하]. 朝高判 1938(昭 12). 2. 18, 民上 476(朝鮮高等法院判決錄 25, 66) 이하도 같은 취지이다.

14) 대법원 1967. 2. 7. 선고 66다2542 판결.

15) 대법원 1975. 8. 19. 선고 75도1712 판결. 같은 취지: 대법원 1997. 1. 24. 선고 95도448 판결; 대법원 2016. 12. 29. 선고 2016다249816 판결[평석: 권재문(2017)]. 부부가 자녀들이 미국에서 학업을 계속할

리하여 이혼합의가 없음을 이유로 협의이혼이 무효가 되는 예를 찾아볼 수 없는 실정이다.[17] 현재 판례는 외형상 실체법적으로는 실질적 의사설을 유지하면서 증거법상 그 번복을 극히 곤란하게 하고 있을 뿐으로 보이지만,[18] 그 결과에 있어서는 실체법상 형식적 의사설로 전환한 것과 거의 같다.[19]

　이러한 판례는 여전히 실질적 의사설을 고수하고 있는 혼인합의 내지 혼인의사와 대비된다.[20] 그러나 혼인의사와 이혼의사는 여러 가지 점에서 성질을 달리한다. 혼인의 경우 가족관계등록관서에 혼인신고를 하면 족하나 협의이혼은 가정법원의 확인을 받아야 한다.[21] 혼인은 동거·부양·협조의무, 생활비용의 부담, 일상가사비용의 연대책임, 부부재산관계 등 포괄적인 법률관계 내지 법적 지위를 창설하는 반면, 이혼은 단지 기존의 법률관계를 해소할 뿐이므로 쉽게 이혼을 인정하여도 별 문제가 없다.[22] 특히 판례는 혼인의사로 실질적 의사와 신고의사(즉, 형식적 의사)를 모두 요구하여, 둘 다 갖추어져야 비로소 법률혼으로 보호될 수 있다고 보고 있는데, 협의이혼신고의 의사가 있는 이상 적어도 신고의사, 즉 형식적 의사는 탈락하므로 법률혼으로 보호할 수는 없다. 달리 말하여 우리 법이 법률혼과 사실혼 모두를 인정하고 있는 이

수 있도록 하기 위하여 미국 영주권을 취득할 목적으로 한 이혼신고가 유효하다고 한 예로, 서울가정법원 2004. 4. 22. 선고 2003드합6149 판결[평석: 차선자(2004)], 해외이민을 목적으로 한 이혼신고가 유효하다고 한 예로, 대법원 1976. 9. 14. 선고 76도107 판결; 대법원 1981. 7. 28. 선고 80므77 판결, 사위의 신분에서 노임을 청구할 수 없는 것으로 오인하여 노임청구를 하기 위한 방편으로 한 예로, 대법원 1993. 6. 11. 선고 93므171 판결(비판: 오시영, 154), 조세포탈 목적으로 한 이혼이라 하더라도 원칙적으로 유효하다고 한 예로 대법원 2017. 9. 12. 선고 2016두58901 판결[평석: 박근웅(2018)].

16) 대법원 1993. 6. 11. 선고 93므171 판결; 대법원 2016. 12. 29. 선고 2016다249816 판결[평석: 권재문(2017)]; 대법원 2017. 9. 12. 선고 2016두58901 판결[평석: 박근웅(2018)].

17) 한수(1979), 49 이하. 한편 수원지방법원 2010. 12. 28. 선고 2010드합68, 2010드합990 판결은 부부가 가장이혼 후 2년 넘게 사실혼 관계를 유지해오다가 사실혼 관계마저 파탄에 이른 사안에서 협의이혼이 유효하다고 보면 제척기간 도과로 재산분할청구권을 행사할 수 없게 된다는 점 등을 들어 가장이혼을 무효로 봄이 타당하다고 한 바 있다. 비슷한 해석론의 가능성을 시사하는 것으로, 정원, "재산분할과 관련한 몇 가지 실무상 문제점", 實務硏究[Ⅷ](2002), 90. 그러나 판례는 사실혼에 대하여도 재산분할청구권 규정을 유추하고, 이혼 후 재결합한 부부가 다시 파탄에 이른 경우 재산분할의 대상을 확장하고 있으므로, 이러한 점이 가장이혼의 법리를 변경할 만한 근거가 되지는 못한다.

18) 김민규(2001), 110-111; 송덕수, 78. 또한, 제요[1], 586.

19) 형식적 의사설을 취하고 있다는 설명으로, 김주수·김상용, 168, 174; 박동섭·양경승, 150; 이경희·윤부찬, 97. 판례가 실질적으로 변경되었다고 볼 수 있다는 설명으로, 박기동(1997), 645.

20) 대법원 1985. 9. 10. 선고 85도1481 판결은 해외이주 목적의 위장결혼은 무효이므로 공정증서원본불실기재죄가 성립한다고 한다.

21) 이를 강조하는 것으로 대법원 1997. 1. 24. 선고 95도448 판결. 그러나 반드시 결정적인 논거가 된다고 보이지는 아니한다.

22) 나아가 이화숙(2012), 152-153은 가장혼인은 많은 경우 주로 혼외자를 혼중자로 하기 위한 방편이므로 목적을 달성하면 다시 이혼하기로 합의하는 경우가 많아 혼인의사가 없다고 보는 것이 타당한 경우가 많겠지만, 가장이혼의 경우 일시적이나마 이혼하려는 의사는 있는 것이 보통이고, 가장혼인은 당사자 사이의 문제로 국한되지만, 가장이혼의 경우에는 제3자와의 혼인신고 등으로 제3자 보호의 문제가 내포되어 있다고 한다.

상 협의이혼신고를 한 부부는 더는 법률혼으로서의 보호는 원하지 아니함을 명백히
한 셈이므로, 이들에게 법률혼과 같은 보호를 제공하는 것은 옳지 아니하고, 혼인관
계의 실체를 유지하는 경우에 한하여 사실혼의 보호를 제공하면 족한 것이다.23) 결론
적으로 이혼의사는 이혼신고를 하여 법률혼을 해소시킬 의사를 뜻할 뿐이고, 사회관
념상 혼인의 실체를 소멸시킬 의사까지 있어야 하는 것은 아니라고 본다(형식적 의사
설).24) 제815조 註釋 Ⅱ. 참조.

나아가 부부 사이에 이러한 이혼의사가 일치되어야 한다. 문제는 부부중 일방은
이혼의사를 가지고 있으나, 타방은 이혼의사를 가지고 있지 아니한 채 협의이혼신고
에 응한 경우인데, 실질적 의사설을 취하는 한 이러한 협의이혼도 무효라고 볼 여지
가 있으나,25) 사안에 따라 사기, 강박 등을 이유로 이후 협의이혼을 취소하는 것은
별론으로 하고, 일응은 협의이혼 자체는 유효하게 성립하였다고 봄이 타당할 것이다.
판례도 혼인의사의 내용 내지 요소(要素)로서 '혼인관계의 실체'는 비교적 좁게 보아
가장혼인을 넓게 인정하지만, 이혼의사의 내용 내지 요소를 이루는 '(일시나마) 법률상
적법한 이혼을 할 의사'는 이와 달리 비교적 넓게 해석하고 있으므로 결과에 있어서
는 크게 다르지 아니할 것이다.26)

협의이혼은 당사자의 의사의 합치로 성립하고 그에 따른 효력이 발생한다는 점에
서 일종의 계약이지만, 그 내용이 법률상 정해져 있어 내용형성의 자유가 배제되어 있
으므로 조건, 기한 또는 부담을 붙일 수가 없다.27) 혼인에 조건 등을 붙인 경우 당사자

---

23) 정광현(1967), 753 이하[평석대상인 대법원 1961. 4. 27. 선고 4293민상536 판결의 사안은 부양료청구
    사건이므로 사실혼 보호법리에 의하여 해결할 수 있다고 한다]. 같은 취지로 위 서울가정법원 2004. 4.
    22. 선고 2003드합6149 판결(주 15)은 사실상 혼인관계가 지속되고 있던 시기에 일방이 취득한 재산도
    재산분할의 대상이 된다고 한다. 한편, 권재문(2017), 669 주 33은 이 경우 사실혼이 전개된다는 데 대하
    여 사실혼은 혼인의사를 전제하고 혼인의사에는 신고의사가 포함된다는 이유로 반대하나, 사실혼이 신
    고의사를 포함하는 의미의 혼인의사를 전제한다는 데는 찬성할 수 없다.
24) 권재문(2017), 660−662도 같은 취지. 다만, 이 견해는 스스로를 형식적 의사설과 구별하여 법적 의사
    설에 상응하는 견해라고 하나, 이 맥락에서는 형식적 의사설과 구별할 수도, 구별할 실익도 없다. 한편,
    윤진수, 90은 본문과 같이 혼인의사에 혼인신고의사가 포함된다는 데서 이러한 결론을 도출하고 있고
    이혼의사에 대하여 별도의 학설을 전개하지는 아니한다.
25) 실질적 의사설을 취하는 혼인의 경우 부부 일방에게 혼인의사가 없었던 경우에도 무효가 된다. 대법
    원 2010. 6. 10. 선고 2010므574 판결.
26) 이에 대하여 신분행위는 진정한 의사가 중요하다는 이유에서 이러한 협의이혼도 무효가 된다는 것으
    로 주석친족(1), 219(임종효). 같은 문헌은 판례도 같을 것이라고 한다. 그러나 이 견해가 구분하는 법률
    혼의 외형을 제거하려는 의사와 법률혼을 해소하려는 의사는 실제로는 거의 구별될 수 없다. '법률혼'을
    강조하는 한 혼인신고가 그 외형의 핵심일 수밖에 없는데, 편면적 가장이혼이든 쌍방 가장이혼이든 혼
    인신고를 제거하려는 의사를 부정하기는−판례에서 지적한 여러 논거에 비추어−거의 불가능하고, 편
    면적으로만 존재할 수 있는 의사는 대개 '법률혼의 외형'이 아닌 혼인생활의 실질에 관계된 것이기 때
    문이다.
27) 김주수·김상용, 20; 박동섭·양경승, 150; 오시영, 150.

의 의사에 따라 혼인 자체가 무효가 될 수도 있고, 조건 등만이 무효가 될 수도 있겠으나, 협의이혼에 조건 등을 붙인 때에는, 일단 이를 숨기고 이혼의사확인을 받아 이혼신고를 마친 이상, 조건 등 부분만 무효가 되고 이혼 자체는 유효하다고 하여야 한다.

다. 판단의 기준시

협의상 이혼은 가정법원의 확인을 받아 「가족관계의 등록 등에 관한 법률」에 따라 신고함으로써 효력이 생긴다(§836 ①). 따라서 협의이혼의 요건은 모두 협의이혼의 신고시에 갖추어져 있어야 한다. 달리 말하여 협의이혼신고를 할 때까지 법률혼 관계에 있는 부부가 쌍방 모두 이혼의사를 갖고 있어야 한다.

가정법원에서 협의이혼의사를 확인받은 뒤 협의이혼신고를 마치기 전 부부중 일방이 이혼의사를 철회하면 어떻게 되는가? 家登規 §80 ①은 "이혼신고가 접수되기 전에 자신의 등록기준지, 주소지 또는 현재지 시읍면장에게 이혼의사확인서등본을 첨부한 이혼의사철회서를 제출하여야 한다"고 정한다.[28] 이혼의사철회서가 제출된 뒤 접수된 협의이혼신고는 수리되지 아니하고, 수리되었다 하더라도 무효이다.[29] 철회의 의사표시가 가족관계등록공무원에 대하여만 행하여지고 상대방 배우자에 대하여는 행하여지지 아니한 경우에도 같다. 나아가 협의이혼신고 전 이혼의사가 철회된 이상 위 방식을 따르지 아니하여 협의이혼신고가 수리되었다 하여도 이혼은 여전히 무효이다. 철회의 의사표시가 상대방 배우자에 대하여만 행해진 때에도 같다고 본다.[30] 철회의 효과는 확정적이므로 철회를 다시 철회하여도 효력이 없다. 이때에는 다시 이혼의사확인을 받아야 한다.[31]

가정법원에서 협의이혼의사를 확인받은 뒤 당사자 일방이 사망한 때에는 이미 법률혼이 사망으로 해소된 상태이므로 더는 협의이혼이 불가능하여 이혼신고가 수리되지 아니한다.[32] 그러나 망인이 생존중 협의이혼신고서를 우송(郵送)한 경우에는 협

---

28) 家登規 §80[이혼의사의 철회] ① 이혼의사의 확인을 받은 당사자가 이혼의사를 철회하고자 하는 경우에는 이혼신고가 접수되기 전에 자신의 등록기준지, 주소지 또는 현재지 시·읍·면의 장에게 이혼의사확인서등본을 첨부한 이혼의사철회서를 제출하여야 한다. 다만, 재외국민의 경우 등록기준지 시·읍·면의 장에게 제출하여야 한다.
② 제1항의 경우에 이혼의사의 확인을 받은 다른 쪽 당사자가 이혼신고를 먼저 접수한 경우에는 그 이혼신고를 수리하여야 한다.
29) 대법원 1994. 2. 8. 선고 93도2869 판결. 박동섭·양경승, 154(철회신고서와 이혼신고서가 동시에 제출된 경우도 같다고 한다); 최금숙, 친족(2), 162. 그러나 정범석(1984), 156−157은 이미 혼인공동생활이 폐지되었다면 협의이혼의사를 철회할 수 없고, 철회하여도 신의칙에 반하여 무효이며, 나아가 협의이혼의 예약을 강제이행할 수 있다고 한다.
30) 김주수·김상용, 168−169. 이에 관한 일본 판례의 태도는 新注民(22), 59−61(岩志和一郎). 주석친족 (1), 221(임종효)도 같은 취지에서 家登規 §80 ① 중 '가족관계등록공무원'은 단순한 예시라고 한다.
31) 등록예규 제341호 §26 ③.
32) 양상훈, "협의상이혼에 있어서의 가정법원의 확인", 재판자료 18(1983), 280. 그러나 이혼신고에 관하

의이혼신고가 수리되고 사망시 신고한 것으로 본다(家登規 §41).33) 즉, 이때에는 사망시에 협의이혼의 효력이 생겨, 혼인이 부부 일방의 사망이 아니라 이혼으로 해소되고, 배우자 상속이 일어나지 아니한다.

그러나 협의이혼신고시에 의사능력이 있어야 하는 것은 아니다. 이미 의사능력이 있을 때 이혼합의를 하여 신고서류에 그 의사표시가 화체된 이상 그 후 일방이 가령 의식불명이 되는 등으로 의사능력을 잃었다 하더라도 이미 교부한 이혼의 의사표시는 여전히 유효하게 존속하므로(§111 ②), 타방은 일방적으로 협의이혼신고를 함으로써 이혼할 수 있다.34)

2. 협의상 이혼의 무효

가. 무효사유와 취소사유의 구별

민법은 혼인에 관하여는 혼인의 성립요건을 정한 뒤, 혼인의 무효와 취소를 각각 구별하여 규정한다. 반면 협의이혼에 관하여는 §838가 사기, 강박으로 인한 이혼의 취소에 관하여 정하는 외에 무효사유와 취소사유를 구별하지 아니한다. 그러나 그렇다고 하여 협의상 이혼의 요건을 갖추지 못한 이혼이 사기, 강박이 아닌 한 늘 유효이거나 반대로 늘 무효인 것은 아니다.

먼저, 가장혼인이나 부부 일방만 혼인의사가 있었던 경우와 같이 혼인합의가 없을 때나, 당사자 쌍방 또는 그중 일방이 의사능력이 없었을 때에는 협의이혼의 전제가 되는 법률관계가 이미 당연무효이므로 협의이혼도 무효가 된다. 본인이 아닌 대리인이 한 협의이혼, 법률혼 관계가 존재하지 아니하거나, 무효인 법률혼 관계가 존재할 뿐인 당사자 사이의 협의이혼도 같다. 그러나 법률혼 관계에 취소사유가 있을 뿐일 때에는 그러하지 아니하다.

다음으로 사기 또는 강박에 의하여 협의이혼에 이르게 된 때에는 취소사유가 될 뿐이다(§838).35) 착오는 어떠한가? 민법은 혼인에 관하여는 일종의 착오에 해당하는

여 효력요건설을 취하면 달리 볼 수 있다. 新注民(22), 61(岩志和一郎).

33) 家登 §41[사망 후에 도달한 신고] ① 신고인의 생존 중에 우송한 신고서는 그 사망 후라도 시·읍·면의 장은 수리하여야 한다.
　② 제1항에 따라 신고서가 수리된 때에는 신고인의 사망시에 신고한 것으로 본다.

34) 일본의 판례도 같다. 最裁判 1969(昭 44). 4. 3, 民集23-4, 709. 상세는 新注民(22), 61-63(岩志和一郎). 다만, 한복룡, 111; 한봉희·백승흠, 172, 174는 이혼 합의시뿐 아니라 신고시에도 의사능력이 없었던 경우에는 무효가 된다고 하는데, 이것이 이혼 합의시에는 의사능력이 있었으나(이때 의사능력이 없었다면 협의이혼은 원칙적으로 그 자체 무효이다) 신고시 의사능력이 없을 때에도 무효라는 취지인지는 분명하지 아니하다.

35) 공정증서원본불실기재가 되지 아니한다. 대법원 1997. 1. 24. 선고 95도448 판결.

"婚姻당시 當事者 一方에 夫婦生活을 繼續할 수 없는 惡疾 기타 重大한 事由있음을 알지 못한 때"를 취소사유로 규정하고 있으나(§816 ii), 협의이혼에 관하여는 이러한 규정을 두고 있지 아니하다. 이 문제를 직접 논하는 문헌은 찾아보기 어렵고, 일반적으로 가족법상 법률행위는 별도의 규정이 없는 한 착오가 있으면 무효가 된다는 견해와 §109가 적용되어 취소사유가 된다는 견해가 대립하는 정도이다.36) 협의이혼에서 내용의 착오는 생각하기 어렵거나 아예 이혼합의의 성립을 배제시켜 이혼을 무효로 만들고, 동기의 착오는 사기, 강박이 아닌 한 원칙적으로 고려되지 아니한다고 보아야 할 것이다.37)

부모 또는 성년후견인의 동의 없이 피성년후견인이 협의상 이혼을 한 경우에 대하여는 명문 규정이 없어, 취소사유라는 견해와 무효는 물론 취소사유도 되지 아니한다는 견해가 대립한다.38) 이혼신고가 수리된 이상 굳이 무효로 볼 것은 아니고, 명문 규정도 없이 취소사유로 볼 수도 없다. 후설이 타당하다.39)

가정법원의 확인 없이 이혼신고가 이루어진 경우에는 무효이다.40) 그러나 서면으로 하여야 하는 이혼신고를 구술로 하여 수리된 경우는 무효로 볼 필요가 없다.41)

나. 무효인 협의이혼의 추인 등

법률혼 관계에 있지 아니한 당사자 사이의 이혼합의는 무효이고, 추인해도 그 흠이 치유되지 아니한다. 그러나 이혼합의 없이 협의이혼신고가 이루어진 경우에는 혼인합의 없이 혼인신고가 이루어진 경우에서 그러한 것처럼 당사자가 추인함으로써 무효인 협의이혼이 신고시에 소급하여 유효가 된다.42)

그 이외에 통모하여 가장이혼을 한 뒤 선의의 제3자와 재혼한 경우 등에는 제3자에게 협의이혼의 무효를 주장할 수 없다는 견해도 있다.43)

---

36) 개관은 주석민총(2) (제4판), 759−760(지원림).

37) 제요[1], 664도 이혼취소의 사유는 사기 또는 강박뿐이라고 한다.

38) 제요[1], 586, 664. 그러나 취소사유라는 견해로, 송덕수, 80; 지원림, 민법강의 (제19판, 2022), 1966; 최금숙, 친족(2), 167−168, 금치산자(성년피후견인)에 한하여 사기·강박에 준하여 취소할 수 있다는 견해로, 오시영, 156.

39) 김주수·김상용, 178; 박동섭·양경승, 159; 신영호·김상훈·정구태, 117; 윤진수, 89; 한봉희·백승흠, 175; 한삼인·김상헌, 77.

40) 가정법원의 협의이혼의사확인 제도가 도입되기 전의 것으로 호적담당공무원이 당사자 일방이 단독으로 제출한 협의이혼신고서를 수리한 것은 무효라고 한 것으로 대법원 1975. 9. 23. 선고 75므11. 또한 김주수·김상용, 173; 주석친족(1), 226(임종효).

41) 혼인신고에 관한 것이지만, 대법원 1978. 2. 28. 선고 78므1 판결 참조. 주석친족(1), 226(임종효).

42) 제요[1], 587. 일본 판례도 같다. 最裁判 1967(昭 42). 12. 8. 家月 20−3, 55. 일본의 판례·학설에 대하여는 新注民(22), 63−66(岩志和一郎)도 참조. 이때에는 무효인 혼인이나 입양의 추인과 달리 (이혼의사가 없었던) 당사자의 명시적·묵시적 추인의사표시로 족하고, 혼인관계의 실체의 해소를 요구할 필요는 없을 것이다.

43) 김용한(1960), 41.

다. 무효 주장의 방법

(1) 이혼무효확인의 소(家訴 §2 ① i)

민법에는 규정이 없지만 家訴 §2 ① i는 "이혼의 무효"를 가류 가사소송사건 중 하나로 규정하고 있으므로 이 소로 협의이혼의 무효를 주장할 수 있다.

제1심은, ① 부부가 같은 가정법원의 관할구역 내에 보통재판적이 있을 때에는 그 가정법원의, ② 부부가 마지막으로 같은 주소지를 가졌던 가정법원의 관할구역 내에 부부 중 어느 한쪽의 보통재판적이 있을 때에는 그 가정법원의, ③ 위 각 경우에 해당하지 아니하는 경우로서 부부 중 어느 한쪽이 다른 한쪽을 상대로 하는 때는 상대방의 보통재판적이 있는 곳의 가정법원, 부부 모두를 상대로 하는 때는 부부 중 어느 한쪽의 보통재판적이 있는 곳의 가정법원의, ④ 부부 중 어느 한쪽이 사망한 때는 생존한 다른 한쪽의 보통재판적이 있는 가정법원의, ⑤ 부부가 모두 사망한 때는 부부 중 어느 한쪽의 마지막 주소지 가정법원의 전속관할에 속한다(家訴 §§2 ①, 22, 法組 §40). 다른 법원에 소를 제기한 때에는 관할법원으로 이송하여야 한다. 또한 제1심은 단독판사의 사물관할에 속한다(法組 §7, 사물관할규칙 §3).

이 소송의 성질에 대하여는 확인소송이라는 견해와 형성소송이라는 견해가 대립하나, 판례·통설은 확인소송으로 본다.[44] 협의이혼의 당사자, 법정대리인 또는 4촌 이내의 친족은 당연히 원고적격을 갖는다(家訴 §23). 판례는 이 규정의 취지는 이들의 경우 확인의 이익이 있음을 증명하지 아니하더라도 원고적격이 인정된다는 것일 뿐[45] 이들만이 소를 제기할 수 있다는 뜻은 아니라고 하므로, 구체적으로 확인의 이익이 인정된다면 누구든 원고가 될 수 있다.[46] 이혼무효청구를 인용한 확정판결은 제3자에 대하여도 효력이 있으므로(家訴 §21 ①), 수인(數人)이 공동원고가 되어 제기하면 유사필수적 공동소송이 된다. 협의이혼 당사자 중 일방이 사망하는 등으로 이미 다른 사유로 혼인관계가 종국적으로 해소되었을 때에도 과거의 이혼이 무효라는 점이 현재의 법률상태에 직접 영향을 미친다면 이혼무효확인을 구할 이익이 인정될 수 있다. 부부 중 일방이 원고가 된 경우에는 타방, 그 타방이 사망한 경우에는 검사, 제3자가 원고가 된 때에는 부부 모두, 부부 중 일방이 사망한 경우에는 나머지 일방, 부부 모

---

44) 대법원 1978. 7. 11. 선고 78므7 판결; 제요[1], 587. 또한 오시영, 154; 윤진수, 89; 한삼인·김상헌, 76; 주석친족(1), 228(임종효). 이에 대하여 형성소송이라는 견해로 송덕수, 79; 이경희·윤부찬, 102; 정동윤·유병현, 민사소송법 (제3판, 2009), 66, 378; 이시윤, 신민사소송법 (제5판, 2009), 177. 상세한 논의는, 우세나, "가사사건의 기판력", 안암법학 36(2011), 552 이하.

45) 대법원 1981. 10. 13. 선고 80므60 전원합의체 판결.

46) 반면 이해관계 있는 제3자라 하더라도 家訴 §23에 해당하지 아니하면 혼인무효의 소를 제기하지 못한다는 견해로, 김연, "민법 친족·상속편과 가사소송법의 교착", 가족법연구 23-1(2009), 126.

두가 사망한 경우에는 검사에게 각 피고적격이 있다(家訴 §24).[47]

이혼무효소송에는 변론주의가 적용되지 아니한다(家訴 §17 전단). 가정법원은 자백 또는 자백간주에 구속되지 아니하고(家訴 §23 단서), 당사자가 주장하지 아니한 사실도 기록상 나타나 있으면 판단의 기초로 삼아야 하며, 나아가 사실을 직권으로 탐지할 수도 있다. 또 당사자가 제출하지 아니한 증거도 탐지하고 조사할 수 있다. 당사자가 시기(時機)에 늦게 제출한 소송자료도 배척되지 아니한다(家訴 §12 단서). 원칙적으로 변론에 본인이나 법정대리인이 출석하여야 한다(家訴 §7 ① 본문).[48] 이혼무효사유는 무효를 주장하는 측(원고)에게, 무효인 이혼의 추인 등은 무효를 저지하려는 측(피고)에게 증명책임이 있다.[49]

이혼무효소송은 소취하나 판결로 종료된다. 인용판결은 제3자에 대하여도 기판력이 미친다(家訴 §21 ①. 대세효). 반면 기각판결이 확정된 경우에는 다른 제소권자(원고적격이 있는 자)가 사실심 변론종결 전 참가하지 못한 데 대하여 정당한 사유가 있지 아니하면 소를 제기할 수 없게 될 뿐이다(家訴 §21 ②).[50] 정당한 사유란 소송계속중 외국에 거주하여 소송계속사실을 알지 못한 경우와 같이 소송에 보조참가, 당사자참가, 공동소송참가 등을 하지 못한 데 고의 또는 과실이 없는 경우를 말한다.[51] 그 효력에 관하여는 결국 이 범위에서 기각판결에도 대세적 확정력을 인정하여야 한다는 견해와[52] 제소만을 금지하는 것일 뿐이라는 견해가,[53] 금지되는 소제기의 범위에 관하여는 당해 신분관계의 존부, 가령 이혼무효 여부를 다투는 것을 소송물로 하는 소만 포함된다는 견해와[54] 다른 소송에서 선결문제로서 당해 신분관계의 존부를 다투는 것도 금지된다는 견해가[55] 갈린다. 규정 문언과 입법취지상 기각판결에는 대세적 확정력이 없고 제소금지는 당해 신분관계를 직접 다투는 소에 한한다고 봄이 옳다. 그렇다면 모든 제소권자가 제소금지에 걸리더라도 다른 소송에서 선결관계로 이혼무효를 주장할 여지도 있게 된다.[56]

---

47) 제요[1], 587, 574-575.
48) 제요[1], 236 이하, 540 이하.
49) 최금숙, 친족(2), 165은 이를 신고의 추정력으로 설명한다.
50) 제요[1], 560-563. 대세효의 구체적인 범위 등에 관하여는 한상원(1996), 601 이하.
51) 김선혜, "가사재판의 기판력", 가족법연구 23-3(2009), 284-286; 우세나(주 44), 558.
52) 박동섭, 가사소송실무(2006), 187. 그러나 박동섭, 가사소송(1), 300은 제소만을 금지할 뿐이라고 한다.
53) 서정우, "새 가사소송법의 개설", 박병호환갑기념(1991), 686-689.
54) 우세나(주 44), 558-562.
55) 김선혜(주 51), 286-287.
56) 서정우(주 53), 689은 이러한 폐단은 구 인사소송법하에서도 확인의 소를 진정 확인의 소로 해석하는 한 피할 수 없다면서, 일단 소송에 의하여 패소판결이 확정된 사실과 그로 인한 공부(公簿)의 강한 증명력으로 인하여 현재의 법률관계를 다투는 주장이 받아들여지지 않을 개연성이 크다는 증거법적 해결책

처분권주의가 적용되지 아니하므로 청구인낙은 허용되지 아니하며 해도 그 효력이 없다(家訴 §12 단서).[57] 청구의 포기와 재판상 화해에 관하여는 다툼이 있으나,[58] 무효인 협의이혼의 추인을 인정하는 이상 추인권자가 하는 포기나 그와 사실상 같은 내용의 재판상 화해는 굳이 부정할 필요는 없을 것이다.

(2) 별소(別訴)에서의 소송상 주장

이혼무효소송이 확인소송이라고 보는 한, 家訴 §2 ①에 의한 이혼무효의 소를 제기하지 아니하더라도 무효인 협의이혼은 처음부터 당연무효이고, 별소(別訴)에서 이를 주장할 수 있다. 변론주의의 적용 여부는 당해 절차에 적용되는 법리에 따른다. 증명책임은 이혼무효소송에서와 같다.

라. 무효로 인한 원상회복

(1) 주된 효과와 관련된 원상회복

이혼이 무효이면 기존의 혼인관계는 법률상으로는 그대로 존속하게 된다. 원상회복으로는 가족관계등록부의 정정과 제3자와의 중혼해소가 문제된다.

㈎ 가족관계등록부의 정정(訂正)

협의이혼의 무효는 등록부의 기록에 처음부터 착오가 있어 무효인 경우로(家登 §18) 등록부 정정사유에 해당한다.

이혼무효를 확인하는 판결이 확정된 경우 신고의무자(이혼무효청구의 소의 원고)는 판결 확정일로부터 1월 이내에 판결의 등본 및 확정증명서 1부를 첨부하여 등록기준지 또는 주소지, 현재지에 해당하는 시·읍·면의 장에게 가족관계등록부 정정신청을 하여야 한다(家登 §§107, 108. 확정판결에 의한 정정). 가정법원 법원사무관 등도 이혼무효 청구를 인용한 판결이 확정되면 위 시·읍·면의 장에게 지체 없이 확정통지를 하여야 하고(家訴規 §7 ①), 통지를 받은 시·읍·면의 장은 신고의무자(원고)에게 상당한 기간을 정하여 신고, 즉 정정신청을 최고하여야 한다. 신고의무자(원고)가 정당한 사유 없이 신고의무의 이행을 게을리한 때에는 과태료의 제재를 받는다(家登 §121). 신고의무자(원고)가 법정기간 내에 정정신청을 하지 아니하는 때에는 상대방(피고)도 등록부 정정신청을 할 수 있다. 신청의 성질은 등록신고에 준하고, 보고적 성격을 갖는다. 그리하여 신고에 관한 규정이 대부분 준용된다(家登 §108).[59]

에 기대는 수밖에 없다고 한다.
57) 당사자 또는 법관이 이를 간과하고 청구인낙 또는 허용되지 아니하는 청구포기, 재판상 화해, 가사조정을 하고, 이를 조서에 기재한다 하더라도 효력이 없다.
58) 제요[1], 262-265.
59) 등록실무[Ⅱ], 342. 1991년 개정 전 호적법에서는 호적신고절차에 의하였다.

또한 시·읍·면의 장은 신고의무자에게 최고할 수 없거나 2회 최고하여도 신고하지 아니하는 때에는 감독법원의 허가를 받아 등록부를 직권 정정할 수 있다(家登 §§107, 108, 38).

다른 한편, 협의이혼이 무효임이 명백한 경우, 가령 협의이혼신고의 당사자 중 일방이 협의이혼신고 당시 사망하였음에도 타방이 협의이혼신고를 한 때에는 이해관계인이 가정법원의 허가를 받아 등록부 정정을 신청할 수 있다(家登 §104).[60]

그러나 이혼의사 내지 의사능력이 없었다는 점을 이유로 이혼무효판결을 받지 아니한 채 등록부 정정을 할 수는 없다. 이유 중 이혼이 무효라는 판단이 포함되어 있는 확정판결이 있어도 마찬가지이다.[61]

(나) 제3자와의 중혼해소

무효인 협의이혼을 한 당사자가 가족관계등록부상 이혼한 것으로 기재되어 있음을 기화로 제3자와 혼인신고를 한 경우, 그 혼인은 일응 유효하지만 중혼(重婚) 사유가 생겨 취소할 수 있다. 이혼 당사자가 통모하여 한 경우에도 마찬가지이나, 이때에는 그 무효를 선의의 제3자에게 주장할 수 없다는 견해도 있다(주 43).[62] 무효인 협의이혼의 기초가 된 혼인관계에는 §840 i의 이혼사유가 생긴다. 이 혼인관계가 이혼 등으로 해소되면 중혼사유도 소멸한다.

(2) 부수적 효과와 관계된 원상회복

부부 사이에 공동의 자녀가 있었던 경우 협의이혼을 하기 위해서는 양육자를 정하여야 한다(§837). 그러나 협의이혼이 무효라고 해서 양육자 결정도 당연히 무효라고 할 수는 없다. 가정법원의 심판으로 양육자를 정한 경우 협의이혼은 재판의 한 동기(Motiv)에 불과하므로 협의이혼이 무효가 되었다 하여 당연히 심판의 효력이 소멸하는 것은 아니고, 당사자의 협의로 양육자를 정한 때에도 이는 이혼합의와 별개의 (가족법상의) 계약이므로 양자가 유인(有因)적 관계에 있다고 볼 근거가 없다. 나아가 부부가 무효인 협의이혼에 터잡아 실질적 혼인생활을 (일시적으로라도) 폐지하였다면 양육자

---

60) 신영호, 등록, 253. 1990. 11. 27. 법정 제1863호와 1992. 3. 23. 법정 제517호는 협의이혼신고서의 접수 이전에 협의이혼의사의 철회신고서가 접수되었거나 동시에 접수된 경우 협의이혼신고서를 수리할 수 없으므로 만일 착오로 후에 접수한 협의이혼신고서를 수리하였다면 이는 무효인 이혼신고이나 일단 수리하여 기재를 마쳤다면 호적정정허가의 방법으로는 정정할 수 없고, 부(夫)의 보통재판적이 있는 관할법원에서 이혼무효확인심판을 받아야 할 것이라고 하나, 의문이다. 이러한 경우에는 직권정정을 할 수 있다고 보아야 할 것이다.

61) 신영호, 등록, 244 이하.

62) 좀 더 조심스러운 것으로 주석친족(1), 227(임종효). 선의라는 사정만으로 무효 주장이 봉쇄된다고 할 수는 없으나 제반 사정을 종합하여 이익을 형량함으로써 신의칙이나 금반언의 법리에 따라 무효 주장이 대세적으로 차단되어야 하는 경우를 배제할 수 없다고 한다.

결정을 실효시킬 필요 자체가 없다. 양육자 결정은 별거중일 때에도 할 수 있기 때문이다(제826조 註釋 Ⅲ. 3. 나. 참조). 이때 종전의 양육자 결정은 별거중 양육자 결정으로 여전히 효력을 유지한다. 부부가 공동생활을 복구하기로 한 경우에는 양육자 결정을 취소하는 심판을 받아 양육관계를 복원하면 된다. 부부가 (무효인) 협의이혼에도 불구하고 혼인관계의 실체를 폐지하지 아니한 경우도 마찬가지이다. 양육자 결정이 당연 무효라고 볼 근거는 없고, 심판에 의하여 취소하여야 한다.

　　재산분할의 경우도 마찬가지이다. 재산분할이 유효한 이혼을 그 요건으로 하고 있음은 물론이나, 법원이 협의이혼이 무효임을 간과하고 재산분할의 심판을 한 이상 이혼이 무효라 하여 당연히 재판도 무효가 된다고 볼 근거는 없다. 당사자의 협의로 재산분할을 한 경우도 다르지 아니하다. 이러한 계약은 재산분할청구권을 전제하는 가족법상의 계약이기는 하나, 협의이혼과 독립된 별개의 계약이므로 협의이혼이 무효라 하여 이미 행해진 재산분할도 당연히 무효가 된다고 볼 수는 없는 것이다.[63] 물론 협의이혼이 무효인 이상 재산분할이 그 기초를 잃어 부당이득(§§741ff.) 등에 터잡은 채권법적인 반환청구 내지는 원상회복청구의 대상이 되는 경우가 있을 수 있으나, 협의이혼의 유효가 재산분할의 기초를 이루는지 여부는 사안별로 따져보아야 할 일이다.[64]

Ⅲ. [補論] 이른바 협의이혼의 예약과 사실상 이혼

1. 이른바 협의이혼의 예약

　　부부가 장래에 협의이혼을 하기로 합의하는 것을 '협의이혼의 예약'이라고 한다. 협의이혼은 가정법원의 이혼의사확인과 이혼신고가 있어야 비로소 성립하므로, 이혼하기로 합의하는 것만으로는 협의이혼이라고 할 수 없다. 협의이혼의 「예약」이라는 표현은 이러한 약정을 협의이혼과 구별하여 부르는 것이다.

　　협의이혼의 예약을 혼인 당시 또는 혼인 전에 하였다면 조건 또는 기한부 혼인 합의의 문제이다. 이때에는 혼인 자체가 무효가 되거나 혼인은 유효하고 협의이혼의 예약 부분만 무효가 된다. 어느 쪽이든 협의이혼의 예약에는 법적 효력이 없다.[65]

---

63) 그러나 당사자의 의사가 분명하지 아니한 이상 재산분할은 원칙적으로 이혼의 유효성을−동기가 아니라−조건으로 하고 있다고 보아야 하고, 따라서 이혼이 무효가 되면 재산분할도 효력을 잃는다는 견해로, 김병선, "이혼으로 인한 재산분할에 있어서 분할자의 채권자보호에 관한 몇 가지 제언", 전북대 법학연구 34(2011), 411 이하. 결론적으로 같은 취지, 김주수·김상용, 176.

64) 이 점에서는 혼인중 재산분할을 인정하여야 할 필요가 있다는 사정도 고려하여야 할 것이다. 이동진, "배우자의 특별수익, 기여분, 유류분", 사법 56(2021), 320 참조.

협의이혼의 예약을 혼인 존속중 하는 경우로는 당장 협의이혼을 할 의사 없이 일정한 조건(가령 다시 도박 또는 부정행위를 하는 경우)이 충족되면 협의이혼하기로 하는 경우와 협의이혼을 준비하는 과정에서 미리 합의하는 경우가 있다. 특히 가정법원에 이혼의사확인 신청을 하려면 원칙적으로 부부 쌍방의 신청이 있어야 하므로 협의이혼을 하는 부부는 통상 그 전에 협의이혼의 예약을 하게 마련이다. 어느 쪽이든 이러한 합의에는 법률상 효력이 없다. 협의이혼의 의사는 이혼신고시까지 있어야 하고 가정법원의 이혼의사확인을 받은 뒤에도 부부 중 누구든 일방적으로 철회할 수 있기 때문이다(위 Ⅱ. 1. 다. 참조).[66] 장차 협의이혼하기로 합의한 바 있다는 사정이 그 자체로 재판상 이혼사유가 되는 것도 아니다.[67]

뒤의 두 종류의 합의에는 공동의 미성년의 자녀의 양육 및 재산분할 등에 관한 합의가 부수하는 경우가 많다. 이러한 부수적 합의는 통상 당해 약정에 따라 장차 협의이혼을 할 것을 정지조건으로 한다고 해석된다. 이러한 경우 부부가 (무효인) 협의이혼의 예약에 따라 실제 협의이혼을 한 때에는 부수적 합의에 따른 효력도 발생하지만, 결국 재판상 이혼을 한 경우에는 부수적 합의도 효력을 잃는다고 보아야 한다. 제839조의2 註釋 Ⅲ. 1. 가. (2) 참조.

한편, 혼인 존속중 하는 경우로는 당장 협의이혼을 할 의사는 없이 일정 조건(가령 다시 도박 또는 부정행위를 하는 경우)이 충족되면 배우자에게 정해진 재산을 양도하거나 돈을 지급하기로 하는 경우가 있다. 이는 그것이 이혼의 자유를 과도하게 침해하여 공서양속에 반하는 경우가 아닌 한 유효하다.[68]

2. 이른바 사실상 이혼

사실상 이혼은 이혼신고를 하지 아니한 채 혼인관계의 실질만을 폐기하는 것을 말한다. 논자에 따라 다르나, 당사자가 혼인관계의 실질을 폐기하기로 합의하고 그에 따라 혼인관계의 실질을 폐기한 경우와[69] 그러한 합의 없이, 더러는 일방적으로, 혼

---

65) 김주수·김상용, 178.
66) 그러나 혼인공동생활이 사실상 폐지되었다면 협의이혼의 예약도 유효하고 강제이행을 구할 수 있으며, 그 철회가 신의칙에 반하여 무효라는 견해로, 정범석(1984), 156-157.
67) 대법원 1988. 4. 25. 선고 87므28 판결. 그러나 §840 vi의 재판상 이혼사유가 된다는 견해로, 정범석(1984), 158.
68) 김주수·김상용, 178; 新注民(22), 17-18(許末惠).
69) 이 경우로 제한하여 이해하는 견해로, 김주수·김상용, 179; 박동섭·양경승, 161; 송덕수, 81; 최금숙, 친족(2), 170-171; 최문기, 134; 한삼인·김상헌, 77(이러한 견해는 많은 경우 이혼의 합의가 있어야 한다고도 설명하나, 구체적 서술상 혼인관계의 실질을 폐기하기로 합의하는 데 그치지 아니하고 이혼에까지 합의할, 그러나 이혼신고는 하지 아니할 것을 요구하는지는 반드시 분명하지 아니하다). 나아가 재산분할까지 처리한 경우로 제한하는 견해로 신영호·김상훈·정구태, 123.

인관계의 실질을 폐기한 경우 양자가 문제된다.[70] 법률상 이혼이 이혼신고를 요하지
만 반드시 혼인관계의 실질이 폐기되어야 하는 것은 아니고 사실혼으로 존속할 수 있
는 것과 다르다.

먼저 당사자가 합의하여 혼인관계의 실질을 폐기한 경우부터 본다.

통설은 이때에는 부부간의 동거·부양·협조의무 및 정조의무가 소멸하고,[71] 그
후 다른 사람과 사실혼 관계를 맺게 되더라도 법률상 배우자에 대하여 불법행위가 되
지 아니한다고 한다.[72] 나아가 부부재산제도 소멸하며, 혼인생활비용의 부담문제도
없어지고, 일상가사대리권과 일상가사채무에 대한 연대책임도 없어지나, 사실상 이혼
중임을 알지 못하는 선의의 제3자에게 이를 대항할 수 없다고 한다.[73] 다만, 혼인신
고가 유지되므로 여전히 재혼할 수는 없고, 재혼하면 중혼이 되며, 사실상 이혼한 뒤
에 낳은 자녀는 혼인중 출생자이고,[74] 기타 친족관계도 유지된다.[75] 재산분할을 청구
할 수 없고,[76] 일방이 사망하면 타방이 이른바 배우자 상속을 한다.[77] 자녀에 대한
친권에는 영향이 없으나, 부부가 별거 중인 이상 §837에 준하여 양육자를 지정할 수
있다고 한다.[78] 다만, 모가 사실상 이혼 후 임신하여 출산한 자녀는 친생추정이 미치
지 아니한다거나 배우자가 상속권을 부정하는 것이 신의칙에 반하여 허용되지 아니
한다는 견해도 있다.[79]

---

70) 이경희·윤부찬, 103－104. 나아가 법률상 혼인을 종료할 의사까지 요구되지는 아니한다. 반대로 법률
　　상 혼인만은 유지할 의사가 있는 경우를 '졸혼(卒婚)'이라고도 하는데, 이 경우 또한 법적으로 달리 취
　　급할 이유는 없다. 그러나 사실상 이혼과 구별하는 것으로, 류일현(2018), 166－167.

71) 고정명·조은희, 100; 김주수·김상용, 179; 박동섭·양경승, 161; 신영호·김상훈·정구태, 123; 오시영,
　　159; 윤진수, 88－89; 이경희·윤부찬, 104; 최금숙, 친족(2), 172; 최문기, 134; 한복룡, 112; 한삼인·김
　　상헌, 77. 송덕수, 81도 비슷하나 성적 성실의무(정조의무)는 "경감된다"고 한다.

72) 어인의(1998), 160－161.

73) 김주수·김상용, 179.

74) 한복룡, 112. 그러나 사실상 이혼 후 300일이 지나 출생한 자녀에 대하여는 친생추정이 미치지 아니
　　한다는 견해로, 박동섭·양경승, 161; 송덕수, 81－82; 오시영, 160; 신영호·김상훈·정구태, 123; 조승현,
　　111; 최금숙, 친족(2), 174; 최문기, 134; 한삼인·김상헌, 78. 그러나 이는 친생추정에 관한 이른바 외관
　　설의 귀결일 뿐, 사실상 이혼과는 무관하다.

75) 송덕수, 81; 한삼인·김상헌, 77－78. 그러나 친족관계로부터 발생하는 효과도 일률적으로 정하기보
　　다는 구체적 상황에 맞게 인정하여야 한다는 것으로, 이경희·윤부찬, 104.

76) 그러나 사실상 이혼 이후 부부 일방이 취득한 재산은 원칙적으로 부부 공동재산에서는 제외된다. 최
　　금숙, 친족(2), 173.

77) 대법원 1969. 7. 8. 선고 69다427 판결(유처가 사실상 타에 개가하였어도 법률상 처인 이상 공무원연
　　금법상 연금수급권을 갖는다). 다만, 형식상 혼인신고가 되어 있음을 기화로 상속권을 주장하는 것이
　　권리남용이라는 취지로, 대법원 1987. 4. 28. 선고 86므130 판결. 그 밖에 산업재해보상보험법이 사실상
　　배우자를 유족보상일시금 수급권자로 규정하고 있는 이상, 사실상 이혼하고, 나아가 다른 사람과 사실
　　혼 관계를 맺게 되면 사실상 이혼한 법률상 배우자에게는 유족보상일시금 수급권이 인정되지 아니한다.
　　대법원 1977. 12. 27. 선고 75다1098 판결. 한편, 한복룡, 112은 상속권은 인정하나, 상속재산분할에서
　　고려되어야 한다고 한다.

78) 김주수·김상용, 179－180.

79) 김주수·김상용, 180－181; 이경희·윤부찬, 104. 이들 두 제도가 당사자 사이의 관계의 문제에 그치지

부부가 이혼에 합의하지 아니한 채 장기간 별거하여 혼인관계의 실질이 폐기된 경우에 대하여는 논의가 많지 아니하다.[80] 다만, 중혼적 사실혼의 인정범위 내지 허용한계와 관련하여, 당사자 사이에 이혼합의가 있고 혼인공동생활의 실체가 소멸한 경우 이외에 이혼합의가 없었다 하더라도 별거 경위와 기간, 혼인관계 유지의 의사 및 회복노력 등을 종합하여 법률혼이 부활할 가능성이 없는 경우도 「사실상 이혼」에 해당한다는 견해(최광의설)가[81] 주장되고 있고, 헌법재판소 2008. 10. 30. 선고 2007헌가17. 21, 2008헌가7. 26, 2008헌바21. 47 결정에서 재판관 김희옥의 헌법불합치의견이, "장기간 생활을 공동으로 영위하지 아니하는 등 사실상 혼인이 파탄되고 부부간 성적 성실의무가 더 이상 존재한다고 보기 어려운 상태에서 행한 간통"을 처벌하는 것은 과도한 형벌로 국가개입의 법치국가적 한계를 넘는다고 한 바 있어, 참고가 될 뿐이다.

확실히 혼인관계의 실질이 사실상 완전히 폐기된 이상[82] 법률혼이 유지되고 있다 하여 부부간 동거·부양·협조의무가 원래의 모습 그대로 유지된다고 할 수는 없다. 이러한 의무는 계속하여 형성되는 혼인공동생활의 현실적 모습에 의하여 구체화되는 것이므로, 혼인관계의 실질이 완전히 폐기되는 경우 그 기초를 잃게 된다. 그러나 그렇다고 하여 혼인관계의 실질을 폐기하기로 합의하는 것만으로 이러한 의무가 모두 소멸한다고 할 수 있는지는 의문이다. 인적 혼인의무에 관한 부부간 협의에는 한계가 있기 때문이다(제826조 註釋 I. 2. 나.). 이러한 합의 없이 단지 장기간의 별거만으로 위 의무의 소멸을 인정할 근거는 더더욱 없다. 가령 혼인관계가 사실상 완전히 파탄에 이르렀다 하더라도 부양의무는 금전급여로 전화(轉化)하여 - 비록 그 범위가 줄어들 가능성은 있지만 - 여전히 유지되는 것이다.[83] 특히 정조 내지 성적 충실의무의 경우 소극적인 성격을 가져 반드시 혼인공동생활이 있어야만 가능한 것은 아니므로, 사실상 이혼만으로 소멸한다고 볼 만한 해석상 근거가 약하다. 판례도 이러한 사

아니한다는 점에서 매우 의문이다.

80) 그러나 이 경우도 사실상 이혼에 넣어 위 논의를 적용하는 것으로 이경희·윤부찬, 103-104.

81) 박인환, "사실혼보호법리의 변천과 과제", 가족법연구 23(2009), 164; 신동훈, "중혼적 사실혼의 보호", 實務研究[X](2005), 240-241; 전일호, "중혼적 사실혼의 보호범위", 광주지방법원 재판실무연구 2010(2011), 65-66; 최행식, "사실혼보호의 한계-중혼적 사실혼을 중심으로-", 김병대화갑기념(1998), 540.

82) 단순히 이혼을 청구하거나 별거중이라는 등의 사정만으로 혼인관계의 실질이 사실상 완전히 폐기되었다고 할 수는 없다. 대법원 2023. 3. 24.자 2022스771 결정 참조. 그 경계의 판단은 개별·구체적 사정을 고려하여 그때그때 이루어질 수밖에 없고, 불분명한 점이 있다.

83) 생활비용의 부담의무가 소멸하는지는 부양의무와 생활비용부담의무 사이의 관계에 관하여 어떤 입장을 취하는가에 따라 달라지만(제833조 註釋 I. 2. 참조), 어떻든 실질적으로 금전적 부조의무가 소멸하지 아니한다는 점에는 이론(異論)이 없다.

정만으로 정조의무가 소멸한다고 보지는 아니하는 것 같다.[84] 다만, 이미 혼인관계의 실질이 사실상 폐기된 이상 혼인의무 위반이 있다 하더라도 그 위반에 대한 제재, 가령 재판상 이혼, 형사처벌 및 손해배상, 방해배제청구 등은 제한함이 바람직할 것이다. 비교법적으로도 이러한 경우 혼인의무가 그 자체 소멸한다고 보는 예는 찾기 어려우나, 다른 한편 간통죄가 인정되던 시기에도 혼인관계가 파탄에 이른 후 한 간통에 대하여는 처벌하지 아니하거나 형을 면제하는 예가 많고, 손해배상이나 방해배제청구가 가능한지 여부를 판단할 때에도 혼인관계가 유지되고 있는지 여부를 고려하는 등 그에 대한 제재가 상당히 완화되거나 사실상 공동화(空洞化)되는 경향이 있다.[85] 대법원 2014. 11. 20. 선고 2011므2997 전원합의체 판결의 다수의견도 같은 취지에서 부부가 장기간 별거하는 등의 사유로 실질적으로 부부공동생활이 파탄되어 실체가 더는 존재하지 아니하고 객관적으로 회복할 수 없는 정도에 이른 때에는 제3자가 부부 일방과 성적인 행위를 하더라도 이를 부부공동생활의 침해 내지 그 유지의 방해라고 할 수 없고 또 그로 인하여 배우자의 부부공동생활에 관한 권리가 침해되는 손해가 생긴다고 할 수도 없다면서, 이러한 손해배상을 부정하고 있다.

일부 학설은 사실상 이혼으로 부부재산제가 소멸한다고 하나, 그와 같이 해석할 근거가 없다.[86] 재산분할도 구할 수 없다.[87] 그 밖에 통설이 언급하는 사실상 이혼의 효과들은 모두 현행법의 개별 규정의 해석으로부터 당연히 도출될 수 있는 것들이다.[88]

부부는 언제든 사실상 이혼상태를 해소하고 혼인상태로 복귀할 수 있다. 그러나 복귀를 원하지 아니하는 당사자에게 있어서는 사실상 이혼상태가 이혼사유가 될 수 있다.[89]

---

84) 가령 대법원 1999. 5. 14. 선고 99도826 판결; 서울가정법원 2006. 11. 16. 선고 2005드합6952, 2006드합7891 판결. 대법원 2014. 11. 20. 선고 2011므2997 전원합의체 판결도 참조.
85) 이동진(2013), 62 이하. 日最判 1996(平 8). 3. 16. 民集50, 4, 993은 부부관계가 사실상 파탄에 이른 후에 부부 일방이 간통을 하였음을 이유로 위자료지급을 구한 사건에서, 이러한 경우 특단의 사정이 없는 한 혼인공동생활의 평화라는 권리 또는 법적 보호가치 있는 이익이 없다는 이유로 청구를 기각하였다.
86) 윤진수, 89.
87) 입법론적으로는 이러한 경우 법률혼이 존속하는 중이라 하더라도 재산분할을 구할 수 있게 해줄 필요가 있다. 독일 민법(§1385), 프랑스 민법(§1443)은 이를 인정하고 있다. 박현정, "혼인중 재산분할제도", 재산법연구 26-2(2009), 237 이하; 윤진수, "민법개정안 중 부부재산제에 관한 연구", 민법논고 [IV](2009), 252-255 참조.
88) 가령 대법원 2011. 6. 30. 선고 2011다10013 판결은 영구임대아파트의 임대차계약상 임차인이 다른 주택을 소유하게 되어 전산검색 결과 부적격자로 통보받으면 임대인이 임대차계약을 해지할 수 있게 되어 있었음에도, 이미 배우자가 26년 간 제3자와 사실혼 관계를 형성해 임차인과 연락하지 아니하고 있었다면 그 배우자가 주택을 소유하였다는 이유로 임대차를 해지할 수 없다면서, 그 근거를 주로 영구임대주택 제도의 취지에서 찾고 있다.
89) 김주수·김상용, 181; 오시영, 161.

第 836 條 (離婚의 成立과 申告方式)

① 協議上離婚은 家庭法院의 確認을 받아 「가족관계의 등록 등에 관한 법률」 의 정한 바에 의하여 申告함으로써 그 效力이 생긴다.

② 前項의 申告는 當事者 雙方과 成年者인 證人 2人의 連書한 書面으로 하여 야 한다.

▋**참고문헌**: 김갑동(1979), "협의이혼절차에 있어서 법원의 이혼의사확인의 법률적의의 및 효력", 司論 10; 김매경(2006), "협의이혼제도 개선안에 대한 소고", 가족법연구 20-3; 김상용(2006), "협의이혼제도 의 개정방향", 법무부 편, 민법(친족·상속편) 공청회 자료집; 김용욱(1994), "협의이혼의 확인", 한봉희 화갑기념; 양상훈(1983), "협의상이혼에 있어서의 가정법원의 확인", 재판자료 18; 연기영(2007), "신고 하지 아니한 협의이혼 확인의 효력", Jurist 413; 이상욱(2019), "협의상 이혼 제도의 개선 방안", 영남법 학 48; 정광현(1967), "혼인신고의 강제이행문제", 법정 63/6 = 연구; 최정규(1997), "협의상 이혼신고 절차에 관한 소고", 법조 46-8.

Ⅰ. 본조의 의의

본조는 협의상 이혼의 형식적 요건을 규정한다. 민법은 법률혼·신고혼주의를 취하고 있으므로, 이혼시에도 형식적 요건으로 신고가 필요하다는 것이다.

나아가 본조는 협의이혼신고 전 가정법원의 확인을 받아야 한다고 한다.

당초 민법은 시·구·읍·면의 장에게 신고함으로써 협의이혼이 성립하는 것으로 규정하고 있었다. 일제 강점기 때부터 채택된 규율(朝鮮民事令 §11, 朝鮮戶籍令 §87)이 민법 제정 이후에도 별 변화 없이 유지된 결과이다(등록관청에의 신고-형식적 심사). 그러나 이는 강압에 의한 축출이혼이나 일방적 협의이혼신고 등 여러 문제를 낳았다.[1] 협의이혼을 인정하는 나라 중에서도 이처럼 법원의 개입 없이 신분공무원에 대한 의사표시만으로 이혼할 수 있도록 하는 예는 상당히 드문 편이다.[2] 이에 1963. 10. 1. 戶籍 §79-2로 협의이혼심사제도가 도입되어 시·구·읍·면의 장(호적공무원)은 협의이

---

1) 김상용(2006), 4-8.
2) 김상용(2006), 27-29.

혼신고서의 진정성립(眞正成立) 여부를 심사하여 수리하고, 심사를 위하여 원칙적으로 이혼 당사자 쌍방을 출석하게 하며, 그것이 불가능한 경우에는 임상 기타 적당한 방법으로 협의이혼의사를 확인한 후 수리하도록 하였다(등록관청에의 신고-실질적 심사). 그리고 1977년 본조 개정으로, 1979. 1. 1.부터는 가정법원의 이혼의사확인을 거쳐 시·읍·면의 장에게 이혼신고를 하게 되었다[가정법원의 확인(실질적 심사)+등록관청에의 신고(형식적 심사)].[3] 이로써 우리 민법도 협의상 이혼에 법원을 개입시키는 입법례에 해당하게 되었다.[4]

이처럼 가정법원의 협의이혼의사 확인제도는 본래 협의이혼의사 등 요건을 실질적으로 심사함으로써 무효이거나 또는 위법한 이혼이 행해지는 것을 막고 가족관계등록부의 진실성을 담보하기 위하여 마련되었다. 본조 註釋에서는 이들 두 형식적 요건을 다루기로 한다. 이혼의 절차에 관하여는 제836조의2 註釋 참조.

Ⅱ. 협의상 이혼의 형식적 요건

1. 가정법원의 협의이혼의사확인

가. 협의이혼의사확인 신청

(1) 협의이혼은 가정법원의 확인을 받아「가족관계의 등록 등에 관한 법률」이 정한 바에 따라 신고하여야 성립하므로, 협의이혼을 하려면 먼저 가정법원의「확인」을 받아야 한다. 이를 협의이혼의사확인이라고 한다.

협의이혼의사확인신청은 부부가 함께 관할 가정법원에 출석하여 협의이혼의사확인신청서를 제출하는 방법으로 한다. 이혼 당사자 각자의 등록기준지나 주소지 관할 가정법원(지원, 시·군법원)이 그들 사이의 협의이혼의사확인 사건도 관할한다(家登 §75 ①). 부부의 주소가 다르거나 등록기준지와 주소가 다른 때에는 그중 편한 곳에 신청할 수 있다. 그러나 부부 쌍방이 출석해야 하므로 부부 중 한쪽만 출석하여 협의이혼의사확인신청서를 제출할 수는 없다. 변호사 또는 대리인을 통한 신청도 허용되지 아니한다. 다만, 부부 중 한쪽이 재외국민이거나 수감자로서 출석하기 어려운 경우에는 다른 한쪽만 출석하여 단독으로 협의이혼의사확인신청서를 제출할 수가 있다(家登規 §73 ②, 등록예규 제276호 §2 ①). 또 부부 양쪽이 재외국민등록법 §3에 따라 등록된 재외

---

3) 최정규(1997), 166, 169 이하. 이 방안은 이미 민법 제정 당시 주장된 것이다. 김갑동(1979), 699.

4) 법관의 개입을 배제하고 변호사가 개입하여 작성한 협의서를 법원에 제출함으로써 협의이혼이 이루어지도록 개정하여야 한다는 견해로 이상욱(2019), 181-183(프랑스의 판사의 개입 없는 이혼을 주로 참조한다).

국민인 때에는 그들의 거주지를 관할하는 재외공관, 거주지를 관할하는 재외공관이 없는 경우에는 인접지의 재외공관의 장에게, 한쪽만 재외국민이거나 양쪽이 재외국민이지만 서로 다른 국가에 거주하고 있는 때에는 재외국민인 당사자가 자기 거주지를 관할하는 재외공관의 장에게 협의이혼의사확인신청을 할 수 있다(家登規 §75 ②, ③).

신청서에는 당사자의 성명, 등록기준지, 주소, 주민등록번호, 신청의 취지 및 연월일을 기재하고, 이혼하고자 하는 부부가 공동으로 서명 또는 기명날인한다. 부부 중 한쪽만이 재외국민이거나 수감자인 경우에는 그 신청서에 재외국민 또는 수감자인 당사자에 대한 관할 재외공관 또는 교도소(구치소)의 명칭과 소재지도 기재하여야 한다(등록예규 제276호 §2 ④ 전단).

아울러 신청서에는 부부 양쪽의 가족관계증명서와 혼인관계증명서 각 1통(家登規 §73 ④ 1문), 미성년인 자녀가 있는 경우에는 자녀의 양육과 친권자결정에 관한 협의서 1통과 사본 2통 또는 가정법원의 심판정본 및 확정증명서 각 3통(家登規 §73 ④ 2문), 주소지 관할 가정법원에 신청서를 제출하는 경우에는 그 관할을 증명할 수 있는 주민등록표 등본 1통을, 부부 중 한쪽이 재외국민 또는 수감자인 경우에는 재외국민등록부 등본이나 수용증명서 등 그에 관한 소명자료 1통을 첨부하여야 한다(등록예규 제276호 §2 ②, ④ 후단).[5] 다만, 부부가 함께 출석하여 신청을 하고 이혼에 관한 안내를 받은 경우에는, 친권자결정에 관한 협의서는 협의이혼의사확인기일 1개월 전까지, 심판정본과 확정증명서는 확인기일까지 제출하면 된다.[6]

(2) 이혼에 관한 안내, 상담 등 협의이혼의사확인신청 후 가정법원의 확인까지의 절차와 이혼숙려기간에 관하여는 제836조의2 註釋 참조.

나. 가정법원의 확인

(1) 이혼의사확인신청이 있는 때에는 가정법원 판사는 부부 양쪽이 이혼에 관한 안내를 받은 날부터 §836-2 ② 또는 ③에서 정한 기간이 지난 후에 부부 양쪽을 출석시켜 진술을 듣고 이혼의사의 유무를 확인하여야 한다(家登規 §74 ①). 다만, 미성년 자녀가 없는 당사자의 이혼의사확인은 사법보좌관이 한다.[7] 확인대상이 되는 「이혼의사」에는 본인 여부와 이혼신고의사는 물론, 의사능력이 있는지, 사기·강박 등에 의한 의사표시가 아닌지도 포함된다.[8] 부부 합의에 의한 재판상 이혼을 인정하는 나

---

5) 등록실무[Ⅱ], 9-10; 신영호, 등록, 138-139, 144-145. 나아가 이 경우에는 송달료 2회분 상당액(이혼의사확인촉탁서, 이혼의사확인서 등본 송달용)도 예납한다. 박동섭·양경승, 151.
6) 등록실무[Ⅱ], 9.
7) 2018. 7. 1. 시행된 개정 사법보좌관규칙 §2 ① xix.
8) 김갑동(1979), 702-704; 양상훈(1983), 275 이하.

라는 물론,9) 별도의 비송절차를 인정하는 나라에서도10) 대체로 협의상 이혼절차에서
이혼합의의 진지성과 임의성을 심사하고 있다. 대법원 1987. 1. 20. 선고 86므86 판결
은 "협의이혼의사확인절차는 확인 당시에 당사자들이 이혼을 할 의사를 가지고 있는
가를 밝히는 데 그치는 것이고 그들이 의사결정의 정확한 능력을 가졌는지 또는 어떠
한 과정을 거쳐 협의이혼의사를 결정하였는지 하는 점에 관하여서는 심리하지 않는
다"고 하나, 그 진의는 법원의 확인을 거친 협의이혼도 그 의사에 흠이 있으면 취소
될 수 있다는 점에 있고, 법관이 의사능력의 존부와 의사형성과정의 흠 유무를 확인
하는 것을 금지하는 것은 아니다. 법관에게는 의심스러운 경우 적극 확인하여 이혼의
사에 흠이 있다고 판단되면 불확인 결정을 할 의무가 있다.11)

나아가 본조에는 규정되어 있지 아니하나, §836-2 ④의 서류, 즉 미성년인 자녀
가 있는 경우 그 자녀의 양육과 친권자결정에 관한 협의서 또는 가정법원의 심판정본
및 확정증명서를 제출하였는지 여부와 §837 ③에서 언급하고 있는 협의가 자녀의 복
리에 반하는지 여부도 협의이혼의사확인의 대상이다. 협의서를 제출하지 아니하거나
협의내용이 자녀의 복리에 반하여 보정을 명하였으나 당사자가 이에 응하지 아니한
경우에는 가정법원 판사는 (직권으로 정할 수는 없고) 불확인 결정을 하여야 한다.12) 제
837조 註釋 Ⅱ. 2. 가. 참조.

이상의 흠이 없는 이상 가정법원은 이혼의사확인서를 작성하고 그 등본을 이혼
신고서에 첨부하여 교부 또는 송달하여야 하며, 확인을 거부할 수는 없다.

(2) 부부 중 한쪽이 재외국민이거나 수감자로서 출석하기 어려워 다른 한쪽이 출
석하여 신청한 경우에는 관할 재외공관이나 교도소(구치소)의 장에게 그 당사자의 협
의이혼의사확인을 촉탁하여 그 (이혼의사확인)회보서의 기재로 그 당사자의 출석·진술
에 갈음할 수 있다. 재외공관장에게 촉탁하는 때에는 외교부 영사과에 관할 재외공관
의 정확한 명칭과 소재지를 확인한 다음, 외교부를 거치지 아니하고 곧바로 관할 재
외공관장에게 송부한다(등록예규 276호, §14 ②). 재외국민 또는 수감자인 당사자의 이혼
의사가 확인되지 아니한 회보서가 송부되어 오거나, 촉탁 후 상당한 기간이13) 지나도

9) 프랑스 민법 §232 ①은 이 점을 명문으로 규정한다. 스위스 민법 §111에 관하여는 BaslerKommZGB/
Gloor (2. Aufl., 2000), Art. 111 N. 7. 다만, 독일 민법 §1566와 관련하여 이혼합의가 사기·강박 등으로 이루
어졌다는 점은 당사자가 취소권을 행사하여야 비로소 고려된다. Gernhuber/Coester-Waltjen, §27 Ⅲ 6.
10) 오스트리아 혼인법 §55a. RummelKomm/Strabentheiner (3. Aufl., 2002), §55a EheG, Rz. 5.
11) 윤진수, 88. 그러나 이에 반대하는 취지로 보이는 것으로, 주석친족(1), 243(임종효).
12) 등록실무[Ⅱ], 24-25; 신영호, 등록, 142-143.
13) 재외공관장에게 촉탁하는 경우 송달일부터 6개월, 교도소(구치소)의 장에게 촉탁하는 경우 송달일부
터 1개월 이상.

회보서가 송부되지 아니하는 경우에는 이혼의사가 확인되지 아니한 것으로 처리하고 신청 당사자에게 그 처리 결과를 통지한다(등록예규 276호 §15 ②).

부부 양쪽이 재외국민으로 재외공관의 장에게 협의이혼의사확인을 신청한 경우에는 양쪽 당사자, 한쪽만 재외공관의 장에게 협의이혼의사확인을 신청한 경우에는 그 한쪽 당사자를 출석시켜 이혼의사의 유무를 확인하고 진술요지서를 작성한 다음, 이혼신고서, 협의서 또는 심판정본 및 확정증명서 등과 함께 서울가정법원으로 송부한다(家登規 §75 ④, 등록예규 제276호 §17 ①, ②). 서울가정법원은 위 서류에 의하여 재외국민의 이혼의사 등을 확인한 뒤(국내거주자의 이혼의사 등은 법원에 출석하게 하여 확인한다), 흠이 없으면 협의이혼의사확인서를 작성하여 확인서 등본을 그 재외국민의 거주지를 관할하는 재외공관의 장에게 송부한다.14) 다만 국내에 거주하는 당사자의 신청이 있을 때에는 그 주소지 관할 가정법원에 사건을 이송할 수 있다(家登規 §76 ②, ⑤).

(3) 이혼의사확인 사건은, 가정법원이 관할하지만 가사소송법상의 가사비송사건은 아닌 일반(가족관계등록) 비송사건에 해당하고, 확인 및 불확인도 일종의 결정이다. 따라서 당사자에게 (대개 즉시) 고지함으로써 그 효력이 생긴다. 이러한 결정에 대하여는 불복할 수 없다.15) 이 결정에는 어차피 기판력이 없어 불확인 결정을 받았어도 다시 이혼의사확인을 신청할 수 있고,16) 확인 결정을 받아도 이혼의사철회서를 제출하여 이혼신고를 저지할 수 있으므로 따로 불복 가능성을 열어 둘 필요도 크지 아니하다.

한편, 협의이혼의사확인은 어디까지나 당사자들의 합의를 근간으로 하고, 법원의 역할은 그들의 의사를 확인, 증명하는 데 그치며, 법원의 확인에 소송법상 특별한 효력이 주어지는 것도 아니다.17) 사기와 강박이 없는 한 법관 면전에서 이혼의사가 진정한 것으로서 확인을 받고 이혼신고까지 끝낸 뒤 그 무효·취소를 주장하는 것은 금반언의 법리에 위반한 것으로 단정 지을 수 있으므로 확정력과 공증력을 인정한 셈이라는 설명이 있으나,18) 가장이혼으로 무효가 되는지 여부는 이혼의사의 실체법적 내용에 의하여 결정될 일이고, 가정법원의 확인에 절차적 확정력 내지 증거법적 효력

---

14) 등록실무[Ⅱ], 28-29; 신영호, 등록, 144-146.

15) 김매경(2006), 4-5. 그러나 이와 달리 항고할 수 있고, 이러한 항고에는 집행정지의 효력이 없으나 확인결정의 경우 항고법원, 원심법원 또는 판사가 항고에 대한 결정이 있을 때까지 집행을 정지하거나 그 밖에 필요한 처분을 할 수 있다는 견해로, 양상훈(1983), 279.

16) 김갑동(1979), 710.

17) 대법원 1987. 1. 20. 선고 86므86 판결.

18) 김갑동(1979), 708-711; 김용욱(1994), 195. 그 밖에 박병호, 109; 한수, "가장이혼에 관한 소고", 법조 28-4(1979), 54. 김민규, "이혼실태와 가장이혼의 법리", 아세아여성법학 4(2001), 138 이하도 참조.

이 있어 이를 다툴 수 없게 되는 것은 아니므로, 이 설명에는 오해의 소지가 있다.

학설 중에는 가정법원의 이혼의사확인이 없음에도 신고가 수리된 때에는 이혼이 무효가 된다는 것이 있다.[19]

다. 신청의 취하

이혼의사확인신청인은 관할 가정법원으로부터 협의이혼의사확인을 받기 전까지 신청을 취하할 수 있다. 부부 양쪽 또는 한쪽이 관할 가정법원으로부터 기일출석통지를 받고도 2회에 걸쳐 기일에 출석하지 아니한 때에는 확인신청을 취하한 것으로 본다. 부부 중 양쪽 또는 한쪽이 이혼의사확인신청을 한 다음 날부터 3개월 안에 이혼에 관한 안내(§836−2)를 받지 아니한 때에도 확인신청을 취하한 것으로 본다(家登規 §77).

2. 협의이혼신고

가. 협의이혼신고의 법적 의미

협의이혼은 신고하여야 비로소 성립한다(성립요건설).[20] 협의이혼을 하기로 합의하였다 하더라도 협의이혼신고를 하기 전에는 이혼의 효력이 생기지 아니한다.[21] 이 때에는 이혼이 무효인 것이 아니라 아예 이혼이 존재하지 아니하는 것이므로 이혼무효확인소송(家訴 §2 ①)의 대상도 되지 아니한다. 협의이혼의사 확인을 받은 것만으로 재판상 이혼사유가 되는 것도 아니다.[22]

이는 실체적·창설적 신고에 해당한다.[23] 따라서 협의이혼의 실질적 요건은 원칙적으로 협의이혼신고시까지 유지되어야 하고, 협의이혼신고가 있기 전에는 부부 일방이 협의이혼의사를 철회함으로써 협의이혼을 막을 수 있다(제834조·제835조 註釋 Ⅱ. 2. 다. 참조). 협의이혼의사철회가 가족관계등록공무원에 대한 이혼의사철회서의 제출에 의하여 이루어진 경우 협의이혼의사철회의 의사표시와 협의이혼신고의 선후는 접수번호의 순서에 의한다. 협의이혼신고, 즉 이혼의 효력이 신고가 수리된 때에 생기는가, 신고시로 소급하는가는 다투어진다.[24]

---

19) 김갑동(1979), 711−714; 김주수·김상용, 174−175; 박동섭, 148; 이경희·윤부찬, 99; 최금숙, 친족(2), 162. 반면 유효라는 것으로, 양수산, 친족상속법(1998), 227.
20) 통설. 그러나 혼인신고에 관하여서이지만 효력요건설을 취하는 견해로, 정광현(1967), 594 이하, 특히 이혼과 관련하여, 연기영(2007), 275 이하.
21) 대법원 1983. 7. 12. 선고 83므11 판결. 연기영(2007)이 그 평석이다.
22) 대법원 1988. 4. 25. 선고 87므28 판결.
23) 등록실무[Ⅰ], 261.
24) 2009 가족관계등록실무, 161.

나. 협의이혼신고의 방식과 기한

(1) 협의이혼신고는 이혼 당사자가 본인의 등록기준지, 신고인의 주소지 또는 현재지의 시·읍·면의 사무소(家登 §20 ①)에서 서면으로 한다(본조 ②). 재외국민의 경우 우편으로 신고하거나 귀국하여 직접 신고하는 이외에 재외공관의 장에게 신고할 수도 있다(§§814, 882 유추). 외국인도 준거법이 한국법인 경우 한국의 등록관서에 신고할 수 있다.25) 창설적 신고이고 본인의 의사가 중요하므로 대리신고는 허용되지 아니한다(家登 §31 ③ 단서). 그러나 사자(使者)에 의한 신고서 제출은 허용된다.26) 본인이 출석하지 아니하는 때에는 본인의 주민등록증 등 신분증명서를 제시하거나 신고서에 본인의 인감증명서를 첨부하여야 한다(家登 §23 ②).

협의이혼신고서에는, 당사자의 성명·본·출생연월일·주민등록번호 및 등록기준지(당사자가 외국인인 때에는 그 성명 및 국적), 그 부모와 양부모의 성명·등록기준지 및 주민등록번호, §909 ④이나 ⑤에 따라 친권자가 결정된 때에는 그 내용을 기재하고 당사자 쌍방과 성년자인 증인 2인이 연서하여야 한다(家登 §74, 본조 ②).27) 당사자가 피성년후견인인 경우 동의한 부모 또는 성년후견인의 성명, 서명(또는 날인) 및 생년월일도 기재한다. 다만, 이때에는 성년자인 증인 2인의 연서는 필요하지 아니하다(家登 §76).

그러나 2008년부터 가정법원의 협의이혼의사 확인을 받아 이혼의사확인서등본을 첨부한 경우에는 성년자인 증인 2인의 연서가 있는 것으로 보도록 하고 있으므로(家登 §76), 증인 2인 이상의 연서를 요구하는 본조 ②은 거의 의미를 잃었다. 나아가 이 경우에는 부부 중 한쪽이 협의이혼신고서를 제출해도 된다(家登規 §79).

또한 협의이혼신고서에는 가정법원의 협의이혼의사확인서 등본 1부(家登 §75 ②) 이외에, 피성년후견자가 신고하는 경우에는 신고사건의 성질 및 효과를 이해할 능력이 있음을 증명하는 의사의 진단서(家登 §27 ②)와 그 성년후견인의 동의서(§873)28) 각 1부를, 미성년인 자녀가 있는 경우에는 친권자지정 협의서 등본 또는 법원의 심판서 정본 및 확정증명서 각 1부를 각 첨부해야 한다.

(2) 가정법원의 협의이혼의사확인은 확인서등본을 교부 또는 송달받은 날로부터 3월이 경과하면 효력을 상실하므로(家登 §75③), 협의이혼신고도 이 날로부터 3월 이내

---

25) 2009 가족관계등록실무, 129-130; 등록실무[Ⅱ], 4.
26) 가족관계등록신고사건 접수시 신고인 등 확인방법(등록예규 제351호) 참조.
27) 연서가 위조되었다 하더라도 신고서가 수리된 이상 이혼은 유효하다. 대법원 1962. 11. 5. 선고 62다 610 판결.
28) 2009 가족관계등록실무, 147.

에 하여야 한다. 이 기간에는 초일을 산입한다.[29]

다. 협의이혼신고의 심사와 수리(受理)

(1) 협의이혼신고서가 접수되면 시·읍·면의 장은 신고의 적법 여부를 심사한다. 그러나 심사는 신고서와 첨부서류, 등록부 등의 기재에 의하여 법정요건을 구비하고 있는지, 절차에 부합하는지를 심사하는 이른바 형식적 심사에 한하고, 시·읍·면의 장에게는 나아가 신고사항의 진실성과 신고의사의 진의성까지 심사할 의무도 권한도 없다.[30] 그러므로 시·읍·면의 장은 가정법원의 협의이혼의사 확인서 등본이 첨부되었는지, 확인서의 유효기간이 경과하지 아니하였는지, 미성년자녀가 있는 경우에는 가정법원의 확인서 등본과 친권자결정에 관한 협의서 등본 또는 심판정본 및 확정증명서가 일치하는지,[31] 일방이 협의이혼의사철회서를 먼저 접수하지 아니하였는지 등을 확인하여 위법이 있으면 신고를 불수리하고, 적법하면 신고를 수리하여야 한다.[32] 그 외에 사망자에 대한 협의이혼신고처럼 그 자체 법령상 무효인 사유가 있는 경우 이를 심사하여 불수리하거나, 시·읍·면의 장이 신고가 허위임을 공적으로 확인할 수 있을 때에 수리를 거부할 수는 있다.[33]

(2) 신고가 수리되기 전에는 이를 취하할 수 있으나, 일단 수리되면 취하할 수 없다. 협의이혼이 실체법상 무효일 때에도 같다. 이때에는 등록부 정정절차를 거치는 수밖에 없다.

반대로 신고가 위법 또는 부당하게 불수리된 경우에는 이해관계인이 관할 가정법원에 불복을 신청할 수 있다(家登 §109 이하). 본래 시·읍·면의 장의 불수리 처분은 행정처분에 해당하므로 행정소송절차에 따라야 하나 등록사무의 특수성을 고려하여 특별한 불복절차를 규정한 것이다.[34]

---

29) 2009 가족관계등록실무, 283.
30) 2009 가족관계등록실무, 155. 또한, 등록실무[I], 318도 참조.
31) 이때에는 친권자지정신고서를 함께 수리한다.
32) 2009 가족관계등록실무, 295–297; 등록실무[I], 319 이하. 오시영, 190은 이와 달리 친권자·양육자 지정협의가 없어도 협의이혼신고를 할 수 있다고 하나, 이해하기 어렵다. 다만 이러한 서류가 첨부되지 아니하여 이혼신고가 위법하다 하더라도, 일단 수리되면 이혼은 유효하다. 이경희·윤부찬, 101.
33) 2009 가족관계등록실무, 155–157; 등록실무[I], 319–320.
34) 2009 가족관계등록실무, 541 이하; 신영호, 등록, 147, 272–273.

第 836 條의2 (이혼의 절차)

① 협의상 이혼을 하려는 자는 가정법원이 제공하는 이혼에 관한 안내를 받아야 하고, 가정법원은 필요한 경우 당사자에게 상담에 관하여 전문적인 지식과 경험을 갖춘 전문상담인의 상담을 받을 것을 권고할 수 있다.

② 가정법원에 이혼의사의 확인을 신청한 당사자는 제1항의 안내를 받은 날부터 다음 각 호의 기간이 지난 후에 이혼의사의 확인을 받을 수 있다.

1. 양육하여야 할 자(포태 중인 자를 포함한다. 이하 이 조에서 같다)가 있는 경우에는 3월

2. 제1호에 해당하지 아니하는 경우에는 1개월

③ 가정법원은 폭력으로 인하여 당사자 일방에게 참을 수 없는 고통이 예상되는 등 이혼을 하여야 할 급박한 사정이 있는 경우에는 제2항의 기간을 단축 또는 면제할 수 있다.

④ 양육하여야 할 자가 있는 경우 당사자는 제837조에 따른 자(子)의 양육과 제909조제4항에 따른 자(子)의 친권자결정에 관한 협의서 또는 제837조 및 제909조제4항에 따른 가정법원의 심판정본을 제출하여야 한다.

⑤ 가정법원은 당사자가 협의한 양육비부담에 관한 내용을 확인하는 양육비부담조서를 작성하여야 한다. 이 경우 양육비부담조서의 효력에 대하여는 「가사소송법」 제41조를 준용한다.

▌참고문헌: 김매경(2006), "협의이혼제도 개선안에 대한 소고", 가족법연구 20-3; 김상용(2004), "협의이혼에 대한 각국의 입법례 및 제도개선방안 연구", 법조 578; 김상용(2006), "협의이혼제도의 개정방향", 법무부 편, 민법(친족·상속편) 공청회 자료집; 김영록(1999), "협의이혼제도의 실질적 운용방안에 관한 소고", 가사조정 2; 김윤정(2011), "양육비 이행의 확보 방안과 관련한 논의", 가사재판연구[Ⅱ]; 개정 민법·가사소송법 해설(2009); 김홍기(2013), "협의이혼제도의 개선", 가정법원 50주년 기념논문집; 박건창(2017), "양육비 분담과 집행에 관한 실무상 논의", 가족법연구 31-3; 박복순(2006), "양육비 확보에 관한 법안 검토", 가족법연구 20-3; 박복순(2012), "협의이혼제도의 운용실태 및 개선방안-이혼숙려기간제도 및 상담권고제도를 중심으로-", 가족법연구 26-1; 선재성(2006), "협의이혼에서 가족의

재구성을 어떻게 추구할 것인가", 가사조정 9; 이명철(2008), "2008년 개정 민법에 따른 협의이혼절차", 가족법연구 22−3; 이상욱(2019), "협의상 이혼 제도의 개선 방안", 영남법학 48; 이은정(2007), "이혼시 자녀양육비 지급확보방안에 관한 연구−민법 및 가사소송법 개정안을 중심으로", 가사재판연구[I]; 이화숙(2012), "가족법개정안의 연구", 가족, 사회와 가족법; 정승원(2013), "미래를 여는 우리나라 가정법원의 역할과 전망", 가정법원 50주년 기념논문집; 정용신(2020), "이혼절차에서 미성년자녀를 보호하기 위한 법원의 제반 조치들", 가족법연구 34−2; 정현수(2006), "이혼시 자녀양육비 확보방안에 관한 연구", 가족법연구 19−1; 조은희(2007), "이혼의 자유와 그 한계 − 협의이혼제도와 협의이혼제도 개정법안을 중심으로", 가족법연구 21−1; 최진섭(2005), "이혼숙려기간 도입에 대한 관견", 新聞 3345(2005. 3.); 최진섭(1988), "이혼절차에서의 자녀보호방안", 김주수화갑기념.

Ⅰ. 협의상 이혼의 절차

1. 본조의 취지

본조 ①, ②, ③, ④은 2007. 12. 21. 개정으로 신설, 2008. 6. 22. 시행된 규정이다.[1]

본조 신설 전에는 협의이혼절차는 가정법원의 이혼의사확인만을 예정하고 있었고, 이 절차는 − 친권자결정에 관한 협의서 등의 제출의무도 본조 신설로 도입된 것이므로 − 오직 이혼의사의 존부만을 심사할 뿐이었다. 이로써 이혼의 실질적 자유는 확보되었지만, 이혼 당사자와 그들 사이의 공동의 자녀 등에게 미치는 정서적·사회적·경제적 영향 등을 신중히 고려하지 못한 채 경솔한 또는 준비되지 아니한 이혼에 이를 가능성이 문제되었다. 먼저, 재판상 이혼의 경우 조정전치주의가 적용되는 것과 달리 협의상 이혼에서는 이혼을 피하고 갈등을 해소할 기회가 없다는 불균형이 있었다. 가사 이혼이 불가피한 경우라 하더라도 조정절차에는 이혼 당사자들에게 감정적 대립을 완화하게 하여 향후 공동의 자녀 등과 관련하여 협력관계를 유지하도록 돕는 기능이 있고, 이는 협의이혼에서도 여전히 의미가 있었다.[2] 다음, 이혼 당사자는 그들 사이의 갈등을 신경 쓰느라 자녀의 최선의 복리(the best interest of the child)를 위하여 친권자·양육자를 결정하고 양육비지급을 확보하는 문제는 충분히 신경 쓰지 못하거나, 나아가 이를 이혼교섭의 지렛대로 쓸 위험이 있다. 당사자 사이에 자녀 양육 등에 관하여 충분히 협의가 이루어졌다 하더라도 그 법률적 문제까지 정리하는 일은 별로 많지 아니하여, 부모 중 한쪽이 자녀를 사실상 양육하면서도 법률상으로는 공동친권

---

1) 이는 시행 당시 이미 계속 중인 협의이혼사건에 적용되지 아니한다(부칙 §3 ①).
2) 김영록(1999), 67−69; 선재성(2006), 62 이하.

이 유지되는 경우가 흔했다.3) 이러한 문제로 인하여 협의이혼제도의 개선이 지속적
으로 논의되고,4) 일부 법원이 이혼 전 상담 및 이혼숙려기간제도를 시범 실시하던 중
2007. 12. 21. 개정으로 본조 ①, ②, ③, ④이 신설되었다.5) 비교법적으로도 이혼협의
를 이혼사유로 규정하고 있는 입법례는 대체로 이혼 자체에 대한 합의 이외에 그 효
과에 대한 완전한 합의를 요구하고 있고,6) 별거기간을 정하거나 숙려기간을 규정하
고 있으며,7) 이혼 관련 상담 등을 지원하는 예가 많다.

2. 이혼에 관한 안내와 상담권고(본조 ①)

본조 ①은, 협의상 이혼을 하려는 자는 가정법원이 제공하는 이혼에 관한 안내를
받아야 하고, 나아가 가정법원이 필요한 경우 당사자에게 상담에 관하여 전문적인 지
식과 경험을 갖춘 전문상담인의 상담을 받을 것을 권고할 수 있다고 규정한다. 이를
이혼 전 안내 및 상담권고라고 한다.

가. 이혼에 관한 안내

부부 쌍방이 가정법원에 출석하여 협의이혼의사확인신청을 하는 경우 법원사무
관 등 또는 가사조사관은 이혼에 관하여 안내하여야 한다. 안내 대상 내지 내용은 이
혼절차, 이혼의 결과(재산분할, 친권, 양육권, 양육비, 면접교섭권 등), 이혼이 자녀에게 미치
는 영향 등이다.8) 양육 및 친권자결정에 관한 협의가 원활하지 아니하여 협의서를 1
개월 전까지 제출할 수 없을 것이 예상되는 경우에는 지체 없이 가정법원에 심판을
청구하여야 함도 안내하여야 한다.9) 협의이혼의 당사자 일방이 재외국민이거나 수감
자로서 출석하기 어려워 다른 일방이 단독으로 신청서를 제출한 경우 법원사무관 등

---

3) 최진섭(1988), 197 이하.
4) 가령 김상용(2004), 6 이하; 김상용(2006), 3-4. 개정안과 관련된 비교법적 고찰과 평가는 또한 이화
  숙(2012), 481 이하.
5) 위 개정과 관련하여 정부(법무부)안과 법원(가사소년제도개혁위원회)안을 소개한 것으로, 김매경
  (2006). 이는 가정법원의 입장에서 가사재판이 이른바 후견·복지적 개입의 성격도 가지고 있음을 잘 보
  여주는 장면이다. 가정법원의 후견복지적 기능에 관하여는 제요[1], 233 이하.
6) 독일 민사소송법 §630, 프랑스 민법 §§230 ①, 232 및 신 민사소송법 §1091, 오스트리아 혼인법 §55a,
  스위스 민법 §§111, 112. 다만, 스위스 민법은 이혼효과 중 일부는 합의가 이루어지고, 나머지는 합의가
  이루어지지 아니한 경우에도 일단 이혼을 허용한다. 그 밖에 영국 1996년 이혼사건법 제2편 Sec. 9(2),
  11(2), (4). 김상용(2006), 9 이하.
7) 프랑스 민법 §231 및 신 민사소송법 §1101(3개월의 숙려기간), 스위스 민법 §111 ②(2개월의 숙려기
  간), 영국 1996년 이혼사건법 제2편 Sec. 7, 8(안내모임 및 9개월의 숙려기간), 독일 민법 §1566 ①(1년
  의 별거기간), 오스트리아 혼인법 §55a(6개월의 별거기간), 영국 1973년 이혼사건법 Sec. 1(2)(d)(2년의
  별거기간). 김상용(2006), 9 이하.
8) 오히려 재산분할과 위자료와 같이 당사자의 경제력 유지를 확보할 방안이 안내 및 상담권고의 대상
  이 되어야 한다는 견해로, 이상욱(2019), 175-180.
9) 등록실무[Ⅱ], 13. 안내의 주체와 방법(서면/직접, 개별/단체 등)에 관한 문제는, 이명철(2008),
  207-209. 이에 관한 외국의 입법 및 실무례는 김매경(2006), 32-35.

은 신청당사자에게 이혼에 관한 안내를 하고 타방 당사자에게는 관할 재외공관 또는
교도소(구치소)의 장에게 이혼의사확인을 촉탁할 때에 이혼안내서를 첨부하여 보내 서
면으로 안내한다. 반대로 부부 한쪽이 재외국민으로 그 관할 재외공관의 장에게 협의
이혼의사확인서를 제출한 경우 재외공관 등의 장은 그를 출석시켜 서면으로 이혼에
관한 안내를 한 다음 서류를 서울가정법원에 송부하고, 이를 송부 받은 서울가정법원
은 타방 당사자를 출석시켜 이혼에 관한 안내를 하게 되어 있다.10)

　　이혼숙려기간은 협의이혼의사확인신청을 한 날이 아니라 이혼에 관한 안내를 받
은 날부터 기산한다.11) 따라서 협의이혼의사확인기일은 이혼에 관한 안내를 마친 뒤에
지정·고지된다. 법원사무관 등은 이혼에 관한 안내를 받지 아니할 경우 이혼숙려기간
이 진행하지 아니하므로 협의이혼의사확인기일이 지정되지 아니한다는 사실과 3개월
내에 안내를 받지 아니할 경우 신청취하로 처리된다는 사실을 안내하여야 한다.12)

나. 상담권고

　　나아가 가정법원은 필요한 경우 전문상담인의 상담을 받을 것을 권고할 수 있다.
담당직원이 이혼의사확인신청을 접수할 때 상담을 권고할 수 있고, 특히 미성년의 자
녀가 있는 때에는 양육과 친권자결정에 관하여 전문상담인의 상담을 받도록 권고하
고 있다.13) 전문상담인은 심리학, 정신의학, 보건간호학, 사회복지학, 가족치료학, 상
담학, 가족관계학 등 상담과 연관된 분야의 전문지식을 갖고 있고 가사재판 등 관련
분야 상담 경험이 있는 사람으로(상담예규 §4 ①), 법원장은 이들을 전문상담위원으로
위촉하여 법원에 둘 수도 있고, 법원 외의 건강가정지원센터 등 공공 상담기관을 지
정하여 그에 관한 정보를 제공할 수도 있다. 그러나 협의이혼의 당사자는 상담에 응
하지 아니할 수 있고, 응하지 아니하여도 불이익이 없다.14) 상담권고에도 불구하고
실제 상담이 이루어지는 비율은 낮은 편이라고 한다.15)

---

10) 2009 가족관계등록실무, 291-293.
11) 이에 대하여 법원 사정에 따라 이혼의사의 확인을 위하여 장기간이 소요될 우려가 있고, 사례마다 이
　　혼을 신청하고도 그 기간이 달라져 형평의 문제가 생길 수 있다는 비판으로 조은희(2007), 151-152. 김
　　매경(2006), 24도 비슷하다. 법원(가사소년제도개혁위원회)안은 이혼의사확인신청을 한 날부터 기산하
　　는 것이었다.
12) 가사재판·가사조정 및 협의이혼의사확인 절차에서의 자녀양육안내 실시에 관한 지침(재특 2012-2,
　　재판예규 제1400호) §9 ③.
13) 2009 가족관계등록실무, 286; 이명철(2008), 211-212.
14) 입법 당시에는 상담을 의무화하거나―과거 가정법원 실무처럼―사실상 상담을 받은 경우 이혼숙려기
　　간을 단축하여 주는 방안도 논의되었으나, 받아들여지지 아니하였다. 김매경(2006), 25 이하. 반대하는
　　것으로, 조은희(2007), 157, 상담 자원의 인적, 물적 및 재정적 상황이 열악하므로 단기적으로는 상담에
　　대한 유인책을 제공하되, 장기적으로는 상담을 의무화하는 것을 목표로 하여야 한다는 견해로, 박복순
　　(2012), 16-17. 의무화에 찬성하는 근래의 문헌으로는, 김홍기(2013), 941; 정승원(2013), 889; 정용신
　　(2020), 113 이하(같은 문헌은 면접교섭 훈련절차와 아동학대 방지 교육도 포함하여야 한다고 한다).

3. 친권자결정 및 양육에 관한 사항에 대한 협의서 제출(본조 ④)

본조 ④은 양육하여야 할 자가 있는 경우 당사자는 §837에 따른 자(子)의 양육에 관한 사항과 §909 ④에 따른 자(子)의 친권자결정에 관한 협의서를 제출하거나 §§837, 909 ④에 따른 가정법원의 심판정본을 제출하여야 한다고 규정한다. 구체적으로는 친권자(§909 ④) 및 양육자(§837 ② i)의 지정과 양육비용의 부담, 면접교섭권의 행사 여부 및 그 방법(§837 ② ii, iii)에 관하여 협의하여 그 협의서를 작성·제출하거나, 협의가 이루어지지 아니하면 심판을 청구하여 심판정본을 제출하여야 한다. 협의의 내용이 자녀의 복리(the best interest of the child)에 반하는 때에는 가정법원은 보정을 명할 수 있다(§§909 ④ 단서, 837 ③). 보정에 응하지 아니하거나 협의서 또는 심판정본이 제출되지 아니하는 때에는 불확인 결정을 한다. 양육에 관한 사항에 대하여는 제836 註釋 II. 1. 나., 친권자지정에 대하여는 제909조 註釋 참조.

4. 이혼숙려기간(본조 ②, ③)

(1) 끝으로 본조 ②, ③은 가정법원에 이혼의사의 확인을 신청한 당사자는 일정 기간이 지난 뒤에야 이혼의사의 확인을 받을 수 있다고 정한다. 이는 이혼 당사자에게 이혼 여부를 숙고할 시간을 주어 성급한 결정을 방지하고,[16] 이혼하더라도 재산분할과 자녀 양육 등에 관하여 합리적으로 합의할 수 있는 시간을 확보해주기 위한 것으로, 통상 이혼숙려기간이라고 한다.[17]

기간은 양육하여야 할 자녀가 있는 경우에는 3개월, 없는 경우에는 1개월이다. 양육하여야 할 자녀란 공동의 미성년의 자녀를 말한다.[18] 그럼에도 '양육하여야 할 자'라고 한 것은 가령 친생부모가 자녀를 보통입양시킨 경우와 같이 미성년의 자녀는 있으나 양육권이 없는 경우를 배제하기 위함이다.[19] 기산점은 이혼에 관한 안내를 받은 날이다. 폭력으로 인하여 당사자 일방에게 참을 수 없는 고통이 예상되는 등 이혼을 하여야 할 급박한 사정이 있는 경우에는 숙려기간을 단축 또는 면제할 수 있다.

---

15) 박복순(2012), 11−16.
16) 그러나 숙려기간, 특히 양육하여야 할 자녀가 없는 경우 숙려기간을 둔 데 대하여 비판적인 견해도 있다. 조은희(2007), 145 이하; 최진섭(2005); 한봉희·백승흠, 173−174. 그 밖에 숙려기간이 이혼율에 영향을 미치는지 여부에 관하여는, 박복순(2012), 4−5.
17) 숙려기간과 별거기간의 구별 및 비교법에 관하여는 조은희(2007), 145 이하. 이 용어에 비판적인 것으로, 이경희·윤부찬, 100.
18) 이명철(2008), 214−215.
19) 김주수·김상용, 170.

숙려기간의 단축을 원하는 당사자가 이혼 숙려기간 면제단축 사유서를 소명자료와 함께 제출하면 판사가 단축·면제 여부를 판단하여 단축 또는 면제하는 경우 이혼의사확인기일을 조기 지정하고 그렇지 아니한 때에는 숙려기간이 경과한 이후의 날로 이혼의사확인기일을 지정한다. 따로 결정을 하지 아니하며, 이에 대한 불복방법도 없다.[20]

(2) 부부가 이혼숙려기간 중에도 동거의무를 부담하는지에 관하여는 논란이 있다[제826조 註釋 Ⅱ. 1. 가. (2)]. 부부 사이의 감정적 대립이 격해지는 것을 피하고 이혼이 미칠 영향을 숙고할 수 있는 환경을 만들어주기 위해서는 별거를 허용할 필요가 있을 것이다. 다만, 혼인주거는 부부 양쪽에게 삶의 장소적·기능적 기초를 이루어 중요한 의미가 있을 뿐 아니라, 별거하더라도 따로 집을 얻어 나갈 정도의 자산을 갖고 있지 아니한 경우도 많으므로, 이때 혼인주거의 이용관계를 어떻게 할지 문제된다. 독일민법(§1361b)은 부부 일방이 상대방이 소유하거나 소유자에 대한 관계에서 물권적·채권적 이용권을 갖는 혼인주거의 전부 또는 그 일부에 대한 사용권 부여를 구할 수 있도록 하고 있다. 우리나라에서도 이혼숙려기간 제도의 도입을 계기로 이러한 입법을 고려하여야 한다는 견해가 주장되고 있다.[21]

Ⅱ. 양육비 지급의 확보

1. 양육비부담조서(본조 ⑤)

본조 ⑤은 2009. 5. 8. 개정으로 신설되어 2009. 8. 9. 시행된 규정으로서, 양육비부담에 관한 협의가 있었을 경우 가정법원이 그 내용을 확인하는 양육비부담조서를 작성하고, 이에 家訴 §41의 효력을 부여하고 있다. 양육비용의 부담에 관하여 판결 또는 심판이 있었을 때에는 집행력이 인정되지만(家訴 §41), 협의로 정한 때에는 집행력이 인정되지 아니하여 양육비용의 부담에 관한 협의를 실제로 이행하지 아니하는 경우 그 집행이 매우 번잡하였다. 이를 보완하기 위한 개정이다.

본항의 적용을 받는「양육비」는 §837 ② ii의 양육비용으로, 이혼의 효력이 발생한 이후의 양육비, 즉 협의이혼의 경우 협의이혼신고 다음날부터 미성년인 자녀가 성년에 이르기 전날까지 기간에 대한 양육비로 제한된다(협의이혼예규 §9 ③). 당사자가 한 양육비용에 관한 협의가 정기금 지급방식인 경우에는 그중 위 기간에 해당하는 부

---

20) 당사자가 해외장기체류를 목적으로 조기 출국하여야 함을 이유로 하는 신청이 많다고 한다. 이명철 (2008), 215-216.
21) 강승묵, "별거와 이혼시 혼인주택이용에 관한 소고", 한양대 법학논총 26-2(2009), 229 이하; 최신섭, "별거 중 혼인주택의 분할 또는 단독사용권-독일법을 중심으로-", 가족법연구 21-2(2007), 61 이하.

분에 한하여 양육비부담조서를 작성하고, 일시금인 경우에는 그 취지를 밝혀 그중 위 기간에 해당하는 부분에 대하여 양육비부담조서를 작성한다. 양육비 명목으로 합의 한 내용 중 실질적으로 재산분할, 이혼 후 상대방 배우자의 생활비(임의의 이혼 후 부양), 이혼 위자료 등에 속하는 부분이 있는지를 확인하여 그러한 부분은 양육비부담 조서 작성대상에서 제외하여야 한다.22)

양육비부담조서는 집행권원이 되므로 화해·인낙조서의 경우와 마찬가지로 집행 개시를 위해서는 정본이 당사자에게 송달되어야 한다. 실무상으로는 이혼의사확인기 일에 미리 조서의 원본과 정본을 준비하여 이혼의사확인을 마치면 그 자리에서 즉시 날인한 후 그 중 정본을 당사자에게 교부하는 방법으로 송달한다(협의이혼예규 §10 ① 2 문). 그러나 부부 중 한쪽이 재외국민인 때 등에는 별도의 송달절차를 거쳐야 한다.23)

양육비부담조서는 당해 협의이혼의사확인서에 의하여 이혼신고가 마쳐져야 집 행문이 부여될 수 있다(家登規 §78 ⑤). 이를 위하여 혼인관계증명서 이혼란에 협의이 혼의사확인사건의 법원과 사건번호를 기재하고 있으므로 양육비부담조서에 대한 집 행문 부여신청이 있으면 담당판사는 혼인관계증명서를 소명자료로 제출받아 혼인관 계증명서의 사건번호와 양육비부담조서의 그것이 일치하는지 여부를 확인하여 일치 할 때에 한하여 집행문을 부여하여야 한다.24)

이 규정은 계속중인 협의이혼사건에도 적용된다(부칙 ②).

2. [補論] 양육비 지급의무의 이행확보

(1) 양육비부담조서나 양육비용의 부담에 관한 판결 또는 심판에는 집행력이 있 으므로(본조 ⑤, 家訴 §41) 민사집행법에 따라 강제집행을 할 수 있다.25)

2009. 5. 8. 개정 가사소송법은 이 이외에 양육비채권에 대한 독자적 이행확보수 단으로 양육비 직접지급명령 제도를 도입하였다(家訴 §63-2). 이는 강제집행의 일종이 므로 강제집행의 요건과 강제집행 개시의 요건을 모두 갖추어야 하나, 민사집행법에 따른 집행과 달리 양육비채무자의 보통재판적이 있는 곳의 가정법원의 전속관할에 속하고(家訴規 §120-3 ①),26) 양육비채무자의 (정기적) 급여채권만27) 대상이 되며, 정당

---

22) 개정 민법·가사소송법 해설(2009), 3-5.
23) 개정 민법·가사소송법 해설(2009), 7-13.
24) 개정 민법·가사소송법 해설(2009), 3, 18.
25) 제요[1], 284.
26) 양육비채무자의 보통재판적이 여러 개 있으면 양육비채권자의 선택에 따라 그중 하나에 신청할 수 있다. 양육비채무자가 국내에 주소나 거소 등이 없고, 마지막 주소도 판명되지 않을 때와 같이 보통재 판적이 없는 경우에는, 소득세원천징수의무자의 보통재판적이 있는 곳의 가정법원의 전속관할이다. 사

한 사유 없이 2회 이상[28] 양육비를 지급하지 아니한 경우에 양육비채권 중 아직 기한이 도래하지 아니한 것을 집행채권으로 하여[29] 정기적 급여채권에 한하여[30] 발령한다는 점에 특색이 있다. 압류·전부명령이 결합된 형태로[31] 급여채권이 양육비채권자에게 이전되고 양육비채권이 그 범위에서 소멸한다(권리이전 및 변제효). 이와 같은 효력은 양육비 직접지급명령에 대하여 즉시항고가 제기되지 아니하거나, 제기되었지만 기각 또는 각하결정 확정으로 양육비 지급명령이 확정된 때 발생하나,[32] 확정에 의하여 발생하는 효력은 양육비 직접지급명령이 제3채무자인 소득세원천징수의무자에게 송달된 때로 소급한다.[33] 명령이 요건을 갖추지 아니한 경우 각 이해관계인은 즉시항고할 수 있고, 양육비채권이 변제된 경우 양육비지급의무자는 청구이의를 할 수 있다. 양육비채무자의 자력이 나빠져서 양육비를 변제받지 못할 경우나 양육비 직접지급명령의 토대가 된 집행권원이 실효한 경우, 양육대상인 자녀가 사망한 경우 등에는 양육비채권자의 신청에 따라 가정법원이 이를 취소할 수 있다. 양육비 직접지급명령이 취소되면 이는 장래를 향하여 그 효력을 잃는다(家訴 §63-2 ③).[34] 미국과 영국에도 우리의 양육비 직접지급명령과 비슷한 제도가 있다.[35]

물관할은 단독판사에게 속한다.

27) 주식회사 이사의 보수, 조합의 조합장의 보수 등 위임관계로 인한 것을 포함한다. 본봉 이외에 소득세 부과대상인 상여금, 각종수당도 포함하나, 퇴직위로금, 명예퇴직수당을 포함한 퇴직금은 '정기적'인 것이 아니므로 포함되지 아니한다.

28) 연속적일 필요는 없다. 다만, 2회 이상 양육비를 지급하지 아니하다가 양육비 직접지급명령 신청 전에 변제를 한 경우에는 양육비 직접지급명령을 신청할 수 없다. 제요[1], 339-340.

29) 박건창(2017), 436-437. 家訴規 §120-3 iii이 신청서에 기재할 사항으로 "직접지급을 구하고 있는 기한이 도래하지 아니한 정기금 양육비 채권의 구체적인 내용"을 드는 것도 같은 취지이다. 그러나 법문상 과거의 양육비채권을 집행채권으로 하여서도 발령할 수 있다는 것으로, 김윤정(2011), 466 이하. 집행채권의 기한이 도래하지 아니하면 집행할 수 없다는 원칙(民執 §40 ①)에 대한 예외이다(家訴 §63-2 ② 단서).

30) 가령 퇴직금이나 연금에 대한 직접지급명령은 허용되지 아니한다. 박건창(2017), 436.

31) 민사집행법상 압류 및 전부명령에 관한 규정이 성질에 반하지 아니하는 범위에서 적용된다. 그 결과 압류금지채권에 관한 규정(民執 §246 ①)도 적용되어 급여의 일정 부분은 양육비 직접지급명령의 대상이 되지 아니한다. 압류금지채권이 '가족'의 생계를 고려한 것이고, 양육비채권자의 지위가 양육비지급의무자의 지위보다 나은 경우 더 많은 분담도 인정하여야 한다는 점에서 문제가 있다. 일본 民事執行法 §151-2는 부양의무 등을 위한 집행에 대하여 특례를 인정하고 있다. 헌법재판소 2018. 7. 26. 선고 2016헌마260 결정은 같은 내용의 공무원연금법상 압류금지 조항에 대하여 합헌으로 결정하였으나, 위 결정에는 양육비채권에 관한 한 위헌이라는 취지의 재판관 이진성, 안창호, 서기석, 조용호, 유남석의 반대의견이 있었다. 상세한 논의는 배인구, "민사집행법상 압류금지채권 규정의 개정 필요성에 대한 소고", 가족법연구 32-3(2018), 323 이하 참조.

32) 김윤정(2011), 455 이하; 이은정(2007), 436 이하; 개정 민법·가사소송법 해설(2009), 49 이하.

33) 박건창(2017), 438. 양육비 직접지급명령은 전부명령과 비슷한 효과를 가지므로 송달 전 다른 채권자가 같은 급여채권에 대하여 압류, 가압류, 배당요구를 한 경우에는 효력이 없다.

34) 박건창(2017), 439.

35) 박복순(2006), 84 이하; 정현수(2006), 271, 276. 일본의 경우 부양료에 관하여 장래의 정기금채권을 위한 채권집행을 허용하고 있다. 정현수(2006), 283-284.

　　일반적으로 정기금 양육비 채권은 장래에 이행기가 도래하는 채권에 해당하고, 양육비 직접지급명령 제도는 양육비채무자가 근로자인 경우에 한하여 쓸 수 있다. 이를 보완하기 위하여 2009년 개정 가사소송법은 양육비를 정기금으로 정하는 경우 담보제공명령과 일시금지급명령 제도를 도입하여(家訴 §63-3), 가정법원이 양육비용의 부담에 관하여 판결 또는 심판을 하는 경우에는 직권 또는 양육비채권자의 신청에 의하여, 양육비부담조서가 작성된 경우에는 양육비 채권에 관한 집행권원을 가지고 있는 채권자의 신청에 의하여 정당한 사유 없이 정기금 양육비채무를 이행하지 아니한 양육비채무자에게 상당한 담보를 제공하게 하고[36] 이에 불응하는 경우 양육비채권자의 신청에 의하여 양육비 전부 또는 일부의 일시금지급을 명할 수 있게 하였다. 담보제공자가 담보의 사유가 소멸하였음을 소명하거나 담보권자의 동의가 있음을 소명하거나 권리행사최고기간이 만료되어 담보권자의 동의가 있는 것으로 보는 때에는 담보취소결정을 받을 수 있는데(家訴 §63-3 ⑥, 民訴 §125), 여기에서 담보권자의 동의가 있는 것으로 보는 때는 정기금 양육비채무의 최종 이행기가 도래한 뒤 권리행사최고를 신청하여 기간 내 권리를 행사하지 아니한 경우를 말한다.[37] 일시금지급명령은 집행권원이 아니므로 이에 터잡아 강제집행을 할 수는 없고 30일 내에 정당한 사유 없이 의무를 이행하지 아니하면 권리자의 신청에 따라 30일의 범위 내에서 감치에 처할 수 있을 뿐이다(家訴 §68 ①).[38] 관할 등에 관한 규율은 양육비 직접지급명령 제도와 같다.[39]

　　나아가 家訴 §64의 이행명령도 할 수 있다. 같은 개정은 양육비부담조서도 그 근거에 포함시키고 있으므로, 판결(제1심 가집행선고부 판결을 포함한다),[40] 심판은 물론, 양육비부담조서에 터잡아서 할 수도 있다. 이행명령에도 불구하고 이행하지 아니하면 직권 또는 권리자의 신청에 의하여 결정으로 1천만 원 이하의 과태료를 부과할 수 있고, 정당한 이유 없이 3기(期) 이상 양육비 정기금을 지급하지 아니한 경우에는 권리자의 신청에 의하여 결정으로 30일의 범위에서 그 의무를 이행할 때까지 의무자를 감

---

36) 서울고등법원 2017. 6. 22. 선고 2016르23175 판결은 정기적 급여가 있는 경우 직접지급명령에 의함이 원칙이고 담보제공명령은 직접지급명령을 신청하기 어려운 상황에 한하여 인정하여야 하며, 강한 후속 조치가 예정되어 있으므로 자력이 있음에도 불구하고 임의지급을 기대하기 어려운 경우여야 하며, 현금 공탁을 명하는 경우 사실상 양육비를 선급하는 것과 같은 효과가 생길 수 있으므로 담보제공액수를 적정한 범위로 정하여야 한다고 한다. 구체적인 활용례는 정용신, "이혼절차에서 미성년자녀를 보호하기 위한 법원의 제반 조치", 가족법연구 34-2(2020), 132-133.
37) 김윤정(2011), 476; 박건창(2017), 441.
38) 이는 우리 법에 몇 안 되는 인적 집행의 예에 해당한다.
39) 김윤정(2011), 468 이하; 개정 민법·가사소송법 해설(2009), 72 이하.
40) 대법원 2020. 5. 28.자 2020으508 결정 참조.

치할 수 있다(家訴 §§64, 67 ①, 68 ① i).[41]

끝으로, 상대방의 책임재산을 파악하기 위하여 직권 또는 당사자의 신청에 의하여 재산 상태를 구체적으로 밝힌 재산목록을 제출하도록 하거나, 당사자 명의의 재산에 관하여 조회할 수 있다(家訴 §§48-2, 48-3).

(2) 그 밖에 아직 양육비부담에 관한 집행권원이 성립하기 전이어도 사전처분(家訴 §62 ①) 또는 가사소송법상의 (단행)가처분으로 양육비의 임시의 지급을 구할 수 있다.[42] 또한 협의, 판결 또는 심판으로 확정된 뒤의 양육비 청구권은 물론, 그 전의 양육비 청구권을 피보전권리로 하여서도 가압류를 할 수 있다. 이러한 가압류도 가사소송법상의 가압류에 해당하고, 가정법원이 관할한다는 것이 실무의 태도이다.[43]

(3) 그러나 이러한 입법에도 불구하고 양육비 채권자가 양육비채권을 집행하기에 이르기까지는 여러 어려움이 있다. 2014년 제정되어 2015. 3. 25. 시행된 양육비 이행확보 및 지원에 관한 법률은, 양육비이행관리원이라는 기구를 설치하여, 합의 또는 법원의 판결에 의하여 확정된 양육비 채권의 추심을 지원하고, 양육부·모에게 양육비 이전 등의 업무를 수행하게 하는 한편(§7), 이를 위하여 일정한 강제조치가 필요한 경우 여성가족부장관이 이를 취할 수 있게 함으로써 양육비 채권자의 권리실현에 조력하고 있다.

먼저, 양육비이행법은 양육비채권의 집행확보를 위한 가사소송법 및 민사집행법상의 절차 등의 대리를 비롯한 법률지원을 규정하고(§§11, 18), 이를 위하여 필요하다고 인정하는 경우 여성가족부장관이 지방자치단체장에게 양육비 채무자의 주민등록표의 열람 및 등·초본교부를 요청하거나 국민건강보험공단의 장에게 양육비 채무자의 근무지에 관한 정보자료를 요청할 수 있게 하고 있다(§13). 또한, 그의 지급능력 확인을 위한 조사 및 금융정보 등의 조회(§§15, 16, 17) 등의 조치를 취할 수 있게 한다. 아울러, 법원을 거치지 아니하는 독자적인 집행수단으로 여성가족부장관은 국세청장 및 지방자치단체의 장에 대하여 세금환급예정금액이 있는 경우 그 압류(그 자체 집행을

41) 이은정(2007), 428 이하. 이와 관련하여 미지급양육비에 비하여 적은 금액이기 쉬운 1,000만 원을 한도의 과태료를 일수 과태료 내지 이행강제금으로 변경하고, 6개월 집행기간의 제한으로 잠적하는 경우 집행불능이 되는 감치명령에서 집행기간을 삭제하는 등의 개정이 필요하며, 특히 이행명령, 과태료, 감치의 단계적 제재 방식을 폐지할 필요가 있다는 견해로, 현소혜(2023), 198-199, 206 이하.
42) 양육비 지급의 사전처분은 형성력을 가지므로 본안에서 더 적은 금액의 양육비 지급을 명하는 판결이 확정되었다고 사전처분이 당연히 실효하여 본안에서 인용된 금액을 초과하여 지급받은 돈이 부당이득이 되는 것은 아니다. 서울고등법원 2024. 5. 29. 선고 2024나2004368, 2004375 판결.
43) 김형식, "가사보전소송에 대한 몇 가지 고찰", 가사재판연구[Ⅱ](2011), 124, 127; 원정숙, "가사보전처분의 피보전권리", 가사재판연구[Ⅰ](2007), 806-809; 전보성, "가사소송과 이행확보제도", 재판실무연구(3) 보전소송(2008), 472; 정상규, "가사보전처분의 실무상 쟁점", 재판자료 102(2003), 308, 323-325.

포함한다)를 요청할 수 있다(§20). 2021. 6. 9. 개정되어 즉시 시행된 양육비이행법 §19 ③은 이 경우 양육비 수령 여부를 확인할 수 있도록 양육비이행관리원의 장이 양육비 전용 계좌 개설 등 필요한 조치를 하고 양육비 채권자로 하여금 이에 협조하게 할 수 있다고 정한다.

다음, 양육비이행법은 특히 인적 집행으로 실효성이 기대되는 위 감치명령의 집행을 여러 방식으로 뒷받침한다. 즉, 2021. 6. 9. 개정되어 즉시 시행된 양육비이행법 §18−2는 감치명령 결정이 있을 때 감치집행을 지원하기 위하여 현장지원반을 구성·운영할 수 있게 하고, 같은 §21−3은 여성가족부장관이 감치명령 결정을 받고도 양육비 채무를 이행하지 아니하는 양육비 채무자에 대하여 위원회의 심의·의결을 거쳐 운전면허의 효력을 정지시킬 수 있게 하였다.[44] 또한, 2021. 1. 12. 개정되어 2021. 7. 13. 시행된 양육비이행법 §21−4는 같은 요건하에 여성가족부장관이 법무부장관에게 양육비 채무자의 출국금지를 요청할 수 있게 하였고,[45] 같은 §21−5는 같은 요건하에 여성가족부장관이 양육비이행관리원의 인터넷 홈페이지에 게시하거나 언론이 요청하는 경우 알리는 방법으로 일정한 정보, 즉 그 양육비 채무자의 성명, 나이, 직업, 주소 또는 근무지(건물번호까지만), 양육비 채무 불이행기간 및 채무액을 공개할 수 있게 하였다.[46] 2024. 3. 26. 개정되어 같은 해 9. 27. 시행된 각 규정은 이들의 요건을 모두 감치명령에서 이행명령으로 앞당기고 있다. 개정 규정은 시행 후 양육비채무불이행부터 적용된다. 그 밖에 특히 감치명령 결정을 받았음에도 불구하고 정당한 사유 없이 그 날부터 1년 이내에 양육비 채무를 이행하지 아니한 사람에 대하여는 1년 이하의 징역 또는 1천만 원 이하의 벌금에 처하도록 하였다. 이는 반의사불벌죄이다(§27 ② ii).

마지막으로, 양육비이행법은 양육비선급제도를 도입하였다. 비교법적으로는 양육비채무자가 존재하나 양육비지급의무가 실제로 이행되지 아니하는 경우, 국가가 양육비채권자에게 양육비 상당액을 선급한 다음 양육비채무자에게 사후 구상하는 제도를 두고 있는 예가 많고,[47] 또 그러한 접근이 바람직하다. 우리의 경우 양육비채무자가 존재하는 한 사회보장급여를 받을 수 없게 되어 있고, 양육비선급제도는 채택되어 있지 아니하여 문제로 지적되어 왔다. 이에 양육비이행법은, 양육비 채무자가 양

---

44) 이와 관련하여 운전면허정지에서 100일의 기간제한을 도로교통법상의 운전면허정지에 준하여 1년으로 연장하여야 한다는 것으로 현소혜(2023), 199−200.

45) 이와 관련하여 출국금지요청대상이 양육비 채무액이 3천만 원 이상이고 양육비 채무를 3기 이상 이행하지 아니한 경우로 너무 엄격하여 실효성이 적다는 지적으로 현소혜(2023), 202.

46) 이는 이른바 배드파더스(bad fathers)라는 이름으로 양육비 채무를 장기간 이행하지 아니한 양육비 채무자의 명단을 공개하는 활동이 전개되면서 도입된 규정이다. 이 사건에 대하여는 대법원 2024. 1. 4. 선고 2022도699 판결 참조.

47) 박복순(2006), 95 이하; 정현수(2006), 279 이하.

육비 채무를 이행하지 아니하여 자녀의 복리가 위태롭게 되었거나 위태롭게 될 우려
가 있는 경우 양육비 채권자가 이행관리원의 장에게 한시적 양육비 긴급지원을 신청
할 수 있게 하였다. 긴급지원의 기간은 제정 당시에는 6개월을 넘지 아니하여야 하
고, 자녀의 복리를 위하여 추가 지원이 필요할 때에도 3개월 내에서만 이를 연장할 수
있게 되어 있었으나, 2018. 9. 28. 시행된 개정 양육비 이행법에서는 최초의 기간이 9
개월을 넘지 아니하고 3개월의 범위에서 연장할 수 있도록 변경되었다(§14). 이러한 개
정은 큰 진전이지만 다른 나라의 양육비대지급에는 미치지 못하는 것이기도 하다.[48]
이에 2024년 개정 양육비 이행법은 한시적 양육비 긴급지원제도를 폐지하고 양육비
선지급 및 구상 제도를 전면적으로 도입하였다(다만, 그 금액, 기간, 지급방법 등은 대통령
령에 위임). 그리고 그 구상의 편의를 위하여 여성가족부장관에게 광범위한 소득·재산
및 금융정보 제공요청권을 부여하고 있다. 개정 규정은 2025. 7. 1.부터 시행된다.

---

48) 그러한 취지에서 양육비대지급을 전면적으로 도입하여야 한다는 견해로 현소혜(2023), 213 이하.

第 837 條 (離婚과 子의 養育責任)

① 當事者는 그 子의 養育에 관한 事項을 協議에 의하여 정한다.

② 제1항의 협의는 다음의 사항을 포함하여야 한다.

　　1. 양육자의 결정

　　2. 양육비용의 부담

　　3. 면접교섭권의 행사 여부 및 그 방법

③ 제1항에 따른 협의가 자(子)의 복리에 반하는 경우에는 가정법원은 보정을 명하거나 직권으로 그 자(子)의 의사(意思)·연령과 부모의 재산상황, 그 밖의 사정을 참작하여 양육에 필요한 사항을 정한다.

④ 양육에 관한 사항의 협의가 이루어지지 아니하거나 협의할 수 없는 때에는 가정법원은 직권으로 또는 당사자의 청구에 따라 이에 관하여 결정한다. 이 경우 가정법원은 제3항의 사정을 참작하여야 한다.

⑤ 가정법원은 자(子)의 복리를 위하여 필요하다고 인정되는 경우에는 부·모·자(子) 및 검사의 청구 또는 직권으로 자(子)의 양육에 관한 사항을 변경하거나 다른 적당한 처분을 할 수 있다.

⑥ 제3항부터 제5항까지의 규정은 양육에 관한 사항 외에는 부모의 권리의무에 변경을 가져오지 아니한다.

▌참고문헌: 곽동헌(1997), "이혼후의 친자관계─친권과 양육권을 중심으로─", 경북대 법학논고 13; 곽동헌(1998), "이혼후의 친자관계", 아세아여성법학 1; 곽민희(2012), "프랑스법상 친권의 귀속과 행사─친권이임제도(la délégation de l'autorité parentale)를 중심으로─", 가족법연구 26-3; 김상용(1996), "이혼후의 양육자 및 친권자 결정에 있어서 민법이 갖는 몇가지 문제점", 사법행정 1996/8; 김상용(1998a), "이혼후의 공동친권: 그 가능성과 한계", 판례월보 1998/5; 김상용(1998b), "친권·후견법 개정안에 대한 몇가지 의견", 법조 504; 김상용(2002), "초등교육법 제21조 제3항이 규정하는 '보호자'의 법적 의미: 국가인권위원회에 접수된 진정사안에 대한 의견서", 부산대 법학연구 43-1; 김상용(2007), "가정위탁양육에 관한 민법상의 쟁점", 법조 56-7; 김상용(2024), "자녀의 인도청구에서 직접강제의 허용 여부 ─

자녀의 의사에 반하는 강제집행은 허용될 수 있는가? -", 가정상담 493; 김시철(2006), "양육자변경 본심판청구와 유아인도 반심판청구에 대한 심리방법", 諸問題 15; 김연(1994), "이혼후의 자의 양육", 가족법연구 8; 김운호(2002), "미성년 자녀의 인도를 구하는 청구에 관한 고찰", 實務硏究[Ⅷ]; 김유미(1995), 자녀복리의 관점에서 본 한국 친족법 (서울대 1995년 법학박사학위논문); 김유미(2001), "이혼시 친권의 개정방향", 가족법연구 15-2; 김혜선(2014), "양육비 심판의 주문에 관한 제문제", 가정법원 50주년 기념논문집, 485; 박건창(2017), "양육비 분담과 집행에 관한 실무상 논의", 가족법연구 31-3; 박상선·황덕남(1993), "친권에 관한 제문제", 재판자료 62; 박주영(2009), "아동의 의견표명권에 관한 검토", 가족법연구 23-2; 서정우(1987), "이혼당사자간의 자의 인도청구에 관한 시론", 民判 9; 양혜원(2011), "자녀보호의 관점에서 본 양육권 문제", 가족법연구 25-3; 엄경천(2016), "이혼시 친권자 공동지정과 친권 일부 제한-친권자 공동지정에 따른 공시방법에 관한 실무상 검토-", 가족법연구 30-2; 오종근(2018), "부부간 부양청구권과 양육비청구권", 이화여대 법학논집 64; 윤부찬(2010), "친권 및 면접교섭의 변경사유로서 미성년자의 거소변경", 가족법연구 24-1; 윤석찬(2011), "이혼 후의 공동양육권에 관한 고찰", 판례실무연구[X]; 윤진수(2008), "미국 가정법원의 현황과 개선 논의", 가족법연구 22-3; 윤진수(2011), "아동의 사법절차상 청문", 민법논고[Ⅳ]; 이동진(2012), "부모 일방의 타방에 대한 과거의 양육비 상환청구와 소멸시효", 가족법연구 26-2; 이동철(2005), "친권행사자 및 양육자 지정, 양육비 청구에 관한 몇 가지 문제", 實務硏究[X]; 이선미(2020), "양육비 감액과 자의 복리", 가족법연구 34-1; 이수진(2023), "우리 민법에서 이혼과 공동양육 논의의 재고", 가족법연구 37-1; 이은정(2007a), "비친권자의 양육권", 가족법연구 21-1; 이은정(2007b), "이혼시 자녀양육비 지급확보방안에 관한 연구", 가사재판연구[Ⅰ]; 이은정(2009), "미국법상 양육자 결정에 대한 소고-부모 아닌 자의 양육 참여를 중심으로-", 안암법학 28; 이재찬(2016), "부양의무의 순위와 그에 기초한 구상관계에 관한 연구", 民判 38; 이종길(2015), "이혼에 있어 친권 및 양육책임문제에 대한 새로운 접근-'양육권'의 법정화 논의를 위하여-", 가족법연구 29-3; 정용신(2020), "이혼절차에서 미성년자녀를 보호하기 위한 법원의 제반 조치들", 가족법연구 34-2; 정현수(2005), "이혼시 자녀양육비 확보방안에 관한 연구", 가족법연구 19-1; 차선자(2005), "독일의 양육비 산정 및 집행에 대한 고찰", 가족법연구 19-2; 차선자(2006), "적정양육비 산정기준을 위한 제안", 가족법연구 20-3; 최달곤(1996), "이혼후의 자녀보호", 가족법연구 10; 최병조(1991), "이혼모의 자녀양육권에 관한 비교법사적 고찰", 박병호환갑기념[Ⅰ]; 최정인(2011), "친권자 및 양육자의 지정·변경과 관련된 몇 가지 문제", 가사재판연구 Ⅱ; 최진섭(1989), "친생부모간의 자의 인도청구", 가족법연구 3; 최진섭(1994), 이혼과 자녀; 최진섭(1991), "이혼 후의 공동양육(공동친권)", 박병호환갑기념[Ⅰ]; 최진섭(2007), "가정폭력과 친권: 이혼후 친권자지정과 관련하여 미국의 입법례를 중심으로", 법조 56-9; 최진섭(2010), "이혼 후의 공동양육법제에 대한 입법론적 연구", 가족법연구 24-3; 한창호(1999), "위법한 양육에 대한 양육비상환청구", 윤관퇴임기념.

Ⅰ. 총설

1. 본조의 의의

본조는 이혼시 공동의 자녀의 「양육」에 관한 사항을 규율한다.

가. 친권과 양육권, 친권 없는 양육자

미성년인 자녀를 보호하고 교양하기 위한 권리와 의무의 총체가 친권인 이상 여기에 양육에 관한 사항이 포함되는 것은 당연하다.[1] 그럼에도 불구하고 본조에서 친권은 놓아두고 「양육」에 관하여만 정하고 있는 데는 연혁상의 이유가 있다. 제정 민법 §909는 당시의 가부장적인 가족관념에 따라 "① 미성년인 자(子)는 그 가(家)에 있는 부(父)의 친권에 복종한다. ② 부가 없거나 기타 친권을 행사할 수 없는 때에는 그 가(家)에 있는 모(母)가 친권을 행사한다"고 정하여 친권을 부(父)에게 귀속시키고 있었다. 친권자인 부(父)가 자녀를 보호·교양할 권리의무를 지고(§913), 생활비용도 부담하므로(§833), 양육비용 또한 그의 부담이었다. 그러나 실제로는 이혼 후 모가 공동의 자녀를 단독 양육하는 경우가 적지 아니하였으므로, 이러한 사실상의 양육자에게 법적 지위를 부여할 필요가 있었다. 제정 민법 §837는 부모 사이에 「양육」에 관한 협정이 없으면 부(父·夫)에게 양육의 책임이 있으나(①), 협정으로 모가 양육의 책임을 질 수 있고, 협정을 하려 하였으나 협정에 이르지 못하였거나 협정을 할 수 없는 때에는 법원이 당사자의 청구에 의하여 양육에 관한 사항을 정할 수 있게 하여(②) 이러한 필요에 대응하였다.[2] "전항의 규정은 양육에 관한 사항외에는 부모의 권리의무에 변경을 가져오지 아니한다"고 한 ③도 이를 전제하여야 이해할 수 있다. 이 규정에서 '권리의무'란 본래 법률상 협의로 변경할 수 있게 되어 있지 아니한 친권, 가령 자(子)에 대한 교양권, 징계권, 영업의 허락·취소·제한, 재산관리권, 혼인의 동의권, 부양에 관한 권리의무, 혼인비용분담의무, 상속권을 가리키는 것이다.[3] 그러므로 이 규정은 사실상의 양육(책임)에 한하여 예외적으로 다른 사람에게 맡길 수 있음을 분명히 한 셈이다.

　　그러나 1990년 개정으로 부모가 이혼할 때에는 친권자를 협의에 의하여 정하고, 협의할 수 없거나 협의가 이루어지지 아니할 때에는 가정법원이 직권 또는 당사자의 청구에 의하여 정하게 되는 한편(§909 ④, ⑤), 양육에 관한 사항에 대하여도 당사자, 즉 부모가 협의하여 정하는 것이 원칙이 되었다(1990년 개정 §837 ①). 법률 규정은 여전히 종래의 친권 및 양육에 관한 규정을 각각 존치시킨 채 양자를 같은 내용으로 개정하는 방식을 취하고 있으나, 이로써 친권자도 변경할 수 있는 한, 종전과 같은 이유에서 양육권과 구분할 필요는 더는 없다고 할 수 있다.[4]

---

1) 제요[2], 1469; 곽동헌(1997), 29 이하.
2) 입법경위에 대하여 상세한 것은 이종길(2015), 459 이하. 이 점은 이 규정의 모법(母法)인 일본 민법 §766 및 1947년 개정 전 일본 민법 §812에 비추어 분명하다. 민법안심의록(1957), 497-498; 新注民(22), 86-88(梶村太市). 로마법 이래 친권과 양육권 분리의 역사적 전개에 관하여는 최병조(1991), 225 이하; 김상용(1998b), 189 이하. 현행법상의 논의로 상세한 것은 이은정(2007a), 180 이하.
3) 민법안심의록(주 2), 498; 오시영, 194; 이경희·윤부찬, 117; 한봉희·백승흠, 가족법, 2013, 207; 新注民(22), 160(梶村太市).
4) 그 결과 제정 민법 §837 ③을 받아 ③부터 ⑤까지의 규정은 양육에 관한 사항 외에는 부모의 권리의

그러나 본조가 있는 이상 현행법의 해석론으로 양육과 양육을 제외한 친권을 분리하여 각각 다른 사람에게 귀속시킬 수 있다는, 즉, 양육권 없는 친권자와 친권 없는 양육자를 상정할 수 있다는 점은 부정할 수 없다.5) 2007년 개정된 본조 ② i도 협의상 이혼시 부수적인 협의의 대상 중 첫째로 양육자의 결정을 들고 있다. (양육권 없는) "친권자"도 협의하여 정할 수 있다(§909 ④, ⑤).

나아가 이러한 의미의 양육권은 더는 사실상의 양육(책임)에 그친다고 볼 수 없다. 여기에는 사실상의 양육에 수반되는 각종 신상에 관한 권리가 당연히 포함되고, 그러한 사항에 대하여는 원칙적으로 양육권 없는 친권자는 권한을 갖지 아니한다고 봄이 옳다. 자녀에 대한 거소지정권, 일상적인 교육 및 양육상의 의사결정, 의료행위에 대한 동의 및 제3자에 대한 인도청구권 등이 여기에 해당한다.6)

나. 이혼 후 양육비 청구권

나아가 본조는 이혼 후 자녀를 양육하는 부모 일방이 타방에 대하여 자기 이름으로 양육비 청구권을 가진다는 점을 분명히 한다. 자녀가 자기 이름으로 행사하는 부양료 청구권에 관하여는 §974 등에 근거가 있다. 그러나 여러 가지 이유에서 자녀를 대신하여 그 양육자인 부모 일방이 자기의 이름으로 양육비를 청구할 수 있도록 해줄 필요가 있다(제833조 註釋 II. 1. 나. 참조). 법률혼이 존속하는 한 별거 중 자녀 양육비 청구권에 관하여는 제833조가 근거가 될 수 있으나, 이혼 후 자녀 양육비 청구권에 관하여는 따로 근거규정이 없는데, 학설과 실무는 본조의 양육에 관한 사항에 양육비용의 부담이 포함된다고 보아 이를 인정해왔다. 2007년 개정된 본조 ② ii도 협의의 대상으로 양육비용의 부담을 들고 있다.7)

다. 양육에 관한 국가개입의 근거

끝으로, 본조는 협의이혼절차는 물론, 이혼 후에도 자녀의 최선의 복리를 부모의

무에 변경을 가져오지 아니한다고 규정한 본조 ⑥도 거의 의미가 없게 되었다고 할 수 있다. 친권에 관한 사항 대부분이 본조 ③~⑤과 거의 같은 내용의 §909 ④~⑥의 규율을 받고 있다. 그러나 양육의 중요성을 강조하는 의미에서 양자의 구분에 찬성하는 것으로, 이종길(2015), 455-456.
5) 이에 대한 입법론적 비판으로, 김상용(1998b), 190 이하; 김주수·김상용, 218; 송덕수, 94. 친권자로 일원화하여야 한다는 취지로 엄경천(2016), 153-155. 친권자와 별도로 감호자제도를 둔 근거에 관하여는 일본에서도 여러 견해가 주장되고 있다. 新注民(22), 93-97(梶村太市). 또한 김유미(2001), 64-65.
6) 신영호·김상훈·정구태, 136. 한편, 주석친족(1) 249(임종효)은 양육비에 관한 관리권도 성질상 양육권에 속한다고 한다. 이 견해는 양육비청구권과 부양료청구권을 구별하지 아니함을 전제하는 것으로 보이나, 양자는 형식상 별개의 권리이고, 양육비청구권은 양육친 자신의 권리이므로 친권의 내용에 포섭할 필요가 없다. 자녀의 부양료청구권이, 누구에 대한 것이든, 양육권에 속한다는 해석은, 주로 재산적 권리를 양육권에서 제외하고자 했던 두 개념 구별의 본래의 취지와는 잘 맞지 아니하는 것이다.
7) 한편 같은 항 iii는 "면접교섭권의 행사 여부 및 그 방법"을 든다. 그러나 1990년 개정으로 면접교섭권에 관한 §837-2가 이미 신설되어 있었으므로, 면접교섭권에 관한 한 이 규정이 근거규정이라고 봄이 옳을 것이다.

자율적 결정에 전적으로 맡기지 아니하고, 국가가 개입할 근거를 제공한다. 특히 2007년 개정으로 양육에 관한 사항의 필수적인 내용을 정하는 ②과, §836-2의 신설과 관련하여 협의이혼의사확인 절차에서 양육에 관한 사항의 보정을 명할 수 있도록 한 ③을 신설하고, 양육에 관한 사항의 변경 또는 다른 적당한 처분의 신청을 할 수 있는 사람에 검사를 추가하여(④) 이러한 경향을 더욱 강화하고 있다.[8]

2. 적용범위

본조 각항에는 이혼에 관한 언급이 없다. 그러나 본조의 표제는 "離婚과 子의 養育責任"이라고 하여 이혼을 전제한 규정임을 드러낸다. 본조는 협의상 이혼은 물론, 재판상 이혼(§843), 혼인 취소(§824-2), 혼외자의 인지(§864-2)의 경우에도 준용된다.[9] 재판상 이혼 또는 혼인 취소의 경우에도 가정법원은 먼저 협의를 권고하여 당사자들의 협의로 정해야 하므로(家訴 §25 ①, 家訴規 §18 ①), 양육에 관한 사항의 협의에 관한 규정을 포함한 모든 규정이 준용된다. 혼인이 무효이거나 혼인무효청구가 인용되는 경우로서 부(夫)와 부자관계가 존속되는 미성년의 자녀가 있을 때에도 같다(家訴 §25 ②, ①). 그러나 단지 별거중에 하는 자녀의 양육에 관한 처분은 원칙적으로 본조가 아니라 부부간 협의 및 부부의 동거·부양·협조나 생활비용의 부담에 관한 처분의 대상이다.[10] 제826조 註釋 Ⅲ. 3. 나. 참조.

Ⅱ. 양육에 관한 사항의 결정

1. 양육에 관한 사항

가. 양육자(본조 ② i)

(1) 본조의 적용을 받는 「양육에 관한 사항」 중 가장 중요한 것은 「양육자」이다. 부부가 이혼하는 경우에는 공동의 자녀를 양육할 사람을 정하여야 한다. 이혼한 부부는 더는 동거하지 아니하므로 공동의 자녀는 둘 중 어느 한 사람이 양육하는 것이 보통이기 때문이다. 부모 중 한쪽을 양육자로 지정하는 경우에는 그를 동시에 친권자로

---

8) 곽동헌(1997), 13, 21 이하; 김상용(1998b), 174 이하.

9) 대법원 1979. 5. 8. 선고 79므3 판결은 본조가 사실혼 관계의 생모의 생부에 대한 양육에 관한 처분 청구에 유추되지 아니한다고 하나, 이 문제는 오늘날 인지에의 준용으로 해결되었다. 이에 대하여 본조가 사실혼 해소의 경우에도 유추되어야 한다는 것으로 신영호·김상훈·정구태, 137.

10) 제요[2], 1469. 상세한 논의는 이동철(2005), 196 이하. 그러나 분쟁의 실체에 더 가깝다는 이유에서 본조를 유추하여야 한다는 견해로, 주석친족(1), 248(임종효). 김주수·김상용, 238도 본조를 유추하여야 한다고 한다.

지정하는 것이 일반적일 것이다. 그러나 여러 사정상 친권자가 실제 양육을 하기에 적당하지 아니하거나, 부모 양쪽의 자녀에 대한 애정을 만족시키기 위하여 한쪽을 친권자로, 다른 한쪽을 양육자로 지정하는 것이 필요한 때에는 친권자와 양육자가 달라질 수도 있다.[11]

나아가 부모 양쪽을 공동양육자로 지정하는 것도 가능하다. 이혼 후 공동친권·공동양육은 부모 사이의 갈등이 심한 경우 오히려 자녀를 혼란스럽게 할 위험이 있으나, 이를 잘 극복한다면 자녀가 겪는 정서불안과 심리적 갈등을 최소화하고 부모 양쪽과 관계를 보존하며 양육비 지급 등 부모 사이의 협력에도 기여할 수 있다. 비교법적으로도 오늘날 대부분의 나라에서 공동친권·공동양육을 허용할 뿐만 아니라, 근래 미국과 유럽에서는 후자의 장점을 중시하고 이를 촉진하기 위하여 이혼 후 공동친권·공동양육을 원칙으로 하는 경향이 강하다.[12] 우리의 경우 이혼 후 공동양육이 원칙이라고 할 수는 없으나, 학설상 그 가능성을 인정하여야 한다는 주장이 유력하고,[13] 판례·실무도 이를 인정하고 있다.[14] 별거하는 이혼부모가 한 공간에서 공동양육을 하기는 어려운 것이 보통이므로, 대개 기간을 나누어, 가령 금요일 저녁부터 일요일 저녁까지는 부(父)와, 나머지는 모(母)와 동거하는 식으로 공동양육을 한다. 이러한 방식의 공동양육은 이혼한 부모의 주거의 거리가 멀지 아니하여야 현실성이 있다. 물론 방학 등 특정 기간에 집중적으로 부모 중 일방과 동거하고 나머지 기간은 타방 부모와 동거하는 방식도 생각할 수 있다.

나아가 부모 이외의 제3자를 양육자로 지정하는 것도 가능하다. 비교법적으로도 이를 인정하는 예가 있고,[15] 학설상으로도 이를 인정하는 견해가 유력하다.[16] 부모의

---

11) 대법원 2012. 4. 13. 선고 2011므4719 판결; 제요[2], 1469-1470(다만, 실무상으로는 친권자와 양육자를 달리 지정하는 경우 적어도 양육자는 공동친권자로도 지정하는 등 완전히 분리하는 것은 지양하고 있다고 한다).
12) 일본은 종래 공동양육이 허용되지 아니한다고 보았으나 최근 민법을 개정하여 이를 허용하는 것으로 하였다.
13) 고정명·조은희, 118; 김상용(1998a), 26 이하; 김연(1994), 380 이하; 박동섭·양경승, 193; 엄경천(2016), 158 이하; 윤석찬(2011), 628 이하; 이경희·윤부찬, 119; 최진섭(1994), 170 이하; 최진섭(1991), 270. 이에 반대하는 견해로 곽동헌(1998), 63; 박상선·황덕남(1993), 562; 이종길(2015), 452-454; 최금숙, 친족(2), 209; 최진섭(2010), 253 이하.
14) 대법원 2012. 4. 13. 선고 2011므4719 판결; 제요[2], 1474-1475.
15) 프랑스 민법은 이를 위한 제도를 따로 두고 있다. 곽민희(2012), 99 이하. 독일, 영국, 미국 등의 예에 관하여는 김상용(2007), 110 이하; 양혜원(2011), 71 이하; 이은정(2007a), 175 이하; 이은정(2009), 157 이하.
16) 곽동헌(1997), 29; 김연(1994), 373 이하; 박동섭·양경승, 192; 송덕수, 95; 신영호·김상훈, 134; 오시영, 190. 입법론적으로 이를 지지하는 견해로, 이은정(2009), 179. 이에 관한 일본에서의 논의는 新注民(22), 98(梶村太市). 그러나 부모가 협의하여 제3자를 양육자로 지정하는 것은 일반적으로 허용되지 아니하는 친권의 (일부) 양도나 포기에 해당할 소지가 있다면서 현실적으로 그러한 필요가 있다면 친권의 일부 제한 및 미성년후견인 선임 절차를 거쳐야 한다는 견해로, 주석친족(1), 251(임종효). 같은 이에 의

의사에 반하여 제3자를 양육자로 지정하는 것은 대개 자녀의 복리에 반하겠지만, 극히 예외적인 경우에는 이 또한 가능할 것이다.[17] 근래의 실무는 이러한 경우 제3자를 양육자로 지정하기보다는 부모의 양육권을 제한하고 제3자를 미성년후견인으로 선임하는 경향이라고 한다.[18]

본조의 양육자 지정은 §909 ④의 이혼시 친권자 지정과 구별된다. 그러나 누구를 양육자로 지정하는지는 친권자 지정에서도 고려되어야 한다. 부모가 더는 별거하지 아니하는 경우 이혼부모 양쪽에게 같은 친권을 부여하는 것은 비현실적인 경우가 많기 때문이다. 특히 공동친권을 부여하는 경우에는 친권에 대하여도 각자가 단독으로 행사할 부분과 공동으로 행사할 부분을 구분하여 정해주는 것이 바람직하다. 그 결과 친권의 제한이 일어나게 된다. 이러한 제한은 §924-2의 그것과는 성질을 달리한다. 이는 친권자를 부모 중 일방으로 정할 수 있는 권한에 포함된 것이다.[19]

(2) 양육자를 누구로 정할 것인가, 또는 어떻게 분배할 것인가 하는 점은 자녀의 복리(the best interest of the child) 원칙에 비추어 판단되어야 한다.

본조 ③은 구체적으로 자녀의 의사·연령과 부모의 재산상황, 그 밖의 사정을 참작하여야 한다고 정하고, 판례는[20] 자녀의 성별과 연령, 그에 대한 부모의 애정과 양육의사의 유무는 물론, 양육에 필요한 경제적 능력의 유무, 부 또는 모와 미성년인 자녀 사이의 친밀도, 미성년인 자의 의사 등의 모든 요소를 종합적으로 고려하여 미성년인 자녀의 성장과 복지에 가장 도움이 되고 적합한 방향으로 판단하여야 한다고 한다. 학설로는 ① 양육적합성(제3자에 대한 양육위임 가능성, 부모의 기회균등, 유책성, 부모의 건강상태, 자녀를 위태롭게 할 인격적 요소, 자녀와 비양육친의 관계촉진, 부모의 경제상황), ② 유대관계의 존중, ③ 자녀의 의사, ④ 계속성의 원칙을 들면서, 원칙적으로 제3자에게 위임할 필요 없이 직접 양육할 수 있는 부모가 더 적합하고, 구체적인 사정과 관계없이 특히 어린 자녀의 경우 모(母)가 우선한다거나(tender years doctrine) 자녀와 동성(同性)인 부모가 더 적합하다고 추정할 수는 없으며,[21] 이혼 유책성 또는 부모 각자의 경

하여 쓰여진 제요[2], 1476도 비슷하다. 부모의 의사에 반하여 친권을 제한하고 제3자에게 부여하는 것과 부모의 의사에 터 잡아, 그리고 언제든 철회 또는 중첩적 권한행사가 가능함을 전제로 제3자에게(도) 권한을 부여하는 것은 구별되어야 할 것이다.

17) 이에 관한 미국법상의 판단기준에 대하여는 이은정(2009), 157 이하.

18) 제요[2], 1476. 그러한 예로 대법원 2021. 5. 27.자 2019스621 결정을 든다. 그러나 이 결정이 제3자를 양육자로 지정할 수 없다는 취지는 아니고, 그렇게 미성년후견인이 된 제3자가 부모를 상대로 양육비심판청구를 할 수 있다는 취지이다.

19) 엄경천(2016), 162-166. 따라서 (친권자 지정이 그러하듯) 조정의 대상이 되고 그 내용을 가족관계등록부에 기입할 수 있다고 한다.

20) 대법원 2010. 5. 13. 선고 2009므1458, 1465 판결.

21) 1990년 민법개정 전의 법률에 의하여 법원이 이혼시 양육자를 지정함에 있어 친권자가 될 부(父)에게

제상황은 자녀에게 해로운 영향을 미칠 만한 것이 아닌 한 적합성에 영향을 주지 아니하나,[22] 면접교섭 등 자녀와 비양육친 사이의 관계 유지에 소극적 태도를 취하는 경우에는 적합성에 부정적으로 고려하여야 하고, 부모 모두 비슷한 조건을 갖추고 있는 경우에는 자녀양육의 통일성·안정성, 즉 계속성을 고려하여야 한다는 견해,[23] 그 외에 형제자매와의 유대를 배려하여야 한다는, 즉 가능한 한 형제자매를 같은 부모가 양육하는 것이 좋다는 점을 덧붙이는 견해[24] 등이 있다.

이러한 요소가 모두 고려되어야 함은 물론이다. 문제는 그 경중인데, 판례는 이미 부모가 이혼 전 수년간 별거하여 그 한쪽이 자녀를 사실상 양육해온 때에는 양육의 계속성을 중시하여 다른 쪽이 더 나은 양육자라고 볼 만한 구체적인 사정이 없는 한 경제적 능력에 다소 의문이 있다 하더라도 양육비 부담에 의하여 극복할 수 있는 한 현재의 양육 상태를 유지함이 바람직하고,[25] 제3자에게 양육을 위탁하여야 하는 경우라 하더라도 현재의 양육 상태를 변경할 만한 근거가 되지 못하며,[26] 자녀가 어리고 성별이 다르다는 점도 마찬가지라고 한다.[27] 나아가 외국인인 모(母)가 한국에 거주함에도 한국어 소통능력이 부족하다 하더라도 장차 모(母) 또는 공교육을 통하여 자녀가 별 문제 없이 한국어를 배울 수 있을 것으로 예상되므로 현재의 양육 상태를 변경할 근거가 되기 어렵다고 한다.[28] 이혼 전에 이미 부모 중 한쪽이 자녀를 단독으로 양육하는 상황이 어느 정도 고착된 경우에는 상당히 강력한 반증이 있어야 이를 변경할 수 있는 것이다.[29] 이른바 계속성 원칙이 가정법원이 판단불능, 즉 어느 쪽이

우선권을 주어야 하는 것은 아니라는 판결로, 대법원 1991. 7. 23. 선고 90므828, 835 판결[평석: 김상용, "1990년 민법개정(개정민법은 1991년 1월 1일부터 시행되었음) 전의 법률에 의하여 법원이 이혼시 양육자를 지정함에 있어서 친권자가 될 父에게 우선권을 주어야 하는지 여부", 가족법 판례해설, 190 이하]. 반대로 어린 여아의 양육에 아버지보다 어머니가 더 적합할 것이라 단정할 수 없다는 것으로 대법원 2010. 5. 13. 선고 2009므1458, 1465 판결.

22) 비슷한 것으로, 주석친족(1), 252(임종효). 다만, 유책행위의 내용상 그 자체 자녀에게 해로운 영향을 줄 수 있을 때(알코올중독, 마약중독, 폭력, 범죄성향 등)에는 그러하지 아니하다고 한다.

23) 주로 독일 민법 §1671의 기준과 독일 판례를 인용하여, 김상용(1996), 14 이하.

24) 김주수·김상용, 211, 220; 최진섭(1994), 30 이하, 특히 40. 김유미(1995), 91 이하도 비슷하다. 미국 가정법원의 양육자결정기준에 관한 근래 문헌으로는 윤진수(2008), 160 이하. 가급적 함께 양육하는 것이 바람직하지만 분리하여 지정하는 실무례도 드물지 아니하다는 것으로 주석친족(1), 253(임종효).

25) 대법원 2008. 5. 8. 선고 2008므380 판결.

26) 대법원 2009. 4. 9. 선고 2008므3105, 3112 판결.

27) 대법원 2010. 5. 13. 선고 2009므1458, 1465 판결.

28) 대법원 2021. 9. 30. 선고 2021므12320, 12337 판결. 이 판결은 심지어 비양육친이 양육자로 지정된다 하더라도 현실적으로 미성년의 자녀가 인도되지 아니하는 한 의미가 없고 오히려 양육친이 양육비 지급을 구할 수 없게 되어 자녀의 복리에 반한다는 점을 들면서 계속성을 강조하고 있다. 그러나 이러한 논리는 의문이다. 이 부분 판시는 당해 사안에서 원심이 외국인으로 한국어가 서툰 모(母)의 양육적합성을, 대법원의 판단에 의할 때 직접적이고 실질적인 심리 없이, 막연히 부정하였다는 점을 비난하는 과정에서 나온 것으로서, 그러한 맥락을 떠나 과대평가해서는 안 될 것이다.

29) 이처럼 특히 양육의 계속성을 강조하는 것으로, Goldstein, Solnit, and Freud, The Best Interest of the

나은 양육자인지 가릴 수 없다고 본 사안에서 결론을 좌우하는 tie−breaker로 기능하는 데 대하여는 별 이의가 없다. 문제는 가정법원이 어느 쪽이 더 나은 양육자인지에 관하여 적극적으로 과감하게 판단하려 하지 아니하면 계속성이 지나치게 결정적으로 중요한 요소가 될 수 있다는 점에 있다. 이러한 점에서 근래 일련의 판례가 계속성을 지나치게 강조하는 듯한 인상을 주는 것은 유감이다.[30]

자녀의 복리 판단의 어려움에 대한 하나의 대응으로 고려될 수 있는 것이 친권과 양육권을 이혼 후 부모에게 나누어 귀속시키는 것이다. 그러나 이러한 방식에는 두 부모가 양육을 둘러싸고 협력하지 아니하여 자녀의 복리에 반할 위험도 있다. 판례는[31] 이혼 후 자에 대한 양육권이 부모 중 일방에, 친권이 다른 일방에 또는 부모에 공동으로 귀속되는 것으로 정하는 것은, 신중한 판단이 필요하다고 하더라도, 앞서 본 기준을 충족하는 한 허용된다고 하여, 친권과 양육권을 분리 귀속시키거나 공동친권·공동양육을 인정하기 위해서는 엄격한 심사가 필요함을 밝히고 있다. 그러나 판례는 결과적으로 공동친권에 대하여는 다소 너그러운 반면,[32] 공동양육에 대하여는 훨씬 더 엄격한 것으로 보인다.[33] 특히 이혼부모 사이에 남아 있는 갈등이나 양육 방식에 대한 현저한 의견 차이 등으로 공동양육이 제대로 실현되기 어려운 때에 공동 양육을 명하여서는 아니 된다고 하여 사실상 공동양육에 합의한 경우가 아닌 한 공동 양육을 명하는 데 상당히 소극적이다.[34] 공동친권과 공동양육에 대한 미묘한 태도 차이는 양육권 없는 친권보다는 양육권이 더 갈등의 소지가 많은 일상적인 일에 관계된다는 사정에서 비롯된 듯하다. 그럼에도 불구하고 이러한 태도가 설득력이 있는 것인지에는 의문이 제기될 수 있다. 공동양육 중 상당수는 단독양육에 다소 확대된 면접 교섭을 결합한 것과 실질적으로 다르지 아니하다. 면접교섭 중에 (양육에 수반되는) 친권을 행사하여야 할 급박한 사정이 생긴다면 면접교섭권자가 그러한 권한을 행사할

Child (1996), 104ff.

30) 양육의 계속성에만 초점을 맞추는 데 대한 경계로, 김주수·김상용, 218−219. 또한, Dongjin Lee, "Allocation of Parental Authority After Divorce In Korean Family Law", Brinig (ed.) International Survey of Family Law 2021 Edition, 347−348.

31) 대법원 2012. 4. 13. 선고 2011므4719 판결.

32) 대법원 2012. 4. 13. 선고 2011므4719 판결.

33) 비슷한 관찰로, 주석친족(1), 251(임종효). 또한, Dongjin Lee(주 30), 354−355.

34) 가령 대법원 2012. 4. 13. 선고 2011므4665 판결; 대법원 2013. 12. 26. 선고 2013므3383, 3390 판결. 대법원 2020. 5. 14. 선고 2018므15534 판결은 "재판상 이혼의 경우 부모 모두를 자녀의 공동양육자로 지정하는 것은 부모가 공동양육을 받아들일 준비가 되어 있고 양육에 대한 가치관에서 현저한 차이가 없는지, 부모가 서로 가까운 곳에 살고 있고 양육환경이 비슷하거 자녀에게 경제적·시간적 손실이 적고 환경 적응에 문제가 없는지, 자녀가 공동양육의 상황을 받아들일 이성적·정서적 대응능력을 갖추었는지 등을 종합적으로 고려하여 공동양육을 위한 여건이 갖추어졌다고 볼 수 있는 경우에만 가능하다"고 한다. 이에 찬성하는 것으로, 현소혜, "2010년대 가족법 판례의 경향과 흐름", 안암법학 63(2021), 294.

수 있다고 보아야 할 것이고, 따라서 면접교섭권에도 부분적인 양육권이 수반될 수 있기 때문이다.[35] 단독양육과 확대된 면접교섭을 결합하는 데는 공동양육만큼 소극적이지는 아니하리라고 보인다. 면접교섭은 면접교섭권자의 권리이기도 하기 때문이다. 그렇다면 공동양육에 특히 엄격한 태도는 결국 이름 붙이기 문제가 된다. 물론 상징적 수준에서는 '공동양육'이 갈등을 초래할 위험이 더 클 수 있다. 실질이 비슷하다 하더라도 '단독양육'과 '확대된 면접교섭'을 결합하는 쪽이 더 안전할 수도 있다. 그러나 이러한 결정은 그 성질상 기본적으로 사실심의 과감하고 유연한 판단에 맡길 일이다. 이에 관하여 대법원이 일종의 법리를 수립하여 지도하는 것은 자제하여야 한다. 자녀의 복리 판단은 어떤 하나의 정답이 있고 이를 찾아내 맞추는 작업이라기보다는 장기간에 걸친 실천과 적응의 과정이고, 이혼 후 양육에 관한 법제도 그러한 실천과 적응이 가능하도록 설계되어 있다. 일응의 추정과 논증책임을 너무 강조하면 자칫 사실심의 과감하고 유연한 판단이 저해될 우려가 있다.

그 밖에 학설로는 가정폭력이 있는 경우 양육권에 불리한 추정을 하도록 입법하여야 한다는 견해도 있다.[36] 가정폭력이 양육적합성에 결정적으로 불리한 요소임은 사실이나, 자녀의 복리를 판단하는 요소로 고려하면 족할 것이다.

(3) 양육도 친권의 일부이고 친권에 따르는 것은 미성년의 자녀이므로 별다른 정함이 없는 한 양육기간은 그 자녀가 성년에 달할 때까지가 된다. 문제는 중학교를 졸업하는 시점까지는 모(母), 그 이후는 부(父)와 같이 양육기간을 나누어 양육자를 달리할 수 있는가 하는 점인데, 가능하다는 견해가 있고,[37] 실무상으로도 이러한 양육권 배분이 이루어지고 있는 것 같다. 그러나 이러한 양육권 분담은 자녀의 복리에 반할 위험도 있음을 유의하여야 한다.[38]

나. 양육비용의 부담(② ii)

(1) 미성년의 자녀는 부모 모두에게 부양을 청구할 권리를 갖는다. 그러나 이 권리를 미성년의 자녀가 직접 부모를 상대로, 특히 재판절차를 통하여, 관철시키는 것이 반드시 바람직하다고 할 수는 없다. 자녀가 부모와 직접 당사자로 대립하여야 할

---

35) Dongjin Lee(주 30), 354-355. 이에 대하여 이수진(2023), 119는 공동양육에 소극적인 입장에서 공동친권과 단독양육(및 면접교섭)의 결합이 오히려 바람직하고 외국에서 말하는 공동양육과 가깝다고 주장한다. 그러나 판례는 바로 그러한 형태의 '공동양육'을 '공동양육'이라고 부르기보다는 단독양육에 면접교섭이 결합된 것이라고 부르기를 요구한다는 점에서 여전히 외국의 공동양육과는 구별된다.

36) 최진섭(2007), 199 이하.

37) 제요[2], 1475 또한, 신영호·김상훈·정구태, 136; 주석친족(1), 253(임종효). 다만 공시할 수 없으므로 친권자를 기한 또는 조건부로 지정할 수는 없다고 한다.

38) 이동철(2005), 205-206(기한부는 물론 조건부도 가능하다고 한다). 일본에서의 논의에 관하여는 新注民(22), 106-107(梶村太市).

뿐 아니라, 실제로 자녀를 양육하는 부모 중 일방에게 친권이 없어 법정대리권이 인정되지 아니할 수도 있는 것이다. 양육자에게 자기 이름으로 양육비용을 청구할 권리가 인정될 필요가 있는 까닭이다. 이는 – 현재 및 장래의 양육비에 관한 한 – 자녀의 부양료 청구권을 양육친이 자기 이름으로 대신 행사하는 것으로 볼 수 있다. 제833조 註釋 Ⅱ. 1. 나., 그 이행확보에 관하여는 제836조의2 註釋 Ⅱ. 참조. 본조가 정하는 것은 이러한 의미의 양육비 청구권이다. 이는 현재 및 장래의 양육비를 가리킨다.[39] 과거의 양육비 청구에 대하여는 아래 (2) 참조.

한편, 서울가정법원은 양육비 산정실무를 정형화하기 위하여 2012. 5. 31. 이혼가정 자녀 양육비 산정기준표를 마련하였다.[40] 당시 산정기준표는 부모의 합산 소득, 자녀의 나이, 거주지역(도시·농어촌)에 따라 일정 구간의 양육비액을 정하는 것을 내용으로 하였다. 이에 비양육친의 소득을 합산 소득으로 나눈 값을 곱하면[41] 비양육친의 양육비 분담기준액이 된다. 이 기준은 이후 물가 및 국민소득의 상승, 영유아 보육 지원제도의 개정 등을 고려하여 2014년과 2017년, 2021년에 개정되어 오늘에 이르고 있다. 아래는 2021. 12. 22. 개정 양육비산정기준표이다.

부모 합산 소득 / 자녀 나이	0원 ~199 만원	200 ~299 만원	300 ~399 만원	400 ~499 만원	500 ~599 만원	600 ~699 만원	700 ~799 만원	800 ~899 만원	900 ~999 만원	1,000 ~1,199 만원	1,200 만원 이상
	평균양육비(천원) [양육비구간]										
0~2세	621 [26.4~ 68.6]	752 [68.7~ 84.8]	945 [84.9~ 102.1]	1,098 [102.2~ 117.1]	1,245 [117.2~ 132.3]	1,401 [132.4~ 149.1]	1,582 [149.2~ 168.5]	1,789 [168.6~ 189.3]	1,997 [189.4~ 204.6]	2,095 [204.7~ 215.1]	2,207 [215.2 이상]
3~5세	631	759	949	1,113	1,266	1,422	1,598	1,807	2,017	2,116	2,245

---

39) 이에 대하여 본조의 양육비에 이혼 전의 (과거의) 양육비를 포함하는 견해로, 주석친족(1), 258(임종효). 별 실익은 없는 논의이나, (굳이 실익을 찾는다면 찾을 수 있는) 양육비부담조서와 양육비 직접지급명령의 범위는 이혼 이후의, 장래의 양육비로 봄이 일반적이다. 한편, 제1심 가정법원이 이혼과 함께 비양육친을 양육자로 지정하고 제1심 판결 선고일 다음날부터 장래 양육비 지급을 명하였는데, 항소심에서 심리한 결과 아직 그 비양육친이 양육을 하고 있지 아니한 것을 확인하였다면 항소심은 장래의 양육비 지급을 명하는 기산일을 다시 정하여야 한다는 것으로, 대법원 2022. 1. 14. 선고 2021므15145, 15152 판결.

40) 그 이전의 실무례에 관하여는, 이동철(2005), 211 이하; 이은정(2007b), 424 이하. 대체로 비양육친의 자녀 1인당 양육비 분담액은 30만 원 내지 50만 원 정도였다고 한다. 한봉희·백승흠, 가족법, 2013, 210.

41) 이는 양육친과 비양육친 모두 양육비, 즉 양육의 경제적 부담을 분담하여야 함을 전제로 그들의 소득에 비례하여 분담액을 정한 것이다. 대법원 2020. 5. 14. 선고 2019므15302 판결도 양육친이 비양육친을 상대로 양육비지급을 구하는 경우 가정법원은 자녀 양육비 중 양육자가 부담해야 할 양육비를 제외하고 상대방이 분담해야 할 적정 금액의 양육비만을 결정하는 것이 타당하다고 한다. 그러나 이에 대하여는 양육친의 양육부담을 양육비 산정에서 고려하여야 한다는 반론이 제기될 소지가 있다.

	[26,8~69,5]	[69,6~85,4]	[85,5~103,2]	[103,3~118,9]	[119,0~134,4]	[134,5~151,0]	[151,1~170,2]	[170,3~191,2]	[191,3~206,6]	[206,7~218,0]	[218,1 이상]
6~8세	648	767	959	1,140	1,292	1,479	1,614	1,850	2,065	2,137	2,312
	[27.2~70.7]	[70.8~86.3]	[86.4~104.9]	[105.0~121.6]	[121.7~138.5]	[138.6~154.6]	[154.7~173.2]	[173.3~195.7]	[195.8~210.1]	[210.2~222.4]	[222.5 이상]
9~11세	667	782	988	1,163	1,318	1,494	1,630	1,887	2,137	2,180	2,405
	[28.1~72.4]	[72.5~88.5]	[88.6~107.5]	[107.6~124.0]	[124.1~140.6]	[140.7~156.2]	[156.3~175.8]	[175.9~201.2]	[201.3~215.8]	[215.9~229.2]	[229.3 이상]
12~14세	679	790	998	1,280	1,423	1,598	1,711	1,984	2,159	2,223	2,476
	[29.5~73.4]	[73.5~89.4]	[89.5~113.9]	[114.0~135.1]	[135.2~151.0]	[151.1~165.4]	[165.5~184.7]	[184.8~207.1]	[207.2~219.1]	[219.2~234.9]	[235.0 이상]
15~18세	703	957	1,227	1,402	1,604	1,794	1,964	2,163	2,246	2,540	2,883
	[31.9~83.0]	[83.1~109.2]	[109.3~131.4]	[131.5~150.3]	[150.4~169.9]	[170.0~187.9]	[188.0~206.3]	[206.4~220.4]	[220.5~239.3]	[239.4~271.1]	[271.2 이상]

(전국의 양육자녀 2인 가구 기준)

위 표에서 각 자녀에 상응하는 나이구간과 부모의 합산소득구간의42) 교차점이 각 자녀의 표준양육비 구간이다. 여기에 부모의 재산상황, 거주지역, 자녀의 수(위 표는 양육자녀가 2인인 4인 가구를 상정한 것이다), 고액의 치료비가 드는 경우, 고액의 교육비가 드는 경우, 비양육친의 특수한 경제상황 등을 고려하여 적당히 가감하여 각 자녀에 대한 구체적 양육비 총액을 확정하고 자녀가 여럿인 경우 이를 합산한다. 이를 양육친과 비양육친이 소득비율에 따라 나눈 값이 일응 비양육친이 지급할 양육비액이 된다. 외국에서도 손해배상, 사회보장급여 등 여러 제도와의 관련성을 고려하여 어느 정도는 일률적인 양육비 산정기준을 두는 예가 많다.43)

다만, 이러한 기준은 비구속적인 하나의 참고자료이고, 고려요소도 단순한 만큼 다른 사정도 고려하여 적절히 조정하여 적용하여야 한다.44) 재산분할을 넉넉히 해주면서 양육비를 면제하거나 소액으로 정하는 것도 가능하다.45)

위 표에서도 드러나듯 양육비는 미성년인 동안에 한하여 인정되므로 성년이 될 때까지 매월 일정액을 지급하는 것으로 함이 원칙이다.

(2) 양육비 청구권의 실질이 양육친의 이름으로 행사하는 미성년 자녀의 부양청구권이라는 것은 현재 및 장래의 양육비에 대하여만 타당하다. 과거의 양육비의 경우 이미 양육친이 그 당시 어떠한 형태로든 양육비를 조달하였을 것이므로, 그 실질은

---

42) 합산소득은 세전소득을 기준으로 한 것으로, 정부보조금이나 연금을 포함한다.
43) 일반적으로는, 정현수(2005), 268 이하, 독일의 예에 관하여는, 차선자(2005), 270 이하.
44) 나아가 자녀가 어릴 경우 양육친이 입는 경제적·비경제적 손실도 고려되어야 한다는 견해로, 차선자(2006), 123 이하.
45) 제요[2], 1488.

구상에 해당한다.[46] 그리하여 판례는 일반적인 부양청구권과는 달리 "부모는 그 소생의 자녀를 공동으로 양육할 책임이 있고, 그 양육에 소요되는 비용도 원칙적으로 부모가 공동으로 부담하여야" 하므로 "어떠한 사정으로 인하여 부모 중 어느 한쪽만이 자녀를 양육하게 된 경우에, 그와 같은 일방에 의한 양육이 그 양육자의 일방적이고 이기적인 목적이나 동기에서 비롯한 것이라거나 자녀의 이익을 위하여 도움이 되지 아니하거나 그 양육비를 상대방에게 부담시키는 것이 오히려 형평에 어긋나게 되는 등 특별한 사정이 있는 경우를 제외하고는, [...] 과거의 양육비에 대하여도 상대방이 분담함이 상당하다고 인정되는 경우에는 그 비용의 상환을 청구할 수 있"다고 한다. "다만 한쪽의 양육자가 양육비를 청구하기 이전의 과거의 양육비 모두를 상대방에게 부담시키게 되면 상대방은 예상하지 못하였던 양육비를 일시에 부담하게 되어 지나치고 가혹하며 신의성실의 원칙이나 형평의 원칙에 어긋날 수도 있으므로, 이와 같은 경우에는 반드시 이행청구 이후의 양육비와 동일한 기준에서 정할 필요는 없고, 부모 중 한쪽이 자녀를 양육하게 된 경위와 그에 소요된 비용의 액수, 그 상대방이 부양의무를 인식한 것인지 여부와 그 시기, 그것이 양육에 소요된 통상의 생활비인지 아니면 이례적이고 불가피하게 소요된 다액의 특별한 비용(치료비등)인지 여부와 당사자들의 재산 상황이나 경제적 능력과 부담의 형평성 등 여러 사정을 고려하여 적절하다고 인정되는 분담의 범위를 정할 수 있다"고 하여,[47] 금액을 정하는 과정에서 비양육친을 보호하고 있다.

판례는 협의 또는 심판에 의하여 "구체적인 청구권의 내용과 범위가 확정된 후의 양육비채권 중 이미 이행기에 도달한 후의 양육비채권은 완전한 재산권으로서 친족법상의 신분으로부터 독립하여 처분이 가능하고, 권리자의 의사에 따라 포기, 양도 또는 상계의 자동채권으로 하는 것도 가능하다"고 한다.[48] 이 판결은 두 요건, 즉 협의 또는 심판에 의하여 구체화될 것과 과거의 양육비청구권일 것을 조건으로 처분이 가능하다는 결론에 이르렀다. 그중 후자는 이것이 실질적으로 구상이라는, 즉 일반적인 재산권이라는 점만으로도 납득할 수 있다.[49] 그러나 판례는 그러한 점에만 근거하지 아니하고 협의 또는 심판 전의 양육비청구권은 아직 추상적 권리에 불과하여 상계할 수 없다는 논리를 보태고 있다. 판례는 이후 이러한 논리를 더 밀고 나가 협의나

---

46) 이동진(2012), 134 이하. 같은 취지로, 오종근(2018), 25-26.
47) 대법원 1994. 5. 13.자 92스21 전원합의체 결정. 이는 자녀의 부양의무는 자기 고유의 의무이므로 공동부양의무자에게 구상할 수 없다고 한 그 이전의 일련의 판례를 폐기한 것이다. 이동진(2012), 125 이하.
48) 대법원 2006. 7. 4. 선고 2006므751 판결.
49) 그러나 학설상으로는 과거의 양육비청구권도 현재나 장래의 양육비청구권과 다를 바 없다는 전제하에 이러한 판례에 반대하는 견해가 유력하다.

심판에 의하여 범위가 정해지지 아니한 과거의 양육비청구권은 "재산권에 해당한다고 할 수 없고, 따라서 이에 대하여는 소멸시효가 진행할 여지가 없다"고 한 바 있다.[50] 그러나 현재 또는 장래의 양육비청구권이 처분할 수 없는 까닭은 그것이 추상적 권리 내지 친족법적 지위여서라기보다는 그것이 실은 처분이 금지된 자녀의 부양료청구권을 대신 행사하는 것이기 때문이고, 협의 또는 심판 전인지 후인지는 문제되지 아니하며, 같은 이유에서 협의 또는 심판을 구할 수 있었음에도 이를 구하지 아니하였다는 이유로 소멸시효가 진행한다고 할 수도 없다.[51] 대법원 2024. 7. 18.자 2018스724 전원합의체 결정은 이러한 판례를 변경하여 협의 또는 심판에 의하여 구체화되기 전의 양육비청구권이라 하더라도 미성년 자녀가 성년이 되어 양육의무가 종료한 때부터 10년의 소멸시효에 걸린다고 한다.

다. 면접교섭권의 행사 여부 및 그 방법(본조 ② iii)

나아가 면접교섭권의 행사 여부 및 그 방법을 정하여야 한다. 면접교섭권에 관하여는 제837조의2 註釋 참조.

라. 기타 양육에 관한 사항과 양육 이외의 부모의 권리의무에 관한 사항(본조 ①, ⑥)

본조 ①은 일반적으로 자녀의 양육에 관한 사항을 협의로 정한다는 점을 규정하고 있을 뿐이고, ②은 그 협의의 필수적인 사항으로 양육자 결정, 양육비용의 부담, 면접교섭권의 행사 여부 및 그 방법을 들고 있다. 그러므로 양육에 관한 사항은 위 세 가지로 제한되지 아니한다. 다른 한편, 본조 ⑥은 ③~⑤은 양육에 관한 사항 외에는 부모의 권리의무에 변경을 가져오지 아니한다고 규정한다. 따라서 양육에 관한 사항과 양육 사항 외의 부모의 권리의무를 구분할 필요가 생긴다. 거소지정권을[52] 포함하는 좁은 의미의 양육권 이외에 교육[53] 등(§§913, 914) 재산관리를 제외한 모든 사항이 양육에, 그리고 재산관리권 및 부양의 권리의무, 혼인 등에의 각종 동의권, 대리권 등이 양육 이외의 사항에 해당한다고 봄이 타당할 것이다.[54] 자녀를 부당하게 억류하는 사람에 대한 인도청구권 및 양육을 방해하는 사람에 대한 방해배제청구권도 양육권에 포함된다. §837-2의 권리로 인정되지 아니하는 면접교섭에 관한 사항도 이에 포함된다.

---

50) 대법원 2011. 7. 29.자 2008스67 결정. 평석: 이동진(2012).
51) 가령 이동진(2012), 143 이하. 이에 찬성하는 것으로, 오종근(2018), 31-32; 이재찬(2016), 755. 다만, 이때 소멸시효기간이 3년인가, 10년인가 하는 점에 대하여는 견해가 갈린다. 3년이라는 것으로, 이동진(2012), 152, 10년이라는 것으로, 오종근(2018), 32-35; 이재찬(2016), 755.
52) 그러나 윤부찬(2010), 23-24은 현행법상 거소지정권은 친권자에게 있다면서 친권자의 동의 또는 양육에 관한 심판을 받아야 하고, 입법론적으로는 친권과 양육의 분리를 폐지하거나 양육자에게 거소지정권을 부여할 필요가 있다고 한다.
53) 김상용(2002), 400; 오시영, 193.
54) 이에 관한 일본에서의 논의는, 新注民(22), 98-100, 160(梶村太市).

2. 결정방법

가. 당사자의 협의와 가정법원의 개입(본조 ①, ③)

(1) 이혼 당사자는 공동의 미성년의 자녀의 양육에 관한 사항을 협의에 의하여 정한다(본조 ①). 협의이혼의 경우 가정법원에 협의서를 제출하여야 협의이혼의사확인을 받을 수 있다. 재판상 이혼, 혼인의 취소 및 무효의 경우에도 가정법원은 먼저 협의를 권고하여야 한다. 협의가 성립한 경우 처리에 관하여는 아래 나. 참조.

협의의 내용이 자녀의 복리에 반하는 때에는 가정법원은 보정을 명하거나 직권으로 양육에 필요한 사항을 정한다(본조 ③). 협의상 이혼에서 당사자에게 보정을 명할 수 있음은 분명하다. 문제는 협의이혼절차에서 직권으로 양육에 필요한 사항을 정하는 것도 가능한가 하는 점이다. 2007년 개정 당시 정부안은 §837에서는 직권결정을 제외하고, §843-2를 신설하여 재판상 이혼에 한하여 직권으로 양육에 관한 결정을 하는 것이었고, 협의상 이혼을 인정하는 한 부부로 하여금 그로 인한 부수적 효과에 관하여도 완전한 합의에 이를 것을 요구함이 바람직하다. 비교법적으로도 이러한 입법례가 많다. 제836조의2 註釋 I. 1. 참조. 그런데 이후 국회의 심의과정에서 §837에 직권결정이 포함되고 안 §843-2는 제외되었다. 그 결과 문언상으로는 협의이혼의사확인절차에서 양육에 관한 사항을 직권으로 정하는 것도 가능한 것처럼 읽히게 되었다. 그러나 가족관계등록비송절차[제836조 註釋 II. 1. 나. (2)]인 협의이혼의사확인절차와 가사비송절차인 양육에 관한 사항에 관한 심판절차는 그 성질이 다르다는 점에서 실제 직권결정을 하는 것이 가능한지, 그리고 앞서도 언급한 정책적 측면에서 적절한지에 관하여 논란이 제기되고 있다.55) 가정법원 실무상으로는 협의이혼의사확인절차의 경우 보정명령에 응하지 아니하면 협의이혼의사 불확인 결정을 하고 직권으로 양육에 관한 사항을 정하지는 아니하며,56) 그 대신에 가사비송사건으로 심판을 청구할 것을 안내하고 있다. 안내에도 불구하고 응하지 아니하면 그 기일에, 응할 뜻을 밝히고도 다음 기일까지 응하지 아니하면 그 다음 기일에 각 불확인을 한다.57) 반면, 본조가 재판상 이혼에 준용되는 경우(§843) 당사자의 협의가 자녀의 복리에 반할 때에는

---

55) 긍정하는 것으로, 최금숙, 친족(2), 209-201. 부정하는 것으로, 송덕수, 94-95; 이명철, "2008년 개정 민법에 따른 협의이혼절차", 가족법연구 22-3(2008), 231 이하(같은 문헌은 관할이 다르다는 점도 지적하는데, 2007년 §836 개정으로 이혼의사확인도 가정법원의 전속관할이 되었으므로, 이 점은 더는 타당하지 아니하다). 입법론적으로 양육관련 가사비송절차의 직권개시를 허용하여야 한다는 견해로, 정용신(2020), 117-118. 협의서를 제출하지 아니한 경우에는 직권으로 정할 수 없으나 협의서를 제출한 경우에는 직권으로 정할 수 있다는 견해로, 김주수·김상용, 209-210.

56) 협의이혼의 의사확인사무 및 가족관계등록처사무 처리 지침 §13 ① 참조. 이에 비판적인 것으로 박건창(2017), 435.

57) 협의이혼의 의사확인사무 및 가족관계등록사무 처리지침(예규) §12.

직권으로 양육에 관한 사항을 정할 수 있고, 가정법원에는 직권으로 이를 정할 책무가 있다는 데58) 이론(異論)의 여지가 없다.

　　(2) 협의의 당사자는 원칙적으로 부모이다. 혼인이 무효이거나 혼인외의 자로서 인지된 경우에도59) 본조의 협의를 할 수 있고 하여야 하므로 법률상 부부일 필요는 없다. 제3자를 양육자로 지정하는 경우에는 그 제3자에 대하여도 법적 구속력을 확보할 필요가 있으므로 그 또한 협의의 당사자가 되어야 한다.60) 또한 면접교섭의 경우 비양육친의 직계존속과 자녀 자신도 권리를 갖고 있으므로 이들이 협의의 주체가 될 수도 있다.61) 그러나 이러한 협의 중 양육비의 부담과 면접교섭을 제외한 나머지 사항은 대체로 친권에 터잡고 있으므로 친권상실선고(§924)를 받은 부모 일방은 협의의 당사자가 될 수 없다고 보아야 한다.62) 대리권 및 관리권은 상실(§925)하여도 협의하는 데 지장이 없다. 일본에서는 그 외에 친권의 일부이므로 친권행사 및 친권자를 정하는 협의와 마찬가지로 재산법상의 행위능력을 요하고, 당사자 일방이 미성년자인 경우에는 법정대리인이 대리하여 협의하여야 한다는 견해가 있다.63) 임의대리인의 대리에 의한 협의도 가능하다.64)

　　협의는 특수한 가족법적 계약이다.65) 그 내용은 자녀의 복리(the best interest of the child)에 구속된다. 즉, 부모는 자녀의 복리에 가장 부합하는 내용의 협의를 하여야 한다.66) 그럼에도 불구하고 제1차적으로 부모에게 협의를 맡긴 것은 통상 부모가 자녀

58) 제요[2], 1469. 당사자 청구주의에 대한 비판으로 김상용(1996), 18 이하.
59) 이때에는 인지의 소급효로 인하여 과거의 양육비도 부담하여야 한다. 대법원 2023. 10. 31.자 2023스643 결정.
60) 新注民(22), 104(梶村太市).
61) 그러나 자녀와 비양육친 사이에 면접교섭에 관하여 협의를 할 수 있는지 의문이라는 것으로, 신영호·김상훈·정구태, 138. 일신전속적 권리라는 점을 근거로 드나 그 취지를 이해하기 어렵다. 물론, 현실적으로 자녀와 비양육친 사이에 면접교섭에 관한 협의가 이루어지는 일은 거의 찾아볼 수 없을 것이나, 이는 자녀의 면접교섭권이 행사될 필요가 없거나 행사되기 곤란한 경우가 많기 때문이지, 특별히 협의의 대상이 될 수 없는 이론적 이유가 있어서는 아니다.
62) 이에 관한 일본에서의 논의에 관하여는, 新注民(22), 100 이하, 특히 104(梶村太市). 이에 대하여 친권자 또는 양육자의 지정을 포함하여 협의의 자격 내지 적격 문제가 아닌 협의의 적정성 문제로 다루어야 한다는 견해로 주석친족(1), 239-240(임종효). 큰 실익은 없으나 양육에 관한 권한이 없는 사람이 양육에 관하여 정할 수는 없는 일이다.
63) 新注民(22), 104(梶村太市) 참조.
64) 김연(1994), 384.
65) 그러므로 성질상 이행을 구할 수 있는 협정, 가령 양육비의 부담에 관한 협의의 이행을 구하는 협정의 이행청구는 (양육비부담조서에는 집행력이 있으나 변경협정을 한 경우에는 조서가 작성되지 아니할 수 있다) 원칙적으로 가사비송사건으로 보아야 한다. 다만, 변경심판의 필요도, 그러한 취지의 당사자의 주장도 없어 단순한 민사상 계약이행청구의 소처럼 다루어도 별 문제가 없는 경우에는 굳이 가정법원으로 이송하지 아니하고 민사법원이 직접 판결하더라도 위법하다고 볼 필요는 없을 것이다. 가사[1], 29. 좀 더 상세한 논의는 박건창(2017), 431-434.
66) 이 점을 강조하는 것으로, 김연(1994), 386.

에게 무엇이 최선인지 가장 잘 판단할 수 있고, 부모가 자율적으로 결정하여야 자발적 이행도 기대할 수 있다는 점으로 설명할 수 있다. 가정법원의 보정명령과 직권결정은 모두 이러한 부모의 의무를 전제한다. 다음, 이 협의는 이혼의 효력이 발생하여야 비로소 효력이 발생하는 부수적 계약이다. 일단 협의가 성립한 뒤에도 이혼에 이르기 전에는 일방적으로 이를 철회할 수 있다고 봄이 타당하다. 반면 일단 가정법원의 협의이혼의사확인이 있거나 재판상 이혼절차가 종료된 뒤에는 이를 철회할 수 없을 뿐 아니라, 협의에 흠이 있다 하더라도 양육에 관한 사항의 변경심판(본조 ⑤)에 의하여야 다툴 수 있다고 보아야 한다.67) 합의 해제도 허용되지 아니한다. 양육에 관한 사항에 대한 가정법원의 심사권을 보장하고, 양육의 안정성을 확보할 필요가 있기 때문이다.

(3) 양육비의 부담에 관한 협의가 양육비부담조서에 의하여 그 자체 집행권원이 되는 것과 달리 면접교섭권의 행사 여부 및 그 방법에 관한 협의는 그 자체 집행권원이 되지는 아니하고 협의를 위반한 경우 과태료 부과 등의 제재를 가하기 위해서는 심판을 받아야 한다.68)

나. 가정법원의 심판(본조 ④)

(1) 양육에 관한 사항의 협의가 이루어지지 아니하거나 협의할 수 없는 때에는 가정법원은 직권으로 또는 당사자의 청구에 따라 이에 관하여 결정한다(④). 협의이혼의 경우 실무상 직권으로 결정하지 아니하고 보정에 응하지 아니하는 이혼 당사자에 대하여 협의이혼의사 불확인 결정을 함으로써 협의 또는 당사자의 심판청구를 강제하고 있음은 앞서 본 바와 같다. 따라서 직권으로 정하는 경우는 재판상 이혼에 준용(§843)되는 경우에 한한다. 본조는 가정법원에 결정할 의무를 지우는 규정이기도 하다. 부부가 자녀의 양육에 관하여 협의나 심판에 의하여 정하지 아니한 채 이혼하도록 두어서는 아니 된다.

(2) 양육에 관한 처분은 아래 그 변경(본조 ⑤) 및 면접교섭권의 제한 또는 배제(§837-2)와 함께 마류 가사비송사건이다[家訴 §2 ① ii 나. 3)]. 따라서 가정법원이 신청취지에 구속되지 아니한다. "자녀의 양육에 관하여 적당한 처분을 구한다"와 같이 신청취지를 개괄적으로 기재하여도 무방하다. 양육비에 대하여는 원칙적으로 처분권주의가 적용되나, 자의 복리를 위하여 양육에 관한 사항을 정하는 경우에는 예외가 인정

---

67) 그러나 협의내용에 관하여 가정법원이 심사하지 아니하는 개정 전 법에 관하여 협의의 하자를 총칙 규정에 의하여 다툴 수 있다는 견해로, 김연(1994), 386-387.

68) 이에 비판적인 것으로, 정용신(2020), 104-105.

되어 당사자가 청구한 금액을 초과하여 인용할 수 있다(家訴規 §93 ②).

　　당사자가 청구하는 경우에는 부모 중 한쪽이 다른 한쪽을 상대방으로 하여 청구함이 원칙이다(家訴規 §99 ①). 혼인외의 자녀의 양육에 관한 청구는 생부가 인지하기 전에는 부적법하고,[69] 사실혼의 경우도 마찬가지이나,[70] 근래 실무는 인지청구와 병합하여 양육에 관한 처분을 구하는 것을 허용하고 있다.[71] 관할은 상대방의 보통재판적이 있는 곳의 가정법원 단독판사에게 속한다(家訴 §46 본문, 사물관할규칙 §3). 재판상 이혼청구와 병합하여 제기할 수 있고, 재판상 이혼절차에서 직권으로 정할 수도 있다.

　　양육에 관한 처분과 그 변경, 면접교섭권의 제한 또는 배제는 모두 마류 비송사건으로 조정전치주의가 적용된다(家訴 §50).

　　심리할 때에는 특별한 사정이 없는 한 사건관계인을 심문하여야 하고(家訴 §48), 특히 자녀가 13세 이상인 때에는 자녀의 의견을 들을 수 없거나 자녀의 의견을 듣는 것이 오히려 자녀의 복지를 해할 만한 특별한 사정이 있다고 인정되는 때를 제외하고는 심판 전 그 자녀의 의견을 들어야 한다(家訴規 §100). 13세 미만인 때에도 가급적 자녀의 의견을 듣는 것이 바람직하다.[72] 제3자를 양육자로 지정하는 경우에는 제3자를 이해관계인으로 참가시켜 그의 동의를 구하거나 그 의사를 확인하여야 할 것이다.[73] 사실심리와 관련하여서는 직권탐지주의가 적용된다(家訴 §17). 특히 양육에 관한 사항은 공익성이 높아 이혼 및 재산분할에 관한 사건보다 더 적극적으로 심리할 필요가 있다.[74] 양육비 산정 등과 관련하여 특히 필요한 때에는 직권 또는 당사자의 신청에 의하여 당사자에게 재산상태를 명시한 재산목록을 제출하게 하거나(家訴 §48-2, 재산명시), 공공기관·금융기관·단체 등에 재산을 조회할 수 있다(家訴 §48-3, 재산조회).

　　그 밖에 가정법원은 부모에게 미리 협의하도록 권고하여야 한다(家訴 §25, 家訴規 §18). 그러나 재판장이 협의를 권고하지 아니하였다 하더라도 협의를 권고하였더라면 심판내용과 다른 내용의 협의가 이루어졌으리라는 사정이 없는 한 그러한 위법은 심판의 결과에 영향을 미치지 아니한다는 것이 판례이다.[75] 상당한 협의가 이루어진 경

---

69) 대법원 1979. 1. 23. 선고 78다2023 판결; 대법원 1981. 5. 26. 선고 80다2515 판결.
70) 대법원 1979. 5. 8. 선고 79므3 판결.
71) 제요[2], 1472.
72) 김상용(1996), 21 이하; 박주영(2009), 157 이하; 윤진수(2011), 349 이하.
73) 제요[2], 1476(그러나 근래의 실무는 제3자를 양육자로 지정하기보다는 부모의 친권 중 양육권을 제한하고 미성년후견인으로 선임하고 있다고 한다. 이에 대하여는 대법원 2021. 5. 27.자 2019스621 결정도 참조).
74) 직권탐지주의가 사건의 종류에 따라 다른 정도로 적용된다는 점은, 제요[1], 249-250.
75) 대법원 1993. 12. 7. 선고 93므775 판결.

우에는 이를 주문에 적는다(家訴規 §18 ①). 협의서를 작성하는 협의이혼과 다르다. 협
의가 이루어졌으나 자녀의 복리에 반하는 경우에는 이를 그대로 주문에 적어서는 아
니 되고 당사자에게 보정을 명하거나 명하지 아니하고 가정법원이 직접 당해 사항에
관하여 결정하여야 한다. 협의가 이루어지지 아니하거나 보정에 응하지 아니한 경우
에도 직접 정한다. 양육자를 정하는 심판의 경우 단독양육이라면 주문에서 양육자가
누구인지를, 공동양육이라면 주문에서 공동양육의 취지와 구체적인 방법, 가령 청구
인과 상대방이 각각 양육을 맡는 기간 내지 시간과 사건본인의 인도방법 등을 정하여
야 하고, 양육비를 정하는 경우 주문에서 매월 양육비의 금액과 지급일 및 지급의 종
기(終期, 사건본인이 성년이 되기 전날로 특정하는 것이 원칙이다)을 정하여 그 지급을 명하되
부양료 등과 구별하기 위하여 "양육비로"와 같은 문구를 넣는 것이 원칙이다.76) 과거
의 양육비도 같은 절차로 청구할 수 있다.77) 한편, 판례는 부부가 양육비로 각 일정
액을 부담하게 하면서 비양육친이 양육친과 자녀의 명의를 병기한 예금 계좌를 개설
하여 양육비를 그 계좌에 입금하는 방법으로 지급하게 하는 내용의 재판은 예금 계좌
의 개설과 관련하여 각자 이행할 내용이 객관적으로 특정되었다고 볼 수 없고 추가적
인 분쟁을 불러일으킬 가능성이 있어 허용되지 아니한다고 한다.78) 그러나 이러한 재
판이 「양육에 관한 처분」으로도 허용될 수는 없는지, 직접강제의 방법으로 강제하지
아니하는데도 구체적인 특정이 문제되는지 의문이다.79) 양육비용의 분담으로 금전
지급 등을 명하는 경우에는 적어도 심판확정일 다음날부터는 민법이 정한 연 5%의
비율에 의한 지연손해금을 붙일 수 있고,80) 가집행을 할 수 있음도 명하여야 한다(家
訴 §42 ①).

　　비송사건이므로 재판의 형식과 관계없이, 가령 판결이나 재판상 화해에 의하였
다 하였다 하더라도 형성력과 집행력만 있고 기판력은 없다.

　　당사자나 사건본인, 즉 자녀가 사망한 경우에는 절차는 당연 종료된다.81) 그러나
이미 발생한 양육비는 상속인에게 승계되어 이들이 절차를 수계한다.82)

　　(3) 가정법원은 심리검사 등과 관련된 석명준비명령 및 심리검사명령, 조정조치

---

76) 제요[2], 1488－1489.
77) 대법원 1994. 5. 13.자 92스21 전원합의체 결정. 그러나 제3자의 구상청구는 일반민사사건이다.
78) 대법원 2020. 5. 14. 선고 2019므15302 판결.
79) 이에 대하여 소송법적으로는 불가피한 결론이라고 하면서도 향후 관련 법리의 개발이 필요하다는 것
　　으로, 현소혜(주 34), 296. 양육비이행법 §19 ③은 양육비이행관리원의 장이 양육비 전용 계좌 개설 조
　　치를 하고 양육비 채권자를 하여금 이에 협조하게 할 수 있다고 정한다.
80) 제요[2], 1488(대법원 2006. 7. 4. 선고 2006므751 판결을 인용한다).
81) 대법원 1995. 4. 25. 선고 94므536 판결.
82) 제요[2], 1470.

명령을 할 수 있다. 이는 한편으로는 사실조사를 위한 것이지만, 다른 한편으로는 "당사자 또는 사건관계인의 가정 기타 주위 환경의 조정"을 위한 것일 수도 있다.[83] 그리하여 심리 중 미성년자녀에 대한 종합심리검사 및 심리치료를 유도하거나 심화된 부모교육, 아동상담, 집단상담, 시범 면접교섭 등을 시행할 수 있다.[84]

다. 사전처분과 이행명령

가사사건의 심판청구 또는 조정의 신청이 있는 경우 가정법원, 조정위원회 또는 조정담당판사는 사건을 해결하기 위하여 특히 필요하다고 인정하면 직권으로 또는 당사자의 신청에 의하여 상대방이나 그 밖의 관계인에게 관계인의 감호와 양육을 위한 처분 등 적당하다고 인정되는 처분을 할 수 있다(家訴 §62 ①). 이러한 사전처분에는, 아래에서 따로 설명하는 유아인도와 면접교섭에 관한 사전처분 이외에 임시양육자의 결정과 양육비 지급에 관한 사전처분, 접근금지 등이 포함된다.[85] 사전처분은 보전적 성격을 가지나 민사집행법상의 보전처분과 달리 본안(조정을 포함한다)계속을 요건으로 하고, (본안재판부 및 조정기관의) 직권으로도 할 수 있으며, 비송에서도 할 수 있고, 민사집행법상 집행력은 없으나 과태료에 의한 간접강제가 가능하다는 점에 차이가 있다. 원칙적으로 본안법원이 관할한다.[86]

나아가 가정법원은 판결, 심판, 조정조서, 조정을 갈음하는 결정 또는 양육비부담조서에 의하여 금전의 지급 등 재산상의 의무, 유아의 인도 의무, 자녀와의 면접교섭 허용 의무를 이행하지 아니하는 경우 이행명령을 할 수 있고,[87] 그 위반에 대하여 과태료의 제재를 가할 수 있다(家訴 §§64, 67, 68). 이행명령은 권리자의 신청으로 개시하며 원칙적으로 당사자를 심문한다. 미성년 자녀의 보통재판적이 있는 곳의 가정법원 관할이다.[88] 이러한 이행명령은 가사소송법상의 특수한 간접강제로서 심판이 확정되지 아니하여도 (가집행선고부로) 선고된 이상 인정된다는 것이 판례이다.[89] 특히 양육비의 경우 이행명령을 받더라도 과태료와 감치에 이르기까지 여러 단계를 거쳐야 해 권리구제의 실효성이 떨어진다는 비판이 있었다는 점에서 주목할 만하다.

---

83) 家訴規 §8 참조.
84) 구체적인 것은 정용신(2020), 122-129 참조.
85) 정용신(2020), 119-120.
86) 제요[1], 299 이하.
87) 이행명령의 전 단계로 가사조사관에 의한 의무이행실태 조사 및 이행권고도 가능하다. 家訴規 §122, 제요[1], 193-194.
88) 제요[1], 265 이하.
89) 유아인도에 관한 것이지만 대법원 2020. 5. 28.자 2020으508 명령.

III. 양육에 관한 사항의 변경 기타 적당한 처분(본조 ⑤)

양육에 관한 사항은 가정법원의 변경심판으로 변경할 수 있고, 그 이외에 적당한 처분을 추가할 수도 있다(이하 통틀어 변경심판이라 한다). 협의로 정할 수 있는 사항인 만큼 협의로 변경하거나 취소할 수도 있다는 견해가 많으나,90) 최초의 결정에 대하여는 협의를 인정하면서 변경에 관하여는 협의를 언급하고 있지 아니한 본조의 체계에 반할 뿐 아니라, 협의를 심사하여 보정을 명하는 등으로 가정법원이 개입하도록 되어 있는 본조 개정의 취지에도 반한다. 최초의 정함이 협의에 의한 것이든 심판에 의한 것이든 변경심판에 의해서만 변경할 수 있다고 본다. 친권자와 양육자를 협의로 변경할 수 없음은 물론이다.91) 물론 사실상 변경 또는 취소의 협의가 이루어지고 준수되는 것을 막을 수는 없다. 이후 분쟁이 생겨 변경심판이 청구되면 심리과정에서 이를 참작할 수 있을 것이다.92) 양육자가 되는 대신 양육비 청구권을 포기하기로 협의한 때에도 변경청구가 가능하다.93) 재판상 화해에 의한 것일 때에도 같다.94)

변경심판은 부, 모 이외에 자녀 본인과 검사도 청구할 수 있다. 명문규정은 없으나 미성년후견인도 청구할 수 있다고 보아야 한다.95) 관할법원과 절차에 관하여는 앞서 양육에 관한 심판에 대하여 설명한 바가 그대로 타당하다. 양육에 관한 협의나 양육비부담조서가 있음에도 가정법원에 양육에 관한 처분을 청구한 때에는 그 협의의 변경을 구하는 취지로 선해하여야 한다.96) 그 외에 가정법원이 직권으로 변경하는 것도 가능하므로, 청구권자가 아니어도 직권발동을 촉구하는 의미에서 가정법원에 변경을 구할 수 있다.

가정법원은 자녀의 복리를 위하여 필요하다고 인정하는 경우에는 심판을 변경하여야 한다. 반드시 특별한 사정변경이 있어야 하는 것은 아니고, 당초의 심판이 부당

---

90) 김혜선(2014), 485; 박동섭·양경승, 191, 193(친권자는 협의만으로 변경할 수 없으나 양육자는 협의만으로 변경할 수 있다고 한다); 윤진수, 148; 최정인(2011), 161; 주석친족(1), 2656(임종효). 일본에서도 대체로 그와 같이 본다. 新注民(22), 157(梶村太市).

91) 가족관계등록사무 처리지침(예규) §12는 협의에 터 잡은 친권자변경신고를 수리해서는 안 된다고 규정한다.

92) 이러한 점에서 실제적 차이가 별로 없다는 지적으로 주석친족(1), 265(임종효).

93) 대법원 1991. 6. 25. 선고 90므699 판결(평석: 최진섭, "子의 양육에 관한 사항의 변경청구와 그 인부의 기준", 가족법 판례해설, 178 이하).

94) 대법원 1992. 12. 30.자 92스17, 18 결정(평석: 김상용, "이혼 당사자인 부모가 협의에 의하여 자녀의 양육에 관한 사항을 정하였다 하더라도 필요한 경우 가정법원은 그 사항을 변경할 수 있다", 가족법 판례해설, 185 이하).

95) 대법원 2021. 5. 27.자 2019스621 결정. 이를 포함시키지 아니한 것은 명백한 법률의 흠에 해당하고 유추에 의하여 보충될 수 있다.

96) 대법원 1991. 6. 25. 선고 90므699 판결; 대법원 1998. 7. 10.자 98스17, 18 결정.

하게 되었다고 인정되는 경우에도 심판을 변경할 수 있다.[97] 구체적으로는 종전의 비양육친이나 제3자로 변경하거나 공동양육을 명하는 경우, 양육비용을 증감하는 경우, 면접교섭의 내용과 그 방법을 변경하는 경우 등이 있을 수 있다. 특히 양육자변경심판은 양육친의 비양육친에 대한 양육비 청구에 대한 방어방법으로 쓰이는 경우가 많다. 양육자가 변경되면 장래의 양육비 청구는 인용될 수 없기 때문이다. 그러나 앞서 본 바와 같이 이미 양육 상태가 고착된 뒤 양육자변경을 구하기 위해서는 특히 계속성과 관련하여 엄격한 요건이 충족되어야 하므로, 이러한 청구가 인용되기는 어렵다.

특히 문제되는 점은 자녀의 복리가 아닌 다른 사항이 고려되는 변경이다. 면접교섭의 내용과 그 방법에도 그러한 측면이 있을 수 있으나, 전형적으로는 양육비지급의무자의 경제사정 등을 이유로 하는 양육비용의 감액을 생각할 수 있다. 본래 2007년 개정 전에는 "언제든지 그 사항을 변경[…]할 수 있다"고 규정하여 이러한 청구가 가능하다는 데 별 의문이 없었으나, 2007년 개정 민법은 "자(子)의 복리를 위하여 필요하다고 인정하는 경우에는 […] 변경[…]할 수 있다"로 이를 바꾸어 더는 그러한 변경심판은 불가능해진 것 아닌가 하는 의문이 생겼다. 그러나 판례는 여전히 이러한 변경심판도 가능하고, 단지 좀 더 엄격한 요건하에 인정될 뿐이라는 입장이다. 즉, 대법원 2019. 1. 13.자 2018스566 결정은 "현행 개정 조항 아래에서도 가정법원이 재판 또는 당사자의 협의로 정해진 양육비 부담 내용이 제반 사정에 비추어 부당하게 되었다고 인정되는 때에는 그 내용을 변경할 수 있지만, 종전 양육비 부담이 '부당'한지 여부는 '자녀의 복리를 위하여 필요한지'를 기준으로 판단하여야 한다"고 하면서, "특히 양육비의 감액은 일반적으로 자녀의 복리를 위하여 필요한 조치라고 보기 어려우므로, 가정법원이 양육비 감액을 구하는 심판청구를 심리할 때에는 양육비 감액이 자녀에게 미치는 영향을 우선적으로 고려하되 종전 양육비가 정해진 경위와 액수, 줄어드는 양육비 액수, 당초 결정된 양육비 부담 외에 혼인관계 해소에 수반하여 정해진 위자료, 재산분할 등 재산상 합의의 유무와 내용, 그러한 재산상 합의와 양육비 부담과의 관계, 쌍방 재산상태가 변경된 경우 그 변경이 당사자의 책임으로 돌릴 사정이 있는지 유무, 자녀의 수, 연령 및 교육 정도, 부모의 직업, 건강, 소득, 자금 능력, 신분관계의 변동, 물가의 동향 등 여러 사정을 종합적으로 참작하여 양육비 감액이 불가피하고 그러한 조치가 궁극적으로 자녀의 복리에 필요한 것인지에 따라 판단하여야 한다"고 함으로써, 여전히 다른 요소를 고려한 양육비 감액의 가능성을 열어두고 있

---

97) 대법원 1991. 6. 25. 선고 90므699 판결(주 93); 대법원 2006. 4. 17.자 2005스18, 19 결정[평석: 김시철 (2006)]. 또한 대법원 1998. 7. 10.자 98스17, 18 결정.

다.[98] 문언에도 불구하고 자녀의 복리 이외의 요소를 고려하여 양육비의 감액을 인정한 것은 수긍할 만한 태도로 보인다.

비양육친이 이미 (불법으로) 자녀를 양육해오면서 양육권을 갖고 있는 부모 일방을 상대로 자신으로 양육자를 변경해줄 것을 청구하는 경우 양육자변경 전의 불법양육기간에 대하여 양육비 지급청구를 할 수 있는지 문제된다. 판례는 이러한 청구는 양육자변경청구 전은 물론, 그 후 그 심판확정시까지의 기간에 대하여도 허용되지 아니한다면서, 양육방법을 변경할 급박한 필요가 있었다면 사전처분(家訴 §62)으로 임시로 종전의 협정을 변경하여 양육의 적법성을 확보하고, 동시에 임시로 양육비를 분담시키는 처분을 받았어야 한다고 한다.[99]

양육비용에 관한 사항을 변경하는 심판이 있는 경우 새로운 심판에 집행력이 부여됨은 당연하나, 종전 심판의 집행력이 당연히 실효되는 것은 아니다. 이를 배제하려면 변경심판에 터잡아 청구이의의 소를 제기하여야 한다.[100]

Ⅳ. 유아인도청구

1. 일반

양육권자는 자녀를 보호·교양할 권리의무가 있으므로, 이를 위하여 자녀를 자기의 지배하에 둘 필요가 있다. 따라서 양육자에게는 양육을 방해하는 데 대한 방해배제청구권의 일환으로 자녀를 그 지배하에 두고 있는 사람에게 자녀의 인도를 구할 실체법상 권리가 인정된다.[101]

대상 내지 객체에 관하여는 어린 나이의 미성년 자녀, 즉 유아에 한하여 인도청구를 할 수 있다는 것이 실무와 통설의 태도이다. 미성년자라 하더라도 민법상 책임능력이 인정될 정도의 연령에 달한 때에는 독립한 인격의 주체로서 그 신체의 자유가 보장되어야 하므로 인도청구나 강제집행의 대상으로 삼을 수 없기 때문이라고 한

---

98) 평석: 이선미(2020). 비교법에 관하여는 같은 문헌, 216 이하 참조. 양육비 감액에서 자녀의 복리는 적극적 요건이 아닌 소극적 요건이라는 지적으로, 윤진수, 154. 비슷한 취지로 대법원 2022. 9. 29.자 2022스646 결정.

99) 대법원 1992. 1. 21. 선고 91므689 판결. 평석: 최진섭, "양육비의 분담", 가족법 판례해설, 172 이하; 한창호(1999). 이에 대하여 오시영, 193은 양육권자가 양육을 방기하고 있는 경우가 많으므로 그 비용에 대한 정산을 인정하여야 한다고 한다. 그러나 적어도 사전처분 등에 의하여 해결할 수 있는 경우에 그러한 절차를 거치지 아니한 채 일방적으로 양육을 하고 그 양육비의 지급을 구하는 것은 허용되기 어렵다.

100) 일본에서도 그렇게 본다. 新注民(22), 157-158(梶村太市).

101) 新注民(22), 128-129(梶村太市). 나아가 형법상 약취죄가 성립할 수도 있다. 부모 사이 자녀 탈취가 약취죄가 되기 위한 요건에 관하여는 대법원 2013. 6. 20. 선고 2010도14328 전원합의체 판결 참조.

다.102) 그러나 미성년의 자녀는 독립된 인격 주체성과 의사 및 책임능력이 있을 때에
도 그 미성숙을 이유로 양육권자의 보호하에 두어지는 것이라는 점에서 의문이다.103)
상대방이 자녀를 지배(즉, 「점유」)하고 있는 이상 그것이 동시에 자녀 자신의 뜻이기도
하다 하더라도, 그 집행방법은 별론, 인도청구는 인용하여야 하고, 상대방이 자녀를
지배, 즉, 점유하지 아니하여 「인도」할 지위에 있지 아니하다 하더라도 상대방에게는
양육권 행사를 인용할 의무가 있으므로, 양육권 행사방해금지는 청구할 수 있다고 봄
이 옳다.104)

　　현재 자녀를 양육하고 있지 아니한 부모 일방이 자신을 양육자로 지정하여 줄
것을 청구하는 경우, 상대방의 협조를 얻지 못하면 자녀를 자기의 지배하로 옮겨오기
어려우므로 자녀의 인도를 구하는 것도 일종의 '양육에 관한 처분'에 해당한다. 이혼
시 청구할 때에는 이 또한 본조의 '양육에 관한 처분'으로, 마류 가사비송사건에 해당
한다.105) 다른 경우에서처럼 부모가 쌍방 당사자가 되나, 가령 제3자가 부모 일방으
로부터 양육을 위임받아 사실상 양육하고 있는 경우에는 그 제3자도 공동상대방이
될 수 있다(家訴規 §99 ②).

　　비양육친이 이미 자녀를 자신의 지배하에 두고 있는 경우 양육친은 독자적인 '양
육에 관한 처분'으로106) 자녀 인도를 구할 수 있다. 비양육친은 이에 대하여 양육자
변경의 반심판청구로 대항할 수 있다. 비양육친의 양육자변경청구가 인용되는 경우
에는 양육친의 자녀 인도청구는 기각되어야 한다.107)

　　그 이외의 경우에는 양육권자가 자녀의 인도를 구하는 이상 특별한 사정이 없는
한 이를 인용하여야 한다. 일본에서는 가사비송절차에 의하는 경우 판단기준으로 자
녀의 복리의 관점에서 어느 쪽이 더 나은지를 전면적으로 심사해야 한다는 이른바 비
교기준과, 양육친의 인도청구는 그것이 명백히 부당하여 권리남용이 되는 경우가 아
닌 한 받아들여야 한다는 이른바 명백기준이 대립하고 있고, 비교기준이 상당한 지지
를 받고 있다.108) 우리나라에서도 과거 판례109) 중에는 유아의 양육을 부(父)에게 맡

---

102) 家訴 §64도 '유아의 인도'라는 표현을 쓴다. 제요[2], 1494.
103) 그 이외에 자녀 의사 고려의 여러 문제에 관하여는 최진섭(1989), 24 이하.
104) 제21대 국회에 제출되었으나 임기만료로 폐기된 가사소송법 전부개정법률안(의안번호 2118198)은
　　"미성년 자녀의 인도 청구의 집행"이라고 한다.
105) 반면, 이혼하지 아니한 채 별거하는 부부 사이에서 자녀의 인도를 청구할 때에는 '부부간 동거·부양·
　　협조의무에 관한 처분'에 해당한다.
106) 그 근거 규정으로는 家訴 §2 ① ii 나. 3)을 드는 수밖에 없을 것이다.
107) 대법원 2006. 4. 17.자 2005스18, 19 결정.
108) 新注民(22), 134, 136−137(梶村太市). 우리의 학설 중 비슷한 취지로 보이는 것으로 최진섭(1989),
　　21 이하(특히 계속성을 강조한다).
109) 대법원 1970. 11. 30. 선고 70므28 판결.

기는 것이 불합리하고 생모에게 맡기는 것이 보다 합리적일 때에는 부(父)의 양육을 거부할 수 있다는 이유로 부(父)의 모에 대한 유아인도청구를 기각한 예가 있다. 그 이외에 판례 중에는 부(父)가 자녀를 양육하는 모(母)의 부양료 청구에 대항할 뜻으로 자녀 인도청구를 하는 경우 이를 권리남용으로 기각한 예도 있다.110) 그러나 (법적) 양육권자와 사실상 양육자가 나뉘는 것은 법이 예정하는 바가 아니고 바람직하지도 아니하다. 이후 본조가 개정되어 가정법원은 부모 중 누구든 양육자로 지정할 수 있을 뿐 아니라 직권으로 변경할 수도 있게 되었으므로, 자녀의 복리를 위하여 현재의 사실상 양육자가 자녀를 양육하는 것이 좋겠다고 판단하는 경우에는 직권으로라도 양육자변경심판을 하고 이를 전제로 인도청구를 기각함이 옳다.

　　자녀 인도청구를 인용하는 심판을 하는 경우에는 가집행을 할 수 있음을 명하여야 한다(家訴 §42). 심판에는 집행력이 있으므로 민사집행법에 따라 강제집행을 할 수 있다. 「유아인도를 명하는 재판의 집행절차(재특 82-1)」가 "유아인도의 강제집행은 민사집행법 제257조의 유체동산인도청구권의 집행절차에 준하여 집행관이 이를 강제집행할 수 있다. 이 경우 집행관은 일반 동산의 경우와는 달리 수취할 때에 세심한 주의를 하여 인도(人道)에 어긋남이 없도록 하여야 한다. 다만, 그 유아가 의사능력이 있는 경우에 그 유아 자신이 인도를 거부하는 때에는 집행할 수 없다"고 규정하고 있으므로, 원칙적 집행방법은 직접강제이나 자녀가 의사능력이 있는 경우에는 직접강제는 불가능하고 간접강제 등의 방법으로 비양육친 등의 방해를 배제하고 거소지정권을 행사하는 수밖에 없다.111) 그 이외에 가정법원은 인도의무의 이행을 명하고(이는 가집행선고부 심판의 선고만으로도 가능하다),112) 이를 위반하는 경우 1천만 원 이하의 과태료를 부과하거나, 권리자의 신청에 의하여 결정으로 30일의 범위에서 의무를 이행할 때까지 의무자를 감치할 수 있다(家訴 §§64, 67 ①, 68 ①). 학설상으로는 인도주의적 견지에서 언제나 (가사소송법상의) 간접강제에 의하여야 한다는 견해도 있다.113)

　　나아가 가사소송법상 사전처분(家訴 §62)이나 가처분(家訴 §63)으로 인도를 구할 수 있다.114) 유아인도의 사전처분이나 가처분이 내려진 뒤 본안심판의 결론이 달라진다

110) 대법원 1979. 7. 10. 선고 79므5 판결. 이는 특별한 사정이므로 엄격하게 심사되어야 한다는 취지로, 대법원 1986. 3. 11.자 86므2 판결[평석: 서정우(1987), 161(반대취지)].
111) 최진섭(1989), 25-26. 상세한 검토로 주석친족(1), 260-262(임종효). 가사소송법에서 정한 이행명령과 그 위반에 대한 과태료, 감치 등은 간접강제이고, 유아인도에 국한할 것 없이 자녀인도 일반에서 고려할 필요가 있으며, 입법적 개선이 필요하다고 한다. 실무상으로는 널리 간접강제를 활용한다는 것으로 제요[1], 286. 그러나 입법론적으로는 의문이다. 앞의 주 103 및 그 본문 참조. 또한 자녀의 복리에 반하지 아니하는 한 자녀의 의사에 반하는 직접강제는 허용되지 아니한다는 견해로, 김상용(2024), 14.
112) 대법원 2020. 5. 28.자 2020으508 명령.
113) 최달곤(1996), 200.

면 자녀에게 중대한 악영향을 미칠 수 있으므로, 이때의 사전처분이나 가처분에는 사실상 변론이 필요적이라는 견해가 있다.115) 사전처분의 경우 이미 본안, 즉 인도청구를 한 때에만 가능하고, 집행력이 없으며 과태료 등에 의한 간접강제만 가능하다(家訴 §67 ①).

　가사비송절차인 '양육에 관한 처분'으로 자녀 인도를 구하는 것은 양육친과 비양육친 사이의 다툼에 한하여서이다. 부모 어느 한쪽과 제3자에게 공동으로 자녀 인도를 구하는 것까지는 가사비송사건이나 부모 어느 쪽과도 전혀 무관한 제3자가 자녀를 지배하에 두고 있는 경우의 자녀 인도청구는 가사비송사건이 아닌 민사소송사건이다.116)

2. 국제적 아동탈취와 반환청구

　주로 국제혼인이 파탄에 이른 경우에 자녀가 외국인 배우자의 국적국 등으로 이미 옮겨졌을 수 있다. 특히 「1980년 UN 국제적 아동탈취의 민사적 측면에 관한 협약 (The UN Convention of 25 October 1980 on Civil Aspects of International Child Abduction; The Hague Convention on Civil Aspects of International Child Abduction)」의 체약국 사이의 탈취아동의 반환에 관하여는 위 협약이 적용된다. 우리나라는 2012. 12. 13. 위 협약에 가입하였다. 이는 양육자 지정·변경은 별도의 본안사건에 맡기고 일단 현상을 신속하게 회복시키기 위한 제도인데, 앞서 본 바와 같이 유아의 의사에 반하면 집행이 안 되어 협약위반이라는 비판이 거셌다. 2024. 1. 1. 시행된 「헤이그 국제아동탈취협약에 따른 아동반환청구 사건의 집행에 관한 예규(재특 2024-1)」 §2는 이 경우 재특 82-1의 적용을 배제하여 예외를 인정한다. 상세한 것은 국제가족법 제45조 後註 아동탈취협약 참조.

3. [補論] 미성년자약취죄

　부부 일방 또는 제3자가 미성년의 자녀를 임의로 데려가거나 데리고 있던 중 약속과는 달리 반환하지 아니하는 경우 미성년자약취의 죄(刑 §287)가 성립하는가? 대법원 2013. 6. 20. 선고 2010도14328 전원합의체 판결의 다수의견은 미성년의 자녀를 부모가 함께 동거하면서 보호·양육하여 오던 중 부모의 일방이 상대방 부모나 그 자녀

---

114) 유아인도의 경우 적시 해결이 특히 중요하므로 가급적 기일을 빨리 잡아 사전처분을 한다. 정용신 (2020), 120.
115) 김운호(2002), 186.
116) 제요[2], 1494-1495. 일본에서도 대체로 그와 같이 해석되고 있다. 新注民(22), 130-131(梶村太市).

에게 어떠한 폭행, 협박이나 불법적인 사실상의 힘을 행사하지 아니하고 자녀를 데리고 종전의 거소를 벗어나 다른 곳으로 옮겨 자녀에 대한 보호·양육을 계속하였다면, 그 행위가 보호·양육권의 남용에 해당한다는 등 특별한 사정이 없는 한 미성년자약취의 죄가 성립하지 아니한다고 한다.[117) 다수의견은 결국 비양육친이 데리고 간 경우와 공동양육자가 데리고 간 경우를 달리 보는 셈이다. 이에 대하여는 공동친권자 중 일방이 상대방의 동의나 가정법원의 결정 없이 유아를 데리고 공동양육 장소를 이탈하여 상대방의 친권행사가 미칠 수 없게 하였다면 특별한 사정이 없는 한 미성년자약취죄가 성립한다는 반대의견이 있었고, 학설 중에도 이에 찬성하는 견해가 있다.[118) 미성년자약취죄가 상정하는 전형적인 상황과 차이가 있기는 하나, 적어도 입법적 대응은 검토해볼 만하다.

---

117) 당해 사안은 베트남 국적의 아내가 한국 국적의 남편의 의사에 반하여 생후 13개월 된 아들을 데리고 베트남으로 떠난 행위가 문제된 사안이었다.

118) 현소혜(주 34), 298.

第 837 條의2 (面接交涉權)

① 자(子)를 직접 양육하지 아니하는 부모의 일방과 자(子)는 상호 면접교섭할 수 있는 권리를 가진다.

② 자(子)를 직접 양육하지 아니하는 부모 일방의 직계존속은 그 부모 일방이 사망하였거나 질병, 외국거주, 그 밖에 불가피한 사정으로 자(子)를 면접교섭할 수 없는 경우 가정법원에 자와의 면접교섭을 청구할 수 있다. 이 경우 가정법원은 자(子)의 의사(意思), 면접교섭을 청구한 사람과 자(子)의 관계, 청구의 동기, 그 밖의 사정을 참작하여야 한다.

③ 家庭法院은 子의 福利를 위하여 필요한 때에는 當事者의 청구 또는 직권에 의하여 面接交涉을 제한·배제·변경할 수 있다.

▎**참고문헌**: 곽민희(2013), "프랑스법상 조부모의 방문권(droit de visite)", 가족법연구 27-3; 구연창(1990), "친권제도의 재조명", 가족법연구 4; 김민지(2017), "면접교섭권 확대에 관한 민법개정안에 대한 소고", 일감법학 37; 김보람·짐바르도 마르타(2020), "부모 외의 자의 면접교섭권-유럽인권법원의 결정을 중심으로-", 가족법연구 34-2; 김상용(1999), "면접교섭권", 부산대 법학연구 40-1; 김수정(2005), "자녀의 최선의 이익과 면접교섭권", 가족법연구 19-1; 김연(2007), "면접교섭권에 관한 절차적 문제점과 최근의 동향", 민사소송 11-2; 김은아(2012), "조손간의 면접교섭권", 한양법학 23-1(2012); 김주수(1991), "면접교섭권", 박병호환갑기념[I]; 민유숙(1992), "이혼한 부부사이의 자에 대한 면접교섭권의 고찰", 법조 41-7; 박득배(2019), "자(子)의 권리로서 면접교섭권", 가족법연구 32-1; 서종희(2020), "면접교섭권자의 범위확대를 위한 해석과 그 한계-일본민법과의 비교를 중심으로-", 가족법연구 34-2; 안문희(2019), "프랑스민법상의 면접교섭권", 가족법연구 33-1; 어인의(1993), "면접교섭권에 관한 고찰", 청주법학 7; 염우영(2011), "면접교섭권에 관한 실무상 제문제", 가사재판연구[Ⅱ]; 윤부찬(2007), "조부모의 면접교섭권에 관한 연구", 민사법학 38; 윤부찬(2010a), "자의 권리로서 면접교섭권", 가족법연구 24-2; 윤부찬(2010b), "친권 및 면접교섭의 변경사유로서 미성년자의 거소변경", 가족법연구 24-1; 윤진수(2005), "아동권리협약과 한국가족법", 민법논고[Ⅳ]; 이림(2003), "이혼부부의 자녀와의 면접교섭권", 재판자료 101; 이은신(1993), "면접교섭권", 재판자료 62; 이현재(2004), "의붓부모의 방문권과 당사자 적격-미국을 중심으로-", 민사법연구 12-1; 장창민(2001), "면접교섭권에 관한 일고", 가족법연구 15-1; 진민희(2009), "조부모의 면접교섭권", 사법 10; 최달곤(1996), "이혼후의 자녀보호", 가족법연구 10; 최민수(2018), "독일법상 조부모 이외의 제3자의 면접교섭권에 관한 법적 고찰-면접교섭권자의 범위에 관한 독일민법과 비교를 중심으로-", 민사법의 이론과 실무 22-1; 최민수

(2022), "면접교섭권자의 범위확대의 기준과 한계-형제자매, 제3자의 면접교섭권을 중심으로-", 가족법연구 36-2; 최은주(2011), "면접교섭권에 관한 약간의 고찰", 가사재판연구[Ⅱ]; 최진섭(1992), "면접교섭권의 이론적 기초와 개정민법의 해석", 연세법학연구 2; 현소혜(2015), "조부모와 계부모 기타 친족의 면접교섭권: 해석론과 입법론", 가족법연구 29-2.

Ⅰ. 면접교섭권 일반

1. 의의와 법적 성질

가. 의의

면접교섭권은 일반적으로 양육자가 아니어서 현실적으로 자녀를 양육하고 있지 아니한 부모 일방과 그 자녀가 직접 면접, 접촉할 권리를 말한다.[1]

본조는 민법 제정 당시에는 없었고, 1990년 개정으로 신설되었다. 가부장적 가족질서·대가족제도하에서 이혼한 모의 면접교섭은 가능하지 아니하거나 적어도 법적 규율의 대상은 되지 못하였다. 그러나 이후 양성평등이 관철되고 핵가족이 일반화됨에 따라 면접교섭의 필요와 욕구 모두가 증가하였다. 학설로는 자연권설 등에 터잡아 이를 인정하는 견해가 유력하게 주장되었고, 실무상으로도 §837의 '양육에 관한 처분'의 일종으로 이를 인정할 수 있다고 보았을 뿐 아니라, 실제로 조정·화해조항 등에 이를 넣는 방법으로 면접교섭권을 부여해왔다.[2] 이후 1990년 개정으로 면접교섭권이 실정화되었다.

나. 법적 성질

명문의 규정이 없던 일본에서는 면접교섭권의 법적 성질에 관하여 부모의 지위에서 당연히 인정되는 자연적 권리라는 견해, 양육에 관한 권리라는 견해, 자녀의 권리라는 견해, 권리가 아니고 심판의 대상이 될 수 있는 일종의 절차적 성격을 가질 뿐이라는 견해, 권리도 아니고 심판의 대상도 되지 아니한다는 견해가 복잡하게 대립하였다.[3] 본조를 두고 있는 우리나라에서는 부모로서의 지위에서 나오는 자연권 내지 고유권이라는 견해가 통설이지만,[4] 다른 한편 본조 ②이 가정법원에 의한 제한 및

---

1) 제요[2], 1499. 이러한 개념규정은 현행법상 면접교섭의 범위를 전제하는 것으로서, 면접교섭의 범위가 확대되는 경우에는 수정되어야 한다.
2) 서울고등법원 1987. 2. 23. 선고 86르313 판결; 민유숙(1992), 91.
3) 新注民(22), 138-143(梶村太市). 지금은 명문 규정을 두고 있다.
4) 김상용(1999), 244; 김주수(1991), 277. 판례의 태도는 장창민(2001), 226 이하.

배제가능성을 명문으로 정하고 있는 이상 배제 가능한 실체법상의 권리이고, 심판의 대상도 된다는 점에도 이론(異論)이 없다.

다만, 누구의 권리인가와 관련하여서는 약간의 이념적 논의가 있다. 당초 면접교섭권은 전적으로 부모의 권리로 인식되었으나 점차로 자녀의 권리라는 시각에서 해석하여야 하고 '자녀의 권리적 속성'을 간과해서는 아니 된다거나,[5] 아예 자녀의 권리이(기도 하)다는 견해[6]가 유력하게 주장된 것이다. 이는 면접교섭도 자녀의 복리를 위한 제도이고, 또 그러한 관점에서 운용되어야 하므로 자녀를 권리의 객체로만 둘 수는 없다는 생각에 터 잡고 있다. 이러한 논의에 UN 아동권리협약(The UN Convention on the Rights of the Child)도 면접교섭권을 자녀의 권리로 규정하고 있는데,[7] 민법이 이를 부모의 권리로만 규정하여 해당 조항을 유보하고 가입하였으므로 유보철회를 위해서라도 본조의 개정이 필요하다는 지적이 보태어져, 2007년 본조 개정으로 면접교섭의 주체로 부모 이외에 자녀 본인을 추가하였다. 이로써 우리 법의 면접교섭권은 부, 모와 자녀의 권리가 되었다.

나아가 2016년 개정 민법은 개정 전 본조 ②을 - 약간의 수정을 거쳐 - 본조 ③으로 옮기고, 본조 ②에서 직계존속의 면접교섭권을 신설하였다. 이로써 우리 민법에서는 비양육친이 아닌 그 직계존속도 일정한 요건하에 면접교섭권의 주체가 된 셈이다.

면접교섭권은 이념적으로는 면접교섭의 상대방에 대하여 의무로서의 성질도 가진다.[8] 그러나 면접교섭의 방해를 막는 것과 상대방에 대하여 면접교섭을 강제하는 것은 별개의 문제이고, 전자에 대하여는 강제이행이 가능하나 후자에 대하여는 강제이행이 가능하지 아니하다는 점에 유의하여야 한다.

2. 주체

가. 비양육친과 그 확장 가능성

(1) 면접교섭의 제1의 주체는 비양육친이다. 이는 면접교섭권이 본래 자녀를 직접 양육하지 아니하는 부모 일방이 자녀를 면접 기타 접촉할 권리인 이상 당연하다. 혼외자의 경우 - 이미 사실혼 관계가 있을 때 아래에서 논하는 가족적 관계의 실체에

---

5) 최진섭(1992), 425.
6) 김상용(1999), 244 이하; 이경희·윤부찬, 123; 윤진수(2005), 323 이하.
7) UN 아동권리협약 제9조 제3항은 각 협약국은 부모 쌍방 또는 일방과 분리된 자녀의, 그의 최선의 복리에 반하지 아니하는 한, 정기적으로 부모와 인적 관계 및 접촉을 유지할 권리를 존중하여야 한다고 규정한다. 이 규정은 - 협약의 취지상 당연한 일이지만 - 자녀 자신의 권리로 규정하고 있고, 이혼 후 면접교섭권에 국한되지는 아니하나 이를 포함하며, 판단기준으로 자녀의 최선의 복리를 들고 있다.
8) 자녀에게는 권리일 뿐이나 부모에게는 권리이자 의무라는 것으로 김상용(1999), 245; 최진섭(1992), 425. 주석친족(1), 272(임종효).

터잡은 청구 가능성을 제외한다면 - 인지하여 법률상 부(父)의 지위를 취득하여야 비양육「친」이 된다.9) 양부모도 포함된다.10)

부부가 이혼하지 아니하고 단지 별거하고 있을 때에도 비양육친에게 면접교섭권이 인정될 필요가 있다. 본조는 특별히 이혼한 부모일 것을 요하지 아니하므로 비양육친에는 이러한 부모 일방도 포함된다고 봄이 옳다.11)

(2) 비교법적으로는 자녀의 조부모 기타 일정 범위의 친족 및 계부, 계모 등 부 또는 모와 헤어지기 전 자녀와 가족적 관계를 맺은 사람에게도 일정한 요건하에 면접교섭권을 인정하는 예가 많고, 점차 확대되고 있다. 물론 그 요건에는 편차가 있다. 독일은 부모의 면접교섭권과 조부모, 형제자매 기타 제3자의 면접교섭권을 나누어, 후자는 자녀의 복리에 도움이 되는 경우여야 한다고 한다(독일 민법 §§1684, 1685). 프랑스는 판례로 조부모의 면접교섭권을 인정한 이후 1970년 개정으로 조부모의 면접교섭권과 제3자의 면접교섭권을 구분 규정하여 전자는 원칙적으로, 후자는 일정한 요건하에 긍정한다(프랑스 민법 §371-4). 영국에서는 부모와 계부모는 원칙적으로 면접교섭권이 있으나 그 외의 제3자는 누구든 3년 이상의 동거 등의 요건하에 면접교섭권이 주어진다(Children Act 1989 §10). 미국에서는 주(州)마다 다르나 부모와는 달리 조부모, 형제자매 기타 제3자의 면접교섭권은 당연히 인정되지는 아니한다. 그러나 오늘날 면접교섭의 당사자를 부모와 자녀로 제한하는 예는 오히려 드물다.12)

면접교섭권을 부모의 지위, 가령 친권에서 유래하는 자연권으로 이해하는 데서 벗어나 자녀의 복리를 위한 제도로 파악하는 한, 부 또는 모 이혼 전의 자녀의 가족 및 사회적 관계를 유지시켜줄 필요가 있으므로, 그러한 관계에 있는 사람들로 그 주체 내지 대상을 확대하는 것이 바람직하다. 그리하여 종래 학설 중에는 해석론으로도 조손(祖孫)관계에 본조를 유추하여야 한다는 견해,13) 사회적 친자관계가 있는 한 계부모의 면접교섭권도 인정하여야 한다는 견해,14) 형제자매의 면접교섭권도 인정할 수

9) 제요[2], 1501. 국내에는 이론(異論)이 없는 것 같다. 비교법은 김수정(2005), 312 이하.
10) 新注民(22), 143(梶村太市).
11) 박동섭·양경승, 199. 특히 이에 관하여 상세한 것으로 염우영(2011), 618 이하. 하급심 재판례로 서울가정법원 1994. 7. 20. 선고 94므45 결정[박득배(2018), 156]. 이에 대하여 본조가 (적용되는 것이 아니라) 유추된다는 것으로 주석친족(1), 276-277(임종효). 이 경우에도 §826에 의하여야 한다는 것으로 김연(2007), 376; 민유숙(1992), 95; 염우영(2011), 624; 이은신(1993), 340; 최은주(2011), 91.
12) 곽민희(2013), 185 이하; 김보람·짐바르도 마르타(2020), 47 이하; 김수정(2005), 321 이하; 김은아(2012), 184 이하; 서종희(2020), 1 이하; 안문희(2019), 209 이하; 윤부찬(2007), 499 이하; 진민희(2009), 132 이하; 최민수(2018), 221 이하; 최민수(2022), 302-309; 현소혜(2015), 9 이하.
13) 구연창(1990), 196; 박동섭, 192; 오시영, 199; 최달곤(1996), 193. 김은아(2012), 189 이하는 입법론으로 조부모의 면접교섭권을 도입할 것을 주장한다.
14) 이현재(2004), 209-301. 자녀의 복리에 부합한다는 점을 증명하는 것을 전제로 이에 긍정적인 것으로 최민수(2022), 314-315.

있다는 견해15) 등이 주장되었다.16) 그러나 조부모 등과 비양육친 사이의 관계에 별
문제가 없다면 비양육친이 면접교섭하는 기회에 조부모 등도 함께 면접교섭을 할 수
있을 것이고 면접교섭의 일시, 장소, 방법 등을 정할 때 이를 배려할 수도 있으므
로,17) 실제로 문제되는 것은 그 제3자와 비양육친 사이의 관계가 좋지 않을 때인데,
이때에는 제3자가 부당하게 다른 사람의 가정에 개입하고 자녀에게 혼란을 줄 위험
도 무시할 수 없다. 따라서 그러한 자격을 어디까지 확장하고 또 어떠한 요건을 부가
할 것인지 섬세하게 정할 필요가 있는데, 본조는 이를 직계존속에 한하여 규정하고
있으므로 직계존속과 직계존속 이외의 제3자는 달리 볼 필요가 있다. 특히 우리 법에
서 명문으로 인정하는 면접교섭권의 경우 (아래에서 볼 직계존속의 면접교섭권도) 사회적
관계를 고려하지 아니한 채 원칙적 인정과 자녀의 복리를 고려한 예외적 제한 내지
부정의 구조를 취하고 있고, 다른 제3자의 면접교섭을 허용할지 여부의 필수적 고려
요소를 포함하지 아니하는바, 다른 경우에 이를 유추하기 위한 기초로서 사안과 평가
의 유사성이 충분히 확보되어 있는지 의문이다.18) 그러한 만큼 해석으로 면접교섭권
의 주체를 확장하는 것은 무리라고 보인다. 그러나 부모 사이의 협의나 家訴 §2 ①
마. 3)의 자녀의 양육에 관한 처분으로 이를 인정하는 것까지 배제되는 것은 아니
다.19) 이와 같이 하는 경우 그 제3자에게 당연히 또는 원칙적으로 면접교섭권이라는

---

15) 김수정(2005), 332. 다만 같은 문헌은 일반적으로 자녀 본인의 면접교섭권이 규정되면 그러한 해석이
    가능할 것이라는 취지였으나 그 이후 2007년 개정으로 인정된 자녀 본인의 면접교섭권은 부모와 자녀
    상호 간의 면접교섭에 대한 권리이므로 문언상 이와 같은 해석이 이루어지기는 어려워졌다. 이 한도에
    서 비슷한 것으로 현소혜(2015), 4, 주 7도 참조. 다만, 유추도 불가능한지는 별개의 문제이다. 입법론인
    지 해석론인지 불분명하나 형제자매까지는 면접교섭권을 인정하여야 한다는 것으로 최민수(2022), 313,
    317(특히 혈연관계가 존재한다는 점에서 그 밖의 제3자와 달리 취급하여야 한다고 한다).

16) 그 밖에 §909-2에 의하면 이혼한 부모 중 단독친권자로 지정된 일방이 사망한 경우 미성년후견이 개
    시될 수 있고, 대(大)는 소(小)를 포함하므로 어떠한 사정으로 미성년후견인이 되지 아니한다 하더라도
    면접교섭을 인정할 여지가 있다는 것으로, 주석친족(1), 279-280(임종효). 그러나 미성년후견과 면접교
    섭은 그 목적과 고려하는 이익이 달라 앞의 것이 뒤의 것을 포함한다고 하기 어렵다.

17) 최은주(2011), 76; 최달곤(1996), 193. 곽민희(2013), 203도 비슷한 취지이다. 한편 어인의(1993), 11은
    이혼 후 비양육친이 사망한 경우 조부모의 면접교섭권을 인정하자고 한다.

18) 전체적으로 비슷한 취지로, 현소혜(2015), 5-8. 그러나 하급심 재판례 중에는 조부모나 형제자매에게
    본조를 유추하는 방법으로 면접교섭을 인정한 예가 있다. 서울가정법원 2016. 2. 11. 선고 2015느단5586
    심판(조부모); 수원지방법원 2013. 6. 28.자 2014브33 결정(형제자매). 이들에 대하여는 김민지(2017), 88
    이하; 박득배(2019), 152 이하.

19) 이에 대하여 양육에 관한 처분 중 면접교섭에 관한 부분은 §837-2에 따라 면접교섭권이 인정되는 범
    위에서만 가능하다면서 민사집행법에 따른 면접교섭방해금지가처분이나 家訴 §62에 따른 사전처분으로
    면접교섭협력중지금지를 명하는 처분이나 면접교섭을 명하는 처분을 받아야 한다는 견해로 현소혜
    (2015), 8 및 주 15. 그러나 민사집행법상의 임시의 지위를 정하는 가처분도 본안에서 관철될 수 있는
    실체법상 청구권을 전제하고 家訴 §62의 사전처분도 같으므로(심지어 이는 "소의 제기, 심판청구 또는
    조정의 신청"을 전제하고 있다), 면접교섭을 구할 권리가 없는데 그 보전을 위하여 가처분이나 사전처
    분을 구할 수는 없다. 이를 허용할 바에는 §837 중 면접교섭에 관한 부분이 §837-2에 따라 면접교섭권
    이 인정되는 범위에서만 가능하다는, 그 자체 가능하기는 하나 필연적이지는 아니한 해석을 포기하는

권리가 부여되는 것은 아니고 자녀와 그 제3자 사이의 관계 등을 종합적으로 고려하여 그러한 면접교섭이 자녀의 복리 관점에서 특히 양육에 필요하다고 여겨질 때에 한하여 인정된다는 점에서 차이가 있다.

(3) 한편, 2016년 개정으로 비양육친의 조부모 등 직계존속의 면접교섭권은 명문으로 인정되었으므로, 그 지위에서 면접교섭을 청구할 수 있다.

첫째, 비양육친의 법률상 직계존속이어야 한다. 양육친의 직계존속은 본조 ②의 권리의 주체가 아니다.[20] 공동양육을 하는 경우에는 비양육친이 없으므로 본조 ②의 면접교섭권을 주장할 수 없다.[21] 학설로는 조부와 조모 또는 증조부와 증조모의 면접교섭권이 각각 별도로 인정되는 것은 아니고 조부와 조모 사이에 이해가 상반된 때에는 가장 적절한 한 명에게만 면접교섭을 인정하며 조부모가 생존한 이상 조부모가 면접교섭을 할 수 없는 불가피한 사정이 있는 경우에 한하여 증조부모의 면접교섭이 인정된다는 견해가 있다.[22] 그러나 본조에는 그러한 규정이 없고, 보충성은 친권을 행사하는 부모가 있는 경우 그들의 결정을 우선하는 취지에서 인정된 것이므로 부모나 친권자가 아닌 직계존속들 사이에 우열을 둘 일은 아니다.

둘째, 비양육친의 면접교섭이 불가능할 만한 사유가 존재하여야 한다(보충성). 그러한 사유로 본조 ②은 비양육친의 사망, 질병, 외국거주 등을 예시하고 있다. 그 밖에 구치소나 교도소 수감 등도 여기에 포함될 수 있다.[23] 비양육친이 자녀를 학대하거나 폭력을 행사하여 면접교섭을 제한당한 경우가 문제되는데, 일응 불가능할 만한 사유에는 해당하는 것으로 보고 아래 세 번째 요건과 관련하여 비양육친이 그의 직계존속의 면접교섭을 기화로 사실상 면접교섭을 시도할 위험 기타 자녀의 복리에의 위협을 참작하면 족할 것이다.[24] 비양육친이 원양어선 선원, 해외 파견 군인 등으로 직업적 이유로 장기의 간격으로만 면접교섭을 할 수 있는 경우도 같다.[25] 나아가 비양육친이 단지 면

쪽이 낫다. §837 ①은 일반조항이고 그중 "면접교섭권"에 관한 사항이 포함되어야 한다는 부분은 그 문언상 명백히 예시이며, 같은 문헌도 지적하듯 면접교섭에 대한 "권리"와 원칙적으로 관철되어야 하는 권리에는 이르지 아니한 면접교섭에 관한 사항, 정함은 반드시 같은 것이라고 할 수는 없기 때문이다.

20) 주석친족(1), 279(임종효). 김민지(2017), 96-97은 이혼이 전제되어야 한다는 점을 강조하면서 사망으로 인하여 혼인관계가 해소된 때에는 본조 ②를 직접 적용할 수는 없고 유추하여야 한다고 한다. 수긍할 만한 해석이다. 같은 취지로, 위 임종효, 282. 실제로 서울가정법원 2016. 2. 11. 선고 2015느단5586 심판은 혼인이 모(母)의 사망으로 해소된 사건에서 외조모의 면접교섭권을 인정하였다.

21) 김민지(2017), 98.

22) 주석친족(1), 278-279(임종효).

23) 김민지(2017), 99; 한봉희·백승흠, 196. 그 밖에 김주수·김상용, 226은 부모의 소재불명을 들고 있다. 한편 한봉희·백승흠, 196-197은 부모가 조부모의 면접교섭을 거부하는 경우를 예로 들어 직접 면접교섭을 인정하여야 한다고 하나, 입법론인지 해석론인지, 또 어느 규정에 의한 것인지 분명하지 아니하다.

24) 비슷한 취지로, 김민지(2017), 99-100; 주석친족(1), 280(임종효).

25) 주석친족(1), 280-281(임종효).

접교섭을 하지 아니할 뿐 특별한 갈등이 없는 경우도 같이 볼 수 있다.26)

셋째, (부모의 면접교섭권과는 달리) 자녀의 의사, 면접교섭을 청구한 사람과 자녀의 관계, 청구의 동기 기타 사정을 적극 참작하여야 한다. 비양육친의 상당 기간 양육 기타 특별한 사회적 관계는 요건은 아니고 참작 사유 중 하나일 뿐이다.27)

(4) 본조의 비양육친에 (보통·단순)입양 후 친생부모는 포함되지 아니한다. 친양자 입양 후 친생부모도 같다. 이들은 이혼이 아닌 입양에 의하여 비양육친이 된 경우로 본조가 예정하는 상황과 거리가 있고, 이들 각각에 대하여 면접교섭을 허용할지는 고도로 정책적인 문제로서 제3자의 면접교섭에 준하여 제반 사정에 비추어 그때그때 판단되어야 하며, 본조의 원칙적 인정, 예외적 제한의 판단도식에 의할 수 없다. 대리모도 같다.28) 다만, 계자(繼子)입양에서 비양육친생부모는 이혼한 비양육친의 지위에서 양육친에 대하여 면접교섭을 허락할 것을 구할 수 있고, 이러한 사정은, 계친(繼親)이 (보통·단순)입양을 한 뒤에도 양육친생부모가 계속 양육하는 한 달라지지 아니한다. 이때 필요하다면 제3자인 계친을 상대로도 면접교섭의 허락 내지 방해배제를 구할 수 있을 것이다.

나. 자녀 본인

본조는 단순히 면접교섭권이 자녀의 이익을 위하여 인정된다는 점을 선언하는 데 그치지 아니하고 자녀 본인도 면접교섭권의 주체로 삼고 있다. 이때 자녀는 미성년의 자녀만을 말한다.29) 이처럼 자녀 본인을 직접 면접교섭권의 주체로 규정하는 예는 비교법적으로는 드문 편이다.

자녀가 비양육친과의 면접교섭을 청구할 필요가 있는 경우란 결국 양육친이 비양육친과의 면접교섭을 막고 있음에도 면접교섭을 관철하려고 하는 경우이거나 비양육친이 양육친과 자녀가 원함에도 불구하고 자녀와의 면접교섭을 거절하는 경우이다. 앞의 경우 양육친이 법정대리인의 역할을 하기 어려우므로 미성년의 자녀의 권리행사를 어떻게 뒷받침할 것인지와 자녀와 양육친 사이에 갈등이 생길 수 있음에도 자녀 본인의 면접교섭을 인정하여야 하는가 하는 점이, 뒤의 경우 면접교섭이 실효성이 있는가 하는 점이 문제된다.30) 그 밖에 조부모 등 비양육친의 직계존속에 대한 면접

26) 주석친족(1), 281-282(임종효). 김주수·김상용, 226은 비양육친이 자녀에게 애정이 없어 면접교섭을 회피하고 있을 때에는 "불가피한 사정"이 있다고 할 수 없다면서도 이러한 경우 조부모의 면접교섭을 인정하여야 한다는 입장이다(그리하여 "불가피한 사정" 중 "불가피한"을 삭제하여야 한다고 한다). 한삼인·김상헌, 105은 "불가피한" 부분은 해석상 완화될 필요가 있다고 한다.
27) 김민지(2017), 100-102. 같은 문헌, 105-108은 이에 비판적이다.
28) 결론적으로 김연(2007), 371(입양); 이은신(1993), 338(입양), 341(대리모)도 비슷하다. 그러나 본조를 유추하여 면접교섭권을 인정할 수 있다는 견해로, 주석친족(1), 277-278(임종효).
29) 주석친족(1), 283(임종효).
30) 김수정(2005), 331-332.

교섭청구도 가능하다고 봄이 옳다.[31] 반면 양육친에 대한 면접교섭청구는 생각하기 어렵다.[32]

나아가 심판절차와 관련하여서는 후자의 경우 통상 법정대리권을 가지고 있는 양육친이 대리하여 심판을 구하면 되나, 전자의 경우에는 양육친의 협력을 얻을 수 없으므로 가정법원에 특별대리인의 선임을 청구할 수 있다는 등의 견해가 주장되고 있다.[33] 그러나 면접교섭의 청구는 §5 ①에 해당하여 미성년의 자녀가 단독으로 절차를 수행할 수 있고, 의사능력이 없을 때에 한하여 民訴 §62-2를 유추하여 특별대리인을 선임할 수 있다고 볼 것이다(구판에서 改說).[34] 이 경우에도 가정법원은 적절한 전문가를 보조인(家訴 §7 ① 단서)으로 허가하여 절차에 참여하게 하여야 하고, 나아가 양육친도 이해관계인으로 절차에 참가시킬 필요가 있다(家訴 §37).[35] 한편, 학설 중에는 자녀의 면접교섭권의 경우 가정법원에 심판을 청구할 수 있다고 하면 자녀가 심판의 당사자로서 그의 양육친을 상대로 다툴 가능성을 열어주는 결과가 될 것이어서 자녀의 복리에 반한다며 소극적인 견해가 있다.[36] 그러나 일반적으로 자녀의 부모에 대한 권리행사를 자녀의 복리를 이유로 금하는 것은 숨은 전통적 위계 관념으로 의심되고, 이를 뒷받침할 만한 법적 근거나 논리도 존재하지 아니한다.

물론 이러한 권리를 인정하더라도 양육친과의 갈등가능성 때문에 그 행사를 꺼리거나 비양육친이 협조하지 아니하여 현실적으로 관철되지 아니할 가능성이 높다. 이러한 이유로 이러한 권리를 인정하는 데 입법론적으로 비판적인 견해도 있다.[37] 그

---

31) 같은 취지로 신영호·김상훈·정구태, 139; 주석친족(1), 283(임종효). 본조 ②의 신설에도 불구하고 그에 대응하여 ①을 개정하지 아니하여 법문상으로는 자녀의 면접교섭권은 부모에 대한 것으로만 읽힐 소지가 있으나, 입법자의 의사가 그러한 것이었다고 보이지는 아니한다.

32) 자녀의 양육친에 대한 면접교섭(허용의) 청구도 가능하다는 것으로 주석친족(1), 276, 284, 293(임종효). 다만 이행명령이나 과태료의 처분을 신청할 수는 없다고 한다. 자녀가 자신을 키우는 양육친을 상대로 하는 이행명령이나 과태료를 신청하는 것은 오히려 자녀의 복리를 해칠 수 있다는 것이다. 그러나 이 경우에도 비양육친과의 면접교섭의 내용이 있어야 양육친이 이를 용인할 것을 요구할 수 있는 것이므로, 우선은 비양육친을 상대로 면접교섭을 청구하여 면접교섭의 구체적 내용을 확정하여야 하고, 양육친에 대하여는 면접교섭의 방해금지를 청구함이 타당하다. 다른 한편, 권리를 인정하는 한 그 행사가 자신의 복리를 해할 위험이 있다는 이유만으로 법이 허용하는 집행수단, 가령 이행명령이나 과태료 신청을 배제할 수 있는지는 의문이다. 이 문제를 정면에서 논하는 문헌은 드물지만, 대부분의 문헌은 자녀의 비양육친에 대한 면접교섭권에 대하여만 설명하고 있다.

33) 김상용(1999), 249; 윤진수(2005), 325. 구체적인 근거규정에 관하여는 약간의 논란이 있다. 재판상 청구가 아닌 한 §913, 재판상 청구의 경우 民訴 §62라는 견해로 윤부찬(2010a), 18, 民訴 §62라는 견해로, 김연(2007), 375.

34) 주석친족(1), 283-285(임종효).

35) 주석친족(1), 283-285(임종효).

36) 김주수·김상용, 224-225. 그리하여 아동복지기관의 상담과 지원활동에 의해서 실현될 수 있을 것이라고 한다.

37) 김연(2007), 376 이하.

러나 권리 자체를 부정할 근거는 되지 못한다.[38]

3. 내용

가. 면접교섭권과 그 제한

본조 ①은 비양육친과 자녀는 면접교섭을 할 권리를 가짐을 선언하고, ③은 이러한 권리가 제한 또는 배제될 수 있음을 밝히고 있으므로, ①은 추상적인 면접교섭권을 선언하고, ③은 그 제한을 규정하고 있다고 볼 여지도 있다. 그러나 가정법원 등에 의한 제한이나 배제가 없다 하여 언제 어디서 어떤 방법으로든 면접교섭을 청구할 수 있다고 볼 것은 아니므로, 면접교섭권의 구체적인 내용결정과 그 제한 또는 배제를 별개의 절차로 파악할 필요는 없다. 면접교섭권은 처음부터 구체화되어야 비로소 행사할 수 있는 권리인 것이다.

그럼에도 이러한 논의가 생긴 까닭 중 하나는 본조 및 가사소송법이 면접교섭권의 제한 또는 배제에 관하여는 심판절차를 두고 있으나 최초의 행사방법을 정하는 절차는 명시하지 아니하였기 때문이다. 그리하여 §837 개정 전에도 이혼시 면접교섭권의 행사방법을 정하는 것이 '양육에 관한 처분'에 해당한다고 해석하고 있었고,[39] 지금은 §837를 개정, 협의이혼 또는 재판상 이혼시 '면접교섭권의 행사 여부 및 그 방법'에 관한 사항을 당사자의 협의 또는 '양육에 관한 심판'으로 반드시 정하여야 함을 분명히 하고 있다. 면접교섭권은 권리이므로 협의로 변경하는 것도 부정할 까닭이 없다. 심판에 의한 변경에 관하여는 아래 V. 참조.

협의 또는 심판의 구체적인 절차에 관하여는 제837조 註釋 Ⅱ. 2. 참조. 비양육친 또는 그 직계존속이 청구하는 때에는 양육친을 상대로(家訴規 §99 ②), 자녀 본인이 청구할 때에는 비양육친을 상대로 하여 청구한다.[40] 양육친이 비양육친을 상대로 면접교섭에 응해줄 것을 구할 수 있는가? 면접교섭에 의무적 성격이 있음을 이유로 이를 긍정하는 견해가 있다.[41] 자녀의 비양육친에 대한 면접교섭청구를 인정하는 한 양육친의 비양육친에 대한 청구도 허용함이 옳을 것이다. 다만, 그 집행에 대하여는 검토할 점이 있다. 아래 Ⅱ. 2. 나. 참조.

---

38) 이러한 이유로 자녀의 면접교섭청구는 심판이 아닌 아동복지기관의 상담과 지원활동 등에 의하여 실현되도록 해야 한다는 주장도 있다. 김상용(1999), 249.

39) 민유숙(1992), 94; 주석친족(1), 289(임종효).

40) 제요[2], 1502. 자녀 본인이 양육친을 상대로 (비양육친과의 면접교섭을) 청구할 수도 있다는 견해로, 주석친족(1), 284(임종효); 제요[2], 1502.

41) 주석친족(1), 276, 295(임종효). 이 견해는 간접강제도 가능하다고 한다. 그러나 부정적인 것으로, 김연(2007), 372.

나. 구체적 내용과 행사방법, 제한 또는 배제

(1) 면접교섭은 주로 자녀와 직접 만나는 방법으로 이루어지지만 그 이외에 서신의 교환, 전화, 선물의 전달 등도 면접교섭에 포함된다. 나아가 자녀의 교육 등에 관한 정보를 제공받을 권리도 면접교섭권의 내용을 이룬다고 본다. 한편 면접교섭을 일정한 시기, 기간 동안으로 제한하거나(시간적 제한), 장소를 양육친의 주거·거소 등으로 제한하거나(장소적 제한), 서신왕래 및 전화통화만 허용하고 직접적인 만남은 금지(방법적 제한)할 수도 있다. 실무상으로는 양자를 결합하여 면접교섭의 구체적 내용과 행사방법을 시간적·장소적·방법적으로 특정하는 방식이 흔히 취해지고 있다.[42]

양육친과 비양육친 사이의 협력을 촉진하기 위해서나 추후 다툼이 생길 때 면접교섭권 침해 여부를 판단할 기준을 분명히 하기 위해서나 행사방법은 가급적 구체적으로 특정함이 바람직하다. 구체적으로 정하기 어려운 경우에도 가장 다툼이 많은 횟수만큼은 특정하여야 한다.[43] 나아가 뒤에 보는 강제집행을 위해서는 비양육친이 청구하는 경우에는 양육친의 방해를 금지하는 내용을, 자녀가 청구하는 경우에는 비양육친이 자녀와의 면접교섭에 응하여야 함을 별도로 명시하는 것이 바람직하다.[44]

(2) 면접교섭을 언제 어디에서 어떻게 허용할 것인가, 아니면 이를 제한 또는 배제할 것인가는 원칙적으로 자녀의 복리(the best interest of the child)를 기준으로 판단하여야 한다. 그러므로 이혼에 유책사유가 있다거나, 비양육친이 재혼하였다는 등의 사정은 자녀의 복리에 미치는 구체적인 영향에 비추어 면접교섭을 제한·배제하는 사유로 고려될 수 있을 뿐, 그 자체 바로 면접교섭을 제한·배제하는 사유가 될 수는 없다.[45] 나아가 본조가 있는 한「일반적으로」비양육친의 면접교섭이 양육친과 갈등을 유발하고 바뀐 가정환경에 적응하는 데 방해가 될 수 있다거나 혼란을 초래할 수 있다는 고려만으로는, 교섭 시간과 장소 및 방법을 적절히 정하는 것을 넘어 교섭 자체를 제한하거나 배제할 수는 없다.[46] 면접교섭권은 양육권의 일부이므로 현저한 비행

---

42) 가령, "가. 면접교섭 일정: (1) 매월 둘째 주 및 넷째 주 토요일 12:00부터 일요일 12:00까지(숙박 포함), (2) 여름 및 겨울 방학기간 동안은 청구인이 지정하는 각 7일간, 나. 면접교섭 장소: 청구인이 지정한 장소, 다. 인도방법: 청구인이 상대방의 주거지로 사건본인을 데리러가서 인도받고 면접교섭을 마친 후에는 다시 상대방의 주거지로 사건본인을 데려다주어 인도하는 방법." 그러나 종기(終期)는 정하지 아니하는 것이 일반적이다. 박동섭·양경승, 200(법이 관여할 문제가 아니라고 한다).

43) 민유숙(1992), 98–99.

44) 다만, 제요[2], 1506의 주문례는 비양육친이 청구하는 경우 양육친이 면접교섭에 적극 협조하고 방해하여서는 아니됨을 명시하나 자녀가 청구하는 경우에는 면접교섭에 응하여야 함을 명시하지 아니하고 있다.

45) 민유숙(1992), 102 이하.

46) 면접교섭이 일반적으로 자녀에게 해롭다는 견해로, Goldstein, Solnit, and Freud, The Best Interest of the Child (1996), 19ff. 이에 반대하는 견해로, Wallerstein and Kelly, Surviving the Breakup (1980). 김수정(2005), 310–311; 최진섭(1992), 408–409도 참조.

등 친권상실사유가 있을 때에는 재산관리에 관한 사항이 아닌 한 면접교섭권도 전면 제한 또는 배제되어야 한다는 견해가 있으나,[47] 친권상실사유가 자녀의 복리에 어떤 영향을 미칠지를 별도로 판단하여 결정함이 옳고, 면접교섭권이 반드시 양육권의 일부라고만 할 수도 없다. 반면 면접교섭권자가 자녀에 대하여 폭력을 행사하거나[48] 학대한 경우,[49] 질병으로 인하여[50] 또는 면접교섭권자가 자녀의 복리에 반하는 환경으로 인도하고 있다는 등 자녀에게 해가 되는 경우,[51] 면접교섭 과정에서 양육친에 대하여 근거 없는 비방을 하였거나 정당한 사유 없이 면접교섭조건을 변경하거나 자녀를 탈취할 우려가 있다는 등 자녀의 복리에 반하는 구체적 사정이 있을 때에는 면접교섭의 일시적 또는 방법상의 제한은 물론, 전면배제도 가능하다.[52] 그러나 이때에도 무기한으로 제한하기보다는 우선은 일정한 기간 동안 제한하고 기간이 경과하면 다시 판단하는 것이 바람직하다.[53]

　　한편, 이때 자녀의 복리만 고려하여 조금이라도 더 유리하다고 판단되는 방향으로 하여야 하는가 아니면 비양육친의 자녀와의 면접교섭의 이익도 고려하여야 하는가에 관하여는 논란의 여지가 있다. 면접교섭이 자녀에게 해로울 것인지의 판단은 종종 불확실성을 내포하는데, 이때 다소간의 위험만으로 면접교섭을 배제할 것인지와 관련하여 의미가 있다. 면접교섭이 자녀의 권리이기도 하다는 점을 인정하더라도 이것이 동시에 부모의 권리임 또한 부정할 수 없고, 부모에게도 그 자녀와 관계를 유지할 기본적인 이익이 있으므로, 부모의 이익도 부수적으로 고려될 수 있다고 보아야 할 것이다.[54] 거꾸로 비양육친 측에서 면접교섭에 응할 수 없는 정당한 사유가 있다면 이러한 사정 또한 고려하여야 한다. 대법원 2021. 12. 16.자 2017스628 결정(주 52)

47) 오시영, 199; 최달곤(1996), 193-194; 장창민(2001), 231 이하.
48) 김주수·김상용, 236; 최진섭, "가정폭력과 친권－이혼 후 친권자 지정과 관련하여 미국의 입법례를 중심으로－", 법조 56-9(2007), 199 이하.
49) 자녀를 학대한 경우 제3자의 감독하에 이루어지는 면접교섭을 고려할 수 있으나 자녀가 원하지 아니하면 그 또한 배제된다는 것으로, 김주수·김상용, 234.
50) 김주수·김상용, 234. 정신질환, 감염병, 알코올중독, 마약중독 등을 예로 든다.
51) 김주수·김상용, 235. 우범지역, 성매매가 이루어지는 지역 등을 예로 든다.
52) 김주수·김상용, 234-235; 이은신(1993), 343 이하. 재판실무상 구체적인 사례는 이림(2003), 383 이하; 장창민(2001), 231 이하. 반면, 장기간의 관계단절로 인하여 면접교섭이 자녀에게 혼란을 초래할 수 있다는 추상적인 사정만으로 면접교섭을 전면배제하기는 어려울 것이다. 김주수·김상용, 234-235 참조. 대법원 2021. 12. 16.자 2017스628 결정은 베트남인 모(母)가 사건본인을 출산한지 얼마되지 아니하여 투병 중인 그 부(父)를 만나기 위해 베트남으로 출국하였다가 귀국 후 상대방의 반대로 귀가하지 못하여 자(子) 출생 직후부터 분리되었고, 결국 이혼한 사안에서 위와 같은 사정으로 현재 친밀도가 낮다는 점만으로 관계를 회복할 기회 자체를 박탈하는 것은 부당하다고 하였다.
53) 김주수·김상용, 233.
54) 김수정(2005), 335; 진민희(2009), 161. 대법원 2021. 12. 16.자 2017스628 결정(주 52)도 "가정법원이 면접교섭의 허용 여부를 판단할 때에는 자녀의 복리에 적합한지를 최우선적으로 고려하되, 부모에게도 면접교섭을 통해 자녀와 관계를 유지할 기본적인 이익이 있으므로 이를 아울러 살펴야 한다."고 한다.

도 같은 취지에서, "가정법원은 면접교섭이 자녀의 복리를 침해하는 특별한 사정이 있는 경우에 한하여 […] 면접교섭을 배제할 수 있[는바], 이 경우에도 부모의 이혼 등에 따른 갈등 상황에서 단기적으로 자녀의 복리에 부정적인 영향을 미치는 요인이 일부 발견되더라도 장기적으로 면접교섭이 이루어질 때 자녀의 복리에 미치는 긍정적인 영향 등을 깊이 고려하여 […] 개별 사건에서 합목적적인 재량에 따라 면접교섭의 시기, 장소, 방법 등을 제한하는 등의 방법으로 가능한 한 자녀의 성장과 복지에 가장 도움이 되고 적합한 방향으로 면접교섭이 이루어질 수 있도록 하여야 하고, 이러한 고려 없이 막연한 우려를 내세워 면접교섭 자체를 배제하는 데는 신중하여야 한다."고 한다.

특히 문제는 자녀 본인이 면접교섭을 거절하는 경우이다. 자녀가 혐오감, 공포심 등으로 면접교섭을 거부하는 경우 일정한 연령 이상이면 그의 의견을 반영하여야 한다. 그러나 장기적으로 면접교섭을 하게 하는 것이 자녀의 복리에 도움이 된다고 판단되는 경우에는 면접교섭을 허용할 수도 있다. 그 이외에 자녀가 어린 경우 양육친의 의사가 투영된 것에 불과할 수 있고, 면접교섭을 통하여 이를 극복하게 될 가능성이 있음을 참작하여야 한다.55)

비양육친과 자녀 사이의 감정적인 유대관계 지속을 위해서는 면접교섭의 빈도가 일정 수준 이상이 되는 것이 바람직하다. 다만, 1회 면접교섭의 시간은 자녀의 연령 등을 고려하여 정하여야 할 것이다. 자녀의 연령이 높아지면 1회의 면접교섭의 시간을 늘리고 빈도를 줄이는 것이 가능하고, 더 적절할 수도 있다. 다만, 이때에도 1회에 장기간 지속되는 면접교섭은 양육친에 의한 양육관계의 안전성과 계속성을 침해하지 아니하는 범위에서만 허용되어야 한다.56) 면접교섭의 장소로는 비양육친의 주거가 전형적이나, 제3의 장소를 이용할 수도 있다. 양육친의 주거는 양육친이 면접교섭을

---

55) 오시영, 200; 최은주(2011), 76 이하. 특히 자녀가 면접교섭을 거부한다는 주장을 하는 일이 흔하고, 부모거부증후군(parental alienation syndrome)에 해당할 수 있으므로 조심스럽게 접근하여야 한다는 지적으로, 주석친족(1), 289-290(임종효). 장기간의 관계 단절에 대하여도 같이 볼 것이다. 위 임종효, 290. 반면, 우선 자녀의 거부의사를 번복시키도록 시도하되, 모든 노력에도 불구하고 자녀의 거부의사에 변함이 없다면 면접교섭의 성공적 실행은 불가능하므로 그러한 의사가 양육친의 부당한 영향에 의한 것이라고 하더라도 하나의 사실로 인정하여야 하고 면접교섭을 배제할 수밖에 없다는 것으로, 김주수·김상용, 233-234.
56) 최소한 한 달에 한 번의 면접교섭이 필요하고, 가능하다면 2주일에 한 번이 더 이상적이나, 어린 자녀는 양육친 및 거주공간과 떨어져 있으면 불안감을 느낄 수 있으므로 1회의 지속시간은 3~4시간을 넘지 아니하는 것이 바람직하나, 자녀의 연령이 높아지면 만남의 횟수를 줄이면서 시간을 늘리는 것이 가능하며, 방학기간 중 장기간의 면접교섭도 도움이 될 수 있다는 것으로, 김주수·김상용, 229. 숙박 여부의 경우 자녀의 나이와 성장단계, 애착의 정도가 우선 고려되어야 한다. 장소를 정할 때에는 양육친의 주거로 하는 것은 자칫 양육친의 감독을 허용하는 결과가 될 수 있다는 점도 고려하여야 한다는 것으로, 주석친족(1), 286(임종효).

감독하는 결과를 낳기 쉬워 그 목적에 반하므로 원칙적으로는 적절하지 아니하다.[57] 면접교섭의 장소까지의 이동은 원칙적으로 비양육친의 책임인데, 다툼이 생기기 쉬우므로 구체적으로 정하는 것이 바람직하다. 그 밖에 면접교섭에 제3자의 동석을 제한하거나 요구하는 것도 조심스러울 필요가 있다.[58] 오랜 기간 관계 단절이 있었다면 직접적인 면접교섭 이전에 편지 교환 등을 통하여 준비단계를 거치는 것도 좋은 방법이 될 수 있다.[59] 자녀와의 직접 접촉 외에 양육친으로 하여금 자녀에 대하여 정기적으로 신상정보를 제공하게 하는 것도 가능할 것이다(독일 민법 §1634 ③ 참조). 특히 비양육친의 면접교섭이 어떤 사정으로 배제되는 경우 이를 최소한의 면접교섭으로 인정될 수 있다.[60]

비양육친이 양육비를 제대로 지급하지 아니하는 경우 면접교섭을 거절할 수 있는가에 관하여는 부정하는 견해가 통설이다.[61]

Ⅱ. 면접교섭의 이행확보

1. 사전처분·가처분

비양육친이 종국심판 이전에 자녀와의 면접교섭을 원하는 경우 사전처분(家訴 §62)을 할 수 있다. 실무상으로는 특별한 사정이 없는 한 인용된다. 면접교섭에 관한 심판이 진행되는 동안 자녀와 비양육친 사이의 관계가 단절되지 아니하도록 배려할 필요가 있기 때문이다. 가처분도 가능할 것이다.[62]

2. 면접교섭의 부당거부 또는 방해에 대한 구제

가. 친권자 및 양육자의 변경

양육친이 비양육친의 면접교섭을 부당하게 거부하거나 방해한 경우 친권자 및 양육자 변경심판에서 불리하게 고려될 수 있다. 그러나 친권자 및 양육자 변경은 자녀의 복리를 위하여 독자적인 관점에서 판단되어야 하므로 이를 면접교섭의 부당거부 또는 방해에 대한 구제라고 하기는 어렵다.[63]

---

57) 김주수·김상용, 230.
58) 주석친족(1), 286－287(임종효).
59) 김주수·김상용, 229－230.
60) 김주수·김상용, 232; 주석친족(1), 287(임종효).
61) 오시영, 200; 민유숙(1992), 104. 그러나 참작 사유는 된다는 것으로 박득배((2018), 176.
62) 대법원 1993. 8. 11.자 93즈4 결정. 전보성, "가사소송과 이행확보제도", 재판실무연구(3): 보전소송 (2008), 478－480.
63) 민유숙(1992), 105. 특히 양육친의 거소변경으로 인하여 면접교섭이 곤란해진 경우의 여러 문제, 가령

나. 강제집행

면접교섭을 부당하게 거부하거나 방해한 경우 민사집행법에 따른 간접강제가 가능한지에 관하여는 논란이 있으나,[64] 실무는 가능하다고 본다. 이를 위해서는 면접교섭의 일시, 장소, 방법, 대체일의 설정방법 등이 자세히 규정되어 있어야 하고, 가급적이면 방해금지문구도 포함되어 있는 것이 바람직하다.[65] 조정조항에 직접 간접강제조항을 추가할 수 있다는 견해도 있다.[66]

나아가 가사소송법상 이행명령과 그 위반에 대한 과태료 부과가 가능하다(家訴 §§64, 67 ①). 반면 家訴 §68 ①이 면접교섭을 열거하고 있지 아니하므로 감치는 할 수 없다.[67] 면접교섭의무자가 자녀의 양육자이므로 그를 감치하는 것은 양육 공백을 초래할 우려도 있다. 문언상 자녀가 비양육친을 상대로 면접교섭을 청구한 경우에도 감치할 수 없다고 해석된다.[68]

다만, 이러한 강제집행이, 경우에 따라서는, 미성년의 자녀를 심각한 갈등상황에 밀어 넣어 자녀의 복리에 반할 수 있다는 점에 유의하여야 한다. 이때에는 강제집행이 허용되지 아니하거나 그 방법이 제한될 수 있을 것이다.[69]

학설로는 부모의 면접교섭에는 권리적 성격과 의무적 성격이 모두 있음을 이유로 비양육친에 대하여 면접교섭에 응할 것을 구할 수 있을 뿐 아니라 그 불이행에 대하여 간접강제를 구할 수 있다는 견해가 있다.[70] 그러나 면접교섭은 인격에 관계된 인적 의무이므로, 그 방해를 금지하는 것이 강제집행의 대상이 될 수 있는 것과 달리 면접교섭에 응할 의무가 강제집행의 대상이 되기는 어렵다.[71]

다. 손해배상

면접교섭권을 침해하면 불법행위가 되어 손해배상책임을 질 수 있다(§750).[72]

그로 인하여 증가한 비용의 부담(원칙적으로는 비양육친이 부담하나, 예외적으로 분담을 요구할 수 있다고 한다), 친권자 및 양육자의 변경가능성(원칙적으로는 부정된다), 면접교섭의 조건변경(비양육친의 편의를 위하여 이를 인정할 수 있다) 등에 관하여는, 윤부찬(2010b), 23 이하.

64) 면접교섭의 행사를 부인하거나 방해하는 경우 보호할 수 있는 규정이 없다면서 입법의 불비라고 하는 것으로, 최금숙, 친족(2), 216 이하.

65) BGH vom 1. 2. 2012, AZ XII ZB 188/11.

66) 이은신(1993), 363.

67) 김주수·김상용, 237; 송덕수, 108. 그러나 감치할 수 있다는 것으로, 김용한, 156; 지원림, 민법강의 (제19판, 2022), 1988.

68) 家訴 §64는 "자(子)와의 면접교섭허용의무를 이행하여야 할 자가 정당한 이유 없이 그 의무를 이행하지 아니한 때에는"이라고 하고 있다. 제요[2], 1509.

69) BVerfG, Beschluss v. 1. 4. 2008, 1 BvR 1620/08; Gernhuber/Coester-Waltjen, §66 Ⅱ 5. (Rn. 8f.) 참조.

70) 주석친족(1), 294-295(임종효). 이 견해는 의무적 성격이 없는 자녀의 경우 그러하지 아니하다고 한다.

71) 김주수·김상용, 238.

72) 미국 판례는 이때 면접교섭권 침해만으로 비재산적 손해를 인정하고 있다. 이동진, "미국 불법행위법상 비재산적 손해의 배상과 그 한계", 민사법학 66(2014), 300.

3. 기타

가. 양육비이행관리원의 면접교섭 지원

2021. 1. 12. 개정되어 2021. 7. 13. 시행된 양육비 이행확보 및 지원에 관한 법률 §10-2는 양육비이행관리원의 장이 비양육친과 자녀의 관계를 개선하기 위하여 비양육친의 신청이 있는 경우 비양육친과 자녀의 면접교섭을 위한 지원을 할 수 있도록 하고 있다. 이는 면접교섭 (중립적인 제3의) 장소를 제공하고 면접교섭이 원활하지 아니할 때에 제3의 공적 기관이 개입하여 중재하는 기능도 한다는 점에서 면접교섭의 이행확보를 위한 제도로서의 측면이 강하다.

나. 면접교섭보조인

근래 논의되고 있는 면접교섭보조인 제도도 면접교섭의 이행확보를 위한 제도에 해당한다. 이는 특히 양육친이 면접교섭을 지속적으로 거부하는 등으로 면접교섭의 이행확보가 어려운 경우에 가정법원이 면접교섭에 전문성을 갖춘 면접교섭보조인을 선임하여 그의 개입 하에 면접교섭이 이루어지도록, 예컨대 양육친이 면접교섭보조인과 함께 면접교섭을 준비한 다음 자녀를 면접교섭보조인에게 인도하고 면접교섭보조인이 비양육친과 면접교섭이 이루어지게 한 다음 다시 양육친에게 자녀를 데려다 주는 것이다.[73]

III. 면접교섭권의 양도 · 포기

면접교섭권은 그 성질상 양도할 수 없고, 포기할 수도 없다. 포기하였거나 포기하기로 약정하였어도 면접교섭권 자체가 소멸하는 것은 아니다.[74]

IV. 국제적 면접교섭

국제혼인이 파탄에 이르렀다거나 그 밖의 사정으로 미성년의 자녀는 국내에 있는데 면접교섭권자가 대한민국 국적이나 영주권을 갖고 있지 아니한 경우 면접교섭

---

73) 이 제도의 도입을 주장하는 견해로, 김상용, "절차보조인 제도 및 면접교섭보조인 제도의 도입을 위한 시론-가사절차에서 자녀의 지위강화와 관련하여-", 사법 27(2014), 95. 독일에서 이 제도에 관하여는 최민수, "독일법상 면접교섭보조인제도에 관한 소고", 가족법연구 29-3(2015), 299 이하 참조.

74) 김용한, 149; 박동섭·양경승, 198; 오시영, 198-199. 대리모 계약에서 면접교섭권을 포기하기로 하는 약정이 §103에 반하여 무효라는 것으로, 서울가정법원 2009. 4. 10.자 2009브16 결정. 서울가정법원 2006. 3. 31.자 2006브7 결정도 면접교섭권의 포기가 무효라고 한다.

권을 어떻게 실현할 것인지의 문제가 있다. 현행법은 특별한 배려를 하고 있지 아니한데, 출입국 내지 체류자격과 관련하여 입법론적 보완이 필요하다는 지적이 있다.[75]

V. 면접교섭의 변경

2016년 개정 민법은 개정 전 본조 ②을 본조 ③으로 옮기면서 제한, 배제 이외에 '변경'을 추가하였다. 이는 이미 §837 ⑤에 규정된 바를 본조에서 재확인한 것으로, 면접교섭에 관한 협의 또는 심판 또한 자녀의 최선의 복리에 (더는) 부합하지 아니한다면 가정법원에 그 변경을 구할 수 있다는 취지이다. 2016년 개정 家訴 §2 ① ii 나. 3)은 개정 전 "「민법」 제837조 및 제837조의2(같은 법 제843조에 따라 위 각 조항이 준용되는 경우 및 혼인의 취소 또는 인지를 원인으로 하는 경우를 포함한다)에 따른 자녀의 양육에 관한 처분과 그 변경, 면접교섭권(面接交涉權)의 제한 또는 배제" 중 마지막 "면접교섭권(面接交涉權)의 제한 또는 배제"를 "면접교섭권(面接交涉權)의 처분 또는 제한·배제·변경"으로 고쳐 오해의 소지를 없앴다.[76]

---

75) 우선, 문흥안, "결혼이주여성의 보호를 위한 현행 법제의 비판적 검토", 가족법연구 27−1(2013), 309 및 그곳에 소개된 문헌과 제안들 참조.
76) 김민지(2017), 102−104.

第 838 條 (詐欺, 強拍으로 인한 離婚의 取消請求權)

詐欺 또는 強拍으로 인하여 離婚의 意思表示를 한 者는 그 取消를 家庭法院에 請求할 수 있다.

第 839 條 (準用規定)

第823條의 規定은 協議上 離婚에 準用한다.

I. 협의이혼의 취소사유

1. 협의이혼의 취소사유 일반

협의이혼의 취소사유는 §838가 규정하고 있는 사기, 강박뿐이다. 제834조·제835조 註釋 II. 2. 가. 참조. 본조와 §110의 관계에 관하여는 본조는 독자적인 취소사유를 창설한 것으로 §110의 적용은 처음부터 배제된다는 견해와 본조는 협의이혼의 취소의 특수성을 고려하여 취소의 절차와 방법에 관한 특칙을 둔 것에 불과하고 실체법상으로는 §110가 적절히 수정·적용되는 것이라는 견해가 있을 수 있으나,[1] 별 실익은 없다.

2. 「사기 또는 강박으로 인하여 이혼의 의사표시를 한 자」

(1) 먼저, 기망행위로 인하여 착오에 빠져 협의이혼의 의사표시를 한 경우 취소할 수 있다. 일본에서는 - 총칙의 사기와 달리 - 이때 착오가 요소(要素)에 관한 것이어야 하는가에 관하여 다툼이 있으나,[2] 판례가 이혼의사에 관하여 너그러운 태도를 취하고 있음에 비추어도 여기에서 사기의 요건을 엄격히 새길 이유는 없다. 판례상 기망에 의한 이혼이 인정된 예로는 빚에 시달리던 부(夫)가 처에게 일시적으로 가장이혼을 하였다가 사태가 수습된 뒤 다시 혼인신고를 하자고 하여 이혼한 경우,[3] 조현

1) 총칙이 배제된다는 견해로 김주수·김상용, 177; 한봉희·백승흠, 175. 일본에서의 논의에 관하여는 新注民(22), 72(岩志和一郎).
2) 新注民(22), 72-73(岩志和一郎).
3) 대법원 1971. 9. 28. 선고 71므34 판결. 또한 서울가정법원 2006. 12. 19. 선고 2005드단53135, 68908

병 환자인 처로 하여금 협의이혼의사 확인을 받게 한 다음 협의이혼신고를 한 경우4) 등이 있다. 이혼 당사자 아닌 제3자가 기망하였다 하더라도, 나아가 그러한 사정을 상대방이 알지 못한 경우에도 취소할 수 있다.5)

다음, 강박으로 외포되어 협의이혼의 의사표시를 한 경우에도 취소할 수 있다. 제3자가 강박하였고, 그러한 사정을 상대방이 알지 못한 경우도 같다. 이때 강박은 혼인의 취소의 경우와 마찬가지로 너그럽게 해석하여야 한다.6)

(2) 협의이혼의사확인은 어디까지나 당사자들의 합의를 근간으로 하는 것이고 법원의 역할은 그들의 의사를 확인하여 증명하는 데 그치는 것이며 법원의 확인에 소송법상의 특별한 효력이 주어지는 것도 아니므로, 협의이혼의사 확인이 있었다 하더라도 사기, 강박을 인정하는 데는 지장이 없다.7)

II. 협의이혼의 취소방법과 그 효과

1. 협의이혼 취소의 소

가.「가정법원에 청구」

협의이혼의 취소는 재판외의 의사표시로는 할 수 없고, 소로써만 이를 할 수 있다. 이 소송은 나류 가사소송사건에 해당하고(家訴 §2 ① i 나.), 형성의 소이다. 사기 또는 강박으로 인하여 이혼의 의사표시를 한 당사자에게 원고적격이 있고, 상대방에게 피고적격이 있다(家訴 §24 ④, ③). 이 사건은 부부가 같은 가정법원의 관할구역 내에 보통재판적이 있을 때에는 그 가정법원 단독판사의, 부부가 마지막으로 같은 주소지를 가졌던 가정법원의 관할구역 내에 부부 중 어느 한쪽의 보통재판적이 있을 때에는 그 가정법원 단독판사의, 위 경우 어느 것에도 해당하지 아니하는 경우에는 상대방의 보통재판적이 있는 곳의 가정법원 단독판사의, 부부 중 어느 한쪽이 사망한 경우에는 생존한 다른 한쪽의 보통재판적이 있는 곳의 가정법원 단독판사의 각 전속관할에 속한다(家訴 §22, 사물관할규칙 §3).

나류 가사소송사건이므로 조정전치주의가 적용된다(家訴 §50). 그러나 이혼취소의 소의 소송물은 당사자가 임의로 처분할 수 없으므로 소송물 자체에 대한 조정은 허용되지 아니하고 소를 취하하거나 이혼이 유효하게 성립된 것을 전제로 새로 혼인신고

판결도 참조.
4) 대법원 1987. 1. 20. 선고 86므86 판결.
5) 김주수·김상용, 177; 송덕수, 80; 윤진수 89.
6) 新注民(22), 73(岩志和一郎).
7) 대법원 1987. 1. 20. 선고 86므86 판결.

를 하여 혼인관계를 회복하는 등 간접적·우회적인 조정을 하여야 한다고 한다.8)

소송계속 중 원고가 사망한 경우 소송절차는 수계 없이 종료한다. 피고가 사망한 경우 검사가 수계할 수 있는지에 대하여는 다툼이 있다.9)

나. §823의 준용(§839)

협의이혼 취소에 관하여는 §823가 준용된다. 따라서 당사자가 사기를 안 날 또는 강박을 면한 날로부터 3개월을 경과한 때에는 이혼 취소청구권이 소멸한다. 이는 재판상 제척기간이므로, 직권으로 고려하여야 하고, 위 기간을 경과한 뒤 제기된 소는 각하하여야 한다.10)

사기 또는 강박을 당한 당사자가 사기를 알았거나 강박을 면한 뒤에 추인하면 더는 취소하지 못한다.11)

2. 협의이혼 취소의 효과

협의이혼 취소 청구를 인용하는 판결은 형성판결이므로 확정되어야 효력이 발생한다. 판결의 효력에는 기판력과 협의이혼의 효력을 소멸시키는 형성력이 포함된다. 이는 제3자에 대하여도 효력이 있다(家訴 §21 ①).12) 제3자가 선의인 경우에도 마찬가지이다. §110 ③은 협의이혼의 취소에 적용 또는 유추되지 아니한다.13)

§839는 §824를 준용하고 있지 아니하므로 협의이혼의 취소의 효력은 소급효를 갖는다. 이혼은 당초부터 그 효력이 없었던 것으로 된다. 구체적인 결과는 협의이혼이 무효인 경우의 효력과 같다. 가족관계등록부 정정절차도 협의이혼 무효의 경우와 같다.14) 이로써 중혼(重婚)이 되면, 부활한 전혼(前婚)에 재판상 이혼사유가, 중혼인 후혼(後婚)에 취소사유가 생긴다.15) 그 밖에 상세한 것은 제834조·제835조 註釋 Ⅱ. 2. 라. (1) (가) 참조.

사기 또는 강박에 의한 협의이혼은 불법행위를 구성하므로 손해가 있으면 배상을 구할 수 있다.16)

---

8) 제요[1], 666. 이에 대하여 조정전치주의가 적용되지 아니한다는 견해로, 박동섭·양경승, 159.
9) 제요[1], 667. 소송 중 피고가 사망하면 검사가 이를 수계한다는 것으로, 박동섭·양경승, 159.
10) 주관적 기산점만 정한 것은 입법론적으로 문제라는 견해로 박동섭·양경승, 159.
11) 박동섭·양경승, 159.
12) 그러나 청구를 기각하는 판결도 이혼취소의 소에는 다른 제소권자가 없으므로 확정됨과 동시에 대세적 효력을 가지는 것과 다를 바 없다. 제요[1], 668.
13) 김용한, 140; 김주수·김상용, 177; 박동섭·양경승, 160–161; 오시영, 155; 한봉희·백승흠, 175.
14) 이혼신고를 소급적으로 실효시키기 때문이다. 2009 가족관계등록실무, 450–451.
15) 취소사유라는 취지로, 대법원 1984. 3. 27. 선고 84므9 판결.
16) 박동섭·양경승, 161.

第 839 條의2 (財産分割請求權)

① 協議上 離婚한 者의 一方은 다른 一方에 대하여 財産分割을 請求할 수 있다.

② 第1項의 財産分割에 관하여 協議가 되지 아니하거나 協議할 수 없는 때에는 家庭法院은 當事者의 請求에 의하여 當事者 雙方의 協力으로 이룩한 財産의 額數 기타 事情을 참작하여 分割의 額數와 方法을 정한다.

③ 第1項의 財産分割請求權은 離婚한 날부터 2年을 經過한 때에는 消滅한다.

▌참고문헌: 강승묵(2009), "별거와 이혼시 혼인주택이용에 관한 소고", 한양대 법학논총 26-2; 고창현(1990), "신설된 재산분할청구권제도", 김용한화갑기념; 곽상민(2018), "위장이혼에 대한 실질과세원칙의 적용 가능성에 관한 연구", 세무와 회계연구 14; 구회근(1997), "이혼시 부부 일방의 특유재산이 재산분할의 대상이 되는지 여부", 법조 46/4; 권순한(1999), "이혼에 관한 소송의 계속중 당사자의 사망과 소송수계", 연세법학연구 7; 권재문(2017), "가장이혼으로 인한 재산분할과 사해행위 취소", 법조 66-3; 김동하(1999), "혼인의 해소에 따른 재산분할", 창원지방법원 재판실무 1; 김미경(2011), "프랑스민법상 이혼 배우자에 대한 보상급부", 민사법학 54-2; 김민지(2018), "재산분할청구권의 양도와 상속에 관한 검토-일신전속성을 중심으로-", 전북대 법학연구 57; 김병선(2011), "이혼으로 인한 재산분할에 있어서 분할자의 채권자보호에 관한 몇 가지 제언", 전북대 법학연구 34; 김상용(2010), "사실혼의 해소와 재산분할청구", 民判 32; 김상훈·정구태(2018), "이혼으로 인한 재산분할청구권의 상속성과 양도성", 조선대 법학논총 25-1; 김선이(2007), "재산분할의 비율", Jurist 413; 김성숙(1994), "청산적 재산분할액수의 산정기준", 가족법연구 8; 김성숙(1995), "재산분할의 방법", 가족법연구 9; 김성숙(1996), "부양적 재산분할의 실태", 숭실대 법학논총 9; 김수정(2005), "이혼으로 인한 재산분할청구권", 司論 40; 김숙자(1993), "이혼으로 인한 재산분할청구권", 민법학의 회고와 전망; 김승정(2012), "명예퇴직금이 재산분할의 대상이 되는지 여부 및 재산분할의 대상이 되는 범위", 대법원판례해설 89; 김승정(2005), "재산분할의 대상이 되는 재산의 확정-새로운 재산적 가치들을 중심으로", 광주지방법원 재판실무연구 2004; 김영갑(1991), 司論 16; 김영식(2016), "재산분할청구권의 부양적 측면에 관한 고찰", 司論 62; 김영욱(2011), "재산분할에 있어서 가집행선고와 지연손해금 문제에 관한 고찰", 가사재판연구[Ⅱ]; 김용원(2008), "이혼시 재산분할청구권의 분할대상재산", 숭실대 법학논총 20; 김용욱(1990), "가사노동의 법적 평가", 부산대 법학연구 32-1; 김원수(2005), "퇴직금이 재산분할의 대상이 되는지 여부", 창원지방법원 재판실무 3; 김정민(2014), "공무원 퇴직연금수급권에 대한 재산분할", 사법 30; 김준모(2003), "재산분할제도의 성격", 재판자료 101; 김종우(2002), "재산분할의 대상과 그 기준시기 및 방법", 實務研究[Ⅷ]; 김홍엽(1995), "이혼소송 및 재산분할청구의 계속 중 당사자일방의 사망과 소송상 처리", 대법원판례해설 22; 김형작(2007), "재산분할 합의 내지 약정의 효력에 관하여", 가사재판연구[I]; 남궁술(2011), "프랑스 민법상 부부공동재산제의 해소", 민사법학 54-2; 남형두(2008), "재산분할청구권의 대상으로서 지적재산권-퍼블리시티권을 중심으로", 가족법연구 22-3; 류일현(2017), "재산분할

청구권의 포기약정에 관한 소고", 가족법연구 31-1; 민유숙(1993), "재산분할의 구체적 인정범위", 재판자료 62; 민유숙(1994), "재산분할에 있어서 몇가지 문제점에 관한 고찰-지연손해금과 가집행선고를 중심으로-", 人權 211; 민유숙(1995), "부부재산제도와 재산분할제도의 관계", 司論 26; 민유숙(1996), "이혼과 관련된 재산상 청구의 관할과 이혼소송의 계속중 당사자 사망의 효과", 무등춘추 4; 민유숙(2000a), "미국법에 있어서 이혼 후의 부양(ALIMONY)제도", 재판자료 88; 민유숙(2000b), "외국의 부부재산제도와 재산분할제도 및 부양제도: 미국법을 중심으로", 司論 31; 민유숙(2001a), "재산분할 대상이 되는 재산의 확정에 관한 몇 가지 문제점(상)", 법조 50/3; 민유숙(2001b), "재산분할 대상이 되는 재산의 확정에 관한 몇 가지 문제점(하)", 법조 50/4; 민유숙(2001c), "재산분할에 있어서 분할비율산정", 저스티스 34/2; 민유숙(2003a), "가사비송사건으로서의 재산분할", 재판자료 101; 민유숙(2003b), "재산분할의 대상인 소극재산이 적극재산을 초과하는 경우 분할비율을 달리 정할 수 있는지 여부", 대법원판례해설 42; 민유숙(2004a), "재산분할청구권을 포기하는 약정의 효력", 대법원판례해설 44; 민유숙(2004b), "재산분할청구권이 포함된 민사사건의 처리", 諸問題 13; 박근웅(2018), "가장이혼과 재산분할에 따른 증여세", 동아법학 79; 박민수·이동진·오정일(2014), "이혼 후 재산분할의 비율 및 이혼 위자료액의 결정: 2009년~2011년 합의부 재판례의 실증분석", 가족법연구 28-1; 박보영(1998), "재산분할의 실태조사", 實務研究[Ⅳ]; 박영호(2010), "사실심 변론 종결 이전에 아직 납부하지 않고 자진신고만 한 양도소득세가 청산의 대상인 소극재산에 포함되는지 여부", 대법원판례해설 83; 박종권(2007a), "부동산의 취득과 유지에 가사노동이 기여한 경우의 재산분할", Jurist 413; 박종권(2007b), "이혼에 따른 재산분할의 합리적 산정", 외법논집 26; 박충규(1997), "사실혼 관계해소 경우와 재산분할청구", 청주대 법학논집 12; 박훈·윤현경(2019), "가장이혼 및 재산분할 관련 증여세 과세문제", 서울법학 27-3; 배성호(2001), "재산분할청구권의 본질에 관한 재검토(하)", 사법행정 2001/12; 배인구(2011), "연금의 재산분할 대상성에 관한 검토", 司論 50; 배인구(2015), "장래의 퇴직급여채권과 재산분할", 가족법연구 29-2; 사동천(1998), "이혼법상 임대부동산의 심판분할방법", 가족법연구 12; 서종희(2013a), "이혼시 '가재도구(Haushaltsgegenstände)'의 분할: 신설된 독일민법 제1568b조를 참조하여", 가족법연구 27-2; 서종희(2013b), "이혼 후 재결합한 경우의 재산분할청구권: 제척기간의 중단여부 및 재산분할대상의 확장을 통한 해결", 비교사법 20-2; 서종희(2013c), "재산분할산정에 있어서 기준시기", 가족법연구 27-3; 서종희(2013d), "청산적 재산분할과 부양적 재산분할의 독립과 '2분의 1' 원칙에 대한 재고: Miller v. Miller 사건과 오오무라 아츠시(大村敦志)의 입법제안의 시사점", 조선대 법학논총 20-2(1); 소순무(2002), "이혼시 배우자에게 이전한 자산 중 위자료 부분에 대한 양도소득세와 입증의 문제", 조세법연구 8-2; 소재선(2007), "혼인관계 해소에 따른 재산분할과 사해행위 취소", Jurist 413; 신정민(2015), "이혼시 재산분할청구권 보전을 위한 사해행위취소권의 피보전채권", 가족법연구 29-3; 신정일(2017), "재산분할 대상 및 그 가액의 산정기준시와 관련한 실무 동향과 일부 의문점", 가족법연구 31-2; 양형우(2016), "이혼으로 인한 재산분할청구권의 파산절차상 처리방안", 민사법학 75; 엄경천(2019), "재산분할청구권의 행사기간", 2018년 가족법 주요 판례 10선; 오상진(2005), "재산분할에 있어서 소극재산이 적극재산을 초과하는 경우", 實務研究[Ⅹ]; 오시영(2011), "협의이혼 거부 시 재판상이혼절차에서 협의이혼약정 및 재산분할약정의 효력에 대한 검토", 人權 414; 윤부찬(2009), "전문자격 등의 재산분할대상성 및 분할방법", 동아법학 32; 윤진수(2022), "실질적 특유재산에 대한 재산분할", 가족법연구 36-2; 윤철승·정준호(2018), "이혼 시 혼인주택 분할의 결정: 서울가정법원 재판사례의 실증분석", 가족법연구 32-3; 이동진(2023), "기업경영자의 이혼과 재산분할-특유재산의 분할대상성에 대한 검토를 겸하여-", 가족법연구 37-2; 이동진(2012), "재산분할과 채무: 부부 일방의 적극재산보다 소극재산이 많은 경우를 중심으로", 가족법연구 26-3; 이미주(2021), "이혼으로 인한 재산분할에서 혼인관계 파탄 후 부동산의 취득 또는 가액상승과 관련된 실무상 쟁점에 관한 고찰", 司論 73; 이상민(2002), "재산분할이 사해행위 취소의 대상이 되는지 여부", 民判 24; 이상태(2001), "재산분할청구권의 부양적 성질", 아세아여성법학 4; 이상훈(1993), "이혼에 따른 재산분할청구사건의 재판실무상 문제점에 대한 고찰", 법조 441; 이선미(2015), "재산분할 비율에 관한 서울가정법원 2014년 실무례 분석", 가족법연구 29-2; 이선미(2022), "이혼 재산분할 제도의 개선방안-분할대상과 분할비율에 관한 개정의견을 중심으로-", 가족법연구 36-2; 이승원(2013), "부부 쌍방의 총 소극재산이 총 적극재산을 초과하는 경우에도 이혼에 따른 재산분할이 가능한지", 사법 25; 이재환(2024), "사실혼 해소에 따른 재산분할의 기준시점", 해설 137; 이지은(2015), "이혼시 퇴직연금에 대한 재산분할비율", 민사법학 70; 이진기(2014), "재산분할의 대상으로서 [장래의] 퇴직급여채권", 가족법연구 28-3; 이현곤(2011), "부양적 재산분할에 관한 사례연구", 가사재판연구[Ⅱ]; 이혜진(2008), "하급심 사례를 통해 본 재산분할-분할의 대상과 분할비율의 산정을 중심으로-", 동아법학 43; 이홍민(2010), "이혼급부에 대한 검토-재산분할, 부양료, 위자료 청구의 개별적 근거-", 가족법연구 24-2; 이화숙(2012), "이혼 후의 경제에 관한 영국의 법과 실제", 가족, 사회와 가족법; 임채웅(2017), "이혼을 원인으로 한 재산분할청구채권의 확정 전 양도가능성에 관한 연구", 가족법연구 31-3; 전경근(1999), "이혼에 다른 재산분할과 사해행위취소", 가족법연구 13; 전경근(2005), "재산분할로 인한 채무의 승계", 實務研究[X]; 전경근(2013), "재산분할에 대한 가집행선고", 가족법연구 27-2; 전경근(2022), "혼인중 증가한 재산의 분할-고유재산의 증가분을 중심으로-", 가족법연구 36-2; 전보성(2008), "소극재산이 적극재산을 초과하는 경우 재산분할방법에 관한 시론", 民判 30; 전주혜(2007), "재산분할에 대한 판결례 분석", 가사재판연구[I]; 정구태(2013), "부부 쌍방의 소극재산 총액이 적극재산 총액을 초과하는 경우에도 재산분할이 가능한지 여부", 조선대 법학논총 20-2(1); 정구태(2015), "신종재산의 재산분할대상성에 대한 비교법적 고찰-장래의 퇴직급여채권과 연금수급권 및 전문자격을 중심으로-", 인문사회 6-4; 정상현(2006a), "이혼으로 인한 재산분할청구권의 법적 성격과 상속의 인정 여부에 대한 법리 재검토(상)", 성균관법학 18-1; 정상현(2006b), "이혼으로 인한 재산분할청구권의 법적 성격과 상속의 인정 여부에 대한 법리 재검토(下)", 성균관법학 18-3; 정원(2002), "재산분할과 관련한 몇가지 실무상 문제점", 實務研究[VIII]; 조규창(1994), "동거녀의 재산분할청구권", 고려대 판례연구 6; 조미경(1991), "이혼과 위자료-재산분할제도와 관련하여-", 박병호환갑기념[I]; 조미경(1990), "재산분할청구권(2)", 사법행정 357, 56; 조미경(2002), "독일법상의 법정부부재산제", 최병욱정년; 조은희(2002), "이혼후 배우자 부양에 관한 우리나라와 독일법의 비교법적인 고찰", 법제연구 23; 조은희(2014), "재산분할에 있어서 채무분할에 대한 고찰", 충남대 법학연구 25-2; 조은희(2021), "재산분할청구권의 포기약정에 대한 검토", 제주대 법과 정책 27-2; 조해섭(1998), "악의의 유기로 인한 이혼청구권의 제척기간, 제3자 명의의 재산과 재산분할 대상, 부첩(夫妾)관계와 손해배상 등", 대법원판례해설 30; 진현민(2005), "당사자의 사망이 이혼, 위자료, 재산분할 청구소송 및 보전절차에 미치는 영향", 實務研究[X]; 진현민(2014), "채무초과인 경우의 재산분할 허용 여부", 民判 36; 차선자(2012), "이혼 시 연금분할을 위한 입법적 제언", 전남대 법학논총 32-1; 한봉희(1994), "전문직자격증과 재산분할청구권", 가족법연구 8; 표계학(1995), "영국에서의 이혼시 혼인주택(Matrimonial Home)의 분할 문제", 가족법연구 9; 한애라(2018), "이혼에 따른 재산분할심판에서 당사자 간 일부 재산분할 합의의 소송상 효력", 가족법연구 32-2; 한애라(1999), "협의재산분할과 사해행위취소", 人權 271; 함윤식(2016), "이혼에 따른 재산분할에 관한 판례의 최근 동향", 민사판례연구 38; 황경웅(2007), "재산분할청구권의 상속성-민법 제404조의 일신전속권과 제1005조의 일신전속권의 비교-", 중앙법학 9-2; 황승태(2003), "재산분할에 있어 채권, 채무의 처리에 관한 고찰: 문제점 및 해결방법에 대한 시론적 접근", 재판자료 101; 황우여(1992), "개정민법상의 이혼", 人權 186; 현소혜(2014), "장래의 퇴직급여와 재산분할", 조선대 법학논총 21-2; 현소혜(2020), "재산분할과 제척기간", 윤진수교수정년기념; 현소혜(2023), "재산분할과 특유재산-미국법의 소개를 중심으로-", 가족법연구 37-1.

Ⅰ. 총설

1. 이혼의 재산상 효과 일반

민법은 이혼으로 발생하는 재산상 권리로 재산분할청구권(본조)과 손해배상청구권(§§843, 806)을 인정한다. 전자(前者)는 이혼을 계기로 부부 공동재산을 「청산」하는 권리이고, 후자(後者)는 이혼을 원인으로 한, 또는 이혼원인을 제공한 가해행위로 인한 손해의 배상을 구하는 권리이다.

민법 제정 전 의용되었던(朝鮮總督府制令 제13호) 1947년 개정 전의 일본 민법은 이혼의 재산상 효과에 관하여 아무런 규정도 두지 아니하였고, 판례는 유책 배우자에게 일반 불법행위책임을 인정함으로써 이에 대응하였다.[1] 당시에 손해배상청구권, 특히

이른바 이혼 위자료가 이혼의 재산상 효과의 중심이 된 것도 이러한 사정에서 비롯한
다. 해방 후 미군정 당국의 영향하에 일본 민법이 개정되어 재산분여(財産分與)에 관한
규정이 추가되었고,[2] 아마도 그 영향으로 民法親族相續法編纂要綱(1947) 및 民議院에
제출된 정일형(鄭一亨) 의원 등의 수정안에도 재산분여청구권의 도입이 포함되었다.
그러나 위 요강은 어떤 사정에서인지 민법전 초안에 반영되지 못하였고, 위 수정안은
"재산상의 분여청구권이 있기 때문에 다른 남자와 간통을 하고 내연관계에 있어도 돈
을 많이 나눠주어야 되겠어서 이혼을 못하는 미국사람의 본을 받아서 이런 것을 해야
겠다는 것이면 절대 반대하겠다"는 의견에 부딪혀 부결되었다. 결국 제정 민법은 재
산분할에 관한 규정을 두지 아니하였다.[3]

물론, 여전히 손해배상청구는 가능하였고, 심지어 제정 민법은 종래 법적 성격
등을 둘러싸고 논란이 많았던 손해배상청구권의 근거규정을 마련하기까지 하였다
(§843). 그러나 손해배상청구권은 상대방의 과책을 요하므로 그 적용범위가 제한적이
어서 증가하는 이혼수요에 부응할 수 없었고, 손해배상을 통하여 사실상 부부재산의
청산 내지 이혼 후 부양을 배려하는 것이 정상적 제도운영이라고 할 수도 없었다. 그
리하여 각계에서 재산분할제를 도입하여야 한다는 주장이 계속되던 중 1990년 개정
으로 본조가 신설되기에 이르렀다. 이와 같이 이혼시 재산분할을 인정하는 것은 공동
제에서는 당연한 일이지만(프랑스 민법 §§1441ff., 미국 일부 주),[4] 별산제에서도 널리 인정
되는 바이다(독일 민법 §1363, 오스트리아 혼인법 §§81ff., 스위스 민법 §§204ff., 일본 민법 §762,
미국 다수의 주, 영국).[5] 다만, 구체적으로 이혼시 부부의 전재산을 분할의 대상으로 하
는 경우와 부부가 공동으로 형성한 재산만을 분할의 대상으로 하는 경우, 분할비율을
원칙적으로 법정하는 경우와 법관이 그때그때 정하는 경우가 나뉘는데, 우리는 부부
가 공동으로 형성한 재산만을 대상으로, 법관이 그때그때 정하는 것으로 하고 있다.
이러한 제도는 개개의 사안에서 구체적 타당성을 기하기에 유리하나 심리부담이 크
고 예견가능성이 떨어지며 부부재산계약과 같은 당사자에 의한 자치적 형성의 발전
에도 도움이 되지 아니한다는 단점도 있다.[6]

---

1) 이홍민(2010), 34-36.
2) 新注民(22), 184-190(犬伏由子).
3) 이홍민(2010), 37-39.
4) 미국법에 관하여는, 민유숙(2000b), 483 이하; 프랑스법에 관하여는, 남궁술(2011), 413 이하.
5) 미국법에 관하여는, 민유숙(2000b), 영국법에 관하여는, 이화숙(2012), 456 이하, 독일법에 관하여는,
   조미경(2002), 401 이하.
6) 여러 모델의 비교와 입법론에 대하여는 이선미(2022), 51 이하.

그 밖에 비교법적으로는 일정한 범위에서 부부 상호간 이혼 후 부양의무를 인정하는 예가 많은데(프랑스 민법 §§270ff., 독일 민법 §§1570ff., 오스트리아 혼인법 §§66ff., 스위스민법 §§125ff., 미국, 영국 등),[7] 민법은 이를 인정하지 아니하고 있다. 법전편찬위원회(法典編纂委員會)의 민법 초안(1953)은 회복할 수 없는 정신병 기타 악질(惡疾)을 이유로 이혼하는 경우에 "법원은 당사자의 재산상황 기타 사정을 참작하여 상당한 요양료의 지급을 상대방에게 명할 수 있다"고 규정하여(§833 ②), 이를 부분적으로 도입하고 있었는데, 이것이 결국 입법되지 못한 채 오늘에 이르렀다.

2. 본조의 의의와 적용범위

가. 본조의 의의

본조는 이혼한 부부 일방이 다른 일방에 대하여 재산분할을 받을 수 있음을 정한다. 부부가 각자 자기 명의로 재산을 취득할 수 있는 별산제하에서 이는 반드시 당연한 것이라고 할 수는 없다. 물론, 별산제하에서도 부부 사이에서 재산명의와 실질적 귀속이 분리되는 일은 자주 생기게 마련이다[혼인의 효력 前註 Ⅱ. 1. 나. (3) 참조]. 그러나 그전부터 이러한 문제는 이른바 부부간 명의신탁 등을 통하여 해결되고 있었다. 다만, 대법원 1986. 9. 9. 선고 85다카1337, 1338 판결이 분명히 한 바와 같이 "단지 부동산을 취득함에 있어 상대방의 협력이 있었다거나 혼인생활에 있어 내조(內助)의 공(功)이 있다는 것", 즉 가사노동(家事勞動) 사실만으로는 부부간 명의신탁이 인정되지 아니하였다(제830조·제831조 註釋 Ⅱ. 2. 가. 참조). 본조가 그 고유한 의미를 발휘하는 것은 바로 이때이다.[8] 외벌이－전업주부형 혼인의 경우 재산분할청구권에 의하지 아니하는 한 처는 자신의 기여를 청산받기 어렵다. 본조의 가장 큰 의의는 처가 주로 가사노동(家事勞動)에 종사하고 부(夫)만이 경제활동을 하는 경우 별산제가 처에게 명목적인 것에 그치는 결함을 보완하고, 이를 통하여 이혼의 자유를 실질적으로 뒷받침하며, 양성평등을 실현하는 데 있다.[9]

또한 본조는 부부가 파탄에 이르렀을 때 그들의 공동재산의 포괄적·합리적 청산을 가능하게 한다. 부부는 하나의 생활공동체이고, 그들의 공동재산은 그 물적 기초로서 하나의 유기적 일체를 이루게 마련이다. 이들이 물권법적으로 별개의 재산권

---

7) 전반적으로 이화숙, 부부재산관계, 169－172, 228－229, 259－260; 이화숙(2012), 428 이하. 프랑스법에 관하여는, 김미경(2011), 111 이하; 미국법에 관하여는, 민유숙(2000a), 179 이하; 독일법에 관하여는, 조은희(2002), 187 이하.
8) 이동진(2012), 312－314; 정상현(2006a), 321－324.
9) 박동섭·양경승, 204; 이경희·윤부찬, 127; 이홍민(2010), 39 이하; 최금숙, 친족(2), 216－3; 한봉희·백승흠, 200; 한삼인·김상헌, 111. 대법원 2013. 6. 20. 선고 2010므4071, 4088 전원합의체 판결.

의 대상이 된다 하여 이혼시 각기 따로따로 청산하는 것이 합리적일 수 없는 까닭이
다. 재산분할청구권은 부부가 개개의 재산에 개별적으로 상이한 기여를 하였다 하더
라도, 이를 무시하고 부부 공동재산 전체를 한 번에 포괄적으로 청산할 수 있게 해준
다. 이 과정에서 당초의 기여 못지않게 현재 또는 장래의 필요에 들어맞는 합리적인
분할을 꾀할 수 있다. 이는 가사노동과 같은 간접적 기여의 형태만이 있는 외벌이 –
전업주부형의 혼인이 아니라 하더라도 똑같이 적용되는 이 제도의 기능 내지 장점이
다(아래 Ⅱ. 2. 라. 참조).

　　그 밖에 학설로는 본조의 신설이 우리 부부재산제를 별산제에서 공동제로 전환
시켰다는 주장도 있다.[10] 그러나 본조의 신설로 별산제에 채권적 청산제도를 결합한
「절충형」으로 전환하였다고 할 수는 있어도, 공동제로 전환하였다고 하기는 어렵다
(판례·통설). 우리 법에서는 재산분할의 대상이 되는 부부 공동의 재산이라 하더라도
물권법적으로 부부 일방에게 귀속되어 있는 재산인 이상 그가 단독으로 처분할 수 있
는 것이다(제830조·제831조 註釋 I. 1. 가., 다. 참조). 다만, 부부 일방의 채권자에 대한 책
임재산으로서의 기능과 관련하여서는 본조가 단순한 별산제보다 부부 일방의 지위를
좀 더 강하게 보호하는 측면이 있다(아래 Ⅲ. 1. 나. 참조).

나. 본조의 적용범위

　　본조는 협의상 이혼을 한 당사자에 적용될 뿐 아니라(§839–2 ①), 재판상 이혼에
도 준용된다(§843). 민법에는 명문의 규정이 없으나 혼인 취소에도 유추되고 있다.[11]
혼인무효에 관하여는 규정이 없으나, 그중 상당수는 뒤에 보는 사실혼보호 법리에 의
하여 해결될 수 있다. 부부 일방의 사망으로 혼인관계가 해소되는 경우에는 본조와
같은 제도가 없고 배우자 상속(§1003 등)에 의하는 수밖에 없다. 그러나 현행법상 배우
자 상속은 재산분할과는 전혀 다른 논리에 기초하고 있어 그 대체물이 될 수 없다.[12]
　　사실혼 관계가 해소되는 경우에 본조가 유추될 수 있는가에 관하여는 논란이 있

---

10) 조미경, "혼인중 취득한 재산의 귀속", 민법학의 회고와 전망(1993), 891 이하.
11) 김주수·김상용, 271. 또한 송덕수, 108; 신영호·김상훈·정구태, 140(다만, 두 문헌은 모두 가사소송법
　　규정을 들어 '준용'한다고 설명하는데, 가사소송법 규정은 본조를 직접 준용하지 아니하고 본조의 적용
　　을 전제할 뿐이다). 家訴 §2 ① ii. 나. 4)는 '민법 제839조의2제2항(같은 법 제843조에 따라 준용되는 경
　　우 및 혼인의 취소를 원인으로 하는 경우를 포함한다)에 따른 재산분할에 관한 처분'을 마류 가사비송
　　사건으로 들어 이 점을 확인한다. 가사소송법 제정과정에서 민법에 규정이 없음을 발견하고 삽입한 것
　　이나, 실체법에 준용규정이 없어 유추에 의하면서 절차법에 이를 뒷받침하는 규정을 두는 것은 적절하
　　다고 할 수는 없다. 입법적 보완이 필요하다.
12) 이는 법률의 흠에 해당한다. 배우자상속은 본래는 부부재산의 청산과는 별개의 제도로, 배우자상속을
　　충분히 확장함으로써 부부재산의 청산에 (거칠게나마) 갈음하게 할 수는 있으나 그러한 조치가 없는 한
　　부부재산의 청산이 문제되는 국면이라면 이혼이든 사망이든 비슷한 방식과 수준의 청산이 허용되어야
　　하기 때문이다. 이동진, "배우자의 특별수익, 기여분, 유류분", 사법 56(2021), 321–323; 同, "부부 일방
　　의 사망과 재산분할·상속 그리고 사실혼", 가족법연구 38(2)(2024), 389 이하.

으나, 판례는 사실혼 관계가 사망에 의하지 아니하고 해소되는 경우에 한하여 이를 유추하고 있다.13) 이와 같은 유추에 반드시 근거가 없다고 할 수는 없지만 사실혼 배우자에게 배우자 상속권이 인정되지 아니하는 한 사망에 의한 사실혼 관계 해소와 균형이 맞지 아니하고, 그리하여 사망에 의한 사실혼 관계 해소와 그 밖의 사실혼 관계 해소 사이,14) 나아가 사실혼과 단순한 동거(同居) 사이의 경계획정 문제가 생기게 되는 것을 피할 수 없다.15) 상세는 사실혼 後註 참조.

현행법은 혼인관계가 사실상 파탄에 이르렀거나 기타 특별한 사정이 있다 하더라도 법률혼 존속 중 재산분할을 구하는 것은 허용하지 아니한다. 그러나 독일 민법(§1385)이나 프랑스 민법(§1443)은 이를 인정하고 있고, 입법론적으로도 이를 인정할 필요가 있다.16)

II. 재산분할청구권의 내용

1. 재산분할의 기준 내지 고려요소

가. 학설과 판례

(1) 재산분할의 기준 내지 고려요소로는 세 가지가 문제된다.

첫째, 청산적 요소이다. 혼인중 부부간 협력의 성과는 이혼시 그 실질에 따라 청산되어야 하는바 재산분할은 이러한 부부재산관계의 실질적 청산 또는 잠재적 지분의 취득이고, 본조 ①, ②이 「분할」을 구할 수 있다고 하고, ②이 "당사자 쌍방의 협력으로 이룩한 재산의 액수 기타 사정"을 참작하도록 하고 있는 것도 이를 전제한다고 한다.17) 청산이 필요한 실질적 근거로는 혼인중 부부가 협력하여 취득한 재산은 부부 일방의 명의라 하더라도 실질적으로 부부의 공동재산이라거나(실질적 공유설),18) 처의

---

13) 대법원 1993. 8. 27. 선고 93므447, 454 판결; 대법원 1993. 11. 23. 선고 93므560 판결; 대법원 1995. 3. 10. 선고 94므1379 판결; 대법원 1995. 3. 24. 선고 94므1583 판결 등. 이것이 위헌이 아니라는 것으로 헌법재판소 2024. 3. 28. 선고 2020헌바494, 2021헌바22 결정.

14) 대법원 2009. 2. 9.자 2008스105 결정 참조.

15) 내연관계 내지 부첩관계 중에 형성된 재산에 대하여는 재산분할청구가 인정되지 아니한다. 서울가정법원 1994. 6. 16. 선고 93드1750 판결; 서울가정법원 2004. 2. 11. 선고 2003드합8510 판결 등. 또한 동성(同性) 사이에 존재한 사실혼 유사의 동거관계 중 형성된 재산에 대하여도 재산분할청구권이 인정되지 아니한다는 것으로 인천지방법원 2004. 7. 23. 선고 2003드합292 판결. 한편, 사실혼과 동거의 구별이 애매한 경우에 대하여 재산분할을 인정한 예로, 서울가정법원 1992. 10. 14. 선고 92드47407 판결 [평석: 조규창(1994)].

16) 박현정, "혼인중 재산분할제도", 재산법연구 26-2(2009), 237 이하; 윤진수, "민법개정안 중 부부재산제에 관한 연구", 민법논고[IV](2009), 252-255. 또한, 이동진(주 12), 사법, 318 이하도 참조.

17) 민유숙(1993), 407; 정상현(2006a), 324-325.

18) 김용한, 159; 김주수·김상용, 143-144, 242-243; 이경희·윤부찬, 127.

가사노동에 의한 기여가 혼인의 해소로 부당이득이 된다는(부당이득설)[19] 점을 들고
있다.

둘째, 부양적 요소이다. 이혼하면 혼인의무로서 부양의무는 소멸하나, 과거에는
전문적 능력을 보유하고 있던 처가 혼인으로 인하여 가내(家內)에서만 노동하게 됨에
따라 능력이 퇴화하므로 이혼 후 그런 능력이 회복될 때까지 그를 보살펴준다는 관점
에서[20] 혼인의 사후효(事後效)로서 이혼 후 부양의무가 발생하고 이것이 재산분할에
서 고려되어야 한다거나(혼인의 사후효설),[21] 이혼 당사자는 이혼으로 부양청구권을
상실하므로 이는 이혼으로 인한 손해에 해당하여 배상되어야 한다는(손해배상설)[22]
것이다.

끝으로, 위자료적 요소가 있다. 유책배우자는 이혼 자체나 이혼사유로 인한 손해
를 배상하여야 하는데 이러한 종래의 이혼위자료도 재산분할청구권의 신설과 함께
재산분할과정에서 포괄하여 처리할 수 있게 되었다는 것이다.[23]

(2) 본조의 재산분할청구권은 이러한 요소 중 어느 것을 고려하는가.

통설은 위 첫째와 둘째를 함께 고려하여야 한다고 한다(청산 및 부양설).[24] 본조의
문언과 그 입법취지에 비추어 보더라도 그 주된 목적이 청산에 있음을 부정할 수 없
고, 혼인은 경제공동체를 형성하므로 청산이라는 측면을 도외시할 수 없으나, 다른
한편 혼인중에 존재하였던 부양청구권이 이혼으로 소멸하는 이상 그에 대한 대상(代
償)이 있어야 하는데, 현행법에서는 재산분할이 그 기능을 하며, 본조가 "기타 사정"
을 참작하도록 한 취지도 그러하다는 것이다.[25] 다만, 청산적 요소와 부양적 요소의
관계에 관하여는 견해가 갈린다. 한 견해는 부양은 부양의 필요를 전제한다는 점을
들어 부양적 요소는 청산적 요소만으로 이혼 부부 일방의[26] 생계유지에 충분하지 아
니할 때에 보충적으로 고려된다고 한다(보충적 고려설).[27] 반면, 다른 견해는 부부이므

19) 배경숙·최금숙, 183; 최금숙, 친족(2), 217.
20) 박종권(2007b), 80.
21) 김주수·김상용, 242-243258; 민유숙(1993), 407-408; 이상태(2001), 85 이하.
22) 이홍민(2010), 52 이하.
23) 조미경(1991), 288-289.
24) 김용한, 152-153; 김주수·김상용, 242-243, 258; 송덕수, 109; 이경희·윤부찬, 127-129.
25) 민유숙(1993), 407-410; 윤부찬(2009), 283-284; 이상태(2001), 66.
26) 자녀에 대한 부양의무가 포함되는지는 별개의 문제인데, 대법원 2003. 8. 19. 선고 2003므941 판결은
   성년자녀에 대한 부양의무는 부양권리자와 부양의무자 사이의 법률관계일 뿐 재산분할의 액수를 정하
   는 데 참작할 사정은 아니라고 한다.
27) 고정명·조은희, 122; 김영갑(1991), 218; 민유숙(1993), 410; 이경희·윤부찬, 128. 이러한 견해에서는
   부양필요성과 부양능력 및 부양의무자의 귀책사유 등이 고려된다. 민유숙(1993), 440-441, 451-452;
   이현곤(2011), 597-598; 주석친족(1), 363-365(송인우).

로 이 경우의 부양은 이른바 생활유지적 부양이고, 혼인해소에 대한 대가의 성격을 갖는다는 점을 들어, 청산적 요소와 부양적 요소가 원칙적으로 병존한다고 한다(병존적 고려설).28) 또한 통설은 부양적 재산분할의 경우 부부 공동재산이 아닌 부양의무자의 전 재산, 즉 그의 특유재산까지도 분할의 대상에 포함된다고 보고 있으나, 부양적 요소도 부부 공동재산을 대상으로 하여서만 고려하여야 한다는 견해도 있다.29)

근래에는 청산적 요소만 고려하여야 하고, 부양적 요소는 고려할 수 없다는 견해도 유력하게 주장되고 있다(청산설).30) 사회일반의 의식이 이혼 후 부양에 대하여 호의적이지 아니하고, 통설에서 부양적 요소는 주로 혼인중 축적된 재산이 없는 경우 특유재산이나 장래의 소득을 분할대상으로 삼기 위함인데, 이는 이미 청산적 요소로 충분히 해결할 수 있다고 한다.31) 또한 통설은 청산적 요소와 부양적 요소의 분할대상재산을 달리 보는데(아래 3. 참조), 청산적 요소와 부양적 요소를 구분하여 판단하지 아니하는 실무에 비추어 볼 때 재산분할에서 양자를 모두 고려하는 경우 재산분할액을 확정하기 어렵다고 한다. 이혼 후 부양은 손해배상의 문제로 해결할 수 있다는 지적도 있다.32)

한편, 재산분할에 위자료적 요소가 포함되는가에 관하여는 대부분의 학설이 부정적이나, 일본의 학설대립이 우리에도 그대로 적용될 수 있다면서 유보적인 견해도 있다.33)

판례는 기본적으로 "재산분할제도는 혼인중에 취득한 실질적인 공동재산을 청산, 분배하는 것을 주된 목적"으로 한다는 입장이지만,34) 약간 다른 맥락에서는, 부부 중 일방이 불치의 정신병에 걸린 경우 재판상 이혼사유가 있다고 하면서 "혼인관계가 해소되는 경우 불치의 질환에 걸린 일방이 배우자로부터의 원조가 제한되게 됨에 따라, 극심한 경제적 고통을 받게 되고 보호를 받을 수 없게 되는 사정이 있더라도 이

28) 윤부찬(2009), 285-286, 291.
29) 앞의 견해를 따를 때 부양적 재산분할의 대상에 관하여는, 김성숙(1996), 71 이하; 김용원(2008), 87 이하; 민유숙(1993), 439-445; 이상태(2001), 89-91; 이현곤(2011), 597 이하. "부양적 재산분할"을 고려할 때 부부 일방의 상속재산도 재산분할의 대상이 된다는 것으로, 서울고등법원 1995. 4. 13. 선고 94르1623 판결. 뒤의 견해로, 이상훈(1993), 72(부양적 요소라 하더라도 전체 재산에 대하여 고려하는 것은 본조 ②의 명문 규정에 반한다는 취지이다).
30) 고창현(1990), 13; 배성호(2001), 16; 배경숙·최금숙, 183; 서종희(2013d), 132 이하; 이홍민(2010), 45; 정상현(2006a), 335-338; 지원림, 민법강의 (제19판, 2022), 1989; 한삼인·김상헌, 112.
31) 정상현(2006a), 335-338.
32) 이홍민(2010), 45, 52-54.
33) 조미경(1991), 288-289. 이 견해에 좀 더 기운 것으로, 박동섭·양경승, 204.
34) 대법원 1993. 5. 11.자 93스6 결정; 대법원 1995. 10. 12. 선고 95므175, 182 판결; 대법원 1997. 12. 26. 선고 96므1076, 1083 판결; 대법원 1998. 2. 13. 선고 97므1486, 1493 판결; 대법원 1998. 2. 13. 선고 96누14401 판결.

는 이혼 당사자 사이의 재산분할청구 등 개인간 또는 사회적 부양의 문제로 어느 정도 지원을 기대할 수 있을 뿐"이라거나,35) "재산분할은 혼인중 雙方의 협력으로 형성된 공동재산의 청산이라는 성격에, 상대방에 대한 부양적 성격이 가미된 제도"라거나,36) "혼인중에 이룩한 재산관계의 청산뿐 아니라 이혼 이후 당사자들의 생활보장에 대한 배려 등 부양적 요소 등도 함께 고려할 대상"이 된다고 하고,37) 나아가 '이혼 이후의 생활능력'을 고려하거나38) 이혼 후 경제적 능력의 차이를 참작할 수 있다고 함으로써39) 부양적 성격도 부정하지 아니한다. 하급심 재판례 중에도 주로 청산적 요소만으로는 충분하지 아니하여 이혼 당사자 일방이 생계에 어려움을 겪을 것으로 우려되는 경우를 중심으로, 부양적 요소를 보충적으로 고려하였음을 명시한 것이 보인다.40)

　　그 밖에 판례 중에는 "이혼에 따른 재산분할을 함에 있어 혼인중 형성한 재산의 청산적 요소와 이혼 후의 부양적 요소 외에 정신적 손해(위자료)를 배상하기 위한 급부로서의 성질까지 포함하여 분할할 수 있"다고 한 것도 있다.41)

나. 검토

　　부부가 각자 소득활동을 하였고 그 재산이 일체를 이룬 경우, 가령 부부가 각자 번 돈을 보태어 생활비 등에 쓰고 부(夫) 명의로 부동산을 매수한 경우, 이혼시 그 재산이 분할의 대상이 됨은 물론이다. 이러한 경우 재산분할은 그 근거가 무엇이든 자신의 기여에 대한 청산의 성격을 갖는다.42) 반면 부부 중 일방이 소득활동을 하고 다른 일방은 가사노동(家事勞動)에 종사하는 외벌이－전업주부형 혼인의 경우 가사노동에 종사한 부부 일방의 기여는 다른 일방의 노동력을 재생산해주는 간접적인 형태를 띤다. 이러한 경우 가사노동의 가치를 어떻게 평가하든 부(夫)의 경제적 성공의 정도에 따라 같은 내용의 가사노동의 가치가 달라진다고 할 수는 없으므로, 재산분할이

---

35) 대법원 1991. 1. 15. 선고 90므446 판결(재판상 이혼에 관한 판시로서, 재산분할에 관한 부분은 방론이다).
36) 대법원 2000. 9. 29. 선고 2000다25569 판결; 대법원 2001. 2. 9. 선고 2000다63516 판결; 대법원 2006. 9. 14. 선고 2006다33258 판결(모두 사해행위취소에 관한 판결이다). 비슷한 것으로 헌법재판소 1997. 10. 30. 선고 96헌바14 결정.
37) 대법원 2013. 6. 20. 선고 2010므4071, 4088 전원합의체 판결. 해설: 이승원(2013), 375 이하. 비교법에 관하여는 같은 문헌, 390 이하(채무만의 분할을 허용하는 예와 이를 부정하는 예가 모두 존재한다).
38) 대법원 2000. 9. 22. 선고 99므906 판결; 대법원 2007. 4. 26. 선고 2005므2552, 2569 판결; 대법원 2013. 10. 17. 선고 2013므3116 판결 등.
39) 대법원 2006. 5. 8.자 2004스22 결정.
40) 김성숙(1996), 73 이하; 이상태(2001), 67 이하; 이현곤(2011), 586 이하.
41) 대법원 2000. 10. 10. 선고 2000다27084 판결; 대법원 2001. 5. 8. 선고 2000다58804 판결; 대법원 2005. 1. 28. 선고 2004다58963 판결; 대법원 2006. 6. 29. 선고 2005다73105 판결.
42) 이때 부부간 명의신탁이 인정된다면, 이를 별도의 민사소송으로 청산할 수도 있지만, 재산분할절차에서 청산할 수도 있다. 이동진(2012), 319 주 69; 정원(2002), 98.

가사노동의 기여를 청산하는 것이라는 구성만으로는 재산분할이 부(夫)의 경제적 성
공의 정도로부터 상당한 영향을 받는 것을 다 설명할 수 없다. 이때 가사노동에 종사
하는 일방이 다른 일방의 성과에 참여하는 것은 부부 사이의 연대성에 근거하고 있다
고 보아야 한다.43) 그러므로 재산분할은 부부 공동재산의 청산이지만, 부부 공동재산
이 청산의 대상이 되는 것은, 각자가 혼인공동생활(의 지속)을 전제로 공동재산의 형성
에 실질적 (경제적) 기여를 하였기 때문일 뿐만 아니라, 다른 일방의 소득활동 및 재산
형성에 '참여'할 수 있으리라는 기대하에 자신의 소득활동의 기회를 포기하였기 때문
이기도 하다. 이는 통상적인, 청산적 성격의 재산분할조차도 그 이념적 배후에 부양
적 요소가 포함되어 있고, 이념적으로 양자가 혼인공동생활의 다양한 양태에 따라 서
로 다른 정도로 결합되어 있음을 뜻한다.

　　그러나 이를 넘어서 재산분할을 부부 공동재산의 청산을 전제하지 아니한 순수
한 이혼 후 부양으로 활용할 수는 없다. 이를 인정하기 위해서는 하나의 재산분할청
구권에서 부부 공동재산의 분할과 일방의 전 재산 중 일부의 출연·지급이라는 두 개
의 권리를 인정하는 복잡하고 부자연스러운 구성이 필요한데, 그러한 해석을 뒷받침
할 만한 근거가 없고, 이혼 후 부양을 의식적으로 배제한 입법적 결단과44) 「분할」의
일상적 어의(語義)에도 반한다. 판례가 부부 雙방이 협력하여 이룩한 재산만을 분할의
대상으로 삼는 것도 순수한 이혼 후 부양과 조화되기 어렵다. 각국의 경향을 보아도
이혼 후의 부양을 인정할 것인지 여부 및 그 범위는 고도로 정책적인 측면을 갖는다.
재판실무도 1990년대 초반의 몇몇 하급심 재판례를 제외하면 청산적 재산분할과 부
양적 재산분할을 나누거나 부양적 재산분할을 위하여 특유재산까지 분할의 기초에
산입하지는 아니하고 있고, 부양적 요소를 분할비율을 상향 조정하는 한 근거로 원용
하는 데 그쳐, 대체로 이러한 입장에 서 있다고 보인다.45) 물론 이처럼 분할비율을

---

43) 맞벌이형 혼인에서 부부가 각자 직접적인 재산적 기여를 할 수 있는 것과 달리 외벌이-전업주부형
혼인에서 가사노동에 전념하는 부부 일방은 자신의 소득활동, 즉 직접적인 재산적 기여의 기회를 전부
또는 일부 「포기」하고 다른 일방의 재생산에 기여함으로써 다른 일방의 소득활동 내지 재산적 기여의
크기를 키운다. 게다가 이와 같은 「포기」는 어느 정도 영구적이다. 그럼에도 불구하고 이와 같은 부부
간 분업이 이루어지는 까닭은 그 성과의 합(合)이 각자 소득활동을 하는 경우 그 성과의 합보다 더 크
고, 혼인이 계속되는 한 가사노동에 전념한 부부 일방도 그 성과를 함께 누릴 수 있기 때문이다. 그런데
이후 이 부부가 이혼하면, 소득활동을 포기한 부부 일방은 더는 다른 일방의 소득에 참여할 수 없게 된
다. 이러한 경우 혼인의 지속을 전제로 한 일방의 「포기」의 위험을 그 일방에게만 지우는 것은 합리적
이라고 할 수 없다. 그 희생에 대한 배려가 필요하다. 이동진(2012), 315-316. 또한 이상태(2001),
85-91; 대법원 2013. 6. 20. 선고 2010므4071, 4088 전원합의체 판결 중 대법관 이상훈, 김소영의 반대
의견도 참조.

44) 이러한 민법 제정 당시의 결정이 1990년 본조 신설로도 뒤집혀졌다고 볼 근거는 없다.

45) 김성숙(1996), 124 이하; 이상태(2001), 67 이하, 91; 이현곤(2011), 590 이하; 정상현(2006b), 351 이하.
좀 더 명시적인 것으로 김수정(2005), 555; 김종우(2002), 48-50. 그러나 판례는 위자료도 포괄한다는

조정하는 과정에서 이혼 당사자의 혼인생활 및 혼인생활 중의 기여뿐 아니라 이혼 후의 생활력과 그 원인을 함께 고려하는 것은 가능하고 어떤 의미에서는 불가피한 일이다. 그 한도에서 재산분할에는 어느 정도 부양적 성격이 인정될 수 있다. 그러나 이는 어디까지나 부부공동재산의 청산의 틀 안에서 이루어지는, 형평을 고려한 조정에 그친다. 그 밖에 이혼으로 인한 손해배상이 이혼 후 부양의 기능을 할 수 있는지에 관하여는 제843조 註釋 I. 참조.

　　위자료 기타 손해배상청구권이 재산분할에 포함된다고 볼 수도 없다. 본래 위자료청구권이 재산분할에 포함되는지 여부는 이혼 위자료에 관한 명문 규정이 없고 재산분여청구권이 명문으로 규정된 유일한 이혼급여인 일본 민법(§768)에서 성립한 논의이다. 민법은 §843에서 §806를 재판상 이혼에도 준용함으로써[46] 이미 이혼 위자료에 대하여 별도의 근거규정을 두었다. 일본에서는 재산분할청구는 가사심판사건, 위자료청구는 민사사건으로 그 관할이 달라지는 반면, 우리나라에서는 이혼 위자료는 다류 가사소송사건, 재산분할청구는 마류 가사비송사건으로 이미 가정법원에서 같은 절차로 재판할 수 있다(家訴 §14 ①, ④).[47] 이혼 위자료를 포함하여 재산분할을 할 수 있다고 본다 하더라도, 실체적·절차적으로 별도의 근거를 갖고 있는 이혼 위자료를 따로 구하는 것을 막을 수 없으므로, 재산분할 후 별소로 이혼 위자료를 구할 때 이미 재산분할에서 위자료적 요소가 고려되었음을 참작하여야 하는지, 참작한다면 어떤 방식으로 하여야 하는지와 같은 복잡한 문제가 생기는 것도 무시할 수 없다.[48] 재산분할에 위자료적 요소를 포함시키면 문제는 복잡해지는 데 비하여 얻는 것은 별로 없는 셈이다. 위자료적 요소를 언급한 판례들(주 41)은 모두 협의분할이 문제된 사안으로서, 당사자가 「재산분할」 명목으로 준 급여 중 위자료적 요소도 포함되어 있을 수 있다는 취지에 불과하고, 반드시 위자료가 법적으로, 즉 재판상 청구할 수 있는 「재산분할」에 포함된다는 취지라고 단정할 수는 없다.[49] 재산분할비율의 결정과 관련하여 혼인파탄의 경위, 가령 부부 일방의 유책성을 고려하는 것은 별개의 문제이다.

입장이라는 이해로, 한봉희·백승흠, 201.

46) 재판상 이혼에서와 같은 명문 규정은 없으나, 협의상 이혼에서도 이혼 위자료는 일반적으로 인정된다. 제843조 註釋 I. 참조.

47) 민유숙(1993), 413-414.

48) 이에 관한 일본에서의 논의에 관하여는, 新注民(22), 197-198(犬伏由子).

49) 윤부찬(2009), 282-283; 윤진수, 120. 신영호·김상훈·정구태, 141도 비슷한 취지이다. 그러나 대법원 2013. 6. 20. 선고 2010므4071, 4088 전원합의체 판결 중 다수의견에 대한 대법관 양창수, 민일영, 박병대, 박보영의 보충의견은 재산분할에 위자료적 요소가 포함된다는 취지로 보인다. 김종우(2002), 36도 실무상 양자를 상호 보완적인 것으로 보고 위자료액수가 재산분할액수에, 재산분할액수가 위자료액수에 상관적으로 고려되고 있는 것으로 보인다고 한다. 이러한 판례가 재산분할에 포함되는 요소를 넓게 인정하여 배우자를 보호하려는 데 취지가 있는 것으로 보인다는 해석으로 김주수·김상용, 259.

2. 재산분할의 판단구조

가. 재산분할청구권의 내용의 구체화 과정

본조는 제1차적으로는 부부의 협의, 제2차적으로는 가정법원의 재판으로 "분할의 액수와 방법"을 정한다는 점과, 이때 "당사자 쌍방의 협력으로 이룩한 재산의 액수 기타 사정"이 참작된다는 점(본조 ②)을 제외하면 재산분할의 구체적인 내용과 방법에 관하여 알려주는 바가 없다. 그 이외에 家訴規 §98가 재산분할의 심판에 공유물분할에 관한 §269 ②을 준용하고 있을 뿐이다. 결국 재산분할청구권의 내용의 구체화는 판례·학설에 맡겨져 있다.

이를 위해서는 먼저, (a) 분할의 대상인 재산 범위를 결정하고, 그 가액을 산정하며, 다른 한편 (b) 분할비율을 확정하여, 이에 터잡아 (c) "분할의 액수와 방법"을 정하여야 한다. 재산분할은 역사적으로는 재산분할의 근거규정을 입법하는 데서부터 시작하여, 한편으로는 분할의 대상이 되는 재산의 범위를 점차 확장하고, 다른 한편으로는 분할비율을 보다 균등하게 하는 조정하는 방향으로 발전해왔다.[50]

(a)		**분할의 대상인 재산의 범위**
	가	**분할의 대상인 재산의 범위**
		▪ 부(夫) 명의로 된 재산 중 부부 공동재산 X, Y,
		▪ 처 명의로 된 재산 중 부부 공동재산 Z
	나	**분할대상인 재산(①)의 가액평가**
		▪ X 80, Y 40, Z 40, 합계 160
(b)		**분할의 비율(②) 확정**
		▪ 부(夫) 60%, 처 40%
(c)		**분할의 액수와 방법**
	가	**부부 각자에게 귀속되어야 할 재산의 총액 = ① × ②**
		▪ 부(夫) 96(= 160 × 60%), 처 64(= 160 × 40%)
	나	**부부 각자에게 귀속되어 있는 재산의 총액**
		▪ 부(夫) 120, 처 40
	다	**재산분할액의 결정: (나) − (가)**
		▪ 부(夫) 24(= 120 − 96), 즉 부(夫)가 처에게 24 상당 분할
	라	**재산분할의 방법 결정**
		▪ 부(夫)→처: 금전 24, 또는 Y 1/2 지분 + 금전 4 분할

---

50) 민유숙(2001a), 104.

　좀 더 구체적으로 설명하면 다음과 같다. 먼저 분할의 대상인 재산 범위를 정하여야 한다. 그 다음, 그 가액을 평가하고, 분할비율을 결정한다. 위 부부 공동재산의 총액에 각자의 분할비율을 곱하여 부부 각자에게 귀속되어야 할 재산 총액을 정한다. 이것과 부부 각자에게 현재 귀속되어 있는 재산의 총액의 차액을 셈하면 누가 누구에게 얼마의 재산을 분할해주어야 할지가 나온다. 이후 분할의 방법을 정하여야 한다. 금전분할을 하는 경우에는 위 금액 상당의 재산분할액을 인정하면 되고, 현물분할 및 대상분할을 혼합하는 경우에는 합리적인 분할방법을 정하되, 부부 일방이 다른 일방에게 이전해준 재산가치의 합계가 위 금액이 되도록 조정하여야 한다.

나. 각 단계의 상관관계

　위 세 단계는 기본적으로 독자적이지만, 그들 사이에 일정한 상관관계가 있다. 아래 일방 배우자가 특유재산의 유지·보존에 기여한 경우 및 개인 영업의 재산분할 대상성에 관한 논의에서 드러나듯이, 재산분할의 대상이 되는 재산(a)을 좁게 잡고 분할비율(b)을 높게 인정하는 것과 재산분할의 대상이 되는 재산(a)을 넓게 잡고 분할비율(b)을 낮게 인정하는 것 사이에는 기능적 대체관계가 성립하므로, 어느 방법으로도 같은 재산분할액을 도출할 수 있는 것이다.

　그러나 재산분할의 대상이 되는 재산(a)의 존재와 그 가치는 비교적 엄격한 증명을 요하는 반면, 분할비율(b)은 법관의 재량에 맡겨져 있다. 또한 재산분할의 대상이 되는 재산(a)이 매우 적은 경우에는 아무리 분할비율(b)을 인상하여도 같은 재산분할액을 도출할 수 없다. 분할·처분의 대상[(c)의 라]은 어디까지나 재산분할의 대상이 되는 「재산」(a), 즉 부부 공동재산에 한하므로 재산분할의 대상이 되는 재산(a)을 넓게 잡는 경우 재산이전을 명할 수 있는 재산의 범위[(c)의 라]도 넓어진다. 따라서 재산분할의 대상이 되는 재산의 범위를 넓히면 부부 각자의 자기 명의의 재산에 대한 단독 관리·처분이 제한된다. 아래 3. 나.에서 보는 바와 같이 재산분할의 대상이 되는 재산인지 여부에 관한 개별쟁점 중 상당수에서 그때그때 누구의 어떤 이익을 더 우선하여 이와 같은 세 요소의 상충관계를 조정할 것인지가 문제된다.

3. 분할의 대상인 재산의 범위

가. 일반적인 기준

(1) 특유재산과 공동재산

　재산분할의 대상이 되는 재산은 원칙적으로 부부가 혼인중에 쌍방의 협력으로 취득한 재산(공동재산)이다. 혼인중 쌍방의 협력으로 취득한 재산인 이상 부부 중 누구

명의로 되어 있는지는 문제되지 아니하나, 혼인 전부터 일방이 소유하고 있던 재산과 혼인중이라도 쌍방의 협력과 관계없이 일방이 그 명의로 취득한 재산, 예컨대 상속 · 증여 등으로 취득한 재산[(실질적) 특유재산]은 제외된다.[51] 따라서 부부 재산은 물권적 권리귀속을 기준으로 특유재산과 공유재산으로 구별되는 외에(제830조 · 제831조 註釋 I. 1. 나. 참조), 재산분할의 대상이 되는지를 기준으로 실질적 특유재산과 실질적 공동재산으로 구분된다. 물권법적으로는 공유재산이지만 재산분할의 대상이 되지 아니하는 실질적 특유재산은 생각하기가 쉽지 않으나,[52] 물권법적으로는 부부 일방의 특유재산이지만 재산분할청구의 대상이 되는 실질적 공동재산은 흔하고, 또 본조를 둔 취지가 바로 그러한 것을 인정하는 데 있으므로, 결국 (좁은 의미의) 특유재산, 실질적 공동재산 및 공유재산의 세 종류의 재산이 있는 셈이다.[53]

좁은 의미의 특유재산과 실질적 공동재산은 어떻게 구별하는가.

먼저, 「혼인중」 취득한 재산만이 공동재산이 된다. 혼인 전 또는 혼인종료 후 부부 일방 명의로 취득한 재산은 원칙적으로 특유재산이다. 이때 「혼인중」이라 함은 부부가 경제적 공동체를 이룬 기간, 즉 실질적으로 혼인공동생활이 계속되고 있는 동안을 의미하므로, 혼인신고 유무와 관계없이 동거 등 사실상 혼인공동생활이 시작한 때부터 이혼신고 내지 이혼판결 확정 여부와 관계없이 사실상 혼인공동생활이 파탄될 때까지를 포함한다.[54] 따라서 사실혼의 경우 그 성립시부터 해소시까지가 이에 포함된다.[55] 법률혼의 경우 혼인신고가 있기 전에 사실상 혼인공동생활이 시작되었다면 그 기간은 포함되는 반면, 혼인신고 후에도 한동안 사실상 혼인공동생활이 시작되지 아니하였다면 그 기간은 제외된다. 이혼 효력 발생 전이라도 사실상 혼인공동생활이 종료한 뒤의 기간은 포함되지 아니하나,[56] 별거 이후 취득한 재산 내지 재산적 이익

---

51) 민유숙(1993), 417−418.
52) 다만, 이러한 공유재산의 분할근거는 본조가 아니라 공유물분할에 관한 §268라는 견해로 정상현(2006b), 329. 그러나 이는 본조의 재산분할청구권이 개개의 공유재산은 물론, 부부 공유재산 전체, 나아가 물권법적으로는 부부 공유재산이 아니나 실질적으로 공동재산인 재산까지 포괄하여 한 번에 청산하는 제도임을 간과하고 있다.
53) 많은 문헌이 일본에서 주장된 이러한 재산 3분법을 그 채택 여부와 관계없이 원용하고 있다. 가령 김용욱(1990), 22; 김영갑(1991), 236. 그러나 물권법적 귀속 여부에 따른 특유재산과 재산분할의 대상 여부에 따른 실질적 특유재산 사이에 용어상 혼동이 초래될 수 있다는 점에서 문제가 없지 아니하다. 이를 지적하는 것으로, 민유숙(1995), 246 이하. 그 밖에 혼인 전부터 가지고 있던 일방의 재산을 특유재산과 구분하여 「고유재산」이라고 부르는 것으로, 김용원(2008), 66.
54) 김수정(2005), 556; 윤진수, 123. 이에 대하여 판례는 분할대상확정의 기준시를 사실심 변론종결일로 보고 있다고 설명하는 것으로, 주석친족(1), 421−422(송인우). 그러나 분할대상재산확정의 기준시와 분할대상재산이 무엇인지, 어떤 재산이 혼인중 취득한 재산이고 어떤 재산이 혼인중 취득한 재산이 아닌지를 누가 증명할지는 구별되는 문제이다.
55) 대법원 2024. 1. 4. 선고 2022므11027 판결.
56) 대법원 2013. 11. 28. 선고 2013므1455 판결도 같은 취지에서 혼인관계 파탄 후 사실심 변론종결일 사

이라 하더라도 별거 전에 부부의 협력에 의하여 형성된 유·무형의 자원에 기한 것은 재산분할의 대상에 포함된다.57) 이혼 후에도 혼인공동생활이 계속되는 경우 사실심 변론이 종결될 때까지 취득한 재산이 모두 고려될 수 있다. 그러므로 혼인공동생활이 실질적으로 종료된 시점의 확정이 문제되는데, 이혼청구의 소를 제기하였다는 점만으로 이를 인정하기는 어렵고, 여러 사정을 종합하여 개별적으로 판단하는 수밖에 없다.

그 밖에 부부가 이혼 또는 사실혼 관계 해소 후 재결합하였다가 또다시 이혼하거나 사실혼 관계를 해소한 경우에는, 각각의 혼인관계와 그 파탄에 대하여 별개의 재산분할청구권이 성립하고 각각 본조 ③의 제척기간이 진행하는지, 아니면 마지막의 재산분할청구권이 그 전의 모든 재산을 포괄하고 이 권리가 제척기간 내에 있기만 하면 전 재산의 청산이 가능한지의 문제가 있다. 판례는 종전 파탄시에 그때까지의 재산분할 문제를 정산하였거나 이를 포기하였다고 볼 만한 사정이 있는지 여부에 따라 달리 보아, 그와 같은 사정이 없는 한 전 기간의 재산을 마지막 재산분할청구의 공동재산으로 볼 수 있다고 한다.58) 학설로는 이혼 후 재결합한 경우 제척기간이 중단되었거나 제척기간에 걸리지 아니한다고 해석하거나, 부부 사이의 묵시적 합의에 의하여 이혼 전 부부가 형성한 기존의 공동재산을 재결합 후의 공동재산으로 포함시키기로 하였다고 볼 수 있다는 설명,59) 특히 중간의 별거기간이 짧았던 경우 부부 중 한쪽이 다른 한쪽에 대하여 갖는 권리는 혼인관계가 종료된 때부터 6월 내에는 소멸시효가 완성되지 아니한다는 §180 ②을 유추하여 제척기간이 진행하지 아니한다는 설명이60) 있다.

다음, 「부부 雙方의 협력으로」 취득한 재산이어야 한다. 부부 일방이 혼인중 상속 또는 증여로 취득한 재산은 통상 부부 雙方의 협력으로 취득하였다고 할 수 없다.

이에 생긴 재산관계의 변동이 부부 중 일방에 의한 후발적 사정에 의한 것으로서 혼인중 공동으로 형성한 재산관계와는 무관하는 등 특별한 사정이 있는 경우에는 그 변동된 재산은 재산분할의 대상에서 제외되어야 한다고 한다. 재산관계의 변동이 발생하였을 당시에 혼인공동생활이 더는 존재하지 아니하였다는 점은 일응 이러한 특별한 사정에 해당한다. 당해 사안에서는 별거시에 있었던 채무를 별거 후 연예인인 원고가 방송출연료 등으로 모두 변제한 것이 문제되었는데, 대법원은 채무가 존재하는 것으로 보고 재산분할의 대상인 재산의 범위를 정하여야 한다고 하였다.

57) 명시적인 것으로 대법원 1999. 6. 11. 선고 96므13976 판결. 대법원 2019. 10. 31. 선고 2019므12549 판결에서는 피고가 혼인관계 파탄 후 비로소 잔금을 지급하고 부동산 소유권을 취득하였으나 혼인중 계약체결과 분양대금의 70% 납입이 이루어진 경우 이를 재산분할의 대상에 포함시켰다.

58) 대법원 2000. 8. 18. 선고 99므1855 판결(부부 사이에 약 13년에 걸쳐 법률혼과 사실혼이 3회에 걸쳐 계속 이어지다가 파탄에 이르렀고, 각 협의이혼에 따른 별거기간이 6개월과 2개월 남짓에 불과한 사안에서, 앞서 이루어진 각 이혼 당시 재산분할 문제를 정산하였다거나 이를 포기하였다고 볼 만한 사정이 없다는 이유로 포괄하여 청산할 수 있다고 하였다), 김주수·김상용, 257－258(이 경우 제척기간 규정이 적용되지 아니한다고 설명하나, 이 부분 설명은 부정확하다); 정원(2002), 89－92.

59) 서종희(2013b), 521 이하.

60) 윤진수, 123.

반대로 부부 쌍방이 각자의 소득을 보태어 재산을 취득한 경우가 이에 해당함에도 의
문이 없다. 문제는 외벌이-전업주부형 혼인에서처럼 부부 일방의 기여가 간접적인
경우이다. 가사(家事)에 전념한 일방의 기여 내지 협력은 개개의 재산과 직접 관계가
없고 오직 다른 일방의 소득활동 및 재산취득을 매개로만 개개의 재산과 관계한다.
따라서 이를 부부 쌍방의 협력으로 취득한 것으로 보지 아니한다면 다른 일방이 혼인
중 취득한 거의 모든 재산이 분할의 대상에서 제외되게 된다. 그리하여 이러한 정도
의 관여만으로 이미 부부 쌍방의 협력을 인정하는 수밖에 없다. 맞벌이 부부가 자신
의 소득으로 각자 자기 명의의 재산을 취득하고 증식하는 경우도 같다. 각자 명의의
재산 모두가 부부 쌍방의 협력으로 취득한 재산이 되어야 한다. 즉, 혼인중 부부 일방
의 소득능력에 터 잡아 취득한 재산은 원칙적으로 부부 공동재산이 된다. 이는 상
속・증여로 취득한 재산, 이미 혼인 전부터 갖고 있던 재산을 처분하여 그 처분대가
로 취득한 재산, 명의신탁재산[61] 등을 제외한 혼인중 취득재산 일체가 별다른 추가적
사정 없이 원칙적으로 부부 쌍방 협력으로 취득한 재산에 해당함을 뜻한다. 이 표지
의 한정기능은 상당히 제한적인 셈이다.[62]

그 밖에 부부 쌍방의 협력으로 취득한 재산에 해당하는지 여부가 문제되는 경우
가 몇 가지 있다. 부부 일방이 교통사고・산업재해 등을 당하여 손해배상을 받거나
보험금을 받는 경우, 그 보험금 등이 공동재산에 포함되는지는 일률적으로 정하기 어
렵고, 그때그때 여러 사정을 고려하여야 한다.[63] 가령 치료비 상당의 배상과 위자료
및 그에 해당하는 보험금은 특유재산으로 보기 쉬우나, 일실이익 상당의 배상 중 혼
인관계 파탄 전까지의 부분은 사고가 없었더라면 공동재산에 편입되었을 소득의 대
체물이므로 공동재산이 될 수 있을 것이다.[64] 대법원 2002. 8. 28.자 2002스36 결정은
교통안전보험금과 생명보험금은 부부 일방의 특유재산이므로 다른 일방이 수령하였
다 하더라도 별소로 그 반환을 구하여야 하고 재산분할의 대상으로 삼을 수는 없다고
한다. 부부 일방이 구입한 복권당첨금도 공동재산에 편입되는 소득으로 구입한 것인
한, 공동재산에 포함될 수 있을 것이다.[65] 하급심 재판례로는 부부 일방의 특유재산

---

61) 이에 관하여는 주석친족(1), 430-431(송인우) 참조.
62) 구회근(1997), 183-186; 이동진(2012), 320. 최금숙, 친족(2), 221이 재산분할의 대상이 되는 공동재산
    을 '혼인중 증식된 재산'이라고 하는 것도 같은 취지로 보인다.
63) 보험금에 관하여는, 이경희・윤부찬, 133. 손해배상금에 관하여는, 민유숙(2001b), 150-152.
64) 김용원(2008), 85-86. 공무상 재해에 배우자의 기여하였다고 할 수 없어 공무원연금법상 재해연금은
    분할 대상에서 제외된다는 것으로, 서울가정법원 2011. 8. 25. 선고 2010드합10979, 10986 판결. 그 밖의
    보험유형에 관하여는, 황승태(2003), 274-277.
65) 奈良家判 2002. 7. 24. 平11(家)806号[김용원(2008), 81] 참조. 독일에서도 그러하다. 그러나 프랑스법
    상 공동제에서는 복권당첨금이 분할대상이 아닌 고유재산이 된다. 홍춘의, "프랑스법에 있어서 법정부

인 부동산이라 하더라도 그 가치가 급격히 상승한 경우 그로 인한 재산형성과 같은 「행운」을 부부 쌍방이 공동향유하게 함이 상당하다고 한 예도 있다.[66]

부부 일방의 특유재산과 부부 쌍방이 협력하여 취득한 재산이 합쳐져 하나의 재산을 이룬 경우에는 예금과 같이 법률적으로 분리할 수 있으면 그 부분만이 공동재산이 되고, 불가분적으로 결합된 경우에는 전체가 공동재산이 된다. 후자의 경우 분할비율에서 그러한 사정을 고려하는 수밖에 없다.[67]

(2) 재산의 존부 및 그 가액의 확실성

또한 재산분할의 대상이 되는 재산은 혼인중 부부 쌍방의 협력으로「취득」한 재산에 한한다. 법률상 권리·의무가 성립하여 현재 곧바로 행사하거나 이행하여야 하는 것은 아니나, 적어도 재산분할시점에는 그 (현재)가치를 산정할 수 있을 정도로 확실하여야 한다. 판례는 백화점 매장을 이용, 상품을 파는 이른바 특정매입의 경우 그 기간이 정해져 있기는 하나 기간의 연장이 보장되지 아니할 뿐 아니라 계약기간 중에도 백화점 측의 요구가 있으면 언제든지 철수해야 하고 임대보증금도 없고 제3자에게 양도할 수도 없으므로 독자적인 평가대상이 되는 영업권으로 보기는 어렵고,[68] 사실심 변론종결시까지 부과되지도 않았고, 판결 이후에도 부과 여부가 불확정인 세금은 재산분할의 대상이 되는 재산의 가액에서 공제할 수 없다고[69] 하여, 이 요건을 다소 엄격하게 보고 있다. 한편, 종래의 판례는 부부 일방이 아직 퇴직하지 아니한 채 직장에 근무하고 있을 때에는 그의 퇴직일과 수령할 퇴직금이 확정되었다는 등의 특별한 사정이 없는 한 그가 장차 퇴직금을 받을 개연성이 있다는 사정만으로는 장래의 퇴직금을 청산대상이 되는 재산에 포함시킬 수 없다고 하였으나,[70] 대법원 2014. 7. 16. 선고 2013므2250 전원합의체 판결은 퇴직금에 어느 정도의 불확실성이 있음을 인

부재산제", 가족법연구 15-1(2001), 154. 서울가정법원은 협의이혼 후 복권에 당첨되자 당첨금을 분할해 달라고 청구한 사건에서 이 재산이 특유재산이라고 한 바 있다. 新聞 2004. 7. 2.자 참조. 또한 서울고등법원 2017. 12. 19. 선고 2017르22384, 22391 판결. 반면 분할대상재산 또는 공동재산이라고 한 것으로, 서울고등법원 2014. 1. 8. 선고 2013누46787 판결; 인천지방법원 2015. 6. 15. 선고 2013드합1118 판결. 복권당첨자 또는 부부가 지속적으로 복권을 구입한 경우에는 공동재산이 될 가능성이 높아지고 우연히 단발성으로 구입하였고 상대방도 그 사실을 알지 못하였다면 상대방의 기여가 없다고 볼 가능성이 높아진다는 견해로, 주석친족(1), 467(송인우).

66) 서울가정법원 1991. 9. 12. 선고 90드74375 판결; 서울가정법원 1991. 11. 21. 선고 91드6438 판결; 서울가정법원 1991. 12. 12. 선고 91드36646, 42238 판결 등. 독일의 부가이익공동제에서는 (혼인 당시의 재산을 그 시점의 가액으로 평가하는 결과) 혼인 전부터 보유하던 부부 일방의 재산의 혼인중 가치상승분은 부부에게 균분된다. 김용원(2008), 67, 80-81.

67) 김종우(2002), 38-39.

68) 대법원 1993. 12. 28. 선고 93므409 판결[평석: 김승정(2005)].

69) 대법원 1994. 12. 2. 선고 94므901, 918 판결.

70) 대법원 1995. 5. 23. 선고 94므1713, 1720 판결.

정하면서도 그 청산의 필요성이 특히 크다는 점과 현재가치의 산정이 불가능하지는 아니하다는 점을 들어 재산분할을 긍정하였고, 대법원 2014. 7. 16. 선고 2012므2888 전원합의체 판결은 여명을 확정할 수 없다 하더라도 퇴직연금을 분할의 대상으로 넣어야 한다고 하여, 입장을 변경하였다. 재산분할청구는 본조 ③의 제척기간에 걸리므로, 이들을 재산분할의 대상에서 제외하면 혼인중 형성된 재산이라 하더라도 그 발생 여부 및 가액이 위 기간 내에 확실해지지 아니하는 한 재산분할에서 고려될 수 없게 되는데, 그 결과가 가혹하므로 확실성 요건을 다소 완화한 것이다.

다른 한편, 재산분할 당시 재산의 현존을 요건으로 보아, 혼인관계가 사실상 파탄에 이르렀을 당시에는 존재하였으나 가령 재산분할청구 변론종결시에는 이미 소비되어 현존하지 아니하는 재산은 분할의 대상이 될 수 없다는 견해가 있다.[71] 이에 관하여는 아래 5. 가., 나. 참조.

(3) 재산권과 재산

재산분할의 대상은 일체의 재산권이다. 동산 및 부동산 물권은 물론, 각종 채권도 포함된다.[72] 지식재산권,[73] 주식 기타 증권, 스톡옵션(stock option) 등 각종 선택권(Optionsrecht)[74]도 재산분할의 대상이 될 수 있다. 그 자체 분할하거나 양도・처분할 수 없어도 관계없다. 대법원 2009. 11. 12. 선고 2009므2840, 2857 판결도 "제3자와 합유하고 있는 재산 또는 그 지분은 이를 임의로 처분하지 못하므로 직접 당해 재산의 분할을 명할 수는 없으나 그 지분의 가액을 산정하여 이를 분할의 대상으로 삼거나 다른 재산의 분할에 참작하는 방법으로 재산분할의 대상에 포함시켜야"한다고 한다.[75] 판례는 나아가 재산「권」이 아닌 단순한 재산 내지 재산적 이익을 재산분할의 대상이 되는 재산에 포함시키는 것은 아직까지 주저하고 있다고 보인다. 그러나 재산「권」 아닌 재산적 이익이라 하더라도 현재가치를 산정할 수 있을 정도로 확실한 이상 재산분할의 대상이 된다고 봄이 옳을 것이다. 아래 나.의 (1), (3) 참조. 순수한 인격권은 재산적 가치를 가진다 하더라도 오직 인격주체 본인에게만 귀속되는 것이므로

---

71) 김종우(2002), 39; 박영호(2010), 696-697.
72) 특히 채권의 분할에 관하여는, 황승태(2003), 266 이하.
73) 김용원(2008), 73. 따라서 당해 지식재산권의 이혼 후의 수익력(收益力)도 평가하여 재산분할의 대상이 되는 재산액에 산입하여야 한다.
74) 김용원(2008), 73-74.
75) 이동진(2012), 299. 미국 판례도 과거 이른바 신(新)재산은 양도 및 상속할 수 없고, 따라서 그 자체 분할되어야 할 재산권이 아니라는 이유로 재산분할에서 제외하였으나, 근래에는 양도 및 상속할 수 있는 재산권인지 여부는 혼인재산에 속하는지와 관계가 없고 그러한 이익도 상당히 확실한 현재가치를 가진다는 점을 근거로 이를 재산분할의 대상에 포함하는 예가 나타나고 있고, 독일 판례(BGH FamRZ 1977, 386)도 한때 방론이기는 하나 양도 및 상속할 수 있는 재산에 한하여 부가이익청산에 산입된다고 하였으나, 지금은 그러한 입장을 포기하였다(BGH FamRZ 1986, 1196).

그 자체를 재산분할의 대상으로 삼기는 어렵다.[76] 그러나 이미 상업화되었거나 인격 주체에 의한 상업화가 예정되어 있는 경우 그 현재 및 장래의 수익을 분할대상재산의 가액에 산입할 수는 있을 것이다.

나. 개별적인 쟁점

(1) 제3자 명의의 재산

부부 일방이 아닌 제3자 명의의 재산이 재산분할의 대상이 될 수 있는가. 부부 일방이 제3자에게 명의신탁을 해둔 경우와 같이 제3자에 대하여 재산의 이전을 구할 수 있는 법률상 권리를 갖고 있는 경우에[77] 그 제3자 명의의 재산이 재산분할의 대상이 될 수 있음은 의문의 여지가 없다. 문제는 그러한 사정이 없거나 적어도 분명하지 아니하지만 그럼에도 부부 일방이 사실상 지배하고 있거나 장래에 부부 재산이 될 가능성이 충분한 재산이 재산분할의 대상이 될 수 있는가 하는 점이다. 이 문제는 특히 가족 경영의 회사나 농업 또는 소규모 영업 등 상대방 가족이 공동으로, 그러나 상대방의 부(父)의 명의로 경영하고 있는 가업(家業)에 협력하였는데, 상속이 개시되기 전 이혼하게 된 경우 이를 청산할 수 있는가를 둘러싸고 일본에서 논의된 바 있는데, 우리 판례는 "제3자 명의의 재산이더라도 그것이 부부 중 일방에 의하여 명의신탁된 재산 또는 부부 일방이 실질적으로 지배하고 있는 재산으로서 부부 雙方의 협력에 의하여 형성된 것이거나 부부 雙方의 협력에 의하여 형성된 유형, 무형의 자원에 기한 것이라면 그와 같은 사정도 참작하여야 한다는 의미에서 재산분할의 대상"이라고 하고 있다.[78] 이는 재산분할의 대상이 되는 재산(a)에 포함시켜 그 가액을 총 재산에 산입하라는 뜻이 아니라, 재산분할의 대상이 되는 재산(a)에서 제외하되, 분할비율(b)을 정할 때 이러한 기여를 분할비율 인상요소로 고려하라는 뜻이다.[79] 이에 대하여 제3자 명의의 재산도 위 요건을 갖춘 경우 재산분할의 대상이 되는 재산(a)에 그 가액을 가산할 수 있고, 제3자는 분할협의 및 재판의 당사자가 아니므로 분할방법(c)이 제한될

---

76) 남형두(2008), 340 이하. 특히 위 글, 362 이하는 결과적으로 퍼블리시티(publicity)권의 재산권성을 인정하는 전제하에, 조심스럽게 재산분할의 대상성까지 긍정하고 있다. 그러나 이러한 구성방식은 일반적 인격권을 인정하지 아니하는 미국법에서나 가능하다. 이는 예컨대 어린 딸의 누드사진에 관한 '재산권'을 매각하거나 양도한 뒤 그 딸이 성장하였을 때 금전적 보상을 감수하고라도 더는 자신의 누드사진을 이용할 수 없게 할 수 있는가 하는 점과 관련하여 결론에 있어 큰 차이를 낳는다. 일반적 인격권을 인정하는 경우, 미국에서와 달리, 이러한 금지청구를 인정하여야 하는데, 이는 '독자적으로' 양도 가능한 재산권이 아님을 뜻하는 것이다.

77) 대법원 1993. 6. 11. 선고 92므1054 판결; 대법원 1998. 2. 13. 선고 97므1486, 1493 판결.

78) 대법원 1998. 4. 10. 선고 96므1434 판결[해설: 조해섭(1998)]. 같은 취지: 대법원 2009. 6. 9.자 2008스11 결정; 대법원 2009. 11. 12. 선고 2009므2840, 2857 판결; 대법원 2013. 7. 12. 선고 2011므1116, 1123 판결 등.

79) 조해섭(1998), 201.

뿐이라는 견해도 있다.80) 재산분할의 대상이 되는 재산(a)과 분할비율(b) 사이에는 대
체관계가 있으나, 마침 재산분할의 대상이 되는 재산(a)이 없거나 거의 없는 경우에는
더는 이러한 대체관계가 유지되지 아니하고,81) 분할·처분의 대상이 되는 재산권이
아닌 단순한 재산적 이익이라 하더라도 금전분할의 방법으로 청산할 수는 있으므로,
후자의 견해가 더 우수하다고 보인다. 일본 판례도 같은 취지이다.

그 밖에 법인격부인의 법리가 적용될 수 있는 경우 제3의 법인의 재산도 재산분
할에서 고려될 수 있다.82) 그러나 법인격이 부인되는 경우가 아닌 한 부부의 일방이
실질적으로 혼자서 지배하고 있는 주식회사(이른바 '1인 회사')라 하더라도 그 회사 소
유의 재산을 바로 그 개인의 재산으로 평가하여 재산분할의 대상에 포함시킬 것은 아
니고, 그 회사의 재산을 종합적으로 평가한 후 1인 주주에 개인적으로 귀속되고 있는
재산가치를 산정하여야 한다.83)

(2) 특유재산의 유지·증가에 기여한 경우 그 특유재산

부부 일방의 특유재산이라 하더라도 다른 일방이 그 감소의 방지, 즉 유지와 증
가에 기여한 때, 가령 부부 중 일방이 상속받은 재산이거나 이미 처분한 상속재산을
기초로 형성된 재산이라 하더라도 이를 취득하고 유지함에 있어서 상대방의 가사노
동이 직·간접으로 기여한 때에는 재산분할의 대상이 된다(판례·통설).84) 판례는 당초
혼인 후 일방의 채무를 상대방이 변제해주는 등 일방이 혼인 전부터 보유하고 있던
아파트의 유지에 협력한 경우,85) 처가 가사노동 이외에 부업(副業)을 하였거나86) 부
(夫)의 사업을 도와 가사비용의 일부를 분담하였다고 평가되는 경우,87) 주식투자·부

80) 김영갑(1991), 239; 김종우(2002), 45; 김주수·김상용, 253; 주석친족(1), 429-430(송인우). 민유숙
(1993), 418 이하도 같은 취지로 보인다. 반면 분할대상에는 산입하지 아니하고 분할비율에서만 참작하
는 것도 허용된다. 그러나 판례가 제3자 명의의 재산으로 본 것 중 명의신탁재산의 경우 반환청구권이
인정되는 한 실은 제3자 명의의 재산이 아닌 당사자 명의의 재산이므로, 그 한도에서는 가정법원에게
분할비율로만 고려할 재량이 인정되지 아니할 수 있다.
81) 가령 부부 쌍방이 협력하여 이룩한 제3자 명의의 재산의 가치가 10, 부부 명의 재산의 가치가 2, 처의
기여분의 3인 경우, 제3자 명의의 재산을 재산분할에서 제외하면 100%를 처에게 분할해주어도 처에게
2를 줄 수 있을 뿐, 3을 줄 수 없다.
82) 김종우(2002), 45; 민유숙(1993), 418-419.
83) 대법원 2011. 3. 10. 선고 2010므4699, 4705, 4712 판결.
84) 대법원 1993. 5. 25. 선고 92므501 판결; 대법원 1993. 6. 11. 선고 92므1054 판결; 대법원 1994. 5. 13.
선고 93므1020 판결; 대법원 1994. 10. 25. 선고 94므734 판결; 대법원 1994. 12. 13. 선고 94므598 판결;
대법원 1995. 10. 12. 선고 95므175, 182[평석: 구회근(1997)}; 대법원 1996. 2. 9. 선고 94므635 판결; 대
법원 1998. 4. 10. 선고 96므1434 판결; 대법원 2002. 8. 28.자 2002스36 결정. 학설로는, 김영갑(1991),
236; 김주수·김상용, 245, 252-253; 박동섭·양경승, 208; 박종권(2007a), 320; 송덕수, 110; 신영호·김
상훈·정구태, 144-145; 오시영, 206; 윤진수, 123-124; 이경희·윤부찬, 129-130.
85) 대법원 1996. 2. 9. 선고 94므635, 642 판결.
86) 대법원 2003. 1. 10. 선고 2002므1442, 1459 판결.
87) 대법원 1994. 5. 13. 선고 93므1020 판결; 대법원 2001. 6. 12. 선고 2001므565 판결; 대법원 2005. 5.

동산투자 등으로 특유재산의 증식에 기여한 경우에서[88] 이러한 「기여」를 인정하였으나,[89] 이후 직장생활을 하고 자녀들을 부양한 경우,[90] 적극적이고 헌신적인 가사노동과 가사비용 조달이 있었던 경우는[91] 물론, 처가 가사노동(家事勞動)에만 종사한 때에도 이러한 기여를 인정함으로써 이 요건을 크게 완화하였다.[92] 다만, 부부가 증여 또는 상속 후 곧 이혼하는 등의 사정이 있다면 그 특유재산은 재산분할의 대상에서 제외될 수 있다.[93] 어떤 특유재산이 재산분할의 대상이 된 경우 그 대체물도 재산분할의 대상이 될 수 있음은 물론이다.[94]

　　그런데 이와 같이 하는 경우 특유재산도 광범위하게 재산분할의 대상으로 포섭될 우려가 있다. 그리하여 이를 제한하기 위한 다른 기준이 제안되고 있다. 부부가 혼인중 협력하여 공동생활을 영위하였으나 혼인중 재산을 형성하는데 이르지 못한 경우와 형성된 재산이 유지된 특유재산에 비하여 아주 적은 경우에 한하여 특유재산을 재산분할의 대상으로 삼는 것이 적절하다는 견해가 유력하게 주장되고 있고,[95] 한때 하급심 실무도 이러한 경향을 보였다.[96] 그중에는 명시적으로 그와 같은 사정이 없음을 들어 특유재산을 재산분할의 대상에 편입하지 아니한 예도 있다.[97] 특유재산이 재산분할의 대상이 된다는 것은 부부별산제에 어긋나고 당초 재산분할제도를 인정한 취지에도 반하여 받아들일 수 없고, 분할비율 결정에서 이러한 사정을 고려하거나 위자료를 통하여 조정함이 타당하다는 견해,[98] 단순가사노동만을 한 경우에는 청산적

13. 선고 2004므2388 판결.
88) 서울가정법원 2009. 2. 5. 선고 2007드합14490 판결.
89) 하급심 재판례의 개관은 김용원(2008), 62-67, 그 유형화는 구회근(1997), 192 이하.
90) 대법원 2011. 6. 7.자 2011스52 결정.
91) 대법원 1994. 12. 13. 선고 94므598 판결.
92) 대법원 1998. 4. 10. 선고 96므1434 판결. 근래의 하급심 재판실무에서는 이 판례를 원용하여 특유재산의 분할을 너그럽게 인정한 예가 여럿 보인다. 가령 서울가정법원 2013. 9. 12. 선고 2012드합9003 판결; 서울고등법원 2015. 11. 13. 선고 2014브143 결정. 같은 관찰로, 주석친족(1), 427(송인우). 그러나 대법원 2007. 4. 26. 선고 2005므2552, 2569 판결은 가정주부가 혼인 전 빌딩 지분을 취득하여 혼인기간 중 그 임대료 수입으로 부족한 생활비를 충당하고 상대방은 혼인기간 중 직장생활을 한 사안에서 7년이나 계속된 혼인생활 중 상대방이 빌딩 지분의 가치유지나 증가, 감소방지에 기여한 사정이 없다는 이유로 이를 분할대상재산에서 제외한 원심의 판단이 정당하다고 한다.
93) 대법원 2003. 5. 16. 선고 2002므1695, 1701 판결(미공간)은 증여시기와 증여의 동기, 증여받은 후의 부부 쌍방의 혼인기간, 혼인의 파탄경위 등을 고려하여 특유재산의 분할대상성을 부정하고 있다.
94) 로또당첨금은 특유재산으로 그 당첨금으로 배우자가 연금보험에 가입하였다면 배우자를 상대로 부당이득반환을 구할 수 있다고 하면서도, 그 배우자가 재산분할의무도 지고 있다면 위 부당이득반환청구권과 재산분할의무를 한꺼번에 청산하기 위하여 로또당첨금의 대체물인 연금보험을 재산분할의 대상에 포함시킬 수 있다고 한 것으로, 부산지방법원 가정지원 2014. 4. 24. 선고 2012드합2272, 2013드합594 판결. 좀 더 구체적인 것으로 전경근(2022), 35 이하.
95) 김종우(2002), 42-44; 민유숙(1993), 422.
96) 김종우(2002), 42-44.
97) 인천지방법원 2009. 2. 20. 선고 2007드단17871, 2008드단1789 판결.
98) 구회근(1997), 193 이하.

측면에서는 특유재산을 재산분할의 대상으로 할 수 없으나 부양적 요소라는 관점에서는 특유재산을 재산분할의 대상으로 포함시킬 수도 있다는 견해도[99] 있다. 반면 현재 판례의 다소 너그러운 기준을 지지하는 견해도 있다.[100]

비교법적으로는 특유재산 자체의 가치유지 또는 증가에 상당한 기여를 한 경우에 특유재산도 분할대상재산이 되는 것이 일반적이다. 그러나 일방의 기여가 특유재산 자체의 가치유지 또는 증가에 향하여져 있지 아니하다 하더라도 부부 공동재산이 거의 형성된 바 없다거나 부부 공동재산만으로는 아무리 분할비율을 조정해도 공평한 분할이 이루어질 수 없다는 등의 사정이 있다면 특유재산도 재산분할의 대상(a)으로 삼고 분할비율을 조정함이 옳다. 상속 또는 증여 후 상당히 긴 기간, 가령 10년 이상 혼인공동생활이 지속된 경우도 같다.[101] 재판실무도 대체로 이러한 경우에 특유재산을 분할대상에 넣는 것으로 보이고, 그 경우 분할비율이 통상의 경우보다 낮아지는 경향이 있다.[102] 다른 한편, 이 경우에도 특유재산에 대한 그 보유자의 존속 내지 유지이익을 배려할 필요가 있다. 즉, 특유재산을 재산분할의 대상으로 삼을 때에도 명의인이 특유재산의 유지를 원하는 경우 가급적 그 (분할)이전보다 금전분할을 우선하여야 하는 것이다.[103] 위자료는 일방 배우자의 유책을 전제하고, 그 나름의 기능과 고유한 산정원칙이 있으므로 이를 통하여 앞서 지적한 문제에 대응하는 데는 한계가 있다.[104]

특유재산의 과실(果實) 기타 수익은 특유재산인가? 학설은 대립하나, 원칙적으로 재산분할의 대상으로 고려함이 옳을 것이다.[105] 다른 한편, 기업경영자가 보유하는 법인기업의 지분, 전형적으로 주식은, 증여·상속받았다 하더라도, 그 전부가 당연히 특유재산이라고 할 수는 없다. 기업경영자가 경영하는 과정에서 가치가 증가하고 기업의 실질이 바뀌는바, 이는 아래 개인영업으로 인한 소득과 다를 바 없기 때문이다. 경영자로서 보수를 받았다 하더라도 같다. 전문경영인에게 보수 이외에 주식매입선택권(stock option)을 부여하고 지배주주인 경영인이 종종 보수를 안받거나 상징적인 수준의 보수만 받는 데서도 알 수 있듯 경영활동에 대한 '보수' 내지 보상에는 지분

99) 윤진수(2022), 16-19; 윤진수, 124.
100) 김영식(2016), 51.
101) 혼인기간이 긴 경우 공평한 분할 자체가 특유재산을 더 광범위하게 고려할 것을 요구할 수 있다. 이동진(2023), 6, 18-19.
102) 비슷한 관찰로 주석친족(1), 428(송인우).
103) 이동진(2012), 321-322 참조. 비슷한 취지로, (이 법리를 널리 활용하는 근래 하급심 실무를 지적하며) 윤진수, 124.
104) 김종우(2002), 43; 민유숙(2001b), 138 이하.
105) 비교법을 포함하여, 이동진(2023), 7-11. 그러나 이에 반대하는 것으로, 현소혜(2023), 197.

가치의 증가와 (그 과실로서) 이익배당이 포함되고, 이는 지배주주이기도 한 경영자의
경우에는 더욱 그렇기 때문이다.[106]

(3) 개인영업, 영업권(goodwill) 및 권리금

부부 중 일방이 경영해온 병원 등 개인영업은 다른 경우에 비하여 일방의 특유
한 능력에 의하여 형성된 측면이 강하고, 종종 그 재산가치도 매우 높아 재산분할의
대상이 되는지가 문제되어왔다. 통설은 가사노동(家事勞動) 등으로 간접적으로 협력한
이상 이러한 개인영업도 - 혼인 전부터 해온 것이어도 - 공동재산이라고 하고,[107] 재
판실무도 대체로 같다. 부부 일방의 특유한 능력이 기여한 바가 현저하게 크다는 점
은 분할대상의 결정(a)이 아닌 분할비율의 결정(b)에서 고려된다. 이 경우에도 그 영업
주의 영업존속에의 이익을 고려하여야 하므로, 가급적 영업중단을 피할 수 있는 분할
방법(c)을 선택하여야 한다.[108]

한편, 개인영업의 경우 그 가치를 어떻게 평가하여야 하는지, 가령 영업권
(goodwill)도 재산분할의 대상이 되는지가 문제된다. 영업권은 재산권이 아니고 확정적
이지 아니하므로 재산분할의 대상이 될 수 없다고 본다면, 개별 영업용 재산의 가치
를 산정하여 합산하여야 한다(청산가치). 그러나 영업이 실제 계속되는 한 그 (계속기업)
가치는 이러한 개개의 영업용 재산의 가치의 합보다 크게 마련이므로, 영업권 자체를
재산분할의 대상으로 삼을 필요가 있다.[109]

다만, 이 경우에도 어느 정도 확실성이 있어야 함은 물론이다. 대법원 1993. 12.
28. 선고 93므409 판결도, 영업이 이른바 특정매입으로 기간만료 후 연장이 보장되지
아니할 뿐 아니라, 백화점의 요청이 있으면 기간 중에도 철수하여야 하며, 임대보증
금도 없고 제3자에게 양도할 수도 없는 경우에는 이를 독자적인 재산으로서 평가대
상이 되는 영업권으로 보기 어렵다고 한다. 이른바 권리금에 대하여도 같은 말을 할
수 있을 것이다.[110] 반대로 어느 정도 확실성이 있음에도 재산분할의 대상으로 고려
하지 아니하고 분할비율과 관련하여서만 참작하는 것은 허용되지 아니한다.[111]

106) 이동진(2023), 11 이하.
107) 민유숙(1993), 425-426; 최금숙, 친족(2), 225.
108) 이동진(2012), 321-322.
109) 민유숙(2001b), 133-139. 같은 취지의 미국 판례로, Taylor v. Taylor 386 N.W.2d 851 (Neb. 1986, 영
업의 양도성과 시장가치성이 증명되면 분할의 대상이 된다고 한다). 나아가 양도가 금지된 영업의 경우
에도 재산성을 인정할 수 있다는 판례로 Stern v. Stern, 331 A.2d 257 (N.J. 1975).
110) 황승태(2003), 280-281.
111) 대법원 2010. 12. 23. 선고 2009므3928 판결 참조("실질적 공동재산인 […] 건물에 관한 임료 및 그곳
에서 운용해온 속옷 도소매점의 영업수입금[…]은 재산분할의 대상이 되므로, 원심으로서는 그 액수가
대략적으로 얼마인지, 이를 소비하였다면 그 용도가 무엇인지 등을 확정하여 재산분할 비율 및 방법을
정하였어야 함에도 불구하고, 이를 재산분할의 대상이 되는 재산에 포함시키지 아니하고 그와 같은 점

부부 일방의 개인영업상 채무에 관하여는 아래 (6) 참조.

한편 같은 대법원 1993. 12. 28. 선고 93므409 판결은 "점포의 영업권(권리금)"이라고 하여 영업권과 권리금을 같이 다루고 있다.112) 그러나 현행 商賃 §10 – 3 ff.는 권리금 회수의 「기회」를 법률상 보호하고 있으므로 권리금은 그 범위에서는 당연히 분할대상재산에 포함되어야 할 것이다. 다만, 어떠한 사정으로 회수기회가 보장되지 아니하거나 사실상 무력화될 것으로 예상될 때에는 그러하지 아니하다.

(4) 퇴직금과 연금청구권

퇴직금은 어떠한가.

종래 판례는 다음과 같이 경우를 나누어 규율하였다. 먼저 부부 중 일방이 직장에서 일하다가 이혼 당시에 이미 퇴직금 등의 금원을 수령하여 소지하고 있는 경우에는 이를 재산분할의 대상으로 삼을 수 있다.113) 또한 이혼소송의 사실심 변론종결 당시에 부부 중 일방이 명예퇴직을 하고 통상의 퇴직금 이외에 별도의 명예퇴직금 명목의 금원을 이미 수령하였다면, 명예퇴직금이 정년까지 계속 근로로 받을 수 있었던 수입의 상실이나 새로운 직업을 얻기 위한 비용지출 등에 대한 보상으로서의 성격이 강하다 하더라도 일정기간 근속을 요건으로 하고 상대방 배우자의 협력이 근속에 기여한 이상 그 전부를 재산분할의 대상으로 삼을 수 있다면서, 다만 상대방 배우자가 근속 요건에 기여한 정도, 이혼소송 사실심 변론종결일부터 정년까지의 잔여기간 등을 본조 제2항의 기타의 사정으로 참작할 수 있을 뿐이라고 하였다.114) 이에 대하여 부부 일방이 아직 퇴직하지 아니한 채 직장에 근무하고 있을 때에는 그의 퇴직일과 수령할 퇴직금이 확정되었다는 등의 특별한 사정이 없는 한, 그가 장차 퇴직금을 받을 개연성이 있다는 사정만으로 그 장래의 퇴직금을 청산의 대상이 되는 재산에 포함시킬 수 없고, 다만 기타 사정으로 참작하면 족하다는 입장이었다.115) 다만 이혼 후 퇴직하여 퇴직금을 수령한 경우 수령한 퇴직금 중 혼인한 때로부터 이혼소송의 사실심 변론종결일까지의 기간 동안 제공한 근로의 대가에 해당하는 부분은 분할의 대상인 재산이 된다고 한다.116) 재산분할청구권은 이혼한 날로부터 2년의 제척기간에 걸

에 대하여도 전혀 심리하지 아니한 채 재산분할 비율 산정에서의 단순한 참작사유로서만 평가"한 것은 위법).

112) 주석친족(1), 453(송인우)은 이 판결을 인용하면서 대법원이 점포의 권리금을 재산분할 대상으로 인정하였다고 하나, 의문이다.

113) 대법원 1995. 3. 28. 선고 94므1584 판결.

114) 대법원 2011. 7. 14. 선고 2009므2628, 2635 판결.

115) 대법원 1995. 5. 23. 선고 94므1713, 1720 판결; 대법원 1998. 6. 12. 선고 98므213 판결 등[평석: 김승정(2005)] 다수.

116) 대법원 2000. 5. 2.자 2000스13 결정[평석: 김원수(2005)]. 이때 혼인한 때로부터 이혼소송의 사실심

리므로(본조 ③), 이는 사실상 이혼 후 2년 내에 퇴직하여 퇴직금이 확정되는 경우에 한하여 퇴직금의 분할을 구할 수 있음을 의미한다.

　종래 통설도 대체로 부부 일방이 이미 퇴직하여 퇴직금을 수령하고 있는 경우와 가까운 장래에 퇴직하여 퇴직금을 받을 개연성이 큰 때에는 퇴직금을 분할대상으로 인정하나, 아직 재직중일 때에는 퇴직금을 받을 권리는 기대권에 불과하고, 연령과 근무상황에 비추어 퇴직시기가 불확정적일 뿐 아니라, 기업체의 규정상 징계처분에 의하여 퇴직하거나 일정한 경우 퇴직금을 수령할 자격을 상실하게 될 수도 있으므로 재산분할의 대상이 되지는 아니하고, 분할비율을 정할 때에 기타 사유로 고려할 수 있을 뿐이라고 함으로써, 대체로 이에 찬성하고 있었다.[117]

　확실히 퇴직금 청구권의 존부와 그 액수에 불확정적인 요소가 있음은 부정할 수 없다. 판례는 분할비율의 결정(b)은 법관의 재량에 맡기지만, 재산분할의 대상이 되는 재산(a)의 인정은 엄격히 하고 있으므로, 불확정적인 요소가 많은 장래의 퇴직금을 분할의 대상이 되는 재산(a)이 아닌 분할비율(b)에서 고려하는 것도 이해할 만하다. 그러나 퇴직금은 그 가치가 불확정적일지언정 그 발생이 매우 높은 정도로 기대되는 재산이고, 명백히 혼인중 형성된 재산이기도 하다(賃金後拂說). 더욱이 퇴직금은 전체 부부 공동재산에서 종종 상당히 큰 비중을 차지하여 이를 제외하면 공평한 재산분할이 아예 불가능해질 수도 있다. 특히 이혼 후 2년 내에 퇴직금이 확정될 것을 요구하는 점은 지나치게 형식적이다. 퇴직금 중 일정비율(가령 1/2, 공무원연금법 §64, 같은 법 시행령 §55)이 확실히 보장되는 경우에 그 현재가치를 재산분할의 대상에서 제외하는 것도 근거가 없어 보인다. 장래의 퇴직금도 일단 재산분할의 대상에는 포함시키고, 여러 불확정적인 요소를 그 현재가치 평가에 반영함이 보다 합리적일 것이다. 학설상으로도 점차 그러한 견해가 유력해져갔다.[118]

변론종결일까지라 함은 혼인중 부부 쌍방이 협력하여 취득한 재산에서 「혼인중」을 뜻한다고 보인다. 당해 사안에서는 이를 이혼소송의 사실심 변론종결시 퇴직하였다면 받았을 퇴직금으로 산정하고 있다. 다만 하급심 재판례 중에는 퇴직급여를 혼인중 형성된 부분과 그 전에 형성된 부분으로 나누기 곤란하다는 이유에서 전부를 분할대상에 포함시키고 분할비율을 정할 때 그러한 사정을 참작한 것도 보인다. 가령 서울고등법원 2019. 1. 10. 선고 2018르22930, 229478 판결(상고기각 확정); 서울고등법원 2019. 10. 10. 선고 2019르22043, 22050 판결.

117) 김영갑(1991), 238; 박충규(1997), 425; 오시영, 207; 신영호, 151. 민유숙(1993), 427도 같은 취지이나, 아래에서 보는 바와 같이 이후 이 견해를 명시적으로 포기하였다.

118) 김승정(2005), 219; 민유숙(2001a), 120 이하, 민유숙(2001b), 126 이하; 박병호, 134; 배경숙·최금숙, 202; 현소혜(2014), 326 이하; 황승태(2003), 269-270. 한편, 김원수(2005), 154-155는 퇴직금을 중간정산하게 하여 이를 재산분할의 대상으로 삼으면 된다고 하나, 퇴직금중간정산을 할지 여부는 근로자 본인에게 달려 있으므로 이를 강제할 수 없다는 점에서 찬성할 수 없다. 아울러 2012년 개정으로 현재는 퇴직금중간정산이 상당히 제한되게 되었다는 점도 참조(근로자 퇴직급여 보장법 §8 ②). 이때 퇴직급여의 액수의 산정에 관하여는 사실심변론종결시를 기준으로 하는 견해[민유숙(2001a), 131-132; 현소혜

대법원 2014. 7. 16. 선고 2013므2250 전원합의체 판결은 이러한 입장을 받아들여 장래의 퇴직금도 재산분할의 대상이 된다면서 구체적으로 이혼소송 사실심 변론 종결시를 기준으로 그 시점에 퇴직할 경우 수령할 수 있을 것으로 예상되는 퇴직급여 상당액이 그 가액이라고 판시하고, 이에 반하는 종전 판례를 폐기하였다. 이후에는 대부분의 학설이 판례에 찬성하고 있다.119)

한 가지 완전히 해결되지 아니한 문제는 금전지급을 명하는 외에 현물로, 즉 퇴직금의 일부를 양도하는 방법으로 분할할 수도 있는가, 이혼시에 일시금으로 지급하게 할 수 있는가 하는 점이다. 근로자퇴직급여보장법 §7 ①의 양도금지에 반하고 아직 퇴직하지 아니하여 기한이 도래하지 아니하였다는 점에서, 적어도 해석론으로는, 부정할 것이다.120)

또 다른 문제로는 재산분할의무자가 퇴직금과 퇴직연금 사이에서 선택할 수 있는, 그러나 아직 그 지급시기가 도래하지 아니하여 어느 쪽을 선택할지 알 수 없는 경우 재산분할청구권자가 장래의 퇴직금을 분할받지 아니하고 장래의 퇴직연금으로 - 아래와 같이 - 분할받겠다고 할 수 있는지, 즉, 그도 장래의 퇴직금분할과 퇴직연금 분할 사이에서 어느 하나를 선택할 권한이 있는지가 있다. 학설로는 근로자 퇴직급여 청구권과 같이 일시금과 연금의 실질가치에 큰 차이가 없을 때에는 선택을 인정할 필요가 없다는 견해가 있다.121) 가정법원의 합리적 재량행사에 맡길 일이나, 일시금 청산이 합리적인 경우가 많을 것이다.

그 밖에 퇴직급여가 예상되나 현재는 자력이 없는 경우를 위하여 재산분할재판을 보류하였다가 퇴직 후 분할할 수 있게 하자는 입법론도 있다.122)

연금(年金)의 경우에는 문제가 더욱 복잡하다. 종래 판례는 일방 배우자가 향후

(2014), 337-339]와 정년도달시를 기준으로 하여야 한다는 견해[차선자(2012), 242-243]가 있었다.

119) 배인구(2015), 192; 정구태(2015), 6-7. 또한, 신영호·김상훈·정구태, 145-146. 다만, 이진기(2014), 397 이하는 장래의 퇴직급여에는 사회보장적 성격이 있고 인적 급부로 일신전속적이며 양도가 금지되어 있다는 점 등을 강조하여 이에 부정적이다. 또한 박동섭·양경승, 210.

120) 정구태(2015), 7-8. 반면 이를 긍정하는 것으로, 배인구(2015), 193-196; 현소혜(2014), 336(이들 문헌의 지적 중 이 경우의 퇴직급여청구권 이전이 근로자퇴직급여보장법 §7 ①의 입법목적에 반하지 아니한다는 지적은 옳다. 그러나 목적론적 축소는 이전을 금지하는 것이 위 규정 또는 다른 법질서의 목적에 반한다는 점이 확인되어야 비로소 가능하다). 그 밖에 재산분할시가 아니라 퇴직시, 즉 장래에 금전지급으로 청산하게 할 수 있는지도 논의되고 있다. 통상은 고려할 만한 대안이 아니나 분할의무자의 자력 등을 고려하여 예외적으로 허용할 수 있을 것이다. 김정민(2015), 748-749; 주석친족(1), 436-437(송인우) 참조.

121) 주석친족(1), 437-438(송인우). 다만, 같은 곳은 대법원 2014. 7. 16. 선고 2013므2250 전원합의체 판결이 장래의 퇴직금의 분할을 구할 수 있다고 한 것이 퇴직연금으로 분할해달라고 할 수는 없다는 취지라고 생각된다고 하나, 의문이다.

122) 윤진수, 126.

수령할 퇴직연금은 그 배우자의 여명(餘命)을 확정할 수 없으므로 이를 바로 분할대상 재산에 포함시킬 수 없고, 재산분할의 액수와 방법을 정하는 데 참작사유로 삼으면 된다는 입장이었다.123) 그리하여 일방 배우자가 퇴직 다음 달부터 변론종결시까지 수령한 퇴직연금은 모두 그대로 보유하는 것으로 추정하여 재산분할의 대상에 포함시키나, 향후 수령할 퇴직연금은 아예 재산분할의 대상에 포함시키지 아니하였다.124) 그 결과 아직 연금 지급이 개시되지 아니한 경우는 물론, 개시된 경우에도 아직 수령하지 아니한 부분은 재산분할의 대상으로 삼을 수 없게 되었다.

그러나 권리의 비전형성·불확정성을 이유로 재산분할의 대상에서 제외하는 것은 앞서 퇴직금에 관하여 본 바와 같은 문제가 있다. 퇴직일시금과 퇴직연금 중에서 택할 수 있는 경우 퇴직일시금을 선택하면 재산분할의 대상이 되는데, 퇴직연금을 선택하면 재산분할의 대상에서 제외된다는 것도 균형이 맞지 아니하다.125) 여명(餘命)이 불확실하다고 현재가치의 산정이 반드시 불가능한 것도 아니다. 학설상으로도 장래의 연금수급권의 현재가치를 산정하여 재산분할의 대상에 포함시켜야 한다는 견해가 유력해져갔다.126)

대법원 2014. 7. 16. 선고 2012므2888 전원합의체 판결은 이러한 견해를 받아들여 장래의 퇴직연금도 재산분할의 대상에 포함시켜야 한다는 입장을 취하였다. 다만, 당해 사안에서는 원고도 연금의 일정비율을 정기금으로 청구하였고, 원심도 그와 같은 방식으로 분할함에 따라 여명이 확정되지 아니한 장래의 연금의 가치를 어떻게 산정할 것인지는 직접 다루지 아니하였다. 이 판결 이후 학설은 이에 찬성하면서 나아가 일시금지급방식으로 분할하는 경우에는 기대여명에 따라야 한다고 한다.127) 다른 한편 같은 판결은 정기금 지급방식의 재산분할에서 예상되는 이행 내지 집행의 어려움을 고려하여 재산분할청구권자가 연금분할을 원하지 아니하거나 혼인기간이 너무 단기간이어서 매월 지급할 금액이 너무 소액인 경우 등 연금분할이 적절하지 아니한 경우 당사자의 자력 등을 고려하여 이를 재산분할의 대상에서 제외하고 분할비율에

---

123) 대법원 1997. 3. 14. 선고 96므1533, 1540 판결.
124) 대법원 2006. 7. 13. 선고 2005므1245, 1252 판결.
125) 하급심 재판례 중에는 이러한 취지에서 퇴직연금의 현재가치가 적어도 퇴직일시금을 선택한 경우의 그것을 초과할 것이라는 이유로, 받을 수 있었던 퇴직일시금을 재산분할의 대상이 되는 재산액에 가산한 예도 있다. 광주지방법원 가정지원 2006. 1. 17. 선고 2005드합648 판결.
126) 김승정(2005), 219-221; 민유숙(2001a), 106 이하, 민유숙(2001b), 126-132; 배인구(2011), 263-265; 이경희·윤부찬, 131; 한봉희·백승흠, 가족법, 2013. 218. 황승태(2003), 271도 비슷하다. 반면 이진기(2014), 398 이하는 퇴직연금은 사회보장적 급여로서의 성격이 강하고 일신전속적이며 기여금 이외에 (사업자의) 부담금도 있었다는 점을 고려하여야 하고 퇴직연금의 처분이 일반적으로 금지되어 있다는 점도 참작하여야 한다는 이유로 이에 소극적이다.
127) 정구태(2015), 16-17.

서 고려하는 것도 가능하다고 한다.

　　분할의 방법과 관련하여 이론적으로는 - 주로 일본의 논의의 영향을 받아 - 장래의 연금의 현재가치 상당을 일시금(一時金)으로[128] 분할하는 방법(현가산정방식), 연금 중 분할해주어야 할 비율만 정하는 방법(비율인정방식) 및 향후 연금이 지급될 때에 다시 정하게 하는 방식(관할유보방식)이 논의되고 있으나, 민법상 재산분할청구권은 제척기간에 걸리므로 마지막 방식은 택할 수 없고, 현행법상 고려될 수 있는 것은 앞의 둘이다. 현가산정방식이 우선되어야 한다는 견해가 유력하지만,[129] 연금에는 확정급여형 외에 그 가치가 장래의 불확실한 수익률에 연동되어 있는 확정기여형도 있고, 재정상황과 수급권자 보호의 필요[동거생활 중일 때와 별거하여 각각 독립한 가구(家口)를 이룰 때 다를 수 있다]에 따라 그 금액이 달라질 수도 있으며, 일시금 지급은 연금수급권자의 뜻을 거스르더라도 현재의 소비를 장래로 이연시키고자 하는 연금제도의 취지에 반하므로 정기금(定期金)방식,[130] 특히 연금수급권 자체를 분할·이전하는 방식을 고려할 필요가 있다. 미국 여러 주와 독일, 프랑스, 영국 등 유럽 여러 나라가 이러한 제도를 채택하였다.[131]

　　먼저, 공적 연금에 관하여는 명문의 규정이 있다. 1998년 개정 국민연금법 §57-2(현행 §64)는 배우자의 국민연금 가입기간 중 혼인기간이 5년 이상인 자가 이혼하여 노령연금수급권자가 되는 경우에는 그때부터 그가 생존하는 동안 배우자이었던 자의 노령연금 중 일정금액을 분할하여 지급받을 수 있다고 규정하였다(분할연금). 한동안 다른 공적 연금, 즉 공무원연금법, 군인연금법, 사립학교교직원 연금법에는 상응하는 규정이 없다가 2015. 6. 22. 개정 공무원연금법 §46-3(현재는 §45) 및 이를 준용하는 사립학교교직원 연금법 §42 ①, 2019. 12. 10. 전부개정 군인연금법 §22에 각각 같은 취지의 규정이 도입되었다.

　　다만, 1998년 국민연금법에는 법률혼기간이 5년을 넘기만 하면 실질적인 혼인생활의 기간을 묻지 아니하고 연금분할을 구할 수 있는 점과 구체적 사정을 고려하지

---

128) 위 광주지방법원 가정지원 2006. 1. 17. 선고 2005드합648 판결.

129) 김승정(2005), 220; 민유숙(2001b), 131-132; 배인구(2011), 264-265. 나아가 정기금 지급에 의한 대상분할은 물론, 비율인정방식은 허용되지 아니한다는 견해로 현소혜(2014), 336 이하. 재산분할청구권자가 이혼 후의 임금상승분과 같이 그의 기여가 인정되지 아니하는 부분까지 함께 수익하거나, 분할의무자의 귀책사유로 퇴직급여가 감액될 위험까지 부담하게 될 뿐 아니라, 재산분할의무자가 법령 또는 규약에 따라 퇴직급여 중 일시금으로 받을 부분과 연금으로 받을 부분을 조정할 수 있는 경우가 많아 자의적으로 분할액을 변경하는 것을 허용하게 된다는 취지이다. 그러나 대법원 2014. 7. 16. 선고 2012므2888 전원합의체 판결은 분할비율방식을 취한 원심의 접근을 인정하였다.

130) 서울가정법원 2011. 8. 25. 선고 2010드합10979, 10986 판결; 대전지방법원 가정지원 2008. 12. 12. 선고 2007드단13110, 2008드단753 판결; 대법원 2014. 7. 16. 선고 2012므2888 전원합의체 판결.

131) 배인구(2011), 237 이하; 이진기(2014), 407-411; 정구태(2015), 13-16; 현소혜(2014), 319 이하.

아니한 채 연금의 50%를 분할하는 점에 문제가 있었고, 입법론적으로는 민법상 재산분할에 통합하는 것이 바람직하다는 지적 또한 있었다.[132] 앞의 문제는 헌법재판소 2016. 12. 29. 선고 2015헌바182 결정이 이 부분에 대하여 헌법불합치 결정을 선고하면서[133] 실질적인 혼인기간이 5년을 넘어야 하는 것으로 법이 개정되어 해결되었다. 그리고 뒤의 문제는 2015년 국민연금법 개정으로 "제64조제2항에도 불구하고「민법」제839조의2 또는 제843조에 따라 연금의 분할에 관하여 별도로 결정된 경우에는 그에 따른다."는 §64－2 ①을 신설하여 해결되었다.[134] 다른 공적 연금법도 분할연금제도 도입 당시 이들 개정사항을 모두 그대로 받아들였다.

　이처럼 공적 연금의 경우 사회보장법적 해결과 민법(재산분할법)적 해결이 병존한다. 가정법원은 혼인 생활의 과정과 기간, 퇴직급여의 형성 및 유지에 대한 양 당사자의 기여 정도, 당사자 쌍방이 혼인 생활 중 협력하여 취득한 다른 적극재산과 소극재산의 존재와 규모, 양 당사자의 의사와 나이 등 여러 사정을 종합적으로 고려해 이혼 당시에 재산분할 대상으로 삼을 것인지 공적 연금분할 제도에 따르도록 할지를 정할 수 있다.[135] 다만 재산분할로 만족하기로 하는 것은 '별도로' 결정되어야 하므로, "협의상 또는 재판상 이혼에 따른 재산분할절차에서 이혼당사자 사이에 연금의 분할 비율 등을 달리 정하기로 하는 명시적인 합의가 있었거나 법원이 이를 달리 결정하였음이 분명히 드러나야" 함에 유의하여야 한다.[136] '나머지 청구 포기'와 같은 조정 문구만으로 그러한 합의를 읽어낼 수는 없다. 그러나 협의서나 조정조서 등에 연금의 분할비율이 명시될 필요는 없고 협의과정 또는 분할심판절차에서 퇴직연금 내역을 구체적으로 파악하여 적극재산에 포함하고 충분히 고려한 뒤 "나머지 청구를 포기"한 경우에는 그러한 합의가 있다고 볼 수 있다. 협의과정이나 분할심판절차에서 연금 중 일부(일정기간)만 고려되었다면 고려되지 아니한 나머지 연금은 여전히 사회보장법에 따른 분할연금지급청구의 대상이 된다.[137]

---

132) 배인구(2011), 262－266.

133) 이에 대하여는 김현진, "『국민연금법』제64조 제1항 헌법불합치 결정의 문제점과 개선입법의 방향", 민사법학 81(2017), 187 이하; 현소혜, "연금분할청구권과「국민연금법」의 개정방향", 성균관법학 29－1(2017), 291 이하.

134) 이 규정은 2016. 6. 22. 개정 공무원연금법 부칙 §§1, 2①에 따라 2016. 1. 1. 최초로 지급사유에 발생한 사람, 즉 그 이후에 이혼한 사람에 한하여 적용된다. 이 규정을 소급적용하지 아니한 것이 위헌이 아니라는 취지로, 헌법재판소 2018. 4. 26. 선고 2016헌마54 결정, 2016. 1. 1. 이전에 위 요건을 충족하였어도 그 이후에 이혼하였으면 위 규정이 적용되나, 반대로 2016. 1. 1. 이후에 위 요건을 충족하였어도 그 전에 이혼하였으면 위 규정이 적용되지 아니한다는 것으로, 대법원 2019. 10. 31. 선고 2018두32200 판결. 이 규정이 공무원연금법상의 연금지급요건이 충족되었음을 전제한 것임은 물론이다. 대법원 2019. 11. 15. 선고 2018두35155 판결.

135) 대법원 2019. 9. 25. 선고 2017므11917 판결.

136) 대법원 2019. 6. 13. 선고 2018두65088 판결.

137) 대법원 2023. 11. 30. 선고 2022두62284 판결[강상효(2024), "이혼당사자 사이의 협의 내지 조정으로

공적 연금에서 분할연금은 공적 연금법상 그 요건을 갖춘 날로부터 3년의 제척 기간에 걸린다. 그 비율을 다시 정하는 것은 재산분할에 속하므로 본조 ③의 2년의 제척기간에 걸린다.[138]

반면, 이에 대응하는 규정이 없는 (사적) 퇴직연금의 경우 본조의 재산분할에 의하여, 지급의무자의 생존을 조건으로 지급권리자의 사망시까지 수령하는 연금 중 일정비율 또는 일정액 상당을 분할하여 이전할 것을 명하는 것을 고려할 수 있다.[139] 그러나 여기에는 앞서 본 바와 같은 여러 해석상 난점이 존재하므로, 궁극적으로는 입법적 대응이 필요하다.[140] 학설로는 이혼시 당장 퇴직하더라도 퇴직연금을 수령할 수 있는 경우에는 장래의 퇴직연금의 정기금 지급 방식에 의한 분할을 구할 수 없고, 그 당시의 퇴직금 또는 퇴직연금을 셈하여 일시금 지급 방식으로 분할받아야 한다는 견해도 있다. 이러한 경우는 앞으로 얼마나 더 근무할지 알 수 없어 연금에 대한 별도의 분할비율 산정이 어렵다는 것이다.[141]

그 밖에 공무원연금법 §62, 군인연금법 §37 등은 1년 이상 재직하고 퇴직할 때에는 별도의 퇴직수당을 일시금으로 지급하도록 하고 있다. 이에 대하여는 앞서 공적 연금에 대한 연금분할과 같은 별도의 제도가 없으므로 일반원칙에 따라 재산분할의 대상이 된다. 이혼소송의 사실심 변론종결시를 기준으로 그 시점에 퇴직할 경우 수령할 수 있을 것으로 예상되는 퇴직수당 상당액이 그 기준이 된다.[142]

(5) 이른바 증가된 수익능력의 문제: 전문직 자격 등

변호사·의사의 자격과 같이 혼인중 일방이 상대방의 도움으로 장래 고액의 소득을 얻게 하는 능력이나 전문적인 자격을 취득한 경우 이러한 수익능력이 일종의 무형재산[이른바 신(新)재산(new property)]으로 재산분할의 대상이 되는가가 논의되고 있다. 재판실무상으로는 재산분할의 대상에 포함시키지는 아니하는 것으로 보인다. 서울가정법원 1991. 6. 13. 선고 91드1220 판결은 "재산분할을 함에 있어서는 […] 유형적 재산 외에도 처의 협조로 부가 취득한 전문의 자격이라는 무형적 재산(또는 장래의

공무원 퇴직급여 중 일부에 대하여만 분할이 이루어진 경우, 나머지에 대하여 이혼배우자가 공무원연금법 제45조에 따라 분할 수급권을 가지는지 여부", 해설 137].

138) 김주수·김상용, 250.

139) 배인구(2011), 237. 다만 양도금지(근로자퇴직급여 보장법 §7 ①)에 반하지 아니하는지가 문제인데, 이 규정의 규범목적에 비출 때 양도금지에 반하지 아니한다고 보는 견해가 유력하다. 대표적으로 현소혜(2014), 331-333. 대법원 2014. 7. 16. 선고 2012므2888 전원합의체 판결은 이 점에 관하여 침묵하고 있다. 그 밖에 현소혜, 같은 글, 333 이하는 재산분할로 이전된 퇴직급여채권은 이전과 동시에 기한이 도래한다고 한다. 법 정책적으로는 수긍할 만한 점이 있으나, 해석론으로는 무리이다.

140) 정구태(2015), 18-20.

141) 김정민(2014), 347-348.

142) 대법원 2019. 9. 25. 선고 2017므11917 판결.

수입증가를 가져올 수 있게 하는 잠재적 재산)의 분배라는 정산적 요소, 결혼 후 현재까지 일정한 수입이 없던 처가 향후 생활을 유지할 수 있도록 하는 부양적 요소"도 고려하여야 한다고 하여 이를 재산분할의 대상으로 삼은 바 있으나,[143) 대법원 1998. 6. 12. 선고 98므213 판결[144)은 박사학위를 소지한 경제학교수로서의 재산취득능력은 재산분할의 액수와 방법을 정하는 데 필요한 기타 사정으로 참작하면 족하다고 하여 재산분할의 대상(a)이 아닌 분할비율의 결정(b)에서 고려하는 데 그치고 있는 것이다. 학설은 다투어진다. 판례를 지지하는 견해가 있는가 하면,[145) 재산가액을 산정하기 어려워지는 문제가 있음을 인정하면서도 재산분할의 대상에 포함시켜야 한다는 견해도 있다.[146) 이 문제는 1970년대 미국에서 활발하게 논의되기 시작하였는데, 미국에서도 주(州)에 따라 재산분할의 대상으로 보고 그 현재가치를 산입한 예, 재산분할의 대상에는 포함시키지 아니하고 대신 이혼 후 부양에서 고려한 예, 전문직 자격 등을 취득할 때까지의 기여에 대하여 부당이득반환을 인정한 예로 갈리고 있고,[147) 독일,[148) 일본에서도[149) 비슷한 견해들이 주장되고 있다.

　　본래 부부 일방이 장래, 즉 이혼 후에 거둘 소득은 부부 공동재산이라고 할 수 없다.[150) 전문직 자격이나 능력은 양도·처분할 수 없고, 그 자격을 취득한 사람이 어떤 일을 어떻게 하느냐에 따라 가치가 크게 달라져 가치평가에도 어려움이 많다.[151) 그럼에도 불구하고 이른바 증가된 수익능력이 재산분할의 대상이 되는지가 문제되는

---

143) 이 판결은 전문의 자격의 가치를 산정하여 공동재산의 총 가액에 산입한 뒤 재산분할비율을 정하는 방법을 취하지 아니하고, "피고가 분가할 때와 병원을 개업할 때 원고의 친정에서 원조해 주었던 돈의 액수, 피고가 현재 소유하고 있는 재산의 총액, 한편 위 재산은 피고가 개업을 한 후 마련한 것이고, 피고의 현재 수입으로 보아 앞으로도 많은 재산축적이 기대되는 점, 특히 피고는 혼인중에 내과 전문의자격을 취득하여 장래 전문의 및 개업의로서 경제적, 사회적으로 더욱 발전이 기대되는데 이와 같은 현재의 피고가 있기까지는 남편의 폭행, 모욕 등 온갖 수모를 참고 견디며 8년 5개월 동안 한결같이 남편을 내조해 온 원고의 보이지 않는 노력이 뒷받침되었던 점" 등을 고려하여 곧바로 재산분할액을 정하였다.
144) 평석: 김승정(2005).
145) 김승정(2005), 222－223; 김용원(2008), 72; 김주수·김상용, 257("그와 같은 사정을 고려하여" 다만 장래의 수입을 고려하여 분할급의 방식으로 재산분할을 명하는 것이 타당하다고 하는데, 이것이 재산분할의 대상에 산입하는 해결을 시사하는 취지인지는 불분명하다); 박동섭·양경승, 211; 오시영, 207; 이경희·윤부찬, 133.
146) 고정명·조은희, 124; 김용한, 154; 민유숙(1993), 424－425; 민유숙(2001b), 140 이하; 박병호, 134; 배경숙·최금숙, 202; 윤부찬(2009), 288－291; 최금숙, 친족(2), 223; 한봉희·백승흠, 206.
147) 상세는 민유숙(2001b), 140－148; 윤부찬(2009), 275－279; 한봉희(1994), 325 이하.
148) 우선 Schwenzer, „The Medical Student Syndrome"－Ausgleich von Karrierechancen nach Ehescheidung? －, FamRZ 1988, 1114, 1117ff.
149) 민유숙(2001b), 148; 윤부찬(2009), 271－272.
150) 이혼 후 소극적 재산손해를 배상받을 수 없다는 점에 관하여는 제843조 註釋 참조.
151) 2004년 서울가정법원에 설치된 가사소년제도개혁위원회도 이러한 점을 들어 재산취득능력의 분할에 관한 규정을 마련하는 것을 차후의 연구과제로 미룬 바 있다. 전경근, "현행 민법상 부부재산제의 문제점과 개선방안", 가족법연구 19－1(2005), 207.

까닭은, 부부 일방이 종종 상당히 길고 비용이 많이 드는 다른 일방의 수익능력 증대를 위한 준비기간(사법시험준비에서부터 사법연수원 수료 또는 군 제대까지, 의대 재학 중에서 전문의 취득까지, 학위취득 등을 위한 장기간의 유학) 동안 단독으로 소득활동을 하였고, 소득의 대부분을 생활비와 학비 등으로 소비하여 부부 공동재산을 형성하지 못하였는데, 이후 수익능력이 증대되자 그 증대된 수익능력의 경제적 성과를 함께 누리기 전에 혼인관계가 파탄에 이르게 되는 경우가 제법 있기 때문이다. 이러한 경우 단독으로 소득활동 등을 해온 부부 일방은 장차 증대된 수익능력을 함께 누릴 것을 기대하고 자신의 현재를 다른 일방에게 투자한 셈인데, 그 최소한의 기대조차도 좌절된다면 부당한 점이 있다. 부부 공동재산이 없는 경우로서, 상당한 희생을 하였음에도 불구하고 아직 전문직 자격 등을 취득한 지 얼마 되지 아니하는 등으로 그에 대한 최소한의 보상도 누리지 못한 채 혼인관계가 파탄에 이른 때에는 예외적으로 전문직 자격 등을 통하여 (위와 같은 정당한 기대에 비추어 정해진) 상당기간 거둘 수 있을 것으로 기대되는 장래 소득을 재산분할의 대상에 넣어 정기금으로 지급하게 하거나,[152] 그동안의 유·무형의 희생을 금전적으로 평가하여 반환받을 수 있도록 할 필요가 있다.[153]

(6) 공제항목: 소극재산(채무)

부부가 혼인중 부담하게 된 일정한 범위의 채무는 재산분할의 대상이 되는 재산(의 가액)에서 공제된다.[154] 적극재산과 관련하여 공동재산과 특유재산의 구별이 문제되는 것처럼 소극재산과 관련하여서도 공동채무와 특유채무의 구별이 문제가 된다. 또한 적극재산과 관련하여 그 존재와 가치의 확정이 문제되는 것과 마찬가지로 소극재산과 관련하여서도 그 존재와 가치의 확정이 문제된다.

먼저, 재산분할의 대상이 되는 재산에서 공제될 (공동)채무의 범위를 본다. 판례는 "부부 일방이 혼인중 제3자에게 부담한 채무는 일상가사에 관한 것 이외에는 원칙으로 그 개인의 채무로서 청산의 대상이 되지 않으나 그것이 공동재산의 형성에 수반하여 부담한 채무일 때에는 청산의 대상이 된다"고 하여[155] 일상가사(日常家事)에 관한 채무와 공동재산의 형성에 수반하여 부담한 채무의 두 범주만을 공동채무로 본다. 학설도 부부별산제의 원칙에 따를 때 일상가사에 관한 채무 이외의 일방의 제3자에 대한 채무는 개인의 고유채무로 보아야 하나, 재산분할의 대상이 되는 부동산 위에

---

152) 윤부찬(2009), 288–291; 정구태(2015), 21–22. 김영갑(1991), 239도 비슷한 취지로 보인다.

153) Schwenzer(주 148), 1120f. 다만, 그 근거가 문제인데, Schwenzer는 독자적인(sui generis) 가족법적 계약을 들고 있다.

154) 대법원 1994. 12. 2. 선고 94므1072 판결.

155) 대법원 1993. 5. 25. 선고 92므501 판결. 그 채무를 변제하기 위하여 혼인관계 파탄 후 진 채무도 포함된다. 대법원 2021. 5. 27. 선고 2020므15841 판결 참조.

근저당권으로 담보되는 융자금채무, 당해 부동산에 대한 보증금채무, 혼인생활비로 쓰기 위한 차용금 등 공동재산의 형성에 수반하여 부담한 채무는 공제되어야 한다고 하여, 이를 지지한다.[156) 적극재산과 달리 소극재산의 경우 부부 쌍방의 협력으로 성립할 여지가 별로 없으므로 별도의 표지를 도입한 것이다. 그리하여 주택융자금이나 혼인생활비로 쓰기 위한 차용금상환채무나[157) 소득세·주민세 등의 조세채무,[158) 공동재산인 주택에 관한 전세보증금 내지 임대차보증금반환채무는[159) 공동채무에 포함되는 반면, 혼인 전부터 부담하고 있던 변상약정금채무나 물상보증책임을 소멸시키기 위한 대출금채무,[160) 혼인관계가 사실상 파탄된 뒤에 부담한 채무,[161) 안마시술소를 운영하면서 성매매를 알선하여 부담하게 된 추징금채무,[162) 도박이나 개인적으로 해준 보증채무 등은 공동채무에 포함되지 아니한다.

일반적으로 일상가사(日常家事)에 관한 채무 및 생활비용(§833)과 관계된 채무가 부부 공동채무에 해당하고,[163) 특정 재산을 분할의 대상이 되는 재산에 포함하는 한[164) 그 형성에 수반된 물적 부담 및 채무를 (공동채무로 보아) 공동재산의 가액에서 공제하는 것이 공평하다는 점에는 의문이 없다. 혼인 전 또는 혼인관계가 사실상 파탄된 뒤 발생한 채무가 특유채무라는 점 또한 분명하다. 그러나 이러한 양 극단 사이에 있는 여러 채무를 재산분할의 대상이 되는 재산의 가액에서 공제할 것인지 여부는

156) 김종우(2002), 46; 김주수·김상용, 254; 민유숙(1993), 428; 신영호·김상훈·정구태, 147; 이경희·윤부찬, 134; 전경근(2005), 136−142; 최금숙, 친족(2), 225 이하; 황승태(2003), 288−290. 공동재산의 형성, 유지에 수반한 채무인 이상 그 채무로 취득한 공동재산이 남아있지 아니하여도 공동채무에 포함될 것이다. 주석친족(1), 459(송인우).

157) 전경근(2005), 139. 다만, 같은 문헌은 이를 분할의 대상이 되는 적극재산의 취득을 위하여 부담한 채무에 포함시켜 설명하고 있다. 또한 최금숙, 친족(2), 225.

158) 서울고등법원 2007. 7. 24. 선고 2006르579 판결. 박영호(2010), 698 이하.

159) 대법원 1999. 6. 11. 선고 96므1397 판결; 서울고등법원 1993. 9. 17. 선고 93르883 판결; 서울가정법원 1992. 8. 20. 선고 91드54873 판결.

160) 대법원 1994. 11. 11. 선고 94므963 판결.

161) 대법원 1996. 12. 23. 선고 95므1192, 1208 판결; 서울가정법원 2008. 1. 23. 선고 2007드합1890, 1906 판결; 서울가정법원 2008. 2. 14. 선고 2006드합6508, 8610 판결.

162) 서울가정법원 2008. 1. 23. 선고 2007드합1890, 1906 판결.

163) 일상가사(日常家事)의 「일상(日常)」이 본인의 자기결정권과 배우자의 현실적 필요 및 거래의 안전을 조화하기 위한 표지임에 비추면(제827조 註釋 Ⅱ. 1. 나. 참조), 그러한 사정과 무관한 재산분할에서는 부부 생활비용이 더 나은 기준이다. 이동진(2012), 308−309.

164) 다만, 파탄 이전의 정상적인 혼인생활 중에 주 수입원으로 영위하였던 사업상의 거래관계에서 발생하여 상대방도 용인하였던 채무는 결국 부부 공동의 이익을 위한 것으로 공동재산의 형성에 수반하여 부담한 것이라고 평가되어야 할 것이고, 혼인관계가 사실상 파탄에 이른 후에 부부 일방이 공동재산을 처분하였다고 하더라도 그 매각이 적정한 시가에 따라 이루어졌고 그 대금으로 부부 공동으로 부담하여야 하는 동액 상당의 채무를 변제하였다면 그 매각대금을 재산분할의 대상이 되는 재산의 가액에 산입할 수는 없다. 대법원 2005. 8. 19. 선고 2003므1166, 1173 판결. 이경희·윤부찬, 134은 나아가 채무로 인한 적극재산이 남아 있지 아니한 때에도 채무부담행위가 부부 공동의 이익을 위한 것이라면 혼인중의 공동재산의 형성·유지에 수반하는 것으로 청산대상이 된다고 한다.

부부 일방의 단독 활동의 위험(과 이익)을 다른 일방에게 어디까지 지울 것인가라는, 어느 정도는 (입)법정책적인 문제로 귀착된다. 비교법적으로도 소극재산의 공제를 제한하는 예(오스트리아, 일본)와 널리 허용하는 예(독일, 스위스)가 모두 보인다. 판례·통설은 재산분할의 대상이 된 적극재산과 관계된 소극재산만[165] 고려하고 그 밖의 소극재산은 원칙적으로 특유채무로 봄으로써[166] 재산분할청구권이 인정될 여지를 넓히고 있는 셈이나, 여전히 불분명한 점이 없지 않다.

적극재산에서 위 소극재산을 공제한 결과 음(−)이 되었을 경우에는 어떻게 되는가. 종래 판례는 "부부 일방이 […] 채무를 부담하고 있어 총 재산가액에서 위 채무액을 공제하면 남는 금액이 없는 경우에는 상대방의 재산분할청구는 받아들여질 수 없다"고 하여 이러한 경우 재산분할을 허용하지 아니하였다.[167] 다만 부부 일방의 적극재산에서 그의 소극재산을 공제하면 남는 금액이 없는 경우 그에게 재산분할을 구할 수 없다는 취지인지, 아니면 부부의 총 공동적극재산에서 총 공동소극재산을 공제하면 남는 금액이 없는 경우에 부부 상호간 재산분할을 구할 수 없다는 취지인지가 문제였는데,[168] 판례는 대체로 후자의 태도를 취하였다고 보인다.[169] 학설은 다투어졌다. 재산분할에서 재산의 청산은 적극재산의 청산을 예정하고 있는 것이므로, 적극재산이 없으면 재산분할을 할 수 없는 것은 재산분할의 본질에서 나오는 기본원칙이고 채무를 부부 공동의 노력으로 형성하였다고 할 수는 없다면서 이에 찬성하는 견해[170]도 있었지만, 분할대상을 적극재산에 한정할 합리적인 이유가 없고, 재산분할의 청산적 성격에 비추어 소극재산도 분할하여야 한다면서 이에 반대하는 견해[171]도 유력하게 주장되고 있었다. 종래 판례는 부부 일방이 한 사업의 경우 사업이 성공적이면 그

165) 다만, 판례는 적극재산의 가치가 매우 적은 경우에도 그것이 부부 공동재산에 편입된 이상 그보다 훨씬 더 큰 소극재산을 공제하는 것을 허용하고 있는데[대법원 2002. 9. 4. 선고 2001므718 판결[해설: 민유숙(2003b)]; 2006. 9. 14. 선고 2005다74900 판결 등], 이는 재산분할 전 당해 적극재산을 청산하면 채무도 재산분할에서 제외되어 분할 가능한 재산이 오히려 증가하게 된다는 점에서 공평에 반한다. 이때에는 당해 적극재산과 소극재산 모두를 공동재산에서 제외함이 옳다. 이동진(2012), 309−312, 324 이하.

166) 이동진(2012), 323−324.

167) 대법원 1997. 9. 26. 선고 97므933 판결.

168) 앞의 해석: 정원(2002), 86, 뒤의 해석: 오상진(2005), 162 이하.

169) 오상진(2005), 162 이하. 그러므로 총 공동재산이 음(−)인 이상 법원이 적극재산과 소극재산을 구별하여 각기 다른 분할비율을 적용하거나 그 밖의 적극·소극재산과 그 밖의 적극·소극재산에 대하여 각기 다른 분할비율을 적용하는 방법으로 재산분할을 해줄 방법은 없다. 대법원 2002. 9. 4. 선고 2001므718 판결. 다만, 이는 부부 공동의 총 재산을 기준으로 하는 한 당연한 법리이고, 위 판시와 같이 반드시 개별재산에 대한 기여도와 별개로 전체재산에 대한 기여도 내지 분할비율이라는 상위개념을 사용하여야 할 까닭은 없다. 황승태(2003), 292(그러나 같은 문헌은 여기에서 더 나아가 총 공동재산이 음인 경우에도 재산분할이 가능하다는 취지이다).

170) 김종우(2002), 46; 민유숙(2003b), 864; 박동섭·양경승, 211(현재도 반대하는 취지로 보인다); 정원(2002), 88.

171) 오상진(2005), 172; 전보성(2008), 376 이하; 한삼인·김상헌, 114−115.

성과를 부부가 공유하고, 사업이 실패하면 그 결과를 사업주인 부부 일방이 부담하게 함으로써 부부 각자의 활동의 자유와 그에 따른 손실위험 및 이익을 배분하는 기능도 하고 있었다.[172]

그런데 대법원 2013. 6. 20. 선고 2010므4071, 4088 전원합의체 판결은 이 법리를 폐기하였다.[173] 다수의견은 본조가 분할대상인 재산을 적극적으로 한정하고 있지 아니하다는 점 등을 들면서, "이혼 당사자가 각자 보유한 적극재산에서 소극재산을 공제하는 등으로 재산상태를 따져본 결과 재산분할 청구의 상대방이 그에게 귀속되어야 할 몫보다 더 많은 적극재산을 보유하고 있거나 소극재산의 부담이 더 적은 경우에는 적극재산을 분배하거나 소극재산을 분담하도록 하는 재산분할은 어느 것이나 가능하다고 보아야" 한다고 판시하고 이에 반하는 종래의 판례(대법원 1997. 9. 26. 선고 97므933 판결, 대법원 2002. 9. 4. 선고 2001므718 판결 등)를 변경하였다. 이처럼 순채무의 분할을 인정하는 것은 비교법적으로는 일반적이라고 할 수 없고,[174] 해석상으로도 자연스럽다고 할 수 없다.[175]

공동재산의 합이 음(−)인 경우 재산분할을 부정하였던 종래의 법리가 부부가 공동으로 부담하는 위험의 한계를 정하는 데 일정한 기여를 하고 있었음에 비출 때, 이러한 분할을 긍정할 때에도 특유채무와 공동채무의 구별은 여전히 중요하다. 다수의견은 "재산분할에 의하여 채무를 분담하게 되면 그로써 채무초과 상태가 되거나 기존의 채무초과 상태가 더욱 악화되는 것과 같은 경우에는 그 채무부담의 경위, 용처, 채무의 내용과 금액, 혼인생활의 과정, 당사자의 경제적 활동능력과 장래의 전망 등 제반 사정을 종합적으로 고려하여 채무를 분담하게 할지 여부 및 그 분담의 방법 등을 정"하여야 한다고 함으로써, 그 구별을 상당부분 법관의 이익형량에 맡기고 있다. 그러나 이로써 전보다 공동채무의 범위가 넓어지는 것인지는 반드시 분명하지 아니하다. 위 판결 이후의 하급심 재판실무도 대체로 종전의 구별기준을 따르고 있는 것처럼 보인다.[176]

다음, 공제의 대상이 되는 채무는 확실하여야 한다. 가령 재산분할청구사건의 변론종결 전에 세금이 부과되었거나 부과예정이거나 자진 신고한 경우에는 그 세액을

---

172) 이동진(2012), 315−316.
173) 평석: 정구태(2013); 진현민(2014)(모두 찬성하는 취지이다).
174) 조은희(2014), 229−232 참조.
175) 같은 취지로, 조은희(2014), 232−233.
176) 진현민(2014), 776−780 및 그곳에 소개된 하급심 재판례 참조. 이 범위의 공동채무의 분담은 본래 재산분할에 의하지 아니하고 구상권으로도 실현할 수 있는 것이지만(가령 제833조 註釋 Ⅲ. 2. 나. 참조) 재산분할에 의하는 경우 증명부담이 더 가볍고 더 유연한 처리가 가능할 수 있다.

공제할 수 있지만, 발생하지 아니한 조세채무는 공제할 수 없다.177) 이혼 및 재산분
할판결에 따른 위자료 및 재산분할금을 지급하기 위한 자산으로는 부동산이 유일하
여 이를 처분하는 것이 불가피하다는 이유로 아직 발생하지 아니한 양도소득세를 미
리 공제할 수도 없다.178)

이처럼 부부 일방이 제3자에 대하여 부담한 일상가사(日常家事) 또는 부부내부조
합(Ehegatteninnengesellschaft)에 관한 채무를 부담 재산분할에서 고려한 이상 그 범위에
서는 일반 민사법상의 구상 내지 비용분담청구가 배제된다. 그러나 재산분할에서 이
를 고려하지 아니하였을 때에는 그러하지 아니하다.179) 이러한 구상청구에 재산분할
청구권에 관한 단기제척기간(본조 ③)을 적용하는 것은 합리적이라고 할 수 없기 때문
이다.

혼인공동생활이 종료한 뒤에 공동채무가 변제 등으로 감소하였을 때에는 그 감
소분은 고려하지 아니하고 혼인공동생활이 종료한 시점의 채무액을 공제하여야 한
다.180)

(7) 기타

그 밖에 재산분할의 대상이 되는지 여부와 관련하여 검토할 필요가 있는 문제로
부부간 명의신탁재산의 경우 (별소로) 명의신탁을 해지하고 반환을 받지 아니한 상태
에서 곧바로 재산분할을 할 수 있는지 및 재산분할이 이루어진 뒤에 명의신탁재산의
반환이 가능한지가 있다. 부부간 명의신탁재산이 재산분할과 관련하여 부부 공동재
산으로 평가되는 한, 이를 재산분할의 대상으로 삼을 수 있고, 굳이 미리 명의신탁해
지 및 반환을 받아둘 필요는 없을 것이다. 반면 부부간 명의신탁재산이 부부 일방의
특유재산에 불과하다면 재산분할의 대상이 될 수 없음은 당연하다. 명의신탁재산이
재산분할의 대상이 되어 현재의 명의인, 즉 명의수탁자가 이를 보유하는 전제하에 재
산분할이 이루어진 경우에는 명의신탁은 이미 해소된 것으로 보아야 한다(이는 물론 재
판 또는 협의의 해석의 문제이다). 그러므로 이때에는 재산분할 후 명의신탁해지를 원인으
로 하는 반환청구를 할 수 없게 된다.181)

부부 상호간 채권·채무는 원칙적으로 분할의 대상이 되지 아니한다. 대법원

---

177) 대법원 2010. 4. 15. 선고 2009므4297 판결; 서울고등법원 2007. 7. 24. 선고 2006르579 판결. 박영호
(2010), 698−700.
178) 대법원 1994. 12. 2. 선고 94므901, 918 판결. 최금숙, 친족(2), 226.
179) 이동진(2012), 316−319.
180) 대법원 2013. 11. 28. 선고 2013므1455 판결; 대법원 2024. 5. 17. 선고 2014므10721, 10738 판결. 앞의
주 56도 참조.
181) 민유숙(2004b), 60; 정원(2002), 98 참조.

2002. 8. 28.자 2002스36 결정도 부부 일방이 다른 일방을 대신하여 수령한 다른 일방
의 생명보험금 등은 별소로 그 반환을 구하여야 한다고 한다.

끝으로, 현존 재산이 아니라 하더라도 부부 일방에 의하여 부당하게 유출된 부부
공동재산은 그 가액을 확정할 수 있으면 부부공동재산의 가액에 (가상적으로) 산입하
여야 하고, 가액확정이 곤란하다면 분할비율에서 이를 참작하여야 한다. 전형적으로
부부 일방이 부정행위 중 또는 별거 후 부정행위의 상대방 등에게 통상적이지 아니한
규모의 증여를 한 경우가 그러하다.[182]

다. 가액산정

(1) 가액산정의 방법

재산분할의 대상이 되는 적극·소극재산이 확정되면 대략적으로라도[183] 그 가액
을 산정하여야 한다. 가액은 원칙적으로 시가(時價)에 의할 것이나, 반드시 전부 감정
하여야 하는 것은 아니고, 객관성과 합리성이 있는 자료에 의하여 평가하면 된다.[184]
실제로 당해 재산의 (예상) 가액이 크지 아니하다면 감정하지 아니하고 부동산, 자동
차 등의 경우 공시지가, 인터넷에서 제공하는 시세정보, 공인중개사의 시세확인서 등
을 이용하곤 한다.

개별적으로 시가를 정하는 방법이 문제되는 예도 있다. 아파트 분양권의 경우 납
부한 분양대금의 액수나 분양권시세 등이, 할부구입한 자동차의 경우 현금납부액이
고려될 수 있고, 이른바 프리미엄이 형성되었다면 그 또한 고려하여야 한다. 장래의
임대료 수익의 경우 이미 부동산의 현재가치에 반영되어 있어 이를 보태면 중복계산
이 될 우려가 있다. 주식은 경우를 나누어 상장주식인 때에는 변론종결일의 거래소
종가를 기준으로 계산하고, 비상장주식은 거래의 실례가 있으면 그 거래가격을, 그러
한 거래사례가 없으면 객관적이고 합리적인 방법을 이용하여야 하는데, 흔히 순자산
가치평가법을 쓰고 있다.[185] 그 밖에 채권 일반에 관하여 변제가능성을, 보증·연대

182) 서울고등법원 2023. 1. 26. 선고 2022르23237, 23244 판결; 서울고등법원 2023. 2. 9. 선고 2022르21002
판결. 독일 민법 §1375 ②은 윤리적 의무 또는 도의관념에 적합하지 아니한 무상출연, 재산낭비, 배우자
에게 손해를 가할 의도로 한 처분을 무시하고 그 가액을 산입하게 하고 있다. 미국법도 비슷하다.
183) 대법원 1999. 6. 11. 선고 96므1397 판결; 대법원 2010. 12. 23. 선고 2009므3928 판결 등.
184) 대법원 1994. 10. 25. 선고 94므734 판결; 대법원 2002. 8. 28.자 2002스36 결정. 신영호·김상훈·정구
태, 148. 반면 당사자 일방의 주장이나 그 가족, 지인의 진술만으로 이를 인정하거나 막연하게 경제사정
의 변동으로 특정 재산의 시가가 낮아졌으리라고 판단하는 것은 위법할 수 있다. 대법원 1999. 6. 11. 선
고 96므1397 판결; 대법원 2000. 9. 22. 선고 99므906 판결; 대법원 2002. 8. 28.자 2002스36 결정.
185) 부산고등법원 2007. 5. 30. 선고 2006르249 판결. 그러나 이러한 산정방식에는 무형자산의 가치와 수
익가치가 반영되어 있지 아니하여 당사자 일방이라도 반대하면 이를 쓰기 어렵다. 이 경우 당사자가 반
대하지 아니하면 발행주식 액면가액을 주식 가액으로 보기도 한다고 한다. 주석친족(1), 470-471(송인
우). 대법원 2007. 7. 26. 선고 2006므2757, 2764 판결은 비상장주식의 가액에 관하여 구 相贈法 §§5 ⑥ i
나, 54에 따라서 순자산가치와 순손익가치를 모두 고려한 감정결과를 채택한 것은 적법하다고 한다.

채무 등과 관련하여서는 구상(求償)가능성을 고려하여야 한다.[186) 조건부 또는 기한부 채권의 경우 조건성취 가능성 등을 고려하여 현재가치를 산정하여야 하나, 보험의 경우에는 보험사고 발생 가능성을 평가하기 어려우므로 대개 예상해지환급금을 산입하고 있다.[187) 대법원 2014. 7. 16. 선고 2013므2250 전원합의체 판결은 장래의 퇴직금 채권은 이혼 확정 전의 사실심 변론종결시에 퇴직할 경우 예상퇴직급여 상당액으로 그 현재가치를 산정하여야 한다고 한다. 부부가 제3자를 위하여 물상보증을 해준 경우와 같이 채무는 없이 물적 책임만 부담하고 있는 때에는 구상이 가능한 한 이를 공제하지 아니한 채 가액을 산정함이 타당하나,[188) 피담보채무의 변제가 이루어지지 아니하여 실제 책임을 부담하여야 하고, 그 후 구상하기도 어려울 것으로 예상될 때에는 이를 공제하여야 할 수도 있다.

영업의 경우 그 계속 내지 존속가능성에 따라 청산가치와 계속기업가치 중 어떤 것을 기준으로 할지가 달라진다. 전문직 자격 등의 가치평가에도 상당한 어려움이 있음은 앞서 본 바와 같다. 판례는 부부의 일방이 실질적으로 혼자서 지배하고 있는 주식회사(이른바 1인 회사)라 하더라도 그 회사 소유의 재산을 바로 그 개인의 재산으로 평가하여 재산분할의 대상에 포함시킬 것은 아니고, 그 회사의 재산을 종합적으로 평가한 후 1인 주주에 개인적으로 귀속되고 있는 재산가치를 산정하여야 한다고 한다.[189)

그 밖에 판례는 당사자 사이에 가액에 관하여 다툼이 없으면 그 다툼 없는 가액을 시가로 인정하여도 무방하다고 하고,[190) 재판실무도 대체로 그러하다.

한편, 대법원 2014. 7. 16. 선고 2012므2888 전원합의체 판결은 장래의 퇴직연금을 비율인정방식에 의하여 분할하는 경우 사실상 가액산정 없이 바로 분할비율을 정하는 것을 허용하고 있다.

(2) 가액산정의 기준시기

재산분할의 대상이 되는 재산의 가액은 어느 시점의 가격 등을 기준으로 산정하여야 하는가. 판례는, "협의이혼에 따른 재산분할에 있어 분할의 대상이 되는 재산과 액수는 협의이혼이 성립한 날(이혼신고일)을 기준으로",[191) "재판상 이혼을 전제로 한 재산분할에 있어 분할의 대상이 되는 재산과 그 액수는 이혼소송의 사실심 변론종결

---

186) 황승태(2003), 272 이하 참조.
187) 주석친족(1), 471(송인우).
188) 황승태(2003), 289.
189) 대법원 2011. 3. 10. 선고 2010므4699, 4705, 4712 판결.
190) 대법원 2003. 1. 10. 선고 2002므1442, 1459 판결; 대법원 2005. 8. 19. 선고 2003므1166, 1173 판결. 그러나 직권탐지주의가 적용되므로 단지 아무런 반박도 아니한다는 이유만으로 그대로 가액을 인정하기는 어렵다. 주석친족(1), 469(송인우).
191) 대법원 2003. 3. 14. 선고 2002므2230 판결; 대법원 2006. 9. 14. 선고 2005다74900 판결.

일을 기준으로",192) "사실혼 해소를 원인으로 한 재산분할에서 분할의 대상이 되는 재산과 액수는 사실혼이 해소된 날을 기준으로"193) 정하여야 한다고 한다. 그중 앞부분, 즉 "분할의 대상이 되는 재산"의 기준시기는 결국 「혼인중」 형성된 재산인지 여부의 문제이다. 법률혼이 종료하는 시점을 기준으로 정하여야 한다고 판시한 것은, 법률혼이 종료되는 시점에 사실상 혼인공동생활도 종료될 것임을 전제하고 있기 때문이다.194) 이미 그 전에 별거에 들어간 경우 분할의 「대상」이 되는 재산의 범위[(a)-가]는 법률혼이 해소된 시점이 아니라 사실상 혼인공동생활이 종료한 시점을 기준으로 하여야 할 것이다(앞의 주 54~57 및 그 본문 참조).195)

반면, 이처럼 분할대상이 된 재산의 "가액"도 같은 시점을 기준으로 산정하여야 한다는 것은 의문이다. 분할시를 기준으로 산정하여야 하는바, 협의분할의 경우 협의시, 심판분할의 경우 사실심 변론종결시가 그에 가장 가까운 시점이다. 이 맥락에서 법률혼이 종료된 시점은, 대개 이혼소송이 병합되곤 하므로, 분할시에 가장 가까운 시점으로 기능한다. 판례도 "사실혼 해소 이후 재산분할 청구사건의 사실심 변론종결시까지 사이에 혼인중 공동의 노력으로 형성·유지한 부동산 등에 발생한 외부적, 후발적 사정으로서, 그로 인한 이익이나 손해를 일방에게 귀속시키는 것이 부부공동재산의 공평한 청산·분배라고 하는 재산분할제도의 목적에 현저히 부합하지 않는 결과를 가져오는 등의 특별한 사정이 있는 경우에는 이를 분할대상재산의 가액산정에 참작할 수 있다"면서196) 사실혼이 해소된 뒤 수년 뒤인 분할심판 사실심 변론종결일에 가까운 시점의 실거래가를 기준으로 부동산의 가액을 산정한 것을 인정한 바 있다. 법률혼 부부인 이상 여전히 혼인관계는 존속하므로, 별거 후 사실심 변론종결일까지 사이에 재산 가액이 증가하였음에도 불구하고 그로 인한 이득을 부부 일방에게만 귀속시키는 것이 반드시 옳다고 할 수는 없는 것이다.197)

---

192) 대법원 2000. 5. 2.자 2000스13 결정; 대법원 2009. 7. 23. 선고 2009므1533, 1540 판결; 대법원 2010. 4. 15. 선고 2009므4297 판결. 찬성하는 것으로 고정명·조은희, 126; 오시영, 214; 한봉희·백승흠, 207-208.

193) 대법원 2024. 1. 4. 선고 2022므11027 판결. 해설: 이재환(2024).

194) 김수정(2005), 578 참조.

195) 대법원 2013. 11. 28. 선고 2013므1455, 1462 판결; 대법원 2015. 6. 24. 선고 2013므3963, 3970 판결 등은 이혼소송의 사실심변론종결시를 기준으로 하여야 한다면서도, "혼인관계가 파탄된 이후 변론종결일 사이에 생긴 재산관계의 변동이 부부 중 일방에 의한 후발적 사정에 의한 것으로서 혼인중 공동으로 형성한 재산관계와 무관하다는 등 특별한 사정이 있는 경우 그 변동된 재산은 재산분할 대상에서 제외하여야 한다"고 함으로써 사실상 비슷한 결론에 이른다. 하급심 실무의 동향을 소개하면서 판례의 접근에 대하여 의문을 제기하는 것으로, 신정일(2017), 394 이하.

196) 대법원 2023. 7. 13. 선고 2017므11856 판결; 대법원 2024. 1. 4. 선고 2022므11027 판결. 이 판결은 이른바 절충설을 따라 예외적으로 시가 상승이 큰 경우 등에서, 그 특정 재산에 한하여, 가액산정의 기준시점을 옮기는 것을 허용하는 취지이다. 이재환(2024), 194-196 참조.

197) 서울가정법원 2006. 11. 16. 선고 2005드합6952, 2006드합7891 판결.

그 밖에 학설로는 원칙적으로 이혼소송의 사실심 변론종결시를 기준으로 하되, 배우자가 뚜렷한 이유 없이 이혼 전에 재산을 고의로 감소시킨 경우 등 사정에 따라서는 별거시를 기준으로 할 수도 있다는 견해와,[198] 청산적 요소에 대하여는 별거시를 기준으로 하되 이혼시 또는 이혼 후 재산분할청구가 있을 때에는 분할재판의 변론종결시까지의 재산변동과 변동사유를 참작하여야 하고, 부양적 요소에 관하여는 현재 및 장래의 사정도 고려하여야 하므로 분할재판의 변론종결시가 기준이 된다는 견해도[199] 있다. 이들 견해는 기준시의 두 의미, 즉 분할대상을 확정하는 기준시와 그 가액을 평가하는 기준시와, 유출재산의 (가상적) 산입을 뒤섞어 논의한 점에서 흠이 있다.[200] 그러나 이들 견해가 제기한 논점은 검토할 필요가 있다. 먼저, 분할대상이 되는 재산은 원칙적으로 현존하여야 하므로, 별거 후 재산을 상당한 가격으로 유상처분하였다면 그 처분이 합리적인 범위 내에 있는 이상 수취한 대가를 재산분할의 대상으로 봄이 옳고, 이미 처분되어 없어진 종전 재산의 가치를 산정할 것은 아니다.[201] 가령 별거 전 분양계약을 체결하여 분양권을 취득하였는데 재산분할 시에는 그에 터 잡아 이미 부동산을 취득하였다면 분할대상은 부동산인 것이다(주 57 및 그 본문도 참조).[202] 반면 재산분할청구권자에 대한 관계에서 정당화될 수 있는 사유 없이 무상 또

---

198) 김주수·김상용, 264; 신영호·김상훈·정구태, 144. 이러한 사정을 고려한 독일의 입법례에 관하여는 서종희(2013c), 163 이하 참조. 그 밖에 분할청구권이 발생하는 시점이 이혼 시임을 이유로 이때를 기준시로 하여야 한다는 것으로 주석친족(1), 473(송인구). 그러나 분할대상에 관한 한 '당사자 쌍방의 협력으로 이룩한 재산'인지가 문제될 뿐이고 (이러한 협력은 혼인공동생활의 틀 안에서의 협력을 말하고, 특히 전업주부의 경우 그러한 방식으로만 협력할 수 있는 것이 대부분이다), 분할가액환산에 관한 한 실제 이행될 때에 가장 가까운 때를 기준으로 하여야 현물분할과 가액분할 사이에 균형을 기할 수 있다. 권리는 이행시까지 그 내용이 특정될 수 있으면 족하고, 발생시에 내용이 완전히 특정되어 있어야 하는 것은 아니다.
199) 이경희·윤부찬, 137.
200) 같은 취지의 비판으로, 황승태(2003), 265−266(결론적으로 본문과 같은 취지이다). 이미주(2021), 34−35는 제1심 사실심변론종결시를 기준으로 하는 재판실무를 소개하면서 이를 지지한다.
201) 서울고등법원 2008. 10. 28. 선고 2007르1746, 1753, 2008르1576, 1972 판결. 또한 박영호(2010)도 참조. 그러나 최금숙, 친족(2), 222은 받은 이익, 즉 본래의 재산이 분할대상이라고 한다. 또한 대법원 2013. 11. 28. 선고 2013므1455 판결("재산분할에 있어 분할의 대상이 되는 재산과 그 액수는 이혼소송의 사실심 변론종결일을 기준으로 하여 정하는 것이 원칙이지만, 혼인관계가 파탄된 이후 변론종결일 사이에 생긴 재산관계의 변동이 부부 중 일방에 의한 후발적 사정에 의한 것으로서 혼인중 공동으로 형성한 재산관계와 무관하다는 등 특별한 사정이 있는 경우에는 그 변동된 재산은 재산분할 대상에서 제외하여야 할 것"). 현재의 재판실무이다.
202) 대법원 2019. 10. 31. 선고 2019므12549, 12556 판결. 다만, 별거 전에 분양대금이 완납되지 아니한 (대개의) 경우에는 분양대금 납입의 비율과 다른 분할대상재산의 존재 등을 고려할 여지가 있고, 분할대상으로 포함시킬 때에도 분할비율에서 참작할 필요가 있다. 위 사건의 경우 별거 전 분양대금 중 약 70%를 납입하였었다. 그밖에 유사 사건 하급심 재판례에 대하여는 이미주(2021), 22 이하. 나아가 하급심에는 별거 후 분양을 받은 경우에도 분양권 또는 부동산 자체를 분할대상에 포함시킨 예가 제법 보인다. 이때에는 그 취득자금이 전적으로 또는 주로 공동재산에서 유래한 것인지를 고려하여야 한다는 것으로, 이미주(2021), 28−31.

는 터무니없이 낮은 가격으로 처분하였거나 낭비한 때에는 그 가액을 확정할 수 있다면 그 재산이 현존하는 것으로 의제하여 분할대상이 되는 재산의 범위를 정하고, 확정할 수 없다면 분할비율에서 참작하여야 한다(주 181 및 그 본문도 참조).[203]

4. 분할비율의 확정

가. 원칙

(1) 청산적 요소: 기여도

재산분할의 대상이 되는 재산 및 그 가액이 결정된 다음에는, 분할비율을 확정하여야 한다. 본조 ②은 분할의 액수와 방법을 협의 또는 심판으로 정하게 하고 있을 뿐, 그 구체적인 기준을 정하고 있지 아니하므로, 이는 판례·학설에 맡겨져 있다.

비교법적으로는 공동재산의 1/2을 분할하도록 법정(法定)한 예(프랑스 민법 §1475, §§1520ff., 독일 민법 §1378 ①, 스위스 민법 §215, 미국의 루이지애나 주)와 법관이 그때그때 분할비율을 결정하는 예(오스트리아 혼인법 §83, 미국의 대부분의 주, 영국, 일본)가, (절충형) 별산제와 공동제를 불문하고, 모두 존재한다.[204] 본조는 후자의 태도를 취하여, 사안마다 부부가 혼인중 재산의 형성에 기여한 바에 따라 구체적 기여도를 평가하여 그 비율을 확정하여야 한다는 견해(기여도설)가 통설이 되어 있다.[205] 2006년 국회에 균등분할의 원칙을 선언하는 규정을 신설하는 민법 중 개정법률안이 제출된 바 있으나(균등추정설),[206] 입법에 이르지 못하였다.

부부가 맞벌이를 하여 각자 재산형성에 직접 기여한 경우에는 그래도 각자의 기여정도 내지 비율을 정하기가 쉽다. 이때에도 각자의 기여를 개별적으로 증명하게 할 것은 아니지만 각자의 소득수준과 가사노동(家事勞動) 분담 정도 등을 종합하여 기여분을 산정할 수 있다. 부부 일방이 특유재산을 공동재산과 뒤섞는 경우, 가령 공동재산의 취득·가치유지·증가를 위하여 특유재산(의 처분대금)을 쓴 경우도 같다. 부부 일방의 부모 등이 타방을 경제적으로 지원하였을 때 그러한 기여는, 통상은 친인척관계에 있는 부부 일방을 위하여 그 타방을 지원하였으리라고 봄이 상당하므로, 부부 일

---

203) 서울고등법원 2028. 1. 26. 선고 2002르23237, 23244 판결; 서울고등법원 2028. 1. 26. 선고 2002르23237, 23244 판결. 비교법에 대하여는 이미주(2021), 12 이하 참조.

204) 민유숙(1993), 430–431; 민유숙(2000b), 483 이하. 미국과 일본에 관하여는 민유숙(2001c), 47 이하, 일본의 입법제안과 영국에 관하여는 서종희(2013d), 137 이하.

205) 김성숙(1994), 296 이하; 김주수·김상용, 245; 민유숙(1993), 432; 신영호·김상훈·정구태, 148; 이경희·윤부찬, 138.

206) 윤진수(주 16), 255–256; 서종희(2013d), 137 이하(다만, 추정이 아니라 원칙이라고 하는데, 균등추정설의 '추정'이 이와 다른 뜻인지 의문이다); 최금숙, 친족(2), 228–229. (아마도 입법론으로) 김주수·김상용, 243. 균등설, 즉 늘 1/2로 보아야 한다는 견해도 있다. 조미경(1990), 56; 황우여(1992), 25.

방 자신의 기여에 준하는 것으로 볼 수 있다.207)

　　반면, 부부 일방이 가사(家事)에 전념하여 간접적으로만 기여한 경우에는 가사노동(家事勞動)의 경제적 평가의208) 문제가 정면으로 제기될 수밖에 없다. 그 기준에 관하여는 여러 가지 논의가 있으나,209) 부부간 연대성 내지는 부부간 분업(分業)이 가사(家事)에 전념하는 일방은 다른 일방의 소득활동을 지원하고 그 성과에 참여할 것을 전제로 자신의 소득활동을 포기한 것이라는 관점에 비추어 볼 때, 원칙은 어디까지나 균분(1/2)이고, 가사노동(家事勞動) 자체의 객관적·경제적(또는 시장)가치를 따질 것은 아니라 할 것이다. 대법원 1994. 12. 2. 선고 94므1072 판결은 "이 사건 건물의 형성에 관한 원고의 기여행위가 가사를 전담하는 뒷바라지에 불과하고 별다른 경제적 활동은 없었다는 사정 등을 함께 고려하면, 원심이 재산분할로 피고에 대하여 원고에게 이 사건 건물의 1/2 지분 소유권이전등기를 명한 것은 과다한 것으로 형평의 원칙에 현저하게 반"한다고 한 바 있으나, 당해 사안의 구체적 사정에 비추면 전업주부의 경우 일반적으로 분할비율 1/2이 과다하다는 취지는 아니라고 보인다.210)

　　하급심 실무상 재산분할의 비율과 관련하여 일반적으로 중요하게 고려되는 요소는 각자의 소득활동의 유무와 그 종류, 혼인기간중 소득활동에 종사한 기간과 전체 혼인기간 내지 각자의 나이이다. 부부가 혼인기간 내내 또는 그 중 상당부분을 맞벌이해온 경우, 처의 소득이 부(夫)의 그것보다 적다 하더라도, 처의 재산분할비율이 50%에 이르는 예가 많은 반면, 부(夫)만 소득활동을 하고 처는 가사(家事)에 전념한 경우에는 30% 정도를 분할받은 예가 많고, 혼인기간이 10년 또는 20년을 초과하면 처가 소득활동을 하지 아니한 경우에도 50%를 분할받은 예가 많아지는 경향이 있다.211) 각자의 소득활동의 유무와 종류는 재산형성에 대한 기여도를 반영한다. 그러므로 직접 소득활동을 하지 아니하였다 하더라도 재산관리에 특별한 기여를 하였거나 친정에서 재정적으로 상당한 원조를 받은 경우 50%를 넘는 재산분할을 받기도 한다.212) 반면, 부부 일방의 기여가 주로 다른 일방의 특유재산의 유지에 향하였고 부부 공동재산이 거의 형성되지 아니하여 그 특유재산이 재산분할의 대상으로 편입된 경우에는 분할비율이 상당히 낮아질 수 있다.213) 그 밖에 전체 자산의 규모가 특히

207) 서울고등법원 2023. 11. 2. 선고 2023르20891, 20907 판결 등.
208) 김용욱(1990), 17 이하. 여성정책기본법 §26도, 국가 및 지방자치단체에 가사노동의 경제적 가치를 정당하게 평가하여 법제도나 시책에 반영하도록 노력할 의무를 지운다.
209) 일본에서 주장된 공유설, 부당이득반환설, 고용계약설에 관하여는 민유숙(1993), 435 이하 참조.
210) 민유숙(2001c), 74-75.
211) 박보영(1998); 이선미(2015); 전주혜(2007). 박민수·이동진·오정일(2014)도 같은 결론을 내리고 있다.
212) 전주혜(2007), 308-309.
213) 대법원 1993. 5. 25. 선고 92므501 판결은 이러한 사안에서 20%의 분할비율을 인정하였다. 그 밖에 대

큰 경우에는 소득활동에 종사하지 아니한 부부 일방(주로 처)의 분할비율이 낮아지는 경향이 있다.[214] 이는 이러한 경우 부부 공동재산 중 상당부분이 특별한 개인적 능력의 결과이므로 이를 전적으로 부부 일방에게 균등하게 귀속시킬 수는 없다는 관념을 반영한다. 이러한 조정이 가능하다는 점이 분할비율을 가령 1/2로 법정하는 입법례와 법관이 그때그때 공평한 분할비율을 정할 수 있게 하는 입법례의 기본적 차이이기도 하다.[215] 그 밖에 혼인기간이 길어지고, 이혼 당시 처의 나이가 많을수록 분할비율이 올라가는 것은 재산분할이 가사(家事)에 전념함으로써 장래에 소득활동을 할 가능성을 (어느 정도 영구적으로) 포기한 데 대한 보상으로서의 측면을 반영하고 있다.

(2) 이른바 부양적 요소와 위자료적 요소

다른 한편 다수의 학설은 독자적인 부양적 재산분할을 인정함을 전제로, 그 고려 요소로서 현재의 생활상황(자산, 주입, 직업), 쌍방 장래의 전망(연령, 취업가능성, 건강상태, 재혼가능성, 자활능력), 혼인기간, 혼인중의 생활정도, 청산적 재산분할 및 이혼 위자료의 액수, 각자에게 유책사유가 있는지 여부,[216] 다른 친족과의 부양순위, 자녀 양육상황 및 양육비 등을 들고 있다.[217] 그러나 이와 같은 요소가 분할비율 결정에 실제로 어느 정도의 영향을 미치고 있는지는 별로 분명하지 아니하다. 위 요소를 언급한 하급심 재판례는 대체로 오래전(1990년대 초반)의 것이고, 그나마 대부분 위 요소에 비추어 볼 때 당해 사안에서는 부양적 재산분할을 인정할 필요가 없다고 하였다.[218]

이혼 유책사유의 유무나 위자료의 액수와 분할비율 사이에도 일반적으로는 별 상관관계가 보이지 아니한다.[219]

(3) 기타

그 이외에도 분할비율의 결정에서 고려되는 요소가 여럿 있다. 가령 판례와 같이 부부 일방이 실질적으로 지배하는 제3자 명의의 재산, 재산분할시까지 확정되지 아니한 장래의 퇴직금, 재산분할시까지 지급시기가 도래하지 아니한 장래의 연금, 이른바

법원 2000. 1. 28. 선고 99므1909, 1916 판결은, 재산분할의 대상인 부동산의 형성의 기초가 된 것은 남편이 혼인 당시 부모로부터 증여받은 주택이었고, 그 후 처가 약사자격을 활용하여 소득을 올렸지만, 주 수입원은 교수로 일하여 온 남편의 봉급이었던 점에 비추어 볼 때 처에 대한 분할비율을 50% 이상 인정하는 것은 형평에 반한다고 하였다. 민유숙(2001c), 75.

214) 박민수·이동진·오정일(2014), 123 이하.

215) 분할비율을 법정하는 입법례에서 이에 대응하려면 부부재산계약을 체결하여야 한다.

216) 다만, 유책사유가 있는 경우 아예 부양적 재산분할을 구할 수 없게 되는지에 관하여는 다툼이 있다.

217) 김성숙(1996), 73 이하; 민유숙(1993), 439 이하; 배인구(2015), 182−184; 이상태(2001), 89 이하; 이현곤(2011), 601 이하; 함윤식(2016), 1181−1187; 주석친족(1), 486−487(송인우) 등.

218) 김성숙(1996), 73 이하. 한편, 대법원 2003. 8. 19. 선고 2003므941 판결은 성년자녀에 대한 부양의무는 그 성년자녀와 부양의무자 사이의 법률관계이고, 재산분할의 액수를 정하는 데 참작할 사유는 아니라고 한다.

219) 박민수·이동진·오정일(2014), 123, 125. 또한 김성숙(1994), 296−297.

증가된 수익능력 등을 분할의 대상이 되는 재산에서 제외하는 경우 이러한 부부 쌍방의 협력으로 형성된, 그러나 분할의 대상이 되는 재산에는 포함되지 아니하는, 재산상 이익의 존재와 그 크기가 분할비율을 정하는 데 고려되어야 한다.

또한 부부 일방의 다른 일방에 대한 과거의 생활비용(에 대한 상환청구권)은 재산분할에서 고려할 수 있다는 것이 통설인데,[220] 이는 부부가 공동으로 분담하여야 할 생활비용을 일방이 단독으로 부담하였다는 사정을 일방의 분할비율('기타 사정')을 올리는 요소로 고려할 수 있음을 뜻한다. 이 경우 생활비용 상환 내지 구상청구권이 시효로 소멸하였다 하더라도도 재산분할에서 고려할 수는 있다고 본다.[221]

나. 예외

부부 공동의 적극재산이 소극재산에 미치지 못하는 경우, 즉 공동재산이 전체적으로 음(−)인 경우의 분할비율에 관하여는 약간 다른 고려가 필요하다. 종래 판례는 이러한 경우 분할비율을 부부 공동의 전체 재산에 대하여 정하지 아니하고 개개의 재산별로 달리 정하는 것을 허용하지 아니하였다.[222] 그 진의는 종래 판례가 부부의 총 적극재산이 총 소극재산이 미치지 못하는 경우, 즉 총 공동재산이 음(−)인 경우에 재산분할을 허용하지 아니하는 이상, 재산별로 분할비율을 달리 정하여 이를 잠탈하는 것도 허용할 수 없다는 데 있었다.

그런데 대법원 2013. 6. 20. 선고 2010므4071, 4088 전원합의체 판결의 다수의견은 이러한 경우에도 재산분할이 가능하다면서, 다만 재산을 분할해줌으로써 채무초과 상태가 되거나 기존의 채무초과 상태가 더욱 악화되는 경우에는 그 채무부담의 경위, 용처, 채무의 내용과 금액, 혼인생활의 과정, 당사자의 경제적 활동능력과 장래의 전망 등 제반 사정을 종합적으로 고려하여야 하고, 적극재산을 분할할 때처럼 재산형성에 대한 기여도 등을 중심으로 일률적으로 비율을 정하여 당연히 분할 귀속되게 하여야 하는 것은 아니라고 한다. 결국 채무초과를 초래한 행위가 부부 공동의 위험으로 귀속되어야 하는지, 그 일방(주로 명의인)의 위험으로 귀속되어야 하는지를 각 채무에 대하여 따져 전체적으로 공평한 분할이 이루어지도록 하여야 한다는 것이다.

그 밖에 대법원 2014. 7. 16. 선고 2012므2888 전원합의체 판결은 퇴직연금을 비율인정방식에 의하여 분할하는 경우 연금수급권에 대한 기여도와 다른 일반재산에 대한 기여도를 나누어 따로 정할 수 있다면서, 이때 연금의 분할비율은 전체 재직기

---

220) 민유숙(1993), 423−424.
221) 오스트리아 혼인법 §92, 이동진(2012), 318 주 63 참조.
222) 대법원 2002. 9. 4. 선고 2001므718 판결. 해설: 민유숙(2003b), 852 이하; 평석: 김선이(2007). 이에 대한 비판으로, 황승태(2003), 292 이하.

간 중 실질적 혼인기간이 차지하는 비율, 당사자의 직업 및 업무내용, 가사 내지 육아 부담의 분배 등 상대방 배우자가 실제로 협력 내지 기여한 정도 기타 제반 사정을 종합적으로 고려하여 정하여야 한다고 한다. 연금의 경우 재직기간과 실질적 혼인기간이 일치하지 아니하는 경우가 매우 흔하여 별도의 비율을 정할 수밖에 없다는 점, 분할방법 선택과 관련하여서는 장래의 퇴직연금의 분할과 현재의 공동재산의 분할 사이에 대체관계가 성립하므로 법원으로서는 양자를 합리적으로 조합할 수 있다는 점에 비추면 불가피한 결론이다.223)

5. 분할의 방법

가. 가액분할과 현물분할

본조 ②은 당사자 사이의 협의 또는 심판에 의하여 분할의 방법을 정하게 하고 있고, 家訴規 §98는 이에 공유물분할에 관한 §269 ②을 준용하고 있다. §269 ②은 현물분할을 원칙으로 하되, 예외적으로 경매분할을 허용하는 규정인데, 개별 재산의 분할을 염두에 둔 것으로 부부간 재산분할에 적용하기에는 부적절한 점이 있고, 위 규정 자체가 이미 공유법에서 상당히 너그럽게 운용되고 있다. 그리하여 학설은 家訴規 §98에 의한 §269 ② 준용은 일종의 예시에 불과하고, 상속재산분할에 관한 家訴規 §115 ②을 준용(유추)하여224) 현물분할, 경매분할, 대상(代償)분할 모두를 할 수 있다고 한다. 비교법적으로는 원칙적으로 금전청산만 인정하는 예(독일, 스위스)와 현물분할도 인정하는 예(오스트리아, 프랑스, 영국, 미국, 일본)가 갈리는데, 우리는 후자에 속하는 셈이다.

그러나 실무상 경매분할은 드물고,225) 분할의 다수는 분할의 대상이 되는 재산 전체의 소유권을 일방에게 확정적으로 귀속시키고 청구인의 기여분에 해당하는 금액을 산정하여 그 액수만큼 지급채무를 부담하게 하는 대상(代償)분할 내지 가액분할이다. 제3자 명의의 재산이 분할대상이 되었거나 영업과 같이 재산권이 아닌 단순한 재산으로 현물분할할 수 없을 때 및 현물분할이 가능한 재산을 합리적으로 현물분할한

---

223) 그러나 기여도를 기준으로 분할비율을 정하는 종래의 원칙과 어울리지 아니하고 기준이 모호하다는 비판으로 이진기(2014), 406-407, 실질적 혼인기간이 차지하는 비율에만 주목하면서 이는 분할비율이 아닌 분할대상의 문제라고 하는 것으로 이지은(2015), 394 이하.

224) 김종우(2002), 57; 이상훈(1993), 81 이하; 황우려(1992), 18. 같은 취지로 대법원 1997. 7. 22. 선고 96므318, 325 판결.

225) 김종우(2002), 58. 한편, 이진기, "부부재산청구권의 보전을 위한 취소권제도 비판", 人權 392(2009), 41은, 재산분할이 실질적으로 공유물분할에 해당한다는 대법원 1998. 2. 13. 선고 96누14401 판결 등을 들어 부부 일방 명의 공동재산을 경매 분할하는 경우 타방은 우선매수권(民執 §140)을 갖는다고 한다. 그러나 民執 §140이 '실질적' 공유재산에 대하여도 적용되는 것인지는 의문이다.

결과 이전된 재산의 가치가 그에게 귀속되어야 할 분할액에 미치지 못하거나 넘는 때에는 가액분할이 불가피하기도 하다.226) 어느 경우든 일시금(一時金)으로 청산하게 하는 방법과 정기금(定期金) 지급을 명하는 방법을 생각할 수 있으나, 실무는 장래의 집행의 어려움 등을 고려하여 일반적으로 일시금 지급을 명하고 있다. 다만 연금분할의 경우 여명이 불확실하고 분할의무자의 현재의 자력이 부족할 수 있으므로 정기금 지급이 불가피하거나 더 적당할 수 있다. 대법원 2014. 7. 16. 선고 2012므2888 전원합의체 판결 참조.

현물분할은 부부 일방의 명의로 된 부동산을 다른 일방에게 이전하거나, 부부 공유로 된 부동산 중 일방의 지분을 다른 일방에게 이전하거나,227) 채권을 양도하고 그 통지를 하게 함으로써 이루어진다.228) 부부 일방이 그 명의의 부동산에 관하여 다른 일방 앞으로 용익권(用益權)을 설정하게 하는 분할,229) 부부 공유로 하는 재산분할도 가능하다.230) 반드시 개개의 물건 또는 권리를 분할할 필요는 없고, 오히려 총 재산을 대상으로 그중 어떤 것은 부(夫)에게, 다른 것은 처에게 귀속시키는 예가 흔하다. 담보책임 등은 공유 규정에 따르면 된다.

특히 어려운 문제는 소극재산, 즉 채무의 이전을 명할 수 있는가 하는 점이다. 공동제를 취하는 프랑스의 경우 채권자가 이혼한 부부 각자에게 각 1/2 지분으로 채권을 행사할 수 있으나,231) 별산제하에서 채무인수는 일반적으로 채권자의 동의 또는 승낙을 요하므로 재산분할의 방법으로 채무를 인수하는 것은 인정되지 아니하고 있다. 판례의 입장도 대체로 그러하다. 즉, 대법원 1997. 8. 22. 선고 96므912 판결은 임대부동산과 함께 임대보증금반환채무의 이전을 명하는 재산분할심판은 주택임대차보호법에 따라 임대인의 지위가 당연히 승계되는 등의 특별한 사정이 없는 한 효력이 없다고 하고, 대법원 1999. 11. 26. 선고 99므1596, 1602 판결은 그 판결이유에서 부(夫)가 처의 친정에서 차용한 채무를 처에게 귀속시키기로 한 뒤 이를 전제로 재산분할을 한 것은 위법하다고 한다. 분할심판을 통한 채무인수는 住賃, 商賃이 정하는 임대차보증금반환의무의 이전과 같이 법률상 채무이전이 이루어지는 경우에 한하여, 그것도 적극재산의 이전을 명한 결과 법률상 생기는 부수효과로서만 가능하다는 것

---

226) 김종우(2002), 45, 58.
227) 김성숙(1995), 129-130.
228) 황승태(2003), 287-288. 양도금지채권의 경우에는 이러한 분할이 불가능할 수 있다. 특히 퇴직급여채권의 경우에 관하여는 앞의 주 138 참조.
229) 김성숙(1995), 130.
230) 김종우(2002), 59.
231) 이화숙, 부부재산관계, 168.

이다.232) 이 점에 관한 한 학설상으로도 이론(異論)이 없다. 문제는 이러한 경우 가액분할 이외에 직접 채무의 이전을 명하여, 그 후 채권자의 동의를 받으면 면책적 채무인수, 동의를 받지 못하면 병존적 채무인수의 효과를 거두고, 재산분할에도 불구하고 채권자가 종전 채무 명의인에게 이행을 구하는 등으로 그의 출연(出捐)으로 채무가 소멸된 경우 장차 구상청구의 근거로 삼거나, 채권자의 동의를 조건으로 채무의 이전을 명하는 것도 가능한가 하는 점인데, 부정하는 견해도 있으나 긍정하는 견해도 유력하다.233) 대법원 2013. 6. 20. 선고 2010므4071, 4088 전원합의체 판결의 다수의견 또한 부부 공동재산이 음(−)인 경우에도 제반 사정을 종합적으로 고려하여 채무를 분담하게 할지 여부 및 분담의 방법을 정할 수 있다고 한다. 다수의견에 가담한 대법관 8명 중 4명의 보충의견은 구체적 사건에서 금전지급을 명하는 방식 이외에 채무의 인수를 명하는 방식을 쓰거나 혼합할 수 있고, 이때에는 적어도 제3자를 위한 계약 또는 병존적 채무인수의 효과가 생길 뿐 아니라 구상 청구의 확실한 법적 근거가 된다고 설명한다. 그러나 부부 별산제하에서 부부 일방의 책임재산만 파악하고 있던 채권자에게 당사자가 아닌 법원이 타방의 책임재산까지 파악할 수 있게 해주는 병존적 채무인수를 명하는 것이 적절한지는 의문이다. 위 판결과 같은 해석은 채권자의 동의를 받지 못한 면책적 채무인수는 이행인수에 그치고 병존적 채무인수로 되지는 아니한다는 판례·통설과도 반드시 들어맞지 아니하는 감이 있다. 물적 부담부 부동산의 이전에 수반하여 그 피담보채무를 인수하게 하는 경우는 별론, 일반적인 경우에는 금전지급에 의하여 청산하게 함이 바람직할 것이다. 위 판결 이후 하급심 재판실무도 원칙적으로 금전지급을 명하는 방식으로 청산하게 하고 있다.234)

이와 같은 법리는 「계약」이 분할의 대상이 되는 경우에도 적용될 수 있다.

나. 분할방법의 선택

가액분할 내지 대상분할과 현물분할 중 어떤 방법을 취할 것인지는 당사자의 협의 또는 법원의 합리적 재량에 맡겨져 있다. 이혼 당사자 사이에 협의가 이루어지지 아니한 경우에도 각 당사자의 의사 내지 희망이 고려됨은 물론이나, 그에 구속되지는

---

232) 이동진(2012), 300; 전경근(2005), 85. 그러나 부동산을 현물분할로 귀속시키면서 그 위의 근저당권의 피담보채무를 인수시키는 재산분할을 문제 삼지 아니한 예로 대법원 2003. 1. 10. 선고 2002므1442, 1459 판결. 이러한 재산분할의 실무례에 대하여는 이미주(2021), 40−43 참조.

233) 가액분할만 가능하다는 견해로, 전보성(2008), 379 이하. 채무의 이전 및 조건부 이전도 가능하다는 견해로, 김종우(2002), 60; 사동천(1998), 291−292(위 대법원 1997. 8. 22. 선고 96므912 판결의 평석이다); 오상진(2005), 174 이하; 전경근(2005), 144−145.

234) 진현민(2014), 776−780. 다만 같은 문헌, 773−774의 재판례도 참조.

아니하며,235) 당사자가 개개의 분할대상 재산에 대하여 갖는 이해관계, 분할절차의
번잡도, 분할의 효력의 확실성, 집행의 용이성 등 제반 이익을 형량하여 결정하여야
한다. 다만, 당사자가 일부 재산에 관하여 분할방법에 관한 합의를 하였고, 그것이 그
일부 재산과 나머지 재산을 적정하게 분할하는 데 지장을 가져오는 것이 아니라면 법
원으로서는 이를 최대한 존중함이 타당하고 아무런 합리적 이유를 제시하지 아니한
채 그 합의에 반하는 방법으로 재산분할을 하여서는 안 된다.236)

　　부부 일방이 당해 재산의 취득에 큰 기여를 하였다거나, 그 재산을 주로 이용해
왔다거나 다른 사정으로 큰 애착을 갖고 있다는 점은 그 재산을 그에게 귀속시키는
데 유리하게 고려된다.237) 예컨대 부부 일방의 특유재산이 예외적으로 재산분할의 대
상이 된 경우 그 재산은 가급적이면 그 부부 일방에게 귀속시킴이 타당하고, 부부 중
일방이 영위해온 영업 내지 영업재산이 재산분할의 대상이 되는 경우에도 가급적 이
를 해체하거나 영업주를 변경하지 않도록 가액분할 등의 방법을 취하는 것이 바람직
하다. 주식회사의 지배주주인 경영자일 때에도 같다.238) 혼인주거의 경우 현재는 물
론 장래의 이용전망, 특히 자녀의 양육을 누가 맡는지, 그 주거가 양육에 필요한지도
중요하다.239) (혼인)주거가 자가(自家)가 아니라 임차주택인 경우에는 임대인의 동의
없는 임차권 양도의 법적 위험도 고려하여야 한다.240) 채권은 분할절차가 번잡할 수

---

235) 대법원 2010. 12. 23. 선고 2009므3928 판결 참조.

236) 대법원 2021. 6. 10. 선고 2021므10898 판결.

237) 서울가정법원 1996. 6. 20. 선고 94드76249, 95드58224 판결은 가재도구는 현물분할이나 경매에 의한
가액분할이 적합하지 않다면서 각자가 점유하고 있는 가재도구를 그의 소유로 귀속시켰다. 같은 취지에
서 독일 민법의 가재도구 분할 법리를 소개하면서 전면적 가액보상에 의한 분할을 제안하는 것으로 서
종희(2013a), 56 이하.

238) 이동진(2012), 322. 김형식, "가사보전소송에 대한 몇 가지 고찰", 가사재판연구[Ⅱ](2011), 114 – 115;
원정숙, "가사보전처분의 피보전권리", 가사재판연구[I](2007), 802; 정상규, "가사보전처분의 실무상 쟁
점", 재판자료 102(2003), 320도 참조. 그러나 부부 중 영업주 또는 지배주주 겸 경영자인 일방에게 자력
이 없어 영업 내지 영업재산, 지배주식을 처분하여 재산분할금을 마련하여야 하는 경우에는 금전지급을
명하면 양도차익에 대한 조세부담을 지고 영업, 영업재산 또는 주식을 매각하여야 하는 반면, 현물분할
하면 조세부담을 피할 수 있고, 특히 주식 매각의 경우 백기사가 나타나지 아니하는 한 적대적 기업인
수의 표적이 될 수도 있다는 점도 고려하여야 한다. 물론, 이러한 사정을 가정법원이 직접 고려하여야
한다기보다는 분할의무자 측이 이를 고려하여 적절한 분할방법을 제시하여야 하겠지만 말이다. 다른 한
편, 부부가 공동경영자라는 등 둘 다 영업에 관여한 경우 누구에게 어떻게 분할할 것인가 하는 점은 전
혀 별개의 문제이다.

239) 김성숙(1995), 131 이하; 김종우(2002), 58 – 59. 각국의 혼인주거의 분할기준에 관하여는 윤철승·정준
호(2018), 190; 표계학(1995), 487 이하. 한편, 윤철승·정준호(2018), 196 이하, 특히 206에 의하면 하급
심 실무에서 혼인주거가 누구에게 분할될지를 정하는 데 가장 중요한 요소는 누가 명의인인가 하는 점이
고, 그 이외에 이미 혼인주거에서 퇴거하였는지 여부가 고려되며, 여성의 경우 혼인기간도 고려된다고
한다.

240) 비교법적으로는 이혼시 임대인의 동의 없는 혼인주거 임차권의 이전을 인정하는 예가 제법 있다. 강
승묵(2009), 240 이하; 이동진, "계약이전의 연구", 서울대 법학 53 – 1(2012), 689. 우리 법에서는 이른바
배신적 임차권 양도의 법리(대법원 1993. 4. 27. 선고 92다45308 판결)가 도움이 될 수 있을 것이다. 이

있고, 그 성질 또는 약정상 양도가 금지되는 경우도 있으며,[241] 채무도 분할절차가 번잡할 뿐 아니라 분할·이전을 명하더라도 그 효력에 유동적인 점이 있으므로 가급적 그 명의인에게 그대로 귀속시키고 대상분할을 함이 합리적이다. 같은 이유로 저당권이 설정되어 있거나 임대차계약의 목적물인 부동산은 그 피담보채무나 임대차보증금반환채무의 명의인에게 귀속시키는 것이 편하고, 반대로 부동산을 상대방에게 귀속시키는 때에는 저당권의 피담보채무나 임대차보증금반환채무도 그 상대방에게 인수시키는 것이 바람직하다.[242] 실무적으로는 채권자·임차인 등 제3자를 조정에 참여시켜(家訴 §§49, 57 ②, 民調 §16) 아예 계약을 인수시키는 방안을 생각할 수 있을 것이다.[243] 그 밖에 토지가 부부 일방이나 그 친척의 특유재산이라면 공동재산인 그 지상의 건물도 가급적 그 일방에게 귀속시킴이 상당하다.[244] 재산을 부부의 공유로 하는 분할은 혼인관계를 해소시키면서 그 재산과 관련하여 새로운 법률관계를 형성시켜 그 관리와 처분을 둘러싸고 새로운 분쟁이 생길 우려가 있어 일반적으로는 바람직하지 아니하다. 그러나 당사자가 동의하거나 부부 쌍방이 당해 재산의 가치증가 가능성 등에 대하여 기대를 갖고 있으나 현물로 분할할 수 없는 경우에는 이를 고려할 필요가 있다.[245] 특정 부동산을 부부 일방에게 귀속시키면서 그에 관하여 다른 일방 앞으로 용익권을 설정하는 분할방법에 대하여도 대체로 같은 말을 할 수 있다. 부동산 등을 처분하지 아니하면 금전을 조달할 수 없는 때에는 현물분할이나 경매분할을 고려하는 수밖에 없다.

가액분할을 하는 경우 정기금 지급방식을 택할 수도 있으나, 실무상으로는 거의 대부분 일시금 지급을 명하고 있다. 일시금 지급은 집행이 용이하고, 이혼 당사자 사이에 금전지급 문제를 둘러싼 갈등이 지속되는 것을 피할 수 있다는 장점이 있다. 그러나 학설상으로는 부양적 재산분할을 별도로 인정하는 전제하에, 이 경우에는 정기금 지급도 고려될 수 있다는 견해도 있다.[246] 판례가 퇴직연금의 분할에 관하여 정기금 지급방식을 인정하고 있음은 앞서 보았다. 학설로는 정기금으로 정한 경우 그 후

동진(2012), 300 주 13. 대체로 비슷한 취지로, 김영갑(1991), 232-233.

241) 황승태(2003), 287-288.
242) 김수정(2005), 569; 전경근(2005), 140 이하; 황승태(2003), 297-298. 대법원 2003. 1. 10. 선고 2002므1442, 1459 판결은 재산분할 대상재산 중 적극재산은 현재의 보유상황대로 각자에게 확정적으로 귀속시키고, 소극재산은 각자 명의의 채무를 각 그 명의대로 귀속시키되, 물상보증인 원고에게 귀속되는 그 명의의 부동산에 설정된 근저당권의 피담보채무를 그 명의와 달리 원고에게 귀속시키는 것으로 재산분할을 명한 것은 적절한 것으로 수긍이 간다고 판시하였다.
243) 황승태(2003), 297.
244) 김영갑(1991), 232.
245) 김성숙(1995), 136 이하; 김영갑(1991), 59.
246) 이현곤(2011), 601-602.

의 사정변경을 이유로 협의나 심판의 변경을 구할 수 있다면서, 부양에 관한 §978를 참조하는 것도 있는데,247) 수긍할 만 하다고 본다.

Ⅲ. 재산분할청구권의 행사

1. 협의분할과 그 흠

가. 협의분할

(1) 요건과 효과

재산분할의 제1차적인 방법은 당사자 협의에 의한 분할, 즉 협의분할이다. 이는 "혼인중 당사자 쌍방의 협력으로 이룩한 재산의 분할에 관하여 이미 이혼을 마친 당사자 또는 아직 이혼하지 않은 당사자 사이에 행하여지는 협의"를 가리킨다.248) 협의는 이혼 등 혼인의 해소를 전제한 것이어야 하므로, 혼인중 모든 재산을 배우자 일방의 소유로 한다는 각서 및 처분권 위임 관련 서류를 교부한 것만으로는 (각서나 관련 서류 교부 당시 이혼에 관한 언급이 없었고, 그 후로도 혼인관계가 계속된 이상) 이혼을 전제로 한 재산분할에 관한 협의가 있었다고 볼 수 없다.249) 위자료를 포함하는 분할에 관하여는 아래 나. 참조.

분할협의의 당사자는 협의상 이혼(본조 ①), 재판상 이혼(§843) 및 취소된 혼인과 사실혼 관계가 사망 이외의 사유로 해소된 경우 사실혼 관계의 당사자 및 장차 협의상 이혼을 하려고 하는 부부 등이다. 분할협의는 특수한 가족법상 계약이지만, 재산상의 권리의무에 관한 것이므로 재산법상의 권리능력과 행위능력이 필요하고, 제한능력자가 분할협의를 한 경우 취소사유가 될 수 있다. 본인 대신 대리인이 협의분할을 하는 것도 가능하므로, 법정대리인이 대리하여 협의할 수도 있을 것이다. 다만, 채권자가 대위(§404)하여 재산분할의 협의를 할 수는 없다.250) 협의 또는 재판으로 구체화되기 전의 추상적 재산분할청구권은 양도할 수 없으므로 그 양수인이 협의할 수도 없다.251)

그 내용은 당사자들이 자율적으로 결정할 수 있다. 위 Ⅱ.의 법리에 따른 분할의

---

247) 김주수·김상용, 265.
248) 대법원 1995. 10. 12. 선고 95다23156 판결.
249) 대법원 1997. 7. 22. 선고 96므318, 325 판결.
250) 김숙자(1993), 928; 오시영, 213; 오시영(2011), 38(다만, 같은 문헌, 주 3에서 전거로 원용하고 있는 판례는 재산분할청구권이 대위의 객체가 될 수 있는지가 아니라 피보전권리가 될 수 있는지에 관한 것이다); 윤진수, 121-121. 구 주해[IX](1995), 765(김능환).
251) 김숙자(1993), 928.

대상이 되는 재산의 범위와 그 가액, 분할비율을 전제로, 분할의 구체적 방법, 즉 개개의 재산을 누구에게 귀속시키고, 가액분할과 현물분할을 어떻게 조합할지를 정할 수 있음은 물론, 위 Ⅱ.의 법리에 구애받지 아니하고 분할비율을 당사자가 정할 수도 있고, 나아가 부부 공동재산이 아닌 일방의 특유재산을 분할의 대상에 편입시켜 상대방에게 이전해주기로 합의할 수도 있다.252) 분할의 대상이 되는 재산 중 일부에 대하여만 우선 분할협의를 한 때에도 그 범위에서는 유효하다고 보아야 한다.253) 다만, 분할협의가 일방의 사기·강박(§110) 내지 압력이나 다른 일방의 궁박·경솔·무지 등 (§104)으로 인하여 (위 Ⅱ. 내지 재판상 분할의 기준에 비하여) 현저하게 불공정하게 이루어졌다면 분할협의가 무효가 되거나 이를 취소할 수 있다.254)

분할협의에는 특별한 방식이 없다. 논란이 있으나 재산분할은 증여가 아니므로 서면에 의하지 아니하여도 이를 해제(§555)할 수 없다.255)

분할협의는 계약이므로, 일반 민사소송으로 그 이행을 구할 수 있다.256) 분할협의가 있는 한 재판상 분할은 허용되지 아니한다. 그러나 이를 이행하지 아니한 경우 약정불이행을 이유로 분할협의를 해제할 수 있다.257) 명시적·묵시적 합의해제도 가능하다.258)

(2) 협의상 이혼을 전제로 미리 한 분할협의의 효력

다만, 부부 사이에 이혼협의 진행과정에서 재산분할에 관한 협의가 먼저 이루어진 경우, 이러한 분할협의는 협의상 이혼의 효력이 발생하여야 그 효력이 발생하고, 협의상 이혼에 이르지 못하여 재판상 이혼을 한 때에는 그 효력을 잃는다고 봄이 상당

---

252) 이동진(2012), 305 주 28.
253) 대법원 2013. 7. 12. 선고 2011므1116, 1123 판결은 "당사자가 소송 중에 일부 재산에 관한 분할방법에 관한 합의를 하였다고 하더라도, 법원으로서는 당사자가 합의한 대로 분할을 하여야 하는 것은 아니"라고 하나, 이 부분 판시는 오해의 소지가 있다. 만일 확정적으로 일부분할협의를 하였다면 그러한 협의는 구속력이 있고, 심판분할에서 이미 분할된 재산을 고려하여 나머지 재산의 분할비율 등을 정할 수는 있을지언정 일부분할협의의 구속력을 부정할 수는 없다. 당해 사안은 조정과정에서 특정 재산을 특정인에게 분할하기로 하는 의견표명이 있었던 경우로서, 전후 사정상 확정적인 협의라고 볼 수 없었다는 취지이다. 한애라(2018), 396 이하도 참조.
254) 김동하(1999), 247; 김준모(2003), 244; 김형작(2007), 84; 민유숙(2004a), 789-790.
255) 김주수·김상용, 244; 김준모(2003), 244; 신영호·김상훈·정구태, 144. 그러나 §555에 의하여 해제할 수 있다는 견해로, 고정명, 한국가족법(1993), 186.
256) 민유숙(1996), 65-66. 같은 문헌, 70은 분할협의의 이행을 구하는 소가 제기되었는데 분할협의가 효력이 없는 경우에는 석명권을 행사하여 당사자 사이에 이혼의 소가 계속 중인 경우에는 분할협의의 이행을 구하는 소가 재산분할청구라고 볼 여지가 있다면 그와 같이 청구를 정리시킨 후 가정법원으로 이송함이 바람직하다고 한다.
257) 대법원 1993. 12. 28. 선고 93므409 판결; 김준모(2003), 243-244. 비판적인 것으로, 김형작(2007), 82 이하; 민유숙(2004a), 786 이하. 이혼 후 2년 내에만 해제할 수 있다는 견해로, 최금숙, 친족(2), 220.
258) 대법원 1995. 8. 25. 선고 94므1515 판결; 김준모(2003), 243-244. 비판적인 것으로 김형작(2007), 82 이하; 민유숙(2004a), 786 이하.

하다. 부부가 이혼협의와 재산분할협의를 같이 진행하는 경우 두 협의는 서로 밀접하게 결합되어 있게 마련이어서, 협의상 이혼약속을 지키지 아니한다면 그 조건으로 재산분할을 하지도 아니하겠다는 (적어도 가정적인) 의사가 인정되는 경우가 보통이기 때문이다.259) 판례도, "당사자가 장차 협의상 이혼할 것을 약정하면서 이를 전제로 하여 위 재산분할에 관한 협의를 하는 경우에 있어서는 특별한 사정이 없는 한 장차 당사자 사이에 협의상 이혼이 이루어질 것을 조건으로 하여 조건부 의사표시가 행하여지는 것이라 할 것이므로, 그 협의 후 당사자가 약정한 대로 협의상 이혼이 이루어진 경우에 한하여 그 협의의 효력이 발생하는 것이지 어떠한 원인으로든지 협의상 이혼이 이루어지지 아니하고 혼인관계가 존속하게 되거나 당사자 일방이 제기한 이혼청구의 소에 의하여 재판상 이혼(화해 또는 조정에 의한 이혼을 포함한다)이 이루어진 경우에는, 그 협의는 조건의 불성취로" 효력이 발생하지 아니한다고 한다.260) 협의이혼을 거절한 부부 일방에게 이혼사유가 있어 다른 일방이 재판상 이혼을 청구하여 재판상 이혼이 이루어진 경우에는 조건성취를 의제하여(§150 ①), 타방이 주장하는 협의이혼약정시 함께 체결한 재산분할약정 그대로 분할하여야 한다는 견해도261) 있으나, 찬성하기 어렵다. 이혼신고 전까지는 협의이혼의사를 제한 없이 철회할 수 있게 하는 우리 법의 태도에 비추어 볼 때 협의이혼에 응하지 아니한 것이 신의성실에 반하는 조건성취의 방해라고 하기 어렵기 때문이다. 물론, 이때에도 재판상 분할의 액수와 방법을 정함에 있어 이미 효력을 상실한 위 협의의 내용을 고려할 수는 있다.

나. 협의분할에 대한 사해행위취소

본조가 신설되기 전 판례는 재산을 협의분할함으로써 분할해준 부부 일방이 무자력이 되었거나 그 정도가 심해진 때에는 그 채권자가 협의분할을 사해행위로 취소할 수 있다고 하였다.262) 그러나 학설상으로는 - 일본에서의 논의를 참조하여 - 재산

---

259) 그러므로 이러한 분할협의에서 협의상 이혼은 묵시적 조건이거나 행위기초라고 할 수 있다. 다만, 이 법리를 분할협의의 구체적 사정을 따지지 아니한 채 적용하는 경우 약정을 믿고 재판상 이혼 후 따로 재산분할청구를 하지 아니한 채 제척기간이 도과하였는데 그 후 약정의 이행을 구하자 그 효력 상실을 주장하는 일이 생길 수 있다. 민유숙(2004a), 789-790은 당사자가 혼인중 쌍방의 협력으로 형성된 재산 전부를 약정의 대상으로 하여 그 재산에 대한 쌍방의 기여도 및 분할방법에 관하여 합의를 하는 경우 또는 그 약정의 내용에서 비추어 보아 당사자가 혼인중 형성된 쌍방의 협력으로 형성된 재산 전부를 청산하는 의도가 포함되었다고 볼 수 있는 경우, 즉 이른바 모범적인 재산분할약정에 한하여 이 법리를 적용하여야 한다고 한다. 김형작(2007), 84-85도 같다.
260) 대법원 1995. 10. 12. 선고 95다23156 판결; 대법원 2000. 10. 24. 선고 99다33458 판결; 대법원 2001. 5. 8. 선고 2000다58804 판결; 대법원 2003. 8. 19. 선고 2001다14061 판결(평석: 전경근, "이혼과 재산분할약정", 가족법 판례해설, 203 이하). 김형작(2007), 82 이하.
261) 오시영(2011), 36 이하.
262) 대법원 1990. 11. 23. 선고 90다카24762 판결. 소재선(2007), 전경근(1999)이 그 평석이다. 그 밖에 대법원 1984. 7. 24. 선고 84다카68 판결이, 아마도 일본 판례의 영향을 받아, 재산분여행위가 상당정도를

분할로 인하여 부부 일방이 무자력이 되었거나 그 정도가 심해졌다 하더라도 분할이 상당한 범위에서 이루어진 이상 취소의 대상이 되지 아니한다는 이른바 긍정설(상당성기준설)이 유력하게 주장되고 있었고,[263] 그 후 하급심에서도 이러한 취지의 재판례가 나왔다.[264] 대법원도 2000. 7. 28. 선고된 일련의 판결에서,[265] "재산분할을 하는 자가 당시 이미 채무초과 상태에 있다거나 혹은 그 재산분할로 인하여 무자력으로 […] 되더라도 이러한 재산분할이 민법 제839조의2 제2항의 규정취지에 비추어 상당하다고 할 수 없을 만큼 과대한 것이라고 인정할 만한 특별한 사정이 없는 한 사해행위로서 채권자취소의 대상이 되는 것은 아니"고, 이와 같은 "특별한 사정이 있다는 점에 관한 입증책임은 채권자에게 있"으며, 예외적으로 "채권자취소의 대상이 되는 경우"에도 "피고가 받을 수 있는 위자료를 제외한 상당한 재산분할의 액수를 확정한 다음 그 상당한 정도를 초과하는 부분에 한하여" 취소하여야 한다고 함으로써 이러한 입장을 따랐다.[266]

　　재산분할청구권은 이혼 후에야 발생하고 또 청산할 재산이 있거나 부양할 능력이 있어야 인정되므로 채무초과일 때에는 협의분할이 인정될 수 없고,[267] 별산제의 취지에 반한다는 등의 이유로[268] 원칙적으로 (전면적) 사해행위취소가 인정되어야 한다는 견해도 있지만, 통설은 대체로 이른바 본지변제(本旨辨濟)는 사해행위가 되지 아니한다는 확립된 법리와 재산분할청구권은 잠재적 공유지분의 청산 또는 압류금지채권으로서 책임재산에서도 제외되는 부양에 관한 것임을 근거로[269] 협의분할의 취소

<hr>

넘는 과대한 것인지 심리하여야 한다고 한 바 있다. 그러나 위 판결의 사안은 본조 신설 전의 것으로, 이미 재산분여청구권에 관한 규정을 두고 있었던 일본 민법의 해석론을 그대로 끌어올 수 있는지 논란의 소지가 있었다. 대법원 1995. 2. 3. 선고 94다51338 판결은 협의이혼과 함께 위자료에 대한 대물변제조로 부동산을 처에게 양도한 행위를 사해행위로 취소하면서, 위 부동산이 사실은 처의 특유재산이거나 적어도 부부 공동재산이라는 처의 주장에 대하여는 그와 같이 볼 수 없다고 한 바 있다. 이상과 같은 초기의 판례 전개에 관하여는, 한애라(1999), 55 이하 참조.

263) 전경근(1999); 한애라(1999) 등. 같은 취지로, 김주수·김상용, 2619－262; 박동섭·양경승, 215; 소재선(2007); 송덕수, 125; 윤진수, 138－139.

264) 전경근(1999), 250 이하의 [참고자료] 참조.

265) 대법원 2000. 7. 28. 선고 99다6180 판결; 대법원 2000. 7. 28. 선고 2000다14101 판결.

266) 대법원 2000. 9. 29. 선고 2000다25569 판결[평석: 이상민(2002)]. 같은 취지로, 대법원 2001. 2. 9. 선고 2000다63516 판결(평석: 전경근, "이혼에 따른 재산분할과 채권자취소권", 가족법 판례해설); 대법원 2001. 5. 8. 선고 2000다58804 판결; 대법원 2005. 1. 28. 선고 2004다58963 판결(평석: 한웅길, "재산분할과 채권자취소권", 가족법 판례해설); 대법원 2006. 6. 29. 선고 2005다73105 판결; 2006. 9. 14. 선고 2006다33258 판결 등.

267) 일본의 학설이지만, 柚木馨, "離婚による財産分與は詐害行爲にならないか", 判例評論 8(筆者 未見). 일본의 학설의 소개는 高橋敏, "離婚に伴う財産分與と詐害行爲の成否", 國土館法學 15·16(1983), 21 이하. 민유숙(2004b), 54도 비슷한 의문을 제기하고 있다. 또한, 함윤식(2016), 1235－1242.

268) 민유숙(2004b), 54; 이진기(2014), 43 이하.

269) 한애라(1999), 59 이하.

를 제한하는 판례에 찬성한다.[270] 다만, 판례가 상당성의 증명책임을 취소채권자에게 지운 점에 대하여는 찬성하는 견해와[271] 반대하는 견해가[272] 갈린다. 부부 공동재산의 산정에 일정한 범위의 소극재산, 즉 부부 공동의 소극재산만이 고려되는 이상, 모든 채무를 고려하면 채무초과일 때에도 여전히 재산분할청구권이 성립할 수 있고, 이에 관하여 협의분할이 이루어져 부부 일방 명의의 재산이 다른 일방에게 이전되었다면 이는 본지변제(本旨辨濟)에 해당하므로 사해행위취소의 대상이 되지 아니한다. 다만, 본지변제의 범위 내라는 점의 증명책임은 피고, 즉 채무자가 부담함이 원칙이고, 부부 사이에 어느 정도의 재산분할이 상당한지는 그 자체 부부 이외의 제3자, 가령 취소채권자가 잘 알기 어려운 것이므로, 상당성의 증명책임을 취소채권자에게 지운 것은 일반 법리에는 반하는 것으로 찬성하기 어렵다.[273]

부부 사이의 재산이전행위에 대하여 사해행위취소를 구하는 소가 제기되면 피고가 된 부부 일방(수익자)은 그 재산이전의 원인이 재산분할임을 주장·증명하여야 하고, 판례·다수설과 같이 상당성의 증명책임이 취소채권자에게 있다고 보는 한 그것으로 충분하다. 다만, 실제 협의상 이혼하는 당사자는 협의의 법적 성격을 명확히 의식하지 아니한 채 '위자료' 등의 명목으로 재산분할을 하는 일이 흔하므로, 이 점이 분명하지 아니할 때에는 이 약정이 법적으로 「재산분할」에 해당하는지 여부라는 일종의 성질결정(Qualifikation)이 쟁점이 될 수 있다. 일단 피고(수익자) 측에서 당해 재산이전행위가 재산분할에 해당함을 주장·증명하면,[274] 판례·다수설에 의하는 한 원고(취소채권자) 측에서 당해 재산이전행위가 재산분할로 '상당'한 범위를 넘은 것임을 주장·증명하여야 한다. 이때 어느 정도가 '상당'한 범위인지에 관하여는 재판상 분할의 기준이 참조된다.[275] 가령 재산이전행위 후 협의이혼시까지 재산변동이 고려되어야

---

270) 김주수·김상용, 262; 이경희·윤부찬, 136−137; 최금숙, 친족(2), 232 이하.

271) 김주수·김상용, 262; 이경희·윤부찬, 136−137; 이상민(2002), 225−226.

272) 한애라(1999), 63 이하.

273) 이동진(2012), 305−307. 같은 취지로, 권재문(2017), 664−666.

274) 제반 정황에 의하여 증명되는 경우가 많은데, 이혼 과정에서 이루어진 재산이전이고, 그 금액이 단순한 증여나 위자료로는 과다하다는 점 등이 고려된다. 가령 대법원 2001. 5. 8. 선고 2000다58804 판결. 증여가 협의이혼 신고 약 5개월 전에 이루어졌다 하여 그러한 사정만으로는 그 증여가 이혼에 따른 재산분할이 아니라고 단정할 수 없다는 것으로 대법원 2006. 9. 14. 선고 2006다33258 판결. 그러나 시점이 중요한 단서라는 데는 별 의문이 없다. 주석친족(1), 400 주 155(송인우).

275) 다만, 가정법원의 심판은 당사자 사이에 분할협의가 이루어지지 아니한 경우에 이를 보충하는 것이고, 협의든 심판이든 어느 정도 재량성이 있음에 비추면, 법원이 스스로 재산분할을 해주었다면 주었을 금액을 산정하기보다는 당사자 사이의 분할협의가 상당하지 아니한지 여부를 판단하는 데 그쳐야 할 것이다. 이동진(2012), 304 주 28도 참조. 다만, 현재의 하급심 실무상 분할심판에서 인정되는 재산분할액과 분할협의에 대한 사해행위취소에서 인정되는 재산분할액 사이에 체계적 차이가 있지는 않은지는 검토할 필요가 있다. 민유숙(2004b), 58은 사해행위취소소송에서 실무상 상당하다고 본 재산분할의 정도는 1/2을 하회하지 않는 것으로 보이는 반면 가정법원의 재산분할실무상 인정되는 재산분할비율은

한다.276) 다만, 통설은 상당성 판단에는 이른바 청산적 및 부양적 요소만이 고려되고 위자료적 요소는 제외된다고 하나,277) 판례는 "혼인중 형성된 재산의 청산적 요소와 이혼 후의 부양적 요소 외에 정신적 손해(위자료)를 배상하기 위한 급부로서의 성질까지 포함하여 분할할 수 있다"고 하여(주 41) 위자료적 요소를 포함하여 상당성을 판단하고 있고,278) 부양료도279) 고려할 수 있다는 입장이다. 본지변제(本旨辨濟)라는 점에서는 재산분할과 위자료 사이에 차이가 없으므로 수긍할 만한 결론이라고 생각된다.

사해행위취소는 법원에 청구하여야 한다(§406 ①). 이는 가사소송법상 가사사건이 아니므로 §839-3의 사해행위취소소송과 달리 일반 민사법원의 관할에 속한다. 앞서 설명한 몇몇 점을 제외하면 채무자와 수익자의 악의, 제척기간 및 원상회복의 방법 등 대부분이 사해행위취소의 일반 법리에 따른다.280) 특히 그 취소 및 원상회복의 범위와 관련하여 판례는 "위와 같은 특별한 사정이 있어 사해행위로서 채권자취소권의 대상이 되는 경우에도 취소되는 범위는 그 상당한 부분을 초과하는 부분에 한정된다"고 한다.281)

그 밖에 재산분할이 허위표시로 무효(§108 ①)가 될 수 있음은 물론이다.282) 판례도 이를 전제로 허위표시로 무효인 재산분할이라 하더라도 사해행위취소의 대상이 될 수 있다고 한다.283) 다만, 대법원 2016. 12. 29. 선고 2016다249816 판결은 협의이혼을 무효로 보기 어렵다면 재산분할도 진정한 재산분할로 봄이 상당하다고 하나, 협의이혼이 유효한 경우 중 특히 그 뒤에 사실혼이 계속되는 경우에는 반드시 그러하지는 아니할 것이다.284)

1/2을 상회하는 경우를 찾기 힘들다는 점을 지적한다.
276) 대법원 2006. 9. 14. 선고 2005다74900 판결. 재산이전행위 후 협의분할 전 채무가 일부 변제된 경우 그 변제된 금액이 채무에서 공제되어야 한다면서, 다만 제3자로부터 증여를 받아 변제한 경우 그 수증의 경위를 기여도를 산정함에 있어 참작하여야 하고, 채무자가 자기의 부담으로 변제한 경우에는 분할대상재산에 증감이 없다고 한다.
277) 민유숙(2004b), 55 이하; 이상민(2002), 220; 한애라(1999), 62-63. 그 밖에 김병선(2011), 428 이하도 참조.
278) 명시적인 것으로 대법원 2005. 1. 28. 선고 2004다58963 판결; 대법원 2006. 6. 29. 선고 2005다73105 판결.
279) 대법원 2006. 6. 29. 선고 2005다73105 판결.
280) 실무상으로는 지분반환을 명하여야 할 때에도 지분반환 대신에 가액배상을 명하는 예가 많다는 설명으로, 민유숙(2004b), 57; 주석친족(1), 401(송인우).
281) 대법원 2001. 5. 8. 선고 2000다58804 판결. 재산분할로 준 급부가 불가분적인 경우의 문제에 관하여는, 한애라(1999), 65-66.
282) 명시적인 것으로 권재문(2017), 667; 김병선(2011), 428.
283) 대법원 1984. 7. 24. 선고 84다카68 판결.
284) 권재문(2017), 666-669(다만, 같은 곳은 재산분할이 진정한 청산 또는 혼인공동생활의 종료를 전제한 부양으로서의 의미를 갖지 아니하는 한 허위표시가 될 소지가 높다고 전제하는 듯하나, 허위표시는 경제적 내지 사실적 목적이 아닌 법적 효과를 기준으로 판단하여야 하는데, 여기에서 그 법적 효과는

2. 재판상 분할

가. 적법요건

(1) 보충성(본조 ②)

재산분할에 관하여 협의가 되지 아니하거나 협의할 수 없는 때에는 당사자의 청구에 의하여 가정법원이 분할의 액수와 방법을 정한다. 그러므로 재판상 분할은 협의분할이 이루어지지 아니한 경우에 한하여 허용된다. 그러나 실제로 협의가 되지 아니하거나 협의할 수 없는지를 적극적으로 심리하여야 하는 것은 아니고, 재산분할에 관한 유효한 협의가 있는 경우 재판상 청구의 각하사유가 될 뿐이다. 협의분할이 있었다 하더라도 재산분할의 대상이 되는 모든 재산에 대하여 한 것이 아니거나, 협의분할이 무효이거나, 협의분할이 취소·해제 또는 실효된 경우에는 재판상 분할을 구할 수 있다. 그러나 협의분할이 사해행위로 취소된 때에는 처음부터 그 취소의 범위가 적법한 한도로 제한되므로, 다시 재산분할을 구할 여지는 없을 것이다.

(2) 당사자[본조 ①, §843, 家訴 §2 ① ii 나. 4)]

재판상 분할은 협의상 또는 재판상 이혼을 한 부부 일방 또는 혼인이 취소된 부부 일방이 다른 일방을 상대로 함이 원칙이다(家訴規 §96). 협의분할과 달리 혼인해소 전에 미리 청구하는 것은 허용되지 아니한다. 다만, 재판상 이혼 또는 혼인 취소의 소에는 마류 가사비송사건의 청구를 병합 제기할 수 있으므로(家訴 §14 ①), 재판상 이혼이나 혼인 취소 청구가 인용될 것을 전제로 미리 재산분할 청구를 하거나, 재판상 이혼 또는 혼인 취소 청구를 당한 상대방이 (예비적) 반소로 재산분할을 구할 수 있다.285) 사실혼 관계의 부부 일방이 다른 일방을 상대로 청구하는 것도 가능하다.286) 그러나 이들의 채권자가 이들을 대위(§404)하여 재산분할을 청구할 수는 없다.287) 같은 이유에서 파산관재인의 재산분할청구도 허용되지 아니한다. 판례도 같다.288) 분할

재산의 귀속변경이므로 위와 같은 사정만으로 허위표시라고 볼 수는 없다); 윤진수, 139.

285) 제요[2], 1437-1438. 또한 이상훈(1993), 86. 원고가 본소 이혼청구에 병합하여 재산분할청구를 제기한 후 피고가 반소로서 이혼청구를 한 경우, 원고가 반대의사를 표시하였다는 등의 특별한 사정이 없는 한, 원고의 청구 중에는 본소 이혼청구가 받아들여지지 않고 피고의 반소청구에 의하여 이혼이 명하여지는 경우에도 재산을 분할해 달라는 취지의 청구가 포함된 것으로 봄이 상당하고, 이때 원고의 재산분할청구는 피고의 반소청구에 대한 재반소로서의 실질을 가진다. 대법원 2001. 6. 15. 선고 2001므626, 633 판결. 그러므로 원고가 자신의 이혼청구가 인용되지 아니하고 피고의 이혼청구가 인용되는 경우에는 재산분할을 구하지 아니하는 뜻이라고 볼 만한 특별한 사정이 있다면 원고의 재산분할청구는 (소송상 해제조건성취로) 판단할 필요가 없다.

286) 대법원 1995. 3. 28. 선고 94므1584 판결.

287) 김주수·김상용, 261; 박동섭·양경승, 215; 이경희·윤부찬, 136; 한삼인·김상헌, 117. 다만, 부부 일방이 재산분할청구권을 행사할 의사가 명백하다면 대위행사도 가능하다는 견해로, 윤진수, 121.

288) 대법원 2022. 7. 28.자 2022스613 결정: "이혼으로 인한 재산분할청구권은 그 행사 여부가 청구인의

협의 또는 심판 전 재산분할청구권을 양수한 양수인이나 재산분할청구권자의 상속인
이 재판상 분할을 구할 수 있는지, 또 분할의무자의 상속인에 대하여 재판상 분할을
구할 수 있는지 및 부부 일방이 재산분할을 구한 뒤 재산분할청구권을 양도하거나 그
일방 또는 상대방이 사망한 경우 소송승계나 소송수계가 일어나는지의 문제에 관하
여는 아래 Ⅳ. 3. 참조.

적극적 및 소극적 당사자에 대하여는 당사자능력, 소송능력, 변론능력 및 법정대
리에 관한 民訴의 일반 법리가 그대로 준용된다.

(3) 관할법원

재판상 분할사건은 상대방의 보통재판적이 있는 곳의 가정법원의 토지관할에 속
한다(家訴 §46 본문). 이는 임의관할이다. 다만 재판상 이혼청구와 병합 제기할 때에는
전속관할인 이혼청구의 토지관할법원에 하여야 한다. 이 사건은 과거 합의관할 사건
과 병합하지 아니하는 한 가정법원 단독판사의 사물관할에 속하였으나, 2016. 2. 19.
사물관할규칙 개정으로 청구 목적의 값이 단독으로 또는 병합하여 제기하는 다류 가
사소송사건(예컨대 위자료)과 합쳐 2억 원을 초과하면 합의부의 사물관할에 속하게 되
었다. 재산분할청구의 가액과 중요성이 위자료 청구보다 훨씬 큰 경우가 많은데 단독
관할로 고정한 것은 문제라는 비판을 받아들인 것이다. 이 기준은 2023. 1. 31. 사물
관할규칙 개정으로 5억 원으로 상향 조정되었다. 그 외에 재정합의가 가능함은 물론
이다(사물관할규칙 §3 ii, ii-2, iii). 관할법원이 아닌 법원에 재산분할을 청구한 때에는 이
송하여야 한다.

(4) 제척기간(본조 ③)

재산분할청구권은 이혼한 날부터 2년이 경과하면 소멸하므로(본조 ③), 그 이후
심판청구서가 접수되면 각하된다. 제척기간이므로(판례·통설)[289] 가정법원이 직권으
로 조사하여야 하고, 소멸시효에서와 같은 중단·정지도 없다는 것이 판례·통설이
다.[290] 부부가 이혼하거나 사실혼 관계를 해소한 후 재결합하였다가 재차 이혼하거나
사실혼 관계를 해소한 경우와 퇴직금청구권의 재산분할대상과 제척기간의 관계에 관

인격적 이익을 위하여 그의 자유로운 의사결정에 전적으로 맡겨진 권리로서 행사상의 일신전속성을 가
지므로, 채권자대위권의 목적이 될 수 없고 파산재단에도 속하지 않는다."
289) 대법원 1994. 9. 9. 선고 94다17563 판결. 김동하(1999), 240; 황우려(1992), 12. 특히 그 취지에 관하여
는 서종희(2013b), 524(제3자와의 재혼 및 제3자에게의 재산처분에 의하여 발생하게 될 법적 안정성의
보장 및 명료성을 확보하기 위한 것이라고 한다); 박동섭, "가사소송의 제척기간과 불변기간", 법조
53/11(2004), 194(신속한 재산분할을 위한 것이라고 한다). 그러나 소멸시효라는 견해로 조미경(1991),
293.
290) 대법원 2000. 8. 18. 선고 99므1855 판결. 그러나 제척기간에는 중단·정지가 없다는 판례·통설에 비
판적인 견해도 있다. 가령 김진우, "제척기간의 정지 및 중단 여부에 관하여", 재산법연구 24-3(2008).

하여는 Ⅱ. 3. 가. (1) 및 나. (4) 참조. 혼인 취소의 경우에는 명문의 규정이 없으나, 이를 유추하여 혼인 취소의 판결이 확정된 후 2년이 경과하면 재산분할청구권은 소멸한다고 해석된다.[291] 판례는 2년 제척기간 내에 분할대상재산 중 일부에 대해서만 재산분할을 청구한 경우 그로써 청구의 목적물로 하지 아니한 나머지 재산에 대하여는 제척기간에 대하여 제척기간을 준수한 것으로 볼 수 없다고 한다.[292] 그러나 다른 한편 분할대상재산을 특정하지 아니한 채 분할심판을 청구하였다가 제척기간이 경과한 뒤에서야 상대방의 재산을 확인하기 위하여 사실조회 등을 신청하고 분할대상재산을 특정한 때에도 증거신청을 기준으로 제척기간 준수 여부를 판단할 것은 아니고 제척기간 내에 분할심판을 구한 이상 제척기간은 준수한 것이라고 한다.[293] 청구인은 두 사건 모두에서 현물분할이 아닌 금전지급을 구하였다. 앞 사건에서는 제척기간 경과 후 추가된 재산에 대한 부분을 주문으로 각하하였고,[294] 뒤 사건에서는 청구 전체를 각하하였다. 제척기간 내 청구한 금액의 범위 내에서는 인용할 수 있다는 취지로 보인다.

다른 한편 판례는 2년의 제척기간은 청구인 지위에서 재산분할을 청구하는 경우에 적용되는 것이므로 그 상대방 지위에서 분할대상 재산을 주장하는 경우에는 제척기간이 적용되지 아니한다고 한다.[295] 그러나 이러한 구분은 상대방이 제척기간이 경과한 뒤에 청구인 명의의 분할대상 재산을 주장하는 경우 그 반사적 효과로 인용금액이 줄어들 수 있으므로 청구인도 당초 청구금액의 인용가능성을 유지 내지 확보하기 위하여 상대방 명의의 분할대상 재산을 주장할 필요가 있다는 점에서 의문이다. 이혼을 단위로 판단하면 족하고 개개의 재산에 대하여 제척기간 준수 여부를 물을 필요는 없을 것이다.

나. 심판청구와 심리

(1) 심판청구

재판상 분할은 당사자 일방이 가정법원에 심판을 청구함으로써 한다. 심판청구

---

291) 제요[2], 1454.

292) 대법원 2018. 6. 22.자 2018스18 결정. 이에 대하여 비판적인 것으로, 엄경천(2019), 20−24; 현소혜(2020), 465−480. 신의칙에 반하는 경우에는 예외를 인정하여야 한다는 것으로, 권영준, "2018년 민법 판례 동향", 서울대 법학 60−1(2019), 368−376. 반면 일부청구의 법리를 원용하여 이에 찬성하는 것으로, 김명숙, "2018년 가족법 중요판례평석", 人權 480(2019), 69.

293) 대법원 2023. 12. 21. 선고 2023므11819 판결("원심이 원고의 재산분할청구 전부가 제척기간을 준수하지 못하였다고 판단한 것은 재산분할청구권의 제척기간에 관한 법리를 오해한 잘못"이라고 한다).

294) 같은 사건의 원심판결인 창원지방법원 2018. 2. 22.자 2017브26 결정의 이유설시에 비추면 제척기간 내에 분할을 구한 청구금액이 1,219,300,000원, 제척기간 이후 확장한 청구금액이 6,515,211,015원으로, 위 주문은 실질적으로는 이 청구금액 확장에 대한 것이었다.

295) 대법원 2022. 11. 10.자 2021스766 결정.

는 서면 또는 말로 할 수 있다(家訴 §36). 심판청구서는 당사자의 등록기준지, 주소, 성
명, 생년월일, 대리인이 청구할 때에는 대리인의 주소와 성명 및 청구취지와 청구원
인을 기재한다. 말로 할 때에는 가정법원의 법원사무관 등의 앞에서 취지를 진술하
고, 법원사무관 등이 심판청구조서를 작성하여 기명날인하는 방법으로 한다. 비송사
건이므로 청구취지에 반드시 액수와 방법을 명시할 필요는 없고 단지 '재산분할을 구
한다'고만 하여도 된다는 견해가 있으나,296) 우리 가사소송규칙은 일본과 달리 청구
취지를 초과하여 의무의 이행을 명할 수 없도록 하고 있으므로(家訴規 §93 ②), 어떤 형
태로든 - 반드시 금액일 필요는 없다 - 청구취지에서 구하는 범위 내지 한도를 특정
하여야 한다는 견해가 타당하고, 실무도 그러하다.297) 상대방에게 재산을 분할하여
주겠다는 취지의 청구도 같은 이유에서 허용되지 아니한다.298)

심판청구서 부본은 상대방에게 송달된다.

심판청구가 있으면 가정법원은 그 사건에 관하여 심판의무를 진다. 기간 내에 접
수된 경우에는 제척기간 준수의 효과가 생긴다. 같은 내용의 심판청구를 중복하여 하
는 것은 허용되지 아니한다고 본다.299)

(2) 심리

마류 가사비송사건이므로 조정전치주의가 적용되어, 재판상 분할을 구하는 사람
은 먼저 조정을 신청하여야 한다(家訴 §50 ①). 당사자가 조정신청을 하지 아니한 채 곧
바로 분할심판을 청구하는 경우 가정법원은 직권으로 조정에 회부하여야 한다. 다만,
공시송달의 방법이 아니면 당사자의 한쪽 또는 양쪽을 소환할 수 없거나 사건이 조정
에 회부되더라도 조정이 성립될 수 없다고 인정하는 경우에는 그러하지 아니하다(家
訴 §50 ②).

또한 마류 가사비송사건이므로, 변론을 열 필요는 없으나, 대심적(對審的) 구조를
갖고 있어 특별한 사정이 없는 한 사건관계인을 심문한 뒤 심판하여야 한다(家訴 §48).
변론을 열 필요가 없는 이상 변론중 진술되거나 조사되지 아니한 주장, 증거도 고려
할 수 있다.

절차는 공개하지 아니한다(非訟 §13).300)

---

296) 이상훈(1993), 85.
297) 일본에서의 논의에 대한 소개를 포함하여, 민유숙(2003a), 199 이하.
298) 정원(2002), 93-96.
299) 제요[2], 1456.
300) 다만, 이때에도 법원은 심문을 공개함이 적정하다고 인정하는 자에게 방청을 허가할 수 있으므로 대
심적 구조의 쟁송사건임을 고려하여 방청허가의 기준을 완화하여 적용할 필요가 있다고 한다. 제요[1],
267-268. 그러나 가사심판법은 비공개원칙을 정하였으나 가사소송법이 이를 삭제한 점에 비추어 非訟

직권탐지주의가 적용되어 법원이 재판자료를 직권으로 수집하므로(家訴 §34, 家訴
規 §23, 非訟 §11), 당사자가 주장하지 아니한 사실이나[301] 제출하지 아니한 증거도 고
려할 수 있다. 가령 당사자들이 부부 공동재산으로 주장하지 아니한 재산도 공동재산
에 편입하는 등 심리범위를 확장할 수 있다.[302] 분할의 대상이 되는 재산가액에 관하
여 감정을 하여 그 결과가 기록에 현출되어 있는 이상 당사자가 감정결과를 원용하지
아니한다 하더라도 법원은 기록에 나타난 가장 객관성과 합리성이 있는 자료인 감정
결과를 고려하여야 한다.[303] 엄격한 증명을 할 필요는 없고, 자유로운 증명으로 충분
하여, 가사조사관에게 사실조사를 명할 수 있고(家訴 §6), 경찰 등 행정기관이나 그 밖
에 상당하다고 인정되는 단체 또는 개인에게 사실조사를 촉탁하고 필요한 사항을 보
고하도록 요구할 수 있으며(家訴 §8), 당사자 기타 사건관계인을 직접 심문할 수도 있
고, 가사소송의 예에 의한 증거조사를 할 수도 있다(家訴規 §23 ④).[304] 필요한 경우 직
권 또는 당사자의 신청에 의하여 당사자에게 재산상태를 명시한 재산목록을 제출하
게 할 수 있고(家訴 §48-2, 재산명시), 이러한 절차를 거쳤음에도 당사자가 그 제출을
거부하거나 제출된 목록만으로는 사건해결이 어려울 때에는 직권 또는 당사자 신청
에 의하여 개인의 재산 및 신용정보에 관한 전산망을 관리하는 공공기관·금융기관·
단체 등에 그 재산을 조회하는 것도 가능하다(家訴 §48-3, 재산조회).

그러나 증명도 내지 심증의 정도에 관하여는 민사소송의 일반원칙이 적용되므
로, 분할대상인 재산의 범위(a)는 통상의 증명도에 따라 증명되어야 한다. 다만, 실질
적 특유재산의 유지, 협력에 대한 기여와 같이 평가적 요소가 다분한 사항은 반드시
그렇지는 아니할 것이다. 위와 같이 확정된 분할대상재산의 가액도 객관성과 합리성
이 있는 증거에 의하여 대략적으로는 증명되어야 하나, 이때 요구되는 최소한의 증명
도는 통상의 증명도보다 다소 낮다.[305] 한편, 분할비율(b)과 관련하여서도, 가령 맞벌
이의 경우 개략적인 수입 정도는 증명되어야 한다. 그러나 분할비율은 모든 사정을

---

§13는 준용되지 아니하고 공개가 원칙이라는 견해로, 민유숙(2003a), 183-184.
301) 당사자가 명확히 주장하지 아니한 채무의 존부와 액수도 (그 단서가 있다면) 직권으로 조사하여야 한
  다는 것으로 대법원 1997. 12. 26. 선고 96므1076, 1083 판결; 대법원 1999. 11. 26. 선고 99므1596, 1602
  판결. 나아가 특정 재산을 분할대상에 포함시켜야 한다는 종전 주장을 철회한 경우에도 이를 재산분할
  의 대상에 포함시킬 수 있다는 것으로, 대법원 1995. 3. 28. 선고 94므1584 판결.
302) 대법원 1999. 11. 26. 선고 99므1596, 1602 판결.
303) 대법원 2024. 5. 30. 선고 2024므10370 판결.
304) 제요[2], 1457 이하.
305) 이러한 점은 손해배상소송에서 손해의 범위 내지 개개의 손해항목에 대한 증명도가 책임원인에 대한
  증명도보다 낮다는 점과 비슷하다. 이들 재산 하나하나의 가치를 가령 감정에 의하여 증명하게 하는 경
  우 원고에게 과도한 부담이 되어 현실적으로 권리실현이 매우 곤란해질 수 있는 것이다. 물론, 이는 원
  고가 일응의 증명도를 충족시키기 위한 요건일 뿐, 피고가 어느 정도 근거를 갖추어 그 신빙성을 다투
  는 경우에도 낮은 정도의 증명으로 충분하다는 뜻은 아니다.

고려하여 법관이 재량으로 '평가'하는 것이고, 특히 가사노동(家事勞動)의 기여도와 같은 것은 고도로 평가적 측면을 가지므로,[306] 법관이 분할비율을 정하는 데 동원되는 요소 하나하나에 높은 정도의 증명을 요구할 것은 아니다. 과실상계나 양형판단에서와 마찬가지로 기록에 나타난 제반 사정을, 때로는 그 다소간 불확실한 측면까지 포함하여, 고려할 수 있다. 증명책임은 사실이 유리하게 작용하는 당사자가 부담한다. 부부 일방 명의의 재산은 일응 실질적 공동재산으로 볼 것이므로 혼인 전 취득했거나 상속·증여 등으로 취득했다는 사정은 실질적 특유재산이라고 주장하는 측이 증명하여야 한다. 실무상으로는 당사자가 부부 공동재산이 아니라고 자백하는 경우 자료조사 없이 그대로 사실인정을 하는 일이 있다.

한편, 부부 일방이 다른 일방에 대하여 재산분할청구권을 갖고 있고, 다른 일방이 일방에 대하여 이혼 위자료 청구권을 갖고 있는 경우 분할심판절차에서 상계항변을 하여 그 잔액만을 인용할 수 있는지가 논의되고 있다. 이혼 위자료에 대하여는 가집행선고가 붙지만, 재산분할은 뒤에서 보는 바와 같이 가집행선고가 붙지 아니하므로 생기는 문제이다. 하급심 재판실무는 갈리나,[307] 이혼 위자료 청구권은 고의의 불법행위로 인한 손해배상청구권에 해당하므로 위자료청구권을 수동채권으로 하는 상계는 허용되지 아니하고(§496), 이혼청구와 재산분할청구를 병합하여 제기한 경우 재산분할청구권은 이혼판결 확정을 조건으로 비로소 발생하는 장래의 청구권이거나 상계가 금지된 부양청구권의 변형이어서 이를 수동채권으로 하는 상계도 불가능하다는 것이 통설이다.[308] 이혼의 효력이 발생한 뒤 별도로 재산분할을 청구하는 경우에 대하여는 이혼위자료청구권 등을 자동채권으로 하는 상계의 항변은 가능하다는 견해와[309] 재산분할청구권의 구체적 내용과 방법[가령 동종성(同種性), 액수 및 기한]이 결정되지 아니한 이상 상계할 수 없다는 견해가[310] 대립한다.

다. 심판

(1) 처분권주의

본래 금전의 지급이나 물건의 인도, 그 밖에 재산상의 의무이행을 구하는 내용이 포함된 심판청구에 대하여는, 그 청구취지를 초과하는 의무의 이행을 명할 수 없음이 원칙이다(家訴規 §93 ②). 그러나 재산분할의 방법에 관하여는 가정법원에 상당한 재량

306) 이상훈(1993), 88 이하.
307) 부정례: 대구지방법원 1999. 5. 25. 선고 97느1666 판결, 긍정례: 서울고등법원 1994. 8. 19. 선고 94르1531 판결(상고기각 확정). 이혜진(2008), 299−303.
308) 김동하(1999), 225; 김영갑(1991), 232−233; 김준모(2003), 249; 민유숙(1994), 47 이하.
309) 김영갑(1991), 233.
310) 민유숙(2003a), 48.

이 있으므로, 청구인이 특정한 분할방법에 구속되는 것은 아니고, 총 재산가액으로 청구한 금액을 초과할 수 없을 뿐이다.311) 그 방법과 관계없이 분할을 구한 재산의 총 가치에 미치지 못하는 재산이전을 명할 때에 일부기각을 하여야 하는지에 관하여는 다툼이 있으나,312) 근래에는 이러한 경우 일부기각 주문을 내지 아니하는 것이 실무라고 한다. 심리한 결과 분할을 구한 청구인이 오히려 분할해주어야 하는 상황이라면 청구를 전부기각하여야 한다.313) 청구를 확장할 수 있으나 제척기간 내여야 하고, 제척기간이 도과한 뒤에 확장한 부분은 각하된다(주 292, 293 및 그 본문 참조).

같은 법리는 상소에 대하여도 적용된다. 당사자는 패소한 범위에서 상소(항고·재항고)할 수 있고, 상소심(항고심·재항고심)의 심판범위도 불복범위로 제한되며,314) 불이익변경도 금지된다.315) 물론 상소심(항고심·재항고심)이 그 한도에서 분할의 방법을 변경할 수는 있다.316)

분할심판 절차에서 청구 취하가 가능함은 물론이다. 비송이므로 소송과는 달리 상대방의 동의는 필요하지 아니하고 심문기일에 2회 불출석하여도 취하로 간주되지 아니한다.317) 재판상 화해, 청구의 포기·인낙이 가능한지에 관하여는 견해가 대립하나,318) 마류 가사비송사건에 관하여는 조정이나 조정에 갈음하는 결정도 허용되는 이상 이혼 또는 혼인 취소를 전제로 하는 재판상 화해, 청구의 포기·인낙은 가능하다고 봄이 상당하다. 재판실무도 그러하다.319)

(2) 심판의 효력

분할심판은 비송사건이므로 확정되더라도 기판력은 없다.320) 그러나 분할심판은

---

311) 김영갑(1991), 235; 민유숙(2003a), 220. 대법원 2010. 12. 23. 선고 2009므3928 판결도 참조.
312) 일부기각할 필요가 없다는 견해: 김영갑(1991), 235. 일부기각하여야 한다는 견해: 민유숙(2003a), 199 이하 등.
313) 정원(2002), 96−97.
314) 대법원 1996. 12. 23. 선고 95므1192 판결.
315) 민유숙(2003a), 202. 일본의 판례는 이와 다르다.
316) 이 경우 아울러 재산가액의 평가 등이 달라질 때 심판범위를 둘러싸고 생기는 난점에 관하여는, 이상훈(1993), 84(이러한 난점을 막기 위하여 분할방법을 변경하는 경우에는 가급적 당사자로 하여금 청구취지의 추가적 변경을 하도록 함이 바람직하다고 한다).
317) 제요[2], 852. 다만, 구두로도 재산분할심판을 구할 수 있고, 항소심에서도 신청할 수 있으므로 제1심에서 재판상 이혼 및 재산분할 청구를 모두 취하하였으나 피고 부동의로 재판상 이혼 부분은 취하되지 아니한 채 인용판결이 선고되고 원고패소부분만 항소하여 항소심에서 재판상 이혼이 이루어진다면 재산분할도 받아야 한다고 주장하였다면 재산분할 청구금액 등에 관하여 석명하여 청구취지를 확정한 다음 재판을 진행하여야 한다. 대법원 2023. 11. 2. 선고 2023므12218 판결.
318) 부정하는 견해: 황우여(1992), 17(명문의 규정이 없음을 이유로 든다).
319) 김동하(1999), 247.
320) 이에 대하여 재산분할은 대립구조와 쟁송성을 갖고 있고 단지 정책적 고려에서 비송이 된 것이므로 기판력을 인정하지 아니하면 분쟁의 반복적 재연을 초래할 수 있다는 비판으로, 함윤식(2016), 1202. 그러나 재산분할심판의 주된 효력은 형성력이므로 기판력이 인정되지 아니하더라도 확정된 재산분할심판

추상적 재산분할청구권을 구체화하는 기능을 하므로 형성력을 갖는다. 다만, 상속재산분할심판이나 공유물분할판결과 달리 재산분할심판의 확정으로 법률상 당연히 권리귀속이 변동되는(가령 §187) 것은 아니고, 당사자들 사이에 채권적 권리의무를 발생시키는 데 그친다.[321] 이행판결과 같은 형태의 주문을 활용하는 것도 그 때문이다.

　　분할심판이 있어야 비로소 재산분할청구권이 구체적 내용으로 형성되고, 이러한 형성력은 분할심판이 확정되어야 발생하므로, 지연손해금은 판결확정일 다음날부터 발생하고, 따라서 訴促 §3 ①의 이율은 적용할 수 없다는 것이 판례·통설이다.[322] 이에 대하여 이혼청구와 병합하여 재산분할을 청구하는 경우는 판례·통설이 타당하다면서도, 이미 이혼판결이 확정된 다음 재산분할을 구하는 경우에는 심판청구서 부본이 송달된 다음날부터 지연손해금이 발생하고, 訴促 §3 ①도 적용된다는 견해,[323] 채권자의 신속한 구제와 악의적 채무자의 제재를 위하여 심판청구서 부본송달 다음날부터 이행지체에 빠지고, 위 특례법 소정의 비율에 의한 지연손해금을 적용하는 것도 가능하다는 견해[324] 및 판결확정일 다음날부터 지연손해금을 붙일 수 있지만, 장래이행의 소이므로 訴促이 정하는 이율은 아예 적용할 수 없다는 견해도[325] 있다.

　　같은 이유로 가사비송재판에서 금전지급 등을 명하면서 가집행선고를 붙일 수 있게 한 家訴 §42도 혼인해소 후 재산분할을 별도로 구한 경우에 한하여 적용되고, 이혼소송 등과 병합하여 청구하는 경우에는 이혼이 재산분할의 효력발생요건이기도 하므로 이혼판결이 확정되지 아니한 이상 가집행선고를 붙일 수 없다는 것이 판례·통설이지만,[326] 근래에는 家訴 §42의 취지에 비추어 이혼판결 확정 전에도 가집행이 가능하고, 재산분할심판에 가집행선고를 붙일 수 있다는 견해도 유력하다.[327]

　　분할심판은 즉시항고로 불복할 수 있는 재판이므로 그 후 위법·부당하다고 인정하는 때에도 취소, 변경할 수 없다(非訟 §19 ①, ③). 즉 한 번 분할심판을 한 이상 분

　　을 무시할 수 있는 경우는, 일정 기간 내에만 허용되는 재청구, 추가청구, 제한적으로만 가능한 청구이의 등에 국한된다는 점을 고려할 필요가 있다. 기판력이 부정되어 생기는 문제는 별로 없다.

321) 김동하(1999), 248; 오시영, 203(법정채권이라고 한다).
322) 대법원 2001. 9. 25. 선고 2001므725, 732 판결; 대법원 2014. 9. 4. 선고 2012므1656 판결. 김영갑(1991), 235; 김영욱(2011), 65. 장성원(1993), 398−399도 같은 취지로 보인다.
323) 이상훈(1993), 88. 같은 취지에서 가집행선고도 가능하다는 것으로, 윤진수, 137−138.
324) 다소 유보적이지만, 민유숙(1994), 40, 43.
325) 김준모(2003), 241; 오시영, 215; 최금숙, 친족(2), 230.
326) 대법원 1998. 11. 13. 선고 98므1193 판결. 김영갑(1991), 235; 장성원(1993), 400. 최근 대법원 2014. 9. 4. 선고 2012므1656 판결도 이를 확인하면서 이혼이 먼저 성립한 뒤에 재산분할로 금전의 지급을 명하는 경우에도 같다고 한다.
327) 김영욱(2011), 57 이하; 김준모(2003), 241; 민유숙(1994), 39−40; 임종효, "양육비 심판과 가집행", 가사재판연구[Ⅱ](2011), 507; 전경근(2013), 196−198; 함윤식(2016), 1192−1193.

할심판에 기판력이 없고 그 후 사정변경이 있어도 원칙적으로 같은 재산을 대상으로 다시 재판상 분할을 청구할 수는 없고, 청구하더라도 부적법 각하하여야 한다.328) 다만, 종전 분할재판에서 분할대상인지 여부가 전혀 심리된 바 없는 재산이 그 확정 후 추가로 발견된 때에는 이에 대하여 추가로 재산분할청구를 할 수 있다.329) 그 밖에 재산분할로 정기금 지급을 명하였는데 그 후 현저한 사정변경이 있으면 변경의 소를 제기할 수 있다는 견해가 있다.330)

(3) [補論] 재산분할에 관한 조정

재산분할청구는 가사조정의 대상일 뿐 아니라 조정전치주의가 적용된다. 다만, 재산분할에 관하여 조정이 성립하는 경우 가사조정에는 확정판결과 동일한 효력이 있으므로(家訴 §59 ②) 기판력도 인정된다는 점에서 심판과 차이가 있다.331)

Ⅳ. 그 밖의 문제

1. 재산분할청구권의 포기

판례·통설은 혼인이 해소되기 전에 미리 재산분할청구권을 포기하는 것은 성질상 허용되지 아니한다고 본다.332) 이를 인정하는 경우 혼인중 더 우월한 지위를 가진 배우자가 악용할 우려가 있기 때문이다. 혼인성립 전에 부부재산계약에 의하여 포기하는 경우도 같다.333) 그러나 이혼 후에는 그와 같은 사정이 없으므로 원칙적으로 그 포기가 가능하다. 이혼 전이라 하더라도 향후 협의이혼을 하는 대신 재산분할을 포기하기로 하는 약정은 유효하다.334) 대법원 2016. 1. 25.자 2015스451 결정은 "아직 이혼하지 않은 당사자가 장차 협의상 이혼할 것을 합의하는 과정에서 이를 전제로 재산

---

328) 정원(2002), 99−100.
329) 대법원 2003. 2. 28. 선고 2000므582 판결. 제요[2], 1454; 정원(2002), 102−104.
330) 정원(2002), 101−102. 김용한, 155; 오시영, 215; 한복룡, 142은 부양에 관한 §978에 터잡아 변경 또는 취소를 구할 수 있다고 한다.
331) 이에 대한 비판으로 김선혜, "가사재판의 기판력", 가족법연구 23−3(2009), 303 참조. 재산분할심판에 기판력을 인정하지 아니하여도 큰 문제가 없는 것과 같은 이유에서 이 또한 중요한 문제는 아니나, 입법론으로는 가사비송사건에 대한 조정에는 가사비송심판에 준하는 효력만 부여하는 것이 타당하다.
332) 대법원 2000. 2. 11. 선고 99므2049, 2056 판결; 대법원 2003. 3. 25. 선고 2002므1787 판결[해설: 민유숙(2004a)]. 김주수·김상용, 260−261; 박동섭·양경승, 214−215. 한편, 최금숙, 친족(2), 232은 미리 포기할 수 있고 이혼신고시까지 철회할 수 있을 뿐이라고 하나, 219은 미리 포기할 수 없다고 한다. 그러나 윤진수, 122은 재산분할청구권의 성질상 사전포기가 허용되지 아니한다고 말할 필요는 없고, 구체적인 상황에 따라 포기의 의미를 제대로 이해하지 못한 경우에는 포기의 효력을 인정할 수 없다고 보는 것이 타당하다고 한다.
333) 서울가정법원 2011. 6. 1. 선고 2010드합2138, 5120 판결.
334) 민유숙(2004a), 793 이하.

분할청구권을 포기하는 서면을 작성한 경우, 부부 쌍방의 협력으로 형성된 공동재산 전부를 청산·분배하려는 의도로 재산분할의 대상이 되는 재산액, 이에 대한 쌍방의 기여도와 재산분할 방법 등에 관하여 협의한 결과 부부 일방이 재산분할청구권을 포기하기에 이르렀다는 등의 사정이 없는 한 성질상 허용되지 아니하는 '재산분할청구권의 사전포기'에 불과할 뿐이므로 쉽사리 '재산분할에 관한 협의'로서의 '포기약정'이라고 보아서는 아니 된다"고 함으로써 간접적으로 이러한 예외를 인정하고 있다. 이는 포기의 의사표시가 숙고된 결정인지 아니면 상대방 배우자의 압박 기타 사정에 의한 것인지에 따른 구별이라고 할 수 있다.335)

　　이혼소송 중 이혼하지 아니하고 일방이 다른 일방에게 일정한 급부를 이행하며 나머지 청구는 포기한다는 취지의 조정·화해가 성립하였는데, 그 후 결국 이혼하게 된 경우, 종전의 조정·화해상의 급부 및 포기는 이혼하지 아니할 것을 전제로 한 것이므로 재산분할에 관한 협의가 아니고, 따라서 그중 나머지 청구 포기 부분도 앞으로 이혼하게 되는 경우 재산분할청구권을 포기한다는 뜻으로 해석할 수 없다.336) 따라서 당해 조정·화해는 계약법 일반의 원칙에 따라 처리하되, 그와 별개로 재산분할을 구할 수 있다.

　　대법원 2013. 10. 11. 선고 2013다7936 판결은, 재산분할청구권은 협의 또는 심판에 의하여 그 구체적인 내용이 형성되기까지는 그 범위 및 내용이 불명확·불확정하여 구체적으로 권리가 발생하였다고 할 수 없다면서, 협의 또는 심판으로 구체화되지 아니한 재산분할청구권은 채무자의 책임재산에 해당하지 아니하고, 따라서 그 포기도 채권자취소의 대상이 될 수 없다고 하였다. 재산분할청구권의 대위행사를 부정하는 한[Ⅲ. 2. 가. (2)], 결론은 수미일관한 태도라고 할 수 있다.337) 그러나 내용이 불명확, 불확정하다는 점 자체는 책임재산이 아니라고 볼 이유가 아니고, 오히려 재산분할청구권이 이른바 (행사상) 일신전속권에 해당한다는, 구체화되지 아니한 재산분할청구권은 재산권이라기보다는 가족법상의 지위의 성격을 갖는다는 점이 중요하다. 근래 판례가 가족법의 여러 곳에서 이른바 추상적·구체적 권리의 구별이라는 도그마로 논증을 대체하고 진정한 이유제시에 갈음하는 것은 문제이다.

335) 이러한 관점에서 이 법리를 독일의 부부재산계약내용통제의 법리와 비교하는 것으로, 조은희(2021), 202 이하. 이에 대하여 재산분할청구권의 포기도 원칙적으로 유효하다는 견해로, 류일현(2017), 95 이하.
336) 김형작(2007), 85-86.
337) 이러한 취지에서 재산분할청구권의 포기가 사해행위가 되는지는 대위행사가 가능한지 여부에 달려 있다는 것으로 윤진수, 122-123(이 견해는 재산분할청구권자가 권리행사의 의사를 밝힌 경우에 한하여 예외적으로 대위행사를 인정한다).

2. 재산분할과 세법

재산분할은 세법상으로도 특별한 취급을 받고 있다.

먼저, 재산분할은 무상출연, 즉 증여라고 할 수 없으므로, 증여세 부과대상이 아니다. 相贈 §44 ①은 배우자 또는 직계존비속에게 양도한 재산은 양도자가 당해 재산을 양도한 때에 그 재산의 가액을 배우자 등에게 증여한 것으로 추정한다고 규정하고 있으나, 재산분할로 이전된 경우에는 이러한 추정이 번복된다.338) 법적으로 인정되는 범위를 넘어 재산을 이전하였다면 그 초과분은 증여에 해당한다고 보아 증여세를 부과할 수 있을 것이다.339) 나아가 대법원 2017. 9. 12. 선고 2016두58901 판결은 "법률상의 부부관계를 해소하려는 당사자 간의 합의에 따라 이혼이 성립한 경우 그 이혼에 다른 목적이 있다 하더라도 당사자 간에 이혼의 의사가 없다고 말할 수 없"고, "이혼이 가장이혼으로서 무효가 아닌 이상 원칙적으로 증여세 과세대상이 되지 않는다"면서도, "민법 제839조의2 제2항의 규정 취지에 반하여 상당하다고 할 수 없을 정도로 과대하고 상속세나 증여세 등 조세를 회피하기 위한 수단에 불과하여 그 실질이 증여라고 평가할 만한 특별한 사정이 있는 경우에는 상당한 부분을 초과하는 부분에 한하여 증여세 과세대상이 될 수 있다"고 한다.340)

다음, 재산분할은 양도소득세의 과세대상이 되지 아니한다. 판례도, "재산분할은 […] 실질적으로는 공유물분할에 해당하는 것이라고 봄이 상당하므로, […] 이혼시 재산분할의 일환으로 부부 각자의 소유명의로 되어 있던 각 부동산을 상대방에게 서로 이전하였다고 하여도 특별한 사정이 없는 한, 공유물분할에 관한 법리에 따라 그와 같은 부동산의 이전이 유상양도에 해당한다고 볼 수 없[…]"다고 한다.341) 협의분할의 경우 재산분할뿐 아니라 위자료 및 양육비도 포함하여 합의하는 일이 많다. 양도소득세의 과세대상이 되지 아니하는 것은 재산분할에 해당하는 부분뿐인바, 과세요건의 증명책임은 처분청에게 있으므로 과세처분의 위법을 구하는 취소소송에서 유상

---

338) 헌법재판소 1997. 10. 30. 선고 96헌바14 결정; 대법원 1997. 11. 28. 선고 96누4725 판결 등.

339) 김수정(2005), 592.

340) 실질과세의 원칙에 비추어 이에 찬성하는 것으로, 곽상민(2018), 266; 박훈·윤현경(2019), 459 이하. 다만 위 판결의 파기환송심은 결과적으로 상당한 범위를 초과한다거나 조세회피목적이 있었다고 단정하기 어렵다는 이유로 처분을 취소하였다(서울고등법원 2018. 6. 1. 선고 2017누71576 판결). 박근웅(2018), 195는 상당한 범위를 넘는 경우 증여세를 부과할 수 있다고 하면서도 재산분할은 증여가 아님을 강조하고 있다. 그러나 재산분할이 상당한 범위에서도 증여가 된다거나 증여로 과세되어야 한다는 견해가 존재하는지 의문이다.

341) 대법원 1998. 2. 13. 선고 96누14401 판결; 대법원 2003. 11. 14. 선고 2002두6422 판결. 다만, 재산분할 후 다시 양도가 이루어질 때 양도차익 산정의 기준이 되는 취득가액은 최초의 취득시의 가액이고 재산분할시의 가액이 아니다. 대법원 2003. 11. 14. 선고 2002두6422 판결.

양도에 해당하는 위자료 및 양육비의 증명책임은 처분청이 진다.[342] 다만, 금전채무인 위자료나 양육비의 지급에 갈음하여 현물을 양도한 경우에는 양도소득세가 부과된다.[343]

끝으로, 재산분할에 대하여는 취득세도 부과되지 아니한다. 판례는 "취득세는 부동산 소유권의 이전이라는 사실 자체에 대하여 부과되는 유통세의 일종"으로서 "부동산을 사용·수익·처분함으로써 얻게 될 경제적 이익에 대하여 부과되는 것이 아니"라는 이유로, 재산분할을 지방세법 §§110 iv, 128, 131 ① v의 '공유권의 분할로 인한 취득' 내지 '공유물 분할'에 해당한다고 볼 수 없다고 한다.[344] 다만, 지방세법 §15 ① vi는 '재산분할로 인한 취득'에 대하여 세율의 특례를 인정하고 있다.[345]

그러므로 협의분할을 한 경우 재산분할에 해당하는 부분과 위자료에 해당하는 부분을 나눌 필요가 있는데, 판례는 "이혼을 하면서 위자료와 재산분할, 자녀양육비 등의 각각의 액수를 구체적으로 정하지 아니한 채 자산을 이전한 경우 그 자산 중 양도소득세의 과세대상이 되는 유상양도에 해당하는 위자료 및 자녀양육비의 입증책임도 원칙적으로 처분청에 있고, 다만 이때 처분청이 위자료나 자녀양육비의 액수까지 구체적으로 주장·입증할 필요는 없고, 단지 그 액수를 정할 수 있는 자료를 법원에 제출하는 것으로 충분하며, 이에 대하여 법원이 이와 같은 자료를 토대로 혼인기간, 파탄의 원인 및 당사자의 귀책사유, 재산정도 및 직업, 당해 양도자산의 가액 등 여러 사정을 참작하여 직권으로 위자료나 자녀양육비의 액수를 정하여야 한다"고 한다.[346]

3. 재산분할청구권의 양도·상속

가. 이혼 전 사망한 경우

재산분할청구는 이혼을 전제하고 있고, 부부 일방이 사망하면 재산분할이 이루어지지 아니하므로, 이혼이 이루어지기 전 당사자가 사망하여 그로써 혼인이 해소된 경우 재산분할청구권도 그 상속도 문제될 수 없다는 데 해석론적으로는 이론(異論)이 없다. 판례도 같은 취지에서 "재판상의 이혼청구권은 부부의 일신전속의 권리이므로

---

342) 대법원 2002. 6. 14. 선고 2001두4573 판결. 종래 입법론적으로 금전과 부동산이전 등 일체의 재산분할을 합산하여 그 재산분할이 적정범위를 넘어선 경우에는 그 넘어선 부분에 대하여는 유상양도로 보아 양도소득세를 과세하는 것이 바람직하다는 견해로, 김수정(2005), 591.
343) 대법원 1984. 6. 26. 선고 84누153 판결 등.
344) 대법원 2003. 8. 19. 선고 2003두4331 판결.
345) 다만, 이러한 규정이 없는 지방교육세와 농어촌특별세는 부담하여야 한다. 등록세는 종래 과세대상이었는데(대법원 2003. 11. 14. 선고 2002두6422 판결 참조), 현행 지방세법 §23 i은 취득세가 부과되는 취득을 원인으로 하는 등기 또는 등록을 등록면허세(구 등록세)의 과세대상에서 제외하였다.
346) 대법원 2002. 6. 14. 선고 2001두4573 판결. 평석: 소순무(2002), 473 이하.

이혼소송 계속 중 배우자의 일방이 사망한 때에는 상속인이 그 절차를 수계할 수 없음은 물론이고, 또 그러한 경우에 검사가 이를 수계할 수 있는 특별한 규정도 없"고, "이혼의 성립을 전제로 하여 이혼소송에 부대한 재산분할청구 역시 이를 유지할 이익이 상실"된다는 이유로 이혼 및 재산분할청구의 소 모두에 대하여 소송종료선언을 하여야 한다고 한다.347) 그러나 입법론적으로는 부부재산의 청산이라는 관점에서 재고의 여지가 있다.348)

나. 이혼 후 사망한 경우

(1) 상속 여부

반면, 이혼 후 사망한 경우에 관하여는 재산분할청구권 및 분할의무 모두 당연히 상속된다는 견해(적극설),349) 재산분할청구권은 외부로 행사되어 표출(재산분할에 관한 협의가 있거나, 재산분할의 심판청구 또는 소제기가 이루어진 경우)된 이상 구체적 재산으로 볼 수 있으므로 그 상속성을 인정할 수 있다고 보는 견해(절충설)350) 및 家訴規 §96에서 '재산분할의 심판은 부부 중 일방이 다른 일방을 상대로 하여 청구하여야 한다'고 규정하는 것은 상속성이 없음을 전제하고 있고, 이혼 후에 재산분할만을 따로 청구하는 경우에도 자녀들을 상대로 심판절차를 계속하는 경우를 생각하면 윤리적으로 용납하기 어렵다는 등의 이유로 상속되지 아니한다는 견해(소극설)351)가 대립하고 있다. 대법원 2009. 2. 9.자 2008스105 결정은 사실혼 관계가 (당사자 일방에 의하여 합의 없이) 해

---

347) 대법원 1994. 10. 28. 선고 94므246, 253 판결[해설: 김홍엽(1995), 평석: 윤진수, "이혼소송 및 재산분할청구소송 계속중 당사자 일방이 사망한 경우의 법률관계", 가족법 판례해설, 160 이하]. 이에 대하여 이혼소송을 제기하여 절차가 완료되면 배우자로부터 이혼에 따른 위자료나 재산분할 등 급여를 받을 가능성이 명백히 있는 당사자가 이혼사유가 존재함에도 불구하고 이혼이 확정되기 전에 사망했다는 이유로 이를 받지 못하고 오히려 자신이 배우자에게 상속을 주어야 한다는 것은 불합리하고, 이혼급여의 채무자인 생존배우자에게 사망한 배우자의 직계존속으로부터 대습상속을 받을 가능성까지 부여한다는 것은 재고의 여지가 있다고 하면서, 이혼소송에 재산분할청구소송이 병합된 경우 그 계속중 당사자가 사망하였다면 이혼소송은 종료하나 그에 갈음하여 혼인관계 또는 이혼사유존부의 확인을 중간확인의 소의 방식으로 제기할 수 있도록 한 다음, 이를 재산분할청구의 소에 병합 심리하여 이를 전제로 재산분할청구권을 발생시켜 상속인들(생존배우자는 상속권을 갖지 못한다)이 이를 상속함으로써 소송수계를 할 수 있게 하자는 견해로, 권순한(1999), 263–280.

348) 이동진(주 12), 가족법연구, 389 이하.

349) 고정명·조은희, 130–131; 권순한(1999), 279; 김상훈·정구태(2018), 103–106; 김준모(2003), 246–247; 김홍엽(1995), 250; 정상현(2006a), 335 이하; 한봉희·백승흠, 210; 황경웅(2007), 507.

350) 김동하(1999), 247–248; 김민지(2018), 260–261; 김주수·김상용, 267; 박동섭·양경승, 216; 송덕수, 122, 125–126; 신영호·김상훈·정구태, 149; 윤진수, 120; 이경희·윤부찬, 139–140; 한삼인·김상헌, 112. 정원(2002), 105은 재산분할청구권도 재산권이므로 원칙적으로 상속성을 부정할 이유는 없고, 다만 家訴規 §96의 해석상 상대방이 이미 사망한 후 그 상속인들을 상대로는 재산분할을 청구할 수 없을 뿐이라고 하는데, 이 견해는 재산분할청구의 소가 제기되지 아니한 이상 상속인이 새로 소를 제기할 수는 없으나, 이미 제기된 경우에 상속인들이 이를 수계할 수는 있다는 취지로 보이므로, 대체로 이 견해에 포함시킬 수 있다. 김숙자(1993), 928; 진현민(2005), 388–389.

351) 민유숙(1993), 450; 이상훈(1993), 91–92.

소된 뒤 재산분할청구를 하고 사건계속중 상대방이 사망한 사건에서, 사실혼 관계가 해소된 이상 재산분할청구가 가능하다고 보아, 소송수계신청을 기각한 원심결정을 파기하고, 사건을 원심으로 환송하였으므로,[352] 재산분할의무의 상속성을 인정하고 있고[353] 소극설을 취하지는 아니함은 분명하나, 적극설과 절충설 중 어느 견해를 취하는지는 아직 분명하지 아니하다. 재산분할청구권은 부부 관계의 실질을 고려하고 이혼 당사자를 보호하기 위하여 인정된 권리로서 권리 행사 여부를 이혼 당사자의 결정에 맡기는 것이 타당한 측면이 있으므로, 분할협의나 분할청구 등 권리행사의 뜻이 분명해진 경우에 한하여 상속될 수 있다고 봄이 타당할 것이다. 다만, 재산분할의무의 경우 그와 같은 구별이 필요하지 아니하며 당연히 상속된다.[354]

(2) 상속의 범위

재산분할청구권이 상속될 때에도 청산적 요소만이 상속되고 부양적 요소는 상속되지 아니한다는 것이 통설이지만,[355] 청산적 요소와 부양적 요소가 모두 상속될 수 있다는 견해도 있다.[356] 순수하게 이혼 후 부양의 성격을 갖는 재산분할을 별도로 인정하지 아니하는 한 청산적 요소와 부양적 요소를 모두 고려하여 하나의 분할협의 또는 심판을 한 다음 상속이 일어났을 때 그 중 부양적 요소에 해당하는 몫을 구별해 감액하는 것은 실천적으로는 물론 이론적으로도 상당히 어려운 일이고, 이때의 부양적 요소는 반드시 부양의 필요에 의존하는 것도 아니다. 이러한 한도에서는 상속성과 관련하여 굳이 양자를 구별할 필요는 없으리라고 본다.

한편, 대법원 2014. 7. 16. 선고 2012므2888 전원합의체 판결은 장래의 연금을 정기금 지급방식으로 분할하는 경우 그 정기금채권은 일신전속적 성격이 강하여 상속될 수 없다고 한다.

다. 양도

재산분할청구권의 내용이 협의 또는 심판으로 구체화된 뒤 개별적인 권리를 일

352) 이혼으로 인한 재산분할청구에 관하여 같은 취지로, 대법원 2018. 6. 22.자 2018스18 결정의 원심인 창원지방법원 2017. 2. 22.자 2017브26 결정.
353) 김상용(2010), 民判 32, 568−569.
354) 박동섭·양경승, 216; 이경희·윤부찬, 140. 이에 대하여 김상훈·정구태(2018), 104는 재산분할청구권과 분할의무가 동전의 양면과 같은 관계에 있어 달리 볼 이유가 없다고 비판하나, 타당하지 아니하다. 이러한 구분은 이미 §806 ③에도 나타나 있다.
355) 고정명·조은희, 130; 김민지(2018), 260−261; 김상용(2010), 568 주 5; 김주수·김상용, 267; 김준모(2003), 246; 박동섭·양경승, 216; 송덕수, 122, 126; 신영호·김상훈·정구태, 149; 이경희·윤부찬, 140; 한봉희·백승흠, 가족법, 2013, 223. 오시영, 216도 같은 취지에서, 부양적 요소가 포함되었음이 명백하다면 감액청구를 할 수 있다고 한다. 한편, 청산적 요소만을 인정하는 견해에서는 당연히 상속된다고 본다. 가령 정상현(2006a), 335 이하.
356) 김용한, 156; 황경웅(2007), 495 이하.

반 법리에 따라 양도할 수 있음은 물론이다. 문제는 이혼 전 또는 이혼 후 아직 구체화되지 아니한 재산분할청구권을 양도할 수 있는가 하는 점인데, 일신전속권이므로 이혼 전에는 양도할 수 없다는 견해가 있고,[357] 판례도 "당사자가 이혼이 성립하기 전에 이혼소송과 병합하여 재산분할의 청구를 한 경우에, 아직 발생하지 아니하였고 구체적 내용이 형성되지 아니한 재산분할청구권을 미리 양도하는 것은 성질상 허용되지 아니"한다고 한다.[358] 그러나 이에 대하여는 재산분할청구권은 행사상 일신전속권일 뿐이므로 양도가 허용된다는 견해도 있다.[359]

행사상 일신전속권이라는 성질결정으로부터 곧바로 결론을 도출하는 것은 개념법학적 논증으로 별 설득력이 없다. 오히려 문제는 부부가 살아 있는 동안 제3의 양수인이 가사비송절차를 통하여 구체적 재산분할심판을 받는 것을 허용할 필요가 있는지인데, 상속과는 달리, 이를 선뜻 긍정하기는 어렵다.[360] 家訴도 이러한 심판을 예정하고 있지 아니하다. 재산분할청구권을 자동채권 또는 수동채권으로 하는 상계에 대하여도 대체로 같은 기준을 적용할 수 있을 것이다.[361]

한편, 대법원 2014. 7. 16. 선고 2012므2888 전원합의체 판결은 연금분할로 인정된 정기금채권은 (구체화된 채권임에도) 제3자에게 양도될 수 없다고 하나, 의문이다.

4. 재산분할청구권과 도산절차

부부 중 일방에 대하여 도산절차가 개시된 경우, 채무자가 한 협의분할이 과다하여 파산 또는 회생채권자에게 해가 된다면 협의분할의 채권자취소에 준하여 협의분할을 부인할 수 있음은 당연하다.[362] 상당한 범위의 협의분할 또는 심판분할로 인한

---

357) 김주수·김상용, 267; 최금숙, 친족(2), 219. 별다른 논거를 제시하지는 아니하나 이에 찬성하는 것으로, 임채웅(2017), 493(불확정적이라는 점만으로는 논거가 충분하지 아니하고 가족법적 권리임을 논거로 하여야 할 것이라고 한다).
358) 대법원 2017. 9. 21. 선고 2015다61286 판결. 평석: 임채웅(2017); 다만, 이 판결은 재산분할청구권 양도계약 자체를 무효로 보았는데 이에 대하여는 비판이 있다. 가령 김민지(2018), 264; 임채웅(2017), 493-494. 그러나 이러한 약정이 법률상 불능인 급여를 목적으로 하고 있고, 각 당사자가 그 사실을 알고 있거나 알았어야 했다면 무효로 처리하여도 큰 문제는 없다.
359) 김민지(2018), 269-271. 장래채권의 양도도 가능하다는 점을 드는 것으로 윤진수, 121(적어도 심판 선고 후 확정 전의 양도는 허용되어야 한다고 한다).
360) 권영준, "2017년 민법 판례 동향", 서울대 법학 59-1(2018), 532; 김상훈·정구태(2018), 91-98. 적어도 제1심 심판 후에는 양도할 수 있다는 것으로, 현소혜, "2010년대 가족법 판례의 경향과 흐름", 안암법학 63(2021), 287-288. 그러나 일응 재산분할의 구체적 내용형성이 이루어졌다는 점이 그 근거라면 그러한 내용이 항소심에서 바뀔 수 있다는 점이 문제될 것이다.
361) 주석친족(1), 493-494(송인우) 참조. 적어도 이혼 성립 후에는 상계가 허용된다는 취지로 보이는 것으로, 김동하(1999), 252; 김영갑(1991), 233.
362) 양형우(2016), 502-503.

채무자에 대한 청구권은 파산 또는 회생채권이 된다.[363] 아직 채무자가 재산분할을 해주지 아니한 상태에서 채무자에 대하여 파산선고 또는 회생절차개시결정이 내려진 경우 채무자는 더는 협의분할을 할 수 없고, 협의분할을 해도 무효이다. 채무자에게는 처분권이 없기 때문이다.[364] 문제는 심판분할을 청구할 수 있는가, 청구할 수 있다면 어떻게 청구하여야 하는가 하는 점인데, 채권확정절차에 의할 수는 없고 가정법원에 가사비송절차로서 재산분할심판을 구하되 관재인 또는 관리인을 상대방으로 하여야 한다고 볼 것이다.[365]

채무자가 상대방에게 오히려 재산분할을 받을 수 있는 경우에는, 분할협의 또는 분할심판에 의하여 이른바 구체적 재산분할청구권이 형성되었다면 관재인 또는 관리인은 그 이행을 청구할 수 있다는 데 의문이 없다. 반면 재산분할을 받을 수 있음에도 청구하지 아니하여 이른바 추상적 재산분할청구권으로 남아 있다면 관재인 또는 관리인이 이를 대신 청구할 수는 없다.[366] 이 단계의 재산분할청구권은 아예 파산재단에 속하지 아니하므로 이혼하면서 재산분할청구권을 행사하지 아니하고 사실상 포기하는 등 채권자에게 불이익하게 처분하였다 하여 채무자에게 면책불허가 사유가 되는 것도 아니다.[367]

---

363) 양형우(2016), 521−522 참조.
364) 양형우(2016), 520−521.
365) 양형우(2016), 522−523 참조.
366) 대법원 2022. 7. 28.자 2022스613 결정. 그러나 재산분할청구권이 행사상 일신전속권이 아니라는 전제 하에 관재인이 청구할 수 있다는 견해로, 양형우(2016), 504−514.
367) 대법원 2023. 7. 14.자 2023마5758 결정.

第 839 條의3 (재산분할청구권 보전을 위한 사해행위취소권)

① 부부의 일방이 다른 일방의 재산분할청구권 행사를 해함을 알면서도 재산권을 목적으로 하는 법률행위를 한 때에는 다른 일방은 제406조제1항을 준용하여 그 취소 및 원상회복을 가정법원에 청구할 수 있다.

② 제1항의 소는 제406조제2항의 기간 내에 제기하여야 한다.

▌참고문헌: 김숙자(1990), "친족간의 재산행위와 채권자취소권", 김용한화갑기념; 김형식(2011), "가사보전소송에 관한 몇 가지 고찰", 가사재판연구[Ⅱ]; 민유숙(2003), "가사비송사건으로서의 재산분할", 재판자료 101; 민유숙(2004), "재산분할청구권이 포함된 민사사건의 처리", 諸問題 13; 박주영(2011), "재산분할청구권 보전을 위한 채권자취소권의 인정요건에 관한 검토", 법조 653; 원정숙(2007), "가사보전처분의 피보전권리", 가사재판연구[I]; 윤진수(2009), "민법개정안 중 부부재산제에 관한 연구", 민법논고[Ⅳ]; 이연이 · 성진혁 · 김제완(2021), "재산분할청구권 보전을 위한 사해행위취소제도의 재조명 – 캐나다의 부부재산 일실방지 법제의 시사점 –", 중앙대 법학논문집 45–3; 이진기(2009), "부부재산분할청구권의 보전을 위한 취소권제도 비판", 人權 392; 장성원(1993), "재산분할청구사건을 본안으로 하는 보전처분에 관하여", 재판자료 62; 전보성(2008), "가사소송과 이행확보제도", 재판실무연구(3): 보전소송; 전경근(2003), "재산분할청구권의 피보전채권성", 가족법연구 17–1; 전경근(2009), "재산분할청구권 보전을 위한 사해행위취소권의 요건에 관한 연구", 가족법연구 23–1; 정상규(2003), "가사보전처분의 실무상 쟁점", 재판자료 102; 최정인(2011), "재산분할청구권 보전을 위한 채권자취소권: 적용요건을 중심으로", 가사재판연구[Ⅱ]

Ⅰ. 총설

본조는 2007년 신설된 규정으로 재산분할청구권 보전을 위한 채권자취소권에 관하여 정하고 있다. 채권자취소권은 집행을 위하여 책임재산을 보전하는 제도이므로, 먼저 재산분할청구권의 집행과 그 보전 일반을 보기로 한다.

1. 재산분할청구권의 집행

재산분할에 관한 협의가 이루어진 경우 이러한 협의의 이행을 구하는 소는 일반 민사소송이므로, 그 승소판결에는 집행력이 있다. 판결이 확정되었거나 가집행선고가 붙어 있다면 집행문을 부여받아 민사집행법이 정하는 방법과 절차에 따라 집행할 수 있다.[1]

확정된 재산분할심판에는 형성력이 있으나, 공유물분할판결과 달리 이는 부부 공동재산의 귀속이 그 심판내용에 따라 곧바로 변동된다는 의미(§187)가 아니라, 당사자 쌍방에게 심판내용에 따라 물권적 귀속의 변동을 청구할 수 있는 청구권(채권)을 발생시킨다는 의미에 그친다. 그리하여 재판실무는 형성에 해당하는 부분은 심판이유에만 기재하고 그 결과 발생한 금전지급, 물건인도, 등기, 그 밖에 의무이행을 명하는 부분만을 심판주문에 기재하고 있다.[2] 이러한 급부 이행을 명하는 부분은 집행력이 있으므로(家訴 §41), 확정되었거나 가집행선고가 있으면[제839조의2 註釋 Ⅲ. 2. 다. (2) 참조] 심판정본에 집행문을 부여받아 집행할 수 있다.[3] 그 집행방법과 절차는 민사집행법을 따르나,[4] 금전지급을 명하는 부분에 관하여는 家訴 §64의 이행명령을 할 수도 있다. 권리자가 가정법원에 이행명령을 신청하여 가정법원이 일정한 기간 내에 금전을 지급할 것을 명하였음에도 이에 응하지 아니하는 때에는 직권 또는 권리자의 신청에 의하여 1,000만 원 이하의 과태료를 부과할 수 있다(家訴 §67). 협의분할에 대하여는 이러한 집행방법이 인정되지 아니한다.

2. 재산분할청구권의 보전

가. 가압류·가처분 및 사전처분

(1) 가압류·가처분

재산분할에 관하여 협의가 이루어졌다면 일반 민사법원에서 그 협의에서 정한 청구권의 내용(금전의 지급을 구하는 것인지, 그 밖의 재산권의 이전을 구하는 것인지)에 따른 민사집행법상의 보전처분(가압류·가처분)을 할 수 있다.[5]

재산분할에 관하여 협의가 이루어지지 아니한 때에는 이를 가사비송절차에 의하여 행사하여야 하는데, 비송에 속하는 사항을 피보전권리로 하여서는 민사집행법상 가압류·가처분을 할 수 없으므로(통설),[6] 가사소송법은 따로 가압류·가처분을 규정

---

1) 제요[1], 284-285.
2) 제요[2], 1461.
3) 이를 복멸하기 위한 청구이의의 소는 가정법원의 전속관할로 해석된다. 제요[2], 502. 구 가사심판법에 관한 것이지만, 대법원 1980. 11. 25.자 80마445 결정도 참조.
4) 제요[1], 284-285.
5) 실무는 가정법원에 신청한 경우 취하하고 민사법원에 신청하도록 보정을 명하고, 응하지 아니하면 관할 지방법원으로 이송한다고 한다. 다만, 협의가 있었다 하더라도 그 존부 및 효력이 본안에서 문제될 가능성이 높은 경우에는 채권자에게 그와 같은 사정을 고지하면서 피보전권리를 약정으로 할 것인지, 통상의 재산분할청구권으로 할 것인지 명확히 하도록 보정을 명함이 바람직하다. 정상규(2003), 308.

하였다(家訴 §63 ①).7) 가사소송법상 가압류·가처분에 관하여는 대체로 민사집행법의 해당 규정이 준용되나(家訴 §63 ①), 담보제공명령 없이도 할 수 있고(家訴 §63 ②),8) 채무자의 신청에 의하여 제소명령을 한 경우 기간 내에 재산분할심판 대신 그에 관한 조정을 신청한 때에도 본안의 제소로 본다는 점(家訴 §63 ③)에 차이가 있다. 특히 문제는, 재산분할의 경우 심판이 있기 전에는 청구인이 금전지급을 받게 될지 상대방 명의로 되어 있는 부부재산 중 특정 일부를 이전받게 될지 미리 알기 어렵다는 점이다. 따라서 가압류·가처분 어느 것이든 그 후에 재산분할심판을 청구하기만 하면 본안제소를 한 것으로 봄이 상당하고(民執 §§287 ①, 288 ① iii), 재산분할심판의 청구취지가 가압류·가처분과 대응되는지 따질 필요는 없다고 본다.9) 채권자는 상대방에게 타격을 입힐 목적 등으로 가압류보다 가처분을 하는 경우가 많다. 추후 그 재산의 이전을 명하는 심판을 받지 못하는 경우 이러한 가처분을 가압류로 (또는 그 반대로) 유용할 수 있는지 문제되는데, 재판실무와 학설은 일치하여 그러한 유용은 허용되지 아니한다고 한다. 따라서 이러한 분할심판이 확정되면 이는 사정변경에 의한 가처분취소(民執 §288 ① i) 사유가 된다.10) 같은 이유로 당해 재산을 이전받을 수 없을 것으로 보일 때에는 법원이 신청하지도 아니한 가압류를 직권으로 할 수는 없으므로, 그 재산의 처분금지를 구하는 가처분신청은 기각함이 옳다.11) 과다한 가압류·가처분신청은 상당한 범위에서만 인용하여야 한다. 그렇다 하여 재산분할청구권을 보전하기 위하여 피신청인 명의의 재산을 가압류(또는 처분을 금지)한다는 식의 포괄적 신청이 허용되는 것은 아니고, 채권자가 자기 책임하에서 적절한 신청취지를 선택하여 특정하여야 한다.12) 그 취지가 특정되지 아니한 신청은 부적법 각하하여야 한다.13)

---

6) 이에 관한 종래의 논의는, 장성원(1993), 381-386.

7) 제요[1], 316-317.

8) 실무상 무담보로 가압류·가처분을 명하는 경우는 드물고, 담보액 산정기준도 일반 민사사건과 비슷하다고 한다. 제요[1], 327.

9) 본안에서는 금전지급을 구하면서 보전처분에서는 현물분할을 전제로 처분금지가처분을 신청하는 경우 및 그 반대의 경우에는 보정명령을 하거나 현금공탁을 명하거나 신청을 전부 또는 일부 기각하는 일이 많다는 설명으로, 주석친족(1), 405(송인구). 그러나 어떤 심판을 할지는 가정법원의 권한이므로 당사자가 보전처분에 전제한 분할방식과 심판을 청구할 때 내세운 분할방식이 다르다는 점만으로 보전처분을 기각하거나 특히 까다롭게 판단하는 것은 문제가 있다.

10) 제요[1], 313-314. 정상규(2003), 321 이하. 다만, 아직 제1심 심판만 내려졌고 확정되기 전이라면 이 의절차에서 함부로 이를 취소할 것은 아니다. 김형식(2011), 127-128 참조.

11) 김형식(2011), 108-109; 원정숙(2007), 800-802; 장성원(1993), 388. 이러한 취지에서 가사보전처분에서 피보전권리에 대한 소명은 '본안심판인용의 개연성'에 대한 소명으로 대체되어야 한다고 한다. 특히 주거용 부동산, 영업용 재산 등 재산분할방법을 결정함에 있어 고려하여야 할 요소가 가처분 인용 여부에서도 고려되어야 한다. 김형식(2011), 109 이하 참조.

12) 장성원(1993), 389-392; 정상규(2003), 311-312.

13) 그러나 전보성(2008), 468은 기각하여야 한다고 한다.

(2) 사전처분

가사사건의 심판청구 또는 조정신청이 있는 경우 가정법원, 조정위원회 또는 조정담당판사는 사건을 해결하기 위하여 특히 필요하다고 인정하는 때에는 직권 또는 당사자의 신청에 의하여 상대방 그 밖의 관계인에게 현상의 변경 또는 물건의 처분을 금할 수 있고, 사건에 관련된 재산의 보존을 위한 처분을 할 수 있다(사전처분, 家訴 §62①). 이러한 제도는 본래 비송사건에 관하여는 민사집행법상 가압류·가처분을 할 수 없으므로 그에 갈음하는 임시적 처분제도를 마련한 것이나, 현행법은 가사비송사건에 관하여도 가압류·가처분을 할 수 있게 하였으므로 가압류·가처분과 대상의 구별이 명확하지 아니하여 재산분할청구권의 보전이 필요한 경우에도 늘 이를 할 수 있다. 다만, 사전처분은 본안계속 중에만 할 수 있고, 법원 등이 직권으로도 할 수 있으며, 당사자뿐 아니라 제3자에 대하여도 할 수 있는 반면, 집행력이 없고, 그 위반에 대하여 과태료를 부과하는(家訴 §67 ①) 간접강제가 가능할 뿐이라는 점에서 가압류·가처분과 다르다. 재산분할과 관련하여서는 처분의 금지와 재산관리인의 선임을 생각할 수 있고, 확정된 사전처분에는 형성력이 있으므로,[14] 이로써 상대방에게 처분하지 아니할 의무를 지우거나 제3자에게 재산을 관리할 권한을 부여한다. 그러나 그러한 점을 등기, 등록할 수 없으므로, 실제로 처분이 이루어져도 상대방의 의무 위반이 될 뿐 처분 자체는 원칙적으로 유효하다.[15]

(3) 강제집행면탈죄

강제집행면탈의 죄는 위험범으로서 장래의 재산분할청구권의 강제집행을 면탈하기 위하여 현재 재산을 은닉, 손괴, 허위양도하거나 허위의 채무를 부담하는 등의 행위를 한 때에도 성립할 수 있다.[16]

나. 채권자대위권

또 하나 생각할 수 있는 책임재산 보전방법은 채권자대위권이다. 재산분할청구권은 제3자 명의의 재산을 대상으로 할 수도 있는데[제839조의2 註釋 II. 3. 나. (1)], 가압류·가처분은 재산분할청구권의 의무자, 즉 배우자에 대하여만 할 수 있고,[17] 사전처

---

14) 대법원 2009. 7. 23. 선고 2008다78996 판결.
15) 장성원(1993), 395-397. 제요[1], 314은 처분금지의무를 부과할 뿐 처분권 자체가 상실되거나 정지되는 것은 아니라고 설명한다.
16) 대법원 2008. 6. 26. 선고 2008도3184 판결.
17) 배우자가 그 제3자에 대하여 갖고 있는 권리이전청구권에 대하여 가압류·가처분할 수는 있으나, 이러한 방법으로는 제3자의 무단 처분을 막을 수 없어 실효성이 없다. 직접 처분을 금지하기 위해서는 배우자의 제3자에 대한 권리이전청구권을 직접 행사하여야 하는데, 민사집행법상 이는 재산분할심판이 확정된 뒤 그에 터잡아 배우자의 제3자에 대한 청구권에 대하여 압류·추심 등의 집행을 하여야 비로소 가능하다.

분은 제3자에 대하여도 할 수 있으나 처분 자체를 무효로 하지 못한다.[18] 이미 재산 분할에 관한 협의가 성립하였다면 재산분할청구권이 발생하였으므로 그 보전을 위하여 배우자를 대위하여 배우자의 권리를 행사할 수 있고, 이에 터잡아 제3자 명의의 재산에 대하여 직접 가압류·가처분을 할 수도 있을 것이다(§404).[19] 그러나 협의도 성립하지 아니하고, 심판이 확정되지도 아니한 경우에도 대위가 가능한지는 다투어지고 있다. 학설상으로는 협의 또는 심판 전의 재산분할청구권은 불확정·불명확한 권리라는 점을 들어 이를 부정하는 견해가 통설이었으나,[20] 근래에는 우리 재산분할제의 비송적 성격이 일본의 그것보다 약한 점, 다른 보전방법이 마땅치 아니한 점, 이혼 과정에서 재산을 임의로 빼돌릴 수 있는 별산제의 취약점을 보완하여 재산분할의 실효성을 확보할 필요가 있는 점 등에 비추어 대위를 긍정하여야 한다는 견해도 유력하다.[21] 대법원은 1999. 4. 9. 선고 98다58016 판결에서, "재산분할청구권은 협의 또는 심판에 의하여 그 구체적 내용이 형성되기까지는 그 범위 및 내용이 불명확, 불확정이기 때문에 구체적으로 권리가 발생하였다고 할 수 없으므로, 이를 보전하기 위하여 채권자대위권을 행사할 수 없다"고 하여 부정적인 입장을 취한 바 있다. 협의나 심판이 있기 전에는 재산분할청구권의 범위와 내용이 불명확·불확정적이라는 점이 대위의 결정적 장애라고 보이지는 아니한다. 본조(§839-3)가 신설된 이상 이러한 논거의 당부를 재검토할 필요가 있다는 지적도 있다.[22] 그러나 이를 인정하더라도 아직 구체적 내용이 정해지지 아니한 권리의 보전을 위하여 현재 다른 사람의 권리를 대신 행사할 수 있게 해주는 일인 만큼, 언제나 인정할 수는 없고, 매우 섬세한 이익형량을 거쳐야 할 것이다.

---

18) 전보성(2008), 47은 제3자 명의로 있는 한 이를 직접 분할의 대상으로 할 수 없으므로, 사전처분도 허용되지 아니한다고 한다.
19) 전경근(2003), 112. 다만, 기한이 도래하기 전에는 보전행위가 아닌 한 법원의 허가를 받아야 한다 (§404②).
20) 김용한, 155. 지금도 이러한 견해로, 한복룡, 143; 한봉희·백승흠, 209.
21) 민유숙(2003), 197-199; 민유숙(2004), 51-53. 한편, 전경근(2003), 112-113, 120-121도, 일방배우자가 재산분할청구권을 행사하였고, 분할의 대상이 되는 재산이 있다면 그 결과 어느 정도의 재산이 배우자에게 분배될 것은 분명하므로, 그 보전을 위하여 어떤 조치가 필요하다고 한다.
22) 민유숙, "이혼시 재산분할청구권을 보전하기 위해 채권자대위권을 행사할 수 있는지 여부", 가족법 판례해설, 208 이하.

Ⅱ. 재산분할청구권 보전을 위한 채권자취소권

1. 본조의 입법취지

우리 법이 채택하고 있는 별산제하에서는 이혼 및 재산분할이 확정되기 전까지 부부 일방이 그 명의의 실질적 부부 공동재산을 임의로, 유효하게 처분할 수 있다. 실제로 이혼 및 재산분할이 확정될 때까지는 상당한 시간이 소요되므로, 재산분할을 피하기 위하여 그 사이에 이러한 처분을 하는 일이 적지 아니하였다. 미리 가압류·가처분 등으로 적절히 집행을 보전해놓지 못한 재산분할청구권자로서는 채권자취소권을 행사하는 수밖에 없는데, 이때에도 앞서 채권자대위권에서와 같은 문제가 제기되었다. 한 견해는 판례가 장래의 채권도 일반적으로 "사해행위 당시 이미 채권성립의 기초가 되는 법률관계가 발생되어 있고 가까운 장래에 그 법률관계에 기하여 채권이 성립되리라는 점에 대한 고도의 개연성이 있으며 실제로 가까운 장래에 그 개연성이 현실화되어 채권이 성립된 경우"에는 채권자취소의 피보전권리가 된다는 입장을 취하므로[23] 장래의 재산분할청구권 보전을 위한 채권자취소도 가능하다고 하나,[24] 이에 대하여는 협의가 있거나 심판이 확정된 뒤 사해행위를 한 때에는 취소할 수 있지만, 그 이전에는 재산분할청구권은 추상적 권리발생의 가능성을 가질 뿐, 그로부터 구체적 재산분할청구권이 발생하지 아니하므로, 이를 피보전채권으로 하여서는 사해행위로 취소할 수 없고, 늦어도 취소소송 사실심 변론종결시에는 재산분할액이 확정되어야 한다는 반론도[25] 있어, 실무상 의문이 있었다.[26]

본조는 무엇보다도 이러한 법적 불명확성을 제거하기 위하여 제정되었다. 즉, 본조의 기본적인 입법취지는 구체적 내용이 확정되기 전의 재산분할청구권도 채권자취소권의 피보전권리가 될 수 있고, 나아가 이혼 및 재산분할청구권 확정 전에도 채권자취소권을 행사할 수 있다는 점을 분명히 하는 데 있다.[27]

나아가 본조는 이러한 사해행위취소소송을 일반 민사법원이 아닌 가정법원의 관할로 하였다. 재산분할사건과 병합 심리할 수 있게 해주기 위함이다.

---

23) 가령 대법원 1995. 11. 28. 선고 95다27905 판결.
24) 민유숙(2003), 191; 전경근(2003), 121－122. 뒤의 문헌은 좀 더 구체적으로 재산분할을 구한다는 의사를 표시하거나 분할조정을 신청한 때부터 협의나 조정이 성립하거나 심판이 선고될 때까지 사이의 어느 한 시점부터는 피보전채권성을 인정하여야 한다고 한다.
25) 김숙자(1990), 79.
26) 제요[1], 788. 이 시기의 재판례에 관하여는 최정인(2011), 693－696.
27) 윤진수(2009), 249－251. 그러나 채권자취소권 일반의 법리에 얽매이지 아니하고 부부재산 일실방지라는 목적에 비추어 독자적 법리를 형성해야 한다는 것으로, 이연이·성진혁·김제완(2021), 113, 117, 119－120 등.

514   第3章 婚姻

2. 요건과 행사방법

가. 피보전권리

본조는 채권자취소권에 관한 §406를 준용하고 있을 뿐, 별도의 요건을 정하고 있지 아니하다. 이러한 점에서 장래의 재산분할청구권을 보전하기 위한 사해행위취소가 가능한지 여부에 관한 본조 신설 전의 학설상 논의는 본조의 해석과 관련하여서도 의미가 있다.

먼저, 사해행위로 주장되는 행위 당시 재산분할청구권이 어느 정도 구체화되어 있었어야 하는가, 즉, 이혼을 전혀 고려하고 있지 아니한 시점부터 이혼이 이루어져 재산분할심판이 확정된 시점 사이의 어느 시점부터 "이미 채권성립의 기초가 되는 법률관계가 발생되어 있고 가까운 장래에 그 법률관계에 기하여 채권이 성립되리라는 점에 대한 고도의 개연성이 있다"고 볼 수 있는가. 학설로는 시점에는 제한이 없고, 구체적인 사실관계에 있어서 부부의 일방이 자신의 법률행위로 인하여 상대방 배우자의 재산분할청구권 행사를 해할 수 있다는 점을 알았는지 여부, 즉 사해의사만이 문제될 뿐이라는 견해와,28) 원칙적으로 이에 동의하면서도 최소한 부부 일방이 이혼을 준비하고 있는 경우여야 이러한 사해의사가 인정될 수 있다는 견해가29) 있다. 뒤의 견해에서 말하는 "이혼을 준비"한다 함이 어떤 의미인지는 반드시 분명하지 아니하나, 상대방이 이혼을 청구해올지도 모른다는 생각에 부부 일방이 재산을 빼돌려둔 경우 적어도 재산을 빼돌린 일방은 이혼을 준비하였다고 볼 수 있다면, 이 견해와 사해의사의 존부를 문제삼는 견해 사이에 차이는 거의 존재하지 아니할 것이다. 반면 이러한 경우 이혼을 준비하였다고 할 수 없고, 객관적으로 이혼이 임박하였다고 볼 만한 사정이 필요하다는 취지라면 이는 받아들이기 어렵다. 통상적인 채권자의 재산 처분과 달리 부부 일방의 공동재산의 임의처분은 언제나 - 물권법적 귀속질서에는 반하지 아니하더라도 - 배우자에 대하여는 협력의무위반이 되므로, 이 경우에 부부 일방의 (임의)처분의 자유를 보호할 필요는 없고, 거래의 안전은 수익자의 선의의 항변을 통하여 보호하는 것이 정도(正道)이기 때문이다.30) 그러나 하급심 재판실무는 뒤

28) 김유미, "재산분할청구권에 관한 소고", 가족법연구 22-2(2008), 100; 김주수·김상용, 263-264. 한편, 윤진수, 141은 사해의사가 있다면 채권자취소권을 행사할 수 있을 것이라면서도 구체적으로는 혼인이 파탄한 시점 이후가 될 것이라고 한다.
29) 전경근(2009), 200. 박주영(2011), 63-65; 신정민(2015), 284; 최정인(2011), 692-693도 사해행위 당시에 혼인관계가 실질적으로 파탄되어 있어야 한다고 한다. 한편, 제요[1], 792-793도 이혼 협의단계 또는 재산상 이혼청구와 같이 이혼의 개연성이 인정되고 재산분할청구권의 행사를 위한 법적 기초가 마련된 경우일 것을 요한다고 한다.
30) 이 점에서 부부 일방의 특유재산의 단독처분도 같은 요건하에 사해행위가 되는지는 논란의 소지가

의 견해에 가까워 보인다.[31]

　　그 밖에 취소채권자가 유책배우자인 경우에는 채권자취소가 허용되지 아니한다
는 견해가 있으나,[32] 재산분할청구권은 - 어떻든 이혼이 이루어지는 한 - 유책배우자
도 행사할 수 있고, 상대방이 이혼을 청구해올 수도 있다는 점에서 찬성하기 어렵다.
이 문제는 뒤에 볼 재산분할의 가능성의 문제일 뿐이다.[33]

　　다음으로 사해행위취소권을 행사하는 시점, 가령 사해행위취소소송의 변론종결
시에 재산분할청구권이 어느 정도까지 구체화·현실화되어 있어야 하는가. 가령 이혼
을 전혀 생각하지도 아니한 시점부터 재산분할심판이 확정된 시점 사이 어느 단계부
터 사해행위취소권의 행사가 가능한가. 본조의 입법취지상 이혼 및 재산분할청구와
함께 사해행위취소를 구하는 것이 허용됨은 물론이고, 재산분할청구사건의 계속도
요구되지 아니하다는 데는[34] 이론(異論)이 없다. 그러나 특히 장래의 채권이 채권자취
소의 피보전권리가 되기 위해서는 개연성이 현실화되어야 한다는 판례 법리와 관련
하여 이혼 및 재산분할을 명하는 재판이나 협의가 사후에, 적어도 사해행위취소소송
의 변론종결시까지는 성립하고 있어야 하는지가 문제인데, 이를 요구하는 견해가[35]
있다.

　　한편, 이와 같은 형식적 기준은 거부한다 하더라도, 피보전권리의 존재와 범위를
확정하기 위하여 실제로 재산분할을 받을 수 있을지, 받을 수 있다면 어떤 방법으로
얼마나 받을 수 있는지를 심리하여야 함은 물론이다. 가령 이혼이 이루어지지 아니하
거나[36] 재산분할청구의 제척기간이 도과한 경우에는 피보전권리를 인정할 수 없
고,[37] 채권자가 이미 자신의 몫을 초과하여 재산을 보유하고 있을 때에도 피보전권리

있다. 제요[1], 795-796도 참조.

31) 서울가정법원 2009. 7. 23. 선고 2009드단6335 판결; 서울가정법원 2009. 9. 3. 선고 2009드합2415 판
　　결은 부부 사이에 갈등이 있은 후 재산을 처분하고, 곧 상대방으로부터 이혼 등 청구의 소가 제기된 사
　　안에서 취소를 인정하면서, 위 사정을 그 근거로 든 반면, 사해의사는 별로 문제삼지 아니하였다. 또한
　　최정인(2011), 696-699에서 든 재판례도 참조.
32) 박주영(2011), 63-65; 최정인(2011), 692-693.
33) 같은 취지로, 신정민(2015), 269-270.
34) 그 경위에 대하여는 윤진수(2009), 251 참조.
35) 박주영(2011), 63. 최정인(2011), 698도 같은 취지로 보인다. 한편, 이진기(2009), 52은 이와 같이 하지
　　아니하면 사해행위로 취소되었음에도 불구하고 이혼을 하지 아니하는 경우가 생길 수 있다고 비판한다.
　　그러나 이혼 및 재산분할을 명하는 재판이나 협의가 사실심변론종결시까지 성립하지 아니한 경우에도
　　취소를 인정한 하급심 재판례를 소개하면서 이를 (아마도 개별 사안에 따라) 긍정하는 것으로 신정민
　　(2015), 285-287. 보다 일반적으로 재산분할청구권 성립시기를 고려할 필요가 없다고 하는 것으로, 이
　　연이·성진혁·김제완(2021), 114-116, 125 이하.
36) 청주지방법원 2008. 10. 7. 선고 2008드합298 판결; 제주지방법원 2008. 11. 24. 선고 2008드합198 판
　　결. 이혼청구의 상대방도 재산분할청구를 할 수 있으므로 취소채권자의 이혼청구가 받아들여져 이혼이
　　이루어질 필요는 없다.
37) 제요[1], 796.

가 부정된다.38)

채권자취소권은 금전채권을 보전하기 위해서만 행사할 수 있다. 반면 재산분할청구권은 반드시 금전채권에 국한하지 아니하고 특정물채권도 포함할 수 있다. 이와 관련하여서는 재산분할청구권이 협의나 심판으로 특정물채권으로 구체화될 때에도 일단은 (금전적으로) 조달하여야 할 가치의 결정이 전제되어 있고, 특정물채권으로 구체화되는 것은 그와 분리된 별개의 판단, 즉 그 합리적 이행을 위한 고려에서 비롯하였다는 점에 주목하여야 할 것이다. 구체화 전의 추상적 재산분할청구권을 피보전권리로 보아 무자력을 요건으로 사해행위취소를 인정하고, 그 추상적 재산분할청구권이 금전채권으로 구체화되는지 특정물채권으로 구체화되는지는 문제 삼지 아니함이 옳다(改說).39)

나. 사해행위와 사해의사, 수익자의 악의

사해행위란, 재산분할의무자에게 무자력을 초래하거나, 이미 무자력 상태인 재산분할의무자가 그 무자력 상태를 더 심화시키거나(좁은 의미의 사해행위), 이미 무자력 상태인 재산분할의무자가 재산분할청구권자보다 다른 채권자에게 더 큰 만족을 주는 행위(편파행위)를 말한다. 무자력 여부의 기준이 되는 재산분할의무자의 재산은 일반 채권자의 채권액과 일반 채권자의 공취(攻取)의 대상이 되는 일반 책임재산을 말하는데,40) 여기에 채권에 재산분할청구권이 포함됨은 물론이다. 이러한 재산분할청구권의 내용과 범위에 관하여는 위 가. 참조. 사해행위가 되지 아니하는 한 취소권은 인정되지 아니한다.41)

사해의사는 원칙적으로 당해 행위로 무자력이 초래되거나 심화된다는 등의 사정

---

38) 의정부지방법원 2010. 5. 20. 선고 2008드합410 판결.

39) 최정인(2011), 700 이하는, 재산처분행위가 종국적 또는 이전적 행위인 경우에는 재산분할은 금전분할일 수밖에 없으므로 별 문제가 없고, 재산처분행위가 중간적 또는 설정적 행위인 경우는 문제이나, 이 경우에도 채권자취소를 인정하여도 좋다는 취지로 보인다. 나아가 명시적으로 특정물채권을 본안의 피보전채권으로 본 재판례로, 서울가정법원 2010. 8. 20. 선고 2010르1105 판결; 서울가정법원 2010. 9. 8. 선고 2010드합1728 판결 참조. 일반적으로 특정물채권을 피보전채권으로 하는 취소를 인정하여야 한다는 견해로, 신정민(2015), 273–276; 홍진표(2013), 228–229. 그러나 이것이 무자력이 아님에도 가정법원이 제3의 수익자에게 이전된 재산을 반환받아 부부 중 일방에게 분할해줄 수 있다는 뜻이라면 납득하기 어렵다. 나아가 이연이·성진혁·김제완(2021), 129–131은 가액을 초과하는 물적 담보가 설정되어 있어 공동담보에 해당하지 아니하는 재산의 처분, 정당한 가격에 의한 처분도 사해행위가 될 수 있다면서 부부 또는 부부 일방이 양육할 자녀의 (재산분할에서) 원물에 대한 이익을 고려하여야 하며, 원물에 대한 이익을 고려할 때 피보전채권액이 처분대상의 가액에 못미칠 때에도 전부취소되어야 한다는 취지로 주장하나, 이는 해석의 한계를 벗어난다.

40) 즉, 이 재산은 재산분할의 대상이 되는 재산으로 한정되지 아니한다. 같은 취지로 주석친족(1), 508 주 32(송인우).

41) 가령 재산분할의무자가 다른 재산을 보유하고 있어 처분된 재산이 원상회복되지 아니하더라도 채권자의 채권을 집행하는 데 별 문제가 없는 경우가 그러하다. 대구지방법원 경주지원 2010. 9. 8. 선고 2009드단1065 판결.

의 인식을 말한다(認識說). 장래의 재산분할청구권 보전을 위한 채권자취소의 경우에는 장차 재산분할청구권이 문제될 수 있고, 그때에는 그 행위가 재산분할을 해할 수도 있음을 인식 내지 예상하면 사해의사가 인정된다.[42]

그 밖에 수익자가 있는 경우 그에 대하여 원상회복을 구하려면 수익자가 악의여야 하는데, 판례는 채무자의 사해의사가 인정되는 한 수익자의 악의를 추정하고 있다.[43] 그러나 장래 채권, 그 중에서도 아직 이혼하기도 전의 부부 일방의 장래의 재산분할청구권은 제3자로서는 매우 예상하기 어려운 권리일 수 있다. 그리하여 학설로는 악의를 추정하여서는 아니 된다는 견해도 있다.[44]

다. 행사방법과 제소기간

본조는 사해행위취소에 관한 §406를 준용하므로, 재산분할청구권 보전을 위한 사해행위취소권도 늘 재판상, 즉 소제기의 방법으로 행사되어야 한다. 사해행위취소가 이루어지기 전에는 소송상 항변으로 행사될 수도 없다. 다만, 이때의 사해행위취소소송을 관할하는 것은, 피고가 되는 수익자 또는 전득자의 보통재판적이 있는 곳을 관할하는 가정법원이다(본조 ①). 소송목적의 값이 5억 원을 초과하는 경우에는 가정법원 합의부의, 그 밖에는 가정법원 단독판사의 관할에 속한다(사물관할규칙 §3 i). 취소채권자, 즉 재산분할청구권자가 원고가 된다. 이혼한 배우자 이외에 혼인이 취소된 배우자, 사실혼배우자도 포함하며, 앞서 본 바와 같이 아직 이혼하지 아니한 부부라도 원고가 될 수 있다.[45] 사해행위취소소송에 관한 판례·통설에 따라 수익자 또는 전득자만이 피고가 되고, 상대방 배우자는 피고가 아니다. 그럼에도 불구하고 이혼 및 재산분할사건에 병합할 수 있다.[46] 다류 가사소송사건이므로 그 절차는 통상의 민사소송절차와 같다.

---

42) 따라서 부부가 이혼에 대해서 전혀 고려하고 있지 않은 상황에서 임의처분을 한 때에는 사해의사가 인정되기 어렵다. 전경근(2009), 225–226. 특정물채권을 피보전권리로 인정하는 경우 사해의사 판단기준에 대하여는 이연이·성진혁·김제완(2021), 134, 143–143 참조(혼인생활의 근본이 되는 중요재산, 특히 혼인공동주택을 처분한 경우에는 사해의사가 추정된다고 한다).

43) 대법원 1991. 2. 12. 선고 90다16276 판결. 본조에 관하여 같은 견해로, 제요[1], 795. 이러한 해석이 다른 경우보다도 본조에서 더 요구된다는 견해로, 박주영(2011), 72–73.

44) 이진기(2009), 48. 악의를 너그럽게 인정하여야 한다는 견해로, 최정인(2011), 709. 법무부 민법개정위원회 2013. 11. 4. 전체회의에서 확정된 채권자취소권에 관한 개정안 §406 ①은 수익자의 악의의 증명책임을 취소채권자에게 지우고 있다. 이에 대하여는 윤진수·권영준, "채권자취소권에 관한 민법 개정안 연구", 민사법학 66(2014), 506–511.

45) 제요[1], 791. 한편, 같은 곳은 이른바 중혼적 사실혼 배우자는 법률혼에 준하는 보호를 받지 못하므로(대법원 1995. 9. 26. 선고 94므1638 판결), 특별한 사정(대법원 2009. 12. 24. 선고 2009다64161 판결 참조)이 없는 한 본조의 사해행위취소도 구할 수 없다고 한다.

46) 제요[1], 789. 그러나 이 경우에는 채무자와 수익자·전득자 모두를 피고로 하여야 한다는 견해로, 이연이·성진혁·김제완(2021), 137–139.

§406 ②의 제소기간이 적용되므로 취소의 대상이 되는 행위를 한 날로부터 5년 이내, 사해행위임을 안 날로부터 1년 이내에 소를 제기하지 아니하면(즉, 사해행위취소 소송의 소장을 접수하지 아니하면) 소는 부적법 각하된다. 이혼 전이어서 아직 재산분할청 구권을 행사할 수 없을 때 사해행위가 있었다 하더라도 그 시점부터 제척기간이 기산한다.[47)]

3. 효과

취소와 원상회복의 방법 및 효과는 통상의 채권자취소와 같다.

학설로는 재산분할청구권 보전을 위하여 채권자취소권을 행사하여 책임재산이 회복되었다면 이 책임재산은 일반 채권자의 공취(攻取)의 대상이 되지 아니하고 재산 분할청구권자가 우선적으로 집행할 수 있다는 견해가 있으나,[48)] 재산분할청구권자에 게 우선변제권을 부여할 근거는 없다.[49)]

또 다른 문제는 특히 장래의 재산분할청구권을 보전하기 위하여 어떤 행위를 취 소하고 원상회복을 받았는데, 그 후 이혼하지 아니하거나 재산분할청구권을 행사하 지 아니하거나[50)] 재산분할이 금전청산 이외의 방법으로 이루어졌다면 어떻게 되는지 인데, 별 영향이 없다고 보아야 한다. 전자(前者)는 본조의 사해행위취소에 국한된 문 제가 아니라 재산법상 사해행위취소 일반에 공통된 문제이고, 후자(後者)도 취소 및 원상회복의 효력이 모든 채권자에게 미쳐, 사실상 금전채권은 물론, 특정채권자도 집 행을 할 수 있는 한 불가피하여 앞서 본 바와 같이 문제라고 할 수도 없는 일이다.[51)]

---

47) 그러나 이혼하여야 기산한다는 취지를 시사하는 것으로 전경근(2009), 221. 좀 더 분명하게는 이진기 (2009), 51.

48) 김숙자(1990), 79-80. 이연이·성진혁·김제완(2021), 120, 135 이하도 비슷한데, 본조가 제406조는 언 급하나 제407조는 언급하지 아니한다는 점을 든다. 이 견해는 나아가 본조에 상대적 효력설이 적용되는 지에 대하여도 의문을 제기한다. 이는 본조를 일종의 부부재산처분제한으로 해석하려는 시도라고 할 수 있다.

49) 전경근(2009), 224.

50) 이러한 경우를 들어 본조 신설에 비판적인 것으로, 이진기(2009), 51 이하.

51) 후자에 관하여는 최정인(2011), 705-706.

第 2 款 裁判上 離婚

第 840 條 (裁判上離婚原因)
夫婦의 一方은 다음 各號의 事由가 있는 경우에는 家庭法院에 離婚을 請求할 수 있다.
1. 配偶者에 不貞한 行爲가 있었을 때
2. 配偶者가 惡意로 다른 一方을 遺棄한 때
3. 配偶者 또는 그 直系尊屬으로부터 甚히 不當한 待遇를 받았을 때
4. 自己의 直系尊屬이 配偶者로부터 甚히 不當한 待遇를 받았을 때
5. 配偶者의 生死가 3年이상 分明하지 아니한 때
6. 기타 婚姻을 繼續하기 어려운 重大한 事由가 있을 때

第 841 條 (不貞으로 인한 離婚請求權의 消滅)
前條第1號의 事由는 다른 一方이 事前同意나 事後 容恕를 한 때 또는 이를 안 날로부터 6月, 그 事由있은 날로부터 2年을 經過한 때에는 離婚을 請求하지 못한다.

第 842 條 (기타 原因으로 인한 離婚請求權의 消滅)
第840條第6號의 事由는 다른 一方이 이를 안 날로부터 6月, 그 事由있은 날로부터 2年을 經過하면 離婚을 請求하지 못한다.

▎참고문헌: 강영호(1988), "유책배우자로부터의 이혼청구", 김주수화갑기념; 강영호(1999), "유책배우자의 이혼청구권", 윤관퇴임기념, 135; 고연금(2005), "정신질환과 이혼", 實務硏究[Ⅴ]; 구연창(1988), "유책배우자의 이혼청구", 경희법학 23-1; 권순형(2011), "유책배우자의 이혼청구권이 인정되는 경우", 대법원판례해설 85; 김능환(1997), "이혼소송의 취하와 상대방의 부동의", 가사조정 1; 김민중(1993), "불

치의 질병과 이혼-AIDS의 가족법적 법률문제를 중심으로-", 사법행정 394; 김상헌(2022), "유책배우자의 이혼청구-혼인계속의사 판별에 있어서 혼인관계 회복노력의무에 관하여-", 법과 정책 28-3; 김선이(2007), "유책배우자에게 이혼청구권을 인정할 특별한 사정", Jurist 413; 김성곤(2002), "유책배우자의 이혼청구에 관하여", 實務研究[Ⅷ]; 김숙자(1988), "판례에 나타난 이혼사례연구", 가족법연구 28; 김시승(1996), "판례로 본 혼인을 계속하기 어려운 사유", 부산판례연구회 판례연구 6; 김연(2000), "금치산자와 이혼소송", 가족법연구 14; 김용한(1963a), "부정한 행위의 해석", 법조 12-3; 김용한(1963b), "재판상이혼청구", 法政 156; 김우덕(1995), "이혼원인에 대한 비교법적 고찰", 민사법학 11·12; 김주수(1970), "민법840조6호와 유책배우자의 이혼청구권", 법조 19-2; 김주수(1975), "부정행위의 사전동의와 사후용서", 新聞 1097; 김주수(1977), "혼인을 계속하기 어려운 중대한 사유로 인한 이혼청구권의 소멸", 新聞 1195; 김주수(1986), "성격차이등과 혼인을 계속하기 어려운 중대한 사유", 新聞 1634; 김주수(1987a), "다른남자와의 교제와 부정한 행위", 新聞 1675; 김주수(1987b), "배우자의 부정한 행위", 新聞 1706; 김주수(1993), "추상적 이혼원인으로서 불치의 정신병", 판례월보 2681; 김태환(2017), "유책배우자의 이혼청구에 관한 실무상 검토", 가족법연구 31-3; 김현채(1973), "민법 제840조 각호의 의의·지위·성격", 司論 4; 길기봉(1996), "신앙생활과 혼인을 계속하기 어려운 중대한 사유", 대법원판례해설 26; 명순구(2001), "이혼청구권은 형성권인가?", 저스티스 34-3; 민유숙(1996), "이혼과 관련된 재산상 청구의 관할과 이혼소송의 계속중 당사자 사망의 효과", 무등춘추 4; 박동섭(1993), "가사소송의 제소기간", 재판자료 62; 박병호(1976), "민법 제840조6호: 유책배우자의 이혼청구", 판례회고 4; 박소현(2015), "젠더 관점에서의 이혼법제에 대한 검토: 유책주의와 파탄주의를 중심으로", 이화젠더법학 7-3; 박재필(1993), "이혼청구소송에 있어서의 관할과 송달에 관한 제문제", 재판자료 62; 박정민(2017), "유책배우자의 이혼청구에 관한 연구", 영남법학 45; 방웅환(2016), "유책배우자의 이혼청구", 사법 36; 서정우(1993), "이혼소송재심중 당사자의 사망과 수계", 民判 15; 송기홍(1983), "민법 제840조 제6호에 대한 소고", 재판자료 18; 송재헌(1983), "이혼심판청구사건에 있어서 화해", 재판자료 18; 송진현(1993), "이혼원인으로서의 배우자의 부정한 행위", 대법원판례해설 19; 신권철(2012), "이혼사유로서 정신질환의 법적 고찰", 법조 673; 신영호(2004), "유책배우자의 이혼청구권", 고려법학 42; 엄상필(2002), "재판상 이혼 및 위자료 사건에 관한 몇 가지 문제", 實務研究[Ⅷ]; 연기영(2007a), "이혼사유로서 배우자의 부정한 행위의 의미", Jurist 413; 연기영(2007b), "이혼 일반", Jurist 413; 연기영(2007c), "악의의 유기로 인한 이혼청구권의 제척기간", Jurist 413; 연기영(2007d), "혼인을 계속하기 어려운 중대한 사유가 있을 때의 의미", Jurist 413; 연기영(2007e), "유책배우자의 이혼청구권이 인정되는 경우", Jurist 413; 오상진(2003), "이혼원인에 있어서 유책주의와 파탄주의", 재판자료 101; 오영준(2015), "유책배우자의 이혼청구와 신의성실의 원칙", 신영철대법관퇴임기념; 오창수(1995), "유책배우자의 이혼청구와 이혼의사", 서울지방변호사회 판례연구 8; 윤병철(2005), "장기간 혼인생활의 파탄을 이유로 한 유책배우자의 이혼청구권 인정 여부", 대법원판례해설 51; 윤영미(1993), "정신병자를 상대로 한 이혼소송", 재판자료 62; 윤재식(1986), "이혼심판절차에 있어서의 몇가지 문제점", 사법연구자료 13; 윤진수(2012), "혼인과 이혼의 법경제학", 법경제학연구 9-1; 이근식(1965a), "부정한 행위", 사법행정 6-6; 이근식(1965b), "이혼원인에 있어서 유책주의와 파탄주의", 연세대 사회과학논집 창간호; 이근식(1966), "유책배우자의 이혼청구", 법정(구) 21-11; 이근식(1977), "재판상 이혼사유중 부정행위는 내심의 자유로운 의사에 의하여 행하여져야 하는가", 新聞 1231; 이동진(2012), "혼인관념, 인적 혼인의무 및 그 위반에 대한 제재", 서울대 법학 53-3(2012); 이동진(2013), "부부관계의 사실상 파탄과 부정행위(不貞行爲)에 대한 책임", 서울대 법학 54-5; 이상명(2019), "유책배우자의 이혼청구", 한양대 법학논총 36-3; 이선미(2009), "유책배우자의 이혼청구권", 사법 10; 이원범(2010), "의사무능력 상태에 있는 금치산자의 재판상 이혼 청구의 가부 및 금치산자의 이혼의사를 객관적으로 추정하기 위하여 고려할 사항", 대법원판례해설 83; 이준영(2017), "유책배우자의 이혼청구권", 전북대 법학연구 51; 이태영, 한국이혼법연구(1969); 이혜진(2009), "유책배우자의 이혼청구에 대한 판례의 변화", 동아법학 45; 이화숙(2000), "소위 '황혼이혼'과 재판상 이혼원인, 그리고 별산제의 한계", 연세법학연구 9; 이화숙(2001), "영국의 이혼법 개정과 民法

제840조의 해석론·입법론", 판례실무연구[V]; 이화숙(2012), "이혼원인에 있어 유책주의와 파탄주의", 가족, 사회와 가족법; 이희배·김혜숙(2015), "유책배우자 이혼청구의 제한과 파탄주의 지향－청구인용의 법리와 관련한 판례의 동향을 중심으로－", 가족법연구 29－2; 장경학(1963), "유책주의와 파탄주의", 법정 18－5; 장경학(1966), "민법제팔사일조의 혼인사회학적배경", 법제월보 66/3; 장경학(1972), "종교와 혼인생활의 파탄", 新聞 955; 정광현(1965), "결혼전의 부정한 행위에 관한 심판", 법조 14－7; 정범석(1970), "유책배우자의 이혼청구", 법조 19－5; 정범석(1975), "민법 제840조 6호에 관한 관견", 사법행정 16－9; 정범석(1977), "민법팔사ㅇ조소정 재판상이혼원인의 부정한 행위라 함은 내심의 자유로운 의사에 의해 행해져야", 新聞 1192; 정범석(1984), "이혼합의후 위자료지급과 재판상 이혼사유", 판례월보 171; 정범석(1985), "유책당사자의 이혼청구에 관한 소고[하]", 사법행정 298; 정용신(2020), "이혼절차에서 미성년자녀를 보호하기 위한 법원의 제반 조치들", 가족법연구 34－2; 정원태(2001), "객관적 파탄주의와 유책배우자의 이혼청구", 판례실무연구[V]; 정현수(2002), "유책배우자의 이혼청구에 대한 허용여부와 재판에서 고려될 수 있는 기준", 동국대 비교법연구 3; 정호영(1983), "이혼원인에 관하여", 재판자료 18; 조경애(2018), "재판상 이혼원인에서 파탄주의 도입에 관한 제언", 가족법연구 32－3; 조미경(2001), "독일법상의 이혼원인", 아세아여성법학 4; 조해섭(1998), "악의의 유기로 인한 이혼청구권의 제척기간, 제3자 명의의 재산과 재산분할 대상, 부첩(夫妾)관계와 손해배상 등", 대법원판례해설 30; 조해섭(2000), "재판상 이혼원인에 관한 대법원 판례의 정리", 實務硏究[Ⅵ]; 최문기(1997), "재판상 이혼사유에 관한 판례의 동향", 홍천룡화갑기념; 최영헌(2006), "유책배우자의 이혼청구, 이와 관련한 간통죄 고소와 이혼의사", 수원지방법원 재판실무연구 3; 최진섭(1988), "이혼절차에서의 자녀보호방안", 김주수화갑기념; 최창열(2001), "혼인을 계속할 수 없는 중대한 사유", 가족법연구 15－2; 최행식(1999), "이혼사유로서의 과도한 종교생활", 가족법연구 13; 한봉희(1964a), "유책배우자의 이혼청구(上)", 법조 13－7·8; 한봉희(1964b), "유책배우자의 이혼청구(下)", 법조 13－9; 한봉희(1969a), "이혼원인의 비교적 고찰 ①－영·미·독·불을 중심으로－", 법정 24－5; 한봉희(1969b), "이혼원인의 비교적 고찰 ②－영·미·독·불을 중심으로－", 법정 24－6; 한봉희, 비교이혼법(1976); 한삼인(2006), "유책배우자의 이혼청구권", 人權 362; 한정덕(1989), "유책배우자의 이혼청구", 대법원판례해설 10; 현병철(1976), "재판상 이혼원인", 사법행정 190; 현소혜(2022), "유책배우자의 이혼청구－제6호의 사유를 중심으로－", 민사법학 101; 현소혜·정다영·손명지(2024), "파탄주의로의 전환을 위한 시론－가혹조항과 이혼 후 부양 제도의 도입은 반드시 필요한가", 가족법연구 38(2); 홍중표(2003), "이혼청구권의 제척기간", 재판자료 101.

Ⅰ. 재판상 이혼 총설

본조는 재판상 이혼의 근거규정이다.

민법은 협의상 이혼과 재판상 이혼, 두 가지의 이혼방법을 예정하고 있다. 그 밖에 家訴 §49 이하에서 조정이혼을 규정하고 있으므로, 이를 따로 센다면 이혼방법은 모두 세 가지인 셈이다. 그중에서 전체 이혼건수의 압도적 다수를 차지하는 것은 협의상 이혼이고,1) 조정이혼도 제법 행해진다. 그러나 이혼협의를 하는 당사자로서는

---

1) 전체 이혼 중 협의상 이혼의 비율은 2007년까지 80%를 넘었고, 2008년부터 현재까지도 75%를 넘고

협의함에 있어 이혼소송을 한다면 어떤 판결을 받을지를 염두에 두지 않을 수 없다. 즉 이혼협의 내지 조정은 재판상 이혼에 대한 법적 규율을 전제로 이루어진다 (bargaining in the shadow of law).[2] 전체 이혼 중 재판상 이혼의 비율이 높지 아니하다 하더라도 재판상 이혼은 어느 정도 전체 이혼을 지도하는 기능을 하는 것이다. 비교법적으로도 이혼의 원칙적인 형태는 재판상 이혼이다.

재판상 이혼은 일정한 실체적 요건이 갖추어졌을 때 법원에 이혼을 청구함으로써 이루어진다. 그중에서 민법이 규율하는 것은 실체적 요건, 즉 이혼사유(§840)와 제척기간(§§841, 842), 그리고 이혼의 효과(§843)뿐이고, 이혼의 효과에 관하여는 주로 협의상 이혼에 관한 규정을 준용하고 있으므로(§843), 재판상 이혼에 관한 本款에서 직접 정하는 것은 사실상 그 실체적 요건과 제척기간에 국한된다. 그러나 본조 註釋에서는 재판상 이혼의 실체적 요건과 제척기간 이외에, 주로 家訴에 규정되어 있는 그 절차도 함께 다룬다.

Ⅱ. 재판상 이혼의 요건과 절차

1. 총설

§840는 '부부의 일방은 다음 각호의 사유가 있는 경우에는 가정법원에 이혼을 청구할 수 있다'면서, ① 배우자의 부정행위(不貞行爲), ② 악의의 유기, ③ 배우자 또는 그 직계존속의 심히 부당한 대우, ④ 자기의 직계존속에 대한 심히 부당한 대우, ⑤ 3년 이상 생사불명(生死不明), ⑥ 기타 혼인을 계속하기 어려운 중대한 사유를 열거하고 있다. 즉, 재판상 이혼을 하려면 ① 부부 일방이 법원에 이혼을 청구하여야 하고 (이혼의사와 이혼청구), ② 다른 일방에게 위 각호의 사유(이혼사유)가 있어야 한다. 부부 중 어느 누구든 이혼을 청구할 수 있고, 청구하여야 이혼할 수 있다는 점은 논란의 여지가 없다. 그러나 이혼사유를 어떻게 구성할 것인가는 매우 논란이 많은 문제이다.

§840의 이혼사유는 대체로 의용민법(1947년 개정 전 일본 민법)과 1947년 개정 일본 민법의 이혼사유를 절충한 것으로 보인다.[3] 의용민법 §813는 이혼사유로 ⓐ 배우자

있다. 2022년 혼인·이혼통계(통계청 2023. 3. 16. 보도자료), 27.

2) Mnookin and Kornhauser, Bargaining in the Shadow of the Law: The Case of Divorce, 88 Yale L. J. 950 (1979).

3) 민법안심의록(1957), 499-500은 재판상 이혼사유에 관한 당시 독일 민법 §§1564-1566(간통 및 일정한 범죄, 배우자 살인미수), 스위스 민법 §§137-141(간통, 배우자에 대한 위해·학대·중대한 모욕, 일정한 범죄, 악의의 유기, 3년이상 계속된 불치의 정신질환, 문란), 프랑스 민법 §§229-232(간통, 폭행, 모

가 중혼(重婚)한 때, ⓑ 처가 간통한 때, ⓒ 부(夫)가 간음죄로 처벌된 때, ⓓ 배우자가
일정한 형사처벌을 받은 때, ⓔ 배우자로부터 동거할 수 없을 정도의 학대 또는 중대
한 모욕을 받은 때, ⓕ 배우자가 악의로 유기한 때, ⓖ 배우자의 직계존속에게서 학대
또는 중대한 모욕을 받은 때, ⓗ 배우자가 자기 직계존속을 학대하거나 중대한 모욕
을 가한 때, ⓘ 배우자가 3년이상 생사불명인 때, ⓙ 일정한 경우의 서양자연조(壻養子
緣組)의 이연(離緣) 10가지를 들고 있었다. 개별·구체적 이혼사유만을 인정하고 있고,
ⓘ, ⓙ를 제외하면 모두 유책이혼에 해당한다. 그러나 1947년 개정 일본 민법 §770 ①
은 이를, ⓐ 배우자가 부정행위(不貞行爲)를 한 때, ⓑ 배우자로부터 악의로 유기된 때,
ⓒ 배우자의 생사가 3년이상 불명인 때, ⓓ 배우자가 강도(强度)의 정신병에 걸려 회
복할 수 없을 때 및 ⓔ 기타 혼인을 계속하기 어려운 중대한 사유가 있을 때로 변경
함으로써, 부부평등에 반하는 규정(ⓑ, ⓒ)을 모두 정리하고, 가(家)제도의 영향을 받은
이혼사유(ⓖ, ⓗ)를 삭제하는 한편, 일반·추상적 이혼사유(ⓔ)를 추가하여 – 파탄이라
는 말을 직접 쓰지는 아니하나 – 파탄주의로 전환하였다.[4] 본조는 이와 같은 현행
일본민법의 개별·구체적 및 추상적 이혼사유를 기초로 하되,[5] 의용민법상 이혼사유
중 가(家)제도의 색채가 짙어 삭제된 이혼사유를 되살린(§840 iii, iv) 것이다.[6] 그러나
§840 iii, iv는 차치하더라도, 일본 민법 §770가 사실상 파탄주의적으로 운용되고 있는
것과 달리, 우리 이혼법의 실제 운용은 뒤에 보듯 유책주의와 파탄주의의 요소를 모
두 갖고 있다는 점에 특색이 있다. 이 규정은 당초 "법원에 이혼을 청구할 수 있다"고
되어있었던 것이 1990년 개정으로 "가정법원에 이혼을 청구할 수 있다"로 바뀐 점을
제외하면, 1960년 제정 이래 오늘에 이르기까지 그대로 유지되고 있다.

　　한편, 현행 일본 민법 §770 ②은 "법원은 전항 제1호부터 제4호까지 든 사유가
있는 경우라 하더라도, 일체의 사정을 고려하여 혼인의 계속이 상당하다고 인정하는

욕, 신체형 또는 명예형의 선고), 중화민국 민법 §1052(대체로 1947년 개정 전 일본 민법 §813와 비슷하
다), 1947년 개정 일본 민법 §770, 1947년 개정 전 일본 민법 §813를 참조입법례로 들고 있다. 그러나
1947년 개정 전 일본 민법 §813(및 그와 거의 같은 중화민국민법 §1052)와 1947년 개정 일본 민법 §770
① 이외의 입법례의 이혼사유는 우리 민법 §840의 이혼사유에 반영되지 아니한 것으로 보인다. 같은 책,
677(親族編의 審議要綱 제22항)도 참조.

4) 新注民(22), 348-351(阿部 徹). 이는 그 전부터 정해진 방침이었고, 제2차 세계대전 후 민주화와 관계
된 것은 아니라고 한다. 우리의 입법자의 이해도 비슷하다("종전에는 소위 유책주의였는데 이번에는 무
책임주의입법을 하자는 것"). 조경애(2018), 55-57(그러나 같은 문헌, 60-62는 이들 전거에도 불구하
고 본조 제6호가 "진정한 의미에서 파탄주의 이혼원인을 도입한 조항으로 보기는 어렵다"고 한다. "도
입"이 입법자의 의사를 뜻하는 것이라면 상당히 이해하기 어려운 주장이다).

5) 다만, 현행 일본민법 §770 ①의 이혼사유 중 강도(强度)의 정신병 부분은 받아들이지 아니하였다.
일본에서도 이 규정은 역사적 의미만을 갖고 있고, 추상적 이혼사유로 처리하면 족하며, 정신장애인에
대한 부당한 차별을 발생시킬 우려가 있다는 지적이 있다. 新注民(22), 357-358(阿部 徹).

6) 입법과정에 대하여는 현병철(1976), 30-32.

때에는, 이혼청구를 기각할 수 있다"고 하여, 일종의 재량기각을 인정하고 있고, 비교법적으로도 파탄주의 이혼법을 취한 나라 중에는, 이혼이 제반 사정에 비추어 부부 일방에게 가혹한 경우 이혼을 인정하지 아니하는 등 이른바 가혹(苛酷)조항 (Härteklausel)을 둔 예가 적지 아니하다.7) 민법은 이러한 규정을 두지 아니하였으나,8) vi의 혼인파탄 여부를 판단함에 있어서 이러한 사정을 고려하는 것까지 금하는 취지라고 할 수는 없다.9)

근래에는 입법론적으로 파탄주의 이혼사유 하나로 일원화하고, 별거기간에 따른 파탄의 추정을 도입하며, 가혹조항 및 신의칙 조항을 두는 것이 타당하다는 견해도 유력하다.10)

2. 이혼사유

가. 이혼사유의 체계와 상호관계

(1) 이혼사유의 체계

§840의 이혼사유 중 i~v는 개별·구체적 이혼사유, vi는 일반·추상적 이혼사유이다. 통상 i·ii 및 iii 중 배우자의 부당한 대우는 유책주의 이혼사유, v·vi는 파탄주의 이혼사유로 분류되고 있다.11) iii 중 배우자의 직계존속의 부당한 대우와 iv는 가(家)제도의 영향을 받은 규정으로 – 1947년 개정 전 일본 민법을 제외하면 – 우리 민법 특유의 이혼사유이다. 이처럼 개별·구체적 이혼사유와 일반·추상적 이혼사유를 결합하는 것은 순수한 파탄주의 이혼법에서는 드문 편이다.12)

---

7) 1973년 영국 혼인사건법(Matrimonial Causes Act) Part I, Sec. 5, 1975년 개정 프랑스 민법 §240(이 규정은 2004년 개정으로 삭제되었다), 독일 민법 §1568, 오스트리아 혼인법 §54. 가혹회피조항이라고도 한다. 그러나 우리 민법은 원요강에 있었던 재량기각 규정을 남용위험을 이유로 삭제하여 받아들이지 아니하였다. 조경애(2018), 56.

8) 현행 일본 민법 §770 ②과 관련하여서도 종래부터 그 남용위험이 지적되어왔다. 新注民(22), 349–350(阿部 徹).

9) 新注民(22), 408–409(阿部 徹)도 추상적 이혼사유에 관한 한 일본 민법 §770 ②이 없어도 같은 결론을 도출할 수 있다고 한다.

10) 가령 조경애(2018), 97 이하. 그러나 파탄주의로 전환하더라도 가혹조항이나 이혼 후 부양을 도입할 필요가 없다는 반론으로, 현소혜·정다영·손명지(2024), 145 이하.

11) 윤진수(2012), 54; 김주수·김상용, 181(다만, vi도 몇 가지 예외를 제외하면 실질적으로 유책주의의 기조에 서 있다고 한다). 반면 v도 유책사유라는 견해로, 이화숙(2012), 289. 한편, 박동섭·양경승, 163은 유책배우자의 이혼청구를 부정하는 것을 유책주의로 이해하는 전제하에 본조를 유책주의라고 한다.

12) 1977년 개정 독일 민법은 일반·추상적 파탄이혼만을 규정하였고(§1565), 프랑스 민법 §§233, 242도 각각 일반·추상적 유책 및 파탄이혼사유를 규정하고 있을 뿐이며, 스위스 민법 §§114, 115도 일반·추상적 이혼사유만을 인정한다. 반면 오스트리아 혼인법 §49는 일반·추상적 유책이혼사유만을 정한다. 미국의 다수의 주도 대체로 같다. 미국 각주의 이혼사유에 관하여는 외국사법제도연구(4)–각국의 이혼제도(2008), 45, 그 밖의 입법례는 오상진(2003), 108 이하. 반면, 1973년 영국 혼인사건법 Part. I Sec. 1은 혼인파탄을 이혼원인으로 하면서도 그 증명방법을 열거하여 사실상 구체적 이혼사유를 도입한다.

§840가 개별·구체적 이혼사유와 일반·추상적 이혼사유를 동시에 규정함에 따라 양자의 관계에 관하여 견해가 대립하고 있다. 한 견해는 각호의 이혼사유는 독립적·병렬적이어서, 각기 별개의 소송물을 이루고, 다른 이혼사유의 해석에도 서로 영향을 미치지 아니한다고 한다(절대적 독립설).13) 다른 견해는 i~v는 vi의 예시규정으로, i~v에 해당하는 것처럼 보일 때에도 vi, 즉 '혼인을 계속하기 어려운 중대한 사유'에 해당하는지를 다시 살펴보아야 하고, 이들 전체가 하나의 소송물을 이룬다고 한다(단순예시설).14) i~v의 구체적 사유는 vi를 예시한 것으로써 하나의 소송물이지만, i~v의 사유가 있으면 그 자체 혼인을 계속하기 어려운 중대한 사유가 있다고 보아야 하고, 혼인을 계속하기 어려운 중대한 사유인지 여부를 다시 심사할 수 없다는 견해도 있다(독립예시설).15)

견해 대립의 실익은 재판상 이혼의 실체법상 요건과 이혼소송의 절차법적 규율 두 측면에서 나타난다. 먼저, 절대적 독립설·독립예시설과 단순예시설은 실체법상 이혼사유를 어떻게 해석할 것인지를 둘러싸고 견해를 달리한다. 절대적 독립설과 독립예시설이 i~v의 이혼사유를 절대적 유책주의 이혼사유로 이해하고, 이것이 인정되면 vi의 요건을 따지지 아니한 채 곧바로 이혼을 허용하는 반면, 단순예시설은 i~v를 vi에 흡수시키고 vi를 혼인파탄으로 봄으로써, 이혼의 요건을 「혼인파탄」으로 일원화(一元化)한다. 단순예시설은 이를 통하여 우리 이혼법을 순수한 파탄주의 이혼법으로 해석·운용하려고 하는 것이다. 이에 대하여 절대적 독립설과 독립예시설 측에서는 자칫 법관이 재량을 남용하여 봉건적 법관의 가부장적 의식에 따라 여성의 인종(忍從)이 강요될 수 있다고 비판한다.16) 다음으로, 절대적 독립설과 (독립 및 단순)예시설은 각호의 이혼사유가 실체법상 별개의 이혼청구권을 구성하고 절차상 별개의 소송물이 되는지에 관하여 갈린다.17) 절대적 독립설은 이를 인정하여 가령 i의 이혼사유를 들어 재판상 이혼을 구하였다면 법원이 ii나 vi의 이혼사유를 들어 이혼을 명하거나, 그러한 내용으로 청구원인을 변경하도록 석명(釋明)할 수 없는 대신, i의 사유가 인정되지 아니함을 이유로 이혼청구가 기각되어도 ii나 vi를 주장하여 다시 이혼청구를 할

---

13) 김숙자(1988), 279; 배경숙·최금숙, 158; 윤진수, 91; 정광현, 요론, 185; 정호영(1983), 314-316; 최금숙, 친족(2), 178.

14) 김용한(1963b), 61; 오시영, 164; 이경희·윤부찬, 106-107; 이근식(1965b), 77; 최문기(1997), 760-761.

15) 김주수·김상용, 182-183; 김현채(1973), 371 이하; 송덕수, 82-83; 한삼인·김상헌, 83.

16) 김주수·김상용, 182 주 165.

17) 김주수·김상용, 182은 이를 "소권론상의 문제"라고 하나, 실체법상 이혼청구권이 몇 개인지를 말하는 것으로, 민사소송법학에서 말하는, 실체법상 청구권과 구별되는 소권[호문혁, 민사소송법 (제10판, 2012), 85 이하]을 가리키는 것은 아니다.

수 있다고 본다. 처음부터 이혼사유를 여럿 주장하였다면 객관적(선택적) 병합이 된다. 이 견해가 민사소송법상 소송물이론에 관하여 구(舊) 실체법설을 전제하고 있음은 물론이다.[18] 반면, (독립 및 단순)예시설은 각호의 이혼사유가 합쳐져 하나의 실체법상 이혼청구권 및 절차법상 소송물을 구성하고, 이혼을 뒷받침하는 사실과 그것이 몇 호에 해당하는지는 개개의 공격방어방법에 불과하다고 본다. 가령 원고가 i의 이혼사유를 주장하더라도 이는 공격방어방법에 관한 법적 의견에 불과하여 법관을 구속하지 아니하므로, 법관은 직권으로 이를 ii 또는 vi의 사유로 인정할 수 있을 뿐 아니라(iura novit curia),[19] 주어진 소송자료를 바탕으로 이혼요건이 갖추어졌다는 판단을 할 수 있는 한 이혼판결을 하여야 하며, 그 대신 이혼청구가 기각되면, 같은 사정이 ii 또는 vi에 해당한다고 주장하여 다시 이혼청구를 할 수는 없고, 후소(後訴)에 전소(前訴)판결의 기판력이 미치게 된다. 이러한 결론은 민사소송법상 소송물에 관한 구(舊)실체법설을 전제하여서도 가능하지만 소송법설－일원설(一元說)이나 이른바 신실체법설을 취할 때에도 가능해진다.[20]

    판례는 i~v의 이혼사유를 심사함에 있어 추가로 vi의 요건이 갖추어졌는지 따지고 있지 아니하고(아래 나. 참조), "각 호가 규정한 이혼사유마다 재판상이혼청구를 할 수 있는 것이므로 법원은 원고가 주장한 이혼사유에 관하여만 심판하여야 하며 원고가 주장하지 아니한 이혼사유에 관하여는 심판을 할 필요가 없고 그 사유에 의하여 이혼을 명하여서는" 아니 된다거나,[21] "각 호 사유마다 각 별개의 독립된 이혼사유를 구성하는 것이고, 원고가 이혼청구를 구하면서 위 각 호 소정의 수개의 사유를 주장하는 경우 법원은 그 중 어느 하나를 받아들여 원고의 청구를 인용할 수 있"으며 i~v의 이혼사유를 먼저 판단한 다음 그것이 인정되지 아니할 때 비로소 vi의 이혼사유를 최종적으로 판단할 수 있는 것은 아니라고 하여,[22] 대체로 절대적 독립설을 취하고 있다.[23] 다만, 원고가 복수의 이혼사유를 주장하는 경우 － 통상의 객관적·선택적 병합과 달리－ 그들 중 인용 가능한 이혼사유를 모두 받아들이는 경향이 있다. 또한 판

---

18) 송상현·박익환, 민사소송법 (신정6판, 2011), 234; 이시윤, 신민사소송법 (제5판, 2009), 217도 그와 같이 이해한다.
19) 다만, 당사자들이 그러한 관점을 전혀 고려하고 있지 아니한 때에는 법관이 자신의 법적 관점을 시사(示唆)하여 의견을 진술할 수 있게 해주어야 한다. 民訴 §136 ④.
20) 송상현·박익환(주 18), 234; 이시윤(주 18), 227.
21) 대법원 1963. 1. 31. 선고 62다812 판결.
22) 대법원 2000. 9. 5. 선고 99므1886 판결.
23) 제요[1], 669. 반면, 엄상필(2002), 5-8은 판례가 실체법상 i~v의 이혼사유와 vi, 즉 파탄 여부가 완전히 별개·독립의 것으로 보고 있지 아니한 것 같다면서, 이로부터 vi만이 이혼소송의 소송물이 된다는 입장으로 보인다는 결론을 도출한다.

례는 우리와 이혼사유가 다르게 규정되어 있는 외국에서 이혼의 확정판결을 받았다 하더라도 그 전에 같은 기본적 사실관계에 대하여 우리 법원에서 이혼청구기각판결이 확정되었다면 위 외국판결은 공서(公序)에 반하여 승인될 수 없다고 하는데,24) 이 또한 절대적 독립설과는 조화되지 아니한다는 지적이 있다.25)

　§841가 §840 i에 대하여, §842가 §840 vi에 대하여 각각 별도의 제척기간을 규정하고 있는 한, 현행법 해석상 §840 각 호가 실체법상 독립적인 이혼청구권을 발생시킨다는 점은, 민사소송법상 소송물에 관하여 거의 지지를 받지 못하는 신실체법설을26) 취하지 아니하는 한, 분명하다. 이는 물론, 판례가 따르고 있는 소송물에 관한 구(舊)실체법설을 전제할 때 동일한 사유를 이유로 수차에 걸쳐 이혼청구의 소를 제기할 수 있고, 반대로 이혼을 정당화할 만한 사정이 있고 그것이 법정에서 소송자료로 충분히 제시되었다 하더라도, 원고가 법적 구성을 잘못하면 패소하는 결과를 초래한다. 이 점에서 소송법설이 좀 더 나은 접근이라고 할 수도 있다. 그러나 이러한 문제는 어디까지나 특정 소송물이론, 즉 구(舊)실체법설을 택한 결과이고, 이혼청구권이 몇 개인가의 문제는 아니다. 이 문제를 교정하기 위하여 실체법상 복수의 이혼청구권을 하나로 묶는 것은 무리이다. 이렇게 본다 하여 절차상 심각한 문제가 발생하는 것도 아니다. 원고가 재판상 이혼의 기초가 되는 사실관계만 진술하고, 청구의 법적 근거가 몇 호에 해당하는지를 분명히 하지 아니한 경우 법원이 (소제기라는 소송행위의 해석상) 당해 사유로부터 합리적으로 고려할 수 있는 각 호의 이혼사유 모두를 주장한 것으로 보고 재판할 수 있고, 실제로 재판실무에서는 명시적으로 하나의 사실관계에 대하여 각 호의 이혼사유를 복수로 주장하여 두는 경우가 흔하므로, 법적 구성을 잘못하여 부당하게 패소하는 일은 잘 발생하지 아니하기 때문이다.27)

---

24) 대법원 1994. 5. 10. 선고 93므1051, 1068 판결.

25) 오상진(2003), 144-145.

26) 일반적으로는 호문혁(주 17), 127-129. 특히 신실체법설에서 복수의 청구권근거규정에 관한 서로 다른 복수의 시효 내지 제척기간규정 사이의 조정에 관하여는 이재목, "청구권경합문제의 논의현황과 신실체법설의 위치", 비교사법 4-1(1997), 329 이하 참조.

27) 김시승(1996), 417-418 참조. 오히려 순수한 소송법설-일원설(一元說)을 취하면 법원의 심리부담이 커지고 전소(前訴)에서 필요한 주장을 하지 못한 당사자에게 크게 불리해질 수 있다. 이원설(二元說)을 따라 사실관계가 달라지면 소송물도 달라지므로 기판력도 미치지 아니한다고 하거나[호문혁(주 17), 132], 일원설(一元說)을 취하되 별도의 제한을 하여야 하는 까닭이다. 이시윤(주 18), 229-230은 변론주의가 적용되는 소송절차에서 판결은 사실심 변론종결 당시 제출된 사실의 한도 내에서 청구취지의 법률효과가 원고에게 귀속하느냐 여부에 대한 답이므로 전소(前訴)에서 주장하지 아니한 사실은 기판력의 시적 한계 밖에 있다고 한다. 그러나 이는 일원설(一元說) 내에서도 독특한 절충적 해결이고, 이혼소송에서는 직권으로 사실 및 증거를 조사하여야 하는데(家訴 §17), 이 견해는 스스로 그 논의를 직권탐지주의가 적용되지 아니하는 경우로 제한하므로, 위 논의가 재판상 이혼에 적용될 수 있을지는 검토를 요한다. 家訴 §17가 직권조사주의를 취하고 있다는 점을 절차법상 신소송물이론, 실체법상 단순예시설을 지지하는 근거로 드는 견해로, 김우덕(1995), 467.

다른 한편, 단순예시설의 주장과 같이 i~v의 이혼사유에 대하여 다시 vi의 요건을 심사하는 것은 법문(法文)상 근거가 없다. vi는 "기타"라고 함으로써 i~v의 사유가 없을 때 이를 보충하려는 취지를 밝히고 있을 뿐이고, i~v는 그 자체로 해석함이 자연스럽다. 어느 모로 보아도 판례가 취하는 절대적 독립설이 현행법의 해석상으로는 타당하다고 보인다.

다만, 각호의 이혼사유가 각각 별개의 이혼청구권을 성립시킨다 하여, i~v를 반드시 절대적 이혼사유로 이해하여야 하는[28] 것은 아니라는 점에 주의할 필요가 있다. 아래 나.에서 보는 바와 같이 판례는 ii~iv의 이혼사유에 대하여는 이미 당해 이혼사유의 해석으로 그것이 혼인을 파탄에 이르게 하였거나 이르게 할 만한 정도인지를 고려하고 있고,[29] i에 대하여도 그러한 고려를 함이 옳다.[30]

나. 개별·구체적 이혼사유

(1) 배우자에 부정한 행위가 있었을 때(본조 i)

(가) 적극적 요건

1) 간통은 역사적·비교법적으로 가장 대표적인 이혼사유이다. 이혼사유를 개별·구체적으로 규정하는 입법례는 거의 예외 없이 첫 번째 이혼사유로 간통을 꼽곤 하였다.[31] 본호는 간통 대신 부정행위(不貞行爲)를 재판상 이혼사유로 규정한다. 이러한 입법은 일본 민법 §770 ①을 제외하면 흔하지 아니한데, 일본에서는 학설상 부정행위가 간통을 의미하는지(협의설), 아니면 간통보다 넓은 개념인지(광의설)에 관하여 논란이 있으나 우리의 학설·판례는 간통에 한하지 아니한다는 데 이론(異論)이 없다.[32]

판례·통설은 본호의 부정행위가 성립하려면 ① 혼인중, ② 객관적·외형적으로

---

28) 이러한 입장으로, 김우덕(1995), 461. 나아가 신영호·김상훈·정구태, 124은 판례가 절대적 독립설을 취한다는 점으로부터 vi를 유책주의의 입장에서 이해한다는 결론을 도출한다.

29) 엄상필(2002), 5-8은 학설의 문제 틀을 전제로 판례를 본 결과, 이러한 취지의 판례들을 단순예시설을 취하여 vi와 i~v의 이혼사유를 관계시킨 것으로 오해하고 있다.

30) 법관의 재량권 남용의 위험은-적어도 오늘날은-법관의 자질향상과 건전한 사고의 확립을 통하여 극복함이 옳다. 김우덕(1995), 468.

31) 의용민법(1947년 개정 전 일본 민법) §813 ii, iii, 1804년 프랑스 민법 §§229, 230[각각 처와 부(夫)의 간통을 달리 규정한다. 다만, 프랑스는 1975년 개정으로 이 규정을 삭제하였다], 1857년 영국 혼인사건법(Matrimonial Causes Act, 유일한 이혼사유이다. 위 법률은 처와 부(夫)의 간통을 달리 규정하였으나 1923년 평등하게 개정되었다), 1896년 독일 민법 §1565 및 1938년 독일·오스트리아 혼인법 §47(독일의 경우 1977년 개정으로 삭제되었고, 오스트리아의 경우 1999년 개정으로 일반 이혼사유에 관한 §49의 예시로 옮겨졌다), 1907년 스위스 민법 §137(1999년 개정으로 삭제되었다), 미국 대부분의 주. 인정하지 아니하는 예를 찾기가 더 어렵다. 한봉희(1969a).

32) 新注民(22), 362-363(阿部 徹). 김주수(1987a); 제요[21], 670. 입법의도도 대체로 그러하다. 민법안심의록(주 3), 677.

부부간 성적 충실의무 내지 정조(貞操)의무, 혼인의 순결에 반하는 사실이 있고, ③ 그것이 내심의 자유의사에 기한 것이어야 한다고 한다.[33]

먼저, 혼인, 즉 법률혼 중에 한 부정행위만 본호의 이혼사유에 해당한다.[34] 대법원 1991. 9. 13. 선고 91므85, 92 판결도, "재판상 이혼사유인 배우자에 부정한 행위가 있었을 때라 함은 혼인한 부부간의 일방이 부정한 행위를 한 때를 말하는 것이므로 혼인 전 약혼단계에서 부정한 행위를 한 때에는 위 제1호의 이혼사유에 해당한다고 할 수는 없다"고 하여 같은 입장이다. 다만 혼인 전의 행위로 인하여 혼인을 계속하기 어렵게 되었다면 vi의 이혼사유가 될 수는 있다. 위 대법원 1991. 9. 13. 선고 91므85, 92 판결은 vi의 이혼사유도 부정하였으나, 일반화하기는 어렵다.[35]

다음, 객관적·외형적으로 부부간 성적 충실의무 내지 정조(貞操)의무, 혼인의 순결에 반하는 사실이 있어야 한다. 부부 일방이 타방이 아닌 제3자와 간음한 경우가 이에 포함된다는 점에는 의문이 없다. 나아가 판례는 부정행위는 "배우자로서의 정조의무에 충실치 못한 일체의 행위를 포함하며 소위 간통보다는 넓은 개념으로서 부정한 행위인지의 여부는 각 구체적 사안에 따라 그 정도와 상황을 참작하여 이를 평가할 것"이라고 하여, 간음에 이르지 아니한 행위도 부정행위가 될 수 있다고 하고, 학설도 이에 찬성한다.[36] 이와 같은 확장은 판례상, 남녀가 같은 방 안에서 속옷만 걸친 채 발각된 경우처럼 간음 사실이 증명되지는 아니하였고, 심지어는 간통사건이 혐의 없음 처분이나 무죄판결로 종결되었으나, 정황상 간통이 의심되는 경우를 포섭하는 한편,[37] 중풍으로 인한 반신불수(半身不隨)로 정교(情交)능력이 없는 남자와 동거한 경우처럼[38] 간음은 없지만 부부간 성적 충실의무에 반하는 경우를 포섭하는 이중기능을 한다. 특히 후자(後者)의 경우 당사자의 주관적 의도, 당해 행위의 객관적 성격

33) 대법원 1976. 12. 14. 선고 76므10 판결; 대법원 1991. 9. 13. 선고 91므85, 92 판결. 신영호·김상훈·정구태, 125; 오시영, 165-166; 이경희·윤부찬, 107; 최금숙, 친족(2), 180-181; 최문기, 136. 일본 민법도 같다. 新注民(22), 362(阿部 徹).

34) 김주수·김상용, 184; 박동섭·양경승, 171; 송덕수, 84; 신영호·김상훈·정구태, 125; 오시영, 166; 정호영(1983), 316-317; 한삼인·김상헌, 84; 제요[1], 671.

35) 윤진수, 92.

36) 김주수·김상용, 183; 박동섭·양경승, 170; 송덕수, 83-84; 신영호·김상훈·정구태, 124-125; 윤진수, 92; 최문기(1997), 763; 한봉희·백승흠, 177; 한삼인·김상헌, 83.

37) 대법원 1987. 5. 26. 선고 87므5, 6 판결[평석: 김주수(1987b)]; 대법원 1988. 5. 24. 선고 88므7 판결. 심야(深夜)에 같은 방에 이불을 깔고 누워 돈을 빌려달라면서 수군거린 경우(대법원 1963. 3. 14. 선고 62다54 판결), 편지를 주고받고 함께 캠핑을 간 경우(대법원 1967. 1. 24. 선고 66므39 판결) 및 선물을 주고받고 포옹하고 있다가 발각된 경우(대법원 1993. 4. 9. 선고 92므938 판결)도 이 범주에 넣을 수 있을 것이다. 또한 서울가정법원 1997. 8. 20. 선고 97드4672 판결도 참조.

38) 대법원 1992. 11. 10. 선고 92므68 판결. 해설: 송진현(1993), 평석: 연기영(2007a). 모두 판례에 찬성하는 취지이다.

및 그 맥락, 사회통념을 고려하여야 한다.[39] 그러나 부(夫)의 동의 없이 제3자의 정자를 이용하여 인공수태한 행위는 본호에는 해당하지 아니한다.[40] 본호가 의용민법과 달리 남녀를 가리지 아니하고 부정행위를 재판상 이혼사유로 규정하고 있는 이상, 그 기준도 남녀에 대하여 같아야 한다. 어떤 행위가 처가 하면 이혼사유가 되지만 부(夫)가 하면 이혼사유가 되지 아니한다면 憲 §§11, 36 ① 및 본호의 취지에 반할 것이다.[41]

끝으로, 부정행위는 내심의 자유로운 의사에 기하여야 한다. 이혼 당사자인 상대방 배우자가 자유로운 의사이면 족하고 부정행위의 상대방까지 자유로운 의사일 필요는 없으므로,[42] 강간 및 강제추행도 가해자에 대하여는 부정행위가 된다. 반면 그 피해자에 대하여는 부정행위가 아니다. 나아가 판례는 강간이나 강제추행에 이르지 아니한 정도의 강제로도 자의성을 부정하는 듯하다.[43] 심신상실(心身喪失) 중 한 행위도 자유로운 의사에 기한 행위라고 할 수 없다.[44] 학설은 자기의 과실, 가령 과음(過飮) 등으로 무의식상태를 초래하고, 그 상태에서 한 행위는 자의성 요건을 충족한다고 하나,[45] 과실 부정행위가 인정되지 아니하는 한, 적어도 과실로 야기된 심신상실 상태에서 한 부정행위를 자의의 부정행위라고 할 수는 없을 것이다. 물론 본호의 이혼사유가 되지 아니한다고 하여도 vi의 이혼사유가 될 수는 있다.[46]

부정행위는 단 1회에 그쳤든 계속되었든 묻지 아니한다. 우발적인 경우에도 같다.[47] 축첩(蓄妾)이나 악의의 중혼(重婚)도 당연히 이에 포함된다.[48]

---

39) 대법원 1986. 6. 10. 선고 86므8 판결[평석: 김주수(1987a)]은, 처가 부(夫)가 아닌 다른 남자와 식사하거나 캬바레에 출입하고 승용차에 동승하였다 하더라도, 그것이 부(夫)의 요구에 따라 사업자금을 마련하기 위함이었고, 늘 친구 등 다른 사람과 동행하였다면 부정행위에 해당하지 아니한다고 한다. 또한 캬바레에 춤을 추러 갔다가 그곳에서 만난 사람과 그 후 대천에서 서울을 갈 때 함께 기차를 타고 서울에 있는 그의 집까지 동행한 것만으로는 부정행위가 되지 아니한다는 것으로, 대법원 1990. 7. 24. 선고 89므1115 판결.

40) 최문기, 136. 본호의 부정행위는 도덕적 개념이고 위와 같은 행위는 기계적인 것이기 때문이라고 한다.

41) 김주수·김상용, 183; 김현채(1973), 317; 박동섭·양경승, 170-171; 오시영, 166; 정호영(1983), 317; 한삼인·김상헌, 84.

42) 新注民(22), 360(阿部 徹).

43) 대법원 1976. 12. 14. 선고 76므10 판결. 부(夫)가 돈을 벌어 7년 후에 돌아오기로 합의하고 일본에 밀항하여 매년 송금해오던 중 처, 시모(媤母), 자녀만 있는 집에 평소 처와 친하게 지내던 청구 외 남(男)이 세 차례에 걸쳐 침입하여 처의 전신을 애무하고 정교를 요구하였으나 매번 거절당하여 뜻을 이루지 못한 사안에서 자의성을 인정한 원심판결을 파기하였다. 평석: 이근식(1977)(찬성취지); 정범석(1977)(반대취지).

44) 박동섭·양경승, 171; 신영호·김상훈·정구태, 125; 제요[1], 671.

45) 김주수·김상용, 183; 박동섭·양경승, 171; 송덕수, 84; 신영호·김상훈·정구태, 125; 정호영(1983), 317. 김현채(1973), 318은 형법에서 말하는 원인에 있어서 자유로운 행위(actio libera in causa, 刑 §10 ③)에 해당하는 행위로 비난 가능성이 있다고 한다.

46) 이근식(1977); 정범석(1977).

47) 김주수·김상용, 184; 제요[1], 671. 일본에서의 관련 논의는 新注民(22), 362(阿部 徹).

48) 정호영(1983), 317-318. 반면 선의의 중혼은 부정행위(不貞行爲)로 보기 어렵고, vi의 이혼사유로 볼 여지가 있을 뿐이다.

2) 본호의 이혼사유는 판례상 - 좁은 의미의 간음이 증명되었거나 간음을 강하게 의심할 만한 경우에 해당하는 한 - 이른바 절대적 이혼사유로 운용되고 있다. 즉, 간통과 혼인파탄 사이의 인과관계는 물론, 객관적 파탄이나 배우자의 주관적 수인 기대불가능성도 따지지 아니한다.[49] "부정한 행위가 있어서 이혼이 허용되는 이상 피고가 어찌하여 위와 같은 부정한 행위에 이르게 되었는가에 관하여 심리하지 아니하"여도 위법이 아니고,[50] 부(夫)의 부정행위 이외에 부(夫)를 간통죄로 고소한 뒤 잘못을 끝까지 용서하지 아니하여 형을 선고받고 의사자격까지 박탈되게 한 처의 행위가 혼인의 파탄에 "사실상" 기여한 경우에도, 이러한 고소는 "혼인의 순결을 보장하기 위하여 법률이 인정한 권리이고 부정행위를 저지른 배우자가 그 잘못을 뉘우친다 하여 반드시 고소를 취소하여 용서하여 주고 혼인을 계속하여야 할 의무가 발생하는 것도 아니"므로 본호에 해당한다.[51] 학설은 생활고로 성매매를 한 때에도 본호에 해당한다고 본다.[52]

그러나 간통 이외의, 넓은 의미의 부정행위(不貞行爲)의 경우 본호에 해당하는지 여부를 가리려면 여러 사정을 고려하여야 하고, 이러한 사정에는 그러한 행위가 혼인을 파탄에 이르게 할 위험이 있는지 여부도 포함된다.[53] 나아가 본호의 이혼사유를 유책주의적으로 해석하는 한 적법행위의 기대가능성이 문제되는 경우도 생각할 수 있다. 학설로는 전후 외지(外地) 또는 미수복지(未收復地)에서 단신월남한 후 남한에서 적수공권(赤手空拳)의 비정상적인 곤란한 생활여건하에서 생활 유지를 위하여 부득이 일시적인 부부관계를 맺은 경우에는 정조유지의 기대가능성이 없으므로 부정행위라고 볼 수 없다는 견해도 있다.[54]

그 밖에 단순예시설(單純例示說)은, 본호의 해석이야 어떻든 재판상 이혼을 하려면 부정행위로 인하여 혼인이 실제 파탄에 이르러야 한다고 본다. 이 견해는 본호도 상대적·파탄주의적 이혼사유로 이해하는 셈이다.[55] 본호의 요건으로 일반적으로 혼

[49] 판례의 태도에 관하여는, 이동진(2012), 493.
[50] 대법원 1967. 8. 29. 선고 67므24 판결.
[51] 대법원 1987. 4. 14. 선고 86므28 판결.
[52] 신영호·김상훈·정구태, 125. 일본에서 이 문제를 둘러싼, 자의성(自意性) 요건의 충족 여부와 관계된, 학설상 논의에 대하여는, 新注民(22), 361-362(阿部 徹).
[53] 이동진(2012), 486-487, 493. 그 밖에 혼인공동생활이 사실상 파탄상태에 이르렀는지 여부도 고려될 수 있을 것이다. 이동진(2013), 100-101. 1996년 오스트리아최고법원도 문언이 우리의 본조 i와 비슷한 1999년 개정 전 오스트리아 혼인법 §47에 대하여 이러한 해석을 한 바 있고(OGH 7 Ob 2358/96 g), 일본민법 §770 ① i에 관하여도 이러한 해석론이 유력하다[新注民(22), 364(阿部 徹)]. 1973년 영국 혼인사건법(MCA) Part. I Sec. 1(2)(a)는 명문으로 기대불가능성을 요구한다. 또한 혼인관계가 이미 파탄된 뒤의 행위는 심히 부당한 대우에 해당하지 아니한다는 대법원 2004. 2. 27. 선고 2003므1890 판결도 참조.
[54] 김현채(1973), 318.
[55] 김용한(1963b), 62.

인의 파탄 및 부정행위와 파탄사이의 인과관계를 요구하는 것은 규정의 문언에 반하지만, 그렇다고 하여 본호의 이혼사유를 절대적·기계적으로 해석해야만 하는 것은 아니다. 가령 혼인공동생활이 파탄된 뒤 한 1회의 부정행위를 이유로 바로 이혼을 허용하는 것은 부당할 수 있다(주 53). 유책배우자의 이혼청구 배제 법리에 관한 것이지만 판례 중에도 "파탄의 원인이 직접적으로는 청구인 측의 다른 여자와의 동거에 있다 하더라도 다른 여자와의 동거가 피청구인과 사이에 이혼합의가 있은 후의 일이라면 이를 가리켜 위 혼인파탄의 주된 책임이 청구인에게 있다고 할 수 없다"고 한 것이 있다.56) 혼인파탄 후 간통에 대한 상간자의 손해배상책임을 부정한 대법원 2014. 11. 20. 선고 2011므2997 전원합의체 판결도 참조.

(나) 소극적 요건(§841)

§841는 본호를 원인으로 하는 재판상 이혼청구의 소극적 요건을 규정한다. 사전동의, 사후 용서 및 일정한 기간경과가 그것이다. 간통을 (유책)이혼사유로 규정하는 대부분의 입법례에서 비슷한 제한을 찾아볼 수 있다.57)

1) 먼저, 부정행위에 미리 동의하였다면 본호를 이유로 하여 재판상 이혼을 청구할 수는 없다. 사전동의라 함은 부부 일방이 부정행위 전 다른 일방에 대하여 부정행위를 하더라도 이의가 없다는 뜻을 표시하는 것을 말한다. 단순한 용인을 넘어서 적극적으로 교사·종용한 경우도 포함되지만, 장차 부정행위를 할 것임을 예견하고 그 사실을 상대방에게 알린 것만으로는 사전동의라고 할 수 없다.58) 부정행위를 방조한 경우에도 사전동의가 된다는 견해가 있으나,59) 모든 방조가 동의에 해당하는지는 의문이다.60) 동의의사의 표시는 명시적이든 묵시적이든 관계없다. 상대방이 부정행위를 하더라도 이의가 없다는 뜻은 분명하고 일의적(一義的)으로 확인되어야 하고, 분명하지 아니하다면 함부로 묵시적 사전동의로 해석할 수 없다.61) 동의는 특정적으로도, 포괄적으로도 할 수 있다.

---

56) 대법원 1987. 12. 22. 선고 86므90 판결.
57) 가령 1896년 독일 민법 §1565, 1938년 독일·오스트리아 혼인법 §47 ②, 1907년 스위스민법 §137 ②, ③, 1973년 영국 혼인사건법(MCA) Part. I Sec. 2(1). 그러나 일본 민법은 이러한 규정을 두고 있지 아니하여, 유서(宥恕)나 부정행위 후 상당기간의 경과가 §770 ②의 "일체의 사정"으로 고려되고 있다. 新注民(22), 364(阿部 徹). 한편, 입법론적으로 본조가 폐지되어야 한다는 것으로, 한봉희·백승흠, 178.
58) 박동섭·양경승, 172; 신영호·김상훈·정구태, 125; 오시영, 167; 이경희·윤부찬, 107.
59) 송덕수, 84; 신영호·김상훈·정구태, 125; 연기영(2007b), 38; 오시영, 167.
60) 1896년 독일 민법 §1564는 간통의 공범의 이혼청구를, 1938년 독일·오스트리아 혼인법 §47는 간통을 용이하게 한 자의 이혼청구를 명시적으로 부정하였다.
61) 김주수·김상용, 184 참조.

　　명시적 사전동의로는 주로 처가 부첩(夫妾)관계에 동의한 경우가 문제되어왔다. 이것이 §841의 사전동의에 해당한다는 점에는 이론(異論)의 여지가 없다. 문제는 그 효력인데, 통설은 공서양속에 반하여 무효라고 보나(§103),[62] 대법원 1971. 3. 23. 선고 71므3 판결은 부첩관계를 맺고 있었던 청구인이 그 사실을 발각당하자 처인 "피청구인에게 자녀교육비로서 매월 금 10,000원씩 지급키로 약정한" 사안에서, 이로써 "과거의 간통사실을 사후에 용서하고, 약정대로 송금하여 주는 것을 전제로 차후의 간통을 사전에 동의하였다고 볼 수 있다면 혼인관계 파탄의 귀책자는 오히려 피청구인"이라고 하여[63] 동의가 유효하다는 이해를 전제하고 있다. 첩(妾)계약이 무효임은 물론이나, 그렇다고 §841의 사전동의까지 당연히 무효라고 할 수는 없다. 본조는 스스로 부정행위에 동의하고서는, 그 후 이를 이유로 이혼을 청구하는 것을 허용할 수는 없다는, 선행행위에 반하는 거동의 금지(venire contra factum proprium, §2 ①)에 근거하고 있고, 그 효력도 재판상 이혼청구를 막는 데 그친다.[64] 본호의 이혼사유가 부정된다 하여도 같은 사정을 들어 vi를 주장할 수 있기도 하다. 이미 사전동의한 부첩관계를 이유로 재판상 이혼을 구할 수 있게 해줄 필요는 없고, 그것이 반드시 일부일처제(一夫一妻制)에 반하여 부첩(夫妾)관계를 승인하는 것이라고 할 수도 없다. 사전동의는 언제든 장래를 향하여 철회할 수 있고, 철회된 뒤의 부첩관계는, 설사 그것이 그 전의 부첩관계에서 이어진 것에 불과하다 하여도, §840 i의 부정행위에 해당하며[65] 사전동의도 없었다고 보면 족하다.

　　묵시적 사전동의로는 부부 사이에 이혼의사가 합치되어 별거하였으나 협의이혼 절차를 마치지 아니하고 있는 경우가 대표적이다. 판례는 간통 고소권의 소멸사유로서 간통의 종용(慫慂, 刑 §241 ②)에 관하여,[66] 더는 혼인관계를 지속할 의사가 없고 이혼의사의 명백한 합치가 있는 경우 간통에 대한 사전 동의라고 할 수 있는 종용에 관한 의사표시가 그 합의 속에 포함되어 있고, 반드시 서면에 의한 합의서가 작성된 경

---

62) 김주수(1975); 김주수·김상용, 185; 현병철(1976), 32. 이러한 이유로 학설은 위 판결에도 비판적이다. 그러나 오히려 §841이 일부다처에서 일부일처로 이행하는 과도기에 있는 민법 제정 당시 현실에 비추어 사전동의나 사후 용서가 있을 때에는 축첩관계라 하더라도 법적 보장을 주고자 하는 것이라고 하여 그 효력을 인정하는 견해도 있다. 장경학(1966), 15.

63) 평석: 김주수(1975).

64) 다른 한편, 사전동의가 무효가 되지 아니한다 하여 재판상 이혼 이외의 다른 법적 제재를 가할 수 없는 것도 아니다. 부부간 성적 충실의무, 특히 간통금지는 부부라 하더라도 임의로 처분할 수 없으므로, 사전동의는 재판상 이혼청구만을 배제할 뿐, 간통의 위법성 자체를 조각하는 것은 아니기 때문이다.

65) 김현채(1973), 321; 최금숙, 친족(2), 182. 대법원 1967. 10. 6. 선고 67다1134 판결도 비슷한 취지이다. 학설도 대체로 혼인 전부터 행하여지고 있던 첩 관계가 혼인 후까지 이어질 때에는 설사 다른 일방 배우자가 그러한 관계를 알고 혼인하였다 하더라도 부정행위가 된다고 본다. 김주수·김상용, 184.

66) 주지하는 바와 같이 헌법재판소의 위헌결정으로 간통죄가 폐지되어 지금은 더는 문제되지 아니한다.

우뿐만 아니라, 당사자의 언행 등 여러 가지 사정으로 보아 혼인당사자 雙方이 더 이상 혼인관계를 유지할 의사가 없었던 사정이 인정되고 어느 일방의 이혼요구에 상대방이 진정으로 응낙하는 언행을 보이는 사정이 인정되는 경우에도 그러한 의사합의가 인정될 수 있으나,67) 잠정적·임시적·조건적으로 이혼의사가 雙方으로부터 표출되어 있는 데 그치는 때에는 종용이 있었다고 볼 수 없다고 한다.68) 그리하여 부부가 자유로운 의사로 협의이혼신고서에 서명·날인하였거나,69) 雙方이 제기한 이혼소송 계속 중 가사조사관의 면접조사기일에 세 차례에 걸쳐 출석하며 진술할 때 위자료·재산분할 등에 관하여는 의견차가 있었으나 雙方이 이혼에 대하여 명백히 뜻을 같이하였고 조사면접기일의 진행중 별거에 이르렀거나,70) 일방이 간통을 이유로 제기한 이혼소송의 기일에 타방이 간통사실을 인정하며 이혼에 응하기로 진술한 경우는71) 묵시적 사전동의가 인정되나, 단지 이혼소송을 제기하였을 뿐이거나,72) 이혼소송을 제기당하여 그 심리과정에서 이혼청구에 응하겠다고 진술하였을 뿐인 경우,73) 파탄의 책임이 상대방에게 있음이 인정됨을 조건으로 하여 이혼의 의사를 표명한 경우는74) 그렇지 아니하다고 한다. 이러한 법리는 §841의 사전동의에도 적용될 수 있을 것이다.

명시적이든 묵시적이든 동의의 존재는 피고가 주장·증명하여야 한다.75) 동의가 인정되면 본호를 이유로 하는 재판상 이혼청구는 기각된다. 그러나 당사자가 주장이나 증명을 하지 아니하였더라도 법원이 직권으로 사실 및 증거조사를 하여(家訴 §17) 동의를 인정하고 이혼청구를 기각할 수 있다.76)

2) 다음, 배우자의 부정행위를 사후 용서한 때에도 §840 i를 들어 재판상 이혼을 청구할 수 없다. 용서란 배우자의 일방이 상대방이 부정행위를 한 뒤 그 사실을 알면

67) 대법원 1991. 3. 22. 선고 90도1188 판결[해설: 손용근, "이혼의사의 명백한 합치와 간통의 묵시적 종용", 대법원판례해설 15(1992)]; 대법원 1997. 2. 25. 선고 95도2819 판결; 대법원 2006. 5. 11. 선고 2006도1759 판결; 대법원 2008. 7. 10. 선고 2008도3599 판결.
68) 대법원 1997. 11. 11. 선고 97도2245 판결; 대법원 2000. 7. 7. 선고 2000도868 판결; 대법원 2002. 7. 9. 선고 2002도2312 판결; 대법원 2008. 11. 27. 선고 2008도2493 판결.
69) 대법원 1969. 2. 25. 선고 68도859 판결.
70) 대법원 2008. 7. 10. 선고 2008도3599 판결. 이미 합의하여 별거에 이른 뒤 이혼절차를 밟았고, 그 뒤의 일이지만 이혼절차 중 가정법원 조사관 면전 앞에서 상호이혼하기로 하였다고 진술한 사안에 대한 대법원 1997. 2. 25. 선고 95도2819 판결도 참조.
71) 대법원 1991. 3. 22. 선고 90도1188 판결[해설: 손용근(주 67)].
72) 대법원 1989. 9. 12. 선고 89도501 판결. 또한, 대법원 2002. 7. 9. 선고 2002도2312 판결[부(夫)가 처를 상대로 이혼소송 항소심에서 승소하였으나 처가 상고하여 그 판결이 확정되지 아니한 경우].
73) 서울형사지방법원 1990. 5. 4. 선고 89노5579 판결.
74) 대법원 2008. 11. 27. 선고 2007도4977 판결. 같은 취지에서 이혼의 본소에 대하여 이혼의 반소를 제기한 경우에 관한 대법원 2000. 7. 7. 선고 2000도868 판결도 참조.
75) 송덕수, 85.
76) 김주수·김상용, 185; 송덕수, 85; 오시영, 167.

서도 상대방에게 그에 대한 책임을 묻지 않겠다는 뜻을 표시하는 일방행위이다. 용서인지 여부는 표시와 내심의 의사가 일치하지 아니하는 때에는 표시, 즉 상대방의 시계(視界)에서 어떻게 인식되었거나 인식될 수 있었는가가 아니라, 표의자의 진의(眞意)를 기준으로 판단하여야 한다.77) 판례도, 刑 §241 ②의 유서(宥恕)는 "제841조에 규정되어 있는 사후 용서와 같은 것으로서, 배우자의 일방이 상대방의 간통사실을 알면서도 혼인관계를 지속시킬 의사로 악감정을 포기하고 상대방에게 그 행위에 대한 책임을 묻지 않겠다는 뜻을 표시하는 일방행위라고 할 것인바, 위 법조들의 취지는, 간통한 배우자를 용서하겠다는 당사자의 선량한 의사를 존중하여 그 의사에 법적 효과를 부여하고 혼인관계가 쉽게 해소되는 것을 방지하여 혼인생활의 안정을 보호하려는데에 있"으므로, 그 판단에 있어서 "다른 가족법관계에 있어서와 마찬가지로 당사자의 진실한 의사가 절대적으로 존중되어야" 한다고 한다. 따라서 "감정을 표현하는 어떤 행동이나 의사의 표시가 유서로 인정되기 위하여는, 첫째, 배우자의 간통사실을 확실하게 알면서 자발적으로 한 것이어야 하고, 둘째, 그와 같은 간통사실에도 불구하고 혼인관계를 지속시키려는 진실한 의사가 명백하고 믿을 수 있는 방법으로 표현되어야 하는 것이므로", 간통사실에 대한 자백을 받기 위하여 단순한 외면적인 용서의 표현이나 용서를 하겠다는 약속을 한 것만으로는 유서를 하였다고 볼 수 없다고 한다.78)

　　용서의 방법에는 제한이 없으므로, 명시적으로는 물론 묵시적으로도 이를 할 수 있다. 배우자의 간통사실을 알고 난 후 그 상대방으로부터 배우자를 더 이상 만나지 않겠다는 합의각서를 받은 경우는79) 이러한 묵시적 용서가 있다고 볼 수 있다. 그러나 배우자가 수년간 다른 사람과 동거하면서 간통해온 사실을 알면서도 특별한 의사표시나 행동을 하지 아니한 것은 물론,80) (이혼청구 후) 배우자와 일시 동거 또는 동침한 것만으로는81) 묵시적 용서를 인정할 수 없다.

　　용서는 이혼이 청구된 뒤라 하더라도 사실심 변론종결 전까지는 언제든 할 수 있다. 그 밖에 절차법적 문제에 관하여는 위 1) 동의에 관한 설명 참조.

77) 김주수·김상용, 185.
78) 대법원 1991. 11. 26. 선고 91도2409 판결. 해설: 유원규, "간통죄에 있어서의 유서", 대법원판례해설 16(1992). 평석: 오세빈, "간통을 유서한 때에 해당하지 아니한다고 본 사례", 김용준화갑기념(1998). 즉, 비진의표시(§107)의 법리는 적용되지 아니한다.
79) 대법원 1999. 8. 24. 선고 99도2149 판결.
80) 대법원 1999. 5. 14. 선고 99도826 판결.
81) 대법원 1966. 1. 25. 선고, 65도1107 판결; 대법원 1973. 3. 13. 선고 73도227 판결; 대법원 1990. 11. 27. 선고 90도2044 판결; 대법원 2000. 7. 7. 선고 2000도868 판결; 대법원 2010. 12. 23. 선고 2010도10650 판결.

3) 끝으로, 배우자의 부정행위를 이유로 하는 이혼청구권은 다른 일방이 그 사실을 안 날로부터 6월이 지나거나, 부정행위가 있은 날로부터 2년이 지난 때에는 소멸한다. 이는 제척기간이므로, 위 기간 내에 재판상 이혼청구의 소장(訴狀)이 가정법원에 접수되어야 기간을 준수한 것이 된다. 위 기간 내에 협의이혼의사확인을 신청한 것으로는 기간을 준수한 것이 되지 아니한다. 기간 내에 이혼조정을 신청한 경우는 기간을 준수한 것이 된다(家訴 §60, 民調 §36). 기간을 준수하지 아니한 이혼청구의 소는 부적법하여 각하된다.[82]

6개월의 단기제척기간의 기산일은 부정행위를 한 사실을 안 날이다. 단지 배우자가 한 행위를 알면 되고, 그것이 부정행위에 해당한다거나 그로 인하여 본호의 이혼청구권을 취득한다는 사실까지 알 필요는 없다.[83] 부정행위가 있은 날로부터 6개월 내에 법원에 이혼청구를 하면 문제가 되지 아니하나, 6개월이 경과하였다면 청구인이 자기가 부정행위사실을 안 날로부터 청구시까지 아직 6개월이 경과하지 아니하였음을 주장·증명하여야 한다.[84] 2년의 장기제척기간의 기산일은 부정행위가 있은 날, 즉 부정행위를 종료한 날이다. 학설은 계속적인 간통행위의 경우 전체 간통행위가 종료한 때로부터 기간이 기산된다고 하나,[85] 개개의 간음 기타 부정행위가 각각 §840 i의 재판상 이혼사유를 구성하고, 각각에 대하여 §841의 사전동의 또는 사후 용서 여부를 판단하여야 하는 이상, 1회적인지 계속적인지 묻지 아니하고 소장접수일로부터 2년 이내에 종료된 개개의 부정행위만을 본호의 이혼사유로 주장할 수 있다. 초일(初日)은 산입하지 아니한다.[86] 두 기간 중 어느 하나라도 만료되면 이혼청구는 부적법하다.

본조의 제척기간은 부권(夫權)침해를 원인으로 하는 위자료 청구에는 적용되지 아니한다.[87]

(2) 배우자가 악의로 다른 일방을 유기한 때(본조 ii)

(가) 적극적 요건

1) 배우자가 악의로 다른 일방을 유기(遺棄)한 때에는 §840 ii의 이혼사유가 된다. ① 부부 중 일방이 타방을 유기하여야 하고, ② 그것이 그의 악의(惡意)에 의한 것이어야 한다. 나아가 명문의 규정은 없으나 ③ 유기에 정당한 이유가 없어야 한다.[88] 이

---

82) 박동섭(1993), 68, 72; 홍중표(2003), 83, 86, 92 참조.
83) 김주수·김상용, 186 참조.
84) 김주수·김상용, 186. 부정행위는 발생과 동시에 상대방이 아는 경우가 많다는 점을 그 근거로 든다.
85) 김주수·김상용, 186; 박동섭·양경승, 172; 박병호, 117; 오시영, 167; 이경희·윤부찬, 107.
86) 박동섭(1993), 67-68.
87) 대법원 1985. 6. 25. 선고 83므18 판결. 박동섭·양경승, 172; 신영호·김상훈·정구태, 125.

또한 다수의 입법례가 채택하고 있는 이혼사유이다.[89]

　　유기(遺棄)란 혼인공동생활의 폐지를 뜻하는데,[90] 혼인공동생활의 본질적 요소가 ─ i와 관계된 성적 충실 내지 정조(貞操)의무와 ─ 동거·부양·협조의무(§826)에 있는 이상, 이는 결국 동거·부양·협조의무의 위반이라는 것이 통설의 이해이다.[91] 동거·부양·협조의무의 위반인 이상 일방이 동거를 거부하고 가출한 경우는 물론,[92] 그가 다른 일방을 내쫓거나 다른 일방으로 하여금 집에서 나갈 수밖에 없게 하여 동거를 폐지한 경우도 본호의 유기에 해당한다.[93] 다만 혼인공동생활의 폐지는 상당 기간 계속되어야 한다고 한다.[94] 나아가 학설은 동거·부양·협조의무를 모두 포기하지 아니하고, 그들중 어느 하나만 이행하지 아니한 경우, 가령 부(夫)가 첩과 함께 살고 집에는 오지 아니하면서 처에게 생활비를 빠짐없이 보내 부양의무를 다한 때에도 유기가 된다고 한다.[95] 부첩(夫妾)관계 또는 지속적 간통이 유기에 해당한다는 견해도 있다.[96] 동거·부양·협조의무를 모두 이행하지 아니한 때에 한하여 유기라고 볼 것은 아니나, 개별·구체적 이혼사유 이외에 일반·추상적 이혼사유를 두고 있는 우리 법에서 ii를 문언을 넘어 확장 운용할 필요도 크지 아니하다. 동거·부양의무 중 적어도

88) 김현채(1973), 322; 최문기(1997), 766. 또한 대법원 1981. 12. 8. 선고 81므48 판결; 대법원 1986. 5. 27. 선고 86므26 판결; 대법원 1986. 6. 24. 선고 85므6 판결; 대법원 1998. 4. 10. 선고 96므1434 판결.
89) 1896년 독일 민법 §1567(1938년 혼인법으로 삭제), 1907년 스위스 민법 §140(1999년 개정으로 삭제), 1973년 영국 혼인사건법 Part. I. Sec. 1(2)(c)(1937년 법에도 그러한 취지의 규정이 있었다), 미국 대부분의 주. 현행 일본 민법 §770 ② ii. 프랑스는 판례로, 오스트리아는 유책이혼 일반조항의 해석상 이혼사유가 된다. 한봉희(1969b), 27−28.
90) 대법원 1981. 12. 8. 선고 81므48 판결; 대법원 1986. 6. 24. 선고 85므6 판결.
91) 대법원 1986. 5. 27. 선고 86므26 판결; 대법원 1998. 4. 10. 선고 96므1434 판결. 판례의 두 가지 정의에 관하여는 조해섭(2000), 110−111(뒤의 정의가 더 낫다고 한다).
92) 대법원 1984. 7. 10. 선고 84므27, 28 판결; 대법원 1985. 7. 9. 선고 85므5 판결(직장생활을 하는 처가 가정생활에 충실하라는 시어머니의 타이름에 불만을 품고 남편에게 시어머니와 별거할 것을 주장하였으나 남편이 이를 거절하자 의복 등을 챙겨 집을 나간 사안); 대법원 1986. 10. 28. 선고 86므83, 84 판결(처가 혼인신고 후 약 20일간 동거하다가 농사일이 힘들고 남편의 건강이 나쁘다는 이유로 집을 나간 사안); 대법원 1990. 11. 9. 선고 90므583, 590 판결(남편이 처와 신앙의 차이로 갈등하다가 정신병적 증세를 보이는 처를 두고 집을 나와 입산하여 비구승이 된 경우); 대법원 2006. 8. 24. 선고 2006므959 판결(부정행위가 의심스러운 상황에서 설득을 포기한 채 일방적으로 가출한 경우). 일반적으로 조해섭(2000), 111−112.
93) 김주수·김상용, 1867.
94) 김주수·김상용, 188; 박동섭·양경승, 174; 신영호·김상훈·정구태, 126; 윤진수, 93(집을 마련해주고 별거한 경우); 이경희·윤부찬, 108; 조해섭(2000), 111; 한삼인·김상헌, 84. 비교법적으로는─파탄의 추정으로서 별거기간 이외에─악의의 유기에 대하여 기간을 정한 예들이 있다. 1973년 영국 혼인사건법 Part. I Sec. 1(2)(c)(2년, 1937년 혼인사건법에서는 3년이었다), 1907년 스위스 민법 §140(2년)(1999년 개정으로 삭제).
95) 대법원 1998. 4. 10. 선고 96므1434 판결; 박동섭·양경승, 174; 이경희·윤부찬, 108; 조해섭(2000), 112−113.
96) 조해섭(1998), 196; 조해섭(2000), 113−114. 의용민법 시대의 판례 중 '악의의 유기'로 처리된 사안의 다수가 이러한 유형이었는데, 이는 의용민법이 부(夫)가 간음죄로 인하여 형에 처하여진 때만을 이혼원인으로 규정하고 있었던 점과 관계되어 있다고 한다.

어느 하나를 이행하지 아니하여 혼인공동생활이 사실상 폐지되어야 하고,97) 단순한 협력의무의 불이행만으로는 본호의 이혼사유가 되기에 충분치 아니하다고 본다.

유기는 일방의 악의(惡意)에 의한 것이어야 한다. 악의란 사회적으로 비난받을 만한 윤리적 요소가 포함된 개념으로 인식 여부가 아닌 고의를 뜻한다.98) 악의인지 여부를 판단함에 있어서는 유기한 일방의 의사가 고려되어야 한다. 즉, 부부공동생활을 폐지할 의사로 배우자로서의 의무이행을 거부한 것인지를 살펴보아야 한다.99) 판례도 같은 취지에서 처가 집을 나온 경우 이후 부(夫)와 동서(同棲)하지 아니하고 귀가하지 아니할 결의에 터잡은 때에는 악의의 유기에 해당하지만 그러한 결의가 없는 때에는 단순한 가출 사실만으로 악의의 유기라고 할 수 없고,100) 처가 부(夫)의 의사에 반하여 자기 소지품을 가지고 친정에 간 사실만으로는 악의의 유기라고 할 수 없다고 한다.101) "이민문제로 인하여 야기된 가정불화가 심화되고 그로 인하여 청구인 및 그 자녀들의 냉대가 극심하여지자 가장으로서 이를 피하여 자제케 하고 그 뜻을 꺾기 위하여 일시 집을 나와 별거하고, 가정불화가 심히 악화된 기간 이래 생활비를 지급하지 아니한 것뿐이고 달리 부부생활을 폐지하기 위하여 가출한 것이 아"니라면 이를 "악의의 유기라고 할 수 없다."고 한 대법원 1986. 6. 24. 선고 85므6 판결도 같은 취지에서 이해할 수 있다.

나아가 동거·부양·협조의무 위반에 정당한 이유가 없어야 한다.102) 정당한 이유(§826 ①)가 있는 별거, 가령 직업상의 이유라든가 치료, 자유형의 집행 등을 위하여 부득이하게 별거하는 경우는 악의의 유기에 해당하지 아니한다.103) 부부가 별거에 합의한 경우,104) 배우자의 욕설, 폭행, 학대 등을 피하여 가출한 경우도 악의의 유기가 아니다.105) 다만, 같은 사정이 vi의 이혼사유가 될 수는 있다.106) 학설로는 부부 일방이 자신의 협력의무를 스스로 저버리고 있는 한 타방에게 부양료의 지급을 청구할 수

---

97) 김현채(1973), 322, 제요[1], 671−672도 비슷한 취지로 보인다. 부양거절을 독자적 이혼사유로 정한 입법례에 대하여는 김주수·김상용, 188 주 180 참조.

98) 대법원 1998. 4. 10. 선고 96므1434 판결. 신영호·김상훈·정구태, 126.

99) 김주수·김상용, 187; 신영호·김상훈·정구태, 126.

100) 의용민법에 관한 것이지만, 朝高判 1917(大 6). 10. 23, 民上(朝鮮高等法院民事判決錄 4, 61).

101) 대법원 1959. 5. 28. 선고 4291민상180 판결[김현채(1973), 323].

102) 대법원 1986. 5. 27. 선고 86므26 판결; 김주수·김상용, 187; 윤진수, 93; 이경희·윤부찬, 108. 1907년 스위스 민법 §140(1999년 개정으로 폐지)는 이를 명문으로 정한다.

103) 대구고등법원 1966. 10. 21. 선고 66르161 판결; 김주수·김상용, 187; 이경희·윤부찬, 108.

104) 대법원 1959. 4. 16. 선고 4291민상571 판결[김현채(1973), 323]. 의용민법에 관한 것으로는, 朝高判 1938. 4. 19. 民集25卷, 193.

105) 대법원 1969. 12. 9. 선고 69므31 판결; 대법원 1990. 3. 23. 선고 89므1085 판결; 대법원 1990. 8. 10. 선고 90므408 판결; 서울가정법원 1993. 4. 8. 선고 92드66545 판결.

106) 김주수·김상용, 187.

없으므로, 혼인관계의 파탄에 주된 책임이 있는 사람에게 생활비를 지급하지 아니하는 것은 악의의 유기가 아니라는 설명도 있다.[107]

악의의 유기 상태가 이혼소송의 사실심 변론종결시에 있어야 하는가. 1907년 스위스 민법 §140는 이를 요구할 뿐 아니라, 그때조차도 법관이 복귀를 명하여 그에 불응하여야 비로소 이혼을 명할 수 있다고 한다. 그러나 민법에는 그러한 명문 규정이 없고, 악의의 유기 요건이 엄격함에 비추면 이혼소송 중 복귀하였다는 이유만으로 이를 기각하는 것이 바람직하지도 아니하므로, 그와 같이 새길 것은 아니라고 본다.

2) 본호의 이혼사유는 혼인의무인 동거·부양·협조의무를 고의로 위반할 것을 요하므로, 유책주의적 성격을 갖고 있다. 그러나 다른 한편 혼인공동생활을 폐지할 의사로 이를 하여야 하고, 그 의무 위반의 정도도 혼인공동생활을 폐지하게 할 정도에 이르러야 하므로, 파탄주의적 측면도 갖고 있다.[108]

(나) 제척기간

의용민법 §816가 "제813조 제1호 내지 제8호의 사유로 인한 이혼의 소는 이를 제기할 권리가 있는 자가 이혼의 원인되는 사실을 안 때로부터 1년을 경과한 뒤에는 이를 제기할 수 없다. 그 사실 발생시로부터 10년을 경과한 뒤도 또한 같다"고 하여, 본호의 이혼사유(의용민법 §813 vi)에 대하여도 제척기간을 규정하고 있었던 것과 달리,[109] 현행법은 본호에 대하여 제척기간을 규정하고 있지 아니하다. 일방이 가출한 경우 남은 배우자로 하여금 일부러 신속히 이혼청구의 소를 제기하게 할 필요는 없기 때문이라는 설명이[110] 있으나, 이혼사유가 계속되는 한 제척기간이 기산하지 아니한다는 것이 판례인데, 위의 설명은 악의의 유기가 개시되었을 때 이미 제척기간이 기산하는 것을 전제하므로 타당하다고 할 수 없다. 이혼사유에 관하여 제척기간을 두는 까닭이 가사분쟁을 신속히 해결하여 법률관계의 안정을 기하기 위함이고, §§841, 842의 제척기간이 의용민법의 제척기간이 지나치게 길다는 반성적 고려에서 그 기간을 단축한 것임에 비추면,[111] 입법상 과오로 보인다.[112]

그리하여 학설 중에는, 특히 예시설의 입장에서, (§840 vi에 대한) §842의 제척기간을 §840 ii~v의 이혼사유에 유추하여야 한다는 견해도 있으나,[113] 유추의 요건으로서 법률의 흠(Gesetzeslücke)을 인정할 만한 근거가 없다.[114] 통설은 이혼청구권이 형성(소)

---

107) 신영호·김상훈·정구태, 126. 위 대법원 1986. 6. 24. 선고 85므6 판결도 같은 취지라고 한다.
108) 엄상필(2002), 6−7; 이동진(2012), 494.
109) 홍중표(2003), 91.
110) 박동섭(1993), 73; 홍중표(2003), 94.
111) 홍중표(2003), 91−92.
112) 박동섭, "가사소송의 제척기간과 불변기간", 법조 578(2004), 191; 오시영, 171.
113) 논의의 소개는, 홍중표(2003), 95−96.

권임을 들어 본호의 이혼사유에 10년의 제척기간이 적용된다는 결론을 도출하고 있고, 판례도 같은 입장을 시사한 바 있으나,[115] 이혼청구권이 형성(소)권이라 하여 당연히 10년의 제척기간이 붙는다고 볼 수도 없다.[116] 형성(소)권에 10년의 제척기간이 붙는 것은 그 형성권을 행사한 결과 발생하는 청구권이 10년의 시효(§162 ①)에 걸림을 전제하는데,[117] 이혼청구권의 주된 효력은 청구권을 발생시키는 것이 아니라 혼인관계를 해소하는 데 있기 때문이다. 또한 악의의 유기가 이혼청구의 사실심 변론종결시까지 계속되는 한 이혼청구권은 소멸하지 아니하므로,[118] 위 논의는 악의의 유기가 있었으나 그 상태가 이혼소송 사실심 변론종결시, 나아가 이혼청구의 소 제기시 이미 소멸한 경우 언제까지 과거의 악의의 유기를 들어 재판상 이혼을 구할 수 있는가 하는 점에 관하여 실익이 있는데,[119] 이러한 경우 10년의 제척기간은 어차피 너무 길어 그 정책적 목적을 전혀 달성하지 못하고, 실효성도 없다. 개별·구체적 사정에 비추어 실효(失效)의 법리(§2 ②)를 활용하는 것이 더 낫다.[120]

(3) 배우자 또는 그 직계존속으로부터 심히 부당한 대우를 받았을 때(본조 iii), 자기의 직계존속이 배우자로부터 심히 부당한 대우를 받았을 때(본조 iv)

§840 iii, iv는 의용민법 §813 v "배우자에 의한 동거에 참을 수 없는 정도의 학대와 중대한 모욕", vii "배우자의 직계존속으로부터의 학대와 중대한 모욕", viii "배우자가 자기의 직계존속에 대하여 학대하거나 중대한 모욕을 가한 때"를 받아들인 규정이다.[121] 배우자의 심히 부당한 대우는 개별·구체적 유책이혼사유를 규정하는 한 다수의 입법례에서 이혼사유로 채택하고 있는 바이나,[122] 배우자의 직계존속으로부터

---

114) 명순구(2001), 270 이하; 연기영(2007c), 248-249도 비슷한 취지이다.
115) 박동섭(주 112), 190-191; 홍중표(2003), 95. 대법원 1998. 4. 10. 선고 96므1434 판결[해설: 조해섭(1998), 평석: 명순구(2001); 연기영(2007c)]: "악의의 유기를 원인으로 하는 재판상 이혼청구권이 법률상 그 행사기간의 제한이 없는 형성권으로서 10년의 제척기간에 걸린다고 하더라도[…]."
116) 같은 취지: 명순구(2001); 연기영(2007c). 다만, 이들은 이혼청구권이 형성(소)권이라는 점 자체에 대하여 비판적이나, 이러한 비판은 타당하다고 할 수 없다.
117) 김영희, "권리 행사의 시간적 제한에 관한 일 고찰", 형성권 연구(2007), 264 이하.
118) 10년의 제척기간을 인정하는 경우에도 그러하다. 대법원 1998. 4. 10. 선고 96므1434 판결: "배우자가 악의로 다른 일방을 유기하는 것이 이혼청구 당시까지 존속되고 있는 경우에는 기간 경과에 의하여 이혼청구권이 소멸할 여지는 없다."
119) 김현채(1973), 330은 악의의 유기상태는 사실심 변론종결시 당시에 존재하면 된다고 한다. 그러나 그것이 반드시 사실심 변론종결시에 악의의 유기 상태가 소멸하면 재판상 이혼청구를 할 수 없다는 취지인지는 분명하지 아니하다.
120) 같은 취지: 명순구(2001); 연기영(2007c).
121) 김현채(1973), 330, 337.
122) 가령 의용민법(1947년 개정 전 일본 민법) §813(1947년 개정으로 삭제되었다), 1804년 프랑스 민법 §231(1975년 개정으로 삭제되었다), (제한적인 것으로) 1896년 독일 민법 §1566(살인미수)(1938년 독일·오스트리아 혼인법으로 삭제되었다), 1907년 스위스 민법 §138(1999년 개정으로 삭제되었다), 1973년 영국 혼인사건법 Part. I Sec. 2(b). 미국의 다수의 주. 한봉희(1969b), 28-30.

심히 부당한 대우를 받았을 때와 자기의 직계존속이 배우자로부터 심히 부당한 대우를 받았을 때는, 의용민법(1947년 개정 전 일본 민법)을 제외하면 유례를 찾기 어려운 독특한 이혼사유이다.

　　먼저 배우자로부터 심히 부당한 대우를 받은 때부터 본다. 판례는 이를 "배우자로부터 동거상 참을 수 없을 정도의 학대나 또는 중대한 모욕을 받았을 때와 같은 뜻으로 결국 배우자로부터 상대방에게 혼인관계의 지속을 강요하는 것이 참으로 가혹하다고 여겨질 정도의 학대나 모욕 등을 받았을 경우"를 의미한다고 한다.[123] 학대 또는 중대한 모욕은 부부 일방의 신체·정신·명예 등에 대하여 (심리적·육체적) 고통을 가하는 행위 일체이고,[124] 그것이 동거상 참을 수 없어 혼인관계의 지속을 강요하는 것이 참으로 가혹하다고 여겨질 정도인지를 판단함에 있어서는 당사자의 연령, 성행, 학력, 직업 등 및 그 행위의 동기, 수단, 태양, 결과 등 제반 사정을 참작하고, 혼인생활의 기간, 자녀의 유무 등 혼인생활의 전체 내용을 고려하여 판단하여야 한다.[125] 혹 "부부간 다투던 중 그 일방이 상대방에게 폭행을 하거나 증인 면전에서 모욕을 하거나 그 재산을 점거 또는 처분하였다 하여도 그것이 혼인관계의 지속과 아무런 관계가 없는 한" 심히 부당한 대우에 해당하지 아니하며,[126] 나아가 혼인관계가 이미 파탄된 뒤의 행위도 같은 이유에서 심히 부당한 대우에 해당하지 아니한다.[127] 즉, 이는 상대적 이혼사유로서[128] 이미 그 자체 파탄에의 영향 가능성을 고려하고 있는 것이다.[129]

　　판례상 부당한 대우로 인정된 예 중에는 배우자에 대한 폭행, 폭언, 모욕이 문제된 경우가 많다. 부(夫)가 처와 사소한 언쟁 끝에 그 목을 밟는 등 구타하여 처가 밤중

---

123) 대법원 1971. 7. 6. 선고 71므17 판결; 대법원 1981. 10. 13. 선고 80므9 판결; 대법원 1999. 2. 12. 선고 97므612 판결; 대법원 1999. 11. 26. 선고 99므180 판결; 대법원 2004. 2. 27. 선고 2003므1890 판결. 이러한 정의, 특히 그 앞부분은 어느 정도 의용민법 §813 v의 법문(法文)의 영향을 받은 것으로 보인다.
124) 최문기(1997), 769−770.
125) 김주수·김상용, 188(사회의 일반관념, 개인의 감정, 의사); 김현채(1973), 330−331; 신영호·김상훈·정구태, 126; 박동섭·양경승, 176; 이경희·윤부찬, 108(사회통념, 당사자의 사회적 지위 등); 조해섭(2000), 114−115; 한삼인·김상헌, 85; 제요[1], 673.
126) 대법원 1971. 7. 6. 선고 71므17 판결. 같은 취지: 대법원 1981. 10. 13. 선고 80므9 판결; 대법원 1986. 6. 24. 선고 85므6 판결(각 단순한 부부 싸움); 대법원 1999. 11. 26. 선고 99므180 판결[평석: 이화숙(2000)].
127) 대법원 2004. 2. 27. 선고 2003므1890 판결.
128) 대법원 1999. 11. 26. 선고 99므180 판결[평석: 이화숙(2000)]; 서울가정법원 2000. 4. 19. 선고 98드62958 판결[평석: 이현재, "이혼위자료의 법적 성격 및 지연손해금의 기산일 등", 정환담정년(2006)] 참조. 이와 달리 본호를 포함, vi를 제외한 모든 이혼사유를 절대적 이혼사유로 보는 견해로, 김주수·김상용, 182.
129) 이동진(2012), 494−495. 그러므로 이경희·윤부찬, 108처럼 단순예시설(파탄주의)을 취하지 아니하더라도 이미 본호의 해석상 파탄에 대한 영향이 고려되고 있는 셈이다.

에 가출하여 산에서 밤을 지새웠고 다음날 부(夫)가 처를 업고 귀가한 경우,130) 배우
자에게 욕설을 하고 수시로 집을 나가 외박한 경우,131) 전신을 포박하고 간통을 자백
하라면서 터무니없는 누명을 씌운 경우,132) 혼인 전에 사귀던 사람을 못 잊었다며 배
우자를 학대하고, 아무런 이유 없이 욕설과 폭행을 일삼아오다가 급기야 10여 일 동
안 병원에 입원할 정도의 폭행을 한 경우,133) 지참금을 가져오지 않았다는 이유로 처
를 구타한 경우,134) 혼인 당시 학력을 속이고 다른 남자의 아이를 임신하였다는 누명
을 씌워 괴롭히면서 집을 나가라는 등 폭언을 한 경우,135) 미성년의 자녀 앞에서 극
악한 내용의 욕설을 하고 폭력을 행사한 경우136) 등이다. 다만, iii 중에서 배우자의
심히 부당한 대우는 기본적으로 유책주의적 이혼사유로서, 일방의 폭행, 폭언, 모욕
이 타방에 의하여 야기되었다고 볼 수 있을 때에는 이에 해당한다고 할 수 없다.137)
타방에 의하여 야기되었다고 볼 수 있는지 여부를 판단할 때에는 대응이 합리적인 범
위 내에 있는지도 아울러 고려하여야 한다.138)

　　폭행, 폭언, 모욕 이외의 괴롭힘도 심히 부당한 대우가 되는 경우가 있다. 판례는
부(夫)의 책과 그가 가꾸어온 정원수를 내다팔고 혼인선물인 목걸이를 끊고 잠옷을
찢어버리는 등 거친 행동을 수시로 할 뿐만 아니라 부(夫)의 여 제자와의 관계를 까닭
없이 의심하여 여학생의 가족에게 항의를 하는 등 부(夫)를 난처하게 하였고 학부형
으로 위장하여 부(夫)를 비방하는 편지를 대학장 앞으로 보내어 학교 안에서 부(夫)의
명예를 손상시키고 결국 보직도 박탈시켜 부(夫)의 직장생활을 심하게 방해한 경
우,139) 아기를 낳을 수 없다는 트집을 잡아 처를 학대하고 이혼을 요구하면서 이에

---

130) 대법원 1958. 10. 16. 선고 4290민상828 판결(의용민법에 관한 것이다).
131) 대법원 1962. 1. 18. 선고 4293민상694 판결(의용민법에 관한 것이다).
132) 대법원 1969. 3. 25. 선고 68므29 판결.
133) 대법원 1983. 10. 25. 선고 82므28 판결.
134) 대법원 1986. 5. 27. 선고 86므14 판결.
135) 대법원 1990. 3. 27. 선고 89므808, 815 판결.
136) 대법원 2012. 6. 14. 선고 2012므1205 판결.
137) 대법원 1982. 11. 23. 선고 82므36 판결; 대법원 1999. 2. 12. 선고 97므612 판결. 김주수·김상용, 189
　　도 판례는 배우자의 혼인의무 위반(가령 부정행위)에 대한 반작용으로 약간의 부당한 행위(구타 등)를
　　한 경우는 본호에 해당한다고 보지 아니한다고 한다.
138) 의용민법하의 판례이지만, 朝高判 1921(大 10). 12. 23. 民上429(朝鮮高等法院民事判決錄 8, 597)은,
　　"가사 처가 간통한 때라 하여도 배우자 일방의 직계존속이 이를 순찰하기 위하여 수 시간 제박하여 극
　　도로 자유를 구속하고 또한 신체에 상해를 가함과 같음은 용인할 수 없는 바로서 간통사실 유무를 심사
　　확정할 필요 없이 이혼을 청구할 수 있다"고 한다. 대법원 1963. 3. 14. 선고 63다54 판결은 처가 간통을
　　하였다는 이유로 다른 사람의 면전에서 처를 구타하여 전치 1개월의 상해를 가한 사안에서 그 행위가
　　처의 부정(不貞)으로 인한 것이라면 심히 부당한 대우라고 할 수 없다고 한 바 있으나[이동진(2012),
　　495 주 49 참조], 오늘날의 혼인관념에서는 납득하기 어렵다.
139) 대법원 1986. 3. 25. 선고 85므72 판결.

응하지 아니하면 자살하겠다고 하였을 뿐 아니라 실제로 두 차례에 걸쳐 농약을 마시는 소동을 벌여 견디지 못한 처가 집을 나온 경우140) 등에서 심히 부당한 대우를 인정하였다. 그 밖에 처에게 사과 궤짝을 연료로 사용하게 하고 시장에서 주워온 무나 배추 등으로 반찬을 만들게 하는 등 부(夫)의 수입에 비하여 지나친 내핍을 강요하고, 모든 집안일을 처 혼자 하게 하고 시누이 등 다른 사람은 이를 전혀 돌보지 아니한 경우도 심히 부당한 대우에 해당한다.141) 판례는 배우자를 고소·고발하였도 그 대상이 진실하거나 그렇게 확신한 데 상당한 이유가 있다거나 피고소·고발인에게 유책행위가 있는 때에는 심히 부당한 행위가 아니지만,142) 그렇지 아니한 경우에는 심히 부당한 행위에 해당한다고143) 한다. 학설도 대체로 같다.144) 그 밖에 의용민법하의 판례 중에는 부(夫)의 간통을 처에 대한 중대한 모욕으로 다룬 예가 많다.145)

　　일련의 행위가 합쳐져 심히 부당한 대우가 되는 경우 개개의 사실은 간접사실이므로 당사자의 주장 없이도 법원이 이를 인정할 수 있다.146)

　　다음 배우자의 직계존속으로부터 심히 부당한 대우를 받았을 때와 자기의 직계존속이 배우자로부터 심히 부당한 대우를 받았을 때를 본다. 이 규정에서 심히 부당한 대우인지 여부는 앞의 부부 일방의 다른 일방에 대한 심히 부당한 대우의 판단기준이 대체로 타당하다. 판례는, 시부(媤父)가 자부(子婦)에게 술만 마시면 친정으로 가라고 폭언을 일삼아 학대한 경우(본조 iii),147) 지참금을 가져오지 아니하였다고 사위가 장인에게 행패를 부린 경우(본조 iv)를148) 심히 부당한 대우로 인정한 반면, 오랫동안 행방을 모르는 남편의 행방을 알려고 시댁에 간 처에게 시모(媤母)가 욕설을 하며 머

---

140) 대법원 1990. 11. 27. 선고 90므484, 491 판결. 그러나 상대방의 행태에 격분 실망한 나머지 자살을 기도한 경우는 그러하지 아니하다. 대법원 1986. 8. 19. 선고 86므18, 19 판결.

141) 대법원 1975. 7. 8. 선고 75므20 판결. 다만 이 사안은 사실혼 관계에 대한 것이다. 반면 고령으로 스스로 절약하는 가치관을 가진 남편이 처에게 절약을 강요한 경우 심히 부당한 대우를 부정한 예로 대법원 1999. 11. 26. 선고 99므180 판결.

142) 대법원 1971. 4. 6. 선고 68므42 판결: "경험칙상 피청구인의 위 간통사실을 쉽사리 믿기 어렵다 할 것이고 위 간통을 이유로 피청구인이 폭행을 가하고 감금하는 행위는 […] 경미한 행위라 할 수 없는 바로서 이 사실을 고소하였고 고소사실 중 명예훼손 및 공갈의 점이 무혐의로 불기소처분을 받았다 하여 청구인에게 중대한 모욕을 가한 것이라고 할 수 없[다]." 의용민법하의 것으로는 朝高判 1941. 5. 29. 民集28卷 36.

143) 대법원 1990. 2. 13. 선고 88므504 판결(배우자의 결백을 알면서도 간통죄로 고소한 다음 제3자에게 거짓진술을 부탁한 행위).

144) 김현채(1973), 336-337; 정호영(1983), 319-320.

145) 이는 의용민법상 부(夫)의 간통만으로는 이혼사유가 되지 아니하였다는 사정에서 비롯된 것이라고 한다. 김현채(1973), 331.

146) 대법원 1990. 8. 28. 선고 90므422 판결. 제요[1], 673.

147) 대법원 1969. 3. 25. 선고 68므29 판결.

148) 대법원 1986. 5. 27. 선고 86므14 판결. 구 관습하에서 장모를 구타한 사안을 이혼사유로 인정한 예로, 朝高判 1915(大 4). 7. 6, 民上140(朝鮮高等法院民事判決錄 3, 215).

리채를 끌어당기자 처가 돌발적으로 시모의 손등을 물고 가슴을 밀어 상처를 입힌 경우(본조 iv)나,[149] 부(夫)가 공사장을 다니며 집을 비운 동안 피아노 교습으로 돈을 벌어 살림에 보태며 시모(媤母)를 정성껏 모셨으나 시모(媤母)가 질투심으로, 구박이 심하여 같이 못 살겠다는 거짓말을 하고 집을 나갔고, 부(夫)는 그 말만 듣고 처가 모(母)를 잘 모시지 아니하였다고 속단하여 가정불화가 일어났으며, 부(夫)가 불륜관계를 맺어 여아까지 출산하였음에도 시모(媤母)는 처가 못난 탓이라고 질책하며 상간녀의 거소로 가서 동거하여 왔음에도, 처는 문란한 여자관계로 직장을 쫓겨난 부(夫)를 맞아들이는 등 혼인관계의 정상회복을 위하여 노력하였으나 부(夫)가 피청구인에게 협의이혼에 응해줄 것을 요구하며 구타를 계속하는 한편, 결국 이혼심판청구의 소를 제기하고 처 등을 불러 모은 후 다시 욕설을 퍼붓자 처가 순간적으로 감정이 폭발하여 시모(媤母)에게까지 폭행하게 된 때에는(본조 iv)는[150] 이에 해당하지 아니한다고 한다.

학설로는 심히 부당한 대우인지 여부를 판단함에 있어 그 직계존속과 생활을 같이하고 있는지 여부를 고려하여야 한다거나,[151] 직계존속이 사회관념상 도저히 용인할 수 없는 정도의 학대나 모욕을 받았고 그 영향이 파급되어 부부관계의 유지·계속의 기대가능성이 전혀 없게 된 때에 한하여 이혼사유가 된다는 견해도 있다.[152]

이러한 이혼사유는 민법 제정 당시 많은 부부가 부부 일방의 직계존속을 모시고 생활하였다는 점을 염두에 둔 것인데, 핵가족화가 진행됨에 따라 적절한 입법인지 문제가 제기되고 있다. iii는 무정량·무조건적 효(孝)의 강제로부터 해방시켜주는 기능을 하고, iv는 노부모 부양 소홀과 노인학대에 대한 대응으로서 실천적 의의가 있다는 평가도 있으나,[153] 대가족 제도의 유물로서 부부와 자녀를 중심으로 하는 지금의 핵가족 제도와는 조화되지 아니하므로 이를 폐지하고 vi에 맡겨야 한다는 견해가 유력하다.[154]

§840 iii, iv의 이혼사유에 대하여는 별도의 제척기간 규정이 없다. 이에 대하여는 이들 이혼사유가 유책이혼사유이고, 어떤 상태가 아닌 행위를 대상으로 한다는 점에서 입법론적인 비판이 적지 아니하나,[155] 판례는 §842를 iii에 터잡은 재판상 이혼청

---

149) 대법원 1962. 10. 4. 선고 62다445 판결.
150) 대법원 1986. 2. 11. 선고 85므37 판결.
151) 고정명·조은희, 105; 김주수·김상용, 189; 송덕수, 86; 오시영, 173; 한삼인·김상헌, 85.
152) 김현채(1973), 337-338. 파탄을 요구하는 박동섭·양경승, 160도 비슷한 취지로 보인다.
153) 박병호, 118; 한복룡, 116. 또한 현병철(1976), 33도 입법론적으로 이에 찬성한다.
154) 김용한, 142; 신영호·김상훈·정구태, 126-127; 정호영(1983), 320; 최금숙, 친족(2), 186-187; 최문기, 138(봉건적 가족제도의 유물이라고 한다); 한봉희·백승흠, 179.
155) 박동섭(1993), 73; 홍중표(2003), 94-95(1907년 스위스 민법 §138 ②와 같이 일정한 제척기간(가령 §841)을 규정하는 것이 바람직하다고 한다). 해석상 10년의 제척기간에 걸리고 실효의 원칙도 적용된다

구에 유추할 수 없다고 한다.156) 위 (2) (나)도 참조.

(4) 배우자의 생사가 3년이상 분명하지 아니한 때(본조 v)

배우자의 생사가 3년이상 분명하지 아니한 때에는 그 사실만으로 이혼을 청구할 수 있다. 의용민법 §813 ix, 일본 민법 §770 ① iii에서 유래한 규정으로서, 그 밖에는 비교법적으로 유례가 드물다. 생사불명(生死不明)은 배우자가 생존하고 있음도 사망하였음도 증명할 수 없는 상태를 말한다.157) 생사불명의 원인·이유, 과실 유무 및 책임소재는 문제되지 아니한다. 따라서 이는 전형적인 파탄이혼사유에 해당한다. 3년의 기간은 생존을 확인할 수 있는 마지막 날, 즉 마지막으로 소식이 있었던 날부터 기산한다.158) 특별실종사유에 해당하는 전투 기타 위난으로 인하여 생사불명이 된 자에 대하여는 그 위난이 사라진 때를 기산점으로 하여야 한다는 견해가 유력하다.159) 별로 논의되고 있지 아니하나, 배우자의 생사불명상태는 이혼소송 사실심 변론종결시까지 계속되어야 할 것이다.160) 상대방이 생사불명이므로 재판절차는 공시송달 및 궐석재판으로 진행된다.161) 이혼판결이 확정된 뒤 배우자가 생환하더라도 혼인이 부활하지 아니한다.162) 이혼판결 당시 이미 배우자가 사망하였음이 증명되거나, 판결확정 전 실종선고에 의하여 배우자가 사망한 것으로 간주되면 판결은 당연 무효이다.163)

본호의 사유는 일반적으로 실종선고의 사유에도 해당한다. 생사불명기간이 실종선고기간을 넘는 경우에는 실종선고를 통해서도 혼인이 해소될 수 있다. 그러나 이때에는 상속이 개시되고 실종선고가 취소되면 혼인이 부활할 가능성이 있다는 점에서 이혼과 다르다.164) 그 밖에 부부가 헤어져 남·북 이산가족이 된 때에는 不在特措

는 것으로 송덕수, 86.

156) 대법원 1993. 6. 11. 선고 92므1054, 1061 판결.

157) 박동섭·양경승, 179; 이경희·윤부찬, 109; 한삼인·김상헌, 85; 제요[1], 674. 사망사실이 확인되면 그로써 혼인은 이미 해소되고, 생존사실이 확인된 때에는 악의의 유기 또는 실종선고의 사유가 될 뿐이다. 현병철(1976), 33.

158) 김주수·김상용, 189-190; 김현채(1973), 339-341; 박동섭·양경승, 179; 송덕수, 87; 신영호·김상훈·정구태, 127; 이경희·윤부찬, 109; 제요[1], 674.

159) 이경희·윤부찬, 109. 新注民(22), 368(阿部 徹).

160) 본래 민법정부초안 §835는 "제833조 제2호 내지 제4호의 사유는 그 상태의 계속중이 아니면 이혼을 청구하지 못한다"고 규정하고 있었다. §833 ii는 배우자의 악의의 유기, iii는 3년 이상의 생사불명, iv는 회복할 수 없는 정신병 기타 악질이다. 이 규정은 심의과정에서 전부 삭제되었다. 민법안심의록(주 3), 502은 ii, iv는 "제833조 수정에 따라 자연삭제"된 것이고, "제3호는 수정안 제4호에 해당하는바 이는 당연히 현재 그 상태가 계속중인 경우를 의미하는 것이므로 또한 삭제되지 않을 수 없다"고 전한다. ii 부분이 삭제된 경위에는 석연치 않은 점이 있으나, 본호는 사유의 계속이 전제되어 있었던 것이다.

161) 김주수·김상용, 190; 박동섭·양경승, 179-180; 신영호·김상훈·정구태, 127; 오시영, 176; 이경희·윤부찬, 109.

162) 김주수·김상용, 190; 박동섭·양경승, 180; 송덕수, 87; 이경희, 이경희·윤부찬, 109; 최문기, 138; 한삼인·김상헌, 85.

163) 新注民(22), 369(阿部 徹).

(1967. 1. 16. 법률 제1867호)에 의하여 부재선고를 받으면 혼인에 관하여는 실종선고를 받은 것으로 보아 혼인이 해소된다. 이때 그 대신 본호에 의한 재판상 이혼을 구하여도 되는가에 관하여는 논란이 있으나, 대체로 가능하다고 보고 있다.[165]

민법은 본호의 이혼사유에 대하여 별도의 제척기간을 규정하고 있지 아니하다. 배우자 일방이 행방불명으로 소재를 알 수 없는 경우 남아 있는 배우자로 하여금 일부러 신속하게 이혼소송을 제기하게 할 필요는 없기 때문이다.[166]

다. 일반·추상적 이혼사유: 혼인을 계속하기 어려운 중대한 사유가 있을 때(본조 vi)

(1) 총설

(가) 판단기준

1) 본호는 일반·추상적 및 상대적 이혼사유이다.[167] i~v와 달리 구체적인 행위정형이나 상태를 규정하는 대신에 고도로 평가적인 표지를 사용하고 있는 이혼법상의 일반조항에 해당한다. 그 내용을 구체화함에 있어서는 본호의 문언, 우리 이혼법의 입법주의, 추상적 이념으로서 혼인의 본질 및 사실적·사회적 요소로서 그때그때의 혼인관념이 문제된다.

우리 이혼법의 입법주의에 관하여는 견해가 갈린다. 한 견해는 i~v의 이혼사유가 유책이혼사유이므로, 이를 보충하는 본호도 유책주의에 터잡아 해석함이 타당하고, 본호의 이혼청구에 적용되는 §842의 제척기간은 파탄주의와 조화되기 어려우며, 협의상 이혼을 인정하는 우리 민법에서 재판상 이혼까지 파탄주의로 운용할 필요는 없다는 점을 들어 본호도 유책주의에 기초하고 있다고 한다.[168] 반면 통설은 본호를 파탄이혼사유로 보면서 i~v에 대하여도 본호를 적용하거나(단순예시설), i~v와 관계없이 본호에 의한 이혼은 파탄주의로 해석한다(독립예시설).[169] 판례는 절대적 독립설을

---

164) 김현채(1973), 343; 신영호·김상훈·정구태, 127; 정호영(1983), 320−321.

165) 김현채(1973), 342−343; 정호영(1983), 321.

166) 박동섭(1993), 73; 홍중표(2003), 94. 그러나 오시영, 174는 입법론적으로 비판적이다.

167) 김주수·김상용, 182, 190; 박동섭·양경승, 180; 신영호·김상훈·정구태, 127; 최금숙, 친족(2), 177.

168) 이화숙(2001), 222 이하; 최금숙, 친족(2), 188. 이 견해는 절대적 독립설을 취한다. 이 견해는 독립예시설을 취한다. 김주수·김상용, 17681도 비슷한 이유로, 몇 가지 예외(불치의 정신병)를 제외하면 본호는 대체로 유책주의라고 한다(그러나 같은 책 189은 혼인파탄의 원인이 당사자 일방의 유책행위에 있을 필요는 없다고 한다). 이 견해가 본호의 사유 중 상당수가 유책사유이기도 하다는 점을 지적하는 것이라면 이는 본호의 입법주의와는 무관한 설명이다. 유책사유가 파탄을 초래한 경우 파탄주의 이혼사유가 될 수 있다는 점에는 애초에 전혀 의문이 없는 것이다. 이에 대하여 송덕수, 82은 본조 vi을 포함하여 (상대방에게 유책사유가 있어야 이혼청구를 할 수 있다는 뜻에서) 유책주의로 이해하는 듯하나, 본조 vi을 설명하는 송덕수, 87−89은 유책사유에 관하여 언급이 없고 오히려 유책배우자의 이혼청구를 유책주의와 파탄주의의 문제로 취급하고 있다. 그밖에 고정명·조은희, 101−102; 한봉희·백승흠, 182.

169) 신영호·김상훈·정구태, 128−129(다만, 제척기간의 문제를 지적한다); 이경희·윤부찬, 109(단순예시설); 한복룡, 117. 입법의도도 같다. 민법안심의록(주 3), 677. 통설은 §842에도 입법론적으로 비판적이다. 김주수(1977).

취하고 있지만 "제840조 제6호는 같은 제840조 제1호 내지 제5호 소정의 유책주의적 이혼원인 외에 파탄주의에 따른 이혼원인으로서 기타 혼인을 계속하기 어려운 중대한 사유를 규정하고 있"다고 하여,[170] 본호만은 파탄주의적으로 해석한다.[171] i~v도 이미 전적으로 유책주의적 이혼사유를 규정한 것으로 볼 수 없고, 거꾸로 유책이혼사유로서 i~v에 해당하지 아니하는 예를 찾기도 어려우며, 본호의 문언상 유책이혼사유로 해석할 만한 근거가 없고, 입법연혁상으로도 파탄주의를 염두에 둔 규정이라는 점에 비추어 볼 때, 본호는 유책이혼사유일 것을 요구하지 아니한다고 봄이 옳을 것이다.

　본호가 파탄주의에 입각하고 있다는 통설 안에서도, 그 구체적 판단방법에 관하여는 견해가 갈린다. 한 견해는 혼인의 본질에 상응하는 공동생활의 회복이 불가능하다고 인정될 만큼 심각하게 혼인을 파괴하는 사유라는, 순수하게 객관적인 표준(혼인계속의 객관적 불능)을 내세운다(객관설).[172] 반면 다른 견해는 당해 부부는 물론 대개의 부부에게 공통적으로 혼인을 계속하기 어렵게 할 만한 사유, 즉 혼인관계가 심각하게 파탄되어 다시는 혼인에 적합한 생활공동관계를 회복할 수 없을 정도에 이른 객관적 사실이 있고, 이러한 경우에 혼인생활의 계속을 강요하는 것이 일방 배우자에게 참을 수 없는 고통이 되는 경우를 뜻한다고 한다(주관적 사정 고려설).[173] 판례는, "피신청인이 신청인과 이혼할 의사가 없다 하여도 특별한 사정이 없는 한 신청인과 피신청인은 다시 원만한 부부생활로 '되돌아가기 어려운 상태'로 해석되[는바,] 위 인정 사실관계는 민법 제840조 제6호 소정사유에 해당"한다고 하여 한때 객관설을 따랐으나,[174] 이후 "'혼인을 계속하기 어려운 중대한 사유가 있을 때'라 함은 '혼인의 본질에 상응하는 부부공동생활 관계가 회복할 수 없을 정도로 파탄되고, 그 혼인생활의 계속을 강제하는 것이 일방 배우자에게 참을 수 없는 고통이 되는 경우'를 말"한다고 하여,[175]

---

170) 대법원 1986. 3. 25. 선고 85므85 판결. 판례 중에는 우리 이혼법이 유책주의를 채택하고 있다고 한 것도 여럿 있으나(대법원 1993. 4. 23. 선고 92므1078 판결 등), 이들은 모두 유책배우자의 이혼청구를 배척하는 논거로 동원되고 있고, 본호의 이혼사유의 해석에 관한 것은 아니다.

171) 다만, 이상과 같은 견해 대립이 본호의 해석에 구체적 차이를 낳는지는 반드시 분명하다고 할 수 없다. 오상진(2003), 140-141.

172) 김현채(1973), 346; 박동섭·양경승, 176; 이근식(1965b), 77.

173) 김주수·김상용, 190; 송덕수, 87; 신영호·김상훈·정구태, 127; 이경희·윤부찬, 109; 최금숙, 친족(2), 188-189; 최문기, 138; 최창열(2001), 205-207; 한봉희·백승흠, 180. 독일 민법 §1568이 이에 해당한다. 같은 조는 혼인이 파탄되어 그 복구를 기대할 수 없을 때를 이혼의 요건으로 하나, 이때 기대할 수 없을 것은, 혼인공동생활의 객관적 형태로 결정되는 것이 아니고, 쌍방의 구체적 주관적인 관념이 기준이 되어야 한다. 조미경(2001), 12. 1907년 스위스 민법 §§139, 141, 142도 각각 배우자의 범죄, 정신병, 중대한 파탄을 이혼사유로 규정하면서, 그것이 다른 일방에게 수인을 기대할 수 없는 것일 것을 요구한 바 있다(1999년 개정으로 삭제).

174) 대법원 1970. 2. 24. 선고 69므13 판결.

지금은 주관적 사정 고려설을 취하고 있다.

먼저, 어느 견해든 혼인관계가 객관적으로 파탄에 이르렀을 것을 요구하고 있다. 그런데 혼인관계는 전인격적 측면을 갖고 있으므로, 부부가 장기간 별거해온 경우처럼 혼인이 이미 외형상으로도 객관적으로 파탄되었다는 점을 인정할 수 있는 때도 있지만, 부부가 동거하는 등 외형상 혼인공동생활이 유지되는 것처럼 보인다 하더라도 실제로는 혼인공동생활이 폐지되었다고 보아야 하는 경우도 있다.176) 그러므로 혼인의 파탄은 어디까지나 회복을 기대할 수 없는 파탄(irretrievable breakdown)을 의미할 뿐이다.177) 파탄 여부의 판단에 이미 기대가능성이 포함되어 있다는 뜻이다. 객관설은 이 기대가능성을 객관적으로 판단함으로써 법적안정성을 유지하고자 하나, 오늘날 혼인의 모습이 부부마다 서로 다르다는 점에 비추면 구체적인 이혼 당사자의 기대가능성을 무시한 채 보편타당한 객관적 기준을 수립할 수 있을지 의문이다. 혼인이 그 당사자에게 미치는 영향이 전면적인 이상, 다른 부부에게는 혼인관계의 유지를 위하여 좀 더 노력할 것을 요구할 수 있는 경우라 하더라도 특정인에게는 이를 기대할 수 없을 때도 있을 수 있는데, 이 경우 이혼을 허용하지 아니한다면 파탄에 이른 혼인에서 부부 일방을 풀어주어 그의 행복을 도모하고자 하는 파탄주의 이혼법의 취지와도178) 맞지 아니할 것이다(주관적 사정 고려설).

2) 좀 더 중요한 것은 어떤 경우에 (부부 일방에게) 그 회복을 기대할 수 없는 혼인의 파탄이 있는지, 그 구체적 판단기준이다.

먼저, 사소한 갈등으로 충분하지 아니함은 분명하다. 대법원 1982. 7. 13. 선고 82므4 판결이, "결혼 3년이 지나면서부터 주부로서의 도리를 다하지 아니하고 부부간의 성교에 짜증을 내고 하여 불화와 냉전이 계속"된 것만으로 혼인관계가 객관적으로 파탄되었다고 할 수 없다면서, 본호에 터잡은 이혼청구를 기각한 것도 같은 취지로 이해된다.179) 이른바 황혼(黃昏)이혼에 관한 대법원 1999. 2. 12. 선고 97므612 판결도,

---

175) 대법원 1991. 7. 9. 선고 90므1067 판결; 대법원 1999. 2. 12. 선고 97므612 판결; 대법원 2002. 3. 29. 선고 2002므74 판결; 대법원 2004. 8. 20. 선고 2004므955 판결; 대법원 2005. 12. 23. 선고 2005므1689 판결; 대법원 2010. 7. 15. 선고 2010므1140 판결.

176) 독일 민법 §1568의 해석론도 그러하다. 조미경(2001), 12 이하.

177) 1973년 영국 혼인사건법 Part. I Sec. 1(1). 현행(1977년 개정) 독일 민법 §1568의 "그 회복을 기대할 수 없을 때"도 같은 취지라고 할 수 있다.

178) 윤진수(2012), 52-57. 그 밖에 최창열(2001), 206은 대개의 경우 그 사유가 있다면 혼인을 계속하기 어려운 중대한 사유로 인정될지라도, 당해 부부에게는 파탄으로 느끼지 않는다면 그러한 경우까지 이혼을 인정할 필요는 없다는 점을 논거로 든다.

179) 이러한 결론과의 관계를 반드시 분명히 하고 있지는 아니하나, 위 판결은 "혼인생활 중에는 그 장애가 되는 여러 사태에 직면하는 경우가 있을 것이므로 혼인당사자는 이 장애를 극복하기 위하여 최선의 노력을 다할 것이며 일시 내외간의 화합을 저해하는 일이 있다고 하더라도 이를 이유로 혼인생활의 파탄을 초래하는 따위의 일을 하여서는 안 될 것이며 이로 인하여 부부관계가 파탄되었다고 하여 이혼을

원고(1934년생)·피고(1925년생)가 별거 전 약 18년간의 혼인생활을 하면서 부부간 및 전처소생 자식과 사이에 갈등과 불화가 있기는 하였으나 대체로 원만한 관계를 유지하여왔고, 원고가 가출한 후 피고가 수차례 원고를 찾아가 귀가를 종용한 반면, 원고는 가출한 이래 내심 피고로부터 재산상 보장을 바라면서 동거를 거부하고 있다면, 피고의 일련의 독선적인 행동이 배우자로부터 심히 부당한 대우를 받은 때(본조 iii)에 해당한다고 보기 어렵고, 그로 인하여 원·피고 사이의 부부관계가 회복할 수 없을 정도로 파탄됨으로써 기타 혼인을 계속하기 어려운 중대한 사유(본조 vi)가 있다고 보기도 어렵다는 이유로 원고의 이혼청구를 기각한 원심을 유지하고 있다.

　　그러나 파탄이 어느 정도에 이르렀을 때 더는 혼인공동생활의 회복을 기대할 수 없는지가 오로지 파탄의 정도에만 달려 있는 것은 아니다. 객관적 파탄의 정도가 심하고 부부 일방이 혼인생활을 더는 참을 수 없다고 느끼고 있다 하더라도, 다른 사정을 고려하여 부부 일방에게 좀 더 수인할 것을 요구할 수 있다.180) 물론, 어떤 경우에 좀 더 수인할 것을 기대할 수 있는지는 검토를 요한다. 판례·통설은 당사자의 혼인계속의사 유무, 혼인파탄에 대한 책임 유무 및 그 정도, 혼인생활(및 별거)기간, (미성년인) 자녀의 유무와 그 양육, 당사자의 연령, 이혼 후의 생활보장 등을 고려하여야 한다고 한다.181)

　　그중 당사자의 혼인계속의사 유무와 혼인생활(및 별거)기간은 별 문제가 없다고 보인다. 이들은 당해 부부가 혼인관계의 회복을 위하여 좀 더 노력할 것을 기대할 수 있는지 여부와 관계되어 있다. 일방이 매우 적극적으로 혼인을 계속하려고 한다면 이 혼인관계의 회복에 대한 기대가 커지므로 상대방에게도 좀 더 회복을 위하여 노력할 것을 요구하기 쉽다.182) 쌍방이 이혼의사가 단호하지 아니한 경우도 마찬가지이다.183) 반면 부부 쌍방이 혼인관계의 회복을 강하게 원하지 아니하거나 일방이 매우

청구할 수 없다"고 한다. 협력을 기대할 수 있는지, 어디까지 협력의무가 미치는지가 파탄 여부의 판단에 영향을 주고 있는 것이다. 또한 §840 i~v의 규정에 비추어 이혼 당사자 사이나 그와 배우자의 친족, 특히 직계존속과의 사이에 행동이 수반하지 않는 단순한 감정의 갈등균열 내지 대립이 생겼다는 것을 본호의 사유에 해당된다고는 할 수 없다고 한 대법원 1965. 9. 25. 선고 65므16 판결도 참조.

180) 기대가능성은 개별·구체적 맥락에 따라 달리 설정될 수 있는 규범적 개념이고, 따라서 파탄 여부의 판단도 사실인정문제가 아닌, 법률문제에 속한다. 정원태(2001), 311 참조.

181) 김현채(1973), 346(객관설). 대법원 1991. 7. 9. 선고 90므1067 판결도 비슷하다(주관적 사정 고려설). 그러나 정원태(2001), 311−314은 이들 중 혼인계속의사의 유무, 자녀의 유무 및 당사자의 연령을 파탄 여부의 고려요소로 드는 데 대하여 비판적이다.

182) 대법원 1995. 12. 22. 선고 95므861 판결도 일방의 정신병에도 불구하고 이혼청구를 배척하는 이유 중하나로 그의 혼인계속의사를 들고 있다.

183) 파탄주의 이혼법 중에는 당사자 쌍방이 이혼에 일치하면 다른 점을 따지지 아니하고−본래의 의미의 협의이혼 대신−그 자체 파탄으로 보아 재판상 이혼을 인정하는 예가 있다. 1973년 영국 혼인사건법 Part. I Sec. 1(2)(d)(2년 이상의 별거와 이혼합의), 독일 민법 §1566 ①(1년 이상의 별거와 쌍방의 이혼청

강하게 원하지 아니하는 경우 이를 억지로 회복시키기는 어려워진다.184) 혼인생활이 짧고 부부 각자가 가정에 한 투자가 적을수록 일단 파탄에 이른 관계가 쉽사리 회복되리라고 기대하기 어려운 반면, 이미 장기간 유지된 혼인에서는 일시 갈등이 있었다 하더라도 그 회복을 기대하기 쉽다. 또한 이혼청구의 소를 제기하기 전 이미 장기간 별거해왔다면 혼인관계의 회복을 기대하기는 어렵다.

그러나 파탄에 대한 책임 유무 및 그 정도와 (미성년인) 자녀의 유무와 그 양육, 당사자의 연령, 이혼 후의 생활보장은 파탄 및 그 회복과는 다른 차원의 고려이다.185) 파탄에 대한 책임 유무 및 그 정도는 유책성이 강하면 강할수록 더 심한 파탄이 요구됨을 의미한다.186) 유책성이 파탄의 정도와 그 회복노력의 기대가능성에 영향을 줄 수 있음은 물론이나, 본호의 해석에 유책주의적 요소를 끌고 들어올 위험도 있다. 물론 유책주의적 이혼사유가 본호의 틀 안에서 고려될 수 없는 것은 아니다. 그러나 본호에 터잡는 한 유책행위가 있었다는 점보다는 그로 인하여 혼인이 파탄되었고, 그 계속이 부부 일방에게 참을 수 없는 고통을 주는지가 궁극적인 기준이 되어야 한다.187) 유책성을 너무 강조할 일은 아니라고 보인다.188) 한편, (미성년인) 자녀의 유무와 그 양육 및 당사자의 연령, 이혼 후의 생활보장은 파탄주의 이혼법에서 가혹조항(苛酷條項)으로 고려하고자 하는189) 이혼으로 인한 일방의 불이익을 반영한다. 과연 이

구 또는 일방의 이혼청구와 상대방의 동의). 이에 관한 일본에서의 학설대립은 新注民(22), 376－377(阿部 徹).

184) 대법원 2005. 12. 23. 선고 2005므1689 판결은 부(夫)가 처를 폭행하여 전치 3주의 상해를 입히자 별거에 들어간 사안에서, 피고가 대화를 통해 원만한 가정생활을 계속할 의사를 밝히고 있고 별거기간 중 여러 차례 전화를 하기도 하였으며, 소송 도중에도 대화를 시도한 흔적이 보이지만, 원고가 이를 거부한 채 이혼의사를 굽히고 있지 아니한 이상 혼인이 파탄에 이르지 아니하였다고 단정할 수 없다고 한다. 평석: 연기영(2007d). 또한 대법원 2004. 8. 20. 선고 2004므955 판결도 참조.

185) 新注民(22), 383(阿部 徹)도 이러한 요소는 혼인파탄과는 별도의 요소라고 한다.

186) 新注民(22), 379－380(阿部 徹). 아래에서 볼 이혼 후 생활보장 등의 필요와의 관계에 대하여는 新注民(22), 384(阿部 徹). 전통적으로 이혼 후 부양은 부양청구권자의 무책성 내지 그 상대방의 유책성을 전제해왔다. 그러나 오늘날은 반드시 그렇지는 아니하다.

187) 신영호·김상훈·정구태, 128은 본호에는 유책주의 이혼사유이지만 구체적으로 열거되지 아니한 것과 파탄주의 이혼사유의 두 유형이 있다면서, 전자(前者)의 예로 배우자의 중대한 범죄행위와 선의의 중혼(重婚), 자녀에 대한 학대를 든다. 그러나 대법원 2005. 12. 23. 선고 2005므1689 판결(주 184)은 부(夫)가 처를 폭행하여 전치 3주의 상해를 입히자 별거에 들어간 사안을 본호의 이혼사유로 다루면서, "폭력이 혼인생활에 미치는 영향은 혼인당사자들의 혼인의 경위 및 혼인생활의 과정, 당사자들의 성격, 학력과 경력 등에 비추어 다른 것"이라는 이유로, 폭력 자체의 정도보다는 "폭력의 행사가 원고와 피고 사이의 혼인관계에 미친 영향"을 따져야 한다고 하여, 파탄 유무를 궁극적 기준으로 보았다.

188) 그러나 판례는 본호의 이혼사유와 관련하여 유책성을 중시한다는 것으로, 현소혜(2022), 105－106.

189) 파탄주의 이혼법에서는 가혹조항을 두는 예가 많다. 1938년 독일·오스트리아 혼인법 §54(파탄이혼사유인 §§50－53에 한하여 적용된다. 독일에서는 1977년 혼인법 폐지시 위 조항을 독일 민법 §1568로 수용하였고, 오스트리아에서는 지금도 위 혼인법 §54가 현행법이다), 1975년 개정 프랑스 민법 §240(다만 2004년 개정으로 가혹조항을 삭제), 1973년 영국 혼인사건법 Part. Sec.5.

러한 요소를 고려하여야 하는지에 관하여는 논란의 소지가 없지 아니하나,[190] 예외적으로 이를 고려한 판례가 있다. 먼저, 대법원 1999. 11. 26. 선고 99므180 판결은 "피고가 원고에게 생활비를 적게 주어 원고로 하여금 경제적으로 어려운 생활을 하도록 하고 가부장적 권위로 원고를 대해오는 한편 고령이 되어 원고를 이유 없이 의심하는 언행을 보인" 점을 인정하였고, 파탄의 정도가 상당히 심하였다고 보임에도,[191] 다시 "피고가 원고를 의심하는 언행을 하거나 알몸으로 집안을 돌아다니기도 한 것은 고령으로 인하여 생긴 정신장애 증상에 기인하며 원고는 위와 같은 정신장애 증상이 있는 피고를 돌보고 부양하여야 할 의무가 있는 점, 현재 원고는 만 75세이고, 피고는 만 83세에 이르는 고령인 점" 등을 종합하여 원고의 이혼청구를 기각하였는데, 특히 피고가 고령으로 정신장애 증상이 있어 (현물)부양의 필요가 크다는 점이 이혼청구를 기각하게 한 결정적인 이유 내지 동기였으리라고 추측된다.[192] 또한, 대법원 1980. 11. 11. 선고 80므58 판결은, 시모(媤母)가 아침밥을 짓고 있는 며느리에게 빌려준 돈을 내놓으라며 막무가내로 성화를 부리고 팔과 머리채를 잡아당겨 며느리가 이를 뿌리치는 과정에서 넘어진 시모(媤母)가 라디에이터에 머리를 부딪쳐 사망하였고, 그 결과 장례식을 치른 후 시집 식구들이 며느리를 쫓아내 용서를 기다리며 일시 친정 숙부 집에 몸을 의탁하고 있는 사건에서 본호의 이혼사유를 부정하면서, 그 이유 중 하나로 부부 사이에 어린 2남 1녀가 있다는 점을 든 바 있다.[193] 미성년인 자녀가 있다는 점이 고려된 예라고 보인다.

---

190) 입법론으로는 가혹조항을 도입하여야 한다는 견해가 유력하나, 비교법적으로는 이러한 규정을 두지 아니한 예도 있다(2004년 개정 프랑스 민법 및 1999년 개정 스위스 민법). 일본에서의 논의에 대하여는 新注民(22), 383-385(阿部 徹)(이혼 후 부양의 필요는 사회보장의 문제로 보아야 하고, 이혼법에서 고려할 일이 아니라고, 부모는 자녀의 이익을 배려할 책임이 있으므로 미성숙자의 이익은 신중하게 고려하여야 한다고 한다).

191) 비교해볼 만한 재판례로 대법원 2000. 9. 5. 선고 99므1886 판결이 있다. 여기에서 대법원은, 피고가 독선적·봉건적 권위의식을 갖고 있어 혼인 초부터 원고를 천대하면서 복종을 강요하였고, 조금만 마음에 들지 아니하면 심하게 잔소리를 하면서 일일이 간섭하였으며, 원고가 피고의 말에 이유라도 달거나 변명을 하면 불호령을 내리는 등 원고를 억압해왔고, 경제권도 자신이 쥐고 원고에게는 생활에 필요한 만큼의 돈만 지급한 점, 의처증 증세가 있어 원고의 바깥출입은 물론 친정 식구들과의 만남조차 엄히 통제하였으며, 원고가 성당에 다니는 것조차 금지하였고, 결국 통신교리를 이용하여 영세를 받은 사실을 알고 분노하여 원고를 내쫓고 지금까지 일체 생활비를 주지 않고 있는 점, 원고가 이 사건 이혼소송을 준비하고 있다는 소식을 듣고 원고 등에게 상속을 해줄 바에는 자신이 번 돈을 사회에 환원시키는 것이 낫다는 생각에 그간 모은 재산 중 피고가 여생을 보내기에 충분한 현금 10억 원 정도만 남긴 채 나머지 부동산 등 모든 재산을 원고 등과 상의 없이 고려대에 장학기금으로 기부한 점 등을 들어 원·피고의 혼인관계가 계속할 수 없을 정도로 파탄되었음을 인정하였다.

192) 이동진(2012), 491 주 30; 신권철(2012), 83-85. 한편 위 판결은 기각이유로 "혼인 당시의 가치기준과 남녀관계"도 들고 있다. 이에 대한 비판으로, 김상용, "만 75세의 처가 만 83세의 남편을 상대로 제기한 이혼청구사례", 가족법 판례해설, 131[다만, 같은 문헌은 대법원 2000. 9. 5. 선고 99므1886 판결(주 191)로 이러한 판례가 바뀌었다고 설명하나, 근거 없는 해석이다]; 이화숙(2000), 24 이하.

193) 송기홍(1983), 350-351.

다만, 이들 요소들은 각각 일정 정도에 이르렀을 때 그 자체 본호의 이혼청구를 인용 또는 배척시키는 개념(Begriff)표지가 아니라 일종의 유형(類型, Typus)표지로써, 본호 요건이 갖추어졌는지를 판단함에 있어서는 각 요소들이 어느 정도로 충족되었는지를 종합적·상관적으로 살펴야 한다. 특히 이혼 후의 생활보장과 (미성년인) 자녀의 존재가 고려된 재판례들을 보면, 판례는 이러한 필요가 있다는 점만으로 이혼청구를 배척하지 아니하고 그중에서도 이혼을 뒷받침하는 다른 사정이 상대적으로 아주 심각하지는 아니한 경우에 한하여 이를 고려하고, 이혼할 필요성이 강하다면 그 결과가 가혹하더라도 이혼을 인정하는 것 같다. 아래 (2) (가)도 참조. 이는 전형적인 가혹조항과는 다른 점이다.

그 밖에 판례는 본호의 구체화에 선존(先存)하는 「혼인의 본질」 및 「사회관념」을 동원하기도 한다. 가령 "성관계는 혼인의 본질적 요소"에 속하고,[194] "동거, 부양, 협조의무는 애정과 신뢰를 바탕으로 일생에 걸친 공동생활을 목적으로 하는 혼인의 본질이 요청하는 바로서, 부부 사이에 출생한 자식이 없거나 재혼한 부부간이라 하여 달라질 수 없는 것이고, 재판상 이혼사유에 관한 평가 및 판단의 지도원리로 작용"하며,[195] 본호는 "부부간의 애정과 신뢰가 바탕이 되어야 할 혼인의 본질에 상응하는 부부공동생활관계가 회복할 수 없을 정도로 파탄"된 경우를 가리킨다거나,[196] 대법원 1999. 11. 26. 선고 99므180 판결(주 191의 본문)이 이혼청구를 기각하는 사유 중 하나로 "혼인 당시의 가치기준과 남녀관계"를 든 것이 그 예이다.

(나) 제척기간(§842)

§840 vi의 이혼사유는 다른 일방이 이를 안 날로부터 6월, 그 사유가 있은 날로부터 2년을 경과하면 소멸한다. 이는 제척기간이다. 위 나. (1) (나) 참조.

그러나 §840 vi가 파탄주의에 입각한 이혼사유라는 점에 비추면, 이 사유에 터잡은 이혼청구권에 제척기간이 부가된다는 것은 납득하기 어렵다.[197] 현재 혼인관계가 파탄되어 있으면 이혼을 인정하는 것이 파탄주의인데, 그러한 상태가 일정기간 지속

---

194) 대법원 2009. 12. 24. 선고 2009므2413 판결.
195) 대법원 1999. 2. 12. 선고 97므612 판결.
196) 대법원 1987. 7. 21. 선고 87므24 판결.
197) 한봉희·백승흠, 182. 비교법적으로도 이혼사유에 제척기간을 붙이는 것은 대체로 유책이혼사유에 한한다. 1907년 스위스 민법 §§137 ②, 138 ②(간통, 학대), 1938년 독일·오스트리아 혼인법 §57(그러나 같은 법 §58는 파탄이혼사유 중 불임(不姙)에 한하여 따로 제척기간을 규정하고 있다), 1973년 영국 혼인사건법 Part I. Sec. 2(1)~(3){간통과 부당한 대우에 관한 (a), (b)에 대하여 제척기간을 규정한다}. 민법안심의록(주 3), 502은 본조의 참조 입법례로 독일 민법 §1571 ①을 들고 있으나, 이 규정은 유책이혼사유인 §§1565~1568에 한하여 적용되고, 파탄이혼사유인 §1569(정신병)는 그 적용범위에서 제외하고 있었다.

되었다고 하여 이혼을 부정한다는 것은 모순인 것이다. 그리하여 판례는 §840 vi의 이혼사유가 존속하는 이상 이혼청구권은 소멸하지 아니한다고 한다.[198] 판례와 같이 본호를 파탄주의로 운용하는 한 §842는 사실상 필요 없는 규정이 된다.[199]

(2) 개별유형

학설에 따라서는 본호가 적용되는 사안군(事案群)을, ① 배우자의 (강간, 강제추행 등 파렴치한) 범죄행위, ② 육체적 파탄원인(성교거부, 성적불능, 부당한 피임, 성병의 감염), ③ 윤리적·정신적 파탄원인[불치의 정신병, 신앙의 차이로 인한 갈등, 지나친 신앙생활, 알코올 중독,[200] 도박,[201] 장기간 지속된 사실상의 별거, 혼인 전 부정으로 인한 부부간의 갈등, 자녀에 대한 학대, 부(夫)의 지나치게 가부장적인 태도[202]], ④ 경제적 파탄원인[지나친 계(契)로 인한 가사소홀과 채무부담,[203] 낭비,[204] 불성실, 지나친 사치]으로 유형화하기도 한다.[205] 이와 같은 유형화는 혼인이 어떠한 측면에서 파탄에 이르게 되었는지, 그 주된 모습을 보여줌과 동시에 파탄에 이르게 된 원인을 확인시켜준다는 점에서 도움이 되는 것이지만, 일반조항으로서 본호의 기능과 위치, 혼인과 그 파탄의 양상의 다양성에 비추어 볼 때, 어차피 이를 통하여 본호의 적용대상 모두를 망라할 수는 없다. 이하에서는 특히 논의가 필요한 사안유형만을 보기로 한다.

㈎ 정신질환, 약물중독 기타 악질(惡疾)

1) 정신질환은 비교법적으로 다수의 입법례에서 개별·구체적 이혼사유로 인정하고 있는 대표적인 파탄이혼사유이다.[206] 민법 정부초안도, 아마도 1947년 개정 일

---

198) 대법원 1987. 12. 22. 선고 86므90 판결; 대법원 1996. 11. 8. 선고 96므1243 판결; 대법원 2001. 2. 23. 선고 2000므1561 판결.

199) 김주수·김상용, 193; 박동섭·양경승, 185; 오시영, 177; 이경희·윤부찬, 110. 신영호·김상훈·정구태, 128-129은, 본조는 유책이혼사유에 해당하지만 민법에 열거되어 있지 아니하여 vi를 근거로 이혼을 청구하는 경우에만 적용될 수 있다고 한다. 그러나 판례는 유책행위가 있었던 때에도 파탄이 인정되어야 비로소 본호를 적용하는 입장으로 이해된다.

200) 서울고등법원 1987. 4. 20. 선고 87르15 판결.

201) 대법원 1991. 11. 26. 선고 91므559 판결.

202) 대법원 2000. 9. 5. 선고 99므1886 판결(주 191).

203) 대법원 1966. 1. 31. 선고 65므50 판결. 그러나 처가 부(夫)의 동의하에 사업을 하는 과정에서 채무를 부담하고 채무담보를 위하여 부(夫)의 인장을 도용하여 부(夫) 소유의 가옥에 대하여 가등기를 한 사안에서 본호의 이혼사유를 부정한 예(대법원 1982. 4. 13. 선고 81므56 판결), 부부가 공동으로 양돈업을 하다가 처가 부(夫)의 이름으로 사업자금으로 금전을 차용하여 부(夫)가 세 건의 민사소송을 당한 사안에서 본호의 이혼사유를 부정한 예(대법원 1986. 8. 19. 선고 86므18 판결)도 있다.

204) 대법원 1987. 8. 18. 선고 87므33 판결.

205) 김주수·김상용, 191-192, 박동섭·양경승, 181-182; 오시영, 178-179; 최금숙, 친족(2), 189 이하; 한복룡, 117; 한봉희·백승흠, 180-181도 비슷하다.

206) 1896년 독일 민법 §1569(3년 이상 계속된 중증의 정신병으로 회복 불가능한 경우, 1938년 혼인법으로 폐지), 1907년 스위스 민법 §141(3년 이상 계속된 불치의 정신병으로 타방에게 수인을 기대할 수 없는 경우, 1999년 개정으로 폐지), 1937년 영국 혼인사건법(1973년 폐지), 1938년 독일·오스트리아 혼인법 §51(독일은 1977년 개정으로 폐지, 오스트리아에서는 지금도 이것이 현행법이다), 1975년 개정 프랑스

본 민법 §770 ① iv를 따라, "배우자가 회복할 수 없는 정신병 기타 악질로 2년을 경과한 때"(초안 §833 ① iv)를 재판상 이혼사유로 하고 있었으나, 국회심의과정에서 삭제되었다. 그러나 이는 정신병을 이혼사유에서 제외하고자 함이 아니라, vi에 포섭하려 함이었다. 오늘날의 판례·학설도 일치하여 정신질환이 본호의 파탄사유에 해당함을 인정하고 있다.

정신질환을 개별·구체적 이혼사유로 규정하든 추상적 이혼사유에 포섭하든 그로 인하여 혼인이 파탄에 이르러야, 달리 말하여 혼인을 파탄시킬 정도여야 한다는 점은 다르지 아니하다. 판례도 "부부 중 일방이 불치의 정신병에 이환되었고, 그 질환이 단순히 애정과 정성으로 간호되거나 예후가 예측될 수 있는 것이 아니고 그 가정의 구성원 전체에게 끊임없는 정신적, 육체적 희생을 요구하는 것이며 경제적 형편에 비추어 많은 재정적 지출을 요하고 그로 인한 다른 가족들의 고통이 언제 끝날지 모르는 상태에까지 이르렀다면, 온 가족이 헤어날 수 없는 고통을 받더라도 타방배우자는 배우자간의 애정에 터잡은 의무에 따라 한정 없이 참고 살아가라고 강요할 수는 없"으므로, 본호의 이혼사유를 인정할 수 있다고 하여,[207] ① 불치(不治)의 정신병에 걸려[208] ② 가정 구성원 전체에게 끊임없는 희생과 경제적 형편에 비추어 많은 재정적 지출을 요하는 정도일 것을 요구한다. 그리하여 부부 일방이 정신병 증세를 보여 혼인관계를 유지하는 데 어려움이 있다 하더라도 그 증상이 가벼운 정도에 그치는 경우라든가 회복이 가능한 경우에는 배우자는 사랑과 희생으로 그 병의 치료를 위하여 진력을 다할 의무가 있다면서, 이러한 노력도 하여 보지 않고 정신병증세로 인하여 혼인관계를 계속하기 어렵다고 주장하여 이혼청구를 하는 것은 허용되지 아니한다는 입장이다.[209] 물론 그 실제 판단은 결코 쉽지 아니하다. 학설로는 정신적 사망에 이를 필요는 없고 조현병, 조발성 또는 마비성 치매, 조울증, 편집병 등 고도의 정신병은 그 자체만으로도 파탄이 인정될 가능성이 높지만, 알코올이나 마약중독, 히스테리, 신경쇠약 등은 다른 사정을 보태어 판단하여야 한다는 견해가 유력하나,[210] 판례는 같은 조현병이라도 이상(異常)증세가 어느 정도로 나타나고 있는지, 그 결과 혼인생활이 어느 정도 유지되고 있는지에 따라 본호의 적용을 긍정하기도,[211] 부정하기

민법 §238(6년 이상 계속된 정신병). 그 밖에 연혁 및 비교법은 신권철(2012), 58−72.
207) 대법원 1991. 1. 15. 선고 90므446 판결; 대법원 1991. 12. 24. 선고 91므627 판결[평석: 김주수(1993)]; 대법원 1995. 5. 26. 선고 95므90 판결; 대법원 2004. 9. 13. 선고 2004므740 판결.
208) §804 iii도 약혼해제 사유로 "불치의 정신병"을 들고 있다.
209) 대법원 1995. 5. 26. 선고 95므90 판결; 대법원 2004. 9. 13. 선고 2004므740 판결.
210) 김주수(1993), 24−24; 윤영미(1993), 483.
211) 대법원 1991. 1. 15. 선고 90므446 판결(정신분열증으로 인한 심각한 망상장애); 대법원 1991. 12. 24.

도212) 하고, 장기간 지속된 조울증이 회복 불가능한 정신질환으로 이환하였다며 이혼을 인정한 예가 있는가 하면213) 간헐적 발작과 조울증 증세에 대하여 이러한 증세가 정신병에서 온 것인지, 정신병에서 왔다면 치료가 불가능한 것인지 심리하지 아니한 채 이혼을 명한 것은 위법이라고 한 예도 있으며,214) 우울증 증세에도 불구하고 본호의 이혼사유를 부정한 예도215) 있는 등 이른바 정신적 사망이나 매우 극단적인 형태의 정신질환은 별론, 그에 미치지 아니하는 정신질환에 대하여는 구체적 사정을 늘 함께 고려한다.216) 단순한 정신질환이 이에 해당하지 아니함은 물론이다.217) 그 한계는 부부간 동거·부양·협조의무가 어디까지 미치는가와 상관적으로 설정되어야 한다.218) 정신질환 및 그 치료가능성의 증명은 의사의 감정(鑑定)에 의하는 것이 보통이나,219) 이처럼 여러 사정이 복합적으로 형량되어야 하는 이상 이혼사유가 되는지 여부는 결국 법관의 규범적 평가에 달려있다.220) 같은 이유에서 성년후견개시심판을 받았다 하더라도 반드시 본호의 이혼사유가 된다고 할 수 없다.221) ③ 비교법적으로는 정신질환에 걸린 상태가 일정한 기간 계속될 것을 요구하는 예가 많으나(주 206), 일반조항인 본호 해석상 그러한 기간을 정할 근거는 없고, 일반적으로 정신병을 확진하고, 가정이 이를 감당할 수 없다는 점이 드러날 때에는 이미 상당한 시간이 경과한 것이 보통이라고 할 수 있을 뿐이다.222) 그 밖에 ④ 일방의 정신질환이 이혼소송의 사실심 변론종결시까지 계속되고 있어야 하는지의 문제가 있다. 민법 정부초안 §835

선고 91므627 판결.
212) 대법원 1971. 10. 12. 선고 71므32 판결(간헐적 발작, 일상생활을 영위하고 있음).
213) 대법원 1997. 3. 28. 선고 96므608, 615 판결.
214) 대법원 1995. 5. 26. 선고 95므90 판결. 평석: 김상용, "정신질환의 재판상 이혼사유 해당여부", 가족법 판례해설, 139 이하.
215) 대법원 1995. 12. 22. 선고 95므861 판결.
216) 대법원 2004. 9. 13. 선고 2004므740 판결(가정의 경제적 능력을 고려); 대법원 1995. 12. 22. 선고 95므861 판결(당사자의 혼인계속의사 등 고려).
217) 대법원 1991. 12. 24. 선고 91므528 판결.
218) 신권철(2012), 85-87, 90 이하. 대법원 1995. 12. 22. 선고 95므861 판결도, "부부 사이에는 동거, 부양 및 협조의무가 있으므로 혼인생활을 함에 있어서 부부는 서로 협조하고 애정과 인내로써 상대방을 이해하며 보호하여 혼인생활의 유지를 위한 최선의 노력을 기울여야 하는바, […] 가사 일방이 다시 시댁에 들어가 시부모를 모시고 살 경우 우울증이 재발할 가능성이 있다면 상대방으로서는 그를 시댁에 들어가게 하는 대신 그들이 시부모의 집 근처에 살면서 부모를 돌보게 하거나 누이들로 하여금 부모를 모시게 하는 등의 다른 방법을 찾는 등 애정을 가지고 재발방지를 위한 노력을 다하여야" 한다고 한다. 반면 김주수(1993), 24; 윤영미(1993), 483은 정신질환에 걸린 부부 일방이 자신의 협력의무를 이행할 수 있는지가 기준이 되어야 한다고 한다.
219) 김주수(1993), 24-25; 윤영미(1993), 484; 新注民(22), 370(阿部 徹).
220) 윤영미(1993), 484; 新注民(22), 370(阿部 徹)(의학적 회복불능 판정도 불필요하다고 한다).
221) 新注民(22), 370(阿部 徹). 한편, 윤영미(1993), 483은 반드시 금치산자선고의 이유로 되는 정신장애 내지는 정신적 사망에 이를 필요는 없다고 한다.
222) 윤영미(1993), 484.

는 이를 요건으로 정하고 있었는데, 회복할 수 없는 정신병이 개별·구체적 이혼사유
에서 제외됨에 따라 이 규정도 삭제되었다.223) 본호 해석상 정신질환의 계속은 불필
요하나, 파탄상태는 계속되어야 할 것이다.224)

　　파탄의 정도 이외에는 정신질환자의 부양의 필요를 어느 정도로 고려할 것인지
가 문제된다. 일본에서는 일본 민법 §770 ②과 관련하여 이러한 점을 어느 정도로 고
려할 것인가와 관련하여 논란이 많았는데, 근래의 판례는 부양이나 사회보장에 의하
여 정신질환자의 구체적 사후보장책이 확보되어야 한다는 요건을 완화하여 좀 더 너
그럽게 이혼을 허용하고 있다고 한다.225) 민법 정부초안 §833 ②은 "전항 제4호의 사
유로 인하여 이혼을 선언할 경우에는 법원은 당사자의 재산상황, 기타 사정을 참작하
여 상당한 요양료의 지급을 상대방에 명할 수 있다"고 하여, 이 경우에 한하여 이혼
후 부양을 인정하고 있었으나, 정신병을 개별·구체적 이혼사유에서 제외함에 따라
본항도 함께 삭제되었다. 이에 관하여 대법원 1991. 1. 15. 선고 90므446 판결은 "혼인
관계가 해소되면 피청구인이 앞으로 배우자로부터의 원조가 제한되게 됨에 따라 극
심한 경제적 고통을 받게 되고 보호를 받을 수 없게 된다는 딱한 사정도 고려되어야
할 것이지만 이는 이혼 당사자간의 재산분할청구 등 개인간 또는 사회적인 부양의 문
제로 어느 정도의 지원을 기대할 수 있을 뿐이겠으니 그러한 사정이 있다하여 청구인
에게 일방적 고통을 감수하라고 강요할 수는 없"다고 함으로써, 사후보장책이 없다는
이유로 이혼을 허용하지 않을 수는 없다는 입장을 취한다.226) 그러나 이러한 판시가
정신질환자인 배우자의 부양을 이혼 여부에서 고려하지 아니한다는 뜻으로 이해될
수는 없다. 판례는 파탄 여부의 판단에서 배우자와 가정이 그 정신적·육체적·재정
적 한계 내에서 상당한 기간에 걸쳐 부양·협조의무를 하였는지를 고려하고 있기 때
문이다.227) 위 판례는 그러한 한계를 넘은 이상 정신질환에 걸린 배우자에게 사후보
장이 없다는 이유만으로 이혼을 막을 수는 없다는 뜻에 그친다고 보인다.

---

223) 민법안심의록(주 3), 501−502.
224) 대법원 1991. 12. 24. 선고 91므627 판결은 "처의 정신분열증으로 인하여 처가 친정으로 돌아간 때부
　　터 파탄에 이르러 현재까지 그러한 상태가 계속되고 있"으므로 본호의 이혼사유가 인정된다는 원심의
　　판단을 유지하였다. 그러나 김현채(1973), 347은 정신병이 사실심 변론종결 당시에 계속되어야 한다는
　　취지로 보인다. 한편, 신권철(2012), 94은 정신질환 배우자의 부양의무 불능상태, 상대방 배우자의 부양
　　부담 가중상태가 종료된 후 6개월/2년의 제척기간(§842)이 경과되면 이혼청구권이 소멸한다고 한다. 그
　　러나 본호의 이혼사유는 파탄이고, 일응 파탄된 것으로 보였던 혼인관계가 다시 회복되었다면 더는 본
　　호의 이혼사유가 존재하지 아니한다고 봄이 옳을 것이다[위 (1) (나) 참조].
225) 윤영미(1993), 489−491; 新注民(22), 370−372(阿部 徹).
226) 윤영미(1993), 489−490.
227) 신권철(2012), 90−93도 부양·협조의무의 이행정도를 고려하여야 한다고 한다.

2) 정신질환 외의 일정한 질병도 본호의 이혼사유가 될 수 있다. §804 iii도 불치의 정신병과 함께 성병(性病)과 불치의 병질(病疾)을 약혼해제사유로 들고 있고, 학설도 대체로 배우자의 성병감염이나 식물인간상태 등은 본호의 사유에 해당한다고 한다.228) HIV(AIDS)도 포함된다.229) 다만, 일반적으로는 정신질환의 경우와 마찬가지로 질병이 이들의 혼인공동생활에 어느 정도 영향을 미치고 있는지, 질병에 걸린 부부 일방의 부양을 위하여 다른 가족 구성원들로 하여금 어디까지 희생할 것을 기대할 수 있는지가 고려되어야 한다.230) 대법원 1983. 11. 22. 선고 83므32, 33 판결은 그 밖의 여러 사정과 함께 부(夫)의 간질병을 들어 본호에 의한 이혼을 인정한 바 있으나, 대법원 1980. 5. 13. 선고 90므11 판결은 결혼할 당시에는 건강하였는데, 혼인 후 쌍둥이를 포태하고부터 심장병이 생겼고, 산후 악화된 경우로서 본격적으로 치료를 하면 건강을 회복할 수 있다면 본호의 이혼사유가 인정되지 아니한다고 하고, 대법원 1980. 9. 9. 선고 80므54 판결은 간질병 발작과 비슷한 증세를 보이고, 뇌량(腦梁) 앞부분에 종양이 있다 하더라도 그 정도의 증세만으로 본호의 이혼사유가 있다고 할 수 없다고 한다.

(나) 성교거부, 성기능장애, 변태적 성행위강요, 임신거부, 불임(不姙)

1) 합리적인 이유가 없는 성교(性交)거부나 성기능장애도 본호의 이혼사유가 될 수 있다. 그 기준이 문제인데, 판례는 "부부간의 성관계는 혼인의 본질적 요소이므로 성적 불능 기타 부부 상호 간의 성적 요구의 정상적인 충족을 저해하는 사실이 존재하는 경우 이는 혼인을 계속하기 어려운 중대한 사유가 될 수 있으므로, 정당한 이유 없이 성교를 거부하거나 성적 기능의 불완전으로 정상적인 성생활이 불가능한 경우에는" 본호의 이혼사유가 인정되지만, "전문적인 치료와 조력을 받으면 정상적인 성생활로 돌아갈 가능성이 있는 경우에는 일시적인 성기능의 장애가 있거나 부부간의 성적인 접촉이 단기간 부존재하더라도 그 정도의 성적 결함만으로는" 본호의 이혼사유를 인정할 수 없다고 하여,231) 성관계가 없었던 기간이 어느 정도인지, 성적 문제를 갖고 있는 일방이 그러한 상황을 극복하기 위하여 어느 정도 노력하고 있는지, 회복 가능성이 있는지를 고려하는 입장이다.232) 학설도 대체로 같은 태도로 보인다.233)

---

228) 김민중(1993), 34; 김주수·김상용, 191 및 주 194. 그 밖에 불임(不姙)과 성적 불능도 문제가 되는데, 이에 관하여는 아래 (나) 참조.

229) 김민중(1993), 35-37.

230) 송기홍(1983), 348; 新注民(22), 393(阿部 徹).

231) 대법원 2009. 12. 24. 선고 2009므2413 판결; 대법원 2010. 7. 15. 선고 2010므1140 판결.

232) 대법원 1982. 11. 23. 선고 82므36 판결[성적 기능이 다소 원활하지 못하다는 사실만으로는 본호의 이혼사유가 되지 아니한다. 반대: 최문기(1997), 782-783]; 대법원 1993. 9. 14. 선고 93므621, 638 판결(심

그러나 합리적인 이유로 성교를 거부한다 하여 곧바로 이혼사유가 되지는 아니하며, 변태적인 성행위를 강요하여 이에 응하지 아니한 경우도 같다.234)

2) 과거 중대한 사유 없는 고집스러운 임신거부 내지 합리적 이유가 없는 피임을 개별·구체적 이혼사유로 적시한 입법례도 있었으나,235) 그러한 규정이 없다 하더라도 이러한 사정은 본호의 이혼사유가 될 수 있다.236) 다만, 이때에도 개별·구체적 사정을 고려하여야 할 것이다. 낙태에 관한 것이지만, 울산지방법원 2013. 7. 4. 선고 2011드단3879 판결은, 처가 부(夫)와 상의 없이 수회 임신중절을 하였다 하더라도 원·피고 사이에 이미 2명의 자녀가 있고, 계획된 임신이었다고 볼 증거가 없으며, 계획하지 아니한 임신이었다면 임신은 피고의 건강과 사회생활에 지대한 영향을 미치므로 신중하였어야 할 것임에도 여러 번이나 피임을 제대로 하지 아니한 점 등을 들어 본호의 이혼사유를 부정하였다.

불임(不姙)은 어떠한가. 대법원 1991. 2. 26. 선고 89므365, 367 판결은, 처가 임신불능이 되자, 부(夫)가 종가(宗家)의 종손임을 들어 이혼을 주장하여 혼인이 파탄에 이르렀다면 "출산불능이 법률상의 이혼사유로 되지 아니하는 이상 청구인 측에게 보다 더 큰 책임이 있"다고 하여 불임은 본호의 이혼사유가 아님을 분명히 하였다.237) 학설상으로는 과거 불임(不姙)도 본호의 이혼사유가 된다는 견해도 있었으나,238) 지금은 판례에 특별히 반대하는 견해를 찾아보기 어렵다.

㈐ 종교로 인한 갈등

비교법적으로는 부부 사이에 종교가 다른 것 자체를 이혼사유로 정한 예도 있다

인성발기부전증으로 일시적으로 발기불능 또는 삽입 불능이라 하더라도 부부가 합심하여 전문의의 치료와 조력을 받는 경우 정상적인 성생활로 돌아갈 가능성이 있다면 그 정도의 성적 결함을 지닌 부에 대하여 파탄의 책임을 지울 수 없다); 대법원 2009. 12. 24. 선고 2009므2413 판결(혼인 후 2년간 성관계가 없었고 개선노력에 협조하지 아니하였다는 사실만으로 본호의 이혼사유를 인정하기 어렵다); 대법원 2010. 7. 15. 선고 2010므1140 판결(혼인 후 7년째 성관계가 없었고 결국 별거하기에 이르렀다면 본호의 이혼사유가 인정된다). 그 밖에 대법원 2002. 3. 29. 선고 2002므74 판결(처가 합리적 이유 없이 남편과의 성행위를 거부하고 거의 매일 외간 남자와 전화통화를 하였으며 그 결과 남편이 이혼을 청구하고 별거에 이르게 되었다면 본호의 이혼사유가 인정된다).
233) 김주수·김상용, 191-192; 최금숙, 친족(2), 190.
234) 新注民(22), 392(阿部 徹).
235) 1938년 독일·오스트리아 혼인법 §48. 독일에서는 1946년 연합군통제위원회가 혼인법 중 불임(不姙)을 이혼사유로 한 규정만을 특정하여—국가사회주의적 색채가 있다 하여—폐지하였다. 오스트리아에서 이 규정은 1999년 개정으로 폐지되었다.
236) 서울가정법원 1997. 9. 11. 선고 96므96056, 97드50989 판결. 김주수·김상용, 191.
237) 이미 대법원 1965. 9. 21. 선고 65므37 판결도 처의 임신 불능을 재판상 이혼사유로 보지 아니하였다. 그 밖에 부(夫)의 무정자증으로 인한 생식불능이 이혼사유가 되지 아니한다는 것으로, 대법원 1982. 11. 23. 선고 82므36 판결(주 232).
238) 김현채(1973), 352. 정호영(1983), 322-323은 임신 불능 자체만으로 본호의 이혼사유에 해당하지는 아니하나, 경우에 따라 육체적 또는 경제적 요인이 될 수 있다고 한다.

고 하나,[239] 개개인의 종교의 자유가 보장되어 있는 우리 법에서 그와 같이 볼 수는 없다.[240] 부부 일방의 종교로 인하여 갈등이 생긴 것으로는 충분하지 아니하고, 그 결과 혼인이 파탄에 이르러야 본호의 이혼사유가 될 수 있다. 대법원 1970. 2. 24. 선고 69므13 판결도, 부부가 혼인중 종교관계로 반목하기 시작하여 십년 이상 별거해왔고, 부부 사이에 협의이혼하기로 약정하고 이혼신고를 하지 아니한 채 그 일방은 다른 사람과 사실혼 관계를 가져 그 사이에 3명의 자녀를 두기에 이른 사안에서 혼인관계가 파탄에 이르렀고, 그것이 어느 일방의 귀책사유로 인한 것이라고 보기 어렵다면서, 본호의 이혼사유를 인정하고 있다.[241]

종교로 인한 갈등에서 좀 더 문제되는 것은, 뒤에서 볼 유책배우자의 이혼청구의 제한과 관련하여 그것이 누구의 책임인가 하는 점이다. 이는 부부 각자의 종교의 자유(憲 §20 ①)와 서로에 대한 동거·부양·협조의무(§826)의 충돌문제이다. 종교가 부부 공동생활에 큰 영향을 미칠 수 있는 이상, 둘 중 어느 하나를 무조건 우선할 수는 없고, 양자가 조화를 이루도록 상호 제한하는 수밖에 없을 것이다. 판례도 "신앙의 자유는 부부라고 하더라도 이를 침해할 수 없는 것이지만, 부부 사이에는 서로 협력하여 원만한 부부생활을 유지하여야 할 의무가 있으므로 그 신앙의 자유에는 일정한 한계가 있다"고 한다.[242]

먼저, 종교의 자유 그 자체는 각자의 고유한 기본권이므로, 부부라 하여도 원칙적으로 특정 종교를 배우자에게 강요하거나 배우자에게 종교를 포기할 것을 강요할 수는 없다. 판례도 부(夫)가 통일교에 가입하면서 처에게도 가입을 종용하였으나 처가 이에 불응하자 처와 이혼에 합의하고 이혼신고를 하지 아니한 채 다른 여성과 사실혼 관계를 맺어 그와 사이에 남매까지 출산한 다음 처를 상대로 본호에 터잡아 재판상 이혼을 청구하였다면, 별다른 심리 없이 부(夫)에게 파탄에 대한 책임이 없다고 단정한 것은 위법이고,[243] 부(夫)가 여호와의 증인 신도인 처에게 위 종교의 교리가 매스컴에 오르내린다는 이유로 종교와 가정 중 하나를 택일할 것을 요구하고, 처가 위 종

---

239) 김현채(1973), 351은 힌두 혼인법을 그 예로 든다.
240) 정호영(1983), 322; 현병철(1976), 34은 종교의 차이가 본호의 이혼사유에 해당한다고 설명하나, 종교의 차이가 그 자체 본호의 이혼사유라는 취지는 아니라고 보인다.
241) 대법원 1981. 7. 14. 선고 81므26 판결도, "배우자의 일방이 신앙생활과 가정생활 중 양자택일을 하여야 할 상황 아래에서 신앙생활을 택하고 가정을 떠났다면 이는 혼인을 계속하기 어려운 중대한 사유가 있는 때에 해당하여 상대방 배우자와의 혼인관계는 이미 파탄상태에 이르렀"다고 하여, 결과적으로 파탄을 요구하고 있다.
242) 대법원 1996. 11. 15. 선고 96므851 판결. 해설: 길기봉(1996), 평석: 김상용, "지나친 신앙생활로 인한 혼인파탄은 이혼사유가 된다", 가족법 판례해설, 135 이하; 최행식(1999).
243) 대법원 1971. 8. 31. 선고 71므20 판결. 평석: 장경학(1972).

교를 버릴 수 없다고 하자 가정은 처 때문에 파괴된 것이라며 처를 내쫓았다면 "신앙생활과 가정생활이 양립할 수 없는 객관적 상황이 아님에도 불구하고 상대방이 부당하게 양자택일을 강요하기 때문에 부득이 신앙생활을 택"하였다 할 것이므로, "주된 책임은 양자택일을 강요한 상대방 배우자에게 있"으며,244) 처가 여호와의 증인 신도임을 알고 혼인하였는데, 그 후 처가 제사에 참여하지 아니하고 일요일마다 멀리 떨어진 교회에 나가자 불만을 품고 종교를 바꿀 것을 요구하고, 처가 이에 응하지 아니하자 부(夫)가 그 모(母)의 마음을 상하게 한다는 이유로 수차례 폭행하여, 마침내 처가 가출함으로써 파탄에 이른 것이라면 처가 부(夫)를 악의로 유기하였다고 할 수는 없고, 주된 책임은 부(夫)에게 있다고 한다.245)

그러나 다른 한편 부부는 종교생활과 가정생활이 양립할 수 있도록 서로 노력할 의무가 있으므로, 이를 게을리하여 혼인이 파탄에 이르렀다면 파탄은 그의 책임이 된다. 판례도 부부 일방이 "신앙생활에만 전념하면서 가사와 육아를 소홀히" 하는 등246) 원만한 혼인생활에는 별다른 노력을 기울이지 아니하여 혼인이 파탄에 이르렀다면 파탄의 주된 책임은 그 일방에게 있다고 한다.

학설로는 종교의 교리나 경전을 공부하고, 기도·명상 등을 하며, 신앙고백을 하거나 종교단체에 가입하는 것은 내심의 종교의 자유에 해당하므로 부부 사이에서도 (절대적으로) 보장되어야 하나, 종교집회에 출석하거나 전도(傳道)·포교(布敎) 등의 대외활동을 하는 경우에는 상대방 배우자의 내심의 종교의 자유를 침해하지 아니하고, 부부로서의 공동생활유지의무를 게을리하거나 그 유지를 방해하지 아니하여야 하며, 부부로서 정신적 대화를 유지하고 상대방으로부터 이해받도록 노력하는 전제하에서 보장되어야 한다는 견해가 있다.247)

⒧ 배우자의 범죄행위 또는 수형(受刑)

과거 다른 나라에서는 배우자의 범죄행위나 그로 인한 수형(受刑)도 개별·구체적 이혼사유로 정한 경우가 없지 아니하였고,248) 의용민법(1947년 개정 전 일본 민법) §813도 이를 개별·구체적 이혼사유로 들고 있었다. 이는 배우자가 중범죄를 범하였

---

244) 대법원 1981. 7. 14. 선고 81므26 판결.
245) 대법원 1990. 8. 10. 선고 90므408 판결.
246) 대법원 1996. 11. 15. 선고 96므851 판결; 대법원 1989. 9. 12. 선고 89므51 판결.
247) 최행식(1999), 229−230. 같은 문헌, 229은 제사봉행은 내심의 종교의 문제 그 자체에 해당하고, 존속에 대한 예우도 윤리적 관념의 차이가 있을 수 있으므로, 이에 협조하지 아니한 것을 그의 책임으로 돌리는 데는 신중하여야 한다고 한다.
248) 1804년 프랑스 민법 §232, 1975년 개정 프랑스 민법 §243, 1907년 스위스 민법 §139(1990년 개정으로 폐지되었다).

거나 그로 인하여 형(刑)을 받았다는 점 자체가 상대방 배우자 내지 그 가족에게 오욕(汚辱)이 될 수 있다는 관념과 관계되어 있다. 현행법은 이러한 개별·구체적 이혼사유를 인정하지 아니한다.

그러나 배우자가 범죄를 범하였다는 사실 또는 그 범죄가 특히 파렴치한 범죄였다는 점이 그에 대한 신뢰를 깨뜨려 혼인관계를 파탄에 이르게 할 수도 있고, 장기간 복역하는 경우 그로 인하여 혼인관계가 파탄에 이를 수도 있다. 이러한 경우 본호의 요건을 충족함은 물론이다. 판례도 다른 사정과 함께, 부(夫)가 강제추행으로 형사소추를 받게 된 점이나,249) 강간 및 강도라는 파렴치범죄로 징역 4년을 선고받아 복역 중인 점을250) 들어 본호의 이혼사유를 인정한 바 있다. 특히 판례(주 250)는 이혼소장이 접수된 날 여전히 복역중이었던 이상 §842의 제척기간이 경과하였다고 볼 수 없다고 하는데, 이는 범죄행위 그 자체보다도 그 결과 혼인관계가 파탄에 이르렀다는 점이 본호의 이혼사유임을 보여주고 있다고 여겨진다. 학설로는 살인·절도·방화 등 파렴치범과 기타 중범 및 기타 범죄로 인한 장기간(의용민법의 3년이 기준이 될 수 있다고 한다)의 수형 등의 경우에는 그 자체로 본호의 이혼사유가 되나, 그 이외에는 사안에 따라 다르다는 견해도251) 있다.

㈜ 성격차이, 애정상실 및 장기간의 별거

부부간의 성격차이를 개별·구체적 이혼사유로 정하는 입법례도 있으나,252) 민법은 이를 따로 이혼사유로 규정하고 있지 아니하다. 일정 기간 별거하였음이 증명된 경우 파탄을 추정하거나 간주하는 입법례가 여럿 있으나,253) 민법은 이러한 규정도 두고 있지 아니하다.

판례도 당초 이러한 사정을 이혼사유로 고려하는 데 다소 소극적이었던 것 같다. 판례 중에는 처가 부(夫)에 대하여 애정이 없어 그 도리를 다하지 못하여 부(夫)가 견디지 못하고 자녀를 데리고 나와 하숙생활을 하였으나 처가 뉘우치는 기색이 없어 다른 여자와 동거를 시작하였고, 그로부터 8, 9년이 지났다면 본호의 이혼사유가 있다고 한 것도 있으나,254) 재혼 부부 사이에 전처소생의 자녀가 있어 부부간 불화가 계

249) 대법원 1983. 11. 22. 선고 83므32, 33 판결.
250) 대법원 1974. 10. 22. 선고 74므1 판결.
251) 김현채(1973), 348-349. 정호영(1983), 322-323; 현병철(1976), 34도 비슷하다.
252) 미국 뉴멕시코(New Mexico)주, 프랑스 1792년 법(그러나 1804년 프랑스 민법은 이러한 이혼을 제한할 의도로 이혼사유에서 이를 제외하였다).
253) 독일 민법 §1566 ②(3년의 별거, 파탄간주), 1973년 영국 혼인사건법 Part. I Sec. 1(2)(e)(5년의 별거, 파탄 추정), 1999년 개정 스위스 민법 §114(4년의 별거).
254) 대법원 1964. 4. 18. 선고 63다740 판결. 이 상태가 계속되는 한 §842의 제척기간에도 걸리지 아니한다고 한다.

속된 경우,255) 나이 차이가 많고 학력·재력이 심히 한쪽으로 기운 부부 사이에서 타방에 대한 애정을 잃고 혼인을 계속할 생각이 없으며, 배우자에 대한 혐오감과 반감이 커진 경우,256) 해외 유학을 위한 8년간의 합의 별거로 애정이 식은 경우에서257) '아직은' 혼인이 파탄에 이르러 본호의 이혼사유가 인정된다고 할 수 없다고 하는 등 대체로 단순한 성격이나 연령, 학력의 차이, 가정환경 등으로 부부싸움이 잦았거나 상대방에 대한 애정을 잃었다는 것만으로는 본호의 이혼사유로 보지 아니한다.258)

그러나 좀 더 근래의 판례는 별거가 매우 장기간 계속된 경우 본호의 이혼사유를 인정하는 경향을 보인다. 즉, 판례는 혼인 후 불과 10여 일만에 부(夫)가 강제징용되어 일본에 간 이래 별거하면서 부부 각자가 다른 사람과 사실혼 관계를 맺고 자녀까지 둔 경우,259) 처가 빚을 진 후 집을 나가 부(夫)가 귀가를 종용하여도 돌아오지 아니하여, 부(夫)도 처 가출 후 1년쯤 지나 다른 사람과 동거하였고, 처도 다른 사람과 동거하여 20년 이상 부부로서의 실체 없이 지내온 경우,260) 부(夫)가 혼인 이틀 만에 처와 이혼에 합의한 뒤 이혼신고를 하지 아니한 채 10년 이상 다른 여자와 동거하면서 자녀까지 둔 경우261) 등에서 본호의 이혼사유를 인정하였고, 부부가 크고 작은 문제로 다투면서 서로 폭행을 하였을 뿐 아니라 처의 경우 시댁에 소홀한 정도를 넘어 시모(媤母)에게 폭언을 하고, 부(夫)의 사무실에 찾아가 항의하거나 계속 전화하여 업무를 방해하는 등 불화가 계속되었고, 다툰 후 종종 별일 없다는 듯 지내기도 하였으나 자기반성과 노력에서 비롯된 애정과 신뢰의 회복이라기보다는 상대방에 대한 이해부족과 불신을 그대로 유지한 채 갈등을 일시 참은 것에 불과하다는 점 등을 보태어 약 2년간 별거한 부부의 이혼을 인정한 바도 있다.262)

다만, 판례는 매우 장기간 별거하였다 하더라도 - 아마도 유책배우자 이혼청구 법리를 의식하여 - 이혼을 청구한 당사자가 유책배우자인 경우에는 본호의 이혼사유를 인정하지 아니하는 것처럼 판시하기도 한다. 부(夫)가 20년 이상 첩과 동거하여 별거한 경우나,263) 부(夫)의 주벽과 사업실패로 가정이 파탄되어 30여 년간 부부로 살면

---

255) 대법원 1967. 2. 7. 선고 66므34 판결.
256) 대법원 1979. 2. 13. 선고 78므34 판결.
257) 대법원 1966. 4. 26. 선고 66므4 판결.
258) 조해섭(2000), 120.
259) 대법원 1986. 3. 25. 선고 85므85 판결.
260) 대법원 1991. 1. 11. 선고 90므552 판결.
261) 대법원 1987. 12. 22. 선고 86므90 판결.
262) 대법원 2004. 8. 20. 선고 2004므955 판결. 그 밖에 김주수(1986)는 대법원 1986. 3. 25. 선고 85므72 판결(주 139)도 성격차이로 인하여 갈등이 심해진 경우라고 설명한다.
263) 대법원 1969. 3. 4. 선고 69므1 판결; 대법원 1989. 10. 24. 선고 89므426 판결.

서 6명의 자녀까지 낳은 처가 8년간 자녀들 집을 전전하면서 부(夫)와 별거한 경우에264) 부(夫)의 이혼청구가 기각되었다. 장기간의 별거에 정당한 사유가 있었을 때도 마찬가지이다. 부(夫)의 해외유학으로 8년간 별거하였고, 그 사이 처음에는 수차례 교신이 있었으나 곧 중단되었던 경우265) 부(夫)의 이혼청구는 받아들여지지 아니하였다.

(바) 이혼합의

그 밖에 학설 중에는 부부가 이혼에 합의하고 위자료 등 명목으로 금전을 지급하거나 재산을 분배받은 경우 본호의 이혼사유가 된다는 견해가 있다.266) 그러나 판례는 그로 인하여 부부관계가 돌이킬 수 없을 정도로 파탄되어 부부 쌍방이 이혼의 의사로 사실상 부부관계의 실체를 해소한 채 생활하여왔다는 등의 특별한 사정이 없는 한, 부부 사이에 이혼합의가 있었다는 사실만으로는 본호의 이혼사유를 인정하지 아니하고 있다.267) 부부가 본소와 반소로 각각 이혼을 구하는 경우에도 그 자체로 본호의 이혼사유를 인정할 수는 없으나 유력한 참조사항이 될 수는 있다.268)

(사) 기타

끝으로 학설상 본호의 적용대상으로 논의되는 것으로, 배우자의 중혼(重婚)과 혼전(婚前) 부정행위가 있다. 중혼은 후혼(後婚)의 취소사유이고, 전혼(前婚) 배우자도 이를 구할 수 있다(§§816 i, 810, 818). 그러나 후혼의 취소 여부와 관계없이 전혼에 대하여는 이혼사유가 된다는 것이 통설이다. 의용민법 §813 ①은 중혼을 재판상 이혼사유로 들었고, 그와 같은 규정이 없는269) 현행법상으로도 악의의 중혼은 §840 i의 이혼사유(부정행위), 선의의 중혼은 본호의 이혼사유에 해당한다고 보고 있다. 다만, 본호의 이혼사유인 이상 혼인이 파탄되었는지를 따져야 할 것이다. 한편, 배우자의 혼전의 부정행위는 §840 i의 이혼사유에 해당하지 아니하나, 그로 인하여 혼인 후 부부관계가 파탄에 이르렀다면 본호의 이혼사유가 될 수 있다.270)

264) 대법원 1986. 8. 19. 선고 86므75 판결.
265) 대법원 1966. 4. 26. 선고 66므4 판결(주 257).
266) 정범석(1984), 158. 정호영(1983), 323도, 이혼합의가 신중 공평하게 형성되었고 이에 부수하여 재산분할과 자녀의 양육에 관한 처분이 고려되어 있는 경우에 한하여 정당한 이유 없이 이혼예약을 이행하지 아니하였다면 본호의 사유로 고려될 수 있다고 한다.
267) 대법원 1988. 4. 25. 선고 87므28 판결; 대법원 1996. 4. 26. 선고 96므226 판결(평석: 김상용, "이혼 합의사실의 존재가 민법 제840조 제6호의 재판상 이혼사유에 해당하는지 여부", 가족법 판례해설, 119 이하).
268) 실무상으로는 이러한 경우 이 사정을 들어 혼인관계의 파탄을 인정하는 것이 대부분이라고 한다. 주석친족(1), 555(정현경).
269) 민법안심의록(주 3), 677은 이 규정을 삭제하면서 중혼은 형식주의 하에서는 무효로 봄이 타당하다고 설명하고 있다.
270) 대구고등법원 1978. 5. 19. 선고 77르11 판결[송기홍(1983), 351-352]. 대법원 1991. 9. 13. 선고 91므

3. 이혼의사 및 이혼청구

가. 이혼청구권의 법적 성질과 이혼의사

(1) 재판상 이혼은 부부 일방이 이혼을 청구하여야 가능하고, 또 뒤에 보는 바와 같이 이혼판결이 확정되면 곧바로 혼인이 해소된다. 이 점에서 재판상 이혼청구권은 권리를 소송상으로만 행사할 수 있고, 그로써 당사자 사이의 법률관계를 일방적으로 변경하는 형성소권(形成訴權)에 해당한다. 학설로는 - 아마도 제척기간의 적용을 피하기 위하여 - 형성(소)권이 아니라는 견해도 있으나, 형성(소)권인지 여부와 제척기간의 적용 여부는 별개의 문제이고(주 115, 116, 117 및 그 본문 참조), 이혼청구권은 형성(소)권의 전형적인 표지를 모두 충족할 뿐 아니라, 예로부터 형성(소)권의 대표례 중 하나로 꼽혀온 것이기도 하다.[271]

(2) 이혼청구권이 형성소권, 즉 넓은 의미의 형성권이라 함은, 이것이 단순한 소권(訴權)에 그치지 아니하고, 그 안에 실체법상의 형성권이 숨어 있음을 뜻한다. 좁은 의미의 형성권이 권리자의 의사표시만으로 일방적으로 법률관계를 변동시킨다면, 형성소권에서는 권리자의 의사표시에 갈음하는 소 제기행위와 그에 대한 법원의 판결로 일방적으로 법률관계를 변동시킨다. 따라서 재판상 이혼에서도 형성의사, 즉 이혼의사가 필수적이다.[272]

나아가 이혼 여부는 원칙적으로 혼인 당사자 본인만이 결정할 수 있는 것이므로, 이때의 의사는 어디까지나 본인의 의사여야 하고, 그 대리는 허용되지 아니한다. 아래 대법원 2010. 4. 29. 선고 2009므639 판결도 이를 전제하고 있다. 이로부터 재판상 이혼의 요건 일반에 관하여 몇 가지 결론이 도출된다.

첫째, 별로 논의되고 있지는 아니하지만, 부부 중 이혼을 원하는 일방이 소송무능력이어서 단독으로 재판상 이혼절차를 진행할 수 없고, 법정대리인 등이 절차를 진행하여야 하는 경우에도(아래 II. 4. 참조), 당해 행위, 즉 이혼의 결과를 이해하기에 충분한 정도의 정신적 능력이 남아있는 이상,[273] 이혼(청구를 할지) 여부의 결정은 여전히 본인에게 맡겨져 있다. 본인의 의사에 반하는 이혼청구는 어떻든 받아들여져서는

85, 92 판결은 이와 달리 i의 이혼사유뿐 아니라 본호의 이혼사유도 부정하였으나(주 35의 본문), 그 당부는 별론, 당해 사안의 부부관계에 상당한 특수성이 있었으므로, 일반화하기는 어렵다.

271) 독일 민법상 형성권이론을 정립한 E. Seckel도 형성소권을 넓은 의미의 형성권에 포함시키고, 이혼청구권을 형성권·형성소권의 대표적인 예로 들었다. 김영희, 독일 민법학상 형성권(Gestaltungsrecht)에 관한 연구 (2003년 서울대학교 법학박사학위논문) = 형성권 연구(2007), 38, 42, 50−51.

272) 김영희(주 271), 102−103.

273) 윤영미(1993), 473.

아니 되는 것이다.

둘째, 본인이 재판상 이혼을 원하여 이혼청구의 소를 제기하였다 하더라도 그 후 이를 원하지 아니하여 소 취하를 하였으나 상대방이 소 취하에 동의하지 아니하여(民訴 §266 ②) 소송계속이 소멸하지 아니한 경우에도 이혼청구가 받아들여져서는 아니 된다. 이 문제는 이전부터 하급심 재판실무에서 의식되어왔다. 하급심 재판례로는 (증명이 충분하지 아니하다고 하거나 원고로 하여금 모든 증거를 철회하게 하여) 기각한 예와[274] 권리보호의 이익이 없다는 이유로 각하한 예가[275] 있고,[276] 학설상으로는 각하하여야 한다는 견해만이 보인다.[277] 이때 이혼을 전제하였을 관련 청구의 운명도 문제되는데, 재판실무에서는 함께 취하된 것으로 보거나 상대방 부동의로 취하로서의 효력이 발생하지 아니하는 경우에는 각하하는 예가 보인다.[278]

그렇다면 부부 중 일방에게 이혼의 결과를 이해하기에 충분한 정도의 정신적 능력이 없는 경우, 극단적으로 의식불명 상태인 경우, 그를 대신하여 다른 사람이 이혼을 할지 여부를 결정하고, 또 재판상 이혼을 청구할 수는 없는가. 이를 할 수 없다는 견해도 생각할 수 있으나 판례는, 의식불명의 식물상태와 같은 의사무능력 상태에 빠져 금치산선고를 받은 자의 배우자에게 부정행위나 악의의 유기 등 본조가 정한 이혼사유가 존재하고 나아가 금치산자의 이혼의사를 객관적으로 추정할 수 있는 경우 후견인이 의사무능력 상태에 있는 금치산자를 대리하여 그 배우자를 상대로 재판상 이혼을 청구할 수 있다고 하여,[279] 재판상 이혼의 일반 요건 외에 원고에게 이혼의사가 있다고 추정할 만한 객관적 사정이 있으면 이혼청구가 가능하다는 입장이다. 이러한

---

274) 서울가정법원 1992. 9. 3. 선고 92드32474 판결; 대구지방법원 1990. 7. 19. 선고 88드20790, 90드1891 판결.

275) 서울가정법원 1996. 10. 25. 선고 95드36453, 96드64288 판결; 서울가정법원 2018. 12. 12. 선고 2016드합41753, 2018드합36038 판결; 서울고등법원 2016. 9. 27. 선고 2016르20480, 20497 판결 등. 주석친족(1), 666(정현경)은 현재 실무례의 대부분이라고 한다. 반면 과거 하급심 실무례 중에는 인용한 예도 있다. 위 정현경, 665 참조. 최근의 대법원 2023. 11. 2. 선고 2023므12218 판결의 제1심도 재판상 이혼청구 부분은 인용하였고 원고만 그 패소부분에 불복하여 항소하자 항소심 또한 재판상 이혼청구 부분은 이미 제1심에서 원고청구인용판결이 확정되었음을 전제로 판단하였다. 대법원은 이러한 판단을 특별히 문제 삼지 아니하였다.

276) 반면, 서울가정법원 1995. 10. 6. 선고 93드84371, 84748 판결은 원고의 소 취하에도 불구하고 피고가 이에 동의하지 아니하여 소송계속이 소멸하지 아니하자, 이혼청구를 인용하였다. 그러나 이 사건에서는 -앞의 다른 사건들과 달리-피고도 이혼의 반소를 제기하였을 뿐 아니라, 그 반소도 인용되는 사건이었다.

277) 김능환(1997), 24 이하; 엄상필(2002), 20 이하.

278) 가사비송사건의 경우 상대방 동의 없이 취하할 수 있으므로 재판상 이혼과 함께 청구한 친권자 및 양육자 지정, 양육비, 면접교섭, 재산분할은 함께 취하한 것으로 해석함이 일반적이다. 문제는 원칙적으로 상대방 동의가 필요한 위자료 청구인데, 하급심 재판례 중에는 함께 각하한 예가 있으나(서울가정법원 2018. 12. 12. 선고 2016드합41753, 2018드합36038 판결; 서울고등법원 2016. 9. 27. 선고 2016르20480, 20497 판결), 그 근거는 분명하지 아니하다. 이러한 실무에 찬성하는 것으로 주석친족(1), 666(정현경).

279) 대법원 2010. 4. 29. 선고 2009므639 판결. 해설: 이원범(2010).

추정적 의사기준은 연명치료중단에 관한 대법원 2009. 5. 21. 선고 2009다17417 전원합의체 판결과도 상통한다.[280] 다만, 위 판결은 추정의 방법과 관련하여, 당해 이혼사유의 성질과 정도를 중심으로 금치산자 본인의 결혼관 내지 평소 일상생활을 통하여 가족, 친구 등에게 한 이혼에 관한 의사표현, 금치산자가 의사능력을 상실하기 전까지 혼인생활의 순탄 정도와 부부간의 갈등해소방식, 혼인생활의 기간, 금치산자의 나이 · 신체 · 건강상태와 간병의 필요성 및 그 정도, 이혼사유발생 이후 배우자가 취한 반성적 태도나 가족관계의 유지를 위한 구체적 노력의 유무, 금치산자 보유 재산에 관한 배우자의 부당한 관리 · 처분 여하, 자녀의 이혼에 관한 의견 등 제반 사정을 종합하여 혼인관계를 해소하는 것이 객관적으로 그의 최선의 이익에 부합한다고 인정되고 그에게 이혼청구권을 행사할 기회가 주어지더라도 혼인관계의 해소를 선택하였을 것이라고 볼 수 있는 경우여야 한다고 하여, 사실상 객관적 이익을 고려하고 있다. 이는 이혼 당사자 본인의 현실적 의사를 고려할 수 없는 이상 어느 정도 불가피하다. 구체적으로는 명백히 이혼을 청구할 만한 사정이 있어야 위 요건을 충족한다고 볼 수 있고, 단지 이혼을 고려할 만한 정도의 사정으로는 충분하지 아니할 것이다.[281] 나아가 이와 같은 청구는 §§841, 842의 제척기간과의 관계에 비추어 본인이 쉽사리 의식이 회복될 개연성이 보이지 아니하는 경우에 한하여 허용되어야 할 것이다.[282]

나. 이혼청구권 행사의 제한

(1) 이른바 유책배우자의 이혼청구의 제한

이혼청구권 행사에 대한 제한으로서 가장 중요한 것은, 이른바 유책배우자의 이혼청구의 제한 법리이다. 이는 간단히 말하여, 스스로 혼인 파탄에 책임이 있는 배우자는 - 타방 또는 부부 모두에게 있는 §840 각호의 이혼사유를 들어 - 이혼청구를 하지 못한다는 것이다. 이 법리는 1907년 스위스 민법 §142[283] 및 1946년 독일(서독) 혼

---

280) 이원범(2010), 721-722도 위 판결을 원용한다.

281) 위 판결도 피고가 부정행위(不貞行爲)를 하였고, 원고가 의식불명이 된 이후 원고의 인감도장을 소지한 소외인과 함께 법무사 사무실에 가 자신이 원고로부터 주식을 증여받는 취지가 담긴 주식양도 · 양수계약서를 위조하고, 그에 터잡아 원고 회사 대표이사가 된 일이 있고, 이로 인하여 사문서위조 및 위조사문서행사, 간통으로 형사처벌까지 받았음에도, 원고의 현재 건강상태에 비추어 배우자와 자녀의 간병이 절실하고, 자녀들이 피고를 용서하고 가정을 유지하기를 원하고 있다는 점을 고려하여 이혼청구를 기각하였다. 이원범(2010), 724-725도 당해 사유라면 누구라도 재판상 이혼을 청구할 만한 사정이 있어야 할 것이라고 한다.

282) 이원범(2010), 721. 이에 대하여 상속권상실 등에 의하여 해결하면 되고 이혼이 갖는 고도의 인격적 성격을 고려할 때 가정적 의사에 기초하여 대리에 의한 재판상 이혼을 인정할 필요는 없다는 비판으로, 현소혜, "2010년대 가족법 판례의 경향과 흐름", 안암법학 63(2021), 269-270. 논리적으로 그와 같이 볼 수는 없을 것이나, 판례에 따를 때에도 후견인에 의한 재판상 이혼청구는 극히 예외적으로만 가능하므로 큰 실익은 없다.

283) 이 규정은 1999년 개정으로 삭제되었다. 그러나 1999년 개정 스위스 민법 §115은, 중대하고 수인할 수 없는 사유가 있을 때에는 4년간의 별거를 요구하는 §114에도 불구하고 재판상 이혼을 청구할 수 있

인법 §48와[284] 같이 파탄주의와 결합하기도 하고(이를 일본에서는 소극적 파탄주의라고 하여 그러한 제한이 없는 이른바 적극적 파탄주의와 구별한다), 1938년 독일·오스트리아 혼인법 §49와 같이 혼인과오 일반을 이혼사유로 하면서 유책배우자의 과오가 타방의 과오와 관련되어 있는 경우 그가 그 타방의 과오를 들어 이혼을 청구할 수 없게 하는 식으로[285] 유책주의와 결합할 수도 있다.[286] 유책배우자의 이혼청구를 인정할 것인가 하는 점은 기본적으로 (입)법정책의 문제인데,[287] 민법에는 유책배우자의 이혼청구를 배제하는 명문 규정이 없다. 그러나 판례·학설상으로는 계속 논란이 되어왔다.

㈎ 판례와 학설

1) 학설

학설부터 본다. 민법 제정 직후에는 학설상 유책배우자의 이혼청구를 허용하는 것은 혼인의 도의성과 사회통념에 반하고, 축출이혼이 될 우려가 있으며, 신의칙에 반하고 권리남용이므로 이는 일반적으로 허용되어서는 아니 된다는 견해가 유력하였다(소극설). 이 견해는 이로써 무책배우자, 특히 이혼분쟁에서 전형적인 약자인 처와 자녀를 보호하고자 하였다.[288] 그러나 이후 이러한 단호한 태도에 대하여 비판이 제기되어, 유책배우자의 이혼청구는 원칙적으로 허용되지 아니하지만, 예외적으로 일정한 사정하에 이를 허용할 수도 있다는 견해가 점차로 유력해졌다(제한적 소극설). 다만, 어떠한 경우에 유책배우자의 이혼청구가 허용되는지에 대하여는 견해가 갈려, (a) 유책행위가 파탄 후 있었다는 등 파탄과 인과관계가 없는 경우, (b) 이혼을 청구하는 일방의 유책성이 적어도 타방과 같거나 그보다 약한 경우, (c) 유책행위 후 장기간 별거 등으로 완전히 파탄된 경우, (d) 쌍방의 이혼의사가 일치한 경우, (e) 쌍방이 자녀, 위자료 등 이혼효과에 대하여 완전하고 적정한 합의에 이른 경우, (f) 일방의 유책행위로 파탄된 후 타방이 별도의 중대한 이혼사유를 제공한 경우가 유책배우자의 이혼청구가 허용되는 예외적인 경우로 제시되었다.[289] 나아가 혼인파탄이 있는 한 이혼을

다고 하면서도, 그 중대한 사유가 "그에게 귀속할 수 없는" 사유여야 한다고 규정한다.

284) 이 규정은 1975년 개정으로 폐지되었다.

285) 이 규정은 오스트리아에서는 아직도 현행법으로 효력이 있다.

286) 그 이외에도 그리스 민법에 이러한 규정이 있다고 한다. 입법례에 관하여 상세한 것은, 한봉희(1964a).

287) 신영호·김상훈·정구태, 129는 소극적 파탄주의도 있지만, 파탄주의의 논리에 충실한다면 유책배우자의 이혼청구도 긍정하여야 하는 반면(적극적 파탄주의), 유책주의와 유책배우자의 이혼청구는 논리적으로 충돌한다고 한다.

288) 정광현(1965), 45-46; 정광현, 연구(1967), 801; 이근식·한봉희, 신친족상속법(1978), 125; 이태영(1969), 303; 한봉희(1964b), 53.

289) (a)를 든 것으로 장경학(1963), 57이, (b)를 든 것으로 이근식(1965a), 115-116; 同(1966)이, (c)의 극단적인 예인 쌍방이 각기 사실혼 관계에 들어간 때를 든 것으로 정범석(1970), 154가, (a), (b), (d)를 든 것으로 김주수(1970), 59; 김현채(1973), 362-364; 박병호(1976), 109 이하가, (a), (b), (c), (d)를 든 것으로

청구할 수 있는 것이 원칙이고, 이혼청구권의 행사가 혼인의 윤리성에 의거하는 신의 칙 또는 사회질서에 반하는 경우에는 권리남용법리로 제한될 수 있을 뿐이라는 견해 도 일찍부터 주장되고 있었다(제한적 적극설).290)

1990년 재산분할청구권이 신설되어 이혼 당사자, 특히 무책배우자의 보호가 강화됨에 따라, 제한적 소극설이 통설이 되었다. 이 견해는 대체로 위 (a), (b) 또는 (d)의 사정이 있는 경우에 유책배우자의 이혼청구를 허용하여도 좋다고 보았으나,291) 나아가 (c), 즉 파탄 후 장기간이 경과한 때에도 예외적으로 유책배우자의 이혼청구를 허용하여야 한다는 반론도 꾸준히 제기되었다.292) 그밖에 이미 파탄되어 명목만 남은 혼인을 존속시키는 것이 윤리적인지 의문이라면서, 별거가 당사자의 연령, 동거기간 등에 비추어 상당히 장기간 계속되고 있는지, 미성년의 자녀가 있는지, 상대방이 이혼으로 정신적·사회적·경제적으로 극히 가혹한 상태에 놓이는지 등을 고려하여, 현저히 사회정의에 반하지 아니하는 한 이혼을 허용하여야 한다는 새로운 (제한적) 적극설도 유력해지고 있다.293)

2) 판례

판례는 당초 유책배우자의 이혼청구를 엄격히 금지하였다. 대법원 1965. 9. 21. 선고 65므37 판결(주 237)에서 처가 불임이고 부(夫)와 별거합의를 한 다음 생활자금을 수령하였으며, 부(夫)의 축첩에 관하여 투서하여 부(夫)가 권고사직을 당하게 하였다 하더라도 재판상 이혼사유가 있다고 할 수 없고, 부(夫)가 그 책임에 속하는 축첩행위를 하였을 뿐 아니라 내연녀에 사로잡혀 처를 돌보지 않고 냉대한 결과 가정의 파탄을 초래하였다면 부(夫)의 이혼청구를 허용할 수 없다고 한 이래294) 1987년까지 판례는, 우리 법제가 이혼에 관하여 유책주의를 채택하고 있고,295) 혼인관계를 파탄에 이

구연창(1988), 271; 한봉희(1976), 726가, (e)를 든 것으로 이태영(1969), 303가, (c), (e), (f)를 든 것으로 정범석(1985); 同(1975)이 있다[다만, 신영호(2004), 26-27은 이 견해를 아래 제한적 적극설의 일종으로 분류한다].

290) 김용한(1963a), 76; 신영호·김상훈·정구태, 129. 강영호(1988), 194; 강영호(1999), 135도 비슷하다.

291) 배경숙·최금숙, 176; 이혜진(2009), 228, 257 이하. 윤진수, 102도 비슷한데, 이와 같이 해석하지 아니하면 본조 i 내지 iv가 유책사유를 들고 있는 것이 무의미해진다는 점을 논거로 든다.

292) 김성곤(2002), 134-135. 한봉희·백승흠, 183-184도 비슷한 취지이다.

293) 이경희·윤부찬, 114; 정현수(2002), 126 이하; 한삼인·김상헌, 92. 유책배우자의 이혼청구의 범위를 넓혀야 한다면서, 가령 장기간 별거로 재결합의사가 전혀 없는 경우 등에서는 유책배우자라 하더라도 표피만 남은 혼인의 굴레를 벗겨야 한다는 한봉희, 183-184도 비슷한 취지이다. 최금숙, 친족(2), 195-196(절충적 유책주의라고 한다)도 대체로 같은 입장으로 보인다.

294) 그 이전 조선고등법원 판결 중에는 유책배우자의 이혼청구를 배척한 예도 있었다. 강영호(1988), 194 이하.

295) 대법원 1971. 3. 23. 선고 71므41 판결; 대법원 1983. 3. 22. 선고 82므57 판결. 판례가 우리 이혼법이 유책주의에 입각하고 있다고 하는 경우는 거의 예외 없이 유책배우자의 이혼청구와 관계된 것이다.

르게 한 것이 당사자 일방의 귀책사유에 기인하는 경우 그 사유를 저지른 당사자가 혼인을 계속할 수 없는 중대한 사유가 있다 하여 이를 재판상 이혼원인으로 주장할 수 있다면 혼인을 고의로 파기한 불법을 행한 자에게 이혼청구권을 인정하는 결과가 되므로,296) 유책배우자가 §840 i~v의 각 사유를 들어 이혼을 청구한 경우는 물론이고, vi의 사유를 들어 이혼을 청구하는 것도 허용되지 아니한다는 입장을 고수해왔다.297)

　　그러나 이러한 입장은 1980년대 후반의 몇몇 판례로 상당히 완화되었다. 먼저, 대법원 1987. 4. 14. 선고 86므28 판결은298) 유책배우자가 파탄을 원인으로 이혼을 청구할 수 없는 것은 파탄을 자초한 사람에게 이혼청구권을 인정한다면 혼인제도가 요구하고 있는 도덕성에 근본적으로 배치되고 일방의 의사에 의한 이혼 내지는 축출이혼을 시인하는 부당한 결과가 되므로 혼인의 파탄에도 불구하고 이혼을 희망하지 않고 있는 상대방의 의사에 반하여 이혼을 할 수 없도록 하려는 것일 뿐, 상대방에게도 혼인을 계속할 의사가 없음이 객관적으로 명백한 경우까지 파탄된 혼인의 계속을 강제하려는 취지는 아니라면서, 유책자의 이혼제기에 대하여 상대배우자도 이혼의 반소를 제기하거나 오기나 보복적 감정에서 표면적으로는 이혼에 불응하고 있기는 하나 실제로는 혼인의 계속과는 도저히 양립할 수 없는 행위를 하는 등 그 이혼의 의사가 객관적으로 명백한 경우에는 파탄에 관하여 전적인 책임이 있는 배우자의 이혼청구도 인용함이 상당하다고 하여, 부부 쌍방이 이혼의사를 갖고 있는 경우 유책배우자의 이혼청구가 허용됨을 분명히 하였다. 다음, 대법원 1988. 4. 25. 선고 87므9 판결은, 유책배우자의 유책성은 혼인파탄의 원인이 된 사실에 기초하여 평가할 일이며 혼인관계가 파탄된 뒤에 있은 일을 가지고 유책배우자인지 여부를 따지는 것은 아니라고 함으로써 파탄과의 인과관계가 문제가 됨을 밝혔다. 그리고 대법원 1989. 6. 27. 선고 88므740 판결은 파탄에 전적으로 또는 주로 책임이 있는 당사자가 하는 이혼청구는 허용되지 아니한다고 함으로써 그 반대해석상 쌍방 유책인 경우 책임이 같거나 가벼운 배우자의 이혼청구가 가능함을 분명히 하였다. 그리하여 이후 판례상으로 다음 세 예외가 인정되게 되었다.299)

---

296) 대법원 1971. 3. 23. 선고 70므41 판결.
297) 이 기간의 재판례에 대하여는 이선미(2009), 54−56; 이혜진(2009), 232−235. 대부분의 사건에서 부(夫)의 축첩 내지 부정(不貞)행위가 유책행위로 문제되었으나, 직업 없이 무위도식하고 아내를 구타한 것이 문제된 예도 있다(대법원 1983. 3. 22. 선고 82므57 판결). 모든 사건의 유책배우자는 부(夫)였다.
298) 평석: 구연창(1988); 김상용, "유책배우자의 이혼청구를 예외적으로 인용한 사례", 가족법 판례해설, 143 이하.
299) 전체적인 흐름에 대하여는 이희배·김혜숙(2015), 257 이하. 한편, 근래 문헌 중에는 아래 세 예외 중 첫째를 제외한 둘째와 셋째는 유책배우자의 개념 자체에 포함된 제한이고 예외가 아니라고 설명하는

첫째, 피고의 이혼의사가 객관적으로 명백한 때. 다만, 피고가 명시적으로 이혼에 동의하면서 협의이혼에는 응하지 아니하고 재판상 이혼청구에 응소하는 경우는 흔치 아니하므로, 어떤 경우 피고의 이혼의사가 객관적으로 명백하다고 볼 수 있는지가 문제되는데, 판례는 이를 쉽게 인정하지 아니한다. 즉, ① 유책배우자가 이혼청구의 본소를 제기하자 상대방이 이를 다투면서 다른 사실을 내세워 이혼청구의 반소를 제기한 경우,300) 이혼청구의 소를 제기하였다가 취하하였으나 유책배우자가 이에 동의하지 아니한 경우,301) 이혼 조건으로 위자료 등을 주장하거나 부(夫)의 재산에 처분금지가처분을 해둔 경우는302) 물론, ② 혼인관계가 파탄된 후 협의이혼에 합의한 사실이 있는 경우도303) 이혼의사가 객관적으로 명백하다고 할 수 없고, ③ 간통 고소를 하고 재판상 이혼청구를 하거나 이혼에 합의한 사실이 있다 하더라도 실제로 혼인을 계속하고 동거할 의사가 전혀 없고 단순히 괴롭히기 위하여 이혼에 응하지 아니하고 있다는 등의 특별한 사정이 없는 한 유책배우자의 이혼청구는 허용되지 아니하며,304) ④ 타인과 동거하여도 이의하지 아니하기로 하는 내용의 합의를 하거나,305) 이혼소송 중 조사기일과 조정기일에 원고가 이혼 위자료 등에 관하여 피고가 제시하는 금액에

것이 있다. 가령 정구태, "2015년 혼인법 관련 주요 판례 회고", 충북대 법학연구 27–1(2016), 167 주 43; 주석친족(1), 560 주 47(정현경). 설득력 있으나, 유책배우자의 이혼청구가 어느 범위에서 금지되는가 하는 점에 대하여도 논란이 있고, 앞서 본 바와 같이 학설과 판례가 보인 역사적 발전을 드러내는 데는 종래의 설명방식이 더 낫다고 여겨지므로, 여기에서는 이들도 예외로 분류하여 다룬다.

300) 대법원 1987. 12. 8. 선고 87므44, 45 판결; 대법원 1991. 2. 26. 선고 89므365, 367 판결; 대법원 1993. 11. 26. 선고 91므177, 184 판결(평석: 김상용, "상대방 배우자의 이혼의사가 객관적으로 명백하지 않다는 이유로 유책배우자의 이혼청구를 기각한 경우", 가족법 판례해설, 149 이하); 대법원 1996. 11. 8. 선고 96므998 판결; 대법원 1997. 5. 16. 선고 97므155 판결; 대법원 1998. 6. 23. 선고 98므15, 22 판결.

301) 대법원 2003. 10. 10. 선고 2003므1401, 1418 판결; 서울가정법원 1996. 10. 25. 선고 95므36454, 96드64288 판결. 이 점은 논란의 소지가 있는 문제이다. 신영호(2004), 35 주 40; 엄상필(2002), 20–22; 이혜진(2009), 244.

302) 대법원 2000. 8. 22. 선고 2000므513 판결(처분금지가처분); 대법원 2002. 10. 25. 선고 2002므1114 판결(위자료 1억 원을 주면 이혼해주겠다고 한 경우).

303) 대법원 1990. 5. 11. 선고 90므231 판결; 대법원 1990. 9. 25. 선고 89므112 판결; 대법원 1991. 11. 22. 선고 91므23 판결; 대법원 1999. 10. 8. 선고 99므1212 판결.

304) 대법원 1991. 11. 22. 선고 91므23 판결; 대법원 1993. 11. 26. 선고 91므177 판결[평석: 오창수(1995)]; 대법원 1997. 5. 16. 선고 97므155 판결. 그 밖에 일반 형사고소에 대하여 같은 취지로 판단한 예로, 대법원 1993. 2. 12. 선고 92므778 판결; 대법원 2001. 11. 9. 선고 2001므1490 판결. 그 밖에 위 대법원 1991. 11. 22. 선고 91므23 판결도 참조. 특히 간통 고소의 경우 혼인해소 또는 이혼청구의 소의 제기가 그 적법요건이라는 점(刑訴 §§229, 232)이 문제가 되는데, 판례는 이 규정에도 불구하고 간통 고소를 한 당사자의 이혼의사를 인정하지 아니한다. 이에 대하여 비판적인 견해로, 김성곤(2002), 129–130(이혼의사를 인정함이 원칙이고, 이혼의사가 없다고 주장하더라도 오기나 보복에 기인한 것으로 보아야 하며, 적어도 유책배우자에 비하여 상대방의 사회경제적 지위가 약하지 않은 경우에는 이혼의사를 너그럽게 인정하여야 한다고 한다); 위 오창수, 170 이하; 최영헌(2006), 637 이하(간통 고소로 구속된 후 제1심 판결 선고 전 이혼소송을 취하하고 상대방은 그 취하에 부동의하면서 반소를 제기하는 경우 유책배우자는 이미 자신의 죄과를 다 치렀다고 생각하는 예가 많고, 혼인계속의사의 유무는 객관적으로 판단되어야 한다고 한다). 또한 이선미(2009), 68–70도 참조.

305) 대법원 1996. 11. 8. 선고 96므998 판결.

동의하면 이혼하겠다고 진술한 경우,[306] ⑤ 부(夫)가 처·자녀에게 재산을 넘겨주겠다고 작성하여 준 각서에 터잡아 민사소송을 제기한 경우도[307] 이에 해당하지 아니한다. 이러한 사정이 인정되기 위해서는, 이미 혼인이 파탄에 이르러 이혼협의가 진행되던 중 협의와 관련하여 다툼이 생기자 간통 고소를 하고 재판상 이혼을 청구하여 유책배우자를 구속시킨 다음 일정 금원을 받고 민·형사상 일체 이의를 하지 아니하기로 합의하고 고소를 취소해주었고, 이혼소송에도 불출석하여 취하 간주된 경우,[308] 간통 고소하여 형을 받게 한 뒤 의사자격까지 박탈시키고 형을 마친 뒤 출소하여 찾아온 부(夫)를 냉대하여 그 이후에도 계속 별거 중인 경우,[309] 간통 고소하여 형을 받게 한 뒤 위자료·양육비를 지급받고 자유로이 이혼하기로 합의하였고 그 후 소식도 없이 10여 년 남남으로 지내온 경우,[310] 이혼소송 중 유책배우자가 무면허운전으로 입건되어 구약식 기소되자 엄벌에 처하라는 탄원서를 재판부에 제출하고 상해 등 고소하여 실형이 선고되게 하였고, 허위주소 기재의 방법으로 판결을 편취하여 그 재산을 가로챈 경우[311] 등 매우 뚜렷한 개별·구체적 사정이 요구된다.[312]

둘째, 유책배우자라 하더라도 상대방보다 파탄에 대한 책임이 더 무겁지 아니한 경우. 따라서 유책배우자의 이혼청구라 하여 배척하기 위해서는 쌍방의 책임 유무와 경중을 가려야 한다.[313] 판례는 처가 계가 깨져 빚을 지게 되자 가출하여 부(夫)의 귀가종용에 응하지 아니하였고, 이에 부(夫)가 가출 후 1년쯤 될 무렵부터 다른 여자와 동거해왔으며, 처도 수년 뒤 다른 남자와 동거하여 20년간 부부로서 실체 없이 지내왔다면 이 혼인은 돌이킬 수 없을 정도로 파탄되었고, 그 책임도 반드시 누가 크다고 할 수 없어 이혼을 청구할 수 있다고 하고,[314] 원고가 가출하여 혼인관계가 파탄되었

306) 대법원 1999. 10. 8. 선고 99므1213 판결.
307) 대법원 2000. 4. 25. 선고 2000므254 판결.
308) 대법원 1987. 9. 22. 선고 86므87 판결.
309) 대법원 1987. 4. 14. 선고 86므28 판결.
310) 대법원 1988. 2. 9. 선고 87므60 판결[해설: 한정덕(1989)]. 그 밖에 대법원 1996. 6. 25. 선고 94므741 판결[평석: 김선이(2007)]도 참조.
311) 대법원 2004. 2. 27. 선고 2003므890 판결.
312) 이 점에서 이는 파탄의 유무 등과 관련하여 문제되는 혼인계속의사와 다르다.
313) 대법원 1988. 4. 25. 선고 87므9 판결; 대법원 1990. 3. 27. 선고 88므375 판결; 대법원 1990. 4. 10. 선고 88므1071 판결; 대법원 1990. 9. 25. 선고 89므112 판결; 대법원 1991. 12. 24. 선고 91므528 판결; 대법원 1992. 11. 10. 선고 92므549 판결; 대법원 1994. 5. 27. 선고 94므130 판결. 그 전의 것으로, 대법원 1982. 5. 11. 선고 80므60 판결; 대법원 1983. 4. 26. 선고 82므63 판결. 이때 비교의 대상이 되는 유책성은 파탄 이전의 것으로 제한된다. 대법원 1988. 4. 25. 선고 87므9 판결. 그러나 그 결과 파탄 후의 유책행위, 특히 파탄 후 '원만한 혼인관계 유지를 위하여 노력할 의무' 위반을 무시한다면 혼인관계 파탄시점을 언제로 판단하는지에 따라 결론에 큰 영향을 줄 뿐 아니라, 이혼청구가 유책배우자의 청구라는 이유로 기각된 이후 재소(再訴)하였을 때 (파탄 후의) 혼인계속노력의무 위반을 이혼사유로 고려하는 것과도 일관되지 아니한다는 문제가 생긴다. 현소혜(2022), 113-115 참조.
314) 대법원 1991. 1. 11. 선고 90므552 판결.

다 하더라도 그 이전에 피고의 반복적 폭력이 있었고, 원고가 장기간에 걸쳐 충분한 노력을 한 끝에 가출한 반면, 피고는 혼인관계회복을 위하여 진지한 노력을 보이지 아니한다면 원고의 책임이 더 크다고 할 수 없다고 한다.315)

셋째, 유책행위와 파탄 사이에 인과관계가 없는 경우. 판례는 혼인파탄의 원인이 직접적으로는 부(夫)가 다른 여자와 동거한 데 있다고 하더라도 그것이 이혼합의 이후의 일이라면 혼인파탄의 주된 책임이 부(夫)에게 있다고 할 수는 없고,316) 처가 부(夫)의 협의이혼 요구를 피하기 위하여 미국으로 도피함으로써 혼인이 파탄된 후 부(夫)가 사위(詐偽)의 방법으로 이혼청구의 소를 제기하여 제1심에서 승소하였다 하더라도, 이러한 행위는 이미 파탄 뒤의 행위이므로 부(夫)의 이혼청구가 유책배우자의 이혼청구로 허용되지 아니한다고 할 수 없다고 한다.317) 다만, 파탄되어 부부 공동생활이 실질적으로 폐지되었는지 여부 및 그 시점 판단에는 미묘한 점이 있다.

그러나 위와 같은 예외사유에 해당하지 아니하는 한, 심지어 혼인이 사실상 파탄되어 그 후 장기간이 경과한 경우에도, 유책배우자의 이혼청구는 받아들여지지 아니하고 있다.318) 그리하여 혼인생활 기간은 약 6년 정도에 불과한 반면 별거기간은 30년에 가깝고, 유책배우자인 처가 약 20년간 사실혼 관계를 갖고 사실혼 부(夫)와 사이에 자녀까지 두고 있으며, 원·피고의 나이도 이미 50대 중반에 이르렀고, 원·피고 사이의 자녀들도 이미 성인이 되었다 하더라도, 부(夫)가 간절히 재결합을 원하고 있는 한, 유책배우자인 처의 이혼청구는 허용되지 아니한다고 한다.319)

다만, 근래 대법원 2009. 12. 24. 선고 2009므2130 판결은, 원고인 처가 가출하여 피고인 부(夫)와는 11년째 별거해오면서, 다른 남자와 동거하여 그들 사이에 다리가 기형인 딸을 출산하였고, 그리하여 위 신생아를 치료·양육하는 데 원고의 보살핌이 필수불가결한 상황에 처하자 피고를 상대로 이혼청구의 소를 제기한 사안에서, 피고가 원고가 딸을 출산한 사실을 알지 못한 채 가정에 복귀할 것을 강하게 원하고 있다 하더라도, 원·피고의 혼인의 실체가 완전히 해소되었고 원고가 기형아인 딸을 출산

---

315) 대법원 2022. 6. 16. 선고 2022므10932 판결.
316) 대법원 1987. 12. 22. 선고 86므90 판결. 이 판결은 판시상으로는 책임비교형 같지만 내용상으로는 파탄과의 인과관계를 부정하는 유형에 속한다.
317) 대법원 1994. 2. 25. 선고 93므317 판결.
318) 대법원 1984. 12. 11. 선고 84므90 판결; 대법원 1985. 7. 23. 선고 85므20 판결; 대법원 1986. 2. 25. 선고 85므79 판결; 대법원 1986. 3. 25. 선고 85므98 판결; 대법원 1986. 9. 23. 선고 86므24 판결; 대법원 1988. 2. 9. 선고 87므60 판결; 대법원 1989. 10. 24. 선고 89므426 판결; 대법원 2000. 1. 18. 선고 99므1947 판결. 하급심 재판례는 이선미(2009), 70 이하.
319) 대법원 2004. 9. 24. 선고 2004므1033 판결. 해설: 윤병철(2005), 평석: 연기영(2007e); 한삼인(2006). 이 판결에 비판적인 것으로 위 연기영, 261.

하여 그 치료와 양육이 절실히 필요한 점, 이처럼 혼인이 파탄에 이른 데는 원·피고의 책임이 경합하였고, 그들 사이의 별거가 장기화됨에 따라 원고의 유책성도 상당정도 약화되고, 원고가 처한 상황에 비추어 그에 대한 사회적 평가나 법적 인식도 달라질 수밖에 없으며, 현 상황에 이르러 그들의 이혼 여부를 판단하는 기준으로 파탄에 이르게 된 데 대한 책임의 경중을 엄밀히 따지는 것의 법적·사회적 의의는 상당히 감쇄되고, 쌍방의 책임의 경중에 관하여 단정적인 판단을 내리는 것 역시 곤란한상황에 이르렀다고 보이는 점 등을 들어 유책배우자인 원고의 이혼청구를 인용한 바있고, 대법원 2010. 6. 24. 선고 2010므1256 판결도 혼인 수년 뒤부터 원·피고가 46년째 별거해왔고 원고는 이미 제3자와 사실혼 관계를 맺어 자녀까지 두고 있으며, 피고와 사이에는 자녀가 없었고, 피고도 이 때문에 사실혼 관계를 묵인해온 사안에서, 혼인이 파탄에 이른 것은 원고의 책임이나 별거가 수십년간 계속된 데는 피고의 책임도전혀 없다고 볼 수 없고, 원·피고 사이의 부부공동생활관계의 해소가 장기화되면서원고의 유책성도 상당 정도 약화되어, 원고가 처한 상황에 비추어 그에 대한 사회적인식이나 법적 평가도 달라질 수밖에 없다면서, 이러한 상황에서 현재와 같은 파탄상황을 유지하게 하면 특히 원고에게 참을 수 없는 고통을 계속 주는 결과가 된다는이유를 들어 원고의 이혼청구를 인용하였다. 그러나 이러한 법리가 논리적으로 설득력이 있는지는 별론 하더라도, 앞 사건의 경우 특히 유책배우자의 이혼청구를 받아들이지 아니한다면 사실혼 관계에서 출산한 기형이 있는 딸에게 가혹하다는 점이 중요하게 고려되었고, 뒷 사건에서는 피고와 사이에서는 자녀가 없고 사실상 처와 사이에서는 자녀가 있으며 피고가 집안의 대를 잇겠다는 생각에 이를 수십년 동안 묵인한채 단지 법률혼의 해소에만 반대하고 있다는 점이 있었다. 여전히 혼인의 완전한 파탄이나[320] 파탄 후 장기간 별거만으로 유책배우자의 이혼청구가 허용되지는 아니하는 것이다.[321]

　　이후 대법원 2015. 9. 15. 선고 2013므568 전원합의체 판결에서는 원고와 소외인사이에 혼외자가 출생한 이래 13년 가까이 별거하였으나 별거 중에도 10년 이상 원고가 원·피고 사이의 자녀들의 학비와 피고의 생활비를 부담해온 사안이 문제되었다. 다수의견은 "상대방 배우자도 혼인을 계속할 의사가 없어 일방의 의사에 따른 이혼내지 축출이혼의 염려가 없는 경우는 물론, 나아가 이혼을 청구하는 배우자의 유책성

---

320) 대법원 2010. 12. 9. 선고 2009므844 판결. 해설: 권순형(2011).
321) 실제로 이 법리를 원용하여 유책배우자의 이혼청구가 받아들여지는 예는, 고려할 만한 추가적인 사정이 있는 소수에 그치는 것으로 보인다. 우선, 김태환(2017), 393 이하.

을 상쇄할 정도로 상대방 배우자 및 자녀에 대한 보호와 배려가 이루어진 경우, 세월의 경과에 따라 혼인파탄 당시 현저하였던 유책배우자의 유책성과 상대방 배우자가 받은 정신적 고통이 점차 약화되어 쌍방의 책임의 경중을 엄밀히 따지는 것이 더 이상 무의미할 정도가 된 경우 등과 같이 혼인생활의 파탄에 대한 유책성이 이혼청구를 배척해야 할 정도로 남아 있지 아니한 특별한 사정이 있는 경우에는 예외적으로 유책배우자의 이혼청구를 허용할 수 있"고, 그 판단에는 "유책배우자 책임의 태양·정도, 상대방 배우자의 혼인계속의사 및 유책배우자에 대한 감정, 당사자의 연령, 혼인생활의 기간과 혼인 후의 구체적인 생활관계, 별거기간, 부부간의 별거 후에 형성된 생활관계, 혼인생활의 파탄 후 여러 사정의 변경 여부, 이혼이 인정될 경우의 상대방 배우자의 정신적·사회적·경제적 상태와 생활보장의 정도, 미성년 자녀의 양육·교육·복지의 상황, 그 밖의 혼인관계의 여러 사정을 두루 고려하여야" 한다면서, "제6호 이혼 사유에 관하여 유책배우자의 이혼청구를 원칙적으로 허용하지 아니하는 종래의 대법원판례를 변경하는 것이 옳다는 주장은 그 주장이 들고 있는 여러 논거를 감안하더라도 아직은 받아들이기 어렵다."고 하였다. 즉, 다수의견은 유책배우자의 이혼청구의 원칙적 폐기는 받아들이지 아니한 것이다. 위 판결에는 유책배우자라 하더라도 원칙적으로 이혼청구를 할 수 있고 다만 상대방 배우자에게 심히 가혹하거나 혼인기간 중 고의로 장기간 부양의무 등을 저버린 경우, 재산분할과 위자료지급의무의 이행을 회피하기 위하여 재산을 은닉한 경우 등에 한하여 이를 금지하여야 한다는 취지의 대법관 민일영, 김용덕, 고영한, 김창석, 김신, 김소영의 반대의견이 있었다.[322] 적극적 배려가 있을 때에만 예외적으로 유책배우자의 이혼청구를 인정하는 점에서는 다수의견이 엄격하나, 일반적으로 가혹조항에 해당하는 소극적 요건을 창설하는 점에서는 반대의견의 통제가 더 넓다. 다만 각각의 사유가 다 고도로 평가적 개념에 해당하므로 운용하기에 따라서는 양자의 차이가 그리 크지 아니할 수도 있다.[323]

이후의 판례로는 원고가 일방적으로 가출한 뒤 피고를 상대로 이혼청구의 소를

---

322) 해설: 방웅환(2016), 399 이하. 다수의견은 협의이혼제도의 존재와 축출이혼의 위험, 간통죄 폐지와 중혼죄의 부존재, 가혹조항의 부존재 등을 논거로 든 반면, 반대의견은 유책주의 이혼법의 여러 문제와 혼인파탄책임확정의 어려움, 이혼 후 여성의 사회경제적 여건의 향상, 재산분할의 확장 등을 논거로 들었다. 다만 반대의견이 든 논거 중에는 위자료에 유책성을 충분히 반영하여야 한다거나 재산분할에서 부양적 요소를 충분히 반영하여야 한다는 주장이 있는데, 이는 파탄주의 이혼법을 도입한 나라에서 숨은 유책주의라는 비판을 받곤 하는 요소들이기도 하다. 다수의견에 찬성하는 견해로, 정구태(주 299), 166-167, 반대의견에 찬성하는 견해로, 박정민(2017), 229-231; 이준영(2017), 274-280; 이상명(2019), 160-161.

323) 같은 취지로, 현소혜(주 282), 265. 다른 한편 이른바 유책성 상쇄 법리에 긍정적인 것으로, 조경애(2018), 76, 비판적인 것으로, 김주수·김상용, 199(자력 있는 유책배우자만 이혼청구를 할 수 있게 될 것이라고 한다); 박소현(2015), 76.

제기하여 유책배우자라는 이유로 패소한 뒤 2년만에 다시 이혼청구의 소를 제기한 사건에서, 별거가 5년째 계속되고 있고 (사전처분 이후로는) 양육비를 성실하게 지급해 왔으며 피고가 면접교섭에 협조하지 아니한 채 원고가 먼저 집으로 들어와야 한다는 태도를 고집하고 있다는 등의 사정을 들어 유책배우자임을 이유로 재차 청구를 기각한 원심판결을 파기한 예,[324] 원고가 피고 반대에도 불구하고 중국에 체류하면서 사업을 하다가 현지 직원과 내연관계를 맺고 혼외자까지 생겨 임시조치결정에 의하여 피고와 별거를 시작한 이래 혼인관계가 회복되지 아니하고 있을 뿐 아니라 원·피고 사이에 공동으로 경영하던 사업 등을 둘러싸고 여러 법률분쟁이 발생하여 결과적으로 피고와 그 성년 자녀에 대한 경제적 배려도 이루어졌다고 볼 여지가 많고 피고도 혼인을 계속할 의사가 아닌 아직 혼인하지 아니한 성년의 자녀에게 미칠 영향을 우려하여 이혼에 응하지 아니하는 것으로 보이는 사안에서 유책성 상쇄 가능성 등을 검토하여야 한다고 한 예[325] 등이 있다. 배우자와 자녀에 대한 배려와 함께, 특히 진지한 혼인계속, 즉 혼인관계 복구 의사 내지 노력이 있는지가 중요한 역할을 하는 것으로 보인다.[326]

(나) 검토

부부관계는 상호 애정과 신뢰에 기초하는, 고도로 윤리적인 성격을 갖는다. 그러므로 부부 일방이라도 이러한 관계를 유지할 생각이 없다면, 이를 법으로 강제한다 하여 부부관계가 그 실질을 회복할 수 있으리라고 기대하기 어렵다. 이러한 부부관계는 해소하는 것이 궁극적으로 쌍방 모두에게 도움이 된다.[327] 유책배우자의 이혼청구가 문제되는 것은, 이혼은 부부는 물론, 자녀에 대하여도 여러모로 중대한 부정적 영향을 미치는데, 특히 스스로 혼인을 파탄에 이르게 한 잘못이 있는 일방이 이혼을 강요함으로써 상대방에게 불이익을 입히는 것이 부당하게 여겨지기 때문이다.[328] 그러나 여성의 경제활동이 활발해짐에 따라 축출이혼의 위험 내지 타격이 어느 정도 줄었

---

324) 대법원 2022. 6. 16. 선고 2021므14258 판결.
325) 대법원 2022. 6. 16. 선고 2022므10109 판결.
326) 이러한 법리는 사실상 유책배우자의 이혼청구의 배제를, 두 차례의 소송을 거치는 등의 약간의 제한 하에, 무력화시킨다. 유책배우자의 이혼청구의 배제 법리는 혼인파탄에도 불구하고 무책배우자의 (주관적) 의사에 반하는 이혼을 강제하지 아니하겠다는 취지인데, 위 법리는 무책배우자의 (객관적) 혼인유지노력을 요구하고 있고, 이는 많은 경우 현실적으로 가능하지 아니하기 때문이다. 비슷한 취지의 비판으로, 현소혜(2022), 120-122. 이 법리가 위의 여러 문제에도 불구하고 유책배우자 이혼청구 배제의 법리와 정면에서 모순되는 것은 아니라면서도, 혼인계속의사의 '과잉사용'을 경계하는 것으로, 김상헌(2022), 19-24.
327) 윤진수(2012), 52-57.
328) 그 밖에 혼인의무의 강제가 고려될 수 있으나, 이혼을 하기 위해서 혼인의무를 이행하리라고 기대하기는 어려우므로, 유책배우자의 이혼청구의 배제 법리가 혼인의무의 법적 강제에 기여하는 정도는 크지 아니하다.

고, 여전히 남은 문제도 가급적 재산분할청구, 이혼 위자료, 면접교섭과 양육비의 원
활한 집행 등 이혼효과를 적절히 규율하여 해결함이 바람직하다.329) 설사 이러한 방
법만으로 다른 가족 구성원이 입는 불이익을 충분히 배려할 수 없는 경우가 있다 하
더라도, 아예 이혼을 허용하지 아니하려면 유책배우자의 행복추구권보다도 이들의
불이익이 더 중요하고, 이혼을 허용하지 아니함으로써 이들의 불이익을 유의미하게
줄일 수 있을 것이라는 전제가 충족되어야 하는데, 이러한 전제가 충족되는 경우는
오히려 예외적이다. 그 밖에 특히 공동의 자녀가 있는 부부의 경우 이혼 후에도 서로
협력하여야 하고, 그렇지 아니하다 하더라도 이혼과정에서 불필요한 정신적 고통을
가급적 줄이는 것이 바람직한데, 유책배우자의 이혼청구 배제 법리는 쌍방의 잘잘못
과 그 경중을 포괄적으로 가릴 것을 요구하므로(주 313 및 그 본문) 이혼과정에서 쌍방
의 감정의 골만 깊게 할 가능성이 높다는 점도 무시할 수 없다.330) 우리의 판례·학설
은 대체로 일본의 최고재판소 및 하급심 판례와 학설의 영향을 받은 것으로 보이는
데,331) 이러한 판례·학설이 정립될 당시는 비교법적으로 아직 유책주의가 주류였고
일부 파탄주의를 도입한 곳도 이른바 소극적 파탄주의에 머물렀던 데 비하여 지금은
오히려 적극적 파탄주의가 주류가 되었고, 일본 최고재판소도 1987. 9. 2. 대법정 판
결로332) 판례를 변경하여 지금은 원고가 유책배우자라 하더라도 장기간 별거하였고,
미성숙의 자녀가 없으며, 이혼으로 상대방에게 정신적·사회적·경제적으로 극히 가
혹한 상태가 초래되지 아니하는 한 원칙적으로 이혼을 청구할 수 있다는 입장을 취한
다.333)

(2) 기타: 제척기간

위 Ⅱ. 2. 나. (1) (나), (2) (나), 다. (1) (나) 참조.

Ⅲ. 재판상 이혼의 절차와 그 효력

1. 소의 제기

재판상 이혼은 소(訴)로써만 청구할 수 있다.

---

329) 김선이(2007), 220-221; 김성곤(2002), 135.
330) 유책배우자의 이혼청구 배제 법리에 찬성하는 입장이지만 이 점을 상세하게 지적한 것으로, 이혜진
(2009), 229-232.
331) 新注民(22), 394 이하(阿部 徹) 참조.
332) 日最裁判 1987(昭 62). 9. 2. 民集41-6, 1423.
333) 新注民(22), 401 이하(阿部 徹).

가. 당사자

(1) 당사자적격

이혼청구의 소는 부부만이 당사자적격을 갖는다. 즉 부부 중 한쪽이 다른 한쪽을 상대로 하여 청구하는 것이고, 제3자는 당사자가 될 수 없다. 부부 중 일방이 소제기 전 이미 사망하였다면 혼인이 이혼 아닌 사망으로 해소되었으므로 이를 다시 해소하기 위하여 이혼청구의 소를 제기함은 부적법하고, 따라서 검사를 상대방으로 할 여지도 없다.334) 같은 이유로 이혼소송 계속중 당사자 일방이 사망하면 그로써 이혼소송은 법률상 당연히 종료되고, 상속인 등이 이를 수계할 여지는 없다.335) 이때 함께 계속중인 재산분할청구 및 이혼 위자료 청구의 운명에 관하여는 제839조의2 註釋 IV. 3. 가. 및 제843조 註釋 I. 참조. 당사자의 사망사실을 간과한 채 판결을 선고한 경우 그 판결은 당연 무효이고, 그에 대한 상소는 부적법하므로 각하하여야 한다.336) 제1심 또는 항소심 판결 선고 후 그 확정 전 당사자 일방이 사망한 경우에는 상소심에서 소송종료선언을 함으로써 이미 선고된 제1심 또는 항소심판결의 효력이 상실되었음을 분명히 하여야 한다.337)

(2) 소송능력

먼저, 미성년자는 혼인하면 성년으로 의제되므로(§826-2) 미성년자가 이혼소송에서 소송능력이 없는 경우는 생각하기 어렵다.

다음, 피성년후견인·피한정후견인의 경우, 신상에 관하여 단독으로 결정할 수 있고(§§947-2 ①, 959-4 ②), 소송능력은 행위능력을 따르므로(家訴 §12, 民訴 §55), 단독으로 재판상 이혼절차를 개시하거나 응하거나 개별 소송행위를 할 수 있다고 볼 여지도 있다. 그러나 이혼하기로 하는 것은 신상에 관한 결정일지 몰라도 이를 위한 구체적 소송수행도 그러하다고 하기는 어렵다. 피성년후견인의 경우 성년후견인이 법정대리인으로서 소송을 수행하여야 할 것이다. 후견감독인이 있다면 그로부터 특별한 권한을 받아야 한다(§§950 ① v, 959-6).338) 실무상으로는 성년후견개시심판에서 성년후견인이 피성년후견인의 소송을 대리하려면 가정법원의 사전허가를 받도록 정하는 예가 많다고 한다.339) 한편, 성년후견인이 이혼청구의 상대방이 될 배우자인 경우에

---

334) 제요[1], 680-681, 684-685.
335) 대법원 1994. 10. 28. 선고 94므246, 253 판결.
336) 대법원 1982. 10. 12. 선고 81므53 판결.
337) 대법원 1985. 9. 10. 선고 85므27 판결. 제요[1], 685.
338) 김형석, "피성년후견인과 피한정후견인의 소송능력-해석론과 입법론-", 가족법연구 27-1(2013), 62-66; 김주수·김상용, 203-24; 박동섭·양경승, 186; 송덕수, 93; 윤진수, 115; 제요[1], 87 참조.
339) 김성우, 성년후견실무(2018), 127.

관하여는 종래 후견인을 다시 선임하여야 한다는 견해와 특별대리인(民訴 §62)을 선임하여야 한다는 견해가 대립하였다.340) 개정 전 민법 및 (구)인사소송법하의 것이지만 대법원 1987. 11. 23.자 87스18 결정은, 법정대리인이 대리하지 않는 한 이혼소송을 할 수 없는 경우(원고가 의식불명이었다)에는 법정대리인의 대리를 인정해야 하고, 법정대리인이 없거나 대리권을 행사할 수 없는 때에는(당해 사안의 경우 법정대리인이 피고인 배우자라는 점) 당사자는 특별대리인 선임신청을 할 수 있다고 한 바 있고, 대법원 2010. 4. 29. 선고 2009므639 판결(주 279)은 후견인변경심판을 하여 이미 배우자 아닌 제3자가 후견인이 된 경우에는 그가 대리인으로서 소송을 수행할 수 있다고 한다. 요컨대 판례는 배우자가 후견인인 경우에는 특별대리인을 선임하고, 배우자 이외의 자가 후견인인 경우에는 그가 대리하면 된다는 취지이다. 위 판례는 원고 측에 관한 것이지만, 피고 측에도 적용될 수 있다.341) 그 밖에 현실적으로 매우 드물 것이나 재판상 이혼 같은 행위가 후견인의 권한범위 밖이라고 정해져 있었다면(§938 ③) 그때에도 특별대리인을 선임하여야 한다.342) 피한정후견인에 대하여는 행위능력 제한이 없고, 따라서 소송능력 제한도 없다. 입법론적으로는 보완이 필요하다.343)

이상의 논의는 성년후견·한정후견이 개시되지는 아니하였으나 당사자에게 의사능력이 없는 경우에도 적용된다.344)

나. 관할법원

이혼청구의 소는 ① 소 제기 당시 부부가 같은 가정법원의 관할구역 내에 보통재판적을 두고 있을 때에는 그 가정법원이, ② 부부가 마지막으로 주소지를 같이 하였던 가정법원의 관할구역 내에 소 제기 당시 어느 한쪽의 보통재판적이 있는 경우에는 그 가정법원이, ③ 그 밖의 경우에는 상대방의 보통재판적이 있는 곳의 가정법원이 각각 관할법원이 된다. ④ 한국인들이 외국에서 만나 그곳에서 혼인하고 동거하다가 별거한 후 그 일방이 우리나라에서 이혼을 청구하는 경우와 같이 위 각호에 해당

---

340) 새로운 성년후견법이 시행되기 전의 문헌이지만, 고연금(2005), 30−33; 김연(2000), 460 이하; 윤영미(1993), 476−477 참조. 또한 최금숙, 친족(2), 205.

341) 같은 취지: 박동섭·양경승, 186; 이원범(2010), 722−723(굳이 후견인을 선임 또는 변경하게 한다면 소송지연이 초래될 수 있고, 반대로 배우자 아닌 후견인이 있는 한 특별대리인 선임을 요구한다 하더라도 어차피 후견인이 특별대리인이 될 것이라고 한다). 이에 대하여 후견인 선임이 가능한 한 후견인을 선임하여야 한다는 견해로, 김연(2000), 473−475.

342) 김형석(주 338), 67.

343) 이와 관련하여 제20대 국회에 제출되었다가 임기만료로 자동폐기된 가사소송법 전부개정법률안(의안번호 2012268호)은 제1심에 한하여 의사능력 있는 미성년자, 피성년후견인 외에 피한정후견인에게도 소송능력을 인정하되 법정대리인이 가정법원의 허가를 받아서 대리하는 것을 허용하고 이때에는 미성년자 등은 소송능력이 없는 것으로 하고 있었다. 제21대 국회에 제출되어 임기만료로 폐기된 가사소송법 전부개정법률안(의안번호 2118199)도 같았다.

344) 고연금(2005), 33 이하; 윤영미(1993), 477 이하.

하지 아니하는 경우에는 서울가정법원이 관할한다(家訴 §13 ②).345) 그 관할은 전속관할이다(家訴 §22). 이혼청구에는 관련 청구를 병합할 수 있고, 이때 그 관할법원이 다르면 관련재판적이 인정되는데(家訴 §14), 가사소송법에는 民訴 §28 같은, 전속관할에는 이 규정을 적용하지 아니한다는 규정이 없어, 병합청구를 관할할 수 있는 법원이라면 당연히 이혼청구도 관할할 수 있는지 아니면 이혼청구소송의 관할은 이때에도 존중하여야 하는지에 관하여 견해가 갈린다.346)

다른 한편 이혼청구의 소는 가정법원 단독판사의 사물관할에 속한다(사물관할규칙 §3). 다만 합의부 관할 다류 가사소송사건과 병합하여 제기할 때에는 이혼사건도 합의부에서 관할하게 된다. 이는 임의관할이므로 변론관할이 인정될 수 있다.

관할에 위반하여 제기된 이혼청구사건은 관할법원으로 이송하여야 한다.

다. 소제기

재판상 이혼청구 사건은 나류 가사소송사건이다[家訴 §2 ① 가. (2) 4]. 소의 제기는 소장 제출로 하여야 하고, 구술로 할 수는 없다. 소장에는 당사자의 성명, 생년월일주민등록번호, 주소, 등록기준지, 주소, 법정대리인, 소송대리인, 청구취지 및 청구원인을 기재한다.347) 다만, 근래에는 이른바 갈등 저감형 소장 등 양식을 이용하고 있어 소송물을 특정할 수 있을 정도의 정보만을 체크 표시 등으로 기재하도록 유도하고 있다.348) 이혼의 경우 상대방이 가출하였다는 점 자체가 이혼사유(§840 ii)이고, 이때 절차는 공시송달로 진행되는 경우가 많으므로, 통상의 민사소송보다 주소 및 송달장소를 더 엄격하게 심사하고 공시송달 여부도 더 엄격하게 판단할 필요가 있다.349) 원·피고가 동거 중일 때 자녀 등 제3의 동거인에게 한 보충송달은 이해상충으로 무효가 될 수 있다.350)

나아가 여기에는 조정전치주의가 적용되므로(家訴 §50), 이혼청구의 소를 제기하고자 하는 자는 그 전에 먼저 이혼조정을 신청하여야 한다. 조정절차를 거친 이상 조정절차의 피신청인이 소의 원고가 되는 때에도 조정전치주의 위반은 아니다.351) 요구

---

345) 박재필(1993), 506.

346) 박재필(1993), 501-503은 이 경우 전속관할 규정의 적용이 없다고 하나, 제요[1], 49은 전속관할을 존중하여야 한다고 한다. 실무상으로는 이혼청구의 본소에 대하여 이혼청구의 반소는 본소의 관할법원이 관할할 수 있는 것으로 보고 있다.

347) 제요[1], 539-540.

348) 제요[1], 529-530.

349) 박재필(1993), 509 이하. 또한 제요[1], 680.

350) 대법원 2021. 3. 11. 선고 2020므11658 판결. 당해 사안은 화해권고결정의 송달에 관한 것이었는데, 문제된 당사자로부터 별도로 수송달의 허락을 받았다는 등의 특별한 사정이 없는 한 무효라고 한다.

351) 제요[1], 274-275.

되는 것은 이혼조정의 신청뿐이므로 조정신청 직후에 소를 제기하여도 조정전치주의
위반은 아니다.352) 반면 조정신청 취하 후 소를 제기한 경우에는 조정전치주의 위반
이다.353) 또한, 이혼조정을 신청하지 아니한 채 곧바로 이혼청구의 소를 제기하였다
하여 이혼청구의 소가 부적법 각하되는 것은 아니고, 사건이 원칙적으로 조정에 직권
회부될 뿐이다.354) 나아가 조정성립의 가능성이 없다고 인정되는 예외적인 경우에는
조정신청이 없어도 소를 제기할 수 있고, 조정을 거치지 아니한 채 이혼판결을 하였
다 하여 그 절차가 위법한 것도 아니다.355) 그와 별개로 이혼소송 중에도 조정조치명령
(家訴規 §8)으로 부부상담이나 개인상담 등을 명할 수 있다. 3년 이상 생사불명(§840 v)의
경우 조정을 할 여지는 없다. 家訴 §49 단서는 조정절차에서의 진술을 소송에서 원용
할 수 없게 한 民調 §23의 준용을 배제하고 있으므로 가사조정이 성립하지 아니하
는 경우 당사자 등의 조정절차에서의 진술을 가정법원이 원용할 수 있고,356) 실제
로 당사자의 진정한 의사 등을 가리는 자료 중 하나로 자주 원용하고 있다.

　　근래 가정법원이 채택하고 있는 이혼사건 조기개입모델은 소장이든 조정신청서
든 최초의 송달 시 함께 양 당사자에게 기초조사표 양식을 송달하고 자녀양육안내의
이수를 권고하고 있다. 이후 조정장이 후견적 개입이 필요한 사건을 선별하여 이에
대하여는 적극적인 조기개입을 시도한다.357)

　　그 밖에 재판상 이혼청구 중에는 제척기간이 붙은 것이 있는데, 그 준수 여부는
소장 또는 이혼조정신청서 접수시를 기준으로 하여야 한다.

　　근래 가정법원은 이른바 조기개입모델을 채택하여 조정신청서 및 소장접수 단계
에서 조기개입이 적절한 사안을 분류하여 조기에 개입하고 있다.

2. 심리

가. 소송물, 처분권주의

　　(1) 이혼소송의 소송물에 대하여는 견해가 대립하나, 판례는 §840의 각 호마다 각
기 별개의 소송물이 된다고 한다. 같은 호의 이혼사유라 하더라도 사실관계가 달라지

---

352) 제요[1], 274. 다만, 이때에는 조정전치주의의 취지를 고려하여 조정절차가 종료될 때까지 소송절차를
　　중지하는 것이 바람직하다고 한다.
353) 제요[1], 274.
354) 제요[1], 275-276.
355) 대법원 1995. 2. 15.자 94스13, 14 결정.
356) 대법원 2021. 12. 23. 선고 2010므2785 판결. 다만, 이에 대하여는 입법론적 비판도 유력하다. 가령 김
　　성태, "가사조정제도의 문제점과 개선방안에 관한 연구", 민사소송 19-1(2015), 469-470.
357) 상세는 제요[1], 528 이하.

면 별개의 소송물이 될 것이다. 따라서 동시에 여러 이혼사유를 주장하는 경우 객관적·선택적 병합이 되지만, 재판실무는 그 중 어느 하나가 인용된다 하여 다른 이혼청구에 관하여 반드시 - 해제조건 성취로 소송계속이 소멸하였다고 보아 - 판단하지 아니하기보다는, 인정되는 이혼사유라면 모두 다 받아들여 인용하는 경향이 있다.[358]

원고의 이혼청구에 대하여 피고가 원고 주장사실을 다투면서 오히려 다른 사실을 내세워 반소로서 이혼청구를 하는 경우가 있다. 오늘날 파탄주의 이혼법에서는 이러한 상황을 독자적인 이혼사유로 규정하여, 파탄원인 등에 대하여 심리하지 아니한 채 곧바로 이혼을 명하는 예가 많다.[359] 그러나 각 호의 이혼사유를 별개의 소송물로 보고 유책배우자의 이혼청구를 원칙적으로 부정하는 우리의 경우 본소·반소의 인용 여부를 독립적으로 판단하여야 한다.[360] 어느 한쪽이 이혼사유가 인정되지 아니하거나, 이혼사유는 인정되나 유책배우자의 이혼청구로 허용되지 아니하는 경우에는, 상대방의 청구를 인용할 때에도, 그 일방의 청구는 기각하여야 한다.

(2) 원고(또는 반소원고)는 언제나 소(또는 반소)를 취하할 수 있다. 다만 상대방이 취하에 동의하지 아니하면 취하의 효력이 없다. 이러한 청구의 처리에 관하여는 위 3. 가. (2) 참조. 일본에서는 본안판결이 선고된 뒤 소를 취하한 경우 民訴 §267 ②의 재소(再訴)금지가 적용되는지에 관하여 논란이 있다고 하나, 우리나라의 경우 적용을 긍정하는 견해만이 주장되고 있다.[361]

家訴 §12는 민사소송법을 준용하면서도 民訴 §220 중 청구의 인낙에 관한 규정의 적용을 배제하므로, 이혼소송에서는 청구의 인낙이 인정되지 아니하고, 인낙하여도 효력이 없다.[362] 나아가 청구의 포기와 화해도 배제되는지 문제되는데, 民訴 §220 중 청구의 인낙에 관한 규정의 준용만을 배제하고 있으므로 인정된다는 것이 통설이자 실무의 태도이다.[363] 그러므로 화해권고결정도 할 수 있다.[364] 家訴 §12 중 청구인낙에 관한 규정의 준용을 부정한 부분은 당사자가 임의 처분할 수 있는 이혼청구에

---

358) 제요[1], 682-683.

359) 독일 민법 §1566 ①, 프랑스 민법 §233, 스위스 민법 §116.

360) 제요[1], 683.

361) 윤재식(1986), 356-357.

362) 그러나 이혼에서는 협의이혼도 인정되므로 청구의 인낙도 가능하다는 견해로, 손한기, 민사소송법, 2019, 314; 정영환, 신민사소송법, 2019, 1061, 1075; 변진장, "가사심판에 있어서 변론주의의 제한", 司論 19(1988), 503-504.

363) 관련 논의는 김원태, "가사소송에서의 청구의 포기·인낙 및 소송상 화해의 가부에 관한 검토", 법이론과 실무 3(1999), 89-97, 105-108; 송재헌(1983), 285 이하; 이현종, "가사소송사건에서 청구의 포기·인낙, 소송상 화해의 허용범위", 가족법연구 34-2(2020). 인사소송법에 관한 것이지만, 윤재식(1986), 347-356. 다만, 주로 문제되는 것은 화해이다.

364) 대법원 2021. 3. 11. 선고 2020므11658 판결 참조.

는 적용되지 아니한다면서, 청구인낙의 효력을 인정하는 견해도 있다.365) 다만, 이렇게 하는 경우 협의이혼의 의사가 있는 부부가 재판상 이혼절차에서 화해나 인낙 등의 방법으로 협의상 이혼절차, 특히 숙려기간을 잠탈할 가능성이 있게 된다. 실무상으로는 재판상 이혼의 기일을 협의이혼보다 유리하지 아니하게 늦추어 지정하는 등으로 대응하고 있다.

나. 변론과 증거

이혼소송에서는 실체적 진실이 중요하므로, 자백이 법관을 구속하지 아니하고, 자백간주 법리도 인정되지 아니한다. 다만, 당사자가 자백하였다는 점을 사실인정에 참고할 수는 있다. 같은 이유에서 당사자가 문서제출명령에 응하지 아니하였거나 문서를 증거로 쓰는 것을 방해하였다는 이유로 상대방 주장사실을 진실한 것으로 인정할 수 있게 해주는 특칙(民訴 §§349, 350)도 적용되지 아니한다.366) 또 변론준비절차종결의 차단효, 공격방어방법의 제출기간의 제한, 실기(失期)한 공격·방어방법의 각하도 인정되지 아니한다(家訴 §12).367)

나아가 가정법원은 당사자가 주장하지 아니하더라도 사실자료와 증거자료를 조사할 수 있다(家訴 §17, 직권조사). 이 규정은 이혼청구 인용에 유리하게 작용할 수도 있도, 불리하게 작용할 수도 있다. 구(舊) 일본 인사소송절차법이 독일 민사소송법을 따라 혼인사건에 관하여는 편면적 직권탐지주의, 즉 혼인의 유지(이혼청구기각)를 위하여서만 사실 및 증거를 직권으로 탐지하도록 정하고 있는 것과 달리 우리 가사소송법은 모든 가사소송사건에 전면적 직권탐지주의를 정하고 있기 때문이다.368) 당사자는 이에 협력할 (소송상) 책무를 진다.369) 가령 특별한 사정이 없는 한 본인 또는 그 법정대리인이 출석하여야 하고(家訴 §7 ① 본문), 이를 위반하면 과태료를 부과할 수 있다(家訴 §66). 그러나 심판대상은 원고가 정하는 것이고 법원이 이를 확장할 수는 없으므로 법원은 원고가 주장한 이혼사유에 한하여 심판하여야 한다. 법원은 주장하지 아니한 이혼사유에 관하여 심판을 하거나 그러한 사유를 들어 이혼을 명할 수는 없고,370) 당사

---

365) 김원태(주 363), 84–94, 105–108.
366) 그러나 판례는 어차피 이들 규정의 효과를 법관의 자유심증에 맡기고 있으므로, 이 규정의 준용을 부정하는 것이 어떤 실질적 차이를 가져오는 것은 아니다.
367) 피정현, "가사소송에서의 소송자료수집원칙", 가족법연구 22–2(2008), 262 이하; 제요[1], 259 이하. 인사소송법에 관하여 윤재식(1986), 346–347, 357–358.
368) 권재문, "가사소송법 제17조의 연혁과 문제점－가사소송 절차에서의 직권탐지주의와 관련하여", 법사학연구 29(2004), 256 이하. 편면적 직권탐지주의와 청구의 인낙만 허용하지 아니하는 규정(家訴 §22) 사이의 관계에 대하여는 위 주 367의 문헌 참조. 한편, 일본 인사소송법도 2003년 개정으로 편면적 직권탐지주의를 포기하고 전면적 직권탐지주의로 전환하였다. 이는 사실 및 증거조사 전에는 그 결과가 누구에게 유리할지 알기 어렵기 때문이라고 한다. 新注民(22), 328–329(西岡淸一郎).
369) 피정현(주 367), 255–256.

자가 주장하지도 아니하였고 심리과정 중 나타나지도 아니한 독립한 공격방어방법에 대한 사실까지 조사하여야 하는 것도 아니다.371) 이혼소송에서 법원은 당사자가 이혼사유로 주장하는 사실 등을 어느 정도 구체화할 때까지는 이른바 적극적 해명의무는 지지 아니한다고 봄이 옳을 것이다.372) 직권조사가 가능하다 하여도, 이혼소송은 대심(對審)적 성격을 갖고 있으므로, 소송자료의 제출은 가급적이면 당사자가 주도하도록 함이 바람직하다.373) 이혼에 대하여 직권탐지주의를 적용한 데 대하여는 입법론적 비판도 적지 아니하다.374)

증거조사방법과 관련하여서도 민사소송의 특칙이 있다. 즉, 당사자 그 밖의 관계인을 심문할 수 있고, 또 그것이 가장 통상적인 증거조사방법이 되며(家訴 §17 후단, §§38, 45, 48), 가사조사관에게 사실의 조사를 명하여 보고를 받을 수도 있다(家訴 §6, 家訴規 §§8, 9, 11).375) 그 이외에는 민사소송법이 정하는 바에 따른다.

직권조사가 가능하다 하더라도 결국 어떤 사실이 진위불명(眞僞不明)이 된 때에는 증명책임의 문제가 생길 수밖에 없다. 이때 각 당사자는 자신에게 유리한 사실의 증명책임을 진다고 보아야 한다.

다. 이혼의 부수효과와 관계된 규율

(1) 친권·양육에 관한 사항에 대한 협의 권고

협의상 이혼을 하는 경우 자녀의 양육에 관하여 함께 정하도록 하는 것과 마찬가지로, 재판상 이혼을 할 때에도, 적어도 자녀의 양육에 관하여는, 함께 정하도록 함이 바람직하다.376) 그리하여 현행법은 미성년인 자녀가 있는 부부의 재판상 이혼청구를 심리할 때에는 가정법원으로 하여금 그 청구가 인용될 경우를 대비하여 미성년인 자녀의 친권자로 지정될 사람, 미성년인 자녀에 대한 양육과 면접교섭권에 관하여 부모에게 미리 협의하도록 권고하게 하고 있다(家訴 §25).377) 협의는 ① 양육자의 결정,

---

370) 대법원 1963. 1. 31. 선고 62다812 판결.
371) 대법원 1990. 12. 21. 선고 90므897 판결(간통한 피청구인을 유서하였는지 여부에 관하여 조사, 심리하지 아니하여도 위법이 아니다); 대법원 1987. 12. 22. 선고 86므90 판결(제척기간에 관한 주장을 촉구하지 아니하여도 석명의무 위반이 아니다).
372) 피정현(주 367), 260 이하.
373) 제요[1], 251.
374) 권재문(주 368), 264−272(임의적 직권탐지로 규정함이 옳다고 한다); 피정현(주 367), 258−260(적어도 편면적 직권탐지주의로 운용함이 옳다고 한다).
375) 제요[1], 253−254, 118 이하.
376) 종래부터 이와 같은 지적이 이루어져왔다. 최진섭(1988), 204 이하.
377) 실무상으로는 (자녀양육안내지침 §§4 ①, 10를 근거로) 소장송달과 동시에 '보정권고'의 형태로 부모교육 이수를 권고하고, 신청을 받아 조정조치명령으로 심화된 부모교육을 명하기도 한다고 한다. 정용신(2020), 119. 조정조치명령에 대하여는 제요[1], 172 이하도 참조.

② 양육비용의 부담, ③ 면접교섭권의 행사 여부 및 그 방법에 관한 사항을 포함하여야 한다. 이러한 내용을 다 포함하는 협의가 이루어졌다 하더라도 협의가 자녀의 복리에 반하는 경우에는 가정법원은 보정을 명할 수 있고, 보정에 응하지 아니하는 경우 또는 보정을 아예 명하지 아니한 채 곧바로 자녀의 의사·연령과 부모의 재산상황 그 밖의 사정을 참작하여 직권으로 양육에 필요한 사항을 정하여야 한다(§§843, 837 ①, ②, ③). 상당한 협의가 이루어진 때에는 주문에 적는다(家訴規 §18 ①). 이 점에서 협의서를 작성하는 협의이혼과 다르다. 협의가 이루어지지 아니하거나 협의할 수 없으면 가정법원이 직권으로 친권자와(§909 ⑤), 양육자, 양육비용의 부담 및 면접교섭에 관한 사항을 정한다(§§843, 837 ④).378) 상세한 것은 제837조 註釋, 제909조 註釋 각 참조.

(2) 관련사건의 병합

이혼소송의 당사자는 이혼청구에 마류 가사비송사건인 친권자 및 양육자 지정청구, 재산분할청구 및 다류 가사소송사건인 손해배상청구 등을 병합할 수 있다. 원고가 소 제기 당시 원시적으로 병합하여 청구할 수 있음은 물론, 그 후 청구의 추가·변경의 형태로 후발적으로 병합 청구할 수도 있고, 피고가 반소의 방법으로 병합 청구할 수도 있다. 상소심에 이르러 추가 또는 교환적 변경의 방법으로 병합 청구하는 것도 가능하다.379) 병합할 수 있는 사건은 ① 객관적으로 청구의 원인이 같은 사실관계에 기초하거나(동일한 유책사유에 근거를 둔 이혼청구와 이혼 위자료 청구) 한 청구의 당부가 다른 청구의 전제가 되고(이혼청구와 재산분할, 친권자·양육자 지정 등), ② 주관적으로 두 사건의 당사자가 동일하여야 하며,380) ③ 가사사건에 한한다.381) 다만, 제3자가 이혼원인이 된 사실의 발생에 공동불법행위자로 가담한 경우 그에 대한 손해배상청구와, 재산분할과 함께 그 보전을 위하여 그 수익자에 대하여 하는 사해행위취소 및 원상회복청구는 당사자가 다르지만 이혼소송에 병합하여 제기할 수 있다는 데 이론(異論)이 없다.382) 이처럼 병합 제기하는 경우에는 관련재판적이 인정된다(家訴 §14 ②). 한편,

---

378) 제요[1], 681−682; 제요[2], 1467−1468.

379) 제요[1], 682−683.

380) 여러 사람에 대한 청구병합은 民訴 §25 ②(관련재판적)에 의하여야 한다. 제요[1], 49−50.

381) 반면, 순수한 민사사건은 병합할 수 없고, 병합 제기하더라도 분리하여 민사법원으로 이송하여야 한다. 가사사건으로 병합 제기하였다가 그 후 민사사건으로 변경한 경우도 같다. 다만, 부부간 명의신탁해지를 원인으로 하는 소유권이전등기청구사건과 같이 일응은 순수한 민사사건이지만, 해석하기에 따라서는 가사사건인 재산분할청구로 볼 수 있는 경우에는, 먼저 그 취지를 석명함이 바람직할 것이다. 엄밀한 의미의 명의신탁해지로 인한 소유권이전등기청구라 하더라도 혼인중 이루어진 명의신탁을 이혼을 계기로 청산하는 것인 때에는 가정법원에서 관할할 수 있다는 견해도 있다. 제요[1], 28−29; 피정현(주 367), 267−268. 또한 민유숙(1996), 63 이하. 이혼소송 항소심에서 순수 민사사건을 추가 또는 변경한 때에는 변경을 불허하여야 한다. 대법원 2006. 1. 13. 선고 2004므1378 판결. 제요[1], 491. 재판실무는 갈리는 것으로 보인다. 제요[1], 34.

382) 원고가 부부 일방이 아닌 자녀 등 제3자인 때에는 병합할 수 없다.

다류 가사소송사건, 가령 손해배상청구사건의 경우 본래 家訴 §17가 적용되지 아니하고 변론주의가 적용되므로, 이를 이혼청구와 병합하여 제기하면 변론주의가 적용되는지 문제되는데, 동일한 사실 내지 쟁점에 관한 한 서로 다른 사실을 인정할 수는 없으므로, 병합 진행하는 한 家訴 §17이 적용된다고 보아야 할 것이다.383) 관련사건의 병합을 인정하는 취지에 비추어, 적어도 같은 당사자 사이의 복수의 청구에 관한 한, 변론분리도 허용되지 아니한다고 본다.384) 병합 후 이혼청구의 소 등 가사소송사건이 모두 취하된 경우에 나머지 가사비송사건이 변론 및 판결에 의하여야 하는지, 심문과 결정에 의하여야 하는지에 관하여는 논란이 있다.385)

3. 판결과 상소

가. 판결

이혼청구에 대하여는 청구가 부적법하면 각하하고, 적법하나 이유 없으면 기각, 적법하고 이유 있으면 이를 인용하여 이혼을 명하는 판결을 하여야 한다. 그 자체 형성판결이므로 가집행선고를 할 여지는 없다. 병합된 사건에 대하여는 하나의 판결로 재판하여야 하므로(家訴 §14 ④), 가사비송사건도 따로 심판할 수 없고, 병합된 이상 판결로 하여야 한다. 관련사건의 병합을 인정하는 취지와 목적에 비추어 당사자가 다른 경우를 제외하면 일부판결을 할 수도 없다.386) 병합된 청구에 대한 판결의 성질과 효력은 각각의 청구의 그것에 따른다. 이혼청구가 모두 기각된 경우, 특히 재산분할, 친권자·양육자 지정 등 이혼을 전제하는 청구에 대하여 따로 판단을 해야 하는지는 소송행위의 해석의 문제이다. (쌍방의) 이혼청구가 (모두) 기각되는 것을 해제조건으로 하는 청구라고 본다면, 따로 판단할 필요가 없을 것이다.

나. 상소

재판을 판결로 하므로, 불복방법은 항소, 상고이다. 일부에 대하여만 상소할 수 있음은 물론이나, 가사비송사건이 병합된 경우 가사비송사건에 대하여만 상소하는 것이 허용되는지는 논란이 있다. 일부상소는 인정할 것이나, 상소불가분의 원칙으로 인하여 하나의 판결 중 가사비송사건 부분만 상소하여도 이혼판결은 확정되지 아니

---

383) 피정현(주 367), 268 이하. 제요[1], 554는 기본적으로 이러한 입장이나, 각 사건의 심리절차가 모순, 충돌하지 아니하는 범위에서 각 절차의 특성이 유지되어 중첩 내지 병존한다고 한다. 같은 취지, 박동섭, 가사소송(2), 93.
384) 제요[1], 555.
385) 제요[1], 556-557(실질적 변론이 이루어진 바 있는지에 따라 달리 보아 변론이 없었으면 심판으로, 있었으면 판결로 하여야 한다고 한다).
386) 제요[1], 555. 다만, 누락된 부분에 대하여 추가 판결을 할 수는 있다.

한 채 이심된다.387) 민사소송과 달리 제1심 판결을 취소하거나 변경하는 것이 사회정의와 형평의 이념에 맞지 아니하거나 가정의 평화와 미풍양속을 유지하기에 적합하지 아니하다고 인정하는 경우 항소심은 항소가 이유 있어도 이를 기각할 수 있다(재량기각, 家訴 §19 ③).

4. 판결확정의 효력과 추후보완상소·재심

가. 판결확정의 효력

재판상 청구를 인용하는 판결이 확정되면 원고가 내세우는 이혼청구권의 존재가 확정되고(기판력),388) 혼인이 그 판결확정시로부터 장래에 향하여 해소된다(형성력). 판결확정만으로 혼인이 장래를 향하여 소멸하고, 가족관계등록부에 기록되었는지 여부는 이러한 효력에 영향이 없다. 따라서 이혼청구를 인용한 판결이 확정된 뒤 이혼신고를 하고 있지 아니한 사이에 당사자 일방이 사망하여도 상속이 일어나지 아니하는 반면, 재산분할은 청구할 수 있다. 제839조의2 註釋 Ⅳ. 3. 나. 참조. 판결이 확정되면 가정법원의 법원사무관 등은 곧바로 이혼된 부부의 등록기준지의 가족관계등록사무를 처리하는 사람에게 그 뜻을 통지하여야 한다(家訴規 §7 ①). 재판상 이혼청구의 소를 제기한 사람은 그 확정일부터 1개월 내에 이혼신고를 하여야 한다.389) 판결확정에 따른 가족관계등록부 기록절차는 혼인 취소의 경우와 같다.390)

반면, 재판상 청구를 기각하는 판결이 확정되면, 심판의 대상의 한도에서 기판력이 미쳐 후소(後訴)가 차단된다. 그러나 다른 이혼사유를 들어 이혼을 구하는 것은 기판력에 저촉되지 아니하고, 전소(前訴) 변론종결 후 생긴 새로운 사유를 주장하는 것도 기판력의 시적 한계 밖에 있다.391) 앞서 본 바와 같이 사실심 변론종결시까지 혼인이 파탄되어 있어야 한다면, 후소(後訴)가 실제로 전소(前訴)판결의 기판력에 저촉되어 차단되는 경우는 쉽사리 생기지 아니한다.

---

387) 제요[1], 556−557(전부 이심되지만 심판대상은 불복한 가사비송사건에 한한다는 입장이다).

388) 그러나 이혼청구를 인용한 제1심의 판결 부분이 확정된 경우 위자료 청구 부분에 대한 항소심 판결에서 제1심이 인정한 이혼사유와 다른 이혼사유를 인정할 수는 있다. 대법원 1990. 12. 26. 선고 90다453, 460 판결.

389) 등록실무[Ⅱ], 4.

390) 제요[1], 689.

391) 제요[1], 688. 가령 울산지방법원 2013. 10. 24. 선고 2013르70 판결; 대법원 2000. 9. 5. 선고 99므1886 판결. 한편, 현소혜(2022), 108−109는 변론종결 후 새로이 발생한 사정들만을 심리대상으로 삼아야 한다고 설명하나, 전소(前訴)판결의 소송물은 이혼사유이지 이혼사유를 뒷받침하는 개개의 사정이 아니라는 점에서 다소 오해의 소지가 있다. 전소(前訴)판결의 기판력의 기준시 이후에 이혼사유가 발생하였다는 점을 진술하기 위해서는 그 이전의 사정들'도' 진술하고 증명하여야 하는 경우가 있으므로 심리의 대상이 제한된다고 하기는 어려운 것이다.

나. 추후보완상소·재심

이혼판결이 확정되면 불복방법으로는 추후보완상소와 재심만이 남는다. 이들 각각의 요건과 절차는 통상의 민사소송과 같다.392) 실무상으로는 부(夫)가 처로부터 유기당하였다고(가출하였다는 등) 주장하면서 처의 주소를 알고 있음에도 공시송달에 의하여 이혼소송절차를 진행하여 승소판결을 받고, 판결정본을 다시 공시송달하게 하여 확정시킨 경우가 종종 문제된다. 판례는 가족관계등록부를 보고 이혼판결에 의하여 이혼한 것으로 되어 있음을 알았다 하더라도 그 판결이 공시송달되었다는 사실까지 알았다고 볼 수는 없고, 그 후 판결을 교부받아 보고 비로소 공시송달의 방법으로 이혼판결이 확정되었음을 알았다면 이때부터 2주 내에 제기한 추후보완상소는 적법하다고 한다.393)

재심소송계속중 재심피청구인인 부부 일방이 사망한 경우 사망한 일방의 상속인이 소송을 수계할 여지는 없으므로, 소송이 그대로 종료한다는 입장도 생각할 수 있으나, 대법원 1992. 5. 26. 선고 90므115 판결 이래 판례는 검사가 수계하여야 한다는 입장을 취하고 있다.394) 재심사유가 인정되는 경우 종전의 확정된 이혼판결은 취소된다. 문제는 이혼판결의 취소로 다시 계속중이 된 이혼사건의 처리인데, 그 당사자 일방이 사망하였으므로 당연히 종료된다.395)

추후보완상소 또는 재심에 의하여 이혼판결이 취소되면 해소되었던 혼인도 부활한다. 가족관계등록부 정정절차에 관하여는 혼인무효와 같은 규율을 받게 된다. 제834조·제835조 註釋 Ⅱ. 2. 라. (1) 1) 참조. 취소된 이혼판결이 있기 전의 혼인과 이혼판결 취소로 부활한 혼인 사이에는 동일성이 있으므로, 취소된 이혼판결이 있기 전 혼인에서 유책배우자였다면 부활한 혼인에서도 여전히 유책배우자이다.396) 그밖에 이혼을 전제로 이루어진 재산분할, 친권자·양육자 지정 등의 효력은 협의이혼취소의 경우에 준할 것이다. 제838조·제839조 註釋 Ⅱ. 2., 제834조·제835조 註釋 Ⅱ. 2. 라. (2) 참조.

---

392) 제요[2], 565.
393) 대법원 1990. 3. 13. 선고 89므1023 판결.
394) 평석: 김상용, "이혼소송의 재심소송에서 재심피고인 당사자가 사망한 경우, 검사가 그 소송절차를 수계한다", 가족법 판례해설, 165 이하; 서정우(1993). 반면 재심청구인이 사망한 경우에는 그렇게 볼 필요가 없다는 것으로, 주석친족(1), 631(정현경). 중혼취소를 제외하면 검사가 원고가 되는 일이 없고 이혼소송에서 피고가 사망하였을 때 검사에게 피고적격이 없다는 점을 이유로 든다. 수긍할 만하다.
395) 사망자의 경우 상망자를 상대로 한 추후보완상소는 부적법하다며 각하한 예(대전고등법원 1998. 11. 26. 선고 97르658 판결)과 추후보완상소 당시 당사자가 생존 중이었던 사안에서 추후보완상소의 적법 여부를 판단하고 소송종료선언을 한 예(서울가정법원 1998. 10. 23. 선고 98르964 판결)가 있다. 검사가 수행하고 소송종료선언을 해야 한다는 것으로, 주석친족(1), 632(정현경).
396) 대법원 1987. 9. 29. 선고 87므22 판결[평석: 강영호(1999)] 참조.

5. [補論] 조정이혼

협의이혼과 재판상 이혼 이외에, 조정이혼도 가능하다.[397] 재판상 이혼을 청구하기 위해서는 이혼조정을 먼저 신청하여야 하고, 이혼조정을 신청하지 아니한 때에는 원칙적으로 조정에 직권 회부된다(家訴 §50). 조정신청은 서면이나 구두로 한다(家訴 §§55, 36 ②). 중복조정신청은 부적법하여 뒤의 신청이 각하된다. 이혼조정을 신청한 뒤 재판상 이혼을 청구한 때에는 조정이 성립 또는 불성립이 될 때까지 기다려 소송절차를 진행함이 상당하다(家訴規 §117, 民調規 §4 ①). 조정신청 및 절차수행능력에 관하여는 재판상 이혼에 관한 서술이 타당하다.

이혼조정은 재판상 이혼청구의 본안을 관할하는 가정법원이 관할한다(家訴 §51 ①). 다만, 재판상 이혼과 달리 조정이혼에는 합의관할도 인정된다. 구체적으로 가정법원에 설치된 가사조정위원회, 가사조정담당판사가 담당하나, 수소법원이 할 수도 있다(家訴 §52, 民調 §7 ③). 가사조정위원회는 조정장 1명(판사)과 조정위원 2명으로 구성되어 있는 조정기관으로 이혼조정의 원칙적 담당기관이다(家訴 §52). 조정담당판사는 상당한 이유가 있고 당사자가 반대의사를 명백하게 표시하지 아니한 경우에, 수소법원은 당사자가 이혼조정을 신청하지 아니한 채 재판상 이혼청구를 한 경우로서 스스로 조정함이 상당하다고 인정한 때에 한하여 단독으로 또는 직접 조정을 할 수 있다(家訴 §49, 民調 §7 ③, 조정예규 §33 ②).

조정기관은 조정 전 사전조사를 하여야 한다. 그 방법에는 특별한 제한이 없으나, 가사조사관에 의한 사실조사는 특별한 사정이 없는 한 반드시 하여야 한다(家訴 §56). 조정기일에는 이를 토대로 조정안을 마련하고, 필요하다면 사실 및 증거를 조사하고 의견을 들어, 당사자를 설득한다. 조정이 성립하면 그 취지를 조서에 기재한다. 조정조서에는 재판상 화해와 같은 효력이 있고, 재판상 화해에는 확정판결과 같은 효력이 있으므로(家訴 §59 ②, 民訴 §220), 이혼한다는 조정이 성립하면 그로써 이혼의 효력이 발생한다(형성력). 법원사무관 등은 이를 가족관계등록사무를 처리하는 사람에게 통지하여야 한다.[398] 조정에 갈음하는 결정을 하였는데 이에 이의하지 아니하는 경우도 같다. 조정이 성립하지 아니하였거나 조정에 갈음하는 결정에 이의한 경우, 조정을 하지 아니하기로 결정한 경우에는 사건이 재판상 이혼절차로 이행된다(家訴 §60, 民

---

397) 조정이혼을 협의이혼에 통합함이 바람직하다는 견해로 박병호, 125. 반대하는 견해로 박동섭·양경승, 185-186. 다만, 이는 민법상 독자적인 이혼의 종류는 아니고, 재판상 이혼의 대체물일 뿐이다. 윤진수, 114-115.

398) 제요[1], 288 이하. 또한 오시영, 181.

調 §36). 민사조정과 달리 조정절차에서 당사자 또는 이해관계인의 진술을 소송절차에서 원용할 수 없다는 규정(民調 §23)은 없고, 조정장이나 조정담당판사가 의견을 첨부하도록 되어 있으나(家訴 §61), 조정절차의 원활한 운용을 위해서라도 조정절차의 모든 진술을 그대로 원용하는 것은 피하여야 한다.399)

조정이혼에서도 관련청구의 병합이 가능하다(家訴 §57 ①). 협의상 이혼 및 재판상 이혼과 마찬가지로 조정이혼에서도 자녀양육 등의 문제는 이혼할 때에 한 번에 처리함이 상당하므로 당사자가 병합 청구하지 아니한 때에도 이러한 문제를 포함하여 조정조항을 작성하는 것이 좋다.

---

399) 제요[1], 488-489.

第 843 條 (준용규정)

재판상 이혼에 따른 손해배상책임에 관하여는 제806조를 준용하고, 재판상 이혼에 따른 자녀의 양육책임 등에 관하여는 제837조를 준용하며, 재판상 이혼에 따른 면접교섭권에 관하여는 제837조의2를 준용하고, 재판상 이혼에 따른 재산분할청구권에 관하여는 제839조의2를 준용하며, 재판상 이혼에 따른 재산분할청구권 보전을 위한 사해행위취소권에 관하여는 제839조의3을 준용한다.

▍참고문헌: 김동원(2023), "부정행위에 따른 위자료의 산정에 관한 실무상 몇 가지 문제에 관하여", 사법 64; 민유숙(2005), "이혼과 관련된 손해배상청구의 관할과 처리", 實務研究[X]; 박민수·이동진·오정일(2014), "이혼 후 재산분할의 비율 및 이혼 위자료액의 결정: 2009년~2011년 합의부 재판례의 실증분석", 가족법연구 28-1; 박설아(2023), "제3자에 대한 이혼위자료청구권과 소멸시효", 가족법연구 37-2; 박순성(1993), "이혼을 원인으로 하는 손해배상청구권의 법적성격", 재판자료 62; 서종희(2018), "배우자에 대한 정조의무 위반과 이혼위자료-재산분할 및 위자료의 기능을 고려하여-", 가족법연구 32-1; 양현아(2015), "포스트 간통죄 폐지: 드러난 성적 자유주의 담론과 묻혀진 피해 배우자의 손해", 서울대 법학 56-3; 엄경천(2016), "이혼시 친권자 공동지정과 친권 일부 제한-친권자 공동지정에 따른 공시방법에 관한 실무상 검토-", 가족법연구 30-2; 엄상필(2002), "재판상 이혼 및 위자료 사건에 관한 몇 가지 문제", 實務研究[Ⅷ]; 이동국(2007), "제3자의 부정행위 가담으로 인한 불법행위의 성립", 저스티스 97; 이동진(2012), "혼인관념, 인적 혼인의무 및 그 위반에 대한 제재", 서울대 법학 53-3; 이동진(2013), "부부관계의 사실상 파탄과 부정행위(不貞行爲)에 대한 책임", 서울대 법학 54-4; 이민걸(2006), "간통한 부녀 및 상간자가 부녀의 자녀에 대한 관계에서 불법행위 책임을 부담하는지 여부(소극)", 대법원판례해설 54; 이정엽(2007), "이혼으로 인한 위자료 산정기준에 관한 소고-2006년 서울가정법원 판결을 중심으로-", 가사재판연구[Ⅰ]; 정도진(2001), "이혼소송과 위자료", 實務研究[Ⅶ]; 정태규(1981), "이혼(사실혼해소, 약혼해제)으로 인한 위자료 산정기준의 분석", 재판자료 8; 진현민(2005), "당사자의 사망이 이혼, 위자료, 재산분할 청구소송 및 보전절차에 미치는 영향", 實務研究[X]; 최종두(2002), "위자료와 재산분할에 관한 몇 가지 문제", 實務研究[Ⅷ]; 최창열(2000), "이혼에 따른 위자료의 법적 성질에 관한 고찰", 가족법연구 14; 한봉희(1986), "위자료청구권의 제문제", 안이준화갑기념; 한삼인(1991), "이혼위자료산정의 기준", 박병호환갑기념[Ⅰ]; 홍춘의(1994), "간통과 손해배상", 가족법연구 8; 홍춘의·송문호·태기정(2017), "부부의 일방과 성적인 행위를 한 제3자의 손해배상책임", 전북대 법학연구 51; 황경웅(1998), "이혼 위자료의 지연손해금의 기산일에 관하여", 實務研究[Ⅳ].

Ⅰ. §806의 준용

1. 총설

가. 입법취지

본조는 약혼해제로 인한 손해배상에 관한 §806를 재판상 이혼에 준용한다. §806도 그렇지만 이 규정도 의용민법(1947년 개정 전 일본민법)에는 없었다. §806는 민법에 약혼에 관한 규정이 도입됨에 따라 독일, 스위스의 예를 따라 도입된 것인데, 본조는 의용민법하에서 이미 일반 불법행위법상 이혼 위자료가 인정되어 이혼급여로 기능하고 있었으므로 이를 입법적으로 수용하기 위하여 이 규정을 재판상 이혼에 준용하였다.[1)]

오늘날 파탄주의 이혼법의 다수는 이혼 위자료를 폐지하고, 그 대신 이혼 후 부양을 인정하고 있다.[2)] 이혼 위자료 제도는 혼인파탄의 책임이 누구에게 있는지를 가지고 쌍방이 다투게 하여 이혼과정에서 서로 감정의 골이 깊어지고 이혼 후 협력을 저해하기 쉽다는 문제점을 유책주의 이혼법과 공유하고 있기 때문이다.[3)] 본조에서 §806를 준용할 당시에는 아직 재산분할청구권(§839-2)이 없었으므로 이혼 위자료가 사실상 유일한 이혼급여였으나, 재산분할이 정착된 지금 이혼 위자료가 전체 이혼급여에서 차지하는 비중도 상당히 낮아졌다. 장기적으로는 이혼 위자료의 입법론적 당부에 관한 재검토가 필요할 것이다. 이 제도가 이혼 후 부양의 기능을 할 수 있는지에 관하여는 아래 2. 나. 참조.

나. 적용범위

본조는 재판상 이혼에 대하여 적용된다. 협의상 이혼에 대하여는 민법에 규정이 없으나, 家訴 §2 ① 다. 2)는 재판상 이혼이든 협의상 이혼이든 이혼을 원인으로 하는 손해배상청구가 가능함을 전제하고 있고, 양자를 달리 취급할 까닭이 없다.[4)] 판례는

---

1) 민법안심의록(1957), 675-676(親族編의 審議要綱 제19항 참조).
2) 윤진수, "혼인과 이혼의 법경제학", 법경제학연구 9-1(2012), 60 이하; 이동진(2012), 507, 517 이하 참조. 프랑스 민법은 지금도 이혼 후 부양과 손해배상을 함께 인정하고 있는 드문 예인데(§266), 같은 법은 파탄이혼과 유책이혼을 모두 인정한다. 1907년 스위스 민법은 파탄주의를 취하면서도 이혼 후 부양과 이혼 위자료를 인정하였으나(§151 ②), 당시 스위스 민법이 취한 파탄주의는 이른바 소극적 파탄주의였고, 1998년 개정으로 이혼 위자료는 폐지하였다. 독일 민법과 오스트리아 일반민법은 이혼 위자료를 인정하지 아니하고 영미법도 같다. 이혼 후 부양도 과거에는 당사자의 과책을 문제삼았으나, 지금은 이를 문제삼지 아니하는 경향이다.
3) 이화숙, "미국의 파탄주의 이혼법에 남아 있는 유책적 요소에 대한 찬반론", 가족, 사회와 가족법 (2012), 358-364. 또한, 서종희(2018), 10-16도 참조.
4) 제요[1], 777; 주석친족(1), 723(정현경). 대법원 1987. 5. 26. 선고 85므41 판결은 심판상 화해로 이혼한 경우에도 위자료를 청구할 수 있다고 한다.

사실혼의 부당파기에 대하여도 불법행위를 이유로 하는 손해배상청구권을 인정하고 있다.[5]

2. 이혼 후 손해배상의 요건과 절차

가. 성립과 법적 성질

(1) 본조는 직접 책임요건을 정하지 아니하고 이혼에 §806 ①을 준용한다. 다른 한편 §806는 약혼해제, 즉 그 부당파기와 일방의 과실을 요건으로 한다. 따라서 결국 본조의 요건은 혼인의무 위반으로 인한 이혼, 즉 유책이혼이라고 할 수 있다. 실제로 본조의 책임이 인정된 예 중 상당수가 배우자 일방의 부정행위(不貞行爲, 본조 i), 악의의 유기(본조 ii) 및 배우자 등의 부당한 대우(본조 iii, iv)로 이혼하였을 때이다.[6]

(2) 본조의 책임의 성질에 관하여는 일반 불법행위책임의 일종이라는 견해(불법행위책임설),[7] 혼인의무의 불이행에 대한 책임이라는 견해(채무불이행책임설),[8] 이혼 자체로 인한 손해에 대한 배상인 한 과실 유무와 관계없이 책임을 지는 법적 책임이라는 견해(법정책임설)[9] 및 책임의 근거가 되는 의무와 배상의 대상이 되는 손해에 따라서 불법행위책임인 경우, 채무불이행책임인 경우, 법정책임인 경우로 나뉜다는 견해(결합설)가[10] 다투어진다. 판례는, 이혼 위자료는 이혼 등의 불법행위로 인하여 상대방에게 정신적 고통을 입게 한 경우에 이를 위자하기 위한 것이고, 배우자의 유책·불법한 행위로 그 혼인관계가 파탄상태에 이르러 부득이 이혼을 하게 된 경우에 그로 인하여 입게 된 정신적 고통을 위자하기 위한 손해배상청구권이라고 하여, 불법행위책임설을 따르고 있으나,[11] 대법원 1970. 4. 28. 선고 69므37 판결은 사실혼 부당파기에 관하여서이지만 채무불이행책임임을 전제로 10년의 소멸시효기간을 적용하고 있다. 학설대립의 실익은 소멸시효기간 정도에서나 찾을 수 있다.[12]

---

5) 대법원 1970. 4. 28. 선고 69므37 판결; 대법원 1994. 11. 4. 선고 94므1133 판결.
6) 대법원 1987. 5. 26. 선고 87므5, 6 판결(본조 i); 대법원 1969. 8. 19. 선고 69므17 판결(본조 iii).
7) 민유숙(2005), 461 이하; 정태규(1981), 54-55; 한봉희(1986), 303; 주석친족(1), 713(정현경).
8) 김용한, 128; 박순성(1993), 526; 서종희(2018), 8-9; 정광현, 한국친족상속법론(상)(1957), 290.
9) 김숙자, "재산분할청구권", 개정가족법과 한국사회(1990), 97; 이태영, 한국이혼연구(1968), 216; 한삼인(1991), 304.
10) 최창열(2000), 57 이하.
11) 대법원 1976. 2. 10. 선고 75므33 판결; 대법원 1981. 10. 13. 선고 87므100 판결; 대법원 1993. 5. 27. 선고 92므143 판결; 대법원 2015. 5. 29. 선고 2013므2441 판결. 또한 제요[1], 777. 박순성(1993), 532은 이러한 판례의 태도가 본조와 같은 명문 규정이 없던 의용민법하에서 판례가 이혼급부를 일반 불법행위책임으로 구성한 데 연원한다고 한다.
12) 박순성(1993), 533-534은 그 밖에 증명책임의 배분, 공동불법행위의 성부, 협의이혼시 위자료 청구의 가부에서 실익이 있다고 하나, 증명책임의 배분은 책임의 법적 성질보다 의무내용의 문제이고, 공동불법행위의 성부는 손해의 단일성의 문제이며, 협의이혼을 한 사실이 의무위반에 대한 면책을 뜻하지도

나. 범위

본조는 §806 ②을 준용하므로, 재산적 손해인지 비재산적 손해인지를 묻지 아니하고 배상의 대상이 된다(§§843, 806 ②).

(1) 재산적 손해

이혼으로 인한 재산적 손해로는 먼저 부양청구권 내지 부양 기대의 상실을 생각할 수 있다. 학설로는 본조에 의하여 이러한 손해의 배상을 받을 수 있고, 그로써 이혼 후 부양으로 기능할 수 있다는 견해가 있다.[13] 그러나 이와 같은 손해배상은 혼인이 유효하게 존속하였더라면 받았을 이익의 상실에 대한 배상이라는 점에서 이행이익배상에 해당하는데, 이미 §806가 이행이익배상을 인정하지 아니하고 있고,[14] 우리 이혼법이 파탄주의적 성격을 갖고 있는 이상 혼인의 계속은 보장되지 아니한다는 점에서도, 이와 같은 손해배상을 인정하기는 어렵다고 보인다. 같은 이유에서 혼인이 계속되었더라면 (전문직인) 배우자의 재산이 크게 증가하여 그 혜택을 같이 누릴 수 있었을 텐데 이혼을 하게 됨에 따라 그러한 기대가 좌절되었다는 점도 본조의 책임의 근거는 되기 어렵다.[15]

나아가 혼인 때문에 지출한 비용이나 놓친 기회, 즉 신뢰이익에 대한 배상도 상당히 제한적이다. 지출비용이나 놓친 기회가 실질적인 의미의 부부재산의 증가 등의 형태로 실현되어 있다면 이미 재산분할청구권 제도가 이러한 이익을 청산할 수 있고(제839조의2 註釋 Ⅱ. 1. 나. 참조), 부부의 협력과 희생은 특정한 목적의 달성을 위한 것이라기보다는 대개는 부부관계 자체의 유지와 개선에 지향되어 있으므로 혼인으로 인하여 유·무형적 비용이 지출되고 좋은 기회를 포기하였다 하더라도 이혼시까지 혼인이 지속된 이상 그 희생이 다 무용(無用)하였다고 할 수도 없기 때문이다. 결국 이혼으로 인하여 무용해진 희생 중에서 재산분할에서 고려될 수 없는 것은 주로 혼인이 단기간에 파탄에 이르렀을 때에 한하게 된다.[16] 이러한 경우 손해배상은 대체로 약혼 해제로 인한 손해배상과 비슷하다. 제806조 註釋 및 혼인의 효력 前註 Ⅱ. 1. 나. (3) (a) 참조.

아니한다는 점에서 타당하다고 할 수 없다. 국제사법상 준거법 또한 학설대립과 무관하게 이혼준거법을 따라야 할 것이다.

13) 이홍민, "이혼급부에 대한 검토", 가족법연구 24-2(2010), 52-53. 1804년 프랑스 민법의 이혼 후 부양 규정(§§301, 302)이 당시 이러한 의미의 손해배상 규정으로 해석되었다는 점에 관하여는 이동진 (2012), 517-518.

14) 민법안심의록(주 1), 675도 약혼해제로 인한 손해배상에 관하여 "혼인의 준비에 요한 제비용, 혼인 때문에 포기한 이익(예컨대 혼인 때문에 사직한 경우 등) 등의 소위 신뢰이익의 전부와 위자료를 포함할 것은 물론"이라고 하여, 신뢰이익배상과 위자료를 들고 있을 뿐이다.

15) 다만, 그중 일부가 재산분할에서 고려될 여지가 있다. 제839조의2 註釋 Ⅱ. 3. 나. (5) 참조.

16) 사실혼 부당파기에 관한 것이지만, 대법원 1984. 9. 25. 선고 84므77 판결(2개월만에 파탄에 이른 사안에서 결혼식 비용의 배상을 인정). 반면 어느 정도 혼인기간이 확보된 때에는 이러한 손해의 배상을 청구할 수 없다. 가령 대법원 2014. 6. 12. 선고 2014므329, 336, 343 판결.

(2) 비재산적 손해(이혼 위자료)

1) 실무상 압도적으로 문제되는 것은 비재산적 손해, 즉 이혼 위자료이다.

이때의 비재산적 손해는 이혼 당사자의 정신적 고통을 가리킨다(§§843, 806 ②). 이혼이 부부 일방에게 상당한 정신적 고통을 야기할 것임은 경험칙상 분명하다. 본조는 §§751, 752와 함께 이러한 고통이 비재산적 손해배상의 대상임을 분명히 하고 있는 것이다.

문제는 이러한 고통이 이혼 그 자체로만 발생하는 것이 아니라, 이혼원인이 되는 개개의 유책행위에서부터 이미 발생하기 시작한다는 데 있다. 예컨대 배우자가 혼인 중 부정행위(不貞行爲)를 하였거나, 상대방 배우자를 폭행하거나 학대하였다면, 이러한 행위 자체가 이미 그에게 정신적 고통(a)을 초래한다. 그리고 이러한 개개의 행위가 누적되어 부부관계가 악화됨에 따라 그 고통(b)은 더욱 커지게 될 것이다. 그 결과 결국 이혼하기에 이른다면 이혼 자체도 정신적 고통(c)을 야기한다. 그중 이혼 자체로 인한 정신적 고통(c)이 본조에 의한 배상대상(일본에서는 이혼 자체 위자료라고 한다)이라는 점에는 이론(異論)이 없다. 반면 이혼원인으로 인하여 발생하는 정신적 고통[(a), (b)]이 본조의 책임에 포함되는지에 관하여는 견해가 갈린다. 한 견해는 부부가 이혼할 때까지 일련의 과정을 둘로 나누는 것은 작위적이고, 이들은 합쳐서 하나의 불법행위를 구성하므로 이혼 위자료도 위 손해 전부를 포괄한다고 한다(一體說).[17] 다른 견해는 이혼원인으로 인하여 발생한 정신적 고통의 배상은 일반 불법행위책임(§§750, 751)에 의하여야 하고, 본조의 책임은 오직 이혼 자체로 인한 정신적 고통에 한한다고 한다(峻別說).[18]

위자료의 성질상 일련의 행위로 인한 정신적 고통을 둘로 나누어 산정하는 것이 자연스럽지 아니함은 분명하다. 그러나 판례는 인적 혼인의무 위반에 대하여 혼인존속 중에도 독자적인 손해배상을 구할 수 있다고 본다. 부정행위에 대하여 대법원 1985. 6. 25. 선고 83므18 판결은, §841의 제척기간은 부정행위를 원인으로 한 이혼청구권의 소멸에 관한 규정으로 청구인이 피청구인을 상대로 부권침해를 원인으로 하여 그 정신상 고통에 대한 위자료를 청구하는 경우에는 적용될 수 없다고 하고, 대법원 1998. 4. 10. 선고 96므1434 판결은 부첩관계에 있는 부 및 첩은 특별한 사정이 없는 한 그로 인하여 본처가 입은 정신상 고통에 대하여 배상하여야 하고, 책임이 성립하기 위하여 반드시 부첩관계로 인하여 혼인관계가 파탄에 이를 필요는 없다고 하여, 혼인존속 여부와 손해배상청구가 무관함을 분명히 하였다. 악의의 유기의 경우 논란

---

17) 황경웅(1998), 116; 민유숙(2005), 452−453도 비슷한 취지로 보인다.
18) 법정책임설(주 9)이 대체로 이러한 입장이다.

의 소지가 있기는 하나 대법원 2009. 7. 23. 선고 2009다32454 판결은 적어도 동거심판이 있었음에도 그에 따르지 아니하였다면 이혼하지 아니하였어도 위자료 지급을 구할 수 있다는 입장을 취한다. 대법원 1969. 8. 19. 선고 69므17 판결이 배우자의 직계존속으로부터 심히 부당한 대우를 받은 것을 이유로 한 위자료 청구가 인용되려면 그 전제로 그 직계존속으로부터 심히 부당한 대우를 받았음을 이유로 한 이혼판결이 있어야 한다고 하여, 약간 다른 입장을 밝혔으나,[19] 적어도 일정한 경우 이혼사유가 동시에 혼인존속 중 불법행위 등 책임을 발생시킬 수 있음은 분명하다(혼인의 효력 前註 및 제826조 註釋 참조). 그러므로 개념적으로는 양자를 준별하되(이 한도에서 峻別說), 개개의 유책행위에 대하여는 따로 위자료를 구한 바 없고 이혼 위자료를 청구할 때 일련의 정신적 고통 모두에 대한 위자료의 지급을 구하였다면 정신적 고통 일체를 고려하여 위자료를 산정할 수 있다고 보아야 할 것이다(이 한도에서 一體說).[20] 최근 대법원 2024. 10. 25. 선고 2024므11526, 11533 판결도, 방론이지만, 혼인관계 파탄 후의 유책행위(공동감금)를 위자료액 산정에서 고려하지 않은 것은 위법하고, 이는 개별적 유책행위에 대하여 별개의 손해배상청구를 할 수 있다 하여 달라지지 않는다고 판시하여 같은 취지를 밝히고 있다.

　　이혼 위자료액의 산정은 법관의 합리적 재량에 맡겨져 있다. 판례는 유책행위에 이르게 된 경위와 정도, 혼인관계, 파탄의 원인과 책임, 배우자의 연령과 재산상태 등을 참작하여 직권으로 정하여야 한다고 한다.[21] 그러나 이러한 요소가 모두 고르게 영향을 미치는 것은 아니고, 실제로는 성별(여성이 좀 더 높은 위자료를 받는 경향이 있다)과 혼인기간(길수록 높은 위자료를 받는 경향이 있다), 이혼사유(부정행위가 이혼사유에 포함된 때에 좀 더 높은 위자료를 받는 경향이 있다) 정도가 중요하게 고려되고 있다. 이는 위자료 일반에 관한 전보설(塡補說)의 입장과 대체로 통한다.[22] 근래의 인용액의 최빈구간은 여전히 2,000만 원~3,000만 원이다. 학설로는 (특히 간통죄 폐지 이후) 징벌적 성격과 부양의 필요성에 비추어 위자료액이 너무 낮고, 전반적인 위자료액의 상향조정에도 불

---

19) 같은 취지로, 서울고등법원 1986. 12. 8. 선고 86르180, 181 판결.

20) 민유숙(2005), 72-74; 엄상필(2002), 25-26; 이동진(2012), 498-499; 한삼인(1991), 305-306. 반면 이미 이혼 전 별도로 위자료를 청구하여 받았다면 전소(前訴)에서 참작된 범위에서는 이혼을 이유로 다시 위자료를 청구하여도 받아들여서는 안 될 것이다. 이혼 위자료 청구 기각 후 별소로 위자료 청구를 한 사안에 대한 것이기는 하나 서울고등법원 1998. 10. 21. 선고 98나33293 판결 참조.

21) 대법원 1987. 5. 26. 선고 87므5, 6 판결; 대법원 2004. 7. 9. 선고 2003므2251, 2268 판결. 하급심 재판례는 대체로 원고와 피고의 나이, 직업, 재산정도, 혼인생활의 과정 및 그 계속기간, 파탄에 이르게 된 경위 등 제반 사정을 참작하였다고 설시하고 있다. 이정엽(2007), 768-769. 반면 성년의 자녀들에 대하여 부양의무를 부담하고 있다는 점은 자녀들과의 관계일 뿐이므로 위자료 산정에서 고려할 수 없다는 것으로 대법원 2003. 8. 19. 선고 2003므941 판결.

22) 박민수·이동진·오정일(2014), 123, 125 이하.

구하고 이혼 위자료만 그대로라면서 이를 '현실화'하여야 한다는 견해가 있고,[23] 간통
죄 폐지 후 가정법원 재판실무상 위자료액이 증가하였다는 주장도 있다.[24] 실제로 근
래에는 4,000만 원, 5,000만 원은 물론, 2억 원, 3억 원에 이르는 이혼 위자료를 인정한
예도 보이는데, 이는 우선은 최근 재판실무상 위자료의 개별화 경향과 관련이 있다.
전반적인 위자료액 인상이 이루어지고 있는지는 좀 더 지켜볼 필요가 있을 것이다.

2) 한편 비재산적 손해배상은 비재산적 손해를 전제한다. 이혼 위자료도 이혼에
의하여 발생한 보호가치 있는 비재산적 손해가 있어야 인정될 수 있다. 종래의 재판실
무는 장기간 별거하여 부부관계가 사실상 파탄에 이른 뒤에 부부 일방이 부정행위를
한 때에도 이혼 위자료를 인정해왔으나,[25] 이러한 경우에는 인과관계가 없을 뿐 아니
라 보호할 만한 비재산적 손해 자체가 존재하지 아니하므로 비재산적 손해배상은 부
정할 것이다.[26] 대법원 2014. 11. 20. 선고 2011므2997 전원합의체 판결의 다수의견은,
이러한 경우 제3자가 부부 일방과 성적인 행위를 하더라도 이를 부부공동생활의 침해
내지 그 유지의 방해라고 할 수 없고 또 그로 인하여 배우자의 부부공동생활에 관한
권리가 침해되는 손해가 생긴다고 할 수도 없다고 한다.[27] 한편, 대법원 2023. 12. 21.
선고 2023다265731 판결은 위 법리를 원용하면서 제3자가 파탄상태에 이르게 된 원인
을 제공하였다 하더라도 그와 같은 파탄상태에서 이루어진 부정행위에 대해서까지 불
법행위가 성립한다고 볼 수 없다고 한다. 파탄에 이르게 한 부정행위는 별론 그 이후
의 부정행위가 추가적인 손해를 가하였다고 하기는 어렵다는 취지일 것이다. 그러나
사실혼관계해소를 인한 위자료, 이혼소송 중 당사자 일방이 사망할 경우와의 균형 등
여러 의문이 남는다.

(3) 지연손해금의 기산일

여타의 손해배상청구권과 같이, 이혼 후 손해배상에 대하여도 지연손해금이 붙
을 수 있다. 문제는 그 기산일인데, 이혼원인이 되는 개개의 유책행위로 정신적 고통

---

23) 양현아(2015), 67-68.

24) 다양한 재판례의 소개를 포함하여, 김동원(2023), 14 이하. 여타의 위자료가 증액된 것에 비하면 실질
적으로는 오히려 감소한 셈이라는 점을 지적하면서 이혼 위자료액에 큰 변화가 없는 재판실무에 비판
적이다.

25) 서울가정법원 2006. 11. 16. 선고 2005드합6952, 2006드합7891 판결은 1998년 2월경부터 별거해온 부
부의 일방이, 상대방이 2005년 9월에 한 간통행위를 기초로 이혼 및 위자료지급을 구한 사건에서, 장기
간 별거에도 불구하고 위 간통이 이혼 및 위자료지급의 기초가 되는 의무위반임을 전제로 각 청구가 제
척기간 및 소멸시효기간 내에 있다고 하였다. 이동진(2013), 70-71.

26) 스위스연방대법원의 BGE 84 Ⅱ 329; 일본최고재판소의 日最判 1996(平 8). 3. 26. 民集50-4, 993. 우
리 판례로는 광주고등법원 1960. 4. 15. 선고 4292민공624 판결. 이동진(2013), 91 이하.

27) 이러한, 부정행위 당시 이미 부부공동생활이 파탄되어 있었다는 점은 이를 들어 책임을 면하고자 하
는 제3자가 주장·증명하여야 한다. 대법원 2024. 6. 27. 선고 2022므13504, 13511 판결.

이 발생한 이상 그에 대한 지연손해금도 그날부터 붙는다는 견해(불법행위시설),[28] 개개의 유책행위부터 이혼에 이르기까지 일련의 과정을 묶어 하나의 불법행위로 보는 전제하에 혼인관계가 파탄에 이른 시점을 기준으로 하되, 구체적으로 부정행위, 가출, 폭행 등이 파탄에 결정적으로 기여하였다면 그 시점, 개개의 행위가 누적되어 이혼에 이르렀다면 이혼청구를 한 시점이 될 수 있다는 견해(파탄시설)[29] 및 결합설을 전제로 이혼원인 위자료의 경우 유책행위가 이혼원인을 구성함으로써 발생한 정신적 고통에 대한 배상이므로 이혼청구의 소를 제기하는 시점(이혼소장송달 다음날)이, 이혼 자체 위자료의 경우 이혼이 성립함으로써 발생하는 법정책임이므로 이혼판결확정일 다음날이 기준이 된다는 견해가[30] 대립한다. 이 문제를 정면에서 다룬 판례는 없고, 하급심 실무는 판결확정일 다음 날부터 지연손해금을 붙인 예도 있지만,[31] 손해배상 청구가 재판상 이혼청구에 병합하여 제기된 이상 소장송달일 다음날부터 지연손해금을 붙인 것이 압도적 다수이다.[32] 손해배상청구권은 현재 손해가 발생할 것을 전제하므로, 본래의 의미의 본조의 책임, 즉 이른바 이혼 자체 위자료의 경우 불법행위시를 기준으로 할 이유는 없고, 혼인관계가 파탄에 이르러 이혼을 청구할 때부터 지연손해금을 붙여도 무방하다고 보인다. 문제는 개개의 유책행위로 인한 정신적 고통에 대한 위자료를 함께 청구하는 경우인데, 이로 인한 정신적 고통과 이혼으로 인한 정신적 고통을 수치상 나누기는 곤란하므로, 적어도 이혼시에 이들을 함께 청구하는 한 모두 묶어 이혼 자체 위자료에 대한 지연손해금 기산일부터 지연손해금을 붙이는 실무의 처리에 수긍할 점이 있다.

다. 항변사유

(1) 과실상계와 雙方 이혼 위자료 청구권의 대립

부부가 일방의 잘못만으로 이혼에 이르는 경우도 있지만, 좀 더 흔한 것은 부부 雙方의 잘못이 동시 또는 순차로 그 관계를 악화시켜 이혼에 이르는 경우이다. 이때에는 부부 雙方이 이혼으로 정신상 고통을 받을 뿐 아니라, 각자의 정신상 고통의 원인인 이혼에 상대방뿐 아니라 자신도 기여한다.

이혼 후 손해배상의 법적 성질을 어떻게 보든 과실상계 규정이 적용된다는 데는 이론(異論)이 없다.[33] 재산적 손해의 경우 그와 같이 처리하면 족하다. 좀 더 흔한, 비

---

28) 황경웅(1998), 124-126.
29) 엄상필(2002), 28-29.
30) 최창열(2000), 65-66.
31) 서울가정법원 1997. 9. 5. 선고 96드55833 판결.
32) 제요[1], 779-780.
33) 김주수·김상용, 271.

재산적 손해의 경우에는 과실상계를 따로 하지 아니하고 위자료의 액수를 정할 때 참
작하면 된다(판례).[34] 청구인에게 중대한 과실이 있다면 아예 위자료가 인정되지 아니
할 수 있다.[35]

쌍방 유책이고, 일방에게 중대한 과실이 있는 것은 아니라면 결국 쌍방의 이혼
위자료 청구권이 대립하게 된다. 재판실무는 쌍방의 고통의 크기와 유책정도에 큰 차
이가 나지 아니한다면, 이혼 위자료에 관한 한 - 명시적으로 상계(§496)하지 아니하였
다 하더라도 - 쌍방의 위자료 청구를 기각한다.[36]

대법원 2024. 6. 27. 선고 2023므16678 판결은 부부 쌍방의 책임정도가 대등하여
부부 사이에 서로 손해배상의무가 없는 경우 부정행위에 가공한 제3자에게도 책임이
없다고 한다. 그러나 부정행위가 혼인파탄에 기여한 경우 이러한 결론은 명백히 자의
적이고 혼인파탄과 인과관계 없을 때에도 일체설과는 조화되지 아니한다. 향후 판례
의 전개를 더 기다려 볼 필요가 있다.

(2) 화해와 청구권의 포기

이혼 위자료 청구권은 포기할 수 있다. 판례도 기왕의 부첩관계를 용서한 경우
위자료 청구권을 포기하는 취지로 해석될 수 있다고 한다.[37] 협의상 이혼하면서 일정
한 이혼급부를 한 경우 이로써 위자료 청구권의 포기 또는 위자료에 관한 화해가 있
다고 볼 것인지는 약정 해석의 문제이나, 포함되어 있는 것이 보통이다.[38]

(3) 제척기간과 소멸시효

본조의 책임은 이혼을 전제하지만,[39] 재판상 이혼에 관한 제척기간 규정(§§841,
842)이 본조의 손해배상청구에 적용되는 것은 아니다.[40] 제척기간이 도과하였다 하더
라도 이혼소송 도중 재판상 화해로 이혼하였거나 협의상 이혼하는 등 이혼이 이루어
진 이상 이혼 위자료를 청구할 수 있다.[41]

본조의 손해배상청구권도 소멸시효에는 걸린다. 기산일을 어떻게 정할 것인지가
문제인데, 재판실무는 혼인이 해소된 때, 즉 이혼판결확정시를 기준으로 한다.[42] 이

---

34) 대법원 2009. 12. 14. 선고 2007다77149 판결 참조.
35) 대법원 1968. 3. 5. 선고 68므5 판결.
36) 대법원 1994. 4. 26. 선고 93므1273 판결 참조. 학설로는 김주수·김상용, 271; 최금숙, 친족(2), 237. 민
    유숙(2005), 461은 이혼의 경우 혼인관계의 파탄이라는 하나의 결과에 대하여 쌍방 불법행위가 경합하고
    상호 가해자이자 피해자가 되는 것이라는 점을 그 근거로 든다. 또한 주석친족(1), 725(정현경)도 참조.
37) 대법원 1998. 4. 10. 선고 96므1434 판결. 평석: 최금숙, "부첩관계와 손해배상", 가족법 판례해설, 153 이하.
38) 정도진(2001), 345.
39) 정도진(2001), 345.
40) 대법원 1985. 6. 25. 선고 83므18 판결 참조.
41) 대법원 87. 5. 26 선고, 85므41 판결 참조. 정도진(2001), 345.
42) 제요[1], 779; 박순성(1993), 536. 같은 문헌은 판결이 확정되어야 비로소 불법행위와 손해의 발생사실

점은 이혼청구의 소제기 수년 전에 부정행위가 개시되고 그 결과 혼인이 파탄에 이른 경우에도 같다. 이혼 위자료는 이혼 전에 청구할 수 없는 것이기 때문이다.[43] 시효기간은 이혼 위자료의 법적 성질에 관하여 어떤 입장을 취하는가에 따라 달라지는데, 주류적인 판례는 §766에 따른다.[44]

라. 절차

(1) 이혼 위자료의 지급을 구하는 소는 다류 가사소송사건으로서 가정법원의 전속관할이다[家訴 §2 ① 다. 2)]. 당사자는 원칙적으로 이혼한 부부뿐이다. 그러나 재판상 이혼을 청구하면서 동시에 이혼 위자료를 구하는 때에는 아직 이혼하지 아니한 부부도 당사자가 된다. 이때에는 이혼청구와 관련사건이 되어 그에 병합될 수 있다. 나류 가사소송사건인 이혼청구에 병합된 경우의 절차적 특성에 대하여는 제840조·제841조·제842조 註釋 Ⅲ. 2. 다. (2) 참조. 토지관할은 상대방의 보통재판적이 있는 곳의 가정법원에 있으나(家訴 §13 ①), 토지관할 그 자체는 임의관할이므로 합의관할이나 변론관할도 가능하다. 성질상 민사소송법상 특별재판적에 관한 규정(民訴 §§7~24)은 준용되지 아니한다.[45] 사물관할은, 2023. 1. 31부터는 소송목적이 값이 5억 원을 초과하면 합의부에, 그 밖에는 단독판사에게 속한다. 다류 가사소송사건이므로 민사소송법상의 원칙, 즉 처분권주의, 변론주의와 주장·증명책임의 법리가 적용된다. 따라서 청구의 포기·인낙·화해가 가능하고, 직권증거조사는 보충적으로만 할 수 있다. 증거능력이 없는 증거로 부정행위 등을 증명할 수는 없다.[46] 다만 가사소송절차인 이상 조정전치주의가 적용되고(家訴 §50), 가사조사관에 의한 사실조사를 할 수 있으며(家訴 §6), 변론기일에는 본인 출석주의가 적용되고(家訴 §7),[47] 항소심은 이른바 사정판결을

을 확실하게 알았다고 할 수 있다는 점에서 그 근거를 찾는다.

43) 대법원 2023. 12. 21. 선고 2023다265731 판결은 제3자가 파탄상태에 이르게 된 원인을 제공하였다 하더라도 그와 같은 파탄상태에서 이루어진 부정행위에 대해서까지 불법행위가 성립한다고 볼 수 없다고 하나, 이 사건은 본조의 위자료청구가 아닌 (사망으로 혼인이 해소된 사건에서) 제3자에 대한 독립된 민사소송이었다는 점에 유의할 필요가 있다.

44) 대법원 1970. 4. 28. 선고 69므37 판결은 사실혼 배우자에 대한 위자료 청구에 대하여는 채무불이행책임설을 취하여 10년의 시효기간을 적용한 부분을 파기하지 아니하되, 제3자에 대한 위자료 청구는 불법행위책임임을 전제로, 이에 10년의 시효기간을 적용한 부분은 파기하고 있다. 일반적으로 3년의 단기시효가 적용된다는 것으로, 박동섭·양경승, 203; 오시영, 219.

45) 제요[1], 766.

46) 대법원 2024. 4. 16. 선고 2023므16593 판결은 제3자가 전기통신의 당사자인 송신인과 수신인의 동의를 받지 않고 전화통화 내용을 녹음한 행위는 전기통신의 감청에 해당하여 통신비밀보호법 제3조 제1항 위반이 되고, 이와 같이 불법감청에 의하여 녹음된 전화통화 내용은 제4조에 의하여 증거능력이 없는 바, 이러한 법리는 대화에 원래부터 참여하지 않는 제3자가 같은 법 제14조 제1항을 위반하여 일반 공중이 알 수 있도록 공개되지 않은 타인 간의 발언을 녹음한 경우에도 마찬가지라면서, 배우자의 부정행위에 대한 증거로 쓰인 녹음파일의 증거능력을 부정하였다. 이른바 음성권 침해, 비밀녹음의 증거능력은 다른 나라에서도 특히 부정행위의 증명과 관련하여 자주 문제되고 있다.

47) 이것이 일반적 행동자유나 변호인의 조력을 받을 권리, 재판청구권 침해가 아니라는 것으로 헌법재판

할 수도 있으며(家訴 §19 ③), 청구를 인용한 경우에는 그 집행방법으로 민사집행법상의 집행 이외에 이행명령과 과태료 등의 제재(家訴 §§64, 67)를 이용할 수 있다. 그 집행보전도 가정법원이 관할한다.[48]

절차와 관련하여 특히 논란이 많은 문제는 이혼 위자료 청구를 인용하는 판결에 가집행선고를 붙일 수 있고, 지연손해금에 소속촉진 등에 관한 특례법이 정하는 비율을 적용할 수 있는가 하는 점이다. 이혼판결이 확정되었을 때 비로소 손해배상청구권이 발생한다는 입장에서는 이를 허용하지 아니하나,[49] 통설은 가집행선고를 붙일 수 있다고 본다. 실무도 같다.[50]

본조는 §806 ③을 준용하므로 이혼이 이루어진 이후 위자료 청구의 소를 제기하였는데 그 소송계속 중 일방이 사망한 때에는, 소송절차는 상속인에게 수계된다.[51] 문제는 이혼 및 위자료 청구소송 계속 중 당사자 일방이 사망한 때에 위자료 청구소송이 어떻게 되는가 하는 점이다. 본조가 §806 ③을 준용하는 한 이혼소송은 당사자 대립이 해소되어 종료하더라도 위자료 청구소송은 상속인에 의하여 수계되어야 한다고 볼 수도 있고, 이혼 자체 위자료는 어디까지나 이혼하여야 발생하는 것이므로 혼인이 이혼이 아닌 사망으로 해소된 이상 위자료 청구소송도 유지될 수 없다고 볼 수도 있는데, 대법원 1993. 5. 27. 선고 92므143 판결은 이혼 위자료 청구권은 상대방 배우자의 유책·불법한 행위에 의하여 혼인관계가 파탄상태에 이르러 이혼하게 된 경우에 그로 인하여 입게 된 정신적 고통을 위자하기 위한 손해배상청구권으로 이혼 시점에서 확정, 평가되는 것이며, 이혼에 의하여 비로소 창설되는 것은 아니고, 본조가 §806 ③을 준용하는 한 이는 행사상 일신전속권일 뿐 귀속상 일신전속권은 아니므로, 청구권자가 위자료의 지급을 구하는 소를 제기함으로써 청구권을 행사할 의사가 외부적, 객관적으로 명백하게 된 이상 양도나 상속 등 승계가 가능하다면서, 상속인의 수계신청 중 이혼청구에 대반 부분은 부적법하나 위자료청구에 관한 부분은 상속분의 범위에서 적법하다고 하여, 앞의 견해를 취하였다.[52] 학설로는 찬성하는 견해와[53]

소 2012. 10. 25. 선고 2011헌마598 결정.

48) 정상규, "가사보전처분의 실무상 쟁점", 재판자료 102(2003), 316-317.

49) 이러한 입장에서 이혼원인 위자료에 대하여는 가집행선고를 붙일 수 있지만, 이혼 자체 위자료에 대하여는 가집행선고를 붙일 수 없다는 견해로, 최창열(2000), 65.

50) 박순성(1993), 536; 제요[1], 780.

51) 진현민(2005), 380.

52) 그러나 소송계속 중 당사자 일방이 사망하였다면 이혼의 성립을 전제로 하여 이혼소송에 부대한 위자료 청구, 재산분할 청구, 친권자 및 양육자 지정 청구, 양육비 청구 역시 특별한 사정이 없는 한 이를 유지할 이익이 없으므로 이혼 소송의 종료와 동시에 종료한다는 것으로 대법원 2014. 3. 27. 선고 2013므5495, 5501 판결; 대법원 2016. 10. 27. 선고 2016므989 판결. 적어도 자녀에게 수계적격이 있는데 자녀가 수계신청을 하지 아니하고 있음에도 가정법원이 수계절차를 밟게 할 것은 아니라는 견해로 주석

반대하는 견해가[54] 대립한다. 수계한 뒤에는 사건의 당사자가 바뀌지만, 여전히 가정법원의 관할에 속한다고 본다.[55]

이혼 위자료와 재산분할의 관계에 대하여는 제839조의2 註釋 Ⅱ. 1. 참조.

(2) 이혼 자체 위자료가 아닌 이혼원인을 이루는 개개의 사유로 인한 손해배상청구의 소는 순수한 민사사건이다.[56] 따라서 이른바 이혼 자체 위자료와 함께 청구하는 취지가 아닌 이상 가정법원의 관할 밖에 있다. 이혼 위자료에 관한 약정이행청구의 소도 순수한 민사사건이다. 이들에 대한 집행보전도 가정법원이 아닌 일반 민사법원의 관할이다.[57]

3. [補論] 제3자의 가담

가. 성립과 범위

혼인파탄 내지 이혼에 상대방 배우자 이외에 제3자가 가담하는 경우, 그 제3자에게도 불법행위책임이 성립한다. 간통의 상간자(相姦者)가 가장 전형적인 예이지만,[58] 그 밖에 간통을 교사·방조한 시모(媤母),[59] 시모나 시누이의 부당한 대우에 의하여 혼인이 파탄에 이른 경우 그 시모나 시누이에 대한 위자료 청구도[60] 생각할 수 있다. 이에 가담한 제3자에 대한 손해배상청구가 불법행위책임이라는 점에는 이론(異論)이 없다.[61] 그러므로 이들의 가담이 위법하여야 하고, 고의·과실이 있어야 한다.[62]

친족(1), 729(정현경). 실무적으로 이해할 만한 설명이다.

53) 박순성(1993), 541; 윤진수, "이혼 및 위자료청구소송 계속중 원고가 사망한 경우 위자료청구소송의 수계가능 여부", 가족법 판례해설, 157 이하(위 판결에 대한 평석. 입법론적으로는 약혼해제로 인한 위자료와 이혼 위자료에 차이가 있으므로, 이혼 위자료에 대하여는 어느 경우에나 상속을 인정하지 않는 것도 고려할 가치는 있다고 한다); 진현민(2005), 382–383.

54) 민유숙(2005), 77 이하. 이혼이 아닌 사망으로 혼인관계가 종료하게 되었을 때 이혼원인 위자료와 이혼 자체 위자료 중 어느 부분까지 상속되는 것인지가 반드시 분명하지 아니하고, 법 정책적으로 부모의 자녀가 그들 중 사망한 일방을 수계하여 자신의 부모 중 다른 일방을 상대로 이혼 위자료 청구를 하게 하는 것이 적절한지도 의문이라고 한다. 또한 권순한, "이혼에 관한 소송의 계속중 당사자의 사망과 소송수계", 연세법학연구 7(1999), 263–280은, 이혼소송에 이혼 위자료 청구소송이 병합된 경우 소송계속 중 당사자가 사망하면 이혼소송은 종료하나 그에 갈음하여 혼인관계 또는 이혼사유존부의 확인을 중간확인의 소의 방식으로 제기할 수 있도록 한 다음, 이를 위자료청구나 재산분할청구의 소에 병합 심리하여 이를 전제로 위자료 및 재산분할청구권을 발생시켜 상속인들(생존배우자는 상속권을 갖지 못하게 된다)이 이를 상속함으로써 소송수계를 할 수 있게 하자고 한다.

55) 진현민(2005), 384.

56) 제요[1], 777.

57) 정상규(주 48), 308.

58) 대법원 1959. 11. 5. 선고 4291민상771 판결; 대법원 1960. 9. 29. 선고 4293민상302 판결; 대법원 1981. 7. 28. 선고 80다1295 판결; 대법원 1985. 6. 25. 선고 83므18 판결; 대법원 1998. 4. 10. 선고 96므1434 판결; 대법원 2005. 5. 13. 선고 2004다1899 판결[해설: 이민걸(2006)].

59) 서울고등법원 1999. 7. 30. 선고 99르75 판결.

60) 대구고등법원 1984. 10. 23. 선고 84나459 판결; 대구고등법원 2000. 8. 11. 선고 2000르125, 132 판결 (사실혼 관계의 해소를 원인으로 한 위자료청구 사건이다).

다만, 학설상으로는 부부 사이의 일인 혼인관계의 파탄의 책임을 제3자에까지 묻는 데 대하여는 좀 더 엄격하여야 한다는 견해도 있다. 가령 간통에 대하여 배우자에 대한 정조요구권은 그에게만 미치고 제3자에게 미치지 아니하는 '채권적 상대권'이고 간통은 부부 일방의 자유로운 의사로 이루어지는 것으로 제3자의 행위에는 위법성이 없으며, 위자료의 지급을 명하여도 그 만족·예방기능을 하지 못한다는 이유로 제3자의 책임을 부정하는 견해와,[63] 가정질서 보호와 배우자·제3자의 이익을 고려하여 제3의 가담자는 가정질서를 파탄시킬 의사를 갖고 사회상규에 반하는 방법으로 육체관계를 맺은 경우에 한하여 책임을 진다는 견해가[64] 있고, 보다 일반적으로 제3자의 간섭은 고의가 있어야 할 뿐 아니라 어느 정도 이상으로 적극적이어야 한다는 견해도[65] 있다. 제3자가 혼인파탄에 인과적 기여를 하였다는 것으로는 부족하고 그의 가담이 불법적이라고 평가될 수 있어야 함은 물론이나, 일률적으로 제3자의 책임을 배제할 근거는 없을 것이다.[66]

제3자는 배우자의 불법행위 내지 유책행위에 가담하는 것이므로,[67] 그 손해도, 원칙적으로는,[68] 단일·동일하다. 따라서 배우자와 제3자는 부진정연대책임을 진다.[69] 어느 한 사람으로부터 위자료를 지급 받았다면 다른 사람은 그 범위에서 면책된다.[70] 다만, 학설로는 공동불법행위자의 연대책임에 제한하여 제3자의 위자료 지급

---

61) 대법원 1970. 4. 28. 선고 69므37 판결. 제요[1], 777.

62) 이러한 고의·과실이 쉽사리 추정되는 것도 아니다. 대법원 1987. 8. 18. 선고 87므19 판결도, 간통기간 중 그가 배우자 있는 남자인 여부를 조사 확인하여 보지 아니하였다 하여 과실이 있다고까지는 할 수 없다고 한다. 그러나 원고의 남편의 감언이설에 속아 잉태하게 되었다 하더라도 이러한 사유만으로는 원고에 대한 불법행위책임을 면할 수 없다고 한 대법원 1967. 4. 25. 선고 67다99 판결도 참조.

63) 홍춘의(1994), 259. 신영호·김상훈·정구태, 99도 비슷하다.

64) 이동국(2007), 71 이하.

65) 김주수·김상용, 273.

66) 이동진(2013), 96. 비교법적 고찰은 같은 문헌, 73 이하.

67) 창원지방법원 2017. 9. 20. 선고 2017르50367 판결은 부정행위(不貞行爲)를 안 날부터 3년이 경과한 뒤 배우자를 상대로 이혼 및 위자료 청구, 상간자를 상대로 위자료 청구의 소를 병합 제기한 사안에서 §§806, 843은 배우자의 이혼 위자료의 근거가 될 수 있을 뿐 제3자(상간자)의 책임의 근거가 될 수는 없는바, 제3자는 이혼 내지 혼인파탄을 원인으로 하는 손해배상청구권은 인정되지 아니하고 불법행위, 즉 부정행위(不貞行爲) 자체를 원인으로 하는 손해배상청구권만 인정되고, 이는 부정행위(不貞行爲)를 안 날로부터 3년이 지나면 시효소멸한다는 이유로 상간자에 대한 청구를 기각하였고, 대법원 2021. 6. 24. 선고 2017므13586 판결은 별다른 실질적 이유설시 없이 원고의 상고를 기각하였다. 평석: 박설아(2023), 261 이하. §§806, 843가 제3자의 책임을 근거 지우지 아니한다 하여 제3자가 동일 손해에 가공한 경우 배우자와 연대책임을 지는 데 문제가 생기는 것은 아니다. 그러나 §840 i이 아닌 §840 vi에 의한 이혼의 경우 제3자의 가담이 종료된 뒤 수년이 지난 뒤에야 이혼청구의 소에 들어갈 수도 있는바, 배우자와 사이에 이혼이 이루어지지 아니하였다는 사정으로 제3자에 대한 소멸시효의 진행이 미루어지는 것은 문제가 있다. 향후 법리의 발전을 지켜보아야 할 것이다.

68) 다만, 이는 당해 부정행위와 그로 인한 혼인파탄에 한하여 그러하고, 배우자에게 다른 혼인의무 위반이 있고 그 자체 불법행위책임을 근거지울 수 있을 때에는 달리 볼 여지도 있다.

69) 대법원 2015. 5. 29. 선고 2013므2441 판결; 인천지방법원 2008. 2. 13. 선고 2006드단8221 판결; 울산지방법원 2007. 5. 17. 선고 2006드단8146 판결; 창원지방법원 2007. 4. 27. 선고 2005드단10986 판결. 이동진(2013), 66.

책임을 제한하여야 한다는 주장이 있고,[71] 하급심 실무상으로도 배우자와 상간자에 대하여 서로 다른 금액, 가령 상간자의 위자료 지급책임을 배우자의 위자료 지급책임의 약 1/2 내외로 줄여 일부연대책임을 지우거나, 아예 연대책임을 깨뜨려 분할책임을 인정한 예가 여럿 보인다.[72] 그러나 가담정도 내지 불법성이 작다 하더라도 손해가 같은 이상 대외적으로는 연대책임을 지고 구상권의 문제로 해결함이 타당하다.[73] 이때 배우자와 제3자의 연대책임은 부진정연대책임으로 이해된다. 둘 중 어느 하나에 대한 청구를 포기하거나 어느 하나와 화해하더라도 다른 하나에 대하여 책임을 추궁하는 것이 가능하다.[74]

나. 절차

이혼 위자료 청구의 소는 배우자뿐 아니라 혼인파탄과정에 가담한 제3자에 대한 것도 가정법원의 전속관할에 속한다[家訴 §2 ① 다. 2) "(제3자에 대한 청구를 포함한다)"]. 이는 이혼 당사자 일방이 타방이 아닌 제3자에 대하여만 청구하는 경우에도 같다. 그러므로 제3자에 대한 청구 중 이혼 위자료가 포함되어 있으면 그 부분을 특정하여 가정법원으로 이송하여야 하고 민사법원에서 판결하는 것은 전속관할 위반으로 위법이다.[75] 그러나 이혼으로 인한 손해라 하더라도 이혼 당사자가 아닌 제3자의 손해배상청구, 가령 이혼한 부부의 자녀가 부모 일방의 상간자에 대하여 하는 손해배상청구는 일반 민사사건이다.[76] 이혼으로 인한 제3자에 대한 손해배상청구라 하더라도 배우자의 유책행위를 전제하지 아니한다면 역시 일반 민사사건이다.[77] 그 밖에 부부 일방이 유책행위에 가담한 제3자에 대하여 혼인존속중 손해배상청구를 하는 경우도[78] 같다.

가정법원의 관할에 속하는 경우와 민사법원의 관할에 속하는 경우 각각에 대하여는 위 배우자에 대한 이혼 위자료에 대한 설명이 대체로 타당하다.

---

70) 대법원 2024. 6. 27. 선고 2023므13723 판결. 이혼과정에서 위자료 이외에 재산분할금과 양육비까지 합쳐져 지급한 경우 그러한 사정을 상간자 등 제3자의 위자료 산정 과정에서 참작할 수 있다. 대법원 2024. 6. 27. 선고 2023므12782 판결.
71) 김준모, "가사재판에 있어 몇 가지 실무상 문제점", 實務研究[X](2005), 331−332; 최종두(2002), 64−65. 근래 공동불법행위책임의 개별화 경향을 지적하면서 비슷한 가능성을 시사하는 것으로 김동원(2023), 28−30.
72) 김동원(2023), 22 이하.
73) 민유숙(2005), 463 이하; 엄상필(2002), 32; 이동진(2013), 72. 상간자가 여럿인 경우에도 같다. 김동원(2023), 35−40(그 자신은 부정행위 기간이 중첩되는 경우에 한하여 연대책임을 인정한다).
74) 대구가정법원 2014. 6. 11. 선고 2013드단22845 판결 참조.
75) 대법원 2014. 5. 26. 선고 2013다101104 판결. 대법원 2008. 7. 10. 선고 2008다17762 판결; 대법원 2010. 3. 25. 선고 2009다102964 판결 등도 같다.
76) 제요[1], 30.
77) 가령 부부 일방이 타방에 대한 강간 또는 강간미수를 이유로 가해자를 상대로 제기한 손해배상청구(대법원 1965. 11. 9. 선고 65다1582, 1583 판결)를 생각할 수 있다.
78) 대법원 1967. 4. 25. 선고 67다99 판결; 대법원 1967. 10. 6. 선고 67다1134 판결. 또한 제요[1], 30.

Ⅱ. §§837, 837-2, 839-2, 839-3의 준용

1. §837는 협의이혼에 관하여 자녀의 양육에 관한 사항을 당사자의 협의 또는 가정법원의 심판에 의하여 정하여야 한다는 취지와 자녀의 복리를 위하여 필요한 경우 이를 변경할 수 있다는 점을 정하고 있다. 본조는 §837를 재판상 이혼에 준용하므로, 재판상 이혼절차에서도 당사자가 위 사항에 관하여 협의를 하게 하고, 상당한 협의가 성립하였다면 그에 따라, 그렇지 아니한 때에는 가정법원이 직권으로 자녀의 양육에 관한 사항을 정하여야 한다. 그리하여 판례는 법원이 이혼판결을 선고하면서 (당사자의 협의가 없음에도) 직권으로 미성년자녀에 대하여 친권자 및 양육자 지정을 하지 아니하였다면 이는 재판의 누락이고, 즉 친권자 및 양육자 지정에 관한 부분은 여전히 (원심에) 사건 계속 중이라고 보아야 한다고 한다.[79]

그 밖에 이혼 후 가정법원이 자녀의 양육에 관한 사항을 변경할 수 있다는 점에는 협의상 이혼이든 재판상 이혼이든 차이가 없다. 제837조 註釋 및 제840조·제841조·제842조 註釋 중 Ⅲ. 2. 다. 참조.

2. §837-2는 비양육친의 양육친에 대한 면접교섭권, 그 중에서도 협의가 이루어지지 아니한 경우의 면접교섭권을 규정한다. 협의가 이루어지지 아니한 경우의 면접교섭권 또한 협의상 이혼이든 재판상 이혼이든 아무런 차이가 있을 수 없다. 본조는 §837-2도 재판상 이혼에 관하여 준용하고 있다. 제837조의2 註釋 참조.

3. §839-2는 협의상 이혼한 부부 일방의 다른 일방에 대한 재산분할청구권을 규정한다. 이 규정 또한 재판상 이혼한 부부에 대하여도 그대로 적용될 수 있고, 본조도 §839-2를 재판상 이혼에 준용한다. 상세는 제839조의2 註釋 참조. 2007년 개정으로 재산분할청구권 보전을 위한 사해행위취소권(§839-3)이 신설되었으나, 당시 §839-3을 재판상 이혼에 준용하는 규정은 마련되지 아니하였다. 그러나 재판상 이혼을 하였거나 재판상 이혼절차가 진행 중이거나 재판상 이혼을 염두에 두고 있는 부부 일방도 §839-3의 권리를 행사할 수 있다는 데는 별 의문이 없었다.[80] 2012년 개정으로 §839-3이 준용된다는 점이 명문으로 규정되었다. 개정법은 2013. 7. 1.부터 시행되었고 소급 적용되지 아니하나(부칙 §§1, 2), 이것이 그 이전의 사건에 대하여 §839-2가 적용되지 아니한다는 뜻은 아니다.

---

79) 대법원 2015. 6. 23. 선고 2013므2397 판결. 이에 대하여 일부판결이 불가능한 경우로 보아 판단유탈로 처리하였어야 한다는 비판으로, 엄경천(2016), 156-157(당해 사건의 피고 소송대리인이었다).

80) 최금숙, 친족(2), 235은 이를 유추라고 하면서, 다음 입법시 수정하여야 한다고 하였다.

第 4 章　父母와 子

第1節　親生子

[前註]

▌**참고문헌** : 권영준(2021), "인공수정, 유전자형 배치와 친생추정", 민법판례연구Ⅱ; 김도균(2014), "친생자관계존재확인의 소, 그 소의 이익에 대하여", 가정법원 50주년 기념논문집; 김명숙(2009), "자의 복리와 친권, 자의 권리", 안암법학 28; 김상용(2019), "가족법과 혈연진실주의", 가족법연구V; 김선혜(1993), "친생자관계존부확인의 소송실무상 몇 가지 문제점", 재판자료 62; 김성숙(2002), "인지제도 정비를 위한 검토", 가족법연구 16-1; 김성은(2012), "AID자의 법적 지위에 관한 연구", 가족법연구 26-3; 김시철(2003), "친족상속법에 관련된 헌법재판소 결정평석(1997-1998)", 재판자료102(하); 승이도(2015), "혼인종료 후 300일 이내에 출생한 자'의 친생추정에 관한 연구", 가족법연구 29-1; 양진섭(2019), "친자관계의 결정에 관한 법적 쟁점 분석", 가족법연구 33-3; 윤진수(2021), "친생추정에 관한 민법개정안", 민법논고[Ⅷ]; 오병철(2018), "과학적 부성(paternity) 도입을 통한 친자법의 개혁", 저스티스 166; 이경희(1998), "인공출산기술과 친자결정원리의 변화", 김병대 화갑; 이경희(2002), "친생친자관계법의 문제점과 개선방향", 가족법연구 16-1; 이동진(2022), "부자관계의 설정과 해소: 입법론적 고찰", 인권과 정의 509; 이소은(2021), "친생자관계 부존재 확인의 소의 소송요건에 관한 연구", 가족법연구 35-2; 이은정(2010), "가족제도의 변화와 친자법 개정의 필요성", 경북대 법학논고 33; 이은정(2023), "친생자관계부존재확인의 소에 관한 개정 논의", 가족법연구 37-1; 장재용(2020), "친생추정의 예외 인정 여부와 인공수정 자녀에 대한 친생추정 여부", 사법 52; 정구태(2015), "친생추정의 한계 및 친생부인의 소의 원고적격", 충북대 법학연구 26-1; 조인영(2022), "친생추정의 범위에 관한 무제한설의 재조명", 가족법연구 36-1; 최한수(1992), "혼인외의 자의 지위", 사법연구자료 19; 현소혜(2019), "부자관계의 결정기준: 혼인과 혈연", 가족법연구33-2.

Ⅰ. 친생자(親生子)관계 일반

1. 친생자관계의 의의

　　부모와 자녀 관계는 자연적 혈연관계인 친생자(親生子)관계와 법정 친자관계인 양친자(養親子)관계로 나눌 수 있다.[1] 친생자는 원칙적으로는 부모로부터 출생한 자녀로서 부와 모의 혈통과 유전자를 이어받은 자녀라고 말할 수 있다.[2] 그러나 법률적 친생자관계가 반드시 혈통과 유전자에 의해 결정되는 것은 아니다.[3]

　　친생자는 혼인중 출생자와 혼인외 출생자로 구분할 수 있다.[4] 역사적으로는 혼인중 자녀(적출자)와 혼인외 자녀(비적출자)를 차별 취급하는 경우가 많았다. 호주제가 폐지되기 이전에 §985 ①은 호주승계의 순위에 있어 혼인중 자녀를 혼인외 자녀보다 우선하기도 하였으나, 호주제 폐지로 이러한 차별도 없어졌다. 현재에는 혼인외 자녀와 아버지 사이에 부자관계가 성립하려면 인지가 필요하다는 것 이외에 그 법적 지위에 차이는 없다.[5]

　　법정친자관계에 대해서는 제4장 부모와 자 제2절 양자 [前註] 참조.

2. 친자관계 결정 원리

　　친자관계를 결정하는 기준에 관하여, ① 혈연관계를 중시하는 혈연주의, ② 부모가 되려는 의사를 강조하는 의사주의, ③ 부모의 역할 수행을 강조하는 기능주의, ④ 기타 출산주의 등이 논의된다.[6] 최근 우리 학설상으로는 해석론이나 입법론 모두에서 혈연진실주의를 강조하는 견해가 점점 많아지고 있다. 이는 의학 및 과학기술의 발달로 친자관계의 확인이 점점 쉬워지고 있기 때문이기도 하다.[7]

　　법률상 친자관계는 혈연을 반영해야 한다는 것은 1차적으로 중요한 문제이다. 혈연진실주의는 친자관계 결정의 출발점이라고 할 수 있다.[8] 헌법재판소는 법률상의 친자관계를 진실한 혈연관계에 부합시키는 것이 헌법이 보장하고 있는 혼인과 가족

---

1) 김주수·김상용, 293; 박희호·이동건, 122; 송덕수, 141; 신영호·김상훈·정구태, 152; 윤진수, 172; 주석친족(2), 3(정용신).
2) 박동섭·양경승, 249.
3) 이경희·윤부찬, 162.
4) 박희호·이동건, 123; 송덕수, 141; 신영호·김상훈·정구태, 152; 윤진수, 172; 장재용(2020), 783.
5) 김주수·김상용, 291; 박동섭·양경승, 248; 신영호·김상훈·정구태, 162; 윤진수, 172; 오병철(2018), 168−172; 김명숙(2009), 86.
6) 자세한 내용은 권재문, 친생자관계, 234−266 참조.; 간략한 논의로 박동섭·양경승, 250−251도 참조.
7) 이경희(1998), 625.
8) 김시철(2003), 499; 이은정(2023), 201−202; 같은 취지, 이소은(2021), 383.

제도의 원칙이라고 하였다.[9]

　　그러나 법률상 친자관계가 어느 경우에나 반드시 혈연에 부합하게 되는 것은 아니다. 친자관계를 결정하는 데 있어 자녀의 복리나 가정의 평화 및 법적안정성 등과 같은 이익[10]도 고려되어야 하기 때문이다.[11] 이에 따라 진실한 혈연에 반하지만 법률상 친자관계가 인정되는 영역도 존재한다.[12] 예를 들어 진실한 혈연관계는 존재하지 않지만 친생추정(§844)이 미치는 자녀에 대해 친생부인(§846, §847, §854-2, §855-2)을 번복하지 못한다면 법률적 친자관계는 그대로 확정된다. 법률적 친자관계의 결정은 결국 진실한 혈연과 이에 상충되는 이익 사이에서 균형점을 찾는 문제라고 말할 수 있을 것이다.[13]

3. 용어례

　　기존에 민법에서 사용하는 '자(子)'라는 용어는 남녀평등의 이념을 고려할 때 '자녀(子女)'라고 표현하는 것이 적절하다.[14] 근래에 민법이 개정되면서 §843, §844, §854-2, §855-2, §870 등에서 종전에 쓰던 '자(子)'라는 용어를 '자녀'라는 용어로 대체로 바꾸고 있으나, 최근 신설된 §837-2 ②에서 여전히 '자(子)'라는 용어를 사용하는 경우도 있다.

　　또한 종래 민법에서 '부(夫)' 또는 '처(妻)'라는 용어를 사용해 왔으나, 근래 개정된 §844, §848 등에서는 '남편' 또는 '아내'라는 용어로 바꾸고 있다.

Ⅱ. 모자관계

　　법률상 혼인관계에 있는 부부 사이에서 자녀가 출생한 경우, 부자관계와 달리, 모자관계는 출산이라는 자연적 사실에 의하여 명백하게 결정된다는 것이 통설적 이해이다.[15] "모(母)는 언제나 확실하다(mater semper certa est)."는 법언이 이를 의미한

---

9) 헌법재판소 1997. 3. 27. 선고 95헌가14등 결정.
10) 자세한 내용은 권재문, 친생자관계, 267-284 참조. 이 문헌에서는 친생자관계를 결정하는 데 고려되는 원리로 자녀의 복리를 실현해야 한다는 점, 친자관계의 명확성과 안정성을 통한 법적 안정성, 친자관계의 귀속은 공익 또는 공공복리에 부합하여야 한다는 점, 부모는 각각 1명이어야 한다는 친자관계의 배타성 원칙 등을 제시하고 있다.
11) 김상용(2019), 78-79; 이은정(2023), 216; 같은 취지, 이동진(2022), 30.
12) 김시철(2003), 500; 김상용(2019), 78; 이소은(2021), 383-384; 이은정(2023), 202.
13) 같은 취지, 이경희(2002), 27; 이은정(2010), 400
14) 승이도(2015), 266, 주 3.
15) 박희호·이동건, 124; 박종찬, 125; 송덕수, 144; 신영호·김상훈·정구태, 153; 윤진수, 173; 한삼인·김상헌, 132; 현소혜(2019), 431; 정구태(2015), 119; 장재용(2020), 783; 권영준(2021), 253; 이동진(2022),

다.[16] 대법원은 혼인외 자녀와 생모 사이의 모자관계는 인지나 출생신고 없이도 법률상 친자관계가 인정된다고 하였다.[17] 헌법재판소도 같은 취지이다.[18] 출산이라는 사실에 의해 모자관계의 성립을 인정하는 이상 출산모와 자녀 사이에 법적인 모자관계를 해소하는 것은 불가능하다.[19] 다만 친양자관계가 성립하면 종전의 모자관계는 법률적으로 소멸한다.[20] 이러한 통설, 판례에 대하여, §855의 규정상 혼인외 자녀의 모자관계도 생모의 인지에 의해 성립하는 것으로 해석해야 하므로, 출산에 의해 모자관계를 당연히 성립시키는 것은 의문이라는 견해가 있다.[21]

다만 기아(棄兒)와 같은 예외적인 경우에는 모(母)의 출생 사실 자체가 확인되지 않으므로, 모(母)도 인지할 수 있는데(§855), 모의 인지는 확인적 의미만 있다는 것이 대체적인 견해이다.[22] 대법원 판례는 기아(棄兒)와 같이 모자관계가 불분명한 경우에는 모가 인지하거나 모에 대한 인지청구의 필요가 있다고 하였고,[23] 그 경우 생모의 인지는 확인적인 것이라고 하였다.[24] 따라서 판례는 모자관계는 가족관계등록부의 기재가 없거나 친생자관계존재 확인판결 등이 없더라도 일반 민사소송 또는 행정소송에서 선결 문제로서 주장될 수 있다는 취지이다.[25] 실무상 기아(棄兒)와 같은 예외적인 경우가 아닌 한 모의 인지 신고는 수리되지 않는다고 한다.[26]

이러한 통설, 판례에 대하여, 모자관계는 출생에 의해 성립한다고 보면 충분하고, 기아(棄兒)와 같은 경우에는 모(母)가 인지할 수 있다는 예외 영역을 인정할 필요가 없다는 견해도 있다.[27] 모의 출산 여부가 불분명한 경우는 혼인외 자녀뿐만 아니

29; 조인영(2022), 360; 최한수(1992), 40; 김명숙(2009), 87; 김성숙(2002), 168; 주석친족(2), 5(정용신).

16) 윤진수, 173; 이동진(2022), 29, 주 3; 조인영(2022), 360 등 참조.

17) 대법원 1967. 10. 4. 선고 67다1791 판결; 대법원 1980. 9. 9. 선고 80도1731 판결; 대법원 1986. 11. 11. 선고 86도1982 판결; 대법원 1997. 2. 14. 선고 96므738 판결; 대법원 2000. 1. 21. 선고 98도125 판결; 대법원 2018. 6. 19. 선고 2018다1049 판결; 대법원 2019. 10. 23. 선고 2016므2510 전원합의체 판결; 대법원 2022. 1. 27. 선고 2018므11273 판결.

18) 헌법재판소 1997. 3. 27. 선고 95헌가14등 결정; 헌법재판소 2001. 5. 31. 선고 98헌바9 결정; 헌법재판소 2015. 4. 30. 선고 2013헌마623 결정 등.

19) 권재문, 친생자관계, 16; 주석친족(2), 5(정용신).

20) 주석친족(2), 5(정용신).

21) 권재문, 친생자관계, 14-15.

22) 김주수·김상용, 320; 송덕수, 157; 박동섭·양경승, 304, 307; 신영호·김상훈·정구태, 162; 윤진수, 196; 오병철(2018), 172, 주 14; 김명숙(2009), 87; 김성숙(2002), 168; 주석친족(2), 5(정용신).

23) 대법원 1966. 4. 26. 선고 66다214 판결.

24) 대법원 1967. 10. 4. 선고 67다1791 판결.

25) 대법원 1967. 10. 4. 선고 67다1791 판결; 대법원 1992. 2. 25. 선고 91다34103 판결; 대법원 1992. 7. 10. 선고 92누3199 판결; 대법원 2018. 6. 19. 선고 2018다1049 판결.

26) 김도균(2014), 135-136 참조(실무의 태도는 출산 여부에 관한 증명이나 소명을 필요로 하지 않는 인지 신고에 기하여 일반적으로 모자관계를 인정하기 어렵다는 점에 근거한 것이라고 한다).

27) 양진섭(2019), 50-54; 이경희·윤부찬, 182.

라 혼인중 자녀도 생길 수 있으므로, 예외적으로 모의 인지가 가능한 영역을 확정하기 어려운 점, 家登 §46 ②에서 혼인외 자녀의 출생신고를 모가 해야 한다고 정한 것은 그 출생신고 전에 모자관계가 발생하였음을 전제하는 것인 점, 출생신고에는 원칙적으로 출생증명서 등을 요구하고 있는데 그러한 증명 없이 모자관계가 인정되도록 하는 인지를 인정하는 것은 부당하다는 점 등을 이유로 한다.

한편 자녀를 출산한 여자는 자녀의 생모로 사실상 추정되나 반증이 허용되는 것이라는 설명도 있으나,[28] 이는 대리모가 출산한 자녀의 지위를 설명하기 위한 것일 뿐 일반론으로는 의문이다.

보조생식기술의 발달에 따라 보조생식에 의해 태어난 자녀, 특히 대리모에 의해 출생한 자녀의 모자관계를 확정하는 문제에 대해서는 더 검토가 필요하다. 특히 난자제공자와 출산자가 다른 출산 대리모의 경우에는 과연 출산에 의해 모자관계가 반드시 분명해진다고 할 수 있는가에 대해 의문이 제기되기 때문이다.[29] 이에 대해서는 ［後註］ 보조생식 자녀의 친자관계 참조.

---

28) 박동섭·양경승, 252.; 다만 여기서도 모자관계는 인지 절차를 거칠 필요 없이 임신·출산에 의해 당연히 성립하고, 모자관계가 불분명할 경우의 모의 인지는 확인적 효력밖에 없다고 한다.
29) 김명숙(2009), 88; 김시철(2003), 502, 주 14; 김성은(2012), 171-122 등 참조.

第 844 條 (남편의 친생자의 추정)

① 아내가 혼인중에 임신한 자녀는 남편의 자녀로 추정한다.

② 혼인이 성립한 날부터 200일 후에 출생한 자녀는 혼인중에 임신한 것으로 추정한다.

③ 혼인관계가 종료된 날부터 300일 이내에 출생한 자녀는 혼인중에 임신한 것으로 추정한다.

▌참고문헌: 권영준(2021), "인공수정, 유전자형 배치와 친생추정", 민법판례연구Ⅱ; 권재문(2004), "혈연진실주의 실현을 위한 친생부인의 요건 완화와 조정절차의 활용", 법조 53-12; 김두형(1995), "친생자의 추정과 친생부인의 소", 법조 44-7; 김명숙(2009), "자의 복리와 친권, 자의 권리", 안암법학 28; 김문수(1991), "민법 제844조의 친생자추정이 미치지 아니하는 혼인중의 출생자의 범위", 부산판례연구회 판례연구 1; 김상용(2019a), "친생추정에 관한 2017년 개정민법 규정의 문제점", 가족법연구Ⅴ; 김상용(2019b), "친생추정에 관한 법리의 검토", 가족법연구Ⅴ; 김상헌(2018), "친자관계에 있어서 헌법재판의 역할에 관한 고찰", 서울시립대 서울법학 25-4; 김시철(2003), "친족상속법에 관련된 헌법재판소 결정 평석(1997-1998)", 재판자료 102(하); 김주수(2011), "친생부인의 소와 친생자관계부존재확인의 소에 관한 일고찰", 가족법연구 25-2; 김종세(2016), "친생자 추정과 당사자의 기본권", 한국법학회 법학연구 16; 김천수(2002), "인공수정에 관한 법적 고찰", 민사법학 21; 김천수(2019), "의견서 '2016므0000 친생자관계부존재확인' 사건 관련", 가족법연구 33-2; 법학연구 16; 김현재(2019), "민법 제844조 제2항 혼인종료후 300일내 친생자 추정에 관한 소고", 경북대 법학논고 66; 류일현(2015), "친생자 추정이 미치는 범위와 그 한계", 비교사법 22-3; 류일현(2019), "민법상 친생추정 제도에 관한 일고", 경북대 법학논고 67; 맹광호(2007), "인공생식에 관한 가족법상의 문제점", 가족법연구 21-3; 박설아(2015), "친생부인의 소에 관한 민법 규정의 해석", 일감법학 32; 박정선(2023), "친생자 추정과 그 예외: 일본의 2022년 개정 친자관계법과 비교하여", Ewha Law Review; 박정화(2002), "친생자관계존부확인소송의 심리에 관하여", 서울가정법원 실무연구Ⅷ; 법률구조법인 한국가정법률상담소(2019), "의견서-대법원 2016므0000 친생자관계부존재확인", 가족법연구 33-2; 서정우(1993), "친생자관계부존재확인판결의 기판력과 친생추정의 충돌", 재판자료 62; 승이도(2015), "'혼인종료 후 300일 이내에 출생한 자'의 친생추정에 관한 연구", 가족법연구 29-1; 안구환(2004), "친생자 추정과 호적", 사법논집 38; 양수산(1999), "친생부인에 관한 입법론적 고찰", 외법논집 7; 양진섭(2019), "친자관계의 결정에 관한 법적 쟁점 분석", 가족법연구 33-3; 오병철(2018), "과학적 부성(paternity) 도입을 통한 친자법의 개혁", 저스티스

166; 양천수·우세나(2019), "친생자 추정 논의에 관한 법학방법론적 문제", 가족법연구 33−2; 유지홍(2015), "첨단의료보조생식에 근거한 민법 제844조 친생자 추정에 관한 고찰", 충북대 법학연구 26−2; 윤진수(2021a), "친생추정에 관한 민법개정안", 민법논고[Ⅷ]; 윤진수(2021b), "친생자관계부존재확인 사건 의견서−대법원 2016므2510 사건", 민법논고[Ⅷ]; 이동진(2022), "부자관계의 설정과 해소: 입법론적 고찰", 인권과 정의 509; 이은정(2010), "가족제도의 변화와 친자법 개정의 필요성", 경북대 법학논고 33; 이은정(2023), "친생자관계부존재확인의 소에 관한 개정 논의", 가족법연구 37−1; 이제정(2003), "친자관계확인소송의 심리상 주요 논점", 재판자료 101(상); 장윤순(2020), "제3자 정자제공형 인공수정 자녀 및 혈연관계 없음이 명백한 자녀에 대한 각 친생추정 적용여부", 부산대 법학연구 61−1; 장재용(2020), "친생추정의 예외 인정 여부와 인공수정 자녀에 대한 친생추정 여부", 사법 52; 전효숙(1983), "인지에 관한 심판의 이론과 실제", 재판자료18; 정구태(2015), "친생추정의 한계 및 친생부인의 소의 원고적격", 충북대 법학연구 26−1; 정구태(2016), "2015년 친자법 관련 주요 판례 회고", 조선대 법학논총 23−1; 정귀호(1984), "친생자의 추정과 친생부인의 소", 民判 6; 정현수(2017), "개정 친생추정제도에 대한 평가", 충북대 법학연구 28−2; 정현수(2020), "친생추정 법리에 관한 소고", 충북대 법학연구 30−2; 제철웅(2019), "생물학적 부모, 법적 부모, 그리고 사회적 부모", 비교사법 26−2; 조경임(2020), "2019년 가족법 중요판례평석", 인권과 정의488; 조미경(1997), "친생부인의 소에 관한 비교법적 고찰", 가족법연구 11; 조인영(2022), "친생추정의 범위에 관한 무제한설의 재조명", 가족법연구 36−1; 차선자(2019), "친생추정의 법리와 혈연 진정성", 가족법연구 33−2; 최진섭(1998), "사회적 친자관계와 법률상의 친자관계", 인천법학논총 1; 한봉희(1987), "인공수정자법의 연구", 전북대 법학연구 14; 현소혜(2015a), "친생자 추정과 가족관계등록절차의 개선방안", 경북대 법학논고 49; 현소혜(2015b), "친생자 추정: 헌법불합치결정에 따른 개정방안", 성균관법학 27−4; 현소혜(2019), "부자관계의 결정기준: 혼인과 혈연", 가족법연구 33−2; 현소혜(2024), "혼인중인 여자와 남편 아닌 자 사이에서 출생한 자녀에 대한 생부의 출생신고", 가족법연구 38−1; 홍남희(2015), "과학적 증거가 있는 경우 민법 제844조의 친생추정에 대한 소고", 아주법학 9−3; 홍춘의(1995), "친생의 추정과 부인제도", 가족법연구 9.

Ⅰ. 서

1. 본조의 취지

본조는 부자관계에 관하여 친생추정을 정한 규정이다. 혼인중 아내가 임신한 자녀는 남편의 자녀로 추정한다. 이에 따라 법률상 부자관계가 성립한다. 우리의 구관습에서도 처가 혼인중 포태한 자녀는 부의 자녀로 추정된다는 것이 판례이다.[1]

2. 친생추정의 의미

가. 의의

모자관계와 달리 부자관계는 출산이라는 사실만으로 결정될 수 없고 부자관계를 확정하기 위한 별도의 요건이 필요하다는 것이 통설적인 이해이고,[2] 판례도 같은 취

---

1) 대법원 1987. 10. 13. 선고 86므129 판결.
2) 윤진수, 173; 송덕수, 144; 신영호·김상훈·정구태, 153; 현소혜(2019), 43−44; 권영준(2021), 253; 김종세(2016), 375; 승이도(2015), 268; 박설아(2015), 605; 이제정(2003), 420; 주석친족(2), 8(정용신).

지이다.[3] 이에 법률상 부자관계를 확정하기 위하여 본조는 아내가 혼인중 임신한 자녀를 남편의 자녀로 추정하고 있다. "부(父)는 혼인이 가리키는 사람이다(pater est quem nuptiae demonstrant)"라는 법언이 이를 의미한다.[4]

나. 친생추정 제도의 취지

친생추정 제도는 부자관계를 조속히 확정하고 친생추정을 쉽게 번복하지 못하게 함으로써 자녀의 법적 지위를 안정시키고 가정의 평화를 도모하기 위한 것이라는 것이 통설적 설명이다.[5] 친생추정 제도는 헌법상 '혼인제도', '가족제도', '혈연진실주의에 기초한 인격권'이라는 3가지 헌법상 요구를 반영한 것이라는 분석도 있다.[6]

모(母)의 남편을 부(父)로 추정하는 것은 모(母)의 남편이 자녀와 혈연관계가 있을 개연성이 높다는 전통적인 관념을 전제로 한 것이다.[7] 이러한 취지에서 친생추정 제도는 혈연진실주의를 반영한 것이라는 설명도 있다.[8] 부자관계를 과학적으로 확인하는 것이 쉽지 않았던 시절에는 혈연에 부합할 개연성이 높은 관계를 부자관계로 추정하는 제도가 가정의 평화를 위해 효과적인 수단이었다고 볼 수 있다.[9]

그러나 현재 부부간 정조의무, 이혼 및 재혼에 대한 사회적 인식에 많은 변화가 생겼고, 과학기술의 발달로 혈연관계를 밝히는 것이 어렵지 않게 되었다.[10] 이러한 점에서 친생추정 제도 자체의 타당성에 의문을 제기하는 견해도 있다.[11]

최근의 학설,[12] 판례[13]는 친생추정 제도의 목적은 자녀의 출생 시점에 아버지일 개연성이 가장 높은 사람에게 일차적으로 법률상 부(父)의 지위를 부여하여 부(父)의 공백 상태를 방지하려는 것임을 강조하고 있다. 다른 말로 하면, 친생추정 제도는 자녀가 출생하였을 때 법적인 아버지를 출산한 아내의 남편으로 일단 확정하는 것이라고 할

---

3) 대법원 2019. 10. 23. 선고 2016므2510 전원합의체 판결.
4) 윤진수, 173.
5) 김주수·김상용, 304-306; 송덕수, 144; 신영호·김상훈·정구태, 154; 현소혜(2019), 58; 정구태(2015), 120; 양천수·우세나(2019), 79; 홍남희(2015), 427; 조인영(2022), 360.
6) 김시철(2003), 504-505.
7) 신영호·김상훈·정구태, 154; 박동섭·양경승, 254; 현소혜(2019), 58; 정구태(2015), 120; 헌법재판소 1997. 3. 27. 선고 95헌가14등 결정, 헌법재판소 2015. 4. 30. 선고 2013헌마623 결정.
8) 권재문, 친생자관계, 18; 권재문(2004), 150-151; 같은 취지, 차선자(2019), 2, 25-26; 정현수(2017), 35; 정현수(2020), 322.
9) 현소혜(2019), 58; 권재문(2004), 152; 정현수(2020), 307-308.
10) 윤진수(2021a), 639; 현소혜(2019), 59; 김현재(2019), 172-174 등; 사회적·법률적 배경의 변화에 대한 자세한 내용은 승이도(2015), 272 이하 참조.
11) 양천수·우세나(2019), 81-83; 법률구조법인 한국가정법률상담소(2019), 539.
12) 현소혜(2019), 47; 권영준(2021), 253; 권재문(2004), 161; 권재문, 친생자관계, 289; 김종세(2016), 375; 승이도(2015), 279; 김천수(2019), 526; 정현수(2017), 34; 정현수(2020), 328; 배인구(2019), 351; 같은 취지, 김현재(2019), 168-169; 홍춘의(1995), 178; 이동진(2022), 32.
13) 대법원 2019. 10. 23. 선고 2016므2510 전원합의체 판결; 헌법재판소 2015. 4. 30. 선고 2013헌마623 결정.

수 있다.[14] 친생추정 결과 자녀는 출생시점부터 어머니뿐만 아니라 일단 확정된 아버지로부터 부양을 받을 수 있다.[15] 부부는 친생추정에 의해 별도의 절차 없이 공동으로 친자관계를 형성하게 되므로 불필요한 비용 없이 가정의 평화를 도모할 수 있다.[16]

비교법적으로도 대부분의 국가에서 친생추정 제도를 기본적으로 유지하고 있다.[17]

3. 입법 연혁

2017. 10. 31. 개정 전 본조는 민법 제정 당시부터 ①에서 "처가 혼인중에 포태한 자는 부의 자로 추정한다."라고 규정하고, ②에서 "혼인성립의 날로부터 2백일후 또는 혼인관계 종료의 날로부터 3백일내에 출생한 자는 혼인중에 포태한 것으로 추정한다."라고 규정하였다.

본조는 2017. 10. 31. 개정되었으나, 그 내용은 개정 전 내용과 실질적으로 동일하고, 다만 용어와 조항의 위치가 일부 변경되었을 뿐이다. 종전의 '부(夫)'와 '처(妻)'라는 용어는 각각 '남편'과 '아내'로 바꾸고, '포태(胞胎)'라는 용어는 '임신'으로 바꾸었다.

개정 전 ②에서 함께 규정하고 있던 혼인 성립일부터 200일 후에 출생한 자녀와 혼인관계 종료일부터 300일 이내에 출생한 자녀를 분리하여, 혼인 성립일부터 200일 후에 출생한 자녀는 개정 후 ②에서 규정하고, 혼인관계 종료일부터 300일 이내에 출생한 자녀는 개정 후 ③에서 규정하는 것으로 개정하였다. 그러나 개정 전후로 내용에 차이는 없다.[18]

이와 같이 종전 ②의 내용을 개정 후 ②, ③으로 나눈 것은 혼인관계 종료일부터 300일 이내에 출생한 자녀에 대해 친생추정이 미치는 것과 관련하여, 2015년에 헌법불합치 결정이 내려졌기 때문에, 2017. 10. 31. 민법 개정으로 이 부분만 별도로 규정하여 이에 대한 특칙으로서 §854-2, 제855-2를 신설하기 위해서였다.

헌법재판소 2015. 4. 30. 선고 2013헌마623 결정은 자녀의 출생과 동시에 안정적인 법적 지위를 부여해야 하므로 친생추정 제도 자체는 계속 유지되어야 하고, 혼인관계 종료일부터 300일 이내에 출생한 자녀에 대해 친생추정을 미치게 하는 것도 합

---

14) 윤진수(2021b), 651; 권영준(2021), 253.

15) 권영준(2021), 253-254.

16) 권영준(2021), 254; 같은 취지, 김종세(2016), 375; 정현수(2017), 36; 서정우(1993), 658; 현소혜(2024), 135-136.

17) 김상용(2019b), 64-65; 승이도(2015), 279; 대법원 2019. 10. 23. 선고 2016므2510 전원합의체 판결 참조.; 세계에서는 유일하게 노르웨이에서 1977년에 친생추정의 원칙을 폐기하는 개정안을 마련하였으나 여러 비판이 제기되어 채택되지 않았다고 한다. 김상용(2019b), 63-64 참조.

18) 윤진수(2021b), 651; 양진섭(2019), 34.

리적이나, 혼인관계가 해소된 이후 출생한 자녀에 대해 생부가 인지하려 하는 경우에
도 예외 없이 친생추정이 미치도록 하여 오직 친생부인의 소를 통해서만 친생추정을
번복할 수 있도록 한 것은 위헌이라고 하였다. 위 결정에서 재판관 3인의 반대의견은
친생추정 자체에는 위헌성이 없고, 보다 합리적이고 간편한 방법으로 친생추정을 번
복할 수 있도록 하는 방법을 규정하지 아니한 부진정 입법부작위가 위헌인지 논해야
한다고 하였다. 학설상으로는 친생추정 제도 자체가 위헌이라고 보기 어렵다는 등의
이유로 위 헌법재판소 결정에 대해 비판적인 견해가 있다.[19]

위와 같은 헌법불합치 결정에 따라 결국 2017. 10. 31. 민법 개정으로 본조 ③의
친생추정을 받는 자녀에 대해서는 친생부인의 소가 아니더라도 가사비송절차에서 법
원의 허가를 받아 친생추정을 번복할 수 있도록 하는 §854−2, §855−2가 신설되었
다. 자세한 내용은 해당 조문 주석 참조.

한편 2005. 3. 31. 개정 전 민법 §811는 "여자는 혼인관계의 종료한 날로부터 6월
을 경과하지 아니하면 혼인하지 못한다. 그러나 혼인관계의 종료후 해산한 때에는 그
러하지 아니하다."라고 규정하고 있었다. 이 규정의 취지는 모(母)가 이혼 직후 혼인
하여 후혼 성립일부터 200일 이후 전혼 종료일부터 300일 안에 출산한 자녀에 대해
전혼의 남편과 후혼의 남편 모두의 자녀로 추정되는 사태를 막기 위해서였다. 그러나
이러한 규정 취지에 대해서는 비판이 많았고, 결국 위 규정은 2005. 3. 31. 개정으로
폐지되었다(제3장 제2절 前註 참조). 위와 같이 전혼의 남편과 후혼의 남편 모두의 자녀
로 추정되는 경우에는 §845에 따라 당사자의 청구에 의하여 법원이 부(父)를 정한다.
자세한 내용은 §845 주석 참조.

Ⅱ. 친생추정의 요건

1. 본조의 문언상 요건

가. 개요

본조 문언에 따르면 친생추정은 2단계의 추정이다.

본조 ①에 따라 아내가 혼인중 임신한 자녀는 남편의 자녀로 추정된다(1단계 추
정). 친생추정에 관한 요건으로 출생 시 혼인관계가 있었는지를 묻는 '출생주의'가 아
니라 혼인중 임신을 하였는지를 묻는 '포태주의(임신주의)'를 채택한 것이다.[20] 따라서

혼인중 임신하였다면 출생시 혼인관계에 없었더라도 '혼인중 자녀'에 해당한다.[21)

2단계 추정은 아내의 임신 시기에 관한 추정이다. 임신 시기에 관한 증명도 쉽지 않으므로,[22) 본조 ②은 혼인 성립일부터 200일 후에 출생한 자녀를, 본조 ③은 혼인관계 종료일부터 300일 이내에 출생한 자녀를 각각 혼인중 임신한 것으로 추정한다. 본조 ③에 따라 혼인관계 종료일부터 300일 이내에 출생한 자녀에게도 친생추정이 미치므로, 이러한 자녀도 혼인중 자녀가 된다.[23) 위 200일 또는 300일의 기간은 임신시부터 출산시까지의 최단·최장기간에 해당하는 의학적 통계 또는 경험칙에 근거한 것이다.[24)

1, 2단계의 추정을 종합하면, 결국 '혼인 성립일 또는 종료일'과 '자녀의 출생일'이라는 2가지 객관적인 기준에 따라 친생추정 여부가 결정된다. 다만 혼인 성립일부터 200일 전에 출생하였거나 혼인관계 종료일부터 300일 후에 출생하여 2단계 추정을 적용할 수 없는 경우라 하더라도, 혼인중 임신하였다는 사실이 증명되면 1단계 추정에 따라 친생추정이 미친다.[25)

나. 혼인의 의미

본조에서 말하는 혼인은 법률혼을 의미한다.[26) 종래 여기의 혼인에는 '사실혼'도 포함되므로, 사실혼 성립일부터 200일 이후에 출생한 자녀에게도 본조의 친생추정이 미친다는 견해가 많았다.[27) 사실혼 관계를 보호해야 한다는 점 등을 근거로 든다. 그러나 본조의 취지는 객관적으로 명백한 기준으로 친생추정 여부를 판단하여 법적 안정성을 도모하기 위해서인데 사실혼 성립일은 명백하지 않다는 점 등을 이유로 사실혼은 여기의 혼인에 포함되지 않는다는 것이 근래의 대체적인 견해이다.[28) 하급심 중에도 혼인신고 전 사실혼이 선행되어 있어도 혼인신고일부터 200일 이내에 출생한 자녀에 대해서는 친생추정이 미치지 않는다는 전제에서 친생자관계부존재 확인의 소를 허용한 예가 있다.[29)

용신).

21) 윤진수, 172.

22) 박동섭·양경승, 260.

23) 양진섭(2019), 36-37.

24) 신영호·김상훈·정구태, 155; 한삼인·김상헌, 133; 김종세(2016), 375; 승이도(2015), 280; 양수산 (1999), 60; 헌법재판소 2015. 4. 30. 선고 2013헌마623 결정.

25) 김주수·김상용, 300, 주 10; 박동섭·양경승, 260; 윤진수, 175; 김상용(2019a), 32, 주 20; 주석친족(2), 12(정용신).

26) 박정화(2002), 197.

27) 김주수·김상용, 301; 신영호·김상훈·정구태, 156; 이경희·윤부찬, 171; 한삼인·김상헌, 134; 김주수 (2011), 63; 조미경(1997), 160; 양수산(1999), 60; 김두형(1995), 59.

28) 박동섭·양경승, 262; 송덕수, 145, 133-134; 윤진수, 174-175; 이제정(2003), 448; 정귀호(1984), 195; 주석친족(2), 13(정용신) 등.

다만 판례 중에는 민법 시행 전의 구관습법상으로는 부부가 혼인신고 전에 동거생활을 하던 중 처가 임신하여 자녀를 출산하였다면 그 자녀는 적출자(친생자)의 지위에 있다고 한 것이 있다.[30] 이는 본조가 적용되지 않고 구 관습이 적용된 사안에 관한 것이다.[31]

다. 혼인관계 종료

본조 ③에서 혼인관계 종료에는 이혼, 혼인 취소 등으로 종료한 경우와 사망으로 인한 혼인 해소를 모두 포함한다.[32] 혼인관계 종료일은 협의이혼 신고일, 이혼판결확정일, 부부 일방의 사망일 등이 된다.[33]

라. 출생일

본조에서 자녀의 출생일은 실제 출생한 때를 의미하고, 가족관계등록부에 신고된 출생일과는 관계가 없다.[34] 판례는 실제로는 친생추정이 미치지 않는 자녀이나 친생추정이 미치지 않는 것처럼 출생신고일을 실제 출생일보다 늦게 기재하여 출생신고한 사안에서도 친생추정의 효력에 아무런 영향이 없다는 이유로 출생연월일의 정정은 家登 §104의 가족관계등록부 정정 대상이 된다고 하였다.[35] 그러나 실무는 친생추정이 미치는 자녀의 출생연월일을 허위로 하여 다른 사람과의 혼인중 자녀로 신고하여 가족관계등록부가 작성된 경우, 그 자녀의 가족관계등록부는 위법 또는 무효로서 폐쇄되어야 하므로, 자녀의 출생연월일을 사실대로 정정하는 등록부정정은 할 수 없다는 입장이다.[36]

마. 기산 계산

본조 ②의 혼인 성립일부터 200일 또는 본조 ③의 혼인관계 종료일부터 300일의 기간을 계산할 때, 그 기산점은 언제인가? 혼인 성립일 또는 혼인관계 종료일 당일부터 계산해야 한다는 견해가 많다.[37] 그러나 §157의 초일불산입 원칙이 여기에도 적용되므로 그 다음날을 기산일로 보아야 한다는 견해가[38] 타당하다. 초일불산입 원칙이 적용되지 않는다는 견해는 家登 §37를 들고 있으나,[39] 家登 §37 ①은 「가족관계 등록

---

29) 서울가정법원 2003. 4. 1. 선고 2002드단49371 판결.
30) 대법원 1963. 6. 13. 선고 63다228 판결.
31) 박동섭·양경승, 262; 윤진수, 175.
32) 김상용(2019a), 42.
33) 박동섭·양경승, 262.
34) 대법원 2012. 4. 13.자 2011스160 결정; 박동섭·양경승, 259.
35) 대법원 2012. 4. 13.자 2011스160 결정.
36) 등록예규 제229호.
37) 김주수·김상용, 301; 박동섭·양경승, 260-261; 조미경(1997), 160-161; 김두형(1995), 61; 안구환(2004), 540-541; 주석친족(2), 14(정용신).
38) 송덕수, 146; 윤진수, 175.

등에 관한 법률」에 따른 신고기간이 신고사건 발생일부터 기산한다고 규정하고 있을 뿐이므로, 이 조항이 본조의 기간 계산에 적용된다고 해석하기는 어렵다.

따라서 본조 ②의 기간은 혼인성립일 다음날부터 200일이 경과한 후에 출생한 경우, 즉 201일 이후의 출생을 의미하고, 본조 ③의 기간은 혼인관계 종료일 다음날부터 300일 이내에 출생한 경우, 즉 300일 이내의 출생을 의미한다.[40]

2. 친생추정의 제한 여부

가. 학설

(1) 무제한설

본조의 문언에 의하면 '혼인 성립일 또는 종료일'과 '자녀의 출생일'이라는 기준에 의해서만 친생추정 여부가 결정된다. 이러한 본조의 문언에 따라서만 친생추정 여부를 판단해야 하고, 이에 대한 예외를 인정할 수 없다는 견해(무제한설)가 있다.[41]

(2) 제한설

본조 문언에서 규정된 것보다 친생추정의 범위를 제한하려는 견해가 있다(제한설). 이러한 제한설의 논의는 일본의 학설에서 영향을 받은 것인데,[42] 과거에는 제한설이 통설적 견해였다.[43] 제한설 중에는 구체적인 제한 범위와 관련하여 아래와 같은 여러 견해가 있다.

(가) 외관설[44]

외관설은 부부 일방이 해외에 나가 있거나 별거하고 있는 등 동거의 결여로 아내가 남편의 자녀를 임신할 수 없음이 외관상 명백한 경우에는 친생추정이 미치지 않는다는 것이다. 외관설은 원래 일본에서 주장되었던 이론이 우리나라에 도입된 것이다.[45]

---

39) 박동섭·양경승, 261, 주 1.

40) 박병호, 158; 송덕수, 146; 정귀호(1984), 195.; 이와 달리 혼인성립일부터 200일째 되는 날 출생한 경우도 포함된다는 견해도 있다(박동섭·양경승, 261).

41) 윤진수, 176-178; 윤진수(2021a), 635-636; 윤진수(2021b), 650-656; 권영준(2021), 255-256; 현소혜(2019), 52-57; 김상훈(2019), 549-550; 제철웅(2019), 28-29; 정귀호(1984), 195-196; 양천수·우세나(2019), 94; 장윤순(2020), 85-87; 같은 취지, 정현수(2020), 328-335; 이동진(2022), 45-46; 조인영(2022), 359.

42) 류일현(2015), 1036; 정현수(2020), 316; 일본 학설 상황에 대한 소개로 류일현(2015), 1022 이하 참조.

43) 이제정(2003), 425 참조.

44) 박동섭·양경승, 267; 한삼인·김상헌, 136; 류일현(2019), 203-209; 전효숙(1983), 511; 한봉희(1987), 23-24; 김상헌(2018), 130.

45) 윤진수(2021b), 521.

(나) 혈연설[46)

혈연설은 혈액형 상이, 유전자형 배치, 생식불능 등 객관적·과학적으로 혈연관계가 없다는 것이 증명되는 경우에는 친생추정이 미치지 않는다는 것이다. 부성의 정확한 판결이 과학적으로 가능해진 현재에는 혈연진실주의를 관철시키는 것이 바람직한 점, 혈연관계가 부존재함이 객관적으로 명백히 밝혀진 경우에도 친생추정이 미친다고 하는 것은 가정의 평화나 자녀의 이익을 위해서도 부당한 점 등을 이유로 든다.

(다) 가정파탄설(가정파괴설)[47)

가정파탄설은 남편과 자녀 사이에 혈연관계가 없음이 과학적으로 증명되었고 나아가 부부가 이혼하는 등으로 가정이 이미 붕괴된 경우에는 친생추정이 미치지 않는다는 것이다. 친생추정 제도는 가정의 평화를 지키기 위해서이므로 가정의 평화가 이미 붕괴된 경우에는 추정의 예외를 인정하는 것이 타당한 점, 생부가 자녀를 양육하고 있는 경우와 같이 친생추정을 유지하는 것은 가정의 평화나 자녀의 복리에 도움이 되지 않는 점, 가정이 파탄되지 않은 경우에까지 친생추정의 예외를 인정하면 제3자에 의해 가정이 파괴되어 부당하다는 점 등을 이유로 든다.

(라) 동의설(합의설)[48)

동의설은 원칙적으로 외관설을 따르되, 혈연관계가 없음이 명백히 밝혀졌고 부부와 자녀 모두가 그에 동의하였다면 친생추정이 미치지 않는다는 것이다.

(마) 사회적 친자관계설[49)

사회적 친자관계설은 원칙적으로 외관설을 따르되, 혈연관계가 없음이 과학적으로 증명되고 남편과 자녀 사이에 사회적 친자관계도 소멸하였다면 친생추정이 미치지 않는다는 것이다. 여기서 '사회적 친자관계'라 함은 혈연관계가 없는 남편과 자녀 사이에 부자(父子)로서 정서적 유대관계가 형성되어 있고 남편이 부(父)의 역할을 수행할 의사로 자녀를 양육하는 등의 생활 실태가 형성되어 있으며, 사회적으로도 친자관계로 인식되고 있는 상태를 말한다.[50) 혈연관계가 없는 법적 부자관계를 부인하고자 하는 남편의 이익를 도외시할 수 없는 점, 사회적 친자관계가 소멸하였는데도 혈

---

46) 권재문(2004), 159-160; 홍남희(2015), 441-448; 김천수(2019), 528-530; 조미경(1997), 166-167; 조미경(1998), 381; 같은 취지, 김천수(2002), 106; 김선혜(1993), 626-627.

47) 이경희·윤부찬, 172; 양수산, 349; 이제정(2003), 443-444; 양수산(1999), 64; 이경희(2006), 32; 맹광호(2007), 16; 유지홍(2015), 168; 김두형(1995), 75-76.; 한편 친생부인의 소를 제기할 수 있는 기간 내에 가정이 파탄된 경우에 친생추정이 미치지 않는다는 견해로 김문수(1991), 292-293.

48) 박병호, 159-160; 송덕수, 149-150; 홍춘의(1995), 192-193.

49) 정구태(2015), 131 이하; 정구태(2016), 14; 정구태(2020), 286-287; 같은 취지, 이혜리·이상용(2018), 223.

50) 권재문, 친생자관계, 7; 정구태(2015), 131; 최진섭(1998), 161 참조; 기타 이은정(2023), 202도 참조.

연관계에 배치되는 결론을 강요하는 것은 부당하다는 점, 자녀의 이익을 위해서는 사회적 친자관계가 유지되고 있는지 여부가 중요한 것이지 가정의 평화 또는 부부관계의 파탄 여부가 중요한 의미를 가진다고 할 수 없다는 점 등을 이유로 든다. 대법원 2019. 10. 23. 선고 2016므2510 전원합의체 판결에서 대법관 권순일, 대법관 노정희, 대법관 김상환의 별개의견이 채택한 입장이다.

㈐ 기타

기본적으로 제한설의 입장에서 사회적 친자관계, 자녀의 복리 등을 전체적으로 종합 고려하여 친생추정이 미치지 않는 예외를 넓혀야 한다는 취지의 견해도 있다.[51] 대법원 2019. 10. 23. 선고 2016므2510 전원합의체 판결에서 대법관 민유숙의 반대의견이 채택한 입장과 궤를 같이한다.

한편 제한설의 입장에서, 혼인관계가 파탄 또는 해소되고, 자녀의 복리와 부자관계를 훼손하지 않는 경우에만 친생추정이 미치지 않는다고 보아야 한다는 견해도 있다.[52]

나. 판례

(1) 외관설의 채택

현재 판례는 제한설 중 외관설을 따르고 있다. 이는 일본 최고재판소가 외관설을 채택한 것[53]에 영향을 받은 것이다.[54]

대법원 1983. 7. 12. 선고 82므59 전원합의체 판결은 부부 중 일방이 장기간 해외에 나가 있거나 별거하고 있는 등 동거[55]의 결여로 처가 부(夫)의 자녀를 임신할 수 없음이 외관상 명백하면 친생추정이 미치지 않는다고 하였다. 친생추정에 관한 본조는 정상적 혼인생활을 전제로 가정의 평화를 위해 마련된 것인데, 그러한 전제사실이 갖추어지지 않은 경우에까지 본조를 그대로 적용하면 부당한 결과를 가져올 수 있기 때문이라고 하였다. 이는 종래 판례[56]가 무제한설을 채택하였던 것을 변경한 것이다. 위 전원합의체 판결 이래 대법원은 확고하게 외관설에 따르고 있다.[57]

---

51) 법률구조법인 한국가정법률상담소(2019), 542; 조경임(2020), 43-44; 같은 취지, 차선자(2019), 25-30; 배인구(2019), 353.

52) 김주수·김상용, 304-306.

53) 日最判 1969(昭44). 5. 29. 民集23-6, 1064; 日最判 2000(平12). 3. 14. 民集197, 375; 日最決 2013(平25). 12. 10. 民集67-9, 1847; 日最判 2014(平26). 7. 17. 民集68-6, 547; 일본 최고재판소 판례에 대한 분석으로는 류일현(2015), 1014 이하, 1026 이하; 이제정(2003), 433-436 참조.

54) 제철웅(2019), 5, 주 10.

55) 종래 판례는 '동서(同棲)의 결여'라고 판시해 왔다.

56) 대법원 1968. 2. 27 선고 67므34 판결; 대법원 1975. 7. 22. 선고 75다65 판결 등.

57) 대법원 1988. 4. 25. 선고 87므73 판결; 대법원 1988. 5. 10. 선고 88므85 판결; 대법원 1990. 12. 11. 선고 90므637 판결; 대법원 1992. 7. 24. 선고 91므566 판결; 대법원 1997. 2. 25. 선고 96므1663 판결; 대법원 2000. 1. 28. 선고 99므1817 판결; 대법원 2000. 8. 22. 선고 2000므292 판결 등.

대법원 2019. 10. 23. 선고 2016므2510 전원합의체 판결의 다수의견은 외관설을 유지하는지 분명히 하지는 않았지만, 이 판결에 대한 판례해설에 의하면 위 다수의견은 혈연설을 채택하지 않음을 명백히 하였고, 외관설 외에 다른 제한설을 취하지 않았음을 사실상 전제한 것이라고 한다.58) 최근 대법원 2021. 9. 9. 선고 2021므13293 판결은 판례가 외관설을 채택하고 있음을 명확히 하였다.

그러나 하급심 중에는 대법원 판례와 달리 혈연설에 입각하거나,59) 가정파탄설에 입각하여60) 친생추정이 미치지 않는다고 한 것이 상당수 있다. 최근에는 가정파탄설과 사회적 친자관계설을 혼합하여 부모의 혼인관계가 이혼 등으로 종료하고 부와 자녀 사이에 사회적·정서적 유대관계도 단절되었으며, 부와 자 사이에 혈연관계가 존재하지 않음이 과학적으로 증명된 경우에는 친생추정이 미치지 않는다고 한 하급심 판결례도 있다.61) 이러한 하급심의 태도에 대해서는 자녀의 복리와 가정의 평화를 침해할 수 있다는 비판이 있다.62)

(2) 판례(외관설)의 구체적 적용

(가) '남편의 자녀를 임신할 수 없음이 외관상 명백한 경우'의 의미

판례 중에는 부부가 사실상 이혼에 합의하고 장기간 별거하던 중에 아내가 임신하였다면 이는 남편의 자녀를 임신할 수 없음이 외관상 명백한 경우에 해당한다고 한 것이 있다.63) 반면 남편이 아내와 혼인한 후 다른 여자와 사실혼 관계를 맺고 평소 아내와 별거하였으나 아내가 남편의 부모를 모시고 본가에 거주하는 관계로 1년에 한번 정도 찾아와 만났다면 아내가 남편의 자녀를 임신할 수 없음이 명백할 정도로 동거의 결여가 있다고 할 수 없다고 한 것이 있다.64)

---

58) 장재용(2020), 796.

59) 서울가정법원 1994. 7. 15. 선고 93드89828 판결; 부산지방법원 동부지원 2000. 1. 14. 선고 99드단 1096 판결; 서울가정법원 2002. 11. 19. 선고 2002드단53028 판결; 수원지방법원 2011. 8. 12. 선고 2010 드단17939 판결; 서울가정법원 2014. 5. 14. 선고 2013드단306810 판결; 제주지방법원 2015. 2. 4. 선고 2014르275 판결; 서울가정법원 2015. 2. 13. 선고 2013드단10249 판결; 창원지방법원 2015. 4. 10. 선고 2014드단21841 판결; 서울가정법원 2015. 7. 21. 선고 2014드단310144 판결; 서울가정법원 2016. 3. 18. 선고 2015르31088 판결; 대구가정법원 안동지원 2016. 6. 21. 선고 2016드단302 판결; 수원가정법원 2016. 4. 20. 선고 2015드단509211 판결; 대전가정법원 2017. 2. 16. 선고 2016드단55628 판결 등.

60) 서울가정법원 1995. 5. 30. 선고 94르61780 판결; 서울가정법원 1995. 7. 4 선고 95드6841 판결; 서울가정법원 1998. 6. 3. 선고 97르1151 판결; 부산지방법원 가정지원 2002. 11. 22. 선고 2001드단35972 판결; 서울가정법원 2005. 6. 16. 선고 2005르47 판결; 창원지방법원 2015. 2. 4. 선고 2014드단21506 판결 등.

61) 광주가정법원 2021. 8. 17. 선고 2020르4880 판결; 서울가정법원 2019. 5. 14. 선고 2018드단31623 판결; 서울가정법원 2018. 10. 30. 선고 2018르31218 판결; 서울가정법원 2018. 10. 30. 선고 2018르31287 판결 등.

62) 김상용(2019b), 58-60.

63) 대법원 1988. 5. 10. 선고 88므85 판결.

64) 대법원 1990. 12. 11. 선고 90므637 판결.

이 외에도 외관설에 의할 때, 남편의 자녀를 임신할 수 없음이 외관상 명백한 경우로는 임신가능 기간 중 남편이 실종선고를 받고 실종 중인 때, 재감 중인 때, 외국에 체류 중인 때 등을 들 수 있다.[65] 반면 외관설에 의할 때, 남편의 생식불능, 혈액형 배치 등은 남편의 자녀를 임신할 수 없음이 외관상 명백한 경우로 평가할 수 없다.[66] 명백한 인종의 차이가 있는 경우도 여기의 외관상 명백한 경우에 해당한다는 견해가 있으나,[67] 이는 외관설에 따른 친생추정 배제 사유가 안 될 것이다.

(나) 유전자형 배치의 경우

대법원 2019. 10. 23. 선고 2016므2510 전원합의체 판결은 유전자가 배치되는 등으로 자녀가 남편과 혈연관계가 없음이 밝혀졌다고 하더라도 친생추정이 미친다고 하여 혈연설을 채택하지 않았음을 명백히 하였다.[68] 종래 판례 중에도 유전자검사 결과 친생자관계가 성립할 수 없음이 밝혀진 사안에서 아내가 남편의 자녀를 임신할 수 없는 외관상 명백하다고 볼 수 없다고 한 것이 있다.[69] 이는 유전자검사 등을 통해 과학적으로 부자관계가 성립할 수 없다는 사정이 밝혀졌다고 하더라도 이러한 사정은 남편의 자녀를 임신할 수 없음이 외관상 명백하다고 보기 어렵다는 취지이다.[70]

(다) 제3자의 정자에 의한 인공수정(AID) 자녀

대법원 2019. 10. 23. 선고 2016므2510 전원합의체 판결은 아내가 혼인중 남편이 아닌 제3자의 정자를 제공받아 인공수정으로 자녀를 출산한 경우(AID: Artificial Insemination by Donor)에도 본조가 적용되어 인공수정으로 출생한 자녀는 남편의 자녀로 추정된다고 하였다. 위 전원합의체 판결의 다수의견은 남편의 인공수정에 대한 동의가 본조의 친생추정 규정이 적용되는 근거가 되는데, 혼인중 출생한 인공수정 자녀에 대해서는 특별한 사정이 없는 한 남편의 동의가 있었던 것으로 볼 수 있다고 하였다.

제3자의 정자에 의한 인공수정(AID) 자녀의 친생추정 여부에 대한 자세한 설명은 [後註] 보조생식 자녀의 친자관계 참조.

(라) 가족관계등록부 기재

가족관계등록부에 친생자로 기재되어 있다 하더라도 이는 친생추정이 미치는지 여부와 관계가 없다. 판례는 호적상 부모가 다른 사람의 자녀를 입양할 의사로 출생

---

65) 이제정(2003), 426; 김문수(1991), 284.
66) 김주수·김상용, 304; 박동섭·양경승, 263; 윤진수, 176; 이제정(2003), 426-427.
67) 송덕수, 147.
68) 장재용(2020), 796.
69) 대법원 2012. 10. 11. 선고 2012므1892 판결.
70) 정구태(2015), 123.

신고를 하여 호적에 자신의 자녀로 기재되게 한 사안에서 생부모가 호적상 부모와 다른 사실이 객관적으로 명백하므로 친생추정이 미치지 않는다고 하였다.[71] 판례 중에는 당시 호적상 부(父)로 기재되어 있더라도 친생추정이 미치지 않는다는 취지에서 피고인이 호적상 부(父)에게 상해를 가하였더라도 존속상해죄가 성립하지 않는다고 한 것이 있다.[72] 이와 달리 판례 중에는 혼인중 출생자로 호적상 기재되어 있으면 친생자로 추정된다는 원심을 수긍한 것이 있으나,[73] 이는 가족관계등록부의 사실상 추정력에 관한 것으로 이해되어야 할 것이다.

가족관계등록부에 다른 사람의 친생자로 기재되어 있는 자녀도 친생추정이 미치지 않는다면 생부를 상대로 인지를 청구할 수 있다.[74]

다. 검토

학설상 친생추정의 요건을 본조의 문언보다 제한하려는 시도는 친생추정 번복, 즉 친생부인의 어려움의 정도나 엄격성과 관련이 있다.[75]

대법원 1983. 7. 12. 선고 82므59 전원합의체 판결이 종래 무제한설을 따른 판례를 변경하여 외관설을 채택한 시기는 친생부인을 매우 좁게 인정하였던 때였다. 2005. 3. 31. 민법 개정 전 §846은 친생부인의 소의 제소권자를 부(夫)에 한정하였고, §874 ①은 그 제소기간을 '출생을 안날로부터 1년'으로 제한하였다. 이에 따르면 자녀의 출생을 안 날부터 1년이 지난 다음 자녀가 친생자가 아님을 알게 되었다고 해도 친생부인의 소를 제기하지 못하고, 그 결과 부자관계를 더 이상 부인할 수 있는 방법이 없는 불합리가 있었다.[76] 이에 판례는 외관설을 채택하여 친생추정의 예외를 인정하는 방법으로 당사자를 구제하려고 한 것이다.[77] 이러한 판례의 태도에 대해 구체적 타당성을 구현하였다는 점에서 긍정적으로 평가하는 견해가 있다.[78] 반면 이 판례에 대하여 친생추정의 예외를 오로지 동거의 결여라는 사정에 한정하는 것은 부당하다는 비판과[79] 법문언에 반하는 법형성을 한 것이라는 비판이 있다.[80]

헌법재판소 1997. 3. 27. 선고 95헌가14등 결정은 위와 같이 친생부인의 소의 제

---

71) 대법원 2000. 1. 28. 선고 99므1817 판결.
72) 대법원 1983. 6. 28. 선고 83도996 판결.
73) 대법원 1984. 2. 28. 선고 83므13 판결.
74) 송덕수, 151.
75) 같은 취지, 현소혜(2024), 152.
76) 윤진수, 176.
77) 현소혜(2019), 49.
78) 최진섭, "친생자의 추정이 미치지 않는 자의 의미", 가족법 판례해설, 242.
79) 오병철(2018), 176.
80) 양천수·우세나(2019), 90-92.

소기간을 한정하는 §847 ①에 대해 헌법불합치 결정을 하였다(이에 대해서는 §847 주석
참조). 위 헌법불합치 결정에 따라 2005. 3. 31. 민법 개정으로 §846, §847 ①은 남편뿐
만 아니라 아내도 친생부인의 소를 제기할 수 있다고 개정되고, 친생부인의 소의 제
소기간이 '사유가 있음을 안 날부터 2년'으로 개정되었다.[81]

　　종래 다수설은 제한설에 입각하였으나, 위와 같은 민법 개정 경위를 근거로 근래
에는 제한설은 이론적으로 문제가 있고 무제한설이 타당하다는 견해가 점차 힘을 얻
고 있다.[82] 근래의 무제한설은 친생추정 여부는 자녀의 출생시를 기준으로 일률적·
객관적으로 결정되어야 한다는 점, 출생 이후의 사정이나 출생 후 밝혀진 사정을 이
유로 출생시 친생추정 여부가 달라질 수 없다는 점, 출생신고 업무를 담당하는 가족
관계등록공무원의 심사 기준은 형식적 심사주의[83]에 따르므로 가족관계등록공무원
이 혈연관계의 존부나 출생 이후의 사정을 심사할 수 없다는 점, 판례가 외관설을 채
택했던 시기에 비해 현재에는 민법 개정으로 친생부인이 인정되는 범위가 넓어졌다
는 점, 제한설에 의하면 친생추정 제도 자체를 무용하게 만든다는 점, 2017. 10. 31.
민법 개정으로 친생부인 허가 청구에 관한 §854-2와 인지 허가 청구에 관한 §855-2
에서 허가 여부를 판단할 때 장기간의 별거 등을 고려해야 한다고 정하고 있으므로
외관설은 더 이상 유지될 수 없는 점 등을 이유로 한다. 다만 근래의 무제한설 중에
는 해석론 또는 입법론으로 친생추정을 번복할 수 있는 범위를 넓혀야 한다고 주장하
는 견해가 많다.[84]

　　친생추정이 미치는지 여부와 친생추정을 적법한 절차를 통해 번복할 수 있는 사
유는 구분되어야 한다.[85] 만약 친생추정 번복 사유를 모두 친생추정의 예외 사유로
인정해야 한다면 친생추정 제도를 두는 취지 자체가 몰각되므로 그러한 입론은 채택
하기 어렵다.[86] 친생추정 제도는 출생과 동시에 부자관계를 1차적으로 확정하는 것
이므로, 출생 이후 혈연관계가 없음이 밝혀졌다고 처음부터 친생추정이 미치지 않는
다고 보는 것은 논리적으로도 타당하지 않다.[87] 친생추정이 미치는 범위를 축소하려

---

81) 윤진수(2021a), 636.
82) 윤진수 176-178; 윤진수(2021a), 635-636; 윤진수(2021b), 650-656; 제철웅(2019), 28-29; 권영준
　　(2021), 255-256; 김상훈(2019), 549-550; 조인영(2022), 377-379; 박정선(2023), 95 등.; 같은 취지, 현
　　소혜(2019), 52 이하. 다만 이 문헌에서는 친생추정을 번복하는 방법으로 부부 중 일방은 친생부인의 소
　　를 제기해야 하지만, 생부나 자녀는 친생자관계부존재확인의 소를 제기할 수 있다는 해석론을 전개하고
　　있다.
83) 대법원 1987. 9. 22. 선고 87다카1164 판결; 등록예규 35호.
84) 윤진수, 178; 조인영(2022), 359; 현소혜(2024), 145 이하 등.
85) 윤진수(2021b), 651 참조; 같은 취지, 이동진(2022), 45-46.
86) 윤진수(2021b), 652 참조; 같은 취지, 이동진(2022), 45-46; 정현수(2017), 37.
87) 권영준(2021), 259; 조인영(2022), 374.; 같은 취지, 정현수(2017), 55.

는 학설과 실무례는[88] 친생추정 번복의 엄격성 때문에 비롯된 임시방편이라고 볼 수 있다.[89] 혈연관계와 부합하는 친자관계를 형성할 수 있도록 하기 위한 근본적인 해결책은 친생추정의 예외를 넓히는 것이 아니라 친생부인의 소 제기 요건을 완화하는 것이라는 지적도[90] 경청해야 한다.

Ⅲ. 혼인 성립일부터 200일 이내에 출생한 자녀의 지위

혼인 성립일부터 200일 이내에 출생한 자녀는 본조 ②에 따른 친생추정을 받을 수 없으나, 이 경우에도 아내가 혼인중 임신하였다는 사정이 증명되면 본조 ①에 따라 친생추정을 받을 수 있다.[91] 혼인중 임신하였다는 증명이 없는 경우, 혼인 성립일부터 200 이내에 출생한 자녀의 법적 지위가 '혼인중 자녀'인지, '혼인외 자녀'인지에 대해 견해가 대립한다.

1설은 '혼인중 자녀'라는 견해로서 종래의 다수설적 견해이다.[92] 자녀의 출생 당시 부모가 혼인중이었으므로 혼인중 자녀가 되고 다만 친생추정이 미치지 않을 뿐이라고 한다. 이 견해는 '친생추정을 받지 않는 혼인중 자녀'라는 개념을 상정한다. 이에 따르면 아버지가 인지를 할 필요 없이 부자관계가 성립한다.

2설은 '혼인외 자녀'라는 견해이다.[93] 본조에 따라 친생추정이 미치지 않는 자녀는 모두 '혼인외 자녀'로 보는 것이다. 친생추정이 미치지 않는데도 혼인중 자녀로 볼 근거가 없다고 한다. 이에 따르면 아버지가 인지를 해야 부자관계가 성립한다. 다만 아버지가 출생신고를 하면 家登 §57 ①에 따라 인지의 효력이 있고, 인지가 되면 혼인중 준정(§855 ② 주석 참조)에 의해 혼인중 자녀가 된다고 한다.

현재 가족관계등록 실무는 1설에 따르고 있다.[94] 혼인 성립일부터 200일 이내에 출생한 자녀에 대해서도 별도의 인지절차 없이 부 또는 모의 출생신고에 의해 그 부모의 자녀로 가족관계등록이 이루어진다는 것이 실무이다.[95] 학설 중에는 별도의 인지 절차가 필요한지 여부에 관하여 명확히 서술하지 않은 채 혼인 성립일부터 200일

---

88) 종래 실무례에서는 박정화(2002), 198-200; 김선혜(1993), 627 등 참조.
89) 권재문(2004), 161; 정현수(2017), 36 참조.
90) 권영준(2021), 261.; 같은 취지, 조인영(2022), 378.
91) 윤진수, 175.
92) 김주수·김상용, 302; 박동섭·양경승, 257; 이경희·윤부찬, 180; 박종찬, 119; 김상용(2019a), 31-32; 전효숙(1983), 512.; 같은 취지, 김두형(1995), 57-58; 조인영(2022), 363-364.
93) 윤진수, 175; 양진섭(2019), 39-40; 같은 취지, 권재문, 친생자관계, 25-26; 이동진(2022), 33, 주 17.
94) 법원행정처 등록실무[Ⅰ], 505, 507.
95) 호적선례 제200309-1호; 양진섭(2019), 41-42.

이내에 출생한 자녀를 '친생추정을 받지 않는 혼인중 출생자'라고 서술하는 경우가 많다.[96]

　그러나 친생추정이 미치지 않는데도 인지 절차 없이 법률상 부자관계가 형성될 수 있는 실체법상 근거는 찾기 어렵다. 부부가 혼인한 상태에서 출생하였기 때문에 '혼인중 출생자'라고 지칭할 수 있다고 하더라도,[97] 친생추정이 미치지 않는다면 부자관계 확정이 문제된다는 점에서 그러한 지칭은 별다른 실익이 없다.[98] 본조는 친생추정의 요건으로 '출생시주의'가 아니라 '포태주의'를 채택하고 있기 때문이다. 혼인관계 종료일부터 300일 이내에 출생한 자녀는 출생 당시 부부가 혼인상태가 아니지만 친생추정이 미치는 '혼인중 자녀'의 지위를 취득하는 것처럼, 혼인중 '출생'하였다는 점이 결정적인 기준이 아니다.[99] 이러한 점에서 2설에 타당성이 있다. 그런데 2설에 따르면 혼인 성립일부터 200일 이내에 출생한 자녀에 대하여 아버지가 출생신고를 하면 인지의 효력이 있으나(家登 §57 ①), 어머니가 출생신고를 한 경우에는 아버지의 인지가 없는 한 법률상 부자관계가 성립되지 않는다는 문제가 있다. 이러한 결과는 현실의 법감정에 부합하지 않는 측면이 있다.

　1설은 일본의 판례와 실무에서 영향을 받은 것으로 보인다. 일본에서는 혼인중 자녀(적출자)와 혼인외 자녀(비적출자)의 법률상 지위가 다르다.[100] 과거 혼인신고주의 관념이 약했던 일본의 연혁적 배경 하에서 혼인신고일로부터 200일 이내에 출생한 자녀에 대하여 일본 판례는 인지 없이도 당연히 혼인중 자녀가 된다는 것이 친자법 규정 전반의 정신으로부터 타당하다고 하였고, 일본 실무도 이를 따랐으며, 이러한 자녀를 '친생추정이 미치지 않는 적출자'라고 지칭하였다.[101] 그러나 우리 법에서 호주제가 폐지된 이후 혼인중 자녀와 혼인외 자녀의 법적 지위에 차이는 없으므로, 일본의 위와 같은 해석론을 그대로 차용할 필요는 없다. 참고로 2024. 4. 1. 시행된 일본의 2022. 12. 10. 개정 민법 §772 ①에는 혼인 전 임신하여 혼인 성립 후 태어난 자녀도 혼인중 남편의 자녀로 추정한다는 규율을 추가하고, §772 ②에 혼인 성립일로부터 200일 이내에 태어난 자녀는 혼인 전 임신한 것으로 추정한다는 규율을 추가함으로써, 결국 혼인 성립 후 200일 이내에 태어난 자녀도 친생추정이 미치는 적출자에 포함시켰다.[102]

---

96) 박동섭·양경승, 256-257; 송덕수, 147; 조미경(1997), 167; 양수산(1999), 64-65.
97) 예를 들어 송덕수, 144; 조미경(1997), 159; 양수산(1999), 59; 주석친족(2), 23(정용신) 등 참조.
98) 같은 취지, 박동섭·양경승, 256.
99) 이 점을 지적하는 것으로 오병철(2018), 175.
100) 이동진(2022), 37, 주 39.
101) 判例民法10(親族)(2019), 228-229(家永登).
102) 이에 대한 소개로 박정선(2023), 96-97.

Ⅳ. 친생추정의 효과

1. 법률적 부자관계의 성립

본조의 친생추정에 따라 자녀의 출생과 동시에 별다른 의사표시나 절차 없이 자녀와 어머니의 남편 사이에 법률상 부자관계가 성립한다.[103] 즉 친생추정을 받는 자녀의 아버지는 그 출생 당시 어머니의 남편으로 일단 확정된다.[104]

2. 강한 추정 – 추정의 번복 방법 제한

본조에 의한 친생자 추정은 강력한 법률상 추정이다.[105] 제3자가 법률상 친자관계를 다툴 수 없다.[106] 생부는 타인의 자녀로 친생추정을 받는 자녀를 혼인외 자녀로 인지할 수 없고,[107] 친생추정을 받는 자녀가 생부를 상대로 인지를 청구할 수도 없다.[108] 친생추정이 미치는 법률상 부(父)는 자녀에 대한 양육의무에서 벗어날 수 없고, 자녀의 상속권을 배제시킬 수도 없다.[109]

친생추정을 깨뜨리기 위해서는 원칙적으로 친생부인의 소(§846, §847)를 제기해야만 하고, 친생자관계부존재확인의 소(§865)에 의하여 친생자관계의 부존재확인을 구하는 것은 부적법하다는 것이 통설,[110] 판례[111]이다. 친생부인의 소를 제기하지 않고 선결문제로서 친생부인을 주장할 수 없다.[112] 친생부인의 소는 원고적격과 제소기간이 제한되어 있다(§846, §847). 다만 혼인관계 종료일부터 300일 이내에 태어난 자녀에 대해서는 출생신고가 되어 있지 않다면 §854-2의 친생부인 허가 청구와 §855-2의

---

103) 김주수·김상용, 301; 김상용(2019b), 49-50; 정현수(2017), 31; 주석친족(2), 20(정용신).

104) 윤진수(2021b), 651; 권영준(2021), 253.

105) 송덕수, 146; 신영호·김상훈·정구태, 156; 장재용(2020), 784; 이제정(2003), 421; 김명숙(2009), 86; 김두형(1995), 60; 다만 §854-2, §855-2가 신설되어 친생부인 허가 또는 인지허가 재판을 통해 친생추정을 번복할 수 있게 된 이상 친생추정은 더 이상 강한 추정이 아니라고 설명하는 견해도 있다. 정현수(2020), 333; 현소혜(2024), 143.

106) 김상용(2019b), 52; 이제정(2003), 421.

107) 대법원 1968. 2. 27. 선고 67므34 판결; 대법원 1978. 10. 10. 선고 78므29 판결; 대법원 1987. 10. 13. 선고 86므129 판결; 대법원 2019. 10. 23. 선고 2016므2510 전원합의체 판결 등.

108) 대법원 1992. 7. 24. 선고 91므566 판결; 대법원 2000. 1. 28. 선고 99므1817 판결; 대법원 2012. 9. 27. 선고 2012므745 판결; 대법원 2019. 10. 23. 선고 2016므2510 전원합의체 판결 등.

109) 헌법재판소 2015. 4. 30. 선고 2013헌마623 결정 참조.

110) 박동섭·양경승, 267; 송덕수, 146-147; 윤진수, 175; 이경희·윤부찬, 172; 권영준(2021), 254; 김상용(2019b), 50-54; 차선자(2019), 3; 승이도(2015), 265, 268; 박설아(2015), 605-606; 김명숙(2009), 86.

111) 대법원 1984. 9. 25. 선고 84므84 판결; 대법원 1985. 1. 29. 선고 84므109 판결; 대법원 1988. 4. 25. 선고 87므73 판결; 대법원 1992. 7. 24. 선고 91므566 판결; 대법원 1997. 2. 25. 선고 96므1663 판결; 대법원 2000. 8. 22. 선고 2000므292 판결; 대법원 2012. 10. 11. 선고 2012므1892 판결.

112) 송덕수, 147; 주석친족(2), 21(정용신).

인지 허가 청구를 통해서도 친생추정을 깨뜨릴 수 있다. 친생추정을 번복하는 방법을 이와 같이 제한하는 것은 제3자의 관여로 가정의 평화를 깨뜨리는 것을 막고 부자관계가 장기간 불확정한 상태로 방치되어 자녀의 지위를 불안정하게 하지 않기 위해서이다.[113]

　　이러한 통설, 판례의 입장에 반대하면서, 친생추정을 번복하기 위해서 부부 중 일방은 친생부인의 소를 제기해야 하지만 이해관계인, 특히 생부와 자녀는 친생자관계부존재확인의 소를 제기할 수 있다고 해석하는 견해가 있다.[114] 자녀와 생부에게도 친생추정을 번복할 수 있는 소송법적 방법이 보장되어야 한다는 점, 2017. 10. 31. 민법 개정으로 친생부인의 소가 아니더라도 §854−2의 친생부인 허가 청구와 §855−2의 인지 허가 청구를 통해서 친생추정을 번복할 수 있게 된 점 등을 이유로 한다. 그러나 이러한 입장은, 친생추정과 친생부인의 소의 근본적인 취지에 반하고, 친생추정을 번복하기 위하여 부부는 제소기간의 제한이 있는 친생부인의 소를 제기해야 하는데 다른 이해관계인은 제소기간의 제한이 없는 친생자관계부존재확인의 소를 제기할 수 있다는 것이어서 균형에 맞지 않으므로 해석론으로는 취하기 어렵다고 생각된다.[115]

　　친생추정이 미치지 않는다면 친생자관계부존재확인의 소에 의하여 부자관계를 부인할 수 있다.[116] 친생자관계부존재확인의 소는 친생부인의 소에 비하여 제소기간의 제한이 없고, 제소권자도 넓다(친생자관계부존재확인의 소에 대한 자세한 내용은 §865 주석 참조).

　　다만 판례는 친생부인의 소를 제기해야 하는데도 부적법한 친생자관계부존재확인의 소를 제기한 경우에도 이를 간과하여 승소판결이 확정되었다면 그 판결의 기판력은 제3자에게 미치므로, 누구도 그에 반하는 신분관계를 주장할 수 없어 친생추정의 효력은 사라진다고 하였다.[117] 이에 대해서는 친생자관계는 공서에 관한 문제이므로 친생추정 여부에 관하여 당사자에게 처분권을 주는 것은 부당하므로, 위와 같은 법리에 따라 부자관계를 해소하는 것은 탈법을 조장하는 것이라고 비판하는 견해가 있는 반면,[118] 친생자관계부존재확인의 소는 확인의 소이지만 대세적 효력이 있으므로, 친자관계의 안정이라는 측면에서 부득이한 결과라는 평가도 있다.[119]

113) 윤진수, 175.
114) 현소혜(2019), 66 이하.
115) 같은 취지, 김상용(2019b), 52−53.
116) 김상용(2019a), 32−33.
117) 대법원 1992. 7. 24. 선고 91므566 판결; 대법원 2021. 9. 30. 선고 2021두38635 판결.
118) 정구태(2015), 135.
119) 홍춘의(1995), 197.

외관설(판례)에 따라 친생추정이 미치지는 않지만, 혼인 성립일부터 200일 후에
출생하였거나, 혼인관계 종료일부터 300일 이내에 출생한 자녀는 형식적으로 본조에
따라 친생추정을 받는 것으로 보이므로, 친생부인의 소에 의해서도 부자관계를 해소
할 수 있다는 견해가 있고,120) 이와 달리 친생추정이 미치지 않는 자녀에 대하여 친
생부인의 소를 제기하는 것은 부적법하다는 견해가 있다.121)

3. 가족관계등록

가족관계등록공무원의 심사 기준은 형식적 심사주의에 따르므로,122) 출생신고
업무를 담당하는 가족관계등록공무원은 친생추정이 미치는 자녀인 이상 그 아버지를
어머니의 남편으로 기재하여야 한다.123) 혼인중 여자가 다른 남자와 사이에 자녀를
출생한 것이라 하더라도 친생추정을 번복하는 재판이 없는 한 그 다른 남자의 자녀로
출생신고할 수 없다는 것이 실무이다.124)

V. 입법론

1. 개요

본조에 관해서는 여러 측면에서 입법론이 제기되고 있으므로 그 요지를 간단히
살펴본다.

2. 친생추정의 범위

친생추정의 범위나 예외 인정 여부에 관한 견해 대립은 가정의 평화 보호, 혈연
진실주의, 자녀의 복리, 자신의 혈통을 알 권리 등에 관한 이익을 어떻게 조화시킬 것
인지의 문제라고 할 수 있다.125) 여기에는 자녀, 모(母), 부(夫), 생부의 이익이 달려
있다. 친생추정의 구체적인 기준을 어떻게 정할 것인지는 위와 같은 이익을 조화시키
는 문제로서 원칙적으로 입법자의 재량에 달려 있는 문제이다.126)

친생추정의 범위를 수정해야 한다는 입법론 중에는 혈연설에 따라야 한다는 견

---

120) 김상용(2019b), 57, 주 23.
121) 박동섭·양경승, 296.
122) 대법원 1987. 9. 22. 선고 87다카1164 판결; 등록예규 35호.
123) 현소혜(2015a), 265; 김현재(2019), 170; 주석친족(2), 21(정용신).
124) 등록예규 제91호.
125) 장재용(2020), 791 참조.
126) 헌법재판소 2015. 4. 30. 선고 2013헌마623 결정.

해가 있다.[127] 제19대 국회에서는 유전자검사에 의해 친생자가 아님이 증명되면 친생추정이 되지 않는다는 개정안이 제출된 바 있으나 채택되지 않았다.[128] 그 외에도 사회적 친자관계설에 바탕을 둔 입법론,[129] 혈연관계가 없음이 명백하고 생부가 자녀를 인지한 경우에 한하여 친생추정의 예외를 인정하자는 견해[130], 혼인관계 종료 후 출생한 자녀는 전 남편의 자녀로 추정하지 말아야 한다는 견해[131] 등이 있다.[132] 한편 본조 ②와 관련하여 미숙아의 생존율이 높은 의료현실에 비추어 볼 때, 혼인 성립 후 200일 이후에만 친생추정이 미치게 하는 것은 재검토할 여지가 있다는 견해가 있다는 견해,[133] 혼인 후 150일 이후에 출생한 자녀라 하더라도 친생추정이 미치게 해야 한다는 견해[134] 등이 있다.

이러한 친생추정에 관한 법적 문제는 제도적 차원에서 거시적으로 해결하는 것이 적절하다는 지적이 있다.[135]

3. 출산주의로의 전환

친생추정의 요건으로 포태주의가 아니라 출산주의로 전환하는 것이 타당하다는 견해가 있다.[136] 출생시를 기준으로 친생추정을 정하면 법적 부자관계가 더 신속하고 명확하게 결정된다는 점, 출생시를 기준으로 하더라도 이미 부부가 혼인한 상태이므로 법률상 부에게 부당한 결과를 초래하지 않는 점, 혼인성립일로부터 200일 이내에 출생한 자녀에 대해서도 친생추정을 미치게 할 수 있으므로 자녀의 복리에 더 적절하고 이것이 오늘날의 현실에도 부합한다는 점 등을 근거로 든다.

---

127) 김종세(2016), 386; 현소혜 교수는 현소혜(2015a), 285−286에서 혈연설에 따른 입법에 반대하였다가 현소혜(2015b), 74−82에서 혈연설에 따라 친생추정의 예외를 인정하는 입법이 타당하다고 견해를 변경하였으나, 이후 현소혜(2024), 140−145에서 출생신고 이전에 과학적 증거방법에 의하여 친생자가 아님이 증명되면 친생추정이 번복되도록 하는 입법이 타당하다고 하여 다시 견해를 바꾸었다.
128) 자세한 내용은 윤진수(2021a), 630−632.
129) 정구태(2016), 20−21.
130) 승이도(2015), 288.
131) 오병철(2018), 185−186; 김상용(2019a), 43.
132) 기타 입법론에 대해 자세한 설명은 윤진수(2021a), 632−634.
133) 송덕수, 146.
134) 오병철(2018), 178−179, 184.
135) 권영준(2021), 260.
136) 권재문, 친생자관계, 290−291; 양진섭(2019), 40, 주 12; 이은정(2010), 385; 이동진(2022), 45.

第 845 條 (法院에 依한 父의 決定)

재혼한 여자가 解産한 境遇에 제844조의 規定에 依하여 그 子의 父를 定할 수 없는 때에는 法院이 當事者의 請求에 依하여 이를 定한다.

■참고문헌: 김연(1995), "친자관계소송에 있어서의 주관주의와 객관주의", 경성법학 4; 윤진수(2021), "친생추정에 관한 민법개정안", 민법논고[Ⅷ]; 이동진(2022), "부자관계의 설정과 해소: 입법론적 고찰", 인권과 정의 509; 현소혜(2015), "친생자 추정과 가족관계등록절차의 개선방안", 경북대 법학논고 49.

Ⅰ. 서

1. 본조의 취지

§844에 의하면 후혼 성립일로부터 200일 후에 출생하였지만, 전혼이 종료한 날부터 300일 이내에 출생한 자녀는 전혼의 남편과 후혼의 남편 모두의 자녀로 추정된다. 이와 같이 친생추정이 중복되는 경우에 본조는 부(父)를 정하는 소에 의하여 부(父)를 정하게 한 것이다.[1]

2. 입법 연혁

2005. 3. 31. 개정 전 §811는 "여자는 혼인관계의 종료한 날로부터 6月을 경과하지 아니하면 혼인하지 못한다. 그러나 혼인관계의 종료후 해산한 때에는 그러하지 아니하다."라고 규정하고 있었다. 이는 모(母)가 이혼 직후 혼인하여 후혼 성립일부터 200일 이후 전혼 종료일부터 300일 안에 출산한 자녀에 대해 전혼의 남편과 후혼의 남편 모두의 자녀로 추정되는 사태를 막기 위해서였다. 그러나 이러한 규정 취지에

---

1) 김주수·김상용, 308; 박동섭·양경승, 282; 박종찬, 122; 박희호·이동건, 126; 송덕수, 154; 신영호·김상훈·정구태, 161; 윤진수, 190; 현소혜(2015), 292; 김연(1995), 92; 이동진(2022), 34; 주석친족(2), 25 (정용신); 제요[1], 689.

대해서는 비판이 많았고, 결국 2005. 3. 31. 개정으로 폐지되었다(제3장 제2절 前註 참조).

그러나 본조는 2005. 3. 31. 개정 이전 민법 제정 당시부터 존재하던 조항이었고, 개정 전 §811를 위반한 경우를 상정한 규정이었다.

3. 부를 정하는 소의 성질

부를 정하는 소는 형성의 소라고 보는 것이 대체적이다. 부를 정하는 소에서는 원칙적으로 청구를 기각할 수 없고 누군가를 친생부로 결정해야 한다. 따라서 형성의 소 중에서도 비송적 성질을 가진 형식적 형성소송으로 본다.[2]

4. 적용범위

생모가 혼인과 이혼을 반복함으로써 §844의 친생추정이 미치는 전혼 배우자가 여러 명인 경우에도 본조가 적용된다.[3]

생모가 중혼관계에 있으면 §844에 따라 친생추정이 미치는 법률상 부(父)는 2명이 존재하므로, 중혼으로 인해 친생추정이 중복되는 경우에도 본조가 유추적용된다는 견해가 대체적이다.[4]

5. 다른 제도와의 관계

가. 친생승인(§852)과의 관계

친생추정이 경합되어 법률상 부가 복수인 경우 그중 1인이 친생승인을 하였고 해서 나머지 부의 친생추정이 부인된다고 볼 근거가 없다. 따라서 친생추정이 경합된 경우 일방의 친생승인에 의해 부를 정할 수는 없다.[5] 이에 대해서 친생추정이 경합된 부 중 1인이 친생승인을 하면 나머지 부가 친생승인을 하려는 경우에만 부를 정하는 소를 제기할 수 있다는 견해가 있으나,[6] 해석론으로는 무리라고 생각된다.

나. 친생부인의 소와의 관계

친생추정이 경합된 상태에서 어느 일방의 법률상 부가 스스로 친생부인의 소를 제기하는 것은 허용된다.[7] 어느 일방이 친생부인의 소를 제기하더라도 다른 일방의

---

2) 박동섭·양경승, 282; 송덕수, 154; 김연(1995), 92; 주석친족(2), 26(정용신); 제요[1], 691.
3) 주해친족(초판, 1권, 2015), 567(권재문).
4) 송덕수, 155; 박동섭·양경승, 283; 신영호·김상훈·정구태, 161; 주석친족(2), 26(정용신); 제요[1], 690; 같은 취지, 김주수·김상용, 309; 이경희·윤부찬, 178.
5) 주석친족(2), 27(정용신); 제요[1], 691.
6) 주해친족(초판, 1권, 2015), 573(권재문).
7) 주석친족(2), 27(정용신); 제요[1], 691.

친생추정에는 영향을 미치지 않는다.[8] 친생추정이 경합되는 법률상 부가 모두 친생부인의 소를 제기함으로써 친생추정이 모두 번복될 수도 있다. 따라서 부를 정하는 소에서 친생부인의 소가 선택적으로 병합되거나 반소로 제기될 수도 있다.[9]

Ⅱ. 소송절차

1. 당사자

부를 정하는 소는 자녀, 어머니, 어머니의 배우자와 전(前) 배우자가 제기할 수 있다(家訴 §27 ①). 여기서 전 배우자는 친생추정이 미치는 전혼 배우자를 의미한다.[10]

상대방은 자녀가 소를 제기한 경우에는 다른 3인(어머니, 어머니의 전 배우자와 현 배우자)이 되고, 어머니, 어머니의 배우자 또는 전 배우자가 제기하는 경우에는 자녀를 제외한 나머지 2인이 된다(家訴 §27 ②, ③). 상대방이 될 사람 중에 사망한 사람이 있으면 생존자를 상대방으로 하고, 생존자가 없을 때에는 검사를 상대방으로 한다(家訴 §27 ④). 위와 같이 피고가 될 사람이 복수이면 그 소송은 고유필수적 공동소송이다.[11] 이에 대해서 입법론상 어머니를 피고로 할 필요가 없다는 견해가 있다.[12]

미성년자인 자녀가 원고인 경우 법정대리인이 모두 피고이므로, 民訴 §62의 특별대리인을 선임해야 한다.[13] 자녀는 어느 경우에나 피고가 되지 않지만, 부를 정하는 소의 판결에는 당사자 표시란에 자녀를 사건본인(家訴規 §20)으로 기재하는 것이 실무이다.[14]

2. 제소기간

부를 정하는 소의 제소기간은 없으므로, 부를 확정할 필요가 있으면 언제든지 제소할 수 있다.[15]

---

8) 주해친족(초판, 1권, 2015), 569(권재문).
9) 주석친족(2), 27, 29(정용신).
10) 주석친족(2), 27(정용신); 제요[1], 692.
11) 박동섭·양경승, 284; 제요[1], 692.
12) 주해친족(초판, 1권, 2015), 569-570(권재문).
13) 박동섭·양경승, 283; 제요[1], 394; 같은 취지, 김연(1995), 93.
14) 제요[1], 692.
15) 박동섭·양경승, 284; 박종찬, 124; 송덕수, 155.

3. 관할

자녀의 보통재판적이 있는 곳의 가정법원의 전속관할이고, 자녀가 사망한 경우에는 자녀의 마지막 주소지 가정법원의 전속관할이다(家訴 §26 ①). 제1심 사물관할은 단독판사에게 속한다(사물관할규칙 §3 참조).

4. 심리절차

부를 정하는 소는 나류 가사소송사건으로서[家訴 §2 ① 1. 나. 5)], 청구의 인낙이나 자백은 허용되지 않고(家訴 §12), 직권주의가 적용되며(家訴 §17), 조정전치주의가 적용된다(家訴 §50). 조정이 성립하면 재판상 화해와 동일한 효력이 있으나(家訴 §59 ② 본문), 당사자가 임의로 처분할 수 없는 사항에 대해서는 그러한 효력이 없다(家訴 §59 ② 단서). 부를 정하는 내용의 조정이 성립하여도 이는 당사자가 임의로 처분할 수 없는 사항에 관한 것이므로 효력이 없다.16) 이 경우 조정은 당사자의 주변 환경에 관한 부차적인 사항에 한정된다는 견해가 있다.17)

5. 심리·판단

친생추정이 경합되지 않았는데도 본조의 부를 정하는 소를 제기하는 것은 부적법하므로 소를 각하해야 한다.18) 한편 부를 정하는 소는 형식적 형성소송이므로, 청구를 기각할 수는 없고 누군가를 아버지로 정하는 판결을 반드시 해야 한다는 것이 실무이다.19) 심리·판단의 대상은 진실한 혈연관계에 있는 아버지가 누구인지이다.20) 가정법원은 다른 증거조사에 의하여 심증을 얻지 못한 때에는 혈액형검사, 유전자검사 등의 수검명령을 할 수 있다(家訴 §29).

어머니의 배우자 또는 전 배우자 모두 자녀와 진실한 혈연관계에 있지 않고, §844의 친생추정이 미치지 않는 제3자가 자녀와 진실한 혈연관계에 아버지라고 판단되면 부를 정하는 소송에서 어떻게 판결해야 하는가? 이에 대해 어머니의 전 배우자와 배우자 모두 자녀의 부가 아님을 확인한다는 판결을 해야 한다는 견해가 있다.21) 청구를 기각할 수 없다는 실무 입장을 관철한다면 제3자를 아버지로 정하는 판결을

---

16) 김주수·김상용, 309; 박동섭·양경승, 284; 송덕수, 154; 같은 취지, 신영호·김상훈·정구태, 161.
17) 신영호·김상훈·정구태, 161.
18) 제요[1], 695.
19) 제요[1], 695-696.
20) 주해친족(초판, 1권, 2015), 570(권재문).
21) 김연(1995), 93.

해야 한다고 볼 수도 있다. 그러나 혼인외 자녀에 대하여 생부의 인지 절차 없이 부
자관계를 인정하기는 어려운 점, 본조의 부를 정하는 소는 친생추정의 경합을 전제로
하는 제도인 점 등을 고려하면 이 경우에는 청구를 기각해야 하지 않을까 생각된다.
부를 정하는 소에서 청구기각 판결이 확정된 이후에는 친생부인의 소를 통해 친생추
정을 번복시키고, 생부의 인지를 통해 부자관계를 확정해야 할 것이다.

Ⅲ. 판결의 효과

1. 일반적 효과

부를 정하는 소에서 청구를 인용한 확정판결은 제3자에게도 효력이 있다(家訴 §21
①). 따라서 그 확정판결이 있으면 이에 반하여 친생부인의 소를 제기할 수 없다.[22]
청구를 기각한 판결이 확정되면 다른 제소권자는 사실심 변론종결 전에 참가하지 못
한 데 정당한 사유가 없으면 다시 소를 제기할 수 없다(家訴 §21 ②).

2. 가족관계등록부 기재

부를 정하는 소를 제기해야 할 때에는 어머니가 출생신고를 해야 한다(家登 §48
①). 어머니가 신고를 할 수 없으면, 동거친족이 신고를 해야 하고, 동거친족도 할 수
없다면 분만에 관여한 의사 등이 신고를 해야 한다(家登 §48 ②, §46 ③). 이때 '부 미정'
의 출생신고를 하게 된다. 실무는 이때 부(父)가 확정될 때까지 기록할 수 없는 신고
로 보아 이를 특종신고서류편철장에 편철하여 두었다가, 부(父)를 정하는 판결 확정
후 추후보완신고에 의하여 가족관계등록부를 작성하고 있다.[23] 이러한 실무에 대해
서는 부를 정하는 판결이 확정되기 전까지 오랫동안 자녀에 대하여 가족관계등록이
이루어지지 않는 문제가 있으므로, 일단 부란을 공란으로 하여 가족관계등록을 한 후
부를 정하는 판결이 확정된 후 가족관계등록을 정정(家登 §107)하도록 해야 한다는 비
판이 있다.[24]

---

22) 김주수·김상용, 309; 박동섭·양경승, 284; 송덕수, 155; 이경희·윤부찬, 179; 김연(1995), 93~94; 제
   요[1], 698.
23) 등록예규 제90호.
24) 주해친족(초판, 1권, 2015), 572(권재문).

Ⅳ. 입법론

입법론으로는 친생추정이 중복되는 경우에는 후혼 배우자, 즉 새 남편의 자녀로 추정하고, 부를 정하는 소는 폐지하는 것이 바람직하다는 견해가 있다.[25] 이 경우 전 남편에게는 인지를 위해 친생부인의 권한을 주어야 한다는 지적도 있다.[26]

---

25) 윤진수, 190; 이경희·윤부찬, 178-179; 이동진(2022), 46.
26) 이동진(2022), 46.

第 846 條 (子의 親生否認)

부부의 일방은 第844條의 境遇에 그 子가 親生子임을 否認하는 訴를 提起할
수 있다.

▎참고문헌: 권재문(2004), "혈연진실주의 실현을 위한 친생부인의 요건 완화와 조정절차의 활용", 법조 53-12; 김상용(2001), "모의 친생부인권에 관한 연구: 민법(가족법) 개정안과 관련하여", 법조 50-10; 김상용(2019), "가족법과 혈연진실주의", 가족법연구V; 김상용(2020a), "생부(미혼부)의 권리에 관한 소고 - 생부의 출생신고와 친생부인권을 중심으로", 중앙법학 22-1; 김상용(2020b), "자녀의 친생부인권에 관한 소고", 중앙법학 22-4; 김시철(2003), "친족상속법에 관련된 헌법재판소 결정평석(1997-1998)", 재판자료 102(하); 김용철(1997), "친생부인의 소에서 제소기간과 그 기산점", 가족법연구 11; 박설아(2015), "친생부인의 소에 관한 민법 규정의 해석", 일감법학 32; 서정우(1993), "친생자관계부존재확인 판결의 기판력과 친생추정의 충돌", 재판자료 62; 시진국(2008), "자녀의 생부에 대한 친생부인", 법조 57-4; 양수산(1999), "친생부인에 관한 입법론적 고찰", 외법논집 7; 윤진수(2009), "아동권리협약과 한국가족법", 민법논고[Ⅳ]; 윤진수(2021), "친생추정에 관한 민법개정안", 민법논고[Ⅷ]; 이경희(2002), "친생친자관계법의 문제점과 개선방향", 가족법연구 16-1; 이경희(2006), "친생부인제도와 혈연진실주의", 고시계 50-11; 이동진(2022), "부자관계의 설정과 해소: 입법론적 고찰", 인권과 정의 509; 이은정(2010), "가족제도의 변화와 친자법 개정의 필요성", 경북대 법학논고 33; 이준영(2000), "자신의 혈통에 대한 자의 알 권리와 친생자관계", 가족법연구 14; 장재용(2020), "친생추정의 예외 인정 여부와 인공수정 자녀에 대한 친생추정 여부", 사법 52; 장태환(2005), "친생부인의 소에 있어서 당사자적격에 관한 고찰", 경기법학논총 3; 정구태(2015), "친생추정의 한계 및 친생부인의 소의 원고적격", 충북대 법학연구 26-1; 정구태(2020), "2019년 친족상속법 관련 주요 판례 회고", 안암법학 60; 제철웅(2019), "생물학적 부모, 법적 부모, 그리고 사회적 부모", 비교사법 26-2; 조미경(1998), "혈연진실주의", 가족법연구 12; 조인영(2022), "친생추정의 범위에 관한 무제한설의 재조명", 가족법연구 36-1; 천종숙(1993), "친생부인권의 문제점", 민법학의 회고와 전망; 최준규(2024), "생부의 친생부인권과 임시출생신고에 관한 입법론", 가족법연구 38-1; 최진섭(1999), "친생부인제도의 쟁점", 판례월보 344; 현소혜(2019), "부자관계의 결정기준: 혼인과 혈연", 가족법연구 33-2; 현소혜(2024), "혼인중인 여자와 남편 아닌 자 사이에서 출생한 자녀에 대한 생부의 출생신고", 가족법연구 38-1; 홍춘의(1995), "친생의 추정과 부인제도", 가족법연구 9; Rainer Frank(윤진수 역, 2005), "자녀의 생부에 의한 친생부인에 관한 비교법적 고찰", 가족법연구 20-1.

Ⅰ. 서

1. 의의

본조는 친생부인의 소를 제기할 수 있는 원고적격을 정한 규정이다. 친생부인의 소에 대한 자세한 내용은 §847의 註釋을 참조하고, 여기서는 원고적격에 대해서만 서술한다.

2. 입법 연혁

2005. 3. 31. 민법 개정 전 본조는 친생부인의 소의 제소권자를 모(母)의 남편에게 한정하였다. 이에 대해서는 누가 가정에 속하는지 여부는 가장(家長)만이 정할 수 있다는 가부장적 사고에 기인한 것이라는 비판이 있었다.[1]

2005. 3. 31. 민법 개정으로 본조와 §847 ①은 남편뿐만 아니라 아내도 친생부인의 소를 제기할 수 있다고 개정되었다.[2] 친생부인의 소를 부(夫)만 제기할 수 있게 한 것은 혈연진실주의와 부부 평등의 이념에 부합하지 않기 때문이라는 이유에서였다.[3] 부(夫)가 보복적 감정으로 친생부인의 소를 제기하지 않는다면 아내가 친생부인의 소를 제기할 수 있어야 자녀의 복리를 도모할 수 있다는 점도 고려되었다.[4]

위 개정 당시 자녀에게도 친생부인의 소의 원고적격을 인정할 것인지 논의되었으나, 생모가 자녀의 이익을 대변할 수 있다는 점, 자녀가 성년이 된 후 친생부인을 하는 것은 바람직하지 않다는 점 등을 이유로 자녀에게는 원고적격을 인정하지 않는 안이 받아들여졌다.[5]

Ⅱ. 원고적격

1. 아내(생모)와 남편

아내(생모)와 남편이 친생부인의 소를 제기할 수 있는 원고적격을 가진다. 본조는 §844의 경우에 부부 중 일방이 친생부인의 소를 제기할 수 있다고 규정하고 있다. 따라서 여기서 부부란 §844 ①에서 정한 아내와 남편을 의미하므로, 자녀의 생모와 그

---

1) 김주수·김상용, 310; 김상용(2001), 94−100; 홍춘의(1995), 209−210; 천종숙(1993), 929 이하; 김상용(2020b), 13; 정구태(2015), 137; 박설아(2015), 610 등.
2) 윤진수(2021), 636; 정구태(2015), 137.
3) 장재용(2020), 790; 권재문(2004), 163; 최진섭(1999), 32−33; 박설아(2015), 608−609 참조.
4) 김주수·김상용, 310; 박설아(2015), 608−609; 정구태(2015), 137.
5) 장재용(2020), 790, 주 23 참조.

법률상 배우자인 남편이 친생부인의 소를 제기할 수 있다. 본조와 동일하게 친생부인의 소의 원고적격을 정하고 있는 §847 ①은 부(夫) 또는 처(妻)가 친생부인의 소를 제기할 수 있다고 규정하고 있는데, 여기서 부(夫) 또는 처(妻)도 §844 ①에서 정한 아내와 남편을 말한다고 해석함이 타당하다.[6] 판례도 이와 같다.[7]

그런데 아내(생모)에게 무제한적인 친생부인권을 인정하는 것은 바람직하지 않다는 비판이 있고,[8] 아내(친모)에게 있어 친생부인은 자신의 신분관계를 직접적으로 결정하는 문제가 아니고 모자관계에 아무런 영향을 미치지 않으므로, 남편과 아내의 헌법상 이익은 본질적으로 차이가 있다는 지적도 있다.[9] 이와 같은 취지에서, 생모가 친생부인의 소를 제기할 수 있기는 하나 규범목적상 내재적 제한을 받으므로, 생모는 오직 자녀의 복리를 위해서만 친생부인의 소를 제기해야 한다는 견해가 있다.[10] 같은 취지에서 생모는 가정의 평화 유지를 위하여 혼인관계가 해소 또는 파탄된 경우에만 친생부인의 소를 제기할 수 있다는 견해도 있다.[11]

이에 반하여 생모의 친생부인권을 제한 없이 인정하는 것이 부당하다고 볼 수 없다는 견해가 있다.[12] 생모의 친생부인권 행사 요건을 제한하는 것은 오히려 자녀의 복리에 도움이 되지 않는다고 비판하는 견해도 있다.[13] 부의 친생부인과 모의 친생부인은 본질적으로 차이가 있기는 하지만 모의 친생부인권 행사를 전면적으로 제한할 수는 없고, 모의 친생부인권 행사가 부적절한 경우에만 권리남용 등의 법리에 의해 처리해야 한다는 견해도 있다.[14]

남편이나 아내가 피성년후견인이거나 사망하여 친생부인의 소를 제기할 수 없을 때에는 §848, §850, §851가 적용되어 성년후견인, 유언집행자, 그의 직계존속이나 직계비속이 친생부인의 소를 제기할 수 있다. 이에 대한 설명은 해당 조문 주석 참조.

2. 남편과 재혼한 처

판례는 본조와 §847 ①에 따라 친생부인의 소를 제기할 수 있는 사람은 생모와 그의 부(夫)이고, 여기에 자녀의 부(父)와 재혼한 처(妻)는 포함되지 않는다고 하였다.

---

6) 박설아(2015), 605; 정구태(2015), 138; 같은 취지, 박동섭·양경승, 287.
7) 대법원 2014. 12. 11. 선고 2013므4591 판결.
8) 최진섭(1999), 34.
9) 김시철(2003), 523−524; 같은 취지, 양수산(1999), 69.
10) 정구태(2015), 138−139; 김상용(2001), 101−103; 이준영(2000), 109; 이경희(2002), 41−42.
11) 김상용(2001), 104.
12) 권재문(2004), 165; 같은 취지, 주석친족(2), 34(정용신).
13) 김자영(2004), 119−121.
14) 이경희(2006), 26−27.

즉 §847 ①은 친생부인의 소를 제기할 수 있는 사람으로 '부(夫) 또는 처(妻)'라고만 규정하고 있기는 하지만, 본조와 §847 ①의 입법취지, 개정 연혁과 체계 등을 고려하면 위와 같이 해석해야 한다고 하였다.15) 이러한 판례의 해석은 목적론적 축소해석이라고 평가하는 견해가 있다.16)

3. 자녀 본인과 생부(生父)

본조와 §847 ①의 해석상 자녀 본인이나 생부에게는 친생부인의 소를 제기할 원고적격이 인정되지 않는다.17) 자녀는 친생부인의 소의 판결에서 사건본인(家訴規 §20)으로 표시하는 것이 실무이다.18)

입법론으로는 자녀 본인이나 생부에게도 친생부인의 소의 원고적격을 인정해야 하는지 문제되고 있다. 다만 2005년 민법 개정 당시 생부에게는 친생부인권을 인정하지 않기로 하였는데, 이는 생부와 같은 제3자에 의한 개입을 허용하면 가정의 평화가 유지될 수 없음을 고려한 것이라고 한다.19)

대법원 2019. 10. 23. 선고 2016므2510 전원합의체 판결에서 대법관 김재형의 다수의견에 대한 보충의견은 자녀는 친생부인의 소를 제기할 수는 없으나, §865에 따른 친생자관계부존재확인의 소를 제기할 수 있고, 다만 §847를 유추적용하여 그 제소기간을 친생부인 사유가 있음을 안날부터 2년으로 제한해야 한다고 하였다. 이에 대해서는 확인소송인 친생자관계부존재확인의 소가 형성소송인 친생부인의 소를 대체할 수 없고, 위와 같은 의견은 법률해석의 한계를 넘은 것이라는 비판이 있다.20)

Ⅲ. 입법론

1. 자녀

입법론으로 자녀에게도 친생부인의 소의 원고적격을 인정해야 하는지에 대해 견해가 나뉘는데, 근래에는 이를 인정해야 한다는 견해가 다수이다.

자녀에게도 친생부인의 소의 원고적격을 인정해야 한다는 견해는21) 자신의 혈통

---

15) 대법원 2014. 12. 11. 선고 2013므4591 판결.
16) 박설아(2015), 613, 주 99.
17) 김주수·김상용, 311; 박희호·이동건, 128; 신영호·김상훈·정구태, 159; 윤진수(2021), 636; 김상용(2019), 79.
18) 제요[1], 707.
19) 현소혜(2019), 57 참조.
20) 윤진수, 179; 정구태(2020), 285, 주 37.; 같은 취지, 서정우(1993), 661; 조인영(2022), 389, 주 90.
21) 윤진수(2009), 334-335; 현소혜(2019), 65; 권재문(2004), 162-167; 김자영(2004), 122-123; 조미경

을 알 권리가 헌법상 보장되어야 한다는 점, 자녀의 복리를 위해서 자녀가 독자적으로 친생부인의 소를 제기할 필요가 있는 점, 혈연진실주의의 실현을 도모해야 한다는 점 등을 든다. 자녀의 친생부인권을 전면적으로 부인하는 것은 헌법상 용인되기 어렵다는 견해도 같은 취지이다.[22] 특히 아동의 이익을 고려할 때 아동이 성인이 된 후에는 친생부인의 소를 제기할 수 있도록 해야 한다는 지적도 있다.[23]

반면 자녀에게 친생부인의 소의 원고적격을 인정해서는 안 된다는 견해는[24] 자녀에게 친생부인권을 인정하면 가정의 평화가 깨질 수 있다는 점, 법률상 부모가 자녀를 양육해 오는 등 사회적 친자관계가 성립하였는데도 자녀가 친생부인권을 행사하는 것은 윤리 관념에도 반한다는 점 등을 든다.

절충적인 견해로서,[25] 법률상 부가 자녀에게 중대한 위법 행위를 한 경우, 자녀와 법률상 부 사이에 실질적인 친자관계가 형성되지 않았던 경우에는 자녀에게도 친생부인권을 인정하는 것이 타당하다는 견해도 있다.

2. 생부

입법론으로 생부에게도 친생부인의 소의 원고적격을 인정해야 하는지에 대해서는 견해가 나뉜다.[26]

이를 긍정하는 견해는[27] 혈연에 따른 가족구성권을 보장해야 하는 점, 생부에게도 친생부인에 관한 헌법상 이익이 있는 점, 모와 그 법률상 배우자가 자녀를 양육하지 않고 생부가 자녀를 양육하는 상황에서는 특히 생부의 친생부인권을 인정하는 것이 자녀의 복리에 도움이 되는 점 등을 든다. 다만 생부의 친생부인권을 어떠한 요건 아래에서 어느 정도로 인정할 것인지에 대해서는 다양한 견해가 있다.[28]

반면 이를 부정하는 견해는[29] 자녀가 법률상 부모와 가족공동체를 형성하고 있

(1998), 372–373; 양수산(1999), 70–71; 이은정(2010), 393; 이경희(2002), 45–46; 이경희(2006), 27–28; 홍춘의(1995), 210; 장태환(2005), 23; 김용철(1997), 149; 김시철(2003), 530–531; 이동진(2022), 46–47; 조인영(2022), 385–386; 현소혜(2024), 146.
22) 김시철(2003), 530; 같은 취지, 윤진수(2021), 636, 주 30.
23) 제철웅(2019), 32–33.
24) 최진섭(1999), 37.
25) 김상용(2020b), 43; 같은 취지, 이준영(2000), 105–108, 114.
26) 외국의 법제에 대해서 최준규(2024), 92 이하; 김상용(2020a), 176 이하 참조.
27) 현소혜(2019), 65; 현소혜(2024), 147–148; 이동진(2022), 47; 최준규(2024), 103; 조인영(2022), 386–387.; 같은 취지, 윤진수(2021), 636, 주 30; 시진국(2008), 312; Rainer Frank(윤진수 역, 2005), 498–500.
28) 최준규(2024), 104 이하, 현소혜(2024), 147 이하; 김상용(2020a) 169 이하; 이동진(2022), 47 등.
29) 최진섭(1999), 38; 이준영(2000), 109–110; 장태환(2005), 23; 이경희(2002), 46–47.

는 상황에서 생부에 의해 그 친자관계가 파괴되어서는 안 된다는 점, 혼인제도와 가족제도에 관한 헌법상 이익을 고려해야 한다는 점, 가정의 평화와 사회적 친자관계를 보호해야 한다는 점 등을 든다.

절충적인 견해로, 친생추정이 미치는 법률상 부(父)와 자녀 사이에 실질적인 부자관계가 존재하면 생부의 친생부인권을 인정해서는 안 되지만, 친생부인이 자녀의 복리 실현에 기여하는 경우에는 생부의 친생부인권을 인정해야 한다는 견해[30] 생부가 인지의 의사를 가지고 자녀를 양육함으로써 실질적인 친자관계를 형성한 경우에만 예외적으로 친생부인권을 부여해야 한다는 견해[31] 등이 있다.

참고로, 독일 민법은 법률상 부(父)와 자녀 사이에 사회적 친자관계가 존재하지 않는 경우에 한하여 생부의 친생부인권을 허용하고 있는데(독일민법 §1600 ① ii, ②, ③, §1600-b ①),[32] 최근 독일 연방헌법재판소는 2024. 4. 9. 법률상 부(父)와 자녀 사이에 사회적 친자관계가 존재할 때에는 생부의 친생부인권을 인정하지 않는 독일 민법 §1600 ②, ③ 제1문이 부모가 자녀에 대해 양육·교육할 자연적 권리를 규정한 독일 기본법 §6 ② 제1문에 반하여 위헌이라고 하였다.[33]

---

30) 김상용(2020a), 166-176; 같은 취지, 권재문(2004), 166-167; 이은정(2010), 393-394.

31) 이경희(2006), 28; 김상용(2019), 86; 같은 취지, 김자영(2004), 123.

32) 최준규(2024), 95; 현소혜(2024), 146 참조; 자세한 입법연혁은 김상용(2020b), 16 이하 참조.

33) Bundesverfassungsgericht, Urteil vom 09. April 2024-1 BvR 2017/21.; 이 판결에 대한 소개로 양창수, "생부의 법적지위에 관한 독일 헌법재판소의 새로운 판결", 법률신문5185, 11.

第847條 (친생부인의 소)

① 친생부인(親生否認)의 소(訴)는 부(夫) 또는 처(妻)가 다른 일방 또는 자(子)를 상대로 하여 그 사유가 있음을 안 날부터 2년내에 이를 제기하여야 한다.

② 제1항의 경우에 상대방이 될 자가 모두 사망한 때에는 그 사망을 안 날부터 2년내에 검사를 상대로 하여 친생부인의 소를 제기할 수 있다.

▌참고문헌: 권재문(2009), "친생부인기간의 기산점의 의미", 인권과 정의 396; 권영준(2021), "인공수정, 유전자형 배치와 친생추정", 민법판례연구Ⅱ; 김두형(1995), "친생자의 추정과 친생부인의 소", 법조 44-7; 김상용(2019), "친생추정에 관한 법리의 검토", 가족법연구V; 김시철(2002), "가사조정실무", 서울가정법원 실무연구Ⅷ; 김시철(2003), "친족상속법에 관련된 헌법재판소 결정평석(1997-1998)", 재판자료 102(하); 김주수(2011), "친생부인의 소와 친생자관계부존재확인의 소에 관한 일고찰", 가족법연구 25-2; 안구환(2004), "친생자 추정과 호적", 사법논집 38; 양천수·우세나(2019), "친생자 추정 논의에 관한 법학방법론적 문제", 가족법연구 33-2; 윤진수(2009), "헌법이 가족법의 변화에 미친 영향", 민법논고[Ⅳ]; 윤진수(2021a), "친생추정에 관한 민법개정안", 민법논고[Ⅷ]; 윤진수(2021b), "친생자관계부존재확인 사건 의견서 - 대법원 2016므2510 사건", 민법논고[Ⅷ]; 이동진(2022), "부자관계의 설정과 해소: 입법론적 고찰", 인권과 정의 509; 이제정(2003), "친자관계확인소송의 심리상 주요 논점", 재판자료 101(상); 제철웅(2019), "생물학적 부모, 법적 부모, 그리고 사회적 부모", 비교사법 26-2; 최진섭(1999), "친생부인제도의 쟁점", 판례월보 344; 현소혜(2015), "친생자 추정과 가족관계등록절차의 개선방안", 경북대 법학논고 49; 현소혜(2019), "부자관계의 결정기준: 혼인과 혈연", 가족법연구 33-2.

Ⅰ. 서

1. 본조의 취지

본조는 친생부인의 소의 원고적격, 피고적격과 제소기간을 정한 규정이다.

2. 입법 연혁

2005. 3. 31. 개정 전 본조는 피고적격과 제소기간만을 정한 규정이었다. 민법 제정 당시부터 개정 전 본조는 ①에서 "부인의 소는 자 또는 친권자인 모를 상대로 하여 그 출생을 안 날로부터 1년내에 제기하여야 한다."라고 규정하고, ②에서 "친권자인 모가 없는 때에는 법원은 특별대리인을 선임하여야 한다."라고 규정하였다.

그런데 헌법재판소 1997. 3. 27. 선고 95헌가14등 결정은 개정 전 §847 ①의 제소기간 부분에 대해 헌법불합치 결정을 하였다. 위와 같이 제소기간을 정하는 것은 부(父)에게 진실한 혈연관계에 반하는 친자관계를 부인할 수 있는 기회를 극단적으로 제한하는 것이어서 행복추구권 등을 보장한 헌법 제10조에 위반되고, 헌법 제36조 제1항의 혼인과 가족생활에 관한 기본권을 침해한다고 하였다.[1] 이 결정에서 구 §847 ①의 제소기간에 대해 위헌성을 인정한 것은 대체로 긍정적으로 평가되었다.[2]

결국 2005. 3. 31. 민법 개정으로 본조 ①의 제소기간은 '친생부인 사유가 있음을 안 날부터 2년'으로 개정되었다. 이로써 절대적 제소기간은 폐기하고, 상대적 제소기간만 규정하게 되었다.[3] 헌법재판소는 이러한 개정 후 제소기간 규정이 헌법에 위반되지 않는다고 하였다.[4] 개정 규정은 2005. 3. 31.부터 시행되었는데, 개정 부칙 §2는 개정 전 규정에 의하여 생긴 효력에 영향이 없다고 규정하고, §3는 개정 조항의 적용에 관한 경과조치를 규정하면서 개정 후 제소기간이 시행일인 2005. 3. 31.부터 30일 이내에 만료되는 경우 시행일부터 30일 이내에 친생부인의 소를 제기할 수 있고, 개정 후 제소기간을 계산함에 있어 위 헌법재판소 결정 선고일인 1997. 3. 27.부터 위 시행일 전일인 2005. 3. 30.까지의 기간은 산입하지 않는다고 규정하며, §6는 종전 규정에 의한 기간이 경과되지 아니한 때에는 개정 규정과 종전 규정 중 장기인 규정을 적용한다고 규정하고 있다. 따라서 위 시행일 당시 개정 전 제소기간이 이미 도과하였다면 설령 제소권자가 위 시행일 이후에 친생부인 사유가 있음을 알았다고 하더라도 개정 규정에 따라 친생부인의 소를 제기할 수는 없다고 해석된다.[5]

---

1) 이 결정의 다수의견은 친생자 관계가 존재하지 아니함을 알게 된 때부터 1년 내에 친생부인의 소를 제기할 수 있으나 자녀의 출생 후 5년이 경과하면 특별한 사정이 없는 한 제기할 수 없다고 규정하면 위헌성이 없다고 하였다. 이에 대하여 재판관 김진우의 별개의견은 친생자가 아님을 몰랐더라도 자녀의 출생 후 일정 기간이 지나면 친생부인의 소를 제기할 수 없다고 하는 것은 위헌이라고 보아야 하고, 친생자가 아님을 안 때로부터 2년 내에 친생부인의 소를 제기할 수 있다고 보는 것이 타당하다고 하였다.
2) 윤진수(2009), 19-20.
3) 제소기간의 개정 경위에 관한 자세한 설명은 권재문(2009), 89-94 참조.
4) 헌법재판소 2015. 3. 26. 선고 2012헌바357 결정.
5) 대법원 2023. 4. 27. 선고 2022므16589 판결.

나아가 본조 ①은 부(夫)뿐만 아니라 처(妻)도 친생부인의 소를 제기할 수 있도록 개정되었다.6) 이러한 개정 경위에 따라, 본조 ①에서 원고적격도 아울러 규정하게 되었고, 이러한 원고적격 규율은 §846의 규율과 중복되게 되었다.

또한 개정 전 본조 ②는 피고가 되는 모(母)가 없으면 특별대리인을 선임해야 한다고 규정하였으나, 개정 후 본조 ②는 상대방이 될 자가 모두 사망한 때에는 검사를 상대로 친생부인의 소를 제기할 수 있다고 개정되었다.

3. 친생부인의 소의 취지

§844에 따라 친생추정이 미쳐서 어머니의 남편이 자녀의 아버지로 추정된다고 하더라도 자녀의 실제 친부(親父)는 따로 있을 수 있다. 자녀와 어머니의 남편 사이에 혈연관계가 없다면 친생추정을 번복하여 법률적 친자관계인 부자관계를 소멸시킬 수 있다는 것이 친생부인의 소의 기본적 취지이다.7) 즉 혈연진실주의를 달성하고자 하는 것이 1차적인 목표이다.8)

그러나 친생부인이 될 수 있는 기간이 너무 길어지면 부자관계가 장기간 불확정한 상태에 방치됨으로써 자녀의 지위가 불안정하게 되므로, 친생부인의 소는 제소기간이 정해져 있다. 또한 제3자의 관여로 가정의 평화가 깨지는 것을 막기 위하여 친생부인의 소를 제기할 수 있는 원고적격도 한정되어 있다. 법적 안정성과 자녀의 보호, 가정의 평화를 위하여 일정한 범위 내에서만 친생추정을 번복할 수 있게 한 것이다.9) 대법원과 헌법재판소도 같은 취지로 판시한 바 있다.10) 이에 따라 혈연진실주의가 제한될 수 있다.11)

이에 대해 친생부인의 소의 제소기간 기산점이 친생부인 사유를 안 날로 개정된 현행 본조 아래에서 친생부인 제도의 목적은 혈연관계가 없음을 알면서도 법적 부자관계를 유지할 것인지 여부를 부 또는 생모의 의사에 맡기는 것이라는 평가하는 견해

---

6) 윤진수(2021a), 636

7) 김상용(2019), 50−51.

8) 김시철(2003), 505−506; 같은 취지, 박동섭·양경승, 286.

9) 김주수·김상용, 309−310; 박동섭·양경승, 289; 신영호·김상훈·정구태, 159−160; 윤진수, 175; 윤진수(2021b), 656; 현소혜(2019), 46; 양천수·우세나(2019), 78; 이제정(2003), 421; 같은 취지, 제철웅 (2019), 31.

10) 대법원 2019. 10. 23. 선고 2016므2510 전원합의체 판결; 헌법재판소 1997. 3. 27. 선고 95헌가14등 결정; 헌법재판소 2015. 3. 26. 선고 2012헌바357 결정 등. 헌법재판소는 친생부인의 소의 엄격성을 어느 정도로 유지할 것인지, 구체적으로 친생부인의 소의 원고적격과 제소기간을 어느 정도로 한정할 것인지의 문제는 원칙적으로 입법자의 재량에 맡겨져 있다고 하였다.

11) 김시철(2003), 503; 같은 취지, 최진섭(2019), 38−39.; 이와 달리 이러한 결과는 혈연진실주의가 제한되는 것이 아니라 소송요건을 두고 있는 민사소송법 일반원칙에서 비롯된 결과라는 견해는 권재문 (2004), 170.

도 있다.12)

4. 친생부인의 소의 성질

친생부인의 소는 친생추정을 소급적으로 소멸시키는 형성적 효력을 발생시킬 목적의 형성의 소이다.13)

II. 소송절차

1. 당사자

가. 원고적격

이 부분은 §846 주석 참조.

나. 피고적격

아내(생모) 또는 남편은 다른 일방 또는 자녀를 상대로 친생부인의 소를 제기할 수 있다(본조 ①). 예를 들어 남편이 친생부인의 소를 제기할 때에는 아내를 피고로 삼거나 자녀를 피고로 삼으면 된다.14) 이에 대해서는 자녀를 피고로 하지 않고 부부 타방만 피고로 삼을 수 있도록 한 것은 부당하다는 입법론상 비판이 있다.15)

여기서 자녀는 §844에 따라 친생추정을 받는 자녀를 의미한다.16) 자녀가 미성년자인 경우에는 남편 또는 아내(생모)가 피고가 되고, 남편 또는 아내가 없으면 자녀의 특별대리인이 피고가 된다는 견해가 있으나,17) 미성년자인 자녀에 대해서도 소를 제기할 수 있고, 다만 법정대리인이 자녀를 대리해야 하며, 법정대리인이 없는 경우에는 특별대리인(民訴 §62)이 선임될 수 있다고 해석해야 한다. 미성년자인 자녀의 법정대리인은 원칙적으로 원고인 남편 또는 아내(생모)의 상대방 배우자만 될 것이다(§909 ③).18)

상대방이 될 사람이 모두 사망한 때에는 검사를 상대로 제기할 수 있다(본조 ②). 여기서 검사는 제3자 법정소송담당 중 직무상 당사자에 해당한다.19) 자녀가 사망한

---

12) 주해친족(초판, 1권, 2015), 575(권재문).
13) 박동섭·양경승, 286; 송덕수, 151; 김주수(2011), 54; 김두형(1995), 52.
14) 김주수·김상용, 3011-312.
15) 주해친족(초판, 1권, 2015), 580-581(권재문).
16) 박동섭·양경승, 288; 조미경(1997), 160-161.
17) 김주수·김상용, 311, 주 31.
18) 박동섭·양경승, 288.
19) 법원실무제요, 민사소송[1], 339-340.

후에도 자녀의 직계비속이 있는 때에는 자녀의 생모를 상대로, 자녀의 생모가 없으면 검사를 상대로 제기할 수 있다(§849).

아직 출생하지 않은 태아에 대해서는 친생부인의 소를 제기할 수 없다고 해석된다.[20] 부가 태아에 대해 인지할 수 있는 것(§858)과 대비된다.

2. 제소기간

본조의 제소기간은 제척기간이다.[21] 판례도 같은 취지이다.[22]

본조 ①에 의하면 친생부인의 소는 친생부인 사유가 있음을 안 날부터 2년 내에 제기하여야 한다. 본조 ①에서 '그 사유가 있음을 안 날'이라 함은 부자 사이에 혈연관계가 없다는 사실을 안 날을 의미한다.[23] 임신 중인 태아에 대하여 친생부인 사유가 있음을 알았다면 그 제소기간은 언제부터 기산되는가? 이에 대해 명확한 논의는 찾기 어렵지만, 태아에 대해 친생부인의 소를 제기할 수 없다고 보는 이상 위 제소기간은 출생시부터 기산해야 한다고 생각된다.

친생부인의 소의 상대방이 될 사람인 부부 일방 또는 자녀가 모두 사망한 경우에는 그 사망을 안 날부터 2년 내에 검사를 상대로 친생부인의 소를 제기해야 한다(본조 ②). 제소권자가 친생부인의 사유가 있음을 안 날부터 2년이 지난 후에 상대방이 될 사람이 사망하였다면, 본조 ①의 제소기간이 경과하였으므로 다시 본조 ②에 따라 친생부인의 소를 제기할 수 있는 것은 아니다.[24] 반대로 본조 ②의 제소기간이 지난 다음에야 제소권자가 친생부인 사유가 있음을 알게 되었다고 하더라도 친생부인의 소를 제기할 수 없다고 해석해야 할 것이다.

친생부인의 소의 제소기간이 지나면 그 추정이 진실에 반하더라도 더 이상 추정 번복은 허용되지 않는다.[25] 친생부인을 할 수 없게 되면 자녀의 법적 지위는 종국적으로 확정된다.[26]

---

20) 박동섭·양경승, 289; 주석친족(2), 51(정용신); 주해친족(초판, 1권, 2015), 599(권재문).
21) 박동섭·양경승, 289.
22) 대법원 1983. 7. 12. 선고 82므59 전원합의체 판결.
23) 신영호·김상훈·정구태, 160; 제요[1], 708.
24) 박동섭·양경승, 290 참조.
25) 권영준(2021), 259–260; 대법원 2019. 10. 23. 선고 2016므2510 전원합의체 판결; 헌법재판소 1997. 3. 27. 선고 95헌가14등 결정.
26) 대법원 2019. 10. 23. 선고 2016므2510 전원합의체 판결.

3. 관할

자녀의 보통재판적이 있는 곳의 가정법원의 전속관할이고, 자녀가 사망한 경우에는 자녀의 마지막 주소지 가정법원의 전속관할이다(家訴 §26 ①). 제1심 사물관할은 단독판사에게 속한다(사물관할규칙 §3 참조).

4. 심리절차

친생부인의 소는 나류 가사소송사건으로서[家訴 §2 ① 1. 나. 6)], 청구의 인낙이나 자백은 허용되지 않고(家訴 §12), 직권주의가 적용되며(家訴 §17), 조정전치주의가 적용된다(家訴 §50). 조정이 성립하면 재판상 화해와 동일한 효력이 있으나(家訴 §59 ② 본문), 당사자가 임의로 처분할 수 없는 사항에 대해서는 그러한 효력이 없다(家訴 §59 ② 단서). 친생부인의 소의 조정절차에서 혈연에 부합하는 내용으로 조정이 성립하였다면 家訴 §59 ② 단서에서 말하는 '임의' 처분이 아니기 때문에 이를 허용할 수 있다는 견해도 있다.[27] 그러나 친생부인의 번복 여부는 당사자가 家訴 §59 ② 단서에 말하는 '당사자가 임의로 처분할 수 없는 사항'이라고 해석되므로, 친생부인을 한다는 내용의 조정이 성립하여도 효력이 없다.[28] 판례도 같은 취지에서 친생부인의 조정은 효력이 없다고 하였다.[29] 다만 부는 자녀에 대해 친생자 승인을 할 수 있으므로(§852), 부가 친생자임을 승인하는 내용의 조정은 유효하다.[30] 그 외에 실무는 인간관계의 조정을 중심으로 간접적이고 우회적인 사항을 조정의 대상으로 보고 있다.[31]

소송계속 중 원고인 남편 또는 아내가 사망하면 다른 제소권자인 원고의 직계존속이나 직계비속(§851) 등이 소송 절차를 승계할 수 있고, 그 승계신청은 승계 사유가 생긴 때부터 6개월 이내에 하여야 하며, 그 기간 내에 승계신청이 없으면 소가 취하된 것으로 본다(家訴 §16).[32] 소송계속 중 당사자가 누구이든지 자녀가 사망하면 친생부인의 소는 종료되는 것이 원칙이나, 다만 자녀에게 직계비속이 있는 경우에는 자녀 사망 후에도 친생부인의 소를 제기할 수 있으므로(§849), 친생부인의 소는 종료되지 않는다.[33] 소송계속 중 피고가 사망한 경우 다른 피고적격자인 자녀, 부부 타방 또는

---

27) 권재문(2004), 171-173.
28) 김주수·김상용, 313-314; 박동섭·양경승, 286; 신영호·김상훈·정구태, 159; 김시철(2002), 421; 이현승, "가사조정에 있어서 조정에 갈음하는 결정", 재판자료 62(1993), 191.
29) 대법원 1968. 2. 27. 선고 67므34 판결.
30) 박동섭·양경승, 287; 송덕수, 151; 김시철(2002), 421; 주석친족(2), 38(정용신); 제요[1], 707.
31) 제요[1], 707.
32) 박동섭·양경승, 293; 제요[1], 709.
33) 제요[1], 709.

검사가 소송절차를 승계할 수 있는지 문제되나, 소송경제상 이를 긍정함이 타당하고, 다만 家訴 §16 ②을 유추적용하여 승계 사유가 생긴 때부터 6개월 이내에 승계신청을 해야 할 것이다.34)

5. 심리·판단

친생추정이 미치는 부자 사이의 친생자관계(혈연관계)의 존부가 판단의 대상이다.35) 판례는 실제로 생물학적 혈연관계가 없다는 점은 친생추정 번복 사유라고 하였다.36) 증명책임은 원고에게 있다.37) 그 자녀의 실제 부가 누구인지는 증명할 필요는 없다.38)

가정법원은 다른 증거조사에 의하여 심증을 얻지 못한 때에는 혈액형검사, 유전자검사 등의 수검명령을 할 수 있다(家訴 §29).

Ⅲ. 판결의 효과

1. 일반적 효과

친생부인의 판결이 확정되면 친생추정 번복이라는 형성력을 가진다.39) 명문의 규정은 없지만 자녀의 출생 시에 소급하여 부자관계가 소멸한다고 해석하는 것이 대체적이다.40) 친생부인이 번복된 자녀는 생모의 혼인외 자녀가 된다.41)

친생부인의 소에서 청구를 인용한 확정판결은 제3자에게도 효력이 있다(家訴 §21 ①). 그 확정판결 이후에는 자녀가 친생추정이 번복된 남편을 상대로 다시 인지청구를 할 수 없다.42) 친생부인 청구를 기각한 판결이 확정되면 다른 제소권자는 사실심 변론종결 전에 참가하지 못한 데 정당한 사유가 없으면 다시 소를 제기할 수 없다(家訴 §21 ②). 다른 제소권자에는 고유의 제소권자인 아내 또는 남편 외에도 §848, §850, §851에서 정하는 보충적 제소권자가 있다.

친생부인의 판결이 있기 전에는 제3자가 친생추정을 받는 자녀가 친생자가 아니

---

34) 친생자관계존부확인의 소에 관한 대법원 2014. 9. 4. 선고 2013므4201 판결 참조.
35) 박동섭·양경승, 292; 제요[1], 710; 같은 취지, 김상용(2019), 52, 주 11.
36) 대법원 2021. 9. 9. 선고 2021므13293 판결.
37) 박동섭·양경승, 293.
38) 김주수·김상용, 313; 주석친족(2), 42(정용신); 제요[1], 711.
39) 김주수·김상용, 313; 신영호·김상훈·정구태, 161; 윤진수, 179.
40) 윤진수(2021b), 651; 김주수·김상용, 313; 박동섭·양경승, 295; 박희호·이동건, 129; 권영준(2021), 259; 김상용(2019), 50; 김주수(2011), 62; 주석친족(2), 43(정용신).
41) 김주수·김상용, 313; 박동섭·양경승, 295; 신영호·김상훈·정구태, 161; 김주수(2011), 62.
42) 박동섭·양경승, 294.

라고 주장할 수 없다.[43] 생부는 친생추정을 받는 자녀를 혼인외 자녀로 인지할 수 없고,[44] 친생추정을 받는 자녀가 생부를 상대로 인지를 청구할 수도 없다.[45]

2. 가족관계등록부의 정정

친생부인의 판결이 확정되면 원고는 판결확정일로부터 1개월 이내에 가족관계등록부의 정정을 신청하여야 한다(家登 §107). 확정판결에 따른 가족관계등록부 정정절차는 등록예규 제605호[46]에서 정하고 있다.

3. 판결확정 후 친생자 승인

친생부인 판결 확정 후 남편이 다시 친생자 승인을 할 수 있는지 문제된다. 2005. 3. 31. 개정 전 §853은 부(夫)는 부인소송 종결 후에도 친생자 승인을 할 수 있다고 규정하였으나, 2005. 3. 31. 개정으로 위 조항은 삭제되었다. 이는 친생부인 확정판결에 대세적 효력이 있는데도 남편의 일방적 의사로 부자관계를 좌우하는 것은 부당하다는 비판을 고려한 것이다. 따라서 친생부인 판결 확정 후에는 남편이 다시 친생자 승인을 할 수 없다고 보아야 한다.[47]

Ⅳ. 친생부인의 소와 출생신고

家登 §47는 "친생부인의 소를 제기한 때에도 출생신고를 하여야 한다."라고 규정하고 있다. 이는 친생부인의 소를 제기하더라도 출생신고 의무는 면제되지 않는다는 취지이고, 출생신고를 하여야만 친생부인의 소를 제기할 수 있다는 취지는 아니다.[48] 따라서 출생신고를 하지 않은 자녀에 대해서도 친생부인의 소를 제기할 수 있다.[49]

하급심에서는 출생신고가 되어 있지 않은 자녀에 대해서도 친생부인의 판결을 하고 있다.[50] 이 경우 자녀는 출생일시, 출생장소, 출생시 체중 등으로 특정하고 있다.[51]

43) 김주수·김상용, 313; 윤진수, 179.
44) 대법원 1968. 2. 27. 선고 67므34 판결; 대법원 1978. 10. 10. 선고 78므29 판결; 대법원 1987. 10. 13. 선고 86므129 판결 등.
45) 대법원 2000. 1. 28. 선고 99므1817 판결; 헌법재판소 1997. 3. 27. 선고 95헌가14등 결정; 헌법재판소 2015. 4. 30. 선고 2013헌마623 결정.
46) 친자관계의 판결에 의한 가족관계등록부 정정절차 예규(2022. 9. 15. 개정).
47) 박동섭·양경승, 291.
48) 윤진수(2021a), 638; 안구환(2004), 542.
49) 안구환(2004), 543.
50) 전주지방법원 2016. 8. 12. 선고 2016드단3365 판결, 수원지방법원 안양지원 2016. 8. 19. 선고 2016드단101630 판결, 서울가정법원 2021. 11. 11. 선고 2021드단110601 판결, 서울가정법원 2022. 8. 17. 선고

V. 입법론

우선 친생부인의 소의 제소기간은 현재 너무 짧으므로 이를 늘려야 한다는 견해가 있다.[52] 친생부인의 소의 제소기간이 경과하였다고 하더라도 친생부인권자와 자녀 또는 그 법정대리인 사이에 친생자가 아니라는 점에 대해 다툼이 없다면 친생부인을 허용하는 것도 입법론적으로 검토할 필요가 있다는 견해가 있다.[53] 혈연진실주의를 강조하는 취지에서 친생부인의 소를 거치지 않더라도 친생추정을 번복할 수 있도록 해야 한다는 견해도 있다.[54]

혈연관계와 부합하는 친자관계를 형성할 수 있도록 하기 위한 근본적인 해결책은 친생추정의 예외를 넓히는 것이 아니라 친생부인의 소 제기 요건을 완화하는 것이라는 지적이 있다.[55]

2022드단108650 판결 등.

51) 예를 들어 "성명(2020. 1. 1. 09:00 ○○ 병원에서 3.3kg으로 출생한 여아)"와 같이 특정한다.

52) 이동진(2022), 46.

53) 윤진수, 178.

54) 현소혜(2015), 277.

55) 권영준(2021), 261.

第 848 條 (성년후견과 친생부인의 소)

① 남편이나 아내가 피성년후견인인 경우에는 그의 성년후견인이 성년후견감독인의 동의를 받아 친생부인의 소를 제기할 수 있다. 성년후견감독인이 없거나 동의할 수 없을 때에는 가정법원에 그 동의를 갈음하는 허가를 청구할 수 있다.

② 제1항의 경우 성년후견인이 친생부인의 소를 제기하지 아니하는 경우에는 피성년후견인은 성년후견종료의 심판이 있은 날부터 2년 내에 친생부인의 소를 제기할 수 있다.

▌참고문헌: 김연(1995), "친자관계소송에 있어서의 주관주의와 객관주의", 경성법학 4.

Ⅰ. 본조의 취지

본조는 친생부인의 소를 제기할 수 있는 남편이나 아내가 피성년후견인인 경우 친생부인의 소의 보충적인 원고적격과 제소기간을 정한 규정이다.

본조에 의하면 남편이나 아내가 피성년후견인이면 그 성년후견인이 보충적으로 친생부인의 소를 제기할 수 있고, 그 성년후견인이 친생부인의 소를 제기하지 않을 경우 피성년후견이었던 남편 또는 아내는 성년후견 종료심판일부터 2년 내에 친생부인의 소를 제기할 수 있다.

Ⅱ. 보충적 원고적격

1. 개요

피성년후견인은 가정법원이 따로 정하지 않은 이상 법정대리인에 의해서만 소송행위를 할 수 있다(民訴 §55 ①). 따라서 피성년후견인이 스스로 친생부인의 소를 제기할 수 없다.

그런데 친생부인의 소의 원고적격자인 남편 또는 아내가 피성년후견인인 경우에는 본조 ①에 의해 그 성년후견인에게 보충적으로 원고적격이 있다. 이에 따라 성년후견인은 피성년후견인을 대리하는 것이 아니라 고유의 원고적격을 가지고 친생부인의 소를 제기할 수 있다.[1] 성년후견인이 피성년후견인을 대리하여 친생부인의 소를 제기하는 것과 본조 ①에 의하여 성년후견인이 고유의 자격에서 친생부인의 소를 제기하는 것은 별개이다. 따라서 가정법원이 성년후견인을 선임하면서 피성년후견인을 대리하여 소송행위를 할 경우 가정법원의 허가를 받도록 제한하였다고 하더라도, 성년후견인은 고유의 자격에서 가정법원의 허가 없이도 친생부인의 소를 제기할 수 있다고 보아야 한다.

2. 제소 요건

성년후견인이 성년후견감독인의 동의를 받아 친생부인의 소를 제기할 수 있다(본조 ① 전문). 성년후견감독인이 없거나 동의할 수 없을 때에는 가정법원에 그 동의를 갈음하는 허가를 청구할 수 있다(본조 ① 후문). 성년후견감독인의 동의 또는 가정법원의 허가를 조건으로 친생부인의 소를 제기할 수 있도록 한 것은 피성년후견인의 의사나 이익에 반하여 친생부인의 소가 제기되는 것을 막기 위한 것이다.[2]

이 경우 §847조의 제소기간은 어떻게 적용되는가? 우선 성년후견이 개시되기 이전에 제소권자인 남편 또는 아내가 친생부인 사유가 있음을 알았고 그 때부터 2년이 지난 다음 성년후견이 개시되었다면 §847 ①의 제소기간이 이미 지났으므로 성년후견인이 친생부인의 소를 제기할 수 없다고 해석해야 한다.[3] 원래의 제소권자인 남편 또는 아내에게 혈연과 일치하지 않는 법적 친자관계를 받아들이겠다는 의사가 있다고 볼 수 있고, 그러한 의사는 존중되어야 하기 때문이다.[4]

반면 §847 ①의 제소기간의 제소기간이 지나기 전에 제소권자인 남편 또는 아내에게 성년후견이 개시된 경우에는 이견이 있을 수 있으나, 성년후견인이 친생부인 사유가 있음을 안 날부터 2년 내에 친생부인의 소를 제기할 수 있다고 해석하는 견해가[5] 타당해 보인다. 성년후견인은 친생부인의 소를 제기할 수 있는 고유의 원고적격

---

1) 김연(1995), 94−95.
2) 주석친족(2), 45(정용신).
3) 주석친족(2), 45(정용신); 주해친족(초판, 1권, 2015), 590(권재문).
4) 주해친족(초판, 1권, 2015), 590(권재문).
5) 주석친족(2), 45(정용신); 주해친족(초판, 1권, 2015), 590(권재문).

을 가지기 때문이다. 남편 또는 아내의 성년후견인이 친생부인의 소를 제기하고자 하는데 상대방이 될 자(배우자 타방 또는 자녀)가 모두 사망하였다면 §847 ②에 따라 성년후견인이 그 사망을 안 날부터 2년 내에 검사를 상대로 친생부인의 소를 제기할 수 있다고 해석해야 한다.[6]

　제소권자인 남편 또는 아내의 성년후견인으로 그 배우자가 선임된 경우, 그 배우자가 성년후견인 자격에서 타방 배우자인 피성년후견인을 상대로 친생부인의 소를 제기한다면 이는 §937 viii에 규정된 후견인 결격사유에 해당하므로 성년후견인 변경사유가 된다는 견해가 있다.[7] 후견인 결격사유가 있는 사람은 후견인이 될 수 없고, 후견개시 이후에 결격사유가 생기더라도 더 이상 후견인이 될 수 없으므로, "성년후견인이 없게 된 때(§936 ②)"에 해당하여 새로이 성년후견인을 선임하여야 한다(§937 주석 참조).

Ⅲ. 제소기간의 특칙

　남편 또는 아내의 성년후견인이 친생부인의 소를 제기하지 않은 경우 피성년후견인은 성년후견종료 심판일부터 2년 내에 친생부인의 소를 제기할 수 있다(본조 ②). 이는 §847에서 규정한 제소기간의 특칙이라 할 수 있다.

　§847 ①의 제소기간의 제소기간이 지나기 전에 제소권자인 남편 또는 아내에게 성년후견이 개시된 경우 비록 성년후견인이 친생부인 사유가 있음을 안 날부터 2년이 지나서 성년후견인은 친생부인의 소를 제기할 수 없게 되더라도, 성년후견이 종료되면 본조 ②에 의하여 원래의 제소권자였던 남편 또는 아내는 그 성년후견종료 심판일부터 2년 내에 친생부인의 소를 제기할 수 있다.[8] 이러한 경우에는 원래의 제소권자였던 남편 또는 아내에게 친생부인 여부를 결정할 수 있는 기회를 다시 부여함이 타당하기 때문이다.[9] 성년후견인과 피성년후견인이었던 남편 또는 아내는 각각 고유의 자격에서 친생부인의 소를 제기하는 것이다.

　다만 본조 ②에 대한 입법론적인 비판으로서 원래의 제소권자였던 남편 또는 아내가 친생부인 사유를 알았는지 여부와 무관하게 성년후견종료 심판일로부터 2년 내에만 친생부인의 소를 제기할 수 있도록 한 것은 의문이라는 견해가 있다.[10]

---

6) 제요[1], 708. 다만 이 문헌에서는 §847 ②이 유추적용된다고 한다.
7) 주석친족(2), 45(정용신).
8) 주석친족(2), 44-45(정용신).
9) 주해친족(초판, 1권, 2015), 590(권재문).
10) 주해친족(초판, 1권, 2015), 591(권재문).

第849條 (子死亡後의 親生否認)

子가 死亡한 後에도 그 直系卑屬이 있는 때에는 그 母를 相對로, 母가 없으면 檢事를 相對로 하여 否認의 訴를 提起할 수 있다.

Ⅰ. 본조의 취지

본조는 자녀가 사망하여도 직계비속을 두고 사망하였다면 제소권자가 친생부인의 소를 제기할 수 있다고 규정하고 있다.

자녀가 직계비속을 남기지 않고 사망하면 친생부인의 소를 제기할 실익이 없다. 그러나 자녀가 직계비속을 남기고 사망하였다면 그 자녀의 직계비속이 향후 상속인이 될 수 있는 등 친자관계를 명확히 정리할 필요가 있으므로 친생부인의 실익이 있다. 본조는 이러한 경우 친생부인의 소를 제기할 수 있도록 한 것이다.[1]

Ⅱ. 본조의 내용 - 적용 요건과 효과

본조가 적용되려면 자녀가 사망하였고, 사망한 자녀에게 직계비속이 있어야 한다. 본조를 반대로 해석하면 자녀가 직계비속 없이 사망한 경우에는 친생부인의 소를 제기할 수 없다고 보아야 한다.[2]

본조에 의하면 직계비속을 둔 자녀가 사망한 경우, 자녀의 모를 상대로, 자녀의 모가 없으면 검사를 상대로 친생부인의 소를 제기할 수 있다. 본조에서 규정하는 모는 자녀의 생모를 말하고, 자녀의 직계비속의 생모를 의미하는 것이 아니다.[3]

원래 §847에 의하면, 친생부인의 소의 피고적격은 제소자의 상대방 배우자 또는 자녀에게 있고, 상대방 배우자와 자녀가 모두 사망한 경우에는 검사에게 피고적격이 있다. 따라서 부가 친생부인의 소를 제기할 때에는, 직계비속을 둔 자녀가 사망한 상

---

1) 김주수·김상용, 312; 주석친족(2), 47(정용신) 참조.
2) 같은 취지, 제요[1], 709.
3) 박동섭·양경승, 288; 제요[1], 706; 주해친족(초판, 1권, 2015), 594(권재문).

태라면 모에게 피고적격이 있고, 모도 사망하였다면 검사에게 피고적격이 있다. 따라서 부가 친생부인의 소를 제기하는 경우 본조는 §847의 피고적격 규율과 동일한 내용을 규정하고 있다.

그런데 모도 자녀가 직계비속을 두고 사망한 경우 친생부인의 소를 제기할 수 있는가? 본조의 문언상 이 경우에 모는 친생부인의 소를 제기할 수 없다는 취지의 견해가 있다.4) 원래 모가 친생부인의 소를 제기하고자 할 때에는 §847 ①에 따라 상대방 배우자인 부를 상대로 해야 하는데, 본조는 부를 피고적격자로 규정하고 있지 않다. 이는 2005. 3. 31. 민법 개정으로 §846, §847 ①에서 친생부인의 소를 제기할 수 있는 사람을 남편뿐만 아니라 아내에게도 확대하였으면서도, 본조는 종전과 같이 그대로 두었기 때문이다. 이와 같이 본조의 피고적격 규율과 §847의 피고적격 규율에 차이가 발생하지만, 본조를 특별히 두고 있는 이상 직계비속을 둔 자녀가 사망한 경우에는 부는 피고가 될 수 없다고 해석해야 할 것이다. 그렇다고 하여 본조에서 모가 친생부인의 소를 제기할 수 없다고 규정한 것은 아니다. 따라서 직계비속을 둔 자녀가 사망하였다고 해서 모가 친생부인의 소를 제기할 수 없다고 볼 것은 아니다. 결국 직계비속을 둔 자녀가 사망한 경우 모는 부가 생존해 있더라도 검사를 상대로 친생부인의 소를 제기해야 한다고 해석할 수밖에 없다.5)

한편 판례는 일반적으로 확정판결에 대해 재심사유가 있을 경우 보조참가인이 피참가인을 보조하기 위하여 보조참가신청과 함께 재심의 소를 제기할 수 있으나, 확정된 친생부인 판결에 대하여 그로 인해 친생 추정이 번복된 자녀가 사망하여 당사자능력이 없다면 그 자녀의 자녀가 검사를 재심청구인으로 하여 보조참가인으로서 재심청구를 하는 것은 허용되지 않고, 이는 본조에서 자녀가 사망한 경우 위와 같은 요건이 구비되었을 때 검사를 상대로 친생부인의 소를 제기할 수 있다고 규정한 것과는 구별된다고 하였다.6)

입법론으로는 2005. 3. 31. 민법 개정에 의해 친생부인의 소의 원고적격자에 모가 추가되었으므로, 본조의 피고적격자에도 부(父)가 추가되어야 한다는 지적이 있다.7)

4) 주해친족(초판, 1권, 2015), 594(권재문).
5) 결과에서 같은 취지, 주석친족(2), 47-48(정용신).
6) 대법원 2018. 11. 29. 선고 2018므14210 판결.
7) 김주수·김상용, 312; 한삼인·김상헌, 140.

Ⅲ. 제소기간

본조가 적용되는 경우에도 §847에서 규정된 제소기간이 적용되어야 한다.[8]

자녀가 사망하기 이전에 제소권자인 부 또는 처가 친생부인 사유가 있음을 알았고, 그 때부터 §847 ①의 제소기간인 2년이 지난 다음 자녀가 사망하였다면, 부 또는 처가 본조에 의해 다시 친생부인의 소를 제기할 수는 없다고 보아야 한다.

자녀와 모가 모두 사망하였다면 부는 §847 ②에 따라 자신이 그 사망을 안 날부터 2년 내에 친생부인의 소를 제기해야 한다고 해석해야 한다. 반면 모는 부가 생존해 있더라도 §847 ②에 따라 자녀가 사망하였음을 안 날부터 2년 내에 친생부인의 소를 제기해야 한다고 해석해야 할 것이다.[9]

---

8) 주해친족(초판, 1권, 2015), 594-595(권재문); 같은 취지, 주석친족(2), 48(정용신).
9) 제요[1], 708. 다만 이 문헌에서는 §847 ②이 유추적용된다고 한다.

第 850 條 (遺言에 依한 親生否認)

부(夫) 또는 처(妻)가 遺言으로 否認의 意思를 表示한 때에는 遺言執行者는 친생부인의 소를 提起하여야 한다.

▌참고문헌: 김연(1995), "친자관계소송에 있어서의 주관주의와 객관주의", 경성법학4

Ⅰ. 본조의 취지

본조는 친생부인의 소의 제소권자가 유언으로 친생부인의 의사를 표시한 경우 유언집행자에게 보충적으로 원고적격이 있음을 규정한 것이다.

본조의 취지에 대해 태아에 대한 친생부인의 소는 제기할 수 없기 때문에 유언을 통해 친생부인을 강제할 수 있도록 하기 위해서라는 견해가 있다.[1] 그러나 본조가 태아에 대해서만 적용되는 것은 아니므로 이러한 설명은 의문이다.

Ⅱ. 적용 요건

친생부인의 소의 제소권자인 부 또는 처가 유언으로 친생부인의 의사를 표시해야 한다. 이때 유언은 유효해야 한다. 따라서 민법이 정하는 방식을 지켜야 한다 (§1060).[2]

Ⅲ. 적용 효과

유언집행자가 친생부인의 소를 제기할 수 있다. 이 경우 유언집행자는 고유의 원고적격자이다.[3]

---

1) 주해친족(초판, 1권, 2015), 596(권재문).
2) 주석친족(2), 49(정용신).
3) 김연(1995), 94−95.

§1095에 의하면 유언자의 지정 또는 지정위탁 등에 의해 유언집행자가 지정되지 않은 경우에는 상속인이 유언집행자가 된다. 유언집행자가 친생부인의 소를 제기해야 하는 경우에도 §1095에 따라 상속인이 유언집행자가 될 수 있다는 견해가 있다.4) 그러나 이 경우에는 §1095가 적용되지 않으므로 상속인이 유언집행자가 되어 친생부인의 소를 제기할 수 없고, 법원이 유언집행자를 선임해야 한다는 견해가 대체적이다.5) 친생부인의 대상이 되는 자녀가 대체로 상속인이 될 것이므로 §1095를 적용하기는 곤란한 점이 있다. §1095는 상속인이 유언을 집행함에 있어 이해가 상반될 우려가 있는 경우에는 적용되지 않는다고 해석할 수 있으므로 다수설이 타당하다.

Ⅳ. 제소기간

유언집행자가 친생부인의 소를 제기할 경우 §847의 제소기간은 어떻게 적용되는지에 관하여 지배적인 통설이 형성되어 있지는 않다.

우선 친생부인의 유언이 유언자가 친생부인 사유가 있음을 안 날로부터 2년이 지난 후 효력이 발생하였다면 어떻게 되는가? 이 경우 유언집행자가 친생부인의 사유를 안 날을 기준으로 §847 ①의 제소기간을 판단해야 한다는 견해가 있다.6) 이에 따르면 유언자가 친생부인의 사유가 있음을 안 날로부터 2년이 지난 후 유언이 효력을 발생하더라도 유언집행자는 친생부인의 소를 제기할 수 있다. 그러나 제소권자가 친생부인 사유가 있음을 알았고 친생부인의 소를 제기할 수 있음에도 그 제소기간 내에 친생부인의 소를 제기하지 않다가 그 이후 유언을 통해서 친생부인을 실현할 수 있도록 하는 것은 균형이 맞지 않는다. 유언집행자의 인식을 기준으로 §847 ①의 제소기간을 판단해야 한다는 견해도 유언자가 자녀의 출생 전 친생부인의 유언을 하였다가 자녀가 출생한 후 친생부인의 소를 제기할 수 있는 제소기간이 지난 다음까지 생존하였다면 유언을 철회하거나 §852의 친생승인을 하였다고 볼 수 있으므로 그 유언은 효력을 잃었다고 보아야 한다고 하는데,7) 유언자가 친생부인의 사유를 알았음에도 오랜 시간이 지난 다음 유언의 효력이 발생한 경우에도 그와 같이 볼 수 있을 것이다. 따라서 친생부인의 유언이 친생부인 사유가 있음을 안 날로부터 2년이 지난

---

4) 김주수·김상용, 874(다만 이 문헌에서는 상속인이 이해관계인과 이해가 상반되어 유언집행자로서 친생부인의 소를 제기하지 않을 수도 있으므로, 입법론으로 가정법원이 유언집행자를 선임하도록 해야 한다고 한다); 같은 취지, 주해친족(초판, 1권, 2015), 597(권재문).
5) 곽윤직, 상속법, 271; 윤진수, 601; 송덕수, 464; 주해상속(1권), 841(현소혜).
6) 주해친족(초판, 1권, 2015), 598(권재문); 같은 취지, 주석친족(2), 50(정용신).
7) 주해친족(초판, 1권, 2015), 596(권재문); 주석친족(2), 50(정용신).

후 효력이 발생하였다면 유언집행자는 친생부인의소를 제기할 수 없다고 생각된다.[8) 이와 같이 본다면 유언자는 친생부인의 사유가 있음을 안 날로부터 2년 내에 친생부인의 유언을 해야 함은 당연하다. 자필증서에 의한 유언(§1066)의 경우에는 유언일의 진실성이 담보되기 어렵다는 점도 고려되어야 할 것이다.

다만 유언집행자가 친생부인의 소를 제기하고자 할 때 상대방이 될 자(타방 배우자 또는 자녀)가 모두 사망하였다면 §847 ②에 따라 유언집행자가 그 사망을 안 날부터 2년 내에 검사를 상대로 친생부인의 소를 제기할 수 있다고 해석해야 한다.[9)

---

8) 같은 취지, 박동섭·양경승, 290.
9) 제요[1], 708. 다만 이 문헌에서는 §847 ②이 유추적용된다고 설명한다.

第 851 條 (부의 자 출생 전 사망 등과 친생부인)

부(夫)가 자(子)의 출생 전에 사망하거나 부(夫) 또는 처(妻)가 제847조제1항의 기간내에 사망한 때에는 부(夫) 또는 처(妻)의 직계존속이나 직계비속에 한하여 그 사망을 안 날부터 2년내에 친생부인의 소를 제기할 수 있다.

▌참고문헌: 김연(1995), "친자관계소송에 있어서의 주관주의와 객관주의", 경성법학4; 박설아(2015), "친생부인의 소에 관한 민법 규정의 해석", 일감법학32; 정구태(2016), "2015년 친자법 관련 주요 판례 회고", 조선대 법학논총23-1

Ⅰ. 서

1. 본조의 취지

본조는 친생부인의 소의 제소권자가 그 제소기간이 지나기 전에 사망한 경우 제소권자의 직계존속 또는 직계비속에게 보충적으로 친생부인의 소를 제기할 수 있는 원고적격을 인정함으로써 혈연관계를 바로잡을 기회를 부여함과 동시에 그들의 상속이익을 보호하기 위한 것이다.[1]

2. 입법 연혁

2005. 3. 31. 민법 개정 전 본조는 "부(夫)가 자(子)의 출생전 또는 제847조 제1항의 기간내에 사망한 때에는 부(夫)의 직계존속이나 직계비속에 한하여 그 사망을 안 날로부터 1년 내에 부인의 소를 제기할 수 있다."라고 규정하였다. 그런데 2005. 3. 31. 민법 개정에 의하여 §846와 §847 ①에서 부(夫)뿐만 아니라 처(妻)도 친생부인의 소를 제기할 수 있도록 개정되었고, 이에 본조는 부(夫) 또는 처(妻)의 직계존속 또는 직계비

---

1) 박설아(2015), 618; 다만 부에게 친생부인 대상이 되는 자녀 이외에 다른 자녀가 있는 경우에는 상속권이 없는 직계존속도 본조에 따라 친생부인의 소를 제기할 수 있다는 점에서 '상속권의 침해'는 본조의 입법취지라고 볼 수 없다는 견해도 있다. 주해친족(초판, 1권, 2015), 600(권재문) 참조.

속이 보충적으로 일정한 기간 내에 친생부인의 소를 제기할 수 있다고 개정되었다.

Ⅱ. 적용 요건

친생부인의 소의 원고적격자인 부(夫) 또는 처(妻)가 일정한 기간 내에 사망하여야 한다.

본조는 ① 부(夫)가 자녀의 출생 전에 사망한 경우, ② 부(夫) 또는 처(妻)가 친생부인의 사유가 있음을 안 날부터 2년 내에 사망한 경우에 적용된다. 부(夫) 또는 처(妻)에게 실제로 친생부인의 의사가 있었다고 볼 수 있는 경우에만 본조가 적용된다는 취지의 견해도 있으나,[2] 본조의 문언상 부(夫) 또는 처(妻)에게 실제로 친생부인의 의사가 있었는지 여부는 묻지 않는다고 해석함이 타당하다.[3]

2005. 3. 31. 개정 전 본조에서 '§847 ①의 기간 내에 사망하였다'는 것은 출생을 안 날부터 1년의 기간 내에 사망하였음을 의미하는 데 반하여, 개정 후 본조에서 '§847 ①의 기간 내에 사망하였다'는 것은 친생부인 사유가 있음을 안 날부터 2년 내에 사망하였음을 의미한다(위 ②의 경우).[4]

부(夫) 또는 처(妻)가 친생부인의 사유가 있음을 안 날부터 2년 이후에 사망하였다면 본조가 적용되지 않음은 본조의 문언상 명백하다.[5] 부(夫) 또는 처(妻) 스스로도 §847 ①의 제소기간이 지나 더 이상 친생부인의 소를 제기할 수 없기 때문이다. 따라서 그 직계존속이나 직계비속도 친생부인의 소를 제기할 수 없다고 해석해야 한다.

자녀의 출생 이후 제소권자인 부(夫) 또는 처(妻)가 친생부인의 사유가 있음을 모르고 사망한 경우에는 어떠한가? 이 경우 본조가 유추적용될 수 있는지에 대해서는 견해가 대립한다. 본조가 유추적용되어야 한다는 견해는 본래 제소권자인 부(夫) 또는 처(妻)가 친생부인 사유가 있음을 알았더라도 친생부인권을 포기하였을 것인지 명확하지 않은 점, 원래 본조는 본래 제소권자인 부(夫) 또는 처(妻)에게 친생부인의 의사가 없었더라도 적용되는 점, 이 경우에도 본래 제소권자의 직계존속 또는 직계비속으로 하여금 상속이익을 보호하도록 할 필요가 있는 점 등을 이유로 한다.[6] 이와 달리 본조가 유추적용되지 않는다는 견해는 본조에 의한 보충적 친생부인권은 본래 제소

2) 정구태(2016), 15.
3) 박설아(2015), 619; 같은 취지, 주석친족(2), 52(정용신).
4) 박설아(2015), 616.
5) 박설아(2015), 619.
6) 박설아(2015), 622-625.

권자인 부(夫) 또는 처(妻)에게 친생부인 의사가 있었다고 볼 수 있는 경우에만 인정하는 것이 타당한 점, 본조의 규범 목적은 상속인의 상속권 확보가 아니라 혈연진실주의에 입각하여 혈연에 반하는 법적 친자관계를 바로잡기 위한 것인 점, 따라서 법률에 명시적 흠결을 인정할 수 없는 점 등을 이유로 든다.[7] 이 문제는 §847 ①의 제소기간이 2005. 3. 31. 민법 개정으로 절대적 제소기간에서 상대적 제소기간으로 변경되었으나, 본조는 2005. 3. 31. 개정 당시 제소권자를 추가한 외에는 '§847 ①의 기간 내에 사망한 때'라는 문언을 그대로 유지하였기 때문에 발생한다.[8] 친생부인의 소의 제소기간 설정은 어느 정도 입법재량에 달려 있으므로 이 문제는 조금 더 검토가 필요하기는 하나, 제소권자가 친생부인의 사유가 있음을 모르고 사망한 경우에는 제소기간이 지나지 않아 친생부인권을 상실한 상태가 아닌 점을 고려하면, 유추적용 긍정설이 조금 더 타당해 보인다.

부(夫) 또는 처(妻)가 자녀의 출생 후 친생자임을 승인(§851)한 다음 §847 ①의 제소기간 내에 사망한 경우는 어떻게 되는가? 본조의 문언을 그대로 적용하면 부(夫) 또는 처(妻)의 직계존속이나 직계비속이 친생부인의 소를 제기할 수 있다. 그러나 본조의 취지가 부(夫) 또는 처(妻)에게 보충적으로 친생부인의 소를 제기할 수 있는 자격을 부여하고 있는 점을 고려하면 부(夫) 또는 처(妻)가 친생승인(§851)에 의해 친생부인의 소를 제기할 수 없게 된 이상 그 직계존속이나 직계비속 역시 본조에 따라 친생부인의 소를 제기할 수 없다고 해석함이 타당할 것이다.[9]

반면 부(夫)가 자녀의 출생 전에 사망한 경우에는 비록 부(夫)에게 친생부인의 의사가 없었고 오히려 자녀가 출생하면 친생자임을 승인할 의사가 있었다고 하더라도 §851이 적용될 수 없으므로, 본조에 따라 부(夫)의 직계존속이나 직계비속은 친생부인의 소를 제기할 수 있을 것이다.[10]

Ⅲ. 적용 효과

1. 보충적 원고적격

부(夫) 또는 처(妻)의 직계존속 또는 직계비속이 보충적으로 친생부인의 소를 제기할 수 있다. 그 직계존속 또는 직계비속은 모두 고유의 원고적격자이다.[11] 부(夫)

---

7) 정구태(2016), 15-16.
8) 박설아(2015), 620 참조.
9) 같은 취지, 주석친족(2), 52(정용신); 주해친족(초판, 1권, 2015), 601(권재문).
10) 박설아(2015), 619, 주 111.
11) 김연(1995), 94-95.

또는 처(妻)에게 직계존속과 직계비속이 모두 있다면 각각 독립적으로 친생부인의 소를 제기할 수 있다.12) 그 직계존속과 직계비속이 친생부인의 소를 제기한 후 각자 소를 취하할 수도 있다.13)

2. 제소기간

본조의 제소권자가 부(夫) 또는 처(妻)의 사망을 안 날부터 2년 내에 제기해야 한다. 이 제소기간은 본조의 제소권자별로 각각 개별적으로 판단해야 한다.14) 본조의 문언상 부(夫) 또는 처(妻)의 직계존속이나 직계비속이 언제 친생부인 사유를 알았는지 여부는 묻지 않는다고 해석해야 할 것이다. 따라서 그 직계존속이나 직계비속이 부(夫) 또는 처(妻)의 사망을 안 날부터 2년이 지났다면 비록 그 기간 내에 친생부인 사유를 알지 못하였더라도 더 이상 친생부인의 소를 제기할 수 없다.15)

본조의 제소권자가 부(夫)의 사망 사실을 안 날 이후에 자녀가 출생하였다면 어떠한가? 이러한 경우 본조에서 정하는 '그 사망을 안 날'은 자녀의 출생일과 제소권자가 친생부인 사유가 있음을 안 날 중 늦은 날이라고 해석하는 견해가 있다.16) 이에 대해 태아에 대한 친생부인의 소는 제기할 수 없으므로 자녀가 출생한 이후에야 친생부인의 소를 제기할 수 있지만, 제소권자가 부(夫)의 사망 사실을 안 날부터 2년 이내에 자녀가 출생하는 점을 고려하면 문언대로 제소권자가 부(夫)의 사망 사실을 안 날부터 2년 이내에 친생부인의 소를 제기해야 한다는 취지의 견해도 있다.17) 자녀가 출생하기 전에는 친생부인의 소를 제기할 수 없는 이상 본조의 제소기간은 빨라도 자녀가 출생한 때부터 개시된다고 해석하는 것이 타당해 보인다.

입법론으로는 §847가 개정된 것과 같이, 본조의 제소기간도 친생부인 사유가 있음을 안 날부터 2년 내로 개정함이 바람직하다는 지적이 있다.18)

---

12) 같은 취지, 주석친족(2), 53(정용신).
13) 주석친족(2), 53(정용신); 주해친족(초판, 1권, 2015), 602(권재문).
14) 주석친족(2), 53(정용신); 주해친족(초판, 1권, 2015), 602(권재문).
15) 이와 반대 취지로서 주해친족(초판, 1권, 2015), 601(권재문)은 본조의 보충적 제소권자가 자신이 친생부인 사유를 안 날부터 2년 내에 친생부인의 소를 제기할 수 있다고 한다.
16) 송덕수, 152.
17) 주해친족(초판, 1권, 2015), 602–603(권재문); 주석친족(2), 53(정용신).
18) 수원지방법원 2013. 9. 5. 선고 2013르916 판결(대법원 2014. 12. 11. 선고 2013므4591 판결의 원심).

第 852 條 (친생부인권의 소멸)

자의 출생 후에 친생자(親生子)임을 승인한 자는 다시 친생부인의 소를 제기하지 못한다.

■참고문헌: 이경희(2002), "친생친자관계법의 문제점과 개선방향", 가족법연구 16-1; 장태환(2005), "친생부인의 소에 있어서 당사자적격에 관한 고찰", 경기법학논총 3; 제철웅(2019), "생물학적 부모, 법적 부모, 그리고 사회적 부모", 비교사법 26-2; 최진섭(1999), "친생부인제도의 쟁점", 판례월보 344.

Ⅰ. 서

1. 본조의 취지

본조는 친생자임을 승인한 사람은 친생부인의 소를 제기할 수 없다고 규정한다. 이는 자녀의 이익을 보호하기 위하여 친생자관계의 불안정한 상태를 조기에 확정시키기 위한 것이다.[1]

2. 입법 연혁

2005. 3. 31. 개정 전 본조는 부(夫)가 자의 출생 후 친생자임을 승인한 때는 친생부인의 소를 제기하지 못한다고 규정하였으나, 2005. 3. 31. 개정 후 본조는 그 주체인 '부(夫)'를 삭제하였다. 이는 혈연진실주의와 부부평등의 이념에 부합하도록 부(夫)뿐만 아니라 처(妻)의 친생자 승인권을 인정하기 위한 것이다.[2]

Ⅱ. 친생승인의 의의

친생승인은 §844에 의해 친생추정을 받는 자녀를 부의 친생자로 인정하는 것이다.[3]

---

1) 제철웅(2019), 31.
2) 최진섭(1999), 39.
3) 주석친족(2), 57(정용신).

친생부인 사유를 알지 못하더라도 친생승인이 될 수 있다고 한다면 부당하므로, 친생승인으로 평가하려면 친생승인권자가 친생부인 사유가 있음을 알고 친생자임을 승인해야 한다.[4] 하급심 중에도 친생승인은 친생자가 아님을 알았음을 전제로 한다고 판시한 예가 있다.[5]

Ⅲ. 당사자

친생승인을 할 수 있는 사람은 친생부인의 소를 제기할 수 있는 생모와 남편이다.[6] 신분상 부자관계를 확정시키는 행위이므로 친생승인의 대리는 허용되지 않는다.[7] 의사능력이 없으면 친생승인을 할 수 없지만, 제한능력자라도 의사능력이 있는 한 친생승인을 할 수 있다.[8]

친생승인의 대상은 §844에 의해 친생추정을 받는 자녀이다.[9] 태아에 대해서는 친생부인의 소를 제기할 수 없으므로, 태아에 대해서는 친생승인을 할 수 없다고 해석된다.[10] 부가 태아에 대해 인지할 수 있는 것(§858)과 대비된다.

친생승인을 누구에게 표시해야 하는지에 대해서는 견해가 대립한다. ① 친생승인은 상대방 있는 단독행위이므로 자녀에 대해서만 할 수 있다는 견해,[11] ② 자녀는 물론 생모에 대해서도 할 수 있다는 견해,[12] ③ 자녀, 생모 또는 남편은 물론 그 외의 사람들에 해도 무방하다는 견해[13] 등이 있다. 이론적으로는 자녀에 대해 친생승인을 표시해야 할 것으로 생각되나, 일반적으로는 자녀의 법정대리인에 대해 표시해야 할 것이므로, 실무적으로 ① ②의 견해 대립에 큰 차이는 없을 것으로 생각된다.

Ⅳ. 친생승인의 방법

친생승인은 불요식 단독행위로서 명시적으로뿐만 아니라 묵시적으로도 할 수 있다.[14]

---

4) 주해친족(초판, 1권, 2015), 606(권재문).
5) 창원지방법원 2021. 5. 21. 선고 2020드단15380 판결.
6) 주석친족(2), 55(정용신); 이에 대해 생모의 친생승인은 별로 실익이 없다는 지적으로 이경희(2002), 50.
7) 주석친족(2), 55(정용신); 장태환(2005), 11.
8) 주석친족(2), 55-56(정용신).
9) 주석친족(2), 55(정용신).
10) 주석친족(2), 55(정용신); 장태환(2005), 11-12.; 같은 취지, 주해친족(초판, 1권, 2015), 605(권재문).
11) 주해친족(초판, 1권, 2015), 605(권재문).
12) 박동섭·양경승, 291.
13) 주석친족(5판, 3), 102(김주수·김상용).
14) 김주수·김상용, 313; 박동섭·양경승, 291; 송덕수, 152; 이경희·윤부찬, 175; 박종찬, 122; 장태환(2005), 12; 주석친족(2), 56(정용신).

학설은 대체로 친생부인의 소를 제기한 때에도 출생신고를 해야 한다는 점(家登 §47)을 근거로 출생신고를 한 것만으로는 본조의 승인에 해당하지 않는다고 해석하고,[15] 실무 의견도 이와 같다.[16] 하급심 판결 중에도 자녀의 출생신고를 하였다는 것이 친생승인으로는 되지 않는다고 판시한 것이 있다.[17] 이에 대하여 남편이 출생신고를 하면 원칙적으로 묵시적 승인에 해당하나, 출생신고 이후 상당한 기간 내에 친생부인 의사를 표시한 경우에는 승인으로 볼 수 없다는 견해가 있다.[18]

친생승인은 그 효과의 중대성을 고려할 때 법적 부자관계를 확정시키려는 의사가 적극적으로 나타나야 한다.[19] 하급심 중에는 친생부인의 소를 제기하였다가 취하하였다는 사정만으로 친생승인을 하였다고 보기 어렵다는 것이 있다.[20]

대법원 2019. 10. 23. 선고 2016므2510 전원합의체 판결은 혼인중 제3자의 정자에 의한 인공수정에 동의한 남편이 그 자녀(AID)에 대해 출생신고를 하거나 상당 기간 동안 실질적인 친자관계를 유지해 오는 등 친자관계를 공시·용인한 경우 친생승인을 한 것이라고 평가할 수 있다고 하였다.

V. 친생승인의 효과

친생자임을 승인한 사람은 친생부인의 소를 제기하지 못한다(본조). 친생승인에 따라 친생부인권은 소멸된다.[21] 따라서 친생승인 이후 친생부인의 소를 제기하는 것은 부적법하다.[22] 하급심 중에도 친생승인을 한 사람이 제기한 친생부인의 소를 각하한 예가 있다.[23]

친생승인이 있으면 친자관계는 확정된다. 따라서 친생승인의 의사를 표시한 다음에는 친생부인의 소를 제기할 수 있는 기간 내이더라도 친생승인을 철회할 수 없다.[24] 이러한 친생승인의 효과는 그 친생승인을 한 사람에게만 개별적으로 미친다.[25]

---

15) 김주수·김상용, 313; 송덕수, 152; 신영호·김상훈·정구태, 161; 이경희·윤부찬, 175−176; 한삼인·김상현, 140; 장태환(2005), 12; 주석친족(2), 56(정용신).
16) 제요[1], 708−709.
17) 서울가정법원 2015. 2. 13. 선고 2013드단10249 판결.
18) 박동섭·양경승, 291−292.
19) 주해친족(초판, 1권, 2015), 605(권재문); 주석친족(2), 56(정용신).
20) 수원지방법원 안양지원 2012. 5. 11. 선고 2011드단6501 판결.
21) 주해친족(초판, 1권, 2015), 604(권재문) 참조.
22) 주석친족(2), 57(정용신).
23) 부산가정법원 2021. 1. 8. 선고 2019드단214435 판결.
24) 주석친족(2), 57(정용신).
25) 주석친족(2), 57(정용신).

第 853 條

삭제 〈2005. 3. 31.〉

第 854 條 (詐欺, 强迫으로 因한 承認의 取消)

제852조의 承認이 詐欺 또는 强迫으로 因한 때에는 이를 取消할 수 있다.

▌참고문헌: 장태환(2005), "친생부인의 소에 있어서 당사자적격에 관한 고찰", 경기법학논총 3; 제철웅 (2019), "생물학적 부모, 법적 부모, 그리고 사회적 부모", 비교사법 26-2.

Ⅰ. 서

본조는 사기 또는 강박으로 인하여 친생승인(§852)을 한 경우 이를 취소할 수 있다고 규정한 것이다. 본조는 친생승인을 의사표시의 일종으로 파악한 것이라는 견해가 있다.[1]

Ⅱ. 적용 요건

§852에 따른 친생승인이 사기 또는 강박으로 인한 것이어야 한다. 인지의 취소 (§861)와 달리, 본조는 착오로 친생승인을 한 경우는 적용 범위에서 제외하고 있다. 이에 대해 인지의 취소에 관한 §861를 유추적용하여 착오로 친생승인을 한 경우에도 취소할 수 있다는 취지의 견해가 있으나,[2] 의문이다.

여기서 사기, 강박의 의미는 민법총칙 §110의 사기, 강박의 의미와 동일하다.[3] 즉 사기란 고의로 친생부인권자를 기망하여 착오에 빠지게 하는 행위이고, 강박이란 친생부인권자에게 해악을 고지하여 공포심을 일으키게 하는 행위이다.[4] 다만 본조에서 사기란 친생승인을 해도 나중에 철회할 수 있다는 정도의 내용에 한정된다는 견해

---

[1] 주석친족(2), 59(정용신).
[2] 주해친족(초판, 1권, 2015), 612(권재문).
[3] 주석친족(2), 59(정용신); 주해친족(초판, 1권, 2015), 609(권재문).
[4] 장태환(2005), 15; 주석민법, 총칙2, 제5판, 765, 773(윤강열)도 참조.

가 있다.5)

§110 ②이 유추적용되지 않으므로, 친생승인의 상대방이 사기나 강박 사실을 알
았거나 알 수 있었는지 여부에 관계없이 사기나 강박에 의하여 친생승인을 한 사람은
친생승인을 취소할 수 있다. §110 ③도 유추적용되지 않으므로 친생승인의 취소는 선
의의 제3자에게도 대항할 수 있다.6)

Ⅲ. 적용 효과

1. 친생승인의 취소

사기 또는 강박으로 인해 친생승인을 한 사람은 이를 취소할 수 있다.

2. 취소의 방법

친생승인을 취소하기 위해서 반드시 소를 제기야 하는 것은 아니다.7) 친생부인
의 소를 제기하면서 친생승인의 취소를 주장할 수 있다.8)

친생승인의 의사는 부(夫)만 할 수 있다는 전제에서 그 취소도 부(夫)만 할 수 있
다는 견해도 있으나,9) §852의 문언상 친생승인은 부(夫)뿐만 아니라 처도 할 수 있다
고 보아야 하므로, 친생승인을 취소할 수 있는 사람은 친생승인을 한 부(夫) 또는 처
라고 보아야 한다.10)

민법총칙에서 규정하는 취소에 관한 조항들은 친생부인의 취소에도 적용될 수
있다. 우선 §142가 적용되므로 친생승인의 취소는 그 상대방인 자녀에 대한 의사표시
로 해야 한다고 보아야 할 것이다.11) 또한 추인에 관한 §144 ①도 적용되므로, 취소
권자는 취소 원인이 소멸한 때, 즉 사기를 알았거나 강박을 면했을 때 친생승인을 추
인할 수도 있다.12)

그러나 취소권의 소멸에 관한 §146가 적용되는지에 대해서는 견해가 대립한다.
긍정설은 취소권자가 추인할 수 있는 날부터 3년 내에, 친생승인을 한 날부터 10년

---

5) 주해친족(초판, 1권, 2015), 610(권재문).
6) 장태환(2005), 15; 주해친족(초판, 1권, 2015), 610(권재문).
7) 주석친족(2), 61(정용신).
8) 제요[1], 708.
9) 주해친족(초판, 1권, 2015), 610(권재문).
10) 주석친족(2), 60(정용신).
11) 주해친족(초판, 1권, 2015), 610(권재문).
12) 주해친족(초판, 1권, 2015), 610(권재문).

내에 취소권을 행사해야 한다고 한다.13) 이와 달리 부정설 중에는 인지의 취소에 관한 §861가 유추적용되어야 한다는 이유로 사기를 안 날 또는 강박을 면한 날부터 6월 내에 취소권을 행사해야 한다는 견해가 있고,14) 입양의 취소에 관한 §897, §823를 유추적용하여 사기를 안 날 또는 강박을 면할 날부터 3월 내에 취소권을 행사해야 한다는 견해도 있다.15)

혼인외 자녀의 생부가 친생승인을 취소하였더라도 혼인외 자녀는 여전히 생부를 상대로 인지청구를 할 수 있다는 견해가 있으나,16) 친생추정을 받지 않는 자녀는 애초에 친생승인의 대상이라고 볼 수 없다.

3. 취소의 효과

친생승인을 취소하여도 그것만으로 §844의 친생추정이 번복되지 않는다. 친생승인의 취소 이후 친생부인의 소를 제기하여 승소확정판결을 받아야 법률적 부자관계가 소멸한다.17)

친생부인의 소의 제소기간이 지난 다음에도 친생승인 취소 후 지체없이 친생부인의 소를 제기할 수 있다는 견해도 있으나,18) 친생부인의 소의 제소기간이 지난 다음에는 친생승인을 취소하더라도 친생부인의 소를 제기할 수 없다고 보아야 할 것이다.19) 이에 대하여 친생부인의 제소기간이 지났더라도 당사자가 책임질 수 없는 사유로 불변기간을 지킬 수 없었던 경우여서 소송행위의 추후보완(家訴 §12, 民訴 §173 ①)을 통해 친생승인 취소 후 친생부인의 소를 제기할 수 있다는 견해도 있다.20) 그러나 소송행위의 추후보완은 불변기간을 지킬 수 없었던 경우에 적용되는데, 판례는 대체로 법률에서 불변기간이라고 명시하지 않은 기간에 대해서는 불변기간이 아니라는 입장이고,21) 특히 제척기간은 불변기간이 아니라고 하였으므로,22) 위와 같은 견해는 실무상 채택하기 어렵다.

---

13) 박동섭·양경승, 292.
14) 주해친족(초판, 1권, 2015), 612(권재문).
15) 주석친족(5판, 3), 105(김주수·김상용).
16) 박동섭·양경승, 292.
17) 제철웅(2019), 31, 주 65; 주석친족(2), 61(정용신) 참조.
18) 장태환(2005), 15.
19) 주석친족(2), 62(정용신).
20) 주해친족(초판, 1권, 2015), 611(권재문).
21) 대법원 1992. 4. 21. 선고 92마175 판결; 대법원 1992. 5. 26. 선고 92다4079 판결; 대법원 1981. 1. 28. 자 81사2 결정; 대법원 1970. 1. 27. 선고 67다774 판결 등; 법원실무제요, 민사소송[2], 812 참조.
22) 대법원 1992. 5. 26. 선고 92다4079 판결; 대법원 2003. 8. 11.자 2003스32 결정 등.

第 854 條의2 (친생부인의 허가 청구)

① 어머니 또는 어머니의 전(前) 남편은 제844조제3항의 경우에 가정법원에 친생부인의 허가를 청구할 수 있다. 다만, 혼인중의 자녀로 출생신고가 된 경우에는 그러하지 아니하다.

② 제1항의 청구가 있는 경우에 가정법원은 혈액채취에 의한 혈액형 검사, 유전인자의 검사 등 과학적 방법에 따른 검사결과 또는 장기간의 별거 등 그 밖의 사정을 고려하여 허가 여부를 정한다.

③ 제1항 및 제2항에 따른 허가를 받은 경우에는 제844조제1항 및 제3항의 추정이 미치지 아니한다.

▌**참고문헌**: 김상용(2019), "친생추정에 관한 2017년 개정민법 규정의 문제점", 가족법연구Ⅴ; 김현재(2019), "민법 제844조 제2항 혼인종료후 300일내 친생자 추정에 관한 소고", 경북대 법학논고 66; 양진섭(2019), "친자관계의 결정에 관한 법적 쟁점 분석", 가족법연구 33-3; 윤진수(2021a), "친생추정에 관한 민법개정안", 민법논고[Ⅷ]; 윤진수(2021b), "친생자관계부존재확인 사건 의견서-대법원 2016므2510 사건", 민법논고[Ⅷ]; 정현수(2017), "개정 친생추정제도에 대한 평가", 충북대 법학연구 28-2; 정현수(2020), "친생추정 법리에 관한 소고", 충북대 법학연구 30-2; 현소혜(2015a), "친생자 추정과 가족관계등록절차의 개선방안", 경북대 법학논고 49; 현소혜(2015b), "친생자 추정: 헌법불합치결정에 따른 개정방안", 성균관법학 27-4; 현소혜(2019), "부자관계의 결정기준: 혼인과 혈연", 가족법연구 33-2.

Ⅰ. 서

1. 본조의 취지

　　본조는 혼인관계 종료일부터 300일 이내에 출생한 자녀가 어머니의 전 남편의 친생자로 추정되는 것(§844 ③)에 대하여 어머니 또는 어머니의 전 남편이 친생부인의 소를 제기하지 않더라도 가사비송절차에서 가정법원의 허가를 받아 간이하게 친생추정을 번복할 수 있도록 한 것이다.[1]

---

1) 윤진수(2021a), 643; 현소혜(2019), 68.

2. 입법 연혁

본조는 2017. 10. 31. 민법 개정으로 신설된 조항이다.

종래 친생추정이 미친다는 이유로 자녀의 출생신고 당시 자녀의 부(父)를 일단 모(母)의 법률상 배우자로 기재하도록 하는 것은 모(母)와 그 배우자의 기본권을 침해한다는 비판이 있었다.[2] 현실적으로도 이러한 이유로 사실상 출생신고를 포기한 채 자녀를 양육하는 경우가 많다는 지적도 있었다.[3]

헌법재판소 2015. 4. 30. 선고 2013헌마623 결정은 혼인관계 종료일부터 300일 이내에 출생한 자녀에 대해 친생추정이 미치는 것과 관련하여(§844 ③), 생부가 인지하려 하는 경우에도 예외 없이 친생추정이 미치도록 하여 오직 친생부인의 소를 통해서만 친생추정을 번복할 수 있도록 한 것은 위헌이라고 하였다.

이에 따라 본조와 §855−2가 신설되었는데, 본조는 인지하려는 생부가 없는 경우에도 모(母) 또는 그 부(夫)가 가정법원의 허가를 받아 간이하게 친생부인을 할 수 있게 한 것이다.[4] 본조와 §855−2는 개정법 시행 전 발생한 부모와 자녀의 관계에 대해서도 적용되고, 다만 개정법 시행 전 판결에 따라 생긴 효력에는 영향을 미치지 않는다(개정 부칙 §2).

Ⅱ. 친생부인 허가 청구 요건

1. 혼인관계 종료일부터 300일 이내에 출생하였을 것

본조의 친생부인 허가 청구는 친생추정을 받는 자녀 중 §844 ③에 따라 혼인관계 종료일부터 300일 이내에 출생한 자녀만 대상으로 한다. 혼인관계 종료일부터 300일 이내에 출생한 자녀라도 현재 판례인 외관설에 따르면 친생추정이 미치지 않는 경우가 있을 수 있다. 그러나 실무는 그러한 자녀에 관하여 친생자관계부존재 확인의 소를 제기할 수도 있지만, 본조에 따른 친생부인 허가 청구도 할 수 있다는 입장이나, 이는 의문이다.[5]

---

2) 현소혜(2015a), 266−275; 현소혜(2015b), 71−73; 김현재(2019), 174−176.
3) 법률구조법인 한국가정법률상담소, "의견서−대법원 2016므0000 친생자관계부존재확인", 가족법연구 33−2(2019), 536 이하; 김현재(2019), 171; 현소혜(2015b), 66.
4) 박동섭·양경승, 298; 윤진수(202a1), 639.
5) 제요[2], 931−932.

2. 출생신고가 되지 않을 것

전 남편의 혼인중 자녀로 출생신고가 된 경우에는 더 이상 본조에 의한 친생부인 허가를 청구하지 못한다(본조 ① 단서). 출생신고가 된 때에는 출생신고 의무자인 전 남편이나 모(母)의 의사가 개입된 것이므로, 이 경우에는 친생부인의 소를 통해 친생추정을 번복시키도록 한 것이다.[6]

하급심 중에는 혼인관계 종료일부터 300일 이내에 출생신고를 하였으나 혼인중 자녀로 출생신고한 것이 아니라 허위로 혼인외 자녀로 출생신고하였다면 본조 ① 단서에서 규정하는 출생신고가 된 경우에 해당하지 않는다고 한 것이 있다.[7]

Ⅲ. 절차

1. 청구권자

어머니 또는 어머니의 전 남편이 청구할 수 있다(본조 ① 본문). 친생승인에 관한 §852를 유추적용하여 친생자임을 승인한 사람은 본조에 따른 친생부인 허가 청구도 하지 못한다고 보아야 한다.[8]

2. 관할

자녀 주소지의 가정법원의 관할이다(家訴 §44 ① ⅲ-2). 가정법원의 전속관할이지만, 토지관할은 임의관할이다.[9] 출생신고가 되어 있지 않은 자녀를 대상으로 하므로 주민등록주소지를 확인할 수 없고, 일반적으로 양육자의 주소지와 같은 곳으로 보는 것이 실무이다.[10] 사물관할은 단독판사에게 속한다(사물관할규칙 §3 참조).

3. 제척기간

제척기간의 제한이 없다. 자녀가 출생신고되어 있지 않은 한 언제든지 청구할 수 있다.[11] 친생부인의 소의 제소기간이 지난 뒤에도 본조에 따른 친생부인 허가 청구를 할 수 있다.[12]

---

6) 윤진수(2021a), 642.
7) 제주지방법원 2019. 11. 1.자 2018브1004 결정.
8) 윤진수(2021a), 642.
9) 제요[1], 50 참조.
10) 제요[2], 934; 주석친족(2), 68(정용신).
11) 박동섭·양경승, 300; 주석친족(2), 68(정용신).
12) 박동섭·양경승, 300; 이경희·윤부찬, 177.

4. 심리절차

친생부인의 허가 청구는 라류 가사비송사건으로[家訴 §2 ① 2. 가. 7)−2],13) 조정전
치주의(家訴 §50)가 적용되지 않는다. 라류 가사비송사건은 상대방 없는 비송사건이지
만,14) 심판청구에 이해관계가 있는 사람은 재판장의 허가를 받아 절차에 참가할 수
있고, 재판장은 이해관계가 있는 자를 절차에 참가하게 할 수 있다(家訴 §37). 따라서
전 남편이나 생모, 생부는 친생부인 허가 절차에 참가할 수 있다.15)

친생부인 허가 절차에서 자녀는 사건본인(家訴規 §20)이다.16) 자녀는 출생신고 전
이므로 생년월일, 성별, 출생시 체중, 출생장소 등으로 특정된다.17)

본조와 함께 2017. 10. 31. 신설된 家訴 §45−8 ①은 본조에 따른 심판을 하는 경
우 어머니의 전 배우자(그 배우자에게 성년후견이 있는 경우에는 성년후견인)에게 의견진술
기회를 줄 수 있다고 규정하였다. 전 남편의 의견진술 청취는 필요적 절차가 아니라
임의적 절차이다. 입법과정에서 전 남편의 의견진술 청취를 필요적인 것으로 하였다
가 국회 심의 과정에서 임의적 절차로 바뀌었다.18) 실무상 전 남편에게 의견청취서를
송달하는 방법으로 진술 기회를 부여하는 것이 일반적인데, 전 남편의 친생자가 아닌
사실이 명백한 경우에는 전 남편의 의견청취를 생략하는 경우도 있다.19)

5. 심리·판단

본조 ②은 혈액형 검사, 유전자 검사 등 과학적 방법에 따른 검사결과나 장기간의
별거 등 그 밖의 사정을 고려하여 친생부인의 허가 여부를 정한다고 규정하고 있다.

여기서 장기간의 별거를 고려하여 허가 여부를 결정할 수 있도록 한 부분은 현
재 친생추정 요건에 관하여 외관설을 채택한 판례와 조화되지 않는 측면이 있다는 지
적이 있다.20) 현재 판례는 장기간 별거로 인해 동거의 결여가 명백한 경우에는 처음
부터 친생추정이 미치지 않는다고 보기 때문이다. 친생추정이 미치지 않는 자에 대해

---

13) 이에 대해 상대방 없는 라류 가사비송사건이 아니라 상대방 있는 마류 가사비송사건으로 규정하는
    것이 타당하다는 입법론상 비판이 있다[김상용(2019), 27, 주 12].
14) 대법원 2022. 3. 31.자 2021스3 결정 등 참조.
15) 박동섭·양경승, 300.
16) 김주수·김상용, 316.
17) 김주수·김상용, 316; 주석친족(2), 68(정용신).; 예를 들어 "성명(2020. 1. 1. 09:00 ○○ 병원에서 3.3
    kg으로 출생한 여아)"와 같이 특정하면 될 것이다.
18) 윤진수(2021a), 648.
19) 주석친족(2), 69(정용신).
20) 김주수·김상용, 316, 주 40; 윤진수(2021a), 641.

본조에 따른 친생추정 번복 절차를 거치도록 하는 것은 모순이다. 이러한 점 때문에 본조가 신설된 이상 현재 판례의 입장인 외관설은 더 이상 유지될 수 없다는 견해도 있다.[21]

　친생부인 허가 청구에 대한 재판은 심판으로 하고(家訴 §39 ①), 여기에는 민사소송법 중 결정에 관한 규정이 준용된다(家訴 §39 ④).

6. 불복

　친생부인을 허가하는 심판에 대해서는 어머니 또는 어머니의 전 남편이 즉시항고를 할 수 있다(家訴規 §61-2). 청구를 기각한 심판에 대해서는 청구인이 즉시항고를 할 수 있다(家訴規 §27).

Ⅳ. 효과

1. 친생부인 허가 심판의 효력

　친생부인 허가 심판은 확정되어야 효력이 생기고(家訴 §40 단서), 확정되면 친생부인의 효력이 발생한다.[22] 이에 따라 자녀는 생모의 혼인외 자녀가 된다.[23]

　본조 ③은 친생부인 허가를 받은 경우에는 친생추정이 미치지 않는다고 규정하고 있다. 여기서 '친생추정이 미치지 않는다'는 의미에 관하여, 그 문언대로 친생추정이 처음부터 미치지 않는 자녀가 된다는 의미로 해석되므로 이는 입법상 오류라는 지적도 있으나,[24] 이는 출생시에 일단 친생추정이 성립하지만 친생부인 허가 결정에 의해 친생추정이 번복되는 것이라고 이해해야 한다.[25]

2. 심판 확정 후 절차

　자녀의 모는 친생부인 허가 심판서 등본 및 확정증명서를 첨부하여 출생신고를 하여야 하고(家登 §46 ②), 자녀의 생부도 家登 §57 ①에 따른 출생신고를 할 수 있다.[26]

---

21) 윤진수(2021b), 656.
22) 김주수·김상용, 317; 이경희·윤부찬, 177; 김상용(2019), 30; 양진섭(2019), 43; 주석친족(2), 71(정용신); 같은 취지, 윤진수(2021a), 642; 신영호·김상훈·정구태, 158.
23) 김주수·김상용, 317; 박동섭·양경승, 301.
24) 김주수·김상용, 317; 김상용(2019), 31.; 김상용(2019), 33-34에서는 본조 ③은 "친생부인의 효력이 발생한다."고 규정했어야 한다고 비판한다. 다만 이 견해에서도 친생부인 허가 심판의 확정으로 친생부인의 효력이 있다고 설명한다[김주수·김상용, 317; 김상용(2019), 33].
25) 윤진수, 174, 180; 윤진수(2021b), 654; 양진섭(2019), 46; 정현수(2020), 333.
26) 주석친족(2), 71(정용신).

V. 입법론

본조에 대해서는 다음과 같은 입법론상 비판이 있다.[27] 본조에 따른 친생부인 허가 청구는 자녀에 대해 출생신고를 하지 않은 상태에서 해야 하는데, 이는 출생신고는 출생 후 1개월 이내에 하여야 한다는 家登 §44 ①과 조화되지 않고, 아동은 출생 후 즉시 등록되어야 한다는 유엔아동권리협약 §7 ①에도 배치된다는 것이다.

27) 김주수·김상용, 317-318; 김상용(2019), 26-28; 같은 취지, 정현수(2017), 50.

第 855 條 (認知)

① 婚姻外의 出生子는 그 生父나 生母가 이를 認知할 수 있다. 父母의 婚姻이 無效인 때에는 出生子는 婚姻外의 出生子로 본다.

② 婚姻外의 出生子는 그 父母가 婚姻한 때에는 그때로부터 婚姻 中의 出生子로 본다.

■참고문헌: 김명숙(2009), "자의 복리와 친권, 자의 권리", 안암법학 28; 김상용(2021), "생부의 인지에 대한 자녀와 모의 동의권", 양창수 고희기념; 김성숙(2002), "인지제도 정비를 위한 검토", 가족법연구 16-1; 서인겸(2018), "친생자 출생신고에 관한 무효행위전환 법리의 적용상 문제점", 원광법학 34-4; 양진섭(2019), "친자관계의 결정에 관한 법적 쟁점 분석", 가족법연구 33-3; 오병철(2018), "과학적 부성(paternity) 도입을 통한 친자법의 개혁", 저스티스 166; 이동진(2022), "부자관계의 설정과 해소: 입법론적 고찰", 인권과 정의 509; 이준영(2000), "자신의 혈통에 대한 자의 알 권리와 친생자관계", 가족법연구 14; 이준영(2010), "임의인지에 의한 부자관계의 확정", 한양법학 29; 전효숙(1983), "인지에 관한 심판의 이론과 실제", 재판자료 18; 제철웅(2019), "생물학적 부모, 법적 부모, 그리고 사회적 부모", 비교사법 26-2; 최진섭(1998), "사회적 친자관계와 법률상의 친자관계", 인천법학논총 1; 최한수(1992), "혼인외의 자의 지위", 사법연구자료 19.

Ⅰ. 서

1. 인지의 의의

인지란 혼인외의 출생자를 그 생부 또는 생모가 자기의 자녀로 인정하는 행위이다.[1] 인지는 일방적 단독행위이자 신고(§859)를 요하는 요식행위이다.[2]

---

1) 윤진수, 196; 최한수(1992), 43-44.
2) 김주수·김상용, 319; 박종찬, 125; 송덕수, 156; 전효숙(1983), 499; 최한수(1992), 45; 서인겸(2018),

2. 인지의 유형

인지에는 생부 또는 생모가 자신의 의사에 기하여 임의로 인지하는 임의인지와 혼인외 자녀가 생부 또는 생모에 대하여 재판에 의하여 인지를 청구하는 강제인지가 있다.[3] 본조 ① 전문은 임의인지를 규정하고 있다.

3. 생부의 인지와 생모의 인지

생부의 인지는 부자관계를 창설하는 형성적 효과가 있다. 혼인외 출생자와 생부와의 부자관계는 인지에 의해서만 생긴다는 것이 통설,[4] 판례[5]이다. 인지가 없으면 생부라 하더라도 혼인외 자녀에 대한 부양의무가 없다.[6]

반면 생모의 인지는 확인적인 의미만 있다는 것이 대체적인 견해이다.[7] 판례도 혼인외 자녀와 생모 사이의 모자관계는 인지나 출생신고 없이도 법률상 친자관계가 인정된다고 하였다.[8] 모자관계에 대해 자세한 내용은 第1節 親生子 前註 참조.

이에 대하여 학설 중에는 혼인외 자녀에 대하여 부자관계와 모자관계를 달리 파악하는 것은 타당하지 않고, 특히 혼인외 자녀에 대한 부자관계의 성립 요건으로 인지를 요구하는 것에 대해 비판적인 견해도 있다.[9] 현재에는 대체로 지지되지 않는 견해이지만, 향후 심층적으로 탐구해야 할 지적으로 보인다.

Ⅱ. 입법원칙과 인지의 성질

1. 입법원칙

인지에 관한 입법원칙으로는 크게 보아 ① 자연적 혈연관계가 존재한다는 사실

282.

3) 김주수·김상용, 319; 박희호·이동건, 133; 송덕수, 156; 윤진수, 196; 최한수(1992), 44.

4) 김주수·김상용, 319; 박동섭·양경승, 305; 박종찬, 124; 송덕수, 156; 신영호·김상훈·정구태, 162; 윤진수, 196; 최한수(1992), 44; 김명숙(2009), 94; 김성숙(2002), 170.

5) 대법원 1984. 9. 25. 선고 84므73 판결; 대법원 1997. 2. 14. 선고 96므738 판결; 대법원 2010. 7. 29. 선고 2010므1591 판결; 대법원 2018. 11. 6.자 2018스32 결정; 대법원 2022. 1. 27. 선고 2018므11273 판결.

6) 대법원 1981. 5. 26. 선고 80다2515 판결.

7) 김주수·김상용, 320; 박동섭·양경승, 304; 송덕수, 157; 신영호·김상훈·정구태, 162; 윤진수, 196; 최한수(1992), 44; 김성숙(2002), 172; 서인겸(2018), 282, 주 16; 주석친족(2), 73(정용신).

8) 대법원 1967. 10. 4. 선고 67다1791 판결; 대법원 1980. 9. 9. 선고 80도1731 판결; 대법원 1986. 11. 11. 선고 86도1982 판결; 대법원 1997. 2. 14. 선고 96므738 판결; 대법원 2018. 6. 19. 선고 2018다1049 판결; 대법원 2019. 10. 23. 선고 2016므2510 전원합의체 판결; 대법원 2022. 1. 27. 선고 2018므11273 판결.

9) 백승흠(2010), 91 이하(여기서는 인지에 관한 일본의 통설, 판례의 전개 과정을 자세히 분석하고 있다).

에 대한 확인이라는 점을 강조하는 객관주의 원칙과 ② 혈연관계와 관계없이 인지자의 의사에 따라 법률적 친자관계가 발생한다는 주관주의 원칙이 있다.[10] 역사적으로는 친자법이 주관주의에서 객관주의로 변하고 있다는 지적도 있고,[11] 객관주의가 타당하다는 견해도 있다.[12]

　　현행 민법은 인지에 의해 부자관계가 성립한다는 점, 인지에 대한 취소를 인정한 점(§861) 등에서는 주관주의적 측면도 가지나, 인지에 대한 이의(§862)와 강제인지(§863)가 인정된다는 점에서는 객관주의적 측면도 가지고 있다고 할 것이다.[13]

2. 인지의 성질

　　인지의 성질에 관하여, 의사표시라는 견해와[14] 관념의 통지라는 견해가[15] 대립한다. 인지에 관한 객관주의에 따르면 인지는 관념의 통지이고, 주관주의에 따르면 인지는 의사표시라고 볼 것이다.[16] 그러나 인지의 성질론에 대한 실익은 찾기 어렵다.[17]

Ⅲ. 혼인외 출생자

1. 혼인외 출생자의 지위

　　혼인외 출생자는 법률상 부자관계가 정해지지 않은 자녀라는 의미 외에 혼인중 자녀와 별다른 차이가 없다.[18] §781 ③은 부를 알 수 없는 자녀는 모의 성과 본을 따른다고 규정하는데, 여기서 부를 알 수 없는 자녀는 혼인외 자녀와 동일한 의미로 이해된다.[19] 다만 실무는 혼인외 자녀도 친부의 성과 본을 알 수 있는 경우에는 인지 전이라도 친부의 성과 본을 따라 가족관계등록을 할 수 있고, 다만 인지 전에는 가족관계등록부의 부란에 부의 성명을 기록할 수 없다고 한다.[20] 그러나 이러한 실무 운영에 대해서는 비판적인 의견도 있다.[21]

---

10) 박동섭·양경승, 306; 이경희·윤부찬, 183; 한삼인·김상헌, 146; 전효숙(1983), 495.
11) 전효숙(1983), 495; 김성숙(2002), 170.
12) 주해친족(초판, 1권, 2015), 615(권재문).; 같은 취지, 김성숙(2002), 170.
13) 전효숙(1983), 503; 같은 취지, 이준영(2010), 609.
14) 송덕수, 156; 이준영(2010), 609; 같은 취지, 주석친족(2), 73(정용신).
15) 이경희·윤부찬, 183.
16) 박동섭·양경승, 307.
17) 전효숙(1983), 499; 같은 취지, 박동섭·양경승, 311, 주1.
18) 오병철(2018), 169.
19) 최한수(1992), 41.
20) 등록예규 제414호 §2 ③(종래의 등록예규 제102호는 제414호에 의하여 폐지).
21) 김주수·김상용, 294－295; 최한수(1992), 42.

2. 혼인외 출생자의 범위

혼인외 출생자는 부모가 혼인하지 않은 상태에서 출생한 자녀라고 설명하는 것이 종래의 다수설이다.[22] 그러나 혼인 종료 후 300일 이내에 출생한 자녀도 §844 ③에 따라 친생추정을 받는 혼인중 자녀가 된다는 점에서 정확한 설명이 아니다. 이러한 점을 고려하여, 혼인외 출생자는 혼인 종료 후 300일 이내에 출생한 자녀(§844 ③)를 제외하고, 혼인중인 아닌 여성이 출산한 자녀라고 설명하는 견해도 있다.[23] 그러나 혼인 성립일로부터 200일 이내에 출생한 자녀도 친생추정을 받지 않으므로 인지가 있어야 부자관계가 창설된다고 보면 혼인외 출생자와 별다른 차이가 없다(이에 대해서는 §844 주석 참조). 이러한 점에서 친생추정을 받지 않는 자녀는 모두 혼인외 출생자로 보아야 한다.[24] §844에 따라 친생추정을 받는 자녀라도 친생부인 판결 등에 의해 친생추정이 번복되면 혼인외 자녀가 된다.[25]

부모의 혼인이 무효인 때의 출생자는 혼인외 출생자로 간주된다(본조 ②). 다만 판례는 혼인이 무효인 경우에도 부가 그 혼인 상대방과 사이에 태어난 자녀를 친생자로 출생신고한 경우 인지의 효력이 있다고 하였다.[26] 부모의 혼인이 취소된 경우에는 §824에 따라 혼인 취소에 소급효가 없으므로, 그 사이에 출생한 자녀는 부모의 혼인이 취소되더라도 여전히 혼인중 자녀가 된다(이에 대해서는 §824 주석 참조).

대법원 2024. 6. 13.자 2024스536 결정은 북한에서 유효하게 성립된 혼인관계에서 출생한 자녀의 가족관계등록부에 그 부모의 혼인관계가 기록되지 않아도 그 혼인중 출생자가 혼인외 출생자가 되는 것은 아니라고 하였다.

Ⅳ. 임의인지의 요건

1. 인지권자

본조 ①에 따르면 생부 또는 생모가 인지할 수 있다. 제3자가 대신 인지할 수 없다.[27] 학설 중에는 §861에서 인지취소의 소에 제척기간을 정하고 있다는 등의 이유로

---

22) 송덕수, 155; 박동섭·양경승, 258; 박종찬, 124; 신영호·김상훈·정구태, 162; 전효숙(1983), 500; 최한수(1992), 39; 주석친족(2), 72(정용신).
23) 오병철(2018), 179.
24) 같은 취지, 이동진(2022), 33, 주 17.
25) 김주수·김상용, 313; 박동섭·양경승, 295; 신영호·김상훈·정구태, 161; 최한수(1992), 39.
26) 대법원 1971. 11. 15. 선고 71다1983 판결.
27) 윤진수, 196; 같은 취지, 송덕수, 158.

생물학적 관계가 없더라도 인지에 의해 부자관계가 형성될 수 있다는 견해가 있으나,[28] 본조 ① 본문의 문언에서 생부(生父)나 생모(生母)가 인지할 수 있다고 한 것은 생물학적 친자관계를 전제한 것이라고 해석해야 한다.

판례는 인지는 인지자 자신의 의사에 의하여야 하고 타인은 어떠한 방법으로도 인지할 수 없다고 하였다.[29] 판례 중에는 생모가 다른 사람의 인장을 위조하여 그 명의로 인지한 것은 효력이 없다고 한 것,[30] 생부의 사망 후 그의 아내가 생부와 다른 사람 사이에 태어난 자녀를 부부 사이에 태어난 친생자로 출생신고를 하였다고 하더라도 인지의 효력이 없다고 한 것[31]이 있고, 자녀의 조부가 생부의 자녀에 대해 출생신고를 해도 인지의 효력이 없다고 한 것[32]이 있다.

모자관계는 출생에 의해 당연히 생기지만, 기아(棄兒)와 같은 예외적인 경우에는 모(母)의 출생 사실 자체가 확인되지 않으므로, 모(母)도 인지할 수 있다.[33] 판례도 기아(棄兒)와 같이 모자관계가 불분명한 경우에는 모가 인지하거나 모에 대한 인지청구의 필요가 있다고 하였다.[34]

인지를 하려면 의사능력으로서 인지능력이 있어야 한다.[35] 즉 혼인외 자녀가 자신과 혈연관계가 있는지를 판단하고 인지의 의미를 이해할 수 있는 능력이 있어야 한다.[36] 미성년자 등 제한능력자라도 의사능력이 있으면 법정대리인의 동의 없이 인지할 수 있음이 원칙이나,[37] 다만 피성년후견인은 성년후견인의 동의를 받아야 인지할 수 있다(§856). 인지는 인지자의 일신전속적 판단에 맡겨져 있으므로 대리가 허용되지 않고,[38] 법정대리인이라 하더라도 대리할 수 없다.[39]

---

28) 제철웅(2019), 24.
29) 대법원 1976. 4. 13. 선고 75다948 판결. 이 판결에서는 구 민법상 호주가 가족에 갈음하여 인지할 수 있다는 관습도 없다고 하였다.
30) 대법원 1984. 9. 25. 선고 84므73 판결.
31) 대법원 1972. 1. 31. 선고 71다2446 판결; 대법원 1985. 10. 22. 선고 84다카1165 판결.; 같은 취지, 대법원 1967. 2. 21. 선고 66다2048 판결.
32) 대법원 1976. 4. 13. 선고 75다948 판결.
33) 박희호·이동건, 133; 윤진수, 196; 오병철(2018), 172, 주 14.
34) 대법원 1966. 4. 26. 선고 66다214 판결.
35) 김주수·김상용, 320; 박종찬, 126; 송덕수, 157; 신영호·김상훈·정구태, 163; 이경희·윤부찬, 183−184; 전효숙(1983), 500; 최한수(1992), 44; 주석친족(2), 74(정용신).
36) 박동섭·양경승, 307; 김성숙(2002), 176−177.
37) 박동섭·양경승, 307; 송덕수, 157; 신영호·김상훈·정구태, 163; 이경희·윤부찬, 183−184; 최한수(1992), 44; 이준영(2010), 618; 주석친족(2), 74(정용신).
38) 박희호·이동건, 133−134.
39) 주해친족(초판, 1권, 2015), 622(권재문).

2. 인지의 대상(피인지자)

인지의 대상은 혼인외의 출생자이다. 미성년자뿐만 아니라 성년자도 포함된다.[40] 혼인외 출생자가 혼인을 하였는지도 관계없다.[41] 친생자가 아닌 자녀에 대한 인지 신고는 당연무효라는 것이 통설,[42] 판례[43]이다. 이에 대하여 혈연관계 없는 자녀를 인지한 경우 인지에 대한 이의·무효의 소가 제기되지 않고, 사회적 친자관계가 형성된 경우에는 인지에 의한 친자관계가 유효하다는 취지의 견해도 있으나,[44] 해석론으로는 무리라고 생각된다.

판례는 무효인 인지의 경우에도 인지 신고 당시 입양의 성립요건이 모두 구비되었으면 입양의 효력이 있다고 판시한 바 있다.[45] 그러나 2012. 2. 10. 개정되어 2013. 7. 1.부터 시행된 §867 ①, §873 ②에 의하면, 미성년자 또는 피성년후견인을 입양할 때는 가정법원의 허가를 받도록 하였고, 이를 위반한 경우 입양은 무효이므로(§883 ii), 위 조항이 적용되는 한 무효인 인지에 입양의 효력이 있다고 보기는 어렵다.[46] 자녀가 사망한 후에도 자녀의 직계비속이 있으면 인지할 수 있고(§857), 태아도 인지할 수 있다(§858).

그러나 §844에 따라 타인의 자녀로 친생추정을 받는 자녀는 혼인외 출생자가 아니므로 인지의 대상이 될 수 없고, 생부는 타인의 자녀로 친생추정을 받는 자녀를 혼인외 자녀로 인지할 수 없다.[47] 출생신고가 되지 않아 가족관계등록부가 작성되지 않은 자녀에 대한 인지 신고는 실무상 수리되지 않는다.[48]

친생추정을 받는 자녀가 아니지만, 가족관계등록부에 타인의 혼인중 자녀로 기재된 자녀와 타인이 이미 인지한 자녀에 대해서 법리적으로 인지가 가능한지에 대해 견해가 대립한다. 이론상으로는 인지가 가능하다는 견해도 있으나,[49] 피인지자에게 다른 법적 부자관계가 형성되어 있지 않아야 인지할 수 있다는 견해가 더 많다.[50] 적

---

40) 김주수·김상용, 321; 박동섭·양경승, 308; 박종찬, 126; 송덕수, 157; 신영호·김상훈·정구태, 163; 이경희·윤부찬, 184; 최한수(1992), 45; 김명숙(2009), 94.

41) 김상용(2021), 79.

42) 송덕수, 159; 윤진수, 200; 이준영(2000), 94; 김명숙(2009), 95.

43) 대법원 1992. 10. 23. 선고 92다29399 판결; 대법원 2022. 7. 28. 선고 2022므11621 판결.

44) 최진섭(1998), 162−164.

45) 대법원 1992. 10. 23. 선고 92다29399 판결.

46) 송덕수, 159; 서인겸(2018), 289−290.; 같은 취지, 윤진수, 200.

47) 대법원 1968. 2. 27. 선고 67므34 판결; 대법원 1978. 10. 10. 선고 78므29 판결; 대법원 1987. 10. 13. 선고 86므129 판결; 대법원 2019. 10. 23. 선고 2016므2510 전원합의체 판결 등.; 등록예규 제121호.

48) 서인겸(2018), 283; 법원공무원교육원 등록실무, 226 참조.

49) 박동섭·양경승, 308, 309.

50) 이준영(2010), 617−618; 주해친족(초판, 1권, 2015), 617(권재문); 김성숙(2002), 178.

어도 실무상으로는 위와 같은 인지신고는 수리되지 않는다.[51] 따라서 그러한 경우에
는 친생자관계부존재확인 확정판결 또는 인지에 대한 이의 승소확정판결 이후에야
실제로 인지할 수 있다.[52] 형식적 심사권만 가지는 가족관계등록공무원이[53] 가족관
계등록부에 동일인의 부로 2명을 동시에 기재할 수는 없기 때문이다.

친양자는 친생부모와 법적 혈족관계가 소멸하기는 하지만, 친양자에게도 혈족간
근친혼 금지 규정(§809 ①)이 적용되는 점, 친양자입양관계증명서에 친생부모의 인적
사항을 기재하도록 되어 있는 점(家登 §15 ② v 나.) 등을 이유로 친양자에 대해서도 생
부가 인지를 할 수 있다는 견해가 있다.[54]

3. 생모 또는 자녀의 동의 요부

부가 인지를 하는 데 있어 생모 또는 혼인외 출생자의 동의는 요구되지 않는
다.[55] 이에 대해서는 비교법적으로 인지에 대해 자녀 또는 모의 동의를 요건으로 하
는 입법례가 보편적인 점, 인지는 자녀와 모에게 중대한 영향을 미친다는 점 등을 이
유로 인지의 요건으로 일정한 범위에서 자녀 또는 모의 사전 동의를 요구하는 것으로
개정해야 한다는 입법론상 주장이 있다.[56]

4. 임의인지의 방법

인지는 「가족관계의 등록 등에 관한 법률」에 따라 인지 신고를 하거나(§859 ①), 부
가 출생신고(家登 §57 ①)를 함으로써 효력이 생긴다. 자세한 내용은 §859 주석 참조.

V. 임의인지의 효과

§860 주석 참조.

---

51) 김주수·김상용, 320-321; 박동섭·양경승, 308-310; 윤진수, 197; 이동진(2022), 33; 법원공무원교육
　　원 등록실무, 226.
52) 김주수·김상용, 321; 송덕수, 157; 신영호·김상훈·정구태, 163; 전효숙(1983), 500-501; 최한수
　　(1992), 45; 이준영(2010), 617-618.
53) 대법원 1987. 9. 22. 선고 87다카1164 판결; 등록예규 35호.
54) 주해친족(초판, 1권, 2015), 617(권재문).
55) 김주수·김상용, 319; 박동섭·양경승, 308; 신영호·김상훈·정구태, 163; 김상용(2021), 78; 이준영
　　(2010), 621; 주석친족(2), 74(정용신).
56) 김상용(2021), 85-99; 김성숙(2002), 178-179; 이준영(2010), 622-623.; 이동진(2022), 48; 이와 달리
　　이러한 입법론에 대해 비판적인 견해는 권재문, 친생자관계, 300 이하.

Ⅵ. 준정

1. 의의

혼인외 출생자가 부모의 혼인에 의해 혼인중 출생자의 지위를 취득하는 것을 준정(準正, legitimation)이라고 한다.[57] 준정은 혼인외 출생자를 혼인중 출생자로 지위를 변경하려는 목적에서 인정되는 것이다.[58] 그러나 혼인외 출생자와 혼인중 출생자의 지위는 차이가 없어졌으므로, 준정 제도는 존재 의미가 없어졌다.[59] 입법론상 준정 제도를 폐지해야 한다는 견해도 있다.[60]

다른 사람의 자녀로 친생추정을 받는 자녀에 대해서는 혼인중 여자가 이혼 후 생부와 혼인하였다고 하더라도 준정의 효과는 발생하지 않는다.[61]

2. 준정의 유형

본조 ②는 혼인외 출생자는 그 부모가 혼인한 때에는 그때부터 혼인중 출생자로 본다고 규정한다. 이를 '혼인에 의한 준정'이라고 한다.[62] 부모가 혼인하였다고 하려면 일단 부모여야 하는데, 모의 경우에는 출생에 의하여 바로 모자관계가 성립하는 반면, 부자관계는 부의 인지가 있어야 하므로, 결국 부의 인지가 있은 후 부모가 혼인하여야 본조 ②의 준정이 성립한다.[63]

학설은 본조 ②에서 규정하는 '혼인에 의한 준정' 외에도 아래와 같은 다른 유형의 준정도 인정하고 있다.[64]

① '혼인중 준정'은 부모의 혼인중 혼인외 출생자가 인지에 의해 혼인중 출생자가 되는 것이고, ② '혼인해소 후 준정'은 혼인외 출생자가 혼인 취소, 이혼, 사망 등으로 부모의 혼인 해소 후 인지됨으로써 혼인중 출생자가 되는 것이다. ③ '사망한 자녀에 대한 준정'은 i) 인지한 혼인외 출생자가 사망한 후 부모가 혼인하는 경우, ii) 직계비속을 두고 사망한 혼인외 출생자를 인지(§857)한 후 부모가 혼인하는 경우, iii) 직

---

57) 김주수·김상용, 341; 송덕수, 169; 신영호·김상훈·정구태, 176; 윤진수, 207; '후혼인지(後婚認知)'라고 칭하는 견해도 있다. 박동섭·양경승, 338.

58) 박동섭·양경승, 338; 또한 신영호·김상훈·정구태, 176은 혼인외 자녀에 대한 부모의 혼인 장려·촉진 필요성에서 비롯된 제도라고 한다.

59) 박동섭·양경승, 338; 이경희·윤부찬, 196.

60) 박동섭·양경승, 338; 이동진(2022), 49.

61) 호적선례 제2-84호.

62) 송덕수, 169.

63) 박동섭·양경승, 338; 같은 취지, 윤진수, 207; 김주수·김상용, 341; 송덕수, 169.

64) 김주수·김상용, 341; 박동섭·양경승, 339; 송덕수, 169-170; 윤진수, 207; 신영호·김상훈·정구태, 176; 이경희·윤부찬, 197; 최한수(1992), 56.

계비속을 두고 사망한 혼인외 출생자를 부모의 혼인중 인지(§857)한 경우가 있다.[65]

3. 준정의 효과

본조 ②는 혼인에 의한 준정의 경우에 부모가 혼인한 때부터 혼인중 출생자로 본다고 규정한다. 학설은 혼인에 의한 준정 외에 어떠한 유형의 준정이라도 준정이 되면 혼인외 자녀는 부모가 혼인한 때부터 혼인중 출생자가 된다고 해석한다.[66] 이와 같이 준정은 인지와 달리 소급효가 없다.[67] 준정에 의해 혼인중 출생자가 되더라도 친생추정의 효과를 받는 것은 아니다.[68] 혼인외 자녀가 준정에 의해 혼인중 출생자가 되었다고 하더라도 현행법상 법률적 지위가 크게 달라지지 않는다.[69]

VII. 입법론

유전자 검사결과에 따라 친자관계 증명이 가능하므로 어떠한 증명도 없이 인지 신고를 할 수 있도록 하는 임의인지 제도를 폐기하고 강제인지로 일원화해야 한다는 견해가 있다.[70]

---

65) 주석친족(2), 77(정용신) 참조.
66) 박동섭·양경승, 340; 신영호·김상훈·정구태, 176; 같은 취지, 김주수·김상용, 341; 이경희·윤부찬, 197; 최한수(1992), 57.
67) 송덕수, 170; 박동섭·양경승, 338, 340; 박종찬, 135; 주석친족(2), 77(정용신).
68) 송덕수, 170; 박희호·이동건, 137; 박종찬, 135.
69) 박동섭·양경승, 338; 박희호·이동건, 138; 윤진수, 207.
70) 오병철(2018), 198−199.

第 855 條의2 (인지의 허가 청구)

① 생부(生父)는 제844조제3항의 경우에 가정법원에 인지의 허가를 청구할
수 있다. 다만, 혼인중의 자녀로 출생신고가 된 경우에는 그러하지 아니
하다.

② 제1항의 청구가 있는 경우에 가정법원은 혈액채취에 의한 혈액형 검사,
유전인자의 검사 등 과학적 방법에 따른 검사결과 또는 장기간의 별거
등 그 밖의 사정을 고려하여 허가 여부를 정한다.

③ 제1항 및 제2항에 따라 허가를 받은 생부가 「가족관계의 등록 등에 관한
법률」 제57조제1항에 따른 신고를 하는 경우에는 제844조제1항 및 제3
항의 추정이 미치지 아니한다.

▌참고문헌: 김상용(2019), "친생추정에 관한 2017년 개정민법 규정의 문제점", 가족법연구Ⅴ; 양진섭(2019), "친자관계의 결정에 관한 법적 쟁점 분석", 가족법연구 33-3; 윤진수(2021a), "친생추정에 관한 민법개정안", 민법논고[Ⅷ]; 윤진수(2021b), "친생자관계부존재확인 사건 의견서-대법원 2016므2510 사건", 민법논고[Ⅷ]; 현소혜(2019), "부자관계의 결정기준: 혼인과 혈연", 가족법연구 33-2.

Ⅰ. 서

본조의 취지와 입법 연혁은 §854-2와 동일하다. 헌법재판소 2015. 4. 30. 선고 2013헌마623 결정에 따라 2017. 10. 31. 민법 개정으로 본조와 §854-2가 신설되었다. §854-2가 어머니 또는 어머니의 전 남편이 간이하게 친생추정을 번복할 수 있도록 한 것이라면, 본조는 생부가 간이하게 인지할 수 있도록 한 것이다.[1]

본조에 대한 설명은 대부분 §854-2와 동일하므로, §854-2의 주석으로 갈음하고, 여기서는 본조에 특유한 부분만 설명하기로 한다.

---

1) 윤진수(2021a), 643.

Ⅱ. 인지 허가 청구 요건

친생부인 허가 청구 요건과 동일하다(본조 ①). ① 자녀가 혼인관계 종료일부터 300일 이내에 출생하였을 것, ② 출생신고가 되지 않을 것이 요구된다.

Ⅲ. 절차

자녀의 생부가 청구할 수 있다(본조 ① 본문). 생부는 친생승인을 할 수 없으므로 친생승인에 관한 §852가 유추적용될 여지는 없다.

기타 인지 허가 심판에 대한 절차는 §854−2와 동일하다.

Ⅳ. 효과

1. 인지 허가 심판의 효력

본조 ③은 생부가 인지 허가 심판을 받은 이후 인지의 효력이 있는 家登 §57 ① 에 따른 출생신고를 하면 친생추정이 미치지 않는다고 규정하고 있다. 여기서 '친생 추정이 미치지 않는다는 것'의 의미에 관하여, 이는 문언 그대로 친생추정이 처음부 터 미치지 않는 자녀가 된다는 의미로 해석해야 하므로 입법상 오류라는 평가도 있으 나,[2] §854−2 ③에서와 마찬가지로 출생시에 일단 친생추정이 성립하지만 친생부인 허가 결정에 의해 친생추정이 번복되는 것이라고 이해해야 한다.[3]

다만 §854−2 ③에서 따른 친생부인 허가 심판의 경우에는 심판의 확정과 동시 에 친생부인의 효력이 발생하지만, 본조에 따른 인지 허가 심판의 확정만으로 친생부 인의 효력이 생기지 않는다고 해석된다.[4] 이와 달리 인지 허가 심판의 확정만으로 친 생부인의 효력이 생긴다고 해석하는 견해가 있으나,[5] 이러한 해석은 본조 ③의 문언 에 반한다. 인지 허가 심판의 확정만으로 친생부인의 효력이 생긴다면 생부는 해당 자녀에 대하여 인지 신고도 할 수 있어야 할 것이나, 본조 ③은 家登 §57 ①에 따른 출생신고를 할 것을 요구하고 있기 때문이다. 따라서 인지 허가 심판의 확정 이후 생 부가 출생신고를 한 때 친생부인의 효력이 발생한다고 해석해야 한다.[6] 다만 입법론

2) 김주수·김상용, 323−324; 김상용(2019), 35−36.
3) 윤진수, 174, 180; 윤진수(2021b), 654; 양진섭(2019), 46; 정현수(2020), 333.
4) 신영호·김상훈·정구태, 158; 양진섭(2019), 43.
5) 김주수·김상용, 323; 김상용(2019), 35, 36; 이경희·윤부찬, 178; 같은 취지, 박동섭·양경승, 303.
6) 같은 취지, 주석친족(2), 84(정용신); 박희호·이동건, 131.

상으로는 인지 허가 심판의 확정으로 친생부인의 효력이 발생하는 것으로 정해야 한다는 비판이 있다.[7]

본조가 정한 바에 따라 인지가 되면 이는 강제인지가 아니라 임의인지이다.[8]

2. 심판 확정 후 절차

자녀의 생부가 인지 허가 심판서 등본 및 확정증명서를 첨부하여 출생신고를 하여야 하고, 자녀의 생모 등 다른 사람은 출생신고를 할 수 없다.[9]

V. 입법론

본조와 같이 별도로 인지 허가 심판을 두지 말고, 생부가 친생부인 허가 심판을 청구할 수 있도록 하여 친생부인 허가 심판으로 일원화하는 것이 합리적이라는 견해가 있다.[10]

---

7) 양진섭(2019), 43-44.
8) 윤진수(2021a), 643.
9) 주석친족(2), 84(정용신).
10) 김상용(2019), 36-37.

第 856 條 (피성년후견인의 인지)

아버지가 피성년후견인인 경우에는 성년후견인의 동의를 받아 인지할 수 있다.

▌**참고문헌:** 전효숙(1983), "인지에 관한 심판의 이론과 실제", 재판자료 18; 최한수(1992), "혼인외의 자의 지위", 사법연구자료 19.

Ⅰ. 본조의 취지

본조는 피성년후견인이 혼인외 자녀를 인지할 때에는 성년후견인의 동의를 받아야 한다고 정한 규정이다. 미성년자 등 제한능력자라도 의사능력이 있으면 법정대리인의 동의 없이 인지할 수 있음이 원칙이나,[1] 본조에 따라 피성년후견인은 성년후견인의 동의를 받아야 인지할 수 있다. 이는 인지의 효과의 중대성에 비추어 피성년후견인을 보호하기 위한 것이다.[2]

Ⅱ. 피성년후견인의 인지 요건과 방식

피성년후견인이 인지하기 위해서는 성년후견인의 동의 외에 의사능력으로서 인지능력이 있어야 한다.[3] 즉 혼인외 자녀가 자신과 혈연관계가 있는지를 판단하고 인지의 의미를 이해할 수 있는 능력이 있어야 한다.[4]

인지는 「가족관계의 등록 등에 관한 법률」에 따라 인지 신고를 하거나(§859 ①), 부가 출생신고(家登 §57 ①)를 함으로써 효력이 생긴다. 그런데 피성년후견인이 신고하는 경우 신고서에 신고사건의 성질 및 효과를 이해할 능력이 있음을 증명할 수 있는 진단서를 첨부하여야 한다(家登 §27 ②). 이는 피성년후견인이 인지를 할 때 의사능력

---

1) 김주수·김상용, 320; 박동섭·양경승, 307; 송덕수, 157; 신영호·김상훈·정구태, 163; 이경희·윤부찬, 183－184; 최한수(1992), 44; 주석친족(2), 74(정용신).
2) 주석친족(2), 85－86(정용신).
3) 김주수·김상용, 320; 신영호·김상훈·정구태, 163; 전효숙(1983), 500; 최한수(1992), 44; 주석친족(2), 74(정용신).
4) 박동섭·양경승, 307.

이 있는지 여부를 둘러싼 분쟁을 사전에 예방하기 위해서이다.[5] 피성년후견인이 인지 신고를 할 때에 신고서에 성년후견인의 동의를 증명하는 서면을 첨부하거나 신고서에 성년후견인이 사유를 기재하고 서명 또는 기명날인해야 한다(家登 §32 ①).

성년후견인은 피성년후견인의 복리에 부합하게 사무를 처리해야 하고, 피성년후견인의 의사를 존중해야 하므로(§947), 의사능력 있는 피성년후견인의 인지 의사를 가급적 존중해야 할 것이다.[6]

Ⅲ. 피성년후견인이 성년후견인 동의 없이 인지한 경우의 효과

피성년후견인이 성년후견인 동의 없이 인지한 경우의 효과에 대해서는 견해가 대립한다. 인지 무효사유에 해당한다는 견해가 다수이나,[7] 인지 취소사유가 되므로 §861의 인지 취소의 소를 제기할 수 있다는 견해도 있다.[8]

Ⅳ. 피성년후견인인 모가 인지를 하는 경우

본조는 아버지가 피성년후견인인 경우만 규정하고 있으나, 피성년후견인인 모가 예외적으로 기아(棄兒) 등에 대해서 인지를 하고자 할 때에도 유추적용되어야 할 것이다.[9]

---

5) 피성년후견인의 유언에 관한 §1063 ②의 취지와 동일하다고 생각된다.
6) 주석친족(2), 86(정용신).
7) 박동섭·양경승, 314; 신영호·김상훈·정구태, 165; 주석친족(2), 87(정용신); 주해친족(초판, 1권, 2015), 623(권재문).
8) 송덕수, 159, 162.
9) 같은 취지, 주석친족(2), 87(정용신). 다만 이 문헌에서는 본조가 '준용'된다고 한다.

第 857 條 (死亡子의 認知)

子가 死亡한 後에도 그 直系卑屬이 있는 때에는 이를 認知할 수 있다.

▌참고문헌: 이준영(2010), "임의인지에 의한 부자관계의 확정", 한양법학 29; 전효숙(1983), "인지에 관한 심판의 이론과 실제", 재판자료 18; 최한수(1992), "혼인외의 자의 지위", 사법연구자료 19.

Ⅰ. 본조의 취지

본조는 혼인외 출생자가 사망한 후에는 자녀의 직계비속이 있는 때 한하여 인지할 수 있다고 규정하고 있다. 이는 혼인외 출생자가 사망하면 원칙적으로 인지할 수 없다는 점을 전제한 것이다.[1]

원칙적으로 혼인외 출생자의 사망 이후에는 혼인외 출생자를 인지할 수 없도록 한 것은 사망한 자녀를 인지하는 것은 자녀의 복리를 실현하는 데 있어 아무런 의미가 없고, 또한 부모가 인지 제도를 남용하여 부당한 상속 이익을 얻고자 하는 것을 막기 위한 것이다.[2]

혼인외 출생자에게 직계비속이 있는 때에는 사망한 혼인외 출생자를 인지하더라도 부모가 혼인외 출생자의 직계비속에 앞서 혼인외 출생자의 상속인이 되지 않는다(§1000 ① i, ②).[3] 따라서 본조는 이러한 경우에는 인지권 남용의 우려가 없으므로 사망한 자녀에 대한 인지를 허용한 것이다.[4]

---

1) 김주수·김상용, 321.

2) 김주수·김상용, 321; 송덕수, 157; 박동섭·양경승, 310; 전효숙(1983), 500; 최한수(1992), 45; 이준영(2010), 614.

3) 김주수·김상용, 321; 박동섭·양경승, 310.

4) 이준영(2010), 614; 주석친족(2), 88(정용신); 다만 이러한 입법취지에 의문을 제기하는 견해로 주해친족(초판, 1권, 2015), 628(권재문).

II. 적용 요건

사망한 혼인외 자녀에게 직계비속이 있어야 한다. 혼인외 자녀와 그 직계비속 사이에는 법률적 친자관계가 성립해야 한다.[5]

한편 혼인외 자녀가 다른 사람의 자녀로 친생추정을 받지 않는 등 그 혼인외 자녀를 인지할 수 있는 상태이어야 한다.[6] 사망한 혼인외 출생자를 인지하는 데 있어 혼인외 출생자의 직계비속의 동의는 요구되지 않는다.[7]

III. 방식

§859 ①의 임의인지의 방식과 동일하나, 다만 사망한 자녀를 인지할 때에는 인지 신고서에 사망연월일, 그 직계비속의 성명·출생연월일·주민등록번호 및 등록기준지를 기재하여야 한다(家登 §55 ① ii).

VI. 효과

사망한 자녀를 인지한 경우에도 그 자녀의 출생시부터 부자관계가 성립한다(§860 본문).[8] 따라서 인지자인 부와 사망한 자녀의 직계비속 사이에도 혈족관계가 인정되고, 이에 따라 상속관계가 생기고 부양의무가 생긴다.[9]

---

5) 주석친족(2), 89(정용신); 주해친족(초판, 1권, 2015), 627(권재문).
6) 주석친족(2), 88(정용신).
7) 김주수·김상용, 321.
8) 김주수·김상용, 336; 송덕수, 157.
9) 김주수·김상용, 321; 주석친족(2), 89(정용신).

第 858 條 (胞胎中인 子의 認知)

父는 胞胎 中에 있는 子에 對하여도 이를 認知할 수 있다.

■**참고문헌**: 이준영(2010), "임의인지에 의한 부자관계의 확정", 한양법학 29; 전효숙(1983), "인지에 관한 심판의 이론과 실제", 재판자료 18; 최한수(1992), "혼인외의 자의 지위", 사법연구자료 19.

Ⅰ. 본조의 취지

본조는 부가 태아도 인지할 수 있음을 규정하고 있다. 본조의 취지는 자녀의 출생 전 부가 사망할 가능성이 있을 때 태아에 대한 인지를 허용하지 않으면 부 사후에 자녀 또는 자녀를 대리한 모가 불필요하게 인지청구의 소를 제기해야 할 번거로움 또는 부가 유언에 의해서만 인지할 수 있게 되는 번거로움을 피하도록 한 것이다.[1] 부의 사망이 임박한 경우 미리 부자관계를 확정해 두는 것이 부 사후에 확정하는 것보다 부자 모두에게 유리하다고 할 수 있다.[2]

모는 임신 중인 태아를 별도로 인지할 실익이 없으므로,[3] 본조는 모에 대해서는 따로 규정하지 않았다.[4]

Ⅱ. 적용 요건

부가 태아를 인지해야 한다. 임신 전에 이루어진 인지는 인정될 수 없다.[5] 임신 중인 생모의 동의는 필요하지 않다.[6] 다만 §844에 따라 타인의 자녀로 친생추정을 받

---

1) 김주수·김상용, 321; 이준영(2010), 613; 주석친족(2), 90(정용신) 참조.
2) 전효숙(1983), 500.
3) 전효숙(1983), 500; 주석친족(2), 90(정용신).
4) 박동섭·양경승, 309은 모도 태아를 인지할 수 있다고 설명하나, 본조의 문언상 의문이고, 다만 이 문헌에서도 임신 중인 모가 태아를 인지할 이익은 없다고 한다.
5) 이준영(2010), 613.
6) 박동섭·양경승, 309; 주석친족(2), 90(정용신).

게 될 태아에 대해서는 인지할 수 없다고 해석된다.[7]

Ⅲ. 방식

§859 ①의 임의인지의 방식과 동일하나, 태아를 인지할 때에는 신고서에 그 취지, 모의 성명 및 등록기준지를 기재하여야 한다(家登 §56).

태아에 대한 인지 신고가 있더라도 바로 가족관계등록부에 기재되지 않고, 시·읍·면장이 태아 인지 신고서류를 특종신고서류편철장에 보존하다가(家登規 §69 ③), 출생신고 이후에 가족관계등록부 기재가 이루어진다.[8]

태아에 대한 인지는 유언으로도 할 수 있고,[9] 이 경우 유언집행자가 인지 신고를 해야 한다(§859 ②, 家登 §59, §56).

인지된 태아가 사산된 경우 신고의무자인 모 등(家登 §46 ②, ③)은 그 사실을 안 날부터 1개월 이내에 그 사실을 신고하여야 한다(家登 §60). 이 경우 인지의 효력은 발생하지 않는다.[10] 태아 사산 신고는 가족관계등록부에 기재하지 않는 것이 실무이다.[11]

Ⅳ. 적용 효과

태아를 인지한 경우에도 그 효력은 출생시부터 발생하고, 친자관계도 출생시부터 발생한다고 해석된다.[12] 이 경우에는 인지에 소급효가 있다는 §860 본문이 적용되지 않는다. 다만 태아의 손해배상청구권(§762), 상속순위(§1000 ③), 유언에 따른 수증자 지위(§1064)에 있어서는 태아가 이미 출생한 것으로 본다.

---

7) 주석친족(2), 91(정용신).
8) 김주수·김상용, 321; 박동섭·양경승, 309; 송덕수, 157−158; 주석친족(2), 91(정용신).
9) 박동섭·양경승, 309.
10) 박동섭·양경승, 309; 최한수(1992), 55−56; 이준영(2010), 613; 주석친족(2), 91(정용신).
11) 등록예규 제125호.
12) 김주수·김상용, 336; 박동섭·양경승, 309; 최한수(1992), 55.

第 859 條 (認知의 效力發生)

① 認知는「가족관계의 등록 등에 관한 법률」의 定하는 바에 依하여 申告함
으로써 그 效力이 생긴다.

② 認知는 遺言으로도 이를 할 수 있다. 이 境遇에는 遺言執行者가 이를 申告
하여야 한다.

■ **참고문헌**: 권영준(2021), "아동의 출생등록될 권리", 민법판례연구Ⅱ; 권재문(2024), "출생통보제 도입
과 관련된 쟁점들", 서울시립대 서울법학 31−4; 김도균(2014), "친생자관계존재확인의 소, 그 소의 이익
에 대하여", 가정법원 50주년 기념논문집; 김명숙(2021), "2020년 가족법 중요판례평석", 인권과 정의
496; 김상용(2021), "생부의 인지에 대한 자녀와 모의 동의권", 양창수 고희기념; 서인겸(2018), "친생자
출생신고에 관한 무효행위전환 법리의 적용상 문제점", 원광법학 34−4; 안구환(2004), "친생자 추정과
호적", 사법논집 38; 양진섭(2021), "혼인외의 자녀와 출생신고", 사법 57; 오병철(2018), "과학적 부성
(paternity) 도입을 통한 친자법의 개혁", 저스티스 166; 오종근(2020), "민법 제1014조 가액지급청구권",
가족법연구 34−1; 이준영(2010), "임의인지에 의한 부자관계의 확정", 한양법학 29; 전효숙(1983), "인지
에 관한 심판의 이론과 실제", 재판자료 18; 최준규(2024), "생부의 친생부인권과 임시출생신고에 관한
입법론", 가족법연구 38−1; 최진섭(1998), "사회적 친자관계와 법률상의 친자관계", 인천법학논총 1; 최
한수(1992), "혼인외의 자의 지위", 사법연구자료 19; 현소혜(2015), "친생자 추정: 헌법불합치결정에 따
른 개정방안", 성균관법학 27−4; 현소혜(2023), "출생통보제 도입과 과제", 젠더리뷰 2023가을; 현소혜
(2024), "혼인중인 여자와 남편 아닌 자 사이에서 출생한 자녀에 대한 생부의 출생신고", 가족법연구
38−1.

Ⅰ. 서

본조 ①은 임의인지의 방법 또는 효력발생 요건을 정한 조항으로서 인지는 신고
에 의하여 효력이 생긴다고 정하고 있다. 따라서 인지는 신고가 필요한 요식행위이
다.[1] 인지 신고 없이 인지 의사를 표시하더라도 인지의 효력은 발생하지 않는다.[2] 인
지 절차에 친생자관계의 증명 또는 소명은 요구되지 않고,[3] 인지가 진실에 부합하는

---

[1] 김주수·김상용, 322; 송덕수, 156; 전효숙(1983), 499; 최한수(1992), 45.

[2] 신영호·김상훈·정구태, 163−164; 최한수(1992), 45.

지 사전에 심사하는 절차도 없다.4)

판례는 민법 시행 이전 구 민법이 적용되던 시절에는 인지는 인지자의 생전행위 또는 유언에 의하여서만 할 수 있고, 유언의 방식에 관한 특별 규정이 없었으므로, 출생신고로 인지의 효력이 있다고 하였다.5)

II. 임의인지의 방법

1. 신고

인지는 「가족관계의 등록 등에 관한 법률」에 따라 신고함으로써 효력이 생긴다 (본조 ①). 가족관계등록부에 기재되지 않더라도 신고의 수리만으로 효력이 생긴다고 해석된다.6) 혼인외 자녀의 부자관계는 생부의 인지에 의해 성립하므로, 생부의 인지신고는 창설적 신고이다.7) 부가 인지할 때에는 인지신고서에 모의 성명, 등록기준지, 주민등록번호를 기재해야 한다(家登 §55 ① iii).

인지신고를 할 때 피인지자가 자신의 친생자라는 소명자료를 붙일 필요는 없다.8) 신고기간에 제한은 없다.9) 피인지자인 혼인외 자녀에게 직접 인지 의사를 표시할 필요도 없다.10) 다만 인지신고에는 조건과 기한을 붙일 수 없다고 보아야 한다.11)

2. 출생신고

가. 혼인외 자녀에 대한 친생자 출생신고의 취지

家登 §57 ① 본문은 부가 혼인외 자녀에 대하여 친생자 출생신고를 한 때 인지의 효력이 있다고 규정하고 있다. 원래 혼인외 자녀에 대해 모가 출생신고를 한 후 부가 인지 신고를 해야 하나, 이러한 요식성을 완화하여 당사자의 편의를 도모한 입법적 배려이다.12)

---

3) 김도균(2014), 146−147.

4) 김상용(2021), 82.

5) 대법원 1966. 11. 29. 선고 66다1251 판결; 대법원 1986. 3. 11. 선고 85므101 판결; 대법원 1987. 2. 10. 선고 86므49 판결; 대법원 1991. 3. 27. 선고 91다728 판결.

6) 김주수·김상용, 322, 주 50; 박동섭·양경승, 310.

7) 박동섭·양경승, 310; 박종찬, 126; 박희호·이동건, 134; 송덕수, 158; 윤진수, 198; 전효숙(1983), 501; 최한수(1992), 45−46.

8) 박동섭·양경승, 310.

9) 박동섭·양경승, 310.

10) 박동섭·양경승, 311.

11) 이준영(2010), 618(다만 이 문헌에서는 이미 존재하는 부자관계가 배제된다는 조건으로 한 인지는 허용된다고 하나, 이러한 인지 신고가 수리될 수 있는지 의문이다).

12) 양진섭(2021), 316; 같은 취지, 서인겸(2018), 283.

학설 중에는 입법론으로 인지 전에 부가 친생자 출생신고를 하는 것은 모순이고 혼인외 출생신고는 모가 하여야 한다는 家登 §46 ②과 모순된다는 견해가 있으나,[13] 家登57 ① 본문에서 부는 생부를 의미하고 이 조항은 부에게 출생신고 적격을 부여하는 규율이므로 출생신고 의무자를 정한 家登 §46 ②과 모순된다고 볼 수 없다는 지적이 있다.[14]

나. 적법 요건

혼인외 자녀에 대해 출생신고를 하였다고 해도 임의인지의 요건이 갖추어져야 임의인지로서 효력이 인정된다.[15]

부가 혼인외 자녀에 대하여 생모가 아니라 자신의 법률상 배우자 사이에 출생한 혼인중 자녀라고 허위로 출생신고를 한 때에는 적법한 신고는 아니다.[16] 그러나 판례는 이러한 경우에는 인지로서의 효력이 발생한다고 한다.[17] 이에 대해서는 부의 그와 같은 출생신고에는 혼인외 자녀를 자신의 자녀로 인정하려는 의사도 포함되어 있으므로 무효행위의 전환이라고 볼 수 있다는 견해도 있다.[18] 또한 판례 중에는 혼인이 무효인 경우에도 부가 그 사이에 태어난 자녀를 친생자로 출생신고한 경우 인지의 효력이 있다고 한 것이 있고,[19] 현행 등록예규의 입장도 마찬가지이다.[20] 판례 중에는 생부가 혼인외 자녀에 대하여 출생신고를 한 이후 허위로 사망신고를 하더라도 그로 인한 인지의 효력이 무효가 되는 것은 아니라고 한 것도 있다.[21]

부의 출생신고에 의하여 인지의 효력이 있는 경우에 그로 인한 친자관계를 다투기 위해서는 인지에 대한 이의의 소(§862) 또는 인지무효의 소[家訴§2 ① i 가. 3)]가 아니라 §865의 친생자관계부존재 확인의 소에 의하여야 한다는 것이 판례이다.[22] 이에 대해서는 인지에 대한 이의의 소 또는 인지무효의 소로 다투어야 한다고 보아야 한다는 비판이 있다.[23]

다. 방식

출생신고서에는 부모의 인적사항이 기재되어야 하므로(家登 §44 ② iv), 모의 인적

---

13) 오병철(2018), 178, 180-181.
14) 양진섭, 친자관계의 결정, 경인문화사(2020), 86.
15) 안구환(2004), 553; 주해친족(초판, 1권, 2015), 633-634(권재문).
16) 윤진수, 199.
17) 대법원 1976. 10. 26. 선고 76다2189 판결.
18) 전효숙(1983), 501.
19) 대법원 1971. 11. 15. 선고 71다1983 판결; 대법원 1971. 12. 21. 선고 71다1999 판결.
20) 등록예규 제122호.
21) 대법원 1979. 12. 11. 선고 79므68, 69 판결.
22) 대법원 1993. 7. 27. 선고 91므306 판결.
23) 김주수·김상용, 329; 최진섭(1998), 165-166.

사항이 특정되는 이상 실무는 원칙적으로 부가 혼인외 자녀에 대하여 모를 불상으로
하여 출생신고 하는 것은 수리하지 않는다.24) 이는 타인의 자녀로 친생추정을 받는
자에 대해서는 인지할 수 없기25) 때문이다.26) 이 때문에 실무는 부가 혼인외 자녀에
대해 출생신고를 할 경우 원칙적으로 모의 혼인관계증명서를 제출하도록 요구한
다.27)

    그런데 2015. 5. 18. 신설되고 2021. 3. 16. 개정28)된 家登 §57 ②은 부가 혼인외
자녀에 대해 출생신고를 하려고 할 때, 모의 인적사항(성명, 등록기준, 주민등록번호)의
전부 또는 일부를 알 수 없어 모를 특정할 수 없거나, 공적 서류 등에 의해 특정할 수
없는 경우에는 가정법원의 확인을 받아 출생신고를 할 수 있다고 규정하고 있다.29)
모가 특정되지 않아도 의학기술의 발달로 부자관계를 확인할 수 있으므로 부 단독으
로 인지할 수 있도록 한 것이다.30) 가정법원은 이 경우 모의 인적사항을 특정할 수
없는 경우인지, 신청인인 부와 사건본인 혼인외 자녀 사이에 혈연관계가 있는지 여부
를 확인해야 한다.31)

    2021. 3. 16. 개정되어 2021. 4. 17.부터 시행된 家登 §57 ① 단서는 모가 특정된
다고 하더라도 모가 소재불명이거나 출생신고에 필요한 서류 제출에 협조하지 않는
경우에는 부가 가정법원의 확인을 받아 출생신고를 할 수 있다고 규정하고 있다. 이
는 대법원 2020. 6. 8.자 2020스575 결정의 취지에 따라 신설된 규정이다. 이 대법원
결정은 家登 §57 ②에서 모의 신상정보를 알 수 없는 경우라고 규정한 것은 예시적 규
정이므로, 모의 인적사항은 알지만 자신이 책임질 수 없는 사유로 출생신고에 필요한
서류를 갖출 수 없는 경우 등에도 家登 §57 ②이 적용된다고 하였다.32) 그러나 위 결
정과 같은 사안에는 이제 家登 §57 ① 단서가 적용될 것이다. 이에 따라 가정법원은
모가 소재불명이거나 출생신고에 필요한 서류 제출에 협조하지 않는 경우인지, 신청
인인 부와 사건본인 혼인외 자녀 사이에 혈연관계가 있는지 여부를 확인해야 한다.

---

24) 등록선례 제201106-2호.
25) 대법원 1968. 2. 27. 선고 67므34 판결; 대법원 1978. 10. 10. 선고 78므29 판결; 대법원 1987. 10. 13.
   선고 86므129 판결; 대법원 2019. 10. 23. 선고 2016므2510 전원합의체 판결 등.
26) 현소혜(2015), 77 등 참조.
27) 등록예규 제89호(부의 혼인외의 자에 대한 출생신고시 주의사항); 등록예규 제412호(출생신고에 관한
   사무처리지침) §8 ①. 다만 전산정보처리조직에 의하여 모의 혼인관계를 확인할 수 있는 경우에는 혼인
   관계증명서를 제출할 필요가 없다.
28) 2021. 3. 16. 개정 내용은 모의 인적사항을 일부만 알 수 없거나, 공적 서류 등에 의해 특정될 수 없는
   경우도 家登 §57 ②의 적용범위에 포함시킨 것이다.
29) 이른바 '사랑이법'이라고 불린다.
30) 윤진수, 198-199.
31) 주석친족(2), 94(정용신).
32) 이 결정에 찬성하는 평석으로 권영준(2021), 249-250; 김명숙(2021), 39.

가정법원은 위와 같은 확인을 위해 필요한 사항을 직권 조사할 수 있고, 지방자치단체, 국가경찰관서 및 행정기관이나 그 밖의 단체 또는 개인에게 필요한 사항을 보고하게 하거나 자료의 제출을 요구할 수 있다(家登 §57 ③).

한편 모의 법률상 배우자의 자녀로 친생추정을 받는 자녀에 대해서는 생부가 家登 §§57 ①, 57 ②에 따라 인지의 효력이 있는 친생자출생 신고를 할 수 없다. 헌법재판소 2023. 3. 23. 선고 2021헌마975 결정은 이와 같이 家登 §§46 ②, 57 ①, 57 ②에 따르면 혼인중 여자와 남편 아닌 남자 사이에 출생한 자녀에 대해 실효적으로 출생신고가 이루어질 수 없으므로, 이는 그러한 자녀의 '출생등록될 권리'라는 기본권을 침해하여 위헌이라는 이유로 헌법불합치 결정을 하였다.[33] 위 결정에서는 신고기간 내에 모나 그 남편이 출생신고를 하지 않으면 생부가 인지의 효력이 없는 출생신고를 하거나, 출산 담당 의료기관 등의 국가기관에 대하여 출생을 통보하는 등의 방법으로 그러한 자녀에 대한 출생신고가 이루어질 수 있다고 판시하였다.[34]

라. 사후에 친생추정을 받는 자녀임이 밝혀진 경우

家登 §§57 ① 단서, 57 ②에 따라 부가 혼인외 자녀에 대해 출생신고를 하는 경우에는 가족관계등록부에 모의 정보가 기재되지 않는다. 그런데 모가 다른 사람과 법률상 혼인관계에 있는 때에는 그 자녀는 §844에 따라 모의 법률상 배우자의 자녀로 친생추정을 받으므로, 법률상 부가 충돌된다.

이에 家登 §57 ④ i는 그 자녀가 제3자의 자녀로 친생추정을 받는 경우에는 신고의무자가 1개월 이내에 출생신고를 하고 등록부 정정을 신청해야 하며, 시·읍·면의 장이 확인해야 한다고 규정한다. 여기서 신고의무자는 모와 그 법률상 배우자를 의미한다(家登 §46 ①).[35] 家登 §57 ④ i의 문언상으로는 명백하지 않지만, 이 조항은 家登 §57 ① 단서, §57 ②에 따라 생부가 혼인외 자녀에 대해 출생신고를 완료한 이후 모 또는 그 법률상 배우자가 새로 출생신고 및 등록부 정정을 신청하는 것을 의미한다.[36] 등록예규 제565호도 이러한 점을 전제로 하고 있다.[37] 이러한 절차를 거친 이

---

33) 다만 이 헌법재판소 결정은 해당 심판대상조항이 생부의 평등권을 침해하는 것은 아니라고 하였다.
34) 이와 관련하여, 헌법재판소 결정과 직접적인 관련은 없으나, 2023. 7. 18. 家登 §44-3, §44-4가 신설되어 출생통보제가 도입되었고, 2024. 7. 19. 시행된다. 이에 따르면, 출산 담당 의료기관은 출생정보를 건강보험심사평가원에 제출하고, 건강보험심사평가원은 이를 출생자 모 주소지 관할 시·읍·면 장에게 통보하며, 그 이후 일정 기간 내에 출생신고가 이루어지지 않으면 시·읍·면의 장이 감독법원의 허가를 받아 직권으로 가족관계등록부에 출생 기록을 하여야 한다. 이에 대한 소개로 현소혜(2023), 4 이하; 권재문(2024), 84 이하.
35) 현소혜(2024), 123 참조.
36) 윤진수, 199; 최준규(2024), 115, 주 41 참조.
37) 등록예규 제565호(가족관계의 등록 등에 관한 법률」 제57조에 따른 가정법원의 확인절차 및 신고 등에 관한 사무처리지침) 제5조 제1, 2항, 제6조 제1, 2항.

후에는 가족관계등록부에 해당 자녀가 친생추정이 미치는 모의 법률상 배우자의 자녀로 기재된다. 이는 친생추정 원칙을 유지하기 위한 절차적 수단이라고 이해된다. 그러나 이에 대해서는 입법론상 비판이 있다.38)

Ⅲ. 유언에 의한 인지

인지는 유언으로 할 수도 있고, 이 경우 유언집행자가 신고하여야 한다(본조 ②). 유언집행자는 취임일로부터 1개월 이내에 신고하여야 한다(家登 §59).

유언에 의한 인지의 효력은 유언의 효력발생 시점인 유언자의 사망 시에 생기고, 유언집행자의 신고는 보고적 신고에 불과하다는 견해가 다수설이다.39) 유언인지의 경우 인지의 의사가 명확하게 표시된 것이고 유언집행자의 인지신고는 유언자의 의사를 단순히 집행하는 의미만 있는 점, 유언집행자가 유언인지 신고를 의도적으로 하지 않은 채 상속재산분할이 먼저 이루어지도록 하는 것은 부당한 점 등을 이유로 한다.

그러나 유언집행자의 신고도 인지자의 임의인지의 신고와 마찬가지로 창설적 신고로 보아야 하고, 따라서 그 신고에 의하여 효력이 생긴다고 보아야 한다.40) 본조 ②은 인지의 효력발생 시점을 따로 정하고 있지 않은 점, 유언집행자의 인지 신고에 관하여 家登 §59는 인지자의 인지신고에 관한 §55, §56에 따라 신고하도록 규정하고 있는 점, 다수설에 의하면 제3자가 유언의 효력이 언제 발생하였는지 알기 어려운 점 등을 이유로 들 수 있다.

유언을 하려면 만 17세 이상이어야 하고(§1061), 유언은 민법이 정한 방식을 지켜야 하는 요식행위이다(§1060). 만 17세 미만이 유언으로 인지하거나 유언이 민법이 정한 방식을 지키지 아니하여 무효인 경우 유언에 의한 인지도 무효가 되는지 문제된다. 학설 중에는 진실한 혈연관계에 부합하는 인지라면 그 유언 방식에 흠결이 있더라도 유효하다는 견해가 있다.41) 그러나 유언이 무효라면 그 유언에 의한 인지도 무효라고 보는 것이 타당하다고 생각된다.

---

38) 윤진수, 199; 현소혜(2015), 86; 양진섭(2021), 336.
39) 김주수·김상용, 322; 송덕수, 158; 박동섭·양경승, 312; 박종찬, 126; 박희호·이동건, 134−135; 신영호·김상훈·정구태, 163; 이경희·윤부찬, 185; 오종근(2020), 171−172; 전효숙(1983), 502; 최한수(1992), 46; 주석친족(2), 92, 95(정용신); 주해친족(초판, 1권, 2015), 635(권재문).
40) 윤진수, 198.
41) 이경희·윤부찬, 185.

第 860 條 (認知의 遡及效)

認知는 그 子의 出生時에 遡及하여 效力이 생긴다. 그러나 第三者의 取得한 權利를 害하지 못한다.

▌**참고문헌:** 강용현(1995), "피해자의 호적부상 표현상속인과 한 손해배상채권 포기의 합의 및 이에 기한 합의금 지급의 효력", 대법원판례해설 2; 김세준(2019), "민법 제1014조의 재판의 확정과 상속재산분할", 법학논총 26-1; 김용균(1993), "사후인지 받은 혼인외의 자보다 후순위 상속인이 피상속인의 손해배상에 관하여 한 합의의 효력", 대법원판례해설 19-1; 신영호(1995), "민법 제1014조의 상속분가액지급청구권", 가족법연구 9; 양창수(2007), "혼인외 자의 인지와 부의 사망으로 인한 손해배상", 민법산책; 오종근(2014), "인지의 소급효와 제3자 보호", 이화여대 법학논집 18-4; 오종근(2020), "민법 제1014조 가액지급청구권", 가족법연구 34-1; 윤진수(2008), "2007년도 주요 민법 관련 판례 회고", 서울대 법학 49-1; 윤진수(2020), "인지의 소급효와 후순위 상속인에 대한 변제의 효력", 민법기본판례; 이동진(2018), "공동상속인 중 1인의 상속재산처분과 민법 제1014조", 신문4623; 임종효(2009), "민법 제1014조에 정한 상속분가액지급청구권", 법조 634; 전효숙(1983), "인지에 관한 심판의 이론과 실제", 재판자료 18; 정다영(2019), "생모에 대한 친생자관계존재확인청구와 상속재산분할", 경북대 법학논고 65; 최한수(1992), "혼인외의 자의 지위", 사법연구자료 19.

Ⅰ. 서

본조는 인지의 효력에 관한 규정으로서 인지는 원칙적으로 자녀의 출생시에 소급하여 효력이 생기되, 제3자가 취득한 권리를 해하지 못함을 규정하고 있다. 본조는 임의인지나 강제인지나 동일하게 적용된다.[1]

본조는 부자관계에 대해서만 적용된다는 것이 통설, 판례이다. 즉 인지는 부에 대한 관계에서는 소급적 형성력이 있으나, 모에 대해서는 확인적 효과만 있다.[2] 판례는 모자관계에서는 본조의 단서가 적용되거나 유추적용되지 않는다고 하였다.[3]

---

1) 전효숙(1983), 523; 최한수(1992), 51.
2) 박동섭·양경승, 312; 송덕수, 157; 윤진수, 203.
3) 대법원 2018. 6. 19. 선고 2018다1049 판결.

Ⅱ. 인지의 효과

1. 소급효

혼인외 출생자에 대하여 인지가 되면 부에 대한 관계에서는 자녀의 출생시에 소급하여 부자관계가 생긴다(소급적 형성력).[4] 자연적 혈연관계는 자녀의 출생시에 발생하므로, 소급효를 인정하는 것은 법률상 친자관계를 혈연에 부합하게 하기 위한 것이다.[5] 부의 친족과 혼인외 자녀 사이의 친족관계도 그 출생시부터 소급하여 인정된다.[6]

혼인외 출생자에 대한 인지는 출생시에 소급하여 효력이 있으므로 부의 사망 후 강제인지가 이루어지거나 부의 유언으로 인지된 경우에도 혼인외 자녀는 부의 사망으로 인한 상속인이 된다.[7] 혼인외 자녀가 직계비속을 두고 사망한 다음 인지(§857)가 이루진 후 부가 사망하면, 그로 인한 상속에서 혼인외 자녀의 직계비속은 대습상속을 받는다.[8]

부의 양육의무도 자녀의 출생시부터 소급하여 발생한다.[9] 따라서 자녀를 양육해 온 모는 부에 대하여 과거의 양육비를 청구할 수 있다.[10] 판례도 인지판결이 확정되면 부모의 법률상 부양의무는 그 자녀의 출생 시로 소급하여 효력이 생기므로, 양육자는 인지판결 확정 전 과거의 양육비에 대하여도 상대방에게 그 상환을 청구할 수 있다고 하였다.[11] 반면 인지가 되지 않으면 법률상으로는 친생자관계가 인정되지 않는다.[12] 그러나 인지 전이라도 생부가 양육비를 지급하기로 약정하였다면 그 약정은 유효하다는 것이 판례이다.[13]

인지의 소급효는 형법상 친족상도례에도 적용되므로, 인지가 범행 후 이루어지더라도 범행 당시에 소급하여 부자관계가 생겨 친족상도례 규정이 적용된다는 것이 판례이다.[14]

1990. 1. 13. 민법 개정 전에는 혼인외 출생자가 인지가 되면 부의 배우자와 법정혈족(적모서자) 관계가 인정되었으나(§774), 1990. 1. 13. 개정으로 위 조항이 삭제되어

---

4) 김주수·김상용, 335-336; 신영호·김상훈·정구태, 171; 윤진수, 203.
5) 최한수(1992), 51-52.
6) 오종근(2014), 40; 최한수(1992), 53.
7) 최한수(1992), 55; 대법원 1968. 11. 26. 선고 68다1675 판결.
8) 최한수(1992), 55.
9) 신영호·김상훈·정구태, 171; 이경희·윤부찬, 193; 오종근(2014), 38.
10) 오종근(2014), 39; 이경희·윤부찬, 193.
11) 대법원 2023. 10. 31. 자 2023스643 결정.
12) 윤진수, 203.
13) 대법원 1987. 12. 22. 선고 87므59 판결.
14) 대법원 1997. 1. 24. 선고 96도1731 판결.

그 관계는 단순한 인척관계가 되었고, 개정 전 법에 따라 인정되었던 혼인외 출생자
와 부의 배우자 사이의 모자관계도 소멸되었다(개정 부칙 §4).

2. 소급효가 적용되지 않는 경우

가. 자녀의 성과 본

혼인외 출생자가 인지되더라도 부모의 협의에 따라 종전의 성과 본을 계속 사용
할 수 있고, 다만, 부모가 협의할 수 없거나 협의가 이루어지지 아니한 경우에는 법원
의 허가를 받아 종전의 성과 본을 계속 사용할 수 있다(§781 ⑤). 이에 대해서는 §781
주석 참조.

나. 친권자 지정

미성년자인 혼인외 자녀가 인지된 경우에는 부모의 협의로 친권자를 정하고, 협
의할 수 없거나 협의가 이루어지지 않으면 가정법원이 직권으로 또는 당사자의 청구
에 따라 친권자를 지정하여야 하며, 부모의 협의가 자녀의 복리에 반하는 경우에는
가정법원은 보정을 명하거나 직권으로 친권자를 정한다(§909 ④). 이에 대해서는 §909
주석 참조. 따라서 친권자 지정과 관련하여 인지의 소급효는 특별한 의미가 없다.[15]

다. 국적 취득

출생 당시에 부 또는 모가 대한민국 국민인 사람은 출생과 동시에 대한민국 국적
을 취득한다(國籍 §2 ① i). 따라서 외국인 부와 대한민국 모 사이에 출생한 혼인외 자녀
는 출생과 동시에 대한민국 국적을 취득한다. 모자관계는 출생과 동시에 성립하기 때
문이다. 반면 대한민국 부와 외국인 모 사이에 출생한 혼인외 자녀는 부의 인지 전에
는 대한민국 국적을 취득하지 못한다. 부의 인지 전에는 부자관계가 성립하지 않기 때
문이다. 이 경우 혼인외 자녀가 미성년자라면 부의 인지 후 법무부장관에게 신고해야
대한민국을 취득하고(國籍 §3 ①). 법무부장관이 그 신고를 수리한 다음 가족관계등록
관서의 장에게 통보해야 그 자녀에 대한 가족관계등록부가 작성된다.[16]

III. 소급효의 예외: 제3자 보호

1. 개요

본조 단서는 인지의 소급효는 제3자가 취득한 권리를 해하지 못한다고 규정하고

---

15) 오종근(2014), 38; 같은 취지, 주석친족(2), 98(정용신).
16) 대법원 2018. 11. 6.자 2018스32 결정 참조; 國籍令 §2, 家登 §93, 등록예규 제429호 참조.

있다. 본조 단서는 권리를 취득한 경우만을 규정하나, 학설은 제3자가 새로운 이해관계를 맺은 경우도 포함된다고 해석한다.[17] 본조 단서의 문언상 제3자의 선의·악의는 묻지 않는다고 해석된다.[18]

2. 인지의 소급효 제한(본조 단서)과 §1014와의 관계

판례는 본조 단서와 §1014의 가액지급청구권의 취지를 연결시켜 설명한다. 즉 인지 이전에 다른 공동상속인이 이미 상속재산을 분할 또는 처분한 경우 본조 단서가 적용되어 그 분할 또는 처분의 효력을 부인할 수 없으므로, §1014는 피인지자가 다른 공동상속인에 대하여 상속분 상당 가액의 지급을 청구할 수 있도록 함으로써 이해관계를 조정하기 위한 것이라고 한다.[19]

학설상으로도 판례와 같이 본조 단서와 §1014를 연결시켜 §1014가 본조 단서의 특칙 또는 예외라고 설명하는 견해가 많다.[20] 그러나 본조 단서와 §1014를 연결시켜 설명하는 것은 타당하지 않다.[21] 상속재산의 분할 또는 처분 여부에 따라 본조 단서의 적용 여부가 좌우된다고 볼 근거도 없고, §1014는 인지뿐만 아니라 재판의 확정으로 공동상속인이 추가된 경우에도 적용되기 때문이다. §1014는 인지 등에 의해 공동상속인이 추가된 경우 공동상속인들이 기왕에 한 분할 또는 처분의 효력을 유지하기 위해 인지 등으로 추가된 공동상속인에게 원물반환이 아닌 가액지급청구권만을 인정하는 것으로 이해하면 족하다.[22]

3. 적용 범위

가. 서

인지의 소급효는 제3자가 이미 취득한 권리를 해하지 못하는데(본조 단서), 여기서 말하는 제3자의 구체적인 범위가 문제된다.

나. 공동상속인

인지가 됨으로써 피인지자와 공동상속인 관계에 있게 되는 사람도 본조 단서의 제3자에 해당한다는 견해가 있다.[23] 본조 단서의 문언상 '제3자'는 당사자인 인지자

---

17) 윤진수(2020), 667; 김세준(2019), 299.
18) 오종근(2014), 44; 김용균(1993), 423; 김세준(2019), 299.
19) 대법원 2007. 7. 26. 선고 2006므2757, 2764 판결; 대법원 2007. 7. 26. 선고 2006다83796 판결.
20) 김주수·김상용, 336-337; 김용균(1993), 424; 같은 취지, 신영호·김상훈·정구태, 172, 428.
21) 윤진수, 483; 김세준(2019), 300-301.
22) 윤진수, 204; 윤진수, 201; 주해상속(1권), 342-343(이봉민); 윤진수(2008), 397-398; 같은 취지, 임종효(2009), 44; 이동진(2018), 11.
23) 오종근(2020), 163; 오종근(2014), 44.

와 피인지자를 제외한 모든 사람이 여기에 해당한다는 점 등을 이유로 한다.24) 판례
도 같은 취지에서 인지 이전에 다른 공동상속인이 상속재산을 분할·처분한 경우에는
본조 단서가 적용되어 피인지자는 그 분할·처분의 효력을 부인하지 못한다고 하였
다.25)

그러나 공동상속인은 상속재산을 취득하기 위해 특별한 노력을 한 것이 아니어
서 인지의 소급효를 제한하면서까지 그 상속인을 보호할 이유가 없으므로 본조 단서
의 제3자에 해당하지 않는다고 보아야 한다.26) 다만 §1014는 이러한 경우 공동상속인
의 분할·처분의 효력을 유지하기 위해 피인지자에게 원물반환이 아닌 가액반환청구
권만 인정한 것이다.27)

다. 후순위 상속인

상속이 일단 개시된 이후에 인지가 됨으로써 피인지자보다 후순위 상속인 지위
에 있게 되는 사람이 본조 단서의 제3자에 해당하는가?

판례는 이러한 후순위 상속인은 §1014의 가액지급청구권의 상대방이 될 수 없음
이 문언상 명백하므로, 본조 단서의 제3자에도 해당하지 않고, 후순위 상속인은 자신
이 취득한 상속권을 소급하여 잃게 된다고 하였다.28) 이에 의하면, 피인지자는 후순
위 상속인을 상대로 상속회복청구를 할 수 있다.29) 이 경우 상속회복청구권의 제척기
간으로서 침해를 안 날(§999 ②)은 인지청구의 판결이 확정된 때부터 진행한다는 것이
판례이다.30)

학설상으로는 후순위 상속인도 본조 단서의 제3자에 해당한다는 견해도 있으
나,31) 판례와 같이 후순위 상속인은 본조 단서의 제3자에 해당하지 않는다는 견해가
다수이다.32) 한편 거래의 안전 등을 이유로 후순위 상속인에 대해서도 §1014의 가액

---

24) 한편 오종근(2020), 163; 오종근(2014), 45은, 제3자에 대하여 인지의 효력이 소급하지 않더라도, 피인
  지자가 인지 이후에는 상속인임을 주장할 수 있으므로, 다른 공동상속인 또는 후순위상속인이 상속재
  산을 처분하여 얻은 이익은 부당이득이 된다고 한다. 이에 대해서는 공동상속인 또는 후순위상속인이
  본조 단서의 제3자에 해당한다면 그들이 상속재산을 처분하여 얻은 이익이 사후적으로 부당이득이 될
  근거가 명확하지 않다는 비판이 있다(윤진수, 205).
25) 대법원 2007. 7. 26. 선고 2006므2757, 2764 판결; 대법원 2007. 7. 26. 선고 2006다83796 판결.
26) 김주수·김상용, 336-337; 윤진수, 204-205; 정다영(2019), 183; 같은 취지, 전효숙(1983), 523; 최한
  수(1992), 52; 이경희·윤부찬, 194.
27) 윤진수, 483; 주해상속(1권), 343(이봉민).
28) 대법원 1974. 2. 26. 선고 72다1739 판결; 같은 취지, 대법원 1993. 3. 12. 선고 92다48512 판결, 대법원
  2004. 3. 25. 선고 2002다8339 판결.
29) 임종효(2009), 51-52; 오종근(2014), 43; 김용균(1993), 425. 신영호(1995), 380, 385.
30) 대법원 1977. 2. 22. 선고 76므55 판결; 대법원 1978. 2. 14. 선고 77므21 판결; 대법원 1982. 9. 28. 선
  고 80므20 판결 등.
31) 오종근(2020), 163; 오종근(2014), 44.
32) 김주수·김상용, 337; 박동섭·양경승, 337; 박종찬, 133; 송덕수, 167; 신영호·김상훈·정구태, 172; 윤

지급청구를 행사할 수 있다는 견해도 있으나,[33] §1014의 문리해석과 취지 등을 이유로 이를 부정하는 견해가 다수이다.[34]

§1014조는 다른 공동상속인이 분할 기타 처분을 한 경우에 가액지급청구권을 행사할 수 있다고 규정하고 있으므로, 후순위 상속인은 거기에 포함되지 않고, 상속순위에 변경이 있는 경우와 공동상속인으로 추가되는 경우에 상속인 보호 정도에 차이를 둘 필요가 있는 점 등을 고려하면, 후순위 상속인에 대해서는 §1014의 가액지급청구를 행사할 수 없다고 보는 것이 타당하다.[35]

라. 모자관계

판례는 모자관계에는 본조 단서가 적용 또는 유추적용되지 않으므로, 모자관계가 친생자관계존재확인판결의 확정 등으로 명백히 밝혀지기 이전에 모의 다른 공동상속인이 혼인외 자녀를 제외하고 모의 상속재산을 처분한 경우에는 혼인외 자녀가 그 처분의 효력을 부인할 수 있다고 하였다.[36] 판례는 부의 공동상속인과 달리 모의 공동상속인은 본조 단서의 제3자에 해당하지 않는다는 취지라고 이해할 수 있다. 이러한 판례의 태도에 대해 찬성하는 견해도 있다.[37] 그러나 이 판결에 대해서는 §1014가 본조 단서의 적용을 전제로 하는 것이 아닌 점, §1014의 취지가 거래안전을 위한 것이고 피인지자 외에도 재판의 확정에 의해 공동상속인이 된 경우도 규율하고 있는 점 등을 이유로, 이러한 경우에도 §1014에 따라 다른 공동상속인의 처분은 유효하고 혼인외 자녀는 §1014에 따라 가액지급청구를 할 수 있다고 보아야 한다는 비판론이 유력하다.[38]

마. 공동상속인 또는 후순위상속인으로부터 상속재산을 전득한 제3자

공동상속인 또는 후순위상속인으로부터 상속재산을 전득한 제3자가 본조 단서의 제3자에 해당한다는 데 이론이 없다.[39] 다만 제3자가 상속재산을 취득하기로 하는 계약만 체결하였을 뿐 등기 등 그 이행이 이루어지지 않았다면 본조 단서의 제3자로 보호받을 수 없다.[40]

진수, 204; 한삼인·김상헌, 151; 김용균(1993), 425; 윤진수(2020), 667; 전효숙(1983), 523; 최한수(1992), 52; 같은 취지, 이경희·윤부찬, 194.

33) 곽윤직, 155−156; 박병호, 305−306.

34) 송덕수, 380; 윤진수, 485; 윤진수(2020), 665−666; 오종근(2014), 47, 주 36; 전효숙(1983), 526; 임종효(2009), 51−52; 신영호(1995), 385; 양창수(2007), 220−221; 같은 취지, 김용균(1993), 425.

35) 주해상속(1권), 347(이봉민).

36) 대법원 2018. 6. 19. 선고 2018다1049 판결.

37) 오종근(2020), 173−174; 같은 취지, 정다영(2019), 187−188.

38) 윤진수, 484; 이동진(2018), 11; 김세준(2019), 316−317.

39) 김주수·김상용, 337−338; 박종찬, 133; 송덕수, 167−168; 한삼인·김상헌, 151; 김용균(1993), 426; 오종근(2014), 44; 정다영(2019), 183.

40) 오종근(2014), 49.

바. 후순위 상속인에게 변제한 상속채무자

판례는 상속채무자가 후순위 상속인에게 한 채무 변제는 채권의 준점유자에 대한 변제로서 유효하고 이 경우 피인지자는 후순위 상속인에 대하여 부당이득반환청구를 할 수 있으나, 상속채무자가 후순위 상속인과 한 채권포기 또는 채무면제 등의 합의는 진정한 상속인에 대한 관계에서 무효라고 하였다.[41]

이러한 판례의 태도를 지지하는 견해도 있으나,[42] 후순위 상속인과 이해관계를 맺은 상속채무자는 본조 단서의 제3자로서 보호받아야 하므로, 채무변제뿐만 아니라 채권포기 또는 채무면제 등의 합의도 유효하다고 보아야 한다는 비판론이 유력하다.[43]

---

41) 대법원 1993. 3. 12. 선고 92다48512 판결; 대법원 1995. 1. 24. 선고 93다32200 판결; 대법원 1995. 3. 17. 선고 93다32996 판결.
42) 김용균(1993), 428−430; 강용현(1995), 83−84; 양창수(2007), 223−227; 같은 취지, 김주수(1993), "부사망후 인지된 혼인외의 출생자와 직계존속간의 상속문제", 판례월보 273, 22−23(다만, 진정한 상속인이 후순위 상속인을 상대로 부당이득 청구를 할 수 있다고 한 부분은 반대).
43) 윤진수, 205; 윤진수(2020), 667; 같은 취지, 오종근(2014), 49−50, 58−59.

第 861 條 (認知의 取消)

詐欺, 强迫 또는 重大한 錯誤로 因하여 認知를 한 때에는 詐欺나 錯誤를 안 날 또는 强迫을 免한 날로부터 6月內에 가정법원에 그 취소를 청구할 수 있다.

■ **참고문헌:** 김명숙(2009), "자의 복리와 친권, 자의 권리", 안암법학 28; 김성숙(2002), "인지제도 정비를 위한 검토", 가족법연구 16-1; 김연(1995), "친자관계소송에 있어서의 주관주의와 객관주의", 경성법학 4; 이동진(2022), "부자관계의 설정과 해소: 입법론적 고찰", 인권과 정의 509; 전효숙(1983), "인지에 관한 심판의 이론과 실제", 재판자료 18; 제철웅(2019), "생물학적 부모, 법적 부모, 그리고 사회적 부모", 비교사법 26-2.

Ⅰ. 본조의 취지

본조는 인지취소의 소에 관한 조항이다. 인지의 취소는 소송에서만 주장할 수 있다.[1] 인지 취소를 소에 의해서만 하도록 한 취지는 인지의 취소가 신분관계에 관한 중대한 문제이므로 신중과 명확성을 기하기 위한 것이다.[2] 또한 인지취소의 소에는 제척기간을 두고 있는데 이는 부의 의사에 의해 일단 발생한 부자관계가 불안정해지는 것은 자녀의 복리에 반하기 때문에 그 번복을 제한하기 위해서이다.[3]

학설 중에는 본조에서 인지취소의 소에 제척기간을 정하고 있다는 등의 이유로 생물학적 관계가 없더라도 인지에 의해 부자관계가 형성될 수 있다는 견해가 있으나,[4] 본조가 그러한 점까지 염두에 두었다고 생각되지 않고, §855 ① 본문의 문언에서 생부(生父)나 생모(生母)가 인지할 수 있다고 한 것은 생물학적 친자관계를 전제한 것이라고 해석해야 한다.

---

1) 윤진수, 201.
2) 전효숙(1983), 504.
3) 김명숙(2009), 96 참조.
4) 제철웅(2019), 24.

Ⅱ. 인지취소의 소

1. 성질

인지취소의 소는 확정판결에 의해 인지의 효력을 소급적으로 소멸시키는 형성의 소이다.5) 인지취소는 반드시 소로써 해야 하고, 소송 외에서 주장할 수 없다.6)

2. 당사자

인지를 한 사람이 인지취소의 소를 제기할 수 있다.7) 제3자는 인지취소의 소를 제기할 수 없다.8) 다른 제소권자가 없으므로 원고가 사망하면 소송은 승계되지 않고 종료된다.9)

상대방은 피인지자인 자녀이다(家訴 §28, §24 ①).10) 상대방인 자녀가 사망하면 검사를 상대방으로 한다(家訴 §28, §24 ③).

3. 제소기간

사기나 착오를 안 날 또는 강박을 면한 날부터 6개월 안에 제기하여야 한다(본조). 이는 제척기간이다.11)

4. 관할

피인지자인 자녀의 보통재판적이 있는 곳의 가정법원의 전속관할이고, 자녀가 사망한 경우에는 자녀의 마지막 주소지 가정법원의 전속관할이다(家訴 §26 ①). 제1심 사물관할은 단독판사에게 속한다(사물관할규칙 §3 참조).

5. 심리절차

인지취소의 소는 나류 가사소송사건으로서[家訴 §2 ① 1. 나. 5)], 청구의 인낙이나 자백은 허용되지 않고(家訴 §12), 직권주의가 적용되며(家訴 §17), 조정전치주의가 적용

---

5) 박동섭·양경승, 319; 박종찬, 129; 송덕수, 161−162; 신영호·김상훈·정구태, 166; 윤진수, 201; 전효숙(1983), 509; 김연(1995), 100; 제요[1], 712−713.
6) 박동섭·양경승, 319.
7) 김주수·김상용, 330; 신영호·김상훈·정구태, 166; 전효숙(1983), 507; 제요[1], 713.
8) 박동섭·양경승, 320; 김연(1995), 100; 제요[1], 713.
9) 박동섭·양경승, 320; 김연(1995), 101; 같은 취지, 주석친족(2), 101(정용신).
10) 김주수·김상용, 330; 박동섭·양경승, 320; 신영호·김상훈·정구태, 166; 제요[1], 713.
11) 박동섭·양경승, 320; 주석친족(2), 101(정용신); 제요[1], 714.

된다(家訴 §50). 조정이 성립하면 재판상 화해와 동일한 효력이 있으나(家訴 §59 ② 본문), 당사자가 임의로 처분할 수 없는 사항에 대해서는 그러한 효력이 없다(家訴 §59 ② 단서). 인지를 취소하는 내용의 조정은 당사자 처분할 수 없는 사항에 관한 것이어서 효력이 없다.12) 다만 인지 취소권자가 취소권을 포기하는 것은 무방하므로,13) 그러한 내용의 조정은 유효하다.14)

6. 심리·판단

인지가 사기·강박 또는 중대한 착오에 의한 것인지 여부, 즉 인지 취소사유의 존부가 심리·판단의 대상이다.

여기서 사기, 강박, 중대한 착오는 §110, §109의 의미와 같다.15) 즉 사기란 허위사실을 고지하여 착오에 빠뜨리는 것을 의미하고, 강박이란 해악을 고지하여 공포심을 일으키는 것을 의미한다. 중대한 착오란 그러한 착오가 없었더라면 인지하지 않을 것이라는 정도의 착오를 의미한다.16) 즉 사기·강박·착오는 민법총칙상의 의미와 동일하다.17) 다만 사기자나 강박자가 피인지자인지 제3자인지는 관계없다.18)

본조에서 정한 취소사유가 존재하더라도 사실에 부합하는 인지이면 취소할 수 없는지에 관하여 견해가 대립한다. 자신의 친생자를 인지하였다면 취소할 수 없다는 견해도 있으나,19) 본조에서 정한 취소사유가 존재하면 인지자와 피인지자 사이에 친생자관계가 존재하더라도 취소 청구를 인정하는 견해가20) 본조의 문언에 더 부합한다고 생각된다. 그러나 인지가 취소되더라도 추후 인지청구의 소에 의하여 다시 인지가 될 수 있으므로 소송경제상으로는 무용한 절차일 수는 있다.21) 인지취소의 소의 피고가 인지청구의 소를 제기할 수 있는 경우에는 피고가 패소하더라도 다시 인지청구의 소를 제기할 수 있으므로, 소송경제상 원고의 취소 청구를 배척해야 한다는 견해가 있으나,22) 소송경제라는 이유만으로 본조의 취소 청구를 배척할 수 있는지 의문이다.

---

12) 김주수·김상용, 330; 박동섭·양경승, 321; 전효숙(1983), 508.
13) 신영호·김상훈·정구태, 166-167.
14) 제요[1], 713; 주석친족(2), 101(정용신).
15) 주해친족(초판, 1권, 2015), 640(권재문).
16) 김주수·김상용, 330.
17) 전효숙(1983), 504.
18) 박동섭·양경승, 320; 김연(1995), 100.
19) 이경희·윤부찬, 188; 이준영(2010), 625-626; 같은 취지, 박병호, 168.
20) 박동섭·양경승, 320; 전효숙(1983), 503, 504.
21) 전효숙(1983), 503.
22) 박동섭·양경승, 320.

7. 판결의 효력

인지를 취소하는 판결이 확정되면 인지는 소급하여 처음부터 무효로 되고(§141 본문),[23] 제3자에게도 효력이 있다(家訴 §21 ①). 그러나 인지취소 판결이 확정되더라도 혼인외 출생자가 인지 청구를 하는 데 영향이 없다.[24] 다만 이러한 점 때문에 인지취소의 소는 인지의 취지나 소송경제 등에 비추어 불합리한 제도라는 비판이 있다.[25]

청구를 기각한 판결이 확정되면 다른 제소권자는 사실심 변론종결 전에 참가하지 못한 데 정당한 사유가 없으면 다시 소를 제기할 수 없다(家訴 §21 ②). 그런데 인지취소의 소에는 다른 제소권자가 없으므로 사실상 아무도 다시 소를 제기할 수 없다.[26]

8. 가족관계등록부의 정정

인지취소 판결이 확정되면 원고는 판결확정일로부터 1개월 이내에 가족관계등록부의 정정을 신청하여야 한다(家登 §107).

---

23) 김주수·김상용, 330; 박동섭·양경승, 321; 송덕수, 161; 신영호·김상훈·정구태, 166.
24) 박동섭·양경승, 321; 이동진(2022), 33; 같은 취지, 신영호·김상훈·정구태, 167; 김연(1995), 100.
25) 김성숙(2002), 181.
26) 제요[1], 715; 주석친족(2), 101–102(정용신) 참조.

第862條 (認知에 對한 異議의 訴)

子 其他 利害關係人은 認知의 申告있음을 안 날로부터 1年內에 認知에 對한 異議의 訴를 提起할 수 있다.

▌**참고문헌:** 김성숙(2002), "인지제도 정비를 위한 검토", 가족법연구 16-1; 김연(1995), "친자관계소송에 있어서의 주관주의와 객관주의", 경성법학 4; 김원태(2015), "가사소송에서의 소송능력", 한국민사소송법학회지 18-1; 서인겸(2018), "친생자 출생신고에 관한 무효행위전환 법리의 적용상 문제점", 원광법학 34-4; 이경희(2002), "친생친자관계법의 문제점과 개선방향", 가족법연구 16-1; 이동진(2022), "부자관계의 설정과 해소: 입법론적 고찰", 인권과 정의 509; 이준영(2000), "자신의 혈통에 대한 자의 알 권리와 친생자관계", 가족법연구 14; 이소은(2021), "친생자관계 부존재 확인의 소의 소송요건에 관한 연구", 가족법연구 35-2; 전효숙(1983), "인지에 관한 심판의 이론과 실제", 재판자료 18; 제철웅(2019), "생물학적 부모, 법적 부모, 그리고 사회적 부모", 비교사법 26-2; 최진섭(1998), "사회적 친자관계와 법률상의 친자관계", 인천법학논총 1; 최한수(1992), "혼인외의 자의 지위", 사법연구자료 19.

Ⅰ. 본조의 취지

본조는 인지에 대한 이의의 소에 관한 규정이다. 민법에는 규정이 없으나, 家訴 §2 ① ⅰ 가. 3)은 인지무효의 소를 별도로 규정하고 있다. 인지에 의해 가족관계등록부에 친생자관계가 기재되었으나 인지가 무효인 경우 인지에 대한 이의의 소나 인지무효의 소로 다툴 수 있다.

II. 인지 무효사유

인지 무효의 사유의 가장 대표적인 사유로는 인지가 진실에 반하는 것으로서 혈연관계에 없는 자를 인지한 경우이다. 그 외에 인지신고 자체가 없는 경우, 타인이 생부 또는 생모의 명의를 모용하여 인지신고 한 경우, 인지자의 인지 의사가 없는 경우, 의사능력이 없는 자가 인지를 한 경우, 타인의 자녀로 친생추정을 받는 자녀를 인지한 경우, 유언인지에서 유언이 무효인 경우, 인지절차에 위법이 있는 경우 등이 있다.[1]

판례 중에는 친생자가 아닌 자녀에 대한 인지는 당연무효라는 것,[2] 타인의 자녀로 친생추정을 받는 자녀에 대한 인지는 무효라는 것,[3] 생모가 다른 사람의 인장을 위조하여 그 명의로 인지한 것은 효력이 없다고 한 것,[4] 생부의 사망 후 그의 아내가 생부와 다른 사람 사이에 태어난 자녀를 부부 사이에 태어난 친생자로 출생신고를 하였다고 하더라도 인지의 효력이 없다고 한 것[5]이 있고, 자녀의 조부가 생부의 자녀에 대해 출생신고를 해도 인지의 효력이 없다고 한 것,[6] 일본국에 친생자로 출생신고를 한 것은 인지신고로서 효력이 없다고 한 것[7]이 있다.

인지자의 의사에 기하지 않은 경우, 타인이 부 명의로 인지신고한 경우 등은 인지 무효사유가 아니라 인지가 성립하지 않았다고 보아야 한다는 견해가 있으나,[8] 어떻게 보더라도 큰 차이는 없다. 타인이 이미 인지를 하였는데도 인지를 한 것은 무효라는 견해도 있으나,[9] 이는 그 선행 인지가 유효함을 전제로 한 것으로 이해되어야 하고, 선행 인지가 무효라면 후행 인지라는 이유만으로 이를 무효로 볼 필요는 없을 것이다.[10]

---

1) 김주수·김상용, 326−327; 박동섭·양경승, 314−316; 신영호·김상훈·정구태, 165; 윤진수, 200; 전효숙(1983), 505−507; 김연(1995), 99; 제요[1], 716 참조.
2) 대법원 1992. 10. 23. 선고 92다29399 판결.
3) 대법원 1987. 10. 13. 선고 86므129 판결.
4) 대법원 1984. 9. 25. 선고 84므73 판결.
5) 대법원 1972. 1. 31. 선고 71다2446 판결; 대법원 1985. 10. 22. 선고 84다카1165 판결; 같은 취지, 대법원 1967. 2. 21. 선고 66다2048 판결.
6) 대법원 1976. 4. 13. 선고 75다948 판결.
7) 대법원 1981. 12. 22. 선고 80다3093 판결.
8) 송덕수, 159.
9) 윤진수, 200.
10) 같은 취지, 전효숙(1983), 506; 박동섭·양경승, 316.

Ⅲ. 인지에 대한 이의의 소

1. 의의

본조는 인지에 대한 이의의 소를 제기할 수 있는 원인을 규정하고 있지 않다. 인지에 대한 이의의 소는 친자관계의 부존재를 이유로 제기하는 것이라는 취지로 설명하는 문헌도 있으나,11) 인지이의 사유는 인지 무효를 다투기 위한 것이므로,12) 인지에 대한 이의의 소는 인지의 무효를 주장하는 소라고 해야 할 것이다.13)

2. 성질

인지에 대한 이의의 소는 인지의 무효를 주장한다는 점에서 확인의 소라고 보는 것이 대체적이다.14)

3. 적용 범위

강제인지는 인지청구의 확정판결에 의한 것이므로, 강제인지를 다투기 위해서는 재심의 소에 의하여야 하고, 인지에 대한 이의의 소로 다툴 수 없다.15)

생부가 혼인외 자녀를 출생신고하면 인지의 효력이 있으나(家登 §57 ① 본문), 그 출생신고에 의한 인지의 효력을 다투기 위해서는 본조의 인지에 대한 이의의 소가 아니라 §865의 친생자관계부존재 확인의 소에 의하여야 한다는 것이 판례이다.16) 이에 대해서는 본조가 인지에 대한 이의의 소를 마련하고 있는 이상 위와 같은 경우에도 인지에 대한 이의의 소 또는 인지무효의 소로 다투어야 한다는 비판이 있다.17)

반면 인지에 의해 가족관계등록부에 친생자관계가 기재된 경우 인지를 다투기 위해서는 인지무효의 소나 인지에 대한 이의의 소(§862)를 제기해야 하고, 친생자관계부존재확인의 소를 제기하는 것은 허용될 수 없다는 것이 실무 의견이다.18)

---

11) 전효숙(1983), 504, 505; 같은 취지, 주석친족(2), 103(정용신).
12) 서인겸(2018), 284, 김주수·김상용, 329 참조.
13) 서인겸(2018), 284; 한삼인·김상헌, 148.; 같은 취지, 김주수·김상용, 329.
14) 박동섭·양경승, 322; 신영호·김상훈·정구태, 166; 윤진수, 200; 전효숙(1983), 508−509; 최한수(1992), 48; 김성숙(2002), 184; 제요[1], 717.
15) 대법원 1981. 6. 23. 선고 80므109 판결.
16) 대법원 1993. 7. 27. 선고 91므306 판결.
17) 김주수·김상용, 329; 최진섭(1998), 165−166.
18) 제요[1], 591.

4. 당사자

본조에 의하면 인지에 대한 이의의 소는 피인지자인 자녀 기타 이해관계인이 제기할 수 있다. 반대 견해도 있으나,[19] 인지자 본인은 제기할 수 없다는 것이 대체적인 견해이다.[20] 여기서 이해관계인이란 진실에 반하는 인지로 인해 법률상 불이익을 받는 사람을 의미한다고 해석된다.[21] 예를 들어 인지에 의해 피인지자가 새로이 추정상속인이 됨으로써 상속권을 상실하거나 상속분이 감소하게 되는 다른 추정상속인, 해당 자녀를 인지하려는 생부 등이 여기의 이해관계인에 해당한다.[22]

인지에 대한 이의의 소의 상대방은 다음과 같다. 자녀가 소를 제기할 때에는 인지자를 상대방으로 하고, 제3자가 소를 제기할 때에는 인지지와 피인지자 쌍방을 상대방으로 하되 그중 1인이 사망한 경우에는 생존자만 상대방으로 한다. 제3자가 인지자와 피인지자 쌍방을 상대로 소를 제기하면 이는 필수적 공동소송이다.[23] 위와 같이 상대방이 될 자가 모두 사망한 경우에는 검사를 상대방으로 한다(家訴 §28, §24).

5. 관할

상대방의 보통재판적이 있는 곳의 가정법원 전속관할이고, 상대방이 복수일 경우에는 그중 1명의 보통재판적이 있는 곳의 가정법원 전속관할이며, 상대방이 모두 사망한 경우에는 그중 1명의 마지막 주소지의 가정법원 전속관할이다(家訴 §26 ②). 제1심 사물관할은 단독판사에게 속한다(사물관할규칙 §3 참조).

6. 제소기간

본조는 인지에 대한 이의의 소는 제소권자가 인지신고가 있음을 안 날부터 1년 내에 제기해야 한다고 규정하고 있다. 다만 상대방이 될 사람이 모두 사망한 경우에는 그 사망을 안 날부터 2년 내에 제기하여야 한다(§864). 인지에 대한 이의의 소가 확인의 소임에도 제소기간을 둔 것은 부당하다는 입법론상 비판이 있다.[24]

---

19) 김성숙(2002), 186–187.
20) 김주수·김상용, 328; 박동섭·양경승, 316, 322–323; 송덕수, 161; 신영호·김상훈·정구태, 166; 윤진수, 200; 전효숙(1983), 507; 최한수(1992), 48; 김연(1995), 101; 제요[1], 717; 한편 김주수·김상용, 328에서는 대법원 1969. 1. 21. 68므41 판결이 인지자 본인은 인지에 대한 이의의 소를 제기할 수 없다는 취지의 것이라고 하나, 위 판결이 그러한 취지까지 밝힌 것은 아니다.
21) 김주수·김상용, 328; 박동섭·양경승, 323; 신영호·김상훈·정구태, 166; 전효숙(1983), 507; 김연(1995), 101; 같은 취지, 제요[1], 717.
22) 김주수·김상용, 328; 전효숙(1983), 507; 제요[1], 717 참조.
23) 제요[1], 718.
24) 최한수(1992), 48; 김연(1995), 102.

7. 심리절차

인지에 대한 이의의 소는 나류 가사소송사건으로서[家訴 §2 ① 1. 나. 8)], 청구의 인낙이나 자백은 허용되지 않고(家訴 §12), 직권주의가 적용되며(家訴 §17), 조정전치주의가 적용된다(家訴 §50). 조정이 성립하면 재판상 화해와 동일한 효력이 있으나(家訴 §59 ② 본문), 당사자가 임의로 처분할 수 없는 사항에 대해서는 그러한 효력이 없다(家訴 §59 ② 단서). 인지에 대한 이의를 인정하는 내용의 조정이 성립하여 이도 당사자가 임의로 처분할 수 없는 사항에 관한 것이므로 효력이 없다.[25] 다만 청구를 취하하는 내용의 조정은 유효하다.[26] 실무상 여기서 이루어지는 조정은 환경을 비롯하여 인간관계의 조정을 중심으로 한 간접적이고 우회적인 것에 한정된다고 본다.[27]

8. 심리 · 판단

인지에 대한 이의의 소의 판단 대상은 인지의 무효 여부이다.[28] 기본적인 무효사유는 인지자와 피인지자 사이에 친생자관계 존재 여부이다.[29] 가정법원은 다른 증거조사에 의하여 심증을 얻지 못한 때에는 혈액형검사, 유전자검사 등의 수검명령을 할 수 있다(家訴 §29). 그 밖의 인지 무효사유도 심리 · 판단 대상이 될 수 있다.

인지에 대한 이의의 소에서 청구 인용판결의 주문은 실무상 '피고가 2024. 1. 1. 서울특별시 구로구청장에게 신고하여 한 원고(또는 피고○○○)에 대한 인지는 무효임을 확인한다'는 식으로 기재하고 있다.[30]

9. 판결의 효력

인지에 대한 이의의 소에서 청구를 인용한 확정판결은 제3자에게도 효력이 있다(家訴 §21 ①). 그 판결확정 후에는 인지자와 피인지자 사이에 친생자관계가 존재하지 않는 것으로 확정되고, 그 기판력에 반하여 다시 인지청구를 할 수 없다.[31]

청구를 기각한 판결이 확정되면 다른 제소권자는 사실심 변론종결 전에 참가하

---

25) 김주수 · 김상용, 328; 송덕수, 161; 박동섭 · 양경승, 324; 전효숙(1983), 508; 같은 취지, 신영호 · 김상훈 · 정구태, 166.
26) 전효숙(1983), 509.
27) 제요[1], 719.; 같은 취지, 신영호 · 김상훈 · 정구태, 166.
28) 서인겸(2018), 284.
29) 박동섭 · 양경승, 322, 324.
30) 제요[1], 600; 서울가정법원 2023. 9. 20. 선고 2023드단111981 판결, 전주지방법원 2016. 11. 25. 선고 2016드단1185 판결 등 참조.
31) 박동섭 · 양경승, 324; 이경희 · 윤부찬, 187.

지 못한 데 정당한 사유가 없으면 다시 소를 제기할 수 없다(家訴 §21 ②).

10. 가족관계등록부의 정정

인지에 대한 이의 판결이 확정되면 원고는 판결확정일로부터 1개월 이내에 가족관계등록부의 정정을 신청하여야 한다(家登 §107).

Ⅳ. 인지무효의 소

1. 의의

인지무효의 소는 인지가 무효임을 주장하여 이를 확정하기 위한 소이다. 즉 인지의 실질이 전혀 존재하지 않거나 하자가 중대하여 인지가 행해진 것으로 볼 수 없는 경우 그 외관을 제거하기 위한 소이다.[32]

2. 성질

인지무효의 소의 성질에 대해서 인지무효 판결에 의하여 비로소 인지가 무효가 되므로 인지무효의 소는 형성의 소라는 견해가 있으나,[33] 인지의 무효는 판결 기타 절차에 의하지 않고 누구나 주장할 수 있으므로 인지무효의 소는 확인의 소라는 것이 대체적인 견해이다.[34] 판례도 인지의 무효는 판결 기타 절차 없이도 누구라도 주장할 수 있다는 입장이므로,[35] 인지무효의 소를 확인의 소로 보는 견해에 가깝다. 실무도 인지 무효의 소를 확인의 소로 보는 입장이다.[36] 이에 따르면 다른 사람에 의해 이미 인지된 사람은 생부를 상대로 인지청구의 소를 제기한 다음 선결문제로 인지의 무효를 주장할 수 있다.[37] 家訴 §2 ① i 가. 3에서 인지무효의 소를 별도로 제기할 수 있도록 한 것은 인지무효의 효과를 대세적으로 확정시키고, 직권탐지주의와 같이 가사사건에 적용되는 특칙을 적용하기 위한 것이다.[38]

---

32) 김연(1995), 97.
33) 송덕수, 159-160. 이에 의하면, 인지무효 확정판결의 효력에 소급효가 있으므로, 친자관계가 소급적으로 소멸된다고 한다.; 박동섭·양경승, 319은 인지무효의 소가 확인의 소라고 하면서도 인지무효확정판결에 소급효가 있으므로 친자관계가 소급적으로 소멸한다고 설명하는데, 이러한 설명은 모순이다.
34) 박동섭·양경승, 313; 박희호·이동건, 135; 윤진수, 200; 전효숙(1983), 509; 최한수(1992), 47; 김연(1995), 98.
35) 대법원 1976. 4. 13. 선고 75다948 판결; 대법원 1992. 10. 23. 선고 92다29399 판결.
36) 제요[1], 589, 600.
37) 김주수·김상용, 333; 신영호·김상훈·정구태, 168; 윤진수, 201; 같은 취지, 박동섭·양경승, 313; 이준영(2000), 94; 제요[1], 725.; 한편, 신영호·김상훈·정구태, 168에서는 대법원 1992. 10. 23. 선고 92다29399 판결이 그러한 취지라고 하나, 위 판결이 이러한 점을 직접 판시하거나 전제한 것은 아니다.

3. 당사자

家訴 §28, §23는 당사자, 법정대리인 또는 4촌 이내의 친족은 언제든지 인지무효의 소를 제기할 수 있다고 규정하고 있다. 따라서 인지자 본인도 인지무효의 소를 제기할 수 있다.[39] 학설 중에는 家訴 §28, §23이 인지무효의 소의 원고적격을 한정한 것이라는 견해도 있으나,[40] 위 조항의 의미는 당사자, 법정대리인 또는 4촌 이내의 친족은 구체적인 확인의 이익을 밝히지 않아도 '언제든지' 인지무효의 소를 제기할 수 있다는 취지이고, 따라서 제3자도 확인의 이익이 있다면 인지무효의 소를 제기할 수 있다고 해석해야 한다.[41] 이러한 해석은 家訴 §23의 혼인무효의 소 또는 이혼무효의 소에서도 마찬가지이다(§815, §834, §835 주석 참조). 실무도 당사자, 법정대리인 또는 4촌 이내의 친족이 아닌 제3자도 확인의 이익이 있으면 인지무효의 소를 제기할 수 있다는 취지이다.[42]

인지자 또는 피인지자의 법정대리인은 고유의 자격으로 인지무효의 소를 제기할 수도 있고,[43] 인지자 또는 피인지자를 대리하여 소를 제기할 수 있다.[44]

인지무효의 소의 상대방은 다음과 같다. 인지자 또는 피인지자가 소를 제기할 때에는 각각 서로를 상대방으로 하고, 제3자가 소를 제기할 때에는 인지자와 피인지자 쌍방을 상대방으로 하되 그중 1인이 사망한 경우에는 생존자만 상대방으로 한다. 제3자가 인지자와 피인지자 쌍방을 상대로 제소하는 경우에는 고유필수적 공동소송이 된다.[45] 위와 같이 상대방이 될 자가 모두 사망한 경우에는 검사를 상대방으로 한다(家訴 §28, §24).

4. 관할

자녀의 보통재판적이 있는 곳의 가정법원의 전속관할이고, 자녀가 사망한 경우에는 자녀의 마지막 주소지 가정법원의 전속관할이다(家訴 §26 ①). 제1심 사물관할은

---

38) 주해친족(초판, 1권, 2015), 644(권재문).
39) 김주수·김상용, 327; 윤진수, 200; 김연(1995), 98.
40) 송덕수, 160; 김주수·김상용, 327.
41) 박동섭·양경승, 317; 신영호·김상훈·정구태, 165; 주해친족(초판, 1권, 2015), 644(권재문); 같은 취지, 김연(1995), 98; 이에 반하여 '언제든지' 소를 제기할 있다는 규정이 확인의 이익 요건을 판단하지 않아도 된다는 의미로 볼 수 없다는 것으로 이소은(2021), 387.
42) 제요[1], 589, 591.
43) 김원태(2015), 293-294.
44) 박동섭·양경승, 317.
45) 박동섭·양경승, 323; 제요[1], 591-592.

단독판사에게 속한다(사물관할규칙 §3 참조).

5. 제소기간

제소기간의 제한이 없으므로, 제소권자가 언제든지 소를 제기할 수 있다.[46]

6. 심리절차

인지무효의 소는 가류 가사소송사건으로서[家訴 §2 ① 1. 나. 3)], 청구의 인낙이나 자백은 허용되지 않고(家訴 §12), 직권주의가 적용된다(家訴 §17). 조정전치주의(家訴 §50)는 적용되지 않는다.

7. 심리·판단

인지무효의 소에서 심리·판단 사항은 인지의 무효 여부이다. 인지무효의 소에서 청구 인용판결의 주문은 실무상 인지에 대한 이의의 소와 같이 '원고(또는 피고 ○○○)가 2024. 1. 1. 서울특별시 구로구청장에게 신고하여 한 피고(또는 피고 ○○○)에 대한 인지는 무효임을 확인한다'는 식으로 기재하고 있다.[47]

인지자의 인사에 기하지 않고 인지가 이루어졌으나, 인지자와 피인지자 사이에 진실한 친생자관계가 존재하는 경우에 관하여, 다수의 학설은 인지 무효 여부는 친생자관계의 존부가 핵심이라는 점 등을 이유로 인지무효 확인 청구를 배척하는 것이 타당하다고 한다.[48] 이와 달리 인지는 인지자의 자유의사에 달려 있으므로 청구를 항상 배척해야 하는 것은 아니나, 피고가 인지청구의 소를 제기할 자격이 있는 경우에는 패소하더라도 다시 인지청구의 소를 제기할 수 있으므로, 이러한 경우에만 소송경제를 이유로 청구를 배척해야 한다는 견해도 있다.[49]

8. 판결의 효력

인지무효의 소에서 인지가 무효라는 확정판결은 제3자에게도 효력이 있다(家訴 §21 ①). 인지무효 확정판결 이후에는 누구라도 이에 반하는 주장을 할 수 없는 것이 원칙이다.[50]

---

46) 박동섭·양경승, 317; 송덕수, 160; 윤진수, 200; 최한수(1992), 47; 이동진(2022), 509.
47) 제요[1], 720, 600; 서울가정법원 2023. 6. 16. 선고 2022드단103972 판결, 수원가정법원 안양지원 2023. 6. 16. 선고 2022드단103972 판결 등 참조.
48) 윤진수, 200; 같은 취지, 신영호·김상훈·정구태, 165; 최진섭(2000), 94.
49) 박동섭·양경승, 318.
50) 박동섭·양경승, 319.

그런데 판례는 생모가 생부의 인지 없이 임의로 생부의 명의로 친생자 출생신고를 하자 생부의 청구로 그 무효확인 심판이 확정된 사안에서, 그 인지무효확인심판의 기판력은 그 출생신고에 의한 임의인지가 무효라는 점에 한하여 발생할 뿐, 이후 자녀가 인지청구를 하는 것은 그 기판력에 반하지 않는다고 하였다.[51] 이에 대해서는 인지권자 아닌 자가 인지를 했다 해도 심리결과 친생자관계가 있음이 밝혀지면 인지무효확인 청구를 배척해야 하고, 위와 같은 인지무효확인 심판에 대해서 재심을 청구해야 한다는 이유로 비판하는 견해가 있다.[52] 반면 인지가 인지자의 의사에 의한 것이라는 아니라는 이유로 무효확인 심판을 받으면 친자관계의 존부에 기판력이 미치지 않는다는 이유로 위 판결이 타당하다는 취지의 견해도 있다.[53]

청구를 기각한 판결이 확정되면 다른 제소권자는 사실심 변론종결 전에 참가하지 못한 데 정당한 사유가 없으면 다시 소를 제기할 수 없다(家訴 §21 ②).

9. 가족관계등록부의 정정

인지무효 확인판결이 확정되면 원고는 판결확정일로부터 1개월 이내에 가족관계등록부의 정정을 신청하여야 한다(家登 §107). 인지의 무효는 판결 기타 절차 없이도 누구라도 주장할 수 있으나,[54] 가족관계등록부를 정정하기 위해서는 인지무효확인의 확정판결을 받을 필요가 있다.[55]

V. 인지에 대한 이의의 소와 인지무효의 소의 관계

판례는 인지무효의 소는 본조의 인지에 대한 이의의 소에 포함되는 것이 아닌 별개의 소라고 하였다.[56] 양자는 원고적격의 범위, 특히 인지자 본인이 제기할 수 있는지 여부, 제소기간의 제한 유무, 토지관할, 조정전치주의 적용 여부 등에서 차이가 있다.[57] 인지무효의 소와 인지에 대한 이의의 소를 모두 제기할 수 있는 제소권자는 양자를 선택할 수 있다.[58] 실무상 양소의 청구취지는 동일하므로, 인지자가 소를 제

51) 대법원 1999. 10. 8. 선고 98므1698 판결.
52) 윤진수, 200; 최진섭(2000), 91–95; 같은 취지, 신영호·김상훈·정구태, 165.
53) 송덕수, 160.; 기타 판례 취지에 찬성하는 견해로 박동섭·양경승, 328.
54) 대법원 1976. 4. 13. 선고 75다948 판결; 대법원 1992. 10. 23. 선고 92다29399 판결.
55) 김주수·김상용, 327; 주석친족(2), 107(정용신).
56) 대법원 1969. 1. 21. 선고 68므41 판결.
57) 신영호·김상훈·정구태, 166; 윤진수, 200.
58) 박동섭·양경승, 316, 323.

기한 경우에는 이를 인지무효의 소로 접수하고, 자녀가 그 밖의 이해관계인이 소를
제기한 경우에는 원고가 소장에 기재한 사건명에 따라 접수하되 관할·제척기간 등을
고려하여 가능한 적법한 청구가 될 수 있는 쪽으로 접수하는 것이 실무이다.[59]

　입법론상으로는 인지에 대한 이의의 소와 인지무효의 소는 모두 인지의 무효를
주장한다는 점에서 중복되므로 양자를 통합하는 것이 바람직하다는 견해가 많다.[60]
반면 양자는 구별 실익이 있으므로 입법론적으로도 양자를 통합하는 것은 바람직하
지 않다는 견해도 있다.[61]

---

59) 제요[1], 719.
60) 김주수·김상용, 329; 박동섭·양경승, 325; 송덕수, 161; 이경희·윤부찬, 187−188; 전효숙(1983), 504;
　　이경희(2002), 53; 김성숙(2002), 189−190.
61) 최진섭(1997), "인지무효의 소와 인지에 대한 이의의 소", 신문2652, 14.

第 863 條 (認知請求의 訴)

子와 그 直系卑屬 또는 그 法定代理人은 父 또는 母를 相對로 하여 認知請求
의 訴를 提起할 수 있다.

▌참고문헌: 김동선(2005), "인지소송에서 혈연상의 친자관계를 증명하는 유전자감정방법", 서울지방변
호사회 판례연구 18; 김명숙(2009), "자의 복리와 친권, 자의 권리", 안암법학 28; 김상용(2002), "허위의
친생자 출생신고에 의하여 입양의 효력이 발생한 경우 양자의 인지청구 허용여부", 가족법연구I; 김성
숙(2002), "인지제도 정비를 위한 검토", 가족법연구 16-1; 김연(1995), "친자관계소송에 있어서의 주관
주의와 객관주의", 경성법학 4; 김원태(2015), "가사소송에서의 소송능력", 한국민사소송법학회지 18-
1; 박주현(2005), "친생관계 증명에 있어서의 DNA 감정의 한계", 가족법연구 19-2; 이제정(2003), "친
자관계확인소송의 심리상 주요 논점", 재판자료 101(상); 이창우(2014), "판결과 가족관계등록부의 정정",
가정법원 50주년 기념논문집; 전효숙(1983), "인지에 관한 심판의 이론과 실제", 재판자료 18; 제철웅
(2019), "생물학적 부모, 법적 부모, 그리고 사회적 부모", 비교사법 26-2; 최진섭(2000), "인지무효 확인
심판이 확정되어도 인지청구의 소를 제기할 수 있는 경우", 인천법학논총 3; 최한수(1992), "혼인외의 자
의 지위", 사법연구자료 19; 한숙희(2005), "인지청구소송과 유전자감식", 서울가정법원 실무연구X.

Ⅰ. 본조의 취지

본조는 혼인외 자녀가 생부 또는 생모를 상대로 인지청구의 소를 제기할 수 있
다는 규정이다. 이러한 재판상 청구에 의한 인지를 '강제인지'라 한다.[1] 이는 생부의
의사에 반하더라도 진실한 혈연에 부합하게 부자관계를 형성할 수 있게 한 것이다.[2]

---

1) 김주수·김상용, 331; 박동섭·양경승, 326; 송덕수, 162; 윤진수, 196.
2) 김명숙(2009), 94 참조.

Ⅱ. 인지청구권

인지청구권은 일신전속권으로서 포기할 수 없고 포기했다 해도 무효라는 것이 통설이다.3) 판례도 인지청구를 포기하기로 하는 내용의 조정, 화해가 성립하여도 무효라고 하고,4) 인지청구권의 포기가 허용되지 않는 이상 실효의 법리가 적용될 여지도 없으므로, 인지청구권의 행사가 상속재산에 대한 이해관계 때문이라 해도 신의칙에 반하는 것이 아니라고 하였다.5) 이에 대하여 인지청구권의 포기는 원칙적으로 무효이나 포기 약정 후 인지청구권 행사가 신의칙에 반하면 권리남용이 될 수 있다는 견해도 있다.6)

판례 중에는 혼인외 자녀가 인지청구 포기의 대가로 금전을 지급받은 이후 인지청구를 하고 그 확정판결에 따라 §1014의 상속분 상당 가액지급청구를 하더라도 신의칙 위반이 아니라고 한 것도 있다.7)

Ⅲ. 인지청구의 소

1. 성질

부에 대한 인지청구의 소는 형성의 소이고, 모에 대한 인지청구의 소는 확인의 소라는 것이 통설이다.8) 판례도 인지청구의 소는 부와 자 사이에 사실상의 친자관계의 존재를 확정하고 법률상의 친자관계를 창설함을 목적으로 하는 소송이라고 하였다.9)

---

3) 김주수·김상용, 331; 박동섭·양경승, 329; 박종찬, 130; 박희호·이동건, 136; 송덕수, 164; 신영호·김상훈·정구태, 168−169; 윤진수, 201; 이경희·윤부찬, 190; 전효숙(1983), 516; 최한수(1992), 50; 김명숙(2009), 97; 김성숙(2002), 191; 이와 달리 인지권 포기계약이 자녀를 위해 행해진 경우는 유효하다는 견해가 있으나[김연(1995), 104], 의문이다.
4) 대법원 1987. 1. 20. 선고 85므70 판결; 대법원 1999. 10. 8. 선고 98므1698 판결.
5) 대법원 2001. 11. 27. 선고 2001므1353 판결.
6) 최진섭(2000), 96.
7) 대법원 2007. 7. 26. 선고 2006므2757, 2764 판결.
8) 김주수·김상용, 331, 335; 박동섭·양경승, 326; 박종찬, 129; 박희호·이동건, 136; 송덕수, 162; 신영호·김상훈·정구태, 167; 윤진수, 201; 이경희·윤부찬, 188−189; 한삼인·김상헌, 149; 전효숙(1983), 510−511; 한숙희(2005), 260; 김연(1995), 103; 주석친족(2), 112(정용신); 제요[1], 722; 이와 달리 최한수(1992), 50−51은 인지청구의 소는 모두 확인의 소라고 한다.
9) 대법원 1985. 11. 26. 선고 85므8 판결; 대법원 2005. 6. 10. 선고 2005므365 판결; 대법원 2015. 6. 11. 선고 2014므8217 판결.

2. 당사자

가. 원고적격

본조에 의하면 인지청구의 소를 제기할 수 있는 사람은 자녀와 그 직계비속 또는 법정대리인이다. 여기서 자녀는 '혼인외 자녀'를 의미한다.10) §844에 따라 다른 사람의 자녀로 친생추정을 받는 자녀는 친생추정을 번복하지 않고서는 생부를 상대로 인지청구의 소를 제기할 수 없다는 것이 통설,11) 판례12)이다.

판례는 가족관계등록부에 타인의 자녀로 잘못 기재되었음이 명백한 사람은 친생자관계 부존재확인판결을 받지 않고서도 생부모를 상대로 인지청구를 할 수 있다고 하였다.13) 이 경우 실무는 인지판결을 증거방법으로 하여 家登 §104에 따라 법원의 허가를 받아 등록부상 부를 말소한 다음 판결에 따른 인지신고에 따라 진정한 부를 기재할 수 있다는 입장이다.14) 다른 사람에 의해 이미 인지된 사람도 선결문제로 인지의 무효를 주장하면서 생부를 상대로 인지청구의 소를 제기할 수 있다는 것이 대체적인 견해이다.15) 판례는 무효인 인지에 입양의 효력이 있는 경우 그 자녀가 가족관계등록부상 친생자관계를 양친자관계로 정정하지 않고서도 생부모를 상대로 인지청구를 할 수 있다고 하였다.16)

자녀가 제한능력자인 경우에도 의사능력만 있으면 법정대리인과 독립적으로 인지 청구의 소를 제기할 수 있다는 견해도 있으나,17) 구 인사소송법 §35, §29가 인지청구의 소에서 제한능력자도 법정대리인의 동의를 얻어 소송행위를 할 수 있다고 규정한 것과 달리 현행 가사소송법에는 그러한 규정이 없으므로, 제한능력자인 자녀는 스스로 제소할 수 없고, 법정대리인이 대리하여 소를 제기해야 할 것이다.18)

자녀의 법정대리인은 자녀가 제한능력자인 경우에 자녀를 대리하여 인지청구의

---

10) 전효숙(1983), 511.
11) 김주수·김상용, 332; 송덕수, 163; 신영호·김상훈·정구태, 167−168; 윤진수, 201.
12) 대법원 1992. 7. 24. 선고 91므566 판결; 대법원 2000. 1. 28. 선고 99므1817 판결; 대법원 2012. 9. 27. 선고 2012므745 판결; 대법원 2019. 10. 23. 선고 2016므2510 전원합의체 판결 등.
13) 대법원 1981. 12. 22. 선고 80므103 판결; 같은 취지, 대법원 2000. 1. 28. 선고 99므1817 판결[이 판결의 결론에는 동의하지만 이 판결의 구체적 논리에 대해서 비판하는 견해로는 이제정(2003), 475−476.]
14) 호적선례 제5−64호; 이창우(2014), 571−572.
15) 김주수·김상용, 333; 박동섭·양경승, 328; 신영호·김상훈·정구태, 168; 윤진수, 201; 제요[1], 725; 다만 신영호·김상훈·정구태, 168에서는 대법원 1992. 10. 23. 선고 92다29399 판결이 그러한 취지라고 하나, 위 판결이 이러한 점을 직접 판시하거나 전제한 것은 아니다.
16) 대법원 2022. 7. 28. 선고 2022므11621 판결.
17) 신영호·김상훈·정구태, 167; 이경희·윤부찬, 189. 같은 취지이지만, 이 경우 자녀가 법정대리인의 동의를 받아 인지청구의 소를 제기할 수 있다는 견해도 있다. 최한수(1992), 49.
18) 박동섭·양경승, 330; 같은 취지, 김명숙(2009), 97.

소를 제기하는 것이라는 설명이 있으나,[19] 본조의 문언상 자녀의 법정대리인은 고유의 원고적격을 가지고,[20] 이와 별도로 자녀를 대리하여 제소할 수도 있다고 해석해야 할 것이다.[21] 하급심에서도 인지청구의 소에서 자녀의 법정대리인에게 고유의 원고적격을 인정하는 것이 확립된 실무이다.[22] 자녀의 법정대리인은 혼인외 자녀의 명시적 의사에 반하는 경우에는 제소할 수 없다는 견해도 있고,[23] 혼인외 자녀 또는 그 직계비속이 의사능력이 없는 경우에만 제소할 수 있다는 견해도 있으나,[24] 본조의 문언 및 법정대리인이 고유의 원고적격을 가진다는 점에서 따르기 어렵다.

한편 자녀의 직계비속은 자녀가 사망한 경우에만 제소할 수 있다는 견해가 다수이다.[25] 자녀의 사망 후에는 그 직계비속이 있는 때에만 임의인지를 할 수 있다는 §857와의 균형을 이유로 든다.[26] 그러나 본조의 문언상 그와 같이 제한 해석할 수는 없다고 생각한다.[27] 자녀의 직계비속의 법정대리인도 인지청구의 소를 제기할 수 있다는 견해가 있으나,[28] 본조의 문언상 의문이고, 다만 그 법정대리인은 자녀의 직계비속을 대리하여 인지청구의 소를 제기할 수는 있다.

태아는 인지청구권이 없고, 태아를 대리할 법정대리인도 없으므로, 모가 직접 또는 태아를 대리하여 인지청구의 소를 제기할 수 없다.[29]

양자도 친양자가 아니면 생부모에 대하여 인지를 청구하는 것은 양친자관계가 모순되지 않는다는 이유로 그 인지청구가 가능하다는 견해가 있다.[30] 반면 허위의 출생신고로 입양의 효력이 있는 경우 양친자관계의 보호를 위하여 자녀는 생부를 상대로 인지청구를 할 수 없다고 보아야 한다는 견해도 있다.[31] 판례는 허위의 친생자 출생신고에 의해 입양이 인정되는 사안에서 양자라 해도 생부를 상대로 인지청구할 수 있다는 취지이다.[32]

---

19) 김주수·김상용, 332, 주 69; 전효숙(1983), 513.
20) 김원태(2015), 293−294.
21) 박동섭·양경승, 330; 같은 취지, 김명숙(2009), 97; 김연(1995), 103.
22) 서울가정법원 1994. 9. 16. 선고 94드37268 판결, 서울가정법원 2015. 7. 3. 선고 2015드단21748 판결, 부산가정법원 2022. 11. 8. 선고 2022드단211412 판결, 서울가정법원 2022. 11. 11. 선고 2022드단120124 판결, 수원가정법원 평택지원 2022. 11. 16. 선고 2022드단22131 판결 등.
23) 전효숙(1983), 513.
24) 최한수(1992), 49.
25) 김주수·김상용, 332; 전효숙(1983), 513; 최한수(1992), 49; 주석친족(2), 113(정용신); 제요[1], 724.
26) 전효숙(1983), 513.
27) 같은 취지, 박동섭·양경승, 330, 주 1; 김연(1995), 103−104.
28) 김주수·김상용, 332; 전효숙(1983), 513.
29) 김주수·김상용, 332; 송덕수, 163; 박동섭·양경승, 330; 박종찬, 130; 이경희·윤부찬, 189; 전효숙(1983), 512; 주석친족(2), 113(정용신); 김성숙(2002), 191; 제요[1], 724.
30) 박동섭·양경승, 327; 박희호·이동건, 137; 윤진수, 201.
31) 김주수·김상용, 332; 김상용(2002), 146−152.
32) 대법원 2000. 1. 28. 선고 99므1817 판결 참조.

나. 피고적격

본조에 의하면 인지청구의 소에서 상대방은 생부 또는 생모이다. 부 또는 모가 사망한 경우에는 보충적으로 검사가 상대방이 된다(§864). 생모는 기아(棄兒)와 같이 예외적인 경우에만 피고가 된다고 해석된다.[33]

생부를 상대로 한 인지청구의 소에서 생부가 사망하였다면 검사를 상대방으로 소를 제기해야 하지, 생모를 상대로 제기하는 것은 당사자적격이 없는 사람을 상대로 한 것이므로 부적법하다는 것이 판례이다.[34]

판례 중에는 인지청구의 소의 상대방이 의사무능력자인 경우에는 그 법정대리인이 대리해야 하고, 법정대리인이 없거나 법정대리권을 행사할 수 없는 경우에는 民訴 §62의 특별대리인이 선임되어야 한다고 한 것이 있다.[35] 그러나 위 결정은 구 인사소송법이 적용되던 시절의 것이고, 구 인사소송법 §35, §29는 인지청구의 소에서 제한능력자의 소송행위 능력을 규정하고 있었던 것과 달리 현행 가사소송법에서는 그러한 규정이 없으므로, 상대방이 제한능력자인 경우에도 법정대리인이 대리해야 하고, 법정대리인이 없거나 법정대리권을 행사할 수 없는 경우에는 民訴 §62의 특별대리인이 선임되어야 할 것이다.

3. 관할

상대방인 부 또는 모의 보통재판적이 있는 곳의 가정법원 전속관할이고, 상대방이 사망한 경우에는 마지막 주소지의 가정법원 전속관할이다(家訴 §26 ②). 제1심 사물관할은 단독판사에게 속한다(사물관할규칙 §3 참조).

4. 제소기간

인지청구의 소는 원칙적으로 제소기간의 제한이 없다.[36] 다만 인지청구의 소의 상대방인 부 또는 모가 사망한 경우에는 그 사망을 안 날로부터 2년 내에 검사를 상대로 소를 제기해야 한다(§864).

---

33) 주석친족(2), 115(정용신).
34) 대법원 1965. 7. 6. 선고 65므27, 28 판결.
35) 대법원 1984. 5. 30.자 84스12 결정.
36) 김주수·김상용, 333; 박동섭·양경승, 331; 박종찬, 130; 송덕수, 164; 신영호·김상훈·정구태, 167; 이경희·윤부찬, 189; 제요[1], 727.

5. 심리절차

인지청구의 소는 나류 가사소송사건으로서[家訴 §2 ① 1. 나. 9)], 청구의 인낙이나
자백은 허용되지 않고(家訴 §12), 직권주의가 적용되며(家訴 §17), 조정전치주의가 적용
된다(家訴 §50). 조정이 성립하면 재판상 화해와 동일한 효력이 있으나(家訴 §59 ② 본
문), 당사자가 임의로 처분할 수 없는 사항에 대해서는 그러한 효력이 없다(家訴 §59 ②
단서).

인지청구를 포기하기로 하는 내용의 조정, 화해는 무효라는 것이 판례이다.37) 반
면 임의인지가 가능하므로 인지를 하기로 하는 내용의 조정은 유효하다는 것이 대체
적인 견해이자38) 실무의 태도이다.39) 실무는 인지 청구를 취하하는 내용의 조정도
유효하다는 입장이다.40)

6. 심리·판단

인지청구의 소에서 판단의 대상은 혈연상 친자관계의 존부이다.41) 그 증명책임
은 원고에게 있다.42) 과거에는 혈연상 친자관계의 존부를 증명하기 쉽지 않기 때문에
간접사실로부터 주요사실을 추인할 수밖에 없다고 보았다.43) 간접사실로는 정교관계
의 존재, 혈액형 배치 여부, 자신의 자녀라고 믿었음을 추측케 하는 언동·행위 등을
들었다.44) 친모와 부 사이에 사실혼 관계가 있었던 경우에는 부자관계를 추정할 수
있다.45) 부는 모가 다른 남자와 정교관계가 있었다는 부정(不貞)의 항변으로 사실상
추정을 깨뜨릴 수도 있다.46) 그러나 현재에 이르러서는 유전자 검사가 증명방법으로
많이 쓰이고 있으므로,47) 과거보다는 증명의 곤란 문제가 줄어들었다고 볼 수 있다.

판례는 혈연상 친자관계를 증명하기 위해서는 부와 친모 사이의 정교관계 존재

---

37) 대법원 1987. 1. 20. 선고 85므70 판결; 대법원 1999. 10. 8. 선고 98므1698 판결.
38) 박동섭·양경승, 333; 송덕수, 167; 이경희·윤부찬, 192; 전효숙(1983), 516.
39) 제요[1], 727.
40) 제요[1], 727.
41) 대법원 2002. 6. 14. 선고 2001므1537 판결; 박동섭·양경승, 333; 신영호·김상훈·정구태, 169; 한숙희
   (2005), 260; 전효숙(1983), 517; 김연(1995), 104; 제요[1], 730.
42) 김주수·김상용, 334; 전효숙(1983), 517.
43) 전효숙(1983), 518; 이경희·윤부찬, 190-191.
44) 전효숙(1983), 518.
45) 윤진수, 202.
46) 윤진수, 202; 이경희·윤부찬, 191.
47) 유전자 검사에 대한 자세한 내용은 박주현(2005), 300 이하; 김동선(2005), 253 이하; 한숙희(2005),
   270 이하 참조.

여부, 친모와 다른 남자와의 정교 가능성 존재 여부 등의 간접사실을 통해 주요사실을 추인할 수밖에 없다고 하면서도, 혈액형검사나 유전자검사 등 과학적 증명방법은 가장 유력한 증명방법이 된다고 판시하였다.[48] 또한 판례는 당사자의 증명이 충분하지 못할 때에는 직권으로도 증거조사를 하여 혈연상 친자관계의 존부를 밝혀야 한다고 하였고,[49] 유전자감정을 권유하거나 가사소송법상 수검명령을 하고 이에 응하지 않을 경우 과태료 또는 감치 등의 제재를 하여서라도 유전자 검사를 시도해야 한다고 하였다.[50] 한편 판례 중에는 친자감정의 전제사실에 관하여 가족관계등록부의 추정력을 적용할 수 없고, 그 전제 사실에 대해서는 감정방법을 원용하는 당사자가 증명해야 한다고 한 것이 있고,[51] 현대의학의 수준에 비추어 볼 때 친자감정 결과의 증거가치를 부정하기 위해서는 다른 과학적 근거에 관하여 충분한 심리를 하여야 한다고 한 것이[52] 있다. 이러한 판례의 태도는 인지청구의 소에서 법원은 최대한 진실한 혈연에 부합하는 결론을 내려야 한다는 취지로 이해할 수 있다.

가정법원은 다른 증거조사에 의하여 심증을 얻지 못한 때에는 혈액형검사, 유전자검사 등의 수검명령을 할 수 있다(家訴 §29). 당사자 또는 관계인이 수검명령을 위반한 경우 1,000만 원 이하의 과태료를 부과할 수 있고(家訴 §67 ①), 과태료를 받고도 다시 수검명령을 위반한 경우에는 30일의 범위에서 감치에 처할 수 있다(家訴 §67 ②).

가정법원은 미성년자의 인지청구의 소를 심리할 때 청구 인용을 대비하여 부모에게 친권자로 지정될 사람, 양육과 면접교섭권에 관하여 미리 협의하도록 권고하여야 한다(家訴 §28, §25 ①). 인지 청구를 인용할 경우 가정법원은 직권으로 친권자를 정해야 한다(§909 ⑤).

7. 판결의 효력

인지청구의 소를 인용하는 판결이 확정되면 부자관계가 창설된다.[53] 모자관계의 경우에는 이미 형성된 법률상 모자관계가 확정된다.[54]

---

48) 대법원 2002. 6. 14. 선고 2001므1537 판결; 대법원 2005. 6. 10. 선고 2005므365 판결; 대법원 2013. 12. 12. 선고 2013므3482 판결; 대법원 2013. 12. 26. 선고 2012므5269 판결; 대법원 2015. 6. 11. 선고 2014므8217 판결.
49) 대법원 1985. 11. 26. 선고 85므8 판결; 대법원 2002. 6. 14. 선고 2001므1537 판결; 대법원 2005. 6. 10. 선고 2005므365 판결; 대법원 2013. 12. 12. 선고 2013므3482 판결; 대법원 2013. 12. 26. 선고 2012므5269 판결; 대법원 2015. 6. 11. 선고 2014므8217 판결.
50) 대법원 1995. 2. 28. 선고 94므475 판결; 대법원 2005. 6. 10. 선고 2005므365 판결.
51) 대법원 2002. 6. 14. 선고 2001므1537 판결.
52) 대법원 1998. 7. 24. 선고 98므404 판결.
53) 신영호·김상훈·정구태, 171; 윤진수, 201.
54) 주석친족(2), 121(정용신).

　　인지청구의 소에서 청구를 인용한 확정판결은 제3자에게도 효력이 있다(家訴 §21
①). 인지청구의 소에서 청구를 인용한 판결이 확정되면 설령 그 부자관계에 혈연관
계가 존재하지 않고 생부가 따로 있다고 하더라도 그 생부는 더 이상 다툴 수 없게
된다.55) 판례는 인지청구의 승소 확정판결을 받으면 친자관계가 창설된다는 이유로,
그 이후에는 친생자관계부존재확인의 소로써 친자관계가 존재하지 않는다고 다툴 수
없다고 하였다.56) 또한 판례는 인지청구 승소확정판결을 다투려면 재심의 소에 의하
여야 하고 인지에 대한 이의의 소로 다툴 수 없다고 하였다.57)

　　인지청구 인용판결이 확정된 경우에는 소를 제기한 사람은 재판확정일로부터 1
개월 이내에 그 취지를 신고하여야 하고(家登 §58 ①), 상대방도 인지재판이 확정된 취
지를 신고할 수 있다(家登 §58 ③). 이러한 신고는 보고적 신고이다.58) 인지청구 인용판
결의 확정으로 인지의 효력이 발생하기 때문이다.59)

　　청구를 기각한 판결이 확정되면 다른 제소권자는 사실심 변론종결 전에 참가하
지 못한 데 정당한 사유가 없으면 다시 소를 제기할 수 없다(家訴 §21 ②).

8. 다른 확정판결의 기판력과 인지청구

　　판례는 가족관계등록부(당시 호적부)에 혼인외 자녀가 부의 혼인중 자녀인 것처럼
기재되어 있다는 이유로, 제3자가 부와 자녀 사이에 친생자관계가 존재하지 않는다는
확정판결을 받았다고 하더라도, 그 기판력은 자녀의 인지청구에 미치지 않는다고 하
였다.60) 이에 대해서는 친생자관계부존재 확정판결의 효력은 모든 사람에게 미치므
로, 자녀가 인지청구를 할 수 없다고 보아야 한다는 비판이 있다.61)

　　또한 판례는 생모가 생부의 인지 없이 임의로 생부의 명의로 친생자 출생신고를
하자 생부의 청구로 그 무효확인심판이 확정된 사안에서, 그 인지무효확인심판의 기
판력은 그 출생신고에 의한 임의인지가 무효라는 점에 한하여 발생할 뿐, 이후 자녀
가 인지청구를 하는 것은 그 기판력에 반하지 않는다고 하였다.62)

　　친생부인 판결이 확정된 경우에는 남편과 자녀 사이에 친생자관계가 존재하지

---

55) 제철웅(2019), 25, 주 57 참조.
56) 대법원 2015. 6. 11. 선고 2014므8217 판결.
57) 대법원 1981. 6. 23. 선고 80므109 판결.
58) 김주수·김상용, 335; 박동섭·양경승, 334; 송덕수, 167; 최한수(1992), 51; 제요[1], 732.
59) 박동섭·양경승, 335.
60) 대법원 1982. 12. 14. 선고 82므46 판결.
61) 박동섭·양경승, 328.
62) 대법원 1999. 10. 8. 선고 98므1698 판결.

않음이 확정되므로, 자녀가 이에 반하여 다시 인지를 청구할 수 없다.[63]

9. 가족관계등록부의 정정

인지청구 인용판결이 확정되면 원고는 판결확정일로부터 1개월 이내에 가족관계
등록부의 정정을 신청하여야 한다(家登 §107).

가족관계등록부에 타인의 자녀로 잘못 기재되었음이 명백한 사람은 친생자관계
부존재확인판결을 받지 않고서도 생부모를 상대로 인지청구를 할 수 있다는 것이 판례
이다.[64] 이러한 경우 인지청구 인용판결이 확정되면 기존 가족관계등록부상 부를 말소
하고, 생부를 기재하는 내용의 정정을 신청할 수 있다는 견해가 있다.[65] 그러나 실무는
家登 §104에 따라 가정법원의 허가를 받아 기존 가족관계등록부를 정정한 다음 家登
§107의 인지청구 인용판결확정에 따른 정정을 다시 신청해야 한다는 취지이다.[66]

63) 박동섭·양경승, 328-329.
64) 대법원 1981. 12. 22. 선고 80므103 판결; 같은 취지, 대법원 2000. 1. 28. 선고 99므1817 판결.
65) 박동섭·양경승, 335.
66) 호적선례 제5-64호.

第 864 條 (父母의 死亡과 認知請求의 訴)

제862조 및 제863조의 境遇에 父 또는 母가 死亡한 때에는 그 死亡을 안 날로부터 2년내에 檢事를 相對로 하여 認知에 對한 異議 또는 認知請求의 訴 를 提起할 수 있다.

■ **참고문헌**: 전효숙(1983), "인지에 관한 심판의 이론과 실제", 재판자료 18; 정구태(2016), "2015년 친자법 관련 주요 판례 회고", 조선대 법학논총 23-1.

I. 서

1. 본조의 취지

본조는 인지에 대한 이의의 소(§862), 인지청구의 소(§863)의 상대방인 부 또는 모가 사망한 때에 보충적으로 검사가 상대방이 되고, 그 경우 제소기간에 제한을 둔 규정이다. 여기에 제소기간을 둔 것은 신분관계를 신속하게 확정하여 법적 안정을 도모하기 위해서이다.[1]

2. 입법 연혁

2005. 3. 31. 민법 개정 전 본조는 사망을 안 날로부터 1년 이내에 제소할 수 있다고 규정하였고, 이에 대해 헌법재판소는 인지청구의 소에서 위와 같은 제소기간의 제한이 위헌이 아니라고 하였다.[2] 개정 후 본조는 사망을 안 날로부터 2년 이내에 제소할 수 있다고 규정하여 제소기간을 늘렸다.

2005. 3. 31. 개정 민법은 2005. 3. 31. 바로 시행되었고, 그 부칙 §2에서 종전의

---

1) 대법원 2015. 2. 12. 선고 2014므4871 판결 참조.
2) 헌법재판소 2001. 5. 31. 선고 98헌바9 결정.

규정에 의하여 생긴 효력에 영향을 미치지 않는다고 하여 불소급 원칙을 규정하였다.
이에 따라 개정 민법 시행 전 인지청구의 소의 제소기간(1년)이 지난 경우에는 개정
민법에 의한 제소기간(2년)이 지나지 않은 경우에도 더 이상 인지청구의 소를 제기할
수 없다. 헌법재판소는 이러한 부칙 규정이 위헌이 아니라고 하였다.3)

Ⅱ. 보충적 피고적격

인지에 대한 이의의 소(§862), 인지청구의 소(§863)의 상대방인 부 또는 모가 사망
한 경우에는 검사가 보충적으로 피고가 된다. 여기서 검사는 제3자 법정소송담당 중
직무상 당사자에 해당한다.4)

부가 이미 사망하여 본조에 따라 검사를 상대로 인지청구의 소를 제기할 때 관
할은 부 사망 당시 부의 보통재판적이 있는 곳의 가정법원 전속관할이라는 것이 판례
의 취지이다.5)

Ⅲ. 제소기간

1. 개요

본조는 인지에 대한 이의의 소와 인지청구의 소에서 상대방인 부 또는 모의 사
망한 경우 청구인이 검사를 상대로 해당 소를 제기할 수 있으나, 그 제소기간은 사망
을 안 날로부터 2년 내로 제한하고 있다. 본조의 제소기간은 제척기간이다.6)

2. 인지청구의 소

판례는 인지청구의 소에서 본조의 '사망을 안 날'이라 함은 제소권자가 사망이라
는 객관적인 사실을 안 날을 의미하고, 사망자와 친생자관계에 있다는 사실까지 알아
야 하는 것은 아니라고 하였다.7) 학설 중에는 이러한 판례와 달리 사망자가 자신의
친생 부모라는 사실까지 알아야 한다는 견해도 있는데, 인지청구권을 행사하려면 친
생자관계가 존재한다는 사실을 알아야 하므로, 친생자관계를 알지 못한 상태에서 제

---

3) 헌법재판소 2009. 12. 29. 선고 2007헌바54 결정.
4) 전효숙(1983), 514; 법원실무제요, 민사소송[1], 339-340.
5) 대법원 1989. 2. 14. 선고 87므32 판결.
6) 전효숙(1983), 515; 주석친족(2), 124(정용신).
7) 대법원 2015. 2. 12. 선고 2014므4871 판결.

소기간이 도과한다는 것은 부당하다는 점 등을 이유로 한다.8)

　　과거의 판례 중에는 청구인이 의사능력이 있는 미성년자라면 그 자녀가 부 또는 모의 사망 사실을 안 때부터 제소기간이 진행한다는 취지로 판시한 것이 있다.9) 이러한 판시에 찬성하는 취지의 견해도 있으나,10) 위 판결 사안은 가사소송법이 1990. 12. 31. 제정되어 1991. 1. 1. 시행되기 전에 구 인사소송법이 시행되던 때에 관한 것이고, 구 인사소송법에서는 인지청구의 소에서 미성년자가 법정대리인의 동의를 얻어 소송행위를 할 수 있다고 규정한 것(§35, §29)과 달리 현행 가사소송법에서는 그러한 규정이 없으므로, 의사능력이 있는 미성년자의 인식을 기준으로 제소기간이 진행한다고 볼 수 없다.11) 미성년자 상속인의 특별한정승인 요건은 미성년자의 법정대리인의 인식을 기준으로 해야 한다는 판례12) 취지를 따른다면, 본조의 제소기간도 미성년자의 법정대리인이 그 사망 사실을 안 때부터 제소기간이 진행한다고 보아야 할 것이다.13) 최근의 판례도 이 점에 대해서는 같은 취지이다.14)

　　그런데 혼인외 자녀의 법정대리인이 혼인외 자녀를 대리하여 인지청구의 소를 제기하지 않다가 본조의 제소기간이 지난 경우에는 혼인외 자녀가 성년에 이른 후 부 또는 모의 사망을 안 날로부터 2년 내에 인지 청구의 소를 제기할 수 있고, 성년에 이르기 전에 부 또는 모의 사망을 알았다면 성년이 된 날부터 2년 내에 인지 청구의 소를 제기할 수 있다는 견해가 있다.15) 판례 역시 자녀가 미성년자인 동안 법정대리인이 인지청구의 소를 제기하지 않은 때에는 자녀가 성년이 된 뒤 부 또는 모의 사망을 안 날로부터 2년 내에 인지청구의 소를 제기할 수 있다고 한다.16) 이에 대한 법률적 근거는 찾기 어려우나, 위 판례는 인지청구에 관한 자녀 본인의 의사가 최대한 존중되어야 하고, 법정대리인이 인지청구의 소를 제기할 수 있도록 한 것은 미성년 자녀의 이익을 보호하기 위한 것일 뿐 그 권리행사를 제한하기 위한 것은 아니라는 점을 이유로 들고 있다.

　　생부의 사망 후 혼인외 자녀가 출생한 경우에는 그 출생일부터 2년 내에 인지청

---

8) 정구태(2016), 31-33; 박동섭·양경승, 332; 주해친족(초판, 1권, 2015), 656(권재문).
9) 대법원 1977. 5. 24. 선고 77므7 판결.
10) 송덕수, 164; 이경희·윤부찬, 190.
11) 같은 취지, 김주수·김상용, 333-334, 주 77; 박동섭·양경승, 331, 주 5.
12) 대법원 2020. 11. 19. 선고 2019다232918 전원합의체 판결.
13) 같은 취지, 주석친족(2), 116, 124(정용신); 이와 달리 법정대리인의 인식은 미성년자의 제척기간에 영향이 없다는 견해도 있다. 박동섭·양경승, 332.
14) 대법원 2024. 2. 8. 선고 2021므13279 판결.
15) 주석친족(2), 116, 124-125(정용신); 같은 취지, 윤진수, 202; 김주수·김상용, 333.
16) 대법원 2024. 2. 8. 선고 2021므13279 판결.

구의 소를 제기할 수 있다는 견해가 있다.[17] 생각건대, 자녀의 출생 전에 자녀의 생모가 생부의 사망 사실을 알고 있었다고 하더라도, 자녀가 출생한 이후에야 자녀의 법정대리인으로서 생부의 사망을 알았는지 여부를 따질 수 있으므로, 출생일부터 본조의 제소기간이 진행한다고 보아야 할 것이다. 반면 자녀의 법정대리인이 생부의 사망 사실을 자녀의 출생일 이후에 뒤늦게 알았다면 그 사망을 안 때부터 본조의 제소기간이 진행할 것이다. 또한 이러한 경우에도 위에서 본 판례[18] 취지를 따른다면 그 자녀는 자신이 성인이 된 뒤 부 또는 모의 사망을 안 날로부터 2년 내에 인지청구의 소를 제기할 수 있다고 보아야 할 것이다.

南北特 §9는 혼인외 자녀로 출생한 북한주민이 인지청구의 소를 제기하거나, 혼인외 자녀로 출생한 남한주민이 북한주민인 부 또는 모를 상대로 인지청구의 소를 제기하는 경우, 본조에도 불구하고 분단의 종료, 자유로운 왕래, 그 밖의 사유로 인지청구의 소 제기에 장애가 없어진 날부터 2년 내에 인지청구의 소를 제기할 수 있다고 규정하고 있다.

「독립유공자예우에 관한 법률」 §4-2는 구호적 없이 사망한 독립유공자에 대해서는 가족관계등록 창설을 할 수 있고, 그 경우 독립유공자의 자녀와 그 직계비속 또는 그 법정대리인은 가족관계등록 창설을 안 날부터 2년 내에 검사를 상대로 인지청구의 소를 제기할 수 있다고 규정하고 있다.

3. 인지에 대한 이의의 소

인지에 대한 이의의 소에서 상대방이 될 사람이 사망한 경우에 검사가 상대방이 된다는 규정은 家訴 §28, §24에서도 규정하고 있다. 이 조항에 따르면 자녀가 인지에 대한 이의를 소를 제기할 경우에는 인지자인 부 또는 모가 사망한 경우에는 검사가 상대방이 되지만, 제3자가 인지에 대한 이의의 소를 제기할 경우에는 자녀와 부(또는 모) 모두 상대방이 되고, 부(또는 모)가 사망하였다면 자녀만이 상대방이 되고, 검사가 상대방이 되지 않는다.

따라서 이해관계인인 제3자가 인지에 대한 이의의 소를 제기한 경우에는 자녀가 생존해 있다면 인지자인 부 또는 모가 사망하였다고 하여 본조가 적용된다고 볼 수 없고, 그렇다면 본조의 제척기간도 진행되지 않는다고 보아야 한다. 이러한 경우에는 본조에서 제소기간을 두고 있는 취지를 고려할 때, 본조를 유추적용하여 제3자가 상

---

17) 박동섭·양경승, 331.
18) 대법원 2024. 2. 8. 선고 2021므13279 판결.

대방이 될 자녀 또는 부(또는 모)가 모두 사망하였음을 안 날로부터 2년 내에 인지에
대한 이의의 소를 제기해야 한다고 해석해야 할 것이다. 그러나 제3자는 확인의 이익
이 있는 한 제소기간의 제한이 없는 인지무효의 소를 제기할 수 있으므로,[19] 이러한
논의의 실익은 별로 없다.

　　한편 인지청구의 소의 제소기간에 관한 판례[20] 취지에 의하면, 피인지자인 자녀
가 인지에 대한 이의의 소를 제기한 경우에도 인지자인 부 또는 모의 사망사실을 알
면 본조의 제소기간이 진행하고, 사망자와 친생자관계에 없다는 사실까지 알아야 하
는 것은 아니라고 보아야 할 것이다.

Ⅳ. 입법론

　　과학기술의 발달에 따라 아버지 사망 후 상당한 기간이 경과하더라도 혈연관계
를 증명할 수 있다는 점 등을 이유로 본조에서 정한 인지청구의 소의 제소기간을 삭
제해야 한다는 견해가 있다.[21]

---

19) 제요[1], 591.
20) 대법원 2015. 2. 12. 선고 2014므4871 판결.
21) 권재문, 친생자관계, 302–303.

第 864 條의2 (인지와 자의 양육책임 등)

제837조 및 제837조의2의 규정은 자가 인지된 경우에 자의 양육책임과 면
접교섭권에 관하여 이를 준용한다.

Ⅰ. 본조의 취지

본조는 인지된 혼인외 자녀에 대한 양육책임과 면접교섭권에 관하여 이혼에 관
한 §837와 §837-2를 준용하고 있다. 본조의 자녀는 미성년 자녀를 의미한다.[1]

Ⅱ. 혼인외 자녀에 대한 양육책임

인지된 혼인외 자녀의 양육에 관해서는 우선 당사자인 부모가 협의하여 정할 수
있다(본조, §837 ①). 그 협의에는 양육자 결정, 양육비용 부담, 면접교섭권에 관한 사항
을 포함해야 한다(본조, §837 ②). 부모의 협의가 자녀의 복리에 반하는 경우에는 가정
법원은 보정을 명하거나 직권으로 양육에 필요한 사항을 정한다(본조, §837 ②). 양육에
관한 협의가 이루어지지 않거나 협의할 수 없는 때에는 가정법원이 직권으로 또는 당
사자의 청구에 의하여 결정한다(본조, §837 ④). 이에 대한 자세한 내용은 §837 주석 참
조.

그러나 임의인지의 경우에는 현실적으로 가정법원이 부모의 협의에 개입하거나
협의에 갈음하여 직권으로 결정할 여지가 없다는 지적이 있다.[2]

Ⅲ. 혼인외 자녀에 대한 면접교섭권

인지된 자녀를 직접 양육하지 아니하는 부모 일방과 자녀는 상호 면접교섭할 수

---

1) 주석친족(2), 127(정용신).
2) 김주수·김상용, 340.

있는 권리를 가진다(본조, §837-2 ①). 인지된 자녀를 직접 양육하지 아니하는 부모 일방의 직계존속은 가정법원에 자녀와의 면접교섭을 청구할 수 있고, 이 경우 가정법원은 자녀의 의사, 청구인과 자녀의 관계, 청구의 동기, 그 밖의 사정을 참작하여야 한다(본조, §837-2 ②). 가정법원은 자녀의 복리를 위하여 필요한 때에는 당사자의 청구 또는 직권에 의하여 면접교섭을 제한·배제·변경할 수 있다(본조, §837-2 ③). 이에 대한 자세한 내용은 §837-2 주석 참조.

第 865 條 (다른 事由를 原因으로 하는 親生關係存否確認의 訴)

① 第845條, 第846條, 第848條, 第850條, 第851條, 第862條와 第863條의 規定에 依하여 訴를 提起할 수 있는 者는 다른 事由를 原因으로 하여 親生子關係存否의 確認의 訴를 提起할 수 있다.

② 제1항의 境遇에 當事者一方이 死亡한 때에는 그 死亡을 안 날로부터 2년 내에 檢事를 相對로 하여 訴를 提起할 수 있다.

▌참고문헌: 권영준(2021), "친생자관계존부확인의 소의 원고적격", 민법판례연구Ⅱ; 김도균(2014), "친생자관계존재확인의 소, 그 소의 이익에 대하여", 가정법원 50주년 기념논문집; 김명숙(2021), "2020년 가족법 중요판례평석", 인권과 정의 496; 김상용(2019), "친생추정에 관한 법리의 검토", 가족법연구V, 51; 김선혜(1993), "친생자관계존부확인의 소송실무상 몇 가지 문제점", 재판자료 62; 김연(1995), "친자관계소송에 있어서의 주관주의와 객관주의", 경성법학 4; 김주수(2011), "친생부인의 소와 친생자관계부존재확인의 소에 관한 일고찰", 가족법연구 25-2; 박정화(2002), "친생자관계존부확인소송의 심리에 관하여", 서울가정법원 실무연구Ⅷ; 서인겸(2018), "친생자 출생신고에 관한 무효행위전환 법리의 적용상 문제점", 원광법학 34-4; 서정우(1993), "친생자관계부존재확인판결의 기판력과 친생추정의 충돌", 재판자료 62; 이소은(2021), "친생자관계 부존재 확인의 소의 소송요건에 관한 연구", 가족법연구 35-2; 이은정(2023), "친생자관계부존재확인의 소에 관한 개정 논의", 가족법연구 37-1; 이창우(2014), "판결과 가족관계등록부의 정정", 가정법원 50주년 기념논문집; 정구태(2015), "친생추정의 한계 및 친생부인의 소의 원고적격", 충북대 법학연구 26-1; 정구태(2016), "2015년 친자법 관련 주요 판례 회고", 조선대 법학논총 23-1; 정영호(2020), "민법 제865조에 의한 친생자관계존부확인의 소의 원고적격", 사법 54; 제철웅(2019), "생물학적 부모, 법적 부모, 그리고 사회적 부모", 비교사법 26-2; 조인영(2022), "친생추정의 범위에 관한 무제한설의 재조명", 가족법연구 36-1; 천대엽(2004), "부모 사망일로부터 오랜 기간 경과후 친족이 제기한 친생자관계존부확인의 소와 신의칙 위반 여부", 대법원판례해설 49; 최진섭(1998), "사회적 친자관계와 법률상의 친자관계", 인천법학논총 1; 한상호(1996), "여자가 사실상의 양자를 내연관계에 있는 남자의 혼인외의 자로 출생신고하게 한 경우 양친자관계의 성립 여부", 民判 18; 홍춘의(1995), "친생의 추정과 부인제도", 가족법연구 9, 196-197.

Ⅰ. 서

본조에서 규정하는 친생자관계존부확인의 소는 특정인 사이의 친생자관계 존재 또는 부존재 확인을 구하는 소로서, 형성의 소가 아니라 확인의 소이다.[1]

가족관계등록부의 기재는 진실에 부합한다는 추정을 받으나, 반증에 의해 번복될 수 있다.[2] 가족관계등록부의 기재가 진실에 부합하지 않더라도 친자관계와 같이 친족법상 또는 상속법상 중대한 영향을 미칠 경우에는 확정판결에 의한 정정 신청(家登 §107)에 의해서만 가족관계등록부를 정정할 수 있다는 것이 판례이다(가족관계등록부의 정정에 대해서는 총설 전주 참조).[3] 친생자관계존부확인의 소는 주로 가족관계등록부가 진실에 부합하지 않을 때 이를 바로잡기 위한 목적으로 제기된다.[4]

친생자관계존부확인의 소는 새로운 친생자관계를 형성시키는 것이 아니고, 기존 법률관계의 존부를 주장하여 현재의 법률 상태를 확정하는 것이다.[5] 따라서 다른 민사소송 등에서 친생자관계의 존부가 선결문제가 되는 경우 그 소송에서도 친생자관계의 존부를 심리·판단할 수 있고,[6] 이 경우 친생자관계존부확인의 소의 제소요건이 적용되지 않는다.[7] 다른 소송에서 선결문제로 친생자관계의 존부를 판단하더라도 거기에 기판력이나 대세효가 생기지는 않는다.[8]

판례는 명문의 규정이 없었을 당시 본조 친생자관계존부확인의 소에 준하여 양친자관계존부확인의 소도 제기할 수 있다고 하였다.[9] 이후 1998. 12. 4. 家訴規 §2 ① 의 개정으로 양친자관계존부확인의 소도 명문화되었다. 양친자관계존부확인의 소에 대해서는 §897 주석 補論 참조.

한편 판례 중에는 부당하게 소송을 당한 자가 승소하여도 회복될 수 없는 정신

1) 김주수·김상용, 342; 박동섭·양경승, 341; 송덕수, 170; 신영호·김상훈·정구태, 172-173; 윤진수, 208; 김연(1995), 88; 제요[1], 606.
2) 대법원 1987. 2. 24. 선고 86므119 판결; 대법원 1994. 6. 10. 선고 94다1883 판결; 대법원 2020. 1. 9.자 2018스40 결정 등.
3) 대법원 1981. 11. 26.자 80스44 결정; 대법원 1987. 5. 8.자 86스29등1 결정; 대법원 1991. 7. 23.자 91스 3 결정; 대법원 1998. 2. 7.자 96마623 결정; 대법원 2024. 6. 13.자 2024스536 결정 등.; 다만 대법원 1993. 5. 22.자 93스14등 전원합의체 결정은 정정하려는 신분관계에 관하여 가사소송법 제2조에 규정된 쟁송방법이 있다면 이는 모두 친족법상·상속법상 중대한 영향을 미치는 사항이고, 그러한 쟁송방법이 없다면 구 호적법 §120(현행 家登 §104)에 의해 법원의 허가를 받아 정정을 신청할 수 있다고 하였다.
4) 제요[1], 602; 윤진수, 208; 박동섭·양경승, 342; 주석친족(2), 129-130(정용신) 참조.
5) 송덕수, 170; 같은 취지, 조인영(2022), 362.
6) 제요[1], 606; 대법원 1978. 4. 11. 선고 78다71 판결 참조.
7) 김도균(2014), 144 참조.
8) 박동섭·양경승, 341-342.
9) 대법원 1993. 7. 16. 선고 92므372 판결.

적 고통을 받아도 이는 특별손해이므로, 친자관계 부존재확인의 소가 취하간주로 종료된 경우 그 피고가 받은 정신적 고통에 대한 위자료는 그 원고가 그 특별한 사정을 알았거나 알 수 있었을 경우에 한하여 인정된다고 한 것이 있다.[10]

Ⅱ. 제소 요건

1. 보충성

가. 의의

본조는 "다른 사유를 원인으로 하여" 친생부인의 소를 제기할 수 있다고 규정하고 있다. 이는 친생자관계를 확정하는 다른 소송절차가 있는 경우에는 친생자관계존부확인의 소가 허용되지 않고, 다른 소송절차가 없는 경우에 한하여 친생자관계존부확인의 소를 제기할 수 있다는 취지로서[11] 친생자관계존부확인의 소의 '보충성'을 의미한다.[12] 여기서 '다른 사유'란 다른 소송절차의 제소사유에는 해당하지 않으나 친자관계의 존재나 부존재 여부를 확정할 필요가 있는 경우라고 볼 수 있다.[13] 다른 소송절차가 있는 경우에는 그 소송절차의 제소기간이 경과하였다고 하더라도 친생자관계존부확인의 소를 제기할 수 없다.[14]

친생자관계를 확정하는 다른 소송절차에는 부를 정하는 소(§845), 친생부인의 소(§846, §847, §848, §850, §851), 인지에 대한 이의의 소(§862), 인지청구의 소(§863)가 있다. 판례도 친생자관계존부확인의 소는 법적 친생자관계의 성립, 해소에 관한 다른 소송절차에 대하여 보충성을 가진다고 판시하였다.[15]

나. 친생자관계부존재확인의 소

친생추정이 미치는 자녀에 대해 친생추정을 번복하기 위해서는 친생부인의 소를 제기해야 하므로(§846, §847), 이 경우 친생자관계부존재확인의 소를 제기하는 것은 부적법하다.[16] 반면 혼인중 출산한 자녀라 하더라도 친생추정이 미치지 않는다면 그 부자관계를 다투기 위해서 친생자관계부존재확인의 소를 제기할 수 있다.[17] 따라서 친

---

10) 대법원 1983. 9. 13. 선고 81므78 판결.
11) 윤진수, 208.
12) 권영준(2021), 265.
13) 김연(1995), 88-89.
14) 박동섭·양경승, 342; 김선혜(1993), 623.
15) 대법원 2020. 6. 18. 선고 2015므8351 전원합의체 판결.
16) 대법원 1984. 9. 25. 선고 84므84 판결; 대법원 1985. 1. 29. 선고 84므109 판결; 대법원 1988. 4. 25. 선고 87므73 판결; 대법원 1992. 7. 24. 선고 91므566 판결; 대법원 1997. 2. 25. 선고 96므1663 판결; 대법원 2000. 8. 22. 선고 2000므292 판결; 대법원 2012. 10. 11. 선고 2012므1892 판결.
17) 김주수·김상용, 344.

생추정과 관련하여, 친생자관계부존재확인의 소의 보충성은 친생추정이 미치지 않는 자녀에 대해서만 제기할 수 있다는 의미로 이해할 수 있다.[18]

판례는 부가 혼인외 자녀를 출생신고한 경우에는 그 출생신고에 인지의 효력이 있다고 하더라도 그로 인한 친자관계를 다투기 위해서는 인지에 대한 이의의 소(§862) 또는 인지무효의 소[家訴 §2 ① i 가. 3)]가 아니라 §865의 친생자관계부존재 확인의 소에 의하여야 한다고 하였다.[19] 이에 대해서는 이러한 경우 이의의 소로 다투어야 한다는 비판과[20] 인지무효의 소로 다투어야 한다는 비판이[21] 있다.

위와 반대로, 인지에 의해 가족관계등록부에 친생자관계가 기재된 경우 인지가 무효임을 이유로 다투기 위해서는 인지무효의 소나 인지에 대한 이의의 소(§862)를 제기해야 하고, 친생자관계부존재확인의 소를 제기하는 것은 허용될 수 없다고 보아야 하고,[22] 실무 의견도 이와 같다.[23]

다. 친생자관계존재확인의 소

혼인외 출생자의 부자관계가 성립하려면 인지가 있어야 하므로, 혼인외 출생자는 부를 상대로 인지청구의 소를 제기해야 하고, 친생자관계존재확인의 소를 제기할 수 없다.[24] 판례는 생모나 친족 등 이해관계인이 혼인외 자녀를 상대로 혼인외 출생자와 사망한 부 사이의 친생자관계존재확인을 구하는 소는 허용될 수 없다고 하였다.[25]

반면 모자관계는 출산에 의해 명백히 결정되어 인지나 출생신고 없이도 법률상 친자관계가 인정된다. 모자관계가 불분명하여 다툼이 있는 경우 혼인외 자녀는 생모에 대해서 인지청구의 소(§863)를 제기할 수도 있고, 생모는 혼인외 자녀를 인지할 수도 있으나, 이는 모두 확인적 의미만 있으므로, 모자관계에 대해서는 친생자관계존재확인의 소를 제기할 수도 있다고 보아야 한다.[26] 다만 모자관계에 관한 친생자관계존재확인의

---

18) 이소은(2021), 371.
19) 대법원 1993. 7. 27. 선고 91므306 판결; 대법원 1998. 10. 20. 선고 97므1585 판결.
20) 김주수·김상용, 329.
21) 최진섭(1998), 165−166.
22) 박동섭·양경승, 343; 김선혜(1993), 623; 주석친족(2), 131(정용신).
23) 제요[1], 591, 604.
24) 박동섭·양경승, 349; 제요[1], 605.; 한편 제요[1], 605에서는 대법원 1981. 12. 22. 선고 80므103 판결이 본문과 같은 취지라고 소개하나, 위 판결은 그러한 취지까지 설시한 것은 아니다.
25) 대법원 1997. 2. 14. 선고 96므738 판결; 대법원 2010. 7. 29. 선고 2010므1591 판결; 대법원 2022. 1. 27. 선고 2018므11273 판결.; 박동섭·양경승, 257은 제3자인 이해관계인이 혼인외 자녀와 생부 사이의 친생자관계존재 확인의 소를 제기할 수 있다는 취지로 서술하나, 인지 절차 없이 제3자가 그러한 소를 제기할 수 없다고 보아야 하므로, 위와 같은 서술은 의문이다.
26) 김주수·김상용, 335; 신영호·김상훈·정구태, 173; 김도균(2014), 149; 이창우(2014), 573; 김주수(2011), 59; 김연(1995), 90; 주석친족(2), 132(정용신) 참조.; 이와 달리, 박동섭·양경승, 348, 350은 생모에 대해 인지청구의 소가 가능한 이상 생모를 상대로 친생자관계존재확인의 소를 제기하는 것은 보충성의 원칙에 반하므로 부적법하다고 하고, 생모가 인지를 하지 않고 자녀를 상대로 친생자관계존재확인

소에 확인의 이익이 있는지 여부는 또 다른 문제인데, 이는 뒤에서 살펴본다.

라. 석명의무

친생자관계의 존부 확정을 위해 다른 소송을 제기해야 하는데 이를 간과하고 친생자관계존부확인의 소를 제기한 경우에 법원은 바로 소를 각하할 것이 아니라 석명권을 행사하여 원고의 진정한 의사를 확인하여 소 변경을 유도하여야 한다는 것이 판례이다.[27] 법원의 석명에도 불구하고 당사자가 이에 불응한다면 소를 각하해야 할 것이다.[28]

마. 보충성을 간과한 판결의 효력

판례는 친생부인의 소를 제기해야 하는데도 부적법한 친생자관계부존재확인의 소를 제기한 경우에도 이를 간과하여 승소판결이 확정되었다면 그 판결의 기판력은 제3자에게 미치므로, 누구도 그에 반하는 신분관계를 주장할 수 없어 친생추정의 효력은 사라진다고 하였다.[29] 이에 대해서는 친생자관계는 공서에 관한 문제이므로 친생추정 여부에 관하여 당사자에게 처분권을 주는 것은 부당하므로, 위와 같은 법리에 따라 부자관계를 해소하는 것은 탈법을 조장하는 것이라고 비판하는 견해가[30] 있는 반면, 친생자관계부존재확인의 소는 확인의 소이지만 대세적 효력이 있으므로 타당하다는 견해도[31] 있다.

2. 확인의 이익

가. 의의

일반적으로 확인의 소에서 확인의 이익은 권리 또는 법률상의 지위에 현존하는 불안·위험이 있고, 확인판결을 받는 것이 그 분쟁을 근본적으로 해결하는 가장 유효·적절한 수단일 때 인정된다.[32] 친생자관계존부확인의 소에서도 확인의 이익은 친생자관계의 확정으로 얻게 될 법률상 이익이라고 할 수 있다.[33] 그러나 친생자관계존부확인의 소는 가족관계등록부에 실체관계와 다른 친생자관계가 기재되어 있어 이를

의 소를 제기하는 것은 확인의 이익이 없어 부적법하다고 한다. 같은 취지, 주해친족(초판, 1권, 2015), 663(권재문).

27) 대법원 2021. 12. 30. 선고 2017므14817 판결.

28) 제요[1], 606; 윤진수, 208; 박동섭·양경승, 342; 주석친족(2), 132(정용신) 참조.

29) 대법원 1992. 7. 24. 선고 91므566 판결; 대법원 2021. 9. 30. 선고 2021두38635 판결.

30) 정구태(2015), 135.

31) 서정우(1993), 667,; 친자관계의 안정이라는 측면에서 부득이한 결과라는 평가도 있다. 홍춘의(1995), 197.

32) 대법원 1991. 12. 10. 선고 91다14420 판결; 대법원 1999. 9. 17. 선고 97다54024 판결; 대법원 2002. 6. 28. 선고 2001다25078 판결 등.

33) 박동섭·양경승, 347; 같은 취지, 신영호·김상훈·정구태, 174.

바로잡기 위한 경우에 인정되는 것이 대부분이다.[34] 판례는 본조의 친생자관계존부 확인의 소는 법적 친자관계와 가족관계등록부에 표시된 친자관계가 불일치할 때 이를 바로잡기 위해서 인정된 것이라고 하였다.[35] 일반적인 확인의 소에서는 상대방이 권리 또는 법률관계를 다투지 않으면 확인의 이익을 인정하기 어렵지만, 친생자관계 존부 확인의 소에서는 원고와 피고 사이에 다툼이 없다는 이유만으로 확인의 이익을 부정할 수 없다.[36]

나. 친생자관계부존재확인의 소

가족관계등록부에 친부모가 아닌 타인의 친생자로 기재되어 있는 경우 가족관계 등록부의 기재를 바로잡기 위해 친생자관계부존재 확인의 소를 제기할 이익이 인정 된다는 데 이론이 없다.[37] 이러한 경우 확정판결 없이 家登 §104 또는 §105에 따라 가정법원의 허가를 받아 가족관계등록부 정정을 신청할 수는 없고,[38] 친생자관계 부 존재 확인의 확정판결을 받아야 家登 §107에 따라 가족관계등록부를 정정할 수 있기 때문이다. 여기에 해당하는 예로 친생자관계가 없음에도 허위로 출생신고를 하여 가 족관계등록이 된 경우 등이 있다.[39]

가족관계등록부에 부모 또는 자녀로 기재된 사람이 실제로 존재하지 않는 허무 인인 경우에는 허무인을 상대로 친생자관계 부존재확인의 소를 제기할 수 없으므로, 家登 §104(구 호적법 §120)에 따라 가정법원의 허가를 받아 가족관계등록부의 정정을 신청할 수밖에 없다는 것이 판례이다.[40] 이에 대해서는 친족상속관계에 중대한 영향 을 미치는 사항이므로 家登 §107에 의해 확정판결에 의해서만 등록부를 정정할 수 있 다고 보아야 하므로, 검사를 상대로 친생자관계 부존재확인의 소를 제기할 수 있다는 견해가 있고,[41] 家登 §104(구 호적법 §120)에 따른 가족관계등록부 정정도 할 수 있고, 친생자관계 부존재확인의 소도 제기할 수 있다는 견해도 있다.[42]

종래 판례는 입양의 실질적 요건을 갖추었다면 입양신고가 아니라 허위의 출생 신고를 하더라도 입양신고로서 효력을 인정할 수 있으므로 입양의 효력이 있다고 하

34) 윤진수, 208; 같은 취지, 박동섭·양경승, 340; 홍춘의(1995), 196 참조.; 김도균(2014), 145은 가족관계 등록부 정정을 위한 경우가 아님에도 확인의 이익이 인정될 수 있는 경우가 있을지 의문이라고 한다.
35) 대법원 2020. 6. 18. 선고 2015므8351 전원합의체 판결.
36) 김도균(2014), 143−144; 이소은(2021), 371−372.
37) 송덕수, 171; 윤진수, 208; 김선혜(1993), 633−634; 제요[1], 612−613 참조.
38) 대법원 1967. 7. 18.자 67마332 결정; 대법원 1992. 8. 17.자 92스13 결정; 대법원 1988. 12. 5.자 88스7 등 결정.
39) 제요[1], 603; 김주수·김상용, 343; 김주수(2011), 58 참조.
40) 대법원 1995. 4. 13.자 95스5 결정.
41) 박동섭·양경승, 350.
42) 김선혜(1993), 632−633.

였다.[43] 이때 친생자관계부존재 확인을 구할 수 있는지 문제된다. 판례는 파양에 의하여 양친자관계를 해소할 필요가 있는 등 특별한 사정이 없는 한 친생자관계부존재 확인청구는 허용될 수 없다고 하였다.[44] 판례는 입양의 취소를 구하는 의미의 친생자관계부존재 확인 청구도 허용되지 않는다고 하였다.[45] 등록예규 제301호 §6에 따르면 허위의 출생신고에 의한 친생자관계를 양친자관계로 정정하기 위해서는 양친자관계존재 확인판결이 필요하다고 규정하고 있으므로, 친생자관계부존재 확인판결만으로 가족관계등록부를 정정할 수는 없다.[46] 반면 판례는 파양에 의하여 양친자관계를 해소할 필요가 있는 등 특별한 사정이 있는 경우에는 법률상 친자관계의 존재를 부인하게 하는 친생자관계부존재확인청구가 허용될 수 있다고 하였다.[47] 이 경우 친생자관계부존재 확정판결이 있으면 그 이후로는 양친자관계를 주장할 수 없다는 것이 판례이다.[48] 그러나 2012. 2. 10. 개정되어 2013. 7. 1.부터 시행된 §867 ①에 의하면, 미성년자를 입양할 때는 가정법원의 허가를 받도록 하였고, 이를 위반한 경우 입양은 무효이므로(§883 ii), 위 조항이 적용되는 한 허위의 출생신고만으로 입양의 효력이 생기기는 어렵다.[49] 허위의 출생신고에 의한 입양신고에 대해서는 §878 주석 참조.

한편 판례 중에는 제3자가 성씨관계를 바로잡기 위하여 친생자관계부존재 확인을 구할 이익이 없다고 한 것이 있다.[50]

부가 타인과 사이에 낳은 혼인외 자녀를 법률상 배우자 사이에 출생한 혼인중 자녀라고 허위로 출생신고를 한 경우에도 인지의 효력이 있다는 것이 판례이므로,[51] 그 자녀와 친생자관계는 존재하는 것이고, 부가 단지 혼인중 출생자를 혼인외 출생자로 정정할 목적으로 친생자관계부존재확인의 소를 제기할 이익은 없다고 보아야 한다.[52]

---

43) 대법원 1977. 7. 26. 선고 77다492 전원합의체 판결 등.
44) 대법원 1988. 2. 23. 선고 85므86 판결; 대법원 1990. 3. 9. 선고 89므389 판결; 대법원 1990. 7. 27. 선고 89므1108 판결; 대법원 1991. 12. 13. 선고 91므153 판결; 대법원 1994. 5. 24. 선고 93므119 전원합의체 판결; 대법원 2001. 5. 24. 선고 2000므1493 전원합의체 판결; 대법원 2001. 8. 21. 선고 99므2230 판결; 대법원 2002. 6. 14. 선고 2001므1544 판결; 대법원 2004. 5. 27. 선고 2003므2688 판결; 대법원 2004. 10. 15. 선고 2004므1477 판결; 대법원 2009. 4. 23. 선고 2008므3600 판결; 대법원 2009. 5. 14. 선고 2008므3518 판결; 대법원 2012. 5. 24. 선고 2011므3389 판결; 대법원 2014. 7. 24. 선고 2012므806 판결; 대법원 2015. 9. 10. 선고 2014므8095 판결 등.
45) 대법원 2010. 3. 11. 선고 2009므4099 판결.
46) 이은정(2023), 214; 서인겸(2018), 286.
47) 대법원 2023. 9. 21. 선고 2021므13354 판결.
48) 대법원 1993. 2. 23. 선고 92다51969 판결.
49) 윤진수, 209; 이은정(2023), 215; 서인겸(2018), 289-290.
50) 대법원 1976. 7. 27. 선고 76므3 판결.
51) 대법원 1976. 10. 26. 선고 76다2189 판결.
52) 박동섭·양경승, 348.

다. 친생자관계존재확인의 소

출생신고나 인지 등에 의해 친생자관계를 가족관계등록부에 기재할 수 있으므로, 일반적으로는 친생자관계존재확인의 소에 확인의 이익이 인정되기 어렵다는 것이 기존 실무의 태도이다.53) 반면 스스로 친생자관계를 가족관계등록부에 기재할 수 없는 경우라면 확인의 이익이 인정될 수 있다.54) 확인의 이익이 인정되는 예로는 가족관계등록부에 甲과 乙의 친생자로 丙이 기재되어 있는데, 丁이 丙과 자신이 동일인이라는 이유로 甲과 乙을 상대로 친생자관계존재확인의 소를 제기하는 경우,55) 친생부모를 알 수 없었다가 뒤늦게 이미 사망한 부모를 알게 되어 친생자관계존재확인의 소를 제기하는 경우56) 등이 있다.

가족관계등록부가 창설되지 않은 자녀에 대해서는, 생부 또는 생모가 출생신고나 인지를 할 수 있으므로, 생부 또는 생모가 자녀를 상대로 친생자관계존재확인의 소를 제기하는 것은 확인의 이익이 인정되기 어렵다.57) 학설 중에는 인지에 의한 친자관계가 가족관계등록부에 기재되었는데 인지의 유효성에 다툼이 있는 경우 인지가 유효하다고 주장하는 사람은 친생자관계 존재 확인을 구할 이익이 있다는 견해가 있고,58) 판례도 그러한 취지라고 이해된다.59) 그러나 이미 가족관계등록부에 친자관계가 기재되어 있는 경우이므로 그러한 사정만으로 확인의 이익을 인정할 수 있는지 의문이다.

자녀가 친생추정(§844)이 미치지 않는 타인의 친생자로 가족관계등록부에 기재되어 있는 경우에는, 그 자녀와 가족관계등록부상 부 또는 모 사이의 친생자관계부존재확인을 구하는 외에 생부 또는 생모와 자녀 사이의 친생자관계존재확인의 소를 구할 이익이 있는지에 대해서는 논란이 있다. 부자관계는 친생부정이 미치지 않는 한 인지 절차를 거쳐야 성립하므로, 부자관계에 관하여 인지 절차 없이 친생자관계존재확인의 소를 제기할 이익은 없다고 보아야 한다.60) 그런데 모자관계는 출산에 의하여 당연히 성립하므로, 친모가 자녀를 상대로 또는 자녀가 친모를 상대로 각각 친생자관계존재확인의 소를 제기할 이익이 있는지 문제된다.61)

---

53) 제요[1], 612; 박정화(2002), 214; 김선혜(1993), 634−635.
54) 제요[1], 613.
55) 제요[1], 613.
56) 박정화(2002), 214−215.
57) 같은 취지, 박동섭·양경승, 348.
58) 신영호·김상훈·정구태, 173; 김주수(2011), 59; 김연(1995), 90.
59) 대법원 1976. 5. 25. 선고 75므32 판결.
60) 같은 취지, 김도균(2014), 146−148; 박동섭·양경승, 349; 등록예규 제605호 §5 후문도 참조.
61) 친생추정이 미치는 경우임이 증명된다면, 부자관계도 성립하므로, 부자관계에 대해서도 마찬가지의

이러한 경우 특별한 이유를 제시하지 않고 확인의 이익이 인정된다고 설명하는 문헌도 있으나,62) 종래 실무는 자녀와 가족관계등록부상 모 사이의 친생자관계가 부존재한다는 확정판결을 받고, 그 판결 이유에 친모가 누구인지 기재되어 있다면 이를 근거로 가족관계등록부가 정정될 수 있었으므로, 따로 친생자관계존재확인의 소를 제기할 이익이 없다고 보았다.63) 그런데 2009. 7. 17.「친자관계의 판결에 의한 가족관계등록부 정정절차 예규」,64)「친자관계의 판결에 의한 가족관계등록 창설절차 예규」65)가 제정된 이후 실무는 위와 같이 친생자관계부존재 확정판결 이유에 친모의 이름이 기재되어 있다는 이유만으로, 가족관계등록부에 그 친모를 기재하지는 않는 것으로 변경되었다.66) 이러한 실무의 변화 때문에 친생자관계존부확인의 소를 제기할 이익이 있게 되었다는 견해가 있다.67) 그러나「친자관계의 판결에 의한 가족관계등록부 정정절차 예규」는 출생신고를 한 모와 자녀 사이의 친생자관계부존재판결이 확정된 경우에는 그 부존재하는 모의 기재를 말소한 후 자녀의 가족관계등록부를 폐쇄하고(§1) 원칙적으로 출생신고의무자의 새로운 출생신고에 의해 가족관계등록부를 새로 작성하도록 하고 있고(§2), 출생신고를 하지 않은 모와 자녀 사이의 친생자관계부존재판결이 확정된 경우에는 자녀의 가족관계등록부에 모를 말소하고(§4 ①), 친생모를 기록하려면 주문에서 친자관계를 확인한 판결에 의한 정정절차 또는 출생의 추후보완신고(家登 §39)에 의하도록 하고 있다(§4 ③).68) 판례는 출생신고를 한 모와 자녀 사이의 친생자관계부존재판결이 확정된 경우, 구 등록예규 제300호(현행 등록예규 제605호)를 근거로 출생신고의무자와 자녀 사이에 친생자관계존재 확인판결이 확정되어도 그것만으로 家登 §107의 등록부 정정 대상이 되지 않는다고 하였다.69) 요컨대, 구 등록예규 제300호(현행 등록예규 제605호)에 의하면 새로운 출생신고 또는 출생신고의 추후보완에 의해 가족관계등록부에 친모를 기재하도록 하고 있으므로, 기존 실무의 태도를 전제로 할 때에는 구 등록예규 제300호(현행 등록예규 제605호)만을 근거로 그 친생자관계존재확인의 소에 관한 확인의 이익이 있다고 볼 수 있을지 의문이다. 다만

논의가 적용될 것이다.
62) 김주수·김상용, 342.
63) 박동섭·양경승, 349; 윤진수, 208-209; 김도균(2014), 137; 제요[1], 613 참조.
64) 등록예규 제300호였는데, 2022. 9. 15. 등록예규 제605호로 개정되었다.
65) 등록예규 제302호.
66) 김도균(2014), 137-141 참조.
67) 박동섭·양경승, 349.; 같은 취지, 제요[1], 602-603, 613.
68) 출생신고 추후보완을 하도록 하는 것은 최초의 출생신고에 모의 기재가 허위였으므로, 진정한 모로 보완하여 신고하라는 취지이다. 이창우(2014), 572 참조.
69) 대법원 2018. 11. 6.자 2018스32 결정.

각 등록예규는 출생신고의무자가 사망하는 등으로 새로운 출생신고 또는 출생신고 추후보완 등을 할 수 없어 자녀가 스스로 가족관계등록 창설을 해야 하는 경우에는, 가족관계등록부에 친생 부모를 기재하기 위해 친자관계의 확정판결(주문이 아닌 이유에 설시한 판결은 제외)을 요구하고 있으므로(등록예규 제605호 §3 ① 후문, §4 ③ 후단, 등록예규 제301호 §4②), 이러한 경우에는 자녀가 친생자관계존재확인의 소를 제기할 이익이 있다고 보아야 할 것이다.[70] 이에 대해서는 새로운 출생신고나 출생신고의 추후보완은 현실적으로 가족관계등록부를 정정하는 데 유효·적절한 방법이 아니라는 이유로, 새로운 출생신고 또는 출생신고 추후보완을 할 수 있는지에 관계없이 친생자관계존재확인의 소의 확인의 이익을 전면적으로 긍정해야 한다는 견해도 있다.[71] 근본적으로는 친생자관계존재확인의 소의 확인의 이익을 기존 실무와 같이 엄격히 보아야 할 필요가 있는지에 관한 재검토가 필요해 보인다.

판례 중에는 생부가 혼인외 자녀에 대하여 출생신고를 한 이후 허위로 사망신고를 하더라도, 허위의 사망신고는 家登 §104(구 호적법 §120)에 의해 가정법원의 허가를 받아 가족관계등록부의 정정을 신청하면 될 뿐 자녀가 생부를 상대로 사망신고의 무효를 확인할 이익은 없다는 취지의 것이 있다.[72] 이 경우 자녀가 생부를 상대로 친생자관계존재확인의 소를 제기하는 것도 확인의 이익이 없을 것이다.

하급심 판결 중에는 북한주민인 자녀들이 1·4후퇴 이래 남한에 거주하다가 사망한 부와 친생자관계 존재확인을 구하는 소는 확인의 이익이 있다고 한 것이 있다.[73] 南北特 §8 ①, ③은 혼인중 자녀로 출생한 북한주민이 남한주민인 부 또는 모의 가족관계등록부에 기록되어 있지 않거나, 혼인중 자녀로 출생한 남한주민이 자신의 가족관계등록부에 북한주민인 부 또는 모가 기록되어 있지 아니한 경우에는 본조에 따라 소를 제기할 수 있는 사람이 그 친생자관계존재확인의 소를 제기할 수 있다고 규정하고 있다. 이 경우 제소기간은 본조 ②의 특례로서 분단의 종료, 자유로운 왕래, 그 밖의 사유로 소 제기에 장애사유가 없어진 날부터 2년 내에 제기할 수 있다(南北特 §8 ②). 대법원 2024. 6. 13.자 2024스536 결정은 북한에서 유효하게 성립된 혼인관계 중 출생한 자녀임을 주장하며 부모와 사이에 친생자관계존재확인 확정판결을 받아 가족관계등록부 정정을 신청하는 경우에는 그 확정판결에 부모의 혼인 여부가

---

70) 윤진수, 209; 같은 취지, 이창우(2014), 574.
71) 김도균(2014), 140−142.
72) 대법원 1979. 12. 11. 선고 79므68, 69 판결.
73) 서울가정법원 2011. 8. 26. 선고 2011르17 판결. 이 판결에 대한 상고가 기각되었으나(대법원 2013. 7. 25. 선고 2011므3105 판결), 확인의 이익 부분은 상고심 판단 대상이 아니었다.

주문으로 확정되지는 않으므로 북한에서 부모의 혼인관계 성립 여부 또는 관련 신분관계를 소명하여 家登 §104에 따른 가정법원의 허가를 받아 정정신청을 통해 가족관계등록부를 정정할 수 있다고 하였다.

3. 원고적격

판례는 본조가 친생자관계존부확인의 소의 원고적격을 한정하는 규정이라고 하였다.74) 본조에 의하면, 친생자관계존부확인의 소를 제기할 수 있는 원고적격은 ① 부를 정하는 소(§845), ③ 친생부인의 소(§846, §847, §848, §850, §851), ③ 인지에 대한 이의의 소(§862), ④ 인지청구의 소(§863)를 제기할 수 있는 자에게 있다. ① 부를 정하는 소를 제기할 수 있는 사람은 자녀, 어머니, 어머니의 배우자와 전(前) 배우자이고(家訴 §27 ①), ② 친생부인의 소를 제기할 수 있는 사람은 아내(생모), 아내의 배우자 및 그 성년후견인, 유언집행자, 직계존속이나 직계비속이며(§846, §847, §848, §850, §851), ③ 인지에 대한 이의의 소를 제기할 수 있는 사람은 자녀 기타 이해관계인이고(§862), ④ 인지청구의 소를 제기할 수 있는 사람은 자녀와 그 직계비속 또는 법정대리인(§863)이다.

결국, 자녀와 그 직계비속 및 법정대리인, 부모(생모의 배우자와 전 배우자가 포함된다고 아야 한다), 기타 이해관계인에게 친생자관계존부확인의 소를 제기할 수 있는 원고적격이 있다.

부 또는 모의 성년후견인, 유언집행자, 그 직계존속이나 직계비속은 각각 §848, §850, §851가 규정한 제소요건, 즉 부 또는 모가 성년후견을 받게 되었을 때(§848), 유언으로 친생관계를 부정하는 의사를 표시한 때(§850), 일정 기간 내 사망한 때(§851)에 해당하여야 원고적격이 있다는 것이 대법원 2020. 6. 18. 선고 2015므8351 전원합의체 판결의 다수의견이다. 이 전원합의체 판결의 별개의견(대법관 안철상, 대법관 민유숙)은 부 또는 처의 직계존속이나 직계비속이 친생자관계존부확인의 소를 제기하는 경우 §851의 시기 요건의 제한을 받지 않는 것으로 보아야 한다고 하였으나, 학설은 대체로 다수의견에 찬성하고 있다.75)

문제는 원고적격자 중 이해관계인의 범위이다. 반드시 친족에 한정되는 것은 아니다.76) 대법원 2020. 6. 18. 선고 2015므8351 전원합의체 판결은 여기의 이해관계인은 다른 사람들 사이의 친생자관계 존부에 따라 일정한 권리를 얻거나 의무를 면하는 등 법률상 이해관계가 있는 제3자를 의미한다고 하면서 이해관계인에 해당하는지 여

---

74) 대법원 2020. 6. 18. 선고 2015므8351 전원합의체 판결.
75) 이소은(2021), 390-391; 정영호(2020), 896; 김명숙(2021), 41-42.
76) 주석친족(2), 133(정용신).

부는 개별적으로 판단해야 한다고 하였다. 다만 종래 판례는 여기의 이해관계인은 친생자관계의 존부에 따라 직접적인 이해관계가 있는 제3자라고 하였으나,[77] 위 전원합의체 판결에서는 "직접적 이해관계"라는 표현을 사용하지 않고, "법률상 이해관계"라고 하였다. 이해관계의 직접성까지 요구할 필요가 없다는 점에서 의미가 있다는 견해가 있으나,[78] 양자의 실질적인 의미에 별 차이가 없다는 지적도 있다.[79] 한편 종래 판례는 §777의 친족관계에 있는 사람, 즉, 8촌 이내의 혈족, 4촌 이내의 인척, 배우자는 그와 같은 신분관계를 가졌다는 사실만으로 친생자관계존부확인의 소를 제기할 이익이 있다고 하였으나,[80] 위 전원합의체 판결은 이러한 종래 판례를 폐기하였다.[81] 따라서 §777의 친족이라도 이해관계인에 해당하여야 본조의 원고적격을 가진다. 위 전원합의체 판결에서 말하는 이해관계인에 해당하면 원고적격이 인정됨과 동시에 확인의 이익도 인정될 것이다.[82]

　판례 중에는 원고가 甲과 혼인한 바 없음에도 甲의 가족관계등록부(당시 호적부)에 혼인외 자녀로 乙이 출생신고 되어 있고, 그 모(母)란에 원고가 기재되어 있으며, 원고와 乙 사이 친생자관계부존재 확인판결이 확정된 사안에서, 원고가 甲, 乙 사이의 친생자관계부존재 확인을 청구할 수 있는 이해관계인이 아니라고 한 것이 있다.[83]

　인지를 하지 않은 생부는 아직 혼인외 자녀의 부는 아니지만, 혼인외 자녀의 가족관계등록부에 그 부가 친생추정이 미치지 않는 다른 사람으로 잘못 기재되어 있는 경우에는 그 친생자관계의 부존재 확인을 구할 수 있는 이해관계인에 해당하는지 문제되는데, 이를 긍정하는 것이 타당하다.[84] 생부가 혼인외 자녀를 인지하려 해도 실무상 인지신고가 수리되지 않으므로,[85] 그 부존재 확인 확정판결을 받아야 할 이익이 있기 때문이다.

77) 대법원 1990. 7. 13. 선고 90므88 판결 등.
78) 정영호(2020), 899.
79) 이소은(2021), 394-395.
80) 대법원 1981. 10. 13. 선고 80므60 전원합의체 판결; 대법원 1981. 11. 24. 선고 81므38 판결; 대법원 1991. 5. 28. 선고 90므347 판결; 대법원 1998. 10. 20. 선고 97므1585 판결; 대법원 2004. 2. 12. 선고 2003므2503 판결 등; 구 인사소송법 §35, §26는 §777의 친족이 친생자관계존부확인의 소를 제기할 수 있다고 규정하였으나, 현행 가사소송법은 그러한 규정을 두고 있지 않다. 종래 판례는 가사소송법이 199. 1. 1. 시행된 이후에도 이와 같이 판단하였다.
81) 이 부분 전원합의체 판결의 결론에 찬성하는 문헌으로 송덕수, 173; 권영준(2021), 268-271; 반대하는 문헌으로 김명숙(2021), 43; 이 전원합의체 판결에 대한 평석으로는 정영호(2020) 참조.
82) 이소은(2021), 377.; 다만 위 전원합의체 판결이 원고적격의 문제와 확인의 이익의 문제를 엄격하게 구분하지 않고 판시한 점은 다소 아쉽다.
83) 대법원 1990. 7. 13. 선고 90므88 판결.
84) 박동섭·양경승, 345; 윤진수, 211; 박정화(2002), 202; 김선혜(1993), 635-636.
85) 김주수·김상용, 321; 박동섭·양경승, 308-310; 윤진수, 197.

4. 피고적격

친생자관계존부확인의 소의 피고적격은 누가 원고인지에 따라 다르다.

친생자관계86)의 일방이 원고이면 다른 일방을 피고로 한다(家訴 §28, §24 ①). 예를 들어 자녀가 부에 대해서만 친생자관계부존재 확인을 구하는 소를 제기하는 경우에는 부만 피고로 삼으면 된다.87) 자녀가 부모 모두를 상대로 친생자관계부존재확인의 소를 제기하더라도 이는 확인 청구가 단순 병합된 것으로서 통상공동소송 관계가 된다.88) 부자관계와 모자관계는 별개의 소송 목적이기 때문이다.89)

제3자가 원고이면 가족관계등록부상 친생자관계에 있는 쌍방을 피고로 하되 어느 한쪽이 사망하면 생존자만 상대방으로 한다(家訴 §28, §24 ②).90) 예를 들어 제3자가 부자관계를 다투는 경우에는 그 부와 자녀를 피고로 삼으면 되고 부와 자녀 중 부만 사망한 경우에는 자녀만 피고로 삼으면 된다.91) 제3자가 원고일 때 친자 쌍방이 모두 생존해 있으면 쌍방을 모두 피고로 삼아야 하므로 이는 필수적 공동소송에 해당한다.92) 위와 같이 상대방이 될 사람이 모두 사망하면 검사를 상대방으로 한다(家訴 §28, §24 ③). 여기서 검사는 제3자 법정소송담당 중 직무상 당사자에 해당한다.93) 판례는 「부재선고에 관한 특별조치법」에 따른 군사분계선 이북 지역의 잔류자에 대한 실종선고는 상속 및 혼인에 관해서만 사망간주 효과가 있으므로, 친생자관계존부확인의 소에서는 사망간주 효과가 없어 검사가 피고가 될 수 없다고 하였다.94)

판례 중에는 가족관계등록부(당시 호적부)에 甲男과 원고 사이의 자녀로 기재된 丙에 대하여 원고가 사망한 甲男과 丙 사이에 친생자관계가 존재하지 않는다는 확인을 구하는 경우 丙만을 피고로 삼아야 하고, 丙의 생모는 피고 적격이 없다고 한 것이 있다.95) 이는 타당하다. 반면 판례 중에는 가족관계등록부(당시 호적부)에 甲男과

---

86) 친생자관계가 없음에도 가족관계등록부에 친생자로 기재되어 있거나, 반대로 친생자관계가 있음에도 가족관계등록부에 친생자로 기재되지 않은 경우를 모두 말한다.
87) 송덕수, 176; 제요[1], 609.
88) 박동섭·양경승, 346; 제요[1], 609.
89) 박동섭·양경승, 345; 같은 취지, 박정화(2002), 203; 이소은(2021), 377.
90) 대법원 1971. 7. 27. 선고 71므13 판결; 대법원 1977. 4. 12. 선고 77므6 판결; 대법원 1983. 3. 8. 선고 81므77 판결; 대법원 1987. 5. 12. 선고 87므7 판결; 대법원 2003. 5. 30. 선고 2003므132 판결; 대법원 2018. 5. 15. 선고 2014므4963 판결 참조.
91) 신영호·김상훈·정구태, 175; 제요[1], 609.
92) 대법원 1983. 9. 15.자 83즈2 결정.
93) 법원실무제요, 민사소송[1], 339–340.
94) 대법원 1981. 7. 28. 선고 80므19 판결.
95) 대법원 1971. 7. 27. 선고 71므13 판결.

乙女 사이의 자녀로 기재된 丙에 대하여 甲男과 혼인한 원고가 丙만을 피고로 하여 사망한 甲男과 丙 사이에 친생자관계가 존재하지 않는다는 확인을 구하는 것은 부적법하고, 丙과 乙女를 모두 피고로 삼아야 한다고 한 원심을 수긍한 것이 있다.[96] 그러나 이 판결은 타당하지 않고, 위와 같은 경우 丙만을 피고로 삼으면 될 것이다.

판례는 원고가 당초 피고적격자를 상대로 친생자관계존부 확인의 소를 제기하였으나 소송계속 중 피고가 사망한 경우에는 家訴 §16 ②을 유추적용하여 피고의 사망일로부터 6개월 이내에 검사가 피고 지위를 수계하도록 신청해야 하고, 그 기간 내에 원고의 수계신청이 없다면 소송절차는 종료된다고 하였다.[97] 다만 제3자가 친자 쌍방을 상대로 한 친생자관계 부존재확인소송 계속 중 친자 중 어느 한편이 사망하면 생존한 사람만 피고가 되고, 사망한 사람의 상속인이나 검사가 소송을 수계할 수 없고, 사망한 사람에 대한 소송은 종료된다는 것이 판례이다.[98]

5. 제소기간

친생자관계존부확인의 소는 원칙적으로 제소기간의 제한이 없다.[99] 다만 본조 ②은 당사자 일방이 사망한 때에는 그 사망을 안 날로부터 2년 내에 검사를 상대로 소를 제기해야 한다고 규정하고 있다. 이는 제척기간이다.[100] 이러한 제소기간을 둔 것은 신분관계를 신속하게 확정하여 법적 안정을 도모하기 위해서이다.[101]

본조 ②에서 당사자 일방이 사망한 때라 함은 상대방이 될 사람이 모두 사망하여 검사를 상대로 소를 제기하는 경우라고 해석해야 한다. 제3자가 원고인 경우에는 부(또는 모)와 자녀 쌍방을 피고로 삼아야 하고(家訴 §28, §24 ②), 부(또는 모)와 자녀 쌍방이 모두 사망하여야 검사를 피고로 삼을 수 있기 때문이다(家訴 §28, §24 ③).[102] 따라서 예를 들어 친자관계 쌍방 중 부(또는 모)만 사망한 경우, 자녀가 친생자관계부존재확인의 소를 제기할 때에는 본조 ②의 제소기간의 제한을 받으나, 제3자가 친생자관계부존재확인의 소를 제기할 때에는 제소기간의 제한을 받지 않는다.[103]

---

96) 대법원 1970. 3. 10. 선고 70므1 판결.

97) 대법원 2014. 9. 4. 선고 2013므4201 판결.

98) 대법원 2018. 5. 15. 선고 2014므4963 판결.

99) 김주수·김상용, 343, 347; 박동섭·양경승, 346; 송덕수, 177; 신영호·김상훈·정구태, 175; 김상용 (2019), 30, 52; 김주수(2011), 58; 이소은(2021), 377; 제요[1], 614.

100) 제요[1], 610, 615; 주석친족(2), 134(정용신).

101) 대법원 2015. 2. 12. 선고 2014므4871 판결 참조.

102) 대법원 1971. 7. 27. 선고 71므13 판결; 대법원 1983. 3. 8. 선고 81므77 판결; 대법원 1987. 5. 12. 선고 87므7 판결; 대법원 2003. 5. 30. 선고 2003므132 판결; 대법원 2018. 5. 15. 선고 2014므4963 판결 참조.

103) 제요[1], 615; 주석친족(2), 138(정용신).

판례는 여기서 '사망을 안 날'이라 함은 사망이라는 객관적인 사실을 안 날을 의미하고, 사망자와 사이의 친생자관계 존부라는 사실까지 알아야 하는 것은 아니라고 하였다.[104] 이러한 판례에 반대하면서 친생자관계를 알지 못한 상태에서 제소기간이 도과한다는 것은 부당하다는 점 등을 이유로 친생자관계의 존부라는 사실까지 알아야 제소기간이 진행한다는 견해도 있다.[105]

제소권자가 미성년자인 경우에는 법정대리인이 안 때를 기준으로 한다.[106] 제3자가 원고가 되는 경우에는 친생자관계에 있는 쌍방 모두 사망해야 검사를 상대로 소를 제기할 수 있으므로, 이 경우에는 본조 ②이 유추적용되어 그 쌍방이 모두 사망하였다는 사실을 알아야 제소기간이 진행한다는 것이 판례이다.[107]

헌법재판소는 본조 ②에서 정한 제소기간의 제한이 위헌이 아니라고 하였다.[108]

Ⅲ. 소송절차

1. 관할

상대방의 보통재판적이 있는 곳의 가정법원 전속관할이고, 상대방이 복수일 경우에는 그중 1명의 보통재판적이 있는 곳의 가정법원 전속관할이며, 상대방이 모두 사망한 경우에는 그중 1명의 마지막 주소지의 가정법원 전속관할이다(家訴 §26 ②). 여기서 상대방이 복수인 때는 제3자가 부(또는 모)와 자녀 모두를 피고로 하는 경우와 같이 필수적 공동소송관계에 있는 경우를 의미하고, 부가 여러 명의 자녀를 상대로 친생자관계 부존재확인의 소를 제기하는 경우와 같이 통상공동소송에 해당하는 경우는 여기에 해당하지 않는다. 이 경우에는 각각의 청구에 대하여 전속관할 법원을 정하여야 하고, 전속관할이므로 관련재판적(民訴 §25 ②)도 인정될 수 없다.[109] 실무도 같은 입장이다.[110] 제1심 사물관할은 단독판사에게 속한다(사물관할규칙 §3 참조).

2. 심리 절차

친생자관계존부확인의 소는 가류 가사소송사건으로서[家訴 §2 ① 1. 나. 4)], 청구

---

104) 대법원 2015. 2. 12. 선고 2014므4871 판결.
105) 정구태(2016), 31-33. 주해친족(초판, 1권, 2015), 669(권재문).
106) 제요[1], 615; 주석친족(2), 137-138(정용신).
107) 대법원 2004. 2. 12. 선고 2003므2503 판결.
108) 헌법재판소 2014. 3. 27. 선고 2010헌바397 결정.
109) 주석친족(2), 135(정용신).
110) 주석친족(2), 135(정용신); 제요[1], 610-611.

의 인낙이나 자백은 허용되지 않고(家訴 §12), 직권주의가 적용된다(家訴 §17). 조정전치주의(家訴 §50)는 적용되지 않는다. 판례는 친생자관계존부확인소송은 성질상 당사자가 임의로 처분할 수 없는 사항에 관한 것이므로 조정이나 재판상 화해가 성립하더라도 효력이 없다고 하였다.111) 친생자관계의 부존재를 확인하는 내용의 조정조서가 작성되더라도 이에 기하여 가족관계등록부를 정정하지 않는 것이 확립된 실무이다.112)

　　친생자관계존부확인 소송에서 미성년 자녀의 법정대리인이 누구인지 실무상 흔히 문제되는데, 특히 생모라고 주장하는 사람과 가족관계등록부상 부모로 기재된 사람 중 누가 미성년 자녀를 대리해야 하는지 문제된다. 실무는 가족관계등록부상 부모를 미성년 자녀의 법정대리인으로 보되 그 부모가 당사자가 되면 법정대리권을 행사할 수 없는 경우에 해당한다는 이유로 民訴 §62의 특별대리인을 선임하여 자녀를 대리하도록 하고 있다.113) 예를 들어 미성년 자녀가 가족관계등록부상 부모 중 일방을 상대로 친생자관계부존재확인의 소를 제기하면 다른 일방이 미성년 자녀를 대리하고, 쌍방을 상대로 친생자관계부존재확인의 소를 제기하면 民訴 §62의 특별대리인이 미성년 자녀를 대리하게 한다.114) 생모라고 주장하는 사람이 미성년 자녀와 가족관계등록부상 모를 상대로 친생자관계부존재확인의 소를 제기하면 가족관계등록부상 부가 미성년 자녀를 대리하고, 가족관계등록부상 부모 쌍방을 상대로 친생자관계부존재확인의 소를 제기하면 民訴 §62의 특별대리인이 미성년 자녀를 대리하게 한다.115) 이와 달리 가족관계등록부상 부모 중 일방에 대한 관계에서만 친생자관계부존재확인의 소를 제기한 경우에도 다른 부모 일방 역시 친생부모가 아니라는 주장이 있다면 그 다른 부모 일방이 미성년 자녀를 대리하는 것은 적합하지 않으므로 특별대리인을 선임해야 한다는 견해와 실무례도 있다.116) 그러나 사견으로는 친모라고 주장하는 사람 등 제3자가 미성년 자녀와 가족관계등록부상 부모 쌍방 또는 일방을 상대로 친생자관계부존재확인의 소를 제기하는 경우에는 그 가족관계등록부상 부모가 미성년 자녀를 대리하도록 해도 별다른 문제는 없지 않은가 생각된다.

---

111) 대법원 1999. 10. 8. 선고 98므1698 판결; 대법원 2007. 7. 26. 선고 2006므2757, 2764 판결.
112) 이창우(2014), 563.
113) 제요[1], 616.
114) 박동섭·양경승, 345.
115) 주석친족(2), 138(정용신).
116) 박정화(2002), 208.

3. 심리·판단

친생자관계의 존재 또는 부존재가 판단의 대상이다.[117] 여기서 친생자관계는 생물학적 의미의 혈연관계가 아니라 법률상 친생자관계를 의미한다.[118] 친생자관계인이상 혼인중 자녀인지 혼인외 자녀인지 여부를 명확히 따질 필요는 없다.[119] 판례는 친생자관계부존재확인 소송에서 당사자의 증명이 충분하지 못할 때에는 가정법원이 가능한 한 직권으로라도 필요한 사실조사 및 증거조사를 하여야 한다고 하였다.[120]

가정법원은 다른 증거조사에 의하여 심증을 얻지 못한 때에는 혈액형검사, 유전자검사 등의 수검명령을 할 수 있다(家訴 §29).

판례는 친생자관계부존재 확인소송의 주문에 관하여, 제3자가 부와 자녀를 상대로 친생자관계부존재 확인의 소를 제기한 경우, 판결 주문에서 "피고1(자녀)는 피고2(父)와 甲(母) 사이에 태어난 자녀가 아님을 확인한다."라는 것은 사실관계를 확인한것에 불과하고, 법률관계 부존재를 확인하는 것이 아니므로 부적법하다는 취지이다.[121] 실무에서 친생자관계존부 확인판결의 주문은 '甲과 피고 사이에는 친생자관계가 존재하지 아니함을 확인한다.'는 식으로 기재하고 있다.[122]

4. 신의칙 또는 권리남용

판례는 제3자가 가족관계등록부상 부모가 사망한 때부터 오랜 기간이 경과한 후자녀를 상대로 친생자관계부존재 확인을 구하는 소를 제기하였다는 사정만으로 신의칙에 반하는 소송행위라고 볼 수 없다고 하였다.[123] 이 판결의 판례해설에 의하면 신분상 법률관계에 관한 소송에도 신의칙이나 권리남용금지 법리가 적용될 수는 있으나 그 적용은 신중해야 하고, 친생자관계존부확인의 소에 있어서는 현저히 공서양속에 반한다는 특별한 사정이 없는 한 이 법리를 적용해서는 안 된다고 한다.[124] 학설중에도 위와 같은 취지에서 신분관계에 관한 소송에도 신의칙이나 권리남용 법리의

---

117) 박동섭·양경승, 347, 351.
118) 김상용(2019), 53; 주해친족(초판, 1권, 2015), 662(권재문).
119) 박동섭·양경승, 351.
120) 대법원 2010. 2. 25. 선고 2009므4198 판결.
121) 대법원 1971. 7. 27. 선고 71므13 판결.
122) 제요[1], 618.
123) 대법원 2004. 6. 24. 선고 2004므405 판결; 다만 이 판결 사안에서는 대법원 2020. 6. 18. 선고 2015므8351 전원합의체 판결에 의할 때 제3자를 이해관계인이라 볼 수 없고, 확인의 이익도 인정할 수 없다는 지적으로 이소은(2021), 388-389.
124) 천대엽(2004), 444-446.

적용을 부정할 근거는 없으나, 친생자관계에 관한 청구에는 그 법리를 신중하게 적용해야 한다는 견해가 있다.[125] 이에 대하여 구체적 사안에 따라서는 친생자관계 존부확인의 소를 제기하는 것이 신의칙에 위반되거나 권리남용에 해당할 수도 있다는 견해도 있다.[126] 판례 중에는 혼인무효청구 또는 혼인 취소청구가 권리남용에 해당한다고 한 것이 있다.[127]

한편 친생자관계의 존부를 전제로 한 재산상 분쟁에 관한 청구가 신의칙에 위반되어 권리남용이 되는지 여부는 친생자관계 존부확인청구를 인용할 것인지 여부와 별개의 문제이다.[128] 판례도 이와 같은 취지로 판시한 바 있다.[129]

Ⅳ. 판결의 효과

1. 친생자관계의 존부 확정

친생자관계 존부확인판결의 확정에 따라 친생자관계의 존부가 확정된다.[130] 친생자관계존부확인의 소에서 청구를 인용한 확정판결은 제3자에게도 효력이 있다(家訴 §21 ①). 청구를 기각한 판결이 확정되면 다른 제소권자는 사실심 변론종결 전에 참가하지 못한 데 정당한 사유가 없으면 다시 소를 제기할 수 없다(家訴 §21 ②).

다만 친생자관계 존부확인판결이 확정이 되었더라도 다른 소송에서는 당해 친생자관계의 존부를 선결문제로서 이를 다툴 수 있다는 취지의 견해가 있으나 의문이다.[131]

2. 기판력의 범위

판례는 제3자가 가족관계등록부(당시 호적부)에 혼인외 자녀가 부의 혼인중 자녀인 것처럼 기재되어 있다는 이유로 부와 자녀 사이에 친생자관계가 존재하지 않는다

---

125) 한상호(1996), 434−435.
126) 이소은(2021), 378.
127) 대법원 1983. 4. 12. 선고 82므64 판결; 대법원 1987. 4. 28. 선고 86므130 판결; 대법원 1993. 8. 24. 선고 92므907 판결.
128) 대법원 1993. 9. 28. 선고 93다26007 판결은 피상속인의 처가 가출하여 재혼을 하고 피상속인의 처로 기재된 호적까지 말소한 경우 피상속인 사망 후에 상속인임을 주장하면서 소유권이전등기말소를 청구하는 것이 신의칙상 허용될 수 없다고 하였다.
129) 대법원 1995. 1. 24. 선고 93므1242 판결.; 이소은(2021), 378은 위 판결이 친생자관계존부확인의 소가 신의칙 위반 또는 권리남용에 해당할 수 있다는 여지를 남긴 판결이라고 소개하고 있으나, 위 판결은 친생자관계의 부존재에 기초한 재산상의 권리 주장이 신의칙에 어긋나거나 권리남용에 해당하는지 여부가 별개의 문제라고 판시하였다.
130) 송덕수, 177.
131) 서정우(1993), 666.

는 확정판결을 받았다고 하더라도, 그 기판력은 자녀의 인지청구에 미치지 않는다고 하였다.132) 이에 대해서는 친생자관계 부존재 확정판결의 효력은 모든 사람에게 미치므로, 자녀가 인지청구를 할 수 없다고 보아야 한다는 비판이 있으나,133) 혼인외 자녀의 부자관계는 인지에 의해 형성되므로 그 인지 전에 친생자관계 부존재 확정판결이 있었다고 하더라도 그 이후 인지청구를 하는 데 지장이 없다고 보아야 할 것이다.

3. 가족관계등록부의 정정

친생자관계 존부확인판결이 확정되면 원고는 판결확정일로부터 1개월 이내에 가족관계등록부의 정정을 신청하여야 한다(家登 §107).

---

132) 대법원 1982. 12. 14. 선고 82므46 판결.
133) 박동섭·양경승, 328.

[後註] 보조생식 자녀의 친자관계

▌참고문헌: 고정명(1989), "대리모 계약의 법리", 국민대 법학논총 1; 고정명·신관철(1998), "대리모계약의 모성추정에 관한 고찰", 국민대 법학논총 10; 구연창(1988), "인공적 임신의 법적접근", 민사법학 7; 권영준(2021), "인공수정, 유전자형 배치와 친생추정", 민법판례연구Ⅱ; 김민규(2010), "생식보조의료와 사적생활상의 자기결정권", 부산대 법학연구 51−1; 김민규(2018), "성정체성장애(GID)로 인한 성별변경과 비배우자간의 인공수정(AID) 자녀에 대한 친자추정 법리", 한국의료법학회지 26−1; 김민중(2002), "생명공학의 발달에 따른 민사법적 과제", 민사법학 21; 김상용(2003), "인공수정으로 출생한 자의 법적 지위", 신문3143, 14; 김상용(2019a), "친생추정에 관한 법리의 검토", 가족법연구V; 김상용(2019b), "가족법과 혈연진실주의", 가족법연구V; 김상찬(2011), "AID에 의하여 출생한 자녀의 법적 지위", 한국법학회 법학연구 41; 김상헌(2014), "성전환자의 부자관계에 관한 소고", 아주법학 8−1; 김상헌(2016), "인공생식에 있어서 부자관계설정에 관한 소고", 민사법연구 24; 김상훈(2019), "의견서 − 대법원 2016므0000 친생자관계부존재확인", 가족법연구 33−2; 김성은(2012), "AID자의 법적 지위에 관한 연구", 가족법연구 26−3; 김지연(2015), "인공수정자의 법적 지위에 관한 연구", 의료법학 16−1; 김천수(2002), "인공수정에 관한 법적 고찰", 민사법학 21; 김천수(2019), "의견서 '2016므0000 친생자관계부존재확인' 사건 관련", 가족법연구 33−2; 김현진(2019), "대리모 출생아의 친자관계", 인하대 법학연구 22−3; 류일현(2019), "민법상 친생추정 제도에 관한 일고", 경북대 법학논고 67; 맹광호(2007), "인공생식에 관한 가족법상의 문제점", 가족법연구 21−3; 박동진(2002), "대리모계약에 의한 출산과 그 법적문제", 의료법학 3−1; 박동진(2005), "대리모제도의 법적 문제", 연세대 법학연구 15−1·2; 박신욱(2021), "제3자 정자제공형 인공수정에 대한 동의가 갖는 친자법상 의미", 가족법연구 35−3; 박신욱(2022), "제3자 정자제공형 인공수정에 대한 동의가 갖는 친자법상 의미", 신문4953, 12; 배인구(2019), "친생추정의 적용과 예외", 민사법연구 27; 법률구조법인 한국가정법률상담소(2019), "의견서 − 대법원 2016므0000 친생자관계부존재확인", 가족법연구 33−2; 서종희(2009), "대리모계약에 관한 연구", 가족법연구 23−3; 서종희(2014), "사후포태에 의하여 출생한 자의 법적지위에 관한 고찰", 국민대 법학논총 47; 송영민(2007), "인공수정에 있어서 부의 동의의 법적 성질", 가족법연구 21−1; 양수산(1989), "인공수정자와 관련되는 법률상의 문제점연구", 가족법연구 3; 엄동섭(2001), "대리모계약", 저스티스 34−6; 엄동섭(2005), "대리모계약에 관한 외국의 입법례", 가족법연구 19−2; 오호철(2009), "대리모에 관한 소고", 한국법학회 법학연구 34; 유지홍(2015), "첨단의료보조생식에 근거한 민법 제844조 친생자 추정에 관한 고찰", 충북대 법학연구 26−2; 윤석찬(2018), "정자기증으로 출생한 자와 관련한 민사적 쟁점", 재산법연구 34−4; 윤우일(2011), "대리모계약에 기해 출생한 자의 친자관계 결정기준", 경희법학 47−3;

윤진수(2009), "아동권리협약과 한국가족법", 민법논고[Ⅳ]; 윤진수(2015), "보조생식기술의 가족법적 쟁점에 대한 근래의 동향", 민법논고[Ⅶ]; 이경희(1996), "친자법의 새로운 문제", 民判 18; 이경희(1998), "인공출산기술과 친자결정원리의 변화", 김병대 화갑; 이경희(2007), "사후포태의 자기결정권에 관한 일고찰", 가족법연구 21−3; 이경희(2011), "인공수정자의 친자법상 지위", 가족법연구 25−2; 이병화(2016), "국제대리모계약에 관한 연구", 국제사법연구 22−1; 이승우(2004), "인공수정자의 친자관계에 관한 연구", 비교사법 11−2; 이영규(2010), "대리모에 의한 출산자의 모자관계", 법과 정책연구 10; 이은정(2005), "인공수정에 대한 입법론적 고찰" 가족법연구 19−2; 이제정(2003), "친자관계확인소송의 심리상 주요 논점", 재판자료 101(상); 이준영(2000), "자신의 혈통에 대한 자의 알 권리와 친생자관계", 가족법연구 14; 이현곤(2018), "대리모가 출산한 자녀의 친모는 누구인가?", 신문4629, 10; 임정평(1989), "친자관계의 인부에 관한 특수문제", 단국대 법학논총 15; 장윤순(2020), "제3자 정자제공형 인공수정자녀 및 혈연관계 없음이 명백한 자녀에 대한 각 친생추정 적용여부", 부산대 법학연구 61−1; 장재용(2020), "친생추정의 예외 인정 여부와 인공수정 자녀에 대한 친생추정 여부", 사법 52; 전효숙(1983), "인지에 관한 심판의 이론과 실제", 재판자료 18; 정구태(2016), "2015년 친자법 관련 주요 판례 회고", 조선대 법학논총 23−1; 정구태(2020), "2019년 친족상속법 관련 주요 판례 회고", 안암법학 60; 정범석(1984), "친생자관계 부존재확인사건", 신문1561; 정현수(2020), "친생추정 법리에 관한 소고", 충북대 법학연구 30−2; 제철웅(2019), "생물학적 부모, 법적 부모, 그리고 사회적 부모", 비교사법 26−2; 조경임(2020), "2019년 가족법 중요판례평석", 인권과 정의 488; 차선자(2019), "친생추정의 법리와 혈연진정성", 가족법연구 33−2; 최성경(2020), "대리모계약의 효력과 모자관계 결정", 홍익법학 21−2; 최성배(1998), "대리모에 관한 법적 고찰", 사법논집 29; 한봉희(1987), "인공수정자법의 연구", 전북대 법학연구 14; 한삼인·김상헌(2013), "대리모계약의 효력에 관한 소고", 외법논집 37−1; 현소혜(2005), "대리모계약을 둘러싼 기본권 충돌의 해결", 아세아여성법학8; 현소혜(2018), "대리모를 둘러싼 쟁점과 해결방안", 가족법연구 32−1; 황경웅(2010), "친모 친부의 결정 기준", 중앙대 법학논문집 34.

Ⅰ. 서

의학기술의 발전으로 종래 자연적 방법에 의한 생식 외에 보조생식기술(assisted reproductive technology, ART)에 의하여 자녀를 낳을 수 있게 되었는데, 이는 가족법 영역에서 해결하기 어려운 여러 문제를 낳게 되었다.[1] 이 문제에 대한 해석론이 확립되어 있다고 볼 수 없는 상황이다. 해석론만으로는 이 문제를 해결하는 데 한계가 있고, 입법적 해결이 필요한 상황이다.[2] 과거에 이 문제를 해결하기 위한 여러 법률안이 국회에 제출된 바 있지만, 모두 임기만료로 폐기되었다.[3]

이하에서는 보조생식기술에 따른 여러 문제 중 비교적 논의가 많이 이루어진 문제에 대해 보기로 한다. 보조생식기술에 관한 문헌 중에는 입법론과 해석론을 혼재하

---

1) 윤진수(2015), 207. 여러 곤란한 문제에 대한 예로 김주수·김상용, 353−355 참조.
2) 윤진수(2015), 236, 236.
3) 과거 법률안의 내용에 대한 설명으로 윤진수(2015), 208 이하, 236 참조.

여 설명하는 경우가 많으므로 주의가 필요하다.

Ⅱ. 인공수정 자녀

1. 인공수정(Artificail Insemination)

인공수정이란 남녀 간의 자연적 성행위에 의하지 않고 인공적으로 정자와 난자를 수정시키는 것을 말한다.[4] 인공수정된 난자와 정자를 체외(시험관)에서 수정시킨 다음 여자의 자궁에 착상시키는 체외수정(in-vitro-fertilisation) 방법이 보통 사용된다.[5]

인공수정은 다음의 세 가지 경우를 구분할 필요가 있다.[6] ① 남편의 정자에 의한 인공수정(AIH: Artificial Insemination by Husband), ② 남편이 아닌 제3자의 정자에 의한 인공수정(AID: Artificial Insemination by Donor), ③ 미혼 여자의 인공수정이다.

현재 대한산부인과학회의 「보조생식술 윤리지침」에는 체외수정 및 배아이식은 임신을 목적으로 하는 경우로 한정해야 하고, 체외수정 시술 및 제3자 정자 공여 시술은 원칙적으로 부부관계(사실혼 포함)에서 시행되어야 한다고 한다.

2. AIH 자녀

남편의 정자에 의한 인공수정(AIH) 자녀는 §844의 요건이 구비되는 한 친생추정이 미치는 혼인중 자녀가 된다는 데 이론이 없다.[7] 하급심 중에도 AIH 자녀의 경우 자연적 성결합 대신 인공적 기술이 사용되었을 뿐 §844의 친생추정이 미친다고 판시한 것이 있다.[8] 사실혼 부부 사이에 AIH 자녀가 출생하면 혼인외 자녀가 되나, 부의 인지 후 부부가 혼인신고를 하게 되면 §855 ②의 준정(準正)에 의해 혼인중 자녀가 될 것이다.[9]

이와 같이 AIH 자녀에 대해서는 가족법상 특별한 문제가 생기지 않는다.[10]

---

4) 윤진수, 212-213; 이경희·윤부찬, 202.

5) 윤진수, 213.

6) 김주수·김상용, 350; 송덕수, 178; 윤진수, 213.

7) 김주수·김상용, 350; 박동섭·양경승, 271; 박종찬, 140; 신영호·김상훈·정구태, 177; 윤진수, 213; 이경희·윤부찬, 202; 한삼인·김상헌, 167; 권영준(2021), 256; 이제정(2003), 450; 전효숙(1983), 512; 양수산(1989), 97; 이승우(2004), 250; 구연창(1988), 325; 김민중(2002), 15; 김상헌(2016), 203-204; 이경희(1996), 600; 윤석찬(2018), 210; 주석친족(2), 142(정용신); 같은 취지, 송덕수, 178.; 다만 맹광호(2007), 4은 AIH 자녀는 §844를 적용할 필요 없이 언제나 혼인중 자녀가 된다고 한다.

8) 서울가정법원 2011. 6. 22. 선고 2009드합13538 판결.

9) 서울가정법원 2011. 6. 22. 선고 2009드합13538 판결; 윤석찬(2018), 210 참조.

10) 윤진수(2015), 213; 이은정(2005), 86; 구연창(1988), 325; 김민중(2002), 15; 임정평(1989), 88.

3. AID 자녀

가. 모자관계

남편이 아닌 제3자의 정자에 의한 인공수정(AID) 자녀의 모자관계는 출생에 의해
당연히 모자관계가 성립한다는 원칙이 그대로 적용되므로, 특별한 문제가 없다.11)

나. 부자관계

(1) 남편의 동의가 있는 경우

대법원 2019. 10. 23. 선고 2016므2510 전원합의체 판결은 아내가 혼인중 남편의
동의로 출산한 AID 자녀에게도 §844가 적용되어 인공수정으로 출생한 자녀는 남편의
자녀로 추정된다고 하였다. 위 전원합의체 판결의 다수의견은 남편의 인공수정에 대
한 동의가 친생추정 규정이 적용되는 근거가 되고, 혼인중 출생한 인공수정 자녀에
대해서는 특별한 사정이 없는 한 남편의 동의가 있었던 것으로 볼 수 있으며, 동의서
작성이나 보존 여부가 명백하지 않더라도 마찬가지라고 하였다.12)

학설도 판례와 같이 남편의 동의 아래 출산한 AID 자녀에게 §844에 따른 친생추
정이 미친다는 견해가 대체적이다.13) §844는 친생추정의 요건으로 '혼인중 임신'만을
요구할 뿐 임신의 경위나 혈연관계의 존부는 따지지 않는다는 점, 자녀의 복리를 위
해서도 남편을 자녀의 부(父)로 인정하는 것이 타당한 점 등을 이유로 든다. 종래 하
급심도 대체로 남편의 동의로 출생한 AID 자녀에게 친생추정이 미친다고 하였다.14)
이와 달리 친생추정이 미치지 않는다는 견해도 있다.15) 남편과 AID 자녀 사이에 유
전·혈연관계가 없음이 명백한 점, 남편의 동의에 의해 부자관계가 설정된다는 것은
충분한 근거가 되지 못하고, 또한 친자관계의 처분권을 인정하는 셈이므로 공서양속
에 반하는 점, §844는 자연 임신과 출산을 전제로 마련된 조항이라는 점, 신의칙 위반
이나 자녀의 복리 여부는 개별 사건마다 다르게 심사될 수 있는 점 등을 이유로 든다.

11) 이제정(2003), 449.
12) 이 판결을 지지하는 견해로 권영준(2021), 259; 장윤순(2020), 76-77.
13) 김주수·김상용, 351; 박동섭·양경승, 271-272; 박종찬, 140-141; 신영호·김상훈·정구태, 177; 윤진
   수, 213; 이경희·윤부찬, 203; 김상용(2019a), 59-60; 권영준(2021), 256; 이제정(2003), 459; 정현수
   (2020), 325-326; 배인구(2019), 354; 김상찬(2011), 103; 전효숙(1983), 512; 맹광호(2007), 21; 이승우
   (2004), 253; 김성은(2012), 178; 김민중(2002), 30-31; 김상헌(2014), 269-270; 김상헌(2016), 219; 윤석
   찬(2018), 211; 임정평(1989), 91.; 같은 취지, 박신욱(2021), 123; 박신욱(2022), 12; 김상용(2003), 14; 김
   지연(2015), 95-96; 김민규(2018), 150-151, 154.
14) 서울가정법원 1983. 7. 15. 선고 82드5134 심판, 서울가정법원 1986. 1. 15. 선고 85드5884 심판, 서울
   고등법원 1986. 6. 9. 선고 86르53 판결, 서울가정법원 2000. 8. 18. 선고 2000드단7960 판결, 서울가정법
   원 2011. 6. 22. 선고 2009드합13538 판결; 하급심 판결의 소개로 이제정(2003), 457-459.
15) 권재문(2009), 347-352; 유지홍(2015), 172.

한편 AID 자녀는 §844의 친생추정이 미치지 않으나, 부부가 AID 자녀의 출산에 합의한 이상 AID 자녀는 바로 부부의 친생자가 된다는 견해도 있다.[16] 보조생식기술에 의한 출생은 민법 제정 당시 예정하지 않은 문제이고, 부와 AID 자녀 사이에 혈연관계가 존재하지 않음이 자명하므로 §844의 추정 규정이 적용될 수 없다는 점, 다만 부부는 AID 자녀의 출생에 대한 책임을 인수한 사람들이고, 인공수정에서 남편의 동의는 자연적 출산에서 성적 교섭과 동등한 기능을 수행하는 점, 만약 AID 자녀에 대해 §844의 친생추정이 미친다고 한다면, 혼인성립일로부터 200일 이내에 출생한 AID 자녀에 대해서는 친생추정이 미치지 않게 되므로 자녀의 복리에 공백이 생기는 점 등을 이유로 든다.

AID 자녀의 경우 남편의 동의는 입양의 동의로 볼 수 있으므로 양친자관계가 성립하였다고 보아야 한다는 견해가 있다.[17] 남편의 AID에 대한 동의만으로 친자관계를 인정하기 어려운 점, 친생추정은 자연출산에만 적용되므로 인공수정으로 출생한 자녀는 친생추정이 미치지 않는다고 보아야 한다는 점, AID 자녀에 대한 부성부인의 금지가 반드시 자녀의 복리를 위하는 것이라고 볼 수 없는 점 등을 근거로 한다. 이에 따르면 친생자관계의 존부가 문제되는 것이 아니라 파양사유, 특히 양친자관계를 계속하기 어려운 중대한 사유가 있는지 여부(§905 iv)가 문제된다고 한다.[18] 그러나 이에 대해서는 정자를 제공한 제3자가 누구인지 특정하기도 어렵고, 친부로서 역할을 기대하기도 어려운 점, 인공수정에 의해 자녀가 출생하는 과정에서 입양 요건이 구비되었다고 볼 수 없다는 점, 입양관계가 성립한다면 파양도 인정될 수 있는데 이는 부당한 점 등을 이유로, AID 자녀의 부자관계를 양친자관계로 보기는 어렵다는 비판이 유력하다.[19]

남편의 동의로 AID 자녀가 출생한 경우 남편이 AID 자녀를 상대로 친생부인의 소를 제기할 수 있는가? 당사자의 합의로 친생부인권을 포기할 수 없다는 등의 이유로 이를 긍정하는 견해도 있다.[20] 그러나 이는 선행행위에 모순되는 행위이고, 여기

---

16) 정구태(2020), 279-282; 조경임(2020), 42-43; 황경웅(2010), 81-82; 같은 취지, 류일현(2019), 214; 송영민(2007), 196.

17) 차선자(2019), 10-13; 정범석(1984), 12; 김천수(2002), 105-108; 같은 취지, 김천수(2019), 531; 권재문(2009), 353.; 한편 이은정(2005), 89-90도 친양자관계라고 보는 것이 타당하다고 하나, 이는 입법론이다.

18) 차선자(2019), 14.

19) 권영준(2021), 258; 김상헌(2016), 219; 류일현(2019), 216-217; 맹광호(2007), 22-24; 윤진수(2015), 217.

20) 양수산, 380-381; 양수산(1989), 111-113; 박신욱(2021), 123-125; 박신욱(2022), 12. 박신욱(2021), 123은 다만 남편이 AID 자녀 출생에 동의하였다면 부양의무를 부담한다고 한다.

서 남편의 동의는 §852의 승인과 마찬가지이므로 §852에서 금지하는 친생자 승인 후 친생부인 주장에도 해당하여 허용될 수 없다는 견해가 다수이다.[21] 이러한 경우 친생부인의 소를 허용하면 AID 자녀의 복리에 반한다는 지적도 있다.[22] 다수설이 타당하다. 종래 하급심 중에도 다수설과 같은 취지에서 인공수정에 동의하였던 남편이 나중에 친생부인을 주장하는 것은 신의칙에 반한다는 이유로 친생부인의 소를 제기할 수 없다고 한 것이 있다.[23] 대법원 2019. 10. 23. 선고 2016므2510 전원합의체 판결은 아내가 혼인중 남편이 아닌 제3자의 정자를 제공받아 인공수정으로 자녀를 출산한 경우 남편이 인공수정에 동의하였다가 나중에 이를 번복하고 친생부인의 소를 제기하는 것은 허용되지 않는다고 하였다.

(2) 남편의 동의가 없는 경우

아내가 남편의 동의 없이 제3자의 정액을 사용하여 출산한 인공수정(AID) 자녀에 대해 남편의 자녀로 친생추정이 되는지 여부에 대해서는 부정하는 견해도 있으나,[24] 원칙적으로 이를 긍정하는 견해가[25] 다수이다. 이 경우에도 §844의 요건이 갖추어지는 한 친생추정은 미친다고 보아야 할 것이므로, 다수설이 타당하다.

다만 어느 견해에 의하든지 남편이 친생추정 또는 친자관계를 부인할 수 있다.[26] 친생추정이 미치면 친생부인의 소를 제기할 수 있고,[27] 친생추정이 미치지 않으면 친생자관계부존재 확인의 소를 제기할 수 있다.[28] 하급심 중에는 남편의 동의 없이 출산한 AID 자녀에 대해 남편이 친생부인의 소를 제기한 사안에서 그 친생부인 청구를 인용한 예가 있고,[29] 남편의 동의 없이 출산한 AID 자녀는 남편의 친자로 볼 수 없다고 판시한 예가 있다.[30]

---

21) 김주수·김상용, 351; 박동섭·양경승, 273-274; 박종찬, 141; 신영호·김상훈·정구태, 177; 한삼인·김상헌, 168-169; 권영준(2021), 258; 이제정(2003), 459; 정현수(2020), 326; 김상훈(2019), 550; 류일현(2019), 212; 배인구(2019), 354; 김상찬(2011), 103-104; 법률구조법인 한국가정법률상담소(2019), 542-543; 맹광호(2007), 26-27; 한봉희(1987), 25; 김성은(2012), 178; 장윤순(2020), 79-80; 윤석찬(2018), 211; 임정평(1989), 91.; 같은 취지, 윤진수, 213; 김상용(2003), 14.

22) 김상용(2019b), 98; 정현수(2020), 326.

23) 서울가정법원 1983. 7. 15. 선고 82드5110, 83드1266 심판, 대구지방법원 가정지원 2007. 8. 23. 선고 2006드단22397 판결.

24) 박병호, 198; 박종찬, 141; 김천수(2002), 108; 유지홍(2015), 174-175.

25) 박동섭·양경승, 274; 김상찬(2011), 93; 같은 취지, 이경희·윤부찬, 204; 김지연(2015), 96; 주석친족(2), 147(정용신); 같은 취지, 김민중(2002), 31.

26) 김주수·김상용, 353; 장재용(2020), 802; 맹광호(2007), 14-17; 이승우(2004), 255; 김지연(2015), 96; 구연창(1988), 333; 김민중(2002), 31; 이경희(1996), 600-601; 유지홍(2015), 174; 윤석찬(2018), 211; 임정평(1989), 89-90 참조.

27) 윤진수, 213; 김상찬(2011), 93.

28) 신영호·김상훈·정구태, 117.

29) 수원지방법원 2003. 9. 29. 선고 2003드단13427 판결.

(3) 사실혼 부부의 경우

사실혼 부부 사이에서 AID 자녀가 출생한 경우 혼인외 자녀가 된다.[30] 만약 사실혼 남편이 AID에 동의를 한 경우에는 AID 자녀가 그 남편을 상대로 인지를 청구할 수 있다는 견해가 있다.[32]

다. 정자제공자와의 관계

정자제공자가 AID 자녀를 인지하거나, AID 자녀가 정자제공자에 대하여 인지를 청구할 수 있는지 문제된다. AID 자녀에 대한 친생부정이 번복되면 정자제공자의 임의인지와 정자제공자에 대한 강제인지도 모두 가능하다는 취지의 견해도 있으나,[33] 인공수정의 취지, AID 자녀의 복리, 정자제공자의 의사, AID 자녀도 §844에 따라 친생추정을 받거나 부모의 친생자로 보아야 한다는 점 등을 이유로 이를 모두 부정하는 것이 대체적이다.[34] 하급심 중에는 방론으로 AID 자녀가 정자제공자에 대하여 인지를 청구할 수 없다고 판시한 것이 있다.[35]

그런데 이와 별도로 AID 자녀가 자신의 생물학적인 부(정자제공자)가 누구인지 알 수 있도록 허용해야 하는지의 문제가 있다. 이는 자신의 혈통을 알 권리를 어느 정도까지 인정할 것인지의 문제이다. 사람은 누구나 출생의 근원을 알고 싶은 본능이 있다. 아동의 권리에 관한 협약 §7 ①은 아동은 가능한 한 자신의 부모를 알 권리를 가진다고 규정하고 있고, 이는 자신의 혈통을 알 권리를 보장하는 것이다.[36] 그러나 반면 AID 자녀에게 그러한 권리를 인정할 경우 정자제공자의 사생활에 관한 권리가 침해될 수 있고, 정자제공자가 줄어들 우려도 있다는 점도 고려되어야 한다.[37] 이 문제는 어느 한 쪽의 이익이 절대적이라고 할 수 없고 시대 상황을 고려하여 사회적 합의에 따라 결정되어야 할 문제이다.[38] 그러나 입법에 의해 이 문제가 해결되지 않고 있

---

30) 서울가정법원 1999. 12. 2. 선고 98드58706 판결.
31) 김민중(2002), 34-35; 김상헌(2016), 223.
32) 김상헌(2016), 234-235.
33) 김민중(2002), 31; 당사자의 친자관계 형성에 의사가 일치하면 제한적으로 인지청구권을 인정해야 한다는 견해도 있다. 윤석찬(2018), 208.
34) 김주수·김상용, 351; 박종찬, 141; 송덕수, 178; 신영호·김상훈·정구태, 177-178; 이경희·윤부찬, 204; 한삼인·김상헌, 169-170; 윤진수(2015), 218; 이제정(2003), 456; 정현수(2020), 326; 류일현(2019), 214; 전효숙(1983), 512; 맹광호(2007), 33-34; 이은정(2005), 93; 한봉희(1987), 26; 김상헌(2016), 221-222; 이경희(1996), 601; 주석친족(2), 145(정용신); 같은 취지, 박동섭·양경승, 281; 김상용(2003), 14; 이승우(2004), 257; 정구태(2016), 27-28.
35) 서울가정법원 2011. 6. 22. 선고 2009드합13538 판결.
36) 윤진수(2009), 333.
37) 윤진수(2015), 219, 234-235 참조; 김성은(2012), 182-184 참조.
38) 이준영(2000), 100-102, 104-105은 혈통을 알 권리에 대한 입법형성은 입법자에게 광범위한 재량이 있다고 하면서도, 정자제공자의 익명성은 보장될 수 없는 가치라고 한다.

는 현재로서는 구체적 사안에서 제반 사정을 고려하여 당사자의 이익을 형량하여 개별적으로 판단할 수밖에 없을 것이다. 예를 들어 AID 자녀에게 유전적 질환이 있어서 반드시 생물학적 부의 유전 정보가 필요한 경우 등은 AID 자녀의 이익이 더 우선될 수 있는 사정 중 하나가 될 것이다.[39]

현재 대한산부인과학회의 「보조생식술 윤리지침」에는 정자 공여자와 수증자의 인적 사항을 체계적으로 보존·관리하여 정자 공여자와 수증자를 보호해야 하고, 그 인적 사항 자료를 일정 기간 보관하여야 하며, AID 자녀가 성인이 된 후 정자 공여자에 대한 자료의 열람을 요청하는 경우 정자 공여자가 동의한 정보에 한정하여 해당 자료를 열람하게 하거나 사본을 발급할 수 있다고 정하고 있다.

4. 미혼 여자의 인공수정

미혼 여자의 인공수정을 금지해야 한다는 주장도 있으나,[40] 이를 금지해야 할 법률적 근거가 없고, 입법론상으로도 이를 막는 것은 개인의 행복추구권을 침해하는 것이라고 지적이 있다.[41]

미혼 여자가 인공수정으로 자녀를 출생하면 그 자녀는 모의 혼인외 자녀가 된다는 데 이론이 없다.[42]

이 경우 정자제공자와 자녀 사이에는 법률상 부자관계가 생기지 않고, 정자제공자의 인지나 자녀의 인지청구도 허용되지 않는다고 보는 것이 대체적이다.[43] 부자관계를 인정하는 것은 자녀의 복리에도 반하고 모나 정자제공자에게도 불이익하다는 점 등을 든다. 이와 달리 이러한 경우에는 모와 정자제공자와의 관계, 정자제공자의 의사 또는 자녀에 대한 태도 등 제반 사정에 따라 정자제공자의 인지를 허용할 수도 있다는 견해도 있고,[44] 임의인지는 가능하지만 강제인지는 허용되지 않는다는 견해도 있으며,[45] 임의인지와 강제인지 모두 허용된다는 견해도 있다.[46]

---

39) 윤석찬(2018), 203; 윤진수(2015), 220 참조.

40) 이은정(2005), 83; 양수산(1989), 127; 이승우(2004), 259-260; 김민중(2002), 35; 윤석찬(2018), 206.

41) 윤진수, 213; 윤진수(2015), 221, 234; 김상헌(2016), 237-238.

42) 김주수·김상용, 353; 송덕수, 178; 이경희·윤부찬, 204; 윤진수, 213; 양수산(1989), 127; 구연창(1988), 334; 김상헌(2016), 238; 이경희(1996), 601; 이경희(1998), 631; 주석친족(2), 147(정용신).

43) 송덕수, 178; 이경희(1998), 631; 주석친족(2), 147(정용신).

44) 이경희·윤부찬, 204; 이경희(1996), 601-602; 임정평(1989), 94; 같은 취지, 구연창(1988), 330-331.

45) 맹광호(2007), 39.

46) 김천수(2002), 111; 양수산(1989), 127-128.

Ⅲ. 대리모

1. 의의

대리모의 정의에 대해서는 논란이 있으나,[47] 일반적으로는 출산한 자녀를 타인에게 인도한다는 합의 아래 남편이 아닌 사람의 정자를 이용하여 임신하여 자녀를 출산한 여자를 의미한다고 본다.[48] 대리모에는 여러 유형이 있을 수 있지만,[49] 주로 문제되는 것은 자신의 난자를 제공하여 자녀를 출산하는 유전적 대리모(genetic surrogate mother)와 다른 여자의 난자를 체외수정 방법으로 수정시킨 후 대리모 자궁에 착상시켜 출산하게 하는 출산 대리모(gestational surrogate mother)이다.[50]

2. 대리모계약의 효력

대리모계약이 유효한지에 대해서는 견해가 대립한다. 무효설은 종래의 다수설적 견해로서 여성의 생식 기능을 금전적 대가로 여김으로써 인간의 존엄과 가치를 해한다는 점, 친권의 포기 내지 양도를 목적으로 하는 것으로서 허용될 수 없는 점 등을 이유로 선량한 풍속 기타 사회질서에 반하는 법률행위로서 무효라고 한다.[51] 그러나 근래에는 유효설도 많이 나오는데, 불임부부가 아이를 가질 수 있는 최후의 수단으로 허용될 수 있다는 점, 대리모계약이 인정되는 해외에서 대리모를 통한 출산을 하는 것을 막을 수 없는 점, 궁박한 처지에 있는 대리모를 악용하는 등의 부작용에 대해서는 유효 요건을 엄격히 보는 등으로 대처해야 한다는 점 등을 이유로 든다.[52] 다만 유효를 인정하는 범위와 요건에 대해서는 각각의 견해마다 많은 차이가 있다.[53]

---

47) 대리모의 정의 문제에 대해서는 우선, 한삼인·김상헌(2013), 162–163 참조.; '대리모'라는 용어 자체가 적합하지 않다는 견해는 최성배(1998), 476.

48) 윤진수, 214; 윤진수(2015), 221; 박동진(2002), 58; 박동진(2005), 27; 서종희(2009), 49–50; 이영규(2010), 86.; 이와 달리 오호철(2009), 173–174은 "처의 자궁에 이상이 있는 불임부부가 자녀를 갖기 위해 처를 대신하여 자신의 자궁으로 태아를 임신한 여성"이라는 구 의사윤리지침 제56조상의 정의가 타당하다고 하나, 현행 의사윤리지침에서는 대리모 정의 규정을 두고 있지 않다.

49) 대리모의 여러 유형에 대해서는 자세한 내용은 박동진(2002), 58–61; 서종희(2009), 50–52; 오호철(2009), 174–177 참조.

50) 윤진수(2015), 222; 박희호·이동건, 124; 윤우일(2011), 268–270 참조.

51) 김주수·김상용, 354; 박종찬, 142; 양수산, 386–387; 이경희·윤부찬, 208; 최성배(1998), 498–499; 김현진(2019), 508–510, 519, 529; 최성경(2020), 364; 고정명(1989), 28; 박동진(2002), 83; 김천수(2002), 94; 양수산(1989), 124; 이승우(2004), 261;

52) 한삼인·김상헌, 169; 윤진수(2015), 235; 박동섭·양경승, 276–227; 현소혜(2018), 127–128; 이현곤(2018), 10; 엄동섭(2001), 104–106; 엄동섭(2005), 70; 현소혜(2005), 376–381; 같은 취지, 오호철(2009), 189–190; 한삼인·김상헌(2013), 167–169; 서종희(2009), 94–95.

53) 예를 들어, 박동진(2005), 33–34은 대리모계약은 대리출산에 반대급부가 인정된다는 점에서 원칙적으로 무효이지만 유효한 영역이 있다는 취지이다.

서울가정법원 2018. 5. 9.자 2018브15 결정은 대리모계약이 §103에 반하여 무효라고 하였다. 기타 하급심 중에는 유전적 대리모의 대가로 약속어음을 발행해 준 것은 선량한 풍속 기타 사회질서에 반하여 무효라고 한 것도 있다.[54]

현재 대한산부인과학회의 「보조생식술 윤리지침」에 의하면 출산 대리모(gestational surrogate mother) 시술은 시술 전에 해당 기관생명윤리심의위원회의 심의를 받아야 한다고 정하고 있다.

3. 모자관계

가. 유전적 대리모

유전적 대리모의 경우에는 유전자 제공자와 출산자가 분리되지 않으므로, 출산한 대리모를 법적인 모로 보는 것이 대체적이다.[55] 하급심 중에는 유전적 대리모라 하더라도 자녀에 대한 면접교섭권이 있다는 취지의 것이 있다.[56] 유전적 대리모를 통해 출생한 자녀를 의뢰모의 친생자로 출생신고한 사안에서 유전적 대리모가 법적인 모라는 전제 하에 대리모를 통해 출생한 자녀라고 하더라도 의뢰모가 자녀를 입양할 수 없는 것은 아니라는 이유로 자녀와 의뢰모 사이의 양친자관계존재확인 청구를 인용한 것이 있다.[57]

나. 출산 대리모

출산 대리모의 경우에는 출산자와 유전자 제공자가 분리되므로, 누가 법적으로 모가 되는지 문제된다. 출산모가 법적인 모라는 것이 대체적인 견해이다.[58] 모자관계는 출산에 의하여 결정된다는 전통적인 이론에 부합한다. 출산모를 법적인 모로 인정하지 않으면 출산모의 인간의 존엄과 가치를 침해한다는 점, 임신기간 동안 형성된 정서적 모성도 법률상 보호받아야 한다는 점, 출산과 동시에 모가 누구인지 확정적으로 결정되어야 하는데 의뢰모는 외관상 법적인 모인지 명백하지 않은 점 등을 이유로 한다. 이와 달리 유전학적·생물학적 혈통에 의한 친자관계가 형성이 중요하다는 점,

---

54) 서울고등법원 2006. 12. 22. 선고 2006나39371 판결, 서울고등법원 2006. 12. 22. 선고 2006나39388 판결.
55) 윤진수(2015), 225; 이영규(2010), 100; 현소혜(2005), 370; 박동진(2002), 83; 김천수(2002), 113;.; 같은 취지, 박희호·이동건, 125; 고정명(1989), 32; 황경웅(2010), 89−90; 다만 윤우일(2011), 288−289은 이 경우에도 의뢰모와 대리모 중 누가 법적인 모가 되는지 당사자의 의사에 따라 결정해야 한다고 한다.
56) 서울가정법원 2009. 4. 10.자 2009브16 결정.
57) 대구가정법원 2021. 2. 4. 선고 2020르6504 판결(이 판결에 대한 상고는 대법원 2021. 5. 27.자 2021므11693 판결로 심리불속행기각).
58) 주해친족(초판, 1권, 2015), 681(권재문); 한삼인·김상헌, 169; 김현진(2019), 516−517; 김상용(2019a), 69; 현소혜(2018), 133−134; 최성경(2020), 370−372; 한삼인·김상헌(2013), 172−174; 서종희(2009), 85; 엄동섭(2001), 109; 현소혜(2005), 370−372; 김천수(2002), 113; 양수산(1989), 124; 같은 취지, 박희호·이동건, 125; 최성배(1998), 515; 고정명(1989), 32; 김성은(2012), 177−178, 주 26.

자녀의 복리 등을 이유로 출산모가 아니라 난자 제공자가 법적인 모가 된다는 견해가 있다.[59] 이는 친자관계 결정 원리 중 혈연관계를 중시하는 입장이라고 할 수 있다. 또한, 의뢰모가 없었다면 자녀가 출생하지 않았을 것이라는 점, 의뢰모가 자녀에 대한 양육의사가 있다는 점, 자녀의 복리 등을 이유로 의뢰모가 난자를 제공하지 않았더라도 법적 모가 된다는 견해도 있다.[60] 이는 친자관계 결정 원리 중 당사자의 의사를 중시하는 입장이라고 할 수 있다.

그 밖에도 난자 제공자는 출산하지 않았으므로 모가 아니고 대리모는 법적인 모로 추정되지만 생물학적 모가 아니므로 친생부인의 소를 제기할 수 있다는 견해,[61] 출산모와 의뢰모 모두에게 법적인 모 자격을 부여해야 한다는 견해,[62] 사안별로 법적인 모를 다르게 정해야 한다는 견해도 있다.[63]

서울가정법원 2018. 5. 9.자 2018브15 결정은 모자관계의 결정 기준은 모의 출산이라는 자연적 사실인 점, 출산 과정에서의 정서적 유대관계도 모성으로 보호받아야 하는 점, 난자 제공자는 친양자입양을 통해 친생부모와 같은 지위를 가질 수 잇는 점 등을 이유로 출산자를 모로 보았다. 기타 하급심 중에는 출산 대리모의 경우 출산 의뢰 부모에게 친양자 입양 청구인 적격을 인정하면서 친양자 입양을 허가한 사례가 있다.[64]

일본 최고재판소는 출산 대리모가 법적인 모라고 하였고, 난자 제공자는 임신·출산하지 않았으므로 법적인 모가 아니라고 하면서, 일본 민법이 인정하지 않은 친자관계, 즉 대리모에게 출산을 의뢰한 부부와 자녀 사이에 친자관계를 인정한 외국 법원(미국 네바다 주 법원)의 판결은 일본의 공공질서에 반하여 효력이 없다고 하였다.[65]

출산 대리모가 법적인 모가 된다고 하더라도, 그 이후 의뢰모가 자녀를 입양하는 것은 별개의 문제이다.[66]

4. 부자관계

대리모를 법적인 모로 본다면, 의뢰부의 법률상 처가 출산한 것이 아니므로, 의

59) 박동진(2002), 90; 같은 취지, 김민규(2010), 540–541, 548–549.
60) 고정명·신관철(1998), 36; 이영규(2010), 102–103; 윤우일(2011), 288–290; 같은 취지, 황경웅(2010), 90.
61) 제철웅(2019), 34–35.
62) 최성배(1998), 515.
63) 이병화(2016), 154.
64) 서울가정법원 2016. 8. 12.자 2015느단31494 심판.
65) 日最判 2007(平19). 3. 23.(民集61–2, 619). 이 판결에 대한 소개로 윤진수(2015), 226–227; 정구태(2016), 23–25 참조.
66) 김상용(2019a), 69; 김현진(2019), 517–518은 친양자 입양이 합리적이라고 한다.

768   第4章   父母와 子

뢰부가 정자를 제공하였다고 하더라도 부자관계에 관하여 §844의 친생추정은 미치지 않는다.[67] 오히려 대리모에게 법률상 남편이 있다면 대리모의 남편이 그 자녀의 부라는 친생추정을 받을 수 있다.[68]

다만 대리모에게 법률상 남편이 없다면, 그 자녀는 정자를 제공한 의뢰부의 혼인외 자녀라고 할 수 있으므로, 의뢰부는 혼인외 자녀를 인지할 수 있다.[69] 대리모에게 법률상 남편이 있다면 친생추정이 번복되거나 친생추정이 미치지 않는 경우에만 의뢰부가 자녀를 인지할 수 있을 것이다.[70]

Ⅳ. 사후수정(死後受精, posthumous insemination/conception)

1. 의의

사망한 정자제공자의 정자를 이용하여 자녀를 임신, 출산하는 사후수정 문제가 있다.[71] 「생명윤리 및 안전에 관한 법률」 §23 ② ii는 사망한 사람의 난자 또는 정자로 수정하는 행위를 금지하고 있고, 이를 위반한 경우 형사처벌을 하고 있다(§67 ① i). 그러나 사망한 남편이 생전에 자신의 의사로 정자를 냉동보존한 경우 또는 사망한 남편이 생전에 사후수정에 동의한 경우에는 사후수정도 허용된다는 견해도 있다.[72]

2. 부자관계

「생명윤리 및 안전에 관한 법률」 §23 ② ii를 위반하여 사후수정으로 자녀가 출생한 경우 그 자녀와 정자제공자 사이에 부자관계를 인정할 수 있는지 문제된다.

사후수정으로 출생한 자녀도 남편의 사망 후 300일 이내에 출생하였다면 §844 ③에 의해 친생추정이 미치고, 그 이후에 출생하였다면 혼인외 자녀가 된다는 것이 대체적인 견해이다.[73] 다만 이와 같이 보면서도 남편 사망 후 인공수정을 통해 임신하였음이 증명되면 혼인중 임신이 아닌 사실이 증명되었으므로 친생추정이 미치지 않는다는 견해도 있다.[74]

---

67) 김현진(2019), 521; 같은 취지, 박동섭·양경승, 277.
68) 현소혜(2005), 376; 양수산(1989), 124.
69) 김현진(2019), 521, 524; 이승우(2004), 261.
70) 현소혜(2005), 376; 양수산(1989), 124−125; 이승우(2004), 261−262.
71) 윤진수, 217.
72) 이경희(2007), 223−225; 같은 취지, 윤진수(2015), 235−236.
73) 박동섭·양경승, 274; 윤진수, 217; 윤진수(2015), 229; 이제정(2003), 450; 김천수(2002), 103; 주석친족(2), 142(정용신).
74) 맹광호(2007), 9.

사후수정으로 출생한 자녀가 남편 사망 후 300일 이후에 출생한 경우 등 혼인외 자녀인 경우 자녀가 사망한 부를 상대로 인지청구를 할 수 있는가에 대해서는 견해가 대립한다. 사후수정에 아무런 책임이 없는 자녀를 차별취급하는 것은 부당하다는 점, 자녀의 복리 등을 이유로 정자제공자인 부의 사전 동의가 있었다면 §864의 취지에 따라 자녀의 인지청구를 허용해야 한다는 견해가 있다.[75] 반면 §864는 사후수정을 염두에 둔 조항이 아니라는 이유로 자녀의 인지청구를 부정하는 견해도 있다.[76] 하급심 중에는 사망한 남자의 생전 정자를 이용하여 그 처가 출산한 자녀의 인지청구를 인용한 바 있다.[77] 반면 일본 최고재판소는 사후수정으로 태어난 자녀와 그 정자제공자 사이에 자녀관계의 형성은 인정될 수 없다고 하였다.[78]

사후수정으로 출생한 자녀는 사망한 부의 상속인이 될 수 있는가에 대해서도 견해가 대립한다. 부정설은 그 자녀의 출생 당시 이미 부가 사망해 있었으므로, 현행법상으로는 상속인이 될 수 없다고 한다.[79] 긍정설은 상속권을 인정하지 않는다면 자녀의 복리를 위하여 법적 부자관계를 인정하는 의미가 반감되는 점, 사후수정 출생 자녀에게 §1014의 가액지급청구권을 인정해도 그 가액지급청구권에 제척기간이 있으므로 법적 안정성에 크게 문제되지 않는 점, 상속법상 동시존재의 원칙은 사후수정의 경우에는 목적론적으로 축소 해석되어야 하는 점 등의 이유로 상속인이 될 수 있다고 한다.[80]

75) 윤진수, 217; 맹광호(2007), 11; 서종희(2014), 96−98; 윤진수(2015), 236; 정구태(2016), 25−28; 주해친족(초판, 1권, 2015), 687−688(권재문).
76) 이경희(2011), 49.
77) 서울가정법원 2015. 7. 3. 선고 2015드단21748 판결.
78) 日最判 2006.(平18). 9. 4.(民集60−7, 2563). 이 판결에 대한 소개로 윤진수(2015), 230−231 참조.
79) 김주수·김상용, 350−351; 윤진수(2015), 236.
80) 주해친족(초판, 1권, 2015), 688−689(권재문); 맹광호(2007), 12; 서종희(2014), 100−102, 103.

第 2 節 養子

[前註]

▌**참고문헌:** 권재문·강현아(2014), "친족위탁에 대한 재평가와 친족위탁양육자 지원을 위한 후견제도의 활용-가정위탁보호 지원법(안) 발의를 계기로-", 가족법연구 28-3; 김민지(2010), "가정위탁제도에 관한 법적 고찰: 위탁부모의 법적 지위를 중심으로", 가족법연구 24-2; 김상용(2010a), "가정위탁양육에 관한 민법상의 쟁점", 가족법연구 III; 김상용(2010b), "양자법의 문제점과 개정방향 : 민법상의 쟁점을 중심으로", 가족법연구 III; 김상용(2010c), "『입양촉진 및 절차에 관한 특례법』의 개선방향 : 국내입양을 중심으로", 가족법연구 III; 김현진(2022), "조부모의 손주입양", 가족법연구 36-2; 박신욱(2022), "독일 개정 입양중개법으로부터의 시사", 가족법연구 36-2; 배인구(2012), "친양자제도 성립요건의 문제점에 관한 소고", 사법 21(2012); 소라미(2018a), "입양아동 사망 사건 진상조사 결과를 바탕으로 한 입양특례법 전부개정 제안", 가족법연구 32-1; 소라미(2018b), "한국에서의 입양제도 현황과 과제", 가족법연구 32-3; 우병창(2002), "가족법상 입양에 관한 연구 : 양자법의 개선을 위한 현행법의 검토와 입법론 제안", 가족법연구 16-2; 윤우일(2020), "가정위탁에서 후견제도 활용의 한계", 서울법학 28-1; 윤진수(1996), "민법 시행 전에 이성양자가 허용되었는지 여부 및 민법 시행 전 입양의 요건에 대한 민법의 소급적용", 민법논고[IV]; 이은정(2002), "가정위탁(Foster care) 제도에 대한 소고", 가족법연구 16-1; 이은정(2019), "피해아동의 분리 보호와 친권의 제한", 가족법연구 33-2; 이회규(2001), "친양자법(안)에 관한 고찰", 가족법연구 15-2; 장병주(2013), "개정 입양제도의 문제점과 개선방향-개정민법과 입양특례법을 중심으로-, 법학논고 41; 장영인(2017), "위탁부모의 친권행사 방안으로서 미성년후견에 대한 검토-위탁부모의 미성년후견 경험을 중심으로-", 사회복지법제연구 8-2; 정현수(2009), "요보호아동의 복리 관점에서 본 가정위탁제도 일고", 법학논총 33-1; 제철웅(2017), "보호대상아동 후견인제도 실태조사 및 개선방안", 보건복지부; 조은희(2013), "자의 복리를 위한 친양자제도", 서울법학 21-2; 차선자(2012), "아동복지를 위한 입양법의 제언", 강원법학 35; 주인(2011), "입양제도의 법규정 정비에 관한 제언", 가족법연구 25-3; 현소혜(2010), "익명입양 제도의 문제점과 대응방안", 민사법학 50; 현소혜(2019), "가장입양의 판단기준", 법학평론 9; 현소혜(2022), "위탁 아동을 위한 미성년후견 제도 개선 방안", 인권과 정의 509; 홍윤선(2020), "독일법상 가정위탁보호제도", 법학논총 44-3.

I. 법정친자관계 일반

1. 법정친자관계의 개념

법정친자관계란 양 당사자 사이에 혈연관계(친생친자관계)가 존재하지 않음에도 불구하고 법률에 의해 친자관계가 존재하는 것과 같이 간주되는 관계[1]를 말한다. 법정친자관계는 법률의 규정에 의해 성립하는 경우와 당사자의 의사에 기초하여 성립하는 경우로 나누어 볼 수 있으나, 현행법은 이 중 당사자의 의사에 기초하여 성립하는 법정친자관계만을 인정하고 있으므로, 일부 견해는 법정친자관계란 당사자의 의사에 기초하여 성립한 친자관계라고 정의내리기도 한다.[2]

2. 법정친자관계의 성립원인

법률의 규정에 의한 법정친자관계로 舊 민법(1990. 1. 13. 개정전) §773에 의한 계모자관계와 같은 법 §774에 의한 적모서자관계가 있었으나, 1990년 민법 개정에 의해 모두 삭제되었다. 계모자관계 및 적모서자관계에 관해서는 §767 註釋 참조.

당사자의 의사에 의해 성립하는 법정친자관계로는 입양이 있다. 입양을 인정하지 않는 입법례[3]도 없지 않으나, 우리나라는 현행 민법 제정 이전의 구법(舊法, 이하 '구법'이라 함은 제정민법에 의하여 폐지된 법령 또는 법령 중의 조항을 말한다.) 시절부터 관습에 의해 입양의 효력을 인정하였으며, 제정 민법 역시 제4장 제2절 이하에서 입양 제도를 명문으로 도입하였다.

3. 법정친자관계 성립의 효과

법정친자관계가 성립하면 친자관계가 존재하는 것으로 간주되므로, 친권·부양·상속 등 친자관계 성립에 따른 각종의 효과가 발생한다. 그러나 법정친자관계 사이에는 혈연관계가 존재하지 아니하므로, 반드시 그 효과가 친생친자관계에서의 효과와 일치하는 것은 아니다. 가령 舊 민법(1990. 1. 13. 개정전)상 계모자관계의 성립에 따라 친권을 행사하는 계모에 대해서는 친권자 대신 후견인에 관한 규정이 적용되었으며(같은 법 §912), '일반입양'된 양자는 양부의 자(子)로서의 지위를 취득하면서도 양부의 성을 따르지 않는 것이 원칙이다. 따라서 법정친자관계 성립의 효과는 그 유형별로

---

1) 백성기, 43; 송덕수, 138; 신영호·김상훈·정구태, 152.
2) 김주수·김상용, 289; 윤대성, 149; 최문기, 191.
3) 가령 대부분의 이슬람법권은 입양을 금지한다. 대신 카팔라(Kafala)라는 이슬람 고유의 제도가 요보호 아동에 대한 부조기능을 담당하고 있다.

달리 살펴보아야 하며, 일률적으로 정의내릴 것은 아니다.

Ⅱ. 입양의 의의와 기능

1. 입양의 의의

입양이란 타인의 자녀를 자신의 자녀로 삼는 행위를 말한다. 계약형 입양·선고형 입양을 불문하고, 입양은 양부모에게 타인의 자녀를 자신의 친자로 삼고자 하는 의사가 있는 경우에만 유효하게 성립할 수 있으므로, 이를 당사자의 의사에 기한 법정친자관계라고 한다.

2. 입양의 기능

입양에는 크게 세 가지 동기가 있다. 가(家)를 위한 입양, 양부모를 위한 입양 및 자(子)를 위한 입양이 그것이다.[4]

가. 가(家)를 위한 입양

가를 위한 입양이란 양부모가 가문의 대(代)를 잇기 위해 타인의 자녀를 자신의 친자로 삼는 것을 말한다.[5] 특히 적장자 중심의 유교적 가계계승 문화를 가지고 있었던 조선 중기 이후 가를 위한 입양이 많이 행해졌다. 구법 시절에는 가를 위한 입양이 원칙이었으므로, 입양의 요건 역시 가계계승이라는 목적 달성에 적합하게 구성되어 있었다.

즉 구법에 따르면 입양은 다음과 같은 요건을 갖춘 때에만 유효하게 성립할 수 있었다. 첫째, 양부될 자가 기혼으로서 그를 승계할 직계비속 남자가 없을 것(無子). 둘째, 양자될 자는 양부될 자와 동성동본일 것(異姓不養), 셋째, 양자될 자는 양친될 자의 자(子)와 동일항렬의 남자일 것(昭穆之序). 한편 장남자의 타가(他家) 입양은 금지되었다. 또한 가계를 계승할 직계비속이 없음에도 불구하고 입양을 하지 않은 경우에는 유언에 의해 입양을 하거나(遺言養子), 그의 사후에 비로소 입양을 하는 것(死後養子)도 허용하였다.

그러나 위와 같은 요건은 제정 민법 시행 이후 수차례에 걸친 개정 끝에 모두 삭제되었다. 특히 1990. 1. 13.자 민법 개정에 의해 유언양자·사후양자·서양자 제도 및

---

4) 고려 시대부터 현재까지 우리 사회에서 입양이 담당해 온 기능을 시간의 흐름에 따라 고찰한 문헌으로 차선자(2012), 813–856 참조. 입양의 기능을 입후를 위한 입양, 양육·부양을 위한 입양, 상속을 위한 부양, 혼인을 위한 입양 등으로 분류하는 문헌으로 현소혜(2019), 11–26 참조.
5) 가를 위한 입양이 수행해왔던 기능을 역사적으로 고찰한 문헌으로 현소혜(2019), 11–15 참조.

호주상속제도가 폐지됨으로써 현재 우리 법제상 입양은 가를 위한 입양으로서의 성격을 완전히 탈피하였다.

나. 양부모를 위한 입양

양부모를 위한 입양이란 양부모가 노후에 봉양을 받기 위해 또는 자녀 양육을 통한 정서적 만족을 얻거나 사후에 자신의 이름과 재산을 물려받고 자신을 기려 줄 사람을 얻기 위해 입양을 하는 것을 말한다(收養子 또는 侍養子).[6] 인간의 본성에 기초한 제도로서 가장 오래된 형태의 입양이다. 양부모될 자의 자격에 대해서도, 양자될 자의 자격에 대해서도 엄격한 요건을 요구하지 않는다. 민법 제정 당시부터 2012년 민법 개정 시까지 '일반입양' 제도는 주로 양부모를 위한 입양으로서의 성격을 가지고 있었다.

다. 자(子)를 위한 입양

자를 위한 입양이란 양부모가 원가정으로부터 필요한 보호와 양육을 받지 못하고 있는 아동을 자신의 친자로 삼아 대신 양육하여 주는 형태의 입양을 말한다.[7] 양자될 자를 위해 가장 적합한 양부모를 찾아줄 필요가 있으므로 입양의 성립과정에 국가가 개입하는 한편, 양부모될 자의 자격에 관한 성립요건을 강화하는 특성을 갖는다. 2005년 민법 개정에 의해 도입된 '친양자입양' 및 입양특례법상 입양, 그리고 2012년 민법 개정 이후 '일반입양'은 모두 자를 위한 입양으로서의 성격을 갖는다. 자를 위한 입양으로의 전환 배경에 대해서는 §867 및 §908-2 註釋 참조.

3. 유사제도

가. 가정위탁

가정위탁(Foster Care)이란 보호자가 없거나 그로부터 이탈된 경우 또는 아동을 학대하는 등 보호자가 아동을 양육하기에 적당하지 않거나 양육할 능력이 없을 때 당해 아동의 보호를 위해 적합한 가정에 그를 일정 기간 위탁하는 제도를 말한다(아동복지법 §3 iv 및 vi). 가정위탁은 친·외조부모가 양육을 담당하는 '대리양육', 그 밖의 친족이 양육하는 '친인척위탁' 및 아동과 혈연관계가 없는 자가 양육하는 '일반가정위탁'으로 분류된다(아동복지법 §15 ①).

가정위탁제도는 원가정으로부터 필요한 보호와 양육을 받지 못하고 있는 아동을

---

6) 수양자(收養子)와 시양자(侍養子)의 관습에 대해서는 특히 국역 관습조사보고서, 한국법제연구원, 1992, 365 참조.
7) 자를 위한 입양 제도의 발전 과정에 대해 비교법적으로 고찰한 문헌으로 현소혜(2019), 15-17.

위해 가정형 보호조치를 제공한다는 점에서 입양과 유사한 기능을 담당한다. 그러나 가정위탁제도는 임시적·잠정적인 조치에 불과하며, 일정 기간 후에는 아동이 원가정으로 복귀하거나 다른 가정으로 입양될 것을 전제로 한다는 점, 그리고 위탁부모에게 친권이나 그로부터 파생되는 법정대리권·동의권 등이 부여되지 않는다는 점 등에서 양부모에게 포괄적인 친권자로서의 지위를 확정적으로 부여하는 입양과 다르다.8)

다만, 장기가정위탁에서 위탁부모는 위탁아동과 사실상의 친자관계를 형성하며 안정적으로 양육을 담당하기 때문에, 위탁부모에게도 의료·교육·통장개설 등 아동의 복리를 위해 필요한 범위 내에서 법정대리권('일상양육대리권')을 부여해야 한다는 견해가 유력하다.9)

나. 미성년후견

미성년후견이란 친권자가 없거나 친권자가 친권상실·일시정지·일부제한 또는 대리권·재산관리권 상실 선고를 받아 친권의 전부 또는 일부를 행사할 수 없는 경우에 친권자에 갈음하여 미성년자를 보호·감독하고 대리하는 등 법적 보호 수단을 제공해주는 제도를 말한다(§928). 통상 미성년후견인은 친권자에 준하여 미성년자에게 포괄적인 보호·교양을 제공할 권리의무가 있다(§945). 미성년후견에 대해 자세히는 §928 이하 註釋 참조.

미성년후견인이 이러한 권한에 기초해 미성년자를 스스로 양육하는 경우에 미성년후견은 원가정으로부터 필요한 보호와 양육을 받지 못하고 있는 아동을 위해 사실상 가정형 보호를 제공하는 기능을 수행한다. 이 경우 미성년후견은 입양과 유사한 외관을 갖게 되며, 장기가정위탁에서 위탁부모가 미성년후견인의 지위를 겸하면서 사실상 입양부모와 같은 정도의 양육권과 법정대리권을 행사하는 경우도 종종 있다.

하지만 입양이 단순한 양육을 넘어 영속적인 친자관계를 맺는 것을 목적으로 하는 것에 반해, 미성년후견은 친권자에 갈음하여 미성년자를 위해 법정대리권 내지 동의권·신상결정권한 등을 행사함으로써 미성년자의 의사결정을 대리 내지 조력하는 것을 목적으로 한다는 점에서 두 제도는 차이가 있다.10) 입양과 달리 미성년후견은 미성년자가 성년에 달하는 순간 자동적으로 종료하며, 미성년후견인과 미성년자 사

---

8) 가정위탁제도에 대해 자세히는 김상용(2010a), 70 이하; 김민지(2010), 167 이하 등 참조.
9) 권재문·강현아(2014), 289; 윤우일(2020), 85–87; 이은정(2019), 314; 장영인(2017), 186; 제철웅(2017), 92–93; 현소혜(2022), 67–68; 홍윤선(2020), 124–125. 이에서 더 나아가 가정위탁의 개시와 동시에 위탁부모에게 양육에 필요한 모든 권한을 포괄적으로 부여해야 한다는 견해로 김민지(2010), 194–195; 이은정(2002), 224–225; 정현수(2009), 267–269.
10) 대법원 2021. 12. 23.자 2018스5 전원합의체 결정. 그 밖에 입양과 미성년후견 간의 차이에 대해서는 김현진(2022), 114–115 참조.

이에 친족관계 및 부양이나 상속 관계 등이 성립하지 않는다.

Ⅲ. 입양의 구조

입양은 성립방법에 따라 계약형 입양과 선고형 입양, 기관입양으로 나누어 볼 수 있다.

1. 계약형 입양

계약형 입양이란 양부모될 자와 양자될 자 간의 의사 합치에 의해 입양이 성립하는 구조를 말한다. 혼인과 마찬가지로 입양을 신분관계 창설을 목적으로 하는 계약의 일종으로 본다. 입양의 성립을 위해 양자될 자 본인 또는 법정대리인에 의한 입양의 승낙이 반드시 요구된다. 계약형 입양은 다시 당사자 간의 의사 합치만으로 입양이 성립하도록 하는 순수계약형 입양과 당사자 간의 의사 합치 외에 법원의 허가 등 국가의 개입을 요구하는 개입형 입양으로 나누어진다.

2. 선고형 입양

선고형 입양이란, 양부모될 자의 청구에 의해 국가기관이 입양을 허가하는 심판을 함으로써 입양이 성립하는 구조를 말한다. 국가기관에 의한 공법행위에 의해 친자관계가 창설된다고 본다. 양자될 자 본인 또는 법정대리인은 입양에 따른 친자관계 창설 여부에 대해 동의권을 행사할 수 있을 뿐이다.

3. 기관입양

기관입양(Agency Adoption)이란 친생부모 또는 국가가 입양기관에 아동의 입양을 의뢰하고, 입양기관이 당해 아동을 위해 양부모와의 입양을 알선함으로써 입양이 성립하도록 하는 구조를 말한다. 입양기관에 의한 입양알선 이후 별도로 법원의 허가 등 국가의 개입을 요구하는 경우도 많다. 입양의뢰와 동시에 양자될 자의 법정대리인 (특히 친생부모)은 입양절차에 참여할 권리를 완전히 박탈당하며, 입양절차의 주도권을 양부모가 아닌 입양기관이 갖는다는 점에서 계약형 입양이나 선고형 입양과 차이가 있다.

Ⅳ. 입양 관련 조문의 체계

입양은 성립근거에 따라 민법상 입양과 입양특례법상 입양으로 구별된다. 입양특례법상 입양은 양자될 자가 아동복지법에 따른 보호 대상 아동일 때에만 적용된다. 하지만 이와 같이 민법과 입양특례법으로 이원화되어 있는 결과 규정이 중복되거나, 해석상 혼선을 빚는 경우가 있고, 입양특례법상 강행규정을 잠탈하기 위해 민법상 입양 제도를 악용하는 경우도 있어 민법상 입양과 입양특례법상 입양 제도를 일원화하거나,[11] 모든 아동에 대한 입양을 입양특례법상 입양으로 일원화해야 한다는 주장이 있다.[12]

1. 민법상 입양

민법상 입양은 §866 내지 §908에 따르는 '일반입양'[13]과 §908−2 내지 §908−8에 따르는 '친양자입양'으로 나누어진다. '일반입양'과 '친양자입양'에 관한 각 법조문의 내용은 성립요건, 효력, 입양의 무효·취소 및 파양의 순서로 구성되어 있으며, '친양자입양'에 관해 특별한 규정이 없는 경우에는 '일반입양'에 관한 규정이 준용된다(§908−8). 즉, '일반입양'은 입양에 관한 일반법으로서 기능하며, 친양자입양은 일반입양에 대해 특별규정으로서의 성격을 갖는다. '일반입양'은 다시 성년자가 미성년자를 입양하는 '미성년자 입양'과 성년자가 성년자를 입양하는 '성년자입양'으로 나누어진다. 반면 '친양자입양'은 미성년자 입양만 가능하다.

일반입양 중 성년자입양은 국가기관의 개입을 요하지 않는 순수계약형 입양으로서의 성격을 갖는다. 반면 미성년자 입양은 계약형 입양 중 개입형 입양에 해당한다. 가정법원의 허가를 요하기 때문이다. 미성년자를 친양자입양하는 경우도 마찬가지이다. 친양자입양 제도에 대해서는 선고형 입양이라는 견해[14]가 없지 않지만, §908−2 ①이 친양자입양의 성립을 위해 양 당사자 간의 의사 합치를 요구하고 있는 이상 계약형 입양으로서의 성격을 부인할 수는 없다.[15] 따라서 친양자입양은, 미성년자의 일반입양과 마찬가지로, 개입형 입양에 해당한다. 일반입양제도와 친양자입양 제도를 통합해야 한다는 주장도 있으나,[16] 입법자는 성불변의 원칙 파괴에 대한 국민의 거부

11) 박신욱(2022), 192.
12) 소라미(2018a), 312; 소라미(2018b), 9−10.
13) 이를 '보통입양'이라고 부르는 경우도 있다. 가령 한봉희·백승흠, 249.
14) 가령 송덕수, 206; 신영호·김상훈·정구태, 198; 이희규(2001), 259; 배인구(2012), 235.
15) 양 당사자 간의 의사의 합치가 요구되는 경우라도 이를 선고형 입양으로 볼 수 있다는 견해로 김상용(2010b), 17 참조.
16) 장병주(2013), 527−528; 조은희(2013), 5; 주인(2011), 44−46; 차선자(2012), 847−850 등.

감과 파양의 제한으로 인한 입양의 활성화 저해를 고려하여 일반입양과 친양자입양을 병행하기로 하였다.[17]

2. 입양특례법상 입양

아동복지법 §3 iv에 따른 보호 대상 아동을 입양하는 경우에는 입양특례법이 민법에 앞서 적용된다. 입양특례법의 적용을 받는 아동복지법상 보호 대상 아동에 대해 민법상 일반입양 또는 친양자입양을 청구하는 것은 허용되지 않는다.[18] 더 나아가 현행 입양특례법은 입양을 '국내입양'과 '국외입양'으로 나누어 규정한다. '국내입양'이란 대한민국 국민이 보호 대상 아동을 입양하는 경우를, '국외입양'이란 외국인이 보호 대상 아동을 입양하는 경우를 말한다. '국내입양'에 대해서는 입양특례법 §9 내지 §17가 그 성립요건, 효과, 입양의 취소 및 파양의 순서로 규율한다. '국외입양'은 다시 입양하려는 외국인의 거주지에 따라 '국내에서의 국외입양'과 '외국에서의 국외입양'으로 분류되며, 입양특례법 §18 및 §19가 그 절차적 특례 규정을 두고 있다.

입양특례법상 입양에 관해 특별한 규정이 없는 경우에는 민법에서 정하는 바에 따르는 것이 원칙(입양특례법 §42)이나, 입양특례법에 따라 입양된 아동은 민법상 친양자와 동일한 지위를 가지므로(입양특례법 §14), 민법 내에서도 친양자입양에 관한 조문이 우선적으로 준용된다. 따라서 민법상 일반입양은 입양에 관한 일반법으로서 기능하며, 친양자입양은 일반입양에 대해, 입양특례법상 입양은 친양자입양에 대해, 국외입양은 국내입양에 대해 특별법으로서의 성격을 갖는다. 다만, 입양특례법상 국내입양과 국외입양은 양부모될 자의 국적에 따라 분류되며, 대한민국 국민이 외국인 아동을 입양하려는 경우에 관해서는 특칙을 두고 있지 않다. 따라서 국민이 국내 또는 국외에서 외국인 아동을 입양하려는 경우에는 민법상 일반입양 또는 친양자입양에 관한 규정이 우선 적용된다.

입양특례법상 입양의 성격에 관해서는 이를 계약형 입양으로 보는 견해[19]와 선고형 입양[20]으로 보는 견해가 대립한다. 하지만 현행 입양특례법은 입양의 성립을 위해 양 당사자 간의 의사합치가 아니라 입양 아동 또는 친생부모의 입양동의를 요구하고 있는 점, 아동복지법 §15 ① vi에 따라 입양의 보호조치가 결정된 보호 대상 아동

---

17) 이화숙, 2005년 개정가족법, 81-82.
18) 대법원 2022. 5. 31.자 2020스514 결정; 수원가정법원 2020. 1. 2.자 2019므106 결정. 대법원 2022. 8. 11.자 2022스502 결정도 같은 취지이다.
19) 김상용-(2010c), 41 참조.
20) 우병창(2002), 171.

에 한정하여 입양기관의 장이 후견인의 지위에서 주도적으로 입양절차를 진행하는
점 등에 비추어 보면 입양특례법상 입양은 오히려 기관입양에 가까운 것으로 보인
다.21) 현행법상 기관입양 절차는 입양특례법 제20조에 따른 입양기관만 진행할 수 있
으므로, 한부모가족지원법에 따른 '기본생활지원을 위한 미혼모자가족복지시설'이 친
생모의 입양에 관여하여 입양 동의를 받고, 양부모될 자로 하여금 민법상 친양자입양
허가를 청구하도록 알선하는 것은 허용될 수 없다.22)

3. 「국내입양에 관한 특별법」과 「국제입양에 관한 법률」

현행 입양특례법은 2023. 7. 18.자 전부개정에 의해 「국내입양에 관한 특별법」
(이하 '국내입양특별법')과 「국제입양에 관한 법률」(이하 '국제입양법')로 전환되었다. 위 각
법은 2025. 7. 19.부터 시행될 예정이다. 국내입양특별법은 입양 절차 개시 및 결연
절차에서 국가 개입을 강제하고, 지방자치단체의 장에게 입양 대상 아동의 보호 및
미성년후견을 위한 역할을 적극적으로 부여하였다. 이로써 입양기관은 친생부모의
입양의뢰 및 양부모에게의 입양알선 업무를 담당할 수 없게 되었으며, 기존 입양특례
법상 입양이 가지고 있었던 기관입양으로서의 성격은 완전히 폐지되었다. 위 법 시행
일 이후 국내입양특별법상 입양이 성립하려면 가정법원의 허가에 앞서 입양의 양 당
사자(양자될 아동이 13세 미만인 경우에는 법정대리인) 간의 입양의사 합치가 요구되므로,
그 법적 구조 역시 계약형 입양 중 개입형 입양 형태로 전환되었다. 또한 국내입양특
별법은 위 법에 따라 성립한 입양에 관해 재판상 파양 제도를 폐지하고, 임시양육결
정(이른바 '시험양육') 제도를 도입하며, 입양 대상 아동의 의견청취권을 보장하는 한편,
국내입양 활성화를 위한 다양한 시책을 마련하는 등 입양 대상 아동의 복리 실현을
위해 대대적인 개선을 꾀하였다.

더 나아가 국내입양특별법은 현행 입양특례법과 달리 적용대상을 아동복지법 §3
iv에 따른 보호 대상 아동을 '국내입양'하는 경우로 한정하였다. 이때 '국내입양'이란
양부모가 되려는 사람의 일상거소와 아동의 일상거소가 모두 대한민국에 있어, 입양
의 결과로 아동의 일상거소가 다른 국가로 이동하지 않는 경우의 입양을 말한다(국내
입양특별법 §2 iv). 양부모될 자의 국적은 중요하지 않다. 따라서 현행 입양특례법상 국
외입양 중 '국내에서의 국외입양' 유형은 양부모될 외국인이 해외이주를 계획하고 있

---

21) 입양특례법상 입양이 계약형 입양 또는 선고형 입양 중 어디에도 속하지 않고 있음을 논증하고 있는
   문헌으로 현소혜(2010), 552-560, 575-579 참조.
22) 대법원 2022. 8. 11.자 2022스502 결정.

지 않는 한 국내입양으로 간주되어 국내입양특별법의 적용을 받는다. 반면 현행 입양특례법상 '외국에서의 국외입양' 유형은 국외에 거주하는 외국인이 국내 거주 아동을 입양하여 데리고 본국으로 출국하는 것을 목적으로 하고 있으므로, 국내입양특별법의 적용대상이 되지 않으며, 그 절차는 국제입양법에 의해 규율된다.

한편 국제입양법은 국제입양을 다시 ① '외국으로의 입양', 즉 양부모가 되려는 사람의 쌍방 또는 일방의 일상거소가 외국에 있고, 아동이 입양되기 위하여 또는 입양의 결과로 일상거소를 대한민국에서 외국으로 이동하는 경우의 입양과 ② '국내로의 입양', 즉 양부모가 되려는 사람의 쌍방 또는 일방의 일상거소가 대한민국에 있고, 아동이 입양되기 위하여 또는 입양의 결과로 일상거소를 외국에서 대한민국으로 이동하는 경우의 입양으로 나누어 규율한다(국제입양법 §2 vi). 역시 양부모될 자의 국적은 중요하지 않다. 따라서 대한민국 국민이 외국에서 외국인 아동을 입양하여 국내로 입국하려는 경우에 현재와는 달리 민법이 아니라 국제입양법이 우선적용된다.

V. 부칙

제정민법 시행 전 구법에 따라 유효하게 성립한 입양은 민법 시행 후에도 계속 효력이 있다. 제정민법의 시행은 이미 구법에 의해 생긴 효력에 영향을 미치지 않기 때문이다(부칙 §2 단서). 다만, 구법에 따라 유효하게 성립한 입양이라도 제정민법에 의해 입양 무효 또는 취소사유가 있는 때에는 이를 무효로 하거나 취소할 수 있다(부칙 §18 ①). 또한 구법상 취소사유가 있는 입양이라도 제정민법에 의해 취소사유가 되지 않으면 더이상 이를 취소할 수 없다(부칙 §18 ②). 제정민법의 소급효를 인정한 것이다.

구법상 무효사유가 있었으나, 제정 민법상 무효사유가 아닌 경우에는 어떠한가. 부칙에 특별히 정한 바는 없으나 부칙 §2가 취하고 있는 소급효의 원칙에 비추어 볼 때 더이상 그 효력을 다툴 수 없다고 보아야 할 것이다. 만약 이와 같이 해석하지 않는다면, 구법상 무효사유가 있었으나 제정 민법상 취소사유로 전환된 경우에는 부칙 §18 ①에 따라 제정민법에 따라 취소할 수 있는 입양이 됨에 반해, 구법상 무효사유가 있었으나 제정 민법상 취소사유에 해당하지 않는 경우에는 여전히 무효라는 결과가 되어 형평에 맞지 않는다.[23]

대법원 전원합의체 1994. 5. 24. 선고 93므119 판결[24]도 같은 입장이다. 동 판결

---

23) 이에 대해 자세히는 윤진수(1996), 304−306 참조.
24) 그 밖에 동 판결을 지지하는 평석으로 윤석찬(2007), "친생자관계부존재확인과 확인의 이익" : 김민중

은, 구법 시절 성립된 입양에 무효사유가 존재하였으나, 제정민법에 의해 그것이 취소사유로 전환된 사안에서, 민법 시행과 동시에 "무효인 그 입양이 소급하여 효력을 가진 것으로 전환되고, 다만 민법에 의하여 취소의 원인이 되는 사유가 있는 때에는 민법의 규정에 의하여 이를 취소할 수 있을 뿐"이며, 이때 취소기간은 제정민법 시행일부터 기산한다고 판시하였다. 다만, 그것이 유효하기 위해서는 민법 시행일까지 입양에 따르는 친자적 공동생활관계가 유지되고 있어야 할 것이다.

외, 357-360; 윤진수, 가족법판례해설, 342-343 참조.

第1款 入養의 要件과 效力

第866條 (입양을 할 능력)
성년이 된 사람은 입양(入養)을 할 수 있다.

■참고문헌: 권정희(2002), "양자법의 정비를 위한 검토-친양자제도의 입법안을 중심으로-", 가족법연구 16-1; 박병호(1990), "개정양자제도 관견", 월간고시 194; 우병창(2002), "가족법상 입양에 관한 연구: 양자법의 개선을 위한 현행법의 검토와 입법론 제안", 가족법연구 16-2; 최학규(1983), "입양제도에 있어서 문제점", 사법서사 198.

Ⅰ. 양부모에 관한 요건

본조는 일반입양에서 양부모될 사람에 관한 요건을 정하고 있다. 구법 시절에는 양부가 될 사람에 대해 기혼일 것, 그를 승계할 직계비속남자가 없을 것 등이 요구되었다.[1] 따라서 자식이 나병에 걸려서 가출하여 사실상 없는 것과 같은 경우라도 그가 생존해 있는 이상 입양이 금지되었다.[2] 그러나 현행 민법상 일반입양에서 양부모될 사람의 요건에 관한 조문은 본조 하나뿐이다.

Ⅱ. "성년이 된 사람"의 의의

1. '성년'의 의의

양부모가 될 사람은 성년이어야 한다. 성년이란 19세에 이른 자를 말한다(§4).

19세가 되지 않았지만 혼인으로 성년의제된 미성년자(§826-2)는 양부모가 될 수 있는가. 견해의 대립이 있다. 긍정설[3]은, 외국의 입법례와 달리, 민법에는 양친될 자

---

[1] 대법원 1994. 5. 24. 선고 93므119 전원합의체 판결.
[2] 대법원 1994. 4. 26. 선고 93다32446 판결.
[3] 김용한, 195; 박동섭, 가사소송(상), 622; 박동섭·양경승, 361, 383; 박종찬, 146; 박희호·이동건, 145; 송덕수, 186; 양수산, 400; 오시영, 256; 우병창(2002), 174; 윤진수, 224.

의 연령을 제한하는 명문의 규정이 없다는 점, 양부모나 양자를 위해 긍정하는 것이
도움이 된다는 점, 성년의제된 미성년자도 친생부모가 되는 데 아무런 제한이 없는
이상 양부모도 될 수 있다고 보아야 한다는 점, 성년의제된 미성년자의 양육능력은
입양 허가 시 고려될 사항일 뿐이라는 점 등을 근거로 들고 있다. 반면 부정설4)은 성
년의제된 미성년자는 양부모가 될 수 없다고 한다. 아직 부모로서의 책임과 의무를
감당할만한 양육능력을 갖추고 있다고 보기 어려우므로 양자될 자의 복리를 위해 금
지하는 것이 타당하다는 점, 성년의제는 혼인의 독립성과 부부의 실질적 평등을 보장
하기 위한 제도라는 점 등을 근거로 들고 있다.

2. '성년이 된 사람'의 의의

가. 일반론

성년에 이른 자라면 누구나 일반입양의 양부모가 될 수 있다. 기혼·미혼·성별·
자녀의 유무 및 숫자를 가리지 않는다. 기혼자에게만 양부모될 자격을 인정하는 친양
자입양과는 다르다. 다만, 배우자 있는 사람이 입양을 할 때에는 반드시 배우자와 공
동으로 해야 한다(부부공동입양에 관해서는 §874 註釋 참조). 이때 배우자 雙方은 각자 양
부모가 될 자격을 갖추고 있어야 하므로, 부부가 모두 성년에 달해야 한다.

나. 권리능력

양부모는 성년이 된 사람으로서 권리능력을 가지고 있어야 한다. 사람은 생존한
동안 권리능력을 갖는다(§3). 따라서 이미 사망한 사람은 더이상 입양할 수 없다. 구
법 시절에는 기혼인 남자 호주가 직계비속남자 없이 사망한 때 그를 위해 사후양자를
선정할 수 있었으며, 舊 민법(1990. 1. 13. 개정전) 역시 호주(기혼·미혼·성별을 가리지 않는
다)가 직계비속 없이 사망한 때 또는 廢家·無後家를 부흥하고자 할 때 사후양자를 허
용하였다.5) 그러나 이러한 사후양자제도는 1990. 1. 13.자 민법 개정에 의해 폐지
되었다.6)

다. 행위능력과 의사능력

성년에 이른 자가 반드시 완전한 행위능력을 가지고 있어야 하는 것은 아니다.
피한정후견인은 언제나, 피성년후견인은 성년후견인의 동의와 가정법원의 허가를 받

---

4) 고정명·조은희, 173; 권정희(2002), 77; 김주수·김상용, 358; 양형우, 134; 윤대성, 181; 이경희, 222;
   이희배, 202; 조승현·김재완, 152; 한복룡, 189; 한삼인·김상헌, 173.
5) 사후양자 제도에 대해 자세히는 정광현, 231; 최학규(1983), 22-30 등 참조.
6) 따라서 1991. 1. 1.부터는 사망한 사람을 위한 입양은 물론, 사후양자 선정을 위한 친족회의의 선임이
   나 친족회 소집을 구하는 심판청구도 더 이상 허용될 수 없다. 대법원 1991. 6. 28. 선고 91스2 판결 참
   조. 사후양자 제도 폐지의 문제점에 대해서는 박병호(1990), 61-64 참조.

아 양부모가 될 수 있다. 단, 양부모될 자에게 의사능력이 있어야 함은 물론이다(§873 註釋 참조).

Ⅲ. 위반의 효과

양부모될 사람으로서의 요건을 갖추지 못한 경우, 즉 성년에 달하지 않은 자가 입양한 경우 이는 취소할 수 있다(§884 註釋 참조).

第 867 條 (미성년자의 입양에 대한 가정법원의 허가)

① 미성년자를 입양하려는 사람은 가정법원의 허가를 받아야 한다.

② 가정법원은 양자가 될 미성년자의 복리를 위하여 그 양육 상황, 입양의 동기, 양부모(養父母)의 양육능력, 그 밖의 사정을 고려하여 제1항에 따른 입양의 허가를 하지 아니할 수 있다.

▌**참고문헌:** 권정희(1997), "아동복지와 한국의 입양법", 가족법연구 11; 김상용(2005), "개정민법(친족·상속법) 해설", 가족법연구 Ⅱ; 김유미(2002), "아동권리에 관한 국제협약과 우리 민사법", 비교사법 9-4; 김현진(2022), "조부모의 손주입양", 가족법연구 36-2; 박해영(2015), "동성결혼과 입양, 대리모 허용에 관한 헌법적 연구", 법학연구 23-3; 백승흠(2022), "독일법상 입양 시의 동의에 관한 고찰", 사회법연구 46; 소라미(2018), "한국에서의 입양제도 현황과 과제", 가족법연구 32-3; 안소영(2015), "재입양의 허용에 관한 고찰", 가족법연구 29-3; 오병철(2019), "동성결합과 이중입양", 인권과 정의 479; 윤진수(2009), "아동권리협약과 한국가족법", 민법논고[Ⅳ]; 이동진(2022), "계자입양", 가족법연구 36-2; 이병화(2003), "입양아동의 국제적 보호", 국제법학회논총 48-2; 이준현(2017), "미성년자 입양 시 부모의 동의에 관한 민법 제870조 규정의 이해", 법학논총 34-3; 임태규(2022), "조부모의 미성년 손자녀 입양 허가의 요건", 중소기업과 법 13-2; 장복희(2006), "국제입양에 관한 헤이그협약과 국내입양법의 개선", 저스티스 93; 최진섭(1998), "배우자의 자(계자)를 입양하는 경우의 법적 문제점", 가족법연구 12; 현소혜(2018), "국제입양의 준거법", 국제사법연구 24-2; 현소혜(2019), "가장입양의 판단기준", 법학평론 9.

Ⅰ. 본조의 취지

舊 민법(2012. 2. 10. 개정전)은 일반입양에 대해 순수계약형 입양 구조를 택하고 있었다. 그러나 이와 같이 당사자의 합의와 신고만으로 간이하게 입양이 성립되게 한다면, 양부모될 사람이 아동의 양육에 필요한 능력과 자질을 갖추고 있는지를 검증하는 것이 불가능하다. 그 결과 양부모로서 적합하지 않은 사람이 입양을 함으로써 양자의 복리를 해하거나 다른 목적으로 입양제도를 악용하는 사태가 다수 발생하였다. 이는 입양절차에 국가가 개입할 것을 요구하고 있는 「유엔 아동권리협약(UN Convention

on the Rights of the Child)」 (이하 '협약'이라 한다)§21(a)에 반하는 것이기도 했다. 우리나라
는 협약에 가입할 당시 위 조문을 유보하였으나, 유엔 아동권리위원회는 1996년과
2003년 두 차례에 걸쳐 유보를 철회하고, 입양허가제를 도입할 것을 권고[1]한 바 있으
며, 학계에서도 입양허가제 도입에 찬성하는 견해가 다수였다.[2] 이에 2012. 2. 10.자
개정 민법은 본조를 신설하여 일반입양, 특히 미성년자 입양에 대해 가정법원의 허가
를 받도록 하였다.

Ⅱ. 적용대상: 미성년자

양자될 사람이 미성년자인 경우에 적용된다. 舊 민법(2012. 2. 10. 개정전)은, 후견인
이 입양을 대락 또는 동의하는 경우, 후견인이 피후견인을 양자로 삼는 경우 및 15세
미만의 미성년자를 친양자입양하고자 하는 경우에만 가정법원의 허가를 받도록 하였
으나, 2012. 2. 10.자 개정민법은 이를 모든 미성년자 입양으로 확대하였다.

미성년자란 아직 19세에 달하지 않은 자를 말한다. 성년자에 대한 입양허가 심판
청구는 각하된다.[3] 19세 미만인지를 판단하는 시점에 대해서는 법원의 입양허가 심
판 확정일을 기준으로 하는 견해와 입양허가 심판 청구일을 기준으로 하는 견해가 있
을 수 있으나,[4] 입양허가 심판 확정일을 기준으로 삼아야 할 것이다. 따라서 입양허
가 심판청구 당시에는 미성년자였더라도 심판 확정 전에 성년에 달하였다면 이를 각
하해야 한다.[5] 친양자입양에서 미성년자 판단 시점에 관해서는 §908-2 註釋 참조.

혼인으로 성년의제된 미성년자를 입양할 때도 가정법원의 허가를 받아야 하는
가. 아직 이에 대한 학설이나 판례의 태도는 보이지 않으나, 입양허가제의 도입 취지
및 성년의제 규정의 입법목적에 비추어 볼 때 긍정함이 타당하다. 배우자의 직계비속
인 미성년자를 입양하는 경우에도 가정법원의 허가를 받아야 하는가. 양자녀의 복리
를 해칠 위험이 없으므로 허가를 요하지 않는다는 견해[6]와 자녀의 복리를 위해 재혼

---

1) UN Doc.CRC/C/15, Add.51; UN Doc.CRC/C/15, Add.197.
2) 권정희(1997), 690; 김용한, 197; 김유미(2002), 357; 배경숙·최금숙, 299; 양수산, 404; 윤진수(2009),
   329; 이병화(2003), 152-153; 장복희(2006), 230. 다만, 김상용(2005), 17-18은 입양에 국가의 개입이
   필요하다는 점을 인정하면서도 가정법원의 허가를 받도록 하는 것은 입양 당사자에게 과도한 부담이
   된다는 이유로 법원에 의한 입양의사확인절차를 신설하는 제도를 도입할 것을 제안한 바 있다.
3) 제요[2], 943.
4) 박동섭·양경승, 363; 신영호·김상훈·정구태, 200은 입양허가 심판청구일을 기준으로 삼고 있으나,
   친양자입양에 한정된 서술로서 일반입양에 대해서도 동일한 입장인지 확실치 않다.
5) 실무에서는 각하의 주문을 내는 경우와 기각의 주문을 내는 경우가 병존한다. 제요[2], 944.
6) 신영호·김상훈·정구태, 186.

가정의 혼인 파탄 가능성, 계친자 관계의 사실상 존재 등을 심사할 필요가 있으므로 허가제가 필요하다는 견해7)가 대립한다. 후자의 견해에 찬성한다.

Ⅲ. 가정법원의 허가

1. 성격

가. 실체법적 성격

가정법원의 허가는 미성년자 입양의 성립요건 중 하나이다. 그것이 형식적 성립요건인가 실질적 성립요건인가에 대해서는 논란이 있을 수 있으나, 실질적 성립요건 중 하나로 보아야 할 것이다.8) 舊 민법(2012. 2. 10. 개정전)상 피후견인의 입양에 관한 가정법원의 허가 역시 실질적 성립요건으로 분류되었다.

나. 소송법적 성격

미성년자를 입양하려는 사람은 가정법원의 허가를 받아야 한다. 이때 가정법원은 양자가 될 미성년자의 복리를 위하여 입양허가를 하지 않을 수 있다(§867 ②). 즉 가정법원은 후견적 입장에서 재량에 따라 허가 여부를 결정할 수 있다. 미성년자의 입양허가 심판은 라류 가사비송사건으로서의 성격을 갖는다[(家訴 §2 ① ⅱ 가. 8) 참조)].

2. 절차

가. 청구권자

입양허가를 청구할 수 있는 사람은 '입양을 하려는 사람', 즉 양부모가 될 사람이다. 양자될 사람이나 그의 법정대리인 또는 친생부모는 허가 청구권자가 아니다. 부부가 공동으로 입양을 할 때에는 양부와 양자, 그리고 양모와 양자 사이에 각각 입양이 별개로 성립(개별설, §874 註釋 참조)하므로, 각자 입양허가를 청구하여야 함이 원칙이겠으나,9) 부부 중 일방에 대해서만 입양허가 청구가 인용되고, 다른 일방에 대해서는 기각되는 등의 사태가 발생하는 것을 방지하기 위해 사건을 병합하여 처리하여야 할 것이다(家訴規 §20-2).

나. 관할

입양에 관한 사건은 양자될 자의 주소지 가정법원의 전속관할로 한다(家訴 §44 ⅳ).

---

7) 이동진(2022), 154.
8) 같은 취지로 김주수·김상용, 359; 최문기, 236.
9) 제요[2], 950.

다. 심리

가정법원은 입양허가 여부를 결정함에 있어 필요한 사실조사 및 증거조사를 직권으로 할 수 있다(家訴 §38, 家訴規 §23). 본래 라류 가사비송사건은 사건관계인을 심문하지 않고 할 수 있지만(家訴 §45), 법정대리인 또는 부모가 정당한 이유 없이 입양의 승낙 또는 동의를 거부하는 경우, 그의 동의 또는 승낙없이 입양을 허가하기 위해서는 반드시 그를 심문하여야 한다(§869 ④, §870 ② 후문, §871 ② 후문, §873 ③ 후문).

또한 입양의 허가심판을 할 때에는 반드시 양자가 될 사람(양자가 될 사람이 13세 이상인 경우), 양자가 될 사람의 법정대리인 및 후견인, 양자가 될 사람의 부모(그의 동의가 필요한 경우), 양자가 될 사람의 부모의 후견인, 양부모가 될 사람 및 양부모가 될 사람의 성년후견인의 의견을 들어야 한다(家訴 §45-8 ①). 그러나 그 사람이 의식불명, 그 밖의 사유로 자신의 의사를 표명할 수 없는 경우에는 의견을 듣지 않을 수 있다(같은 항 단서). 의견을 듣는 방법에는 제한이 없으므로, 서면 또는 구술로 할 수 있고, 증인이나 참고인으로 심문할 수도 있다. 가사조사관을 통해 의견을 들을 수도 있다.[10] 그러나 가정법원이 그 의견에 구속되는 것은 아니다.[11]

그 밖에 가정법원은 양자가 될 사람의 복리를 위하여 필요하다고 인정되는 경우에는 시장·군수·구청장, 국세청장, 경찰청장, 의료기관의 장 또는 국민건강보험공단의 장에게 양부모될 사람의 주소지 및 가족관계 등을 확인하기 위한 주민등록표 등본·초본, 소득을 확인하기 위한 근로소득자료 및 사업소득자료, 범죄경력을 확인하기 위한 범죄경력자료 및 질병 또는 심신장애 등을 확인하기 위한 진료기록 자료를 제공할 것을 요청할 수 있다(家訴 §45-8 ②). 가정법원은 입양사건의 심리를 위해 필요한 경우에는 의사, 심리검사전문가 등에게 당사자 또는 관계인의 심리검사를 촉탁할 수 있고(家訴規 §62), 양부모가 될 사람에 대하여 미성년자 양육에 관한 교육을 실시하거나 입양기관, 사회복지기관 등에서 실시하는 미성년자 양육을 위한 교육을 받을 것을 명할 수도 있다(家訴規 §62-9).[12]

라. 고지

미성년자 입양을 허가하는 심판은 청구인, 절차에 참가한 이해관계인, 양자가 될 사람의 친생부모 및 법정대리인에게 고지하여야 한다(家訴規 §62-8 ①에 의한 §62-4의 준용). 반면 미성년자 입양허가 청구를 각하 내지 기각하는 심판은 청구인에게만 고지

---

10) 의견청취 방법에 대해서는 제요[2], 956 참조.
11) 제요[2], 956.
12) 민법상 입양에서의 예비 양부모 교육의 부실함을 지적하는 문헌으로 소라미(2018), 7.

하면 된다.[13]

3. 판단기준

가. 양자가 될 미성년자의 복리

입양허가 사건은 라류 가사비송사건으로서의 성격을 갖고 있으므로, 가정법원이
재량에 따라 허가 여부를 결정한다. 이때 가장 중요한 기준이 되는 것은 '양자가 될
미성년자의 복리'이다.[14] 협약 제21조도 입양 시 아동의 최선의 이익을 가장 우선적
으로 고려할 것을 요구한다. 친생부모가 입양에 동의하였다거나 기타 입양의 실질적
성립요건이 모두 갖추어졌다고 하여 법원이 언제나 입양을 허가해야 하는 것은 아니
다.[15] 법원은 입양의 성립이 미성년자의 최선의 이익으로 이어질 것인지를 심리하여
아동 복리에 적합하지 않다고 판단되면 입양을 허가하지 않을 수 있다. 이를 판단하
기 위한 근거로 §867 ②은 "미성년자의 양육상황, 입양의 동기, 양부모의 양육능력 그
밖의 사정"을 열거하고 있다.

나. 미성년자의 양육상황

미성년자 입양허가 시 미성년자의 양육을 둘러싼 현재의 상황뿐만 아니라, 과거
의 상황 및 장래 예상되는 상황을 두루 고려해야 한다.[16] 특히 협약 제9조는 원가정
양육의 원칙을 선언하고 있으므로, 법원은 미성년자 입양허가 시 원가정 양육 내지
원가정 복귀의 가능성을 심리할 필요가 있다.[17] 가령 친생부모가 미성년자에게 적절
한 양육환경을 제공해 줄 수 없어 입양이 반드시 필요한 상황인지, 친생부모 외에 친
족에 의한 보호 가능성은 없는지, 현재로서는 원가정 양육이 불가능하더라도 향후 친
생부모에게 적절한 지원이 제공되어 보호력이 회복되면 원가정 복귀가 가능한지 등
을 살펴야 한다. 하급심 판결 중에도 양자될 자가 중국에서 장기간 친부모의 양육을
받으며 별다른 문제 없이 성장해 왔다면, 오로지 국제대회 출전과 탁구선수로서의 기
량 습득 내지 국적 취득만을 위해 한국인 양부모가 그를 입양하는 것은 그의 복리에
적합하지 않다는 이유로 입양허가 청구를 기각한 사안이 있다.[18]

한편 보호가 필요한 아동에게 입양을 통해 적시에 안정적인 가정환경을 제공하
여 아동의 복리를 실현하는 것도 원가정 양육의 원칙만큼이나 중요하다. 따라서 친생

---

13) 제요[2], 960.
14) 대법원 2021. 12. 23.자 2018스5 전원합의체 결정.
15) 대법원 2021. 12. 23.자 2018스5 전원합의체 결정.
16) 제요[2], 948.
17) 김현진(2022), 95; 이준현(2017), 474.
18) 서울가정법원 2016. 7. 20.자 2016느단 50087 심판.

부모가 언젠가 양육의사를 회복하여 자녀를 양육하려 할 수 있다는 막연하고 추상적인 가능성만으로 입양허가 청구를 함부로 기각해서는 안 된다.[19] 다만, 원가정 양육이 불가능 내지 어려운 미성년자는 아동복지법에 따른 보호 대상 아동으로서 입양특례법의 적용대상이 되므로, 민법상 미성년자 입양 허가 사건에서 아동의 양육상황이 문제되는 경우는 재혼가정 입양이나 국제입양 사건으로 한정될 가능성이 높다. 특히 재혼가정 입양 사안에서는 계친자 간에 이미 사실상의 친자관계가 형성되어 있는지, 비양육친과의 관계는 어떠한지, 장래 재혼관계가 파탄에 이르게 될 경우 그것이 계친자관계에 어떤 영향을 미칠지 등을 심리해야 한다.[20]

다. 입양의 동기

가정법원은 미성년자 입양 허가 시 입양의 동기를 고려해야 한다. 가령 양부모가 사회복지급여 수급 기타 재산상 이득을 누리고자 입양을 악용하는 경우 또는 친생부모가 입양동의에 대한 대가로서 금전적 이득을 취하는 등 입양을 아동매매 등의 수단으로 삼고 있는 경우 등에는 입양을 허가하지 않을 수 있다.[21] 하급심 판결 중에도 오로지 직장에서 지급되는 자녀 학자금을 받을 목적으로 조카에 대한 입양허가를 구한 사건에서 그 청구를 기각한 사안이 있다.[22]

더 나아가 미성년자 입양에서는 입양의 목적, 즉 양부모의 실질적 입양의사 유무를 함께 심사할 필요가 있다. 가령 양부모에게 미성년자를 위한 안정적 가정 제공 외의 목적(가령 국적취득이나 상속권 부여 등)만 있는 경우라면 처음부터 가장입양으로서 무효이므로 법원으로서는 입양허가 청구를 기각해야 할 것이다. 입양의 의사에 대해서는 §869 註釋 참조. 하지만 실질적인 친자관계를 맺을 의사와 다른 부수적 목적 내지 동기가 병존하고 있는 경우라면 그러한 입양의 동기가 미성년 자녀의 복리에 미칠 영향을 심리하여 허가 여부를 판단해야 한다.[23]

재혼가정에서의 계자입양 사안에서는 양부모될 자가 배우자에 대한 사랑과 헌신의 증거로서 또는 친생친과의 관계 단절을 목적으로 입양을 시도하는 경우가 많다는 점을 지적하면서 입양의사의 진지성을 더 엄격히 심사할 필요가 있다는 견해도 있으나,[24] 이 경우에도 역시 가장 중요한 판단기준은 입양동기 그 자체보다는 미성년 자녀의 최선의 이익이 되어야 할 것이다.

---

19) 같은 취지로 대법원 2021. 12. 23.자 2018스5 전원합의체 결정.
20) 최진섭(1998), 419-420.
21) 제요[2], 948.
22) 서울가정법원 2016. 10. 18. 선고 2016느단2230 심판.
23) 김현진(2022), 117-118; 현소혜(2019), 36-37.
24) 이동진(2022), 152-153, 155-156.

라. 양부모의 양육능력

'양부모의 양육능력'은 양부모의 재산·수입과 같은 경제적 상황뿐만 아니라, 신체적·정신적 상태 등도 종합적으로 고려할 필요가 있다. 가령 양부모가 지나치게 고령이어서 양자가 성년이 될 때까지 양육하지 못할 가능성이 있는 경우, 양부모에게 아동학대·가정폭력·성폭력·마약 등의 범죄경력이 있어 양자까지 범죄의 피해자가 될 가능성이 있는 경우, 양부모에게 알코올 등 약물중독의 경력 그 밖에 정신질환이 있어 양자에게 정서적 안정을 제공해 줄 수 없는 경우에는 입양을 허가하지 않을 수 있다.

반면 양부모 될 사람이 동성혼 관계에 있다거나 성전환자라는 이유만으로 입양허가 청구가 기각되어야 하는 것은 아니다.25) 판례 중에도 적법하게 입양신고를 마친 사람이 단지 동성애자로서 동성과 동거하면서 자신의 성과 다른 성 역할을 하는 사람이라는 이유만으로 입양이 선량한 풍속에 반하는 것은 아니라고 본 사안이 있다.26) 외국에서도 아동에게 안정적인 가정환경을 제공할 수 있다면 동성혼 부부라도 입양할 수 있다고 보는 입법례가 점차 증가하는 추세이다.27) 다만, 이에 대해서는 이성 부모에 의한 입양을 선호하는 아동의 권리를 침해할 우려가 있다는 이유로 반대하는 견해가 있다.28)

정부는 2022. 4. 7. 입양 허가 여부를 결정함에 있어서 양부모의 양육능력 뿐만 아니라 '양육시간 등 입양 후 양육환경'도 고려할 것을 명시한 민법 개정안을 국회에 제출하였다.29) 그 밖에 예비 양부모 후보로 조부모 기타 친족과 제3자가 있는 경우라면 조부모에게 우선적으로 양부모로서의 지위를 인정해야 한다는 견해도 있다.30) 조부모에 의한 손자녀 입양에 대해서는 §877 註釋 참조.

마. 그 밖의 사정

입양허가 시 고려해야 할 '그 밖의 사정'으로 양자될 미성년자 본인의 의사가 있다. 이를 위해 개정 家訴는 양자가 될 사람이 13세 이상인 경우 반드시 그의 의견을 들도록 하고 있다(家訴 §45-8 ① i). 그러나 협약 §12의 취지에 비추어 13세 미만인 경

---

25) 안소영(2015), 355; 오병철(2019), 56-59.
26) 대법원 2014. 7. 24. 선고 2012므806 판결. 이에 대해 찬성하는 견해로 오병철(2019), 62.
27) 동성혼 부부의 입양을 허용하는 입법례를 소개하는 문헌으로 현소혜(2018), 92-93 참조. 동성커플 중 일방이 아동을 입양하여 양육하던 중 다른 일방과 생활동반자관계를 등록한 후, 그 등록된 생활동반자가 당해 아동을 입양하는 것을 허가하지 않는 것은 기본법에 반한다고 보았던 독일 2013. 2. 19.자 독일연방헌법재판소 결정(1 BvR 3247/09)도 참조.
28) 박해영(2015), 160-161.
29) 의안번호 2115141.
30) 김현진(2022), 119.

우라도 의사능력이 있는 한 본인의 의견을 청취하는 것이 바람직하다.[31]

가정법원은 입양허가 시 실질적 성립요건의 구비 여부를 심사하여야 하는가. 긍정하는 견해가 있다.[32] 친양자입양의 경우와 달리 일반입양의 경우에는 입양 허가재판이 확정된 후에도 실질적 성립요건의 불비를 이유로 입양의 무효 또는 취소를 청구하는 것이 널리 허용되지만, 일단 가정법원의 허가를 받아 성립한 입양이 사후에 무효 또는 취소됨으로써 양자의 복리가 침해되는 일이 없도록 하려면 실질적 성립요건을 갖추지 못한 경우에는 가급적 입양청구를 기각함이 바람직하다. 현재 실무도 입양의 성립요건에 해당하는 승낙 또는 동의가 당사자의 진정한 의사에 기초한 것이며, 그 의사가 허가심판 전까지 계속 유지되고 있는지를 확인하고 있다.[33]

한편 법정대리인 또는 부모가 입양의 승낙이나 동의를 정당한 이유 없이 거부함을 이유로 그의 승낙 또는 동의 없이 입양을 허가하는 경우(§869 ③ i, §870 ②, §871 ②, §873 ③)에는, 가정법원이 반드시 그를 심문하도록 되어 있을 뿐만 아니라, 사후에 법정대리인 또는 부모에게 승낙 또는 동의를 거부할만한 정당한 이유가 있는 것으로 밝혀진 경우라도 입양을 취소할 수 없도록 되어 있으므로(§884 ① i), 이에 대해서는 가정법원이 반드시 엄격하게 심사하여야 할 것이다.[34]

4. 심판의 효력

가. 효력의 내용

입양허가 청구 인용 또는 기각심판은 기판력을 갖지 않음이 원칙이다.[35] 집행력도 인정되지 않는다.[36] 입양허가 심판만으로는 아직 입양의 효력이 발생하지 않으므로, 형성력도 없다고 보아야 할 것이다.[37] 친양자입양허가 심판 또는 입양특례법에 따른 입양허가 심판의 효력과는 차이가 있다. §908-2 및 입양특례법 §11 註釋 참조. 가정법원의 입양허가는 양부모될 자가 미성년자를 입양하는 것을 허용하는 것에 불과하다. 따라서 입양허가 심판 후 입양신고가 수리되었더라도 입양의 무효 또는 취소를 주장할 수 있다. 이러한 의미에서 일반입양의 허가는 강학상 '인가'로서의 성격을

---

31) 대법원 2021. 12. 23.자 2018스5 전원합의체 결정. 같은 취지로 김상용(2005), 16; 김현진(2022), 118; 백승흠(2022), 678; 윤진수, 220; 윤진수·현소혜, 205; 임태규(2022), 80.

32) 김주수·김상용, 359; 최문기, 237. 박동섭·양경승, 370은 이에서 더 나아가 일반입양에서 법원의 허가는 법정대리인의 동의나 승낙에 대한 허가로서의 성격을 가질 뿐이라고 한다.

33) 제요[2], 953.

34) 제요[2], 953.

35) 박동섭, 주석, 478.

36) 박동섭, 주석, 480-481.

37) 신영호·김상훈·정구태, 186; 제요[2], 961.

갖는다.38) 한편 입양허가 청구 인용 심판이 있은 후에는 더 이상 법정대리인 또는 부모가 입양의 승낙 또는 동의의 의사표시를 철회할 수 없다(§869 ⑤, §870 ③).

나. 효력발생시기

입양허가 청구 인용 심판은 청구인이 이를 고지받음으로써 효력이 발생한다. 반면 기각결정은 즉시항고 기간의 도과로 확정됨으로써 효력이 발생한다(家訴 §40).

5. 불복

미성년자 입양을 허가하는 심판에 관하여는 家訴規 §62 ①에서 정한 자 중 양부모를 제외한 사람, 즉 양자가 될 사람(13세 이상인 경우), 양자가 될 사람의 법정대리인과 친생부모, 양자가 될 사람에 대하여 친권을 행사하는 사람으로서 부모 이외의 사람, 양자가 될 사람의 부모의 후견인 및 양부모가 될 사람의 성년후견인이 즉시항고할 수 있다(家訴規 §62-8 ②에 의한 §62-5 준용). 家訴 §45-8 ①에 따른 의견진술권자와 표현상의 차이는 있지만, 포섭범위는 사실상 동일하다. 반면 입양허가청구 각하 또는 기각심판에 대해서는 청구인(양부모가 될 사람)만 즉시항고를 할 수 있다(家訴規 §27).

Ⅳ. 위반의 효과

가정법원의 허가를 받지 않고 미성년자를 입양한 경우 그 입양은 무효이다(§883 註釋 참조).

---

38) 윤진수, 244; 윤진수·현소혜, 202; 이준현(2017), 474.

第 868 條
삭제 〈1990. 1. 13.〉

第 869 條 (입양의 의사표시)

① 양자가 될 사람이 13세 이상의 미성년자인 경우에는 법정대리인의 동의를 받아 입양을 승낙한다.

② 양자가 될 사람이 13세 미만인 경우에는 법정대리인이 그를 갈음하여 입양을 승낙한다.

③ 가정법원은 다음 각 호의 어느 하나에 해당하는 경우에는 제1항에 따른 동의 또는 제2항에 따른 승낙이 없더라도 제867조제1항에 따른 입양의 허가를 할 수 있다.

　　1. 법정대리인이 정당한 이유 없이 동의 또는 승낙을 거부하는 경우. 다만, 법정대리인이 친권자인 경우에는 제870조제2항의 사유가 있어야 한다.

　　2. 법정대리인의 소재를 알 수 없는 등의 사유로 동의 또는 승낙을 받을 수 없는 경우

④ 제3항제1호의 경우 가정법원은 법정대리인을 심문하여야 한다.

⑤ 제1항에 따른 동의 또는 제2항에 따른 승낙은 제867조제1항에 따른 입양의 허가가 있기 전까지 철회할 수 있다.

▌**참고문헌:** 권정희(2002), "양자법의 정비를 위한 검토-친양자제도의 입법안을 중심으로-", 가족법연구 16-1; 김문숙(2004), "국제입양에 있어서 아동의 보호 및 협력에 관한 헤이그 협약 : 한국의 가입가능성의 관점에서", 국제사법 10; 김상용(2005), "개정민법(친족·상속법) 해설", 가족법연구 Ⅱ; 김상용(2012), "개정 양자법 해설", 법조 61-5; 김유미(1996), "아동의 권리실현을 위한 관련법에 관한 고찰", 가족법연구 10; 김현진(2022), "조부모의 손주입양", 가족법연구 36-2; 박동섭(2003), "부부공동-입양 판례를 중심으로", 재판자료 101; 윤병철(2005), 대낙권자가 존재하지 않거나 대낙권자를 알 수 없는 경

우 대낙권자인 법정대리인의 승낙이 있었다고 추정할 수 있는지 여부, 판례해설 51; 윤진수(2009), "아동권리협약과 한국가족법", 민법논고[Ⅳ]; 이승우·김유은(2007), "대락입양 소고", 성균관법학 19−2; 이준현(2017), "미성년자 입양 시 부모의 동의에 관한 민법 제870조 규정의 이해", 법학논총 34−3; 이해일(2000), "민법 개정안상 친양자제도에 관한 연구", 연세법학연구 7−1; 이희규(2001), "친양자법(안)에 관한 고찰", 가족법연구 15−2; 장복희(2006), "국제입양에 관한 헤이그협약과 국내입양법의 개선", 저스티스 93; 정광수(2001), "민법상의 친자관계에 관한 연구 : 양자법과 친권법을 중심으로", 강원법학 13; 정주수(2004), "호적: 입양무효의 재판과 호적정리절차 상", 사법행정 45−12; 한봉희(1997), "아동의 권리에 관한 U.N. 조약과 한국 친자법에 미친 영향", 가족법연구 11; 현소혜(2019), "가장입양의 판단기준", 법학평론 9.

Ⅰ. 본조의 취지와 체계

1. 본조의 취지

일반입양이 성립하려면 양부모될 사람에 의한 입양 청약의 의사표시와 양자될 사람에 의한 입양승낙의 의사표시 간의 합치가 있어야 한다. 즉 일반입양은 계약에 의해 성립한다. 본조는 입양의 의사표시가 입양의 성립요건임을, 즉 우리 민법상 일반입양은 계약형 입양 구조를 택하고 있음을 선언하는 조문이다.

그런데 입양은 양친자관계를 성립시키는 가족법상 법률행위로서의 성격을 가지고 있으므로, 의사결정의 진지성과 자발성이 고도로 요구된다. 그럼에도 불구하고 행위능력 제도를 기반으로 하는 재산법상의 법리를 그대로 입양에 적용할 경우 여러 부작용이 발생할 수 있다. 그러므로 본조는 입양의 의사표시에 관한 특칙을 두어 입양승낙의 주체 및 의사 보충 방법, 의사표시의 철회 등을 특수하게 규율하고 있다. 이러한 의미에서 본조는 재산법상 의사표시 관련 규정에 대한 특별규정으로서의 성격을 갖는다.

한편 계약형 입양 구조를 관철할 경우, 입양이 필요한 상황임에도 불구하고, 필요한 입양의 의사표시 또는 그에 대한 동의를 얻지 못해 입양이 불가능해지는 난처한 상황에 봉착할 수 있다. 동 조문은 이러한 현실적 어려움을 타개하기 위하여 예외적으로 입양의 의사표시 또는 동의를 받지 않고도 입양성립이 가능하도록 하는 동의면제 제도를 도입함으로써 계약형 입양 구조를 일부 수정하고 있다.

2. 본조의 체계

본조는 입양의 의사표시라는 제목하에 특히 양자될 사람에 의한 입양승낙의 의사표시에 대해 규율한다. 제1항에서는 13세 이상인 미성년자가 입양승낙의 의사표시를 하는 방법을, 제2항에서는 13세 미만인 미성년자가 입양승낙의 의사표시를 하는 방법을 정하고, 제3항에서는 입양승낙의 의사표시 또는 법정대리인에 의한 동의가 없음에도 불구하고 입양성립이 가능하도록 하는 예외적인 경우를 정한다. 제4항은 제3항에 따른 동의면제 절차에 대한 소송법적 특례조항이며, 제5항은 입양 승낙의 의사표시의 철회 가능성에 대한 특칙이다. 본조에서 정한 것 외에 입양의 의사표시에 대해서는, 그 성질에 반하지 않는 한, 의사표시 일반에 관한 민법총칙상의 규정이 적용된다. 법에 달리 정한 바가 있는 경우에는 그러하지 아니하다.

Ⅱ. 입양의 의사표시

1. 입양의사의 의의

다수설[1]과 판례[2]는 입양의 의사에 관해 실질적 의사설을 지지한다. 양 당사자 사이에 실제로 양친자로서의 신분적 생활관계를 형성하고자 하는 의사 없이 이루어진 가장입양은 무효라는 것이다. 특히 판례는 미성년자 입양의 경우에 부모로서 자녀와 함께 살면서 자녀를 양육하고 보호하며, 경제적·정서적으로 영속적 생활공동체인 가족생활을 영위할 의사가 있어야 함을 강조한다.[3] 단순히 양육에 필요한 법정대리권이나 재산관리권을 얻고자 할 뿐이라면 입양의사를 인정할 수 없다.[4] 자녀의 국적 취득·상속·사회복지급여 수급 기타 재산상 이득 등을 목적으로 하는 경우 기타 입양의사가 없는 것으로 인정된 사안에 대해서는 §883 Ⅱ. 1. 가. 註釋 참조. 물론 양부모될 자에게 양자녀를 상대로 입양 사실을 알릴 의사가 있어야만 입양의사가 인정되는 것은 아니다.[5]

성년입양의 경우는 어떠한가. 다수설은 이에 대해서도 실질적 의사설을 지지한다.[6] 하지만 성년입양은 본질상 계약으로서의 성격을 가지고 있으며, 부모와 성년인

---

1) 고정명·조은희, 172면; 김주수·김상용, 357−358; 김현진(2022), 115; 박동섭·양경승, 359; 박정기·김연, 234; 백성기, 132; 신영호·김상훈·정구태, 182; 양수산, 398; 양형우, 132; 오시영, 255; 이경희, 213; 정주수(2004), 58; 최문기, 234; 한봉희·백승흠, 253; 한삼인·김상헌, 172. 미성년자 입양에 한해 실질적 의사설을 지지하는 견해로 현소혜(2019), 34−36.
2) 대법원 1995. 9. 29. 선고 94므1553 판결; 대법원 2004. 4. 9. 선고 2003므2411 판결; 대법원 2021. 12. 23.자 2018스5 전원합의체 결정 등.
3) 대법원 2021. 12. 23.자 2018스5 전원합의체 결정.
4) 대법원 2021. 12. 23.자 2018스5 전원합의체 결정. 같은 취지로 현소혜(2019), 34−36.
5) 대법원 2021. 12. 23.자 2018스5 전원합의체 결정. 이에 찬성하는 취지로 김현진(2022), 117.
6) 고정명·조은희, 172면; 김주수·김상용, 357−358; 박동섭·양경승, 359; 박정기·김연, 234; 백성기, 132; 신영호·김상훈·정구태, 182; 양수산, 398; 오시영, 255; 이경희, 213; 정주수(2004), 58; 최문기,

자녀 간에 신분적 생활사실이 필수적으로 요구되는 것도 아니다. 따라서 당사자들 사이에 당해 입양에 의해 상호 간에 친생자 관계를 성립시키고, 그 관계에 수반되는 상속과 부양의 효과를 의욕 내지 감내할 의사가 있다면, 입양의사를 인정할 수 있다(법적 의사설).[7] 당사자들이 상속이나 국적취득, 절세 등을 목적으로 입양을 시도하였는지는 입양의 동기에 불과하므로, 그 자체로는 입양의 효력에 영향을 미치지 않는다. 다만, 첩이나 동성커플 같이 법률혼이 허용되지 않는 관계에서 파트너에게 법률혼 배우자에 준하는 법적 지위를 부여하기 위해 입양을 하는 것은 허용될 수 없다.[8] 일부 견해는 이에서 더 나아가 양 당사자 사이에 외형적인 의사표시의 일치가 있으면 충분하며, 별도로 실질적 의사는 필요하지 않다고 주장하기도 한다.[9]

2. 법적 성격

입양의 의사는 양친자관계의 창설을 목적으로 하는 것이므로, 자유롭고 진지하게 형성되어야 한다. 따라서 의사형성의 자유가 박탈 내지 제약된 상태에서 행해진 입양의 의사표시는 아무런 효력이 없다. 사기 또는 강박에 의해 입양의 의사표시를 한 경우에는 이를 취소할 수 있다(§884 註釋 참조). 또한 입양의 의사표시는 확정적이어야 하므로, 성질상 조건부 또는 기한부로 할 수 없다(異說 없음).

입양의 의사표시는 본인의 신분관계 형성을 목적으로 하는 것이므로, 대리에 친하지 않다. 따라서 법정대리인 또는 임의대리인이 대리할 수 없다. 스스로 자신의 사무를 처리할 능력이 결여된 피성년후견인 또는 미성년자라도 입양의 의사표시는 스스로 하여야 한다. 의사표시 당시 의사능력이 있어야 함은 물론이다. 다만, 양자될 자가 13세 미만인 때에는 법정대리인이 승낙의 의사표시를 대신할 수 있다(§869 ②).

3. 방법

입양의 의사표시는 방식을 요하지 않는다. 舊 민법(1990. 1. 13. 개정전)은 유언양자를 허용하였으므로, 이때 입양의 의사표시에 유언의 방식을 갖출 것이 요구되었으나, 1990. 1. 13.자 민법 개정에 의해 유언양자 제도는 폐지되었다.[10]

234; 한봉희·백승흠, 253 등.

7) 현소혜(2019), 37-39.

8) 현소혜(2019), 31-32.

9) 박종찬, 144; 송덕수, 182. 한편 박종찬, 150; 송덕수, 192은 실질적 의사 없는 가장입양은 무효라고 서술하고 있다.

10) 유언양자 제도 폐지에 반대하는 견해로 소성규, 137 참조.

4. 시기

입양의사는 입양 성립 당시에 존재해야 한다. 그런데 일반입양은 입양신고에 의해 성립하므로, 입양신고서를 작성할 때와 제출할 때, 그리고 신고가 접수·수리될 때까지 계속 입양의사가 존재해야 함이 원칙이다.[11] 다만, 미성년자 입양에서 입양의 의사표시를 법정대리인이 대락하는 경우에는 입양허가 재판 확정 후 그 철회가 불가능하므로(본조 ⑤) 입양허가 재판 시를 기준으로 입양의사의 존부를 판단해야 한다. 실무의 태도도 이와 같다.[12] 한편 입양신고 당시 입양의사가 없었던 경우라도 당사자가 사후에 이를 추인함으로써 입양을 소급적으로 유효하게 만들 수 있다. 입양의사의 추인에 대해서는 §883 註釋 참조.

5. 입양의 의사표시의 주체

가. 입양 청약의 주체

입양 청약의 의사표시는 양부모될 자가 스스로 한다. 구법 시절에는 妻에게 입양 당사자로서의 지위를 인정하지 않았으므로, 양부가 단독으로 입양청약의 의사표시를 하였으나, 민법 제정 이후에는 양부될 자와 양모될 자가 각자 입양 청약의 의사표시를 한다(개별설, §874 Ⅱ. 2. 註釋 참조).

舊 민법(1990. 1. 13. 개정 전)은 사후양자 제도를 인정하였는데, 이때 양부될 자는 이미 사망하였으므로, 입양청약의 의사표시를 누가할 것인지가 문제되었다. 양부될 자가 호주였던 경우라면 그 배우자, 직계존속, 친족회의 순으로 사후양자를 선정할 수 있으나(舊 민법 §867 ①)[13], 양부될 자가 호주의 장남이라면 그 부(父)인 호주, 호주의 처, 모, 조모의 순으로 사후양자를 선정할 수 있고, 이러한 사람들이 전혀 없거나 그 권리를 행사할 수 없을 때에야 비로소 그의 배우자가 사후양자를 선정했다.[14] 그러나 사후양자 제도는 보충적인 것이어서 양친될 자 본인에 의한 입양의 의사표시가 있었던 경우에는 그것이 우선한다. 즉 양친될 자가 유언으로 미리 양자를 지정한 경우에는 친족회의 결의에 의해 사후양자를 선정할 수 없다.[15]

---

11) 고정명·조은희, 172; 김주수·김상용, 358; 박정기·김연, 234; 신영호, 등록, 117; 양수산, 399; 양형우, 132; 오시영, 256; 정주수(2004), 58; 최문기, 234; 한봉희·백승흠, 253; 한삼인·김상헌, 172.
12) 제요[2], 953.
13) 자세한 내용은 정광현, 228-232 참조.
14) 대법원 2004. 6. 11. 선고 2004다10266 판결. 동 판결에 대한 간단한 평석으로 민유숙, "2004년 분야별 중요판례분석", 신문 3349, 8 참조.
15) 대법원 1963. 9. 26. 선고 63다462 판결. 동 판결에 대한 간단한 평석으로 김주수, 판례, 488 참조.

나. 입양 승낙의 주체

입양 승낙의 의사표시를 할 자는 양자될 자의 연령에 따라 다르다. 첫째, 양자될 자가 성년이면 양자 본인이 스스로 승낙의 의사표시를 한다. 둘째, 양자로 될 자가 미성년으로서 13세 이상이면 양자 본인이 스스로 승낙의 의사표시를 하되, 법정대리인의 동의를 받아야 한다. 셋째, 양자로 될 자가 13세 미만이면 법정대리인이 그에 갈음하여 승낙의 의사표시를 한다.

III. 미성년자 입양 시 입양승낙 또는 동의의 주체

1. 13세 이상의 미성년자인 경우

가. 입양 승낙의 의사표시

양자될 자가 13세 이상의 미성년자라면 스스로 입양승낙의 의사표시를 해야 한다(§869 ①). 대리는 허용되지 않는다. 舊 민법(2012. 2. 10. 개정전)은 15세 이상인 경우에만 스스로 입양승낙을 하도록 규정하였는데, 이에 대해서는 협약 §12에 따른 아동의 의견청취권을 충분히 보장하지 못한다는 비판[16]이 있었으므로, 연령 기준을 13세로 하향조정하였다.

동 규정에 위반한 입양, 즉 13세 이상의 미성년자가 스스로 입양승낙의 의사표시를 하지 않은 입양은 무효이다(§883 註釋 참조).

나. 입양 동의의 의사표시

양자될 자가 미성년자라면 비록 13세 이상이더라도 아직 판단능력이 부족한 경우가 많으므로, 법정대리인의 동의에 의해 미성년자의 의사표시를 보충하도록 하였다. 즉 13세 이상의 미성년자는 법정대리인의 동의를 받아 입양을 승낙한다(§869 ①). 이때 입양 동의의 의사표시를 하는 법정대리인의 의미에 대해서는 2. 나. 이하 참조.

舊 민법(2012. 2. 10. 개정전) §870 및 §871는, 미성년자 입양 시 부모로부터, 부모가 사망 그 밖의 사유로 인하여 동의할 수 없는 때에는 다른 직계존속, 다른 존속도 없으면 미성년후견인으로부터 동의를 받되, 미성년후견인이 동의하는 경우에는 가정법원의 허가를 받도록 규정하였다. 그 결과 미성년자 입양에 대한 동의권이 미성

---

16) 권정희(2002), 77−78; 김유미(1996), 418−419; 윤진수(2009), 342−343; 이승우 · 김유은(2007), 193−194; 장복희(2006), 233; 한봉희(1997), 678. 한편 국가인권위원회는 2005. 4. 11.자 "유엔 아동의 권리에 관한 협약 제21조의 유보철회 및 이행에 대한 권고"에서 입양시 12세 이상 아동의 의사는 반드시 확인하도록 하되, 12세 미만의 아동은 아동심리전문가 등이 그들에게 적합한 방식으로 의견을 묻고 입양여부 결정에 있어 고려해야 함을 규정하는 것이 아동권리협약 §12 및 §21를 이행하는 것이라고 권고한 바 있다.

년자의 의사를 보충하는 의미를 갖는 것인지 또는 친생부모의 입양절차 참여권을
보장하는 것인지가 불분명하였을 뿐만 아니라, 舊 민법(2012. 2. 10. 개정전) §869에 따
른 법정대리인의 대락과의 관계도 명확하지 않았다(§870 註釋 참조). 게다가 부모가 아
닌 직계존속의 동의는 미성년자의 복리와 별다른 연관이 없다.17) 이에 2012. 2. 10.
자 개정민법은, 13세 이상의 미성년자의 경우에는 부모의 동의와는 별개로 법정대리
인의 동의를 받을 것을 명문으로 규정하는 한편, 미성년후견인의 동의에 대한 가정법
원의 허가 규정을 삭제하였다. 미성년자 입양 자체에 대해 허가를 받아야 하므로, 미
성년후견인의 동의권 남용에 의해 양자될 자의 복리가 침해될 가능성이 현저히 감소
하였기 때문이다.

　　동 규정에 위반한 입양, 즉 13세 이상의 미성년자가 스스로 입양승낙의 의사표시를
함에 있어 법정대리인의 동의를 받지 않은 입양은 취소할 수 있다(§884 ① i 註釋 참조).

2. 13세 미만의 미성년자의 경우

가. 대락의 의사표시

　　입양의 의사표시는 양자될 자 본인이 스스로 하는 것이 원칙이다. 그러나 아직
의사능력이 없거나, 의사능력이 현저히 결여된 경우에는 스스로 입양의 의사표시를
하는 것이 사실상 불가능하거나 부적합하다. 의사능력의 결여가 입양의 불성립이라
는 아동의 불이익으로 귀착되어서는 안 될 것이다. 따라서 §869 ②은 양자가 될 사람
이 13세 미만인 경우에는 법정대리인이 그를 갈음하여 입양승낙의 의사표시를 할 수
있도록 하였다. 이를 입양의 대락(代諾)이라고 한다. 대락은 일종의 '대리'로서의 법적
성격을 갖는다.18)

　　이와 같이 13세 미만인 경우에는 반드시 법정대리인이 대락하여야 하므로, 아무
리 양자될 자 본인에게 의사능력이 있더라도 스스로 입양을 승낙할 수 없다.19) 하지
만 협약 §12의 취지에 따라 입양 허가 심리 과정에서 그의 의견을 충분히 청취하여야
할 것이다. §867 註釋 참조.

---

17) 윤진수·현소혜, 205.

18) 고정명·조은희, 173; 박동섭·양경승, 366 각주 1; 박병호, 182; 박정기·김연, 235; 신영호·김상훈·정
　　구태, 184; 양수산, 400; 오시영, 257; 이영규, 214; 이경희, 214; 이희배, 203; 최금숙, 친족(1), 102; 최문
　　기, 237; 한복룡, 189; 한봉희·백승흠, 254.

19) 같은 취지로 박동섭·양경승, 365; 양수산, 400; 오시영, 257; 이승우·김유은(2007), 193; 이희배, 203;
　　조승현·김재완, 152.

나. 대락의 주체

대락권자는 양자가 될 사람의 법정대리인이다. 법정대리인에는 친권자와 후견인이 있다.

(1) 친권자

(개) 공동친권의 경우

친권자는 양자될 사람의 친생부모이다(§909 ①). 부모가 친권을 공동으로 행사하고 있는 경우에는 부모 모두의 대락이 필요하므로, 친권자 중 일방만 대락을 했다면 대락의 요건을 갖추지 못한 것으로 본다. 친권자 중 일방이 다른 일방의 의사에 반하여 공동명의로 대락의 의사표시를 한 경우에도 같다. §920-2는 대락에 적용되지 않는다.[20]

친권상실선고를 받은 자는 친권자가 아니므로, 법정대리인으로서 대락권을 행사할 수 없다. 따라서 부모 중 일방이 친권상실선고를 받은 경우에는 나머지 일방이, 부모 쌍방이 친권상실선고를 받은 경우에는 미성년후견인이 대락의 의사표시를 하여야 한다. 친권 일시정지 선고 또는 입양 대락과 관련된 친권 일부제한 선고를 받은 경우도 같다.[21] 반면 재산관리권 상실 선고를 받은 부모는 여전히 대락권을 행사할 수 있다.[22] 입양의 대락은 재산의 관리에 해당하지 않기 때문이다.

친권자 중 일방 또는 쌍방이 소재를 알 수 없는 등의 사유로 대락할 수 없거나, 대락을 거부하는 경우에 대해서는 §869 註釋 참조.

(나) 단독친권의 경우

혼인의 무효·취소·이혼 또는 인지 등에 따라 부모 중 일방이 단독친권자로 결정되었다면 그는 대락권도 단독으로 행사한다.[23] 친권자가 아닌 부모는 대락권을 행사할 수 없으며, §870에 따라 친생부모로서의 입양동의권을 행사할 수 있을 뿐이다.[24] 생부가 혼인외 출생자를 인지하지 않았다면 생모가 단독친권자로서 대락권도 단독으로 행사한다.[25] 이때 생부가 §870에 따라 친생부모로서의 입양동의권을 행사할 수 있는지에 대해서는 §870 註釋 참조.

---

20) 김주수·김상용, 361; 이승우·김유은(2007), 195; 최문기, 237.
21) 김주수·김상용, 361; 윤진수, 223; 제요[2], 946.
22) 박동섭, 가사소송(상), 533; 박병호, 182; 박정기·김연, 235; 소성규, 127-128; 송덕수, 188; 윤대성, 181; 양수산, 401; 오시영, 257; 이승우·김유은(2007), 195; 이영규, 214; 이희배, 203; 조승현·김재완, 153; 한복룡, 190.
23) 박동섭, 가사소송(상), 534; 소성규, 127; 신영호, 등록, 117; 이승우·김유은(2007), 196.
24) 등록예규 제129호 §3 ③. 이에 찬성하는 견해로 박정기·김연, 235; 윤병철(2005), 362-363.
25) 대법원 2011. 4. 25. 선고 2011스62 결정.

㈐ 친권자가 미성년자인 경우

친권자가 아직 미성년자면 그의 친권자가 친권을 대행하므로(§910), 결국 양자될 자의 조부모가 대락권을 행사한다.26) 조부모가 친권을 행사할 수 없으면 미성년후견이 개시되므로, 양자될 자의 친권자의 미성년후견인이 법정대리인으로써 대락권을 행사한다(§948).

㈑ 친권자가 양부모인 경우

한 번 입양된 양자를 제3자에게 다시 입양보내는 경우('재입양')가 있다. 재입양의 허용 여부에 대해서는 §877 註釋 참조. 이때는 기존의 입양이 파양되지 않는 한, 현재의 양부모가 친권자이므로 법정대리인으로서 입양을 대락한다. 이 경우 친생부모도 §870에 따라 입양동의권을 행사할 수 있는지에 대해서는 §870 註釋 참조.

(2) 후견인

13세 미만자에 대해 친권자가 없거나 부모가 친권을 행사할 수 없는 경우에는 미성년후견인이 친권자에 갈음하여 대락권을 행사한다. 미성년후견인의 결정 방법에 대해서는 §931 및 §932 註釋 참조. 단, 재산관리권만 가지고 있는 미성년후견인은 대락권을 행사할 수 없다(§946).27) 후견인이 대락권을 행사함에 있어 별도로 가정법원의 허가를 받아야 하는 것은 아니다. 舊 민법(1990. 1. 13. 개정전) §869에 따르면 후견인이 입양을 대락할 때 친족회의 동의를 받아야 했다. 1990. 1. 13.자 민법 개정에 의해 위 조문이 삭제되었으나, 이는 명백한 입법상 오류였을 뿐만 아니라, 후견인이 입양동의권을 행사할 경우 가정법원의 허가를 요구하는 것과 균형이 맞지 않는다거나, 후견인의 대락권 남용에 대한 감독이 불가능해 양자될 자의 복리를 해한다는 등의 비판28)이 있었으므로, 후견인의 대락권 행사 시에도 후견인의 동의권 행사에 가정법원의 허가를 받도록 한 舊 민법(2005. 3. 31. 개정전) §871를 유추적용하자는 견해가 유력하였다.29) 이에 2005. 3. 31.자 개정민법 §869는 후견인의 대락권 행사 시 가정법원의 허가를 받을 것을 명문으로 규정하였다.30) 그러나 2012. 2. 10.자 개정민법에 의해 미성년자 입양 전반에 대해 입양허가제가 도입되면서 후견인의 대락권 행사에 대한 가정법원 허가 제도는 다시 폐지되었다.

---

26) 같은 취지로 김주수·김상용, 361; 박동섭, 가사소송(상), 534; 이승우·김유은(2007), 196.

27) 윤대성, 181; 이승우·김유은(2007), 196; 조승현·김재완, 153.

28) 권정희(2002), 78; 김문숙(2004), 378; 김용한, 195; 양수산, 401; 우병창(2002), 186; 정광수(2001), 64-65.

29) 양수산, 402; 이영규, 214; 이희배, 203.

30) 2005년 개정에 따른 §869 단서 신설의 취지에 대해서는 이화숙, 2005년 개정가족법, 83 참조. 이때 §869 단서의 적용범위에 대해서는 이영규, 215 각주 268; 등록예규 제129호 §3 ② 참조.

「보호시설에 있는 미성년자의 후견 직무에 관한 법률」에 따른 미성년자의 후견인은 §869 ②에 따른 입양대락권을 행사할 수 있는가. 당해 미성년자를 보호 중인 보호시설이 입양특례법 §9에 따른 보장시설에 해당하면 입양특례법이 우선적으로 적용되므로, 동 조문이 적용될 여지가 없다. 그러나 이에 해당하지 않는 경우에는 입양대락권을 행사할 수 있다고 보아야 할 것이다.[31] 아동복지법상 보호 대상 아동의 입양 절차와의 정합성, 시설장과 아동 간의 이해충돌 상황 등을 고려할 때 입법적 개선이 필요하다.

(3) 특별대리인

미성년후견인이 피후견인을 입양하고자 하는 경우, 미성년후견인은 법정대리인으로서의 지위와 양친될 자로서의 지위를 겸유한다. 따라서 피후견인을 위해 특별대리인을 선임하고, 특별대리인이 피후견인의 법정대리인으로서 대락권을 행사하여야 할 것이다.[32] 단, 후견감독인이 있을 때에는 특별대리인을 선임할 필요없이 후견감독인이 입양을 대락할 수 있다는 견해가 있다.[33]

생부가 혼인외 출생자를 인지하지 않아 생모가 단독으로 친권을 행사하던 중 혼인을 하게 되어 배우자와 공동으로 혼인외 자를 입양하고자 하는 경우(§874 註釋 참조)에도 양자를 위해 선임된 특별대리인이 대락권을 행사하여야 할 것이다.[34] 본래 대락권자는 유일한 친권자인 생모이나, 생모가 양모의 지위를 겸유하게 되기 때문이다.

다. 대락의 방법

대락의 의사표시는 명시적 또는 묵시적으로 행해질 수 있다. '추정적 승낙'의 법리에 따라 대락의 의사표시를 인정할 수 있다는 견해[35]도 있으나, 판례는 대락권자가 없거나 대락권자를 알 수 없는 경우 대락권자인 법정대리인의 승낙이 있다고 추정하기 어렵다는 입장이다.[36] 대락이 있었던 것으로 인정된 사안에 대해서는 §878 註釋 참조.

라. 위반의 효과

법정대리인으로부터 대락을 받지 않고 13세 미만의 미성년자를 입양한 경우 입양은 무효이다(§883 ii). 다만, 추인에 의해 이를 유효하게 할 수 있다. §883 註釋 참조.

---

31) 제요[2], 946.
32) 김주수·김상용, 362; 박동섭, 주석, 382; 제요[2], 292.
33) 김주수·김상용, 362.
34) 이에 반해 생모가 대락권을 행사한다는 견해로 박동섭, 주석, 381.
35) 박동섭(2003), 596-597.
36) 대법원 2004. 11. 26. 선고 2004다40290 판결. 같은 취지로 이영규, 214 참조.

3. 성년자인 경우

성년자는 스스로 입양승낙의 의사표시를 한다. 법정대리인에 의한 대리 또는 동의는 요구되지 않는다.

Ⅳ. 입양승낙 또는 동의의 면제

1. 정당한 이유 없이 동의 또는 승낙을 거부하는 경우

미성년자를 입양하려면 법정대리인의 동의(§869 ①) 또는 승낙(§869 ②)이 필요하다. 그런데 미성년자의 복리를 위해 입양이 절실함에도 불구하고 법정대리인이 필요한 동의나 승낙을 하지 않는 경우가 있다. 이러한 경우에 대비하여 법원이 법정대리인의 승낙에 갈음하는 심판을 할 수 있도록 근거 규정을 마련할 필요가 있다는 주장[37]이 있었으므로, 2012. 2. 10.자 개정민법은 법정대리인이 정당한 이유 없이 동의 또는 승낙을 거부하는 경우, 가정법원은 동의 또는 승낙이 없더라도 입양을 허가할 수 있다는 취지의 규정을 신설하였다(§869 ③ i).[38]

가. 정당한 이유의 유무

(1) 법정대리인이 후견인인 경우

법정대리인의 동의 또는 승낙 없이도 입양을 허가하기 위해서는 그가 동의 또는 승낙을 거부하는 데 "정당한 이유"가 없어야 한다. 가령 법정대리인이 입양동의 또는 승낙의 대가로 금품을 요구하면서 이를 거부하는 경우 또는 장기간 법정대리인으로서 마땅히 이행하여야 할 의무를 이행하지 않으면서 권리만을 주장하는 경우 등이 이에 해당할 수 있을 것이다.[39]

(2) 법정대리인이 친권자인 경우

법정대리인이 친권자인 경우에는 §870 ②에서 정한 사유가 있을 때만 정당한 이유 없이 동의 또는 승낙을 거부한 것으로 본다(§869 ③ i 단서). 그 사유에 대해서는 §870 註釋 참조. 법정대리인이 친권자인 경우 동의면제 사유를 후견인에 비해 엄격하게 규율하고 있는 것은, 친권자가 친생부모로서의 지위를 겸유하고 있기 때문이다. 친권자로서의 입양동의권은 양자될 자의 의사를 보충하는 기능을, 친생부모로서의

---

37) 김상용(2005), 24.
38) 법정대리인의 대락 없이 입양을 허가할 수 있도록 한 개정법의 태도에 대해 비판적인 견해로 권재문, 175 참조.
39) 김상용(2012), 20; 조승현·김재완, 154; 최문기, 238 참조.

입양동의권은 천부적 자연권으로서의 입양절차참여권을 보장하는 기능을 수행한다. 그런데 친생부모로서의 입양동의권은 원칙적으로 친권자(법정대리인)로서의 입양동의권에 흡수되므로(§870 ① i), 정당한 이유없이 승낙 또는 동의를 거부하였다는 이유만으로 면제가 가능하도록 한다면 친생부모로서의 입양동의권이 충분히 보장받지 못할 우려가 있다. 이에 2012. 2. 10.자 개정민법은 법정대리인이 친권자인 경우 동의면제 사유에 대해서는 친생부모의 동의면제에 관한 §870 ②이 우선적용되도록 한 것이다.

(3) 법정대리인이 친권대행자인 경우

친권자가 미성년자여서 그의 친권자 또는 미성년후견인이 대락권이나 동의권을 대신 행사하고 있는 경우, 그는 친권을 대행하기는 하지만, 미성년자의 친권자 또는 친생부모라고는 볼 수 없으므로, §869 ③ i 단서에 해당하지 않는다. 따라서 §870 ②에서 정한 사유에 해당하지 않더라도, 정당한 이유가 없는 한, 그의 동의 또는 승낙 없이 입양을 허가할 수 있다.

(4) 법정대리인이 양부모인 경우

양부모가 입양의 승낙 또는 동의의 의사표시를 하는 경우, 그는 친권자이기는 하지만 "친생부모"로서의 지위를 겸유하는 것은 아니므로, 그의 승낙 또는 동의를 면제함에 있어 §869 ③ i 단서 및 §870 ②을 적용할 필요가 없다. §869 ③ i 본문에 해당하는 것으로 족하다.

나. 동의면제 절차

법정대리인이 수인인 경우(가령 친권자) 그 중 일방에게 §869 ③ i에서 정한 사유가 있으면 가정법원은 다른 일방의 동의 또는 승낙만으로 입양의 허가를 할 수 있다. 법정대리인의 승낙 또는 동의에 갈음하는 심판을 별도로 선고해야 하는 것은 아니다. 입양의 대락 여부에 관해 친권자 상호 간에 의견이 일치하지 않는다는 이유로 가정법원에 친권행사 방법의 결정을 청구할 필요도 없다. 즉 §909 ② 단서는 대락에 적용되지 않는다.

법정대리인 모두에게 §869 ③ i에서 정한 사유가 있으면 가정법원은 그들의 동의 또는 승낙 없이 바로 입양허가를 할 수 있다. 별도로 친권상실선고를 거쳐 미성년후견인을 선임한 후 후견인으로부터 동의 또는 승낙을 받아야 하는 것은 아니다. 법정대리인이 1인인 경우(가령 단독친권자, 후견인)도 마찬가지이므로, 친권자나 후견인을 변경하여 새로운 법정대리인으로부터 동의 또는 승낙을 받을 필요가 없다. 가정법원이 후견적 입장에서 스스로 미성년자인 아동의 의사를 보충할 수 있기 때문이다.

다만, §869 ③ i에 해당한다는 이유로 바로 입양을 허가하기 위해서는 반드시 법정대리인을 심문하여야 한다(§869 ④). 심문이란 적당한 방법에 의해 서면 또는 말로 개별적으로 진술할 기회를 주는 것을 말한다. 법정대리인이 정당한 이유 없이 동의 또는 승낙을 거부하는지 여부 내지 법정대리인인 친권자에게 §870 ②에서 정한 사유가 있는지 여부는 입양허가 청구권자(즉 양부모될 사람) 일방의 진술만으로는 판단하기 어렵다. 또한 이에 대한 가정법원의 판단이 잘못되더라도 법정대리인은 이를 이유로 입양의 효력을 다툴 수 없다(§884 ① i). 따라서 법정대리인의 절차참여권을 보장하는 한편, 가정법원의 판단을 신중하게 하기 위해 법정대리인의 심문을 필수절차로 정하였다.

다. 위반의 효과

법정대리인에게 동의 또는 승낙을 거부할만한 정당한 이유가 있었음에도 불구하고 가정법원이 그의 동의 또는 승낙 없이 입양을 허가한 경우, 그에 따라 성립한 입양은 유효하다. 따라서 동조 위반을 이유로 입양의 무효 또는 취소를 주장할 수 없다. 가정법원이 직접 법정대리인을 심문하고, 그 정당한 이유 유무에 대해 실체적인 판단을 내린 이상 이를 다시 다투게 하는 것은 적절치 않기 때문이다.[40] 이에 대해 다툼이 있는 자는 미성년자의 입양을 허가하는 심판 자체에 대하여 즉시항고를 하는 수밖에 없다(家訴規 §62-8 ②에 의한 §62-5의 준용).[41]

2. 동의 또는 승낙을 받을 수 없는 경우

법정대리인의 소재를 알 수 없는 등의 사유로 동의 또는 승낙을 받을 수 없는 경우 가정법원은 그 동의나 승낙이 없더라도 입양허가를 할 수 있다(§869 ③ ii). 이때 법정대리인이 돌아오기를 기다려 그의 동의 또는 승낙을 받아야만 입양이 가능하도록 한다면, 아동에게 즉시 필요한 보호를 제공해 주지 못해 자녀 양육에 공백이 발생할 우려가 있기 때문이다.

가. 동의 또는 승낙을 받을 수 없는 경우

"소재를 알 수 없는 등의 사유로 동의 또는 승낙을 받을 수 없는 경우"에는 소재불명 외에도 사망, 생사불명, 장기간에 걸친 의식불명 또는 불치의 정신질환으로 인해 의사를 표시하는 것이 불가능한 경우 등이 널리 포함된다.[42] 이러한 사유는 일시

---

40) 제3기 가족법개정 특별분과위원회 회의록(2011), 법무부, 180.
41) 김상용(2012), 38, 각주 29는 이러한 경우에 대비하여 법정대리인에 의한 즉시항고가 가능하도록 가사소송법 및 대법원 규칙을 보완해야 한다고 주장하였다. 이에 2013. 6. 27. 개정된 家訴規는 미성년자의 친생부모나 후견인 등에게 미성년자입양을 허가하는 심판에 대해 즉시항고를 할 수 있도록 규정하였다. 윤진수·현소혜, 217 참조.
42) 김주수·김상용, 364; 박동섭·양경승, 367; 송덕수, 188; 최문기, 238.

적인 것이어서는 안 된다. 단기간의 연락 두절이나 곧 회복될 가망이 보이는 정신장애의 경우는 법정대리인이 동의 또는 승낙할 수 있는 상태가 될 때까지 기다려야 할 것이다. 법정대리인이 아동을 학대·유기한 경우나 동의의 대가로 부당한 금전적 대가를 요구하는 경우 등은 §869 ③ i에 해당하므로, 본호에 포섭되지 않는다.

나. 동의면제절차

여러 명의 법정대리인 중 일방에게만 §869 ③ ii에서 정한 사유가 있으면 가정법원은 다른 일방의 동의 또는 승낙만으로 입양의 허가를 할 수 있다.[43] §909 ③에서 정한 "부모의 일방이 친권을 행사할 수 없을 때"에 해당하기 때문이다. 법정대리인의 승낙 또는 동의에 갈음하는 심판을 별도로 선고해야 하는 것은 아니다.

법정대리인 모두에게 §869 ③ ii에서 정한 사유가 있는 때에는 가정법원이 법정대리인의 동의 또는 승낙 없이 입양의 허가를 할 수 있다. 본래 이러한 사안은 §928에서 정한 "친권자가 법률행위의 대리권 및 재산관리권을 행사할 수 없는 때"에 해당하므로, 후견을 개시하고, 후견인으로 하여금 법정대리인으로써 동의 또는 승낙하도록 함이 원칙이겠으나, 후견개시 및 후견인 선임 절차가 번잡할 뿐만 아니라 장시간이 소요되어 미성년자에게 적절한 시기에 입양가정을 제공해주지 못할 우려가 있기 때문이다. 별도의 심문 절차는 필요하지 않다.

법정대리인이 1인인 경우(가령 후견인)에도 마찬가지이다. §940에 따라 후견인변경 절차를 거치도록 하면 신속한 입양이 불가능하여 양자될 자의 복리에 반할 우려가 있으므로, 가정법원은 법정대리인의 동의 없이 바로 입양을 허가할 수 있다.

다. 위반의 효과

법정대리인의 소재를 알 수 없는 등의 사유에 해당하지 않음에도 불구하고 그의 동의 또는 승낙 없이 입양을 허가한 경우 그 입양은 취소할 수 있다(§884 註釋 참조).

V. 동의 또는 대락의 철회

1. 입법 취지

의사표시는 상대방에게 도달함으로써 효력이 발생하며(§111), 그 후에는 철회할 수 없음이 원칙이다. 하지만 입양 동의 또는 대락의 의사표시는 가정법원의 허가가 있기 전까지 철회할 수 있다(§869 ⑤). 위 조문은 두 가지 기능을 수행한다.

첫째, 친생부모에게 충분한 숙고의 기회를 제공함으로써 그가 스스로 자녀를 양

---

43) 舊 민법(2012. 2. 10. 개정전) 하에서도 해석론으로서 동일한 결론에 도달한 견해로 윤대성, 181.

육하기로 결심한 경우에 입양 동의 또는 승낙의 의사표시에 구속되지 않을 수 있도록
한다. 친생부모의 자기결정권을 충분히 보장한다는 점에서뿐만 아니라, 원가정에서의
양육 가능성을 높인다는 점에서도 의의가 있다. 이때 동 조문은 일종의 입양 숙려기
간으로 기능한다.[44)

둘째, 양자될 자의 법정대리인의 일방적인 의사에 의해 입양의 효력이 좌우되는
것을 방지한다. 일반입양은 가정법원의 허가만으로 효력이 발생하지 않으며, 양부모
와 양자될 자의 입양신고에 의해 비로소 효력이 발생한다. 그런데 가정법원의 허가
후 양자될 자의 법정대리인이 일방적으로 입양동의의 의사표시를 철회할 경우, 입양
당사자들의 의사와 무관하게 입양의 성립이 저지될 우려가 있다. 이는 가정법원의 허
가를 무력하게 만들 뿐만 아니라, 양자될 자의 복리를 위해서도 바람직하지 않다. 이
에 일단 허가재판이 있은 후에는 더이상 이를 철회할 수 없도록 한 것이다.

2. 철회의 방법

가. 철회의 주체와 상대방

철회의 주체는 본조 ①에 따라 입양에 동의한 법정대리인 또는 ②에 따라 입양
을 대락한 법정대리인이다. 13세 이상의 미성년자가 스스로 입양승낙의 의사표시를
한 경우에도 본항에 따른 철회가 가능하다는 견해[45)가 있으나, 그에게는 허가심판 확
정 후에도 입양신고 전까지 철회의 자유를 보장할 필요가 있다는 점에서 본항이 적용
되지 않는다고 보아야 할 것이다.[46) 철회의 상대방은 양부모될 자이다. 가정법원을
상대로 할 필요는 없다. 철회의 의사표시는 방식을 요하지 않는다.

나. 철회의 시기

철회의 의사표시는 입양의 허가가 있기 전까지 가능하다. 이때 입양의 허가가 있
다는 것은 가정법원에 의한 입양허가 심판이 확정되어 효력이 발생한 때를 말한다.
따라서 입양허가 심판 후 아직 확정되지 않은 상태에서 입양 동의의 의사표시를 철회
하고 그 심판의 취소를 구하는 내용의 즉시항고를 하는 것도 가능하다.[47) 입양허가의
효력발생시기에 대해서는 §867 註釋 참조.

다. 철회의 대상

철회의 대상은 입양의 "동의 또는 승낙"의 의사표시이다. 이때 승낙의 의사표시

---

44) 김상용(2012), 15, 22; 박동섭·양경승, 368−369.
45) 제요[2], 945.
46) 이준현(2017), 484.
47) 이회규(2001), 278−279 참조.

에는 실질적 의사와 형식적 의사가 모두 포함된다. 만약 이와 같이 해석하지 않는다면, 입양허가 심판 확정 후라도 승낙권자는 입양신고의 의사(형식적 의사) 없음을 들어 입양신고에 협조하지 않음으로써 입양의 성립을 임의로 저지할 수 있기 때문이다. 따라서 일단 입양허가 심판이 확정된 후에는 더 이상 입양의 형식적 의사도 철회할 수 없다고 보아야 할 것이다.

3. 위반의 효과

본항에 따라 입양의 동의가 적법하게 철회되었음에도 불구하고 입양이 성립한 경우 이는 취소할 수 있다. 반면 입양의 대락이 가정법원 허가 전에 철회되었음에도 불구하고 입양이 성립한 경우 그 입양은 무효이다.

第 870 條 (미성년자 입양에 대한 부모의 동의)

① 양자가 될 미성년자는 부모의 동의를 받아야 한다. 다만, 다음 각 호의 어느 하나에 해당하는 경우에는 그러하지 아니하다.

    1. 부모가 제869조제1항에 따른 동의를 하거나 같은 조 제2항에 따른 승낙을 한 경우

    2. 부모가 친권상실의 선고를 받은 경우

    3. 부모의 소재를 알 수 없는 등의 사유로 동의를 받을 수 없는 경우

② 가정법원은 다음 각 호의 어느 하나에 해당하는 사유가 있는 경우에는 부모가 동의를 거부하더라도 제867조제1항에 따른 입양의 허가를 할 수 있다. 이 경우 가정법원은 부모를 심문하여야 한다.

    1. 부모가 3년 이상 자녀에 대한 부양의무를 이행하지 아니한 경우

    2. 부모가 자녀를 학대 또는 유기(遺棄)하거나 그 밖에 자녀의 복리를 현저히 해친 경우

③ 제1항에 따른 동의는 제867조제1항에 따른 입양의 허가가 있기 전까지 철회할 수 있다.

▌참고문헌: 권정희(2002), "양자법의 정비를 위한 검토－친양자제도의 입법안을 중심으로－", 가족법연구 16−1; 김상용(2005), "개정민법(친족·상속법) 해설", 가족법연구 Ⅱ; 김상용(2010), "양자법의 문제점과 개정방향 : 민법상의 쟁점을 중심으로", 가족법연구 Ⅲ; 김상용(2012), "개정 양자법 해설", 법조 61−5; 라이너 프랑크/최봉경 역(2008), "입양제도가 필요한가? : 입양의 필연성 또는 합목적성에 대한 비교법적 연구", 가족법연구 22−3; 배인구(2012), "친양자제도 성립요건의 문제점에 관한 소고", 사법 21(2012); 우병창(2002), "가족법상 입양에 관한 연구: 양자법의 개선을 위한 현행법의 검토와 입법론 제안", 가족법연구 16−2; 윤병철(2005), "대낙권자가 존재하지 않거나 대낙권자를 알 수 없는 경우 대낙권자인 법정대리인의 승낙이 있었다고 추정할 수 있는지 여부", 판례해설 51; 이동진(2022), "계자입양", 가족법연구 36−2; 이승우·김유은(2007), "대락입양 소고", 성균관법학 19−2; 이준현(2017), "미성년자 입양 시 부모의 동의에 관한 민법 제870조 규정의 이해", 법학논총 34−3; 이현재(2007a), "한국 입양법의 문제점", 원광법학 23−2; 이현재(2007b), "미국 입양법에 있어서 혼외부의 헌법적 권리에 관한

고찰", 민사법연구 15-1; 최성배(2001), "가사판결에 인한 호적정정과 이와 관련된 몇 가지 문제 : 호적의 신뢰보호와 관련하여", 司論 33; 최진섭(1998), "배우자의 자(계자)를 입양하는 경우의 법적 문제점", 가족법연구 12; 최진섭(2011), "입양에 관한 판례의 쟁점 분석", 법학연구 21-3.

Ⅰ. 본조의 취지와 체계

舊 민법(2012. 2. 10. 개정전)상 양자가 될 자가 15세 미만이어서 법정대리인이 입양을 대락한 경우에 법정대리인 외에 따로 친생부모의 입양동의가 필요한지에 대해서는 견해가 대립하였다. 부정설1)은, 법정대리인이 대락한 이상 의사표시는 그 자체로 유효하고 부모의 동의를 따로 받을 필요가 없다고 하였다. 부모의 동의는 미성년자의 의사표시를 보충하는 기능을 가지고 있기 때문이라는 것이다. 따라서 부모의 동의를 받도록 요구하고 있는 舊 민법(2012. 2. 10. 개정전) §870는 양자될 자가 15세 이상인 경우에만 적용된다고 하였다. 다만, 부정설 중에도 입법론으로서는 부모의 동의를 요구함이 타당하다는 견해가 다수였다.2) 반면 긍정설3)은 양자될 자가 15세 미만인 경우라도 부모의 동의를 받아야 한다고 보았다. 부모가 이혼한 후 단독친권자로 지정된 자가 법정대리인으로서 입양의 대락을 한 경우라도 친권자가 아닌 부모 등의 동의를 받을 필요가 있다는 것이다. 친생부모로서 갖는 천부적 권리로서의 입양절차 참여권4)을 보장하기 위함이다.

2012년 개정민법은 위와 같은 논란을 불식시키기 위해 양자될 자의 연령과 무관하게 언제나 부모의 동의를 받아야 함을 명문으로 규정하였다(§870 ①). 긍정설의 입장을 택한 것이다. 또한 이와 같이 부모의 동의를 별도로 요구할 경우 부모가 동의할 수 없거나 부당하게 동의를 거부함으로써 반드시 입양이 필요한 미성년자에게 적절한 시기에 적절한 양육환경을 제공해 주지 못할 우려가 있으므로, 동의면제에 관한

1) 이승우·김유은(2007), 196; 한복룡, 190.
2) 권정희(2002), 78; 김상용(2010), 21; 박병호, 182; 양수산, 401; 오시영, 257; 우병창(2002), 186; 이경희(8판, 2013), 201; 이승우·김유은(2007), 196-197; 최문기, 친족상속, 226; 최성배(2001), 383; 한복룡, 190.
3) 윤대성, 182; 윤병철(2005), 362-363; 이현재(2007a), 485-490.
4) 헌재 2012. 5. 31. 선고 2010헌바87 결정 역시, 친양자입양에 관한 것이기는 하지만, 친생부모는 "그로부터 출생한 자와의 가족 및 친족관계의 '유지'에 관하여 헌법 §10에 의하여 인정되는 가정생활과 신분관계에 대한 인격권 및 행복추구권 및 헌법 §36 ①에 의하여 인정되는 혼인과 가정생활의 자유로운 형성에 대한 기본권을 가진다"고 선언함으로써 친생부모의 입양동의권이 헌법에 의해 보장되는 권리임을 확인하였다.

규정도 함께 신설하였다(§870 ① 단서 및 ②).

Ⅱ. 부모의 동의

1. 적용대상

양자될 자가 미성년자면 부모로부터 입양 동의를 받아야 한다(§870 ① 본문). 양자될 자가 성년인 경우에 부모의 동의에 대해서는 §871 註釋 참조. 미성년자라면 연령을 불문하고 부모의 동의가 필요하며, 의사능력 여부를 묻지 않는다. 다만, 양자될 자가 13세 이상으로서 부모가 법정대리인 자격에서 §869 ①에 따른 입양동의권을 행사한 때 또는 양자될 자가 13세 미만으로서 부모가 법정대리인 자격에서 §869 ②에 따른 대락권을 행사한 때에는 따로 부모의 동의를 받을 필요가 없다(§870 ① 단서 i). 법정대리인으로서 행사한 대락 또는 동의의 의사표시 내에 부모로서의 입양 동의의 의사가 포함되어 있다고 볼 수 있기 때문이다.[5] 기존 등록예규의 태도도 이와 같았다.[6]

2. '부모'의 동의

가. 친생부모

§870에 따른 동의권을 행사하는 자는 양자될 자의 친생부모이다. 계부 또는 계모·적모 등은 친생부모가 아닌 인척 1촌에 불과하므로, 입양동의권이 없다. 혼인외 출생자를 인지하지 않은 생물학적 부는 아직 법률상 부가 아니므로, §870에 따른 입양동의권도 행사할 수 없다. 이에 대해서는 적어도 혼인외 출생자와의 사이에서 실질적인 부자관계가 형성되어 있다면, 인지하지 않은 생부라도 입양동의권을 부여할 필요가 있다는 반대 견해[7]도 있다.

나. 친권의 유무

§870에 따른 동의권을 행사하기 위해 반드시 친권을 가지고 있어야 하는 것은 아니다. 따라서 이혼 후 단독친권자로 지정받지 못한 친생부모는, 법정대리인으로서의 대락권 또는 동의권은 행사하지 못하더라도, 여전히 친생부모로서의 동의권은 행사할 수 있다.

타인에게 일반양자로 보낸 자가 재입양되는 경우, 그의 친권자는 양부모이므로

5) 김상용(2012), 24 참조.
6) 제129호 §3 ③ 단서.
7) 이동진(2022), 153-154; 이현재(2007b), 150-151; 최진섭(1998), 418-419.

양부모가 법정대리인으로서의 대락권 또는 동의권을 행사하나, 친생부모 역시 §870에 따라 동의권을 행사할 수 있다.[8] 친생부모는 특정의 양부모에게 입양보내는 것에 동의한 것이므로, 양부모가 변경되면 그 절차에 참여할 권리를 보장받아야 한다. 자의 복리라는 관점에서 보더라도 기존의 양부모가 재입양을 보내야 하는 상황이라면 오히려 친생부모에게 복귀할 기회를 주는 것이 더 바람직하다. 이에 반해 양부모의 동의만으로 족하며, 친생부모는 양부모가 모두 사망한 때에만 동의권을 갖는다는 견해도 있다.[9] 한편 타인에게 친양자입양된 자가 재입양되는 경우라면 친생부모의 동의는 필요하지 않다.[10] 이미 친생부모와의 관계가 단절되었기 때문이다. 재입양의 허용 여부에 대해서는 §877 註釋 참조.

친권상실 선고를 받은 부모는 더이상 부모로서의 입양동의권도 행사할 수 없다 (§870 ① ii). 부모로서의 책임과 의무를 제대로 이행하지 않은 부모에게 권리를 인정할 필요는 없기 때문이다.[11] 기존 등록예규의 태도도 이와 같다.[12] 반면 부모가 대리권과 재산관리권 상실 선고를 받았을 뿐이라면 여전히 입양동의권을 행사할 수 있다.[13] 친권 일시정지나 일부 제한 선고를 받은 부모는 입양동의권을 행사할 수 있는가. 부정하는 견해[14]가 있으나, 긍정해야 할 것이다. 친권 일시정지나 일부 제한 선고는 친권상실과 달리 아동의 복리를 위해 제한된 기간 또는 범위 내에서 친권 행사를 막을 뿐이며, 친생부모와의 관계가 유지 내지 회복되는 것을 전제로 한다. 친권이 일시정지 또는 입양 관련 권한이 일부 제한된 상태에서 부모가 친권자로서의 입양대락권 내지 동의권을 행사할 수 없음은 물론이나, 친생부모로서의 입양동의권까지 박탈할 이유는 없다. §925-3의 취지도 이와 같다. 그가 정당한 이유 없이 입양 동의를 거부하고 있다면 본조 ②에 따라 그의 동의 없이 입양을 허가하는 것으로 족하다.

다. 직계존속 또는 호주 등의 동의

구법 시절에는 호주의 동의도 필요했으나, 제정민법 이후에는 더이상 요구되지 않는다. 舊 민법(2012. 2. 10. 개정전) §870는 부모가 동의할 수 없으면 다른 직계존속의 동의를, §871는 다른 직계존속도 없으면 미성년후견인의 동의를 받을 것을 요구하였

---

8) 박희호·이동건, 157; 윤진수, 225; 제요[2], 947; 최진섭(2011), 214-215. 반면 친생부모에게는 동의권이 없다는 견해로 권재문, 183.
9) 신영호·김상훈·정구태, 185.
10) 윤진수, 225.
11) 같은 취지로 김상용(2010), 26. 이에 대해 비판적인 견해로 권재문, 184.
12) 등록예규 제129호 §3 ①.
13) 박동섭·양경승, 306-308; 이준현(2017), 483.
14) 이준현(2017), 481-483.

으나, 2012. 2. 10. 개정민법에 의해 삭제되었다. 따라서 조부모 등은 미성년후견인으로 선임되어 법정대리인으로써 동의권을 행사하지 않는 이상, 입양에 대해 동의권을 행사할 수 없다.

라. 양부모

양부모는 친생부모는 아니지만, '부모'로서의 지위를 가지므로, §870에 따른 동의권을 행사할 수 있다. 양부모가 친권을 가지고 있는 상태에서는 법정대리인의 동의에 부모로서의 동의가 포함될 것이므로, 별도로 동의의 의사표시를 할 필요가 없을 것이나, 양부모가 이혼한 후 친권자로 지정받지 못한 일방은, 양친자관계가 존속하는 한, 자신의 양자가 입양되어 갈 때 부모로서 동의권을 행사할 수 있다.

3. 상담과 정보제공

협약 제21조는 원가정양육의 원칙과 입양의 보충성을 실현하고, 친생부모 입양 동의의 자발성과 진지성을 확보하기 위해 입양 동의에 앞서 친생부모에게 상담 및 입양에 관한 정보를 제공할 것을 요구한다. 하지만 현행 민법상으로는 이를 구현할 수 있는 방법이 없다. 가정법원이 입양 허가 심리 과정에서 친생부모에게 양육에 관한 정보, 입양의 효과와 파양, 입양동의의 요건과 철회가능성, 입양절차 등에 관해 정보를 제공하고, 필요한 경우 상담기관과 연계하는 수밖에 없을 것이다.[15] 입법적 개선이 필요하다. 상담과 정보제공이 필요한 사항에 대해서는 입양특례법 §13 註釋 참조.

4. 위반의 효과

부모의 동의를 받지 않고 한 입양은 취소할 수 있다(§884 註釋 참조).

Ⅲ. 동의의 면제

1. 부모로부터 동의를 받을 필요가 없는 경우

가. 부모가 §869 ①에 따른 동의를 하거나 같은 조 ②에 따른 승낙을 한 경우(§870 ① i)

위의 Ⅱ. 1. 註釋 참조.

나. 부모가 친권상실의 선고를 받은 경우(§870 ① ii)

위의 Ⅱ. 2. 나. 註釋 참조.

---

15) 같은 취지로 대법원 2021. 12. 23.자 2018스5 전원합의체 결정.

다. 부모의 소재를 알 수 없는 등의 사유로 동의를 받을 수 없는 경우(§870 ① iii)

부모의 소재를 알 수 없는 등의 사유로 동의를 받을 수 없으면 그의 동의를 받지 않고 바로 양자가 될 수 있다. "소재를 알 수 없는 등의 사유로 동의를 받을 수 없을 때"의 의미에 대해서는 §869 Ⅳ. 2. 가. 註釋 참조. 동의면제 절차에 대해서는 §869 Ⅳ. 2. 나. 註釋 참조.

라. 위반의 효과

가. 내지 다.의 사유에 해당하지 않음에도 불구하고 가정법원이 이를 오인하여 입양을 허가했다면, 당해 입양은 취소할 수 있다(§884 註釋 참조).

2. 부모가 동의를 거부하는 경우

부모가 정당한 이유 없이 동의를 거부하는 경우가 있다. 이러한 경우에 친생부모의 동의가 없다는 이유만으로 입양의 성립을 저지시킨다면, 미성년자에게 적절한 양육환경을 제공해 주지 못해 자의 복리가 심각하게 침해될 우려가 있다. 이에 부모가 정당한 이유 없이 입양동의를 거부하면 가정법원에 그의 동의에 갈음하는 심판을 청구할 수 있다는 주장이 있었다.[16] 이미 친양자입양과 관련해 §908-2 ③이 부모에게 귀책사유 없는 사유로 동의할 수 없을 때 그의 동의 없이 입양이 가능하도록 규정하고 있는데, 하물며 부모에게 귀책사유가 있는 때에는 더욱 입양이 가능해야 한다는 것이다. 그러나 과연 부모의 입양동의에 갈음하는 심판이 가능한지 여부에 대해서는 해석론상 논란이 있을 수 있으므로, 2012. 2. 10.자 개정민법은 부모에게 일정한 사유가 있는 때에는 그가 동의를 거부하더라도 입양을 허가할 수 있도록 하는 조문을 신설하였다(§870 ②).[17]

가. 동의면제 사유

부모로서의 동의권은 미성년자 본인의 의사를 후견적으로 보충하는 기능이 아니라, 부모 자신의 입양절차 참여권을 보장하는 기능을 수행한다. 부모의 입양동의권은 친생부모로부터 출생한 자와의 가족 및 친족관계의 유지에 관한 인격권과 행복추구권(憲 §10), 혼인과 가정생활의 자유로운 형성에 대한 기본권(憲 §36 ①)으로부터 파생된 것이다.[18] 이처럼 부모의 입양동의권은 부모가 자녀의 후견적 복리를 위해 행사하는 것이 아니기 때문에, 원칙적으로 동의 여부는 전적으로 부모의 자유이다.[19] 그

---

16) 김상용(2005), 133.
17) 부모의 동의 거부가 권리남용에 해당하는 때에는 법원이 부모의 동의에 갈음하는 심판을 할 수 있도록 근거 규정을 마련해야 한다는 입법론적 주장으로 김상용(2010), 21-26.
18) 헌법재판소 2012. 5. 31. 선고 2010헌바87 결정.
19) 이동진(2022), 130.

럼에도 불구하고 부모로부터 이와 같은 권리를 박탈하기 위해서는 그에 상응하는 부모의 의무위반이 있어야 한다. 따라서 §870 ②은 동의면제 사유를 법정대리인의 대락 또는 동의에 관한 것에 비해 엄격하게 구성하였다.[20]

(1) 부모가 3년 이상 자녀에 대한 부양의무를 이행하지 아니한 경우

부모가 3년 이상 자녀에 대한 부양의무를 이행하지 않은 경우 가정법원은 부모의 동의 없이 입양을 허가할 수 있다(§870 ② i). 이때 부양의무를 이행하지 않았다고 하기 위해서는, 스스로 자녀를 양육하지 않고 있는 것을 넘어서, 자녀를 대신 양육해 주고 있는 배우자 또는 제3자에게 양육비도 전혀 지급하지 않을 정도에 이르러야 한다. §908-2 ② ii의 반대해석에 비추어 볼 때 부양의무를 다하지 않은 데 어떠한 귀책사유가 있어야 하는 것은 아니다.[21] 즉 양육비를 지급할만한 자력이 되지 않아 어쩔 수 없이 그 의무를 다하지 못한 경우에도 동의면제 사유에 해당한다. 이에 대해서는 반대하는 견해가 있다.[22]

3년 이상 양육비를 지급하지 않았으나, 때때로 자녀와 면접교섭을 한 경우에는 어떠한가. §908-2 ② ii와는 달리 면접교섭 의무의 불이행을 요건으로 적시하고 있지 않다는 점에 비추어 볼 때 면접교섭을 한 경우라도 동의면제 사유에 해당한다고 해석할 여지가 없지 않지만, 친생부모의 입양동의권을 박탈하는 것은 엄격한 요건 하에서만 허용되어야 한다는 점, 적어도 미성년자에 대한 부양의무에는 정서적 부양도 포함된다고 볼 수 있다는 점(부양 전주 註釋 참조) 등에 비추어 볼 때 면접교섭 의무를 다한 경우에는 동의면제 사유에 해당하지 않는다고 볼 것이다.

(2) 부모가 자녀를 학대 또는 유기하거나 그 밖에 자녀의 복리를 현저히 해친 경우

부모가 자녀를 학대 또는 유기하거나 그 밖에 자녀의 복리를 현저히 해친 경우 가정법원은 부모의 동의 없이 입양을 허가할 수 있다(§870 ② ii). 본래 이러한 사정이 있으면 친권상실선고를 거쳐 §870 ① ii에 따라 부모의 동의를 면제함이 상당할 것이나, 경우에 따라서는 친권상실선고를 청구할만한 자가 마땅치 않을 수도 있고, 친권상실선고 절차를 거칠 경우 오랜 시간이 소요되어 미성년자에게 시의적절한 보호를 제공하는 것이 불가능해질 수도 있으므로,[23] 친권상실선고 없이 바로 입양허가가 가

---

20) 특히 계자입양의 경우에는 이를 더욱 엄격하게 보아야 한다는 견해로 라이너 프랑크/최봉경 역 (2008), 542-543.
21) 권재문, 184.
22) 김상용(2012), 26은 "부모가 자녀를 부양할 자력이 있음에도 불구하고 고의로 부양의무를 이행하지 않은 경우"만 이에 해당하고, 자력이 없어서 부득이하게 부양을 하지 못한 경우는 이에 해당하지 않는다고 한다.
23) 자세한 내용에 대해서는 배인구(2012), 255-257 참조.

능하도록 한 것이다.[24]

　　이때 자녀를 "학대"한다는 것은, 자녀의 건강 또는 복지를 해치거나 정상적 발달을 저해할 수 있는 신체적·정신적·성적 폭력이나 가혹행위를 하는 것을 말한다(아동복지법 §3 vii). 자녀의 신체에 손상을 입히는 폭행, 정신건강 및 발달에 해를 끼치는 지속적인 욕설이나 모욕 등 언어폭력, 성적 수치심을 불러 일으키는 성희롱·성추행·성폭력 등이 이에 해당한다. 한편 자녀를 "유기"한다는 것은, 자녀를 보호하고 양육할 의무 있는 자가 의식주를 포함한 기본적 보호·양육·치료 및 교육을 소홀히 하는 것을 말한다. "그 밖에 자녀의 복리를 현저히 해친 경우"에는 부모가 자녀에게 범죄를 교사하거나, 자녀를 이용하여 구걸하는 경우같이 부모로서의 의무 위반이 심각한 수준에 이르러 더 이상 그에게 자녀의 양육을 맡길 수 없다고 판단되는 경우, 부모가 마약이나 알코올에 중독되어 있거나 반복되는 범죄행위로 인하여 수시로 교도소에 수감되는 경우와 같이 자녀를 양육하기에 적당하지 않은 사정이 있는 경우 등이 포함될 수 있다.[25]

나. 동의면제 절차

§869 Ⅳ. 1. 나. 註釋 참조.

다. 위반의 효과

§869 Ⅳ. 1. 다. 및 §884 註釋 참조.

Ⅳ. 동의 또는 대락의 철회

　　미성년자 입양에 대한 부모의 동의는 가정법원의 입양 허가가 있기 전까지 철회할 수 있다. 자세한 내용은 §869 Ⅴ. 註釋 참조. 입법례에 따라서는 생모가 출산을 전후하여 정상적인 판단이 불가능한 상태에서 성급한 결정을 하는 것을 방지하기 위해 생후 6주 내지 8주 사이에 입양 동의를 금지하는 숙려기간을 두는 경우가 있으며, 우리나라에도 이와 같은 제도를 도입해야 한다는 견해[26]가 있다. 그러나 2012. 2. 10.자 개정민법은 일정 기간 입양 동의의 철회권을 보장하는 것으로 동의숙려기간 제도에 갈음하였다.

---

24) 윤진수·현소혜, 209.
25) 김상용(2010), 27-29 참조.
26) 조은희(2013), 20-21.

第 871 條 (성년자 입양에 대한 부모의 동의)

① 양자가 될 사람이 성년인 경우에는 부모의 동의를 받아야 한다. 다만, 부모의 소재를 알 수 없는 등의 사유로 동의를 받을 수 없는 경우에는 그러하지 아니하다.

② 가정법원은 부모가 정당한 이유 없이 동의를 거부하는 경우에 양부모가 될 사람이나 양자가 될 사람의 청구에 따라 부모의 동의를 갈음하는 심판을 할 수 있다. 이 경우 가정법원은 부모를 심문하여야 한다.

▌참고문헌: 김상용(2005), "개정민법(친족·상속법) 해설", 가족법연구 Ⅱ; 김상용(2012), "개정 양자법 해설", 법조 61-5; 우병창(2002), "가족법상 입양에 관한 연구: 양자법의 개선을 위한 현행법의 검토와 입법론 제안", 가족법연구 16-2; 최진섭(1998), "배우자의 자(계자)를 입양하는 경우의 법적 문제점", 가족법연구 12.

I. 본조의 취지

성년자는 법정대리인의 대락 또는 동의 없이 단독으로 유효하게 입양승낙의 의사표시를 할 수 있으나, 이때도 부모의 동의는 받아야 한다(§871 ①). 성년자의 신분행위에 부모의 동의를 필요로 하는 유일한 경우이다.[1] 이에 대해서는 가부장적 가족제도 하에서 인정되는 전근대적 규정[2]이라거나, 성년자는 자기 책임하에 의사표시를 할 수 있는 행위능력이 있으므로 부모의 동의를 요구할 이유가 없고, 오히려 부모 기타 직계존속의 부당한 간섭을 초래할 염려가 있다[3]는 등의 비판이 있으나, 2012. 2. 10.자 개정민법은 우리 사회의 법감정에 비추어 성년자에 대한 부모의 입양동의 규정

---

1) 박동섭·양경승, 369; 신영호·김상훈·정구태, 185; 조승현·김재완, 154.
2) 김용한, 195.
3) 우병창(2002), 78.

을 유지하였다.4) 다만, 부모가 동의할 수 없거나 정당한 이유 없이 동의를 거부함으로써 입양의 성립이 저지되고, 성년자의 입양의 자유가 침해될 경우에 대비하여 동의면제 절차에 관한 규정을 신설하였다(§871 ① 단서 및 ②).

Ⅱ. 부모의 동의

1. 적용대상

동 조문은 양자가 될 사람이 성년, 즉 19세에 달한 자인 경우에만 적용된다. 미성년자 입양에 대한 부모의 동의에 대해서는 §870 註釋 참조. 양자가 될 사람이 성년이라면 언제나 적용되므로, 그가 피성년후견인인 경우라도 §873와 중첩적으로 적용된다. 따라서 피성년후견인이 양자가 되려면 부모와 성년후견인 모두의 동의를 받아야 한다.

2. 부모

동의권을 행사하는 자는 친생부모이다.

가. 친생부모

친생부모의 의미에 대해서는 §870 Ⅱ. 2. 註釋 참조.

나. 그 밖의 자

구법 시절에는 호주의 동의도 필요했으나, 제정민법 이후에는 더이상 요구되지 않는다. 舊 민법(2012. 2. 10. 개정전) §870는 부모가 사망 기타 사유로 동의할 수 없으면 다른 직계존속의 동의라도 얻도록 하였으나, 2012. 2. 10. 개정민법은 이 역시 삭제하였다. 양자될 사람이 피성년후견인이 아닌 한, 법정대리인의 동의도 필요하지 않다.

3. 위반의 효과

성년이 된 자가 부모의 동의 없이 양자로 된 경우 그 입양은 취소할 수 있다(§884 註釋 참조).

---

4) 김상용(2012), 28; 최문기, 239.

Ⅲ. 동의면제 절차

1. 동의를 받을 수 없는 경우

성년이 된 사람이 부모의 소재를 알 수 없는 등의 사유로 동의를 받을 수 없는 경우에는 그의 동의 없이 입양할 수 있다.

가. 동의면제 사유

(1) 부모의 소재를 알 수 없는 등의 사유로 동의를 받을 수 없는 경우

"소재를 알 수 없는 등의 사유로 동의를 받을 수 없을 때"의 의미에 대해서는 §869 Ⅳ. 2. 가. 註釋 참조.

(2) 부모가 이미 법정대리인으로써 입양에 동의한 경우

양자될 사람이 피성년후견인이라면 법정대리인과 친생부모의 동의가 모두 필요하지만, 법정대리인인 성년후견인이 친생부모인 경우, 성년후견인으로서 이미 입양동의권을 행사한 사람은 따로 친생부모로서의 동의를 할 필요가 없다(§870 ① i의 유추적용). 舊 민법(2012. 2. 10. 개정전)의 실무상으로도 입양동의권을 행사할 직계존속이 후견인으로서 입양 동의권을 행사한 때에는 후견인의 입양동의권이 직계존속으로서의 입양동의권에 흡수되는 것으로 보았다.[5)]

(3) 부모가 친권상실선고를 받은 적이 있는 경우

친권상실선고를 받은 부모가, 자녀가 성년이 된 후 §871에 따른 입양동의권을 행사할 수 있는지는 의문이다. §871는 이를 동의면제 사유로 열거하고 있지 않다. 하지만 자녀가 미성년자일 당시 친권자로서의 의무를 다하지 아니하여 친권상실선고를 받음으로써 박탈당한 부모의 입양동의권이 자녀가 성년이 되었다고 하여 되살아난다고 볼 수는 없을 것이다. 따라서 부모가 친권상실선고를 받은 경우는 "부모의 소재를 알 수 없는 등의 사유로 동의를 받을 수 없을 때"에 해당한다고 보아야 한다.[6)]

나. 동의면제 절차

부모 중 일방에게 위와 같은 사유가 있으면 다른 일방의 동의만으로 입양을 성립시킬 수 있다. 부모 쌍방에게 위와 같은 사유가 있으면 부모의 동의 없이 바로 입양을 성립시킬 수 있다. 다른 직계존속의 동의는 요구되지 않는다. 미성년자 입양은 가정법

---

5) 등록예규 제129호 §3 ② 단서 참조. 舊 민법(2012. 2. 10. 개정전)상 후견인의 입양동의권이 직계존속으로서의 입양동의권에 흡수되는 결과 후견인인 직계존속에 입양에 동의할 때에는 별도로 가정법원의 허가가 필요하지 않았다. 그러나 개정민법은 피성년후견인의 입양에 관하여 언제나 가정법원의 허가를 요구하므로, 설령 친생부모의 지위를 겸유하는 성년후견인이 입양에 동의한 경우라도 가정법원의 허가는 반드시 받아야 할 것이다.

6) 등록예규 제129호 §3 ①의 태도도 이와 같은 것으로 보인다.

원의 허가가 요구되므로, 가정법원에서 위와 같은 사유가 있는지 여부를 일차적으로 심사할 것이나, 성년자 입양은 가정법원의 허가가 요구되지 않으므로, 가족관계등록 공무원이 이에 대한 심사권한을 갖는다. 부모에게 소재불명 등의 사유가 있음을 이유로 가정법원에 부모의 동의를 갈음하는 심판을 청구하는 것은 허용될 수 없다.7)

다. 위반의 효과

위와 같은 사유가 없음에도 불구하고 부모의 동의 없이 성년자를 입양한 경우에는 입양취소사유가 된다(§884 註釋 참조).

2. 부모가 정당한 이유 없이 동의를 거부하는 경우

가. 동의면제 사유

부모가 정당한 이유 없이 동의를 거부하는 경우, 그의 동의 없이 입양을 성립시킬 수 있다. 미성년자 입양에서와 달리 3년 이상 부양의무 불이행 등과 같은 특별한 요건은 필요하지 않다. 성년자는 본래 자유롭게 자신의 신분관계를 창설할 자유가 있기 때문이다. 입양동의의 대가로 금품을 요구하면서 이를 거부하고 있는 경우 또는 자녀가 미성년자일 때 양육의무를 장기간 이행하지 않았던 부모가 특별한 이유 없이 입양동의에 반대하는 경우 등이 이에 해당할 수 있을 것이다.8)

나. 부모의 동의에 갈음하는 심판

부모가 정당한 이유 없이 동의를 거부하는 경우인지에 대한 판단은 누가 담당하는가. 미성년자 입양과 달리 성년자 입양에는 가정법원의 허가가 요구되지 않으므로, 법관이 입양 허가 절차 내에서 이를 심사하는 것은 불가능하다. 가족관계등록공무원은 형식적 심사권한을 가지고 있을 뿐이므로, 입양신고 시 가족관계등록공무원이 이를 심사하는 것도 불가능하다.

舊 민법(2012. 2. 10. 개정전) 상으로는 위와 같은 경우에 대비한 동의면제 절차가 마련되어 있지 않았다. 그 결과 해석론으로서 부모가 정당한 이유 없이 입양동의를 거부하면 가정법원에 그의 동의를 갈음하는 심판을 청구할 수 있다는 견해9)와 성년자는 군이 입양을 하지 않더라도 계약을 통해 원하는 법률효과를 달성할 수 있으므로 부모의 동의에 갈음하는 심판을 내리는 것은 오히려 공서양속에 반한다는 견해10)가 대립하고 있었다. 하급심 판결 중에는, 부모가 이혼한 후 20년 넘게 모와 아무런 접촉

---

7) 제요[2], 973.
8) 김상용(2012), 28-29.
9) 김상용(2005), 53.
10) 최진섭(2011), 215.

을 갖지 못했던 자가 성년이 된 후 양자가 되기 위해 입양 동의를 요구하였으나 모가
이를 거부하자 모를 상대로 그 입양에 대한 동의에 갈음한 재판을 청구한 사안에서,
부모가 자의 입양에 동의할 것인지 여부는 그의 자유에 달린 것이므로, 명문의 규정
이 없는 한, 그의 동의를 갈음하는 심판을 할 수 없다는 이유로 각하한 사안이 있었
다.[11]

이에 §871 ②은 명문으로 가정법원이 양부모가 될 사람 또는 양자가 될 사람의
청구에 따라 "부모의 동의를 갈음하는 심판"을 할 수 있도록 하였다(家訴 §2 ① ii 가.
9)). 가정법원의 심판이 없으면, 동의거부를 이유로 하는 동의면제는 허용될 수 없다.
다만 이 경우 가정법원은 정당한 이유 유무에 대해 심판하기 전에 반드시 부모를 심
문하여야 한다(§871 ② 후문). 부모의 동의를 갈음하는 심판을 할 때 재판장 또는 가사
조사관은 필요한 경우에 의사, 심리검사전문가 등에게 당사자 또는 관계인의 심리검
사를 촉탁할 수 있으나(家訴規 §62), 家訴 §45-9에 따른 의견청취나 자료제공요청 등
은 허용되지 않는다.[12] 위 조항은 입양 허가심판에만 적용되기 때문이다. 또한 부모
의 동의를 갈음하는 심판 또는 그 심판청구를 기각한 심판은 당사자와 절차에 참가한
이해관계인에게만 고지하면 된다(家訴規 §25). 기각심판에 대해서는 청구인이 즉시항
고를 할 수 있으나(家訴規 §27), 인용심판에 대해서는 즉시항고가 허용되지 않는다.[13]

피성년후견인의 부모가 정당한 이유 없이 동의를 거부하는 경우에 대해서는
§873 註釋 참조.

다. 위반의 효과

부모가 정당한 이유 없이 동의를 거부한다는 이유로 가정법원이 그의 동의를 갈
음하는 심판을 하고, 이에 기초하여 입양신고가 이루어진 경우, 후에 부모에게 동의
를 거부할 정당한 이유가 있었음이 밝혀지더라도 입양은 유효하다. §884 i가 이를 입
양취소사유로 열거하고 있지 않기 때문이다. 부모의 동의를 갈음하는 심판의 청구를
기각하는 심판에 대해서는 청구인이 즉시항고할 수 있으나(家訴規 §27), 인용하는 심판
에 대해서는 즉시항고에 관한 특칙이 마련되어 있지 않으므로, 부모로서는 불복의 기
회가 없는 셈이다.

---

11) 서울고등법원 2007. 10. 2. 선고 2007나11080 판결.
12) 제요[2], 973.
13) 제요[2], 974.

第 872 條

삭제 〈2012. 2. 10.〉

第 873 條 (피성년후견인의 입양)

① 피성년후견인은 성년후견인의 동의를 받아 입양을 할 수 있고 양자가 될
수 있다.

② 피성년후견인이 입양을 하거나 양자가 되는 경우에는 제867조를 준용한다.

③ 가정법원은 성년후견인이 정당한 이유 없이 제1항에 따른 동의를 거부하
거나 피성년후견인의 부모가 정당한 이유 없이 제871조제1항에 따른 동
의를 거부하는 경우에 그 동의가 없어도 입양을 허가할 수 있다. 이 경우
가정법원은 성년후견인 또는 부모를 심문하여야 한다.

▌**참고문헌:** 김상용(2012), "개정 양자법 해설", 법조 61−5; 현소혜(2018), "피성년후견인의 가족관계에
관한 의사결정 자유의 보장", 가족법연구 32−3.

Ⅰ. 본조의 취지

성년인 자는 누구라도 양부모가 될 수 있고(§866), 양부모보다 존속 또는 연장자
가 아니라면 누구라도 양자가 될 수 있다(§877). 따라서 행위능력이 제한되는 피성년
후견인이라도 언제든 입양의 당사자가 될 수 있음이 원칙이다. 또한 피성년후견인은
자신의 신상에 관하여 그의 상태가 허락하는 범위에서 스스로 결정할 수 있으므로
(§947−2), 조문에서 달리 정하지 않는 한 그 신상에 관한 결정을 타인이 대행할 수 없
다. 따라서 입양을 하거나 양자가 되고자 하는 피성년후견인은 스스로 입양청약 또는
승낙의 의사표시를 하여야 하며, 성년후견인이 이를 대리할 수 없다.

다만, 입양은 부양·상속을 비롯하여 친족관계 전반에 중대한 영향을 미치므로,
피성년후견인이 입양에 대해 부적절한 판단을 내릴 경우 돌이킬 수 없는 피해가 발생

할 우려가 있다. 이러한 점을 고려하여 舊 민법(2011. 3. 7. 개정전) 당시부터 입법자는 금치산자의 입양에 관해 후견인의 동의를 요구하는 한편, 후견인이 입양을 대락하는 경우(§869 단서), 후견인이 입양에 동의하는 경우(§871 단서) 및 후견인이 피후견인을 양자로 하는 경우(§872)에는 가정법원의 허가를 받도록 하였다. 금치산자의 부족한 행위능력을 보충하는 한편, 후견인이 입양제도를 악용하여 재산관리에 관한 친족회의 감독을 면하고, 후견인의 부정을 은폐하는 것을 방지하고자 한 것이다.[1]

그러나 舊 민법이 규제해 왔던 경우 외에도 피성년후견인의 경솔한 판단과 성년후견인의 권한남용으로부터 피성년후견인 본인을 보호할 필요가 있는 사안들이 있다. 성년후견인이 피성년후견인의 재산을 상속받기 위해 피성년후견인으로 하여금 자신을 입양하도록 하는 경우와 같이 피성년후견인이 양부모가 되는 경우 또는 성년후견인이 정당한 이유 없이 입양에의 동의를 거부함으로써 피성년후견인의 입양의 자유를 침해하는 경우 등의 사안이 그러하다.[2] 따라서 2012. 2. 10.자 개정민법은 피성년후견인이 입양을 하는 경우와 양자가 되는 경우 전반에 걸쳐 성년후견인의 동의 및 가정법원의 허가를 받도록 하는 한편, 동의면제 절차에 관한 규정을 신설하여 피성년후견인의 자기결정권 존중 및 성년후견인 권한 남용으로부터의 보호를 도모하였다. 다만, 이 중 성년후견인의 동의 요건에 관해서는 불필요한 이중의 통제라는 비판이 있다.[3]

Ⅱ. 성년후견인의 동의

1. 적용범위

가. 피성년후견인

피성년후견인이 입양을 하거나 양자가 되는 때에는 성년후견인의 동의를 받아야 한다. 성년후견개시심판이 있은 후부터 성년후견종료심판이 있을 때까지를 의미한다. 성년후견인은 입양 동의권을 행사할 수 있을 뿐 입양의 의사표시를 대리할 수는 없으므로, 입양성립 당시 피성년후견인의 의사능력이 회복되어 있어야 함은 물론이다.[4] 후견인의 동의와 가정법원의 허가가 있더라도 입양신고서 작성 또는 제출 당시 의사능력이 흠결되어 있었다면, 피성년후견인의 입양은 무효이다.[5]

---

[1] 양수산, 405.
[2] 김상용(2012), 30.
[3] 현소혜(2018), 239-240.
[4] 박정기·김연, 234; 조승현·김재완, 152.
[5] 박동섭, 가사소송(상), 607.

나. 피한정후견인, 피특정후견인, 피임의후견인

舊 민법(2011. 3. 7. 개정전)상 한정치산자는 독립하여 입양능력이 있다고 보았다.[6] 행위무능력자로 간주되었던 한정치산자에게 입양능력이 인정되었다면, 현행법상 제한적 행위능력자인 피한정후견인은 더더욱 단독으로 입양을 하거나 양자가 될 수 있을 것이다. 따라서 피한정후견인은 한정후견인의 동의 없이 입양의 당사자가 될 수 있다.[7] 행위능력이 제한되지 않는 피특정후견인 또는 피임의후견인의 경우도 마찬가지이다. 가정법원이 피한정후견인 또는 피특정후견인에 대하여 입양에 관한 동의유보결정을 내리는 것은 허용되지 않는다(§959-6, §959-12 註釋 참조).

2. 동의권자

피성년후견인이 입양을 할 때에는 §873 ①에 따라 성년후견인의 동의를 받아야 하고, 피성년후견인이 양자가 될 때에는 §873 ① 및 §871에 따라 성년후견인과 부모의 동의를 받아야 한다.[8]

이때 성년후견인이란 §936에 따라 가정법원에 의해 직권으로 선임된 사람을 말한다. 성년후견인은 §938 ③에 따라 가정법원으로부터 입양동의에 관한 별도의 수권심판을 받은 때에만 입양동의권을 행사할 수 있다. §938 ③은 신상에 관한 의사결정대행권한에 관한 규정일 뿐, 의사결정에 관한 "동의권"에 대한 규정이 아니라는 점, §938 ①, §947 및 §949 등이 성년후견인에게 재산관리에 관한 포괄적인 권한 및 법정대리권을 수여하고 있다는 점 등에 비추어 볼 때 별도의 수권 없이도 성년후견인이 §873 ①에 의해 당연히 입양동의권을 행사할 수 있다고 볼 여지가 없는 것은 아니다. 하지만 성년후견인 선임 당시 입양이라는 비상사태가 미리 예정되어 있지 않았던 이상, 과연 주로 재산관리를 염두에 두고 선임된 당해 성년후견인이 입양동의권을 행사하기에 적절한 자인지에 대해 의문이 없지 않다는 점(특히 성년후견인이 법인인 경우), 신상에 관한 의사결정대행권한도 별도의 수권이 있어야만 행사할 수 있는 이상 가족법상 법률행위의 성립 여부를 좌우할 수 있는 관한 각종의 동의권 역시 수권을 요한다는 점 등을 고려할 때 가정법원으로부터 입양동의에 관한 별도의 수권심판을 받은 때에만 입양동의권을 행사할 수 있다고 봄이 타당하다.

만약 성년후견인에게 입양동의에 관한 수권심판이 없었던 경우라면 그 권한의

---

6) 백성기, 132.
7) 양형우, 132; 조승현·김재완, 152.
8) 김주수·김상용, 369; 제요[2], 965-966.

범위를 변경해줄 것을 청구(§938 ④)하거나 성년후견인의 추가선임(§936 ③) 또는 변경 (§940)을 청구하여야 할 것이다. 가정법원이 §949의2 ①에 따라 여러 명의 성년후견인에게 공동으로 그 권한을 행사하도록 한 때에는 공동으로 입양동의권을 행사하여야 한다.

3. 위반의 효과

피성년후견인이 입양을 하거나 양자가 됨에 있어 성년후견인의 동의를 받지 않은 경우 그 입양은 취소할 수 있다(§884 註釋 참조).

Ⅲ. 가정법원의 허가

1. 적용범위

피성년후견인이 입양을 하거나 양자가 되는 경우에는 가정법원의 허가를 받아야 한다. 피성년후견인의 의미에 대해서는 Ⅱ. 1. 註釋 참조. 舊 민법(2011. 3. 7. 개정전)상으로는 후견인의 피후견인 입양허가와 관련하여 후견인의 임무가 종료된 후라도 관리계산이 종료하지 않은 동안이라면 가정법원으로부터 입양허가를 받아야 한다는 견해9)가 있었으나, 의문이다.

2. 가정법원의 허가

가. 성격

가정법원의 허가는 피성년후견인 입양의 실질적 성립요건 중 하나이다. 舊 민법 (2012. 2. 10. 개정 전)상 피후견인 입양에 관한 가정법원의 허가 역시 실질적 성립요건으로 분류되어 왔다. 따라서 가정법원의 허가만으로 당연히 피성년후견인 입양이 성립하는 것은 아니며, 별도로 입양신고를 해야 한다. 피성년후견인 입양에 대한 가정법원의 허가에 관해서는 미성년자 입양 허가에 관한 §867가 준용되므로, 가정법원은 피성년후견인의 복리를 위하여 입양의 허가를 하지 않을 수 있다. 즉 가정법원은 후견적 입장에서 재량에 따라 허가 여부를 결정한다. 입양허가심판은 라류 가사비송사건으로서의 성격을 갖는다(家訴 §2 ① ⅱ 가. 8)-2). 양부모될 자는 피성년후견인이고, 양자될 자는 미성년자인 경우 또는 양부모될 자와 양자될 자가 모두 피성년후견인인 경우와 같이 허가 절차가 중복될 때에는 별도로 허가를 청구하는 대신 하나의 허가심판

---

9) (同旨) 박병호, 182; 오시영, 259; 윤대성, 182.

절차에서 양쪽 모두를 심리할 수 있다.[10]

나. 절차

(1) 청구권자

입양허가청구권자는 '입양을 하려는 사람', 즉 양부모가 될 사람이다. 피성년후견인이 양자가 되는 경우, 피성년후견인 본인이나 성년후견인 또는 친생부모는 허가청구권자가 될 수 없다. 반면 피성년후견인이 입양을 하고자 하는 경우, 그에게는 비송능력이 인정되지 아니하므로, 결국 법정대리인인 성년후견인이 대신 입양허가를 청구하여야 할 것이다. 성년후견인이 그 청구를 게을리하는 경우, 급박한 사정이 있는 때에는 후견감독인이 청구를 대신할 수 있을 것이나(§940-6), 그러한 사정이 없는 때에는 성년후견인을 변경하거나 민사소송법상 특별대리인 선임을 신청해야 할 것이다(民訴 §62). 피성년후견인이 성년후견인을 양자로 삼고자 하는 경우에는 성년후견인이 피성년후견인의 법정대리인으로서의 지위와 사건본인으로서의 지위를 겸유하므로 문제이다. §921에 준하여 피성년후견인을 위해 특별대리인을 선임하거나(§949-3), 후견감독인이 있는 경우라면 그로 하여금 피성년후견인을 대리하도록 하여야 할 것이다(§940-6 ③).

(2) 관할

피성년후견인의 입양에 관한 사건은, 후견이 아닌 '입양'에 관한 사건이므로, 양자될 사람의 주소지 가정법원의 전속관할로 한다(家訴 §44 iv).

(3) 심리 및 고지

가정법원의 심리 및 고지 방법에 대해서는 §867 註釋 참조. 다만, 성년후견인 또는 피성년후견인의 부모가 정당한 이유 없이 입양의 동의를 거부하는 경우, 그의 동의 없이 입양을 허가하기 위해서는 반드시 성년후견인 또는 부모를 심문하여야 한다(§873 ③).

다. 판단기준

피성년후견인의 입양 허가 여부를 결정함에 있어 가장 중요한 기준이 되는 것은 사안에 따라 다르다. 가령 피성년후견인이 미성년자를 입양하고자 하는 경우 가장 중요한 것은 양자가 될 '미성년자의 복리'이다. 피성년후견인은 자신의 사무를 처리할 능력이 지속적으로 결여된 사람이므로, 그가 양자를 위해 최상의 양육환경을 제공해 줄 수 있을지 여부를 신중하게 심사할 필요가 있다. 반면 피성년후견인이 성년자를 입양하고자 하는 경우[11] 또는 피성년후견인이 양자로 되는 경우 가장 중요한 기준이

---

10) 제요[2], 963, 965.

11) 이때 양자가 될 성년자의 복리를 판단기준으로 삼아서는 안 된다는 견해로 제요[2], 966.

되는 것은 '피성년후견인 본인의 복리'이다. 특히 입양 후 피성년후견인이 적절한 부양을 받을 수 있는지, 피성년후견인을 입양하는 동기가 주로 상속 등 경제적 이득을 누리고자 하는데 있는지, 성년후견인이 자신의 의무와 감독을 면하기 위해 입양에 동의하는 것은 아닌지, 재산착복이나 학대의 위험은 없는지 등을 심리할 필요가 있다.[12] 특히 성년후견제도의 자기결정권 존중 이념에 비추어 피성년후견인 본인의 의사를 최대한 존중하여야 할 것이다. 그 밖에 피성년후견인의 입양 허가 시 입양의 실질적 성립요건 구비 여부를 심사하여야 하는지에 대해서는 §867 註釋 참조.

라. 심판의 효력 및 불복

§867 註釋 참조.

3. 위반의 효과

피성년후견인이 입양을 하거나 양자가 됨에 있어 가정법원의 허가를 받지 않은 경우 그 입양은 무효이다(§883 註釋 참조).

Ⅳ. 동의면제 절차의 도입

피성년후견인이 입양을 할 때는 성년후견인의 동의를 받아야 하고, 피성년후견인이 양자가 될 때에는 성년후견인과 부모의 동의를 받아야 한다. 그 결과 당해 입양이 피성년후견인 본인의 의사와 복리실현에 부합함에도 불구하고, 성년후견인 또는 부모의 동의 거부로 말미암아 입양의 성립이 저지될 우려가 있다. 이에 2012. 2. 10.자 개정민법은 이때 성년후견인이나 부모의 동의 없이도 입양이 가능하도록 하는 동의면제 절차를 도입하였다.[13]

1. 동의면제 사유

성년후견인 또는 부모가 정당한 이유 없이 입양의 동의를 거부하는 경우 그의 동의 없이도 입양을 허가할 수 있다. 이때 '정당한 이유'의 의미에 대해서는 §871 註釋 참조.

---

12) 윤진수·현소혜, 121 참조.
13) 김상용(2012), 31.

2. 동의면제 절차

성년후견인 또는 부모의 동의 없이 입양을 허가함에 있어 따로 가정법원이 그의 동의에 갈음하는 심판을 해야 하는 것은 아니다. 일반적인 성년자 입양에서 부모가 입양 동의를 거부하는 경우와 차이가 있다. 피성년후견인 입양에 대한 허가심판 절차에서 정당한 이유에 대한 심리가 가능하기 때문이다. 다만, 가정법원이 그의 동의 없이 입양을 허가하기 위해서는 성년후견인 또는 부모를 심문하여야 한다. 동의면제 절차에 대해 자세히는 §869 註釋 참조.

3. 위반의 효력

성년후견인 또는 부모가 피성년후견인의 입양에 대해 동의를 거부할 정당한 이유가 있었음에도 불구하고 이를 간과한 채 가정법원이 그의 동의 없이 입양을 허가한 경우, 그 입양은 확정적으로 유효하며, 더 이상 무효 또는 취소를 주장할 수 없다. 이에 대해 다툼이 있는 자는 피성년후견인의 입양을 허가하는 심판 자체에 대하여 즉시항고를 하는 수밖에 없다(家訴規 §62-8 ②에 의한 §62-5의 준용).

第 874 條 (부부의 공동 입양 등)

① 배우자가 있는 사람은 배우자와 공동으로 입양하여야 한다.

② 배우자가 있는 사람은 그 배우자의 동의를 받아야만 양자가 될 수 있다.

▎참고문헌: 권정희(1992), "양자법의 개정을 위한 비교법적 연구", 이화여자대학교 박사학위논문; 김승표(1999), "부부공동입양의 원칙을 위반한 친생자출생신고에 의한 입양의 효력", 재판실무 1; 김주수(1963), "부부공동입양제도에 관하여", 사법행정 4−5; 김주수(1973a), "부부공동입양의 성립과 해소(상)", 사법행정 14−1; 김주수(1973b), "부부공동입양의 성립과 해소(하)", 사법행정 14−2; 박동섭(2003), "부부공동−입양판례를 중심으로", 재판자료 101; 박병호(1990), "개정양자제도 관견", 월간고시 194; 배인구(2019), "부부공동입양원칙", 2018년 가족법 주요판례 10선; 안구환(2005), "국제입양시 문제점", 司論 40; 우병창(2002), "가족법상 입양에 관한 연구: 양자법의 개선을 위한 현행법의 검토와 입법론 제안", 가족법연구 16−2; 윤진수(1999), "1990년대 친족상속법 판례의 동향", 서울대법학 112; 이동진(2022), "계자입양", 가족법연구 36−2; 이은희(2002), "부부공동입양: 대법원 2001. 5. 24. 선고, 2000므1493판결", Juris forum 2; 이희봉(1960), "신민법 신분법중의 해석상의 문제점", 고시계 5; 정광수(2001), "민법상의 친자관계에 관한 연구: 양자법과 친권법을 중심으로", 강원법학 13; 정범석(1999), "현대 양자제도에 관한 일고찰", 법조 48−5; 정주수(2004), "호적: 입양무효의 재판과 호적정리절차상", 사법행정 45−12; 지원림(2009), "부부공동입양에 관한 단상", 성균관법학 21−3; 최성배(1997), "입양신고 대신 친생자출생신고를 한 경우의 호적정정(사례연구)", 실무연구 Ⅱ; 최성배(2001), "가사판결에 인한 호적정정과 이와 관련된 몇 가지 문제: 호적의 신뢰보호와 관련하여", 司論 33; 최진섭(1998), "배우자의 자(계자)를 입양하는 경우의 법적 문제점", 가족법연구 12; 최진섭(2000), "혈연관계 없이 인지신고 또는 친생자출생신고를 한 경우의 법률관계", 정환담 화갑기념, 541−560; 한상호(1996), "여자가 사실상의 양자를 내연관계에 있는 남자의 혼인외의 자로 출생신고하게 한 경우 양친자관계의 성립 여부", 민판 XⅦ; 현소혜(2021), "2010년대 가족법 판례의 경향과 흐름", 안암법학 63.

Ⅰ. 본조의 취지

구법 시절 양친이 될 수 있는 사람은 오로지 기혼으로서 그를 승계할 직계비속 남자가 없는 남자뿐이었으며, 양자가 될 수 있는 사람 역시 오로지 양부될 자와 동성동본인 자로서 양부될 자의 자(子)와 동일항렬에 있는 남자뿐이었다. 즉 여자는 입양의 당사자가 될 수 없었다. 양부의 입양에 의해 그의 처는 당연히 양모로서의 지위를 취득하였으며, 양자가 됨과 동시에 그의 처는 당연히 양부의 가에 입적하였다(이른바 '대표형'). 그러나 이와 같이 부부 중 일방만이 입양 당사자가 되고, 다른 일방은 배우자의 지위에 흡수되는 것은 헌법상 보장되는 개인의 존엄과 양성평등에 위반되는 것이다. 부부 중 일방이 입양을 하거나 양자가 되면 다른 일방에게도 친족관계의 성립 등 법률상·사실상 이해관계가 발생한다는 점[1]을 고려할 때 더욱 그러하다.

이에 제정민법은 부부공동입양의 원칙을 도입하여 "처가 있는 자는 공동으로 함이 아니면 양자를 할 수 없고 양자가 되지 못한다."고 규정하였다. 그러나 여전히 부(夫)에게만 입양의 주도권을 인정하고 있다는 점, 그 결과 기혼 여자는 스스로 입양을 하거나 양자가 될 수 없다는 점, 처가 있는 자가 양자로 되는 경우 "공동으로" 양자가 된다는 것의 의미가 불분명하다는 점 등의 비판[2]이 있었다. 이에 현행 민법은 배우자 있는 사람이 입양을 할 때에는 반드시 상대방 배우자와 공동으로 입양하여야 하며(이른바 '공동형'), 양자가 되는 경우에는 배우자의 동의를 받아야 함을 선언하였다(이른바 '동의형').

II. 배우자 있는 사람이 입양하는 경우

배우자 있는 사람은 반드시 배우자와 공동으로 입양해야 한다(§874 ①). 이를 일컬어 부부공동입양의 원칙이라고 한다. 기혼자가 입양을 하는 경우에는 부부 쌍방이 양부모가 되어 양자를 양육하는 것이 양자의 건전한 성장과 복지를 위해 바람직하다는 점, 상대방 배우자의 의사에 반하여 입양을 하는 경우 배우자의 인격을 침해하고, 가정의 평화가 깨질 수 있다는 점 등을 고려하여 도입된 원칙이다.[3]

1. "배우자 있는 사람"

"배우자"란 법률상 배우자를 말한다. 사실혼 관계에 있는 자, 부첩관계나 내연관계에 있는 자 등은 이에 해당하지 않는다. 법률상 배우자 있는 사람은 배우자와 공동으로 입양해야 하지만, 법률상 배우자 없는 사람, 즉 미혼자는 단독으로 입양할 수 있

---

1) 김주수(1973a), 48.
2) 김주수(1973a), 50; 박동섭(2003), 594.
3) 김승표(1999), 281; 박동섭·양경승, 361; 이은희(2002), 217; 특히 두 번째 근거를 강조하고 있는 문헌으로 지원림(2009), 308–309.

다. 하지만 미혼자가 배우자 아닌 사람과 공동으로 입양하는 것은 가능한가. 또는 기혼자라도 자신의 배우자 아닌 사람(가령 내연녀)과 공동으로 입양하는 것은 가능한가. 요컨대 법률상 부부가 아닌 사람들은 공동으로 양부모가 될 수 있는가. 이에 대해서는 견해가 대립한다.

가. 학설

부정설[4]은, 법률상 부부가 아닌 사람들은 공동으로 양부모가 될 수 없다고 한다. 미성년의 양자는 법률상 정당한 부부 밑에서 성장할 필요가 있다는 점, 제3자로부터 혼인공동체를 보호할 필요가 있다는 점, 양자는 입양신고 시부터 혼인중 출생자의 지위를 갖는다는 점 등을 근거로 들고 있다.

반면 긍정설[5]은, 부부공동입양의 원칙은 배우자 있는 사람이 배우자의 의사를 무시하고 단독으로 입양하는 것을 금지하는 데 그 주된 취지가 있는 것이지, 부부가 아닌 사람이 함께 양친이 되는 것을 적극적으로 배제하기 위한 규정은 아니라고 한다. 생부와 생모가 혼인하지 않고도 혼인외 자를 위해 공동으로 부모로서의 책임을 다할 수 있는 것처럼, 혼인관계에 있지 않은 자가 공동으로 입양하는 것도 허용되어야 한다는 것이다.

나. 판례

판례는 부정설의 입장이다. 가령 대법원 1995. 1. 24. 선고 93므1242 판결은 자신이 데려다 키우던 아이에 대해 내연관계에 있는 남자의 호적에 자신을 생모로 하는 혼인외 자로 허위의 출생신고를 하게 함으로써 입양을 시도한 사안에서 호적상 부에게 입양의사가 없었으므로 허위의 출생신고만으로 입양의 효력이 발생할 수 없을 뿐만 아니라 설령 "호적상의 부와 호적상의 자 사이에 입양의 실질적 요건이 갖추어진 경우라도 하더라도 우리 민법이 부부공동입양의 원칙을 채택하고 있는 점에 비추어 보면, 법률상 부부가 아닌 사람들이 공동으로 양부모가 되는 것은 허용될 수 없다."는 이유로 호적상 모와 호적상 자 사이에 양모자관계의 성립을 부정한 바 있다.[6] 하지만 위 판결에 대해서는 호적상 모에게 호적상 자를 친생자와 같이 양육하고자 하는 의사가 있었음이 명백함에도 불구하고 양부자관계는 물론 양모자관계까지 인정하지 않는 것은 지나치게 형식논리적이라거나,[7] 호적상 모의 입양의사가 호적상 부의 출생신고

4) 신영호·김상훈·정구태, 187; 박동섭, 가사소송(상), 614; 박동섭(2003), 598; 박종찬, 147; 이은희(2002), 224.
5) 최진섭(2000), 555-557.
6) 위 판결에 대한 간략한 평석으로 한상호(1996), 424-436 참조. 위 판결과 같은 취지로 대법원 1984. 11. 27. 선고 84다458 판결; 수원지방법원 안양지원 2013. 11. 8. 선고 2012드단4656 판결도 참조.
7) 문흥안, 가족법판례해설, 330-331; 최금숙, 64.

에 의해 표시되고 있는 이상 부모가 동일호적에 있는지, 다른 호적에 있는지, 또는 자가 부모 중 누구의 호적에 입적했는지 여부에 따라 그 효력이 달라지는 것은 부당하다는 취지의 비판이 있다.[8]

대법원 2018. 5. 15. 선고 2014므4963 판결도 위와 동일한 사실관계에서 '호적상 모에게 호적상 부와 공동으로 양부모가 되는 것이 아니라면 단독으로는 양모도 되지 않았을 것'이라고 볼만한 특별한 사정이 없다는 이유로 양모자관계의 성립을 인정한 바 있다.[9] 위 2014므4963 판결에서는 위 93므1242 판결과 달리 호적상 부에게도 입양의 의사가 있었으므로, 부부 아닌 자가 양자와 각각 양친자관계를 맺는 방법에 의해 사실상 공동입양을 하는 것이 허용된 것으로 평가할 수 있다(개별설). 가족관계등록제도 시행에 따라 호적이 가족관계등록부로 재편성되면서 양모의 가족관계등록부에도 양자가 자녀로 기재되었고, 양자의 가족관계등록부에도 양모가 모로 기록된 이상 입양의 실질과 형식을 모두 갖춘 것으로 볼 수 있다는 점이 고려된 것[10]이나, 신분등록제도의 변화에 의해 반사적으로 발생한 효과에 따라 당사자의 가정적 의사에 기초한 무효행위 전환 법리의 적용 가부가 달라져서는 안 될 것이다.[11] 또한 위 2014므4963 판결은 허위의 친생자 출생신고에 의한 입양 사건이라는 특수성이 있으므로, 위 판결만으로 기혼자가 법률혼 배우자 아닌 사람과 공동으로 입양신고를 하는 것까지 허용된다고 평가하기는 어려울 것이다. 허위의 친생자 출생신고에 의한 입양에 대해서는 §878 註釋 참조.

양부모될 자 쌍방이 모두 미혼인 경우에 공동으로 입양하는 것은 가능한가. 이에 대한 판례의 태도도 분명치 않다. 대법원 2014. 7. 24. 선고 2012므806 판결은 동성커플 중 일방이 먼저 허위의 친생자 출생신고에 의한 입양을 한 후 다른 일방이 입양신고를 하는 방법에 의해 재입양을 함으로써 각각 양친자관계를 성립시켜 사실상 공동입양의 효과를 발생시키는 것을 허용하였다. 하지만 이에 대해서는 각각 별개의 양친자관계를 성립시킨다는 취지일 뿐이며, 미혼인 커플 간에 공동입양을 허용하는 취지는 아니라는 견해가 있다.[12]

---

8) 최진섭(2000), 551-557; 최진섭, 가족법판례해설, 305-308 참조. 특히 위 견해는 호적상 부에게 법률상 배우자인 처가 따로 있다면 그는 자신의 처와 공동으로만 입양을 할 수 있으므로 단독으로 입양신고를 하는 것이 허용될 수 없으나, 사안에서는 허위의 친생자 출생신고를 하였으므로 내연녀와 각자 호적상의 자를 입양한 것으로 전환하여 해석할 수 있다고 본다.
9) 위 판결에 대한 간단한 평석으로 현소혜(2021), 315-317 참조.
10) 같은 이유를 들어 위 판결의 취지에 찬성하는 견해로 배인구(2019), 37-39 참조.
11) 현소혜(2021), 317.
12) 오병철(2019), 52.

2. "공동으로"

배우자와 "공동으로" 입양한다는 것은 무엇을 의미하는가.

가. 학설

이른바 '개별설'이 다수설13)이다. 양부와 양자 사이, 그리고 양모와 양자 사이에 각각 입양이 별개로 성립한다는 것이다. 입양이란 생물학적 친자관계 없는 사람 사이에서 법률상의 친자관계를 성립시키는 신분행위이므로 개인별로 판단하는 것이 타당하다는 점, 민법이나 국제사법이 편면적 친자관계의 성립을 인정하고 있다는 점, 편면적 양친자관계라도 인정하는 편이 양자의 복리에 부합한다는 점 등을 근거로 들고 있다. 개별설에 따르면, 배우자와 "공동으로" 입양한다는 것은 부부 상호간에 상대방의 입양에 대한 합의 내지 승낙이 있어야 함을 의미할 뿐이다. 따라서 두 개의 입양은 각각 입양의 실질적 성립요건을 모두 갖추어야 함과 아울러 '공동으로' 행해져야 한다는 요건도 함께 충족되어야만 유효하다. 두 개의 입양행위가 반드시 동시에 행해져야 하는 것은 아니다.

반면 '공동설'을 취한 견해14)도 없지 않다. 공동설이란 입양을 하는 부부의 입양의사를 일체로 취급하여 양부모와 양자 사이에 1개의 입양만이 성립한다는 견해를 말한다. 동 견해에 따르면 부부 중 일방과 양자 사이의 편면적 양친자관계는 절대로 성립할 수 없으며, 부부 중 일방과 양자 사이에 존재하는 성립요건의 흠결 또는 하자는 부부 쌍방과 양자 사이에 성립하는 입양 전체의 효력에 영향을 미친다고 한다. 편면적 입양관계의 효력을 인정한다면 양자가 부부의 '혼인중 출생자'로서의 지위를 취득할 수 없다는 점, '입양'이라는 가족법상 법률행위는 가분성이 없어 양부자관계와 양모자관계로 나누어 볼 수 없다는 점을 근거로 들고 있다.

나. 판례

판례는 개별설을 택하고 있다. 대법원15)은, 부(夫)가 입양을 위해 사실상 이혼 중인 법률상 처와의 사이에 출생한 자녀로 허위의 친생자출생신고를 한 사안에서, 당해 입양이 부부공동입양의 원칙에 반하여 취소사유가 된다고 본 원심판결을 파기하였다. "입양이 개인간의 법률행위임에 비추어 보면 부부의 공동입양은 부부 각자에 대하여 별개의 입양행위가 존재하여 부부 각자와 양자녀 사이에 각각 양친자관계가 성

---

13) 문흥안, 가족법판례해설, 324; 박동섭(2003), 623-624; 안구환(2005), 683; 이은희(2002), 222-223.
14) 김승표(1999), 281-284; 김주수(1973b), 39; 지원림(2009), 317-318; 최진섭, 가족법판례해설, 304.
15) 대법원 1998. 5. 26. 선고 97므25 판결. 동 판결에 대한 간략한 평석으로 김승표(1999), 279-287; 윤진수(1999), 308 참조.

립한다고 할 것이므로, 부부 공동입양에 있어서도 부부 각자가 양자와의 사이에 민법
이 규정한 입양의 일반요건을 갖추는 외에 나아가 위와 같은 부부 공동입양의 요건을
갖추어야 하는 것으로 풀이함이 상당"하므로, 부(夫)와 호적상 자 간의 입양은 부부공
동입양의 요건을 갖추지 못한 취소사유에 불과하나, 법률상 처와 호적상 자 간의 입
양은 입양의사를 인정할 수 없어 무효라고 판시한 것이다.

그 후 선고된 대법원 2006. 1. 12. 선고 2005도8427 판결 역시, 처가 있는 자가 입
양을 함에 있어 혼자만의 의사로 부부 쌍방 명의의 허위의 친생자출생신고를 한 사안
에서, 처와 양자될 자 사이에서는 입양의 합의가 없으므로 입양이 무효가 되는 것이
지만, 부(夫)와 양자될 자 사이에서는 부부공동입양의 요건을 갖추지 못하였으므로 처
가 그 입양의 취소를 청구할 수 있으나, 그 취소가 이루어지지 않는 한 그들 사이의
입양은 유효하게 존속한다고 하여 개별설을 택한 바 있다. 자신과 내연관계에 있는
기혼남과 함께 아이를 데려다 키우면서 그 남자의 호적에 자신을 생모로 하는 혼인외
자로 허위의 출생신고를 한 사안에서 부부공동입양의 원칙에는 위반될 수 있으나, 적
어도 양모자관계의 성립은 인정할 수 있다고 보았던 대법원 2018. 5. 15. 선고 2014므
4963 판결도 개별설의 입장을 전제로 한다.

3. 적용범위

가. 시적 범위

부부공동입양의 원칙은 입양성립 시뿐만 아니라, 존속·소멸 시까지 계속 관철되
어야 한다는 견해가 있다.[16] 이에 따르면 입양의 취소 또는 파양도 부부가 공동으로
하여야 할 것이다. 그러나 민법은 입양의 취소 또는 파양에 대해 부부공동입양에 관
한 §874를 준용하고 있지 않을 뿐만 아니라, 판례 역시 개별설에 따라 편면적 양친자
관계의 존재를 인정하고 있다.[17] 미혼자가 입양한 후 혼인하였다면, 양친의 배우자와
양자 간에는 인척관계가 발생할 뿐, 양친의 배우자가 반드시 입양을 하여야 하는 것
도 아니다. 그렇다면 부부공동입양의 원칙은 입양 성립 당시에 한하여 적용된다고 할
것이다. 그 밖에 부부공동파양에 대해서는 §898 註釋 참조.

나. 인적 범위

배우자 일방의 친생자를 다른 배우자가 입양하는 경우(이른바 '계자입양')에도 부

---

16) 김주수(1963), 24-25; 박병호, 81; 우병창(2002), 191; 정광수(2001), 65.

17) 대법원 1998. 5. 26. 선고 97므25 판결. 동 판결에 대한 간략한 평석으로 김승표(1999), 279-287; 윤진
수(1999), 308 참조.

부공동입양의 원칙이 적용되는가. 혼인중 출생자인 경우와 혼인외 출생자인 경우로 나누어 볼 필요가 있다.

(1) 계자녀가 전혼의 혼인중 출생자인 경우

계자녀가 전혼 중에 출생한 혼인중 출생자라면 §874 ①이 적용되지 않는다는 것이 통설이다. 즉 이때는 부부가 공동으로 입양하는 대신, 친생자관계가 없는 다른 배우자가 단독으로 입양할 수 있다. 양자될 자와 부부의 일방 사이에는 이미 친생친자관계가 존재하기 때문이다. 등록예규의 태도도 이와 같다.[18] 양자될 자와 친생친자관계에 있는 상대방 배우자는 입양의 당사자가 아니며, 친권자 또는 친생부모로서 입양대락권 내지 입양 동의권을 행사할 뿐이다.[19]

이에 반해 일부 견해는 계자입양 시에도 부부공동입양의 원칙이 적용되어야 한다고 본다.[20] 상대방 배우자가 자녀의 친권자가 아니었던 경우, 만약 그가 입양의 당사자가 아니라면 입양 성립 후 친생친으로서도 양친으로서도 자녀에 대한 친권을 행사할 수 없어서 부당하다는 것이다. 하지만 이에 대해서는 §909 ④을 유추하여 상대방 배우자를 친권자로 변경하는 것으로 충분하며, 친권의 문제를 해결하기 위해 부부공동입양을 강제할 이유가 없다는 비판이 있다.[21]

(2) 계자녀가 혼인외 출생자인 경우

계자녀가 생모의 혼인외 출생자라면 §874 ①이 적용된다는 것이 다수의 견해이다.[22] 부부 중 일방의 혼인외 출생자를 다른 배우자가 입양하려면 부부가 공동으로 입양하여야 한다는 것이다. 등록예규의 태도도 이와 같다.[23] 배우자 일방이 단독으로 입양한다면 양자는 양부 또는 양모에 대해서는 혼인중 출생자이고, 친부 또는 친모에 대해서는 혼인외 출생자로 되는 불균형이 발생한다거나, 친양자입양의 경우와는 달리 부부단독입양의 예외가 규정되어 있지 않으므로, 부득이 부부가 공동으로 입양할 수밖에 없다는 점 등이 근거로 제시되고 있다.[24]

이에 반해 부부 중 일방의 혼인외 출생자를 다른 배우자가 입양하는 경우에도

---

18) 등록예규 제130호 ⑥.
19) 김주수(1973b), 38; 박병호, 181; 이경희, 217. 이에 대해 권정희(1992), 36−37; 우병창(2002), 190은, 이때 친생부모가 행사하는 동의권에는 친생부모로서의 입양동의권과 배우자로서의 부부공동입양에 대한 동의권이 함께 포함되어 있다고 하는데, 그것이 계자입양에 대해서도 부부공동입양의 원칙이 적용된다는 취지인지는 명확하지 않다.
20) 최진섭(1998), 425−429.
21) 이동진(2022), 149.
22) 김주수(1973b), 38; 배경숙·최금숙, 303; 송덕수, 191; 양수산, 408; 우병창(2002), 190−191; 윤대성, 183; 윤진수, 225; 이영규, 216; 이희배, 203; 정광수(2001), 65; 최금숙, 107; 최성배(1997), 385.
23) 등록예규 제130호 ⑦ 참조.
24) 최금숙, 107.

양자될 자와 친생자관계 없는 배우자가 단독으로 입양 가능하다는 견해[25]도 있다. 계자입양에서는 단독입양이라도 입양의 효과가 상대방 배우자에게까지 미쳐 양자가 당연히 혼인중 출생자로서의 지위를 갖는 것으로 볼 수 있다는 점, 친부 또는 친모와 혼인외 출생자 사이에는 양친자관계보다 더 긴밀한 친생자관계가 이미 인정되고 있으므로 굳이 양자로 삼을 필요가 없다는 점, 혼인중 출생자와 혼인외 출생자 간에 법률효과의 차이가 미미하다는 점 등을 근거로 들고 있다.[26]

(3) 계자녀가 양자인 경우

부부 중 일방이 상대방 배우자의 양자를 입양하고자 하는 경우 부부공동입양의 원칙은 적용되지 않는다. 상대방 배우자와 양자 사이에는 이미 양친자관계가 성립하고 있기 때문이다. 따라서 그를 단독으로 입양할 수 있다.[27]

Ⅲ. 배우자 있는 사람이 양자가 되는 경우

배우자 있는 사람이 양자가 되려면 다른 배우자의 동의도 얻어야 한다(§874 ②). 양자가 될 경우, 그 배우자에게도 양가를 기준으로 하는 새로운 친족관계 및 그에 따른 각종의 법률관계가 새롭게 성립하기 때문에, 배우자의 의사가 존중될 수 있도록 한 것이다.[28]

1. "배우자 있는 사람"

"배우자"란 법률상 배우자를 말한다. 사실혼 관계에 있는 자, 부첩관계나 내연관계에 있는 자 등은 이에 해당하지 않는다. 따라서 법률상 배우자 없는 사람, 즉 미혼자는 누구의 동의 없이도 단독으로 양자가 될 수 있다.

2. "그 배우자의 동의"

배우자 있는 사람은 그 배우자의 동의를 얻음으로써 양자가 될 수 있다. 이때 배우자의 동의란 자신의 배우자가 타인의 양자가 되는 것에 대한 동의인가 혹은 배우자 자신도 타인의 양자가 된다는 것에 대한 동의인가.

---

25) 박동섭(2003), 607-608; 박병호, 181; 오시영, 260; 이경희, 218; 이동진(2022), 150; 정범석, 11-13; 지원림(2009), 312; 한복룡, 191; 한삼인·김상헌, 173.
26) 박병호, 181; 이경희, 218; 한복룡, 191.
27) 이경희, 218.
28) 지원림(2009), 311.

舊 민법(1990. 1. 13. 개정전) §874 ①은 "처가 있는 자는 공동으로 함이 아니면 (…) 양자가 되지 못한다."고 규정하고 있었으므로, 부(夫)가 양자로 된 경우 처도 함께 양자가 된다는 견해가 있었다(긍정설).[29] 부부평등의 원칙과 위 조문의 문리해석에 비추어 볼 때 부부 쌍방이 함께 양자로 되는 것이 타당하다는 것이다. 반면 부정설은 처는 입양의 당사자이기는 하지만, 부와 함께 양자가 되는 것은 아니라고 한다.[30] 긍정설에 따를 경우 부부인 동시에 남매인 지위를 겸유하게 된다는 점, 舊 민법 §783는 양자의 배우자의 수반입적을 규정하고 있다는 점 등을 근거로 들고 있다. 동 조문에서 "공동"으로 양자가 된다는 것은 실질적으로 "동의"를 얻어 양자가 되어야 한다는 의미로 해석해야 한다는 것이다.

이와 같은 부정설이 명문화되어 1990. 1. 13.자 개정민법은 배우자가 양자로 되는 경우 입양의 형태를 공동형에서 동의형으로 전환하였다.[31] 즉 현행 민법에 따르면 배우자의 동의를 받더라도, 부부 쌍방이 모두 양자가 되는 것은 아니다. 양친과 양자 사이에만 양친자관계가 성립하며, 양친과 양자의 배우자 사이는 인척관계가 성립하는 데 불과하다. 따라서 이때 배우자의 동의란 자신의 배우자가 타인의 양자가 되는 것에 대한 동의를 의미한다. 다만, 이에 대해서는 여전히 입양자유의 원칙에 따라 부부 모두를 양자로 삼는 것이 불가능하지 않다는 견해가 있다.[32] 배우자 자신도 그의 양자가 되고자 하는 의사를 가지고 있었다면 양자로서의 지위를 인정해야 한다는 것이다. 사위나 며느리를 양자로 삼는 것이 전래의 법감정이 반하는 측면이 없는 것은 아니지만, 인척 1촌을 혈족 1촌으로 전환하고 재산상속권을 부여하고자 하는 것이 §103에 위반한다고 볼 수는 없다고 한다. 이러한 견해에 따르면 사실상 서양자 입양이 허용되는 결과가 된다. 서양자입양의 허용 여부에 대해서는 3. 이하 참조.

3. 적용범위

배우자의 친생부모의 양자가 되는 경우에 배우자의 동의를 얻어야 하는지에 대해서는 견해의 대립이 있다. 긍정설은 이 경우에도 §874 ②이 적용되어 배우자의 동의가 필요하다고 한다.[33] 이에 반해 부정설은, 자신의 배우자가 자신의 친생부모에게 입양한다고 하여 법률상 또는 사실상 해가 발생할 염려가 없으므로, 동의가 필요 없

29) 박병호(1990), 66−67; 정광현, 229.
30) 김주수(1973a), 50−51; 이희봉(1960), 152−153; 정범석(1999), 10−11.
31) 박정기·김연, 237−238.
32) 박병호, 181; 정광수(2001), 67.
33) 김주수·김상용, 330; 윤대성, 183.

다고 한다.34) 그러나 배우자의 친생부모의 양자가 되는 행위 자체가 허용될 수 없다고 보아야 할 것이다. 이와 같은 입양을 허용한다면 입양과 동시에 형제자매간의 혼인이 되어 혼인무효사유에 해당하기 때문이다.35)

가계계승을 위해 사위를 양자로 삼는 서양자(婿養子) 제도36)는 1940. 2. 11. 시행된 조선민사령 §11의2에 의해 처음 도입되었다. 그러나 대법원 1949. 3. 26. 선고 4281민상348 판결37)은, 서양자 제도는 신분관계에 혼란을 초래하고 형제자매간 혼인을 조장하므로, 왜정퇴각과 동시에 효력을 잃었다고 판시하면서 이에 기초해 성립한 서양자관계도 모두 공서양속에 위반되어 무효라고 선언하였다. 그럼에도 불구하고 제정민법은 서양자제도를 도입하였으나, 1990. 1. 13.자 개정민법은 서양자에 관한 舊민법 §876를 삭제하였다.

Ⅳ. 부부 중 일방에게 소재불명 등의 사유가 있는 경우

부부의 일방에게 공동입양을 할 수 없거나 양자가 되는 데 동의할 수 없는 사정이 있는 경우, 가령 부부 중 일방이 심신상실 상태에 빠져 의사능력이 회복될 가능성이 없거나 장기간 행방불명인 경우에도 §874가 적용되는가.

1. 학설

부정설38)은 이 경우 입양이 불가능하다고 한다. §874를 엄격하게 적용하여 부부 중 일방에게 공동입양을 할 수 없는 사정이 있다면, 입양이 성립할 수 없다는 입장이다. 그렇게 보아야 "처의 부재 기타 사유로 인하여 공동으로 할 수 없는 때에는 부 일방이 부부 쌍방 명의로 양자를 할 수 있고 양자가 될 수 있다"고 규정하고 있었던 舊민법(1990. 1. 13. 개정 전) §874 ②을 삭제한 입법자의 태도에 부합한다는 점, 혼인 생활의 평화가 입양 못지않게 중요하다는 점 등을 근거로 들고 있다.

반면 긍정설39)은 이 경우 단독으로 입양이 가능하다고 한다. §874에 따른 부부

---

34) 김주수(1973b), 38−39.
35) 같은 견해로 박동섭·양경승, 364; 오시영, 260−261. 이에 반해 서양자입양이 허용된다고 보는 견해로 박병호, 181; 정광수(2001), 67.
36) 서양자 제도에 대해 자세히는 정광현, 연구, 525−545 참조.
37) 미공간. 정광현, 연구, 276−284 및 대법원 1970. 3. 24. 선고 69다1400 판결에서 재인용.
38) 박병호, 181; 박병호(1990), 68; 박정기·김연, 237 각주 53; 송덕수, 191; 정광수(2001), 67; 지원림(2009), 314.
39) 김주수·김상용, 370; 박동섭·양경승, 362; 윤대성, 183; 오시영, 260; 이영규, 216; 최금숙, 친족(2), 107; 정주수(2004), 60; 최성배(2001), 385; 한삼인·김상헌, 173.

공동입양의 원칙이 적용되지 않는다고 보는 것이다. 따라서 위와 같은 특별한 사정이 있는 때에는 부득이 부부 중 일방이 단독으로 양친이 되거나, 배우자의 동의 없이 양자가 될 수 있다고 본다. 이때 입양의 효과는 입양의 의사표시를 한 당사자 사이에서만 발생한다고 볼 것이다. 다만, 이로 인해 배우자의 인격이 침해되거나 남용될 우려가 있으므로, 그 요건을 엄격히 해석하여 그러한 사유가 상당히 장기간 계속되는 경우로 한정하여야 한다고 한다.[40]

절충설[41]로서 단독으로 양부모가 되는 것은 가능하지만, 배우자의 동의 없이 양자가 되는 것은 불가능하다는 견해도 있다. 자의 복리를 위해 입양의 기회를 넓힌다는 취지에서 양부모는 단독으로 입양할 수 있도록 하되, 배우자 있는 자가 양자가 되는 경우에는 이미 상당한 연령에 도달한 사람이어서 자의 복리와 무관하므로 굳이 완화된 해석을 할 필요가 없다는 것이다.

2. 판례

판례는 배우자 있는 사람이 입양을 하는 경우라도 처의 부재 기타 사유로 인하여 공동으로 할 수 없는 때에 해당한다면 단독으로 입양이 가능하다는 입장이다.[42] 배우자 있는 자가 양자가 될 때에 관해서는 아직 판례가 없다.

V. 위반의 효력

§874에 위반한 경우, 즉 배우자 있는 사람이 배우자와 공동으로 입양하지 않은 경우 또는 배우자 있는 사람이 배우자의 동의를 받지 않고 양자가 된 경우 그 입양은 취소할 수 있다. 자세한 내용은 §884 註釋 참조.

40) 김주수(1973b), 39; 박동섭(2003), 613-614.
41) 양수산, 407.
42) 대법원 1998. 5. 26. 선고 97므25 판결.

第 875 條 ~ 第 876 條
삭제 〈1990. 1. 13.〉

第 877 條 (입양의 금지)

존속이나 연장자를 입양할 수 없다.

▌**참고문헌:** 권정희(2002), "양자법의 정비를 위한 검토-친양자제도의 입법안을 중심으로-", 가족법연구 16-1; 김명숙(2022), "2021년 가족법 중요판례평석", 인권과 정의 504; 김미경(2023), "프랑스 개정 민법상 직계존비속 간 입양의 원칙적 금지", 법과정책 29-1; 김주수(1973), "부부공동입양의 성립과 해소", 사법행정 14-2; 김현진(2022), "조부모의 손주입양", 가족법연구 36-2; 박동섭(2003), "부부공동 -입양판례를 중심으로", 재판자료 101; 박병호(1973), "이성계후의 실증적 연구", 서울대법학 14-1; 박호만(1997), "입양에 있어서 호적실무처리상 나타나는 제문제", 판례와 실무; 안소영(2015), "재입양의 허용에 관한 고찰", 가족법연구 29-3; 오병철(2019), "동성결합과 이중입양", 인권과 정의 479; 우병창(2002), "가족법상 입양에 관한 연구: 양자법의 개선을 위한 현행법의 검토와 입법론 제안", 가족법연구 16-2; 윤진수(1996), "민법 시행 전에 이성양자가 허용되었는지 여부 및 민법 시행 전 입양의 요건에 대한 민법의 소급적용", 민법논고[Ⅳ]; 이병수(1981), "우리나라의 이성부양고", 법사학연구 6; 이병화(2002), "친양자제도의 도입에 따른 주요문제에 관한 고찰", 비교사법 9-1; 이진기(2022), "친손입양, 어제까지는 엄마 오늘부터 언니?", 신문 4979, 13; 임태규(2022), "조부모의 미성년 손자녀 입양 허가의 요건", 중소기업과 법 13-2; 정범석(1999), "현대 양자제도에 관한 일고찰", 법조 48-5; 최진섭(1998), "배우자의 자(계자)를 입양하는 경우의 법적 문제점", 가족법연구 12; 최진섭(2011), "입양에 관한 판례의 쟁점 분석", 법학연구 21-3; 최학규(1983), "입양에 있어서 문제점: 기이 친자관계있는 자기의 자를 입양할 수 있느냐의 문제", 사법서사 192.

Ⅰ. 본조의 취지

본조는 양자될 자 본인에 관한 요건을 정하고 있다. 구법 시절, 양자는 양부와 동성동본으로서 양친될 자의 자(子)와 동일항렬에 있는 남자일 것이 요구되었다(昭穆之序).[1] 따라서 여자 또는 양부와 성이 다른 자 등은 양자가 될 수 없었다(異姓不養).[2] 그러나 1940. 2. 11.부터 시행된 조선민사령 §11-2에 의해, 사후양자가 아닌 한, 양부와 성이 다른 자를 입양하는 이성양자도 명시적으로 허용되었다.[3] 제정민법은 이성양자를 원

---

1) 자와 동일 항렬에 있는 사람인 것으로 족하며, 그들 간에 근친자가 우선된다는 등의 서열이 있었던 것은 아니다. 수원지방법원 2009. 7. 15. 선고 2009르32 판결(미공간) 참조.
2) 이성불양의 원칙에 관해 자세히는 박병호(1973), 73-92; 이병수(1981), 129-141 참조.
3) 대법원 1994. 5. 24. 선고 93므119 전원합의체 판결. 동 판결 선고 이전에는 이성양자의 효력에 대해

칙적으로 허용하면서도, 호주상속을 하는 양자는 양부와 동성동본일 것을 요구하였
으며(舊 민법(1990. 1. 13. 개정전) §877 ②)⁴⁾, 호주의 직계비속장남은 절대로 타가(他家)의
양자가 될 수 없도록 하였다(舊 민법 §875). 또한 구법 시절에는 양부될 자에게 가를 계
승할 직계비속이 없는 경우에만 입양이 허용되었으므로, 이미 입양을 통해 가계계승
자를 구한 경우에는 더이상 입양할 수 없었다. 즉 양자는 1인에 한정되었다.

그러나 이러한 요건들은 이제 모두 삭제되었다. 현행 민법상 '일반입양'에서 양
자될 사람의 요건에 관한 조문은 본조 하나뿐이다. 입법례에 따라서는 미성년자만 양
자가 될 수 있다고 보는 경우도 없지 않지만, 우리나라는 성년입양도 허용한다. 그러
므로 양부모될 자보다 존속 또는 연장자만 아니라면 누구라도 양자가 될 수 있다. 1
인에 한하지 않으며, 성별·성(姓)·호주의 직계비속장남인지 여부를 불문한다. 심지
어 부부가 이혼한 후 전 배우자를 양자로 삼는 것도 가능하다.⁵⁾ 부부 중 일방이 전혼
에서 낳은 친생자를 다른 일방이 입양하는 것(이른바 '계자입양')이 가능함은 물론이다.
동성 커플 중 일방의 친생자를 다른 일방이 단독으로 입양하는 것은 허용될 수 없다
는 견해⁶⁾가 있으나, 일률적으로 금지할 것은 아니다.⁷⁾

II. 존속 또는 연장자

1. 존속

가. 존속 항렬에 있는 자

자기의 존속은 양자로 하지 못한다. 존속은 혈족만을 의미하므로, 인척은 이에
해당하지 않는다.⁸⁾ 다만, 부부공동입양의 경우에는 부부 쌍방에 대해서 모두 존속이
아니어야 하므로,⁹⁾ 배우자의 존속 항렬을 입양하는 것은 사실상 불가능할 것이다.

또한 존속에는 직계존속과 방계존속이 모두 포함된다. 존속이라면, 연장자가 아

논란이 매우 많았다. 민법 시행 전 이성양자의 허용 여부에 대해 자세히는 윤진수(1996), 298-303 및
313; 윤진수, 가족법판례해설, 339-341 참조.

4) 대법원 1996. 12. 10. 선고 96다35637 판결: "구 민법(1990. 1. 13. 법률 제4199호로 개정되기 전의 것)
제877조 제2항은 '양자로서 양부와 동성동본이 아닌 자는 양가의 호주상속을 할 수 없다.'고 규정하고
있고, 같은 법 제984조는 '호주상속에 있어서는 피상속인의 직계비속남자, 피상속인의 가족인 직계비속
여자, 피상속인의 처 등의 순서로 상속인이 된다.'고 규정하고 있으므로, 같은 법 시행 당시 사망한 피
상속인에게 처와 동성이본의 양자밖에 없는 경우에 있어서는, 호주상속인은 처가 되어야 하고 동성이본
의 양자는 호주상속인이 될 수 없다."

5) 박동섭(2003), 610.

6) 안소영(2015), 355.

7) 오병철(2019), 59.

8) 박동섭, 가사소송(상), 539, 615.

9) 양형우, 137; 한삼인·김상헌, 173.

니라도 입양할 수 없다. 존속이 아닌 자는 양자로 할 수 있으므로, 같은 항렬에 있거나 손자항렬에 있는 자도, 연장자가 아닌 한, 양자로 할 수 있다. 대법원 1991. 5. 28. 선고 90므347 판결 역시 "민법은 존속 또는 연장자를 양자로 하지 못하도록 규정하고 있을 뿐 소목지서를 요구하고 있지 아니하므로, 재종손자를 사후양자로 선정한 것은 소목지서에 어긋나 종래의 관습에 어긋난다 하여도, 그것이 공서양속에 위배되어 무효라고는 말할 수 없다"고 판시한 바 있다.[10]

나. 손자녀 입양

손자항렬에 있는 자가 아니라 실제 손자녀를 입양하는 것은 허용되는가. 대법원 2010. 12. 24.자 2010스151 결정은, 외조부모가 외손녀를 친양자로 입양하고자 한 사안에서, 친양자로 입양할 경우 외조부모는 부모가 되고, 생모와는 자매지간이 되는 등 가족내부 질서와 친족관계에 중대한 혼란이 초래된다는 이유로 친양자입양을 불허한 바 있다.[11] 학설 중에도 "친손자를 아들로 입양하는 것과 같은 것은 친족의 질서를 무시하는 결과가 되어 무효"라고 보는 견해[12]가 있다. §103상의 선량한 풍속에 반한다는 것이다. 하지만 이에 대해서는 미성년자의 복리보다 친족 내부의 질서 등 구시대적 관념을 중시하였다거나 어차피 생모에 의한 양육이 어려운 상황이었다면 제3자에 의한 입양보다 친족입양이 바람직하다는 시각에서 비판하는 견해가 있다.[13]

이에 대해 대법원 2021. 12. 23.자 2018스5 전원합의체 결정은 조부모의 일반입양 청구 사건에서 손자녀 입양이라도 자녀와 조부모의 나이와 성격, 입양에 이르게 된 경위, 현재까지의 양육상황, 친생부모의 생존 여부나 교류 관계 등에 기초해 조부모의 입양이 자녀에게 도움이 되는 사항과 우려되는 사항을 구체적으로 심리하고 둘을 비교·형량한 결과 개별적·구체적인 사안에서 미성년자의 복리에 부합한다면 이를 허가할 수 있다고 보았다.[14] 민법상 양부모될 자와 양자될 자 사이에 혈연관계가 없어야 한다는 규정은 없다는 점, 손자녀 입양이 전통이나 관습에 배치되는 것도 아니라는 점 등을 근거로 제시한다. 다만, 조부모에게 단순한 양육을 넘어 양친자로서 손자녀와 새로운 신분적 생활관계를 형성하려는 실질적 의사가 있는지 여부, 입양의

---

10) 같은 취지로 대구고등법원 1990. 2. 14. 선고 89드557 판결.
11) 같은 취지의 하급심 판결로 울산지법 2010. 9. 16. 선고 2010브21 결정; 부산가정법원 2017. 4. 24.자 2017느단1124 심판; 울산지방법원 2017. 10. 23.자 2016느단1226 심판; 창원지방법원 2018. 7. 31.자 2018느단542 결정 참조.
12) 박동섭·양경승, 363. 이에서 더 나아가 혈족입양 자체를 금지해야 한다는 견해로 최진섭(2011), 194-198 참조.
13) 김현진(2022), 97, 111-113, 119; 윤진수, 244.
14) 그 밖에 조부모에 의한 손자녀의 일반입양을 허가한 사건으로 의정부지방법원 2019. 4. 17.자 2017브5040 결정.

주된 목적이 양육에 필요한 법정대리권 또는 재산관리권의 취득 그 밖에 다른 혜택에
있는 것은 아닌지, 친생부모의 재혼이나 사회생활을 용이하게 하려는 것은 아닌지,
조부모와 자녀의 나이·현재까지의 양육상황·다른 가족의 태도·특히 친생부모와의
동거 및 교류 여부 등에 비추어 볼 때 조부모와 자녀 사이에 실질적인 부모·자녀 관
계가 자연스럽게 형성될 수 있는 상황인지, 양자될 자가 학령기에 이른 경우라면 자
녀가 입양에 대해 어떤 태도를 가지고 있는지 등을 주의깊게 살필 것을 요구한다.

위 결정의 반대의견은 개별 사건의 성격상 미성년자의 복리를 위해 필요하다면
손자녀 입양을 허가할 수 있다는 결론에는 찬성하면서도 조부모가 입양 사실을 감추
고 비밀입양을 할 경우 자녀의 정체성 혼란을 야기할 우려가 크다는 점, 친생부모의
양육능력이 부족하다는 이유로 조부모가 부모의 지위를 대체하는 것은 원가정양육의
원칙에 비추어 바람직하지 않다는 점, 조부모는 미성년후견을 통해 손자녀에게 충분
한 양육과 보호를 제공할 수 있는 반면, 일단 입양이 성립되고 나면 추후 친생부모의
보호력이 회복된 후에도 그 관계를 되돌리기 어렵다는 점 등을 들어 허가 여부를 보
다 신중히 심리할 것을 요구한다.

위 결정에 대해서는 아동 복리의 관점에서 손자녀 입양의 필요성을 긍정하며 찬
성하는 견해[15]와 친족관계의 혼란 및 입양 후의 아동 복리 등을 들어 반대하는 견
해[16]가 대립한다. 위 결정의 파기이송심 역시 해당 사건에서 결국 조부모의 입양허가
청구를 기각하였다.[17] 더 나아가 위 결정은 일반입양 형태의 손자녀 입양에 관한 것
이어서 향후 판례가 친양자입양에 대해서도 위 2018스5 결정의 법리를 관철할 것인지
또는 기존의 2010스151 결정의 태도를 유지할 것인지 추이를 지켜볼 필요가 있다.[18]

2. 연장자

자기보다 연장자는 양자로 하지 못한다. 부부공동입양의 경우에는 부부 쌍방에
대해서 모두 연장자가 아니어야 한다.[19] 연장자라면 자신보다 비속이라도 양자로 할
수 없다. 연장자만 아니면 되므로, 나이는 동갑이라도 무방하다(異說 없음).[20] 연장자
인지는 일(日)로 계산한다(§157). 따라서 양부모와 양자가 같은 날 출생한 경우라도 입

---

15) 김현진(2022), 111-123; 임태규(2022), 80-83; 한봉희·백승흠, 255.
16) 김명숙(2022), 62; 김미경(2023), 83-88; 이진기(2022).
17) 울산가정법원 2023. 2. 2. 선고 2022브1 결정.
18) 같은 취지로 제요[2], 983. 하급심 결정 중 아동의 복리 관점에서 외조부모에 의한 손자의 친양자입양
    을 허가한 사건으로 창원지방법원 2010. 8. 2.자 2009느단1678 심판 참조.
19) 양형우, 137; 한삼인·김상헌, 173.
20) 실무의 태도도 이와 같다. 등록예규[1], 575.

양이 가능하다.[21] 입법례에 따라서는 양부모와 양자될 자 사이에 일정한 연령 차이가 날 것을 요구하는 경우도 있으나, 우리 법은 이를 요구하지 않는다. 이에 대해서는 양자의 복리를 위해 양친과 양자 사이에 자연의 친자관계에서와 같은 연령차의 요건이 필요하다는 입법론적 비판이 있다.[22]

III. 그 밖의 양자될 자격

1. 친생자의 입양

가. 학설

자신의 친생자를 입양할 수 있는지에 대해서는 견해의 대립이 있다.

절충설[23]은 혼인중 출생자의 입양은 허용되지 않지만, 혼인외 출생자의 입양은 가능하다고 한다. 입양으로써 혼인외 출생자에게 혼인중 출생자와 같은 신분을 취득하게 할 수 있기 때문이다. 혼인외 출생자가 서자(庶子), 즉 父가 법률상 배우자 아닌 사람과의 사이에서 출생한 자인 경우 역시 적서차별이 엄격하였던 구법 시절에는 서자입양이 금지되었으나, 현행 민법상 금지할 이유가 없으므로 입양이 가능하다고 본다.[24] 등록예규도 절충설과 같은 입장이다.[25]

부정설[26]은 친생자 입양이 무효라고 한다. 입양은 혈연관계가 없는 사람들 사이에 친생자관계를 창설하기 위한 행위인데, 이미 친생자관계가 존재하고 있다는 점, 혼인외 출생자에 대해서도 인지를 통해 친생자관계를 성립시키는 것이 가능하다는 점, 혼인중 출생자와 혼인외 출생자의 신분에 아무런 차이가 없다는 점 등을 근거로 제시한다.

긍정설[27]은 자신의 친생자, 심지어 혼인중 출생자라도 입양이 가능하다고 본다. 이혼 후 자녀의 친권자로 지정되지 못한 자가 재혼하면서 그 재혼배우자와 함께 자녀를 입양하고자 하는 경우 친생부모라는 이유만으로 입양을 하지 못한다면 입양 후에도 자녀에 대해 친권을 행사할 수 없게 된다는 점, 협의상 파양 제도가 폐지된 이상

---

21) 이에 반대하는 견해로 박동섭, 가사소송(상), 615.
22) 권정희(2002), 77; 김용한, 196; 양수산, 409-410; 우병창(2002), 77; 이경희, 223; 최금숙, 친족(2), 99; 한봉희·백승흠, 255.
23) 박호만(1997), 439-440; 송덕수, 191; 신영호·김상훈·정구태, 183; 윤대성, 183; 최금숙, 친족(2), 107; 최학규(1983), 20.
24) 김주수(1973), 38.
25) 제130호 §1.
26) 박동섭, 가사소송(상), 614; 박동섭·양경승, 364; 정범석(1999), 11-13; 제요[2], 945.
27) 최진섭(1998), 425-429.

이미 입양 보낸 자녀를 데려와 다시 자신의 자녀로 삼을 수 있도록 입양을 허용할 필
요가 있다는 점[28] 등을 그 근거로 들고 있다.

나. 판례

판례의 태도는 통일되어 있지 않다. 부산지방법원 동부지원 1990. 6. 29. 선고 89
드8501 판결은 사실혼 관계 중에 출생한 자를 자신의 형 부부 사이에 출생한 자로 신
고한 후 혼인신고를 마치고 나서 입양한 사안에서 "민법상 양자제도는 자연혈연적인
친자관계가 없는 사람들 사이에 친자관계를 법률상 의제하는 것이므로 (…) 양자제도
본래의 취지에 비추어 그 입양신고는 무효"라고 하여 부정설을 택한 바 있다. 반면
서울가정법원 2002. 6. 25. 선고 2002드단33246 판결은 양자가 양부모의 혼인중 출생
자가 아닌 이상, 그들의 친생자라는 사실만으로 당연히 입양이 무효로 되는 것은 아
니라고 판시하였다.

2. 양자의 재입양

가. 타인 양자의 재입양

이미 타인에게 입양되어 있는 자를 다시 입양할 수 있는가. 즉 재입양은 허용되
는가.

(1) 일반양자의 일반입양

타인의 일반양자를 다시 일반입양하는 것에 대해서는 긍정설과 부정설이 대립한
다. 긍정설은 이를 금지하는 명문의 규정이 없다는 점, 배우자의 양자를 입양하여 공
동양육하기를 원하는 경우나 기존의 양부모가 모두 사망한 경우 등과 같이 재입양을
인정할 현실적 필요가 있다는 점, 자녀의 복리에 적합하는 점 등을 근거로 제시한
다.[29] 위 견해에 따르면 재입양에도 불구하고 기존의 일반입양은 그대로 효력을 유지
하며, 파양된 것으로 간주되지 않는다.[30] 반면 부정설은 기존의 일반입양을 파양한
후에만 재입양이 가능하다고 주장한다.[31] 재입양 후에도 친생부모 및 기존의 양부모
를 연결점으로 하는 기존의 친족관계가 모두 존속하므로 친족관계가 지나치게 복잡
해질 우려가 있다는 것이다.

등록예규는 긍정설의 입장이다.[32] 한편 대법원은 동성커플 중 1인이 먼저 허위

---

28) 최진섭(2011), 198−200.
29) 오병철(2019), 53−56. 위 견해는 이러한 형태의 재입양을 '이중입양'이라고 지칭한다.
30) 권재문, 171; 오병철(2019), 50.
31) 김주수·김상용, 372. 다만, 동 견해는 "양친의 배우자가 양자를 입양하는 경우"에는 재입양이 가능하
    다고 본다.
32) 제130호 §2. 이 경우 가족관계등록부의 기록방법에 대해서는 등록실무[1], 618−619도 참조. 다만, 위

의 친생자 출생신고 방식을 이용해 입양을 한 후 커플이 함께 해당 아동을 양육하던 중 다른 1인이 해당 아동에 대해 입양신고를 한 사안에서 두 번째 입양도 유효하며, 위 입양신고에 의해 기존의 양친자관계가 파양된 것으로 볼 수 없다고 판시한 바 있다.33) 위 판결에 대해서는 재입양을 허용한 것이라고 평가하는 견해,34) 원칙적으로 재입양을 금지하면서 배우자가 입양한 자녀를 재입양하는 것만을 허용하는 취지라고 평가하는 견해,35) 재입양 가능성에 대한 판단을 유보하고 있다고 평가하는 견해36)가 대립한다. 동성커플의 입양에 대해서는 §867 註釋 참조.

(2) 그 밖의 경우

타인의 일반양자를 친양자입양의 형태로 재입양하는 것,37) 타인의 친양자를 친양자입양의 형태로 재입양하는 것에 대해서도 아동의 복리라는 관점에서 긍정하는 견해가 유력하다.38) 이를 금지할 명문의 근거도 없다. 타인의 친양자를 일반입양 형태로 재입양하는 것 역시 굳이 반대할 이유가 없다.39) 다만, 입양특례법상 입양된 아동을 타인에게 일반입양 또는 친양자입양 형태로 재입양시키는 것은 허용할 수 없다.40) 보호 대상 아동의 복리에 반해 입양특례법상 파양 규정을 잠탈할 우려가 있기 때문이다. 하급심 판결 중에는 조부모가 손자녀를 친양자입양한 후 다시 자녀(즉, 손자녀의 친생부모)가 해당 아동에 대한 입양허가를 청구한 사건에서 그는 재판상 파양을 통해 친생부모의 지위를 되찾을 수 있다는 이유로 청구를 기각한 사안이 있다.41) 이 경우 재입양을 위해 기존의 입양관계를 해소하지 않은 이상 기존의 입양 역시 여전히 유효하므로, 기존의 양친자 사이의 상속·부양 등의 효과 역시 소멸하지 않는다. 재입양이 무효·취소 또는 파양된 경우 친권자의 결정에 대해서는 §908-2 註釋 참조.

예규는 구 민법의 규정에 따라 이혼 후 친권자가 될 수 없었던 생모가 친권취득을 위해 그의 친생자를 단독입양한 후 생모와 재혼한 자 또는 제3자가 해당 자녀를 재입양하는 사안에 관한 것으로서 일반적으로 재입양을 허용하는 취지라고 단언하기는 어렵다는 견해로 오병철(2019), 50-51.
33) 대법원 2014. 7. 24. 선고 2012므806 판결.
34) 현소혜(2021), 315.
35) 안소영(2015), 345, 356.
36) 오병철(2019), 61.
37) 김주수·김상용, 372; 박희호·이동건, 157; 윤진수, 225. 단, 부부의 일방이 상대방의 양자녀를 친양자입양 형태로 재입양하는 것은 불가능하다는 견해로 권재문, 199.
38) 박동섭·양경승, 365; 박희호·이동건, 157; 윤진수, 225.
39) 윤진수, 225.
40) 제요[2], 944.
41) 대전가정법원 2014. 4. 1.자 2014느단225 심판. 위 심판은 이 경우 입양을 허가하면 가족관계등록부상 언니가 동생을 입양하는 것이 되고, 사실상으로도 생모가 양모가 되는 것이어서 합리성을 크게 벗어난다는 점 등도 근거로 제시하였다.

나. 자기 양자의 재입양

자신이 이미 스스로 입양하고 있는 일반양자를 일반입양의 형태로 재입양하는 것은, 혼인중 출생자를 입양하는 것과 같으므로 허용될 수 없다. 다만, 자신이 입양 중인 일반양자라도 이를 친양자입양으로 전환하는 것은 가능하다.42) 입양으로 인한 효과에 차이가 있기 때문이다. 2005. 3. 31.자 부칙 §5의 태도도 이와 같다. 단, 친양 자입양으로서의 요건을 갖추어야 할 것이다. 반면 입양특례법상 입양이나 친양자입 양을 한 양자를 스스로 다시 한번 일반입양하는 것은 허용되지 않는다. 이 경우 양자 가 취득하였던 "혼인중 출생자"로서의 지위가 약화되는 등 입양의 취소 또는 재판상 파양 절차를 거치지 않고 완전양자의 효과를 잠탈할 우려가 있기 때문이다.

IV. 위반의 효과

존속이나 연장자를 입양하였다면 이는 무효이다(§883 註釋 참조).

---

42) 같은 취지로 김주수·김상용, 372, 423; 윤진수, 225; 이병화(2002), 244-246.

第 878 條 (입양의 성립)

입양은 「가족관계의 등록 등에 관한 법률」에서 정한 바에 따라 신고함으로써 그 효력이 생긴다.

▎참고문헌: 권정희(1993), "입양법의 병행적 입법론", 가족법연구 7; 김갑동(1991), "친자관계에 관한 호적정정", 사법연구자료 18; 김상용(2012), "개정 양자법 해설", 법조 61-5; 김선혜(1993), "친생자관계존부확인의 소송실무상 몇가지 문제점", 재판자료 62; 김승표(1999), "부부공동입양의 원칙을 위반한 친생자출생신고에 의한 입양의 효력", 재판실무 1; 김용한(1976), "허위혼생자출생신고에 대한 입양으로서의 효력", 법조 25-1; 김정원(1998), 친생자관계존부확인청구사건의 소의 이익, 실무연구 Ⅳ; 김주수(1964), "입양신고 1", 사법행정 5-8; 김주수(1975), "허위친생자출생신고와 입양의 성부", 신문 1116; 김주수(1977), "허위 친생자출생신고에 대한 입양의 효과", 신문 1233; 김주수(1984), "허위친생자 출생신고와 입양의 성부: 무효행위의 전환과 관련하여", 연세행정논총 9; 민유숙(2004), "2004년 분야별 중요판례분석", 신문 3349; 박용수(1997), "입양의 효력있는 허위의 출생신고와 호적정정", 판례연구 7; 박정화(2001), "친생자관계존부확인소송의 심리에 관하여", 가사조정 4; 백영엽(1993), "입양신고에 갈음하여 친생자출생신고를 하였으나 그 후 친생자관계부존재확인의 판결이 확정된 경우 양친자관계의 해소여부", 판례해설 19-1; 윤병철(2005), "대낙권자가 존재하지 않거나 대낙권자를 알 수 없는 경우 대낙권자인 법정대리인의 승낙이 있었다고 추정할 수 있는지 여부", 판례해설 51; 윤진수(1991), "허위의 친생자출생신고에 의한 입양에 관한 몇 가지 문제", 민법논고[Ⅳ]; 윤진수(1999), "1990년대 친족상속법 판례의 동향", 서울대법학 112; 이경희(1992), "허위친생자출생신고와 입양의 효력", 사법행정 384; 이병화(2003), "입양아동의 국제적 보호", 국제법학회논총 48-2; 장병주(2013), "개정 입양제도의 문제점과 개선방향 －개정민법과 입양특례법을 중심으로－", 법학논고 41; 정귀호(1978), "허위의 친생자출생신고와 입양의 효력", 민판 1; 최성배(1997), "입양신고 대신 친생자출생신고를 한 경우의 호적정정(사례연구)", 실무연구 Ⅱ; 최성배(2001), "가사판결에 의한 호적정정과 이와 관련된 몇 가지 문제: 호적의 신뢰보호와 관련하여", 司論 33; 최진섭(2000), "혈연관계 없이 인지신고 또는 친생자출생신고를 한 경우의 법률관계", 정환담 화갑기념; 최진섭(2011), "입양에 관한 판례의 쟁점 분석", 법학연구 21-3; 한상호(1989), "입양의 효력이 있는 허위친생자 출생신고와 친생자관계 부존재확인청구", 판례해설 9; 한상호(1996), "여자가 사실상의 양자를 내연관계에 있는 남자의 혼인외의 자로 출생신고하게 한 경우 양친자관계의 성립 여부", 민판 ⅩⅧ; 현소혜(2021), "2010년대 가족법 판례의 경향과 흐름", 안암법학 63.

I. 본조의 취지

일반입양은 입양의 당사자가 입양신고를 함으로써 그 효력이 생긴다. 구법 시절에는 양자될 자의 생부모와 양친될 사람 및 그 호주 간에 입양의 합의를 하고 근친자가 회합하여 양가의 선조사당에 고함으로써 입양의 효력이 발생하는 것이 관습이었으며, 입양신고 여부는 입양의 효력 발생에 아무런 영향을 미치지 아니하였다.[1] 그러나 1922. 12. 7.부터 시행된 조선민사령 §11 ②은 입양에 관하여 신고주의를 도입하였다. 이는 당사자 사이에 입양에 관한 합의가 있었음과 그 내용을 명백히 하고, 당해 입양이 실질적 요건을 구비하였음을 담보하기 위한 것이다. 그 후 제정민법 역시 신고주의를 채택하였으며, 2012. 2. 10.자 민법개정 후에도 여전히 입양신고는 일반입양의 형식적 성립요건으로서의 성격을 갖는다.

II. 입양신고

1. 신고의 법적 성격

일반입양의 입양신고는 창설적 신고이다.[2] 즉 입양신고에 의해 비로소 입양이 효력을 발생한다. 입양허가 심판의 확정과 동시에 효력이 발생하는 친양자입양 또는 입양특례법상 입양과 다르다(§908-3 및 입양특례법 §15 註釋 참조). 당사자들의 의사를 존중하고, 법원의 개입을 최소화함으로써 예비 양부모의 심리적 부담을 경감하여 입양을 활성화하기 위함이다.[3] 입양신고는 신분행위의 성립을 목적으로 하는 것으로서 일신전속적 성격을 가지며, 입양의 예약이 있더라도 신고를 강제할 수 없다.[4]

2. 신고의 방법

입양신고의 방법은 家登에서 정한 바에 따른다. 舊 민법(2012. 2. 10. 개정전) §878 ②은 당사자 쌍방과 성년자인 증인 2인의 연서한 서면으로 신고할 것을 요구하였으나, 2012. 2. 10.자 민법 개정에 의해 삭제되었으므로, 입양신고에 증인은 더 이상 요구되지 않는다. 미성년자 입양에는 법원의 허가를 받아야 하는 등 굳이 증인이 필요

---

1) 대법원 1977. 6. 7. 선고 76다2878 판결; 대법원 1991. 10. 25. 선고 91다25987 판결.
2) 박동섭·양경승, 371; 제요[2], 961; 최문기, 242.
3) 제3기 가족법개정 특별분과위원회 회의록(2011), 법무부, 41-42. 이에 대해 비판적인 견해로 장병주(2013), 507.
4) 김주수(1964), 78.

하지 않기 때문이라고 한다.5)

가. 신고의 주체

입양신고는 입양의 당사자가 직접 하여야 한다. 일반적인 신고는 제3자가 대리할 수 있으나, 입양신고에는 대리가 허용되지 않는다(家登 §31 ③ 단서). 다만, 양자될 사람이 13세 미만인 때에는 입양을 대락한 법정대리인이 신고하여야 한다(家登 §62 ①). 양자될 사람이 미성년자 또는 피성년후견인인 때에는 본인 또는 친권자·미성년후견인·성년후견인이 신고할 수 있다(家登 §26 ①).

나. 신고의 절차

입양신고는 신고사건 본인의 등록기준지 또는 신고인의 주소지나 현재지에서 하여야 하며(家登 §20 ①), 서면이나 말로 할 수 있다(家登 §23 ①). 서면으로 할 때에는 본인이 직접 제출하는 것이 원칙이나, 우송하는 것도 가능하다(家登 §41 ① 참조). 입양신고를 서면으로 할 경우 입양신고서에는 家登 §25에 따른 일반적인 사항 외에도 ① 당사자의 성명·본·출생연월일·주민등록번호·등록기준지(당사자가 외국인인 때에는 그 성명·출생연월일·국적 및 외국인등록번호) 및 양자의 성별, ② 양자의 친생부모의 성명·주민등록번호 및 등록기준지를 기재하여야 한다(家登 §61).

다. 첨부서류

입양신고를 할 때는 §869 내지 §871에 따른 법정대리인 또는 부모의 승낙서 또는 동의서와 §874에 따른 배우자의 동의서(家登 §32 ①), 미성년자 또는 피성년후견인 입양의 경우에는 가정법원의 허가서(家登 §62 ②), §871 ②에 따른 부모의 동의를 갈음하는 심판이 있는 경우에는 가정법원의 심판서(家登 §62 ③)를 첨부하여야 한다.

라. 신고 시기

일반입양의 신고는 창설적 신고이므로, 신고 기간이 정해져 있는 것은 아니다.6) 다만, 미성년자 또는 피성년후견인의 입양의 경우 가정법원의 허가를 받은 때로부터 오랜 기간이 도과한 후에야 비로소 입양신고를 한다면, 허가와 신고 사이에 발생한 사정변경을 반영하지 못할 우려가 있으므로, 가정법원의 허가 후 일정 기간 내에 입양신고할 것을 의무화할 필요가 있다.

---

5) 김상용(2012), 32.
6) 등록실무[1], 572.

3. 신고의 효력

가. 신고의 효력

신고와 동시에 입양의 효력이 발생한다. 신고되지 않은 경우에는 사실상 양자로서의 효력을 가질 뿐, 법적으로는 양친자관계가 성립하지 않는다. 설령 족보에 양자로 등재되어 있다7)거나, 조선 사당에 입양 사실을 고했을지라도8) 그러하다. 사실상 양자에 대해서는 §882-2 註釋 참조. 그러나 입양신고가 수리되었다고 하더라도 당해 입양이 당연히 유효한 것은 아니다. 따라서 입양의 실질적 성립요건을 갖추지 못한 경우에는 무효 또는 취소를 주장할 수 있다. 가령 유효하게 작성된 신고서라도 제출 전에 입양의사가 철회되었다면, 입양신고에도 불구하고 당해 입양은 무효이다. 입양의사의 철회 시기에 대해서는 §869 註釋 참조.

나. 신고의 효력발생시기

신고는 수리를 필요로 하며, 일단 수리된 이상 가족관계등록부에 기록되지 않았더라도 입양은 유효하게 성립한다. 신고가 법률의 규정에 반할 때에는 이를 수리하지 않을 수 있으나, 신고인이 생존 중에 우송한 신고서는 사망 후에 도착하였더라도 수리하여야 한다(家登 §41 ①). 이때에는 신고인의 사망 시에 신고한 것으로 본다(같은 조 ②). 舊 민법(1990. 1. 30. 개정전)상 유언입양의 경우에도, 유언집행자가 양자될 자의 승낙을 받아 입양신고를 한 때에야 비로소 입양의 효력이 발생할 뿐, 유언의 효력발생(즉, 유언자의 사망)과 동시에 입양의 효력이 발생하는 것은 아니다.9) 다만, 그 효력이 유언의 효력발생시기로 소급할 뿐이다.10)

Ⅲ. 허위의 친생자 출생신고에 의한 입양신고

1. 의의

가족관계등록부는 진실한 신분관계를 공시하는 것을 목적으로 한다. 따라서 자신의 친생자가 아님에도 불구하고 친생자인 것처럼 하는 허위의 출생신고는 무효이다. 그런데 현실에서는 이와 같은 허위의 친생자 출생신고를 하는 경우가 적지 않았다. 혼인외 자로 태어난 자에게 혼인중 자로서의 지위를 부여하기 위한 경우 또는 타

---

7) 서울가정법원 2010. 12. 15. 선고 2010드단61505 판결(미공간).
8) 부산가정법원 2011. 5. 19. 선고 2010드단33763 판결(미공간).
9) 대법원 1963. 9. 26. 선고 63다462 판결.
10) 김주수, 판례, 488.

인이 출산한 아동이나 기아를 마치 자신의 친생자인 것과 같이 양육하기 위한 경우 등이 그러하다. 특히 후자의 경우 본래는 그와 같은 목적을 달성하기 위해 입양신고를 해야 함이 원칙이나, 과거에는 민법에 따른 입양을 하는 경우 양자가 양부의 성을 따르는 것이 불가능하였을 뿐만 아니라, 당사자의 의사에 반하여 입양사실이 공개될 우려가 있었으므로, 입양사실을 은닉하기 위해 허위의 친생자 출생신고를 하는 경우가 많았다. 미혼모가 출생한 자녀 또는 불륜관계에서 출생한 자녀인 경우에는 더욱 그러하다.

　　타인의 자녀를 마치 자신의 친생자인 것과 같이 양육하기 위해 자신의 친생자로 허위의 출생신고를 하고, 실제로 사실상의 양친자관계를 형성하는 경우, 그것이 허위의 출생신고라는 이유만으로 이를 무효로 돌리고 아무런 법적인 효과를 인정하지 않는 것은 부당한 결과를 가져올 수 있다(이에 '사실상 양자'로서의 효과를 부여하는 것[11]은 논외로 한다. '사실상 양자'에 대해서는 §882-2 註釋 참조). 가령 상속에 이해관계를 갖는 제3자가 사실상의 친자관계를 부정하고, 당사자들을 상대로 친자관계부존재확인의 소를 제기하는 경우 등이 그러하다. 그 결과 이러한 경우 허위의 친생자 출생신고에 입양신고와 동일한 효력을 인정할 수 있는지 및 인정한다면 그 요건 및 효과는 어떻게 되는지 등을 둘러싸고 논란이 있다.

2. 인정여부

가. 학설

　　허위의 친생자 출생신고에 입양과 같은 효력을 부여해서는 안 된다는 부정설과 부여할 수 있다는 긍정설이 있다.

　　부정설[12]은, 입양은 친족법에서 정하고 있는 엄격한 요건을 갖추고 일정한 방식에 따라 행해지는 요식행위라는 점, 허위의 친생자 출생신고에 입양으로서의 효력을 부여하는 것은 가족관계등록부(호적)의 공신력을 떨어트리고 신분관계의 혼란을 초래할 뿐만 아니라 위법 내지 편법을 조장한다는 점, 출생신고만으로는 입양 당사자(특히 출생신고를 직접 하지 않는 妻 또는 양자)의 입양의사 확인을 비롯한 실질적 성립요건 준수 여부의 심사가 사실상 어렵다는 점, 양친자관계의 성립 시기를 확정하기 어렵다는 점, 파양 사유가 발생한 경우라도 법률상·사실상 파양이 불가능하다는 점, 성불변의 원칙이라는 관습법에 반한다는 점, 근친혼이 성립할 우려가 있다는 점 등을 근거로 들고 있다.

---

11) 사실상 양자로서의 효력을 인정하는 견해로 김주수(1984), 222; 이경희(1992), 54.
12) 이병화(2003), 156; 정귀호(1978), 179-183.

이에 반해 긍정설[13]은, 일단 입양의 실질적 성립요건을 갖추었다는 점이 입증된 이상 신고의 형식이 입양신고인지 출생신고인지는 큰 차이가 없다는 점, 혼인외 자에 대한 출생신고에 인지로서의 효력을 인정하는 예도 있다는 점, 신고를 무효로 돌린다고 하더라도 자의 이익을 해할 뿐 양부모에게 어떠한 불이익이 생기는 것은 아닌 이상 그것만으로 허위의 친생자출생신고의 관행을 근절시키는 것은 불가능하다는 점, 양친자관계의 성립 시기나 파양 방법도 기술적으로 확정이 가능하다는 점, 무엇보다도 이미 오랜 기간에 걸쳐 사실상의 친자관계를 형성해 온 경우에는 이를 존중하는 것이 자의 복리를 위해 바람직하다는 점 등을 근거로 들고 있다.

나. 판례

판례의 태도는 다소 변천이 있었다. 대법원 1947. 11. 25. 선고 4280민상126 판결은 입양신고에 갈음하여 적출자로 출생신고를 하더라도 입양의 효력이 발생한다고 하였다. 이에 반해 대법원 1967. 7. 18. 선고 67다1004 판결[14]은, "신고에 의하여서만 비로서 입양의 효력이 발생하며 그 입양에 여러 가지 무효요건의 정함이 있는 요식행위인 입양신고"를 출생신고로써 갈음할 수는 없다고 판시하였다. 그러나 67다1004 판결은 대법원 1977. 7. 26. 선고 77다492 전원합의체 판결에 의해 폐기되었다. "신분행위에 신고라는 형식을 요구하는 실질적 이유는 당사자 사이에 신고에 대응하는 의사표시가 있었음을 확실히 하고 이를 외부에 공시하기 위함"이므로, "당사자 사이에 양친자관계를 창설하려는 명백한 의사가 있고, 그 밖에 입양의 성립요건이 모두 구비된 경우 입양신고 대신 친생자출생신고가 있다면, 형식에 다소 잘못이 있더라도 입양의 효력이 있다고 해석함이 타당"하다는 것이다. 이로써 허위의 친생자 출생신고에 의한 입양이 허용됨이 명백해졌다.

그 후에도 대법원은 자기 집 문 앞에 버려진 생후 몇 시간된 영아를 데려다 친생자로 출생신고한 사안,[15] 청구외인이 그의 사촌오빠와 내연녀 사이에 출생한 자 및 길가에 버려져 경찰서에 보호 중이던 자를 각 사실상의 양자로서 데려다 키우던 중 자신의 친생자로 출생신고한 사안,[16] 생부모·백부모·조부 등 5인이 사건본인을 장손으로 삼기로 합의한 후 조부가 사건본인을 백부모 사이의 친생자로 출생신고한 사안,[17] 자신과 재혼한 여자가 전혼에서 출산한 자녀들을 자신의 친생자로 출생신고한

---

13) 김용한(1976), 80−90; 김주수(1984), 228−229; 양수산, 414; 이경희(1992), 55; 최성배(2001), 374−376.
14) 긍정설의 입장에서 동 판결의 변경을 촉구한 평석으로 김주수(1975), 8 참조.
15) 대법원 1981. 10. 13. 선고 81도2466 판결.
16) 대법원 1998. 2. 23. 선고 85므86 판결.
17) 대법원 1989. 10. 27. 선고 89므440 판결.

사안,18) 아들을 낳지 못한 소외인이 그의 부(夫)와 내연녀 사이에서 출생한 혼인외 자를 데려다가 양육하면서 자신과 부(夫) 사이에 출생한 자로 신고한 사안,19) 청구외인에게 아들이 없자 그의 막내동생의 아들을 데려와 양자로 삼기로 하면서 청구외인 부부 사이의 친생자로 출생신고한 사안,20) 법률혼 배우자 있는 원고가 다른 여자와의 사이에서 자녀가 생기지 않자 병원에서 부모를 알 수 없는 영아를 데려와 그 여자와 함께 양육하면서 원고와 그 여자 사이에 출생한 혼인외 자인 것처럼 출생신고를 한 사안21) 등에서 일관되게 그 출생신고에 입양으로서의 효력을 인정한 바 있다.

그 밖에 하급심 판결 중에는 아내가 혼인중 다른 남자와의 사이에서 출생한 자녀에 대해 남편이 허위의 친생자 출생신고를 하고 장기간 감호·양육하면서 신분적 생활관계를 유지해왔다면 그 출생신고에 입양으로서의 효력을 인정할 수 있다고 본 사안도 있으나,22) 대법원은 이 경우 어차피 남편과 자녀 사이에 친생추정이 미치므로 허위의 친생자 출생신고에 의한 입양 법리를 적용할 필요가 없다고 보았다. 이에 대해 자세히는 §844 및 §846 註釋 참조.

이러한 법리는, 당해 출생신고가 입양을 요식행위로 규정한 조선민사령 §11 ② 이 적용될 당시에 행해졌는지 여부를 불문하고, 언제나 적용된다. 위와 같은 실무의 태도에 대해서는, 양부모와 자녀의 복리라는 측면에서 타당한 결론이라는 긍정적인 입장23)과, 비밀입양과 불법입양을 조장할 뿐만 아니라 입양에 대한 국가의 사전적·사후적 관리·감독을 불가능하게 하여 오히려 양자의 복리를 해한다는 부정적인 입장24)이 대립하고 있다.

3. 이론적 근거

다수의 견해는 허위의 친생자 출생신고에 입양신고로서의 효력을 부여하는 근거로 무효행위 전환의 법리25)를 들고 있다. 그러나 일부 견해26)는 허위의 친생자 출생신고를 입양신고로 보는 것은 이미 해석론의 차원을 벗어난 것으로서 판례에 의한 법

---

18) 대법원 1990. 7. 27. 선고 89므1108 판결; 대법원 1991. 12. 13. 선고 91므153 판결.
19) 대법원 1993. 2. 23. 선고 92다51969 판결.
20) 대법원 1993. 4. 27. 선고 92므389 판결.
21) 대법원 2018. 5. 15. 선고 2014므4963 판결.
22) 서울가정법원 2016. 9. 21. 선고 2015르1490 판결.
23) 김주수(1977), 8; 한상호(1989), 251 참조.
24) 권정희(1993), 255−257.
25) 김용한(1976), 87−88; 김주수(1984), 228−230; 박동섭·양경승, 372−373; 박병호, 186; 박정기·김연, 240; 이경희(1992), 55−58 등.
26) 윤진수, 225−226; 윤진수(1991), 280.

형성(Fortbildung des Rechts)으로 보아야 한다고 주장한다. 그 밖에 당연유효론 또는 무효인 신분행위의 추인이론에 의해 이를 설명하는 견해[27]도 있으나, 다소간 오해에 기인한 것으로서 동조하는 학자를 찾기 어렵다.

4. 요건

가. 입양의 성립요건을 갖출 것

허위의 친생자 출생신고에 입양신고로서의 효력을 부여하기 위해서는 먼저 입양의 다른 모든 성립요건이 완전하게 갖추어져 있어야 한다.

(1) 성립요건의 유형별 효력

입양의 성립요건에는, 그것을 갖추지 못할 경우 입양무효사유가 되는 요건과 입양취소사유가 되는 요건이 있다.

㈎ 입양무효사유에 해당하는 경우

입양무효사유에 해당하는 성립요건을 갖추지 못한 경우 허위의 친생자 출생신고가 입양으로서의 효력을 갖지 못함은 당연하다. 입양무효사유에 대해서는 §883 註釋 참조. 이 중 특히 판례에서 많이 문제된 사안들은 당사자 사이에 입양의 합의가 없는 경우 및 §869 ②에 위반하는 경우(법정대리인의 대락이 없는 경우)이다.[28]

1) 입양의 합의가 없었던 경우

집에서 가사를 도와주던 사람이 결혼을 하려고 할 당시 호적을 찾을 수 없어서 편의상 집주인을 아버지로, 그의 처를 어머니로 하여 그들 사이에 출생한 것처럼 호적부에 등재한 경우라면, 당사자 사이에 입양의 의사가 없으므로, 친생친자관계도 양친자관계도 성립하지 않는다.[29]

반면 부(夫)가 혼인 전에 출생한 혼인외 자에 대해 처가 자신의 친생자로 출생신고를 하고 한 집에 살면서 친자녀와 같이 양육해 왔으며, 부(夫) 사망 후에도 종전과 같이 가족생활을 유지해 왔고, 결혼하여 분가한 다음에도 서로 왕래하면서 생활비를 보조하거나 아플 때 간병을 받는 등 친자관계를 계속하여 왔다면, 비록 출생신고의 시기가 늦은 감이 있고, 출생신고 자체를 부(夫)가 주도하였으며, 사망 직전 자신의 전 재산을 친조카에게 유증하였다고 할지라도, 처에게 입양의 의사가 있거나, 적어도

---

27) 이희배, 判例, 584 참조.
28) 그 밖에 제정민법 시행 이전 이성양자가 당연무효였음을 전제로 그 기간 동안 성이 다른 사람을 양자로 삼을 의사로 출생신고하였더라도 입양의 효력이 발생할 수 없다고 본 사안으로 대법원 1970. 3. 24. 선고 69다1400 판결 참조.
29) 대구지방법원 1991. 12. 19. 선고 91드11505 판결.

출생신고 당시에는 입양의 의사가 없었다고 할지라도 뒤늦게 입양을 추인한 것으로 볼 수 있을 것이므로, 입양신고로서의 효력을 인정할 수 있다고 한다.[30]

그 밖에 대법원은, 계부가 재혼하면서 그 妻와 그녀의 전 남편 사이에 출생한 자녀들을 자신의 친자식처럼 기르기로 합의하고 그들에 대해 자신과 妻 사이에 출산한 자로 출생신고한 사안,[31] 아들을 낳지 못한 소외인이 그의 부(夫)와 내연녀 사이에서 출생한 자를 출생 이듬해부터 데려다가 20년 가까이 양육하던 중 夫가 사망하자 그를 자신과 夫 사이에 출생한 자로 신고하여 호주상속을 시키고 동거하였으나 최근 그를 상대로 친자관계부존재확인의 소를 제기하여 승소확정판결을 받은 사안[32]에서 모두 신고인에게 입양의사를 인정한 바 있다.

2) 가정법원의 허가를 받지 않은 경우

2012. 2. 10. 민법 개정에 의해 §867 ① 및 §873 ②에 위반한 경우가 입양무효사유 중 하나로 추가되었다. 따라서 가정법원의 허가를 받지 않고 미성년자 또는 피성년후견인을 입양하는 것은 무효이다. 가정법원의 허가를 받지 않은 채 입양할 의사로 허위의 친생자 출생신고를 한 경우에는 어떠한가. 역시 입양으로서의 효력을 갖지 않는다고 할 것이다.[33] 가정법원의 허가 역시 입양의 실질적 성립요건 중 하나일 뿐만 아니라(§867 註釋 참조), 만약 이 경우 입양의 효력을 인정한다면 입양허가제를 도입한 입법취지가 몰각될 우려가 있기 때문이다.[34]

일단 허위의 친생자 출생신고를 한 다음 가정법원으로부터 허가를 받은 경우에는 사후적으로 그 하자가 치유될 수도 있을 것이다. 그러나 입양허가를 받기 위해서는 가정법원에 입양동의권자(법정대리인인 친권자 또는 친생부모)임을 입증할 수 있는 서류를 첨부하여야 하므로, 먼저 친생부모에 의한 출생신고가 이루어져 가족관계등록부가 작성되지 않은 이상 가정법원으로부터 적법한 허가를 받는 것은 사실상 불가능하다. 다만, 입양허가제 시행 후에도 종전의 규정에 따라 생긴 효력에는 아무런 영향을 미치지 아니하므로(2012. 2. 10.자 부칙 §2), 법 시행일인 2013. 7. 1. 전에 요건을 갖추어 행해진 허위의 친생자출생신고는 여전히, 별도의 가정법원 허가 없이, 입양으로서

30) 대법원 2009. 10. 29. 선고 2009다4862 판결.
31) 대법원 1990. 7. 27. 선고 89므1108 판결; 대법원 1991. 12. 13. 선고 91므153 판결. 이와 같이 계부의 계자에 대한 허위의 출생신고에 입양신고로서의 효력을 인정한 것은, 자연적 혈연관계보다 사회적 친자관계를 더 존중한다는 취지에서 타당하다고 보는 견해로 최진섭, 가족법판례해설, 336.
32) 대법원 1993. 2. 23. 선고 92다51969 판결.
33) 윤진수, 227; 윤진수·현소혜, 216; 양형우, 133; 한삼인·김상헌, 175.
34) 허위의 인지신고에 대해 가정법원으로부터 입양허가를 받지 않았음을 이유로 입양신고로서의 효력을 부정한 사건으로 부산가정법원 2018. 5. 9. 선고 2017드단213414 판결 참조.

의 효력이 인정된다.

3) 대락권자에 의한 대락이 없는 경우

적법한 대락권자에 의한 대락이 없었던 경우, 허위의 친생자 출생신고는 입양신고로서의 효력을 갖지 못한다. 그런데 대법원은 법정대리인에게 입양승낙의 의사가 있었는지 여부를 판단함에 있어 비교적 엄격한 태도를 취한 바 있다.[35] 가령 妻가 夫의 혼인외 자를 출생 직후부터 생모로부터 데려와서 양육하다가 10세가 되던 무렵 그 생부와 자기 사이에 출산한 친생자로 출생신고한 사안[36] 또는 자신의 내연녀가 제3자와의 사이에서 출산한 혼인외 자를 양육하던 중 그의 초등학교 입학을 위해 호적을 만들어 주려는 의사로 그를 자신과 본처 사이에 출산한 것으로 출생신고한 사안[37]에서 대법원은 그의 생모가 입양을 승낙하였다고 인정하기 어렵다고 판시하였다. 하급심 판결 중에는 친생부모가 자를 남의 집 대문 앞에 버릴 때에는 그를 주어다 양자로 삼아 잘 양육하여 줄 것을 기대하였다고 볼 수 있다는 이유로 친생부모의 대락의사를 인정한 사안[38]이 있으나, 의문이다.[39] 대법원 2004. 11. 11. 선고 2004므1484 판결 역시 암자 앞에 영아 상태로 방치되어 있었다는 것만으로는 생모에게 대락의 의사가 있었다고 보기 어렵다고 판시한 바 있다.

한편 입양의 대락은 적법한 대락권자가 한 경우에만 그 요건을 갖춘 것으로 본다. 대락권자에 대해서는 §869 註釋 참조. 그 결과 대법원은 생후 3개월만에 기아로 발견되어 경찰서에서 보호 중이던 아동을 경찰서장의 동의하에 자신의 친생자로 출생신고하고 양육한 사안,[40] 고속도로 휴게소에서 일하는 아주머니의 소개로 천주교 소속 수녀가 운영하는 '생명의 집'에 맡겨진 생후 2개월의 아동을 데려다 양육하면서 자신의 친생자로 출생신고한 사안[41] 등에서 적법한 법정대리인에 의한 대락이 없었

---

35) 반면 박병호, 188; 이경희(1992), 58-59은 대법원이 근래 입양의사 또는 대락의사의 존재를 보다 손쉽게 인정하는 경향을 보이고 있다고 분석하면서 대락권자의 승낙의사에 관한 입증을 완화할 필요가 있다고 주장한다.

36) 대법원 1982. 11. 9. 선고 82므45 판결.

37) 대법원 1984. 5. 15. 선고 84므4 판결.

38) 서울가정법원 1988. 9. 12. 선고 88드16420 판결. 서울가정법원 1996. 10. 29. 선고 96드32878 판결(포대기에 생년월일이 기재된 종이쪽지를 꽂은 후 남의 집 대문 앞에 생후 8개월 정도된 아이를 버리고 간 사안); 서울가정법원 1998. 11. 26. 선고 98드24260 판결(포대기에 아이를 잘 키워달라는 내용을 쪽지를 꽂은 후 남의 집 대문 앞에 갓난아이를 버리고 간 사안); 서울가정법원 1995. 2. 9. 선고 94드67900 판결(강보에 쌓인 영아를 생년월일이 기재된 쪽지와 함께 27년간 아이가 없던 부유한 부부의 집 대문 앞에 놓고 간 사안. 동 사건의 2심이었던 서울고등법원 1995. 10. 17. 선고 95르764 판결의 태도도 이와 동일하다) 역시 대락권자의 대락 또는 부모의 동의를 인정한 바 있다.

39) 윤병철(2005), 64-366; 윤진수(1991), 285 참조. 이에 반해 합리적인 사실인정이라는 이유로 하급심 판결을 지지하는 견해로 김정원(1998), 90 참조.

40) 대법원 1990. 3. 9. 선고 89므389 판결.

41) 대법원 2004. 11. 26. 선고 2004다40290 판결. 동 판결에 대한 평석으로 윤병철(2005), 357-371 참조.

다고 판시한 바 있다. 반면 하급심 판결 중에는 입양알선기관인 '홀트아동복지재단'에서 보호 중이던 8세의 아동을 위 기관의 승낙 하에 자신의 친생자로 출생신고하고 양육하였다면 적법한 대락이 있었다고 본 사안[42]이 있다.[43]

(나) 입양취소사유에 해당하는 경우

허위의 친생자출생신고에 의한 입양에 입양취소사유가 있는 경우, 그 입양은 취소할 수 있을 뿐이며, 당연히 무효로 되는 것은 아니다.[44] 허위의 친생자 출생신고에 의한 입양에 입양신고에 의한 입양보다 더욱 엄격하게 요건구비를 요구할 이유가 없다는 점, 민법이 취소청구권자와 취소청구기간, 취소의 소급효를 제한하고 있는 점에 비추어 보면 장기간에 걸쳐 계속된 양친자관계를 일거에 부정함으로써 초래될 부당한 결과를 피할 필요가 있다는 점 등이 근거로 제시된다. 판례의 태도도 이와 같다. 가령 대법원은 생모의 입양동의가 없었던 사안[45] 및 舊 민법(1990. 1. 13. 개정전) §875 소정의 호주의 직계비속장남자 입양금지 규정을 위반한 사안[46]에서 각 그것은 입양취소사유에 불과하므로, 이를 이유로 허위의 친생자 출생신고에 입양신고로서의 효력을 부정할 수는 없다고 판시한 바 있다.

(2) 실질적 성립요건의 존재시기

입양의 실질적 성립요건은 허위의 친생자 출생신고를 할 당시에 갖추고 있어야 함이 원칙이다. 그러나 허위의 친생자 출생신고 당시에는 그 요건을 갖추지 못한 경우라도 사후에 하자가 치유되었다면 입양으로서의 효력을 가질 수 있다. 가령 허위의 친생자 출생신고 당시 적법한 법정대리인에 의한 대락이 없었다고 할지라도 양자 본인이 15세가 된 이후에 입양을 추인하였다면, 그 효력을 인정할 수 있다.[47] 다만, 이때 추인에 의한 입양의 효력을 인정하기 위해서는 감호·양육 등 양친자로서의 신분적 생활사실이 반드시 수반되어야 한다.[48] 추인의 방법과 요건에 대해서는 §883 註釋 참조.

나. 사실상 친자관계가 형성되어 있을 것

입양의 성립요건을 갖추는 것 외에 사실상 친자관계가 형성되어 있어야만 허위

---

42) 대구지방법원 1987. 7. 10. 선고 87드134 판결.
43) 이에 대해서는 홀트아동복지재단의 장이 「보호시설에 있는 고아의 후견직무에 관한 법률」에 따라 후견인의 직무를 행할 자로 지정되었는지 여부를 밝히지 않은 흠이 있다는 비판이 있다. 윤진수(1991), 285.
44) 같은 취지로 김승표(1999), 285; 백영엽(1993), 406; 오시영, 263; 윤진수, 226; 윤진수(1991), 282; 이경희, 221; 한상호(1989), 254 등.
45) 대법원 1990. 3. 9. 선고 89므389 판결. 동 판결에 대한 간단한 평석으로 윤진수(1999), 305-306 참조.
46) 대법원 1991. 12. 13. 선고 91므153 판결.
47) 대법원 1990. 3. 9. 선고 89므389 판결.
48) 대법원 1991. 12. 27. 선고 91므30 판결.

의 친생자 출생신고에 입양으로서의 효력을 부여할 수 있는지 여부에 대해서는 견해
가 대립한다.

(1) 학설

긍정설49)은 실제로 양친자 사이에 사실상의 친자관계가 형성되어 있어야 한다는
입장이다. 허위의 친생자 출생신고에 입양으로서의 효력을 인정하는 것은 기존의 사
실상태를 존중하기 위함이기 때문이라는 것이다. 다만, 이때 양친자로서 생활을 하는
기간은 단기간이라도 무방하다고 한다. 반면 부정설50)은 별도로 친자적 공동생활관
계의 존재가 요구되지 않는다고 한다. 통상의 입양에 있어서도 그것이 요구되지 않는
데, 허위의 친생자출생신고에 의한 입양이라고 하여 더욱 요건을 엄격하게 요구할 이
유가 없다는 것이다.

(2) 판례

초기의 판례는, '친자적 공동생활의 존재'에 '입양의사의 존재'를 입증하는 간접
사실로서의 기능만을 인정하고,51) 그것을 허위의 친생자출생신고에 입양의 효력을
인정하기 위한 별도의 요건으로 열거하지 아니하였다.52) 그러나 그 후의 한 판결이
허위의 출생신고 당시 흠결되어 있던 입양의사를 추인에 의해 유효하게 만들기 위해
서는 무효인 신분행위에 맞는 신분관계가 실질적으로 형성되어 있어야 한다고 판
시53)한 이래, 대법원은 입양의사의 추인이 문제된 일련의 판결례에서 일관되게 허위
의 친생자 출생신고에 입양신고로서의 효력을 인정하려면 "민법 §883 각 호 소정의
입양무효사유가 없어야 함은 물론 감호·양육 등 양친자로서의 신분적 생활사실이 반
드시 수반되어야 하는 것"54)이라고 설시해 왔다.55)

최근에는 이에서 더 나아가 입양의사의 사후적 추인과 무관한 사안에서도 "감
호·양육 등 양친자로서의 신분적 생활사실이 수반"된 때에만 입양의 효력이 발생함
을 명시적으로 밝힘으로써 위 사실의 존재가 허위의 친생자 출생신고에 의한 입양의
적극적인 요건임을 확실히 하였다.56) 하급심 판결 중에는 신분적 생활사실의 존재에

---

49) 같은 취지로 김용한(1976), 87-88; 백영엽(1993), 407; 이경희(1992), 56; 최문기, 244; 한상호(1989),
251-252 등.
50) 박용수(1997), 354.
51) 대법원 1990. 7. 27. 선고 89므1108 판결; 대법원 1991. 12. 13. 선고 91므153 판결.
52) 박용수(1997), 354.
53) 대법원 1991. 12. 27. 선고 91므30 판결.
54) 대법원 2000. 6. 9. 선고 99므1633 판결; 대법원 2004. 11. 11. 선고 2004므1484 판결; 대법원 2004. 11.
26. 선고 2004다40290 판결; 대법원 2009. 10. 29. 선고 2009다4862 판결; 대법원 2010. 3. 11. 선고 2009
므4099 판결.
55) 이를 들어 판례가 긍정설을 택하고 있다고 보는 견해로 민유숙(2004), 8; 백영엽(1993), 407; 한상호
(1989), 252 참조.
56) 대법원 2007. 12. 13. 선고 2007므1676 판결; 대법원 2011. 9. 8. 선고 2009므2321 판결; 수원가정법원

대한 주장·입증이 없었음을 이유로 허위의 친생자 출생신고에 입양으로서의 효력을 부정한 사안도 여럿 있다.57)

이때 신분적 생활사실은 양친자관계 성립 시에 존재하는 것으로 족하다. 허위의 출생신고 이후 신분적 생활사실이 소멸하였다고 하더라도, 그것만으로 이미 발생한 입양이 당연히 해소되는 것은 아니다.58) 특히 양부모의 이혼 등으로 양친 중 일방이 양자녀를 단독양육하면서 다른 일방과의 사이에 일시적으로 신분적 생활사실이 단절되었더라도 나중에 그 관계가 회복되었다면 입양의 효력을 인정할 수 있다.59)

(3) 신분적 생활사실의 판단기준

양자녀가 미성년자라면 양부모와의 동거 및 양부모에 의한 감호·양육 여부가 신분적 생활사실 유무를 판단하기 위한 가장 핵심적인 징표가 될 것이다. 가령 대법원은, 양모와 생부 간에 생부의 차남을 양자로 삼되 양자가 양모와 동거하거나 양모로부터 보호, 감독 및 교양을 받지 않으며, 다만 장차 장성하면 조상의 봉제사를 하기로 하는 입양합의 후 양모가 입양의사를 철회하였음에도 생부가 일방적으로 입양신고를 한 사안에서, 양모와 생부가 무효인 위 입양을 추인하였더라도 현실적으로는 정상적인 입양의 실체라는 것이 존재하지 않음을 이유로 입양의 효력을 부인하였다.60) 부(夫)가 혼인 전에 출생한 혼인외 자에 대해 처가 자신의 친생자로 출생신고를 한 후 생모가 처에게 자에 대한 친권 및 양육권 포기 각서를 작성하여 줌으로써 입양을 추인하였다고 할지라도, 처가 부(夫)와 협의이혼하고 부(夫)가 사망한 다음부터는 자를 양육하지 않고 있으므로, 추인 당시 양친자로서의 신분적 생활관계가 수반되지 아니한 이상 입양이 소급적으로 유효하게 되는 것은 아니라고 본 사안도 있다.61) 양부와 양자 사이에 함께 생활한 기간이 4개월 정도에 불과하며, 양부가 양모와의 혼인을 목적으로 입양하였을 뿐, 이혼 과정에서 양자를 양육할 의사가 없음을 분명히 밝힌 경우라면 신분적 생활사실이 존재하지 않는다고 본 하급심 판결도 있으나,62) 양부모의 입양의사에 따라 신분적 생활사실의 존부에 대한 판단이 달라져서는 안 될 것이다.

안산지원 2021. 2. 18. 선고 2019드단38704 판결.

57) 서울가정법원 2006. 9. 27. 선고 2006드단37161 판결 외 다수.

58) 문흥안, 가족법판례해설, 313−314. 부산지방법원 2010. 8. 12. 선고 2010르106 판결(미공간)도 이와 같은 취지이다.

59) 대법원 2020. 5. 14. 선고 2017므12484 판결.

60) 대법원 1991. 12. 27. 선고 91므30 판결.

61) 대법원 2000. 6. 9. 선고 99므1633 판결 등.

62) 부산가정법원 2018. 5. 9. 선고 2017드단213414 판결.

반면 양자녀가 이미 성인이 되어 독립 생계를 꾸리고 있는 경우라면 과거 양친 자관계를 맺고 살아오면서 형성되었을 정서적 애착, 사회생활상의 교류와 부조의 정 도, 현재의 정서적 유대관계 등을 종합적으로 고려할 필요가 있다. 판례 역시 같은 취 지에서 양부모 이혼 후 일시적으로 양모와 연락이 두절되었더라도 양자가 성년이 된 후 다시 왕래를 시작하면서 손자 출산 사실을 알리고 돌잔치에 초대하는 등 정서적 애착 관계를 유지하였다면 신분적 생활관계가 존재하는 것으로 본 바 있다.[63] 반면 처(妻)가 다른 남자와의 사이에서 자녀들을 출산한 후 남편의 자녀로 허위의 출생신 고를 한 사안에서 자녀들이 남편의 장례식에 참가하지 않았고, 오히려 생부로부터 꾸 준히 양육비를 받고 교류해왔다면 남편과 자녀들 사이에 신분적 생활관계가 존재하 지 않는 것으로 본 하급심 판결도 있다.[64]

5. 효과

허위의 친생자 출생신고에 의한 입양에는 일반입양과 동일한 효력이 부여된다. 입양의 효과에 대해서는 §882-2 註釋 참조.

가. 효력발생시기

허위의 친생자 출생신고는 언제부터 입양의 효력을 갖는가. 입양으로서의 효력 을 부여하기 위해 "양친자로서의 신분적 생활사실의 존재"라는 별도의 요건을 요구 할 것인지에 따라 달라질 수 있다(위의 4. 나. 註釋 참조). 부정설에 따르면 언제나 출생 신고와 동시에 입양으로서의 효력이 발생할 것이다.[65] 그러나 긍정설에 따를 경우에 는 사안에 따라 달리 볼 필요가 있다. 첫째, 양친자로서의 신분적 생활사실을 형성한 후 출생신고를 한 때에는 출생신고와 동시에 입양으로서의 효력이 발생한다고 볼 것 이다. 입양신고에 갈음하는 출생신고에 있어야 비로소 신분관계가 외부로 공시될 수 있기 때문이다. 둘째, 출생신고를 한 후 비로소 양친자로서의 신분적 생활사실을 형 성한 경우에 대해서는 견해가 대립한다. 다수설은 출생신고 시로 소급하여 입양의 효 력이 발생한다고 주장한다.[66] 신분행위의 획일적 처리에의 요청을 그 근거로 들고 있 다. 이에 대해서는 소급효를 인정할 근거가 모호하다는 비판이 있다.[67] 반면 소수 설[68]은 형식과 실질이 합치한 때를 입양의 성립 시기로 보는 것이 솔직한 해석이라

---

63) 대법원 2020. 5. 14. 선고 2017므12484 판결.
64) 수원가정법원 안산지원 2021. 2. 18. 선고 2019드단38704 판결.
65) 박용수(1997), 356은 입양시기를 명확하게 하고 신분관계를 획일적으로 처리할 필요가 있다는 점에서 위 견해를 지지하고 있다.
66) 김주수(1984), 229; 이경희(1992), 57; 한상호(1989), 253.
67) 윤진수(1991), 283.
68) 김용한(1976), 89.

고 하면서 출생신고 후 실질적 친자관계가 성립하였다면 그때 비로소 입양으로서의 효력이 발생한다고 본다. 이에 대해서는 그 효력발생 시점이 불명확하게 될 우려가 있다는 비판이 있다.[69]

나. 친생자관계부존재확인 청구의 가부

입양으로서의 효력을 갖는 허위의 친생자 출생신고가 있은 후 당해 출생신고가 진실에 부합하지 않는다는 이유로 당사자 사이에 친생자관계가 존재하지 않음을 확인해 달라는 취지의 청구를 할 수 있는가. 위와 같은 내용의 친생자관계부존재확인 청구에 관한 처리 방법에 대해서는 견해가 대립한다.

(1) 학설

인용설은 위 청구를 인용해야 한다는 견해이다. 아무리 양친자관계가 성립한다고 하더라도, 양친자관계와 친생친자관계를 동일시할 수는 없으므로, 양친자관계가 존재한다는 이유로 친생자관계부존재확인 청구를 배척할 수는 없다고 한다. 우리나라에서는 이를 지지하는 학자를 찾아보기 어렵다.[70]

기각설[71]은 친생자관계부존재확인 청구를 기각해야 한다는 견해이다. 위 청구를 인용한다면 당해 출생신고의 기재를 가족관계등록부로부터 말소해야 하는데, 이와 같은 결과는 허위의 친생자 출생신고에 입양신고로서의 효력을 인정하는 이상 허용될 수 없다는 것이다. 일부 하급심 판결은 청구기각설에 따라 기각판결을 내린 바 있다.[72]

각하설[73]은 확인의 이익 없음을 이유로 친생자관계부존재확인의 소를 각하해야 한다는 견해이다. 친생자관계부존재확인의 소는 친생친자관계의 존부를 따지는 소송이지 양친자관계를 규율하는 소송이 아니므로, 친생자관계부존재확인을 구함에 대해 양친자관계가 존재함을 들어 기각하는 것은 타당하지 않다는 것이다. 각하설에 대해서는, 친생자관계 존부에 관한 본안심리에 들어가서야 비로소 당해 출생신고에 의해 입양으로서의 효력이 발생했는지 여부를 심사할 수 있으므로, 이를 소송요건인 확인의 이익 문제로 보는 것은 시간적으로 맞지 않는다는 비판이 있다.[74]

절충설[75]은 양부모가 친생자관계부존재확인의 소를 제기한 때에는 청구를 기각

---

69) 윤진수(1991), 283.
70) 광주고등법원 1985. 11. 5. 선고 85르10 판결이 인용설을 택한 바 있으나, 대법원 1988. 2. 23. 선고 85므86 판결에 의해 파기되었다.
71) 윤진수(1991), 289-291; 한상호(1989), 257.
72) 대구지방법원 1987. 7. 10. 선고 87드134 판결; 서울가정법원 1988. 9. 12. 선고 88드16420 판결; 광주지방법원목포지원 1989. 6. 2. 선고 88드3307 판결.
73) 김정원(1998), 91-92.
74) 윤진수(1991), 289-291 참조.
75) 김주수(1984), 229-230. 반드시 절충설이라고는 볼 수 없겠으나, 오시영, 263 역시 금반언의 원칙을

하고, 제3자가 그 소를 제기한 때에는 소를 각하해야 한다는 견해이다. 특히 양부모의 경우 스스로 허위의 신고를 한 후 그 정정을 구하는 것은 신의칙상 클린 핸드(clean-hand)의 이론에 저촉된다고 한다.

(2) 판례

대법원은 각하설을 택하고 있다.76) "당사자가 양친자관계를 창설할 의사로 친생자출생신고를 하고 거기에 입양의 실질적 요건이 모두 구비되어 있다면 그 형식에 다소 잘못이 있더라도 입양의 효력이 발생하고, 양친자관계는 파양에 의하여 해소될 수 있는 점을 제외하고는 법률적으로 친생자관계와 똑같은 내용을 갖게 되므로 이 경우의 허위의 친생자 출생신고는 법률상의 친자관계인 양친자관계를 공시하는 입양신고의 기능을 발휘하게 되는 것이고, 이와 같이 진실에 부합하지 않는 친생자출생신고의 호적기재가 법률상의 친자관계인 양친자관계를 공시하는 것으로 그 효력을 인정하는 이상 파양에 의하여 양친자관계를 해소할 필요가 있는 등 특별한 사정이 없는 한 그 호적기재 자체를 말소하여 법률상 친자관계의 존재를 부정하게 되는 친생자관계부존재확인 청구는 허용될 수 없다고 보아야 할 것"이라고 한다.

이와 같은 대법원의 태도는 양부모가 양자를 상대로 친생자관계부존재확인을 청구하는 경우,77) 생부모가 양부모와 양자를 상대로 청구하는 경우,78) 형제·자녀 등 제3자가 청구하는 경우79)를 가리지 않고 일관되게 적용된다. 특히 제3자에게는 파양을 청구할 원고적격이 인정되지 아니하므로, 제3자가 제기한 친생자관계부존재확인의 소는 언제나 각하되어야 할 것이다.80) 이에 대해서는 호적상의 부모 생존 시 이미 허위의 출생신고에 의한 입양이 해소되었다는 등의 특별한 사정이 있으면 호적상 부모 사망 후 제3자가 이를 다툴 수 있다는 반대설이 있다.81) 하급심 판결 중에는 허위의 친생자출생신고 후 30여년간 사실상 양친자관계가 계속되었음에도 불구하고, 양모 사망 후 그러한 사실을 잘 알고 있던 그녀의 남동생이 양자를 상대로 친생자관계부존재확인의 소를 제기하는 것은 실효의 법리 내지 신의성실의 원칙에 반한다는 이유로 소를 각하한 예도 있다.82)

원용하여 스스로 허위신고를 한 자는 친생자관계부존재확인 청구를 할 수 없다고 서술하고 있다.
76) 대법원 1988. 2. 23. 선고 85므86 판결; 대법원 1990. 3. 9. 선고 89므389 판결; 대법원 1990. 7. 27. 선고 89므1108 판결; 대법원 1991. 12. 13. 선고 91므153 판결; 대법원 1994. 5. 24. 선고 93므119 판결; 대법원 2001. 5. 24. 선고 2000므1493 전원합의체 판결 등.
77) 대법원 1994. 5. 24. 선고 93므119 판결.
78) 서울가정법원 1995. 8. 8. 선고 92드80541 판결.
79) 대법원 1988. 2. 23. 선고 85므86 판결.
80) 박용수(1997), 357; 윤진수(1991), 289; 최진섭(2011), 213.
81) 이경희(1992), 57.

6. 허위의 친생자출생신고에 의한 양친자관계의 해소 방법

가. 허위의 친생자출생신고에 입양무효사유가 있는 경우

허위의 친생자출생신고라 할지라도 그것이 입양의 실질적 성립요건을 갖추지 못해 입양으로서의 효력을 가질 수 없는 경우라면 친자관계부존재확인 청구를 인용해야 한다. 하급심 판결 중에도, 부(夫)가 내연녀와의 사이에서 출산한 자를 본처와의 사이에서 출생한 것처럼 출생신고하였으나, 실제로 본처에게는 그를 입양할 의사가 전혀 없었고, 양친자로서의 신분적 생활사실도 존재한 적이 없었던 사안에서, 본처 사망 후 그녀의 모가 제기한 친생자관계부존재 확인의 소는 신의성실의 원칙에 위배되거나 권리남용에 해당하지 않는다고 하여 청구를 인용한 것이 있다.[83] 반면 적법한 대락권자에 의한 입양대락이 없었던 경우라도 이를 이유로 친생자관계부존재확인 청구를 인용한다면 국가와 공공의 보호를 상실한 기아를 더 위태롭게 한다는 이유로, 국가나 생부모가 기아에 대한 보호책임을 인수하는 등의 특별한 사정이 없는 한, 친자로 등재된 기아가 15세가 되어 스스로 파양에 의하여 양친자관계를 해소할 수 있을 때까지 이를 인용할 수 없다고 본 하급심 판결도 있다.[84]

한편 대법원은 자신과 내연관계에 있는 남자의 호적에 자신을 생모로 하는 혼인 외 자로 허위의 출생신고를 한 사안에서 양모자관계의 성립을 인정할 수 없다고 하여 친생자관계부존재확인 청구를 인용하면서도, 호적상 모가 사망 당시 호적상 자에게 자신의 재산을 상속하게 하려는 의사를 가지고 있었음을 잘 알고 있는 제3자가 그 상속재산을 탐내어 분쟁이 생긴 경우라면 구체적인 상황에 따라 그 제3자의 재산상의 권리주장을 신의칙에 어긋나거나 권리남용에 해당한다고 하여 배척할 수 있는 여지가 있다고 판시한 바 있다.[85]

82) 서울고등법원 1992. 4. 14. 선고 91르1738 판결.
83) 서울가정법원 1993. 4. 9. 선고 91드44357 판결. 그 밖에 출생신고 당시 양친은 친생자인 것으로 알았으므로, 입양의 의사가 없었다고 보아 친생자관계부존재확인 청구를 인용한 사건으로 청주지방법원 2007. 10. 24. 선고 2006드단1177 판결(미공간); 양모의 의사를 확인하지 않고 부가 일방적으로 허위의 출생신고를 하였으므로 양모와의 사이에서는 입양신고로서의 효력을 인정할 수 없다는 이유로 친생자관계부존재확인 청구를 인용한 사건으로 서울가정법원 2011. 4. 28. 선고 2010드단46599 판결(미공간); 양부와 양자 사이에 신분적 생활사실이 수반되지 않았음을 이유로 친생자관계부존재확인 청구를 인용한 사건으로 춘천지방법원 강릉지원 2008. 5. 30. 선고 2007르120 판결(미공간) 참조.
84) 의정부지방법원 2009. 2. 5. 선고 2008드단6572 판결(미공간).
85) 대법원 1995. 1. 24. 선고 93므1242 판결. 동 판결에 대한 간략한 평석으로 윤진수(1999), 306-307 참조.

나. 허위의 친생자출생신고에 입양취소사유가 있는 경우

(1) 입양취소의 소의 가부

입양취소사유가 있는 경우라도 이미 입양취소 청구권의 제척기간이 도과하여 더 이상 다툴 수 없게 되었다면 당해 허위의 친생자출생신고에 의한 양친자관계는 유효한 것으로 확정된다.86) 반면 아직 제척기간이 도과하지 않았다면 이를 취소할 수 있음이 원칙이다. 그러나 입양신고가 되어 있지 않은 이상 바로 입양취소의 소를 제기하는 것은 허용될 수 없다. 가족관계등록부상 기록을 '입양'으로 정정한 후 비로소 입양취소의 소를 제기할 수 있을 뿐이다. 가족관계등록부 정정 방법에 대해서는 7. 이하 註釋 참조.

(2) 친생자관계부존재확인의 소의 가부

(1)의 사안에서 가족관계등록부를 정정하지 않고 바로 친생자관계부존재확인의 소를 제기함으로써 입양취소의 소에 갈음할 수 있는가. 긍정하는 견해가 있다.87) 다만, 친생자관계부존재확인의 소를 제기할 수 있는 자는 입양취소권자로 제한된다고 한다.88) 그러나 대법원 2010. 3. 11. 선고 2009므4099 판결은 사기 또는 강박에 의해 입양의 의사로 허위의 출생신고를 한 경우라도 양부의 친자는 입양의 취소를 구하는 의미에서의 친생자관계부존재확인을 구할 수는 없다고 판시하였다. 사기·강박을 원인으로 하는 입양취소의 소는 성질상 입양의 의사를 표시한 자에게만 원고적격이 인정될 뿐만 아니라, 취소청구권에 제척기간의 제한이 있고, 취소의 효과도 소급하지 않는 등, 그 원인·사유 및 효력 등에 있어서 친생자관계존부확인의 소와는 구별되기 때문이라고 한다.

다. 허위의 친생자출생신고에 재판상 파양 사유가 있는 경우

(1) 재판상 파양청구의 가부

허위의 친생자출생신고가 입양으로서의 효력을 갖는 경우에 당사자는 당해 입양에 재판상 파양 사유 있음을 이유로 재판상 파양을 청구할 수 있는가. 긍정하는 견해89)와 먼저 가족관계등록부를 '입양'으로 정정한 다음 재판상 파양을 청구하여야 한다는 견해가 대립한다.90) 등록선례의 태도는 후자와 같다.91) 그러나 하급심 판결은

---

86) 대법원 1994. 5. 24. 선고 93므119 전원합의체 판결.
87) 권재문, 182; 김정원(1998), 95; 문흥안, 가족법판례해설, 314; 백영엽(1993), 408. 동 견해는 청구취지를 입양취소를 구하는 것으로 변경할 필요 없이 친생자관계부존재확인 청구에 대해 입양취소의 주문을 내릴 수 있다고 한다.
88) 권재문, 182.
89) 박병호, 195; 최성배(1997), 394; 한상호(1989), 258.
90) 김용한(1976), 89; 김주수(1984), 229; 오시영, 263; 이경희, 222.
91) 등록선례 제200905-1호.

가족관계등록부를 정정하지 않은 채 바로 제기된 재판상 파양 청구라도 본안판단을 하는 경향이 있다.[92]

(2) 친생자관계부존재확인 청구의 가부

(1)의 사안에서 가족관계등록부를 정정하지 않은 채 바로 재판상 파양청구에 갈음하여 친생자관계부존재확인의 소를 제기할 수 있는가.

(가) 학설

부정설[93]이 다수설이다. 재판상 파양 사유가 있는 경우라도 일단 친생자관계부존재확인의 소를 각하한 다음 가족관계등록부를 정정하고 정식으로 재판상 파양을 청구해야 한다는 것이다. 친생자관계부존재확인의 소와 재판상 파양청구의 소는 그 소의 성격과 효과가 전혀 다르므로 피차간에 대용물이 될 수 없다는 점, 재판상 파양 청구의 당사자는 오로지 양부모 또는 양자뿐인 반면 친생자관계부존재확인의 소는 제3자도 제기할 수 있다는 점, 친생자관계부존재확인의 소송절차에서는 파양 이후 아동의 보호 · 양육 등 복리에 관한 배려가 불가능하다는 점 등을 근거로 들고 있다.[94]

반면 긍정설[95]은 재판상 파양 사유가 있으면 바로 친생자관계부존재확인 청구를 인용할 수 있다고 한다. 어쨌거나 판결 확정일 이후로는 양친자관계를 주장할 수 없도록 하는 것이 목적인 이상 친생자관계부존재확인 판결에 의해 재판상 파양과 동일한 효과를 얻을 수 있다는 점, 따로 재판상 파양 청구를 할 수 있는 절차가 명확치 않다는 점, 설령 파양판결을 받더라도 가족관계등록부를 정정한 후 다시 파양신고를 해야 하는 번거로움이 있다는 점 등을 근거로 들고 있다.

절충설[96]로서 재판상 파양 사유가 있을 때에는 친생자관계부존재확인의 소를 각하하는 대신 재판상 파양으로 청구취지를 변경하도록 하거나, 설령 변경하지 않더라도 법원이 직권으로 재판상 파양 사유를 심리하여 파양의 주문을 내릴 수 있다고 보는 견해가 있다. 친생자관계부존재확인 판결의 효과와 재판상 파양판결의 효과가 서로 상이한 이상 법원이 파양을 위해 친생자관계부존재확인 청구를 인용할 수는 없으나, 당해 소송을 통해 당사자들이 달성하고자 하는 목적은 사실상 파양에 있다는 점을 강조한다. 절충설의 변형으로서 당사자 사이에 파양의 협의가 있을 때에는 바로

---

92) 춘천지방법원 2008. 1. 24. 선고 2006르236 판결(미공간); 인천지방법원 2010. 1. 14. 선고 2009르615 판결(미공간) 등. 박동섭 · 양경승, 397도 이와 같이 해설한다.

93) 김용한(1976), 89; 김주수(1984), 229; 김주수 · 김상용, 377; 박병호, 195 - 196; 송덕수, 185; 오시영, 263; 윤대성, 185; 이경희(1992), 57 - 58; 이경희, 222; 한복룡, 200.

94) 박병호, 196; 윤진수(1991), 291 참조.

95) 권재문, 182; 김선혜(1993), 645; 김정원(1998), 94; 박동섭, 가사소송(상), 652; 백영엽(1993), 408.

96) 한상호(1989), 258 - 259.

친생자관계부존재확인 청구를 인용할 수 있을 것이나, 재판상 파양 사유가 있을 뿐이라면 재판상 파양으로 청구취지를 변경하도록 해야 한다는 견해도 있다.[97]

　　실무제요는 파양 사유가 있는 경우에 바로 친생자관계부존재확인을 구하는 것도 가능하고, 양친자관계존재확인의 소와 함께 재판상 파양을 구하는 것도 가능하다는 입장이다.[98]

(나) 판례

　　과거의 대법원판결 중에는 "허위의 친생자출생신고에 의해서 양친자관계가 발생한 경우에는 파양사유가 있다고 하더라도 당사자간에 협의상 파양의 신고가 있거나 재판상 파양의 판결이 있기 전에는 파양의 효력이 생길 수 없다."[99]고 하여 친생자관계부존재확인 판결이 아닌 재판상 파양 판결이 필요하다는 취지로 설시한 것이 있다.

　　하급심 판결의 태도는 분분했다. 일부 판결은, 재판상 파양원인이 있음을 들어 파양청구를 하거나 호적을 입양을 정정한 후 파양의 기재를 하는 것은 별론으로 하고, 곧바로 친생자관계부존재확인 심판청구를 할 수 없다고 하였다.[100] 반면 일부 판결은 친생자관계부존재확인 청구에 대해 재판상 파양 사유 존부를 심사한 후 그 판단 결과에 따라 청구를 인용[101]하거나 기각[102]하였다. 재판상 파양 청구 외에 친생자관계부존재확인 청구를 선택적 또는 예비적으로 병합하여 구한 경우 재판상 파양 청구만 인용하고, 친생자관계부존재확인의 소는 확인의 이익 없음을 이유로 각하한 하급심 판결도 있었다.[103] 파양원인이 있다는 이유로 확인의 이익 유무를 달리 보는 것은 소송요건을 판단하는 단계에서 본안판단이 선취될 우려가 있다는 것이다. 반면 친생자관계부존재확인 청구를 주위적 청구로, 재판상 파양청구를 예비적 청구로 하자 주위적 청구를 인용한 하급심 판결도 있었다.[104]

---

97) 박용수(1997), 359.

98) 제요[1], 634-635.

99) 대법원 1989. 10. 27. 선고 89므440 판결. 동 판결을 기초로 판례가 부정설을 택하고 있다고 주장하는 견해로 윤대성, 184 참조.

100) 서울가정법원 1988. 9. 12. 선고 88드16420 판결(허위의 친생자 출생신고에 의해 입양의 효력이 발생하였으나 양자가 집에 있는 돈이나 책 등을 절취하여 집을 나가는 등 말썽을 부리자 양친이 양자를 상대로 친생자관계부존재확인의 소를 제기한 사안); 광주지방법원 목포지원 1989. 6. 2. 선고 88드3307 판결(양자가 가출을 일삼으며, 걸핏하면 파출소나 경찰서 등에 연행되는 등 그 소행이 좋지 않자 양친이 양자를 상대로 친생자관계부존재확인의 소를 제기한 사안).

101) 서울가정법원 2008. 7. 3. 선고 2006드단99503 판결(미공간); 대전지방법원 천안지원 2009. 1. 13. 선고 2008드단3920 판결(미공간); 대구지방법원 가정지원 2011. 10. 27. 선고 2011드단14819, 22803 판결(미공간).

102) 서울가정법원 2008. 5. 23. 선고 2007드단103409 판결(미공간); 서울가정법원 2010. 12. 20. 선고 2010드단32835 판결(미공간); 인천지방법원 2011. 10. 19. 선고 2011드단6618 판결(미공간).

103) 춘천지방법원 2008. 1. 24. 선고 2006르236 판결(미공간); 전주지방법원 2011. 7. 19. 선고 2010드단8443 판결(미공간).

104) 대전지방법원 가정지원 2009. 1. 23. 선고 2008드단104 판결(미공간).

하지만 최근의 판례는 "파양에 의하여 양친자관계를 해소할 필요가 있는 등 특별한 사정이 있는 경우 호적기재 자체를 말소하여 법률상 친자관계의 존재를 부인하게 하는 친생자관계부존재확인청구가 허용"된다는 입장이다.105) 양친자관계 해소를 위한 친생자관계부존재확인청구의 인용판결이 확정되면 확정일 이후부터는 더 이상 양친자관계의 존재를 주장할 수 없으며, 양친자관계존재 확인 재판을 할 수도 없다.106)

한편 파양은 당사자만이 할 수 있는 것이므로, 양친 중 일방이 사망한 경우 다른 일방이 사망한 사람을 갈음하거나 그를 위하여 양자를 상대로 재판상 파양을 갈음하는 친생자관계부존재확인을 구하는 것은 허용될 수 없다.107) 양부모가 모두 사망한 경우 양부모의 친자 또는 형제 등 제3자가 재판상 파양을 갈음하는 친생자관계부존재확인의 소를 제기하는 것도 마찬가지이다.108)

하급심 판결 중에는 양모가 친생자관계부존재확인의 소를 제기한 후 사망하였다면 §777 소정의 친족은 그 확인 여부에 따라 상속재산의 취득 등의 권리가 발생하므로 이해관계인으로서 소송절차를 수계할 수 있다고 본 사안이 있다.109) 하지만 대법원은 제3자가 양모와 양자 쌍방을 상대로 친생자관계존부확인의 소를 제기하여 그 소송이 계속되던 중 양모가 사망하였다면, 생존한 사람(양자)만 피고가 되고, 사망한 사람(양모)에 대한 소송은 종료하며, 사망한 사람의 상속인이나 검사가 그 절차를 수계할 수 없다고 판시한 바 있다.110)

라. 허위의 친생자출생신고에 의해 성립한 입양을 협의파양하는 경우

허위의 친생자 출생신고에 의해 발생한 입양의 효력을 당사자들의 합의에 의해 제거하는 경우가 있다(협의파양). 양자를 생가에 돌려주거나 타인에게 재입양시킨 경우와 같이 양친자로서의 생활관계가 해소되었다면 그와 동시에 협의파양이 있는 것으로 보아야 한다는 견해111)가 없는 것은 아니나, 협의파양 역시 파양신고에 의해 비로소 효력이 발생함이 원칙이므로, 먼저 가족관계등록부상 기록을 '입양'으로 정정한

105) 대법원 2023. 9. 21. 선고 2021므13354 판결. 대법원 2001. 8. 21. 선고 99므2230 판결; 대법원 2009. 4. 23. 선고 2008므3600 판결도 취지는 같으나, 원고적격 없음을 이유로 친생자관계부존재확인의 소를 각하하였다. 뒤의 두 판결을 근거로 판례가 긍정설을 택하고 있다고 주장한 견해로 김주수·김상용, 377; 백영엽(1993), 408 참조. 대법원 1988. 2. 23. 선고 85므86 판결의 반대해석을 근거로 판례가 긍정설을 택하고 있다고 주장한 견해로 윤진수(1991), 291.
106) 대법원 1993. 2. 23. 선고 92다51969 판결; 대법원 2023. 9. 21. 선고 2021므13354 판결.
107) 대법원 2001. 8. 21. 선고 99므2230 판결; 대법원 2009. 4. 23. 선고 2008므3600 판결.
108) 대전지방법원 천안지원 2008. 6. 17. 선고 2008드단1221 판결; 서울가정법원 2009. 9. 24. 선고 2008드단96164 판결(미공간); 서울가정법원 2010. 7. 21. 선고 2009드단44801 판결(미공간).
109) 대구지방법원 2009. 10. 15. 선고 2008르1114 판결(미공간).
110) 대법원 2018. 5. 15. 선고 2014므4963 판결.
111) 이경희(1992), 56.

후 파양신고를 하여야 할 것이다.112) 그러나 양친자관계의 해소에 대해 양부모와 양자, 친생부모 모두 간에 다툼이 없는 경우라면, 당해 출생신고에 입양으로서의 효력이 있는지를 심리하지 않은 채 친생자관계부존재확인 청구를 인용하는 것이 실무의 태도113)이며, 이를 지지하는 견해도 있다.114) 대법원 역시 허위의 친생자 출생신고에 입양의 효력이 인정되는 경우에도 일단 친생자관계부존재확인 판결이 확정된 경우 그 확정일 이후부터는 양친자관계의 존재를 주장할 수 없다는 입장이다.115)

7. 가족관계등록부의 정정 방법

허위의 친생자 출생신고에 의해 입양의 효력이 발생하는 경우 가족관계등록부상 양부모와 양자 간의 법률관계는 친생친자관계로 기록된다. 실체적 법률관계와 가족관계등록부 사이에 불일치가 존재하는 것이다. 따라서 이를 입양으로 정정할 필요가 있다. 양친자관계를 해소할 필요가 발생한 경우에는 더욱 그러하다. 가족관계등록부상 친생친자관계를 양친자관계로 정정하는 방법에 대해서는 견해가 대립한다.

가정법원 허가설116)은 家登 §104(舊 호적법 §120)에 따라 가정법원의 허가를 받는 것만으로 가족관계등록부의 정정이 가능하다고 한다. 친생자관계부존재확인의 소를 각하한 판결이유로써 입양의 효력이 인정된 이상, 이를 증거방법으로 하여 간이하게 정정을 허용해야 한다는 것이다. 확정판결 필요설117)은 위와 같은 사안은 '친족법상 또는 상속법상 중대한 영향을 미치는 사항'에 해당하므로, 家登 §107(舊 호적법 §123)에 따라 확정판결을 받은 때에만 가능하다는 입장이다. 이 중 확정판결 필요설은 다시 확정판결의 유형에 따라 제한설과 비제한설로 나누어진다.

제한설은 오로지 양친자관계존재확인 판결에 의해서만 정정이 가능하다고 본다 (양친자관계 존재확인의 소에 대해서는 §883 註釋 참조).118) 등록예규 및 등록선례의 입장이다.119) 家登 §107에서 말하는 확정판결이란 등록부정정의 기초인 실체적 신분관계를

---

112) 송덕수, 185.
113) 박정화(2001), 66.
114) 김선혜(1993), 643–644; 박용수(1997), 357–359; 백영엽(1993), 407–408. 백영엽(1993), 409은 심지어 제3자가 재판상 파양에 갈음하여 제기한 친생자관계부존재확인 청구에 대한 인용판결이 확정된 경우에도 더이상 아무도 양친자관계를 주장할 수 없다고 한다.
115) 대법원 1993. 2. 23. 선고 92다51969 판결. 지나치게 신분행위의 요식성에 방점을 둔 것으로서 사실상 양친자관계가 지속되고 있는 경우 부당한 결과를 가져온다는 이유로 동 판결을 비판하고 있는 견해로 최진섭(2011), 209–211 참조.
116) 김갑동(1991), 188–189.
117) 윤진수(1991), 286; 최성배(2001), 380–381. 대법원 1967. 7. 18. 선고 67마332 결정은 확정판결을 받아야만 친생자로 허위 기재된 호적기재를 말소할 수 있다고 판시한 바 있다.
118) 박동섭, 가사소송(상), 441; 제요[1], 635.
119) 등록예규 제301호 §6 및 등록선례 제200905-1호 참조.

주문에 의하여 확인하거나 형성하는 판결을 말하는 것인데, 양친자관계의 존부를 직접 주문에서 확인하는 판결은 양친자관계존부확인 판결뿐이기 때문이다. 하급심 판결 중에도 가족관계등록부상 친생자관계를 양친자관계로 정정하려면 파양조정만으로는 안 되고, 반드시 양친자관계존재확인 판결이 필요하다고 본 사안이 있다.[120]

　　반면 비제한설[121]은 양친자관계존재확인 판결뿐만 아니라. 친생자관계부존재확인의 소 각하 판결, 재판상 파양청구의 인용 또는 기각판결 등이라도 그 판결 이유 중에 허위의 친생자 출생신고에 입양의 효력이 인정된다는 점이 드러난 경우라면 이로써 가족관계등록부를 정정할 수 있다고 한다. 家登 §107상 '확정판결'이란 정정사항을 명확히 하기 위한 증거방법으로서의 확정판결을 의미한다는 점, 가족관계등록부와 실체 간의 괴리를 손쉽게 해소할 수 있도록 해 줄 필요가 있다는 점 등을 근거로 들고 있다.

　　절충설로써 양친자관계존재확인 판결을 받은 때에는 家登 §107에 따라, 친생자관계부존재확인 청구 · 입양무효 확인 청구 · 입양취소 청구 또는 재판상 파양청구 등에 관한 판결 이유에서 허위의 친생자출생신고에 입양의 효력 있음이 인정된 때에는 家登 §104 또는 §105에 따라 가족관계등록부를 정정할 수 있다는 견해도 있다.[122] 어떠한 설을 택하는 경우라도 일단 가족관계등록부상 기록을 양친자관계로 정정하는 경우 친생부모와의 관계에 대해서도 새롭게 기재를 해야 하는데, 친생부모를 확인할 수 없는 경우에는 친생부모의 확정 등과 관련하여 기술적인 문제가 발생할 수밖에 없을 것이라는 지적[123]이 있으나, 가족관계등록실무는 양친자관계존재확인 판결의 확정만으로는 친생자관계에 관한 기록을 따로 정정하지 않는다.[124]

8. 유사법리

　　판례는 허위의 친생자 출생신고에 입양의 효력을 부여한 77다492 전원합의체 판결 이후로 동일한 법리를 유사한 사안에 확대적용하고 있다. 가령 대법원은 친생자가 아닌 자에 대하여 한 인지신고,[125] 양친될 자를 모로 하는 호적정정신고[126] 등에 대

---

120) 대구지방법원 2012. 4. 27. 선고 2011르1534 판결.
121) 박병호, 195; 송덕수, 185; 한상호(1989), 260.
122) 박용수(1997), 365-366; 최성배(2001), 345-348, 383.
123) 양친자관계존재확인 판결에 의한 가족관계등록부 정정과 관련하여 같은 문제점을 지적하고 있는 문헌으로 윤진수(1991), 287 참조.
124) 등록예규 제300호 및 제301호 참조.
125) 대법원 1992. 10. 23. 선고 92다29399 판결. 동 판결에 찬성하면서도, 당해 인지신고에 소급효를 인정할 수는 없다는 견해로 최진섭(2011), 202-204 참조. 이에 반해 인지신고에 입양신고로서의 효력을 인정할 수 없다는 견해로 박동섭, 주석, 399.
126) 대법원 2007. 12. 13. 선고 2007므1676 판결.

해, 다른 입양의 성립요건을 모두 구비한 경우라면, 입양의 효력을 인정할 수 있다고 판시한 바 있다. 이에 대해서는 인지자에게 입양의 의사가 있었고, 후에 피인지자의 모와 혼인하였더라도 인지신고가 사실에 반하여 무효라면 입양의 효력을 인정할 수 없다는 견해도 있다.[127] 물론 인지신고 당시 자신의 친생자로 알고 하였다면, 입양의 의사가 없었으므로 입양신고로서의 효력을 인정할 수 없을 것이다.[128] 하급심 판결 중에는 인지자가 혼인외 출생자의 모와 혼인하는 것을 주된 목적으로 인지신고를 하였을 뿐, 그를 입양하려는 분명하고 진정한 의사가 있었다고 볼 수 없고, 혼인외 출생자와의 사이에서 신분적 생활관계가 존재하지도 않았으며, 가정법원에서 입양 허가도 받지 않았다면 입양의 요건을 갖추지 못한 것이어서 해당 인지 신고에 입양신고로서의 효력을 인정할 수 없다고 본 사안도 있다.[129]

---

127) 박동섭, 가사소송(상), 628.
128) 서울가정법원 2008. 8. 20. 선고 2007드단36523 판결(미공간)도 같은 취지이다.
129) 부산가정법원 2018. 5. 9. 선고 2017드단213414 판결.

第 879 條 ~ 第 880 條

삭제 〈1990. 1. 13.〉

第881條 (입양 신고의 심사)

제866조, 제867조, 제869조부터 제871조까지, 제873조, 제874조, 제877조, 그 밖의 법령을 위반하지 아니한 입양 신고는 수리하여야 한다.

Ⅰ. 본조의 취지

입양신고는 입양의 실질적 성립요건에 위반하지 않는 한 수리하여야 한다(§881). 따라서 입양신고서를 제출받은 가족관계등록공무원은 신고 수리 전 먼저 입양의 실질적 요건이 갖추어져 있는지 여부를 심사해야 한다. 이로써 입양신고 제도는 입양의 실질적 성립요건 구비를 담보하는 기능을 담당한다.

Ⅱ. 심사의 대상

1. 실질적 성립요건의 구비 여부

가족관계등록공무원이 심사해야 하는 대상은 양친이 성년자인지(§866), 미성년자 입양에 대한 가정법원의 허가를 받았는지(§867), 양친될 자와 양자될 자에 의한 입양의 의사표시가 있었는지(§869 ①), 법정대리인 또는 부모에 의한 대락이나 동의가 있었는지(§869 ①, ②, §870 ①, §871 ①), 피성년후견인이 입양하거나 양자가 되는 경우 성년후견인의 동의를 받았는지(§873 ①), 피성년후견인이 입양하거나 양자가 되는 경우 가정법원의 허가를 받았는지(§873 ②), 배우자 있는 사람이 입양함에 있어 배우자와 공동으로 하였는지(§874 ①), 배우자 있는 사람이 양자가 됨에 있어 배우자의 동의를 받았는지(§874 ②) 및 양자될 자가 양친보다 존속이나 연장자가 아닌지(§877)이다.

2. 입양신고의 방식 구비 여부

그 밖에 가족관계등록공무원은 입양신고가 §878 및 家登에서 정한 방식에 위반하였는지도 심사하여야 한다. 다만, 심사결과 입양신고에 흠이 있는 것으로 밝혀진 경우라도 이를 이유로 입양신고를 불수리할 수는 없으며, 신고인에게 보완을 요구할 수 있을 뿐이다(家登 §39).

Ⅲ. 심사권한

1. 형식적 심사권한

가족관계등록공무원은 형식적 심사권한만 갖는다. 따라서 위 각 요건의 구비 여부를 서류에 의해 심사할 뿐이고, 실체적인 판단을 내릴 수 없다. 가령 양친될 자와 양자될 자에게 실제로 양친자로서의 신분적 생활관계를 형성할 의사가 있는지 또는 법정대리인이나 부모가 정당한 이유 없이 대락이나 동의 등을 거부하고 있는지 등에 대해 실질적 심사를 할 권한을 가지고 있지 않다.

2. 심사의 근거

필요한 가정법원의 허가가 있었는지는 당사자가 제출한 가정법원의 허가서 등본에 의해, 필요한 법정대리인 또는 부모·배우자의 대락이나 동의 등이 있었는지 여부는 당사자가 제출한 승낙서 또는 동의서에 의해 심사한다. 법정대리인의 대락, 동의 또는 부모의 동의가 면제되는 경우, 그 면제 사유에 해당하는지는 입양허가 또는 부모의 동의를 갈음하는 심판정본에 의해 심사하면 된다. 특히 법정대리인 또는 부모가 정당한 이유 없이 대락이나 동의를 거부하고 있는 경우 입양신고의 수리 여부는 전적으로 가정법원의 허가에 구속된다.

Ⅳ. 입양신고의 수리 또는 불수리

형식적 심사 결과 입양의 실질적 성립요건을 모두 구비한 것으로 판단될 때 가족관계등록공무원은 입양신고를 수리하여야 한다. 그러나 입양신고의 수리만으로 입양이 당연히 유효하게 되는 것은 아니다. 입양신고의 수리 후에도 입양의 무효 또는 취소를 주장할 수 있다. 반면 실질적 성립요건 중 하나라도 흠결이 있으면 입양신고를 불수리하여야 한다. 특히 가정법원의 입양허가는 실질적 성립요건의 하나에 불과하므로, 가정법원의 허가가 없을 경우에는 입양신고를 불수리하여야 하나, 가정법원의 허가가 있다고 해서 반드시 입양신고를 수리하여야 하는 것은 아니다.

第 882 條 (외국에서의 입양 신고)

외국에서 입양 신고를 하는 경우에는 제814조를 준용한다.

▐ 참고문헌: 정주수(1988), 섭외입양절차의 실무적 고찰, 사법행정 331; 정주수(2004), "호적: 입양무효 의 재판과 호적정리절차 상", 사법행정 45-12.

Ⅰ. 적용범위

본조는 "외국에서 입양 신고를 하는 경우"에 한해 적용된다. 외국에서 우리나라 국민 사이에 대한민국 법에 따라 입양신고를 하는 경우 및 외국에서 우리나라 국민과 외국인 사이에 대한민국 법에 따라 입양신고를 하는 경우가 이에 해당한다. 대한민국 에서 우리나라 국민과 외국인 사이에 또는 외국인과 외국인 사이에 입양을 하는 경우 에 대해서는 국제입양 註釋 참조.

Ⅱ. 신고방법

1. 대한민국 법에 따라 입양신고를 하는 경우

외국에서 입양신고를 하는 경우에는 외국에서의 혼인신고에 관한 §814가 준용되 므로, 그 외국에 주재하는 대사, 공사 또는 영사, 즉 그 지역을 관할하는 재외공관의 장에게 신고할 수 있다(家登 §34). 이때 재외공관의 장은 가족관계등록공무원을 갈음 하여 §881에 따른 심사권한을 행사한다. 자세한 내용은 §814 註釋 참조.

2. 외국법에 따라 입양하는 경우

외국에서 우리나라 국민 사이에 또는 우리나라 국민과 외국인 사이에 그 나라 방식에 따라 입양할 때에는 3개월 이내에 그 지역을 관할하는 재외공관의 장에게 그

나라 방식에 따른 입양에 관한 증서의 등본을 제출하여야 한다(家登 §35 ①). 그 지역이
재외공관의 관할에 속하지 않는 경우에는 3개월 이내에 등록기준지 시·읍·면의 장
에게 입양증서의 등본을 발송하여야 한다(家登 §35 ②).[1] 거주지 국가에서 그 나라 법
에 따른 입양신고 내지 등록을 했더라도 우리 법에 따른 증서 등본 제출 방식의 보고
적 신고의무가 면제되는 것은 아니다.[2] 이때 재외공관의 장 또는 등록기준지 시·
읍·면의 장은 §881에 따른 심사권한을 행사할 수 없다. 재외공관의 장 등은 당해 입
양이 외국의 방식에 따라 이루어졌는지 및 입양증서의 등본이 권한있는 기관에 의해
진정으로 작성된 것인지 등을 심사할 수 있을 뿐이며, 입양의 실질적 성립요건을 갖
추지 못하였음을 이유로 입양신고를 불수리할 수 없다.[3]

3. 사후절차

어느 경우이건 입양신고 또는 외국법에 따른 입양증서의 등본을 수리한 재외공
관의 장은 1개월 이내에 외교통상부 장관을 경유하여 그 신고서류를 본국에 관할하
는 등록기준지의 시·읍·면의 장에게 송부해야 한다(家登 §36).

---

1) 정주수(2004), 57.
2) 등록예규 제486호.
3) 정주수(1988), 117.

第 882 條의2 (입양의 효력)

① 양자는 입양된 때부터 양부모의 친생자와 같은 지위를 가진다.
② 양자의 입양 전의 친족관계는 존속한다.

▌**참고문헌:** 권정희(1994), "미국의 공개입양제도", 한봉희화갑기념; 김상용(2000), "허위의 친생자 출생신고에 의하여 입양의 효력이 발생한 경우 양자의 인지청구 허용여부", 가족법연구 14; 김상용(2010), "양자법의 문제점과 개정방향: 민법상의 쟁점을 중심으로", 가족법연구 Ⅲ; 김상용(2012), "개정 양자법 해설", 법조 61-5; 김용빈(2001), "양부모가 이혼하여 양모가 양부의 가를 떠났을 경우, 양모자관계가 소멸하는지 여부(2001.5.24. 선고 2000므1493 전원합의체 판결: 공2001상, 1392)", 판례해설 36; 김주수(1987), "입양제도의 문제점과 개혁의 필요성<하>", 신문 1667; 박호만(1997), "입양에 있어서 호적실무처리상 나타나는 제문제", 판례와 실무; 이동진(2022), "계자입양", 가족법연구 36-2; 이은희(2002), "부부공동입양-대법원 2001.5.24. 선고 2000므1493 판결-", JURIS FORUM 2; 장병주(2013), "개정 입양제도의 문제점과 개선방향 -개정민법과 입양특례법을 중심으로-", 법학논고 41; 정주수(2004), "호적: 입양무효의 재판과 호적정리절차 상", 사법행정 45-12; 조은희(2013), "자의 복리를 위한 친양자제도", 서울법학 21-2; 지원림(2009), "부부공동입양에 관한 단상", 성균관법학 21-3; 차선자(2012), "아동복지를 위한 입양법의 제언", 강원법학 35; 최성배(2001), "가사판결에 의한 호적정정과 이와 관련된 몇 가지 문제: 호적의 신뢰보호와 관련하여", 司論 33; 최진섭(2011), "입양에 관한 판례의 쟁점 분석", 법학연구 21-3; 최진섭(2012), "개방입양의 법제화를 위한 연구", 법학연구 15-2; 현소혜(2013), "개정민법상 입양과 입양특례법상 입양-체계정합성의 관점에서-", 가족법연구 27-1.

Ⅰ. 본조의 취지

입양이 성립되더라도 그 입양에 어느 정도의 효과를 부여할 것인지는 입법례에 따라 차이가 있다. 기존의 친자관계를 단절시키는 완전입양으로 할 것인지, 그것을 존속시키는 불완전입양으로 할 것인지, 상속권이나 부양의무는 어느 범위에서 인정할 것인지 등은 모두 입법재량에 속한다. 그런데 舊 민법(2012. 2. 10. 개정전)은 일반입양의 효력에 대해 아무런 규정을 두고 있지 않았다. 오랜 관행에 따라, 그리고 친양자 입양의 효력에 관한 §908-3의 반대해석에 근거하여 일반입양에는 불완전입양으로서의 효력이 있다고 인정되어 왔을 뿐이다. 이에 2012. 2. 10.자 개정민법은 §882-2를 신설하여 일반입양의 효력을 명확히 규정하였다.

Ⅱ. 효력발생시기

양자는 입양된 때부터 양부모의 친생자와 같은 지위를 가진다. 즉 입양의 효력은 입양된 때 발생한다. 여기에서 '입양된 때'라 함은 입양신고에 의해 입양이 성립한 날을 말한다(§878 註釋 참조). 입양허가 심판이 있었던 날이 아니다. 舊 민법(1990. 1. 13. 개정전)상 사후양자 역시 입양신고 시부터 효력을 발생하였다. 유언양자의 효력발생시기가 유언의 효력발생시, 즉, 양친 사망시로 소급했던 것과 대비된다.[1)]

Ⅲ. 양자와 양부모 간의 법률관계

1. "양부모의 친생자와 같은 지위"의 의미

양자는 입양된 때부터 양부모의 친생자와 같은 지위를 갖는다. 따라서 양부모가 미혼이면 혼인외 자로서의, 양부모가 기혼이면 부부공동입양의 원칙에 따라 혼인중 출생자로서의 지위를 취득한다.[2)] 다만, 이때 "친생자와 같은 지위"를 취득한다는 것은 §908-3 ①이 친양자를 "부부의 혼인중 출생자로 본다."고 규정한 것과는 의미의 차이가 있다. 일반입양된 양자는 여러 법률효과에 있어서 친생자와 비교해 차별을 받지 않을 뿐이며, 마치 양부모가 스스로 출산한 자녀와 같이 다루어지는 것은 아니다.[3)] 양자와 양부모 상호 간에는 친생친자관계에서와 동일하게 부양·상속 등의 법률관계가 성립한다. 양부모와 양자 간의 부양의무에 대해 자세히는 §976 註釋 참조.

2. 친계와 촌수

양자는 양부모의 혈족, 인척 사이에서도 입양한 때부터 법률상 혼인중 친생자와

---

1) 유언양자에 소급효를 인정하는 취지에 대해서는 정광현, 요론, 236 참조.
2) 이에 반해 개방입양의 정착을 위해서 양자를 양부모 각자의 혼인외 자로 보고, 양친족관계의 성립도 양친과 그 직계비속으로 한정할 필요가 있다는 견해로 최진섭(2012), 279 참조.
3) 김주수·김상용, 385.

동일한 친족관계가 성립한다(§772 ①). 그 친계와 촌수는 혼인중 친생자와 동일하게 결정한다. 한편 양자의 배우자, 직계비속과 그 배우자는 양자의 친계를 기준으로 하여 촌수를 정하게 된다(§772 ②). 자세한 내용은 §772 註釋 참조. 친족관계가 성립하는 이상 양자와 양부모의 친족 사이, 양부모와 양자의 배우자, 직계비속과 그 배우자 사이에도 부양·상속 등의 법률관계가 생긴다. 그들 사이에는 §809에서 정한 바에 따라 혼인이 금지되며, 그러한 혼인장애 사유는 파양 후에도 존속한다. 자세한 내용은 §809 註釋 참조. 그러나 양자의 입양 전 친족과 양부모 또는 그의 친족들 사이에까지 친족관계가 발생하는 것은 아니다.[4] 한편 입양으로 인해 성립한 친족관계는 입양의 취소 또는 파양으로 인하여 종료한다(민법 §776). 혼인의 해소는 입양의 효력에 영향을 미치지 않으므로, 부부공동입양성립 후 부부가 이혼하더라도 양친자관계(특히 양모자관계)는 소멸하지 않는다.[5] 자세한 내용은 §776 註釋 참조.

3. 친권

양자가 미성년자면 양자의 친권자는 양부모가 되고, 친생부모는 친권을 상실한다(§909 ①). 양자가 하는 가족법상 법률행위에 대해 부모의 동의가 필요한 경우에도 양부모가 동의권자가 된다.[6] 부부 중 일방이 다른 일방의 출생자를 단독으로 입양하였다면, 동 조항에도 불구하고, 양친과 친생친이 공동으로 친권을 행사한다고 보아야 할 것이다.[7] §909 註釋 참조. 부부 아닌 자가 재입양의 방법을 통해 사실상 공동입양의 효과를 누리고 있는 경우라면 어떠한가. 뒤의 입양을 한 양친이 단독으로 친권을 행사한다는 견해[8]가 있다. 입법적 해결이 필요하다. 재입양을 통한 공동입양에 대해서는 §874 註釋 참조.

4. 성

일반입양이 성립한 경우 양자가 양부의 성을 따르는지에 대해서는 견해가 대립한다. 긍정설[9]은 입양의 성립과 동시에 이성양자가 양부의 성을 따른다는 입장이다.

---

4) 박정기·김연, 242.
5) 대법원 2001. 5. 24. 선고 2000므1493 전원합의체 판결. 양부모의 이혼에 의해 양모자관계가 소멸한다는 취지의 대법원 1979. 9. 11. 선고 79므35, 36 판결은 동 판결에 의해 변경되었다. 동 판결에 대한 간단한 평석으로 김용빈(2001), 231−243; 문흥안, 가족법판례해설, 320; 이은희(2002), 217−226; 지원림(2009), 321 참조. 대법원 1979. 9. 11. 선고 79므35, 36 판결의 문제점을 지적하였던 문헌으로 김주수, 판례, 108−110 참조.
6) 이경희, 229.
7) 이경희, 228.
8) 오병철(2019), 65.
9) 김용한, 201; 최금숙, 친족법(1), 127; 최성배(2001), 388; 한봉희·백승흠, 259.

민법 §781 ①에 따른 부자동성(父子同姓)의 원칙, 가족구성원의 감정, 양부와 성이 다를 경우 이성양자가 받게 될 상처 등을 근거로 한다. 원칙적으로는 양자의 성이 변경되지 않지만, 당사자가 합의한 경우에는 이성양자가 양부의 성과 본을 따를 수 있다는 절충적 견해[10]도 있다.

반면 다수의 견해는 부정설을 지지한다.[11] 친양자입양이나 입양특례법상 입양과는 달리 일반입양에 대해서는 성변경에 관하여 아무런 규정이 없기 때문에, 성변경을 강제할 수 없다는 것이다. 과거에는 舊 민법(2005. 3. 31. 개정전) §781가 성불변의 원칙을 택하고 있다는 점도 근거로 제시되었다. 실무의 태도도 이와 같다.[12] 2012. 2. 10.자 민법 개정에 의해 양자는 "양부모의 친생자와 같은 지위"를 갖게 되었으므로, 이제 입양의 성립과 동시에 양자의 성이 양부의 성으로 변경된다고 보는 견해[13]도 있다. 그러나 개정 당시 양자가 양부의 성을 따르도록 하는 것을 내용으로 하는 개정안 §882-2 ③이 국회 심의 과정에서 삭제된 점[14], §882 ②에 따라 양자가 여전히 친생부모와의 관계를 유지하는 점 등을 고려하면 여전히 부정설이 타당하다.[15] 다만, 양자는 §781 ⑥에 따라 가정법원의 허가를 받아 양부의 성을 따를 수 있다. 자세한 내용은 §781 註釋 참조.

IV. 양자와 친생부모 간의 법률관계

1. 불완전입양의 효과

입양의 성립에도 불구하고 양자의 입양 전의 친족관계는 존속한다(§882-2 ②).[16] 이러한 의미에서 일반입양을 불완전입양이라고 한다. 그 결과 양자는 양부모뿐만 아니라 친생부모로부터도 상속을 받을 수 있으며[17], 양자가 직계비속 없이 사망한 경우

---

10) 소성규, 105, 136.
11) 고정명·조은희, 182; 김주수, 판례, 500−501; 박정기·김연, 243; 박종찬, 156; 박호만(1997), 440; 송덕수, 199; 신영호·김상훈·정구태, 194; 양수산, 425; 양형우, 143; 오시영, 270; 윤진수, 236; 이경희, 229; 이영규, 225; 이희배, 207; 정주수(2004), 61; 제요[2], 961; 정광현, 요론, 237; 조승현·김재완, 158; 한복룡, 197; 한삼인·김상헌, 179.
12) 등록실무[1], 579; 대법원 2021. 12. 23.자 2018스5 전원합의체 결정.
13) 차선자(2012), 847.
14) 법제사법위원회, 민법 일부개정법률안 심사보고서(2011. 12), 6 참조.
15) 김상용(2012), 35; 장병주(2013), 508. 입법론으로서 양자가 양부모의 성과 본을 따르도록 할 필요가 있다는 주장으로 김주수(1987), 14; 윤진수·현소혜, 214−215 참조.
16) 양친자관계의 안정과 분쟁의 억지, 양자의 복리를 위해 일반입양에 대해서도 불완전입양의 효과를 포기해야 한다는 입법론적 주장으로 최금숙, 99 참조. 같은 취지의 주장을 하면서도 자의 알 권리 또는 자기결정권을 위해 양자가 성년이 되면 기존의 친족관계를 부활할 수 있도록 해야 한다는 견해로 조은희(2013), 26−27.
17) 대법원 1995. 1. 20. 자 94마535 결정.

에는 양부모와 친생부모가 공동으로 양자를 상속한다. 친생부모 및 그의 친족과 양자 사이에 부양의 법률관계도 유지된다(§976 註釋 참조). 소득세법상 특수관계 존부를 판단함에 있어서도 양가와 생가의 친족관계를 모두 고려해야 한다.[18] 그러나 양자의 생가측 친족과 양가측 친족 사이에까지 친족관계가 발생하는 것은 아니다.

2. 인지

혼인외 자를 인지하지 않았던 생부는 그 자가 입양된 후 인지할 수 있는가. 또는 일반입양된 양자는 자신의 생부를 상대로 인지를 청구할 수 있는가.

가. 학설

이에 대해서는 세 가지 견해가 대립한다. 입양가정의 평화를 유지하기 위해 양친의 동의가 있는 때 또는 양친자 사이에 실질적인 친자관계가 더이상 존재하지 않는 때에만 인지를 허용해야 한다는 견해,[19] 허위의 친생자출생신고에 의해 입양된 경우라면 생부에 의한 임의인지는 불가능하지만, 자가 직접 인지 청구의 소를 제기하는 것은 가능하다는 견해[20] 및 혈연진실주의에 비추어 볼 때 언제나 임의인지 또는 인지 청구가 가능하다는 견해[21]가 그것이다. 어느 설을 택하더라도 허위의 친생자출생신고가 되어 있는 경우라면 먼저 가족관계등록부를 '입양'으로 정정한 후 비로소 생부를 상대로 인지청구를 하도록 해야 할 것이다.

나. 판례

판례 중에도 허위의 출생신고에 의해 입양된 양자가 뒤늦게 입양사실을 알고 생부를 상대로 인지청구의 소를 제기한 사안에서 이를 긍정한 판결이 있다.[22] 다만, 대법원은 위 판결에서 "호적상의 부모의 혼인중의 자로 등재되어 있는 자라 하더라도 그의 생부모가 호적상의 부모와 다른 사실이 객관적으로 명백한 경우에는 그 친생추정이 미치지 아니한다고 봄이 상당"하다는 이유로 인지청구의 소를 긍정하였는데, 이에 대해서는 비판이 있다. 허위의 친생자출생신고에 의해 양친자관계의 성립을 인정하면서도 친생추정이 미치지 않는다고 보는 것은 사실상 대법원 1977. 7. 26. 선고 77

---

18) 대법원 2017. 12. 22. 선고 2014두44847 판결.
19) 김상용(2000), 128−129.
20) 최진섭(2011), 215−217. 동 견해는 특히 허위의 친생자출생신고에 의해 양친자관계가 성립한 경우, 인지를 하기 위해서는 먼저 친생자관계부존재확인의 소를 제기하여 친생친자관계의 외관을 제거하지 않을 수 없는데, 파양 사유가 없는 한 친생자관계부존재확인의 소가 허용될 수 없으므로, 임의인지는 불가능하지만, 양친자관계를 유지하는 상태에서 자가 친부를 상대로 재판상 인지를 청구하는 것은 오히려 양자의 복리에 도움이 되므로, 허용될 수 있다고 한다.
21) 이동진(2022), 133; 현소혜(2013), 108−110.
22) 대법원 2000. 1. 28. 선고 99므1817 판결.

다492 전원합의체 판결과 배치되는 결과를 가져올 수 있다는 것이다. 동 견해는 특히 친생자추정이 미치지 않는다면 누구나 친생자관계부존재확인의 소를 제기할 수 있다는 점을 지적한다.[23]

3. 면접교섭

친생부모가 양자로 간 자를 상대로 면접교섭권을 행사할 수 있는가. 명문의 규정은 없으나, 이를 긍정하는 견해[24]가 있다. 일반양자의 경우 친생부모와의 친족관계가 존속한다는 점, 계자입양 사안에서 기존에 면접교섭권을 행사하던 비양육친 또는 혼인외 출생자 입양 사안에서 기존에 면접교섭권을 행사하던 생부가 입양에 의해 면접교섭권을 상실하는 것은 부당하다는 점, 친생부모와의 지속적인 면접교섭은 입양아동의 정서적 안정에 긍정적인 영향을 미친다는 점, 자녀를 직접 양육할 수 없는 친생부모에게 선택권을 부여할 수 있다는 점 등을 근거로 들고 있다. 공개입양의 활성화라는 관점에서 친생부모의 면접교섭을 인정할 필요가 있다.

4. 종중원으로서의 지위

종중이 공동선조의 제사봉행을 주목적으로 한다는 점과 구관습상의 양자제도의 목적에 비추어 보면 타가에 출계한 자와 그 자손은 친가의 생부를 공동선조로 하는 종중에는 속하지 않는다는 것이 종래 판례의 입장이다.[25] 따라서 타가에 양자로 간 자는 입양의 성립과 동시에 친가를 중심으로 하는 종중으로부터 당연탈퇴하며, 양부가 속한 종중의 종원으로 지위가 변동된다.[26] 입양 후에도 사실상 종중원으로서의 활동을 계속해 왔는지 여부를 불문한다. 이에 대해서는 반대하는 견해가 있다.[27] 위와 같은 판례의 입장은 과거의 종법사상에 터잡은 가계계승과 조상에 대한 제사 승계를 목적으로 하는 것으로서, 변화된 우리 전체 법질서에 더 이상 부합하지 않는다는 것이다. 위 견해에 따르면 현행 가족법상으로는 입양에도 불구하고 양자와 친생부모 기타 혈족 사이에 친족관계가 소멸하지 않으므로, 타가에 출계한 후에도 여전히 친가의

---

23) 김상용(2000), 124-126 참조. 이에 대해 최진섭(2011), 216은 처가 낳은 자가 아닌 이상 친생자추정이 미치지 않는 것은 당연하다고 반박한다.

24) 권정희(1994), 489; 이동진(2022), 133; 최진섭(2012), 276-277.

25) 대법원 1983. 2. 22. 선고 81다584 판결; 대법원 1992. 4. 14. 선고 91다28566 판결; 대법원 1996. 8. 23. 선고 96다12566 판결 등.

26) 대법원 2022. 5. 26. 선고 2017다260940 판결 참조.

27) 최진섭(2011), 206-207 참조. 이와 같은 취지의 하급심 판결로 서울고등법원 2009. 10. 1. 선고 2009나4000 판결 참조.

생부를 공동선조로 하는 종중에 속한다고 본다.

Ⅴ. 가족관계등록

1. 가족관계등록부의 기록

입양의 성립과 동시에 가족관계가 변동되므로, 가족관계등록부에도 이를 기록해야 한다. 따라서 입양신고가 있으면 양부와 양모, 양자의 각 가족관계등록부 일반등록사항란에 입양사유를 기록하고, 양부모의 가족관계등록부 특정등록사항란에 양자의 특정등록사항(성명, 성별, 본, 출생연월일과 주민등록번호)을, 양자의 가족관계등록부 특정등록사항란에 양부모의 특정등록사항을 기록한다.[28] 다만, 기존의 친족관계는 그대로 존속하므로, 친생부모의 가족관계등록부 특정등록사항란에서 자녀의 특정등록사항을 말소해서는 안 된다.[29]

2. 가족관계의 증명

가. 가족관계증명서

가족관계증명서(일반증명서)란 본인과 가족의 신분사항을 증명하기 위한 증명서로서 본인을 기준으로 부모, 배우자 및 생존한 현재 혼인중의 자녀의 성명, 성별, 본, 출생연월일과 주민등록번호가 표시된다(家登 §15 ② i). 본래 일반입양은 기존의 친족관계를 단절시키지 않으므로, 양자의 가족관계증명서에는 친생부모도 부모로 표시되어야 하고, 친생부모의 가족관계증명서에는 양자로 간 자도 자녀로 표시되어야 함이 원칙이다. 그러나 이는 당사자들의 의사와 무관하게 입양 사실이 공개되도록 함으로써 사생활을 침해하고, 양자의 복리를 해할 우려가 있으므로,[30] 2009. 12. 29. 家登 개정을 통해 양자의 가족관계증명서에는 양부모만을 부모로 기록하도록 하였다.[31] 다만, 단독입양한 양부가 친생모와 혼인관계에 있는 때에는 양부와 친생모를, 단독입양한 양모가 친생부와 혼인관계에 있는 때에는 양모와 친생부를 각각 부모로 표시한다(家登 §15 ② i 나.). 양부모의 가족관계증명서 자녀란 역시 친생자와 양자 구별없이 모두 자녀로 기재되며, 양자라는 사실은 표시되지 않는다.[32] 그 결과 손자녀입양의 경우 양

---

28) 등록실무[1], 578.
29) 등록실무[1], 579; 신영호, 등록, 119.
30) 같은 문제점을 지적하고 있는 문헌으로 소성규, 137 참조.
31) 이는 불완전입양의 효과와 조화를 이룰 수 없으며, 경우에 따라서는 가족관계증명서에 친생부모가 표시되는 것을 원할 수도 있다는 이유로 비판적인 견해로 김상용(2010a), 36.
32) 등록실무[1], 579.

부모의 가족관계증명서에는 양부모의 친생자녀(양자의 친생부모)와 손자녀(양자)가 형제자매인 것으로 기재된다.

나. 입양관계증명서

입양관계증명서(일반증명서)는 입양과 관련된 신분변동사항을 증명하기 위한 증명서로서 본인을 기준으로 친생부모·양부모 또는 양자녀의 성명, 성별, 본, 출생연월일과 주민등록번호 및 현재의 입양에 관한 사항이 기재된다(家登 §15 ① iv). 가족관계증명서에는 양자녀를 자녀로 표시하여 친생자녀와 구별하지 아니하나 입양관계증명서에서는 양자녀로 표시된다. 입양관계증명서(상세증명서)에는 이에서 더 나아가 과거의 입양 및 파양에 관한 모든 사항이 기재된다(家登 §15 ③ iv).

Ⅵ. 사실상의 양자

1. 의의

사실상의 양자란 당사자 사이에 입양 의사의 합치를 비롯한 입양의 실질적 성립요건을 모두 갖추었고 실제로 양친자관계도 형성되어 있으나, 입양신고를 하지 않아 법적으로는 입양이 성립하지 않은 경우를 말한다. 사실상의 양자에 불과한 경우라도 입양에 준하여 일정한 법률효과의 발생을 인정하려는 견해가 있다.[33]

2. 효과

가. 신고를 전제로 하는 효과

아무리 사실상의 양친자관계가 성립하였더라도 입양신고를 전제로 하는 효과는 발생할 수 없을 것이다. 따라서 가족관계등록부의 변경, 친족관계의 변동, 혼인중 출생자로서의 지위 취득 등의 효과는 발생하지 않는다.[34] 타가에서 사실상 양자로 행세한 것만으로는 생부의 선조를 시조로 하는 종중의 종원 자격을 상실하지도 않는다.[35] 양부모는 사실상의 양자에 대해 친권을 행사할 수도 없으며, 양부모와 사실상의 양자 사이에는 상속도 일어나지 않는다. 다만, 다른 상속인이 없으면 특별연고자로서 재산분여청구를 할 수 있다(§1057−2).[36]

---

33) 김주수·김상용, 388; 오시영, 271; 최금숙, 101; 최문기, 247 등.
34) 김주수·김상용, 388; 오시영, 271; 한삼인·김상헌, 178.
35) 대법원 1994. 4. 26. 선고 93다32446 판결.
36) 한삼인·김상헌, 178.

나. 신고를 전제로 하지 않는 효과

사실상의 양부모는 양자의 친권자가 될 수 없으나, 실제로 양자를 양육하고 있는 이상 양자에 대한 양육의무를 부담하며[37], 양부모와 양자 상호 간에는 부양의무가 성립한다. 사실상의 양친자관계를 부당하게 파기한 자는 이에 대한 손해배상책임을 면할 수 없다.[38] 이에서 더 나아가 상당한 기간동안 사실상 양친자관계가 유지되어 왔다면 사실상 양친자관계존재확인 청구를 할 수 있도록 해야 한다는 견해[39]도 있으나, 명문의 근거 없이 이러한 소송유형을 인정하기는 어려울 것이다. 판례 중에는 사실상의 양자에게 §752에 따른 생명침해로 인한 위자료청구권을 인정한 사안[40] 및 사실상의 양부에게 「성폭력범죄의 처벌 및 피해자보호 등에 관한 법률」 §7 ⑤에 따른 사실상의 관계에 의한 친족으로서의 지위를 인정한 사안[41]이 있다.

37) 김주수·김상용, 388; 오시영, 271; 최금숙, 101; 최문기, 247.
38) 김주수·김상용, 388; 양수산, 398; 오시영, 271.
39) 최금숙, 101.
40) 대법원 1975. 12. 23. 선고 75다413 판결.
41) 대법원 2006. 1. 12. 선고 2005도8427 판결.

第 2 款 入養의 無效와 取消

第 883 條 (입양 무효의 원인)

다음 각 호의 어느 하나에 해당하는 입양은 무효이다.

1. 당사자 사이에 입양의 합의가 없는 경우
2. 제867조제1항(제873조제2항에 따라 준용되는 경우를 포함한다), 제869조제2항, 제877조를 위반한 경우

▌참고문헌: 김선혜(1993), "친생자관계존부확인의 소송실무상 몇가지 문제점", 재판자료 62; 김승표(1999), "부부공동입양의 원칙을 위반한 친생자출생신고에 의한 입양의 효력", 재판실무 1; 김연(1995), "양친자관계존부확인의 소의 적부", 가족법연구 9; 김정원(1998), "친생자관계존부확인청구사건의 소의 이익", 실무연구 Ⅳ; 김주수(1992), 입양무효의 추인의 법리-대법원 제3부 1991년 12월 27일 선고 91므30 판결-, 신문 2153; 김현진(2022), "조부모의 손주입양", 가족법연구 36-2; 박동섭(2003), "부부공동-입양판례를 중심으로", 재판자료 101; 우병창(2002), "가족법상 입양에 관한 연구: 양자법의 개선을 위한 현행법의 검토와 입법론 제안", 가족법연구 16-2; 윤행철(2005), "대낙권자가 존재하지 않거나 대낙권자를 알 수 없는 경우 대낙권자인 법정대리인의 승낙이 있었다고 추정할 수 있는지 여부", 판례해설 51; 윤진수(1996), "민법 시행 전에 이성양자가 허용되었는지 여부 및 민법 시행 전 입양의 요건에 대한 민법의 소급적용", 민법논고[Ⅳ]; 이승우·김유은(2007), "대락입양 소고", 성균관법학 19-2; 정주수(2004), "호적: 입양무효의 재판과 호적정리절차 상", 사법행정 45-12; 최진섭(2011), "입양에 관한 판례의 쟁점 분석", 법학연구 21-3; 한상호(1996), "여자가 사실상의 양자를 내연관계에 있는 남자의 혼인외의 자로 출생신고 하게 한 경우 양친자관계의 성립 여부", 민사판례연구 XVⅢ; 현소혜(2019), "가장입양의 판단기준", 법학평론 9; 현소혜(2021), "2010년대 가족법 판례의 경향과 흐름", 안암법학 63.

I. 본조의 취지

입양의 무효란 이미 성립한 입양에 실체적 또는 절차적 하자가 있어 입양으로서의 효력이 발생하지 않는 것을 말한다. 본조는 현행 민법상 입양 무효사유들을 열거하고 있다.

II. 입양무효의 원인

1. 당사자 사이에 입양의 합의가 없는 때

당사자 사이에 입양의 합의가 없는 때라 함은 양부모와 양자 사이에 입양의사의 합치가 없는 경우를 말한다. 당사자 쌍방 모두에게 입양의 의사가 없는 경우와 일방에게만 입양의사가 없는 경우를 모두 포함한다.

가. 당사자 쌍방에게 입양의 의사가 없는 경우

당사자 쌍방에게 입양의 의사가 없는 사안은 다시 입양의 실질적 의사가 결여된 경우와 입양의 형식적 의사가 결여된 경우로 나누어 볼 수 있다. 입양의 의사에 대해 자세히는 §869 註釋 참조.

입양의 실질적 의사가 결여된 경우란 양부모와 양자 사이에 실제로 양친자로서의 신분적 생활관계를 형성하고자 하는 의사가 없었던 경우, 즉 가장입양을 말한다. 대법원은 고소사건으로 인한 처벌을 모면할 목적으로 형식적으로만 입양신고를 한 사안,[1] 생부가 계속 사건본인을 자신의 호적부로 옮기는 것을 거절하자 양자로 입양할 의사 없이 생부의 호적부로 전적할 때까지 잠정적으로만 입양하는 것처럼 가장하는 입양신고를 한 사안,[2] 종손인 남편 사망 후 종회에서 내려진 양자선정결의에 따라 종부가 오로지 종손의 대를 이을 목적으로 양자와의 사이에 입양신고를 한 사안[3] 등에서 당사자 간에 실제로 양친자로서의 신분적 생활관계를 형성한다는 의사의 합치가 없었다는 이유로 입양이 무효라고 판시한 바 있다.[4]

그 밖에 학설에 따라서는 병역의무를 면하기 위한 입양, 유족연금을 수령하기 위한 입양, 성(姓)의 존속을 위한 입양, 공동상속인들의 상속분 내지 유류분을 감소시키

---

1) 대법원 1995. 9. 29. 선고 94므1553 판결 등.
2) 대법원 2004. 4. 9. 선고 2003므2411 판결.
3) 대법원 2004. 9. 13. 선고 2003므1739 판결(미공간).
4) 반면 서울가정법원 2010. 2. 10. 선고 2009드단73243 판결(미공간)은, 교직원 자녀 학비혜택을 주기 위해 친구의 자를 입양한 사건에서 "그 경위가 어떠하던 간에 원고 스스로 입양신고를 한 것이므로 원고 본인의 의사와 상관없이 입양이 이루어졌다고 볼 수 없다."고 판시한 바 있다.

기 위한 입양 등을 가장입양의 일종으로 보기도 한다.[5] 다만, 성년입양에서는 미성년 입양과 달리 양친자로서의 생활관계 형성을 통한 양자의 복리 실현이 그다지 중요한 법익이라고 할 수 없으므로, 입양의 주된 동기가 실질적 친자관계 형성에 있지 않고 다른 동기가 함께 개입되었다고 하더라도 가장입양이 아니라고 판단될 가능성이 높다.[6] 가령 재산상속을 위한 입양 등이 그러하다.

한편 입양의 형식적 의사가 결여된 경우란 양부모와 양자에게 입양신고를 할 의사가 결여되어 있었던 경우를 말한다. 제3자가 당사자들 모르게 입양신고를 한 경우가 대표적이다.[7]

나. 당사자 중 일방에게만 입양의사가 없는 경우

당사자 중 일방에게만 입양의사가 없는 경우에도 입양은 효력이 없다.[8] 대법원은, 양친자 중 일방이 사망한 후 입양신고를 한 사안,[9] 양친자 중 일방이 입양의사를 철회한 후 입양신고를 한 사안,[10] 양친자 중 일방이 다른 일방 모르게 한 입양신고를 한 사안,[11] 입양신고가 있었으나 그 후 입양자에 대해 실종선고 심판이 확정되어 위 입양일자 이전에 사망한 것으로 간주된 사안[12] 등에서 입양이 무효라고 판시한 바 있다.

다만, 舊 민법(1990. 1. 13. 개정전)에 따른 사후양자는 양부 사망 후에 신고된 것이라도 유효하며, 사후양자로 선정된 자가 망 양친의 의사에 합치되지 않는 경우라도 효력에 영향이 없다.[13] 따라서 이미 사망한 자 명의의 입양신고라도 무효행위 전환의 법리에 따라 사후양자 신고로서의 효력을 인정할 여지가 있다. 물론 이때 사후양자 선정이 유효하기 위해서는 사후양자의 실질적 성립요건을 갖추어야 함은 물론이다.[14]

그 밖에 입양 당시 양친자 중 일방에게 의사능력이 없었던 경우,[15] 입양의 의사표시가 비진의표시였던 경우, 입양 상대방의 동일성에 관하여 착오가 있었던 경우 등에도 입양이 무효로 된다.[16] 비진의표시·착오 등에 관한 민법총칙 상의 규정은 입양에

5) 박동섭, 가사소송(상), 607−608 참조.
6) (同旨) 박동섭, 가사소송(상), 608−609; 최금숙, 104; 현소혜(2019), 42−44.
7) 이는 입양의 불성립에 해당한다는 견해로 양형우, 138.
8) 이는 입양의 불성립에 해당한다는 견해로 권재문, 176.
9) 대법원 1969. 11. 20. 선고 69므25 판결; 대법원 1981. 6. 11. 선고 80스10 결정; 대법원 2004. 9. 13. 선고 2003므1739 판결(미공간).
10) 대법원 1991. 12. 27. 선고 91므30 판결.
11) 대법원 1998. 5. 26. 선고 97므25 판결.
12) 대법원 2002. 6. 28. 선고 2000므1363 판결.
13) 대법원 1957. 3. 21. 선고 4289민상667 판결.
14) 대법원 2002. 6. 28. 선고 2000므1363 판결.
15) 전주지방법원 2009. 4. 30. 선고 2008르345 판결(미공간).
16) 고정명·조은희, 183; 박동섭, 가사소송(상), 604; 박동섭·양경승, 377; 박병호, 189; 박정기·김연, 294; 신영호·김상훈·정구태, 190; 양수산, 416; 양형우, 138; 오시영, 264; 이경희, 224; 이영규, 221; 정광현,

적용되지 않는다. 반면 동기의 착오에 불과한 상대방의 성격·자산·사회적 지위 등에 관한 착오만으로는 입양이 무효로 되지 않는다.[17] 파양 사유가 될 수 있을 뿐이다.

부부공동입양의 경우 부부 중 일방에게만 입양의사가 없는 경우, 입양의사가 없는 당사자와 양자 간의 입양은 무효이나, 입양의사가 있는 당사자와 양자 간의 입양은 일단 유효하게 성립한다(개별설). §874 ①에 반하였음을 이유로 취소할 수 있을 뿐이다.[18] 이에 대해서는 입양 전부가 무효로 된다는 반대설이 있다(공동설).[19] 부부공동입양에 대해서는 §874 Ⅱ. 및 §884 Ⅱ. 註釋 참조.

다. 입양의 의사표시가 조건부인 경우

입양의 의사표시에는 조건을 붙일 수 없다는 전제하에 조건부 입양도 무효라는 견해가 있다.[20] 대법원 역시 양자된 자의 생부가 향후 협의상 파양하고 양자된 자를 재차 생부의 호적으로 전적할 의사로 입양승낙을 하였는지가 문제된 사안에서 이와 같은 해제조건부 내지 기한부 입양승낙은 친족관계의 명확성에 반한다는 이유로 입양이 무효라고 판시하였다.[21]

2. 가정법원의 허가를 받지 않은 때

§867 ① 및 §873 ②을 위반한 경우 입양은 무효이다. 따라서 미성년자 또는 피성년후견인을 입양하거나 피성년후견인이 입양함에 있어 가정법원의 허가를 받지 않았다면, 비록 입양신고가 수리되었더라도, 그 입양은 아무런 효력이 없다.[22] 가령 위조된 입양허가서를 제출하여 입양신고가 수리된 경우 등이 그러하다. 舊 민법(2012. 2. 10. 개정전)상 피후견인의 입양과 관련된 가정법원의 허가를 받지 않은 것이 취소사유에 불과하였던 것과 대비된다. 허위의 친생자 출생신고에 의한 입양 역시, 가정법원의 허가를 받지 않은 한, 무효라고 보아야 할 것이다.[23] 이에 대해서는 §878 註釋 참조.

요론, 232; 제요[1], 621; 최문기, 친족상속, 231; 한복룡, 194; 한봉희·백승흠, 260.

17) 박동섭, 가사소송(상), 606.
18) 대법원 1998. 5. 26. 선고 97므25 판결; 대법원 2006. 1. 12. 선고 2005도8427 판결.
19) 박동섭·양경승, 378.
20) 김주수·김상용, 378; 박동섭, 가사소송(상), 604; 박병호, 189; 박정기·김연, 294; 박종찬, 144; 송덕수, 192; 신영호·김상훈·정구태, 190; 윤진수, 223; 양형우, 138; 이영규, 221; 정광현, 요론, 232; 최문기, 244; 한복룡, 194.
21) 대법원 2004. 4. 9. 선고 2003므2411 판결.
22) 송덕수, 190.
23) 권재문, 172, 177; 신영호·김상훈·정구태, 189; 윤진수·현소혜, 216.

3. 대락권자에 의한 대락이 없는 때

가. 일반론

§869 ②에 위반한 때, 즉 양자될 자가 13세 미만임에도 불구하고 법정대리인이
대락하지 않은 때 그 입양은 무효이다. 일방 당사자에게 입양의사가 없는 경우와 동
일하게 볼 수 있기 때문이다. 대락권자에게 입양의 실질적 의사가 없었던 경우와 대
락권자에 의한 입양신고가 없었던 경우, 대락의 의사표시를 한 자가 적법한 대락권자
가 아니었던 경우[24]를 모두 포함한다. 친권자가 공동으로 대락해야 함에도 불구하고
1인이 단독으로 대락한 경우에도 입양은 무효이다.[25] 대락권자의 대락 없이 허위의
친생자출생신고 방법에 의해 입양한 경우에도 이는 입양으로서 효력이 없다.[26] §869
및 §878 註釋 참조.

나. 법적 성질

법정대리인에 의한 대락이 애초부터 흠결되어 있는 경우 당해 입양은 입양의사가
없는 것이 되어 당연히 무효이다. 이에 반해 대락의 의사표시는 있었으나, 그가 적법한
대락권자가 아니었던 경우 대락에 의한 입양은 무권대리로서 무효이다. 그러나 양자의
사안을 구별하지 아니하고 모두 무권대리로 구성하는 것이 일반적인 견해이다.[27]

다. 추인

법률상 당연히 무효인 법률행위라도 추인에 의해 이를 유효하게 만들 수 있다.
따라서 대락권자에 의한 대락이 흠결되어 무효인 입양을 후에 본인 또는 대락권자가
추인하면 당해 입양은 유효하다(§139). 적법한 대락권자에 의한 대락이 없었던 경우,
즉 무권대리에 해당하는 경우에도 본인은 이를 추인함으로써 유효하게 만들 수 있다
(§130). 판례 역시 무효인 입양의 추인을 인정한다.[28]

(1) 추인권자

양자 본인이 성년에 달하면 그가 단독으로 유효하게 추인을 할 수 있다. 양자
본인이 13세 이상의 미성년자라면 스스로 추인을 할 수 있으나, 법정대리인의 동의를
받아야 한다(§869 ①). 법정대리인이 추인을 대리할 수는 없다.[29] 양자가 아직 13세 미

---

24) 양자된 자를 인지한 자가 입양대락의 의사표시를 하였으나 그 후 인지무효확인판결이 확정된 경우
　　그 판결은 소급하여 효력을 발생하므로, 적법한 대락권자로 볼 수 없어 당해 입양이 무효라고 본 사안
　　으로 의정부지방법원 2010. 12. 23. 선고 2010르391 판결(미공간).
25) 이승우·김유은(2007), 198.
26) 대법원 2000. 6. 9. 선고 99므1633 판결.
27) 가령 양수산, 402; 윤대성, 181; 윤병철(2005), 364.
28) 대법원 1990. 3. 9. 선고 89므389 판결; 대법원 1997. 7. 11. 선고 96므1151 판결 등.
29) 박동섭, 주석, 387.

만인 경우에는 진정한 대락권자가 추인의 의사표시를 하여야 한다. 이때 대락권자는 추인 당시를 기준으로 결정한다.

(2) 추인의 방법

추인은 명시적 또는 묵시적으로 할 수 있다. 추인의 의사표시는 양부모 쌍방을 상대로 하여야 하지만, 그 중 일방이 사망한 때에는 생존한 사람을 상대로 한다. 추인 당시 상대방에게 여전히 입양의 의사가 있어야 하는 것은 아니다. 추인은 입양성립 당시로 소급하여 효력을 발생하기 때문이다.[30] (3) 이하 註釋 참조.

㈎ 추인을 인정한 사안

대법원은 태어난지 약 3개월만에 부모를 알 수 없는 기아로 발견되어 경찰서에서 보호 중이던 자에 대해 입양의 의사로 허위의 친생자 출생신고를 하고 양육하여 온 사안에서 양자가 15세가 된 후 위와 같은 경위를 알면서도 양모가 사망할 때까지 아무런 이의를 제기하지 않았다면, 묵시적으로 입양을 추인한 것으로 볼 수 있다고 판시한 바 있다.[31] 또한 독신생활을 해오던 망인이 사고무친인 6세의 여아를 데려다 딸처럼 양육하면서 허위의 친생자출생신고를 한 사안에서, 양자된 자가 약 15세 가량까지 망인을 어머니로 모시며 함께 생활해왔고, 해녀생활을 하기 위해 타지로 떠난 후에도 약 17세가 될 때까지 망인와의 사이에 왕래나 연락이 두절되지 않았다면, 비록 그 후 망인이 양자의 결혼에 반대하면서 그 사이가 소원해져 양자가 망인의 사망 사실조차 알지 못한 경우라도, 묵시적 추인을 인정할 수 있다고 보았다.[32] 부부가 함께 허위의 친생자 출생신고를 하고 만 5세가 될 때까지 양육하다가 이혼을 한 후 양모가 다른 사람과 재혼하면서 양자와의 사이에 연락이 두절되었으나, 양자가 성년이 된 후 다시 왕래를 시작한 사안[33]이나 부(夫)가 혼인 전에 출생한 혼인외 자에 대해 처가 자신의 친생자로 출생신고를 한 후 생모가 처에게 자에 대한 친권 및 양육권 포기 각서를 작성하여 준 사안[34]에서도 입양을 추인한 것으로 보았다.

㈏ 추인을 부정한 사안

대법원은 망인이 운영하는 암자 앞에 방치되어 있던 영아를 데려다가 입양의 의사로 친생자 출생신고하고 양육하기는 하였으나, 망인의 처가 이에 반대하여 양자의 생부 측에 양자를 데리고 갈 것을 종용한 사실이 있고 그 후 양자를 고아원에 보낸

---

30) 이승우·김유은(2007), 199.
31) 대법원 1990. 3. 9. 선고 89므389 판결.
32) 대법원 1997. 7. 11. 선고 96므1151 판결.
33) 대법원 2020. 5. 14. 선고 2017므12484 판결.
34) 대법원 2000. 6. 9. 선고 99므1633 판결 등.

사안에서 양자가 고아원에서 나온 후 망인이 일부 교육비를 부담한 사실이 있더라도, 양자가 제3자에 의해 양육되었고 고등학교 무렵 출가하였다면, 15세가 된 후 무효인 입양을 묵시적으로 추인한 것으로 보기 어렵다고 하였다.[35]

(3) 추인의 효력발생시기

대락이 흠결되어 무효인 입양을 §139에 따라 추인하였다면 추인의 의사표시가 있은 때부터 입양이 유효[36]하게 되는 반면, 무권대리로서 무효인 입양을 §130에 따라 추인하였다면 입양성립 시로 소급하여 입양이 유효하게 된다(§133).[37] 그런데 §139에 따른 추인의 경우에는, 특히 묵시적 추인의 경우, 그 시점을 특정하기가 어려우므로, 학설은 사안을 가리지 아니하고 언제나 이를 무권대리의 추인으로 구성하는 경향이 있다.[38] 이에 반해 판례[39]와 일부 견해[40]는, §139에 따른 추인임을 전제로 그 효과가 소급하지 않는 것이 원칙이나, 신분행위의 추인에 대해서는 예외적으로 소급효를 인정해야 한다는 입장이다. 무효인 신분행위 후 당사자 쌍방의 이의 없이 그 내용에 맞는 신분관계가 실질적으로 형성·계속되어 왔다면, 그 신분관계의 효력을 부인하는 것은 당사자의 의사에 반할 뿐만 아니라 그 외관을 신뢰한 제3자의 이익도 침해할 우려가 있으므로, 추인에 의하여 소급적으로 신분행위의 효력을 인정함으로써 신분관계의 본질적 요소를 보호하는 것이 타당하다는 것이다.

(4) 추인의 요건

(가) 입양이 무효임을 알고 할 것

대락이 흠결된 경우 추인의 의사표시는 추인권자가 입양이 무효임을 알고 해야 함이 원칙이다(§139). 그러나 허위의 친생자 출생신고에 의한 입양의 경우에는, 입양이 무효임은 물론, 그것이 입양이라는 사실 자체를 알지 못하는 경우도 없지 않다. 이때도 추인권자에게 친자관계를 계속 유지하고자 하는 묵시적 의사가 있었던 것으로 추정되는 때에는 널리 추인의 효력을 인정하여야 할 것이다.

---

35) 대법원 2004. 11. 11. 선고 2004므1484 판결.
36) 대법원 1983. 9. 27. 선고 83므22 판결; 대법원 1992 .5. 12. 선고 91다26546 판결 등.
37) 특히 대락권 없는 자가 한 대락입양(표현대락입양)이 무권대리임을 지적하면서 추인에 소급효를 인정하고 있는 견해로 박병호, 182.
38) 김정원(1998), 85−86; 우병창(2002), 185; 이승우·김유은(2007), 198.
39) 대법원 1991. 12. 27. 선고 91므30 판결; 대법원 2000. 6. 9. 선고 99므1633 판결; 대법원 2004. 11. 11. 선고 2004므1484 판결; 대법원 2020. 5. 14. 선고 2017므2484 판결. 특히 최진섭, 가족법판례해설, 297은 대법원 1991. 12. 27. 선고 91므30 판결에 대해 "신분행위에서 사실선행성의 원칙을 분명히 한 점"에 의의가 있다고 한다.
40) 김주수(1992), 15; 최진섭(2011), 211.

(나) 양친자로서의 신분관계가 실질적으로 형성되어 있을 것

무효인 입양을 추인에 의해 유효하게 만들기 위해서는 양친자로서의 신분관계가 실질적으로 형성되어 있어야 한다는 것이 판례의 확고한 입장이다.[41) 신분행위의 본질적인 내용은 신분관계의 형성이고, 신고 등 절차는 그 신분행위의 창설을 외형적으로 확정짓는 부차적인 요건일 뿐이므로, 당사자 간에 무효인 신고행위에 상응하는 신분관계가 실질적으로 형성되어 있지도 아니하고 또 앞으로도 그럴 가망이 없다면 무효인 신분행위에 대한 추인의 의사표시만으로 그 무효행위의 효력을 인정할 수 없다는 것이다. 그 밖에 신분적 생활사실의 판단기준에 대해서는 §878 註釋 참조.

4. 존속 또는 연장자를 양자로 한 때

§877에 위반한 때, 즉 양부모될 사람보다 존속 또는 연장자를 입양한 경우, 입양은 무효이다. 이는 추인에 의해 유효하게 만들 수 없다.[42)

5. 그 밖의 무효사유

민법에 열거되어 있는 것은 아니지만, 입양의 효력이 부정되는 경우로 다음과 같은 것이 있다.

가. 양손입양

민법상 아무런 근거가 없는 양손입양은 강행법규인 신분법 규정에 위반되어 무효이다.[43) 양손입양이란 손자 없는 사람이 입양에 의해 조손관계를 창설하는 것을 의미한다.[44) 자의 항렬에 있는 동성동본인 혈족이 이미 사망한 경우 소목지서의 원칙을 지키기 위해 일단 사망한 자를 입양한 후 손자항렬에 해당하는 그의 자(子)로 하여금 가계를 계승하게 하는 백골양자 제도와 구별된다.[45)

나. 친생자입양

자신의 혼인중 출생자를 입양하는 것은 아무런 효력이 없다.[46) 입양은 양자에게 자신의 혼인중 출생자로서의 지위를 취득하게 하기 위한 신분행위이기 때문이다. 과거에는 이혼한 처(妻)가 혼인중 출생자에 대한 친권자가 되는 것이 불가능하였으므로,

41) 대법원 1991. 12. 27. 선고 91므30 판결; 대법원 2000. 6. 9. 선고 99므1633 판결 등; 대법원 2004. 11. 11. 선고 2004므1484 판결; 대법원 2020. 5. 14. 선고 2017므12484 판결.
42) 같은 취지로 박정기·김연, 245.
43) 대법원 1988. 3. 22. 선고 87므105 판결.
44) 박동섭(2003), 611.
45) 백골양자에 대해서는 김현진(2022), 90; 오시영, 254; 정주수(2004), 55 참조.
46) 등록예규 제130호 ①의 태도도 이와 같다.

친권 취득을 위해 혼인중 출생자를 입양할 수 있는지 여부에 대해 논란이 있었으나[47], 이제는 혼인중 출생자 입양을 허용할 실익이 없다. 자세한 내용은 §877 註釋 참조.

다. 부부 아닌 사람 간의 공동입양

법률상 부부가 아닌 사람들이 공동으로 양부모가 되는 것은 허용될 수 없다.[48] 따라서 이들이 공동으로 입양하는 취지의 입양신고가 이루어지더라도 당해 입양은 무효라고 할 것이다.[49] 자세한 내용은 §874 註釋 참조. 다만, 대법원은 입양허가제 시행 전 동성커플 중 1인이 허위의 친생자 출생신고에 의해 입양한 자녀를 다른 1인이 입양신고에 의해 재입양한 사안에서 재입양에 의해 기존의 양친자관계가 파양되었다고 보기 어렵고, 단순히 동성과 동거하면서 자신의 성과 다른 성 역할을 하는 사람이라는 이유만으로 그 입양이 선량한 풍속에 반해 무효라고는 할 수 없다고 판시함으로써 사실상 재입양을 통해 법률상 부부 아닌 동성 커플이 공동으로 입양하는 결과를 수인한 바 있다.[50]

라. 구법상 입양무효사유

(1) 1915. 4. 1.부터 1940. 2. 10. 사이에 행해진 이성양자는 무효이다.[51] §877 註釋 참조.

(2) 구법 시절 양자될 자의 부모와 호주의 동의를 얻지 않은 입양 또는 남자자손이 있는 자가 한 입양 등은 모두 무효이다.[52] 자식이 나병에 걸려서 가출하여 사실상 없는 것과 같은 경우라도 마찬가지이다.[53]

(3) 구법 시절에는 호주가 아닌 기혼남자가 사망한 경우라도 사후양자를 선정할 수 있었다.[54] 그러나 舊 민법(1990. 1. 13. 개정전) §867 ①은 호주가 사망하였음에도 불구하고 그 직계비속이 없는 경우에 한하여 사후양자를 선정할 수 있다고 규정하였으므로, 호주가 아닌 가족이 사망한 경우 그 가족을 위한 사후양자의 선정은 무효

---

47) 호적선례 3-228호는 부정적인 입장이었다.
48) 대법원 1995. 1. 24. 선고 93므1242 판결.
49) 김승표(1999), 284.
50) 대법원 2014. 7. 24. 선고 2012므806 판결. 위 판결에 대한 간략한 평석으로 현소혜(2021), 314-315.
51) 대법원 1994 .5. 24. 선고 93므119 전원합의체 판결. 1915. 4. 1.부터 제정민법 시행 전인 1959. 12. 31. 까지 사이에 행해진 이성양자는 모두 무효라고 보았던 대법원 1967. 4. 24. 자 65마1163 결정; 대법원 1967. 10. 31. 자 67마823 결정; 대법원 1968. 1. 31. 선고 67다1940 판결; 대법원 1968. 11. 26. 선고 68다1543 판결; 대법원 1970. 3. 24. 선고 69다1400 판결; 대법원 1992. 10. 23. 선고 92다29399 판결 등은 모두 동 판결에 의해 변경되었다.
52) 대법원 1994. 5. 24. 선고 93므119 전원합의체 판결.
53) 대법원 1994. 4. 26. 선고 93다32446 판결.
54) 대법원 2004. 6. 11. 선고 2004다10206 판결.

이다.[55]

(4) 구법 시절에는 호주상속을 할 직계비속장남자의 타가 입양이 금지되었으므로, 이에 위반한 입양은 무효이다.[56] 그러나 이는 제정민법의 시행과 동시에 입양취소사유로 전환되었다[舊 민법(1990. 1. 13. 개정전) §875 및 §884 i]. 반면 호주의 가족의 장남자는, 설령 장차 법정분가하여 호주가 될 지위에 있다 할지라도, 얼마든지 양자가 될 수 있었다.[57]

마. 입양의 불성립

입양신고가 이루어지지 않았다면 입양 자체가 성립하지 않은 것이므로, 입양무효의 소로서 이를 다툴 수 없다. 양친자관계존부확인의 소를 제기할 수 있을 뿐이다.[58] 입양신고가 방식에 위배되어 부적법한 경우도 마찬가지이다. 그러나 후자에 대해서는 널리 입양무효사유로 취급하는 것이 통설과 실무이다.[59]

Ⅲ. "무효이다."의 의미

1. 무효의 성질

입양무효의 법적 성질에 대해서는 확인소송설과 형성소송설의 대립이 있다. 확인소송설(당연무효설)은 입양무효사유가 존재하는 입양은 당연히, 그리고 절대적으로 무효라는 견해이다. 따라서 기간 또는 방법의 제한 없이 누구나 입양의 무효를 주장할 수 있다고 한다. 입양이 무효임을 주장하기 위해 입양무효 확인 판결을 받아야 하는 것은 아니므로, 다른 소송에서 선결문제로서 입양의 무효를 주장할 수도 있다. 다만, 이해관계인은 필요에 따라 家訴에 따른 입양무효의 소를 제기할 수도 있다. 이것이 우리나라의 다수설[60]과 실무[61]의 태도이다. §883가 입양취소의 경우와는 달리 무효의 소를 제기할 것을 요구하지 않고 "무효로 한다."고 규정하고 있음을 그 근거로 들고 있다. 반면 소수설인 형성소송설은 입양무효 판결이 선고되어 확정되기 전에는 아무도 입양의 효력을 다툴 수 없다는 견해[62]이다. 따라서 입양무효 판결이 확정되기

---

55) 대법원 2002. 6. 28. 선고 2000므1363 판결.

56) 대법원 1946. 3. 26. 선고 4278민상199 판결.

57) 대법원 1972. 5. 18. 선고 72마365 판결.

58) 대법원 1993. 7. 16. 선고 92므372 판결. 박동섭, 가사소송(상), 617.

59) 백성기, 381; 제요[1], 621; 정주수(2004), 62.

60) 고정명·조은희, 183; 김용한, 198; 박동섭·양경승, 377; 박정기·김연, 244; 신영호·김상훈·정구태, 190; 양수산, 417; 양형우, 139; 오시영, 264; 윤대성, 186; 이영규, 221; 이희배, 205; 정주수(2004), 62; 조승현·김재완, 159; 최금숙, 116; 최문기, 245; 한복룡, 196; 한삼인·김상헌, 176.

61) 제요[1], 623.

62) 박종찬, 151; 송덕수, 193; 이경희, 224.

전에는 다른 소송의 선결문제로서 입양의 무효를 주장할 수 없다. 신분관계의 안정을
도모할 필요가 있다는 점, 家訴 §21가 입양무효 판결에 대세적 효력을 부여하고 있다
는 점 등을 근거로 들 수 있다.

2. 무효의 효과

가. 양자와 양부모 사이의 관계

무효인 입양에는 입양으로서의 효력이 발생하지 않는다. 즉, 양자는 양부모의 친
생자와 같은 지위를 갖지 않으며, 양부모의 혈족·인척 사이에서도 친족관계가 성립
하지 않는다. 무효인 입양에 기초하여 양부모 측으로부터 받은 상속이 있다면 이는
부당이득으로 반환하여야 한다. 양부모는 양자에 대해 친권을 행사할 수도 없다.

나. 양자와 친생부모 사이의 관계

일반입양은 그 성립 후에도 입양 전의 친족관계가 존속하므로, 입양의 무효로 인
해 기존의 친족관계에 어떠한 변경이 생기는 것은 아니다. 다만, 타가에 출계한 자와
그 자손은 더이상 친가의 생부를 공동선조로 하는 종중의 종중원으로서의 지위를 갖
지 못하는 데 반해, 입양이 무효인 경우에는 그 입양에 의하여 생부의 선조를 시조로
하는 종중의 종원 자격을 상실하지 않는다.[63]

다. 손해배상청구

입양이 무효로 된 경우 당사자 일방은 과실 있는 상대방에 대하여 이로 인한 손
해의 배상을 청구할 수 있다(§897에 의한 §806의 준용). 손해배상청구의 자세한 내용은
§806 註釋 참조.

라. 가족관계등록

입양이 무효로 된 경우 입양에 기초해 이루어졌던 가족관계등록부상의 기록을
모두 정정하여야 한다. 따라서 입양무효의 소를 제기한 사람은 판결확정일로부터 1개
월 이내에 판결의 등본 및 확정증명서를 첨부하여 등록부의 정정을 신청하여야 한다
(家登 §107). 등록부정정신청이 있는 경우 양자의 가족관계등록부 특정등록사항란에서
양부모를, 양부모의 가족관계등록부 특정등록사항란에서 양자를 말소하는 한편, 양부
모와 양자의 가족관계등록부 일반등록사항란에 입양무효에 관한 사항을, 그리고 양
자의 가족관계등록부 일반등록사항란에 종전의 친권이 부활한 취지를 기록한다.[64]
무효인 입양이 있었던 사실은 양부모와 양자의 가족관계증명서에는 표시되지 않으

---

63) 대법원 1994. 4. 26. 선고 93다32446 판결.
64) 신영호, 등록, 120.

며, 오로지 입양관계증명서로서만 확인할 수 있다.

Ⅳ. 입양무효의 소

1. 소의 성질

입양무효의 법적 성질에 관한 당연무효설에 따르면 입양무효사유가 존재하는 입양은 당연히 그리고 절대적으로 무효이다. 따라서 입양이 무효임을 선언하는 판결을 받지 않더라도 그것이 무효임을 주장할 수 있다. 그럼에도 불구하고 家訴는 입양무효의 소를 가사사건의 하나로 열거하고 있다(家訴 §2조 ① 가목 (1) v). 이때 입양무효의 소는 확인소송으로서의 성격을 갖는다.

2. 당사자적격

가. 원고적격

제소권자는 당사자, 법정대리인 또는 4촌 이내의 친족이다(家訴 §31에 의한 §23의 준용). 그러나 이에 해당하지 않는 사람이라도, 확인의 이익을 주장·입증한 경우에는, 입양무효의 소를 제기할 수 있을 것이다.[65] 반면 검사에게는 원고적격이 없으며, 소송 계속 중 당사자가 사망하더라도 검사가 이를 수계할 수 없다.[66] 원고 사망 후 6개월 내에 다른 제소권자가 소송절차를 승계하는 것은 가능하다(家訴 §16).

당사자란 양부모 또는 양자를 말한다. 양자가 아직 미성년자여서 소송능력이 없는 때에는 법정대리인이 대신하여야 한다(§55). 그런데 양자의 법정대리인은 통상 친권자인 양부모이므로, 그가 자신을 상대로 입양무효의 소를 제기하는 것은 불가능하다. 이러한 경우에 대비하여 미성년자가 그 법정대리인을 상대로 입양무효의 소를 제기하는 경우에는 친족회의 동의를 얻어 스스로 소송행위를 할 수 있다는 판결이 있으나,[67] 현재는 친족회 제도가 폐지되었으므로 미성년자를 위해 특별대리인을 선임하여 그로 하여금 소송행위를 대신하도록 해야 한다(民訴 §62). 특별대리인을 선임하지 아니한 채 친생부모가 미성년자를 대리하여 직접 또는 제3자에게 소송대리권을 수여하여 소송행위를 하는 것은 허용될 수 없다.[68] 친생부모가 4촌 이내의 친족으로서 스스로 입양무효의 소를 제기할 수 있음은 물론이다.

---

65) 같은 취지로 백성기, 381.
66) 박동섭, 가사소송(상), 418-419.
67) 대법원 1969. 11. 20. 선고 69므25 판결.
68) 대법원 1991. 4. 12. 선고 90다17491 판결.

법정대리인이 후견인인 경우에 입양무효의 소를 제기하려면 후견감독인의 동의를 받아야 한다(§950 ① v). 후견인이 양자의 복리를 위하여 입양무효의 소를 제기해 주어야 하는 상황임에도 불구하고 소를 제기하지 않을 때에는 후견감독인이 이를 대신할 수 있다(§940-6 ②). 경우에 따라서는 후견인의 추가 선임 또는 변경도 가능할 것이다(§936 ②, §940).

입양무효의 소를 제기할 수 있는 "4촌 이내 친족"에는 양부모의 4촌 이내의 친족과 양자의 4촌 이내의 친족이 모두 포함된다. 양자의 생가 측 4촌 이내 친족도 입양무효의 소를 제기할 수 있다. 일반입양에도 불구하고 기존의 친족관계는 단절되지 않기 때문이다.[69]

나. 피고적격

양친자 중 일방이 소를 제기하는 때에는 다른 일방, 다른 일방이 사망한 때에는 검사가 피고가 된다. 제3자가 소를 제기하는 때에는 양친자 쌍방을 상대방으로 하고, 양친자 중 일방이 사망한 때에는 생존자를 상대방으로 한다. 양친자 쌍방이 피고로 되는 경우에는 고유필수적 공동소송의 성격을 갖는다.[70] 양친자 쌍방이 모두 사망한 때에는 검사를 상대방으로 한다(家訴 §31에 의한 §24의 준용). 소송계속 중 피고가 모두 사망한 경우에도 검사가 소송을 수계할 수 있다.[71] 부부공동입양시 부부 중 일방에 대해서만 입양무효사유가 있는 경우, 공동설에 따르면 입양 전체가 무효로 되므로 부부가 필수적 공동소송으로서 함께 피고가 되어야 할 것이나, 통설과 판례가 취하고 있는 개별설에 따르면 입양무효사유가 있는 배우자만을 피고로 삼으면 된다.[72]

다. 당사자적격의 존재시기

당사자적격은 입양무효의 소 제기 당시에 존재하는 것으로 족하다.[73] 입양신고 당시에는 아직 친족관계에 있지 않았더라도, 그 후 혼인 등에 의해 4촌 이내 친족으로서의 지위를 갖게 된 경우에는 입양무효의 소를 제기할 수 있다.[74]

3. 확인의 이익

당사자, 법정대리인 또는 4촌 이내의 친족은 당연히 확인의 이익이 있는 것으로

---

69) 박동섭, 주석, 374-375.
70) 박동섭, 가사소송(상), 418.
71) 박동섭, 가사소송(상), 419.
72) 정주수(2004), 63; 제요[1], 624.
73) 박정기·김연, 245.
74) 대법원 1985. 12. 10. 선고 85므28 판결. 동 판결에 대한 간단한 평석으로 이희배, 판례, 598 참조.

본다.[75] 그들은 언제든지 입양무효의 소를 제기할 수 있다는 것이 家訴의 입장이기 때문이다(家訴 §31에 의한 §23의 준용). 반면 이에 해당하지 않는 한, §777 소정의 친족이라는 이유만으로 당연히 입양무효의 소를 제기할 이익이 인정되는 것은 아니다.[76] 家訴 §31에 따른 원고적격 없는 자가 입양무효의 소를 제기하려면 그러한 판결이 확정됨으로써 일정한 권리를 얻거나 면하는 등 법률상 이해관계가 있어야 한다.[77]

입양 당사자의 사망 또는 파양에 의해 양친자관계가 이미 해소된 경우, 그 무효의 확인을 구하는 것은 과거의 법률관계에 대한 확인을 구하는 것으로서 원칙적으로 허용되지 않는 것이나, 과거의 법률관계라 할지라도 이를 확정하는 것이 이를 전제로 하는 일체의 지분적 분쟁을 직접적이고 발본적으로 해결하는 유효적절한 수단이 되는 경우에는 그 법률관계에 대한 확인을 구할 수 있다.[78]

입양무효의 소에는 제소기간이 정해져 있지 않으므로, 입양성립일 또는 입양이 무효임을 안 날로부터 오랜 기간이 지난 후라도, 그것이 상속·부양 그 밖의 신분상 권리의무에 직접 영향을 미치는 경우에는 확인의 이익을 인정할 수 있다.[79] 다만, 입양이 무효임을 전제로 재산상의 권리를 주장할 경우 그것이 신의칙에 어긋나거나 권리남용에 해당한다고 하여 배척할 수는 있을 것이다.[80]

4. 관할

가. 토지관할

입양무효의 소는 양부모 중 1명의 보통재판적이 있는 곳의 가정법원, 양부모가 모두 사망한 때에는 그 중 1명의 마지막 주소지의 가정법원의 전속관할에 속한다(家訴 §30).

나. 사물관할

입양무효의 소는 단독판사의 사물관할에 속한다(민사 및 가사소송의 사물관할에 관한 규칙 §3).

---

75) 백성기, 381; 정주수(2004), 62−63. 반면 4촌 이내 친족이라도 법률상 이해관계가 있어야만 원고적격이 인정된다는 취지의 일본 판결들을 소개하고 있는 문헌으로 박동섭, 가사소송(상), 417.

76) 대법원 2020. 6. 18. 선고 2015므8351 전원합의체 판결 참조.

77) 박동섭, 가사소송(상), 425 참조. 대법원 1946. 3. 5. 선고 4279민상194 판결 역시 사후양자무효 확인의 소와 관련하여 "이로 인하여 직접 권리를 취득하거나 의무를 면할 자"에게 확인의 이익을 인정한 바 있다.

78) 대법원 1995. 9. 29. 선고 94므1553 판결 등.

79) 박동섭, 가사소송(상), 616.

80) 대법원 1995. 1. 24. 선고 93므1242 판결. 동 판결을 친생자관계부존재확인 청구 그 자체를 신의칙을 이유로 배척할 수 없다는 취지로 해석하고 있는 견해로 윤진수, 230; 윤진수(1996), 312 참조. 그 밖에 동 판결에 대한 판례평석으로 한상호(1996), 424 이하 참조.

5. 효력

입양무효 확인 청구를 인용한 확정판결은 제3자에게도 효력이 있다(家訴 §21 ①). 즉 입양무효 확인 판결은 대세효를 갖는다. 청구기각판결도 대세효를 갖는지 여부에 대해서는 견해의 대립이 있지만, 적어도 청구기각판결이 확정된 때에는, 다른 제소권 자는 사실심 변론종결 전에 참가할 수 없었음에 대하여 정당한 사유가 있지 아니하는 한, 다시 소를 제기할 수 없다(家訴 §21 ②).[81]

입양무효 확인 청구 인용판결이 확정된 때에는 법원사무관 등은 지체없이 당사 자의 등록기준지 가족관계등록사무를 처리하는 자에게 그 뜻을 통지하여야 한다(家訴 規 §7 ①). 입양무효 판결이 확정되었음에도 불구하고 가족관계등록부의 정정을 신청 하지 않을 때에는 시·읍·면의 장은 상당한 기간을 정하여 그 기간 내에 신고할 것을 최고하고, 최고 후에도 신고하지 않은 때에는 직권으로 정정할 수 있다(家登 §38 및 §18).

V. 양친자관계존부확인의 소

1. 의의 및 근거

양친자관계존부확인의 소란 입양무효·파양무효 외의 다른 사유를 원인으로 양 친자관계의 존재 또는 부존재의 확인을 구하는 내용의 소를 말한다.[82] 舊 家訴規 (1998. 12. 4. 개정전)는 양친자관계존부확인의 소에 대한 규정을 두고 있지 않았고, 민법 및 家訴 역시 입양의 효력을 다투는 소송형태로 입양무효·파양무효·입양취소·파양 취소의 소 및 재판상 파양을 열거하고 있었을 뿐이므로, 그 외에 다른 사유를 원인으 로 하여 양친자관계의 성립 여부를 다투고자 할 때 양친자관계존부확인의 소를 제기 할 수 있는지 여부를 둘러싸고 논란이 있었다.

긍정설[83]은 家訴 §2를 한정적·열거적 조항으로 보기 힘들다는 점, 양친자관계 와 친생친자관계는 매우 유사하므로 친생자관계존부확인의 소에 준하여 양친자관계 존부확인의 소를 허용할 수 있다는 점, 허위의 친생자출생신고에 의해 입양의 효력이 발생한 경우 가족관계등록부상 기록을 입양으로 정정할 수 있는 방법을 강구할 필요 가 있다는 점 등을 근거로 제시하였다. 반면 부정설[84]은 家訴 §2는 열거조항이라는

---

81) 자세한 내용에 대해서는 박동섭, 주석, 120−121 참조.
82) 김현선·정지웅, 743; 제요[1], 634.
83) 김선혜(1993), 627−630; 윤진수, 228; 윤진수(1999), 309; 한상호(1996), 260.
84) 김연(1995), 216−231.

점, 친생친자관계와 달리 양친자관계는 신고에 의해 성립하는 것이므로 친생자관계존부확인의 소에 준할 수 없다는 점, 이를 인정하더라도 결국 대부분의 사건이 제소기간에 걸려 허용될 수 없으므로 인정할 실익이 없다는 점 등을 근거로 들었다.

이에 대해 대법원은, 조선민사령이 시행되기 전인 1920년경 당시의 관습에 따라 양친과 친생부모 사이의 합의를 거쳐 양가의 조선사당에 고함으로써 적법하게 입양절차를 마친 후 양친자로서의 신분적 생활관계도 형성한 사안에서, 양자는 자신과 이미 사망한 양부 사이에 양친자관계가 존재함의 확인을 구하는 양친자관계존재확인의 소를 제기할 수 있다고 판시하였다.[85] 민법이나 家訴에 소송유형이 규정되어 있는 경우에 한하여 신분관계존부확인의 소를 제기할 수 있는 것은 아니며, 신분관계의 존부를 즉시 확정할 이익이 있는 경우라면 일반 소송법의 법리에 따라 당연히 그 신분관계존부확인의 소를 제기할 수 있다는 것이다. 하급심 판결 중에도, 친생부모가 양부모를 상대로 입양의 무효 또는 취소를 주장하자 양부모가 친생부모를 상대로 양친자관계존재확인의 소를 제기한 사안에서 이를 인용한 예가 있다.[86]

이에 家訴規는 1998. 12. 4.자 개정에 의해 양친자관계존부확인의 소라는 새로운 소송유형의 법적 근거를 신설하였다(家訴規 §2 ① iii).

2. 소의 성질

양친자관계존부확인의 소는 가류 가사소송사건으로서의 성격을 갖는다(家訴規 §2 ②). 한때 家訴 §2가 열거조항임을 들어 양친자관계존부확인의 소를 인정하더라도 이를 민사소송으로 보아야 한다는 견해[87]가 있었으나, 家訴規 §2 ① iii의 신설에 따라 동 소송 형태를 가사소송으로 취급하는 실무가 확립되었다. 양친자관계는 법률상 신분관계이며, 이해관계인들 사이에 획일적으로 확정하여 신분관계의 안정을 도모할 필요가 있다는 점을 고려해 볼 때 가사소송으로 봄이 타당할 것이다.[88] 또한 양친자관계존부확인의 소는 양친자라는 신분관계의 존부에 관하여 자기의 법률상 지위에 대한 위험이나 불안이 있는 경우에 그 존부를 확정하는 것이므로 확인의 소로서의 성격을 갖는다.[89]

---

85) 대법원 1993. 7. 16. 선고 92므372 판결.
86) 서울고등법원 1989. 7. 24. 선고 88르1028 판결.
87) 김연(1995), 216−219, 232. 윤진수(1999), 309에 따르면 위 대법원 1993. 7. 16. 선고 92므372 판결도 이를 민사소송으로 보는 취지라고 한다.
88) 김선혜(1993), 629; 박동섭, 가사소송(하), 85.
89) 김현선・정지웅, 743; 제요[1], 635.

3. 제기사유

가. 양친자관계존재확인의 소

양친자관계존재확인의 소는 ① 당사자가 파양신고를 하지 않았을 때, ② 파양신고가 수리되었을 당시 당사자가 이미 사망하였다든지 그 외의 사유로 입양이 해소되었을 때, ③ 국제파양이 준거법을 따르지 않았을 때, ④ 외국의 파양판결이 국내에서 승인받지 못하였을 때와 같이 양친자관계가 존재하지 않는 듯한 외관이 존재하나 사실은 존재하고 있는 경우90) 그리고 ⑤ 허위의 친생자출생신고에 의해 이미 입양의 효력이 발생하였으나, 파양 등을 위해 가족관계등록부의 정정이 필요한 경우91)에 제기할 수 있다.

나. 양친자관계부존재확인의 소

양친자관계부존재확인의 소는, ① 당사자가 입양신고를 하지 않은 경우, ② 입양신고가 수리되었을 당시 당사자가 이미 사망한 경우, ③ 국제입양이 준거법을 따르지 않은 경우와 같이 입양의 외관은 존재하나 애초부터 성립했다고 볼 수 없는 경우에 제기할 수 있다.92) 다만, 학설 중에는 입양신고가 방식에 위배되어 부적법한 경우라면 입양무효의 소를 제기할 수 있다고 보는 견해가 있다.93)

4. 적법요건

가. 당사자적격

(1) 원고적격

양친자관계의 존부를 확인받을 이익이 있는 사람이라면 누구든지 양친자관계존부확인의 소를 제기할 수 있다. 양친자관계의 당사자인 양부모와 양자에게는 당연히 원고적격이 인정된다.94) 양친자관계의 당사자가 아닌 제3자는 어떠한가. 양친자관계존부확인의 소를 제기할 수 있는 자의 범위는 친생자관계존부확인의 소의 경우에 준해 해석해야 할 것이므로,95) 양친자관계존부에 대한 판결이 확정됨으로써 일정한 권

---

90) 김현선·정지웅, 743-744; 박동섭, 가사소송(하), 85.
91) 서울가정법원 2010. 12. 17. 선고 2010드단89237 판결; 인천지방법원 2010. 11. 5. 선고 2010드단20617 판결 등. 제요[1], 634도 같은 취지이다.
92) 김현선·정지웅, 743-744; 박동섭, 가사소송(하), 85.
93) 백성기, 381; 정주수(2004), 62.
94) 김현선·정지웅, 744; 박정기·김연, 254는 양부모와 양자, 그들의 법정대리인 그 밖의 이해관계인에게 양친자관계존부확인의 소의 원고적격을 인정한다.
95) 제요[1], 635.

리를 얻거나 의무를 면하는 등 법률상 이해관계 있어야 비로소 원고적격이 인정될 것이다. §777 소정의 친족이라는 이유만으로 당연히 원고적격이 인정되는 것은 아니다.[96] 친생자관계존부확인의 소의 원고적격에 대해서는 §865 註釋 참조.

(2) 피고적격

양친자관계존부확인의 소의 피고적격은 친생자관계존부확인의 소에 관한 규정을 유추적용한다. 즉 양친자 중 일방이 원고인 경우에는 다른 일방을 피고로 하고, 다른 일방이 이미 사망한 때에는 검사를 피고로 한다.[97] 위법한 신분관계가 존재함에도 불구하고 이를 다툴 상대방이 사망하였다는 이유로 방치하는 것은 공익에 반하기 때문이다. 제3자가 원고인 때에는 양친자 쌍방을 피고로 하고, 그 중 일방이 사망한 때에는 생존한 다른 일방을 피고로 하며, 쌍방 모두 사망한 때에는 검사를 상대방으로 한다(家訴 §24 ② 및 ③).[98]

나. 관할

(1) 토지관할

토지관할은 친생자관계존부확인의 소의 경우에 준한다. 즉 양친자관계존부확인의 소는 상대방의 보통재판적이 있는 곳의 가정법원, 상대방이 여러 명일 때에는 그 중 한 명의 보통재판적이 있는 곳의 가정법원, 상대방이 모두 사망한 때에는 그 중 한 명의 마지막 주소지의 가정법원의 전속관할에 속한다(家訴 §26 ②).

(2) 사물관할

양친자관계존부확인의 소는 단독판사의 사물관할에 속한다(민사 및 가사소송의 사물관할에 관한 규칙 §3).

다. 제소기간

양친자관계존부확인의 소는 상대방이 생존해 있는 한 언제든지 제기할 수 있다. 그러나 피고가 모두 사망하여 검사를 피고로 한 경우에는 그 사망 사실을 안 날로부터 2년내에 소를 제기하여야 한다(§864 및 §865 ②의 유추적용).[99] 신분관계의 조속한 안정을 위해 인지청구의 소 또는 친생자관계존부확인의 소에 준해 제척기간을 인정할 필요가 있기 때문이다. 판례도 같은 취지이다.[100]

---

96) §777 소정의 친족이라면 당연히 소를 제기할 이익이 있다고 보는 견해로 박동섭, 가사소송(상), 442.
97) 대법원 1993. 7. 16. 선고 92므372 판결.
98) 박동섭, 가사소송(하), 87; 제요[1], 636.
99) 제요[1], 636; 조승현·김재완, 162.
100) 대법원 1993. 7. 16. 선고 92므372 판결.

라. 확인의 이익

양친자관계존부확인의 소를 제기하기 위해서는 신분관계의 존부를 즉시 확정할 이익, 즉 확인의 이익이 있어야 한다. 확인의 이익은 현존하는 법률상의 지위의 불안·위험을 제거하는 유효적절한 수단일 때 인정된다. 양친자관계가 성립되었음에도 불구하고 제3자가 이를 부인하는 등 상대방과의 사이에 다툼이 있는 경우101) 또는 가족관계등록부상 허위의 출생신고에 의한 친생자관계를 양친자관계로 정정할 필요가 있는 경우102) 등에 인정된다. 양친자 중 일방 또는 쌍방이 사망하거나 파양하는 등의 사유로 입양관계가 해소된 후라도 확인의 이익이 있을 수 있으나, 양친자관계의 존부가 재산관계 소송의 선결사항일 때에는 재산관계 분쟁을 직접 소송의 대상으로 삼을 수 있으므로 확인의 이익이 없다고 한다.103)

5. 판결의 효력

양친자관계존재 또는 부존재확인판결이 확정되면 양친자 사이뿐만 아니라 제3자에 대해서도 대세적으로 효력이 미친다. 반면 그 청구기각판결의 확정은, 그 소송의 사실심 변론종결 전에 참가할 수 없었던 정당한 사유 있는 자에게는 미치지 아니한다 (家訴 §21).

---

101) 대법원 1993. 7. 16. 선고 92므372 판결.
102) 김선혜(1993), 633-634; 박동섭, 가사소송(하), 86; 제요[1], 637.
103) 김선혜(1993), 633-634; 박동섭, 가사소송(하), 86.

第 884 條 (입양 취소의 원인)

① 입양이 다음 각 호의 어느 하나에 해당하는 경우에는 가정법원에 그 취소를 청구할 수 있다.

1. 제866조, 제869조제1항, 같은 조 제3항제2호, 제870조제1항, 제871조제1항, 제873조제1항, 제874조를 위반한 경우

2. 입양 당시 양부모와 양자 중 어느 한쪽에게 악질(惡疾)이나 그 밖에 중대한 사유가 있음을 알지 못한 경우

3. 사기 또는 강박으로 인하여 입양의 의사표시를 한 경우

② 입양 취소에 관하여는 제867조제2항을 준용한다.

▌참고문헌: 김승표(1999), "부부공동입양의 원칙을 위반한 친생자출생신고에 의한 입양의 효력", 재판실무 1; 김주수(1973), "부부공동입양의 성립과 해소", 사법행정 14-2; 박동섭(2003), "부부공동-입양 판례를 중심으로", 재판자료 101; 이은희(2002), "부부공동입양-대법원 2001. 5. 24. 선고 2000므1493 판결-", JURIS FORUM 2; 지원림(2009), "부부공동입양에 관한 단상", 성균관법학 21-3; 한상호(1996), "여자가 사실상의 양자를 내연관계에 있는 남자의 혼인외의 자로 출생신고하게 한 경우 양친자관계의 성립 여부", 민판 XVⅢ.

Ⅰ. 본조의 취지

입양의 취소란 이미 성립한 입양에 어떠한 하자가 있을 경우 장래에 향하여 입양의 효력을 소멸시키는 것을 말한다. 본조는 입양취소의 원인과 입양취소의 방법, 그리고 입양취소 청구의 기각 사유를 정하고 있다.

Ⅱ. 입양취소의 원인

§884 ①은 입양취소의 원인으로 첫째, 입양의 실질적 성립요건 중 일부를 갖추지 못한 경우(제1호), 둘째, 입양 당사자 중 일방에게 악질이나 그 밖에 중대한 사유가 있음을 알지 못한 경우(제2호), 셋째, 사기 또는 강박으로 인하여 입양의 의사표시를 한 경우(제3호)를 열거하고 있다.

1. 입양의 실질적 성립요건을 갖추지 못한 경우

가. §866를 위반한 경우

양부모가 미성년자인 경우 그 입양은 취소할 수 있다. 이때 취소청구권자에 대해서는 §885 註釋 참조. 취소 청구권의 소멸 원인에 대해서는 §889 註釋 참조.

나. §869 ①을 위반한 경우

13세 이상의 미성년자가 법정대리인의 동의 없이 입양승낙을 한 경우 그 입양은 취소할 수 있다. 이에 반해 13세 이상 미성년자 본인의 입양승낙 자체가 없었던 경우는 §883 i에 따라 입양이 무효로 된다. 법정대리인에게 §869 ③ i 또는 ii에 해당하는 사유가 있어서 그의 동의 없이 입양이 가능했던 경우에는 입양을 취소할 수 없다. 이때 취소청구권자에 대해서는 §886 註釋 참조. 취소 청구권의 소멸 원인에 대해서는 §891 및 §894 註釋 참조.

다. §869조 ③ ii를 위반한 경우

법정대리인의 소재불명 등을 이유로 동의 또는 승낙을 받을 수 없다고 하여 법원이 그의 동의 또는 승낙 없이 입양의 허가를 하였는데, 사실은 법정대리인이 동의 또는 승낙을 할 수 있는 상태였던 경우에 그 입양은 취소할 수 있다. 본래 법정대리인에 의한 대락이 흠결된 경우 그 입양은 무효이나(§883 ii), 법정대리인이 대락할 수 없는 사정이 있었는지에 대한 가정법원의 판단에 잘못이 있었던 경우에까지 모두 이를 무효로 돌린다면 가정법원 허가에 대한 신뢰가 저하되고, 양친자관계가 지나치게 불안정해질 뿐만 아니라, §884의 문리해석에도 반하므로, 법정대리인에 의한 대락 면제 사유에 해당하지 않았던 경우도 모두 취소사유에 불과하다고 보아야 할 것이다. 이때 취소청구권자에 대해서는 §886 註釋 참조. 취소 청구권의 소멸 원인에 대해서는 §891 및 §894 註釋 참조.

반면 §869 ③ i를 위반한 경우, 즉 법정대리인이 정당한 이유 없이 동의나 승낙을 거부하고 있다는 이유로 그의 동의 또는 승낙 없이 입양허가를 하였는데, 사실은 정당한 이유가 있었던 경우에는 입양을 취소할 수 없다. 당해 입양은 확정적으로 유효이다. 정당한 이유에 관한 가정법원의 판단에 대해 다툼이 있는 자는 입양허가 심판에 대해 즉시항고로 불복할 수 있을 뿐이다. §869 註釋 참조.

라. §870 ①을 위반한 경우

미성년자가 부모의 동의 없이 양자가 된 경우, 그 입양은 취소할 수 있다. 다만, §870 ① 단서에 해당하는 사유가 있어서 그의 동의 없이 입양이 가능했던 경우에는 입양을 취소할 수 없다. 부모가 이미 §869 ① 및 ②에 따른 동의 또는 승낙을 한 경우, 부모가 친권상실선고를 받은 경우, 부모의 소재를 알 수 없는 등의 사유로 동의를 받을 수 없는 경우가 이에 해당한다. 그러나 위와 같은 사유가 존재하지 않음에도 불구하고 가정법원이 그의 동의 없이 입양을 허가한 때에는 입양을 취소할 수 있다. §884가 입양취소사유를 §870 ① 본문에 한정하고 있지 않기 때문이다.

반면 §870 ②에 해당하는 사유가 있어서 그의 동의 없이 입양을 허가한 경우에는 입양을 취소할 수 없다. 즉 이때 입양은 확정적으로 유효하다. 3년 이상 자녀에 대한 부양의무를 이행하지 않은 부모가 동의를 거부한 경우, 자녀를 학대 또는 유기하거나 그 밖에 자녀의 복리를 현저히 해친 부모가 동의를 거부한 경우가 이에 해당한다. 위와 같은 사유에 관한 가정법원의 판단에 대해 다툼이 있는 자는 입양허가 심판에 대한 즉시항고로써 불복할 수 있을 뿐이다. 이때 취소청구권자에 대해서는 §886 註釋 참조. 취소 청구권의 소멸 원인에 대해서는 §891 및 §894 註釋 참조.

마. §871 ①을 위반한 경우

성년자가 부모의 동의를 받지 않고 양자가 된 경우, 그 입양은 취소할 수 있다. 다만, 부모의 소재를 알 수 없는 등의 사유로 동의를 받을 수 없었던 경우에는 그러하지 아니하다. 그러나 위와 같은 사유가 존재하지 않음에도 불구하고 가정법원이 그의 동의 없이 입양을 허가한 때에는 입양을 취소할 수 있다. §884가 입양취소사유를 §871 ① 본문에 한정하고 있지 않기 때문이다.

부모가 정당한 이유 없이 동의를 거부하는 경우에도 그의 동의 없이 입양할 수 있다. 하지만 이때 부모의 동의 없음을 이유로 그 입양을 취소할 수 있는지는 입양당사자가 가정법원으로부터 부모의 동의를 갈음하는 심판을 받는지에 따라 달라진다. 만약 심판을 받았다면, 후에 정당한 이유가 있었던 것으로 밝혀진 경우라도 더이상 입양을 취소할 수 없다. 반면 부모의 동의를 갈음하는 심판을 받지 않은 채 바로 입양신고를 하였다면, 그 입양은 취소할 수 있다. 이때 취소청구권자에 대해서는 §886 註釋 참조. 취소 청구권의 소멸 원인에 대해서는 §891 및 §894 註釋 참조.

바. §873 ①을 위반한 경우

피성년후견인이 성년후견인의 동의를 받지 않고 양자가 되거나 입양을 한 경우, 그 입양은 취소할 수 있다. 이때 취소청구권자에 대해서는 §887 註釋 참조. 취소 청구권의 소멸 원인에 대해서는 §893 및 §894 註釋 참조.

사. §874를 위반한 경우

배우자 있는 사람이 배우자와 공동으로 입양하지 않은 경우 또는 배우자 있는 사람이 배우자의 동의 없이 양자가 된 경우 그 입양은 취소할 수 있다. 다만, 배우자의 소재를 알 수 없는 등의 사유가 있어서 배우자와 공동으로 할 수 없었던 경우 또는 배우자의 동의를 받을 수 없었던 경우에는 이를 취소할 수 없다(§874 IV. 註釋 참조).[1] 이때 취소청구권자는 §888 註釋 참조. 취소 청구권의 소멸 원인에 대해서는 §894 註釋 참조.

(1) 배우자와 공동으로 입양하지 않은 경우 입양의 효력

이 중 "배우자와 공동으로 입양하지 않은 경우"에는 배우자 일방이 단독으로 입양한 경우와 배우자 일방이 다른 배우자의 동의 없이 부부 공동명의로 입양한 경우가 모두 포함된다. 그런데 각각의 경우 그것이 입양취소사유인지 또는 입양무효사유인지에 대해서는 견해의 대립이 있다. 먼저 전자의 경우 입양의 당사자가 되지 않은 배우자가 다른 일방과 양자 사이에 성립한 입양의 취소를 청구할 수 있다는 것이 통설이다. 그러나 이에 대해서는 입양이 취소되지 않은 채 제척기간이 도과할 경우 부부 공동입양의 원칙에 반하는 편면적 양친자관계를 인정하는 결과가 발생하므로, 부부가 사실상 파탄되어 별거하고 있는 등의 특별한 사정이 있는 때에만 이를 취소사유로 보고, 그 밖의 경우에는 무효사유로 보아야 한다는 견해가 있다.[2] 다음으로 후자의 경우 입양의 의사 없었던 배우자와 양자 사이에 성립한 입양은 무효이나, 입양신고를 한 배우자와 양자 사이의 입양은 일단 유효하게 성립하되, §874 위반을 이유로 취소할 수 있을 뿐이라는 것이 다수설[3]과 판례[4]의 입장이다(개별설). 반면 일부 견해는, 부부공동입양의 원칙에 따라 입양의 의사가 없었던 배우자와 양자 사이의 입양뿐만 아니라, 다른 배우자와 양자 사이의 입양까지 입양 전체가 무효로 된다고 주장한다(공동설).[5]

---

1) 김주수·김상용, 383; 박동섭, 가사소송(상), 623–624.
2) 김승표(1999), 283.
3) 한상호(1996), 432.
4) 대법원 1998. 5. 26. 선고 97므25 판결; 대법원 2006. 1. 12. 선고 2005도8427 판결.
5) 김승표(1999), 281; 김주수(1973), 39; 박동섭(2003), 618–619; 지원림(2009), 316.

(2) 취소의 범위

반드시 §874 위반과 관련되는 것은 아니지만, 부부공동입양의 원칙과 관련하여 양친이 되는 부부의 일방과 양자 사이에 취소사유가 있는 경우, 그 취소의 범위를 둘러싸고 논란이 있다. 일방취소설6)은 취소사유 있는 입양 당사자 사이의 입양만 취소할 수 있으며, 취소사유 없는 입양 당사자 사이의 입양은 여전히 유효하다고 한다. 그것이 당사자의 의사와 양자의 복리에 부합한다는 것이다. 부부공동입양의 원칙은 입양 성립 시에만 적용된다는 견해와 일맥상통한다. 동 견해를 취하면 취소사유 있는 입양 당사자만이 단독으로 입양취소 청구의 소의 원고 또는 피고가 된다. 반면 쌍방취소설7)은 취소사유 있는 입양 당사자뿐만 아니라, 취소사유 없는 입양 당사자 사이에서의 입양도 모두 취소되어야 한다고 주장한다. 입양제도의 목적이 양자에게 친생자와 같은 부모와 따뜻하고 행복한 가정을 마련해 주는 데 있다는 점, 부부 중 일방에 대해서만 입양이 취소되어 편면적 양친자관계로 남는 것이 오히려 자의 복리를 해할 우려가 있다는 점 등을 근거로 들고 있다. 부부공동입양의 원칙을 입양 해소 시까지 적용하려는 견해이다. 동 견해를 취하면 입양취소의 소는 부부가 함께 필수적 공동소송으로 제기하거나, 부부를 공동피고로 삼아 소를 제기하여야 한다.

2. 악질 기타 중대한 사유

입양 당사자 중 어느 한쪽에게 악질이나 그 밖에 중대한 사유가 있음을 알지 못한 경우, 그 입양은 취소할 수 있다.

가. 악질 그 밖에 중대한 사유

악질이라 함은 양부모 또는 양자 중 일방에게 성병·불치의 정신병 등 치유 불가능한 질병8)이 있는 경우를 말한다.

그 밖에 중대한 사유라 함은 일반적인 사회생활 관계에 비추어 볼 때 입양 당시 이를 알았더라면 입양하거나 양자가 되지 않았을 것이라고 인정될 수 있을 정도의 사유9)를 말한다. 가령 양부모 또는 양자 중 일방에게 상습적인 절도·강도·성폭력 등의 범죄경력이 있는 경우, 마약중독·알콜중독 등의 사유가 있는 경우, 폭행성향이나

---

6) 김주수·김상용, 383; 오시영, 267; 윤대성, 187.
7) 김승표(1999), 284; 김주수(1973), 39−40; 박동섭, 가사소송(상), 421, 624; 박동섭·양경승, 383; 양수산, 421; 이은희(2002), 224−225; 이희배, 판례, 604.
8) 박동섭, 가사소송(상), 624; 박동섭·양경승, 384; 박정기·김연, 247; 양수산, 420; 최금숙, 122; 한봉희·백승흠, 262.
9) 고정명·조은희, 185; 김주수·김상용, 383; 박동섭, 가사소송(상), 624; 박동섭·양경승, 384; 송덕수, 196; 양수산, 420; 한봉희·백승흠, 262.

성도착증 등이 있는 경우 등이 이에 해당한다.[10] 양자가 성적 불구이거나 존속에 대한 상습폭행의 사유 등이 있었음에도 이를 알지 못한 채 입양하였다면 이를 이유로 취소를 청구할 수 있다는 견해[11]도 있으나, '자를 위한 입양'으로서의 성격을 고려할 때 의문이다.

반면 단순히 양자에게 신체적 장애 또는 발달장애 등이 있다거나,[12] 양부모에게 생각보다 재산이 많지 않다는 등의 사유가 이에 해당하지 않음은 명백하다. 舊 민법 (1990. 1. 13. 개정전)은 "입양 당시 양자에게 양가의 계통을 계승할 수 없는 악질 기타 중대한 사유"가 있을 때 입양취소가 가능하도록 규정한 바 있으나, 이 중 양가의 계통 계승 관련 부분은 삭제되었으므로, 이제 중대한 사유를 판단함에 있어서 양자에 의한 가계계승 가능성은 고려되지 않는다.

나. 시적 범위

입양 당시 상대방에게 악질이나 그 밖에 중대한 사유가 있음을 알지 못한 경우에만 이를 취소할 수 있으므로, 입양 성립 이후 비로소 악질 그 밖에 중대한 사유가 발생한 경우에는 이를 이유로 입양을 취소할 수 없다. 입양 성립 당시 이미 이러한 사유 있음을 알았던 경우에도 입양의 취소를 청구할 수 없다. 사안에 따라 파양사유가 될 수 있을 뿐이다.

다. 취소청구권자

악질 그 밖에 중대한 사유를 이유로 입양의 취소를 청구할 수 있는 자에 대해서는 명문의 규정이 없으나, 양친자 중 그러한 사유가 있음을 알지 못했던 당사자가 취소청구권자가 되어야 함이 명백하다.[13] 그 밖에 취소청구권의 소멸원인에 대해서는 §896 註釋 참조.

3. 사기 또는 강박으로 인해 입양의 의사표시를 한 경우

사기 또는 강박으로 인하여 입양의 의사표시를 한 경우, 그 입양은 취소할 수 있다.

가. 사기 또는 강박

'사기'란 위법한 수단을 사용하여 상대방을 꾀어 착오에 빠트리는 행위를, '강박'이란 상대방에게 위협을 가하여 공포심에 빠지도록 하는 행위를 말한다. 이때 사기

---

10) 김주수·김상용, 383; 박동섭·양경승, 384; 박정기·김연, 247; 송덕수, 195; 양수산, 420; 오시영, 268; 윤진수, 233; 최금숙, 122.

11) 오시영, 268.

12) 박정기·김연, 247.

13) 윤진수·현소혜, 219; 제요[1], 73.

또는 강박을 하는 사람이 반드시 양부모나 양자라야 하는 것은 아니다. 제3자가 사기 또는 강박을 한 경우라도, 상대방이 그것을 알았거나 알 수 있었는지를 불문하고, 언제나 이를 취소할 수 있다.[14] 가족법상 법률행위에서는 당사자의 진의를 실현하는 것이 가장 중요하기 때문이다.

나. 입양의 의사표시를 한 자

사기 또는 강박에 의해 입양의 의사표시를 한 사람에는 양부모, 양자, 그리고 입양을 대락한 자가 포함된다.[15] 사기·강박의 정도가 과도하여 당사자로부터 의사결정의 자유를 박탈할 지경에 이른 경우라면, 입양의 의사표시가 있었다고 할 수 없으므로, §883 i에 따라 입양이 무효라고 보아야 할 것이다.[16] 한편 친생부모가 사기 또는 강박에 의해 입양 동의의 의사표시를 한 경우는 이에 해당하지 않는다.

다. 취소청구권자

사기 또는 강박을 이유로 입양의 취소를 청구할 수 있는 자에 대해서는 명문의 규정이 없으나, 사기 또는 강박을 당해 그 입양의 의사표시를 한 사람이 취소청구권자가 되어야 함이 명백하다.[17] 판례도 이와 같은 취지이다.[18] 그 밖에 취소 청구권의 소멸 원인에 대해서는 §897 註釋 참조.

4. 그 밖의 취소사유

舊 민법(1990. 1. 13. 개정전)상 입양이 금지된 호주의 직계비속장남자를 입양하였다면, 그 입양은 취소할 수 있다.[19]

舊 민법(1990. 1. 13. 개정전)상 사후양자는 망인에게 직계비속이 없는 경우에만 허용되었는데, 망인에게 직계비속 여자가 있음에도 불구하고 사후양자를 선정신고하였다면, 그 입양은 취소할 수 있다.[20] 망인에게 인지된 혼인외 자가 있었던 경우도 마찬가지이다.[21]

舊 민법(2012. 2. 10. 개정전)상 후견인이 피후견인의 입양을 대락하거나 그의 입양

14) 박동섭, 가사소송(상), 625.
15) 박동섭, 가사소송(상), 625.
16) 박동섭, 가사소송(상), 625.
17) 김주수·김상용, 383; 박병호, 190; 윤진수·현소혜, 219; 제요[1], 734.
18) 대법원 2010. 3. 11. 선고 2009므4099 판결.
19) 대법원 1982. 9. 14. 선고 82므6 판결; 대법원 1991. 12. 13. 선고 91므153 판결.
20) 대법원 1973. 11. 27. 선고 73므24 판결; 대법원 1977. 11. 8. 선고 77다1429 판결. 동일한 사안에서 입양이 무효라고 보았던 대법원 1974. 9. 24. 선고 73므8 판결은 대법원 1977. 11. 8. 선고 77다1429 판결에 의해 변경되었다.
21) 대법원 1968. 7. 16. 선고 68다642 판결.

에 동의하는 경우 또는 후견인이 피후견인을 입양하는 경우 가정법원의 허가를 받지 않았다면, 그 입양은 취소할 수 있다.

Ⅲ. "취소를 청구할 수 있다."의 의미

1. 취소의 성질

입양의 취소는 오로지 재판에 의해서만 가능하다. 즉 입양에 취소원인이 있더라도 당사자의 주장이나 합의만으로 입양을 취소할 수는 없다. 가정법원에 입양취소의 소를 제기하여 그 승소판결이 확정된 때에야 비로소 입양취소의 효과가 발생하므로, 입양취소의 소는 형성의 소에 해당한다.

2. 취소의 효과

입양은 취소되지 않는 한, 유효하다. 따라서 §882−2에 따른 모든 효과가 발생한다. 반면 입양이 취소되면 다음과 같은 효력이 발생한다.

가. 장래효

입양취소의 효력은 기왕에 소급하지 않는다(§897에 의한 §824의 준용). 자세한 내용은 §897 註釋 참조.

나. 양자와 양부모 간의 관계

입양으로 인해 발생한 친족관계는 입양의 취소로 인해 종료한다(§776). 자세한 내용은 §776 註釋 참조. 그러나 그 효과는 장래를 향하여 발생할 뿐이므로, 입양취소판결이 확정되기 전 입양으로 인한 친족관계에 기초하여 상속받은 자는 이를 부당이득으로 반환할 필요가 없다.[22] 다만, 입양 당시 취소 원인이 있음을 알고 있었던 당사자는 그 입양으로 인해 얻은 이익의 전부를 반환해야 한다는 견해[23]가 있다. 양친자 관계로 인한 혼인장애 사유도 일정 범위 내에서 존속한다. §809 註釋 참조.

다. 양자와 친생부모 간의 관계

일반입양은 그 성립 후에도 입양 전의 친족관계가 존속하므로, 입양의 취소로 인해 기존의 친족관계에 어떠한 변경이 생기는 것은 아니다. 입양의 취소로 인한 친권자의 결정에 대해서는 §909−2 註釋 참조.

---

22) 박동섭·양경승, 387; 오시영, 269.
23) 박동섭·양경승, 387.

라. 손해배상청구

입양이 취소된 경우 당사자의 일방은 과실있는 상대방에 대하여 이로 인한 손해
의 배상을 청구할 수 있다(§897에 의한 §806의 준용). 손해배상청구의 자세한 내용은
§897 註釋 참조.

마. 가족관계등록

입양이 취소되면 입양에 기초해 이루어졌던 가족관계등록부상의 기록을 모두 정
정하여야 한다. 이때 가족관계등록부의 정정은 입양취소 신고에 의한다(家登 §65). 따
라서 입양취소의 판결이 확정된 경우 소를 제기한 사람은 판결확정일로부터 1개월
이내에 판결의 등본 및 확정증명서를 첨부하여 그 취지를 신고하여야 한다(家登 §65 ②
에 의한 §58 ①의 준용). 그 소의 상대방도 입양취소의 신고를 할 수 있다(家登 §65 ②에 의
한 §58 ③의 준용). 등록부 정정 신청이 있는 경우 양자의 가족관계등록부 특정등록사항
란에서 양부모를, 양부모의 가족관계등록부 특정등록사항란에서 양자를 말소하는 한
편, 양부모와 양자의 가족관계등록부 일반등록사항란에 입양취소에 관한 사항을, 그
리고 양자의 가족관계등록부 일반등록사항란에 종전의 친권이 부활한 취지를 기록한
다.24) 입양이 취소된 사실은 양부모와 양자의 가족관계증명서에는 표시되지 않으며,
오로지 입양관계증명서로만 확인할 수 있다.

Ⅳ. 입양취소의 소

1. 소의 성질

입양취소의 소는 형성의 소로서 家訴 §2 ① i (나) x에 규정되어 있다. 이는 나류
가사소송사건으로, 조정전치주의의 적용을 받는다(家訴 §50). 그러나 입양취소의 소의
소송물 그 자체는 성질상 당사자가 임의로 처분할 수 없는 사항을 대상으로 하는 것
이므로, 조정에서는 당사자 일방이 입양취소청구를 포기하고 상대방을 부양하기로
한다든지, 입양이 유효함을 전제로 협의상 파양을 하기로 한다는 식의 간접적이고 우
회적인 조정이 이루어지도록 해야 할 것이다.25)

---

24) 신영호, 등록, 120.
25) 백성기, 416; 제요[1], 736.

2. 당사자적격 및 소의 이익

가. 원고적격

입양취소의 소를 제기할 수 있는 자에 대해서는 대부분 별도로 명문의 규정이 있다. §885 내지 §888 註釋 참조. 명문의 규정이 없는 입양취소사유의 취소청구권자에 대해서는 §884 Ⅱ.2.다. 및 Ⅲ.다. 註釋 참조. 舊 인사소송법(1990. 12. 31. 개정전) §37에 의해 준용되는 §26에 따르면, 당사자, 법정대리인 또는 §777의 규정에 의한 친족은 언제든지 입양취소의 소를 제기할 수 있도록 되어 있었으나, 현재 판례는 민법이 입양취소청구권자를 하나하나 상세히 규정하고 있는 이상, 그 이외의 자에게 입양취소 청구권을 인정할 수는 없다는 입장이다.26) 입양취소의 소 계속 중 원고가 사망했다면 6개월 내에 다른 제소권자가 소송절차를 승계할 수 있다(家訴 §16).

나. 피고적격

피고는 양친자 중 일방이 소를 제기하는 때에는 다른 일방, 다른 일방이 사망한 때에는 검사이다. 제3자가 소를 제기하는 때에는 양친자 쌍방을 상대방으로 하고, 양친자 중 일방이 사망한 때에는 생존자를 상대방으로 한다. 양친자 쌍방이 모두 사망한 때에는 검사를 상대방으로 한다(家訴 §31에 의한 §24의 준용).

다. 소의 이익

입양취소사유가 존재한다면 언제든지 소의 이익이 있다. 입양 당사자가 사망하거나 파양에 의해 입양이 해소된 후에도 입양취소 청구를 할 수 있다.27)

3. 관할

가. 토지관할

입양취소의 소는 양부모 중 1인의 보통재판적이 있는 곳의 가정법원, 양부모가 모두 사망한 때에는 그 중 1인의 마지막 주소지 가정법원의 전속관할에 속한다(家訴 §30).

나. 사물관할

입양취소의 소는 가정법원 단독판사의 사물관할에 속한다(민사 및 가사소송의 사물관할에 관한 규칙 §3).

26) 대법원 1973. 11. 27. 선고 73므24 판결.
27) 박동섭, 가사소송(상), 628.

4. 판결의 효력

입양취소청구를 인용한 확정판결은 제3자에게도 효력이 있다(家訴 §21 ①). 청구기각판결이 확정된 때에는, 다른 제소권자는 사실심 변론종결 전에 참가할 수 없었음에 대하여 정당한 사유가 있지 아니하는 한, 다시 소를 제기할 수 없다(家訴 §21 ②). 다만, 입양취소사유는 사유마다 별개의 소송물이라고 할 것이므로, 입양취소사유 중 하나를 주장하여 소를 제기하였다가 청구기각판결이 확정되었더라도 다른 사유를 주장하여 다시 소를 제기할 수 있다.[28]

입양취소청구 인용판결이 확정된 때에는 법원사무관 등은 지체 없이 당사자의 등록기준지 가족관계등록사무를 처리하는 자에게 그 뜻을 통지하여야 한다(家訴規 §7 ①). 입양취소판결이 확정되었음에도 불구하고 가족관계등록부의 정정을 신청하지 않을 때에는 시·읍·면의 장은 상당한 기간을 정하여 그 기간 내에 신고할 것을 최고하고, 최고 후에도 신고하지 않은 때에는 직권으로 정정할 수 있다(家登 §38 및 §18).

V. 사정판결

입양취소에 관하여는 §867 ②을 준용한다(§884 ②). 따라서 입양취소사유가 있는 때라도, 가정법원은 양자가 될 미성년자의 복리를 위하여 그 양육상황, 입양의 동기, 양부모의 양육능력, 그 밖의 사정을 고려하여 제1항에 따른 입양취소청구를 기각할 수 있다. 특히 양부모와 양자 사이에 이미 장기간에 걸쳐 사실상의 친자관계가 형성되어 이를 강제로 해소시키는 것이 양자의 정서적 안정에 해악을 미칠 우려가 있는 경우 또는 입양을 취소하더라도 양친자관계가 해소된 미성년 아동의 양육을 담당할 자가 마땅치 않아 자의 복리를 해할 우려가 있는 경우 등이 이에 해당할 수 있을 것이다.

---

28) 김현선·정기웅, 711; 제요[1], 738.

第 885 條 (입양 취소 청구권자)

양부모, 양자와 그 법정대리인 또는 직계혈족은 제866조를 위반한 입양의
취소를 청구할 수 있다.

Ⅰ. 본조의 취지

양부모가 미성년자인 경우, 입양의 취소를 청구할 수 있는 사람을 정하는 조문이다.

Ⅱ. 양부모와 양자

양부모와 양자는 입양의 취소를 청구할 수 있다. 그런데 이때 입양의 취소를 청
구할 수 있는 양부모와 양자는 모두 미성년자이다. 양부모가 성년이 되면 더이상
§866 위반을 이유로 입양의 취소를 청구할 수 없으며(§889), 양자는 양부모보다 연장
자일 수 없기 때문이다. 그런데 가사소송능력에 관해서는 민사소송법이 준용되므로
(家訴 §12), 미성년자인 양부모 또는 양자는 직접 입양취소의 소를 제기하지 못하고,
법정대리인에 의해 소송행위를 할 수 있을 뿐이다(민소 §55). 물론 미성년자가 독립하
여 법률행위를 할 수 있는 경우에는 그와 관련된 소송행위도 직접 할 수 있는 것이
원칙이나(민소 §55 단서), §885는 입양취소의 소의 당사자적격을 정하는 규정일 뿐, 미
성년자에게 입양취소의 소에 관한 능력을 부여하기 위한 조문은 아니다. 미성년인 양
자가 양부모를 상대로 입양취소의 소를 제기하고자 할 경우 양자 측의 법정대리인은
친권자인 양부모가 되므로, 그를 위해 특별대리인을 선임하는 수밖에 없을 것이다.

Ⅲ. 법정대리인

§885에서 정한 "그 법정대리인"이란 양부모의 법정대리인과 양자의 법정대리인
모두를 의미한다. 이때 법정대리인은 단순히 양부모나 양자를 대리하여 소송을 제기

하는 것은 아니다. 양부모나 양자의 법정대리인은 民訴에 따라 이미 대리권을 가지고 있다는 점, §886 이하의 사안에서도 법정대리인이 양부모 또는 양자를 대리하여 소를 제기해야 하는 상황이 존재하지만 그 때는 법정대리인을 별도의 입양취소청구권자로 열거하고 있지 않다는 점 등에 비추어 볼 때, 본조가 특히 법정대리인을 취소청구권자로 열거한 것은 그에게 고유한 원고적격을 인정한 것으로 보아야 할 것이다(소송대위설)[1].

Ⅳ. 직계혈족

§885에서 정한 "직계혈족"이란 양부모의 직계혈족과 양자의 직계혈족을 모두 의미한다. 직계혈족에는 직계존속과 직계비속이 모두 포함된다. 직계혈족이라면 친권의 유무와 무관하게 입양의 취소를 청구할 수 있으므로, 친권상실선고를 받은 부모 또는 이혼이나 인지 후 친권자로 지정받지 못한 부모 등도 입양의 취소를 청구할 수 있다.

---

1) 박동섭, 가사소송(상), 622.

第 886 條 (입양 취소 청구권자)

> 양자나 동의권자는 제869조제1항, 같은 조 제3항제2호, 제870조제1항을 위반한 입양의 취소를 청구할 수 있고, 동의권자는 제871조제1항을 위반한 입양의 취소를 청구할 수 있다.

▌참고문헌: 김상용(2000), "허위의 친생자 출생신고에 의하여 입양의 효력이 발생한 경우 양자의 인지청구 허용여부", 가족법연구 14; 이현재(2007), "미국 입양법에 있어서 혼외부의 헌법적 권리에 관한 고찰", 민사법연구 15-1; 현소혜(2013), "개정민법상 입양과 입양특례법상 입양 -체계정합성의 관점에서-", 가족법연구 27-1.

I. 본조의 취지

13세 이상의 미성년자가 법정대리인의 동의 없이 입양승낙을 한 경우, 미성년자가 부모의 동의 없이 양자가 된 경우, 성년자가 부모의 동의를 받지 않고 양자가 된 경우 및 각각의 사안에서 소재를 알 수 없는 등의 동의면제 사유에 해당하지 않음에도 불구하고 가정법원이 법정대리인 또는 부모의 동의나 승낙 없이 입양을 허가한 경우, 그 입양의 취소를 청구할 수 있는 사람을 정하는 조문이다.

II. 미성년자 입양의 경우

미성년자 입양에 필요한 법정대리인 또는 부모의 동의나 승낙을 제대로 갖추지 못한 경우에는 양자 본인 또는 동의권자가 입양의 취소를 청구할 수 있다.

1. 동의권자

동의권자에는 법정대리인인 친권자, 후견인, 그리고 친생부모가 포함된다. 1990. 1. 13.자 민법 개정시 취소청구권자로 "법정대리인"을 추가하였으나, "동의권자" 안에 이미 법정대리인이 포함되어 있다는 비판[1]이 있어 2005. 3. 31.자 민법 개정

---

1) 양수산, 419.

시 다시 삭제하였다. 입양동의권자가 수인인 경우에 스스로 입양동의권을 행사한 법
정대리인 또는 부모 중 일방은 다른 동의권자의 동의 없었음을 이유로 입양의 취소를
청구할 수 없다고 보아야 할 것이다.

입양 성립 당시에는 동의권자가 아니었으나 뒤늦게 입양동의권을 갖게 된 사람,
가령 입양 성립 후 양자된 자를 인지한 친생부는 입양취소청구권을 행사할 수 있는
가. 입양성립 후 인지가 가능한지에 대해서는 §882-2 IV. 2. 註釋 참조. 부정설2)이
없지 않으나, 인지의 소급효, 친생부의 입양절차참여권 보장, 입양무효의 소에서 원
고적격을 결정하는 기준시기(§883 註釋 참조) 등에 비추어 볼 때 긍정해야 할 것3)이다.

동의권자였던 후견인이 입양취소의 소를 제기하지 않는 경우로서 그 입양이 양
자의 복리에 반할 때에는 후견인을 변경하여 새로운 후견인이 입양의 취소를 청구하
도록 해야 한다는 견해가 있다.4) 그러나 입양과 동시에 후견이 종료하고 양부모가 친
권을 행사하는 이상, 후견인 변경이 가능한지 의문이다.

2. 양자 본인

양자 본인도 법정대리인 또는 부모의 동의나 승낙이 없었음을 이유로 당해 입양
을 취소할 수 있다. 성년자 입양의 경우와 달리 미성년자 입양에서 동의는 경솔한 판
단으로부터 미성년자 본인을 보호하려는 목적도 함께 가지고 있기 때문에 양자 본인
에게도 입양취소 청구권을 인정한 것이다. 양자가 성년인 때에는 소송능력이 있으므
로 스스로 소를 제기할 수 있다. 다만, §869 ①, ③ ii 및 §870 ①을 위반한 입양은 양
자가 성년이 된 후 3개월이 지난 후에는 더 이상 취소할 수 없으므로, 제소기간 내에
그 권한을 행사하여야 한다(§891). 반면 양자가 성년이 되기 전에는 아직 소송능력이
인정되지 아니하므로, 법정대리인이 대신 소를 제기하여야 할 것이다. 이때 법정대리
인은 '동의권자'가 아니라도 무방하다. 즉 입양성립 당시에는 법정대리인이 아니었더
라도, 현재 법정대리인이라면 양자를 대리하여 입양취소의 소를 제기할 수 있다. 입
양성립 후 양자의 후견인이 된 사람 등이 이에 해당한다.

2) 부정설은 입양 성립 후 생부가 양자된 자를 인지하는 행위 자체에 대해 부정적인 입장이다. 가령 김
   상용(2000), 128-129.
3) 현소혜(2013), 108-110. 그 밖에 모의 기망에 의해 입양동의권을 행사할 기회를 갖지 못했던 생물학
   적 부에게 입양을 무효로 돌릴 수 있는 기회를 허용한 미국 판례들을 소개하고 있는 문헌으로 이현재
   (2007), 139 이하 참조.
4) 박병호, 190.

Ⅲ. 성년자 입양의 경우

성년자 입양에 필요한 부모의 동의를 제대로 갖추지 못한 경우, 동의권자가 입양의 취소를 청구할 수 있다. 양부모 또는 양자 본인은 더이상 입양의 취소를 청구할 수 없다. 성년자 입양에 동의할 수 있는 사람은 부모뿐이므로, 이때 입양의 취소를 청구할 수 있는 동의권자 역시 친생부모로 한정된다.

第 887 條 (입양 취소 청구권자)

피성년후견인이나 성년후견인은 제873조제1항을 위반한 입양의 취소를 청구
할 수 있다.

Ⅰ. 본조의 취지

피성년후견인이 성년후견인의 동의를 받지 않고 양자가 되거나 입양을 한 경
우, 그 입양의 취소를 청구할 수 있는 사람을 정하는 조문이다.

Ⅱ. 피성년후견인

피성년후견인 본인은 입양 당시 성년후견인의 동의를 받지 않았음을 이유로 입
양의 취소를 청구할 수 있다. 성년후견인의 동의는 경솔한 의사결정으로부터 피성년
후견인 본인을 보호하는 기능을 가지고 있으므로, 피성년후견인 본인에게도 입양취
소 청구권을 인정한 것이다. 다만, 위 조문은 피성년후견인에게 당사자적격을 인정하
기 위한 조문일 뿐, 소송능력까지 부여하는 조문은 아니므로, 현행 민사소송법 및 가
사소송법의 해석상 피성년후견인 명의로 입양취소의 소를 제기하려면 법정대리인 또
는 특별대리인을 통하는 수밖에 없다(家訴 §12에 의한 民訴 §55 및 §62의 준용). 성년후견종
료심판이 있은 후에는, 스스로 입양의 취소를 청구할 수 있을 것이다.

Ⅲ. 성년후견인

성년후견인은 입양 당시 그의 동의를 받지 않았음을 이유로 입양의 취소를 청구
할 수 있다. 입양 당시 동의권자가 아니었던 성년후견인에게도 원고적격이 인정된다.
입양이 피성년후견인의 복리에 반함에도 불구하고 성년후견인이 입양취소의 소를 제
기하지 않는 경우, 후견인을 변경하여 새로운 후견인이 입양의 취소를 청구하도록 하
여야 할 것이다.[1]

---

1) 금치산자의 입양취소권자와 관련하여 같은 취지로 박병호, 190.

第 888 條 (입양 취소 청구권자)
배우자는 제874조를 위반한 입양의 취소를 청구할 수 있다.

I. 본조의 취지

배우자 있는 사람이 배우자와 공동으로 입양하지 않은 경우 및 배우자 있는 사람이 배우자의 동의 없이 양자가 된 경우에 입양의 취소를 청구할 수 있는 사람을 정하는 조문이다.

II. 배우자

§874에 위반한 경우 입양의 취소를 청구할 수 있는 사람은 배우자뿐이다. 이때 배우자란 입양성립 당시 입양 당사자 중 일방과 법률상 혼인 관계에 있었던 사람을 의미한다. 사실혼 관계에 있는 사람 또는 입양성립 후 비로소 혼인한 사람은 입양의 취소를 청구할 수 없다.

배우자와 공동으로 하지 않고, 단독으로 입양한 사람 또는 배우자의 동의 없이 양자가 된 사람이 스스로 입양의 취소를 청구할 수 있는가. 舊 민법(1990. 1. 13. 개정전) §888 전단이 오로지 처에게만 입양취소청구권을 인정하였던 점, 모순행위금지의 원칙 등에 비추어 볼 때, 부정함이 타당하다.

第 889 條 (입양 취소 청구권의 소멸)
양부모가 성년이 되면 제866조를 위반한 입양의 취소를 청구하지 못한다.

Ⅰ. 본조의 취지

미성년자는 양부모가 될 수 없다(§866). 미성년자가 양부모가 되었다면, 이는 입양취소사유에 해당한다. 본조는 양부모의 연령을 이유로 하는 입양취소 청구권의 소멸사유를 정하는 조문이다.

Ⅱ. 성년에 달할 것

입양 성립 당시 양부모가 아직 미성년자였더라도 그가 성년, 즉 19세에 달하면 더 이상 입양의 취소를 청구하지 못한다. 입양의 실질적 성립요건이 갖추어졌으므로, 하자가 치유된 것으로 보는 것이다. 따라서 양부모, 양자, 그의 법정대리인 또는 직계혈족 모두의 입양취소청구권이 소멸한다.

미성년자인 양부모가 혼인하여 성년의제된 경우에도 입양취소 청구권이 소멸하는가. 이는 성년의제된 양부모를 성년에 달한 자로 보아 입양능력을 인정할 것인지에 따라 판단이 달라질 수 있다. 성년의제된 자가 입양할 수 있는지에 대해서는 §866 註釋 참조.

第 890 條

삭제 〈1990. 1. 13.〉

第 891 條 (입양 취소 청구권의 소멸)

① 양자가 성년이 된 후 3개월이 지나거나 사망하면 제869조제1항, 같은 조 제3항제2호, 제870조제1항을 위반한 입양의 취소를 청구하지 못한다.

② 양자가 사망하면 제871조제1항을 위반한 입양의 취소를 청구하지 못한다.

I. 본조의 취지

양자될 자가 미성년자라면 입양 시 법정대리인 및 부모의 동의를 받아야 하고 (§869 및 §870조), 성년자라면 부모의 동의를 받아야 한다(§871). 동의면제 사유에 해당하지 않음에도 불구하고 동의 없이 입양이 성립하였다면 이는 취소사유에 해당한다. 동의면제 사유의 유무가 입양의 취소에 미치는 영향에 관해서는 §§869−871 註釋 참조. 본조는 동의 흠결을 이유로 하는 입양취소 청구권의 소멸사유를 정하는 조문이다.

II. 미성년자 입양의 경우

미성년자가 법정대리인 또는 친생부모의 동의 없이 양자로 된 때에는 이를 취소할 수 있다. 이는 양자된 자 본인의 보호 내지 부모의 입양절차참여권 보장을 위한 것이다. 그러나 양자가 성년이 된 후 3개월이 지나거나 사망하면 입양의 취소를 청구할 수 없다(본조 ①). 특히 양자된 자가 이미 성년이 되었다면 더이상 그를 보호할 필요가 없고, 부모의 입양절차참여권을 보장하는 것보다는 이미 성립한 양친자관계의 안정성을 도모하는 편이 바람직하다. 양자된 미성년자가 혼인에 의해 성년의제된 경우에도 그 때로부터 3개월이 지나면 입양취소 청구권이 소멸하는가. 성년의제만으로는 아직 "성년이 된" 것으로 볼 수 없으므로, 입양취소 청구권도 소멸하지 않는다는 견해가 있다.[1]

---

[1] 박동섭, 가사소송(상), 623; 박동섭, 주석, 394.

Ⅲ. 성년자 입양의 경우

성년자가 친생부모의 동의 없이 양자로 된 때에도 역시, 양자가 사망하면 더이상 입양을 해소할 실익이 없으므로, 입양취소 청구권이 소멸한다(본조 ②).

第 892 條

삭제〈2012. 2. 10.〉

第 893 條 (입양 취소 청구권의 소멸)

성년후견개시의 심판이 취소된 후 3개월이 지나면 제873조제1항을 위반한 입양의 취소를 청구하지 못한다.

Ⅰ. 본조의 취지

피성년후견인이 성년후견인의 동의 없이 입양을 하거나 양자가 된 경우, 그 입양은 취소할 수 있다(§873 ①). 본조는 성년후견인의 동의 흠결을 이유로 하는 입양취소 청구권의 소멸사유를 정하는 조문이다.

Ⅱ. 성년후견개시 심판 취소 후 3개월이 지났을 것

피성년후견인이 성년후견인의 동의 없이 입양을 하거나 양자가 되었더라도 성년후견개시 심판이 취소된 후 3개월이 지난 때에는 더 이상 입양의 취소를 청구할 수 없다. 성년후견개시의 원인이 소멸한 이상 성년후견인의 동의를 요구할 이유가 없으며, 오히려 이미 성립한 양친자관계의 안정성을 도모하는 편이 더 바람직하기 때문에, 입양취소청구권의 제소기간을 정한 것이다. 이때 "성년후견개시심판의 취소"라 함은 §11에 따른 성년후견종료의 심판을 의미한다.

第 894 條 (입양 취소 청구권의 소멸)

제869조제1항, 같은 조 제3항제2호, 제870조제1항, 제871조제1항, 제873조제1항, 제874조를 위반한 입양은 그 사유가 있음을 안 날부터 6개월, 그 사유가 있었던 날부터 1년이 지나면 그 취소를 청구하지 못한다.

Ⅰ. 본조의 취지

입양 취소사유에 해당하더라도 그 하자의 정도가 비교적 경미하고, 이미 성립한 양친자관계의 존속을 보장하는 것이 더 절실한 경우들이 있다. 본조는 이러한 경우에 양친자관계의 조속한 안정을 위해 일정 기간 도과와 동시에 입양취소 청구권이 소멸하도록 정하는 조문이다. 그 기간이 도과한 후에는 추후보완 제소가 허용되지 않으므로, 입양이 확정적으로 유효해진다. 설령 취소청구권자에게 기간 도과에 귀책사유가 없더라도 같다.

Ⅱ. 적용범위

본조는 미성년자가 동의면제 사유에 해당하지 않음에도 불구하고 법정대리인 또는 부모의 동의 없이 양자가 된 경우(§869 및 §870), 성년자가 동의면제 사유에 해당하지 않음에도 불구하고 부모의 동의 없이 양자가 된 경우(§871), 피성년후견인이 동의면제 사유에 해당하지 않음에도 불구하고 성년후견인의 동의 없이 입양을 하거나 양자가 된 경우(§873) 및 배우자 있는 사람이 배우자와 공동으로 입양하지 않거나 배우자의 동의 없이 양자가 된 경우(§874)에 적용된다.

Ⅲ. 취소 청구권의 소멸 사유

본조가 적용되는 경우에 취소청구권자는 그 사유 있음을 안 날부터 6개월 또는 그 사유가 있었던 날부터 1년이 지나면 그 취소를 청구하지 못한다.

이때 "그 사유 있음을 안 날"이라 함은 입양동의권자 또는 배우자 등을 비롯한 입양취소청구권자가 §869 ①, ③ ii, §870 ①, §871 ①, §873 ① 또는 §874에 위반하여 입양이 성립하였음을 알았을 뿐만 아니라 스스로 취소청구권자라는 사실까지 알게 된 날을 의미한다.[1]

또한 "그 사유가 있었던 날"이란 위 각 조항에 위반한 입양이 성립한 날, 즉 입양신고가 수리된 날을 의미한다. 다만, 구법상 입양무효사유에 해당하였으나 제정민법 시행과 동시에 입양취소사유로 전환된 경우(가령 부모의 동의 없는 입양)라면 그 취소기간은 민법 시행일로부터 기산한다.[2]

---

1) 박동섭, 주석, 393.
2) 대법원 1994. 5. 24. 선고 93므119 전원합의체 판결.

第 895 條
삭제 〈1990. 1. 13.〉

第 896 條 (입양 취소 청구권의 소멸)

제884조제1항제2호에 해당하는 사유가 있는 입양은 양부모와 양자 중 어느 한 쪽이 그 사유가 있음을 안 날부터 6개월이 지나면 그 취소를 청구하지 못한다.

Ⅰ. 본조의 취지

입양 당시 양부모와 양자 중 어느 한 쪽에게 악질이나 그 밖에 중대한 사유가 있음을 알지 못했다면 그 입양은 취소할 수 있다(§884 ① ii). 본조는 이 경우 일정한 기간이 도과하면 입양취소 청구권이 소멸하도록 정함으로써 입양 관계의 조속한 안정을 도모하고 있다.

Ⅱ. 취소 청구권의 소멸 사유

양부모와 양자 중 어느 한 쪽에게 악질이나 그 밖에 중대한 사유가 있음을 알지 못한 입양이라도 양부모 또는 양자 중 일방이 그 사유 있음을 안 날부터 6개월이 지나면 입양취소 청구권이 소멸한다. 이때 그 사유 있음을 안 날이란 입양 상대방에게 악질이나 그 밖에 중대한 사유가 있음을 알게 된 날을 말한다. 사기 또는 강박으로 인한 입양취소 청구권 역시 양친자관계의 조속한 안정을 위해 일정한 기간도과와 동시에 소멸시킬 필요가 있으나, 이에 대해서는 §897에 별도의 조문이 있다.

第 897 條 (준용규정)

입양의 무효 또는 취소에 따른 손해배상책임에 관하여는 제806조를 준용하고, 사기 또는 강박으로 인한 입양 취소 청구권의 소멸에 관하여는 제823조를 준용하며, 입양 취소의 효력에 관하여는 제824조를 준용한다.

Ⅰ. §806의 준용

약혼 해제로 인한 손해배상청구에 관한 §806의 규정은 입양의 무효 또는 취소의 경우에 준용된다. 따라서 입양이 무효 또는 취소된 때 당사자 일방은 과실 있는 상대방에 대하여 이로 인한 재산상 또는 정신상 손해배상을 청구할 수 있다. 이때 정신상 고통에 대한 손해배상청구권은 양도 또는 승계하지 못한다. 그러나 당사자 간에 이미 그 배상에 관한 계약이 성립되거나 소를 제기한 후에는 그러하지 아니하다(§806 ③). 손해배상청구의 소는 입양무효의 소 또는 입양취소의 소에 병합할 수 있다(家訴 §14). 자세한 내용은 §806 註釋 참조.

Ⅱ. §823의 준용

사기 또는 강박으로 인한 혼인 취소 청구권의 소멸에 관한 규정은 입양의 취소에 준용된다. 따라서 사기 또는 강박으로 인해 입양의 의사표시를 한 경우, 그 입양은 사기를 안 날 또는 강박을 면한 날로부터 3월을 경과한 때에는 더 이상 그 취소를 청구하지 못한다. 자세한 내용은 §823 註釋 참조.

Ⅲ. §824의 준용

혼인 취소의 효력에 관한 규정은 입양의 취소에 준용된다. 즉, 입양 취소의 효력은 기왕에 소급하지 아니한다. 취소판결이 확정되면, 양친자관계는 판결확정일로부터 장래에 향하여 종료되고 효력을 잃을 뿐이다. 입양취소의 확정판결은 입양신고일로부터 판결확정일까지 사이에 발생한 입양의 효력 및 당해 양친자관계에 기초하여 발생한 각종의 법률효과에 아무런 영향을 미치지 않는다. 따라서 입양이 취소되더라도 양친자관계에서 받은 상속재산 등을 부당이득으로 반환할 의무가 없다. 자세한 내용은 §824 註釋 참조.

第3款 罷養

第1項 협의상 파양

第898條 (협의상 파양)

양부모와 양자는 협의하여 파양(罷養)할 수 있다. 다만, 양자가 미성년자 또는 피성년후견인인 경우에는 그러하지 아니하다.

▌**참고문헌:** 경용국(1987), "파양 1", 사법행정 28−10; 권정희(2002), "양자법의 정비를 위한 검토−친양자제도의 입법안을 중심으로−", 가족법연구 16−1; 김상용(2010), "양자법의 문제점과 개정방향: 민법상의 쟁점을 중심으로", 가족법연구 Ⅲ; 김상용(2012), "개정 양자법 해설", 법조 61−5; 김주수(1963), "부부공동입양제도에 관하여", 사법행정 4−5; 김주수(1973), "부부공동입양의 성립과 해소", 사법행정 14−2; 박동섭(2003), "부부공동−입양판례를 중심으로", 재판자료 101; 이은희(2002), "부부공동입양: 대법원 2001. 5. 24. 선고 2000므1493판결", Juris forum 2; 지원림(2009), "부부공동입양에 관한 단상", 성균관법학 21−3; 최진섭(2011), "입양에 관한 판례의 쟁점 분석", 법학연구 21−3.

Ⅰ. 본조의 취지

파양이란 입양의 성립과정에 아무런 하자가 없이 유효하게 성립한 입양관계를 후발적으로 해소시키는 행위이다. 파양에는 협의상 파양과 재판상 파양이 있다. 본조는 이 중 협의상 파양의 당사자와 방법, 적용 범위 등을 정하기 위한 조문이다. 협의상 파양이란 당사자들 사이의 합의에 의해 입양관계를 해소하는 행위를 말한다. 재판상 파양 사유의 유무를 묻지 않는다. 당사자의 의사(계약)에 기초하여 성립한 친자관계인만큼 당사자들의 의사에 의해 자유롭게 이를 종료시킬 수 있어야 한다는 점, 이미 양친자관계가 파탄난 상황에서 그 관계의 계속을 강제하는 것은 당사자들에게 수인할 수 없는 불행을 가져올 수 있다는 점 등을 근거로 인정되는 제도이다.

Ⅱ. 적용범위

舊 민법(2012. 2. 10. 개정전)에 따르면 양친자는 언제나 협의에 의하여 파양할 수 있었다. 舊 민법(1990. 1. 13. 개정전)은 한때 호주가 된 양자는 파양할 수 없다는 제한[1]을 두고 있었으나, 1990. 1. 13.자 개정민법에 의해 이러한 제한마저 폐지되었다.[2] 따라서 양부모와 양자는 합의 하에 자유롭게 양친자관계를 해소할 수 있었다. 하지만 이는 양자의 복리에 미치는 영향을 고려하지 않는다는 문제점이 있었다.[3] 미성년인 양자는 파양 후 양친으로부터 제공받던 보호와 양육을 더이상 제공받지 못하는 상태가 되기 때문이다. UN 아동권리위원회 역시 협의상 파양 제도에 대한 우려를 표명한 바 있다.

이에 2012. 2. 10.자 개정민법은 협의상 파양의 적용범위를 대폭 축소하였다.[4] 따라서 현재 협의상 파양은 양자가 성년인 경우에만 가능하다. 양자가 미성년자거나 피성년후견인이면 재판상 파양에 의해서만 양친자관계를 해소할 수 있다. 미성년자 입양 및 피성년후견인의 입양에 대해 가정법원의 허가를 받도록 한 것에 대응된다. 협의상 파양의 적용 대상인지는 협의상 파양이 성립하는 시기를 기준으로 결정한다. 가령 입양성립 당시에는 양자가 미성년자였더라도, 파양 당시 성년에 도달했다면 협의상 파양이 가능하다. 입양성립 당시에는 피성년후견인이 아니었더라도 입양성립 후 성년후견개시심판을 받았다면 성년후견종료심판 시까지 협의상 파양은 불가능하다.

Ⅲ. 파양의 당사자

1. 양부모와 양자

협의상 파양의 당사자는 입양의 당사자, 즉 양부모와 양자이다. 입양의 당사자가

---

1) 대법원 1965. 12. 21. 선고 65다1948 판결 역시 舊 민법(1990. 1. 13. 개정전) §898 ②에 의해 호주가 된 양자는 파양할 수 없으므로, 그를 파양하기로 하는 문중의 파양결의는 법률상 무효라고 판시한 바 있다.
2) 호주된 양자의 파양금지 규정을 비판하였던 문헌으로 정광현, 연구, 404-407, 444-452 참조.
3) 협의상 파양 제도에 대해 비판적인 문헌으로 김상용(2010), 32; 배경숙·최금숙, 325 참조.
4) 개정취지에 대해 자세히는 김상용(2012), 39-40.

아니었던 사람은 협의상 파양의 당사자가 될 수 없다. 가령 계자입양의 경우 친생친은 협의상 파양의 당사자가 아니다. 舊 민법(2012. 2. 10. 개정전) §899 ①에 따르면 양자가 15세 미만인 때에는 입양을 대락한 사람이 양자에 갈음하여 파양의 협의를 하고, 입양을 대락한 사람이 사망 기타 사유로 협의를 할 수 없는 때에는 생가의 다른 직계존속이 이를 하여야 했다. 또한 양자가 스스로 파양협의를 할 수 있는 때, 즉 15세 이상인 때에도 입양 동의권자의 동의를 받아야 했다[舊 민법(2012. 2. 10. 개정전) §900]. 이때 입양동의권자란 실제로 입양에 동의했던 사람을 의미한다.[5] 하지만 2012년 개정에 의해 양자가 미성년자인 때에는 협의파양 자체가 허용되지 않으므로, 미성년자의 협의파양을 전제로 한 §899 내지 §901는 모두 삭제되었다.

2. 부부공동입양의 경우

부부가 공동으로 입양한 경우, 협의상 파양도 공동으로 해야 하는가 또는 양부모 중 일방만이 양친자관계를 협의에 의해 해소하는 것이 가능한가.

가. 양부모 사이에 혼인생활이 정상적으로 유지되고 있는 경우

양부모가 공동으로 협의상 파양을 해야 한다는 견해가 다수설이다.[6] 부부공동입양의 원칙은 입양성립 시부터 입양해소 시까지 계속 관철되어야 하므로, 협의상 파양도 당연히 부부가 공동으로 해야 한다는 것이다. 양자에게 정상적인 부부 슬하에서의 양육을 보장하는 데에서 부부공동입양원칙의 의의를 찾는다. 이른바 '공동설'의 입장과도 일치한다. 공동설에 관해서는 §874 註釋 참조. 다만, 위 견해도 양자가 성년자라면 반드시 공동으로 파양할 필요는 없다고 본다. 개별설에 따라 양부모 중 일방과의 사이에서만 파양을 하는 것이 가능하다는 견해[7]도 있다. 단독 파양을 금지하는 조문이 없다는 점, 양부모 중 일방이 파양을 원하지 않으면 계속 양친관계를 유지하면서 양자를 돌보고자 하는 양친으로서의 애정을 존중하는 것이 양자에게 유리할 수도 있다는 점, 어차피 미성년자에 대해서는 협의파양이 허용되지 않는다는 점 등을 근거로 제시한다.

이에 관한 판례의 입장은 명확하지 않다. 대법원 2001. 8. 21. 선고 99므2230 판결

5) 서울가정법원 2011. 7. 7. 선고 2010브129 결정.
6) 경용국(1987), 1; 고정명·조은희, 189; 김주수(1963), 24-25; 박동섭, 가사소송(상), 425; 박동섭·양경승, 389; 박동섭(2003), 627; 박병호, 193; 박정기·김연, 249; 박종찬, 156; 박희호·이동건, 154; 소성규, 140; 신영호·김상훈·정구태, 194; 윤대성, 189; 이영규, 227; 이은희(2002), 224-225; 이희배, 208; 조승현·김재완, 161; 지원림(2009), 321-322; 최문기, 친족상속, 236; 최진섭(2011), 208-209; 한복룡, 198; 한봉희·백승흠, 263; 한삼인·김상헌, 182.
7) 김주수·김상용, 391-392; 송덕수, 201; 오시영, 274; 이경희, 231.

이 방론으로서 "파양에 관하여는 별도의 규정을 두고 있지는 않고 있으나 부부의 공
동입양원칙의 규정 취지에 비추어 보면 양친이 부부인 경우 파양을 할 때에도 부부가
공동으로 하여야 한다고 해석할 여지가 없지 아니하나(양자가 미성년자인 경우에는 양자제
도를 둔 취지에 비추어 그와 같이 해석하여야 할 필요성이 크다)"라고 판시한 바 있을 뿐이다.8)

나. 양부모 중 일방이 사망하거나 이혼한 경우

부부 중 일방이 사망하거나 이혼한 경우에도 부부가 공동으로 협의상 파양을 해
야 하는가. 이때는 일방이 단독으로 파양할 수 있다는 것이 다수설이다.9) 부부 중 일
방이 사망 또는 이혼한 때에는 이미 양자와 양부모 쌍방 간의 공동생활이 불가능하므
로, 군이 파양도 공동으로 할 것을 강제할 이유가 없기 때문이다. 판례의 태도도 같
다.10) 이때 파양에 의해 소멸하는 친족관계는 파양의 당사자인 양친을 기준으로 성립
된 친족관계뿐이다.11) 즉 이미 사망한 양친과 같이 파양의 당사자가 아닌 양친과의
양친자관계는 그대로 존속한다.

이에서 더 나아가 부부 중 일방이 의식불명 또는 소재불명 등의 사유로 인해 파
양의 의사표시를 할 수 없는 경우에도 다른 일방이 단독으로 파양할 수 있다는 견
해12)가 있다. 공동설의 입장에서 부부 중 일방이 사망하였다면 단독파양이 가능하지
만, 이혼하였다면 공동으로 파양해야 한다는 견해13) 및 부부 중 일방이 사망한 경우
와 이혼한 경우 모두 단독 파양이 허용되어서는 안된다고 보는 견해14)도 있다.

Ⅳ. 파양의 의사표시

협의상 파양이 성립하려면 파양의 각 당사자 사이에 파양의 의사표시의 합치가
있어야 한다. 이때 파양의 의사란 양 당사자 사이에 실제로 양친자로서의 신분적 생
활관계를 해소하고자 하는 의사를 말한다(실질적 의사설).15) 법정친자관계를 해소할 의
사 없이 파양신고를 할 의사(형식적 의사)만을 가지고 있다면 이는 가장파양으로 무효

---

8) 같은 취지로 대법원 2009. 4. 23. 선고 2008므3600 판결.

9) 권정희(2002), 80; 김주수(1973), 41; 박동섭, 가사소송(상), 425; 박동섭·양경승, 389; 박정기·김연,
　249; 박희호·이동건, 154; 이경희, 231; 이영규, 227; 조승현·김재완, 161; 최문기, 240; 최진섭(2011),
　207; 한복룡, 198; 한봉희·백승흠, 264.

10) 대법원 2001. 8. 21. 선고 99므2230 판결.

11) 김주수·김상용, 399.

12) 고정명·조은희, 189; 박동섭·양경승, 389; 한복룡, 198; 한봉희·백승흠, 264.

13) 박동섭(2003), 627.

14) 지원림(2009), 322.

15) 김주수·김상용, 391; 박동섭·양경승, 388; 양형우, 143; 이경희, 230; 한봉희·백승흠, 263; 한삼인·김
　상현, 182.

이다.[16] 이에 대해서는 가장파양도 유효라는 반대설이 있다.[17] 그 밖에 파양의 의사표시의 법적 성격, 방법 및 시기 등은 입양의사와 동일하다. §869 註釋 참조.

배우자 있는 자가 양자로써 파양의 협의를 할 당시 배우자의 동의를 받아야 하는가. 배우자의 동의 없이 파양할 수 있다는 견해[18]와 양자의 일방적 의사에 의해 양자의 배우자와 양부모 사이의 친족관계가 소멸되는 것은 바람직하지 못하다는 이유로, §874 ②을 유추적용하여 파양 시에도 배우자의 동의를 받아야 한다는 견해[19]가 대립한다.

V. 파양의 효과

1. 장래효

협의상 파양이 성립하면 기왕에 성립하였던 양친자관계는 장래를 향하여 소멸한다. 즉 파양의 효력은 기왕에 소급하지 않는다.

2. 양자와 양부모·친생부모간의 관계

협의상 파양에 의해 입양으로 성립했던 친족관계도 종료한다(§776). 양자와 양부모 사이의 법정 혈족관계, 양자와 양부모의 혈족·인척 사이의 친족관계, 양부모와 양자의 배우자·혈족·인척 사이의 친족관계 등이 모두 소멸한다. 그 밖에 파양으로 인한 양자와 양부모 사이의 법률관계 및 양자와 친생부모 사이의 법률관계의 변동은 입양취소의 경우와 같다. §884 Ⅲ. 2. 註釋 참조. 다만, 일반입양의 성립에 의해 양자의 성이 변경된다는 견해는 파양에 의해 양자의 성이 원래의 성으로 복귀하는 효과가 함께 발생한다고 한다.[20]

舊 민법(2011. 5. 19. 개정전)에 따르면 파양에 의해 양부모의 친권이 종료되고, 친생부모의 친권이 자동부활하였다. 그러나 이에 대해서는 친생부모가 친권을 행사하기에 적절하지 않은 상황인 경우 파양 후 아동의 보호와 양육에 공백이 생길 우려가 있다는 비판[21]이 있었으므로, 2011. 5. 19.자 개정에 의해 가정법원의 친권자지정 또

---

16) 신영호·김상훈·정구태, 194.
17) 박동섭, 가사소송(상), 655; 윤진수, 238. 협의상 파양은 외형적인 의사표시의 일치로 충분하다고 서술하고 있는 송덕수, 200도 같은 취지로 추단된다.
18) 송덕수, 201; 오시영, 274; 윤진수, 238; 지원림(2009), 323.
19) 김주수·김상용, 392; 박동섭(2003), 627; 소성규, 140; 양형우, 144; 윤대성, 189; 이경희, 231; 이영규, 227; 한봉희·백승흠, 264.
20) 김용한, 205.

는 후견인선임심판을 거치도록 하였다. §909-2 註釋 참조.

3. 재산적 효과

협의상 파양 성립 시 그 파양에 과실 있는 당사자는 상대방에 대해 손해배상책임을 진다. §908 註釋 참조. 그러나 파양을 원인으로 하는 재산분할청구는 허용되지 않는다.[22] 만약 양친자 사이에 공동생활 중 상대방의 재산증식에 협력한 사실이 있는 때에는 공유물분할청구 등 별도의 민사소송을 제기하여야 할 것이다.

4. 가족관계등록

협의상 파양이 성립한 경우 양자의 가족관계등록부 특정등록사항란에서 양부모를, 양부모의 가족관계등록부 특정등록사항란에서 양자를 말소하는 한편, 양부모와 양자의 가족관계등록부 일반등록사항란에 파양에 관한 사항을 기록한다.[23] 파양된 사실은 양부모와 양자의 가족관계증명서에는 표시되지 않으며, 오로지 입양관계증명서로서만 확인할 수 있다.

---

21) 김상용(2010), 34-35.
22) 김현선·정기웅, 734; 박동섭·양경승, 398.
23) 등록실무[1], 596-597.

第 899 條 ~ 第 901 條

삭제 〈2012. 2. 10.〉

第 902 條 (피성년후견인의 협의상 파양)

피성년후견인인 양부모는 성년후견인의 동의를 받아 파양을 협의할 수 있다.

▌참고문헌: 현소혜(2018), "피성년후견인의 가족관계에 관한 의사결정 자유의 보장", 가족법연구 32-3.

Ⅰ. 본조의 취지

舊 민법(2012. 2. 10. 개정 전) §902는 "양친이나 양자가 금치산자인 때에는 후견인의 동의를 얻어 파양의 협의를 할 수 있다"고 규정하고 있었다. 하지만 2012. 2. 10.자 개정에 의해 양자가 피성년후견인인 경우 협의상 파양이 전면 금지되었다. 양자가 피성년후견인이면 파양에 의해 양자에 대해 보호의 공백 상태가 발생할 우려가 있기 때문이다. 반면 양부모가 피성년후견인인 때에는 여전히 협의상 파양이 가능하다. 그렇지만 피성년후견인은 각종의 정신적 제약으로 말미암아 사무처리능력이 결여된 상태이므로, 양부모가 피성년후견인인 때에도 섣부른 파양의 결정으로부터 그를 보호할 필요가 있다. 이에 본조는 피성년후견인인 양부모는 성년후견인의 동의를 받아야만 파양을 협의할 수 있도록 하였다. 이에 대해서는 피성년후견인의 가족관계 해소에 대한 진정한 의사실현에 방해가 된다는 비판이 있다.[1]

Ⅱ. 성년후견인의 동의

본조는 양부모가 피성년후견인인 경우에 적용된다. 이때 양부모가 피성년후견인인지는 협의상 파양 당시를 기준으로 결정한다. 피성년후견인인 양부모는 성년후견인의 동의를 받아야만 협의상 파양이 가능하다. 이때 성년후견인이란 가정법원으로부터 파양동의에 관한 수권심판을 받은 성년후견인을 의미한다. 성년후견인의 동의와 무관하게 파양의 협의 자체는 피성년후견인이 직접 하는 것이므로, 파양협의 당시

---

1) 현소혜(2018), 241.

피성년후견인에게 의사능력이 있어야 함은 물론이다. 의사능력이 없었다면 당해 협의상 파양은 무효로 돌아간다.[2] 성년후견인의 동의를 받지 않고 성립한 피성년후견인의 협의상 파양의 효력에 대해서는 §903 註釋 참조.

---

2) 김주수·김상용, 391.

第 903 條 (파양 신고의 심사)

제898조, 제902조, 그 밖의 법령을 위반하지 아니한 파양 신고는 수리하여
야 한다.

▌**참고문헌:** 경용국(1987), "파양 1", 사법행정 28-10; 정주수(2005), "호적, 상: 재판상 파양과 호적정
리절차", 사법행정 46-11.

Ⅰ. 본조의 취지

협의상 파양은 파양신고에 의해 성립한다. §904 註釋 참조. 파양신고의 방법은
대체로 입양신고의 경우와 같다. 입양신고 방법에 대해서는 §878 註釋 참조. 본조는
파양신고의 심사대상 및 심사권한에 관한 규정이다.

Ⅱ. 파양신고의 심사대상

본조에 따르면 가족관계등록공무원은 §898, §902, 그 밖의 법령에 위반하지 아니
한 파양신고는 반드시 수리하여야 한다. 따라서 가족관계등록공무원은 양부모와 양
자 사이에 파양의 협의가 있었는지(§898 본문), 파양의 당사자인 양자가 미성년자 또는
피성년후견인은 아닌지(§898 단서), 파양의 당사자인 양부모가 피성년후견인인 경우
성년후견인의 동의를 받았는지(§902) 및 당해 파양신고가 家登에서 정한 바를 따르고
있는지를 심사한다. 이로써 파양신고는 협의상 파양의 실질적 성립요건 구비를 담보
하는 기능을 담당한다.

Ⅲ. 파양신고의 심사권한

파양신고에 관해 가족관계등록공무원이 형식적 심사권한을 가질 뿐이라는 점은 입양신고의 경우와 같다. §881 註釋 참조. 형식적 심사 결과 위 각 요건을 준수하지 않았음이 밝혀지면 가족관계등록공무원은 파양신고를 불수리할 수 있다.

Ⅳ. 협의상 파양의 무효·취소

협의상 파양신고가 수리되었으나, 뒤늦게 §898 또는 §902의 요건을 갖추지 못한 것으로 밝혀진 경우에 당해 파양은 유효한가. 민법은 협의상 파양에 관하여, 사기 또는 강박으로 인한 혼인 취소 청구권의 소멸에 관한 §823의 규정을 준용하고 있을 뿐이다(§904). 따라서 입양의 당사자가 사기 또는 강박에 의해 파양의 의사표시를 한 때 협의상 파양에 관하여 취소할 수 있음은 명백하다. 그러나 그 밖의 요건을 갖추지 못한 경우, 가령 파양의 의사가 존재하지 않은 경우, 미성년자가 양자로써 협의상 파양을 한 경우, 피성년후견인이 성년후견인의 동의 없이 양부모로서 파양의 의사표시를 한 경우 등에는 당해 협의상 파양의 효력에 관하여 민법상 규정이 흠결되어 있다. 하지만 이 경우에도 家訴에 따라 파양무효의 소 또는 파양취소의 소 등을 제기하는 것은 가능하다.

1. 파양의 무효

가. 무효사유

(1) 의사흠결 사안

당사자 사이에 파양의 합의가 없었던 경우(특히 실질적 의사가 결여된 가장파양),[1] 사망·의사무능력·파양의사의 철회 등으로 인해 당사자 중 일방 또는 쌍방에게 파양의 의사가 없었던 경우, 제3자가 위·변조 등을 통해 당사자 몰래 파양신고를 한 경우, 조건부 또는 기한부 파양의 경우에 당해 파양은 무효이다.[2] 다만, 가장파양에 대해서는 가장이혼에 준하여 그 효력을 무효라고 볼 수 없다는 견해가 있다.[3] 의사흠결 사

---

1) 대법원 1993. 4. 27. 선고 92므389 판결.
2) 정용국(1987), 121−122; 고정명·조은희, 188; 김주수·김상용, 393; 박동섭·양경승, 390; 박정기·김연, 250; 박종찬, 157−158; 백성기, 136; 송덕수, 202; 오시영, 272, 275; 양형우, 144; 윤대성, 190; 윤진수, 238; 이경희, 232; 이영규, 228; 정주수(2005), 39; 제요[1], 627; 한봉희·백승흠, 264; 한삼인·김상헌, 183. 그 밖에 2012년 민법 개정 전 15세 미만자를 위하여 대락권 없는 사람이 대신 파양협의를 한 경우도 파양무효사유에 해당한다.
3) 박동섭, 가사소송(상), 655; 윤진수, 238.

안이라도 당사자가 무효인 파양을 추인했다면 파양무효 확인 청구를 기각한다.

그 밖에 부부공동입양 시 부부 중 일방에게 파양의사가 없었던 경우도 부부 모두에 대해 파양무효사유에 해당한다는 견해가 있다.4) 이른바 '공동설'에 충실한 견해이다. 단, 부부공동입양의 취지에 반하지 않는 특별한 사정이 있다면 파양의사가 없었던 쪽과의 파양만 무효로 된다는 절충적 견해도 있다.5) 부부가 공동으로 파양해야 하는지에 관해서는 §898 註釋 참조.

(2) 신고흠결 사안

파양신고가 없었음에도 불구하고 마치 파양신고가 있었던 것과 같이 가족관계등록부에 기재된 경우라면, 협의상 파양 자체가 성립하지 않은 것이므로, 파양무효의 소 대신 양친자관계존부확인의 소를 제기하여야 한다.6)

(3) 법규위반 사안

양자가 미성년자 또는 피성년후견인임에도 불구하고 재판상 파양을 거치지 아니하고, 협의파양의 신고를 한 경우는 어떠한가. 이러한 파양신고는 수리되지 않는 것이 원칙7)이나, 일단 수리된 이상 유효라는 견해8)가 있다. 하지만 강행규정에 위반되므로 무효라고 보아야 할 것이다(§883 ii 유추적용).9)

(4) 입양무효 사안

무효인 입양의 외관을 제거하기 위해 입양무효 확인 판결을 받는 대신 협의상 파양을 한 경우, 그 협의상 파양 자체에 무효사유가 있다는 이유로 파양무효 확인의 소를 제기하는 것은 허용되는가. 하급심 판결 중에는 양부될 자에게 판단능력이 없음을 기화로 그와의 협의 없이 양자가 임의로 입양신고를 한 후 양부의 딸이 이의를 제기하자 역시 양부의 동의 없이 양자가 임의로 파양신고를 한 사안에서 입양이 무효인 이상 그것이 유효함을 전제로 하는 파양무효청구는 이유 없음을 들어 기각한 사안이 있다.10)

나. 파양무효의 소

파양무효의 소는 가류 가사소송사건이다[家訴 §2 ① i 가. 6)]. 파양무효의 소의 성질, 당사자적격, 관할, 확인의 이익, 파양무효 확인 청구 인용판결의 효력 및 그에 따

---

4) 김현선·정기웅, 719.
5) 박동섭, 가사소송(상), 657.
6) 박동섭, 가사소송(상), 653-654.
7) 등록실무[1], 594.
8) 김주수·김상용, 393.
9) 박종찬, 158; 송덕수, 202; 윤진수, 238; 한삼인·김상헌, 183.
10) 전주지방법원 2009. 4. 30. 선고 2008르345 판결(미공간).

른 가족관계등록 처리절차 등은 입양무효의 소의 경우와 동일하다(家訴 §30 및 §31).[11]
§883 Ⅳ. 註釋 참조.

2. 파양의 취소

가. 취소사유

(1) 사기 또는 강박

사기 또는 강박으로 파양의 의사표시를 했다면 사기 또는 강박을 당한 당사자가
파양의 취소를 청구할 수 있다.

(2) 동의흠결 사안

피성년후견인인 양부모가 성년후견인의 동의 없이 파양의 의사표시를 한 경우에
성년후견인의 동의 없이 입양한 경우에 준하여 당해 파양을 취소할 수 있는가(§884 ①
i 및 §873 ① 註釋 참조). 명문의 규정이 없는 이상 취소가 불가능하다는 견해[12]와 입양
취소에 관한 규정을 유추적용하여 취소를 청구할 수 있도록 해야 한다는 견해[13]가
대립한다. 舊 민법(2012. 2. 10. 개정전)상으로는 미성년자가 생가 부모나 직계존속 또는
후견인의 동의를 받지 않고 파양한 경우나 금치산자가 후견인의 동의 없이 파양한 경
우라도 더이상 취소할 수 없다는 견해가 다수였다.[14] 협의상 파양의 취소는 오로지
사기·강박의 경우로 한정된다는 것이다.

나. 파양취소의 효력

파양취소에 관해서는, 입양취소와 달리, 혼인 취소의 효력에 대한 §824가 준용되
지 않는다. 따라서 파양취소의 효력은 기왕에 소급하며, 파양으로 인해 발생하였던
모든 법률효과는 효력을 잃는다.

다. 파양취소의 소

파양취소의 소는 나류 가사소송사건이다[家訴 §2 ① i 나. 11)]. 파양취소의 소의 성
질, 당사자적격,[15] 관할, 확인의 이익, 파양취소청구 인용판결의 효력 및 그에 따른
가족관계등록 처리절차 등은 입양취소의 소의 경우와 동일하다(家訴 §30 및 §31). §884
Ⅳ. 註釋 참조. 다만, 파양취소청구권의 소멸에 관해서는 §904 註釋 참조.

---

11) 파양무효의 소에 대해 자세히 소개하고 있는 문헌으로 정주수(2005), 40−42 참조.
12) 김주수·김상용, 393; 윤진수, 238. 제요[1], 739도 같은 입장인 것으로 보인다.
13) 송덕수, 203; 양형우, 145; 한삼인·김상헌, 183.
14) 김현선·정기웅, 725.
15) 다만, 부부공동입양에 대해서는 파양취소의 소 역시 부부가 공동으로 제기해야 한다는 견해로 박동
　　섭, 가사소송(상), 426.

第 904 條 (준용규정)

사기 또는 강박으로 인한 파양 취소 청구권의 소멸에 관하여는 제823조를
준용하고, 협의상 파양의 성립에 관하여는 제878조를 준용한다.

Ⅰ. §823의 준용

협의상 파양에 대해서는 사기 또는 강박으로 인한 파양취소 청구권의 소멸에 관한 §823가 준용된다. 따라서 사기 또는 강박으로 인해 협의상 파양을 취소할 수 있을 때라도, 사기를 안 날 또는 강박을 면한 날로부터 3월을 경과한 때에는 파양의 취소를 청구하지 못한다. 입양관계의 조속한 안정을 위함이다.

Ⅱ. §878의 준용

협의상 파양의 성립에 관하여는 입양의 성립에 관한 §878가 준용된다. 따라서 협의상 파양은 家登에서 정한 바에 따라 신고함으로써 그 효력이 생긴다. 즉 파양신고는 창설적 신고이다. 단순히 양부모가 양자를 파양하기로 하고 다른 사람을 새로이 양자로 입양하여 오랜 기간 그를 사실상 양자인 것처럼 여겨왔다고 해서 기존의 양친자관계가 당연히 소멸되는 것은 아니다.[1] 구법 시절에는 한때 관습에 따라 당사자 간의 합의만으로 협의상 파양이 성립하였으나, 1923. 7. 1. 조선민사령 일부 개정에 의해 파양신고를 요하게 되었다(조선민사령 §11 ②).[2] 파양신고의 법적 성격, 방법, 효력 등은 입양신고와 동일하다. §878 Ⅱ. 註釋 참조.

---

1) 대법원 1993. 4. 27. 선고 92므389 판결.
2) 정광현, 연구, 449–450.

第 2 項 재판상 파양

第 905 條 (재판상 파양의 원인)

양부모, 양자 또는 제906조에 따른 청구권자는 다음 각 호의 어느 하나에
해당하는 경우에는 가정법원에 파양을 청구할 수 있다.

1. 양부모가 양자를 학대 또는 유기하거나 그 밖에 양자의 복리를 현저히
   해친 경우
2. 양부모가 양자로부터 심히 부당한 대우를 받은 경우
3. 양부모나 양자의 생사가 3년 이상 분명하지 아니한 경우
4. 그 밖에 양친자관계를 계속하기 어려운 중대한 사유가 있는 경우

■참고문헌: 경용국(1987), "파양 1", 사법행정 28-10; 경희대학원판례연구회(1966), "제삼자의 파양청구권과 양자호주의 파양", 사법행정 7-6; 권정희(2002), "양자법의 정비를 위한 검토-친양자제도의 입법안을 중심으로-", 가족법연구 16-1; 김상용(2010), "양자법의 문제점과 개정방향: 민법상의 쟁점을 중심으로", 가족법연구 III; 김상용(2012), "개정 양자법 해설", 법조 61-5; 박동섭(2003), "부부공동-입양판례를 중심으로", 재판자료 101; 박병호(1990), "개정양자제도 관견", 월간고시 194; 이동진(2022), "계자입양", 가족법연구 36-2; 정광수(2001), "민법상의 친자관계에 관한 연구: 양자법과 친권법을 중심으로", 강원법학 13; 정주수(2005), "호적, 상: 재판상 파양과 호적정리절차", 사법행정 46-11; 조은희(2013), "자의 복리를 위한 친양자제도", 서울법학 21-2; 지원림(2009), "부부공동입양에 관한 단상", 성균관법학 21-3; 최진섭(2011), "입양에 관한 판례의 쟁점 분석", 법학연구 21-3.

Ⅰ. 본조의 취지

재판상 파양이란 법원의 재판에 의해 입양관계를 해소하는 것을 말한다. 미성년자 및 피성년후견인에 대해서는 협의상 파양이 허용되지 않으므로, 오로지 재판상 파양에 의해서만 입양관계를 해소할 수 있다. 완전한 행위능력자인 성년이라도 양친자 사이에 협의가 안되거나 협의할 수 없는 경우라면 재판상 파양을 청구할 수 있다. 협의상 파양과 달리 재판상 파양은 언제나 가능한 것은 아니며, 법에서 정한 파양사유가 존재할 때만 허용된다. 본조는 재판상 파양의 청구권자 및 파양사유를 규율하고 있다.

한편 재판상 파양사유가 존재하는 경우라도 재판을 거치지 않으면 파양의 효과는 발생하지 않는다. 구법 시절의 관습에 의하면 "양자가 가산을 탕진할 우려가 있을 때, 양친에 대하여 심히 불효한 행위가 있을 때 또는 중죄를 범하여 처벌을 받았을 때 등의 사유가 있는 경우에는 양친이 양자에 대하여 재판 외에서 파양의 의사표시만으로 파양하는 것이 인정"되었으나, 1922년 이후로는 그러한 관습이 소멸하고, 법원의 파양판결에 의해 비로소 파양의 효력이 발생하는 관습이 확립되었다.[1]

Ⅱ. 재판상 파양의 당사자

1. 양부모 또는 양자

가. 청구권자

(1) 양부모 또는 양자의 파양청구권

재판상 파양을 청구할 수 있는 사람은 양부모 또는 양자이다. 양부모가 피성년후견인인 경우 및 양자가 미성년자 또는 피성년후견인인 경우 재판상 파양청구권자에 대해서는 §906의 특칙이 있다. 자세한 내용은 §906 註釋 참조. 따라서 본조에서 정하는 재판상 파양청구권자인 양부모 및 양자는 성년자로서 성년후견개시심판을 받지 않은 사람으로 한정된다.[2] 파양 청구권자가 성년인지는 재판상 파양청구의 사실심 변론종결시를 기준으로 판단한다.

---

1) 대법원 1999. 9. 3. 선고 98다34485 판결.
2) 양자가 미성년자인 경우에는 그를 위해 절차보조인을 선임하는 제도를 도입할 필요가 있다는 견해로 김상용(2010), 32−33.

(2) 제3자의 파양청구권

양부모 또는 양자 외의 제3자는, §906에 해당하지 않는 한, 재판상 파양을 청구할 수 없다. 4촌 이내의 친족이라는 이유만으로 당연히 파양청구권이 생기는 것은 아니다.[3] 입양 무효 또는 파양 무효의 소와는 달리 家訴 §23가 준용되지 않기 때문이다. 판례 중에도 양조부에게 재판상 파양청구권을 부정한 사례가 있다.[4] 배우자 있는 자가 양자가 된 경우에 양자의 배우자도 재판상 파양의 당사자가 될 수 없다.[5] 그는 입양동의권을 가질 뿐이기 때문이다.

(3) 양부모 또는 양자가 사망한 경우

재판상 파양을 청구할 수 있는 것은 양부모 또는 양자 본인뿐이다. 일신전속적 성격을 갖기 때문이다. 따라서 양부모 또는 양자가 이미 사망한 경우에 그에 갈음하여 상속인이나 친족이 대신 재판상 파양을 청구하는 것은 허용되지 않는다.[6] 판례의 태도도 이와 같다.[7] 허위의 친생자출생신고가 입양의 효력을 갖는 경우에 양부모 중 이미 사망한 일방과 양자 사이의 양친자관계의 해소를 위해 생존친이 사망자를 위하여 또는 사망자에 갈음하여 재판상 파양에 갈음하는 친생자관계부존재확인의 소를 제기하는 것 역시 허용되지 않는다.[8] 파양 소송 계속 중 원고가 사망하면 소송은 당연히 종료된다.[9] 다만, 이에 대해서는 양친이 양자의 패륜적 행위에 의해 사망하는 등 일방 당사자 사망 후라도 양친자관계를 해소하는 것이 양자관계의 본질에 맞는 경우라면 부득이 양부모 사망 후 §777 소정의 친족에게 파양청구권을 인정해야 한다는 견해[10]도 있다.

파양의 소 계속 중 당사자의 일방 또는 쌍방이 사망하였다면 소송절차를 종료하여야 할 것이나, 부부공동입양의 경우 양부모 중 일방만 사망하였다면 생존친과의 사이에서 소송절차는 종료되지 않는다.[11] 원고가 사망한 경우에 6개월 내에 다른 제소권자가 소송절차를 승계하는 것은 가능하다(家訴 §16).

(4) 직권파양의 허부

§905 및 §906는 재판상 파양에 일정한 자에 의한 청구를 요구한다. 따라서 재판

---

3) 대법원 1970. 5. 26. 선고 68므31 판결; 대법원 1973. 11. 27. 선고 73므24 판결.
4) 대법원 1983. 9. 13. 선고 83므16 판결.
5) 제요[1], 744.
6) 오시영, 280; 최진섭(2011), 207.
7) 대법원 1970. 5. 26. 선고 68므31 판결.
8) 대법원 2001. 8. 21. 선고 99므2230 판결.
9) 박동섭, 가사소송(상), 423.
10) 권정희(2002), 80; 김주수, 판례, 507−508. 같은 취지로 경용국(1966), 90.
11) 제요[1], 747.

상 파양 사유가 존재한다고 할지라도, 가정법원이 직권으로 재판상 파양 절차를 개시하는 것은 허용되지 않는다.[12]

나. 상대방

양부모가 재판상 파양을 청구하는 경우에는 양자, 양자가 청구하는 경우에는 양부모가 상대방이 된다. 실무에서는 양자의 대락권자를 피고로 삼는 경우도 있다.[13] 양자 또는 양부모가 이미 사망한 경우, 사망한 사람을 상대로 또는 그를 갈음하여 검사를 상대로 재판상 파양을 청구하는 것은 허용되지 않는다. 일반입양의 파양에 관해서는 家訴 §24가 준용되지 않을 뿐만 아니라(家訴 §31), 파양은 소급효가 없으므로 사망자를 상대로 재판상 파양판결을 받더라도 별다른 실익이 없기 때문이다.[14] 파양 소송 계속 중 피고가 사망하면 소송은 당연히 종료된다.[15] 다만, 하급심 판결 중에는 양자가 사망한 후 양친이 양자의 배우자를 상대로 재판상 파양 청구를 한 것을 인용한 사안이 있다.[16]

2. 부부공동입양의 경우

부부공동입양의 경우 양부모는 재판상 파양도 공동으로 해야 하는가. 일설은 공동설의 입장을 관철하여 이때도 부부가 공동으로 재판상 파양을 해야 한다고 주장한다.[17] 이 경우 재판상 파양 사유는 부부 쌍방에게 존재해야 하는가. 현재까지는 부부 중 일방에게 파양원인이 존재하면 다른 일방에게도 파양원인이 된다고 보는 서술이 보일 뿐이다.[18] 반면 개별설의 입장에서 재판상 파양을 공동으로 할 필요가 없다고 보는 견해도 있다. 위 견해는 다시 ① 양부모의 일방이 파양을 원함에도 배우자의 반대 때문에 파양을 할 수 없는 것은 그의 인격을 침해하므로, 일단 재판상 파양청구는 개별적으로 할 수 있도록 하되, 파양에 의해 양친자관계가 양친 쌍방에 대해 모두 종료되도록 해야 한다는 견해,[19] ② 양자가 양부모 중 일방에 대해서만 파양을 청구하

---

12) 윤진수·현소혜, 227 참조.
13) 제요[1], 743.
14) 같은 취지로 박동섭, 주석, 374; 오시영, 280.
15) 박동섭, 가사소송(상), 423.
16) 제주지방법원 2008. 5. 8. 선고 2008르38 판결(미공간). 다만, 위 사건에서 입양은 舊 민법(1990. 1. 13. 개정전) §874 ①이 적용되던 시절에 성립한 것으로서 양자의 배우자 역시 양친과 양친자관계에 있다고 해석할 여지가 있고, 재판상 파양 청구 역시 이미 사망한 양자와 양부모 사이의 양친자관계의 파양을 구한 것이 아니라, 양자의 배우자와 양부모 사이의 파양을 구한 것이었으므로, 본 건을 들어 양자가 사망한 후에는 양자의 배우자를 대신 피고로 삼아 재판상 파양 청구를 할 수 있다고 볼 수는 없을 것이다.
17) 경용국(1987), 123; 권정희(2002), 80; 김상용·김주수, 395; 김현선·정기웅, 730; 소성규, 140; 송덕수, 204; 양형우, 146; 정주수(2005), 53; 최진섭(2011), 207; 한삼인·김상헌, 184.
18) 박동섭, 가사소송(상), 645.
19) 지원림(2009), 323.

는 것은 가능하다는 견해,20) ③ 파양원인이 있는 부부의 일방과 상대방 사이에 단독
으로라도 친자관계를 해소시킬 의사가 있고, 단독의 양친자관계를 존속시키는 것이
다른 배우자의 의사에 반하여 그 이익을 해치지 않으며 양친가정의 평화와 양자의 복
지를 해칠 염려가 없는 등 특별한 사정이 있는 경우에만 부부 중 일방에 대해서만 재
판상 파양을 하는 것이 가능하다는 견해,21) ④ 각 양친자관계를 획익적으로 결정할
필요가 없다면 공동파양을 관철할 필요가 없다는 견해22)로 나누어진다.

　　대법원 2001. 8. 21. 선고 99므2230 판결은 방론으로서 양친이 부부인 경우 파양
을 할 때에도 부부가 공동으로 하여야 한다고 해석할 여지가 있다고 판시한 바 있다.
그러나 하급심 판결 중에는 "양자인 원고가 양부모 중 양부인 피고 일방만을 상대로
재판상 파양을 청구한 이 사건이 적법한지 여부에 관하여 직권으로 살피건대, 양자관
계는 양부모 각자와 양자 사이에 별개로 성립하는 것이고 또한 재판상 파양에 관하여
부부공동파양을 강제하는 명문의 규정이 없을 뿐만 아니라 개인의사를 존중한다는
원칙 아래 자를 위한 양자제도를 취하고 있는 양자법의 취지에 비추어 양부모의 양자
에 대한 2개의 양자관계를 불가분이라고 해석할 합리적인 이유도 없으므로 양친에
대한 양자의 재판상 파양청구를 필요적 공동소송으로 보아 양자와 양친의 일방과 사
이에 사정이 있어 양친 부부의 일방만을 피고로 하는 재판상 파양청구를 부적법하다
할 것도 아니므로 원고가 양부인 피고만을 상대로 한 이 사건 파양청구는 적법한 것
으로 보아야 한다."23)고 판시한 사안이 있다.

　　물론 양부모 중 일방이 사망하였거나 이혼하였다면, 단독으로 재판상 파양을 청
구할 수 있을 것이다.24) 부부공동입양에서의 협의상 파양에 대해서는 §898 註釋 참조.

3. 유책당사자의 파양청구권

　　완전한 행위능력자인 성년자라고 하여 언제나 재판상 파양을 청구할 수 있는 것
은 아니다. 재판상 이혼의 경우와 마찬가지로 양친자관계의 파탄에 주된 책임이 있는
당사자(유책당사자)는 재판상 파양을 청구할 수 없다.25) 만약 이 경우에도 재판상 파양
청구권을 인정한다면 사실상 축출파양이 가능해지기 때문이다. 이에 대해서는 민법

---

20) 조승현·김재완, 161–162.
21) 박동섭, 가사소송(상), 647; 박동섭(2003), 630. 다만, 박동섭, 가사소송(상), 424은 완전한 부정설의 입
　　장에서, 같은 책, 425은 긍정설의 입장에서 서술하고 있어 입장이 명확하지는 않다.
22) 권재문, 198.
23) 서울가법 1992. 4. 23. 선고 91드63419 판결.
24) 같은 취지로 제요[1], 744.
25) 같은 취지로 김상용·김주수, 399; 박동섭·양경승, 394; 소성규, 143; 송덕수, 203; 오시영, 279; 윤대
　　성, 190; 한봉희·백승흠, 266.

이 §905 iv와 같은 상대적·추상적 파양사유를 두고 있음을 이유로 파탄주의를 택하고 있다고 보는 견해도 없지 않다.26) 양친자 쌍방 모두에게 유책사유가 없는 경우, 또는 유책의 정도가 비등한 경우라면 누구라도 양친자관계의 파탄을 이유로 파양을 청구할 수 있음은 물론이다.27) 또한 피고에게도 파양의 의사가 있으나 단지 보복의 감정으로 이를 다투고 있음에 불과한 경우라면, 유책당사자라도 재판상 파양을 청구할 수 있다.28)

Ⅲ. 재판상 파양 사유

舊 민법(2012. 2. 10. 개정전) §905는 가족의 명예를 오독하거나 재산을 경도한 중대한 과실이 있는 때(제1호)29), 다른 일방 또는 그 직계존속으로부터 심히 부당한 대우를 받았을 때(제2호), 자기의 직계존속이 다른 일방으로부터 심히 부당한 대우를 받았을 때(제3호), 양자의 생사가 3년 이상 분명하지 아니한 때(제4호) 및 기타 양친자관계를 계속하기 어려운 중대한 사유가 있는 때(제5호)를 재판상 파양 사유로 규정하고 있었다. 그러나 이는 상당 부분 가(家)를 위한 입양 및 가부장적 대가족제도를 전제로 마련된 파양사유로서 양자에게 일방적으로 불리하거나, 양자될 사람의 복리에 부합하지 않는 등 자(子)를 위한 입양과는 거리가 있었으므로,30) 2012. 2. 10.자 개정에 의해 재판상 파양 사유를 대폭 개정하였다.31)

1. 양부모가 양자를 학대 또는 유기하거나 그 밖에 양자의 복리를 현저히 해친 경우 (제1호)

양부모가 양자를 학대 또는 유기하거나 그 밖에 양자의 복리를 현저히 해친 경우에 양자는 재판상 파양을 청구할 수 있다. 양자를 위한 파양사유이다. 舊 민법(2012. 2. 10. 개정전) §905 ii 중 "다른 일방으로부터 심히 부당한 대우를 받았을 때" 중 양자

---

26) 정광현, 요론, 243－244.
27) 박동섭, 가사소송(상), 644, 647.
28) 박동섭, 가사소송(상), 646－647.
29) 동 파양 사유의 적용범위에 대해 상세히는 박동섭, 주석, 405－406 참조. 하급심 판결 중에는 양자가 양부모와 그 가족들 안에서 많은 분란을 일으켰고, 가출한 후 5년간 연락을 두절하면서 술집에 다니는 등의 행위를 한 것만으로는 아직 가족의 명예를 오독한 중대한 과실이 있다고 볼 수 없다고 판시한 예가 있다. 인천지방법원 2011. 10. 19. 선고 2011드단6618 판결(미공간) 참조.
30) 기존의 파양 사유가 가지고 있는 가부장적 성격에 대해 비판하고 있는 문헌으로 김용한, 204; 박동섭·양경승, 394; 박병호(1990), 69; 정광수(2001), 67 참조.
31) 개정 취지에 대해 자세히는 김상용(2012), 13.

가 양부모로부터 부당한 대우를 받은 경우만을 분리하여 구체화한 것이다. 양자에 대해 성폭력·가정폭력을 비롯하여 신체적·정신적으로 고통을 가하는 행위, 범죄행위나 추업·구걸 등을 강요하는 행위, 지속적인 모욕을 가하는 행위, 방임, 유기 등이 널리 포함된다.[32] 양부모의 고의 또는 과실은 요하지 않는다.[33] 반면 양자가 양부모 외에 양가의 직계존속으로부터 학대 등을 받은 경우는 이에 해당하지 않는다. 양부모가 양자 외에 양자의 친생부모 등에 대해 학대 그 밖에 심히 부당한 대우를 한 경우도 이에 해당하지 않는다. 舊 민법(2012. 2. 10. 개정전) §905 ii 및 iii 중 "직계존속" 부분은 모두 삭제되었기 때문이다. 다만, 제4호의 사유에 해당할 수는 있을 것이다.

2. 양부모가 양자로부터 심히 부당한 대우를 받은 경우(제2호)

양부모가 양자로부터 심히 부당한 대우를 받은 경우, 양부모는 양자를 상대로 재판상 파양을 청구할 수 있다. 양부모를 위한 파양 사유이다. 舊 민법(2012. 2. 10. 개정전) §905 ii 중 "다른 일방으로부터 심히 부당한 대우를 받았을 때" 중 양부모가 양자로부터 부당한 대우를 받은 경우만을 분리하여 구체화한 것이다. 이때 "심히 부당한 대우"란 신체적·정신적 학대, 방임, 중대한 모욕, 장기간에 걸친 부양의무의 악의적 불이행 등과 같은 패륜적 행위로 말미암아 양친자관계를 계속 유지하는 것이 당사자에게 가혹한 결과를 가져올 수 있는 경우를 말한다.[34] 양모로부터 부양을 조건으로 토지를 증여받고도 고령으로 거동이 어려운 양모의 봉양을 회피하다가 집에 찾아온 양모의 출입을 막는 과정에서 심한 상해를 입힌 경우[35] 등이 이에 해당한다. 반면 부모가 양자 외에 양자의 친생부모 등 직계존속으로부터 부당한 대우를 받은 경우 또는 양자가 양부모 외에 양가 쪽의 다른 직계존속에게 심히 부당한 대우를 한 경우 등은 이에 해당하지 않는다. 양자의 배우자가 양친에 관해 악의적으로 허위 사실을 유포하는 등 부당한 대우를 한 경우라도 그것만으로는 파양 사유에 해당하지 않는다.[36]

3. 양부모나 양자의 생사가 3년 이상 분명하지 아니한 경우(제3호)

양부모나 양자의 생사가 3년 이상 분명하지 아니한 경우에는 생사불명자를 상대로 재판상 파양을 청구할 수 있다. 舊 민법(2012. 2. 10. 개정전)과 달리 양부모의 생사

---

32) 김상용·김주수, 397.
33) 조은희(2013), 28.
34) 박동섭, 가사소송(상), 641−642도 참조.
35) 서울가정법원 2008. 11. 14. 선고 2007드단91568 판결(미공간).
36) 서울가정법원 2011. 1. 12. 선고 2009드합9133 판결(미공간).

가 불명한 경우에도 파양을 청구할 수 있도록 하였다. 양부모의 생사가 불명함에도 불구하고 양친자관계의 계속을 강제하는 것은 양자의 복리에 반하기 때문이다.37) 생사가 분명하지 않게 된 이유나 생사불명자의 고의·과실 등은 묻지 않는다. 이때 3년의 기산시점은 최후의 소식이 있었던 때이다. 최후의 소식이 있었던 때로부터 아직 3년에 달한 것은 아니지만, 사망의 개연성이 매우 높은 경우와 같이 양친자관계를 계속하기 어려운 중대한 사유가 있는 때에는 §905 iv에 해당할 수 있을 것이다.38) 장기간 소식이 두절되었거나 별거 중이기는 하였으나, 생사불명의 상태는 아닌 경우 역시 §905 iii 사유에는 해당하지 않지만, 제4호를 이유로 재판상 파양을 청구할 수 있다.39)

4. 그 밖에 양친자관계를 계속하기 어려운 중대한 사유가 있는 경우(제4호)

제1호 내지 제3호의 사유에 해당하지 않는 때라도 양친자관계를 계속하기 어려운 중대한 사유가 있는 경우라면 재판상 파양을 청구할 수 있다. 이는 상대적·추상적 파양 사유이므로, 양부모와 양자 사이의 관계, 재산 상태, 정서적 긴밀도, 양가 또는 생가의 다른 친족과의 관계, 입양의 동기, 양친자관계를 계속하기 어려운 중대한 사유가 발생하게 된 각종의 원인, 파양 성립 시 양자의 복리 등을 종합적으로 고려하여 판단하여야 할 것이다.40) 가령 상습적인 범죄·마약 또는 알콜중독 등으로 인해 양자에게 적절한 양육환경을 제공해 줄 수 없는 경우, 양부모와 양자 사이의 부적절한 성적 관계, 양자가 양부모의 재산을 탕진하여 막대한 손해를 가한 경우 등이 이에 해당할 수 있을 것이다. 구법상 재판상 파양 사유였던 악의의 유기, 금고 1년 이상의 형벌, 양자가 도망하여 3년 이상 복귀하지 않은 때 등도 사정에 따라 본호에 포섭될 수 있다. 재혼가정에서 계자입양을 한 후 부부의 혼인이 파탄된 경우도 본호에 포섭할 수 있다는 견해41)가 있다.

반면 양자가 양부 소유의 부동산에 관하여 자기 명의로 등기를 이전한 후 임의로 처분하였더라도 그 처분 후 별다른 질책을 하지 아니하고 오랜 기간 원만한 관계를 유지하였으며, 함께 소송 대책을 논의하여 그 부동산을 되찾아 온 후 재산분배까지 하였다면 양친자관계를 계속하기 어려운 중대한 사유가 있다고 보기 어렵다.42) 상

---

37) 개정 취지에 대해서는 김상용(2012), 41 참조.
38) 박동섭, 가사소송(상), 643.
39) 박동섭, 가사소송(상), 642-643.
40) 박동섭, 가사소송(상), 643.
41) 이동진(2022), 156.
42) 대법원 2002. 12. 26. 선고 2002므852 판결.

속재산을 둘러싼 분쟁이 있어 정당한 권리행사의 일환으로서 양친을 상대로 소를 제기하는 등의 사유로 일시적으로 사이가 소원해진 경우도 같다.[43] 양자를 상속인 지위로부터 배제하기 위해 파양을 청구할 수 없음은 물론이다.[44] 또한 단순히 양부모와 양자가 동거나 교류를 계속하지 않고 있다거나[45] 경제적 사정 등으로 인해 부득이 금전적·정서적 부양의무를 충실히 이행하지 못한 것,[46] 양친의 부양 문제로 다른 형제들과 다툼이 있었다는 것[47]만으로는 파양 사유가 될 수 없을 것이다. 양자에게 장애가 있어 양육이 힘들다는 등의 사정만으로는 아직 양친자관계를 계속하기 어려운 중대한 사유에 해당하지 않는다.[48] 또한 양부모가 이혼하여 양자가 양친 중 일방에 의해 단독으로 양육되고 있거나 비양육친인 다른 일방과 장기간 왕래와 교류 없었더라도 그것만으로는 비양육친과의 양친자관계에 재판상 파양 사유가 발생하였다고 볼 수 없다.[49]

그러나 양친자 사이에 분쟁을 겪은 끝에 20년 이상 서로 연락하거나 왕래를 하지 않는 때[50]나 호주승계 및 봉제사 등을 목적으로 입양하였으나 입양 후 30여 년간 거의 왕래가 없었으며 양자가 제사를 지내지도 않으면서 상속재산만 임의로 처분한 경우,[51] 이혼 후 양부가 양자를 양육하지 않자 친생부가 양자를 재입양해간 경우,[52] 교직원 자녀 학비 혜택을 주기 위해 친구의 자를 입양한 후 45년간 양자를 양육하거나 동거한 바 없고, 아무런 교류도 없었던 경우[53] 등에는 재판상 파양 사유로 인정된 예가 있다. 결국 재판상 파양 사유에 해당하는지는 양부모와 양자 간의 사이가 이미 파탄되어 더이상 회복될 가능성이 없으므로 파양에 의해 양친자관계를 해소할 필요가 있는지에 따라 달라질 것이다.

---

43) 서울가정법원 2010. 12. 20. 선고 2010드단32835 판결(미공간); 인천지방법원 2011. 10. 19. 선고 2011드단6618 판결(미공간); 전주지방법원 2011. 7. 19. 선고 2010드단8443 판결(미공간). 이에 반해 상속분쟁이 있음을 이유로 재판상 파양을 인용한 하급심 판결로 대전지방법원 천안지원 2009. 1. 13. 선고 2008드단3920 판결(미공간).
44) 서울가정법원 2010. 10. 27. 선고 2010드단9019 판결(미공간).
45) 오시영, 277. 박동섭·양경승, 394-395은 별거만으로는 파양사유가 아니라고 하면서도 별거하면서 양부모와 일체의 연락을 하지 않았다면 파양사유가 될 수 있다고 한다.
46) 인천지방법원 2008. 7. 23. 선고 2007드단22538 판결(미공간).
47) 대구지방법원 가정지원 2009. 5. 28. 선고 2008드단26942 판결(미공간).
48) 의정부지방법원 2009. 1. 22. 선고 2008드단1287 판결(미공간).
49) 서울가정법원 2008. 5. 23. 선고 2007드단103409 판결(미공간); 의정부지방법원 2009. 2. 5. 선고 2008드단6572 판결(미공간); 수원지방법원 2011. 1. 27. 선고 2010르1413 판결(미공간).
50) 춘천지방법원 2008. 1. 24. 선고 2006르236 판결(미공간).
51) 서울가정법원 2009. 12. 18. 선고 2009르1222 판결(미공간).
52) 서울가정법원 2008. 12. 5. 선고 2008르1782 판결(미공간).
53) 서울가정법원 2010. 2. 10. 선고 2009드단73243 판결(미공간).

IV. 재판상 파양 절차

재판상 파양은 나류 가사소송사건이다(家訴 §2 ① i 나. 12)). 파양청구권자와 파양 사유 외에 세세한 절차 및 효력 등은 재판상 이혼의 경우와 같다.[54] §840 註釋 참조. 다만, 파양의 소는 양부모 중 1명의 보통재판적이 있는 곳의 가정법원의 전속관할로 하고, 양부모가 모두 사망한 경우에는 그중 1명의 마지막 주소지의 가정법원의 전속 관할로 한다(家訴 §30 iii). 재판상 파양에 대해서도 조정전치주의가 적용되며, 협의상 파양이 허용되는 성년자 간에는 파양하기로 하는 내용의 조정도 널리 허용될 수 있다.[55] 허위의 친생자출생신고에 의해 입양의 효력이 발생한 경우에 그 입양 관계의 파양 절차에 대해서는 §878 III. 6. 註釋 참조.

법원은 재판상 파양 사유가 존재하더라도 파양으로 인해 양자의 복리를 해할 우려가 있음을 이유로 파양청구를 기각할 수 있는가. 이와 같은 사정판결은 명문의 규정이 없는 한 허용될 수 없음이 원칙이다.[56] 다만, 경우에 따라서는 재판상 파양청구권의 행사를 권리남용으로 볼 여지가 있을 것이다.

V. 재판상 파양의 효과

협의상 파양의 효과와 같다. 협의상 파양의 효과에 관해서는 §898 註釋 참조. 재판상 파양으로 인한 손해배상청구에 관해서는 §908 註釋 참조. 파양을 원인으로 하는 원상회복청구도 가능하다[家訴 §2 ① i 다목 3)]. 하급심 판결의 태도도 이와 같다.[57] 재판상 파양을 원인으로 하는 재산분할청구에 대해서는 아직 명문의 규정이 없으므로, 재산형성 및 유지에 대한 기여는 민사소송으로 처리하는 수밖에 없다.[57] 재판상 파양의 당사자 중 일방이 미성년자인 경우에 §909-2 ②에 따른 친권자 지정 청구 사건을 병합할 수도 있는가. 병합할 수 없다는 견해[58]가 있으나, 허용해야 할 것이다. 파양재판이 확정된 후에는 대해서는 그 무효 또는 취소를 주장할 수 없다. 다만, 이에 대해

---

54) 특히 재판상 파양사유의 소송물에 대해 재판상 이혼사유와 같이 구소송물이론을 지지하는 견해로 박동섭, 가사소송(상), 639 참조.
55) 모든 재판상 파양에 대해 파양하기로 하는 내용의 조정이 가능하다고 보는 견해로 제요[1], 746.
56) 윤진수·현소혜, 226 참조.
57) 양모가 부양의무 이행을 조건으로 양자에게 토지를 증여한 후 25년 내지 32년 후 양자가 양모 봉양을 기피한다는 이유로 재판상 파양을 한 사안에서 양자는 양모에게 위 토지를 원상회복으로 반환할 의무가 있다고 보았던 판결로 서울가정법원 2008. 11. 14. 선고 2007드단91568 판결(미공간).
57) (同旨) 박동섭, 가사소송(상), 650.
58) 박동섭, 가사소송(상), 649; 제요[1], 747.

서는 의사무능력자의 파양·가장파양 등의 경우에 재판상 파양도 무효로 될 수 있다
는 반대설이 있다.[59]

---

59) 고정명·조은희, 191.

第906條 (파양 청구권자)

① 양자가 13세 미만인 경우에는 제869조제2항에 따른 승낙을 한 사람이 양자를 갈음하여 파양을 청구할 수 있다. 다만, 파양을 청구할 수 있는 사람이 없는 경우에는 제777조에 따른 양자의 친족이나 이해관계인이 가정법원의 허가를 받아 파양을 청구할 수 있다.

② 양자가 13세 이상의 미성년자인 경우에는 제870조제1항에 따른 동의를 한 부모의 동의를 받아 파양을 청구할 수 있다. 다만, 부모가 사망하거나 그 밖의 사유로 동의할 수 없는 경우에는 동의 없이 파양을 청구할 수 있다.

③ 양부모나 양자가 피성년후견인인 경우에는 성년후견인의 동의를 받아 파양을 청구할 수 있다.

④ 검사는 미성년자나 피성년후견인인 양자를 위하여 파양을 청구할 수 있다.

▌참고문헌: 김상용(2012), "개정 양자법 해설", 법조 61-5; 장병주(2013), "개정 입양제도의 문제점과 개선방향 ―개정민법과 입양특례법을 중심으로―, 법학논고 41; 정주수(2005), "호적, 상: 재판상 파양과 호적정리절차", 사법행정 46-11, 49-59; 현소혜(2018), "피성년후견인의 가족관계에 관한 의사결정 자유의 보장", 가족법연구 32-3.

Ⅰ. 본조의 취지

재판상 파양은 양부모 또는 양자가 청구할 수 있다(§905). 하지만 청구권자가 미성년자 또는 피성년후견인 같은 제한적 행위능력자라면 제3자에 의한 능력의 보충이 필요하다. 이에 본조는 양자가 13세 미만이라면 대락권자 등이 그 파양청구를 대신하도록 하는 한편(본조 ①), 양자가 13세 이상의 미성년자면 부모의 동의를(본조 ②), 양부

모나 양자가 피성년후견인이면 성년후견인의 동의를 요구함으로써 그의 의사결정에
조력하도록 하고 있다(본조 ③). 따라서 본조는 재판상 파양청구에 관한 §905조에 대해
특별규정으로서의 성격을 갖는다. 재판상 파양청구가 필요한 상황임에도 불구하고
미성년자나 피성년후견인이 스스로 파양을 청구하지 않는 경우에 대비해 검사의 개
입도 허용한다(본조 ④). 다만, 이 중 피성년후견인이 성년후견인의 동의를 받아야만
재판상 파양을 청구할 수 있도록 하는 것에 대해서는 피성년후견인의 의사실현에 장
애가 되고, 재판청구권을 심각하게 제약한다는 점에서 비판이 있다.[1]

Ⅱ. 재판상 파양 청구권자

1. 양자가 파양을 청구하는 경우

가. 양자가 13세 미만인 경우(제1항)

(1) 입양을 대락한 사람

양자가 13세 미만이면 §869 ②에 따라 승낙을 한 사람, 즉 입양을 대락한 사람이
양자를 갈음하여 재판상 파양을 청구할 수 있다. 입양 대락권자에 대해서는 §869 註
釋 참조. 양자가 13세 미만인지는 입양 당시가 아니라 재판상 파양 청구 당시를 기준
으로 결정한다.[2] 실제로 대락권을 행사한 사람만이 재판상 파양을 청구할 수 있으므
로, 입양 당시 대락권자의 지위에 있었을지라도 대락권을 행사하지 않은 사람은 재판
상 파양을 청구할 수 없다. 가령 입양 성립 당시 정당한 이유 없이 대락을 거부하거
나 소재를 알 수 없는 등의 사유로 인해 법정대리인의 승낙 없이 입양이 성립하였던
경우, 당해 법정대리인은 재판상 파양을 청구할 수 없다. 이때는 "파양을 청구할 수
있는 사람이 없는 경우"에 해당한다고 보아 §906 ① 단서에 의해 파양청구권자를 결
정하여야 한다. 반면 입양 당시에는 양자될 자의 법정대리인의 지위에 있어 입양을
대락하였지만 재판상 파양 청구 당시에는 법정대리인이 아닌 경우라도 실제로 대락
권을 행사한 사람이라면 재판상 파양을 청구할 수 있다.

양자를 갈음하여 재판상 파양 청구를 하는 대락자는 양자를 대리하여 소를 제기
할 뿐이라는 견해(법정대리설)[3]가 있으나, 입양성립 당시 대락권을 행사한 사람은 재
판상 파양 청구 당시 더이상 양자의 법정대리인으로서의 지위를 보유하고 있지 않은

---

1) 현소혜(2018), 241.
2) 제요[2], 975.
3) 박동섭, 가사소송(상), 424.

것이 통상이므로, '대락자'라는 고유의 지위에 기초하여 자신의 이름으로 소를 제기할 수 있다고 보아야 할 것이다(소송대위설).[4] 어떠한 견해를 택하더라도, 일단 대락권자가 제기한 재판상 파양 청구에 대해 기각판결이 확정되면 다른 제소권자도 사실심 변론종결 전에 참가하지 못한 데 대하여 정당한 사유가 있지 않는 한, 다시 소를 제기할 수 없다(家訴 §21 ②).

(2) 친족 또는 이해관계인

재판상 파양을 청구할 수 있는 사람, 즉 입양을 대락한 사람이 없는 경우에는 양자의 친족 또는 이해관계인이 가정법원의 허가를 받아 대신 재판상 파양을 청구할 수 있다. 입양을 대락한 사람이 사망하였거나 소재를 알 수 없는 경우, 대락면제 사유에 해당하여 입양을 대락한 사람이 없는 경우 등이 이에 해당한다.[5] 대락자가 재판상 파양을 청구한 후 소송계속 중 사망하였다면, 친족 기타 이해관계인이 가정법원의 허가를 받아 그 소송절차를 승계할 수 있다(家訴 §16 참조).[6]

이때 재판상 파양을 청구할 수 있는 양자의 친족이란 §777에 따른 친족을 의미한다. 이때 친족에는 생가의 친족과 양가의 친족이 모두 포함되는가. 양가의 친족까지 포함된다는 무제한설[7]과 생가의 친족으로 한정된다는 제한설[8]이 대립한다. 舊 민법(2012. 2. 10. 개정전) §906에 의해 준용되던 §899에 따르면 가정법원으로부터 허가받은 '생가의 다른 직계존속'만이 재판상 파양을 대신 청구할 수 있었다. 그러나 2012. 2. 10.자 개정민법은 그 범위를 "§777에 따른 친족"으로 확대하였으며, 친족의 범위를 생가의 친족으로 한정하지 않았다. 따라서 양가의 친족도 재판상 파양 청구를 대신할 수 있다고 보아야 할 것이다.

재판상 파양을 청구할 수 있는 이해관계인에는 입양기관의 장, 아동보호전문기관의 장 등이 포함된다.[9] 양자가 양부모로부터 학대 또는 유기 등을 당하고 있음에도 불구하고 재판상 파양을 청구할 사람이 없는 경우 대신 재판상 파양을 청구할 수 있도록 한 것이다. 2012. 2. 10.자 개정에 의해 재판상 파양청구권자로 추가되었다. 실무상 대락자가 재판상 파양청구를 하지 않으면 입양기관의 장 등이 양자를 위한 특별대리인으로써 재판상 파양 청구를 대신해 왔던 관행을 법제화한 것이다.

친족 또는 이해관계인이 대신 재판상 파양을 청구하려면 미리 가정법원의 허가

---

4) 김주수·김상용, 394 각주 178; 정주수(2005), 53-54.
5) 제요[2], 975.
6) 김현선·정기웅, 731; 정주수(2005), 55.
7) 같은 취지로 김주수·김상용, 394 각주 179 참조.
8) 장병주(2013), 510.
9) 김상용(2012), 14, 42; 박동섭·양경승, 391 각주 1; 신영호·김상훈·정구태, 196; 제요[2], 975.

를 받아야 한다. 재판상 파양청구권자의 확대에 따라 파양청구권이 남용되는 것을 방지하기 위한 장치이다. 舊 민법(2012. 2. 10. 개정전)상 생가의 다른 직계존속 또는 후견인이 대락자를 갈음하여 파양의 협의를 하는 경우 자의 복리에 반하는 사태가 발생하지 않도록 가정법원의 허가를 받게 하였던 2005. 3. 31.자 개정민법의 취지[10]를 계승한 것이나, 불필요한 절차의 중복이라는 이유로 비판하는 견해도 있다.[11] 친족 또는 이해관계인의 파양청구 허가 사건은 라류 가사비송사건[家訴 §2 ① ii 가목. 11)]으로서 양자의 주소지 가정법원이 관할하며(家訴 §44 ① iv), 사건관계인을 심문하지 않고 할 수 있다(家訴 §45). 심리의 대상은 양자의 복리를 위해 친족 기타 이해관계인에 의한 재판상 파양청구를 허용할 것인가에 한정되며, 재판상 파양 사유가 존재하는지까지 판단해야 하는 것은 아니다.[12] 의견청취나 사실조사에 관한 규정은 적용되지 않지만(家訴 §45-9의 반대해석), 가사조사나 심리조사는 가능하다(家訴規 §62 ①). 파양허가 청구를 기각 또는 각하한 심판에 대해서는 청구인이 즉시항고할 수 있으나(家訴規 §27), 인용 심판에 대해서는 즉시항고가 허용되지 않는다.[13]

나. 양자가 13세 이상의 미성년자인 경우(제2항)

양자가 13세 이상의 미성년자면 양자 본인이 스스로 재판상 파양을 청구할 수 있다. 다만, §870 ①에 따른 동의를 한 부모의 동의를 받아야 한다.[14] 재판상 파양청구에 동의할 부모는 입양 성립 시 실제로 동의권을 행사한 부모에 한한다. 따라서 부모가 친권상실선고를 받거나 소재불명 등으로 인해 동의권을 행사할 수 없었던 경우 또는 동의를 거부하여 §870 ②에 따라 그의 동의 없이 입양이 성립한 경우에는 그의 동의 없이 재판상 파양을 청구할 수 있다.[15] 따로 다른 직계존속 또는 후견인 등의 동의를 받아야 하는 것은 아니다. 舊 민법(2012. 2. 10. 개정전) §900 및 §871와 같은 조문이 존재하지 않기 때문이다. 다만, 부모가 §869 ①에 따라 법정대리인으로서 동의를 하여 §870 ① 단서 i에 따라 부모로서의 동의권을 행사하지 않은 때에는 법정대리인으로서의 동의에 부모로서의 동의의 의사표시가 포함되어 있으므로, 재판상 파양 청구 시 그의 동의를 받아야 한다.[16]

재판상 파양에 동의해야 할 부모가 사망하거나 그 밖의 사유로 동의할 수 없는

10) 이화숙, 2005년 개정가족법, 83.
11) 권재문, 196; 장병주(2013), 511.
12) 제요[2], 977.
13) 제요[2], 977.
14) 부모의 동의가 아니라 법정대리인의 동의를 받도록 해야 한다는 견해로 한봉희·백승흠, 265.
15) 같은 취지로 김상용(2012), 43.
16) 같은 취지로 김상용(2012), 43.

경우에는 동의 없이 파양을 청구할 수 있다(§906 ② 단서). 이때 그 밖의 사유에는 생사불명, 소재불명, 의식불명 등으로 인해 부모가 동의의 의사표시를 할 수 없는 경우가 포함된다. 반면 부모가 정당한 이유 없이 재판상 파양 청구에 동의하지 않으면 양자 본인이 임의로 재판상 파양을 청구할 수 없다. §906 ④에 따라 검사에게 재판상 파양을 청구해 줄 것을 촉구할 수 있을 뿐이다.[17]

　　양자가 13세 이상인 경우에 부모의 동의를 받아 스스로 재판상 파양을 청구할 수 있다고 하여 양자에게 재판상 파양 청구에 관한 소송능력이 인정되는 것은 아니다. 따라서 양자는 그의 법정대리인을 통해 재판상 파양을 청구하여야 할 것이다. 다만, 그의 법정대리인은 재판상 파양의 상대방인 양부모인 경우가 통상이므로, 특별대리인을 선임하는 수밖에 없을 것이다.[18] 이에 대해서는 검사가 미성년자를 대리하여 파양청구를 하지 않을 때에 한해 특별대리인 선임이 가능하다거나,[19] 특별대리인 대신 양자의 생가부모 또는 후견인이 가정법원의 허가를 받아 재판상 파양청구를 대리해야 한다는 견해[20]도 있다.

다. 양자가 피성년후견인인 경우(제3항)

　　양자가 성년이라도 성년후견개시심판을 받은 때에는 §906 ③이 적용된다. 따라서 그는 성년후견인의 동의를 받아 파양을 청구할 수 있다. 이때 성년후견인은 반드시 입양성립 당시 동의권을 행사한 사람이어야 하는 것은 아니다. 입양성립 당시 양자가 피성년후견인이 아니어서 성년후견인의 동의 없이 양자가 된 경우라도 파양 당시 피성년후견인이라면 성년후견인의 동의를 받아야 한다. 반면 입양성립 당시 피성년후견인이었더라도 파양 당시 성년후견이 종료되었다면 성년후견인의 동의 없이 독립적으로 재판상 파양을 청구할 수 있다. 입양성립 당시부터 파양시까지 계속 피성년후견인이지만, 성년후견인이 변경되어 입양 당시 동의권을 행사한 성년후견인과 현재의 성년후견인이 다른 경우라면, 현재의 성년후견인이 재판상 파양에 동의하여야 한다. §906 ③은 "§873 ①에 따른 동의를 한 성년후견인"일 것을 요구하고 있지 않기 때문이다. 재판상 파양에 동의하는 성년후견인은 가정법원으로부터 파양동의권한을 수여받아야 하지만, 이미 가정법원으로부터 입양동의권을 수여받은 성년후견인이라면, 별도의 파양동의권을 수여받지 않더라도 파양에 동의할 수 있다고 보아야 할 것이다.

---

17) 김상용(2012), 43－44.
18) 같은 취지로 정주수(2005), 54; 제요[1], 746.
19) 박동섭·양경승, 392.
20) 김현선·정기웅, 730－731.

라. 검사(제4항)

양자가 미성년자나 피성년후견인이면 검사도 양자를 위하여 재판상 파양을 청구할 수 있다. 2012. 2. 10.자 개정에 의해 재판상 파양청구권자로 추가되었다. 양부모에 의한 양자의 학대, 유기 등 재판상 파양의 필요성이 있음에도 불구하고, 양자 본인의 의사능력 부족으로 말미암아 스스로 재판상 파양을 청구할 수 없거나, 재판상 파양을 대신 청구해 주어야 할 대락자가 재판상 파양을 청구하지 않는 경우 또는 입양동의권자가 재판상 파양에 동의하지 않는 경우에 양자의 복리를 위해 검사가 대신 재판상 파양을 청구할 수 있도록 한 것이다. 본조 ① 내지 ③에 따른 청구권자가 없어야만 검사에게 파양청구권이 인정되는 것은 아니다.[21] 반면 양자가 완전한 행위능력을 가지고 있는 성년인 경우에는, 설령 재판상 파양의 필요성이 있는 경우라도, 검사가 이를 청구하지 못한다.

양자가 미성년자 또는 피성년후견인인 경우에 검사가 양부모를 위해 양자를 상대로 재판상 파양을 청구할 수 있는가. 긍정하는 견해[22]도 있지만, 검사는 양자를 위하여 파양청구를 할 수 있을 뿐임이 문언상 명백하므로(제4항), §905 ii 및 iii 중 "양자의 생사가 3년 이상 분명하지 아니한 경우"에는 재판상 파양 청구를 대신할 수 없다고 보아야 한다.[23]

2. 양부모가 파양을 청구하는 경우(제3항)

양부모가 피성년후견인인 경우 양부모는 성년후견인의 동의를 받아 파양을 청구할 수 있다. 이때 성년후견인은 반드시 입양성립 당시 입양동의권을 행사한 사람이어야 하는 것은 아니지만, 가정법원으로부터 입양동의권을 수여받은 성년후견인은 별도로 파양동의권을 수여받지 않았더라도 재판상 파양청구에 대한 동의권을 행사할 수 있다.

재판상 파양이 필요한 상황임에도 불구하고 성년후견인이 필요한 동의를 하지 않는 경우 또는 피성년후견인인 양부모 본인이 파양청구를 하지 않는 경우에 검사가 피성년후견인인 양부모를 위하여 양자를 상대로 재판상 파양을 청구하는 것은 허용되지 않는다. 검사는 양자를 위해서만 파양을 청구할 수 있기 때문이다(제4항).

---

21) 제요[1], 745.
22) 박정기·김연, 261. 단, 위 문헌은 친양자입양의 파양 항목에서 이러한 취지의 서술을 하고 있다.
23) 박동섭·양경승, 392.

Ⅲ. 재판상 파양의 상대방

1. 양자가 재판상 파양을 청구하는 경우

양자가 재판상 파양을 청구하는 경우 그 상대방은 양부모이다. 양친이 부부인 때 쌍방을 모두 상대방으로 삼아야 하는지에 대해서는 §905 註釋 참조. 재판상 파양의 상대방인 양부모 중 일방 또는 쌍방이 피성년후견인인 경우에 피성년후견인은 성년후견인의 동의를 받지 않더라도 재판상 파양 청구에 응소할 수 있다.[24] 다만, 피성년후견인은 소송능력이 없으므로, 법정대리인인 성년후견인에 의해서만 응소행위를 할 수 있을 것이다.

2. 양부모가 재판상 파양을 청구하는 경우

양부모가 재판상 파양을 청구하는 경우 그 상대방은 양자이다. 양자가 재판상 파양의 피고로서 응소하는 때에도 §906 ① 및 ②이 적용되는가. 긍정하는 견해[25]가 있다. 입양을 대락한 사람이 피고인 양자에 갈음할 수 있다는 것이다. 반면 부정하는 견해[26]는 미성년자가 재판상 파양의 피고로 되는 경우에는 동의권자의 동의를 요하지 않는다고 한다.

3. 제3자가 재판상 파양을 청구하는 경우

명문의 규정은 없으나, §906에 따라 대락자(대락자가 없는 경우에는 §777에 의한 친족 또는 이해관계인) 또는 검사가 재판상 파양을 청구할 때에는 양친과 양자 모두를 피고로 삼아야 할 것이다(家訴 §24의 유추적용).

---

24) 같은 취지로 박동섭·양경승, 392.
25) 오시영, 279.
26) 김주수·김상용, 396; 박동섭·양경승, 392. 다만, 김주수·김상용, 396은 양자를 위해 특별대리인을 선임해야 한다는 입장이다.

第 907 條 (파양 청구권의 소멸)

파양 청구권자는 제905조제1호·제2호·제4호의 사유가 있음을 안 날부터 6개월, 그 사유가 있었던 날부터 3년이 지나면 파양을 청구할 수 없다.

Ⅰ. 본조의 취지

양친자관계의 조속한 안정을 위해 재판상 파양청구권의 행사 기간을 정하는 조문이다.

Ⅱ. 적용범위

본조는 양부모가 양자를 학대 또는 유기하거나 그 밖에 양자의 복리를 현저히 해친 경우(§905 i), 양부모가 양자로부터 심히 부당한 대우를 받은 경우(§905 ii) 및 그 밖에 양친자관계를 계속하기 어려운 중대한 사유가 발생한 경우(§905 iv)에 한해 적용된다. 반면 양부모나 양자의 생사가 3년 이상 분명하지 않은 경우(§905 iii)에는 본조가 적용되지 않으므로,[1] 생사불명 상태인 동안에는 언제라도 재판상 파양을 청구할 수 있다. 생사가 분명해지면 더 이상 파양을 청구할 수 없을 것이다.

Ⅲ. 파양 청구권의 소멸

파양청구권자는 양부모가 양자를 학대 또는 유기하거나 그 밖에 양자의 복리를 현저히 해친 사유, 양부모가 양자로부터 심히 부당한 대우를 받은 사유 또는 그 밖에 양친자관계를 계속하기 어려운 중대한 사유가 있음을 안 날부터 6개월 또는 그 사유가 있었던 날부터 3년이 지나면 파양을 청구할 수 없다. 양자 또는 양부모 외의 제3자가 §906 ① 단서에 따라 재판상 파양을 청구할 때는 파양을 청구하는 당해 친족이

---

1) 박종찬, 159; 신영호·김상훈·정구태, 196; 제요[1], 746.

나 이해관계인이 파양 사유 있음을 안 날부터 6개월을 기산해야 할 것이다. 반면 §906 ④에 따라 검사가 재판상 파양을 청구할 때에는 '안 날'과 무관하게 언제나 그 사유가 있었던 날부터 3년 내에 청구하면 된다.[2]

재판상 파양 사유가 계속되는 동안에는 파양청구권이 소멸하지 않는다. 가령 양자가 아내와 함께 짐을 가지고 친가로 가서 돌아오지 아니하고 악의로 양부모를 유기하였다는 이유로 양부모가 재판상 파양을 청구한 경우, 악의의 유기가 계속 존재하고 있는 이상 파양청구는 적법하며, 양자가 처음 친가로 간 날짜를 기준으로 재판상 파양청구권이 소멸하였다고 볼 수는 없다.[3]

---

2) 윤진수·현소혜, 228, 각주 48.
3) 대법원 1965. 6. 15. 선고 65므11 판결.

第 908 條 (준용규정)

재판상 파양에 따른 손해배상책임에 관하여는 제806조를 준용한다.

　　재판상 파양이 성립한 경우 그 파양에 관해 과실 있는 당사자는 상대방에게 양친자관계의 파탄으로 인한 재산적·정신적 손해를 배상하여야 한다. 이때 배상책임에 관해서는 §806가 준용된다. 자세한 내용은 §806 註釋 참조. 협의상 파양이나 파양의 무효·취소의 경우에도 §806에 준해 손해배상책임을 인정할 수 있는가. §908가 재판상 파양에 대해서만 §806를 준용하고 있음을 들어 반대하는 견해[1]도 있으나, 家訴는 협의상 파양과 파양의 무효·취소에 대해서도 널리 손해배상청구를 인정한다[家訴 §2 ① 1. 다. 3)] 참조. 그 밖에 재판상 파양의 효과에 대해서는 §905 註釋 참조.

---

1) 박정기·김연, 252; 한봉희·백승흠, 266.

第 4 款 親養子

第 908 條의2 (친양자 입양의 요건 등)

① 친양자(親養子)를 입양하려는 사람은 다음 각 호의 요건을 갖추어 가정법원
에 친양자 입양을 청구하여야 한다.

1. 3년 이상 혼인중인 부부로서 공동으로 입양할 것. 다만, 1년 이상 혼
   인중인 부부의 한쪽이 그 배우자의 친생자를 친양자로 하는 경우에는
   그러하지 아니하다.
2. 친양자가 될 사람이 미성년자일 것
3. 친양자가 될 사람의 친생부모가 친양자 입양에 동의할 것. 다만, 부모
   가 친권상실의 선고를 받거나 소재를 알 수 없거나 그 밖의 사유로
   동의할 수 없는 경우에는 그러하지 아니하다.
4. 친양자가 될 사람이 13세 이상인 경우에는 법정대리인의 동의를 받아
   입양을 승낙할 것
5. 친양자가 될 사람이 13세 미만인 경우에는 법정대리인이 그를 갈음하
   여 입양을 승낙할 것

② 가정법원은 다음 각 호의 어느 하나에 해당하는 경우에는 제1항제3호·제
4호에 따른 동의 또는 같은 항 제5호에 따른 승낙이 없어도 제1항의 청
구를 인용할 수 있다. 이 경우 가정법원은 동의권자 또는 승낙권자를 심
문하여야 한다.

1. 법정대리인이 정당한 이유 없이 동의 또는 승낙을 거부하는 경우. 다
   만, 법정대리인이 친권자인 경우에는 제2호 또는 제3호의 사유가 있
   어야 한다.
2. 친생부모가 자신에게 책임이 있는 사유로 3년 이상 자녀에 대한 부양
   의무를 이행하지 아니하고 면접교섭을 하지 아니한 경우
3. 친생부모가 자녀를 학대 또는 유기하거나 그 밖에 자녀의 복리를 현
   저히 해친 경우

③ 가정법원은 친양자가 될 사람의 복리를 위하여 그 양육상황, 친양자 입양
의 동기, 양부모의 양육능력, 그 밖의 사정을 고려하여 친양자 입양이 적
당하지 아니하다고 인정하는 경우에는 제1항의 청구를 기각할 수 있다.

■ **참고문헌:** 고형석(2008), "친양자제도에 관한 연구", 저스티스 108; 권순한(1999), "친양자제도와 남북한 양자법의 통합", 아세아여성법학 2; 권정희(1998), "친양자법에 대한 고찰", 가족법연구 12; 권정희(2002), "양자법의 정비를 위한 검토 – 친양자제도의 입법안을 중심으로–", 가족법연구 16–1; 김민지(2019), "영국 2002년 입양 및 아동법에 관한 소고", 가족법연구 33–2; 김상용(2005), "개정민법(친족·상속법) 해설", 가족법연구 Ⅱ; 김상용(2010a), "『입양촉진 및 절차에 관한 특례법』의 개선방향: 국내입양을 중심으로", 가족법연구 Ⅲ; 김상용(2010b), "양자법의 문제점과 개정방향: 민법상의 쟁점을 중심으로", 가족법연구 Ⅲ; 김상용(2012), "개정 양자법 해설", 법조 61–5; 배인구(2012), "친양자제도 성립요건의 문제점에 관한 소고", 사법 21; 윤명석(1999), "친양자제도에 관한 고찰", 법학연구 16; 이동진(2022), "계자입양", 가족법연구 36–2; 이병화(2002), "친양자제도의 도입에 따른 주요문제에 관한 고찰", 비교사법 9–1; 이승우(1999), "친양자제도 소고", 아세아여성법학 2; 이은주(2013), "자의 복리를 위한 친양자제도", 가족법연구 27–1; 이해일(2000), "민법 개정안상 친양자제도에 관한 연구", 연세법학연구 7–1; 이회규(2001), "친양자법(안)에 관한 고찰", 가족법연구 15–2; 장병주(2013), "개정 입양제도의 문제점과 개선방향 –개정민법과 입양특례법을 중심으로–", 법학논고 41; 장복희(2006), "국제입양에 관한 헤이그협약과 국내입양법의 개선", 저스티스 93; 정광수(2001), "민법상의 친자관계에 관한 연구: 양자법과 친권법을 중심으로", 강원법학 13; 정조근(1992), "완전양자에 관한 고찰", 가족법연구 6; 정주수(2008), "가사: 친양자 입양재판과 신고절차", 사법행정 49–8; 조경애(2008), "친양자 제도의 개선방향(사례를 중심으로)", 가족법연구 22–3; 조은희(2013), "자의 복리를 위한 친양자제도", 서울법학 21–2; 최명수(2007), "친양자 제도에 관한 일고찰", 경성법학 16–2; 최진섭(1998), "배우자의 자(계자)를 입양하는 경우의 법적 문제점", 가족법연구 12; 최진섭(2011), "입양에 관한 판례의 쟁점 분석", 법학연구 21–3; 현소혜(2010), "익명입양 제도의 문제점과 대응방안", 민사법학 50; 현소혜(2013), "개정민법상 입양과 입양특례법상 입양–체계정합성의 관점에서–", 가족법연구 27–1; 홍창우(2008), "민법상 친양자 제도에 관하여", 인권 381.

Ⅰ. 본조의 취지

　　현행 민법상 친양자입양이란 일정한 요건을 갖추어 가정법원의 허가를 받은 경우에 기존의 친족관계를 완전히 단절시키는 효과를 수반하는 입양이 성립하는 것을 말한다.[1] 舊 민법(2005. 3. 31. 개정전)은 순수계약형 입양이자 불완전입양으로서 일반입

---

1) 친양자입양을 완전양자 또는 특별양자(특례양자)라고 불러야 한다는 견해에 대해 윤명석(1999),

양 제도만을 두었다. 그러나 일반입양에 의해서는 친생부모와의 관계가 단절되지 않을 뿐만 아니라, 양자가 양부의 성을 따를 수도 없는 등 양자를 자신의 친생자와 같이 양육하고자 하는 양부모의 희망을 달성할 수 없었다. 이러한 상태에서는 양부모와 양자 모두 친생부모의 존재에 대해 불안감을 가질 수밖에 없으므로, 안정적인 양친자 관계를 형성하기가 어렵다. 그 결과 입양의 절대다수는 허위의 친생자 출생신고라는 편법에 의해 이루어지게 되었다. 허위의 친생자 출생신고에 의한 입양에 대해서는 §878 註釋 참조. 이와 같은 관행은 결국 우리 사회에 비밀 입양을 만연케 하였으며, 비밀 입양의 관행은 양부모로서의 적격성에 대한 사전심사와 입양 후 사후관리를 불가능하게 함으로써 자의 복리를 침해하는 부작용을 가져오게 되었다. 이에 학계에서는 일찍부터 완전입양의 효과를 갖는 친양자입양 제도의 도입에 찬성하는 목소리가 높았다.[2] 이와 아울러 재혼이 증가함에 따라 계친자관계를 친생친자관계와 같이 안정적인 법적 관계로 전환하고자 하는 국민의 욕구가 상승[3]하면서 2005. 3. 31.자 개정민법은 친양자입양 제도를 도입하기에 이르렀다.[4] 본조는 친양자입양이 성립하기 위한 실질적·형식적 요건을 정하고 있다.

Ⅱ. 실질적 요건

1. 양부모에 관한 요건

가. 3년 이상 혼인중인 부부일 것

친양자를 입양하려는 사람은 3년 이상 혼인중인 부부여야 한다(§908-2 ① ⅰ 본문).

(1) 혼인중인 부부일 것

양부모될 사람은 혼인중인 부부여야 한다. 이때 혼인이란 법률혼을 의미하므로, 단순히 사실혼 관계 또는 동거 관계에 있다는 것만으로는 친양자입양을 할 수 없다.[5] 독신자가 친양자입양을 할 수 없음은 물론이다.[6] 양부모가 안정적인 혼인관계에 있는 가정에서 자라는 것이 자의 복리를 위해서도 바람직하다는 점, 친양자에게 편친(偏親)

213-214 참조.
2) 권정희(2002), 59-61; 이병화(2002), 227-230; 이승우(1999), 95-96; 이화숙, 2005년 개정가족법, 84-85; 이회규(2001), 259-260; 장복희(2006), 231-232; 홍창우(2008), 42-45 외 다수.
3) 김상용(2010a), 45-46 외 다수.
4) 친양자입양 제도의 도입에 반대하는 견해로 고형석(2008), 58-60 참조.
5) 박동섭, 가사소송(하), 242; 신영호·김상훈·정구태, 199; 제요[2], 979; 조승현·김재완, 164; 최명수 (2007), 33; 홍창우(2008), 49.
6) 박동섭, 가사소송(하), 242; 박동섭·양경승, 361.

가정의 혼인외 출생자로서의 지위보다는 혼인중 출생자로서의 지위를 부여할 필요가 있다는 점 등을 고려한 것이나,[7] 현재는 독신자에게 친양자입양을 허용해야 한다는 견해도 유력하다.[8] 독신자에게도 입양을 통해 가족관계를 형성할 자유가 있다는 점, 입양특례법은 보호 대상 아동에 대해 독신자입양을 허용하고 있어 체계상 불균형이 있다는 점, 각국의 입법례 역시 독신자입양을 널리 허용하고 있다는 점, 독신자입양이 아동의 복리에 해가 되는지는 개별 입양별로 법원이 심사할 수 있다는 점 등을 근거로 제시한다. 헌법재판소는 §908-2 ① i가 독신자에게 친양자입양을 허용하지 않는 것은 헌법에 위반되지 않는다고 판시하였으나,[9] 정부는 2022. 4. 7. 만 25세 이상인 사람이라면 혼인중인 부부가 아니라도 친양자입양이 가능하도록 하는 내용의 민법 개정안을 국회에 제출하였다.[10]

(2) 3년 이상 혼인중일 것

혼인중인 부부라도 그 혼인 기간이 3년 이상인 때에만 친양자입양이 가능하다. 자의 복리를 위해 안정적인 혼인 관계에 있는 가정에게만 입양을 허용한 것이다.[11] 3년 이상 법률혼 기간 동안 계속적으로 동거하고 있어야 하는 것은 아니지만, 정당한 이유 없이 별거 기간이 상당 기간 계속된 때에는 §908-2 ③에 따라 친양자입양 허가 청구를 기각할 수 있을 것이다.[12] 3년의 기간은 부부간에 혼인신고가 있은 때, 즉 법률혼이 성립한 때부터 기산한다. 사실혼 관계가 성립한 때로부터 3년 이상의 기간이 도과했다면 법률혼으로 전환된 지 아직 3년이 되지 않았을 때라도 친양자를 위한 안정적인 가정환경이 마련되었다고 볼 수 있을 것이나, 사실혼 성립 시점은 입증의 문제가 있으므로, 부득이 혼인신고 시점을 기준으로 3년을 기산하는 수밖에 없다.[13] 이에 대해서는 사실혼 성립 시점을 기준으로 해야 한다는 반대견해가 있다.[14]

3년 이상 혼인중인 부부인지는 심판 당시를 기준으로 결정한다. 따라서 친양자입양 허가 청구 시에는 3년 이상 혼인중인 부부였더라도, 심판 당시 부부가 이혼하였다면 청구를 인용할 수 없다.[15] 청구 당시에는 아직 법률혼 기간이 3년에 달하지 않

7) 이승우(1999), 97; 이해일(2000), 160.
8) 김민지(2019), 443-445; 배인구(2012), 248; 신영호·김상훈·정구태, 199; 이은주(2013), 356-357; 이회규(2001), 271-272; 조경애(2008), 311; 조은희(2013), 6-7.
9) 헌법재판소 2013. 9. 26. 선고 2011헌가42 결정. 위 결정에 대해 비판적인 견해로 신영호·김상훈·정구태, 199.
10) 의안번호 2115141.
11) 이회규(2001), 265-266; 정주수(2008), 56 등.
12) 최명수(2007), 33; 홍창우(2008), 49.
13) 제요[2], 979.
14) 조은희(2013), 8.
15) 같은 취지로 송덕수, 207; 신영호·김상훈·정구태, 199; 제요[2], 979.

았지만, 심판 당시 3년에 이르렀다면 어떠한가. 청구 시를 기준으로 삼아 허가 여부를 결정해야 한다는 견해[16]가 있으나, 역시 심판 시를 기준으로 삼아 청구를 인용해야 할 것이다.[17] 어차피 청구인이 다시 친양자입양 허가를 청구하는 것을 막을 수 없기 때문이다. 다만, 3년 이상의 혼인기간을 요구하는 현행법의 태도에 대해서는 비판하는 견해가 있다. 입양의 지연을 막고 양부모와 친양자될 자 사이의 연령 차이를 줄이기 위해 혼인 기간을 1년으로 단축해야 한다는 견해,[18] 양부모될 자가 불임이라면 혼인 기간 요건을 둘 필요가 없다는 견해,[19] 혼인 기간 요건을 삭제하거나 탄력적으로 운영해야 한다는 견해,[20] 혼인 기간 요건을 폐지하고 시험양육 기간 제도를 도입해야 한다는 견해[21] 등이 그것이다.

(3) 공동으로 입양할 것

부부가 입양을 하는 경우에는 부부공동입양의 원칙이 적용되므로, 부부가 공동으로 친양자입양을 하여야 한다. "공동으로"의 의미에 대해서는 §874 註釋 Ⅱ. 2. 참조. 부부 중 일방이 소재불명 또는 의식불명 등의 사정으로 인해 입양의 의사표시를 할 수 없는 경우에도 부부공동입양의 원칙이 적용되는가. 친양자입양은 요보호아동을 위해 양부모가 있는 화목한 가정을 마련해 주는데 주된 취지가 있는 이상 위와 같은 사안에서는 친양자입양이 불가능하다는 견해[22]와 이때는 단독으로 친양자입양을 하는 것을 허용할 필요가 있다는 견해[23]가 대립한다. 사안에 따라서는 친양자입양을 허가하는 것이 자의 복리를 위해 더 바람직한 경우도 있다는 것이다. 가령 위탁부모와 같이 이미 사실상의 양친자관계가 성립하여 친양자입양 허가 심판을 청구한 직후 양친 중 일방이 사망한 경우가 그러하다.[24] 이 문제는 결국 사망 또는 소재불명 등으로 인해 스스로 친양자입양의 의사표시를 할 수 없는 자의 진의를 어떻게 확보할 수 있는가로 귀결될 것이다.

나. 배우자의 친생자를 입양하는 경우

배우자의 친생자를 입양하는 경우에는 §908-2 ① i 본문이 적용되지 않는다. 단

---

16) 송덕수, 207; 제요[2], 979.
17) 박동섭, 가사소송(하), 242; 신영호·김상훈·정구태, 199.
18) 이승우(1999), 101; 조은희(2013), 10-11.
19) 권정희(2002), 64; 윤명석(1999), 216-217; 이은주(2013), 354.
20) 이은주(2013), 351-354; 조경애(2008), 310-311.
21) 김민지(2019), 447.
22) 송덕수, 207; 이해일(2000), 160; 홍창우(2008), 50.
23) 김주수·김상용, 402-403; 최명수(2007), 34. 입법론으로 동일한 주장을 하는 견해로 이은주(2013), 354-355 ; 조경애(2008), 311.
24) 조은희(2013), 11.

서에 특칙이 마련되어 있기 때문이다. 단서 조항이 적용되기 위한 요건과 효과로 나누어 살펴본다.

(1) 요건

㈎ 배우자의 친생자를 친양자로 할 것

§908-2 ① i 단서는 "혼인중인 부부의 한 쪽이 그 배우자의 친생자를 친양자로 하는 경우"에 대해 규율하고 있다. 이때 배우자란 법률혼 배우자만을 의미한다. 사실혼 관계에 있는 부부는 친양자입양을 할 수 없으므로, 그 사실혼 배우자의 친생자를 친양자입양하는 것도 허용되지 않는다.[25] 또한 배우자의 친생자라면 언제나 동 조문이 적용되므로, 배우자가 당해 친생자에 대해 친권이나 양육권을 가지고 있거나, 그와 생활공동체를 형성하고 있어야 하는 것은 아니다.[26]

㈏ 1년 이상 혼인중인 부부일 것

배우자의 친생자를 친양자입양할 때는 양친의 혼인 기간이 1년 이상인 것으로 족하다. 이 경우 혼인계속 기간은 사실상 시험양육 기간으로서의 성격을 갖는데, 재혼과 더불어 이미 공동생활을 시작한 계친자관계에서 1년 이상의 시험양육 기간을 두는 것은 실익이 없다는 점,[27] 2005. 3. 31.자 개정 당시 입법자는 친양자입양을 할 수 있는 양자의 연령을 3세 또는 6세 미만으로 제한하고자 하였는데, 이와 함께 양친의 혼인 기간을 3년 또는 5년 이상으로 요구하면 계자녀의 연령에 따라 친양자입양이 원천적으로 봉쇄되는 사태가 발생할 우려가 있다는 점[28] 등을 고려한 것이라고 한다. 이에 대해서는 일반적인 친양자입양과 배우자의 친생자입양을 달리 취급할 이유가 없으며, 재혼가정의 파탄 가능성에 비추어 볼 때 오히려 후자의 경우에 혼인의 안정성 요건을 더욱 강하게 요구할 필요가 있다는 이유로 단서 조문을 둔 것에 비판하는 견해[29]와 혼인신고에 신중한 재혼가정의 특수성을 고려하여 오히려 혼인계속 기간 요건을 삭제할 필요가 있다는 이유로 비판하는 견해[30]가 대립한다.

1년의 혼인 기간 기산점을 혼인신고 시로 보아야 하는 것은 본호 본문의 경우와 같다. 2012. 2. 10.자 개정 전에는 사실혼 성립 시점을 기산점을 삼아야 한다는 견해가 유력하였는데, 이는 당시 양자될 자가 만 15세 미만인 경우에만 친양자입양이 허

---

25) 같은 취지로 최진섭(1998), 421.
26) 고형석(2008), 63.
27) 권정희(2002), 64; 김주수·김상용, 403; 이병화(2002), 237; 정광수(2001), 68; 정주수(2008), 55; 최명수(2007), 34 참조.
28) 이승우(1999), 98, 100-101; 이희규(2001), 265-266 참조.
29) 이동진(2022), 157; 이승우(1999), 97-100.
30) 이은주(2013), 357; 조경애(2008), 312-313.

용되었던 것과 관련이 있다.[31] 재혼가정에서는 혼인신고를 미루는 경우가 많은데, 이때도 법률혼 성립 시점을 기준으로 하면 이미 친양자될 자가 만 15세를 넘겨 사실상 친양자입양이 봉쇄될 우려가 있다는 것이다. 그러나 2012. 2. 10.자 개정에 의해 친양자입양이 가능한 연령이 만 19세로 확대되었으므로, 위와 같은 우려는 불식되었다.

(2) 효과

배우자의 친생자를 친양자입양할 때에는 부부가 공동으로 입양할 필요가 없다. 친양자입양을 하고자 하는 사람의 배우자와 친양자될 자 사이에 이미 친생자관계가 존재하기 때문이다. 따라서 친생자관계가 없는 부부 중 한 쪽이 단독으로 입양하는 것으로 족하다.[32] 이에 대해 일부 견해는 친양자입양의 성립과 동시에 친생친과의 친족관계가 단절되므로, 단독으로 입양하면 양자가 양친에 대해서는 혼인중 출생자로서의 지위를 취득하는 반면, 친생친에 대해서는 법적으로 아무런 관계가 없는 결과로 되어 부당하다고 비판한다.[33] 그러나 배우자의 친생친을 친양자입양한 경우에는 친양자된 자와 친생친과의 관계가 단절되지 않는다(§908-3 ② 단서).

배우자의 친생자를 일반입양하는 경우로서 친생자가 배우자의 혼인외 출생자라면 양친과 친생친이 공동으로 입양해야 한다는 것이 다수설이자 가족관계등록예규의 태도이나[§874 註釋 Ⅱ. 3. 나. (2) 참조], 친양자입양에서는 그렇지 않다. 친양자입양의 성립과 동시에 양자는 부부의 혼인중 출생자로 간주되므로(§908-3), 굳이 친모가 혼인외 자를 공동으로 입양하지 않더라도 법리적으로 문제가 생기지 않기 때문이다.[34] 이에 대해서는 혼인중 출생자에 대해서만 단독입양이 가능하며, 혼인외 출생자는 공동입양해야 한다는 반대설이 있다.[35]

다. 일반입양상의 요건

일반입양상 양부모에 관한 요건이 친양자입양에도 적용되는가. 긍정하는 견해[36]와 부정하는 견해[37]가 대립하나, 친양자입양에 대하여는 성질에 반하지 않는 한 일반입양에 관한 규정이 준용되므로(§908-8), 친양자입양을 하려는 양부모는 일반입양에 따른 요건도 갖추어야 할 것이다.

---

31) 조경애(2008), 312-313.
32) 입법론으로서 계자입양 시에도 부부공동입양의 원칙을 관철하는 것이 간명하다는 견해로 이승우(1999), 103.
33) 이승우(1999), 102; 최진섭(1998), 429-430.
34) 같은 취지로 김주수·김상용, 403; 이동진(2022), 149-150; 이병화(2002), 246; 조은희(2013), 11. 이를 준정의 법리에 의해 해설하는 견해로 권순한(1999), 186.
35) 배경숙·최금숙, 308; 이해일(2000), 161; 최진섭(1998), 429-430.
36) 조은희(2013), 12-13.
37) 김주수·김상용, 422; 이해일(2000), 167.

(1) 양부모는 성년일 것

친양자입양을 하려는 양부모는 성년이어야 한다(§908-8에 의한 §866의 준용).[38] §826-2에 의해 성년의제된 사람은 친양자입양을 할 수 있는가. 일반입양에 대해서는 논란이 있으나(§866 註釋 참조), 혼인적령인 18세에 달해 혼인한 미성년자가 친양자입양을 하기 위해서는 적어도 1년 이상의 혼인 기간이 요구되므로, 성년의제된 미성년자는 친양자입양 허가 심판을 할 당시 이미 민법상 성년에 달해 있음이 논리적 귀결이다. 따라서 친양자입양에서는 성년의제가 문제될 여지가 없다.[39] 다만, 이에 대해서는 성년의제된 미성년자라도 친양자입양의 양부모가 될 수 있다는 견해가 있다.[40]

(2) 성년후견인의 동의를 받을 것

친양자입양을 하려는 양부모가 피성년후견인이면 성년후견인의 동의를 받아야 한다(§908-8에 의한 §873의 준용).[41] 피성년후견인이 양친이 되는 것이 친양자의 복리에 적합하지 않은 경우에 법원이 친양자입양 청구를 기각할 수 있음은 물론이다.

(3) 기타

그 밖에 일부 외국의 입법례나 입양특례법상 입양과 같이 친양자입양에 관해 양부모의 연령 상·하한[42]이나 양자될 자와의 사이에 일정한 연령 차이[43]를 요구할 필요가 있다는 입법론이 있으나, 현행 민법상으로는 아무런 제한이 없다.[44] 다만, 정부는 2022. 4. 7. 만 25세 이상인 사람만 친양자입양이 가능하도록 하는 내용의 민법 개정안을 국회에 제출하였다.[45]

라. 위반의 효과

위 요건을 갖추지 못하였더라도 일단 친양자입양 허가심판이 확정된 후에는 당해 친양자입양의 효력을 다툴 수 없다. 입양의 무효·취소에 관한 §883 및 §884는 §908-4 ②에 의해 준용이 배제되기 때문이다.

---

38) 조은희(2013), 12-13.
39) 같은 취지로 조은희(2013), 13.
40) 고형석(2008), 62; 이해일(2000), 162.
41) 2012. 2. 10.자 개정 전 민법의 해석에 관해 같은 취지로 고형석(2008), 62.
42) 가령 권정희(2002), 64-65; 윤명석(1999), 217; 이해일(2000), 161, 172; 이회규(2001), 270.
43) 가령 권순한(1999), 182-183; 정조근(1992), 126; 조은희(2013), 13-14.
44) 입양의 활성화를 위해 연령제한 규정을 두기보다는 개별 사안별로 결정하는 것이 바람직하다는 견해로 장복희(2006), 234.
45) 의안번호 2115141.

2. 양자에 관한 요건

가. 연령

친양자가 될 사람은 미성년자, 즉 19세 미만이어야 한다(§908-2 ① ii). 친양자입양 제도 도입 당시에는 친양자될 사람을 3세 미만 또는 6세 미만으로 한정해야 한다는 견해46)가 적지 않았다. 친양자 자신이 친생부모와의 혈연관계를 인식하지 못하는 상태에서 친양자입양이 성립해야 친양자의 복리를 위해 바람직하다는 것이다. 그러나 이미 계부와 사실상 친자관계를 형성하고 있는 계자녀에 대한 친양자입양의 필요성이 강조되면서 2005. 3. 31.자 개정민법은 친양자될 사람을 15세 미만인 자로 규정하였고,47) 2012. 2. 10.자 개정민법은 이를 19세 미만인 모든 미성년자로 확대하였다.48) 이미 계친자 사이에 사실상 친자관계가 형성되었음에도 15세가 넘었다는 이유만으로 굳이 친양자입양을 금지할 필요가 없다는 비판을 받아들인 것이다.49)

미성년자인지를 판단하는 시점에 대해서는 논란이 있다. 일부 견해는 입양 허가심판 확정일을 기준으로 삼아야 한다고 주장하나,50) 일반입양의 경우와 달리 입양 허가심판 청구일을 기준으로 해야 할 것이다.51) 실무의 태도도 이와 같다.52) 舊 민법(2012. 2. 10. 개정전) 상 친양자입양이 가능한 15세 미만인지에 대해서도 입양 허가심판 청구 당시를 기준으로 해야 한다는 견해53)가 다수설이었다. 일반입양은 청구가 각하된 후에라도 성년자 간의 입양제도를 통해 양친자관계를 성립시킬 수 있는 반면, 친양자입양은 그것이 불가능한데도 심리의 지연 등으로 인한 불이익을 당사자에게 귀속시키는 것은 부당하기 때문이다. 한편 혼인으로 성년의제된 미성년자는 친양자가 될 수 없다.54) 또한 미성년자라도 입양특례법이 적용되는 보호 대상 아동이라면 민법

---

46) 권정희(1998), 438; 윤명석(1999), 217; 정조근(1992), 124.
47) 이와 같은 입법 경과에 대해서는 이승우(1999), 103-104 참조. 권정희(2002), 65-66 역시 위와 같은 지적을 반영하여 기존의 견해를 변경하였다. 이에 찬성하는 견해로 권순한(1999), 180-182.
48) 이와 같은 개정 방향에 찬성하는 견해로 조은희(2013), 14. 반대하는 견해로 권재문, 200; 박정기·김연, 256; 한봉희·백승흠, 269.
49) 김상용(2012), 15; 이화숙, 2005년 개정민법, 90; 이회규(2001), 276-277; 조경애(2008), 313-314; 조승현·김재완, 151. 김상용(2010b), 36-37; 이병화(2002), 237은 친양자될 자의 연령을 15세로 유지하면서 "다만 자의 복리를 위하여 특별히 필요하다고 인정하는 때"에는 15세 이상인 경우라도 친양자입양을 허용하는 방안을 제시하였다.
50) 최문기, 250.
51) 박동섭, 가사소송(하), 242; 박동섭·양경승, 363; 송덕수, 207; 신영호·김상훈·정구태, 200; 윤진수, 243.
52) 제요[2], 978-979.
53) 가사비송재판실무 편람, 64; 이해일(2000), 163; 정주수(2008), 56; 최명수(2007), 14; 홍창우(2008), 51.
54) 박동섭·양경승, 363.

상 친양자입양 허가를 청구할 수 없다.[55]

나. 일반입양상의 요건

친양자입양에는 성질에 반하지 않는 한 일반입양에 관한 규정이 준용되므로 (§908−8), 일반입양상 양자에 관한 요건이 친양자입양에도 적용된다. 따라서 자신보다 존속이나 연장자를 친양자로 입양하는 것은 허용되지 않는다.[56] §877 註釋 참조. 다만, 친양자입양은 3년 또는 1년 이상 혼인중인 부부만이 할 수 있는데 혼인은 18세에 달한 자만 가능하다는 점(§807), 반면 양자될 자는 19세 미만이어야 한다는 점을 고려하면, 자신보다 존속이나 연장자를 친양자로 입양하는 사안은 현실적으로 상정하기 힘들 것이다. 설령 그러한 사안이 발생하더라도 §908−4 ②에 의해 친양자입양 무효의 소를 제기하는 것이 봉쇄되므로, 별다른 실익은 없다.

한편 피성년후견인이 양자가 되는 경우 성년후견인의 동의를 받도록 한 §873는 친양자입양에 준용될 여지가 없다. 친양자입양은 미성년자만 가능하므로, 이미 성년자인 피성년후견인이 친양자가 될 가능성은 없기 때문이다. 미성년자에게 성년후견개시심판이 가능한지에 대해서는 §928 註釋 참조. 배우자 있는 자가 양자로 될 경우 배우자의 동의를 받도록 한 §874 ② 역시 친양자입양에 준용될 수 없다. 배우자 있는 미성년자는 성년의제되어 친양자가 될 수 없기 때문이다.

다. 기타

그 밖에 친생자나 양자를 재입양의 형태로 친양자입양할 수 있는지 여부에 대해서는 §877 註釋 참조.

라. 위반의 효과

위 요건을 갖추지 못하였더라도 일단 친양자입양 허가심판이 확정된 후에는 당해 친양자입양의 효력을 다툴 수 없다. 입양의 무효·취소에 관한 §883 및 §884는 친양자입양에 준용되지 않기 때문이다(§908−4 ②).

3. 친생부모에 관한 요건

가. 친생부모의 동의

(1) 의의

친양자입양에는 친양자가 될 사람의 친생부모의 동의가 필요하다(§908−2 ① iii 본문). 친생부모의 입양 동의권은 憲 §10로부터 도출되는 가정생활과 신분 관계에 대한

---

55) 대법원 2022. 5. 31.자 2020스514 결정; 수원가정법원 2020. 1. 2.자 2019브106 결정.
56) 김주수·김상용, 422; 고형석(2008), 60−61. 이에 반대하는 견해로 이해일(2000), 167.

인격권, 행복추구권 및 §36에 의해 보장되는 혼인과 가정생활의 자유로운 형성에 대한 기본권으로서의 성격을 갖는다.57) 특히 친양자입양은 친생부모와의 관계를 종료시킨다는 점에서 친생부모의 동의권은 더욱 중요한 의미를 갖는다. 따라서 친생부모는 친양자입양에 의해 자신과의 친자관계가 완전히 단절된다는 사실을 충분히 인식한 채 동의의 의사표시를 해야 한다.58)

양부모될 자가 특정되지 않은 상태에서 포괄적으로 친양자입양에 동의하는 것은 가능한가. 이러한 이른바 '백지식 동의'도 유효하다고 보는 견해59)가 있으나, 민법은 친양자입양에 관해서도 계약형 입양 구조를 택하고 있다는 점, 백지식 동의를 허용하면 사실상 친권포기의 의사표시를 허용하는 결과로 이어질 수 있다는 점 등을 고려할 때 백지식 동의는 무효라고 보아야 한다.60) 명문의 규정은 없지만 서면동의를 받아야 한다는 견해도 있다.61)

(2) 동의의 주체

친양자입양에 동의할 자는 친양자가 될 사람의 친생부모이다. 이때 친생부모의 의미는 §870상 "부모"와 같다. 친생부모의 동의에 관해 자세히는 §870 註釋 참조. 다만, 친양자입양에 있어서만큼은 아직 인지하지 않은 생부라도 생모와 사실혼 관계에 있었던 한 친양자입양에 대한 동의권을 인정할 필요가 있다는 견해62)가 있다. 하지만 별도의 규정을 신설하지 않는 한 생부는 인지 후 입양동의권을 행사하는 것이 원칙이며, 입양 사실을 미처 알지 못해 동의권을 행사하지 못했다면 친양자입양 성립 후에라도 인지를 한 후 친양자입양의 취소를 청구해야 할 것이다.63) §908-3 및 §908-7 註釋 참조. §908-2 ① i 단서에 의해 배우자의 친생자를 친양자입양하는 경우에도 친양자될 자의 친생친인 배우자의 동의가 필요하다. 이때 배우자의 동의는 단순한 입양에 대한 동의가 아니라, 부부 사이의 공동의 자녀로 삼는 것에 대한 동의의 의미를 갖는다.64)

---

57) 헌법재판소 2012. 5. 31. 선고 2010헌바87 결정 참조.
58) 이해일(2000), 163; 이회규(2001), 277; 제요[2], 986.
59) 김주수·김상용, 407-408; 김상용(2010a), 55; 이해일(2000), 164-165; 홍창우(2008), 52. 제요[2], 299 은 입양기관을 통하는 경우에는 백지식 동의가 가능하다고 서술하나, 입양기관은 입양특례법상 보호 대상 아동에 대해서만 입양절차를 진행할 수 있으므로, 민법상 친양자입양 절차가 진행될 여지가 없다.
60) 현소혜(2010), 575-576.
61) 한봉희·백승흠, 269.
62) 이승우(1999), 107; 이회규(2001), 282. 입법론으로서 같은 견해로 이동진(2022), 154.
63) 같은 취지로 김주수·김상용, 406; 이해일(2000), 163; 정주수(2008), 56; 제요[2], 982; 조경애(2008), 315; 최명수(2007), 36; 홍창우(2008), 53.
64) 이화숙, 2005년 개정가족법, 89.

(3) 동의의 철회

친생부모의 입양 동의 철회에 관한 §870 ③은 §908-8에 의해 친양자입양에 준용된다.[65] 친양자입양의 효과에 비추어 볼 때 친생부모에게는 입양 동의에 관한 숙고가 더욱 강하게 요청된다.[66] 따라서 친생부모는 친양자입양의 허가심판이 확정될 때까지 그 동의의 의사표시를 철회할 수 있다.[67]

(4) 적용범위

재입양의 경우에도 친생부모의 동의가 필요한가. 경우를 나누어 살펴본다. 재입양의 허용 여부에 대해서는 §877 註釋 참조.

(가) 일반양자를 재입양하는 경우

스스로 일반입양 중이었던 양자를 친양자로 재입양하는 경우에는 당연히 친생부모의 동의가 필요하다.[68] 친생자관계 단절 효과에 대한 별도의 동의가 요구되기 때문이다. 타인이 일반입양 중이었던 양자를 친양자로 재입양하는 경우에도 같다. 이때 기존 양부모의 동의도 필요한가. 긍정하는 견해가 다수설이다.[69] 하급심 판결의 취지도 이와 같다.[70] 이때 기존 양부모가 친권자라면 §908-2 ① iv 및 v에 의해 당연히 입양동의권을 행사하지만, 친권자가 아니라면 입양동의권의 근거가 불분명하다. 이 문제를 해결하기 위해 본조의 친생부모를 '입양 성립 당시 부모'로 넓게 해석하자는 견해가 있다.[71]

(나) 친양자를 재입양하는 경우

타인의 친양자를 일반양자 또는 친양자로 재입양하는 경우에는 친생부모의 동의가 요구되지 않는다.[72] 최초의 친양자입양에 의해 친생친자관계가 단절되면서 친생부모는 입양 동의권을 상실하였기 때문이다. 다만, 이에 대해서는 친양자입양이 해소되면 결국 친생부모와의 관계가 부활한다는 점, 재입양이 시도되는 상황이라면 친생부모에게 양육의 기회를 제공하는 것이 자녀의 복리에 부합한다는 점 등을 들어 친생부모의 동의를 받아야 한다는 반대설이 있다.[73]

---

65) 조은희(2013), 21-22.
66) 조은희(2013), 21-22.
67) 2012. 2. 10. 개정 전 민법에 관한 해석론으로서 동일한 입장으로 이회규(2001), 278-279; 정주수 (2008), 56; 조경애(2008), 315; 최명수(2007), 36; 홍창우(2008), 53. 입법론으로서 동의철회권을 보장해야 한다고 보았던 견해로 이해일(2000), 165, 172.
68) 김주수·김상용, 407; 윤진수, 225.
69) 같은 취지로 윤진수, 243; 이해일(2000), 163; 이회규(2001), 281; 최명수(2007), 36; 홍창우(2008), 52.
70) 대구지방법원 가정지원 2009. 12. 4.자 2009느단496 심판.
71) 김주수·김상용, 372-373.
72) 김주수·김상용, 407; 윤진수, 225, 243; 이해일(2000), 163; 최명수(2007), 36; 홍창우(2008), 52.
73) 최진섭(2011), 214.

나. 동의면제 사유

(1) 친생부모로부터 동의를 받을 수 없는 경우

친생부모가 친권상실의 선고를 받거나 소재를 알 수 없거나 그 밖의 사유로 동의할 수 없으면 그의 동의 없이 친양자입양이 가능하다(§908-2 ① iii 단서). 동의면제 사유의 취지·의미·절차 기타 구체적인 내용은 §870 註釋 참조. §870 ① i와 달리 친생부모가 법정대리인으로써 이미 친양자입양을 대락 내지 동의한 경우는 동의면제 사유로 열거되어 있지 않으나, §870 ① i를 유추적용하여 동의면제 사유로 보아야 할 것이다.74) 2012. 2. 10.자 개정 전에는 "부모의 친권이 상실되거나 사망 그 밖의 사유로 동의할 수 없는 경우"를 동의면제 사유로 인정하였으나, 위 개정에 의해 문구가 위와 같이 수정되었다. 사망의 경우에는 동의권을 행사할 수 없음이 당연하므로 이를 삭제하고,75) 소재 불명을 대표적인 사유로 예시한 것에 불과하다.76) 따라서 친생부모가 사망한 경우도 여전히 '그 밖의 사유'에 해당하는 것으로 보아 그의 동의 없이 친양자입양이 가능하다. 이에서 더 나아가 부모의 학대·유기 등으로 친양자로 될 자의 이익을 현저히 해친다고 보는 경우에도 동의면제가 가능하도록 해야 한다는 견해도 있다.77)

(2) 친생부모가 동의를 거부하는 경우

친생부모가 정당한 이유 없이 친양자입양에 대한 동의를 거부하는 경우 일정한 사유가 있으면 그의 동의 없이 친양자입양이 가능하다(§908-2 ②). 2005년 개정 당시 이미 이러한 경우에도 친생부모의 동의요건을 면제해야 한다는 견해78)가 유력하였으나, 舊 민법(2012. 2. 10. 개정전) 상으로는 이러한 경우에 부모의 동의를 면제할 수 있는 조문이 마련되어 있지 않았다. 이러한 입법적 흠결에 대응하기 위해 일부 하급심 판결은 재산분할금을 받는 것을 조건으로 친양자입양에 동의하겠다고 주장하고 있다면 이는 舊 민법(2012. 2. 10. 개정전) §908-2 ① iii에서 정한 '사망 그 밖의 동의할 수 없는 경우'에 해당한다고 보아 그의 동의 없이 친양자입양을 허가한 바 있다.79)

이에 대해서는 문리해석의 한계를 벗어나는 것이라고 보아 부정적인 견해80)와

---

74) 김상용(2012), 48; 신영호·김상훈·정구태, 202; 장병주(2013), 513-514.
75) 김상용(2012), 47.
76) 개정 전 민법의 태도에 대해 헌법에 위반되지 않지만, 개정 민법이 입법개선을 한 것에 대해 긍정적으로 평가한 헌재 2012. 5. 31. 선고 2010헌바87 결정도 참조.
77) 한봉희·백승흠, 269-270.
78) 권정희(2002), 66; 이승우(1999), 106-107. 2005; 이화숙, 2005년 개정민법, 90-91; 이회규(2001), 281-282. 2005년 개정 후의 문헌 중 같은 취지로 김상용(2010b), 25; 조경애(2008), 317-318.
79) 대구지방법원 가정지원 2009. 12. 4.자 2009느단496 심판.
80) 배인구(2012), 254-255; 홍창우(2008), 53-54.

부모가 자녀를 학대 유기한 경우나 동의의 대가로 부당한 금전지급을 요구하는 경우
까지 §908-2 ① iii 사유에 포함된다고 긍정하는 견해가 있었다.[81] 일부 견해는 이에
서 더 나아가 사망 등 친생부모에게 귀책사유가 없는 경우에도 그의 동의 없이 친양
자입양을 할 수 있다면, 그에게 귀책사유가 있는 경우에는 더더욱 친양자입양이 가능
하다고 보아야 한다는 전제하에 이러한 경우에 친생부모의 동의를 갈음하는 심판을
할 수 있다고 주장하기도 하였다.[82] 이에 2012. 2. 10.자 개정민법은 친생부모가 동의
를 거부하는 경우에도 친양자입양이 가능하도록 하는 규정을 신설하였다.

　다만, 친양자입양은 그 성립과 동시에 친생부모와의 관계가 단절된다는 점을 고
려하여 일반입양보다 친생부모의 입양동의 거부를 원인으로 하는 동의면제 사유의
범위를 보다 좁게 규정하였다. 구체적인 내용은 아래와 같다.

(가) 친생부모가 자신에게 책임이 있는 사유로 3년 이상 자녀에 대한 부양의무를 이행하지 아니하고 면접교섭을 하지 아니한 경우(§908-2 ② ii)

　친생부모가 자신에게 책임이 있는 사유로 3년 이상 자녀에 대한 부양의무를 이
행하지 않고 면접교섭도 하지 않았다면 그가 입양 동의를 거부하더라도 그의 동의 없
이 친양자입양을 할 수 있다.[83] 이 중 3년 이상 자녀에 대한 부양의무를 이행하지 않
은 것의 의미에 대해서는 §870 註釋 참조. 친생부모 동의 없이 친양자입양을 하려면
단순히 3년 이상 부양의무를 이행하지 않은 것으로는 부족하고, 그 의무를 이행하지
않은 데 친생부모 자신에게 책임을 물을 수 있어야 한다. 따라서 친생부모 스스로 경
제적 곤란에 빠져 있어 부득이 부양의무를 이행하지 못하였다면 그의 동의 없이 친양
자입양을 할 수 없다.[84]

　또한 친생부모의 동의 거부에도 불구하고 친양자입양을 하려면 친생부모가 3년
이상 부양의무를 불이행했을 뿐만 아니라 면접교섭조차 하지 않았어야 한다. 그러므
로 설령 친생부모가 3년 이상 악의적으로 양육비 등 지급을 거부해 왔다고 하더라도
정기적으로 면접교섭을 해 왔다면, 그의 동의 없이 친양자입양을 허가해서는 안 된
다.[85] 역시 친생부모에게 책임 있는 사유로 면접교섭을 하지 않은 경우에만 동의면제
가 가능하므로, 질병이나 상대방의 방해 등으로 인해 부득이하게 자녀와의 면접교섭
이 불가능하였던 경우에는 그의 동의 없이 친양자입양을 할 수 없다.[86]

81) 이해일(2000), 164.
82) 긍정적인 견해로 김상용(2005), 53; 김상용(2010b), 26.
83) 3년 이상의 기간을 요구하는 것은 자의 방치로 이어질 수 있으므로 삭제해야 한다는 견해로 이은주
(2013), 358.
84) 김상용(2012), 49.
85) 김상용(2012), 49.

이혼 당시 양육친과 비양육친 사이에 양육비나 면접교섭에 관해 협의 또는 심판이 없었던 상황에서 비양육친이 3년 이상 부양의무와 면접교섭의무를 불이행했음을 이유로 그의 동의 없이 친양자입양을 허가할 수 있는가. 친생부모의 입양 동의권을 충실히 보장할 필요가 있다는 점, 부모의 자녀에 대한 부양의무는 협의 또는 심판이 있어야 비로소 구체적 청구권으로 전환된다는 점 등을 들어 이러한 사안에서는 친생부모에게 책임 있는 사유로 3년 이상 부양의무 불이행이 있었던 것으로 볼 수 없다고 한 하급심 결정이 있다.[87]

⑷ **친생부모가 자녀를 학대 또는 유기하거나 그 밖에 자녀의 복리를 현저히 해친 경우** (§908-2 ② iii)

친생부모가 자녀를 학대 또는 유기하거나 그 밖에 자녀의 복리를 현저히 해친 경우라면 친생부모가 동의를 거부하더라도 그의 동의 없이 친양자입양이 가능하다. 그 의미에 대해서는 §870 註釋 참조.

(3) 동의면제 절차

친생부모의 동의면제 절차는 별도로 필요하지 않다. 친양자입양의 허가 절차 내에서 친생부모의 동의가 필요한 사안인지에 대한 심리가 행해지기 때문이다. 다만, §908-2 ② ii 또는 iii에 해당한다는 이유로 친생부모의 동의 없이 친양자입양을 허가하기 위해서는 반드시 친생부모를 심문하여야 한다(§908-2 ② 후문).

다. 위반의 효과

친생부모가 자신에게 책임 없는 사유로 인해 친양자입양에 동의할 수 없었던 경우 그 입양은 취소될 수 있다. §908-4 註釋 참조.

4. 입양의 승낙 및 동의

친양자입양은, 일반입양과 마찬가지로, 계약형 입양 중 개입형 입양으로서의 성격을 갖는다. 따라서 가정법원의 허가만으로 성립하는 것이 아니라, 입양 당사자 사이에 입양의 의사표시의 합치가 있어야 한다. 2012. 2. 10.자 개정민법은 친양자입양이 성립하려면 원칙적으로 친양자가 될 사람이 스스로 입양승낙의 의사표시를 해야 한다고 규정함으로써 친양자입양의 계약형 입양으로서의 성격을 명시적으로 선언하였다. 이때 '입양의 의사표시'의 의미에 대해서는 §869 註釋 참조. 다만, 표의자는 당해 입양에 의해 친생부모와의 관계가 완전히 단절된다는 법률효과를 충분히 인식하

---

86) 김상용-(2012), 49.
87) 창원지방법원 2015. 7. 9.자 2014브67 결정.

고 있어야 한다.[88] 또한 친양자 될 자는 아직 미성년자이므로, 법정대리인의 대리 또
는 동의가 있어야 유효한 입양승낙의 의사표시가 가능함이 원칙이다.

가. 친양자 될 사람이 13세 이상인 경우

친양자가 될 사람이 13세 이상이면 법정대리인의 동의를 받아 입양을 승낙하여
야 한다(§908-2 ① iv). 舊 민법(2012. 2. 10. 개정 전)상으로는 친생부모의 동의만으로 친
양자입양이 성립하였으므로, 별도로 법정대리인의 동의가 요구되지 아니하였다.[89]
다만, 당시에는 15세 미만인 경우에만 친양자입양이 가능하였고, 15세 미만자에 대해
서는 언제나 법정대리인이 입양을 대락하는 구조였으므로, 법정대리인의 동의가 별
도로 필요한 사안 자체가 존재하지 않았다. 그러나 2012. 2 .10.자 개정민법은 친양자
입양이 가능한 연령을 19세 미만으로 상향 조정하는 한편, 법정대리인의 대락이 요구
되는 연령을 13세 미만으로 하향 규정하였으므로, 친양자 될 미성년자가 스스로 입양
승낙의 의사표시를 해야 하는 경우, 즉 13세 이상 19세 미만의 경우에 대비하여 법정
대리인의 동의요건을 신설하였다. 이때 법정대리인이란 친권자 및 미성년후견인을
말한다. 그 밖에 법정대리인의 의미에 대해서는 §869 註釋 참조.

나. 친양자 될 사람이 13세 미만인 경우

친양자가 될 사람이 13세 미만이면 법정대리인이 그를 갈음하여 입양을 승낙해
야 한다. 이때 법정대리인의 의미 및 대락의 의사표시 등에 대해서는 §869 註釋 참조.

다. 친양자입양 승낙 또는 동의의 면제

(1) 정당한 이유 없이 동의 또는 승낙을 거부하는 경우

법정대리인이 정당한 이유 없이 친양자입양의 동의 또는 승낙을 거부하고 있다
면 그의 대락이나 동의 없이 친양자입양을 할 수 있다(§908-2 ② i 본문). 그 취지 및 정
당한 이유 없는 경우의 의미에 대해서는 §869 註釋 참조. 다만, 법정대리인이 친권자
인 경우에는 §908-2 ② ii 또는 iii의 사유가 있어야 하므로(§908-2 ② i 단서), 친권자
가 자신에게 책임이 있는 사유로 3년 이상 자녀에 대한 부양의무를 이행하지 아니하
고 면접교섭을 하지 않은 경우 또는 친생부모가 자녀를 학대·유기하거나 그 밖에 자
녀의 복리를 현저히 해친 경우에만 그의 대락이나 동의 없이 친양자입양을 할 수 있
다. 친양자입양에 수반되는 완전입양으로서의 효과를 고려한 것이다. 위 각 사유의
의미에 대해서는 위 Ⅳ. 2. 참조. 법정대리인이 정당한 이유 없이 친양자입양의 동의
또는 승낙을 거부하고 있는지를 심사하는 것은 친양자입양 허가재판 절차 내에서 이

88) 박동섭·양경승, 360.
89) 같은 취지로 이회규(2001), 277.

루어지며, 별도의 절차를 거쳐야 하는 것은 아니지만, 가정법원은 반드시 동의권자 또는 승낙권자를 심문하여야 한다(§908-2 ② 2문).

(2) 법정대리인의 동의 또는 승낙을 받을 수 없는 경우

법정대리인의 소재를 알 수 없는 등의 사유로 그의 동의 또는 승낙을 받을 수 없는 경우에는 그의 동의 또는 승낙 없이 바로 친양자입양을 할 수 있다(§908-8에 의한 §869 ③ ii 준용).90) 이때는 별도의 심문이 필요하지 않다.

라. 승낙 또는 동의의 철회

법정대리인의 승낙 또는 동의의 의사표시 철회에 관한 §869 ⑤은 §908-8에 의해 친양자입양에 준용된다.91) 자세한 내용은 친생부모의 동의의 철회에 관한 위 3. 가. (3) 참조.

마. 위반의 효과

친양자될 사람에 의한 입양 승낙의 의사표시 또는 법정대리인의 입양 대락 내지 동의의 의사표시가 흠결된 경우라도, 일단 친양자입양이 성립한 후에는 그 무효 또는 취소를 주장할 수 없다. 법정대리인에게 동의면제 사유가 없었음에도 불구하고 그의 동의 또는 승낙 없이 친양자입양이 성립한 경우에도 마찬가지이다. 입양의 무효·취소에 관한 §883 및 §884는 §908-4 ②에 의해 준용이 배제되기 때문이다.

5. 기타

그 밖에 친양자입양의 성립요건으로서 별도의 시험양육 기간을 두어야 한다는 견해92)도 있다. 친양자입양은 친생부와의 관계를 단절시키는 정도의 강력한 효과를 가지고 있으므로, 입양성립 전에 미리 양부모와 양자 간의 적응 가능성 등을 시험해 보는 것이 자의 복리를 위해 바람직하다는 것이다. 외국의 입법례 역시 시험양육 기간을 요구하는 경우가 많다.93) 그러나 입법자는 위 제도를 채택하지 아니하였다.94) 혼인계속 기간의 요건이 사실상 시험양육 기간으로서의 역할을 담당95)할 수 있을 뿐만 아니라, 입양의 활성화를 위해서도 절차를 간이화할 필요가 있기 때문이라고 한

90) 장병주(2013), 514-515; 제요[2], 981; 현소혜(2013), 99-101.
91) 개정 전 민법에 대한 해석론으로서 동일한 입장으로 최명수(2007), 37; 홍창우(2008), 54. 개정 후 민법에 대해 동일한 입장으로 조은희(2013), 21-22.
92) 고형석(2008), 63-64; 권정희(2002), 67; 윤명석(1999), 217; 이해일(2000), 161-162, 171; 이희규(2001), 270-271; 조경애(2008), 330; 조은희(2013), 9-10.
93) 가령 독일 민법 §1744; 프랑스 민법 §345 등.
94) 국민의 입양의식에 비추어 시험양육기간을 도입하기 어려울 것이라고 보는 견해로 한봉희·백승흠, 270.
95) 홍창우(2008), 51.

다.96) 입양특례법상 시험양육 기간 제도에 관해서는 입양특례법 §11 및 국내입양특별법 §22－24 註釋 참조.

Ⅲ. 형식적 요건

친양자입양을 하려는 사람은 가정법원에 친양자입양을 청구하여 그 허가를 받아야 한다(§908－2 ①).

1. 성질

가. 실체법적 성격

가정법원의 허가는 친양자입양의 성립요건 중 하나이다. 다만, 일반입양에서의 허가와 달리 친양자입양의 허가는 실질적 성립요건으로서의 성격과 형식적 성립요건으로서의 성격을 겸유한다.

(1) 실질적 성립요건으로서의 성격

§908－2 ①에서 정한 각종의 실질적 요건이 모두 갖추어졌더라도 가정법원은 친양자가 될 사람의 복리를 위하여 그 양육상황, 친양자입양의 동기, 양부모의 양육능력, 그 밖의 사정을 고려하여 친양자입양이 적당하지 않다고 인정하는 경우에는 친양자입양의 청구를 기각할 수 있다(§908－2 ③). 따라서 친양자가 될 사람의 복리에 기초한 가정법원의 허가는 기술한 법정 요건과는 독립된 별개의 실질적 성립요건으로 기능한다.

(2) 형식적 성립요건으로서의 성격

친양자입양에 대해서는 가정법원의 허가재판이 확정됨과 동시에 성립한다는 견해97)와 별도의 친양자입양신고에 의해 비로소 성립한다는 견해98)가 대립한다. 친양자입양의 성립 시기나 효력발생 시기에 관한 명문의 규정은 없지만, §908－3 ②은 '친양자입양이 확정된 때' 입양 전의 친족관계가 종료되는 효과가 발생한다고 규정하고 있으므로, 가정법원의 친양자입양 허가심판에 대한 즉시항고 기간이 도과하여 재판이 확정된 때에 친양자입양이 성립함과 동시에 효력이 발생한다고 보아야 할 것이다. 따라서 별도의 친양자입양 신고는 필요하지 않다. 이러한 점에서 가정법원의 친양자입양 허가는 형식적 성립요건으로서의 성격을 갖는다.

---

96) 이화숙, 2005년 개정가족법, 86－87.
97) 고형석(2008), 65; 정주수(2008), 54.
98) 이해일(2000), 166－167.

나. 소송법적 성격

친양자입양 허가심판은 라류 가사비송사건에 해당한다[家訴 §2 ① ii 가. 12) 참조]. 따라서 가정법원은 친양자로 될 사람의 복리에 기초한 후견적 재량에 따라 허가 여부를 결정할 수 있다(§908-2 ③).

2. 절차

가. 청구권자

친양자입양 허가를 청구할 수 있는 사람은 '친양자입양을 하려는 사람', 즉 양부모가 될 사람이다. 친양자입양은 혼인중인 부부만 가능하므로, 친양자입양 허가 청구도 반드시 공동으로 해야 하는지 문제될 수 있다. 부부공동입양에 관한 개별설에 따라 각자 청구할 수는 있으나, 친양자에게 혼인중 출생자와 같은 안정적인 가정환경을 마련해 주고자 하는 제도의 취지에 비추어 볼 때 부부 중 일방에 대해서만 입양이 성립하는 일이 발생하지 않도록 사건을 병합하여 처리해야 할 것이다.[99] 단, §908-2 ① i 단서에 의해 부부 중 일방이 단독으로 친양자입양을 할 때는 그가 단독으로 친양자입양허가를 청구한다.

나. 관할

친양자입양 허가에 관한 사건은 친양자될 사람의 주소지 가정법원의 전속관할로 한다(家訴 §44 iv).

다. 심리

가정법원은 친양자입양허가 여부를 결정함에 있어 필요한 사실조사 및 증거조사를 직권으로 할 수 있다(家訴 §38, 家訴規 §23). 양부모 자격조사를 위한 가정법원의 직권조사 권한에 관해서는 일반입양상의 자료요청 권한에 관한 家訴 §45-9 ②을 친양자입양에도 유추적용할 수 있을 것이다. 심리검사 촉탁 및 입양부모 교육에 관한 조항 역시 친양자입양 허가재판에 당연히 적용된다(家訴規 §62 및 62-9). 자세한 내용은 §867 註釋 참조. 본래 라류 가사비송사건은 사건관계인을 심문하지 않고 할 수 있으나(家訴 §45), 법정대리인 또는 부모가 정당한 이유 없이 승낙 또는 동의를 거부하는 경우, 그의 승낙 또는 동의 없이 친양자입양을 허가하기 위해서는 반드시 그를 심문하여야 하므로(§908-2 ②), 심문기일을 열어야 한다.

또한 친양자입양에 관한 심판을 할 때는 반드시 친양자가 될 사람(13세 이상인 경우), 양부모가 될 사람, 친양자가 될 사람의 친생부모[100] 및 후견인, 친양자가 될 사람

---

99) 제요[2], 984.

에 대하여 친권을 행사하는 사람으로서 부모 이외의 사람('친권대행자') 및 친양자가 될 사람의 부모의 후견인의 의견을 들어야 한다(家訴規 §62−3 ①). 친양자 될 사람이 13세 미만인 경우라도 그의 의견을 듣는 것이 바람직하다.[101] 그 밖에 같은 조 제2항은 "친양자가 될 사람의 친생부모의 사망 그 밖의 사유로 의견을 들을 수 없는 경우에는 최근친 직계존속(동순위가 수인일 때에는 연장자)의 의견을 들어야 한다."고 규정하고 있으나 2012. 2. 10.자 개정민법의 취지에 비추어 의문이다.[102] 의견을 듣는 방법에는 제한이 없으므로, 서면 또는 구술로 할 수 있고, 증인이나 참고인으로 심문할 수도 있다. 가사조사관을 통해 의견을 들을 수도 있다. 그러나 가정법원이 그 의견에 구속되는 것은 아니다.[103] 명문의 규정은 없으나, 의식불명 그 밖의 사유로 자신의 의사를 표명할 수 없으면 그의 의견을 듣지 않을 수 있다(家訴 §45−8 ①의 유추적용).[104]

라. 고지

친양자입양 허가 심판은 청구인, 절차에 참가한 이해관계인, 친양자가 될 사람의 친생부모와 법정대리인에게 고지해야 한다(家訴規 §62−4). 반면 친양자입양허가 청구를 기각 또는 각하하는 심판은 청구인에게만 고지하면 된다.[105]

3. 판단기준

친양자입양 허가는 라류 가사비송사건이므로, 가정법원은 친양자가 될 사람의 복리를 고려하여 재량껏 허가 여부를 결정할 수 있다. 허가 여부를 판단함에 있어서 §908−2 ③은 양육상황, 친양자입양의 동기, 양부모의 양육능력, 그 밖의 사정을 고려할 것을 요구한다. 각 고려요소의 의미에 대해서 자세히는 §867 註釋 참조. 정부는 2022. 4. 7. 친양자입양 허가 여부를 결정함에 있어서 위 각 고려요소 외에 '친양자가 될 사람의 입양 전 양육상황' 및 '양부모의 양육시간 등 입양 후 양육환경'도 고려할 것을 명시한 민법 개정안을 국회에 제출하였다.[106]

특히 친양자입양은 성립과 동시에 친생부모와의 관계가 완전히 단절되고, 친양자는 양부모의 혼인중 출생자와 같은 지위를 취득하므로, 친생부모로부터 적절한 양육을 받을 가능성보다 양부모가 안정적인 양육환경을 장기간 계속해서 제공해 줄 가

---

100) 친생부모가 친권상실선고를 받은 경우라도 의견청취는 해야 한다는 견해로 제요[2], 989.
101) 같은 취지로 윤진수, 244; 제요[2], 989.
102) 조경애(2008), 319−320.
103) 제요[2], 989 참조.
104) 의견청취가 사실상 불가능한 경우에 심리 방법에 대해서는 제요[2], 987−988 참조.
105) 제요[2], 992.
106) 의안번호 2115141.

능성이 더 높은 경우에만 이를 허용해야 할 것이다. 친생부모로부터 보호받지 못하고 있는 보호 대상 아동만 친양자입양 제도를 이용할 수 있도록 '요보호성'을 친양자입양의 요건 중 하나로 명문화해야 한다는 견해[107]가 없지 않으나, 보호 대상 아동에 대해서는 입양특례법이 우선 적용되므로, 민법상 친양자입양 제도에 요보호성 요건을 두는 것은 체계에 맞지 않는다.[108]

또한 친양자입양 허가 시에는 친양자입양의 현실적 필요성과 기존의 가족관계에 미치는 영향 등도 신중히 고려할 필요가 있다.[109] 특히 계자녀입양의 경우에는 친양자입양이 친양자될 자와 비양육친 간의 양육비 지급과 면접교섭에 미칠 영향 등을 살펴야 할 것이다. 이에 관해서는 재혼 가정의 파탄 가능성, 친생부모인 비양육친과의 관계 등을 고려하여 원칙적으로 친양자입양을 금지하고, 자녀의 복리를 위해 특별히 필요한 경우에만 이를 허용해야 한다는 견해도 있다.[110] 친양자입양 허가 시 '그 밖의 사정'으로서 친양자될 자 본인의 의사를 중요하게 고려해야 함은 물론이다.[111] 친양자입양은 친생부모와의 관계 단절, 성본 변경 등 중대한 효과를 수반하기 때문이다.

더 나아가 가정법원은 친양자입양 허가 시 실질적 성립요건의 구비 여부를 엄격하게 심사할 필요가 있다. 일반입양과 달리 친양자입양은 그 허가심판이 확정됨과 동시에 효력을 발생하며(§908-3 註釋 참조), 일단 성립된 후에는 실질적 성립요건에 하자가 있더라도 그 입양의 무효 또는 취소를 주장하는 것이 매우 제한되어 있기 때문이다(§908-4 註釋 참조). 따라서 엄격한 심사 후 실질적 성립요건 중 전부 또는 일부를 갖추지 못한 것으로 밝혀진 때에는 그 친양자입양 청구를 기각하여야 한다.

---

107) 이희규(2001), 275-276. 일본 민법 §817-7은 우리 법의 친양자입양에 대응하는 특별입양을 할 때 이른바 '요보호성 요건'을 충족할 것을 명문으로 규정하고 있다. 일본법상 요보호성의 의미를 설명하고 있는 문헌으로 조은희(2013), 23-24 참조.

108) 같은 취지로 홍창우(2008), 5.

109) 대법원 2010. 12. 24.자 2010스151 결정. 이와 유사한 취지로 이은주(2013), 349-350; 제요[2], 983; 최명수(2007), 37-38; 홍창우(2008), 54.

110) 이동진(2022), 155; 최진섭(1998), 419-420; 최진섭(2011), 200-201.

111) 고형석(2008), 64-65; 권순한(1999), 183-184; 조경애(2008), 320 등. 구체적인 의견 반영방법을 제시하고 있는 문헌으로 이은주(2013), 361-362 참조.

4. 심판의 효력

가. 효력의 내용

친양자입양 허가 청구 인용 또는 기각 심판은 가사비송재판으로서 기판력이 없다.[112] 집행력도 인정되지 않는다.[113] 친양자입양 허가 재판의 확정과 동시에 친양자입양관계가 성립한다는 점에서 형성력이 인정될 뿐이다.[114] 이 점에서 일반입양 허가심판과 차이가 있다. 한편 친양자입양 허가청구 인용 심판이 있은 후에는 더 이상 법정대리인 또는 부모가 입양의 승낙 또는 동의의 의사표시를 철회할 수 없다(§908-8에 의한 §869 ⑤ 및 §870 ③의 준용).

나. 효력발생시기

입양허가청구에 대한 심판은 즉시항고 기간이 도과되어 확정됨으로써 비로소 효력이 발생한다(家訴 §40).

5. 불복

친양자입양 허가심판에 대하여는 친양자가 될 사람(13세 이상인 경우), 그의 친생부모·후견인, 그에 대해 친권을 행사하는 사람으로서 부모 이외의 사람, 친양자가 될 사람의 부모의 후견인, 친생부모에 갈음하여 의견을 진술한 최근친 직계존속이 즉시항고를 할 수 있다(家訴規 §62-5). 청구기각심판에 대해서는 청구인이 즉시항고를 할 수 있다(家訴規 §27).

6. 위반의 효과

가정법원의 허가를 받지 않고 친양자입양한 경우 그 친양자입양은 무효라는 견해[115]가 있다. 그러나 친양자입양은 가정법원의 허가심판이 확정되어야 비로소 성립하는 것이므로, 가정법원의 허가 없이 친양자입양 신고가 되었다면 애초에 친양자입양이 성립하지 않았다고 보아야 할 것이다.[116] 따라서 그와 같은 친양자입양의 효력은 입양무효의 소가 아닌, 양친자관계존부확인의 소를 통해 다투어야 한다.[117]

---

112) 박동섭, 주석, 478.
113) 박동섭, 주석, 480-481.
114) 권순한(1999), 187; 박동섭, 가사소송(하), 241; 제요[2], 978.
115) 박동섭, 가사소송(상), 603; 박동섭·양경승, 378; 최금숙, 118.
116) 김주수·김상용, 422 각주 230.
117) 현소혜(2013), 93.

第 908 條의3 (친양자 입양의 효력)

① 친양자는 부부의 혼인중 출생자로 본다.

② 친양자의 입양 전의 친족관계는 제908조의2제1항의 청구에 의한 친양자 입양이 확정된 때에 종료한다. 다만, 부부의 일방이 그 배우자의 친생자를 단독으로 입양한 경우에 있어서의 배우자 및 그 친족과 친생자간의 친족관계는 그러하지 아니하다.

▋참고문헌: 고형석(2008), "친양자제도에 관한 연구", 저스티스 108; 권순한(1999), "친양자제도와 남북한 양자법의 통합", 아세아여성법학 2; 권정희(2002), "양자법의 정비를 위한 검토-친양자제도의 입법안을 중심으로-", 가족법연구 16-1; 김상용(2010), "『입양촉진 및 절차에 관한 특례법』의 개선방향: 국내입양을 중심으로", 가족법연구 Ⅲ; 김유미(2002), "아동권리에 관한 국제협약과 우리 민사법", 비교사법 9-4; 윤명석(1999), "친양자제도에 관한 고찰", 법학연구 16; 이동진(2022), "계자입양", 가족법연구 36-2; 이병화(2002), "친양자제도의 도입에 따른 주요문제에 관한 고찰", 비교사법 9-1; 이승우(1999), "친양자제도 소고", 아세아여성법학 2; 이해일(2000), "민법 개정안상 친양자제도에 관한 연구", 연세법학연구 7-1; 이회규(2001), "친양자법(안)에 관한 고찰", 가족법연구 15-2; 장병주(2013), "개정 입양제도의 문제점과 개선방향 -개정민법과 입양특례법을 중심으로-", 법학논고 41; 정조근(1992), "완전양자에 관한 고찰", 가족법연구 6; 정주수(2008), "가사: 친양자 입양재판과 신고절차", 사법행정 49-8; 조경애(2008), "친양자 제도의 개선방향(사례를 중심으로)", 가족법연구 22-3; 조은희(2013), "자의 복리를 위한 친양자제도", 서울법학 21-2; 최명수(2007), "친양자 제도에 관한 일고찰", 경성법학 16-2; 최진섭(1998a), "배우자의 자(계자)를 입양하는 경우의 법적 문제점", 가족법연구 12; 최진섭(1998b), "현행민법(양자제도)의 해석과 개정안의 문제점", 신문 2744; 최진섭(2011), "입양에 관한 판례의 쟁점 분석", 법학연구 21-3; 현소혜(2013), "개정민법상 입양과 입양특례법상 입양-체계정합성의 관점에서-", 가족법연구 27-1; 홍창우(2008), "민법상 친양자 제도에 관하여", 인권 381.

Ⅰ. 본조의 취지

본조는 친양자입양의 효력에 관한 규정이다. 제1항에서는 양부모와 친양자 사이의 관계를, 제2항에서는 친생부모와 친양자 사이의 관계를 정한다.

Ⅱ. 양부모와 친양자 간의 법률관계

친양자는 양부모인 부부의 혼인중 출생자로 본다(§908-3 ①). 따라서 그는 법적으로나 현실적으로나 양부모가 혼인중에 출생한 친생자와 동일하게 그들의 가정에 완전히 편입된다. 가장 중요한 효과는 친양자의 성과 본이 친양자입양 성립과 동시에 양부의 성과 본으로 변경된다는 것이다.[1] 다만, 양부와 양모가 혼인신고 시 §781 ①에 따라 모의 성과 본을 따르기로 하는 합의를 했다면 양모의 성을 따른다. 2012. 2. 10자 개정 전부터 친양자입양 제도 도입 시 이 점을 명문으로 규정해야 한다는 견해[2]가 있었으나, 이는 친양자가 본항에 따라 부부의 혼인중 출생자로서의 지위를 취득하는 순간 당연히 수반되는 효과이며, 성·본 변경을 위해 별도의 성·본 변경 허가 절차를 거칠 필요는 없다.[3] 등록예규 제101호 §6 ①의 태도도 이와 같다. 그 밖에 양부모와 친양자 사이의 친계와 촌수, 친권, 부양, 상속 등의 효과는 일반입양의 그것과 동일하다. §882-2 註釋 Ⅲ. 참조. §908-2 ① i 단서에 의한 단독입양의 경우 친권의 귀속에 대해서는 §909 註釋 참조.

Ⅲ. 친생부모와 친양자 간의 법률관계

1. 완전입양의 효과

가. 원칙: 친족관계의 단절

친양자입양 전의 친족관계, 즉 친생부모와 그를 연결점으로 하는 친족관계는 친양자입양의 확정과 동시에 종료한다(§908-3 ② 본문).[4] 이러한 의미에서 친양자입양을 완전입양이라고 한다. 친생부모 측에 의한 간섭이나 분쟁을 방지함으로써 친양자관계를 안정적으로 확보하기 위함이다.[5] 기존의 친족관계가 모두 소멸하므로, 친생부

---

[1] 박종찬, 162; 신영호·김상훈·정구태, 203; 윤진수, 245; 이병화(2002), 240; 이화숙, 2005년 개정가족법, 92; 정주수(2008), 54; 제요[2], 994; 조승현·김재완, 166; 최명수(2007), 38; 한봉희·백승흠, 271; 홍창우(2008), 56.
[2] 권정희(2002), 69-70; 윤명석(1999), 219.
[3] 반면 최금숙, 100은 친양자가 자의 성·본 변경허가를 받은 경우에만 양부의 성·본을 따를 수 있다는 취지로 서술하고 있다.
[4] 친양자가 성년이 된 후 단절된 친족관계의 부활을 청구할 수 있는 제도를 마련해야 한다는 견해로 고형석(2008), 69-70.
[5] 이회규(2001), 283.

모와 친양자 사이에는 부양·상속 등의 법률관계가 더이상 성립하지 않는다. 친생부모의 친권도 종료한다. 따라서 친양자입양의 양부모가 모두 사망하더라도 친생부모의 친권이 자동적으로 부활하지 않는다. 이 경우 친생부모는 가정법원에 친권자 지정 청구를 할 수 없으며, 미성년후견이 개시될 뿐이다. §909-2 ② 단서 註釋 참조. 이때 종료되는 것은 법률상의 친자관계에 불과하며, 자연적·생물학적 혈연관계 자체까지 단절될 수 있는 것은 아니다.6) 따라서 친족관계 단절 후에도 근친혼 금지 규정은 여전히 적용되며(§809 註釋 참조), 친생부모는 재판상 파양청구 및 친양자입양의 취소 또는 파양 시 친권자지정 청구 등을 할 수 있다.

나. 예외: 계자녀 입양의 경우

부부의 일방이 배우자의 친생자를 단독으로 입양한 경우, 즉 계자녀 입양의 경우에는 배우자 및 그 친족과 친생자 사이의 친족관계가 소멸하지 않는다(§908-3 ② 단서). 즉 단절되는 것은 친양자입양을 하는 계친의 배우자가 아닌 친생부모 측과의 관계뿐이다. 2005. 3. 31. 개정 당시 이러한 예외규정을 두지 않으면 계친과 혼인한 배우자와의 사이에 이미 존재하고 있는 친생자 관계가 단절되어 부당하다는 지적7)을 반영한 것이다. 다만, 이에 대해서는 굳이 §908-3 ② 단서를 두는 대신 배우자의 친생자를 친양자 입양할 때도 언제나 부부공동입양의 원칙을 관철시키는 것으로 해결할 수 있다는 반론이 있었다.8)

그 밖에 배우자의 사망으로 전혼(前婚)이 해소되었거나 전혼 관계 해소 후 전 배우자가 사망하여 전혼에서 태어난 혼인중 출생자를 단독으로 양육 중이던 자가 다른 사람과 재혼한 경우라면 재혼 배우자가 계자녀를 친양자 입양하더라도 이미 사망한 친생친과의 친족관계가 소멸하지 않는다는 견해가 있다.9) 이러한 경우에까지 친족관계를 단절시킬 실익이 없을 뿐만 아니라, 사망한 친생친의 친족(가령 조부모)과 양자될 자 간의 관계를 유지할 이해관계를 고려할 필요가 있다는 것이다. 그러나 이와 같은 예외적인 사정은 친양자입양 허가심판 당시 고려되는 것으로 족하다.10) 2005. 3. 31. 자 개정 민법 역시 위 견해를 입법화하지 않았다.

---

6) 양형우, 149; 이승우(1999), 109; 이화숙, 2005년 개정가족법, 93; 이해일(2000), 167; 정주수(2008), 57; 제요[2], 995; 최문기, 251; 홍창우(2008), 57.
7) 최진섭(1998b), 13.
8) 이승우(1999), 102-103; 이회규(2001), 286.
9) 이회규(2001), 287.
10) 이승우(1999), 110.

2. 인지

생부는 혼인외 출생자가 친양자입양된 후에 그를 인지할 수 있는가. 인지가 허용되지 않는다는 견해11)가 다수설이나, 부정할 이유가 없다.12) 인지하지 않은 상태에서는 법적인 친생친자관계가 성립하지 않으므로 친양자입양에 의해 그것이 단절될 수 없다는 점, 생물학적 친자관계는 친양자입양의 성립과 무관하게 존속한다는 점 등을 고려하면 생부의 인지는 당연히 허용된다고 보아야 할 것이다. 그러므로 생부는 친양자입양 후에도 인지를 할 수 있다. 친양자입양된 자가 생부를 상대로 재판상 인지를 청구하는 것도 가능한가. 그는 친양자성립과 동시에 양부모의 혼인중 출생자로 간주된다는 점에서 혼인외 출생자에게만 인정되는 재판상 인지 청구권을 인정할 수 없다는 논리도 생각해 볼 수 있으나, 혼인중 출생자로 간주된다고 하여 친생추정이 미치는 것은 아니라는 점, 혈연을 알 권리를 보장할 필요가 있다는 점에서 친양자에게도 재판상 인지 청구를 허용해야 할 것이다.

다만, 인지의 효과는 자의 출생 시로 소급하는바(§860), 인지에 의해 생부와 친양자 사이에 형성된 친생친자관계는 소급효에 의해 친양자입양 성립과 동시에 종료된 것으로 간주된다.13) 그럼에도 불구하고 친양자입양 성립 후 생부의 인지를 허용하는 이유는 무엇인가. 인지자는 친양자입양 성립 당시 자신에게 책임 없는 사유로 친양자입양의 동의를 할 수 없었음을 이유로 친양자입양의 취소를 청구할 수 있으며(§908-4 ①), 친양자입양 관계가 취소 또는 파양된 후에는 친생친자관계의 부활을 주장할 수 있다(§908-7 ①). 친양자입양관계증명서에 친생부모에 관한 사항이 기재됨은 물론이다(家登 §15 ② v). 그 밖에 일반입양 성립 후 생부의 인지 가능성에 대해 자세히는 §882-2 註釋 참조.

3. 친생부인 또는 친생자관계부존재확인의 소

친양자입양 성립에 의해 기존의 친자관계가 모두 종료한 후 친부였던 자와 친양자로 된 자 사이의 친생친자관계를 제거하기 위해 친생부인의 소 또는 친자관계부존

---

11) 가령 박희호·이동건, 159; 송덕수, 210; 신영호·김상훈·정구태, 203; 이해일(2000), 168; 이회규(2001), 283; 정조근(1992), 123; 제요[2], 995; 조승현·김재완, 166; 최명수(2007), 39; 한봉희·백승흠, 272; 홍창우(2008), 57. 동 견해에 의하면 부모가 사망했을 때 검사를 상대로 구하는 인지청구의 소의 제척기간은 친양자입양 계속 중에는 진행이 정지되지만, 파양 또는 친양자입양 취소 후 다시 진행된다고 한다.
12) 권순한(1999), 187; 윤진수, 246; 최진섭(2011), 216-217; 현소혜(2013), 108-110.
13) 이동진(2022), 136.

재확인의 소를 제기하는 것은 허용되는가. 친생부인의 소를 제기할 수 없다는 견해,14) 친생부인의 소는 허용될 수 없으나 확인의 이익이 있는 경우라면 친자관계부존재확인의 소는 허용된다는 견해15) 및 친자관계부존재확인의 소도 허용될 수 없다는 견해16)가 있다. 과거의 법률관계를 다투는 것이기는 하나, 혼인장애사유의 제거, 입양취소청구권 또는 파양청구권 등의 배제 등을 위해 소의 이익이 인정될 여지가 있으므로, 친생부인과 친생자관계부존재확인 모두, 여타의 소송요건을 갖춘 한, 허용될 수 있을 것이다.

4. 면접교섭권

일반입양의 경우에는 친생부모의 면접교섭권을 둘러싼 논란이 있으나(§882-2 註釋 참조), 친양자입양에서는 친생부모와의 관계가 완전히 단절되므로 면접교섭권도 인정되지 않는다.17) 친생부모와의 교류가 양친자관계의 긴밀한 정서적 유대 형성에 장애가 될 우려가 있다는 점 등이 근거로 제시되고 있다. 다만, 이에 대해서는 자녀의 건전한 성장과 복리를 도모하기 위해 특별한 사정이 있으면 친생부모의 면접교섭권을 인정해야 한다는 반론이 있다.18)

Ⅳ. 효력발생시기

2005년 민법 개정 당시 개정 초안은 친양자에게 "출생한 때부터" 부부의 혼인중 출생자로서의 지위를 부여하였다. 소급효를 인정한 것이다.19) 하지만 이에 대해서는 친양자의 연령이 양친의 혼인 기간을 초과하는 경우 출생할 때부터 혼인중의 자가 된다는 것은 논리적으로 불가능하며, 이미 양자와 친생부모와의 사이에서 발생한 법률관계와의 중복이 발생한다는 비판20)이 있었으므로, 2005. 3. 31.자 개정민법은 "출생한 때부터" 부분을 삭제하였다.21) 따라서 친양자입양은 그것이 성립한 때부터 장래

---

14) 송덕수, 210; 신영호·김상훈·정구태, 203; 조승현·김재완, 166.
15) 제요[2], 995; 홍창우(2008), 57.
16) 이해일(2000), 168; 정조근(1992), 123.
17) 같은 취지로 이동진(2022), 136; 이승우(1999), 111-112; 이해일(2000), 168; 이화숙, 2005년 개정가족법, 94-95; 이회규(2001), 285-286; 정주수(2008), 57; 조경애(2008), 323-324; 조은희(2013), 25; 최명수(2007), 17; 한봉희·백승흠, 271; 홍창우(2008), 57.
18) 제요[2], 994-995.
19) 이에 찬성하는 견해로 정조근(1992), 123.
20) 권순한(1999), 187-188; 권정희(2002), 68; 윤명석(1999), 219; 이회규(2001), 286-287.
21) 이에 찬성하는 견해로 이화숙, 2005년 개정가족법, 92-93; 한봉희·백승흠, 271.

효를 가질 뿐이다. 친양자입양 성립 전에 친생부모와의 사이에서 발생한 부양·상속 등의 법률효과에는 아무런 변동이 발생하지 않는다. 다만, 이에 대해서는 친양자입양에 출생 시까지 소급효를 인정하되, 제3자의 이익을 해하지 못한다는 취지의 규정을 두어야 한다는 반대 견해가 있다.[22]

V. 가족관계등록

1. 가족관계등록부의 기록

가. 친양자입양의 신고

(1) 신고의 성격

친양자입양은 그 허가심판의 확정과 동시에 성립하며, 별도로 家登에 따라 친양자입양의 신고를 해야 하는 것은 아니다(§908–2 註釋 참조). 다만, 가족관계 변동의 공시를 위해 친양자입양을 청구한 자는 친양자입양 허가심판이 확정된 후 친양자입양 신고를 할 필요가 있다. 일반입양의 신고와는 달리 친양자입양 신고는 창설적 신고가 아니라, 보고적 신고로서의 성격을 가질 뿐이다.[23]

(2) 신고의 절차

친양자를 입양하고자 하는 자는 친양자입양 허가심판이 확정된 때로부터 1개월 내에 재판서 등본 및 확정증명서를 첨부하여 양친이나 친양자의 등록기준지 또는 주소지·현재지에서 친양자의 입양 신고를 하여야 한다(家登 §67 ①). 친양자입양 신고 시에는 그 성립일을 명확히 하기 위하여 신고서에 재판확정일을 기재하여야 한다(§67 ②).

(3) 직권정정

친양자입양을 허가하는 심판이 확정되면 법원사무관은 지체 없이 등록기준지 시·읍·면의 장에게 이를 통지하여야 한다(家訴規 §7 ①). 위 통지에도 불구하고 법정기간 내에 친양자입양의 신고가 없으면, 가족관계등록공무원은 지체없이 가족관계등록부를 직권 정정해야 한다.

나. 기록사항

친양자입양의 성립과 동시에 기존의 친족관계가 종료하고, 양부모를 기준으로 하는 새로운 친족관계가 성립하므로, 가족관계등록부에도 이를 기록하여야 한다. 즉,

---

22) 이해일(2000), 172–173 참조.
23) 고형석(2008), 65; 권정희(1998), 438; 권재문, 202; 김주수·김상용, 410; 박동섭, 가사소송(하), 244; 박동섭·양경승, 371; 박희호·이동건, 158; 송덕수, 208–209; 윤진수, 244; 정주수(2008), 54; 제요[2], 994; 최문기, 242; 한삼인·김상헌, 188.

친양자입양 신고가 있으면 친양자의 가족관계등록부 본인의 성명란에 '친양자'의 문언을 표시한 후 위 등록부를 폐쇄하고, 친양자에 대해 새로운 가족관계등록부를 재작성한다.[24] 가족관계등록부 재작성 시에는 폐쇄된 등록부의 가족관계등록부사항란 및 일반등록사항란을 전부 이기하되, 인지·친권·미성년후견·성본 변경·친권자지정·재입양시 종전 입양에 관한 사항 등의 기록은 이기하지 않는다.[25] 친양자의 성과 본은 양부의 성과 본에 따라 기재하고, 특정등록사항란에는 양부모의 특정등록사항(성명, 성별, 본, 출생연월일과 주민등록번호)을, 친생부모란에는 친생부모의 특정등록사항을 기록한다(등록예규 제291호 §3). 또한 친생부모의 가족관계등록부 자녀란에서 친양자입양된 자녀를 말소처리하고, 말소사유를 일반등록사항란에 기록한다(등록예규 제291호 §5). 양부모의 가족관계등록부에는 친양자입양사유 및 친양자의 특정등록사항을 기록한다(등록예규 제291호 §6).[26]

2. 가족관계의 증명

가. 가족관계증명서

가족관계증명서(일반증명서)란 본인과 가족의 신분사항을 증명하기 위한 증명서로서 본인을 기준으로 부모, 배우자 및 생존한 현재의 혼인중의 자녀의 성명·성별·본·출생연월일 및 주민등록번호가 표시됨이 원칙이다(家登 §15 ② i). 이때 친양자에 관해서는 양부모를 부모로 기록하며, 친생부모는 표시되지 않는다. 친양자는 양부모의 혼인중 출생자로서의 지위를 가지므로, 이와 같은 법적 지위를 반영하여 신분관계를 공시하는 것이 논리완결적일 뿐만 아니라, 당사자의 의사에 반하여 친양자입양 사실이 공개되는 것은 사생활 침해의 우려가 있기 때문이기도 하다.[27] 다만, 배우자의 친생자를 친양자입양한 경우로서 양부가 단독입양한 경우에는 양부와 친생모를, 양모가 단독입양한 경우에는 양모와 친생부를 각각 부모로 기록한다(家登 §15 ② i 나.). 가족관계증명서(상세증명서)의 경우도 같다(家登 §15 ③ i).

나. 친양자입양관계증명서

(1) 의의

친양자입양관계증명서는 친양자입양과 관련된 사항을 증명하기 위한 증명서이

---

24) 등록실무[1], 617.
25) 등록실무[1], 617-618.
26) 그 밖에 입양된 양자가 타인 또는 양부모에게 친양자입양된 경우 가족관계등록부의 정정방법에 대해서는 등록실무[1], 618-620.
27) 김상용(2010), 57-58 참조.

다. 家登은 공시의 필요성과 입양 당사자들의 사생활 보호라는 법익 간에 균형을 도모하기 위하여 친양자입양과 관련된 사항은 가족관계증명서가 아니라 오로지 친양자입양관계증명서에 의해서만 공시될 수 있도록 하는 한편, 증명서의 교부 청구권자도 엄격하게 제한하였다. 친양자입양관계증명서는 양부모 또는 친양자가 그들의 관계가 친생친자관계가 아니라 친양자입양 관계에 있음을 증명할 필요가 있는 경우, 근친혼 범위에 속하는지를 판단하기 위해 친생부모에 관한 사항을 확인할 필요가 있는 경우 등에 이용된다.[28]

(2) 증명서의 기록사항 및 교부

친양자입양관계증명서(일반증명서)에는 본인에 관한 사항 외에 친생부모·양부모 또는 친양자의 성명·성별·본·출생연월일 및 주민등록번호, 현재의 친양자입양에 관한 사항이 표시되며(家登 §15 ② v), 친양자입양관계증명서(상세증명서)에는 이에 더해 과거의 친양자입양 및 파양에 관한 사항도 표시된다(家登 §15 ③ v). 친양자입양관계증명서는 ① 친양자가 성년이 되어 신청하는 경우, ② 혼인당사자가 §809의 친족관계를 파악하고자 하는 경우, ③ 법원의 사실조회촉탁이 있거나 수사기관이 수사상 필요에 따라 문서로 신청하는 경우, ④ 그 밖에 대법원규칙으로 정하는 경우에 그 교부를 청구할 수 있다(家登 §14 ②). ④에 해당하는 것으로는 (i) 친양자입양의 취소 또는 파양을 하는 경우, (ii) 친양자의 복리를 위하여 필요함을 구체적으로 소명하여 신청하는 경우 등이 있다(家登規 §23 ③).

(3) 문제점

친양자입양관계증명서에 대해서는 친양자가 성년이 되어 증명서를 발급받으면 친생부모에 관한 각종의 정보가 그대로 친양자에게 노출되어 사생활 침해가 발생할 여지가 있다거나, 친양자 본인이 친양자입양 사실을 알게 될 것을 우려하는 양부모 때문에 입양이 감소할 우려가 있다는 점, 혼인당사자에게까지 친양자입양 사실이 손쉽게 노출된다는 점 등을 들어 강하게 비판하는 견해가 있다.[29] 현재의 친양자입양관계증명서 제도는 입양특례법상 입양정보 공개 청구권 제도와 체계상 모순된다는 문제도 있다. 현행 입양특례법은 미성년자라도 양친의 동의를 받으면 입양정보의 공개를 청구할 수 있도록 하되, 의료상 목적 등 특별한 사유가 없는 한 친생부모의 동의가 있어야만 친생부모의 인적사항에 관한 정보를 공개할 수 있도록 규정하고 있기 때문이다(입양특례법 §36). 이러한 문제를 해결하기 위해 입법론으로서 당사자의 신청에

---

28) 권정희(2002), 75-76. 유사한 입장으로 김유미(2002), 368-369.
29) 김상용(2010); 조경애(2008), 322-323 및 각주 33.

의해 특정 기록에 대한 접근을 차단할 수 있는 제도를 도입하는 한편 가족관계증명서
와는 별개로 입양정보공개청구권 제도를 정비하는 등 제도적 보완이 필요하다고 주
장하는 견해,[30] 친양자가 성년이 되어 친양자입양관계증명서의 발급을 신청하더라도
친생부모와 양부모가 동의한 때만 발급이 가능하도록 해야 한다는 견해[31] 등이 주장
되고 있다.

---

30) 김상용(2010), 66-67.
31) 장병주(2013), 529.

第 908 條의4 (친양자 입양의 취소 등)

① 친양자로 될 사람의 친생(親生)의 아버지 또는 어머니는 자신에게 책임이 없는 사유로 인하여 제908조의2제1항제3호 단서에 따른 동의를 할 수 없었던 경우에 친양자 입양의 사실을 안 날부터 6개월 안에 가정법원에 친양자 입양의 취소를 청구할 수 있다.

② 친양자 입양에 관하여는 제883조, 제884조를 적용하지 아니한다.

▌참고문헌: 고형석(2008), "친양자제도에 관한 연구", 저스티스 108; 김상용(2005), "개정민법(친족·상속법) 해설", 가족법연구 Ⅱ; 이동진(2022), "계자입양", 가족법연구 36-2; 이해일(2000), "민법 개정안상 친양자제도에 관한 연구", 연세법학연구 7-1; 이회규(2001), "친양자법(안)에 관한 고찰", 가족법연구 15-2; 정주수(2008), "가사: 친양자 입양재판과 신고절차", 사법행정 49-8; 조경애(2008), "친양자제도의 개선방향(사례를 중심으로)", 가족법연구 22-3; 최명수(2007), "친양자 제도에 관한 일고찰", 경성법학 16-2; 현소혜(2013), "개정민법상 입양과 입양특례법상 입양-체계정합성의 관점에서-", 가족법연구 27-1; 홍창우(2008), "민법상 친양자 제도에 관하여", 인권 381.

Ⅰ. 본조의 취지

본조는 입양의 무효 및 취소에 관한 §883 및 §884의 준용을 배척하는 한편, 친양자입양의 취소사유를 친생부모의 입양 동의 결여로 한정하고 있다. 친양자입양은 가정법원에 의해 실질적 성립요건의 구비 여부가 엄격하게 심사된 후 성립할 뿐만 아니라 그 성립과 동시에 완전양자라는 엄중한 효과가 발생하는 이상 가급적 양친자관계를 안정적으로 유지할 필요가 있기 때문이다.[1] 오랜 기간에 걸쳐 사실상 양친자관계가 성립한 후 입양의 무효 또는 취소사유를 들어 입양의 효력을 부인하는 것은 자의

---

1) 고형석(2008), 67-68; 박동섭, 가사소송(상), 630; 이화숙, 2005년 개정가족법, 94-95; 최명수(2007), 40-41; 홍창우(2008), 59.

복리를 위해서도 바람직하지 않다.[2]

Ⅱ. 친양자입양 취소의 원인

1. 친생부모의 동의없이 친양자입양이 성립한 경우

친양자입양은 친양자로 될 사람의 친생의 아버지 또는 어머니가 자신에게 책임 없는 사유로 인해 §908-2 ① ⅲ 단서의 규정에 따른 동의를 할 수 없었던 경우에만 취소 가능하다(§908-4 ①).

가. "친생의 아버지 또는 어머니"의 의미

친생의 아버지 또는 어머니란 '친양자입양 성립 당시 동의권을 행사할 수 있었던 친생부모'를 의미한다. '친생부모'의 의미에 대해 자세히는 §908-2 註釋 참조. 다만, 혼인외 자를 인지하지 않았던 생부는 친양자입양 성립 당시에는 동의권을 갖지 못하나, 친양자입양 성립 후 인지함으로써 '친양자입양 성립 당시 동의권을 행사할 수 있었던 친생부모'의 지위를 취득한다.[3] 인지의 효력은 자녀의 출생시로 소급하기 때문이다(§860). 따라서 그는 자신의 동의 없었음을 들어 친양자입양의 취소를 청구할 수 있다.[4] 친생부모만이 자신의 동의 없이 친양자입양이 성립하였음을 이유로 다툴 수 있으며, 법정대리인은 이를 할 수 없다. 법정대리인의 동의권 및 승낙권은, 친생부모의 동의권과 달리 그 자신의 고유한 절차참여권을 보장하기 위한 것이 아니라, 친양자 될 자의 의사표시를 보충하는 후견적 기능을 가질 뿐이기 때문이다.

나. "자신에게 책임없는 사유"의 의미

친생의 아버지 또는 어머니는 "자신에게 책임 없는 사유로 인하여" 동의를 할 수 없었던 경우에만 친양자입양의 취소를 청구할 수 있다. 가령 실종 자녀가 아동보호시설을 통해 입양된 경우 또는 친생부모가 의식불명 또는 행방불명 상태에 있을 때 자녀가 입양된 경우 등이 이에 해당할 것이다.[5] 반면 친생부모가 친권상실선고를 받아 친양자입양의 동의를 할 수 없었을 때 또는 친생부모가 스스로 아동을 유기하고 장기간 소재를 감춘 결과 그의 동의를 받을 수 없었던 때에는 "책임 없는 사유"에 해당하지 않으므로, 더이상 입양의 취소를 청구할 수 없다고 보아야 할 것이다. 생부가 친양

---

2) 김상용(2005), 56.
3) 현소혜(2013), 109-110.
4) 같은 취지로 이동진(2022), 154. 단, 위 견해는 그것이 자의 복리에 반할 때에는 친양자입양을 부인하고 보통입양으로 전환할 수 있도록 해야 한다고 주장한다.
5) 송덕수, 210; 제요[1], 749; 정주수(2008), 59; 조경애(2008), 324; 최명수(2007), 40; 한봉희·백승흠, 272; 홍창우(2008), 59.

자입양 성립 당시 혼인외 자를 인지할 수 있었음에도 불구하고 인지하지 않고 있다가 뒤늦게 인지하면서 친양자입양의 취소를 청구하는 경우도 같다.

다. "§908-2 ① iii 단서에 따른 동의를 할 수 없었던 경우"의 의미

친생의 아버지 또는 어머니는 자신에게 책임 없는 사유로 인하여 §908-2 ① iii 단서에 따른 동의를 할 수 없었던 경우에만 그 입양의 취소를 청구할 수 있다. 따라서 일단 친양자입양에 대한 동의를 하였다면 더이상 이를 다투지 못한다. 가령 친생부모가 친양자입양의 효과, 즉 당해 입양으로 인해 자신과의 친자관계가 단절된다는 사실을 알지 못한 채 친양자입양에 동의하였다는 사정만으로는 친양자입양을 청구할 수 없다. 친생부모가 정당한 이유 없이 동의를 거부함으로써 그의 동의 없이 친양자입양이 성립된 경우(§908-2 ② ii 및 iii) 역시 더이상 친양자입양의 효력을 다툴 수 없다.

2. 그 밖의 무효·취소사유

친생부모가 자신에게 책임 없는 사유로 인해 동의할 수 없었던 경우 외에 어떠한 사정도 친양자입양의 취소사유가 될 수 없다.[6] 친양자입양에 대해서는 입양의 무효(§883) 또는 취소(§884)에 관한 규정이 준용되지 않기 때문이다(§908-4 ②).

가. 무효사유

친양자입양 당사자 사이에 입양의 합의가 없는 경우(§883 i), 법정대리인에 의한 대락이 없는 경우(§883 ii 중 §869 ② 부분) 및 존속이나 연장자를 입양한 경우(§883 ii 중 §877 부분)라도 친양자입양은 무효로 되지 않는다. 다만, 이에 대해서는 명문의 규정에도 불구하고 ① 친양자입양 당사자 사이에 입양의 합의가 없는 경우에는 이를 무효로 보아야 한다는 견해[7] 및 ② 존속이나 연장자 입양 사안에 대해서는 이를 무효로 보아야 한다는 견해가 있다.[8] 그 밖에 가정법원의 허가심판을 받지 않고 친양자입양을 한 경우도 무효로 보아야 한다는 견해[9]가 있으나, 이는 친양자입양의 불성립으로 보아야 할 것이다. §908-2 註釋 참조.

나. 취소사유

성년에 달하지 않은 자가 친양자입양을 한 경우(§884 i 중 §866 부분), 법정대리인의 동의 없이 친양자입양을 한 경우(§884 i 중 §869 ① 부분), 법정대리인에게 소재불명 등의 사유가 없음에도 불구하고 그의 동의 없이 친양자입양을 한 경우(§884 ① i 중 §869 ③

---

6) 같은 취지로 김주수·김상용, 415; 박동섭, 가사소송(상), 630; 제요[1], 750
7) 권재문, 204.
8) 고형석(2008), 60-61.
9) 박동섭·양경승, 378; 최금숙, 118.

ii 부분), 친생부모의 동의 없이 친양자입양을 한 경우(§884 ① i 중 §870 ① 및 §871 ① 부분), 성년후견인의 동의 없이 친양자입양을 한 경우(§884 ① i 중 §873 ① 부분) 및 부부공동입양원칙에 반하여 친양자입양을 한 경우(§884 ① i 중 §874 부분)에는 그 취소를 구할 수 없다. 친양자입양을 한 부부의 혼인기간이 3년에 달하지 않은 경우 또는 배우자의 친생자를 친양자 입양하는 사람과 그 배우자 간의 혼인기간이 1년에 달하지 않은 경우에도 마찬가지이다. 법정대리인 또는 친생부모가 정당한 이유 없이 동의를 거부하였다는 이유로 친양자 입양을 허가하였으나, 후에 정당한 이유가 있었던 것으로 밝혀진 경우 역시 취소사유에 해당하지 않는다. 친양자 입양 당시 양부모와 양자 중 어느 한쪽에게 악질이나 그 밖에 중대한 사유가 있음을 알지 못한 경우(§884 ① ii) 또는 사기나 강박으로 인하여 친양자입양의 의사표시를 한 경우(§884 ① iii)[10]도 같다. 다만 사기나 강박에 의한 친양자입양의 경우에는 이를 취소할 수 있도록 해야 한다는 반대설[11]이 있다. 친양자입양은 당사자의 진실한 의사에 기초해야 한다는 것이다.

Ⅲ. 친양자입양 취소의 소

1. 취소의 성질

친양자입양의 취소는 오로지 재판에 의해서만 가능하며, 당사자의 자유로운 처분은 허용되지 않는다. 재판상 파양사유 규정을 잠탈할 우려가 있기 때문이다. 가정법원이 친양자입양 취소의 소를 제기하여 그 승소 판결이 확정된 때에야 비로소 입양 취소의 효과가 발생한다는 점에서 친양자입양 취소의 소는 형성의 소로서 나류 가사소송사건에 해당한다(家訴 §2 ① i (나) 13). 따라서 친양자입양 취소의 소에도 조정전치주의가 적용되지만, 조정의 폭이 넓지는 않다.[12] §884 註釋 참조. 이에 대해서는 친양자입양 취소 사건을 라류 가사비송사건으로 분류하여 가정법원이 후견적 입장에서 사정판결을 내릴 수 있도록 해야 한다는 반대 견해가 있으나,[13] 현행민법은 이미 친양자입양 취소에 관해 사정판결을 허용한다(§908-6에 의한 §908-2 ③의 준용). §908-6 註釋 참조.

---

10) 같은 취지로 고형석(2008), 68; 최명수(2007), 37; 홍창우(2008), 53.
11) 이해일(2000), 165; 이회규(2001), 279.
12) 김주수·김상용, 415; 박동섭, 가사소송(상), 630; 제요[1], 752; 정주수(2008), 61.
13) 최명수(2007). 21.

2. 취소의 당사자

친양자입양의 취소를 청구할 수 있는 사람은 오로지 자신에게 책임 없는 사유로 인해 동의를 할 수 없었던 친생의 부 또는 모뿐이다. 그 외의 자에게는 취소청구권이 인정되지 않으므로, 친양자 본인, 양부모, 입양 당시 친양자의 법정대리인 등은 친양자입양의 취소를 청구할 수 없다. 취소의 상대방은 양친자 쌍방이며, 양친자 중 일방이 사망한 때에는 생존자를 상대방으로, 모두 사망한 때에는 검사를 상대방으로 한다 (家訴 §31에 의한 §24의 준용).

3. 관할

가. 토지관할

친양자입양 취소의 소는 양부모 중 1명의 보통재판적이 있는 곳의 가정법원의 전속관할로 하고, 양부모가 모두 사망한 경우에는 그 중 1명의 마지막 주소지 가정법원의 전속관할로 한다(家訴 §30).

나. 사물관할

친양자입양취소의 소는 가정법원 단독판사의 사물관할에 속한다(민사 및 가사소송의 사물관할에 관한 규칙 §3).

4. 제소기간

친양자입양 취소의 소는 청구권자인 친생부 또는 모가 친양자입양의 사실을 안 날부터 6개월 내에 제기해야 한다. 양친자관계의 조속한 안정을 확보하기 위함이다. 이때 친양자입양의 사실을 알았다 함은 자신의 친생자가 친양자입양되었다는 사실을 아는 것으로 족하며, 친양자입양에 의해 자신과의 친족관계가 단절되었다는 사실까지 알아야 하는 것은 아니다.[14]

5. 취소판결의 효과

§908−7 註釋 참조.

---

14) 제요[1], 753; 정주수(2008), 61.

第 908 條의5 (친양자의 파양)

① 양친, 친양자, 친생의 부 또는 모나 검사는 다음 각호의 어느 하나의 사유가 있는 경우에는 가정법원에 친양자의 파양(罷養)을 청구할 수 있다.

1. 양친이 친양자를 학대 또는 유기(遺棄)하거나 그 밖에 친양자의 복리를 현저히 해하는 때

2. 친양자의 양친에 대한 패륜(悖倫)행위로 인하여 친양자관계를 유지시킬 수 없게된 때

② 제898조 및 제905조의 규정은 친양자의 파양에 관하여 이를 적용하지 아니한다.

▌참고문헌: 고형석(2008), "친양자제도에 관한 연구", 저스티스 108; 권정희(2002), "양자법의 정비를 위한 검토－친양자제도의 입법안을 중심으로－", 가족법연구 16-1; 소라미(2018), "한국에서의 입양제도 현황과 과제", 가족법연구 32-3; 윤명석(1999), "친양자제도에 관한 고찰", 법학연구 16; 이승우(1999), "친양자제도 소고", 아세아여성법학 2; 이은주(2013), "자의 복리를 위한 친양자제도", 가족법연구 27-1; 이해일(2000), "민법 개정안상 친양자제도에 관한 연구", 연세법학연구 7-1; 이회규(2001), "친양자법(안)에 관한 고찰", 가족법연구 15-2; 장병주(2013), "개정 입양제도의 문제점과 개선방향 － 개정민법과 입양특례법을 중심으로－, 법학논고 41; 정광수(2001), "민법상의 친자관계에 관한 연구: 양자법과 친권법을 중심으로", 강원법학 13; 정조근(1992), "완전양자에 관한 고찰", 가족법연구 6; 정주수(2008), "가사: 친양자 입양재판과 신고절차", 사법행정 49-8; 조경애(2008), "친양자 제도의 개선방향(사례를 중심으로)", 가족법연구 22-3; 조은희(2013), "자의 복리를 위한 친양자제도", 서울법학 21-2; 주인(2011), "입양제도의 법규정 정비에 관한 제언", 가족법연구 25-3; 최명수(2007), "친양자 제도에 관한 일고찰", 경성법학 16-2; 최진섭(2011), "입양에 관한 판례의 쟁점 분석", 법학연구 21-3; 현소혜(2018), "피성년후견인의 가족관계에 관한 의사결정 자유의 보장", 가족법연구 32-3; 홍창우(2008), "민법상 친양자 제도에 관하여", 인권 381.

Ⅰ. 본조의 취지

친양자입양은 친양자에게 양부모의 혼인중 출생자와 같은 지위를 부여함으로써
안정적인 양육환경을 제공하는 데 그 목적이 있다. 따라서 친양자입양 관계에서 어떠
한 사정이 발생하였더라도 그 입양 관계가 함부로 해소될 수 없도록 해야 함이 원칙
이다. 가령 양부모가 친양자를 학대한 경우라도 친양자를 위한 민법상 보호 수단은
친생친자관계와 마찬가지로 친권상실선고 및 미성년후견 제도여야 함이 원칙이며,
파양이 이를 대체해서는 안 된다. 양부모 측의 사정을 이유로 친양자입양의 해소를
허용해서는 안 됨은 물론이다.

본조는 위와 같은 친양자입양의 특수성을 고려하여 협의상 파양에 관한 규정을
친양자입양에 준용하지 않는다(§908-5 ②). 따라서 당사자는 그 관계를 임의로 해소할
수 없다. 양자의 복리를 위해 친양자입양 성립에 국가가 개입하는 이상 그 해소 역시
당사자의 자유로운 의사에 맡길 수 없음은 당연한 귀결일 것이다.[1) 또한 본조는 일반
입양의 재판상 파양에 관한 규정을 친양자입양의 파양에 준용하지 않는 한편(§908-5
②), 친양자입양의 재판상 파양 사유를 일반입양에 비해 상대적으로 좁게 규정하고
있다(§908-5 ①). 하지만 이에 대해서는 친양자입양 제도를 두고 있는 다른 입법례에
비해 여전히 파양사유가 넓은 편으로 친양자입양 제도의 입법취지에 부합하지 않으
므로 재판상 파양 제도 자체를 폐지해야 한다는 비판[2)이 있다. 정반대의 관점에서 일
반입양의 재판상 파양 규정을 준용하는 것으로 충분했다는 의견도 있다.[3)

Ⅱ. 친양자 파양의 당사자

1. 청구권자

친양자 파양을 청구할 수 있는 사람은 양부모, 친양자, 친생의 부 또는 모 및 검
사이다(§908-5 ①).

가. 양친

양부모는 친양자 파양을 청구할 수 있다. 그러나 양부모에게 파양청구권을 인정
한 것에 대해서는 입법론상 비판이 많다.[4) 혼인중 출생자로서의 지위를 부여하기 위

1) 권정희(2002), 71-72; 이화숙, 2005년 개정가족법, 95.
2) 정광수(2001), 69 ; 정조근(1992), 128.
3) 박동섭, 가사소송(상), 648.
4) 권정희(2002), 72; 윤명석(1999), 220; 윤진수, 246; 조은희(2013), 27.

해 친양자를 입양한 자가 스스로 친양자입양의 파기를 청구하는 것은 금반언의 원칙에 반한다는 것이다. 그러나 친양자 파양사유로 §908-5 ① ii를 둔 이상 양친의 파양청구권을 부정할 수는 없을 것이다. 양친이 피성년후견인인 경우 친양자 파양을 청구하기 위해서는 성년후견인의 동의를 받아야 한다(§908-8에 의한 §906 ③의 준용). 이에 대해서는 피성년후견인의 의사실현에 장애가 되고, 재판청구권을 심각하게 제약한다는 점에서 비판이 있다.[5]

나. 친양자

친양자는 친양자 파양을 청구할 수 있다. 친양자가 성년에 달해 소송능력이 있으면 스스로 파양을 청구할 수 있으나, 아직 미성년자여서 소송능력이 없는 경우에는 문제이다. 그를 위해 소송대리권을 가지고 있는 친권자인 양부모가 파양청구의 상대방이 되기 때문이다. 특별대리인을 선임하는 수밖에 없을 것이다.[6]

일반입양에 관한 §906는 양자가 13세 미만이면 대락자 등이 양자에 갈음하여 재판상 파양을 청구할 수 있다고 규정하고 있으나, 친양자 파양에는 동 조문이 준용되지 않는다. §908-5 ①이 친생의 부 또는 모에게 별도의 파양청구권을 부여하고 있으므로, 친양자입양을 대락하였던 친권자는 '친생부모'의 지위에서 친양자 파양을 청구할 수 있을 뿐이다. 만약 친양자입양을 대락한 자가 후견인이었다면, 그는 친양자 파양을 청구할 수 없다. 다만, 이에 대해서는 입양 당시 친양자의 법정대리인이었던 자에게 널리 파양청구권을 인정해야 한다는 견해가 있다.[7]

일반입양에서 양자가 13세 이상의 미성년자면 입양에 동의하였던 친생부모의 동의를 받아 재판상 파양을 청구하도록 한 §906 ② 역시 친양자 파양에 준용되지 않는다. 따라서 파양을 원하는 친양자가 13세 이상의 미성년자면 그는 법정대리인이나 친생부모의 동의 없이 친양자 파양을 청구할 수 있다.

다. 친생의 부 또는 모

친생의 부 또는 모는 친양자 파양을 청구할 수 있다. 친양자 파양 사유가 있음에도 불구하고 친양자가 스스로 파양을 청구하지 않거나 청구할 수 없는 경우 이를 알게 된 친생부모가 자녀를 위해 이를 대신 청구할 수 있도록 한 것이다. 친생부모와의 법적인 관계는 단절되었으나, 생물학적 관계는 존속한다는 점에서 수긍할 만하다. 하지만 아직 혼인외 출생자를 인지하지 않은 생부는 친양자입양의 파양을 청구할 수 없

---

5) 현소혜(2018), 241.
6) 김주수·김상용, 418; 제요[1], 752.
7) 김주수·김상용, 418; 제요[2], 100; 최문기, 252.

다.[8] 친양자입양 성립 후 인지자가 친생부의 지위에서 파양을 청구할 수 있음은 물론이다.

라. 검사

검사도 친양자 파양을 청구할 수 있다. 그 취지와 내용에 대해서는 §906 註釋 참조.

그 밖에 §777에 의한 친족이나 이해관계인에게는 친양자입양의 파양 청구권이 인정되지 않는다. 일반입양의 재판상 파양에 관한 §906가 파양청구권자를 확대한 것과 대비된다. 가급적 양친자관계의 안정을 확보하기 위함이다. 당사자가 사망한 경우의 재판상 파양 청구, 직권에 의한 파양 청구, 유책배우자의 파양 청구 등에 대해서는 일반입양에서의 법리가 그대로 적용된다. 자세한 내용은 §905 註釋 참조.

2. 상대방

가. 양부모 또는 친양자가 청구하는 경우

양부모가 친양자 파양을 청구할 때는 친양자를, 친양자가 친양자 파양을 청구할 때는 양부모를 상대로 하고, 상대방이 될 사람이 사망한 경우에는 검사를 상대방으로 한다(家訴 §31에 의한 §24의 준용). 양부모 또는 친양자가 사망하여 양친자관계가 해소된 후라면 친양자 파양을 청구할 수 없으므로, 검사를 상대방으로 하는 경우는 재심과 같은 예외적 사정이 있는 때로 한정될 것이다. 양부모가 모두 사망한 후에 친양자의 형제자매나 그 밖의 친족이 친양자의 복리를 현저히 해하는 경우에는 예외적으로 재판상 친양자 파양을 허용하는 것이 타당하며, 그 한도에서 검사를 피고로 삼을 수 있다는 견해도 있다.[9]

나. 친생부모 또는 검사가 청구하는 경우

친생부모나 검사가 친양자 파양을 청구할 때에는 양부모와 친양자 모두를 상대방으로 하고, 어느 한 쪽이 사망한 때에는 나머지 한 쪽을 상대방으로 한다(家訴 §31에 의한 §24의 준용).

3. 부부공동입양의 경우

양부모가 친양자 파양을 청구하거나 친양자가 양부모를 상대로 친양자 파양을 청구하는 경우에 부부공동입양의 원칙이 적용되는가. 양부모 중 파양 사유가 없는 일방이 친양자를 양육하는 데 문제가 없고, 실질적인 친자관계가 형성되어 있다면 자의

---

8) 이회규(2001), 288, 각주 65.
9) 김주수·김상용, 419 각주 224.

복리를 위해 파양 사유 있는 다른 일방과의 사이에서만 파양청구를 하는 것도 가능하다는 견해10)와 친양자는 부부의 혼인중 출생자일 뿐 부부 각자의 혼인중 출생자가될 수 있는 것은 아니라는 이유로 반드시 부부가 공동으로 파양해야 한다는 견해11)가 대립한다. 공동파양을 원치 않는다면, 파양 사유가 있는 일방에 대해 친권상실선고를 받는 등의 방법으로 친양자의 복리를 실현할 수 있을 것이다. 물론 §908-2 ①i 단서에 의해 부부 중 일방이 배우자의 자녀를 단독으로 친양자입양한 때12) 또는 부부 중 일방이 사망하거나 이혼하였을 때13)에는 파양도 단독으로 할 수 있다.

Ⅲ. 친양자 파양 사유

친양자입양의 파양은 다음의 두 가지 사유가 있을 때만 가능하다. §908-5 ②은일반입양에 있어 재판상 파양사유에 관한 §905를 친양자입양의 파양에 준용하지 않기 때문이다.

1. 양친이 친양자를 학대 또는 유기하거나 그 밖에 친양자의 복리를 현저히 해하는 때

양부모가 친양자를 학대 또는 유기하거나 그 밖에 친양자의 복리를 현저히 해친경우에 친양자 파양을 청구할 수 있다(§908-5 ① i). 학대·유기 또는 복리를 현저히 해친 경우의 의미에 대해서는 §905 註釋 참조. 상습적인 범죄·마약 또는 알콜중독 등으로 인해 양자에게 적절한 양육환경을 제공해 줄 수 없는 상황이라면 그 밖에 '친양자의 복리를 현저히 해하는 때'에 해당한다고 볼 수 있을 것이나, 그와 같은 사정이친양자 관계를 해소시키지 않으면 안 될 정도로 장기간 지속되어야 한다. 반면 양부모가 이혼하였다거나 경제적 상황이 악화되었다는 사정만으로는 이에 해당한다고 볼수 없다.14) 양부모 중 일방에게만 위와 같은 사유가 있는 경우라도 양부모 쌍방에 대한 파양 사유가 되며15), 양부모 측의 고의 또는 과실은 요하지 않는다.16)

---

10) 김주수·김상용, 418; 한삼인·김상헌, 189. 입법론으로 같은 주장을 하는 견해로 이은주(2013), 365–366.

11) 박희호·이동건, 160; 이해일(2000), 170; 이회규(2001), 288; 최명수(2007), 41–42; 최진섭(2011), 218; 홍창우(2008), 60. 송덕수, 212은 양부모가 이혼한 경우가 아닌 한, 윤진수, 246은 양부모 중 일방이 사망한 경우가 아닌 한, 부부가 공동으로 파양해야 한다는 견해이다.

12) 이해일(2000), 170; 이회규(2001), 288. 이 경우 부부가 이혼하기 전까지는 단독으로 파양할 수 없다는 견해로 김주수·김상용, 418) 각주 222.

13) 김주수·김상용, 418; 최명수(2007), 42; 홍창우(2008), 60.

14) 김주수·김상용, 417.

15) 김주수·김상용, 418 각주 220; 박동섭, 가사소송(상), 648; 정주수(2008), 60; 제요[1], 749; 최명수(2007), 42; 홍창우(2008), 60.

16) 김주수·김상용, 418; 신영호·김상훈·정구태, 205; 조경애(2008), 326.

2. 친양자의 양친에 대한 패륜행위로 인하여 친양자관계를 유지시킬 수 없게 된 때

민법은 친양자가 양부모에 대해 패륜행위를 저질러 친양자 관계를 유지시킬 수 없게 된 때도 재판상 친양자 파양 사유로 열거하고 있다(§908-5 ① ii). 친양자제도의 입법 취지에 비추어 볼 때 이를 이유로 재판상 파양을 인정하려면 그 패륜 행위의 정도가 매우 심각해야 한다. 가령 친양자가 양부모 중 일방을 살인 또는 살인미수한 경우 등이 이에 해당할 수 있을 것이다.[17] 친양자가 양부모를 모욕하거나 양부모에게 폭언한 경우 또는 부양의무를 불이행한 경우 등은, 일반입양의 재판상 파양 사유인 '양자로부터 심히 부당한 대우'에 해당할 수 있더라도, 친양자입양의 파양 사유에는 해당하지 않는다.[18] 친양자를 혼인중 출생자와 같이 양육하기로 결정한 이상 혼인중 출생자와의 관계를 단절시킬 수 없는 사유로는 친양자와의 관계도 함부로 해소할 수 없다는 입법자의 결단이 반영된 것이다. 동 조문에 대해서는 친양자를 혼인중 출생자와 동일하게 보는 친양자제도의 취지에 반한다는 이유로 반대하는 견해[19]와 아무리 친양자라도 인위적으로 설정된 법정친자관계라는 점을 고려하지 않을 수 없다는 이유로 찬성하는 견해[20]가 대립한다.

3. 기타

§908-5 ②은 일반입양에 있어 재판상 파양사유에 관한 §905의 준용을 명시적으로 배제하였다. 따라서 §905 iii와 같이 양부모나 양자의 생사가 3년 이상 분명하지 않다는 이유만으로 재판상 파양을 청구하는 것은 허용되지 않는다. 실종선고 등의 절차를 거쳐 친족관계를 소멸시킬 수 있을 뿐이다. 친양자에 대한 학대·유기나 양부모에 대한 패륜행위 등에 달하지 않음에도 불구하고 §905 ii와 같이 양자로부터 심히 부당한 대우를 받았다거나 같은 조 iv와 같이 양친자관계를 계속하기 어려운 경우에 해당한다는 이유만으로 친양자입양을 파양하는 것도 허용될 수 없다. §908-2 ① i 단서에 따라 배우자의 친생자를 친생자입양한 후 당해 배우자와 이혼하여 더 이상 공동생활을 하지 않는다는 이유만으로 친양자입양을 파양하는 것도 허용되지 않는다.[21] 하

17) 김주수·김상용, 417; 박동섭·양경승, 396 각주 2.
18) 반항 정도로는 파양사유에 해당하지 않는다는 견해로 최문기, 252; 이에 반해 양친을 모욕, 학대 또는 유기하는 것 역시 '패륜행위'에 해당한다는 견해로 박정기·김연, 261; 조은희(2013), 28; 최명수(2007), 42; 홍창우(2008), 60.
19) 고형석(2008), 68; 권정희(2002), 72; 소라미(2018), 7; 윤명석(1999), 220; 이화숙, 2005년 개정가족법, 96; 장병주(2013), 517; 주인(2011), 57.
20) 이회규(2001), 289-290; 이승우(1999), 113; 한봉희·백승흠, 273-274; 홍창우(2008), 60.

급심 판결 중에도 같은 취지로 판시한 것이 있으나,22) 실무상으로는 이 경우 재판상 파양 청구를 인용하는 관행이 있는 것으로 보인다.23)

학설 중에는 입법론으로서 재판상 파양 사유를 '기타 양친자관계를 계속하기 어려운 경우'까지 확대해야 한다는 견해가 있다.24) 그 밖에 친생부모에 의한 친양자의 감호가 가능한 경우에만 재판상 파양을 허용해야 한다는 견해25)가 있으나, 파양으로 인해 친양자가 요보호 상태에 빠질 우려가 있다면 §908-6에 따라 파양청구를 기각하는 것으로 족할 뿐만 아니라, §909-2의 신설에 의해 친생부모를 친권자로 지정하는 대신 미성년후견인을 선임하는 것이 가능해진 이상 위와 같은 요건을 부가할 필요는 없다. 친가의 부모가 모두 사망한 경우 또는 친양자가 이미 성년이 된 경우에는 친양자 파양이 허용될 수 없다는 견해26)도 있으나, 이와 같이 해석할 명문의 근거를 찾기 어렵다.

Ⅳ. 친양자 파양 절차

1. 친양자 파양의 성격

친양자 파양은 나류 가사소송사건이다[家訴 §2 ① i 나. 14)].27) 친양자 파양 재판의 확정과 동시에 양친자관계가 해소되고, 기존의 친족관계가 부활하는 등 형성적 효과가 발생하기 때문이다. 조정전치주의가 적용되나, 조정의 폭이 넓지 않은 것은 친양자입양 취소의 경우와 같다.28) 이에 대해서는 친양자입양의 재판상 파양 사건을 라류 가사비송사건으로 분류하여 가정법원이 후견적 입장에서 사정판결을 내릴 수 있도록 해야 한다는 반대 견해가 있으나,29) 현행민법은 이미 친양자 파양에 관해 일부 사정판결을 허용한다(§908-6에 의한 §908-2 ③의 준용). §908-6 註釋 참조. 그 밖에 친양자 파양 재판의 관할, 절차 및 효력 등에 대해서는 §905 註釋 참조.

---

21) 권정희(2002), 73.
22) 서울가정법원 2015. 8. 13. 선고 2014드단313051 판결.
23) 제요[1], 749.
24) 이해일(2000), 173.
25) 이승우(1999), 113-114; 이회규(2001), 290. §908-5 ① ii의 경우에 한하여 위와 같은 요건을 추가해야 한다는 견해로 이은주(2013), 364.
26) 한봉희·백승흠, 274.
27) 최명수(2007), 21.
28) 제요[1], 752.
29) 최명수(2007), 21.

2. 친양자 파양의 효과

§908-7 註釋 참조.

3. 친양자 파양청구권의 소멸

파양청구권의 소멸에 관한 §907 중 §905 i 및 ii 부분은 §908-8에 의해 친양자입양에 준용된다. 따라서 파양청구권자는 친양자 파양의 사유가 있음을 안 날부터 6개월, 사유가 있었던 날부터 3년이 지나면 친양자 파양을 청구할 수 없다. §905 i는 친양자 파양 사유인 §908-5 ① i와 동일하며, §905 ii는 §908-5 ① ii의 적용 범위에 포섭된다는 점, 양친자관계의 조속한 안정은 일반입양에서뿐만 아니라 친양자입양에서도 중요한 의미가 있다는 점 등을 고려하여 일반입양에서 파양청구권을 조기에 소멸시키고자 한 §907를 친양자 파양에도 준용한 것이다.[30]

---

30) 제요[2], 753.

第 908 條의6 (준용규정)

제908조의2제3항은 친양자 입양의 취소 또는 제908조의5제1항제2호에 따른 파양의 청구에 관하여 이를 준용한다.

▌**참고문헌**: 권순한(1999), "친양자제도와 남북한 양자법의 통합", 아세아여성법학 2; 최명수(2007), "친양자 제도에 관한 일고찰", 경성법학 16−2; 홍창우(2008), "민법상 친양자 제도에 관하여", 인권 381.

§908−2 ③은 친양자입양의 취소 또는 재판상 파양 청구에 준용된다. 따라서 §908−4에 따른 친양자입양 취소사유 또는 §908−5 ① ii 에 따른 재판상 파양사유가 존재하는 경우라도, 가정법원은 양육상황, 취소 또는 파양의 동기, 취소 또는 파양시 친생부모의 양육능력, 그 밖의 사정을 고려하여 친양자입양의 취소 또는 파양의 청구를 기각할 수 있다. 친생부모 또는 양친의 이익보다 친양자 본인의 이익을 최우선으로 고려하기 위해 이른바 '사정판결'이 가능하도록 한 조문이다.[1] 반면 양부모가 친양자를 학대 또는 유기하거나 그 밖에 친양자의 복리를 현저히 해한 경우(§908−5 ① i)에는 사정판결이 허용되지 않는다.[2]

가정법원은 양부모 측과 친생부모 측의 양육상황과 양육 능력을 비교형량하여 친양자입양의 취소가 장래 친양자로 된 자의 양육환경에 미칠 영향을 충분히 검토한 후 취소 청구 또는 파양청구의 인용 여부를 판단·결정하여야 할 것이다.[3] 가령 친양자입양의 취소사유가 있음은 명백하나, 이미 매우 오랜 기간에 걸쳐 양부모와 친양자 사이에 사실상의 친자관계가 형성되어 왔기 때문에 이를 해소하고 아동을 친생부모에게 복귀시키는 것이 오히려 자의 복리에 해가 되는 경우 등을 상정해 볼 수 있을 것이다.

---

1) 권순한(1999), 185.
2) 권재문, 205.
3) 김주수·김상용, 415; 최명수(2007), 42−43; 홍창우(2008), 62.

第 908 條의7 (친양자 입양의 취소·파양의 효력)

① 친양자 입양이 취소되거나 파양된 때에는 친양자관계는 소멸하고 입양 전의 친족관계는 부활한다.

② 제1항의 경우에 친양자 입양의 취소의 효력은 소급하지 아니한다.

■ **참고문헌**: 권정희(2002), "양자법의 정비를 위한 검토－친양자제도의 입법안을 중심으로－", 가족법연구 16－1; 김상용(2010), "양자법의 문제점과 개정방향: 민법상의 쟁점을 중심으로", 가족법연구 Ⅲ; 이승우(1999), "친양자제도 소고", 아세아여성법학 2; 이은정(2003), "성의 변경－친자관계를 중심으로－", 재판자료 102; 이은주(2013), "자의 복리를 위한 친양자제도", 가족법연구 27－1; 이희규(2001), "친양자법(안)에 관한 고찰", 가족법연구 15－2; 정주수(2008), "가사: 친양자 입양재판과 신고절차", 사법행정 49－8; 조경애(2008), "친양자 제도의 개선방향(사례를 중심으로)", 가족법연구 22－3; 조은희(2013), "자의 복리를 위한 친양자제도", 서울법학 21－2; 최명수(2007), "친양자 제도에 관한 일고찰", 경성법학 16－2; 최진섭(2011), "입양에 관한 판례의 쟁점 분석", 법학연구 21－3; 홍창우(2008), "민법상 친양자 제도에 관하여", 인권 381.

Ⅰ. 본조의 취지

친양자입양이 취소되거나 파양된 경우 그 효과를 정하기 위한 조문이다. 친양자입양은 일반입양과 달리 그 성립과 동시에 친생부모를 기준으로 하는 친족관계가 소멸하므로, 취소 또는 파양이 기존의 친족관계에 미치는 영향에 대해 별도로 규정할 필요가 있다.

Ⅱ. 취소 또는 파양이 친족관계에 미치는 영향

1. 친양자관계의 소멸

친양자입양의 취소 또는 파양에 의해 친양자관계는 소멸한다(§908-7 ①). 친양자관계 소멸에 따른 효과는 일반입양의 취소 또는 재판상 파양의 그것과 동일하다. §898 및 §905 註釋 참조.

2. 입양 전 친족관계의 부활

가. 부활의 범위

친양자입양의 취소 또는 파양에 의해 입양 전의 친족관계는 부활한다. 이때 입양 전의 친족관계란 일반적으로 친양자로 입양되기 전의 친생부모와 그 친족과의 관계를 말한다. 재입양의 경우는 어떠한가. 일반입양되었던 양자를 친양자입양한 후 다시 취소 또는 파양한 경우에 친양자입양에 의해 이미 소멸하였던 기존의 양친자관계까지 부활하는 것은 아니라는 견해[1]가 있으나, §908-7이 '입양 전의 친족관계'를 자연 친족관계로 한정하고 있지 않다는 점, 기존의 양친자관계 자체가 취소 또는 파양에 의해 해소된 사실이 없는 이상 논리적으로 부활이 가능하다는 점 등에 비추어 볼 때 기존의 양친자관계도 부활한다고 볼 것이다. 등록예규의 태도도 이와 같다.[2]

나. 부활의 효과

(1) 일반적 효과

취소 또는 파양과 동시에 친생부모를 기준으로 하는 친족관계 및 그에 따른 각종의 법률효과, 가령 상속이나 부양 등의 법률관계가 발생한다.

(2) 친권

舊 민법(2011. 5. 19. 개정전)에 따르면 친양자입양의 취소 또는 파양에 의해 양부모의 친권이 종료되고, 친생부모의 친권이 자동부활하였으나, 이에 대해서는 친생부모가 친권을 행사하기에 적절하지 않은 상황인 경우에 파양 후 아동의 보호와 양육에 공백이 생길 우려가 있다는 비판[3]이 있었으므로, 2011. 5. 19.자 민법 개정에 의해 가정법원의 친권자 지정 또는 후견인선임심판을 거치도록 하였다. §909-2 註釋 참조.

(3) 성과 본

기존의 친족관계 부활에 따라 양자의 성·본 역시 다시 친생부의 성·본으로 자동적으로 변경된다.[4] 친양자입양 성립 전에 이미 성·본변경심판을 받아 친생부의 성·본을 사용하지 않고 있었던 경우에는 변경 후의 성·본으로 변경된다.[5] 이에 대

---

1) 정주수(2008), 62; 최명수(2007), 43; 홍창우(2008), 61.
2) 등록예규 제137호 §13 및 §14 참조.
3) 권정희(2002), 74; 김상용(2010), 34-35; 이은주(2013), 367; 이화숙, 2005년 개정가족법, 98; 조경애(2008), 328; 최명수(2007), 44. 이러한 문제를 해결하기 위해 파양 후 재입양 성립시까지 법원이 적절한 보호조치를 취해야 한다는 견해로 최진섭(2011), 218 참조.
4) 등록예규 제137호 §9 ① 및 §10 등 참조.
5) 제요[1], 757.

해서는 장기간 양부의 성·본을 따라온 친양자에게 이와 같은 효과를 일률적으로 강제하는 것은 적절치 않으므로, 기존의 성·본을 계속 사용할 수 있도록 하는 규정을 마련해야 한다는 입법론적 비판이 있다.6)

Ⅲ. 그 밖의 효과

1. 원상회복 및 손해배상청구

친양자입양의 취소 또는 파양을 원인으로 하는 손해배상청구 및 원상회복청구도 가능하다고 보아야 할 것이다. 家訴에는 명문의 규정이 없으나, 민법상 입양취소 및 재판상 파양시 정신적 손해배상청구권에 관한 §897 및 §908가 §908-8에 의해 친양자입양에 준용되고 있기 때문이다. 이와 같은 청구가 있는 경우에는 다류 가사소송사건으로 처리해야 한다[家訴 §2 ① i 다목 3)의 유추적용].7)

2. 가족관계등록

친양자입양이 취소 또는 파양되면 친양자입양에 기초해 이루어졌던 가족관계등록을 모두 정정하여야 한다. 이때 가족관계등록의 정정은 친양자입양취소의 신고 또는 친양자 파양의 신고에 의한다(家登 §69 및 §70).8)

Ⅳ. 장래효

친양자입양의 취소 및 파양의 효력은 소급효를 갖지 않는다(§908-7 ②). 장래에 행하여 효력을 가질 뿐이다. 취소 또는 파양 전의 법률관계의 안정을 위함이다. 장래효의 의미에 대해 자세히는 §897 註釋 참조.

---

6) 자가 양부모의 성·본을 계속 사용할 수 있도록 하는 제도를 마련할 필요가 있다는 견해로 권정희 (2002), 74-75; 김상용(2010), 35-36; 송덕수, 208; 이승우(1999), 114-115; 이은정(2003), 761; 이은주 (2013), 367-368; 이화숙, 2005년 개정가족법, 98; 이희규(2001), 291; 조경애(2008), 328-329; 조은희 (2013), 31; 최명수(2007), 44; 한봉희·백승흠, 274; 한삼인·김상헌, 190.

7) 정주수(2008), 61; 제요[1], 753 .

8) 구체적인 기록 방법은 등록실무[1], 635-641, 652-659 참조.

第908條의8 (준용규정)

친양자에 관하여 이 관에 특별한 규정이 있는 경우를 제외하고는 그 성질에 반하지 아니하는 범위 안에서 양자에 관한 규정을 준용한다.

■참고문헌: 고형석(2008), "친양자제도에 관한 연구", 저스티스 108; 이해일(2000), "민법 개정안상 친양자제도에 관한 연구", 연세법학연구 7-1; 조은희(2013), "자의 복리를 위한 친양자제도", 서울법학 21-2; 장병주(2013), "개정 입양제도의 문제점과 개선방향 -개정민법과 입양특례법을 중심으로-", 법학논고 41; 최명수(2007), "친양자 제도에 관한 일고찰", 경성법학 16-2; 현소혜(2013), "개정민법상 입양과 입양특례법상 입양-체계정합성의 관점에서-", 가족법연구 27-1; 홍창우(2008), "민법상 친양자제도에 관하여", 인권 381.

I. 본조의 취지

친양자입양은 일반입양에 대한 특별규정으로서의 성격을 갖는다. 따라서 §908-2 내지 §908-7은 일반입양과 달리 정해야 하는 최소한의 내용만을 담고 있다. 위 각 조문에 규정되어 있지 않은 부분에 대해서는 일반입양의 규정이 준용될 것을 예정한 것이다. §908-8은 이와 같은 취지를 반영하여 친양자에 관하여 §908-2 내지 §908-7에 특별규정이 있는 경우를 제외하고는 양자에 관한 규정을 준용하도록 하고 있다. 다만, "그 성질에 반하지 아니하는 범위 안에서" 준용하도록 하고 있으므로, 친양자입양의 성질에 반하여 준용되지 않는 일반입양에 관한 규정이 무엇인지를 둘러싸고 논란이 있다.

II. 준용의 범위

1. 준용이 배제되는 규정

가. 명문의 규정에 의해 준용이 배제되는 규정

(1) 입양의 무효와 취소에 관한 §883 및 §884는 준용되지 않는다. §908-4가 명

문으로 배제하고 있기 때문이다. §884를 전제로 하는 §885 내지 §897(§806 준용 부분 제외) 역시 성질상 친양자입양에 준용될 수 없다.

(2) 협의상 파양 및 재판상 파양에 관한 §898 및 §905는 준용되지 않는다. §908-5가 명문으로 배제하고 있기 때문이다. 협의상 파양을 전제로 하는 §902 내지 §904 역시 성질상 친양자입양에 준용될 수 없다.

나. 특칙에 의해 준용이 배제되는 규정

(1) 입양의 의사표시에 관한 §869 ①, ②, ③ i 및 ④의 규정은 준용되지 않는다. 법정대리인의 대락이 필요한 경우와 동의가 필요한 경우, 대락 또는 동의가 면제되는 경우 및 필수적 심문 절차에 관해서는 §908-2 ① iv, v 및 ② i에 특칙이 있기 때문이다.

(2) 친생부모의 동의에 관한 §870 ① 및 ②은 준용되지 않는다. 친생부모의 동의 및 동의면제 사유 등에 관해서는 §908-2 ① iii 및 ② ii, iii에 특칙이 있기 때문이다.

(3) 부부공동입양에 관한 §874 ①은 준용되지 않는다. §908-2 ① i에 특칙이 있기 때문이다.

(4) 친양자입양의 허가에 대해서는 §908-2 ①에 특칙이 마련되어 있으므로, 일반입양에 관한 조문 중 허가와 관련된 조문은 적용되지 않는다. 미성년자 입양 허가에 관한 §867, 피성년후견인의 입양 허가에 관한 §873 ②이 이에 해당한다.

(5) 입양의 효력에 관한 §882-2는 준용되지 않는다. 친양자입양의 효력에 대해서는 §908-3에 특칙이 마련되어 있기 때문이다.

(6) 파양청구권자에 관한 §906는 준용되지 않는다. 친양자 파양 청구권자에 대해서는 §908-5 ①에 특칙이 마련되어 있기 때문이다.

다. 성질에 의해 준용이 배제되는 규정

(1) 성년자 입양시 친생부모의 동의에 관한 §871는 성질상 친양자입양에 준용될 수 없다. 친양자입양은 미성년자에게만 허용되기 때문이다.

(2) 피성년후견인의 입양에 관한 §873 중 피성년후견인이 양자가 되는 부분은 성질상 친양자입양에 준용될 수 없다. 미성년자에게는 성년후견개시심판이 선고될 수 없기 때문이다.[1]

(3) 배우자 있는 자를 양자로 하는 경우 배우자 동의에 관한 §874 ②은 준용되지 않는다. 배우자 있는 미성년자는 성년의제에 의해 친양자가 될 수 없기 때문이다.

(4) 입양의 성립요건으로서의 입양신고에 관한 §878 내지 §882는 성질상 친양자입양에 준용될 수 없다. 친양자입양은 허가심판의 확정과 동시에 성립하기 때문이다.

---

1) 윤진수·현소혜, 28.

(5) 재판상 파양청구권의 제척기간에 관한 §907 중 §905 iv 부분은 성질상 친양
자입양에 준용될 수 없다. §905 iv는 친양자 파양 사유가 아니기 때문이다.

2. 준용되는 규정

양친될 자의 자격에 관한 §866,2) 법정대리인의 동의 면제에 관한 §869 ③ ii 및
동의 철회에 관한 같은 조 ⑤,3) 친생부모의 동의면제에 관한 §870 ① i4) 및 동의 철
회에 관한 §870 ③,5) 피성년후견인이 입양을 하는 경우 성년후견인의 동의를 받도록
한 §873 ①6) 및 동의면제에 관한 같은 조 ③, 배우자 있는 자가 양자가 되는 경우에
관한 §874 ②, 양자될 자의 자격에 관한 §8777)는 친양자입양에 준용된다. 다만, 위 각
규정은 가정법원이 친양자입양 허가 여부를 결정하기 위해 실질적 성립요건을 갖추
었는지를 심리하기 위한 기준이 될 뿐이며, 실제로 위 각 규정에 위반하여 친양자입
양 허가심판이 확정되었더라도 그 입양의 무효 또는 취소를 다툴 수는 없다. 이러한
의미에서 위 각 규정은 준용되지 않는다거나 준용할 실익이 없다는 견해8)도 없지
않지만, 적어도 친양자입양 허가 시에는 재판규범으로 작용하므로, 준용 자체를 부
인해서는 안 될 것이다. 입양 취소 시 정신적 손해배상청구에 관한 §897 중 §806 부
분, 파양청구권의 소멸에 관한 §907 중 §905 i 및 ii 부분 및 파양 시 정신적 손해배
상청구에 관한 §908 역시 친양자입양에 준용된다. 준용의 취지는 각 관련 조문의 註
釋 참조.

---

2) §866 준용에 찬성하는 견해로 조은희(2013), 12−13.
3) §869 ③ ii 준용에 찬성하는 견해로 장병주(2013), 514−515; 제요[2], 98; 현소혜(2013), 99−101. §869
   ⑤ 준용에 찬성하는 견해로 김주수·김상용, 422; 조은희(2013), 21−22.
4) §870 ① i 준용에 찬성하는 견해로 김주수·김상용, 422.
5) §870 ③ 준용에 찬성하는 견해로 김주수·김상용, 422; 조은희(2013), 21−22.
6) 2012년 개정 전 민법의 해석과 관련하여 같은 취지로 고형석(2008), 62.
7) §877 준용에 찬성하는 견해로 고형석(2008), 60−61; 김주수·김상용, 422; 신영호·김상훈·정구태,
   198.
8) 신영호·김상훈·정구태, 198; 이해일(2000), 167; 조승현·김재완, 164; 최명수(2007), 23; 홍창우(2008),
   62.

입양특례법

[前註]

■ **참고문헌:** 박신욱(2022), "독일 개정 입양중개법으로부터의 시사", 가족법연구 36-2; 소라미(2018a), "입양아동 사망 사건 진상조사 결과를 바탕으로 한 입양특례법 전부개정 제안", 가족법연구 32-1; 소라미(2018b), "한국에서의 입양제도 현황과 과제", 가족법연구 32-3; 조소연/전민경(2024), "입양제도와 보호출산제도상 아동권리의 사각지대-제정「국내입양에 관한 특별법」과「위기 임신 및 보호출산 지원과 아동 보호에 관한 특별법」을 중심으로-, 윤리연구 145; 현소혜(2021), "국제입양의 보충성과 투명성 실현방안", 가족법연구 35-1.

보호 대상 아동의 입양에 대해서는 입양특례법이 민법보다 우선 적용된다.[1] 하지만 현행 입양특례법에는 다음과 같은 한계가 있다.

첫째, 현행 입양특례법은 친생부모 등으로부터 아동의 입양의뢰를 받은 입양기관이 직접 보호 대상 아동을 위해 양부모될 자를 알선해 주고, 양부모될 자가 가정법원으로부터 입양허가 재판을 받는 구조로 되어 있다. 이러한 민간주도형 입양은 수요와 공급의 원리로 인해 입양 대상 아동의 숫자가 예비 양부모 숫자보다 적은 경우에는 아동매매의 위험을, 반대의 경우에는 양부모에 의한 아동선별(cherry picking)의 위험을 수반한다. 위 문제를 해결하려면 친생부모의 일방적인 입양의뢰만으로 즉시 입양특례법에 따른 입양절차를 개시하는 대신, 국가가 직접 해당 아동의 원가정 양육이 불가능하여 입양 절차의 개시가 불가피한 상황인지에 대해 심사하고, 그 심사에 따라 결정된 아동만을 입양 대상 아동으로 삼는 한편, 입양기관이나 예비 양부모가 임의로 양자될 자를 선택하는 대신 국가가 해당 아동을 위해 가장 적절한 양부모될 자를 결연하여 주는 등 입양 절차 전반에 걸쳐 국가 내지 공적 기관의 개입을 강화할 필요가 있다.[2]

---

[1] 대법원 2022. 5. 31.자 2020스514 결정.
[2] 같은 취지로 박신욱(2022), 192; 소라미(2018a), 314-315; 소라미(2018b), 11-12; 현소혜(2021), 177-178.

둘째, 현행 입양특례법은 보호 대상 아동이 대한민국 내에서 대한민국 국민에게 입양되는 경우뿐만 아니라, 대한민국 내에서 외국인에게 입양되는 경우 및 외국으로 입양되어 나가는 경우까지 규율하고 있다. 하지만 현행 입양특례법상 국외입양에 관한 특례조항들만으로는 협약 §21가 선언하고 있는 국제입양에 관한 보충성의 원칙을 실현하고, 국제입양 대상 아동을 위해 국가가 마련해야 하는 최저한의 기준을 준수하기에 매우 부족하다. 이에 유엔 아동권리위원회는 우리나라에 「국제입양에 관한 아동의 보호 및 협력에 관한 헤이그협약」(Hague Convention on Protection of Children and Co-operation in Respect of Intercountry Adoption, 이하 '헤이그입양협약')의 조속한 비준을 권고하였으며, 정부도 2013. 5. 24. 이미 헤이그입양협약에 서명한 바 있다. 그러나 헤이그입양협약이 요구하고 있는 국제입양의 보충성과 투명성을 실현하기 위해 기존의 입양기관이 해외입양 절차에서 담당해 온 업무를 어디까지 국가에 이관할 것인지를 둘러싸고 논란이 계속되면서 우리나라는 아직 헤이그입양협약을 비준하지 못하고 있다.[3] 대한민국 국민이 아닌 아동이 대한민국으로 입양되어 들어오는 국제입양 사안들에 관한 규율이 사실상 공백 상태에 있는 점도 문제이다. 국제입양에 관해 자세히는 國際親族法 註釋 참조.

입법자는 위와 같은 현행법의 한계를 타개하기 위해 2023. 7. 18. 현행 입양특례법을 「국내입양에 관한 특별법」(이하 '국내입양특별법')으로 전부개정하여 그 적용대상을 국내입양으로 한정하고, 국제입양에 관해서는 헤이그입양협약의 이행법률로서의 성격을 갖는 「국제입양에 관한 법률」(이하 '국제입양법')을 제정하는 한편, 국내입양과 국제입양 모두 국가 개입을 대폭 강화하였다.[4] 특히 국내입양특별법은 ① 지방자치단체가 아동복지법에 따른 보호조치의 일환으로서 입양이 필요하다고 인정한 경우에만 입양 절차가 개시될 수 있도록 하는 한편, ② 양부모가 되려는 사람은 보건복지부장관에게 입양을 신청하도록 하고, ③ 법에서 정한 상담과 조사를 거친 예비 양부모에게만 보건복지부장관이 입양정책심의위원회의 심의·의결을 거쳐 입양 대상 아동과 결연 절차를 진행하며, ⑤ 예비 양부모는 적법한 결연절차를 거친 입양 대상 아동에 대해서만 가정법원에 입양허가 청구를 할 수 있도록 함으로써 기존의 국내입양 절차를 획기적으로 개선하였다. 국내입양특별법은 2025. 7. 19.부터 시행될 예정이다.

---

3) 현소혜(2021), 171-172 참조.
4) 조소연/전민경(2024), 152-153.

이하에서는 현행 입양특례법을 중심으로 서술하되, 그에 대응하는 국내입양특별법의 내용을 부기한다. 註釋은 현행 입양특례법의 조문 순서대로 서술하는 것을 원칙으로 하였으나, 서로 다른 위치에 있는 조문들이라도 필요에 따라 관련 조문들을 묶어 일괄서술하기도 하였다.

第 1 條 (목적)

이 법은 요보호아동의 입양(入養)에 관한 요건 및 절차 등에 대한 특례와 지원에 필요한 사항을 정함으로써 양자(養子)가 되는 아동의 권익과 복지를 증진하는 것을 목적으로 한다.

▌참고문헌: 김상용(2010), "『입양촉진 및 절차에 관한 특례법』의 개선방향: 국내입양을 중심으로", 가족법연구 Ⅲ; 김상용(2012), "개정「입양특례법」의 특징", 신문 4050; 김주수(1987), "입양제도의 문제점과 개혁의 필요성<상>", 신문 1666; 김진(1962), "고아입양특례법", 서울대법학 4-1·2; 장병주(2013), "개정 입양제도의 문제점과 개선방향-개정민법과 입양특례법을 중심으로-", 법학논고 41; 조소연/전민경(2024), "입양제도와 보호출산제도상 아동권리의 사각지대-제정「국내입양에 관한 특별법」과「위기 임신 및 보호출산 지원과 아동 보호에 관한 특별법」을 중심으로-, 윤리연구 145; 현소혜(2010), "익명입양 제도의 문제점과 대응방안", 민사법학 50; 홍정화·장지호(2019), "입양정책에서 출생신고 의무자의 한계와 대안 탐색: 개정 입양특례법(2011)을 중심으로", 정책분석평가학회보 29-1.

> 국내입양특별법 제1조(목적) 이 법은 보호대상아동의 국내입양에 관한 요건 및 절차 등에 대한 특례와 그 지원에 필요한 사항을 정함으로써 양자가 되는 사람과 입양가정의 권익과 복지를 증진하고, 아동 최선의 이익 원칙에 따라 보호대상아동의 국내입양을 활성화하는 것을 목적으로 한다.

입양특례법의 전신(前身)은 舊「고아입양특례법」이다. 위 법의 입법목적은 외국인이 간이한 절차에 따라 대한민국 국민인 고아를 입양할 수 있도록 지원하는 데 있었다(舊「고아입양특례법」§1). 한국전쟁 직후 급증한 고아들을 위한 아동복지 자원이 충분치 않은 상황에서는 다소간 부득이한 입법이었으나, 이와 같은 해외입양 중심의 규율은 이념적으로나 법리적으로나 양자의 복리에 적합하지 않은 것이었다.[1] 이에 입법자는 위 법을 폐지하고, 1976. 12. 31. 舊「입양특례법」을 새롭게 제정하였다. 위 법은 보호시설 입소 아동을 위한 입양 절차를 간소화함으로써 국내입양을 활성화하는 데 주된 입법목적이 있었다.[2] 하지만 위 법 역시 입양을 촉진하는 데에만 급급하여 정작 입양 후 사후관리 및 감독을 소홀히 하는 문제가 있었으므로,[3] 입법자는 1995.

---

1) 김진(1962), 133-137; 조소연/전민경(2024), 150 참조.
2) 김주수(1987), 14.
3) 조소연/전민경(2024), 150-151.

1. 5. 이를 舊「입양촉진 및 절차에 관한 특례법」으로 전면개정하여 입양에 대한 국가의 지원을 강화하는 한편, 입양의 성공률을 높이기 위한 각종의 대책을 마련하였다.[4]

그러나 舊「입양촉진 및 절차에 관한 특례법」은 2011. 8. 4. 현행과 같은 구조의 입양특례법으로 다시 전면개정되었다. 舊「고아입양특례법」 및 舊「입양특례법」 시절 무분별하게 이루어졌던 해외입양의 부작용이 현실화되면서 입양기관을 중심으로 하는 민간 주도의 입양(특히 국제입양)에 대한 반대의 목소리가 높아졌기 때문이다.[5] 특히 舊「입양촉진 및 절차에 관한 특례법」 당시의 법과 실무 관행에 따르면 입양기관의 알선에 따른 허위의 친생자출생신고만으로 즉시 입양이 성립하여 국가에 의한 관여가 불가능하였을 뿐만 아니라, 입양의 효과 역시 불완전입양에 불과하여 양자를 친생자와 같이 양육하고자 하는 욕구에 부응할 수 없는 등 양자의 복리 실현에 미흡한 점이 있었다.[6] 이에 현행 입양특례법은 입양이 아동 이익 최우선의 원칙에 따라 이루어질 수 있도록 국내입양 우선 추진제를 도입하고, 허위의 친생자출생신고에 의한 입양을 금지하여 입양 성립 전 보호 대상 아동의 출생신고를 보장하며, 입양허가제를 도입하여 입양 성립과정에서의 국가의 개입 가능성을 확대하는 등 대대적인 개혁을 꾀하였다.[7]

이러한 변화에 대응하여 본조는 입양특례법의 입법목적을 첫째, 요보호아동의 입양에 관한 요건 및 절차 등에 대한 특례와 지원에 필요한 사항을 정하고, 둘째, 이로써 양자가 되는 아동의 권익과 복지를 증진하는 것으로 선언하고 있다. 舊「입양촉진 및 절차에 관한 특례법」 §1가 "요보호아동의 입양을 촉진"하는 것을 일차적 목표로 삼는 한편, 보호 대상 아동의 "권익"을 보장하는 것보다 적절한 "보호"(즉, 입양조치)를 제공하는 데 중점을 두었던 것과 대비된다. 즉, 현행 입양특례법은 보호 대상 아동의 입양 촉진보다는, 보호 대상 아동에게 원가정에서 양육될 권리 및 태어난 즉시 출생등록될 권리를 보장하고, 부득이 입양이 필요한 경우라도 양부모될 자격에 관해 국가에 의한 심사 절차를 요구함으로써 아동 최선의 이익을 보장하는 데 중점을 두고 있다. 위 법은 2012. 8. 5.부터 시행되었고, 그 후 네 차례에 걸쳐 일부 내용개정을 겪기는 하였으나, 본조와 입양특례법의 주된 골자는 그대로 유지되었다.

한편 2023. 7. 18. 입양특례법이 국내입양특별법으로 전부개정되고, 기존 입양특

---

4) 김상용(2010), 40; 현소혜(2010), 551.
5) 舊「입양특례법」 시절 입양기관의 무분별한 해외입양 및 관리 소홀로 인한 해외입양인의 손해배상청구를 인용한 사건으로 서울중앙지방법원 2023. 5. 16. 선고 2019가합502520 판결 참조.
6) 장병주(2013), 503-504.
7) 특례법 전면개정의 취지에 대해 자세히는 김상용(2012), 14; 홍정화·장지호(2019), 33-38.

례법 중 국외입양과 관련된 조문들이 새롭게 제정된 국제입양법으로 위치를 이동하면서 본조의 내용도 일부 개정되었다. 즉, 국내입양특별법 §1는 원가정양육의 원칙과 국내입양 우선의 원칙에 따라 보호 대상 아동의 입양에 관한 요건 및 절차 등에 관한 특례와 지원에 필요한 사항을 정하고, 양자될 자의 권익과 복지를 증진하는 것을 주된 목적으로 하고 있으나, 적용대상을 보호대상아동의 '국내입양'으로 한정하는 한편, '아동 최선의 이익 원칙'과 '보호대상아동의 국내입양 활성화'를 입법목적으로 선언하였다는 점에서 현행 입양특례법 §1와 차이가 있다.

第 2 條 (정의)

이 법에서 사용하는 용어의 뜻은 다음과 같다.

1. "아동"이란 18세 미만인 사람을 말한다.
2. "요보호아동"이란 「아동복지법」 제3조제4호에 따른 보호대상아동을 말한다.
3. "입양아동"이란 이 법에 따라 입양된 아동을 말한다.
4. "부양의무자"란 「국민기초생활 보장법」 제2조제5호에 따른 부양의무자를 말한다.

▌참고문헌: 소라미(2018a), "입양아동 사망 사건 진상조사 결과를 바탕으로 한 입양특례법 전부개정 제안", 가족법연구 32−1; 소라미(2018b), "한국에서의 입양제도 현황과 과제", 가족법연구 32−3; 윤성승·허남순(2014), "국제입양에 관한 헤이그 협약에 비추어 본 국제입양 관련법의 개선방안", 법과기업연구 4−2; 장병주(2013), "개정 입양제도의 문제점과 개선방향 −개정민법과 입양특례법을 중심으로−", 법학논고 41; 최흥섭(1998), "국제사법에서 일상거소의 의미와 내용", 국제사법연구 3; 현소혜(2021), "국제입양의 보충성과 투명성 실현방안", 가족법연구 35−1.

국내입양특별법 제2조(정의) 이 법에서 사용하는 용어의 뜻은 다음과 같다.

1. "아동"이란 「아동복지법」 제3조제1호에 따른 아동을 말한다.
2. "보호대상아동"이란 「아동복지법」 제3조제4호에 따른 보호대상아동을 말한다.
3. "입양아동"이란 이 법에 따라 입양된 아동을 말한다.
4. "국내입양"이란 양부모가 되려는 사람의 일상거소와 아동의 일상거소가 모두 대한민국에 있어, 입양의 결과로 아동의 일상거소가 다른 국가로 이동하지 아니하는 경우의 입양을 말한다.
5. "결연(結緣)"이란 양자가 될 아동에게 양부모관계의 설정을 위하여 그 아동의 양부모가 되려는 사람을 연결하여 지정하는 것을 말한다.

6. "임시양육결정"이란 가정법원이 제21조에 따른 입양허가 여부 결정 전에 양자가 될 아동을 양부모가 되려는 사람에게 임시로 양육하도록 하는 결정을 말한다.

7. "본국법"이란 양부모가 되려는 사람 또는 양자가 될 아동의 「국제사법」 제16조에 따른 본국법을 말한다.

8. "아동권리보장원"이란 「아동복지법」 제10조의2에 따른 아동권리보장원을 말한다.

9. "아동통합정보시스템"이란 「아동복지법」 제15조의2에 따른 아동통합정보시스템을 말한다.

10. "입양정보"란 이 법에 따른 입양 절차의 진행 및 그에 부수되는 기록(문서, 그 밖의 관계 서류 또는 물건, 사진, 영상 녹화물, 전자기록 등 특수매체기록을 포함한다)과 그 절차 진행을 위하여 아동통합정보시스템을 이용하여 전자적인 형태로 작성·관리되는 정보를 말한다.

제35조 (관계 기관 등에 대한 협조 요청) ① 보건복지부장관, 시·도지사등 및 아동권리보장원의 장은 이 법에 따른 업무수행을 위하여 필요한 경우 관계 중앙행정기관 및 지방자치단체, 경찰관서, 공공기관, 「아동복지법」에 따른 아동복지시설(이하 "아동복지시설"이라 한다), 사회복지법인 또는 단체 등에 대하여 자료를 제출하도록 요청할 수 있다. 이 경우 요청을 받은 기관은 정당한 사유가 없으면 그 요청에 따라야 한다.

② 제1항에 따라 제공된 자료는 이 법에 따른 업무수행을 위한 목적 외에는 사용할 수 없다.

Ⅰ. 본조의 취지

입양특례법에서 사용하는 용어를 정의하기 위한 조문이다.

Ⅱ. 입양특례법

1. '아동'의 의미

입양특례법상 '아동'이란 18세 미만인 사람을 말한다(§2i). 민법상 입양이 19세를 기준으로 미성년자 입양과 성년자 입양을 구별하는 것, 친양자입양이 19세 미만의 미성년자까지 허용되는 것과는 차이가 있다. 이에 대해서는 입양특례법상 양자의 자격도 19세 미만으로 상향 조정해야 한다는 견해[1]가 있으나, 아동복지법상 보호 대상 아동이 18세 미만자로 한정되어 있는 이상(아동복지법 §3i), 보호 대상 아동을 위한 입양

---

1) 장병주(2013), 528.

절차만을 다루는 입양특례법상 아동의 범위도 이와 일치시킬 수밖에 없다. 따라서 18세 이상 19세 미만인 미성년자의 입양에 대해서는, 설령 그에게 보호자가 없거나 보호자로부터 이탈된 경우 또는 학대 등으로 그의 보호자가 미성년자를 양육하기에 적당하지 않거나 양육할 능력이 없는 경우로서 그가 아직 아동복지시설에 입소 중이라도, 입양특례법상 입양이 아닌 민법상 입양에 관한 규정들이 적용된다.

2. '요보호아동'의 의미

입양특례법상 '요보호아동'이란 아동복지법 §3 iv에 따른 '보호대상아동'을 말한다(§2 ii). 아동복지법상 '보호대상아동'에는 보호자가 없거나 보호자로부터 이탈된 아동 또는 보호자가 아동을 학대하는 경우 등 그 보호자가 아동을 양육하기에 적당하지 아니하거나 양육할 능력이 없는 경우의 아동이 포함된다(아동복지법 §3 iv). 이때 '보호자'에는 친권자, 후견인, 아동을 보호·양육·교육하거나 그러한 의무가 있는 자 또는 업무·고용 등의 관계로 사실상 아동을 보호·감독하는 자가 널리 포함된다(아동복지법 §3 iii). 국가는 요보호아동의 발생 예방을 위한 시책을 강구하고(입양특례법 §33), 국내입양 활성화를 위해 노력할 의무가 있다(입양특례법 §3 ④). 하지만 요보호아동이라는 이유만으로 즉시 입양특례법에 따른 입양 대상 아동이 되는 것은 아니다. 입양특례법이 원가정양육의 원칙을 선언하고 있는 이상(입양특례법 §3 ②), 단순히 일시적으로 보호자가 없다거나 보호자로부터 이탈되었다는 이유만으로 입양 절차가 개시되어서는 안 되기 때문이다. 따라서 입양특례법에 따른 입양 대상 아동은 요보호아동 중 입양특례법 §9에 따른 자격을 갖춘 아동으로 한정된다.

3. '입양아동'의 의미

입양특례법상 '입양아동'이란 입양특례법에 따라 입양된 아동, 즉 위 법 §15에 따라 가정법원의 인용심판이 확정되어 입양이 성립한 아동을 말한다(§2 iii). 입양아동에 관해서는 입양의 취소와 파양, 입양 후 사후관리 및 각종 복지 지원, 입양정보공개청구권 등에 관한 특칙이 적용된다. 입양특례법은 부칙에 별도의 경과조치 규정을 두지 않았기 때문에, 舊「입양촉진 및 절차에 관한 특례법」에 따라 성립된 입양아동은 이에 해당하지 않는다.

4. '부양의무자'의 의미

입양특례법상 '부양의무자'란 「국민기초생활 보장법」 §2 v에 따른 부양의무자를

말한다(§2 iv).「국민기초생활 보장법」§2 v은 '부양의무자'를 수급권자를 부양할 책임
이 있는 사람으로서 수급권자의 1촌의 직계혈족 및 그 배우자(단, 사망한 1촌의 직계혈족
의 배우자는 제외)로 한정한다. §974가 직계혈족 및 그 배우자 간 또는 생계를 같이하는
기타 친족 간에 널리 부양의무를 인정하는 것과 차이가 있다. 입양특례법상 부양의무
자 개념을 더 좁게 정하는 이유는, 부양의무자 유무에 따라 입양특례법의 적용대상이
되는 아동인지가 결정되기 때문이다. 현행 입양특례법 §9는 본법의 적용대상이 되는
양자의 자격에 관해 ① 보호자로부터 이탈된 사람으로서 부양의무자를 확인할 수 없
어 지방자치단체의 장이 보장시설에 보호의뢰한 사람(§9 i), ② 부모 또는 후견인 등이
입양에 동의하여 보장시설 또는 입양기관에 보호의뢰한 사람(§9 ii), ③ 법원에 의하여
친권상실 선고를 받은 사람의 자녀로서 지방자치단체의 장이 보장시설에 보호의뢰한
사람(§9 iii), ④ 그 밖에 부양의무자를 알 수 없는 경우로서 지방자치단체의 장이 보장
시설에 보호의뢰한 사람(§9 iv)을 열거하고 있는데, 이 중 ① 및 ④의 사안에서 부양의
무자 개념이 문제된다.

Ⅲ. 국내입양특별법

국내입양특별법은 입양특례법상 아동, 요보호대상 및 입양아동에 관한 정의규정
을 일부 개정하는 한편, 국내입양·결연·임시양육결정·본국법·입양정보에 관한 정
의조항을 신설하였다. 국제입양법과 국내입양특별법을 분리하여 적용대상을 달리 정
하고, 결연·임시양육 절차에 관한 국가의 개입을 강화한 결과이다. 현행 입양특례법
§7 ③ 및 §21 ④에서 정의하고 있는 '아동통합정보시스템' 및 '아동권리보장원'에 관
한 정의 조항도 국내입양특별법에서는 본조로 위치가 이동되었다. 반면 '부양의무자'
개념에 대한 정의 조항은 삭제되었다. 국내입양특별법은 보호 대상 아동이 위 법의
적용대상에 해당하는지를 부양의무자 유무에 따라 형식적으로 판단하는 대신, 지방
자치단체 산하 사례결정위원회의 심의을 거쳐 결정하는 것으로 전환하였기 때문이다
(국내입양특별법 §13 ① 註釋 참조).

1. '아동'의 의미

현행 입양특례법이 '아동'을 18세 미만인 사람으로 정의한 반면, 국내입양특별법
은 아동복지법 §3 i에 따른 아동으로 정의한다(국내입양특별법 §2 i). 아동복지법 §3 i은
아동을 18세 미만인 사람으로 규정하고 있기 때문에, 실질적인 의미 개정이라고는 할

수 없다. 다만, 추후 아동복지법이 아동의 범위를 18세 이상인 자로 확대하더라도 국내입양특별법을 별도로 개정할 필요 없이 국내입양특별법의 적용대상을 아동복지법과 연동하여 확대할 수 있다는 이점이 있다.

2. '보호대상아동'의 의미

국내입양특별법은 '보호대상아동'을 아동복지법 §3 iv에 따른 보호 대상 아동으로 정의한다(국내입양특별법 §2 ii). 현행 입양특례법상 '요보호아동'의 의미와 동일하다. 다만, '요보호아동'이라는 용어를 아동복지법에 맞춰 '보호대상아동'으로 수정하였을 뿐이다.

3. '입양아동'의 의미

국내입양특별법은 '입양아동'을 이 법에 따라 입양된 아동으로 정의한다(국내입양특별법 §2 iii). 현행 입양특례법상 '입양아동'의 정의와 문언은 동일하다. 다만, 국내입양특별법은 위 법 시행 전에 입양된 아동에 대해서도 양육보조금 등의 지급 및 입양정보 공개에 관한 규정을 소급적용하는 취지의 부칙을 두었으므로(국내입양특별법 부칙 §2 및 §3), 현행 입양특례법에 따라 입양된 아동뿐만 아니라 舊「입양촉진 및 절차에 관한 특례법」에 따라 입양된 아동도 양육보조금을 수령하거나 입양정보공개청구권을 행사할 수 있다. '입양아동'의 실질적 의미에 관해서는 상당한 개정이 있었던 셈이다.

4. '국내입양'의 의미

국내입양특별법상 '국내입양'이란 양부모가 되려는 사람의 일상거소와 아동의 일상거소가 모두 대한민국에 있어, 입양의 결과로 아동의 일상거소가 다른 국가로 이동하지 아니하는 경우의 입양을 말한다(§2 iv). 양부모될 자와 양자될 자 쌍방 또는 일방의 국적이 대한민국인지 여부는 중요하지 않다. 따라서 입양 당사자 중 한쪽이 외국인인 경우에도 양쪽 모두 대한민국에 일상거소가 있다면 국내입양특별법이 적용된다. 이에 관해서는 입양특례법 §18-19 및 국내입양특별법 §30 註釋 참조.

반면 양부모될 자와 양자될 자 중 한 쪽의 일상거소가 외국에 있어 입양의 결과 아동의 일상거소가 한 국가에서 다른 국가로 이동하는 경우에는 헤이그입양협약의 적용대상이 되는 국제입양(intercountry adoption)으로 간주되기 때문에(헤이그입양협약 제2조), 국제입양법이 우선적용된다(국제입양법 §2 vi). 아동의 일상거소가 대한민국에서 외국으로 이동하는 경우이건(외국으로의 입양), 외국에서 대한민국으로 이동하는 경우(국내로의 입양)이건 같다. 따라서 국내입양특별법은 양부모될 자와 아동의 일상거소가 모두 대한민국에 있어 입양의 결과 아동의 일상거소가 다른 국가로 이동하지 않는 경우만을 국내입양으로 정의내리고, 국내입양특별법의 적용대상으로 삼고 있다. 양부모가 되려는 사람의 일상거소와 아동의 일상거소가 모두 외국에 있지만, 그 중 쌍방 또는 일방이 대한민국 국민인 경우에는 어떠한가. 아동의 일상거소가 외국에 있는 이상 우리 아동복지법상 보호 대상 아동으로 편입될 수 없으므로, 국내입양특별법은 적용되지 않는다. 민법과 국제사법의 일반원칙에 따라 처리하는 수밖에 없다. 이에 관해서는 國際親族法 註釋 참조.

이때 '일상거소'란 국제사법상 일상거소(habitual residence) 개념과 동일한 의미를 갖는 것으로서, 법적·규범적 개념이라기보다는 사실상의 개념에 불과하다. 통상 '사실상 생활의 중심지로 일정 기간 이상 지속된 장소'라고 이해된다. 등록예규는 일상거소의 판단기준에 대해 상세한 기준을 나열하고 있으나,2) 이는 가족관계등록 사무의 통일적 처리를 위해 기술적으로 정한 것에 불과하고, 상거소지 유무는 당사자들이 실제로 그 장소에 상당한 기간 계속하여 거주해 왔는지와 함께 거주의 목적, 가족관계와 근무관계, 일상거소를 결정해야 하는 맥락 등 관련 요소를 종합적으로 고려하여 그가 그 사회에 통합되었다고 볼 수 있는지에 따라 판단해야 하므로,3) 국내입양인지 여부를 판단함에 있어 양부모될 자 또는 양자될 자가 대한민국에 상거소지를 가지고 있는지에 대한 판단은 위 등록예규의 태도와 달라질 수 있다.

5. '결연'의 의미

국내입양특별법상 '결연'이란 양자가 될 아동에게 양부모관계의 설정을 위하여 그 아동의 양부모가 되려는 사람을 연결하여 지정하는 것을 말한다(국내입양특별법 §2v). 결연은 입양 대상 아동의 특별한 필요(special needs)를 파악하고, 그에 적합한 자

---

2) 등록예규 제33호. 위 예규는 ① 사건본인이 한국인으로서 국내에 주소지를 가지고 있는 경우(단, 외국에서 5년 이상 적법하게 계속 체류하는 등 외국에 상거소지가 있는 경우가 아닐 것), ② 사건본인이 한국인으로서 국내 주민등록이 말소되었으나 출국일로부터 1년 이내인 경우, ③ 사건본인이 한국인으로서 출국일로부터 1년 이상 5년 이내인 경우(단, 현재 체류 중인 외국에 이중국적 또는 영주자격을 가지고 있는 경우 및 배우자나 미성년 양자 자격으로 1년 이상 체류 중인 경우가 아닐 것), ④ 사건본인이 외국인으로서 우리나라에서 출생하여 출국한 적이 없는 경우, ⑤ 사건본인이 외국인으로서 「출입국관리법」 §10에 따른 '거주' 자격으로 1년 이상 계속하여 우리나라에 체류 중인 경우, ⑥ 사건본인이 외국인으로서 출입국관리법 제31조에 따른 외국인등록(장기체류자)을 하였거나 그 배우자 또는 미성년 자녀인 자이며 5년 이상 계속 우리나라에 체류 중인 경우에 우리나라에 상거소를 인정한다. 단, 주한 외교사절, 주한미군, 단기체류자 등 출입국관리법 제31조 단서의 외국인등록이 면제된 사람 및 불법입국자·불법체류자는 우리나라에 상거소를 인정하지 않는다.
3) 최흥섭(1998), 525−534 등.

질을 갖추고 있는 양부모를 선별하는 절차로서 해당 입양의 결과가 아동 최선의 이익으로 이어질 수 있도록 담보하는 가장 중요한 장치이기 때문에, 적절한 전문성과 경험을 갖춘 팀 단위의 전문가에 의해 신중히 이루어질 필요가 있다.4) 하지만 현행 입양특례법은 이에 대해 전혀 규율하지 않은 채 이를 각 입양기관의 재량에 맡기고 있는 결과,5) 입양기관이 친생부모로부터 입양의뢰받은 아동과 입양기관에 입양신청을 한 예비양부모 간에 입양을 알선하는 과정에 국가가 개입할 방법이 없었다. 이에 국내입양특별법은 결연에 관한 정의규정을 신설하고, 보건복지부장관이 입양정책위원회의 심의를 거쳐 결연 절차를 진행하도록 하였다. 결연 절차에 관해서는 입양특례법 §10 및 국내입양특별법 §20 註釋 참조.

6. '임시양육결정'의 의미

국내입양특별법상 '임시양육결정'이란 가정법원이 국내입양특별법 §21에 따른 입양허가 여부 결정 전에 양자가 될 아동을 양부모가 되려는 사람에게 임시로 양육하도록 하는 결정을 말한다(국내입양특별법 §2 vi). 기존에도 민법상 입양과 관련하여 시험양육 기간을 두어 입양 성립 전에 미리 양부모와 양자 간의 적응 가능성을 시험해 보고, 양자될 자가 조기에 양부모될 자와의 애착관계를 형성할 수 있도록 하는 것이 아동의 복리 실현을 위해 바람직하다는 견해가 있었다(§908-2 註釋 참조). 하지만 시험양육 기간 중 아동의 복리에 해가 발생해서는 안 되므로, 법원의 엄격한 심사를 거쳐 예비 양부모로서의 적격성이 담보된 경우에 한해 시험양육이 개시되도록 하는 것이 바람직하다. 그럼에도 불구하고 입양실무상으로는 입양기관이 입양허가 재판 청구 전에 미리 양부모될 자에게 아동을 인도하여 양육하도록 하는 이른바 '입양 전제 위탁'의 관행이 만연해 있었다. 하지만 입양 전제 위탁은 아무런 법적 근거가 없었을 뿐만 아니라, 입양특례법 §31에 위반되는 행위이기도 하다.6) 이에 국내입양특별법은 보호 대상 아동을 위해 시험양육 제도의 법적 근거를 신설하고, 시험양육의 개시를 위해 미리 가정법원으로부터 임시양육결정을 받도록 하는 한편, 임시양육결정의 정의규정을 신설하였다. 임시양육결정에 관해서는 입양특례법 §11 및 국내입양특별법 §22-24 註釋 참조.

---

4) 현소혜(2021), 181.
5) 소라미(2018a), 314; 소라미(2018b), 10; 윤성승·허남순(2014), 27; 현소혜(2021), 209.
6) 소라미(2018a), 313-314, 318-319; 소라미(2018b), 10-12.

7. '본국법'의 의미

국내입양특별법상 '본국법'이란 양부모가 되려는 사람 또는 양자가 될 아동의 국제사법 §16에 따른 본국법을 말한다(국내입양특별법 §2 vii). 국내입양특별법은 국내입양에 해당하는지를 양부모될 자와 양자될 자의 일상거소에 따라 판단하므로(국내입양특별법 §2 iv), 양부모가 되려는 사람 또는 양자가 될 사람이 외국인인 경우에도 그들의 일상거소가 모두 대한민국에 있다면 국내입양특별법에 따라 국내입양 절차를 진행해야 한다. 이때 양부모가 되려는 외국인은 국내입양특별법에 따른 자격 외에 본국법에 따른 요건을 갖추어야 하고, 양자가 될 외국인 아동은 국내입양특별법에 따른 동의 및 승낙과 함께 본국법에 따른 동의 및 승낙도 받아야 한다(국내입양특별법 §30). 이에 본호는 양부모 또는 양자가 되려는 외국인의 '본국법'의 의미에 대해 정의규정을 두었다.

본국법이란 양부모 또는 양자가 되려는 외국인이 국적을 두고 있는 국가의 법을 의미한다. 다만, 그가 둘 이상의 국적을 가질 때에는 그와 가장 밀접한 관련이 있는 국가의 법을 본국법으로 하고, 국적 중 하나가 대한민국이면 대한민국 법을 본국법으로 한다(국제사법 §16 ①). 당사자에게 국적이 없거나 그의 국적을 알 수 없는 경우에는 그의 일상거소가 있는 국가의 법에 따르고, 일상거소를 알 수 없는 경우에는 그의 거소가 있는 국가의 법에 따라야 하므로(국제사법 §16 ②), 대한민국에 일상거소를 가지고 있는 무국적자의 국내입양 사안에서는 결국 대한민국 법이 적용될 것이다. 당사자가 지역에 따라 법을 달리하는 국가의 국적을 가질 경우에는 그 국가의 법 선택규정에 따라 지정되는 법에 따르고, 그러한 규정이 없으면 당사자와 가장 밀접한 관련이 있는 지역의 법에 따른다(국제사법 §16 ③).

8. '아동권리보장원'의 의미

국내입양특별법상 '아동권리보장원'이란 아동복지법 §10-2에 따른 아동권리보장원을 말한다(국내입양특별법 §2 viii). 舊 입양특례법(2019. 1. 15. 개정 전의 것) §26는 국내입양 활성화와 입양에 대한 사후관리 등을 위하여 '중앙입양원'을 두도록 하였으나, 2019. 1. 15.자 개정에 의해 기존의 중앙입양원은 현재의 아동권리보장원으로 흡수통합되었다. 이에 따라 아동권리보장원은 아동정책에 대한 종합적인 수행과 아동복지 관련 사업의 효과적인 추진을 위해 필요한 정책의 수립을 지원하고 사업평가 등의 업무를 수행하기 위해 보건복지부장관이 설립한 법인이다(아동복지법 §10-2 ① 및 ③). 아동권리보장원은 현재 입양 관련 영역에서 입양특례법에 따른 국내입양 활성화 및 입양 사후관리를 위해 ① 국내외 입양정책 및 서비스에 관한 조사·연구, ② 입양 관련 국제협력 업무, ③ 그 밖에 입양특례법에 따라 보건복지부장관으로부터 위탁받은 업무를 수행한다(아동복지법 §10-2 ② ix).

국내입양특별법 시행 후 아동권리보장원의 입양 관련 업무는 보다 확대되어 국내입양특별법 및 국제입양법에 따른 입양 체계의 구축 및 운영을 위해 ① 국내외 입양정책 및 서비스에 관한 조사·연구, ② 양부모 및 예비양부모에 대한 교육 운영, ③ 국내입양특별법에 따른 입양정책위원회 운영 지원, ④ 입양정보 공개 청구 관련 업무, ⑤ 입양 관련 국제협력 업무, ⑥ 국내입양특별법 및 국제입양법에 따라 보건복지부장관으로부터 위탁받은 업무, ⑦ 그 밖에 국내입양특별법 및 국제입양법에 따른 입양체계 구축 및 운영과 관련하여 보건복지부장관이 필요하다고 인정하는 업무 전반을 총괄할 예정이다(2023. 7. 18.자 개정 아동복지법 §10-2 ② ix). 현행 입양특례법상 입양기관에 관한 조문들이 국내입양특별법에서 모두 삭제되면서 기존에 입양기관이 전부 또는 일부 담당해 왔던 양부모 및 예비양부모 교육과 입양정보 공개 청구 업무가 아동권리보장원으로 이관되었다. 더 나아가 아동권리보장원은 결연 업무를 수행하게 될 입양정책위원회의 운영업무 기타 보건복지부장관으로부터 위탁받은 입양 관련 업무 전반을 담당하게 되므로, 기존의 입양기관에 갈음하여 새로운 입양 보호 체계 전달의 거점으로서의 역할을 수행하게 될 것이다. 이를 위해 국내입양특별법은 아동권리보장원 원장에게 업무수행을 위해 필요한 경우 공공기관, 입양기관 등에 대해 자료제출을 요청할 수 있는 권한도 부여하였다(국내입양특별법 §29).

9. '아동통합정보시스템'의 의미

국내입양특별법상 '아동통합정보시스템'이란 아동복지법 §15-2에 따른 아동통합정보시스템을 말한다(국내입양특별법 §2 ix). '아동통합정보시스템'이란 보건복지부장관이 아동복지 관련 자료 또는 정보의 효율적 처리 및 통합관리를 위하여 사회보장정보시스템 및 사회서비스정보시스템을 연계·활용하여 구축·운영하는 시스템으로서 한국사회보장정보원이 보건복지부장관으로부터 위탁받아 운영하도록 되어 있다(아동복지법 시행령 §21-2 ③). 2023년 현재 사회보장정보시스템(행복이음) 및 사회서비스정보시스템(희망이음)과의 연계가 이루어지고는 있으나, 기존에 분야별로 흩어져 있었던 아동 관련 정보 시스템들이 아직 완전히 통합된 것은 아니다. 입양 관련 정보들 역시 여전히 舊 입양특례법(2020. 12. 29. 개정 전의 것) §6에 근거해 운영 중이었던 입양정보

통합관리시스템(ACMS)를 통해 관리 중이나, 국내입양특별법 시행 후에는 위 아동통합
정보시스템에 국내입양특별법 및 국제입양법에 따른 입양아동에 관한 정보가 수집·
관리될 예정이다(2023. 7. 18.자 개정 아동복지법 §15−2 ② ix). 입양특례법 §6 및 국내입양
특별법 §34 註釋 참조.

10. '입양정보'의 의미

국내입양특별법상 '입양정보'란 위 법에 따른 입양 절차의 진행 및 그에 부수되
는 기록(문서, 그 밖의 관계 서류 또는 물건, 사진, 영상 녹화물, 전자기록 등 특수매체기록을 포함
한다)과 그 절차 진행을 위하여 아동통합정보시스템을 이용하여 전자적인 형태로 작
성·관리되는 정보를 말한다(국내입양특별법 §2 x). 입양정보는 국내입양특별법상 입양
정보공개청구의 대상이 된다(국내입양특별법 §33).

第 3 條 (국가 등의 책무)

① 모든 아동은 그가 태어난 가정에서 건강하게 자라야 한다.

② 국가와 지방자치단체는 아동이 그가 태어난 가정에서 건강하게 자랄 수 있도록 지원하고 태어난 가정에서 자라기 곤란한 아동에게는 건강하게 자랄 수 있는 다른 가정을 제공하기 위하여 필요한 조치와 지원을 하여야 한다.

③ 모든 국민은 입양아동이 건강하게 자랄 수 있도록 협력하여야 한다.

④ 국가와 지방자치단체는 건전한 입양문화를 조성하고 요보호아동의 국내입양을 활성화하며, 아동이 입양 후의 가정생활에 원만하게 적응할 수 있도록 하는 등 입양아동의 권익과 복지 증진을 위하여 다음 각 호의 사항을 실시하여야 한다.

1. 입양정책의 수립 및 시행
2. 입양에 관한 실태조사 및 연구
3. 입양 및 사후관리 절차의 구축 및 운영
4. 입양아동 및 입양가정에 대한 지원
5. 입양 후 원만한 적응을 위한 상담 및 사회복지서비스 제공
6. 입양에 대한 교육 및 홍보
7. 그 밖에 보건복지부령으로 정하는 필요한 사항

第 4 條 (입양의 원칙)

이 법에 따른 입양은 아동의 이익이 최우선이 되도록 하여야 한다.

第 8 條 (국외입양의 감축)

국가는 아동에 대한 보호의무와 책임을 이행하기 위하여 국외입양을 줄여나가기 위하여 노력하여야 한다.

第33條 (요보호아동의 발생예방)

국가와 지방자치단체는 아동이 태어난 가정에서 양육될 수 있도록 요보호아동의 발생예방에 필요한 시책을 강구하여야 한다.

▌**참고문헌:** 현소혜(2021), "국제입양의 보충성과 투명성 실현방안", 가족법연구 35−1.

국내입양특별법 제3조(입양의 원칙) ① 모든 아동은 그가 태어난 가정에서 건강하게 자라야 한다.

② 이 법에 따른 입양은 아동의 이익이 최우선이 되도록 하여야 한다.

제4조(아동의 의견 청취 보장) 이 법에 따른 입양을 할 때에는 아동의 연령과 성숙 정도를 고려하여 아동의 의견을 청취하여야 한다.

제6조(국가 등의 책무) ① 국가와 지방자치단체는 아동이 그가 태어난 가정에서 건강하게 자랄 수 있도록 지원하고, 태어난 가정에서 자라기 곤란한 아동에게는 건강하게 자랄 수 있는 다른 영구적인 가정을 제공하기 위하여 필요한 조치와 지원을 하여야 한다.

② 국가와 지방자치단체는 제1항에 따라 아동에게 영구적인 가정을 제공할 수 없다면 그와 유사한 환경에서 자랄 수 있도록 노력하여야 한다.

③ 모든 국민은 입양아동이 건강하게 자랄 수 있도록 협력하여야 하며, 입양아동에게 차별행위를 하여서는 아니 된다.

④ 국가와 지방자치단체는 건전한 입양문화를 조성하고, 보호대상아동의 국내입양을 활성화하며, 아동이 입양 후의 가정생활에 원만하게 적응할 수 있도록 입양가정에 대한 사회적 편견 및 차별을 해소하는 등 입양아동의 권익과 복지 증진을 위하여 다음 각 호의 사항을 실시하여야 한다.

1. 입양정책의 수립 및 시행
2. 입양에 관한 실태조사 및 연구
3. 입양 및 사후관리 절차의 구축 및 운영
4. 입양아동 및 입양가정에 대한 지원
5. 입양 후 입양아동과 입양가정의 상호적응을 위한 상담 및 복지서비스 제공

6. 입양아동 및 입양가정에 대한 사회적 편견 및 차별 해소 정책의 수립 및 시행
7. 입양에 대한 교육 및 홍보
8. 그 밖에 보건복지부령으로 정하는 필요한 사항

⑤ 국가는 아동에 대한 보호의무와 책임을 이행하기 위하여 국외입양을 줄여나가도록 노력하여야 한다.

⑥ 국가와 지방자치단체는 당사자 상호동의 및 개인정보보호 원칙하에 양자가 된 사람과 친생가족 간의 만남을 위하여 필요한 조치를 강구하여야 한다.

I. 협약상 원칙

협약 §7는 아동에게 부모로부터 양육받을 권리, 즉 원가정 양육권을 보장한다. 하지만 동시에 협약 §20는 아동이 일시적 또는 영구적으로 가정환경을 박탈당하는 경우나 가정환경에 남아 있는 것이 오히려 아동 최선의 이익에 반하는 경우도 있음을 인정하면서 이러한 경우에 아동에게 국가로부터 특별한 보호와 지원을 받을 권리를 보장하고, 각 당사국에게 이러한 아동을 위해 입양 등 대체양육환경을 보장할 것을 요구한다. 다만, 입양에 관해서는 언제나 아동 최선의 이익이 최우선적으로 고려되어야 하며, 특히 국제입양은 아동이 위탁가정이나 입양가정을 찾지 못했거나 어떤 적절한 방법으로도 아동의 출신국에서 양육될 수 없는 경우에 한해 보충적으로만 고려될 수 있음을 선언한다(협약 §21).[1]

II. 입양특례법

입양특례법 §3, §4, §8 및 §33는 위와 같은 협약의 내용을 국내법으로 수용하였다. 첫째, 입양특례법은 원가정 양육권을 보장한다. 이를 위해 모든 아동은 그가 태어난 가정에서 건강하게 자라야 함을 선언하면서, 국가와 지방자치단체에게 이를 위해 지원할 의무를 부과하였다(입양특례법 §3 ① 및 ② 전단, §33). 둘째, 입양특례법은 원가정 양육이 곤란한 아동을 위해 특별한 보호와 지원을 받을 권리를 보장한다. 국가와 지방자치단체는 태어난 가정에서 자라기 곤란한 아동에게 건강하게 자랄 수 있는 다른

---

1) 국제입양 보충성 원칙의 자세한 의미에 대해서는 현소혜(2021), 175-176.

가정을 제공하기 위하여 필요한 조치와 지원을 할 의무가 있으며, 모든 국민은 입양 아동이 건강하게 자랄 수 있도록 협력해야 한다(입양특례법 §3 ② 후단 및 ③). 셋째, 입양 특례법은 입양에 관해 아동 최선의 이익 원칙을 선언하였다(입양특례법 §4). 따라서 입양특례법상 입양은 '자를 위한 입양'으로서의 성격을 가지며, 가를 위한 입양 또는 양부모를 위한 입양으로 기능해서는 안 된다.

이에서 더 나아가 입양특례법은 국제입양의 보충성을 간접적으로 수용하였다. 즉, 국가는 아동에 대한 보호 의무와 책임을 이행하기 위하여 국외입양을 줄여나가기 위한 노력을 해야 한다(입양특례법 §8). 국외입양의 감축을 위해 정부는 2007년부터 이른바 '입양쿼터제'를 실시하여 외국으로의 국외입양을 위해 필요한 보건복지부 장관 명의의 해외이주허가서 발급 건수를 통제하는 한편, '국내입양 우선추진제'에 따라 국내에서 양자가 될 아동에게 적합한 양부모가 될 사람을 찾지 못한 경우에만 국외입양을 추진할 수 있도록 하고 있다(입양특례법 §7). 따라서 입양기관의 장은 먼저 양부모 될 사람을 국내에서 찾기 위해 조사 및 상담 등의 조치를 해야 한다(입양특례법 시행규칙 §3).

또한 입양특례법 §3 ④은 입양 대상 아동을 위한 특별한 지원과 아동 최선의 이익 원칙, 국제입양의 보충성 원칙 등을 구현하기 위해 국가와 지방자치단체에 보다 구체적인 책무를 부과하고 있다. 즉, 국가와 지방자치단체는 건전한 입양문화를 조성하고, 국내입양을 활성화하며, 아동이 입양 후의 가정생활에 원만하게 적응할 수 있도록 하는 등 입양아동의 권익과 복지를 증진하기 위해 ① 입양정책의 수립 및 시행, ② 입양에 관한 실태조사 및 연구, ③ 입양 및 사후관리 절차의 구축 및 운영, ④ 입양아동 및 입양가정에 대한 지원, ⑤ 입양 후 원만한 적응을 위한 상담 및 사회복지 서비스 제공, ⑥ 입양에 대한 교육 및 홍보, ⑦ 입양상담 관련 전문가의 교육 지원, ⑧ 입양아동 장애 발생 시 상담 및 장애 관련 정보 제공 등을 실시하여야 한다(입양특례법 §3 ④ 및 동 시행규칙 §2).

Ⅲ. 국내입양특별법

국내입양특별법 역시 입양특례법의 태도를 이어받아 원가정 양육의 원칙(§3 ① 및 §6 ① 전단)과 입양 대상 아동을 위한 특별한 지원의 원칙(§6 ① 후단 및 ③ 전단), 입양에서 아동의 이익 최우선의 원칙(§3 ②), 국제입양 보충성의 원칙(§6 ⑤)을 모두 수용하였다. 다만, 조문의 구조와 위치, 내용에는 약간의 변화가 있었다.

　　가령 현행 입양특례법은 아동 최우선의 원칙만을 입양의 원칙으로 선언하고, 나머지는 국가의 책무로 규정하였다(입양특례법 §3-4). 하지만 국내입양특별법은 원가정 양육의 원칙을 아동 최우선의 원칙과 나란히 입양의 원칙으로 격상시켰다(국내입양특별법 §3). 원가정 양육에 대한 지원 및 원가정 양육이 어려운 아동을 위한 입양 등 특별한 지원 의무는 여전히 국가와 지방자치단체의 책무로 규정되었다. 이를 위한 구체적인 시책 실시 사항은 대체로 입양특례법상 국가의 책무 조항과 같다(국내입양특별법 §6 ④).

　　국제입양 보충성의 원칙은 국제입양법상 '국제입양의 원칙'으로 격상되었다. 즉, 국제입양은 국내에서 양부모를 찾지 못한 아동에게 영구적인 가정을 제공하는 등 국제입양이 아동에게 최선의 이익이 될 때에만 허용될 수 있다(국제입양법 §3 ①). 이와 동시에 국내입양특별법은 국제입양 보충성 원칙의 실현을 위해 국외입양 감축을 위한 노력 의무를 국가의 책무 중 하나로 유지하였다(국내입양특별법 §6 ⑤).

　　이에서 더 나아가 국내입양특별법은 아동의 의견청취권에 관한 조문을 신설하였다. 협약 §12에 따른 아동의 의견존중 원칙은 모든 상황에서 모든 아동에게 보편적으로 적용되어야 하는 기본원칙이므로, 입양에 관해서도 적용되어야 함은 물론이다. 그럼에도 불구하고 현행 입양특례법은 위 법에 따라 재판상 파양이 청구된 경우로서 아동이 13세 이상인 경우에 한해 의견청취권 규정을 두고 있으며(입양특례법 §17 ②), 그 밖에 아동의 의견청취권은 친양자입양 재판 과정에서 제한적으로 보장될 뿐이다(家訴規 §62-3). 이에 국내입양특별법은 "이 법에 따른 입양을 할 때에는 아동의 연령과 성숙 정도를 고려하여 아동의 의견을 청취하여야 한다."는 별도의 규정을 신설하여 입양에서 아동의 의견청취권을 협약과 동등한 수준으로 보장하였다(국내입양특별법 §4).

　　또한 국내입양특별법은 입양 아동의 차별금지에 관한 조문도 신설하였다. 즉, 모든 국민은 입양아동에게 차별행위를 하여서는 아니 된다(국내입양특별법 §6 ③ 후단). 차별금지 조항은 국가 등의 책무 조항에 위치하고 있으나, 협약 §2에 따른 차별금지의 원칙 수준으로 보장되어야 한다. 차별금지 조항의 수범자 역시 모든 국민이며, 국가와 지방자치단체에 한정되지 않는다. 따라서 입양아동은 입양을 이유로 자신을 차별한 사인을 상대로 불법행위를 원인으로 하는 손해배상청구권을 행사할 수 있다. 국가나 지방자치단체가 입양 아동에 대한 차별을 방지하기 위해 노력해야 함은 물론이다. 이를 위해 국내입양특별법은 '입양아동 및 입양가정에 대한 사회적 편견 및 차별 해소 정책의 수립 및 시행'에 관한 사항을 국가의 책무로 신설하였다(국내입양특별법 §6 ④ vi).

마지막으로 국내입양특별법은 협약 §7 ①에 따른 부모를 알 권리를 보장하기 위해 국가와 지방자치단체에 이른바 '뿌리 찾기 사업'을 위한 책무를 부과하였다. "국가와 지방자치단체는 당사자 상호동의 및 개인정보보호 원칙 하에 양자가 된 사람과 친생가족 간의 만남을 위하여 필요한 조치를 강구하여야 한다."고 규정한 것이다(국내입양특별법 §6 ⑥). 다만, 입양아동의 부모를 알 권리는 친생부모의 사생활의 비밀에 관한 권리와 충돌하는 지점이 있으므로, 국내입양특별법은 쌍방 동의와 개인정보 보호를 전제로 제한적으로만 그 권리를 보장하였다. 자세한 내용은 입양특례법 §36 및 국내입양특별법 §33 註釋 참조.

第5條 (입양의 날)

① 건전한 입양문화의 정착과 국내입양의 활성화를 위하여 5월 11일을 입양의 날로 하고, 입양의 날부터 1주일을 입양주간으로 한다.

② 국가와 지방자치단체는 제1항에 따른 입양의 날 취지에 적합한 행사 등 사업을 실시하도록 노력하여야 한다.

국내입양특별법 제8조(입양의 날) ① 건전한 입양문화의 정착과 입양에 대한 인식 개선을 통하여 국내입양이 활성화될 수 있도록 5월 11일을 입양의 날로 하고, 입양의 날부터 1주일을 입양주간으로 한다.

② 국가와 지방자치단체는 제1항에 따른 입양의 날 취지에 적합한 행사 등 사업을 실시하도록 노력하여야 한다.

입양특례법은 건전한 입양문화의 정착과 국내입양의 활성화를 위해 입양의 날(매년 5월 11일)과 입양주간(입양의 날부터 1주일)을 법정하고, 표창·공연 기타 기념행사 등을 실시하도록 하고 있다(입양특례법 §5). 국내입양특별법 역시 조문의 위치는 이동하였으나, 동일한 취지의 조문을 두었다(국내입양특별법 §8).

第 6 條
삭제 〈2020. 12. 29〉

> **국내입양특별법 제34조(아동통합정보시스템)** ① 보건복지부장관 및 아동권리보장원의 장은 입양 업무에 관한 정보를 아동통합정보시스템에 입력·관리하여야 한다.
> ② 시·도지사등, 제13조제3항에 따라 국가와 지방자치단체로부터 양자가 될 아동을 인도받아 보호하는 「아동복지법」 제52조제1항제1호·제2호 및 제4호에 따른 아동양육시설·아동일시보호시설 및 공동생활가정의 장, 해당 위탁가정을 관리하는 같은 법 제48조의 가정위탁지원센터의 장은 양자가 될 아동의 배경과 특별한 필요 등 아동에 관한 정보를 아동통합정보시스템에 입력하여야 한다.
> ③ 제37조에 따라 업무를 위탁받은 사회복지법인 및 단체의 장은 입양 업무에 관한 정보를 아동통합정보시스템에 입력하여야 한다.
> ④ 제1항부터 제3항까지에 따른 정보의 범위 및 입력·관리 방법 등에 필요한 사항은 보건복지부령으로 정한다.

Ⅰ. 본조의 취지

舊 입양특례법(2020. 12. 29. 개정 전의 것) §6는 입양아동 등에 대한 사후서비스 제공과 국내입양 활성화에 필요한 정보를 입양기관 등에 제공하기 위해 정보시스템을 구축·운영하도록 하는 내용의 규정을 두고 있었다. 이에 따라 2011년부터 이미 입양정보통합관리시스템(ACMS)이 구축되어 중앙입양원에 의해 운영되어 왔으며, 2019년 중앙입양원이 아동권리보장원으로 흡수통합된 후로는 아동권리보장원이 그 운영을 담당하고 있다. 2020. 12. 29. 아동복지법 개정에 따라 '아동통합정보시스템' 제도가 도입되면서 舊 입양특례법(2020. 12. 29. 개정 전의 것) §6는 삭제되었으나, 아직 아동통합정보시스템이 완비되지 못한 상황이므로 기존의 입양정보통합관리시스템(ACMS)는 여전히 운영 중이다. 국내입양특별법 §34는 추후 아동통합정보시스템이 완비될 것을 전

제로 위 시스템을 통해 입양특례법에 따른 입양 아동에 관한 정보, 입양특례법상 양부모 될 사람의 요건 및 교육 이수에 관한 정보, 입양특례법상 사후관리에 관한 정보 외 아동복지 관련 업무수행에 필요한 정보 등이 통합 관리되어야 함을 다시 한번 선언하였다. 이에 대응하여 개정 아동복지법 역시 국내입양특별법 시행 후 위 아동통합정보시스템을 통해 국내입양특별법 및 국제입양법에 따른 입양아동에 관한 정보가 체계적으로 수집·관리되어야 함을 명시하였다(2023. 7. 18.자 개정 아동복지법 §15−2 ② ix). 아동통합정보시스템에 관해 자세히는 입양특례법 §2 및 국내입양특별법 §2 註釋 참조.

Ⅱ. 국내입양특별법에 따른 정보 수집 및 관리

국내입양특별법은 아동통합정보시스템을 통한 입양 관련 정보의 수집·관리에 대비해 정보입력의 주체와 범위 등에 관해 아래와 같이 그 대강을 규정하였다. 구체적인 내용은 아래와 같으나, 보다 상세한 내용에 대해서는 향후 시행규칙이 제정될 예정이다(국내입양특별법 §34 ④).

첫째, 보건복지부장관은 보건복지부가 수행하는 입양업무에 관한 정보를 아동통합정보시스템에 입력·관리하여야 한다(국내입양특별법 §34 ①). 국내입양특별법 §15−17에 따른 입양 대상아동 및 그 법정대리인·친생부모의 입양 승낙 또는 동의에 관한 사항, §18에 따른 예비양부모 교육에 관한 사항, §19에 따른 예비양부모의 자격 확인 및 보고서에 관한 사항, §20에 따른 결연에 관한 사항, §21에 따른 입양허가에 관한 사항, §22−23에 따른 임시양육결정 및 그 취소에 관한 사항, §27에 따른 아동인도에 관한 사항, §31에 따른 사후서비스 제공에 관한 사항, §32에 따른 양육보조금 지급에 관한 사항 등이 이에 해당한다. 다만, §19에 따른 예비양부모의 자격 확인 및 보고서에 관한 사항 및 §31에 따른 사후서비스 제공에 관한 사항은 아동권리보장원 또는 사회복지법인 등에 그 업무를 위탁할 수 있다(국내입양특별법 §37).

둘째, 아동권리보장원의 장은 아동권리보장원이 수행하는 입양업무에 관한 정보를 아동통합정보시스템에 입력·관리하여야 한다(국내입양특별법 §34 ①). 특히 국내입양특별법 §33에 따른 입양정보공개에 관한 사항이 이에 해당한다. 그 밖에 보건복지부 또는 지방자치단체로부터 국내입양특별법 §13 ④에 따른 아동 양육상황점검보고서 작성 업무, §19에 따른 예비양부모의 자격확인 및 보고서 작성 업무 또는 §31에 따른 사후서비스 제공 업무를 위탁받았다면, 그에 관한 정보를 입력할 수도 있다(국내입양특별법 §37).

셋째, 시·도지사 등 지방자치단체의 장은 양자가 될 아동의 배경과 특별한 필요 등 아동에 관한 정보를 아동통합정보시스템에 입력하여야 한다(국내입양특별법 §34 ②). 지방자치단체의 장은 보호 대상 아동에 대해 입양이 해당 아동에게 최선의 이익이 된다고 결정하기에 앞서 상담·건강검진·심리검사 및 가정환경에 대한 조사를 실시해야 하며(아동복지법 §15 ③), 입양의 보호조치가 결정된 후에도 입양허가가 이루어지기 전까지 정기적으로 해당 아동에 대해 양육상황 점검보고서를 작성해야 하므로(국내입양특별법 §13 ④), 아동의 배경과 특별한 필요 등 아동에 관한 정보 수집이 가능하다. 다만, 양육상황 점검보고서 작성에 관한 사항은 아동권리보장원 또는 사회복지법인 등에 그 업무를 위탁할 수 있다(국내입양특별법 §37).

넷째, 국가와 지방자치단체로부터 양자가 될 아동을 인도받아 보호하는 아동양육시설·아동일시보호시설 및 공동생활가정의 장, 가정위탁지원센터의 장은 양자가 될 아동의 배경과 특별한 필요 등 아동에 관한 정보를 아동통합정보시스템에 입력하여야 한다(국내입양특별법 §34 ②). 국가와 지방자치단체는 입양 또는 임시양육결정 전까지 보호자가 아동을 직접 보호·양육하기 어려운 경우에 아동양육시설이나 아동일시보호시설, 공동생활가정, 위탁가정 등에 해당 아동을 위탁하여 보호하도록 할 수 있는데(국내입양특별법 §13 ③), 이때 아동양육시설·아동일시보호시설 및 공동생활가정의 장, 가정위탁지원센터의 장은 스스로 아동을 보호하면서 아동의 배경과 특별한 필요 등 아동에 관한 정보 수집이 가능하다.

다섯째, 보건복지부장관으로부터 업무를 위탁받은 사회복지법인 및 단체의 장은 해당 입양 업무에 관한 정보를 아동통합정보시스템에 입력하여야 한다(국내입양특별법 §34 ③). 보건복지부 또는 지방자치단체로부터 국내입양특별법 §13 ④에 따른 아동 양육상황점검보고서 작성 업무, §19에 따른 예비양부모의 자격 확인 및 보고서 작성 업무 또는 §31에 따른 사후서비스 제공 업무를 위탁받은 경우가 이에 해당한다(국내입양특별법 §37).

第 7 條 (국내입양 우선 추진)

① 국가 및 지방자치단체는 입양의뢰 된 아동의 양친(養親)될 사람을 국내에서 찾기 위한 시책을 최우선적으로 시행하여야 한다.

② 입양기관의 장은 보건복지부령으로 정하는 바에 따라 입양의뢰된 아동의 양친을 국내에서 찾기 위한 조치를 취하고, 그 결과를 보건복지부장관에게 보고하여야 한다.

③ 입양기관의 장은 제2항에 따른 국내입양을 위한 조치에도 불구하고 양친을 찾지 못한 경우 「아동복지법」 제15조의2에 따른 아동통합정보시스템을 활용한 관련 기관과의 정보공유를 통하여 국내입양을 추진하여야 한다.

④ 입양기관의 장은 제2항 및 제3항에도 불구하고 국내에서 양친이 되려는 사람을 찾지 못하였을 경우에 한하여 국외입양을 추진할 수 있다.

▌참고문헌: 현소혜(2021), "국제입양의 보충성과 투명성 실현방안", 가족법연구 35-1.

국내입양특별법 제7조(국내입양 우선 추진) ① 국가 및 지방자치단체는 양자가 될 아동의 양부모가 될 사람을 국내에서 찾기 위한 정책을 최우선적으로 시행하여야 한다.

② 보건복지부장관은 제1항에 따른 국내입양을 위한 조치에도 불구하고 국내에서 양자가 될 아동에게 적합한 양부모가 될 사람을 찾지 못한 경우 「국제입양에 관한 법률」에 따른 국제입양을 추진할 수 있다.

제10조(국내입양 활성화 기본계획의 수립·시행 등) ① 보건복지부장관은 보호대상아동의 국내입양을 활성화하기 위하여 입양에 대한 실태조사 결과를 토대로 5년마다 국내입양 활성화 기본계획(이하 "기본계획"이라 한다)을 수립·시행하여야 한다.

② 기본계획에는 다음 각 호의 사항이 포함되어야 한다.

1. 국내입양 활성화정책의 기본목표와 추진방향
2. 이전 기본계획에 대한 분석 및 평가
3. 국내입양 활성화 및 가정형 보호 강화를 위한 주요 추진 과제 및 추진 방법
4. 입양에 대한 사회적 인식 개선 및 입양아동·입양가정에 대한 편견 해소를 위한 주요 정책

5. 국내입양 활성화에 필요한 재원의 규모와 조달방안

6. 그 밖에 기본계획의 수립·시행을 위하여 대통령령으로 정하는 사항

③ 보건복지부장관은 제1항에 따라 수립된 기본계획을 제12조에 따른 입양정책위원회의 심의·의결을 거쳐 확정한다. 이 경우 보건복지부장관은 확정된 기본계획을 관계 중앙행정기관의 장, 특별시장·광역시장·특별자치시장·도지사 및 특별자치도지사(이하 "시·도지사"라 한다) 및 아동권리보장원의 장에게 알려야 한다.

④ 그 밖에 기본계획의 수립·시행 및 평가 등에 관하여 필요한 사항은 대통령령으로 정한다.

제11조(국내입양 활성화 시행계획의 수립·시행 등) ① 보건복지부장관은 기본계획을 시행하기 위하여 관계 중앙행정기관의 장, 시·도지사 및 아동권리보장원의 장과 협의를 거쳐 매년 국내입양 활성화 시행계획(이하 "시행계획"이라 한다)을 수립·시행하여야 한다.

② 그 밖에 시행계획의 수립 및 시행 등에 필요한 사항은 대통령령으로 정한다.

제12조(입양정책위원회) ① 국내입양 활성화 정책에 관한 주요 사항과 입양에 관한 사항을 심의·의결하기 위하여 「아동복지법」 제10조제4항에 따른 아동정책조정위원회의 특별위원회로 입양정책위원회(이하 "위원회"라 한다)를 둔다.

② 위원회는 다음 각 호의 사항을 심의·의결한다.

1. 제10조에 따른 기본계획의 수립 및 평가에 관한 사항

2. 제11조에 따른 시행계획의 수립 및 평가에 관한 사항

3. 제18조제3항에 따라 양부모가 되려는 사람에게 제공하는 교육 과정의 기준 및 내용 선정

4. 입양 절차 및 제도개선에 관한 사항

5. 제20조에 따른 결연에 관한 사항

6. 「국제입양에 관한 법률」에 따른 국제입양대상아동의 결정 및 결연에 관한 사항

7. 그 밖에 국내입양 활성화 등을 위하여 보건복지부령으로 정하는 사항

③ 위원회는 위원장을 포함한 50명 이내의 위원으로 구성하며, 위원장은 보건복지부장관이 된다. 다만, 위원회의 회의는 위원장과 위원장이 회의마다 지정하는 15명 이내의 위원으로 구성하며, 구성원 3분의 2 이상의 출석과 출석위원 과반수의 찬성으로 의결한다.

④ 위원은 아동복지학 등 학계 전문가, 의료·법률 전문가, 법원행정처장이 추천하는 사람, 입양 정책 및 실무에 관한 학식과 경험이 풍부한 사람 중에서 보건복지부장관이 임명 또는 위촉한다.

⑤ 위원회는 관계 행정기관에 대하여 소속 직원의 출석·설명과 자료 제출을 요구할

수 있다.

⑥ 제2항제5호 및 제6호의 사항을 효율적으로 심의·의결하기 위하여 위원회에 분과위
원회를 둘 수 있으며, 분과위원회에서 심의·의결한 사항은 위원회가 심의·의결한 것
으로 본다.

⑦ 위원회의 업무를 지원하기 위하여 아동권리보장원에 사무국을 둔다.

⑧ 제1항부터 제7항까지에서 규정한 사항 외에 위원회 및 분과위원회의 구성·운영 등
에 필요한 사항은 대통령령으로 정한다.

I. 입양특례법

본조는 협약 §21 ②이 요구하는 국제입양 보충성의 원칙을 실현하는 데 주된 목
적이 있다.[1] 이를 위해 국가 및 지방자치단체는 입양의뢰된 아동의 양친될 사람을 국
내에서 찾기 위한 시책을 최우선적으로 시행해야 한다(입양특례법 §7 ①). 이를 위해 보
건복지부는 국내입양 우선추진에 관한 시행규칙 및 매뉴얼 등을 마련하였다. 이에 따
르면 입양기관의 장은 입양의뢰된 아동의 양친을 국내에서 찾기 위해 입양을 원하는
양친의 조사 및 상담 등의 조치를 하여야 하며, 그러한 조치에도 불구하고 국내에서
양친될 사람을 찾지 못하면 그 조치 및 결과를 보건복지부장관에게 보고하여야 한다
(입양특례법 §7 ② 및 시행규칙 §3).

더 나아가 입양기관의 장은 위와 같은 조치에도 불구하고 양친을 찾지 못하면
아동통합정보시스템을 활용하여 관련 기관과의 정보공유를 통해 국내입양을 추진해
야 하고(입양특례법 §7 ③), 그럼에도 불구하고 국내에서 양친이 되려는 사람을 찾지 못
하였을 경우에 한해 국외입양을 추진할 수 있다(입양특례법 §7 ④). 하지만 현재 입양정
보통합관리시스템(ACMS)이나 아동통합정보시스템을 통해 관련 기관과 예비 양부모에
관한 정보를 공유하는 것은 현실적으로 불가능한 상황이다. 이에 실무에서는 해당 아
동의 국내입양 추진을 위한 마지막 결연위원회 상정일이 입양대상아동확인서 발급일
부터 5개월 이상 경과된 후에는 국외입양 추진이 가능하도록 하고 있다.[2]

---

[1] 국제입양 보충성 원칙의 자세한 의미에 대해서는 현소혜(2021), 175-176.

[2] 2023 입양실무매뉴얼, 61. 과거에는 친생부모의 입양동의일로부터 5개월이 경과할 때까지 3명 이상
예비 양부모와 각 3회 이상 상담을 진행한 경우에만 국외입양 추진이 가능하였으므로, 제3자 명의를 도
용하여 국내입양 시도를 조작하는 등의 문제가 있었다. 현소혜(2021), 205-207 참조.

Ⅱ. 국내입양특별법

1. 국내입양 활성화 정책

기존의 국내입양 우선 추진제가 실효적으로 운영될 수 없었던 가장 중요한 이유는 국내입양을 희망하는 예비양부모의 수 자체가 매우 적었기 때문이다. 이에 국내입양특별법 §7는 국내입양 우선 추진제를 유지하면서도 기존의 요식적 조치들을 폐지하고, 대신 국내입양 활성화 정책 수립 및 시행을 위한 조치들을 입법화하였다(국내입양특별법 §10-11). 이를 위해 보건복지부장관은 입양에 대한 실태조사 결과를 토대로 5년마다 '국내입양 활성화 기본계획'을 수립·시행해야 하며(국내입양특별법 §10 ①), 그 기본계획의 시행을 위해 관계 중앙행정기관의 장, 시·도지사 및 아동권리보장원의 장과 협의를 거쳐 매년 '국내입양 활성화 시행계획'을 수립·시행해야 한다(국내입양특별법 §11 ①). 5년 단위의 국내입양 활성화 기본계획에는 ① 국내입양 활성화정책의 기본목표와 추진방향, ② 이전 기본계획에 대한 분석 및 평가, ③ 국내입양 활성화 및 가정형 보호 강화를 위한 주요 추진 과제 및 추진 방법, ④ 입양에 대한 사회적 인식 개선 및 입양아동·입양가정에 대한 편견 해소를 위한 주요정책, ⑤ 국내입양 활성화에 필요한 재원의 규모와 조달방안 등이 포함되어야 한다(국내입양특별법 §10 ②).

2. 입양정책위원회

'국내입양 활성화 기본계획'은 입양정책위원회의 심의·의결 사항이다(국내입양특별법 §10 ③). 입양정책위원회란 국내입양 활성화 정책에 관한 주요 사항과 입양에 관한 사항을 심의·의결하기 위한 위원회로서 아동복지법 §10 ④에 따른 아동정책조정위원회 산하 특별위원회로서의 성격을 가지며, 보건복지부장관이 위원장이 된다(국내입양특별법 §12 ① 및 ③).

입양정책위원회는 ① '국내입양 활성화 기본계획'의 수립 및 평가에 관한 사항, ② '국내입양 활성화 시행계획'의 수립 및 평가에 관한 사항, ③ 양부모가 되려는 사람에게 제공하는 교육과정의 기준 및 내용 선정, ④ 입양절차 및 제도개선에 관한 사항 등과 같은 일반업무부터 ⑤ 국내입양에서의 결연에 관한 사항 및 ⑤ 국제입양법에 따른 국제입양대상아동의 결정과 결연에 관한 사항 등과 같은 개별업무까지 다양한 업무를 포괄한다(국내입양특별법 §12 ②). 따라서 위원회 자체는 50명 이내의 위원으로 구성하면서도, 위원회의 회의는 위원장과 위원장이 회의마다 지정하는 15명 이내의 위원으로 구성하도록 하고, 특히 ⑤ 국내입양에서의 결연에 관한 사항 및 ⑤ 국제입양법에 따른 국제입양대상아동의 결정과 결연에 관한 사항에 관해서는 별도의 분과위원회를 둘 수 있도록 하는 등 독특한 구조를 취하고 있다(국내입양특별법 §12 ③ 및 ⑥).

입양정책위원회 위원은 아동복지학 등 학계 전문가, 의료·법률 전문가, 법원행정처장이 추천하는 사람, 입양정책 및 실무에 관한 학식과 경험이 풍부한 사람 중에서 보건복지부장관이 임명 또는 위촉하며, 아동권리보장원에 사무국을 두고 그 업무를 지원한다(국내입양특별법 §12 ④ 및 ⑦).

第 9 條 (양자가 될 자격)

이 법에 따라 양자가 될 사람은 요보호아동으로서 다음 각 호의 어느 하나에 해당하는 사람이어야 한다.

1. 보호자로부터 이탈된 사람으로서 특별시장·광역시장·도지사 및 특별자치도지사(이하 "시·도지사"라 한다) 또는 시장·군수·구청장(자치구의 구청장을 말한다. 이하 같다)이 부양의무자를 확인할 수 없어 「국민기초생활 보장법」에 따른 보장시설(이하 "보장시설"이라 한다)에 보호의뢰한 사람

2. 부모(부모가 사망이나 그 밖의 사유로 동의할 수 없는 경우에는 다른 직계존속을 말한다) 또는 후견인이 입양에 동의하여 보장시설 또는 제20조에 따른 입양기관에 보호의뢰한 사람

3. 법원에 의하여 친권상실의 선고를 받은 사람의 자녀로서 시·도지사 또는 시장·군수·구청장이 보장시설에 보호의뢰한 사람

4. 그 밖에 부양의무자를 알 수 없는 경우로서 시·도지사 또는 시장·군수·구청장이 보장시설에 보호의뢰한 사람

▌참고문헌: 김창희(1986), "양자제도에 관한 연구 −입양의 성립과 효과를 중심으로−", 중앙대학교 박사학위논문; 소라미(2018a), "입양아동 사망 사건 진상조사 결과를 바탕으로 한 입양특례법 전부개정 제안", 가족법연구 32−1; 소라미(2018b), "한국에서의 입양제도 현황과 과제", 가족법연구 32−3; 현소혜(2013), "개정민법상 입양과 입양특례법상 입양 −체계정합성의 관점에서−", 가족법연구 27−1; 현소혜(2021), "국제입양의 보충성과 투명성 실현방안", 가족법연구 35−1.

국내입양특별법 제13조(양자가 될 아동의 결정 및 보호 등) ① 이 법에 따라 양자가 될 아동은 보호대상아동으로서 시·도지사 또는 시장·군수·구청장(구청장은 자치구의 구청장을 말하며 이하 같다. 이하 시·도지사 또는 시장·군수·구청장은 "시·도지사등"이라 한다)이 「아동복지법」 제15조제1항제6호에 따른 보호조치로서 입양이 해당 아

동에게 최선의 이익이 된다고 결정한 아동이어야 한다.

② 시·도지사등은 제1항에 따른 결정을 하기 전에 제15조제1항에 따른 입양의 동의 및 승낙, 제16조제1항에 따른 입양의 동의 의사와 제15조제2항 각 호 또는 제16조제2항 각 호의 어느 하나에 해당하는지 여부를 확인하여야 한다.

③ 국가와 지방자치단체는 「아동복지법」 제3조제3호에 따른 보호자가 제21조제1항에 따른 입양허가 또는 제22조제1항에 따른 임시양육결정 전까지 제1항의 아동을 직접 보호·양육하기 어려운 경우에는 「아동복지법」 제52조제1항제1호·제2호 및 제4호에 따른 아동양육시설·아동일시보호시설 및 공동생활가정이나 보건복지부령으로 정하는 기준에 적합한 가정 등에 해당 아동을 위탁하여 보호하도록 할 수 있다.

④ 국가와 지방자치단체는 제1항에 따른 결정이 이루어진 후부터 제21조제1항에 따른 입양허가가 이루어지기 전까지 양자가 될 아동에 대하여 보건복지부령으로 정하는 바에 따라 정기적으로 양육상황을 점검하여 필요한 복지서비스를 지원하고 양육상황 점검보고서를 작성하여야 한다.

⑤ 제3항에 따른 아동 보호에서 가정형 보호가 우선적으로 고려되어야 한다.

Ⅰ. 본조의 취지

입양특례법상 양자가 될 자격에 관한 조문이다. 민법상 일반입양에서는 양부모 될 자의 직계존속 또는 연장자만 아니라면 누구나 양자가 될 수 있고, 친양자입양에서는 미성년자라면 널리 친양자가 될 수 있으나, 입양특례법은 아동복지법 §3 iv에 따른 요보호아동(보호 대상 아동)만을 적용대상으로 삼고 있다. 이때 요보호아동 내지 보호 대상 아동의 개념에 대해서는 입양특례법 §2 및 국내입양특별법 §2 註釋 참조. 하지만 아동복지법상 보호 대상 아동이라고 하여 언제나 입양특례법에 따른 입양 절차가 개시되는 것은 아니다. 입양특례법이 선언하고 있는 원가정 양육의 원칙에 따라, 입양은 원가정으로부터 이탈되어 복귀할 가능성이 없거나, 원가정에서 자라는 것이 오히려 아동의 최선의 이익에 반하는 결과를 가져올 우려가 있는 등 태어난 가정에서 자라기 곤란한 아동에게만 양육 대체수단으로 제공되어야 하기 때문이다. 원가정양육의 원칙에 대해서는 입양특례법 §3 및 국내입양특별법 §3 註釋 참조.

따라서 본조는 보호 대상 아동이 원가정 양육의 원칙에도 불구하고 입양특례법에 따른 입양을 필요로 하는 아동인지를 판단하기 위한 기준을 제시한다. 본조에서

정하는 자격을 갖추지 못한 경우에는 입양특례법상 입양 절차가 개시되거나 입양이 성립할 수 없다는 점에서, 본조는 입양특례법상 입양의 실질적 성립요건이라고도 할 수 있다. 한편 입양특례법상 입양의 대상이 되는 아동들은 원가정 양육이 불가능하여 협약 §20에 따라 원가정을 대체할 수 있는 영구적 양육 대안을 필요로 하는 아동들이므로, 입양특례법은 친생부모와의 관계 단절과 새로운 가정으로의 입양이 그들의 최선의 이익으로 작동할 수 있도록 여러 가지 특례 조항을 두고 있다. 따라서 입양특례법상 입양대상 아동에 대해 민법상 일반입양 또는 친양자입양을 청구하여 입양특례법상 강행규정의 적용을 잠탈하는 것은 허용되지 않는다.[1]

Ⅱ. 입양특례법

입양특례법에 따른 입양 절차가 개시되려면 양자될 자가 다음의 각 요건을 갖추어야 한다. 첫째, 양자될 자가 아동복지법 §3 iv에 따른 보호 대상 아동일 것. 이에 대해 자세히는 입양특례법 §2 註釋 참조. 둘째, 양자될 자가 입양특례법 §9에 따른 자격을 갖출 것. 셋째, 양자될 자가 민법상 양자에 관한 요건을 충족할 것.

1. 입양특례법 §9에 따른 자격

가. 보호자로부터 이탈된 아동

보호자로부터 이탈된 사람으로서 지방자치단체의 장이 부양의무자를 확인할 수 없어 보장시설에 보호의뢰한 아동은 입양특례법상 입양의 대상이 된다(입양특례법 §9 i). 이때 '보호자'란 친권자, 후견인, 아동을 보호·양육·교육하거나 그러한 의무가 있는 자를 말한다(아동복지법 §3 iii). 실종아동 등과 같이 보호자로부터 일시 이탈되었더라도 보호자 수색 후 원가정 복귀가 가능한 경우라면 입양의 보호조치가 필요하지 않다. 따라서 본호는 보호자로부터 이탈된 아동이라도 먼저 '지방자치단체의 장'이 '부양의무자'의 존재를 확인한 후, 부양의무자를 확인할 수 없어 '보장시설'에 보호의뢰한 경우만을 입양특례법의 적용대상으로 삼고 있다.

이때 '지방자치단체의 장'이란 특별시장·광역시장·특별자치시장·도지사 및 특별자치도지사 또는 시장·군수·구청장(자치구 구청장에 한정된다)을(입양특례법 §9 i, 이하 동일), '부양의무자'란 국민기초생활보장법 §2 v에 따른 부양의무자, 즉 아동의 1촌인

---

1) 대법원 2022. 5. 31.자 2020스514 결정; 수원가정법원 2020. 1. 2.자 2019므106 결정. 같은 취지로 현소혜(2013), 88-91.

직계혈족 및 그 배우자를 말한다(입양특례법 §2 iv). 민법상 부양의무자의 범위와는 차이가 있다. 따라서 입양특례법상 입양절차를 개시하기 위해 조부모나 삼촌인 방계혈족 등까지 수색해야 하는 것은 아니다. 「보호시설에 있는 미성년자의 후견 직무에 관한 법률」 §4에 따른 부양의무자 확인 공고 절차와 같이 부양의무자 확인을 위한 절차가 별도로 법정되어 있는 것도 아니다. 다만, 현재는 보호자가 확인되지 않은 아동들에 대해 「실종아동등의 보호 및 지원에 관한 법률」에 따른 유전자검사 실시 및 데이터베이스 입력 등의 절차가 병행되고 있다.

더 나아가 입양특례법상 입양 절차가 개시되려면 지방자치단체의 장이 보호자로부터 이탈된 아동으로서 부양의무자를 확인할 수 없는 아동을 보장시설에 보호의뢰하여야 한다. 이때 '보장시설'이란 국민기초생활보장법 §32에 따른 보장시설, 즉 (ㄱ)「장애인복지법」 및 동 시행규칙상 장애인거주시설 및 장애인 단기거주시설, (ㄴ)「노인복지법」상 노인주거복지시설·노인의료복지시설 및 노인복지주택, (ㄷ)「아동복지법」상 아동복지시설 및 통합시설, (ㄹ)「정신건강증진 및 정신질환자 복지서비스 지원에 관한 법률」상 정신요양시설 및 정신재활시설, (ㅁ)「노숙인 등의 복지 및 자립지원에 관한 법률」상 노숙인재활시설 및 노숙인요양시설, (ㅂ)「가정폭력방지 및 피해자보호 등에 관한 법률」상 가정폭력피해자 보호시설, (ㅅ)「성매매방지 및 피해자보호 등에 관한 법률」상 성매매피해자등을 위한 지원시설, (ㅇ)「성폭력방지 및 피해자보호 등에 관한 법률」상 성폭력피해자보호시설, (ㅈ)「한부모가족지원법」상 한부모가족복지시설, (ㅊ)「사회복지사업법」상 결핵 및 한센병요양시설, (ㅋ)「청소년복지지원법」상 청소년회복지원시설을 말한다(국민기초생활보장법 §32 및 동 시행규칙 §41-3).

나. 입양기관에 입양의뢰된 아동

부모 또는 후견인(이하 '부모 등')이 입양에 동의하여 '보장시설' 또는 '입양기관'에 보호의뢰한 아동은 입양특례법상 입양의 대상이 된다(입양특례법 §9 ii). 부모와 후견인의 의미는 민법의 그것과 같다. 다만, 부모가 사망이나 그 밖의 사유로 동의할 수 없는 경우에는 다른 직계존속이 입양기관에 보호를 의뢰할 수도 있다(입양특례법 §9 ii). 이때 '보장시설'이란 국민기초생활보장법 §32에 따른 보장시설(보다 자세히는 위 가. 참조)을 의미하며, '입양기관'이란 입양특례법 §20에 따라 보건복지부장관 또는 시·도지사의 허가를 받은 입양기관을 의미한다(보다 자세히는 §20 註釋 참조).

부모 등은 '보호의뢰'라는 일방적 의사표시만으로 손쉽게 아동을 입양기관에 인도할 수 있고, 그 순간 친권자의 친권행사는 정지되며 입양기관의 장이 아동의 후견인으로서 아동을 보호하면서 입양절차 전반을 주도하기 때문에(입양특례법 §22), 舊

「입양촉진 및 절차에 관한 특례법」시절부터 본호에 대해서는 원가정양육의 원칙에 반하여 아동유기를 조장한다는 비판이 많았다.[2] 이에 2011. 8. 4. 전부개정된 입양특례법 §13 ③은 입양기관이 친생부모로부터 입양 동의를 받기 전에 친생부모에게 아동을 직접 양육할 경우 지원받을 수 있는 사항 및 입양의 법률적 효력 등에 관해 충분한 상담을 제공할 것을 요구하였다. 부모에게 양육능력이 있고, 아동학대 등 양육에 부적합한 사유도 없는 상황이라면 개념상 아동복지법 §3 iv에 따른 보호 대상 아동에 해당하지 않으므로, 본호에 따른 부모의 보호의뢰가 있더라도 입양특례법상 입양의 성립요건을 갖추지 못한 것으로 보아 입양허가 청구를 기각해야 한다는 견해[3]도 있었다.

하지만 실무상으로는 여전히 보호 대상 아동인지에 대한 엄격한 심사 없이 부모의 일방적인 입양의뢰의 의사표시만으로 입양특례법에 따른 입양 절차가 손쉽게 개시되는 문제가 계속되었다. 이에 2020. 12. 29. 개정 아동복지법은 입양 절차 개시에 관한 국가의 개입을 강화하였다.[4] 지방자치단체의 장 외의 자(가령 입양기관)가 보호자로부터 입양 의뢰를 받은 때에는 지체없이 지방자치단체의 장에게 보호조치를 의뢰하도록 강제하고(아동복지법 §15 ②), 지방자치단체의 장이 가정환경조사 및 아동·보호자 상담 등과 아동복지심의위원회 산하 사례결정위원회의 심의를 거쳐 원가정 양육이 불가능하며, 입양이 아동의 최상의 이익에 부합한다는 점을 확인한 경우에만 입양특례법상 입양의 보호조치가 개시될 수 있도록 한 것이다(아동복지법 §12 ①, §15 ① 및 ③). 그러므로 현재 입양특례법 §9 ii에 따른 입양절차 개시는 사실상 봉쇄된 상황이다.

다. 친권상실자의 자녀

법원에 의하여 친권상실의 선고를 받은 사람의 자녀로서 지방자치단체의 장이 보장시설에 보호의뢰한 아동은 입양특례법상 입양의 대상이 된다(입양특례법 §9 iii). 이때 '지방자치단체의 장'이나 '보장시설'의 의미는 가.에서 살펴본 바와 같다. 부모 중 일방이 친권상실 선고를 받았더라도 다른 일방이 아동을 양육할 수 있으면 보장시설에 보호의뢰되거나 입양절차가 개시되지 않는다. 부모가 친권 일시정지 또는 일부제한 선고를 받은 경우에도 원가정 복귀 가능성이 있으므로, 아직 입양특례법상 입양 절차는 개시되지 않는다. 학대피해아동 역시 아동복지법상 보호 대상 아동에 해당하나, 그것만으로 즉시 입양특례법상 입양 대상 아동이 되는 것은 아니다.

---

2) 같은 취지로 소라미(2018a), 314-315; 소라미(2018b), 11-12; 현소혜(2021), 203-204.
3) 주해친족(초판, 1권, 2015), 942(현소혜).
4) 자세히는 현소혜(2021), 204-205.

라. 무연고아동

부양의무자를 알 수 없는 경우로서 지방자치단체의 장이 보장시설에 보호의뢰한 아동은 입양특례법상 입양의 대상이 된다(입양특례법 §9 iv). 이른바 시설에서 보호 중인 '무연고아동'이 이에 해당한다. 무연고아동에 대해서는 보호자 발견을 위해 「실종아동등의 보호 및 지원에 관한 법률」에 따른 유전자검사 실시 및 데이터베이스 입력 등의 절차가 병행되고 있다.

마. 기타

그 밖에 위 각 호에 따라 보장시설 또는 입양기관에 보호의뢰되지 않은 아동이라도 친권자의 행방불명이나 가정파탄 등에 의해 원가정양육을 기대할 수 없다면 널리 입양특례법을 적용해야 한다는 견해[5]가 있다. 현행 아동복지법은 지방자치단체의 장이 관할 구역 내에서 보호 대상 아동을 발견하거나 보호자의 의뢰를 받은 때에는 가정환경조사 및 아동·보호자 상담 등과 아동복지심의위원회 산하 사례결정위원회의 심의를 거쳐 원가정양육이 불가능하며, 입양이 아동의 최상의 이익에 부합한다는 점을 확인한 경우에 입양특례법상 입양의 보호조치가 개시될 수 있도록 규정하고 있으며(아동복지법 §12 ①, §15 ① 및 ③), 보장시설 등에의 보호의뢰를 강제하지 않으므로, 사실상 위 견해가 실무상 관철되고 있다고 평가할 수 있다.

바. 자격확인 절차

양자될 자가 위 각 요건을 모두 갖추었는지에 대해서는 그의 거주지를 관할하는 특별자치도지사·시장·군수·구청장이 확인하도록 되어 있다(입양특례법 시행령 §2 ① i). 실제로는 양자될 자가 입소 중인 보장시설의 장 또는 그를 보호 중인 입양기관의 장이 요건에 맞추어 '입양대상 아동 확인서'를 작성한 후 지방자치단체의 장으로부터 확인을 받는 방식으로 진행된다(입양특례법 시행규칙 §7).

2. 민법상 양자 요건

입양특례법상 입양에 관해서는 입양특례법에 특별히 규정된 사항을 제외하고는 민법이 정하는 바에 따른다(입양특례법 §42). 따라서 입양특례법상 양자될 자 역시 민법상 일반입양 또는 친양자입양상 양자에 관한 요건을 갖추어야 한다. 따라서 양부모될 자보다 존속 또는 연장자인 아동은 입양특례법상 양자로 될 수 없다. 다만, 입양특례법상 양부모될 자는 25세 이상이어야 하고(입양특례법 시행규칙 §4), 입양특례법상 양자될 자는 18세 미만이어야 하므로(입양특례법 §2 i), 연장자 요건은 실질적으로 문제될

---

5) 김창희(1986), 112.

여지가 없다.

자기 친생자를 입양특례법에 따라 스스로 입양하는 것은 허용될 수 없다. 원가정 양육이 가능한 상황이어서 입양특례법이 적용되는 보호 대상 아동에 해당하지 않기 때문이다. 자기 또는 타인이 일반입양 또는 친양자입양하여 스스로 양육 중인 아동도 같다. 친생자입양 및 재입양에 관해 자세히는 §877 註釋 참조. 다만, 舊「입양촉진 및 절차에 관한 특례법」에 따라 아동을 입양하여 스스로 양육 중인 자가 다시 친양자입양 절차를 밟는 것은 가능하다. 당시에는 입양이 민법상 일반입양의 효과만이 부여되었으므로, 이를 친양자입양으로 전환하는 것이 허용되어야 하기 때문이다.

반면 조부모 등 친족이 스스로 보호 중인 손자녀 등에 대해 입양특례법상 입양을 청구하는 것은 허용되지 않는다. 아동복지법 및 입양특례법에 따른 보호자 개념상 해당 아동은 아직 보호 대상 아동이라고 보기 어렵기 때문이다. 원가정 개념에는 조부모 등 확대가족에 의한 보호도 포함되기 때문에, 원가정양육이 불가능하여 입양특례법에 따른 입양이 필요한 사안이라고 볼 수도 없다. 따라서 조부모 등은 민법상 일반입양 또는 친양자입양을 할 수 있을 뿐이다. 조부모가 손자녀를 입양할 수 있는지에 관해서는 §877 註釋 참조.

Ⅲ. 국내입양특별법

Ⅱ.1. 나. 및 마.에서 살펴본 바와 같이 현행 입양특례법 §9는 아동복지법 §15에 의해 사실상 대체되었다. 이에 국내입양특별법 §13는 아동복지법의 내용을 반영하여 입양특례법상 양자가 될 자격에 관한 조문을 대폭 개정하였다. 즉, 국내입양특별법에 따른 입양의 대상이 되는 아동은 다음의 각 요건을 갖추어야 한다. 첫째, 양자될 자가 아동복지법 §3 iv에 따른 보호 대상 아동일 것. 둘째, 지방자치단체의 장이 아동복지법 §15 ① vi에 따라 입양의 보호조치 결정을 하였을 것. 셋째, 양자될 자가 민법상 양자에 관한 요건을 충족할 것.

1. 보호 대상 아동

국내입양특별법에 따른 입양에서 양자가 될 수 있는 자는 아동복지법 §3 iv에 따른 보호 대상 아동으로 한정된다. 그 의미에 관해 자세히는 입양특례법 §2 및 국내입양특별법 §2 註釋 참조. 다만, 2024. 7. 19. 이후로는 「위기 임신 및 보호출산 지원과 아동 보호에 관한 특별법」에 따라 일정한 요건과 절차 하에 보호출산을 신청한 자가 직접 또는 지역상담기관의 장을 통해 지방자치단체의 장에게 아동을 인도한 경우도 입양의 보호조치가 가능한 보호 대상 아동에 포함된다(동법 §12 ③).

2. 아동복지법에 따른 입양의 보호조치 결정

지방자치단체의 장은 그 관할 구역에서 보호 대상 아동을 발견하거나 보호자의 의뢰를 받으면 일차적으로 전담공무원, 민간전문인력 또는 아동위원에게 보호 대상 아동 또는 그 보호자에 대한 상담·지도를 수행하게 하거나, §777에서 정한 친족, 즉 8촌 이내 혈족 또는 4촌 이내 인척의 가정에서 보호·양육할 수 있도록 조치함으로써 최대한 원가정양육의 원칙을 실현하기 위해 노력해야 한다(아동복지법 §15 ① i 및 ii). 하지만 보호 대상 아동에 대한 상담, 건강검진, 심리검사 및 가정환경 조사를 실시한 결과 원가정 양육을 통한 보호가 적합하지 않은 것으로 판단되면, 아동 최상의 이익을 위해 가장 적합한 보호조치, 즉 양육 대안을 결정해야 한다(아동복지법 §15 ③).

이때 지방자치단체의 장이 선택할 수 있는 보호조치로 현행 아동복지법은 가정위탁·아동복지시설 입소·전문치료기관 입원·요양소 입소 및 입양특례법상 입양을 규정하고 있으나(아동복지법 §15 ① iii 내지 vi), 국내입양특별법 및 국제입양법이 시행된 후로는 가정위탁·아동복지시설 입소·전문치료기관 입원·요양소 입소·국내입양특별법상 입양 및 국제입양법상 입양 중 선택할 수 있다(2023. 7. 18.자 개정 아동복지법 §15 ① iii 내지 vi). 각 보호조치 간에 우선순위가 있는 것은 아니지만, 협약 §21에 따라 아동복지시설 입소 조치는 언제나 최후의 수단으로만 고려되어야 하며, 국제입양은 국내에서 적절한 입양가정 또는 장기 위탁가정을 찾을 수 없는 경우에만 고려될 수 있다. 따라서 국제입양법 §3 ①은 국내입양특별법에 따라 양부모를 찾지 못한 경우에만 보충적으로 국제입양의 보호조치가 가능함을 선언하였다. 전문치료기관 입원이나 요양소 입소 조치는 약물 및 알콜 중독, 정서·행동·발달장애, 성폭력·아동학대 피해 등으로 특수한 치료나 요양 등의 보호를 필요로 하는 아동에 대해서만 할 수 있다(아동복지법 §15 ① v).

지방자치단체의 장이 이 중 어느 보호조치가 해당 아동의 최상의 이익에 가장 적합한지를 결정하려면 먼저 해당 지방자치단체 소속 아동복지심의위원회 산하에 설치된 사례결정위원회의 심의를 거쳐야 한다(아동복지법 §12 ① ii). 다만, 사례결정위원회 심의 결과 입양특례법상 입양의 보호조치가 필요한 것으로 판단되었더라도 지방자치단체의 장이 실제 입양의 보호조치를 결정하려면 그 전에 먼저 아동 본인이나 법정대리인 및 친생부모의 입양 동의 및 승낙이 있었는지 또는 동의·승낙의 면제 사유

에 해당하는지에 대해 확인해야 한다(국내입양특별법 §13 ②). 입양 동의 및 승낙에 관해
서는 입양특례법 §15 및 §16 註釋 참조. 또한 지방자치단체의 장은 입양의 보호조치
를 할 것인지를 결정함에 있어 보호 대상 아동의 의사를 존중해야 하며, 보호자가 있
으면 그 의견을 들어야 한다(아동복지법 §15 ⑤).

　　현행 입양특례법과 달리 입양 절차의 개시를 위해 아동이 보장시설 또는 입양기
관에 보호의뢰되어 있을 필요는 없다. 따라서 입양특례법에 따른 입양이 성립될 때까
지 아동은 원가정에서 보호되는 것이 원칙이다. 다만, 원가정보호가 현실적으로 어려
운 경우에 대비하여 지방자치단체의 장은 입양허가 결정 또는 임시양육결정에 따라
양부모가 적법하게 아동을 인도받아 양육할 수 있을 때까지 해당 아동을 아동양육시
설·아동일시보호시설 및 공동생활가정이나 위탁가정에서 보호하도록 할 수 있다(국
내입양특별법 §13 ③). 이 중 어디에 보호위탁을 할 것인지는 지방자치단체의 장의 재량
이나, 가정형 보호(공동생활가정이나 위탁가정)가 우선적으로 고려되어야 한다(국내입양특
별법 §13 ⑤). 또한 국가와 지방자치단체는 입양의 보호조치가 결정된 때부터 입양허가
가 이루어지기 전까지 아동의 양육상황을 정기적으로 점검하여 필요한 복지서비스를
지원하고, 양육상황 점검보고서를 작성하여야 한다(국내입양특별법 §13 ④). 원가정 보호
중인 경우이건 시설보호·가정형 보호 등을 위탁한 경우이건 같다.

　　이상의 내용은 지방자치단체의 장 이외의 자가 보호 대상 아동을 발견하거나 보
호자의 의뢰를 받아서 지방자치단체의 장에게 보호조치를 의뢰한 경우에도 동일하게
적용된다(아동복지법 §15 ②).

　　이 중 양육상황의 정기 점검 및 양육상황점검보고서 작성 업무는 아동권리보장
원 또는 일정한 조건을 갖춘 사회복지법인 및 단체에 위탁할 수 있으나(국내입양특별법
§37 ①), 그 밖의 업무, 특히 입양의 보호조치가 필요한 아동인지를 결정하는 권한은
지방자치단체의 장에게 전속되며, 아동권리보장원 또는 일정한 조건을 갖춘 사회복
지법인 및 단체에 위탁할 수 없다.

3. 민법상 양자 요건

　　국내입양특별법에 따르더라도 보호 대상 아동의 국내입양에 관해서는 위 법에서
특별히 규정된 사항을 제외하고는 민법에서 정하는 바에 따른다(국내입양특별법 §9). 따
라서 보호 대상 아동은 민법상 양자될 자의 요건을 갖추어야 한다. 자세한 내용은 위
Ⅱ. 2.와 같다.

第 10 條 (양친이 될 자격 등)

① 이 법에 따라 양친이 될 사람은 다음 각 호의 요건을 모두 갖추어야 한다.

1. 양자를 부양하기에 충분한 재산이 있을 것

2. 양자에 대하여 종교의 자유를 인정하고 사회의 구성원으로서 그에 상응하는 양육과 교육을 할 수 있을 것

3. 양친이 될 사람이 아동학대·가정폭력·성폭력·마약 등의 범죄나 알코올 등 약물중독의 경력이 없을 것

4. 양친이 될 사람이 대한민국 국민이 아닌 경우 해당 국가의 법에 따라 양친이 될 수 있는 자격이 있을 것

5. 그 밖에 양자가 될 사람의 복지를 위하여 보건복지부령으로 정하는 필요한 요건을 갖출 것

② 양친이 될 사람은 양자가 될 아동이 복리에 반하는 직업이나 그 밖에 인권침해의 우려가 있는 직업에 종사하지 아니하도록 하여야 한다.

③ 양친이 되려는 사람은 입양의 성립 전에 입양기관 등으로부터 보건복지부령으로 정하는 소정의 교육을 마쳐야 한다.

▌**참고문헌:** 장복희(2006), "국제입양에 관한 헤이그협약과 국내입양법의 개선", 저스티스 93.

국내입양특별법 제18조(양부모가 될 자격 등) ① 이 법에 따라 양부모가 되려는 사람은 다음 각 호의 요건을 모두 갖추어야 한다.

1. 양자에게 경제적·정서적으로 안정적인 양육 환경을 제공하여줄 수 있을 것

2. 양자에 대하여 종교의 자유를 인정하고 사회의 구성원으로서 그에 상응하는 양육과 교육을 할 수 있을 것

3. 아동학대, 가정폭력, 성폭력, 마약 관련 범죄 등 대통령령으로 정하는 범죄경력이 없을 것

4. 알코올 및 약물중독 등 심각한 건강상의 사유가 없을 것

5. 그 밖에 양자가 될 사람의 복지를 위하여 보건복지부령으로 정하는 요건을 갖출 것

② 이 법에 따라 양부모가 되려는 사람은 양자가 될 아동이 복리에 반하는 직업이나 그 밖에 인권침해의 우려가 있는 직업에 종사하지 아니하도록 하여야 한다.

③ 이 법에 따라 양부모가 되려는 사람은 보건복지부령으로 정하는 바에 따라 소정의 교육을 마쳐야 한다.

국내입양특별법 제19조(입양의 신청 등) ① 이 법에 따라 양부모가 되려는 사람은 보건복지부령으로 정하는 바에 따라 보건복지부장관에게 신청하여야 한다.

② 제1항의 신청을 받은 보건복지부장관은 양부모가 되려는 사람이 제18조에 따른 자격을 갖추었는지를 확인하기 위하여 보건복지부령으로 정하는 바에 따라 상담 및 가정환경 조사 등을 실시하고 그에 대한 보고서를 작성하여야 하며, 필요한 자료의 제출을 요청할 수 있다.

③ 양부모가 되려는 사람은 제2항의 상담 및 가정환경 조사와 자료 제출 요청 등에 성실히 임하여야 하며 사실을 왜곡·은폐·과장하거나 거짓 서류를 제출하여서는 아니 된다.

제20조(결연) ① 보건복지부장관은 위원회의 심의·의결을 거쳐 양부모가 되려는 사람과 양자가 될 아동을 결연한다. 이 경우 제3조에 따른 입양의 원칙, 제7조에 따른 국내입양 우선 추진 원칙, 양부모가 되려는 사람의 배경과 양육상황, 양자가 될 아동의 배경과 특별한 필요 등을 종합적으로 고려하여야 한다.

② 보건복지부장관은 결연 이후 양부모가 되려는 사람에게 보건복지부령으로 정하는 바에 따라 양부모가 되려는 사람 및 양자가 될 아동의 성명, 생년월일 등이 기재된 결연확인서를 발급하여야 한다.

I. 본조의 취지

입양특례법상 양부모가 될 자격에 관한 조문이다. 민법상 입양에서 양부모와 관련된 요건은 매우 간소하다. 일반입양이라면 성년자인 것으로 족하고, 친양자입양이라면 3년 이상 혼인중인 부부인 것으로 족하다. 양부모로서의 적격성 심사는 전적으로 가정법원의 재량에 맡겨져 있다. 하지만 입양특례법은 일찍부터 민법에 비해 양부모될 자격에 대해 보다 엄격한 규정을 두고 있다(입양특례법 §10 ①). 입양특례법상 입

양은 보호 대상 아동을 위해 원가정을 대신하여 영구적인 대체양육 가정을 마련해 주는 것을 목적으로 하고 있기 때문이다. 따라서 본조에서 정하는 양부모될 자격은 가정법원의 입양 허가 재판시 고려해야 하는 요소들에 불과한 것이 아니라, 입양특례법상 입양의 실질적 성립요건에 해당한다.

　　그 밖에 본조는 양친이 될 사람의 의무를 함께 규정하고 있다(입양특례법 §10 ②). 즉, 양친이 될 사람은 양자가 될 아동이 복리에 반하는 직업이나 그 밖에 인권침해의 우려가 있는 직업에 종사하지 아니하도록 하여야 한다. 모든 부모는 친권을 행사함에 있어 자의 복리를 우선적으로 고려해야 하므로(§912), 양부모 역시 양자녀로 하여금 이러한 직업에 종사하도록 하지 않는 것이 당연한 의무라고 할 것이나, 과거 어린아이를 입양한 후 곡예(曲藝)나 구걸 등에 종사하도록 하여 양부모의 사리를 추구하는 등의 행위가 없지 않았으므로, 입양특례법은 이러한 행위의 금지를 재차 선언하고 있다. 국내입양특별법 §18 ②의 태도도 이와 같다.

Ⅱ. 입양특례법

　　입양특례법에 따라 양부모가 되려는 사람은 다음의 각 요건을 모두 갖추어야 한다. 그 밖에 舊「입양촉진 및 절차에 관한 특례법」§5 ① iii는 양부모될 자에게 "가정이 화목하고 정신적·신체적으로 양자를 부양함에 현저한 장애가 없을 것"도 요구하였으나, 장애인에 대한 차별이라는 비판이 있었으므로, 2011. 8. 4.자 입양특례법 전부개정에 의해 삭제되었다.

1. 입양특례법 §10에 따른 요건

가. 양부모의 자력

　　양부모가 되려는 사람은 양자를 부양하기에 충분한 재산이 있어야 한다(입양특례법 §10 ① i). 어느 정도의 재산이 요구되는지에 대해 특별히 정해진 법정요건이 있는 것은 아니며, 근로소득원천징수영수증, 소득금액증명원, 보험료납입증명서, 납세증명서 등을 통해 아동을 양육할 수 있을 정도의 경제적 능력이 있는지를 확인한다.[1]

나. 종교의 자유 보장 및 양육 능력

　　양부모가 되려는 사람은 양자에 대하여 종교의 자유를 인정하고, 사회의 구성원으로서 그에 상응하는 양육과 교육을 할 수 있어야 한다(입양특례법 §10 ① ii). 양부모될

---

1) 2023 입양실무 매뉴얼, 51.

사람이 양자될 자를 양육하거나 교육하기에 충분한 자질을 갖추었는지 등을 판단하기 위해 특별히 정해진 법정요건이 있는 것은 아니나, 통상 양부모될 사람의 거주지를 관할하는 지방자치단체의 장 또는 입양기관의 장이 양부모될 자의 가정·직장·이웃 등을 2회 이상 방문하여 조사하는 방식으로 심사하며, 그 중 1회 이상은 미리 알리지 않고 방문·조사하여야 한다(입양특례법 시행규칙 §8 ③).

다. 범죄경력 및 약물중독 유무

양부모가 되려는 사람은 아동학대·가정폭력·성폭력·마약 등의 범죄나 알코올 등 약물중독의 경력이 없어야 한다(입양특례법 §10 ① iii). 이를 확인하기 위해 양부모될 사람의 거주지를 관할하는 지방자치단체의 장 또는 입양기관의 장은 양부모될 사람의 동의서를 첨부하여 경찰관서의 장에게 범죄경력 유무를 요청하여야 하며, 이 경우 경찰관서의 장은 요청에 따라야 한다(입양특례법 시행령 §2 ② 및 ③).

라. 양부모 본국법에 따른 요건

양부모가 되려는 사람이 대한민국 국민이 아닌 경우에는 해당 국가의 법에 따라 양부모가 될 수 있는 자격을 갖추어야 한다(입양특례법 §10 ① iv). 본래 입양 및 파양의 성립요건에 관해서는 입양 당시 양부모 본국법에 따라야 하므로(국제사법 §70) 당연규정이라고도 볼 수 있으나, 입양특례법 §10는 양부모가 되려는 사람이 외국인인 경우에도 본조 각호에서 규정하는 요건을 "모두" 갖출 것을 요구하고 있으므로, 국외입양에 양부모 본국법에 따른 요건과 함께 입양특례법상 요건이 함께 적용되어야 함을 선언하는 조문이라고도 할 수 있다. 즉 입양특례법 §10상의 양부모 자격 요건은 이른바 '강행규정'으로서 국외입양에도 적용된다(국제사법 §20). 이에 관한 논의에 대해서는 국제친족법 註釋 참조.

마. 양부모의 연령

양부모가 되려는 사람이 대한민국 국민인 경우에는 25세 이상으로서 양자될 사람과의 나이 차이가 60세 이내여야 하고, 대한민국 국민이 아닌 경우에는 25세 이상 45세 미만이어야 한다(입양특례법 §10 ① v 및 동 시행규칙 §4). 이에 대해서는 양부모와 양자 사이의 나이 차이를 획일적으로 규정하면 부당한 결과가 발생할 우려가 있다는 지적이 있으나,[2] 위 시행규칙은 일찍부터 예외규정을 두어 양부모될 사람의 가정환경이 양자를 건전하게 양육하기에 적합하다고 인정하는 경우에는 양부모될 자의 연령에 구애받지 않고 입양 절차를 진행할 수 있도록 하고 있다(입양특례법 시행규칙 §4 단서).

---

2) 장복희(2006), 234.

바. 양부모 교육

입양특례법상 양부모가 되려는 사람은 입양 성립 전에 입양기관으로부터 (ㄱ) 입양과 파양의 요건·절차 및 효과, (ㄴ) 입양가정 지원에 관한 정보, (ㄷ) 자녀의 양육방법, (ㄹ) 입양아동의 심리 및 정서에 관한 정보, (ㅁ) 입양 사후서비스에 관한 정보 등에 관해 교육을 받아야 한다(입양특례법 §10 ③ 및 동 시행규칙 §5 ①). 교육을 마치고 입양기관의 장으로부터 양친교육 이수증명서를 발급받은 사람만이 입양특례법상 입양의 허가를 청구할 수 있으므로, 양부모 교육 역시 실질적으로 입양특례법상 입양의 성립요건 중 하나로 기능한다.

사. 자격확인 절차

양부모될 자가 위 각 요건을 모두 갖추었는지에 대해서는 양부모될 자의 거주지를 관할하는 특별자치도지사·시장·군수·구청장 또는 입양기관의 장이 조사한 후 확인서를 발급하도록 되어 있다(입양특례법 시행령 §2 ① ii). 실제로는 양부모가 되려는 사람이 먼저 양친 가정조사 신청서를 조사기관에 제출하고, 조사기관이 양부모될 사람의 가정을 조사한 결과 위 각 요건을 갖추었음이 인정되면 신청인에게 양친 가정조사서와 양친교육 이수증명서, 범죄경력 조회 회신서를 발급하는 방식으로 이루어진다(입양특례법 시행규칙 §8).

2. 민법상 양부모 요건

민법상 일반입양 또는 친양자입양에서 양부모에 관한 요건은 입양특례법에 특별히 규정한 사항을 제외하고는 민법에서 정하는 바에 따른다(입양특례법 §42). 민법상 일반입양은 양부모가 성년일 것을 요구하나(§866), 양부모될 자의 연령 요건에 대해서는 입양특례법 시행규칙 §4에 특칙이 있으므로, 민법의 규정은 준용될 여지가 없다. 다만, 양부모될 자가 피성년후견인이라면 성년후견인의 동의를 얻어야 입양할 수 있다(§873 ①).

한편 민법상 친양자입양은 양부모에게 3년 이상 혼인중인 부부일 것을 요구한다(§908-2 ① i). 입양특례법상 입양에도 친양자입양의 효과가 부여되므로(입양특례법 §14), 위 요건이 입양특례법상 입양에도 준용되는지 문제될 수 있다. 하지만 준용되지 않는다고 보아야 할 것이다. 舊「입양촉진 및 절차에 관한 특례법 시행규칙」(2006. 12. 11. 개정 전의 것) §2 ii 및 iii에 따르면 입양특례법상 양부모될 자는 (ㄱ) 자녀가 없거나 자녀의 수가 입양아동을 포함하여 5명 이내여야 하고,[3] (ㄴ) 혼인중이어야 했다. 즉, 독

---

3) 이에 대해 비판적인 견해로 장복희(2006), 234.

신자나 다자녀 가정은 입양특례법상 입양을 할 수 없었다. 하지만 이와 같은 혼인 요건 및 자녀 요건은 2006. 12. 11.자 개정에 의해 모두 폐지되었다. 입양특례법상 양부모될 자에게 혼인 요건을 요구하지 않기로 한 입법자의 의사가 민법상 친양자입양의 요건보다 우선적용되어야 한다. 따라서 현행 입양특례법상 입양은 독신자나 사실혼 부부, 3년 이하의 법률혼 부부도 할 수 있다.4)

Ⅲ. 국내입양특별법

1. 양부모될 자에 관한 요건

국내입양특별법은 양부모가 될 자에게 다음의 각 요건을 모두 갖출 것을 요구한다(국내입양특별법 §18 ① 및 ③). (ㄱ) 양자에게 경제적·정서적으로 안정적인 양육환경을 제공하여 줄 수 있을 것, (ㄴ) 양자에 대하여 종교의 자유를 인정하고 사회의 구성원으로서 그에 상응하는 양육과 교육을 할 수 있을 것, (ㄷ) 아동학대, 가정폭력, 성폭력, 마약 관련 범죄 등 대통령령으로 정하는 범죄경력이 없을 것, (ㄹ) 알코올 및 약물중독 등 심각한 건강상의 사유가 없을 것, (ㅁ) 그 밖에 양자가 될 사람의 복지를 위하여 보건복지부령으로 정하는 요건을 갖출 것, (ㅂ) 보건복지부령으로 정하는 바에 따라 소정의 교육을 받을 것. 각 호의 위치와 표현에 약간의 변화가 있기는 하였으나, 구체적인 내용은 대체로 현행 입양특례법과 같다. 다만, 2024년 12월 현재 아직 시행규칙이 제정되지 않았으므로, 양부모의 연령 관련 요건이 향후 그대로 유지될지는 알 수 없다.

현행 입양특례법 §10 ① iv, 즉 양부모될 자가 대한민국 국민이 아닌 경우에 그의 본국법에 따른 요건을 갖추어야 한다는 조문은 국내입양특별법에서 삭제되었다. 대신 국내에서의 국외입양 사안에 관해서는 국내입양특별법 §30 ①에, 외국에서의 국외입양 사안에 관해서는 국제입양법 §9에 양부모가 되려는 사람이 외국인이라면 국내입양특별법에 따른 양부모 자격과 본국법에 따른 요건을 모두 갖추어야 한다는 점을 명시적으로 선언하였으므로, 역시 실질적인 내용개정이 있었던 것은 아니다. 이에 대해 자세히는 국제친족법 註釋 참조.

2. 요건 구비 확인 절차

양부모될 자가 국내입양특례법상 요구되는 자격을 갖추었는지에 대한 심사 절차

---

4) 같은 취지로 헌법재판소 2013. 9. 26. 선고 2011헌가42 결정.

가 크게 개선되었다. 현행법에 따르면 양부모가 되려는 사람이 지방자치단체 또는 입양기관에 양친 가정조사 신청서를 제출하도록 되어 있으나(입양특례법 시행규칙 §8), 국내입양특별법에 따르면 양부모가 되려는 사람은 보건복지부장관에게 입양을 신청해야 한다(국내입양특별법 §19 ①). 입양신청을 받은 보건복지부장관은 양부모가 되려는 사람이 그 자격을 갖추었는지를 확인하기 위해 상담 및 가정환경 조사 등을 실시하고, 가정환경 보고서를 작성해야 한다(국내입양특별법 §19 ②). 이 과정에서 보건복지부장관은 양부모가 되려는 사람에게 필요한 자료의 제출을 요청할 수 있으며, 양부모가 되려는 사람은 상담 및 조사와 자료 제출 요청 등에 성실히 임해야 하고, 사실을 왜곡·은폐·과장하거나 거짓 서류를 제출해서는 안 된다(국내입양특별법 §19 ③). 현행법상 입양기관에 의한 양부모 적격 심사가 부실하게 이루어지고 있다는 우려에 대응하기 위한 것이다. 다만, 보건복지부장관은 위 업무를 아동권리보장원, 그 밖에 위탁업무를 수행하는 데 필요한 시설 및 종사자 등을 갖춘 사회복지법인 및 단체에 위탁할 수 있다(국내입양특별법 §37 ①).

3. 결연

국내입양특별법은 양부모가 되려는 사람과 양자 간의 결연 절차에 관한 조문도 신설하였다. 결연의 의의에 대해 자세히는 입양특례법 §2 및 국내입양특별법 §2 註釋 참조. 현재까지는 주로 양부모가 되려는 사람이 스스로 선택한 입양기관에 양친 가정조사 신청서를 제출하면, 해당 입양기관에서 양친 가정조사를 진행하는 한편, 해당 입양기관에서 친생부모로부터 보호의뢰받아 보호 중인 아동 중 1명과의 입양을 알선해 주는 방식으로 결연이 이루어져 왔다. 하지만 국내입양특별법은 결연 권한을 입양기관으로부터 보건복지부장관으로 이전시키는 한편, 국내입양특별법 §12에 따른 입양정책위원회에 결연에 관한 심의·의결 권한을 부여하였다(국내입양특별법 §12 ② ⅴ). 입양정책위원회에 관해서는 입양특례법 §7 및 국내입양특별법 §12 註釋 참조.

따라서 국내입양특별법 시행 후에는 양부모가 되려는 자가 보건복지부장관에게 입양을 신청하면 보건복지부장관이 상담 및 조사를 거쳐 가정환경 조사서를 작성한 후 이를 입양정책위원회에 송부하고, 입양정책위원회는 이를 바탕으로 예비 양부모 후보군 중 지방자치단체의 장이 사례결정위원회의 심의·의결을 거쳐 국내입양특별법상 입양의 보호조치가 필요하다고 인정한 아동을 위해 가장 적절한 예비 양부모가 누구인지를 심의·의결하며, 보건복지부장관은 입양정책위원회의 심의·의결을 기초로 양부모가 되려는 사람과 양자가 될 아동을 결연하게 된다(국내입양특별법 §20 ①). 결연 시에는 (ㄱ) 국내입양특별법 §3에 따른 입양의 원칙, 즉 원가정양육의 원칙과 아동 이익 최우선의 원칙, (ㄴ) §7에 따른 국내입양 우선 추진의 원칙, (ㄷ) 양부모가 되려는 사람의 배경과 양육상황, (ㄹ) 양자가 될 아동의 배경과 특별한 필요 등을 종합적으로 고려해야 한다(국내입양특별법 §20 ①). 보건복지부장관은 결연 후 양부모가 되려는 사람에게 양부모가 되려는 사람 및 양자가 될 아동의 성명, 생년월일 등이 기재된 결연확인서를 발급하여야 한다(국내입양특별법 §20 ②).

결연 관련 업무는 보건복지부장관에 전속되며, 아동권리보장원 또는 일정한 조건을 갖춘 사회복지법인 및 단체에 위탁할 수 없다.

第 11 條 (가정법원의 허가)

① 제9조에서 정한 아동을 입양하려는 경우에는 다음 각 호의 서류를 갖추어 가정법원의 허가를 받아야 한다.

1. 양자가 될 아동의 출생신고 증빙 서류

2. 제9조 및 제10조의 자격을 구비하였다는 서류

3. 제12조 및 제13조에 따른 입양동의 서류

4. 그 밖에 아동의 복리를 위하여 보건복지부령으로 정하는 서류

② 가정법원은 양자가 될 사람의 복리를 위하여 양친이 될 사람의 입양의 동기와 양육능력, 그 밖의 사정을 고려하여 제1항의 허가를 하지 아니할 수 있다.

③ 제1항에서 정한 가정법원의 입양 허가에 필요한 서류는 대통령령으로 정하는 기관이 서류의 작성에 필요한 사항을 조사·확인한 후 이를 발급하되, 서류의 작성 등에 필요한 사항은 보건복지부령으로 정한다.

④ 제1항에 따른 허가신청 절차, 심리 및 허가 등에 필요한 사항은 대법원규칙으로 정한다.

▮참고문헌: 권재문(2014), "입양특례법 재개정론에 대한 비판적 고찰", 법학연구 22−1; 권재문(2015), "익명출산에서 익명상담으로", 동북아법연구 8−3; 김상용(2010), "『입양촉진 및 절차에 관한 특례법』의 개선방향 : 국내입양을 중심으로", 가족법연구 Ⅲ; 김상용(2013), "베이비박스와 익명의 출산", 법학연구 54−4; 김주수(1977), "입양특례법해설", 사법행정 18−4; 김현진(2023), "프랑스 익명출산의 명암", 비교사법 30−1; 서종희(2014), "익명출산제도에 관한 비교법적 고찰 −베이비박스를 둘러싼 논의를 중심으로−", 법학논총 27−2; 신동현(2015), "독일에서의 베이비박스와 비밀출산법제", 비교사법 22−4; 신옥주(2014), "독일의 입법례를 중심으로 살펴본 제한적 익명출산제도의 도입 필요성에 관한 연구", 한양법학 25−4; 안경희(2017), "독일법상 신뢰출산제도에 관한 소고", 이화젠더법학 9−1; 안문희(2013), "프랑스법의 익명출산제도", 중앙법학 15−4; 엄주희(2016), "영아의 생명권을 위한 규범적 고찰", 서울법학 23−3; 장병주(2013), "개정 입양제도의 문제점과 개선방향 −개정민법과 입양특례법을 중심으로−, 법학논고 41; 조소연/전민경(2024), "입양제도와 보호출산제도상 아동권리의 사각지대 − 제정 「국내입양에 관한 특별법」과 「위기 임신 및 보호출산 지원과 아동 보호에 관한 특별법」을 중심으로−, 윤리연구 145; 한명진(2019), "독일법상 신뢰출산제도의 시행과 평가에 관한 소고", 법학논총

43-1; 현소혜(2010), "익명입양 제도의 문제점과 대응방안", 민사법학 50; 현소혜(2013), "개정민법상 입양과 입양특례법상 입양 -체계정합성의 관점에서-", 가족법연구 27-1; 홍정화·장지호(2019), "입양정책에서 출생신고 의무자의 한계와 대안 탐색: 개정 입양특례법(2011)을 중심으로", 정책분석평가학회보 29-1.

국내입양특별법 제21조(가정법원의 입양허가) ① 양부모가 되려는 사람이 양자가 될 아동을 입양하려는 경우에는 다음 각 호의 서류를 갖추어 양자가 될 아동의 주소지를 관할하는 가정법원의 입양허가를 받아야 한다.

1. 양자가 될 아동의 출생신고 증빙 서류
2. 제13조에 따라 양자가 될 아동으로 결정한 서류
3. 제15조 및 제16조에 따른 입양 동의 및 승낙의 의사 등에 관하여 확인한 서류
4. 제20조제2항에 따른 결연확인서
5. 그 밖에 아동의 복리를 위하여 대법원규칙으로 정하는 서류

② 가정법원은 제1항에 따른 입양허가 여부를 심리하기 위하여 필요한 경우에는 관계 기관 또는 단체에 관련 서류의 제출을 요구할 수 있다. 이 경우 서류의 제출을 요구받은 기관 또는 단체는 정당한 사유가 없으면 그 요구에 따라야 한다.

③ 가정법원은 특별한 사정이 없는 한 양자가 될 아동의 복리를 위하여 입양허가에 대한 청구가 있은 날부터 6개월 이내에 입양허가 여부를 결정하여야 한다.

④ 가정법원은 제1항에 따른 입양허가 여부를 결정함에 있어 필요하다고 인정하는 경우에는 가사조사관에게 입양 동기, 양육능력 및 양육 환경 등에 관한 조사를 하도록 명할 수 있다.

⑤ 가정법원은 양자가 될 아동의 복리를 위하여 양부모가 되려는 사람의 입양 동기, 양육능력과 그 밖의 사정을 고려하여 제1항에 따른 입양허가를 하지 아니할 수 있다.

⑥ 제1항부터 제5항까지에서 규정한 사항 외에 입양허가의 청구 절차, 심리 및 허가 등에 필요한 사항은 대법원규칙으로 정한다.

제22조(임시양육결정) ① 가정법원은 제21조제1항에 따른 입양허가에 대한 청구가 있는 경우 입양허가를 청구한 양부모가 되려는 사람의 신청 또는 직권으로 임시양육결정을 할 수 있다.

② 가정법원은 제1항에 따라 임시양육결정 여부를 결정할 때 필요하다고 인정하는 경우에는 가사조사관에게 입양 동기, 양육능력 및 양육 환경 등에 관한 조사를 하도록 명할 수 있다.

③ 임시양육결정이 있는 경우 양부모가 되려는 사람은 양자가 될 아동의 임시후견인이 된다. 이 경우 양자가 될 아동에 대한 친권자의 친권행사는 정지된다.

④ 제1항에 따른 임시양육결정 신청에 대한 기각 결정에 대해서는 즉시항고를 할 수

있다.

⑤ 가정법원은 제1항에 따라 임시양육결정을 할 때 양자가 될 아동의 양육을 위하여 적당하다고 인정되는 처분을 할 수 있다.

⑥ 제1항부터 제5항까지에서 규정한 사항 외에 임시양육결정의 신청 절차, 심리 및 결정, 임시양육에 관하여 필요한 처분 등에 필요한 사항은 대법원규칙으로 정한다.

제23조(임시양육결정의 취소 등) ① 가정법원은 다음 각 호의 어느 하나에 해당하는 사유가 있는 경우에는 제21조제1항에 따른 입양허가의 청구인, 시·도지사등, 보건복지부장관의 신청 또는 직권으로 임시양육결정을 취소할 수 있다. 이 경우 임시양육결정 취소결정에 대해서는 불복할 수 없다.

    1. 양부모가 되려는 사람의 양육태도에 문제가 있는 등 양자가 될 아동을 양육하기에 적절하지 아니한 경우

    2. 법정대리인이 제15조제4항에 따라 입양에 대한 동의 또는 승낙 철회의 의사를 표시한 경우

    3. 친생부모가 제16조제3항에 따라 입양에 대한 동의 철회의 의사를 표시한 경우

    4. 그 밖에 양부모가 되려는 사람이 양자가 될 아동에 대한 양육을 계속하기 어려운 사정이 있는 경우

② 제1항의 임시양육결정 취소신청에 대한 기각 결정에 대해서는 즉시항고를 할 수 있다.

③ 제1항제2호 또는 제3호의 사유로 임시양육결정에 대한 취소결정이 이루어진 경우에는 해당 아동을 제13조제1항에 따라 양자가 될 아동으로 결정할 당시의 법정대리인이 그 아동의 법정대리인이 된다.

④ 제1항제1호 또는 제4호의 사유로 임시양육결정에 대한 취소결정이 이루어진 경우에는 양자가 될 아동의 주소지를 관할하는 시장·군수·구청장이 해당 아동의 후견인이 된다. 다만, 아동의 건강상 사유 등 대통령령으로 정하는 사유가 있는 경우 제21조제1항에 따라 입양허가를 신청한 양부모가 되려는 사람의 주소지를 관할하는 시장·군수·구청장이 해당 아동의 후견인이 된다.

제24조(임시양육결정의 통지 등) ① 가정법원은 임시양육결정을 한 경우에는 해당 아동의 주소지를 관할하는 시장·군수·구청장에게 그 결정 사실을 통지하여야 한다.

② 임시양육결정이 이루어진 아동에 대한 임시양육결정이 취소되거나 입양허가의 청구가 기각된 때에도 제1항과 같다. 이 경우 결정 사실을 통지받은 시장·군수·구청장은 지체 없이 해당 아동을 인도받을 자를 지정하여야 한다.

③ 임시양육결정에 따라 양자가 될 아동을 임시양육 중인 양부모가 되려는 사람은 해당 아동에 대한 임시양육결정이 취소되거나 입양허가의 청구가 기각된 경우에는 지체 없이 그 아동을 제2항 후단에 따라 시장·군수·구청장이 지정하는 자에게 인도하여야

한다.

④ 시장·군수·구청장은 양부모가 되려는 사람이 임시양육 중인 아동을 학대·유기하
는 등 대통령령으로 정하는 사유가 있는 경우에는 즉시 보건복지부장관 및 가정법원
에 알리고 해당 아동을 위한 최선의 보호조치를 취하여야 한다.

I. 본조의 취지

입양특례법은 2011. 8. 4.자 전부개정에 의해 입양허가제를 도입하였다. 舊「입양
촉진 및 절차에 관한 특례법」은 양부모될 자의 자격을 민법상 입양보다 엄격하게 규
정하면서도 정작 그 요건 구비에 대해 국가가 적극적으로 심사할 수 있는 방책을 두
고 있지 않았다. 양부모될 자가 가족관계등록법에 따라 입양신고를 할 때 입양기관의
장 등으로부터 발급받은 양부모 자격 확인서를 제출하는 것으로 충분하였으며, 그나
마 허위의 친생자 출생신고 방식으로 입양을 할 때는 확인서마저 제출할 필요가 없었
다. 그 결과 구법에 대해서는 양부모될 자의 적격성에 대한 실질적 심사가 불가능하
여 양자의 복리를 해한다는 비판이 있었다.[1] 이에 본조는 입양특례법에 따른 입양에
도 가정법원의 허가를 받도록 하는 한편, 가정법원이 요건 구비 여부를 실질적으로
심사할 수 있도록 각종의 서류를 첨부하도록 하였다(입양특례법 §11). 이에 대해서는 가
정법원의 허가 대신 보다 간이한 절차에 따라 입양특례법상 입양이 성립할 수 있도록
별도의 제도를 마련해야 한다는 견해도 없지 않다.[2] 그 밖에 입양허가제 도입 필요성
에 대해 자세히는 §867 註釋 참조.

한편 본조는 가정법원에 입양특례법상 입양의 허가 청구 전 양자될 자에 대한
출생신고를 강제하였다는 점에서 중요한 의미가 있다. 舊「입양촉진 및 절차에 관한
특례법」당시에는 입양기관이 직접 미혼모자가족복지시설을 운영하면서 시설에 입소
한 산모들을 상대로 출산 직후에 이른바 '백지식 입양동의'를 받은 후 즉시 아동을 인
도받아 양부모될 자에게 넘겨주면 양부모가 해당 아동에 대해 스스로 허위의 친생자
출생신고를 하는 방식의 입양 관행이 횡행하였다. 이는 협약 §7가 보장하고 있는 '태
어나자마자 즉시 등록될 권리'를 침해하는 것이었을 뿐만 아니라, '가능한 한 부모를

---

1) 김주수(1977), 42; 현소혜(2010), 555.
2) 김상용(2010), 23-24.

알 권리'를 과도하게 제약하는 것이기도 하였다. 친생부모에 관한 정보 보존 및 접근
이 매우 어려워지기 때문이다. 이에 본조는 가정법원에 입양 허가를 청구할 때 '양자
가 될 아동의 출생신고 증빙 서류'를 첨부하도록 강제함으로써 아동의 출생등록될 권
리 및 부모를 알 권리를 보장하고, 허위의 친생자출생신고의 관행을 근절하고자 하였
다(입양특례법 §11 ① i).[3]

다만, 이로 인해 입양특례법 시행 직후 출생신고를 기피하는 산모들이 영아를 유
기하는 현상이 증가하였는지를 둘러싸고 사회적으로 큰 논란이 있었다.[4] 이에 우리
나라에도 프랑스의 익명출산제[5] 또는 독일의 신뢰출산제와 같은 제도를 도입하여 친
생부모의 익명성을 일부 보장해야 한다는 견해가 등장하기 시작하였다.[6] 일부 견해
는 익명출산제가 협약 §7에 따른 부모를 알 권리를 침해한다는 이유로 반대하였으
나,[7] 2023. 10. 31. 「위기 임신 및 보호출산 지원과 아동 보호에 관한 특별법」이 제정
되어 일정한 요건과 절차 하에 위기임산부의 익명출산을 일부 허용하는 이른바 '보호
출산' 제도가 도입되었다.[8] 따라서 위 법이 시행된 2024. 7. 19. 이후로는 입양을 보
내려는 친생부모가 보호출산을 선택하여 출생신고를 하지 않은 채 자기 자녀를 입양
보내는 것이 일부 가능해졌다.

보호출산제에 대해서는 아동의 이익보다 친생부모의 복리를 우선하며, 친권의
자발적 포기를 허용하지 않는 민법의 기본체계에 어긋난다는 점, 보호대상아동 판단
창구를 지방자치단체로 일원화한 아동복지법과도 부합하지 않는다는 점, 아동 출산

---

3) 같은 취지로 장병주(2013), 523.
4) 이러한 논란을 소개하고 있는 문헌으로 권재문(2014), 71−73; 신옥주(2014), 337−338; 엄주희(2016),
   107−108. 영아유기 증가를 이유로 입양특례법의 재개정을 주장하는 견해로 장병주(2013), 524−525; 홍
   정화·장지호(2019), 26−42 참조. 반면 영아유기 증가와 입양특례법 개정은 관계가 없다는 이유로 입양
   특례법 재개정에 반대하는 견해로 권재문(2014), 75−81; 김상용(2013), 2−3; 신옥주(2014), 338−339.
5) 프랑스의 익명출산제는 산모들이 익명출산을 선택한 경우에 아동 출생증명서에 모의 성명을 익명
   ('X')으로 기재할 수 있도록 보장하고, 추후 아동이 모에 관한 정보를 청구하더라도 모 자신의 동의가
   없으면 모를 특정할 수 있는 정보를 아동에게 제공하지 않는 것을 주된 내용으로 한다. 프랑스의 익명
   출산제에 대해 소개하는 문헌으로 김상용(2013), 6; 김현진(2023), 83−100; 안문희(2013), 213−227; 서
   종희(2014), 92−98 참조.
6) 독일의 신뢰출산제는 일정한 절차에 따라 상담을 받은 산모에게만 익명출산을 선택할 수 있도록 하
   고, 자녀가 16세에 달하면, 달리 정하는 법원의 재판이 없는 한 모 자신의 동의가 없더라도 모에 관한
   정보를 자녀에게 제공하는 것을 원칙으로 하고 있다. 독일의 신뢰출산제에 관해 소개하면서 그 도입에
   적극 또는 유보적으로 찬성하는 견해로 권재문(2015), 494−495; 서종희(2014), 119−121, 127−128; 신
   동현(2015), 1869−1886; 신옥주(2014), 348−361; 안경희(2017), 5−37; 엄주희(2016), 105−106, 117−
   118; 한명진(2019), 80−105. 단, 김상용(2013), 4−5은 독일의 신뢰출산제를 소개하면서도 친생부모의
   익명성 보호를 자녀의 알 권리보다 우선하여 친생부모의 신청에 의해 가족관계등록부상 출생기록을 차
   단하는 방안을 제시하고 있다.
7) 김현진(2023), 104−106.
8) 보호출산제에 관해 소개하는 문헌으로 조소연/전민경(2024), 153−154 참조.

후에도 보호출산 신청을 어용해 장애아동에 대한 유기가 증가할 우려가 있다는 점, 생모 보호자의 동의만으로 보호출산과 입양절차가 개시될 수 있다는 점, 생부모의 동의가 있어야만 그 정보가 공개되어 자녀의 부모를 알 권리를 침해한다는 점 등에서 비판하는 견해가 있다.9)

Ⅱ. 입양특례법

1. 가정법원 허가의 법적 성격

입양특례법상 입양을 하려는 사람은 가정법원의 허가를 받아야 하며, 가정법원은 양자가 될 사람의 복리를 위하여 양부모가 될 사람의 입양 동기와 양육능력, 그 밖의 사정을 고려하여 그 청구를 기각할 수 있다(입양특례법 §11 ②). 가정법원이 후견적 입장에서 허가 여부에 대해 재량권을 행사하기 때문에, 재판 절차에 관해서도 라류 가사비송사건 절차에 따른다(「입양특례법의 시행에 관한 대법원규칙」 §11). 입양특례법에서 정한 다른 모든 입양 요건을 갖추었더라도 양자가 될 사람의 복리를 위해 필요한 경우라면 입양허가 청구가 기각될 수 있다는 점에서 입양특례법상 가정법원의 허가는 실질적 성립요건으로서의 성격을 갖는다. 다른 한편 가정법원의 입양허가 인용재판이 확정됨과 동시에 입양특례법상 입양이 성립한다는 점에서 가정법원의 허가는 형식적 성립요건으로서의 성격도 갖는다.

2. 허가재판의 절차

가. 청구권자

입양특례법상 입양 허가를 청구할 수 있는 사람은 양부모가 될 사람 자신이다. 양자가 될 자나 친생부모, 입양기관 등은 청구권한이 인정되지 않는다. 국내에서의 국외입양 사건에서도 같다(입양특례법 §18). 단, 외국에서의 국외입양 사건에서는 외국인으로부터 입양알선을 의뢰받은 입양기관의 장이 가정법원에 입양허가를 신청해야 한다(입양특례법 §19 ①). 이에 대해 자세히는 국제친족법 註釋 참조.

나. 관할

입양특례법에 따른 입양허가신청은 양자가 될 사람의 등록기준지 또는 주소지 가정법원의 전속관할로 한다(「입양특례법의 시행에 관한 대법원규칙」 §2 ①).

---

9) 조소연/전민경(2024), 160-169.

다. 첨부서류

입양특례법상 입양 허가를 청구하는 사람은 다음의 각 서류를 반드시 첨부하여야 한다(입양특례법 §11 ①).

(ㄱ) 양자가 될 아동의 출생신고 증빙서류. 이는 양자가 될 사람의 기본증명서 내지 가족관계증명서로 갈음한다(입양특례법 시행규칙 §9 i).

(ㄴ) 양자될 자가 입양특례법 §9에 따른 자격을 구비하였다는 서류. 이는 지방자치단체의 장이 발급하는 입양 대상 아동 확인서로 갈음한다(입양특례법 시행규칙 §9 ii 가.). 입양 대상 아동 확인서에 관해서는 입양특례법 §9 註釋 참조.

(ㄷ) 양부모될 자가 입양특례법 §10에 따른 자격을 구비하였다는 서류. 이는 입양기관 등이 발급하는 양친교육 이수증명서와 범죄경력 조회 회신서 및 양친 가정조사서로 갈음한다(입양특례법 시행규칙 §9 ii 나.). 이에 대해서는 입양특례법 §10 註釋 참조.

(ㄹ) 입양특례법 §12 및 §13에 따른 입양동의 서류. 이에 대해서는 §12 및 §13 註釋 참조.

라. 심리

가정법원은 허가 여부를 결정함에 있어 라류 가사비송사건에 준해 필요한 사실조사 및 증거조사를 직권으로 할 수 있다(家訴 §38, 家訴規 §23). 이를 위해 가정법원은 입양기관에 양친이 될 사람의 입양의 동기와 양육능력 등을 판단하는데 필요한 자료의 제출을 요구할 수 있다(입양특례법의 시행에 관한 대법원규칙 §4 ①). 가정법원은 양자가 될 사람의 복리를 위해 필요한 경우라면 시장·군수·구청장에게 입양의 동기, 양육의 계획, 동거가족의 구성과 현황, 부양능력, 거주형편 등 양육환경의 조서를 촉탁할 수도 있고, 가사조사관으로 하여금 이를 조사하게 할 수도 있다(같은 조 ② 및 ③).

또한 가정법원이 입양특례법상 입양허가 청구에 관한 재판을 하기 전에는 다음 각 사람의 의견을 들어야 한다(입양특례법의 시행에 관한 대법원규칙 §3). (ㄱ) 양자가 될 사람이 13세 이상이면 양자가 될 사람, (ㄴ) 양친이 될 사람, (ㄷ) 양자가 될 사람의 친생부모, (ㄹ) 양자가 될 사람의 후견인, (ㅁ) 양자가 될 사람에 대하여 친권을 행사하는 자로서 부모 이외의 사람, (ㅂ) 양자가 될 사람의 부모의 후견인. 단, 의견을 들을 수 없거나 그 밖의 특별한 사정이 인정되는 경우에는 그러하지 아니하다(같은 조 단서). 의견을 듣는 방법에는 제한이 없으므로, 서면 또는 구술로 할 수 있고, 증인이나 참고인으로 심문할 수도 있다. 가사조사관을 통해 의견을 들을 수도 있다. 그러나 가정법원이 그 의견에 구속되는 것은 아니다.

3. 허가의 판단기준

　가정법원은 허가 여부를 결정함에 있어 양친이 될 사람의 입양의 동기와 양육능
력 그 밖의 사정을 고려해야 한다(입양특례법 §11 ②). 자세한 의미에 대해서는 §867 및
§908의2 註釋 참조. 또한 가정법원은 입양특례법상 입양 허가시 실질적 성립요건의
구비 여부를 엄격하게 심사할 필요가 있다. 특례법상 입양은 친양자입양과 마찬가지
로 그 허가심판이 확정됨과 동시에 효력을 발생하며(입양특례법 §15), 일단 성립된 후에
는 실질적 성립요건에 하자가 있더라도 그 입양의 무효 또는 취소를 주장하는 것이
매우 제한되어 있기 때문이다(입양특례법 §16). 따라서 엄격한 심사 후 실질적 성립요건
중 전부 또는 일부를 갖추지 못한 것으로 밝혀진 때에는 그 입양 청구를 기각하여야
한다.

4. 재판의 고지와 불복

　입양특례법상 입양 허가에 관한 재판은 입양허가를 청구한 양부모에게 고지해야
한다(비송사건절차법 §18). 입양 허가 청구 인용 재판은 양자가 될 사람의 친생부모 및
법정대리인에게도 고지함이 원칙이나, 친생부모의 소재지를 알 수 없거나 그 밖에 특
별한 사정이 있는 경우에는 친생부모에 대한 고지를 생략한다(입양특례법의 시행에 관한
대법원규칙 §7 ①). 친생부모 등에 대한 고지로 인해 양부모의 개인정보가 침해될 우려
가 있는 경우에는 가정법원이 청구인인 양부모의 주민등록번호, 주소, 등록기준지 등
개인정보의 전부 또는 일부를 삭제하는 조치를 하여 송달할 수 있다(같은 조 ②).
　입양 허가 청구인용 재판에 대해서는 (ㄱ) 양자가 될 사람이 13세 이상이면 양자
가 될 사람, (ㄴ) 양자가 될 사람의 친생부모, (ㄷ) 양자가 될 사람의 후견인, (ㄹ) 양
자가 될 사람에 대하여 친권을 행사하는 자로서 부모 이외의 사람, (ㅁ) 양자가 될 사
람의 부모의 후견인이 즉시항고를 할 수 있다(입양특례법의 시행에 관한 대법원규칙 §8).
입양 허가를 청구한 양부모 자신은 입양 허가재판에 대해 즉시항고를 할 수 없다. 반
면 청구 기각재판에 대해서는 청구인인 양부모만 즉시항고를 할 수 있다(家訴規 §27).
　입양 허가재판 또는 기각재판은 즉시항고 기간이 도과하면 즉시 확정되어 효력
이 발생한다(家訴 §40). 재판이 확정되면 가정법원은 지체 없이 해당 아동의 입양을 알
선한 입양기관 및 해당 아동이 보호의뢰된 보장시설에 그 내용을 통지하여야 한다(입
양특례법의 시행에 관한 대법원규칙 §10 ①).

5. 재판의 효력

입양특례법상 입양 허가 청구 인용 확정재판은 기판력이나 집행력은 없으나, 형성력은 있다. 허가심판이 확정됨으로써 바로 특례법상 입양이 성립하기 때문이다(입양특례법 §15). 별도로 입양신고는 필요하지 않다. 또한 입양허가청구 인용심판이 확정된 후에는 더 이상 친생부모, 후견인 또는 아동 본인이 입양의 승낙 또는 동의의 의사표시를 철회할 수 없다(입양특례법 §12 ⑤).

6. 위반의 효과

가정법원의 허가 없이 입양특례법상 입양신고를 하였다면 입양은 아직 성립하지 않은 것이므로, 양친자관계존부확인의 소를 통해 그 외관을 제거할 수 있다.[10] §908 − 2 註釋 참조. 입양특례법은 이에서 더 나아가 가정법원의 허가 없이 입양특례법상 입양을 행한 자는 3년 이하의 징역 또는 3천만원 이하의 벌금에 처하도록 하고 있다(입양특례법 §44 ① i).

Ⅲ. 국내입양특별법

1. 입양허가제

가. 가정법원 허가의 법적 성격

국내입양특별법 역시 양부모가 되려는 사람이 양자가 될 아동을 입양하려는 경우에는 가정법원의 허가를 받도록 하고 있다(국내입양특별법 §21 ①). 국내입양특별법상 다른 모든 입양 요건을 갖추었더라도 가정법원이 양자가 될 사람의 복리를 위하여 양부모가 될 사람의 입양 동기와 양육능력, 그 밖의 사정을 고려하여 그 청구를 기각할 수 있다는 점(국내입양특별법 §21 ⑤), 가정법원의 입양허가 인용재판이 확정됨과 동시에 국내입양특별법상 입양이 성립한다는 점(국내입양특별법 §26 ①), 따라서 국내입양특별법상 가정법원의 허가는 실질적 성립요건이자 형식적 성립요건으로서의 성격을 갖는다는 점 등은 현행 입양특례법과 같다.

나. 허가재판의 절차

국내입양특별법상 입양 허가를 청구할 수 있는 사람도 양부모가 되려는 사람 자신이다(국내입양특별법 §21 ①). 현행 입양특례법은 외국에서의 국외입양 사건에서 입양

---

10) 현소혜(2013), 94.

기관의 장에게 청구인적격을 인정하고 있으나(입양특례법 §19 ①), 국내입양특별법 및 국제입양법 시행 후에는 이 경우에도 양부모가 되려는 사람이 스스로 입양 허가를 청구해야 한다(국제입양법 §12 ①). 입양허가 사건의 관할도 아동 '주소지'를 관할하는 가정법원으로 한정되었다(국내입양특별법 §21 ①).

입양허가를 청구할 때 첨부해야 하는 서류의 목록도 일부 변경되었다. 즉, 양부모가 되려는 사람은 (ㄱ) 양자가 될 아동의 출생신고 증빙서류, (ㄴ) 국내입양특별법 §13에 따라 지방자치단체의 장이 '양자가 될 아동으로 결정한 서류', (ㄷ) 국내입양특별법 §15 및 §16에 따른 입양 동의 및 승낙의 의사 등에 관하여 확인한 서류, (ㄹ) 국내입양특별법 §20 ②에 따라 보건복지부장관이 발급한 결연확인서, (ㅁ) 그 밖에 아동의 복리를 위하여 대법원규칙으로 정하는 서류를 첨부하여야 한다(국내입양특별법 §21 ①). 현행 입양특례법과 달리 결연확인서 부분이 추가되고, 양친가정조사서 · 양친교육 이수증명서 · 범죄경력 조회 회신서 등 양부모될 자가 법에 따른 자격을 구비하였음을 확인할 수 있는 서류 부분이 삭제되었다. 가정법원의 관련서류 제출 요구 권한, 가사조사관의 조사권한 등 현행 입양특례법의 시행에 관한 대법원규칙상의 조문들도 일부 국내입양특별법으로 편입되었다(국내입양특별법 §21 ② 및 ④). 그 밖에 세부적인 입양허가 청구 절차, 심리 및 허가 등에 필요한 사항은 대법원규칙으로 정하도록 되어있다(국내입양특별법 §21 ⑥).

허가재판 절차와 관련하여 가장 중요한 변화는 "가정법원은 특별한 사정이 없는 한 양자가 될 아동의 복리를 위하여 입양허가에 대한 청구가 있는 날부터 6개월 이내에 입양허가 여부를 결정하여야 한다."는 취지의 조문이 신설된 것이다(국내입양특별법 §21 ③). 헤이그입양협약 §35가 선언하고 있는 신속의 원칙을 실현하기 위함이다.

2. 임시양육결정

국내입양특별법은 '임시양육' 제도를 신설하였다. 임시양육 제도의 의의에 대해서는 입양특례법 §2 및 국내입양특별법 §2 註釋 참조. 본래 양부모되려는 자는 입양허가 결정이 확정된 후에 양자가 될 아동을 인도받는 것이 원칙이나, 가정법원으로부터 임시양육결정을 받은 자는 입양허가 재판 확정 전에도 미리 양자가 될 아동을 인도받아 시험양육하면서 적응 가능성을 시험해 보고, 조기에 애착관계를 형성할 수 있다(국내입양특별법 §27). 임시양육은 가정법원이 결정하며, 국내입양특별법 §21 ①에 따른 입양허가 청구가 있는 경우에 한해 입양허가를 청구한 예비 양부모의 신청 또는 직권으로 할 수 있다(국내입양특별법 §22 ①). 이를 위해 가정법원은 필요한 경우 가사조사관에게 입양 동기, 양육능력 및 양육 환경 등에 관한 조사를 하도록 명할 수 있으며(국내입양특별법 §22 ②), 조사 결과 임시양육이 적당하지 않다고 판단되면 임시양육 결정 신청을 기각할 수 있다. 다만, 임시양육결정 신청 기각 결정에 대해서는 즉시항고가 가능하다(국내입양특별법 §22 ④).

임시양육 결정이 있으면 양자가 될 아동의 친권자의 친권행사는 정지되며, 예비 양부모가 아동의 임시후견인이 되어(국내입양특별법 §22 ③) 아동의 신상과 재산 기타 교양·보호에 관해 포괄적 권한을 가지고, 아동을 직접 양육하게 된다. 가정법원은 임시양육 결정을 하면서 양자가 될 아동의 양육을 위하여 적당하다고 인정되는 처분을 명할 수도 있다(국내입양특별법 §22 ⑤). 가정법원이 임시양육결정을 했다면 해당 아동의 주소지를 관할하는 지방자치단체의 장에게 그 결정 사실을 통지해야 한다(국내입양특별법 §24 ①). 이 경우 지방자치단체의 장은 입양허가가 있기 전까지 정기적으로 아동의 양육상황을 점검하여 필요한 복지서비스를 지원하고, 양육상황 점검보고서를 작성해야 한다(국내입양특별법 §23 ④). 특히 지방자치단체의 장은 양부모가 되려는 사람이 임시양육 중인 아동을 학대·유기하는 등 대통령령으로 정하는 사유가 있는 경우에는 즉시 보건복지부장관 및 가정법원에 알리고 해당 아동을 위한 최선의 보호조치를 취하여야 한다(국내입양특별법 §24 ④). 임시양육 결정 시 아동의 인도에 관해서는 국내입양특별법 §27 註釋 참조.

양육상황 점검 결과 양부모가 되려는 사람의 양육태도에 문제가 있는 등 양자가 될 아동을 양육하기에 적절하지 않은 경우 또는 그 밖에 양부모가 되려는 사람이 양자가 될 아동에 대한 양육을 계속하기 어려운 사정이 있는 경우임이 밝혀지면 가정법원은 입양허가의 청구인, 지방자치단체의 장, 보건복지부장관의 신청 또는 직권으로 임시양육 결정을 취소할 수 있다(국내입양특별법 §23 ① i 및 iv). 국내입양특별법 §15 ④ 및 §16 ④에 따라 법정대리인이 입양 동의 또는 승낙 철회의 의사를 표시하였거나 친생부모가 입양 동의 철회의 의사를 표시한 경우에도 같다(국내입양특별법 §23 ① ii 및 iii). 가정법원이 임시양육 결정을 취소한 결정에 대해서는 누구도 불복할 수 없다(국내입양특별법 §23 ①). 양부모의 양육 적합성 또는 입양 동의 철회 여부 등에 관해 다툼이 있더라도 입양허가 재판 과정에서 심리하는 것으로 충분하기 때문이다. 만약 임시양육 결정 취소가 정당하다면 입양허가 청구도 기각될 것이며, 임시양육 결정 취소가 부당하다면 입양허가 청구가 인용될 수 있다. 반면 임시양육결정 취소신청을 기각한 결정에 대해서는 즉시항고가 가능하다(국내입양특별법 §23 ②).

임시양육결정이 취소되면 예비 양부모는 즉시 임시후견인으로서의 지위를 상실하며, 지방자치단체의 장이 아동에 대해 입양의 보호조치를 결정할 당시의 법정대리인이 그 아동의 법정대리인 역할을 수행한다(국내입양특별법 §23 ③). 단, 예비 양부모가 아동을 양육하기에 적절하지 않거나 양육을 계속하기 어려운 사정이 있어서 임시양육 결정이 취소되었다면 아동의 주소지(아동의 건강상 사유 등 대통령령으로 정한 사유가 있으면 입양허가를 신청한 양부모가 되려는 사람의 주소지)를 관할하는 지방자치단체의 장이 해당 아동의 후견인이 된다(국내입양특별법 §23 ④). 임시양육결정의 취소 결정이나 입양허가 청구 기각 결정을 한 가정법원은 그 사실을 해당 아동의 주소지를 관할하는 지방자치단체의 장에게 통지해야 하며, 통지받은 지방자치단체의 장은 지체 없이 해당 아동을 인도받을 자를 지정해야 한다(국내입양특별법 §24 ① 및 ②). 임시양육결정에 따라 양자가 될 아동을 임시양육 중이었던 자는 임시양육결정이 취소되거나 입양허가 청구가 기각된 경우에 지체 없이 지방자치단체의 장이 지정한 자에게 아동을 인도해야 한다(국내입양특별법 §24 ③).

第12條 (입양의 동의)

① 제9조 각 호의 어느 하나에 해당하는 아동을 양자로 하려면 친생부모의 동의를 받아야 한다. 다만, 다음 각 호의 어느 하나에 해당하는 경우에는 그러하지 아니한다.
   1. 친생부모가 친권상실의 선고를 받은 경우
   2. 친생부모의 소재불명 등의 사유로 동의를 받을 수 없는 경우
② 친생부모가 제1항 단서의 사유로 인하여 입양의 동의를 할 수 없는 경우에는 후견인의 동의를 받아야 한다.
③ 제9조제2호에 해당하는 아동을 양자로 하고자 할 경우에는 보호의뢰 시의 입양동의로써 제1항에 따른 입양의 동의를 갈음할 수 있다.
④ 13세 이상인 아동을 입양하고자 할 때에는 제1항 또는 제2항에 따른 동의권자의 동의 외에 입양될 아동의 동의를 받아야 한다.
⑤ 제1항부터 제4항까지의 규정에 따른 동의는 제11조제1항의 허가가 있기 전에는 철회할 수 있다.
⑥ 제1항부터 제4항까지의 규정에 따른 입양의 동의 또는 제5항에 따른 입양동의의 철회는 서면으로 하며, 동의에 필요한 사항은 보건복지부령으로 정한다.

第13條 (입양동의의 요건 등)

① 제12조제1항에 따른 입양의 동의는 아동의 출생일부터 1주일이 지난 후에 이루어져야 한다.
② 입양동의의 대가로 금전 또는 재산상의 이익, 그 밖의 반대급부를 주고받거나 주고받을 것을 약속하여서는 아니 된다.
③ 입양기관은 제12조제1항에서 정한 입양동의 전에 친생부모에게 아동을 직접 양육할 경우 지원받을 수 있는 사항 및 입양의 법률적 효력 등에 관한 충분한 상담을 제공하여야 하며, 상담내용 등에 대하여는 보건복지부령으로 정한다.
④ 입양기관은 제12조제4항에서 정한 입양동의 전에 입양될 아동에게 입양동의의 효과 등에 관한 충분한 상담을 제공하여야 하며, 상담내용 등에 대하여는 보건복지부령으로 정한다.

▌참고문헌: 김문숙(2004), "국제입양에 있어서 아동의 보호 및 협력에 관한 헤이그 협약: 한국의 가입 가능성의 관점에서", 국제사법 10; 김상용(2010), "『입양촉진 및 절차에 관한 특례법』의 개선방향: 국내 입양을 중심으로", 가족법연구 Ⅲ; 김상용(2012), "개정 양자법 해설", 법조 61-5; 김주수(1977), "입양 특례법해설", 사법행정 18-4; 장병주(2013), "개정 입양제도의 문제점과 개선방향 -개정민법과 입양 특례법을 중심으로-", 법학논고 41; 조은희(2013), "자의 복리를 위한 친양자제도", 서울법학 21-2; 현소혜(2010), "익명입양 제도의 문제점과 대응방안", 민사법학 50; 현소혜(2013), "개정민법상 입양과 입양특례법상 입양 -체계정합성의 관점에서-", 가족법연구 27-1; 홍창우(2008), "민법상 친양자 제도에 관하여", 인권 381.

제15조(입양의 의사표시) ① 양자가 될 아동은 다음 각 호의 구분에 따라 입양의 승낙을 하여야 한다.

　1. 양자가 될 아동이 13세 이상인 경우(입양허가 청구 후 제21조에 따른 가정법원의 입양허가 여부 결정 전에 13세에 달한 경우에도 같다)에는 법정대리인의 동의를 받아 입양을 승낙할 것

　2. 양자가 될 아동이 13세 미만인 경우에는 법정대리인이 그를 갈음하여 입양을 승낙할 것

② 가정법원은 다음 각 호의 어느 하나에 해당하는 경우에는 제1항제1호에 따른 동의 또는 같은 항 제2호에 따른 승낙이 없더라도 제21조제1항에 따른 입양허가를 할 수 있다.

　1. 법정대리인이 정당한 이유 없이 동의 또는 승낙을 거부하는 경우. 다만, 법정대리인이 친권자인 경우에는 제16조제2항의 사유가 있어야 한다.

　2. 법정대리인의 소재를 알 수 없는 등의 사유로 동의 또는 승낙을 받을 수 없는 경우

③ 제2항제1호의 경우 가정법원은 법정대리인을 심문하여야 한다.

④ 제1항제1호에 따른 동의 또는 같은 항 제2호에 따른 승낙은 제21조제1항에 따른 입양허가가 있기 전까지 철회할 수 있다.

⑤ 제1항에 따른 입양의 동의 및 승낙, 제4항에 따른 철회는 보건복지부령으로 정하는 바에 따라 서면으로 한다.

국내입양특별법 제16조(입양에 대한 친생부모의 동의) ① 양자가 될 아동은 친생부모의 동의를 받아야 한다. 다만, 다음 각 호의 어느 하나에 해당하는 경우에는 그러하지 아니하다.

1. 친생부모가 제15조제1항제1호에 따른 동의를 하거나 같은 항 제2호에 따른 승낙을 한 경우
2. 친생부모가 친권상실의 선고를 받은 경우
3. 친생부모의 소재를 알 수 없는 등의 사유로 동의를 받을 수 없는 경우

② 가정법원은 다음 각 호의 어느 하나에 해당하는 사유가 있는 경우에는 친생부모가 동의를 거부하더라도 제21조제1항에 따른 입양허가를 할 수 있다. 이 경우 가정법원은 친생부모를 심문하여야 한다.

1. 친생부모가 자신에게 책임이 있는 사유로 3년 이상 자녀에 대한 부양의무를 이행하지 아니하고 면접교섭을 하지 아니한 경우
2. 친생부모가 자녀를 학대 또는 유기(遺棄)하거나 그 밖에 자녀의 복리를 현저히 해친 경우

③ 제1항에 따른 동의는 제21조제1항에 따른 입양허가가 있기 전까지 철회할 수 있다.
④ 제1항에 따른 입양의 동의, 제3항에 따른 철회는 보건복지부령으로 정하는 바에 따라 서면으로 한다.

국내입양특별법 제17조(입양 승낙 및 동의의 요건 등) ① 제15조제1항제2호에 따른 입양의 승낙, 제16조제1항에 따른 입양의 동의는 아동의 출생일부터 7일이 지난 후에 이루어져야 한다.
② 제15조제1항에 따른 입양의 동의 및 승낙, 제16조제1항에 따른 입양의 동의는 자유로운 의사로 결정되고 표시되어야 하며, 입양의 동의 및 승낙의 대가로 금전 또는 재산상의 이익, 그 밖의 반대급부를 주고받거나 주고받을 것을 약속하여서는 아니 된다.
③ 시·도지사등은 제15조제1항에 따른 입양의 동의 및 승낙 전에 양자가 될 아동 또는 법정대리인에게 그 동의 및 승낙의 효과 등에 관한 충분한 상담을 제공하여야 하며, 상담내용 등에 관하여는 보건복지부령으로 정한다.
④ 시·도지사등은 제16조제1항에 따른 입양의 동의 전에 친생부모에게 아동을 직접 양육할 경우 지원받을 수 있는 사항, 입양의 법률적 효력 및 입양아동의 입양정보 공개청구권 등에 관한 충분한 상담을 제공하여야 하며, 상담내용 등에 관하여는 보건복지부령으로 정한다.
⑤ 시·도지사등은 친생부모에게 제16조제1항에 따른 동의 전까지 숙식, 의료 등 적절한 지원을 제공할 수 있다.

I. 본조의 취지

입양특례법 §12 및 §13는 특례법에 따른 입양의 실질적 성립요건 중 하나로서 친생부모의 동의 및 아동 본인의 동의를 규정하고, 동의의 주체 및 방법·요건, 철회의 시기, 동의면제사유 등에 대해 상세히 정하고 있다. '입양동의'에 관해서만 규정하고, 양자될 자 본인의 승낙이나 법정대리인에 의한 대락 등을 입양의 실질적 성립요건으로 열거하지 않는다는 점에서 입양특례법상 입양은 민법상 일반입양이나 친양자입양과 달리 당사자의 의사에 기초한 계약형 입양이 아니라, 기관입양으로서의 성격을 갖는다. 이는 입양특례법 §12 ④이 입양당사자인 13세 이상인 아동 자신의 입양의 의사표시를 "승낙"이 아니라 "동의"로 표현하고 있는 것에 비추어 보아도 명백하다. 기관입양에서 입양당사자들의 의사는 '동의'의 형식으로 반영될 뿐이며,[1] 본인 또는 법정대리인에 의한 승낙이나 동의는 별도로 요구되지 않는다.[2] 이에 대해서는 입양특례법상 입양에도 민법상 입양에 관한 규정이 준용되는 이상, 이는 계약형 입양으로서의 성격을 가지며, 따라서 법정대리인 또는 아동 본인에 의한 승낙의 의사표시가 필요하다는 반대설이 있다.[3]

II. 입양특례법

1. 동의의 주체

가. 아동 본인

13세 이상인 아동을 입양하려면 입양될 아동 본인의 동의를 받아야 한다(입양특례법 §12 ④). 입양특례법상 입양이 성립하면 친생부모와의 관계가 단절되고, 양부모의 친생자와 같은 지위를 갖게 되는 등 그의 신분관계에 중대한 변동이 발생하므로, 아동 본인의 의사를 최대한 존중할 필요가 있다.

나. 친생부모

입양특례법상 입양이 성립하려면 양자될 자의 친생부모의 동의도 받아야 한다(입양특례법 §12 ①). 이는 친생부모 자신의 입양절차 참여권을 보장하기 위한 것이므로,

---

1) 양자될 자 본인의 의사를 "승낙"이 아닌 "동의"의 형태로만 반영하는 것 자체가 아동의 자기결정권에 반한다는 견해로 김상용(2010), 45; 김주수(1977), 43; 장병주(2013), 521.
2) 현소혜(2010), 558-560 참조.
3) 김상용(2010), 42-43; 장병주(2013), 520-521. 동 견해는 동법 §13에 따라 후견인의 지위를 취득하는 입양기관의 장이 법정대리인으로서 승낙의 의사표시를 한다고 보았다.

입양될 아동이 13세 이상이어서 스스로 입양동의권을 행사하고 있더라도 친생부모의 입양 동의는 별도로 필요하다. 동의권을 행사하는 친생부모의 의미에 대해서는 §870 및 §908-2 註釋 참조.

2. 동의면제 사유

친생부모라도 친권상실선고를 받은 경우 또는 소재불명 등의 사유로 그의 동의를 받을 수 없는 경우에는 그의 동의 없이 입양특례법상 입양이 가능하다(입양특례법 §12 ① i 및 ii). 친생부모가 친권의 일부제한 또는 일시정지 재판을 받았다는 것만으로는 이에 해당하지 않는다. 친생부모가 입양기관의 장에게 입양을 의뢰하면서 아동을 인도하면 그의 친권행사가 정지되지만(입양특례법 §22 ②), 그것만으로 친생부모의 동의 요건이 면제되는 것도 아니다. 친권상실 또는 소재불명으로 인한 입양 동의면제 사유의 취지 및 내용 등에 대해서는 §870 註釋 참조. §870 ① i는 친생부모가 법정대리인으로서 입양동의권을 행사하거나 입양의 대락을 한 경우도 친생부모의 동의면제 사유로 규정하나, 이는 입양특례법상 입양에 준용할 여지가 없다. 입양특례법상으로는 친생부모가 법정대리인 자격에서 입양의 동의나 대락을 할 여지 자체가 없기 때문이다. 반면 §908-2 ② ii 및 iii에 따른 동의면제 사유는 입양특례법상 입양에도 준용된다. 즉, 친생부모가 자신에게 책임 있는 사유로 3년 이상 자녀에 대한 부양의무를 이행하지 않고 면접교섭을 하지 않은 경우 또는 친생부모가 자녀를 학대·유기하거나 그 밖에 자녀의 복리를 현저히 해친 경우라면 그의 입양 동의 없이도 입양특례법상 입양이 가능하다. 입양특례법상 입양은 친양자입양과 동일한 효과를 가지므로, 일반입양상 친생부모의 동의면제 사유인 §870 ②보다 강화된 친양자입양상 동의면제 사유를 적용해야 할 것이다.[4] 친생부모의 동의면제 사유에 대해 자세히는 §908-2 註釋 참조.

3. 후견인에 의한 입양동의

친생부모가 동의면제 사유에 해당하여 스스로 입양의 동의를 할 수 없는 경우에는 후견인의 동의를 받아야 한다(입양특례법 §12 ②). 친생부모가 친권상실선고를 받은 경우라면 통상 친권상실 재판 당시 선임된 미성년후견인이, 친생부가 소재불명 등인 경우라면 입양특례법 §22 ①에 따라 후견인으로 간주되는 입양기관의 장이 입양동의권을 대신 행사한다. 후견인이 입양동의권을 행사할 때 가정법원의 허가가 필요한 것

---

4) 현소혜(2013), 102-103.

은 아니다.5) 입양 재판 내에서 후견인의 입양동의권 행사 여부의 정당성이 심리될 수 있기 때문이다. 후견인도 소재불명 등으로 인해 동의권을 행사할 수 없는 경우 또는 후견인이 정당한 이유 없이 동의를 거부하는 경우라면 §908−2 ② i 본문 및 §869 ③ ii에 준해 그의 동의 없이 입양특례법상 입양이 가능하다고 볼 것이다.

한편 입양특례법상 후견인의 입양동의권은 친생부모에 의한 동의가 불가능한 경우에 한해 보충적으로 기능하므로, 친생부모가 아동을 입양기관의 장에게 인도하면서 그의 친권이 정지되고, 입양기관의 장이 새롭게 후견인의 지위를 취득하더라도 (§22), 친생부모에게 친권상실이나 소재불명 등의 사유가 없는 이상 후견인의 동의로 친생부모의 동의를 대체할 수는 없다. 다만, 이에 대해서는 일단 친생부모의 친권이 정지된 이상 후견인인 입양기관의 장이 법정대리인으로서 입양의 승낙을 대신하는 등 입양 절차를 진행해야 한다는 반대 견해가 있다.6)

입법론적으로는 입양특례법 §12 ②을 삭제할 필요가 있다.7) 舊 민법(2012. 2. 10. 개정 전) §871은 현행 입양특례법 §12 ②과 같이 친생부모가 입양동의를 할 수 없는 경우에 후견인의 동의를 받도록 규정하고 있었으나, 현재는 해당 규정이 삭제되었다. 따라서 민법상 일반입양 또는 친양자입양에서는 친생부모에게 동의면제 사유가 있더라도 후견인이나 다른 직계존속의 동의가 필요하지 않다. 동의면제 제도는 친생부모 측의 사유로 아동의 입양이 지연되어 아동의 복리를 해치는 일이 발생하지 않도록 하기 위해 도입된 것인데, 이 경우 후견인의 입양동의를 요구한다면 입양의 신속성 원칙을 해하기 때문이다. 입양특례법 §12는 양자의 의사결정을 보충하기 위한 조문이 아니라 친생부모의 절차참여권을 보장하기 위한 조문이라는 점, 따라서 그 주체 역시 법정대리인이 아닌 친생부모로 한정되어 있다는 점에 비추어 보더라도 후견인이 친생부모에 갈음하여 동의권을 행사하도록 하는 것은 조문의 목적과 정합되지 않는 부분이 있다.

4. 동의의 요건 등

가. 동의의 방법

입양의 동의는 서면으로 해야 한다(입양특례법 §12 ⑥). 친생부모이건 아동 본인이건 같다. 구술 또는 묵시적 의사표시에 의한 동의 등이 허용되는 민법상 입양과는 차

---

5) 개정전 입양특례법에 관한 해석으로 같은 입장을 취한 것으로 김문숙(2004), 378; 박동섭, 주석, 382; 현소혜(2010), 557.
6) 김상용(2012), 14.
7) 현소혜(2013), 101−102.

이가 있다. 이를 위해 입양특례법 시행규칙은 입양동의서 서식을 제공하고 있다(입양특례법 시행규칙 §10 및 별지 제8호 서식). 위 서식에 따르면 13세 이상의 아동이 직접 입양에 동의하는 경우에는 양부모될 자가 특정되어 있어야 하나, 친생부모는 양부모될 자를 특정하지 않은 채 입양동의권을 행사할 수 있다. 백지식 동의가 허용되는 것이다. 계약형 입양 구조를 취하고 있는 민법상 일반입양 또는 친양자입양이 계약의 상대방인 양부모될 자가 특정되지 않은 상태에서 백지식 동의 내지 포괄적 동의를 허용하지 않는 것과 대비된다.

한편 입양특례법 §12 ③은 보호의뢰시의 입양동의로써 입양의 동의를 갈음할 수 있다고 규정한다. 보호의뢰 시 입양동의에 의해 이미 자녀를 유기한 친생부모에게 양부모 결정에 대한 참여권을 부여하는 것은 실익이 없을 뿐만 아니라, 실제 입양 성립시 소재불명이나 연락두절로 그의 동의를 받을 수 없는 경우가 많다는 점을 고려한 것이다.8) 따라서 일단 백지식 동의를 한 후 구체적인 입양 절차가 진행되어 양부모가 특정된 후에도 친생부모는 재차 입양의 동의를 할 필요가 없다. 불필요한 이중 동의를 피하기 위한 것이라고 한다.9) 따라서 소재불명 등의 사유로 인해 친생부모의 동의를 받을 수 없는 경우라도, 보호의뢰시 이미 백지식 동의가 있었다면, 입양특례법 §12 ②에 따른 후견인의 동의를 받을 필요가 없다.10)

그러나 이러한 백지식 동의 제도에 대해서는 친생부모의 입양절차 참여권을 침해할 우려가 있으므로, 함부로 허용되어서는 안 된다는 비판이 있다.11) 입양절차 진행 과정에서 친생부모의 소재불명이나 연락두절 등으로 인해 재차 입양 동의를 구하는 것이 어려울 수는 있으나, 이 문제는 동의면제 제도를 통해 해결할 수 있다. 친생부모가 보호의뢰 시에 이미 입양동의를 했더라도 양부모될 자가 확정된 후에 다시 한 번 그의 입양동의 여부를 확인하는 것은 입양동의 철회의 기회를 제공하고, 원가정 양육의 원칙을 실현한다는 측면에서 매우 중요한 의미가 있다. 물론 현행법의 해석으로는 보호의뢰 당시의 백지식 동의만으로도 입양특례법상 입양 성립이 가능하며, 가정법원의 입양허가 재판이 확정된 이상 백지식 동의였음을 이유로 그 입양의 무효나 취소를 구하는 것도 허용되지 않는다(입양특례법 §16).12)

---

8) 김상용(2010), 53-54.
9) 김주수(1977), 43.
10) 현소혜(2010), 564.
11) 현소혜(2010), 583-584, 588-589.
12) 홍창우(2008), 52.

나. 동의의 시기

친생부모의 입양동의는 아동의 출생일부터 1주일이 지난 후에 이루어져야 한다 (입양특례법 §13 ①). 아동이 태어나기 전에 미리 해 놓은 입양 동의는 효력이 없다. 과거에도 출산 전의 입양동의는 무효라는 견해[13]가 유력했으나, 실무상 출산 전에 미리 동의를 받아 놓는 경우가 없지 않았다. 이에 2011. 8. 4.자 개정 입양특례법은 입양의 동의는 자녀의 출생 후에만 가능함을 명시하였다. 한편 자녀 출생 후 이루어진 입양 동의라도 그 시기가 자녀 출생 후 1주일 내라면 아무런 효력이 없다.[14] 출산 직후 생모는 불안정한 심리상태로 인해 성급한 결정을 내리기 쉬우므로, 이를 막기 위해 이른바 '숙려기간' 제도를 도입한 것이다.[15]

다. 동의의 무상성

입양특례법은 입양 동의의 무상성 원칙을 선언하고 있다. 즉, 입양동의의 대가로 금전 또는 재산상의 이익, 그 밖의 반대급부를 주고받거나 주고받을 것을 약속하여서는 안 된다(입양특례법 §13 ②). 입양에 수반하는 재정적 이익은 아동 최선의 이익에 반하는 아동 매매를 조장할 위험이 있기 때문이다. 입양 동의의 대가로 금전 등을 수수하는 내용의 계약은 강행법규 위반 내지 양속위반의 법률행위로서 무효이며, 그러한 약정에 기초한 입양동의 역시 무효이다.

라. 설명 후 동의(informed consent)

입양기관은 입양 동의 전 친생부모 및 아동에게 충분한 상담을 제공해야 한다(입양특례법 §13 ③ 및 ④). 성급한 입양동의 결정으로 인한 부작용을 막는 한편, 원가정 양육 지원에 관한 충분한 사전안내를 통해 원가정 양육의 원칙을 실현하는 데 목적이 있다. 이를 위해 입양기관은 입양 동의 전에 친생부모에게 (ㄱ) 아동을 직접 양육할 경우 지원받을 수 있는 사항 및 양육에 관한 정보, (ㄴ) 입양의 법률적 효력 및 파양, (ㄷ) 입양동의의 요건 및 입양동의의 철회, (ㄹ) 입양절차, (ㅁ) 입양정보공개청구에 관해 충분한 상담을 제공해야 하며, 13세 이상의 입양될 아동에게는 위 각 사항과 더불어 (ㅂ) 양친이 될 사람에 관한 정보도 제공해야 한다(입양특례법 시행규칙 §11). 위 규정은 단속규정에 불과하므로, 충분한 상담이 제공되지 않은 상태에서 이루어진 입양동의가 당연히 무효인 것은 아니다. 다만, 입양기관이 이러한 상담을 제대로 제공하지 않은 결과 입양의뢰된 사람의 권익을 해친 경우에 보건복지부장관 또는 시·도지사는

---

13) 김상용-(2010), 52-53.
14) 김상용-(2012), 14.
15) 윤진수, 249.

입양기관에 대해 6개월 이내의 업무정지를 명하거나 허가를 취소할 수 있다(입양특례법 §39 ① ii).

5. 동의의 철회

입양특례법 §12에 따른 친생부모와 입양될 아동의 입양동의는 가정법원에 의한 입양허가가 있기 전까지 철회할 수 있다(입양특례법 §12 ⑤). 친생부모에게 숙려기간을 충분히 보장하고, 원가정 보호를 장려하기 위한 조문이다.[16] 이때 "허가가 있기 전"이라 함은 가정법원에 의한 입양허가 청구 인용심판 확정 전을 의미한다. 자세한 내용은 §869 註釋 참조. 입양동의의 철회 역시 법정 입양동의철회서 서식에 따라 서면으로 해야 한다(입양특례법 §12 ⑥). 친생부모가 입양동의를 철회하면 그 순간 정지되었던 친생부모의 친권이 부활한다. 입양특례법 §22 註釋 참조.

Ⅲ. 국내입양특별법

국내입양특별법은 현행 입양특례법이 택하고 있는 기관입양 구조를 폐지하고, 이를 계약형 입양으로 전환하였다. 제4장 제2절 前註 참조. 따라서 현행 입양특례법상 입양동의에 관한 조문은 (ㄱ) 양자가 될 아동 본인의 입양승낙과 법정대리인의 동의에 관한 조문(아동이 13세 이상인 경우), (ㄴ) 양자가 될 아동의 법정대리인 대락에 관한 조문(아동이 13세 미만인 경우), (ㄷ) 친생부모의 동의에 관한 조문으로 재구조화되었다.

1. 양자될 아동이 13세 이상인 경우

양자가 될 아동이 13세 이상인 경우에는 스스로 입양 승낙의 의사표시를 하되, 법정대리인의 동의를 받아야 한다(국내입양특별법 §15 ① i). 이때 아동이 13세 이상인지는 입양허가 청구 시가 아니라 가정법원의 입양허가 재판 시를 기준으로 결정한다. 따라서 입양허가 청구 후 가정법원의 입양허가 여부 결정 전에 아동이 13세에 달한 경우에도 아동이 스스로 입양승낙의 의사표시를 해야 한다(국내입양특별법 §15 ① i). 아동의 부족한 의사결정능력을 보충하기 위해 아동이 스스로 입양을 승낙할 때는 법정대리인의 동의를 받도록 하였으나, 법정대리인이 정당한 이유 없이 동의를 거부하는 경우나 법정대리인의 소재를 알 수 없는 등의 사유로 동의를 받을 수 없으면 그의 동의 없이 입양허가를 할 수 있다(국내입양특별법 §15 ②). 이때 법정대리인에는 친권자와

---

16) 김상용(2012), 14; 조은희(2013), 22.

미성년후견인이 모두 포함될 수 있으나, 법정대리인이 친권자인 경우로서 정당한 이유 없이 동의를 거부하고 있다면, 그가 자신에게 책임 있는 사유로 3년 이상 자녀에 대한 부양의무를 이행하지 않고 면접교섭을 하지 않는 경우 또는 친생부모가 자녀를 학대·유기하거나 그 밖에 자녀의 복리를 현저히 해친 경우에 한해서만 그의 동의 없이 입양 허가가 가능하다(국내입양특별법 §15 ② i 단서 및 §16 ②). 또한 법정대리인이 정당한 이유 없이 동의를 거부하고 있다는 이유로 입양을 허가하려면 가정법원은 법정대리인을 심문하여야 한다(국내입양특별법 §15 ④). 조문의 상세한 의미는 대체로 §908-2 註釋 참조.

2. 양자될 아동이 13세 미만인 경우

양자될 아동이 13세 미만이면 법정대리인이 그에 갈음하여 입양을 승낙한다(국내입양특별법 §15 ① ii). 단, 법정대리인이 정당한 이유 없이 승낙을 거부하는 경우나 법정대리인의 소재를 알 수 없는 등의 사유로 승낙을 받을 수 없으면 그의 승낙 없이 입양허가를 할 수 있다(국내입양특별법 §15 ②). 이때 법정대리인에는 친권자와 미성년후견인이 모두 포함될 수 있으나, 법정대리인이 친권자인 경우로서 정당한 이유 없이 동의를 거부하고 있다면, 그가 자신에게 책임 있는 사유로 3년 이상 자녀에 대한 부양의무를 이행하지 않고 면접교섭을 하지 않는 경우 또는 친권자가 자녀를 학대·유기하거나 그 밖에 자녀의 복리를 현저히 해친 경우에 한해서만 그의 승낙 없이 입양 허가가 가능하다(국내입양특별법 §15 ② i 단서 및 §16 ②). 이 경우 가정법원은 친권자를 심문하여야 한다(국내입양특별법 §15 ④). 조문의 상세한 의미는 대체로 §908-2 註釋 참조.

3. 친생부모의 동의

양자될 아동이 13세 이상인지 여부를 불문하고 입양특례법상 입양이 성립하려면 친생부모의 동의를 받아야 한다(국내입양특별법 §16 ①). 단, 친생부모가 이미 법정대리인인 친권자로서 입양동의(아동이 13세 이상인 경우)를 하였거나 입양의 대락(아동이 13세 미만인 경우)을 하였다면 이를 생략할 수 있다(국내입양특별법 §16 ① 단서 i). 친생부모가 법정대리인으로서의 입양동의권 또는 대락권을 행사하지 않은 경우라면, 친생부모의 입양동의를 별도로 받아야 함이 원칙이나, 친생부모가 친권상실의 선고를 받은 경우 또는 친생부모의 소재를 알 수 없는 등의 사유로 동의를 받을 수 없는 경우에는 그의 동의 없이 입양을 허가할 수 있다(국내입양특별법 §16 ① 단서 ii 및 iii). 더 나아가 친생부모가 입양동의를 거부하고 있는 경우라도, 자신에게 책임 있는 사유로 3년 이상 자녀에 대한 부양의무를 이행하지 않고 면접교섭을 하지 않는 경우 또는 친생부모가 자녀를 학대·유기하거나 그 밖에 자녀의 복리를 현저히 해친 경우라면 그의 동의 없이 입양허가를 할 수 있다(국내입양특별법 §16 ②). 이 경우 가정법원은 친생부모를 심문하여야 한다(같은 항 2문). 조문의 상세한 의미는 대체로 §908-2 註釋 참조.

4. 입양승낙 또는 동의의 요건 등

입양의 승낙 또는 동의는 서면으로 해야 한다는 점(국내입양특별법 §15 ⑤ 및 §16 ④), 아동의 출생일부터 1주일이 지난 후에 이루어져야 한다는 점(국내입양특별법 §17 ①), 입양의 동의 및 승낙의 대가로 금전 또는 재산상의 이익 그 밖의 반대급부를 주고받거나 주고받을 것을 약속해서는 안 된다는 점(국내입양특별법 §17 ②), 입양의 동의 및 승낙 전에 양자가 될 아동 또는 법정대리인에게 그 동의 및 승낙의 효과 등에 관한 충분한 상담을 제공해야 한다는 점(국내입양특별법 §17 ③), 입양의 동의 전에 친생부모에게 아동을 직접 양육할 경우 지원받을 수 있는 사항, 입양의 법률적 효력 및 입양아동의 입양정보 공개청구권 등에 관한 충분한 상담을 제공해야 한다는 점(국내입양특별법 §17 ④), 입양의 승낙 또는 동의를 가정법원의 입양허가가 있기 전까지 서면으로 철회할 수 있는 점(국내입양특별법 §15 ④, ⑤ 및 §16 ③, ④) 등은 현행 입양특례법과 같다.

다만, 과거 입양기관이 직접 미혼모자가족복지시설을 운영하면서 미혼모에게 부당한 입양권유를 하였던 관행에 대한 반성적 고려로 국내입양특별법은 입양의 승낙 및 동의 전반에 걸쳐 "자유로운 의사로 결정되고 표시되어야" 함을 명시적으로 선언하는 한편(국내입양특별법 §17 ②), 아동이나 법정대리인·친생부모에게 상담을 제공하는 주체를 입양기관에서 지방자치단체의 장으로 변경하였다(국내입양특별법 §17 ③ 및 ④). 또한 지방자치단체의 장은 친생부모가 입양에 동의하기 전까지 숙식, 의료 등 적절한 지원을 제공할 수 있다(국내입양특별법 §17 ⑤).

第 14 條 (입양의 효과)
이 법에 따라 입양된 아동은 「민법」상 친양자와 동일한 지위를 가진다.

▌**참고문헌:** 김상용(2010), "『입양촉진 및 절차에 관한 특례법』의 개선방향: 국내입양을 중심으로", 가족법연구 Ⅲ; 김상용(2012), "개정 양자법 해설", 법조 61-5

국내입양특별법 제25조(입양의 효력) 이 법에 따라 입양된 아동은 「민법」에 따른 친양자와 동일한 지위를 가진다.

I. 본조의 취지

본조는 입양특례법에 따른 입양의 효과를 정하기 위한 조문이다. 舊「입양촉진 및 절차에 관한 특례법」에는 입양의 효과에 관한 규정이 없었다. "이 법에 의하여 양자로 되는 자는 양친이 원하는 때에는 양친의 성과 본을 따른다"는 규정이 있었을 뿐이다(같은 법 §8 ①). 한편 한편 같은 법은 1995. 1. 5. 전부개정 당시부터 "입양에 관하여 이 법에 특별히 규정되어 있는 사항을 제외하고는 민법이 정하는 바에 의한다."고 규정하고 있었고(같은 법 §26), 당시 민법에는 일반입양제도만이 존재하고 있었을 뿐이므로, 실무상 위 법에 따른 입양은 모두 일반입양에 따른 효과, 즉 불완전입양의 효과만을 갖는 것으로 해석되어 왔다.

그러나 이에 대해서는 완전입양의 효과를 원하는 수범자의 기대에 부응하지 못한다는 점, 동법의 적용대상인 보호 대상 아동은 친생부모와의 관계가 사실상 단절되어 있는 경우가 대부분이라는 점, 그럼에도 불구하고 일반입양으로서의 효과만을 부여하는 결과 허위의 친생자출생신고에 의한 입양이라는 탈법적 행태가 만연하고 있다는 점,[1] 양자가 언제나 양부의 성과 본을 따를 수 있도록 해야 한다는 점[2] 등의 비

[1] 김상용(2010), 63-64; 김상용(2012), 14.
[2] 최금숙, 127.

판이 있었다. 한편 민법도 2005. 3. 31.자 개정에 의해 완전양자의 효과를 갖는 친양자입양 제도를 도입하였다. 이에 2011. 8. 4. 전부개정된 「입양특례법」은 입양의 효과에 관한 규정을 신설하고, 동법에 따른 입양에 친양자입양의 효과를 부여하였다(입양특례법 §14).

II. 친양자입양의 효과

입양특례법에 따라 입양된 아동에게 민법에 따른 친양자와 동일한 지위를 인정한다는 것은 두 가지 의미가 있다. 첫째, 입양특례법에 따른 양자는 양부모의 혼인중 출생자로 본다(§908-3 ①). 다만, 입양특례법상 입양은 독신자도 할 수 있으므로, 이 경우 양자는 양부모의 친생자로 간주될 뿐이다. 둘째, 입양특례법에 따른 입양이 확정된 순간 입양 전의 친족관계, 특히 친생부모와의 관계는 모두 종료한다(§908-3 ②). 따라서 양자는 입양 확정과 동시에 양부의 성과 본을 따르며,[3] 친권 역시 양부모에게 이전된다. 그 밖에 친양자입양의 효과에 대해서는 §908-3 註釋 참조. 국내입양특별법도 동법에 따른 입양의 효과에 관해 입양특례법의 태도를 그대로 유지하였다(국내입양특별법 §25).

---

3) 윤진수, 250.

第 15 條 (입양의 효력발생)

이 법에 따른 입양은 가정법원의 인용심판 확정으로 효력이 발생하고, 양친 또는 양자는 가정법원의 허가서를 첨부하여 「가족관계의 등록 등에 관한 법률」에서 정하는 바에 따라 신고하여야 한다.

▌참고문헌: 김상용(2012), "개정 양자법 해설", 법조 61-5.

국내입양특별법 제26조(입양의 효력발생) ① 이 법에 따른 입양은 가정법원의 인용심판 확정으로 그 효력이 발생한다. 이 경우 양부모 또는 양자는 가정법원의 허가서를 첨부하여 「가족관계의 등록 등에 관한 법률」에서 정하는 바에 따라 친양자 입양 신고를 하여야 한다.
② 가정법원은 입양에 관한 심판이 확정된 경우 그 내용을 지체 없이 보건복지부장관 및 양자의 주소지를 관할하는 시장·군수·구청장에게 통지하여야 한다.

Ⅰ. 본조의 취지

본조는 입양특례법에 따른 입양의 효력발생 시기와 신고 방법에 관해 규정한다.

Ⅱ. 입양특례법

1. 효력발생시기

舊「입양촉진 및 절차에 관한 특례법」은 동법에 따른 입양에 관해 이른바 '신고주의'를 택하였다. "이 법에 의한 입양은 「가족관계의 등록 등에 관한 법률」이 정하는 바에 의하여 신고함으로써 그 효력이 생긴다."고 규정한 것이다(동법 §7 ①). 그러나 2011. 8. 4. 전부개정된 입양특례법은 가정법원의 입양허가 인용심판 확정과 동시에 입양의 효력이 발생하는 것으로 태도를 전환하였다(입양특례법 §15 전단). 입양특례법에 따른 입양에 친양자입양의 효과를 부여하면서 그 효력발생시기도 민법상 친양자입양의 경우에 준하여 조정한 것이다. 자세한 의미는 §908-3 註釋 참조.

2. 입양허가의 통지

입양특례법에 따른 허가심판이 효력을 발생하면 가정법원은 가족관계등록사무를 처리하는 자 및 해당 아동의 입양을 알선한 입양기관과 해당 아동이 보호의뢰된 보장시설에 그 내용을 통지해야 한다(입양특례법의 시행에 관한 대법원규칙 §9 및 §10 ①). 입양신고와 보장시설에 의한 아동 인도, 입양기관에 의한 입양 사후관리가 원활히 이루어지도록 하기 위한 조치이다.

3. 입양신고

가정법원의 인용심판 확정으로 입양특례법상 입양이 효력을 발생한 경우에 양부모 또는 양자는 가정법원의 허가서를 첨부하여 家登에서 정하는 바에 따라 친양자입양 신고를 해야 한다(입양특례법 §15 후단). 이는 보고적 신고에 불과하다.[1] 신고의 주체는 양부모 또는 양자이다. 舊「입양촉진 및 절차에 관한 특례법」§7 ②이 양친될 자 또는 양자로 될 자의 후견인에게 신고의무를 부여한 것과 대비된다. 양자인 미성년자는 스스로 입양신고를 할 수도 있고, 친권자나 미성년후견인이 대신 신고할 수도 있지만(家登 §26 ①). 양자가 13세 미만인 경우에는 입양을 대락한 법정대리인이 신고해야 한다(家登 §62 ①).

Ⅲ. 국내입양특별법

국내입양특별법 역시 입양의 효력발생시기와 입양신고에 관해 현행 입양특례법과 동일한 태도를 취하고 있다(국내입양특별법 §26 ①). 단, 가정법원은 입양에 관한 심판이 확정된 경우에 그 내용을 지체없이 보건복지부장관 및 양자의 주소지를 관할하는 지방자치단체의 장에게 통지해야 한다는 취지의 조문이 신설되었다(국내입양특별법 §26 ②). 현행 입양특례법과 달리 입양심판 확정 시까지 입양 대상 아동의 보호 책임이 국가 및 지방자치단체로 이전되었고, 입양의 사후관리 역시 보건복지부장관의 책임으로 이관되었기 때문이다.

---

1) 김상용(2012), 14; 윤진수, 250.

第 16 條 (입양의 취소)

① 입양아동의 친생의 부 또는 모는 자신에게 책임이 없는 사유로 인하여 제
　12조제1항제2호에 따라 입양의 동의를 할 수 없었던 경우에는 입양의 사
　실을 안 날부터 6개월 안에 가정법원에 입양의 취소를 청구할 수 있다.
② 가정법원은 입양의 취소 청구에 대한 판결이 확정되거나 심판의 효력이
　발생한 때에는 지체 없이 그 뜻을 가정법원 소재지 지방자치단체에 통보
　한다.

▌**참고문헌:** 김주수(1977), "입양특례법해설", 사법행정 18-4; 장병주(2013), "개정 입양제도의 문제점
과 개선방향 -개정민법과 입양특례법을 중심으로-", 법학논고 41; 현소혜(2013), "개정민법상 입양과
입양특례법상 입양 -체계정합성의 관점에서-", 가족법연구 27-1.

국내입양특별법 제28조(입양의 취소) ① 양자의 친생의 부 또는 모는 자신에게 책임이 없
는 사유로 인하여 제16조제1항제3호에 해당하게 되어 자신의 동의 없이 입양의 효력
이 발생한 경우에는 입양의 사실을 안 날부터 6개월 이내에 가정법원에 입양의 취소
를 청구할 수 있다.
② 가정법원은 입양의 취소가 청구된 양자의 의견을 청취하고 그 의견을 존중하여야
한다.
③ 가정법원은 입양의 취소 청구에 대한 인용 판결이 확정된 때에는 지체 없이 그 뜻
을 보건복지부장관 및 양자의 주소지를 관할하는 시장·군수·구청장에게 통지하여야
한다.
④ 가정법원은 양자의 복리를 위하여 그 양육상황, 입양 동기, 양부모의 양육능력, 그
밖의 사정을 고려하여 제1항에 따른 입양의 취소 청구를 기각할 수 있다.

I. 본조의 취지

입양특례법상 입양의 취소사유와 절차를 정하는 조문이다. 舊「입양촉진 및 절차에 관한 특례법」은 (ㄱ) 약취 또는 유인에 의해 보호자로부터 이탈되었던 자가 양자로 된 경우 및 (ㄴ) 사기 또는 강박으로 인해 입양의 의사표시를 한 경우를 입양취소사유로 규정하였다(동법 §9). 그러나 2011. 8. 4. 전부개정된 입양특례법은 동법에 따른 입양에 친양자입양의 효과를 부여하면서 입양취소사유를 민법상 친양자입양보다도 더 좁게 축소하였다.

II. 입양특례법

1. 취소사유

가. 입양동의의 흠결

입양아동의 친생부 또는 모는 자신에게 책임이 없는 사유로 인하여 특례법 §12 ① ii에 따라 입양의 동의를 할 수 없었던 경우에 그 입양의 취소를 청구할 수 있다(입양특례법 §16 ①). 즉, 친생부모는 입양 당시 소재불명 등의 사유로 그의 동의 없이 입양특례법상 입양이 성립하였고, 소재불명이 된 것에 자신에게 책임이 없는 경우에만 추후 입양의 취소를 청구할 수 있다. 민법상 친양자입양이 책임 없는 사유로 친권상실 선고를 받은 친생부모에게도 입양취소 청구권을 인정하는 것(§908-4)과 대비된다. 舊「입양촉진 및 절차에 관한 특례법」상 입양취소사유였던 "약취 또는 유인에 의해 보호자로부터 이탈되었던 자가 양자로 된 경우"는 현행 입양특례법상 입양취소사유에도 포섭될 여지가 있으나, "사기 또는 강박으로 인해 입양의 의사표시를 한 경우"는 이에 포섭될 수 없다. 한편 입양특례법은 친생부모가 소재불명 등의 사유로 입양의 동의를 할 수 없는 경우에 후견인으로부터 입양동의를 받도록 규정하고 있으나(입양특례법 §12 ②), 후견인이 동의하였다고 하여 친생부모가 입양의 취소를 청구할 수 없는 것은 아니다.[1] 그 밖에 '친생의 부 또는 모'의 개념이나 '책임 없는 사유'의 의미에 대해서는 §908-4 註釋 참조.

나. 그 밖의 무효·취소사유

舊「입양촉진 및 절차에 관한 특례법」§9 ②은 같은 조 ①에서 정한 취소사유 외에는 입양의 무효 또는 취소를 주장할 수 없음을 명시하였다. §883 및 §884의 준용을

---

1) 현소혜(2013), 106.

배제한 것이다. 동 조항은 2011. 8. 4.자 개정에 의해 삭제되었으나, 입양특례법상 입양에는 여전히 §883 및 §884가 준용되지 않는다고 보아야 한다. 입양특례법상 입양의 효과 및 취소사유가 친양자입양과 동일하게 구성되어 있는 이상, 친양자입양에 §883 및 §884의 준용을 배제하고 있는 §908-4 ②이 특례법상 입양에도 준용되기 때문이다.[2] 따라서 양친자 사이에 입양의 합의가 없었다거나, 후견인의 동의가 없었다거나, 존속 또는 연장자를 입양했다거나, 부부공동입양의 원칙에 위반했다거나, 양부모 또는 양자에게 악질 기타 중대한 사유가 있음을 알지 못했다거나, 사기 또는 강박에 의해 입양동의를 했다는 등의 사정을 이유로 입양특례법상 입양에 대한 무효 확인 또는 취소를 청구할 수 없다. 양친자관계의 안정을 도모하기 위함이다. 입양특례법상 입양에 필요한 가정법원의 허가를 받지 못한 경우 그 입양은 무효라는 견해[3]도 있으나, 이때는 입양이 불성립한 것으로 보아야 할 것이다. 입양특례법 §11 註釋 참조.

2. 입양취소의 소

입양특례법상 입양에 취소사유가 있으면, 입양아동의 친생부 또는 모가 입양 사실을 안 날부터 6개월 안에 가정법원에 입양의 취소를 청구할 수 있다(입양특례법 §16 ①). 입양특례법상 입양의 취소는 재판에 의해서만 가능하다는 점, 이는 나류 가사소송사건에 준한다는 점, 입양이 취소되면 양친자관계가 소멸하고 입양 전의 친족관계가 부활한다는 점, 입양 취소의 효력은 소급하지 않는다는 점 등은 친양자입양 취소의 경우와 같다. 보다 자세히는 §908-4 및 §908-7 註釋 참조.

입양취소 사건의 원고적격은 자신에게 책임 없는 사유로 입양의 동의를 하지 못했던 친생부모에게 있다(입양특례법 §16 ①). 피고는 양부모와 양자이나, 그 중 어느 한 쪽이 사망한 경우에는 생존자를 피고로 한다(입양특례법의 시행에 관한 대법원규칙 §5 ①). 입양취소 사건의 관할은 양부모 중 1명의 보통재판적이 있는 곳의 가정법원의 전속관할로 하고, 양부모가 모두 사망하였다면 그 중 1명의 마지막 주소지의 가정법원의 전속관할로 한다(입양특례법의 시행에 관한 대법원규칙 §2 ②).

입양특례법상 입양에 입양취소사유가 있더라도 친생부모가 입양 사실을 안 날부터 6개월이 지나면 입양의 취소 청구가 불가능하다(입양특례법 §16 ①). 양친자관계의 조속한 안정을 확보하기 위함이다.[4] 또한 입양취소사유가 있더라도 가정법원은 양육상황, 취소의 동기, 취소 시 친생부모의 양육능력, 양자 본인의 의사 그 밖의 사정을

2) 장병주(2013), 525; 현소혜(2013), 94.
3) 박동섭, 친족상속, 320.
4) 김주수(1977), 43.

고려하여 취소 청구를 기각할 수 있다. 사정판결에 관한 §908−6은 입양특례법상 입양의 취소에도 준용되기 때문이다(입양특례법 §42).[5] 하지만 입양특례법의 시행에 관한 대법원규칙은 입양특례법상 입양의 파양재판에 관해서만 사정판결의 근거규정을 두고, 입양의 취소 재판에 대해서는 이를 두지 않았다. 입법의 오류이다.

3. 통지 등

입양취소 사건이 가정법원에 접수되면, 지체 없이 해당 아동의 입양을 알선한 입양기관 및 해당 아동이 보호의뢰된 보장시설에 그 내용을 통지해야 한다(입양특례법의 시행에 관한 대법원규칙 §10 ①). 또한 가정법원은 입양 취소청구에 대한 판결이 확정되면 지체 없이 그 뜻을 가정법원 소재지 지방자치단체에 통보해야 한다(입양특례법 §16 ②). 아동의 보호를 위한 후속조치가 필요하기 때문이다. 한편 입양취소 판결이 확정되면 가정법원은 이 사실을 가족관계등록사무를 처리하는 자에게 통지해야 한다(입양특례법의 시행에 관한 대법원규칙 §9).

Ⅲ. 국내입양특별법

국내입양특별법 역시 양자의 친생부 또는 모가 자신에게 책임 없는 사유로 국내입양특별법 §16 ① ⅲ, 즉 소재불명 등으로 입양의 동의를 할 수 없는 때에 해당하게 되어 자기 동의 없이 입양의 효력이 발생한 경우에는 입양 사실을 안 날부터 6개월 내에 가정법원에 입양의 취소를 청구할 수 있다고 규정한다(국내입양특별법 §28 ①). 현행 입양특례법의 태도와 같다. 다만, 국내입양특별법은 입양취소 사건에서도 양자의 의견을 청취하고 그 의견을 존중해야 함을 명시하였다(국내입양특별법 §28 ②). 협약 §12에 따른 아동의 의견청취권을 보장하기 위함이다.

더 나아가 국내입양특별법은 입양 취소청구에 대한 인용판결이 확정되면 지체 없이 그 뜻을 보건복지부장관 및 양자의 주소지를 관할하는 지방자치단체의 장에게 통지하도록 하였다(국내입양특별법 §28 ③). 현행 입양특례법이 이를 가정법원 소재지 지방자치단체에 통보하도록 하고 있는 것과 차이가 있다. 입양이 취소된 후 원가정 복귀가 이루어지지 않고 있는 아동에 대한 보호책임은 결국 국가와 아동 주소지 관할 지방자치단체에 있다는 점에서 타당한 개정이다. 또한 국내입양특별법은 입양취소사유가 있더라도 가정법원이 양자의 복리를 위하여 그 양육상황, 입양 동기, 양부모의

---

5) 현소혜(2013), 110.

양육능력, 그 밖의 사정을 고려하여 입양의 취소 청구를 기각할 수 있음을 명시하여 기존 대법원규칙의 문제를 해결하였다(국내입양특별법 §28 ④).

第17條 (파양)

① 양친, 양자, 검사는 다음 각 호의 어느 하나의 사유가 있는 경우에는 가정법원에 파양을 청구할 수 있다.

1. 양친이 양자를 학대 또는 유기하거나 그 밖에 양자의 복리를 현저히 해하는 경우

2. 양자의 양친에 대한 패륜행위로 인하여 양자관계를 유지시킬 수 없게 된 경우

② 가정법원은 파양이 청구된 아동이 13세 이상인 경우 입양아동의 의견을 청취하고 그 의견을 존중하여야 한다.

③ 가정법원은 파양의 청구에 대한 판결이 확정되거나 심판의 효력이 발생한 때에는 지체 없이 그 뜻을 가정법원 소재지 지방자치단체에 통보한다.

▌**참고문헌:** 장병주(2013), "개정 입양제도의 문제점과 개선방향 −개정민법과 입양특례법을 중심으로−", 법학논고 41.

국내입양특별법 (삭제)

Ⅰ. 본조의 취지

입양특례법상 입양에 관해 파양사유 및 파양 절차를 규정한 조문이다. 舊「입양촉진 및 절차에 관한 특례법」에는 파양에 관한 조문이 별도로 없었으므로, 민법상 일반입양의 파양에 관한 조문이 준용되었다. 특례법상 입양이 일반입양으로서의 효과만을 가지고 있었기 때문이다. 따라서 당시 동법에 따른 입양에 대해서는 협의상 파양과 재판상 파양이 널리 허용되었다. 그러나 2011. 8. 4.자 개정에 의해 입양특례법

상 입양이 친양자입양의 효과를 갖게 되면서 파양에 대해서도 민법상 친양자입양의 파양과 동일한 내용의 규정이 신설되었다.

Ⅱ. 입양특례법

1. 파양사유

입양특례법상 입양의 파양은 (ㄱ) 양친이 양자를 학대 또는 유기하거나 그 밖에 양자의 복리를 현저히 해하는 경우 또는 (ㄴ) 양자의 양친에 대한 패륜행위로 인하여 양자관계를 유지시킬 수 없게 된 경우에만 가능하다(입양특례법 §17 ①). 입양특례법상 입양에는 민법의 규정이 준용되나(입양특례법 §42), 친양자입양에 관한 규정이 우선 준용되기 때문에, 민법상 일반입양의 파양 사유만으로는 입양특례법상 입양의 파양을 주장할 수 없다(§908-5 ②). 각 사유의 자세한 의미는 §908-5 註釋 참조.

2. 파양의 소

입양특례법상 입양에 파양 사유가 있으면, 양친, 양자, 검사는 가정법원에 파양을 청구할 수 있다(입양특례법 §17 ①). 입양특례법상 입양의 파양은 재판에 의해서만 가능하며, 협의상 파양은 허용되지 않는다. 입양특례법 §42에 따라 입양특례법상 입양에 우선 준용되는 §908-5 ②에 따라 협의상 파양에 관한 조문은 준용되지 않기 때문이다. 재판상 파양은 나류 가사소송사건에 준한다는 점, 파양되면 양친자관계가 소멸하고 입양 전의 친족관계가 부활한다는 점, 파양의 효력은 소급하지 않는다는 점 등은 친양자입양 파양의 경우와 같다. 보다 자세히는 §908-5 및 §908-7 註釋 참조.

입양특례법상 파양을 청구할 수 있는 자는 양친, 양자, 검사이다. 친양자입양과 달리 친생부모에게는 파양청구권이 없다. 양친자관계의 안정을 위한 것이나, 이에 대해서는 스스로 파양을 청구할 수 없는 연령의 양자를 고려하지 못했다는 비판[1]이 있다. 그 밖에 양친, 양자 및 검사의 의미, 부부공동파양 등에 대해서는 §908-5 註釋 참조. 양친과 양자 중 한쪽이 파양의 소를 제기할 때는 양친 또는 양자의 다른 한쪽을 상대방으로 하고, 검사가 파양의 소를 제기할 때는 양친과 양자를 상대방으로 한다(입양특례법의 시행에 관한 대법원 규칙 §5 ② 및 ③). 파양 사건의 관할은 양친 중 1명의 보통재판적이 있는 곳의 전속관할로 한다(입양특례법의 시행에 관한 대법원규칙 §2 ②).

---

1) 장병주(2013), 526.

입양특례법상 파양청구가 있는 경우에 파양이 청구된 아동이 13세 이상이면 가정법원은 입양아동의 의견을 청취하고 그 의견을 존중해야 한다(입양특례법 §17 ②). 협약 §12에 따른 아동의 의견청취권을 보장하기 위함이다. 또한 파양청구권자는 파양사유 있음을 안 날부터 6개월, 사유가 있었던 날부터 3년이 지나면 더이상 파양을 청구할 수 없다(입양특례법 §42에 의한 §907의 준용). 그 취지에 대해 자세히는 §908-5 註釋 참조.

한편 양자의 양친에 대한 패륜행위로 인하여 양자관계를 유지시킬 수 없게 되었다는 이유로 파양이 청구된 경우에 파양 사유가 있더라도 가정법원은 양육상황, 파양의 동기, 파양 시 친생부모의 양육능력, 양자 본인의 의사 그 밖의 사정을 고려하여 파양청구를 기각할 수 있다. 사정판결에 관한 §908-6은 입양특례법상 파양에도 준용되기 때문이다(입양특례법 §42).[2] 입양특례법의 시행에 관한 대법원규칙 §6의 태도도 이와 같다. 보다 자세히는 §908-6 註釋 참조.

3. 통지 등

파양 사건이 가정법원에 접수되면, 지체 없이 해당 아동의 입양을 알선한 입양기관 및 해당 아동이 보호의뢰된 보장시설에 그 내용을 통지해야 한다(입양특례법의 시행에 관한 대법원규칙 §10 ①). 또한 가정법원은 파양청구에 대한 판결이 확정되면 지체 없이 그 뜻을 가정법원 소재지 지방자치단체에 통보해야 한다(입양특례법 §17 ③). 아동의 보호를 위한 후속조치가 필요하기 때문이다. 한편 파양 판결이 확정되면 가정법원은 이 사실을 가족관계등록사무를 처리하는 자에게 통지해야 한다(입양특례법의 시행에 관한 대법원규칙 §9).

Ⅲ. 국내입양특별법

국내입양특별법은 현행 입양특례법상 파양에 관한 조문을 전부 삭제하였다. 입양특례법상 입양은 원가정 양육이 불가능한 보호 대상 아동을 위해 친생부모와의 관계를 단절하고 영구적 대체가정을 제공하는 데 주된 목적이 있는 것인데, 파양을 허용하고 친생부모와의 관계를 회복시키는 것은 그 입법목적에 부합하지 않는 바가 있기 때문이다. 특히 양자의 패륜 행위를 이유로 파양하는 경우는 더욱 그러하다. 이에 대해 자세히는 §908-5 註釋 참조. 그러므로 국내입양특별법 §9에도 불구하고

---

2) 장병주(2013), 526.

민법상 일반입양 또는 친양자입양의 파양 규정은 국내입양특별법상 입양에 준용되지 않는다.

第18條 (국내에서의 국외입양)

국내에서 제9조 각 호의 어느 하나에 해당하는 사람을 양자로 하려는 외국인은 후견인과 함께 양자로 할 사람의 등록기준지 또는 주소지를 관할하는 가정법원에 보건복지부령으로 정하는 바에 따라 다음 각 호의 서류를 첨부하여 입양허가를 신청하여야 한다.

1. 양자가 될 아동의 출생신고 증빙 서류
2. 양자가 될 사람이 제9조의 자격을 구비하였다는 서류
3. 제10조제1항에 따른 양친이 될 사람의 가정상황에 관한 서류
4. 제12조 및 제13조에 따른 입양동의 서류

第19條 (외국에서의 국외입양)

① 외국인으로부터 입양알선을 의뢰받은 입양기관의 장은 입양알선을 하려면 보건복지부장관이 발행한 해외이주허가서를 첨부하여 가정법원에 입양허가를 신청하여야 한다.

② 국외에 거주하는 외국인이 국내에 거주하는 아동을 입양하기 위하여는 입양기관을 통하여 입양절차를 진행하여야 한다.

③ 양자가 될 사람이 해외이주허가를 받고 출국하여 그 국가의 국적을 취득하였을 때에는 입양기관의 장은 보건복지부령으로 정하는 바에 따라 지체 없이 그 사실을 법무부장관에게 보고하고, 법무부장관은 직권으로 그의 대한민국 국적을 말소할 것을 등록기준지 관할 가족관계등록관서에 통지하여야 한다.

④ 제1항에 따른 신청을 받은 보건복지부장관은 다음 각 호의 어느 하나에 해당하는 경우에는 해외이주허가서를 발행하지 아니할 수 있다

1. 양자가 될 사람이 미아이거나 그 밖에 보건복지부령으로 정하는 사람인 경우
2. 입양기관의 장이 입양을 원하는 외국인의 국가나 그 국가의 공인받은 입양기관과 입양업무에 관한 협약을 체결하지 아니한 경우
3. 입양을 원하는 외국인의 국가가 대한민국과 전쟁상태 또는 적대적인 상태에 있는 국가인 경우

국내입양특별법 제30조(입양의 당사자 중 일방이 외국인인 경우) ① 이 법에 따라 양부모가 되려는 사람이 외국인인 경우에는 제18조에 따른 자격과 함께 본국법에 따른 요건을 갖추어야 한다.

② 양자가 될 아동이 외국 국적을 가진 아동일 경우 제15조 및 제16조에 따른 동의 및 승낙과 함께 본국법에 따른 동의 및 승낙 등도 받아야 한다. 다만, 아동의 본국법에 따라 친자관계의 성립에 관하여 동의 및 승낙 등이 필요하지 아니하는 경우에는 그러하지 아니하다.

③ 보건복지부장관은 제1항의 요건 및 제2항의 동의 및 승낙 여부를 확인하기 위하여 양부모가 되려는 사람 또는 양자가 될 아동의 본국에 협조를 요청할 수 있다.

Ⅰ. 본조의 취지

국제적 요소가 있는 입양 중 국내에서의 국외입양과 외국에서의 국외입양 사안을 규율하기 위한 조문들이다. 국내에서의 국외입양은 국내에 거주하는 외국인이 국내에서 국민인 아동을 입양하는 경우를, 외국에서의 국외입양은 국외에 거주하는 외국인이 국내에 거주하는 국민인 아동을 입양하는 경우를 말한다. 국내에서의 국외입양 사안에서 양부모가 되려는 외국인은 가정법원의 허가를 받는 것으로 충분한 반면 (입양특례법 §18), 외국에서의 국외입양 사안에서 양부모가 되려는 외국인은 입양기관을 통해 입양절차를 진행해야 하고, 입양기관의 장이 보건복지부장관이 발행한 해외이주허가서를 첨부하여 외국인을 위해 가정법원에 입양허가를 신청해야 한다는 점에서 차이가 있다(입양특례법 §19 ① 및 ②). 현행 입양특례법상 국외입양은 양부모가 외국인인 경우만을 의미하기 때문에, 대한민국 국민인 양부모가 외국인 아동을 입양하고자 할 때에는 민법상 일반입양 또는 친양자입양 절차에 따른다. 국제입양에 관해 보다 자세히는 국제친족법 註釋 참조.

Ⅱ. 국내입양특별법

국내입양특별법과 국제입양법은 국내입양인지 국제입양인지를 양부모될 자와 양자될 자의 일상거소에 따라 판단한다(국내입양특별법 §2 iv). 따라서 현행 입양특례법상 외국에서의 국외입양은 향후 국제입양법의 규율대상이 되는 반면, 국내에서의 국외입양 사안은 향후 국내입양특별법의 적용대상이 된다. 후자의 경우 입양으로 인해 양자될 자의 일상거소가 외국으로 변경되지 않기 때문이다. 다만, 국내입양특별법은 국내입양이라도 양부모될 자가 외국인인 경우에 관한 특칙을 두었다. 국내입양특별법에 따라 양부모가 되려는 사람이 외국인인 경우에는 국내입양특별법에 따른 양부모될 자격과 함께 본국법에 따른 요건을 갖추어야 한다는 것이다(국내입양특별법 §30 ①).

한편 대한민국 국민인 양부모 되려는 자가 외국 국적을 가진 아동을 입양하려고 하는 경우에도 해당 아동이 외국에 일상거소를 두고 있어서 입양으로 인해 일상거소가 대한민국으로 변경된다면 국제입양법의 규율대상이 된다. 반면 해당 아동이 이미 대한민국에 일상거소를 두고 있다면 입양으로 인한 일상거소의 변경이 없으므로 국내입양에 해당한다. 현행 입양특례법은 이러한 사안에 대해 특별히 규율하지 않고 민법에 따르도록 하였으나, 국내입양특별법은 국내입양으로서 양자될 자가 외국인인 경우에 관한 특칙을 두었다. 국내입양특별법에 따라 양자가 되려는 사람이 외국인인 경우에는 본래 양부모의 본국법인 대한민국법에 따른 요건을 갖추어야 할 것이나, 아동의 본국법이 입양의 성립에 관해 동의 및 승낙을 요구한다면 본국법에 따른 동의 및 승낙 등도 받아야 한다는 것이다(국내입양특별법 §30 ②).

국제적 요소가 있는 입양의 준거법 결정에 관해 자세히는 국제친족법 註釋 참조. 본국법의 의미에 대해서는 입양특례법 §2 및 국제입양법 §2 註釋 참조.

第 20 條 (입양기관)

① 입양기관을 운영하려는 자는 「사회복지사업법」에 따른 사회복지법인으로서 보건복지부장관의 허가를 받아야 한다. 다만, 국내입양만을 알선하려는 자는 시·도지사의 허가를 받아야 한다.

② 제1항에 따라 허가받은 사항 중 대통령령으로 정하는 중요한 사항을 변경하려고 하는 경우에는 신고하여야 한다.

③ 보건복지부장관 및 시·도지사는 제2항에 따른 변경신고를 받은 경우 그 내용을 검토하여 이 법에 적합하면 변경신고를 수리하여야 한다.

④ 외국인은 입양기관의 장이 될 수 없다.

⑤ 입양기관의 장과 그 종사자는 입양아동의 인권을 보호하고 건전한 입양문화를 정착시키기 위하여 정기적으로 보건복지부령으로 정하는 보수교육을 받아야 한다.

⑥ 입양기관의 장이 입양을 원하는 국가나 그 국가의 공인을 받은 입양기관과 입양업무에 관한 협약을 체결하였을 때에는 보건복지부장관에게 보고하여야 한다. 이 경우 입양업무에 관한 협약에 포함되어야 할 사항은 대통령령으로 정한다.

⑦ 입양기관의 시설 및 종사자의 기준과 허가 및 변경신고 등에 필요한 사항은 보건복지부령으로 정한다.

第 21 條 (입양기관의 의무)

① 입양기관의 장은 입양의뢰된 사람의 권익을 보호하고, 부모를 알 수 없는 경우에는 부모 등 직계존속을 찾기 위하여 노력을 다하여야 한다.

② 입양기관의 장은 입양을 알선할 때 그 양친이 될 사람에 대하여 제10조에서 정한 사실을 조사하여야 한다.

③ 입양기관의 장은 양친이 될 사람에게 입양 전에 아동양육에 관한 교육을 하여야 하며, 입양이 성립된 후에는 보건복지부령으로 정하는 바에 따라 입양아동과 그에 관한 기록 등을 양친 또는 양친이 될 사람에게 건네주고, 그 결과를 특별자치시장·특별자치도지사·시장·군수·구청장에게 보고하여야 한다.

④ 입양기관의 장은 입양업무의 효율 및 입양기관 간의 협력체계 구축을 위하여 입양아동과 가족에 관한 정보를 보건복지부령으로 정하는 바에 따

라 「아동복지법」 제10조의2에 따른 아동권리보장원(이하 "아동권리보장원"이라 한다)에 제공하여야 한다.

⑤ 입양기관의 장은 입양업무에 관한 사항을 보건복지부령으로 정하는 바에 따라 기록하여야 한다. 이 경우 입양기록은 전자문서로서 기록할 수 있다.

⑥ 제5항에서 정한 입양업무에 관한 기록은 입양아동에 대한 사후관리를 위하여 영구보존하여야 하다.

⑦ 제4항에 따른 정보의 범위 및 내용과 제5항에 따른 입양기록 및 전자기록의 보존 등에 필요한 사항은 보건복지부령으로 정한다.

第 32 條 (비용의 수납 및 보조)

① 제20조제1항에 따른 입양기관은 대통령령으로 정하는 바에 따라 양친이될 사람으로부터 입양 알선에 실제로 드는 비용의 일부를 받을 수 있다.

② 국가와 지방자치단체는 양친이 될 사람에게 제1항의 입양 알선에 실제로드는 비용의 전부 또는 일부를 보조할 수 있다.

第 38 條 (지도·감독 등)

① 보건복지부장관, 시·도지사 또는 시장·군수·구청장은 입양기관을 운영하는 자에 대하여 소관 업무에 관하여 필요한 지도·감독을 하며, 필요한경우 그 업무에 관하여 보고 또는 관계 서류의 제출을 명하거나 소속 공무원으로 하여금 입양기관의 사무소 또는 시설에 출입하여 검사하거나질문하게 할 수 있다.

② 제1항에 따라 검사나 질문을 하는 관계 공무원은 그 권한을 표시하는 증표를 지니고 이를 관계인에게 보여주어야 한다.

第 39 條 (허가의 취소 등)

① 보건복지부장관 또는 시·도지사는 입양기관이 다음 각 호의 어느 하나에해당할 때에는 6개월 이내의 기간을 정하여 업무정지를 명하거나 제20조제1항에 따른 허가를 취소할 수 있다.

   1. 제20조제7항에 따른 시설 및 종사자의 기준에 미치지 못하게 되었을 때

   2. 제13조제3항·제4항 또는 제21조제1항을 위반하여 입양의뢰 된 사람의 권익을 해치는 행위를 하였을 때

2의2. 제25조제1항을 위반하여 사후관리를 하지 아니하였을 때

3. 정당한 사유 없이 제38조에 따른 보고를 하지 아니하거나 거짓으로 하였을 때 또는 조사를 거부·방해하거나 기피하였을 때

4. 이 법 또는 이 법에 따른 명령을 위반하였을 때

② 제1항에 따른 행정처분의 세부적인 기준은 그 행정처분의 사유와 위반의 정도 등을 고려하여 보건복지부령으로 정한다.

第 40 條 (청문)

보건복지부장관 또는 시·도지사는 제39조제1항에 따라 허가를 취소하려면 청문을 하여야 한다.

第 41 條 (권한의 위임)

이 법에 따른 보건복지부장관 또는 시·도지사의 권한은 그 일부를 대통령령으로 정하는 바에 따라 시·도지사 또는 시장·군수·구청장에게 위임할 수 있다.

▌참고문헌: 박신욱(2022), "독일 개정 입양중개법으로부터의 시사", 가족법연구 36-2; 소라미(2018), "입양아동 사망 사건 진상조사 결과를 바탕으로 한 입양특례법 전부개정 제안", 가족법연구 32-1; 신윤정(2018), "헤이그국제아동입양협약에 대응한 국내 입양 체계 개편 방안", 보건복지 Issue & Focus 2018-9; 현소혜(2021), "국제입양의 보충성과 투명성 실현방안", 가족법연구 35-1.

국내입양특별법 제5조(비영리 운영의 원칙) ① 입양과 관련하여 어떤 기관이나 개인도 이 법에 따른 입양으로 인하여 부당한 재정적 이익 등을 취득하여서는 아니 된다.

② 국가와 지방자치단체는 입양과 관련한 기관 또는 개인이 이 법에 따른 입양으로 인

하여 부당한 재정적 이익 등을 취득하지 아니하도록 노력하여야 한다.

③ 누구든지 이 법에서 정한 요건 및 절차 등에 따른 입양 외에 사인 간에 보호대상아동의 국내입양을 의뢰·알선 또는 조장·홍보하여서는 아니 된다.

국내입양특별법 제35조(관계 기관 등에 대한 협조 요청) ① 보건복지부장관, 시·도지사등 및 아동권리보장원의 장은 이 법에 따른 업무수행을 위하여 필요한 경우 관계 중앙행정기관 및 지방자치단체, 경찰관서, 공공기관, 「아동복지법」에 따른 아동복지시설(이하 "아동복지시설"이라 한다), 사회복지법인 또는 단체 등에 대하여 자료를 제공하도록 요청할 수 있다. 이 경우 요청을 받은 기관은 정당한 사유가 없으면 그 요청에 따라야 한다.

② 제1항에 따라 제공된 자료는 이 법에 따른 업무수행을 위한 목적 외에는 사용할 수 없다.

제37조(업무의 위탁 등) ① 보건복지부장관은 제13조제4항, 제19조제1항·제2항 및 제31조제1항에 따른 업무를 대통령령으로 정하는 바에 따라 아동권리보장원, 그 밖에 위탁업무를 수행하는 데 필요한 시설 및 종사자 등을 갖춘 사회복지법인 및 단체에 위탁할 수 있다.

② 보건복지부장관은 제1항에 따라 위탁한 업무에 관하여 그 위탁받은 자를 지휘·감독한다.

③ 제1항에 따른 위탁에 필요한 구체적인 사항은 대통령령으로 정한다.

제38조(벌칙 적용에서의 공무원 의제) 제37조에 따라 업무를 위탁받은 사회복지법인 또는 단체의 장과 그 종사자는 「형법」 제129조부터 제132조까지에 따른 벌칙을 적용할 때에는 공무원으로 본다.

제39조(경비의 보조) 국가와 지방자치단체는 예산의 범위에서 다음 각 호의 비용를 보조할 수 있다.

1. 제12조제7항에 따른 사무국의 설치 및 운영 비용
2. 제13조제3항에 따른 아동 보호에 필요한 비용
3. 제13조제3항에 따라 아동을 보호 중인 위탁가정에 대한 양육상황 점검 및 사례관리 등 업무 수행에 필요한 비용
4. 제37조에 따른 사회복지법인 또는 단체의 업무 수행에 필요한 비용
5. 그 밖에 보건복지부령으로 정하는 업무 수행에 필요한 비용

Ⅰ. 본조의 취지

입양기관을 운영하기 위한 최저한의 요건과 자격·의무를 법정하고, 국가에 의한 관리·감독 체계를 확립함으로써 입양기관의 난립과 불법적 운영을 방지하며, 건전한 입양문화를 정착시키고 입양아동의 인권을 보장하기 위한 조문이다.

Ⅱ. 입양특례법

1. 입양기관 운영 요건 및 자격

현행 입양특례법상 입양기관을 운영하려는 자는 사회복지법인으로서 보건복지부장관의 허가를 받아야 한다(입양특례법 §20 ① 본문). 단, 국내입양만 알선하려는 자는 시·도지사의 허가를 받는 것으로 족하다(입양특례법 §20 ① 단서). 허가를 받지 않고 입양알선 업무를 행한 자는 3년 이하의 징역 또는 3천만원 이하의 벌금에 처한다(입양특례법 §44 ① ii). 보건복지부장관의 허가를 받은 입양기관은 국내입양과 국제입양을 모두 알선할 수 있다. 하지만 국제입양을 알선하는 입양기관이라도 외국인이 입양기관의 장을 맡는 것은 허용되지 않는다(입양특례법 §20 ④).

보건복지부장관 또는 시·도지사의 허가를 받으려는 자는 보건복지부령으로 정한 시설 및 종사자 기준을 준수하여야 한다. 구체적인 시설 및 종사자 기준은 입양특례법 시행규칙 §20 및 §21 참조. 입양기관의 시설이나 종사자가 그 기준에 미치지 못하게 되었을 때 보건복지부장관 또는 시·도지사는 6개월 이내 기간을 정하여 업무정지를 명하거나 허가를 취소할 수 있다(입양특례법 §39 ① i). 또한 일단 입양기관의 허가를 받은 경우라도 추후 사회복지법인의 정관, 입양기관의 종사자수 또는 입양기관의 평면도를 변경하려면 보건복지부장관 및 시·도지사에 변경신고를 해야 한다(입양특례법 §20 ③ 및 동 시행령 §3 ①). 변경신고 없이 중요 사항을 변경한 자는 1년 이하의 징역 또는 1천만원 이하의 벌금에 처한다(입양특례법 §44).

특히 2011. 8. 4. 전부개정된 입양특례법은 입양아동의 인권 보호와 건전한 입양문화 정착을 위해 입양기관의 장과 그 종사자의 정기적 보수교육을 의무화하였다(입양특례법 §20 ⑤). 이에 따라 입양기관의 장은 매년 4시간 이상, 입양기관 종사자는 매년 8시간 이상 (ㄱ) 상담이론 및 상담자의 윤리와 자세, (ㄴ) 입양아동의 현황과 심리적 특성, (ㄷ) 미혼모에 대한 이해와 상담적 접근, (ㄹ) 입양 관련 법령 및 제도의 동향, (ㅁ) 입양부모 및 입양가정에 대한 이해, (ㅂ) 그 밖에 보건복지부장관이 필요하다고 인정하는 사항에 관해 교육을 받아야 한다(입양특례법 시행규칙 §18).

2. 입양기관의 의무

첫째, 입양기관의 장은 입양의뢰된 사람의 권익을 보호하고, 부모를 알 수 없는 경우에는 부모 등 직계존속을 찾기 위하여 노력을 다하여야 한다(입양특례법 §21 ①). 원가정 양육의 원칙과 입양인의 '혈연을 알 권리'를 실현하기 위한 의무이다. 입양기관이 위 의무를 위반하여 입양의뢰된 사람의 권익을 해치는 행위를 하였을 때 보건복지부장관 또는 시·도지사는 6개월 이내의 기간을 정하여 업무정지를 명하거나 허가를 취소할 수 있다(입양특례법 §39 ① ii).

둘째, 입양기관의 장은 입양을 알선할 때 양친이 될 사람이 입양특례법 §10에서 정한 자격을 갖추었는지 조사하고 양부모 가정조사서를 작성하며, 양부모 범죄경력조회 신청 절차를 진행한다(입양특례법 §21 ②).

셋째, 입양기관의 장은 양친이 될 사람에게 입양 전에 아동양육에 관한 교육을 하고, 양친교육 이수증명서를 발급한다(입양특례법 §21 ③ 전단).

넷째, 입양기관의 장은 입양 성립 후 입양아동과 그에 관한 기록 및 그 소유물품을 양부모 또는 양부모가 될 사람에게 건네주고, 그 결과를 지방자치단체의 장에게 보고해야 한다(입양특례법 §21 ③ 후단 및 동 시행규칙 §22).

다섯째, 입양기관의 장은 입양업무의 효율 및 입양기관 간 협력체계 구축을 위해 입양아동과 가족에 관한 정보를 아동권리보장원에 제공해야 한다(입양특례법 §21 ④). 구체적으로 제공해야 하는 정보의 내용은 다음과 같다. (ㄱ) 입양기관에 보호의뢰된 아동의 성명·주민등록번호·주소, 출생일시 및 장소, 성별, 장애 또는 질환의 유무와 종류, (ㄴ) 친생부모의 성명·주민등록번호·주소·연락처, 입양 사유와 입양 동의에 관한 사항 및 입양정보공개 동의 여부, (ㄷ) 양친 또는 양친이 될 사람의 성명·생년월일·국적·주소 및 연락처, (ㄹ) 가정법원의 입양허가 결정이 확정된 시기 및 입양신고일(국외입양의 경우 출국일), (ㅁ) 그 밖에 보건복지부장관이 필요하다고 인정한 정보(입양특례법 시행규칙 §23 ①). 위 각 정보는 아동권리보장원이 운영하는 아동통합정보시스템에 기록·보관되어야 함이 원칙이나, 아직 아동통합정보시스템이 완비되지 않았으므로 입양정보통합관리시스템(ACMS)이 그 역할을 대신하고 있다(이하 동일).

여섯째, 입양기관의 장은 입양업무에 관한 사항을 문서 또는 전자문서 형태로 기록하고, 입양아동에 대한 사후관리를 위해 영구보존해야 한다(입양특례법 §21 ⑤ 및 ⑥). 기록 및 영구보존의 대상이 되는 입양업무의 내용은 다음과 같다. (ㄱ) 예비양부모

교육에 관한 사항, (ㄴ) 아동 및 친생부모 입양 동의시 상담에 관한 사항, (ㄷ) 입양 알선 및 실적, (ㄹ) 외국으로의 국외입양아동의 외국국적 취득 보고에 관한 사항, (ㅁ) 입양기관의 장 및 종사자의 보수교육에 관한 사항, (ㅂ) 양자가 될 아동의 가족관계등록 창설에 관한 사항, (ㅅ) 입양 성립 후 사후서비스 제공에 관한 사항, (ㅇ) 입양특례법 §21 ④에 따라 입양기관의 장이 아동권리보장원에 제공해야 하는 정보에 관한 사항(입양특례법 시행규칙 §24). 입양업무에 관한 사항은 입양기관 내에 영구보존하는 것이 원칙이나, 전자문서로 기록된 사항들을 아동권리보장원이 운영하는 아동통합정보시스템을 이용해 영구보존한다(입양특례법 시행규칙 §25 ①). 입양기관이 폐업하는 경우에는 입양기관이 보관 중인 입양기록을 아동권리보장원으로 이관한 후 아동통합정보시스템을 이용해 영구보존한다(입양특례법 시행규칙 §25 ② 및 ③). 이와 같이 영구보존된 정보들은 추후 입양인들의 입양정보공개 청구를 위한 데이터베이스로 활용된다.

3. 입양기관의 권한

입양기관은 대통령령으로 정하는 바에 따라 양친이 될 사람으로부터 입양 알선에 실제로 드는 비용의 일부를 받을 수 있다(입양특례법 §32 ①). 이때 입양기관이 양부모될 자로부터 받을 수 있는 입양 알선비용은 ① 입양 알선에 드는 인건비, ② 아동양육비, ③ 입양 알선절차에 드는 비용, ④ 입양기관의 운영비 및 홍보리를 합산한 금액으로서 보건복지부장관이 인정한 금액을 상한으로 한다(입양특례법 시행령 §6). 다만, 입양특례법상 입양은 본질상 양부모될 자를 위한 것이 아니라, 요보호아동을 위한 것으로서 국가의 아동복지 사무 영역에 속하는 것이므로, 국가와 지방자치단체는 양친이 될 사람에게 입양 알선 비용의 전부 또는 일부를 보조할 수 있도록 하였다(입양특례법 §32 ②).

4. 보건복지부장관 등의 지도 · 감독 권한

보건복지부장관이나 지방자치단체의 장은 입양기관의 업무에 관하여 필요한 지도 · 감독을 하며, 필요한 경우 업무에 관해 보고 또는 관계 서류의 제출을 명하거나, 소속 공무원으로 하여금 입양기관의 사무소 또는 시설에 출입하여 검사하거나 질문하게 할 수 있다(입양특례법 §38 ①). 업무 감독 결과 입양기관이 (ㄱ) 시설 및 종사자 기준에 미치지 못하게 되었을 때, (ㄴ) 아동 및 친생부모의 입양 동의 상담 또는 친생부모를 찾기 위한 노력 의무를 위반하여 입양의뢰된 사람의 권익을 해치는 행위를 하였을 때, (ㄷ) 정당한 사유 없이 보고를 하지 않거나 거짓으로 하였을 때 또는 조사를 거부 · 방해하거나 기피하였을 때, (ㄹ) 기타 이 법 또는 이 법에 따른 명령을 위반하였을 때 보건복지부장관이나 시·도지사는 입양기관에 6개월 이내의 기간을 정하여 업무정지를 명하거나 허가를 취소할 수 있다(입양특례법 §39 ① ⅲ 및 ⅳ). 그 행정처분의 세부적인 기준은 입양특례법 시행규칙 §31 참조. 다만, 보건복지부장관 또는 시·도지사가 입양기관의 허가를 취소하려면 청문을 하여야 한다(입양특례법 §40).

Ⅲ. 국내입양특별법

1. 입양기관의 법적 지위와 역할 변화

국내입양특별법은 입양기관의 자격과 요건, 비용 수납 권한·의무 등에 관한 현행 입양특례법 §20, §21 및 §32를 모두 삭제하였다. 종래 입양기관이 담당해 온 입양알선, 양부모 가정조사 및 예비양부모 교육 등의 업무는 모두 보건복지부장관의 업무로, 입양기관이 담당해 온 아동 및 친생부모와의 입양동의 전 상담, 아동의 인도 및 보호, 아동 양육환경 조사 등의 업무는 모두 지방자치단체의 장의 업무로 새롭게 배분하였기 때문이다(국내입양특별법 §13-§20 참조). 따라서 종래의 입양기관은 국내입양특별법 시행 후 입양특례법상의 '입양기관'으로서의 법적 성격을 모두 상실하고, 「사회복지사업법」에 따른 사회복지법인으로서의 지위만을 갖게 될 것이다.

다만, 보건복지부장관은 국내입양특별법 §13 ④에 따른 입양 대상 아동의 양육상황점검보고서 작성, §19 ① 및 ②에 따른 양부모되려는 사람의 입양신청과 양친 상담·가정환경 조사 및 보고서 작성, §31 ①에 따른 입양 사후서비스 제공 및 아동 적응보고서 작성 업무를 대통령령으로 정하는 바에 따라 아동권리보장원 또는 위탁업무를 수행하는 데 필요한 시설 및 종사자 등을 갖춘 사회복지법인 및 단체에 위탁할 수도 있다(국내입양특별법 §37 ①). 위 규정에 따라 업무를 위탁받은 사회복지법인 또는 단체의 장과 그 종사자는 형법상 뇌물 관련 범죄에 관해서는 공무원으로 본다(국내입양특별법 §38).

한편 현행 입양특례법은 보건복지부장관 또는 시·도지사의 권한을 일부 시·도지사 또는 시장·군수·구청장에게 위임할 수 있도록 하고 있으나(입양특례법 §41), 실제로 권한이 위임된 적은 없었다. 입양업무의 가장 중요한 부분들은 민간영역에서 입양기관에 의해 수행되어 왔기 때문이다. 하지만 헤이그입양협약 비준을 위해서는 종전의 민간주도형 입양 관행과 달리 입양 체계 전반에 걸쳐 국가의 책임을 강화할 필요가 있었으므로,[1] 국내입양특별법 전부개정 및 국제입양법 제정을 앞두고 보건복지

---

1) 박신욱(2022), 192; 현소혜(2021), 171-224.

부·지방자치단체·아동권리보장원 및 입양기관 간의 역할을 어떻게 배분할 것인지에 대해 그동안 많은 논란이 있었다.[2]

국내입양특별법과 국제입양법 역시 입양 관련 업무 중 어디까지를 보건복지부 또는 지방자치단체에서 직접 담당하고, 어디부터 아동권리보장원이나 사회복지법인 (現 입양기관)에 위임할 것인지에 관해 세부적인 규정을 두는 대신 대통령령에 위임하였다. 따라서 향후 입양기관의 역할은 국내입양특별법 시행령에 따라 정해질 것이다. 다만, 국내입양특별법상 입양의 보호조치가 필요한 아동인지에 대한 판단 및 입양 동의 전 상담 업무는 지방자치단체의 장에게, 결연업무는 보건복지부장관에게 전속되므로, 아동권리보장원이나 사회복지법인 등에 위탁할 수 없음이 명백하다.

2. 국가책임의 강화

국내입양특별법상 보호 대상 아동을 위한 입양 체계 전반에서 국가책임이 강화되면서 보건복지부장관과 지방자치단체의 장, 그로부터 위탁받은 아동권리보장원이 입양업무를 직접 수행해야 하는 영역이 증가하였다. 이에 국내입양특별법은 국가 및 지방자치단체 등의 자료요청권한에 관한 조문을 신설하였다. 즉, 보건복지부장관, 시·도지사 등 및 아동권리보장원의 장이 업무수행을 위하여 필요한 경우 관계 중앙행정기관 및 지방자치단체, 경찰관서, 공공기관, 아동복지시설, 사회복지법인 또는 단체 등에 대하여 자료를 제공하도록 요청할 수 있고, 이 경우 요청 받은 기관은 정당한 사유 없으면 그 요청에 따라야 한다(국내입양특별법 §35 ①).

또한 국내입양특별법은 국가책임 강화와 병행하여 국가와 지방자치단체에 의한 경비 보조 근거 조문도 신설하였다(국내입양특별법 §39). 즉, 국가와 지방자치단체는 예산의 범위에서 다음의 각 비용을 보조할 수 있다. (ㄱ) 보건복지부 산하 입양정책위원회가 결연 등의 업무를 충실히 수행할 수 있도록 아동권리보장원에 설치된 입양정책위원회 사무국의 설치 및 운영 비용, (ㄴ) 입양허가 또는 임시양육결정 전까지 지방자치단체로부터 친생부모 대신 아동 보호를 위탁받은 아동양육시설·아동일시보호시설·공동생활가정 및 위탁가정에서 아동 보호에 필요한 비용, (ㄷ) 지방자치단체로부터 아동을 위탁받아 보호 중인 위탁가정에 대한 양육상황 점검 및 사례관리 등 업무수행에 필요한 비용, (ㄹ) 국가로부터 입양 관련 업무를 위탁받은 사회복지법인 또

---

2) 지방자치단체가 아동보호 기능을, 입양기관은 예비 양부모 관련 기능을 수행하도록 해야 한다는 견해로 소라미(2018), 315; 신윤정(2018), 4. 반면 입양기관이 아동보호 기능을, 아동권리보장원이 예비 양부모 관련 기능을 수행하도록 해야 한다는 견해로 현소혜(2021), 213-214. 그 밖에 국제입양에서의 기능 배분에 관해 자세히는 국제입양법 註釋 참조.

는 단체의 업무수행에 필요한 비용, (ㅁ) 그 밖에 보건복지부령으로 정하는 업무수행
에 필요한 비용.

第 22 條 (입양기관의 장의 후견직무)

① 입양기관의 장은 입양을 알선하기 위하여 보장시설의 장, 부모 등으로부터 양자될 아동을 인도받았을 때에는 그 인도받은 날부터 입양이 완료될 때까지 그 아동의 후견인이 된다. 다만, 양자가 될 아동에 대하여 법원이 이미 후견인을 둔 경우에는 그러하지 아니하다.

② 제1항의 경우에 양자로 될 아동을 인도한 친권자의 친권행사는 정지된다. 다만, 친권자가 제12조제5항에 따라 입양의 동의를 철회한 때에는 다시 친권을 행사할 수 있다.

▌참고문헌: 김상용(2010), "『입양촉진 및 절차에 관한 특례법』의 개선방향: 국내입양을 중심으로", 가족법연구 Ⅲ; 김상용(2012), "개정 양자법 해설", 법조 61-5; 김희진 외(2021), "2021년 아동의 법정대리인 제도 전문영향평가", 아동권리보장원; 소라미(2018a), "입양아동 사망 사건 진상조사 결과를 바탕으로 한 입양특례법 전부개정 제안", 가족법연구 32-1; 소라미(2018b), "한국에서의 입양제도 현황과 과제", 가족법연구 32-3; 제철웅(2017), "보호대상아동 후견인제도 실태조사 및 개선방안", 보건복지부; 현소혜(2010), "익명입양 제도의 문제점과 대응방안", 민사법학 50; 현소혜(2021), "국제입양의 보충성과 투명성 실현방안", 가족법연구 35-1.

국내입양특별법 제14조(양자가 될 아동의 후견인 등) ① 제13조제1항에 따른 양자가 될 아동으로서 같은 조 제3항에 따라 보호되는 아동에 대하여는 대통령령으로 정하는 바에 따라 해당 아동이 시설 등에 위탁된 때부터 해당 아동의 주소지를 관할하는 시·도지사등이 후견인이 된다. 다만, 해당 아동에 대하여 법원이 이미 후견인을 두었거나 「보호시설에 있는 미성년자의 후견 직무에 관한 법률」에 따른 후견인이 있는 경우에는 그러하지 아니하다.

② 제1항의 경우에 양자가 될 아동에 대한 친권자의 친권행사는 정지된다. 다만, 친권자가 제15조제4항에 따라 입양의 동의 또는 승낙을 철회하거나 친생부모가 제16조제3항에 따라 입양의 동의를 철회한 때에는 다시 친권을 행사할 수 있다.

③ 제2항 본문에 따라 친권이 정지된 경우 아동의 후견인은 친생부모의 신청이 있는 때에는 가정법원의 입양허가 결정이 있을 때까지 입양 절차의 진행과 아동의 건강 및

복리 상태에 대하여 친생부모에게 통지하여야 한다. 다만, 통지할 수 없는 정당한 사유가 있는 경우에는 그러하지 아니하다.

④ 제3항에 따른 신청 절차, 통지 방법 등에 필요한 사항은 보건복지부령으로 정한다.

I. 본조의 취지

입양의 보호조치를 의뢰하는 친생부모 등 보호자는 입양 대상 아동을 양육할 능력이나 환경이 되지 않거나, 스스로 양육할 의지가 없는 경우가 많다. 이에 입양특례법 §9 ii에 따라 입양기관에 아동을 보호의뢰하는 자는 통상 보호의뢰와 동시에 입양기관에 아동을 인도하고, 아동을 인도받은 입양기관은 입양 성립 시까지 자체 보육시설 또는 자체 위탁모를 활용하여 친생부모 대신 아동을 직접 보호해주는 것이 관례였다. 이러한 관행이 손쉬운 아동유기를 조장한다는 비판이 제기되면서 2020. 12. 29. 아동복지법 개정 후로는 입양기관에 보호의뢰를 하더라도 아동복지법 §15에 따라 가정환경 조사 및 보호·관리 계획을 거쳐 반드시 필요한 경우에만 입양의 보호조치가 가능하도록 하는 한편, 지방자치단체가 입양 성립 시까지 친생부모에 의한 자녀 양육을 지원할 수 있도록 제도가 완비되었다(아동복지법 §15 ④). 입양특례법 §9 註釋 참조.

하지만 여전히 친생부모가 직접 양육하기에 곤란하거나 부적절한 사안들이 있다. 이러한 경우에까지 입양 성립 시까지 친생부모에 의한 보호를 강제하는 것은 아동 최선의 이익에 반할 우려가 있으므로, 아동복지법 §15 ⑥은 지방자치단체의 장이 필요한 경우 아동을 적합한 위탁가정 또는 적당하다고 인정하는 자에게 일시위탁하여 보호하도록 하는 일시보호조치를 할 수 있도록 규정하였다. 이때 '적당하다고 인정하는 자'의 의미에 대해서는 해석이 달라질 수 있으나, 경우에 따라서는 입양기관의 장도 이에 해당할 수 있을 것이다.[1]

이와 같이 입양을 앞두고 친생부모로부터 아동을 인도받은 입양기관의 장은 입양 성립 시까지 친생부모에 갈음하여 아동을 위해 포괄적인 보호와 양육을 제공하기 때문에, 친권을 가지고 있는 친생부모와 아동을 직접 보호·양육 중인 입양기관의 장 간에 의사결정 권한의 조정이 필요하다. 이러한 조정 조항이 없으면 친권자가 입양기

---

1) 현소혜(2021), 213, 각주 141.

관의 장에게 아동을 인도한 후 소재불명이 되거나 친권자의 의사와 입양기관의 장의
의사가 충돌하여 되어 그의 대리 또는 동의를 확보할 수 없는 경우에 아동을 위해 시
의적절한 보호가 제공되지 않아 아동의 복리를 해할 우려가 있기 때문이다.2) 본조는
이를 위해 자녀 인도와 동시에 친생부모의 친권을 정지시키고, 입양기관의 장에게 후
견인으로서의 권한을 부여하는 내용을 담고 있다. 다만, 최근에는 이 경우에도 친생
부모에게 입양 절차 진행 상황과 아동 상태에 대해 통지받을 권리를 보장해야 한다는
견해가 유력하다.3)

Ⅱ. 입양특례법

1. 입양기관의 장의 권한

입양기관의 장은 입양을 알선하기 위해 보장시설의 장이나 부모 등으로부터 양
자될 아동을 인도받은 경우, 그 인도받은 날부터 입양이 완료될 때까지 그 아동의 후
견인이 된다(입양특례법 §22 ① 본문). 이때 '인도받은 날'이라 함은 보장시설의 장이나
부모 등으로부터 아동의 일신을 넘겨받아 사실적 지배를 득한 날을, '입양이 완료된
때'란 입양특례법 §15에 따라 가정법원의 인용심판 확정으로 입양의 효력이 발생한
날을 의미한다.

입양기관의 장은 양자될 아동을 인도받는 순간 법률의 규정에 따라 당연히 미성
년후견인으로서의 지위를 취득한다. 민법상 미성년후견인과 달리 친권자에 의한 미
성년후견인 지정의 의사표시나 법원의 선임재판을 거쳐야 하는 것은 아니다(§931 및
§932 참조). 다만, 입양기관의 장에게 §937에 따른 후견인 결격사유가 있으면 미성년후
견인 선임재판을 통해 미성년후견인이 될 자를 새로 정해야 하며(§932), 입양기관의
장에게 입양 대상 아동의 미성년후견인이 되기에 적절치 않은 사정이 있으면 지방자
치단체의 장의 청구 등에 의해 후견인을 변경해야 한다(§940).

입양기관의 장은 위 기간 중 입양대상 아동의 미성년후견인으로서 아동을 위해
법정대리권을 행사하며, 재산을 관리할 뿐만 아니라(§938 및 §949), 친권자에 준하여 아
동을 보호·교양하고, 아동에 대해 거소지정권을 행사한다(§945). 단, 입양기관의 장이
미성년후견인으로서 친권자가 정한 교육방법, 양육방법 또는 거소를 변경하거나 친
권자가 허락한 영업을 취소·제한하려면 미성년후견감독인의 동의를 받아야 하며,

2) 김상용(2010), 47-48; 현소혜(2010), 556-557.
3) 소라미(2018a), 321-322; 소라미(2018b), 13-14.

§950 ① 각호에 열거된 행위를 할 때도 같다(§945 단서, §950 ①). 미성년후견인의 권한과 직무, 제한 등에 관해 보다 자세히는 §§941－959 註釋 참조.

　　한편 입양기관의 장이 아동을 인도받을 당시에 이미 법원에 의해 선임된 미성년후견인이 있으면, 기존의 미성년후견인이 계속 권한을 행사하며, 입양기관의 장에게 미성년후견인으로서의 지위가 인정되지 않는다(입양특례법 §22 ① 단서). 입양기관의 장이 아동을 인도받은 후 입양이 완료되기 전까지의 사이에 법원에 의한 미성년후견인 선임재판이 있는 경우에도 같다. 반면 보장시설의 장이 입양기관의 장에게 아동을 인도하였는데, 당시 보장시설의 장이 「보호시설에 있는 미성년자의 후견 직무에 관한 법률」에 따라 해당 아동에 관해 미성년후견인으로서의 지위를 가지고 있었던 경우에는 위 단서 조문이 적용되지 않는다. 보장시설의 장은 법률의 규정 또는 지방자치단체의 장의 지정에 따라 미성년후견인이 된 자일 뿐, 법원에 의해 선임된 미성년후견인이 아니기 때문이다. 따라서 보장시설의 장이 가지고 있었던 미성년후견인으로서의 지위는 아동을 인도하는 순간 입양기관의 장에게 이전된다고 보아야 할 것이다.

2. 친권자의 권한

　　친권자인 친생부모가 스스로 아동을 입양기관의 장에게 인도한 경우에 친권자의 친권행사는 즉시 정지된다(§22 ② 본문). 아동을 스스로 인도하거나 인도하는 데 동의하지 않은 친권자는 여전히 친권을 행사할 수 있으므로, 자신의 의사에 반해 아동이 입양기관의 장에게 인도되었음을 이유로 입양기관의 장에게 아동의 반환을 청구할 수 있다. 다만, 입양기관의 장에게 아동을 인도할 당시 법원의 재판에 의해 미성년후견인이 선임되어 있는 상황이라면, 이미 친생부모의 친권이 상실·일시정지 또는 일부제한된 상태이므로 그 범위에서 본 조항에 따른 친권행사 정지는 적용될 여지가 없다.

　　본조에 따른 친권행사 정지를 위해 별도의 법원 재판이 필요한 것은 아니다. 또한 친권의 행사가 정지될 뿐, 친권 자체가 상실되거나 일시정지·일부제한되는 것은 아니므로, 친권자의 친권행사 정지 사실이 가족관계등록부에 기록되는 것도 아니다. 과거 친권자는 입양기관의 장에게 아동을 인도할 당시 친권포기서를 작성하여 제출하는 관행이 있었으나, 현행법상 친권포기는 무효이므로, 아동 인도와 동시에 친생부모의 친권이 소멸하는 것도 아니다. 친권 포기에 관해서는 §909 註釋 참조. 친권자가 스스로 아동을 입양기관의 장에게 인도한 경우에도 친권을 상실 내지 소멸시키는 대신 친권행사만 제한한 이유는, 친권을 완전히 없앨 경우 입양이 실패했을 때 아동의

보호가 공백 상태에 처할 뿐만 아니라, 친생부모가 더이상 입양을 원치 않는 경우에
도 자의 인도를 청구할 수 없게 되어 부당하기 때문이다.[4]

친권자가 입양허가 재판 확정 전에 입양 동의를 철회하면 친권자는 다시 친권을
행사할 수 있다(입양특례법 §22 ② 단서). 친권행사 권한이 부활하는 시점은 입양동의 철
회의 의사표시가 입양기관의 장에게 도달한 때이다. 이때부터 친권자는 입양기관의
장을 상대로 아동의 반환을 청구할 수 있다.[5] 반대로 친권자는 여전히 입양을 희망하
고 있으나, 입양이 여의치 않은 경우에 입양기관의 장은 친권자에게 아동을 인수해갈
것을 청구할 수 있는가. 법논리적으로는 친권행사가 정지되었다고 하여 친권자의 양
육의무가 자동적으로 소멸하는 것은 아니므로, 입양기관은 친권자에게 아동의 인수
를 청구할 수 있고, 친권자가 아동을 반환받아가면 즉시 친권자의 친권 행사 권한이
부활하며, 입양기관의 장은 미성년후견인으로서의 지위를 잃는다고 보아야 할 것이
나,[6] 현행 입양특례법은 이 경우 친권자에게 아동의 인수를 청구하는 대신 지방자
치단체의 장을 통해 필요한 조치가 이루어지도록 하고 있다. 입양특례법 §24 註釋
참조.

3. 문제점

현행 입양특례법과 같이 입양기관의 장이 아동을 인도받는 순간 즉시 미성년후
견인의 지위를 취득하도록 하는 것에 대해서는 비판이 있다.[7] 입양 알선을 목적으로
하는 입양기관의 장에게 입양의뢰된 아동과 원가정 간의 관계 유지 역할을 다할 것을
기대하기 어렵되는 점, 입양기관의 장이 미성년후견인으로서의 역할보다 기관 운영
자로서의 역할에 더 충실할 경우 이해충돌로 인해 아동의 최선의 이익에 반하는 결정
이 내려질 수 있다는 점 등을 근거로 제시한다. 사회복지법인에 불과한 입양기관의
장에게 법률의 규정에 의해 당연직 미성년후견인으로서의 지위를 인정하는 것은, 국
가 또는 지방자치단체 외의 자가 운영하는 아동복지시설 기타 보호시설에 입소 중인
아동들의 경우 지방자치단체의 장에 의한 후견인 지정 절차를 거쳐야만 보호시설의
장이 미성년후견인이 될 수 있도록 하고 있는 「보호시설에 있는 미성년자의 후견 직
무에 관한 법률」 §3와 대비해 보아도 균형이 맞지 않는다.

---

4) 김상용(2012), 14; 현소혜(2010), 579-581.
5) 김상용(2012), 14.
6) 이 경우 친권자가 친권을 행사하려면 가정법원의 허가를 받도록 해야 한다는 견해로 김상용(2010), 48.
7) 김희진(2021), 31-32, 43-44, 166; 제철웅(2017), 91.

Ⅲ. 국내입양특별법

　국내입양특별법은 현행 입양특례법 §22의 문제점 및 국내입양특별법 시행 후 입양기관이 사라지는 점 등을 고려하여 입양 대상 아동을 위한 미성년후견 관련 조문을 대폭 개정하였다. 새로운 제도에 따르면, 같은 법 §13 ①에 의해 입양의 보호조치가 결정되어 양자가 될 아동이 입양 성립 전까지 친생부모와 함께 지내지 못하고 아동양육시설·아동일시보호시설·공동생활가정 기타 보건복지부령으로 정하는 기준에 적합한 가정에 위탁된 경우에 아동이 인도된 시점부터 해당 아동의 주소지를 관할하는 지방자치단체의 장이 직접 미성년후견인으로서의 직무를 수행하며, 이 경우 양자가 될 아동에 대한 친권자의 친권행사는 정지된다(국내입양특별법 §14 ① 본문 및 ② 본문).

　해당 아동에 대해 법원이 이미 후견인을 선임한 경우에 기존 미성년후견인이 그 지위를 유지한다는 점, 친생부모가 입양허가 재판 확정 전에 입양 동의를 철회한 경우에 정지되었던 친권행사 권한이 부활한다는 점은 현행 입양특례법과 같으나, 「보호시설에 있는 미성년자의 후견 직무에 관한 법률」에 따른 후견인이 있는 경우에도 기존 미성년후견인이 그 지위를 유지하도록 하고 지방자치단체의 장이 이를 대신하지 않도록 한 점 및 입양 구조를 기관입양에서 계약형 입양으로 전환함에 따라 법정대리인인 친권자였던 친생부모가 입양의 동의 또는 승낙을 철회한 경우에도 그의 친권행사 권한이 부활하도록 한 점은 현행 입양특례법과 차이가 있다(국내입양특별법 §14 ① 단서 및 ② 단서).

　더 나아가 국내입양특별법은 아동의 인도에 따라 친권행사가 정지된 경우에도 친생부모의 신청이 있으면, 통지할 수 없는 정당한 사유가 있는 경우가 아닌 한, 후견인(주로 지방자치단체의 장)이 가정법원에 의한 입양허가 결정이 있을 때까지 친생부모에게 입양 절차의 진행과 아동의 건강 및 복리 상태에 관해 통지하도록 함으로써 친생부모의 입양절차 관여권을 보다 충실히 보장하였다(국내입양특별법 §14 ③). 이 경우 친생부모의 신청 절차 및 통지 방법 등 필요한 사항은 추후 보건복지부령을 통해 상세히 정해질 예정이다.

第 23 條 (가족관계 등록 창설)

입양기관의 장은 양자가 될 아동을 가족관계등록이 되어 있지 아니한 상태
에서 인계받았을 때에는 그 아동에 대한 가족관계 등록 창설 절차를 거친다.

Ⅰ. 본조의 취지

입양기관의 장은 양자가 될 아동에 관해 가족관계등록이 되어 있지 않은 상태에
서 인계받았을 때 그 아동에 대한 가족관계등록 창설 절차를 거쳐야 한다(입양특례법
§23). 친생부모가 출생신고를 하지 않은 채 입양기관에 아동을 유기하여 아동에 대한
가족관계등록이 이루어지지 않은 경우 등이 이에 해당한다. 1976. 12. 31. 제정된 舊
입양특례법 시절부터 입법자는 무적자(無籍者)에 관해 입양 알선을 의뢰받은 입양알선
기관의 장이 해당 아동을 위해 취적 또는 일가창립 절차를 밟을 수 있는 권한을 인정
하였다(舊 입양특례법 §13). 하지만 당시에는 이른바 '허위의 친생자출생신고에 의한 입
양' 법리를 통해 양부모될 자가 입양 대상 아동을 즉시 자기 친생자로 출생신고하는
것이 관행이었으므로, 실제로 입양알선기관의 장이 이러한 권한을 행사하는 경우는
드물었다. 허위의 친생자출생신고에 의한 입양에 관해 자세히는 §878 註釋 참조.
2007. 5. 17. 호적 제도가 폐지되고, 가족관계등록 제도가 도입되면서 위 조문은 입양
기관의 장이 가족관계등록이 되어 있지 않은 아동을 위해 가족관계등록 창설 절차를
거치도록 하는 규정으로 개정되었으나(舊 「입양촉진 및 절차에 관한 특례법」 §14), 같은 이
유에서 여전히 현실적으로는 유명무실하였다. 하지만 2011. 8. 4.자 입양특례법 전면
개정 이후 가정법원에 입양 허가를 청구할 때 '양자가 될 아동의 출생신고 증빙 서류'
를 첨부하도록 강제하면서 위 조문은 중요한 의미를 갖게 되었다. 출생신고 증빙서류
에 관해 자세히는 입양특례법 §11 註釋 참조. 친생부모가 출생신고를 하지 않은 채
아동을 유기한 경우에 해당 아동을 위해 가족관계등록 창설이 되지 않으면 입양허가
청구를 하는 것이 불가능하게 되었기 때문이다.

Ⅱ. 입양특례법

가족관계 등록의 창설은 가족관계 등록이 되어 있지 않은 자가 등록을 하려는 곳을 관할하는 가정법원의 허가를 받고, 그 등본을 받은 날부터 1개월 내에 가족관계 등록 창설 신고를 하는 방법에 의해 이루어진다(家登 §101). 가정법원의 허가는 가족관계 등록이 되어 있지 않은 자가 직접 청구해야 함이 원칙이나, 해당자가 아직 미성년자로서 의사능력이 없다면 그의 법정대리인이 이를 대신해야 한다(民訴 §55 ① 및 가등예규 제69호). 다만, 가족관계 등록이 되어 있지 않은 자에게는 아직 친권자나 후견인 같은 법정대리인이 있을 수 없으므로, 미성년자의 가족관계등록 창설 절차를 위해서는 먼저 특별대리인 선임 절차를 밟아야 할 것이다(民訴 §62 ①).

하지만 입양기관의 장은 특별대리인으로 선임되지 않더라도 본조에 따라 직접 가족관계 등록 창설을 위한 가정법원의 허가 청구와 등록 창설 신고를 하는 것이 가능하다(입양특례법 §23). 입양기관의 장이 보호 중인 입양 대상 아동을 위해 가정법원의 허가를 받아 가족관계 등록 창설 신고를 하면 가족관계등록공무원은 해당 아동의 가족관계등록부를 작성해야 하며, 그에 따른 증명서를 제출하면 입양특례법 §11 ① i에 따른 '양자가 될 아동의 출생신고 증빙 서류'를 첨부한 것으로 본다(입양특례법 시행규칙 §9 i).

Ⅲ. 국내입양특별법

국내입양특별법 시행 후로는 입양기관이 폐지되므로, 입양기관의 장이 보호 중인 아동을 위해 가족관계등록 창설 절차를 밟도록 하는 조문도 함께 삭제되었다. 따라서 국내입양특별법 시행 후로는 가족관계등록이 되어 있지 않은 아동에 관해 입양의 보호조치를 진행하고자 하는 경우에 해당 아동을 보호 중인 지방자치단체의 장이 家登 §52의 절차에 따라 기아발견조서를 작성하고, §781 ④에 따라 기아의 성과 본을 창설한 후 이름과 등록기준지를 정해 가족관계등록부를 작성하거나,[1] 지방자치단체로부터 입양 성립 시까지 아동을 위탁받아 보호 중인 각종 시설의 장이 특별대리인 선임 절차를 거쳐 가족관계등록 창설 절차를 밟는 방식으로 가족관계등록이 되어 있지 않은 아동의 입양 절차가 진행되어야 한다.

---

1) 자세한 절차는 가등예규 제413호(기아에 관한 가족관계등록사무 처리지침) 참조.

第24條 (입양알선이 곤란한 사람 등의 보호)

① 입양기관의 장은 다음 각 호의 어느 하나에 해당하는 사람이 있는 경우에는 시·도지사 또는 시장·군수·구청장에게 이를 보고하여야 한다.

1. 제9조제2호에 따라 보호의뢰된 사람으로서 입양알선이 곤란한 사람
2. 이 법에 따른 입양이 취소되거나 파양을 선고받은 사람으로서 보호자가 입양기관에 보호를 요청한 사람

② 시·도지사 또는 시장·군수·구청장은 제1항에 따른 보고를 받은 사람에 대하여 「아동복지법」 제15조에 따른 보호조치를 지체 없이 하여야 한다.

국내입양특별법 제29조(보호조치) 시·도지사등은 제13조에 따라 양자가 될 아동으로 결정되었으나 입양이 곤란한 아동에 대해서 「아동복지법」 제15조에 따른 보호조치를 지체 없이 하여야 한다.

Ⅰ. 본조의 취지

입양이 실패하는 경우가 있다. 입양기관이 입양알선을 의뢰받은 아동에 관해 마땅한 양부모를 찾지 못해 입양알선에 실패하는 경우 및 일단 입양이 성립하기는 하였으나 입양의 취소·파양 등으로 인해 양친자관계가 해소된 경우가 이에 해당한다. 본조는 이러한 경우에 입양 대상 아동을 위해 적절한 보호조치가 행해질 수 있도록 절차적으로 담보한다.

Ⅱ. 입양특례법

1. 입양알선의 실패

부모 등 또는 후견인이 입양에 동의하면서 입양기관에 보호를 의뢰하였으나, 입양알선에 실패한 경우에 입양기관의 장은 입양을 의뢰하였던 부모 등에게 다시 아동을 인수해갈 것을 청구할 권리가 있다. 입양특례법 §22 註釋 참조. 하지만 입양기관에 입양을 의뢰하였던 자는 양육 능력이나 양육 의지가 결여되어 있는 경우가 통상이므로, 입양기관의 장이 아동의 인수를 청구하더라도 자발적으로 아동을 데려갈 가능성이 낮으며, 설령 아동을 데려가더라도 적절한 양육환경을 제공하리라는 점을 담보하기 어렵다. 이에 입양특례법은 같은 법 §9 ii에 따라 부모 등으로부터 보호의뢰를 받았으나 입양알선이 곤란한 아동이 발생한 경우에 입양기관의 장이 이러한 사실을 지방자치단체의 장에게 보고하도록 하고(입양특례법 §24 ① i), 지방자치단체의 장은 그 보고를 받은 사람에 대해 지체없이 친인척 위탁·가정위탁·아동복지시설 입소 등 아동복지법 제15조에 따른 보호조치를 하도록 함으로써 아동 보호의 공백이 발생하는 일을 방지하고 있다(입양특례법 §24 ②).

2020. 12. 29.자 개정 아동복지법 시행 이후로는 부모 등이 입양특례법 §9 ii에 따라 직접 입양기관의 장에게 입양 의뢰를 하는 것이 사실상 봉쇄되었다. 하지만 입양기관의 장이 아동복지법 §15 ⑥상 일시보호조치에 따라 아동을 인도받은 후 입양의 보호조치가 무위로 돌아가는 일은 여전히 발생할 수 있다. 이 경우 입양기관의 장은 지방자치단체의 장과 협의 하에 일시보호조치를 변경하고, 해당 아동에 관한 개별 보호·관리 계획이 변경되어 아동복지법 §15에 따른 새로운 유형의 보호조치가 행해질 수 있도록 협조해야 하며, 입양이 실패하였다고 하여 임의로 아동을 원가정에 복귀시켜서는 안 된다.

2. 입양의 실패

입양특례법에 따라 성립한 입양이 취소되거나 파양되는 경우가 있다. 입양 취소에 관해서는 입양특례법 §16 註釋 참조. 파양에 관해서는 입양특례법 §17 註釋 참조. 입양이 취소되거나 파양된 경우에 양친자관계가 소멸하므로, 기존의 양부모는 더이상 양자를 보호·교양할 의무를 부담하지 않는다. 대신 입양의 취소 또는 파양과 동시에 입양 전의 친족관계가 부활하므로, 양자였던 자는 친생부모로부터 보호·교양을 받을 수 있다. 하지만 입양특례법에 따른 입양 대상 아동들은 입양 성립 당시에 이미 친생부모의 보호력이 없거나 부족한 상황이었던 것이 통상이므로, 입양의 취소 또는 파양에 의해 친생부모와의 관계가 부활하였다고 해도 원가정으로부터 적절한 보호를 받기 어려운 경우가 대부분이다.

이에 입양특례법은 입양이 취소되거나 파양을 선고받은 아동으로서 보호자가 입양기관에 보호를 요청한 경우에는 입양기관의 장이 그 사실을 지방자치단체의 장에게 보고하도록 규정하였다(입양특례법 §24 ① ii). 이때 보호자란 아동복지법상 보호자와 동일한 개념이므로, 입양의 취소·파양 당시까지 아동을 보호해 왔던 기존의 양부모일 수도 있고, 앞으로 아동을 보호할 의무를 지게 된 친생부모일 수도 있으며, 그 밖의 사정으로 사실상 아동을 보호·감독하는 자일 수도 있다. 입양기관의 장으로부터 보고를 받은 지방자치단체의 장은 그 보고를 받은 사람에 대해 지체없이 친인척 위탁·가정위탁·아동복지시설 입소 등 아동복지법 제15조에 따른 보호조치를 해야 한다(입양특례법 §24 ②).

Ⅲ. 국내입양특별법

국내입양특별법 시행 후로는 입양기관이 폐지되므로, 입양이 실패한 경우에 입양기관의 장이 그 사실을 지방자치단체의 장에게 보고하도록 하는 내용의 조문도 함께 삭제되었다. 하지만 국내입양특별법 §13에 따라 입양 대상 아동으로 결정된 아동에 대해 입양의 알선이 곤란하게 된 경우에 지방자치단체의 장이 해당 아동을 위해 지체없이 아동복지법 §15에 따른 보호조치를 하도록 하는 취지의 조문은 그대로 유지하였다(국내입양특별법 §29). 입양이 곤란한 경우에 친인척 위탁·가정위탁·아동복지시설 입소 등의 보호조치가 적시에 제공되어 아동 보호에 공백이 발생하지 않도록 하기 위함이다. 반면 입양이 취소되거나 파양이 선고된 경우에 해당 아동을 위해 보호조치가 이루어지도록 하는 취지의 조문은 삭제되었다. 입양이 취소된 경우에는 그 입양의 취소를 청구한 친생의 부 또는 모가 있어 그를 통해 입양 대상 아동에게 적절한 보호가 제공될 수 있는 점, 국내입양특별법에 따르면 파양이 허용되지 않는 점 등을 고려한 것이다.

第25條 (사후서비스 제공)

① 입양기관의 장은 입양이 성립된 후 1년 동안 양친과 양자의 상호적응을 위하여 다음 각 호의 사후관리를 하여야 한다. 국외입양 사후관리에 관한 내용, 방법 등 구체적 사항은 대통령령으로 정한다.

　1. 양친과 양자의 상호적응상태에 관한 관찰 및 이에 필요한 서비스

　2. 입양가정에서의 아동양육에 필요한 정보의 제공

　3. 입양가정이 수시로 상담할 수 있는 창구의 개설 및 상담요원의 배치

② 입양기관의 장은 해당 국가의 협력기관을 통하여 입양아동이 입양된 국가의 국적을 취득하였는지를 확인하고 그 결과를 아동권리보장원의 원장을 통하여 보건복지부장관에게 보고하여야 한다.

③ 입양기관의 장은 국외로 입양된 아동을 위하여 모국방문사업 등 대통령령으로 정하는 사업을 실시하여야 한다.

第34條 (사회복지서비스)

국가와 지방자치단체는 입양기관의 알선을 받아 아동을 입양한 가정에 대하여 입양아동을 건전하게 양육할 수 있도록 필요한 상담, 사회복지시설 이용 등의 사회복지서비스를 제공하여야 한다.

국내입양특별법 제31조(사후서비스 제공) ① 보건복지부장관은 입양이 성립된 후 1년 동안 양부모와 양자의 상호적응을 위하여 보건복지부령으로 정하는 바에 따라 정기적인 상담과 필요한 복지서비스를 지원하고 아동 적응보고서를 작성하여야 한다. 다만, 양부모와 양자의 요구가 있는 경우 등 보건복지부령으로 정하는 사유가 있는 경우에는 그 기간을 연장할 수 있다.

② 국가와 지방자치단체는 보건복지부령으로 정하는 바에 따라 입양가정이 입양아동을 건전하게 양육할 수 있도록 다음 각 호의 지원을 하여야 한다.

　1. 입양아동의 건전한 성장 및 입양가족 간의 정보 공유와 상호 협력 등을 위한 모임이나 단체의 사업 지원

2. 입양가정에서 입양아동의 건전한 성장을 위하여 양육에 필요한 정보의 제공
3. 입양가정이 수시로 상담할 수 있는 창구의 개설 및 상담요원의 배치

Ⅰ. 입양특례법

1. 국내입양

가. 입양기관의 장의 의무

입양기관의 장은 입양이 성립된 후 1년간 양부모와 양자의 상호 적응을 위해 이른바 '사후서비스'를 제공해야 한다(입양특례법 §25 ①). 양부모와 양자 간의 상호적응 상태를 관찰하고, 필요한 서비스를 제공함으로써 아동의 입양 가정 적응을 지원하고, 입양의 성공률을 높이기 위함이다. 사후서비스에는 ① 양부모와 양자의 상호적응상태에 관한 관찰 및 이에 필요한 서비스, ② 입양가정에서의 아동양육에 필요한 정보의 제공, ③ 입양가정이 수시로 상담할 수 있는 창구의 개설 및 상담요원의 배치가 포함된다(입양특례법 §25 ① 각 호). 이러한 사후서비스는 1년 간 총 6회 이상 진행되며, 그 중 최소 3번 이상은 필수적으로 가정방문을 해야 하고, 사후관리 진행 후 10일 내에 사후관리 보고서를 작성해야 한다.[1] 그 밖에 입양기관의 장은 입양부모교육, 입양아동 치료 지원, 자조모임 운영, 상담서비스 및 사례관리 등을 진행하며,[2] 필요한 경우에 사후관리 과정에서 입양아동에 대한 아동학대를 인지하면 지체 없이 아동학대 의심 신고를 할 의무가 있다. 사후관리 의무를 위반하면 6개월 이내의 업무정지 또는 허가 취소가 가능하다(입양특례법 §39 ① ⅱ-2).

나. 국가와 지방자치단체의 의무

국가와 지방자치단체는 입양기관의 알선을 받아 아동을 입양한 가정이 입양아동을 건전하게 양육할 수 있도록 필요한 상담, 사회복지시설 이용 등 사회복지서비스를 제공하여야 한다(입양특례법 §34). 입양기관의 장이 제공하는 사후관리 서비스와 일부 중복되는 부분이 있다.

---

1) 2023 입양실무매뉴얼, 69.
2) 2023 입양실무매뉴얼, 72.

2. 국외입양

가. 사후서비스의 제공

외국으로의 입양은 사회적·문화적 환경의 급격한 변화로 인해 입양 아동에게 국내입양보다 더 중한 적응의 어려움을 야기한다. 따라서 사후관리를 통해 그 적응상태를 관찰하고, 적절한 서비스를 제공할 필요도 더 크다. 하지만 정작 입양기관의 입장에서는 직접 입양 아동의 상태를 모니터링하고, 사후서비스를 제공하는 것이 더 곤란하다. 입양아동이 대한민국 내에 거주하고 있지 않기 때문이다. 이 점을 고려하여 입양특례법은 국제입양 업무를 수행하는 입양기관으로 하여금 국제입양 상대국과 입양업무에 관한 협약을 체결할 때 반드시 국외입양의 사후관리를 위해 ① 입양아동의 신체발달, 정서발달 및 양친과의 유대관계 등 입양 후 입양아동에 관한 현황, ② 사후관리의 횟수 및 방법, ③ 한국 입양아동에 특화된 사후관리 방안, ④ 그 밖에 보건복지부장관이 필요하다고 인정하는 사항 및 ⑤ 사후관리 관련 업무를 수행할 수 있는 아동복지전문가의 확보 방안에 관한 내용을 포함시키도록 함으로써 국외입양의 사후관리가 충실히 이루어질 수 있도록 담보하고 있다(입양특례법 §25 ① 및 동 시행령 §4-2).

나. 국적 취득 보고

또한 입양기관의 장은 외국으로 입양된 아동들을 위해 해당 국가의 협력기관을 통해 해당 아동이 입양된 국가의 국적을 취득하였는지를 확인하고, 그 결과를 아동권리보장원의 원장을 통해 보건복지부장관에게 보고하여야 한다(입양특례법 §25 ②). 과거 입양특례법에 따라 외국으로 입양간 아동들이 출국 후 정작 해당 양부모 본국의 국적을 취득하지 못해 강제 추방을 당하거나 기타 불이익을 받았던 역사적 과오가 되풀이되지 않도록 하기 위한 조치이다.

다. 뿌리찾기 지원

국외입양을 간 해외입양인들은 인종적 특성으로 인해 성장 과정에서 국내입양인보다 정체성 혼란의 어려움을 더 심각하게 경험한다. 따라서 해외입양인들에게 모국 및 친생부모에 관한 정보를 유효적절하게 지원하는 것은 국외입양 사후관리의 핵심적인 내용이 된다. 이를 위해 입양특례법은 입양기관의 장에게 국외로 입양된 아동을 위해 ① 모국방문사업, ② 모국어 연수 지원, ③ 모국에 관한 자료 제공, ④ 친생부모 찾기 사업과 입양정보공개 제도 홍보, ⑤ 국적 회복 지원, ⑥ 해외입양인을 위한 상담, ⑦ 그 밖에 국외로 입양된 아동을 위해 보건복지부장관이 필요하다고 인정하는 사후관리사업을 제공하도록 하고 있다(입양특례법 §25 ③ 및 동 시행령 §5).

Ⅱ. 국내입양특별법

1. 국내입양

국내입양특별법 시행 후에는 입양기관 제도가 폐지되므로, 사후서비스 제공 의무자도 입양기관의 장에서 보건복지부장관으로 변경된다(국내입양특별법 §31 ① 본문). 이에 따라 입양기관의 장의 사후서비스 제공 의무에 관한 입양특례법 §25와 국가와 지방자치단체의 관련 사회복지서비스 제공 의무에 관한 입양특례법 §34는 모두 삭제되었다. 이에 갈음하여 보건복지부 장관이 제공해야 하는 사후서비스의 내용에 관한 규정이 신설되었다. 다만, 사후서비스의 내용 부분은 기존 입양특례법과 일부 차이가 있다. 즉, 입양 성립 후 1년 동안 양부모와 양자의 상호적응을 위해 ① 입양가정에서 입양 아동의 건전한 성장을 위하여 양육에 필요한 정보를 제공하고, ② 입양가정이 수시로 상담할 수 있는 창구의 개설 및 상담요원을 배치하도록 한 것은 현행 입양특례법의 내용과 유사하나(국내입양특별법 §31 ② ii 및 iii), 다음과 같은 세 가지 점에서 개정이 있었다.

첫째, 양부모와 양자의 요구가 있는 경우 등 보건복지부령으로 정하는 사유가 있으면 사후관리 기간을 1년보다 더 연장할 수 있다(국내입양특별법 §31 ① 단서). 둘째, 양친과 양자의 상호적응상태에 관해 단순히 관찰하는 것을 넘어 정기적인 상담을 제공하도록 하고, 필요한 복지서비스를 적극적으로 연계하며, 아동 적응보고서를 작성하도록 법정하였다(국내입양특별법 §31 ① 본문). 기존에 매뉴얼에 따라 실무상 행해지던 관행을 법률의 단계로 격상시켰다는 의미가 있다. 셋째, 국가와 지방자치단체는 입양 아동의 건전한 성장 및 입양 가족간의 정보 공유와 상호 협력 등을 위한 모임이나 단체의 사업을 위해 지원해야 한다(국내입양특별법 §31 ② i). 기존에 입양기관의 주관 하에 행해져 온 입양가족 자조모임 등에 관한 공적 지원을 강화했다는 의미가 있다.

2. 국외입양

현행 입양특례법상 국외입양을 위한 사후서비스 관련 규정들은 모두 국제입양법으로 위치가 이동되었으며, 내용에도 다소 변경이 있었다. 자세한 내용은 국제입양법 註釋 참조.

第 26 條 ~ 第28條, 第30條, 第43條
삭제 〈2019. 1. 15〉

舊 입양특례법(2019. 1. 15. 개정 전의 것) §26은 국내입양 활성화 및 입양에 대한 사후관리 등을 위해 보건복지부장관의 인가를 받아 재단법인 형태로 중앙입양원을 설립·운영하도록 하는 내용의 규정을 두고 있었다(舊 입양특례법 §26 ①-③). 중앙입양원의 주된 업무는 ① 입양아동·가족정보 및 친가족 찾기에 필요한 통합데이터베이스 운영, ② 입양아동의 데이터베이스 구축 및 연계, ③ 국내외 입양정책 및 서비스에 관한 조사·연구, ④ 입양 관련 국제협력 업무, ⑤ 기타 보건복지부장관으로부터 위탁받은 사업이며(舊 입양특례법 §26 ④), 그 이사장은 보건복지부장관이 임명하고(舊 입양특례법 §27②), 정부가 중앙입양원의 설립·운영에 필요한 경비를 예산 범위에서 보조하며(舊 입양특례법 §28), 보건복지부장관이 지도·감독하고(舊 입양특례법 §30), 중앙입양원의 임직원은 벌칙적용 시 공무원으로 의제하도록 하는 등(舊 입양특례법 §43) 중앙입양원과 관련된 규정들을 완비하고 있었다.

그러나 2019. 1. 15.자 입양특례법 개정에 의해 중앙입양원에 관한 舊 입양특례법 §26 내지 §28 및 §30, §43는 모두 삭제되었으며, 중앙입양원의 주된 업무 중 ① 입양아동·가족정보 및 친가족 찾기에 필요한 통합데이터베이스 운영 업무는 아동통합정보시스템 제도로 통합되고, ② 입양아동의 데이터베이스 구축 및 연계, ③ 국내외 입양정책 및 서비스에 관한 조사·연구, ④ 입양 관련 국제협력 업무, ⑤ 기타 보건복지부장관으로부터 위탁받은 사업은 위 개정으로 새롭게 신설된 아동권리보장원으로 이관되었다(아동복지법 §10-2 ② ix). 국내입양특별법 시행 후에도 위 각 업무는 아동권리보장원에서 수행할 예정이다. 아동권리보장원의 의의와 역할 등에 관해 자세히는 입양특례법 §2 및 국내입양특별법 §2 註釋 참조.

第 31 條 (아동의 인도)

① 입양기관 또는 부모는 법원의 입양허가 결정 후 입양될 아동을 양친이
될 사람에게 인도한다.

② 국외입양의 경우 아동의 인도는 보건복지부령으로 정하는 특별한 사정이
없으면 대한민국에서 이루어져야 한다.

▌참고문헌: 소라미(2018), "입양아동 사망 사건 진상조사 결과를 바탕으로 한 입양특례법 전부개정 제
안", 가족법연구 32-1.

> 국내입양특별법 제27조(아동의 인도) 아동의 친생부모, 후견인 또는 적법한 절차에 따라
> 아동을 보호하고 있는 자는 제21조제1항에 따른 입양허가 결정의 확정 또는 제22조제
> 1항에 따른 임시양육결정 후 양자 또는 양자가 될 아동을 양부모 또는 양부모가 되려
> 는 사람에게 직접 인도한다.

Ⅰ. 입양특례법

1. 국내입양

입양기관 또는 부모는 법원의 입양허가 결정 후 입양될 아동을 양친이 될 사람
에게 인도해야 한다(입양특례법 §31 ①). 본조의 입법목적은 양부모의 적격성이 법원의
입양허가 재판에 의해 확정될 때까지 양부모될 자와 입양될 아동 간의 접촉을 차단함
으로써 아동의 복리와 안전을 보장하고,[1] 아동의 아동 매매나 아동 선별의 위험을 방
지하는 데 있다. 인도의 주체는 입양기관의 장 또는 부모이다. 법에는 명시되어 있지
않지만, 만약 입양기관이 아닌 보장시설에서 입양될 아동을 보호 중이라면 보장시설

---

1) 소라미(2018), 318.

의 장도 인도의 주체가 될 수 있을 것이다(입양특례법 §9 i, iii 및 iv).

입양허가 재판이 선고된 후 즉시 인도해야 하는지, 입양허가 재판이 확정된 후 인도해야 하는지는 법문상 명백하지 않다. 입양특례법상 입양은 입양허가 재판의 확정과 동시에 입양 성립의 효과가 발생하는데(입양특례법 §15), 입양특례법 §31 ①은 입양허가 결정 후 '입양될 아동을 양친이 될 사람'에게 인도하도록 규정하고 있는 것에 비추어 볼 때 1심 입양허가 재판 후 아직 재판이 확정되어 입양이 성립되기 전이라도 인도가 가능하다고 해석할 여지가 있으나, 본 조문의 입법목적에 비추어볼 때 입양허가 재판 확정 후에 아동을 인도하는 것으로 해석해야 할 것이다. 하지만 현재 본 조문은 사실상 무력화되어 있다.[2] 이른바 '입양 전제 위탁'의 관행에 따라 입양 기관이 입양허가 재판 청구 전에 미리 예비 양부모에게 아동을 인도하는 일이 만연해 있기 때문이다. 이에 관해서는 입양특례법 §2 및 국내입양특별법 §2 註釋 참조.

2. 국외입양

외국으로의 입양에서 아동의 인도는 보건복지부령으로 정하는 특별한 사정이 없으면 대한민국에서 이루어져야 한다(입양특례법 §31 ②). 과거에는 한국에서 이른바 '운반자'가 영아를 데리고 출국해 외국에서 양부모될 자에게 인도하는 관행이 있었으나, 2012. 8. 5. 입양특례법 전면개정으로 국외입양에 관해서도 우리나라 법원의 입양허가 재판이 필수적으로 요구되면서 입양허가 재판 후 양부모될 자가 직접 대한민국을 방문하여 아동을 인도받아 가는 것으로 원칙이 변경되었다. 다만, 양부모가 될 외국인이 긴급한 보건의학적 이유로 대한민국에 입국할 수 없는 경우에는 그렇지 않다(입양특례법 시행규칙 §27).

Ⅱ. 국내입양특별법

국내입양특별법상 아동의 인도 절차는 크게 세 가지 점에서 변화가 있다(국내입양특별법 §27).

첫째, 인도의 주체가 '입양기관 또는 부모'에서 '아동의 친생부모, 후견인 또는 적법한 절차에 따라 아동을 보호하고 있는 자'로 개정되었다. 과거 입양특례법에 따른 입양 절차는 주로 부모가 입양기관에 입양을 의뢰하면서 아동을 인도함으로써 개시되었지만, 현재는 아동복지법 §15 ① vi에 따른 입양의 보호조치에 의해 개시되며,

---

2) 소라미(2018), 318.

입양이 성립될 때까지 친생부모가 직접 보호하도록 하거나, 아동복지법 §15 ⑥에 따라 아동일시보호시설, 위탁가정 기타 적당하다고 인정하는 자에게 일시 위탁하여 보호하도록 하는 것이 통상이다. 이에 국내입양특별법은 아동 인도의 주체를 "아동의 친생부모, 후견인 또는 적법한 절차에 따라 아동을 보호하고 있는 자"로 규정하여 입양 성립 당시 아동의 보호자와 일치시키고자 하였다. 이때 "적법한 절차에 따라 아동을 보호하고 있는 자"란 아동복지법 §15 ⑥에 따라 보호 중인 자로서 이들은 아동의 미성년후견인이 아니라도 본조에 따라 아동을 양부모에게 인도할 권한을 갖는다.

둘째, 인도의 시기가 '법원의 입양허가 결정 후'에서 '입양허가 결정의 확정' 시 또는 '임시양육결정 후'로 개정되었다. 입양특례법 §22 ①은 기존의 '입양 전제 위탁'의 관행을 반영하여 이른바 '임시양육결정' 제도를 도입하였으므로(입양특례법 §11 및 국내입양특별법 §22-24 註釋 참조), 이에 대응하여 입양허가 결정 확정 전이라도 법원에 의한 임시양육 결정이 있으면 미리 아동을 인도할 수 있도록 한 것이다. 반면 임시양육 결정이 없는 경우 입양허가 결정이 확정되어 입양이 완전히 성립하기 전까지는 아동을 인도할 수 없음을 분명히 하였다. 더 나아가 임시양육결정 없이 양자가 될 아동을 양부모가 되려는 사람에게 인도한 자 또는 양자가 될 아동을 인도받은 자는 1년 이하의 징역 또는 1천만원 이하의 벌금에 처한다(국내입양특별법 §40 ②).

셋째, 외국으로의 입양에서 아동 인도에 관한 특칙은 국제입양법으로 위치를 이동하였다(국제입양법 §15 참조).

第35條 (양육보조금 등의 지급)

① 국가와 지방자치단체는 입양기관의 알선을 받아 입양된 장애아동 등 입양아동이 건전하게 자랄 수 있도록 필요한 경우에는 대통령령으로 정하는 범위에서 양육수당, 의료비, 아동교육지원비, 그 밖의 필요한 양육보조금을 지급할 수 있다.

② 국가와 지방자치단체는 입양기관의 운영비와 「국민기초생활 보장법」에 따라 지급되는 수급품 외에 가정위탁보호비용을 보조할 수 있다.

③ 제1항에 따른 양육보조금의 지급과 제2항에 따른 입양기관의 운영비 및 가정위탁보호비용의 보조에 필요한 사항은 대통령령으로 정한다.

국내입양특별법 제32조(양육보조금 등의 지급) ① 국가와 지방자치단체는 입양아동이 건강하게 자랄 수 있도록 하기 위하여 필요한 경우에는 대통령령으로 정하는 범위에서 양육수당, 의료비, 아동교육지원비, 그 밖의 필요한 양육보조금을 지급할 수 있다. ② 제1항에 따른 양육보조금 등의 지급 및 절차에 필요한 사항은 대통령령으로 정한다.

Ⅰ. 입양특례법

1. 양육보조금

　　국가와 지방자치단체는 입양기관의 알선을 받아 입양된 장애아동 등 입양아동이 건전하게 자랄 수 있도록 필요한 경우에는 양육수당, 의료비, 아동교육지원비, 그 밖의 필요한 양육보조금을 지급할 수 있다(입양특례법 §35 ①). 본조에 따른 양육보조금의 지급대상은 ① 입양 당시 「장애인복지법」 §32 ①에 따라 장애인 등록을 한 아동, ② 분만 시 조산, 체중미달, 분만 장애 또는 유전 등으로 입양 당시 질환을 앓고 있는 아동, ③ 입양 후 선천적 요인으로 인한 장애가 발견되어 ① 또는 ②에 해당하게 된 아동, ③ 그 밖에 보건복지부장관이 양육지원이 필요하다고 인정하는 가정에 입양된 아동으로 주로 장애 등 특별한 의료적 지원을 필요로 하는 아동으로 한정되어 있다(입양 특례법 시행령 §7 ①). 본조에 따라 지급되는 양육보조금의 범위는 ① 장애아동 등의 입양가정에 정기적으로 지급하는 양육수당, ② 장애아동 등 입양아동의 진료·상담·재활 및 치료에 드는 각종 의료비, ③ 그 밖에 필요한 양육보조금이다. 구체적인 양육보조금 신청 절차에 관해서는 입양특례법 시행령 §8 내지 §10에 규정되어 있다.

2. 입양기관 운영비

국가와 지방자치단체는 대통령령으로 정하는 바에 따라 입양기관의 운영비를 보조하고, 입양기관에 「국민기초생활 보장법」에 따라 지급되는 수급품을 지급할 수 있다(입양특례법 §35 ②). 또한 보장시설의 장이나 입양기관의 장이 입양의뢰된 아동을 직접 보호하지 않고 다른 사람의 가정에 위탁해 보호하는 경우에는 지방자치단체의 장에게 가정위탁보호비용의 지급을 신청할 수 있으며, 이 경우 지방자치단체의 장은 위탁가정에 「국민기초생활 보장법」에 따른 수급품 외에 가정위탁보호비용도 지급한다(입양특례법 §35 ② 및 동 시행령 §12).

Ⅱ. 국내입양특별법

국내입양특별법 역시 입양아동이 건강하게 자랄 수 있도록 하기 위해 필요한 경우 양육보조금 등을 지급할 수 있도록 하는 근거 규정을 두었다(국내입양특별법 §32). 다만, 입양특례법과 달리 그 지급대상을 장애아동 등으로 한정하지 않아, 모든 입양아동에게 양육보조금을 지급할 수 있는 길이 확대되었으며, 지급 항목 역시 기존의 양육수당 및 의료비 외에 '아동교육지원비' 항목이 신설되었다. 한편 국내입양특별법 부칙 제2조는 본조의 개정 규정을 국내입양특별법 시행 전에 입양된 아동에 대하여도 소급적용되는 것으로 규정하였으므로, 기존의 입양특례법에 따른 입양아동들도 모두 양육보조금을 받는 것이 가능해질 예정이다.

第36條 (입양정보의 공개 등)

① 이 법에 따라 양자가 된 사람은 아동권리보장원 또는 입양기관이 보유하고 있는 자신과 관련된 입양정보의 공개를 청구할 수 있다. 다만, 이 법에 따라 양자가 된 사람이 미성년자인 경우에는 양친의 동의를 받아야 한다.

② 아동권리보장원 또는 입양기관의 장은 제1항에 따른 요청이 있을 때 입양아동의 친생부모의 동의를 받아 정보를 공개하여야 한다. 다만, 친생부모가 정보의 공개에 동의하지 아니하는 경우에는 그 친생부모의 인적사항을 제외하고 정보를 공개하여야 한다.

③ 제2항의 단서에도 불구하고 친생부모가 사망이나 그 밖의 사유로 동의할 수 없는 경우에는 양자가 된 사람의 의료상 목적 등 특별한 사유가 있는 경우에는 친생부모의 동의 여부와 관계없이 입양정보를 공개할 수 있다.

④ 제1항부터 제3항까지의 규정에서 정한 정보공개의 청구대상이 되는 정보의 범위, 신청 방법과 절차, 그 밖에 필요한 사항은 대통령령으로 정한다.

第37條 (비밀유지의 의무)

아동권리보장원 또는 입양기관에 종사하는 사람 또는 종사하였던 사람은 그 업무를 행하는 과정에서 알게 된 비밀을 누설하여서는 아니 된다. 다만, 제36조에 따라 입양정보를 공개하는 때에는 예외로 한다.

▌**참고문헌:** 소라미(2018a), "입양아동 사망 사건 진상조사 결과를 바탕으로 한 입양특례법 전부개정 제안", 가족법연구 32-1; 소라미(2018b), "한국에서의 입양제도 현황과 과제", 가족법연구 32-3; 조소연·전민경(2024), "입양제도와 보호출산제도상 아동권리의 사각지대 - 제정 「국내입양에 관한 특별법」과 「위기 임신 및 보호출산 지원과 아동 보호에 관한 특별법」을 중심으로-", 윤리연구 145.

국내입양특별법 제33조(입양정보의 공개 등) ① 이 법에 따라 양자가 된 사람은 아동권리보장원의 장에게 자신과 관련된 입양정보의 공개를 청구(이하 "정보공개청구"라 한다)할 수 있다. 다만, 이 법에 따라 양자가 된 사람이 미성년자인 경우에는 양부모의 동의를 받아야 한다.

② 제1항의 청구를 받은 아동권리보장원의 장은 친생부모의 동의를 받아 보유하고 있는 입양정보를 지체 없이 공개하여야 한다. 다만, 친생부모의 동의 여부가 확인되지 아니하거나 친생부모가 동의하지 아니하는 경우에는 그 친생부모의 인적사항을 제외하고 입양정보를 공개하여야 한다.

③ 제2항 단서에도 불구하고 친생부모가 사망이나 그 밖의 사유로 동의할 수 없는 경우로서 양자가 된 사람의 의료상 목적 등 특별한 사유가 있는 경우에는 친생부모의 동의 여부와 관계없이 입양정보를 공개할 수 있다.

④ 제1항부터 제3항까지에서 정한 사항 외에 정보공개청구의 대상이 되는 입양정보의 범위, 신청 방법·절차, 그 밖에 필요한 사항은 대통령령으로 정한다.

국내입양특별법 제36조(비밀유지의 의무) 아동권리보장원, 아동복지시설, 제13조제3항에 따라 입양 전 아동을 보호한 기관 및 제37조에 따라 업무를 위탁받은 사회복지법인 또는 단체에 종사하는 사람 또는 종사하였던 사람, 제13조제3항에 따라 입양 전 아동을 보호하는 자 또는 보호하였던 자는 이 법에 따른 업무를 행하는 과정에서 알게 된 비밀을 누설하여서는 아니 된다. 다만, 제33조에 따라 입양정보를 공개하는 때는 예외로 한다.

Ⅰ. 입양특례법

1. 본조의 취지

입양정보공개청구권은 입양 후 정체성의 혼란을 겪는 입양아동의 복리 실현을 위해 가장 핵심적인 장치이다. 하지만 입양은 친생부모에게도, 양부모에게도, 양자녀에게도 지극히 내밀한 정보이므로, 그 사실이 원치 않게 대외적으로 공개되는 일은 최소화할 필요가 있다. 이에 입양특례법은 아동권리보장원 또는 입양기관 종사자에게 비밀유지 의무를 부과하면서도(입양특례법 §37), 동시에 입양정보공개청구권 제도를 두고, 위 제도에 따라 입양아동에게 친생부모에 관한 정보를 제공하는 것을 합법화함으로서 충돌하는 이익 간의 조화로운 균형을 꾀하였다(입양특례법 §36). 따라서 아동권리보장원 또는 입양기관의 종사자는 입양특례법 §36에 근거한 적법한 입양정보공개청구가 있을 때에는 이에 따라야 한다.

2. 입양정보공개 청구권의 내용

가. 주체

입양정보공개청구의 주체는 '양자가 된 사람'이다(입양특례법 §36 ① 본문). 양자 본인이라면 연령이나 행위능력을 불문하고 언제나 청구권을 행사할 수 있다. 다만, 양자가 아직 미성년자라면 양부모의 동의를 받아야 한다(입양특례법 §36 ① 단서). 입양정보공개청구권의 주체를 입양인의 자녀나 친생부모·형제자매까지 확대해야 한다는 견해도 있다.[1]

나. 상대방

입양정보공개청구의 상대방은 아동권리보장원 또는 입양기관이다(입양특례법 §36 ① 본문). 입양정보 공개를 청구하려는 자는 입양된 사람임을 증명할 수 있는 서류의 사본 등을 첨부하여 아동권리보장원 또는 입양기관의 장에게 글 또는 말로써 입양정보공개를 청구할 수 있으며(입양특례법 시행령 §14 ① 및 동 시행규칙 §29), 입양기관의 장은 그 공개 청구된 정보가 다른 입양기관이 보유하는 정보이면 지체 없이 그 청구 건을 아동권리보장원 또는 해당 입양기관으로 이송하고, 그 사실을 청구인에게 알려야 한다(입양특례법 시행령 §14 ④).

다. 공개 대상 정보

입양정보 공개의 청구 대상이 되는 정보는 (i) 입양 당시 친생부모의 인적 사항(이름, 생년월일, 주소 및 연락처), (ii) 입양 배경(입양 당시 친생부모의 나이, 입양일 및 입양사유, 친생부모의 거주지역명), (iii) 양자가 된 사람의 입양 전 이름, 주민등록번호, 주소, 출생일시 및 출생장소, (iv) 양자가 된 사람이 입양 전 보호되었던 보장시설 또는 입양기관의 명칭, 주소 및 연락처, (v) 그 밖에 보건복지부장관이 공개할 필요가 있다고 인정하는 입양정보이다(입양특례법 시행령 §13).

라. 공개 요건

아동권리보장원 또는 입양기관이 입양정보를 공개하려면 먼저 입양아동의 친생부모로부터 동의를 받아야 한다(입양특례법 §36 ② 본문). 친생부모의 동의는 서면으로 하는 것이 원칙이나, 불가피한 사유가 있으면 말로 할 수 있다(입양특례법 시행령 §15 ③). 친생부모가 정보공개에 동의하지 않으면 친생부모의 인적 사항을 제외하고, 나머지 (ii) 내지 (v)에 해당하는 정보만 공개해야 한다(입양특례법 §36 ② 단서). 자녀의 혈연을 알 권리보다 친생부모의 사생활 보호를 우선한 것이다.

---

[1] 소라미(2018a), 324; 소라미(2018b), 15.

단, 친생부모가 사망이나 그 밖의 사유로 동의할 수 없는 경우로서 양자가 될 사람의 의료상 목적 등 특별한 사유가 있으면 친생부모의 동의 없이도 인적 사항을 포함한 모든 입양정보를 공개할 수 있다(입양특례법 §36 ③). 이에 대해서는 예외의 범위가 지나치게 좁으므로, "친생부모가 사망이나 그 밖의 사유로 동의할 수 없는 경우 또는 양자가 될 사람에게 의료상 목적 등 특별한 사유가 있는 경우"에 모두 친생부모 동의 없이 입양 정보 공개가 가능하도록 이를 확대할 필요가 있다는 견해가 있다.[2]

이때 입양기록 보유기관의 장은 친생부모의 동의 여부를 확인하기 위해 필요한 경우 주민등록·가족관계등록·출입국 등 관련 전산망 또는 자료를 관장하는 관계기관의 장에게 친생부모의 소재지 등을 확인해 줄 것을 요청할 수 있으나, 입양기관의 장은 아동권리보장원의 장을 통해 요청해야 한다(입양특례법 시행령 §15 ⑤). 이에 따라 요청을 받은 관계기관의 장은 특별한 사유가 없으면 요청에 따라야 한다(입양특례법 시행령 §15 ⑥).

마. 입양정보의 공개

입양기록 보유기관의 장은 입양정보 공개청구를 받은 날부터 15일 내에 공개 여부를 결정하여 청구인에게 통지해야 한다(입양특례법 시행령 §16 ①).[3] 다만, 친생부모의 소재지 등을 확인할 수 없는 불가피한 사유가 있으면, 통지 기간을 30일의 범위에서 연장할 수 있고, 그 연장사실 및 그 사유를 지체없이 청구인에게 문서로 통지해야 한다(입양특례법 시행령 §16 ②). 입양정보를 공개하기로 결정된 경우, 문서 열람 또는 사본 제공의 형태로 공개하며, 전자문서 형태로 보유하는 경우에는 열람, 출력물 제공 또는 복제한 파일을 매체에 저장하여 제공하거나, 전자우편으로 송부한다(입양특례법 시행령 §17 ①). 전자문서 형태로 보유하지 않은 정보에 대해 청구인이 전자문서 형태로 공개해 줄 것을 요청하는 경우 정상적인 업무 수행에 현저한 지장을 주거나 그 정보의 성질이 훼손될 우려가 없으면 정보를 전자적 형태로 변환하여 공개해야 한다(입양특례법 시행령 §17 ②).

Ⅱ. 국내입양특별법

국내입양특별법 역시 입양특례법과 같은 취지에서 입양정보 공개청구 제도 및

---

2) 소라미(2018a), 325; 소라미(2018b), 15-16.
3) 입양정보 공개 거부에 대한 불복절차를 마련해야 한다는 견해로 소라미(2018a), 325면; 소라미(2018b), 16.

비밀유지의무 조문을 유지하였다(국내입양특별법 §33 및 §36).[4] 입양기관 제도를 폐지하였으므로, 입양정보 공개 청구의 상대방이 아동권리보장원의 장으로 한정되었다는 점이 달라졌을 뿐이다. 또한 부칙 제3조에 따라 국내입양특별법 시행 전에 양자가 된 자 역시 입양정보 공개청구권을 행사할 수 있다.

---

4) 이에 대해 정보공개의 범위가 지나치게 협소하다는 이유로 비판적인 견해로 조소연·전민경(2024), 168.

第 42 條 (「민법」과의 관계)

입양에 관하여 이 법에 특별히 규정한 사항을 제외하고는 「민법」에서 정하는 바에 따른다.

▌**참고문헌:** 고형석(2008), "친양자제도에 관한 연구", 저스티스 108.

국내입양특별법 제9조(「민법」과의 관계) 보호대상아동의 국내입양에 관하여 이 법에서 특별히 규정한 사항을 제외하고는 「민법」에서 정하는 바에 따른다.

Ⅰ. 입양특례법

입양특례법은 민법의 특별법이다. 따라서 입양특례법에 특별히 규정되어 있지 않은 사항은 민법에 따른다. 본 조문 역시 "입양에 관하여 이 법에 특별하 규정한 사항을 제외하고는 「민법」에서 정하는 바에 따른다."고 규정하여 이를 선언하고 있다 (§42). 다만, 민법상 입양에는 다시 일반입양과 친양자입양이 있으므로, 이 중 어느 조문을 준용해야 하는지 여부를 둘러싸고 해석상 논란이 있을 수 있다.

1. 일반입양에 관한 규정

가. 준용되는 규정

(1) 피성년후견인이 입양을 하는 경우에 성년후견인의 동의를 받도록 한 §873 ①[1] 및 동의면제에 관한 같은 조 ③, 양자될 자의 자격에 관한 §877, 부부공동입양에 관한 §874는 입양특례법상 입양에도 준용된다.

(2) 입양취소 시 정신적 손해배상청구에 관한 §897 중 §806 부분, 파양청구권의

---

1) 2012. 2. 10.자 개정 전 민법의 해석과 관련하여 같은 취지로 고형석(2008), 62.

소멸에 관한 §907 중 §905i및 ii 부분 및 파양 시 정신적 손해배상청구에 관한 §908는 입양특례법상 입양에도 준용된다.

준용의 취지는 각 관련 조문의 註釋 참조.

나. 준용되지 않는 규정

(1) 양친될 자의 자격에 관한 §866는 준용되지 않는다. 입양특례법 §10에 특칙이 있기 때문이다.

(2) 입양의 의사표시에 관한 §869는 성질상 준용되지 않는다. 입양특례법상 입양은 계약형 입양이 아니기 때문이다.

(3) 친생부모의 동의에 관한 §870는 준용되지 않는다. 입양특례법 §12에 특칙이 있기 때문이다.

(4) 성년자 입양 시 친생부모의 동의에 관한 §871, 피성년후견인의 입양에 관한 §873 중 피성년후견인이 양자가 되는 부분 및 배우자 있는 자를 양자로 하는 경우 배우자 동의에 관한 §874 ②은 성질상 입양특례법상 입양에 준용될 수 없다. 입양특례법상 입양은 18세 미만인 자에게만 적용되는데, 18세 미만인 자는 미성년자로서 혼인적령에도 달하지 않은 자이기 때문이다.

(5) 미성년자 입양 허가에 관한 §867 및 피성년후견인의 입양 허가에 관한 §873 ②은 준용되지 않는다. 입양특례법 §11에 특칙이 있기 때문이다.

(6) 입양의 성립요건으로서의 입양신고에 관한 §878 내지 §882는 준용될 수 없다. 입양특례법상 입양은 허가 심판의 확정과 동시에 성립하기 때문이다(입양특례법 §15).

(7) 입양의 효력에 관한 §882−2는 준용되지 않는다. 입양특례법 §14에 특칙이 있기 때문이다.

(8) 입양의 무효와 취소에 관한 §883 및 §884는 준용되지 않는다. 동 조문들의 준용 배제를 정하고 있는 §908−4 ②이 우선적으로 준용되기 때문이다. 입양 취소에 관한 §884를 전제로 하는 §885 내지 §897(§806 준용 부분 제외) 역시 성질상 친양자입양과 입양특례법상 입양에 준용될 수 없다.

(9) 협의상 파양 및 재판상 파양에 관한 §898 및 §905는 준용되지 않는다. 동 조문들의 준용배제를 정하고 있는 §908−5 ②이 우선적으로 준용되기 때문이다. 협의상 파양을 전제로 하는 §902 내지 §904 역시 성질상 입양특례법상 입양에 준용될 수 없다.

(10) 파양청구권자에 관한 §906 역시 준용되지 않는다. 입양특례법 §17에 특칙이 있기 때문이다.

(11) 재판상 파양청구권의 제척기간에 관한 §907 중 §905 iv 부분은 성질상 입양특례법상 입양에 준용될 수 없다. §905 iv는 특례법상 파양 사유가 아니기 때문이다.

2. 친양자입양에 관한 규정

가. 준용되는 규정

(1) 친생부모가 정당한 이유 없이 친양자입양의 동의를 거부하는 경우에 관한 §908-2 ② ii 및 iii는 입양특례법상 입양에 준용된다.

(2) 친양자입양의 효력에 관한 §908-3은 준용된다. 입양특례법상 입양에는 친양자와 동일한 효력이 인정되기 때문이다(입양특례법 §14).

(3) 일반입양의 무효·취소에 관한 규정의 준용을 배제하는 §908-4 ②은 성질상 입양특례법에도 준용된다.

(4) 일반입양의 협의상 파양 및 재판상 파양에 관한 규정의 준용을 배제하는 §908-5 ②은 성질상 입양특례법에도 준용된다.

(5) 사정판결에 관한 §908-6 및 친양자입양의 취소·파양의 효과에 관한 §908-7은 성질상 입양특례법에도 준용된다.

준용 취지는 각 관련 조문의 註釋 참조.

나. 준용되지 않는 규정

(1) 친양자입양의 요건 중 양친될 자의 자격에 관한 §908-2 i, 양자될 자의 자격에 관한 §908-2 ii 및 친생부모의 동의에 관한 §908-2 ① iii 및 ② ii, iii는 준용되지 않는다. 입양특례법 §9 내지 §12에 특칙이 있기 때문이다.

(2) 친양자입양의 의사표시에 관한 §908-2 ① iv, v 및 ② i는 성질상 준용되지 않는다. 입양특례법상 입양은 계약형 입양이 아니기 때문이다.

(3) 친양자입양의 허가에 관한 §908-2 ① 및 ③은 준용되지 않는다. 입양특례법 §11에 특칙이 있기 때문이다.

(4) 친양자입양의 취소에 관한 §908-4 ①은 준용되지 않는다. 입양특례법 §16에 특칙이 있기 때문이다.

(5) 친양자파양에 관한 §908-5 ①은 준용되지 않는다. 입양특례법 §17에 특칙이 있기 때문이다.

Ⅱ. 국내입양특별법

국내입양특별법 §9 역시 "보호대상아동의 국내입양에 관하여 이 법에서 특별히 규정한 사항을 제외하고는 「민법」에서 정하는 바에 따른다."고 규정하고 있다. 국내입양특별법은 보호 대상 아동의 국내입양에 관해 민법의 특별법으로서의 성격을 갖고 있기 때문이다. 준용의 범위는 대체로 입양특례법과 같으나, 몇 가지 변경된 부분이 있다.

첫째, 국내입양특별법은 입양특례법과 달리 입양의 성격을 계약형 입양으로 전환하고, 양자될 자 본인 및 법정대리인의 입양 승낙과 동의의 의사표시에 관한 상세한 조문을 마련하였다(국내입양특별법 §15). 국내입양특별법상 조문이 우선 적용되는 이상 민법 §869, §908-2 ① iv, v 및 ② i는 더 이상 국내입양특별법에 준용될 여지가 없다.

둘째, 국내입양특별법 §16 ②은 친생부모가 정당한 이유 없이 국내입양특별법상 입양 동의를 거부하는 경우에 관한 특칙을 두고 있다. 따라서 민법 §908-2 ② ii 및 iii는 더 이상 국내입양특별법에 준용될 여지가 없다.

셋째, 국내입양특별법은 재판상 파양에 관한 규정을 두지 않았다. 이 경우 일반법으로 돌아가 민법상 협의파양 및 재판상 파양 규정이 국내입양특별법에 준용된다고 해석할 여지가 없지 않으나, 국내입양특별법에 따라 성립된 입양에 대해서는 파양을 허용하지 않겠다는 것이 입법자의 명백한 의사였으므로, 민법상 파양에 관한 §898 내지 §908, §908-5 내지 §908-7(친양자입양의 취소 부분 제외)은 국내입양특별법에 준용되지 않는다. 입양특례법 §17 註釋 참조.

第 44 條 (벌칙)

다음 각 호의 어느 하나에 해당하는 자는 3년 이하의 징역 또는 3천만원 이하의 벌금에 처한다.

1. 제11조, 제18조 또는 제19조를 위반하여 법원의 허가를 받지 아니하고 입양을 행한 자

1의2. 제13조제2항을 위반하여 입양동의의 대가를 주고받거나 주고받을 것을 약속한 자

2. 제20조제1항을 위반하여 허가를 받지 아니하고 입양알선 업무를 행한 자

3. 제37조를 위반하여 정당한 사유 없이 업무상 알게 된 비밀을 누설한 자

② 제20조제2항을 위반하여 신고 없이 허가사항 중 중요 사항을 변경한 자는 1년 이하의 징역 또는 1천만원 이하의 벌금에 처한다.

第 45 條 (양벌규정)

법인의 대표자, 법인 또는 개인의 대리인, 사용인, 그 밖의 종사자가 그 법인 또는 개인의 업무에 관하여 제44조의 위반행위를 하면 행위자를 벌하는 외에 그 법인 또는 개인에게도 해당 조문의 벌금형을 과(科)한다. 다만, 법인 또는 개인이 그 위반행위를 방지하기 위하여 해당 업무에 관하여 상당한 주의와 감독을 게을리하지 아니한 경우에는 그러하지 아니한다.

국내입양특별법 제40조(벌칙) ① 다음 각 호의 어느 하나에 해당하는 자는 3년 이하의 징역 또는 3천만원 이하의 벌금에 처한다.

1. 제17조제2항을 위반하여 입양의 동의 및 승낙의 대가로 금전 등을 주고받거나 주고받을 것을 약속한 자

2. 제21조제1항을 위반하여 입양허가를 받지 아니하고 입양을 행한 자

3. 제35조제2항을 위반하여 제공받은 자료를 이 법에 따른 업무수행을 위한 목적 외에 사용한 자

4. 제36조 본문을 위반하여 업무상 알게 된 비밀을 누설한 자

② 임시양육결정 없이 양자가 될 아동을 양부모가 되려는 사람에게 인도한 자 또는 양

자가 될 아동을 인도받은 자는 1년 이하의 징역 또는 1천만원 이하의 벌금에 처한다.
③ 제19조제3항을 위반하여 사실을 왜곡·은폐·과장하거나 거짓 서류를 제출한 자는
500만원 이하의 벌금에 처한다.

제41조(양벌규정) 법인의 대표자, 법인 또는 개인의 대리인, 사용인, 그 밖의 종사자가
그 법인 또는 개인의 업무에 관하여 제40조의 위반행위를 하면 행위자를 벌하는 외에
그 법인 또는 개인에게도 해당 조문의 벌금형을 과(科)한다. 다만, 법인 또는 개인이
그 위반행위를 방지하기 위하여 해당 업무에 관하여 상당한 주의와 감독을 게을리하
지 아니한 경우에는 그러하지 아니하다.

제42조(과태료) ① 제24조제3항을 위반하여 정당한 이유 없이 양자가 될 아동을 시장·
군수·구청장이 지정하는 자에게 인도하지 아니한 자에게는 1천만원 이하의 과태료를
부과한다.
② 제1항에 따른 과태료는 대통령령으로 정하는 바에 따라 보건복지부장관 또는 시장·
군수·구청장이 부과·징수한다.

I. 입양특례법

입양특례법상 강행규정을 위반한 행위를 한 자를 처벌하기 위한 조문이다.

첫째, ① 입양특례법 §11, §18 또는 §19를 위반하여 법원의 허가를 받지 않고 입
양특례법상 입양·국내에서의 국외입양·외국에서의 국외입양을 한 자, ② 입양특례
법 §20 ①을 위반하여 입양기관 운영 허가를 받지 않고 입양알선 업무를 한 자, ② 입
양특례법 §37를 위반하여 정당한 사유 없이 업무상 알게 된 비밀을 누설한 자는 3년
이하의 징역 또는 3천만원 이하의 벌금에 처한다(입양특례법 §44 ①). 2017. 9. 19. 개정
전에는 3년 이하의 징역 또는 2천만원 이하의 벌금에 처하였으나, 위 개정에 의해 벌
금이 상향 조정되었다. 입양특례법 §13 ②을 위반하여 입양동의의 대가를 주고받거나
주고받을 것을 약속한 자도 같다.

둘째, 입양특례법 §20 ②을 위반하여 신고 없이 입양기관 허가 사항 중 중요사항
을 변경하였다면 1년 이하의 징역 또는 1천만원 이하의 벌금에 처한다(입양특례법 §44
②). 2017. 9. 19. 개정 전에는 1년 이하의 징역 또는 3백만원 이하의 벌금에 처하였으

나, 위 개정에 의해 벌금이 상향 조정되었다.

셋째, 입양특례법은 양벌규정을 두어 법인의 대표자, 법인 또는 개인의 대리인, 사용인, 그 밖의 종사자가 그 법인 또는 개인의 업무에 관하여 입양특례법 §44의 위반행위를 하면 행위자 외에 그 법인 또는 개인에게도 해당 조문의 벌금형을 과하도록 하였다(입양특례법 §45 본문). 다만, 법인 또는 개인이 그 위반행위를 방지하기 위해 해당 업무에 관해 상당한 주의와 감독을 게을리하지 않았다면 그렇지 않다(입양특례법 §45 단서).

Ⅱ. 국내입양특별법

국내입양특별법 역시 강행규정 위반행위를 한 자를 처벌하기 위한 조문을 두고 있다. 하지만 입양특례법과는 그 내용에 상당한 차이가 있다.

첫째, 국내입양특별법 §21 ①을 위반하여 입양허가를 받지 않고 입양을 행한 자 및 국내입양특별법 제36조 본문을 위반하여 업무상 알게 된 비밀을 누설한 자를 3년 이하의 징역 또는 3천만원 이하의 벌금에 처한다는 조문은 입양특례법과 그 내용이 동일하다(국내입양특별법 §40 ① ⅱ 및 ⅳ). 다만, 입양허가를 받지 않고 국외입양을 한 경우에 관한 조문은 국제입양법으로 위치가 이동되었다.

둘째, 국내입양특별법 §17 ②을 위반하여 입양의 동의 및 승낙의 대가로 금전 등을 주고받거나 주고받을 것을 약속한 자는 3년 이하의 징역 또는 3천만원 이하의 벌금에 처한다는 조문 역시 입양특례법과 같다(국내입양특별법 §40 ① ⅰ).

셋째, 국내입양특별법 §35 ②을 위반하여 제공받은 자료를 이 법에 다른 업무수행을 위한 목적 외에 사용한 자는 3년 이하의 징역 또는 3천만원 이하의 벌금에 처한다는 조문이 신설되었다(국내입양특별법 §40 ① ⅲ).

넷째, 임시양육결정 없이 양자가 될 아동을 양부모가 되려는 사람에게 인도한 자 또는 양자가 될 아동을 인도받은 자는 1년 이하의 징역 또는 1천만원 이하의 벌금에 처한다는 조문이 신설되었다(국내입양특별법 §40 ②). 다만, 국내입양특별법 시행 당시 가정법원의 입양허가재판이 계속 중인 사건에서 양부모가 되려는 사람이 종전의 입양특례법에 따른 입양기관으로부터 가정법원의 허가 이전에 양자가 될 아동을 위탁받은 경우에는 §22 ①에 따른 임시양육결정에 의해 인도받은 것으로 간주되므로(부칙 §11 ①), 처벌할 수 없다. 반면 종전에 입양기관으로부터 위탁받은 자가 아직 가정법원에 입양허가 청구를 하지 않은 경우는 법 시행일로부터 1개월 내에 입양허가 청구 및 임시양육결정 신청을 해야 한다(부칙 §11 ②).

다섯째, 국내입양특별법 §19 ③을 위반하여 사실을 왜곡·은폐·과장하거나 거짓 서류를 제출한 자는 500만원 이하의 벌금에 처한다는 조문이 신설되었다(국내입양특별법 §40 ③).

여섯째, 국내입양특별법 §24 ③을 위반하여 정당한 이유 없이 양자가 될 아동을 시장·군수·구청장이 지정하는 자에게 인도하지 아니한 자에게는 1천만원 이하의 과태료를 부과한다는 조문이 신설되었다(국내입양특별법 §42 ①).

그 밖에 입양기관 제도 폐지에 따라 입양기관 허가 및 신고 관련 위반행위에 관한 벌칙 조항은 모두 폐지되었으며, 양벌규정은 유지되었다(국내입양특별법 §41).

판례색인

*명조체는 제1권의 색인, **고딕체**는 제2권의 색인입니다.

[대법원]

[고등법원]

[헌법재판소]

사항색인

공저자 약력

편집대표 윤진수
서울대학교 법과대학 졸업(1977)
서울대학교 법학박사(1993)
사법연수원 수료(1979)
육군 법무관(1979~1982)
서울민사지방법원, 서울형사지방법원,
　서울가정법원, 전주지방법원 전주지원, 광주
　고등법원, 서울고등법원 판사(1982~1993)
헌법재판소 헌법연구관(1990~1992)
대법원 재판연구관(1992~1995)
전주지방법원 부장판사(1993~1995)
수원지방법원 부장판사(1995~1997)
서울대학교 법과대학 조교수, 부교수, 교수,
　법학전문대학원 교수(1997~2020)
현 서울대학교 법학전문대학원 명예교수

김수정
서울대학교 법과대학 졸업(2000)
서울대학교 법학석사(2003)
프라이부르크 대학교 법학석사(2008)
프라이부르크 대학교 법학박사(2015)
국민대학교 법학과 조교수(2016~2019)
명지대학교 법학과 조교수, 부교수(2019~)

석광현
서울대학교 법과대학 졸업(1979)
서울대학교 법학박사(2000)
사법연수원 수료(1981)
해군 법무관(1981~1984)
김·장법률사무소 변호사(1984~1999)
한양대학교 법과대학 교수(1999~2007)
서울대학교 법과대학·법학전문대학원
　교수(2007~2022)
한국국제사법학회·국제거래법학회 명예회장

이동진
서울대학교 법과대학 졸업(2000)
서울대학교 법학박사(2011)
사법연수원 수료(2003)
공군 법무관(2003~2006)
서울중앙지방법원, 서울북부지방법원 판사
(2006~2009)
서울대학교 법과대학·법학전문대학원
　조교수, 부교수, 교수(2009~)

이봉민
서울대학교 법과대학 졸업(2005)
서울대학교 법과대학 박사과정 수료(2014)
사법연수원 수료(2007)
육군 법무관(2007~2010)
서울동부지방법원, 서울중앙지방법원,
　대전지방법원, 수원지방법원 안산지원,
　수원고등법원 판사(2010~2019)
대법원 재판연구관(2020~2022)
서울고등법원 고법판사(2023~)

최준규
서울대학교 법과대학 졸업(2003)
서울대학교 대학원 법학박사(2012)
사법연수원 수료(2005)
해군 법무관(2005~2008)
서울중앙지방법원, 서울동부지방법원
　판사(2008~2012)
한양대학교 법학전문대학원 조교수,
　부교수(2012~2017)
서울대학교 법학전문대학원 조교수, 부교수,
　교수(2017~)

현소혜

서울대학교 법과대학 졸업(1998)

서울대학교 법학박사(2009)

사법연수원 수료(2006)

헌법재판소 헌법연구관보(2006~2007)

홍익대학교 법과대학 조교수(2007~2012)

서강대학교 법학전문대학원 조교수,
　부교수(2012~2014)

성균관대학교 법학전문대학원 부교수
　(2015~)

제2판

주해친족법 제 1 권

초판발행	2015년 4월 20일
제2판발행	2025년 3월 27일
편집대표	윤진수
공저자	김수정·석광현·윤진수·이동진·이봉민·최준규·현소혜
펴낸이	안종만·안상준
편 집	장유나
기획/마케팅	조성호
표지디자인	권아린
제 작	고철민·김원표
펴낸곳	㈜ **박영사**
	서울특별시 금천구 가산디지털2로 53, 210호(가산동, 한라시그마밸리)
	등록 1959. 3. 11. 제300-1959-1호(倫)
전 화	02)733-6771
f a x	02)736-4818
e-mail	pys@pybook.co.kr
homepage	www.pybook.co.kr
ISBN	979-11-303-4823-0 94360
	979-11-303-4822-3 (세트)

정 가   89,000원